D1721410

J. von Staudingers
Kommentar zum Bürgerlichen Gesetzbuch
mit Einführungsgesetz und Nebengesetzen
Buch 4 · Familienrecht
§§ 1363–1563
(Eheliches Güterrecht)

J. von Staudingers
Kommentar zum Bürgerlichen Gesetzbuch mit Einführungsgesetz und Nebengesetzen

Buch 4
Familienrecht
§§ 1363–1563
(Eheliches Güterrecht)

Neubearbeitung 2007
von
Burkhard Thiele
Eckhard Rehme

Redaktor
Christian von Bar

Sellier – de Gruyter · Berlin

Die Kommentatorinnen und Kommentatoren

Neubearbeitung 2007
§§ 1363–1390: BURKHARD THIELE
§§ 1391–1407: aufgehoben
§§ 1408 Abs 1, 1409–1414 S 1, 1415–1563:
BURKHARD THIELE
§§ 1408 Abs 2, 1414 S 2: ECKHARD REHME

Neubearbeitung 2000
§§ 1363–1390: BURKHARD THIELE
§§ 1391–1407: aufgehoben
§§ 1408 Abs 1, 1409–1414 S 1, 1415–1563:
BURKHARD THIELE
§§ 1408 Abs 2, 1414 S 2: ECKHARD REHME

Dreizehnte Bearbeitung 1994
§§ 1363–1390: BURKHARD THIELE
§§ 1391–1407: aufgehoben
§§ 1408 Abs 1, 1409–1414 S 1, 1415–1563:
BURKHARD THIELE
§§ 1408 Abs 2, 1414 S 2: EBERHARD
EICHENHOFER

12. Auflage
§§ 1363–1390: Professor Dr. WOLFGANG THIELE
(1978)
§§ 1391–1407: aufgehoben
§§ 1408 Abs 1, 1409–1414 S 1, 1415–1563:
Professor Dr. WOLFGANG THIELE/BURKHARD
THIELE (1984)
§§ 1408 Abs 2, 1414 S 2: Professor Dr. FRANZ
RULAND (1984)

Sachregister

Rechtsanwältin Dr. MARTINA SCHULZ,
Pohlheim

Zitierweise

STAUDINGER/THIELE (2007) Einl 1
zu §§ 1363 ff
STAUDINGER/THIELE (2007) Vorbem 1
zu §§ 1363–1390
STAUDINGER/THIELE (2007) § 1363 Rn 1
STAUDINGER/THIELE (2007) §§ 1408 Rn 1
und 1414 Rn 1
STAUDINGER/REHME (2007) §§ 1408 Rn 40
und 1414 Rn 10

Zitiert wird nach Paragraph bzw Artikel
und Randnummer.

Hinweise

Das Vorläufige Abkürzungsverzeichnis 1993
für das „Gesamtwerk STAUDINGER" befindet
sich in einer Broschüre, die den Abonnenten
zusammen mit dem Band §§ 985–1011 (1993)
bzw seit 2000 gesondert mitgeliefert wird.
Die aktualisierte Neubearbeitung
des Abkürzungsverzeichnisses befindet sich
auf www.staudingerbgb.de.

Der Stand der Bearbeitung ist jeweils mit
Monat und Jahr auf den linken Seiten unten
angegeben.

Am Ende eines jeden Bandes befindet sich
eine Übersicht über den aktuellen Stand
des „Gesamtwerk STAUDINGER".

Die Deutsche Nationalbibliothek verzeichnet diese Publikation in der Deutschen National-
bibliografie; detaillierte bibliografische Daten sind im Internet über http://dnb.d-nb.de abrufbar.

ISBN: 978-3-8059-1052-1

© Copyright 2007 by Dr. Arthur L. Sellier &
Co. – Walter de Gruyter GmbH & Co. KG,
Berlin. – Printed in Germany.

Satz: fidus Publikations-Service, Augsburg.

Druck: H. Heenemann GmbH & Co., Berlin.

Bindearbeiten: Buchbinderei Bruno Helm,
Berlin.

Umschlaggestaltung: Bib Wies, München.

♾ Gedruckt auf säurefreiem Papier,
das die DIN ISO 9706 über Haltbarkeit
erfüllt.

Inhaltsübersicht

[*] Zitiert wird nicht nach Seiten, sondern nach
Paragraph bzw Artikel und Randnummer; siehe
dazu auch S VI.

Titel 6
Eheliches Güterrecht

Einleitung zu §§ 1363 ff

Schrifttum

Zum älteren Schrifttum s auch STAUDINGER/ THIELE (2000).

1. Materialien zum GleichberG
RegE I, BT-Drucks 3802 der 1. Wahlperiode (= 1/3802)
RegE II, BT-Drucks 224 der 2. Wahlperiode (= 2/224)
Schriftlicher Bericht des Ausschusses für Rechtswesen und Verfassungsrecht, zu BT-Drucks 3409 der 2. Wahlperiode (= 2/3409)
Protokoll der 206. Sitzung des 2. Deutschen Bundestages vom 3. 5. 1957, 11827.

2. Schrifttum zum ehelichen Güterrecht und zum gesetzlichen Güterstand im Allgemeinen
ANNECKE, Miteigentum im gesetzlichen Güterstand (Diss Münster 1968)
ARENS, Neue und alte Praxisprobleme im Zusammenhang mit dem Realsplitting, FamRZ 1999, 1558
BATTES, Sinn und Grenzen des Zugewinnausgleichs, FuR 1990, 311
ders, Ehegewinn und eheneutraler Erwerb, in: BOSCH (Hrsg), Neuere Entwicklungen im Familienrecht (1990) 49
BERGSCHNEIDER, Zur Verjährungsfrist von Ansprüchen bei Vermögensauseinandersetzung der Ehegatten außerhalb des Güterrechts, in: FS Schwab (2005) 459
BLECHSCHMIDT, Zur Stellung des Hoferben und der weichenden Erben unter dem gesetzlichen Güterstand der Zugewinngemeinschaft, RdL 1969, 197
BLUMENRÖHR, Zum Vermögensausgleich nach gescheiterter Ehe, in: FS Odersky (1996) 517
BOEHMER, Die Teilreform des Familienrechts durch das Gleichberechtigungsgesetz vom 18. 6. 1957 und das Familienrechtsänderungsgesetz vom 11. 8. 1961 (1962)
BÖRGER, Eheliches Güterrecht (1989)
BÖRGER/ENGELSING, Eheliches Güterrecht (2. Aufl 2005)
BOSCH, Familien- und Erbrecht als Themen der Rechtsangleichung nach dem Beitritt der DDR zur Bundesrepublik Deutschland, FamRZ 1991, 79, 1001
BRAMBRING, Ehebedingte Zuwendungen und Rückforderungsrecht bei Scheidung der Ehe – Eine Aufgabe der Kautelarjurisprudenz, in: FS Rolland (1999) 30
ders, Ehevertrag und Vermögenszuordnung unter Ehegatten (5. Aufl 2003)
BRUDERMÜLLER, Die Entwicklung des Familienrechts seit Mitte 2005, NJW 2006, 3184 u Vorjahre
BRÜNING, Die Gefahren der Zugewinngemeinschaft für Personenhandelsgesellschaften und gesellschaftsvertragsändernde Mehrheitsbeschlüsse zu ihrer Vermeidung (Diss Köln 1965)
BUSCHENDORF, Die Grenzen der Vertragsfreiheit im Ehevermögensrecht (1987)
BÜTE, Abwicklung von Zuwendungen und Arbeitsleistungen unter Schwiegereltern und Schwiegerkindern, FuR 2005, 544
ders, Zugewinnausgleich bei Ehescheidung: Bewertung – Berechnung – Sicherung – Verjährung (3. Aufl 2006)
CONRADT, „Unbenannte" Zuwendungen (1998)
CYPIONKA, Vereinbarungen über den Zugewinnausgleich in Eheverträgen mit Scheidungsfolgeverträgen, MittRhNotK 1986, 157
DIEDERICHSEN, Gesetzestreue und Rechtsfortbildung im Rahmen der Vermögensauseinandersetzung bei Ehescheidung, in: 50 Jahre

Burkhard Thiele

Bundesgerichtshof, Festgabe der Wissenschaft (2000) 945

ders, Thesen zur Reform des ehelichen Güterrechts, in: RAMM (Hrsg), Zur Familienpolitik nach der Wiedervereinigung (1995) 195

ders, Teilhabegerechtigkeit in der Ehe, FamRZ 1992, 1

EBELING, Rechnerische Ermittlung der erbschaftssteuerfreien Zugewinnausgleichsforderung, ZEV 2006, 19

ENGELS, Steuerrechtliche Fragen bei Unterhalt und Vermögensauseinandersetzung, in: SCHWAB/HAHNE (Hrsg), Familienrecht im Brennpunkt (2004) 203

FASSELT, Ausschluss von Zugewinnausgleichs- und Pflichtteilsansprüchen bei Beteiligungen an Familienunternehmen, DB 1982, 939

GATHER, Die Bedeutung des ehelichen Güterrechts für Grundeigentümer, GrundE 1971, 749

GENTHE, Veranlagung von Ehegatten, FuR 1999, 53 u 153

GERHARDS, Das Verhältnis der Regeln über den Gesamtschuldnerausgleich zwischen Ehegatten zu den Vorschriften über den Zugewinnausgleich, FamRZ 2001, 661

GERNHUBER, Neues Familienrecht (1977)

ders, Geld und Güter beim Zugewinnausgleich, FamRZ 1984, 1053

ders, Probleme der Zugewinngemeinschaft, NJW 1991, 2238

GÖTZ, Die Übertragung des Familienwohnheims, FamRB 2005, 185

ders, Schenkungssteuerliche Folgen bei lebzeitigem Zugewinnausgleich, FamRB 2005, 245

GRÜNENWALD, Die neue Rechtsprechung und Lehre zu § 1380 BGB, NJW 1988, 109

ders, Güterrechtlicher und Schuldrechtlicher Ausgleich von Zuwendungen unter Ehegatten bei Beendigung des gesetzlichen Güterstandes durch die Ehescheidung (1988)

GRZIWOTZ/HAGENHUBER, Das innere Maß des Scheidungsfolgenrechts – Teilhabegerechtigkeit in der Ehe, DNotZ 2006, 32

GRZIWOTZ, Die zweite Spur – ein (neuer) Weg zur Gerechtigkeit zwischen Ehegatten, DNotZ 2000, 486

HAAS, Ehegatteninnengesellschaft und familienrechtlicher Vertrag sui generis, FamRZ 2002, 205

HAEGELE, Zehn Jahre Gleichberechtigungsgesetz in Rechtsprechung und Literatur, Justiz 1968, 258

HAMDAN/QUERNHEIN, Die Erbschaftssteuer und die ehelichen Güterstände, ZFE 2005, 228

HANISCH, Moderne Tendenzen des englischen Ehegüterrechts, verglichen mit den Grundzügen des gesetzlichen Güterstandes in der Bundesrepublik Deutschland (1963)

HAUSHEER, Schuldrechtliche Rechtsgeschäfte und familienrechtliche Leistungen unter Ehegatten, insbesondere unbenannte Zuwendungen und ehebezogene Arbeitsleistungen in rechtsvergleichender Sicht, in: FS Henrich (2000) 314

HAUSSLEITER, Zum Ausgleichsanspruch bei einer Ehegatteninnengesellschaft neben einem Anspruch auf Zugewinnausgleich, NJW 2006, 2741

ders/KUCH, Illoyale Vermögensminderung beim Zugewinnausgleich, NJW – Spezial 2005, 343

ders/SCHULZ, Vermögensauseinandersetzung bei Trennung und Scheidung (4. Aufl 2004)

HAYLER, Rechtsfolgen ehebedingter Zuwendungen im Verhältnis zu Dritten (1999)

HEINLE, Zwanzig Jahre „unbenannte Zuwendung", FamRZ 1992, 1256

HENRICH, Ist eine Neuordnung des Güterrechts angezeigt?, in: Bitburger Gespräche (2002) 59

ders, Vermögensregelung bei Trennung und Scheidung im europäischen Vergleich, FamRZ 2000, 1521

ders, Zur Zukunft des Güterrechts in Europa, FamRZ 2002, 1521

HEPTING, Ehevereinbarungen (1984)

ders, „Unbenannte" Zuwendungen – ein Irrweg, in: FS Henrich (2000) 267

HOHLOCH, Unbenannte Zuwendungen der Eltern eines Ehegatten an beide Ehepartner, JuS 2006, 849

HOHMANN-DENNHARDT, Gleichberechtigung im Familienrecht, FF 2006, 15

HOLZHAUER, Schuld- und güterrechtlicher Ausgleich von Zuwendungen unter Ehegatten, JuS 1983, 830

JAEGER, Die Wiederentdeckung der stillschweigenden Ehegatteninnengesellschaft als Instrument des Vermögensausgleichs nach gescheiterter Ehe, in: FS Henrich (2000) 323

ders, Zur rechtlichen Deutung ehebezogener

(sog unbenannter) Zuwendungen und zu ihrer Rückabwicklung nach Scheitern der Ehe, DNotZ 1991, 431

JEEP, Ehegattenzuwendungen im Zugewinnausgleich (2000)

KLEINLE, Die Ehegattenzuwendung und ihre Rückabwicklung bei Scheitern der Ehe, FamRZ 1997, 1383

KNOBBE-KEUK, Die neuen ehegüterrechtlichen Bestimmungen des Erbschaftssteuergesetzes, in: FS Bosch (1976) 503

KOCH, Die Bestandskraft von Zuwendungen an Schwiegerkinder beim Scheitern der Ehe, in: FS Schwab (2005) 513

dies, Die Teilungsmasse des Zugewinns – der Topos von der starren, schematischen Regelung des Gesetzes, in: SCHWAB/HAHNE (Hrsg), Familienrecht im Brennpunkt (2004) 139

dies, Entwicklung der Rechtsprechung zum Zugewinnausgleich, FamRZ 2006, 585 u Vorjahre

dies, Entgeltlichkeit in der Ehe?, FamRZ 1995, 321

KOGEL, Nießbrauch, Altenteil und Leibrente im Zugewinn, FamRZ 2006, 451

ders, Strategien beim Zugewinnausgleich (2005)

ders, Strategien beim Zugewinnausgleich (2. Aufl 2007)

KOLLHOSSER, Ehebezogene Zuwendungen und Schenkungen unter Ehegatten, NJW 1994, 2313

KORITZ, Warum nicht hälftig – Zur Frage des Aufteilungsmaßstabs von Steuererstattungen und -nachzahlungen zwischen getrennt lebenden Ehegatten oder das Problem des internen Steuerausgleichs, FPR 2003, 435

KRÜGER, Die einkommensteuerrechtlichen Auswirkungen des ehelichen Güterrechts (Diss Mainz 1974)

KÜHNE, Zuwendungen unter Ehegatten und Zugewinnausgleich, FamRZ 1978, 221

ders, Anmerkung zu BGHZ 82, 227, JR 1982, 237

LAMMINGER/TRAXL, Ehebedingte Zuwendungen – schenkungssteuerbare Vorgänge?, BB 1995, 485

LANGENFELD, Abgrenzung von ehebezogenen Zuwendungen und Leistungen innerhalb einer Ehegatteninnengesellschaft, ZEV 2000, 14

ders, Zur Rückabwicklung von Ehegattenzu-

wendungen im gesetzlichen Güterstand, NJW 1986, 2541

ders, Ehevertragsgestaltung nach Ehetypen, FamRZ 1987, 9

LEHMANN, Die Ehefrau und ihr Vermögen: Reformforderungen der bürgerlichen Frauenbewegung zum Ehegüterrecht um 1900 (Diss 2006)

LIPP, Die eherechtlichen Pflichten und ihre Verletzung (1988)

ders, Ehegattenzuwendungen und Zugewinnausgleich, JuS 1993, 89

ders, Die Eigentums- und Vermögensgemeinschaft des FGB und der Einigungsvertrag – vergebene Chance für eine Reform des Güterrechts?, FamRZ 1996, 1117

ders, Zuwendungen an den Partner zwischen Familien- und Erbrecht, in: FS Schwab (2005) 529

LÖHNING, Zum Ausgleich „unbenannter" oder „ehebedingter" Zuwendungen nach der Schuldrechtsmodernisierung, FamRZ 2003, 1521

LUDWIG, Bestandskraft ehebedingter Zuwendungen gegenüber Dritten, FuR 1992, 1

ders, Ehegattenzuwendungen und Wegfall der Geschäftsgrundlage, FuR 1992, 201

MEYER/SEITZ/KRÖGER/HEITER, Auf dem Weg zu einem modernen Familienverfahrensrecht – die familienverfahrensrechtlichen Regelungen im Entwurf eines FamFG, FamRZ 2005, 1430

MEINCKE, Zuwendungen unter Ehegatten, NJW 1995, 2769

MODEL/HAEGELE, Testament und Güterstand des Unternehmers (1968)

MORHARD, „Unbenannte Zuwendungen" zwischen Ehegatten – Rechtsfolgen und Grenzen der Vertragsgestaltung, NJW 1987, 1734

MÜLLER-FREIENFELS, Die Gesellschaft zwischen Ehegatten, in: FS Maridakis II (1963) 357

ders, Gleichberechtigungsprinzip und eheliches Güterrecht, Studi in memoria di Tullio Ascarelli (1968)

MÜNCH, Die Ehegatteninnengesellschaft – Ein Vorschlag zu ihrer vertraglichen Ausgestaltung –, FamRZ 2004, 233

vOLSHAUSEN, Probleme des Zugewinnausgleichs nach der neuen Höfeordnung, FamRZ 1977, 361

OTTO, Das Ehegüterrecht nach dem Einigungsvertrag (1994)

PAULICK, Eheliches Güterrecht in steuerlicher Sicht, in: FS Bosch (1976) 763

PINTENS, Grundgedanken und Perspektiven einer Europäisierung des Familien und Erbrechts, FamRZ 2003, 329

PLEYER-LIESER, Eheliches Güterrecht und Wirtschaftsordnung in beiden Teilen Deutschlands, FamRZ 1970, 1

PONATH, Vermögensschutz durch Güterstandswechsel, ZEV 2006, 49

RAUSCHER, Dingliche Mitberechtigung in der Zugewinngemeinschaft, AcP 186 (1986) 529

ders, Grundlagen des Zugewinnausgleichs, JURA 2003, 465

REINICKE, Die Rechtsprechung des Bundesgerichtshofs zur Zugewinngemeinschaft, Betrieb 1965, 1351

REINICKE/TIEDTKE, Güterrechtlicher Ausgleich bei Zuwendungen eines Ehegatten an den anderen und Wegfall der Geschäftsgrundlage, WM 1982, 946

REITHMANN, Eigentumszuordnung unter Ehegatten – Möglichkeiten und Behinderungen einer vertraglichen Regelung, in: FS Knur (1972) 183

SANDWEG, Ehebedingte Zuwendungen und ihre Drittwirkung, NJW 1989, 1965

SAUER, Zugewinngemeinschaft – ein Güterstand der Gütertrennung? (Diss Marburg 1968)

SCHLÜNDER/GEISSLER, Ehe und Familie im Erbschafts- und Schenkungssteuerrecht, FamRZ 2005, 73 u 149

dies, Schenkungssteuerfreie Zuwendungen zwischen Ehegatten, ZEV 2005, 505

SCHMID, Die Entstehung der güterrechtlichen Vorschriften im Bürgerlichen Gesetzbuch (1990)

K SCHMIDT, Abgrenzung zwischen ehebedingter Zuwendung und Schenkung, JuS 2006, 1024

ders, Ausgleichsanspruch bei Ehegatteninnengesellschaft neben Anspruch auf Zugewinn, JuS 2006, 754

SCHMIDT, Gesellschaftsvertragliche Abfindungsklauseln im Schnittpunkt von Gesellschafts-, Vollstreckungs-, Familien- und Erbrecht, FamRZ 1974, 518

SCHOPP, Probleme der Zugewinngemeinschaft bei der Ehescheidung, Rpfleger 1964, 69

ders, Die Zugewinngemeinschaft in der Praxis, FamRZ 1965, 409

SCHÖPFLIN, Laufendes Einkommen, Giroguthaben und Zugewinnausgleich, FuR 2004, 60

SCHOTTEN, Die ehebedingte Zuwendung – ein überflüssiges Rechtsinstitut?, NJW 1990, 2841

SCHRÖDER, Der Zugewinnausgleich auf dem Prüfstand, FamRZ 1997, 1

ders, Diskussion – Ehebezogene Zuwendungen als Schenkungen unter Ehegatten, FamRZ 2001, 142

W SCHULZ, Ansprüche von und gegen Schwiegereltern, FamRB 2006, 48

ders, Ausgleichsansprüche für die Mitarbeit eines Ehegatten – Ehegatteninnengesellschaft und familienrechtlicher Kooperationsvertrag, FamRB 2005, 111 u 142

SCHULZE UEDING, Zuwendungen von Ehegatten und Dritten im Verhältnis zum gesetzlichen Güterstand (Diss 2002)

SCHWAB, Der Zugewinnausgleich in der Krise, in: FS Söllner (2000) 1079

ders, Rechtsprechung als Interpretation der Wirklichkeit – Methodische Aspekte der Rechtsgewinnung im Familienrecht – in: 50 Jahre Bundesgerichtshof, Festgabe der Wissenschaft (2000) 921

ders, Vermögensausgleich bei Trennung und Scheidung, in: Brühler Schriften zum Familienrecht Bd 9 (1995) 33 f

SEIF, Ehebezogene Zuwendungen als Schenkungen unter Ehegatten, FamRZ 2000, 1193

SEILER, Über sogenannte unbenannte Zuwendungen unter Ehegatten – ein skeptische Zwischenbericht, in: FS Henrich (2000) 554

SEUTEMANN, Widerruf von Schenkungen unter Ehegatten (1984)

SILBERBERG, Probleme des deutschen Zugewinnausgleichs in England und Südafrika, RabelsZ 1972, 526

SONTHEIMER, Güterstand und Steuerrecht, NJW 2001, 1315

STENGER, Güterstand bei Unternehmerehen – Die Zugewinngemeinschaft, ZEV 2000, 51

ders, Güterstand bei Unternehmerehen – Gütertrennung und Gütergemeinschaft, ZEV 2000, 141

SUTTER, Zur Frage der Wertigkeit von Drittinteressen im außenwirksamen Bereich des Ehegüterrechts und seinen Schnittpunkten zum Ehevermögensrecht (Diss 1998)

THIELE, Die Zugewinngemeinschaft (unveröff Diss Hamburg 1957)

TIEDTKE, Güterrechtlicher Ausgleich bei Zuwendungen von Ehegatten untereinander und Wegfall der Geschäftsgrundlage bei Scheidung der Ehe, JZ 1992, 334

URBACH, Unzulänglichkeiten der Zugewinngemeinschaft (1990)

VOIT, Der Zugewinnausgleich in der Unternehmer-Hausfrauen-Ehe (1999)

WAAS, Zur Dogmatik der sogenannten ehebedingten Zuwendung, FamRZ 2000, 453

WAGENITZ, Vermögensrechtliche Auseinandersetzung unter Ehegatten außerhalb des Güterrechts, in: SCHWAB/HAHNE (Hrsg), Familienrecht im Brennpunkt (2004) 161

WEBER, Die Überleitung des ehelichen Güterrechts nach dem GleichberG, DNotZ 1957, 570

A WEBER, Die Entwicklung des Familienrechts seit Mitte 2005, NJW 2006, 3039 u Vorjahre

WEVER, Ausgleich gemeinsamer Hausschulden, FuR 2000, 185

ders, Vermögensauseinandersetzung der Ehegatten außerhalb des Güterrechts (4. Aufl 2006)

ders, Die Vermögensauseinandersetzung der Ehegatten: schuldrechtliche Ausgleichsansprüche, FamRZ 1996, 905

ders, Die Entwicklung der Rechtsprechung zur Vermögensauseinandersetzung außerhalb des Güterrechts im Jahre 2005, FamRZ 2006, 365 u Vorjahre

WINKLMAIR, Rückgewähr einer ehebedingten Zuwendung im Güterstand der Gütertrennung, FamRZ 2006, 1650

WURMNEST, Die Brautgabe im Bürgerlichen Recht, FamRZ 2005, 1878

ZÖLLNER, Vertragsfreiheit und Bindung an den Typus im ehelichen Güterrecht, FamRZ 1965, 113.

Weitere Literaturhinweise finden sich bei den einzelnen Vorschriften.

Systematische Übersicht

Alphabetische Übersicht

I. Begriff des ehelichen Güterrechts, Behandlung in Verfahrensrecht und Zwangsvollstreckung

1. Begriffsinhalt

1 Das eheliche Güterrecht regelt einen positivrechtlich abgegrenzten Ausschnitt aus denjenigen vermögensrechtlichen Beziehungen der Ehegatten zueinander und zu Dritten, die auf einer Ehe beruhen. Das frühere, gegenwärtige oder zukünftige Bestehen einer Ehe muss Voraussetzung der vermögensrechtlichen Beziehungen sein, um diese als güterrechtlich zu kennzeichnen. Dem ehelichen Güterrecht unterstehen daher nicht die Rechtsbeziehungen der Ehegatten zueinander und zu Dritten, bei denen das Bestehen der Ehe nur ein zufälliges, nicht aber wesentliches Moment ist. Darüber hinaus sind nur solche Rechtsgeschäfte und Rechtsverhältnisse als güterrechtlich zu qualifizieren, die gesetzlich begründete Rechtspositionen des Ehegüterrechts betreffen (MünchKomm/Koch Einl zu §§ 1363–1563 Rn 2; Rauscher Rn 352). Folgerichtig werden von einem Ausschluss güterrechtlicher Ansprüche solche nicht erfasst, die außerhalb des Ehegüterrechts entstanden sind (vgl OLG Hamburg FamRZ 2002, 395).

2 Nicht zum ehelichen Güterrecht zählen außer den persönlichen Ehewirkungen (§§ 1353 ff) vor allem die allgemeinen Regelungen mit vermögensrechtlichem Bezug, die das Gesetz den „Wirkungen der Ehe im Allgemeinen" zuordnet (s etwa §§ 1356, 1357, 1362), als Familienunterhaltsrecht vom Güterrecht abgrenzt (vgl §§ 1360–1360b, 1361, 1569 ff) oder dem Erbrecht zuweist.

2. Einfluss der persönlichen Ehewirkungen auf das Güterrecht

Wie die allgemeinen vermögensrechtlichen Beziehungen der Ehegatten sind auch **3** die güterrechtlichen Verhältnisse mit den sich aus ihnen ergebenden Rechten und Pflichten dem umfassenden Gebot zur ehelichen Lebensgemeinschaft (§ 1353) unterstellt. Die sich daraus ergebende Rechtspflicht steht zwar der Geltendmachung vermögensrechtlicher Ansprüche unter Ehegatten nicht grundsätzlich entgegen wie etwa § 1435 zeigt. Gleichwohl kann die durch die Ehe gebotene Pflicht zur Rücksichtnahme im Einzelfall die Durchsetzung beschränken (BGH NJW 1988, 2033; Einzelheiten s STAUDINGER/VOPPEL [2007] § 1353 Rn 88 ff).

3. Verfahrensrechtliches

Spezifisch ehegüterrechtliche Streitigkeiten, insbesondere Streitigkeiten über den **4** Zugewinnausgleich, sind als Familiensachen neben den personenrechtlichen Streitigkeiten einheitlich dem *Familiengericht* zugewiesen (§§ 23a Nr 5, 23b Abs 1 S 2 Nr 9 GVG, § 621 Abs 1 Nr 8 ZPO). Ansprüche aus dem ehelichen Güterrecht sind solche, die sich aus den gesetzlichen Vorschriften über das eheliche Güterrecht (§§ 1363 ff) oder aus Vereinbarungen zwischen den Ehegatten ergeben, durch die güterrechtliche Verhältnisse abweichend von einer gesetzlichen Ausgestaltung geregelt (s § 1408 Rn 5 ff), bestehende güterrechtliche Ansprüche nachträglich modifiziert oder die Auseinandersetzung güterrechtlicher Beziehungen geregelt werden (BGH NJW 1978, 1923; BGHZ 76, 305, 307; BGH NJW-RR 1998, 1219). Auf die Natur des konkreten Begehrens kommt es nicht an (zB Auflassung). Die Auseinandersetzung im Hinblick auf einzelne Vermögensgegenstände zählt nicht zum Güterrecht (BGH NJW 1978, 1923; 1980, 2530; 1981, 347). Deswegen ist das Familiengericht nicht zuständig für einen Rechtsstreit um die Ausgleichspflicht wegen einer Steuernachforderung (BGH NJW 1980, 2476), um eine Erlösteilung nach der Veräußerung eines Kfz (BGH aaO), um die Herausgabe von Sachen des persönlichen Gebrauchs (OLG Zweibrücken FamRZ 1982, 942) oder um eine Freistellung aus einem gemeinsamen Kredit (BGH MDR 1980, 564), um Schadensersatz wegen unberechtigter Verfügung (BGH NJW 1980, 2476) und um die Auseinandersetzung einer BGB-Gesellschaft unter Ehegatten (OLG Zweibrücken; FamRZ 2001, 1011 f). Stehen dahingehende Einzelabreden der Ehegatten aber in unmittelbarem Zusammenhang mit der Gesamtauseinandersetzung der güterrechtlichen Beziehung, ist das Familiengericht zuständig (BGH NJW 1980, 193; 1981, 128; 1981, 347; OLGR Zweibrücken 2000, 409). Richtet eine Vollstreckungsgegenklage (§ 767 ZPO) sich gegen einen Titel aus einer Familiensache, ist auch diese eine Familiensache (BGH NJW 1981, 346; 1982, 942). Auch die Widerspruchsklage, mit der eine Teilungsversteigerung (§§ 180 ff ZVG) verhindert werden soll, ist Familiensache, wenn das der Versteigerung entgegengehaltene Recht im ehelichen Güterrecht wurzelt (BGH NJW 1985, 3067; OLG Hamburg FamRZ 2000, 1290; OLG Bamberg FamRZ 2000, 1167), Gleiches gilt, wenn gegenüber Dritten gemäß § 1365 die Unwirksamkeit von zustimmungspflichtigen Verfügungen geltend gemacht wird (OLG Hamm 2001, 67). Streitigkeiten über Ansprüche aus dem ehelichen Güterrecht einschließlich derer aus den §§ 1381, 1382 gehören zu den fakultativen *Folgesachen* eines *Scheidungsver-*

fahrens. Sie gehen einen *Entscheidungsverbund* (§§ 623 Abs 1 S 1, 629 ZPO) mit der anhängigen Scheidungssache ein, wenn die Güterrechtssache spätestens bis zum Schluss der mündlichen Verhandlung erster Instanz in der Scheidungssache anhängig gemacht worden ist, § 623 Abs 1, 4 ZPO. Ist bei einer Güterrechtssache ein Dritter beteiligt, entfällt der Entscheidungsverbund; die Sache wird abgetrennt, § 623 Abs 1 S 2 ZPO. Getrennt wird auch entschieden, wenn die Entscheidung in der Folgesache noch nicht möglich ist oder die Entscheidung in der Scheidungssache in unzumutbarer Weise außergewöhnlich verzögert würde, § 628 Abs 1 Nr 1, 4 ZPO. Nichtfamiliensachen können mit Familiensachen auch nicht als Haupt- und Hilfsantrag verbunden werden (BGH FamRZ 1981, 1047; BayObLG FamRZ 2003, 1569). Die *örtliche Zuständigkeit* des Familiengerichts richtet sich bei Anhängigkeit der Scheidungssache ausschließlich nach dieser (§ 621 Abs 2 S 1 und Abs 3 ZPO). Wird die Güterrechtssache erst nach Abschluss der ersten Instanz in der Scheidungssache oder unabhängig von einer solchen (s § 1385 ff) anhängig, so richtet sich die Zuständigkeit nach den allgemeinen Vorschriften (§ 621 Abs 2 S 2 ZPO). In Familiensachen besteht Anwaltszwang nach Maßgabe von § 78 Abs 2 ZPO.

4. Zwangsvollstreckung

5 Auch in der *Zwangsvollstreckung* zeigt sich der grundlegende Unterschied zwischen den persönlichen und den vermögensrechtlichen Beziehungen der Ehegatten zueinander. Aus § 888 Abs 3 ZPO ist zu folgern, dass die Anwendung von Zwangsmaßregeln zur Erzwingung eines ehemäßigen Verhaltens schlechthin ausgeschlossen sein soll (RGZ 151, 159, 161). Der Durchsetzung vermögensrechtlicher Ansprüche steht der Grundsatz des § 888 Abs 3 ZPO jedoch nicht entgegen, auch nicht dem Anspruch eines Ehegatten gegen den anderen und den Ehebrecher auf Beseitigung und Unterlassung der Störung des räumlich-gegenständlichen Bereichs der Ehe gemäß Art 6 GG, § 823 BGB (BGHZ 6, 360, 364 f), da hier nicht die personenrechtlichen Beziehungen der Ehegatten betroffen sind. Sonderregelungen für die Zwangsvollstreckung ergeben sich aus den §§ 739 bis 745 ZPO.

II. Zur Geschichte des ehelichen Güterrechts

1. Entwicklung bis 1900

6 Bis 1900 galten in Deutschland zahlreiche verschiedene Güterrechte, die nur nach ihren Grundzügen in bestimmte Güterrechtssysteme einzuordnen sind. Trotz der sehr unterschiedlichen Ausgestaltung im Einzelnen können fünf hauptsächliche Systeme festgestellt werden (Näheres bei ENNECCERUS-WOLFF § 40 und in den dort in Note ** angegebenen Schriften):

a) Die sog *Verwaltungsgemeinschaft*, die sich namentlich in Norddeutschland in den meisten preußischen Gebieten, im Königreich Sachsen, in Oldenburg und Lübeck erhalten hatte. Sie galt für etwa 16 Millionen Menschen.

b) Die *allgemeine Gütergemeinschaft* galt hauptsächlich in Ost- und Westpreußen, Westfalen und in vielen Teilen von Norddeutschland und Bayern für insgesamt etwa 14 Millionen Menschen.

c)   Die *Errungenschaftsgemeinschaft* galt vor allem in West- und Süddeutschland für etwa 10 Millionen Menschen.

d)   Die *Fahrnisgemeinschaft* war vorherrschender Güterstand im rheinischen und badischen Gebiet und in Teilen von Schleswig-Holstein. Sie galt für etwa 9 Millionen Menschen.

e)   Das aus dem römischen Recht rezipierte *Dotalsystem* galt für etwa 3 Millionen Einwohner von Westfalen, Pommern, Hannover, Mecklenburg, Braunschweig, Kurhessen und Teilen von Bayern. Es handelt sich dabei um einen Güterstand der Gütertrennung, in dem dem Manne als Beitrag zu den von ihm zu tragenden ehelichen Lasten *(onera matrimonii)* Vermögenswerte der Frau – *dos* – übereignet wurden, die bei Eheauflösung zurückerstattet werden mussten.

2.   **Regelung nach Schaffung des BGB**

a)   **Allgemeines**
Gegenüber der Zersplitterung des ehelichen Güterrechts in mehr als hundert verschieden gestaltete Rechte trat das Bedürfnis einer einheitlichen Regelung besonders hervor. Andererseits wurde die Ansicht vertreten, das eheliche Güterrecht sei mit Rücksicht auf die verschiedenartigen Volksanschauungen nicht gleichmäßig zu regeln, sondern den einzelnen Stammeseigentümlichkeiten anzupassen. Dieses sog *Regionalsystem* drang aber nicht durch (Mot IV 133 ff; Prot IV 117, 138). Das gesetzliche Güterrecht wurde einheitlich gestaltet, dem vertragsmäßigen Güterrecht jedoch Freiheit eingeräumt, um auf diesem Wege einen Rückgriff auf gewohnte Gestaltungen zu erleichtern. Nach der Regelung des BGB standen sich danach das **gesetzliche Güterrecht** mit einem ordentlichen und einem außerordentlichen Güterstand und das **vertragsmäßige Güterrecht** gegenüber. **7**

Ordentlicher gesetzlicher Güterstand war nach dem BGB die ehemännliche Verwaltung und Nutznießung am eingebrachten Gut der Frau. In gewissen Ausnahmefällen war die Gütertrennung gesetzliches Güterrecht (außerordentlicher gesetzlicher Güterstand), §§ 1426, 1436 aF. **8**

Die Auswahl des gesetzlichen Güterrechtssystems war bei der Schaffung des BGB Gegenstand eingehender Erörterungen (Mot IV 143 ff; Prot IV 118, 139). Das römische Dotalrecht wurde abgelehnt. Gegen die Einführung der allgemeinen Gütergemeinschaft ergaben sich erhebliche Bedenken, vor allem wegen der Gefährdung der Ehefrau durch die Haftung des Gesamtgutes für alle Schulden des Mannes. Andere Einwände wurden gegen die Fahrnisgemeinschaft erhoben. So schwankte die Entscheidung zuletzt zwischen der sog Errungenschaftsgemeinschaft und der sog Verwaltungsgemeinschaft. Gegen die Annahme der Errungenschaftsgemeinschaft sprachen jedoch die Schwierigkeiten bei der Schuldenregelung, für die Verwaltungsgemeinschaft deren Ursprung aus dem älteren deutschen Recht und ihre weite Verbreitung in Preußen und Sachsen. So fiel die Entscheidung zugunsten der Verwaltungsgemeinschaft aus. **9**

b)   **Räumliche Geltung**
Infolge der Ablehnung des Regionalprinzips hatte die Streitfrage der sog Wandel- **10**

barkeit oder Unwandelbarkeit des ehelichen Güterrechts im Falle der Veränderung des Wohnsitzes der Ehegatten ihre Bedeutung verloren. Es galt der Grundsatz, dass das Recht des ersten Wohnsitzes der Ehegatten nach der Eheschließung dauernd maßgebend ist.

c) Zeitliche Geltung

11 Das eheliche Güterrecht des BGB war maßgebend für alle nach dem 1. 1. 1900 geschlossenen Ehen. Für den Güterstand einer z Zt des Inkrafttretens des BGB bestehenden Ehe blieben die früheren Gesetze maßgebend. Jedoch konnte eine nach den Vorschriften des BGB zulässige Regelung des Güterstandes durch Ehevertrag auch dann getroffen werden, wenn dies nach den früheren Gesetzen nicht zulässig gewesen wäre.

3. Güterrechtsreform

a) Reform des gesetzlichen Güterstandes

12 Der gesetzliche Güterstand der ehemännlichen Verwaltung und Nutznießung war bereits bei der Schaffung des BGB umstritten (vgl vStumm-Halberg 114. Sitzung des Reichstages vom 25. 6. 1896, StenBer 2920 ff, 2931 ff; O Gierke, Das Bürgerliche Gesetzbuch und der Deutsche Reichstag [1896] 35). Die Lösung des BGB war auch in der Folgezeit ständig Angriffen ausgesetzt (s Marianne Weber, Ehefrau und Mutter in der Rechtsentwicklung [1907] 495, 504; Joerges, Eheliche Lebensgemeinschaft [1912]; Margarete Berent, Die Zugewinngemeinschaft der Ehegatten, in Heft 123 der Untersuchungen zur Deutschen Staats- und Rechtsgeschichte [1915]). Sie entsprach bereits in den ersten Jahrzehnten des letzten Jahrhunderts nicht mehr der Stellung der Frau in der ehelichen Gemeinschaft und den veränderten sozialen Verhältnissen. Der in Art 119 WRV statuierte Satz von der Gleichberechtigung der Geschlechter in der Ehe gab dann den Anstoß zu einer großen Zahl von Vorschlägen zur Neugestaltung des ehelichen Güterrechts. Zu den Einzelheiten vgl Staudinger/Felgentraeger[10/11] Einl 12 ff. Eine Anpassung des Familiengüterrechts an den Gleichberechtigungsgrundsatz durch den Gesetzgeber ist damals jedoch nicht erfolgt; Art 119 WRV ist Programmsatz geblieben.

13 Das Grundgesetz hat den in der Weimarer Verfassung ausgesprochenen Grundsatz der Gleichberechtigung der Geschlechter ebenfalls aufgenommen. Es bestimmt in Art 3 Abs 2, dass Männer und Frauen gleichberechtigt sind. Der Grundsatz der Gleichberechtigung der Geschlechter ist unmittelbar geltendes Recht (s unten Rn 18). Um den Gesetzgebungsorganen Zeit und Gelegenheit zu geben, das bisherige Recht an den Gleichberechtigungsgrundsatz anzupassen, wurde in Art 117 Abs 1 GG bestimmt, dass das dem Art 3 Abs 2 GG entgegenstehende Recht mit Ablauf des 31. 3. 1953 außer Kraft treten solle.

14 Auf der Grundlage der Arbeiten des Unterausschusses ist der schriftliche Bericht des Ausschusses für Rechtswesen und Verfassungsrecht an das Plenum des Bundestages erstattet worden (BT-Drucks 2/3409). Der Bundestag hat das *Gleichberechtigungsgesetz* idF der Ausschussvorlage in 2. und 3. Lesung am 3. 5. 1957 verabschiedet. Das Gesetz ist am 21. 6. 1957 verkündet worden (BGBl I 609).

15 Das Gesetz entspricht in seiner grundsätzlichen Regelung des ordentlichen Güterstandes den Reformvorschlägen, die auf die Schaffung eines Güterstandes der Gütertrennung mit Errungenschaftsbeteiligung abzielten. Die Mehrzahl der Reformvorschläge bewegten sich in der Richtung auf einen solchen Güterstand, vgl STAUDINGER/FELGENTRAEGER[10/11] Einl 16.

b) Reform der Wahlgüterstände

Die Frage der Reform des vertraglichen Güterrechts stand von Anfang an im **16** Schatten der Reform des gesetzlichen Güterstandes; sie wurde meist am Rande miterledigt. Eine echte Auseinandersetzung hat es trotz einer Reihe von neuartigen Vorschlägen nicht gegeben. Dementsprechend ist der Ausschussbericht (BT-Drucks 2/3409, 25) wenig ergiebig.

Das GleichberG hat den Grundsatz der Vertragsfreiheit unverändert übernommen. **17** Es stellt jedoch im Anschluss an die Regierungsentwürfe als „Mustergüterstände" nur noch die Gütertrennung und die Gütergemeinschaft in einer dem Gleichberechtigungsgrundsatz angepassten Form zur Verfügung. Die noch im BGB vorgesehene gesetzliche Normierung weiterer Wahlgüterstände (Errungenschafts- und Fahrnisgemeinschaft) ist dagegen entfallen. Dies beruht auf der Erwägung, dass kein Bedürfnis dafür bestehe, die Errungenschafts- und Fahrnisgemeinschaft als Vertragsgüterstand weiterhin gesetzlich zu regeln. Die Fahrnisgemeinschaft des BGB werde ohnehin kaum noch vereinbart. Den Gedanken der Errungenschaftsgemeinschaft aber verwirkliche bereits der gesetzliche Güterstand der Zugewinngemeinschaft. Hätten die Ehegatten dennoch den Wunsch, schon während der Ehe das Errungene dinglich in einer Gemeinschaft zu binden, so sei ihnen die Möglichkeit gegeben, durch Ehevertrag Gütergemeinschaft zu vereinbaren und die eingebrachten Gegenstände zum Vorbehaltsgut zu erklären (BT-Drucks 2/3409, 25).

III. Das Zwischenrecht vom 1. 4. 1953 bis zum 30. 6. 1958

1. Das gesetzliche Güterrecht

Der Grundsatz der Gleichberechtigung von Mann und Frau (Art 3 Abs 2, 117 Abs 1 **18** GG) ist am 1. 4. 1953 als unmittelbar geltendes Recht wirksam geworden (BVerfG vom 18. 12. 1953 in BVerfGE 3, 225 = NJW 1954, 65). Der Gleichberechtigungsgrundsatz galt bereits vor der Vereinigung in Berlin (KG NJW 1953, 985, 1104; ARNOLD, Angewandte Gleichberechtigung im Familienrecht [1954] 12 f; HOFFMANN JR 1953, 199 f; TSCHISCHGALE JR 1953, 243 f; MÜCKE MDR 1954, 20; **aA** KG NJW 1953, 788; DÖLLE JZ 1953, 253 Anm 1 a). Seit dem 1. 1. 1957 gilt der Gleichberechtigungsgrundsatz auch im Saarland (§§ 1, 20 des Ges vom 23. 12. 1956 [BGBl II/1011 = SaBl 1957, 77]; vgl BRAGA FamRZ 1957, 37; KRETSCHMER NJW 1957, 51). Das Art 3 Abs 2 GG entgegenstehende Recht ist mit Ablauf des 31. 3. 1953 (im Saarland mit Ablauf des 31. 12. 1956) außer Kraft getreten.

Mit dem Inkrafttreten von Art 3 Abs 2 GG ist für die vor diesem Stichtag geschlos- **19** senen Ehen der gesetzliche Güterstand der Verwaltung und Nutznießung des Ehemannes am eingebrachten Gut der Frau umgewandelt worden in den Güterstand der **Gütertrennung**. Auch die Neuehen unterstanden dem gesetzlichen Güterstand der reinen Gütertrennung (vgl BGHZ 10, 266, 279; 11, Anh 73; KROPHOLLER, Gleichberechtigung und Richterrecht [1975] 33 ff). Zu den Einzelheiten s STAUDINGER/FELGENTRAEGER[10/11] Einl 21–55.

2. Das vertragliche Güterrecht

20 Die vor dem 1. 4. 1953 durch Ehevertrag vereinbarten Wahlgüterstände (Gütertrennung, Allgemeine Gütergemeinschaft, Errungenschafts- und Fahrnisgemeinschaft) sind vom Gleichberechtigungsgrundsatz unberührt geblieben. Für diese vor dem 1. 4. 1953 begründeten Güterstände galten die Vorschriften des BGB unverändert fort. Benachteiligungen eines Ehegatten, die sich aus diesen gesetzlichen Bestimmungen ergeben, lassen sich auf den Vertragswillen der Ehegatten zurückführen. In die bestehenden güterrechtlichen Vertragsverhältnisse wollte der Verfassungsgesetzgeber nicht eingreifen (BGHZ 11 Anh 74; BGH BB 1957, 559; FamRZ 1957, 247 Nr 114). Weitere ausführliche Nachweise bei STAUDINGER/FELGENTRAEGER[10/11] Einl 56–63.

IV. Regelung nach dem Gleichberechtigungsgesetz

1. Grundzüge

21 Das am 21. 6. 1957 verkündete Gesetz über die Gleichberechtigung von Mann und Frau auf dem Gebiet des bürgerlichen Rechts – GleichberG – (BGBl I 1957, 609 ff) hat das eheliche Güterrecht unter Berücksichtigung des Gleichberechtigungsgrundsatzes neu geregelt. Dabei hat der Bundesgesetzgeber das Prinzip der Vertragsfreiheit auf dem Gebiete des Güterrechts beibehalten, §§ 1363 Abs 1, 1408.

22 Die güterrechtlichen Verhältnisse der Ehegatten regeln sich wie bisher in erster Linie nach den ehevertraglichen Vereinbarungen. Haben die Ehegatten nicht durch Ehevertrag etwas anderes vereinbart, gilt das gesetzliche Güterrecht.

23 An die Stelle des bis zum 31. 3. 1953 geltenden gesetzlichen Güterstandes der Verwaltung und Nutznießung und der seit dem 1. 4. 1953 geltenden reinen Gütertrennung ist die Gütertrennung mit Ausgleich des Zugewinns (Zugewinngemeinschaft) getreten. Der Gesetzgeber hat sich damit für die seit dem 33. Deutschen Juristentag 1924 erörterte und überwiegend befürwortete Regelung des gesetzlichen Güterrechts – wenn auch mit wesentlichen Abweichungen im Einzelnen – entschieden. Die reine Gütertrennung ist damit als gesetzlicher Hauptgüterstand verworfen, weil sie nicht immer dem Wesen der gleichberechtigten Ehe entspricht. Die nur im Haushalt oder nur im Gewerbebetrieb des Mannes tätige Frau wäre in diesem Güterstand benachteiligt. Eine dem Gleichberechtigungsgrundsatz angepasste Allgemeine Gütergemeinschaft oder Errungenschaftsgemeinschaft hielt der Gesetzgeber nicht für geeignet. Bei diesen Güterständen sind Schwierigkeiten bei der Verwaltung des Gesamtgutes, in der Haftungsfrage sowie bei der Auseinandersetzung nicht vermeidbar.

24 Neben dem ordentlichen gesetzlichen Güterstand der Zugewinngemeinschaft gibt es weiter den außerordentlichen gesetzlichen Güterstand der reinen Gütertrennung, § 1414.

25 Als *gesetzlich geregelten Wahlgüterstand* sieht das BGB nur noch die *Gütergemeinschaft* vor, §§ 1415 ff. Es besteht nach der Auffassung des Gesetzgebers kein Bedürfnis dafür, auch die *Errungenschaftsgemeinschaft* und die *Fahrnisgemeinschaft* als gesetzlich normierte Güterstände den Ehegatten zur Wahl zu stellen. Eine Beteiligung jedes Ehegatten an der Errungenschaft des anderen ergibt sich bereits aus dem gesetzlichen Güterrecht. Wünschen die Ehegatten eine dingliche Beteiligung an der Errungenschaft des anderen, so steht ihnen der Abschluss eines Ehevertrages frei. Die Fahrnisgemeinschaft sei in jüngerer Zeit kaum noch vereinbart worden. Sie habe es auch nur örtlich begrenzt gegeben. Eine gesetzliche Regelung als Wahlgüterstand erübrige sich daher (vgl RegE II, BT-Drucks 2/224, 31; SEIDL BT-Drucks 2/3409, 25).

2.   Das Übergangsrecht nach dem GleichberG

Für die *Überleitung* der beim Inkrafttreten des Gleichberechtigungsgesetzes beste- **26** henden Güterstände in das neue Güterrecht trifft das GleichberG in Art 8 I Nr 2–7 besondere Bestimmungen. Entgegen der bei Einführung des BGB getroffenen Regelung des Art 200 EGBGB wurden grundsätzlich alle Güterstände in das neue Güterrecht übergeleitet. *Ausnahmen* von diesem Grundsatz gelten lediglich für die vor dem Inkrafttreten des Gesetzes begründeten Güterstände der *Errungenschafts- und Fahrnisgemeinschaft*, für die das vor dem 1. 4. 1953 geltende Recht weiterhin maßgeblich ist. Übergeleitet wurde danach nicht nur der gesetzliche Güterstand, sondern auch das vertragliche Güterrecht der Allgemeinen Gütergemeinschaft und der Gütertrennung. Die Aufgabe des Grundsatzes der Unwandelbarkeit des Güterstandes auch für den Bereich des vertraglichen Güterrechts erscheint als zweckmäßig, da die alten und die neuen Vertragsgüterstände im Wesentlichen übereinstimmen und die Vorschriften des neuen Rechts, die Änderungen enthalten, im Rahmen des Grundsatzes der Gleichberechtigung zum Schutze der Frau erforderlich sind und den Mann nur geringfügig belasten (vgl E II Begr 74). Ausgehend von dem Grundsatz der Unwandelbarkeit des Güterstandes erkennt das Gesetz im Bereich des *gesetzlichen* Güterrechts aber auch an, dass den Ehegatten kein Güterstand *aufgezwungen* werden kann, der bei Abschluss der Ehe nicht voraussehbar war, Art 8 I Nr 3 Abs 2. Zu den Einzelheiten des Übergangsrechts s STAUDINGER/THIELE (1994) Einl 27 ff.

V.   Güterstand der Vertriebenen, Flüchtlinge und Spätaussiedler

Nach dem Gesetz über den ehelichen Güterstand von Vertriebenen und Flücht- **27** lingen vom 4. 8. 1969 (BGBl I 1067; Gesetzestext s STAUDINGER/MANKOWSKI [2003] Art 15 EGBGB Rn 421 ff) sind die streitigen Fragen um die Unwandelbarkeit der Güterstände (s dazu STAUDINGER/FELGENTRAEGER[11] Einl 197 ff; STAUDINGER/GAMILLSCHEG[11] Art 15 EGBGB Rn 95 ff) positivrechtlich gelöst worden. Die von den Vertriebenen und Sowjetzonenflüchtlingen (§§ 1, 3 und 4 BVFG) mitgebrachten gesetzlichen Güterstände wurden mit Wirkung vom 1. 10. 1969 in den gesetzlichen Güterstand der Zugewinngemeinschaft übergeleitet, sofern beide Ehegatten ihren gewöhnlichen Aufenthalt im Bundesgebiet hatten. Das Gleiche galt für Ehegatten, die aus der sowjetischen Besatzungszone oder aus dem Ostsektor Berlins zugezogen waren und zur Zeit des Zuzugs beide deutsche Staatsangehörige waren oder als Deutsche im Sinne von Art 116 Abs 1 GG Aufnahme im Bundesgebiet gefunden hatten. Unter die Regelung fallen auch Übersiedler, die beide ihren Wohnsitz nach Öffnung der innerdeutschen Grenze am 9. 11. 1989 bis zum Beitritt am 3. 10. 1990 in die alten Bundesländer verlegt haben (BOSCH FamRZ 1991, 1009; PALANDT/HELDRICH Anh zu Art 15 Rn 2). Bei einem Zuzug nach dem 1. 10. 1969 erfolgte die Überleitung des Güterstandes erst vom Anfang des vierten Monats nach der Begründung des gewöhnlichen Aufenthalts im Bundesgebiet. Der Stichtag für die Berechnung des Zugewinns war der 1. 7. 1958 oder der Zeitpunkt, zu dem die Voraussetzungen der Überleitung vorlagen. Jeder Ehegatte konnte bis zum 31. 12. 1970 einseitig durch notariell beurkundete Erklärung gegenüber jedem Amtsgericht die Überleitung ablehnen. Bei Zuzug nach dem 1. 10. 1969 konnte die Ablehnung innerhalb eines Jahres nach der Überleitung erklärt werden. Die Überleitung des Güterstandes erfolgte nicht, wenn die Ehegatten nicht im gesetzlichen Güterstand gelebt hatten oder ihr bisheriger Güterstand am 1. 10. 1969 oder zu dem für die Überleitung bestimmten Zeitpunkt im Güterrechtsregister eines Amtsgerichts im Bundesgebiet eingetragen war. Mit Änderung des Bundesvertriebenengesetzes durch Art 1 des KriegsfolgenbereinigungsG vom 21. 12. 1992 (BGBl I 2094; Bekanntmachung der Neufassung vom 2. 6. 1993 [BGBl I 829]) ist der Rechtsbegriff des **Spätaussiedlers** eingeführt worden. Eine Anpassung des VertriebenengüterstandsG ist nicht erfolgt, so dass nach dem Wortlaut zweifelhaft ist, ob Spätaussiedler von diesem erfasst werden. Solange eine Klarstellung durch den Gesetzgeber nicht erfolgt ist, bietet eine analoge Anwendung von § 3 VertriebenengüterstandsG auf die Spätaussiedler die am ehesten interessengerechte Lösung (str, zu den Einzelheiten sowie zum Güterstand der Vertriebenen und Flüchtlinge s STAUDINGER/ MANKOWSKI [2003] Art 15 EGBGB Rn 418 ff mwNw).

VI. Ergänzende Bestimmungen

28   Das eheliche Güterrecht ist in der Hauptsache im nachfolgenden 6. Titel des BGB dargestellt, wird aber ergänzt durch eine Reihe anderer Bestimmungen des BGB und anderer Gesetze. Besonders kommen in Betracht:

– die das Vermögensrecht berührenden Bestimmungen des von den allgemeinen Wirkungen der Ehe handelnden 5. Titels (§§ 1353–1362). Die systematische Stellung dieser Vorschriften ergibt, dass sie nicht Eigentümlichkeiten eines bestimmten Gütersystems sind, sondern bei jedem Güterstand Anwendung finden. Das gilt besonders für die die Ehegatten zu ehelicher Lebensgemeinschaft verpflichtende Generalklausel des § 1353 Abs 1 (vgl Rn 3), ferner für die Vorschriften über die Schlüsselgewalt (§ 1357), die gegenseitige Haftung der Ehegatten (§ 1359), die Unterhaltspflicht des Ehegatten (§§ 1360–1361a) und die Eigentumsvermutung zugunsten der Gläubiger der Ehegatten (§ 1362).

– Eine Ergänzung des ehelichen Güterrechts stellen ferner die Bestimmungen des BGB über das gesetzliche Erbrecht und das Pflichtteilsrecht der Ehegatten dar, §§ 1931 ff, 2008, 2054, 2303 ff.

– Zu berücksichtigen sind auch die Vorschriften des Insolvenzrechts für die Frage, ob und wie bei Insolvenz des einen Ehegatten die güterrechtlichen Ansprüche des anderen zur Geltung kommen (s §§ 37, 318 InsO).

– Zu erwähnen sind ferner die prozessrechtlichen Vorschriften der §§ 739 ff, 774, 860, 999 ZPO sowie die Vorschriften der §§ 45, 53, 53a, 99, 161 FGG, der §§ 33, 34, 35 GBO und schließlich die Vorschriften der Hausratsverordnung.

VII. Das Güterrecht nach dem Beitritt der DDR

Mit dem 3. 10. 1990 gilt das Familienrecht des BGB im Grundsatz auch in den neuen **29**
Bundesländern für die an diesem Tag bestehenden familienrechtlichen Verhältnisse
(zu den Einzelheiten s STAUDINGER/RAUSCHER [2003] Erl zu Art 234 §§ 1 ff EGBGB). Haben die
Ehegatten am 3. 10. 1990 im gesetzlichen Güterstand der DDR gelebt, so gelten
mangels abweichender Vereinbarung die Vorschriften über den Güterstand der
Zugewinngemeinschaft. Bei Beendigung des Güterstandes bis zum Stichtag gelten
dagegen die §§ 39, 40 FGB der DDR fort. Jeder Ehegatte konnte bis zum 2. 10. 1992
die Überleitung rückwirkend durch die Erklärung ausschließen, dass der bisherige
Güterstand fortgelten solle, Art 234 § 4 Abs 2 EGBGB. Ein anderer Güterstand
konnte mit dieser einseitigen Erklärung nicht gewählt werden. Hierzu bedurfte es
eines Ehevertrages, § 1408. Unterblieb eine Überleitung, leben die Ehegatten im
Güterstand der Eigentums- und Vermögensgemeinschaft des FGB vom 20. 12. 1965
(GBl I 1966 Nr 191) geändert durch das 1. FamRÄndG vom 20. 7. 1990 (GBl I 1038). Zu
den Einzelheiten der Überleitung der ehegüterrechtlichen Verhältnisse der im gesetzlichen Güterstand des FGB lebenden Ehegatten s STAUDINGER/RAUSCHER
(2003) Art 234 § 4 EGBGB. Auf das bestehende und künftige gemeinschaftliche
Eigentum finden die Vorschriften über die Gütergemeinschaft mit dem Verwaltungsrecht beider Ehegatten Anwendung, also die §§ 1450–1470. Zu den Einzelheiten s Erl dort sowie STAUDINGER/RAUSCHER (2003) Art 234 § 4a EGBGB
Rn 38 ff.

Unterblieb die Überleitung wird nach **Beendigung der Ehe** das gemeinschaftliche **30**
Vermögen auf Grundlage des insoweit fortgeltenden § 39 FGB **grundsätzlich hälftig**
verteilt. Einigen sich die Ehegatten über die Verteilung nicht, so entscheidet das
Gericht. Die Teilung erfolgt möglichst in natura. Unteilbare Sachen kann das Gericht in der Weise verteilen, dass es daran Miteigentum begründet. Eine Übertragung in das Alleineigentum eines Ehegatten kommt nur in Betracht, wenn dafür
triftige Gründe bestehen, die der Bedeutung der Eigentumsgarantie angemessen
sind und der Begründung von Miteigentum entgegenstehen. Gegebenenfalls ist eine
Erstattungspflicht festzusetzen und ihre Erfüllung zu sichern (BGH FamRZ 1992,
415 ff). Gegenstand der Verteilung nach § 39 Abs 1 FGB ist nur das gemeinschaftliche Eigentum und Vermögen. Nach dem Grundsatz der umfassenden Auseinandersetzung sind in die Prüfung alle Vermögensgegenstände einzubeziehen, die sich
aus dem Vorbringen der Parteien ergeben (BGH aaO, 419; KG FamRZ 1992, 1432). Die
Auseinandersetzung nach § 39 FGB ist eine Familiensache nach § 621 Abs 1 Nr 8
ZPO (BGH FamRZ 1991, 795; 1175).

VIII. Ehegüterrecht des Auslands

Zum Ehegüterrecht des Auslandes s STAUDINGER/MANKOWSKI (2003) Erl zu Art 15 **31**
EGBGB.

Untertitel 1
Gesetzliches Güterrecht

Vorbemerkungen zu §§ 1363–1390

1. Gesetzlicher und vertragsmäßiger Güterstand

1 Das BGB unterscheidet diejenige Ordnung der Güterverhältnisse unter den Ehegatten, welche kraft Gesetzes (§§ 1363–1390), und diejenige, welche kraft Ehevertrages (§§ 1408–1518) eintritt. Nach dem Grundsatz der Vertragsfreiheit (s Bem zu § 1408) ist in erster Linie das vertragsmäßige Güterrecht maßgebend. Das gesetzliche Güterrecht tritt nur ein, wenn nicht vertragsmäßiges Güterrecht vereinbart ist, hat also in dieser Hinsicht subsidiären Charakter.

2. Der gesetzliche Güterstand

2 Das BGB hat ein doppeltes gesetzliches Güterrecht, nämlich:

a)   den *ordentlichen gesetzlichen Güterstand*, §§ 1363–1390, und

b)   einen *außerordentlichen gesetzlichen Güterstand*, §§ 1414, 1388, 1449, 1470.

Ordentlicher gesetzlicher Güterstand ist die *Zugewinngemeinschaft*, außerordentlicher gesetzlicher Güterstand ist die *Gütertrennung*. Richtiger würde es heißen: „reine Gütertrennung"; denn auch der ordentliche gesetzliche Güterstand beruht auf dem Prinzip der Gütertrennung (vgl § 1363 Rn 1 f).

3 3.   Die *wichtigsten Grundsätze* des ordentlichen gesetzlichen Güterstandes (Zugewinngemeinschaft) sind:

a)   Die Vermögen der Ehegatten bleiben rechtlich getrennt. Jeder Ehegatte verwaltet sein Vermögen selbständig. Jeder Ehegatte haftet nur für seine eigenen Schulden und nur mit seinem Vermögen.

b)   Jeder Ehegatte kann über die ihm gehörenden Vermögensgegenstände frei verfügen. Kein Ehegatte kann jedoch über sein Vermögen im Ganzen oder über ihm gehörende Gegenstände des ehelichen Haushalts ohne Einwilligung des anderen Ehegatten verfügen oder sich zu einer solchen Verfügung auch nur verpflichten.

c)   Ein während der Ehe erzielter Zugewinn wird bei Beendigung des Güterstandes ausgeglichen. Wird der Güterstand durch den Tod eines Ehegatten beendet, so erfolgt der Ausgleich durch eine Erhöhung des Ehegattenerbrechts um ein Viertel der Erbschaft. Wird der Güterstand auf andere Weise als durch den Tod eines Ehegatten beendet, so wird der Betrag geteilt, um den der Zugewinn des einen Ehegatten den des anderen übersteigt. In dieser Höhe steht dem Ehegatten, der den geringeren Zugewinn erzielt hat, ein obligatorischer Ausgleichsanspruch in Geld gegen den anderen Ehegatten zu.

4. Beweislast

Die Geltung des ordentlichen gesetzlichen Güterstandes bildet die Regel. Der Rich- **4** ter kann daher mangels gegenteiliger Behauptungen davon ausgehen, dass Zugewinngemeinschaft gilt. Demgemäß hat, wer den Nichteintritt oder den Wegfall des gesetzlichen Güterstandes behauptet, die Voraussetzungen für diese Abweichung von der Regel zu beweisen. Der auf Zugewinnausgleich in Anspruch genommene Ehegatte trägt also die Beweislast für die Behauptung, der gesetzliche Güterstand sei durch Ehevertrag ausgeschlossen worden. War der andere Ehegatte zum fraglichen Zeitpunkt minderjährig, gilt gleiches für die erforderliche Genehmigung des Vertrags. Steht die Genehmigung nach Erlangung der Volljährigkeit fest, hat der andere Ehegatte zu beweisen, dass sein gesetzlicher Vertreter bereits zuvor die Genehmigung versagt hatte (BGH FamRZ 1989, 476). Im Verhältnis zu Dritten sind die Vorschriften des § 1412 maßgebend. Über den Nachweis des Güterstandes gegenüber dem Grundbuchamt s §§ 34, 35 GBO; auch das Grundbuchamt darf davon ausgehen, dass im konkreten Falle eine Zugewinngemeinschaft besteht.

§ 1363
Zugewingemeinschaft

(1) Die Ehegatten leben im Güterstand der Zugewinngemeinschaft, wenn sie nicht durch Ehevertrag etwas anderes vereinbaren.

(2) Das Vermögen des Mannes und das Vermögen der Frau werden nicht gemeinschaftliches Vermögen der Ehegatten; dies gilt auch für Vermögen, das ein Ehegatte nach der Eheschließung erwirbt. Der Zugewinn, den die Ehegatten in der Ehe erzielen, wird jedoch ausgeglichen, wenn die Zugewinngemeinschaft endet.

Materialien: E I § 1363; II § 1363.
Vgl STAUDINGER/BGB-Synopse 1896–2005
§ 1363.

Systematische Übersicht

I. Begriff der Zugewinngemeinschaft

1 § 1363 Abs 1 bezeichnet den ordentlichen gesetzlichen Güterstand als „Zugewinngemeinschaft". Nach dem Sprachgebrauch des BGB (§§ 741 ff, 1008 ff, 1437 ff, 1519 ff, 1549 ff, 2032 ff) ist unter der „Gemeinschaft" nur eine dingliche Mitberechtigung mehrerer Personen nach Bruchteilen oder zur gesamten Hand an einem Recht, einem Vermögen oder einzelnen Gegenständen zu verstehen. Der Gesetzgeber wollte die Zugewinngemeinschaft jedoch nicht in diesem technischen Sinne als Gemeinschaft verstanden sehen. Um die irrige Vorstellung einer dinglichen Beteiligung der Ehegatten an dem während der Ehe erzielten Zugewinn auszuschließen, ist in § 1363 Abs 2 ausdrücklich erläuternd gesagt, dass die Vermögen der Ehegatten, die sie bei der Eheschließung haben und die sie während der Ehe erwerben, nicht zu einem gemeinschaftlichen Vermögen verbunden werden. Die Bezeichnung des gesetzlichen Güterstandes als Zugewinngemeinschaft ist lediglich gewählt worden, um einen hinreichend deutlichen, dabei kurzen Ausdruck für den praktischen Gebrauch zur Verfügung zu stellen. Die dem Inhalt des neuen gesetzlichen Güterstandes besser entsprechende Bezeichnung als „Gütertrennung mit Ausgleich des Zugewinns" (s § 1363 RegE I, BT-Drucks 1/3802) ist dem Gesetzgeber für den praktischen Gebrauch als zu lang erschienen. Der im RegE II (BT-Drucks 2/224) vorgeschlagenen Bezeichnung „Zugewinngemeinschaft" mit dem in Klammern gesetzten Zusatz (Güterstand des Zugewinnausgleichs) ist aus Gründen der Klarheit die vorliegende Fassung vorgezogen worden. Auch der Klammerzusatz im RegE II war nicht geeignet, die unrichtige Vorstellung einer dinglichen Beteiligung der Ehegatten am Zugewinn auszuschließen. Zu **Grundlagen** und **Kritik** der Zugewinngemeinschaft s Vorbem 1 ff zu § 1371.

2 Die Zugewinngemeinschaft hat danach mit den Gemeinschaftsformen des BGB nichts gemein außer dem Namen. Als Gütertrennung mit nachfolgendem Zugewinnausgleich gewährt sie erst nach Beendigung des Güterstandes und nur unter bestimmten Voraussetzungen eine wirtschaftliche Beteiligung des einen Ehegatten am Vermögen des anderen. Auch die während der Zugewinngemeinschaft bestehenden Verpflichtungs- und Verfügungsbeschränkungen der §§ 1365, 1369 beziehen sich nur auf das eigene Vermögen des diesen Bindungen unterworfenen Ehegatten.

3 Auch den „Gesellschaften" kann die Zugewinngemeinschaft nicht zugerechnet werden. Diese Denkform passt ebenso wenig für die Ehe als solche wie für deren wirtschaftliche Ausgestaltung in der Zugewinngemeinschaft. Das schließt freilich nicht aus, dass die Ehegatten im Einzelfall vertraglich ein besonderes Gesellschaftsverhältnis miteinander eingehen oder dass die besonderen Umstände die Annahme einer Innengesellschaft rechtfertigen können (s dazu unten Rn 7).

II. Grundsatz der Gütertrennung

1. Grundsatz

Der ordentliche gesetzliche Güterstand beruht auf einer Gütertrennung. Während **4** der Ehe bleiben die Vermögen der Ehegatten rechtlich selbständig. Die güterrechtlichen Verhältnisse der Ehegatten (als Eigentümer, Besitzer oder Gläubiger von Rechten und Forderungen usw) sind die gleichen, als wären sie nicht verheiratet. Das bedeutet nicht, dass die Eheschließung vermögensrechtlich keinerlei Bedeutung hätte. Vermögensrechtliche Wirkungen folgen, von den §§ 1365–1369 abgesehen, jedoch nicht aus dem Güterrecht, sondern aus den allgemeinen Wirkungen der Ehe (zB Unterhaltsverpflichtung, Schlüsselgewalt, Eigentumsvermutung).

2. Gütermassen

Es gibt nur zwei Gütermassen: Das Mannesvermögen und das Frauenvermögen. **5** Jeder Ehegatte verwaltet sein Vermögen selbständig, § 1364. Jeder Ehegatte haftet auch allein für die von ihm eingegangenen Verbindlichkeiten (s aber auch § 1357). Das Verwaltungs- und Verfügungsrecht ist nur nach Maßgabe der §§ 1365 ff, 1369 beschränkt. Darüber hinaus ergeben sich (mittelbare) Bindungen aus der beiderseitigen Verpflichtung zur ehelichen Lebensgemeinschaft, § 1353 (s dazu auch Einl 3 zu §§ 1363 ff).

3. Gemeinschaftliches Vermögen kraft allgemeinen Vermögensrechts

Die ehegüterrechtliche Regelung schließt die Entstehung von *gemeinschaftlichem* **6** *Vermögen* nicht aus. Sie richtet sich jedoch ausschließlich nach allgemeinem Vermögensrecht. Unabhängig vom Güterstand sind danach in erster Linie die Vorschriften über Rechtsgeschäfte maßgebend. Bei gemeinschaftlichem Erwerb von Einrichtungsgegenständen für die Ehewohnung und sonstigem Hausrat, von Wertpapieren und Sparkonten und von Grundstücken, Eigentumswohnungen usw wird regelmäßig eine Mitberechtigung *nach Bruchteilen* begründet (insoweit verfehlt OLG München NJW 1972, 542). Auch beim Erwerb von Haushaltsgegenständen durch einen Ehegatten allein ist über die Fälle der offenen Stellvertretung hinaus nach den Umständen häufig der Erwerb von Miteigentum nach Bruchteilen anzunehmen. Soweit nicht § 1370 eine anderweitige Rechtszuordnung bestimmt, ergibt sich die Rechtswirkung regelmäßig obligatorisch aus § 1357 Abs 1 und dinglich nach den Grundsätzen des Geschäftes für den, den es angeht (BGH NJW 1991, 2283). In anderen Fällen kann der Wille zum Miteigentumserwerb den Umständen nach anzunehmen sein, selbst wenn die Mittel für den Erwerb von einem Ehegatten allein zur Verfügung gestellt werden (vgl OLG München NJW 1972, 542; ERMAN/HECKELMANN Rn 4; MünchKomm/KOCH Rn 11; SOERGEL/LANGE Rn 8). So besteht an einem Sparguthaben auf einem Konto, das der gemeinsamen Ansparung ohne konkreten Zweck dient und das nur auf den Namen eines Ehegatten lautet, eine Bruchteilsgemeinschaft (BGH FamRZ 2002, 1696; 2000, 948). Mitbesitz (s Rn 8) der Ehegatten begründet im Verhältnis zueinander die Vermutung für Miteigentum, § 1006.

Im Einzelfall können die Ehegatten auch **Gesamthandseigentum** erwerben. Das setzt **7** jedoch eine Erbengemeinschaft oder ein Gesellschaftsverhältnis zwischen ihnen voraus. Ehegatten-(außen-)gesellschaften sind selten. Ehegatten können sich aber selbst dann durch *ausdrückliche* Vereinbarung zu einer Gesellschaft bürgerlichen Rechts zusammenschließen, wenn deren Zweck nur die Sicherung und Schaffung des Familienheims und dessen gemeinsames Bewohnen ist (BGH FamRZ 1982, 141 = NJW 1982 171). Voraussetzung für die Vereinbarung einer **Innengesellschaft durch schlüssiges Verhalten** ist demgegenüber, dass ein über die Verwirklichung der ehelichen Gemeinschaft hinausgehender Zweck verfolgt wird. Dabei kommt es nicht maßgeblich darauf an, ob die Beiträge eines Ehegatten in Geld- oder Sachleistungen einerseits oder in Mitarbeit andererseits bestehen. Entscheidend ist vielmehr, welche Zielvorstellung die Ehegatten mit der Vermögensbildung verfolgen, insbesondere ob sie in der Vorstellung handeln, dass das gemeinsam geschaffene Vermögen wirtschaftlich betrachtet nicht nur dem formal berechtigten sondern auch dem anderen Ehegatten zustehen soll (BGH NJW 99, 2965 = FamRZ 1999, 1580; NJW 2003, 2983 f = FamRZ 2003, 1454 m Anm Wever u Anm Spieker FamRZ 2004, 174). Da im Güterstand der Zugewinngemeinschaft eine Teilhabe an der gemeinsamen Wertschöpfung angelegt ist, werden gewichtige Indizien im Einzelfall für die Annahme einer schlüssig vereinbarten Innengesellschaft vorliegen müssen. Der Wille, eine Haftung gegenüber Gläubigern des nicht formal berechtigten Ehegatten zu vermeiden, spricht dabei gegen die Vereinbarung (dazu OLG Frankfurt FamRZ 2004, 877 m Anm Wever; Wever FamRZ 2005, 488; die Annahme einer durch schlüssiges Verhalten errichteten Gesellschaft kann erst recht nicht in Widerspruch zu den von den Ehegatten ausdrücklich getroffenen Vereinbarungen stehen, BGH FamRZ 2006, 608 mwNw; 1995, 1063; zur Wertung rein steuerlicher Erwägungen BGH FamRZ 1990, 973; s auch Rauscher Rn 485). Tatsächlich hat der BGH für den gesetzlichen Güterstand bislang nur in seltenen Fällen ein Gesellschaftsverhältnis bejaht (dazu BGH NJW 2003, 2983; restriktiv für die Gütergemeinschaft FamRZ 1994, 297; anders bei Gütertrennung s Rn 14, 18 f; vgl auch § 1408 Rn 23 ff). Besteht eine Gesellschaft, sind die **Auseinandersetzungsansprüche** nicht nur subsidiär neben dem Zugewinnausgleich zu berücksichtigen, sondern gehen in diesen als **Rechnungsposten** ein (BGH FamRZ 2006, 607, 609 jeweils m Anm Hoppenz, 610; Volmer, 844 u Bergschneider, 1176 = NJW 2006, 1269; BGH FamRZ 2003, 1454 m Anm Wever = NJW 2003, 2983; Wever Rn 659; Haussleiter/Schulz 6 Rn 192; Haussleiter NJW 2006, 2741 u Schulz FamRB 2005, 111 ff u 142 ff beide auch zur Auseinandersetzung; aA Schwab/Schwab VII Rn 249 u Schwab/Borth IX Rn 31). Der gesellschaftsrechtliche Ausgleichsanspruch ist zunächst zu ermitteln und sodann in die Zugewinnberechnung einzustellen (dabei ist zu beachten, dass die Berechnungszeitpunkte nicht unbedingt zusammenfallen, zB bei einer Begründung der Innengesellschaft vor Eheschließung, dazu Haussleiter NJW 2006, 2741). Eine Zusammenstellung von Beispielen aus der Rechtsprechung zur Frage des Bestehens von Innengesellschaften findet sich bei Wever Rn 629 ff. Instruktiv für die Auseinandersetzung OLG Schleswig FamRZ 2004, 1375 mit Anm Wever. **Auseinandersetzungsstichtag** ist nicht der Zeitpunkt der Trennung sondern der Tag der Beendigung der Zusammenarbeit (BGH FamRZ 2006, 609 mwNw; zum Auseinanderfallen der Einsatzpunkte Haussleiter NJW 2006, 2741). Zur Ehegatten-Innengesellschaft s auch Rn 14, 18; Staudinger/Langhein (2002) § 741 Rn 207 ff; Staudinger/Voppel (2007) § 1356 Rn 50 ff.

4. Besitz

8 Grundsätzlich erlangt kein Ehegatte schon durch die Eheschließung Besitz an den Vermögensstücken des anderen. Auch die Besitzlage an der gemeinsam benutzten ehelichen Wohnung und an den darin befindlichen Sachen des ehelichen Haushalts bestimmt sich allein nach den tatsächlichen Verhältnissen (s auch STAUDINGER/BUND [2000] § 866 Rn 10). Unabhängig davon, welcher der Ehegatten Mieter oder Eigentümer ist, und ohne Rücksicht auf den Güterstand muss in einer gesunden Ehe jedoch in der Regel Mitbesitz beider Ehegatten an der ehelichen Wohnung angenommen werden (BGH NJW 2004, 3041: für die gemeinsame aber nur von einem Ehegatten gemietete Wohnung). Das Gleiche gilt für den gemeinsam benutzten ehelichen Hausrat. An diesen Sachen haben die Ehegatten regelmäßig in gleicher Weise die Sachherrschaft. Es widerspricht dem Wesen der Ehe und der Lebenserfahrung, einen der Ehegatten nur als Besitzdiener des anderen anzusehen. Auch ohne besondere – ausdrückliche oder stillschweigende – Vereinbarung ist mit Rücksicht auf die Verpflichtung zur ehelichen Lebensgemeinschaft in der Regel Mitbesitz der Ehegatten anzunehmen. Aus der Verpflichtung zur ehelichen Lebensgemeinschaft (§ 1353), nicht erst aus einem aus dieser abgeleiteten „stillschweigenden Abschluss eines Gebrauchsüberlassungsvertrages nach Art einer Leihe" (so noch BGHZ 12, 380, 399), ergibt sich auch ein klagbares Recht des anderen Ehegatten auf Mitbenutzung und Mitbesitz (vgl BGH FamRZ 1979, 282; GERNHUBER/COESTER-WALTJEN § 19 Rn 24, § 34 Rn 28–30). Zur Begründung eines Rechts zum Besitz bedarf es der Heranziehung des Unterhaltsrechts nicht.

Jede **besondere Gestaltung** ist jedoch zu berücksichtigen. So gilt die Regel, dass die **9** Ehegatten Mitbesitzer sind, dann nicht, wenn sie (nicht nur vorübergehend, § 856 Abs 2) getrennt leben. Der zum Getrenntleben berechtigte Ehegatte ist jedoch nicht ohne weiteres befugt, einen bestehenden Mitbesitz des anderen Ehegatten aufzuheben. Der andere Ehegatte kann nicht aus der ehelichen Wohnung verdrängt oder vom Besitz und Gebrauch der bisher gemeinsam benutzten Hausratsgegenstände schlechthin ausgeschlossen werden. Leben die Ehegatten getrennt (vgl § 1567), so gilt in Ansehung des Hausrats § 1361a.

Für die **eheliche Wohnung** trifft das Gesetz eine Sonderregelung für den Fall des **10** Getrenntlebens in § 1361b. Dadurch wird die Möglichkeit der Zuweisung der Ehewohnung an einen Ehegatten vor Einleitung des Scheidungsverfahrens eröffnet.

An Sachen, die ein Ehegatte nur **persönlich** benutzt oder die unter seinem alleinigen **11** Verschluss stehen, hat er **Alleinbesitz** (BGHZ 12, 380, 398).

5. Mitbesitz und Zwangsvollstreckung

Der **Mitbesitz** eines Ehegatten *hindert die Zwangsvollstreckung in bewegliche Sachen* **12** gegen den anderen Ehegatten *nicht*. Soweit die Eigentumsvermutung des § 1362 zugunsten der Gläubiger des Ehemannes oder der Ehefrau reicht, wird in § 739 ZPO fingiert, dass der Schuldner allein Besitzer und Gewahrsamsinhaber ist. Der Gerichtsvollzieher darf danach eine Pfändung auch bei Widerspruch des anderen Ehegatten nicht gemäß §§ 808, 809 ZPO ablehnen. Der andere Ehegatte, der nicht Schuldner ist, kann trotz seines Mitbesitzes oder Mitgewahrsams nicht die Erinnerung gemäß § 766 ZPO oder die Widerspruchsklage gemäß § 771 ZPO erheben. Im Verhältnis der Ehegatten zueinander und gegenüber Dritten, die nicht die Zwangsvollstreckung allein gegen einen der Ehegatten betreiben können, bleibt die tatsächliche Besitzlage dagegen unberührt. Für die Räumung einer von einem Ehegatten gemieteten gemeinsamen **Wohnung** bedarf es deswegen eines Titels auch gegen den mitbesitzenden Ehegatten (BGH NJW 2004, 3041).

6. Rechtsgeschäfte unter Ehegatten

13 Rechtsgeschäfte unter Ehegatten sind unbeschränkt zulässig. Der Güterstand der Zugewinngemeinschaft schließt damit auch wechselseitige zivilrechtliche Ansprüche unter ihnen nicht aus, weder während der Ehe noch bei ihrer Beendigung (dazu auch DIEDERICHSEN, in: 50 Jahre Bundesgerichtshof, Festgabe der Wissenschaft [2000] 948 f; HAAS FamRZ 2002, 210). Die **gerichtliche Zuständigkeit** richtet sich nach dem Streitgegenstand des geltend gemachten Anspruches und führt deswegen regelmäßig zum ordentlichen Zivilgericht oder zum Arbeitsgericht, nicht zum Familiengericht (das gilt auch für die ehebezogene Zuwendung, vgl BGHZ 115, 132, 136 f, anders MünchKomm/KOCH vor § 1363 Rn 25; zu den mit dem Gesetzentwurf zur Einführung des sog großen Familiengerichtes insoweit vorgesehenen Änderungen s MEYER-SEITZ/KRÖGER/HEITER FamRZ 2005, 1430 ff). Das kann zu widersprüchlichen Entscheidungen bei einem gleichzeitig schwebenden Verfahren über den Zugewinnausgleich führen, in den die Ansprüche als selbständige Rechnungsposten eingehen oder von dessen Ergebnis sie abhängen. Gegebenenfalls bietet sich eine Aussetzung gemäß § 148 ZPO an.

14 Für das Zustandekommen schuldrechtlicher Verträge gelten die allgemeinen Regeln. Das ist unproblematisch, soweit ausdrückliche Abreden getroffen werden. Fehlen diese, hat der Güterstand Einfluss auf die Beurteilung des stillschweigenden Verhaltens (kritisch insoweit WEVER FamRZ 1996, 911; GERNHUBER/COESTER-WALTJEN § 20 Rn 27 mwNw: ausnahmslos fingierte Willenserklärungen; wie hier RAUSCHER Rn 485). Die Frage nach dem Rechtsbindungswillen für das Zustandekommen einer Ehegatteninnengesellschaft beantwortet die Rechtsprechung etwa unterschiedlich danach, ob die Ehegatten in Zugewinngemeinschaft mit der dementsprechenden Teilhabe beider an Errungenschaften oder in Gütertrennung leben (s Rn 7). Dieser Ansatz ist zutreffend, denn zu den Umständen, die als Auslegungshilfsmittel bei der Feststellung stillschweigend rechtsgeschäftlichen Handelns zu würdigen sind, gehören neben weiteren auch die Interessenlage und die bei beiden Ehegatten bestehenden Vorstellungen von den wirtschaftlichen Wirkungen des Zusammenwirkens. Diese werden vom Güterstand beeinflusst (BGH FamRZ 2006, 608 mwNw = NJW 2006, 1269: gesetzlicher Güterstand gewichtiges Indiz gegen Innengesellschaft). Vor dem Hintergrund einer Gütertrennung erlauben die Umstände eher den Schluss auf den Willen zu rechtsgeschäftlichem Handeln als im Güterstand der Zugewinngemeinschaft, die bereits einen gesetzlichen Ausgleichsrahmen vorsieht (zur Ermittlung des rechtlichen Bindungswillens mit Hilfe wertender Betrachtung s HAAS FamRZ 2002, 207 ff). Die Tendenz der Rechtsprechung, insbesondere bei Gütertrennung mit dem Ziel, einen interessengerechten Ausgleich zu ermöglichen, „weiterzig" einen Rechtsgeschäftswillen anzunehmen, überzeugt dabei aber nicht immer (kritisch auch BAMBERGER/ROTH/MAYER § 1372 Rn 8; GERNHUBER/COESTER-WALTJEN § 20 Rn 26 f; DIEDERICHSEN, in: 50 Jahre Bundesgerichtshof, Festgabe der Wissenschaft [2000] 950 ff; MünchKomm/KOCH vor § 1363 Rn 17; MünchKomm/ULMER vor § 705 Rn 76 ff; MünchKomm/WACKE § 1356 Rn 25; STAUDINGER/VOPPEL [2007] § 1356 Rn 46, 52; WEVER Rn 638 ff jeweils mwNw).

7. Ausgleich außerhalb des Zugewinnausgleichs und ehebezogene Zuwendung

Schließen Ehegatten während der Ehe miteinander Rechtsgeschäfte ab, die nicht **15** den Güterstand betreffen, findet der Ausgleich außerhalb des Zugewinnausgleiches statt (s Rn 13)

Eine **Schenkung** unter Ehegatten setzt die Einigung über die Unentgeltlichkeit ge- **16** mäß § 516 Abs 1 voraus (BGHZ 87, 145, 146 = FamRZ 1983, 990; 1989, 147, 149). Liegt eine Schenkung vor, gelten die allgemeinen Regeln. Die Annahme von schweren Verfehlungen iS vom § 530 bedingt allerdings die Berücksichtigung der aus der Ehe fließenden besonderen Beziehungen (BGH FamRZ 1983, 669; 1985, 351; 1993, 785; 1993, 1297; KLEINLE FamRZ 1997, 1385 f mwNw; zu den Einzelheiten STAUDINGER/WIMMER-LEONHARDT [2005] § 530 Rn 248 f; STAUDINGER/VOPPEL [2007] § 1356 Rn 56 f jeweils mwNw).

Kommt es zum Widerruf der Schenkung, ist das Geschenk gem § 531 Abs 2 nach den Vorschriften der ungerechtfertigten Bereicherung herauszugeben (Rechtsgrundverweisung). Der Anspruch wird als Rechnungsposten in den Zugewinnausgleich eingestellt.

An einer Schenkung fehlt es regelmäßig, wenn ein Ehegatte ohne besondere Ver- **17** einbarung mit eigenen oder überwiegend eigenen Mitteln Gegenstände zugleich für sich und den anderen Ehegatten erwirbt, die der gemeinschaftlichen Lebensführung dienen: Wertpapiere zur Alterssicherung (BGH NJW 1989, 1986; 1972, 580), Grundstückserwerb (schon BGHZ 82, 227, 237 = NJW 1982, 1093; BGH FamRZ 2006, 1023 mwNw; 1993, 1297). Eine solche Zuwendung, der die Vorstellung oder Erwartung zugrunde liegt, dass die eheliche Lebensgemeinschaft Bestand haben werde und die um der Ehe willen oder als Beitrag zur Verwirklichung oder Ausgestaltung, Erhaltung oder Sicherung der ehelichen Lebensgemeinschaft erbracht wird und die darin ihre Geschäftsgrundlage hat, stellt nach ständiger Rechtsprechung keine Schenkung, sondern eine **ehebezogene Zuwendung** dar (BGH FamRZ 2006, 1022 m Anm WEVER; FamRZ 1999, 1580 = NJW 1999, 2967; 1997, 933 = NJW 1997, 2747; BGHZ 116, 167, 169 = FamRZ 1992, 300; BGHZ 82, 227, 237 = NJW 1982, 1093). Dass die Zuwendung in diesem Sinne der ehelichen Legensgemeinschaft dienen soll, bedarf der tatrichterlichen Feststellung. Der Wortwahl einer notariellen Urkunde kommt dabei erhebliches Gewicht zu (während für einen Vertrag aus dem Jahr 1986, der ausdrücklich eine Schenkung vorsah, noch eine ehebezogene Zuwendung gegen den Wortlaut mit Blick auf die jetzt überholte notarielle Praxis angenommen werden konnte – so BGH FamRZ 1993, 1297; OLG München FamRZ 2002, 393 – lässt sich dies jetzt nicht mehr ohne Hinzutreten besonderer Umstände aufrechterhalten, BGH FamRZ 2006, 1023). Zuwendungen, die ihren Rechtsgrund dagegen in einem eheunabhängigen Rechtsgeschäft finden, zählen dazu nicht (BGH FamRZ 1995, 1064 für Anstellungsvertrag; das gilt auch für die Gewährung von Sicherheiten, BGH FamRZ 1989, 835; s unten Rn 31). Bei ehebezogenen (auch unbenannten oder ehebedingten) Zuwendungen wird in richterlicher Rechtsfortbildung ein Rechtsgeschäft eigener Art angenommen, das beim Scheitern der Ehe Ausgleichsansprüche aus dem Gesichtspunkt des Wegfalls der Geschäftsgrundlage begründen kann (ständige Rspr; vgl BGH FamRZ 2006, 1022 mwNw). Die **Rückabwicklung** erfolgt ebenfalls **außerhalb des Zugewinnausgleichs** (s Rn 13).

Die wegen der unterschiedlichen Rechtsfolgen (dazu JAEGER DNotZ 1991, 434; SEIF **18** FamRZ 2000, 1199 f; einschränkend KOLLHOSSER NJW 1994, 2313 ff, der Ausgleich über den Wegfall

der Geschäftsgrundlage auch bei Schenkung befürwortet) erforderliche **Abgrenzung zu Ehegatteninnengesellschaft und Schenkung** erfolgt im subjektiven Bereich. Eine Schenkung liegt vor, wenn die Zuwendung subjektiv und objektiv unentgeltlich im Sinne
einer echten Freigiebigkeit ist und nicht in Erwartung des Fortbestandes der Ehe
erfolgt (BGH FamRZ 1997, 933; FamRZ 1990, 699; OLG München NJW-RR 2002, 4). Eine
ehebezogene Zuwendung liegt demgegenüber vor, wenn ein Ehegatte dem anderen
einen Vermögenswert um der Ehe willen zukommen lässt, wobei er die Vorstellung
oder Erwartung hegt, dass die eheliche Gemeinschaft Bestand haben und er innerhalb dieser Gemeinschaft am Vermögenswert und dessen Früchten weiter teilhaben
werde (zuletzt BGH FamRZ 2006, 1022; 2003, 230 auch für die noch nicht vollzogene Zuwendung;
BGH FamRZ 1999, 1582 = NJW 1999, 2945; zu den Einzelheiten STAUDINGER/WIMMER-LEONHARDT
[2005] § 516 Rn 84 ff). Für die Ehegatteninnengesellschaft (s Rn 7) hält der BGH (FamRZ
1999, 1584) ausdrücklich an dem Erfordernis eines zumindest schlüssig zustande gekommenen Vertrages fest und zieht als Indizien für die Willensbildung (s oben Rn 14)
Planung, Umfang und Dauer der Vermögensbildung, sowie Absprachen über die
Verwendung und Wiederanlage erzielter Erträge heran. Nicht entscheidend ist nunmehr für ihn die Art des Beitrages, sei es durch Sach- oder Geldleistung, sei es durch
Mitarbeit oder Mischformen, solange nur ein für den erstrebten Erfolg bedeutsamer
Beitrag geleistet wurde (anders noch BGH FamRZ 1990, 973; 1986, 558 f; ausführlich WEVER
Rn 605 ff; HAAS FamRZ 2002, 205, 215 ff; LANGFELD ZEV 2000, 14 ff auch zu den Auswirkungen auf
die Vertragspraxis). Beschränkt sich der Beitrag des Ehegatten auf Mitarbeit, muss
diese als gleichberechtigt anzusehen sein (BGH FamRZ 2006, 608 = NJW 2006, 1269;
FamRZ 1999, 1580; 1990, 973). Mit dieser neueren Rechtsprechung wird der Gesellschaft
beim Vermögensausgleich außerhalb des Güterrechts gegenüber der ehebedingten
Zuwendung nach langer Zurückhaltung wieder mehr Raum gegeben, insbesondere
bei Lebenssachverhalten, in denen über Jahre hinweg mit unterschiedlichen Mitteln
und Leistungen zur Vermögensbildung beigetragen worden ist und die Beiträge nur
schwer im Einzelnen feststellbar sind (dazu auch WAGENITZ, in: SCHWAB/HAHNE [Hrsg],
Familienrecht im Brennpunkt [2004] 168 ff).

19 Ob dieser verstärkte Rückgriff auf die Innengesellschaft, der nicht zuletzt erklärter
Maßen aus Praktikabilitätsgründen und mit der Feststellung erfolgt, es sei „der
Interessenlage mit einer Auseinandersetzung in Anwendung gesellschaftsrechtlicher
Grundsätze besser gedient" (BGH FamRZ 1999, 1583), in der Praxis wirklich noch mit
der Vorgabe in Einklang zu bringen sein wird, am Erfordernis eines schlüssig zustande gekommenen Vertrages festzuhalten, wird abzuwarten sein. Es besteht die
Gefahr, dass letztlich nur für die Abwicklung des überwiegend zu Recht anerkann-
ten Bedürfnisses nach Ausgleich außerhalb des Güterrechts neue Wege gesucht
werden (kritisch insoweit ULMER, MünchKomm vor § 705 Rn 76: es handelt sich um ein Analogie-
problem; BAMBERGER/ROTH/LOHMANN § 1356 Rn 32 f ist für eine offene Rechtsfortbildung; KOGEL
MDR 1999, 1269 zieht das Festhalten an einem schlüssig zustande gekommen Vertrag als eine
Fiktion in Zweifel; JOST JR 2000, 504 f spricht von einer Verselbständigung der entstehenden
Rechtsfiguren; zweifelnd auch HOHLOCH, LM § 705 Nr 8 jeweils in Urteilsanmerkungen; WAGENITZ,
aaO [Rn 18] 168, 179: ob konkludenter Vertragsschluss oder lückenfüllende Analogie angesichts der
Vorzüge sekundäre Frage; JAEGER, in: FS Henrich 333). Der für das Gesellschaftsrecht
zuständige II. Zivilsenat des BGH hatte immerhin für die nichteheliche Lebensgemeinschaft noch eine Auseinandersetzung nach § 730 ff auch für den Fall vorgenommen, dass eine rechtsgeschäftliche Vereinbarung nicht feststellbar war (BGH NJW
1982, 2863; 1986, 51 = Jm 1986, 232 m Anm K SCHMIDT). Der jetzt auch insoweit zuständige

XII. Zivilsenat hat diese Rechtsprechung inzwischen allerdings ausdrücklich aufgegeben (BGH FamRZ 2006, 609 = NJW 2006, 1270). Fest steht bereits jedoch, dass das Güterrecht keine Antwort auf die Frage gibt, auf welchem Rechtsgrund solcher Art Zuwendungen, seien es ehebedingte Zuwendungen, seien es Gesellschafterbeiträge, beruhen. Allenfalls lassen sich daraus im Einzelfall Hinweise auf die Vorstellungen gewinnen, die die Ehegatten gemeinsam bei ihren Dispositionen gehegt haben (s Rn 14).

Eine Rückforderung der ehebezogenen Zuwendung auf Grund **Bereicherungsrechtes** **20** wegen Scheiterns der Ehe scheidet aus. Die Ehe als solche war nicht Rechtsgrund der Zuwendung iS von § 812 Abs 1 S 2 Alt 1 und die Erwartung ihres Fortbestandes und damit der künftigen Teilhabe an der Zuwendung kein Zweck gemäß einer condicio ob rem, § 812 Abs 1 S 2 Alt 2 (dazu STAUDINGER/VOPPEL [2007] § 1356 Rn 58 f). Abgrenzungsfragen insoweit stellen sich nicht.

Die **Rechtsfigur der ehebezogenen Zuwendung** ist als Rechtsinstitut inzwischen **in der** **21** **Rechtsprechung und in weiten Teilen der Literatur anerkannt** (vgl BGH FamRZ 2003, 230; 2003, 949 jeweils mwNw sowie den Überblick bei WAGENITZ, aaO [Rn 18] 162 ff; sowie STAUDINGER/ WIMMER-LEONHARDT [2005] § 516 Rn 84 ff mwNw). Gleichwohl ist die Kritik auch in jüngerer Zeit nicht verstummt (BAMBERGER/ROTH/MAYER § 1372 Rn 8; 13: erscheint als reine Konstruktion; ERMAN/HECKELMANN § 1363 Rn 4; DIEDERICHSEN aaO [Rn 14] 972 ff; GERNHUBER/ COESTER-WALTJEN § 19 Rn 89; HEPTING, in: FS Henrich 267 ff; MünchKomm/KOCH vor § 1363 Rn 19 f; RAUSCHER Rn 490 ff; SEIF FamRZ 2001, 143; SEILER, in: FS Henrich 551).

Der Rechtsprechung wird vorgeworfen, das rechtsgeschäftliche Element des Vertragsschlusses zu vernachlässigen und letztlich mit einer Vertragsfiktion zu arbeiten, wobei zu Unrecht auf eine einschränkende Auslegung des Schenkungsbegriffes zurückgegriffen werde. Dem Ansatz, über ehebezogene Zuwendungen nach den Grundsätzen über den Wegfall der Geschäftsgrundlage zu entscheiden, ist demgegenüber im Ergebnis jedoch zuzustimmen. Die funktionierende Ehe ist wesentlicher Bestimmungsfaktor für solcherart Zuwendung, die in Erwartung des Fortbestandes der Ehe und in der Regel weiterer Teilhabe erfolgen (dazu WAGENITZ aaO [Rn 18] 167). Dem nicht bedachten künftigen Fortfall dieser Bestimmung muss Rechnung getragen werden (so schon LIEB 123 f). Haben die Ehegatten in subjektiver Gewissheit des Fortbestandes der Ehe das Rechtsverhältnis nicht ausdrücklich an den Regelungsmodellen des Schuldrechts ausgerichtet und fehlen für eine darauf gerichtete konkludente Einigung konkrete Anhaltspunkte (zur Bedeutung des Wortlauts eines notariellen Vertrages s Rn 17), kann diese Ausrichtung regelmäßig nicht überzeugend begründet werden, ohne die durch die Ehe bestehende Verbindung und die darauf beruhende Willensbildung zu vernachlässigen (bedenklich ist aber, bei der Leistung der Eltern an den eigenen Sohn während der Ehe keine Schenkung anzunehmen, so OLG Nürnberg, FamRZ 2006, 38; s Rn 27). Der zutreffende Hinweis, der gesetzliche Güterstand sei kein positives oder negatives Interpretationsmittel bei zweifelhaftem Verhalten (GERNHUBER/COESTER-WALTJEN § 19 Rn 15; MünchKomm/KOCH § 1363 Rn 11) steht dem bei der Willensermittlung nach den Regeln des § 133 im Verhältnis *zwischen den Ehegatten* nicht entgegen. Unter diesen Umständen ist die Annahme eines Rechtsgeschäftes eigener Art verbunden mit der Anwendung des § 313 in der Tat die sach- und interessengerechte Lösung (die im Übrigen auch bei der Annahme einer Schenkung möglich wäre, dazu BGH NJW 1999, 1623, 1625 = FamRZ 1999, 705, 708). Die tatrichterliche Feststellung zu den Voraussetzungen des § 313 Abs 1 oder Abs 2 für den Einzelfall bleibt dabei unverzichtbar, denn der Umstand, dass eine ehebezogene Zuwendung, bezeichnenderweise auch als unbenannte apostrophiert, erfolgt ist, enthebt nicht von der Prüfung des konkreten Zweckes (dazu etwa Rn 23; grundsätzlich gegen den Begriff „unbenannte" Zuwendung deswegen auch HEPTING aaO, 279 ff).

22 Allerdings sind in aller Regel im **Güterstand der Zugewinngemeinschaft** wegen ehebezogener Zuwendungen nach der Rspr **Ansprüche wegen Wegfalls der Geschäftsgrundlage nicht gegeben**, soweit sie auf die Beendigung der Ehe gestützt werden (BGH FamRZ 1992, 293; BGHZ 115, 132, 135 ff = NJW 1991, 2553; FamRZ 1990, 855; 1989, 149; BGHZ 82, 227, 232 = FamRZ 1982, 246; FamRZ 1982, 779; BGHZ 68, 299 = NJW 1977, 1234; so auch BGH FamRZ 2006, 609 = NJW 2006 1269). Zur Begründung geht der BGH von einer **Spezialität der Vorschriften über den Zugewinnausgleich** gegenüber anderen Ausgleichsregeln aus (anders aber für das Verhältnis zwischen Zugewinnausgleich und Ausgleichsanspruch bei Innengesellschaft: keine Subsidiarität; BGH FamRZ 2003, 1457; FamRZ 1999, 1582). Das hat im Schrifttum teilweise Zustimmung gefunden (TIEDTKE JZ 1992, 334; 1984, 1078, 1082 f; REINICKE/TIEDTKE WM 1982, 946; HOLZHAUER JuS 1983, 830; JOHANNSEN/HENRICH/JAEGER § 1372 Rn 8 f; PALANDT/BRUDERMÜLLER § 1372 Rn 4; JAEGER DNotZ 1991, 453 ff; SCHWAB FamRZ 1984, 533; SCHWAB/BORTH IX Rn 71 ff; WEVER Rn 454). Für eine Ausgleichung nach den Regeln über den Wegfall der Geschäftsgrundlage ist danach nur ausnahmsweise Raum, wenn das Ergebnis, zu dem der Zugewinnausgleich unter Einbeziehung der Zuwendung führt, für den Zuwender *schlechthin unangemessen und für ihn untragbar* ist (zuletzt BGH FamRZ 2005, 1978; 1997, 933; NJW 1993, 385 ff und BGHZ 115, 132 = NJW 1991, 2553). Die dahingehende Darlegung gehört zur schlüssigen Klagebegründung (BGH NJW 1991, 2553). Eine solche Konstellation soll etwa in Betracht kommen, wenn der Zuwendungsempfänger keinen Zugewinn aufzuweisen hat, weil die Zuwendung ihm zur Erhaltung des Anfangsvermögens gedient hat und damit keine Zugewinnverpflichtung auslöst, obwohl sie wertmäßig im Endvermögen noch vorhanden ist, und wenn andererseits der Zuwendende in seinem Auskommen beeinträchtigt ist, weil er mit den verbliebenen Mitteln seinen angemessenen Unterhalt nicht bestreiten kann. Demgegenüber will TIEDTKE auch in Extremfällen den Rückgriff auf die Grundsätze des Wegfalls der Geschäftsgrundlage nicht zulassen (JZ 1992, 334). Nach anderer Auffassung ist die Ausgleichung ohne ein Vorrangverhältnis in Trennung von Zugewinnausgleich und Anspruch auf Rückgewähr von Zuwendungen in Einzelrückabwicklung durchzuführen (vgl etwa KÜHNE zuletzt JR 1982, 237; KOCH FamRZ 1995, 321, 323; ERMAN/HECKELMANN Rn 4; SOERGEL/LANGE § 1372 Rn 8; RAUSCHER AcP 186 [1986] 541 ff; HEPTING 159 ff; JOOST JZ 1985, 10, 13 ff; LIPP 101; ders JuS 1993, 89, 93 ff; LUDWIG FuR 1993, 1 ff und 201 ff, jeweils mwNw; wohl auch BAMBERGER/ROTH/MAYER § 1372 Rn 13; offen WAGENITZ aaO [Rn 18] 176 f).

23 Das eigentliche Sachproblem liegt in der Frage, ob nicht nur der Bestand der Ehe, sondern auch ihr **Fortbestand** als Rechtsgrund oder Geschäftsgrundlage für Vermögenszuwendungen und deren Fortdauer unter Ehegatten anzuerkennen ist. Die §§ 1373–1383, 1390 geben darauf entgegen der Auffassung des BGH keine Antwort. So sind für den Fall reiner Gütertrennung Ansprüche zu Recht ohne weitere Voraussetzungen dann anerkannt worden, wenn für die Zuwendung der Fortbestand der Ehe Geschäftsgrundlage war, und wenn weiter dem zuwendenden Ehegatten die Beibehaltung der Vermögensverhältnisse *nicht zugemutet* werden konnte (BGHZ 84, 361, 368 f = NJW 1982, 2336; FamRZ 1988, 481; 1988, 482; 1989, 599; 1992, 293; BGHZ 127, 48, 50 =

FamRZ 1994, 1167; s Vorbem 19 ff zu § 1414). Dies macht deutlich, dass die Frage des Wegfalls der Geschäftsgrundlage **kein Konkurrenzproblem** ist (s Rn 22; vgl auch GERN-HUBER NJW 1991, 2244). Ob der Fortbestand der Ehe Geschäftsgrundlage geworden ist, ergibt sich auf der Tatbestandsseite des § 313 Abs 1 unabhängig vom Güterstand aus dem Zweck der Zuwendung (so auch WEVER Rn 488; WAGENITZ aaO [Rn 18] 173 f; SCHWAB/BORTH IX Rn 83; JAEGER DNotZ 1991, 463 ff). So ist dies verneint worden in Fällen, in denen sich die Zuwendung als angemessene Beteiligung am gemeinsam Erarbeiteten darstellte (Beispiel: OLG Bamberg FamRZ 1995, 234; WEVER Rn 491 Fn 185 meint, es fehle an einer Unzumutbarkeit) oder in denen sie vermögenswerte Leistungen des Empfängers in der Vergangenheit ausgleichen sollte (OLG Bremen FamRZ 2000, 671) also soweit sich der Zweck der Zuwendung während der Dauer der Ehe verwirklicht hatte.

Der Rspr ist dennoch **für den Güterstand der Zugewinngemeinschaft im Ergebnis zuzustimmen**, weil zum einen im Zweifel nicht festgestellt werden kann, dass Zuwendungen unter Ehegatten unter dem Vorbehalt des Fortbestands der Ehe stehen. Aus § 1380 Abs 1 S 2 lässt sich nichts anderes herleiten (**aM** OLG Schleswig FamRZ 1978, 247, 249; dagegen KÜHNE FamRZ 1978, 221). Die Annahme eines ehebezogenen Rechtsgeschäftes eigener Art bedeutet nicht eine Loslösung von den Willenskategorien der Rechtsgeschäftslehre. Nicht jede ehebezogene Zuwendung begründet Rückabwicklungsansprüche bei Scheitern der Ehe. Es bedarf für deren Vorliegen vielmehr positiver tatrichterlicher Feststellung der diesen Schluss im Einzelfall rechtfertigenden Umstände (vgl BGH FamRZ 2006, 1022 m Anm WEVER; dazu auch WAGENITZ aaO [Rn 18] 172 f; JOHANNSEN/HENRICH/JAEGER § 1414 Rn 25; ders DNotZ 1991, 460 ff; KLEINLE FamRZ 1997, 1388 f; RAUSCHER Rn 492). Bei der Ermittlung des rechtlichen Bindungswillens ist dieser mit Hilfe einer wertenden Betrachtung zu folgern, die die Interessenlage mit Rücksicht auf die Verkehrssitte in den Blick nimmt (vgl etwa BGH NJW 1974, 1706). Diese wiederum wird durch den Güterstand beeinflusst (s Rn 14). In der Zugewinngemeinschaft ist die Interessenlage dadurch mitbestimmt, dass die Teilhabegerechtigkeit in den typischen Fällen durch die gesetzliche Ausgleichsregelung gewahrt wird. Ein abweichendes Interesse wird regelmäßig als Grundlage des Vertrages nicht feststellbar sein. Ein Ausgleich außerhalb des Zugewinnausgleiches bleibt damit auf atypische Konstellationen beschränkt, die sich mit den Ergebnissen der Rechtsprechung decken dürften. Zum anderen gilt, soweit ein güterrechtlicher Ausgleich stattfindet, liegt darin in der Regel die normative Risikozuweisung nach § 313 Abs 1 HS 2. Nur wo die Risikogrenze eindeutig überschritten ist, bleibt unter dem Gesichtspunkt der Zumutbarkeit Raum für eine Abrechnung außerhalb des Güterrechts. Das Kriterium, dass das Ergebnis des Zugewinnausgleichs „schlechthin unangemessen und für den Zuwendenden unzumutbar" sein müsse, findet als Tatbestandsmerkmal allerdings in § 313 Abs 1 u 2 wie schon unter Heranziehung der Grundsätze zu § 242 keine Stütze (vgl auch LÖHNING FamRZ 2003, 1522). Tatsächlich aber wird nur unter diesen Umständen das Ergebnis der Zugewinnermittlung als unzumutbar und damit anpassungsbedürftig angesehen werden können. Eine bloße Disparität vermag das güterrechtlich gewonnene Ergebnis nicht zu erschüttern. Auch bei einer geringen Ausgleichsquote kann der Zuwendende nur in besonderen Ausnahmefällen vor Verlusten bewahrt werden (BGHZ 115, 132, 137 = FamRZ 1991, 1171; bejaht wurde ein Anspruch für eine Mutter von drei Kindern, die ihr gesamtes Erbe in den Bau des im Alleineigentum des Ehemannes stehenden Hauses gesteckt hatte und zu deren Gunsten mangels Endvermögens kein Zugewinnausgleichsanspruch bestand, OLG München FamRZ 1999, 1663; verneint: weil Empfänger weder Zugewinn noch Mittel für Ausgleich, OLG München FamRZ

2004, 1378 m Anm WEVER; obgleich Zugewinnausgleichsansprüche verjährt, OLG Düsseldorf FamRZ 2004, 872 m Anm BERG-SCHNEIDER; wegen Ausgleichszahlung OLG München FamRZ 2002, 394; Zahlung an Familienunternehmen, OLG Köln FamRZ 2000, 228). Für die Grenzziehung kann deswegen insgesamt auf die von der Rechtsprechung entwickelten Grundsätze zurückgegriffen werden. Materielle Probleme in der Abwicklung sind bei der Trennung des Ausgleichs von Zugewinn und Rückgewähr oder Wertersatz nicht zu befürchten. Ebenso wenig wie Ansprüche aus dem Gesamtschuldnerausgleich bei richtiger Handhabung das güterrechtliche Ergebnis verfälschen (Rn 30 mwNw), gilt dies für Ansprüche aus dem Wegfall der Geschäftsgrundlage (ebenso KOCH FamRZ 1995, 323 für die Schenkung; vgl auch WAGENITZ aaO [Rn 18] 176 f).

24 Soweit nach diesen Grundsätzen überhaupt eine Rückabwicklung unabhängig vom Zugewinnausgleich erfolgen kann, kommt nicht nur – gegen Zahlung eines angemessenen Ausgleichs – die Rückübertragung des Eigentums an einem Vermögensgegenstand in Betracht (für diesen Fall vgl BGHZ 68, 299, 304 ff; 82, 227, 236 f) sondern im Regelfall ein Anspruch auf den reinen Vermögenswert der Zuwendung (BGHZ 115, 132, 135 f; FamRZ 1998, 670: in der Regel Ausgleich in Geld; BGH FamRZ 2002, 949: dingliche Rückgewähr seltene Ausnahmen). Eine dingliche Rückgewähr hat zu erfolgen, wenn gerade sie geeignet erscheint, ein unzumutbares Ergebnis zu vermeiden (BAMBERGER/ROTH/MAYER § 1372 Rn 22 und WEVER Rn 500 ff mit Beispielen fordern unter Hinweis auf BGHZ 82, 227, 236 f; 115, 132, 138 und FamRZ 1998, 669 ein untragbares Ergebnis; dem ist schon wegen § 313 Abs 3 nicht zu folgen; wie hier: WAGENITZ aaO [Rn 18] 175; LÖHNING FamRZ 2003, 1522). Zu weiteren Einzelheiten der Rückabwicklung s auch Vorbem 20 f zu § 1414. Eine Rückforderung ehebedingter Zuwendungen *vor Scheidung der Ehe* scheidet aus (OLG Düsseldorf NJW-RR 1992, 1477; OLG München FamRZ 1999, 1664; BAMBERGER/ROTH/MAYER § 1372 Rn 21; LG München I FamRZ 1998, 167; **aA** OLG Bremen FamRZ 2000, 671; OLG HAMM FamRZ 1988, 620; JOHANNSEN/HENRICH/JAEGER § 1372 Rn 10a; WEVER Rn 516; ders FamRZ 2000, 1000: endgültige Trennung hilfsweise Zustellung des Scheidungsantrages). Für den gesetzlichen Güterstand ergibt sich dieser **Stichtag** aus der Verknüpfung von Zugewinnausgleichs- und Rückgewähranspruch (Rn 22 f). Die Berechnungsstichtage und Fälligkeiten der §§ 1384, 1385, 1386, 1387 sind entsprechend heranzuziehen. Der Anspruch unterliegt nicht der kurzen **Verjährung** des § 1378 Abs 4 (str, s § 1378 Rn 28). Wird die Ehe durch den **Tod des Ehegatten** beendet, der die Zuwendung erhalten hat, kann der zuwendende Ehegatte die Erben in der Regel nicht auf Ausgleich in Anspruch nehmen. Er bleibt auf das Erbrecht verwiesen (BGH FamRZ 1990, 855: nur offengelassen für unvorhergesehen frühen Tod). Der entstandene Ausgleichsanspruch wird durch den Tod des Berechtigten nicht berührt (BGH FamRZ 1999, 1586).

25 Die ehebedingte Zuwendung ist im Regelungsbereich erbrechtlicher Schutzvorschriften (§§ 2113, 2205, 2287, 2288, 2325) als (objektiv) unentgeltlich anzusehen und wie eine Schenkung zu behandeln (BGH 116, 167, 170 = FamRZ 1992, 300; vgl auch JAEGER DNotZ 1991, 431 ff zur Unterscheidung im subjektiven Bereich). Entsprechendes gilt nach Auffassung des BGH (seit BGHZ 71, 61, 68 f = NJW 1978, 1326) auch für die Insolvenzanfechtung und für die Anfechtung nach dem AnfG (NJW 1991, 1610). Geht es um den Schutz Dritter vor unentgeltlicher Leistung kommt es demnach auf den Ehebezug und die fehlende subjektive Unentgeltlichkeit nicht an (zu § 822: BGH NJW-RR 2001, 6; FamRZ 2000, 87). So auch der BFH für die Schenkungssteuer (NJW 1994, 2044; FamRZ 2006, 1670 = ZEV 2006, 41 m Anm MÜNCH; s auch MEINKE NJW 1995, 2769 f; SANDWEG NJW 1989, 1965 zur Privilegierung nur der Ehegatten).

Eine ehebedingte Zuwendung scheidet begrifflich aus, soweit es nicht um die Über- **26** tragung von Vermögenssubstanz geht, etwa bei **Arbeitsleistungen** und **Mitarbeit** über den Umfang geschuldeter Beistandsleistungen hinaus (BGHZ 84, 361, 364; 127, 48, 51; demgegenüber kann in einem Verzicht auf einen güterrechtlichen Ausgleich bei fortbestehender Ehe eine ehebezogene Zuwendung liegen, BGH FamRZ 1997, 934). Für die Rückabwicklung hat der BGH aber auch hier die Grundsätze über den Wegfall der Geschäftsgrundlage (§ 313) herangezogen. Sofern die Ehegattenmitarbeit ihre Grundlage nicht in einem Dienst-, Arbeits- oder Gesellschaftsvertrag (s Rn 7, 18; insbesondere die gesellschaftsrechtliche Abwicklung hat aber Vorrang, BGH FamRZ 1999, 1584 = NJW 1999, 296; FamRZ 2006, 607 = NJW 2006, 1268) findet, Letzteres insbesondere weil die Annahme einer stillschweigenden Ehegatteninnengesellschaft daran scheitert, dass nur Beiträge zur Verwirklichung der ehelichen Lebensgemeinschaft geleistet worden sind, hat die Rechtsprechung den Weg zu einem Ausgleich über einen stillschweigend geschlossenen familienrechtlichen **Kooperationsvertrag** sui generis eröffnet (BGH aaO; BLUMENRÖHR, in: FS Odersky 523; zu Begriff und Inhalt des Vertrages sui generis bereits GERNHUBER FamRZ 1979, 193, 203). Dieser begründet zwar keinen unmittelbaren Vergütungsanspruch. Bei Scheitern der Ehe ist aber sowohl die Frage des Vertragsschlusses als auch die nach dem Wegfall der Zweckbestimmung entsprechend den Erwägungen zur ehebezogenen Zuwendung (Rn 21 ff) zu beantworten (kritisch BLUMENRÖHR 525 wegen unterschiedlicher Behandlung je nach Art der Leistung). Die Grenzen eines solchen Anspruches liegen in der bei Wegfall der Geschäftsgrundlage noch vorhandenen Vermögensmehrung und in dem Betrag, den der Empfänger sich erspart hat (BGHZ 127, 48, 51 ff; HAAS FamRZ 2002, 216; JOHANNSEN/HENRICH/JAEGER § 1414 Rn 24; RÖDL 234; WEVER Rn 667 ff f; SCHWAB/BORTH IX Rn 92). Im Übrigen bemisst sich die Höhe des Anspruches nach den Umständen (BGH aaO).

Zuwendungen Dritter, etwa der **Schwiegereltern oder -großeltern**, die auf Dauer der **27** Ehegemeinschaft dienen und damit auch von deren Bestand abhängen sollen, werden von der Rechtsprechung entsprechend ehebezogenen Zuwendungen unter Ehegatten behandelt (BGHZ 129, 259, 263 = NJW 1995, 1889; FamRZ 1998, 670; NJW 1999, 354 = FamRZ 1999, 365; Fallbeispiele bei BÜTE FuR 2005, 544; SCHULZ FamRB 2006, 48). Das bedeutet, dass wegen des Ehebezugs der Zuwendung eine Schenkung ausscheidet und bei gesetzlichem Güterstand der bedachten Ehegatten ein Ausgleichsanspruch des Zuwendenden wegen Wegfalls der Geschäftsgrundlage in der Regel wegen des güterrechtlichen Ausgleiches ausscheidet (dazu Rn 22 ff); darüber hinaus ist auch eine Vermögenszuwendung nur an das eigene Kind mit entsprechender Zweckbindung als ehebezogene Zuwendung angesehen und nicht als privilegierter Erwerb gem § 1374 Abs 2 berücksichtigt worden (OLG Nürnberg FamRZ 2006, 38 m Anm SCHRÖDER u Anm HEINLE FamRB 2005, 319; zu den tatrichterlichen Feststellungen kritisch: BRUDERMÜLLER NJW 2006, 3184, WEVER FamRZ 2006, 371 u KOCH FamRZ 2006, 588; OLG Koblenz NJW 2003, 1675; OLG Celle FamRZ 2003, 1657). Der Rückforderungsanspruch wird mit Hinweis darauf versagt, dass ein Festhalten am Vertrag zumutbar sei, wenn das eigene Kind über den Zugewinn an der Zuwendung an das Schwiegerkind beteiligt werde. Ein Ausgleichsanspruch kommt danach zugunsten des Leistenden nur in Betracht, wenn das Ergebnis des güterrechtlichen Ausgleiches schlechthin unangemessen ist und für den Zuwender unzumutbar unbillig erscheint (s zu den Einzelheiten STAUDINGER/WIMMER-LEONHARDT [2005] § 516 Rn 90 ff; WEVER Rn 552 ff; KLEINLE FamRZ 1997, 1390). Die Übertragung der Grundsätze der ehebezogenen Zuwendung ist auf Kritik gestoßen (SEIF FamRZ 2000, 1201; ERMAN/HECKELMANN § 1374 Rn 8; MünchKomm/KOLLHOSSER § 516 Rn 81;

SOERGEL/MÜHL/TEICHMANN § 516 Rn 36; BERGSCHNEIDER, in: Anm zu OLG Celle FamRZ 2003, 1657; KOCH, in: FS SCHWAB 514 ff). Wird die Möglichkeit eines familienrechtlichen Vertrages eigener Art zwischen den Ehegatten bejaht (dazu Rn 21), ist dieser konsequenterweise auch im Verhältnis zu Schwiegereltern möglich. Indes dürften die tatrichterlichen Feststellungen schwerfallen (WAGENITZ aaO [Rn 18] 178 verweist insoweit auf die die Revisionsentscheidungen bindenden Feststellungen). Sie setzen nicht nur voraus, dass die Zuwendung an den Fortbestand der Ehe und damit verbunden an die wirtschaftliche Teilhabe des eigenen Kindes geknüpft sein sollte, sondern dass obendrein davon auszugehen sein muss, dass die Eltern dieses bei Vorhersehbarkeit des Scheiterns der Ehe allein begünstigt hätten (BGH NJW 1995, 1891; WAGENITZ aaO [Rn 18], 178; SCHWAB/ BORTH IX Rn 91; kritisch KOCH 519). Ersteres mag insoweit unproblematisch feststellbar sein als Umstände zum Gegenstand des Geschäftswillens geworden sind, die der Würdigung einer Zuwendung als Ausdruck subjektiver Freigebigkeit entgegenstehen (s Rn 18). Für Letzteres sind besondere tatsächliche Anhaltspunkte erforderlich, weil sich der mutmaßliche Wille einer Alleinbegünstigung nicht bereits mit Hilfe allgemeiner Lebenserfahrung erschließen lässt. Steht ein solcher Wille jedoch *im Einzelfall ausnahmsweise* fest (in dem der Entscheidung BGH NJW 1995, 1889 zugrundeliegenden Sachverhalt hatte die Mutter einem anderen ihrer Kinder kurz zuvor ein Grundstück geschenkt und die Zuwendung als Ausgleich dafür angesehen), kann zwar auf die Grundsätze zur ehebezogenen Zuwendung zurückgegriffen werden (Rn 21 f). Hier wie dort bleibt dabei aber die erkennbare Zweckbestimmung der Zuwendung zu klären (instruktiv der X. Zivilsenat zur Geschäftsgrundlage im Falle einer Schenkung an das Kind und dessen Ehegatten, BGH NJW 1999, 1625). Dabei entspricht die Interessenlage bei einer ehebezogenen Zuwendung Dritter nicht ohne weiteres der einer Ehegattenzuwendung, schon weil Eltern oder andere selbst an der Zuwendung wirtschaftlich nicht mehr teilhaben. Eine mit der Ehe vergleichbare „Austauschbeziehung" fehlt (MünchKomm/ KOLLHOSSER § 516 Rn 81). Das Ob eines Ausgleiches, die Art und der Umfang sind daran auszurichten. War etwa eine „Anschubfinanzierung" zum Ehestart das Ziel, verwirklicht sich dies in kurzer Zeit. Danach bleibt für die Anwendung von § 313 kein Raum. Sollten die Enkel in einem Haus mit Garten aufwachsen oder erfolgten die Zuwendungen in Erwartung von Enkelkindern, hängt bei Scheitern der Ehe der Wegfall der Geschäftsgrundlage ebenso wie die Frage der Zumutbarkeit eines Festhaltens am Vertrag davon ab, inwieweit die Enkel trotzdem noch wirtschaftlich profitieren. Das kann vom Ergebnis des Zugewinnausgleichs abhängen. Für die Voraussetzungen des Anspruches wegen Wegfalls der Geschäftsgrundlage trägt die Beweislast, wer sich darauf beruft (BGH FamRZ 2003, 223 = NJW 2003, 510).

28 Zuwendungen von **Ehegatten an Schwiegereltern**, etwa in Form von Leistungen zum Bau oder Umbau deren Hauses, folgen in der Rückabwicklung den allgemeinen Regeln der Schuldrechtes. Bei Scheitern der Ehe kommen etwa bei wertverbessernden Ausbauten Ansprüche nach § 812 Abs 1 S 2 Alt 1 in Betracht (BGH NJW 2002, 436 = FamRZ 2002, 88; FamRZ 1990, 843; FamRZ 1985, 150).

29 Haben **Verlobte** im Hinblick auf ihre spätere eheliche Lebensgemeinschaft erhebliche Sach- und Arbeitsleistungen erbracht, um auf einem Grundstück, das einem von ihnen allein gehört, ein Familienheim zu errichten, so kann bei Scheitern der Ehe ein ergänzender Ausgleichsanspruch wegen Wegfalls der Geschäftsgrundlage in Betracht kommen. Der Ausgleichsanspruch kann nach der hypothetischen Erhöhung des Zugewinnausgleichs bei entsprechender Leistung während der Ehe be-

messen werden und tritt neben den Zugewinnausgleichsanspruch (BGHZ 115, 261, 267 = FamRZ 1992, 160 mit zust Anm SMID JR 1993, 62 f; DERLEDER FuR 1994, 303; TIEDTKE JZ 1992, 1025; OLG Köln NJW 2002, 3784 m Anm QUACK FamRZ 2003, 606 u WEVER FamRZ 2002, 1405). Der Zugewinnausgleich bewirkt für diesen Anspruch keine Verschärfung der Voraussetzungen. Zu Ausgleichsansprüchen wegen Arbeitsleistungen vor Eheschluss s OLG Celle NJW-RR 2000, 1675 auch zur Behandlung vorehelicher Leistungen ohne Verlöbnis; zu Ausgleichsansprüchen in einer nichtehelichen Lebensgemeinschaft s STAUDINGER/STRÄTZ (2000) Anh zu §§ 1297 ff Rn 58, 101, 110 ff.

Der **Gesamtschuldnerausgleich** wird auch nach Auffassung der Rechtsprechung **30** durch die Regelungen des Zugewinnausgleichs nicht verdrängt, „weil bei richtiger Handhabung der güterrechtlichen Vorschriften der Gesamtschuldnerausgleich das Ergebnis nicht zu verfälschen vermag"; es kommt dabei nicht darauf an, ob Leistungen auf eine Gesamtschuld vor oder nach Zustellung des Scheidungsantrages erfolgen (BGH NJW 1988, 133; FamRZ 1988, 920; 1031; 1989, 147; dazu ausführlich: GERHARDS FamRZ 2001, 661; WEVER Rn 345 ff; KOTZUR NJW 1989, 817; GERNHUBER JZ 1996, 969 u 765; s auch § 1375 Rn 8; zu den Einzelheiten s STAUDINGER/NOACK [2005] § 426 Rn 202 ff). Die den Ehegatten im Innenverhältnis belastende Ausgleichsforderung vermindert allerdings dessen Endvermögen und wirkt sich so auf den Zugewinn aus. Auch für den **Gesamtgläubigerausgleich** gilt kein Vorrang des Zugewinnausgleichs (WEVER Rn 955 f mwNw).

Zwischen den Ehegatten bestehen nicht selten **Auftragsverhältnisse**, die insbesonde- **31** re bei Rechtsgeschäften eines Ehegatten mit Mitteln des anderen oder für Rechnung beider auch schlüssig zustande kommen (vgl BGH FamRZ 1960, 58, 59). Auch die Rechte und Pflichten von Verträgen über die Überlassung der Vermögensverwaltung richten sich im Zweifel nach Auftragsrecht (s § 1413 Rn 9), das gilt auch für die treuhänderische Überlassung von Vermögen, die oft aus steuerlichen Gründen oder um den Zugriff von Gläubigern zu vermeiden, erfolgt. Der Rückgewähranspruch, der im Falle des Scheiterns der Ehe in Betracht kommt (dazu OLG Hamburg FamRZ 2002, 395) geht als Rechnungsposten in den Zugewinnausgleich ein. Treuhandabrede und Beendigung des Treuhandverhältnisses hat zu beweisen, wer Treugut herausverlangt (WEVER Rn 947; HAUSSLEITER/SCHULZ Kap 6 Rn 349 mwNw). Hat ein Ehegatte dem anderen die Aufnahme von Krediten zur Finanzierung eines Vermögenserwerbs oder zur Erlangung von Betriebsmitteln dadurch ermöglicht, dass er eine **persönliche Haftung** übernommen oder **dingliche Sicherheiten** aus eigenem Vermögen eingeräumt hat, kann er nach Scheitern der Ehe Befreiung nach den Regeln des Auftragsrechts verlangen. Als Nachwirkung der Ehe unterliegt die Geltendmachung des Befreiungsanspruchs nach Treu und Glauben jedoch Einschränkungen (BGH FamRZ 1989, 835). In Betracht kommt etwa ein Tilgungsplan, der den Belangen der Ehegatten Rechnung trägt.

„Oder-Konten" stehen den Eheleuten gemeinsam zur unabhängigen Verfügung zu. **32** Im Außenverhältnis sind sie Gesamtgläubiger, § 428. Im Innenverhältnis besteht bis zur Trennung im Hinblick auf die eheliche Gemeinschaft in der Regel kein Ausgleichsanspruch, für Verfügungen danach greift die Vermutung des § 430 ein (BGH FamRZ 1990, 370; OLG Karlsruhe FamRZ 1990, 629; OLG Köln FamRZ 1987, 1139; WEVER Rn 530 ff; ders FamRZ 1996, 912 f). Während intakter Ehe sind allerdings Ausgleichsansprüche nicht ohne weiteres ausgeschlossen, sondern lediglich die Anforderungen für den Beweis einer vom § 430 abweichenden Regelung des Innenverhältnisses erleichtert (BGH aaO). Auch bei intakter Ehe hat deswegen der Ehegatte, dem mehr als ein hälftiger Anteil vom Oder-Konto zugeflossen ist, eine abweichende Regelung darzulegen und zu beweisen (BGH NJW-RR 1993, 2; zu den Einzelh s STAUDINGER/NOACK [2005] § 430 Rn 29 ff). Zum **Oder-Depot** vgl BGH FamRZ 1997, 607 f; sowie NOACK aaO Rn 37 ff.

III. Verwaltungsbeschränkungen

33 Das Prinzip der Gütertrennung wird in der Zugewinngemeinschaft nicht rein beibehalten. Die **Verpflichtungs- und Verfügungsbeschränkungen** der §§ 1365, 1369 sind eine Besonderheit des geltenden gesetzlichen Güterstandes, die ihn auch während seines Bestehens deutlich von der echten Gütertrennung abhebt.

IV. Ausgleich des Zugewinns

34 Seine spezifische Struktur erhält der gesetzliche Güterstand dadurch, dass ein in der Ehe erzielter *Vermögenszuwachs* bei Beendigung des Güterstandes unter den Ehegatten *ausgeglichen* wird. Dieser Ausgleich erfolgt entweder durch eine schematische Erhöhung des Erbrechts des überlebenden Ehegatten um ein Viertel der Erbschaft (§ 1371 Abs 1) oder dadurch, dass der Ehegatte, der den geringeren Zugewinn erzielt hat, einen Ausgleichsanspruch gegen den anderen Ehegatten erhält (§ 1378 Abs 1). Der Zugewinn jedes Ehegatten wird im zweiten Falle rein rechnerisch durch eine Gegenüberstellung seines Anfangs- und Endvermögens ermittelt. Auch zum Zwecke der Ermittlung des Zugewinns und der Höhe des Ausgleichsanspruchs werden also das Mannes- und Frauenvermögen nicht zu einem gemeinschaftlichen Vermögen verbunden. Auch wird der Ehegatte, der den geringeren Zugewinn erzielt hat, nicht dinglich am Vermögen des anderen Ehegatten beteiligt. Ihm steht lediglich ein obligatorischer Ausgleichsanspruch zu. Es hat auch kein Ehegatte einen Anspruch darauf, dass der andere Ehegatte sein Vermögen so verwaltet, dass er einen möglichst großen Zugewinn erzielt (vgl auch Begründung zum RegE I, BT-Drucks 1/3802, 56 zu § 1371).

35 Die **Ausgleichsforderung entsteht** erst mit der Beendigung der Zugewinngemeinschaft, § 1378 Abs 3. Erst in diesem Zeitpunkt wirkt sich die vermögensrechtliche Beteiligung der Ehegatten am Zugewinn aus, der während der Ehe erzielt worden ist. Das schließt nicht aus, dass gewisse während des Güterstandes vorgenommene Geschäfte bei der Berechnung des Zugewinns und der Ausgleichsforderung berücksichtigt werden – vgl §§ 1374 Abs 2, 1375 Abs 2, 1380 Abs 1 – und dass das Verhalten der Ehegatten während oder nach Beendigung des Güterstandes Auswirkungen auf den Zugewinnausgleich haben kann – vgl §§ 1381, 1382, 1383, 1386, 1390.

V. Abschichtung des Versorgungsausgleichs

36 Auf Anwartschaften und Aussichten, die dem **Versorgungsausgleich** nach Scheidung unterliegen, sind die güterrechtlichen Vorschriften nicht anwendbar, § 1587 Abs 3. Die Gegenstände des Versorgungsausgleichs nennt § 1587a Abs 2. Zu ihnen gehören nicht private Lebensversicherungen als Kapitalversicherungen, selbst wenn sie Versorgungszwecken dienen. Sie sind deshalb beim Zugewinnausgleich zu berücksichtigen (vgl BGHZ 88, 386, 389 = NJW 1984, 299 und BGHZ 67, 262 = FamRZ 1977, 41; OLG Nürnberg NJW 1976, 899 – beide aus der Zeit vor dem 1. EheRG). Anrechte aus Kapital-Lebensversicherungen mit Rentenwahlrecht fallen nur dann in den Versorgungsausgleich, wenn das Rentenwahlrecht bis zum Eintritt der Rechtshängigkeit des Scheidungsantrags ausgeübt worden ist (BGHZ 88, 386, 393 mwNw; s zu Einzelheiten bei Anwartschaften aus Lebensversicherungen §§ 1374 Rn 9, 1365 Rn 31).

VI. Abweichende Vereinbarungen

Die Ehegatten leben im Güterstand der Zugewinngemeinschaft, wenn sie nicht **37** durch Ehevertrag etwas anderes vereinbart haben, § 1363 Abs 1. In dieser Bestimmung kommt der Grundsatz der Vertragsfreiheit im ehelichen Güterrecht zum Ausdruck, wie er auch in § 1408 ausgesprochen ist. In der Fassung des § 1363 Abs 1 wird der Vorrang der vertraglichen Regelung der güterrechtlichen Verhältnisse der Ehegatten deutlich herausgestellt. Dieser Vorrang erstreckt sich nicht nur auf die ehevertraglich vereinbarten vertragsmäßigen Güterstände (Gütertrennung und Gütergemeinschaft), sondern auch auf die Änderungen innerhalb des gesetzlichen Güterstandes.

Die Ehegatten können den **Zugewinnausgleich ausschließen** oder abweichend von **38** den gesetzlichen Bestimmungen regeln. Im ersten Falle gilt indes für die Ehe gem § 1414 S 2 Gütertrennung. § 1414 S 2 greift aber nicht ein, wenn nur die Erbrechtsverstärkung nach § 1371 oder ausdrücklich nur die Zugewinnbeteiligung nach §§ 1372–1390 ausgeschlossen ist (vgl BayObLG NJW 1971, 991). Wird der „Zugewinnausgleich" ausgeschlossen, so wird auch § 1371 als mitausgeschlossen anzusehen sein; es gilt § 1414. Im Übrigen können die Ehegatten die Zugewinnbeteiligung in jeder Weise, nur beschränkt durch die allgemeinen Grenzen der Vertragsfreiheit, abändern. Sie können insbesondere den Zugewinnausgleich im Falle der Scheidung ausschließen; sie können eine abweichende Beteiligungsquote vereinbaren, Bestimmungen über die Berechnung und Bewertung des Anfangs- und Endvermögens treffen, bestimmte Vermögenswerte aus der Zugewinnabrechnung herausnehmen, die Zahlung der Ausgleichsforderung näher regeln usw (vgl BGH FamRZ 1997, 801; BGHZ 86, 143, 151; KNUR DNotZ 1957, 471 ff; BÄRMANN AcP 157, 203 f). Mit dem Ausschluss des Zugewinnausgleichs tritt kraft Gesetzes Gütertrennung ein, § 1414 S 2. Die Ehegatten können jedoch etwas anderes (ehevertraglich) vereinbaren, § 1414 S 1 HS 2. Sie können vereinbaren, dass Gütergemeinschaft (mit oder ohne Beschränkung des Gesamtguts) eintritt, aber auch, dass es beim gesetzlichen Güterstand sein Bewenden haben soll, der sich dann in der Fortgeltung der Gütertrennung nebst den Verwaltungsbeschränkungen der §§ 1365, 1369 erschöpft (anders BÄRMANN AcP 157, 203, 5; DÖLLE I 675 Fn 140; KÖRNER, Die Grenzen der Vertragsfreiheit im neuen Güterrecht [Diss Tübingen 1961] 211, 246 ff; KOHLER BB 1959, 933; wie hier aber BEITZKE DNotZ 1964, 692; BGB-RGRK/FINKE § 1414 Rn 12; GERNHUBER/COESTER-WALTJEN § 32 Rn 25; KNUR DNotZ 1957, 463; RITTNER DNotZ 1957, 483, 487; PALANDT/BRUDERMÜLLER § 1414 Rn 1; RAUSCHER Rn 443; ERMAN/HECKELMANN § 1414 Rn 3; SCHWAB DNotZ 1977 – Sonderheft – 53; SOERGEL/GAUL § 1408 Rn 18 u § 1414 Rn 5; WESTERMANN, in: FS Bosch 1029, 1041; ZÖLLNER FamRZ 1965, 117; wohl auch MIKAT, in: FS Felgenträger [1969] 331; BAMBERGER/ROTH/MAYER § 1414 Rn 5). Zur Begründung s Vorbem 20 zu § 1408.

39 Zu weiteren Einzelheiten s die Erl zu § 1408 und jeweils zu den §§ 1365 bis 1390 sowie zur Beweislast Vorbem 4 zu § 1363.

VII. Zeitliche Geltung

40 Die Zugewinngemeinschaft **beginnt** kraft Gesetzes mit der Eheschließung. Beim Übergang von einem der vertraglichen Güterstände zur Zugewinngemeinschaft bedarf es eines Ehevertrages; sie beginnt dann mit dem Abschluss des Vertrages. Die übergangsrechtlichen Bestimmungen für die Überleitung des gesetzlichen Güterstandes der vor dem 1. 7. 1958 geschlossenen Ehe finden sich in Art 8 I Nr 3–5 GleichberG. Einzelheiten hierzu s Einl 26 zu § 1363 ff. Zur Überleitung nach dem Beitritt der DDR s Einl 29 zu §§ 1363 ff.

41 Die Zugewinngemeinschaft **endet**, wenn die Ehegatten ehevertraglich einen der Vertragsgüterstände vereinbaren, den Zugewinnausgleich oder den Versorgungsausgleich ausschließen oder den Güterstand ganz aufheben. Sie endet ferner mit der Rechtskraft des Urteils, in dem auf vorzeitigen Ausgleich des Zugewinns erkannt wurde, § 1388. Der Güterstand endet schließlich mit der Auflösung der Ehe durch Tod, Scheidung, Aufhebung oder (nach altem Recht) Nichtigerklärung sowie mit der Wiederverheiratung eines Ehegatten nach der Todeserklärung des anderen, § 1319 Abs 2. Die Todeserklärung eines Ehegatten oder die Eröffnung des Insolvenzverfahrens über das Vermögen eines Ehegatten beendet den Güterstand dagegen nicht (abw §§ 1419, 1420 aF).

42 Über die Auswirkungen des gesetzlichen Güterstandes auf das **Höferecht** vgl OTTE AgrarR 1989, 232; LANGE NJW 1957, 1503; LANGENFELD AgrarR 1999, 107; BÜTTNER RdL 1958, 4; PIKALO RdL 1958, 281 u 1959, 1; BERGMANN RdL 1959, 85 u 113; LÜDTKE-HANDJERY, HöfeO (10. Aufl 2001) § 12 Rn 135 u öfter; WÖHRMANN, Das Landwirtschaftserbrecht (8. Aufl 2004) § 12 Rn 51 ff.

§ 1364
Vermögensverwaltung

Jeder Ehegatte verwaltet sein Vermögen selbständig; er ist jedoch in der Verwaltung seines Vermögens nach Maßgabe der folgenden Vorschriften beschränkt.

Materialien: E I § 1371; II § 1371.
Vgl STAUDINGER/BGB-Synopse 1896–2005
§ 1364.

Systematische Übersicht

I. Grundsatz der selbständigen Verwaltung

Es entspricht dem Grundsatz der Vermögenstrennung, dass jeder Ehegatte sein **1** Vermögen selbständig verwaltet. Jeder Ehegatte kann *frei* über die zu seinem Vermögen gehörenden Gegenstände *verfügen*, sie in ihrer Substanz durch tatsächliche Einwirkungen verändern und die Nutzungen ziehen. Die rechtsgeschäftliche Dispositionsbefugnis ist nur in dem gesetzlich bestimmten Umfang beschränkt: jeder Ehegatte ist bei Rechtsgeschäften, die sein Vermögen im Ganzen oder Gegenstände des ehelichen Haushaltes betreffen, an die Mitwirkung des anderen Ehegatten gebunden, §§ 1364 HS 2, 1365, 1369. Weiteren Beschränkungen unterliegen die Ehegatten bei der Verwaltung ihres Vermögens nicht.

Der Gesetzgeber hat damit bewusst alle *weitergehenden Bindungen* von Vermögens- **2** werten *abgelehnt*, wie sie – zT unter Hinweis auf ausländische Vorbilder – zugunsten der Familie vorgeschlagen worden sind. Das gilt etwa für *Grundstücke* allgemein. Zwar kann gerade durch die Verfügung über ein (in der Regel wertvolles) Grundstück, vor allem auch dann, wenn es der Familie als Wohngrundstück dient, der ehelichen Lebensgemeinschaft eine wesentliche Grundlage entzogen und zugleich der Zugewinnausgleichsanspruch des anderen Ehegatten gefährdet werden. Die Verfügung über Grundstücke führt jedoch nicht notwendig oder auch nur regelmäßig zu diesem Ergebnis. Es wäre zudem vom Zufall abhängig, ob ein Ehegatte in der Verfügung über sein Vermögen beschränkt ist, nämlich davon, ob er sein Vermögen in Grundstücken angelegt hat oder nicht. Die gleiche Überlegung gilt auch für während des Güterstandes erworbene Grundstücke oder Ehewohngrundstücke.

Der Gesetzgeber hat sich weiterhin nicht dazu entschließen können, wenigstens bestimmte *Bank- und Sparkassenguthaben* oder Rechte aus *Lebensversicherungen* im Interesse des anderen Ehegatten zu binden oder (die in ihren Auswirkungen möglicherweise gefährlichen) *Interzessionen* (insbes Bürgschaften) von der Zustimmung des anderen Ehegatten abhängig zu machen oder *Abzahlungsgeschäfte* über Hausrat an die Mitwirkung des anderen Ehegatten zu binden. Schließlich hat er auch keine Beschränkung der Ehegatten hinsichtlich von *Schenkungen* eingeführt, obwohl solche unentgeltlichen Verfügungen das der Familie und künftiger Auseinandersetzung dienende Vermögen ersatzlos mindern. Durch die Berücksichtigung der Schenkungen beim rechnerischen Ausgleich (§§ 1375 Abs 2, 1386 Abs 2) und notfalls gegenüber dem Beschenkten nach § 1390 glaubte er die Interessen des anderen Ehegatten hinreichend gesichert.

Bei dieser Zurückhaltung gegenüber der Bindung von Vermögen des einzelnen Ehegatten zugunsten des anderen spielten verschiedene Erwägungen eine Rolle. So sollte die rechtliche und wirtschaftliche Bewegungsmöglichkeit der Ehegatten hinsichtlich ihres Vermögens so weit als möglich erhalten bleiben. Verfügungsbeschränkungen erschweren zudem den Rechtsverkehr und sollten daher auf das unbedingt erforderliche Ausmaß beschränkt werden. Schließlich sollte die Gesamtreform nicht mit allzu vielen Neuerungen belastet werden (dazu MÜLLER-FREIENFELS JZ 1957, 692). Dass der Gesetzgeber bei der Gütergemeinschaft – in Anlehnung an die Regelung der allgemeinen Gütergemeinschaft in den §§ 1444 ff aF – den verwaltenden Ehegatten hinsichtlich der Verfügung über das Gesamtgut im Ganzen (§ 1423), über Grundstücke, eingetragene Schiffe und Schiffsbauwerke (§ 1424) und hinsichtlich der Schenkungen aus dem Gesamtgut (§ 1425) weitergehend gebunden hat, rechtfertigt sich daraus, dass der verwaltende Ehegatte dabei auch über das Miteigentum des anderen Ehegatten verfügt.

II. Freiheit der Vermögensverwaltung

3 Grundsätzlich kann also jeder Ehegatte, sofern die obengenannten Beschränkungen nicht eingreifen, mit seinem Vermögen nach Belieben verfahren. Einzelne Vermögensgegenstände können daher frei verändert, veräußert oder belastet werden. Jeder Ehegatte kann aus seinem Vermögen Schenkungen machen oder es sogar verschwenden (über die Auswirkungen solcher Geschäfte auf den Zugewinnanspruch s unten Rn 8). Er kann auch jede tatsächliche Veränderung seiner Vermögensgegenstände vornehmen und selbständig Rechtsstreitigkeiten führen. Ebenso kann ein Ehepartner aber auch die Verwaltung seines Vermögens dem anderen formfrei überlassen. Wechselseitige Ansprüche bestimmen sich dann nach den Regeln des Auftragsverhältnisses, §§ 662 ff (vgl § 1413 Rn 9 ff).

III. Verantwortung für ordnungsmäßige Verwaltung

4 Grundsätzlich ist ein Ehegatte dem anderen für eine ordnungsgemäße Verwaltung seines Vermögens nicht verantwortlich. Insbesondere kann ein Ehegatte von dem anderen nicht verlangen, sein Vermögen so zu verwalten, dass er einen möglichst hohen Zugewinn erzielt.

IV. Grenzen des freien Verwaltungsrechts

5 Die *Verpflichtung zur ehelichen Lebensgemeinschaft* (§ 1353 Abs 1) setzt der Freiheit der Ehegatten in der Verwaltung ihres Vermögens jedoch Grenzen. Eine strenge Trennung zwischen den persönlichen und den vermögensrechtlichen Elementen der Ehe ist gerade im Bereich des § 1353 nicht möglich. Die umfassende Pflicht zu einer dem Wesen der Ehe entsprechenden persönlichen Gemeinschaft kann vor den vermögensrechtlichen Beziehungen nicht haltmachen. Die Rechtsprechung hat denn auch die Anwendung des § 1353 Abs 1 im ehelichen Vermögensrecht seit langem wiederholt bejaht. Vgl dazu BGHZ 1, 87, 92: der gemeinsame wirtschaftliche Existenzkampf gehört zum Inhalt der ehelichen Lebensgemeinschaft; schon RG Recht 1919 Nr 1496: Jeden Ehegatten trifft die Pflicht, keine Schulden zu machen, die den Haushalt in Bedrängnis bringen oder die Ehe wirtschaftlich gefährden; BGHZ 53, 352, 356; NJW 1988, 20, 32: Vermögensrechtliche Ansprüche zwischen Ehegatten können durch § 1353 Abs 1 ausgeschlossen sein; s auch BGH FamRZ 1976, 691: kein Anspruch aus § 985 auf Herausgabe der Ehewohnung während des Eheprozesses;

BGH NJW 2002, 2319 = FamRZ 2002, 1024 m Anm BERGSCHNEIDER: Verpflichtung, der gemeinsamen Veranlagung zur Einkommenssteuer zuzustimmen. Vgl ferner zu den Einzelheiten STAUDINGER/VOPPEL (2007) § 1353 Rn 88 ff.

Die Verpflichtung zur ehelichen Lebensgemeinschaft setzt freilich im vermögens- **6** rechtlichen Bereich der grundsätzlichen Verwaltungsfreiheit nur dort Grenzen, wo die Ehe als solche, insbesondere ihre wirtschaftliche Grundlage, gefährdet erscheint. Eine umfassende Rechtspflicht zu einer ordnungsmäßigen und vernünftigen Verwaltung des eigenen Vermögens lässt sich aus § 1353 nicht ableiten (BAMBERGER/ROTH/ MAYER Rn 4; SOERGEL/LANGE Rn 10; GERNHUBER/COESTER-WALTJEN § 34 Rn 5; wohl auch ERMAN/ HECKELMANN Rn 3, denn die Gefährdung des Unterhalts berührt die wirtschaftliche Grundlage der Ehe). Mit der Klage auf Herstellung des ehelichen Lebens – und nur mit dieser – ist die Art und Weise der Vermögensverwaltung nur dann zu beeinflussen, wenn die eheliche Lebensgemeinschaft nach den Umständen unmittelbar beeinträchtigt ist.

Die *persönlichen Ehepflichten* bleiben daneben unberührt. Eine nachlässige, unor- **7** dentliche oder verschwenderische Vermögensverwaltung, auch wenn sie die wirtschaftlichen Grundlagen der Ehe nicht beeinträchtigt, kann eine Verletzung ehelicher Pflichten enthalten, soweit sie von einer ehewidrigen Gesinnung getragen ist (Benachteiligungsabsicht, persönliche Missachtung des anderen Ehegatten, Rücksichtslosigkeit ua).

V.   Verwaltungsobliegenheiten

Bestimmte Arten von Rechtsgeschäften und Verfügungen, die zu einer Vermögens- **8** minderung führen, sind für die Bemessung des Ausgleichsanspruchs bedeutsam. Sie sind bei der Berechnung des Zugewinns zu berücksichtigen (§ 1375 Abs 2) oder gewähren dem anderen Ehegatten das Recht, auf vorzeitigen Ausgleich des Zugewinns zu klagen (§ 1386 Abs 2). Bestimmte Verhaltensweisen eines Ehegatten bei der Verwaltung seines Vermögens sind auch im Rahmen des § 1381 zu berücksichtigen und können zum Wegfall oder zu einer Kürzung des Ausgleichsanspruches führen. Ferner kann ein Ehegatte nach § 1386 Abs 1 auf vorzeitigen Ausgleich des Zugewinns klagen, wenn der andere Ehegatte längere Zeit hindurch die wirtschaftlichen Verpflichtungen, die sich aus dem ehelichen Verhältnis ergeben, schuldhaft nicht erfüllt hat und eine Wiederholungsgefahr besteht. Auf vorzeitigen Ausgleich des Zugewinns kann auch geklagt werden, wenn sich ein Ehegatte ohne Grund beharrlich weigert, den anderen Ehegatten über den Bestand seines Vermögens zu unterrichten, § 1386 Abs 3.

Diese Vorschriften dienen überwiegend der Sicherstellung eines dem Wesen der Ehe **9** entsprechenden gerechten Zugewinnausgleichs. Sie stehen jedoch der Wirksamkeit der vorgenommenen Rechtsgeschäfte nicht entgegen. Sie setzen aber auch keine echten Rechtspflichten für die Ehegatten (so aber ERMAN/HECKELMANN Rn 2; BGB-RGRK/FINKE Rn 6; wie hier DÖLLE I § 51l; GERNHUBER/COESTER-WALTJEN FamR § 34 Rn 5; MünchKomm/KOCH Rn 6; BAMBERGER/ROTH/MAYER Rn 5), sondern enthalten nur Obliegenheiten, an deren Verletzung bestimmte Rechtsnachteile geknüpft sind. Soweit die genannten Vorschriften auf die sich aus dem ehelichen Verhältnis ergebenden wirtschaftlichen Verpflichtungen Bezug nehmen, setzen sie das Bestehen solcher Pflichten voraus (§ 1386 Abs 1, § 1381 Abs 2). Solche Rechtspflichten bestehen nach § 1353 Abs 1 oder im Unterhaltsrecht.

VI. Nebenpflichten

10 Die Vermögensverwaltung schafft außer den in Rn 9 genannten Obliegenheiten und über die (beschränkte) Verwaltungspflicht hinaus weitere Nebenpflichten für jeden Ehegatten gegenüber dem anderen Ehegatten. So ist jeder Ehegatte verpflichtet, auf Verlangen des anderen Ehegatten bei der Aufnahme eines Verzeichnisses über den Bestand und den Wert des Anfangsvermögens mitzuwirken, § 1377 Abs 2. Nach der Beendigung des Güterstandes ist jeder Ehegatte verpflichtet, dem anderen Auskunft über den Bestand seines Endvermögens zu erteilen, § 1379. Unter bestimmten Voraussetzungen hat ein Ehegatte dem anderen Sicherheit zu leisten, § 1389, s auch § 1390 Abs 4.

VII. Selbständigkeit der Verwaltung

11 Rechtsgeschäfte und Rechtshandlungen, die sich auf das Vermögen eines Ehegatten beziehen, können nur von diesem und diesem gegenüber vorgenommen werden. Ausnahmen gelten nur im Rahmen der Schlüsselgewalt (§ 1357). Im Übrigen gelten die allgemeinen Vorschriften über die Stellvertretung und die Ermächtigung.

12 Jeder Ehegatte kann **selbständig klagen** und **verklagt werden**. Nur nach Maßgabe des § 1368 kann ein Ehegatte selbständig in die Vermögenssphäre des anderen Ehegatten eingreifen: er kann die Rechte, die sich aus der Unwirksamkeit einer Verfügung des anderen Ehegatten ergeben (§§ 1365, 1369), im eigenen Namen gegenüber Dritten gerichtlich geltend machen. Auch eine **gewillkürte Prozessstandschaft** des einen Ehegatten für den anderen ist grundsätzlich zulässig. Das von der hM vorausgesetzte besondere eigene Interesse ist aus der ehelichen Lebensgemeinschaft heraus regelmäßig zu bejahen (BGHZ 94, 117, 122; FamRZ 1961, 435).

13 Ein **Duldungstitel** gegen den anderen Ehegatten ist zur Zwangsvollstreckung in das Vermögen eines Ehegatten **nicht erforderlich**. Besitz oder Mitbesitz bzw Gewahrsam oder Mitgewahrsam des anderen Ehegatten hindert die Zwangsvollstreckung nicht, § 1362 BGB, § 739 ZPO.

14 Die Selbständigkeit der Ehegatten in der Verwaltung ihrer Vermögen gestattet ihnen auch, untereinander in jede nach den allgemeinen Grundsätzen zulässige rechtliche Beziehung zu treten (dazu § 1363 Rn 13). Zur Überlassung der Verwaltung des Vermögens an den anderen Ehegatten insbesondere vgl § 1413 und Erl dazu.

VIII. Geschäftsfähigkeit, Insolvenz

15 Für geschäftsunfähige oder in der Geschäftsfähigkeit beschränkte Ehegatten gelten die allgemeinen Vorschriften über die gesetzliche Vertretung. Das Verwaltungsrecht steht allein dem gesetzlichen Vertreter zu; dieser ist den Beschränkungen der §§ 1365, 1369 unterworfen.

16 Die Insolvenz eines Ehegatten berührt die Rechtsstellung des anderen Ehegatten und dessen Vermögen nicht; die Eröffnung des Insolvenzverfahrens hat auch keinen Einfluss auf den Fortbestand des gesetzlichen Güterstandes (anders früher § 1419 aF). Der Insolvenzverwalter ist jedoch den Verfügungsbeschränkungen der §§ 1365, 1369 nicht unterworfen, da andernfalls eine ordnungsmäßige und zweckgerechte Verwertung der Insolvenzmasse nicht durchführbar wäre.

IX. Getrenntleben und Hausratsteilung

Das Bestimmungsrecht der Ehegatten über die ihnen gehörenden Gegenstände des **17** ehelichen Hausrats ist im Falle des Getrenntlebens der Ehegatten eingeschränkt, § 1361a BGB; § 18a HausratsVO.

X. Verwaltungsbeschränkungen

§ 1364 HS 2 verweist auf die §§ 1365–1369. Diese Vorschriften betreffen Rechtsge- **18** schäfte des einen Ehegatten über sein Vermögen im Ganzen und über Hausrat, die sich auf die wirtschaftliche Grundlage des gemeinsamen Haushaltes und auf den künftigen Zugewinnausgleich auswirken können. Andere Verwaltungsbeschränkungen hat der Gesetzgeber jedoch nicht aufgenommen (vgl dazu oben Rn 2).

§ 1365
Verfügung über Vermögen im Ganzen

(1) Ein Ehegatte kann sich nur mit Einwilligung des anderen Ehegatten verpflichten, über sein Vermögen im Ganzen zu verfügen. Hat er sich ohne Zustimmung des anderen Ehegatten verpflichtet, so kann er die Verpflichtung nur erfüllen, wenn der andere Ehegatte einwilligt.

(2) Entspricht das Rechtsgeschäft den Grundsätzen einer ordnungsmäßigen Verwaltung, so kann das Vormundschaftsgericht auf Antrag des Ehegatten die Zustimmung des anderen Ehegatten ersetzen, wenn dieser sie ohne ausreichenden Grund verweigert oder durch Krankheit oder Abwesenheit an der Abgabe einer Erklärung verhindert und mit dem Aufschub Gefahr verbunden ist.

Materialien: E I § 1371; II § 1372.
Vgl STAUDINGER/BGB-Synopse 1896–2005
§ 1365.

Schrifttum

1. Allgemeines (zum älteren Schrifttum s auch STAUDINGER / THIELE [1994 u 2000])
BEUTIN, Probleme der Zugewinngemeinschaft heute, FamRZ 1982, 338
BÖHRINGER, Der Zeitpunkt der Kenntnis bei Grundstücks-Rechtsgeschäften nach § 1365 BGB, BW NotZ 1987, 56

BÖTTCHER, Verfügungsbeschränkungen, Rpfleger 1984, 377
BRAGA, Die subjektive Theorie oder was sonst?, FamRZ 1967, 652
BRAUN, Zu einer Auslegung der §§ 1365, 1369 BGB, in: Festschrift Musielak (2004) 119

BRUDERMÜLLER, Das Familienheim in der Teilungsversteigerung, FamRZ 1996, 1516

EICHENHOFER, Die Auswirkungen der Ehe auf Besitz und Eigentum der Eheleute, JZ 1988, 326

EICKMANN, Widerspruch und Grundbuchberichtigung bei Nichtigkeit nach §§ 1365, 1366 BGB, Rpfleger 1981, 213

FEILER, Die Verfügung über das nach §§ 1365 Abs 1, 1369 Abs 1 vinkulierte Gut (Diss 1999)

FUGE, Verfügungsbeschränkung der §§ 1365 ff, 1369 BGB, ZFE 2004, 47

GOTTWALD, Zustimmung der Ehegatten zum Antrag auf Anordnung der Teilungsversteigerung, FamRZ 2006, 1075

GROHMANN, Der Rechtsstreit um vinkuliertes Gut eines Ehegatten in der Zugewinngemeinschaft (Diss Freiburg 1970)

HARTUNG, Der Schutz des guten Glaubens bei den Verfügungsbeschränkungen des GleichberG, NJW 1959, 1020

ders, Verfügungsbeschränkungen bei ehelichem Hausrat. Zur Auslegung der §§ 1365 bis 1369 (1962)

JANKE, Die Verwaltungsbeschränkung des § 1365 Abs 1 BGB bei der Aufhebung einer Gemeinschaft im Wege der Zwangsversteigerung (Diss 2002)

JAYME, Zur Anwendung des § 1365 BGB bei ausländischen Geschäftsstatut, in: FS Henrich (2000) 335

KOGEL, Die Verfügung über das Vermögen im Ganzen – nicht nur ein Problem des Zugewinns, FamRB 2005, 52

KNUR, Probleme der Zugewinngemeinschaft (1959)

KÜNZEL, Heilung schwebend unwirksamer Gesamtvermögensgeschäfte eines Ehegatten?, FamRZ 1988, 452

KÜNZL, Heilung schwebend unwirksamer Gesamtvermögensgeschäfte eines Ehegatten, FamRZ 1988, 452

LÖHNING, Zustimmungsbedürftige Rechtsgeschäfte von Ehegatten im gesetzlichen Güterstand: Die Verpflichtungs- und Verfügungsbeschränkungen der §§ 1365, 1369 BGB, JA 2006, 753

vMONTGELAS, Die Beschränkung der Verwaltungsfreiheit in der Zugewinngemeinschaft (Diss 2001)

REINICKE, Der Einfluss der Scheidung auf die nach § 1365 schwebend unwirksamen Geschäfte, NJW 1972, 1786

ders, Die Rechtsfolgen bei der Verweigerung einer nach den §§ 1365, 1366 erforderlichen Genehmigung, NJW 1973, 305

SANDROCK, Die Zähmung des widerspenstigen § 1365 Abs 1, in: FS Bosch (1976) 841

ders, Gesellschaftsvertragliche Vereinbarungen und die Verwaltungsbeschränkungen der § 1365 Abs 1 BGB, in: FS Duden (1977) 513

SCHLIEPER, Das Spannungsverhältnis von Familien- und Verkehrsinteressen im Rahmen des § 1365 BGB (Diss 1991)

SCHLOSSER, Vermögensbeziehungen unter Ehegatten, Jura 1983, 198

SUDHOF, Die Grundstückstransaktion als Gesamtvermögensverfügung, FamRZ 1994, 1152

M SCHWAB, Bürgschaften eines Ehegatten als zustimmungsbedürftige Rechtsgeschäfte im gesetzlichen Güterstand, in: FS Schwab (2005) 565

TIEDTKE, Der Zeitpunkt, zu dem die subjektiven Voraussetzungen des § 1365 vorliegen müssen, FamRZ 1975, 65

ders, Die Umdeutung eines nach den §§ 1365, 1366 nichtigen Rechtsgeschäfts in einem Erbvertrag, FamRZ 1981, 1

WEINREICH, Probleme der Teilungsversteigerung, Teil 2, FuR 2006, 403

WEVER, Ausgleich gemeinsamer Hausschulden, FuR 2000, 185

WOLF, Übertriebener Verkehrsschutz, JZ 1997, 1087

WOLF, Übertriebener Verkehrsschutz – Zur subjektiven und objektiven Theorie im Rahmen von § 1365 BGB, JZ 1997, 1087.

2. Gesellschaftsrecht

BEITZKE, Gesellschaftsvertrag und güterrechtliche Verfügungsbeschränkungen, Betrieb 1961, 21

DE LA MOTTE, Der Einfluss der güterrechtlichen Verwaltungsbeschränkungen des § 1365 auf das Unternehmensrecht (Diss Kiel 1966)

EISELT, Die Bedeutung des § 1365 für Gesellschaftsverträge, JZ 1960, 562

FISCHER, Kollisionen zwischen Gesellschaftsrecht und ehelichem Güterrecht, NJW 1960, 937

GAEDICKE, § 1365 und seine Bedeutung für das Gesellschaftsrecht (Diss München 1968)
HAEGELE, GmbH und Verfügungsbeschränkungen in der Zugewinngemeinschaft, GmbH-Rdsch 1965, 187
HECKELMANN, Abfindungsklauseln in Gesellschaftsverträgen (1973) § 6
REINICKE, Verwaltungsbeschränkungen im Güterstand der Zugewinngemeinschaft und Gesellschaftsrecht, BB 1960, 1002
TIEDAU, Zur Problematik des § 1365 unter besonderer Berücksichtigung des Gesellschaftsrecht, MDR 1961, 721
TUBBESING, Zur Auswirkung der Zugewinngemeinschaft auf die Gesellschaftsverträge von Personengesellschaften, BB 1966, 829.

3. Grundstücksgeschäfte
HAEGELE, Die Verpflichtungs- und Verfügungsbeschränkungen bei Zugewinngemeinschaft im Grundstücksverkehr, RPfleger 1959, 4 und 242
ders, Neues um § 1365 im Bereich des Grundstücksrechts, RPfleger 1960, 271
H LANGE, Verfügung über ein Grundstück als Verfügung über das Gesamtvermögen ..., JuS 1974, 766
LIESSEM, Guter Glaube beim Grundstückserwerb von einem durch seinen Güterstand verfügungsbeschränkten Ehegatten?, NJW 1989, 497

RIEDEL, Vermögens- und Verfügungsinhalt zu §§ 419, 1365 im Grundstücksverkehr, RPfleger 1961, 261
STEFFEN, Grundstücksveräußerung und § 1365 LM § 1365 BGB Nr 6 (Anm)
TIEDTKE, Die Zustimmungsbedürftigkeit der Auflassungsvormerkung im Güterstand der Zugewinngemeinschaft, FamRZ 1976, 320
WEIMAR, Zur Anwendbarkeit von § 1365 BGB auf dingliche Unterwerfungsklauseln, JR 1961, 255
ders, Die Bestellung einer Kaufgeldhypothek aus der Sicht des § 1365 BGB, MDR 1961, 909.

4. Einzelfragen
FINGER, Sind Einkommen und Arbeitskraft bei der Bewertung der Vermögensverhältnisse iR des § 1365 zu berücksichtigen?, JZ 1975, 461
SCHIFFHAUER, Ist § 1365 I nF auf den Teilungsversteigerungsantrag anwendbar?, FamRZ 1960, 185 und 1966, 338
STAUDENMAIER-HAEGELE, Testamentsvollstrecker und § 1365, RPfleger 1960, 385
WEIMAR, Zur Anwendbarkeit des § 1365 1 auf den Teilungsversteigerungsantrag, NJW 1959, 1478
ders, Bürgschaft und Schuldmitübernahme der Ehefrau, MDR 1962, 696
H P WESTERMANN, Die Bedeutung der Güterstände und der beschränkten Geschäftsfähigkeit für Bankgeschäfte, FamRZ 1967, 645.

Systematische Übersicht

Burkhard Thiele

Alphabetische Übersicht

I.   Grundgedanken

1   § 1365 Abs 1 enthält eine Ausnahme von dem Grundsatz des § 1364 HS 1, nach dem
der Ehegatte sein Vermögen frei und selbständig verwaltet. Im Anschluss an die
Regelung der §§ 1444, 1447 aF (RegE II Begr zu § 1372; RITTNER FamRZ 1961, 12) sieht das
Gesetz vor, dass jeder Ehegatte in der Verwaltungs- und Verfügungsbefugnis über
sein Vermögen im Ganzen beschränkt ist.

Der Gesetzgeber hat davon abgesehen, die Ehegatten in der Verfügung über einzelne Vermögensgegenstände, seien sie auch typischerweise von besonderem Wert,
zu beschränken. Er hat insbesondere nicht die Verfügung über Grundstücke an die
Mitwirkung des anderen Ehegatten gebunden (abw § 1424). Der Rechtsverkehr
sollte nicht mehr als unbedingt nötig erschwert werden.

2   **Zweck der Regelung** ist es vornehmlich, die **wirtschaftliche Grundlage der Ehe und der
Familiengemeinschaft zu wahren** (BGHZ 35, 135, 137). Sie trägt damit, wenn auch in
begrenztem Umfange, dem Gedanken der umfassenden Lebensgemeinschaft der
Ehegatten und der Familie Rechnung, und zwar – anders als die Regelung des
Zugewinnausgleichs – auch schon für die Zeit während des Bestehens des Güterstandes. § 1365 dient aber auch dem **Schutz des ausgleichsberechtigten Ehegatten
wegen seines künftigen Rechts auf den Zugewinnausgleich** (hM, vgl BGHZ 143, 356,
359 = NJW 2000, 1947 = FamRZ 2000, 744; 132, 218, 221; 101, 225, 228; 40, 218, 219; 35, 135; **aA**
BRAUN, in: FS Musielak 133 ff, der § 1365 ausschließlich vermögensrechtliche Bedeutung zumisst,
weil er zu Unrecht den Schutz des Zugewinnausgleichanspruchs als alleinigen Zweck ansieht und
den Schutz der gegenständlichen Grundlagen der Ehe im Wege der Analogie § 1369 unterstellt).
Das ist von Bedeutung zB für die Behandlung der Fälle, in denen die Ehe während
der Schwebezeit eines Gesamtvermögensgeschäfts aufgelöst wird oder nach rechtskräftiger Scheidung aber noch schwebendem Zugewinnausgleichsverfahren das Gesamtvermögensgeschäft erst vorgenommen wird, s dazu unten Rn 102 ff.

Die Anwendung des § 1365 ist *nicht* davon abhängig, dass eine *konkrete Gefährdung*
der genannten Interessen vorliegt. Das Gesetz schützt diese Interessen auch nicht
umfassend, sondern nur vor bestimmten Maßnahmen eines Ehegatten, die ihrer
Natur nach als besonders folgenschwer erscheinen: es schützt ausschließlich vor der
einseitigen Vornahme von Verpflichtungs- und Verfügungsgeschäften über das Vermögen eines Ehegatten im Ganzen. Die darin typischerweise liegende abstrakte
Gefährdung der wirtschaftlichen Grundlage der Familie und eines sachgerechten
Zugewinnausgleichs ist der Grund der Regelung. Es kommt deshalb nicht auf den

Zweck des Geschäfts an, etwa den drohenden wirtschaftlichen Zusammenbruch des Verfügenden zu verhindern (BGHZ 143, 356, 359), oder darauf, dass im Einzelfall die wirtschaftliche Unbedenklichkeit solcher Geschäfte nachgewiesen werden kann (s auch BGH aaO; BayObLG NJW 1975, 833, 834). Allerdings gewährt Abs 2 hier uU Spielraum.

Andererseits hebt das Gesetz die rechtsgeschäftliche Freiheit der Ehegatten auch im **3** Hinblick auf die Geschäfte über das Vermögen im Ganzen nicht schlechthin auf. Es betrachtet vielmehr lediglich beide Ehegatten als bestimmungsberechtigt darüber, ob solche Geschäfte trotz ihrer abstrakten Gefährlichkeit vorgenommen werden sollen. Durch das Erfordernis der Zustimmung des anderen Ehegatten wird diese Vorstellung rechtstechnisch verwirklicht. Dem anderen Ehegatten wird dadurch jedoch kein Recht am Vermögen oder an den einzelnen Vermögensgegenständen eingeräumt.

II.   Die einwilligungsbedürftigen Rechtsgeschäfte

1.   Verpflichtungsgeschäfte

Der Einwilligung (oder Genehmigung, § 1366) des anderen Ehegatten bedarf ein **4** einseitiges oder zweiseitiges Rechtsgeschäft, durch das sich ein Ehegatte während der Dauer der Ehe (dazu s Rn 102) verpflichtet, über sein Vermögen im Ganzen zu verfügen.

a)   Nur **rechtsgeschäftliche** Verpflichtungen unterliegen dem Zustimmungserfor- **5** dernis. Die Begründung einer Obligation kraft Gesetzes oder kraft behördlicher oder gerichtlicher Verfügungen fällt nicht unter § 1365.

b)   Es sind nur solche Geschäfte zustimmungsbedürftig, **die auf eine Verfügung 6 über das Vermögen im Ganzen gerichtet** sind. Diese Verpflichtung muss sich unmittelbar aus dem Inhalt des Rechtsgeschäfts ergeben, sei es, dass der Wille der Beteiligten auf die Übertragung, Belastung usw des gesamten gegenwärtigen Vermögens eines der Partner gerichtet ist oder dass sich die Verpflichtung kraft des vereinbarten Geschäftsinhalts auf einzelne Gegenstände bezieht, die tatsächlich das gesamte Vermögen des Schuldners ausmachen. Deshalb soll nach hM die Eingehung von **bloßen Zahlungsverpflichtungen** (zB Kauf eines Gegenstandes, Eingehung von Bürgschaften, Schuldübernahmen, Garantie, Schuldbeitritt, Erfüllungsübernahme, Schuldanerkenntnisse usw) selbst dann nicht unter § 1365 fallen, wenn zur Erfüllung das gesamte Vermögen herangezogen werden muss oder mittelbar dem Zugriff des Gläubigers ausgesetzt wird (BGH NJW 2000, 1947 = BGHZ 143, 359, 361; FamRZ 1983, 455 [Bürgschaft]; Dölle FamR 754; Bamberger/Roth/Mayer Rn 3, 19; Gernhuber/Coester-Waltjen FamR § 35 Rn 23; MünchKomm/Koch Rn 45; BGB-RGRK/Finke Rn 7; Riedel DRiZ 1963, 186; OLG Frankfurt MDR 1968, 923; OLG München OLGZ 1982, 73; OLG Rostock FamRZ 1995, 1584; aM M Schwab, in: FS Schwab 574 ff, der § 1365 bei Eingehung einer Verbindlichkeit wie Bürgschaft, Garantie, Schuldbeitritt, Schuld- und Erfüllungsübernahme ohne Gegenleistung anwendet, indes im Wege des Auslegung gegen den Wortlaut; Lüderitz/Dethloff § 5 Rn 77; Braun, in: FS Musielak 137 f bei von der hM abweichendem Verständnis des Normzwecks, s Rn 2; Haegele RPfleger 1959, 247; Mülke AcP 161, 131, 144). Es sind jedoch Einschränkungen geboten. Kauft etwa ein Ehegatte ein Grundstück, für das er seine gesamten vorhandenen

Barmittel oder konkrete Guthaben aufwenden muss, so kann ein Fall des § 1365 vorliegen, wenn diese sein ganzes gegenwärtiges Vermögen ausmachen und anders als gerade durch diese Übertragung der Kaufpreis nicht entrichtet werden soll und kann, denn tatsächlich, wenn auch nicht rechtlich wird eine Verpflichtung zur Verfügung über das gesamte Vermögen begründet (AG Delmenhorst FamRZ 1959, 243; ERMAN/HECKELMANN Rn 14 aE; RAUSCHER Rn 387; SOERGEL/LANGE Rn 25; wie hier nur iE BRAUN aaO 131; kritisch M SCHWAB aaO 569, 576). Dieser besonderen Voraussetzung bedarf es dann nicht, wenn eine bloße Zahlungsverbindlichkeit eingegangen wird, um § 1365 zu umgehen (GERNHUBER/COESTER-WALTJEN FamR § 35 Rn 23; MünchKomm/KOCH Rn 46; SOERGEL/LANGE Rn 24; OLG Karlsruhe FamRZ 1961, 317). Ob das gesamte Vermögen, auf das sich Verpflichtungs- und Verfügungsgeschäfte unmittelbar beziehen, in Geld oder in anderen Gegenständen besteht, ist für die Anwendung des § 1365 ohne Belang. Nicht unter § 1365 fallen Rechtsgeschäfte, die nicht zu einer Verfügung verpflichten (zB Miete, Pacht, Arbeitsverträge).

2. Verfügungen

7 Jeder Ehegatte ist ferner gehindert, eine ohne Einwilligung des anderen Ehegatten eingegangene Verpflichtung zur Verfügung über sein Vermögen im Ganzen zu erfüllen, Abs 1 S 2.

a) Das Erfüllungsgeschäft

7a Ist das Verpflichtungsgeschäft wirksam (durch Einwilligung, § 1365 Abs 1 S 1, oder Genehmigung, § 1366 Abs 1), kann der verpflichtete Ehegatte die zur Erfüllung erforderlichen Verfügungen vornehmen. *Die Zustimmung zum Verpflichtungsgeschäft deckt dann auch die Verfügungsgeschäfte.* Das gilt auch dann, wenn das Verpflichtungsgeschäft vor dem 1. 7. 1958 oder vor dem Eintritt des Güterstandes vorgenommen wurde, die Erfüllung aber in den zeitlichen Geltungsbereich des § 1365 fällt. Bedurfte also das Verpflichtungsgeschäft nicht der Zustimmung, bleibt eine spätere Änderung der Sach- oder Rechtslage vor dem Erfüllungsgeschäft ohne Folgen, etwa wenn zur Zeit des Vertragsabschlusses noch nicht das ganze Vermögen betroffen war oder der Vertragspartner keine Kenntnis davon hatte, dass ein einzelner Gegenstand im Wesentlichen das gesamte Vermögen ausmachte (BGHZ 106, 253, 256 = NJW 1989, 1609, s auch Rn 24). Das Erfüllungsgeschäft bedarf daher dann nicht der Zustimmung des anderen Ehegatten.

Ist das Verpflichtungsgeschäft mangels Zustimmung des anderen Ehegatten unwirksam, wird aber die Zustimmung zur Vornahme des Erfüllungsgeschäfts erteilt, so ist grundsätzlich nur die dingliche Rechtsänderung wirksam. Die Zustimmung zum dinglichen Rechtsgeschäft macht also nicht ohne weiteres zugleich das zugrundeliegende obligatorische Rechtsgeschäft wirksam (anders MünchKomm/KOCH Rn 36; BAMBERGER/ROTH/MAYER Rn 4; GERNHUBER/COESTER-WALTJEN § 35 Rn 7). War das Verpflichtungsgeschäft bereits durch die Verweigerung der Genehmigung oder durch Widerruf (§ 1366 Abs 2–4) unwirksam geworden, so *kann diese* Unwirksamkeit nicht mehr geheilt werden. Die Parteien des Rechtsgeschäfts sind dann gegenseitigen Bereicherungsansprüchen ausgesetzt, §§ 812 ff. Zu beachten sind jedoch die Vorschriften des § 814 sowie des § 242 (wie hier SOERGEL/LANGE Rn 24).

War das Verpflichtungsgeschäft noch schwebend unwirksam, wird in der Zustimmung des anderen Ehegatten zum Verfügungsgeschäft regelmäßig zugleich die Genehmigung des ersteren liegen. Maßgeblich ist jedoch immer der im Einzelfall durch Auslegung zu ermittelnde Inhalt der Zustimmungserklärung des anderen Ehegatten.

b) Die isolierte Verfügung

Dass in § 1365 nicht auch die (dingliche) Verfügung über das Vermögen eines Ehe- **8** gatten im Ganzen erwähnt ist, beruht darauf, dass eine derartige Verfügung durch einheitlichen Rechtsakt nach dem BGB rechtlich nicht möglich ist. Dingliche Rechtswirkungen können nur durch Verfügung über die einzelnen zum Vermögen gehörenden Gegenstände herbeigeführt werden.

Besteht jedoch das ganze Vermögen eines Ehegatten im Wesentlichen nur aus einem Gegenstand, zB einem Grundstück (s dazu unten Rn 19 ff), so muss auch eine „isolierte" Verfügung über diesen Gegenstand, die nicht der Erfüllung einer entsprechenden Verpflichtung dient, nach dem Sinn und Zweck des § 1365 Abs 1 von der Zustimmung des anderen Ehegatten abhängig sein. Zu denken ist hier insbesondere an Verfügungen, die eine Aufgabe des Eigentums (§§ 928, 959) oder auch die Kündigung einer Personengesellschaft (s Rn 67) zum Gegenstand haben (ebenso BAMBERGER/ROTH/MAYER Rn 4; BEITZKE JR 1961, 343; MünchKomm/KOCH Rn 39; BGB-RGRK/FINKE Rn 10; TIEDTKE FamRZ 1988, 1008; 1976, 320, 321; OLG Frankfurt RPfleger 1960, 289; **aM** DÖLLE FamR 1, 756; MÜLKE AcP 161, 133; RITTNER FamRZ 1961, 5, 10; OLG Hamm FamRZ 1960, 276). Praktische Bedeutung kommt dem wohl nicht zu.

3. Verpflichtung zu tatsächlichen Einwirkungen

Nicht der Zustimmung bedarf die Verpflichtung zur Vornahme eines **Realakts** (hM, **9** vgl BAUR FamRZ 1958, 252, 256 Fn 24; MünchKomm/KOCH Rn 43; SOERGEL/LANGE Rn 24; **aM** MÜLKE AcP 161, 131 f; SCHULZ/KERSTINGER JR 1959, 134, 136).

Der Realakt selbst (zB der Abbruch eines Hauses, das Verschrotten eines Schiffes, die unter die §§ 946 ff fallenden Sachverhalte) wird von § 1365 schon deshalb nicht erfasst, weil er kein Rechtsgeschäft oder geschäftsähnlicher Vorgang ist, der rechtsunwirksam sein könnte.

4. Rechtsstreitigkeiten

Die Führung eines **Prozesses** fällt selbst dann nicht unter § 1365, wenn sein Gegen- **10** stand das Vermögen im Ganzen ist. Ein **Prozessvergleich** bedarf jedoch der Zustimmung des anderen Ehegatten, wenn die verpflichtenden oder verfügenden Wirkungen das Vermögen im Ganzen erfassen (hM, vgl BAUR FamRZ 1958, 252, 256 BROX FamRZ 1961 284; MünchKomm/KOCH Rn 47; BAMBERGER/ROTH/MAYER Rn 19; BGB-RGRK/FINKE Rn 7; SOERGEL/LANGE Rn 32). Dagegen sind **Klageverzicht** und prozessuales **Anerkenntnis** als Prozesshandlungen zustimmungsfrei wirksam (BROX aaO; MünchKomm/KOCH Rn 48; BAMBERGER/ROTH/MAYER Rn 19; RAUSCHER Rn 383 anders SOERGEL/LANGE Rn 32). Materiellrechtlich können diese Prozesshandlungen jedoch keine Wirkung entfalten, selbst wenn diese gleichzeitig beabsichtigt gewesen sein sollten. Insoweit ist § 1365 anwendbar. Das Verzichts- und Anerkenntnisurteil bewirkt keine Rechtskraft gegenüber dem anderen Ehegatten, so dass dieser insbesondere der Zwangsvollstreckung nach §§ 1368 BGB, 771 ZPO widersprechen kann.

5. Rechtsgeschäfte unter Lebenden

11 § 1365 betrifft nur **Rechtsgeschäfte unter Lebenden** (BGHZ 40, 218, 224; FamRZ 1964, 25, 27; 1969, 323; Bosch FamRZ 1958, 86 u 294). Letztwillige Verfügungen über sein gesamtes Vermögen kann jeder Ehegatte frei treffen. Das gilt auch für Schenkungen von Todes wegen. Die Vollziehung eines solchen Schenkungsversprechens enthält jedoch eine Verfügung unter Lebenden, die unter den weiteren Voraussetzungen des § 1365 der Einwilligung des anderen Ehegatten bedarf, mag der dingliche Vollzug auch iS des § 2301 bedingt sein. Andere Rechtsgeschäfte unter Lebenden auf den Todesfall, insbesondere Verträge zugunsten Dritter, unterliegen ebenfalls den Beschränkungen gem § 1365 (ebenso MünchKomm/Koch Rn 41; Bamberger/Roth/Mayer Rn 19).

6. Rechtsgeschäfte eines Ehegatten

12 Der Zustimmung bedürfen die unter § 1365 fallenden **Rechtsgeschäfte eines Ehegatten** (zum Ende des Güterstandes durch Tod oder Scheidung der Ehegatten s Rn 102). Dazu gehören auch die Rechtsgeschäfte, die in seinem Namen (§ 164 Abs 1) oder aus dessen Recht (§ 185 Abs 1) vorgenommen werden. Diese Rechtsgeschäfte sind wirksam, wenn der eine Ehegatte **Vollmacht** oder **Ermächtigung** erteilt und der andere Ehegatte darin einwilligt. Der Einwilligung bedürfen aber nach dem Sinn und Zweck des § 1365 nicht schon die Vollmacht und die Ermächtigung (§ 185 Abs 1), sondern erst das Ausführungsgeschäft des Vertreters oder Ermächtigten. Das folgt daraus, dass § 1365 dem Ehegatten die Verpflichtungsfähigkeit und Verfügungsmacht auch für Gesamtvermögensgeschäfte nicht entzieht, sondern nur beschränkt durch die Bindung an die Zustimmung des anderen Ehegatten. Daher kann jeder Ehegatte im Rahmen der ihm verbliebenen Teilzuständigkeit auch einen anderen autorisieren, von ihr Gebrauch zu machen (s auch MünchKomm/Koch Rn 51). Anderes gilt für die **Genehmigungen** nach § 177 und § 185 Abs 2. Sie beziehen sich unmittelbar auf das zu genehmigende Geschäft und teilen selbst dessen Charakter als Gesamtvermögensgeschäft. Die Genehmigungen sind daher nur nach Maßgabe des § 1367 (s dort) wirksam.

13 Wegen der Eigenständigkeit ihrer Aufgabe sind der **Insolvenz-, Nachlass- und Zwangsverwalter** den Bindungen des § 1365 nicht unterworfen. Auch der **Testamentsvollstrecker** ist bindungsfrei (Erman/Heckelmann Rn 5; Gernhuber/Coester-Waltjen FamR § 35 Rn 14; MünchKomm/Koch Rn 53; Bamberger/Roth/Mayer Rn 6; Soergel/Lange Rn 31). Ferner werden Maßnahmen der **Zwangsvollstreckung** gegen einen Ehegatten nicht erfasst (BGHZ 143, 356, 360 u allgM; s auch Rn 46). Zu Urteilen auf **Abgabe einer Willenserklärung** s aber § 1369 Rn 39.

III. Der Gegenstand des einwilligungsbedürftigen Rechtsgeschäfts

1. Der Vermögensbegriff

14 Der Gegenstand des Rechtsgeschäfts muss das **Vermögen** eines Ehegatten im Ganzen sein. Unter dem Vermögen einer Person kann die Gesamtheit der ihr zustehenden Rechte (Aktivvermögen) oder die Summe der Vermögenswerte nach Abzug der Schulden (Reinvermögen) verstanden werden. Das BGB bestimmt den Vermögensbegriff nicht näher; es legt grundsätzlich aber das **Aktivvermögen** zugrunde, wie sich aus dem Sinnzusammenhang der einzelnen Vorschriften ergibt. Nur in Einzelfällen geht es von dem Vermögen als Wertdifferenz der Aktiven und Passiven aus, vor allem dort, wo ein Vermögensverzeichnis aufzustellen und Rechenschaft abzulegen ist (s auch BGH NJW 1958, 667; RGZ 69, 284, 285; ENNECCERUS-NIPPERDEY I 1 § 131 II 4, 5).

Für § 1365 ist der „juristische" Vermögensbegriff, der nur die Aktiven erfasst, zugrunde zu legen (s auch BGHZ 143, 359, 360 = NJW 2000, 1947; 132, 218, 224 = FamRZ 1996, 794; 77, 293, 296; BAMBERGER/ROTH/MAYER Rn 9; MünchKomm/KOCH Rn 8; SOERGEL/LANGE Rn 7; anders MÜLKE AcP 161, 141 ff; RIEDEL DRiZ 1963, 183; SCHULZ-KERSTING JR 1959, 135). Es kommt deswegen nicht darauf an, ob der verfügende Ehegatte bereits überschuldet ist. Etwas anderes gilt aber bei dinglichen Belastungen, wenn zu prüfen ist, ob das veräußerte Vermögensstück im Wesentlichen das gesamte Vermögen darstellt oder ob das verbleibende Vermögen nur von geringem Wert ist (su Rn 28).

Die Anwendung des juristischen Vermögensbegriffs schließt nicht aus, den Anwen- **15** dungsbereich des § 1365 in bestimmten Fällen mit Hilfe einer **wirtschaftlichen**, den aufs Spiel gesetzten Wert berücksichtigenden **Betrachtungsweise** einzugrenzen. Nicht jede Verfügung (im rechtstechnischen Sinne) über das Vermögen im Ganzen ist schon ihrer Art nach als (abstrakt) gefahrvoll für den Bestand der wirtschaftlichen Grundlage der Familie und für die Durchführung eines sachgerechten Zugewinnausgleichs anzusehen. So betrifft zwar die Belastung eines Grundstücks, das im Wesentlichen das ganze Vermögen eines Ehegatten ausmacht, im Rechtssinne das Vermögen im Ganzen. Eine Hypothek oder Grundschuld, die nur einen Bruchteil des Grundstückswertes ausschöpft, kann jedoch ebenso wenig wie ein Wegerecht oä schon als eine potentielle Gefahr für die wirtschaftliche Grundlage der Familie angesehen werden. Wenn daraus gefolgert wird, dass § 1365 in diesen Fällen nicht anwendbar sei (s unten Rn 47 ff), so hat das mit dem Vermögensbegriff und auch mit dem Begriff der Verfügung nichts zu tun. Es handelt sich vielmehr um eine Restriktion des zu weit gefassten Gesetzeswortlauts nach Maßgabe des Sinn- und Zweckgehalts der Norm.

2.   Das Vermögen im Ganzen

a)   Einzel- oder Gesamttheorie?

Ein Rechtsgeschäft über das Vermögen im Ganzen liegt jedenfalls dann vor, wenn **16** Geschäftsgegenstand das Vermögen als Inbegriff (universitas iuris) ist und sich die Parteien darüber einig sind, dass es sich um das ganze Vermögen handelt. Darüber hinaus lässt sich aber keine einhellige Auffassung in der Deutung des Gesamtvermögensgeschäfts feststellen.

Praktisch durchgesetzt hat sich die sog **Einzeltheorie** (BGHZ 106, 253, 256 = NJW 1989, **17** 1609; 77, 293, 295; 64, 246, 247; 43, 147; 35, 135, 143; BGH FamRZ 1969, 322; BAMBERGER/ROTH/MAYER Rn 10, 652; ERMAN/HECKELMANN Rn 7; FINGER JZ 1975, 461; GERNHUBER/COESTER-WALTJEN FamR § 35 Rn 24 ff; MünchKomm/KOCH Rn 13; PALANDT/BRUDERMÜLLER Rn 5; BGB-RGRK/ FINKE Rn 3; SANDROCK, in: FS Bosch 841, 842 ff; SOERGEL/LANGE Rn 9 f; wNw STAUDINGER/ FELGENTRAEGER[10/11] Rn 18). Danach erfasst § 1365 auch Rechtsgeschäfte **über einzelne Gegenstände**, die objektiv das ganze oder im Wesentlichen das ganze Vermögen des beteiligten Ehegatten ausmachen. Nicht erforderlich ist dagegen, dass das Geschäft nach dem Inhalt der abgegebenen Willenserklärungen auf eine Verfügung über das ganze Vermögen gerichtet ist. Die allein auf den Inhalt des Rechtsgeschäfts abstellende früher vertretene **Gesamttheorie** (vgl Rittner FamRZ 1961, 1, 10 ff; ferner Barz ZHR 126 [1964] 170, 172; Tiedau MDR 1961, 721 u Dt Notartag 1961, 98; s auch Liebs AcP 175, 28) kann dem Schutzzweck des Gesetzes (s oben Rn 2) nicht gerecht werden. Nach ihr würden nur einige wenige typische Gesamtvermögensgeschäfte wie Hofübergabeverträge und andere Regelungen in Vorwegnahme der Erbfolge von § 1365 erfasst werden.

18 Selbst wenn ein einzelner Gegenstand (nahezu) das ganze „Vermögen" eines Ehegatten darstellt, ist § 1365 nur anwendbar, wenn dieser *Gegenstand* auch *von einigem Wert* ist (vgl BGH NJW 1974, 554 zu § 419 aF, insoweit in BGHZ 62, 100 nicht abgedruckt; MünchKomm/Koch Rn 14; Bamberger/Roth/Mayer Rn 10). Maßgebend ist, dass geringwertige Güter weder wirtschaftliche Grundlage der Ehe und Familie sein, noch als „das Vermögen" eines Ehegatten gelten können. Ein einzelnes Schmuckstück oder ein gebrauchter Pkw im Werte von wenigen hundert Euro bis zu 2–3 000 Euro wird danach nicht als Vermögen iS des § 1365 anzuerkennen sein.

b) Einzelne Gegenstände als gesamtes Vermögen

19 Mit der sog *Einzeltheorie* (s Rn 17) ist davon auszugehen, dass auch Rechtsgeschäfte über einen *einzelnen Gegenstand*, über einen abgegrenzten Vermögensinbegriff (etwa ein Unternehmen, ein Landgut, ein Gesellschaftsanteil) oder über mehrere Gegenstände auf eine Verfügung über das Vermögen im Ganzen gerichtet sein können. Der Gegenstand des Geschäfts muss nur **tatsächlich das ganze oder doch nahezu** (im Wesentlichen, so gut wie) **das ganze Vermögen ausmachen** (BGHZ 35, 135, 143. S ferner unten Rn 26 ff, 36 ff). Auch ein Anwartschaftsrecht kann ein solches Vermögensobjekt darstellen. Sein Wert bemisst sich nach dem Wert des Vollrechts, der um den Betrag zu mindern ist, der noch aufzubringen ist, um das Anwartschaftsrecht zum Vollrecht erstarken zu lassen (BGHZ 132, 218, 225 = FamRZ 1996, 792 = WuB IV A § 1365 1. 96 m Anm Holzhauer = LM BGB § 161 Nr 3 [8/1996] m Anm Langenfeld = EWiR 1996, 653 m Anm Gernhuber; s auch Rn 28).

20 Subjektive Voraussetzungen sind dem Wortlaut des § 1365 nicht zu entnehmen. Trotz Ablehnung der Gesamttheorie (s oben Rn 17) wird jedoch ganz überwiegend verlangt, dass der Geschäftsgegner (nicht notwendig auch der Ehegatte) weiß, dass es sich bei dem Geschäftsgegenstand um das ganze Vermögen des Ehegatten handelt oder er doch die Verhältnisse positiv kennt, aus denen sich dies ergibt (vgl BGHZ 132, 218, 221; 123, 93, 95; 106, 253, 256; 77, 293, 295; 64, 246, 247; 43, 174, 176; BGH WM 1975, 865; Bamberger/Roth/Mayer Rn 17; MünchKomm/Koch Rn 27 ff; Rauscher Rn 386; BGB-RGRK/ Finke Rn 12; Sandrock, in: FS Bosch 841, 847 ff; M Schwab, in: FS Schwab 568; Soergel/Lange Rn 12; Tiedtke FamRZ 1976, 320.). Liegt die Verfügung in einer Belastung, muss der Erwerber Kenntnis davon haben, dass diese den Vermögensgegenstand im Wesentlichen ausschöpft (BGHZ 123, 93, 95 = NJW 1993, 2441). Zum Zeitpunkt der Kenntnis s Rn 24.

21 Diese sog (strenge) **subjektive Theorie** ist zunächst in Anlehnung an die zu § 419 aF entwickelten Grundsätze vertreten worden (vgl BGHZ 35, 135, 143). Unterschiedliche Normzwecke und Interessenlagen verbieten jedoch eine Übernahme der zu § 419 aF gewonnenen Auslegungsergebnisse (so auch Rittner FamRZ 1961, 3; Beitzke Betrieb 1961,

21; MÜLKE AcP 161, 152 ff; BGB-RGRK/FINKE Rn 12; zuletzt FINGER JZ 1975, 461, 465). Bei der Vermögensübernahme verlangt das Interesse des Übernehmers einzelner Gegenstände, dass er nicht von der Haftung für die Verbindlichkeiten überrascht wird. § 1365 schützt dagegen die Interessen des am Rechtsgeschäft nicht beteiligten anderen Ehegatten. Dieser Schutzzweck muss jedoch gegen berechtigte *Verkehrsinteressen* abgewogen werden. Gerade die Befürchtung, die Sicherheit des Verkehrs werde übermäßig gefährdet, hat dazu geführt, dass nicht schon jedes Grundstücksgeschäft an die Zustimmung des anderen Ehegatten gebunden wurde (vgl BT-Drucks 2/ 3408, 8). Es liegt daher nur in der Konsequenz der Vorstellungen der Gesetzesverfasser, den Verkehrsinteressen auch bei der Anwendung des § 1365 Geltung zu verschaffen. In der Tat wäre die Sicherheit des Rechtsverkehrs stark gefährdet, wenn auch bei Rechtsgeschäften über einzelne Gegenstände von einiger wirtschaftlicher Bedeutung stets damit gerechnet werden müsste, dass § 1365 eingreift (dazu auch M SCHWAB aaO 568).

An der subjektiven Theorie ist auch gegenüber Einwänden (s vornehmlich FINGER JZ   **22** 1975, 461, 464 ff; ERMAN/HECKELMANN Rn 10; einschränkend C WOLF JZ 1997, 1087: obj Theorie nur bei unentgeltlichen Geschäften) aus dem Lager der *objektiven Theorie* (vgl BOSCH FamRZ 1959, 240; 1958, 85, 289, 294, 377, 470 uö; BRAGA FamRZ 1967, 652; HAEGELE RPfleger 1959, 229; LORENZ JZ 1959, 106; WEIMAR NJW 1960, 2002) festzuhalten. Die praktische Geltung der den Gesetzestext ergänzenden subjektiven Tatbestandsvoraussetzungen wird überwiegend anerkannt. Zwingende Gegengründe sind nicht vorgetragen worden. Auch für den **unentgeltlichen** Erwerb gilt nichts anderes. Dem Verkehrsinteresse gebührt der Vorrang (wie hier BGHZ 123, 93, 95; MünchKomm/KOCH Rn 32 s auch Rn 35; **aA** WOLF JZ 1997, 1094; wohl auch RAUSCHER Rn 386: „erwägenswert").

Festzuhalten ist aus dem gleichen Grunde auch an der strengen gegenüber der   **23** *gemäßigten subjektiven Theorie*. Nach dieser ist § 1365 schon dann anzuwenden, wenn der Geschäftsgegner zwar nicht weiß, wohl aber *schuldhaft nicht weiß*, dass der Gegenstand des Geschäfts das (nahezu) ganze Vermögen des mit ihm abschließenden Ehegatten darstellt (vgl dazu, mit im Einzelnen unterschiedlichen Begründungen, BRAGA FamRZ 1967, 652; DÖLLE, FamR I § 52 I 1, 754; MÜLKE AcP 161, 149 ff; SANDROCK, in: FS Bosch 841, 847 f). Der praktische Unterschied zur strengen Theorie ist nicht sehr erheblich, genügt doch nach dieser die Kenntnis der Vermögenslage des Geschäftsgegners, aus der sich die Erfassung des ganzen Vermögens ergibt. Bei dieser Kenntnis beruht das Ausbleiben der entsprechenden Schlussfolgerung meist auf schuldhafter Nachlässigkeit. Unterschiede ergeben sich aber, wenn dem Gegner die Vermögensverhältnisse des Ehegatten nicht bekannt, aber erkennbar waren. Jedoch ist selbst in diesen Fällen die Unkenntnis nicht verschuldet, wenn keine besondere Veranlassung vorlag, nähere Erkundigungen über die Vermögenslage einzuziehen. Eine generelle Nachforschungspflicht des Geschäftsgegners besteht nicht.

Über den **für die Kenntnis** des Geschäftsgegners **maßgebenden Zeitpunkt** gibt es   **24** keine Einigkeit: für Vollendung des Rechtsgeschäfts, bei Verfügungen für Vollendung des Rechtserwerbs, etwa durch Eintragung in das Grundbuch, LG Osnabrück FamRZ 1973, 652; H LANGE JuS 1974, 766, 769 f. Für entsprechende Anwendung von § 878 unter Bezugnahme auf BGHZ 55, 105 (zu § 419 aF) FUTTER NJW 1976, 551; TIEDTKE FamRZ 1976, 320, 322 u FamRZ 1975, 65, 66. Dagegen stellt KOCH, MünchKomm Rn 33 (so auch BAMBERGER/ROTH/MAYER Rn 18; RAUSCHER Rn 386 aE) auf die Abgabe der Willenserklärung durch den Geschäftsgegner ab. Zutreffend ist die zuletzt genannte Auffassung. Die übrigen Lösungen einschließlich der in BGHZ 55, 105 zu § 419 aF entwickelten sind inkonsistent. Nach der subjektiven Theorie bezweckt das Erfordernis der Kenntnis den Schutz des Verkehrs (s Rn 21). Der Verkehrsschutz verlangt aber die Kenntnis von der Zustimmungsbedürftigkeit des Rechtsgeschäfts zu einer Zeit, zu welcher der Dritte noch über dessen Vornahme entscheiden kann. Daher kommt es auf die **Kenntnis zur Zeit der Abgabe seiner Willenserklärung** an. Hat der Dritte die Kenntnis bei der Vornahme des Verpflichtungsgeschäfts nicht gehabt, so ist dieses wirksam. Dann bedarf aber das Erfüllungs- und Verfügungsgeschäft nicht der Zustimmung (s unten Rn 93; s auch BGHZ 106, 253, 258 = NJW 1989, 1609; BGH FamRZ 1990, 970 = NJW-RR 1990, 1154; TIEDTKE FamRZ 1988, 1007). Dadurch verliert der Meinungsstreit viel an praktischer Bedeutung.

25 Die **Beweislast für die Kenntnis** des Dritten trägt derjenige, der sich auf die Zustimmungsbedürftigkeit des Rechtsgeschäfts beruft (BGHZ 43, 174, 177; BGH WPM 1972, 343; FamRZ 1969, 322; BAMBERGER/ROTH/MAYER Rn 36; MünchKomm/KOCH Rn 34; BGB-RGRK/ FINKE Rn 12; SOERGEL/LANGE Rn 14; aM BRAGA FamRZ 1967, 652, 655; DÖLLE I 52 I 1, 754; MÜLKE ACP 161, 158 f). Die Kenntnis ist bei Einzelvermögensgeschäften als ungeschriebenes Tatbestandsmerkmal in § 1365 Abs 1 eingefügt und nicht als Ausnahmetatbestand dem Grundsatz der Zustimmungsbedürftigkeit hinzugesetzt.

c) Berücksichtigung nicht erfassten Vermögens

26 Ein Gesamtvermögensgeschäft liegt auch dann noch vor, wenn dem am Geschäft beteiligten Ehegatten **Vermögensgegenstände von** untergeordneter Bedeutung oder **verhältnismäßig geringem Wert verbleiben.** Dabei ist es unerheblich, ob bei einem Gesamtvermögensgeschäft einzelne geringwertige Gegenstände ausdrücklich ausgenommen worden sind oder bei einem Geschäft über einzelne Gegenstände das nicht erfasste Restvermögen ohne wesentliche Bedeutung ist. Zu vergleichen ist die Relation der *objektiven* Werte. Ob ein Veräußerungswert besteht, ist unerheblich. Auch unveräußerliche Rechte sind danach zu berücksichtigen, etwa ein Wohnrecht (BAMBERGER/ROTH/MAYER Rn 11; aA OLG Celle FamRZ 1987, 942; s auch Rn 28).

27 Entscheidend ist das Verhältnis der Werte des von dem Rechtsgeschäft erfassten und des nicht erfassten Vermögens. Abzustellen ist auf die **objektiven Wertverhältnisse** im Zeitpunkt der Vornahme des Geschäftes, nicht aber auf die individuellen Wertverhältnisse in der Hand des verfügenden Ehegatten (BGHZ 132, 218, 227 = FamRZ 1996, 795). Allgemeine Schulden bleiben dabei außer Betracht (s oben Rn 14). Feste Relationen haben sich bisher nicht durchzusetzen vermocht (neuere Rechtsprechung zu Zustimmungsfreiheit begründendem Restvermögen: OLG Köln NJW-RR 2005, 4 mindestens 15% bei kleinerem vermögen, 10% bei größerem Vermögen; entsprechend OLG München FamRZ 2005, 272; OLG Hamm FamRZ 2004, 1649; OLG Schleswig Rpfleger 2005, 356 = MittBayNot 2006, 38; jeweils im Anschluss an BGH s unten; zur älteren Rspr s STAUDINGER/ THIELE [2000]), werden jedoch im Interesse der Rechtssicherheit vielfach verlangt (GERNHUBER JZ 1966, 163; MünchKomm/KOCH Rn 23; SOERGEL/LANGE Rn 16). Feste Prozentsätze, nach denen zustimmungsbedürftige Gesamtvermögensgeschäfte von zustimmungsfreien Geschäften abgegrenzt werden könnten, lassen sich nicht angeben. Es spricht aber viel dafür, ein Rechtsgeschäft „über das Vermögen im Ganzen" im Regelfall dann zu verneinen, wenn der Anteil des nicht erfassten Vermögens etwa bei 10% und mehr des Gesamtvermögens liegt (so auch BGH NJW

1991, 1740 = FamRZ 1991, 669: 10% bei großen Vermögen; BGHZ 77, 293, 299: 15% bei kleinen Vermögen; in jedem Fall für 10%: MünchKomm/Koch Rn 24; Soergel/Lange Rn 16; Mayer in Bamberger/Roth Rn 15 schlägt eine Kombination von einem Sockelbetrag, der nicht unterschritten werden darf und darüber hinaus eine 10%-Grenze vor). Dagegen sind Grenzwerte von 25% (so LG Berlin FamRZ 1959, 64, 66; Dunker MDR 1963, 978, 980; Schulz-Kersting JR 1959, 138) oder 30% des Gesamtvermögens (LG Berlin FamRZ 1973, 146; Riedel RPfleger 1961, 261, 266) nicht als Richtwerte anzuerkennen. Im Einzelfall kann aber auch ein „Restvermögen" von weniger als 10% des Gesamtvermögens noch als erheblich angesehen werden und die Zustimmungsbedürftigkeit ausschließen. Das gilt insbesondere für sehr große Vermögen (ausdrücklich offengelassen von BGH NJW 1991, 1740; wie hier Rauscher Rn 385; **aM** MünchKomm/Koch Rn 23).

Die **Lasten**, insbesondere Pfandrechte, sind bei der Feststellung der Wertrelation von **28** erfassten zu nicht erfassten Gegenständen **zu berücksichtigen**. Das gilt jedenfalls für die verbleibenden Gegenstände (BGHZ 132, 218, 224; 123, 93, 95 = NJW 1993, 2441; 77, 293, 296 = NJW 1980, 2350; Gernhuber/Coester-Waltjen FamR § 35 Rn 34 MünchKomm/Koch Rn 17; BGB-RGRK/Finke Rn 4; Soergel/Lange Rn 17), muss aber auch für die Geschäftsgegenstände angenommen werden (so auch Coester-Waltjen aaO; MünchKomm/Koch Rn 17; Bamberger/Roth/Mayer Rn 13, Rauscher Rn 385; **aM** Finke aaO). Bei der gebotenen wirtschaftlichen Betrachtungsweise im Rahmen des Vermögensvergleiches (s auch oben Rn 15, 26) ist dabei von Belang, inwieweit Grundpfandrechte valutieren (insoweit missverständlich OLG München FamRZ 1989, 397) oder inwieweit der Kaufpreis bei Beurteilung der Werthaltigkeit eines Anwartschaftsrechtes gezahlt ist (BGHZ 132, 218, 225 = FamRZ 1996, 795; s auch Rn 19). Allgemeine Schulden bleiben demgegenüber unberücksichtigt (s Rn 14). Nach dem Zweck des Gesetzes ist der Wert der Vermögensgegenstände maßgebend, nicht ihr Verwendungszweck zB als Familienwohnung (so auch BGH aaO; **aM** BGB-RGRK/Finke Rn 4; anders im Ansatz Braun, in: FS Musielak 135, 137 der im Wege der Analogie für das Haus des Ehegatten § 1369 heranzieht). Ein dem über ein Grundstück verfügenden Ehegatten verbleibendes unveräußerliches Wohnrecht kann bei wirtschaftlicher Betrachtung den Wert des übertragenen Grundstückes so schmälern, dass ein Gesamtvermögensgeschäft nicht vorliegt. Im Hinblick auf die Beliebigkeit der Eintragungsreihenfolge des Wohnrechts, uU zunächst als Eigentümerrecht (dazu Rn 49), kommt es auf die Reihenfolge der Verfügungen nicht an, sondern auf die Vermögenswirkung des Gesamtgeschäfts (**aA** OLG Celle FamRZ 1987, 943; OLG Hamm FamRZ 1997, 676; MünchKomm/Koch Rn 17; Rauscher Rn 385; Palandt/Brudermüller Rn 4; s auch Rn 51). Zu Recht hat deswegen das OLG München (FamRZ 2005, 272) die Zustimmungsbedürftigkeit bei einer Grundstücksveräußerung unter Einräumung einer Vormerkung zugunsten des verfügenden Ehegatten für die Rückübereignung einer bis dahin nicht herausgemessenen Teilfläche auf Grund der wirtschaftlichen Betrachtung verneint (insoweit allerdings zustimmend Koch FamRZ 2005, 846). Weil die eingeräumten Rechte in beiden Fällen wirtschaftlich nicht als Gegenleistung angesehen werden können, sondern nur den Umfang konkretisieren, in dem über den Gegenstand verfügt wird, sind sie kein Entgelt, das außer Betracht zu bleiben hätte (dazu Rn 35).

Ohne Bedeutung ist es, ob die Vermögensgegenstände, mögen sie von dem Rechts- **29** geschäft erfasst sein oder nicht, **pfändbar** oder **veräußerbar** sind. Wiederum ist entscheidend der Wert, nicht aber die Möglichkeit des Zwangszugriffs (wie hier auch KG NJW 1976, 717 f; Bamberger/Roth/Mayer Rn 11 f; Erman/Heckelmann Rn 9; Gernhuber/

CoESTER-WALTJEN FamR § 35 Rn 34; MünchKomm/KOCH Rn 20; SOERGEL/LANGE Rn 18; aM OLG Frankfurt NJW 1960, 2190; PALANDT/BRUDERMÜLLER Rn 5; RIEDEL RPfleger 1961, 261 f; MDR 1962, 4, 6; DRiZ 1963, 182, 184).

30 Bei der Feststellung, ob ein Rechtsgeschäft über das Vermögen im Ganzen vorliegt, ist nur **gegenwärtiges Vermögen** zu berücksichtigen. Deshalb sind noch nicht entstandene sowie noch nicht fällige Ansprüche auf **Arbeitslohn** (BGHZ 132, 218, 211 = FamRZ 1996, 793; 101, 225, 227 = NJW 1987, 2673; aA FINGER JZ 1975, 466 ff) und auf einzelne **Renten-** und sonstige **Versorgungsleistungen** nicht zu beachten, unabhängig davon, ob die Rente schon bezogen wird (BGH NJW 1990, 113; BGH WM 1975, 865; insoweit ebenso KG NJW 1976, 717 = FamRZ 1976, 89). Fällige und rückständige Ansprüche auf Lohn und Gehalt sowie auf Renten und andere Versorgungsleistungen gehören aber zum Vermögen und sind beim Wertvergleich zu berücksichtigen. Sie fallen jedoch als „Restvermögen" praktisch kaum ins Gewicht. Dagegen kann das **Stammrecht** einer Renten- und Versorgungsberechtigung gegenwärtigen Vermögenswert haben. Das wird freilich für Anwartschaften auf Renten aus der Sozialversicherung und auf Beamtenpensionen im Rahmen der §§ 1374 ff mit Recht abgelehnt (vgl BGH NJW 1977, 101; s ferner § 1587 Abs 3). Solche Anwartschaften haben ebenso wenig wie künftige Lohnansprüche einen gegenwärtigen Wert, da sie regelmäßig nicht kapitalisierbar sind. Sie sind daher auch im Rahmen des § 1365 nicht zu berücksichtigen. Ihre nur rechnerische „Kapitalisierung" gibt ein falsches Bild, weil sie in Wahrheit nur die nach statistischen Grundsätzen errechnete Summe der *künftigen* Einzelansprüche erfasst. Die weitergehende Auffassung des Kammergerichts (NJW 1976, 717 = FamRZ 1976, 86) ist deshalb abzulehnen. Wie das KG aber auch FINGER JZ 1975, 461, 466 f; ERMAN/HECKELMANN Rn 9. Im Ergebnis wie hier BGH NJW 1990, 113; GERNHUBER/COESTER-WALTJEN FamR § 35 Rn 34; BAMBERGER/ROTH/MAYER Rn 12; RAUSCHER Rn 385; MünchKomm/KOCH Rn 21; H LANGE JuS 1974, 766; BGB-RGRK/FINKE Rn 24 ff, 27; RIEDEL RPfleger 1961, 261; SANDROCK, in: FS Bosch (1976) 841, 843 ff; SOERGEL/LANGE Rn 19; OLG Hamburg NJW 1964, 1076; OLG Karlsruhe FamRZ 1974, 306, 309.

31 Anders sind solche „Stammrechte" künftiger Ansprüche zu beurteilen, die auf Antrag des Berechtigten wahlweise auch durch eine **Kapitalleistung** abgegolten oder abgefunden werden können. Dazu gehören neben bestimmten Rentenansprüchen aus der Sozialversicherung (vgl §§ 607 ff RVO) vor allem Ansprüche auf Rente oder ein Kapital aus einer **privaten Lebensversicherung**, die unter der Voraussetzung der Kündigung (§ 165 Abs 1 VVG) zum gegenwärtigen Vermögen des Versicherungsnehmers oder des Bezugsberechtigten gehören (vgl BGH NJW 1977, 101 = FamRZ 1977, 41 zu § 1373 ff). Die Abfindung für eine Rente muss nach Auffassung des BGH gewährt und noch vorhanden, jedenfalls aber erfolgversprechend beantragt sein (BGH NJW 1990, 114). Anderes gilt für die Kapitallebensversicherung, die auch ohne vorzeitige Vertragsbeendigung dem Zugewinnausgleich unterliegt (s auch § 1374 Rn 9 f). Auch die Anwartschaft an der Direktversicherung der betrieblichen Altersversicherung, die auf einen Kapitalbetrag gerichtet ist, wird mit Eintritt der Unverfallbarkeit oder einer ähnlich hinreichend gesicherten Vermögensposition zu berücksichtigen sein (BGH FamRZ 1993, 1303; BGHZ 116, 70 72 ff = NJW 1992, 1105 = FamRZ 1992, 411 zu §§ 1373 ff; weitergehend VOIT FamRZ 1992, 1385; zur Wertermittlung s auch § 1376 Rn 39). Eine rechtlich hinreichend geschützte Position von wirtschaftlichem Wert kann auch vorliegen, wenn der Arbeitgeber eines Ehegatten mit dem Betriebsrat gemäß § 111 BetrVerfG

einen Interessensausgleich zur Vorbereitung eines Sozialplans abgeschlossen hatte
(OLG Hamm FamRZ 1999, 1068).

Als Vermögenswert, ggf nach Maßgabe des Ertragswerts, ist auch ein **gewerblicher
Betrieb** zu berücksichtigen, sofern der Wert realisierbar ist (vgl BGH NJW 1977, 949 u
378; FamRZ 1967, 382 – alle zu §§ 1373 ff).

d) Vermögensbruchteile
Verpflichtet sich ein Ehegatte zur Verfügung über einen Bruchteil seines Vermögens, **32**
so ist § 1365 **nicht anwendbar**. Das Gesetz begrenzt die Verwaltungsbeschränkungen
auf den die Familie (abstrakt) in besonderem Maße gefährdenden Fall der Verpflichtung zur Verfügung über das Vermögen im Ganzen. Dieser hohe Grad der Gefährdung ist bei einem Rechtsgeschäft über einen Bruchteil des Vermögens nicht gegeben. Im Gegensatz zu § 311b nF sind Geschäfte über Bruchteile des Vermögens im
§ 1365 auch nicht ausdrücklich mit aufgeführt. Auch daraus ist zu folgern, dass
Geschäfte über Bruchteile des Vermögens nicht der Zustimmung des anderen Ehegatten bedürfen. So auch die hM (vgl nur BAMBERGER/ROTH/MAYER Rn 9; ERMAN/HECKEL-
MANN Rn 8; MünchKomm/KOCH Rn 7; PALANDT/BRUDERMÜLLER Rn 4; RAUSCHER Rn 385; BGB-
RGRK/FINKE Rn 2; SOERGEL/LANGE Rn 20; **aM** REINICKE BB 1957, 564; RITTNER FamRZ 1961, 16;
MEYER-STOLTE FamRZ 1959, 232; LG Siegen FamRZ 1959, 64; auch DÖLLE FamR I 754).

Ist der Bruchteil des Vermögens, über den verfügt werden soll, im Einzelfalle so
hoch, dass er (nahezu) das gesamte Vermögen des Ehegatten ausmacht, so ist § 1365
anzuwenden. Es gelten hier die gleichen Grundsätze, die für die Ausschließung
einzelner Gegenstände angeführt wurden (s Rn 26 ff).

e) Mehrere Rechtsgeschäfte
Das Gesetz verlangt, dass sich ein Ehegatte zur Verfügung über sein Vermögen im **33**
Ganzen verpflichtet. Damit ist noch nichts darüber gesagt, ob diese Verpflichtung in
einem einzigen Rechtsgeschäft begründet werden muss. Einzelne Rechtsgeschäfte,
die nicht das Vermögen im Ganzen betreffen, sind indes grundsätzlich nicht einwilligungsbedürftig. Bei Veräußerung verschiedener Vermögensstücke kommt daher
§ 1365 erst bei dem das letzte Vermögensstück betreffenden Geschäft zum tragen
(OLG München 19 W 2583/05). Lassen sich aber mehrere solcher Einzelgeschäfte in
einen **engeren zeitlichen und sachlichen Zusammenhang** bringen, so dass sie als ein
einheitlicher Lebensvorgang erscheinen, ist § 1365 auf jedes der (Teil-)Geschäfte
anzuwenden. Dabei ist nicht erforderlich, dass die Geschäfte mit demselben Gegner
abgeschlossen oder die Verfügungen zugunsten derselben Person vorgenommen
werden. Gleichgültig ist es auch, ob die einzelnen (Teil-)Geschäfte nach Bruchteilen
oder nach Einzelgegenständen geschieden sind.

Der erforderliche objektive Zusammenhang zwischen den Einzelgeschäften ist zB
gegeben bei freiwilliger Veräußerung des Vermögens zwecks Auswanderung oder
Sanierung oder auch im Rahmen eines Liquidationsvergleichs oä, bei freiwilliger
Versteigerung des (nahezu) ganzen Vermögens, bei vorweggenommener (umfassen-
der) Erbauseinandersetzung oder auch bei voller (nahezu voller) Belastung eines
Grundstückes, das seinerseits das im Wesentlichen ganze Vermögen des Ehegatten
darstellt, mit verschiedenen Grundschulden und/oder Hypotheken (OLG Brandenburg
FamRZ 1996, 1015). In allen Fällen muss jedoch als **subjektives Moment** hinzukommen,

dass die einzelnen Geschäftsgegner von diesem objektiven Zusammenhang mehrerer Geschäfte und davon Kenntnis haben, dass sie zusammengenommen das ganze Vermögen des Ehegatten betreffen (s auch BAMBERGER/ROTH/MAYER Rn 16; GERNHUBER/COESTER-WALTJEN FamR § 35 Rn 41; MünchKomm/KOCH Rn 26; SOERGEL/LANGE Rn 29; ähnlich DÖLLE I 753). Maßgebend ist die Kenntnis zum Zeitpunkt der Verpflichtungsgeschäfte nicht der Vollendung des Rechtserwerbs (s Rn 24). Nur auf einen zeitlichen Zusammenhang und die Kenntnis der Geschäftspartner, dass die mehreren Geschäfte (nahezu) das ganze Vermögen des Ehegatten betreffen, stellen ab BGH FamRZ 1967, 382; OLG Hamm NJW 1960, 1466; wohl auch OLG Brandenburg FamRZ 1996, 1016; ERMAN/HECKELMANN Rn 7; PALANDT/BRUDERMÜLLER Rn 10; BGB-RGRK/FINKE Rn 14.

34 Der Zustimmung des anderen Ehegatten bedarf, wenn die genannten objektiven und subjektiven Voraussetzungen vorliegen, jedes einzelne Verpflichtungs-(oder Verfügungs-)Geschäft. Ist einer der mehreren Geschäftsgegner des Ehegatten „gut-gläubig", so ist § 1365 nur auf ihn nicht anwendbar, wohl aber auf den oder die anderen Beteiligten. Fehlt den einzelnen Rechtsgeschäften der enge Zusammenhang, so ist jedes einzelne Geschäft gesondert zu prüfen, ob es unter § 1365 fällt. Dabei ist die (zugesagte oder empfangene) **Gegenleistung der früheren Geschäfte** zu berücksichtigen; sie ist Teil des Gesamtvermögens des weitere Geschäfte abschließenden Ehegatten; s auch GERNHUBER/COESTER-WALTJEN FamR § 35 Rn 41.

f)   Keine Berücksichtigung des Entgelts
35 Für die Anwendbarkeit des § 1365 ist es ohne Belang, ob das Gesamtvermögensgeschäft unentgeltlich oder entgeltlich abgeschlossen wird, ob eine versprochene oder gewährte **Gegenleistung** angemessen ist oder nicht. Aus § 1365 Abs 2 ergibt sich, dass auch Geschäfte, die den Grundsätzen einer ordnungsmäßigen Verwaltung entsprechen, der Zustimmung des anderen Ehegatten bedürfen. Solche Geschäfte sind aber in aller Regel entgeltliche Geschäfte. Die ganz hM lässt denn auch die dem Ehegatten versprochene oder erbrachte Gegenleistung außer Betracht (BGHZ 132, 218, 226; 43, 174, 176; 35, 135, 145; GERNHUBER/COESTER-WALTJEN FamR § 35 Rn 36; MünchKomm/KOCH Rn 22; PALANDT/BRUDERMÜLLER Rn 5; BGB-RGRK/FINKE Rn 11; RAUSCHER Rn 385; M SCHWAB, in FS Schwab 576 f – anders aber bei Eingehung einer Verbindlichkeit ohne Gegenleistung, s Rn 6; SOERGEL/LANGE Rn 21. Abweichend BRAUN aaO 138; zur älteren Lit s STAUDINGER/THIELE [2000]). Die Auffassung von WÖRBELAUER NJW 1960, 795, dass § 1365 keine Anwendung finde bei bloßen Vermögensumschichtungen, ist in BGHZ 35, 135, 145 mit Recht ausdrücklich abgelehnt worden. Entscheidend für die ganz hM spricht der Schutzzweck der Vorschrift, die den anderen Ehegatten auch vor den Folgen einseitiger Umschichtungen des gegenwärtigen Vermögens bewahren will. WOLF (JZ 1997, 1094) will allerdings für den Fall der **unentgeltlichen** Zuwendung mangels Schutzwürdigkeit auf die Kenntnis, dass ein einzelner Gegenstand wertmäßig das Vermögen nahezu ausmacht, verzichten. Dem steht eine unübersehbare Gefährdung des Rechtsverkehrs (s Rn 22) entgegen (iE auch BGHZ 123, 93, 95 = NJW 1993, 2441).

IV.   Die Verfügung über das Vermögen im Ganzen

1.   Der zivilrechtliche Verfügungsbegriff

36 Unter Verfügungen versteht man solche Rechtsgeschäfte, durch die auf ein bestehendes Recht unmittelbar eingewirkt wird, indem es übertragen, belastet, aufgehoben oder inhaltlich geändert wird (BGHZ 1, 304; RGZ 49, 416; 106, 112; 124, 327). Die mit jeder Verfügung begriffsnotwendig verbundene Beeinträchtigung des Verfügenden ist isoliert und rein rechtlich vom dinglichen Geschäft her zu verstehen. Weitere wirtschaftliche Erwägungen setzt der Verfügungsbegriff weder voraus, noch lässt er sie zu. Es kommt also nicht darauf an, ob das Verfügungsgeschäft außer den unmittelbaren rechtlichen Wirkungen auch wirtschaftlich nachteilige oder vorteilhafte Wirkungen entfaltet.

2. Die „wirtschaftliche Betrachtungsweise" im Rahmen des § 1365

Mit dem juristischen Verfügungsbegriff würde man aber weit mehr Tatbestände **37** erfassen, als nach dem Zweck des § 1365 erforderlich erscheint. Geschützt werden soll die wirtschaftliche Grundlage der Familie sowie die sachgerechte Durchführung des Zugewinnausgleichs. Die Vorschrift will jedoch nicht jede Beeinträchtigung dieser Schutzobjekte vermeiden, sondern nur einseitige Maßnahmen eines Ehegatten verhindern, und von diesen auch nur solche, die abstrakt, ihrer Natur nach und typischerweise besonders gefährlich sind. Das Gesetz begnügt sich aber auch mit einer so weit gefassten Generalklausel nicht, sondern es erkennt nur die Gesamtvermögensgeschäfte eines Ehegatten als mitwirkungsbedürftige Maßnahmen an. Wenn aber ein Ehegatte über noch so wertvolle Einzelgegenstände, insbesondere über Grundstücke, frei verfügen kann, wenn er selbst einen Gegenstand, der sein ganzes Vermögen darstellt, zu einem größeren Teil *veräußern* kann (durch Einräumung von Bruchteilseigentum oder durch Teilabtretung usw), dann ist es nicht einzusehen, warum er in der *Belastung* seines Vermögens oder einzelner Gegenstände in Höhe eines entsprechenden Teils gehindert sein soll. Das Gleiche gilt für Verfügungen durch *Inhaltsänderung* eines Rechts, wenn die nachteilige (den Verfügungstatbestand erst begründende) Änderung das Recht nur teilweise, dh nur in bestimmten Beziehungen berührt, nicht aber ein aliud schafft oder die Rechtsposition des Inhabers annähernd umfassend auf eine andere, geschmälerte Grundlage stellt.

Rein rechtlich gesehen liegen in diesen Fällen fraglos Verfügungen vor, Verfügun- **38** gen, die das Vermögen im Ganzen unmittelbar berühren. Ihre Unterwerfung unter die *Beschränkungen* des § 1365 reicht aber über den Schutzzweck dieser Vorschrift hinaus. Das Gesetz berücksichtigt diese Fälle nicht besonders. Wäre das aber geschehen, so hätte es wohl nach der ihm immanenten Teleologie eine beschränkende Sonderregelung getroffen. Davon wird man gerade auch angesichts des ohnehin durch die Berücksichtigung der Verkehrsinteressen bewusst beschränkten Umfangs der Verwaltungs- und Verfügungsbeschränkungen ausgehen dürfen. Es ist daher eine „teleologische Reduktion" als zulässig und erforderlich zu erachten. Die zu weit gefasste gesetzliche Regelung ist in der Weise einzuschränken, dass solche Verfügungen (und die auf diese gerichteten Verpflichtungsgeschäfte) nicht der Zustimmung des anderen Ehegatten bedürfen, die nur in einer *Belastung oder Inhaltsänderung* bestehen und deren nachteilige unmittelbare Wirkungen das Vermögen *wirtschaftlich* nicht in erheblichem Umfange *ausschöpfen* oder *aushöhlen*.

Diese teleologische Reduktion rüttelt nicht an den Begriffen der Verfügung und des Vermögens, sondern schränkt lediglich die Anwendung des § 1365 ein. Sie nimmt

bestimmte Verfügungen über das Vermögen im Ganzen aus dem Geltungsbereich
der Vorschriften heraus, wie wenn dem Abs 1 ein S 3 angefügt wäre, der etwa
besagte: Dies gilt nicht bei belastenden oder inhaltsändernden Verfügungen, die
das vorhandene Vermögen in seinem Bestand und Wert nicht voll erfassen.

39 Diese „**Erschöpfungstheorie**" auf der Grundlage einer teleologischen Reduktion
wird von der herrschenden Meinung geteilt (s BGH NJW 1990, 112 und die Angaben
unten, Rn 46 ff, 59). *Kritisch* zur teleologischen Reduktion HECKELMANN, Abfindungsklauseln in Gesellschaftsverträgen (1973) 177 f. *Gegen* die Erschöpfungstheorie bei
Grundstücksbelastungen: GERNHUBER/COESTER-WALTJEN (4. Aufl) FamR § 35 II 8
anders jetzt (5. Aufl) § 35 Rn 43; MünchKomm/GERNHUBER (3. Aufl) Rn 60 ff (für
Freistellung aller Belastungen von § 1365; aufgegeben jetzt bei MünchKomm/KOCH Rn 66),
bei Gesellschaftsverträgen: SANDROCK, in: FS Bosch (1976) 849 ff, 854 ff (unter
Rückgriff auf die Lehre vom Rechtsmissbrauch in Bagatellfällen). Zur Kritik s auch
RITTNER FamRZ 1961, 5 ff; BOSCH FamRZ 1959, 167 und 1960, 33; HAEGELE
Rpfleger 1959, 149; HOCHE NJW 1959, 2069.

V.　Einzelne Anwendungsprobleme

1.　Sicherungsübereignung, Verpfändung

40 Stellt eine bewegliche Sache oder eine Forderung (Sicherungsabtretung) das Vermögen im Ganzen dar, ist die Zustimmung des anderen Ehegatten erforderlich. Die
gegen die Anwendung des § 419 aF in diesen Fällen erhobenen Bedenken (PAULUS
ZZP 64, 186 und JZ 1951, 687; BOEHMER, Grundlagen II 2 § 29 III 4 a) treffen im Rahmen des
§ 1365 nicht zu. Eine „wirtschaftliche Betrachtungsweise" ist hier ebenfalls nicht am
Platze. Der übertragene Gegenstand (das „Vermögen") ist rechtlich in fremde Hän-
de übergegangen. Der Sicherungszweck allein rechtfertigt eine Herausnahme aus
dem Kreis der zustimmungsbedürftigen Rechtsgeschäfte nicht (s auch OLG Hamburg
MDR 1961, 690; BAMBERGER/ROTH/MAYER Rn 19; MünchKomm/KOCH Rn 82; SOERGEL/LANGE
Rn 47; zur Bürgschaft s Rn 6). Das gilt auch für eine **Verpfändung** und zwar auch dann,
wenn damit der drohende wirtschaftliche Zusammenbruch abgewendet werden soll,
also Zweck des Geschäfts gerade die Sicherung der familiären Existenzgrundlage
sein sollte (BGHZ 143, 356, 359 = FamRZ 2000, 744 gegen OLG Karlsruhe FamRZ 1999, 298).

41 Erfolgt die Sicherungsübereignung jedoch im Zusammenhang mit dem Erwerb gerade des übereigneten Gegenstandes zwecks Absicherung des kreditierten Kauf-
preises, so ist § 1365 nicht anzuwenden (vgl BGHZ 132, 218, 228 = FamRZ 1996, 795). Das
wird auch im Falle der B-Geschäfte der Teilzahlungsbanken und Kreditinstitute
gelten müssen (s Einzelheiten unten Rn 56 zur Restkaufgeldhypothek uä).

2.　Gesamtvermögensverfügung im Erbrecht

42 a)　Die **Ausschlagung** einer Erbschaft oder eines Vermächtnisses bedarf nicht
der Zustimmung des anderen Ehegatten, selbst wenn die Erbschaft oder der Erbteil das ganze Vermögen ausmachen würde. Die angefallene Erbschaft gehört zwar
zum Vermögen der Erben, nach den Wertungen des Gesetzes aber noch nicht
endgültig in dem Sinne, dass das Interesse des anderen Ehegatten bereits schutzwürdig wäre (s auch §§ 1432 Abs 1, 1455 Nr 1). Die Entscheidung bleibt dem Er-

ben allein vorbehalten (Bamberger/Roth/Mayer Rn 19; MünchKomm/Koch Rn 77; Soergel/Lange Rn 49).

b) Der **Verkauf einer Erbschaft**, §§ 2371 ff sowie die entsprechenden Erfüllungs- **43** akte fallen ebenso unter § 1365 wie die Veräußerung eines Erbteils, §§ 1922 ff Abs 2, 2033, wenn sie das ganze Vermögen des Erben darstellen, vgl BGHZ 35, 135, 144.

c) Die Voraussetzungen des § 1365 können auch bei einem **Erbauseinanderset-** **44** **zungsvertrag** gegeben sein, wenn der gesamte Nachlass auf einen Miterben oder auf einen Dritten übertragen wird (BGHZ 35, 135, 143 ff gegen Haegele Rpfleger 1959, 242, 247 und in Übereinstimmung mit OLG Celle NJW 1960, 437; Bamberger/Roth/Mayer Rn 19; Erman/ Heckelmann Rn 19; Palandt/Edenhofer § 2042 Rn 8 u Palandt/Brudermüller Rn 6; Soergel/Lange Rn 51; aM Gernhuber/Coester-Waltjen FamR § 35 Rn 46; MünchKomm/Koch Rn 80). Zutreffend führt der BGH aus, dass es für die Anwendung des § 1365 Abs 1 keinen Unterschied machen könne, ob der Ehegatte seinen Anteil als solchen auf einen anderen überträgt oder ob er seine Beteiligung am Nachlass dadurch aufgibt, dass die Nachlassgegenstände selbst auf einen Dritten oder auf einen Miterben übertragen werden. Auch in einem solchen Fall verfüge der Ehegatte, wenn der Erbteil sein ganzes Vermögen bildet, über sein Vermögen im Ganzen. Keine Zustimmung ist jedoch erforderlich, wenn in Vollzug einer Teilungsanordnung oder nach Maßgabe des Gesetzes (§§ 2042 ff, 752 ff) auseinandergesetzt wird (MünchKomm/Koch Rn 79; Palandt/Brudermüller Rn 6; OLG München FamRZ 1971, 93).

d) **Verfügt** aber die Gesamtheit der Miterben nach § 2040 über einen zum Nach- **45** lass gehörenden Gegenstand oder auch über alle Nachlassgegenstände mit der Wirkung, dass der Gegenwert wieder in den Nachlass fällt (§ 2041), so bleibt der Anteil des Ehegatten am Nachlass bestehen. Nur sein Inhalt ändert sich. Gleichwohl liegt auch hier eine Gesamtvermögensverfügung des Ehegatten vor, dessen Anteil sein ganzes Vermögen ausmacht. § 1365 ist anzuwenden, denn der Anteil am Surrogat ist nichts anderes als ein Anteil an einer „Gegenleistung", die im Rahmen des § 1365 grundsätzlich außer Betracht zu lassen ist. Im Ergebnis ebenso Erman/ Heckelmann Rn 19; Soergel/Lange Rn 48; jetzt so auch gegen die Voraufl MünchKomm/Koch Rn 78.

3.   Verfügungen über Grundstücke und Grundstücksrechte

a)   Veräußerung eines Grundstücks
Die Veräußerung eines Grundstücks oder eines Grundstücksrechts, das (nahezu) das **46** ganze Vermögen eines Ehegatten bildet, bedarf der Zustimmung des anderen Ehegatten.

Der **Antrag auf Teilungsversteigerung** zur Aufhebung einer Gemeinschaft (§§ 180 ff ZVG) ist ein Verfahrensantrag und keine rechtsgeschäftliche Verfügung. Auf die Auseinandersetzung hat grundsätzlich jeder Gemeinschafter einen Anspruch, § 749 (s dazu auch BGHZ 63, 348 = NJW 1975, 687). Kein Gemeinschafter ist jedoch verpflichtet, den Antrag zu stellen. Da er im Ergebnis auf den Verlust des Anteils des Ehegatten an der Gemeinschaft und auf eine grundlegende Vermögensumschichtung hinausläuft, ist § 1365 nach seinem Sinn und Zweck entsprechend anzuwenden. Dafür spricht auch die § 181 Abs 2 S 2 ZVG zu entnehmende Wertung. Ist daher der

Anteil im Wesentlichen das ganze Vermögen eines Ehegatten, ist der Versteigerungsantrag nur mit Zustimmung des anderen Ehegatten wirksam. Das Verfahren auf Ersetzung der Zustimmung zur Teilungsversteigerung erledigt sich aber in der Hauptsache bei rechtskräftiger Scheidung vor der Versteigerung (OLG München Rpfleger 2006, 556). Die Rechte sind gemäß § 771 ZPO geltend zu machen (hM, OLG München FamRZ 2000, 365; OLG Köln – zuletzt NJW-RR 2005, 4; OLG Hamburg FamRZ 2000, 1290; BayObLG FamRZ 1996, 1014; OLG Düsseldorf FamRZ 1995, 309; OLG Bremen FamRZ 1984, 272; OLG Zweibrücken OLGZ 1976, 456; OLG Frankfurt Rpfleger 1975, 330; OLG Schleswig FamRZ 1973, 32; OLG Karlsruhe NJW 1970, 194; OLG Koblenz NJW 1967, 1139; OLG Celle FamRZ 1961, 30; BRUDERMÜLLER FamRZ 1996, 1519; BÖTTCHER Rpfleger, 1986, 271 mwNw; DÖLLE I 752; ERMAN/HECKELMANN Rn 14; BGB-RGRK/FINKE Rn 20; PALANDT/BRUDERMÜLLER Rn 8; SOERGEL/LANGE Rn 42; aM [gegen die Anwendung von § 1365:] SUDHOF FamRZ 1994, 1156; KG NJW 1971, 711; MünchKomm/KOCH Rn 59; GOTTWALD FamRZ 2006, 1075). Daneben kommt die Erinnerung nach § 766 ZPO in Betracht, sofern das Vollstreckungsgericht die Versteigerung in Kenntnis der fehlenden Zustimmung angeordnet hat oder die Zustimmungsbedürftigkeit im Erinnerungsverfahren unstreitig ist (OLG Frankfurt FamRZ 1999, 524 mwNw; BRUDERMÜLLER aaO, 1522 Fn 81 mwNw). Geht ein Ehegatte demgegenüber mit der Drittwiderspruchsklage nach § 771 ZPO vor, handelt es sich um eine Familiensache nach §§ 23b Abs 1 S 2 Nr 9 GVG, 621 Abs 1 Nr 8 ZPO, für die das Familiengericht zuständig ist (OLG München FamRZ 2000, 365; OLG Hamburg FamRZ 2000, 1290; OLG Köln FamRZ 2001, 176; 2000, 1167; OLG Bamberg FamRZ 2000, 1167 [LS]). Das gilt nicht für den Antrag des Gläubigers eines in Zugewinngemeinschaft lebenden Ehegatten auf Anordnung der Zwangsversteigerung. § 1365 bezieht sich nur auf den rechtsgeschäftlichen Verkehr. Das eigene **Verwertungsrecht des Gläubigers** auf Grund des Pfändungspfandrechts unterliegt dem nicht (OLG Karlsruhe FamRZ 2004, 629; KG MDR 1992, 679, OLG Düsseldorf NJW 1991, 851; OLG Köln NJW-RR 1989, 325; BRUDERMÜLLER FamRZ 1996, 1520; s auch Rn 13). Ob die Leistungsfähigkeit eines Ehegatten hinsichtlich des Regresses wegen Unterhaltspflichten fehlt, weil er zur Verwertung seines Vermögens der Zustimmung seines Ehegatten bedarf und diese nicht erteilt wird, ist deswegen zweifelhaft (so aber LG Heidelberg NJW 1998, 3502).

b) Belastung eines Grundstücks

47 Die Belastung eines Grundstücks mit einer Hypothek, einer Grundschuld, einer Dienstbarkeit oder einem Nießbrauch ist eine **Verfügung** über das Grundstück. Stellt dieses (nahezu) das gesamte Vermögen des Ehegatten dar, so liegt auch eine Verfügung über das Vermögen im Ganzen vor. Gleichwohl ist in diesen Fällen eine Differenzierung in der Anwendung des § 1365 Abs 1 angebracht. Nach dem Sinn und Zweck der Vorschrift kann es keinen Unterschied machen, ob ein Ehegatte sein Grundstück, das sein ganzes Vermögen ausmacht, nur zu einem Teil *veräußert*, oder ob er es im Werte dieses Bruchteils *belastet*. Eine rein rechtliche Betrachtungsweise, die allein vom rechtstechnischen Verfügungsbegriff ausgeht und darauf abstellt, ob die dinglichen Wirkungen das ganze Grundstück oder nur einen Bruchteil erfassen, kann dem Sinn und Zweck des Gesetzes nicht gerecht werden. Von dort her ist zB kein sachlich begründeter Unterschied zwischen der vollen Belastung *eines* von zwei gleichwertigen Grundstücken und der Belastung *beider* mit einer Gesamthypothek in gleicher Höhe anzuerkennen. Deshalb muss der Anwendungsbereich des § 1365 Abs 1 eingeschränkt werden (teleologische Reduktion, vgl oben Rn 37 ff). Nur solche „Verfügungen" über das „Vermögen im Ganzen" im rechtstechnischen Sinne werden von § 1365 erfasst, die das vorhandene Vermögen eines Ehegatten auch in ihrer

„wirtschaftlichen", in ihrer vermögensrechtlichen Bedeutung (nahezu) voll ausschöpfen.

Diese einschränkende Auslegung des Gesetzes auf der Grundlage einer **„wirtschaftliche Betrachtungsweise"** wird auch in Rechtsprechung und Schrifttum vertreten (vgl BGH NJW 1993, 2441 = BGHZ 123, 93, 95; NJW 1990, 112; OLG Schleswig JurBüro 1985, 1695; Bamberger/Roth/Mayer Rn 19 Erman/Heckelmann Rn 14; Lüderitz/Dethloff § 5 Rn 73; Palandt/Brudermüller Rn 6; Rauscher Rn 388; Sandrock, in: FS Bosch [1976] 855; Soergel/Lange Rn 33; zur älteren Rspr u Lit s Staudinger/Thiele [2000]).

Eine **juristische Betrachtungsweise**, nach der *jede Belastung* eines Grundstücks, das das ganze Vermögen eines Ehegatten ausmacht, als „Verfügung über das Vermögen im Ganzen" *der Zustimmung des anderen Ehegatten bedarf*, wird nicht mehr vertreten. Andererseits will Gernhuber/Coester-Waltjen FamR (4. Aufl) § 35 II 8 – aufgegeben s § 35 Rn 42 – und MünchKomm/Gernhuber (3. Aufl) Rn 61 f *die Belastung* eines Grundstückes mit Grundpfandrechten und dinglichen Nutzungsrechten *stets zustimmungsfrei* lassen (aufgegeben bei MünchKomm/Koch Rn 66). Auch diese Auffassung hat sich nicht durchgesetzt.

Geht man von der wirtschaftlichen Betrachtungsweise aus, so ist die Einwilligung **48** gem § 1365 nur dann zu fordern, wenn an einem Grundstück, das das wesentliche Vermögen des Ehegatten bildet, Rechte bestellt werden sollen, die den Verkehrswert (nahezu) ausschöpfen. Der Vorschlag, hierbei in Anlehnung an § 30a Abs 3 ZVG die $^7/_{10}$-Grenze als entscheidend anzusehen (s Dölle I 752; Riedel Rpfleger 1961, 266; Dunker MDR 1963, 978), ist wohl zu eng. Maßgebend dürfte vielmehr die Lage im Einzelfall sein, wobei insbesondere das Verhältnis des Grundstückswertes zur Höhe der Belastung und deren Umfang von Bedeutung ist (s auch BGB-RGRK/Finke Rn 17; Soergel/Lange Rn 33; insoweit gelten die Grundsätze wie zu Rn 27). Stellt das Grundstück nur *nahezu* dar (etwa: Grundstückswert entspricht 90% des Vermögens) und erfasst die Belastung ebenfalls den Wert nur *nahezu* (etwa: zu 90%), sind mögliche Doppelungen auf Grund der Einzeltheorie in die wirtschaftliche Betrachtung einzubeziehen: bei vorgenannten Beispielswerten entfällt die Zustimmungsbedürftigkeit, weil das Mindestrestvermögen (19%) überschritten wird (für eine Gesamtbetrachtung auch Rauscher Rn 388).

Wie die Lasten der vom Rechtsgeschäft nicht erfassten Gegenstände (oben Rn 28) sind auch hier die Vorbelastungen des das ganze Vermögen darstellenden Grundstücks zu berücksichtigen. Für die Zustimmungsbedürftigkeit einer rangletzten Teilbelastung des Grundstücks ist deshalb nicht das Verhältnis zum vollen Grundstückswert maßgebend, sondern das des Wertes der neuen Belastung zum Verkehrswert des Grundstücks unter Abzug der Vorbelastungen. Belastungen nach voller Ausschöpfung des Grundstückswertes sind zustimmungsfrei. Zur Berücksichtigung mehrerer in engem zeitlichen und sachlichen Zusammenhang stehender Belastungen vgl Rn 33.

Die Bestellung einer **Eigentümergrundschuld** ist rechtstechnisch Verfügung über das **49** ganze Grundstück. Selbst wenn dieses das ganze Vermögen eines Ehegatten sein sollte, ist § 1365 aber nicht anzuwenden. Auch insoweit ist eine „wirtschaftliche Betrachtungsweise" angebracht. Der Eigentümer-Ehegatte erleidet keine Vermögenseinbuße. Erst die weitere Verfügung über das Eigentümergrundpfandrecht bedarf der Zustimmung des anderen Ehegatten, wenn es den Wert des Grundstückes im Wesentlichen ausschöpft und dieses das (nahezu) ganze Vermögen ausmacht. Ebenso OLG Hamm FamRZ 1960, 276; LG Landshut MittBayNot 1987, 259; OLG Frankfurt FamRZ 1960, 500; Bamberger/Roth/Mayer Rn 19; Erman/Heckelmann Rn 14; MünchKomm/Koch Rn 61; BGB-RGRK/Finke Rn 18; Soergel/Lange Rn 36; **aM** AG Bielefeld FamRZ 1960, 199; Meyer-Stolte FamRZ 1961, 364.

50 Auch die Bestellung eines **Vorkaufsrechts** an einem Grundstück, das das ganze Vermögen eines Ehegatten bildet, ist im rechtstechnischen Sinne ein Gesamtvermögensgeschäft. Es wird aber dadurch noch keine Verpflichtung zur Verfügung über das Grundstück begründet. Im Rahmen des § 1365 kann sinnvoll nur auf den Zeitpunkt des Kaufvertrages mit dem Dritten abgestellt werden. Wenn zur Zeit der *Einräumung* des Vorkaufsrechts das Grundstück das ganze Vermögen des Verkäufers gebildet haben sollte, diese Voraussetzung aber beim Abschluss des Kaufvertrages nicht mehr vorliegt, ist kein Grund ersichtlich, die *Ausübung* des Vorkaufsrechts zu hindern. Dem Zweck des § 1365 genügt es, wenn der andere Ehegatte über den Abschluss des Drittkaufes und damit über die Ausübung des Vorkaufsrechts mitbestimmen kann. Die Bestellung des Vorkaufsrechts selbst fällt dabei nicht unter das Zustimmungserfordernis (so auch BGH NJW 1982, 1099; MünchKomm/Koch Rn 56; BGB-RGRK/Finke Rn 18; Soergel/Lange Rn 37; *anders* AG Bremen Rpfleger 1960, 370; Dölle, FamR I 752; Haegele Rpfleger 1960, 372).

51 Die Belastungen eines Grundstücks mit einer **Grunddienstbarkeit** oder einem **Nießbrauch** wird dessen Wert regelmäßig nicht ausschöpfen (BGH FamRZ 1966, 32). In Ausnahmefällen kann aber § 1365 anwendbar sein, insbesondere bei langjähriger Belastung, wenn nach deren Inhalt der wesentliche Ertragswert erfasst wird, der zugleich den Wert des Grundstücks entscheidend bestimmt (wie hier BGHZ 123, 93, 95 = NJW 1993, 2441; NJW 1990, 112; vgl auch OLG Schleswig JurBüro 1985, 1695; Bamberger/Roth/Mayer Rn 19; Gernhuber/Coester-Waltjen § 35 Rn 43; Erman/Heckelmann Rn 14; MünchKomm/Koch Rn 67; Soergel/Lange Rn 38; kritisch Braun, in: FS Musielak 129 f). Als wertbildender Faktor eines *Wohnrechts* gelten dessen jährlicher Nutzungswert sowie die Dauer des Rechts unter Berücksichtigung des Zinseffekts und der Restnutzungsdauer der Bebauung (BGH NJW 1990, 112, 113).

52 Soll ein Grundstück, das das ganze Vermögen eines Ehegatten darstellt, mit einem **Erbbaurecht** belastet werden, so richtet sich die Zustimmungsbedürftigkeit des Verpflichtungs- und Verfügungsgeschäfts nach der wirtschaftlichen Bedeutung der Belastung im Einzelfall. Sie kann den Voraussetzungen des § 1365 genügen, wenn das Erbbaurecht auf lange Sicht bestellt ist und wegen seiner Art oder wegen seines Umfanges das Eigentumsrecht praktisch aushöhlt. Nicht unter § 1365 fällt deshalb zB die Bestellung des Rechts, auf einem großen forst- oder landwirtschaftlich genutzten Grundstück ein kleines Jagdhaus zu haben.

53 Die Bewilligung einer **Vormerkung** ist nach allgemeiner Meinung als Verfügung (im weiteren Sinne) anzusehen. Die Wirksamkeit einer Vormerkung hängt jedoch von dem Bestehen des durch sie zu sichernden schuldrechtlichen Anspruchs ab. Besteht ein solcher nicht, kann auch eine Vormerkung nicht wirksam sein. § 1365 kann daher sinnvoll nur auf die Begründung des schuldrechtlichen Anspruchs und auf dessen

Erfüllung angewendet werden, nicht auch auf die Bewilligung der Vormerkung. Besteht etwa ein wirksamer Auflassungsanspruch, so kann er auch ohne die Zustimmung des anderen Ehegatten erfüllt werden; und zwar auch dann, wenn dieser dem Verpflichtungsgeschäft nicht zugestimmt hatte (s oben Rn 7 a). Dann kann aber auch die Erfüllung durch Bewilligung einer Vormerkung zustimmungsfrei abgesichert werden, vgl BGH NJW 1982, 1100; BayObLG BB 1976, 627; TIEDTKE FamRZ 1976, 320; **aM** RIEDEL DRiZ 1963, 186.

Nach LG Bremen FamRZ 1959, 244; ERMAN/HECKELMANN Rn 14 u PALANDT/BRU- **54** DERMÜLLER Rn 6 kann auch die Bewilligung der **Löschung eines Grundpfandrechts** eine zustimmungsbedürftige Gesamtvermögensverfügung sein. Aber nicht die Bewilligung, sondern allenfalls der materiellrechtliche *Verzicht* kann Gesamtvermögensverfügung sein (MünchKomm/KOCH Rn 57). Er ist es nur dann, wenn die weiterbestehende Forderung wegen des Fortfalls der dinglichen Sicherung praktisch entwertet ist.

c) Dingliche Unterwerfungsklauseln
Dingliche Unterwerfungsklauseln (§ 800 ZPO) bedürfen auch dann nicht der Zu- **55** stimmung des anderen Ehegatten, wenn das Grundstück das gesamte Vermögen des sich der sofortigen Zwangsvollstreckung unterwerfenden Ehegatten bildet. Entscheidend ist allein der Anspruch, dessen Durchsetzung die Klausel dient (vgl auch OLG Rostock FamRZ 1995, 1584). Entsprechendes gilt für § 794 Abs 1 Nr 5 ZPO (BAMBERGER/ ROTH/MAYER Rn 19; MünchKomm/KOCH Rn 50).

d) Grundstücksbelastung als Erwerbsmodalität
Der Erwerb von Sachen oder Rechten ist für den Erwerber keine Verfügung. Der **56** Vertrag, durch den ein Ehegatte ein Grundstück erwirbt, bedarf auch dann der Einwilligung nicht, wenn er an diesem Grundstück zur Sicherung des Restkaufpreises ein Grundpfandrecht bestellt, wenn er die auf dem Grundstück ruhenden Lasten übernimmt oder wenn er sich in dem Vertrag verpflichtet, dem Veräußerer oder dritten Personen den Nießbrauch an dem Grundstück für bestimmte Zeit einzuräumen. Insoweit liegt zwar eine Belastung des Grundstückes vor, die als Verfügung der Einwilligung des anderen Ehegatten bedürfte, wenn das Grundstück nahezu das ganze Vermögen des Ehegatten darstellt. Diese Verfügung hängt aber so eng mit dem Erwerb des Grundstückes zusammen, dass sie lediglich als Erwerbsmodalität anzusehen ist. Das wirtschaftliche Ergebnis ist eher, dass der Ehegatte ein belastetes Grundstück erwirbt, als dass er ein erworbenes Grundstück belastet. Mit dem Schutzzweck des § 1365, der nur das bereits vorhandene Vermögen der Ehegatten erfasst, lässt sich diese Auffassung zwanglos vereinbaren. Es besteht deswegen kein Unterschied, ob ein Grundstück schon belastet erworben worden ist oder erst im Nachhinein belastet wird, um den Kaufpreis finanzieren zu können. In der Rechtsprechung zu § 1821 Abs 1 Nr 1 und § 1643 Abs 1 ist diese Auffassung seit langem anerkannt (BGHZ 24, 372, 374; hM auch in der Literatur). Gegen die Anwendung dieses Grundsatzes auch im Rahmen des § 1365 bestehen inzwischen nach allgemeiner Meinung keine Bedenken (vgl BGHZ 132, 218, 228 = FamRZ 1996, 795 für ein Treuhandgeschäft; BAMBERGER/ROTH/MAYER Rn 19; RAUSCHER Rn 388; MünchKomm/KOCH Rn 62; SOERGEL/LANGE Rn 36).

Auch die Absicherung eines von einem Dritten aufgenommenen Darlehens durch ein Grundpfandrecht ist ohne Einwilligung des anderen Ehegatten zulässig, wenn die Valuta zur Kaufpreiszahlung verwendet wird (OLG Hamm FamRZ 1959, 166). Die Einwilligung ist jedoch erforderlich, wenn nicht der Kaufpreis für das Grundstück, sondern die Baukosten für ein darauf zu errichtendes Gebäude durch die Bestellung eines Grundpfandrechts beschafft werden sollen, selbst wenn der Erwerb des Grundstücks und dessen Bebauung in unmittelbarem zeitlichen Zusammenhang stehen. Zur Frage unter welchen Umständen ein nachträglich geschlossener Treuhandvertrag zur Sicherung des Erwerbspreises noch als Erwerbsmodalität angesehen werden kann BGH FamRZ 1996, 795.

e) Vermietung, Verpachtung

57 Weder der Abschluss von Miet- und Pachtverträgen noch die zu ihrer Erfüllung erforderliche Besitz- und Gebrauchsüberlassung ist zu den Gesamtvermögensgeschäften iSd § 1365 zu zählen. Es fehlt diesen Geschäften schon die Verfügungsnatur. Auch eine analoge Anwendung des § 1365 erscheint angesichts der im Interesse des Rechtsverkehrs bewusst eng gefassten Verwaltungs- und Verfügungsbeschränkungen nicht als gerechtfertigt.

4. Gesamtvermögensgeschäfte im Gesellschaftsrecht

58 Die Auswirkungen des § 1365 auf den Abschluss, die Änderung, die Aufhebung und die Kündigung von Gesellschaftsverträgen sind im älteren Schrifttum weit mehr noch als in allen anderen Rechtsbereichen umstritten. Die Erörterungen sind weithin beeinflusst von einer falsch verstandenen wirtschaftlichen Betrachtungsweise, die nicht danach fragt, ob ein Verfügungsgeschäft (und das darauf abzielende Verpflichtungsgeschäft) das vorhandene Vermögen eines Ehegatten in seinem Bestand und Wert auch wirtschaftlich (nahezu) voll erfasst (s Rn 37 ff), sondern danach, ob das Vermögen wirtschaftlich ausgehöhlt werde (TIEDAU Dt Notartag 1961, 109) oder ob dem Ehegatten trotz der gesellschaftsrechtlichen Bindung sein Vermögen, wirtschaftlich gesehen, verbleibe (BOESEBECK Betrieb 1958, 1147; FISCHER NJW 1960, 938; REINICKE BB 1960, 1003). Bei dieser Fragestellung wird im Ergebnis einer Berücksichtigung der „Gegenleistung" das Wort geredet, die nach dem Sinn und Zweck des Gesetzes außer Betracht zu bleiben hat (s oben Rn 35).

a) Einbringung des gesamten Vermögens in eine Gesellschaft

59 Der **Abschluss eines Gesellschaftsvertrages**, der einen Ehegatten zur Einbringung seines (nahezu) gesamten Vermögens in das Gesellschaftsvermögen verpflichtet (zB ein Handelsgeschäft), sowie die Erfüllung einer solchen Verbindlichkeit bedürfen der Zustimmung des anderen Ehegatten. Mit der Einbringung verliert der Ehegatte sein Alleineigentum. Sie ist fraglos Verfügung im rechtstechnischen Sinne, eine Vermögensübertragung. Dass der Einbringende unmittelbar durch die Übertragung einen bestimmten Anteil am Gesamthandsvermögen erlangt, sollte zwar im Rahmen des § 419 aF von Bedeutung sein (BGH BB 1954, 700: weil der „Übernehmer" keine eigene Rechtspersönlichkeit habe; s dazu aber auch TIEDAU Dt Notartag 1961, 108), für die Anwendung des § 1365 aber ist dieser Umstand unbeachtlich. Hier kommt es nur darauf an, ob das gegenwärtige Vermögen eines Ehegatten in seiner Substanz im Wesentlichen erhalten bleibt oder nicht (vgl etwa BEITZKE Betrieb 1961, 22). Ob er eine gleichwertige Gegenleistung erhält, ist ohne Belang (BGHZ 35, 145; s oben Rn 35). Der Anteil des einbringenden Ehegatten ist aber, wenn schon nicht Gegenleistung, so doch ein aliud gegenüber dem bisherigen Vermögen. An die Stelle der alleinigen Rechts- und Verwaltungs- bzw Verfügungszuständigkeit ist eine andere, eine gesamthänderische Rechtszuständigkeit und eine neue gemeinschaftliche oder sogar jeweils selbständige Verwaltungs- und Verfügungsbefugnis der Gesellschafter getreten. Diesen Wirkungen soll der andere Ehegatte ohne Rücksicht auf einen wirtschaftlichen Vor- oder Nachteil ohne seine Zustimmung nicht ausgesetzt sein. Insoweit ist eine „wirtschaftliche Betrachtungsweise" nicht gerechtfertigt (so auch – *gegen* FISCHER NJW 1960, 938 f; REINICKE BB 1960, 1003 und TIEDAU DtNotartag 1961, 109 – BEITZKE Betrieb 1961, 22; DÖLLE I 752; EISELT JZ 1960, 562; BAMBERGER/ROTH/MAYER Rn 19; GERNHUBER/COESTER-WALTJEN §35 Rn 47; ERMAN/HECKELMANN Rn 15; HAEGELE FamRZ 1964, 594, 598; HECKELMANN, Abfindungsklauseln in Gesellschaftsverträgen [1973] 179 ff; MünchKomm/KOCH Rn 71; BGB-RGRK/FINKE Rn 28 ff; RAUSCHER Rn 389; SOERGEL/LANGE Rn 52; WIEDEMANN, Die Übertragung und Vererbung von Mitgliedschaftsrechten bei Handelsgesellschaften [1965] 257 ff; aM MÜLLER-FREIENFELS, Die Gesellschaft zwischen Ehegatten, in: FS G S Maridakis II [1963] 357 ff [375 Anm 76]; FISCHER, in: Großkomm HGB [3. Aufl] §105 Rn 25 d, anders aber ULMER in der 4. Aufl §105 Rn 88 sowie MünchKomm §705 Rn 341).

60 Auch die Einbringung des gesamten Vermögens in eine Kapitalgesellschaft unterliegt dem Zustimmungserfordernis nach §1365. *Abw nur* REINICKE BB 1960, 1004.

61 Nach der hier vertretenen Auffassung kommt es, wenn das gesamte Vermögen in eine Gesellschaft eingebracht wird, nicht mehr darauf an, ob der Ehegatte im Falle der Auflösung der Gesellschaft einen Anspruch auf Rückgewähr seiner Einlage oder bei seinem Ausscheiden einen Anspruch auf eine den Wert seiner Beteiligung entsprechende **Abfindung** hat. Der Abschluss des Gesellschaftsvertrages ist in jedem Fall zustimmungsbedürftig. Für die Ersetzung der Zustimmung nach §1365 Abs 2 kann es aber von Bedeutung sein, ob mit der Einbringung eine den Abfindungsanspruch ausschließende oder beschränkende Vertragsregelung verknüpft ist (s dazu HECKELMANN aaO 180 f). Zu Änderungen des Gesellschaftsvertrages, zur Auflösung und Kündigung der Gesellschaft sowie zum Abschluss von Abfindungsvereinbarungen s Rn 62 ff.

b) Änderung des Gesellschaftsvertrages

62 Auch wenn die Beteiligung eines Ehegatten an der Gesellschaft dessen ganzes Vermögen ausmacht, ist doch nicht jede Änderung des **Gesellschaftsvertrages** eine zustimmungsbedürftige Gesamtvermögensverfügung. Es besteht weithin Übereinstimmung dahin, dass Änderungen in den Geschäftsführungs- und Vertretungsbefugnissen, der Dauer der Gesellschaft, des Entnahmerechts, der Gewinn- und Verlustbeteiligung sowie der Regelungen über die Gesellschafterbeschlüsse *nicht* zustimmungsbedürftig sind (BAMBERGER/ROTH/MAYER Rn 19; ERMAN/HECKELMANN Rn 16; MünchKomm/KOCH Rn 73; BGB-RGRK/FINKE Rn 29; RAUSCHER Rn 389; SOERGEL/LANGE Rn 53; grds *anders* SANDROCK, in: FS Bosch [1976] 841, 854 ff; ders, in: FS Duden [1977] 513, 526 ff; zum älteren Schrifttum s auch STAUDINGER/THIELE [1994]). Soweit in diesen Fällen überhaupt Verfügungen vorliegen, betreffen sie doch nicht das ganze Vermögen des Ehegatten.

63 Eine den Ehegatten benachteiligende Änderung der Regeln über die **Verteilung** eines bei der **Liquidation der Gesellschaft** verbleibenden **Überschusses** oder über die beim Ausscheiden eines Gesellschafters zu leistende **Abfindung** kann dagegen unter

§ 1365 fallen. Vorausgesetzt ist nur, dass die Vertragsänderung das in dem Gesellschaftsanteil verkörperte Vermögen des Ehegatten (nahezu) insgesamt erfasst. Ob das schon dann der Fall ist, wenn nur der good will oder die stillen Reserven ausgenommen werden, kann nur nach den Umständen des einzelnen Falles beurteilt werden. Es muss ein Auseinandersetzungsguthaben bzw eine Abfindung völlig oder doch nahezu gänzlich ausgeschlossen werden. Darin liegt eine Verfügung über die den Gesellschafter-Ehegatten nach dem bisherigen Gesellschaftsvertrag zustehenden Auseinandersetzungs- und Abfindungsansprüche. Er behält zwar, solange die Gesellschaft andauert oder er Mitglied ist, seinen Anteil. Die genannten Ansprüche sind jedoch nur Surrogate dieses Anteils. Ihre Ausschließung enthält mithin nichts anderes als eine durch die Auflösung oder den Austritt bedingte Aufgabe des gesamten Vermögens, so dass § 1365 anzuwenden ist (so auch BEITZKE Betrieb 1961, 24, 25; MünchKomm/KOCH Rn 73; GERNHUBER/COESTER-WALTJEN § 35 Rn 49; SOERGEL/LANGE Rn 53; ähnlich TIEDAU Dt Notartag 1961, 113 und MDR 1959, 258; zu eng dagegen FISCHER NJW 1960, 942; REINICKE BB 1960, 1004: wenn die Abfindung in anormaler Weise beeinträchtigt wird). Zustimmungsbedürftigkeit bereits bei Stundungsklauseln und Bewertungsklauseln nimmt dagegen HECKELMANN, Abfindungsklauseln in Gesellschaftsverträgen (1976) 182, 180 ff und ERMAN/HECKELMANN Rn 16, an.

64 Nicht zu folgen ist EISELT (JZ 1960, 563 f), der jegliche Änderung in der Substanzbeteiligung für zustimmungsbedürftig erachtet, wenn und weil der andere Ehegatte dem Gesellschaftsvertrag nur mit dem bisherigen Inhalt zugestimmt habe. Andernfalls könne diese Zustimmung durch eine alsbaldige Änderung illusorisch gemacht werden (dagegen aber BGHZ 38, 26, 30 ff).

65 Der zur **Aufnahme eines weiteren Gesellschafters** erforderliche Vertrag soll nach BEITZKE Betrieb 1961, 24, der Zustimmung bedürfen. Der Beitritt des neuen Gesellschafters führe nicht nur zu einer Erweiterung der Vertretungsverhältnisse, zu einer Verschiebung der Kapitalanteile und zu einer Änderung der dem Einzelnen zustehenden Liquidationsquote, sondern es werde vor allem eine Gesamthand aus anderen Mitgliedern und damit ein andersartiger Anteil gebildet, wenn auch äußerlich die Identität der Gesamthand gewahrt bleibe. Ähnlich auch EISELT JZ 1960, 564 und MÜLKE, Die Verwaltungsbeschränkungen des § 1365 Abs 1 BGB (Diss Münster 1962) 96; einschränkend TIEDAU Dt Notartag 1961, 113 (Zustimmung nur dann erforderlich, wenn sich die Höhe der Beteiligung des Ehegatten „unter Berücksichtigung des von dem neuen Gesellschafter Eingebrachten in einer Weise verschiebt, die in keinem Verhältnis zu seiner Einlage steht").

Diese Auffassung wird dem Gesetz nicht gerecht. Es geht nicht darum, ob die Struktur der Gesellschaft und damit der Inhalt des Anteils grundlegend verändert wird und ob dies „größte Gefahren in sich bergen" kann (SANDROCK, in: FS Bosch [1976] 854; ders, in: FS Duden [1977] 531 ff), sondern um die Aushöhlung des vermögensrechtlichen Gehalts des Anteils. An ihr fehlt es bei der Aufnahme neuer Gesellschafter aber regelmäßig. Im Ergebnis wie hier auch ERMAN/HECKELMANN Rn 16; MünchKomm/KOCH Rn 73; BAMBERGER/ROTH/MAYER Rn 19; SOERGEL/LANGE Rn 54; WIEDEMANN aaO 261. Entsprechendes gilt für das vereinbarte **Ausscheiden eines Gesellschafters**.

c)   **Übertragung des Gesellschaftsanteils**

Will ein Gesellschafter seinen Anteil (seine Mitgliedschaft), der sein gesamtes Ver-   **66**
mögen ausmacht, übertragen, so ist dazu die Zustimmung des anderen Ehegatten
erforderlich. Es kommt nicht darauf an, ob das „Ausscheiden aus der Gesellschaft
mit einer Abfindungsklausel verbunden ist, durch welche die bisherige gesellschaftsrechtliche *Regelung* beeinträchtigt wird" (OLG Köln NJW 1962, 2109 = MDR 1963, 51).
Die Übertragung eines Gesellschaftsanteils ist konstruktiv nicht als Ausscheiden
eines Gesellschafters unter gleichzeitigem Eintritt eines neuen Gesellschafters zu
verstehen, sondern als eine Rechtsnachfolge in den Anteil kraft Abtretung unter
Zustimmung der übrigen Gesellschafter (BGHZ 13, 179, 185 f; 44, 229, 231). Das gilt auch
in dem Fall, in dem der Ehegatte nur ein Anwartschaftsrecht am Gesellschaftsanteil
hält (BGHZ 132, 218, 222). Eine Abfindungsklausel kommt deshalb überhaupt nicht
zum Tragen. Zur Bedeutung der personenrechtlichen Bindungen unter den Gesellschaftern s Rn 67.

d)   **Auflösungsbeschluss, Kündigung**

Überwiegend werden die Mitwirkung eines Ehegatten beim Auflösungsbeschluss   **67**
und die Kündigung des Gesellschaftsverhältnisses für zustimmungsfrei erklärt, weil
der personenrechtliche Charakter dieser Rechtsgeschäfte die Einmischung Dritter
ausschließe (so vornehmlich DE LA MOTTE [Diss Kiel 1966] 104 ff; FISCHER NJW 1960, 942;
GERNHUBER/COESTER-WALTJEN § 35 Rn 50–52; MünchKomm/KOCH Rn 75; REINICKE BB 1960,
1003; SANDROCK, in: FS Duden [1977] 535; TIEDAU MDR 1959, 253; 1961, 725 und Dt Notartag
1961, 114. Die Nichtanwendung des § 1367 auf die Kündigung wird auch damit begründet, dass
„isolierte" Verfügungen ohnehin nicht zustimmungsbedürftig seien, vgl RITTNER FamRZ 1961, 5,
10 f; Dt Notartag 1961, 139; MÜLKE AcP 161, 133 f und [Diss Münster 1962] 97).

Keiner dieser Gesichtspunkte vermag jedoch die Nichtanwendung der §§ 1365, 1367
zu stützen. Zur „isolierten" Verfügung s schon Rn 8. Der Hinweis auf die personale
Verbundenheit der Gesellschafter miteinander sagt über die Zulässigkeit einer Mitwirkung Dritter bei der Auflösung oder Kündigung des Gesellschaftsverhältnisses
nichts aus. Wenn aus ihr gefolgert werden soll, dass die Entscheidung über den
Fortbestand und den Inhalt jener personenrechtlichen Beziehungen den Gesellschaftern nur persönlich zustehen könne, so hätte das einer näheren Begründung bedurft.
Dagegen spricht aber, dass das Gesetz selbst eine solche persönliche Entscheidungsfreiheit nicht anerkennt, vgl dazu etwa §§ 725 BGB, 135 HGB. Überdies sind die
personenrechtlichen Belange der Gesellschafter durch die Möglichkeiten des § 1365
Abs 2 hinreichend gewahrt. Sie können deshalb die vermögensrechtliche Bedeutung
der Auflösung und der Kündigung nicht ganz in den Hintergrund drängen.

Der Ehegatte, dessen gesamtes Vermögen durch seinen Gesellschaftsanteil verkörpert wird, verfügt über diesen, wenn er bei dem Auflösungsbeschluss mitwirkt oder
kündigt. Sein Anteil geht unter, und sei es auch erst mit der Beendigung der
Liquidation. Ob die Gesellschaft insgesamt liquidiert wird oder ob sie unter den
übrigen Gesellschaftern fortgesetzt wird, ist dabei belanglos. Die Verfügung des
Ehegatten betrifft auch dessen ganzes Vermögen. Darauf, ob ihm eine Abfindung
und in welcher Höhe sie ihm zusteht oder ob mit einem höheren oder geringeren
Anteil am Liquidationserlös zu rechnen ist, kommt es ebenfalls nicht an. Insoweit
handelt es sich um „neues" Vermögen, das im Rahmen des § 1365 außer Betracht zu
bleiben hat (ebenso BEITZKE DB 1961, 24 f; BAMBERGER/ROTH/MAYER Rn 19; ERMAN/HECKEL-

MANN Rn 18; HECKELMANN, Abfindungsklauseln in Gesellschaftsverträgen [1973] 182 f; PALANDT/ BRUDERMÜLLER Rn 6; BGB-RGRK/FINKE Rn 29; RAUSCHER Rn 389; SOERGEL/LANGE Rn 56; TUBBESING BB 1966, 829, 831; WIEDEMANN aaO Fn 13, 263; OLG Hamburg FamRZ 1970, 407).

VI. Die Einwilligung

68 Das Verpflichtungsgeschäft zur Verfügung über das Vermögen im Ganzen bedarf der Einwilligung, ebenso die Erfüllung des ohne Einwilligung eingegangenen Verpflichtungsgeschäfts.

1. Einwilligung

69 Einwilligung ist die vorherige Zustimmung, § 183. Sie ist einseitige, empfangsbedürftige Willenserklärung und unterliegt den allgemeinen rechtsgeschäftlichen Regeln (Willensmängel, §§ 116 ff, Zugehen, §§ 130 ff, Auslegung, § 133). Ob die Einwilligung das später vorgenommene Rechtsgeschäft deckt, bedarf der Auslegung (zu weitgehend wohl LG Frankenthal Rpfleger 1981, 483). Wenigstens die essentialia negotii müssen feststehen (s auch Rn 75). Die Einwilligung kann regelmäßig formlos (zu den Ausnahmen s STAUDINGER/GURSKY [2004] § 182; wichtig insbesondere § 29 GBO, dazu unten Rn 108) durch Erklärung gegenüber dem Ehegatten oder dem Dritten geschehen, § 182 Abs 1. Sie kann ausdrücklich oder stillschweigend erklärt werden. Zur Auswirkung der Beendigung des Güterstandes durch Tod oder Scheidung s Rn 102 ff.

70 Als **schlüssiges Verhalten** genügen Äußerungen und Handlungen des anderen Ehegatten gegenüber seinem Ehegatten oder dem Dritten (vgl BGH NJW 1953, 58), die der Empfänger nach Treu und Glauben als Einwilligung auffassen kann. Der andere Ehegatte muss sich zudem bewusst sein, dass sein Stillschweigen nach Treu und Glauben im Verkehr von den Vertragsteilen als Zustimmung aufgefasst werde. Der andere Ehegatte muss ferner wissen oder es zumindest für möglich halten, dass seine Zustimmung zu dem Geschäft erforderlich sein könnte (vgl BGHZ 2, 150, 153; BGH Betrieb 1976, 1573 – für die Genehmigung –; aM KG NJW 1962, 1062; für den Fall einer ausdrücklich erklärten und einer weiteren Ausdeutung nicht zugänglichen Willenserklärung SOERGEL/LANGE Rn 64). Bloßes Stillschweigen oder Nichtstun reicht in der Regel nicht aus, wenn nach den Umständen des Einzelfalles und nach Treu und Glauben und nach der Verkehrssitte für den Fall der Nichtzustimmung eine besondere Erklärung zu erwarten und möglich gewesen wäre.

2. Widerruf der Einwilligung

71 Der Widerruf der Einwilligung ist bis zur Vornahme des einwilligungsbedürftigen Rechtsgeschäfts grundsätzlich zulässig, § 183. Das gilt auch dann, wenn die Zustimmung nicht ausdrücklich erklärt ist, sondern auf schlüssigem Verhalten beruht. Auch der Widerruf ist einseitige, empfangsbedürftige Willenserklärung. Er kann sowohl dem Dritten als auch dem Ehegatten gegenüber erklärt werden und bedarf nicht der Annahme. Der andere Ehegatte, dessen Zustimmung erforderlich ist, kann im Voraus auf den Widerruf der Einwilligung verzichten. Der Verzicht bedarf nicht der Form des Ehevertrages, wenn er nur für einen bestimmten Fall ausgesprochen worden ist. Ein vorheriger genereller Verzicht auf das Widerrufsrecht erfordert dagegen einen Ehevertrag (SOERGEL/LANGE Rn 65).

3. Fortwirken der Einwilligung

Auf die einmal erteilte Einwilligung sind hinsichtlich ihres Entstehens und Fortbe- **72** stehens die Vorschriften über das Fortwirken der Vollmacht gegenüber Dritten (§§ 170–173) entsprechend anzuwenden. Hat der andere Ehegatte zB die Einwilligung dem Dritten gegenüber erklärt, sie aber seinem Ehegatten gegenüber widerrufen, so bleibt die Einwilligung trotz des Widerrufs wirksam, bis der Einwilligende das Erlöschen der Einwilligung auch dem Dritten anzeigt (§ 170), es sei denn, dass der Dritte das Erlöschen der Einwilligung bei der Vornahme des Rechtsgeschäfts kennt oder kennen muss (§ 173).

4. Einwilligung nach Verweigerung

Bis zur Vollendung des Rechtsgeschäfts kann der andere Ehegatte, dessen Einwilli- **73** gung erforderlich ist, die Einwilligung auch dann noch wirksam erteilen, wenn er sie zuvor bereits verweigert hatte. Bis zur Vollendung des Geschäfts hat er es in der Hand, ob dieses wirksam wird oder nicht; er präjudiziert sich durch eine Verweigerung der Einwilligung nicht.

5. Folgen fehlender Einwilligung

Das ohne die erforderliche Einwilligung abgeschlossene Rechtsgeschäft ist unwirk- **74** sam. Ein einseitiges Rechtsgeschäft ist schlechthin unwirksam, § 1367. Ein ohne Einwilligung des anderen Ehegatten abgeschlossener Vertrag dagegen ist nur schwebend unwirksam: er ist der Genehmigung fähig, § 1366. Die §§ 1366, 1367 gelten sowohl für das Verpflichtungsgeschäft als auch für die zu dessen Erfüllung vorgenommenen Rechtsgeschäfte (s auch unten Rn 93 ff).

VII. Ersetzung der Zustimmung

Die Zustimmung des anderen Ehegatten kann nach § 1365 Abs 2 durch das Vor- **75** mundschaftsgericht ersetzt werden, wenn das Rechtsgeschäft den Grundsätzen einer ordnungsmäßigen Verwaltung entspricht und der andere Ehegatte die Zustimmung ohne ausreichenden Grund verweigert oder durch Krankheit oder Abwesenheit an der Abgabe der Erklärung gehindert und mit einem Aufschub Gefahr verbunden ist. Es kann danach nicht nur die Einwilligung zu einem künftigen Rechtsgeschäft, sondern auch die Genehmigung eines bereits abgeschlossenen, aber schwebend unwirksamen Vertrages ersetzt werden. Das Rechtsgeschäft muss für eine Zustimmung nicht formgültig abgeschlossen, aber in allen wesentlichen Punkten festgelegt sein (OLG Köln OLGZ 1984, 296, 298; FamRZ 1997, 677). Die Genehmigung eines ohne die erforderliche Einwilligung des anderen Ehegatten vorgenommenen einseitigen Rechtsgeschäftes kann jedoch nicht durch das Gericht ersetzt werden. Eine Genehmigung ist in diesem Falle überhaupt nicht möglich, § 1367.

Dagegen ist – abweichend vom RegEntw II (BT-Drucks 2/224, § 1372 Abs 2) – nach § 1365 Abs 2 nicht die Möglichkeit vorgesehen, die Zustimmung des anderen Ehegatten auch dann zu ersetzen, wenn das Rechtsgeschäft die Rechte des anderen Ehegatten auf den künftigen Ausgleich des Zugewinns nicht oder nicht wesentlich gefährdet. Maßgebend für die gesetzliche Regelung war die Erwägung, dass ein

Rechtsgeschäft, welches das Vermögen eines Ehegatten im Ganzen betrifft, der ehelichen Lebensgemeinschaft die wirtschaftliche Grundlage entziehen kann. Die Wirkungen eines derartigen Rechtsgeschäfts treffen den anderen Ehegatten auch dann in erheblichem Umfange, wenn sein künftiger Ausgleichsanspruch davon nicht berührt wird. Seine Zustimmung soll daher nicht schon mit der Begründung ersetzt werden können, dass sein Ausgleichsanspruch durch das Rechtsgeschäft nicht gefährdet werden könne (SEIDL BT-Drucks zu 2/3409, 6).

1. Voraussetzungen der Ersetzung

76 **a)** Das der Zustimmung bedürftige Rechtsgeschäft muss den **Grundsätzen einer ordnungsmäßigen Verwaltung** entsprechen. Wann das der Fall ist, ergibt sich im Einzelfall unter Berücksichtigung des Wesens der Ehe aus Zweckmäßigkeitserwägungen. Es kommt nicht darauf an, ob das Geschäft erforderlich (notwendig) ist. § 1365 Abs 2 ist weiter gefasst als § 1426. Es kommt vielmehr darauf an, „ob ein ordentlicher Wirtschafter mit rechter ehelicher Gesinnung das Geschäft abschließen würde" (BayObLG FamRZ 1963, 521 f; 1968, 315 f; NJW 1975, 833 = FamRZ 1975, 211; FamRZ 1985, 1040; OLG Hamm FamRZ 1967, 572). Maßgebend ist der Zeitpunkt der letzten mündlichen Verhandlung in der Tatsacheninstanz (BGH NJW 1978, 1381; BayObLG FamRZ 1968, 315 = NJW 1968, 1335).

77 Eine Gefährdung der wirtschaftlichen Grundlage der ehelichen Lebensgemeinschaft und des künftigen Ausgleichsanspruchs des anderen Ehegatten muss vermieden werden (REINICKE BB 1957, 565). Daher muss etwa die *Gegenleistung* des Dritten so geartet und bemessen sein, dass die wirtschaftlichen Interessen der Ehegemeinschaft gewahrt bleiben. Soll etwa die Gegenleistung für eine Gutsüberlassung oder Hofübergabe oder für ein veräußertes Grundstück nach dem zugrundeliegenden Verpflichtungsgeschäft nur dem vertragschließenden Ehegatten persönlich zugute kommen, so dass das Vermögen dieses Ehegatten als Grundlage der ehelichen Lebensgemeinschaft praktisch völlig ausscheidet, so liegt keine ordnungsmäßige Verwaltung mehr vor (Beispiele: Gegenleistung ist ein Leibgedinge [Leibrente], das nur für den veräußernden Ehegatten ausreicht, nicht aber auch für den anderen Ehegatten und die minderjährigen Kinder; Gegenleistung ist eine Leibrente nur für den Veräußernden, so dass nach dessen Tode der andere Ehegatte mittellos ist). Auch *sonstige Bedenken* gegen Art und Umfang der Gegenleistung sind bei der Prüfung der Ordnungsmäßigkeit der Verwaltungshandlung zu berücksichtigen. So etwa die Vereinbarung einer Gegenleistung, die zwar ihrem Wert nach angemessen ist, aber ihrer Art nach für den Veräußernden praktisch nicht verwertbar ist (zB Hofüberlassung gegen Übertragung eines Handelsgeschäfts, wenn der bisherige Landwirt keine kaufmännische Erfahrung hat). Zu berücksichtigen sind aber stets alle Umstände des Einzelfalles, nicht allein die Art des vinkulierten Rechtsgeschäfts oder der Gegenleistung.

78 Bei **Hofübergabeverträgen** sind an die Ordnungsmäßigkeit der Verwaltung im Hinblick auf die Interessen des anderen Ehegatten und der Abkömmlinge sowie unter Berücksichtigung des allgemeinen Interesses an der Erhaltung des Bauernstandes besondere Anforderungen zu stellen, BayObLGZ 20, 256 = Recht 1920 Nr 3392; BayObLGZ 26, 23 = LZ 1927, 470 = JW 1927, 143 Nr 3.

Ob ein Rechtsgeschäft den Grundsätzen einer ordnungsmäßigen Verwaltung ent- **78a** spricht, ist Tatfrage. Eine weitere Beschwerde kann daher nicht auf die gegenteilige Behauptung, sondern nur auf Rechtsfehler gestützt werden (BayObLGZ 5, 418; FamRZ 1996, 1015).

b) Die Zustimmung des anderen Ehegatten muss ohne ausreichenden Grund verweigert worden sein

Verweigert ist die Zustimmung nicht nur bei entsprechender ausdrücklicher oder **79** stillschweigender Erklärung, sondern auch dann, wenn sie wirksam widerrufen ist oder wenn sie unter einer Bedingung erteilt ist. Eine bedingte Zustimmung ist zwar nicht unter allen Umständen unwirksam, insbesondere dann nicht, wenn der Eintritt der Bedingung vom Willen des Zustimmungsempfängers abhängig ist. Im Rahmen des § 1365 Abs 2 kann sich der Ehegatte jedoch auf den Standpunkt stellen, dass der andere Ehegatte bedingungslos zustimmen müsse (§ 1353) und dass diese unbeding- te Zustimmung verweigert sei. Andernfalls könnte das Recht auf Ersetzung der Zustimmung geschmälert werden. Das aber entspräche nicht dem Sinn des Gesetzes. Wird das Gesamtvermögensgeschäft dagegen den mit der Zustimmung verknüpften Bedingungen angepasst, so ist diese wirksam (MünchKomm/Koch Rn 92).

Hat der andere Ehegatte die Einwilligung formlos erteilt, weigert er sich aber, sie auch in der **Form des § 29 GBO** abzugeben, so kann darin der schlüssige Widerruf liegen, der den Weg zum Ersetzungsverfahren eröffnet. War die Zustimmung als Genehmigung erteilt worden, ist sie materiellrechtlich wirksam. In diesem Fall ist der Ehegatte nach §§ 242, 1353 als verpflichtet anzusehen, dem Formerfordernis zu genügen, ohne dass es auf die Voraussetzungen des § 1365 Abs 2 ankäme. Eine Ersetzung durch das Vormundschaftsgericht kommt nicht in Betracht (ebenso KG NJW 1962, 1063; Gernhuber/Coester-Waltjen § 35 Rn 62; MünchKomm/Koch § 1366 Rn 12; aM Bamberger/Roth/Mayer Rn 30; Palandt/Brudermüller Rn 22; Erman/Heckelmann Rn 13 u 23; BGB-RGRK/Finke Rn 50; Soergel/Lange Rn 44).

Ob die Verweigerung **ohne ausreichenden Grund** erfolgte, ist vom Vormundschafts- **80** richter unter Würdigung aller Umstände nach seinem Ermessen zu entscheiden. Maßgebend ist in erster Linie die Beeinträchtigung wirtschaftlicher Interessen des anderen Ehegatten und der Familiengemeinschaft. Daneben müssen auch ideelle Interessen Berücksichtigung finden; andernfalls wäre der Schutzzweck des § 1365 im Einzelfalle unhaltbar eingeengt.

Als **ausreichender Grund** zur Verweigerung der Zustimmung kann nur ein solcher **81** erachtet werden, der **gegen die Vornahme des Rechtsgeschäftes selbst** spricht. Dabei ist jedoch zu berücksichtigen, dass mit ihr neben dem Primärzweck (in der Regel des Leistungsaustauschs) auch weitere Zwecke verfolgt werden. Widersprechen diese den Schutzzwecken des § 1365, so liegt in dem die Erreichung solcher Zwecke erst vorbereitenden und ermöglichenden Rechtsgeschäft selbst bereits eine **Gefährdung** der wirtschaftlichen Grundlage der Familie oder des künftigen Ausgleichsanspruchs. Diese Gefährdung muss jedoch konkret und durch bestimmte Tatsachen belegt sein (BGH NJW 1978, 1380 = JZ 1978, 401; BayObLG FamRZ 1975, 211; FamRZ 1985, 1041, 1996, 1013; OLG Hamm FamRZ 1997, 676). Für die Beurteilung der Frage, ob eine konkrete Ge- fährdung vorliegt, ist auf den **Zeitpunkt** des gerichtlichen Beschlusses abzustellen (BGH aaO). Eine allgemeine persönliche Unzuverlässigkeit, etwa eine Neigung zur

Verschwendung, oder die Abwendung vom Ehepartner und die dadurch begründete allgemeine Besorgnis absichtlicher Benachteiligung reichen nicht aus, um die Verweigerung der Zustimmung zu begründen. Entscheidend ist die nach den Umständen insgesamt bestehende Gefährdung. Insoweit ist eine Prognose etwa hinsichtlich der Verwendung des Entgelts angezeigt (so etwa LG Koblenz bei chronischem Alkoholismus, FamRZ 1998, 163 mit abl Anm KOGEL FamRZ 1998, 914). Stellt diese sich nach Ersetzung der Zustimmung als verkehrt heraus, bleibt nur der Schutz nach § 1375 Abs 2. Zu Bedingungen oder Auflagen für die Zustimmung in solchen Fällen s unten Rn 89.

82 Als ausreichender **wirtschaftlicher Grund** für die Verweigerung der Zustimmung kommt insbesondere die mangelnde Sicherstellung der Versorgung des zustimmungsberechtigten Ehegatten in Betracht. Zur Verweigerung der Zustimmung ist der andere Ehegatte ferner dann berechtigt, wenn er durch die Genehmigung seine Anwartschaft auf Zugewinnausgleich oder – nach Scheidung – seinen Ausgleichsanspruch konkret gefährden würde (BGH NJW 1978, 1381 = JZ 1978, 401; BayObLG NJW 1975, 834; OLG Saarbrücken FamRZ 1987, 1248; OLG Köln FamRZ 1997, 677 u OLGR 2000, 423). Für die Beurteilung der Frage, ob eine konkrete Gefährdung vorliegt, reicht es aus, dass sich aus den Gesamtumständen konkrete Anhaltspunkte für einen Anspruch ergeben. Es ist nicht Aufgabe des Ersetzungsverfahrens, die Entstehung des Ausgleichsanspruches im Einzelnen zu klären (BGH NJW 1978, 1381; LG Koblenz FamRZ 1998, 164 mit Anm KOGEL FamRZ 1998, 914). Es genügt die nach den Umständen bestehende Gefahr, dass dieser in Betracht kommende Anspruch nicht mehr realisierbar ist. Das gilt etwa, wenn der Zugewinnausgleich zwischen den Ehegatten streitig und eine Gefährdung des Ausgleichsanspruchs nicht unwahrscheinlich ist (OLG Köln NJW-RR 2005, 4 mwNww). Bei der Abfassung von Hofübergabe- oder Gutsüberlassungsverträgen ist besonders auf das Interesse des anderen Ehegatten an der Nichtbeeinträchtigung seiner künftigen Ausgleichsansprüche zu achten. Die vielfach übliche Fassung dieser Verträge, die in der Regel nur ein Wohnrecht und eine Leibrente oder ein Altenteilsrecht (Leibgedinge, Leibzucht, vgl RGZ 152, 104; 162, 57 ff) als Gegenleistung vorsieht sowie die erbberechtigten Abkömmlinge des Überlebenden abfindet, braucht von dem anderen Ehegatten nicht hingenommen zu werden, wenn dadurch seine künftige wirtschaftliche und rechtliche Stellung unangemessen gefährdet wird. Der Hinweis auf die Üblichkeit vermag die künftigen Rechte auf Vermögensteilhabe nicht zu beseitigen.

83 **Ideelle und persönliche Gründe** sind insoweit zu berücksichtigen, als das Gesamtvermögensgeschäft den häuslichen und Familienfrieden zu beeinträchtigen droht oder die Erteilung der Zustimmung aus sonstigen Gründen für den anderen Ehegatten unzumutbar ist (zB die Unverträglichkeit des Vermögensübernehmers, wenn die Ehegatten in dessen Nähe – auf dem Hof oder Grundstück – leben wollen, oder die sich aus der Vermögensübertragung ergebende notwendige Umweltveränderung – die Ehegatten müssen vom Land in die Stadt oder in eine andere Stadt umsiedeln, wenn sie dem anderen Ehegatten nicht zumutbar ist. Im Ergebnis ebenso BayObLG FamRZ 1996, 1014; FamRZ 1975, 211, 213; FamRZ 1967, 572, 573; ERMAN/HECKELMANN Rn 23; BGB-RGRK/FINKE Rn 38; **aM** MünchKomm/KOCH Rn 98; BAMBERGER/ROTH/MAYER Rn 32. Keinen ausreichenden Grund geben dagegen eigensüchtige Interessen des anderen Ehegatten ab (vgl OLG Hamm FamRZ 1962, 162 = DRiZ 1962, 13 Nr 513), ebenso wenig gibt das Interesse an der Ehewohnung allein keinen ausreichenden Grund zur Verweigerung der Zustimmung (OLG Stuttgart NJW 1983, 634).

Ein ausreichender Grund zur Verweigerung der Zustimmung liegt vielmehr nur vor, wenn die an den Schutzzwecken des § 1365 orientierten Interessen nicht in der möglichen und üblichen Weise berücksichtigt sind (BayObLG FamRZ 1996, 1014 f). Bei Getrenntleben können die Anforderungen an die Ersetzung der Zustimmung geringer zu bemessen sein (BayObLG aaO).

c) Dem Fall, dass der andere Ehegatte die **Zustimmung nicht erteilen will**, steht **84** der Fall gleich, dass er die Zustimmung **nicht erteilen kann**, weil er daran durch *Krankheit* oder *Abwesenheit* verhindert ist. Der andere Ehegatte muss verhindert sein, überhaupt eine Erklärung abzugeben. Im Falle der Abwesenheit darf er also überhaupt nicht oder doch *nicht* rechtzeitig *erreichbar sein* oder die Erklärung darf nicht oder nicht *rechtzeitig eintreffen* können. Die Krankheit verhindert die Abgabe der Zustimmungserklärung nur dann, wenn sie (physisch oder psychisch) in einem Grade besteht, dass eine rechtzeitige Erklärung ausgeschlossen ist. Eine dauernde *Verhinderung* braucht nicht vorzuliegen (vgl RGZ 103, 126 ff). Maßgebend ist der Zeitpunkt, zu dem das Rechtsgeschäft vorgenommen (Ersetzung der Einwilligung) oder bis zu welchem das Rechtsgeschäft noch rechtzeitig wirksam werden kann (Ersetzung der Genehmigung), vgl RGZ 103, 126.

d) Die Abwesenheit oder Krankheit muss zur Folge haben, dass mit dem auf ihr **85** beruhenden **Aufschub** des (zustimmungsbedürftigen) Rechtsgeschäfts **Gefahr verbunden ist**. Auch drohende Nachteile, die nicht auf vermögensrechtlichem Gebiet liegen oder die einen Abkömmling betreffen, können in Betracht gezogen werden. ZB könnte einem Abkömmling die Eheschließung ermöglicht oder eine Existenzgrundlage geschaffen werden, wenn eine Verfügung über das gesamte Vermögen eines Ehegatten (das etwa im Wesentlichen in Liegenschaften festgelegt ist) die Erbauseinandersetzung vorwegzunehmen erlaubt. Maßgeblicher Zeitpunkt für die festzustellende Gefahr ist der Zeitpunkt der Entscheidung des Vormundschaftsgerichts über den Antrag des vertragschließenden Ehegatten. Auf die bloße Annahme des Ehegatten, mit dem Aufschub sei Gefahr verbunden, kommt es nicht an; die Gefahr muss objektiv gegeben sein (BAMBERGER/ROTH/MAYER Rn 33; MünchKomm/KOCH Rn 99).

2. Ersetzungsantrag

a) Der Antrag, die Zustimmung des anderen Ehegatten zu ersetzen, kann vor **86** oder nach Abschluss des Vertrages beim Vormundschaftsgericht gestellt werden. **Antragsberechtigt** ist nur der am Rechtsgeschäft beteiligte Ehegatte, nicht der Dritte, auch nicht der andere Ehegatte, dessen Zustimmung ersetzt werden soll. Der Dritte ist am Verfahren nicht beteiligt. Die Ersetzung der Zustimmung oder die Ablehnung des Antrages erfolgt ohne Berücksichtigung seiner Interessen. Die bloße Zustimmung zum Angebot eines Grundstückgeschäftes, die nicht dem Formerfordernis des § 29 GBO gerecht wird (s oben Rn 79) begründet keine Sonderverbindung zum anderen Ehegatten, die einen Anspruch auf Genehmigung in formell verwertbarer Form (allgM, OLG Schleswig NJW-RR 1987, 135 mwNw).

Das Antragsrecht der beteiligten Ehegatten ist vererblich. Zur Rücknahme des Ersetzungsantrages s BayObLG DNotZ 1963, 732 = FamRZ 1964, 154. Durch den Tod des Antragstellers wird das Verfahren nicht unterbrochen, BayObLG aaO, vielmehr führen die Erben des Antragstellers das Verfahren fort, LG Mannheim

DNotZ 1969, 372. Zur Beendigung des Güterstandes vor Ersetzung der Zustimmung s unten Rn 102 ff.

87 **b)**   Das Gericht kann nicht nur die **Einwilligung** (§ 1365 Abs 1) ersetzen, sondern auch die **Genehmigung** (§ 1366 Abs 3 S 3). Ist das Rechtsgeschäft noch nicht vorgenommen worden, so kann das Vormundschaftsgericht die Einwilligung nur ersetzen, wenn ihm alle nach der Verkehrsanschauung wesentlichen Einzelheiten hinreichend bestimmt vorgetragen werden. Dem Gericht müssen alle für die Entscheidung maßgeblichen tatsächlichen Unterlagen gegeben werden, damit es diese prüfen und notfalls weitere Ermittlungen anstellen kann (ständige Rspr, OLG Köln FamRZ 1997, 677; OLGZ 1984, 298; vgl auch Rn 69 u 75).

3.   Verfahren

88 **a)**   Die Ersetzung der Zustimmung erfolgt nur **auf Antrag**. Antragsberechtigt ist nur der Ehegatte, der das Rechtsgeschäft vornehmen will oder abgeschlossen hat. **Zuständig** ist das **Vormundschaftsgericht**, in dessen Bezirk die Ehegatten ihren gemeinsamen gewöhnlichen Aufenthalt haben oder zuletzt hatten, § 45 FGG. Es entscheidet der Richter, § 14 Abs 1 Nr 6 RPflG. Dem Ehegatten, der die Zustimmung verweigert hat, ist grundsätzlich *rechtliches Gehör* zu gewähren, nicht dem am Rechtsgeschäft beteiligten Dritten. Der Ersetzungsantrag ist zu *begründen*, insbesondere ist das Rechtsgeschäft, zu dem die Zustimmung verweigert worden ist, inhaltlich genau und vollständig mitzuteilen. Unwesentliche Einzelheiten können, soweit es um die Zustimmung geht, noch offen sein, ein Vertragsentwurf braucht noch nicht der vorgeschriebenen Form zu genügen (OLG Köln OLGZ 1984, 298; Rn 87). Der **Ersetzungsbeschluss** deckt das Rechtsgeschäft **nur insoweit**, als es vom Vormundschaftsgericht zur Grundlage seiner Entscheidung gemacht worden ist. Wird die Einwilligung ersetzt, ist das mit abgeändertem Inhalt abgeschlossene Rechtsgeschäft insoweit (schwebend) unwirksam, als es durch den Beschluss nicht gedeckt ist. Über die Restgültigkeit ist nach § 139 zu entscheiden. Zum *Gegenstandswert* des Ersetzungsverfahrens vgl OLGR Koblenz 2002, 236; OLG Hamm FamRZ 1995, 1367 mwNw; BayOblG JurBüro 1995, 98.

89 **b)**   Das Vormundschaftsgericht muss in seiner Entscheidung den Antrag entweder ablehnen oder ihm voll stattgeben. Die Abweisung des Antrages oder die Ersetzung der Genehmigung hat unter genauer Bezeichnung des betreffenden Rechtsgeschäftes zu erfolgen. Das Gericht kann nicht von sich aus an die Stelle des im Antrag bezeichneten Geschäfts ein anderes setzen oder die Vertragsbedingungen ändern. Die Zustimmung kann nur zu einem bestimmten Geschäft ersetzt werden (BayObLG OLGE 43, 356). Nach hA ist eine **Ersetzung unter Auflagen oder Bedingungen** möglich (OLG Saarbrücken FamRZ 1987, 1248; OLG Köln OLGZ 1984, 298; OLG Stuttgart NJW 1983, 634; BayObLGZ 1963, 183, 190 = FamRZ 1963, 521; FamRZ 1975, 211, 214; ERMAN/HECKELMANN § 1365 Rn 23; MünchKomm/KOCH § 1366 Rn 27; BGB-RGRK/FINKE § 1365 Rn 46; SOERGEL/LANGE § 1365 Rn 71; einschränkend BAMBERGER/ROTH/MAYER Rn 31, 34: zweckgerichtete Mittelverwendung keine zulässige Auflage). Auch nach dieser Auffassung können jedoch keine Auflagen oder Bedingungen beigefügt werden, die einen vorzeitigen Zugewinnausgleich vorwegnehmen oder Sicherheitsleistung für den künftigen Ausgleichsanspruch zur Wirksamkeitsvoraussetzung des Ersetzungsbeschlusses machen (vgl BayObLG NJW 1975, 833, 836 = FamRZ 1975, 211, 215; s auch BayObLG FamRZ 1968, 215). Selbst mit dieser

Einschränkung ist die Beifügung von Auflagen oder Bedingungen für unzulässig zu erachten. Das schließt indes nicht aus, dass der Antragsteller seinen Antrag ändert oder einen Hilfsantrag stellt, wonach die Ersetzung der Einwilligung zu einem Geschäft anderen Inhalts beantragt wird, sofern der andere Ehegatte auch dazu seine Einwilligung verweigert. Die Ersetzung der Genehmigung unter der Bedingung einer bestimmten Änderung des vorliegenden Rechtsgeschäfts ist unter entsprechenden Voraussetzungen möglich.

c) Die Verfügung, durch welche die Zustimmung des anderen Ehegatten ersetzt **90** wird, tritt nach § 53 FGG erst mit der **Rechtskraft** in Wirksamkeit. Ausnahmsweise – bei Gefahr im Verzuge – kann das Gericht anordnen, dass die Verfügung sofort wirksam werden soll, § 53 Abs 2 FGG. Soweit die Zustimmung bereits nach materiellem Recht nur bei Gefahr im Verzug ersetzt werden kann (bei Verhinderung des anderen Ehegatten), ist daher § 53 Abs 2 FGG stets anzuwenden. In diesem Falle wird die Verfügung mit der Bekanntmachung an den Antragsteller wirksam. § 55 FGG ist nicht anwendbar (KEIDEL/KUNTZE/WINKLER FG [15. Aufl] § 55 Rn 5; BUMILLER/ WINKLER FG [8. Aufl] § 55 Rn 2)

d) Wird der Antrag abgelehnt, so richten sich Wirksamkeit und Anfechtbarkeit **91** der gerichtlichen Verfügung nach den §§ 16, 19, 20 Abs 2 FGG. Sie ist mit der einfachen Beschwerde anfechtbar und kann gemäß § 18 FGG abgeändert werden. Gegen die dem Antrag stattgebende Verfügung findet die sofortige Beschwerde statt, §§ 60 Abs 1 Nr 6, 22, 29 Abs 2 FGG. Das gilt auch dann, wenn die sofortige Wirksamkeit angeordnet ist, s BGHZ 42, 223. Die stattgebende Verfügung ist vom Vormundschaftsgericht nicht abänderbar, § 18 Abs 2 FGG. § 55 FGG ist hier nicht anwendbar (s Rn 90). Die Entscheidung des Vormundschaftsgerichts ist für das Prozessgericht bindend (vgl OLG KASSEL OLGE 15, 403 ff).

4. Aus dem Rechtsgeschäft selbst kann eine **Verpflichtung** des vertragschließen- **92** den Ehegatten gegenüber dem Vertragsgegner folgen, von der Befugnis Gebrauch zu machen, **die Ersetzung der Zustimmung** des anderen Ehegatten beim Vormundschaftsgericht **zu beantragen.** Da das zustimmungsbedürftige Geschäft schwebend unwirksam ist bedarf es insoweit einer eigenständigen Abrede (MünchKomm/KOCH § 1366 Rn 25), die auch nach den Umständen des Einzelfalls auch schlüssig erfolgt sein kann. Für die Vollstreckung aus einem Urteil dieser Art ist § 888 ZPO maßgebend (hM, vgl OLG Posen OLGE 4, 367 ff; KG DJZ 1932, 1001; BAMBERGER/ROTH/MAYER Rn 26; *abweichend* BOSCH FamRZ 1959, 241 [Anm], der § 894 ZPO anwendet).

VIII. Rechtliche Bedeutung des § 1365

1. Wirksamkeit des Verpflichtungsgeschäfts

Verpflichtet sich ein Ehegatte mit Einwilligung des anderen, über sein Vermögen im **93** Ganzen zu verfügen, so ist das Rechtsgeschäft wirksam. Das gilt auch, wenn das Verpflichtungsgeschäft wegen fehlender Kenntnis nach der Einzeltheorie wirksam ist (s Rn 24). Der vertragschließende Ehegatte kann es ohne weitere Mitwirkung des anderen durch Verfügung über die einzelnen Vermögensgegenstände erfüllen (hM, BGHZ 106, 253, 256; FamRZ 1990, 971; MünchKomm/KOCH Rn 37; TIEDTKE FamRZ 1975, 65, 68; FamRZ 1976, 320, 323; **aA** LIESSEM, 499). Der andere Ehegatte wird durch seine Einwilligung dem Dritten gegenüber nicht persönlich verpflichtet (zu weitgehend KG NJW 1962, 1064 sub III, 2; s auch oben Rn 86).

2. Folgen der mangelnden Zustimmung

94 a) Nimmt ein Ehegatte das Rechtsgeschäft (Verpflichtungs- oder Verfügungsgeschäft) ohne Einwilligung des anderen vor, so ist es nach Maßgabe des § 1366 **schwebend unwirksam**. Das gilt auch dann, wenn das Vormundschaftsgericht die Ersetzung der Zustimmung abgelehnt hat, weil es das Rechtsgeschäft nicht für zustimmungsbedürftig hielt. Das „**Negativattest**" hat keine materiellrechtliche Wirkung (MünchKomm/Koch § 1366 Rn 30). Ob gegen ein Negativattest auch derjenige Ehegatte Beschwerde einlegen kann, dessen Zustimmung ursprünglich mit dem Verfahren ersetzt werden sollte, mag im Hinblick darauf zweifelhaft erscheinen. Wegen der tatsächlichen Wirkungen des Attestes ist er jedoch beschwert, § 20 Abs 1 FGG (s auch LG Frankfurt FamRZ 1992, 1080 mwNw).

95 b) Wird das Rechtsgeschäft vom anderen Ehegatten *genehmigt* oder wird dessen Zustimmung durch das Vormundschaftsgericht *ersetzt*, so ist es *rückwirkend* (§ 184 Abs 1) *voll wirksam*.

96 c) Wird die Genehmigung *verweigert* oder lehnt das Vormundschaftsgericht es ab, die Genehmigung des anderen Ehegatten zu ersetzen, ist das Rechtsgeschäft *unwirksam* (§ 1366 Abs 4). Die Unwirksamkeit ist von Amts wegen zu beachten. Die Verweigerung der Genehmigung ist *unwiderruflich* (BGHZ 125, 355, 358 f = FamRZ 1994, 819 m Anm Gernhuber EWiR 1994, 659; Krampe ZEV 1994, 299 u Holzhauer WuB IV A § 1365 1. 95; s auch § 1366 Rn 13). Das unwirksame Rechtsgeschäft kann aber uU *umgedeutet* werden (§ 140), etwa in einen Erbvertrag (BGH aaO 362 f; FamRZ 1964, 25 = JZ 1964, 130).

97 d) Wird das schwebend unwirksame Verpflichtungsgeschäft *erfüllt* und stimmt der andere Ehegatte dem Erfüllungsgeschäft zu, so ist dieses wirksam. Das zugrunde liegende obligatorische Rechtsgeschäft kann durch die Zustimmung des anderen Ehegatten zum Erfüllungsgeschäft nur wirksam werden, wenn dessen Willenserklärung nach Treu und Glauben dahin ausgelegt werden kann, dass sie auch das Verpflichtungsgeschäft betreffen solle. Ist eine solche Auslegung nicht möglich oder ist das obligatorische Rechtsgeschäft bereits vollends unwirksam (wegen Verweigerung der Genehmigung), so bestehen nur Bereicherungsansprüche (s Rn 7a). § 1368 ist in diesem Falle nicht anwendbar, da die Verfügung mit Zustimmung des anderen Ehegatten erfolgte.

3. Schadensersatzansprüche des Dritten

98 Ist das zustimmungsbedürftige *Rechtsgeschäft* endgültig *unwirksam*, so kann der Dritte gegen den am Geschäft beteiligten Ehegatten keine rechtsgeschäftlichen Ansprüche geltend machen. Es entfallen insbesondere alle vertraglichen Schadensersatzansprüche.

Zweifelhaft mag sein, ob den am Geschäft beteiligten Ehegatten eine Schadensersatzpflicht aus gesetzlichem Schuldverhältnis wegen *Verschuldens beim Vertragsschluss* (culpa in contrahendo, § 311 Abs 2) trifft, wenn er schuldhaft Verpflichtungen eingegangen ist, die mangels Zustimmung seines Ehegatten unwirksam geblieben sind. Der Schutzzweck des § 1365 steht solchen Ansprüchen jedoch nicht im Wege, selbst wenn dadurch mittelbar die Entscheidungsfreiheit des anderen Ehegatten eingeengt wird (aA nur deliktische Ansprüche: BAMBERGER/ROTH/MAYER Rn 22; ERMAN/HECKELMANN Rn 21; wohl auch PALANDT/BRUDERMÜLLER Rn 16, § 1368 Rn 2). Die hL bevorzugte demgegenüber eine entsprechende Anwendung der §§ 307, 309 aF (BOEHMER FamRZ 1959, 1, 6 und 81, 84; BGB-RGRK/FINKE Rn 26; SOERGEL/LANGE Rn 63). Die singuläre und auch fragwürdige Regelung des § 307 aF verdiente indes keine Ausdehnung. Im Ergebnis wie hier GERNHUBER/COESTER-WALTJEN § 35 Rn 85–87; MünchKomm/KOCH § 1366 Rn 40; ZIEGE NJW 1957, 1579 und 1958, 131. Die Ersatzpflicht ist aber in jedem Fall auf das negative Interesse beschränkt (PALANDT/ BRUDERMÜLLER aaO; aA GERNHUBER/COESTER-WALTJEN aaO).

Die Ansprüche des Dritten aus *unerlaubter Handlung* gemäß § 826, uU auch gemäß § 823 Abs 2 iVm § 263 StGB bleiben unberührt. Sie setzen jedoch vorsätzliches Handeln des Ehegatten voraus.

4.   Absolutes Veräußerungsverbot, kein Gutglaubensschutz

Der gute Glaube des Dritten an die Verfügungsbefugnis eines Ehegatten **wird nicht**   **99** **geschützt**, auch wenn er nicht gewusst hat, dass der Verfügende verheiratet ist. § 1365 Abs 1 normiert kein relatives Veräußerungsverbot iS des § 135 Abs 1, sondern enthält eine für die Dauer der Ehe und des gesetzlichen Güterstandes angeordnete Beschränkung der Verfügungs- und der Verpflichtungsbefugnis, ein **absolutes Veräußerungsverbot**, auf das sich jedermann berufen kann (BGHZ 40, 218 = NJW 1964, 347 = FamRZ 1964, 25 = JZ 1964, 130; OLG Hamm NJW 1960, 436 und die hM. Anders nur FRANK NJW 1959, 135). Genau genommen liegt überhaupt kein Veräußerungsverbot vor, keine Beschränkung des rechtlichen Dürfens, sondern eine Beschränkung des rechtlichen Könnens, sich zu verpflichten und über bestimmte Gegenstände zu verfügen, verbunden mit der Einräumung einer Mitzuständigkeit an den anderen Ehegatten. Schon daraus ergibt sich die absolute Wirkung der Sanktionsversagung (s auch GERNHUBER/COESTER-WALTJEN § 35 Rn 6 mwNw; MünchKomm/KOCH Rn 5; RAUSCHER Rn 382). Abweichende Ergebnisse ergeben sich aus dieser Betrachtungsweise wegen der speziellen Regelung in den §§ 1366 ff nicht.

Deshalb können auch über § 135 Abs 2 die Vorschriften der §§ 892, 932 ff, 1032, 1207 BGB und § 366 HGB keine Anwendung finden. Eine dem Gutglaubensschutz ähnliche Funktion übt lediglich die zu den Tatbestandsvoraussetzungen des § 1365 zu rechnende Kenntnis des Dritten davon aus, dass der Gegenstand des mit ihm abgeschlossenen Rechtsgeschäfts das ganze Vermögen des Ehegatten ausmacht (s Rn 20 und LIESSEM NJW 1989, 498).

Haben die Ehegatten freilich im Übergang von der in das Güterrechtsregister eingetragenen vertraglich vereinbarten Gütertrennung die Geltung des gesetzlichen Güterstandes der Zugewinngemeinschaft vereinbart, diese Änderung jedoch nicht eintragen lassen, so gelten die Grundsätze des § 1412.

Für den Rechtserwerb *von* dem Dritten bleibt es bei der Wirksamkeit der Vorschriften über den Schutz des guten Glaubens.

100　**5.**　Über die sich aus der Unwirksamkeit des Geschäfts ergebenden Rechte der Ehegatten und des Dritten (Revokation, Bereicherung, Zurückbehaltungsrecht usw) vgl die Bem zu § 1368.

6.　Haftungsübernahme durch den vertragschließenden Ehegatten

101　Die Vereinbarung eines Ehegatten mit einem Dritten, in welcher die Haftung für die Erteilung der Zustimmung des anderen Ehegatten übernommen wird, ist regelmäßig unwirksam (GERNHUBER/COESTER-WALTJEN § 35 Rn 78 f; MünchKomm/KOCH § 1366 Rn 39; BAMBERGER/ROTH/MAYER Rn 22; SOERGEL/LANGE Rn 62; aM DITTMANN DNotZ 1963, 707, 716; DÖLLE I 755). Das freie Mitspracherecht des anderen Ehegatten in Angelegenheiten, die die wirtschaftlichen Grundlagen der Ehegemeinschaft und den Zugewinnausgleich betreffen, darf nach dem Sinn und Zweck des § 1365 jedenfalls keinem Zwang durch rechtsgeschäftliche Bindungen ausgesetzt werden, die das Erfüllungsinteresse des Dritten sichern oder ihm auch nur über die gesetzlichen Ansprüche (culpa in contrahendo nach § 311 Abs 2, Delikt iVm §§ 249, 254; s Rn 98) hinausgehende Rechte gewähren.

7.　Beendigung des Güterstandes vor Erteilung der Zustimmung, Heilung

102　**a)**　Mit der Beendigung des Güterstandes entfallen die Verpflichtungs- und Verfügungsbeschränkungen der §§ 1365, 1369 für die Zukunft. Eine etwa nach rechtskräftiger Scheidung vorgenommene Verfügung unterliegt nicht dem Erfordernis einer Zustimmung (hM; vgl etwa BGH FamRZ 1978, 396 mwNw). Die Verweigerung der *Einwilligung* zu einem *beabsichtigten* Rechtsgeschäft und die Ablehnung ihrer Ersetzung durch das Vormundschaftsgericht werden mit dem Ende des Güterstandes gegenstandslos, eine erteilte oder ersetzte Einwilligung wird rechtlich bedeutungslos. Ein **nach rechtskräftiger Scheidung** vorgenommenes Gesamtvermögensgeschäft ist auch dann nicht zustimmungsbedürftig, wenn der abgetrennte Zugewinnausgleichsanspruch als Folgesache noch rechtshängig ist (so aber OLG Celle FamRZ 2004, 625 m abl Anm JANKE; OLG Köln FamRZ 2001, 176; OLG Hamm FamRZ 1984, 54 m Anm BOSCH; KÜNZEL FamRZ 1988, 456; KOCH FamRZ 2003, 198; wie hier PALANDT/BRUDERMÜLLER Rn 3 u FamRZ 1996, 1518; GERNHUBER/COESTER-WALTJEN § 35 Rn 3; BAMBERGER/ROTH/MAYER Rn 7; zweifelnd auch OLG München Rpfleger 2006, 556). § 1365 ist nicht analog heranzuziehen. Die Zustimmungsbedürftigkeit kann nicht gegen den Wortlaut davon abhängig gemacht werden, ob der Zugewinn im Scheidungsverbund geltend gemacht wird (vgl OLG München aaO).

103　**b)**　Ist ein zustimmungsbedürftiges Rechtsgeschäft zur Zeit der Beendigung des Güterstandes **noch in der Schwebe**, weil die *Genehmigung* noch nicht erteilt oder über den Ersetzungsantrag noch nicht rechtskräftig entschieden worden ist (dazu § 1366 Rn 13), kann es nur dann *konvaleszieren*, wenn die Schutzzwecke des § 1365 dadurch nicht beeinträchtigt werden. Nach Beendigung des Güterstandes steht allein eine Gefährdung der Ausgleichsforderung auf dem Spiel. Da eine Konvaleszenz ipso iure eintreten würde, kann sie aus Gründen der Rechtssicherheit nur dann anerkannt werden, wenn eine **Gefährdung** der Ausgleichsforderung **bei genereller** und **abstrakter Betrachtung ausgeschlossen** ist. Nicht maßgeblich ist, ob die Gefährdung nach den Umständen des einzelnen Falles konkret ausgeschlossen werden kann (ebenso BGHZ 77, 293, 300 = NJW 1980, 2350; insoweit nicht näher ausgeführt bei BGHZ 125, 355, 360; vgl auch

BayObLG FamRZ 1981, 47; Dittmann DNotZ 1963, 707, 711; MünchKomm/Koch § 1366 Rn 31; Reinicke NJW 1972, 1786; BGB-RGRK/Finke § 1366 Rn 17). Der BGH (BGH NJW 1978, 1381 = FamRZ 1978, 396) hält an anderer Stelle missverständlich ebenfalls eine konkrete Gefährdung nicht für erforderlich, lässt aber den Beweis zu, dass die Gefährdung auszuschließen ist.

c) Eine **Gefährdung** der Ausgleichsforderung ist **ausgeschlossen**, wenn der Güter-   **104** stand aufgrund eines *Ehevertrages* endet, durch den der Ausgleich des Zugewinns ausgeschlossen oder die Ausgleichsforderung *erlassen* wird. Entsprechendes gilt, wenn im Rahmen einer notariell beurkundeten Vereinbarung gemäß § 1378 Abs 3 die Ausgleichsforderung nicht nur abschließend fixiert (MünchKomm/Gernhuber [3. Aufl] § 1366 Rn 32), sondern zugleich *erfüllt* oder für sie Sicherheit geleistet wird. Zur *Verjährung* s Rn 105.

d) Endet der Güterstand **auf andere Weise als durch den Tod** eines Ehegatten, so   **105** würde die mit ex-nunc-Wirkung eintretende Konvaleszenz des schwebend unwirksamen Rechtsgeschäfts die Berechnung und die Durchsetzung der Ausgleichsforderung stets beeinflussen können (s aber Rn 104). Da es auf eine von den Besonderheiten des Falles abstrahierende Betrachtung ankommt (s Rn 103), gilt das auch dann, wenn der Ehegatte, dessen Zustimmung erforderlich ist, selbst den größeren Zugewinn erzielt hat und deshalb Ausgleichsschuldner ist. In den Fällen der §§ 1372, 1385, 1386 ist daher die Konvaleszenz stets zu verneinen (ebenso Erman/Heckelmann § 1366 Rn 8; Dittmann DNotZ 1973, 707, 717; Gernhuber/Coester-Waltjen § 35 Rn 73 f; Künzl FamRZ 1988, 452 hält eine Genehmigung analog § 108 Abs 3 für möglich; H Lange JUS 1970, 500; MünchKomm/Koch § 1366 Rn 31; Koch FamRZ 2005, 846; Palandt/Brudermüller Rn 19; Rauscher Rn 384; Reinicke NJW 1973, 305; 1972, 1786; BGB-RGRK/Finke § 1366 Rn 17; Soergel/Lange § 1366 Rn 18; OLG Karlsruhe FamRZ 1976, 695; aM Dölle I 761; OLG Saarbrücken OLGZ 1967, 1 = FamRZ 1968, 31; BayObLGZ 1972, 144 = NJW 1972, 1470; OLG Hamm FamRZ 1972, 297). Nach BGH (NJW 1978, 1381 = FamRZ 1978, 396; NJW 1984, 610) kommt es darauf an, ob die Gefährdung der Ausgleichsforderung auszuschließen ist oder nicht. Das OLG Celle hat dies für den Fall angenommen, dass nach Scheidungsrechtskraft ein Zugewinnausgleichsanspruch unzweifelhaft verjährt ist (FamRZ 2001, 1613 = NJW-RR 2001, 867; zustimmend Koch FamRZ 2003, 198; Bamberger/Roth/Mayer Rn 7; Palandt/Brudermüller Rn 19; dagegen Gernhuber/Coester-Waltjen § 35 Rn 74 Fn 130).

e) Wird der Güterstand durch den **Tod des vertragschließenden Ehegatten** beendet   **106** und wird der Zugewinn gemäß § 1371 Abs 2, 3 nach der *güterrechtlichen* Lösung ausgeglichen, bleibt die Zustimmung des Erben erforderlich (hM). Tritt die *erbrechtliche* Lösung in Kraft (§ 1371 Abs 1), kann die Verwirklichung der Vermögensteilhabe ebenfalls generell beeinträchtigt sein, da die zusätzliche Erbquote bei Bejahung der Konvaleszenz im Wert geschmälert sein kann. Das Wirksamwerden eines Verpflichtungsgeschäfts würde den überlebenden Ehegatten mit einer Nachlassverbindlichkeit belasten, das eines Verfügungsgeschäfts den Nachlass unmittelbar verkürzen. Auch hier kommt es wegen der generellen Betrachtungsweise nicht auf Art und Umfang der Gegenleistung an. Daher bedarf auch in diesen Fällen das Rechtsgeschäft weiterhin der Zustimmung des anderen Ehegatten (wie hier: BGHZ 77, 293, 300 = NJW 1980, 2350; Bamberger/Roth/Mayer Rn 8; Erman/Heckelmann § 1366 Rn 8; MünchKomm/Koch § 1366 Rn 34; BGB-RGRK/Finke § 1366 Rn 20; Reinicke BB 1957, 564, 567; Soergel/Lange § 1366 Rn 20). An der Zustimmungsbedürftigkeit ändert sich auch dann

nichts, wenn der andere Ehegatte Alleinerbe ist und für die Nachlassverbindlichkeiten unbeschränkt haftet, vgl § 185 Abs 2 S 1; (aM BGB-RGRK/FINKE § 1366 Rn 21;
SOERGEL/LANGE § 1366 Rn 20; OLG Celle NJW-RR 1994, 646; **wie hier** OLG Karlsruhe FamRZ
1978, 505; DITTMANN DNotZ 1963, 712; GERNHUBER/COESTER-WALTJEN § 35 Rn 76; MünchKomm/
KOCH § 1366 Rn 34; KÜNZL FamRZ 1988, 452; REINICKE NJW 1972, 1786, 1788; TIEDTKE JZ 1984,
1021; offengelassen vom BGH aaO). Das folgt schon aus der Rechtsgrundabhängigkeit
der Konvaleszenz nach § 185 Abs 2 S 1 Fall 3 (HAGEN AcP 167, 481, 493). Keinesfalls
könnte das Verpflichtungsgeschäft konvaleszieren.

107 **f)** Endet der Güterstand durch den **Tod des anderen** (des zustimmungsberechtigten) **Ehegatten**, so wird das Verpflichtungs- oder Verfügungsgeschäft ex nunc wirksam, wenn der Zugewinnausgleich nach der *erbrechtlichen Lösung* verwirklicht wird
(allgM). Der Schutzzweck des § 1365 entfällt, da der Umfang der erbrechtlichen
Beteiligung des Überlebenden am Nachlass des anderen Ehegatten von der Wirksamkeit des Gesamtvermögensgeschäfts nicht berührt wird. Ist dagegen nach der
güterrechtlichen Lösung abzuwickeln, soll nach hL das Zustimmungserfordernis
entfallen, weil § 1365 nicht dem Schutz der Erben diene (so BGH NJW 1982, 1100;
BÄRMANN AcP 157, 145, 165; DITTMANN DNotZ 1963, 707, 709; ERMAN/HECKELMANN § 1366 Rn 8;
PALANDT/BRUDERMÜLLER Rn 19; MünchKomm/KOCH § 1366 Rn 33; BGB-RGRK/FINKE § 1366
Rn 22; SOERGEL/LANGE § 1366 Rn 19). Der Zugewinnausgleich ist jedoch zwischen den
Erben und dem überlebenden Ehegatten ebenso zu vollziehen, wie wenn der andere
Ehegatte noch lebte. Zwar steht den Erben des verstorbenen Ehegatten kein Aus-
gleichsanspruch gegen den überlebenden zu (arg § 1371 Abs 2). Wohl aber kann der
Ausgleichsanspruch des überlebenden Ehegatten bei ex nunc eintretender Wirksamkeit eines Gesamtvermögensgeschäfts des anderen Ehegatten, insbesondere bei un-
gleichwertiger Gegenleistung, trotz der Vorschriften der §§ 1384, 1387 wegen § 1378
Abs 2 geschmälert oder in der Durchsetzbarkeit beeinträchtigt werden. § 1375 Abs 2
bietet dagegen keinen hinreichenden Schutz, dies auch wegen der im Vergleich zu
§ 1365 erheblich strengeren Voraussetzungen. Da die Beeinträchtigung generell zu
befürchten ist, bleibt die Zustimmung der Erben des anderen Ehegatten erforderlich
(ebenso GERNHUBER/COESTER-WALTJEN § 35 Rn 77; MünchKomm/GERNHUBER [3. Aufl] § 1366
Rn 34; KÜNZL FamRZ 1988, 452).

IX. Grundbuchverkehr

108 Ist zu einer Verfügung über ein Grundstück oder ein Grundstücksrecht die Zustimmung des anderen Ehegatten gemäß § 1365 erforderlich, so ist das Vorliegen der
Einwilligung oder Genehmigung dem Grundbuchamt in der **Form des § 29 GBO**
nachzuweisen. Ist die Zustimmung mündlich oder schriftlich erteilt worden, so ist die
Weigerung, sie auch in öffentlich beglaubigter oder in beurkundeter Form abzugeben, nicht schlechthin der Verweigerung der Zustimmung gleichzusetzen (oben
Rn 79). Dem Grundbuchamt obliegt eine **Prüfungspflicht**, die grundsätzlich durch
das formelle Konsensprinzip beschränkt ist.

Eine generelle **Nachforschungspflicht** besteht trotz § 20 GBO nicht (BGHZ 30, 255, 258;
35, 135, 139; 64, 246, 250). Es hat sich also nicht stets den Nachweis erbringen zu lassen,
ob der Bewilligende verheiratet ist, ob er im gesetzlichen Güterstand lebt, ob das
Grundstück, über das verfügt werden soll, nahezu das gesamte Vermögen darstellt
und ob die Verfügung dieses ganze Vermögen erschöpft. Anders ist es nur, wenn das

Grundbuchamt weiß, *dass* die beantragte Eintragung das Grundbuch *unrichtig machen würde* (BGHZ 35, 135, 139).

Auch wenn *konkrete Anhaltspunkte* für das Vorliegen der Voraussetzungen des § 1365 Abs 1 bestehen oder die Zweifel an der Wirksamkeit einer Verfügung ohne die Zustimmung des anderen Ehegatten nach den Umständen des Falles (wie sie sich aus dem Grundbuch, den eingereichten Unterlagen und aus sonstigen dem Grundbuchamt bekannten Umständen ergeben) nicht nur allgemeiner Natur, sondern im Einzelfalle besonders nahe liegend sind, so muss das Grundbuchamt den Nachweis der Zustimmungsfreiheit oder der Erteilung der Zustimmung verlangen, und zwar in der Form des § 29 GBO (inzwischen hM, vgl nur BGHZ 64, 246, 250 = NJW 1975, 1270; BGHZ 35, 135, 138 = NJW 1961, 1301; BayOblG FamRZ 1988, 504; KG FamRZ 1973, 307; OLG Schleswig MittBayNot 2006, 38 m Anm Bauer; OLG Celle NJW-RR 2000, 384; OLG Hamm FamRZ 2004, 1648; OLG Hamburg NJW 1968, 497; OLG Zweibrücken FamRZ 2004, 818; OLG Frankfurt FamRZ 1998, 31; MünchKomm/Koch Rn 69; Bamberger/Roth/Mayer Rn 38; Soergel/Lange Rn 46; aM früher dagegen [Nachweispflicht schon eher einsetzend] BayObLG NJW 1960, 821; Beitzke JR 1961, 342; Haegele FamRZ 1964, 603.) Bleibt eine Zwischenverfügung gemäß § 18 GBO dann erfolglos, ist der Antrag zurückzuweisen. Aus Vermutungen oder unsubstantiierten Behauptungen des Zustimmungsberechtigten ins Blaue hinein ergeben sich konkrete Anhaltspunkte für eine Zustimmungsbedürftigkeit allerdings nicht (vgl etwa BayObLG Rpfleger 2000, 265; OLG Thüringen Rpfleger 2001, 298).

X. Aufklärungspflicht des Notars

Notare, die Grundstücksgeschäfte beurkunden, haben die Beteiligten über Bestehen **109** und rechtliche Bedeutung des § 1365 aufzuklären. Das gilt nur dann nicht, wenn die Anwendung der Vorschrift nach deren Familien- und Güterstand und nach den zuverlässig bekannten Vermögensverhältnissen von vornherein ausgeschlossen ist. **Nachforschungen** darüber, ob das Grundstück (nahezu) das ganze Vermögen des Veräußerers darstellt, müssen sie von sich aus **nur** anstellen, **wenn konkrete Anhaltspunkte dafür bestehen** (BGHZ 64, 246, 250; Liessem NJW 1989, 498). Verletzt der Notar seine Aufklärungspflicht, kann er sich schadensersatzpflichtig machen, § 19 Abs 1 BNotO (vgl etwa OLG Schleswig NJW-RR 2005, 646). Dass der Notar den bis dahin „gutgläubigen" Vertragspartner durch seine Belehrungen und Nachforschungen uU „bösgläubig" macht (s dazu oben Rn 20 ff), steht dem nicht im Wege (BGH aaO).

XI. Ausschluss der Verwaltungsbeschränkung

Die **Verpflichtungs- und Verfügungsbeschränkungen** der §§ 1365, 1369 können **durch 110 Ehevertrag** ausgeschlossen oder eingeengt werden. Auch der Gesetzgeber ist davon ausgegangen, dass die Beschränkungen der §§ 1365, 1369 ehevertraglich abdingbar sind (vgl RegE § 1364 S 1 Nr 1 und Seidl Bericht 24 BT-Drucks 2/3409). Der Ausschluss kann auf § 1365 oder § 1369 beschränkt werden. Auch die Befreiung nur eines Ehegatten von der Beschränkung der §§ 1365, 1369 ist zulässig (Knur DNotZ 1957, 470; Erman/ Heckelmann § 1408 Rn 1; MünchKomm/Koch § 1365 Rn 102; BGB-RGRK/Finke § 1365 Rn 54; Soergel/Gaul § 1408 Rn 11; Bamberger/Roth/Mayer Rn 39). Die Voraussetzungen des § 138 sind regelmäßig nicht erfüllt. Dagegen ist eine Erweiterung der Verpflichtungs- und Verfügungsbeschränkungen nicht möglich. Dem stehen § 137 und die rechtsgeschäftliche Unbeschränkbarkeit der Verpflichtungsfähigkeit im Wege (s dazu allg Liebs

AcP 175, 1). Vereinbart werden kann auch die Befreiung von den Verfügungsbeschränkungen in Ansehung **bestimmter Gegenstände** oder Mehrheiten von Gegenständen. Diese Befreiung kann sich auch auf den Tatbestand des § 1365 auswirken, wenn dieser bestimmte Gegenstand das ganze Vermögen eines Ehegatten darstellt. Die von KNUR aaO hiergegen erhobenen Bedenken beziehen sich auf den Fall einer Beschränkung des § 1365 auf bestimmte Gegenstände, nicht auf die Herausnahme solcher Gegenstände aus dem Anwendungsfeld dieser Vorschrift, wie sie wohl regelmäßig vereinbart werden wird. In der Tat können die Ehegatten nicht wirksam bestimmen, dass als „Vermögen im Ganzen" nur bestimmte Gegenstände angesehen werden sollen. Sie können nicht einzelne Gegenstände oder Sachgesamtheiten, die nicht das ganze Vermögen eines Ehegatten sind, den Verfügungsbeschränkungen unterstellen (§ 137).

111   Der Ausschluss der Beschränkungen in der Vornahme von Gesamtvermögensgeschäften ändert die güterrechtlichen Verhältnisse der Ehegatten. Eine entsprechende Vereinbarung bedarf daher der **Form des Ehevertrages** auch für die Aufhebung der Beschränkung nur für einen bestimmten Einzelfall. Ist dieser Fall bestimmt genug bezeichnet oder ausreichend bestimmbar, wird in der formlosen Vereinbarung über die Befreiung von § 1365 Abs 1 oder der entsprechenden einseitigen Erklärung regelmäßig die Einwilligung des anderen Ehegatten zu erblicken sein. Der Ausschluss der Beschränkungen kann in das **Güterrechtsregister** eingetragen werden, da er nicht ausschließlich das Innenverhältnis der Ehegatten betrifft (vgl BGH NJW 1976, 1258 = FamRZ 1976, 443 in Abweichung von BGHZ 41, 370).

§ 1366
Genehmigung von Verträgen

(1) Ein Vertrag, den ein Ehegatte ohne die erforderliche Einwilligung des anderen Ehegatten schließt, ist wirksam, wenn dieser ihn genehmigt.

(2) Bis zur Genehmigung kann der Dritte den Vertrag widerrufen. Hat er gewusst, dass der Mann oder die Frau verheiratet ist, so kann er nur widerrufen, wenn der Mann oder die Frau wahrheitswidrig behauptet hat, der andere Ehegatte habe eingewilligt; er kann auch in diesem Falle nicht widerrufen, wenn ihm beim Abschluss des Vertrages bekannt war, dass der andere Ehegatte nicht eingewilligt hatte.

(3) Fordert der Dritte den Ehegatten auf, die erforderliche Genehmigung des anderen Ehegatten zu beschaffen, so kann dieser sich nur dem Dritten gegenüber über die Genehmigung erklären; hat er sich bereits vor der Aufforderung seinem Ehegatten gegenüber erklärt, so wird die Erklärung unwirksam. Die Genehmigung kann nur innerhalb von zwei Wochen seit dem Empfang der Aufforderung erklärt werden; wird sie nicht erklärt, so gilt sie als verweigert. Ersetzt das Vormundschaftsgericht die Genehmigung, so ist sein Beschluss nur wirksam, wenn der Ehegatte ihn dem Dritten innerhalb der zweiwöchigen Frist mitteilt; andernfalls gilt die Genehmigung als verweigert.

(4) Wird die Genehmigung verweigert, so ist der Vertrag unwirksam.

Materialien: E I § 1373; II § 1373.

Vgl STAUDINGER/BGB-Synopse (1896–2005)
§ 1366.

Systematische Übersicht

I.   Grundsätzliches

Die Regelung enthält keine entscheidenden Neuerungen gegenüber altem Recht, vgl **1**
§§ 1396, 1397, 1448 aF. Entsprechende Sachfragen behandeln die §§ 108, 109, die
§§ 177, 178 und die §§ 1829, 1830.

Dem **Schutzzweck** der §§ 1365, 1369 entsprechend ist ein ohne die nach diesen **2**
Vorschriften erforderliche Einwilligung abgeschlossener Vertrag nicht unheilbar
nichtig, sondern nur **schwebend unwirksam**. Der andere Ehegatte kann den Vertrag
mit rückwirkender Kraft (§ 184 Abs 1) genehmigen. Zur Nichtigkeit einseitiger
Rechtsgeschäfte s § 1367. Da der Vertragspartner des Ehegatten, der das Erfordernis
der Einwilligung nicht kannte oder auf das Vorliegen der Einwilligung vertraut hat,
durch die Ungewissheit über die Wirksamkeit des Vertrages belastet wird, gibt ihm
Abs 2 die Möglichkeit des **Widerrufs**. Da das Recht des anderen Ehegatten zur
Genehmigung nicht befristet ist, kann er den Schwebezustand nicht nur durch den
Widerruf beenden, sondern durch die Aufforderung an den vertragschließenden
Ehegatten, die Genehmigung zu beschaffen, auch auf zwei Wochen begrenzen.

Das schwebend unwirksame Geschäft entfaltet **keine Rechtswirkungen**. Es begründet **3**
insbesondere (noch) keine Leistungspflichten der Vertragspartner. Wer in Unkenntnis der Unwirksamkeit seine Leistung erbracht hat, kann sie von dem Empfänger
auch vor Beendigung des Schwebezustandes gemäß § 812 Abs 1 S 1 herausverlangen
(vgl BGHZ 65, 123; 126 = NJW 1976, 104). Der Vertragspartner ist an den Vertrag
grundsätzlich nicht gebunden: er kann ihn gemäß Abs 2 widerrufen. Dagegen ist
der vertragschließende Ehegatte vorläufig gebunden. Er kann den Schwebezustand

nicht einseitig beenden. Dagegen können die Parteien den Vertrag bis zur Genehmigung jederzeit aufheben.

4 Zur Frage der **Konvaleszenz** des Vertrages bei Beendigung des Güterstandes während der Schwebezeit vgl § 1365 Rn 102 ff und § 1369 Rn 58 ff.

5 Die schwebende Unwirksamkeit tritt nur bei **Verträgen** ein, die ohne die Einwilligung des anderen Ehegatten abgeschlossen wurden. Für **einseitige Rechtsgeschäfte** gilt § 1367.

Das Gesetz unterscheidet in § 1366 nicht zwischen dem Verpflichtungsgeschäft und dem Vertrag, durch den dieses dinglich erfüllt wird. Auch die dingliche Einigung ist schwebend unwirksam, wenn sie der erforderlichen Einwilligung des anderen Ehegatten ermangelt.

6 § 1366 gilt sowohl für **Gesamtvermögensgeschäfte** (§ 1365) als auch für **Hausratsgeschäfte** (§ 1369, s dort Abs 3).

II. Die Genehmigung

1. Wirkung

7 Wird die Genehmigung erteilt oder wird sie durch das Vormundschaftsgericht ersetzt (§ 1365 Abs 2, § 1369 Abs 2), so wird der Vertrag als von Anfang an wirksam angesehen. **Die Genehmigung wirkt** auf den Zeitpunkt der Vornahme des Rechtsgeschäfts **zurück**, „soweit nicht ein anderes bestimmt ist", § 184. Ist durch die Genehmigungserklärung selbst „etwas anderes bestimmt", so liegt nur eine beschränkte Genehmigung vor, die der Verweigerung der Genehmigung gleichzustellen ist. Durch die Rückwirkung werden Verfügungen nicht unwirksam, die von dem Genehmigenden vor der Genehmigung über den Gegenstand des Vertrages oder Teile davon wirksam getroffen worden oder im Wege der Zwangsvollstreckung oder der Arrestvollziehung oder durch den Insolvenzverwalter getroffen sind. Das kann bedeutsam werden, wenn der vertragschließende Ehegatte vor der Genehmigung des Gesamtvermögensgeschäfts über einzelne von diesem erfasste Gegenstände, die nicht unter § 1365 fallen, anderweitig verfügt hat.

2. Rechtsnatur, Form

8 Die Genehmigung ist einseitiges, empfangsbedürftiges Rechtsgeschäft. Sie ist an keine Form gebunden und kann auch durch schlüssiges Verhalten erklärt werden. Eine schlüssige Genehmigung kann jedoch nur dann angenommen werden, wenn der Genehmigende sich der schwebenden Unwirksamkeit *bewusst* ist oder doch mit solcher Möglichkeit rechnet. Die **Genehmigung setzt** begrifflich die **Kenntnis und den Willen** des **Erklärenden voraus**, dass der Vertrag erst durch sie wirksam wird (BGH Betrieb 1976, 1573; NJW 1973, 1789; BGHZ 47, 341, 351 mwNw). Sie setzt nach dem BGH weiter „Kenntnis des wesentlichen Inhalts und der Art des Rechtsgeschäfts voraus, soweit diese Kenntnis für den Entschluss zur Ablehnung des Geschäfts von Bedeutung sein kann" (NJW 1982, 1100). In der Formulierung ist das jedoch zumindest missverständlich, weil auch die Blankoerklärung zulässig bleibt (s auch MünchKomm/ Koch Rn 20).

Wird die Genehmigung zu einem **Grundstücksgeschäft** zwar erteilt, aber nicht in der **9** *Form des § 29 GBO*, so ist der genehmigte Vertrag, insbesondere die dingliche Einigung, materiell wirksam. Ohne den formellen Nachweis kann aber die Eintragung praktisch nicht erfolgen, die Rechtsänderung also nicht vollendet werden. Das ändert aber nichts daran, dass die Genehmigung erteilt und nicht etwa als verweigert anzusehen ist. Es besteht aus § 242 eine Verpflichtung, dem Formerfordernis zu genügen, s auch § 1365 Rn 79. Die Form des § 29 GBO kann jederzeit nachgeholt werden. Der Dritte hat, sofern die Genehmigung (auch) ihm gegenüber erklärt ist, nicht die Möglichkeit der Aufforderung gemäß Abs 3; er hat auch nicht das Widerrufsrecht nach Abs 2. Auch die Ersetzung der Genehmigung durch das Vormundschaftsgericht ist nicht möglich.

3. Erklärungsgegner

Die Genehmigung kann grundsätzlich sowohl dem vertragschließenden **Ehegatten 10** als auch dem **Dritten** gegenüber erklärt werden; § 182 Abs 1. Wird die Erklärung gegenüber dem Dritten abgegeben, ist die Genehmigung und damit der Vertrag endgültig wirksam. Wird die Genehmigung nur dem vertragschließenden Ehegatten gegenüber erklärt, kann der Dritte durch die Aufforderung an diesen, die erforderliche Genehmigung des anderen Ehegatten zu beschaffen, die bereits erteilte Genehmigung unwirksam machen; Abs 3.

4. Unwiderruflichkeit

Die Erteilung der Genehmigung ist für den Genehmigenden **unwiderruflich** (BGHZ **11** 13, 179, 187; RGZ 139, 123 ff). Durch sie wird der Schwebezustand beendet, wenn auch nicht stets endgültig, wie oben dargestellt wurde (Rn 10). Die Genehmigungserklärung unterliegt jedoch als Willenserklärung den allgemeinen Vorschriften über die Nichtigkeit und Anfechtbarkeit, §§ 116 ff.

5. Keine Frist

Die Genehmigung ist grundsätzlich (Ausnahme bei Aufforderung des Dritten nach **12** Abs 3) **an keine Frist gebunden**. Der andere Ehegatte kann sie nach Belieben erteilen oder verweigern. Auch die Ersetzung der verweigerten Genehmigung ist nicht von der Einhaltung einer Frist bei der Stellung des Antrages abhängig. Der Schwebezustand wird daher durch bloßen Zeitablauf nicht beendet.

III. Die Verweigerung der Genehmigung

1. Wirkung

Wird die Genehmigung verweigert oder steht fest, dass sie nicht mehr erteilt werden **13** kann, und ist die Herbeiführung eines Ersetzungsbeschlusses des Vormundschaftsgerichts ausgeschlossen, so ist der Vertrag **endgültig unwirksam** (Abs 4; s § 1365 Rn 96). Ein Widerruf der Verweigerung ist ausgeschlossen (BGHZ 125, 355, 360 = FamRZ 1994,

819 m zustimmender Anm HOHLOCH JuS 1994, 982 f u GERNHUBER EWiR 1994, 659 u KRAMPE ZEV 1994, 299 sowie kritischer Anm HOLZHAUER WuB IV A § 1365 BGB 1. 95; BGHZ 21, 229, 234; 13, 179, 187; RGZ 139, 127). In tatsächlicher Hinsicht setzt die rechtswirksame Verweigerung der Genehmigung Kenntnis des wesentlichen Inhalts und der Art des Rechtsgeschäfts voraus, soweit diese Kenntnis für den Entschluss zur Ablehnung des Geschäfts von Bedeutung sein kann (BGH NJW 1982, 1100, dazu s aber Rn 8). Auch die **Beendigung des Güterstandes** lässt den Vertrag nicht mehr wirksam werden, BGHZ 125, 355, 360; RGZ 127, 110, 115. Der Schwebezustand ist und bleibt beendet. Eine Ausnahme gilt nach Abs 3 nur für den Fall der Aufforderung durch den Dritten, wenn die Verweigerung nur dem vertragschließenden Ehegatten gegenüber erklärt war. Solange die *Ersetzung* der Genehmigung durch das Vormundschaftsgericht nicht rechtskräftig abgelehnt worden ist, kann jedoch eine Verfügung durch Beendigung des Güterstandes unter den zu § 1365 Rn 102 ff, § 1369 Rn 58 ff erörterten Voraussetzungen konvaleszieren. Insoweit ist § 1366 Abs 4 zu weit gefasst (s auch MünchKomm/KOCH Rn 21). Die Konvaleszenz setzt in diesem Falle jedoch weiter voraus, dass die Genehmigung ohne ausreichenden Grund verweigert worden war (s auch K SCHMIDT JuS 1995, 105; aA BGHZ 125, 355, 361 f mit zustimmender Anm HOHLOCH aaO u GERNHUBER aaO; kritisch insoweit HOLZHAUER u KRAMPE aaO; BAMBERGER/ROTH/MAYER Rn 3). Es ist aber zu prüfen, ob die „Verweigerung" der Zustimmung nicht nur eine bloß vorläufige und unverbindliche Äußerung im Rahmen schwieriger Vertrags- und Vergleichsverhandlungen war, OLG Frankfurt DNotZ 1961, 159.

2. Abwicklung

14 Was die eine Vertragspartei der anderen bereits geleistet hat, ist nach den Vorschriften über die Herausgabe einer **ungerechtfertigten Bereicherung** (§§ 812 ff) zurückzugewähren. Die sich aus der Unwirksamkeit der Verfügung ergebenden Rechte kann auch der andere Ehegatte im eigenen Namen gegen den Dritten geltend machen, § 1368. Zur Frage der Verpflichtung des vertragschließenden Ehegatten zum **Schadensersatz** vgl § 1365 Rn 98. Zur Frage der **Umdeutung** eines gemäß § 1365 Abs 1 unwirksamen Rechtsgeschäfts in einen Erbvertrag s § 1365 Rn 96.

IV. Der Widerruf des Dritten (Abs 2)

1. Allgemeines

15 Bis zur Erklärung des anderen Ehegatten über die Genehmigung ist der Dritte nicht gebunden. Das Gesetz räumt ihm zwei Möglichkeiten ein, den Schwebezustand zu beenden. Er kann durch **Widerruf** den bisher schwebend unwirksamen Vertrag beseitigen. Er kann aber auch davon absehen, selbst den Vertrag mit sofortiger Wirkung zu beseitigen, die Entscheidung über das Wirksamwerden des Vertrages dem anderen Ehegatten überlassen und dennoch den Zustand der Unsicherheit auf längstens zwei Wochen abkürzen: er kann den vertragschließenden Ehegatten **auffordern**, die Genehmigung des anderen Ehegatten zu beschaffen (Abs 3). Die Aufforderung ist sogar noch solange zulässig und wirksam, wie die Erklärung über die Genehmigung nicht dem Dritten gegenüber erfolgt ist. Den Widerruf wird er wählen, wenn er nicht mehr daran interessiert ist, dass der Vertrag wirksam wird. Will er dagegen die Möglichkeit, dass der Vertrag doch noch wirksam wird, nicht sogleich ausschließen, andererseits aber eine baldige Entscheidung herbeiführen, wird er sich für die Aufforderung entscheiden.

2. Rechtsnatur, Form

Der Widerruf ist eine einseitige, empfangsbedürftige Willenserklärung, die keiner **16** Form bedarf.

3. Erklärungsgegner

Erklärungsgegner ist nur der vertragschließende Ehegatte, nicht auch der andere **17** Ehegatte. Darin liegt eine Abweichung von der Regelung der §§ 1397 Abs 1 S 2, 1448 Abs 1 aF, nach welcher der Widerruf sowohl dem Manne als auch der Frau gegenüber erklärt werden konnte. Zwar heißt es in den Begründungen zu den RegEntw I und II (BT-Drucks 1/3802, 56; BT-Drucks 2/224, 41), dass die Regelung des Widerrufs entsprechend den §§ 1397, 1448 aF erfolgt sei; aber der Wille des Gesetzgebers war gleichwohl der, dass der Widerruf nur dem Vertragsgegner des Dritten gegenüber erklärt werden könne. Das ergibt sich deutlich aus der Begründung des Gesetzes (BT-Drucks 2/3409, 27 zu § 1427; vgl auch BT-Drucks 2/224, 52 zu § 1448), wo es heißt, dass die frühere Regelung für unzweckmäßig erachtet werde; der Widerruf solle nur dem Ehegatten gegenüber erklärt werden können, der den Vertrag geschlossen habe (der RegEntw I, BT-Drucks 1/3802 § 1448 Abs 2 S 3, Begr 64 f hatte dies sogar ausdrücklich klargestellt.) Der Dritte kann danach den Widerruf nur gegenüber dem vertragschließenden Ehegatten erklären.

4. Voraussetzungen für den Widerruf

Voraussetzung des Widerrufs ist, dass der Vertrag noch der Genehmigung fähig ist. **18** Der Schwebezustand darf noch nicht beendet sein. Hat der andere Ehegatte dem Vertrag bereits zugestimmt, so ist ein Widerruf nicht möglich, es sei denn, dass die nur dem vertragschließenden Ehegatten gegenüber erfolgte Zustimmung infolge einer Aufforderung nach Abs 3 unwirksam geworden ist. Das Gleiche gilt für die verweigerte Genehmigung. Sofern die verweigerte Genehmigung aber gemäß §§ 1365 Abs 2, 1369 Abs 2 vom Vormundschaftsgericht noch ersetzt werden kann, ist der Widerruf bis zur Unanfechtbarkeit der vormundschaftsgerichtlichen Entscheidung möglich. Der Ersetzungsantrag braucht noch nicht eingereicht zu sein. Steht fest, dass das Vormundschaftsgericht die Genehmigung des anderen Ehegatten nicht ersetzen kann, weil das Geschäft nicht den Grundsätzen einer ordnungsmäßigen Verwaltung entspricht oder ein ausreichender Grund bestand, die Genehmigung zu verweigern, ist ein Widerruf nicht mehr möglich. Gleichwohl ist er insofern zu beachten, als das Vormundschaftsgericht nunmehr einen Ersetzungsantrag in jedem Falle abzuweisen hat. Der Vertrag ist bereits durch die Verweigerungserklärung unwirksam geworden.

5. Kenntnis des Dritten

Das Widerrufsrecht besteht nur, wenn **der Dritte** beim Abschluss des Vertrages **nicht** **19** **gewusst hat**, dass sein Vertragsgegner **verheiratet** ist, oder, selbst wenn er das gewusst hat, infolge einer wahrheitswidrigen Behauptung seines Vertragsgegners an die Einwilligung des anderen Ehegatten geglaubt hat, Abs 2 S 2.

20 Erheblich ist nur das Wissen des Dritten von der Eigenschaft seines Vertragsgegners als Ehegatte; fahrlässiges Nichtwissen dieses Umstandes kommt nicht in Betracht. Das Kennenmüssen ist hier dem Kennen nicht gleichgestellt. Dem Dritten ist also keine Erkundigungspflicht (Obliegenheit) auferlegt. Unerheblich ist ferner, ob der Dritte gewusst hat, dass die Ehegatten im gesetzlichen Güterstand leben.

21 Hat der Dritte gewusst, dass sein Vertragsgegner verheiratet ist, kann er nur dann widerrufen, wenn der vertragschließende Ehegatte objektiv wahrheitswidrig behauptet hat, die Einwilligung des anderen Ehegatten liege vor. Nicht vorausgesetzt ist, dass der Ehegatte bewusst die Unwahrheit gesagt hat. Auch eine irrtümlich aufgestellte falsche Behauptung schließt das Widerrufsrecht nicht aus.

22 Hat der Dritte gewusst, dass sein Vertragspartner verheiratet ist, und ist ihm gegenüber wahrheitswidrig behauptet worden, die Einwilligung des anderen Ehegatten liege vor, so kann er dann nicht widerrufen, wenn er beim Abschluss des Vertrages gewusst hat, dass der andere Ehegatte die Einwilligung nicht erteilt hatte. Auch hier kommt nur das Wissen in Betracht, nicht aber ein fahrlässiges Nichtwissen.

23 Hat der vertragschließende Ehegatte der Wahrheit zuwider behauptet, er lebe in Gütertrennung oder er bedürfe der Einwilligung des anderen Ehegatten aus anderen Gründen nicht (zB er habe noch anderes wesentliches Vermögen, der Vertragsgegenstand gehöre nicht zum ehelichen Haushalt usw), so ist ein Widerruf ausgeschlossen. Es genügt, dass er gewusst hat, sein Gegner sei verheiratet.

6. Rechtsfolgen des Widerrufs

24 Der nach § 1366 Abs 2 wirksame Widerruf beendet den Schwebezustand. Der Vertrag ist nunmehr endgültig unwirksam und der Genehmigung durch den anderen Ehegatten nicht mehr fähig. Der Widerruf kann sich auf das zustimmungsbedürftige obligatorische oder auf das dingliche Rechtsgeschäft beziehen. In der Regel wird er sich auf beide Rechtsgeschäfte erstrecken. Leistungen, die vor der Erklärung des Widerrufs bereits erbracht worden sind, können nach den Grundsätzen der §§ 812 ff zurückverlangt werden.

7. Schadensersatzpflicht des täuschenden Ehegatten

25 Hat der vertragschließende Ehegatte bewusst wahrheitswidrig verschwiegen, dass er verheiratet ist, oder hat er die Einwilligung des anderen Ehegatten bewusst der Wahrheit zuwider behauptet, so kann er dem Dritten schadensersatzpflichtig werden (s auch § 1365 Rn 98).

V. Die Aufforderung zur Erklärung

1. Zweck

26 Der Dritte, der am Vertrage festhalten will, hat ein berechtigtes Interesse an der

Abkürzung des Schwebezustandes. Das Gesetz gewährt ihm daher die Möglichkeit, durch eine an den vertragschließenden Ehegatten gerichtete Aufforderung, die Genehmigung des anderen Ehegatten zu beschaffen, eine Entscheidung über den Rechtsbestand des Vertrages beschleunigt herbeizuführen, Abs 3.

2. Form

Die Aufforderung ist eine einseitige **geschäftsähnliche Handlung**. Sie ist an keine **27** Form gebunden. Sie kann nur an den Ehegatten gerichtet werden, der den Vertrag geschlossen hat. Eine an den anderen Ehegatten gerichtete Aufforderung ist wirkungslos.

3. Die rechtliche Wirkung der Aufforderung

a)   Ist die Aufforderung dem vertragschließenden Ehegatten zugegangen, kann **28** sich der andere Ehegatte (abweichend von der Regel des § 182 Abs 1) **nur noch dem Dritten gegenüber** über die Genehmigung erklären. Die Genehmigung oder deren Verweigerung kann nicht mehr dem vertragschließenden Ehegatten gegenüber erfolgen. Dabei kommt es nicht darauf an, ob der andere Ehegatte von der Aufforderung unterrichtet ist.

b)   Eine **vor der Aufforderung** dem anderen Ehegatten gegenüber (nicht auch dem **29** Dritten selbst gegenüber) **erklärte Genehmigung** oder **Verweigerung** der Genehmigung **wird** durch die Aufforderung **unwirksam** (hierzu auch BGHZ 125, 355, 361 f = FamRZ 1994, 819; K Schmidt JuS 1995, 103). Da das Gesetz nur von der Genehmigung (nachträgliche Zustimmung, § 184) spricht, bezieht sich § 1366 Abs 3 S 1 HS 2 nicht auf den Fall, in welchem der andere Ehegatte bereits vor der Aufforderung und der Vornahme des Rechtsgeschäfts seine Einwilligung erklärt hat; die Einwilligung bleibt trotz der nachträglichen Aufforderung wirksam. Das gilt auch für die vom Vormundschaftsgericht ersetzte Einwilligung.

c)   Den erneut herbeigeführten Schwebezustand kann der Dritte grundsätzlich **30** auch seinerseits wieder durch die Erklärung des Widerrufs nach Maßgabe des § 1366 Abs 2 beenden. Die Aufforderung enthält keinen Verzicht auf eine alsbaldige Ausübung des Widerrufsrechts (so auch MünchKomm/Koch Rn 8; Bamberger/Roth/Mayer Rn 7; Soergel/Lange Rn 17; aM Erman/Heckelmann Rn 5; Reinicke BB 1957, 567; BGB-RGRK/Finke Rn 13). Im Einzelfall kann der Widerruf während des erneuten Schwebezustandes aber gemäß § 242 unzulässig sein, insbesondere dann, wenn dem Dritten verlässlich bekannt geworden ist, dass die Genehmigung seinem Vertragspartner erteilt worden ist und er sich über Aufforderung und Widerruf dennoch vom Vertrag lösen will.

Dass der Dritte bei dem erneuten Eintritt des Schwebezustandes nunmehr weiß, dass sein Vertragsgegner verheiratet ist, ist unerheblich. Maßgebend ist nur, ob er dies beim Abschluss des Vertrages gewusst hat.

Die Aufforderung und der Widerruf können nicht miteinander verbunden werden, **31** da sie einander in Ziel und Rechtsfolgen widersprechen. Sind sie verbunden worden, sind nicht beide Erklärungen als nichtig anzusehen, sondern es ist jedenfalls die Aufforderung als gültig zu betrachten (so auch MünchKomm/Koch Rn 8).

32 d)   Ist die Aufforderung durch den Dritten ergangen, so kann die Genehmigung des anderen Ehegatten ihm gegenüber **nur bis zum Ablauf von zwei Wochen** nach dem Empfang der Aufforderung (§ 130) erklärt werden. Die Frist ist eine **Ausschlussfrist**. Nichterklärung gilt als Verweigerung; es tritt also endgültige Unwirksamkeit ein. Diese Wirkung knüpft das Gesetz im Interesse des Dritten, für den Klarheit über die Rechtslage geschaffen werden muss, allein an den Fristablauf. Das Gesetz hat zwar die Form der Fiktion einer Willenserklärung gewählt („gilt als verweigert"); gleichwohl handelt es sich um eine Entscheidung des Gesetzes, die an die Stelle der Entscheidung des anderen Ehegatten tritt. Dieser kann die nach Fristablauf eingetretenen Rechtswirkungen daher nicht beseitigen (etwa durch Anfechtung). Die Frist kann durch den Dritten einseitig **verlängert** werden (wie hier MünchKomm/Koch Rn 19; Bamberger/Roth/Mayer Rn 7; Gernhuber/Coester-Waltjen § 35 Rn 71; Soergel/Lange Rn 16). Dagegen setzt eine **Verkürzung** das Einverständnis des vertragschließenden Ehegatten voraus. Das Einverständnis des anderen Ehegatten ist entbehrlich, weil das Gesetz sein Interesse an der Erhaltung des gegenwärtigen Vermögensstandes schützt, nicht aber das an einer Veränderung. Gewissheitsinteressen stehen ebenfalls nicht auf dem Spiel (wie hier MünchKomm/Koch Rn 19; Bamberger/Roth/Mayer Rn 7; aM Knur DNotZ 1957, 451, 453; Soergel/Lange Rn 16; Erman/Heckelmann Rn 6: dreiseitiger Vertrag).

33 e)   Wird die Genehmigung des anderen Ehegatten nach der Aufforderung **durch das Vormundschaftsgericht ersetzt**, so ist der Beschluss des Gerichts nur dann wirksam, wenn er innerhalb von zwei Wochen nach dem Empfang der Aufforderung und vom vertragschließenden Ehegatten dem Dritten mitgeteilt wird (Abs 3 S 3; s auch BGHZ 125, 355, 361 f).

Eine bereits vor dem Empfang der Aufforderung vom Vormundschaftsgericht ersetzte *Einwilligung* bleibt auch hier wirksam, die Aufforderung ist ohne Wirkung.

34   Wird die Genehmigung nicht innerhalb der zweiwöchigen Frist ersetzt, oder ist sie zwar rechtzeitig ersetzt, aber dem Dritten nicht fristgemäß mitgeteilt worden, so gilt sie als verweigert. Das Vormundschaftsgericht wird deshalb gerade in den Fällen der Aufforderung häufig die sofortige Wirksamkeit der Verfügung anordnen (§ 53 Abs 2 FGG).

35 f)   *Wird die Genehmigung verweigert oder gilt sie als verweigert oder steht fest,* dass sie nicht mehr *erteilt werden kann,* so ist damit ausgeschlossen, dass der Vertrag noch wirksam werden kann. Die bisher schwebende Unwirksamkeit verwandelt sich in eine endgültige, die der Nichtigkeit gleichkommt, § 1366 Abs 4. Der Vertrag ist nicht wirksam geworden und nie wirksam gewesen. Er kann daher auch keine Verbindlichkeiten begründen. Ansprüche aus ungerechtfertigter Bereicherung und wegen Schadensersatzes bleiben jedoch unberührt. Der Vertrag wird auch nicht dadurch wirksam, dass die Ehe später aufgelöst wird oder der Güterstand endigt. Zur **Umdeutung** des Rechtsgeschäfts vgl § 1365 Rn 96.

VI. Beweislast

Die Beweislast verteilt sich in den Fällen der §§ 1365, 1366 wie folgt: **36**

Die **Zustimmungsbedürftigkeit** hat zu beweisen, wer sich auf die Unwirksamkeit des Vertrages beruft. Der Beweis, dass der andere Ehegatte die **Zustimmung** (Einwilligung oder Genehmigung) erteilt hat, obliegt demjenigen, der die Wirksamkeit des Vertrages behauptet. Hat der Dritte den vertragschließenden Ehegatten aufgefordert, die Genehmigung des anderen Ehegatten zu beschaffen (§ 1366 Abs 3), so hat derjenige, der sich auf die Wirksamkeit des Vertrages beruft, zu beweisen, dass die **Genehmigung nach dieser Aufforderung** erteilt wurde. Er hat also auch den Zeitpunkt der Genehmigung zu beweisen. Den **Zeitpunkt der Aufforderung** selbst hat derjenige zu beweisen, welcher sich auf die Unwirksamkeit des Vertrages beruft. Für die **Erklärung des Widerrufs** obliegt demjenigen die Beweislast, der daraus die Unwirksamkeit des Vertrages herleiten will. Das gilt auch für die Rechtzeitigkeit des Widerrufs (vor der Genehmigung). Wer behauptet, dass der **Widerruf** nach § 1366 Abs 2 **nicht zulässig** sei, weil der Dritte gewusst habe, dass sein Vertragsgegner verheiratet ist, muss diese Kenntnis beweisen.

Wer behauptet, dass dieser Widerruf **trotz dieser Kenntnis zulässig** sei, weil der Ehegatte wahrheitswidrig die Einwilligung des anderen Ehegatten behauptet hat, muss diese Tatsache beweisen. Die Beweislast obliegt nicht demjenigen, der den Vertrag für wirksam hält, weil die Behauptung des Ehegatten wahr sei. Die Beweislast dafür, dass der Dritte beim Abschluss des Vertrages das **Fehlen der Einwilligung gekannt** habe, obliegt demjenigen, der sich auf die dadurch bewirkte Unzulässigkeit des Widerrufs beruft. Zu beweisen ist also die Kenntnis, nicht die Unkenntnis.

§ 1367
Einseitige Rechtsgeschäfte

Ein einseitiges Rechtsgeschäft, das ohne die erforderliche Einwilligung vorgenommen wird, ist unwirksam.

Materialien: E I § 1374; II § 1374.
Vgl STAUDINGER/BGB-Synopse 1896–2005
§ 1367.

I. Anwendungsgebiet

Die Vorschrift, die § 1398 aF nachgebildet ist, bezieht sich nur auf solche **einseitigen** **1** **Rechtsgeschäfte** unter Lebenden, durch die eine Verpflichtung des Mannes oder der Frau begründet wird, **über das Vermögen im Ganzen** zu verfügen, oder durch die eine solche Verpflichtung erfüllt wird (§ 1365 Abs 1), sowie auf einseitige Rechtsgeschäfte **über Hausratsgegenstände**, § 1369 Abs 3. Sie erfasst auch einseitige „isolierte" Verfügungen.

2 Die Bedeutung der Vorschrift ist praktisch gering, da nicht viele Fälle einseitiger Rechtsgeschäfte denkbar sind, die auch unter die §§ 1365, 1369 subsumiert werden können.

Typische einseitige Rechtsgeschäfte sind außer der *Stiftung* und der *Auslobung* sowie der *Dereliktion* vor allem auch die *Zustimmung*, die *Kündigung*, die *Anfechtung* und der *Rücktritt*. Deshalb ist die Stiftung des (nahezu) ganzen Vermögens nur mit **Einwilligung** des anderen Ehegatten wirksam, ebenso die Auslobung des ganzen Vermögens oder von Hausratsgegenständen. Das Gleiche gilt von der Aufgabe des Eigentums an Gegenständen, die das ganze Vermögen eines Ehegatten bilden oder die Hausratsgegenstände sind.

3 Praktisch bedeutsamer sind aber die Fälle, in denen ein *Dritter* ein unter die §§ 1365, 1369 fallendes Geschäft vornimmt und der Eigentümer-Ehegatte diesem gemäß §§ 167, 177 oder 185 zustimmt. Diese Zustimmung bedarf als einseitiges Rechtsgeschäft der Einwilligung des anderen Ehegatten. Wichtig ist auch der schon in § 1365 Rn 67 behandelte Fall der Kündigung eines Gesellschaftsverhältnisses. Dagegen dürften Anfechtungs- und Rücktrittsfälle im Rahmen des § 1367 keine Rolle spielen.

4 **Nicht** hierher gehören **Vertragserklärungen** eines Ehegatten, also Vertragsangebote und Vertragsannahmen. Ist es schon zweifelhaft, ob insbesondere die Vertragsannahme als Ausübung eines Gestaltungsrechts angesehen werden kann (s dazu BÖT-TICHER, Vom deutschen zum europäischen Recht, in: FS Hans Dölle [1963] I 52), so darf sie gewiss nicht als ein einseitiges Rechtsgeschäft iS des § 1367 behandelt werden. Auch die Erbschaftsausschlagung zählt nicht hierher, s § 1365 Rn 42.

5 **II.** Der **Grund der Regelung** liegt darin, dass sich die Personen, die dem Ehegatten beim einseitigen Rechtsgeschäft als Beteiligte gegenüberstehen, der Vornahme des Geschäfts nicht entziehen können. Sie sollen deshalb nicht unter der Ungewissheit leiden, die sich aus einem Schwebezustand des Geschäfts von der Vornahme bis zur Erteilung der Genehmigung für sie ergeben würden. Wo aber im einzelnen Falle die Ungewissheit von dem Geschäftsgegner in Kauf genommen ist, erscheint eine Einschränkung des § 1367 gerechtfertigt. War der Gegner, der die Zustimmungsbedürftigkeit des Geschäfts kannte, mit der Vornahme ohne die erforderliche Einwilligung einverstanden, so bedarf er keines besonderen Schutzes mehr. Das einseitige Geschäft wird deshalb nach Analogie der Vorschriften über die Verträge zu behandeln sein, obwohl das Gesetz, anders als in § 180, insoweit keine ausdrückliche Regelung trifft (ebenso MünchKomm/KOCH Rn 2; BGB-RGRK/FINKE Rn 6; SOERGEL/LANGE Rn 3; BAMBERGER/ROTH/MAYER Rn 2).

III. Rechtliche Bedeutung

6 **1.** Nimmt ein Ehegatte ein einseitiges Rechtsgeschäft ohne die erforderliche *Einwilligung* vor, so ist es unwirksam. Die Unwirksamkeit kommt der Nichtigkeit gleich. Sie besteht ipso iure, nicht erst auf Klage und Urteil hin.

Ein späteres *Wirksamwerden* des Rechtsgeschäftes *ist ausgeschlossen*. Es kann weder durch die Genehmigung des anderen Ehegatten noch durch die Beendigung des Güterstandes geheilt werden (RGZ 146, 316).

Bestätigt der handelnde Ehegatte das Geschäft nach Beendigung des gesetzlichen Güterstandes, so ist dies als erneute Vornahme zu beurteilen (§ 141).

2. Zur Wirksamkeit des einseitigen Rechtsgeschäfts ist die **Einwilligung**, dh die **7** vorherige Zustimmung des anderen Ehegatten erforderlich. Die Einwilligung muss also bereits in dem Zeitpunkt vorliegen, in welchem das Rechtsgeschäft wirksam sein würde, wäre die Einwilligung nicht erforderlich. Es genügt, wenn die Einwilligung des anderen Ehegatten gleichzeitig mit der einseitigen Willenserklärung dem Dritten zugeht, mag diese auch bereits vorher erklärt worden sein. Ist für die Wirksamkeit der Einwilligung eine Form vorgeschrieben (zB § 29 GBO), so muss die Einwilligung in der erforderlichen Form mindestens gleichzeitig mit dem einseitigen Rechtsgeschäft vorgelegt werden (KG OLGE 7, 49, 53).

Die Einwilligung kann sowohl dem vertragschließenden Ehegatten als auch dem Dritten gegenüber erklärt werden.

3. Der Mann oder die Frau hat *keinen klagbaren Anspruch* gegen den anderen **8** Ehegatten *auf Einwilligung.* Die Einwilligung kann aber vom Vormundschaftsgericht nach Maßgabe der §§ 1365 Abs 2, 1369 Abs 2 ersetzt werden.

4. Auf *empfangsbedürftige* einseitige Rechtsgeschäfte finden gemäß § 182 Abs 3 **9** auch die Vorschriften des § 111 S 2 und 3 entsprechende Anwendung. Der Dritte ist nicht gezwungen, den Angaben des Ehegatten über das Vorliegen der Einwilligung Vertrauen zu schenken und sich damit der Gefahr einer Täuschung über den Rechtsbestand des Geschäftes auszusetzen. Wie dem Dritten bei Verträgen zu seiner Sicherung das Recht zum Widerruf eingeräumt ist, kann er ein ihm gegenüber vorgenommenes einseitiges Rechtsgeschäft zurückweisen, wenn ihm die Einwilligung (oder die sie gemäß § 1365 Abs 2 ersetzende Entscheidung des Vormundschaftsgericht) *nicht nachgewiesen wird.*

Ein solcher Nachweis ist nur dann geführt, wenn entweder

a) der vertragschließende Ehegatte dem Dritten die Einwilligung in schriftlicher Form (§ 126) vorlegt; oder

b) der andere Ehegatte den Dritten selbst von seiner Einwilligung in Kenntnis gesetzt hat. Eine Form ist in diesem Falle nicht vorgeschrieben. Es genügt der Zugang der Mitteilung; nicht erforderlich ist die tatsächliche Kenntnisnahme des Dritten.

§ 111 S 2 setzt nicht voraus, dass der Dritte gewusst hat, dass sein Vertragsgegner **10** verheiratet ist, oder dass der vertragschließende Ehegatte bei der Vornahme des Rechtsgeschäfts ausdrücklich erklärt, er handle mit Einwilligung des anderen Ehegatten. Hat der Dritte Bedenken über das Vorliegen einer erforderlichen Einwilligung, so darf er den vertragschließenden Ehegatten nicht in Zweifel darüber lassen, ob er das Geschäft als wirksam anerkenne. Er muss vielmehr dem Ehegatten mangels eines schriftlichen Nachweises der Einwilligung Gelegenheit geben, alsbald ein wirksames Geschäft vorzunehmen (s RGZ 50, 212 ff).

11 5.   Die *Zurückweisung* muss, wenn sie statthaft ist, *unverzüglich* erfolgen (ohne schuldhaftes Zögern, § 121). Die Erklärung kann nur gegenüber dem vertragschließenden Ehegatten erfolgen, ebenso wie der Widerruf nach § 1366 Abs 2.

12 6.   Die Folge der Zurückweisung ist die absolute Unwirksamkeit (Nichtigkeit) des Geschäfts von Anfang an. Bis zur Zurückweisung ist das Geschäft voll wirksam.

§ 1368
Geltendmachung der Unwirksamkeit

Verfügt ein Ehegatte ohne die erforderliche Zustimmung des anderen Ehegatten über sein Vermögen, so ist auch der andere Ehegatte berechtigt, die sich aus der Unwirksamkeit der Verfügung ergebenden Rechte gegen den Dritten gerichtlich geltend zu machen.

Materialien: E I § 1375; II § 1375.
Vgl STAUDINGER/BGB-Synopse 1896–2005
§ 1368.

Schrifttum

Zum älteren Schrifttum s auch STAUDINGER/
THIELE (2000).

BAUR, Zwangsvollstreckung und konkursrechtliche Fragen zum Gleichberechtigungsgesetz, FamRZ 1958, 252
ders, Zivilprozessuale Fragen zum Gleichberechtigungs- und zum Familienrechtsänderungsgesetz 1961, FamRZ 1962, 508, 510
BOEHMER, Einige Fragen zu der sog Vinkulierung des Hausrats in § 1369 nF, FamRZ 1959, 1
ders, Ergänzende Bemerkungen zu der sog Vinkulierung ..., FamRZ 1959, 81
ders, Die Teilreform des Familienrechts durch das GlbG usw (1962)
BOSCH, Freiheit und Bindung im neuen deutschen Familienrecht, FamRZ 1958, 81
BROX, Die Vinkulierung des Vermögens im Ganzen sowie der Hausratsgegenstände und

ihre Auswirkungen im Zivilprozeß, FamRZ 1961, 281
FENGE, Rechtskrafterstreckung bei revokatorischen Ansprüchen aus Verstößen gegen die Verfügungsbeschränkungen der Zugewinngemeinschaft, in: FS E Wahl (1973) 475
HAEGELE, Die Verpflichtungs- und Verfügungsbeschränkungen bei Zugewinngemeinschaft im Grundstücksverkehr, Rpfleger 1959, 4, 10
HARTUNG, Verfügungsbeschränkung bei ehelichem Hausrat (1962)
PAGENHEIM, Das Teilhaberrecht der Ehegatten an vinkulierten Vermögenswerten und die Rechtsnatur des § 1368 (Diss Bochum 1994)
REINICKE, Verwaltungsbeschränkungen im gesetzlichen Güterstand der Zugewinngemeinschaft, BB 1957, 564
RIMMELSPACHER, Revokation und Klageantrag im Fall des § 1368, NJW 1969, 1998.

Systematische Übersicht

I. Grundgedanken

§ 1368 enthält eine **Ausnahme** von dem Grundsatz, dass jeder Ehegatte sein Ver- **1** mögen **selbständig verwaltet** (§ 1364 m Erl dazu). Die Vorschrift soll den Familienschutzgedanken auch bei der Rückabwicklung der gemäß §§ 1365, 1369 unwirksamen Rechtsgeschäfte zur Geltung bringen. Der Ehegatte, der eine Verfügung ohne die erforderliche Zustimmung des anderen Ehegatten vorgenommen hat, könnte die in jenen Bestimmungen geschützten Interessen dadurch beeinträchtigen, dass er sich weigert, die Unwirksamkeit der Verfügung gegen den Dritten geltend zu machen. Er könnte dadurch eine Lage schaffen oder aufrechterhalten, die derjenigen zumindest tatsächlich gleichkommt, die bei rechtlicher Wirksamkeit der Verfügung bestehen würde. Auch solchen einseitigen Maßnahmen eines Ehegatten will das Gesetz den Erfolg versagen. Es lässt es daher nicht bei der Anordnung der rechtlichen Unwirksamkeit bewenden, sondern gewährt dem anderen (nicht verfügenden) Ehegatten die Möglichkeit, auch ohne oder gegen den Willen seines Ehepartners die frühere tatsächliche Lage wiederherzustellen. § 1368 räumt ihm das Recht ein, die sich aus der Unwirksamkeit einer Verfügung über das Vermögen im Ganzen oder über

Hausratsgegenstände ergebenden Rechte **selbständig gegen den Dritten gerichtlich geltend zu machen (Revokation).**

2 2. Die Vorschrift entspricht den §§ 1407 Nr 3, 1449, 1519 Abs 2, 1549 BGB aF den §§ 1428, 1455 Nr 8 nF.

3 3. Das Recht des anderen Ehegatten, nach Maßgabe des § 1386 Abs 2 auf *vorzeitigen Ausgleich* des Zugewinns zu klagen, *bleibt unberührt.* Dieses Recht besteht bei Verfügungen über das Vermögen im Ganzen stets (§ 1386 Abs 2 Ziff 1), bei Verfügungen über Hausrat nur unter den besonderen Voraussetzungen des § 1375 Abs 2 Ziff 1–3 (§ 1386 Abs 2 Ziff 2), wenn eine erhebliche Gefährdung der künftigen Ausgleichsforderung zu besorgen ist.

4 4. § 1368 bestimmt lediglich, dass auch der andere Ehegatte die sich aus der Unwirksamkeit der Verfügung ergebenden Rechte geltend machen kann. Die Rechte des verfügenden Ehegatten selbst und deren Geltendmachung bleiben unberührt.

II. Anwendungsbereich

1. Unwirksamkeit der Verfügung

5 Voraussetzung für die Anwendbarkeit des § 1368 ist, dass ein Ehegatte ohne die nach §§ 1365, 1369 erforderliche Zustimmung des anderen Ehegatten eine Verfügung getroffen hat. Es muss daher der Tatbestand einer Verfügung abgeschlossen sein. Eine solche Verfügung ist unwirksam; der Ehegatte hat das Recht, über das er verfügt hat, unverändert behalten. Diese Rechtsfolge der §§ 1365, 1369 kann sowohl der Verfügende als auch der andere Ehegatte dem Dritten und jedermann gegenüber geltend machen. Letzterer kann diese Rechte auch nach Beendigung des Güterstandes, etwa nach der Scheidung geltend machen (BGH NJW 1984, 610), sofern Konvalszenz nicht eingetreten ist, s Rn 48 u § 1365 Rn 102 ff.

2. Keine Rechte aus der Unwirksamkeit des Verpflichtungsgeschäfts

6 Die Unwirksamkeit des *Verpflichtungsgeschäfts*, die ebenfalls aus den Vorschriften der §§ 1365, 1369 folgt, kann der andere Ehegatte nicht gemäß § 1368 geltend machen. Er kann daher die dem vertragschließenden Ehegatten etwa zustehenden Ansprüche auf *Herausgabe der ohne Rechtsgrund erlangten Bereicherung* nicht erheben. Die Erstreckung des § 1368 auf diese Ansprüche ist auch entbehrlich, da die Ehegatten nur in der Verwaltung ihres eigenen Vermögens beschränkt sind (§ 1365: *sein* Vermögen im Ganzen; § 1369: *ihm* gehörende Gegenstände des ehelichen Haushalts). Fälle, in denen eine Revokation nur kraft Bereicherungsrechts möglich ist, sind nicht erkennbar. Dagegen zählen zu den Rechten, die sich aus der Unwirksamkeit der Verfügung ergeben, die Ansprüche wegen unberechtigter Verfügung (§ 816 Abs 1). Vgl dazu auch unten Rn 22.

3. Keine Unterlassungsklage

7 Ist zwar das Verpflichtungsgeschäft (unwirksam) abgeschlossen, *die Verfügung aber* *noch nicht vorgenommen worden,* so greift § 1368 nicht ein. Der andere Ehegatte kann auch die *künftige Vornahme der Verfügung* nicht verhindern. § 1368 gewährt ihm lediglich das Recht der Revokation, **nicht** aber eine **Unterlassungsklage** oder die Möglichkeit, eine auf Unterlassung gerichtete einstweilige Verfügung zu beantragen.

Die abweichende Ansicht von KRÜGER/BREETZKE/NOWACK Anm 1; BGB-RGRK/ FINKE § 1365 Rn 49; OLG Celle NJW 1970, 1882 findet im Gesetz keine Grundlage. Die Interessen der Beteiligten sind bereits durch die Regelung der §§ 1365, 1369 ausreichend gewahrt: die ohne die erforderliche Zustimmung vorgenommenen Rechtsgeschäfte sind unwirksam. Der Dritte hat aus dem unwirksamen Verpflichtungsgeschäft keinen Anspruch auf Erfüllung. Erfüllt der vertragschließende Ehegatte dennoch, so ist auch diese Verfügung unwirksam. Die Interessen der Beteiligten an einer Klarstellung der Rechtsverhältnisse sind dadurch gewahrt, dass im Einzelfall unter den Voraussetzungen des § 256 ZPO im eigenen Namen die **Klage auf Feststellung** der Unwirksamkeit des Verpflichtungsgeschäfts erhoben werden kann (so auch BGH FamRZ 1990, 970 = NJW-RR 1990, 1154; BAUR FamRZ 1958, 257; BAMBERGER/ROTH/MAYER Rn 3).

Auch **aus eigenem Recht** lässt sich die Möglichkeit einer **Unterlassungsklage** für den **8** anderen Ehegatten nicht ohne weiteres ableiten. Die §§ 1365, 1369 sind nicht als Schutzgesetze iS von § 823 Abs 2 anzuerkennen (aM SOERGEL/LANGE § 1365 Rn 3, § 1368 Rn 3, 8). Ein Ehegatte kann aber statt gegen den Dritten gegen den *anderen* Ehegatten einen Anspruch aus § 1353 auf Unterlassung der Wegschaffung von Vermögensgegenständen haben. Es liegt wohl in der Konsequenz der (umstrittenen) Rechtsprechung des BGH (s BGHZ 6, 360; 34, 80), eine solche Klage außerhalb des Eheverfahrens und ohne die Beschränkungen des § 888 Abs 3 ZPO zuzulassen (anders SOERGEL/LANGE Rn 8 zur Vollstreckbarkeit). Dagegen sind gegenüber dem Dritten im ordentlichen Verfahren zu verfolgende Unterlassungsansprüche gegeben, wenn durch die bevorstehende Verfügung das Miteigentum oder der Allein- oder Mitbesitz des anderen Ehegatten beeinträchtigt würde (hM s Rn 12 ff).

III. Die Rechte des verfügenden Ehegatten

Das Gesetz gestattet auch dem anderen Ehegatten, die sich aus der Unwirksamkeit **9** einer Verfügung ergebenden Rechte geltend zu machen. Es schränkt mithin die Rechte des verfügenden Ehegatten nicht ein, sondern belässt sie ihm in vollem Umfange. § 1368 berührt die Rechtsstellung des verfügenden Ehegatten selbst nicht. Dieser ist daher auch nicht auf die Geltendmachung der Rechte beschränkt, die sich aus der Unwirksamkeit seiner Verfügung ergeben. Er ist Eigentümer der Sache, Gläubiger der Forderung, Inhaber des Rechts geblieben; er ist auch obligatorisch nicht verpflichtet. Alle Rechte des Eigentümers, Gläubigers, Rechtsinhabers usw kann er gegen jedermann, insbesondere gegen den am Rechtsgeschäft beteiligten Dritten geltend machen. Insoweit gelten keine sachlich-rechtlichen oder prozessualen Besonderheiten. Über die Einwendungen und Einreden des Dritten s unten Rn 49 ff.

Dem anderen Ehegatten gegenüber ist der verfügende Ehegatte auch verpflichtet, **10** das durch die unwirksame Verfügung Weggegebene zurückzuschaffen, seine Rechte also geltend zu machen. Diese Verpflichtung folgt freilich nicht unmittelbar aus den §§ 1365, 1369, 1368, sondern allein aus § 1353; s auch oben Rn 8.

IV. Rechte des anderen Ehegatten

11 § 1368 regelt nur die Befugnis des anderen Ehegatten, die sich aus der Unwirksamkeit der Verfügung ergebenden Rechte gerichtlich geltend zu machen. Daneben und häufig darüber hinaus kann dieser jedoch die Rechte ausüben, die ihm selbst als Eigentümer oder Besitzer zustehen. Diese Rechte sind unabhängig von den besonderen Voraussetzungen der §§ 1365, 1369, 1368. Danach sind diese eigenen Rechte des anderen Ehegatten von denen zu unterscheiden, die er nur gemäß § 1368 im eigenen Namen geltend zu machen befugt ist (vgl dazu ausführlich BOEHMER FamRZ 1959, 81; s auch Rn 7 aE).

1. Eigene Rechte

a) Eigentum, Miteigentum

12 Hat ein Ehegatte über Gegenstände verfügt, die dem anderen Ehegatten als **Alleineigentümer** gehören, so ist ein gutgläubiger Erwerb des Dritten möglich (vgl § 1369 Rn 34 ff). Die Vorschriften der §§ 1365, 1369 sind nicht anwendbar. Ist die Verfügung wegen mangelnder Gutgläubigkeit des Dritten unwirksam, so kann der andere Ehegatte – und nur er – von diesem Herausgabe nach § 985 verlangen. Ist die Verfügung aber wirksam, steht ihm ein Anspruch aus § 816 Abs 1 S 1 gegen den verfügenden Ehegatten oder aus § 816 Abs 1 S 2 gegen den unentgeltlich erwerbenden Dritten zu. Eine Revokation kommt in diesen Fällen nicht in Betracht.

13 Ist der andere Ehegatte zugleich auch nur (unmittelbarer) **Mitbesitzer** der beweglichen Sache gewesen oder war er **Alleinbesitzer** und hat er der Verfügung nicht zugestimmt, so ist ein gutgläubiger Erwerb des Dritten gemäß § 935 wegen **Abhandenkommens** ausgeschlossen. Der andere Ehegatte kann von dem Dritten die Herausgabe gemäß § 985 verlangen. Dieser kann sich ihm gegenüber nicht auf die Wirksamkeit des Kausalgeschäfts berufen und kein Zurückbehaltungsrecht wegen seiner Ansprüche aus §§ 812 ff, 823 ff geltend machen, die ihm gegen den vertragschließenden Ehegatten zustehen.

14 Ist der andere Ehegatte nur **Miteigentümer** der veräußerten Sache, so sind das Verpflichtungsgeschäft und die Übereignung gemäß §§ 1365, 1369 jedenfalls in Ansehung des Miteigentumsanteils des verfügenden Ehegatten unwirksam, gemäß § 139 aber auch in Ansehung des Anteils des anderen Ehegatten (BOEHMER FamRZ 1959, 81 f). Der andere Ehegatte kann hier schon nach §§ 1011, 985 Herausgabe von dem Dritten verlangen, ohne dass es darauf ankäme, ob er auch Besitzer der Sache war.

b) Besitz, früherer Besitz

15 Von erheblicher Bedeutung für die Ansprüche des anderen Ehegatten ist die Besitzlage. Sofern, was bei Hausratsgegenständen regelmäßig der Fall ist, die Ehegatten *Mitbesitzer* sind oder wenn der andere Ehegatte *Alleinbesitzer* ist, wird diesem durch die Verfügung der Besitz ohne seinen Willen entzogen; die Sache ist ihm abhanden gekommen. Er kann daher gemäß § 1007 Abs 2 von dem gegenwärtigen Besitzer die Herausgabe verlangen.

c) Folgerungen

Aus diesen Erwägungen zieht BOEHMER (FamRZ 1959, 83) den Schluss, dass § 1368 **16** jedenfalls bei *Hausratsgeschäften* nahezu überflüssig sei, weil schon durch das Zusammenwirken von § 1369 mit den Schutzvorschriften über Besitz und Eigentum ein wirksamer Schutz gegen einseitige Maßnahmen eines Ehegatten getroffen sei. Dieser Schutz ist auch, wie BOEHMER aaO zutreffend feststellt, insofern wirksamer, als diesen eigenen Ansprüchen des anderen Ehegatten keine Einwände aus den Rechtsbeziehungen des Dritten zu dem verfügenden Ehegatten entgegengehalten werden können. Gerade diese Frage aber ist im Rahmen des § 1368 umstritten (s dazu unten Rn 49 ff).

Immerhin fallen aber alle die Fälle ausschließlich in den Anwendungsbereich des **17** § 1368, in denen ein Ehegatte über ihm gehörende Sachen verfügt, an denen er auch Alleinbesitz hat. Diese Voraussetzungen sind aber bei der Erfüllung einer Verpflichtung zur Verfügung über Sachen, die das gesamte Vermögen darstellen (§ 1365), praktisch meist erfüllt und bei Verfügungen über Hausrat (§ 1369) auch nicht ganz selten (zB bei Getrenntleben der Ehegatten). Schon aus diesem Grunde ist die Regelung des § 1368 unentbehrlich, wenn auch ihre praktische Bedeutung sehr eingeengt ist.

2. Die Rechte aus der Unwirksamkeit der Verfügung

a) Eigenes sachliches Recht?

Die §§ 1365, 1369 schützen nicht gegenwärtige eigene Rechte des anderen Ehegat- **18** ten, sondern nur seine Interessen an der Erhaltung des vermögensrechtlichen status quo. § 1368 füllt die Schutzlücke, die die Verpflichtungs- und Verfügungsbeschränkungen lassen (s Rn 1). Das Gesetz knüpft dabei an die sich aus der Unwirksamkeit der Verfügungen ergebenden Rechte des verfügenden Ehegatten an. Der Gesetzgeber hat die geschützten Interessen nicht zu einem Recht (besonderer Art) am Vermögen des Ehegatten erhoben. Er hat dem anderen Ehegatten insbesondere kein eigenes materielles Lösungs- oder Retraktrecht gewährt (aA BAUR FamRZ 1962, 510 Fn 31; FENGE, in: FS Wahl [1973] 490; MIKAT, in: FS Felgentraeger [1969] 323, 344; wohl auch BROX FamRZ 1961, 282). Ist dem anderen Ehegatten nicht ein eigenes Recht, sondern nur die Befugnis verliehen, die Rechte seines Ehepartners gerichtlich geltend zu machen, so erweist sich § 1368 als ein (weiterer) Fall der gesetzlichen **Prozessstandschaft** (hM).

b) Prozessstandschaft

Mit der hM ist davon auszugehen, dass § 1368 dem anderen Ehegatten die prozess- **19** rechtliche Befugnis, die Rechte des verfügenden Ehegatten im eigenen Namen gerichtlich geltend zu machen, verleiht (BGHZ 143, 356, 360 = FamRZ 2000, 745 = NJW 2000, 1947 m Anm KROPPENBERG WUB I E 4 Avalkredit; m Anm HOHLOCH LM BGB § 1365 Nr 19 [8/2000]; DÖLLE I 763; ERMAN/HECKELMANN Rn 4; HEINTZMANN, Die Prozessführungsbefugnis [1970] 22 ff; MünchKomm/KOCH Rn 3; BGB-RGRK/FINKE Rn 12; SOERGEL/LANGE Rn 9; BAMBERGER/ROTH/MAYER Rn 3; RAUSCHER Rn 390).

c) Die Rechte im Einzelnen

20 Der andere Ehegatte ist nur befugt, die sich aus der *Unwirksamkeit der Verfügung* ergebenden Rechte seines Ehepartners geltend zu machen. Dazu gehören insbesondere nicht die Bereicherungsansprüche wegen der Unwirksamkeit des Verpflichtungsgeschäfts (s Rn 6).

21 Die Rechte müssen sich aus der **Unwirksamkeit der Verfügung** ergeben. Das sind vor allem die Ansprüche auf *Herausgabe*, die dem Ehepartner kraft seines *Eigentums* gegen den Dritten als Besitzer zustehen (§ 985), die Ansprüche auf *Schadensersatz* und Herausgabe der *Nutzungen* (§§ 987 ff), auch die Ansprüche auf *Herausgabe* des von dem Dritten durch eine wirksame Weiterveräußerung Erlangten (§ 816 Abs 1 S 1) oder gegen den unentgeltlich von dem Dritten Erwerbenden (§ 816 Abs 1 S 2). Ferner gehört hierher der *Berichtigungsanspruch* (§ 894; OLG Celle FamRZ 2004, 625 m Anm JANKE) und die Erwirkung eines Widerspruchs gegen die Richtigkeit des Grundbuchs (vgl BVerfG NJW 1963, 2115). Der andere Ehegatte kann ferner alle Ansprüche geltend machen, die sich daraus ergeben, dass sein Ehepartner unbeschränkter Eigentümer einer Sache oder Inhaber eines Rechts geblieben ist. Er kann daher *Widerspruch* gegen eine bei dem Dritten vorgenommene Pfändung (§ 771 ZPO) erheben und *Aussonderung* in der Insolvenz des Dritten (§ 47 InsO) verlangen.

22 Hat ein Ehegatte eine (unwirksame) *Verpflichtung* zur Verfügung über sein *Vermögen im Ganzen* ohne die erforderliche Zustimmung durch Übereignung von Sachen und Abtretung von Forderungen und Rechten *erfüllt*, so kann der andere Ehegatte nur die dem Erwerber übergebenen Sachen gemäß §§ 985 ff oder das durch eine weitere Verfügung des Dritten Erlangte nach § 816 Abs 1 herausverlangen, Berichtigung des Grundbuchs fordern usw. Die unwirksame Abtretung der Rechte und Forderungen kann er jedoch nicht dadurch geltend machen, dass er zB die Rechte und Forderungen selbst gegen den Schuldner durchsetzt, insbesondere Forderungen einzieht. Darin läge nicht mehr die in § 1368 gestattete Revokation, sondern eine Verwaltungshandlung, zu welcher nur der berechtigte Ehegatte befugt ist. Hat der Dritte freilich eine ihm – unwirksam – abgetretene Forderung eingezogen, und kann sich der Schuldner auf § 409 berufen, kann der andere Ehegatte von dem Dritten die Herausgabe des Erlangten gemäß § 816 Abs 2 verlangen.

Den Eintritt der Rechtswirkungen des § 409 könnte der andere Ehegatte aber dadurch verhindern, dass er gemäß § 812 von dem Dritten die Abtretungsurkunde oder die Zustimmung zum Widerruf der Abtretungsanzeige verlangt.

d) Gerichtliche Geltendmachung

23 Der andere Ehegatte ist zur **gerichtlichen** Geltendmachung der Rechte befugt. Verfahren nach § 1368 sind **Familiensachen** gemäß § 23b Abs 1 S 2 Nr 9 GVG (BGH LM Nr 1 = FamRZ 1981, 1045 m Anm SPALL [abl] und BOSCH [zust]; OLG Hamm NJW-RR 2001, 869; hM). Das schließt jedoch nicht aus, dass der Dritte den außergerichtlich erhobenen Anspruch – etwa auf Herausgabe der Sache – befriedigt. Gibt er die Sache dem verfügenden Ehegatten heraus, ist er befreit. Gibt er sie dem anderen Ehegatten heraus, so muss dieser – zumindest unter den Voraussetzungen des § 869 S 2 HS 2 – als zum Empfang ermächtigt angesehen werden. Es wäre abwegig, den Dritten zu verpflichten, sich erst noch verklagen zu lassen.

Ebenso kann der andere Ehegatte die Ansprüche auf Rückgewähr auch **außerge-** 24
richtlich geltend machen, den Dritten insbesondere mit Verzugsfolge mahnen (wie
hier DÖLLE I 762; MünchKomm/KOCH Rn 9; BGB-RGRK/FINKE Rn 8; SOERGEL/LANGE Rn 12). Er
kann jedoch nicht gegen eine Geldforderung (zB aus § 816 Abs 1) aufrechnen, weder
mit einer Forderung seines Ehegatten wegen fehlender Verfügungsmacht (s auch
Rn 26), noch mit einer eigenen wegen fehlender Gegenseitigkeit.

Die Rechtsbehelfe des anderen Ehegatten sind insbesondere: *Leistungsklage* auf 25
Herausgabe der Sache, auf Zustimmung zur Berichtigung des Grundbuchs (vgl BGH
NJW 1984, 607; OLG Hamm FamRZ 1997, 675) sowie auf Vorlage des Grundschuldbriefes
an das Grundbuchamt (§ 896; OLG Brandenburg FamRZ 1996, 1015), auf Herausgabe des
durch eine Weiterveräußerung Erlangten (§ 816), auf Nutzungen und Schadensersatz (§§ 987 ff); Antrag im Mahnverfahren; Erwirkung eines Widerspruchs oder
einer Vormerkung; *Klage auf Feststellung* der Unwirksamkeit der Verfügung oder
auf Feststellung, dass ein Recht (noch) seinem Ehegatten zustehe (s oben Rn 7);
Erwirkung eines *Arrests* oder einer *einstweiligen Verfügung*; Geltendmachung von
Rechten im *Insolvenzverfahren*, insbesondere von Aussonderungs- und Absonde-
rungsrechten; *Widerspruchsklage* gegen die bei dem Dritten vorgenommene
Zwangsvollstreckung (vgl OLG Brandenburg FamRZ 1996, 1015; nicht aber § 771 ZPO gegen
eine gegen einen Ehepartner betriebene Zwangsvollstreckung wegen Geldforderungen, etwa in
Hausratsgegenstände; vgl §§ 1365 Rn 13, 1369 Rn 44).

Die Einräumung der Prozessführungsbefugnis verschafft dem anderen Ehegatten 26
keine Sachlegitimation. Er ist daher nicht berechtigt, über den Klaggegenstand zu
verfügen. Wohl kann er den Rechtsstreit durch Vergleich, Anerkenntnis oder Verzicht beenden; er kann aber auch dadurch keine materiell wirksamen Verfügungen
treffen. Über die Frage, ob sich die Wirkungen eines zwischen dem Dritten und dem
anderen Ehegatten erstrittenen rechtskräftigen Urteils auf den verfügenden Ehegatten erstrecken, s unten Rn 34 ff.

V. Die Auswirkungen des § 1368 im Zivilprozess

1. Das Prozessführungsrecht als Prozessvoraussetzung

§ 1368 gewährt dem anderen Ehegatten nur das *Prozessführungsrecht* über einen 27
ihm sachlich fremden Anspruch. Das Bestehen dieses Prozessführungsrechts ist
daher *Prozessvoraussetzung*, bei deren Fehlen die Klage als unzulässig abzuweisen
wäre. Die Zulässigkeitsvoraussetzungen der Klage decken sich jedoch weitgehend
mit den anspruchsbegründenden Tatsachen (Unwirksamkeit der Verfügung gem
§§ 1365, 1369). In diesem Falle kommt es nur darauf an, ob der andere Ehegatte
für das geltend gemachte Recht, wenn es so, wie es behauptet ist, besteht, prozess-
führungsbefugt ist. Stellt sich erst während des Rechtsstreits heraus, dass die Voraussetzungen des § 1365 oder 1369 nicht gegeben sind (es liegt keine Verfügung über
das gesamte Vermögen vor oder der veräußerte Gegenstand gehört nicht zum Hausrat), so ist die Klage als unbegründet, nicht als unzulässig abzuweisen. Abweisung als
unzulässig jedoch, wenn sich ergibt, dass die Sache gar nicht dem verfügenden
Ehegatten gehörte, s aber auch BÖTTICHER ZZP 72, 44 ff und MDR 1959, 790 f.

2. Kein ausschließliches Prozessführungsrecht des anderen Ehegatten

28 Der am Verfügungsgeschäft nicht beteiligte Ehegatte hat zwar ein selbständiges, aber kein ausschließliches Prozessführungsrecht. Dem verfügenden Ehegatten bleibt es unbenommen, selbst die sich aus der Unwirksamkeit der Verfügung ergebenden Rechte geltend zu machen. Zu den sich daraus ergebenden Fragen der Rechtskraft, der Rechtshängigkeit und der notwendigen Streitgenossenschaft s unten Rn 34 ff.

3. Der Klagantrag

29 a) Erhebt der andere Ehegatte eine **Herausgabeklage aus eigenem Recht** (oben Rn 12 ff), so kann er Herausgabe an sich verlangen, wenn er vor der Veräußerung Alleinbesitzer war. War er nur Mitbesitzer, so kann er von dem Dritten nur Wiedereinräumung des Mitbesitzes verlangen; er muss also Herausgabe an sich und seinen Ehegatten beantragen. Nur dann, wenn sein Ehegatte den Mitbesitz nicht wieder übernehmen will oder kann, ist in entsprechender Anwendung des § 869 S 2 HS 2 ein Antrag auf Einräumung des Alleinbesitzes begründet.

30 b) Umstritten ist die richtige und zulässige Fassung des Klagantrags, wenn der andere Ehegatte als **Prozessstandschafter** die sich aus der Unwirksamkeit einer Verfügung ergebenden Rechte geltend macht. Die Revokation gründet sich auf das Recht des verfügenden Ehegatten. Sie dient der Wiederherstellung der Vermögenslage vor der Verfügung. Der andere Ehegatte soll und kann daher grundsätzlich nicht verlangen, besser gestellt zu werden als vor der Verfügung; er kann nur die Herstellung des „früheren Zustandes" verlangen. Daraus muss aber gefolgert werden, dass er grundsätzlich **nur Herausgabe an den verfügenden Ehegatten** verlangen kann, wenn dieser vor der (unwirksamen) Veräußerung Alleinbesitzer war. Waren die Ehegatten Mitbesitzer, so kann von dem Dritten auch nur Wiedereinräumung des Mitbesitzes verlangt werden.

31 Die Schutzzwecke der §§ 1365, 1369, 1368 fordern jedoch eine anderweitige Lösung, die es dem verfügenden Ehegatten unmöglich macht, durch Verweigerung der Rücknahme des Gegenstandes die Rückabwicklung zu hintertreiben. Vielfach wird deshalb angenommen, der andere Ehegatte könne **stets auf Herausgabe an sich** klagen (so Brox FamRZ 1961, 281, 286; Erman/Heckelmann Rn 11; Massfeller/Reinicke Anm 2; Reinicke BB 1957, 564, 568; für Haushaltsgegenstände auch Rimmelspacher NJW 1969, 1997 ff). Nach anderer Auffassung sind die §§ 869 S 2 HS 2, 986 Abs 1 S 2 entsprechend anwendbar. Der Kläger könne jedenfalls dann Herausgabe an sich verlangen, wenn der verfügende Ehegatte die Sache nicht übernehmen kann oder will (vgl Dölle I 762 Fn 86). Dabei brauchen die Voraussetzungen der genannten Vorschriften nach Ansicht vieler nicht schon im Prozess dargetan zu werden. Klage und Urteil können danach vielmehr in erster Linie auf Herausgabe an den verfügenden Ehegatten oder beide Ehegatten gemeinsam lauten, gleichzeitig aber, subsidiär und bedingt durch Unmöglichkeit oder Verweigerung der Rücknahme, auf Leistung an den Kläger (so Gernhuber/Coester-Waltjen § 35 Rn 95–97; MünchKomm/Koch Rn 14; Bamberger/Roth/ Mayer Rn 4; Rauscher Rn 390; Lüderitz/Dethloff § 5 Rn 97; Soergel/Lange Rn 11).

c) Stellungnahme

32 Der Klagantrag auf Herausgabe an den gem § 1368 klagenden Ehegatten wird zumindest bei **Hausratsgegenständen** stets zuzulassen sein. Gegenüber dem Schutzzweck der §§ 1369, 1368, den Ehegatten und der Familie die Grundlage des Zusammenlebens im häuslichen Bereich zu erhalten oder wiederherzustellen, müssen die materiellen besitzrechtlichen Erwägungen zurücktreten. Ist der früher allein besitzende verfügende Ehegatte im einzelnen Falle zur Übernahme bereit, so erwirbt er auch dann regelmäßig wieder Besitz, wenn die Sache dem anderen Ehegatten übergeben wird. Ist er zur Übernahme nicht bereit, so werden seine Besitzinteressen durch die Übergabe an den anderen Ehegatten nicht beeinträchtigt. Er kann jederzeit die Einräumung des Mit- oder auch, sofern nach § 1353 gestattet, des Alleinbesitzes verlangen. Im Erg ebenso RIMMELSPACHER NJW 1969, 1997 ff.

Im Übrigen ist daran festzuhalten, dass auch über § 1368 nur der status quo ante **33** wiederherzustellen ist. Entsprechend §§ 869 S 2 HS 2, 986 Abs 1 S 2 kann aber der andere Ehegatte auf entsprechende Klage auch ein Urteil erwirken, das auf Herausgabe an den verfügenden Ehegatten oder an diesen und den Kläger gemeinsam lautet, verbunden mit einer Verurteilung des Dritten zur Herausgabe an den Kläger, wenn dessen Ehegatte die Sache nicht übernehmen will oder kann (s auch Rn 31). Auch Antrag und Urteil bei der Revokation von Haushaltsgegenständen können in dieser Weise gefasst werden. Nicht sachdienlich und abzulehnen ist dagegen die bedingte Verurteilung zur Herausgabe an einen Sequester (so aber OLG Köln FamRZ 1959, 460).

4. Die materielle Rechtskraftwirkung, Rechtshängigkeit

a) Der **Streitgegenstand**, der von jedem der beiden Ehegatten erhobenen Her- **34** ausgabeklage ist wegen der Übereinstimmung des Sachvortrages und der Anträge identisch. Der andere Ehegatte ist eben nur Prozessstandschafter; nicht aber macht er abweichende eigene Rechte geltend.

b) Aus der Identität der Streitgegenstände ergibt sich jedoch nicht notwendig, **35** dass das für oder gegen den einen Ehegatten ergangene Urteil **Rechtskraft** auch gegen den anderen schafft oder dass die Klage des einen die Einrede der Rechtshängigkeit gegenüber der nachfolgenden Klage des anderen Ehegatten begründet. Wenn auch der Streitgegenstand nach hM für den Umfang der objektiven Rechtskraft und den Gegenstand der Rechtshängigkeit von ausschlaggebender Bedeutung ist, ist er doch nicht das alleinige Kriterium für deren Bestimmung (vgl dazu insbesondere ZEUNER, Die objektiven Grenzen der Rechtskraft im Rahmen rechtlicher Sinnzusammenhänge [1959] 175 f; s auch LENT JherJb 90, 45; SCHWAB, in: FS Lent [1957] 280). Zu der Identität des Streitgegenstandes muss noch hinzukommen die Identität der Parteien, an der es im Falle der Prozessstandschaft fehlt. Bei fehlender Parteiidentität kann grundsätzlich eine Rechtskrafterstreckung und damit auch die Rechtshängigkeit nicht angenommen werden, auch nicht im Falle der Prozessstandschaft. Es gibt keinen allgemeinen Rechtssatz, der besagt, dass sich die Wirkungen des vom Prozessstandschafter geführten Prozesses auf den Rechtsträger erstrecken und umgekehrt. Eine Erstreckung findet daher nur statt, wenn sie im Gesetz ausdrücklich angeordnet ist, s § 1380 aF; §§ 265, 325 ZPO.

An diesen besonderen Voraussetzungen der Rechtskrafterstreckung auf den am **36** Rechtsstreit nicht unmittelbar beteiligten Ehegatten fehlt es hier. **Eine Rechtskraft-**

erstreckung findet nicht statt; der Klage des einen Ehegatten steht auch die Rechtshängigkeit einer Klage des anderen Ehegatten nicht entgegen (s auch ERMAN/HECKELMANN Rn 14; BAMBERGER/ROTH/MAYER Rn 7; MünchKomm/KOCH Rn 22; BGB-RGRK/FINKE Rn 19 f; zur Rechtskraftwirkung bei Annahme eines eigenen materiellen Rechts s FENGE, in: FS Wahl [1973] 475 ff). Das Ergebnis wird durch teleologische und wertende Überlegungen bestätigt, die für eine erweiterte Rechtskraftwirkung keinen Raum lassen.

37 Würde die Rechtskraft eines **von dem verfügenden Ehegatten erstrittenen Urteils**, das seine Klage gegen den Dritten abweist, auch gegen den anderen Ehegatten wirken, so wäre der Schutz, den ihm § 1368 gewähren soll, praktisch wirkungslos. Der verfügende Ehegatte, der den Prozess gegen den Dritten schlecht führt und ihn deshalb verliert, der auf die Klage verzichtet oder ein Versäumnisurteil rechtskräftig werden lässt, könnte auf diese Weise die vom Gesetz geschützten Interessen der Familie und des anderen Ehegatten beeinträchtigen. Das aber ist vom Gesetz erkennbar nicht gewollt (s auch BAUR FamRZ 1958, 257; BROX FamRZ 1961, 284; ders JuS 1962, 122; ERMAN/HECKELMANN Rn 14; BAMBERGER/ROTH/MAYER Rn 7; BGB-RGRK/FINKE Rn 19; SOERGEL/LANGE Rn 16; HARTUNG 116 f; PALANDT/BRUDERMÜLLER Rn 4; **aM** MASSFELLER/REINICKE 3; REINICKE BB 1957, 586).

38 Ist gegen den anderen Ehegatten **ein die Revokationsklage abweisendes Urteil** ergangen, so kann auch dieses keine Rechtskraft gegen den verfügenden Ehegatten bewirken. Andernfalls könnte der materiell nicht berechtigte Ehegatte das Recht des anderen durch eine schlechte Prozessführung verspielen. Schon das geht nicht an, denn das Gesetz beschneidet die Rechte des Eigentümer-Ehegatten über die Beschränkungen der §§ 1365, 1369 hinaus nicht (so auch BAUR FamRZ 1958, 257; BROX FamRZ 1961, 284; ERMAN/HECKELMANN Rn 14; HARTUNG 112 ff; MünchKomm/KOCH Rn 22; PALANDT/BRUDERMÜLLER Rn 4; SOERGEL/LANGE Rn 16. Vgl aber auch BÖTTICHER BB 1964, 48).

39 Hat ein Ehegatte bereits ein **obsiegendes Urteil gegen den Dritten** erstritten, so fragt es sich, ob nicht wenigstens eine Rechtskrafterstreckung *zugunsten* des anderen Ehegatten stattfindet. Man kann die Frage mit BAUR FamRZ 1962, 510 (unter Hinweis auf HENCKEL, Parteilehre und Streitgegenstand im Zivilprozeß [1961] 214 und SOERGEL/LANGE Rn 16) bejahen, wenn das Wesen der materiellen Rechtskraft nicht in dem Ausschluss jeder neuen Verhandlung und Entscheidung, sondern nur in der Unzulässigkeit einer abweichenden Entscheidung in derselben Sache zu sehen ist. Nach der von Rechtsprechung (seit BGHZ 35, 338, 340; 36, 365, 367) und Lehre (ROSENBERG/SCHWAB/GOTTWALD, Zivilprozessrecht [2004] § 150 Rn 6 ff mwNw) heute vertretenen und auch hier vorgezogenen (wohl herrschenden) Auffassung könnte der andere Ehegatte, zu dessen Gunsten die Rechtskraft des obsiegenden Urteils wirken würde, nicht erneut gegen den Dritten klagen. Andererseits hätte er aber keine Vollstreckungsmöglichkeit (BROX FamRZ 1961, 284). Er wäre daher der Willkür seines Ehegatten ausgesetzt, der allein über die Zwangsvollstreckung aus dem erstrittenen Urteil zu befinden hat. Das aber widerspräche dem Schutzgedanken des § 1368 (so auch MünchKomm/KOCH Rn 22). Stünde die Rechtskraft jedoch nur einer erneuten widersprechenden Entscheidung entgegen, könnte der andere Ehegatte seinerseits einen vollstreckbaren Titel erlangen; die Bindung an das erste Urteil käme ihm nur zugute. In diesem Falle bestünden gegen eine Rechtskrafterstreckung keine Bedenken. Sie ist aber bereits wegen der fehlenden Parteiidentität (Rn 35) auch in diesem Falle abzulehnen (**aA** PALANDT/BRUDERMÜLLER Rn 4: materielle Rechtskraftwirkung).

Auch das auf eine **Klage des Dritten gegen den vertragschließenden Ehegatten** er- **40**
gangene Urteil auf Übergabe und Übereignung der verkauften Sache bewirkt keine
Rechtskraft gegenüber dem anderen Ehegatten. Dieser kann daher die Widerspruchsklage gemäß §§ 771 ZPO, 1368 BGB erheben oder das aufgrund des Urteils
Geleistete von dem Dritten herausverlangen. Der Dritte erwirbt auch durch ein
rechtskräftiges Urteil nach § 894 ZPO kein Eigentum, wenn der andere Ehegatte
nicht zugestimmt hat. Vgl dazu auch § 1369 Rn 45. Im Ergebnis ebenso BAUR
FamRZ 1958, 256; BOSCH FamRZ 1959, 241; BROX FamRZ 1961, 285; HARTUNG
117 ff; LORENZ JZ 1959, 109; MünchKomm/KOCH Rn 25; BAMBERGER/ROTH/MAYER
Rn 7.

Sowenig das im Prozess eines Ehegatten ergangene Urteil Rechtskraft für und gegen **41**
den anderen Ehegatten bewirkt, sowenig steht der Klage eines Ehegatten die
Rechtshängigkeit des von dem anderen erhobenen Anspruchs entgegen. Die Ehegatten können ihre Klagen daher auch gleichzeitig erheben. Die Verfahren werden
vom Gericht zweckmäßig miteinander verbunden, § 147 ZPO. Ist bereits ein Rechtsstreit mit dem Dritten anhängig, so empfiehlt sich für den nicht beteiligten Ehegatten freilich in erster Linie ein Beitritt als Streithelfer, § 66 ZPO.

5. Notwendige Streitgenossenschaft

Notwendige Streitgenossen (§ 62 ZPO) sind die Ehegatten auch dann nicht, wenn sie **42**
gemeinschaftlich klagen oder verklagt werden (MünchKomm/KOCH Rn 24; BGB-RGRK/
FINKE Rn 17; BAMBERGER/ROTH/MAYER Rn 7). Im Falle der gemeinschaftlichen Klage
nimmt BAUR (FamRZ 1962, 510; ebenso DÖLLE I 763) aus prozessrechtlichen Gründen
eine notwendige Streitgenossenschaft an. Die von ihm zur Begründung angeführte
Rechtskrafterstreckung zugunsten des anderen Ehegatten ist jedoch abzulehnen (vgl
Rn 39). Auch in Passivprozessen der Ehegatten (Leistungsklage gegen den einen,
Feststellungsklage gegen den anderen Ehegatten) bejaht BAUR die notwendige
Streitgenossenschaft. Der materiellrechtlichen Begründung, dass der auf Leistung
verklagte Ehegatte das Urteil nur mit Zustimmung des anderen Ehegatten befolgen
könne, kann jedoch ebenfalls nicht beigepflichtet werden. Die Leistungsklage ist nur
dann nach materiellem Recht begründet, wenn ein Fall der §§ 1365, 1369 nicht
vorliegt oder der andere Ehegatte dem Verpflichtungsgeschäft zugestimmt hat.
Dann bedarf es seiner Mitwirkung bei der Erfüllung aber nicht mehr. Fehlt dem
Verpflichtungsgeschäft die erforderliche Zustimmung, kann der Leistungsklage nicht
stattgegeben werden. Deshalb kann in jedem Falle gegen den vertragschließenden
Ehegatten selbständig prozessiert werden; es ist nicht etwa eine Abweisung ohne
weitere Sachprüfung geboten, wenn nicht zugleich auch der andere Ehegatte verklagt ist. Eine Rechtsähnlichkeit mit dem vom BGH (BGHZ 36, 187) entschiedenen
Fall der Inanspruchnahme nur eines von mehreren Miteigentümern, die nur gemeinschaftlich verpflichtet sind und nur gemeinschaftlich erfüllen können, ist nicht anzunehmen.

6. Streitverkündung

Eine Streitverkündung des Dritten an den am Prozess nicht beteiligten Ehegatten **43**
kommt nur dann in Betracht, wenn er von dem anderen, dem übergangenen Ehegatten gemäß § 1368 auf Revokation in Anspruch genommen wird. Unterliegt er in

diesem Rechtsstreit, so bedeutet das, dass die von ihm abgeschlossenen Verpflichtungs- und Verfügungsgeschäfte unwirksam sind. In diesem Falle könnte ihm gegen den vertragschließenden Ehegatten ein Anspruch auf Schadloshaltung zustehen (ebenso MünchKomm/Koch Rn 26). Wird er dagegen von dem Ehegatten verklagt, mit dem er kontrahiert hatte, so muss er im Falle seines Unterliegens lediglich den gleichgearteten Revokationsanspruch des anderen Ehegatten befürchten, der aber im Rahmen des § 72 ZPO wohl nicht zu berücksichtigen ist. Verklagt der Dritte seinen Geschäftspartner, so gilt das Gleiche. Im Übrigen hat er nur dann Ansprüche des anderen Ehegatten zu befürchten, wenn er im Prozess mit dem vertragschließenden Ehegatten obsiegt, ein Fall, der von § 72 ZPO ebenfalls nicht erfasst wird (s auch Baur FamRZ 1958, 252, 257; Brox FamRZ 1961, 284; Erman/Heckelmann Rn 15; MünchKomm/Koch Rn 26; BGB-RGRK/Finke Rn 17; Soergel/Lange Rn 18; anders noch Koeniger DRiZ 1959, 375; Schulin DRiZ 1959, 79).

7. Kein Duldungstitel gegen den anderen Ehegatten

44 Für die Erwirkung eines Duldungstitels gegen den anderen, den am Rechtsgeschäft nicht beteiligten Ehegatten ist kein Raum. Zur Zwangsvollstreckung in das Vermögen eines Ehegatten bedarf es keines besonderen Duldungstitels gegen den anderen Ehegatten. Der Dritte wird vom Vollstreckungsrecht auf die §§ 886, 847 ff ZPO verwiesen. Für eine Klage auf Duldung der Zwangsvollstreckung zwecks Ausschließung des Mitbestimmungsrechts des anderen Ehegatten gemäß §§ 1365, 1369 und seines Revokationsrechts fehlt die gesetzliche Grundlage. Der Dritte hat keinen Anspruch auf Erteilung der erforderlichen Zustimmung (hM; **aM** Bosch FamRZ 1958, 86).

8. Negative Feststellungsklage

45 Der Dritte kann sich nur dadurch vor einer **erneuten Inanspruchnahme** durch den anderen Ehegatten bewahren, indem er gegen diesen die (negative) **Feststellungsklage** erhebt, dass ein Rückforderungsrecht nicht bestehe. Diese Klage kann er mit der Erfüllungsklage gegen den vertragschließenden Ehegatten verbinden. Dadurch gelangt er zu einer für beide Ehegatten verbindlichen einheitlichen Entscheidung, die ihm zumindest die Führung mehrerer Prozesse erspart.

9. Prozesskosten, Prozesskostenhilfe

46 Für die Kosten des gegen den Dritten geführten Prozesses hat nur der Ehegatte aufzukommen, der als Partei am Rechtsstreit beteiligt ist. Auch der andere Ehegatte, der gemäß § 1368 ein fremdes Recht im eigenen Namen einklagt, haftet allein für die Prozesskosten. Seine Vermögensverhältnisse allein sind auch für die Bewilligung der Prozesskostenhilfe maßgebend; denn er allein trägt auch das Risiko eines günstigen oder ungünstigen Ausgangs des Rechtsstreits. Die für die Geltendmachung eines fremden Rechts vielfach anerkannte Regel, dass es auf die Armut sowohl des Klägers als auch des Rechtsträgers ankomme (BGH VersR 1992, 594), wird hier nicht gelten können. Diese Frage ist praktisch ohne große Bedeutung, da der klagende arme Ehegatte meist einen Anspruch auf einen Prozesskostenvorschuss gemäß § 1360a Abs 4 haben wird. Das Revokationsrecht aus § 1368 ist nichts anderes als eine konsequente Fortführung des in den §§ 1365, 1369 zum Ausdruck kommenden

Schutzgedankens, dessen Objekt die eheliche Lebensgemeinschaft und ihre wirtschaftliche Grundlage ist. Unter § 1360a Abs 4 fallen aber auch solche vermögensrechtlichen Ansprüche, die ihre Wurzel in der Lebensgemeinschaft der Ehegatten haben, BGHZ 31, 384, 386.

10. Einfluss des Insolvenzverfahrens

Das Klagerecht des anderen Ehegatten bleibt auch im Insolvenzverfahren über das **47** Vermögen des verfügenden Ehegatten bestehen. Ein bereits anhängiger Rechtsstreit wird durch die Eröffnung des Insolvenzverfahrens nicht unterbrochen; § 240 ZPO ist nicht anwendbar. Fällt der Anspruch auf Rückforderung jedoch in die Insolvenzmasse, steht seine Geltendmachung ausschließlich den Insolvenzverwaltern zu (MünchKomm/Koch Rn 29; Soergel/Lange Rn 4). In der Insolvenz des zustimmungsberechtigten Ehegatten wird das Klagerecht aus § 1368 nicht vom Insolvenzverwalter ausgeübt, sondern weiterhin von dem Ehegatten. Das Prozessführungsrecht fällt nicht in die Insolvenzmasse (Eisser FamRZ 1959, 184 [VIII]; MünchKomm/Koch Rn 29).

11. Beendigung des Güterstandes

Das Revokationsrecht des anderen Ehegatten erlischt auch nicht ohne weiteres mit **48** der Beendigung des Güterstandes. Wie das Wirksamwerden des in der Schwebe befindlichen Vertrages davon abhängig ist, ob noch Interessen des anderen Ehegatten auch über den Zeitpunkt der Beendigung des Güterstandes hinaus auf dem Spiel stehen, muss auch die Klagebefugnis aus § 1368 so lange bestehen bleiben, wie nach Maßgabe des Schutzzwecks der §§ 1365, 1369 ein rechtliches Interesse an der Revokation anzuerkennen ist (vgl dazu § 1365 Rn 103 ff; § 1369 Rn 58 ff; BGH NJW 1984, 610; OLG Celle FamRZ 2001, 1614 für die Scheidung). Beim *Tode* des *zustimmungsberechtigten* Ehegatten erlischt das Revokationsrecht jedoch; es ist unveräußerlich und unvererblich (vgl MünchKomm/Koch Rn 28; BGB-RGRK/Finke Rn 11; Soergel/Lange Rn 4). Die Frage der Konvaleszenz (vgl § 1365 Rn 107) bleibt unberührt.

VI. Einwendungen und Einreden des Dritten

Der andere Ehegatte, der gemäß § 1368 die Unwirksamkeit der Verfügung geltend **49** macht, ist nicht selbst materiell berechtigt; er macht lediglich die Rechte seines Ehepartners als Prozessstandschafter geltend. Deshalb müsste er sich auch alle **Einwände** entgegenhalten lassen, die sich **aus dem Rechtsverhältnis seines Ehegatten zu dem Dritten ergeben**. Diese sich aus dem Wesen der Prozessstandschaft ergebende Folgerung lässt sich aber mit dem Zweck der §§ 1365, 1369 **nicht vereinbaren**. Die Vorschriften dienen der Aufrechterhaltung eines gegebenen Gesamtvermögens- und Haushaltsstatus im Interesse der ehelichen Gemeinschaft. § 1368 dient der tatsächlichen Wiederherstellung des „status quo". Diese Vorschrift kann aber ihren Zweck nur dann erfüllen, wenn weder der verfügende Ehegatte noch der Dritte rechtlich in der Lage ist, die Wiederherstellung einseitig und gegen den Willen des anderen Ehegatten auszuschließen. Der Zweck der §§ 1365, 1369 muss dazu führen, dem Dritten die Einwände sowohl gegenüber dem verfügenden als auch gegenüber dem anderen Ehegatten abzuschneiden: er muss die Wiederherstellung der „verbotswidrig" einseitig veränderten Vermögensverhältnisse dulden.

1. Arglist

50 Daraus folgt, dass sich der Dritte **nicht** auf einen Verstoß des verfügenden Ehegatten **gegen den Grundsatz von Treu und Glauben** berufen kann (hM, s MünchKomm/Koch Rn 6; Bamberger/Roth/Mayer Rn 5; BGB-RGRK/Finke Rn 14, 16; Soergel/Lange Rn 13; **aM** Frank NJW 1959, 137; Erman/Heckelmann Rn 2 – bei besonders arglistigem Verhalten). Trotz eines treuwidrigen Verhaltens dieses Ehegatten ist die Revokation nicht als unzulässige Rechtsausübung zu kennzeichnen, weil die Wiederherstellung der verbotswidrig gestörten tatsächlichen Verhältnisse (im Anwendungsfeld der §§ 1365, 1369) im Interesse der wirtschaftlichen Grundlage der Ehegemeinschaft und des Zugewinnausgleichs erfolgt und keine persönliche Angelegenheit dieses Ehegatten ist. Etwas anderes kann nur gelten, wenn beide Ehegatten an dem Treuverstoß beteiligt sind. Die sich aus dem Treuverstoß des verfügenden Ehegatten für den Dritten etwa ergebenden Ersatzansprüche gegen diesen bleiben selbstverständlich unberührt. Zurücktreten muss auch der Einwand aus § 817 S 2 (MünchKomm/Koch Rn 7; Bamberger/Roth/Mayer Rn 5; Lüderitz/Dethloff § 5 Rn 96).

2. Zurückbehaltungsrecht

51 Hat der Dritte **Gegenansprüche** auf Schadensersatz oder aus ungerechtfertigter Bereicherung (weil er seine Gegenleistung bereits erbracht hat), so steht die Geltendmachung eines **Zurückbehaltungsrechts** im **Widerspruch zu dem Zweckgehalt** des § 1368. Das Revokationsrecht der Ehegatten ist im Interesse der ehelichen Gemeinschaft verselbständigt. Der Dritte kann sich auf die tatsächlich gegebene Konnexität nicht berufen; er muss seine Gegenansprüche in einer Weise durchsetzen, durch die die tatsächlichen Folgen der unwirksamen Verfügung nicht aufrechterhalten werden (so im Ergebnis auch die hM, vgl OLG Köln MDR 1968, 586; Brox FamRZ 1961, 281, 286; MünchKomm/Koch Rn 19; Bamberger/Roth/Mayer Rn 5; Palandt/Brudermüller Rn 3; Reinicke BB 1957, 568; BGB-RGRK/Finke Rn 15; Soergel/Lange Rn 14; **aM** Boehmer FamRZ 1959, 6, 81; Dölle I 764; Erman/Heckelmann Rn 5; Hartung 99 ff). Das gilt sowohl für das Zurückbehaltungsrecht gemäß § 273 als auch für das aus § 1000 wegen Verwendungen (**aM** zu § 1000 aber BGB-RGRK/Finke Rn 15; Soergel/Lange Rn 14).

3. Aufrechnung

52 Erhebt der verfügende Ehegatte gegen den Dritten Zahlungsansprüche (auf Schadensersatz gemäß §§ 989 ff oder auf das Erlangte gemäß § 816 usw) und stehen ihnen gleichartige Ansprüche des Dritten gegenüber, so ist eine **Aufrechnung zulässig** (hM, vgl BGHZ 143, 356, 360 = FamRZ 2000, 745 = NJW 2000, 1947 mwNw). Zwar sind die Ansprüche des Ehegatten aus der Unwirksamkeit der dem Dritten gegenüber vorgenommenen Verfügung erwachsen; sie sind ihrer Natur nach jedoch nicht zur vollen Wiederherstellung des früheren tatsächlichen Vermögenszustandes geeignet. Daran ändert auch der Umstand nichts, dass die Ansprüche des Ehegatten in diesen Fällen regelmäßig auf die „Surrogate" der weggegebenen Sachen gerichtet sind. Die Vorschriften der §§ 1365, 1369 sichern das Vermögen der Ehegatten vor einseitigen Maßnahmen nur in ihrer konkreten gegenwärtigen Zusammensetzung (Vermögen als Ganzes; Hausrat), nicht aber unmittelbar in seinem Wertgehalt. Die Verselbständigung der gegenseitigen gleichartigen Ansprüche würde nur zu einem Umweg führen, der auch durch den Zweckgehalt der Verfügungsbeschränkungen nicht geboten erscheint. Zur Aufrechnung des oder gegenüber dem anderen Ehegatten s oben Rn 24.

VII. Schutz der Zweiterwerber

Veräußert der Dritte die von ihm aufgrund einer unwirksamen Verfügung erlangten **53** Gegenstände weiter, so greift die Bindungswirkung der §§ 1365, 1369 nicht ein. Der Erwerber kann daher nach Maßgabe der allgemeinen Vorschriften über den Schutz des guten Glaubens vom Nichtberechtigten das Eigentum erwerben. Vor allem bei Hausratsgegenständen wird dieser Fall jedoch wegen des regelmäßig gegebenen Mitbesitzes des anderen Ehegatten nur selten praktisch werden (§ 935).

VIII. Vertraglicher Ausschluss des Prozessführungsrechts

Es ist davon auszugehen, dass die Beschränkungen, denen die Ehegatten gemäß **54** §§ 1365, 1369 unterliegen, **durch Ehevertrag ausgeschlossen** werden können (§ 1365 Rn 110 f und § 1369 Rn 70). Sind die Beschränkungen ausgeschiossen, entfällt insoweit notwendig auch das Prozessführungsrecht. Aber auch die selbständige **Ausschließung des Prozessführungsrechts** durch Ehevertrag dürfte für zulässig zu erachten sein, da sowohl die Verwaltungsbeschränkungen als auch das Prozessführungsrecht nur die Übergehung des anderen Ehegatten verhindern sollen (ebenso MünchKomm/KOCH Rn 30; BAMBERGER/ROTH/MAYER Rn 9; BGB-RGRK/FINKE Rn 22; SOERGEL/LANGE Rn 5).

§ 1369
Verfügungen über Haushaltsgegenstände

(1) Ein Ehegatte kann über ihm gehörende Gegenstände des ehelichen Haushalts nur verfügen und sich zu einer solchen Verfügung auch nur verpflichten, wenn der andere Ehegatte einwilligt.

(2) Das Vormundschaftsgericht kann auf Antrag des Ehegatten die Zustimmung des anderen Ehegatten ersetzen, wenn dieser sie ohne ausreichenden Grund verweigert oder durch Krankheit oder Abwesenheit verhindert ist, eine Erklärung abzugeben.

(3) Die Vorschriften der §§ 1366 bis 1368 gelten entsprechend.

Materialien: E II § 1376.
Vgl STAUDINGER/BGB-Synopse 1896–2005
§ 1369.

Schrifttum

BOEHMER, Einige Fragen zu der sog Vinkulierung des Hausrats in § 1369 BGB nF, FamRZ 1959, 1
ders, Ergänzende Bemerkungen zu der sog Vinkulierung ..., FamRZ 1959, 81

ders, Die Teilreform des Familienrechts durch das GlbG und das FamRÄndG (1962)
BOBROWSKI, Die Verfügungsbeschränkung über ehelichen Hausrat, Rpfleger 1959, 1 17

BRAUN, Zu einer Auslegung der §§ 1365, 1369 BGB, in: Festschrift Musielak (2004) 119

BROX, Die Vinkulierung des Vermögens im Ganzen sowie der Haushaltsgegenstände und ihre Auswirkungen im Zivilprozeß, FamRZ 1961, 281

BRUDERMÜLLER, Regelungen der Nutzungs- und Rechtsverhältnisse an Ehewohnung und Hausrat, FamRZ 2006, 1157

FUGE, Verfügungsbeschränkung der §§ 1365 ff, 1369 BGB, ZFE 2004, 47

GAA, Das Beiseiteschaffen von Familienhabe in zivil- und strafrechtlicher Hinsicht, NJW 1961, 2055

HARTUNG, Verfügungsbeschränkung bei ehelichem Hausrat (1962)

HEROLD, Die Zustimmung des anderen Ehegatten bei Abschluss von Abzahlungskäufen … in der neuesten schweizerischen Rechtsprechung, FamRZ 1962, 232

LANGE, Rechtsgeschäfte über Hausratsgegenstände und Beendigung des gesetzlichen Güterstandes, JuS 1970, 500

LAUHOFF, Die Verfügungsbeschränkungen der Ehegatten in der Zugewinngemeinschaft gemäß §§ 1365–1369 BGB (Diss Münster 1962)

LÖHNING, Zustimmungsbedürftige Rechtsgeschäfte von Ehegatten im gesetzlichen Güterstand: Die Verpflichtungs- und Verfügungsbeschränkungen der §§ 1365, 1369 BGB, JA 2006, 753

LORENZ, Die Verfügungsbeschränkungen im Rahmen der Zugewinngemeinschaft, JZ 1959, 105

KÜNZL, Heilung schwebend unwirksamer Gesamtvermögensgeschäfte eines Ehegatten?, FamRZ 1988, 452

PETERMANN, Vinkulierung des Hausrats (§ 1369 BGB), Rpfleger 1960, 387

REINICKE, Verwaltungsbeschränkungen im gesetzlichen Güterstand der ZG, BB 1957, 564

REITHMANN, Schutz des Rechtsverkehrs bei Geschäften mit verheirateten Personen, DNotZ 1961, 3

RITTNER, Handelsrecht und Zugewinngemeinschaft II: Die Bedeutung des § 1369 BGB im Handelsrecht, FamRZ 1961, 185

SCHELD, Streng subjektive Theorie nunmehr auch zu § 1369 BGB, Rpfleger 1973, 280

SMID, Vinkulierung des Hausrats an die Ehe gemäß § 1369 BGB im Güterstand der Eigentums- und Vermögensgemeinschaft?, FamRZ 1991, 512

WEIMAR, Verpflichtungs- und Verfügungsgeschäfte über Haushaltsgegenstände, MDR 1965, 448

ZIEGE, Zur Auslegung des § 1369 BGB nF, NJW 1957, 1579

ders, Zur Auslegung des neuen § 1369 BGB, NJW 1958, 131

ZUNFT, Zur Auslegung des neuen § 1369 BGB, NJW 1958, 130.

Systematische Übersicht

Alphabetische Übersicht

I. Grundgedanken

1 Die Vorschrift enthält eine weitere **Ausnahme** von dem Grundsatz, dass jeder Ehegatte sein **Vermögen selbständig verwaltet**. Im Interesse der Familie bedarf der Bestand an *Haushaltsgegenständen als unentbehrliche Grundlage des ehelichen Lebens* im häuslichen Bereich des Schutzes. § 1369 bestimmt daher, dass ein Ehegatte nur mit Zustimmung des anderen wirksam über ihm gehörende Hausratsgegenstände verfügen oder sich zu einer solchen Verfügung verpflichten kann. Damit dient die Vorschrift – wenn auch nur in bescheidenem Maße – auch der Sicherung des Zugewinnausgleichs (s dazu BOEHMER FamRZ 1959, 3; HARTUNG 9 ff [wohl zu eng]; zu weitgehend dagegen ZIEGE NJW 1957, 1579 u 1958, 131; BRAUN, in: FS Musielak, 134 ff will demgegenüber den Schutz des Zugewinnausgleichs ausschließlich § 1365 unterstellen und misst dieser Regelung entgegen der hM ausschließlich vermögensrechtliche Wirkung bei [s § 1365 Rn 2] während die Erhaltung der gegenständlichen Grundlagen der Ehe als ausschließlicher Zweck bei § 1369 verbliebe. Wenig überzeugend soll die damit hervorgerufene Regelungslücke hinsichtlich des das gesamte Vermögen ausmachenden Hauses, dann im Wege der Analogie durch § 1369 geschlossen werden). Die Hausratsverteilung nach Ehescheidung soll jedoch nicht gesichert werden. Die Hausrats-VO wirkt über den Güterstand der Zugewinngemeinschaft hinaus, während sich der Schutzzweck des § 1369 auf den gesetzlichen Güterstand beschränkt (MünchKomm/ KOCH Rn 3 a; **aA** BayOblG FamRZ 1980, 1001; SOERGEL/LANGE Rn 2; GIESEN Rn 285; HOHLOCH Rn 458). Praktisch ist die Regelung vor allem eine Ergänzung der Vorschriften über die Haushaltsführung (§ 1356) insofern, als sie für die Erhaltung der dem gemeinsamen Haushalt dienenden Familienhabe sorgen soll (entgegen der eindeutig entgegenstehenden systematischen Stellung bejahen PAWLOWSKI, 33 ff u wohl auch SMID FamRZ 1991, 512 deswegen eine Geltung für alle Ehen; BRAUN aaO, 138 lässt die Frage offen). Ebenso wie im Rahmen des § 1365 (s dort Rn 2) kommt es auch hier *nicht* auf den *Nachweis einer konkreten Gefährdung* der geschützten Interessen an. Das Gesetz will die Familie (und den anderen Ehegatten) schlechthin vor den *abstrakten Gefahren* eines jeden Rechtsgeschäfts über Hausrat bewahren.

2 Diese Regelung knüpft weitgehend an die Vorschläge von BOEHMER an (MDR 1950, 450, 451 f, 453 ff), die ihrerseits im Wesentlichen auf einem Entwurf des Familiengüterrechtsausschusses der Akademie für Deutsches Recht beruhen. Der Gesetzgeber hat jedoch weitergehende Vorschläge abgelehnt, die darauf gerichtet waren, den nach der Eheschließung oder auch den vor und nach der Eheschließung von einem der Ehegatten angeschafften Hausrat zu einer besonderen Vermögensmasse (Hausgut) zu verbinden, die den Ehegatten gemeinschaftlich zusteht.

3 Für den Fall der Auflösung der Ehe durch den Tod eines Ehegatten oder Scheidung sowie bei der Trennung der Ehegatten gelten für die zum Haushalt gehörenden Gegenstände § 1932, §§ 1 ff, 8 ff HausratsVO und § 1361a als Sondervorschriften. Die Anwendung des § 1369 wird dadurch aber nicht berührt, vgl BayOblGZ 65, 131; BayOblG FamRZ 1960, 156, 157.

II. Der Kreis der zustimmungsbedürftigen Rechtsgeschäfte

1. Verpflichtungs- und Verfügungsgeschäfte

4 a) § 1369 beschränkt die Verwaltungsbefugnis nach seinem Wortlaut sowohl bei der Vornahme von Verfügungen als auch bei der Eingehung einer Verbindlichkeit zur Verfügung über Hausratsgegenstände. Insoweit weicht die Regelung von der des § 1365 Abs 1 ab. Dort ist das obligatorische Gesamtvermögensgeschäft vinkuliert, das Erfüllungsgeschäft aber nur dann, wenn sich ein Ehegatte ohne Zustimmung des anderen Ehegatten verpflichtet hat; die Zustimmung zum Verpflichtungsgeschäft deckt dort also auch das Erfüllungsgeschäft. Trotz des abweichenden Wortlauts des § 1369 wird man auch hier annehmen müssen, dass die **Zustimmung zum Verpflichtungsgeschäft** die Zustimmung zu der Verfügung, durch die das obligatorische Rechtsgeschäft erfüllt wird, entbehrlich macht (so iE auch ERMAN/HECKELMANN Rn 5; HARTUNG 20 ff; MünchKomm/KOCH Rn 5; BAMBERGER/ROTH/MAYER Rn 7; SOERGEL/LANGE Rn 4). Die Zustimmung zur Verfügung ist auch dann nicht erforderlich, wenn das Verpflichtungsgeschäft vor Eintritt des Güterstandes wirksam begründet worden ist. Die Zustimmung zur Verfügung deckt regelmäßig auch das **zugrundeliegende** Verpflichtungsgeschäft (s dazu § 1365 Rn 7a). Verpflichtungsgeschäfte, die keine Verfügung nach sich ziehen, sondern nur kraft Gesetzes ein **Pfandrecht** §§ 559, 647, 704 begründen, unterfallen § 1369 nicht (hM; BAMBERGER/ROTH/MAYER Rn 7; MünchKomm/KOCH Rn 26; SOERGEL/LANGER Rn 20), ebenso wenig solche, die **eine Gebrauchsüberlassung** ohne dingliche Wirkung nach sich ziehen (hM; aA PALANDT/BRUDERMÜLLER Rn 7 gegen den Wortlaut).

b) Zum **Begriff der Verfügung** vgl § 1365 Rn 36. Von besonderer praktischer **5** Bedeutung ist die Regelung des § 1369 beim **Kauf auf Abzahlung** unter Einschaltung eines Finanzierungsinstituts. Gerade bei Haushaltsgegenständen sind Abzahlungsgeschäfte häufig. Viele Finanzierungsinstitute lassen sich zur Sicherung des von ihnen gewährten Kredits die vom Verkäufer dem Kunden übereignete Ware zur Sicherheit übereignen. Diese Verfügung aber bedarf nicht der Zustimmung des anderen Ehegatten. Sie ist als bloße „Erwerbsmodalität" anzusehen (s § 1365 Rn 41, 56; LG Bielefeld MDR 1963, 760; MünchKomm/KOCH Rn 25; RAUSCHER Rn 391 und hM). Das gilt unabhängig vom Zweck des Geschäftes nicht für Sicherungsübereignung oder Verpfändung in anderem Zusammenhang (s § 1365 Rn 41).

2. Gegenstände des ehelichen Haushalts

Der Begriff „Gegenstände des ehelichen Haushalts" entspricht dem Begriff „Haus- **6** rat" der HausratsVO. Auch die erbrechtliche Vorschrift des § 1932 spricht von den „zum ehelichen Haushalt gehörenden Gegenständen". Ferner ist in § 1370 von den „Haushaltsgegenständen" die Rede. Die Begriffsinhalte sind indessen nicht überall gleich. Sie richten sich vielmehr nach dem spezifischen Zweck der Vorschrift und ihren besonderen Voraussetzungen. So kann etwa § 1370 nicht sinnvoll auf Rechte angewendet werden, weil für diese kein „Ersatz" angeschafft werden kann. Deshalb kann auch § 1369 im Wesentlichen nur aus sich heraus ausgelegt werden. Zur Anwendung auf Rechte s Rn 14 ff.

Der Zweck der Vorschrift, die für das familiäre Zusammenleben im gemeinsamen Haushalt wichtige Vermögensteile zu erhalten und auf diese Weise die eheliche Lebensgemeinschaft im häuslichen Bereich zu schützen, gebietet eine weite Auslegung. Dabei sind jedoch die Anforderungen und Bedürfnisse des Rechtsverkehrs zu berücksichtigen.

a) Die in Betracht kommenden Gegenstände

7 Gegenstand des ehelichen Haushalts ist alles, was nach den Vermögens- und Lebensverhältnissen der Ehegatten für die gemeinsame Wohnung und Hauswirtschaft und für das familiäre Zusammenleben bestimmt ist (Kuhnt AcP 150, 130 ff, 132). „Hausrat" sind nicht nur die zu einer angemessenen Lebensführung erforderlichen, sondern alle Gegenstände, die den Ehegatten und der Familie tatsächlich im Haushalt dienen oder zu dienen bestimmt sind. Es kommt daher auch nicht darauf an, ob die Ehegatten „über ihre Verhältnisse" leben. Es können also auch **Luxusgegenstände**, wertvolle **Kunstgegenstände** und **Antiquitäten** zum Hausrat gehören, wenn sie nicht ausschließlich zur Kapitalanlage angeschafft worden sind (BGH FamRZ 1984, 575 = NJW 1984, 17, 58; OLG Bamberg FamRZ 1997, 379). Nach den Umständen kommt auch eine **Yacht** als Hausrat in Betracht (LG Ravensburg FamRZ 1995, 1585; OLG Dresden FPR 2003, 596: Motoryacht; kritisch hinsichtlich fehlender quantitativer u qualitativer Begrenzung Bamberger/ Roth/Mayer Rn 3, allerdings ohne Lösungsvorschlag; Erman/Heckelmann Rn 3).

8 Das Gegenstück zum Hausrat bilden die **Vermögensteile**, denen eine Beziehung zum häuslichen Leben und Wirtschaften fehlt. Dazu gehören nicht nur die als Kapital angelegten Vermögensteile (Bankguthaben, Wertpapiere, auch Grundstücke usw), die vermögensrechtlichen Erwerbsgrundlagen (insbesondere Mitgliedschaften bei Personalgesellschaften) und die geschäftlichen oder privaten Forderungen, sondern auch die ausschließlich oder ganz überwiegend für den individuellen Gebrauch des einzelnen Ehegatten bestimmten Gegenstände. Das gilt auch dann, wenn diese ihrer Art nach zum Hausrat gehören könnten, ihm aber nicht gewidmet sind.

9 Zum **Hausrat** gehören die Wohnungseinrichtung, auch die Einrichtung der Küche mit Kochgeräten, Porzellan- und Glasgeschirr, Bestecken usw, die Einrichtung des Badezimmers, der Nebenräume und des Gartens, zB Möbel, Teppiche, Wandschmuck, Gardinen, Elektro-, Gas- und Kohleherde und -öfen, soweit sie nicht dem Hauseigentümer gehören oder Bestandteile sind (etwa eine Einbauküche, vgl OLG Hamm FamRZ 1998, 1028); auch Wäsche, soweit sie nicht zum persönlichen Gebrauch nur eines Ehegatten bestimmt ist (wie Leibwäsche, Kleider, Anzüge und Mäntel).

10 Zum **Haushalt** gehören ferner die Gerätschaften zur Reinigung und Instandhaltung der Wohnung, der Kleider und des Gartens (Staubsauger, Besen usw, Nähmaschine, Waschmaschine, Gartengeräte), die der Unterhaltung und Bildung der Ehegatten und der Kinder dienenden Gegenstände (Bücher, Rundfunkgerät, Fernsehempfänger, Plattenspieler, Schallplatten, Spiel- und Sportgeräte, Musikinstrumente), soweit sie nicht allein beruflichen Zwecken des einen Ehegatten dienen oder ausschließlich den Neigungen eines Ehegatten entsprechen (Arbeitsgeräte, Fachliteratur, auch Musikinstrumente).

Zum Hausrat kann auch ein **PKW** gehören, insbesondere wenn er von beiden Ehegatten oder überwiegend im gemeinsamen privaten Interesse der Familie benutzt wird und nicht hauptsächlich den beruflichen Zwecken eines Ehegatten dient (BGH FamRZ 1991, 49 mwNw; OLG Düsseldorf FamRZ 1992, 1445 – nur, wenn der Eigentümer Familienzwecken den Vorrang einräumt –; so auch OLG Koblenz OLGR 2005, 787; FamRZ 1991, 1302; OLG Zweibrücken FamRZ 2005, 902; OLG Sachsen-Anhalt FamRZ 2004, 889; OLG Köln FamRZ 2002, 322 – vorrangig familiäre Nutzung –; OLG Hamm FamRZ 1990, 54; KG FamRZ 2003, 1927 m Anm Wever für PKW, der zwar steuerlich als Firmenfahrzeug geltend gemacht aber zuletzt nur von Ehefrau für Familienzwecke genutzt wurde; 1975, 164 f; HARTUNG 51; MünchKomm/KOCH Rn 7; weitergehend BRUDERMÜLLER FamRZ 2006, 1160: der einzige PKW idR Hausrat; so auch HAUSS-LEITER/SCHULZ Kap 4 Rn 117; SOERGEL/LANGE Rn 10; **aM** BGB-RGRK/FINKE Rn 7). Entsprechendes gilt für Fahrräder und andere Fahrzeuge, bei denen aber häufig eine Einzelzuordnung und Einzelnutzung feststellbar sein wird (für einen **Wohnwagen** als Wochenend- und Urlaubsquartier s OLG Düsseldorf FamRZ 1992, 60 – verneint –; OLG Koblenz NJW RR 1994, 516 – bejaht –).

Auch **Haustiere** können zu den Gegenständen des ehelichen Hausrats gehören, wenn **11** sie nicht ausschließlich von einem Ehegatten gehalten werden, Erwerbszwecken dienen (zB Zucht) oder Bestandteile eines landwirtschaftlichen Inventars sind (OLG Zweibrücken FamRZ 1998, 1432; OLG Schleswig NJW 1998, 3127 jeweils für einen Hund; OLG Sachsen-Anhalt FamRZ 2001, 481 abgelehnt bei sieben Pferden für nebenberuflichen Erwerb; HOPPENZ/MÜLLER § 1361a Rn 31; SCHNEIDER MDR 1999, 193 f; SOERGEL/LANGE Rn 13; **aM** BGB-RGRK/FINKE Rn 7).

Nicht zum Hausrat gehören danach Grundstückszubehör sowie alle Gegenstände, **12** die den **beruflichen oder persönlichen Zwecken** und Interessen **nur eines Ehegatten** dienen (Sammlungen, Sportausrüstungen, Schmuck, Armband- und Taschenuhren, Kleidungsstücke, Andenken, Erinnerungsstücke, Fahrzeuge, Arbeitsgeräte, Gegenstände, die der Aus- und Fortbildung dienen, sowie Lehrmittel).

Haushaltsvorräte an Lebens- und Genussmitteln, Brennstoffen, Gegenstände, die **13** zum Verbrauch bestimmt sind, fallen unter den weit zu fassenden Begriff der „Gegenstände des ehelichen Haushalts" (so auch HARTUNG 51; MünchKomm/KOCH Rn 8; KUHNT AcP 150, 130, 133; PALANDT/BRUDERMÜLLER Rn 7; SOERGEL/LANGE Rn 13; **aM** ERMAN/HECKEL-MANN Rn 3; BGB-RGRK/FINKE Rn 7).

Rechte fallen trotz der gesetzlichen Definition des „Gegenstandes" in § 90 nicht **14** unter den Begriff des Hausrats. Das lässt sich mit Sicherheit zwar weder aus dem Wortlaut und der Entstehungsgeschichte des § 1369 noch aus dem allgemeinen *Sprachgebrauch* oder dem Vergleich mit anderen Vorschriften (§§ 1370, 1932 BGB, 1, 8 ff HausratsVO) herleiten. Die Begrenzung ergibt sich aber aus der Funktion der Hausratsgegenstände, daraus, dass sie der Familie in der gemeinsamen Wohnung und Hauswirtschaft zu dienen bestimmt sind. Rechte sind jedoch in diesem Sinne funktionell indifferent. Das Anwartschaftsrecht, Lieferungs-, Schadensersatz- und Versicherungsansprüche, Gebrauchsrechte und Rechte auf Dienstleistungen können dem Haushalt nicht selbst unmittelbar dienen. Nur die Substrate solcher Rechte könnten in ihn eingegliedert sein. In den meisten Fällen sind aber diese Substrate keine geeigneten Gegenstände einer Verfügung iS des § 1369, da sie keinem der Ehegatten gehören.

Danach kann allenfalls eine **analoge Anwendung** des § 1369 auf Rechte in Betracht **15** kommen. In der Tat ist eine entsprechende Anwendung des § 1369 auf eine Reihe von Rechten geboten. Voraussetzung ist nur, dass das Substrat, auf das sie sich beziehen, in den ehelichen Haushalt eingegliedert ist (grundsätzlich ablehnend zur Einbeziehung von Rechten aber MünchKomm/GERNHUBER [3. Aufl] Rn 9 f, anders jetzt KOCH Rn 9 f).

16 Allgemein bejaht wird mit Recht die Anwendung auf **Anwartschaftsrechte** aus bedingter Übereignung von Hausratsgegenständen.

17 Streitig ist dagegen, ob auch obligatorische **Ansprüche auf Lieferung** von Hausratssachen gemäß § 1369 vinkuliert sind (*bejahend*: BOEHMER FamRZ 1959, 3; ERMAN/HECKELMANN Rn 4; RITTNER FamRZ 1961, 188 f; BENTHIN FamRZ 1982, 343; *verneinend*: BAMBERGER/ROTH/MAYER Rn 5; RAUSCHER Rn 392; MünchKomm/KOCH Rn 10; BGB-RGRK/FINKE Rn 5; SOERGEL/LANGE Rn 15; OLG Saarbrücken FamRZ 1964, 633). Ist der Gegenstand, auf den sich der Lieferungsanspruch bezieht, bereits dem ehelichen Haushalt gewidmet (dazu Rn 25), so dürfte eine Abtretung oder Verpfändung des Anspruchs wie auch ein Verzicht auf ihn ohne Mitwirkung des anderen Ehegatten dem Schutzzweck des § 1369 widersprechen. Einer Vinkulierung stehen auch Verkehrsinteressen nicht entgegen, da dem Partner des Verfügungsgeschäfts die Beziehung zum Hausrat hinreichend erkennbar ist (s auch RITTNER aaO).

18 **Geldansprüche** auf **Schadensersatz** oder aus einer **Sachversicherung** wegen Beschädigung, Zerstörung oder Entziehung eines Hausratsgegenstandes fallen nicht unter die Beschränkungen des § 1369. Ihnen fehlt es an einem Substrat, das unmittelbar der Familie in Wohnung und Hauswirtschaft zu dienen bestimmt ist (anders, wenn der Ersatzanspruch auf Herausgabe des entzogenen Hausratsgegenstandes gerichtet ist). Die Ansprüche selbst sind überdies ihrer Natur nach so wenig zweckbestimmt, wie es der eingezogene Geldbetrag ist. Selbst wenn aber die Ehegatten den zu zahlenden oder bereits geleisteten Geldbetrag zur Wiederbeschaffung von Hausratsstücken vorgesehen haben sollten, müsste eine Vinkulierung doch an einer mangelnden Erkennbarkeit jeglicher Beziehungen zum Hausrat scheitern. Zur Verfügung über die Ansprüche ist eine Bezeichnung des beschädigten, zerstörten oder entzogenen Gegenstandes nicht erforderlich und auch nicht üblich. Der Rechtsverkehr würde über Gebühr beeinträchtigt, wenn der andere Teil auch bei Verfügungen über Schadensersatzansprüche (ohne nähere Kennzeichnung) oder bei Forderungen gegen einen Sachversicherer oder sogar bei Verfügungen über Geld stets mit § 1369 rechnen müsste (wie hier die **hM**; anders aber BOEHMER FamRZ 1959, 4; DÖLLE I 768 Fn 16; HARTUNG 54 ff; PALANDT/BRUDERMÜLLER Rn 6).

19 Das Gleiche muss auch für **Ersparnisse** gelten, die von den Ehegatten für die Anschaffung von Hausrat bestimmt worden sind.

20 Rechte eines Ehegatten aus **Gebrauchsüberlassungsverträgen** über Hausratsgegenstände (die Besitz- und Gebrauchsrechte aus Miet- und Leihverträgen) sind dagegen entsprechend § 1369 wie Gegenstände des ehelichen Haushalts zu behandeln. Ihr Substrat ist in den Haushalt eingegliedert. Dass die Eingliederung nicht auf Dauer erfolgt ist, ist unbeachtlich; es **genügt** eine, wenn auch nur vorübergehende, rechtliche Zuordnung zum Hausrat (wie hier PALANDT/BRUDERMÜLLER Rn 6; MünchKomm/KOCH Rn 10, anders die hM). Der Streit ist jedoch praktisch belanglos, da für eine Anwendung nur Verfügungen wie Aufhebung oder Kündigung des Besitzüberlassungsverhältnisses in Betracht kommen.

Nicht hierher gehören aber Verfügungen über die gemieteten oder entliehenen fremden Sachen selbst (s dazu Rn 29 ff und BOEHMER FamRZ 1959, 4; RITTNER FamRZ 1961, 189; ZIEGE NJW 1957, 1580; ZUNFT NJW 1958, 130).

Nicht unter § 1369 fällt auch das **Wohnhaus** der Familie, die Eigentumswohnung **21**
(OLG Nürnberg FamRZ 1962, 473 = MDR 1963, 414;) und das **Mietrecht** an der ehelichen
Wohnung (hM, **aM** Braun aaO [Rn 1] 135; Hartung 58; Schulin DRiZ 1959, 77; LG Bamberg
FamRZ 1957, 258; dagegen aber LG Stuttgart FamRZ 1977, 200).

Auch die Rechte aus einem **Arbeitsverhältnis mit Hausangestellten** sind nicht den **22**
Beschränkungen des § 1369 unterworfen. Das Substrat dieser Rechte, die Arbeits-
kraft des Dienstverpflichteten, kann nicht zum Hausrat gerechnet werden (vgl schon
Rittner FamRZ 1961, 188).

b)   Die Zugehörigkeit zum „ehelichen Haushalt"

Nach dem Grundgedanken der Vorschrift, der auch in ihrem Wortlaut zum Aus- **23**
druck kommt (Gegenstände des ehelichen Haushalts), soll der Ehe und Familie die
wirtschaftliche Grundlage, hier insbesondere die Grundlage des häuslichen Wirtschaftens, nach Möglichkeit erhalten bleiben. Jedenfalls soll nicht ein Ehegatte ohne
den Willen des anderen durch Verfügungen oder durch zu einer Verfügung verpflichtende Geschäfte in diesen geschützten Bereich eingreifen können. Daraus folgt
aber, dass nur solche Gegenstände, die den begrifflichen Erfordernissen des Hausrats genügen, der Schutzvorschrift unterstellt sind, die auch den Zwecken des gemeinschaftlichen Haushalts dienen oder zu dienen bestimmt sind.

Führen die Ehegatten einen **gemeinsamen Haushalt**, so ist jeder von ihnen in der **24**
Verwaltung der von ihm vor oder während des Güterstandes angeschafften Hausratsstücke beschränkt. Es kommt dabei nicht darauf an, ob die Gegenstände ständig
im Haushalt benötigt oder auch nur benutzt werden. Es genügt, dass sie der Haushaltsführung im Falle des Bedarfs zu dienen bestimmt sind.

Leben die – etwa jung verheirateten – **Ehegatten noch getrennt**, so sind die zur **25**
Einrichtung der künftigen ehelichen Wohnung von dem einen oder dem anderen
Ehegatten erworbenen Gegenstände bereits als Hausrat gemäß § 1369 gebunden,
mögen sie auch noch beim Veräußerer lagern, anderweitig einstweilen untergestellt
oder bereits in die zu beziehende Wohnung eingebracht sein. Die tatsächliche gemeinsame Benutzung ist kein konstitutives Erfordernis, wohl aber die objektiv erkennbare **„Widmung"** dieser Sachen für den künftigen gemeinsamen Haushalt, die
dem Willen beider Ehegatten entsprechen muss. An dieser – auch stillschweigend
durch schlüssiges Verhalten möglichen – „Widmung" durch beide Ehegatten fehlt es
aber regelmäßig zB bei den Einrichtungsgegenständen der Junggesellenwohnung,
mögen sie auch im Hinblick auf die Verheiratung und die Gründung eines gemeinschaftlichen Haushalts erworben sein. Die Vinkulierung beginnt in Ansehung solcher Gegenstände erst mit ihrer tatsächlichen Einfügung in den gemeinsamen Haushalt oder damit, dass sie im Rahmen eines gemeinsamen Planes für die künftige
Einrichtung bestimmt werden. Die Tatsache der Eheschließung und des Eintritts des
Güterstandes allein genügt freilich nicht, solche Gegenstände den Beschränkungen
des § 1369 zu unterwerfen.

Die **Eigenschaft als Hausrat geht** nach hM **nicht verloren**, wenn sich die Ehegatten **26**
trennen. Nur die von dem getrennt lebenden Ehegatten für den neuen Haushalt
angeschafften Hausratsstücke unterliegen dem § 1369 nicht, ebenso nicht die von
dem in der bisher gemeinsamen ehelichen Wohnung verbliebenen Ehegatten erwor-

benen neuen Gegenstände. Im Übrigen bleibt es bei der Regelung des § 1369 (Bay-ObLG FamRZ 1980, 571; 1965, 331; NJW 1960, 1205; OLG Koblenz FamRZ 1991, 1302; OLG Saarbrücken OLGZ 1967, 1, 4 ff m zust Anm LANGE JuS 1970, 500, 503; BAMBERGER/ROTH/MAYER Rn 2; ERMAN/HECKELMANN Rn 6; BGB-RGRK/FINKE Rn 9; SOERGEL/LANGE Rn 3; PALANDT/BRU-DERMÜLLER Rn 3; **aM** GERNHUBER/COESTER-WALTJEN § 35 Rn 57–59; MünchKomm/KOCH Rn 22; s auch RIMMELSPACHER NJW 1969, 1997, 1998 Fn 12).

27 Überzählige (veraltete und durch neue ersetzte, ererbte oder geschenkte usw) **Haus-ratsgegenstände** sind nicht schlechthin frei verfügbar. Es kommt auf die Umstände des Einzelfalles an, ob sie dem gemeinsamen ehelichen Haushalt noch zu dienen bestimmt sind. Ist ihre spätere Verwendung im Falle des Bedarfs vorgesehen, sind sie bereits oder bleiben sie ehelicher Hausrat. Ist dagegen ihre Veräußerung oder Ver-nichtung vorgesehen, bleiben oder werden diese Gegenstände nicht Bestandteil des vinkulierten Hausrats. Über die Zweckbestimmung muss zwischen den Ehegatten Einigkeit bestehen. Werden überzählige und aus dem Haushalt bereits ausgeschie-dene Gegenstände später aus irgendwelchen Gründen wieder in Gebrauch genom-men, gewinnen sie ihre Eigenschaft als Hausrat wieder.

3.   Alleineigentum des vertragschließenden Ehegatten

28 § 1369 beschränkt jeden Ehegatten nur in der Verwaltung der **ihm gehörenden Ge-genstände** des ehelichen Hausrats. Aus dem Wortlaut des Gesetzes muss gefolgert werden, dass der vertragschließende Ehegatte Eigentümer des Hausratsgegenstan-des sein muss. Die Ehegatten sind also nur in der Verwaltung ihres eigenen Ver-mögens, soweit es sich in Haushaltsgegenständen verkörpert, beschränkt. Dem Eigentum stehen lediglich die dem vertragschließenden Ehegatten zustehenden Rechte (s oben Rn 15 ff) gleich, die sich auf Hausrat beziehen.

4.   Eigentum des anderen Ehegatten, Fremdeigentum

a)   Eigentum des anderen Ehegatten

29 Seinem **Wortlaut** nach erfasst § 1369 nur die Hausratsgegenstände, die dem am Rechtsgeschäft beteiligten Ehegatten gehören. Nach verbreiteter Auffassung ist die Vorschrift aber **analog anwendbar**, wenn der Gegenstand dem anderen Ehegatten gehört. Dafür wird vor allem der Zweck angeführt, den ehelichen Hausrat als Lebensgrundlage der Familie vor einseitigen Eingriffen eines Ehegatten zu schützen (vgl OLG Köln MDR 1968, 586; OLG Schleswig SchlHA 1974, 111; BAUR/STÜRNER, Sachenrecht § 51 Rn 29; LÜDERITZ/DETHLOFF § 5 Rn 86; DÖLLE I 771; ERMAN/HECKELMANN Rn 7; GERNHUBER/ COESTER-WALTJEN § 35 Rn 53; HARTUNG 61 ff; LORENZ JZ 1959, 107; MünchKomm/GERNHUBER [3. Aufl] Rn 13; PALANDT/BRUDERMÜLLER Rn 1; RAUSCHER Rn 393; BAMBERGER/ROTH/MAYER Rn 6). Bei Zulassung eines gutgläubigen Erwerbs nach § 932 müsse der Dritte, der an das Eigentum des Ehegatten glaubt, auch die aus § 1369 folgende Beschränkung gelten lassen (so ERMAN/HECKELMANN und MünchKomm/GERNHUBER aaO).

30 Der Zweck des Gesetzes **rechtfertigt** es im vorliegenden Falle **nicht**, über das „ar-gumentum a fortiori" **eine Analogie** zuzulassen. Der Gesetzgeber hat bislang noch immer davon abgesehen, jeweils dann, wenn er den Rechtsinhaber in der Verfügung beschränkt, zugleich auch denjenigen, der sich – redlich oder nicht – als Rechtsin-haber ausgibt, in gleicher Weise zu beschränken. Eine derartige Anordnung durfte ihm auch als entbehrlich erscheinen, da die Rechtsgeschäfte eines Nichtberechtigten grundsätzlich den Berechtigten nicht berühren. Der Nichtberechtigte, der im eigenen Namen handelt, kann nur sich selbst verpflichten. Seine Verfügungen sind grundsätzlich unwirksam, wie sich aus § 185 ergibt. Gegen unrechtmäßige Verfügungen eines Nichtberechtigten gewährt das Gesetz allein Schutz durch die allgemeinen Vorschriften über die unerlaubten Handlungen, uU die ungerechtfertigte Bereicherung und durch die Bestimmung der Strafgesetze. Dieser Schutz ist im Interesse des Rechtsverkehrs zugunsten gutgläubiger Erwerber eingeschränkt. Wie aber ein gutgläubiger Erwerb von Nichtberechtigten nur nach Maßgabe ausdrücklicher gesetzlicher Vorschriften auf die Fälle des Vertrauens auf die Verfügungsmacht ausgedehnt werden kann (zB § 135 Abs 2 BGB, § 81 InsO), ist auch der Ausschluss des gutgläubigen Erwerbs nur nach gesetzlicher Vorschrift als wirksam anzuerkennen.

Da der Gesetzgeber die Erstreckung des § 1369 auf die von einem Ehegatten über **31** Hausratsgegenstände des anderen Ehegatten vorgenommenen Rechtsgeschäfte nicht ausdrücklich angeordnet hat, muss davon ausgegangen werden, dass die Rechtsgeschäfte nach den allgemeinen Rechtssätzen zu beurteilen sind (ebenso OLG Saarbrücken FamRZ 1964, 633 [L]; BOEHMER FamRZ 1959, 4 u 81; KOENIGER DRiZ 1959, 372, 374; BGB-RGRK/FINKE Rn 12 ff; RITTNER FamRZ 1961, 185, 191 ff; SOERGEL/LANGE Rn 16; ZIEGE NJW 1957, 1579, 1580; MünchKomm/KOCH Rn 13). Das Argument, der Dritte müsse sich so behandeln lassen, wie er bei Richtigkeit seiner Vorstellung stünde (s Rn 29), kann nicht überzeugen, da die Vorschriften über den gutgläubigen Erwerb dem Schutz des Dritten dienen, ihn aber nicht generell an die vorgestellte Lage binden (s dazu auch BGH NJW 1976, 369; SOERGEL/LANGE Rn 16 aE).

Es besteht überdies bei Ablehnung der analogen Anwendung von § 1369 auch **32** praktisch **kaum eine Schutzlücke**. Die Ehegatten sind regelmäßig *Mitbesitzer* der Hausratsgegenstände, so dass der gutgläubige Erwerb des Dritten meist gemäß § 935 scheitert.

b) Eigentum Dritter

Was für Verfügungen eines Ehegatten über Hausratsgegenstände des anderen Ehe- **33** gatten gilt, trifft in noch höherem Maße auf Verfügungen über Sachen Dritter zu. Hier entspricht es durchaus hM, dass § 1369 nicht analog anzuwenden ist.

5. Miteigentum

Sind die Ehegatten Miteigentümer eines zum ehelichen Haushalt gehörenden Ge- **34** genstandes, so ergibt sich die Notwendigkeit ihres Zusammenwirkens bei Verfügungen über den gemeinsamen Gegenstand und beim Abschluss der entsprechenden Verpflichtungsgeschäfte nicht erst aus § 1369, sondern aus dem zugrundeliegenden Rechtsverhältnis (regelmäßig Bruchteilsgemeinschaft, selten Gesellschaft). Die Ehegatten müssen grundsätzlich gemeinsam handeln, §§ 747 S 2, 774 Abs 1, 709 Abs 1. Im Übrigen wäre es verfehlt, das einheitliche Verfügungsgeschäft über den Hausratsgegenstand in Verfügungen über die jeweiligen Anteile (§§ 742, 747) aufzuspalten und über §§ 1369, 139 zur Gesamtunwirksamkeit zu gelangen (kritisch auch Münch-Komm/KOCH Rn 12 gegen BayObLGZ 1965, 131, 135; BGB-RGRK/FINKE Rn 15; SOERGEL/LANGE Rn 17; GERNHUBER/COESTER-WALTJEN § 35 Rn 53; RAUSCHER Rn 393). Vielmehr ist die Verfügung über die Sache selbst gleichermaßen nach § 185 Abs 2 und § 1369 insgesamt schwebend unwirksam. Der gute Glaube des Dritten könnte nur das fehlende (Allein-)Eigentum überwinden, nicht aber die fehlende Zustimmung nach § 1369. Im Einzelfall bleibt zu klären, ob nicht gemäß § 140 der Miteigentumsanteil des verfügenden Ehegatten Geschäftsgegenstand ist.

35 Der **Anteil** jedes Ehegatten **an dem gemeinschaftlichen Gegenstand** ist dagegen seinerseits als „Hausratsgegenstand" anzusehen. Zu einer Verfügung und auch nur zur Eingehung einer Verpflichtung zur Verfügung über den Anteil ist daher die Zustimmung des anderen Ehegatten erforderlich.

36 Die gleichen Grundsätze gelten auch, wenn ein Ehegatte zusammen mit einem Dritten Miteigentümer ist und der Gegenstand in den ehelichen Haushalt eingefügt ist.

6. § 1369 in Prozess und Zwangsvollstreckung

37 a) Die Legitimation des Eigentümer-Ehegatten zur Führung von **Aktiv- und Passivprozessen** über Hausratsgegenstände ist von der Zustimmung des anderen Ehegatten nicht abhängig. **Prozesshandlungen**, die materiell eine Verfügung enthalten oder zu einer Verfügung verpflichten, bedürfen jedoch materiellrechtlich der Zustimmung des anderen Ehegatten (zu Vergleich, Verzicht, Anerkenntnis s § 1365 Rn 10).

38 b) Zur **Zwangsvollstreckung** wegen Geldforderungen in Hausratsgegenstände bedarf es der Mitwirkung des anderen Ehegatten grundsätzlich nicht. Der Besitz oder Mitbesitz des anderen Ehegatten bleibt gemäß § 1362 BGB, § 739 ZPO in der Zwangsvollstreckung unbeachtlich. Die Widerspruchsklage aus § 771 ZPO kann der andere Ehegatte nicht unter Berufung auf § 1369 erheben, weil die Zwangsvollstreckung in den Hausratsgegenstand keine Verfügung im Sinne dieser Vorschrift ist (hM, vgl Baur FamRZ 1958, 256 Anm 24; MünchKomm/Koch Rn 19; Bamberger/Roth/Mayer Rn 7; Soergel/Lange Rn 20; K Schmidt NJW 1974, 323; s auch § 1365 Rn 13).

39 Anders ist es, wenn der Dritte gegen den vertragschließenden Ehegatten ein rechtskräftiges **Urteil auf Übereignung** (Abgabe einer Willenserklärung) eines Hausratsgegenstandes erwirkt hat (§§ 894, 897 ZPO). Hat der beklagte Ehegatte den vom Kläger geltend gemachten Anspruch etwa anerkannt, so stand dem Erlass eines Anerkenntnisurteils gemäß § 307 ZPO die mangelnde Verfügungsbefugnis des Beklagten nicht entgegen (BGH LM § 306 ZPO Nr 1). Nach überwiegender Rechtsansicht (vgl BayObLG MDR 1953, 561 m w Hinw) macht die Vollstreckungswirkung des Urteils die nach materiellem Recht erforderliche Zustimmung eines Dritten – hier die des anderen Ehegatten – entbehrlich. Danach wäre der Dritte nach Eintritt der Rechtskraft des Urteils (§ 894 ZPO) und nach Wegnahme des Haushaltsgegenstandes durch den Gerichtsvollzieher (§ 897 ZPO) Eigentümer geworden. Gegen diese Lösung spricht jedoch, dass nach § 894 ZPO nur die Willenserklärung des Schuldners als abgegeben gilt, dass also dessen erforderliche Erklärungen durch die fiktive Vollstreckungswirkung ersetzt werden. Hätte aber der Schuldner die Erklärung selbst abgegeben, wäre sie gemäß § 1369 Abs 1 schwebend unwirksam bis zur Erklärung des anderen Ehegatten über die **Genehmigung** der Verfügung. Es ist nicht anzunehmen, dass der Schuldner durch § 894 ZPO von den Verfügungsbeschränkungen freigestellt werden sollte, denen er sachlich-rechtlich unterliegt (so auch BAUR FamRZ 1958, 256; BOSCH FamRZ 1959, 241; BROX FamRZ 1961, 285; HARTUNG 117 ff; LORENZ JZ 1959, 109; MünchKomm/KOCH Rn 20; SOERGEL/LANGE Rn 20; BAMBERGER/ROTH/MAYER Rn 7).

Von dem Zustimmungserfordernis *befreit* sind Vermögensverwalter wie **Nachlass,** **40** **Insolvenz- und Zwangsverwalter** sowie **Testamentsvollstrecker** (s auch § 1365 Rn 13).

III. Die Zustimmung des anderen Ehegatten

1. Einwilligung

Das gemäß § 1369 vinkulierte Rechtsgeschäft über Gegenstände des ehelichen **41** Haushalts ist nur dann (voll) wirksam, wenn es mit Einwilligung des anderen Ehegatten abgeschlossen wird. Einwilligung ist die vorherige Zustimmung, § 183. Sie ist einseitige, empfangsbedürftige Willenserklärung, die einer besonderen Form nicht bedarf. Zu Einzelheiten (Erklärungsgegner, schlüssiges Verhalten) vgl § 1365 Rn 69 f.

Über den **Widerruf der Einwilligung** vgl § 1365 Rn 71. Die Vorschriften der §§ 170–173 über das **Fortwirken** der einmal erteilten **Vollmacht** sind auf die Einwilligung entsprechend anzuwenden, § 1365 Rn 72.

2. Einfluss der §§ 1356, 1357

Aus den Vorschriften über **Haushaltsführung** und die **Schlüsselgewalt**, §§ 1356, 1357, **42** ergibt sich keine Einschränkung des Zustimmungserfordernisses (aM PALANDT/BRUDERMÜLLER Rn 7). Weder aus § 1356 Abs 1 S 2 noch aus § 1357 lässt sich auch die Befugnis ableiten, die erforderliche Zustimmung mit Wirkung für den anderen Ehegatten sich selbst oder dem Dritten gegenüber zu erteilen. Nach der abweichenden Meinung liefe § 1369 seit der Neufassung der §§ 1356 f leer. Wie hier auch BayObLG FamRZ 1980, 572; MünchKomm/KOCH Rn 30; SOERGEL/LANGE Rn 22.

3. Mangel der Einwilligung

Das **ohne** die erforderliche **Einwilligung** abgeschlossene Rechtsgeschäft (Verpflich- **43** tung oder Verfügung) ist unwirksam. Ein einseitiges Rechtsgeschäft ist schlechthin unwirksam, §§ 1369 Abs 3, 1367. Ein der Einwilligung ermangelnder Vertrag dagegen ist nur schwebend unwirksam; er ist der Genehmigung fähig; §§ 1369 Abs 3, 1366.

4. Ersetzung der Zustimmung

Die erforderliche Zustimmung des anderen Ehegatten (Einwilligung und Genehmi- **44** gung) kann auf Antrag **durch das Vormundschaftsgericht ersetzt** werden, Abs 2.

a)   Eine **Ersetzung** kommt zunächst in Betracht, wenn der andere Ehegatte die **45** Erteilung der Zustimmung ohne ausreichenden Grund verweigert.

Abweichend von § 1365 Abs 2 wird hier nicht gefordert, dass das Rechtsgeschäft den

Grundsätzen einer ordnungsmäßigen Verwaltung entspricht. Dieser Unterschied in der Fassung der beiden Vorschriften ist praktisch ohne Bedeutung, da kaum Rechtsgeschäfte denkbar sind, die den Grundsätzen ordnungsmäßiger Verwaltung nicht entsprechen und gegen die dennoch kein ausreichender Grund vorzubringen ist, der die Verweigerung der Zustimmung rechtfertigt. Die Ersetzung der Zustimmung ist daher im Verhältnis zu § 1365 Abs 2 nicht etwa erleichtert; es entfällt lediglich die Trennung der zu prüfenden Voraussetzungen in „Ordnungsmäßigkeit der Verwaltung" und „ausreichender Verweigerungsgrund". Auch hier sind daher alle Umstände zu würdigen, die in ihrer Gesamtheit die Verweigerung als grundlos oder berechtigt erscheinen lassen können (vgl auch BayObLG FamRZ 1960, 156 ff = NJW 1960, 1205).

Zu berücksichtigen sind in erster Linie die Interessen des anderen Ehegatten an der Erhaltung gerade dieses Hausratsgegenstandes, mögen ihnen hauswirtschaftliche, vermögensrechtliche, persönliche oder ideelle Motive zugrunde liegen (gegen die Berücksichtigung ideeller Motive MünchKomm/Koch Rn 35). Im Ergebnis kann deswegen die Zustimmung auch verweigert werden im Hinblick auf eine Hausratsteilung nach Scheidung (vgl dazu BayObLG FamRZ 1980, 1001; s aber oben Rn 1).

46 Der von dem anderen Ehegatten vorgebrachte Verweigerungsgrund muss **gegen die Vornahme des Geschäfts** über einen bestimmten Hausratsgegenstand sprechen. Ist aber eine ehefremde, egoistische Verwendung der **Gegenleistung** aus konkretem Anlass ernsthaft zu besorgen, kann bereits das Verpflichtungs- und Verfügungsgeschäft selbst für die wirtschaftliche Grundlage der Familie und eine ordnungsgemäße gerechte Zugewinnteilhabe gefährlich sein. In diesem Falle ist die Ersetzung der Zustimmung zu versagen (s auch § 1365 Rn 77).

47 Maßgebend ist, ob das beabsichtigte Geschäft einer „rechten ehelichen Gesinnung" entspricht und den *Interessen des anderen Ehegatten und der Familie nicht widerspricht*. Von diesem Grundsatz ausgehend, muss der andere Ehegatte uU auch seine eigenen Interessen an der Erhaltung des Hausratsgegenstandes zurückstellen, wenn die Familieninteressen dies fordern. Der andere Ehegatte muss daher auch *Beeinträchtigungen* in der Haushaltsführung oder der Vermögenslage des vertragschließenden Ehegatten dulden, wenn das Geschäft dazu geeignet und bestimmt ist, anderen gemeinsamen Interessen oder auch wichtigen persönlichen Interessen des einen oder des anderen von ihnen zu dienen und die Vornahme dazu erforderlich ist. So kann dem einen Ehegatten nicht die Veräußerung eines ihm gehörenden wertvollen Hausratsgegenstandes unmöglich gemacht werden, wenn er von dem Erlös die Kosten einer gebotenen Erholungsreise der Familie oder die Kosten eines erforderlichen Kuraufenthalts für sich, den anderen Ehegatten oder die Kinder bestreiten will. Unter mehreren in Betracht kommenden Gegenständen hat der vertragschließende Ehegatte den auszuwählen, dessen Weggabe den anderen Ehegatten und die Familie am wenigsten beeinträchtigt.

48 Auch *private, persönliche und ideelle Interessen* des anderen Ehegatten sind zu berücksichtigen; kann sich die Frau etwa mit neuen Haushaltsmaschinen nicht befreunden, so verweigert sie mit ausreichendem Grund ihre Zustimmung zur Veräußerung technisch „veralteten" Hausgeräts, selbst wenn ihr die neuen Geräte zur Verfügung gestellt sind. Ebenso wenig ist die Verweigerung grundlos, wenn ein

Ehegatte über ihm gehörende Hausratsstücke verfügen will, die für beide Ehegatten oder den anderen Ehegatten besonderen Erinnerungswert haben.

Ist im einzelnen Falle ein Grund zur Verweigerung der Zustimmung gegeben, so ist **49** er nur dann *ausreichend*, wenn die Abwägung der beiderseitigen Interessen ergibt, dass dem anderen Ehegatten *nicht zumutbar* ist, seine Belange denen des vertragschließenden Ehegatten nachzuordnen. Daher kann auch eine Beeinträchtigung des Mannes oder der Frau durch die Veräußerung eines erforderlichen oder ständig benutzten Hausratsgegenstandes nicht stets als ausreichender Grund für die Verweigerung angesehen werden, etwa dann nicht, wenn er einem Abkömmling oder nahen Verwandten als Aussteuer oder Ausstattung zugewendet werden soll und andere Gegenstände oder die erforderlichen Geldmittel nicht vorhanden sind.

b) Ist der andere Ehegatte *an einer Erklärung* über die Zustimmung *gehindert*, so **50** kann diese ebenfalls durch das Vormundschaftsgericht ersetzt werden. Als Verhinderungsgründe kommen nach dem Gesetz nur Krankheit und Abwesenheit in Betracht.

Die Tatsache der Verhinderung durch Krankheit oder Abwesenheit gibt für sich allein freilich noch keine hinlängliche Rechtfertigung für einen Ersetzungsbeschluss ab. Wenn das Gesetz es auch nicht ausdrücklich bestimmt, ist nach seinem Sinn und Zweck doch zu verlangen, dass das zustimmungsbedürftige Geschäft nach Inhalt und Wirkungen „ordnungsgemäß“ ist, dh, einer rechten ehelichen Gesinnung und Handlungsweise entspricht. Der Vormundschaftsrichter muss daher von Amts wegen (§ 12 FGG) die wesentlichen Tatsachen, die für und wider die Vornahme des Geschäfts sprechen, ermitteln und gegeneinander abwägen.

c) Die Ersetzung der Zustimmung ist nach Abs 2 zulässig, wenn der Vormund- **51** schaftsrichter die Voraussetzungen (Fehlen eines ausreichenden Grundes oder Verhinderung des anderen Ehegatten und ehegemäße Sachdienlichkeit des Geschäfts) für gegeben erachtet. Nicht erforderlich ist, dass im Falle der Verhinderung mit dem Aufschub der Entscheidung über die Zustimmung Gefahr verbunden ist. Diese in § 1365 Abs 2 weiter geforderte Voraussetzung hielt der Gesetzgeber bei Hausratsgeschäften für entbehrlich, weil es sich bei diesen um weit weniger einschneidende Veränderungen der wirtschaftlichen Grundlage der Ehe- und Familiengemeinschaft handelt als bei den Gesamtvermögensgeschäften.

Maßgebender Zeitpunkt ist nicht der des Vertragsschlusses, sondern der der letzten tatrichterlichen Verhandlung (BayObLG FamRZ 1980, 1001; 1968, 315, 317; vgl auch § 1365 Rn 81).

d) Über das **Verfahren** vor dem Vormundschaftsgericht vgl die Einzelheiten in **52** § 1365 Rn 86 ff.

e) Aus dem Rechtsgeschäft selbst kann sich die *Verpflichtung* des vertragschlie- **53** ßenden Ehegatten gegenüber dem Dritten ergeben, die *Ersetzung* der Zustimmung des anderen Ehegatten beim Vormundschaftsgericht *zu beantragen* (s dazu § 1365 Rn 92).

5. Genehmigung

54 Hat ein Ehegatte ohne die erforderliche Einwilligung einen Vertrag über Haushaltsgegenstände geschlossen, so ist dieser schwebend unwirksam; er ist gemäß § 1369 Abs 3, 1366 Abs 1 der Genehmigung durch den anderen Ehegatten fähig. Die Genehmigung ist ein einseitiges, empfangsbedürftiges Rechtsgeschäft, an keine Form oder Frist gebunden und kann sowohl dem vertragschließenden Ehegatten als auch dem Dritten gegenüber erklärt werden. Die einmal erteilte Genehmigung ist unwiderruflich. Zu Einzelheiten vgl § 1366 Rn 7 ff. Auch die Genehmigung kann auf Antrag vom Vormundschaftsgericht ersetzt werden.

6. Widerruf des Dritten

55 Der Dritte ist bis zur Erklärung des anderen Ehegatten über die Genehmigung nicht fest an das Rechtsgeschäft gebunden. Er kann in erster Linie den schwebend unwirksamen Vertrag durch Widerruf beseitigen, §§ 1369 Abs 3, 1366 Abs 2.

Der Widerruf ist zulässig, wenn der Dritte beim Abschluss des Vertrages nicht gewusst hat, dass der Mann oder die Frau verheiratet ist. Hat der Dritte gewusst, dass sein Vertragsgegner verheiratet ist, kann er nur widerrufen, wenn dieser der Wahrheit zuwider behauptet hat, der andere Ehegatte habe eingewilligt. Auch in diesem Falle kann er nicht widerrufen, wenn er beim Abschluss des Vertrages gewusst hat, dass der andere Ehegatte die Einwilligung nicht erteilt hatte. Maßgeblich ist nur die positive Kenntnis des Verheiratetseins bzw der Nichterteilung der Einwilligung. Über die Wirkungen des Widerrufs vgl § 1366 Rn 24.

7. Aufforderung zur Erklärung über die Genehmigung

56 Der Dritte kann ferner, wenn er sich die Möglichkeit erhalten will, dass der Vertrag noch wirksam wird, vom Widerruf absehen und den vertragschließenden Ehegatten auffordern, die erforderliche Genehmigung zu beschaffen, §§ 1369 Abs 3, 1366 Abs 3. Ist die Aufforderung erfolgt, so kann sich der andere Ehegatte über die Genehmigung *nur noch dem Dritten gegenüber* erklären. Eine vor der Aufforderung dem vertragschließenden Ehegatten gegenüber erklärte Genehmigung (nicht auch die Einwilligung) wird durch die Aufforderung unwirksam. Die Genehmigung des anderen Ehegatten kann nur noch bis zum Ablauf von zwei Wochen nach dem Empfang der Aufforderung erklärt werden. Wird sie innerhalb dieser Frist nicht erklärt, so gilt die Genehmigung als verweigert. Zu weiteren Einzelheiten vgl § 1366 Rn 26 ff.

8. Einseitige Rechtsgeschäfte

57 Ein einseitiges Rechtsgeschäft der in § 1369 Abs 1 bezeichneten Art ist unwirksam, wenn es ohne die erforderliche Einwilligung vorgenommen wird, vgl § 1367 und Erl dazu.

9. Beendigung des Güterstandes während der Schwebezeit

58 Endet der Güterstand noch vor der Erklärung des anderen Ehegatten über die

Genehmigung des ohne seine Einwilligung abgeschlossenen Vertrages oder vor der Entscheidung über den Ersetzungsantrag, so wird der Vertrag in der Regel dadurch nicht wirksam; der Schwebezustand dauert fort. Das folgt aus dem Schutzzweck der Vorschrift, der in seinen Wirkungen über die Dauer des Güterstandes hinausreicht: auch § 1369 soll die ordnungsgemäße und gerechte Ausgleichung des beiderseitigen Zugewinns sichern. In vielen Fällen ist gerade der Hausrat das einzige dem Zugewinnausgleich unterliegende Vermögen der Ehegatten. Daneben besteht in Ansehung des Hausrats auch der auf den Schutz der wirtschaftlichen Grundlage der Familie zielende Zweck des § 1369 fort, sofern der andere Ehegatte ein rechtliches Interesse an der Erhaltung des Hausrats hat. Das ist insbesondere dann anzunehmen, wenn ihm der Hausrat gemäß § 1932 als Voraus gebührt oder wenn die Voraussetzungen des § 9 HausratsVO oder des § 1361a gegeben sind. Für Wirksamwerden bei Beendigung des Güterstandes aber OLG Hamm FamRZ 1972, 297; OLG Saarbrücken OLGZ 1967, 1, 6.

a) Endet der Güterstand auf andere Weise als durch den Tod eines Ehegatten, so **59** bleibt das Geschäft schwebend unwirksam, bis der andere Ehegatte es entweder genehmigt oder ihm die Genehmigung versagt. Der Umstand, dass der Güterstand beendet ist, führt allein nicht zu einer endgültigen Klärung des Zustandes der Ungewissheit. S auch § 1365 Rn 105.

b) Wird der Güterstand **durch den Tod des vertragschließenden Ehegatten** beendet **60** und ist der andere Ehegatte Erbe oder Vermächtnisnehmer, so bleiben doch Teilhabeinteressen des anderen Ehegatten im Spiel, da eine Konvaleszenz den Nachlass schmälern würde. Vor allem würden auch die Rechte des Überlebenden auf den Voraus (§ 1932) geschmälert. S auch § 1365 Rn 106.

c) Endet der Güterstand durch den **Tod des anderen Ehegatten**, wird das bis dahin **61** schwebend unwirksame Geschäft wirksam, wenn der vertragschließende Ehegatte Erbe oder Vermächtnisnehmer wird. In diesem Falle sind Ausgleichsinteressen nicht berührt. Liegen diese Voraussetzungen nicht vor und wird gemäß § 1371 Abs 2 der Zugewinn ausgeglichen, so hängt die Wirksamkeit des Rechtsgeschäfts weiterhin von der Zustimmung der Erben ab; s hierzu auch § 1365 Rn 107.

IV. Die Rechtsstellung des Dritten

1. Schadensersatz

Ist das Verpflichtungs- oder Verfügungsgeschäft über einen Hausratsgegenstand **62** mangels Zustimmung oder Ersetzung der Zustimmung **unwirksam**, so kann der Dritte aus ihm **keinerlei Rechte** herleiten. Unberührt bleiben jedoch Ansprüche auf Ersatz des negativen Interesses (s dazu auch § 1365 Rn 98).

2. Guter Glaube des Dritten

Der **gute Glaube** des Dritten und die alleinige und unbeschränkte Verfügungsmacht **63** eines Ehegatten **wird nicht geschützt**. § 1369 enthält wie § 1365 eine absolut wirkende Beschränkung des rechtlichen Könnens, kein Veräußerungsverbot, noch weniger ein relatives Veräußerungsverbot iS des § 135. Es kommt daher nicht darauf an, ob der

Dritte weiß, dass sein Geschäftspartner verheiratet ist, dass er im Güterstand der Zugewinngemeinschaft lebt oder dass es sich bei dem Vertragsgegenstand um ein Stück des ehelichen Hausrats handelt. Dieser letzte Punkt ist indes umstritten. So nehmen KOENIGER DRiZ 1959, 373; REITHMANN DNotZ 1961, 9; SCHELD Rpfleger 1973, 280 an, dass der Irrtum des Dritten über die Zugehörigkeit der veräußerten Sache zu den Gegenständen des ehelichen Haushalts beachtlich sei. Der Rechtsverkehr werde zu sehr belastet, wenn man dem Erwerber einen Schutz auch dann versage, wenn er die Hausratseigenschaft weder kannte noch erkennen konnte. Wie bei Geschäften über einzelne Gegenstände, die das ganze Vermögen eines Ehegatten ausmachen, die Kenntnis oder doch die Möglichkeit der Kenntnis zum Tatbestand des Gesamtvermögensgeschäfts iS des § 1365 gerechnet wird, soll die Hausratseigenschaft zum notwendigen Vertragsinhalt gehören. Hausratsgegenstände sind aber unschwer als solche zu erkennen. Ob sie im einzelnen Falle in den ehelichen Haushalt eingegliedert sind, lässt sich zwar von Außenstehenden nicht feststellen. Diese werden aber durch die generelle Erkennbarkeit des Vertragsgegenstandes als Hausrat in hinreichendem Maße angehalten, sich nach der konkreten Eingliederung zu erkundigen. Wer das versäumt, hat sich die Folgen selbst zuzuschreiben. Für eine „subjektive Theorie", für einen besonderen Schutz des „gutgläubigen" Erwerbers ist deshalb kein Raum (iE wie hier DÖLLE I 770; ERMAN/HECKELMANN Rn 1; BAMBERGER/ROTH/ MAYER Rn 9; MünchKomm/KOCH Rn 27 f; PALANDT/BRUDERMÜLLER Rn 10; BGB-RGRK/FINKE Rn 31; SOERGEL/LANGE Rn 24; s auch § 1365 Rn 99).

64 Hat der **Dritte** einen Hausratsgegenstand aufgrund eines gemäß § 1369 unwirksamen Rechtsgeschäfts erlangt, so unterliegen dessen **weitere Verfügungen** nicht mehr den Beschränkungen dieser Vorschrift. Der Dritte kann mithin an einen nach den allgemeinen Bestimmungen gutgläubigen Erwerber rechtswirksam weiterveräußern. Das ist allgemeine Meinung.

65 Ein gutgläubiger Erwerb findet auch statt, wenn ein Ehegatte dem Dritten den Haushaltsgegenstand nicht (rechtsunwirksam) übertragen, sondern ihm den Gegenstand in **Kommission** gegeben hat. Verfügt nunmehr der Dritte in eigenem Namen zugunsten eines anderen, so erwirbt dieser gemäß § 366 HGB das Eigentum. Auf die Wirksamkeit der Ermächtigung kommt es im Rahmen des § 366 HGB gerade nicht an. Im Verhältnis zum Erwerber ist der Kommissionär in ganz der gleichen Lage wie der Dritte im Falle der Rn 64 (ebenso HARTUNG 43 ff; RITTNER FamRZ 1961, 194 Fn 114; MünchKomm/KOCH Rn 16; SOERGEL/LANGE Rn 24. *Anders* BOEHMER FamRZ 1959, 5 und, in: FS Hedemann [1958] 43 f).

66 Veräußert ein Ehegatte einen **eigenen Hausratsgegenstand** (absichtlich oder irrtümlich) **als Kaufmann** im Rahmen seines Handelsgewerbes, so wird der gute Glaube des Kunden an seine alleinige Verfügungsmacht nicht geschützt. Fehlt die Zustimmung des anderen Ehegatten, ist sowohl das Verpflichtungs- als auch das Verfügungsgeschäft unwirksam. § 366 HGB ist in diesem Fall nicht (auch nicht entsprechend) anwendbar. So mit Recht vor allem RITTNER FamRZ 1961, 194; s auch HARTUNG 41 f; MünchKomm/GERNHUBER (3. Aufl) Rn 30; aM BÄRMANN AcP 157, 161; BGB-RGRK/FINKE Rn 32; MünchKomm/KOCH Rn 28 (jedenfalls bei neuwertigen Gegenständen).

Verfügt der Kaufmann nicht über eigenen Hausrat, sondern über **Gegenstände, die seinem Ehegatten gehören**, so findet § 1369 ohnehin keine Anwendung, s Rn 29 ff.

3. Haftungsübernahme

Zur Haftungsübernahme durch den vertragschließenden Ehegatten s § 1365 **67** Rn 101.

4. Revokationsrecht (§ 1368)

Die **Unwirksamkeit** einer Verfügung **kann auch der andere Ehegatte geltend machen**; **68** vgl dazu im Einzelnen die Bemerkungen zu § 1368. S dort (Rn 51) auch über das **Zurückbehaltungsrecht** des Dritten.

5. Anwendung der allgemeinen Vorschriften über Besitz und Eigentum

Die **dingliche Rechtsstellung** des Dritten ist in vielen Fällen schon nach den allge- **69** meinen Vorschriften über Besitz und Eigentum sehr ungünstig. Häufig haben die Ehegatten Miteigentum an Hausratsgegenständen; sie haben ferner regelmäßig Mitbesitz am Hausrat. Bei dieser Sachlage ist der Hausrat gegen Verfügungen durch einen der Ehegatten ohne die Mitwirkung des anderen praktisch umfassend geschützt. Erfassen die §§ 1369, 1368 die Fälle einer Verfügung über Hausratsgegenstände, die dem verfügenden Ehegatten gehören, so bleiben Verfügungen über Gegenstände, die dem anderen Ehegatten gehören, schon nach Maßgabe der §§ 932, 935, 985, 1007 Abs 2 und 861 diesem gegenüber regelmäßig ohne Rechtswirkung.

VI. Abweichende Vereinbarungen

Die Beschränkungen, denen die Ehegatten gemäß § 1369 unterliegen, können durch **70** Vereinbarung ausgeschlossen oder abgeändert werden. Eine die Beschränkung generell aufhebende oder abändernde Vereinbarung zwischen den Ehegatten bedarf der **Form des Ehevertrages**. Die abweichende Vereinbarung kann auch **zugunsten eines** Ehegatten getroffen werden (zu den Einzelheiten s auch § 1365 Rn 110).

§ 1370
Ersatz von Haushaltsgegenständen

Haushaltsgegenstände, die an Stelle von nicht mehr vorhandenen oder wertlos gewordenen Gegenständen angeschafft werden, werden Eigentum des Ehegatten, dem die nicht mehr vorhandenen oder wertlos gewordenen Gegenstände gehört haben.

Materialien: E II 1377.
Vgl STAUDINGER/BGB-Synopse 1896–2005
§ 1370.

Schrifttum

FROMM, Die Surrogation von Haushaltsgegenständen und ihre Berechtigung im Güterstand der Zugewinngemeinschaft (Diss Kiel 1970) LÖHNING, Probleme der dinglichen Surrogation am Beispiel der §§ 1370, 2019 BGB, JA 2003, 990

ROLL, Ersatz von Haushaltsgegenständen, SchlHA 1971, 78 SIMONIUS, Die güterrechtliche Surrogation, Baseler Studien zur Rechtswissenschaft (H 94, 1970) VLASSOPOULOS, Der eheliche Hausrat im Familien- und Erbrecht (1983).

Systematische Übersicht

I. Grundgedanken

1 Die Vorschrift entspricht in ihrem Sinngehalt dem § 1382 aF, der eine Anerkennung des Surrogationsgrundsatzes für das eingebrachte Gut der Frau enthielt. Diese Regelung beruhte auf der Erwägung, dass sich aus dem Wesen und Zweck der Verwaltung und Nutznießung des Mannes eine Verpflichtung für diesen ergebe, der Frau die Substanz ihres eingebrachten Vermögens zu erhalten; dies gelte auch für das eingebrachte Haushaltsinventar. Die Frau könne darauf rechnen, ihr Haushaltsinventar bei Auflösung der Ehe in ordnungsmäßigem Zustande zurückzuerhalten. Es entspreche der regelmäßigen Willensmeinung jedes gewissenhaften und ehrenhaften Mannes, dass die zur Ergänzung eingebrachter Haushaltsgegenstände angeschafften Stücke eingebrachtes Gut würden, ohne dass der Mann Ersatz des für die Anschaffung Aufgewendeten verlangen könne (Prot IV 191).

2 § 1370 trägt dieser Erwägung beim Güterstand der Zugewinngemeinschaft Rechnung. Die Lösung ist **rechtspolitisch fragwürdig**. Im geltenden Güterstand kann nicht davon ausgegangen werden, dass die Ersatzbeschaffung regelmäßig mit dem Willen erfolge, das Eigentum demjenigen Ehegatten zu verschaffen, der Eigentümer der ersetzten Sache war. Primärzweck der Vorschrift ist daher die Schaffung von **Rechtsklarheit** über die Eigentumslage (zweifelnd BAMBERGER/ROTH/MAYER Rn 1: Es müsse immer noch festgestellt werden, wer Eigentümer des ersetzten Gegenstandes *war*). Er hätte auch über

§ 1357 oder gemäß § 164 Abs 1 und 2 erreicht werden können. Entbehrlich wird durch § 1370 lediglich die Aufdeckung von Übereignungen zwischen den Ehegatten.

§ 1370 enthält zugleich eine Ausnahme von dem allgemeinen Grundsatz, dass die **3** gewöhnliche Abnutzung und der gewöhnliche Gebrauch eines Gegenstandes dem jeweiligen Eigentümer zur Last fällt.

§ 1370 sorgt durch die dingliche Surrogation für die Erhaltung des im Hausrat **4** verkörperten Vermögens des Ehegatten, der solchen Hausrat zugunsten der Familie zur Verfügung gestellt hat. Auf dem begrenzten Gebiete der Ersatzbeschaffung wird die freie Bestimmung des anderen Ehegatten dadurch eingeschränkt, dass von ihm angeschaffter Ersatz Eigentum des anderen Ehegatten wird. Insofern ergänzt § 1370 die Beschränkungen des § 1369.

II. Voraussetzungen der Surrogation

1. Es müssen **Haushaltsgegenstände** anstelle von solchen angeschafft worden sein. **5** Haushaltsgegenstände sind alle Gegenstände, die den Zwecken des einzelnen Haushalts zu dienen bestimmt sind (vgl dazu näher § 1369 Rn 7 ff). Auf die zum Hausrat gehörenden Rechte (dazu § 1369 Rn 14 ff) kann § 1370 freilich regelmäßig nicht angewendet werden. Für sie wird kein „Ersatz angeschafft". Wohl aber kann einmal ein Recht anstelle einer nicht mehr vorhandenen oder wertlosen Sache angeschafft sein, so insbesondere ein neues Hausratsstück, das ein Ehegatte unter Eigentumsvorbehalt des Veräußerers erworben hat. Das **Anwartschaftsrecht** (wie auch das spätere Eigentum) steht dem Ehegatten zu, dem der ersetzte Haushaltsgegenstand gehörte (hM; **aA** Soergel/Lange Rn 14).

2. **Nicht mehr vorhanden** sind alle Sachen, die dem Haushalt der Ehegatten auf **6** Dauer nicht mehr zur Verfügung stehen. Es ist ohne Belang, aus welchem Grunde das der Fall ist. Der Hausratsgegenstand kann verloren gegangen oder sonst abhanden gekommen sein, ohne dass die Ehegatten von seinem Verbleib wissen oder rechtlich und tatsächlich eine Möglichkeit der weiteren Benutzung haben. Die Sache kann auch zerstört oder durch Abnutzung unbrauchbar geworden sein. Sie ist dann zwar noch in ihrer Substanz vorhanden, aber nicht mehr als Hausratsgegenstand. Schadensersatzansprüche gegen Dritte sind hier nicht in Betracht zu ziehen (sie müssen lediglich im Innenverhältnis der Ehegatten zueinander uU berücksichtigt werden, vgl dazu unten Rn 19). Schließlich ist eine Sache auch dann nicht mehr vorhanden, wenn sie an einen Dritten wirksam veräußert worden ist. Freilich *kann* man bei einem Fortfall durch Veräußerung die Anschaffung eines gleichartigen neuen Hausratsgegenstandes *häufig* nicht mehr als eine Ersetzung werten, sondern nur als *Neuerwerb*. Das muss insbesondere dann gelten, wenn ein noch gebrauchsfähiges Stück gegen Entgelt weggegeben wird und die Gegenleistung allein dem Eigentümer zugutekommt. Für eine Surrogation ist angesichts dieser Umstände und der nach § 1369 erforderlichen Mitwirkung beider Ehegatten (einverständliche Ausscheidung des Gegenstandes aus dem Hausrat) nach dem Zweck des Gesetzes kein Raum (s dazu aber auch Rn 8 f).

Im Übrigen ist es gleichgültig, worauf der Wegfall des Hausratsstücks beruht, ob auf **7** Abnutzung durch gewöhnlichen oder durch unsachgemäßen Gebrauch, auf einem rechtswidrigen schuldhaften Verhalten eines Dritten oder eines Ehegatten oder auf zufälligen Ereignissen oder unvertretbaren Verhaltensweisen.

8 3. Die **Surrogation** tritt auch dann ein, wenn der Hausratsgegenstand zwar noch vorhanden, aber **wertlos** geworden ist. Auch hier ist es ohne Belang, worauf die Entwertung beruht. Eine weitherzige Auslegung ist angebracht.

9 Maßgeblich ist nach dem Zweck der Vorschrift nicht der Vermögenswert, sondern allein der **Gebrauchswert** des Haushaltungsgegenstandes. Wertlos ist die Sache jedoch nicht erst dann, wenn ihr jeder Gebrauchswert fehlt. Es kommt lediglich darauf an, ob sie noch geeignet ist, ihren bestimmungsmäßigen Zweck im Rahmen des ehelichen Haushalts zu erfüllen. Wann das der Fall ist, bestimmt sich nicht nur nach objektiven Gesichtspunkten, sondern in erster Linie danach, ob die Ehegatten die Sache nicht mehr für geeignet halten, ihren Zweck zu erfüllen. Gehen die Auffassungen der Ehegatten insoweit auseinander, kommt es allerdings auf die objektiven Umstände unter besonderer Berücksichtigung der konkreten Lebensverhältnisse der Ehegatten an. Danach kann es ausreichen, dass eine Sache zwar objektiv noch brauchbar, aber nach den besonderen Verhältnissen der Ehegatten schon wegen einer verhältnismäßig geringfügigen Beschädigung oder deswegen, weil sie nicht mehr „modern" genug ist, den Anforderungen nicht mehr entspricht (ebenso OLG Koblenz NJW-RR 1994, 516; OLG Nürnberg FamRZ 1964, 297; LG Düsseldorf NJW 1972, 60; MünchKomm/Koch Rn 9; BGB-RGRK/Finke Rn 8; Soergel/Lange Rn 10; Bamberger/Roth/ Mayer Rn 5). Voraussetzung ist jedoch, dass die Sache auch nicht mehr ihrem bisherigen Zweck entsprechend benutzt wird. Ersetzt zB der Mann das veraltete, aber spielbereite oder nur in geringem Umfang reparaturbedürftige Rundfunk- oder Fernsehgerät seiner Frau durch ein modernes Gerät, so erwirbt die Frau Eigentum, wenn das alte Gerät gleichzeitig in Zahlung gegeben, verschenkt oder jedenfalls nicht mehr wie bisher in diesem Haushalt benutzt wird. Verwendet die Frau oder der Mann das alte Gerät weiter, so könnte § 1370 nur dann Anwendung finden, wenn diese Verwendung nach Art und Umfang wesentlich von der bisherigen abweicht (zB gelegentlich im Garten oder in der Küche). Die Vorschrift ist auch dann anzuwenden, wenn die Weiterbenutzung der nach dem Willen beider Ehegatten ihrer Zweckbestimmung entkleideten Sache, für die ein Ersatz bereits beschafft ist, nur vorübergehend (bis zur Veräußerung oder sonstigen Weggabe oder Vernichtung) oder zu einem anderen Zweck (Bücher- oder Kleiderschrank als Spielzeug- oder Geräteschrank) erfolgt.

10 4. Die neuen Sachen müssen anstelle ausgeschiedener oder wertlos gewordener Stücke angeschafft worden sein. Nicht angeschafft sind **ererbte Gegenstände** (OLG Stuttgart NJW 1982, 585). Entsprechendes gilt für **geschenkte Gegenstände**. Es muss sich um eine **Ersatzbeschaffung** handeln (s dazu auch Rn 23). Auch diese Voraussetzung ist nicht engherzig auszulegen. Es ist daher nicht erforderlich, dass die Ersatzstücke völlig gleichwertig oder gleichartig mit den Sachen sind, die für die Verwendung im Haushalt ausgefallen sind (OLG Nürnberg FamRZ 1964, 297). Auch im Umfang braucht sich der Ersatz mit den ausgeschiedenen Hausratsstücken nicht zu decken.

11 Die Abgrenzung zwischen einer **Ersatzbeschaffung** und einem **Neuerwerb** ist flüssig. Maßgebend sind alle Umstände des Einzelfalles, insbesondere auch der Ersetzungswille (nicht der Eigentumserwerbswille) der oder des anschaffenden Ehegatten. Nur der positive Ersetzungswille kann jedoch von Bedeutung sein. Ein entgegengesetzter Wille schließt schon nach der allgemeinen Fassung, vor allem aber nach dem Zweck der Vorschrift die Surrogation nicht aus; die Willensrichtung soll gerade im Einzelfall nicht ermittelt werden. Ist aber der Wille zur Ersetzung erkennbar vorhanden, so liegt darin ein beachtlicher Hinweis für eine „Ersatzbeschaffung", der immer dann den Ausschlag gibt, wenn die tatsächlichen Verhältnisse keine zweifelsfreie Aussage darüber ermöglichen, ob die angeschaffte Sache „an die Stelle" einer anderen getreten ist (Ersatzwidmung).

Eine Ersetzung, keine Erweiterung des Hausrats liegt etwa noch vor, wenn anstelle **12** einer Polstergarnitur, bestehend aus Sofa und zwei Sesseln, eine Couch mit vier dazugehörigen Sesseln angeschafft wird. (Oder Tisch mit sechs *statt* mit vier Stühlen, mehrere Anbau- und Hängeschränke für die Küche statt eines großen Küchenschrankes, Farbfernseher statt Schwarzweißgerät usw.)

Dagegen kann ein **Neuerwerb** anzunehmen sein, wenn die **Zweckbestimmung** der **13** angeschafften Sache eine andere oder der **Qualitäts-** oder **Quantitätsunterschied** ganz erheblich ist (zB Schreibtisch statt Esszimmertisch, Schlafzimmer statt Kinderzimmer, Herrenzimmer statt Wohn- oder Esszimmer, echter Orientteppich statt Haargarnteppich, teure Stereoanlage statt Radio; vgl auch BGB-RGRK/Finke Rn 10; Rauscher Rn 395). Für die Anwendung von § 1370 auch bei erheblichen Qualitäts- und Wertunterschieden aber BayObLG FamRZ 1970, 31 (Flügel statt Klavier); Erman/Heckelmann Rn 1; MünchKomm/Koch Rn 10; Soergel/Lange Rn 11 Bamberger/Roth/Mayer Rn 6. Einen Anhalt für die Wesentlichkeit des Qualitäts- oder Wertunterschieds bietet einerseits die häufig gleichzeitig gegebene erhebliche **Funktionserweiterung** (so iE auch MünchKomm/Koch Rn 10), andererseits das Vorhandensein von funktionell gleichwertigen Ersatzstücken auf dem Markt, denen ein offensichtlich und erheblich wertvolleres Stück vorgezogen wird (Flügel statt Klavier).

Liegt ein **Neuerwerb** vor (Rn 13), so richtet sich der Eigentumserwerb nach den all- **14** gemeinen Vorschriften. In erster Linie ist auf den erkennbaren Willen der Vertragspartner abzustellen. In Zweifelsfällen wird häufig ein Miteigentumserwerb anzunehmen sein, § 1357 Abs 1. Dient der Neuerwerb zugleich, wenn auch nur zum geringen Teil, dem Ersatz eines Hausratsgegenstandes, ist eine Zuweisung von Miteigentum an dessen Eigentümer im Umfange der Ersetzung nicht zu befürworten.

5. § 1370 hat gewiss (wie schon § 1382 aF) zunächst die Fälle im Auge, in denen **15** einzelne Hausratsstücke im gewöhnlichen Umfang durch Abnutzung oder Verlust ausscheiden und ersetzt werden müssen. Seine Anwendung auf **Katastrophenfälle** mit Totalverlust (Krieg, Vertreibung, Brand, Überschwemmung usw), bei denen etwa der gesamte dem einen Ehegatten gehörende Hausrat verlorengeht und vom anderen (hierzu allein befähigten) Ehegatten ersetzt werden muss, ist daher zweifelhaft (so schon Prot IV 111; Mugdan, Materialien IV 766 für § 1382 aF), wird aber zu bejahen sein (ebenso Soergel/Lange Rn 7; Bamberger/Roth/Mayer Rn 4; **aM** MünchKomm/ Koch Rn 1; BGB-RGRK/Finke Rn 13).

III. Unerhebliche Umstände

16 Unerheblich für die Anwendung der Vorschrift ist:

1. ob der das Erwerbsgeschäft tätigende Ehegatte für sich, für den anderen oder für beide Ehegatten gemeinsam **erwerben** und der Veräußerer entsprechend **übereignen wollte**. Der Eigentumserwerb tritt **kraft Gesetzes** ein, wenn eine Ersatzbeschaffung vorliegt. Ein abweichender rechtsgeschäftlicher Wille ist daher ohne Bedeutung. Das gilt jedoch dann nicht, wenn sich die **Ehegatten über einen anderen Eigentumserwerb** einig sind. Die Vorschrift ist abdingbar (vgl dazu unten Rn 30; für nur geringe Anforderungen an Indizien für konkludente abw Vereinbarung bei vielfacher Ersatzbeschaffung Rauscher Rn 394). Ist sie abbedungen, vollzieht sich der Eigentumserwerb nach den allgemeinen Vorschriften, je nach Sachlage aber unter Berücksichtigung von § 1357 Abs 1 S 2.

17 2. **aus welchen Gründen** der Ersatz notwendig geworden ist und ob eine Ersetzung überhaupt erforderlich war;

18 3. welcher der Ehegatten den Gegenstand als Ersatz **angeschafft** hat und mit den Mitteln welches Ehegatten die Gegenleistung erbracht wurde oder zu erbringen ist;

19 4. ob **gegen Dritte Ersatzansprüche** wegen der ausgefallenen Hausratsgegenstände bestehen. Diese Ansprüche müssen jedoch bis zur Höhe des Wertes des Ersatzstückes dem Ehegatten zustehen, der die Ersetzung auf seine Kosten vorgenommen hat. Die Surrogation soll nicht zu einem doppelten Ersatz zugunsten des Eigentümers führen. Diese Rechtsfolge kann sich in einzelnen Fällen bereits aus den §§ 677 ff, 683, 670 ergeben; unabhängig davon werden die Ersatzansprüche des Ehegatten, der gemäß § 1370 Eigentum erwirbt, an den anderen Ehegatten abzutreten sein (allgM, vgl MünchKomm/Koch Rn 7; BGB-RGRK/Finke Rn 7; Soergel/Lange Rn 15.)

20 5. ob die **Ehegatten getrennt** leben oder nicht. Im Fall des Getrenntlebens ist jedoch besondere Sorgfalt bei der Feststellung am Platz, ob die ersetzte Sache noch zum ehelichen Haushalt gehörte und ob nicht ein Neuerwerb vorliegt, der ausschließlich dem gesonderten Haushalt eines der getrennt lebenden Ehegatten zuzurechnen ist (hM; aM MünchKomm/Koch Rn 11). Versöhnen sich die Ehegatten wieder und bringen sie die Gegenstände ihrer getrennten Haushalte in den gemeinsamen Haushalt ein, so erlangen diese dadurch die Eigenschaft ehelichen Hausrats. Die Eigentumslage bleibt unverändert, da § 1370 allein auf den Zeitpunkt des Rechtserwerbes abstellt.

IV. Rechtsfolge

21 Die in § 1370 angeordnete Rechtsfolge ist die, dass derjenige Ehegatte das Eigentum an dem angeschafften Ersatzstück erwirbt, dem der ersetzte Gegenstand gehörte **(dingliche Surrogation)**. Diese Wirkung trifft **kraft Gesetzes** unmittelbar und ohne Zwischenübertragung ein. Es liegt also kein Fall der Rechtsnachfolge vor.

22 Maßgebend für den Erwerb ist der **Zeitpunkt**, in welchem das dingliche Rechtsgeschäft abgeschlossen war (hinsichtlich des Eigentumserwerbes vgl §§ 929 ff). Der Zeitpunkt der Vornahme des obligatorischen Rechtsgeschäfts ist ohne Bedeutung. Für die Wirksamkeit des dinglichen Rechtsgeschäfts kommt es nur auf die Person des daran beteiligten Ehegatten an. Dessen Geschäftsfähigkeit und Gutgläubigkeit sind allein zu beachten. Der Konstruktion eines Durchgangserwerbes bedarf es nicht.

Keine Ersatzanschaffung liegt vor, wenn ein **Ehegatte einen ihm gehörenden** und **23** bislang nicht in den Haushalt eingegliederten Gegenstand als Ersatz für einen nicht mehr vorhandenen oder wertlosen Teil des Hausrats zur Verfügung stellt. § 1370 regelt nur den Eigentumserwerb eines Ehegatten von Dritten, nicht aber die Eigentumsverhältnisse unter den Ehegatten schlechthin. Also bleibt der eigene Sachen einbringende Ehegatte auch dann Eigentümer, wenn diese an die Stelle ausgefallener Hausratsgegenstände treten (BGB-RGRK/Finke Rn 11). Auf „Vorrat" als (künftiger) Ersatz **erworbene Gegenstände** sind von vornherein Hausrat, nicht erst, wenn sie in Gebrauch genommen werden, weil andere Hausratssachen ausgefallen sind. Auch die Ingebrauchnahme fällt nicht unter § 1370 (im Ergebnis wie hier auch Soergel/Lange Rn 9; *anders* MünchKomm/Koch Rn 5; Bamberger/Roth/Mayer Rn 9).

V.   Beweislast; Verhältnis des § 1370 zu §§ 1362, 1357 und zu § 47 InsO

Wer die Surrogation gemäß § 1370 geltend macht, hat zu behaupten und zu be- **24** weisen, dass die fragliche Sache Haushaltsgegenstand ist, dass sie anstelle eines nicht mehr vorhandenen oder wertlos gewordenen Hausratsstücks angeschafft worden ist und dass dieses dem Ehegatten gehört hat, zu dessen Gunsten die Wirkungen der Surrogation geltend gemacht werden.

Ist dieser Beweis erbracht, so ist damit die Vermutung des § 1362 Abs 1 widerlegt. **25**

Fällt das Erwerbsgeschäft unter § 1357, so werden zwar nach der Auslegungsregel **26** des § 1357 Abs 1 S 2 im Zweifel beide Ehegatten berechtigt. Bei der Ersatzbeschaffung von Hausratsgegenständen ergibt sich jedoch aus dem Gesetz etwas anderes, nämlich dies, dass nur der Ehegatte berechtigt wird, dem das Recht an dem ersetzten Gegenstand zukam. Insoweit geht § 1370 vor.

§ 1370 hilft dem Ehegatten, der sich auf den Surrogationserwerb beruft, auch in der **27** Insolvenz, §§ 47 ff InsO. S auch § 1368 Rn 47.

VI.   Surrogate von Surrogaten

§ 1370 findet auch dann Anwendung, wenn anstelle eines bereits früher einmal **28** ersetzten Haushaltsgegenstandes erneut ein Ersatzstück angeschafft wird (**Surrogat des Surrogats**).

VII.   Keine Pflicht zur Ersetzung

Eine Rechtspflicht eines Ehegatten, anstelle von nicht mehr vorhandenen oder **29** wertlos gewordenen Haushaltsgegenständen neue anzuschaffen, wird durch § 1370 nicht begründet. § 1370 verschafft auch keinem Ehegatten einen Anspruch auf Ersatz des für die Anschaffung Aufgewendeten. Anderweitig begründete Ersatzansprüche gegen den Ehegatten, der den Verlust oder die Wertminderung schuldhaft verursacht hat, bleiben unberührt. Eine Pflicht zur Ersetzung von Hausratsgegenständen kann sich aber aus den allgemeinen Ehepflichten ergeben (eheliche Lebensgemeinschaft, Unterhalt).

VIII. Abweichende Vereinbarung

30 Abweichende Vereinbarungen können zwischen den Ehegatten getroffen werden. Eine im Voraus getroffene allgemeine Vereinbarung, nach der das Eigentum an den Ersatzstücken nur dem einen oder dem anderen oder stets dem anschaffenden Ehegatten zufallen soll, bedarf der Form des Ehevertrages. Die nur für den Einzelfall getroffene abweichende Vereinbarung bedarf jedoch keiner Form. Die Ehegatten können daher von Fall zu Fall die Wirkung des § 1370 ausschließen (BayObLGZ 1969, 220 = FamRZ 1970, 31; LG Düsseldorf NJW 1972, 60 und hL, vgl MünchKomm/Koch Rn 15; BGB-RGRK/Finke Rn 14; Rauscher Rn 394; Soergel/Lange Rn 6). Der Ehegatte, der sich auf einen von der Regel des § 1370 abweichenden Eigentumserwerbs beruft, ist beweispflichtig. Einseitige Willensäußerungen eines Ehegatten vermögen aber die Rechtsfolgen der Vorschrift nicht auszuschließen.

Vorbemerkungen zu § 1371

Systematische Übersicht

Schrifttum

S Einl zu §§ 1363 ff.

I.   Die Grundlagen der Zugewinngemeinschaft

1.   Das Wesen der Ehe

Das eheliche Güterrecht kann ohne Berücksichtigung des engen Zusammenhanges **1**
mit dem persönlichen Eherecht weder systematisch noch dogmatisch erfasst und
verstanden werden. Grundlage der persönlichen wie auch der vermögensrechtlichen
Beziehungen der Ehegatten zueinander ist das Wesen der Ehe (so schon Mot IV
104). Die speziellen Rechtssätze des ehelichen Güterrechts lassen freilich in der
Regel nur wenig Raum für ein Zurückgreifen auf diese Grundlage. Wenn aber die
eheliche Gemeinschaft in der positiven Regelung des Gesetzes keine ihrem Wesen
entsprechende Ausgestaltung erfährt, so bleibt das Gesetz wirklichkeitsfremd, es ist
funktionsunrichtig. Die Lösung des BGB war in diesem Sinne von vornherein verfehlt. Sie beruhte noch auf dem konservativen und patriarchalischen Lebensbild der
bürgerlichen Gesellschaft des 19. Jahrhunderts und berücksichtigte weder die Eman-
zipationstendenzen noch die grundlegende Änderung der sozialen Verhältnisse, die
sich bereits in den letzten Jahrzehnten jenes Jahrhunderts abzeichneten. Sie war
daher bereits bei der Schaffung des Gesetzes umstritten und in der Folgezeit ständig
heftigen Angriffen ausgesetzt. Der Fortbildung des ehelichen Vermögensrechts
durch Praxis und Lehre und seiner Anpassung an die wirtschaftliche und soziale
Wirklichkeit waren in der positiven Regelung enge Grenzen gesetzt. So konnte sich
zwar eine veränderte Auffassung vom Wesen der Ehe im allgemeinen Rechtsbe-
wusstsein weithin durchsetzen; sie fand aber nur unvollkommenen Eingang in die
Rechtsordnung, am wenigsten im Ehegüterrecht.

Erst mit dem Inkrafttreten des Gleichberechtigungsgrundsatzes (Art 3 Abs 2, 117 **2**
GG) am 1. 4. 1953 wurde das Güterrecht von seinen überholten konservativ-patriar-
chalischen Elementen befreit. Die Übergangslösung (s Einl 18 ff zu §§ 1363 ff) konnte
freilich die volle Verwirklichung eines recht verstandenen Wesens der Ehe im Vermögensrecht noch nicht bringen. Nur in besonders gelagerten Ausnahmefällen ge-
lang es der damaligen Rechtsprechung, die eheliche Gemeinschaft auch im vermögensrechtlichen Bereich Wirklichkeit werden zu lassen (BGHZ 8, 249; BGH FamRZ 1954,
136; s auch BGH FamRZ 1958, 15; FamRZ 1960, 104 u 105; FamRZ 1961, 431 – Innengesellschaft –;
s dazu aber auch GERNHUBER FamRZ 1958, 243 u 1959, 465).

Im Güterstand der Zugewinngemeinschaft bringt auch die positive Rechtsordnung
die grundlegenden Wesenszüge der ehelichen Gemeinschaft unmittelbar zur Geltung.

a)   In der Zugewinngemeinschaft soll der **Grundsatz der Gleichberechtigung** der **3**
Geschlechter **auch im Vermögensrecht** der Ehe verwirklicht werden. Der gesetzliche
Güterstand beruht auf dem Prinzip der Gütertrennung. Jeder Ehegatte bleibt grundsätzlich Herr seines Vermögens; er behält die selbständige Verwaltungs- und Verfügungsbefugnis. Damit ist die wirtschaftliche und soziale Gleichstellung zumindest
formal durchgeführt, weil die güterrechtliche Bevormundung der Ehefrau durch den
Güterstand der Verwaltung und Nutznießung (§§ 1363–1425 aF) entfallen ist.

b)   Bedeutsamer noch als die Gleichberechtigung von Mann und Frau ist die im **4**
Wesen der Ehe begründete umfassende, Personen- und Sachwerte bindende **Lebens-**

gemeinschaft der Ehegatten. Die das BGB zunächst beherrschende Auflösung der ehelichen Gemeinschaft in individualrechtliche Beziehungen ist im Gleichberechtigungsgesetz weithin ersetzt worden durch Regelungen, die die Bindung der Ehegatten aneinander anerkennt. Das wird in den gegenseitigen Verwaltungs- und Verfügungsbeschränkungen der §§ 1365–1369 deutlich, vor allem aber in der Regelung der Vermögensteilhabe nach Beendigung des Güterstandes. Die gemeinsame Aufgabe der Ehegatten, im Zusammenwirken bei funktionsgerechter „Arbeitsteilung" ihre Lebens- und Schicksalsgemeinschaft umfassend zu verwirklichen, soll in diesen Instituten auch im gesetzlichen Güterrecht ihren Ausdruck finden. Die damit geschaffene Teilhaberegelung ist auch zu verstehen vor dem Hintergrund der damaligen juristischen Vorgabe und gesellschaftlichen Realität der Hausfrauenehe. Die Ehefrau nicht an den Gewinnen teilhaben zu lassen, die der Ehemann während der Ehe zu erwirtschaften vermochte, hätte geheißen, ihrer Rolle in der Ehe die Anerkennung zu versagen (vgl Koch, in: SCHWAB/HAHNE [Hrsg], Familienrecht im Brennpunkt [2004] 141 f).

2. Vermögensteilhabe: Kein Lohn oder Entgelt

5 Die Rechtfertigung einer Vermögensteilhabe ergibt sich unmittelbar aus der engen **Gemeinschaftsbindung der Ehegatten.** Die gleichmäßige Beteiligung der Ehegatten an dem während der Ehe erworbenen **Zugewinn** darf daher nicht begriffen werden als Gewinnteilhabe kraft arbeitsteiliger Erarbeitung des wirtschaftlichen Erfolges. Die Teilhaberrechte gründen sich auch nicht auf die Vorstellung, dass ein Entgelt, gewissermaßen ein „Arbeitslohn", beansprucht werden könne für die mehr oder minder sorgsame Erfüllung der Pflichten aus dem ehelichen Verhältnis und eine darin begründete Mitverursachung des wirtschaftlichen Erfolges. Die Beteiligung beruht auf der Idee der umfassenden Lebens- und Schicksalsgemeinschaft. Genossenschaftliches Gedankengut, nicht individualrechtliche Leistungsvergütung liegt der Zugewinnbeteiligung zugrunde. Die gesetzliche Ausgestaltung ist jedoch nicht ohne Schwächen. So steht die erbrechtliche Lösung des Zugewinnausgleichs in der Kritik, die zu Ausgleich ohne Zugewinn führen kann, ebenso wie die Vermengung der Teilhabeprinzipien in § 1371 Abs 3 (dazu Rn 10 f), die starre schematische Regelung des Anfangsvermögens in § 1374 Abs 2 und des Endvermögens in § 1375 (dazu insbes KOCH aaO [Rn 4] 143 ff), die Außerachtlassung negativen Anfangsvermögens nach § 1374 Abs 1 HS 2 und schließlich Unzulänglichkeiten in den Beschränkungen der §§ 1365 ff (dazu SCHWAB, in: FS Söllner 1081 ff). Zur Kritik an der Zugewinngemeinschaft in Gesetzesstruktur und in richterlicher Ausprägung s zuletzt SCHWAB aaO, 1079; DIEDERICHSEN FamRZ 1992, 1 mwNw zum Gerechtigkeitsgehalt des Halbteilungsprinzips; GERNHUBER NJW 1991, 2238 mwNw; SCHRÖDER FamRZ 1997, 1 ff. Hinzu tritt der Befund, dass die Zugewinngemeinschaft nach den individuellen Lebens- und Vermögensumständen in den Fällen nicht passt, in denen diese sich von den Modellvorstellungen der Zugewinngemeinschaft zu weit entfernt haben. Während insoweit die Ehevertragsfreiheit die notwendige Lösung bietet, spricht im Übrigen in Einzelfällen einiges für eine Korrektur de lege ferenda (s etwa § 1374 Rn 18; weitergehend DIEDERICHSEN, in: RAMM [Hrsg], Familienpolitik nach der Wiedervereinigung 169), soweit de lege lata (Vorschläge auch bei KOCH, aaO 142 ff) nicht abzuhelfen ist.

3. Gemeinsame Grundlagen der erbrechtlichen und güterrechtlichen Lösung

Die Regelung der Vermögensteilhabe in der Zugewinngemeinschaft beruht auf dem   **6** Gleichberechtigungsgedanken und dem Grundsatz der umfassenden Lebens- und Schicksalsgemeinschaft der Ehegatten. Konstruktiv hat sich der Gesetzgeber für eine **zweispurige Lösung** der Teilhabefrage entschieden: für eine gleichmäßige Teilhabe an dem beiderseits während der Ehe erworbenen Zugewinn im Wege des schuldrechtlichen Ausgleichs und für eine Erbrechtsverstärkung. Die Erhöhung des gesetzlichen Erbteils ist eine grundsätzlich geeignete Form der Verwirklichung des Teilhabegedankens (anders Boehmer, Die Teilreform des Familienrechts durch das GleichberG vom 18. 6. 1957 und das FamilienrechtsänderungsG vom 11. 8. 1961 [1962] 24). Verfehlt ist jedoch die Konkretisierung der erbrechtlichen Teilhabe als „Verwirklichung des Zugewinnausgleichs" (s dazu unten Rn 10 f).

II. Die Realisierung der Grundgedanken (Überblick)

1. In der güterrechtlichen Lösung

Der obligatorische Ausgleich des während des Güterstandes erzielten Zugewinns   **7** (güterrechtliche Lösung) ist die eine Organisationsform des Beteiligungsprinzips. Sie beschränkt die Teilhabe aus praktischen Gründen auf den „Zugewinn" und gewährt nur einen obligatorischen Ausgleichsanspruch. Dieser Anspruch ist in seinen Voraussetzungen von der Art und dem Umfang der beiderseitigen Mitwirkung beim Vermögenserwerb unabhängig.

Das Gesetz unterstellt bei seiner Regelung, dass die Ehegemeinschaft besteht und dass das in ihr beschlossene Verhältnis funktioneller Gleichwertigkeit der beiderseitigen „Leistungen" gewahrt ist. Das Gesetz hat aber in § 1381 eine Einzelkorrektur bei grober Unbilligkeit des Zugewinnausgleichs zugelassen.

2. In der erbrechtlichen Lösung

Die erbrechtliche Lösung des Beteiligtenproblems beruht ebenfalls auf dem Ge-   **8** danken, die eheliche Lebensgemeinschaft auch im vermögensrechtlichen Bereich zu verwirklichen. Als rechtstechnisches Instrumentarium dient ihr die erbrechtliche Beteiligung des überlebenden Ehegatten am Gesamtvermögen des anderen Ehegatten. Trotz der Fassung des Gesetzes in §§ 1363 Abs 2 S 2 und 1371 Abs 1 geht es hier freilich, soweit es bei der erbrechtlichen Vergünstigung bleibt (vgl § 1371 Abs 2), technisch nicht mehr um einen obligatorischen Ausgleich des Zugewinns, sondern um eine dingliche Teilhabe am Gesamtvermögen des verstorbenen Ehegatten, ohne Rücksicht darauf, ob dieser einen Vermögenszuwachs während der Ehe erzielt hat oder ob er gar den größeren Zugewinn gemacht hat.

Anlass zur Wahl der erbrechtlichen Lösung waren vornehmlich praktische Erwä-   **9** gungen und Bedenken, die gegen den güterrechtlichen Zugewinnausgleich auch im Todesfalle, wie er noch in den E I und II (BT-Drucks 1/3802 und 2/224) geplant war, vorgetragen worden waren (Ausschussbericht BT-Drucks zu 3409, 14 ff; Wieruszowski, Verhdl des 33. DJT 1924, 331 f; Knur Deutscher Notartag 1952, 43 ff; Wahl, in: FS H Lehmann I 419 ff und FamRZ 1956, 133 ff). Auf Grund der Kritik an einer rein erbrechtlichen

Lösung im Todesfalle (Ausschussbericht 15; vgl auch Bosch FamRZ 1957, 189 u 231; Braga
FamRZ 1957, 334; Ferid FamRZ 1957, 70, 73; Lange NJW 1957, 1381; Müller-Freienfels JZ
1957, 685) hat schließlich eine Mittellösung Aufnahme in das Gesetz gefunden. Der
Kompromiss geht dahin, dass überall dort, wo die erbrechtliche Lösung dem über-
lebenden Ehegatten keine Beteiligung gewähren kann, wieder die güterrechtliche
Lösung gilt, § 1371 Abs 2.

10 Die **erbrechtliche Lösung** ist neben dem Zugewinnausgleich die **andere Organisationsform** der güterrechtlich motivierten Vermögensteilhabe. Ihre Funktion, den
Ausgleich des Zugewinns zu verwirklichen (s § 1371 Abs 1, § 1363 Abs 2 S 2), erfüllt
sie jedoch nur in den Fällen, in denen der verstorbene Ehegatte den größeren
Zugewinn erzielt hat. Hat dagegen der verstorbene Ehegatte keinen oder hat sogar
der überlebende den größeren Zugewinn erzielt, so wird kein Zugewinnausgleich
mehr realisiert. **Der Gedanke der** gleichmäßigen **Teilhabe** am Vermögenserwerb
während der Ehe wird damit **aufgegeben und ersetzt** durch ein umfassenderes Teil-
habeprinzip, das zwar güterstandsbezogen bleibt, aber die erbrechtlichen Möglichkeiten einer weiterreichenden Neuverteilung des Erblasservermögens zusätzlich
nutzt. In den Fällen, in denen der Erblasser keinen ausgleichspflichtigen Zugewinn
erzielt hat, wird deshalb die güterstandsbezogene Nachlassverteilung nicht nur als
rechtspolitischer, sondern auch als **systematisch-dogmatischer Fehlgriff** angesehen. Sie
sei in sich unstimmig, weil sie den Grundgedanken der Zugewinnbeteiligung nicht
nur preisgebe, sondern ihn pervertiere (zur allg Kritik vgl nur Diederichsen FamRZ 1992,
1 ff; Erman/Heckelmann § 1371 Rn 5 ff; MünchKomm/Koch § 1371 Rn 3 ff; Gernhuber, Neues
Familienrecht [1977]; ders NJW 1991, 2238). Widersprüchlichkeiten ergäben sich ferner aus
§ 1931 Abs 4 (eingefügt durch Art 1 Nr 87 NEhelG), wonach dem überlebenden
Ehegatten auch bei Gütertrennung uU eine Erbrechtsverstärkung gewährt wird.
Ferner habe durch § 5 Abs 1 S 1 ErbStG 1974 auch der Vereinfachungszweck der
erbrechtlichen Lösung seinen legitimierenden Charakter weithin (jenseits der Freibeträge) verloren.

11 Wird die gesetzliche Regelung nicht am ausdrücklichen Normzweck „Verwirklichung des Zugewinnausgleichs" gemessen, sondern am Ergebnis, so ist der allgemeinen Kritik nur insoweit zu folgen, als die Vermögensteilhabe beim Tod eines
Ehegatten nicht generell im Erbrecht, sondern teils im Güterrecht (§ 1371 Abs 1),
teils im Erbrecht (mit Güterstandsabhängigkeit, § 1931 Abs 4), teils aber sowohl im
Güterrecht als auch im Erbrecht (§ 1482) geregelt ist. Der schuldrechtliche **Zugewinnausgleich** ist in erster Linie gemünzt auf die Fälle der **Beendigung des Güterstandes zu Lebzeiten eines Ehegatten.** Endet der Güterstand **durch den Tod** eines
Ehegatten, **stellt sich das Teilhaberproblem unter anderen Vorzeichen** (zutreffend
Dieckmann, Verhandlungen des 49. DJT 1972 Bd II [Sitzungsberichte] K 24). Hier geht es
einmal um die **Versorgung** des überlebenden Ehegatten, die praktisch überwiegend
durch sozialversicherungsrechtliche oder private Vorsorge sowie durch die Zuweisung des Voraus in § 1932 gewährleistet ist. Zum anderen geht es um die **Neuverteilung** des Nachlasses zwischen dem überlebenden Ehegatten und insbesondere den
Abkömmlingen. Wenn das geltende Recht diese Neuverteilung teils an den ehelichen Güterstand anlehnt, mag das rechtspolitischer Kritik begegnen (zur Reform des
Ehegattenerbrechts vgl insbes die Gutachten und Berichte zum 49. DJT 1972. Zu den Entschlie-
ßungen des 49. DJT s FamRZ 1972, 556. Vgl ferner Bosch FamRZ 1972, 417; Brüggemann FamRZ
1973, 389; Dumoulin DtNotartag 1973, 82; Erman/Heckelmann § 1371 Rn 5 ff; Firsching JZ

1972, 449; GERSCHERMANN-SCHOLZ JZ 1972, 751; KÜHNE JR 1972, 221; RUTHE FamRZ 1972, 626; STEFFEN DRiZ 1972, 263; STÖCKER JZ 1973, 15; FamRZ 1972, 553 u 1971, 609; 1970, 444 sowie WM 1970, 774). Die Regelung des § 1371 Abs 1 ist jedoch nicht allein deshalb auch sachlich verfehlt, weil sie einerseits den überlebenden Ehegatten nicht mit Ausgleichsansprüchen der Erben belastet und ihm andererseits ohne Rücksicht auf die Zugewinnlage stets, aber auch nur das zusätzliche Nachlassviertel gewährt. Die Auswechslung des Prinzips der Zugewinnbeteiligung durch das Prinzip der erbrechtlichen Teilhabe ist durch die infolge des Todes eines Ehegatten eingetretene neue und andersartige Ausgangslage gerechtfertigt. Rechtspolitisch **angreifbar** ist an der geltenden Regelung freilich die **Vermengung der Teilhabeprinzipien in § 1371 Abs 3.**

III. Das Verhältnis von Erb- und Güterrecht in § 1371

1. Güterrechtliche Funktion der Erbrechtsverstärkung

Das Gesetz wertet die Erhöhung des gesetzlichen Erbteils in § 1371 Abs 1 und in **12** § 1363 Abs 2 S 2 als **Verwirklichung des Zugewinnausgleichs.** Der sich aus § 1371 Abs 1 HS 2 ergebende Widerspruch ist bewusst in Kauf genommen worden. Auch in den Fällen, in denen der überlebende Ehegatte selbst den größeren Zugewinn erzielt hat, handelt es sich um eine güterstandsbezogene Erbrechtsverstärkung, um den Vollzug eines güterrechtlichen Anliegens im Gewande und mit den Mitteln des Erbrechts (iE ebenso FERID FamRZ 1957, 73; HAMPEL FamRZ 1958, 161, 164 f; MünchKomm/ KOCH § 1371 Rn 1; SOERGEL/LANGE § 1371 Rn 5; BAMBERGER/ROTH/MAYER Rn 1; STURM NJW 1961, 1439; THIELE FamRZ 1958, 393, 395; s auch BGHZ 37, 58, 63; 42, 182, 187 f; ebenso wohl ERMAN/SCHLÜTER § 1931 Rn 28; GAMILLSCHEG/LORENZ, Materialien zum Ausländischen und Internationalen Privatrecht Bd 12 [1969] 65 ff, 83. Dagegen wird die erbrechtliche Natur des zusätzlichen Erbteils hervorgehoben von BOEHMER FamRZ 1961, 41; DITTMANN DNotZ 1962, 173, 183; FIRSCHING, Deutsch-amerikanische Erbfälle [1965] 63; LANGE NJW 1957, 1384; MÜLLER-FREIENFELS JZ 1957, 687; NIEDERLÄNDER NJW 1960, 1741; RITTNER DNotZ 1957, 190). Auch die 1969 erfolgte Einfügung des Abs 4 in § 1931 lässt eine anderweitige Deutung nicht zu (zweifelnd KNUR FamRZ 1970, 276; LUTTER, Das Erbrecht des nichtehelichen Kindes [2. Aufl 1972] 99 Fn 130, 131).

Auch im **IPR** hat sich die güterrechtliche Qualifikation des § 1371 Abs 1 durchge- **13** setzt. Dazu und zu den schwierigen Problemen der Angleichung an das ausländische gesetzliche Erbrecht vgl die Anm zu Art 15 EGBGB.

2. Erbrechtliche und güterrechtliche Lösung schließen einander aus

Nach dem Normzweck verwirklicht § 1371 Abs 1 den Ausgleich des Zugewinns. Das **14** heißt zugleich, dass der schuldrechtliche Ausgleich **ersetzt** wird **durch die Erbrechtsverstärkung.** In § 1371 Abs 1 HS 2 wird ausdrücklich betont, dass es im Rahmen der erbrechtlichen Lösung nicht darauf ankommt, ob und in welcher Höhe die Ehegatten einen Zugewinn erzielt haben. Dieser Grundsatz hat erhebliche praktische Bedeutung für die Beantwortung einer Vielzahl von Zweifelsfragen bei der Anwendung des Gesetzes. Der überlebende Ehegatte kann neben dem erhöhten Erbteil den Zugewinnausgleich nicht verlangen, selbst wenn die Erbrechtsverstärkung im Wert weit hinter dem Zugewinnanteil zurückbleibt. Er kann auch neben dem Zugewinnausgleich (§ 1371 Abs 2) stets nur den kleinen Pflichtteil verlangen. Andererseits können die Erben des verstorbenen von dem überlebenden Ehegatten keinen Zugewinnausgleich verlangen. Das gilt im Rahmen der erbrechtlichen Lösung schon nach Wortlaut und Normzweck des § 1371 Abs 1 HS 2. Das gilt aber auch, wenn der überlebende Ehegatte nicht Erbe geworden und ihm auch kein Vermächtnis zusteht. Zwar gilt dann die **güterrechtliche Lösung**, § 1371 Abs 2 und 3, aber sie findet nur Anwendung zugunsten des Ehegatten, **nicht auch zugunsten der Erben** (BGH FamRZ 1995, 597 = ZEV 1995, 262 mit Anm KLUMP; NJW 1978, 1855, 1856; BGB-RGRK/FINKE § 1371 Rn 22; SOERGEL/LANGE § 1371 Rn 9; s auch § 1371 Rn 58).

§ 1371
Zugewinnausgleich im Todesfall

(1) Wird der Güterstand durch den Tod eines Ehegatten beendet, so wird der Ausgleich des Zugewinns dadurch verwirklicht, dass sich der gesetzliche Erbteil des überlebenden Ehegatten um ein Viertel der Erbschaft erhöht; hierbei ist unerheblich, ob die Ehegatten im einzelnen Fall einen Zugewinn erzielt haben.

(2) Wird der überlebende Ehegatte nicht Erbe und steht ihm auch kein Vermächtnis zu, so kann er Ausgleich des Zugewinns nach den Vorschriften der §§ 1373 bis 1383, 1390 verlangen; der Pflichtteil des überlebenden Ehegatten oder eines anderen Pflichtteilsberechtigten bestimmt sich in diesem Falle nach dem nicht erhöhten gesetzlichen Erbteil des Ehegatten.

(3) Schlägt der überlebende Ehegatte die Erbschaft aus, so kann er neben dem Ausgleich des Zugewinns den Pflichtteil auch dann verlangen, wenn dieser ihm nach den erbrechtlichen Bestimmungen nicht zustünde; dies gilt nicht, wenn er durch Vertrag mit seinem Ehegatten auf sein gesetzliches Erbrecht oder sein Pflichtteilsrecht verzichtet hat.

(4) Sind erbberechtigte Abkömmlinge des verstorbenen Ehegatten, welche nicht aus der durch den Tod dieses Ehegatten aufgelösten Ehe stammen, vorhanden, so ist der überlebende Ehegatte verpflichtet, diesen Abkömmlingen, wenn und soweit sie dessen bedürfen, die Mittel zu einer angemessenen Ausbildung aus dem nach Abs. 1 zusätzlich gewährten Viertel zu gewähren.

Materialien: E I § 1386 Abs 4; II § 1385 Abs 4.
Vgl STAUDINGER/BGB-Synopse 1896–2005
§ 1371.

Schrifttum

Zum älteren Schrifttum s auch STAUDINGER/ THIELE (2000).

BEITZKE, Vermögensrechtliche Folgen fehlerhafter Ehen, in: FS Knur (1972) 36

BLECHSCHMIDT, Zur Stellung des überlebenden Ehegatten und der gemeinsamen ehelichen Abkömmlinge im gesetzlichen Güterstand der Zugewinngemeinschaft (Diss Bonn 1969)
ders, Zur Stellung des Hoferben und der weichenden Erben unter dem gesetzlichen Güter-

stand der Zugewinngemeinschaft, RdL 1969, 197

BOHNEN, Zugewinngemeinschaft und pflichtteilsgleiche Zuwendungen, NJW 1970, 1531

BONEFELD, Vereinbarte Gegenleistungen für Schenkungen im Zugewinn – Auswirkungen im Erbrecht, ZErb 2006, 220

BOPP, Ausgewählte Fragen aus dem Erbschafts- und Schenkungssteuerrecht, FamRZ 1975, 245

ders, Die Beschränkung des steuerfreien Zugewinnausgleichs auf den dem Steuerwert des Nachlasses entsprechenden Betrag, Betrieb 1975, 1000

BOORBERG, Zur Neuregelung des Zugewinnausgleichs durch das ErbschStG 1974, Betrieb 1976, 312

DIEDERICHSEN, Thesen zur Reform des ehelichen Güterrechts, in: RAMM (Hrsg), Zur Familienpolitik nach der Wiedervereinigung (1995) 195

EBELING, Rechnerische Ermittlung der erbschaftssteuerfreien Zugewinnausgleichsforderung, ZEV 2006, 19

GEISSLER, Gestaltungsprobleme des Ehegattenerbrechts – Teilungsprinzip oder Nutzungsprinzip, BWNotZ 1990, 38

HAMDAN/QUERNHEIN, Die Erbschaftssteuer und die ehelichen Güterstände, ZFE 2005, 228

HENRICH, Familienerbrecht und Testierfreiheit im europäischen Vergleich, DNotZ 2001, 441

JEBENS, Der Einfluss der Höfeordnung auf die Rechtsstellung des überlebenden Ehegatten in § 1371 BGB (Diss Hamburg 1968)

JÜLICHER, Die frühzeitige Erbschaft- und Schenkungssteuergestaltung fängt schon bei Abschluss von Eheverträgen an, ZEV 2006, 338

KEMPER, Der Ausbildungsfinanzierungsanspruch des nichtehelichen Kindes gegen die überlebende Ehefrau des Vaters nach § 1371 IV BGB, ZBlJugR 1972, 19

KEUK, Zugewinnausgleich nach § 1371 BGB und § 5 Abs 1 des neuen ErbStG, Betrieb 1974, 982

KLINGELHÖFER, Ehegattenpflichtteil und Zugewinnausgleich im Todesfall, ZEV 1995, 444

KNOBBE-KEUK, Die neuen güterrechtlichen Bestimmungen des Erbschaftssteuergesetzes, in: FS Bosch (1976) 503

LENZ, Der Ausbildungsanspruch des Stiefabkömmlings gemäß § 1371 Abs 4, ZErb 2000, 110

LITFIN, Zugewinnausgleich nach neuem Erbschaftssteuerrecht, BB 1974, 1390

MAYER, Der Ausbildungsanspruch der Stiefkinder nach § 1371 Abs 4 BGB, FPR 2004, 83

MEYER, Der Ausbildungsanspruch der Stiefabkömmlinge nach § 1371 Abs 4 BGB (1966)

OLTROGGE, Der Pflichtteil des überlebenden Ehegatten nach § 1371 nF BGB (Diss Göttingen 1966)

vOLSHAUSEN, Die Konkurrenz von Güterrecht und Erbrecht bei Auflösung der Zugewinngemeinschaft bei Tod eines Ehegatten (Diss Kiel 1968)

ders, Zugewinnausgleich und Pflichtteil bei Erbschaftsausschlagung durch einen von mehreren Erbeserben des überlebenden Ehegatten, FamRZ 1976, 678

ders, Probleme des Zugewinnausgleichs nach der neuen Höfeordnung, FamRZ 1977, 361

OTT/OTT, Pflichtteilsrecht bei Ausschluss gesetzlicher Erbfolge in Personengesellschaften, BWNotZ 1973, 54

PAULICK, Eheliches Güterrecht in steuerrechtlicher Hinsicht, in: FS Bosch (1976) 763

ROHLFING, Der Zugewinnausgleich im Todesfall nach § 1371 Abs 1 BGB und seine kollisionsrechtlichen Auswirkungen in Fällen mit Auslandsberührung – eine weitere Schnittstelle zwischen Familien- und Erbrecht, FF 2004, Sonderheft Nr 1, 43

SCHLÜNDER/GEISSLER, Ehe und Familie im Erbschafts- und Schenkungssteuerrecht, FamRZ 2005, 73 u 149

D SCHWAB, Ehegattenpflichtteil und Zugewinnausgleich, JuS 1965, 432

SONTHEIMER, Güterstand und Steuerrecht, NJW 2001, 1315

STRÄTZ, Reform der gesetzlichen Erbfolge, DNotZ 2001, 452

STURM, Die Pflichtteilsregelung in § 1371 BGB nF, NJW 1961, 1435

THIELE, Die Nahtstellen von Erbrecht und Güterrecht in der Zugewinngemeinschaft, FamRZ 1958, 393

O WERNER, Angleichung des Erbrechts, in: KOCH, 10 Jahre deutsche Rechtseinheit (2001) 111

Burkhard Thiele

ders, Zugewinnausgleich bei gleichzeitigem Tod beider Ehegatten, FamRZ 1976, 249
WINKLER, Die güterrechtliche Lösung als Störfaktor bei der Unternehmensnachfolge, ZErb 2005, 360

ZIMMERMANN, Pflichtteilsrecht und Zugewinnausgleich bei Unternehmer- und Gesellschafternachfolge, BB 1969, 965.

Systematische Übersicht

Alphabetische Übersicht

A. Die Vermögensteilhabe bei Beendigung des Güterstandes durch den Tod eines Ehegatten

I. Allgemeines

1 Bei der Auflösung der Ehe durch den Tod eines Ehegatten ist die **Regelform** der in § 1363 Abs 2 S 2 verheißenen Vermögensteilhabe des überlebenden Ehegatten **die Erhöhung seines gesetzlichen Erbteils** (§ 1931 Abs 1 u 2) um ein weiteres Viertel der Erbschaft, § 1371 Abs 1. Nur dann, wenn der Überlebende weder kraft Gesetzes noch kraft Verfügung von Todes wegen Erbe wird und auch nicht mit einem Vermächtnis bedacht ist, bleibt (unbeschadet des Pflichtteilsrechts) für die sog erbrechtliche Lösung kein Raum. In diesen Fällen kann er den Ausgleich des Zugewinns verlangen, wie wenn der Güterstand auf andere Weise als durch den Tod eines Ehegatten beendet worden wäre, § 1371 Abs 2 (sog güterrechtliche Lösung).

2 Auf die Voraussetzungen einer Teilhabe nach der erbrechtlichen oder der güterrechtlichen Lösung können **beide Ehegatten Einfluss nehmen.** Der Erblasser kann die gesetzliche Erbfolge seines Ehegatten ausschließen, indem er ihn enterbt. Er kann ihm auch einen geringeren oder einen größeren Erbteil zuwenden, als sich aus den §§ 1931, 1371 Abs 1 ergibt. Er kann ihm ferner statt eines Erbteils ein Vermächtnis zuwenden. Dabei setzt ihm nur das Pflichtteilsrecht äußerste Grenzen. **Der überlebende Ehegatte** kann seinerseits zwischen der erbrechtlichen und der güterrechtlichen Lösung wählen. Er kann den gesetzlichen Erbteil ebenso ausschlagen wie einen ihm durch Verfügung von Todes wegen zugewendeten Erbteil oder ein Vermächtnis. Statt dessen kann er unter den Voraussetzungen der §§ 1372 ff den Ausgleichsanspruch geltend machen und daneben den (kleinen) *Pflichtteil* verlangen, § 1371 Abs 2, 3.

3 Danach ergeben sich im Rahmen des § 1371 **folgende Möglichkeiten** der Beteiligung des überlebenden Ehegatten:

1. Die erbrechtliche Lösung

– Der Überlebende nimmt den (erhöhten) gesetzlichen Erbteil an,

– er nimmt das ihm durch Verfügung von Todes wegen Zugewendete an,

– er macht neben der angenommenen geringfügigen Zuwendung den Zusatzpflichtteil nach §§ 2305, 2307 Abs 1 S 2 bis zum „großen Pflichtteil" geltend.

2. Die güterrechtliche Lösung

– Der überlebende Ehegatte ist nicht zum gesetzlichen Erben berufen (§ 1933, 2344, 2346 Abs 1, 2339–2344, 2346 Abs 1, 2352),

– er ist durch Verfügung von Todes wegen enterbt und auch nicht mit einem Vermächtnis bedacht; er ist auf den Pflichtteil gesetzt (§ 2304),

– er hat die Erbschaft oder ein ihm zugewendetes Vermächtnis ausgeschlagen.

II. Die erbrechtliche Lösung

1. Gesetzliche Erbfolge des überlebenden Ehegatten

a) Voraussetzungen

4 Der überlebende der in Zugewinngemeinschaft lebenden Ehegatten ist gemäß § 1931 **zum gesetzlichen Erben** berufen. Der ihm nach dieser Vorschrift zustehende Erbteil wird gemäß § 1371 um ein Viertel der Erbschaft erhöht, wenn die Ehegatten zur Zeit des Erbfalls im Güterstand der Zugewinngemeinschaft gelebt haben. Er erhält dann neben Abkömmlingen des Erblassers die Hälfte, neben den Verwandten der zweiten Ordnung (§ 1925) oder neben Großeltern drei Viertel der Erbschaft. Zu weiteren Einzelheiten des Ehegattenerbrechts s die Anm zu § 1931. Zum Erbrecht des Ehegatten als Verwandter s unten Rn 57.

5 Der Güterstand der Zugewinngemeinschaft muss durch den **Tod eines Ehegatten** sein Ende gefunden haben. Er darf nicht schon vorher durch rechtskräftige Scheidung, Aufhebung oder Nichtigkeitserklärung der Ehe oder durch ein rechtskräftiges Urteil auf vorzeitigen Ausgleich des Zugewinns (§ 1388) beendet worden sein. Tritt der Tod eines Ehegatten nach Erhebung der Klage auf Scheidung der Ehe, aber vor Eintritt der Rechtskraft des Scheidungsurteils ein, so wird der Güterstand durch den Tod beendet. Das Gleiche gilt, wenn ein Ehegatte stirbt, nachdem die Klage auf vorzeitigen Ausgleich des Zugewinns erhoben, aber noch nicht rechtskräftig entschieden war, § 1388. Während aber der überlebende Ehegatte im ersten Falle unter bestimmten Voraussetzungen von der gesetzlichen Erbfolge ausgeschlossen ist (§ 1933), bleibt er im anderen Falle erbberechtigt. § 1387 betrifft nur den Zeitpunkt, auf den der Zugewinn zu berechnen ist, nicht den der Beendigung des Güterstandes. Haben die Ehegatten während eines Verfahrens, das auf Auflösung der Ehe gerichtet ist, für den Fall der Auflösung in notarieller oder in der Form eines gerichtlichen Vergleichs eine Vereinbarung über den Ausgleich des Zugewinns getroffen (§ 1378 Abs 3 S 2), wird sie hinfällig, wenn die Ehe vor Rechtskraft der Entscheidung über die Auflösung durch den Tod eines Ehegatten beendet wird. Es gilt § 1371. Zur Todeserklärung (§ 9 Abs 1 VerschG) s § 1372 Rn 7; zum gleichzeitigen Tod beider Ehegatten s unten Rn 58, zum Berechnungszeitpunkt s unten Rn 63 f.

6 Nach § 1371 Abs 1 wird nur der **gesetzliche Erbteil des Ehegatten (§ 1931)** erhöht. Zweck der Regelung des § 1371 Abs 1 ist, den Überlebenden als Ehegatten besserzustellen. Deshalb bleibt ein Erbrecht, das dem Ehegatten kraft Verwandtschaft zusteht (§ 1934), außer Betracht. Das zusätzliche Viertel kann nur an das besondere Ehegattenerbrecht anknüpfen. Mit diesem entfällt im Falle des § 1933 auch die Möglichkeit einer Erhöhung, selbst wenn der überlebende Ehegatte als Verwandter gesetzlicher Erbe bleibt (zur Anwendung des § 1371 Abs 2 in diesem Falle s unten Rn 57). Ebenso entfällt die Erhöhung, wenn der überlebende Ehegatte auf einen höheren oder geringeren als den gesetzlichen Erbteil eingesetzt ist.

Hat der Erblasser durch Verfügung von Todes wegen freilich seine gesetzlichen Erben oder seine Verwandten ohne nähere Bestimmung bedacht (§§ 2066, 2067), so erhält der überlebende Ehegatte auch hier den erhöhten gesetzlichen Erbteil. Das Verhältnis des gesetzlichen Erbteils wird hier von § 1371 Abs 1 mitbestimmt. Das gilt auch dann, wenn die Verfügung bereits zu einem Zeitpunkt getroffen worden ist, zu dem die Ehe noch nicht geschlossen war oder die Eheleute noch nicht im gesetzlichen Güterstand lebten (KG FamRZ 1961, 447; OLG Köln FamRZ 1970, 605; MünchKomm/ Koch Rn 26; Soergel/Lange Rn 17; Bamberger/Roth/Mayer Rn 5; Rauscher Rn 398).

7 Obwohl die erbrechtliche Lösung nach der Fassung des Gesetzes den Ausgleich des Zugewinns verwirklichen soll, **kommt es doch nicht darauf** an, ob die Ehegatten im einzelnen Falle **überhaupt einen Zugewinn** erzielt haben, § 1371 Abs 1 HS 2. Es ist aber auch unerheblich, ob der Erblasser den größeren Zugewinn gemacht hat. Selbst wenn im Falle der Beendigung des Güterstandes auf andere Weise als durch den Tod eines Ehegatten der Erblasser selbst ausgleichsberechtigt gewesen wäre, erhält der Überlebende den erhöhten Erbteil. Insoweit führt die erbrechtliche Lösung zu einer Umkehrung des Prinzips des Zugewinnausgleichs; von einer „Verwirklichung" dieses Prinzips kann demnach in solchen Fällen keine Rede sein. Das muss aber nicht bedeuten, dass die Erhöhung des gesetzlichen Erbteils auf rein erbrechtlicher Motivation beruht (vgl dazu Vorbem 12 zu § 1371).

b) Rechtliche Wirkungen für den überlebenden Ehegatten

8 Der **Ehegatte erhält** nunmehr als gesetzlicher Erbe neben Verwandten der ersten Ordnung **die Hälfte** der Erbschaft, neben Verwandten der zweiten Ordnung oder neben Großeltern **drei Viertel**. Sind weder Verwandte der ersten oder zweiten Ordnung noch Großeltern vorhanden, so wird der Ehegatte **Alleinerbe**, § 1931 Abs 2.

9 Der gemäß § 1371 Abs 1 um ein Viertel erhöhte gesetzliche Erbteil des Ehegatten ist rechtlich eine untrennbare Einheit. Dem Ehegatten fällt nur ein einheitlicher Erbteil an, er ist nicht zu mehreren Erbteilen berufen. Daher kann der Ehegatte die Annahme oder Ausschlagung nicht auf das zusätzliche Viertel oder den „normalen" Erbteil des § 1931 beschränken. Zwar beruht die Berufung zu diesem einheitlichen Erbteil auf verschiedenen Berufungsgründen, nämlich einmal auf dem allgemeinen Ehegattenerbrecht des § 1931, zum anderen auf dem Prinzip der Vermögensteilhabe im gesetzlichen Güterstand. Da der erhöhte Ehegattenerbteil aber als rechtliche Einheit zu behandeln ist, liegen die Voraussetzungen des § 1951 Abs 1 nicht vor (vgl Braga FamRZ 1957, 337; Erman/Schlüter § 1931 Rn 32; Staudinger/Ott [2000] § 1950 Rn 4; Staudinger/Werner [2000] § 1931 Rn 39; Bamberger/Roth/Mayer Rn 8; MünchKomm/Koch Rn 12; BGB-RGRK/Finke Rn 20; Soergel/Lange Rn 19).

Das **zusätzliche Viertel des § 1371** kann jedoch als Bruchteil des einheitlichen Erbteils **10** angesehen werden und damit **Gegenstand eines beschränkten Erbverzichts** sein. Der überlebende Ehegatte wird dann nur zu einem dem „normalen" Erbteil (§ 1931) entsprechenden Bruchteil gesetzlicher Erbe. Anspruch auf den Zugewinnausgleich hat er nicht, solange er den ihm verbliebenen Erbteil nicht ausschlägt.

Erklärt der Ehegatte im Erbverzichtsvertrag, er verzichte auf sein gesetzliches Erbrecht, behalte sich aber den zusätzlichen Erbteil vor, so wird man als Folge des so beschränkten Verzichts nicht den Verlust auch des zusätzlichen Viertels ansehen dürfen. Zwar setzt die Erhöhung des Erbteils voraus, dass der Ehegatte gemäß § 1931 zum Erben berufen ist. Es wäre aber zu formalistisch, ihm beim Verzicht auf den „normalen" Erbteil auch die zusätzliche Quote zu entziehen. Richtig verstanden bedeutet dieser Verzicht nur, dass der Ehegatte auf sein gesetzliches Erbrecht in Höhe einer ideellen Quote verzichtet, die dem „normalen" Erbteil entspricht.

Verzichtet der überlebende **Ehegatte schlechthin** auf sein gesetzliches Erbrecht, so tritt gemäß § 1371 Abs 2 die güterrechtliche Lösung ein, sofern er nicht in einer Verfügung von Todes wegen bedacht ist und die Zuwendung annimmt. Schlägt er solche Zuwendung aus, so kann er den Pflichtteil nicht verlangen, § 1371 Abs 3 HS 2.

War der **Verzicht auf das Pflichtteilsrecht beschränkt**, so bleibt es bei der rein erb- **11** rechtlichen Lösung, solange der Ehegatte die Erbschaft nicht ausschlägt.

Hatte er **auf das Erbrecht**, aber nicht auf das Pflichtteilsrecht **verzichtet**, so gilt § 1371 Abs 2. Ist dem Ehegatten dennoch etwas zugewendet, so bleibt es bei der erbrechtlichen Lösung. Schlägt er aber das ihm Zugewendete aus, so kann er Ausgleich des Zugewinns und den (kleinen) Pflichtteil verlangen; § 1371 Abs 3 HS 2 steht nicht entgegen.

Der überlebende Ehegatte erhält **lediglich als gesetzlicher Erbe** das zusätzliche Vier- **12** tel des § 1371 Abs 1. Der erhöhte Erbteil ist aber **keine erbrechtliche Mindestbeteiligung**. Ist ihm in einer Verfügung von Todes wegen ein geringerer Erbteil als der gesetzliche oder nur ein kleines Vermächtnis zugewendet, so muss er sich mit diesem begnügen, wenn er nicht ausschlägt. In keinem Falle kann er Ergänzung des Zugewendeten bis zum Werte seines gesetzlichen (erhöhten) Erbteils verlangen (s Rn 24). Auch Beschränkungen oder Beschwerungen des Erbteils oder Vermächtnisses (durch Einsetzung eines Nacherben, Teilungsanordnungen, Ernennung eines Testamentsvollstreckers, Auflagen usw) fallen nicht etwa fort, wenn sie den Wert des Hinterlassenen auf weniger als den Wert des gesetzlichen Erbteils vermindern. Andernfalls müssten doch wieder Ermittlungen angestellt, es müsste gerechnet werden. Das soll nach dem Zweck der erbrechtlichen Lösung aber nicht sein. Soweit freilich beide Ehegatten bei der erbrechtlichen Lösung geblieben sind, ist dem überlebenden Ehegatten im „großen Pflichtteil" eine Minimalbeteiligung kraft Erbrechts gewährleistet. Das ist von besonderer Bedeutung in den Fällen der §§ 2305–2307 (s dazu unten Rn 25 ff).

Die Erhöhung des gesetzlichen Erbteils des Ehegatten ist nicht nur davon unab- **13** hängig, ob während der Ehe ein Zugewinn erzielt wurde; es ist auch unerheblich, wie lange der Güterstand gedauert hat. **Die Quote** der Erhöhung **ist nicht veränderlich.** Ferner ist auch eine Berücksichtigung von **Vorempfängen** nicht vorgesehen. Es bedürfte dazu einer besonderen Verfügung von Todes wegen, etwa durch Belastung des Ehegatten mit Vermächtnissen oder Auflagen (vgl dazu BT-Drucks 2/3409, 20; BT-Sitzungsbericht der 206. Sitzung vom 3. 5. 1957, 11783 D und Umdruck 1039–11864, Anlage 10). Die in der güterrechtlichen Lösung vorgesehenen Korrekturen (§§ 1380–1383) sind in die bewusst schematisierende Regelung der erbrechtlichen Lösung nicht übernommen worden.

14 Neben dem gesetzlichen Erbteil gebührt dem überlebenden Ehegatten der **Voraus**, § 1932. Nach wie vor stehen ihm die zum ehelichen Haushalt gehörenden Gegenstände, soweit sie nicht Zubehör eines Grundstücks sind, und die Hochzeitsgeschenke als Voraus zu, wenn er neben Verwandten der zweiten Ordnung oder neben Großeltern gesetzlicher Erbe ist. Ferner gebührt dem Ehegatten auch neben Verwandten der ersten Ordnung der Voraus, soweit er die Gegenstände zur Führung eines angemessenen Haushalts benötigt.

15 Die Neufassung des ErbStG durch das 2. StRefG vom 17. 4. 1974 (BGBl I 933) hat auch zu einer grundlegenden Neuordnung der **Besteuerung** im Rahmen der erbrechtlichen Lösung gemäß § 1371 Abs 1 geführt. War nach § 6 Abs 1 ErbStG 1959 das zusätzliche Viertel des Nachlasses mit seinem vollen Wert steuerfrei, so gewährt § 5 Abs 1 S 1 ErbStG mit Wirkung ab 1. 1. 1974 dem überlebenden Ehegatten **Steuerfreiheit nur für den Betrag**, der ihm bei einer güterrechtlichen Abwicklung **nach § 1371 Abs 2** zustünde. Dabei ist der Steuerwert des Nachlasses zugrunde zu legen, § 5 Abs 1 S 5 ErbStG. Das Steuerrecht fällt damit dem Vereinfachungszweck der erbrechtlichen Lösung in den Rücken. Es muss in jedem einzelnen Falle festgestellt werden, ob das dem überlebenden Ehegatten angefallene zusätzliche Viertel im Werte den (hypothetischen) Zugewinnausgleichsanspruch übersteigt. Weil der güterrechtliche Zugewinnausgleich gemäß § 5 Abs 2 ErbStG 1974 erb- und schenkungssteuerfrei ist, soll durch § 5 Abs 1 S 1 ErbStG eine Angleichung in der steuerrechtlichen Behandlung der erbrechtlichen Lösung erreicht werden. Die Regelung des § 5 Abs 1 S 5 ErbStG mindert diese Begünstigung und gleicht die errechnete fiktive Ausgleichsforderung dem Steuerwertniveau der Ausgleichsforderung an (BFH NJW 1994, 150); im Rahmen von § 5 Abs 1 S 5 bleiben gem § 1375 Abs 2 dem Endvermögen hinzuzurechnende Schenkungen unberücksichtigt (BFH NJW 2005, 3662 m Anm GEBEL ZEV 2005, 489). Angesichts der Freibeträge (für Ehegatten nach § 16 Abs 1 Nr 1 ErbStG 307 000 € sowie ein zusätzlicher Versorgungsfreibetrag von 256 000 € nach § 17 Abs 1 ErbStG abzüglich des Kapitalwerts der erbschaftssteuerfrei anfallenden Versorgungsbezüge) beschränkt sich der dem bürgerlichen Recht widersprechende Zwang zur Berechnung des Ausgleichsanspruchs freilich auf größere Nachlässe, zumal da auch der Hausrat (Voraus) bis zu 41 000 € steuerfrei bleibt. Die durch Gesetz vom 21. 12. 1993 (BGBl I 1993, 2309) aufgenommenen Sätze 2 bis 4 sehen Abweichungen gegenüber den güterrechtlichen Dispositionsmöglichkeiten vor mit der Folge, dass im Einzelfall unter steuerrechtlichen Gesichtspunkten der güterrechtliche Ausgleich vorzugswürdig sein kann (vgl MEINCKE ErbStG § 5 Rn 30, 38 ff; LEHMANN MittRhNotK 1994, 167 f; HOEBBEL NJW 1994, 2135 f). Zur Berechnung der fiktiven Zugewinnausgleichsforderung und steuerrechtliche Behandlung nach § 5 ErbStG BFH NJW 2005, 3662; 1994, 150; EBELING ZEV 2006, 19; HAMDAN/QUERNHEIM

ZFE 2005, 228; Sontheimer NJW 2001, 1315, 1317; Schlünder/Geissler FamRZ
2005, 154 ff; Jülicher ZEV 2006, 338; vgl auch Boorberg Betrieb 1976, 312; Bopp
FamRZ 1975, 245 u Betrieb 1975, 1000; Haas BB 1980, 464; Keuk Betrieb 1974, 982;
Knobbe-Keuk, in: FS Bosch (1976) 503; Litfin BB 1974, 1390; Meincke FamRZ
1983, 13 ff; Paulick, in: FS Bosch (1976) 763; Voss DB 1988, 1084.

c) Erbscheinsverfahren

Stirbt ein Ehegatte, so muss vor der Erteilung eines Erbscheins, der die gesetzliche **16**
Erbfolge ausweisen soll, geprüft werden, ob der Erblasser im gesetzlichen Güterstand gelebt hat. Im Allgemeinen muss der Antragsteller die Richtigkeit der nach
§ 2354 zu machenden Angaben durch öffentliche Urkunden nachweisen. In dieser
Form kann zwar regelmäßig ohne besondere Schwierigkeiten nachgewiesen werden,
dass der Erblasser nicht im gesetzlichen Güterstand gelebt hat. Der antragstellende
Ehegatte kann aber durch öffentliche Urkunden nicht nachweisen, dass der Erblasser bis zu seinem Tode in Zugewinngemeinschaft gelebt hat. Deshalb bestimmt das
Gesetz in § 2356 Abs 2, dass eine vor Gericht oder vor einem Notar abgegebene
Versicherung an Eides statt entsprechenden Inhalts ausreicht. Das Nachlassgericht
kann die Versicherung erlassen, wenn es sie nicht für erforderlich hält.

d) Wirkungen des § 1371 Abs 1 auf die anderen gesetzlichen Erben

§ 1931 durchbricht die Erbrechtsregelung der Verwandten zugunsten des überleben- **17**
den Ehegatten. Entsprechend wirkt sich die **Erhöhung** des gesetzlichen Erbteils des
Ehegatten um ein Viertel **zu Lasten der übrigen Erben** aus. Die **gemeinsamen Abkömmlinge** der Ehegatten haben jedoch zumindest eine Aussicht, nach dem Tode des
überlebenden Ehegatten als dessen gesetzliche Erben die Einbuße, die sie beim
Tode des anderen Elternteils erlitten haben, wieder auszugleichen. Die Eltern des
Erstverstorbenen dagegen und vor allem dessen **einseitige Abkömmlinge** kommen
als gesetzliche Erben des überlebenden Ehegatten nicht in Betracht. Sie verlieren
darüber hinaus mit dem Tode ihres Vaters oder ihrer Mutter das Recht auf Unterhalt. Der überlebende Ehegatte tritt als Stiefmutter oder Stiefvater nicht kraft
Gesetzes an dessen Stelle als Unterhaltsverpflichteter. Um diese Schlechterstellung
der Stiefkinder oder Stiefenkel des erstverstorbenen Ehegatten wenigstens teilweise
auszugleichen, sieht das Gesetz in § 1371 Abs 4 vor, dass der überlebende Ehegatte
ihnen aus dem zusätzlichen Viertel die Mittel für eine angemessene Ausbildung zu
gewähren hat (dazu unten Rn 91 ff).

e) Ausschlagung, Übergang zur güterrechtlichen Lösung

Auch als gesetzlicher Erbe kann der überlebende Ehegatte die Erbschaft ausschla- **18**
gen. Mit der Ausschlagung gibt er freilich die erbrechtliche Lösung preis und wird
auf den Ausgleich des Zugewinns verwiesen, § 1371 Abs 2. Da der Ehegatte als
gesetzlicher Erbe mindestens die Hälfte der Erbschaft erhält, ist die Ausschlagung
für ihn in der Regel wirtschaftlich ohne Interesse. Der überlebende Ehegatte kann
aber an einer Ausschlagung interessiert sein, wenn er über die Ausgleichsforderung
nebst dem „kleinen Pflichtteil" (§ 1371 Abs 2, 3) mehr als die Hälfte des Nachlasses
erlangen würde. Das ist stets der Fall, wenn der vom Erblasser während des Güterstandes erzielte Mehrzugewinn (§ 1378 Abs 1) mehr als $^6/_7$ des Nachlasswertes beträgt, vorausgesetzt, dass der Nachlass sonst unbelastet ist. Sind sechs von sieben
Teilen der Erbschaft Mehrzugewinn, ist das Ergebnis der güterrechtlichen Lösung
dem der erbrechtlichen Lösung gleich (zu den Einzelheiten s auch Geissler BWNotZ 1990,

38 ff). Nach § 1371 Abs 2 würde er die Hälfte des Mehrzugewinns, also $3/7$, als Ausgleichsforderung erhalten, dazu den kleinen Pflichtteil auf den um die Ausgleichsforderung verkürzten Nachlasswert, mithin $7/7 - 3/7 = 4/7$, davon $1/8 = 1/14$ ($3/7 + 1/14 = 1/2$). Zu beachten ist freilich, dass der *Voraus* gemäß § 1932 an den *gesetzlichen Erbteil gekoppelt* ist, dem Ehegatten daher mit der Ausschlagung ebenfalls verloren geht.

Der überlebende Ehegatte kann ferner an einer Ausschlagung interessiert sein, wenn sein Erbteil mit Vermächtnissen oder Auflagen beschwert oder er durch die Einsetzung eines Nacherben oder Testamentsvollstreckers beschränkt ist.

2. Die Rechtsstellung des kraft Verfügung von Todes wegen bedachten Ehegatten

a) Testierfreiheit des Erblassers

19 Die ausdrückliche Regelung der Vermögensteilhabe unter Ehegatten mit den Mitteln des Erbrechts beschränkt sich auf die **Neuordnung der gesetzlichen Erbfolge**. Der Übergang zur güterrechtlichen Lösung ist jedoch nur eröffnet, wenn der überlebende Ehegatte überhaupt nicht Erbe ist und ihm auch kein Vermächtnis zusteht, § 1371 Abs 2. Der obligatorische Ausgleich des Zugewinns ist daher auch dann ausgeschlossen, wenn der Überlebende zwar nicht gesetzlicher Erbe ist, aber kraft Verfügung von Todes wegen zum Erben berufen oder mit einem Vermächtnis bedacht ist.

20 Die Lücke, die zwischen der Erbrechtsverstärkung des § 1371 Abs 1 und dem Ausgleich des Zugewinns nach Abs 2, 3 in der gesetzlichen Regelung der Vermögensbeteiligung des überlebenden Ehegatten klafft, gewährt der *Testierfreiheit* des Erblassers einen weiten Spielraum.

Auch die im gesetzlichen Güterstand lebenden Ehegatten haben die Testierfreiheit vollen Umfangs behalten. Sie können die erbrechtliche Stellung ihres Ehepartners abweichend von §§ 1931, 1371 Abs 1 bestimmen. Sie können freilich nicht über dessen Anrecht auf Vermögensteilhabe verfügen, es ihm vor allem nicht einseitig und bindend entziehen. Bei der Abfassung von Testamenten und Erbverträgen muss darauf Rücksicht genommen werden, dass der Erblasser zwar über die Verteilung des Nachlasses grundsätzlich frei bestimmen kann. Er muss aber als Ehegatte nicht nur die pflichtteilsrechtliche Mindestbeteiligung in Betracht ziehen, die für den anderen Ehegatten im Rahmen der §§ 2305–2307 von besonderer Bedeutung ist („großer Pflichtteil"). Er muss vor allem berücksichtigen, dass sein Ehegatte dadurch, dass er das ihm Zugewendete ausschlägt, die rein erbrechtliche Nachlassverteilung ablehnen und damit den Verteilungsplan des Erblassers stören kann. Je höher der Anteil des Zugewinns am Nachlass ist, desto mehr muss der Erblasser die Möglichkeit einer Ausschlagung in seine Erwägungen einbeziehen (s oben Rn 18).

b) Entscheidungsmöglichkeiten des überlebenden Ehegatten

21 Der in einer Verfügung von Todes wegen bedachte Ehegatte kann sich dem Willen des Erblassers fügen und das ihm Zugewendete annehmen. Entscheidet er sich für diese Möglichkeit, so gibt es keine weiteren Probleme der Vermögensteilhabe. Der Überlebende „wählt" eine Form der erbrechtlichen Lösung, bei der davon ausgegangen wird, dass seine Teilhaberinteressen vom Erblasser angemessen berücksichtigt sind. Mit der Annahme der Zuwendung begibt er sich der Möglichkeit, seine güterrechtlichen Beteiligungsrechte nach Maßgabe der beiderseitigen Zugewinne rechnerisch genau zu ermitteln und durchzusetzen.

Der überlebende Ehegatte kann aber auch die Zuwendung *ausschlagen*. In der **22** Entscheidung darüber ist er frei; der Erblasser kann ihm insoweit keinerlei Beschränkungen auferlegen. Schlägt der Überlebende aus, so „wählt" er statt der erbrechtlichen Lösung die güterrechtliche Form der Vermögensteilhabe, den Ausgleich des Zugewinns. Daneben gewährt ihm das Gesetz den „kleinen Pflichtteil", § 1371 Abs 3.

Die Wahl der güterrechtlichen Lösung liegt unabdingbar bereits in der Ausschlagung **23** der Erbschaft. Dem überlebenden Ehegatten ist keine Möglichkeit gewährt, vom Ausgleich des Zugewinns noch abzusehen und bei der erbrechtlichen Lösung (in der Form des „großen Pflichtteils") zu bleiben; s dazu unten Rn 61 ff.

c) Rechtslage bei Annahme der Zuwendung
Vorbehaltlich einer Anfechtung der Annahme (§§ 1944, 1956, s dazu unten Rn 35 ff) **24** bewirkt diese, dass der überlebende Ehegatte erbrechtlich und güterrechtlich auf das ihm Zugewendete beschränkt ist. Es kommt grundsätzlich weder auf die Art (Erbteil oder Vermächtnis) noch auf den Wert des Zugewendeten an (ebenso MünchKomm/ KOCH Rn 23; DIECKMANN DNotZ 1983, 633; RAUSCHER Rn 400; auch BGHZ 42, 182, 191 f; AG Tecklenburg FamRZ 1997, 1013 für Erbvertrag). Die abweichenden Erwägungen von SCHWAB JuS 1965, 432 und REINICKE Betrieb 1965, 1351, 1355, wonach der nur geringfügig bedachte Ehegatte wie ein Enterbter behandelt werden könne, finden im Gesetz keine Stütze. Es kommt auch nicht darauf an, ob der bedachte Ehegatte als Vollerbe oder Nacherbe eingesetzt, ob er durch Ernennung eines Testamentsvollstreckers oder durch eine Teilungsanordnung beschränkt ist. Ist der Ehegatte zum Ersatzerben eingesetzt und tritt der Ersatzerbfall ein, so ist er ebenfalls Erbe iS des § 1371 Abs 2. Zur Einsetzung als Testamentsvollstrecker und zur Begünstigung durch eine Auflage s unten Rn 56 f. **In keinem Fall, in dem der Ehegatte überhaupt Erbe oder Vermächtnisnehmer ist, kann er das zusätzliche Viertel des § 1371 Abs 1 oder den Ausgleich des Zugewinns verlangen.** Insbesondere findet eine Ergänzung der Zuwendung bis zum Wert des (erhöhten) gesetzlichen Erbteils nicht statt (s oben Rn 2).

Lediglich die Vorschriften der §§ 2305–2307 können zu einer Verbesserung der **25** Rechtsstellung des Überlebenden führen. Durch die Annahme der Zuwendung ist der Weg zur güterrechtlichen Lösung versperrt. Im Rahmen der erbrechtlichen Lösung aber ist dem überlebenden Ehegatten im „**großen Pflichtteil**" eine **erbrechtliche Minimalbeteiligung** gesichert, die insoweit zugleich eine güterrechtliche Mindestteilhabe gewährleistet.

Ist der dem Ehegatten hinterlassene Erbteil geringer als die Hälfte des nach §§ 1371 **26** Abs 1, 1931 zu bestimmenden gesetzlichen Erbteils, so kann er den **Pflichtteilsrestanspruch** des § 2305 bis zum Werte des „großen Pflichtteils" geltend machen.

Ebenso kann der Ehegatte den Pflichtteilsrestanspruch erheben, wenn er ein ihm **27** zugewandtes **Vermächtnis** annimmt, das den „**großen Pflichtteil**" **nicht erreicht**, § 2307 Abs 1 S 2. Anders als im Falle des § 2305 bleiben bei der Berechnung des

Burkhard Thiele

Wertes des Vermächtnisses die Beschränkungen und Beschwerungen der in § 2306 bezeichneten Art außer Betracht. Ist dem Ehegatten der „große Pflichtteil" zugewendet worden, ist gemäß § 2084 regelmäßig von einem **Vermächtnis** auszugehen (Erman/Schlüter § 2304 Rn 4; Ferid NJW 1960, 121, 126; MünchKomm/Koch Rn 30; Soergel/Lange § 1371 Rn 13; **aM** Bohnen NJW 1970, 1531, 1532). Ist er auf den kleinen Pflichtteil verwiesen, ist er gemäß § 2304 im Zweifel nicht als Erbe eingesetzt. Die Annahme eines Vermächtnisses ist, wenn keine besonderen Umstände etwas anderes ergeben, wegen § 2307 Abs 1 ausgeschlossen, der andernfalls die Aufstockung auf den großen Pflichtteil ermöglichen würde. Der Ehegatte ist deshalb als enterbt anzusehen unter Anerkennung des Rechts auf den kleinen Pflichtteil; daneben gilt § 1371 Abs 2 (ebenso Bohnen NJW 1970, 1531; Soergel/Lange Rn 13; MünchKomm/Koch Rn 30; **aM** Ferid NJW 1960, 127).

28 Ist der hinterlassene **Erbteil** des Ehegatten **belastet** (beschränkt oder beschwert), so entfallen die Belastungen, wenn der Erbteil den „großen Pflichtteil" nicht übersteigt, § 2306 Abs 1 S 1. Daneben gilt § 2305 (s oben Rn 26).

29 Sobald aber das dem überlebenden Ehegatten Zugewendete den „großen Pflichtteil" im Werte übersteigt, können nach der Annahme keine weiteren Ansprüche geltend gemacht werden (s aber § 2308). Der Ehegatte muss die Verfügung von Todes wegen gelten lassen; er bleibt an die angeordneten Belastungen gebunden und hat weder einen Ausgleichsanspruch noch einen Anspruch auf den Pflichtteil.

d)   Die Ausschlagung der Zuwendung
30 Der Ehegatte kann die Erbschaft oder das Vermächtnis ohne Rücksicht auf die Höhe seiner Beteiligung am Nachlass ausschlagen. Es ist belanglos, ob der ihm zugewendete Erbteil den Wert des Pflichtteils übersteigt oder nicht. Die **Ausschlagung unterliegt keinen** anderen **Erschwerungen** als sonst auch. Sie muss, wenn sie die Erbschaft betrifft, regelmäßig innerhalb von sechs Wochen erfolgen, nur in besonderen Fällen binnen sechs Monaten, § 1944 Abs 1 und 3. Die Frist beginnt mit dem Zeitpunkt, in welchem der Ehegatte von dem Anfall und dem Grunde der Berufung Kenntnis erlangt, jedoch nicht vor der Verkündung der Verfügung von Todes wegen, § 1944 Abs 2. Eine Ausnahme hiervon gilt nur im Falle des § 2306 Abs 1 S 2.

31 Das **Ausschlagungsrecht** des überlebenden Ehegatten ist **vererblich**, § 1952 Abs 1 (vgl auch BGHZ 44, 152 – bei Vorerbschaft). Zum Ablauf der Ausschlagungsfrist s § 1952 Abs 2. Mehrere Erbeserben können grundsätzlich jeweils für sich die Erbschaft zu dem ihrem Anteil entsprechenden Teil ausschlagen, § 1952 Abs 3. Das würde aber im Rahmen des § 1371 dazu führen, dass der Nachlass des nachverstorbenen Ehegatten teils nach der erbrechtlichen, teils nach der güterrechtlichen Lösung zu bestimmen wäre. Die in § 1371 Abs 2, 3 geregelten Rechtsfolgen der Ausschlagung können überdies bei den übrigen Miterben nach Abzug der anteiligen Ausgleichsforderung und des anteiligen kleinen Pflichtteils zu einer Verschiebung in der Nachlassverteilung führen, die dem Normzweck des § 1952 Abs 3 widerspricht (vgl die Rechenbeispiele bei vOlshausen FamRZ 1976, 678). Die Anwendung von § 1952 Abs 3 lässt sich deshalb nur halten, **wenn die Miterben im Ergebnis nicht besser oder schlechter gestellt werden als bei Ausschlagung durch den überlebenden Ehegatten selbst.** Das Gesetz ist insoweit lückenhaft. Wird es um den genannten Grundsatz ergänzt, lässt sich die Teilausschlagung durch den Erbeserben halten. Der Ausweg, den vOLSHAUSEN aaO vorschlägt (Ausschlagung nur durch alle Erbeserben gemeinsam; s auch MünchKomm/KOCH Rn 41; PALANDT/EDENHOFER § 1952 Rn 4; SOERGEL/LANGE Rn 33; BAMBERGER/ROTH/MAYER Rn 29), wäre dadurch vermeidbar. Für Anwendung des § 1952 Abs 3, freilich ohne Folgendiskussion und daher ohne Einschränkung, SCHRAMM BWNotZ 1966, 18, 34 ff.

Hat der überlebende Ehegatte das ihm Hinterlassene ausgeschlagen, so bestimmt **32** sich seine Rechtsstellung allein nach § 1371 Abs 2, 3 sowie nach den – teils abgeänderten und ergänzten – Vorschriften der §§ 2303 ff (zu den Einzelheiten s unten Rn 59 ff).

Ist der überlebende Ehegatte zu mehreren Erbteilen berufen (etwa gemäß §§ 1931/ **33** 1371 und 1934) oder ist er Erbe und zugleich mit einem Vermächtnis bedacht, so kann er die Ausschlagung auf einen der mehreren Erbteile beschränken (§ 1951) oder nur das Vermächtnis oder nur den Erbteil ausschlagen. Bei **Teilausschlagung** bleibt er aber Erbe oder Vermächtnisnehmer und ist von der güterrechtlichen Lösung ausgeschlossen. Ausgleich des Zugewinns kann er nur verlangen, wenn er alle Erbteile oder sowohl den Erbteil als auch das Vermächtnis ausschlägt.

e)   Erbschaftsteuer

Was der überlebende Ehegatte kraft Verfügung von Todes wegen als Erbteil oder **34** Vermächtnis erhält, unterliegt der Erbschaftsteuer nur insoweit, als es nicht im Wert dem Betrag der Ausgleichsforderung entspricht, die ihm bei güterrechtlichem Ausgleich zustünde, vgl oben Rn 15.

3.   Die Anfechtung der Annahme oder Ausschlagung durch den Ehegatten

Die Ausschlagungsfrist des § 1944 ist für den überlebenden Ehegatten außerordent- **35** lich kurz. Er muss die ihm nach der erbrechtlichen Lösung offenstehenden Möglichkeiten einzeln durchrechnen und sie dann miteinander vergleichen. Das setzt aber voraus, dass er sich einerseits Klarheit über den Wert des Nachlasses verschafft, andererseits den beiderseitigen Zugewinn und daraus die Höhe der Ausgleichsforderung berechnet. Das ist häufig recht schwierig, da dem überlebenden Ehegatten die erforderlichen Unterlagen nicht immer zur Verfügung stehen. Er kann sich zwar im Hinblick auf den Zugewinn des Verstorbenen auf die Vermutung des § 1371 Abs 3 (Endvermögen = Zugewinn) berufen, das Risiko der Widerlegung muss er aber selbst tragen. Da das GleichberG die Frist des § 1944 Abs 1 unverändert gelassen hat, muss der überlebende Ehegatte sich notfalls mit Schätzungen begnügen und das Risiko einer Fehlbewertung oder der Unkenntnis der richtigen Zusammensetzung der Erbschaft auf sich nehmen. Der Anspruch auf *Auskunft* gemäß § 1379 besteht jedoch nur dann, wenn die Entscheidung für die güterrechtliche Lösung bereits gefallen ist (MünchKomm/KOCH Rn 38; anders wohl SOERGEL/LANGE Rn 33). Solange die erbrechtliche Lösung gilt, soll nach dem Normzweck des § 1371 Abs 1 nicht gerechnet werden.

Eine **Anfechtung der Annahme oder Ausschlagung** könnte das Bewertungsrisiko des **36** überlebenden Ehegatten vermindern. Zur Anfechtung s §§ 1954 ff. Das Gesetz verweist jedoch wegen der Anfechtungsgründe auf die allgemeinen Vorschriften der §§ 119, 120, 123 (vgl die Erl dort).

37 Ein **Irrtum über den Inhalt der Erklärung** liegt nur vor bei einem Irrtum über den Sinn des benutzten Erklärungszeichens. Ein Irrtum über die **Rechtsfolgen der Ausschlagung** (etwa in der Annahme, dadurch und nur dadurch in den Genuss des großen Pflichtteils gelangen zu können) oder über die Folgen der Annahme (zB in der Erwartung, sich dadurch den rechnerischen Zugewinnausgleich zusätzlich zu sichern) ist nicht als Inhaltsirrtum anzuerkennen. Das gilt selbst dann, wenn der Rechtsfolgenirrtum bei Abgabe der Erklärung offensichtlich ist (zu den Einzelheiten s STAUDINGER/SINGER [2004] § 119 Rn 72 f mwNw).

38 Fraglich ist, ob die Ausschlagung mit dem Ziel, den Zugewinnausgleich nach § 1371 Abs 2 zu erreichen, wegen eines **Eigenschaftsirrtums** nach § 119 Abs 2 anfechtbar ist, wenn irrige Vorstellungen über das Verhältnis des Anfangs- zum Endvermögen des Erblassers vorlagen. Das ist mit MünchKomm/KOCH Rn 40 zu verneinen (so auch BAMBERGER/ROTH/MAYER Rn 34; RAUSCHER Rn 404). Auch bei Irrtümern über einzelne wertbildende Faktoren der Ausgleichsforderung (zB Vorliegen und Umfang nach § 1380 anrechenbarer Zuwendungen) ist ein Eigenschaftsirrtum zu verneinen, da die Ausgleichsforderung nicht Gegenstand der Annahme- oder Ausschlagungserklärung ist. Ihre Entstehung oder Nichtentstehung ist lediglich gesetzliche Rechtsfolge der Erklärung.

III. Der Ausgleich des Zugewinns nach dem Tode eines Ehegatten (güterrechtliche Lösung)

1. Voraussetzungen der güterrechtlichen Lösung

39 Der überlebende Ehegatte kann Ausgleich des Zugewinns verlangen, wenn er **nicht Erbe** wird und auch **nicht mit einem Vermächtnis bedacht** ist. Ist er weder Erbe noch Vermächtnisnehmer, so gilt die erbrechtliche Lösung nicht mehr. Es gelten ausschließlich die Regeln über den Zugewinnausgleich sowie über den (kleinen) Pflichtteil, § 1371 Abs 2, 3. Der überlebende Ehegatte kann daher in keinem Falle auf die erbrechtliche Lösung zurückgreifen und etwa den „großen Pflichtteil" verlangen (s auch unten Rn 60 f).

40 Es ist unerheblich, aus welchem Grunde der überlebende Ehegatte nicht Erbe oder Vermächtnisnehmer wird. § 1371 Abs 2 greift in allen Fällen gleichermaßen ein und schließt die erbrechtliche Lösung aus. Die Voraussetzungen des § 1371 Abs 2 können aufgrund des Gesetzes gegeben sein (a), auf einer Anfechtungsklage beruhen (b), sie können vom Erblasser durch Verfügung von Todes wegen (c) und vom überlebenden Ehegatten durch Erbverzicht (d) oder Ausschlagung (e) herbeigeführt werden.

a) Gesetzlicher Ausschluss von der Erbfolge (§ 1933)
41 Das Erbrecht des überlebenden Ehegatten entfällt gem § 1933 ohne Rücksicht auf die Schuldfrage beim Vorliegen von Scheidungsgründen, wenn der Erblasser zur Zeit seines Todes die Scheidung beantragt oder ihr zugestimmt hatte. Mit dem gesetzlichen Erbrecht (§§ 1931, 1371 Abs 1) entfällt die Abwicklung nach der erbrechtlichen Lösung.

42 Unter den Voraussetzungen des § 1933 entfällt auch das dem überlebenden Ehegatten *durch Verfügung von Todes wegen Zugewendete*, es sei denn, dass anzunehmen wäre, dass die Verfügung auch für einen solchen Fall getroffen sein würde, §§ 2077 Abs 1 S 2, Abs 3, 2268, 2279.

Zum Zeitpunkt der Berechnung des Ausgleichsanspruches s unten Rn 64 f.   **43**

b) Anfechtung wegen Erbunwürdigkeit

Der überlebende Ehegatte wird ferner mit Wirkung auf den Erbfall nicht Erbe, **44** wenn er durch rechtskräftiges Urteil für *erbunwürdig* erklärt ist, §§ 2339–2344. Er verliert auch den Anspruch aus einem ihm zugewendeten Vermächtnis, wenn auch dieser Anspruch anfechtbar und wirksam angefochten ist, § 2345 Abs 1. Der Anfechtungsberechtigte (§ 2341) muss hier die Anfechtung gegenüber dem vermächtnisunwürdigen Ehegatten erklären (§ 143 Abs 3, 4), einer Anfechtungsklage bedarf es nicht.

Ist der überlebende Ehegatte Erbe und zugleich Vermächtnisnehmer, so muss so- **45** wohl der *Erbschaftserwerb* (durch Klage gemäß § 2340) als auch der Anspruch aus dem *Vermächtnis* (durch Erklärung gegenüber dem Ehegatten) angefochten werden, wenn § 1371 Abs 2 angewendet werden soll.

Hat der Anfechtungsberechtigte im Falle der Erbunwürdigkeit *die Anfechtungsfrist* **46** von einem Jahr (§§ 2340 Abs 3, 2082) *versäumt*, so ist die Anfechtung schlechthin *ausgeschlossen*. § 1371 Abs 2 findet keine Anwendung. Der überlebende Ehegatte ist und bleibt Erbe. Hat der Berechtigte den Anspruch aus dem Vermächtnis nicht binnen Jahresfrist (§§ 2345 Abs 1 S 2, 2082) angefochten, so bleibt der überlebende Ehegatte Vermächtnisnehmer. Auch in diesem Fall ist die güterrechtliche Lösung nicht anwendbar.

Der mit einem Vermächtnis Beschwerte kann jedoch *die Leistung* auch dann *ver-* **47** *weigern*, wenn die Anfechtung infolge Fristablaufs nach § 2082 ausgeschlossen ist, § 2083. Der Anspruch des Ehegatten aus dem Vermächtnis ist mit einer dauernden Einrede behaftet. Hier ist es zweifelhaft, ob die Voraussetzungen des § 1371 Abs 2 vorliegen, jedenfalls solange, wie der Beschwerte die Einrede des § 2083 nicht geltend gemacht hat (vgl auch § 813). Hat er sich auf das Leistungsverweigerungsrecht berufen, so wird man den bedachten Ehegatten nicht mehr als Vermächtnisnehmer ansehen können. Sein Vermächtnisanspruch ist wertlos. Nach dem Sinn und Zweckgehalt des § 1371 Abs 2 soll aber dem überlebenden Ehegatten im gesetzlichen Güterstande eine Vermögensbeteiligung auch und gerade dann gewährt werden, wenn er nach erbrechtlichen Grundsätzen leer ausgeht, wobei es auf den Grund des Mangels einer erbrechtlichen Beteiligung nicht ankommt. Deshalb muss auch der Ehegatte, der das ihm zugewendete Vermächtnis nicht erhält, weil der Anfechtungsberechtigte die Leistung gemäß § 2083 verweigert hat, Ausgleich des Zugewinns nach § 1371 Abs 2 verlangen können. Hat der Berechtigte die Einrede jedoch nicht geltend gemacht, besteht der Anspruch aus dem Vermächtnis und ist auch nicht wirtschaftlich wertlos. Er ist lediglich einredebehaftet, der Ehegatte der Gefahr der Ausübung des Leistungsverweigerungsrechts ausgesetzt. Solange aber – abstrakt gesehen – die Möglichkeit besteht, dass die Einrede nicht geltend gemacht wird, muss der Ehegatte die Zuwendung gelten lassen. Es gilt deshalb die rein erbrechtliche Lösung.

48 Will der überlebende Ehegatte den Gefahren der §§ 2083, 813 entgehen, so muss er das Vermächtnis ausschlagen. Er schafft damit klare Verhältnisse; denn mit der Ausschlagung sind die Voraussetzungen des § 1371 Abs 2 gegeben. Freilich sichert ihm die Wahl der güterrechtlichen Lösung ebenfalls nicht die Beteiligung am Nachlass. Der Ausgleichsforderung, die ohnehin nur dann gegeben ist, wenn der verstorbene Ehegatte den höheren Zugewinn gemacht hatte, kann jedoch in den Fällen der §§ 2345, 2339 Abs 1 das Leistungsverweigerungsrecht des § 1381 gegenüberstehen. Der (kleine) Pflichtteil, der dem Ehegatten neben der Ausgleichsforderung regelmäßig zusteht, § 1371 Abs 3, unterliegt zudem wiederum den Vorschriften der §§ 2345 Abs 2, 2083.

c) Ausschluss von der Erbfolge kraft Verfügung von Todes wegen
49 Auch der **Erblasser** kann die Voraussetzungen des § 1371 Abs 2 herbeiführen. Er kann, da er in der Testierfreiheit nicht beschränkt ist, den anderen Ehegatten **enterben**. Der voll enterbte Ehegatte kann nur Ausgleich des Zugewinns sowie den „kleinen Pflichtteil" verlangen; der Zugriff auf den „großen Pflichtteil" ist ihm verschlossen.

50 Hat der Erblasser seinen Ehegatten **auf den Pflichtteil verwiesen**, so ergibt sich trotz der Auslegungsregel des § 2304 keine eindeutige Lösung. Zu den Einzelfragen s oben Rn 27.

d) Erbverzicht
51 Hat der überlebende Ehegatte durch Vertrag mit dem Erblasser auf sein gesetzliches Erbrecht verzichtet und ist ihm auch in einer Verfügung von Todes wegen nichts zugewendet, so ist er mit Wirkung auf den Todesfall nicht Erbe oder Vermächtnisnehmer, §§ 2346 ff. Gem § 2352 kann der Verzichtsvertrag auch Zuwendungen umfassen, die in einem Testament oder Erbvertrag gemacht sind. Ist in diesem Falle der Überlebende nicht kraft Gesetzes zum Erben berufen, gilt ebenfalls die güterrechtliche Lösung.

52 Nach der Annahme der Erbschaft ist ein Verzicht nicht mehr möglich. Dagegen kann der überlebende Ehegatte, dem ein Vermächtnis zugewendet worden ist, mit dem Belasteten einen Erlassvertrag schließen. Der Ehegatte kann auch seinen Miterbenanteil übertragen, § 2033. Keine dieser Maßnahmen hat jedoch zur Folge, dass § 1371 Abs 2, 3 anwendbar werden. Mit Wirkung auf den Erbfall ist und bleibt der Ehegatte Erbe oder Vermächtnisnehmer.

53 Ein gleichzeitig mit dem Erbverzicht erklärter Verzicht auf den Ausgleichsanspruch ist wegen § 1378 Abs 3 unwirksam. Der Abschluss eines Erlassvertrages nach Entstehung der Ausgleichsforderung bleibt unberührt, hat jedoch nicht das Wiederaufleben der erbrechtlichen Lösung zur Folge.

54 Ein auf den *Pflichtteil beschränkter Verzicht* (§ 2346 Abs 2) hat keinen Einfluss auf den Eintritt der erbrechtlichen Lösung, sofern der Ehegatte Erbe wird oder mit einem Vermächtnis bedacht ist.

e) Ausschlagung
55 Der **überlebende Ehegatte** kann auch seinerseits bewirken, dass er nicht Erbe oder

Vermächtnisnehmer wird. Er kann die Erbschaft oder ein ihm zugewendetes Vermächtnis ausschlagen. Schlägt er aus, gilt der Anfall der Erbschaft oder des Vermächtnisses als nicht erfolgt, §§ 1953 Abs 2, 2180 Abs 3. Für die Ausschlagung gelten die Vorschriften der §§ 1944 ff unverändert. Auch der überlebende Ehegatte muss sich vor allem an die (kurz bemessenen) Ausschlagungsfristen halten, s auch oben Rn 30 ff. Zu den pflichtteilsrechtlichen Besonderheiten bei Ausschlagung des überlebenden Ehegatten s unten Rn 81 ff.

2. Sonderfälle

a) Der Überlebende ist durch eine Auflage begünstigt oder zum Testamentsvollstrecker ernannt

Ist der überlebende Ehegatte nicht Erbe geworden und auch nicht mit einem Vermächtnis bedacht, so bleibt es auch dann bei der güterrechtlichen Lösung nach § 1371 Abs 2, 3, wenn er zum **Testamentsvollstrecker** ernannt oder durch eine **Auflage** begünstigt ist (hM, vgl SOERGEL/LANGE Rn 13; MünchKomm/KOCH Rn 24; BGB-RGRK/ FINKE Rn 15). Der Vermögenserwerb aus einer Auflage kann jedoch entsprechend § 1380 auf die Ausgleichsforderung anzurechnen sein (GERNHUBER/COESTER-WALTJEN § 37 Rn 10 Fn 9; MünchKomm/KOCH Rn 24; ebenso ERMAN/HECKELMANN Rn 13; SOERGEL/LANGE Rn 13). Praktische Bedeutung dürfte der Frage nicht zukommen. **56**

Hat der Erblasser die Vergütung für den Testamentsvollstrecker unangemessen hoch angesetzt, so ist der den angemessenen Betrag deutlich übersteigende Teil als Vermächtnis anzusehen.

b) Der Ehegatte ist nur als Verwandter Erbe

Ist der überlebende Ehegatte gemäß § 1934 auch als Verwandter zur Erbschaft berufen, so erhält er bei gesetzlicher Erbfolge neben dem erhöhten Ehegattenerbteil (§§ 1931, 1371 Abs 1) als **besonderen Erbteil** dasjenige, was ihm aufgrund der **Verwandtschaft** zufällt. Schlägt der Überlebende als Ehegatte aus oder entfällt der Ehegattenerbteil gemäß § 1933, so bleibt ihm sein Erbteil als Verwandter. Da der Überlebende Erbe geworden ist, liegt der Tatbestand des § 1371 Abs 2 nicht vor. Das Besondere dieses Falles liegt darin, dass der Ehegatte zwar gesetzlicher Erbe ist, aber dadurch nicht in den Genuss der durch den Güterstand begründeten Vermögensteilhabe kommt. Andererseits ist er auch nicht eingesetzter Erbe, so dass nicht davon ausgegangen werden kann, dass für diese Zuwendung das eheliche Verhältnis mitbestimmend gewesen sei. Der Erbteil des § 1934 hat also mit der Vermögensteilhabe so wenig zu tun wie mit der Tatsache, dass dieser Verwandte auch Ehegatte des Erblassers war. Es dürfte daher dem Sinn des § 1371 Abs 2 kaum entsprechen, den überlebenden Ehegatten zur Aufgabe seines Verwandtenerbteils zu zwingen, wenn er die Ausgleichsforderung geltend machen will. Der Wortlaut des Gesetzes steht dem nur scheinbar entgegen. Sinngemäß wird das Gesetz dahin zu verstehen sein, dass nur **ein Erbteil**, der dem Überlebenden **als Ehegatten** zufällt, die güterrechtliche Lösung ausschließt (ebenso MünchKomm/KOCH Rn 37; BGB-RGRK/FINKE Rn 15; SOERGEL/ LANGE Rn 13; BAMBERGER/ROTH/MAYER Rn 18; RAUSCHER Rn 402). **57**

c) Gleichzeitiger Tod beider Ehegatten

Sind beide Ehegatten gleichzeitig verstorben, **kann keiner den anderen beerben**, § 1923 Abs 1. Keiner von ihnen kann auch Nacherbe oder Vermächtnisnehmer sein, **58**

§§ 2108 Abs 1, 2160. Für die **erbrechtliche Lösung** ist daher **kein Raum** (BGHZ 72, 85, 89 ff = NJW 1978, 1855; ERMAN/SCHLÜTER § 1931 Rn 3; WERNER FamRZ 1976, 251 f). Aber auch der **Ausgleich des Zugewinns** nach Maßgabe der **güterrechtlichen Lösung findet nicht statt** (BGH aaO; LG Augsburg FamRZ 1976, 523 m krit Anm BOSCH; THIELE FamRZ 1958, 393, 396 f; WERNER FamRZ 1976, 249, 251 ff; PALANDT/BRUDERMÜLLER Rn 13; MünchKomm/KOCH § 1371 Rn 9). Nach allgM wird der Zugewinn im Rahmen des § 1371 Abs 2 nur zugunsten des überlebenden Ehegatten ausgeglichen, nicht aber zugunsten der Erben des verstorbenen Ehegatten (s Vorbem 14 aE zu § 1371). Hatte daher der Überlebende selbst den größeren Zugewinn erzielt, endet der Güterstand ohne jeden Zugewinnausgleich. Das gleiche Ergebnis im Falle des gleichzeitigen Todes der Ehegatten ist damit im Gesetz angelegt, daher nach geltendem Recht unausweichlich. Die abweichende Ansicht von ERMAN/HECKELMANN § 1372 Rn 2; GERNHUBER/COESTER-WALTJEN § 37 Rn 26 lässt sich auch nicht mit einem Analogieschluss begründen. Er müsste konsequent auch zugunsten der Erben eines vorverstorbenen Ehegatten gelten, was jedoch mit § 1378 Abs 3 S 1 und den Grundsätzen des Erbrechts (§ 1922 Abs 1) nicht vereinbar wäre (BGH aaO).

3.   Rechtsfolge: Ausgleich des Zugewinns

a)   Allgemeines

59   Liegen die Voraussetzungen des § 1371 Abs 2 vor, so kann der überlebende Ehegatte Ausgleich des Zugewinns nach den Vorschriften der §§ 1372–1383, 1390 verlangen. Dabei kommt es nicht darauf an, aus welchem Grunde der Ehegatte nicht Erbe und nicht mit einem Vermächtnis bedacht ist. Der Ausgleich des Zugewinns findet in allen Fällen in gleicher Weise statt. Die erbrechtliche Lösung ist nunmehr ausgeschlossen.

60   § 1371 Abs 2 verweist auf die Vorschriften über den Ausgleich des Zugewinns bei Beendigung des Güterstandes auf andere Weise als durch den Tod eines Ehegatten. Das bedeutet, dass der überlebende Ehegatte nur dann einen Beteiligungsanspruch geltend machen kann, wenn der Erblasser den größeren Zugewinn erzielt hat. Hat er selbst den Mehrgewinn erzielt oder liegt auf beiden Seiten kein Zugewinn vor, entfällt ein Ausgleichsanspruch. Dieser Umstand gibt dem überlebenden Ehegatten aber keine Möglichkeit, auf die erbrechtliche Lösung zurückzugreifen (s auch Rn 61).

b)   Kein Wahlrecht zwischen Zugewinnausgleich und großem Pflichtteil

61   Die Erhöhung des gesetzlichen Erbteils des Ehegatten um ein Viertel bestimmt auch seinen Pflichtteil. Der gemäß §§ 2303 Abs 1 S 2, 1931, 1371 Abs 1 zu berechnende sog **große Pflichtteil** ist im **Rahmen der erbrechtlichen Lösung** insbesondere nach Maßgabe der §§ 2305–2307 von Bedeutung (s oben Rn 12 u 25 ff). Ist der überlebende Ehegatte durch Verfügung von Todes wegen von der Erbfolge ganz ausgeschlossen und steht ihm auch kein Vermächtnis zu, so trifft das Gesetz in § 1371 Abs 2 jedoch eine **spezielle Regelung**: der Ehegatte kann Ausgleich **des Zugewinns** verlangen, **daneben** den vom Erbteil gemäß § 1931 zu berechnenden sog **kleinen Pflichtteil** (hM, vgl BGHZ 42, 182 = NJW 1964, 2404; NJW 1982, 2497 mwNw; zu dieser Entscheidung s auch DIECKMANN DNotZ 1983, 630).

c)   Die Berechnung der Ausgleichsforderung

62   Die Ausgleichsforderung ist nach Maßgabe der §§ 1373 bis 1383, 1390 zu berechnen.

Es ist also das Anfangs- und Endvermögen jedes Ehegatten gesondert festzustellen und der Zugewinn zu ermitteln, §§ 1373–1377. Sodann sind die Zugewinne der Ehegatten miteinander zu vergleichen. Ist der Zugewinn des Überlebenden geringer als der des Verstorbenen, steht ihm eine Ausgleichsforderung in Höhe der Hälfte des Überschusses zu, § 1378 Abs 1. Die Entstehung und Geltendmachung der Ausgleichsforderung bestimmt sich ebenfalls nach den für die Beendigung des Güterstandes auf andere Weise als durch den Tod eines Ehegatten geltenden Vorschriften (§§ 1378 ff).

d)   Der Berechnungszeitpunkt, Anwendung der §§ 1384, 1387

Für die Berechnung des Zugewinns ist der **Zeitpunkt der Beendigung des Güterstan-** **63** **des** zugrunde zu legen. Das ist im Rahmen des § 1371 Abs 2 der Zeitpunkt des Todes des einen Ehegatten. Wird der Güterstand durch den Tod eines Ehegatten beendet und war zu dieser Zeit ein Antrag auf Scheidung der Ehe oder die Klage auf vorzeitigen Ausgleich des Zugewinns rechtshängig, so fragt sich, ob auch in diesem Falle der Berechnungszeitpunkt auf den Zeitpunkt der Klageerhebung vorverlegt wird (§§ 1384, 1387).

In § 1371 Abs 2 sind lediglich die Vorschriften der §§ 1373–1383, 1390 für anwend- **64** bar erklärt. Nicht verwiesen ist auf die Vorschriften der §§ 1384–1389. Sie betreffen die Fälle der **Ehescheidung** und des **vorzeitigen Ausgleichs des Zugewinns**. Wird die Ehe geschieden, so wird der Güterstand der Zugewinngemeinschaft mit der Rechtskraft des Scheidungsurteils beendet. Wird auf vorzeitigen Ausgleich des Zugewinns erkannt, so endet der Güterstand ebenfalls mit der Rechtskraft des Urteils, § 1388. In beiden Fällen ist also der Güterstand beim Tode eines Ehegatten bereits aufgelöst. Wird andererseits der Güterstand vor der Rechtskraft des die Scheidung der Ehe oder den vorzeitigen Ausgleich des Zugewinns aussprechenden Urteils durch den Tod eines Ehegatten beendet, können diese Urteile keinen Einfluss mehr auf den Güterstand und damit auf den Zugewinnausgleich haben. Maßgebend für die Anwendung des § 1371 Abs 2 oder der §§ 1373 ff ist immer nur der den Güterstand konkret beendende Grund. Deshalb sind die Vorschriften der §§ 1384–1389 im Rahmen des § 1371 Abs 2 vom Gesetzgeber als gegenstandslos nicht für anwendbar erklärt worden (vgl SEIDL BT-Drucks 2/3409, 17, 18).

Es trifft jedoch nicht zu, dass die §§ 1384, 1387 beim Tod eines Ehegatten vor Eintritt **65** der Rechtskraft der Urteile auf Scheidung oder vorzeitigen Zugewinnausgleich gegenstandslos wären. Zweck der Vorschriften ist es, der Gefahr zu begegnen, dass die Ehegatten während des Rechtsstreits ihr Endvermögen planmäßig zum Nachteil des anderen verringern. Diese Gefahr besteht nach der formalisierten Wertung des Gesetzes stets vom Zeitpunkt der Klageerhebung ab. Dann kann es aber nicht darauf ankommen, ob der Güterstand später sein Ende durch das auf die Klage ergehende Urteil findet oder durch den Tod eines Ehegatten. Deshalb sind die §§ 1384, 1387 **entsprechend** anzuwenden beim Zugewinnausgleich nach der güterrechtlichen Lösung (BGHZ 99, 304, 306 ff mwNw; BGH FamRZ 2004, 528 m Anm KOCH; s dazu auch § 1384 Rn 7, § 1387 Rn 6).

Die Vorverlegung des Berechnungszeitpunkts auf den Zeitpunkt der Klagerhebung **66** entsprechend §§ 1384, 1387 setzt voraus, dass **die Klage begründet war**. Der Tod eines Ehegatten erledigt die Klage auf Scheidung bzw die Klage auf vorzeitigen Ausgleich des Zugewinns in der Hauptsache; eine Entscheidung ergeht nicht mehr. Über die Frage, ob die Klage begründet war, ist daher im Rechtsstreit über die Zahlung der Ausgleichsforderung als Vorfrage zu entscheiden (aA Koch aaO, 530; über hypothetische Inzidentprozesse s Baur, in: FS Larenz [1973] 1063).

e) Die Ausgleichsforderung als Nachlassverbindlichkeit

67 Steht dem überlebenden Ehegatten eine Ausgleichsforderung nach Maßgabe der §§ 1373–1383 zu, so richtet sich diese gegen den Erben des Verstorbenen. Sie ist **Nachlassverbindlichkeit** gemäß § 1967 Abs 2 (Erblasserschuld); hM, vgl Braga FamRZ 1957, 338; Reinicke Betrieb 1960, 1267. Die Ausgleichsforderung geht den Vermächtnissen und Auflagen sowie den Pflichtteilsansprüchen im Range vor. Sie gehört nicht zu den Verbindlichkeiten iSd § 327 InsO (bereits für § 226 Abs 2 KO hM, ebenso BGB-RGRK/Finke § 1378 Rn 18 unter Aufgabe der in der Voraufl von Scheffler vertretenen Auffassung). Vor der Berechnung der Pflichtteile ist die Ausgleichsforderung als Nachlassverbindlichkeit vom Wert des Nachlasses abzuziehen (hM, weitere Einzelheiten s § 1375 Rn 4; s MünchKomm/Koch § 1375 Rn 15; BGB-RGRK/Finke § 1375 Rn 5; Soergel/Lange § 1371 Rn 26). **Vorempfänge** des überlebenden Ehegatten können gemäß § 1380 auf die Ausgleichsforderung anzurechnen sein, nach § 2315 aber auch auf den Pflichtteil (s dazu § 1380 Rn 29 f).

f) Entstehung, Fälligkeit der Ausgleichsforderung

68 Die Ausgleichsforderung **entsteht** nach § 1378 Abs 3 mit der Beendigung des Güterstandes, im Falle des § 1371 Abs 2 daher **mit dem Tode** des anderen Ehegatten. Das gilt auch für den Fall der Ausschlagung, §§ 1953 Abs 1, 2180 Abs 3. Die **Fälligkeit** der Ausgleichsforderung bestimmt sich nach den allgemeinen Grundsätzen, § 271. Die Schwierigkeiten bei der Berechnung der Ausgleichsforderung werden häufig zumindest den Eintritt des Verzuges gemäß § 286 Abs 4 vorübergehend ausschließen.

g) Verjährung der Ausgleichsforderung

69 Die Ausgleichsforderung verjährt in drei Jahren, § 1378 Abs 4. Die Frist *beginnt* mit dem Zeitpunkt, in dem der Ehegatte *erfährt, dass der Güterstand beendet* ist, und endet spätestens 30 Jahre nach der Beendigung des Güterstandes. Kann der Ehegatte Ausgleich des Zugewinns gem § 1371 Abs 2 verlangen, so sind im Übrigen die Vorschriften über die Verjährung eines Pflichtteilsanspruchs anzuwenden, § 1378 Abs 4 S 3. Pflichtteilsanspruch und Ausgleichsforderung sollen der gleichen Verjährung unterliegen. Vgl dazu § 1378 Rn 29 ff.

Die Verjährung beginnt auch dann mit dem Zeitpunkt, in dem der überlebende Ehegatte *vom Erbfall Kenntnis erhält*, wenn zu dieser Zeit noch nicht übersehen werden kann, ob und in welcher Höhe überhaupt eine Ausgleichsforderung besteht. Mag die Schwierigkeit der entsprechenden Feststellungen und Berechnungen den Eintritt der Fälligkeit und des Verzuges im Einzelfalle vorübergehend ausschließen, die Verjährung wird gleichwohl in Lauf gesetzt. Der Anspruch auf den Zugewinnausgleich ist auch in diesem Falle klagbar; er kann zumindest mit der Feststellungsklage nach § 256 ZPO geltend gemacht werden.

4. Kleiner Pflichtteil neben dem Zugewinnausgleich

70 Der Pflichtteil des überlebenden Ehegatten, der nicht Erbe oder Vermächtnisneh-

mer geworden ist, sowie der Pflichtteil der anderen Pflichtteilsberechtigten bemisst sich nach dem nicht erhöhten gesetzlichen Erbteil (kleiner Pflichtteil), wenn die Voraussetzungen des § 1371 Abs 2 HS 1 vorliegen, § 1371 Abs 2 HS 2. Abweichend von der Regel des § 2303 Abs 2 kann der überlebende Ehegatte auch dann den Pflichtteil verlangen, wenn er ausgeschlagen hat und ihm nach den erbrechtlichen Bestimmungen ein Pflichtteil nicht zustünde, § 1372 Abs 3. Die Auswirkungen der Beendigung des gesetzlichen Güterstandes durch den Tod eines Ehegatten auf das Pflichtteilsrecht sind unten (Rn 72 ff) zusammenfassend dargestellt.

5. Erbschaftsteuer

Wird der Zugewinn nach § 1371 Abs 2 ausgeglichen, so gehört die Ausgleichsforde- **71** rung nicht zum steuerpflichtigen Erwerb, § 5 Abs 2 Fall 2 ErbStG.

B. Das Pflichtteilsrecht im Rahmen des § 1371

I. Allgemeines

Der überlebende Ehegatte gehört nach § 2303 Abs 2 zu den pflichtteilsberechtigten **72** Personen. Er hat einen Pflichtteilsanspruch, wenn er durch Verfügung von Todes wegen von der Erbfolge ausgeschlossen ist. Von dieser Regelung macht § 1371 Abs 3 eine Ausnahme: Bestand zwischen den Ehegatten der gesetzliche Güterstand der Zugewinngemeinschaft, so steht dem überlebenden Ehegatten der **Pflichtteil auch dann** zu, wenn er die Erbschaft **ausgeschlagen** hat, selbst wenn ihm nach den erbrechtlichen Bestimmungen der Pflichtteil nicht zustünde.

Nach § 2303 Abs 1 S 2 besteht der Pflichtteil in der Hälfte des Wertes des gesetz- **73** lichen Erbteils. Das ist **grundsätzlich** der gemäß § 1371 Abs 1 um ein Viertel der Erbschaft erhöhte, **der „große Pflichtteil"**. Es wird heute nicht mehr bestritten (s aber Niederländer NJW 1960, 1737; Sturm NJW 1961, 1435), dass § 1371 Abs 1 auch die Pflichtteilsquoten ändert. Zur Begründung vgl Staudinger/Felgentraeger[10/11] Vorbem 17 ff zu § 1371. Diese Erhöhung wirkt sich freilich nur in wenigen Fällen zugunsten des überlebenden Ehegatten aus (§§ 2305–2307, 2318, 2329). Sie ist dagegen bei der Bemessung des Pflichtteils im Rahmen des § 1371 Abs 2, sofern also der güterrechtliche Zugewinnausgleich ermöglicht ist, außer Betracht zu lassen.

Da die Erbteile und damit auch die Pflichtteile der übrigen Pflichtteilsberechtigten von der Höhe des Ehegattenerbteils abhängig sind, nehmen sie auch an dessen Veränderungen entsprechend teil. Je nach der pflichtteilsrechtlichen Stellung des überlebenden Ehegatten sind die Pflichtteile der anderen Berechtigten kleiner oder größer (s auch unten Rn 75).

Diese Besonderheiten des Pflichtteilsrechts beim Tode eines im gesetzlichen Güterstande lebenden Ehegatten erschweren den Überblick über die gesetzliche Regelung und deren Verständnis. Das Zusammenspiel von Güterrecht und Erb- und Pflichtteilsrecht erfordert daher eine nähere Betrachtung im Rahmen des § 1371.

II. Das Pflichtteilsrecht im Rahmen der erbrechtlichen Lösung

1. Die rechtliche Stellung des überlebenden Ehegatten

74 Das Pflichtteilsrecht hat für den überlebenden Ehegatten im Bereich der erbrechtlichen Lösung nur ausnahmsweise Bedeutung. Sie gilt nur, wenn der Ehegatte Erbe wird oder mit einem Vermächtnis bedacht ist und nicht ausschlägt. Unter diesen Voraussetzungen kommt für den Ehegatten der nach dem um ein Viertel der Erbschaft erhöhten gesetzlichen Erbteil (§ 1371 Abs 1) berechnete „**große Pflichtteil**" in Betracht (s schon oben Rn 25 ff):

– bei der **Ergänzung eines kleinen Erbteils** (§ 2305) oder eines **geringfügigen Vermächtnisses** (§ 2307 Abs 1 S 2) bis zum Werte des „großen Pflichtteils" (Pflichtteilsrestanspruch, Zusatzpflichtteil),

– bei der **Feststellung**, ob der hinterlassene **Erbteil** den **Pflichtteil übersteigt** (§ 2306 Abs 1 S 1, Abs 2). Übersteigt der Erbteil den Wert des großen Pflichtteils nicht, so gelten die Beschränkungen und Beschwerungen als nicht angeordnet. Daneben gilt § 2305. Ist der hinterlassene Erbteil größer als der (große) Pflichtteil, kann sich der Ehegatte von den Beschwerungen und Beschränkungen nur befreien, indem er ausschlägt. Damit würde er aber die erbrechtliche Lösung verlassen, so dass ihm allenfalls der „kleine Pflichtteil" zusteht, vgl § 1371 Abs 2, 3. Das Gleiche gilt, wenn der Ehegatte ein Vermächtnis ausschlägt, § 2307 Abs 1 S 1,

– bei der Frage, ob der Ehegatte als selbst pflichtteilsberechtigter Erbe ein **Vermächtnis oder eine Auflage** so weit **kürzen kann**, dass ihm sein eigener, der „große Pflichtteil" verbleibt, § 2318 Abs 3; ferner bei § 2318 Abs 1 u 2. Auch das Leistungsverweigerungsrecht des § 2319 sichert dem Ehegatten den „großen Pflichtteil",

– schließlich bei der Berechnung der **Ergänzung des Pflichtteils wegen Schenkungen** an Dritte, §§ 2325 ff. Auch hier ist der „große Pflichtteil" maßgebend.

2. Die rechtliche Stellung der übrigen Pflichtteilsberechtigten

75 Die **Erhöhung des gesetzlichen Erbteils** des überlebenden Ehegatten **wirkt auf die Erbteile der übrigen Erben zurück**. Im Rahmen der rein erbrechtlichen Lösung erhalten die Miterben des Ehegatten bestenfalls noch die Hälfte des Nachlasses, während sie ohne Erhöhung des Ehegattenerbteils bis zu drei Vierteln am Nachlass beteiligt wären. Mit der Verkürzung der Erbteile der Miterben ändern sich auch deren Pflichtteilsrechte. Wie der Ehegatte einmal den „großen" und einmal den „kleinen" Pflichtteil verlangen kann, bleibt auch der Pflichtteil der Miterben nicht wie bisher unverändert (hM, vgl nur BGHZ 37, 58 = NJW 1962, 1709; MünchKomm/Koch Rn 14; BGB-RGRK/Finke Rn 28; Soergel/Lange Rn 16; zur Begründung vgl Staudinger/Felgentraeger[10/11] Vorbem 31 ff zu § 1371).

– Wird der überlebende Ehegatte **gesetzlicher Erbe**, werden die Erbteile der Miterben insgesamt um ein Viertel der Erbschaft verkürzt. Nach diesen verkürzten Erbteilen richtet sich ihr Pflichtteil.

– Ist der überlebende Ehegatte in einer **Verfügung von Todes wegen** bedacht und steht ihm der „große Pflichtteil" zu (etwa nach Maßgabe des § 2305 oder des § 2307), so bestimmt sich der Erbteil der Miterben zwar ebenfalls nach der Verfügung; ihr Pflichtteil bestimmt sich jedoch nach ihrem gesetzlichen Erbteil. Dieser ist aber – wie für den überlebenden Ehegatten – unter Berücksichtigung des Zusatzerbteils des § 1371 Abs 1 zu bestimmen.

– Ist der überlebende Ehegatte **als Alleinerbe** oder ist er auf einen den (großen) Pflichtteil erreichenden **Erbteil** oder ein entsprechendes **Vermächtnis eingesetzt**, so steht ihm ein Pflichtteilsanspruch nicht zu. Gleichwohl bestimmen sich, wenn der Ehegatte annimmt, die Pflichtteile der Abkömmlinge und Eltern nach dem Wert ihres gesetzlichen Erbteils, also nach dem Erbteil, der sich bei dem erhöhten Ehegattenerbteil ergibt (heute allgM; s eingehend BGHZ 37, 58 ff; OLG Hamburg MDR 1961, 505; Bosch FamRZ 1960, 96; Dittmann DNotZ 1962, 184, 186; Gernhuber/Coester-Waltjen § 37 Rn 11; Hampel FamRZ 1960, 467; 1961, 287; Johannsen FamRZ 1961, 19; MünchKomm/Koch Rn 25; Soergel/Lange Rn 16; Bamberger/Roth/Mayer Rn 11; Rauscher Rn 408).

III. Das Pflichtteilsrecht bei der güterrechtlichen Lösung

1. Grundsätze

a) Wird der überlebende Ehegatte **nicht Erbe** und steht ihm auch **kein Vermächt-** 76 **nis** zu, so kann er nach § 1371 Abs 2 **Ausgleich des Zugewinns** verlangen, s oben Rn 39 ff. Die Vermögensteilhabe richtet sich in allen Fällen, in denen der Ehegatte weder kraft Gesetzes noch aufgrund einer Verfügung von Todes wegen erbrechtlich bedacht ist, ausschließlich nach der güterrechtlichen Lösung. Dabei kommt es nicht darauf an, ob im einzelnen Falle eine Ausgleichsforderung zugunsten des überlebenden Ehegatten entstanden ist; ein Übergang oder eine Rückkehr zur erbrechtlichen Lösung und damit auch zum „großen Pflichtteil" ist ihm versagt.

b) Im Rahmen der güterrechtlichen Lösung steht dem Ehegatten in der Regel 77 **auch der Pflichtteil** zu. Er bemisst sich gemäß § 1371 Abs 2 HS 2 **nach dem nicht erhöhten gesetzlichen Ehegattenerbteil („kleiner Pflichtteil")**, und zwar auch dann, wenn eine Ausgleichsforderung nicht besteht.

c) In § 1371 Abs 2 HS 2 ist **nur die Höhe** des Pflichtteils geregelt. Ob dem über- 78 lebenden Ehegatten **überhaupt der Pflichtteil zusteht**, ist im Einzelfall nach den erbrechtlichen Bestimmungen oder nach § 1371 Abs 3 festzustellen. Das Gesetz ordnet nicht an, dass dem Ehegatten stets der Pflichtteil zustehe, wenn er Ausgleich des Zugewinns verlangen kann. Die Vorschrift des § 1371 Abs 3 spricht für den Fall der Ausschlagung nur scheinbar das Gegenteil aus, vgl dazu unten Rn 81 ff.

d) Der Pflichtteil steht dem überlebenden Ehegatten zunächst zu, wenn er **durch** 79 **Verfügung von Todes wegen von der Erbfolge ausgeschlossen ist**, § 2303 Abs 2. Der Ehegatte muss voll enterbt und darf nicht mit einem Vermächtnis bedacht sein. Dann gilt die Regelung des § 1371 Abs 2: die Höhe des Pflichtteils bestimmt sich nach Abs 2 HS 2 (kleiner Pflichtteil).

80 e)   Nach den erbrechtlichen Bestimmungen steht dem Ehegatten der Pflichtteil ferner zu:

– wenn er einen ihm hinterlassenen **Erbteil ausschlägt**, der **größer ist als die Hälfte des gesetzlichen Erbteils** (es ist insoweit der erhöhte gesetzliche Erbteil der §§ 1931, 1371 Abs 1 zugrunde zu legen). Der dem Ehegatten gemäß § 2306 Abs 1 S 2 zustehende Pflichtteil selbst bestimmt sich aber nach dem nicht erhöhten gesetzlichen Erbteil,

– wenn er ein ihm zugewendetes **Vermächtnis ausschlägt**, § 2307. Auf den Wert des Vermächtnisses kommt es nicht an, auch nicht auf Beschränkungen und Beschwerungen. Neben dem Ausgleich des Zugewinns kann der Ehegatte auch hier den „kleinen Pflichtteil" verlangen, § 2307 Abs 1 S 1.

2.   Besonderheiten bei der Ausschlagung (§ 1371 Abs 3)

81 a)   Schlägt der überlebende Ehegatte den ihm hinterlassenen Erbteil oder das ihm hinterlassene Vermächtnis aus, so steht ihm der Pflichtteil **nach den erbrechtlichen Vorschriften** nur nach Maßgabe der §§ 2305, 2306 Abs 1 S 2, 2307 Abs 1 zu. Diese Vorschriften werden nunmehr ergänzt durch § 1371 Abs 3. Danach kann der überlebende Ehegatte den Pflichtteil (neben dem Ausgleich des Zugewinns) bei Ausschlagung der Erbschaft unabhängig davon verlangen, wie hoch der hinterlassene Erbteil ist, und ohne Rücksicht auf angeordnete Beschränkungen und Beschwerungen.

82 b)   Mit der Regelung des § 1371 Abs 3 hat der Gesetzgeber anerkannt, dass der überlebende Ehegatte über die Fälle der §§ 2306 Abs 1 S 2, 2307 hinaus ein Interesse daran haben kann, das ihm Zugewendete im Hinblick auf den Ausgleich des Zugewinns auszuschlagen. Schlägt er die Erbschaft aus, so würde er nach den erbrechtlichen Vorschriften jede Beteiligung am Nachlass des verstorbenen Ehegatten verlieren. Das soll verhindert werden. Der Überlebende soll, wenn er die Erbschaft ausschlägt, um die Ausgleichsforderung geltend machen zu können, nicht auch noch den Verlust des Pflichtteils hinnehmen müssen. Der Ehegatte soll zwischen der Erbschaft oder dem ihm hinterlassenen Vermächtnis (ohne Ausgleich des Zugewinns) einerseits und der Ausgleichsforderung nebst dem Pflichtteil (ohne Erbteil oder Vermächtnis) andererseits wählen können. Diese Regelung entspricht der Wertung, die auch § 2306 Abs 1 S 2 zugrundeliegt (höherer Erbteil, aber mit Beschränkungen oder Beschwerungen, oder Pflichtteil).

Die erbrechtliche Regelung des Pflichtteilsanspruchs nach Ausschlagung der Erbschaft oder eines Vermächtnisses in den §§ 2306 Abs 1 S 2 und § 2307 Abs 1 S 1 sowie die ergänzende Sonderregelung für den gesetzlichen Güterstand in § 1371 Abs 3 hängen mit der güterrechtlichen Lösung des § 1371 Abs 2 aufs engste zusammen. Der dem ausschlagenden Ehegatten nach den genannten Vorschriften zustehende Pflichtteil bemisst sich nicht nach den allgemeinen Grundsätzen der §§ 2303 Abs 2, 1931, 1371 Abs 1, sondern nach der speziellen Regelung des § 1371 Abs 2 HS 2. Steht dem Ehegatten ein Pflichtteil zu, so bemisst sich dieser in allen Fällen, in denen er mit Wirkung auf den Erbfall weder Erbe noch Vermächtnisnehmer wird, nach dem nicht erhöhten gesetzlichen Erbteil („kleiner Pflichtteil").

c) Nach den Vorschriften des **gesetzlichen Güterrechts** erhält der überlebende **83** Ehegatte nach Ausschlagung der Erbschaft **den Pflichtteil auch dann**, wenn er ihm nach den erbrechtlichen Bestimmungen nicht zustünde. § 1371 Abs 3 erweitert also das Pflichtteilsrecht des ausschlagenden Ehegatten über die Fälle der §§ 2306, 2307 hinaus auf die Fälle der Ausschlagung eines den Wert des großen Pflichtteils nicht übersteigenden belasteten oder unbelasteten Erbteils und eines unbelasteten größeren Erbteils. Damit sind für den Verwitweten die Differenzierungen des § 2306 beseitigt, er ist den Tücken der §§ 2305 ff enthoben (LANGE NJW 1957, 1382). Darüber hinaus steht dem Ehegatten nach § 1371 Abs 3 HS 1 auch dann der Pflichtteil zu, wenn er als gesetzlicher Erbe ausschlägt; ein Fall, der in den §§ 2303 ff überhaupt nicht vorgesehen ist.

d) Trotz der Fassung des Gesetzes („… wenn dieser ihm nach den erbrechtlichen **84** Bestimmungen nicht zustünde") ist dem überlebenden Ehegatten **der Pflichtteil nicht stets gewährt, wenn er die Erbschaft ausschlägt**. Unter den in Bezug genommenen „erbrechtlichen Bestimmungen" sind lediglich die Vorschriften zu verstehen, die die Entstehung des Pflichtteilsanspruchs an die Ausschlagung der Erbschaft knüpfen. Das ergibt sich bereits daraus, dass das Gesetz nur die Folgen einer Ausschlagung der Erbschaft, nicht aber der eines Vermächtnisses regelt. Wie die Ausschlagung eines Vermächtnisses in jeder Höhe und ohne Rücksicht auf Beschränkungen und Beschwerungen gemäß § 2307 Abs 1 S 1 zum Pflichtteil führt, soll auch die Ausschlagung jedes Erbteils den Pflichtteilsanspruch begründen. Eine unterschiedliche Behandlung beider Fälle soll offensichtlich nicht stattfinden. Deshalb müssen alle erbrechtlichen Bestimmungen, die **aus besonderen Gründen die Entstehung des Pflichtteilsanspruches überhaupt verhindern** oder dessen Fortfall herbeiführen, weiterhin angewendet werden. Es handelt sich hier um die Vorschriften der §§ 1933, 2335, 2339 ff, 2345 Abs 2, 2346.

Liegen die Voraussetzungen des § **1933** vor, ist der Ehegatte aber mit einem Erbteil **85** oder Vermächtnis bedacht (§ 2077 Abs 3), so entspricht es weder dem Willen des Erblassers noch dem Zweck des § 1371 Abs 3, dem überlebenden Ehegatten den Pflichtteil zu gewähren, wenn er das ihm Zugewendete ausschlägt. Das Gleiche gilt, wenn dem Überlebenden der **Pflichtteil entzogen** worden, § 2335, ihm aber gleichwohl ein geringer Erbteil oder ein Vermächtnis hinterlassen ist. Ebenso wenig steht ihm der Pflichtteil zu, wenn er für **erbunwürdig** erklärt, §§ 2339, 2342, dennoch aber mit einem Vermächtnis bedacht ist. Ist er zwar pflichtteilsunwürdig, § 2345 Abs 2, aber trotzdem durch Verfügung von Todes wegen bedacht, hat er schließlich durch Vertrag mit dem Erblasser auf sein gesetzliches Erbrecht oder seinen Pflichtteil verzichtet, ist ihm aber gleichwohl ein Erbteil oder ein Vermächtnis zugewendet worden, so kann er gleichfalls den Pflichtteil nicht verlangen, wenn er das ihm Hinterlassene ausschlägt.

Der Gesetzgeber hat nur einen der angeführten Fälle gesehen und entsprechend **86** geregelt, den vertraglichen Verzicht auf das gesetzliche Erbrecht oder auf das Pflichtteilsrecht (§ 2346 Abs 1 und 2). Hat der überlebende Ehegatte verzichtet, „dann besteht kein Grund, ihm entgegen diesem Vertrage den Anspruch auf den Pflichtteil zu gewähren, wenn er später (bei Verzicht auf sein gesetzliches Erbrecht auf Grund eines Testaments) Erbe wird und die Erbschaft dann ausschlägt" (SEIDL BT-Drucks 2/3409, 20; vgl auch REINICKE NJW 1958, 122 Fn 7). Die gleichen Erwägungen

gelten aber auch für die übrigen der genannten Fälle, in denen nach den erbrechtlichen Bestimmungen ein Pflichtteilsrecht nicht besteht. Entsprechend der Regelung
des § 1371 Abs 3 HS 2 sind von den „erbrechtlichen Bestimmungen", die durch
§ 1371 Abs 3 HS 1 abgeändert werden, die Vorschriften der §§ 1933, 2335, 2339 ff
und 2345 Abs 2 ebenso ausgenommen wie § 2346. Diese Vorschriften bleiben auch
gegenüber § 1371 Abs 3 HS 1 wirksam; ein Pflichtteilsanspruch besteht nach Ausschlagung des Zugewendeten nicht (so auch BAMBERGER/ROTH/MAYER Rn 30; RAUSCHER
Rn 406; ERMAN/HECKELMANN Rn 16; MünchKomm/KOCH Rn 52; BGB-RGRK/FINKE Rn 42; SOER-
GEL/LANGE Rn 30).

87 Hat der überlebende Ehegatte **nicht** auf sein **gesetzliches Erbrecht** verzichtet, sondern gemäß § 2352 nur auf seine **Einsetzung als Erbe** oder die **Bedenkung mit einem
Vermächtnis**, die in einem *Testament oder Erbvertrage* erfolgt ist, so steht ihm der
(kleine) Pflichtteil dennoch zu, wenn er **als gesetzlicher Erbe ausschlägt**; vgl dazu
LANGE NJW 1958, 1382 zu Fn 26.

88 Selbstverständlich kann der überlebende Ehegatte den (kleinen) Pflichtteil auch
nach einer Ausschlagung nur dann verlangen, wenn er überhaupt nicht mehr Erbe
oder Vermächtnisnehmer ist. Er darf nicht trotz der Ausschlagung erbrechtlich
beteiligt sein. Er muss also als gesetzlicher *und* eingesetzter Erbe ausschlagen; er
muss einen ihm hinterlassenen Erbteil *und* ein Vorausvermächtnis ausschlagen, um
im Rahmen der güterrechtlichen Lösung den Pflichtteil verlangen zu können. Auch
ein – etwa durch die Ausschlagung – bedingtes Vermächtnis muss er ausschlagen,
wenn er den Pflichtteil (und Ausgleich des Zugewinns) geltend machen will. **§ 1371
Abs 3 ist lediglich ein Unterfall des Abs 2** (ebenso MünchKomm/KOCH Rn 51; SOERGEL/
LANGE Rn 30).

3.　　Das Pflichtteilsrecht der übrigen Pflichtteilsberechtigten

89 Wird der Ehegatte **nicht Erbe und Vermächtnisnehmer**, so bestimmt sich sein **Pflicht-
teil** nach dem **nicht erhöhten gesetzlichen Erbteil**. Für die **Miterben** aber gilt nach
§ 1371 Abs 2 HS 2 das Gleiche. Das bedeutet nicht, dass sich der Pflichtteil der
Miterben nach dem gesetzlichen Erbteil des Ehegatten bestimmt; vielmehr besagt
Abs 2 HS 2 lediglich, dass sich sowohl der Pflichtteil des Ehegatten als auch der der
Miterben nach dem gesetzlichen Erbteil ohne Berücksichtigung des zusätzlichen
Viertels für den Ehegatten bestimmt. Maßgeblich ist daher für die Bemessung des
Pflichtteils der Miterben ihr eigener gesetzlicher Erbteil, der aber nicht durch eine
Erhöhung des Ehegattenerbteils verkürzt wird.

Beispiel: Hinterlässt der Ehemann außer seiner Ehefrau zwei Abkömmlinge, so
würden die Ehefrau die Hälfte, die Kinder je ein Viertel des Nachlasses als gesetzliche Erben erhalten. Ist eines der Kinder auf den Pflichtteil gesetzt, so beträgt sein
Pflichtteilsanspruch ein Achtel des Nachlasswertes, wenn der überlebende Ehegatte
die Erbschaft annimmt. Das Gleiche gilt, wenn der überlebende Ehegatte mit einem
geringen Erbteil oder einem geringen Vermächtnis bedacht ist und den Pflichtteilsrestanspruch gemäß § 2305 oder § 2307 Abs 1 S 2 geltend macht. Schlägt die Ehefrau
aus, kann sie Ausgleich des Zugewinns verlangen. Daneben steht ihr nur der „kleine
Pflichtteil" zu, § 1371 Abs 2, 3. Der Pflichtteil des enterbten Abkömmlings bemisst
sich in diesem Falle ebenfalls nach seinem von § 1371 Abs 1 nicht berührten gesetz-

lichen Erbteil. Der gesetzliche Erbteil der Ehefrau ist lediglich nach § 1931 zu bestimmen; er beträgt neben den Abkömmlingen ein Viertel der Erbschaft, der Pflichtteil dementsprechend ein Achtel des Wertes des Nachlasses. Das Erbrecht der Abkömmlinge wird nicht gemäß § 1371 Abs 1 zurückgedrängt; der Erbteil jedes Kindes beträgt $3/8$, der Pflichtteil also $3/16$ des Nachlasswertes.

Allgemein ist mithin das Pflichtteilsrecht der anderen Pflichtteilsberechtigten davon abhängig, ob der überlebende Ehegatte nach der rein erbrechtlichen Lösung zum Zuge kommt oder nach Maßgabe der güterrechtlichen Lösung. Im ersten Falle steht dem Ehegatten der „große Pflichtteil" zu, den anderen Pflichtteilsberechtigten nur ein entsprechend verringerter Pflichtteil. Im anderen Falle steht dem Ehegatten der „kleine Pflichtteil" und den Abkömmlingen sowie den Eltern des Erblassers ihr allein von § 1931 Abs 1 bestimmter Pflichtteil zu.

4. Die Berechnung des Pflichtteils

Der Pflichtteil berechnet sich gemäß § 2311 Abs 1 nach dem Bestand und Wert des **90** Nachlasses zur Zeit des Erbfalles. Die Passiven, also die **Nachlassverbindlichkeiten**, sind vom Aktivbestand **abzusetzen**. Während aber die Verbindlichkeiten aus **Vermächtnissen und Auflagen**, die ja auf einer Verfügung von Todes wegen beruhen, nicht zu berücksichtigen, also **nicht abzugsfähig** sind, ist die **Ausgleichsforderung vor der Berechnung der Pflichtteile vom Aktivbestand des Nachlasses abzusetzen**. Die Vermächtnisse und Auflagen stehen dem Pflichtteilsanspruch im Range nach (§§ 1991 Abs 4 und § 327 Abs 1 Ziff 1 und 2 InsO). Die Ausgleichsforderung geht dem Pflichtteilsanspruch dagegen im Range vor, s oben Rn 67.

C. Der Ausbildungsanspruch der „Stiefabkömmlinge", § 1371 Abs 4

I. Zweck der Vorschrift

Die Erhöhung des gesetzlichen Erbteils des überlebenden Ehegatten kann im Ein- **91** zelfall zu schwerwiegenden Folgen für diejenigen Abkömmlinge des Erblassers führen, die nicht aus der durch seinen Tod aufgelösten Ehe stammen. Ihr Erbteil verringert sich durch die Anerkennung des erhöhten Erbteils des Stiefvaters oder der Stiefmutter, ohne dass für sie eine Erbchance für den Fall des Todes des überlebenden Ehegatten verbleibt. Diese Benachteiligung im Verhältnis zum Stiefelternteil und zu dessen Abkömmlingen bedurfte eines Ausgleichs, zumal es an einer allgemeinen Regelung der Rechte der Stiefkinder auch im Unterhaltsrecht immer noch fehlt. Die erbrechtliche Lösung des § 1371 Abs 1 führt vor allem dann zu Härten für die Stiefabkömmlinge, wenn ihr zuerst versterbender Elternteil den geringeren Zugewinn erzielt hat. Aufgrund der Erhöhung des Erbteils des überlebenden Ehegatten werden sie weitgehend von der Teilhabe am Erbe ihres Vaters oder ihrer Mutter ausgeschlossen und verlieren damit häufig jede Sicherung für die Zukunft, obwohl das die Zugewinnbeteiligung der Ehegatten primär leitende Prinzip der reinen Errungenschaftsbeteiligung hier eine Teilhabe des überlebenden Ehegatten am ehelichen Mehrgewinn nicht rechtfertigen würde. Die Stiefkinder sind daher in erster Linie diejenigen, die die Unbilligkeiten der schematischen erbrechtlichen Lösung zu spüren bekommen. **Die Benachteiligung der einseitigen Abkömm-**

linge will § 1371 Abs 4 mit den (beschränkten) Mitteln des Ehegüter- und Erbrechts **ausgleichen**.

92 Die Bestimmung ist erst in der 2. Lesung des GleichberG (206. Sitzg d BT vom 3. 5. 1957, stenogr Niederschrift 11783 f) in das Gesetz eingefügt worden. Der Ausbildungsanspruch der „weichenden Erben" des Erbhof- und Höferechts (§ 30 Abs 2 RErbhG, §§ 9 Abs 2, 10 ErbhFVO und § 12 HöfeOBritZ) war dabei (trotz wesentlicher Abweichungen) Vorbild. Manche Unvollkommenheiten dieser Bestimmung erklären sich aus dieser Entstehungsgeschichte.

II.   Voraussetzungen des Anspruchs

Die Voraussetzungen des Ausbildungsanspruchs sind:

93 1.   Der verstorbene und der überlebende Ehegatte müssen im gesetzlichen **Güterstand** der Zugewinngemeinschaft gelebt haben.

94 2.   Der Güterstand muss **durch den Tod** eines Ehegatten beendet sein.

95 3.   Der überlebende **Ehegatte muss gesetzlicher Erbe** gemäß §§ 1931, 1371 Abs 1 geworden sein. Er muss in den Genuss des zusätzlichen Viertels gekommen sein („... aus dem nach Abs 1 zusätzlich gewährten Viertel"). Abs 4 gehört zu Abs 1; zu den Absätzen 2 und 3 hat er keine Beziehungen. Der Ausbildungsanspruch entsteht danach nicht, wenn der überlebende Ehegatte kraft Verfügung von Todes wegen Erbe wird, wenn ihm ein Vermächtnis zusteht oder er aus anderen Gründen nicht als gesetzlicher Erbe zur Erbschaft berufen ist oder auch nur der Anfall des zusätzlichen Viertels ausgeschlossen ist (durch Ehevertrag oder teilweisen Erbverzicht). Der gesetzlichen Erbfolge steht gleich die Einsetzung der gesetzlichen Erben ohne nähere Bestimmung (§ 2066), s auch oben Rn 6.

96 4.   Anspruchsberechtigt sind nur die erbberechtigten Abkömmlinge des verstorbenen Ehegatten, **die nicht aus der** durch den Tod dieses Ehegatten **aufgelösten Ehe stammen**.

97 a)   Abkömmlinge sind nur die Verwandten absteigender Linie (Kinder und Kindeskinder). Zu ihnen zählen auch die nach dem vor dem 1. 7. 1998 in Kraft getretenem Recht legitimierten Kinder (§§ 1719, 1723, 1736), die Adoptivkinder (§ 1754 Abs 2) und die nichtehelichen Kinder alten Rechts.

98 b)   Der Anspruch steht nur den **einseitigen Abkömmlingen** des Erblassers zu. Sie dürfen nicht aus der durch den Tod aufgelösten Ehe stammen. Ausgeschlossen sind daher die Kinder aus dieser und jeder früheren Ehe des Erblassers mit dem überlebenden Ehegatten (bei Wiederverheiratung derselben Ehegatten).

99 c)   Die einseitigen Abkömmlinge des Erblassers müssen **erbberechtigt** sein. Dem Erbrecht stand der **Erbersatzanspruch** nichtehelicher Kinder (§ 1934a aF) gleich. Ausgeschlossen sind danach diejenigen Abkömmlinge, die nicht zu Erben des Erblassers berufen sind. Nicht zu Erben berufen sind die Abkömmlinge, die von der Erbfolge kraft Verfügung von Todes wegen oder durch Erbverzicht ausgeschlossen sind, die für erbunwürdig erklärt worden sind und die gemäß § 1924 Abs 2 durch einen Vorfahren ausgeschlossen sind. Nicht erbberechtigt ist ferner, wer gemäß § 1934d aF abgefunden worden ist (§ 1934e aF). Auch bei der Ausschlagung seines Erbteils steht dem Abkömmling der Anspruch nicht zu.

Erbberechtigt iSd Abs 4 sind nur diejenigen Abkömmlinge des verstorbenen Ehe- **100** gatten, die kraft **gesetzlicher Erbfolge** Erben werden. Hat der Erblasser den einseitigen Abkömmling in einer **Verfügung von Todes wegen** bedacht, so besteht der Ausbildungsanspruch nicht. Die Frage ist streitig, ihre praktische Bedeutung jedoch gering. Die Voraussetzungen des Abs 4 liegen auf der Seite des überlebenden Ehegatten (s Rn 95) ohnehin nur vor, wenn ihm der durch die Verfügung nicht ausgeschöpfte Teil (§ 2088) allein zufällt und im Umfang seinem gesetzlichen Erbteil entspricht oder wenn er auf seinen „gesetzlichen Erbteil" eingesetzt ist. Der Abkömmling leitet jedoch in allen diesen Fällen sein Erbrecht nicht aus dem Gesetz her, sondern aus der Verfügung von Todes wegen. Ist er auf seinen gesetzlichen Erbteil eingesetzt, kann Abs 4 entsprechend angewendet werden. Ist er dagegen auf mehr oder weniger eingesetzt oder ist ihm nur ein Vermächtnis ausgesetzt, ist für den an der gesetzlichen Erbfolge orientierten Ausbildungsanspruch kein Raum (iE ebenso BOEHMER FamRZ 1961, 41, 47; DÖLLE I 782; KNUR DNotZ 1957, 478; K MEYER, Der Ausbildungsanspruch der Stiefabkömmlinge nach § 1371 Abs 4 BGB [1966] 20 f; BAMBERGER/ROTH/MAYER Rn 38; HOHLOCH Rn 475; BGB-RGRK/FINKE Rn 55; RITTNER DNotZ 1957, 483, 489; SOERGEL/ LANGE Rn 45; LENZ ZErb 2000, 111; MAYER FPR 2004, 84; LÜDERITZ/DETHLOFF § 5 Rn 150; GERNHUBER/COESTER-WALTJEN § 37 Rn 37; MünchKomm/KOCH Rn 55). Es fehlt an einer Tatbestandsvoraussetzung des Abs 4, so dass es nicht darauf ankommt, ob der Erblasser dem Abkömmling den Ausbildungsanspruch durch die Verfügung von Todes wegen entziehen wollte (so aber ERMAN/HECKELMANN Rn 19; JOHANNSEN FamRZ 1961, 163 f). Der Erblasser, der dem Abkömmling den Ausbildungsanspruch sichern will, kann das nur durch Aussetzung eines Vermächtnisses erreichen.

5.   Bedürftigkeit

Die Mittel zu einer angemessenen Ausbildung sind nur zu gewähren, *wenn und* **101** *soweit der einseitige Abkömmling dessen bedarf.* Der Mischcharakter des Anspruchs mit seinen erbrechtlichen und unterhaltsrechtlichen Komponenten (s Rn 125 ff) erschwert eine sach- und funktionsgerechte Auslegung des Begriffs der Bedürftigkeit. Die Interpretation ist denn auch durchaus uneinheitlich (s Rn 102 ff).

Bedürftigkeit setzt voraus, dass der Abkömmling **außerstande** ist, die **Kosten der** **102** **Ausbildung selbst zu tragen.** Er muss daher die Einkünfte aus eigenem Vermögen, zu dem auch der ererbte Anteil am Nachlass gehört, zunächst einsetzen. Auch der **Stamm des Vermögens** ist zunächst anzugreifen (im Grundsatz hM, anders nur BOEHMER FamRZ 1961, 41, 48). Es sind jedoch *Einschränkungen* geboten (anders K MEYER 51 ff). Freilich darf auf allgemeine Billigkeitserwägungen unter Würdigung der Umstände nicht abgestellt werden (so aber BGB-RGRK/FINKE Rn 57; s auch DÖLLE I 783 Fn 28; wie hier MünchKomm/KOCH Rn 68). Auch nach Maßgabe des § 1602 Abs 2 darf nicht differenziert werden, da der überlebende Ehegatte als Stiefelternteil nicht einem Elternteil gleichzusetzen ist (ebenso MünchKomm/KOCH Rn 68; BAMBERGER/ROTH/MAYER Rn 39; RAUSCHER Rn 411; GERNHUBER/COESTER-WALTJEN § 37 Rn 42; LENZ ZErb 2000, 111; MAYER FPR 2004, 85; SOERGEL/LANGE Rn 47; aA PALANDT/BRUDERMÜLLER Rn 9). Der Stamm des Vermögens ist jedoch vorrangig für den eigenen **allgemeinen Lebensbedarf** (Unterhalt) zu verwerten. Der Abkömmling braucht aus ihm daher die zusätzlichen Ausbildungskosten nicht zu decken, soweit das Vermögen zur Sicherstellung des laufenden Unterhalts bis zum Abschluss der Ausbildung und zur Erlangung einer selbständigen Lebensstellung benötigt wird (ERMAN/HECKELMANN Rn 24; MünchKomm/KOCH Rn 68; MAYER aaO; ähnlich SOERGEL/LANGE Rn 47).

103 Zu eigener **Erwerbstätigkeit** ist der in Ausbildung befindliche Abkömmling nur verpflichtet, soweit sie ihm möglich und zumutbar ist. Unzumutbar ist jede Erwerbstätigkeit, die die Erreichung des Ausbildungszwecks in angemessener Zeit gefährdet (so auch MünchKomm/KOCH Rn 69; MAYER aaO; zu weitgehend LENZ aaO: Arbeit in den Semesterferien soll generell zumutbar sein; aM ERMAN/HECKELMANN Rn 24; BOEHMER FamRZ 1961, 48). Unabhängig davon sind tatsächlich erzielte Einkünfte (auch die Vergütung aus einem Ausbildungsverhältnis, §§ 10, 19 BBiG) zunächst auf den laufenden Unterhalt anzurechnen (s auch Rn 106 aE). Unregelmäßig erzielte Einkünfte geringen Umfangs (gelegentliche Tätigkeit als Werkstudent) sind ganz außer Betracht zu lassen.

104 **Unterhaltsansprüche gegen Dritte** aus Verwandtschaft oder Ehe schließen den Ausbildungsanspruch aus (wie hier FINKE MDR 1957, 579; JOHANNSEN FamRZ 1961, 164; REINICKE BB 1958, 578; BGB-RGRK/FINKE Rn 56; wohl auch BAMBERGER/ROTH/MAYER Rn 40). Für Ausschluss nur durch Unterhaltsansprüche, die ohne Rücksicht auf die Bedürftigkeit bestehen (zB § 1360) oder dem Berechtigten den Vermögensstamm belassen (zB §§ 1577 Abs 3, 1602 Abs 2), K MEYER 58 f; SOERGEL/LANGE Rn 48. Für einen Vorrang des Ausbildungsanspruchs bis zu der Höhe, in der der verstorbene Ehegatte für die Ausbildungskosten Unterhalt hätte leisten müssen, PALANDT/BRUDERMÜLLER Rn 9; LENZ ZErb 2000, 111. Nach anderer Ansicht wird die Bedürftigkeit und damit der Ausbildungsanspruch durch Unterhaltsansprüche generell nicht ausgeschlossen (LÜDERITZ/DETHLOFF § 5 Rn 151; BOEHMER FamRZ 1961, 48; ERMAN/HECKELMANN Rn 24; GERNHUBER/COESTER-WALTJEN § 37 Rn 43; MAYER FPR 2004, 85; MünchKomm/KOCH Rn 70; RAUSCHER Rn 411). Die Lösung des Gesetzes ist inkonsequent. Sie passt im Grunde nur dann, wenn der überlebende Ehegatte nach § 1371 Abs 1 mehr erhält als ihm nach der güterrechtlichen Lösung gebührte, da nur insoweit der einseitige Abkömmling wirklich benachteiligt wäre. Die §§ 1372 ff sehen einen entsprechenden Ausgleich nicht vor. Der überlebende Ehegatte wird daher durch § 1371 Abs 4 über Gebühr belastet, wenn und soweit der zusätzliche Erbteil den Gewinnausgleich verwirklicht. Das Gesetz nimmt diese Überlast in Kauf, wenn der Bedarf des Abkömmlings nicht auf andere Weise gedeckt ist. Der Ausbildungsanspruch ist kein reiner Erbersatzanspruch, der den Vorrang vor der güterrechtlichen Erbteilszuweisung hätte. Wie diese ist aber auch er schematisiert, so dass im Einzelfall das zusätzliche Viertel des Nachlasses auch dann zugunsten des Abkömmlings aufgeopfert werden muss, wenn es tatsächlich den Zugewinnausgleich verwirklicht. Die Konkurrenz von Ausbildungsanspruch und Unterhaltsansprüchen gegen Dritte muss jedenfalls in diesen Fällen in Parallele zur güterrechtlichen Lösung zu Lasten der Unterhaltspflichtigen entschieden werden. Nach der in § 1371 Abs 1 getroffenen Grundentscheidung muss das aber auch für alle anderen Fälle gelten. Eine Differenzierung danach, ob und in welchem Umfang dem Abkömmling durch die Verkürzung seines Erbrechts ohne innere güterrechtliche Rechtfertigung Vermögen entzogen worden ist, das zur Deckung seines Ausbildungsbedarfs verwertbar gewesen wäre, stieße auch auf praktische Schwierigkeiten. Daher schließen Unterhaltsansprüche gegen Dritte generell die Bedürftigkeit iS des Abs 4 aus.

III. Inhalt und Umfang des Ausbildungsanspruchs

Die Aufbringung der Mittel für die Ausbildung der bedürftigen Stiefkinder und **105** Stiefenkel des überlebenden Ehegatten ist **funktionell**, wenn auch nicht gesetzestechnisch, typische **Unterhaltsleistung**. Es werden deshalb gewisse Gedanken des Unterhaltsrechts entsprechend herangezogen werden können. Nach dem jeweiligen Zweck der Regelung unter Berücksichtigung der praktischen Folgerungen, die sich aus einer entsprechenden Anwendung ergeben, richtet es sich, welche Grundsätze des Unterhaltsrechts und in welchem Umfange sie übernommen werden können.

1. Inhalt des Anspruchs

Zu gewähren sind die Mittel für eine angemessene Ausbildung. Was unter *Mitteln* zu **106** verstehen ist, bestimmt das BGB nicht. Nach dem Zweck des Abs 4, dem Berechtigten die Deckung der Ausbildungskosten zu ermöglichen, sind hier nur **Geldmittel** gemeint. Weder der Berechtigte noch der Verpflichtete kann Naturalleistungen verlangen. § 1612 Abs 1 S 2 ist auch dann nicht entsprechend anwendbar, wenn der Anspruch den laufenden Unterhaltsbedarf mit umfasst (s dazu Rn 111). Lebt der Stiefabkömmling im Haushalt des Verpflichteten, kann jedoch der Unterhalt in natura gewährt werden. Ein Anspruch auf Geld besteht daneben nicht. Beide Teile können jedoch einseitig und jederzeit die Naturalversorgung beenden (für eine entsprechende Anwendung von § 1612 Abs 1 S 2 aber BGB-RGRK/Finke Rn 67; Soergel/Lange Rn 51; wie hier MünchKomm/Koch Rn 75, 77; Bamberger/Roth/Mayer Rn 41; Mayer FPR 2004, 86; Rauscher Rn 412).

§ 1612 Abs 2 ist nicht entsprechend anwendbar. Aus § 1371 Abs 4 lässt sich auch **107** mittelbar **kein Bestimmungsrecht des Verpflichteten** darüber ableiten, in welcher Weise der durch die Ausbildung entstehende Bedarf gedeckt wird. Das ist Sache des Abkömmlings, des Inhabers der elterlichen Gewalt (vgl § 1681) oder des Vormunds. Wie hier MünchKomm/Koch Rn 75; **aM** Dölle I 783; Soergel/Lange Rn 51.

Ein regelmäßig wiederkehrender Bedarf an Mitteln für die Ausbildung ist entspre- **108** chend dem Grundgedanken des § 1612 Abs 1 S 1 und Abs 3 S 1 durch eine **Geldrente** zu decken, die monatlich im Voraus zu zahlen ist. In größeren Zeitabständen periodisch entstehende Kosten (halbjährlich, jährlich) wie etwa Studiengebühren, sind entsprechend periodisch im Voraus zu decken. **Sonstiger Bedarf**, der nicht mit einiger Regelmäßigkeit auftritt und daher auch nicht bei der Bemessung der Geldrente zu berücksichtigen ist, muss bei seinem Auftreten gedeckt werden, ebenfalls grundsätzlich im Voraus (s aber § 1613 Abs 2 analog). Eine **Kapitalabfindung** kann nicht verlangt werden (Bamberger/Roth/Mayer Rn 41; MünchKomm/Koch Rn 76, 77; Mayer aaO; **aM** Rittner DNotZ 1957, 491; bei Vorliegen eines wichtigen Grundes Lenz ZErb 2000, 112).

2. Umfang des Anspruchs

Der Abkömmling kann die Mittel für eine **angemessene Ausbildung** beanspruchen. **109**

Dazu gehört nicht nur die Ausbildung zu einem bestimmten *Beruf* sondern auch die Schulbildung sowie die Fort- und Weiterbildung. Vgl hierzu und zur Frage einer Zweitausbildung die Anm zu § 1610.

110 Die Angemessenheit der Ausbildung bestimmt sich in erster Linie nach den geistigen Anlagen des Abkömmlings, nach seinen besonderen Fähigkeiten und Interessen, seinen Neigungen und Berufswünschen. Die zur Erreichung eines gewählten Berufszieles erforderliche Ausbildung muss aber den Fähigkeiten des Berechtigten entsprechen. Ein nur durchschnittlich begabter Abkömmling kann daher nicht die Kosten eines Hochschulstudiums verlangen, wenn er dessen Anforderungen nicht gewachsen sein wird. Eine Prognose in dieser Richtung lässt sich allerdings nur schwer stellen; an den Nachweis, dass die gewünschte Ausbildung den Anlagen nicht adäquat ist, sind daher strenge Anforderungen zu stellen; einen Hinweis geben die bisherigen Neigungen und Leistungen des Abkömmlings.

Steht hinter der Ausbildung weder ein echtes Bildungsstreben noch ein Berufsziel, so kann der Verpflichtete im Einzelfalle die Leistung gemäß § 242 verweigern, selbst wenn die sonstigen Voraussetzungen des Anspruchs begründet sind.

111 Mit Hilfe des Anspruch aus § 1371 Abs 4 soll dem Stiefabkömmling eine **Ausbildung ermöglicht** werden. Das Gesetz gewährt ihm aber nach seinem Wortlaut **nicht** den gesamten **Unterhalt** während der Ausbildung. Kann der Unterhalt einschließlich der Kosten der Vorbildung zu einem Beruf (s § 1610 Abs 2) nicht voll von einem unterhaltspflichtigen Dritten geleistet werden (vgl auch oben Rn 108), so ist das Geleistete vorrangig auf den laufenden Lebensbedarf zu verrechnen. Ist der Lebensbedarf ganz oder teilweise nicht durch Unterhaltsleistungen gedeckt, erstreckt sich der Ausbildungsanspruch nach § 1371 Abs 4 auch auf diesen. Der Verpflichtete schuldet den angemessenen Unterhalt, nicht nur den notwendigen Unterhalt iSd § 850d ZPO oder den zu einer ordnungsgemäßen Durchführung der Ausbildung unerlässlichen Unterhalt.

112 Nach anderer Ansicht umfasst der Ausbildungsanspruch stets auch die allgemeinen Lebenshaltungskosten (so Lüderitz/Dethloff § 5 Rn 151; Erman/Heckelmann Rn 23; Gernhuber/Coester-Waltjen § 37 Rn 45; Mayer FPR 2004, 86; Bamberger/Roth/Mayer Rn 43; Rauscher Rn 412; MünchKomm/Koch Rn 79; Palandt/Brudermüller Rn 9; Rittner DNotZ 1957, 483, 492; einschränkend für die Dauer des Schulbesuchs Lenz ZErb 2000, 111; Soergel/Lange Rn 50; **aM** Boehmer FamRZ 1961, 41, 47; Dölle I 783; Johannsen FamRZ 1961, 163, 164; BGB-RGRK/Finke Rn 61; Reinicke BB 1958, 578). Die praktische Bedeutung des Meinungsstreits ist gering, wenn wie hier (Rn 104) ein Vorrang des Ausbildungsanspruchs vor der Unterhaltspflicht Dritter abgelehnt wird. Ein Vorrang besteht aber unter den in Rn 111 genannten Voraussetzungen vor Leistungen aus der **Sozialhilfe**, dagegen nicht vor Ansprüchen nach dem **BAföG** (Mayer aaO, 85).

113 Die **Lebens- und Vermögensverhältnisse des Verpflichteten** und seiner Familie sind bei der Bemessung des Umfangs des Ausbildungshilfe außer Betracht zu lassen. Ist die Ausbildung im Übrigen angemessen, muss er notfalls **das zusätzliche Viertel ausschöpfen**, dies auch unter Zurückdrängung von Unterhaltsansprüchen Dritter gegen den Verpflichteten (MünchKomm/Koch Rn 71; **aA** Dölle I 784 Fn 34). Insoweit ist das zusätzliche Viertel nach § 1371 Abs 1 vorrangig dem Abkömmling zur Befriedigung seines Bedarfs zugewiesen.

Auch § 1603 ist aus den gleichen Gründen (Rn 117) nicht entsprechend anzuwenden **114** (BOEHMER FamRZ 1961, 47; ERMAN/HECKELMANN Rn 22; JOHANNSEN FamRZ 1961, 164; Münch-Komm/KOCH Rn 71; **aA** DÖLLE I 784).

Sind **mehrere** ausbildungsbedürftige **Berechtigte** vorhanden, so sind sie je nach ihrer **115** Bedürftigkeit und der Angemessenheit der Ausbildung **verhältnismäßig** anspruchsberechtigt. Die mit dem zusätzlichen Viertel zur Verfügung stehenden Mittel sind, sofern sie nicht für alle berechtigten Abkömmlinge ausreichen, nach dem Verhältnis des Bedarfs zu verteilen (hM, vgl BOEHMER FamRZ 1961, 47; ERMAN/HECKELMANN Rn 25; BAMBERGER/ROTH/MAYER Rn 44; MünchKomm/KOCH Rn 73; BGB-RGRK/FINKE Rn 63). Der Bedarf des einzelnen Berechtigten ist unter Berücksichtigung der laufend erforderlichen Mittel und der Dauer der Ausbildung festzustellen. Macht ein Abkömmling den Ausbildungsanspruch geltend und liegt ein akuter Bedarf an der Gewährung von Mitteln für die Ausbildung bei den mitberechtigten Abkömmlingen noch nicht vor, so wird der überlebende Ehegatte im Hinblick auf den künftigen Bedarf den Anteil des ersten Berechtigten entsprechend kürzen müssen, wenn die Mittel nicht für alle reichen. Es ist daher der mutmaßliche künftige Bedarf der anderen Abkömmlinge bereits bei der Geltendmachung des Ausbildungsanspruchs durch einen Berechtigten zu berücksichtigen (str, wie hier MünchKomm/KOCH Rn 74; Erman/Heckelmann Rn 25; MAYER FPR 2004, 87; anders unter Hinweis auf § 1609 RITTNER DNotZ 1957, 496). Die Beschränkung des einzelnen Abkömmlings auf den Anteil am zusätzlichen Viertel, der seiner Erbquote nach §§ 1924, 1931 ohne Berücksichtigung des § 1371 Abs 1 zugefallen wäre, entspricht nicht der vom Gesetz gewählten Lösung. Auf den Umfang der Erbrechtsschmälerung kommt es nach § 1371 Abs 4 gerade nicht an (ebenso Münch-Komm/KOCH Rn 74 gegen K MEYER 109 ff, 116; SOERGEL/LANGE Rn 53; PALANDT/BRUDERMÜLLER Rn 10).

IV. Durchsetzung des Anspruchs

1. Kein Auskunftsanspruch

Anspruchsberechtigt ist ein Stiefabkömmling des überlebenden Ehegatten nur, **116** wenn er gesetzlicher Erbe oder nach altem Recht erbersatzberechtigt ist (Rn 99). Über den Wert des zusätzlichen Viertels kann er sich daher gemäß §§ 2027, 2028, 2057 und (entsprechend) § 2314 informieren. Ein besonderer Auskunftsanspruch entsprechend § 1605 gegen den Stiefelternteil ist daher nicht erforderlich (Münch-Komm/KOCH Rn 80; SOERGEL/LANGE Rn 55).

2. Rückständige Ansprüche

Der Anspruch deckt nur den Ausbildungsbedarf, der *nach dem Erbfall* entsteht. **117** Rückständige Ansprüche und Schadensersatzansprüche wegen Nichterfüllung können entsprechend § 1613 Abs 1 nur für die Zeit ab Verzugseintritt oder Rechtshängigkeit geltend gemacht werden (MünchKomm/KOCH Rn 81; SOERGEL/LANGE Rn 54). Entsprechend anwendbar ist auch § 1613 Abs 2 (Sonderbedarf, vgl auch Rn 108). Beim **Tode des Berechtigten** erlischt der Anspruch nach Maßgabe des insoweit entsprechend anzuwendenden § 1615 Abs 1. Beim **Tode des Verpflichteten** dagegen geht die Belastung auf die Erben über. § 1615 Abs 1 ist hier nicht anwendbar (MünchKomm/ Koch Rn 83).

3. Verzicht

118 Auf den entstandenen Anspruch kann für die Zukunft verzichtet werden. § 1614 findet keine entsprechende Anwendung. Das folgt aus der Ersatzfunktion des Anspruchs. Der Abkömmling hätte auch die ihm ohne die Erbrechtsverstärkung des überlebenden Ehegatten angefallene Erbschaft ausschlagen können. Der Verzicht bedarf aber entsprechend §§ 1643 Abs 2, 1822 Nr 2 der Genehmigung des Vormundschaftsgerichts, wenn der Abkömmling minderjährig ist und unter Vormundschaft steht (MünchKomm/Koch Rn 88; Lenz ZErb 2000, 113; Mayer FPR 2004, 88; BGB-RGRK/Finke Rn 68; für Anwendung von § 1812 Soergel/Lange Rn 51).

4. Verjährung

119 Die Verjährung des Anspruchs richtet sich nach § 197 Abs 2 iVm §§ 195, 199 nach neuem Recht in drei Jahren, denn er ist entsprechend § 1612 regelmäßig durch Entrichtung einer Geldrente zu erfüllen (oben Rn 108). § 194 Abs 2 ist, da es sich nicht um einen familienrechtlichen Herstellungsanspruch handelt, nicht anwendbar (s auch MünchKomm/Koch Rn 82; Soergel/Lange Rn 56; **aA** wohl Mayer FPR 2004, 88).

5. Unpfändbarkeit

120 Der Ausbildungsanspruch ist **unpfändbar** gemäß § 850a Nr 6 ZPO (K Meyer 134 ff; Bamberger/Roth/Mayer Rn 50; MünchKomm/Koch Rn 84; Mayer FPR 2004, 88). Die Vorschrift geht § 850b Abs 1 Nr 2 ZPO vor, der nach **aM** anzuwenden ist (Erman/ Heckelmann Rn 23; BGB-RGRK/Finke Rn 70; Rittner DNotZ 1957, 497; Soergel/Lange Rn 58). Der Unpfändbarkeit entspricht der **Ausschluss** der **Verpfändung** (§ 1274 Abs 2), der **Abtretung** (§ 400) und der **Aufrechnung** (§ 394).

V. Die Rechtsnatur des Anspruchs

1. Bedeutung der Frage

121 Der Ausbildungsanspruch der Stiefabkömmlinge vereint in sich Elemente des ehelichen Güterrechts, des Erbrechts und des Unterhaltsrechts. Teleologisch steht im Vordergrund die erbrechtliche Komponente: der Anspruch dient dem (beschränkten und schematisierten) Ausgleich einer **erbrechtlichen** Benachteiligung durch die Erhöhung des Ehegattenerbteils. Sie wirkt sich dogmatisch aus in der Abhängigkeit des Anspruchs von der erbrechtlichen Stellung sowohl des überlebenden Ehegatten (s Rn 95) als auch des Stiefabkömmlings (s Rn 100). Da dieser güterrechtlichen Zwecken dient, wird dadurch zugleich ein Bezug zum **Ehegüterrecht** hergestellt: der Anspruch belastet die zusätzliche Erbquote des überlebenden Ehegatten. Zum dritten hat der Anspruch (begrenzt) **unterhaltsrechtliche** Funktion (s dazu Rn 105 ff). Jede dieser Komponenten beeinflusst punktuell die Auslegung und Anwendung des § 1371 Abs 4, ohne dass freilich eine von ihnen in der Weise überwiegt, dass die anderen darüber vernachlässigt werden können (ebenso MünchKomm/Koch Rn 60;

MAYER FPR 2004, 84; für eine vorwiegend erbrechtliche Natur aber ERMAN/HECKELMANN Rn 22; SOERGEL/LANGE Rn 39).

Der **Mischcharakter** des Anspruchs lässt jedoch den am einzelnen Sachproblem **122** orientierten Rückgriff insbesondere auf unterhaltsrechtliche (s dazu Rn 104 ff) und erbrechtliche (vgl Rn 123 ff) Vorschriften und Wertungen zu.

2. Der Ausbildungsanspruch als Nachlassverbindlichkeit

Die Verpflichtung des überlebenden Ehegatten gehört zu den **Nachlassverbindlich-** **123** **keiten** iS des § 1967. Andernfalls wäre der Berechtigte bei Nachlassinsolvenzverfahren oder Nachlassverwaltung von der Teilnahme am Verfahren ausgeschlossen und auf einen unsicheren persönlichen Anspruch verwiesen. Ebenso die hM; **aM** BOEHMER FamRZ 1961, 49; JOHANNSEN FamRZ 1961, 163; RITTNER DNotZ 1957, 497.

Die Verbindlichkeit ist „aus dem nach Absatz 1 zusätzlich gewährten Viertel" zu **124** erfüllen. Eine Mindermeinung folgert daraus, dass die **Haftung** des überlebenden Ehegatten **gegenständlich beschränkt** sei auf das zusätzliche Viertel (DÖLLE I 785 Fn 41). Das zusätzliche Viertel ist jedoch kein besonderer Erbteil, der selbständig gepfändet (vgl §§ 857, 859 Abs 2 ZPO) werden könnte. Nach der Teilung des Nachlasses ließe sich auch nicht feststellen, welche einzelnen Gegenstände auf das zusätzliche Viertel zugeteilt worden sind, da eine solche gesonderte Zuteilung weder vorgeschrieben ist noch praktisch jemals erfolgt. Die Annahme, die zugeteilten Gegenstände seien anteilig dem Regelerbteil und dem Zusatzviertel zuzurechnen (s DÖLLE aaO), weicht in einem solchen Ausmaß von geltenden erb- und sachenrechtlichen Grundsätzen ab, dass sie nicht mehr als vom Gesetzgeber gewollt anzuerkennen ist (s auch MünchKomm/KOCH Rn 63). Es ist daher an der hM festzuhalten, die von einer persönlichen Verpflichtung des überlebenden Ehegatten (Erbfallschuld, § 1967 Abs 2) ausgeht, die **der Höhe nach** rechnerisch **begrenzt** ist durch den *Wert des zusätzlichen Viertels* (BOEHMER FamRZ 1961, 48; ERMAN/HECKELMANN Rn 22; GERNHUBER/ COESTER-WALTJEN § 37 Rn 47; JOHANNSEN FamRZ 1961, 164; LANGE/KUCHINKE, Erbrecht § 39 V B 5; MAYER FPR 2004, 87; LENZ ZErb 2000, 112; K MEYER 142 ff; MünchKomm/KOCH Rn 63; BGB-RGRK/FINKE Rn 62; PALANDT/BRUDERMÜLLER Rn 10; SOERGEL/LANGE Rn 52; RAUSCHER Rn 411; BAMBERGER/ROTH/MAYER Rn 46).

Für die **Wertberechnung** ist nach hM der **Zeitpunkt des Erbfalls** maßgebend (BOEHMER **125** FamRZ 1961, 49; ERMAN/HECKELMANN Rn 22; GERNHUBER/COESTER-WALTJEN § 37 Rn 47; MAYER aaO; JOHANNSEN FamRZ 1961, 164; MünchKomm/KOCH Rn 65; PALANDT/BRUDERMÜLLER Rn 10; BAMBERGER/ROTH/MAYER Rn 47; SOERGEL/LANGE Rn 52; widersprüchlich BGB-RGRK/FINKE Rn 62). Im Interesse der Rechtssicherheit ist daran entsprechend den gesetzlichen Wertungen in §§ 1934b Abs 1, 2311 Abs 1 festzuhalten. Vermehrungen oder Verminderungen des Nachlasses durch Verwaltungsmaßnahmen der Miterben oder eines Testamentsvollstreckers ändern die Begrenzung des Anspruchs daher nicht mehr. Auf den Zeitpunkt der Nachlassteilung stellt dagegen K MEYER 83 ff ab.

Maßgebend ist der Wert des Zusatzviertels **nach Abzug aller Nachlassverbindlichkei-** **126** **ten**. Abzusetzen sind daher alle Erblasserschulden und die Erbfallschulden einschließlich der Verbindlichkeiten aus Pflichtteilsrechten, Vermächtnissen und Auflagen (wie hier MünchKomm/KOCH Rn 64; MAYER aaO; SOERGEL/LANGE Rn 51; RITTNER FamRZ

1961, 494). Der Berechtigte soll nach dem Zweck des § 1371 Abs 4 nicht mehr erhalten, als der überlebende Ehegatte tatsächlich aus dem Nachlass erhält. Im Nachlassinsolvenzverfahren (s dazu auch Rn 127) rangiert der Ausbildungsanspruch daher nach den in § 327 Abs 1 Nr 1, 2 InsO genannten Verbindlichkeiten. Nicht absetzbar sind Nachlassverwaltungskosten und -schulden, die nicht schon dem Grunde oder der Notwendigkeit nach beim Erbfall vorauszusehen waren (teilw abweichend K Meyer 87 f).

127 Der Ausbildungsanspruch setzt einen aktiven Nachlass voraus. Daher besteht regelmäßig kein Anlass für die **Beschränkung der Erbenhaftung** nach den allgemeinen Regeln des Erbrechts. Die Beschränkung ist aber weder generell entbehrlich noch rechtlich ausgeschlossen (aA Erman/Heckelmann Rn 22; Palandt/Brudermüller Rn 10). Wird der Anspruch auch durch nachträgliche Veränderungen im Nachlassbestand nicht berührt (Rn 125), so kann doch später eine Überschuldung des Nachlasses eintreten. Wird das Nachlassinsolvenzverfahren eröffnet, so beschränkt sich die Haftung der Erben für Nachlassverbindlichkeiten auf den Nachlass, § 1975. Das gilt auch für den Ausbildungsanspruch (ebenso Gernhuber/Coester-Waltjen § 37 Rn 48; K Meyer 142 f; Mayer aaO; MünchKomm/Koch Rn 66; BGB-RGRK/Finke Rn 71; Soergel/Lange Rn 40; Bamberger/Roth/Mayer Rn 48). Der Anspruch ist in der Insolvenz nach den in § 327 Abs 1, 2 InsO angeführten Verbindlichkeiten zu berichtigen (s Rn 126).

128 Da der überlebende Ehegatte alleiniger Schuldner des Ausbildungsanspruchs ist, kann der Berechtigte aus dem **ungeteilten Nachlass** keine Befriedigung erlangen (§ 747 ZPO). Vor der Teilung kann der überlebende Ehegatte auch die Einrede des § 2059 erheben (MünchKomm/Koch Rn 61; Soergel/Lange Rn 40). Er kann von den Miterben die Bezahlung der Ausgleichsforderung gemäß §§ 2042, 2046 Abs 2 verlangen. Nach der Teilung kommt bei nach dem Erbfall eingetretener Dürftigkeit des Nachlasses auch die Einrede aus § 1990 in Betracht.

3. Ausschluss des Anspruchs der Stiefabkömmlinge

129 § 1371 Abs 4 kann durch **Ehevertrag** weder ausgeschlossen noch abgeändert werden. Die Vorschrift betrifft nicht lediglich die güterrechtlichen Verhältnisse der Ehegatten (hM; anders aber Dölle I 794). Durch Ehevertrag kann lediglich mittelbar auf die Entstehungsvoraussetzungen des Anspruchs Einfluss genommen werden, etwa durch Ausschluss des gesetzlichen Güterstandes oder auch nur der erbrechtlichen Lösung.

130 Der Anspruch des Abkömmlings kann jedoch durch **letztwillige Verfügung** ausgeschlossen oder beschränkt werden. Der Erblasser kann den überlebenden Ehegatten enterben, auf den Pflichtteil setzen oder ihm lediglich ein Vermächtnis aussetzen. Damit entfallen die Voraussetzungen des § 1371 Abs 4 ebenso wie durch eine Enterbung des Abkömmlings. Kann der Erblasser aber den Abkömmling als Erben ganz oder teilweise ausschließen, kann er den Ausschluss auch auf den an das Erbrecht geknüpften Ausbildungsanspruch beschränken (ebenso Boehmer FamRZ 1961, 47; MünchKomm/Koch Rn 86; BGB-RGRK/Finke Rn 75; Bamberger/Roth/Mayer Rn 53; Soergel/Lange Rn 41; Palandt/Brudermüller Rn 11).

131 Vor dem Erbfall kann der Abkömmling auf den Ausbildungsanspruch **nicht verzichten**. Ein „Erbverzicht", der sich auf den Anspruch beschränkt, ist ausgeschlossen, da keiner der erschöpfend aufgezählten Fälle der §§ 2346, 2352 vorliegt (K Meyer 162; Soergel/Lange Rn 41; abw BGB-RGRK/Finke Rn 68). Ein Verzichtsvertrag mit dem Stiefelternanteil ist nach § 311b Abs 4 ausgeschlossen (K Meyer aaO; Soergel/Lange aaO; BGB-RGRK/Finke Rn 68 jeweils für § 312 Abs 1 aF).

D. Ausschluss und Abänderung der Vermögensteilhabe im Todesfall

I. Durch Verfügung von Todes wegen und Ausschlagung

Der Grundsatz der Testierfreiheit einerseits und das Recht zur Ausschlagung an- **132** dererseits geben den Ehegatten die Möglichkeit, die im Gesetz vorgesehene erbrechtliche Lösung des § 1371 Abs 1 auszuschließen oder abzuändern. Vgl dazu oben Rn 18, 19 ff, 48 ff.

II. Durch Ehevertrag

Haben die Ehegatten den Zugewinnausgleich ausgeschlossen, betrifft dies regelmä- **133** ßig auch den Zugewinnausgleich von Todes wegen (Cypionka MittRhNotK 1986, 159; MünchKomm/Koch Rn 19; Soergel/Lange Rn 7; Bamberger/Roth/Mayer Rn 52). Die Erhöhung des gesetzlichen Erbteils des überlebenden Ehegatten kann durch Ehevertrag ausgeschlossen werden. Dieser Ausschluss kann auf § 1371 Abs 1 beschränkt werden, so dass beim Tode eines Ehegatten nur die güterrechtliche Lösung gemäß § 1371 Abs 2 gilt. Auch die Voraussetzungen des Zugewinnausgleichs im Todesfalle unterliegen der Ehevertragsfreiheit. So kann der Ausgleich des Zugewinns ehevertraglich auch dann zugelassen werden, wenn der überlebende Ehegatte Erbe wird oder mit einem Vermächtnis bedacht ist. Dagegen ist es nicht möglich, die Quote, um die sich der gesetzliche Ehegattenerbteil erhöht, im Wege des Ehevertrages abzuändern. Sie kann weder auf mehr als ein Viertel der Erbschaft erhöht (hM), noch auf einen geringeren Bruchteil ermäßigt werden (anders die überwM, vgl Gernhuber/Coester-Waltjen § 37 Rn 21 f; MünchKomm/Koch Rn 17; BGB-RGRK/Finke Rn 73; Soergel/Lange Rn 7). Andernfalls wären die Abhängigkeiten von gesetzlicher Erbquote und Pflichtteilsrecht auch für die anderen gesetzlichen Erben und Pflichtteilsberechtigten durch Ehevertrag abänderbar. Das ist nicht annehmbar. Hier bleiben nur erbrechtliche Änderungsmöglichkeiten (Testament, Erbvertrag). Von einer vertraglichen Festlegung der Zugewinnausgleichsforderung auf eine bestimmte Quote des Nachlasses rät Geissler BWNotZ 1990, 38, ab.

§ 1372
Zugewinnausgleich in anderen Fällen

Wird der Güterstand auf andere Weise als durch den Tod eines Ehegatten beendet, so wird der Zugewinn nach den Vorschriften der §§ 1373 bis 1390 ausgeglichen.

Materialien: E I § 1376; II § 1378.
Vgl Staudinger/BGB-Synopse 1896–2005
§ 1372.

Systematische Übersicht

I. Grundgedanken

1 Der von den Ehegatten während der Ehe erzielte Zugewinn wird ausgeglichen, wenn die Zugewinngemeinschaft endet, § 1363 Abs 2 S 2. Das Gesetz unterscheidet zwei Gruppen von Beendigungsgründen, die es einer unterschiedlichen rechtlichen Behandlung unterwirft. Zur ersten Gruppe gehören die Fälle, in denen der Güterstand der Zugewinngemeinschaft durch den Tod eines Ehegatten endet. Alle übrigen Fälle der Beendigung des Güterstandes gehören zur zweiten Gruppe. Für diese bestimmt § 1372, dass der Zugewinn nach den Vorschriften der §§ 1373–1390 ausgeglichen wird (güterrechtliche Lösung). Die Vermögensteilhabe in einer durch den Tod aufgelösten Ehe dagegen regelt allein § 1371. Die Vorschrift verweist jedoch in Abs 2 und 3 auf die Vorschriften der §§ 1373 ff für den Fall, dass die erbrechtliche Lösung gemäß Abs 1 nicht gilt.

II. Beendigung der Zugewinngemeinschaft durch Auflösung der Ehe

2 Die Beendigung des Güterstandes auf andere Weise als durch den Tod eines Ehegatten kann eintreten durch die Auflösung der Ehe. Die Ehe wird aufgelöst:

– durch **Aufhebungsurteil**, §§ 1313 ff; bei Aufhebung der Ehe findet ein güterrechtlicher Ausgleich nur statt, wenn dieser nicht grob unbillig wäre, § 1318 Abs 3 (zur Rechtslage vor Inkrafttreten des EheschlRG s STAUDINGER/THIELE [2000] Rn 3 ff);

– durch **Scheidungsurteil**, § 1564;

– durch **Wiederverheiratung** eines Ehegatten, nachdem der andere Ehegatte für tot erklärt worden ist und der verschollene und für tot erklärte Ehegatte noch lebt. Voraussetzung ist, dass nicht beide Ehegatten der neuen Ehe wussten, dass der für tot erklärte Ehegatte im Zeitpunkt des Todes noch lebte, § 1319 Abs 2.

– Ist eine neue Ehe nicht eingegangen worden und nicht bekannt, ob der Verschollene noch lebt, so wird aufgrund der Todeserklärung oder der Feststellung des Zeitpunktes des Todes lediglich vermutet, dass der Verschollene gestorben sei, §§ 9, 44 VerschG. Die Zugewinngemeinschaft wird durch die Todeserklärung also nicht kraft Gesetzes beendet. Solange nicht der Gegenbeweis geführt oder die Todeserklärung aufgehoben ist, wird jedoch mit dem Tode auch die Auflösung der Ehe und damit die Beendigung des Güterstandes vermutet. Der andere Ehegatte kann daher neben dem gesetzlichen Erbrecht des § 1931 auch das zusätzliche Viertel gemäß § 1371 Abs 1 geltend machen oder nach § 1371 Abs 2, 3 Ausgleich des Zugewinns verlangen. Die Voraussetzungen des § 1371 sind zwar womöglich nicht erfüllt, ihr Vorliegen wird jedoch vermutet. Lebt der verschollene oder für tot erklärte Ehegatte noch, ist ein mit den Scheinerben durchgeführter Zugewinnausgleich rückabzuwickeln.

In den erstgenannten beiden Fällen der Rn 2 ist die Ehe **erst mit der Rechtskraft des** 3 **Urteils** aufgelöst. Für die Berechnung des Zugewinns und eine Verpflichtung zur Sicherheitsleistung tritt jedoch in beiden Fällen an die Stelle der Beendigung des Güterstandes (Rechtskraft des Urteils) der Zeitpunkt, in dem die Klage auf Nichtigerklärung nach altem Recht, Aufhebung oder der Scheidungsantrag rechtshängig geworden ist, §§ 1384, 1389, 1390 Abs 4.

Im Falle des § 1319 Abs 2 dagegen bleibt es bei dem Grundsatz der §§ 1373, 1375, 1376 Abs 2, wonach der Zugewinn nach dem Zeitpunkt der Beendigung des Güterstandes – hier der Wiederverheiratung – berechnet wird.

III. Beendigung der Zugewinngemeinschaft bei Fortbestand der Ehe

Der Güterstand der Zugewinngemeinschaft wird ferner trotz Fortdauer der Ehe beendet, wenn

1. die Ehegatten durch **Ehevertrag** den Güterstand aufheben oder dahin ändern, 4 dass jeglicher Ausgleich des Zugewinns oder der Versorgungsausgleich ausgeschlossen sein soll. Haben die Ehegatten in dem *Ehevertrag* nichts anderes bestimmt, tritt Gütertrennung ein, § 1414. Ob die Ehegatten mit dem Ausschluss der Zugewinngemeinschaft zugleich auch den Ausgleich des Zugewinns für die Vergangenheit ausschließen wollen, ist aus dem Inhalt des Ehevertrages zu ermitteln. Im Zweifel ist das nicht anzunehmen.

2. ein Ehegatte ein **Urteil auf vorzeitigen Ausgleich des Zugewinns** (§§ 1385, 1386) 5 erstritten hat. Mit der Rechtskraft des Urteils tritt Gütertrennung ein, § 1388. Für die Berechnung des Zugewinns tritt an die Stelle der Beendigung des Güterstandes (§ 1388) der Zeitpunkt, in dem die Klage auf vorzeitigen Ausgleich erhoben ist, § 1387.

IV. Nichtehe

Wenn eine Nichtehe vorliegt, so hat überhaupt kein eheliches Verhältnis bestanden, 6 mithin auch kein Güterstand, dessen Beendigung den Ausgleich des Zugewinns auslösen könnte.

V. Kein Einfluss des Insolvenzverfahrens und der Todeserklärung

Andere als die genannten Gründe für die Beendigung der Zugewinngemeinschaft 7 sieht das Gesetz nicht vor. Insbesondere wird der Güterstand nicht beendet durch die Eröffnung des Insolvenzverfahrens über das Vermögen eines Ehegatten und durch die Todeserklärung (Rn 2 aE).

VI. Kein Ausgleich bei gleichzeitigem Tod

8 Bei gleichzeitigem Tod beider Ehegatten wird der Güterstand zwar beendet, ein Ausgleich des Zugewinns findet jedoch nicht statt. Näher dazu § 1371 Rn 58.

VII. Ausgleich des Zugewinns

9 In allen Fällen der Beendigung des Güterstandes auf andere Weise als durch den Tod eines Ehegatten wird der Grundgedanke der Zugewinngemeinschaft, die Beteiligung der Ehegatten an der ehelichen Errungenschaft, in grundsätzlich gleicher Form verwirklicht. Es wird zunächst der Zugewinn jedes Ehegatten gesondert ermittelt. Der Zugewinn ergibt sich aus einem Vergleich der Vermögenslage beim Eintritt des Güterstandes (Anfangsvermögen) mit der Vermögenslage bei Beendigung des Güterstandes (Endvermögen). Der Betrag, um den das Endvermögen jedes Ehegatten sein Anfangsvermögen übersteigt, ist Zugewinn, § 1373. Sodann werden die Zugewinne der Ehegatten miteinander verglichen. Übersteigt der Zugewinn des einen Ehegatten den Zugewinn des anderen, so steht die Hälfte des Überschusses dem anderen Ehegatten als Ausgleichsforderung zu, § 1378 Abs 1. Die Durchführung des Zugewinnausgleichs im Einzelnen ist in den §§ 1373–1390 geregelt.

Zu einem solchen Zugewinnausgleich kann es gemäß § 1371 Abs 2 ausnahmsweise auch beim Tode eines Ehegatten kommen, wenn der überlebende Ehegatte weder Erbe noch Vermächtnisnehmer wird.

VIII. Abweichende Vereinbarungen

10 Die Ehegatten können von der gesetzlichen Regelung abweichende Vereinbarungen über den Ausgleich des Zugewinns treffen und ihn überhaupt ausschließen. Einzelheiten s §§ 1374 Rn 49, 1375 Rn 43, 1376 Rn 49.

Änderungen des Zugewinnausgleichs, die die Ehegatten vor oder nach Eingehung der Ehe, aber *vor Beendigung* des gesetzlichen Güterstandes treffen, bedürfen der Form des Ehevertrages, soweit sie die Art und Weise der Berechnung der Ausgleichsforderung betreffen. Zu Vereinbarungen während eines Verfahrens, das auf Auflösung der Ehe gerichtet ist, s § 1378 Abs 3 S 2.

11 Nicht formbedürftig sind dagegen die *nach Beendigung* des Güterstandes (und damit der Entstehung der Ausgleichsforderung, § 1378 Abs 3) getroffenen Vereinbarungen über die Zahlung der Ausgleichsforderung (wie Erhöhung, Erlass, Stundung oder Übertragung von Sachwerten). Nach Beendigung des Güterstandes können die Ehegatten auch eine anderweitige Berechnung der Ausgleichsforderung vereinbaren. Diese Vereinbarung ist als Schuldabänderung (§ 311 Abs 1) oder auch als „kausale Schuldersetzung", nicht aber als Novation anzusehen. Sie bedarf nicht der Form des Ehevertrages.

§ 1373
Zugewinn

Zugewinn ist der Betrag, um den das Endvermögen eines Ehegatten das Anfangs-vermögen übersteigt.

Materialien: E I § 1377; II § 1379.
Vgl STAUDINGER/BGB-Synopse 1896–2005
§ 1373.

Schrifttum

BETTERMANN, Über den Inhalt, Grund und Grenzen des Nominalismus, RdA 1975, 2
BIELEFELD, Der Ausgleich scheinbarer Zugewinne (Diss Münster 1986)
BREETZKE, Zugewinn bei Änderung des Geldwerts, FamRZ 1959, 445
GUTDEUTSCH, Durchlaufender Verbraucherpreisindex in den neuen Bundesländern, FamRZ 2003, 1902
ders, Ein allgemeiner Verbraucherpreisindex für die Umrechnung des Anfangsvermögens im Zugewinnausgleich, FamRZ 2003, 1061
ders/ZIEROTH, Neue Preisindizes der Lebenshaltung, FamRZ 1996, 475
HAUSSLEITER/KUCH, Illoyale Vermögensminderung beim Zugewinnausgleich, NJW – Spezial 2005, 343
KOGEL, Der Lebenshaltungskostenindex beim Zugewinnausgleich vom Immobilienvermögen – ein Irrweg?, FamRZ 2003, 278
ders, Verbraucherpreisindex und Zugewinnausgleich – Besonderheiten für die neuen Länder, FamRZ 2003, 1901
KORNEXL, Der Lebenshaltungskostenindex beim Zugewinnausgleich von Immobilienvermögen – ein Irrweg? (Erwiderung), FamRZ 2003, 901

MANN, Geldentwertung und Recht, NJW 1974, 1297
MEDICUS, Privatrechtliche Fragen der Geldentwertung, Betrieb 1974, 759
MÜLLER, Die Geldentwertung als rechtliches und soziales Problem, ZRP 1974, 159
ders, Grundzüge des Zugewinnausgleichs nebst Steuerentlastung, DAVorm 1995, 281
PAPIER, Rechtsprobleme der Inflation, JuS 1974, 477
REICHERT-FACILIDES, Geldentwertung und Recht, JZ 1974, 483
REUTER, Nominalprinzip und Geldentwertung, ZHR 137 (1974) 482
SCHRÖDER, Wertermittlung des Anfangs- und Endvermögens beim Zugewinnausgleich (1991)
STUBY, Wertänderungen an Gegenständen des Anfangsvermögens …, FamRZ 1967, 181
THIELE, Die grobe Unbilligkeit des Zugewinnausgleichs, JZ 1960, 394
THIERFELDER, Echter und „unechter" Zugewinn, FamRZ 1959, 225 ferner FamRZ 1960, 184; 1963, 328
O WERNER, Stiftungszuwendungen und Zugewinnausgleich, in: FS Schwab (2005) 585.

Systematische Übersicht

Burkhard Thiele

I.   Vorbemerkung

1 Die Vorschrift gibt eine Begriffsbestimmung des in den §§ 1363 Abs 2 S 2, 1371, 1372 bereits mehrfach genannten Zugewinns. Sie gehört zu einer Reihe von Vorschriften, aus denen sich die Feststellung der Ausgleichsforderung ergibt. Der Begriff des Zugewinns kann deshalb trotz der in § 1373 enthaltenen Legaldefinition allein aus dieser Bestimmung heraus nicht verstanden werden. Der volle begriffliche Inhalt ergibt sich vielmehr erst aus dem Zusammenklang der §§ 1373–1378 Abs 1.

II.   Die Ermittlung der Ausgleichsforderung

2 Zur Ermittlung der Ausgleichsforderung ist nach dem Gesetz wie folgt zu verfahren:

1.   Das Vermögen jedes Ehegatten ist gesondert auf zwei verschiedene Zeitpunkte festzustellen. Für Mann und Frau getrennt ist zu ermitteln, wie hoch das Vermögen nach Abzug der Verbindlichkeiten *beim Eintritt* des Güterstandes war und wie hoch es, ebenfalls nach Abzug der Verbindlichkeiten, *bei Beendigung* des Güterstandes ist. Es wird also der Wert des gesamten Vermögens jedes Ehegatten unter Berücksichtigung der Verbindlichkeiten auf zwei Stichtage festgestellt. Es wird zweimal für jeden Ehegatten „bilanziert".

2. Das Bilanzergebnis des Anfangsstichtages (Anfangsvermögen, §§ 1374, 1376 3
Abs 1) wird mit dem des Endstichtages (Endvermögen, §§ 1375, 1376 Abs 2) verglichen. Ist der Wert des Endvermögens höher als der des Anfangsvermögens, so ist
der überschießende Wert der Zugewinn jedes Ehegatten, § 1373.

3. Eine abermalige Saldierung, nunmehr der beiderseitigen Zugewinne, ergibt bei 4
unterschiedlicher Höhe der Zugewinne einen Mehrgewinn eines Ehegatten. Dieser
Mehrgewinn wird zwischen den Ehegatten in der Weise hälftig geteilt, dass der
Ehegatte, der den geringeren Zugewinn gemacht hat, gegen den anderen Ehegatten
eine Forderung erhält, deren Betrag sich nach der Hälfte der Differenz zwischen den
beiden Zugewinnen bestimmt, § 1378 Abs 1.

III. Der Zugewinn als Rechnungsgröße

Aus der dargestellten gesetzlichen Regelung des Verfahrens zur Ermittlung der 5
Ausgleichsforderung ergibt sich, dass das Anfangsvermögen, das Endvermögen und
der Zugewinn **keine** voneinander tatsächlich und rechtlich abgrenzbaren **besonderen
Vermögensmassen** sind. Das Gesetz kennt nur zwei Vermögensmassen: das Vermögen des Mannes und das Vermögen der Frau. Anfangs- und Endvermögen stellen
sich, wie sich aus den §§ 1374 und 1375 eindeutig ergibt, lediglich als der Wert *einer
und derselben Vermögensmasse zu zwei verschiedenen Zeitpunkten* dar. Die Werte
des Anfangs- und des Endvermögens sind nur **Rechnungsgrößen** (irrig MERZBACHER
AcP 156, 3 f, 5, 7, der dem Endvermögen jedes Ehegatten sein Anfangsvermögen als „Sondervermögen" gegenüberstellt).

IV. Keine Surrogation

Bei der Bestimmung des Anfangs- und Endvermögens spielt der Gedanke der 6
Surrogation keine Rolle. Da es keine gesonderten Vermögensmassen gibt, sind
Gegenstände, die bei Beginn des Güterstandes noch nicht vorhanden waren, kein
Anfangsvermögen. Sie sind es auch dann nicht, wenn sie als Ersatz für nicht mehr
vorhandene oder wertlos gewordene Gegenstände angeschafft worden sind. Dem
Anfangsvermögen werden rechnerisch nur bestimmte Vermögenszuwächse zuge-
schlagen, die nicht dem Zugewinnausgleich unterliegen sollen, s § 1374 Abs 2.

V. Berücksichtigung von Wertschwankungen

Wertschwankungen der Vermögensgegenstände erhöhen oder vermindern den Zu- 7
gewinn. Der das Anfangsvermögen übersteigende Betrag des Endvermögens ist
Zugewinn. Wertveränderungen von Gegenständen, die an beiden Bewertungsstich-
tagen zum Vermögen eines Ehegatten gehören, wirken sich daher auf den Zugewinn
aus. Damit hat das Gesetz dem Interesse an Einfachheit und Klarheit den Vorrang
vor dem Streben nach einer dem Einzelfall entsprechenden gerechten und billigen
Lösung gegeben. Während der RegE I in § 1382 noch vorgesehen hatte, dass der
Untergang oder die Verschlechterung eines zum Anfangsvermögen gehörenden
Gegenstandes oder seiner Surrogate und deren Wertminderungen und -erhöhungen
auf Verlangen eines Ehegatten nur den Eigentümer treffen sollten, hatte bereits der
RegE II allein darauf abgestellt, welchen Wert das Vermögen jedes Ehegatten beim
Beginn und Ende des Güterstandes hat (§ 1373). Diese Regelung ist in § 1376 nach

eingehenden Beratungen in das Gesetz übernommen worden (vgl SEIDL BT-Drucks 2/ 3409, 11).

8 Danach sind alle **realen Wertveränderungen** bei der Berechnung des Zugewinns zu berücksichtigen. Der andere Ehegatte trägt die Vorteile und Nachteile der Wertschwankungen mit; gleichgültig ist dabei, ob die Schwankungen auf Zufall beruhen oder auf Maßnahmen der Ehegatten zurückzuführen sind. So sind auch Änderungen in der Bewertung einzelner Gegenstände oder Gruppen von Gegenständen in ihrem Verhältnis zueinander reale Wertänderungen und daher beim Zugewinnausgleich zu beachten (hM, vgl BGHZ 61, 385, 388; MünchKomm/KOCH Rn 14; SOERGEL/LANGE § 1376 Rn 8). Zur Berücksichtigung des Kaufkraftschwundes von Geld s Rn 11 ff.

VI. Echter und unechter Zugewinn

9 Grundsätzlich ist jede Verbesserung der Vermögenslage seit Eintritt des Güterstandes als Zugewinn zu werten. Der Mehrwert des Endvermögens braucht nicht auf eine Arbeitsleistung der Ehegatten zurückzuführen zu sein. Das Gesetz zählt lediglich einen Vermögenszuwachs, der auf Erbschaft, Schenkung oder Ausstattung beruht, in der Regel nicht als Zugewinn, § 1374 Abs 2. Jeder andere Vermögenszuwachs ist Zugewinn und ausgleichspflichtig. So unterliegen vor allem auch Lotterie-, Wett- und Spielgewinne in voller Höhe dem Zugewinnausgleich (zu Lottogewinnen s auch BGHZ 68, 43). Auch „unverdiente" Werterhöhungen sind also auszugleichen, wozu etwa auch die Wertsteigerung gehört, die Grundvermögen allein auf Grund der Wiedervereinigung erfährt (vgl BGH 157, 379, 392 = FamRZ 2004, 781; OLG Düsseldorf FamRZ 1999, 226 m Anm SCHRÖDER sowie KOGEL FamRZ 1999, 917; s auch § 1374 Rn 3, 31; § 1376 Rn 5 f und oben Rn 8).

10 In den bisher genannten Fällen liegt dem Zugewinn aber stets ein **effektiver Wertzuwachs** zugrunde. Der Wert des Vermögens ist objektiv erhöht. Das gilt auch für die Fälle der Werterhöhung ohne Substanzveränderung (zB bei Veränderung der Straßen- und Verkehrsverhältnisse bei Grundstücken, Kurswertänderungen von Wertpapieren oder Preiserhöhungen einzelner Waren und Gegenstände eines Ehegatten usw). In den Fällen dieser Art liegt ein **echter Zugewinn** vor.

11 Es gibt jedoch Fälle, in welchen nach dem Wortlaut des Gesetzes ein Zugewinn erzielt und auszugleichen ist, obgleich ein echter Vermögenszuwachs nicht festgestellt werden kann. Es sind dies die Fälle, in denen ein **scheinbarer Zugewinn** sich daraus ergibt, dass sich der **Geldwert geändert hat.**

12 **Die richtige Ermittlung des Zugewinns durch Vergleich des Anfangsvermögens mit dem Endvermögen setzt einen einheitlichen Wertmesser** voraus (dazu eingehend KOHLER NJW 1963, 225). Wertmesser ist, da das Gesetz nichts Gegenteiliges bestimmt, allein das *Geld*. Da aber nur Wert an Wert gemessen werden kann, muss auch das Geld einen bestimmten Wert haben. Die stillschweigende Voraussetzung der Zugewinnermittlung (wie jeder Erfolgs- oder Gewinnrechnung) ist aber ein **gleichbleibender Geldwert.** Diese Voraussetzung ist in Wahrheit nur selten voll erfüllt, wie die Geldwertentwicklung der Gegenwart und Vergangenheit deutlich genug beweist. Die inflationistischen Tendenzen werden sich aber gerade im Güterstand der Zugewinngemeinschaft besonders stark auswirken, weil die beiden maßgeblichen Bewertungszeitpunkte meist mehrere Jahre oder sogar Jahrzehnte auseinanderliegen. Unter der Herrschaft des Nennwertprinzips (Grundsatz des Nominalismus, s dazu BETTERMANN RdA 1975, 2) ergibt sich ein Zugewinn auch dann, wenn sich lediglich der Geldwert geändert hat, nicht aber Zusammensetzung und nominaler Bestand des Vermögens. Das Ergebnis widerspricht dem Geist des Güterstandes. Der andere Ehegatte soll nur am ehelichen Zugewinn beteiligt sein. Abgesehen von den Ausnahmefällen des § 1375 Abs 2 darf der Zugewinnausgleich das Vermögen nicht unter den Wert des Anfangsvermögens herabmindern. Der Kaufkraftschwund des Geldes ist daher bei der Zugewinnermittlung zu berücksichtigen. Der sich aus dem Kaufkraftverfall des Geldes ergebende Wertunterschied zwischen Anfangs- und Endvermögen ist kein ausgleichspflichtiger Vermögenserwerb, sondern **scheinbarer Zugewinn** (heute hM; BGHZ 109, 89, 95 – für die Gütergemeinschaft –; 61, 385 = NJW 1974, 137; BGH WM 1975, 28 = FamRZ 1975, 87 [LS]; BGH NJW 1984, 434; MERKERT Betrieb 1974, 496; MünchKomm/KOCH Rn 6 ff, 10; PALANDT/BRUDERMÜLLER § 1376 Rn 25 ff SOERGEL/LANGE § 1376 Rn 9 unter Vorbehalt von Randberichtigungen; BGB-RGRK/FINKE § 1376 Rn 24; vOLSHAUSEN FamRZ 1983, 765; SCHWAB FamRZ 1984, 429; ders Teil VII Rn 164; JOHANNSEN/HENRICH/JAEGER § 1376 Rn 21; RAUSCHER Rn 415. Ebenso schon früher OLG Hamm FamRZ 1973, 654; LG Berlin FamRZ 1965, 438; GERNHUBER/COESTER-WALTJEN § 36 Rn 68; KLEINHEYER FamRZ 1957, 283, 285; KOHLER NJW 1963, 225, 229; MÜLLER-FREIENFELS, in: FS NIAL [1966] 404, 440 ff; THIELE JZ 1960, 394, 398).

Die **Kritik** gegen diese Auffassung (vgl ERMAN/HECKELMANN § 1376 Rn 3; LANGE JZ 1974, **13** 294; MANN NJW 1974, 1297; MEDICUS Betrieb 1974, 759; REICHERT-FACILIDES JZ 1974, 483) gründete sich vor allem auf die grundsätzlichen und praktischen Schwierigkeiten bei der Unterscheidung von echten und unechten Zugewinnen und die Aufhebung des Nominalismusprinzips. Vorwiegend aus diesen Gründen hat auch die bis 1974 wohl hM auch die „Scheingewinne" in den Zugewinnausgleich eingestellt, sei es *generell* (BREETZKE FamRZ 1959, 445; vGODIN MDR 1966, 722 f; HAEGELE FamRZ 1964, 602; KRÜGER/BREETZKE/NOWACK § 1381 Anm 5; STUBY FamRZ 1967, 181, 185), sei es unter dem Vorbehalt einer *Regulation gemäß § 1381* im Einzelfall (so KG MDR 1971, 580; OLG München NJW 1968, 798; BÄRMANN AcP 157, 177; DÖLLE I 811, 825; FINKE MDR 1957, 519; KOENIGER DRiZ 1959, 81; MASSFELLER Betrieb 1957, 525; REINICKE NJW 1957, 891 u BB 1957, 763; SCHOPP Rpfleger 1964, 73; s auch für landwirtschaftliche Betriebe FISCHER/STOCK AgrarR 1985, 222).

Der Kritik (Rn 13) ist zuzugeben, dass eine eindeutige Entscheidung darüber nur **14** schwer möglich ist, ob und wieweit eine Preiserhöhung auf einer echten Wertsteigerung (Qualitätsverbesserung, nachhaltige Änderung von Angebot und Nachfrage uam) oder auf einem allgemeinen Geldwertschwund beruht. Deshalb ist auch der vom Statistischen Bundesamt ermittelte **Verbraucherpreisindex** zur (näherungsweisen) Bestimmung des Geldwertschwundes (so BGHZ 61, 385) im Grunde ungeeignet (vgl auch MünchKomm/KOCH Rn 8; JOHANNSEN/HENRICH/JAEGER § 1376 Rn 22). Dies umso mehr, als er auf die konkrete Zusammensetzung des gemäß §§ 1374 ff festzustellenden und zu bewertenden Vermögens keine Rücksicht nimmt.

Von allen Methoden, den Geldwertschwund zu bestimmen, hat sich indessen die **15** Ausrichtung an den Lebenshaltungskosten nach Verbraucherpreisen als die relativ aussagekräftigste erwiesen. Ihre Schwächen wird man mangels besserer Alternativen hinnehmen müssen (MUSCHELER FamRZ 1998, 276). Für die Zugewinnberechnung ist ohnehin eine pauschalierende Betrachtung angemessen. Deshalb ist bei der Bewertung von Anfangs- und Endvermögen im Ergebnis ein **einheitlicher**, um den **Geld-wertschwund pauschal bereinigter Wertmesser** zu Grunde zu legen. Auszugehen ist von den Preisen und Werten zur Zeit der Beendigung des Güterstandes (vgl § 1376 Abs 2). Auf diese Werte ist das Anfangsvermögen, zunächst bestimmt nach dama-ligen Preisen und Werten (s § 1376 Abs 1), nach Maßgabe der **Indexzahlen** des Statistischen Bundesamtes umzurechnen (Anfangsvermögen multipliziert mit Index Endstichtag geteilt durch Indexzahl Anfangsstichtag).

Beispiel (angelehnt an BGHZ 61, 385):

Endvermögen (Wert 2004):   176 116 €
Anfangsvermögen (Wert 1994):   124 787 €
Indexziffern gemäß Stat Jahrbuch (2000 = 100):   1994 = 92, 4; 2004 = 106,2

Daraus ergibt sich ein Anfangsvermögen nach Preisen von 2004 mit

$$\frac{124\,787\ € \cdot 106,2}{92,4} = 143\,424,01\ €$$

Der (bereinigte) Zugewinn beläuft sich auf 176 116 € – 143 424 € (gerundet) = 32 692 € (statt auf 176 116 € – 124 787 € = 51 329 €), die Ausgleichsforderung auf 16 346 € (statt auf 25 664,50 €).

Das Statische Bundesamt hat mit dem Berichtsmonat Januar 2003 die Berechnung der bisherigen Preisindices für das frühere Bundesgebiet, für die neuen Länder und Berlin-Ost sowie für spezielle Haushaltstypen eingestellt. Stattdessen wird lediglich noch der **Verbraucherpreisindex für Deutschland** ermittelt. Er misst die durchschnitt-liche Preisentwicklung aller Waren und Dienstleistungen, die von privaten Haus-halten für Konsumzwecke gekauft werden. Mit diesem Index wird die Veränderung der Preise für Güter des täglichen Bedarfs, für Mieten und langlebige Gebrauchs-güter, aber auch für Dienstleistungen umfassend abgebildet (im Internet zu finden unter www.destatis.de). Die zunächst noch ermittelten alten Indizes für die Jahre 2000 bis 2001 sind auch rückwirkend für ungültig erklärt worden, so dass nur bis Ende 1999 für die in die **alten Bundesländern** geführten Ehen auf den Index für 4-Personen-arbeitnehmerhaushalte mit mittlerem Einkommen und **für die neuen Länder** auf den für diese ermittelten Indizes zurückgegriffen werden kann. Dies ist wegen der unterschiedlichen wirtschaftlichen Entwicklung jedenfalls für die neuen Länder im Interesse sachgerechter Ergebnisse geboten (s dazu STAUDINGER/THIELE [2000] Rn 14; OLG Thüringen FamRZ 1998, 1029; HAUSSLEITER/SCHULZ Kap 1 Rn 42; BAMBERGER/ROTH/MAYER § 1376 Rn 43; KOGEL FamRZ 2003, 1902; aA: für den allgemeinen Verbraucherpreisindex GUT-DEUTSCH/ZIEROTH FamRZ 1996, 476; ders FamRZ 2003, 1661; JOHANNSEN/HENRICH/JAEGER § 1376 Rn 23a; wohl auch PALANDT/BRUDERMÜLLER § 1376 Rn 27 f). Vom Statistischen Bundesamt ist ein **mathematisch vertretbarer Index** vom Verbraucherpreisindex und den beiden in den Altbundesländern verwandten Indizes entwickelt worden, der eine Berech-nung in einem Rechengang erlaubt (veröffentlicht und erweitert auf Monatswerte bei GUT-DEUTSCH FamRZ 2003, 1661); eine Verkettung mit dem Index für die neuen Länder erlaubt auch insoweit die einfache Umrechnung (ders FamRZ 2003, 1902). In der Praxis wird für Anfangs- und Endvermögen die jeweils **durchschnittliche Indexjahreszahl** herangezogen (vgl BGH FamRZ 1974, 84 f; Johannsen/Henrich/Jaeger § 1376 Rn 21; aA: Monatszahlen, Schwab VII Rn 168).

Zweifelhaft könnte sein, ob der nach dem Index der Lebenshaltungskosten zu be- **16** rechnende Geldwertschwund in jedem Fall, also unabhängig von der Dauer des Güterstandes und von der Zusammensetzung des Vermögens zu berücksichtigen ist.

Die **Dauer des Güterstandes** darf **keine** entscheidende **Rolle** spielen. Schon bei ein- **17** jähriger Dauer muss mit einem Indexzuwachs von bis zu 3%–5% gerechnet werden. Wenn man sich schon für eine (pauschalierende) Anlehnung an den Index entscheidet, bleibt für weitere Differenzierungen kein Raum.

Auch auf die **Vermögenszusammensetzung** kommt es grundsätzlich nicht an, da die **18** Ausrichtung am Index der Lebenshaltungskosten ohnehin nur eine pauschalierende Berichtigung erlaubt. Eine unterschiedliche Behandlung von Anlagegütern erfolgt daher nicht (hM; anders Kogel FamRZ 2003, 278 für Immobilien: Baukostenindex, dagegen die Erwiderung von Kornexl FamRZ 2003, 901; AG Säckingen FamRZ 1997, 612 und Dörr/Hansen NJW 1997, 2919: bei Auslandsimmobilie; ähnlich Soergel/Lange § 1376 Rn 9 für Randberichtigungen). Problematisch bleibt aber auch dann die Bewertung von **Geldvermögen** und **Geldforderungen**. Hier fungiert das Geld nicht nur als Wertmesser, sondern es ist auch selbst Gegenstand der Bewertung. Deshalb ist auch insoweit der Geldwertschwund zu berücksichtigen (anders MünchKomm/Gernhuber [3. Aufl] Rn 8; ders NJW 1991, 2240; ders FamRZ 1984, 1053, 1060 f). Es ist also das genannte Anfangsvermögen mit dem Bruch der Indexzahlen (vgl Rn 15) zu multiplizieren. Das kann dazu führen, dass trotz gegenständlicher Vermögensmehrung ein Zugewinn nicht vorliegt, weil der Zuwachs vom Schwund des Wertes des Anfangsvermögens aufgesogen wird. Der **Zwischenerwerb** (nach dem Anfangsstichtag) ist nicht gesondert zu berücksichtigen. Da er nicht als Anfangsvermögen in Erscheinung tritt, kommt es auf die Änderung des Wertmessers nicht an. Dem scheinbaren Wertzuwachs, der sich aus dem Vergleich mit dem Anschaffungspreis oder -wert ergibt, entsprechen ein Zugewinnbetrag und eine Ausgleichsforderung in entsprechend entwertetem Geld (Oehlers, 5. DFGT 86; vOlshausen FamRZ 1983, 769; in der Begründung anders MünchKomm/Koch Rn 13). Insoweit gelten jedoch Ausnahmen für den Erwerb nach § **1374 Abs 2** mit dem Stichtag des Erwerbstages statt des Beginns des Güterstandes für die Berechnung (BGHZ 101, 65, 68 = NJW 1987, 2815) sowie für Vermögensminderungen, die gem § **1375 Abs 2** dem Endvermögen hinzuzurechnen sind. Hier ist Berechnungsstichtag der des Verlustes (MünchKomm/Koch Rn 12; Soergel/Lange § 1376 Rn 10). Nicht hochgerechnet werden kann ein mit **Null anzusetzendes Anfangsvermögen** (§ 1374 Abs 1 HS 2), bei dem die Passiva die Aktiva übersteigen. Eine getrennte Ausgleichsberechnung nur für das Aktivvermögen verbietet sich, weil nicht einzelne Vermögensgegenstände sondern das Anfangsvermögen als ganzes der Ausgleichsberechnung unterliegen (BGH NJW 1984, 434 in Bestätigung von OLG Hamburg FamRZ 1983, 168; vOlshausen aaO zu den rechnerischen Auswirkungen; D Schwab FamRZ 1984, 429; Gernhuber FamRZ 1984, 1053, 1061).

Verbindlichkeiten des Anfangsvermögens sind vor dessen Umrechnung ohne Ent- **19** wertungszuschlag mit dem Nennwert abzusetzen. Der Inflationsgewinn des Schuldners, der mit geringwertigem Geld zum Nennwert erfüllt, ist echter (ausgleichspflichtiger) Zugewinn (Lange JZ 1974, 297; Soergel/Lange § 1376 Rn 10; MünchKomm/

Koch Rn 10; vOlshausen FamRZ 1983, 767; vgl auch BGH NJW 1984, 434 sowie für die Güter-gemeinschaft BGHZ 109, 89, 95).

VII. Zugewinn als positiver Wert

20 Der Zugewinn kann sich nur als positiver Wert darstellen. Das folgt bereits aus der Begriffsbestimmung des § 1373, ergibt sich aber auch daraus, dass grundsätzlich weder das Anfangsvermögen noch das Endvermögen negativ sein kann. Ist das Endvermögen geringer als das Anfangsvermögen, ist kein Zugewinn erzielt worden. Das Gesetz lässt es nicht zu, einen „negativen Zugewinn" in die Vermögensabrech-nung einzusetzen (hM).

21 Sind dem Endvermögen gemäß § 1375 Abs 2 bestimmte Beträge hinzuzurechnen, kann im Einzelfalle ein (fiktiver) Zugewinn erzielt worden sein, obwohl das End-vermögen selbst das Anfangsvermögen nicht übersteigt. Dieser Zugewinn ist des-halb nur ein fiktiver, weil die hinzuzurechnenden Werte am Endstichtag nicht mehr zum Vermögen des Ehegatten gehören, den Zugewinn nach § 1373 also nicht er-höhen. Die in § 1375 Abs 2 genannten Vermögensminderungen werden also bei der Berechnung des Zugewinns so angesehen, als seien sie nicht erfolgt. Der fiktive Zugewinn wirkt sich jedoch nicht unter allen Umständen auch voll auf die Aus-gleichsforderung aus. § 1378 Abs 2 begrenzt die Höhe der Ausgleichsforderung auf den Wert des (nicht erhöhten) Endvermögens. Wenn und soweit der ausgleichsbe-rechtigte Ehegatte gemäß § 1378 Abs 2 mit seiner Ausgleichsforderung ausfällt, steht ihm unter bestimmten Voraussetzungen gegen den Beschenkten ein Ergänzungsan-spruch nach Maßgabe der Vorschriften über die Herausgabe einer ungerechtfertig-ten Bereicherung zu, § 1390.

VIII. Begriff des Anfangs- und Endvermögens

22 Die Begriffsbestimmungen des Anfangsvermögens und des Endvermögens enthal-ten die §§ 1374–1376 (vgl die Erl dort).

§ 1374
Anfangsvermögen

(1) Anfangsvermögen ist das Vermögen, das einem Ehegatten nach Abzug der Verbindlichkeiten beim Eintritt des Güterstandes gehört; die Verbindlichkeiten können nur bis zur Höhe des Vermögens abgezogen werden.

(2) Vermögen, das ein Ehegatte nach Eintritt des Güterstandes von Todes wegen oder mit Rücksicht auf ein künftiges Erbrecht, durch Schenkung oder als Ausstat-tung erwirbt, wird nach Abzug der Verbindlichkeiten dem Anfangsvermögen hin-zugerechnet, soweit es nicht den Umständen nach zu den Einkünften zu rechnen ist.

Materialien: E I § 1378; II § 1380.
Vgl Staudinger/BGB-Synopse (1896–2005)
§ 1374.

Schrifttum

BONEFELD, Vereinbarte Gegenleistungen für Schenkungen im Zugewinn – Auswirkungen im Erbrecht, ZErb 2006, 220

BRUDERMÜLLER, Regelungen der Nutzungs- und Rechtsverhältnisse an Ehewohnung und Hausrat, FamRZ 2006, 1157

BRÜNING, Ehegatten-Innengesellschaft und Anfangsvermögen beim Ausgleich des Zugewinns, NJW 1974, 1802

BUCHWALD, Das Anfangsvermögen nach dem Gleichberechtigungsgesetz, BB 1958, 493

BÜTE, Spekulationsgeschäfte bei der Vermögensauseinandersetzung unter Eheleuten – steuerliche Aspekte und Auswirkungen auf den Zugewinn, FuR 2003, 390

FEUERSÄNGER, Grundstücksübertragung beim Zugewinnausgleich, FamRZ 2003, 645

FICHTELMANN, Der Verlustabzug nach § 10d EStG als Bestandteil des Anfangs- und Endvermögens nach §§ 1374, 1375 BGB, NJW 1972, 2118

FISCHER/WINKELMANN, Die „latente Steuerlast" auf den Zugewinnausgleichsanspruch, FuR 1993, 1

ders, Doppelverwertungsverbot, Abschreibungsprobleme und Für-Prinzip, FuR 2006, 295

ders, Sind Unternehmensbewertungen im Zuge des Zugewinnausgleichs passé?, FuR 2004, 433

ders, Zur Berücksichtigung der latenten Ertragsteuerlast bei Scheidungsfolgeverfahren, FuR 1991, 21

FÜLLBIER/VÖLLINGS, Der Berechnungszeitpunkt im Zugewinnausgleich – Spielball von Vermögensmanipulationen, FuR 2003, 09

GERHARDT/SCHULZ, Verbot der Doppelverwertung von Abfindungen beim Unterhalt und Zugewinn, FamRZ 2005, 145

dies, Verbot der Doppelverwertung von Schulden beim Unterhalt und Zugewinn, FamRZ 2005, 317 u 1523

GÖTZ, Ertragsteuerliche Risiken bei Leistungen an Erfüllungs statt zur Abgeltung eines Zugewinnausgleichsanspruchs, FamRB 2004, 89

HANSEN-TILKER, Zugewinnausgleich und streitige gegenseitige Forderungen im Endvermögen, FamRZ 1997, 1188

HASSE, Lebensversicherung und erbrechtliche Ausgleichsansprüche (2005)

HERMES, Nochmals: Die Doppelberücksichtigung von Abfindungen und Schulden im Unterhalt und Zugewinnausgleich, FamRZ 2007, 184

HOLTFESTER/NEUHAUS-PIPER, Vermögensgesetz und Zugewinnausgleich, FamRZ 2002, 1526

HOPPENZ, Die latente Steuerlast bei der Bewertung im Zugewinnausgleich, FamRZ 2006, 449

ders, Zur Konkurrenz von Unterhalt und Zugewinnausgleich, FamRZ 2006, 1242

KAISER, Abfindungen wegen Beendigung des Arbeitsverhältnisses – Zugewinnausgleichspflichtiges Vermögen oder unterhaltsprägendes Einkommen?, in: FS Schwab (2005) 495

KARASEK, Die Veräußerung von Wohneigentum im Rahmen des Zugewinnausgleichs, FamRZ 2002, 590

KOCH, Die Teilungsmasse des Zugewinns – der Topos von der starren, schematischen Regelung des Gesetzes, in: SCHWAB/HAHNE (Hrsg), Familienrecht im Brennpunkt (2004) 139

KOGEL, Anmerkung zu MAURER: Zur Qualifikation arbeitsrechtlicher Abfindungen – Unterhaltsrecht oder Güterrecht, FamRZ 2005, 1524

ders, Die Kapitalisierung von berufsständischen Versorgungsansprüchen, FamRZ 2005, 1785

ders, Doppelberücksichtigung von Abfindungen und Schulden im Unterhalt und Zugewinnausgleich, FamRZ 2004, 1614

ders, Nießbrauch, Altenteil und Leibrente im Zugewinn, FamRZ 2006, 451

ders, Probleme kurz beleuchtet, FamRZ 1998, 596

ders, Wohnungseigentum und Zugewinn – Eine Regressfalle für den Anwalt –, FamRZ 2003, 808

KORITZ, Warum nicht hälftig – Zur Frage des Aufteilungsmaßstabs von Steuererstattungen und -nachzahlungen zwischen getrennt lebenden Ehegatten oder das Problem des internen Steuerausgleichs, FPR 2003, 435

KUCKENBURG, Zugewinn passé? Abschreibungsprobleme und In-Prinzip adé?, FuR 2005, 298

KURBJUHN, Berechnung des Anfangsvermögens im Zugewinnausgleichsverfahren, MDR 2005, 963

MAIER, Vom Unterhalt bei der Vermögensauseinandersetzung, FamRZ 2006, 897

MAURER, Zur Qualifikation arbeitsrechtlicher Abfindungen – Unterhalt oder Güterrecht, FamRZ 2005, 757

MÜNCH, Verbot der Doppelverwertung und Unternehmensbewertung im Zugewinnausgleich, FamRZ 2006, 1164

ders, Vermögensübertragung bei Scheidung – Vorsicht vor Veräußerungsgewinnen, FamRB 2006, 92

MUSCHELER, Wertänderungen des privilegierten Erwerbs in der Zugewinngemeinschaft, FamRZ 1998, 265

RAUBE/EITELBERG, Die Bewertung von Kapitalversicherungen im Zugewinnausgleich, FamRZ 1997, 1322.

REHME, Verbot der Doppelverwertung/Doppelregelung im Verhältnis zwischen Zugewinn- und Versorgungsausgleich, FuR 2006, 389

SCHMITZ, Anmerkung zu dem Beitrag Verbot der Doppelverwertung von Schulden beim Unterhalt und Zugewinn von Gerhardt und Schulz, FamRZ 2005, 1520

SCHÖPFLIN, Laufendes Einkommen, Girotguthaben und Zugewinnausgleich, FuR 2004, 60

SCHRAMM, Berücksichtigung privilegierter Zu-

wendungen im Zugewinn, NJW-Spezial 2006, 535

SCHRÖDER, Doppelberücksichtigung von Abfindungen und Schulden im Unterhalt und Zugewinn, FamRZ 2005, 89

ders, Eigentumsübertragung beim Zugewinnausgleich nach § 23 EStG, FamRZ 2002, 1010

ders/BERGSCHNEIDER, Familienvermögensrecht, 2003

SCHULIN, Anmerkung zu Gerhardt und Schulz: Verbot der Doppelverwertung von Schulden beim Unterhalt und Zugewinn, FamRZ 2005, 1521

SCHULZ, Zur Doppelberücksichtigung von Vermögenspositionen beim Unterhalt und Zugewinn, FamRZ 2006, 1237

WEIMAR/ALFES, Die Abtretung von Rückübertragungsansprüchen nach dem Vermögensgesetz, DNotZ 1992, 619

WELLKAMP, Die Bestimmung des Anfangsvermögens nach § 1374, FuR 2004, 461

ders, Wertverschiebung bei der Berechnung des Anfangsvermögens durch die Regelung des § 1374 Abs 2 BGB, FuR 2000, 230

WERNER, Stiftungszuwendungen und Zugewinnausgleich, in: FS Schwab (2005) 585

WOHLGEMUTH, Doppelverwertung von Schulden beim Zugewinn und Unterhalt, FamRZ 2007, 187.

Systematische Übersicht

Alphabetische Übersicht

Burkhard Thiele

I. Begriff des Anfangsvermögens

1 Anfangsvermögen ist das Vermögen, das einem Ehegatten nach Abzug der Verbindlichkeiten beim Eintritt des Güterstandes gehört. Das Anfangsvermögen ist nur eine der zur Ermittlung des Zugewinns jedes Ehegatten einzusetzenden **Rechnungsgrößen**. Es ist keine besondere Vermögensmasse, kein Sondervermögen (vgl § 1373 Rn 5). Es gibt lediglich den in die Zugewinnrechnung einzusetzenden Wert des gesamten Vermögens eines Ehegatten nach Abzug der Verbindlichkeiten am Anfangsstichtag an, nicht aber die Gesamtheit oder die Summe der einzelnen Vermögensgegenstände. Deshalb ist das Anfangsvermögen „zu berechnen", ist sein Wert festzustellen, § 1376 Abs 1. Nur so kann der Zugewinn als der Betrag, um den das Endvermögen das Anfangsvermögen übersteigt (§ 1373), ermittelt werden. Das Anfangsvermögen ist danach nicht eigentlich „Vermögen", sondern als Rechnungsposten in der Zugewinnrechnung ebenfalls nur der in einer Geldsumme ausgedrückte Betrag, dessen Größe sich nach dem Werte der beim Beginn des Güterstandes vorhandenen Vermögensgegenstände und Verbindlichkeiten bestimmt.

II. Begriff und Inhalt des Vermögens

2 Zum **Vermögen** des Ehegatten beim Eintritt des Güterstandes gehören nur die **Aktivwerte**. Das Gesetz geht von dem deutsch-rechtlichen Vermögensbegriff aus, der nur die Summe der geldwerten Rechte (Brutto- oder Aktivvermögen) erfasst und nach dem die Schulden als Lasten, aber nicht als Bestandteil des Vermögens angesehen werden (hierzu etwa STAUDINGER/BOEHMER[10/11] § 1922 Rn 74; RITTNER FamRZ 1961, 5 u 506). Die der Berechnung der Ausgleichsforderung zugrundeliegende Gewinnermittlung verlangt aber eine wirtschaftliche und gesamtheitliche Betrachtungsweise, also eine Berücksichtigung der Verbindlichkeiten. Daher musste bei Verwendung des Vermögensbegriffs in seiner regelmäßigen Bedeutung als Bruttovermögen der Abzug der Verbindlichkeiten ausdrücklich angeordnet werden. Kraft dieser ausdrücklichen Anordnung in Abs 1 S 1 erweist sich das Anfangsvermögen als das *Nettovermögen* eines Ehegatten beim Beginn des Güterstandes.

3 Zum Vermögen gehören alle am Stichtag (s Rn 19) dem Ehegatten zustehenden **Sachen und Rechte**, die objektiv bewertbar sind (zu den Bewertungsgrundsätzen s § 1376 nebst Erl; zum **Hausrat** s § 1375 Rn 6). Dazu **gehören alle objektiv bewertbaren rechtlich geschützten Positionen von wirtschaftlichem Wert**, nicht aber in der Entwicklung begriffene Rechte, die noch nicht zur Anwartschaft erstarkt sind und bloße Erwerbsaussichten, weil sie das Merkmal rechtlich geschützter Positionen mit wirtschaftlichem Wert nicht erfüllen (BGHZ 157, 379, 384 = FamRZ 2004, 781; NJW 2002, 437 = FamRZ 2002, 88 jeweils mwNw; BGHZ 146, 64, 68 = FamRZ 2001, 278; 82, 149, 150). Die Rechte müssen beim Eintritt des Güterstandes bereits entstanden sein, die Sachen dem Ehegatten gehören. Ein **Bereicherungsanspruch wegen vorehelicher Leistungen**, der sich auf das Scheitern der später geschlossenen Ehe gründet, ist deswegen nicht dem Anfangsvermögen zuzurechnen (anders offenbar OLG Köln FamRZ 1991, 816; wie hier JOHANNSEN/

HENRICH/JAEGER Rn 5). In tatsächlicher Hinsicht anders liegt der Fall, wenn der Bereicherungsanspruch aus der Zeit nach Eheschließung an die Stelle eines vor Heirat bestehenden vertraglichen Anspruches getreten ist, der bereits seinerseits eine **vermögenswerte Position** begründete, die mehr war als eine bloße ungewisse Erwerbsaussicht. Dann geht diese Vermögensposition in das Anfangsvermögen ein (BGH FamRZ 2002, 88 = NJW 2002, 436 m Anm BÜTTNER FF 2002, 444). Sie kann allerdings entsprechend dem Bereicherungsausgleich bemessen werden (BGH aaO).

Treuhandpositionen sind in der Regel wegen bestehender Rückübertragungsforderung vermögensneutral. Die Zugehörigkeit zum Treuhandvermögen hat der in Anspruch genommene Inhaber zu beweisen (vgl BGH FamRZ 1981, 239, 241; OLG Karlsruhe FamRZ 1979, 432 – Vorinstanz –). Das gilt auch für eine **Kautionsvereinbarung** (OLG Hamm FamRZ 1996, 34). Der Anspruch auf Rückzahlung einer geleisteten Kaution ist nicht ohne Hinzutreten weiterer Umstände ein sog unsicheres Recht (s § 1376 Rn 42; so aber OLG Karlsruhe FamRZ 2003, 682; HAUSSLEITER/SCHULZ Kap 1 Rn 247, 299; wie hier D SCHWAB VII Rn 58). Zum Stichtag entstandene Gegenansprüche sind als Verbindlichkeit abzusetzen, unsicher kann der Rückzahlungsanspruch demgegenüber im Hinblick auf die Realisierbarkeit beim Schuldner aus anderen Gründen werden.

Zum Aktivvermögen zählen auch die **Anwartschaftsrechte** mit ihrem gegenwärtigen Vermögenswert (vgl auch Rn 3, 9 f; BGHZ 132, 218, 223 = FamRZ 1996, 794; 67, 262 f; FamRZ 1983, 882; zur Bewertung s § 1376 Rn 43), zur Anwartschaft des Nacherben s Rn 28, nicht aber in Entwicklung begriffene Rechte oder bloße Erwerbsaussichten, so die Aussicht auf den **Ausgleichsanspruch des Handelsvertreters** gem § 87b HGB (BGH NJW 1977, 949); oder die aus einem **Erbvertrag** (vgl OLG Koblenz FamRZ 1985, 286). Das AG Celle (FamRZ 1986, 467) hat eine hinreichende Verdichtung von Lastenausgleichsansprüchen bereits vor Antragstellung angenommen. Das hat der BGH später bestätigt (BGHZ 157, 379, 390 = FamRZ 2004, 781), weil das **Lastenausgleichsgesetz** Rechtsansprüche auf Ausgleichsleistung für die unmittelbar Geschädigten und ihre Erben gemäß §§ 292, 232 LAG begründet hat. Die Anwartschaft auf die Zahlung einer solchen Entschädigung fällt in das Anfangsvermögen selbst dann, wenn eine Realisierung erst später möglich wurde, weil die maßgebenden Grundbeträge rückwirkend angehoben wurden. Dass die Ansprüche später wegen einigungsbedingter Vermögensrückgewähr zurückzuzahlen war, ändert daran nichts (BGH aaO).

Als rechtlich geschützte Position von wirtschaftlichem Wert kann auch die **Aussicht auf eine Abfindung** angesehen werden, wenn der Arbeitgeber des Ehegatten mit dem Betriebsrat gemäß § 111 BetrVerfG einen **Interessenausgleich zur Vorbereitung eines Sozialplans** vor Eheschließung abgeschlossen hat, obgleich der Sozialplan mit der konkreten Abfindungssumme erst danach erstellt wurde. Das gilt jedenfalls, sofern der Interessenausgleich bindend die Verpflichtung zur Leistung eines festgesetzten Abfindungsbetrags begründet (sog qualifizierter Interessenausgleich). Die dadurch dem Arbeitnehmer eingeräumte Rechtsstellung (§ 77 Abs 4 BetrVG) ist als zumindest anwartschaftsvergleichbar anzusehen (BGHZ 146, 64, 72 f = FamRZ 2001, 278 m Anm HOHLOCH LM BGB § 1374 Nr 21 [4/2001]; Revisionsentscheidung zu OLG Hamm FamRZ 1999, 1069; **aA** KAISER, in: FS Schwab 508). Der Höhe nach ist die Abfindung allerdings regelmäßig noch ungewiss bis zur Festlegung durch den Sozialplan, im Einzelfall kann sogar die ernste Aussicht bestehen, dass der Arbeitnehmer beim Abschluss des Interessenausgleichs nach den folgenden Vereinbarungen der Betriebspartner von

Sozialplanansprüchen ausgeschlossen bleibt (etwa weil er einen neuen Arbeitsplatz gefunden hat oder kurz vor Erreichen des Rentenalters steht – dazu BAG AP BetrVG 1972 § 112 Nr 45; EzA § 112 BetrVG 1972 Nr 66). Die Vermögensposition des Ehegatten ist deswegen als sog unsicheres Recht einzustufen (s dazu Rn § 1376 Rn 42). Soweit die Abfindung vergangenheitsbezogen als Ausgleich für den Arbeitsplatzverlust gezahlt wird und nicht den Verlust künftigen Einkommens kompensieren soll, ist sie auch nicht für Teilbeträge wegen Anfalls nach dem Stichtag aus dem Zugewinnausgleich zu nehmen (dazu Rn 5).

Ein **Restitutionsanspruch nach § 3 Abs 1 VermG** begründet vor Inkrafttreten des Vermögensgesetzes am 29. 9. 1990 keine rechtlich geschützte Position von wirtschaftlichem Wert. Ist ein Ehegatte vor Eintritt in den Güterstand der Zugewinngemeinschaft in der DDR enteignet worden, ist das enteignete Vermögen nicht dem Anfangsvermögen hinzuzurechnen, weil ein Rückerwerb vor der Wiedervereinigung auf Grund der politischen Verhältnisse so ungewiss war, dass dies keine wirtschaftlich verwertbare anwartschaftgleiche Position vermittelte. Eine solche ist erst mit Inkrafttreten des Vermögensgesetzes ex nunc entstanden. Diese kann auch nicht gemäß § 1374 Abs 2 dem Anfangsvermögen hinzugerechnet werden, weil sie nicht infolge einer Erbschaft erworben worden, sondern unmittelbar in eigener Person des Ehegatten entstanden ist (BGHZ 157, 379, 384 ff = FamRZ 2004, 781 m Anm SCHRÖDER MDR 2004, 811 u KOGEL BGHReport 2004, 818, FF 2004, 221 u FamRB 2004, 174; LIMBACH juris PR – FamR 7/2004 Anm 1; zustimmend auch KOCH FamRZ 2005, 847; HOLTFESTER/NEUHAUS-PIPER FamRZ 2002, 1530 f; anders AG Landshut FamRZ 2000, 1090 dagegen zu Recht KOCH FamRZ 2003, 200 f). Zur Anwendung von § 1374 Abs 2 beim **Restitutionsanspruch des Erben** des Enteigneten s Rn 31. Liegt der Stichtag für die Feststellung des Anfangsvermögens nach Inkrafttreten des Vermögensgesetzes ist die Position des enteigneten Ehegatten kraft Gesetzes hinreichend gefestigt. Gemäß § 3 Abs 1 S 2 VermG ist der Anspruch abtretbar, pfänd- und verpfändbar. Darauf, ob bereits ein Rückübertragungsbescheid vorlag oder auch nur der entsprechende Antrag gestellt worden ist, kommt es hingegen nicht an (hM, WEIMAR/ALFES DNotZ 1992, 619, 629; KOGEL FamRZ 1998, 596, 597; HOLTFESTER/NEUHAUS-PIPER FamRZ 2002, 1531 jeweils mwNw; so zum LAG bereits BGH FamRZ 1977, 129 bestätigt aaO; **aA** MünchKomm/KOCH § 1376 Rn 6; LIPP FamRZ 1998, 598; AG Stuttgart FamRZ 1999, 1065 m Anm BERGSCHNEIDER aaO, 1068 sowie KOGEL FamRZ 2000, 1089). Entsprechendes gilt für den **Abfindungsanspruch** wegen Ausscheidens aus einer LPG gemäß § 44 Abs 2 LandwirtschaftsanpassungsG, der erst mit Inkrafttreten des Gesetzes entstanden ist (anders OLG Rostock FamRZ 2006, 418).

4 **Nicht übertragbare** oder **nicht vererbliche Rechte** sind ebenfalls zu berücksichtigen (BGHZ 157, 379, 384 = FamRZ 2004, 781; FamRZ 2002, 88 = NJW 2002, 437; BGHZ 146, 64, 68 f = FamRZ 2001, 278; NJW 1992, 1103 = FamRZ 1992, 413 sowie BGH NJW 1987, 321 – frühere Entscheidungen BGHZ 68, 163, 168; 75, 195, 198; 80, 384, 387; 82, 145, 147 ausdrücklich klarstellend – und die hM; MünchKomm/KOCH § 1375 Rn 8; GERNHUBER FamRZ 1984, 1053 f sowie NJW 1991, 2239; SOERGEL/LANGE Rn 7; JOHANNSEN/HENRICH/JAEGER Rn 8; D SCHWAB Teil VII Rn 46; ders FamRZ 1984, 429). Entsprechendes gilt für den Ansatz eines **Nießbrauchs** (vgl § 1061) oder einer beschränkten persönlichen **Dienstbarkeit** (vgl § 1090 Abs 2, 1061; zum Nießbrauch vgl BGH FamRZ 2004, 527 m Anm KOCH; 1988, 593 ff; KG FamRZ 1988, 172; zur Bewertung s ebendort sowie § 1376 Rn 39; OLG München FamRZ 1998, 234 – Wohnrecht –). Auch **Schmerzensgeld**, das nach § 847 Abs 1 S 2 aF weder übertragbar noch vererblich war (anders jetzt § 253 Abs 2), war schon nach alter Rechtslage anzusetzen (BGHZ 80, 384,

386 f). **Verhaltene Ansprüche** etwa aus § 281 aF, jetzt **§ 285 Abs 1**, sind von vornherein mit dem Nennwert einzusetzen (aA MünchKomm/Koch § 1375 Rn 10: erst nach Aktualisierung). Erlöschen sie ohne Aktualisierung etwa mit dem Tode des Berechtigten, ohne zuvor durch Vertrag anerkannt oder rechtshängig geworden zu sein, so ist das entsprechend § 2313 Abs 1 S 2 u 3 zu berücksichtigen. Trifft das Erlöschen mit dem Ende des Güterstandes zusammen oder ist es früher eingetreten, so ist der Anspruch außer Ansatz zu lassen. Andernfalls ist er auch beim Endvermögen zu berücksichtigen, vorbehaltlich des Ausgleichs entsprechend § 2313 Abs 1 S 3 – gegen die entsprechende Anwendung des § 2313 wendet sich der BGH (BGHZ 157, 379, 389; FamRZ 1983, 882, 884), dem die hM folgt, wegen der Gefahr einer fortlaufenden Korrektur, die nicht nur aus praktischen Gründen, sondern auch im Hinblick auf § 1384 abzulehnen sei. Wegen der zwangsläufig auftretenden Bewertungsprobleme kann dem nicht gefolgt werden (s auch § 1376 Rn 42).

Vor dem Eintritt des Güterstandes begründete **Dauerrechtsverhältnisse**, die Ansprü-   **5** che auf **wiederkehrende Einzelleistungen** begründen, insbesondere auf Arbeitsentgelt, Unterhalt, Rente, auch nicht als geschützte Anwartschaft (soweit sie nicht in den Versorgungsausgleich gehört, vgl § 1587 Abs 3), Miet- und Pachtzins uam, sind **nicht zum Vermögen zu zählen, sondern zu den Einkünften.** Sie sind nur in Höhe fälliger und rückständiger Einzelansprüche zu berücksichtigen (vgl BGHZ 82, 145, 147; 82, 149, 150; NJW 1980, 229; NJW 1981, 239 sowie 1038; ERMAN/HECKELMANN § 1376 Rn 5; BAMBERGER/ROTH/MAYER Rn 5; MünchKomm/Koch § 1375 Rn 11; SOERGEL/LANGE Rn 7). **Vorauszahlungen mit Unterhaltscharakter** für den laufenden, am Stichtag noch nicht abgeschlossenen Zeitraum sind anteilig anzusetzen. Zu Recht hat das OLG Karlsruhe unmittelbar vor dem Stichtag gezahlte **Sozialhilfe** zur Deckung der Lebenshaltungskosten im kommenden Monat aus dem Zugewinnausgleich (hier: dem Endvermögen) herausgenommen (FamRZ 2001, 1301). Betroffen ist ein Zeitraum außerhalb des für die güterrechtliche Vermögensteilung maßgeblichen (Koch FamRZ 2003, 201). Unabhängig von diesem Gesichtspunkt dient eine solche Leistung wie auch **laufendes Einkommen** dem Unterhalt und nicht der Vermögensbildung. Es ist der Natur der Sache nach dazu bestimmt, umgehend verbraucht zu werden. Solcherweise verwendetes Einkommen findet seine Regelung im Unterhaltsrecht, nicht in der Verteilung des Vermögensgewinns. Nur soweit Teile des Einkommens „übrig" sind, weil sie etwa nach dem Lebenszuschnitt der Ehegatten nicht dem Verbrauch dienen oder auch nur in der Vergangenheit „vom Munde abgespart" und noch vorhanden sind, fallen diese in den Zugewinnausgleich (D SCHWAB Teil VII Rn 35; KOCH, in: SCHWAB/HAHNE [Hrsg], Familienrecht im Brennpunkt [2004] 139, 157; SCHÖPFLIN FuR 2004, 60; JOHANNSEN/HENRICH/JAEGER Rn 9 verzichtet demgegenüber aus Praktikabilitätserwägungen auf die Prüfung, ob Einkommen ganz oder nur zum Teil ausgegeben zu werden pflegt). Demgegenüber hat der BGH (FamRZ 2003, 1544 m zust Anm SCHRÖDER) **Bar- oder Kontoguthaben** in die Vermögensbilanz unabhängig von der Bestimmung zur Deckung des laufenden Lebensunterhalts eingestellt unter Verweis auf die schematisierende Regelung des Stichtagsprinzips. Das überzeugt angesichts der damit in Kauf genommenen Verwerfungen nicht, zumal der begünstigte Ehegatte am laufenden Einkommen auf diese Weise über Zugewinn und Unterhalt doppelt teil hat (was der BGH für geringfügige zeitliche Überschneidungen als unvermeidbar akzeptiert, aaO 1546; MAIER FamRZ 2006, 899; vgl dazu unten zu „Abfindungen").

Abfindungen, die anstelle wiederkehrender Ansprüche treten, hat die Rechtsprechung nach dem Stichtagsprinzip beurteilt. So wurde die gesamte gem § 843 Abs 3 gewährte Kapitalleistung dem Zugewinnausgleich unterworfen, obgleich sie Leistungen jenseits des Stichtages betraf (BGHZ 82, 145 = NJW 1982, 279 Nr 5). Entsprechend wurde entschieden für die Abfindung der Witwe gem § 1302 RVO (= § 81 AVG, jetzt § 107 SGB VI; vgl BGHZ 82, 149 = NJW 1982, 279 Nr 4; BGH FamRZ 1995, 290), obgleich auch hier Zeiten außerhalb des Güterstandes betroffen waren (kritisch dazu D SCHWAB Teil VII Rn 38 sowie NJW 1984, 431: für eine Anwendung vom § 1374 Abs 2 entsprechend oder § 1381; GERNHUBER, in: FS H Lange 853 ff u MünchKomm [3. Aufl] Rn 11 u NJW 1991, 2241: für die Berücksichtigung des zeitlichen Bezuges zum Güterstand; im Übrigen findet die Rspr zu § 1302 RVO Zustimmung: TIEDTKE JZ 1984, 1078; JOHANNSEN/HENRICH/JAEGER Rn 11; PALANDT/BRUDERMÜLLER Rn 4; SOERGEL/LANGE Rn 7; zu § 843 Abs 3: TIEDTKE aaO; SOERGEL/LANGE § 1375 Rn 8). Diese Rspr bedarf der Korrektur, soweit die Abfindung Versorgungscharakter weil einkommenssurrogierende Wirkung über den Zeitraum des Güterstandes hinaus aufweist. Da eine Anwendung von § 1381 stets einzelfallbezogen, § 1374 Abs 2 aber einer entsprechenden Anwendung nicht zugänglich ist (s Rn 40), bleibt eine zeitraumbezogene Aufteilung unter Wahrung des Stichtagsprinzips (vgl GERNHUBER aaO, der allerdings weitergehend Erstattungen – su – einbezieht). Wird demnach eine Abfindung während des Güterstandes gezahlt, fällt ins Anfangsvermögen, was Zeiträume vor der Ehe betrifft, soweit die Leistung zukunftsbezogen erbracht wird, fällt nicht mehr ins Endvermögen, was den Zeitraum außerhalb des Güterstandes betrifft. Abfindungen sind demnach zu behandeln wie die durch sie surrogierten Leistungen. Das erfordert eine Feststellung, was im Einzelfall mit der Zahlung ausgeglichen wird. Die neuere Rechtsprechung hat sich insoweit teilweise vom starren Stichtagsprinzip gelöst. Hat der IX. Senat des BGH (FamRZ 1998, 362 = NJW 1998, 750) noch eine Abfindung in den Zugewinnausgleich einbezogen, weil sie keinen zukunftbezogenen Ausgleich bezweckte und deswegen die Frage der Aufteilung offengelassen, hat der XII. Senat (BGHZ 146, 64, 74 = FamRZ 2001, 278, 282 = NJW 2001, 441) zwar erneut aus dem gleichen Grund die Frage offengelassen aber ausdrücklich darauf hingewiesen, bei einer Abfindung als zielgerichtetem Ersatz für künftigen Lohnausfall unterläge dieser nicht dem Zugewinnausgleich. Ein ähnlicher Hinweis findet sich in der Entscheidung zum in den Zugewinnausgleich einzubeziehenden Bar- oder Kontoguthaben (s oben; FamRZ 2003, 1546), in der beispielhaft auf demgegenüber nicht zu berücksichtigende **Vorschüsse** für Schriftsteller verwiesen wird. Nicht der Charakter der Abfindung sondern deren *tatsächliche Einbeziehung* in die Unterhaltsberechnung führte im weiteren Verfahren zur Ausklammerung aus dem Zugewinnausgleich unter dem Gesichtspunkt eines **Verbotes der doppelten Teilhabe**. Zu Recht wird davon ausgegangen, dass ein güterrechtlicher Ausgleich nicht stattzufinden hat, soweit eine Vermögensposition durch Vereinbarung oder Urteil auf andere Weise, sei es unterhaltsrechtlich oder im Wege des Versorgungsausgleichs, ausgeglichen wird (arg § 1587 Abs 3; BGH FamRZ 2003, 433 m Anm SCHRÖDER sowie KOGEL FamRZ 2003, 1645; BGH FamRZ 2003, 1546 m Anm SCHRÖDER sowie KOGEL BGHReport 2003, 1265 u FF 2003, 249; BGH NJW 2004, 2675 = FamRZ 2004, 1352 m Anm BERGSCHNEIDER, KOGEL FamRZ 2004, 1866 u KÜHNER FamRB 2004, 314; OLG München FamRZ 2005, 714; NJW-Spezial 2004, 152; OLG Frankfurt FamRZ 2000, 611 noch unter Anwendung von § 1381; so auch MAIER FamRZ 2006, 900; KUCKENBURG FuR 2005, 298; FISCHER-WINKELMANN FuR 2004, 433 sowie FuR 2006, 295; HOPPENZ FamRZ 2006, 1242; zur Doppelverwertung im Verhältnis zum Versorgungsausgleich REHME FuR 2006, 389). Zur Doppelverwertung von Schulden s § 1375 Rn 7. Unabhängig von der tatsächlichen (späteren) Behandlung bleibt jedoch der Charakter der Abfindung für die Einordnung am Stichtag entscheidend. Trägt sie einkommenssurrogierende Züge, ist sie unterhaltsrechtlich einzuordnen und insoweit dem Zugewinn entzogen. Ein Wahlrecht, sie ohne Abschluss eines Ehevertrags entweder beim Unterhalt oder im Zugewinn zu berücksichtigen, scheidet aus (so aber BERGSCHNEIDER aaO; KOGEL aaO; HAUSSLEITER NJW-Spezial 2004, 247; KOCH FamRZ 2005, 848; in den von der Rspr entschiedenen Fällen hatten die Ehegatten die Abfindung in die Unterhaltsberechnung bereits einbezogen, insoweit stellte sich die Frage nicht, BGH FamRZ 2003, 433; 2003, 1353; **wie hier:** GERHARDT/SCHULZ FamRZ 2005, 146; SCHULZ FamRZ 2006, 1238; HOPPENZ FamRZ 2006, 1248; MAURER FamRZ 2005, 761; KAISER, in: FS Schwab 507 ff; PALANDT/BRUDERMÜLLER § 1375 Rn 4). „Gemischte" Abfindungen, die nur teilweise Versorgungsfunktion haben, sind entsprechend den Anteilen unterschiedlich zu behandeln. Entscheidend ist der künftige Unterhaltsbedarf. Derjenige des Abfindungsempfängers für den **künftigen eigenen Unterhalt** ist zu berücksichtigen (BGH FamRZ 2004, 1353; OLG München FamRZ 2005, 715; zur Bemessung BGH FamRZ 2002, 742). Die Einordnung einer Abfindung als einkommenssurrogierend hat zur Folge, dass diese auch für die Zukunft fortwirkt. Der Charakter der Abfindung ändert sich nicht, wenn und soweit der Unterhaltsanspruch nach dem Stichtag entfällt, etwa bei Wiederheirat (OLG München FamRZ 2005, 716; GERHARDT/SCHULZ FamRZ 2005, 147). Es kommt **nicht** etwa doch noch **nachträglich zum Zugewinnausgleich.** Da die Abfindung nicht auf Grund von Dispositionen der Ehegatten unterhaltsrechtlich eingeordnet ist, ergibt sich eine **Formbedürftigkeit** nur im Falle einer abweichenden Vereinbarung über die Berücksichtigung im Zugewinn (vgl BGH FamRZ 2004, 282: Einbeziehung einer Abfindung in die Unterhaltsberechnung ist gemäß § 1408 Abs 1 formbedürftig, *wenn* sie dem güterrechtlichen Ausgleich entzogen wird).

Für Abfindungen ist demnach im Einzelfall zu untersuchen, was durch sie abge- 6 golten wird. **Arbeitsrechtliche Abfindungen** sind zweckbezogen zu beurteilen. Dient eine Abfindung dem Unterhalt des Arbeitnehmers und seiner Familie für die voraussichtliche Zeit seiner Arbeitslosigkeit, ist sie kapitalisiertes Einkommen und dem Zugewinn entzogen (BGH FamRZ 2001, 282 obiter dictum). Abgelehnt worden ist dies für eine freiwillige Sozialplanabfindung aus Anlass der Betriebsstilllegung, deren Höhe an die Dauer der Betriebszugehörigkeit geknüpft und ohne Rücksicht darauf bemessen war, ob einzelne Mitarbeiter neue Arbeitsplätze gefunden hatten (BGH aaO, 281). *Überbrückungs- und Versorgungsfunktion* hat demgegenüber die Sozialplanabfindung durch Spruch der Einigungsstelle, § 112 Abs 4, 5 BetrVG (BAG NZA 2006, 220; 2005, 302; 1997, 281; 1995, 440 jeweils mwNw). Sonstige **arbeitsrechtliche Abfindungen** aus Anlass der Kündigung bezwecken keinen auf die Zukunft gerichteten Ausgleich für entgangenes Entgelt und sind deswegen voll in das Vermögen aufzunehmen (BGH FamRZ 1998, 362). Das gilt für Abfindungen gemäß §§ 9, 10 KSchG aber auch gemäß § 1a KSchG. Der Nachteilsausgleich gemäß § 113 Abs 1 BetrVG hat Sanktionscharakter gegenüber dem Arbeitgeber. Da hinsichtlich der Bemessung auf § 10 KSchG verwiesen wird, fehlt es auch hinsichtlich des Arbeitnehmers an einem zukunftsgerichteten Versorgungszweck (grundsätzlich für unterhaltsrechtliche Wertung arbeitsrechtlicher Abfindungen KAISER, in: FS Schwab 507 ff; SCHULZ FamRZ 2006, 1237; **aA** MAIER FamRZ 2006, 900: Zugewinn mit Korrektur nach § 1381). Eine periodengerechte Aufteilung kommt demgegenüber nur in Betracht, wo im Einzelfall abredegemäß die Abfindung zur Belegung des Entgeltanspruchs, etwa bei einer fristlosen Entlassung, dient. Davon kann auch ausgegangen werden, wenn die Abfindung bei einer Frühpensionierung zur Aufstockung des Arbeitslosengeldes bis zur Rente dient (MAURER FamRZ 2005, 760; vgl den Fall BGH FamRZ 2004, 1352 u OLG München FamRZ 2005, 714). **Beitragserstattungen des Sozialrechts** fallen in den Zugewinn, auch wenn sie Zeiten außerhalb des Güterstandes betreffen, es sei denn es bestand zum Stichtag für das Anfangsvermögen bereits ein Anwartschaftsrecht. Ihnen fehlt der Versorgungscharakter. Im Übrigen sind sie zu behandeln wie fällige oder rückständige Einzelansprüche aus Dauerschuldverhältnissen (s Rn 5). Entsprechendes gilt für **Nachzahlungen** (für eine periodengerechte Berücksichtigung aber AG Stuttgart FamRZ 1990, 1358; GERNHUBER aaO). Die Beiträge, die vom Träger der gesetzlichen Rentenversicherung im Wege der **Heiratserstattung nach § 210 SGB VI** (früher § 1304 RVO) nach Eheschließung ausgezahlt werden, sind wie Anfangsvermögen zu behandeln, weil die zuvor erworbenen Anwartschaften in der Rentenversicherung der Sperrwirkung des § 1587 Abs 1 u 3 unterfielen (BGH FamRZ 1995, 290).

7 Ansprüche aus **Leasing** bleiben für Anfangs- und Endvermögen regelmäßig außer Betracht (BRAUCKMANN FamRZ 1991, 1271). Eine anfängliche Leasingsonderzahlung, die sich als Vorauszahlung auf die Leasingrate darstellt und dazu führt, dass die noch zu leistenden Raten messbar hinter dem Wert der künftigen Gebrauchsüberlassung zurückbleiben, kann demgegenüber zu berücksichtigen sein (OLG Karlsruhe FamRZ 2004, 1028; OLG Bamberg FamRZ 1996, 549; JOHANNSEN/HENRICH/JAEGER § 1375 Rn 5; offengelassen OLG Brandenburg FamRZ 2005, 991 m Anm KOGEL FamRB 2004, 315). Ansprüche auf **künftig zu gewährende Gebrauchsüberlassung** sind zu berücksichtigen, sofern sie nicht mehr von einer Gegenleistung abhängen (BGH FamRZ 1983, 882; für die unentgeltliche Grundstücksüberlassung zur Wohnnutzung OLG Celle FamRZ 1993, 1204; zur Wohnraumüberlassung als Einkommen s OLG München FamRZ 1998, 825 m Anm SCHRÖDER; OLG Köln FamRZ 1983, 71, 72: persönliches, widerrufliches Nutzungsrecht an einem Haus mangels Bewertbarkeit nicht im Endvermögen). **Dingliche Nutzungsrechte** (Nießbrauch, Grunddienstbarkeit) sowie **Reallasten** und **Rentenschulden** sind ebenfalls dem Anfangsvermögen zuzurechnen. Sie sind zu diesem Zweck zu kapitalisieren (s auch § 1376 Rn 44).

8 **Forderungen** sind bei der Ermittlung des Anfangsvermögens auch dann mit dem vollen Nennwert einzusetzen, wenn sie erst nach dem Eintritt des Güterstandes fällig werden, insbesondere auch in Raten zu zahlen sind. Zur Bewertung s § 1376 Rn 41. Keine Ausnahme machen Forderungen eines **Ehegatten gegen den anderen**. Sie sind wechselseitig als Aktiva und Passiva anzusetzen (BGH FamRZ 1987, 1239; 1988, 478; 1989, 837). Ihre Durchsetzung ist unabhängig von der güterrechtlichen Auseinandersetzung und vor den jeweils zuständigen Gerichten zu verfolgen. Ist die Ehe rechtskräftig geschieden, kann allerdings mit dem Zugewinnausgleichsanspruch aufgerechnet oder ein Zurückbehaltungsrecht geltend gemacht werden (vgl HANSEN-TILKER FamRZ 1997, 1188 ff; DÖRR/HANSEN NJW 1998, 3244; s § 1378 Rn 21 ff). Verjährte Forderungen sind unsichere Rechte (zur Behandlung s § 1376 Rn 42) bis feststeht, ob die Einrede der Verjährung erhoben wird.

9 Anwartschaften aus **Lebensversicherungen** auf den Todes- und Erlebensfall sind dem Anfangsvermögen des Versicherten zuzurechnen, soweit nicht ein anderer unwiderruflich Bezugsberechtigter ist. Das gilt auch dann, wenn die Versicherung als *Befreiungsversicherung* gemäß Art 2 § 1 AnVNG abgeschlossen worden ist (BGHZ 88, 386 = NJW 1984, 299 mwNw; BGHZ 67, 262 = NJW 1977, 101 = FamRZ 1977, 41; OLG Nürnberg NJW 1976, 899). Einzusetzen sind jedoch im Hinblick auf §§ 1587 Abs 3, 1587 a Abs 2 Nr 5 nur **Kapitalversicherungen**. Eine Kapitalversicherung mit **Rentenoption** ist ebenfalls beim Anfangs- bzw Endvermögen zu berücksichtigen. Sie unterliegt dem Versorgungsausgleich nur, wenn das Wahlrecht bis zum Eintritt der Rechtshängigkeit

des Scheidungsantrags ausgeübt und damit das Anrecht zu einem Rentenanrecht geworden ist (BGHZ 88, 386, 393; FamRZ 1992, 412; 1993, 685). Umgekehrt bleibt das Anrecht dem Zugewinnausgleich unterworfen, wenn erst nach diesem Stichtag vom Wahlrecht Gebrauch gemacht worden ist (BGH FamRZ 1992, 412). Ein Anrecht aus einer **Rentenlebensversicherung mit Kapitalwahlrecht** unterfällt dem Zugewinnausgleich, wenn das Wahlrecht bis zur Rechtshängigkeit des Scheidungsantrags ausgeübt und damit vor diesem Stichtag ein Kapitalanrecht besteht (BGH FamRZ 1993, 794). Das gilt auch, wenn das Wahlrecht erst nach dem Stichtag ausgeübt wird, die Versicherungsleistung somit erst nach dem Stichtag für die Berechnung des Zugewinnausgleichs in eine Kapitalleistung umgewandelt wird (BGH FamRZ 2003, 664 m Anm ZIMMERMANN DNotZ 2003, 546 u BÜTE FuR 2003, 400). Die Gefahr manipulativen Wechsels kann sich im Fall der Gütertrennung (BGH FamRZ 2003, 923) oder bei der Ausübung des Wahlrechts nach rechtskräftiger Entscheidung über den Zugewinnausgleich verwirklichen, ist aber hinzunehmen, denn der Versorgungsausgleich stellt für den Ausgleich von Kapitalforderungen keine geeigneten Ausgleichsmechanismen zur Verfügung (BGHZ 88, 386, 397; FamRZ 2003, 153; 664; 923; 2005, 1463). Entsprechend hat der BGH entschieden bei einer auf Kapitalleistung gerichteten **Anwartschaft aus betrieblicher Alterversorgung.** Sie unterliegt dem Zugewinn-, nicht dem Versorgungsausgleich auch dann, wenn sich der Arbeitgeber das Recht vorbehalten hat, das Anrecht zu verrenten, dies zum maßgeblichen Stichtag aber nicht geschehen war (BGH FamRZ 2005, 1463). Das gilt erst recht, wenn eine betriebliche Altersversorgung ausschließlich als Kapitalleistung zugesagt worden ist (BGH FamRZ 2003, 153 m Anm BERGSCHNEIDER). Berufsständische Versorgungswerke sehen nach ihren Satzungen teilweise die Möglichkeit vor, Rentenleistungen als Kapital auszahlen zu lassen. Es ergibt sich damit eine der Rentenlebensversicherung mit Kapitalwahlrecht entsprechende Problematik (dazu KOGEL FamRZ 2005, 1785).

Dass eine Versicherung im Rahmen der betrieblichen Alterssicherung als sog *Di-* **10** *rektversicherung* (§ 1 Abs 2 BetrAVG) genommen worden ist, entzieht sie nicht dem Zugewinnausgleich. Die *unverfallbare* Anwartschaft aus einer als Direktversicherung zur betrieblichen Altersversorgung abgeschlossenen Kapitallebensversicherung ist auch dann zu berücksichtigen, wenn das Bezugsrecht des versicherten Ehegatten widerruflich ist (BGHZ 117, 70, 72 ff = NJW 1992, 1103 = FamRZ 1992, 413; NJW 1992, 2154 = FamRZ 1992, 1155 gegen BGH NJW 1984, 1611; VOIT [FamRZ 1992, 1385] will dies auf jede widerrufliche Bezugsberechtigung ausdehnen). Gehört der Versorgungsberechtigte nicht zu den nach dem Betriebsrentengesetz Berechtigten, kann trotz Widerruflichkeit und Verfallbarkeit eine hinreichend gesicherte vermögenswerte Rechtsposition erlangt sein, etwa bei einem Gesellschafter-Geschäftsführer einer GmbH (BGH FamRZ 1993, 1303). Eine der Unverfallbarkeit entsprechende Position besteht für den Arbeitnehmer bei der betrieblichen Altersversorgung, wenn die Prämie für die Versicherung im Wege der Gehaltsumwandlung direkt gezahlt wurde (OLG Köln FamRZ 2001, 158). Zur Bewertung im Einzelnen s § 1376 Rn 45.

Die Aussicht eines **Zeitsoldaten** auf Übergangsgebührnisse nach § 11 SVG ist auf **11** künftige laufende Einkünfte gerichtet und gehört nicht zum Vermögen (so auch BGH NJW 1980, 229; OLG Oldenburg FamRZ 1976, 346 gegen OLG Bremen NJW 1971, 1661; wie hier auch MünchKomm/KOCH § 1375 Rn 12; PALANDT/BRUDERMÜLLER § 1375 Rn 8; **aM** OLG Nürnberg NJW 1977, 1475); Entsprechendes gilt für die Ausgleichszahlung nach dem Stichtag gemäß § 38 SVG (BGH NJW 1982, 1982). Dagegen ist die Anwartschaft auf Übergangsbeihilfe gemäß § 12 SVG beim Anfangs- und Endvermögen zu berücksichtigen (ebenso etwa die OLGe Bremen, Oldenburg und Nürnberg aaO; anders BGH NJW 1983, 2141, weil keine nach objektiven Kriterien bewertbare Anwartschaft bestehe).

12 Zum Anfangsvermögen gehört auch der Wert eines von einem Ehegatten betriebenen **Handelsunternehmens**, einer **Unternehmensbeteiligung** sowie einer **freiberuflichen Praxis** einschließlich des Firmenwertes oder good will (vgl BGH NJW 1977, 378 = FamRZ 1977, 38 – Vermessungsingenieur –; BGHZ 68, 163 = NJW 1977, 949 – Handelsvertreter –; BGH NJW 1991, 1547 = FamRZ 1991, 43 – Arztpraxis –; FamRZ 1999, 362 – Anteil an Steuerberaterpraxis –; OLG Celle AnwBl 1977, 216 – Rechtsanwalt –). Ein **good will** kann jedoch nur berücksichtigt werden, wenn und soweit er objektivierbar und bewertbar ist, insbesondere auf einen Rechtsnachfolger übertragen werden kann (BGHZ 68, 163). Ist das nicht der Fall, ist nur der Substanzwert einzusetzen (BGH aaO; OLG Celle aaO). Dazu und zur Feststellung des Unternehmenswerts s § 1376 Rn 28 ff.

13 Gegenstände, die den **Ehegatten gemeinsam** gehören, sind beiden Anfangsvermögen nach dem Verhältnis der Anteile zuzurechnen. **Hausrat**, der bei Eheschließung im Alleineigentum der Ehegatten stand, gehört zu dessen Anfangsvermögen (OLG Düsseldorf FamRZ 2005, 273; OLG Celle FamRZ 2000, 226; Koch FamRZ 2003, 199; zur Einbeziehung von Hausrat in den Zugewinnausgleich s § 1375 Rn 6).

III. Abzug der Verbindlichkeiten

14 Von dem auf den Anfangsstichtag (Eintritt des Güterstandes) festgestellten **Wert des Aktivvermögens** sind die in diesem Zeitpunkt vorhandenen **Verbindlichkeiten abzuziehen** (dazu auch § 1376 Rn 5). In die Bilanz des Anfangsstichtages sind alle bereits entstandenen Verbindlichkeiten einzusetzen. Auf den Zeitpunkt der Erfüllung kommt es nicht an. Überlässt der Mann seiner künftigen Ehefrau einen Geldbetrag, mit dem diese ein Haus erwirbt, ist der Betrag nicht dessen Anfangsvermögen zuzurechnen, wenn dem Ehemann später wie von vornherein vorgesehen ein Wohnrecht und Miteigentum eingeräumt wird (BGH FamRZ 1990, 972). Zum Problem der Doppelverwertung von Schulden in Zugewinnausgleich und Unterhalt s § 1375 Rn 7.

15 Die Verbindlichkeiten müssen am Stichtag bereits **entstanden** sein. Sie brauchen nicht fällig zu sein (BGH NJW 1991, 1547 = FamRZ 1991, 46). Am Stichtag noch nicht fällige Ansprüche aus Dauerschuldverhältnissen bleiben aber unberücksichtigt (Miete, Arbeitsentgelt; vgl Rn 5). Auch künftige **Zinsen** sind nicht mit anzusetzen (zur Bewertung von Verbindlichkeit s auch § 1376 Rn 41). Anders, wenn sie von vornherein in die Schuldsumme eingerechnet worden sind und für den Gesamtbetrag ein Wechsel gegeben worden ist. Zweifelhaft ist die Rechtslage bei den üblichen Teilzahlungskrediten einschließlich der Abzahlungskäufe. Auch hier werden die Zinsen und „Kosten" für die ganze Laufzeit des Kredits in den Schuldbetrag eingerechnet (vgl § 492 Abs 1 S 5 Nr 2, 502 Abs 1 2 Nr 2: Teilzahlungspreis). Es wird wegen der festen Tilgungspläne und im Hinblick auf die üblicherweise vereinbarten Verfallsklauseln iS des § 498 der volle Kreditbetrag (Teilzahlungspreis) einzusetzen sein (vgl auch MünchKomm/Koch Rn 10; Johannsen/Henrich/Jaeger Rn 15; Soergel/Lange Rn 8). Der **Rechtsgrund** der in Abzug zu bringenden Verbindlichkeit ist **ohne Bedeutung**. Deswegen können etwa auch Zahlungsverpflichtungen aus einer Verurteilung wegen einer Straftat in die Berechnung eingestellt werden (vgl etwa OLG Karlsruhe FamRZ 2004, 461 – für das Endvermögen –). Der Inhalt der Verbindlichkeit ist demgegenüber zu berücksichtigen. So ist die Verpflichtung zur Zahlung einer Kaution nicht abzugsfähig, solange der Sanierungsfall nicht zum Stichtag eingetreten ist (OLG Hamm FamRZ 1996, 34; s auch Rn 3)

„Latente Steuerschulden", Ertragssteuern die gemäß §§ 16, 18 Abs 3, 34 Abs 1 Nr 1 **16** EStG bei einer Veräußerung eines Unternehmens durch Aktivierung stiller Reserven anfallen würden, sind als wertmindernde Belastung z Zt der Unternehmensbewertung zu berücksichtigen, selbst wenn eine Veräußerung tatsächlich nicht beabsichtigt ist (BGH FamRZ 1989, 1279; 1991, 43; 48; FamRZ 2005, 99; FISCHER-WINKELMANN FuR 1991, 21; 1993, 1; ENGELS, in: FS MUSIELAK 214 f; KOGEL FamRZ 2003, 810; aA GERNHUBER NJW 1991, 2242; TIEDTKE FamRZ 1990, 1188; SCHRÖDER Rn 74; HOPPENZ FamRZ 2006, 449). Dabei hat der BGH keinen Anstoß daran genommen, dass das sachverständig beratene Instanzgericht der steuerlichen Bewertung gefolgt war und die latenten Ertragssteuern nur mit halbem Steuersatz des § 34 Abs 2 Nr 1 EStG aF zugrunde gelegt hatte (FamRZ 1999, 364). Es handelt sich dabei nicht um eine vom Anfangs- oder Endvermögen abzuziehende Verbindlichkeit, sondern um eine unselbständige Bewertungsposition der wirtschaftlichen Einheit (§ 1376 Rn 4). Anderes gilt für die **Einkommens- und Kirchensteuerschuld** der Ehegatten selbst. Vor Ablauf des Veranlagungszeitraumes besteht keine – auch keine zweifelhafte iS von § 2313 Abs 2 – Verbindlichkeit, sondern lediglich eine Verpflichtung zur Steuervorauszahlung, die allerdings ausgleichpflichtig ist, soweit sie noch nicht erfüllt worden ist (BGH NJW 1991, 1547). Das gilt auch für die übrigen Steuerarten. Sollen Steuerschulden und -erstattungsansprüche in das Anfangs- oder Endvermögen eingestellt werden, ist das möglich mit Entstehen, nicht erst mit Fälligkeit. Das Entstehen von Steuern ist deswegen für jede Steuerart festzustellen (dazu im Einzelnen ARENS FamRZ 1999, 257 ff; zum Einkommensteuererstattungsanspruch s § 1375 Rn 3; zum Gesamtschuldnerausgleich zwischen Ehegatten wegen einer Steuerschuld s § 1375 Rn 8). Anders zu beurteilen sind weitere Fälle latenter Steuerlast und Rückzahlungspflichten. Dazu gehören die bei Veräußerung innerhalb von bestimmten Fristen der **sog Spekulationssteuer** unterliegenden privaten Veräußerungsgeschäfte, insbesondere über Grundstücke und Eigentumswohnungen (§§ 22 Nr 2, 23 Abs 1 Nr 2 EStG), Lebensversicherungen (§ 20 Abs 1 Nr 6 EStG) sowie die Verpflichtung zur Rückgewähr vermögenswirksamer Leistungen (§ 13 Abs 5 VermögensbildungsG). Um eine abzugsfähige Verbindlichkeit handelt es sich in allen diesen Fällen erst mit dem die Verbindlichkeit auslösenden Verwertungsakt. Eine Berücksichtigung dieser Verbindlichkeit kommt nur in Betracht, wenn die Verwertung des Vermögens zum Stichtag zur Veräußerung bestimmt oder diese zur Durchführung des Zugewinnausgleichs unerlässlich ist (§ 1376 Rn 11). Dann können die latenten Belastungen als unvermeidbare Veräußerungskosten in der *Bewertung* Berücksichtigung finden (vgl BGH FamRZ 1991, 46 mwNw zur Praxisbewertung; wie hier wohl ENGELS aaO 216; HOPPENZ FamRZ 2006, 451; wohl auch PALANDT/BRUDERMÜLLER § 1376 Rn 11: nach § 287 ZPO zu schätzender Abschlag; HAUSSLEITER/SCHULZ Kap 1 Rn 296; anders KOGEL FamRZ 2003, 810 u 2004, 1337: voller Abzug unabhängig von Verwendung).

IV. Abzug der Verbindlichkeiten nur bis zur Höhe des Aktivvermögens

Die beim Eintritt des Güterstandes vorhandenen Verbindlichkeiten können nur bis **17** zur Höhe des Aktivvermögens abgezogen werden. Das Anfangsvermögen kann daher allenfalls den Wert 0 annehmen, **niemals** aber **einen negativen Wert** (vgl auch BGHZ 129, 311, 316 ff = FamRZ 1995, 990, 992).

18 **Die eindeutige gesetzliche Regelung** ist *rechtspolitisch umstritten* (kritisch LÜDERITZ/ DETHLOFF § 5 Rn 111; GERNHUBER/COESTER-WALTJEN § 36 Rn 23; zust BATTES FuR 1990, 311, 312; RAUSCHER Rn 416; SCHWAB VII Rn 123; JOHANNSEN/HENRICH/JAEGER Rn 16; MünchKomm/KOCH Rn 12; SOERGEL/LANGE Rn 8; anders dagegen MUSCHELER FamRZ 1998, 265 ff). Die Tilgung von Schulden, die zu Beginn des Güterstandes vorhanden waren, wirkt sich grundsätzlich zugewinnmehrend aus, da die getilgten Verbindlichkeiten beim Endvermögen nicht mehr abgezogen werden. Das ist auch folgerichtig, weil die Verminderung von Passiva während des Güterstandes ebenfalls als Vermögensvorteil zu werten ist. Insofern ist die Regelung des § 1374 Abs 1 HS 2 prinzipwidrig. Der Sinn dieser Vorschrift ist es, dem Ausgleichsschuldner beim Ausgleich des Zugewinns mindestens die Hälfte seines Netto-Endvermögens zu belassen. Insoweit ist die gesetzliche Wertung annehmbar. Sie wird jedoch fragwürdig in den Fällen, in denen die Begrenzung des Abzugs von Verbindlichkeiten dazu führt, dass der Ehegatte, der ein aktives Anfangsvermögen hatte, deshalb seinerseits ausgleichspflichtig wird. Begann zB der Mann den Güterstand mit 5 000 € Aktiva und 25 000 € Passiva, die Frau dagegen vermögenslos und schuldenfrei, und haben beide Ehegatten während des Güterstandes 30 000 € hinzugewonnen, von denen der Mann aber seine Schulden bezahlt hat, so muss die Frau 10 000 € Zugewinnausgleich zahlen (Zugewinn der Frau: 30 000 €, Zugewinn des Mannes: Anfangsvermögen 0, Endvermögen 10 000 € = 10 000 €). Die Schicksalsgemeinschaft der Ehegatten wird hier unter Einbeziehung vorehelicher Umstände (Schulden) übertrieben. Die Lösung ist rechtspolitisch insoweit verfehlt. Zum Zusammentreffen negativen Anfangsvermögens mit privilegiertem Erwerb s Rn 42; zur Anwendung von § 1381 s dort Rn 34.

V. Berechnungszeitpunkt

19 Maßgebender Zeitpunkt für die Berechnung des Anfangsvermögens ist der **Eintritt des Güterstandes**. Das ist regelmäßig der Zeitpunkt der Eheschließung (§ 1310 Abs 1). Alle vor diesem Zeitpunkt entstandenen Vermögensrechte und Verbindlichkeiten sind bei der Ermittlung des Anfangsvermögens zu berücksichtigen. Auch bei Eintritt des Güterstandes aufgrund eines Ehevertrages ist der Zeitpunkt des Vertragsabschlusses maßgebend, wenn nicht im Vertrage etwas anderes bestimmt ist. Auch hier sind nur die bei Abschluss des Ehevertrages vorhandenen Vermögenswerte und Verbindlichkeiten in die Rechnung einzusetzen. Haben die Ehegatten ehevertraglich vereinbart, dass die Zugewinngemeinschaft an einem bestimmten Tage nach Vertragsschluss und Eheschließung beginnen soll, so ist der Beginn des Tages maßgeblich. Nach Art 8 I Nr 3 und II Abs 4 des Gleichberechtigungsgesetzes (Übergangs- und Schlussvorschriften) trat der Güterstand für die bis zum Ablauf des 30. 6. 1958 geschlossenen Ehen ohne abweichende ehevertragliche Regelung ebenfalls mit Beginn des 1. 7. 1958 ein. Zu Spätaussiedlern, Vertriebenen und Flüchtlingen s §§ 1, 3 BVFG u Einl 27 zu §§ 1363 ff (s auch BGHZ 157, 379, 385). Zu Ehegatten, deren Güterstand nach dem Beitritt der DDR übergeleitet worden ist, vgl STAUDINGER/RAUSCHER (2003) zu Art 234 § 4 EGBGB u Einl 29 zu §§ 1363 ff. Als Stichtag für das Anfangsvermögen ist insoweit der 3. 10. 1990 maßgebend (OLG Thüringen FamRZ 1997, 1015). War zu diesem Zeitpunkt das Scheidungsverfahren bereits rechtshängig, ergibt sich rechnerisch keine Ausgleichsforderung, da der Stichtag

für das Endvermögen auf den Zeitpunkt der Rechthängigkeit vorzuziehen ist, § 1384 (OLG Rostock FamRZ 1997, 1158; Dörr/Hansen NJW 1998, 3244).

Nur die vorher entstandenen Vermögensrechte und Verbindlichkeiten sind in das **20** Anfangsvermögen einzurechnen. Ein Bereicherungsanspruch wegen vorehelicher Leistungen, der sich auf das Scheitern der später geschlossenen Ehe gründet, ist deswegen nicht dem Anfangsvermögen zuzurechnen (wie hier BGH FamRZ 1992, 160; OLG Köln FamRZ 2002, 1404; Johannsen/Henrich/Jaeger Rn 5; anders OLG Köln FamRZ 1991, 816; missverständlich Palandt/Brudermüller Rn 4). Demgegenüber ist die Position eines Ehegatten, die dieser auf Grund von Investitionen in eine Wohnung und eines Leihvertrages über diese erlangt hat, zum Zeitpunkt der Heirat keine bloße Erwerbsaussicht, sondern von Vermögenswert. Ein sich daraus ergebender Bereicherungsanspruch fällt auch dann ins Anfangsvermögen, wenn dieser nach der Heirat entsteht (BGH FamRZ 2002, 88; s Rn 3). Anfangsvermögen ist hier die vermögenswerte Position, die nach der Wert des Bereicherungsanspruchs bemessen werden kann (insoweit kein Fall der Surrogation; anders Koch, in: Schwab/Hahne [Hrsg], Familienrecht im Brennpunkt [2004] 148). Nach dem maßgebenden Berechnungszeitpunkt erworbene Vermögensgegenstände können auch dann nicht berücksichtigt werden, wenn sie als Ersatz für nicht mehr vorhandene oder wertlos gewordene Gegenstände erworben worden sind. Eine Surrogation in das Anfangsvermögen findet nicht statt (unrichtig Merzbacher AcP 156, 8, 19 f).

VI. Wertermittlung

Für die Bewertung des Vermögens und der Verbindlichkeiten hat das Gesetz keine **21** besondere Regelung getroffen. Es müssen daher die allgemeinen Bewertungsgrundsätze gelten. Danach ist der Wert der durch die allgemeine Verkehrsanschauung bestimmte gemeine Wert, also der volle und wirkliche Wert (s § 1376 Rn 10 ff).

VII. Hinzuzurechnendes Vermögen

1. Grundgedanken

Die Zugewinnbeteiligung ist Ausdruck eines auch das güterrechtliche Verhältnis der **22** Ehegatten beherrschenden genossenschaftlichen Prinzips, das von dem Grundgedanken ausgeht, dass der Erwerb des einen Ehegatten normalerweise von dem anderen unterstützt wird (vgl Kipp, Verhdl des 33. DJT 348). Jeder Vermögenszuwachs, der in der Ehe vom einen oder anderen Ehegatten erzielt worden ist, wird daher grundsätzlich als durch die gemeinsamen Anstrengungen beider Ehegatten erworben oder erspart angesehen. Das Gesetz verlangt im Einzelfall nicht den Nachweis einer Mitwirkung des anderen Ehegatten am Vermögenserwerb, einer kausalen Beziehung zwischen dem wirtschaftlichen Erfolg des einen und der Tätigkeit des anderen Ehegatten. Deshalb ist grundsätzlich jeder während der Ehe erfolgende Vermögenserwerb auszugleichen.

Von der Ausgleichungspflicht ausgenommen ist nach Abs 2 jedoch Vermögen, das **23** ein Ehegatte nach Eintritt des Güterstandes **von Todes wegen** oder **mit Rücksicht auf ein künftiges Erbrecht**, durch **Schenkung** oder als **Ausstattung** erwirbt. Bereits aus der Art dieses Vermögenserwerbes ergibt sich, dass eine unmittelbare oder mittelbare

Mitwirkung des anderen Ehegatten ausgeschlossen ist. An Vermögenswerten, die auf diese Weise erworben werden, soll der andere Ehegatte deshalb ausnahmsweise nicht beteiligt werden.

2. Zeit des Zuerwerbs

24 Dem Anfangsvermögen wird nur ein Erwerb der in Abs 2 bezeichneten Art hinzugerechnet, der *während des Güterstandes erzielt* wurde. Ein vor dem Eintritt des Güterstandes vollzogener Vermögenserwerb wird bereits nach Abs 1 bei der Feststellung des Anfangsvermögens berücksichtigt. Eine erst nach Beendigung des Güterstandes erzielte Vermögensmehrung unterliegt ohnehin nicht der Ausgleichung. In den Fällen der §§ 1384, 1387 tritt an die Stelle der Beendigung die Rechtshängigkeit. Zum Zeitpunkt der *Bewertung* des Zuerwerbs s § 1376 Rn 5 f.

25 Der Vermögenserwerb muss während des Güterstandes vollzogen sein; es muss wirtschaftlich und rechtlich eine Vermögensmehrung verwirklicht sein. Dazu ist freilich nicht erforderlich, dass der Ehegatte bereits dinglich erworben hat. Die wirksame Begründung eines Anspruchs auf den Gegenstand reicht aus. *Aufschiebend bedingte* Zuwendungen sind dem Anfangsvermögen nur dann hinzuzurechnen, wenn die Bedingung noch während des Güterstandes eintritt. Ein *auflösend bedingter* Erwerb ist dagegen zu berücksichtigen, wenn die Bedingung bei Beendigung des Güterstandes noch nicht eingetreten ist. Tritt die Beendigung später ein, hat eine entsprechende Ausgleichung unter den Ehegatten zu erfolgen (str, vgl dazu § 1376 Rn 42). *Formnichtige* Schenkungsversprechen (§ 518 Abs 1) oder Grundstücksveräußerungsverträge (§ 313 S 1) begründen keinen Vermögenswert. Wird der Mangel der Form durch die Bewirkung der Leistung oder durch Auflassung und Eintragung (§§ 518 Abs 2, 313 S 2) noch während des Güterstandes geheilt, so ist erst damit der Vermögenserwerb vollzogen. Zur Nacherbschaft s Rn 28.

3. Vier Fälle des privilegierten Erwerbs

26 Das Gesetz zählt die *vier Fälle* des nicht ausgleichspflichtigen Erwerbs *abschließend* auf:

27 **Erwerb von Todes wegen** ist, was ein Ehegatte durch gesetzliche, erbvertragliche oder testamentarische **Erbfolge**, durch **Vermächtnis**, als **Pflichtteil** oder **Erbersatzanspruch** erwirbt. Beerbt ein Ehegatte seinen Gläubiger, liegt auch in der Befreiung von der Verbindlichkeit ein Erwerb gem § 1374 Abs 2 (OLG Düsseldorf FamRZ 1988, 287). Nach Auffassung des BGH (BGHZ 130, 377 ff = FamRZ 1995, 1562 = JZ 1996, 203 m Anm GERNHUBER = ZEV 1996, 26 m Anm KLINGELHÖFER) ist die Zuwendung einer **Lebensversicherungssumme**, die ein Ehegatte als Bezugsberechtigter eines ihm nahestehenden verstorbenen Dritten (im entschiedenen Fall des Sohnes) erhält, dem Erwerb von Todes wegen und dem Erwerb mit Rücksicht auf ein künftiges Erbrecht (s Rn 33) zuzuordnen, ohne dass eine nähere Abgrenzung zwischen beiden Varianten erforderlich sei. Die Entscheidung ist zu Recht auf Kritik gestoßen, weil entgegen der Auffassung des BGH nicht nur die Versicherungsbeiträge Gegenstand der Schenkung sind, sondern zugleich die damit verbundene Anwartschaft im Sinne einer Aussicht auf den späteren Erwerb des Anspruches auf die Versicherungssumme (GERNHUBER aaO; JOHANNSEN/HENRICH/JAEGER Rn 25a; SCHWAB VII Rn 132). In dieser Schenkung findet sich im Valutaverhältnis der Rechtsgrund für das Behaltendürfen der Versicherungssumme (HARDER FamRZ 1976, 618). Dessen ungeachtet kann dem BGH jedoch insoweit beigetreten werden, als unter den bezeichneten Voraussetzungen zugleich ein Erwerb von Todes wegen oder mit Rücksicht auf ein künftiges Erbrecht vorliegen kann. Denn schon dem Wortlaut des § 1374 Abs 2 nach kommt es nicht auf die Rechtsform des Erwerbsvorgangs an sei es Kauf sei es Schenkung, sofern denn nach den Umständen ein Erwerb von Todes wegen erfolgt (BGHZ 70, 291, 294; s Rn 33).

Ist ein Ehegatte zum **Nacherben** eingesetzt und tritt während des Güterstandes zwar **28** der Erbfall, nicht aber der Nacherbfall ein, so ist die Anwartschaft des Nacherben zunächst nicht dem Anfangsvermögen hinzuzurechnen. Die in der Natur des Nacherbrechts liegende wirtschaftliche Unsicherheit des Erwerbs schließt eine auch nur annähernd zuverlässige Bewertung regelmäßig aus. Das gilt sowohl bei der befreiten (§ 2136) als auch bei der nichtbefreiten Vorerbschaft (vgl hierzu RGZ 83, 254 f; s auch § 1376 Rn 42). Anders aber BGHZ 87, 367 ff = FamRZ 1983, 882, 884; BGHZ 157, 379, 387 = FamRZ 2004, 783: Danach handelt es sich bei der Anwartschaft um einen Vermögenswert, der sowohl beim Anfangs- wie beim Endvermögen einschließlich realer Wertgewinne durch Änderungen des Wertes der Anwartschaft zu berücksichtigen ist, also zugewinnneutral bleibt (aA SCHUBERT JR 1984, 21; kritisch GERNHUBER FamRZ 1984, 1058 f; TIEDTKE JZ 1984, 1080 und JOHANNSEN/HENRICH/JAEGER Rn 20 ff: weder beim Anfangs- noch beim Endvermögen zu berücksichtigen; MUSCHELER FamRZ 1998, 268 lässt Wertsteigerungen des Nachlasses in den Zugewinn fallen). Dem BGH folgt das OLG Hamm (FamRZ 1984, 81), das zu Recht Wertsteigerungen, die auf Leistungen des Nacherben im Hinblick auf den künftigen Erwerb beruhen, im Anfangsvermögen nicht berücksichtigen will.

Der BGH hat sich wiederholt mit der Frage beschäftigt, wie **Belastungen, die mit 29 einem privilegierten Erwerb gemäß § 1374 Abs 2 einhergehen** im Zugewinnausgleich zu berücksichtigen sind. Nicht ausgleichspflichtig ist danach die Wertsteigerung des Nachlassvermögens während des Güterstandes durch das allmähliche Absinken oder Erlöschen eines vom Erblasser angeordneten lebenslangen Nießbrauchs. Auch insoweit wird ein Erwerb von Todes wegen angenommen (BGHZ 111, 8, 12 = NJW 1990, 1793 f). So entschieden wurde auch für Fälle, in denen ein Ehegatte mit Rücksicht auf ein künftiges Erbrecht ein Grundstück erwirbt, das mit einem Leibgedinge (Altenteil), also auch einer beschränkt persönlichen Dienstbarkeit und einer Reallast belastet ist (BGH FamRZ 1990, 1083 u 1990, 1217). Um die mit der sinkenden Belastung einhergehende Wertsteigerung auszuklammern, ist die Belastung in Anfangs- und Endvermögen unberücksichtigt gelassen worden. Zwar seien an sich die sich unter Berücksichtigung der Belastung ergebenden Werte des Erbteils in Anfangs- und Endvermögen des erbenden Ehegatten zu berücksichtigen, dem Anfangs- und Endvermögen sei aber dann der Wertzuwachs hinzuzurechnen, der sich durch das zwischenzeitliche Absinken der Belastung ergebe. Dessen bedürfe es jedoch nicht, denn es führe zu keinem anderen Ergebnis, wenn beim Vermögensabgleich die Belastung unberücksichtigt bliebe (BGH FamRZ 1990, 603). Da die Zuwendung bei negativem Anfangsvermögen nicht durch Verrechnung mit den Passiva, sondern mit einem Anfangsvermögen von Null erfolgt (s Rn 42), ergeben sich daraus gegen die Berechnungsmethode keine Bedenken (aA OLG Bamberg FamRZ 1995, 608; JOHANNSEN/HENRICH/ JAEGER Rn 24 a; KOGEL FamRZ 2006, 452; PALANDT/BRUDERMÜLLER Rn 13). Allerdings bleibt die **Erhöhung des inneren Wertes** eines privilegierten Erwerbs durch Wertsteigerung, etwa auf Grund von Investitionen oder der Entwicklung von Grundstückswerten, im Zugewinn ausgleichspflichtig (allgM; BGHZ 111, 8, 11 f; s § 1376 Rn 6). Hier kann die Nichtberücksichtigung von Belastungen an den Stichtagen zu Wertverzerrungen führen, weil die gesamte Erhöhung des inneren Wertes dem erwerbenden Ehegatten zugerechnet wird, obgleich wirtschaftlich zunächst nur ein Teilerwerb stattgefunden hat. Betreffen Werterhöhungen zugleich den Wert der Belastung (zB durch Steigerung des fiktiven Mietwerts), fließt diese Werterhöhung ebenfalls in Form privilegierten Erwerbs erst mit Absinken der Belastung zu. Im Einzelfall kann deswegen eine von der Rechtsprechung abweichende Berechnung mit sachverständiger Unterstützung geboten sein (weitergehend JOHANNSEN/HENRICH/JAEGER Rn 24; OLG Bamberg aaO). Im Zusammenhang mit dem Erwerb eingegangene **Zahlungsverpflichtungen** zu Gunsten *Dritter* sind als Passiva zu berücksichtigen (BGH FamRZ 1990, 1217; OLG Hamm FamRZ 1995, 612). Für Belastungen, die nicht aus dem übertragenen Gegenstand selbst zu erbringen sind, sondern aus persönlichen Mitteln, hat der BGH seine Rechtsprechung entsprechend konkretisiert. **Geld oder geldwerte Leistungen**, die der Zuwendungsempfänger zu leisten hat, sind erforderlichenfalls zu kapitalisieren und **mindern generell jeweils Anfangs- und Endvermögen** (BGH FamRZ 2005, 1977 m Anm SCHRÖDER = NJW 2005, 3710; Berechnungsbeispiele bei KOGEL FamRZ 2006, 452 ff; BONEFELD ZErb 2006, 220). Für diese Auffassung spricht, dass die zu erbringenden Leistungen den Zugewinn mindern (BAMBERGER/ROTH/MAYER Rn 16; JOHANNSEN/HENRICH/JAEGER Rn 24 b; PALANDT/BRUDERMÜLLER Rn 13; MünchKomm/KOCH Rn 21; vgl auch OLG Karlsruhe FamRZ 1990, 57). Bei künftiger Fälligkeit soll die Belastung **abgezinst** in Abzug gebracht werden (BGH FamRZ 1990, 1218; s aber dazu § 1376 Rn 41). Ob eine Belastung dinglich gesichert oder nur schuldrechtlich vereinbart ist, bleibt ohne Belang (BGH FamRZ 2005, 1977; 1990, 1083).

30 Zum Erwerb von Todes wegen gehören auch während des Güterstandes erworbene Ansprüche aus einem **Vergleich** (aA MUSCHELER FamRZ 1998, 268; wie hier hM vgl BGHZ 130, 377, 384 mwNw) in einem Erbschaftsstreit, die **Abfindungsansprüche** weichender Erben nach dem Anerbenrecht sowie alle **Entgelte** oder Abfindungen für die Aufgabe bereits angefallener erbrechtlicher Positionen durch Ausschlagung.

31 Einem Erwerb von Todes wegen entspricht schließlich der Erwerb eines Rückübertragungsanspruches nach § 3 VermG, wenn zuvor die Enteignung einen Erwerb im Erbwege verhindert hatte und dem **Ehegatten als Rechtsnachfolger gemäß § 2 VermG** der **Restitutionsanspruch** zuwächst. Zwar begründet § 3 Abs 1 VermG ein mit Inkrafttreten ex nunc entstehendes originäres Recht des Restitutionsberechtigten, begünstigt wird der Ehegatte jedoch nur als Erbe des in der DDR vor dem Tod enteigneten Erblassers. Er erwirbt nicht im Erbgang. Anders als in dem Fall eines selbst enteigneten Ehegatten (dazu Rn 3) wird sein Anspruch nach § 2 Abs 1 S 1 VermG gleichwohl (auch) „wegen des Todes" begründet. Das Vermögensgesetz zeichnet den Erbgang kraft Gesetzes nach, indem es anstelle des enteigneten Vermögens als Surrogat Rückgewähr- oder Ersatzansprüche setzt. Dass der Erwerb des Ehegatten am Nachlass vorbei erfolgt, schließt eine Zurechnung zum Anfangsvermögen nicht aus (vgl BGH 130, 377, 384 = FamRZ 1995, 1562). Die Privilegierung des Erwerbs nach § 1374 Abs 2 steht nicht nur mit dem Wortlaut sondern auch mit dem Gesetzeszweck in Einklang, nach dem ein eheneutraler Zugewinn, der auf den gesetzlich abschließend aufgeführten Gründen beruht, für den Zugewinnausgleich unberücksichtigt bleibt. Einer Analogie bedarf es nicht (zutreffend OLG Düsseldorf FamRZ 2005, 1835 – Revision anhängig zum Az XII ZR 32/05; AG Stuttgart FamRZ 1999, 1065 m Anm BERGSCHNEIDER; LIPP FamRZ 1998, 597; HOLTFESTER/NEUHAUS-PIPER FamRZ 2002, 1533; JOHANNSEN/HENRICH/JAEGER Rn 24 c; aA KOCH FamRZ 2006, 586; 2003, 200, die eine unzulässige Analogie annimmt, sich in SCHWAB/HAHNE [Hrsg], Familienrecht im Brennpunkt [2004], 139, 150 aber in anderem Zusammenhang gegen die hM dafür ausspricht, im Wege der Analogie den Anwendungsbereich von § 1374 Abs 2 auszudehnen; dieselbe anders noch in MünchKomm Rn 17; KOGEL FamRZ 2000, 1089). Zu dem für die Bewertung maßgebenden **Zeitpunkt** s § 1376 Rn 5. **Starb** der von einer vermögensschädigenden Maßnahme im Sinne des § 1 VermG betroffene Erblasser **nach Inkrafttreten des Vermögensgesetzes** am 29. 9. 1990 sind vermögensrechtliche Ansprüche in seiner Person entstanden und in den Nachlass gefallen. Der Anspruch nach § 3 Abs 1 S 1 VermG ist dem Anfangsvermögen hinzuzurechnen. Insoweit bestehen Besonderheiten nicht.

Nicht zum Erwerb von Todes wegen gehört der **Erwerb unter Lebenden auf den** **32** **Todesfall**. Die vollzogene *Schenkung von Todes wegen* (§ 2301) fällt jedoch unter den privilegierten Erwerb durch *Schenkung* (vgl dazu Rn 34 ff). Ein Erwerb durch *Vertrag zugunsten Dritter auf den Todesfall* ist ebenfalls kein Erwerb von Todes wegen, weil der Dritte kraft eigenen Bezugsrechtes erwirbt, ohne dass der Anspruch in den Nachlass fällt (BGH FamRZ 1995, 1563), er kann aber im Einzelfall privilegierte Schenkung oder als Erwerb mit Rücksicht auf ein künftiges Erbrecht dem Anfangsvermögen hinzuzurechnen sein. Zur Zuwendung einer Lebensversicherungssumme s Rn 27.

Ein **Erwerb mit Rücksicht auf ein künftiges Erbrecht** ist nicht auszugleichen, weil es **33** sich hierbei um eine vorweggenommene Erbfolge oder Erbteilung handelt, inhaltlich mithin um einen Erwerb von Todes wegen. Ob ein Vermögen mit Rücksicht auf ein künftiges Erbrecht übergeben und erworben wird, richtet sich in erster Linie danach, ob die Vertragschließenden mit der Übergabe einen künftigen Erbgang vorwegnehmen wollen (BGH FamRZ 1990, 1083). Der Erwerb kann auch in die Rechtsform des Kaufes gekleidet sein (BGHZ 70, 291 = NJW 1978, 1809). Hierher zählen vor allem die sog Gutsübergabe- oder Gutsüberlassungsverträge, die aber nicht nur im landwirtschaftlichen Bereich möglich sind, sondern auch sonst, zB Übertragung eines Unternehmens oder Grundstücks auf den Erben. Die Einräumung eines Altenteils und die Übernahme von Belastungen nehmen einem solchen Überlassungsvertrag selbst dann nicht den die Erbfolge vorwegnehmenden Charakter, wenn die kapitalisierte Gegenleistung ein gewisses Übergewicht erhält (BGH FamRZ 1990, 1083). Die Frage der Entgeltlichkeit ist lediglich bei besonderen Gestaltungen als Indiz heranzuziehen, inwieweit das künftige Erbrecht Gegenstand des Geschäftes ist (BGH aaO). Auch der sog „Kindskauf" (§ 511 aF = § 470 nF) wird in der Regel hierher gehören; ebenso kann hierher die Abfindung rechnen, die einem anteilsberechtigten Abkömmling für den Verzicht auf seinen Anteil am Gesamtgut der fortgesetzten Gütergemeinschaft (§§ 1491, 1517) oder für seine Ausschließung von der fortgesetzten Gütergemeinschaft (§ 1511) gewährt wird. Ferner sind hier zu berücksichtigen: Abfindungen für einen Erbverzicht, für den Verzicht auf eine erbvertragliche oder testamentarische Zuwendung oder auf den Pflichtteil, weiter der vorzeitige Erbausgleich des nichtehelichen Kindes (§ 1934d aF iVm Art 227 EGBGB). Auch die Wertsteigerung des mit Rücksicht auf ein künftiges Erbrecht erworbenen Vermögens, die durch die Wertminderung eines zugunsten des zu Lebzeiten übergebenden

Erblassers eingeräumten Altenteils oder Nießbrauchs eintritt, ist ein nach § 1374
Abs 2 privilegierter Erwerb von Todes wegen. Für eine beim Erwerb gleichzeitig
eingegangene Ausgleichsverpflichtung gegenüber Dritten gilt dies ebenso wenig wie
für eine Geld- oder geldwerte Leistung gegenüber dem Erblasser, weil insoweit eine
Zuwendung des Erblassers an den übernehmenden Ehegatten gerade nicht vorliegt.
Ist die Forderung noch nicht fällig, ist sie abgezinst in die Ausgleichsberechnung
einzustellen (Einzelheiten s Rn 29). Ausgleichspflichtig bleibt auch eine Wertsteigerung,
die der Nachlass während des Güterstandes aus anderen Gründen erfährt, etwa
aufgrund von Investitionen oder durch einen Anstieg der Grundstückspreise (BGHZ
111, 8; § 1376 Rn 6).

34 Über den Begriff der **Schenkung** s § 516 und Bemerkungen hierzu. *Geldzuwendungen für den laufenden Gebrauch* sind den Einkünften zuzurechnen, ohne das Anfangsvermögen zu beeinflussen (OLG Zweibrücken FamRZ 1984, 276; s auch Rn 47 f). Ob
diese demgegenüber abweichend die Vermögensbildung fördern sollen, ist im Einzelfall unter Berücksichtigung ihres Anlasses, der Willensrichtung des Schenkers und
den wirtschaftlichen Verhältnissen des Beschenkten zu entscheiden (BGHZ 101, 229,
235 m Anm Hohloch JR 1988, 108). *Arbeits- und Dienstleistungen* sind auch regelmäßig
dann keine Schenkungen, wenn sie sich durch Vermögensmehrung ausgezahlt haben,
etwa bei Leistungen im Zusammenhang mit einem Hausbau. Anderes kommt in
Betracht, wenn die Leistung mit dem Verzicht auf einen entstandenen Vergütungsanspruch oder dem Verzicht auf eine anderweitige Vergütung einhergeht (BGH aaO;
OLG Schleswig OLGR 2006, 398). *Freiwillige Leistungen des Arbeitgebers* sind regelmäßig keine Schenkung, sondern Entlohnung (OLG München FamRZ 1995, 1069 mwNw).
Die Zuwendung einer *Lebensversicherungssumme* kann eine Schenkung sein (s dazu
Rn 27). Bei *gemischten Schenkungen* ist dem Anfangsvermögen nur der unentgelt-
liche Teil der Zuwendung zuzurechnen (BGH FamRZ 2005, 1977 = NJW 2005, 3710; NJW
1992, 2566; OLG Bamberg FamRZ 1990, 408). Geht es darum, nur teilweise privilegierten
Erwerb anteilsmäßig zu bewerten, kann aus Gründen der Praktikabilität für die
Bewertung zum Zeitpunkt des Erwerbs ein früherer tatsächlicher Zustand zugrunde
gelegt werden (BGH FamRZ 2005, 1975 insoweit OLG München FamRZ 2003, 312 m Anm
Schröder bestätigend; iE ähnlich AG Groß-Gerau FamRZ 1999, 657). Ist eine Schenkung
Grundlage für einen später möglicherweise gegen den Beschenkten gerichteten
Pflichtteilsergänzungsanspruch, bleibt dieser bei der Zurechnung zum Anfangsvermögen nach Auffassung des OLG Stuttgart außer Betracht (FamRZ 1990, 750). Dagegen wendet sich Muscheler (FamRZ 1998, 272), der in entsprechender Anwendung
des § 1374 Abs 2 einen vom Anfangsvermögen abzuziehenden Folgeerwerb in Höhe
der anfallenden Verbindlichkeit annimmt, wobei eine Klärung von Ansprüchen
notfalls inzident im Zugewinnausgleichsverfahren erfolgen soll (zust Bamberger/
Roth/Mayer Rn 18). Insoweit gelten jedoch die Grundsätze zu bedingten und ungewissen Rechten, s § 1376 Rn 42 f.

35 **Schenkungen zwischen Ehegatten** (zu Einzelheiten s § 1380 Rn 25), auch solche Schen-
kungen, die ein Ehegatte dem anderen mit der Bestimmung macht, dass sie auf die
Ausgleichsforderung angerechnet werden sollen, sind dem Anfangsvermögen des
Beschenkten hinzuzurechnen (aA BGHZ 101, 65 = NJW 1987, 2814; FamRZ 1988, 373;
Grünenwald 39 und NJW 1995, 505; 1988, 109; Tiedtke zuletzt JZ 1992, 336; Netzer FamRZ
1987, 67; Hohloch JR 1988, 108; Palandt/Brudermüller Rn 15; Bamberger/Roth/Mayer
Rn 21; Rauscher Rn 418; Johannsen/Henrich/Jaeger Rn 25; Schwab Teil VII Rn 133, 197 je-

weils mwNw; wie hier ERMAN/HECKELMANN Rn 7; MünchKomm/KOCH Rn 23; SOERGEL/LANGE Rn 14; BGB-RGRK/FINKE Rn 18; LIPP JuS 1993, 90 ff; KORNEXL NJW 1994, 622 ff m abw Erwiderung GRÜNENWALD NJW 1995, 505; differenzierend danach, ob eine Anrechnung gem § 1380 zum Tragen kommt: SEUTEMANN FamRZ 1989, 1023). Die Anwendung von § 1374 Abs 2 setzt freilich nicht voraus, dass die Zuwendung mit der Bestimmung der Anrechnung erfolgt ist (anders § 1380).

Schenkungen an beide Ehegatten (zB Hochzeitsgeschenke an beide Ehegatten) sind **36** dem Anfangsvermögen beider Ehegatten entsprechend ihren Miteigentumsanteilen (regelmäßig je zur Hälfte) hinzuzurechnen. Das gilt auch dann, wenn die zugewendeten Gegenstände bei Beendigung des Güterstandes noch vorhanden sind (irrig KRÜGER/BREETZKE/NOWACK § 1374 Anm 2 b, c).

Keine Schenkung liegt vor bei **„unbenannten Zuwendungen unter Ehegatten"** (dazu **37** s § 1363 Rn 17 ff). Gleichwohl ist der dem anderen Ehegatten angefallene Vermögenswert auch dem Anfangsvermögen hinzuzurechnen, § 1374 Abs 2 (vgl BGHZ 65, 320 = NJW 1976, 328; als obiter dictum auch in BGHZ 68, 299 = NJW 1977, 1234; s auch § 1380 Rn 24). Anderenfalls würde der andere Ehegatte (Zuwendungsempfänger) schlechter stehen, als er stehen würde, wenn er die Zuwendung nicht erhalten hätte (BGHZ 65, 320; LIEB, Die Ehegattenmitarbeit im Spannungsfeld zwischen Rechtsgeschäft, Bereicherungsausgleich und gesetzlichem Güterstand [1970] 128; HENRICH FamRZ 1975, 533, 537; teilweise anders MünchKomm/GERNHUBER [3. Aufl] Rn 21; SEUTEMANN aaO; ERMAN/HECKELMANN Rn 7; KÜHNE JR 1982, 237). Demgegenüber findet nach neuerer Auffassung des BGH (seit BGHZ 82, 227, 234 = FamRZ 1982, 248; FamRZ 1982, 778) § 1374 Abs 2 auch auf die unbenannten Zuwendungen zwischen Ehegatten keine Anwendung, vielmehr bedürfe es dessen bei der Anrechnung nach § 1380 nicht, weil die dadurch angeordnete Zurechnung der Zuwendung eine weitere beim Zuwendungsempfänger ohne weiteres verbiete. Die Bedeutung des § 1380 würde in diesem Fall reduziert auf die Fälle, in denen der Empfänger die Zuwendung ausgegeben oder er Schulden hat (vgl BGHZ 101, 65, 71 mwNw; s Erl dort). Im Ergebnis stimmen die Auffassungen insoweit überein, als die Zuwendung die Ausgleichsforderung des Zuwendungsempfängers nicht zweimal verringert. Heranzuziehen ist die Privilegierung des § 1374 Abs 2 jedenfalls, wenn ein Ehegatte die Nichtanrechnung der Zuwendung angeordnet hat (s § 1380 Rn 25).

Entsprechend unbenannten **Zuwendungen** unter Ehegatten behandelt der BGH **38** Zuwendungen, die während des gesetzlichen Güterstandes um der Ehe willen zu deren dauerhaften Sicherung einem Ehegatten **von den Schwiegereltern** gemacht worden sind (BGHZ 129, 259, 263 ff = NJW 1995, 1889 = FamRZ 1995, 1060 m krit Anm KOCH JR 1996, 326 u BATTES FuR 1995, 230; BGH FamRZ 1998, 669). Auch hier fehle es an der Unentgeltlichkeit (nur insoweit abw Anm TIEDTKE JZ 1996, 201 ff). Soweit die Eltern dem eigenen Kind anteilig eine Zuwendung gemacht haben, bleibt § 1374 Abs 2 aber auch nach dieser Auffassung anwendbar (BGH FamRZ 1998, 669; OLG Koblenz FuR 2006, 474 [LS] m Anm SOYKA u KOGEL FamRB 2006, 327; WEVER Rn 552; KLEINLE FamRZ 1997, 1390). Das OLG Nürnberg (FamRZ 2006, 38 m Anm SCHRÖDER u HEINLE FamRB 2005, 319 u MÜNCH MittBayNot 2006, 338) kommt allerdings wegen einer entsprechenden Zweckbindung hinsichtlich beider Ehepartner zu einer ehebedingten Zuwendung und damit zur Nichtanwendung von § 1374 Abs 2 auch für das eigene Kind. Umgekehrt kommt im Einzelfall eine Schenkung an das Schwiegerkind in Betracht (OLG Düsseldorf 2005,

1089, insoweit krit WEVER FamRZ 2006, 371). Zur Ausstattung nur des eigenen Kindes trotz Überweisung auf ein gemeinsames Konto s Rn 39.

39 Ausstattung ist, was einem Kinde mit Rücksicht auf seine Verheiratung oder auf die Erlangung einer selbständigen Lebensstellung zur Begründung oder Erhaltung der Wirtschaft oder der Lebensstellung von dem Vater oder der Mutter zugewendet wird, § 1624. Eine Ausstattung liegt nicht schon vor, wenn Eltern für ihr Kind unentgeltlich arbeiten (BGHZ 101, 229, 233). Nach den Umständen kann mit Blick auf § 2050 Abs 1 eine Ausstattung allein des eigenen Kindes in der Überweisung eines größeren Geldbetrages auf das gemeinsame Konto der Ehegatten liegen (AG Stuttgart FamRZ 1999, 655; zust KOCH FamRZ 2003, 199; zur Ausstattung s auch KOGEL ZErb 2006, 225).

40 Sonstiger Vermögenserwerb ist dem Anfangsvermögen auch dann **nicht zuzuschlagen**, wenn der andere Ehegatte zu ihm, ähnlich wie in den Fällen des Abs 2, nicht beigetragen hat. Das Gesetz geht von der Regel aus, dass jeglicher Vermögenserwerb ausgleichspflichtig ist. Die bewusst eng gefassten Ausnahmen des Abs 2 sind auf andere Fälle **nicht entsprechend anzuwenden**. Daher verbleiben Lotterie- und Spielgewinne ebenso im Zugewinnausgleich wie Spekulationsgewinne uä (**hM**, vgl BGHZ 68, 43 = NJW 1977, 377 – Lottogewinn – anderes gilt für das nicht selbst angeschaffte sondern durch Schenkung erlangte Lotterielos – hier ist die sich verwirklichende schenkweise erlangte Gewinnaussicht bereits Gegenstand einer Schenkung iSv § 1374 Abs 2 und damit auch der Gewinn, vgl auch GERNHUBER JZ 1996, 207; BGHZ 82, 149 = NJW 1982, 279 – Abfindung von Unfallopfern –; BGHZ 80, 384 – Schmerzensgeld –; **aA** für die Zulässigkeit einer Analogie KOCH, in: SCHWAB/HAHNE [Hrsg], Familienrecht im Brennpunkt [2004] 139, 150 ff; JOHANNSEN/HENRICH/JAEGER Rn 276; SCHWAB VII Rn 143 ff ders, in: FS Söllner [2000] 1079, 1085 ff; SCHRÖDER FamRZ 1997, 1, 3 f). Keine unzulässige entsprechende Anwendung liegt in der Einbeziehung einer Heiratserstattung nach § 1304 RVO aF (BGH FamRZ 1995, 290; s Rn 6). Die Zuwendung einer Lebensversicherungssumme kann als Schenkung in das Anfangsvermögen einzubeziehen sein (s Rn 27; weitere Beispiele bei KOCH aaO 146 ff).

4. Hinzurechnung zum Anfangsvermögen

41 Die in Abs 2 genannten Vermögenswerte werden dem Anfangsvermögen nach Abzug der Verbindlichkeiten hinzugerechnet. Dadurch verringert sich die Differenz zum Endvermögen. Der Zugewinn ist um den Betrag der anzurechnenden Zuwendungen kleiner; eine Ausgleichung findet insoweit also nicht statt. Dem durch die Zuwendungen begünstigten Ehegatten kommt dadurch diese Vermögensmehrung allein zugute. Die Hinzurechnung erfolgt schematisch und **ohne Rücksicht darauf**, ob der Vermögenswert dem Vermögen des Ehegatten dauernd zugute gekommen oder **ob er bei Beendigung des Güterstandes noch vorhanden ist**. Sind Vermögensgegenstände dem Anfangsvermögen hinzuzurechnen, ist bei der Berechnung des Vermögenszuwachses der Kaufkraftschwund des Geldes seit dem Zeitpunkt ihres Erwerbs zu berücksichtigen (BGHZ 101, 65, 67; 61, 385, 393; s § 1373 Rn 9 ff), nicht aber Änderungen des inneren Wertes nach dem Anfangsstichtag (s § 1376 Rn 5 f).

42 Der anzurechnende Vermögenserwerb wird dem **Anfangsvermögen** hinzugerechnet. Die in Abs 1 gegebene Begriffsbestimmung des Anfangsvermögens gilt auch hier. Bestandteil dieser Begriffsbestimmung ist aber, dass das Anfangsvermögen nicht negativ sein kann. Übersteigen die beim Eintritt des Güterstandes bestehenden Verbindlichkeiten das in diesem Zeitpunkt vorhandene Vermögen, so ist das Anfangsvermögen mit Null anzusetzen (s Rn 17). Diesem **Anfangsvermögen im Werte Null** sind nach dem Wortlaut des Gesetzes die nicht ausgleichspflichtigen **Zuwendungen hinzuzurechnen** (BT-Drucks 2/3409, 9). An dieser nur scheinbar rein formalen Interpretation ist festzuhalten (vgl jetzt auch BGHZ 129, 311, 316 ff = FamRZ 1995, 990, m abl Anm GERNHUBER JZ 1996, 47 ff; OLG Bamberg FamRZ 1988, 506; LÜDERITZ/DETHLOFF § 5 Rn 111 gegen Voraufl; BAMBERGER/ROTH/MAYER Rn 25; MünchKomm/KOCH Rn 16; PALANDT/BRUDER-MÜLLER Rn 9). Das nach Abs 2 während des Güterstandes erworbene Vermögen ist nach dem Sinn des Gesetzes nicht ausgleichspflichtig. Es geht deshalb nicht an, es auch nur teilweise zum Ausgleich der Folgen der vielfach als ungerecht empfundenen Regelung des Abs 1 HS 2 (s oben Rn 18) einzusetzen. Das Gesetz hätte den Ausschluss der Zugewinnteilhabe an dem privilegierten Erwerb technisch auch dadurch regeln können, dass insoweit das Endvermögen oder der nach den §§ 1374 ff berechnete Zugewinn zu kürzen sei. Die Anrechnung auf einen Unterschuss des Anfangsvermögens wäre dann auch systematisch sehr viel weniger (ohnehin nur scheinbar) naheliegend (aM aber BÄRMANN AcP 157, 145, 169; ERMAN/HECKELMANN Rn 9; GERNHUBER/COESTER-WALTJEN § 36 Rn 28; MünchKomm/GERNHUBER [3. Aufl] Rn 16; SOERGEL/LANGE Rn 10; JOHANNSEN/HEINRICH/JAEGER Rn 29; SCHWAB VII Rn 142; RAUSCHER Rn 419; KO-RENKE FuR 1995, 232; SCHRÖDER FamRZ 1997, 1, 5; ohne Begründung KOGEL FamRZ 2006, 452 ff).

Die gemäß Abs 2 nicht ausgleichspflichtigen **Zuwendungen** sind dem Anfangsver- **43** mögen **nach Abzug der Verbindlichkeiten hinzuzurechnen** (Nettoerwerb). Bevor der Wert dieser Zuwendungen dem Anfangsvermögen zugeschlagen wird, sind die mit ihm unmittelbar verbundenen Verbindlichkeiten abzusetzen. Das sind bei einer Schenkung Pflichtteilsergänzungsansprüche gem § 2329 (s Rn 34), bei einem Erwerb von Todes wegen die Nachlassverbindlichkeiten, § 1967. Bei einem Erwerb mit Rücksicht auf ein künftiges Erbrecht oder als Ausstattung sind die etwa übernommenen Gegenleistungen abzuziehen. Der Verzicht auf das gesetzliche Erbrecht oder das Pflichtteilsrecht (§ 2346) kann jedoch nicht als abzugsfähige Gegenleistung für die gewährte Abfindung oder Gutsüberlassung angesehen werden. Hier wird das Vermögen des Verzichtenden nicht unmittelbar durch den Verzicht betroffen, da ihm die Erbschaft noch nicht angefallen war. Zu der gegen die Grundstücks- oder Gutsüberlassung etwa zu leistenden Leibrente oder einem Nießbrauch usw s Rn 29, 33; eine gezahlte Abfindung ist abzugsfähig, dagegen mindert eine nicht valutierte Grundschuld den Wert eines schenkweise erworbenen Grundstücks nicht (OLG Koblenz FamRZ 2006, 1839 = FuR 2006, 474 m Anm SCHRÖDER).

Die Verbindlichkeiten sind jedoch nur **bis zur Höhe des hinzuzurechnenden Vermö- 44 gens** abzuziehen. Das ist zwar im Gesetz nicht ausdrücklich bestimmt, ergibt sich aber aus dem Zweck der Regelung. Ein Ehegatte soll den anderen an dem Vermögenserwerb gemäß Abs 2 nicht beteiligen müssen. Die Vorschrift dient also den Interessen des erwerbenden Ehegatten. Die **Anrechnung der überschießenden Verbindlichkeiten** auf das Anfangsvermögen würde dieses vermindern. Dadurch würde sich der Zugewinn erhöhen und der andere Ehegatte an einem „Zugewinn" zu beteiligen sein, der in Wahrheit nicht erzielt worden ist (hM, vgl BGHZ 129, 311 ff = FamRZ 1995, 990; DÖLLE I 801; ERMAN/HECKELMANN Rn 8; MünchKomm/KOCH Rn 24; RAUSCHER Rn 419; JOHANNSEN/HEINRICH/JAEGER Rn 29; BGB-RGRK/FINKE Rn 21; SOERGEL/LANGE Rn 11).

45 Die durch die Annahme einer überschuldeten Erbschaft eingetretene Minderung des Endvermögens kann auch nicht gemäß § 1375 Abs 2 Nr 1 ausgeglichen werden. Der Ehegatte macht den Nachlassgläubigern keine unentgeltliche Zuwendung, auch wenn er von der Möglichkeit der Haftungsbeschränkung keinen Gebrauch macht (ebenso MünchKomm/Koch Rn 25). Im Einzelfall könnte nur eine Anwendung von § 1375 Abs 2 Nr 3 in Betracht kommen.

46 Die **Hinzurechnung** zum Anfangsvermögen erfolgt **unabhängig davon, ob der Zuwendende dies bestimmt hat** (aA Muscheler FamRZ 1998, 265 mit Hinweis auf die Entstehungsgeschichte; anders, wenn auch in anderem Zusammenhang letztlich auch Tiedtke JZ 1996, 201 f). Eine gleichwohl getroffene Bestimmung ist bedeutungslos (anders § 1380). Der Zuwendende kann deshalb nicht bestimmen, dass eine Hinzurechnung nicht erfolgen solle. Er kann insbesondere auch nicht wirksam bestimmen, dass eine Zuwendung anderer als der in Abs 2 bezeichneten Art nicht dem Zugewinnausgleich unterliegen solle.

5. Ausschluss der Hinzurechnung

47 Ein gemäß Abs 2 erworbenes Vermögen ist dem Anfangsvermögen **nicht hinzuzurechnen**, soweit es den Umständen nach zu den **Einkünften** zu rechnen ist. Wie auch aus der Anlehnung an die Regelung bei der Errungenschaftsgemeinschaft (§ 1521 aF) folgt, liegt dieser Ausnahme die Erwägung zugrunde, dass Zuwendungen, die nach der Natur der Sache und den Umständen des Falles dazu bestimmt sind, die zum *Verbrauch* bestimmten Mittel zu vermehren, nicht dem der Ausgleichung entzogenen Vermögen zuzurechnen sind. Zuwendungen solcher Art werden regelmäßig verbraucht und erhöhen daher den während der Ehe erzielten Gewinn nicht. Werden sie nicht verbraucht, so beruht die dadurch bewirkte Vermögensmehrung nicht so sehr auf der Tatsache der Zuwendung, als auf der Sparsamkeit des Ehegatten, so dass eine Verkürzung des Zugewinns um diesen Erwerb nicht vertretbar wäre. Insbesondere bei Geldzuwendungen bedarf es einer Unterscheidung bei zur Vermögensbildung gedachten Leistungen, die zum privilegierten Erwerb zählen (dazu Rn 34).

48 Zu den *Einkünften* kann jeder Erwerb der in Abs 2 bezeichneten Art gehören, aber auch nur ein solcher. Einkünfte anderer Art fallen ohnehin in den Zugewinn, soweit sie bei Beendigung des Güterstandes noch vorhanden sind. Das gilt insbesondere von Einkünften aus dem gemäß Abs 2 erworbenen Vermögen selbst. Auch Zuwendungen zur Bestreitung der ehelichen Lasten und für die laufenden Haushaltsbedürfnisse sind hierher zu rechnen, mögen sie einmalig (zB Schenkung zur Ermöglichung einer Studienreise, eines Erholungsaufenthalts, einer Kur; zweifelhaft bei der Schenkung eines PKW, der für Fahrten zum Arbeitsplatz verwendet wird [so aber OLG Karlsruhe FamRZ 2002, 236 m krit Anm Romayko, zust Johannsen/Henrich/Jaeger Rn 31; anders aber eine unentgeltliche Gebrauchsüberlassung ohne Rechtsbindungswillen für die Zukunft, OLG München FamRZ 1998, 825]) oder wiederkehrend (zB Haushaltszuschüsse, „Nadelgeld" an die verheiratete Tochter) geleistet werden. Auch remuneratorische Schenkungen können den Umständen nach zu den Einkünften zählen (was zB nicht zutrifft bei einer einmaligen Schenkung für eine Lebensrettung). Nicht hierher gehören Arbeitseinkommen einschließlich zusätzlicher Sozialleistungen (Gratifikationen, zusätzliche Urlaubsgelder uam), da sie schon nicht als Schenkungen anzusehen sind, sondern als Teil des Arbeitsentgelts, s auch Rn 34. Zuwendungen zur Finanzierung **gemeinsamen Hausrats** sollen ebenfalls nicht unter die Privilegierung des § 1374 Abs 2 fallen (OLG Koblenz FamRB 2006, 327 m Anm KOGEL u SOYKA FuR 2006, 475), wenn diese Zweckbestimmung feststeht. Insoweit findet sich nach hM in der HausratsVO die spezielle Regelung (dagegen s § 1375 Rn 6).

VIII. Abweichende Vereinbarungen

Durch **Ehevertrag** können abweichende Bestimmungen über die Berechnung des **49** Anfangsvermögens getroffen werden. Auch über die Hinzurechnung zum Anfangsvermögen kann ehevertraglich Abweichendes vereinbart werden. Die Ehegatten können einen bestimmten Wert ihrer Anfangsvermögen festlegen; sie können einzelne Gegenstände dazu rechnen oder außer Betracht lassen usw und dadurch gewisse Vermögenswerte zum ausgleichspflichtigen Zugewinn erklären oder von der Ausgleichung ausschließen (vgl BGH FamRZ 1997, 800). Sie können auch den Berechnungszeitpunkt auf einen Zeitpunkt vor der Eheschließung verlegen (OLG Hamburg NJW 1964, 1076; ERMAN/HECKELMANN Rn 1, 11; MünchKomm/KOCH Rn 3; BGB-RGRK/ FINKE Rn 26; SOERGEL/LANGE Rn 4; **aM** GERNHUBER/COESTER-WALTJEN § 36 Rn 30–32 Fn 35). Heben die Ehegatten die vereinbarte Gütertrennung rückwirkend auf mit der Maßgabe, dass von Beginn der Ehe an Zugewinngemeinschaft bestehen soll, ist das als Vereinbarung des Berechnungszeitpunktes für das Anfangsvermögen rechtlich unbedenklich (BGH FamRZ 1998, 903).

Haben die Ehegatten den Bestand und den Wert des Anfangsvermögens und der **50** diesem hinzuzurechnenden Gegenstände gemeinsam in einem Verzeichnis festgestellt, so wird im Verhältnis der Ehegatten lediglich vermutet, dass das Verzeichnis richtig ist, § 1377 Abs 1.

IX. Beweislast

Sofern die Ehegatten über das Anfangsvermögen kein Verzeichnis aufgenommen **51** haben, greift die Vermutung des § 1377 Abs 3 ein. Demnach obliegt dem auf Zugewinn in Anspruch genommenen Gatten die Beweislast für Umfang und Wert vom Endvermögen abzuziehenden Anfangsvermögens (BGHZ 107, 236, 246; 113, 325, 334; BGH FamRZ 2002, 606 zugleich zur Frage einer modifizierten Darlegungslast der Witwe beim Zugewinnausgleich gem § 1371 Abs 2 im Bereich der für sie streitenden Vermutung des § 1377 Abs 3; BGH FamRZ 2005, 1660 m Anm KOCH FF 2005, 320; s auch § 1377 Rn 24). Das gilt auch für die Umstände, aus denen sich ergibt, dass ein Erwerb nicht zu den Einkünften gehört (dazu OLG Koblenz FamRB 2006, 327).

§ 1375
Endvermögen

(1) Endvermögen ist das Vermögen, das einem Ehegatten nach Abzug der Verbindlichkeiten bei der Beendigung des Güterstandes gehört. Die Verbindlichkeiten werden, wenn Dritte gemäß § 1390 in Anspruch genommen werden können, auch insoweit abgezogen, als sie die Höhe des Vermögens übersteigen.

(2) Dem Endvermögen eines Ehegatten wird der Betrag hinzugerechnet, um den dieses Vermögen dadurch vermindert ist, dass ein Ehegatte nach Eintritt des Güterstandes

1. unentgeltliche Zuwendungen gemacht hat, durch die er nicht einer sittlichen Pflicht oder einer auf den Anstand zu nehmenden Rücksicht entsprochen hat,

2. Vermögen verschwendet hat oder

3. Handlungen in der Absicht vorgenommen hat, den anderen Ehegatten zu benachteiligen.

(3) Der Betrag der Vermögensminderung wird dem Endvermögen nicht hinzugerechnet, wenn sie mindestens zehn Jahre vor Beendigung des Güterstandes eingetreten ist oder wenn der andere Ehegatte mit der unentgeltlichen Zuwendung oder der Verschwendung einverstanden gewesen ist.

Materialien: E I §§ 1379, 1380; II §§ 1381, 1382.
Vgl STAUDINGER/BGB-Synopse 1896–2005
§ 1375.

Schrifttum

S Einl zu §§ 1363 ff und § 1374.

Systematische Übersicht

Alphabetische Übersicht

I. Begriff des Endvermögens

Endvermögen ist nach der Begriffsbestimmung des Abs 1 das Vermögen, das einem **1** Ehegatten nach Abzug der Verbindlichkeiten bei der Beendigung des Güterstandes gehört. Das Endvermögen ist die zweite der bei der Ermittlung des Zugewinns jedes Ehegatten einzusetzenden **Rechnungsgrößen** (s auch § 1374 Rn 1). Es ist daher keine besondere Vermögensmasse, kein Sondervermögen, sondern der Wert des gesamten Vermögens, das einem Ehegatten nach Abzug der Verbindlichkeiten am Endstichtag der Zugewinngemeinschaft gehört. Das Endvermögen ist nach Feststellung und Bewertung lediglich als der in einer Geldsumme ausgedrückte *Rechnungsposten* in der Zugewinnrechnung dem Anfangsvermögen gegenüberzustellen.

Bei der Feststellung des Endvermögens sind **alle am Stichtage** vorhandenen **Vermö- 2 genswerte und Verbindlichkeiten** zu berücksichtigen. Es kommt nicht darauf an, ob sie bereits zum Anfangsvermögen gehörten. Es ist daher nicht möglich, Aktiv- oder Passivposten, die bereits in der „Eröffnungsbilanz" zum Anfangsstichtage erscheinen, bei der Feststellung des Endvermögens außer Betracht zu lassen, wenn sie bei Beendigung des Güterstandes noch vorhanden sind (ebenso MünchKomm/Koch Rn 9). Anzurechnen sind auch solche am Endstichtag noch bestehenden Verbindlichkeiten, die bei der Feststellung des Anfangsvermögens und eines diesem hinzuzurechnenden Vermögens nicht mehr berücksichtigt werden durften. Forderungen müssen wirksam entstanden nicht aber fällig sein.

3 Der Anspruch auf **Einkommensteuererstattung** entsteht mit Ablauf des Veranlagungszeitraumes, also des Kalenderjahres. Mit diesem Zeitpunkt fällt er in das Endvermögen unabhängig von der Abgabe der Steuererklärung und der Bekanntgabe des Steuerbescheides (OLG Köln FamRZ 1999, 656 f). Bei gemeinsamer Veranlagung der Ehegatten sind diese zwar hinsichtlich einer Steuerschuld Gesamtschuldner (§§ 44, 268 AO), mangels gesetzlicher Regelung aber nicht Gesamtgläubiger des Erstattungsanspruchs (BFH BStBl II 1991, 47). Die Erstattung steht nach Rechtsprechung des BFH in Anwendung von § 37 Abs 2 AO den Ehegatten nach dem Verhältnis der Beträge zu, in dem die Steuer für Rechnung eines jeden von ihnen gezahlt worden ist (BFH aaO). Diese Erstattungsberechtigung wird indes nicht als sachgerechter Maßstab für die endgültige Aufteilung im Innenverhältnis angesehen. Über den Ausgleichsmaßstab besteht Streit (Nachweise bei WEVER Rn 763 ff; ARENS FamRZ 1999, 260; KORITZ FPR 2003, 435; LIEBELT FamRZ 1993, 626 ff). Nach ganz überwiegender Meinung in Rechtsprechung und Literatur sind die Steuerschuld und die sich daraus ergebenden **Erstattungs- oder Nachzahlungsansprüche** unter entsprechender Anwendung von § 270 AO auf der Grundlage **fiktiver getrennter Veranlagungen** zu ermitteln (BGH FamRZ 2006, 1178 mwNww; OLG Düsseldorf FamRZ 2001, 96; 1991, 1316; OLG Hamm FamRZ 1998, 1167; KOTZUR NJW 1989, 818; LIEBELT FamRZ 1993, 633; BOSCH FamRZ 2002, 368; JOHANNSEN/HENRICH/JAEGER Rn 15; zu Einzelheiten s STAUDINGER/NOACK [2005] § 426 Rn 209 f). Dieser Maßstab kann durch abweichende Vereinbarung überlagert werden. Der Anspruch aus dem ehegatteninternen Steuerausgleich ist vor dem Prozessgericht geltend zu machen. Ob im Hinblick auf die Einbeziehung in den Zugewinnausgleich und die damit möglicherweise einhergehende Beteiligung beider Ehegatten am Erstattungsbetrag eine gesonderte Geltendmachung sinnvoll ist, kann nur im Einzelfall entschieden werden (vgl auch Rn 8).

4 Zum Begriff des Vermögens s § 1374 Rn 2. Auch die Verbindlichkeiten müssen bei der Beendigung des Güterstandes oder an dem sonst maßgeblichen Stichtag (§§ 1384, 1387) bestehen; sie müssen wirksam entstanden, nicht aber fällig sein. **Es genügt nicht, dass sie im Augenblick der Beendigung des Güterstandes entstehen.** Das wird bedeutsam im Falle der Beendigung des Güterstandes durch den Tod eines Ehegatten. Kann der überlebende Ehegatte gemäß § 1371 Abs 2 den Ausgleich des Zugewinns verlangen, so können die Erben die *Erbfallschulden* und die *Nachlasserbenschulden* nicht als Verbindlichkeiten abziehen: Nicht absetzbar sind zB Verbindlichkeiten aus Vermächtnissen, Auflagen und Pflichtteilsrechten, der Ausbildungsanspruch der Stiefabkömmlinge und die Erbschaftsteuer (s § 1371 Rn 67; Münch-Komm/KOCH Rn 15). Nachlassverbindlichkeiten einer Erbschaft, die einem Ehegatten vor dem Stichtag angefallen ist, sind dagegen abzugsfähig.

5 Für die Berechnung des Endvermögens gilt dasselbe, was zu § 1374 (in Rn 3 ff) für das Anfangsvermögen ausgeführt wurde. Zu berücksichtigen sind daher alle objektivierbaren und bewertbaren Vermögenspositionen. Ausgenommen sind die (ausschließlich) dem **Versorgungsausgleich** unterliegenden Anwartschaften und Aussichten (§ 1587 Abs 3). Dazu gehören jedoch nicht Anwartschaften aus **Kapitalversicherungen** (s § 1374 Rn 9) und die eines Zeitsoldaten auf **Übergangsbeihilfe** gemäß § 12 SVG (s § 1374 Rn 11). Ausgenommen sind auch Vermögenspositionen, deren Heranziehung

für den Zugewinn eine doppelte Teilhabe bei Zugewinn und Unterhalt zur Folge hätte (s Rn 7, § 1374 Rn 5, 14). Zu berücksichtigen ist der innere Wert **(good will)** von Unternehmen und Anteilen eines Ehegatten daran (vgl § 1374 Rn 12). Zu **wiederkehrenden Einzelansprüchen** aus Dauerrechtsverhältnissen, **Abfindungen** und **Erstattungen** s § 1374 Rn 5.

Hausrat (zu dessen Gegenständen s § 1369 Rn 7 ff) im gemeinsamen Eigentum der Ehe- **6** gatten oder der als gemeinschaftliches Eigentum gilt (§ 8 Abs 1 u 2 HausratsVO), fällt nach Auffassung des BGH (BGHZ 89, 137 = NJW 1984, 484) nicht in den Zugewinnausgleich, weil er der Haushaltsregelung nach der HausratsVO unterliegt. Das gilt auch für Schulden, die damit zusammenhängen und ebenfalls der Haushaltsregelung unterliegen (§ 10 HausratsVO). Haben die Ehegatten allerdings bei der außergerichtlichen Regelung des Hausrats keine Absprachen zur Haftung im Innenverhältnis für damit zusammenhängende Schulden getroffen, sind die Verbindlichkeiten im Endvermögen des Schuldners zu berücksichtigen, wenn sie bei diesem trotz Möglichkeit abweichender Vereinbarung belassen worden sind (BGH NJW-RR 1986, 1325). Haben sich die Ehegatten umgekehrt nur über die Verbindlichkeiten geeinigt, ohne dass der Hausrat verteilt wäre, sind diese ebenfalls im Endvermögen jeweils zu berücksichtigen. Bei der nach der Hausratsverteilung zu treffenden Billigkeitsentscheidung darf die Übernahme der Verbindlichkeit dann nicht erneut berücksichtigt werden (OLG Bamberg FamRZ 1994, 959; DÖRR/HANSEN NJW 1995, 3092). Gegenstände, die einem Ehegatten allein gehören, können nach § 9 HausratsVO nur unter engen Voraussetzungen dem anderen Ehegatten zugeteilt werden. Sie unterliegen deswegen grundsätzlich dem Zugewinnausgleich (zuletzt BGHZ 113, 325; OLG Düsseldorf FamRZ 2005, 273; OLG Celle FamRZ 2000, 226, zust KOCH FamRZ 2003, 199), so etwa ein PKW unabhängig vom Ausmaß der privaten oder beruflichen Nutzung (BGH NJW 1991, 1547 = FamRZ 1991, 49) oder ein Wohnwagen (OLG Düsseldorf FamRZ 1992, 60; OLG Hamm MDR 1999, 615). Die Ausgliederung von Hausrat führt jedoch zu Verwerfungen beim Zugewinnausgleich, nicht nur dort wo Gegenstände im Alleineigentum betroffen sind, sondern auch wo Passiva ohne Miteigentumsrecht am Hausrat nicht ausgeglichen werden. Allein die der Rechtsprechung letztlich wohl zugrunde liegenden Praktikabilitätsgründe vermögen diese nicht zu rechtfertigen (diese ablehnend insbes GERNHUBER FamRZ 1991, 2243; ders FamRZ 1984, 1053; ders Münch-Komm [3. Aufl] Rn 8; OEHLERS, 5. DFGT 1983, 82; kritisch auch MünchKomm/MÜLLER-GINDULLIS § 1 HausratsVO Rn 16 ff; SOERGEL/LANGE § 1372 Rn 12; LANGE JZ 1984, 383; wie der BGH: BACHMANN 137; HERRMANN 122; SMID NJW 1985, 173; JOHANNSEN/HENRICH/JAEGER Rn 9 ff; BAMBERGER/ROTH/MAYER Rn 6; MünchKomm/KOCH Rn 8; PALANDT/BRUDERMÜLLER Rn 5; STAUDINGER/WEINREICH [2004] § 1 HausratsVO Rn 11; RAUSCHER Rn 422; nach D SCHWAB FamRZ 1984, 429 u Teil VII Rn 26 ff bleibt der gesamte Hausrat außer Betracht).

II. Abzug der Verbindlichkeiten

Von dem auf den Endstichtag festgestellten Aktivvermögen sind die in diesem **7** Zeitpunkt bestehenden Verbindlichkeiten ohne Rücksicht auf die Fälligkeit (s auch § 1376 Rn 41) abzuziehen; das Endvermögen ist in Abs 1 als Nettovermögen bestimmt. Auf den Rechtsgrund der Verbindlichkeit kommt es nicht an. Deswegen sind auch Verbindlichkeiten abzugsfähig, die aus Straftaten stammen (OLG Karlsruhe FamRZ 2004, 461). Auch **Forderungen der Eheleute gegeneinander** sind im Endvermögen jeweils als Aktiv- und Passivposten zu berücksichtigen. Sie können aber außerhalb des Zugewinnausgleichverfahrens vor den Zivilgerichten geltend gemacht werden. Im Hinblick auf die Einbeziehung in den Zugewinnausgleich empfiehlt sich jedoch, vorsorglich zuvor die Vergleichsrechnung für den Fall der Einbeziehung und den der selbständigen Geltendmachung anzustellen. Es sei denn ein isolierter Prozess ist aus anderen Gründen, etwa drohender Verjährung trotz § 207, geboten (vgl HANSEN-TILKER FamRZ 1997, 1188; WEVER FamRZ 1996, 908). Ob wegen der Schulden bereits die **Unterhaltsansprüche gekürzt** worden sind, ist nicht zu berücksichtigen. Während es nach teilweise vertretener Auffassung den Ehegatten freisteht, aktive Vermögenspositionen in den Zugewinn oder in die Unterhaltsberechnung einzubeziehen (s dazu § 1374 Rn 5) kann der ausgleichsberechtigte Ehegatte die Berücksichtigung am Stichtag noch bestehender Verbindlichkeiten im Endvermögen nicht deswegen abwehren, weil er wegen dieser bereits eine Verringerung seines Unterhaltsanspruchs hinzunehmen hatte (BGHZ 156, 105, 111 = FamRZ 2003, 1546; NJW-RR 1986, 1325; KOCH FamRZ 2005, 848; GERHARDT/SCHULZ FamRZ 2005, 318; SCHULZ FamRZ 2006, 1241; differenzierend HOPPENZ FamRZ 2006, 1244 ff; aA PALANDT/BRUDERMÜLLER Rn 2; BRUDERMÜLLER NJW 2005, 3188; NIEPMANN FF 2005, 131 u MDR 2003, 845; aber WEVER Rn 351 ff; FamRZ 2004, 1075; 2006, 369 zu Recht differenzierend für die Gesamtschuld, die der Ehemann allein trägt bei Reduzierung des Unterhaltsanspruchs der Ehefrau; sie ist anteilig als Belastung einzustellen; anders OLG Karlsruhe FamRZ 2005, 909). Das vielfach diskutierte **Verbot der Doppelberücksichtigung von Schulden** wirkt sich danach allenfalls auf den Unterhaltsanspruch aus (dazu im Einzelnen KOGEL FamRZ 2004, 1614; HOPPENZ aaO; SCHRÖDER FamRZ 2005, 89; GERHARDT/SCHULZ FamRZ 2005, 317 u 1523; SCHULZ aaO; SCHULIN FamRZ 2005, 1521; SCHMITZ FamRZ 2005, 1520; WOHLGEMUT FamRZ 2007, 187; HERMES FamRZ 2007, 184; WOHLGEMUTH FamRZ 2007, 187). Sind etwa Schulden für das im Alleineigentum stehende Haus in vollem Umfang als Schuld des ausgleichspflichtigen Ehepartners berücksichtigt worden, wird die Tilgungsleistung nicht erneut bei der Unterhaltsberechnung berücksichtigt werden können (OLG München FamRZ 2005, 459; OLG Saarbrücken FamRZ 2006, 1038 m Anm KOGEL; anders MAIER FamRZ 2006, 899). Auch **familienrechtliche Verbindlichkeiten**, etwa rückständige Unterhaltsforderungen zwischen den Ehegatten, sind in den Zugewinnausgleich bei beiden einzubeziehen (BGHZ 156, 105 = FamRZ 2003, 1546; OLG Hamm FamRZ 1992, 679; Celle FamRZ 1991, 944; Karlsruhe FamRZ 1986, 167 m Anm HENRICH). Das gilt auch dann, wenn die Forderung zum Zeitpunkt der Durchführung des Zugewinnausgleichs, nicht aber zum Stichtag, verjährt ist (OLG Hamm FamRZ 1992, 679). Daneben berücksichtigt das OLG Frankfurt (FamRZ 1990, 998) auch ein nicht einklagbares **Aussteuerversprechen** (s auch Rn 22, 26).

8 Gesamtschuldnerische Verbindlichkeiten werden nach Maßgabe der internen Verteilung gem § 426 abgesetzt (BGH FamRZ 1987, 1239; 1988, 373; 1995, 216; s auch § 1363 Rn 30), denn nur aus dieser lässt sich die tatsächliche Belastung entnehmen. Wer im Außenverhältnis leistet, ist unerheblich. Gemeinsam veranlagte Ehegatten haften als Gesamtschuldner für die festgesetzte Einkommensteuer, § 26b EStG; § 44 Abs 1 AO. Die interne Aufteilung erfolgt auf der Grundlage fiktiv getrennter Veranlagung (s Rn 3). Die Realisierbarkeit der Ausgleichsforderung ist eine Frage der Bewertung gem § 1376, s dort Rn 42. Das kann für den Fall, dass der ausgleichspflichtige Ehegatte dauerhaft im Innenverhältnis zu einem Ausgleich nicht in der Lage ist, dazu führen, dass die gesamtschuldnerische Verbindlichkeit ausschließlich im Endvermögen des Zahlenden anzusetzen ist (OLG Hamm FamRZ 2002, 1032; 1997, 363). Das kann auch gelten, wenn die Ehegatten einvernehmlich daran festhalten, dass der Alleinverdienende die Schuld nach der Scheidung allein tilgt (OLG Karlsruhe FamRZ 2005, 909 bedenklich aber wegen der Doppelverwertung durch die Berücksichtigung auch im Unterhalt, s Rn 7). Im Übrigen kann eine stillschweigende Abrede zwischen den Ehegatten anzunehmen sein, dass eine Partei im Innenverhältnis die Verbindlichkeiten zu tragen hat, wenn diese nur bei dieser Partei vom Endvermögen abgesetzt worden ist (OLG Karlsruhe FamRZ 1991, 1195). Die durch Umschuldung begründete Alleinhaftung einer zuvor hälftig zu tragenden Gesamtverbindlichkeit, die die Haftung im Innenverhältnis nicht berühren sollte, ändert eine Absetzbarkeit zur Hälfte im Endvermögen beider Ehegatten nicht (BGH FamRZ 1991, 1162).

Negative Kapitalkonten eines Ehegatten aus einer Gesellschaftsbeteiligung begrün- **9** den eine Verlusthaftung mit künftigen Gewinnen, keine abzugsfähige Verbindlichkeit (BGH FamRZ 1986, 37). Zu Hausratsschulden s Rn 6, zu den Verbindlichkeiten im Übrigen s auch § 1374 Rn 15.

Wie bei der Berechnung des Anfangsvermögens können die Verbindlichkeiten jedoch **10** **nur bis zur Höhe des Vermögens abgezogen werden.** Dies ist zwar in Abs 1 nicht ausdrücklich bestimmt (anders § 1374 Abs 1 HS 2), ergibt sich aber aus Abs 1 S 2, wonach die Verbindlichkeiten nur in einem besonderen Falle auch insoweit abgezogen werden können, als sie die Höhe des Vermögens übersteigen. Abs 1 S 2 normiert lediglich die Ausnahme, ohne den Grundsatz selbst ausdrücklich zu nennen. **Das Endvermögen kann daher nicht negativ sein.**

Die **Ausnahme** gilt **nach Abs 1 S 2** nur für den Fall, dass Dritte gemäß § 1390 in **11** Anspruch genommen werden können, wenn und soweit der Gläubiger mit seiner Ausgleichsforderung ausfällt. Eine Ausgleichsforderung kann aber den Betrag des Netto-Endvermögens nur unter den Voraussetzungen des § 1375 Abs 2 übersteigen. Die dort genannten Vermögensminderungen werden dem Endvermögen hinzugerechnet. Sie sollen bei der Abrechnung so behandelt werden, als seien sie nicht erfolgt. Wären sie aber nicht erfolgt, wäre das aktive Vermögen entsprechend höher, die Passiva könnten nach der Regel des § 1375 Abs 1 S 1 von einem erhöhten Aktivbestand abgezogen werden.

Um die Anwendbarkeit der Ausnahmeregelung des Abs 1 S 2 festzustellen, ist zu- **12** nächst auch ein überschuldetes Endvermögen mit 0 anzusetzen und dann die Hinzurechnung gemäß Abs 2 vorzunehmen. Ergibt sich danach eine Ausgleichsschuld, so scheitert diese an § 1378 Abs 2. Liegen die Voraussetzungen des § 1390 vor, so ist nunmehr zur Feststellung des Umfangs der Herausgabepflicht des Dritten eine erneute Berechnung unter Berücksichtigung des § 1375 Abs 1 S 2 anzustellen. Ergibt sich nach dieser ein Mehrzugewinn, so ist in Höhe der Ausgleichsforderung (§ 1378 Abs 1) der Dritte herausgabepflichtig. Ergibt sich bei dieser Rechnung dagegen ein Mehrzugewinn des anderen Ehegatten, werden die Vorschriften der §§ 1378 Abs 2, 1390 gegenstandslos. Eine Ausgleichsforderung gegen den anderen Ehegatten lässt sich mit Hilfe des § 1375 Abs 1 S 2 nicht begründen (s aber auch unten Rn 37).

Sind die Endvermögen beider Ehegatten negativ und ist bei beiden eine Zuwendung **13** nach § 1375 Abs 2 zu berücksichtigen, ist § 1375 Abs 1 S 2 bei beiden Ehegatten anzuwenden.

III. Berechnungszeitpunkt

14 Maßgebender Zeitpunkt für die Feststellung des Endvermögens ist die **Beendigung des Güterstandes**, Abs 1 S 1.

15 Dieser Grundsatz ist jedoch durch eine Reihe von Ausnahmen durchbrochen. Wird die Ehe *geschieden oder aufgehoben*, so wird sie erst mit der Rechtskraft des Scheidungs- oder Aufhebungsurteils aufgelöst, §§ 1313, 1564. Erst mit der Rechtskraft des Urteils endet auch der Güterstand. Wird auf *vorzeitigen Ausgleich des Zugewinns* erkannt (§§ 1385, 1386), so endet der Güterstand ebenfalls erst mit der Rechtskraft des Urteils, § 1388. Gleichwohl ist in allen genannten Fällen nicht der Eintritt der Rechtskraft für die Berechnung des Zugewinns maßgebend, sondern der Zeitpunkt der **Rechtshängigkeit des Antrags oder der Klage**, §§ 1384, 1387 und § 1318 Abs 1.

16 Auf den **Zeitpunkt der Beendigung des Güterstandes** ist lediglich in den Fällen der Auflösung der Ehe durch den Tod eines Ehegatten (§ 1371 Abs 2) und durch Wiederverheiratung eines Ehegatten, wenn der andere Ehegatte für tot erklärt worden ist, aber noch lebt (§ 1319 Abs 2), sowie im Falle der ehevertraglichen Aufhebung des Güterstandes der Zugewinngemeinschaft (§ 1414) abzustellen. Auch hier kann jedoch der frühere Zeitpunkt der Klagerhebung maßgebend sein, wenn der bereits rechtshängig gewordene Scheidungs- oder Aufhebungsprozess oder die Klage auf vorzeitigen Ausgleich des Zugewinns dadurch gegenstandslos wird, dass der Güterstand vor dem Eintritt der Rechtskraft aus anderen Gründen endet, etwa durch den Tod eines Ehegatten (Näheres hierzu bei § 1384).

IV. Hinzuzurechnendes Vermögen (Abs 2)

17 Dem nach Abs 1 ermittelten Endvermögen sind bestimmte Beträge hinzuzurechnen, um die ein Ehegatte sein Vermögen nach Eintritt des Güterstandes vermindert hat, Abs 2.

1. Grundgedanken, Zweck

18 Grundsätzlich verwaltet jeder Ehegatte sein Vermögen selbständig, § 1364. Jeder Ehegatte kann frei über die zu seinem Vermögen gehörenden Vermögensgegenstände verfügen, soweit seine Dispositionsbefugnis nicht durch die Vorschriften der §§ 1365, 1369 beschränkt ist. Eine Verantwortlichkeit für die Verwaltung des Vermögens gegenüber dem anderen Ehegatten besteht nicht. Die Ehegatten sind nicht verpflichtet, dem Interesse des anderen Ehegatten an der Erzielung eines möglichst hohen Zugewinns Rechnung zu tragen. Deshalb gehen *grundsätzlich* alle *Vermögensminderungen zu Lasten des Zugewinns jedes Ehegatten*, mögen sie sachlich gerechtfertigt sein oder nicht. Bei einer strengen Durchführung dieses Grundsatzes wäre der andere Ehegatte einer angemessenen Beteiligung am ehelichen Zuerwerb jedoch nicht sicher. Deshalb lässt das Gesetz bestimmte Vermögensminderungen bei der Zugewinnberechnung außer Ansatz, behandelt das weggegebene Vermögen als noch zum Endvermögen gehörend: Es wird mit seinem Wert dem effektiven Endvermögen hinzugerechnet.

19 Zuwendungen iS des Abs 2 **eines Ehegatten an den anderen** sind dagegen dem Endvermögen nicht hinzuzurechnen. Die Verminderung des Endvermögens des Gebers wird durch den „Vorempfang" des anderen ausgeglichen; der Empfänger ist also nicht schutzwürdig. Das gilt selbst dann, wenn eine Anrechnung gemäß § 1380 nicht erfolgt. Schon durch § 1375 Abs 3 wird eine Hinzurechnung zum Endvermögen ausgeschlossen (ebenso Dölle I 809; Erman/Heckelmann Rn 6; MünchKomm/Koch Rn 18; Soergel/Lange Rn 18).

2. Anwendungsfälle

Dem Endvermögen können nur die Beträge hinzugerechnet werden, um die ein **20** Ehegatte sein Vermögen **während des Güterstandes** in der in Abs 2 bezeichneten Weise vermindert hat. Alle anderen Vermögensminderungen wirken sich voll auf den Zugewinn aus. Vor Beginn des Güterstandes rechtswirksam vollzogene Zuwendungen bleiben außer Betracht. Wird eine vor diesem Zeitpunkt begründete Verpflichtung während des Güterstandes erfüllt, so bleibt die Erfüllung ohne Einfluss auf den Zugewinn, da schon das Anfangsvermögen entsprechend vermindert war.

a) Unentgeltliche Zuwendung
Dem Endvermögen hinzugerechnet wird nach Abs 2 Nr 1 der Wert unentgeltlicher **21** Zuwendungen. **Zuwendung** im weitesten Sinne ist jede Hingabe eines Vermögensbestandteils an einen anderen. Sie erfolgt regelmäßig durch Rechtsgeschäft. Zuwendung ist bereits die Begründung einer Verpflichtung. Zuwendung ist auch der Erlass einer Verbindlichkeit.

Unentgeltlich ist eine Zuwendung dann, wenn der Zuwendende für sie kein Entgelt **22** oder keine Gegenleistung erhält und durch sie auch keine privatrechtliche oder öffentlichrechtliche Verbindlichkeit erfüllt wird. Neben einer synallagmatischen genügt daher auch eine kausale oder konditionelle Verknüpfung von Leistung und „Gegenleistung". Auf den Umfang der Gegenleistung kommt es nicht an, wenn die Parteien von der Gleichwertigkeit mit der Leistung ausgehen (MünchKomm/Koch Rn 20; BGB-RGRK/Finke Rn 11). Es spricht aber eine tatsächliche Vermutung für eine (gemischte) Schenkung bei einem groben Missverhältnis zwischen Leistung und Gegenleistung (BGHZ 59, 132 zu § 2325). Unentgeltliche Zuwendungen sind vor allem **Schenkungen**, aber auch **Ausstattungen, Stiftungen** (dazu Werner, in: FS Schwab 581, 584 ff; allerdings fällt eine Familienstiftung zugunsten des ausgleichsberechtigten Ehegatten, die diesem einen durchsetzbaren Anspruch gewährt, nicht unter Abs 2, vgl bereits Rn 19; Werner aaO, 588) und **Spenden** (s hierzu aber auch Rn 26). Eine Zuwendung ist entgeltlich, wenn der Zuwendende zwar nicht von dem Zuwendungsempfänger, aber von einem Dritten eine Gegenleistung erhält. Unentgeltlich sind dagegen Zuwendungen an Abkömmlinge und andere Verwandte mit Rücksicht auf ein künftiges Erbrecht nach dem Zuwendenden (Dölle I 809; Erman/Heckelmann Rn 6; MünchKomm/Koch Rn 22; Soergel/Lange Rn 17). Der bei der vorweggenommenen Erbfolge häufig ausgesprochene Erbverzicht ist nicht Gegenleistung. Verzichtet ein Ehegatte seinerseits auf das Erbrecht nach einem Dritten (gegen Abfindung oder nicht), liegt nach der Wertung des § 517 keine Zuwendung vor.

Die **Erfüllung einer verjährten** oder einer **unvollkommenen Verbindlichkeit** wie einer **23** Spiel- oder Wettschuld ist nicht als unentgeltliche Zuwendung anzusehen (s auch

MünchKomm/Koch Rn 23; Bamberger/Roth/Mayer Rn 17). Das gilt auch für die Zahlung an einen Erpresser (AG Köln FamRZ 1999, 95).

24 Die von Gesellschaftern einer Personengesellschaft vereinbarten **Abfindungsklauseln**, die eine Begrenzung oder den Ausschluss von Abfindungsansprüchen bei Ausscheiden vorsehen, sind jedenfalls dann als unentgeltliche Zuwendungen an die übrigen Gesellschafter anzusehen, wenn sie nicht für alle Gesellschafter gleichermaßen gelten (BGHZ 22, 186, 194; BGH DNotZ 1966, 620, 622 u hM). Heckelmann, Abfindungsklauseln in Gesellschaftsverträgen (1973) 68 ff, 84, hält sie gegen die hM auch in allen anderen Fällen für aufschiebend bedingt unentgeltliche Zuwendungen (weitere Hinweise Heckelmann 70 Fn 176; s ferner Erman/Heckelmann § 1376 Rn 7; Benthin FamRZ 1982, 338, 346 ist generell gegen die Anwendung von Abs 2). Praktische Bedeutung hat die Frage nur dann, wenn der Gesellschaftsanteil im Endvermögen mit dem Klauselwert und nicht mit dem Vollwert einzusetzen ist. Auch das ist umstritten (s § 1376 Rn 32 f). Da mindestens im Falle des Todes nur der Klauselwert zu berücksichtigen ist, ist die Entscheidung über die Unentgeltlichkeit unausweichlich. Entgegen der Mindermeinung ist die Unentgeltlichkeit zu verneinen. Dagegen spricht vornehmlich, dass die Abfindungsklausel den Inhalt der Mitgliedschaft regelt und daher nicht als bedingter Erlass einer „an sich bestehenden Ausgleichsforderung" angesehen werden kann (zutr Flume, Die Abfindungsklauseln beim Ausscheiden eines Gesellschafters aus einer Personalgesellschaft, in: FS Ballerstedt [1975] 197, 204, 205, 217; anders aber 210 für den Abfindungsausschluss im Todesfall; s ferner K Schmidt FamRZ 1974, 518, 520 m w Hinw; ders Gesellschaftsrecht [2002] 1484).

25 **Ausnahmen**: Nach dem Zweck der Regelung des Abs 2 sind jedoch nicht alle unentgeltlichen Zuwendungen zu berücksichtigen, sondern nur solche, durch die der Ehegatte nicht einer sittlichen Pflicht oder einer auf den Anstand zu nehmenden Rücksicht entsprochen hat; vgl auch §§ 534, 814, 1425 Abs 2, 1641, 1804, 2113 Abs 2, 2205, 2207 und 2330.

26 **Pflichtzuwendungen**: Ob die Zuwendung einer *sittlichen Pflicht* entsprach, kann nur unter Berücksichtigung der besonderen Umstände des Einzelfalles festgestellt werden. Eine Betätigung der allgemeinen Nächstenliebe genügt nicht, es müssen sich aus den konkreten Umständen besondere, in den Geboten der Sittlichkeit wurzelnde Verpflichtungen ergeben (BGH MDR 1963, 575; RGZ 70, 15). Deswegen ist die Zweckrichtung einer vom ausgleichspflichtigen Ehegatten bedachten Stiftung im Grundsatz ohne Belang, auch eine gemeinnützige Stiftung unterfällt § 1375 Abs 2 (Werner aaO, 590 f). Solche Verpflichtungen sind aber anzuerkennen zB bei der Erfüllung eines nicht einklagbaren Aussteuerversprechens (vgl OLG Frankfurt FamRZ 1990, 998); bei der Unterhaltsgewährung an bedürftige, nach dem Gesetz nicht unterhaltsberechtigte Verwandte, bei der Gewährung einer Ausstattung, die das den Umständen entsprechende Maß nicht übersteigt (§ 1624 Abs 1), auch bei Schenkung eines Mannes an die mit ihm in nichtehelicher Gemeinschaft lebende Frau, s schon RG LZ 1923, 448 und RG HRR 1937 Nr 371. Eine sittliche Verpflichtung ist auch anzuerkennen bei Zuwendung zur Linderung der Not in Katastrophenfällen. Auch Spenden an karitative Organisationen sind in Abweichung von der (älteren) Rechtsprechung hierher zu zählen, sofern sie dem Umfang nach sozialadäquat sind (s auch MünchKomm/Koch Rn 26; Bamberger/Roth/Mayer Rn 19). Eine Pflicht zur Grundstücksschenkung an die gemeinsame Tochter zur Erhaltung von Vermögen im Generationengang besteht nicht (anders OLG München FamRZ 1985, 814). Der überkommene Wortlaut des Gesetzes trägt der heutigen besonderen Bedeutung der Organisation und Zusammenfassung privater Wohlfahrtshilfe nicht ausreichend Rechnung. Freiwillige Sozialleistungen des Arbeitgebers sind dagegen keine unentgeltlichen Zuwendungen, auch dann nicht, wenn sie nicht unmittelbar den Arbeitnehmern, sondern besonderen Urlaubs-, Unterstützungs- und Pensionskassen geleistet werden (s etwa BAG AP Nr 3 zu § 242 BGB Ruhegehalt-Unterstützungskassen; AP Nr 156 zu § 242 BGB Ruhegeld; anders noch RGZ 78, 412; 75, 132; 73, 49; 70, 15). Einer sittlichen Pflicht im recht verstandenen Sinne des Gesetzes entsprechen auch heute noch Ausstattungen der Kinder durch die Eltern (OLG Frankfurt aaO; vgl auch GERNHUBER/COESTER-WALTJEN § 56 Rn 7).

Anstandszuwendungen: Unentgeltliche Zuwendungen mit *Rücksicht auf den Anstand* **27** liegen dann vor, wenn die Unterlassung der Zuwendung gegen die Anschauungen der sozial Gleichstehenden verstoßen und der Handelnde dadurch eine Einbuße an Achtung und Anerkennung erleiden würde (RGZ 73, 49 und 98, 326; RG SeuffA 71 Nr 205). Hierher gehören insbesondere die meisten Gelegenheitsgaben, wie Weihnachts-, Geburtstags- und Hochzeitsgeschenke, Jubiläumsgaben und ähnliches, wenn sie auch in der Höhe nicht aus dem Rahmen des örtlich und standesgemäß Üblichen fallen. „Gelegenheitsgeschenke" (s § 1380 Abs 1 S 2, § 134 Abs 2 InsO, § 4 Abs 2 AnfG) sind hiervon begrifflich zu unterscheiden, wenn sie sich auch mit den Anstandsschenkungen häufig decken.

b) Verschwendung

Vermögensminderung durch *Verschwendung* **(Abs 2 Nr 2)** sind solche Ausgaben, bei **28** denen ein Ehegatte weder Maß noch Ziel zu halten versteht, die unnütz und übermäßig sind, weil sie zu seinem Vermögen in keinem Verhältnis stehen. Unnütz sind Ausgaben, deren Sinn- und Zwecklosigkeit von vornherein feststeht. Verschwendung kann auch darin liegen, dass aus Unwirtschaftlichkeit oder Leichtsinn Vermögenswerte zwecklos ungenutzt bleiben oder Erwerbsgelegenheiten sinnlos versäumt werden, wenn die Vermögenslage die Nutzung oder den Erwerb erfordert hätte (**aA** PALANDT/BRUDERMÜLLER Rn 27).

Ein besonderer Hang zu unwirtschaftlichem Gebaren, zu unvernünftigen, sinn- und **29** zwecklosen übermäßigen Ausgaben ist nicht erforderlich (hM; OLG Düsseldorf FamRZ 1981, 807; OLG Karlsruhe FamRZ 1986, 167 f; OLG Schleswig FamRZ 1986, 1209). Zahlungen an einen Erpresser sind nicht sinn- und zwecklos (AG Köln, FamRZ 1999, 95; das kann aber der Fall sein bei der Wahl getrennter Veranlagung im Hinblick auf die Steuermehrbelastung, BGH NJW 1977, 378; **aA** TIEDTKE FamRZ 1977, 691; BAMBERGER/ROTH/MAYER Rn 20). Hier kommt es nur auf die sachlich ungerechtfertigte einzelne Vermögensminderung an, nicht auf bestimmte persönliche Eigenschaften, wie sie Voraussetzung für eine Entmündigung nach altem Recht sein mussten. Ebenso wenig ist erforderlich, dass der Ehegatte durch die Verschwendung sich oder seine Familie der Gefahr des Notstandes aussetzt (anders § 6 Abs 1 Nr 2 aF). Für Vermögensminderungen im Sinne von Abs 2 Nr 2 reichen ein großzügiger Lebensstil oder ein Leben über die Verhältnisse nicht aus (BGH FamRZ 2000, 950 = NJW 2000, 2347). Auf die Motivationslage im Sinne einer Verschwendungsabsicht kommt es nicht an (MünchKomm/KOCH Rn 28; **aA** JOHANNSEN/HENRICH/JAEGER Rn 22: auch psychische Ursache und Motivation sind beachtlich; BAMBERGER/ROTH/MAYER Rn 20). Wer Geld aus Wut oder Enttäuschung über das Scheitern der Ehe verbrennt, handelt deswegen verschwenderisch (OLG Rostock FamRZ 2000, 228; anders

OLG Schleswig FamRZ 1986, 1209 für Ehemann, der in kurzer Zeit aus gleichem Grund einen großen Geldbetrag „auf den Kopf haut"). Im Hinblick auf §§ 1378 Abs 2, 1390 ist im Einzelfall sorgfältig zu prüfen, ob die Verschwendung in der Absicht vorgenommen wurde, den anderen Ehegatten zu benachteiligen.

c) Benachteiligungsabsicht

30 Handlungen, die in der Absicht vorgenommen werden, den anderen Ehegatten zu benachteiligen **(Abs 2 Nr 3)**, dürfen nicht zu einer Verringerung des Zugewinns und damit zu einer ungerechtfertigten Ermäßigung oder Erhöhung der Ausgleichsforderung führen. Der Betrag der durch solche Handlungen herbeigeführten Vermögensminderung ist daher ebenfalls dem Endvermögen rechnerisch zuzuschlagen.

31 In Benachteiligungsabsicht handelt ein Ehegatte, wenn sein Wille, den anderen Ehegatten zu benachteiligen, der **leitende**, wenn auch nicht notwendig der einzige **Beweggrund** für die Vornahme der Handlung gewesen ist (BGH FamRZ 2000, 950 = NJW 2000, 2347; KG FamRZ 1988, 171; OLG Düsseldorf FamRZ 1981, 806). Die bloße Kenntnis von der benachteiligenden Wirkung reicht nicht aus, ebenso wenig ein bedingter Vorsatz. Die weitere Fassung der Benachteiligungsabsicht in § 31 Nr 1 KO aF und § 3 Nr 1, 2 AnfG aF (Gläubigerbenachteiligung; durch die InsO und die Änderung des AnfG auch entsprechend in der Formulierung geändert: „Vorsatz") kann hier nicht gelten. Die Stellung des anderen Ehegatten ist schwächer als die der Insolvenzgläubiger; sie gleicht der des Vertragserben in § 2287 und der des Vermächtnisnehmers in § 2288. Aus der Rechtsprechung zu diesen Vorschriften: s RG JW 1935, 275; DJ 1938, 1368; BGHZ 1, 161 ff; 2, 160 ff; BGH LM § 146 KO Nr 1. Die Milderung der Anforderungen in der neueren Rechtsprechung zu § 2287 (BGHZ 59, 343, 349; 82, 274, 282; BGH NJW 1992, 564, 566), nach der die Benachteiligungsabsicht nicht der eigentlich leitende Beweggrund zu sein braucht, es vielmehr genüge, dass kein beachtliches, lebzeitiges Eigeninteresse des Erblassers erkennbar sei, ist jedoch nicht hierher zu übertragen (ebenso MünchKomm/Koch Rn 31; Bamberger/Roth/Mayer Rn 21; **aA** BGB-RGRK/Finke Rn 14). Das ist angesichts der selbständigen Berücksichtigung von unentgeltlichen Zuwendungen in Nr 1 nicht erforderlich. An die Darlegungs- und Beweislast für die inneren Beweggründe sind jedoch keine allzu hohen Anforderungen zu stellen (OLG Köln FamRZ 1988, 175).

32 Die in Benachteiligungsabsicht vorgenommenen Handlungen brauchen nicht rechtsgeschäftlicher Art zu sein. Es genügt jede Betätigung, durch die ein Ehegatte sein Vermögen vermindert (zB Beschädigung oder Zerstörung von Vermögensgegenständen, etwa Verbrennen von Geld [OLG Rostock FamRZ 2000, 228] oder Verspielen [OLG München FuR 2003, 226, 232]). Zur Benachteiligung bei einer Zerstörung im Zusammenhang mit einem Selbstmordversuch s OLG Frankfurt FamRZ 1984, 1097.

33 Die Benachteiligungsabsicht braucht dem Dritten, der von dem Ehegatten Vermögensgegenstände erhielt, nicht bekannt gewesen zu sein. Kennt er jedoch die Absicht, so kann der andere Ehegatte, soweit er gemäß § 1378 Abs 2 mit seiner Ausgleichsforderung ausfällt, vom Dritten die Herausgabe des Erlangten auch dann verlangen, wenn dieser nicht unentgeltlich erworben hat, § 1390 Abs 2.

34 **Abschließende Aufzählung:** Andere als die in Abs 2 Nr 1–3 bezeichneten Handlungen lassen eine Hinzurechnung zum Endvermögen nicht zu, selbst wenn dieses vermindert worden ist. Das gilt insbesondere von **unerlaubten Handlungen** eines Ehegatten. Entgegen dem Vorschlag der Regierungsentwürfe I und II (§ 1379 Abs 2 Nr 2 und § 1381 Abs 2 Nr 2) werden auch vorsätzliche unerlaubte Handlungen nicht berücksichtigt. Die zwischen den Ehegatten bestehende Schicksalsgemeinschaft rechtfertigt es nach Ansicht des Gesetzgebers, dass der andere Ehegatte solche Vermögensminderungen mittragen muss (Seidl BT-Drucks 2/3409, 10; vgl OLG Karlsruhe für die Verbindlichkeiten aus einer Straftat, FamRZ 2004, 461). Richtet sich eine vorsätzliche unerlaubte Handlung eines Ehegatten gegen den anderen, kann im Einzelfall Abs 2 Nr 3 gegeben sein. Auch Vermögensminderungen durch **Spiel** oder **Wette** werden nicht schlechthin durch Hinzurechnung zum Endvermögen zugunsten des anderen Ehegatten wieder ausgeglichen; sie können aber im Einzelfall unter Abs 2 Nr 2 oder 3 fallen (OLG München FuR 2003, 232; Koch FamRZ 2004, 996). Ebenso wenig sind Zahlungen an einen Erpresser hinzurechnungsfähige Vermögensminderungen (Beispiel bei AG Köln FamRZ 1999, 95).

3. Verminderung des Endvermögens

Voraussetzung für die Hinzurechnung ist weiter, dass der Ehegatte durch die in **35** Abs 2 Nr 1–3 bezeichneten Maßnahmen sein Endvermögen vermindert hat. Die Vermögensminderung braucht nicht bereits dinglich vollzogen zu sein; es genügt eine nur wirtschaftliche Veränderung der Vermögenslage, die sich bei der Berechnung des Endvermögens auswirkt. Das kann der Fall sein, wenn sich ein Ehegatte nur des Besitzes entäußert hat, sofern dadurch eine fassbare Vermögensminderung eingetreten ist. Zu einer Minderung des Endvermögens führt neben der Fortgabe von Vermögensgegenständen insbesondere die Eingehung von Verbindlichkeiten. Soweit dem Vermögen des handelnden Ehegatten eine Gegenleistung oder der Anspruch darauf zufließt, ist das Endvermögen nicht vermindert. Verschwendet oder verschenkt ein Ehegatte Vermögen, das er gemäß § 1374 Abs 2 nach Eintritt des Güterstandes erworben hat, oder gibt er Vermögenswerte preis, die ihm bereits vor Eintritt des Güterstandes gehörten, so vermindert er gleichwohl sein Endvermögen. Zwar sollen ihm das Anfangsvermögen und die diesem hinzuzurechnenden Werte erhalten bleiben; sie sollen aber nicht dem Ausgleich unterliegen. Dieses Ergebnis erreicht das Gesetz aber nicht durch eine Trennung des Vermögens in verschiedene Gütermassen, sondern durch eine Rechenoperation, § 1373.

4. Verminderung während des Güterstandes

Die Vermögensverminderung muss *während des Güterstandes* eingetreten sein. Frü- **36** hester Zeitpunkt ist mithin der Eintritt des Güterstandes. Vor diesem Zeitpunkt eingetretene Vermögensminderungen werden bereits bei der Feststellung des Anfangsvermögens berücksichtigt. Die Verminderung des Vermögens muss bei Beendigung des Güterstandes oder in dem der Zugewinnberechnung zugrunde zu legenden Zeitpunkt (§§ 1384, 1387) vollendet sein. Dem entspricht die Festlegung des *Bewertungsstichtages* in § 1375 Abs 2. Vorvertragliche Bindungen reichen aus, nicht aber aufschiebend bedingte Rechtsgeschäfte, wenn sie bis zur Beendigung des Güterstandes nicht voll wirksam geworden sind. Tritt die Bedingung später ein, so wirkt sich die dann wirksam werdende Vermögensminderung entsprechend § 2313 Abs 1 auf die Berechnung des Endvermögens aus (s § 1376 Rn 42), muss also gemäß Abs 2 ausgeglichen werden; auch insoweit gilt § 2313 entsprechend.

5. Hinzurechnung des Minderungsbetrages

37 Der Betrag, um den sich das Vermögen eines Ehegatten durch die in Abs 2 Nr 1–3 bezeichneten Handlungen vermindert hat, wird dem Endvermögen dieses Ehegatten hinzugerechnet. Dadurch wird die sachlich ungerechtfertigte Vermögensminderung im Verhältnis der Ehegatten zueinander wieder ausgeglichen. Die Ausgleichsforderung bemisst sich also nach dem Vermögensstand, der ohne die Handlungen bestanden hätte. Daraus folgt, dass bei einem **überschuldeten Endvermögen** die Hinzurechnung nicht zu einem Endvermögen 0 erfolgt, sondern dass die nach Abzug der Aktiva verbliebenen Passiva zu berücksichtigen sind. Der Hinzurechnungsbetrag wird daher zunächst auf die **Passiva verrechnet**. Das ist zwar wegen § 1378 Abs 2 ohne Bedeutung, wenn der Ehegatte, der die Zuwendung gemäß § 1375 Abs 2 gemacht hat, den Mehrzugewinn erzielt hat, ohne dass die Voraussetzungen des § 1390 vorliegen (sonst gilt ohnehin Abs 1 S 2). Die Verrechnung auf die Passiva wird aber bedeutsam, wenn der andere Ehegatte den Mehrzugewinn erzielt hat. Er soll durch die Hinzurechnung gemäß Abs 2 nicht benachteiligt, aber auch nicht begünstigt werden (ebenso MünchKomm/Koch Rn 33; SOERGEL/LANGE Rn 13; DÖRR/HANSSEN NJW 1997, 2919).

6. Andere Rechtsfolgen der Vermögensminderung

38 Die Hinzurechnung ist jedoch nicht die einzige Rechtsfolge der unentgeltlichen Zuwendungen und Handlungen in Benachteiligungsabsicht. Der andere Ehegatte kann gemäß § 1386 Abs 2 Nr 2 auf **vorzeitigen Ausgleich** des Zugewinns klagen, wenn eine erhebliche Gefährdung der künftigen Ausgleichsforderung zu besorgen ist (dies vor allem im Hinblick auf §§ 1378 Abs 2 und 1390). Unter den gleichen Voraussetzungen kann der andere Ehegatte **Sicherheitsleistung** verlangen, § 1389.

39 Dagegen kann der andere Ehegatte keine vorbeugenden Maßnahmen ergreifen, etwa auf Unterlassung klagen. Die Vermögensminderungen verletzen den anderen Ehegatten nicht in seinen Rechten. Sofern im Einzelfall § 1353 Abs 1 verletzt ist, mag eine Herstellungsklage gegeben sein. Ein Unterlassungsanspruch lässt sich jedoch nicht auf §§ 1353 Abs 1, 823 Abs 1 oder 2 stützen (BGHZ 6, 360).

7. Ausschluss der Hinzurechnung

40 Nach **Abs 3** wird der Betrag der Vermögensminderung dem Endvermögen nicht hinzugerechnet, wenn sie:

a) mindestens zehn Jahre vor Beendigung des Güterstandes eingetreten ist. Die Vermögensminderung muss länger als zehn Jahre vorher vollzogen worden sein. Es genügt, da von dem bei Beendigung des Güterstandes vorhandenen Vermögen die Verbindlichkeiten abzuziehen sind, dass eine rechtswirksame Verpflichtung begründet worden ist, mag sie auch während der zehn Jahre nicht erfüllt worden sein. Ist ein Ehegatte mehr als zehn Jahre vor dem Ende der Zugewinngemeinschaft eine Verbindlichkeit eingegangen, hat er diese aber weniger als zehn Jahre vorher erfüllt, so gilt Abs 3 nicht. Das Vermögen war bereits vor der Erfüllung durch die Belastung mit der Verbindlichkeit vermindert (ebenso MünchKomm/Koch Rn 35; BGB-RGRK/FINKE

Rn 17; SOERGEL/LANGE Rn 23; aM ERMAN/HECKELMANN Rn 9; HECKELMANN, Abfindungsklauseln in Gesellschaftsverträgen [1973] 2581 ff).

b) auf einer unentgeltlichen Zuwendung oder auf Verschwendung beruht und der 41 **andere Ehegatte mit dieser einverstanden gewesen ist.** Das Einverständnis lässt einen gesetzlichen Schutz des anderen Ehegatten nach Abs 2 gegenstandslos erscheinen. Erforderlich ist, dass der andere Ehegatte zu erkennen gibt, dass er das Verhalten des handelnden Ehegatten billigt. Diese Billigung braucht sich nicht auf die durch die Vermögensminderung herbeigeführte Veränderung der Ausgleichsforderung zu erstrecken. Das **Einverständnis kann ausdrücklich oder stillschweigend** erklärt werden. Das Fehlen eines Widerspruchs oder bloßes Schweigen zu den vermögensmindernden Handlungen genügt nicht, wenn nicht die Umstände den Willen der Billigung erkennbar werden lassen. Bloße Resignation ist nicht Einverständnis. Das Einverständnis wird durch schlüssiges Verhalten erklärt, wenn beide Ehegatten zusammen die übermäßig hohe unentgeltliche Zuwendung machen oder gemeinsam das Vermögen des einen verschwenden. Es ist jedoch nicht erforderlich, dass der andere Ehegatte an den Handlungen in irgendeiner Form teilnimmt. Das Verhalten des anderen Ehegatten ist unter Berücksichtigung aller Umstände auszulegen. So kann im Einzelfall auch ein bewusstes Teilhaben des anderen Ehegatten an den Vorteilen der unentgeltlichen Zuwendung oder der Verschwendung ohne Billigung der Handlungen selbst vorliegen. Nimmt etwa der andere Ehegatte an der Verschwendung nur insoweit teil, als er die im Übermaß und unnütz bereits angeschafften Genussmittel selbst verzehrt, so braucht darin nicht notwendig die Billigung der Verschwendung zu liegen.

V. Bewertung des Endvermögens

Über die Bewertung des Endvermögens und der diesem hinzuzurechnenden Ver- 42 mögensminderung sowie der Verbindlichkeiten s § 1376 Abs 2, 3 mit Erl dazu. Die entsprechende Anwendung der Vorschriften des § 2313 ist bei der Bewertung des Endvermögens von besonderer Bedeutung.

VI. Abweichende Vereinbarungen

Die Ehegatten können abweichende Bestimmungen über die Berechnung des End- 43 vermögens nur **ehevertraglich** treffen. In der gebotenen Form können sie aber Festlegungen zum Endvermögen treffen, die von der Gesetzeslage abweichen, etwa das Betriebsvermögen eines Unternehmer-Ehegatten aus dem Zugewinnausgleich herausnehmen (BGH FamRZ 1997, 800 ff). Nach Beendigung des Güterstandes sind abweichende Vereinbarungen über Berechnung und Zahlung der Ausgleichsforderung formlos möglich. Auch die Regelung des Abs 2 kann ehevertraglich abgeändert werden (ERMANN/HECKELMANN Rn 10; MünchKomm/KOCH Rn 37; BAMBERGER/ROTH/MAYER Rn 26; BGB-RGRK/FINKE Rn 20; SOERGEL/LANGE Rn 6; aM – § 1375 Abs 2 zwingendes Recht – GERNHUBER/COESTER-WALTJEN § 36 Rn 37; MünchKomm/GERNHUBER [3. Aufl] Rn 35). Der völlige Ausschluss der Hinzurechnungsbestimmungen aber wird, da er jedem Ehegatten im Voraus ermöglichen würde, einen angemessenen Zugewinnausgleich bewusst zu hintertreiben, regelmäßig als sittenwidrig unbeachtlich sein (§ 138). Vermögensminderungen durch unentgeltliche Zuwendungen werden aber von der Hinzurechnung im Voraus ausgenommen werden können; für Abs 2 Nr 2 wird dasselbe zu gelten

haben, wenn die Umstände des einzelnen Falles keinen Sittenverstoß erkennen
lassen.

VII. Beweislast

44 Der Kläger trägt die Beweislast für die Endvermögen beider Ehegatten (BGH FamRZ
1986, 1197; 1989; 956). Ist in zeitlicher Nähe zum Stichtag ein größerer Geldbetrag
vorhanden gewesen, ist für ein substantiiertes Bestreiten des Endvermögens eine
Erklärung zum Verbleib desselben erforderlich (OLG Frankfurt FamRZ 2006, 416). Hinsichtlich Darlegung und Beweis des Fehlens von Verbindlichkeiten gelten die
Grundsätze über den Beweis negativer Tatsachen (dazu etwa BGHZ 101, 55; OLG Köln
FamRZ 1999, 657; ZÖLLER/GREGER Vor § 284 Rn 24 mwNw). Zu Treuhandpositionen s § 1374
Rn 3. Die Erteilung einer Auskunft gem § 1379 ändert die Beweislast nicht, ist
jedoch im Rahmen der Beweiswürdigung zu berücksichtigen (BGH FamRZ 1986,
1197; JOHANNSEN/HENRICH/JAEGER Rn 26; aA OLG Koblenz FamRZ 1988, 1273). Wer sich auf
§ 1375 Abs 2 beruft, hat die tatsächlichen Voraussetzungen zu beweisen. Es dürfen
aber an die Darlegung der Benachteiligungsabsicht keine zu hohen Anforderungen
gestellt werden (BGH NJW-RR 1986, 1326). Auch für die Geltendmachung des Auskunftsanspruchs wegen gemäß Abs 2 hinzuzurechnenden Vermögens dem Endvermögen (s § 1379 Rn 12 ff) dürfen an den Vortrag ausreichender Verdachtsgründe
illoyaler Vermögensminderung keine übertrieben Anforderungen gestellt werden
(BGH FamRZ 2005, 786 u 788; 1982, 28). Für den Fristablauf nach Abs 3 ist der Ehegatte,
der sein Vermögen vermindert hatte, beweisbelastet.

§ 1376
Wertermittlung des Anfangs- und Endvermögens

**(1) Der Berechnung des Anfangsvermögens wird der Wert zugrunde gelegt, den das
beim Eintritt des Güterstandes vorhandene Vermögen in diesem Zeitpunkt, das dem
Anfangsvermögen hinzuzurechnende Vermögen im Zeitpunkt des Erwerbes hatte.**

**(2) Der Berechnung des Endvermögens wird der Wert zugrunde gelegt, den das bei
Beendigung des Güterstandes vorhandene Vermögen in diesem Zeitpunkt, eine dem
Endvermögen hinzuzurechnende Vermögensminderung in dem Zeitpunkt hatte, in
dem sie eingetreten ist.**

**(3) Die vorstehenden Vorschriften gelten entsprechend für die Bewertung von Ver-
bindlichkeiten.**

**(4) Ein land- oder forstwirtschaftlicher Betrieb, der bei der Berechnung des An-
fangsvermögens und des Endvermögens zu berücksichtigen ist, ist mit dem Ertragswert anzusetzen, wenn der Eigentümer nach § 1378 Abs. 1 in Anspruch genommen
wird und eine Weiterführung oder Wiederaufnahme des Betriebes durch den Eigentümer oder einen Abkömmling erwartet werden kann; die Vorschrift des § 2049
Abs. 2 ist anzuwenden.**

Materialien: E I § 1381; II § 1383.
Vgl STAUDINGER/BGB-Synopse 1896–2005
§ 1376.

Schrifttum

BACHMANN, Bewertungsgrundsätze zur Berechnung des Anfangs- und Endvermögens beim güterrechtlichen Zugewinnausgleich (Diss Mainz 1970)
BEWER, Höfe im Anfangs- und Endvermögen der Zugewinngemeinschaft – wirtschaftliche Klärung rechtlich offener Fragen, Wertermittlungsform 1996, 17
BARTHEL, Unternehmenswert: Die vergleichswertorientierten Bewertungsverfahren, DB 1996, 149
BOOS, Bewertung von Arztpraxen im Rahmen des Zugewinnausgleichs, MedR 2005, 203
BÜTE, Spekulationsgeschäfte bei der Vermögensauseinandersetzung unter Eheleuten – steuerliche Aspekte und Auswirkungen auf den Zugewinn, FuR 2003, 390
ders, Zugewinnausgleich bei Ehescheidung: Bewertung – Berechnung – Sicherung – Verjährung (3. Aufl 2006)
DAMM, Die Bedeutung des § 1376 Abs 4 in der Praxis, AgrarR 1987, 209
ENGELS, Steuerrechtliche Fragen im Rahmen von Zugewinn, Vermögensauseinandersetzung und Unterhalt, FF 2004, 285
ENGLERT, Die Bewertung von freiberuflichen Praxen mit Hilfe branchentypischer Wertfindungsmethoden, BB 1997, 142
FELDEN, Unternehmensbewertung im Zugewinnausgleich (1998)
FEUERSÄNGER, Grundstücksübertragung beim Zugewinnausgleich, FamRZ 2003, 645
FISCHER/WINKELMANN, Die „latente Steuerlast" auf den Zugewinnausgleichsanspruch, FuR 1993, 1
ders, Doppelverwertungsverbot, Abschreibungsprobleme und Für-Prinzip, FuR 2006, 295
ders, Sind Unternehmensbewertungen im Zuge des Zugewinnausgleichs passé?, FuR 2004, 433
ders, Zur Berücksichtigung der latenten Ertragsteuerlast bei Scheidungsfolgeverfahren, FuR 1991, 21
FLUME, Die Abfindungsklauseln beim Ausscheiden eines Gesellschafters aus einer Personalgesellschaft, in: FS Ballerstedt (1975) 197
GABLENZ, Verkehrswertermittlung von landwirtschaftlichen Grundstücken, 1998
GÖTZ, Ertragsteuerliche Risiken bei Leistungen an Erfüllungs statt zur Abgeltung eines Zugewinnausgleichsanspruchs, FamRB 2004, 89
GORONCY, Gesellschaftsrechtliche Probleme der Zugewinngemeinschaft unter besonderer Berücksichtigung der Bewertungsfragen (Diss Bonn 1965)
GROSSFELD, Unternehmens- und Anteilsbewertung im Gesellschaftsrecht (4. Aufl 2002)
GÜNTHER, Nochmals: Rückdatierung des Stichtags für die Berechnung des Zugewinns bei Ehescheidung (§ 1384 BGB), FamRZ 1971, 231
HECKELMANN, Abfindungsklauseln in Gesellschaftsverträgen (1973)
HERRMANN, Die Vermögensbewertung bei ehelichem Zugewinnausgleich (Diss Tübingen 1976)
HOLTFESTER/NEUHAUS-PIPER, Vermögensgesetz und Zugewinnausgleich, FamRZ 2002, 1526
HOPPENZ, Die latente Steuerlast bei der Bewertung im Zugewinnausgleich, FamRZ 2006, 449
HORN, Kriterien für den Good-will bei Praxen von Freiberuflern, FPR 2006, 317
JANSSEN, Die Bewertung von Anwaltskanzleien, NJW 2003, 3387
KARASEK, Die Veräußerung von Wohneigentum im Rahmen des Zugewinnausgleichs, FamRZ 2002, 590
KLEIBER/SIMON/WEYERS, Verkehrswertermittlung von Grundstücken, 4. Aufl 2002
KLINGELHÖFFER, Die Ehescheidung des Unternehmers (1992)
KOGEL, Wohnungseigentum und Zugewinn – Eine Regressfalle für den Anwalt –, FamRZ 2003, 808
KRAUS-GRÜNEWALD, Gibt es einen objektiven Unternehmenswert?, BB 1995, 1839

KRÜGER, Bewertungsprobleme bei der Zugewinngemeinschaft, Betrieb 1958, 1 189
LAU, Die Zugewinnberechnung bei Grundstücken, ZMR 1978, 5
LENZEN, Der Zugewinnausgleich bei Gesellschaftsbeteiligungen, BB 1974, 1050
MEINCKE, Das Recht der Nachlaßbewertung nach dem BGB (1973)
MEYER, Die Bewertung einer freiberuflichen Praxis im Zugewinnausgleich, FuR 1996, 94
ders, Unternehmensbewertung im Zugewinnausgleich bei freiberuflicher Praxis (1996)
MICHALSKI/ZEIDLER, Die Bewertung von Personengesellschaftsanteilen im Zugewinnausgleich, FamRZ 1997, 397
MÜNCH, Verbot der Doppelverwertung und Unternehmensbewertung im Zugewinnausgleich, FamRZ 2006, 1164
ders, Vermögensübertragung bei Scheidung – Vorsicht vor Veräußerungsgewinnen, FamRB 2006, 92
OBERMÜLLER, Der Goodwill und seine Bedeutung im Zugewinnausgleich, 1999
PADE, Die Berechnung des Zugewinns. Probleme im Zusammenhang mit Grundstücken (Diss Göttingen 1973)
PETERSEN, Die Lebensversicherung im Bürgerlichen Recht, AcP 204 (2004) 832
PILTZ, Unternehmensbewertung in der Rechtsprechung (3. Aufl 1994)
REIMANN, Gesellschaftsvertragliche Bewertungsvorschriften in der notariellen Praxis, DNotZ 1992, 472
VAN RANDENBORGH, Abfindungsklauseln in Gesellschaftsverträgen, BB 1986, 75
RAUBE/EITELBERG, Die Bewertung von Kapitallebensversicherungen im Zugewinnausgleich, FamRZ 1997, 1322
RITTNER, Handelsrecht und Zugewinngemeinschaft III. Der Zugewinnausgleich, FamRZ 1961, 505, 514
RÖMERMANN/SCHRÖDER, Die Bewertung von Anwaltskanzleien, NJW 2003, 2709
SCHLEBUSCH, Probleme der Bewertung von Vermögensgegenständen bei der Berechnung des Zugewinns (Diss Münster 1966)
SCHRÖDER, Bewertungen im Zugewinnausgleich (4. Aufl 2005)
ders, Eigentumsübertragung beim Zugewinnausgleich und § 23 EStG, FamRZ 2002, 1010
SCHWOLOW, Die Bewertung der Kapitallebensversicherung im Zugewinnausgleich, FuR 1997, 17
SIMON/KLEIBER, Schätzung und Ermittlung von Grundstückswerten (7. Aufl 1996)
STÖTTER, Pflichtteil und Zugewinnausgleich bei der Gesellschafternachfolge, Betrieb 1970, 573
SUDHOFF, Gesellschaftsrechtliche Abfindungsklauseln bei Errechnung des Pflichtteils- und Zugewinnanspruchs, NJW 1961, 801
ders, Die Bewertung des Auseinandersetzungsguthabens bei Personengesellschaften, ZGR 1 (1972) 157
TEIPEL, Der landwirtschaftliche Betrieb im Güterrecht des BGB (1996)
VOIT, Die Bewertung der Kapitallebensversicherung im Zugewinnausgleich (1992).
WEIMAR/ALFES, Die Abtretung von Rückübertragungsansprüchen nach dem Vermögensgesetz, DNotZ 1992, 619
ZIMMERMANN/HELLER, Der Verkehrswert von Grundstücken (2. Aufl 1999).

Systematische Übersicht

Alphabetische Übersicht

I. Zweck der Vorschrift

Während die §§ 1374 und 1375 die Begriffsbestimmungen des Anfangs- und End- **1** vermögens enthalten, regelt § 1376 einige grundsätzliche Fragen zur **Bewertung**. Das Gesetz enthält sich der Festlegung bestimmter Bewertungsmaßstäbe. Nur in Abs 4 ordnet es den Ansatz eines land- und forstwirtschaftlichen Betriebs mit dem Ertragswert an. Die Regelung beschränkt sich im Übrigen darauf, die **Bewertungsstichtage** zu bestimmen, und zwar nicht nur für das Anfangs- und Endvermögen, sondern

Burkhard Thiele

auch für die diesen hinzuzurechnenden Vermögenswerte sowie für die Verbindlichkeiten.

2 Die rechtliche und praktische Bedeutung der Vorschrift ist gering. Die Bewertungsstichtage hätten bereits den §§ 1374, 1375 entnommen werden können. Auch die Stichtage für die Bewertung des dem Anfangsvermögen und dem Endvermögen hinzuzurechnenden Vermögens sind im Grunde nur klarstellend genannt.

II. Die für die Berechnung maßgeblichen Zeitpunkte

1. Anfangsstichtag

3 Bei der Berechnung des **Anfangsvermögens** ist abzustellen auf dessen Wert beim *Eintritt des Güterstandes*. Das gilt sowohl für das in diesem Zeitpunkt vorhandene *Vermögen* (Abs 1), als auch für die von diesem gemäß § 1374 Abs 1 abzuziehenden *Verbindlichkeiten* (Abs 3). Der für die Bewertung maßgebliche Zeitpunkt entspricht danach dem bei der Feststellung zugrunde zu legenden Zeitpunkt. Zum Eintritt des Güterstandes s § 1374 Rn 19.

4 **Gegenstand** der Bewertung ist nur das am Anfangsstichtag zu dem maßgeblichen Zeitpunkt (insbes der Eheschließung, § 1310 Abs 1) bereits **vorhandene Vermögen**. Dazu gehören auch *Ansprüche*. Sie sind mit dem Wert des geschuldeten Gegenstandes am Stichtag einzusetzen. Auf dessen Wert zum Zeitpunkt der Erfüllung kommt es nicht an. Hat sich der Wert inzwischen erhöht, liegt insoweit ausgleichspflichtiger Zugewinn vor. Ansprüche aus Verbindlichkeiten, die am Stichtag bestehen und auch nicht ungewiss oder unsicher sind (s dazu Rn 42), sind mit ihrem Stichtagswert einzusetzen. Eine nachträgliche Änderung (zB Verjährung, Erlass, Vergleich) berührt die Bewertung nicht. Zu bewerten sind grundsätzlich die einzelnen Gegenstände. Teile von *Sachgesamtheiten* und *Inbegriffen* von Sachen und Rechten (zB eines Unternehmens) sind dagegen nur als Elemente der durch Zweck und Organisation zusammengefassten wirtschaftlichen Einheit mitzubewerten.

2. Hinzurechnung zum Anfangsvermögen

5 Das dem Anfangsvermögen hinzuzurechnende Vermögen (§ 1374 Abs 2) wird mit dem Wert in die Bilanz des Anfangsstichtages eingesetzt, den es nach Abzug der Verbindlichkeiten im **Zeitpunkt des Erwerbes** hatte. Dieser Zeitpunkt des Erwerbs ist auch maßgeblich für die Bewertung der mit dem Erwerb verbundenen Verbindlichkeiten, Abs 1 HS 2 und Abs 3. Erworben ist das Vermögen nicht erst mit der Vollendung des dinglichen Erwerbsaktes, sondern bereits mit der wirksamen Begründung des entsprechenden schuldrechtlichen Anspruchs. Der Wert dieses Anspruchs ist dann in die Zugewinnrechnung einzusetzen. Ein wirksames Schenkungsversprechen stellt bereits die Schenkung dar, weil dadurch das Recht des Beschenkten, die Leistung zu fordern, begründet wird. Ihm ist ein Recht (der Anspruch) zugewendet, das durch Leistung nur erfüllt wird (BGH NJW 1992, 2568 = FamRZ 1992, 1160 mwNw; aA OLG Bamberg FamRZ 1990, 409; unnötig deswegen Billigkeitserwägungen bei AG Groß-Gerau FamRZ 1999, 657; vgl Koch FamRZ 2003, 201 u, in: Schwab/Hahne [Hrsg], Familienrecht im Brennpunkt [2004] 149 f; unnötig mit Billigkeitserwägungen vom Stichtag abweichend OLG München FamRZ 2003, 312 m Anm Schröder, insoweit klarstellend die Revisionsentscheidung BGH FamRZ 2005, 1975: geht es darum, nur teilweise privilegierten Erwerb zu bewerten, kann aus Gründen der Praktikabilität ein *früherer tatsächlicher* Zustand der Bewertung zum Zeitpunkt des Erwerbs zugrunde gelegt werden). Trennscharfe Betrachtung ist auch beim Erwerb von Todes wegen geboten.

Beispiel: Ist einem Ehegatten nach dem Eintritt des Güterstandes ein Posten Wert- **6** papiere vermacht worden, so ist das **Vermächtnis** dem Anfangsvermögen mit dem Kurswert der Papiere zur Zeit des Anfalls (Erbfall) hinzuzurechnen. Wird das Vermächtnis später durch Übereignung der Wertpapiere erfüllt, so ändert sich regelmäßig nicht der Umfang der Vermögensmehrung, sondern nur deren Art und Inhalt. Sind die Wertpapiere aber inzwischen im Kurs gestiegen, so tritt abermals eine Vermögensmehrung in Höhe der Kursbesserung ein. Dieser Mehrwert ist jedoch dem Anfangsvermögen nicht hinzuzurechnen, auch wenn das Vermächtnis noch vor der Beendigung des Güterstandes erfüllt wurde. Der Ehegatte hat diesen Mehrwert nicht mehr von Todes wegen erworben. Entsprechendes gilt von nachträglichen Wertminderungen. Der **Rechtsnachfolger eines in der DDR enteigneten Erblassers** erwirbt zwar von Todes wegen, nicht aber schon zum Zeitpunkt des Todes, sondern erst mit Inkrafttreten des VermG am 29. 9. 1990. In diesem Zeitpunkt entstand ex nunc erstmals eine hinreichend gefestigte Rechtsposition (iE wie hier OLG Düsseldorf FamRZ 2005, 1835; AG Stuttgart FamRZ 1999, 1065 m Anm BERGSCHNEIDER; JOHANNSEN/HENRICH/JAEGER Rn 24c; abweichende Auffassungen bezweifeln einen privilegierten Erwerb, s zu Einzelheiten § 1374 Rn 31). Ausgleichspflichtig ist auch die Wertsteigerung eines ererbten Grundstücks in der DDR durch die spätere Wiedervereinigung (BGHZ 157, 379, 391 ff = FamRZ 2004, 781; OLG Düsseldorf FamRZ 1999, 225 m Anm SCHRÖDER u KOGEL FamRZ 1999, 917; AG Tempelhof-Kreuzberg FamRZ 2005, 107; KOGEL FamRZ 1998, 597; MünchKomm/KOCH § 1373 Rn 14; s § 1373 Rn 9; zur Frage der Wertänderung auch MUSCHELER FamRZ 1998, 265, 268).

3. Endstichtag

Für die Berechnung des **Endvermögens** ist der Wert zugrunde zu legen, den das **7** Vermögen und die Verbindlichkeiten bei Beendigung des Güterstandes haben. Auch hier ist der für die *Bewertung* maßgebliche Zeitpunkt dem für die Feststellung des Endvermögens zugrunde zu legenden Zeitpunkte gleich. Über die Beendigung des Güterstandes s § 1375 Rn 14 ff. Dieser Zeitpunkt wird freilich für die wichtigsten Beendigungstatbestände auf den Zeitpunkt der Klageerhebung vorverlegt: für die Ehescheidung, Aufhebung oder Nichtigerklärung der Ehe gem § 1384, für den vorzeitigen Ausgleich des Zugewinns gem § 1387.

4. Hinzurechnung zum Endvermögen

Eine dem Endvermögen nach § 1375 Abs 2 hinzuzurechnende Vermögensminde- **8** rung ist mit dem Wert anzusetzen, den sie in dem Zeitpunkt ihres *Eintretens* hatte, Abs 2 HS 2. Danach ist abzustellen auf den Wert der Vermögensminderung in dem Zeitpunkt, in welchem sich die unentgeltliche Zuwendung, die verschwenderische oder in Benachteiligungsabsicht vorgenommene Handlung *vermögensmindernd ausgewirkt* hat, nicht aber auf den Wert, den das Vermögen des Ehegatten ohne die Minderung bei Beendigung des Güterstandes gehabt hätte. Die Bewertung ist dadurch wesentlich vereinfacht, wenn auch im Einzelfall Härten nicht ausgeschlossen sind. So kann sich kein Ehegatte darauf berufen, dass die von ihm gem § 1375 Abs 2

herbeigeführte Vermögensminderung aus anderen Gründen ohnehin später eingetreten wäre und das Endvermögen vermindert hätte. Die hypothetische Vermögenseinbuße ist grundsätzlich nicht zu berücksichtigen.

9 Der Ehegatte, der einen Vermögensgegenstand verschenkt, kann daher nicht geltend
machen, dass derselbe Gegenstand, hätte er ihn nicht fortgegeben, zB in seinem
Hause verbrannt wäre. Hat er den Gegenstand einmal aus seinem eigenen Bereich
entfernt, kann er sich auf Vorgänge in dieser Sphäre (Brand, Diebstahl usw) nicht
mehr berufen. Ist allerdings die vermögensmindernde Zuwendung vor dem Endstichtag wieder rückgängig gemacht worden (zB nach Widerruf oder Rücktritt), fehlt
es an der in § 1375 Abs 2 vorausgesetzten Minderung des Endvermögens durch die
Zuwendung. Dass der zurückgewährte Gegenstand am Endstichtag aus anderen
Gründen nicht mehr vorhanden ist, bleibt unberücksichtigt.

III. Bewertungsgrundsätze

10 Die Frage, wie das Anfangsvermögen und das Endvermögen zu bewerten sind, regelt
das Gesetz nicht. Mangels spezieller Bewertungsrichtlinien ist grundsätzlich vom
vollen wirklichen Wert auszugehen. Zum Verfahren, nach dem dieser Wert festzustellen ist, bestimmt das Gesetz ebenfalls nichts. Die Beteiligten sind insoweit und
zur Festlegung der einzelnen Wertansätze daher in erster Linie zur Einigung auf-
gerufen (s Rn 49). Einigen sie sich nicht, ist die **Schätzung** durch Sachverständige
(s auch §§ 738 Abs 2, 2311 Abs 2) praktisch unerlässlich. Auch insoweit fehlt es indes
an rechtlich und betriebswirtschaftlich allgemein anerkannten Methoden, die stets
eindeutige Ergebnisse ermöglichen (zu den Bewertungsschwierigkeiten s auch MEINCKE, Das
Recht der Nachlaßbewertung im BGB [1973] 141 ff, 187 ff). Die Wahl der Bewertungsmethode ist Sache des **Tatrichters** (ständige Rspr, BGH FamRZ 1986, 37; 776, 779; NJW 1991,
1547 = FamRZ 91, 43; BGHZ 130, 298, 303 = FamRZ 1995, 1270; FamRZ 1999, 364; BGHZ 157, 379,
394 = FamRZ 2004, 785; BGH FamRZ 2005, 99). Sie kann daher nur darauf überprüft
werden, ob sie gegen Denkgesetze und Erfahrungssätze verstößt oder sonst auf
rechtsfehlerhaften Erwägungen beruht. Nicht maßgebend sind die für die Handels-
und Steuerbilanz geltenden Wertansätze, insbesondere der Anschaffungs- oder Her-
stellungswert, der steuerliche Einheitswert, ein Liebhaberwert, grundsätzlich auch
nicht der Ertragswert (s dazu Rn 29). Es gelten auch die handelsrechtlichen und
steuerlichen Prinzipien des Höchstwertes und des niedrigsten Wertes nicht: es erfolgen keine Abschreibungen und Wertberichtigungen. Es ist auch nicht zu unterscheiden nach Anlagevermögen und Umlaufvermögen.

11 Der volle wirkliche Wert kann nur sachverhaltsspezifisch ermittelt werden. Nicht für
alle Gegenstände gibt es einen **Markt**, der die Feststellung von Vergleichswerten und
damit eines **Verkehrswertes** zulässt. Das gilt nicht nur für Hausrat, sondern insbes
auch für (lebende) Unternehmen (vgl HECKELMANN, Abfindungsklauseln 30 f). Deshalb
kann in solchen Fällen auch nicht einfach ein hypothetischer **Verkaufswert** angesetzt
werden. Selbst wenn ein Verkaufswert bestimmt werden kann, gibt er häufig nur den
Liquidationswert an, der dem gegenwärtigen wirklichen Wert nicht entspricht. Hier
sind Korrekturen erforderlich. Der Liquidationswert ist nur dann anzusetzen, wenn
der Gegenstand ohnehin zur Veräußerung bestimmt ist oder diese zum Zwecke der
Durchführung des Zugewinnausgleichs auch unter Berücksichtigung des § 1382 unerlässlich ist (ebenso hL, ERMAN/HECKELMANN Rn 5; MünchKomm/KOCH Rn 9; BAMBERGER/

Roth/Mayer Rn 4; Rauscher Rn 423; Rittner FamRZ 1961, 505, 514; Soergel/Lange Rn 7; so auch BGH NJW 1992, 1103 = FamRZ 1992, 411, BGZ 130, 298, 300 ff = FamRZ 1995, 1270 m Anm Klein FuR 1995, 307 – Kapitalversicherung –; FamRZ 1992, 918; FamRZ 1993, 1183, 1185 – eigengenutztes Haus –; schließlich kommt er in Betracht, wenn ein unrentables, liquidationsreifes Unternehmen aus wirtschaftlich nicht vertretbaren Gründen weitergeführt werden soll, BGH NJW-RR 1986, 1066). Die Notwendigkeit der Veräußerung ist dann ein schon zum Bewertungsstichtag gegebener Bewertungsfaktor. Entsprechendes gilt von einer unvermeidlichen bestimmten Art der Veräußerung, zB durch Versteigerung, die gewisse Wertabschläge notwendig machen kann.

Im Übrigen ist grundsätzlich vom **Verkaufswert** auszugehen; das ist der Preis, der im **12** gewöhnlichen Geschäftsverkehr nach der Beschaffenheit des Gegenstandes bei einer Veräußerung zu erzielen wäre (Meincke, Das Recht der Nachlaßbewertung nach dem BGB [1973] 188). Außergewöhnliche und nur persönliche Verhältnisse bleiben dabei außer Betracht. Zu Einzelfragen s Rn 14 ff.

Soweit sich der wirkliche Wert nicht ohne weiteres feststellen lässt, kann er nur **13** durch **Schätzung** ermittelt werden. Die Schätzung muss nach objektiven Gesichtspunkten erfolgen und bedarf konkreter Unterlagen, so dass im Streitfalle regelmäßig ein Sachverständigengutachten erforderlich ist (vgl § 1377 Abs 2 S 3; so etwa auch BGH FamRZ 1989, 956).

IV. Einzelheiten zur Bewertung

1. Land- und forstwirtschaftlicher Betrieb

Für die Bewertung eines land- oder forstwirtschaftlichen Betriebes, der bei der **14** Berechnung des Anfangsvermögens *und* des Endvermögens zu berücksichtigen ist, ist nicht der Verkehrswert, sondern ausnahmsweise der reale **Ertragswert** anzusetzen, **Abs 4**. Die Regelung dient im öffentlichen Interesse der Sicherung der Lebensgrundlage der Land- und Forstwirte (BVerfGE 67, 348, 367 = NJW 1985, 1329; BGHZ 113, 325, 328). Indem sie den Verkehrswert für die Bewertung land- und forstwirtschaftlicher Betriebe durch den (sich regelmäßig nur langsam verändernden) Ertragswert ersetzt, begünstigt sie den Eigentümer-Ehegatten bei der Zugewinnberechnung und Erhaltung seines Betriebes (eine Auswertung rechtstatsächlicher Erhebungen zur Bedeutung der Ertragswertregelung und ein Vergleich zum Verkehrswert im Rahmen des Zugewinns findet sich bei Damm AgrarR 1987, 209). Im Anschluss an den Beschluss des BVerfG vom 16. 10. 1984 (aaO) ist § 1376 Abs 4 durch Gesetz vom 14. 9. 1994 geändert worden. Das Gesetz trägt damit der Entscheidung Rechnung, dass § 1376 Abs 4 insoweit mit Art 3 Abs 1 iVm Art 6 Abs 1 GG unvereinbar ist, als „ausnahmslos der Ertragswert den Bewertungsmaßstab bildet". Die neue Fassung sieht eine mehrfache Einschränkung der alten Regelung vor:

(1) Die Ertragswertberechnung findet nur statt, wenn der **Eigentümer** eines land- **15** oder forstwirtschaftlichen Betriebes **auf Zugewinnausgleich in Anspruch genommen** wird, weil nur in diesem Fall die Gefahr einer Betriebszerschlagung durch die Ausgleichsforderung droht. Soweit der Eigentümer selbst Gläubiger der Ausgleichsforderung ist, besteht kein Grund, seinen Betrieb anders zu behandeln als sonstiges Vermögen. Im Ergebnis wird der Zugewinnausgleich in einem zweistufigen Verfah-

ren zu ermitteln sein. Zunächst wird der Betrieb mit seinem Verkehrswert in die Berechnungen eingestellt. Erweist sich der Eigentümer danach als ausgleichs*berechtigt*, ist das gefundene Ergebnis endgültig. Die Ausgleichsforderung des Betriebseigentümers wird nicht durch eine zusätzliche niedrige Ertragswertberechnung des landwirtschaftlichen Betriebes aufgestockt. Ergibt sich demgegenüber die Ausgleichspflicht des Betriebsinhabers muss in einem zweiten Rechenschritt der Betrieb mit dem Ertragswert in die Berechnung eingestellt und festgestellt werden, ob und in welcher Höhe dann der tatsächlich nach § 1376 Abs 4 ermittelte Ausgleichsanspruch unter Berücksichtigung des Ertragswertes besteht. Führt die Berechnung unter Zugrundelegung des Ertragswertes nun umgekehrt zu einem Ausgleichsanspruch des Betriebsinhabers, ist dies unbeachtlich. Das Bewertungsprivileg dient nur zur Abwehr von Ausgleichsforderungen, nicht zu deren Begründung (BT-Drucks 12/7134, 7). Sind beide Ehegatten Eigentümer von land- oder forstwirtschaftlichen Betrieben, sind diese von vornherein mit ihrem Ertragswert in die Ausgleichsbilanz einzustellen (BT-Drucks 12/7174, 8).

16 (2) Die Weiterführung oder Wiederaufnahme des Betriebes muss erwartet werden können und zwar gerade durch den derzeitigen Eigentümer oder seine Abkömmlinge. Das Gesetz schränkt die Fortführung auf **Eigentümer** und **Abkömmlinge** ein, weil eine Fortführung durch entferntere Verwandte als diese die Belastung des ausgleichsberechtigten Ehegatten im Lichte der Verfassung nicht rechtfertigt. Die privilegierende Ertragswertberechnung ist ferner nur dann gerechtfertigt, wenn eine **Weiterführung oder Wiederaufnahme des Betriebs erwartet werden kann**. Das Gesetz nimmt damit die Formulierung des Bundesverfassungsgerichts, dass bei „realistischer Betrachtungsweise ... Anhaltspunkte dafür gegeben sind, dass der Eigentümer oder seine Abkömmlinge den Hof in Zukunft wieder bewirtschaften könnten" (BVerfGE 67, 348, 368) auf. Der Vorschlag des Bundesrates, die Wörter „erwartet werden kann" durch die Wörter „zu erwarten ist" zu ersetzen, weil die gewählte Formulierung zu wage sei, hat sich im Gesetzgebungsverfahren nicht durchgesetzt, weil angesichts der Vielschichtigkeit des Entscheidungsprozesses zur Weiterführung oder Wiederaufnahme bäuerlicher Familienbetriebe dessen Ausgang mit einer derartig hohen Wahrscheinlichkeit selten vorauszusagen sei. Gleichwohl müssen für die anzustellende Prognoseentscheidung bei realistischer Betrachtungsweise Anhaltspunkte dafür gegeben sein, dass der Eigentümer oder seine Abkömmlinge den Hof in Zukunft wieder bewirtschaften könnten (BVerfGE 67, 348, 368). Wird das landwirtschaftliche Vermögen durch Verpachtung genutzt, ohne dass dafür Anhaltspunkte bestehen, etwa weil er im Wesentlichen nur noch aus Grund und Boden besteht, scheidet eine Ertragswertberechnung aus (BVerfGE 67, 348, 367; 80, 70, 179 f). Bei der Ertragswertbemessung verbleibt es aber, wenn eine funktionsfähige Hofstelle vorhanden und zu erwarten ist, dass der eingesetzte Hoferbe die Bewirtschaftung wieder aufnimmt (BVerfGE aaO; OLG Celle AgrarR 1987, 46 m Anm PEINEMANN 183). Die künftige Fortführung des Betriebes hat der ausgleichsberechtigte Ehegatte zu beweisen (BGH FamRZ 1989, 1276 dort auch zur latenten Steuerlast, vgl dazu § 1374 Rn 16). Praktisch bedeutet dies, dass die eine entsprechende Prognoseentscheidung rechtfertigenden Tatsachen darzulegen und zu beweisen sind. Indizwirkung haben insoweit Vorhandensein, Art und Umfang von Hofstelle, Inventar und Grundfläche, die einen nach wirtschaftlichen Gesichtspunkten ausgerichteten Betrieb ermöglichen.

17 Die Gesetzesbegründung weist darauf hin, dass der Verzicht auf eine weitergehend den Gesetzeswortlaut einschränkende Generalklausel nicht missverstanden werden dürfe. Eine über den Wortlaut des § 1376 Abs 4 hinausgehende am Sinn dieser Regelung orientierte Einschränkung des Bewertungsprivilegs solle damit nicht gehindert, sondern eine **teleologische Reduktion** durch die gesetzgeberische Klarstellung des Regelungszwecks sogar erleichtert werden (BT-Drucks 12/7134, 6). So ist etwa dem Normzweck entsprechend unter teleologischer Reduktion des Wortlauts der Verkehrswert anzusetzen, wenn dieser niedriger ist als der Ertragswert (BERGMANN RdL 1959, 85, 89; GERNHUBER/COESTER-WALTJEN § 36 Rn 59 Fn 82; MünchKomm/KOCH Rn 34; PIKALO RdL 1958, 281, 284; OLG Schleswig OLGR 2003, 409 sowie zur Berücksichtigung des Verlustes beim Ertragswert OLGR 2004, 30). Auch einzelne Grundstücke, die praktisch baureif sind und deren Herauslösung aus dem Hof ohne Gefahr für dessen dauernde Lebensfähigkeit sind, sind nach dem Verkehrswert zu bewerten (BGHZ 98, 382, 388). Inwieweit der Feststellung des Bundesverfassungsgerichtes, ein Zugewinn dürfe bei Anwendung des Ertragswertverfahrens nicht schlechthin ausgeschlossen sein (s dazu DAMM aaO), ohne weitere gesetzgeberische Änderung Rechnung getragen werden kann, bleibt abzuwarten (kritisch MünchKomm/KOCH Rn 36; STÖCKER AgrarR 1986, 65; RINCK AgrarR 1986, 69).

18 Ein land- und forstwirtschaftlicher Betrieb liegt nicht in jedem Fall einer entsprechenden Nutzung von Grundstücken vor; erforderlich ist vielmehr (wie für den Begriff des „Landgutes", § 98 Nr 2) eine zum selbständigen land- und forstwirtschaftlichen Betrieb geeignete, eingerichtete und bestimmte Grundstückseinheit oder Mehrheit von Grundstücken, welche mit entsprechenden Baulichkeiten versehen ist. Der Betrieb muss auf landwirtschaftliche Nutzung (Ackerbau, auch Weinbau, Obst- und Gemüsebau, gärtnerische Nutzung wie Blumenzucht, Viehzucht jeder Art, Milch- und Viehwirtschaft, Geflügelhaltung, auch Pferdezucht) oder auf Forstwirtschaft (Gewinnung von Nutz- und Brennholz, Baumschulen usw) gerichtet sein.

19 Zu dem Betrieb gehören nicht nur die in § 98 Nr 2 bezeichneten Zubehörstücke, sondern alle Gegenstände, die zum ordnungsgemäßen Betriebe erforderlich oder ihm auch nur gewidmet und eingegliedert sind (ebenso MünchKomm/KOCH Rn 38; BAMBERGER/ROTH/MAYER Rn 29; SOERGEL/LANGE Rn 21; enger PIKALO RdL 1959, 1, 2 f), die im Betrieb gewonnenen Erzeugnisse auch insoweit, als sie bereits zur Veräußerung fertiggestellt sind, insbesondere nach einer Bearbeitung. Alle diese Gegenstände scheiden aus der Einzelfeststellung nach dem Verkehrswert aus (zu Aktien an einer Zuckerrübenfabrik s Rn 21).

20 Dagegen sind mit dem **Verkehrswert** anzusetzen die Gegenstände, die nicht unmittelbar dem land- oder forstwirtschaftlichen Betriebe zugehören, zB ein überwiegend *privaten Zwecken* dienender PKW, *persönliches Gut* wie Schmuck, Kleidung, Luxusgegenstände (Reitpferde), wertvolle Möbel, Bilder, Teppiche. Dagegen gehören Einrichtungsgegenstände und Gerätschaften, die überwiegend dem Betriebe dienen, zum Hofzubehör, zB das (übliche) Mobiliar der Wohnräume und das Küchengerät. Zu baureifen Grundstücken s Rn 17.

21 **Unselbständige Nebenbetriebe** sind bei der Feststellung des Ertragswertes zu berücksichtigen (ebenso MünchKomm/KOCH Rn 41 – Zuordnung zum und Abhängigkeit vom land- und forstwirtschaftlichen Betrieb –; dagegen stellen auf das Übergewicht ab BGB-RGRK/FINKE Rn 34 und DÖLLE I 804; BAMBERGER/ROTH/MAYER Rn 30 schlägt vor, auf die Abgrenzungskriterien zur HöfO zurückzugreifen). Nicht der Ertragsbewertung unterliegen jedoch **selbständige gewerbliche Betriebe**, die nur räumlich mit dem land- oder forstwirtschaftlichen Betriebe verbunden sind, wie Brennereien, Zuckerfabriken – anderes gilt jedoch für Aktien an einer Zuckerfabrik, die mit dem Recht und der Pflicht zur Lieferung von Zuckerrüben verbunden sind und deswegen der Gewinnerzielung aus dem Anbau dienen, BGHZ 113, 331 – (weitergehend ERMAN/HECKELMANN Rn 10 „nicht ganz unbedeutender gewerblicher Nebenbetrieb"). Keine Privilegierung der Landwirtschaft kommt in Betracht, wenn diese ihrerseits nur ein Nebenbetrieb zu einem Gewerbebetrieb ist. Es fehlt dann an einem landwirtschaftlichen Betrieb (OLG Koblenz AgrarR 1993, 328).

22 Der Ehegatte braucht nur **Inhaber des Betriebes** zu sein; ob er ihn selbst betreibt oder verpachtet hat, ist unerheblich. Ist der Ehegatte aber nur Unternehmer (insbes Pächter), nicht zugleich Eigentümer, kommt ein Ansatz nicht in Betracht. Die laufenden Einkünfte sind dann regelmäßig nicht seinem Vermögen zuzurechnen (wohl aber die ausstehenden Forderungen, diese jedoch mit dem Verkehrswert).

23 Die in Abs 4 genannten Betriebe sind nur dann mit dem **Ertragswert** anzusetzen, wenn sie **bei der Berechnung des Anfangs- und des Endvermögens** zu berücksichtigen sind. Der land- oder forstwirtschaftliche Betrieb muss daher bereits beim Eintritt des Güterstandes zum Vermögen des Ehegatten gehört haben oder, bei späterem Erwerb, gem § 1374 Abs 2 dem Anfangsvermögen hinzuzurechnen sein (auch dann ist er bei dessen Berechnung „zu berücksichtigen"). Er muss aber auch bei Beendigung des Güterstandes noch vorhanden sein (oder gem § 1375 Abs 2 dem Endvermögen hinzuzurechnen sein). Damit ist ausgeschlossen, dass ein Betrieb mit dem (meist niedrigen) Ertragswert bei der Berechnung des Anfangsvermögens berücksichtigt, bei der Berechnung des Endvermögens aber faktisch mit dem Verkehrswert angesetzt wird, weil der Ehegatte ihn kurz vor der Beendigung des Güterstandes veräußert hat. Der andere Ehegatte würde anderenfalls an einem in Wirklichkeit nicht erzielten Zugewinn beteiligt werden. Erwirbt ein Ehegatte während des Güterstandes einen land- oder forstwirtschaftlichen Betrieb nur mit dem Verkehrswert, so kann er bei der Berechnung des Endvermögens nicht mit dem Ertragswert angesetzt werden.

24 **Änderungen des Betriebsvermögens** durch Veräußerung oder Erwerb **beweglicher Sachen** bleiben im Einzelnen unberücksichtigt. Sie können sich jedoch bei größerem Umfang auf die Ertragsbewertung auswirken. Sie wirken sich ferner unmittelbar insofern aus, als uU das sonstige Endvermögen durch die Gegenleistung, soweit sie in Geld besteht, vermehrt oder vermindert ist. Ist der Betrieb dadurch jedoch nicht nur umgestellt (zB von Ackerbau auf Viehzucht), sondern **wesentlich beschränkt oder erweitert worden** (zB grundlegende Verminderungen oder Vermehrung des Rinderbestandes, Veräußerung oder Erwerb überdimensionierter Maschinen oder Anlagen, die auch vermietet wurden/werden), so werden solche Betriebsänderungen nicht mehr angemessen durch die Ertragsbewertung aufgefangen. Insoweit handelt es sich um eine Umwandlung von Betriebsvermögen in freies Vermögen oder umgekehrt. Die von der Veränderung betroffenen Gegenstände sind daher aus der Ertragswertberechnung beim Anfangs- bzw Endvermögen herauszunehmen und mit den Verkehrswerten anzusetzen (so auch MünchKomm/Koch Rn 40; Bamberger/Roth/ Mayer Rn 29).

Veräußerung oder Erwerb von **Grundstücken** während des Güterstandes führen **25** regelmäßig zu einer Einschränkung oder Erweiterung des Betriebes. Auch insoweit ist daher die Ertragsbewertung beim Anfangs- bzw Endvermögen um die Grundstücke (und deren Ertrag) zu kürzen. Unwesentliche Veränderungen des Grundbesitzes sind jedoch auch hier außer Betracht zu lassen (Massfeller Betrieb 1957, 500; MünchKomm/Koch Rn 40; Soergel/Lange Rn 19). Ausnahmen kommen nur in Betracht, wenn der Zuerwerb zur Erhaltung der Lebensfähigkeit des Betriebes erforderlich war (BGHZ 113, 325, 328).

Bei einem **Austausch** des Betriebes (zB Umsiedlung auf Ersatzland bei Staudamm- **26** bau oder sonstigen Enteignungstatbeständen, auch freiwilliger Standortwechsel) ist bei der Ertragswertberechnung zu verbleiben, wenn nicht erhebliche Veränderungen der Betriebsgröße damit verbunden sind.

Der **Ertragswert** bestimmt sich gem § 2049 Abs 2, auf den in § 1376 Abs 4 HS 2 **27** verwiesen wird, nach dem Reinertrag, den der land- oder forstwirtschaftliche Betrieb nach seiner bisherigen wirtschaftlichen Bestimmung bei ordnungsmäßiger Bewirtschaftung *nachhaltig* gewähren kann (vgl Staudinger/Werner [2002] zu § 2049). Unberührt bleiben gem EGBGB Art 137 die landesgesetzlichen Vorschriften über die Grundsätze, nach welchen der Ertragswert festzustellen ist (vgl Foag RdL 1955, 5). Anzuwenden war nach der aF des Gesetzes das Landesrecht in der bei Inkrafttreten des Gleichberechtigungsgesetzes (18. 6. 1957) geltenden Fassung (statische Verweisung, BVerfGE 67, 348). Diese statische Verweisung ist mit Gesetz vom 14. 9. 1994 durch ausdrückliche Bezugnahme in EGBGB Art 137 auf § 1376 Abs 4 aufgelöst worden. Damit ist für die Länder die Möglichkeit gegeben, die Ertragswertberechnung für den Zugewinn zu regeln (vgl auch Staudinger/Mayer [2005] Art 137 EGBGB Rn 55 ff). Die Landesgesetze gehen überwiegend von dem 25fachen Betrag des jährlichen Reingewinns aus (s Staudinger/Mayer [2005] Art 137 EGBGB). In Bayern gilt der 18fache Betrag, Bay AGBGB 103. Ein Überblick findet sich auch bei Steffen AgrarR 1985, 99.

2. Gewerbliche Unternehmen, freiberufliche Praxen, Beteiligungen

Mit Ausnahme der land- und forstwirtschaftlichen Betriebe sind alle anderen Ver- **28** mögensgegenstände mit dem **Verkehrswert** anzusetzen. Daher sind auch **gewerbliche Unternehmen** und **Beteiligungen** aller Art mit dem vollen wirklichen Wert anzusetzen. Es kommt nicht auf den in der Handels- oder Steuerbilanz ausgewiesenen Wert an, sondern auf den *Wert des lebenden Unternehmens* einschließlich aller *stillen Reserven* und einschließlich des *good will* des Unternehmens (vgl dazu § 1374 Rn 12 und st Rspr, zuletzt BGH FamRZ 2005, 99; 1999, 362; BGHZ 68, 163 = NJW 1977, 949; BGHZ 22, 186, 194; 17, 130, 136; BGH WM 1973, 286; 1971, 1450; Erman/Heckelmann Rn 6; MünchKomm/ Koch Rn 25; Bamberger/Roth/Mayer Rn 10; Rittner FamRZ 1961, 514; Soergel/Lange Rn 13). Das gilt auch für die Bewertung einer **freiberuflichen Praxis**, BGH NJW 1977, 378 = FamRZ 1977, 38 (Vermessungsingenieur); BGHZ 68, 163 (Handelsvertreter); BGHZ 70, 224 = FamRZ 1978, 332 (Handwerker); BGH FamRZ 1991, 93 (Arztpraxis); OLG Frankfurt FamRZ 1987, 485 (Rechtsanwalt); BGH FamRZ 1999,

361 = NJW 1999, 784 (Anteil an Steuerberaterpraxis). Ob hier im Einzelfall ein *innerer Wert (good will)* anzusetzen ist, richtet sich danach, ob die Übertragung der Praxis möglich und üblich ist und ob ein Erwerber (oder ein aufzunehmender Sozius) bereit wäre, einen erheblich über dem Substanzwert liegenden Preis dafür zu zahlen (BGH NJW 1977, 378; FamRZ 1978, 332). Das ist der Fall, wenn über die Substanz hinaus die Chance erworben werden soll, die Mandanten oder Patienten des bisherigen Praxisinhabers oder -teilhabers als in der Vergangenheit aufgebauten und vorhandenen Wert zu übernehmen und auf dem vorhandenen Bestand den weiteren Ausbau zu betreiben (BGH FamRZ 1999, 363; PILTZ 253; ausführlich zur Bewertung freiberuflicher Praxen, MEYER FuR 1996, 94; JANSSEN NJW 2003, 3387 u RÖMERMANN/SCHRÖDER NJW 2003, 2709 jeweils zur Anwaltskanzlei; HORN FPR 2006, 317 zu Kriterien für den good will). Ein Urteil muss die insoweit erforderlichen tatsächlichen Feststellungen enthalten. Das Unternehmen eines **Handelsvertreters** besitzt nur in besonders gelagerten Fällen ausnahmsweise einen good will (BGHZ 68, 163).

29 Die Anwendung des **Ertragswertverfahrens ist für Unternehmensbewertungen** im Vordringen begriffen (BACHMANN 193; PILTZ/WISSMANN NJW 1985, 2677; JOHANNSEN/HENRICH/JAEGER Rn 17; GROSSFELD 21 ff). Sie wird als Methode auch von der Rechtsprechung herangezogen (BGH NJW 1985, 192; OLG Hamm FamRZ 1998, 236; krit RID NJW 1986, 1317), wenn auch im Einzelfall mit Korrekturen (etwa BGH NJW 1982, 2441; 1973, 509). Alleinmaßgeblich ist sie für den Tatrichter jedoch nicht. So hat das OLG Bamberg bei einem kleinen Handwerksbetrieb die Bewertung anhand eines Mittels aus Ertrags- und Substanzwert vorgenommen (FamRZ 1995, 610). Bei stark personenbezogenen Unternehmen, Handwerksbetrieben und freiberuflichen Praxen hat sich das Ertragswertverfahren bislang wohl generell nicht durchgesetzt. Im Zusammenhang mit der Bewertung einer freiberuflichen Praxis einschließlich ihres good will hat etwa der BGH (NJW 1991, 1547 = FamRZ 1991, 43 m Anm KLINGELHÖFFER 882 ff [Arzt]; FamRZ 1999, 363 [Anteil an Steuerberaterpraxis]) die tatrichterliche Wertermittlung unter Heranziehung der von der Standesorganisation entwickelten (wenn auch nicht verbindlich verabschiedeten) Grundsätze ausdrücklich gebilligt (dafür auch JOHANNSEN/HENRICH/JAEGER Rn 19; MünchKomm/KOCH Rn 22; KOTZUR NJW 1988, 3239; BARTHEL BB 1996, 159 ff zugleich generell zum Vergleichswertverfahren; ENGLERT BB 1997, 148 f; aA MEYER FuR 1996, 103 f). Gegenüber der Anwendung des Ertragswertverfahrens wird zu Recht für die freiberufliche Praxis darauf hingewiesen, dass eine Ertragsprognose weder vom Inhaber zu trennen ist, noch die Erwartung künftigen Einkommens, das der individuellen Arbeitskraft des Inhabers zuzurechnen ist, im Hinblick auf das Stichtagsprinzip maßgebend sein darf (zu letzterem auch BGH FamRZ 1991, 1547 u BGHZ 101, 225; krit BAMBERGER/ROTH/MAYER Rn 14; MICHALSKI/ZEIDLER FamRZ 1997, 399). Bewertungsgegenstand könnten deswegen generell nur auf potentielle Erwerber übertragbare Ertragsmerkmale sein. Diese Erwägungen treffen ebenso zu auf personenbezogene Unternehmen, die einer freiberuflichen Praxis vergleichbare Ertragsmerkmale aufweisen. Allerdings lässt sich kein Erfahrungssatz aufstellen, nach dem sich die Ertragsprognose schon allein deswegen nicht von der Person des Inhabers trennen lässt, weil es sich um eine Einzelfirma handelt. Der BGH hat deswegen bei einem inhabergeführten Maschinenbaubetrieb mangels Vortrags inhaberbezogener Ertragsmerkmale die Anwendung des Ertragswertverfahrens nicht beanstandet (BGH FamRZ 2005, 99). Soweit nach den Bewertungsrichtlinien der Standesorganisationen nach dem sogenannten Umsatzverfahren der Praxiswert mittels Addition ihres Substanzwerts mit dem good will erfolgt, wird Letzterer nach einem Prozentsatz vom

Umsatz bestimmt (vgl etwa OLG Düsseldorf FamRZ 2004, 1106 m Anm SCHRÖDER für Steuerberatungspraxis, Berufungsentscheidung zu AG Duisburg-Hamborn FamRZ 2003, 1186 m Anm SCHRÖDER; dazu auch KOCH FamRZ 2004, 995). Dass bei der Bewertung vom **Bruttoumsatz** auszugehen ist, dürfte der hM entsprechen (BGH NJW 1991, 1547 und NJW 1973, 98, 100; „eher Nettoumsatz": MünchKomm/GERNHUBER [3. Aufl] Rn 23; STROHM AnwBl 1976, 389). Zur sog **latenten Steuerlast** bei der Ermittlung des hypothetischen Veräußerungswertes s § 1374 Rn 16. **Außenstände** und am Stichtag **schwebende Geschäfte** sind bei der Bewertung als Teil des Sachwertes zu erfassen (BGHZ 75, 195; NJW 1987, 321; REIMANN DNotZ 1992, 472, 482; PILTZ 220). Dies mit dem Nennwert ohne Berücksichtigung der mit diesen einhergehenden **Steuerlast**, schon weil eine bestimmte Zuordnung der Steuerlast nicht möglich ist (BGH NJW 1991, 1547 für Arztpraxis). Die Frage der *Realisierbarkeit* von Außenständen wird hier zu berücksichtigen sein, soweit sie wertbestimmend sein kann (s ansonsten Rn 41 f). **Nicht betriebsnotwendiges Vermögen** ist mit dem Verkehrswert abzüglich anfallender Steuern und sonstiger Verwertungskosten dem Gesamtwert des übrigen Unternehmens hinzusetzen (BGH FamRZ 2005, 99 mwNw; 1989, 1276). **Grundstücke** bleiben Betriebsvermögen, wenn sie in den Bilanzen als solche weiter ausgewiesen werden und keine Anhaltspunkte bestehen, dass ihre künftige Verwendung zu Betriebszwecken ausgeschlossen ist (TIEDTKE FamRZ 1990, 1188; vgl auch OLG Düsseldorf FamRZ 1989, 1181). Einem zur Unternehmensbewertung herangezogenen Sachverständigen ist abzuverlangen, dass er die Umstände des Einzelfalls im Auge behält und nicht etwa statt dessen auf abstrakte Berechnungsgrößen zurückgreift (s etwa BGHZ 70, 224). Zur Berücksichtigung des **Doppelverwertungsverbots** (s § 1374 Rn 5; 14; § 1375 Rn 7) in der Unternehmensbewertung vgl OLG Oldenburg FamRZ 2006, 1031 m kritischer Anm HOPPENZ u KOGEL FamRB 2006, 262; MÜNCH FamRZ 2006, 1169 ff; FISCHER-WINKELMANN FuR 2006, 295 ff; BRUDERMÜLLER NJW 2006, 3184; 2003, 3166. Soweit das OLG Oldenburg (aaO) den Goodwill einer Tierarztpraxis im Endvermögen unberücksichtigt lässt, weil aus deren Erträgen der nacheheliche Unterhalt bestritten werden solle, wird allerdings verkannt, dass dieser als Teil des Vermögensstamms unberührt bleibt. Die künftige Gewinnerwartung ist lediglich eine betriebswirtschaftliche Rechengröße.

30 Der Wert der **Beteiligung** an **einer Personengesellschaft** ergibt sich aus dem auf den jeweiligen Stichtag festgestellten **Auseinandersetzungsguthaben** (vgl § 738; zur Ermittlung vgl STAUDINGER/HABERMEIER [2003] § 738 Rn 14 ff), da der Gesellschaftsanteil grundsätzlich nicht veräußerlich ist (§ 719) und daher ein Veräußerungswert nicht ermittelt werden kann (anders MünchKomm/KOCH Rn 28; BAMBERGER/ROTH/MAYER Rn 18; JOHANNSEN/HENRICH/JAEGER Rn 18: quotaler Unternehmenswert; wie hier SOERGEL/LANGE Rn 14 bei Berücksichtigung des Ertrags). Ist im Gesellschaftsvertrag die *Übertragbarkeit* der Anteile vorgesehen, muss der Verkehrswert (s Rn 11, 31) geschätzt werden. Aber auch hier gibt die Höhe des auf den Berechnungsstichtag festgestellten Abfindungsanspruchs einen Anhalt.

31 Der Wert des Gesellschaftsanteils ist **auf der Grundlage des wirklichen Wertes** des lebenden Unternehmens zu errechnen einschließlich stiller Reserven und good will. Dieser ergibt sich *im Allgemeinen* aus dem Preis, der bei einem Verkauf des Unternehmens als Einheit erzielt würde (BGH NJW 1985, 193 mwNw).

32 Die Schwierigkeiten der Anteilsbewertung haben dazu geführt, dass in den Gesellschaftsverträgen häufig spezielle **Abfindungsklauseln** vereinbart werden, nach denen ein Abfindungsanspruch beim Ausscheiden nicht oder nur in bestimmter Höhe (zB Kapitalanteil nach letzter Jahresbilanz) besteht. Insbesondere für die Nachlassbewertung und die Vermögensbewertung beim Zugewinnausgleich werfen solche Klauseln neue Probleme auf (dazu REIMANN DNotZ 1992, 472). Der Rückgriff auf das Auseinandersetzungsguthaben (s Rn 30) führt regelmäßig zu einer Als-ob-Bewertung, weil die Beendigung des Güterstandes nicht zugleich ein Grund für das Ausscheiden aus der Gesellschaft ist.

33   Die Abfindungsklausel wird nur dann relevant, wenn die Ehe durch den Tod des Gesellschafter-Ehegatten aufgelöst und die Gesellschaft ohne die Erben fortgeführt wird. In diesem Fall ist der Wert des Gesellschaftsanteils nach dem **Klauselwert** des Abfindungsanspruchs zu bestimmen (HECKELMANN, Abfindungsklauseln 247 ff mwNw Fn 7). Der Klauselwert ist auch dann einzusetzen, wenn zum Berechnungs- und Bewertungsstichtag das Ausscheiden des Gesellschafter-Ehegatten zwar noch nicht vollzogen, aber bereits eingeleitet ist (zB eine befristete Kündigung ist bereits ausgesprochen, s §§ 723, 736; das Ausschlussverfahren ist eingeleitet, § 737, oder rechtshängig, § 140 HGB; die Insolvenz ist angemeldet, § 736, § 131 Abs 3 Nr 2 HGB; s BGH FamRZ 1999, 362). Ebenso ist der Anteil mit dem Klauselwert zu bewerten, wenn bereits zum Stichtag mit hinreichender Sicherheit feststeht, dass der Gesellschafter-Ehegatte aus der Gesellschaft ausscheiden muss, um den Anteil zwecks Erfüllung der Ausgleichsforderung zu realisieren (s auch oben Rn 11; ebenso BACHMANN, Bewertungsgrundsätze 163 f, 268 f; MünchKomm/KOCH Rn 29; JOHANNSEN/HENRICH/JAEGER Rn 18; BAMBERGER/ROTH/MAYER Rn 20; RITTNER FamRZ 1961, 505, 515; SOERGEL/LANGE Rn 14; TIEDAU MDR 1959, 253, 256 und DtNotartag 1961, 97, 119; **aM** HECKELMANN, Abfindungsklauseln 226 ff, 228). Die Notwendigkeit der Anteilsverwertung ist jedoch im Hinblick auf § 1382 nur selten mit der nötigen Gewissheit festzustellen (dazu auch BGH FamRZ 1999, 363).

34   Für die Regelfälle, in denen das Ausscheiden aus der Gesellschaft nicht schon mit dem Ende des Güterstandes programmiert ist, findet sich eine bunte Palette von Lösungsvorschlägen. Eine erste Gruppe von Autoren tritt für eine **endgültige Bewertung** ein, freilich mit unterschiedlichen Ergebnissen. Stets mit dem **Vollwert** bewerten ERMAN/HECKELMANN Rn 7; HECKELMANN, Abfindungsklauseln 226 ff; PILTZ/WISSMANN NJW 1985, 2673; BAMBERGER/ROTH/MAYER Rn 23: im Regelfall; LENZEN BB 1974, 1050, 1051; OTT-OTT BWNotZ 1973, 54; STÖTTER, Betrieb 1970, 573; ZIMMERMANN BB 1969, 965, 968 ff. Dagegen wird von HUBER, Kapitalanteil und Gesellschaftsanteil an Personengesellschaften des Handelsrechts (1970) 347, und WIEDEMANN, Die Übertragung und Vererbung von Mitgliedschaftsrechten bei Handelsgesellschaften (1965) 218 f (mit Chancenzuschlägen, wenn die Kapitalbeteiligung gegenüber der persönlichen Mitarbeit stark im Vordergrund steht) der **Klauselwert** eingesetzt (ebenso MICHALSKI/ZEIDLER FamRZ 1997, 404 mit kritischen Anm KLEINLE FamRZ 1997, 1133 sowie SCHRÖDER 1135; ähnlich wohl MEINCKE, Das Recht der Nachlaßbewertung 203, 253). Für einen **Mittelwert** zwischen Voll- und Klauselwert, der am Risiko des Ausscheidens orientiert ist, treten ein: BGHZ 75, 195, 201 = NJW 1980, 229; BGH FamRZ 1999, 362; NJW 1987, 321; OLG Hamm FamRZ 1998, 236; OLG Schleswig FamRZ 1986, 1209; GORONCY (Diss Bonn 1965) 93 ff; MünchKomm/KOCH Rn 31; SCHWAB Teil VII Rn 94; JOHANNSEN/HENRICH/JAEGER Rn 18; SUDHOFF NJW 1962, 1900 und WESTERMANN, Handbuch der Personengesellschaften (ab 1967) Rn 512. Eine andere Gruppe von Autoren befürwortet eine **vorläufige Lösung** entsprechend

§ 2313. Von ihnen deuten BGB-RGRK/Finke Rn 11 und Siebert NJW 1960, 1033, 1035 die Differenz zwischen Klausel- und Vollwert als unsichere Rechtsposition und wenden § 2313 Abs 2 S 1 iVm Abs 1 S 1 und Abs 1 S 3 an **(Klauselwert mit Korrektur)**. Andere schlagen vor, den **Vollwert** einzusetzen und **nachträgliche Korrekturen** entsprechend § 2313 Abs 1 S 2 vorzunehmen (vgl Reuter, Privatrechtliche Schranken der Perpetuierung von Unternehmen [1973] 292; Sudhoff NJW 1961, 801, 803; Ulmer ZGR 1972, 195, 342).

Stellungnahme: Der Gesellschaftsanteil ist zur Zeit der Beendigung des Güterstan- **35** des weder ein unsicheres Recht iSd § 2313 Abs 2 S 1 noch ein bedingtes Recht iSd § 2313 Abs 1. Ungewiss ist lediglich das künftige Schicksal des Anteils, der sich bei einem späteren Ausscheiden in einen Abfindungsanspruch nach dem Klauselwert verwandelt, bei einer späteren Liquidation aber in das von der Klausel unberührte Auseinandersetzungsguthaben. Die Bewertung von Gesellschaftsanteilen nach dem potentiellen Abfindungsanspruch ist nur eine für den Regelfall brauchbare Methode. Keinesfalls rechtfertigt die bloße Fiktion des Ausscheidens die Anwendung der Abfindungsklausel, die ein wirkliches Ausscheiden voraussetzt. Wollte man es entsprechend § 2313 Abs 1 S 3 abwarten und erst dann eine Ausgleichung vornehmen, würden künftige Entwicklungen der Gesellschafterstellung in die Bewertung einbezogen, die nicht nur unabsehbar sind, sondern gegenwärtig nicht einmal im Keim angelegt sind. Sie gehen den anderen Ehegatten daher nichts an (zu Ausnahmen s schon Rn 29). Die bloß abstrakte Möglichkeit eines Ausscheidens und Wirksamwerdens der Abfindungsklausel lässt sich allenfalls im Rahmen einer Risikobewertung berücksichtigen. Das setzt jedoch voraus, dass das Ausscheiden entweder sicher ist, mag auch der Zeitpunkt ungewiss sein (zB Ausscheiden bei Tod), oder nach dem Gesellschaftsvertrag unter erleichterten Voraussetzungen möglich ist (zB Ausschluss ohne wichtigen Grund, s dazu BGH BB 1977, 768). In solchen Fällen wird der gegenwärtige Wert des Anteils danach zu bestimmen sein, was ein Dritter bei fiktiver Veräußerbarkeit für ihn zu zahlen bereit wäre. Fernerliegende Risiken eines Ausscheidens sind dagegen nicht zu beachten. Abgesehen von solchen **Ausnahmefällen**, in denen ein Risikoabschlag berechtigt ist, muss **grundsätzlich vom Vollwert** des Gesellschaftsanteils ausgegangen werden. In jedem Falle ist eine **endgültige (Stichtags-)Bewertung** vorzunehmen. Sicher nicht vertretbar ist der pauschale Abzug eines Abschlages vom Vollwert, ohne dass für seine Höhe hinreichende tatsächliche Anhaltspunkte bestehen (MünchKomm/Koch Rn 31; anders OLG Hamm FamRZ 1983, 918 [20%]; OLG Schleswig FamRZ 1986, 1208 [15 000 DM]).

Andere Beteiligungen lassen sich in der Regel einfacher bewerten als die Anteile an **36** Personengesellschaften. Sie sind, sofern sie nicht börsengängig sind, mit dem gemeinen Wert anzusetzen, der grundsätzlich aus Verkäufen, sonst aus dem Gegenstands- oder Unternehmenswert abzuleiten ist. Zu **GmbH-Anteilen** s dazu bereits Rn 28 ff u BGH FamRZ 1980, 37 ff; Schröder Rn 126. Satzungsmäßige Abfindungswerte sind auch hier nicht zu berücksichtigen (s Rn 35; Ebeling GmbH-Rdsch 1976, 153). Für **Aktien** ist regelmäßig der Kurswert maßgebend, und zwar der mittlere Tageskurs an dem Börsenplatze, der dem Wohnsitz des Ehegatten zunächst gelegen ist (so auch Erman/Heckelmann Rn 5; MünchKomm/Koch Rn 14; Soergel/Lange Rn 11; anders – „wahrer Wert" – LG Berlin FamRZ 1965, 438; Nörk NJW 1962, 2185; dagegen aber Veith NJW 1963, 1521). Bei **Aktienpaketen** ist ein angemessener, der Lage des Unternehmens und der Nachfrage entsprechender Aufschlag gerechtfertigt, der geschätzt werden muss.

37 **3.** **Sonstige Wertpapiere, Waren** und andere Gegenstände mit einem **Börsen- oder Marktpreis** sind mit diesem anzusetzen. Bei Wertpapieren sind bis zum Stichtag entstandene Stückzinsen zu berücksichtigen (BGH FamRZ 2001, 414).

38 **4.** Bebaute und unbebaute **Grundstücke** sind mit dem Verkehrswert anzusetzen. **Dingliche Nutzungsrechte** sind in die Bemessung des Grundstückswerts von vornherein einzustellen (BGH FamRZ 2004, 529 m Anm Koch). Unerheblich sind die Herstellungskosten eines Gebäudes (BGHZ 17, 236; 10, 171). Auszugehen ist grundsätzlich vom Substanzwert, der aber durch die Berücksichtigung des Ertragswerts modifiziert werden kann (BGH WM 1977, 302; LM § 2311 BGB Nr 5; NJW 1970, 2018; JZ 1963, 320). Zur Grundstücksbewertung kann die WertermittlungsVO (idF vom 6. 12. 1988 [BGBl I 2209]) nebst Richtlinien (BAnz Beilage 21/76) zugrunde gelegt werden (BGH NJW 1990, 112 = FamRZ 1989, 1051; PALANDT/BRUDERMÜLLER Rn 12; BAMBERGER/ROTH/MAYER Rn 6; SOERGEL/LANGE Rn 12; SCHWAB FamRZ 1984, 434). Dabei verdrängt keine der Methoden zur Bewertung bei bestimmten Bewertungsgegenständen von vornherein die anderen Ermittlungsverfahren (BGH WM 2004, 559). Abzustellen ist auf die Umstände des Einzelfalls (vgl auch § 7 WertermittlungsVO). Eine formlose **Vereinbarung** zwischen den Ehegatten über die Bewertungsmethode ist aber bindend (BGH FamRZ 2005, 1976, s Rn 49). Für eigengenutzte Ein- und Zweifamilienhäuser ist das Sachwertverfahren heranzuziehen, für Renditeobjekte kommt daneben dem Ertragswert erhöhte Bedeutung zu (zu ersterem etwa BGH FamRZ 1992, 918; allgemein zur Grundstücksbewertung GABLENZ, Verkehrswertbestimmung von landwirtschaftlichen Grundstücken [1. Aufl 1998]; SIMON/REINHOLD/SIMON, Wertermittlung von Grundstücken [5. Aufl 2005]; RÖSSLER/LANGNER/SIMON/KLEIBER/JOERIS/SIMON, Schätzung und Ermittlung von Grundstückswerten [8. Aufl 2005]; VOGELS, Grundstücks- und Gebäudebewertung [5. Aufl 1996]). Auf das Ertragswertverfahren beschränkt werden darf die Wertermittlung dagegen auch bei diesen nicht (so aber für den Regelfall JOHANNSEN/HENRICH/JAEGER Rn 12; vgl auch OLG Frankfurt FamRZ 1980, 576). Immobilien erfahren ihre Bewertung im Verkehr im Grundsatz nicht allein vom Ertrag, sondern auch aus weiteren Umständen wie Wertbeständigkeit und etwa der Möglichkeit ihrer Umwandlung in Wohneigentum (dazu BGH NJW-RR 1993, 132; SOERGEL/LANGE Rn 12 unter Hinweis auf den Umkehrschluss aus § 1376 Abs 4). Soweit korrigierend der Vergleichswert herangezogen wird, darf das Vergleichsmaterial nicht schematisch einbezogen werden, wenn den Umständen nach Zweifel an der Vergleichbarkeit bestehen (BGH FamRZ 1992, 918). Wird ein Haus vom ausgleichspflichtigen Ehegatten weitergenutzt, kann der wahre Wert höher liegen als der hypothetische aktuelle Veräußerungswert. Die sogenannte **Spekulationssteuer** bei privaten Veräußerungsgeschäften über Grundstücke und Eigentumswohnungen vor Fristablauf ist nur als notwendiger Veräußerungsaufwand berücksichtigungsfähig, wenn auf der Grundlage der Liquidation abgerechnet wird (anders: KOGEL FamRZ 2003, 809 u BÜTE FuR 2003, 393: Abschlag iH der Steuerlast; wie hier: PALANDT/BRUDERMÜLLER Rn 11; HOPPENZ FamRZ 2006, 451 aber zu Unrecht: bei Unsicherheit über künftige Handhabe Abschlag nach 287 ZPO; ENGELS, in: FS Musielak 214; ders FF 2004, 285). Der wertmindernde Steuerbetrag ist zu schätzen und vom Grundstückswert abzusetzen (vgl BGH FamRZ 2005, 100; 1999, 364; 1991, 48 zur latenten Steuerlast im Rahmen der Unternehmensbewertung).

39 Ein **Preisrückgang zur Zeit der Bewertung** ist dann nicht zu berücksichtigen, wenn er als vorübergehend einzuschätzen ist und einen wirtschaftlich Denkenden veranlasst hätte, eine Veräußerung zurückzustellen, soweit nicht besondere Umstände auch unter Berücksichtigung von § 1382 dazu zwangen (BGH FamRZ 1986, 37, 40; bestätigt von

BGH FamRZ 1992, 918, 919; s auch Rn 11; aA MünchKomm/Gernhuber [3. Aufl] Rn 14 dagegen jetzt Koch Rn 13; Schwab VII Rn 98). Zur Bewertung eines **Erbbaurechts** s BayObLG 1976, 239; von **landwirtschaftlichen Grundstücken** Steffen RdL 1976, 116; eines der **Mietpreisbindung** unterliegenden Mehrfamilienhauses OLG Düsseldorf FamRZ 1989, 280; eines **Wiederkaufsrechtes** BGH FamRZ 1993, 1183 (Wertbestimmung abhängig von der Veräußerungsnotwendigkeit mit Risikoabschlag; OLG Brandenburg: Abschlag unabhängig von der Verwertungsfrage in Höhe des Ablösungsbetrages, FamRZ 2004, 1029 m krit Anm Schröder; abl auch Brudermüller NJW 2004, 3234: nur geringer Abschlag; OLGR Bremen 1998, 205: 10% Risikoabschlag; OLGR München 2000, 173: für eine Rückfallklausel bei Grundstücksschenkung); des **Anspruchs auf Rückübertragung** eines in der DDR belegenen Grundstücks AG Tempelhof-Kreuzberg FamRZ 2003, 1748 (entsprechend Verkehrswert des Grundstücks; dazu auch Holtfester/Neuhaus-Piper FamRZ 2002, 1531 ff).

5. **Das persönliche Gut** der Ehegatten und der **Hausrat** werden nicht einfach mit **40** dem Preise angesetzt werden können, den ein Alt- und Gebrauchtwarenhändler dafür zahlen würde (so aber Schwab Teil VII Rn 74). Auch der Gebrauchswert kann nicht maßgeblich sein, ebenso wenig der Wiederbeschaffungspreis mit Abschlägen für die Abnutzung (so aber Johannsen/Henrich/Jaeger Rn 8; Müller-Freienfels, in: FS Nial [1966] 404, 437; Soergel/Lange Rn 11; Stuby FamRZ 1967, 181, 189). Auszugehen ist vielmehr vom Anschaffungspreis oder -wert, von dem angemessene Abschläge für Abnutzung zu machen sind (MünchKomm/Koch Rn 10; Bamberger/Roth/Mayer Rn 32). Zur Frage der Einbeziehung vom Hausrat in den Zugewinnausgleich s § 1375 Rn 6. **Bibliotheken, Schmuck, Sammlungen und Kunstgegenstände** werden ebenso wenig nach dem Wiederbeschaffungswert zu bewerten sein (so aber Soergel/Lange Rn 11). Sofern ein Markt existiert, lässt sich der Verkaufswert heranziehen (dafür MünchKomm/Koch Rn 17; Johannsen/Henrich/Jaeger Rn 8 a; D Schwab Teil VII Rn 74). Wo dies nicht der Fall ist, bleibt der Liquidationswert idR hinter dem wirklichen Wert zurück (s Rn 11). Hier wird der Anschaffungspreis zur Korrektur zusätzlich Berücksichtigung finden müssen, soweit dieser nicht reinen Liebhabercharakter trägt.

6. **Forderungen und Verbindlichkeiten** sind regelmäßig mit ihrem **Nennbetrag** an- **41** zusetzen (hM, BGH FamRZ 1991, 43, 45 mwNw; s aber § 1374 Rn 15 zu Zinsen). Regressansprüche gegen Dritte sind ebenso zu berücksichtigen wie Ansprüche aus Schadens- oder Haftpflichtversicherungen. Erst später fällige Forderungen sind mit dem vollen Nennwert einzusetzen (gegen eine Abzinsung auch Soergel/Lange Rn 15; MünchKomm/ Koch Rn 15), ebenso noch nicht fällige Verbindlichkeiten (Koch aaO). Die §§ 41 Abs 2, 463 InsO leisten keine Auslegungshilfe, da die Beendigung des Güterstandes nicht die vorzeitige Fälligkeit herbeiführt. Demgegenüber hat sich der BGH der Auffassung von Heckelmann (Erman/Heckelmann Rn 5) und Jaeger (Johannsen/Henrich/Jaeger Rn 9) angeschlossen, weil eine am Stichtag nicht fällige Verbindlichkeit weniger belaste als eine fällige (BGH NJW 1990, 3018, 3019 = FamRZ 1990, 1217; NJW 1992, 1103 = FamRZ 1992, 411, 413; OLG Hamm FamRZ 1995, 611; für Feststellung des Zwischenzinses bei Forderungen und Verbindlichkeiten Bamberger/Roth/Mayer Rn 32; Palandt/Brudermüller Rn 20; Haussleiter/Schulz Kap 1 Rn 185, 310). Diese Erwägungen treffen jedoch nur den kaufmännischen Verkehr. Sie können deswegen nur Platz greifen, wo die Valuta auch gewinnbringend verwandt werden sollte (so Gernhuber NJW 1991, 2241). Gesamtschulden sind abzüglich des Ausgleichsanspruches im Innenverhältnis zu berücksichtigen (s auch § 1375 Rn 7).

42 **7.** **Ungewisse** oder **unsichere Rechte** und **zweifelhafte Verbindlichkeiten** sind entsprechend § 2313 Abs 2 bei der Berechnung und Bewertung zunächst außer Ansatz zu lassen. Hierher gehört auch die Frage der *Realisierbarkeit* von Forderungen. Erst nach Klärung der Zweifel hat ein nachträglicher Ausgleich stattzufinden (ebenso die früher hM, s nur Erman/Heckelmann Rn 5; BGB-RGRK/Finke Rn 11, 12; offen Soergel/Lange Rn 15; MünchKomm/Gernhuber [3. Aufl] Rn 16; Gernhuber/Coester-Waltjen § 36 Rn 64). Für den Schätzwert aber Dölle I 803; H Lange NJW 1957, 1381, 1383 und die wohl jetzt hM im Anschluss an BGHZ 87, 367 = FamRZ 1983, 882, 884; FamRZ 1991, 46; NJW 1992, 2154, 2157 = FamRZ 1992, 1155; sowie erneut BGHZ 157, 379, 389 f = FamRZ 2004, 781; Johannsen/Henrich/ Jaeger Rn 10; D Schwab Teil VII Rn 106 ff; Bamberger/Roth/Mayer Rn 32; MünchKomm/Koch Rn 16; Rauscher Rn 423; Palandt/Brudermüller Rn 20; für den vollen Wert vom Anfangsvermögen abzuziehender später entstehender Verbindlichkeiten Muscheler FamRZ 1998, 272; grundsätzlich kritisch zur stichtagsbezogenen Wertbestimmung im Zugewinnausgleich Schwab, in: FS Söllner 1087 ff). Der Vorzug einer endgültigen Abrechnung rechtfertigt jedoch die Verwerfungen bei einer sofortigen Bewertung, die Spekulationscharakter trägt, nicht. Zur Nacherbschaft s § 1374 Rn 28; zur Kautionsvereinbarung § 1374 Rn 3.

43 **8.** Entsprechend § 2313 Abs 1 bleiben bei der Feststellung des Anfangs- und des Endvermögens Rechte und Verbindlichkeiten, die von einer **aufschiebenden Bedingung** abhängig sind, außer Ansatz (aA BGH NJW 1992, 2154, 2157: Schätzwert; s Rn 42). **Auflösend bedingte** Rechte und Verbindlichkeiten kommen als unbedingte in Ansatz. Tritt die Bedingung ein, so hat eine der veränderten Rechtslage entsprechende Ausgleichung zu erfolgen. **Befristete Rechte und Verbindlichkeiten** dagegen sind zu schätzen. Auch § 2313 trifft insoweit keine Sonderregelung. **Anwartschaften** aus Vorbehaltskäufen und Sicherungsübereignungen sind nach dem Zahlungsstand zu bewerten (BGHZ 130, 218, 223 = FamRZ 1996, 794; MünchKomm/Koch Rn 11; aA Soergel/ Lange Rn 11: voller Sachwert bei Abzug der Restschuld bei den Verbindlichkeiten). Praktisch wird das häufig bedeuten, dass der Kaufpreis abzüglich geleisteter Zahlungen den Wert des Anwartschaftsrechtes bestimmt. Das kann jedoch nur bei einem gleichbleibendem Sachwert gelten, sonst etwa bei Wertverlust des Kaufgegenstandes durch Abnutzung oder wenn Kaufpreis und Sachwert sich nicht entsprachen, sind Zahlungsstand und Sachwert ins Verhältnis zu setzen, indem der Sachwert um die offene Restforderung gekürzt wird. Wenn der Sachwert den Preis übersteigt, kann das dazu führen, dass das Anwartschaftsrecht werthaltig ist, obwohl zum Stichtag noch keinerlei Zahlung auf die offene Forderung geleistet worden ist (vgl BGH aaO).

44 **9.** Zum Ansatz von **Dauerrechtsverhältnissen** und der sich aus ihnen ergebenden Ansprüche auf **wiederkehrende Leistungen** s § 1374 Rn 5. **Dauernde Nutzungsberechtigungen** wie Nießbrauch oder Wohnrechte sind zu **kapitalisieren** (BGH FamRZ 2004, 528 m Anm Koch; 1989, 957; Johannsen/Henrich/Jaeger Rn 10 a; Erman/Heckelmann Rn 5; MünchKomm/Koch Rn 19; Kogel FamRZ 2006, 451; Schwab VII Rn 75). Bei der Bewertung kommt es auf den Stichtag mit der Folge an, dass nicht die tatsächliche Lebensdauer, sondern die statistisch zu diesem Zeitpunkt zu erwartende zugrunde zu legen ist (BGH FamRZ 1989, 957; OLG Karlsruhe FamRZ 1990, 57). Wie bei der Bewertung eines mit einem dinglichen Nutzungsrecht belasteten Grundstücks ist eine (weitere) Belastung bei der Bewertung des Rechts von vornherein zu berücksichtigen (BGH FamRZ 2004, 528). So ist für die Bewertung des Nießbrauchs an einem Hausgrundstück, das mit einem Wohnrecht belastet ist, nicht der Nutzungswert des Hauses schlechthin, sondern der des mit dem Wohnrecht belasteten Hauses wertbestimmend. Bei der Bemessung des **Rechnungszinses** für die Bewertung der künftigen Leistung zieht der BGH den vom Bewertungsgesetz zugrunde gelegten Zinssatz von 5,5% heran, soweit es um Rechte auf Lebenszeit geht (BGH aaO; zust KOGEL FamRZ 2006, 452). Zur Frage, ob diese Rechte tatsächlich in die Berechnung einzustellen sind, s § 1374 Rn 29.

10. Kapitallebensversicherungen (s auch § 1374 Rn 9) sind nach der Rspr wiederholt **45** mit ihrem Rückkaufswert in die Berechung des Zugewinns eingesetzt worden, und zwar ohne eine Abzinsung (BGH NJW 1992, 1103; BGHZ 118, 242, 248 ff = NJW 1992, 2154). Der Rückkaufswert liegt bei voraussichtlicher Fortführung des Vertragsverhältnisses bis zum vorgesehenen Ablauf in der Regel aber unter dem wirklichen Wert der Versicherung und stellt einen wirtschaftlich ungünstigen Liquidationswert dar. Zu Recht hat sich der BGH daher der herrschenden Auffassung angeschlossen, ihn nur dann in die Zugewinnausgleichsbilanz aufzunehmen, wenn im Einzelfall bei objektiver Betrachtung die Fortführung des Versicherungsverhältnisses nicht zu erwarten ist und auch durch eine Stundung der Ausgleichsforderung gemäß § 1382 nicht ermöglicht werden kann. Sofern dies wirtschaftlich sinnvoll ist und zu einem höheren Wert als dem Rückkaufswert führt, muss bei dieser Prognoseentscheidung zum Fortbestand auch untersucht werden, inwieweit eine Umwandlung in eine prämienfreie Versicherung gemäß § 174 VVG in Betracht gezogen werden kann (BGHZ 130, 298, 300 = FamRZ 1995, 1270 f m Anm KLEIN FuR 1995, 307; OLG Stuttgart FamRZ 1993, 193; SOERGEL/LANGE Rn 11; JOHANNSEN/HENRICH/JAEGER Rn 11; MünchKomm/KOCH Rn 20; SCHWAB VII Rn 68; VOIT 81 ff; RAUBE/EITELBERG FamRZ 1997, 1325). Ist die Fortführung der Versicherung zu erwarten, ist es Sache des Tatrichters, unter den verschiedenen Bewertungsarten den wirklichen Wert der Versicherung am Stichtag zu ermitteln (zur Fortführungsprognose SCHWOLOW FuR 1997, 19). Bei der Wertermittlung handelt es sich letztlich um eine Schätzung im Rahmen des § 287 Abs 2 ZPO, die vom Revisionsgericht nur auf Rechtsfehler zu überprüfen ist (BGH aaO). Der von der Deutschen Aktuarvereinigung e V (Bonn) erarbeitete Lösungsvorschlag kann für eine Bewertung herangezogen werden. Danach ist als Wert der Versicherung der Rückkaufswert der individuell gutgeschriebenen Versicherungsleistungen ohne Stornoabschläge zugrunde zu legen. Es wird also das rechnungsmäßige Deckungskapital, einschließlich gutgeschriebener Gewinnanteile, zuzüglich des zum Bewertungsstichtag erreichten Anwartschaftsbarwertes auf Schlussgewinnanteile angesetzt (JOHANNSEN/HENRICH/JAEGER Rn 11; BÜTE FamRZ 1997, 1252 f; RAUBE/EITELBERG FamRZ 1997, 1326). Der BGH hat daneben im Anschluss an VOIT (138 ff) eine Realteilung unter Heranziehung von § 1383 oder bei Einvernehmen der Parteien in Erwägung gezogen (aaO, 303).

Besondere Probleme stellen sich beim Ausgleich der widerruflichen Bezugsberech- **46** tigung bei der **betrieblichen Direktversicherung**. Diese Versicherung wird ganz überwiegend als Kapitalversicherung abgeschlossen, wobei der Arbeitgeber Versicherungsnehmer und der Arbeitnehmer begünstigte versicherte Person ist. Der Berechtigte kann diese nicht verwerten. Das steht jedoch einer Einbeziehung in den Zugewinnausgleich nicht entgegen. Für die Bewertung ist nach Auffassung des BGH (NJW 1992, 1103) auch hier vom Zeitwert auszugehen, wobei in der angeführten Entscheidung entsprechend der früheren Rechtsprechung noch der Rückkaufswert zugrunde gelegt worden war, jedoch bedürfe es eines Abzuges wegen der Unsicherheit, ob die Versicherungsleistung dem Versicherten oder seinem Rechtsnachfolger überhaupt zufallen wird (zur Kritik der Schätzung unsicherer Rechte s Rn 42 f). Als Wertmesser wurden der Entwurf der BarWertVO vom 24. 6. 1977 und die Faktoren für die Überlebenswahrscheinlichkeit nach der allgemeinen Sterbetafel in Betracht gezogen. Hat ein Ehegatte als Versicherungsnehmer einer Kapitallebensversicherung **auf den Todes- und Erlebensfall** bestimmt, dass die Versicherungsleistung im Erlebensfall an ihn, im Falle seines vorzeitigen Todes unwiderruflich an den anderen Ehegatten gezahlt werden soll, so sind die Anrechte bei beiden Ehegatten zu berücksichtigen. Die Bewertung erfolgt nicht nach einem Rückkaufs- oder Liquidationswert, sondern es hat auch hier nach Auffassung des BGH eine Schätzung der beiden bedingten Rechte zu erfolgen, wobei als Maßstab für die Frage, ob der Versicherungsfall des Erlebens eintritt oder nicht, auch hier die allgemeine Sterbetafel sowie die Kosten einer Risikolebensversicherung in Betracht kommen (BGH NJW 1992, 2157 m Anm Hohloch LM § 1375 BGB Nr 15). Eine zur **Sicherung und Tilgung einer Darlehensverbindlichkeit** an den Gläubiger abgetretene Kapitallebensversicherung ist von der Darlehensverbindlichkeit im Stichtagsvermögen mit dem Zeitwert in Abzug zu bringen (BGH aaO). Eine bei Beendigung des Güterstandes durch den Tod eines Ehegatten fällig gewordene Versicherungssumme ist jedoch zum vollen Nennwert beim Endvermögen des Berechtigten zu berücksichtigen.

47 Ähnlich wie Kapitallebensversicherungen werden Anrechte auf betriebliche Altersversorgung behandelt, die als Kapitalleistung des Arbeitgebers zugesagt worden sind. Sie fallen in den Zugewinn nicht in den Versorgungsausgleich und unterliegen tatrichterlicher Schätzung hinsichtlich ihres zum Stichtag abgezinsten Werts. Der zugrunde gelegte Zinsfuß bedarf einer am Ziel der Bewertung ausgerichteten sachgerechten Begründung. Der weitere Bewertungsabschlag wegen der Ungewissheit, ob der Vermögenswert tatsächlich anfallen wird, kann entsprechend den für die Kapitallebensversicherung auf den Todes- und Erlebensfall entwickelten Grundsätzen für die Erlebenswahrscheinlichkeit ermittelt werden (BGH FamRZ 2003, 153, 155 m zust Anm Bergschneider; Koch FamRZ 2004, 994; Schwab Teil VII Rn 73).

V. Wertänderungen, Geldwertschwund

48 Wertänderungen vom Anfangs- zum Endstichtag beeinflussen auch dann den Zugewinn, wenn der Bewertungsgegenstand unverändert geblieben ist (s auch § 1373 Rn 7). Soweit die Wertänderung jedoch auf dem Geldwertschwund beruht, liegt nur ein unechter Zugewinn vor, s dazu § 1373 Rn 9 ff.

VI. Abweichende Vereinbarungen

49 Durch Ehevertrag können abweichende Vereinbarungen über die Bewertung getroffen werden. Wegen der unübersehbaren Schwierigkeiten, die insbesondere bei der Bewertung von Unternehmen und Unternehmensbeteiligungen auftauchen, ist hier eine ehevertragliche Einigung anzuraten (so auch Reimann DNotZ 1992, 472). Diese kann sich nicht nur auf den Bewertungsmaßstab oder den Bewertungsumfang (BGH FamRZ 1997, 800 ff: Zulässige Herausnahme des Betriebsvermögens aus dem Endvermögen) und das Bewertungsverfahren (hM, vgl Knur DNotZ 1957, 476; einschränkend jedoch Körner, Die Grenzen der Vertragsfreiheit im neuen Ehegüterrecht [Diss Tübingen 1961] 221), sondern auch auf den Bewertungsstichtag beziehen.

Einigen sich die Ehegatten oder früheren Ehegatten nach der Beendigung des Güterstandes über die Berechnung und Bewertung des Anfangs- und Endvermögens, so ist eine Schätzung, die Heranziehung von Sachverständigen usw nicht erforderlich. Der Form des Ehevertrages bedarf diese Einigung nicht. Der Formzwang des § 1378 Abs 3 S 2 gilt nicht mehr (s dort; BGH FamRZ 2005, 1976; OLG Düsseldorf FamRZ 1989, 182).

§ 1377
Verzeichnis des Anfangsvermögens

(1) Haben die Ehegatten den Bestand und den Wert des einem Ehegatten gehörenden Anfangsvermögens und der diesem Vermögen hinzuzurechnenden Gegenstände gemeinsam in einem Verzeichnis festgestellt, so wird im Verhältnis der Ehegatten zueinander vermutet, dass das Verzeichnis richtig ist.

(2) Jeder Ehegatte kann verlangen, dass der andere Ehegatte bei der Aufnahme des Verzeichnisses mitwirkt. Auf die Aufnahme des Verzeichnisses sind die für den Nießbrauch geltenden Vorschriften des § 1035 anzuwenden. Jeder Ehegatte kann den Wert der Vermögensgegenstände und der Verbindlichkeiten auf seine Kosten durch Sachverständige feststellen lassen.

(3) Soweit kein Verzeichnis aufgenommen ist, wird vermutet, dass das Endvermögen eines Ehegatten seinen Zugewinn darstellt.

Materialien: E I § 1385; II § 1384.
Vgl STAUDINGER/BGB-Synopse 1896–2005
§ 1377.

Systematische Übersicht

I. Allgemeines

1 Zwischen dem Eintritt und der Beendigung des Güterstandes liegt meist ein längerer Zeitraum, der mehrere Jahrzehnte umspannen kann. Die nach der Beendigung der Zugewinngemeinschaft vorzunehmende Zugewinnermittlung führt aus diesem Grunde häufig zu erheblichen Schwierigkeiten bei der Feststellung und Bewertung des Anfangsvermögens. Daher bestimmt § 1377, dass die Ehegatten den Bestand und den Wert der Anfangsvermögen in einem Verzeichnis feststellen können, dass jeder Ehegatte von dem anderen die Mitwirkung bei der Aufnahme des Verzeichnisses verlangen kann und dass vermutet wird, dass das gemeinsam aufgestellte Verzeichnis richtig ist. Damit legt es das Gesetz in die Hand der Ehegatten, die Schwierigkeiten bei der Ermittlung des Anfangsvermögens zu vermeiden. Die Richtigkeitsvermutung des Abs 1 und die negative Vermutung des Abs 3 sollen jeden Ehegatten bewegen, die Inventarisierung vorzunehmen. Gleichwohl hat § 1377, von Abs 3 abgesehen, keine praktische Bedeutung erlangt.

2 Nur an ein gemeinsam errichtetes Verzeichnis knüpft das Gesetz die besonderen Folgen der Absätze 1 und 3. Hat ein Ehegatte den Bestand und den Wert seines Anfangsvermögens allein in einem Verzeichnis festgestellt, so gilt nur die Vermutung des Abs 3, nicht aber die des Abs 1. Das von dem Ehegatten errichtete Verzeichnis erleichtert ihm aber die Führung des Beweises des Gegenteils (§ 292 ZPO). Will er die Vermutungswirkung des Abs 1 herbeiführen oder der ihm ungünstigen Vermutung des Abs 3 ausweichen, ist er gezwungen, sich der Mitwirkung des anderen Ehegatten zu versichern. Dieser ist zur Mitwirkung verpflichtet (s Rn 4 ff). Dagegen besteht für keinen Ehegatten die Rechtspflicht, sein eigenes Anfangsvermögen in einem Verzeichnis festzustellen. Den Interessen des anderen Ehegatten trägt Abs 3 hinreichend Rechnung.

II. Gegenstand des Verzeichnisses

3 Gegenstand des Verzeichnisses sind das **Anfangsvermögen** und die diesem Vermögen **hinzuzurechnenden Gegenstände**. Da das Anfangsvermögen und ebenso das diesem hinzuzurechnende Vermögen in seinem Bestande zu verzeichnen ist, muss das Verzeichnis nicht nur die Vermögenswerte, sondern auch die Verbindlichkeiten aufführen. Festzustellen sind nicht nur die einzelnen Vermögensgegenstände und Verbindlichkeiten, sondern auch deren Wert.

III. Mitwirkungspflicht des anderen Ehegatten

4 Jeder Ehegatte kann verlangen, dass der andere Ehegatte bei der Aufnahme des Verzeichnisses mitwirkt. Es besteht ein **klagbarer Anspruch** auf die Mitwirkung. Der Klagantrag muss Art und Umfang der begehrten Mitwirkung bezeichnen. Die Zwangsvollstreckung erfolgt gem § 888 ZPO (DÖLLE I 805; ERMAN/HECKELMANN Rn 2; BAMBERGER/ROTH/MAYER Rn 3; BGB-RGRK/FINKE Rn 10; SOERGEL/LANGE Rn 13). Für die Anwendung von § 894 ZPO (so MünchKomm/KOCH Rn 17; GERNHUBER/COESTER-WALTJEN § 35 Rn 43; differenzierend JOHANNSEN/HENRICH/JAEGER Rn 6 u PALANDT/BRUDERMÜLLER Rn 7: § 894 ZPO, soweit es nur noch um die Unterzeichnung geht) ist regelmäßig kein Raum. Die Mitwirkung kann sich zwar in dem Zugeständnis der Vollständigkeit und Richtigkeit des Inventars erschöpfen, zB in der Unterschriftsleistung, um die Vermutung des

Abs 1 zu begründen und die des Abs 3 auszuschließen. Der andere Ehegatte ist aber darüber hinaus zu aktiver Mitwirkung verpflichtet (s Rn 5). Müsste sogleich auf Anerkennung eines vom Kläger aufgestellten Verzeichnisses geklagt werden, trüge dieser das volle Prozessrisiko.

Art und Umfang der Mitwirkung sind nicht generell festzulegen. Maßgebend sind die **5** Umstände des Einzelfalles. Nach dem Zweck des Gesetzes hat der andere Ehegatte alles zu tun, was seinerseits zur Feststellung und Bewertung des Anfangsvermögens erforderlich ist. Da jeder Ehegatte sein Vermögen selbständig verwaltet, § 1364, kann er regelmäßig auch den Bestand und den Wert seines Anfangsvermögens und des diesem hinzuzurechnenden Vermögens allein feststellen. Die Mitwirkung des anderen Ehegatten beschränkt sich dann auf die Stellungnahme zu den einzelnen Posten. Er hat sie anzuerkennen oder ihren Ansatz begründet zu bestreiten. Die Mitwirkung braucht nicht darin zu bestehen, dass der andere Ehegatte selbst oder sein Vertreter zu persönlichen Gesprächen zur Verfügung steht (so aber DÖLLE I 825; ERMAN/HECKELMANN Rn 2; BAMBERGER/ROTH/MAYER Rn 4; wie hier MünchKomm/KOCH Rn 12). Der Ehegatte, der sein Anfangsvermögen inventarisieren will, muss dem anderen Ehegatten aber die ihm zur Verfügung stehenden Daten und Unterlagen zur Kenntnis bringen.

Der andere Ehegatte ist **nicht schon gem § 1377 verpflichtet**, das Verzeichnis **als 6 richtig und vollständig anzuerkennen**, auch wenn es richtig und vollständig ist. Mit dem substantiierten Bestreiten einzelner Posten ist der Mitwirkungspflicht genügt, sofern es sich dabei nicht um offensichtlich unbegründete Einwände handelt. Zu streitigen Positionen kann daher kein Anspruch auf Mitwirkung mehr erhoben werden (**aA** MünchKomm/KOCH Rn 12). Einen Anspruch auf endgültige, unwiderlegliche Anerkennung gewährt das Gesetz nicht, so dass insoweit keine Leistungsklage erhoben werden kann. Einigen sich die Ehegatten nicht, so erstreckt sich die Vermutung des Abs 3 nicht auf die streitigen Posten. Das gilt auch bei Aufnahme des Verzeichnisses durch die zuständige Behörde, durch einen zuständigen Beamten oder Notar (§ 1035).

Losgelöst von den Fragen der Zugehörigkeit von Gegenständen zum Anfangsver- **7** mögen und ihrer Bewertung können jedoch einzelne streitig gebliebene Rechtsverhältnisse (wie etwa das Eigentum eines Ehegatten) zum Gegenstand einer **Feststellungsklage** gemacht werden (weitergehend zur Zulässigkeit von Feststellungsklagen SOERGEL/LANGE Rn 13).

Nur **auf Verlangen** des einen Ehegatten ist der andere Ehegatte zur Mitwirkung **8** verpflichtet. Das Verlangen kann nicht nur bei Eintritt, sondern auch während des Güterstandes gestellt werden. Die Mitwirkung kann auch **wiederholt** verlangt werden, wenn sich Änderungen im Bestand und Wert des Anfangsvermögens ergeben, insbesondere wenn während des Güterstandes Vermögen erworben wird, das gem § 1374 Abs 2 dem Anfangsvermögen hinzuzurechnen ist. Eine Mitwirkung bei nachträglicher **Berichtigung** des Verzeichnisses kann jedoch nicht verlangt werden (MünchKomm/KOCH Rn 16; SOERGEL/LANGE Rn 10; **aM** ERMAN/HECKELMANN Rn 2; BGB-RGRK/FINKE Rn 8). Anders jedoch, wenn einer der Ehegatten seine Erklärung über die Richtigkeit und Vollständigkeit rechtswirksam angefochten hat. Zur Anfechtbarkeit s auch Rn 15.

9 Mit **Beendigung des Güterstandes erlischt die Mitwirkungspflicht**. Es tritt die Vermutungswirkung gem Abs 3 ein, die im Streitfall nur dadurch widerlegt werden kann, dass der Beweis des Gegenteils geführt wird (ebenso MünchKomm/KOCH Rn 15; SOERGEL/ LANGE Rn 3; **aM** DÖLLE I 806; ERMAN/HECKELMANN Rn 2; BGB-RGRK/FINKE Rn 8: es bleibt eine Verpflichtung der Erben bestehen). Zur Beweislast s Rn 20.

IV. Die Aufnahme des Verzeichnisses

10 Das Inventar ist von beiden Ehegatten **gemeinsam aufzunehmen** (s dazu oben Rn 4 ff und RGZ 126, 103, 106). Die einzelnen Vermögensgegenstände und die Verbindlichkeiten sind auf den Zeitpunkt des Eintritts des Güterstandes festzustellen, zu bewerten und schriftlich in einem Verzeichnis niederzulegen. Die Gegenstände sind grundsätzlich einzeln aufzunehmen. Rechtlich oder wirtschaftlich gebundenes Vermögen kann jedoch unter einer Sammelbezeichnung zusammengefasst werden. Das gilt vor allem von unternehmerisch gebundenen Vermögenswerten (Gewerbebetrieb, Beteiligung usw) und von sonstigen Sach- oder Rechtsgesamtheiten (Warenlager, Bibliotheken, Herden, Nachlass – § 1374 Abs 2 – usw). Wo eine Individualisierung freilich ohne Schwierigkeiten vorgenommen werden kann, ist einzeln zu inventarisieren. Fehlt jede Individualisierung, haben die Ehegatten vielmehr nur den Wert des Anfangsvermögens festgestellt und den entsprechenden Betrag schriftlich fixiert, liegt kein „Verzeichnis" vor. Die Vermutung des Abs 1 gilt nicht.

11 Nach Abs 2 S 2, § 1035 ist das Verzeichnis mit **der Angabe des Tages der Aufnahme** zu versehen und von beiden Seiten zu **unterzeichnen**. Jeder Teil kann ferner verlangen, dass die Unterzeichnung öffentlich beglaubigt wird (§ 129). Auch kann jeder Ehegatte verlangen, dass das Verzeichnis durch die zuständige Behörde oder durch einen zuständigen Beamten oder Notar aufgenommen wird. Die Kosten hat der Ehegatte zu tragen und vorzuschießen, welcher die Aufnahme durch die Behörde usw oder die Beglaubigung verlangt.

12 Jeder Ehegatte kann ferner den **Wert** der Vermögensgegenstände und der Verbindlichkeiten auf seine Kosten durch **Sachverständige** feststellen lassen, Abs 2 S 3, §§ 164, 15 FGG.

13 Die Zuständigkeit der Behörden und Beamten ist landesrechtlich geregelt (§ 200 FGG), die der Notare folgt aus § 20 Abs 1 S 2 BNotO.

14 Die **Unterzeichnung** des Inventars ist notwendige Voraussetzung für dessen Wirksamkeit iSd Abs 1. Hat auch nur einer der Ehegatten das Verzeichnis nicht unterschrieben, gilt die Vermutung der Richtigkeit nicht, auch ist die Vermutung des Abs 3 nicht ausgeschlossen. § 126 Abs 2 ist jedoch entsprechend anzuwenden. Eine Unterzeichnung durch beide Ehegatten entfällt, wenn das Inventar gem § 1035 S 3 öffentlich aufgenommen wird. Die Vermutungswirkung tritt aber auch in diesem Falle nur ein, wenn auch der andere Ehegatte mitgewirkt hat. Stellt sich das Verzeichnis nur als die Erklärung eines Ehegatten dar, fehlt es selbst bei öffentlicher Aufnahme an den Voraussetzungen des Abs 1. Das Fehlen der *Datierung* ist dagegen unschädlich (hM).

15 Die zur Aufnahme des Verzeichnisses von den Ehegatten abgegebenen Erklärungen sind **Wissenserklärungen**, keine Willenserklärungen. Die Rechtsfolgen des Verzeichnisses bestimmt allein das Gesetz. Die Vorschriften der §§ 104 ff sind jedoch entsprechend anwendbar. Wie hier auch BGB-RGRK/Finke Rn 8; Soergel/Lange Rn 12. Von Willenserklärungen der Ehegatten gehen aber aus Erman/Heckelmann Rn 2; Gernhuber/Coester-Waltjen § 36 Rn 43; MünchKomm/Koch Rn 9.

V. Rechtliche Bedeutung des Verzeichnisses

1. Vermutung der Richtigkeit

Haben die Ehegatten den Bestand und den Wert des einem von ihnen gehörenden **16** Anfangsvermögens und des diesem hinzuzurechnenden Vermögens gemeinsam in einem Verzeichnis festgestellt, so wird im Verhältnis der Ehegatten (und ihrer Erben) zueinander vermutet, dass das Verzeichnis richtig ist.

Durch das gemeinsam errichtete Verzeichnis wird nicht objektiv festgestellt, dass die **17** verzeichneten Gegenstände und Verbindlichkeiten beim Eintritt des Güterstandes vorhanden waren oder gem § 1374 Abs 2 während des Güterstandes erworben wurden und dass sie den angegebenen Wert hatten. Es hat nicht die Bedeutung eines Anerkenntnisvertrages. Haben sich die Ehegatten jedoch im beiderseitigen Bewusstsein bestehender Zweifel über einzelne Positionen über deren Aufnahme oder Nichtaufnahme geeinigt, liegt ein rechtswirksamer Vergleich vor (Beispiel AG Säckingen FamRZ 1997, 612; Dörr/Hansen NJW 1997, 2919; Bamberger/Roth/Mayer Rn 6). Der **Vergleich** betrifft nicht die güterrechtlichen Verhältnisse (§ 1408), sondern dient der Klärung von Subsumtionsfragen und bedarf daher nicht der Form des Ehevertrages.

2. Der Vermutungstatbestand, Beweislast

Den Vermutungstatbestand (die gemeinsame Aufstellung eines den Erfordernissen **18** des Abs 2 S 2, 3 entsprechenden Verzeichnisses) hat derjenige Ehegatte zu behaupten und zu beweisen, der sich auf das Vorhandensein des verzeichneten Anfangsvermögens beruft. Das wird in der Regel der beklagte Ausgleichsschuldner sein; denn dem Gläubiger steht zunächst die Vermutung des Abs 3 zur Seite. Zur Beweislast für das Anfangsvermögen s § 1374 Rn 51.

3. Vermutung der Vollständigkeit

Es wird vermutet, dass das Verzeichnis vollständig und richtig ist. Im Verhältnis der **19** Ehegatten zueinander ist bis zum Beweise des Gegenteils davon auszugehen, dass die aufgeführten Vermögenswerte und Verbindlichkeiten bei der Errechnung des Anfangsvermögens zu berücksichtigen sind und dass sie den angegebenen Wert haben.

4. Widerlegung der Vermutung, Beweislast

Die Vermutung ist jederzeit *widerlegbar*. Der **Beweis des Gegenteils** (§ 292 ZPO) ist **20** von dem Ehegatten zu führen, der sich darauf beruft, dass das Verzeichnis unrichtig oder unvollständig sei. Hierzu ist jedes Beweismittel zulässig, auch Parteivernehmung nach § 445 und § 447 ZPO. Ist in dem Verzeichnis *nur der Bestand* des Anfangsvermögens, *nicht aber der Wert* festgestellt, so gilt die Vermutung der Richtigkeit nur für die Angaben über den Bestand. Allein die Bewertung unterliegt in diesem Falle den allgemeinen Grundsätzen über die Beweislast; beweispflichtig ist daher in der Regel der Gläubiger der Ausgleichsforderung (s § 1375 Rn 40). Die Vermutung des Abs 3 gilt hier nicht. Die Vermutung gilt auch dahin, dass die nach § 1374 zu berücksichtigenden Verbindlichkeiten richtig und vollständig verzeichnet sind.

5. Vorlegungspflicht

21 Nach § 810 ist der Besitzer des Verzeichnisses verpflichtet, dem anderen Ehegatten auf Verlangen die Einsicht zu gestatten, wenn dieser ein rechtliches Interesse daran hat. Im Prozess bestimmt sich die Pflicht zur Vorlegung der Urkunde durch den Gegner oder durch den im Besitz befindlichen Dritten nach den Vorschriften der §§ 421 ff ZPO. Gem §§ 422, 429 ZPO regelt sich die Vorlegungspflicht nach den Vorschriften des bürgerlichen Rechts. Maßgeblich ist hier vor allem § 810; der Anspruch auf Vorlegung oder Herausgabe kann aber auch nach § 809 oder den allgemeinen Vorschriften über den Herausgabeanspruch des Eigentümers oder des Besitzers usw begründet sein.

6. Wirkung nur im Verhältnis der Ehegatten zueinander

22 Die Vermutung gilt nur im Verhältnis der Ehegatten zueinander. Weder kann sich ein Dritter noch können sich die Ehegatten Dritten gegenüber auf die Vermutung berufen. Die Erben eines Ehegatten, die die Ausgleichsforderung geltend machen oder gegen die Ausgleichsansprüche erhoben werden, können sich jedoch auf Abs 1 berufen.

23 Gilt auch im Verhältnis zu Dritten nicht die Vermutung der Richtigkeit, so kann die Tatsache der gemeinsamen Feststellung des Bestandes und Wertes des Anfangsvermögens doch auch hier Bedeutung gewinnen. Das Verzeichnis kann auch Dritten gegenüber einen Hinweis auf die Eigentumslage geben; durch die Vorlage des Verzeichnisses allein ist jedoch kein Beweis für das Eigentum eines Ehegatten an verschiedenen Gegenständen zu erbringen oder die Vermutung des § 1362 zu widerlegen.

VI. Die Vermutung beim Fehlen eines Verzeichnisses (Abs 3)

24 Haben die Ehegatten kein Verzeichnis oder das Verzeichnis nicht gemeinsam aufgenommen, so wird **vermutet, dass das Endvermögen** eines Ehegatten **seinen Zugewinn** darstellt. Diese Vermutung gilt auch zu Lasten oder zugunsten der Erben im Verfahren über den güterrechtlichen Ausgleich nach § 1371 Abs 2 (BGH FamRZ 2002, 606). Nach den Umständen können hier aber die Grundsätze über die sog sekundäre **Darlegungs- und Beweislast** eingreifen (hierzu BGH NJW 1990, 3152; ZÖLLER/GREGER Rn 34 vor § 284 ZPO), wonach im Einzelnen zu prüfen ist, ob es dem Prozessgegner im Rahmen seiner Erklärungslast gemäß § 138 Abs 2 ZPO zuzumuten ist, eine Darlegung des Beweisbelasteten durch nähere Angaben über die zu seinem Wahrnehmungsbereich gehörenden Verhältnisse zu ermöglichen (BGH FamRZ 2002, 607). Es wird also vermutet, dass ein Anfangsvermögen nicht vorhanden gewesen und auch ein Erwerb gem § 1374 Abs 2 nicht gemacht worden ist. Wird nachgewiesen, dass

doch ein Anfangsvermögen vorhanden war, bleibt die negative Vermutung insoweit wirksam, als vermutet wird, dass andere als die unstreitigen und nachgewiesenen Vermögensgegenstände nicht vorhanden waren. Zur Widerlegung der Vermutung, dass das Endvermögen Zugewinn ist, bedarf es des Nachweises eines Anfangsvermögens (BGHZ 107, 236, 246). Dazu gehört nicht nur der Nachweis eines Aktivvermögens, seines Bestandes und Wertes einschließlich werterhöhender Faktoren (BGHZ 113, 325, 335; FamRZ 2002, 606; FamRZ 2005, 1660 zu privilegiertem Erwerb, § 1374 Abs 2), sondern auch der des Fehlens abziehbarer Verbindlichkeiten.

VII. Ehevertragliche Abänderung

Die Vorschrift ist nur teilweise einer ehevertraglichen Änderung zugänglich. Die **25** Ehegatten können im Ehevertrag besondere Vereinbarungen über die Berechnung des Anfangsvermögens treffen; sie können insbesondere den Wert des beiderseitigen Anfangsvermögens ohne Rücksicht auf die tatsächlichen Verhältnisse auf einen bestimmten Betrag feststellen. Die Aufstellung eines Verzeichnisses und das Verlangen nach Mitwirkung würden dann entfallen können; damit wäre zugleich die Grundlage der Vermutungen der Abs 1 und 3 beseitigt. Dagegen können weder der Tatbestand noch die Wirkung der gesetzlichen Vermutungen selbst durch Vereinbarung geändert werden (hM). Insbesondere kann die negative Vermutung des Abs 3 nicht außer Kraft gesetzt werden (ERMAN/HECKELMANN Rn 6; MünchKomm/KOCH Rn 25; BGB-RGRK/FINKE Rn 19; aM SOERGEL/LANGE Rn 4). Auch kann nicht vereinbart werden, dass die Richtigkeitsvermutung an das von einem Ehegatten einseitig errichtete Verzeichnis geknüpft sein solle (MünchKomm/KOCH Rn 26; BGB-RGRK/FINKE Rn 19). Dagegen kann die Mitwirkungspflicht nach Abs 2 abbedungen und damit der Richtigkeitsvermutung der Boden entzogen werden, auch ohne dass gleichzeitig die Anfangsvermögen bindend festgelegt werden (MünchKomm/KOCH Rn 26; SOERGEL/LANGE Rn 4; aM KNUR DNotZ 1957, 478).

§ 1378
Ausgleichsforderung

(1) Übersteigt der Zugewinn des einen Ehegatten den Zugewinn des anderen, so steht die Hälfte des Überschusses dem anderen Ehegatten als Ausgleichsforderung zu.

(2) Die Höhe der Ausgleichsforderung wird durch den Wert des Vermögens begrenzt, das nach Abzug der Verbindlichkeiten bei Beendigung des Güterstandes vorhanden ist.

(3) Die Ausgleichsforderung entsteht mit der Beendigung des Güterstandes und ist von diesem Zeitpunkt an vererblich und übertragbar. Eine Vereinbarung, die die Ehegatten während eines Verfahrens, das auf die Auflösung der Ehe gerichtet ist, für den Fall der Auflösung der Ehe über den Ausgleich des Zugewinns treffen, bedarf der notariellen Beurkundung; § 127a findet auch auf eine Vereinbarung Anwendung, die in einem Verfahren in Ehesachen vor dem Prozessgericht protokolliert wird. Im Übrigen kann sich kein Ehegatte vor der Beendigung des Güterstandes verpflichten, über die Ausgleichsforderung zu verfügen.

(4) Die Ausgleichsforderung verjährt in drei Jahren; die Frist beginnt mit dem Zeitpunkt, in dem der Ehegatte erfährt, dass der Güterstand beendet ist. Die Forderung verjährt jedoch spätestens 30 Jahre nach der Beendigung des Güterstandes. Endet der Güterstand durch den Tod eines Ehegatten, so sind im Übrigen die Vorschriften anzuwenden, die für die Verjährung eines Pflichtteilsanspruchs gelten.

Materialien: E I § 1386; II § 1385.
Vgl STAUDINGER/BGB-Synopse 1896–2005
§ 1378.

Schrifttum

Zum älteren Schrifttum s auch STAUDINGER/ THIELE (2000).

BEITZKE, Scheidungsvereinbarungen über Zugewinnausgleich, FamRZ 1970, 265

BERGSCHNEIDER, Eheverträge und Scheidungsvereinbarungen, FamRZ 2004, 1757

ders, Verträge in Familiensachen (3. Aufl 2006)

BRIX, Eheverträge und Scheidungsfolgenvereinbarungen – Zur Abgrenzung von §§ 1378 Abs 3 und 1408 Abs 1 BGB, FamRZ 1993, 12

BÜTE, Spekulationsgeschäfte bei der Vermögensauseinandersetzung unter Eheleuten – steuerliche Aspekte und Auswirkungen auf den Zugewinn, FuR 2003, 390

ders, Zugewinnausgleich bei Ehescheidung: Bewertung – Berechnung – Sicherung – Verjährung (3. Aufl 2006)

BÜTTNER, Schuldrechtsmodernisierung und Familienrecht, insbesondere Verjährung, Verwirkung und Verzug, FamRZ 2002, 361

FEUERSÄNGER, Grundstücksübertragung beim Zugewinnausgleich, FamRZ 2003, 645

FINGER, Vereinbarungen über den Zugewinnausgleich und § 1378 Abs 2 S 2 und 3 BGB, FuR 1997, 68

GAUL, Zur Abgrenzung von der Scheidungsvereinbarung nach § 1378 Abs 3 Satz 2 BGB und dem Auseinandersetzungsvertrag, in: FS Lange (1992) 829

GÖPPINGER/BÖRGER, Vereinbarungen anlässlich der Ehescheidung (8. Aufl 2005)

GÖTZ, Ertragsteuerliche Risiken bei Leistungen an Erfüllungs statt zur Abgeltung eines Zugewinnausgleichsanspruchs, FamRB 2004, 89

GRUBER, Die „Gesamtbereinigung" nach dem

BGH – Steine statt Brot für die Scheidungspraxis, FamRZ 2000, 399

HARMS, Die Sicherstellung des gefährdeten Zugewinnausgleichs, FamRZ 1966, 585

HENRICH, Vermögensregelung bei Trennung und Scheidung im europäischen Vergleich, FamRZ 2000, 1521

HERR, Der Aspekt der Gesamtbeurkundung bei Trennungs- und Scheidungsfolgenverträgen, FuR 2005, 542

HERRMANN/GROBSHÄUSER, Steuerliche Aspekte bei Gestaltung von Eheverträgen und Scheidungsfolgenvereinbarungen, FPR 2005, 146

KARASEK, Die Veräußerung von Wohneigentum im Rahmen des Zugewinnausgleichs, FamRZ 2002, 590

KOGEL, Anwendbarkeit des § 1378 BGB bei Vermögenszurechnung gemäß § 1375 Abs 2 BGB, MDR 1998, 86

ders, Verfügungsbeschränkung gem § 1378 Abs 3 BGB – ein Stolperstein im Zugewinn, FamRB 2005, 301

ders, Wohnungseigentum und Zugewinn – Eine Regressfalle für den Anwalt –, FamRZ 2003, 808

KORITZ, Warum nicht hälftig – Zur Frage des Aufteilungsmaßstabs von Steuererstattungen und -nachzahlungen zwischen getrennt lebenden Ehegatten oder das Problem des internen Steuerausgleichs, FPR 2003, 435

KRENZLER, Vereinbarungen bei Trennung und Scheidung (4. Aufl 2006)

LANGENFELD, Handbuch der Eheverträge und Scheidungsvereinbarungen (5. Aufl 2005)

MÜNCH, Trennungsvereinbarung (Teil 1 u Teil 2), ZFE 2005, 432 u 2006, 15

ders, Vermögensübertragung bei Scheidung –

Vorsicht vor Veräußerungsgewinnen, FamRB
2006, 92
OSWALD, Vereinbarungen über Zugewinnausgleich auch schon vor Scheidungsurteil zulässig,
WM 1970, 898
REINICKE, Scheidungsvereinbarungen über den
Ausgleich des Zugewinns, NJW 1970, 1657
SCHÖN, Die Problematik des Zugewinnausgleichs in der Scheidungsvereinbarung, NJW
1969, 1991
SCHRÖDER, Eigentumsübertragung beim Zugewinnausgleich nach § 23 EStG, FamRZ 2002,
1010

SCHWOLOW, Die Verjährung des Anspruchs auf
Zugewinnausgleich, FuR 1998, 196
THIELE, Die Nahtstellen von Erbrecht und
Güterrecht in der Zugewinngemeinschaft,
FamRZ 1958, 393, 395
WALBERER, Güterrechtsvereinbarungen im
Scheidungsprozess, NJW 1965, 24
WINCKELMANN, Die Begrenzung des Zuge-
winnausgleichsanspruchs durch § 1378 Abs 2
BGB, FuR 1998, 14 u 48
ZIEGE, Begrenzung der Ausgleichsforderung des
Ehegatten (§ 1378 Abs 2) im Fall der Ehe-
scheidung, NJW 1964, 2394.

Systematische Übersicht

Alphabetische Übersicht

Burkhard Thiele

I. Begriff

1 **1.** Die güterrechtliche Lösung gewährt keinem Ehegatten eine dingliche Beteiligung am Vermögen des anderen Ehegatten. Unter den Voraussetzungen der §§ 1372 ff entsteht lediglich eine **Geldforderung**. Nur in Ausnahmefällen kann das Familiengericht auf Antrag des Gläubigers anordnen, dass diesem bestimmte Gegenstände zu übertragen sind, § 1383.

2 **2.** Dem **Schuldner** ist **nicht** die Möglichkeit gewährt, die Ausgleichsforderung ganz oder teilweise **in Sachwerten zu erfüllen**. Bereits die Regierungsentwürfe hatten entsprechende Vorschläge des Reformschrifttums abgelehnt, weil durch eine solche Regelung eine Fülle von Streitigkeiten geschaffen würde und ein dringendes Bedürfnis dafür nicht vorliege (RegE I Begr 59; RegE II Begr 45). Dass ein praktisches Bedürfnis dennoch gegeben sein kann, lässt sich indes kaum leugnen (vgl auch Braga FamRZ 1955, 3 und Knur DNotZ 1957, 474). Das Gesetz ist insoweit jedoch eindeutig. Eine gewisse Erleichterung für den Schuldner ergibt sich aber aus § 1380. Freilich kann er dem anderen Ehegatten die Zuwendung nicht einseitig aufdrängen. Des Einverständnisses des Gläubigers bedarf auch die Tilgung der Ausgleichsforderung durch die Leistung anderer Gegenstände als Geld an **Erfüllungs statt**. Grunderwerbsteuerpflichtig ist dabei die Übertragung von Grundstücken nicht, § 3 Nr 4, 5 GrEStG. Leistet aber der Zugewinnausgleichsverpflichtete nicht in Geld, sondern andere Wirtschaftsgüter an Erfüllungs statt, so handelt es sich um ein privates Veräußerungsgeschäft im Sinne von § 23 EStG, bei dem die sogenannte **Spekulationsteuer** anfallen kann. Insbesondere Immobilienübertragungen in der Scheidungsfolgenabwicklung sind für die Praxis in diesem Zusammenhang von Bedeutung (zu den steuerlichen Aspekten s Götz FamRB 2004, 89; Herrmann/Grobshäuser FPR 2005, 146; Engels, in: FS Musielak 204 ff; ders FF 2004, 285; Büte FuR 2003, 390; Münch FamRB 2006, 92; Feuersänger FamRZ 2003, 645; Karasek FamRZ 2002, 590; Kogel Rn 452 ff u FamRZ 2003, 808; Kuckenburg FuR 2005, 337; Wälzholz FamRB 2002, 382 u MittBayNot 2005, 465; Schröder FamRZ 2002, 1010).

II. Berechnung der Ausgleichsforderung (Abs 2)

1. Die Ausgleichsforderung ergibt sich aus der **Differenz der beiderseitigen Zuge-** 3
winne, wie sie gem §§ 1373–1376 ermittelt worden sind. Die Differenz wird den
Ehegatten zu gleichen Teilen zugewiesen. Der Ehegatte mit dem größeren Zugewinn
schuldet dem anderen **die Hälfte des Überschusses** (seines Mehrzugewinns).

2. Die Höhe der Endvermögen ist belanglos (s aber § 1378 Abs 2, dazu unten 4
Rn 7 ff). Vorausgesetzt ist nur, dass mindestens einer der Ehegatten einen Zugewinn
erzielt hat. Eine Verlustbeteiligung kennt das Gesetz nicht. Sie wird durch die
Definitionen des Anfangs- und Endvermögens ausgeschlossen.

3. Mit der **Hälfte des Überschusses** weist das Gesetz dem Ehegatten mit dem 5
geringeren Zugewinn eine **feste Quote** am Mehrzugewinn des anderen zu. Eine nach
den Umständen des Einzelfalles vom Richter festzusetzende variable Beteiligungsquote ist schon in den Regierungsentwürfen zum GleichberG aus Gründen der
Einfachheit und Klarheit abgelehnt worden. Auch die noch in den Entwürfen vorgesehene Regelung, dem Ausgleichsschuldner vorab ¼ seines Mehrzugewinns zu
belassen, ist nicht Gesetz geworden (zur Begründung s BT-Drucks 2/3409, 12).

Das Gesetz eröffnet in § 1381 nur in geringem Maße die Möglichkeit, die schemati- 6
sche hälftige Teilung des Überschusses im Einzelfall durch Richterspruch abändern
zu lassen. Die Vorschrift dient insbesondere nicht dazu, die Folgen der formalisierten
Berechnung und Verteilung des Zugewinns generell in Richtung auf ein dem Einzelfall gerecht werdendes „billiges" Ergebnis zu modifizieren. Ihre Aufgabe ist
vielmehr, grobe Störungen aufzufangen, deren Ursachen nicht in der Berechnungsmethode, sondern in Abweichungen des Einzelfalls von den die Zugewinnteilhabe
tragenden Grundvorstellungen und Grundmustern liegen.

III. Begrenzung der Ausgleichsforderung (Abs 2)

1. Die Höhe der Ausgleichsforderung wird **begrenzt** durch den Wert des **bei** 7
Beendigung des Güterstandes vorhandenen Reinvermögens. Die Begrenzung **dient**
zum einen **dem Schutz der übrigen Gläubiger**, die mit dem ausgleichsberechtigten
Ehegatten nicht in Konkurrenz um ein zur Befriedigung aller nicht ausreichendes
Aktivvermögen treten sollen. Sie dient aber auch dem **Interesse des Schuldners**, der
durch die Beendigung des Güterstandes nicht mit güterrechtlich begründeten Schulden belastet werden soll, die sein Aktivvermögen übersteigen und daher nur aus
künftigem Vermögenserwerb getilgt werden können (aA insoweit Johannsen/Henrich/
Jaeger Rn 4). Soweit die Ausgleichsforderung gekürzt wird, kann unter den Voraussetzungen des § 1390 ein Dritter in Anspruch genommen werden.

2. Die Begrenzung wird **in zwei Fallgruppen relevant**, in denen die Ausgleichs- 8
forderung überhaupt nur den Wert des bei Beendigung des Güterstandes vorhandenen Nettovermögens übersteigen kann (was sonst durch § 1375 Abs 1 ausgeschlossen ist). Zur einen Gruppe gehören die Fälle, in denen dem **Endvermögen** gem
§ 1375 Abs 2 **Vermögenswerte hinzuzurechnen** sind (s dazu § 1375 Rn 20 ff). Zur anderen
gehören die Sachverhalte, in denen nach §§ **1384, 1387** der für die Berechnung des
Zugewinns maßgebende Zeitpunkt nicht mit dem der Beendigung des Güterstandes

übereinstimmt. § 1378 Abs 2 stellt eindeutig auf die Beendigung des Güterstandes ab, die in den Fällen der §§ 1384, 1387 erst mit der Rechtskraft des Urteils eintritt. Wortlaut und Zweck der Vorschrift stehen der Auffassung entgegen, die Vorverlegung des Berechnungszeitpunkts erstrecke sich auch auf die Begrenzung der Ausgleichsforderung (so aber OLG Köln FamRZ 1988, 174; D Schwab Teil VII Rn 80; Schwab FamRZ 1984, 525; Schröder FamRZ 1997, 7; Ziege NJW 1964, 2394; wie hier die **hM**, vgl BGH NJW 1995, 1832; 1988, 2369; Johannsen/Henrich/Jaeger Rn 6; Palandt/Brudermüller Rn 8; Erman/Heckelmann Rn 5; Harms FamRZ 1966, 585, 591; MünchKomm/Koch Rn 6; BGB-RGRK/Finke Rn 11; Soergel/Lange Rn 8; Ullmann NJW 1971, 2194). Ist gem § 1389 **Sicherheit geleistet** worden, entfällt die Kürzung der Ausgleichsforderung nicht (aM Harms FamRZ 1966, 585, 594; Gernhuber/Coester-Waltjen § 36 Rn 4; Kohler FamRZ 1989, 802; Johannsen/Henrich/Jaeger Rn 7; MünchKomm/Gernhuber [3. Aufl] Rn 7 u § 1389 Rn 2; wie hier auch MünchKomm/Koch § 1389 Rn 3; BGB-RGRK/Finke § 1389 Rn 13; Soergel/Lange Rn 8). Die Leistung von Sicherheit kann den Gläubiger daher nicht davor bewahren, dass der Schuldner seine Aktiva verringert oder seine Passiva vermehrt mit der Wirkung, dass dadurch die Ausgleichsforderung entsprechend gekürzt wird (s auch § 1389 Rn 4; BGH aaO). Ebenso wenig wird der andere Ehegatte entsprechend § 1375 Abs 2 geschützt (OLG Hamm FamRZ 1986, 1106; Winckelmann FuR 1998, 50; Erman/Heckelmann Rn 5; Palandt/Brudermüller Rn 8; Johannsen/Henrich/Jaeger Rn 5; aA Kogel MDR 1998, 86; Bamberger/Roth/Mayer Rn 4), dies ließe den Normzweck außer Betracht, die übrigen Gläubiger zu schützen (s Rn 7).

9   3.   Bei der **Feststellung** des bei Beendigung des Güterstandes vorhandenen **Nettovermögens** sind die zu § 1376 Rn 10 ff dargelegten Bewertungsprinzipien anzuwenden. Die Bewertung eines land- oder forstwirtschaftlichen Betriebes nach dem Ertrag gilt jedoch nach § 1376 Abs 4 nur für die Berechnung des Zugewinns. Für die Zwecke der Begrenzung der Ausgleichsforderung ist daher der Verkehrswert anzusetzen (MünchKomm/Koch Rn 10; Palandt/Brudermüller Rn 9; Soergel/Lange Rn 6). Bei Beendigung des Güterstandes durch den Tod eines Ehegatten sind ebenso wie bei der Berechnung des Zugewinns (s § 1375 Rn 4) die Erbfallschulden außer Ansatz zu lassen (Erman/Heckelmann Rn 5; MünchKomm/Koch Rn 10; BGB-RGRK/Finke Rn 12).

10   4.   Vermindert der Schuldner nach **der Beendigung des Güterstandes** sein Vermögen, so geht das zu Lasten aller Gläubiger einschließlich des berechtigten Ehegatten. Die Ausgleichsforderung bleibt unberührt. Nach deren Entstehung gelten nur die allgemeinen Grundsätze der Zwangsvollstreckung und der Insolvenz.

IV.   Entstehung der Ausgleichsforderung (Abs 3)

11   1.   Die Ausgleichsforderung entsteht mit der **Beendigung des Güterstandes** (s Rn 21; § 1372 Rn 2 ff). Das gilt auch in den Fällen der Vorverlegung des Berechnungszeitpunkts gem §§ 1384, 1387 (s auch oben Rn 8). Ist nach dem Tode eines Ehegatten der Zugewinn gem § 1371 Abs 2 auszugleichen, ist der Güterstand auch bei Erbunwürdigkeit (s § 1371 Rn 44 ff) und Ausschlagung (s § 1371 Rn 55) mit dem Tode beendet. Der Ausschluss von der Erbfolge oder mit dem Vermächtnis wirkt auf den Zeitpunkt des Todes zurück, §§ 1953 Abs 1, 2180 Abs 3, 2344 Abs 1, 2345 Abs 1.

12   2.   Die Ausgleichsforderung entsteht **unmittelbar kraft Gesetzes**. Die Entstehung ist nicht davon abhängig, dass der Gläubiger den Anspruch geltend macht; es handelt

sich nicht um einen „verhaltenen Anspruch" (so auch BGH NJW 1990, 445 = FamRZ 1990, 256; MünchKomm/Koch Rn 13; aM Braga FamRZ 1955, 4).

3. Eine Ausgleichsforderung entsteht nur dann, wenn über die in den **13** §§ 1372–1378 genannten Voraussetzungen hinaus zwei weitere Voraussetzungen erfüllt sind. Sie ergeben sich daraus, dass die erbrechtliche Lösung (§ 1371 Abs 1) und die güterrechtliche Lösung (§ 1371 Abs 2) miteinander unverträglich sind. Bei Beendigung des Güterstandes durch den Tod eines Ehegatten kommt es zu einem Zugewinnausgleich nur dann, wenn der überlebende Ehegatte **nicht Erbe wird** und ihm auch **kein Vermächtnis zusteht.** Darüber hinaus muss der **ausgleichsberechtigte Ehegatte** die Beendigung des Güterstandes **erleben.** Stirbt der Ehegatte mit dem geringeren Zugewinn, so steht seinen Erben ein Ausgleichsanspruch nicht zu (s Vorbem 14 zu § 1371). Das gilt auch dann, wenn der Ehegatte sie in einem Scheidungsrechtsstreit rechtshängig gemacht hat, aber vor Scheidung verstorben ist (BGH NJW 1995, 1832 = FamRZ 1995, 597). Bei gleichzeitigem Tod der Ehegatten unterbleibt der Zugewinnausgleich ebenfalls (s § 1371 Rn 58).

4. Vor der Entstehung der Ausgleichsforderung ist ein Rechtsgegenstand nicht **14** vorhanden. Wegen der vielfachen Vorwirkungen des künftigen Anspruchs (vgl §§ 1365, 1369, 1386 ff, 1389) wird aber von einer **Anwartschaft** gesprochen (so Bärmann AcP 157, 145, 171, 184; BGB-RGRK/Finke Rn 14; Thiele FamRZ 1958, 393, 396). Das ist nicht falsch, da ausdrücklich nicht von einem Anwartschaftsrecht die Rede ist. Deshalb sind auch Missverständnisse nicht zu befürchten. Gleichwohl ist die Kennzeichnung als Anwartschaft unnötig.

V.   Rechtsgeschäfte vor Entstehung der Forderung

1.   Verfügungen über die Ausgleichsforderung sind vor Beendigung des Güter- **15** standes **grundsätzlich nicht möglich.** In Abs 3 S 1 ist ausdrücklich nur die **Übertragbarkeit** ausgeschlossen. Damit ist aber gem § 1274 Abs 2 auch eine Verpfändung ausgeschlossen, ebenso die Bestellung eines Nießbrauchs (§ 1069 Abs 2) und die Pfändung (§ 851 Abs 1 ZPO). Aus Abs 3 S 3 ist darüber hinaus zu schließen, dass auch **jegliche** andere **Verfügung** unwirksam ist: wenn das Gesetz schon jeder vorzeitigen Verpflichtung zu einer Verfügung (s Rn 16) die Wirksamkeit nimmt, dann muss das nach dem Sinn und Zweck des Gesetzes erst recht für die Erfüllung solcher Verpflichtungen und generell für jede isolierte Verfügung gelten (so auch BGH FamRZ 1983, 160 = JZ 1983, 554 m Anm Tiedtke; FamRZ 2004, 1354 m Anm Koch für Teilverzicht d Berechtigten u Schuldübernahme eines Dritten; MünchKomm/Koch Rn 20; iE auch Reinicke NJW 1970, 1657 f; BGB-RGRK/Finke Rn 15). Die Verfügung über ein künftiges Recht ist mit ex nunc-Wirkung ohnehin nicht möglich. § 1378 Abs 3 betrifft daher gerade die **antizipierten Verfügungen.**

2. Das Gesetz verweigert in Abs 3 S 3 auch allen **Verpflichtungen,** über die **16** (künftige) Ausgleichsforderung zu verfügen, die Anerkennung. Die Forderung soll nicht Gegenstand des Rechtsverkehrs sein. Die Regelung dient dem Schutz des künftig ausgleichsberechtigten Ehegatten vor unbedachten Rechtsgeschäften. Sie soll auch Dritte während des Güterstandes aus den güterrechtlichen Beziehungen heraushalten. Jede wie auch immer geartete Einflussnahme auf die Ehe über das Güterrecht soll verhindert werden. Insoweit dient Abs 3 auch dem Schutz des anderen Ehegatten insbesondere vor Rechtshandlungen des Ausgleichsberechtigten, die ein Drittinteresse an der Beendigung des Güterstandes und damit an der Eheauflösung begründen würden (so auch BGH FamRZ 2004, 1354 m Anm KOCH). Deswegen ist auch eine (Auseinandersetzungs-)Vereinbarung unter Einbeziehung Dritter unwirksam. Ein dreiseitiger Vertrag fällt nicht unter Abs 3 S 2 (BGH aaO).

17 **3.** § 1378 Abs 3 enthält weder ein gesetzliches Verbot (§ 134), wie die ganze hM (zuletzt BGH FamRZ 2004, 1354) annimmt, noch (in S 1) ein relatives Veräußerungsverbot (§ 135). Letzteres schon deshalb nicht, weil nicht der Schutz Dritter, sondern der des künftig Berechtigten selbst bezweckt ist. Das Gesetz beschränkt vielmehr den rechtsgeschäftlichen Handlungsspielraum. Es entzieht dem Ehegatten das **rechtliche Können**, nicht nur das rechtliche Dürfen (so auch GAUL, in: FS LANGE 829, 841; Münch-Komm/KOCH Rn 20 Fn 2; RAUSCHER Rn 428). Vor Beendigung des Güterstandes vorgenommene Rechtsgeschäfte über die Ausgleichsforderung sind daher **absolut unwirksam**. Die Nichtigkeit ist nicht heilbar.

18 Einer teleologischen Reduktion der Beschränkung des Abs 3 S 3 auf eine Verfügung oder Verpflichtung, die zur Aufgabe der Ausgleichsforderung durch den Ausgleichsberechtigten führt oder dazu, dass ein Dritter zum Gläubiger wird (dafür KOCH FamRZ 2004, 1355; 2005, 849), steht entgegen, dass Dritten über die Ausgleichsforderung keinerlei Einfluss auf den Ehefortbestand zukommen darf. Dies käme aber etwa auch in Betracht, wenn der Verpflichtete von der Verbindlichkeit freigehalten würde. Die Ausgleichsforderung soll nicht Gegenstand des Rechtsverkehrs sein.

19 **4.** § 1378 Abs 3 S 2, der seit dem 1. 7. 1977 in Kraft ist, lässt Rechtsgeschäfte zwischen den Ehegatten zu, die während eines auf Auflösung der Ehe gerichteten Verfahrens für den Fall der Auflösung abgeschlossen werden, unterwirft sie jedoch der Form. Der Gesetzgeber hat damit den früheren Streit um die Formbedürftigkeit von **Scheidungsvereinbarungen** (s Rn 20) entschieden. Streitig ist, inwieweit die Neufassung von Abs 3 Auswirkungen auf Eheverträge gem § 1408 zwischen den Eheleuten im Hinblick auf den Zugewinnausgleich hat (s auch Rn 36). Nach Auffassung des BGH werden die Ehegatten durch Abs 3 in ihrer inhaltlichen Gestaltungsfreiheit bei Vereinbarungen über den Zugewinnausgleich auch in der Form von Eheverträgen eingeschränkt. Ein Ehevertrag für den Fall der Scheidung könne in seinen Auswirkungen einer solchen Vereinbarung so nahe kommen, dass eine unterschiedliche rechtliche Behandlung nicht gerechtfertigt sei (BGHZ 86, 143 = NJW 1983, 753 = FamRZ 1983, 157 = JZ 1983, 55 mit krit Anm TIEDTKE = DNotZ 1983, 490 mit iE zust Anm BRAMBRING = LM Nr 9 zu § 1378 mit zust Anm LANG). Nach überwiegender Auffassung in der Lehre wird demgegenüber die Ehevertragsfreiheit nicht durch § 1378 Abs 3 S 3 eingeschränkt, wobei die Frage für den Zeitraum des Abs 3 S 2 wegen der geringfügig schärferen Formvoraussetzung des Ehevertrags – gleichzeitige Anwesenheit der Ehegatten oder ihrer Stellvertreter, § 1410 – von geringer Bedeutung ist (ausdrücklich offengelassen BGH FamRZ 1997, 801; TIEDTKE JZ 1983, 554 u 1984, 1078; CYPIONKA MittRhNotK 1986, 157; RAUSCHER Rn 428; ERMAN/HECKELMANN Rn 8; MünchKomm/KOCH Rn 21; SOERGEL/GAUL § 1408 Rn 18; GAUL, in: FS Lange 829; BRIX FamRZ 1993, 12; nur iE aA JOHANNSEN/HENRICH/JAEGER Rn 15). Für die hL spricht bereits der Umstand, dass der Gesetzgeber mit der Novellierung lediglich den Streit um die Formbedürftigkeit von Scheidungsvereinbarungen klären wollte (vgl BT-Drucks 7/650, 258 u 7/4361, 27), während der Umfang des Regelungsgehaltes von Abs 3 S 3 unverändert blieb (GAUL, in: FS Lange

844). Eine abweichende Auslegung ist nicht geboten. Eheverträge im Konfliktzeitraum von Abs 3 S 2 erfüllen immer auch die dort genannten Formvoraussetzungen. Vorher ist die Wirksamkeit danach zu beurteilen, ob eine Regelung des künftigen güterrechtlichen Verhältnisses, also ein Ehevertrag, vorliegt oder lediglich eine Vereinbarung über die Art und Weise der Auseinandersetzung (dazu § 1408 Rn 8 f). Andernfalls würde eine an sich mögliche ehevertragliche Regelung allein daran scheitern, dass die Ehe sich in einer womöglich endgültigen Krise befindet. Gerade für diesen Fall sollte die Novellierung jedoch nicht zu unnötigen Erschwernissen führen.

Das Verfahren (auf Scheidung, Aufhebung oder Nichtigerklärung) muss **rechtshängig** **20** sein (wie hier GAUL, in: FS Lange 846 Fn 69; JOHANNSEN/HENRICH/JAEGER Rn 12). Der BGH (BGHZ 86, 143 = NJW 1983, 753) will demgegenüber bereits vor Anhängigkeit entsprechende Vereinbarungen „kurz vor der beabsichtigten Scheidung" zulassen. Zur Einbeziehung Dritter s Rn 16. Dem steht jedoch nicht nur der ausdrückliche Wortlaut des Gesetzes entgegen, sondern auch die wenig präzise zeitliche Eingrenzung (vgl auch GAUL, in: FS Lange 847). Die Vereinbarung der Ehegatten über den Zugewinnausgleich bedarf der **notariellen Beurkundung**. Sie kann auch in einem **Verfahren in Ehesachen** (§ 606 Abs 1 ZPO) **vor dem Prozessgericht** (Familiengericht, § 23b Abs 1 GVG) **protokolliert** werden (Abs 3 S 2 HS 2; § 127a). Um einen Vergleich braucht es sich nicht zu handeln. Anders als bei Vereinbarungen über den Versorgungsausgleich (vgl § 1587o Abs 2 S 3) bedarf die Vereinbarung nicht der *Genehmigung* des Familiengerichts. Dem Inhalt der Vereinbarung zieht das Gesetz keine speziellen Schranken. Im Falle der Formnichtigkeit kommt eine Begrenzung des § 125 durch § 242 in Betracht (BGH FamRZ 1983, 160 = JZ 1983, 554; s Erl zu § 125).

VI. Rechtslage nach Entstehung der Forderung

1. Mit der Beendigung des Güterstandes entsteht die Ausgleichsforderung. Sie ist **21** nunmehr **vererblich und übertragbar**. Erbe kann auch der andere Ehegatte sein. Formfrei möglich ist auch eine Vereinbarung unter den Eheleuten über die Bewertung von Vermögensgegenständen oder über die bei der Bewertung anzuwendende Methode (BGH FamRZ 2005, 1976). Soweit Hausrat in den Zugewinnausgleich fällt (s § 1375 Rn 6), ist vor Beendigung des Güterstandes eine einvernehmliche Aufteilung des Hausrats formfrei nicht möglich (OLG Düsseldorf FamRZ 2005, 274). Danach ist sie zulässig (OLG Düsseldorf FamRZ 1989, 182). Die Ausgleichsforderung ist auch abtretbar. Zwar ist sie zunächst (s Rn 22) **nicht pfändbar**, aber § 400 steht der Abtretung nicht im Wege. § 1378 Abs 3 S 1 geht insoweit vor (hM). Der *Gläubiger* kann die Forderung auch verpfänden und mit ihr gegen eine Forderung des Ausgleichsschuldners **aufrechnen**. Bei der Abwicklung vermögensrechtlicher Beziehungen zwischen früheren Ehegatten ist die Aufrechnung weder nach der Natur der Rechtsbeziehungen ausgeschlossen, noch steht ihr grundsätzlich nach Treu und Glauben entgegen, dass das Zugewinnausgleichsverfahren voraussichtlich langwierig und zeitraubend sein wird (BGH NJW 2000, 950 = FamRZ 2000, 355; NJW 2002, 1131 = FamRZ 2002, 318). Ein Miterbe kann nicht mit einer Zugewinnausgleichsforderung des Erblassers gegen einen nur gegen ihn persönlich gerichteten Kostenerstattungsanspruch aufrechnen (fehlende Gegenseitigkeit, BGH FamRZ 2005, 204). Im Gegensatz zum Gläubiger kann der *Schuldner* ebenso wenig wie ein Dritter gegen die Ausgleichsforderung aufrechnen (BAMBERGER/ROTH/MAYER Rn 7; BGB-RGRK/FINKE Rn 16; SOERGEL/LANGE Rn 13; **aM** MünchKomm/

Koch Rn 19). Der von § 852 ZPO verfolgte Zweck wird in § 394 S 1 konsequent auch im materiellen Recht verwirklicht.

22 2.   Der **Pfändung** ist der Ausgleichsanspruch nach § 852 Abs 2 ZPO nur unterworfen, wenn er **durch Vertrag anerkannt oder rechtshängig** geworden ist. Von diesem Zeitpunkt an kann die **Aufrechnung** zur Entscheidung vor dem Familiengericht auch mit solchen Gegenforderungen des Ausgleichsschuldners erklärt werden, die keine Familiensachen sind (OLG Köln NJW-RR 1992, 1287). Der aus dem ehelichen Verhältnis fließende Anspruch auf Zugewinnausgleich soll der persönlichen Entscheidung des berechtigten Ehegatten unterliegen. Bis dahin kann die Forderung auch nicht zur Insolvenzmasse gezogen werden, § 36 Abs 1 InsO. Auf das vertragliche Anerkenntnis oder die Rechtshängigkeit kommt es nicht an, wenn der Gläubiger seinerseits über die Ausgleichsforderung (zB durch Abtretung oder Verpfändung) verfügt hat (Baur FamRZ 1958, 252, 255; MünchKomm/Koch Rn 18; BGB-RGRK/Finke Rn 16; Soergel/ Lange Rn 13). Die Pfändbarkeit ist auch dann gegeben, wenn die Forderung auf die Erben des Gläubigers übergegangen ist (BGB-RGRK/Finke Rn 16).

23 3.   Die Ausgleichsforderung wird mit ihrer Entstehung **fällig**. Im Falle der Scheidung können **Prozesszinsen** demnach nicht vor Rechtskraft des Scheidungsausspruches geltend gemacht werden (BGH NJW-RR 1986, 228 u 1326), im Falle der Anfechtung einer durch Verbundurteil entschiedenen Scheidungsfolgesache also erst mit dem rechtskräftigen Abschluss in der Folgesache (BGH NJW 1980, 702; OLG Zweibrücken FamRZ 2004, 1032). Eine **Stundung** kann vereinbart, aber auch auf Antrag des Schuldners gem § 1382 durch Entscheidung des Familiengerichts herbeigeführt werden. Die Schwierigkeiten bei der Ermittlung der Zugewinne einschließlich der Bewertung der Anfangs- und Endvermögen schließen aber mindestens den Eintritt des **Verzuges** solange aus, wie die Berechnung der Ausgleichsforderung trotz Anwendung der erforderlichen Sorgfalt noch nicht abgeschlossen ist (OLG Celle FamRZ 1981, 1070; MünchKomm/Koch Rn 14; Johannsen/Henrich/Jaeger Rn 9). Die *Wiederverheiratung* der Ehegatten beinhaltet nicht ohne weiteres einen schlüssigen **Erlass** der Forderung, hemmt jedoch die Verjährung, § 207 Abs 1 S 1 (AG Biedenkopf FamRZ 2003, 1392; Koch FamRZ 2004, 996). Ein **Zurückbehaltungsrecht** wegen des Anspruchs auf Zugewinnausgleich ist gegenüber einem Anspruch aus der vermögensrechtlichen Auseinandersetzung der Ehegatten nicht wegen der Natur der Ansprüche ausgeschlossen (BGHZ 92, 194 = FamRZ 1985, 8 m Anm Seutemann 153 ff; BGH FamRZ 1990, 254). Der erforderliche Zusammenhang ist gegeben, wenn es sich um vermögensrechtliche Ansprüche handelt, die aus der ehelichen Lebensgemeinschaft herrühren. Liegen diese Voraussetzungen vor und ist die Ausgleichsforderung etwa durch Vorlage der Klage im Ausgleichsverfahren hinreichend genau bezeichnet (BGH FamRZ 2000, 356), ist die Ausübung des Zurückbehaltungsrechts wegen des Interesses an der Gesamtbereinigung trotz der absehbar längeren Dauer des Zugewinnausgleichsverfahrens nicht im Hinblick auf Treu und Glauben ausgeschlossen (BGH aaO; FamRZ 2002, 318; kritisch Gruber FamRZ 2000, 399 wegen der Natur des geltend gemachten Anspruchs auf Zustimmung zur Auskehrung von hinterlegtem Versteigerungserlös für eine ehemals gemeinschaftliche Eigentumswohnung). Ansprüche wegen nachehelichen Unterhalts zählen dazu nicht (BGH FamRZ 1990, 254, 256). Der Anspruch auf Zugewinnausgleich kann im Wege der **Teilklage** (BGH FamRZ 1996, 853; 1994, 1095), möglicherweise verbunden mit einer unbezifferten Stufenklage im Übrigen, geltend gemacht werden. Ein Teilurteil ist jedoch unzulässig, wenn nicht auszuschließen ist, dass das Anfangs- und Endvermögen im Schlussurteil anders zu bewerten ist (offengelassen BGHZ 107, 236, 241 = FamRZ 1989, 954; aber: OLG Hamm FamRZ 2003, 1393; OLG Brandenburg FamRZ 2004, 385; OLG Köln FamRZ 1989, 296: in keinem Fall Teilurteil). Eine **Nachforderung** ist nur möglich, wenn zuvor eine Teilforderung geltend gemacht worden ist. Andernfalls sperrt die Rechtskraft eines vorhergehenden Urteils, weil es sich bei dem Zugewinnausgleichsanspruch um einen einheitlichen Streitgegenstand handelt (Johannsen/Henrich/Jaeger Rn 3; MünchKomm/Koch Rn 34; offengelassen vom BGH FamRZ 1994, 1095 u 1996, 853). Die Rechtskraft eines klagabweisenden Urteils sperrt ebenfalls eine Nachforderung (OLG Düsseldorf FamRZ 1998, 916 m Anm Ludwig FamRZ 1999, 384).

4.   Richtet sich die **Ausgleichsforderung gegen die Erben** des verstorbenen Ehe-   **24** gatten, so gehört sie zu den Nachlassverbindlichkeiten (vgl § 1371 Rn 67 ff).

5.   Wird über das **Vermögen des Schuldners das Insolvenzverfahren** eröffnet, gehört   **25** die Ausgleichsforderung zu den Insolvenzforderungen. Sie geht aber ua den Verbindlichkeiten gegenüber Pflichtteilsberechtigten und aus Vermächtnissen und Auflagen im Range vor, § 327 Abs 1 Nr 1, 2 InsO (hM, jetzt auch BGB-RGRK/Finke Rn 18).

VII. Verjährung der Ausgleichsforderung (Abs 4)

1.   Die Forderung **verjährt in drei Jahren**. Die Frist **beginnt** mit dem Zeitpunkt, in   **26** dem der Ehegatte **Kenntnis von der Beendigung des Güterstandes** erlangt. Kenntnis setzt das **positive Wissen** von den die Beendigung begründenden Tatsachen (Tod, Scheidung usw) einschließlich des Eintritts der Rechtskraft eines die Ehe auflösenden Urteils voraus. Der Gläubiger muss ferner die ihm bekannten Tatsachen auch in ihrer rechtlichen Bedeutung – Beendigung des Güterstandes – erkannt haben (BGHZ 100, 203, 206; FamRZ 1997, 804 jeweils mwNw; FamRZ 1998, 1024 = NJW 1998, 2679; OLG Naumburg FamRZ 2001, 831; OLG Celle FamRZ 2002, 1030). So hat der BGH (FamRZ 1997, 804 = NJW 1997, 2049) entschieden, dass allein die Anwesenheit einer Partei bei Erklärung des beiderseitigen Rechtsmittelverzichts im Anschluss an die Verkündung eines Scheidungsverbundurteils der Partei in der Regel noch nicht die Kenntnis vom Eintritt der Rechtskraft des Scheidungsausspruches vermittelt, wenn nicht Gericht oder Anwalt darauf hinweisen. Ein Rechtsirrtum, der die Kenntnis ausschließen würde, kommt im Übrigen nur in Ausnahmefällen in Betracht, etwa wenn beim Ablauf der Berufungsfrist noch ein unerledigter Antrag auf Prozesskostenhilfe für eine beabsichtigte Berufung gegen das Scheidungsurteil schwebt (vgl BGHZ 100, 203 = NJW 1987, 1766), im Übrigen reicht in einem einfach gelagerten Fall die Kenntnis von den die Beendigung des Güterstandes ausmachenden Tatsachen (so die Rücknahme der Berufung im Scheidungsverfahren und Kostenantrag nach § 515 Abs 3 ZPO), auch wenn über die Beendigung des Güterstandes nicht ausdrücklich gesprochen worden ist (BGH FamRZ 1998, 1024). Beweisbelastet ist der Ausgleichsverpflichtete für die Kenntnis, dh idR für die die Kenntnis begründenden Tatsachen, auch für das Fehlen eines Rechtsirrtums (vgl BGH aaO; **aA** Soergel/Lange Rn 15). War für den Berechtigten eine Gebrechlichkeitspflegschaft für die Vermögenssorge angeordnet, beginnt die Verjährung bei Kenntnis des Pflegers (Betreuers), § 166 Abs 1 entsprechend (OLG Frankfurt FamRZ 1987, 1147). Die Kenntnis des nicht für das Zugewinnausgleichsverfahren beauftragten Prozessvertreters des Scheidungsverfahrens ist für den Verjährungsbeginn unerheblich (BGH FamRZ 1997, 806), erheblich ist aber die desjenigen, der insoweit mandatiert war (BGH aaO; OLG Naumburg FamRZ 2001, 831;

OLG Celle FamRZ 2002, 1030; OLG Hamm FamRZ 2000, 230 m Anm VOLMER FamRZ 2000, 885). Die vertragliche Regelung des Zugewinnausgleichs ändert die Verjährungsfrist nicht, führt jedoch zum **Neubeginn der Verjährung**, § 212 (vgl zu § 208 aF OLG Karlsruhe FamRZ 1984, 894). Im Einzelfall kann der Verjährungseinrede **§ 242** entgegenstehen, wenn der Ausgleichsgläubiger aus dem Verhalten des Schuldners für diesen erkennbar berechtigt das Vertrauen geschöpft hat, dieser werde die Verjährungseinrede nicht erheben (OLG Köln FamRZ 1982, 1071: wenn die Ehepartner über die Eigentumslage am Grundstück geirrt haben und vermeintliche Miteigentumsansprüche laufend erfüllt worden sind; vgl auch BGH FamRZ 1993, 1183: allein Verhandlungen über den Ausgleichsanspruch begründen keinen Vertauenstatbestand; OLG Hamm FamRZ 2000, 231). Der Vertrauensschutz reicht aber nur soweit die ihn rechtfertigenden Umstände fortdauern und den Gläubiger von der rechtzeitigen Klagerhebung abhalten (BGH FamRZ 1999, 575; OLG Karlsruhe FamRZ 2001, 832; OLG Koblenz FamRZ 2001, 161).

27 **Nicht** erforderlich ist die **Kenntnis vom Bestehen einer Ausgleichsforderung**. Die Verjährungsfrist von drei Jahren ist gerade auch im Hinblick darauf festgesetzt worden, dass die Ermittlung der Zugewinne und damit die Feststellung, ob, wem und in welcher Höhe einem Ehegatten ein Ausgleichsanspruch zusteht, meist erst nach Beendigung des Güterstandes möglich ist und regelmäßig geraume Zeit in Anspruch nimmt.

28 **2.** Über die Verjährung des **Bereicherungsanspruchs** zur Ergänzung der Ausgleichsforderung vgl § 1390 Abs 3 mit Erl dazu. Hier beginnt die Verjährung mit der Beendigung des Güterstandes. Auf die Kenntnis des Berechtigten kommt es nicht an. Auf einen Rückgewähranspruch wegen **ehebedingter Zuwendungen** findet § 1378 Abs 4 keine entsprechende Anwendung (BGH FamRZ 1994, 228; WEVER Rn 522; JOHANNSEN/HENRICH/JAEGER Rn 20; **aA** LG Köln FamRZ 1990, 1239 m abl Anm WIEK; LG Düsseldorf FamRZ 1992, 679; MünchKomm/KOCH Rn 25 Vor § 1363; s auch § 1363 Rn 24). Dieser Anspruch findet seinen Grund gerade nicht im ehelichen Güterrecht. Dass er tatsächlich oft auch im Zusammenhang mit ihrer Auseinandersetzung geltend gemacht wird, unterwirft ihn nicht ihren Regeln. Sind Zugewinnausgleichsansprüche verjährt, wirkt sich § 1378 Abs 4 auf die Rückabwicklung ehebedingter Zuwendungen nach § 313 Abs 2 aber insoweit aus, als in die vorzunehmende Abwägung der an sich bestehende Zugewinnausgleichsanspruch einzustellen ist. Anderenfalls würde die Verjährungsregelung nach § 1378 Abs 4 umgangen (vgl OLG Düsseldorf FamRZ 2003, 872 m krit Anm BERGSCHNEIDER).

29 **3.** Besonderheiten gelten im Falle der **Beendigung des Güterstandes durch den Tod** eines Ehegatten (s auch § 1371 Rn 69 ff). Eine Ausgleichsforderung entsteht nur, wenn der Überlebende nicht Erbe oder Vermächtnisnehmer wird, § 1371 Abs 2. Nach dem Sinn des Gesetzes genügt in diesem Falle die Kenntnis vom Tode des Ehegatten nicht. Der andere Ehegatte muss auch wissen, dass er nicht Erbe oder Vermächtnisnehmer geworden ist. Diese Auslegung entspricht der beabsichtigten Anpassung an die Verjährung des Pflichtteilsanspruchs. Dieser verjährt aber nach § 2332 Abs 1 in drei Jahren von dem Zeitpunkt an, in welchem der Berechtigte von dem Eintritt des Erbfalls **und vom Inhalt der** ihn **beeinträchtigenden Verfügung** Kenntnis erlangt hat (vgl auch BGHZ 15, 83; RGZ 115, 30).

30 Der überlebende Ehegatte muss richtig erkannt haben, dass er durch eine Verfügung von Todes wegen enterbt und auch nicht mit einem Vermächtnis bedacht ist, dass er gem § 1933 nicht zum Erben berufen oder seine Erbunwürdigkeit festgestellt ist. Es genügt, wenn er die in Betracht kommenden Umstände zuverlässig erfahren hat, so dass ein genügender Grund zu Zweifeln nicht mehr besteht (BGH NJW 1984, 2935 = FamRZ 1984, 655; NJW 1993, 2439 = FamRZ 1993, 1181). Die Kenntnis dürfte spätestens erlangt sein mit dem negativen Ausgang des Erbscheinverfahrens (BGH NJW 1984, 2935). Wenn der Ehegatte die letztwillige Verfügung für unwirksam hält, setzt dies die Frist nicht in Lauf, sofern diese Annahme nicht von vornherein als von der Hand zu weisen zu bezeichnen ist (BGH NJW 1984, 2935). Kennt der überlebende Ehegatte zwar die ihn enterbende Verfügung, erfährt aber kurze Zeit danach von einer weiteren Erklärung der Erblasserin, durch die allem Anschein nach eine Enterbung wieder aufgehoben worden ist, fällt damit die Kenntnis fort. Auch der bis dahin abgelaufene Teil der Verjährungsfrist ist als nicht abgelaufen anzusehen (vgl BGHZ 95, 76 zu § 2332 Abs 1).

Nach Abs 4 S 3, der § 2332 Abs 3 heranzieht, beginnt die Verjährung auch dann mit **31** der Kenntnis von der Beendigung des Güterstandes (durch den Tod eines Ehegatten), wenn die Geltendmachung der Ausgleichsforderung von der **Ausschlagung** des dem überlebenden Ehegatten angefallenen Erbteils oder Vermächtnisses abhängt (§ 1371 Abs 2; s § 1371 Rn 69). Die Verjährung wird nicht dadurch gehemmt, dass die Ausschlagung hinausgeschoben wird. Damit wird dem Umstand Rechnung getragen, dass der Berechtigte sich den Anspruch durch eine in seinem Belieben stehende Willenserklärung jederzeit verschaffen kann. Überdies ergibt sich aus §§ 1953 Abs 1, 2180 Abs 3 iVm § 199 Abs 1 Nr 1, dass die Verjährung des durch die Ausschlagung bedingten Ausgleichsanspruchs sogleich mit dem Tode des anderen Ehegatten beginnen kann, die Kenntnis von der Beendigung des Güterstandes vorausgesetzt.

4. Die Verjährung **endet** spätestens **dreißig Jahre nach der Beendigung des Güter-** **32** **standes**, Abs 4 S 2. Auch diese Regelung lehnt sich an die Bestimmungen über die Verjährung des Pflichtteils an (§ 2332 Abs 1). Sie wird nur in den seltenen Fällen wirksam werden, in denen der Berechtigte von der Beendigung des Güterstandes inzwischen nichts erfahren hat.

5. Im Übrigen gelten **die allgemeinen Vorschriften über die Verjährung** (§§ 194 ff). **33** Über die Berechnung der Frist vgl §§ 187 ff. Für die am 1. 1. 2002 bereits bestehenden Ausgleichsforderungen sind die *Überleitungsvorschriften des Art 229 § 6 EGBGB* zu beachten. Eine Darstellung des neuen Verjährungsrechts beim Zugewinnausgleich findet sich bei Koch, FamRZ 2003, 205 ff u Büttner FamRZ 2002, 361.

Die **Verjährung ist insbesondere gehemmt** (§ 209), wenn die Leistung auf Grund einer Vereinbarung verweigert werden darf oder (nachträglich) gestundet ist, § 205. Erforderlich ist insoweit eine Einigung der Ehegatten oder des Berechtigten mit den Erben des verstorbenen Ehegatten. In der Vereinbarung, die im Rahmen einer Stufenklage getroffen wird, das Ruhen des Verfahrens herbeizuführen, liegt keine *Stundungsabrede* (BGH FamRZ 1999, 573). Die Einholung von *Wertgutachten*, die die Parteien vereinbaren, um Anhaltspunkte für die Bewertung von Anfangs- oder Endvermögen zu gewinnen, führt zur Hemmung nach § 204 Abs 1 Nr 8 (anders nach altem Recht BGH FamRZ 1999, 574). Dies setzt nicht voraus, dass sich die Parteien auf

Burkhard Thiele

die Verbindlichkeit von Gutachten für den Zugewinnausgleich geeinigt haben. Nach § 207 ist die Verjährung ferner gehemmt, wenn der Güterstand nicht durch Auflösung der Ehe, sondern durch Ehevertrag oder ein Urteil nach § 1387 beendet wurde, und sich die *Ausgleichsforderung* daher *gegen den anderen Ehegatten* richtet. Entsprechendes gilt bei *Wiederheirat* für den Anspruch aus der ersten Ehe (OLG Hamm FamRZ 1981, 1065; s auch Rn 23). Richtet sich die Ausgleichsforderung im Falle des § 1371 Abs 2 gegen den Nachlass des verstorbenen Ehegatten und sind an diesem *minderjährige Kinder* des überlebenden Ehegatten beteiligt, so ist die Verjährung diesen gegenüber nach § 207 Abs 1 Nr 2 gehemmt. Ebenso, wenn Gläubiger der Ausgleichsforderung (nach Erbschaft oder Abtretung) minderjährige Kinder des Schuldners sind.

34 Die **isolierten Klagen** auf **Auskunftserteilung** oder **Sicherheitsleistung** nach §§ 1379, 1389 hemmen nach neuem Recht die Verjährung nicht nach § 204 Abs 1 Nr 1 (früher Unterbrechung, § 209). Umgekehrt hemmt die Klage auf Leistung des Zugewinnausgleichs die Verjährung auch für eine nachfolgende Auskunftsklage nach § 1379 (BGH FamRZ 1996, 1271 f). Ferner hemmt nicht die Klage auf den *großen Pflichtteil* (BGH NJW 1983, 388) sowie die auf Anpassung eines Erbschaftsauseinandersetzungsvertrages im Wege dinglicher Teilung des Nachlasses gerichtete Klage, auch wenn der Kläger zur Begründung der wertmäßigen Aufteilung seinen Zugewinnausgleichsanspruch anführt (BGH FamRZ 1993, 1181 = NJW 1993, 2439). Ebenso wenig wirkt die freiwillige Auskunftserteilung oder die vorbehaltlos erklärte Bereitschaft hierzu als **Anerkenntnis** gem § 212 Abs 1 Nr 1 (§ 208 aF), weil daraus nicht das Bewusstsein vom Bestehen eines Ausgleichsanspruchs zu schließen ist (BGH FamRZ 1999, 574 mit dem Hinweis, dass sich ein Ausgleichsanspruch erst ergebe, wenn auch Anfangs- und Endvermögen des anderen Ehegatten feststehe, demnach ließe sich der Auskunft allein das Bewusstsein der Zahlungspflicht nicht entnehmen; MünchKomm/Koch Rn 30; jetzt auch Johannsen/Henrich/Jaeger Rn 19; aA OLG Hamburg FamRZ 1984, 892;). Wird die Auskunft aber verknüpft mit der Errechnung des Ausgleichsanspruchs des anderen Ehegatten, kann darin ein verjährungswirksames Anerkenntnis liegen (BGH aaO). Auch die Klage auf **vorzeitigen Ausgleich des Zugewinns** (Gestaltungsklage) hemmt die Verjährung nicht. Wird mit der Gestaltungsklage die Leistungsklage auf Zahlung der Ausgleichsforderung verbunden (Art der Stufenklage, § 254 ZPO), so ist die Verjährung gehemmt. Desgleichen hemmt ein **Antrag auf Übertragung** gemäß § 1383 unabhängig davon, ob er zulässig ist oder die Voraussetzungen vorliegen (BGH FamRZ 1994, 751). Ebenso hemmt eine **Stufenklage auf Auskunft und unbezifferte Leistung** (BGH FamRZ 1999, 571). Dies gilt auch, wenn Prozesskostenhilfe vor Zustellung zunächst nur für die erste Stufe bewilligt worden war, sofern in der anschließenden Zustellung nicht eine Einschränkung auf die erste Stufe zum Ausdruck gekommen ist (BGH FamRZ 1995, 797 f). Die Stufenklage hemmt die Verjährung nach § 204 Abs 1 Nr 1 auch dann, wenn der Auskunftsantrag auf den falschen Stichtag bezogen ist (KG FamRZ 2001, 105; OLG Zweibrücken NJW-RR 2001, 865; aA OLG Hamm FamRZ 1996, 865). Die Hemmung endet erst, wenn der Zahlungsanspruch nach Erfüllung der seiner Vorbereitung dienenden Hilfsansprüche nicht beziffert wird (BGH FamRZ 1999, 571; 1992, 1164; OLGR Naumburg 2005, 951 = FamRZ 2006, 267; OLG Thüringen FamRZ 2005, 1994). Die Bezeichnung einer **Forderung im Mahnbescheid** nach § 690 Abs 1 Nr 3 ZPO als „Zugewinnausgleich lt. Schreiben vom" individualisiert den geltend gemachten Ausgleichsanspruch für eine Hemmung gemäß § 204 Abs 1 Nr 3 (§ 209 Abs 2 Nr 1 aF). Eine weitere Substantiierung des Anspruches ist selbst dann nicht erforderlich, wenn Teile des Anspruches in mehreren Verfahren anhängig gemacht werden (BGH FamRZ 1996, 854). Der Zahlungsbefehl des schweizerischen Rechts ist dem Mahnbescheid nach § 209 Abs 1 Nr 3 gleichwertig (BGH FamRZ 2003, 221; OLG München FamRZ 2001, 104). Auch die Unterbrechungswirkung einer Klage setzt nicht voraus, dass alle für einen Anspruch entscheidungserheblichen Tatsachen sogleich schlüssig behauptet und substantiiert vorgetragen werden, ebenso wenig kommt es auf die rechtliche Begründung an, so dass bei mehreren Anspruchsgrundlagen auch die Verjährung der nicht ausdrücklich genannten materiellrechtlichen Ansprüche gehemmt wird (BGH FamRZ 1996, 1272).

Für die Einreichung eines **Antrags auf Prozesskostenhilfe** regelt nunmehr § 204 Abs 1 **35** Nr 14 die Verjährungshemmung ausdrücklich (vorher § 203 Abs 2 aF). Auf die Rechtsprechung zur alten Rechtslage kann weiterhin zurückgegriffen werden. Ein Prozesskostenhilfegesuch hemmt die Verjährung nicht, wenn der Antragsteller nicht von seiner Bedürftigkeit ausgehen durfte (OLG Hamm FamRZ 1996, 865 m Anm LUDWIG FamRZ 1997, 421), anderes gilt für das ordnungsgemäße und vollständige Gesuch (BGH FamRZ 1995, 797 f). Die verjährungshemmende Wirkung entfällt, wenn die Partei nicht alles in ihren Kräften stehende unternimmt, um das Hindernis ihrer Kostenarmut zu beseitigen. Deswegen muss sie gegen einen Prozesskostenhilfe versagenden Beschluss fristgemäß Beschwerde einlegen (BGH FamRZ 1991, 546 f; OLG Celle FamRZ 2002, 1031). Abweichend von der bisherigen Rechtsprechung gilt dafür nicht mehr die aus § 242 hergeleitete zwei Wochen Frist, sondern die nunmehr gesetzliche Frist des § 127 Abs 2 ZPO. Wird ein Zugewinnausgleichsprozess wegen Verhandlungen über den Anspruch (§ 203) nicht betrieben, läuft die Verjährungsfrist nicht wegen Stillstand des Verfahrens (§ 204 Abs 2 S 2) weiter (zur früheren Rechtslage anders BGH FamRZ 1999, 573). Die Verjährung bleibt nunmehr auf Grund der Neuregelung gemäß §§ 203, 204 Abs 1 Nr 1 gehemmt (BÜTTNER FamRZ 2002, 362; KOCH FamRZ 2003, 206). Ist die erste Stufe einer Stufenklage durch Auskunftserlangung erledigt, wird die Beendigungswirkung der Verjährungshemmung durch den Stillstand des Verfahrens mit der Ankündigung, den Zahlungsanspruch alsbald zu beziffern, nicht beseitigt (OLG Thüringen FamRZ 2005, 1994).

VIII. Vertragliche Abänderung

Vor der Beendigung des Güterstandes können die Ehegatten die gesetzliche Re- **36** gelung des § 1378 nur **durch Ehevertrag** abändern. (Zu Scheidungsvereinbarungen s aber oben Rn 18 ff.) Wie der Zugewinnausgleich ehevertraglich ganz ausgeschlossen werden kann, ist auch eine nur die Beteiligungsquote betreffende Änderung möglich. Die Ehegatten können vereinbaren, dass die Ausgleichsforderung mehr oder weniger als die Hälfte des Überschusses betragen soll. Sie können dem ausgleichspflichtigen Ehegatten eine bestimmte Quote des Überschusses vorab belassen und lediglich den Rest hälftig teilen, wie es noch in den Regierungsentwürfen vorgesehen war (s oben Rn 5). Es können auch – ganz oder teilweise – Sachleistungen vereinbart werden (vgl auch BGHZ 86, 143, 151 = FamRZ 1983, 157; FamRZ 1997, 801). § 311b Abs 2 steht weder der Erhöhung der Beteiligungsquote entgegen (hM), noch der Bemessung der Forderung nach einem Bruchteil des Vermögens (aM MünchKomm/KOCH Rn 37; GERNHUBER/COESTER-WALTJEN § 32 Rn 29; wie hier aber ERMAN/HECKELMANN Rn 10; SOERGEL/LANGE Rn 4; s auch Rn 17 vor § 1408).

37 Die im Interesse der Gläubiger des ausgleichspflichtigen Ehegatten getroffene Regelung des Abs 2 über die Begrenzung der Ausgleichsforderung (s Rn 7 ff) unterliegt der ehevertraglichen Änderung nicht (Erman/Heckelmann Rn 10; MünchKomm/Koch Rn 36; BGB-RGRK/Finke Rn 29; Soergel/Lange Rn 4). Ebenso wenig kann die Entstehung der Ausgleichsforderung (Abs 3) auf einen anderen Zeitpunkt verlegt werden. Auch kann nicht vereinbart werden, dass die Schranken des Abs 3 nicht gelten sollen (Erman/Heckelmann Rn 10; MünchKomm/Koch Rn 36; BGB-RGRK/Finke Rn 29; aA Tiedtke JZ 1983, 458).

§ 1379
Auskunftspflicht

(1) Nach der Beendigung des Güterstandes ist jeder Ehegatte verpflichtet, dem anderen Ehegatten über den Bestand seines Endvermögens Auskunft zu erteilen. Jeder Ehegatte kann verlangen, dass er bei der Aufnahme des ihm nach § 260 vorzulegenden Verzeichnisses zugezogen und dass der Wert der Vermögensgegenstände und der Verbindlichkeiten ermittelt wird. Er kann auch verlangen, dass das Verzeichnis auf seine Kosten durch die zuständige Behörde oder durch einen zuständigen Beamten oder Notar aufgenommen wird.

(2) Hat ein Ehegatte die Scheidung oder die Aufhebung der Ehe beantragt, gilt Absatz 1 entsprechend.

Materialien: E I § 1387; II § 1386.
Vgl Staudinger/BGB-Synopse 1896–2005
§ 1379.

Schrifttum

Büte, Auskunftsansprüche beim Zugewinnausgleich, Teil 1 u Teil 2, FuR 2004, 289 u 342
Büttner, Durchsetzung von Auskunfts- und Rechnungslegungstiteln, FamRZ 1992, 629
Hartung, Umfang der Auskunftspflicht im Zugewinnausgleich, MDR 1998, 508
Kogel, Der Auskunftsanspruch im Zugewinnausgleichsprozess, FamRB 2003, 303
Müller, Die Kostentragungslast bei der Ermittlung des Vermögenswertes im Rahmen des Zugewinnausgleiches nach § 1379 BGB, FamRZ 1981, 837
Roth-Stielow, Vermögensrechtliche Streitfragen nach der Scheidung, NJW 1970, 1032.
Scherer, Verbindung der Auskunftsklage mit der Klage auf vorzeitigen Zugewinnausgleich, FamRZ 2001, 1112.

Systematische Übersicht

I.   Zweck der Vorschrift

Der ausgleichsberechtigte Ehegatte muss in der Lage sein, seine Ausgleichsforde- **1** rung gem § 1378 Abs 1 zu berechnen. Dazu muss er nicht nur seinen eigenen, sondern auch den Zugewinn des anderen Ehegatten kennen oder doch errechnen können. Er bedarf dazu der Kenntnis des Anfangs- und des Endvermögens des anderen Ehegatten. Da jeder Ehegatte sein Vermögen selbständig verwaltet, braucht er grundsätzlich **während des Güterstandes** dem anderen Ehegatten auch **keine Auskunft** oder gar Rechenschaft über sein Vermögen zu geben. Daher sieht das Gesetz auch keine Rechtspflicht auf Auskunftserteilung über den Stand des eigenen Vermögens an den anderen Ehegatten während des Güterstandes vor.

Eine **allgemeine Unterrichtungspflicht** kann sich freilich aus der Pflicht zur Herstel- **2** lung der ehelichen Lebensgemeinschaft ergeben (§ 1353 Abs 1). Es entspricht ehelicher Solidarität, den anderen Ehegatten laufend über die eigene und damit für den Bestand der Ehe bedeutsame Vermögenslage zu unterrichten und ihn an der wirtschaftlichen Entwicklung Anteil nehmen zu lassen. Über den Umfang dieser Auskunftpflicht lassen sich allgemeine Angaben freilich kaum machen; die besonderen persönlichen und wirtschaftlichen Verhältnisse der einzelnen Ehe müssen hier entscheiden. Keinesfalls ist sie so spezifiziert, dass jeder Ehegatte den jeweiligen Stand der Entwicklung seines Zugewinns offenzulegen hätte (s auch OLG Hamburg FamRZ 1967, 100). Es geht lediglich darum, den anderen Ehegatten bis zur Eheauflösung wenigstens in groben Zügen über Vermögensbewegungen zu unterrichten (s § 1386 Rn 22). Die Erfüllung könnte überdies nur mit der Klage auf Herstellung der ehelichen Lebensgemeinschaft geltend gemacht und nicht erzwungen werden (s dazu § 1386 Rn 22). § 1386 Abs 3 gibt daher, wenn auch unter erschwerten Voraussetzungen, die Möglichkeit auf vorzeitigen Ausgleich des Zugewinns zu klagen.

Aus diesen Gründen ermöglicht das Gesetz jedem Ehegatten, sich die zur präzisen **3** Beurteilung der Zugewinnsituation erforderlichen Kenntnisse mit Hilfe eines Auskunftsanspruchs zu verschaffen, sobald der Güterstand beendet ist.

Die Regelung des § 1379 ist dem § 2314 nachgebildet. Der Anspruch auf Auskunfts- **4** erteilung ist als Ausfluss der Zugewinnbeteiligung abhängig von deren Voraussetzungen. Er ist daher nur dann gegeben, wenn entweder der Güterstand auf andere Weise als durch den Tod eines Ehegatten beendet (§ 1372) oder der überlebende Ehegatte bei Beendigung des Güterstandes durch den Tod eines Ehegatten weder Erbe noch Vermächtnisnehmer geworden ist (§ 1371 Abs 2). Der Anspruch kann im letzten Falle erst nach der Ausschlagung der Erbschaft oder des Vermächtnisses erhoben werden (s auch Rn 8).

II.   Auskunftsverpflichteter

Zur Erteilung der Auskunft **verpflichtet ist der andere Ehegatte.** An die Stelle des **5** anderen Ehegatten treten im Falle des § 1371 Abs 2 dessen **Erben** (zu denen der überlebende Ehegatte nicht gehören kann). Beim Tode eines Ehegatten nach Beendigung des Güterstandes können auch dessen Erben den Auskunftsanspruch gegen den überlebenden Ehegatten geltend machen. Gehört der überlebende Ehegatte zu den Erben, so entfällt der Anspruch nur für ihn, nicht aber für die übrigen Miterben. Andererseits kann der überlebende Ehegatte Auskunft von den Erben des Verstorbenen verlangen, wenn er nicht selbst Miterbe ist.

6 Der Anspruch steht **jedem Ehegatten** unabhängig davon zu, ob er Gläubiger oder Schuldner der Ausgleichsforderung sein könnte. Jeder Ehegatte soll in der Lage sein, nicht nur seinen Anspruch zu bestimmen, sondern auch seine Verbindlichkeiten (vgl auch OLG München NJW 1969, 881). Streitig ist, ob die Ehegatten wegen der wechselseitig bestehenden Auskunftsansprüche ein **Zurückbehaltungsrecht** gem § 273 geltend machen können (dafür: OLG Stuttgart – 15. ZS – FamRZ 1982, 283; MünchKomm/ GERNHUBER [3. Aufl] Rn 32; GERNHUBER NJW 1991, 2240; GERNHUBER/COESTER-WALTJEN § 36 Rn 47 Fn 49; ERMAN/HECKELMANN Rn 1; dagegen: OLG Thüringen FamRZ 1997, 1335; OLG Frankfurt FamRZ 1985, 483; OLG Stuttgart – 16. ZS – FamRZ 1984, 275; OLG Hamm FamRZ 1976, 632; BAMBERGER/ROTH/MAYER Rn 3; SOERGEL/LANGE Rn 13; D SCHWAB VII Rn 306; JOHANNSEN/HENRICH/JAEGER Rn 14; HARTUNG MDR 1998, 511). Auch wenn im Grundsatz gegenüber Ansprüchen auf Auskunft ein Zurückbehaltungsrecht entfällt, erscheint hier im Hinblick auf die besondere Verknüpfung der Ansprüche eine Ausnahme geboten.

III. Zeitpunkt

7 Die Auskunft kann **sofort nach Beendigung des Güterstandes** verlangt werden. Der andere Ehegatte muss dem Verlangen baldmöglich nachkommen. Ihm muss Gelegenheit gegeben werden, die Erfüllung der Pflicht vorzubereiten. Eine bestimmte Frist braucht ihm nicht gesetzt zu werden. Der Auskunftsanspruch braucht aber nicht sofort nach der Beendigung des Güterstandes geltend gemacht zu werden. Grundsätzlich steht es jedem Ehegatten frei, ob und wann er den Anspruch erhebt; er kann beliebig lange warten.

8 Ist der überlebende Ehegatte **Erbe oder Vermächtnisnehmer**, so **steht** ihm der **Auskunftsanspruch nicht zu** (s Rn 4). Das gilt auch dann, wenn der Ehegatte ein Interesse daran hat, über die Zugewinnlage orientiert zu sein, um danach seine Entscheidung über die Ausschlagung der Erbschaft oder des Vermächtnisses ausrichten zu können. Auch als Vermächtnisnehmer kann er vom Erben keine Auskunft über den Bestand des Nachlasses verlangen, nur um über eine Ausschlagung entscheiden zu können (wie hier RAUSCHER Rn 426; aM MünchKomm/KOCH Rn 10; SOERGEL/LANGE Rn 3). Die Auskunftspflicht unter Miterben richtet sich nach den dazu speziell entwickelten (umstrittenen) Grundsätzen.

9 Bereits **vor Beendigung des Güterstandes** kann ausnahmsweise Auskunft verlangt werden, **wenn der Scheidungsantrag gestellt oder die Klage auf Aufhebung der Ehe erhoben worden ist** (Abs 2). Die Vorschrift ist erst durch das 1. EheRG mit Wirkung vom 1. 7. 1977 in das Gesetz eingefügt worden (Art 1 Ziff 9). Sie trägt dem im Prozessrecht eingeführten Entscheidungsverbund von Ehe- und Folgesachen Rechnung. Auch bei langjährigem Getrenntleben bleibt es bei diesem Zeitpunkt (vgl auch

OLG Hamm FamRZ 1987, 701). Bei Erhebung der Klage auf **vorzeitigen Ausgleich des Zugewinns** gem §§ 1385, 1386 ist dagegen weiterhin das Ende des Güterstandes maßgebend (hM, OLG Celle FamRZ 1983, 172; OLG Nürnberg FamRZ 1998, 685; Scherer FamRZ 2001, 1113; Bamberger/Roth/Mayer § 1385 Rn 3; Johannsen/Henrich/Jaeger 1385 Rn 3; MünchKomm/Koch §§ 1385, 1386 Rn 34; Erman/Heckelmann Rn 3; aA OLG Celle FamRZ 2000, 1369). Im Falle einer Stufenklage muss die erste Stufe auf vorzeitigen Zugewinnausgleich durch rechtskräftiges Teilurteil abgeschlossen sein (s auch § 1385 Rn 17).

IV. Ausschluss des Anspruchs

Wegen der Hilfsfunktion des Auskunftsanspruchs zur Ermittlung der Ausgleichs- **10** forderung ist der Anspruch zu versagen, wenn ein Zugewinnausgleich offensichtlich nicht in Betracht kommt oder wegen Verjährung nicht mehr durchgesetzt werden kann. Für eine Klage fehlt es zumindest am Rechtsschutzinteresse; materiellrechtlich kommt der Einwand des Rechtsmissbrauchs in Betracht (vgl etwa BGH NJW 1980, 1462; FamRZ 1995, 597; für eine teleologische Interpretation MünchKomm/Koch Rn 4). Der Anspruch ist ausgeschlossen, wenn **offensichtlich keiner der Ehegatten** einen **Zugewinn erzielt hat** (vgl OLG Brandenburg FamRZ 1998, 174; OLG Hamm FamRZ 1998, 1300; OLG Koblenz FamRZ 2005, 902; 1985, 286). Der Anspruch besteht auch dann nicht, wenn durch **Ehevertrag** oder in einer **Scheidungsvereinbarung** gem § 1378 Abs 3 S 2 der Ausgleichsanspruch in seinem Umfang festgelegt oder ausgeschlossen worden ist (vgl OLG Düsseldorf FamRZ 1989, 181). Er kann ferner dann nicht geltend gemacht werden, wenn eine etwa gegebene Ausgleichsforderung **für beide Teile verjährt** und die Einrede beiderseits erhoben worden ist. Ist nur der mögliche Anspruch eines Ehegatten verjährt, behält jede Partei den Auskunftsanspruch, da auch der (mögliche) Schuldner auskunftsberechtigt ist (OLG München NJW 1969, 881; OLG Frankfurt FamRZ 1987, 1147). Das gilt auch für den Fall, dass noch gemäß § 215 (§ 390 S 2 aF) aufgerechnet werden kann (AG Bonn FamRZ 2001, 764 m Anm Gerhards). Die Verjährung des Auskunftsanspruches selbst wird unterbrochen, wenn mit einer Klage ein Anspruch auf Wertausgleich zwischen geschiedenen Ehegatten geltend gemacht wird, der sich zumindest auch unter dem Gesichtspunkt des Zugewinnausgleichs ergeben kann (BGH FamRZ 1996, 1272). Die (auch begründete) Erhebung der **Einrede aus § 1381** schließt den Auskunftsanspruch grundsätzlich nicht aus (BGHZ 44, 163, 165 = NJW 1965, 2055; BGH NJW 1972, 433). Nur in ganz besonders gelagerten Ausnahmefällen, wenn eine etwa bestehende Ausgleichsforderung evident nicht geltend gemacht werden kann, ist auch der Auskunftsanspruch zu verneinen (BGHZ 44, 163, 166; NJW 1980, 1462). Regelmäßig kommt jedoch nur eine Herabsetzung der Ausgleichsforderung in Betracht, nicht die völlige Versagung. Daher schließt auch der Einwand, die Ehe habe nur kurze Zeit bestanden, während der die eheliche Gemeinschaft nicht in vollem Umfang verwirklicht worden sei, die Auskunftspflicht nicht aus (BGH NJW 1972, 433); nach Auffassung des BGH (NJW 1980, 1462) ferner nicht allein derjenige, dass die Ehegatten die Lebensgemeinschaft langfristig oder gar nicht verwirklicht haben. Folgt man der Ansicht des BGH (s § 1375 Rn 6), nach der **Hausrat** im gemeinschaftlichen Eigentum nicht in den Zugewinnausgleich fällt, erstreckt sich konsequenterweise die Auskunftspflicht nicht auf Hausratsgegenstände, die der Verteilung nach der HausratsVO unterliegen (BGHZ 89, 137 = FamRZ 1984, 144). Auskunft kann ferner nicht verlangt werden, wenn auf Grund eigenen Rechts die nötigen Feststellungen gegenüber Dritten zu treffen sind (BGH FamRZ 2000, 949 wegen einer Bruchteilsgemeinschaft über ein Sparguthaben mit gemeinsamen Ersparnissen für gemeinsame Anschaffungen auf den Namen des in Anspruch genommenen Ehegatten). Zum Zurückbehaltungsrecht s Rn 6.

V. Gegenstand der Auskunft

11 **1.** Auskunft zu geben ist **über den Bestand des Endvermögens** iSd §§ 1376 Abs 1, 1384, 1387. Nach dem Stichtag eingetretene Veränderungen sind nicht Gegenstand der Auskunftspflicht (MünchKomm/Koch Rn 12). Dies auch nicht im Hinblick auf § 1378 Abs 2 (aM Soergel/Lange Rn 7). Es ist Sache des Schuldners, die Voraussetzungen der Begrenzung vorzutragen und notfalls zu beweisen. **Die Verbindlichkeiten** am Stichtag sind im Verzeichnis mit aufzuführen. Sie sind bereits Begriffselemente des Endvermögens.

12 **2.** Umstritten ist, ob auch die gem § 1375 Abs 2 **dem Endvermögen hinzuzurechnenden Vermögensminderungen** der Auskunftspflicht unterliegen. Der Wortlaut des Gesetzes könnte eine Verneinung dieser Frage angezeigt erscheinen lassen. Das Gesetz unterscheidet deutlich zwischen dem Anfangs- und Endvermögen und dem diesem hinzuzurechnenden Vermögen (§§ 1374 Abs 1, 2; 1375 Abs 1, 2; 1376 Abs 2; 1377 Abs 1). In § 1377 Abs 1, der dem § 1379 ähnlichsten Bestimmung, wird ausdrücklich verlangt, dass sich das Verzeichnis nicht nur auf den Bestand und Wert des Anfangsvermögens, sondern auch auf den der diesem Vermögen hinzuzurechnenden Gegenstände beziehen müsse. § 1379 dagegen ordnet die Auskunftspflicht lediglich für das Endvermögen an. Daraus folgern Massfeller-Reinicke, GleichberG § 1379 Anm 3, dass eine Auskunftspflicht der Ehegatten im Hinblick auf die dem Endvermögen hinzuzurechnenden Gegenstände nicht bestehe. Auch Gernhuber/Coester-Waltjen § 36 Rn 48; Rauscher Rn 426; Bamberger/Roth/Mayer Rn 2; Büte FuR 2004, 290 f jeweils mwNw; MünchKomm/Koch Rn 13 und BGB-RGRK/Finke Rn 17 ff lehnen die Erstreckung der Auskunftspflicht auf die Vermögensminderungen ab. Dieser inzwischen herrschenden Auffassung hat sich schließlich auch der BGH im Ergebnis angeschlossen (BGHZ 82, 132 = NJW 1982, 176 mwNw; FamRZ 1997, 803; 2000, 950; 2003, 597; 2005, 690). Die Angabe von Verschwendungen und Zuwendungen in Benachteiligungsabsicht sei weder zumutbar noch praktikabel, für eine abweichende Behandlung der unentgeltlichen Zuwendungen fehle jeder Ansatz. Überdies sei die Erweiterung der Auskunftspflicht unvereinbar mit den Grundsätzen der Beweislastverteilung. Diese Auffassung hält jedoch den Rückgriff auf den **allgemeinen**, aus § 242 entwickelten **Auskunftsanspruch** (s BGH aaO) im Einzelfall für zulässig und geboten (s Rn 14 aE).

13 Die früher wohl hM **erstreckt die Auskunftspflicht** auf die in § 1375 Abs 2 geregelten Sachverhalte. Für eine generelle Verpflichtung treten ein Bosch FamRZ 1964, 442; Dölle I 820; OLG Bamberg FamRZ 1980, 573; OLG Karlsruhe FamRZ 1980, 1121. Ihr neigte zunächst auch der BGH zu (FamRZ 1976, 516), ohne aber abschließend Stellung zu nehmen. Andere verlangen, dass tatsächliche Anhaltspunkte für eine Vermögensminderung iSd § 1375 Abs 2 vorgetragen sein müssen (OLG Nürnberg FamRZ 1965, 334; OLG Düsseldorf FamRZ 1982, 805; Erman/Heckelmann Rn 1; Soergel/Lange Rn 8).

14 Wie zu § 2314 (vgl BGH NJW 1975, 258) ist auch zu § 1379 die Verpflichtung zu bejahen, über die **unentgeltlichen Zuwendungen** während der letzten 10 Jahre Auskunft zu geben. Das gilt auch für Pflicht- und Anstandsschenkungen, sofern sie nicht von offenbar ganz untergeordneter Bedeutung sind. Der Auskunftspflichtige hat die Schenkungen von sich aus aufzuführen. Liegt aber die begründete Annahme einer Schenkung vor, genügt es nicht, dass der Schuldner diese bestreitet. Er muss Tatsachen vortragen, die geeignet sind, die Annahme zu entkräften (vgl BGH NJW 1975, 258). Entsprechendes muss auch für **Verschwendungen** und **Zuwendungen in Benachteiligungsabsicht** gelten. § 1379 dient der Beweiserleichterung für den anderen Ehegatten. Die Erstreckung der Auskunftspflicht ist daher weder unzumutbar noch verstößt sie gegen Grundsätze der Beweislastverteilung. Die Weigerung, über den Verbleib von Vermögenswerten eine geforderte Auskunft zu geben, kann die Besorgnis begründen, dass das Bestandsverzeichnis nicht mit der erforderlichen Sorgfalt aufgestellt worden ist, § 260 Abs 2 (vgl BGH FamRZ 1976, 516, 517). Schließt man sich demgegenüber der Auffassung des BGH und hL (s Rn 12) an, ist gem **§ 242** zumindest **Auskunft** zu erteilen einem Ehegatten, der entschuldbar über dem Endvermögen hinzuzurechnendes Vermögen im Ungewissen ist, während der andere Ehegatte unschwer Auskunft erteilen kann. Daneben besteht das Recht aus § 260 Abs 2 und 3, unter den dort genannten Voraussetzungen die Abgabe der eidesstattlichen Versicherung zu verlangen. **Der Auskunftsanspruch gemäß § 242 beschränkt sich auf einen konkreten Vorgang iSd § 1375**, für den der Berechtigte tatsächliche Anhaltspunkte vorzutragen hat. An diesen Vortrag von Verdachtsgründen dürfen keine übertriebenen Anforderungen gestellt werden (BGHZ 82, 132 ff; FamRZ 2005, 690: ausreichend, verschwundenes Sparguthaben sei beiseite geschafft worden; OLG Bremen FamRZ 1999, 94 f: ausreichend Minussaldo auf dem Girokonto trotz Verkauf von Wertpapieren und Lebensversicherung; OLG Köln FamRZ 1997, 1336 verneint bei unsubstantiiertem Vortrag; 1999, 1071: ausreichend Grundstücksverkauf ohne Angabe zum Erlös; 2005, 274: ausreichend vorzeitige Kündigung einer Lebensversicherung zeitnah zum Stichtag; KG FamRZ 1998, 1514 f: Fehlen von Vermögenswerten von etwa 270 000 DM; weitere Beispiele Büte FuR 2004, 291; krit Tiedtke JZ 1984, 1082).

3. **Nicht** Gegenstand der Auskunft ist das **Anfangsvermögen** (OLG Düsseldorf OLGZ **15** 65, 271; OLG Karlsruhe FamRZ 1981, 459; 1986, 1106; OLG Nürnberg FamRZ 1986, 272; Bamberger/Roth/Mayer Rn 2; MünchKomm/Koch Rn 12). Ist kein Verzeichnis aufgenommen worden, erleichtert die Vermutung des § 1377 Abs 3 zwar den Beweis, entlastet aber nicht vom Prozesskostenrisiko. Für einen Anspruch aus § 242 auf **Auskunft über das Anfangsvermögen** bleibt gleichwohl kein Raum (vgl auch OLG Karlsruhe FamRZ 1986, 1105; Johannsen/Henrich/Jaeger Rn 2; Büte FuR 2004, 289 mwNw; aA OLG Schleswig FamRZ 1983, 1126).

VI. Erteilung der Auskunft

1. Das **Bestandsverzeichnis**, das gem § 260 Abs 1 vorzulegen ist, hat die Aktiva **16** und Passiva des Endvermögens und die diesem hinzuzurechnenden Vermögenswerte **in geordneter Zusammenstellung** so spezifiziert zu erfassen, dass der andere Teil Umfang und Wert des Endvermögens im Wesentlichen selbst daraus ermitteln kann (vgl BGHZ 84, 31 = NJW 1982, 1643; OLG Hamm FamRZ 2001, 763; 1976, 631; OLG Brandenburg FamRZ 2007, 285; 2004, 820; 1998, 174; OLG Celle FamRZ 1975, 415; Hartung MDR 1998, 509). Die einzelnen Gegenstände und Verbindlichkeiten sind hinreichend zu individualisieren. Sie müssen nach Anzahl, Art und wertbildenden Merkmalen aufgeführt werden (vgl BGH FamRZ 1989, 159). Sachgesamtheiten und Inbegriffe von Sachen und

Rechten können als solche aufgeführt werden, soweit eine Spezifizierung im Verkehr nicht üblich und für den Gläubiger nicht erforderlich ist (etwa bei Sammlungen, Bibliotheken, Unternehmen uä; vgl BGHZ 89, 137, 141 = NJW 1984, 485). Sofern die Gegenstände dem anderen Teil nicht näher bekannt sind, müssen weitere Einzelheiten, die eine Bewertung ermöglichen, mitgeteilt werden. Die Anforderungen an den Umfang der Auskunftspflicht lassen sich in solchen Fällen anhand der anzuwendenden Bewertungsmethode bestimmen (ausführlich AG Biedenkopf FamRZ 2005, 1909 m Anm SCHRÖDER; KOCH FamRZ 2006, 587; Einzelbeispiele bei BÜTE FuR 2004, 292f).

17 Das Verzeichnis bedarf **keiner** bestimmten **Form**. Es braucht nicht unterschrieben zu werden (wie hier KG FamRZ 1997, 503; OLG Karlsruhe FamRZ 2004, 106; OLG Zweibrücken 2001, 763; MünchKomm/KOCH Rn 16; BAMBERGER/ROTH/MAYER Rn 6; aA OLG München FamRZ 1995, 737; OLG Hamm FamRZ 2001, 763; HAUSSLEITER/SCHULZ Kap 1 Rn 473). Es kann auch aus einer Mehrheit von Aufstellungen bestehen (BGH LM § 260 BGB Nr 14; OLG Karlsruhe FamRZ 2004, 106) soweit die Übersichtlichkeit gewahrt wird. Einzelangaben in verschiedenen Schreiben und Schriftsätzen reichen demgegenüber nicht aus (vgl OLG Hamm FamRZ 2001, 763; 1983, 812; 1981, 482; OLG Jena NJ 1999, 546). Eine umfassende Auskunft ist aber auch dann erteilt, wenn neben einem Bestandsverzeichnis ein Kontoauszug mit dem Hinweis übermittelt wird, weitere Vermögenswerte zum Stichtag nicht besessen zu haben (OLG Brandenburg FamRZ 2004, 820). Die Auskunft in Form eines Bestandsverzeichnisses kann durch einen vom Prozessbevollmächtigten erstellten Schriftsatz erfolgen (OLG Nürnberg FuR 2000, 294).

18 2.　　Der Schuldner braucht im Bestandsverzeichnis **keine Wertangaben** zu machen (BGHZ 84, 31 = NJW 1982, 1643; FamRZ 1989, 157; OLG Köln FamRZ 2002, 1406; OLG München FamRZ 1997, 737; OLG Celle FamRZ 1975, 415; MünchKomm/KOCH Rn 16; PALANDT/BRUDERMÜLLER Rn 14; SOERGEL/LANGE Rn 9; ERMAN/HECKELMANN Rn 2; aM OLG Karlsruhe FamRZ 1967, 339; BGB-RGRK/FINKE Rn 6; ROTH-STIELOW NJW 1970, 1032). Daher kann insoweit auch nicht die eidesstattliche Versicherung verlangt werden, die nach § 260 Abs 2 ohnehin nur die Angaben über den Bestand deckt. Die Werte sind gem § 1379 Abs 1 S 2 vielmehr nur auf Verlangen gesondert zu ermitteln (s unten Rn 24).

19 3.　　Mit dem Verzeichnis brauchen grundsätzlich keine **Belege und Unterlagen** vorgelegt zu werden. Es ist nicht Rechenschaft abzulegen. Schon gar nicht sind Unterlagen zu Kontrollzwecken beizufügen (allgM; vgl etwa OLG Karlsruhe FamRZ 1998, 761; 1986, 1106; OLG Bremen MDR 2000, 1324; OLG Naumburg NJ 2001, 318; aA OLG Hamm FamRZ 2001 763). Deswegen sind Angaben über Kapitalvermögen nicht durch Kontoauszüge klarzustellen (KOCH FamRZ 2003, 203; aA AG Tempelhof-Kreuzberg NJW-RR 2002, 794). Im Streitfall ist nicht im Auskunftsverfahren, sondern im Verfahren über die Zahlung der Ausgleichsforderung zu entscheiden, ob und welche Gegenstände mit welchem Wert zum Endvermögen gehören (s auch BGH NJW 1975, 258). Da das *Bestandsverzeichnis* aber nachprüfbar sein und eine Bewertung durch den Gläubiger ermöglichen muss, sind Unterlagen dann vorzulegen, wenn die Feststellungen nur mit ihrer Hilfe erfolgen können (BGHZ 33, 373, 378). Das trifft insbesondere zu, wenn ein Unternehmen oder eine Unternehmensbeteiligung zum Endvermögen gehört. Dann sind regelmäßig entsprechend den Anforderungen der Bewertungspraxis Bilanzen, Gewinn- und Verlustrechnungen, die zugrundeliegenden Geschäftsbücher usw vorzulegen, und zwar für einen längeren Zeitraum (BGH NJW 1975, 1774, 1776; BGHZ 33, 373, 378 jeweils zum Auskunftsanspruch des Pflichtteilsberechtigten; zu § 1379: BGHZ

75, 195 = FamRZ 1980, 37, 38 = NJW 1980, 229; allgM). Das gilt jedoch nicht, wenn ein Unternehmen keinen über den Substanzwert hinausgehenden Wert aufweist (OLG Stuttgart FamRZ 1995, 1586 u AG Biedenkopf FamRZ 2005, 1909 m Anm SCHRÖDER zugleich zum Umfang der Auskunft für Versicherungsagentur). Für Unternehmer und Gesellschafter von Personengesellschaften ist etwa von den letzten fünf Jahren auszugehen (BGHZ 75, 195; OLG Düsseldorf FamRZ 1999, 1070). Entsprechendes gilt für freie Berufe (OLG Koblenz FamRZ 1982, 280 – Zahnarzt –; OLG Hamm FamRZ 1983, 812 – Anwaltssozietät: 3 Jahre –; beide Entscheidungen zugleich zu den erforderlichen Unterlagen). Zu landwirtschaftlichen Betrieben s OLG Düsseldorf FamRZ 1986, 168 u AG Biedenkopf aaO. **Schutzwürdige Belange Dritter** schließen die Vorlagepflicht nicht aus (etwa bei Geschäftsunterlagen). Auf ihre Interessen ist jedoch soweit das möglich ist Rücksicht zu nehmen (vgl BGH FamRZ 1983, 680 zur unterhaltsrechtlichen Auskunftspflicht). In Betracht kommt ein Schwärzen ausschließlich den Dritten betreffender Bestandteile (dafür MünchKomm/ KOCH Rn 20; HARTUNG MDR 1998, 510) oder ein Wirtschaftprüfervorbehalt, wonach dem Beklagten vorbehalten bleibt, die Unterlagen einem vom Kläger ausgewählten Wirtschaftsprüfer zur Auskunft über den Inhalt an diesen zu überlassen (dafür JOHANNSEN/ HENRICH/JAEGER Rn 8; wie hier auch BAMBERGER/ROTH/MAYER Rn 9; BÜTE FuR 2004, 294). Zum Umfang der Auskunftspflicht s auch Rn 16.

4.   Die **Richtigkeit und Vollständigkeit** des Bestandsverzeichnisses wird **nicht ge-** **20** **setzlich vermutet.** Das gilt auch dann, wenn es durch die eidesstattliche Versicherung gem § 260 Abs 2 bekräftigt worden ist. Insoweit gelten die allgemeinen Grundsätze des Beweisrechts.

5.   Der Schuldner kann das Verzeichnis berichtigen und ergänzen. Der Gläubiger **21** hat jedoch **im Anwendungsbereich von § 260 Abs 2** grundsätzlich **keinen Anspruch auf erneute oder ergänzte Auskunft.** Er kann bei Grund zur Annahme mangelnder Sorgfalt nach § 260 Abs 2 verlangen, dass der Schuldner an Eides Statt versichert, nach bestem Wissen den Bestand des Endvermögens so vollständig angegeben zu haben, wie er dazu imstande war (vgl dazu, auch zum Verfahren STAUDINGER/BITTNER [2004] § 260). Liegen die Voraussetzungen des § 260 Abs 2 jedoch nicht vor, so kann der Gläubiger Ergänzung verlangen, auch einklagen **(Ergänzungsklage).** Für sie ist daher nur Raum, wenn eine Unvollständigkeit oder Fehlerhaftigkeit des Verzeichnisses nicht auf mangelnder Sorgfalt des Schuldners beruht, sondern zB auf unverschuldeter Unkenntnis oder einem entschuldbaren Rechtsirrtum (vgl BGH LM § 260 BGB Nr 1; BGHZ 89, 137, 140 = NJW 1984, 484; OLG Köln FamRZ 1997, 1336; 1985, 935). Auf einen Sorgfaltsmangel weisen wechselnde oder widersprüchliche Angaben hin (BGH FamRZ 1978, 677), nicht aber die rechtmäßige Verweigerung von Belegen (KOCH FamRZ 2003, 203; JOHANNSEN/HENRICH/JAEGER Rn 16; **aA** OLG Bremen MDR 2000, 1324). Besteht eine Verpflichtung zur Ergänzung, ist die Erstellung eines neuen Verzeichnisses nicht erforderlich, wenn die Vervollständigung die Übersichtlichkeit der Auskunft insgesamt nicht beeinträchtigt (OLG Zweibrücken FamRZ 2001, 763; JOHANNSEN/ HENRICH/JAEGER Rn 17; KOCH FamRZ 2003, 203).

6.   Der Anspruch auf Erteilung der Auskunft ist als Familiensache **klagbar** (zur **22** Formulierung des Klagantrags s HARTUNG MDR 1998, 508; BÜTE FuR 2004, 346) und **vollstreckungsfähig.** Die Zwangsvollstreckung erfolgt nach § 888 Abs 1 ZPO. Die Klage kann als **Stufenklage** gem § 254 ZPO mit der Klage auf Zugewinnausgleich verbunden werden. Die Verbindung empfiehlt sich zwecks Unterbrechung der Verjährung des Ausgleichsanspruchs (s § 1378 Abs 4), die durch die Klage auf Auskunft allein nicht herbeigeführt wird. Wird im Wege der Stufenklage neben der Auskunft auch der Anspruch auf Abgabe der eidesstattlichen Versicherung nach § 260 Abs 2 geltend gemacht, kann der Auskunftsberechtigte eine eidesstattliche Versicherung solange nicht verlangen, **bis eine vollständige Auskunft** erteilt ist. Das gilt auch dann, wenn der Bereich der noch zu erteilenden Auskunft klar abgegrenzt ist (OLG Köln FamRZ 2001, 423). Soweit die Vorlage von Unterlagen verlangt werden kann (Rn 19), sind sie so genau nach Art und Anzahl zu bezeichnen, dass ein Urteil vollstreckungsfähig ist (vgl OLG Karlsruhe FamRZ 1980, 1119; BÜTTNER FamRZ 1992, 629). Ein unbestimmt titulierter Auskunftsanspruch kann erneut eingeklagt werden (OLG Zweibrücken FamRZ 1996, 750). Der **Verfahrensverbund** nach § 623 ZPO ermöglicht, mit der Scheidung auch über eine güterrechtliche Folgesache zu entscheiden. Erforderlich ist dafür, dass das Verfahren bis zum Schluss der mündlichen Verhandlung im ersten Rechtszug in der Scheidungssache anhängig gemacht wird (dazu s BGH NJW 1987, 3264). Ist Stufenklage im Verbundverfahren erhoben, ist über die Auskunft vorab durch Teilurteil zu entscheiden, während über Scheidungsanspruch und Ausgleichsforderung im Endurteil zu erkennen ist (BGH NJW 1979, 1603 = FamRZ 1979, 690). Das OLG Hamm lässt eine Entscheidung über Scheidung und Auskunft zu, wenn der Zahlungsanspruch einverständlich zurückgestellt wird (FamRZ 1981, 482). Die Parteien sind jedoch nicht gehindert, isoliert Auskunft geltend zu machen. Streitig ist für diesen Fall, ob der Entscheidungsverbund dann gilt (dafür OLG Hamm FamRZ 1981, 482; OLG Frankfurt FamRZ 1987, 299 f; dagegen BGH FamRZ 1997, 812 [für §§ 1580, 1605]; KG FamRZ 2000, 1292; OLG Hamm FamRZ 1993, 984; 1994, 49; OLG Zweibrücken FamRZ 1980, 1142: Auskunftsanspruch bereitet eine Entscheidung für den Fall der Scheidung lediglich vor und kann folglich nur durch Verbindung mit der Folgesache Zugewinnausgleich im Wege der Stufenklage im Verbund geltend gemacht werden). Bei der **Wertfestsetzung** im Verfahren ist zu unterscheiden zwischen dem Interesse des Klägers und dem Abwehrinteresse des unterlegenen Beklagten in der Rechtsmittelinstanz. Der **Streitwert** bemisst sich nach einem Bruchteil – in der Regel 1/10 bis 1/4 – der gemäß § 3 zu schätzenden Zugewinnausgleichsforderung des Klägers (vgl etwa BGH FamRZ 2000, 948, 950; OLG Zweibrücken FamRZ 2000, 1512). Die Beschwer des zur Auskunft verurteilten Ehegatten richtet sich dagegen allein nach dem Aufwand für die Erstellung der Auskunft (BGH FamRZ 2003, 1267; 2003, 597; ständige Rspr).

VII. Anspruch auf Zuziehung

23 Jeder Ehegatte hat das Recht, zur Aufnahme des Verzeichnisses über das Endvermögen des anderen Ehegatten zugezogen zu werden, Abs 1 S 2. Der Berechtigte kann auch verlangen, dass an seiner Stelle eine Person seines Vertrauens an der Aufnahme des Verzeichnisses teilnimmt oder ihn begleitet. Ist das Verzeichnis bereits ohne seine Mitwirkung aufgestellt worden, kann der Gläubiger verlangen, dass der Schuldner die einzelnen Positionen mit ihm gemeinsam noch einmal durchgeht (KG FamRZ 1998, 1514). Das Recht, zur Aufnahme des Verzeichnisses zugezogen zu werden, ermöglicht jedoch keine rechtlich durchsetzbare Beeinflussung des Inhalts. Eine Mitwirkung ist nicht vorgesehen.

VIII. Anspruch auf Wertermittlung

24 Jeder Ehegatte kann auch **verlangen, dass der Wert** der Vermögensgegenstände und

Verbindlichkeiten **festgestellt** wird. Auch insoweit besteht kein Mitwirkungsrecht, wohl aber ein neben der Forderung auf Auskunft klagbarer Anspruch auf Wertfeststellung durch den Auskunftsschuldner. Die Inanspruchnahme von **Sachverständigen** ist bei der Bewertung von Unternehmen und Beteiligungen regelmäßig nicht zu umgehen. Das kann auch für Grundstücke gelten. Zur Bewertung des eigenen Endvermögens oder Teilen davon kann jeder Ehegatte selbst Sachverständige beauftragen. Der andere Ehegatte kann die **Wertermittlung durch Sachverständige** dagegen nur verlangen, **wenn und soweit sie unerlässlich ist**, um zuverlässige Daten zu erhalten (vgl BGHZ 64, 63, 66 = NJW 1975, 1021; BGHZ 84, 31 = NJW 1982, 1643). Der Anspruch ist im Auskunftsanspruch nicht enthalten und selbständig geltend zu machen, gegebenenfalls im Wege der Stufenklage (BGH FamRZ 1989, 157; OLGR Naumburg 2001, 34; so auch iE MünchKomm/Koch Rn 21: latente Inhalte eines einzigen Anspruchs, die der Aktualisierung bedürfen). Er ist gemäß § 887 ZPO zu vollstrecken (OLG Bamberg FamRZ 1999, 312). Freilich kann der Ehegatte darüber hinaus jederzeit selbst Sachverständige beiziehen, um die Werte an Hand des ihm vorgelegten Verzeichnisses zu ermitteln oder die Wertangaben zu prüfen.

Ist er nur mit Hilfe eines Privatgutachtens in der Lage, die vorgelegte Vermögensaufstellung nachzuvollziehen, sind die Kosten hierfür als Kosten des Ausgleichsprozesses nach **§ 91 Abs 1 S 1 ZPO** ersatzfähig (OLG Frankfurt FamRZ 2000, 1513). Ob die Pflicht des Auskunftschuldners zur Wertermittlung durch Sachverständige sich darin erschöpft, die Tätigkeit des vom Gläubiger bestellten Sachverständigen zu dulden (und diesem die erforderlichen Unterlagen vorzulegen, s Rn 19) oder er vielmehr selbst die Werte ermitteln lassen muss (so BGB-RGRK/Finke Rn 12), ist streitig. Mangels ausdrücklicher gesetzlicher Regelung spricht einiges dafür, dem Gläubiger die Möglichkeit einzuräumen, einen Sachverständigen seines Vertrauens einzuschalten, dafür aber den Auskunftsverpflichteten von den Kosten freizuhalten (so BGHZ 84, 31; 35; BGH NJW-RR 1992, 188; OLG Karlsruhe FamRZ 1995, 737; MünchKomm/Koch Rn 25; Bamberger/Roth/Mayer Rn 13).

Die Wertermittlung durch Sachverständige kann auch dann noch verlangt werden, **25** wenn die Auskunft bereits unter Wertangaben erteilt worden ist (MünchKomm/Koch Rn 22).

Die **Kosten** der **gewöhnlichen Wertermittlung** hat der Auskunftspflichtige zu tragen **26** (BGHZ 64, 63 = NJW 1975, 1021; BGH FamRZ 1991, 317; MünchKomm/Koch Rn 25; Palandt/Brudermüller Rn 14; BGB-RGRK/Finke Rn 13; Erman/Heckelmann Rn 2). Das gilt auch für die Kosten, die durch die Einschaltung von Hilfspersonen anfallen (zur Notwendigkeit der Einschaltung von Steuerberater oder Rechtsanwalt BGH FamRZ 2003, 597; 1267). Die Kosten der Wertermittlung **durch Sachverständige** hat der Gläubiger zu tragen, wenn er sie verlangt hat (s Rn 24). Die Kosten sind dem anderen Teil vorzuschießen, § 1360a Abs 4.

IX. Anspruch auf amtliche Aufnahme

Der Berechtigte **kann verlangen**, dass das Verzeichnis auf seine Kosten durch die **27** zuständige Behörde oder durch einen zuständigen Beamten oder Notar aufgenommen wird. Der Berechtigte kann die amtliche Aufnahme des Verzeichnisses nicht selbst betreiben. Er kann lediglich vom Pflichtigen verlangen, dass dieser sie veranlasse. Ist dem Berechtigten ein privates Verzeichnis vorgelegt worden, so ist er nicht verpflichtet, sich darüber zu erklären, ob er die amtliche Aufnahme verlangt. Auch nach längerer Zeit kann er noch die amtliche Aufnahme verlangen, selbst wenn er sich zunächst mit dem privaten Verzeichnis begnügt hat, oder er auf Erteilung der Auskunft in privater Form geklagt hat und der Pflichtige dem auf die Klage ergangenen Urteil nachgekommen ist (RGZ 72, 379, 384; RG DJ 1940, 1248 m Anm VOGELS = HRR 1940 Nr 1430). Nur unter ganz besonderen Umständen kann die Ausübung des Rechts gem §§ 226, 242 unzulässig sein. Der Berechtigte kann auch verlangen, zu der amtlichen Aufnahme zugezogen zu werden. Er kann in Begleitung eines Beistandes erscheinen oder sich vertreten lassen (s Rn 23). Die Kosten der amtlichen Aufnahme hat der Berechtigte vorzuschießen oder zu erstatten (Abs 1 S 3).

X.   Abweichende Vereinbarungen

28 Die Pflicht zur Auskunftserteilung kann **durch Ehevertrag nicht ausgeschlossen** werden (iE hM). Sie bildet die maßgebende Grundlage für die Berechnung der Ausgleichsforderung und ist daher für beide Ehegatten zur Wahrung ihrer Interessen nach Beendigung der Zugewinngemeinschaft unentbehrlich. Dieses Recht auf Auskunftserteilung steht daher auch einem Ehegatten zu, der sich schwerer Eheverfehlungen schuldig gemacht hat.

29 Dagegen können die Ehegatten **nach der Beendigung** des Güterstandes auf die Auskunft oder auch die weiteren nach S 2 u 3 begründeten Rechte verzichten. In der vorbehaltlosen Annahme eines privaten Verzeichnisses liegt jedoch nicht schon ohne weiteres ein Verzicht auf die amtliche Aufnahme, die Zuziehung oder Wertermittlung.

§ 1380
Anrechnung von Vorausempfängen

(1) Auf die Ausgleichsforderung eines Ehegatten wird angerechnet, was ihm von dem anderen Ehegatten durch Rechtsgeschäft unter Lebenden mit der Bestimmung zugewendet ist, dass es auf die Ausgleichsforderung angerechnet werden soll. Im Zweifel ist anzunehmen, dass Zuwendungen angerechnet werden sollen, wenn ihr Wert den Wert von Gelegenheitsgeschenken übersteigt, die nach den Lebensverhältnissen der Ehegatten üblich sind.

(2) Der Wert der Zuwendung wird bei der Berechnung der Ausgleichsforderung dem Zugewinn des Ehegatten hinzugerechnet, der die Zuwendung gemacht hat. Der Wert bestimmt sich nach dem Zeitpunkt der Zuwendung.

Materialien: E I § 1388; II § 1387.
Vgl STAUDINGER/BGB-Synopse 1896–2005
§ 1380.

Schrifttum

BÜTE, Die Anrechnung von Vorauspfändungen, FuR 2006, 289

ders, Die im Zugewinn oft übersehene Vorschrift des § 1380 BGB, FuR 2006, 289

BRÜNING, Die Behandlung von Schenkungen unter Ehegatten bei der Berechnung der Zugewinnausgleichsforderung, NJW 1971, 922

GRÜNENWALD, Die neue Rechtsprechung und Lehre zu § 1380 BGB, NJW 1988, 109

HOLZHAUER, Schuld- und güterrechtlicher Ausgleich von Zuwendungen unter Ehegatten, JuS 1983, 830

JEEP, Ehegattenzuwendungen im Zugewinnausgleich, 2000

KOGEL, § 1380 – kein Buch mit sieben Siegeln, FamRB (2005) 368

KÜHNE, Schenkungen unter Ehegatten, insbesondere ihre Rückabwicklung nach der Scheidung im deutschen materiellen und internationalen Privatrecht, FamRZ 1969, 371

LIPP, Ehegattenzuwendung und Zugewinnausgleich, JuS 1993, 89

MOTZKE, Anrechnung von Zuwendungen auf den Zugewinnausgleich, NJW 1971, 182

NETZER, Die Berücksichtigung von Zuwendungen zwischen Ehegatten im Zugewinnausgleich, FamRZ 1988, 676

vOLSHAUSEN, Die Anrechnung von Zuwendungen unter Ehegatten auf Zugewinnausgleich und Pflichtteil, FamRZ 1978, 755

PETERSEN, Die Lebensversicherung im Bürgerlichen Recht, AcP 204 (2004) 832

SEIF, Diskussion – Ehebezogene Zuwendungen als Schenkungen unter Ehegatten, FamRZ 2001, 143

ders, Ehebezogene Zuwendungen als Schenkungen unter Ehegatten, FamRZ 2000, 1193

SEUTEMANN, Anrechnung, Hinzurechnung und „Rückrechnung" von Ehegattenzuwendungen im Rahmen des Zugewinnausgleichs, FamRZ 1989, 1023

TIEDTKE, Güterrechtlicher Ausgleich bei Zuwendungen von Ehegatten untereinander und Wegfall der Geschäftsgrundlage bei Scheidung der Ehe, JZ 1992, 334.

Systematische Übersicht

I. Allgemeines

1. Zweck der Regelung

Die Vorschrift regelt die **Anrechnung von Zuwendungen**, die ein Ehegatte dem **1** anderen während des Güterstandes gemacht hat *(Vorausempfänge)*, **auf die Ausgleichsforderung.** Sie geht dabei davon aus, dass in der Regel solche Zuwendungen wirtschaftlich eine Vorwegnahme des Zugewinnausgleichs darstellen, eine Art Vorleistung auf die künftige Ausgleichsforderung, und dass es unbillig sei, sie bei dem auf die Beendigung der Zugewinngemeinschaft folgenden Zugewinnausgleich unberücksichtigt zu lassen.

2 Dabei behandelt die Vorschrift zwei Gruppen von **Tatbeständen:** die Fälle, in denen der Zuwendende die **Anrechnung bestimmt** hat, und die, in denen zwar eine solche Anordnung nicht vorlag, in denen es aber im Hinblick auf den Umfang der Zuwendung **mutmaßlich dem Willen des Zuwendenden entsprochen haben würde, dass** die Zuwendung bei Beendigung des Güterstandes auf den Zugewinnausgleich **angerechnet wird.** Bei der Regelung der ersten Fälle stand dem Gesetzgeber das Vorbild des § 2315 (Anrechnung auf den Pflichtteil bei entsprechender Anordnung) zur Verfügung. Die Ausdehnung der Anrechnungspflicht auf die zweite Fallgruppe ist dagegen ein neuer Gedanke. Das praktische Schwergewicht der Vorschrift liegt bei den Tatbeständen der zweiten Art, bei denen die Anrechnung auf alle Zuwendungen während des Güterstandes ausgedehnt wird, die das Maß üblicher Gelegenheitsgeschenke übersteigen, auch wenn der Zuwendende sich dabei über eine spätere Anrechnung auf den Zugewinnausgleich gar keine Gedanken gemacht hat.

2. Anrechnung, nicht Rückgewähr

3 Unentgeltliche Zuwendungen unter Ehegatten werden bei tatsächlicher oder mutmaßlicher Anrechnungsbestimmung in der Erwartung gemacht, dass dem Empfänger später auch ein Ausgleichsanspruch zustehe. Das Gesetz trifft eine Regelung nur für die Fälle, in denen die Erwartung zutrifft. In den anderen Fällen, in denen entweder § 1371 Abs 1 eingreift oder sich herausstellt, dass dem Zuwendungsempfänger keine oder nur eine unter dem Wert der Zuwendung bleibende Ausgleichsforderung zusteht, ist eine Anrechnung ganz oder teilweise ausgeschlossen.

4 Eine Berücksichtigung des Vorempfangs nach Beendigung des Güterstandes könnte nur dadurch erfolgen, dass der Empfänger entsprechende Ausgleichszahlungen zu leisten hätte. Der BGH geht von der Möglichkeit eines solchen Anspruches aus. § 1380 stehe einem Ausgleichsanspruch bei zu hohen Vorwegleistungen (sog überschüssige oder überhöhte Vorwegleistungen) schon deswegen nicht entgegen, weil diese Regelung sich nicht mit dem Schicksal dieser Zuwendung befasse, sondern nur eingreife, wenn ein Ausgleichsanspruch des Zuwendungsempfängers bestehe (BGHZ 82, 227, 234 = NJW 1982, 1094; BGHZ 115, 132, 138 = NJW 1991, 2553). Er ist damit überwiegend auf Zustimmung gestoßen (RAUSCHER Rn 429; ders AcP 186, 570; SCHWAB Teil VII Rn 186 ff u FamRZ 1984, 527; GRÜNENWALD NJW 1988, 109; TIEDTKE zuletzt JZ 1992, 336; JAEGER DNotZ 1991, 453; JOHANNSEN/HENRICH/JAEGER Rn 17; KLEINLE FamRZ 1997, 1386 f; BAMBERGER/ ROTH/MAYER Rn 9; NETZER NJW 1988, 682 geht darüber hinaus und gewährt einen Rückgewähranspruch aus § 1380). Die Rechtsprechung steht in unmittelbarem Zusammenhang mit dem Bestreben, den Rahmen für eine Auseinandersetzung durch den Zugewinnausgleich möglichst weit zu stecken (dazu auch Rn 25) und damit die Heranziehung allgemeiner Ausgleichsregelungen, insbesondere die Grundsätze über den Wegfall der Geschäftsgrundlage, auszuschließen (s § 1363 Rn 17 ff). Im Ergebnis bedeutet dies, dass in den genannten Fällen eine normale Zugewinnausgleichsberechnung stattfin

det, sobald eine Zuvielleistung feststeht (s etwa OLG Frankfurt FamRZ 2006, 1543; zur Berechnung s auch Büte FuR 2006, 292; Kogel FamRB 2005, 370). Dem stehen Bedenken entgegen. **Das Gesetz sieht einen solchen Ausgleich über den Zugewinn nicht vor.** Es privilegiert den Ausgleichspflichtigen, der vor einer Rechnung nach § 1380 Abs 2 zu bestimmen ist (s Rn 23). Das ist, anders als zB in § 2056, nicht ausdrücklich bestimmt, ergibt sich aber ebenso wie zu § 2315 aus Wortlaut und Sinn der Vorschrift. Selbst eine ausdrückliche Anrechnungsbestimmung läuft in diesen Fällen güterrechtlich leer. Entgegen dieser Wertung zwingt das Anliegen, überhöhte Zuwendungen über den Zugewinnausgleich zu korrigieren, dazu, einer ersten Zugewinnausgleichsberechnung, bei der zu prüfen ist, inwieweit beim Empfänger der Zuwendung ein Ausgleichanspruch durch Anrechnung erledigt ist, eine zweite folgen zu lassen mit dem Ziel zu untersuchen, ob der Zuwendende seinerseits ohne Anwendung von § 1380 einen Ausgleich beanspruchen kann (krit Jeep 65 ff; Kühne JR 1982, 223; Hülsheyer 123 f; Beispiele bei Netzer NJW 1988, 678, Kleinle FamRZ 1997, 1386 f; Büte FuR 2006, 292 u Kogel FamRB 2005, 370). Eine Rückgewähr oder Ausgleichszahlung durch den Zuwendungsempfänger kommt allenfalls in Betracht kraft **Bereicherungsrechts** oder nach den Grundsätzen über den **Wegfall der Geschäftsgrundlage** (insoweit offengelassen in BGHZ 65, 320; s aber Lieb, Die Ehegattenmitarbeit im Spannungsfeld zwischen Rechtsgeschäft, Bereicherungsausgleich und gesetzlichem Güterstand [1970] 129; Johannsen WM 1978, 654, 657; Kühne FamRZ 1978, 221 u aaO; Erman/Heckelmann Rn 7; OLG Schleswig FamRZ 1978, 247; nur iE entsprechend unter Rückgriff auf eine Eventualcausa MünchKomm/Koch Rn 5. Vgl auch § 1363 Rn 17 ff). Diese Ansprüche sind grundsätzlich getrennt vom Zugewinnausgleich als allgemeine Zivilsache nicht beim Familiengericht geltend zu machen (BGHZ 115, 132).

Den Ehegatten steht es jedoch frei, den Zweck einer Zuwendung frei zu bestimmen. **5** Ist mit hinreichender Deutlichkeit nicht eine Anrechnung vereinbart worden, sondern etwa eine **Vorausleistung** auf die künftige Ausgleichsforderung, ist der Ausgleich gem § 812 Abs 1 S 2 zu vollziehen, wenn der Güterstand ohne Ausgleich endet (MünchKomm/Koch Rn 7; Gernhuber/Coester-Waltjen § 36 Rn 79 Fn 116).

II. Die Anrechnung von Zuwendungen

1. Begriff der Zuwendung

Nach dem Zweck des Gesetzes liegt eine Zuwendung nur vor, wenn ein Ehegatte **6** dem anderen auf seine Kosten einen Vermögensvorteil verschafft. Die Vermögensminderung des Zuwendenden und der Vermögensvorteil des Empfängers brauchen nicht substanzgleich zu sein. Wendet der Versicherungsnehmer und Versicherte seinem Ehegatten den Anspruch auf die Versicherungssumme aus einer Lebensversicherung zu (s auch Rn 6), so ist Gegenstand der Zuwendung das Bezugsrecht bzw die Versicherungssumme selbst, nicht sind es die Prämien (hM, vgl BT-Drucks 2/3409, 12). Arbeitsleistung scheidet als Zuwendung aus.

Die Zuwendung muss auf einem **Rechtsgeschäft unter Lebenden** beruhen. Verfügun- **7** gen von Todes wegen bleiben schon im Hinblick auf § 1371 Abs 2 außer Betracht. Eine Ausnahme wird aber bei einer vermögenswerten Auflage zugunsten des Ehegatten gemacht (s dazu § 1371 Rn 56). Bei **Schenkungen von Todes wegen** ist der Vollzug gem § 2301 Abs 1 erforderlich. Das unter Wahrung der Form einer Verfügung von

Todes wegen abgegebene Schenkungsversprechen begründet nur einen Erwerb von
Todes wegen. In den Fällen des § 1372 ist eine vollzogene Schenkung von Todes
wegen mit dem Ausgleichsvorbehalt analog § 2313 Abs 1 S 3 anzurechnen. Beim
Vertrag zugunsten Dritter auf den Todesfall, insbesondere bei Bezeichnung des anderen Ehegatten als Bezugsberechtigten gem § 166 VVG, wird ein gegenwärtiges
vermögenswertes Recht nur bei der unwiderruflichen Bezugsberechtigung erlangt.
In den Fällen des § 1371 Abs 2 ist die Versicherungssumme, in denen des § 1372 der
wirkliche Wert (s § 1376 Rn 45) anzurechnen. Ist das Bezugsrecht widerruflich (vgl
§ 166 Abs 1 S 1 VVG), erlangt der Bezugsberechtigte zunächst noch keine gegenwärtige Rechtsposition (§ 330 Abs 1 BGB; § 166 Abs 2 VVG). Eine anrechenbare
Zuwendung unter Lebenden liegt aber dann vor, wenn der Versicherungsfall vor
dem Ende des Güterstandes eingetreten ist (Versicherung auf den Erlebens- und
Todesfall) oder mit ihm eintritt. Eine Zuwendung liegt auch dann vor, wenn dem
anderen Ehegatten die Bezugsberechtigung im Valutaverhältnis wirksam versprochen worden ist (zur Lebensversicherung näher PETERSEN AcP 204 [2004], 832, 844 ff).

2.   Freiwillige, unentgeltliche Leistung

8 Eine Zuwendung ist nur dann anrechenbar, wenn sie **freiwillig** erfolgt. Leistungen in
Erfüllung einer Verpflichtung scheiden daher aus (BGH FamRZ 2001, 413). Überschie-
ßender Unterhalt, der nach § 1360b nicht rückforderbar ist, ist aber anrechenbar
(BGH NJW 1983, 1113 = FamRZ 1983, 351). Zuwendung ist aber auch die Eingehung einer
Verbindlichkeit. Die Zuwendung muss **unentgeltlich** erfolgt sein. Eine Zuwendung
mit dem Ziel der Vermögensauseinandersetzung ist anrechenbar. Sie wird nicht zum
entgeltlichen Geschäft durch die Vereinbarung, dass der Zuwendende sonstige Vermögenswerte behalten soll (BGH FamRZ 2001, 413 m Anm MÜLLER aaO 757). Anrechenbar sind Schenkungen (hM; **aA** JEEP 53 f; PALANDT/BRUDERMÜLLER Rn 3),

bei einer gemischten Schenkung nur der geschenkte Teil. Eine Einigung über die
Unentgeltlichkeit ist nicht erforderlich. Daher kann eine Zuwendung auch insoweit
der Anrechnung unterliegen, als für sie eine nicht äquivalente Gegenleistung erbracht wurde. Ist die Anrechnung angeordnet worden, liegt in der Annahme der
Zuwendung regelmäßig die Einigung über die Unentgeltlichkeit. Fehlt eine Anrechnungsbestimmung, kommt es nicht allein auf die fehlende objektive Äquivalenz an,
sondern auch darauf, ob die Parteien die Gegenleistung als den Umständen nach
vollwertig angesehen haben. Häufig wird unter diesem Gesichtspunkt für einen
Zweifel iS des Abs 1 S 2 kein Raum mehr sein (grundsätzlich ablehnend zur Berücksichtigung des Äquivalenzverhältnisses aber MünchKomm/KOCH Rn 11; JOHANNSEN/HENRICH/JAEGER
Rn 4; dagegen ERMAN/HECKELMANN Rn 6; BGB-RGRK/FINKE Rn 2) Zur Frage der Anwendbarkeit von § 1380 auf die Brautgabe (Mahr) nach islamischem Verständnis s WURM-
NEST FamRZ 2005, 1878, 1881.

9 **Zuwendungen mit Versorgungszweck** (zB Bezugsberechtigung aus Lebensversicherungen, soweit sie nicht gem § 1587 Abs 3 außer Ansatz zu bleiben haben) und mit
speziell *„familienrechtlicher" causa* (ehebedingte Zuwendungen, Miteigentum am
Eigenheim oder Mitberechtigung am Sparguthaben oder an Wertpapierdepots bei
einseitiger Aufbringung der Mittel) sind zwar nicht als Schenkungen einzuordnen,
wohl aber als unentgeltliche Leistungen. Sofern nicht andere Ausgleichsregeln eingreifen (s auch § 1363 Rn 17 ff), ist § 1380 anzuwenden (BGHZ 65, 320 mwNw; BGHZ 82,

235; BGH FamRZ 2001, 413; OLG Karlsruhe FamRZ 2004, 1033; Büte FuR 2006, 289; Münch-
Komm/Koch Rn 11; 17; Bamberger/Roth/Mayer Rn 2).

3.   Rechtsbeständigkeit der Zuwendung

Angerechnet werden kann nur, was dem Vermögen des Empfängers endgültig zuge- **10**
flossen ist. *Es kommt nicht darauf an, ob der Gegenstand oder dessen Wert bei
Beendigung des Güterstandes noch vorhanden* ist. Eine Rückgewährpflicht schließt
aber die Anrechnung schlechthin aus. Soll ein Darlehen, das bis zur Beendigung des
Güterstandes noch nicht zurückgezahlt ist, nur noch auf die Ausgleichsforderung
angerechnet werden, gilt lediglich § 1380. Forderung und Verbindlichkeit sind dann
bei der Berechnung der Endvermögen außer Ansatz zu lassen. Ist eine Schenkung
noch während des Güterstandes gem § 528 oder §§ 530 ff zurückgefordert worden,
entfällt die Anrechnung. Die über den Endstichtag hinaus lediglich bestehende
Möglichkeit der Rückforderung ist außer Betracht zu lassen, wenn der Grund noch
nicht eingetreten ist (entspr § 2313 Abs 1 S 2 u 3).

4.   Zuwendungen während des Güterstandes

Anrechnungsfähig sind nur Zuwendungen, die während des Güterstandes der Zu- **11**
gewinngemeinschaft gemacht worden sind. Bei Zuwendungen **vor Beginn des Güterstandes** ist eine Anrechnungsbestimmung wirkungslos (**aM** Dölle I 822; Erman/Heckel-
mann Rn 5; wie hier MünchKomm/Koch Rn 13; Palandt/Brudermüller Rn 5; Bamberger/
Roth/Mayer Rn 3; Soergel/Lange Rn 8). Solche Zuwendungen wirken sich praktisch
schon durch die Änderung der beiderseitigen Anfangsvermögen aus. Die Anrechnung gem § 1380 würde darauf hinauslaufen, dass die gesetzliche Ausgleichsforderung nach dem wirklich erzielten Zugewinn als im Voraus bezahlt gilt. Das ist mit
Sinn und Zweck des § 1378 Abs 3 nicht vereinbar. Möglich bleiben ehevertraglich
vereinbarte Bestimmungen von Anfangs- und Endvermögen mit einem wirtschaftlich entsprechenden Ziel für konkrete Zuwendungen (**aA** Bamberger/Roth/Mayer Rn 3;
Johannsen/Henrich/Jaeger Rn 6; Büte FuR 2006, 292 die eine *Anrechnungs*bestimmung durch
Vertrag nach § 1408 oder § 1378 Abs 3 S 3 zulassen). Auch Zuwendungen **nach dem Ende des
Güterstandes** bzw nach Rechtshängigkeit in den Fällen der §§ 1384, 1387 fallen nicht
unter § 1380. Sie können aber unmittelbar zur Tilgung der Ausgleichsforderung
eingesetzt werden, § 362 oder § 364 Abs 1 (s auch Motzke NJW 1971, 182; Münch-
Komm/Koch Rn 14). Eine entsprechende Anwendung von § 1380 Abs 1 S 2 (so Motzke
aaO) ist abzulehnen (ebenso Erman/Heckelmann Rn 5; MünchKomm/Koch Rn 14; Soergel/
Lange Rn 8).

5.   Bestimmung der Anrechnung

Eine Anrechnung auf die Ausgleichsforderung erfolgt dann, wenn der Zuwendende **12**
dies vor, also etwa mit dem der Übertragung vorausgehenden Rechtsgeschäft (BGH
FamRZ 2001, 413 m Anm Müller aaO 757; Kleinwegener ZFE 2002, 6; Langenfeld LM BGB
§ 1380 Nr 7) oder bei der Zuwendung bestimmt hat. In diesem Falle kommt es auf den
Umfang der Zuwendung nicht an. Zur Anrechnung ohne Bestimmung s Rn 17 ff.

a)   Die Bestimmung der Anrechnung **bedarf keiner Form**. Deswegen kann sie auch **13**
konkludent erfolgen, etwa wenn sie nach Scheitern der Ehe der Vermögensausein-

andersetzung dienen soll (BGH aaO). Sie erfolgt durch einseitige, empfangsbedürftige Erklärung des Zuwendenden an den anderen Ehegatten. Sie gehört nicht zum Inhalt des Zuwendungsgeschäfts, ist also nicht annahmebedürftig. Auch ist sie **nicht Bestandteil des Rechtsgrundgeschäfts** der Zuwendung (**aM** MünchKomm/Koch Rn 4; Gernhuber/Coester-Waltjen § 36 Rn 79). Nimmt der andere Ehegatte das Zuwendungsversprechen oder die Zuwendung an, lehnt er aber gleichzeitig die angeordnete Anrechnung ab, so ist gem § 1380 anzurechnen. Der Empfänger kann die Anrechnung nur dadurch verhindern, dass er die Annahme der Zuwendung selbst verweigert. Im Einzelfall bedarf es sorgsamer Auslegung, ob in einem Widerspruch gegen die Anrechnung die Ablehnung der Zuwendung liegt.

14 b) Durch die gesetzlich zugelassene einseitige Beifügung der Anrechnungsbestimmung wird aber der **Rechtsgrund** der Zuwendung bedingt **modifiziert**. Dem primär vereinbarten Rechtsgrund (zB Schenkung) wird eine **Eventualcausa** hinzugefügt (insoweit zutreffend MünchKomm/Koch Rn 5; Gernhuber/Coester-Waltjen § 36 Rn 79; Kühne FamRZ 1978, 221, 223), die wirksam wird, wenn es zu einem Zugewinnausgleich zu Lasten des Zuwendenden (oder seiner Erben) kommt.

15 c) Die Anrechnung muss **spätestens bei der Zuwendung** wirksam angeordnet werden. Zuwendung ist bereits die Begründung einer Leistungspflicht. War dem Rechtsgrundgeschäft die Anrechnungsbestimmung nicht beigefügt, kann sie doch bei dem vor dem Ende des Güterstandes vorgenommenen Erfüllungsgeschäft noch ausgesprochen werden. Ansprüche wegen Nichterfüllung bleiben freilich unberührt. Die Bestimmung kann bereits vor der Zuwendung für einen bestimmten Fall oder für alle künftigen Fälle getroffen werden. Bei Verträgen zugunsten Dritter auf den Todesfall genügt eine Anordnung gegenüber dem Versprechenden nicht.

16 Nachträgliche einseitige Anrechnungsbestimmungen sind unwirksam. Nach hM bedarf eine **nachträgliche Vereinbarung** der Form des Ehevertrages (Brüning NJW 1971, 922; Erman/Heckelmann Rn 4; Bamberger/Roth/Mayer Rn 4; Soergel/Lange Rn 5; Johannsen/Henrich/Jaeger Rn 7). Ebenso bedarf die nachträgliche Freistellung von der Anrechnung der ehevertraglichen Vereinbarung (Brüning, Soergel aaO). Mit MünchKomm/Koch Rn 6 ist jedoch anzunehmen, dass die Anrechnung auch **nachträglich formlos** durch die Ehegatten **vereinbart** werden kann. Das Gesetz steht dem nicht entgegen, da es nur die einseitige Bestimmung regelt. Interessen Dritter stehen nicht auf dem Spiel, da sie durch die Anrechnung nur begünstigt werden. Die Vertragsfreiheit lässt die nachträgliche **Vereinbarung** der „Eventualcausa" zu. Zweifelhaft bleibt jedoch die Zulässigkeit formloser **Freistellungen** von einer zunächst begründeten Anrechnungspflicht. Aber auch sie ist zu bejahen (ebenso MünchKomm/Koch Rn 6). Das Gesetz überlässt die Entscheidung über die Anrechnung dem zuwendenden Ehegatten. Es spricht nichts dafür (außer einer nicht überzeugenden Formalinterpretation), dass das Gesetz die Ehegatten auch gegen ihren (und sei es auch nachträglich) bekundeten übereinstimmenden Willen an der zunächst geschaffenen Rechtslage festhalten wolle. Ein schutzwürdiges Interesse Dritter an der Erhaltung der zunächst programmierten Rechtslage ist im Hinblick auf die grundsätzlich freie Dispositionsbefugnis der Ehegatten nicht anzuerkennen.

6. Anrechnung ohne Bestimmung

a) Das Erfordernis der Anrechnungsbestimmung wird nicht unwesentlich einge- **17** schränkt, weil nach Abs 1 S 2 im Zweifel anzunehmen ist, dass Zuwendungen einer bestimmten Größenordnung (s Rn 18 ff) angerechnet werden sollen.

b) § 1380 Abs 1 S 2 enthält eine **materielle Auslegungsregel** (ebenso BRÜNING NJW **18** 1971, 922; DÖLLE I 823; D SCHWAB VII Rn 189; anders PALANDT/BRUDERMÜLLER Rn 8: Beweislastregel), nicht einen dispositiven **ergänzenden Rechtssatz** (so aber MünchKomm/KOCH Rn 8; BAMBERGER/ROTH/MAYER Rn 5; GERNHUBER/COESTER-WALTJEN § 36 Rn 80; JOHANNSEN/HENRICH/JAEGER Rn 1). Zur Unterscheidung von Auslegungsregeln und ergänzendem Gesetzesrecht vgl LARENZ/WOLF, BGB AT § 28 Rn 105 f. In den Rechtswirkungen unterscheiden sich beide nur in der Frage der Anfechtbarkeit wegen Irrtums (WOLF aaO). Vorausgesetzt ist stets, dass unter Erschöpfung aller Auslegungskriterien weder mit hinreichender Sicherheit festgestellt werden kann, dass eine Anrechnung erfolgen noch dass sie nicht erfolgen solle. Anzurechnen ist deshalb auch dann, wenn es überhaupt an jeglicher Willenserklärung über die Anrechnung fehlt, weil sich etwa der Zuwendende keine Gedanken darüber gemacht hat. Dagegen gilt die Auslegungsregel nicht, wenn feststeht, dass eine Anrechnung nicht erfolgen soll. Auch diese Anordnung kann der Zuwendende einseitig treffen (anders wohl MünchKomm/KOCH Rn 8). Die Beweislast für eine derartige Erklärung trägt der Zuwendungsempfänger.

c) **Die Auslegungsregel gilt nicht,** wenn der Wert der Zuwendung den Wert von **19** Gelegenheitsgeschenken nicht übersteigt, die nach den Lebensverhältnissen der Ehegatten üblich sind. Die Zuwendung selbst braucht kein Gelegenheitsgeschenk zu sein. Entscheidend ist nur, ob der übliche Wert solcher Geschenke überschritten wird.

Zu den **Gelegenheitsgeschenken** zählen Gaben aus besonderem Anlass, mag dieser **20** ein allgemein anerkannter Fest- und Feiertag sein (Weihnachten, Neujahr, Ostern usw) oder ein besonderes Ereignis im Leben des Empfängers oder des Gebers (Geburtstag, Namenstag, Taufe, Konfirmation, Verlobung, Hochzeit, Jubiläum, Bestehen einer Prüfung, Wiedergenesung, Abschied usw, oder auch ein unerwarteter Vermögenszuwachs beim Geber, etwa eine Erbschaft, ein Lotteriegewinn usw). Der Begriff deckt sich nicht mit dem der „Pflicht- und Anstandsschenkungen".

Maßgeblich ist der **Wert** solcher Gelegenheitsgeschenke, wie sie **nach den Lebens-** **21** **verhältnissen der Ehegatten üblich sind.** Entscheidend ist also nicht die allgemeine Übung. Der Maßstab ist ein relativer; auch ein objektives Übermaß kann nach den Verhältnissen der Ehegatten im Einzelfall üblich sein. Mit dieser Regelung ist der Gesetzgeber von der Fassung der Regierungsentwürfe abgewichen, wonach Zuwendungen angerechnet werden sollten, wenn sie das nach den Verhältnissen der Ehegatten übliche Maß überstiegen. Manche Zuwendungen übersteigen nicht das übliche Maß, wohl aber den Wert üblicher Gelegenheitsgeschenke; auch diese Zuwendungen sollen im Zweifel angerechnet werden. Hier ist vor allem an Lebensversicherungen gedacht, die ein Ehegatte zugunsten des anderen abgeschlossen hat; die Versicherungssumme soll im Zweifel angerechnet werden (BT-Drucks 2/3409, 12). Anzurechnen sind Zuwendungen, die zwar in Einzelraten im Rahmen des Üblichen erfolgen, insgesamt den Rahmen aber sprengen (vgl BGH NJW 1982, 2441 f: 30 000 DM in Raten zu 1000 DM). Wird bei gemeinsam wirtschaftenden Ehegatten eine Zuwendung vom gemeinsamen Konto bezahlt, ist zu berücksichtigen, dass wirtschaftlich das Geschenk nur teilweise eine Zuwendung des anderen Ehegatten ist (OLG Köln FamRZ 1998, 1514).

III. Durchführung der Anrechnung (Abs 2)

1. Hinzurechnung zum Zugewinn und Anrechnung auf die Ausgleichsforderung

22 Die nach Abs 1 anrechnungspflichtigen Zuwendungen stellen sich wirtschaftlich als eine Vorausleistung auf die Ausgleichsforderung dar. Angerechnet wird daher nur auf die Ausgleichsforderung. Eine Anrechnung auf die Ausgleichsforderung, wie sie sich aus den wirklichen Zugewinnen ermitteln lässt, würde den Empfänger der Zuwendung indes benachteiligen. Er erhielte eine Ausgleichsforderung, die um die Hälfte des Wertes der Zuwendung vermindert wäre, da der Zugewinn des Gebers entsprechend geringer ist. Von dieser verminderten Ausgleichsforderung müsste er sich dann noch den Betrag der Vorausleistung abziehen lassen. Um diese ungerechtfertigte Benachteiligung des Empfängers zu vermeiden, bestimmt Abs 2, dass der Wert der Zuwendung zuvor **dem Zugewinn** des Ehegatten **hinzugerechnet** wird, der die Zuwendung gemacht hat. Erst dann wird der Überschuss des Zugewinns des einen Ehegatten über den anderen Ehegatten ermittelt und die Ausgleichsforderung errechnet (§ 1378 Abs 1). Auf die so festgestellte **Ausgleichsforderung** ist die Zuwendung nunmehr **anzurechnen** (Abs 1). **Beiderseitige Zuwendungen** werden nach Saldierung in die Berechnung eingestellt (vOLSHAUSEN FamRZ 1978, 758; D SCHWAB VII Rn 212 f; **aA** GRÜNENWALD NJW 1988, 112; LANGENFELDT Rn 201 ff; BAMBERGER/ROTH/MAYER Rn 8: Anrechnung nur für die Leistung des Ausgleichspflichtigen).

23 Die Anrechnung setzt voraus, dass der Zuwendende den Mehrzugewinn erzielt hat. Daher sind zunächst die Zugewinne beider Ehegatten ohne Berücksichtigung der (möglicherweise beiderseitigen) Zuwendungen zu ermitteln (MünchKomm/KOCH Rn 3; vOLSHAUSEN FamRZ 1978, 755, 757; SOERGEL/LANGE Rn 7; **aM** NETZER FamRZ 1988, 681).

24 § 1380 gilt nur, wenn der Zugewinn rechnerisch ausgeglichen wird (§§ 1372, 1371 Abs 2). Eine Anrechnung von Vorempfängen auf den **Erbteil** oder den **Pflichtteil** richtet sich ausschließlich nach den Bestimmungen des Erbrechts (s auch Rn 29).

2. Berücksichtigung der Zuwendung beim Anfangsvermögen

25 Nach § 1374 Abs 2 ist ein Erwerb durch Schenkung und Ausstattung nicht ausgleichspflichtig. Er wird deshalb dem Anfangsvermögen hinzugerechnet (s § 1374 Rn 34 f, 36). Die unter § 1380 fallenden Zuwendungen unter Ehegatten sind nicht notwendig Schenkungen (s Rn 8 f). Gleichwohl ist der Wert der Zuwendung **stets dem Anfangsvermögen** des Empfängers **hinzuzurechnen**, auch soweit eine Anrechnung erfolgt (BGHZ 65, 320; LIEB aaO [Rn 3 aE] 128 f; BGB-RGRK/FINKE Rn 10; vOLSHAUSEN FamRZ 1978, 758; KÜHNE JR 1982, 237; ERMAN/HECKELMANN § 1374 Rn 7; wohl auch SOERGEL/ LANGE § 1374 Rn 14; nach MünchKomm/KOCH Rn 5 bedarf es der Anwendung nicht, weil die Anrechnung die Eventualcausa verwirklicht und damit der Rechtsgrund der Zuwendung umgestaltet wird; SEUTEMANN FamRZ 1989, 1023 wendet § 1374 Abs 2 nur im Geltungsbereich von § 1380 und bei Ausschluss der Anrechnung an). Demgegenüber hat der BGH in neueren Entscheidungen zunächst die ehebedingte Zuwendung und später auch die Schenkung zwischen Eheleuten dem Anwendungsbereich des § 1374 Abs 2 entzogen (BGHZ 82, 234; 101, 65; 115, 132; zur Lehre s § 1374 Rn 34 f, 36). Dies in dem Bestreben, die Rückabwicklung dieser Leistungen im Rahmen des Zugewinnausgleichs zu ermöglichen (vgl BGHZ 115, 137; Rn 3). Die Begründung unter Hinweis auf den Normzweck des § 1374 Abs 2, den Ausnahmecharakter der Grundsätze über den Wegfall der Geschäftsgrundlage sowie die Prozessökonomie (für die Rückabwicklung nach allgemeinen Grundsätzen des Schuldrechts ist das Familiengericht nicht zuständig) überzeugt nicht. So ist eine Leistung aus dem Anfangsvermögen unmittelbar nach Begründung des Güterstandes nach dem Normzweck schwerlich anders zu bewerten als die Zuwendung eines Dritten aufgrund der persönlichen Beziehungen zum Zuwendungsempfänger (so zu Recht SEUTEMANN FamRZ 1989, 1026). Überlegungen zum Vorrang güterrechtlicher Rückabwicklung der Zuwendungen unter Ehegatten (vgl § 1363 Rn 17 ff) und die damit einhergehenden Erwägungen zur verfahrensrechtlichen Seite, bieten keine Antwort auf die Frage nach dem Umfang, in dem der Zugewinnausgleich eine Rückabwicklung leistet. Ein unmittelbarer Begründungszusammenhang wird deswegen in BGHZ 115, 132, 137 f auch zu Recht vermieden. Im Anwendungsbereich des § 1380 führen die unterschiedlichen Auffassungen nicht zu abweichenden Ergebnissen. Der BGH rechnet die Zuwendung dem Endvermögen des Zuwendenden zu und berücksichtigt sie nicht beim Endvermögen des Empfängers (Berechnungsbeispiel bei OLG Frankfurt NJW 2006, 520; ob um eine Verlagerung des Verschlechterungsrisikos [s Rn 10] zu vermeiden, die Zuwendung nur abzusetzen ist, soweit noch vorhanden, ist str; dafür JOHANNSEN/HENRICH/JAEGER Rn 14 f; BAMBERGER/ROTH/MAYER Rn 8 mwNw aA SCHWAB VII Rn 196). Das Ergebnis deckt sich mit dem einer Anwendung des § 1374 Abs 2. Abweichungen treten auf, wenn § 1380 von vornherein nicht eingreift. Hier führt ein Wegfall der Privilegierung nach § 1374 Abs 2 unter Umständen dazu, dass der Zuwendende die im Vermögen des Empfängers noch vorhandene Zuwendung voll zurückerhält. Sie wird nämlich zugleich aus dem Endvermögen des Zuwendenden hinaus und dem Empfängerendvermögen hinzugerechnet, während es andernfalls zu einer hälftigen Beteiligung käme (Beispiel bei KÜHNE aaO). Letzteres entspräche der Wertung des § 1380, nach der der Zuwendende nur anteilig beim Zugewinnausgleich von seiner Leistung profitiert. Es besteht auch keine Notwendigkeit für eine teleologische Reduktion des § 1374 Abs 2 gegen den Wortlaut des Gesetzes. Käme es zu einem Ausgleich der Zuwendung nach dem Halbteilungsprinzip, bliebe für eine Rückabwicklung im Übrigen kaum je Raum (so auch BGHZ 115, 139). Für übrige Fallgestaltungen bieten die allgemeinen schuldrechtlichen Grundsätze die an der Einzelfallgerechtigkeit ausgerichtete befriedigende Lösung bis hin zum Sachnicht nur zum Wertausgleich. Auch im Rahmen des § 1380 ist § 1374 Abs 2 dennoch anzuwenden. Bei **nichtanrechnungsfähigen** Zuwendungen führt dies dazu, dass diese durch Zurechnung zum Anfangsvermögen des Empfängers dessen Zugewinn entzogen werden. Soweit § 1374 Abs 2 nach **aA** im Grundsatz nicht angewandt wird, bleibt die Bestimmung der Nichtanrechnung folgenlos, soweit die Zuwendung im Empfängerendvermögen noch vorhanden ist. Im Übrigen trägt das Verlustrisiko der Zuwendende. Deswegen wird die Zuwendung teilweise in entsprechender Anwendung des § 1374 Abs 2 in diesem Fall dem Anfangsvermögen zugerechnet, als sei sie von einem Dritten erfolgt (TIEDTKE JZ 1992, 338; RAUSCHER AcP 186, 567 ff). Nach anderer Auffassung wird die vorhandene Zuwendung vom Endvermögen des Empfängers abgezogen (GÖPPINGER Rn 521 a).

3. Berücksichtigung der Zuwendung beim Endvermögen

26 Eine Hinzurechnung des Wertes der Zuwendung zum Endvermögen des Zuwendenden gem § 1375 Abs 2 Nr 1 scheidet aus, weil der andere Ehegatte als Empfänger notwendig mit der unentgeltlichen Vermögensminderung einverstanden ist (§ 1375 Abs 3).

4. Wert der Zuwendung

27 Der anzurechnende Betrag richtet sich nach dem Wert, den die Zuwendung für den Empfänger in dem Zeitpunkt hatte, zu dem sie gemacht wurde, Abs 2. Für die Bewertung gelten die zu § 1376 dargestellten Grundsätze. Ist der Wert des Zugewendeten während des Güterstandes angewachsen, so handelt es sich insoweit um eine ausgleichspflichtige Mehrung des Endvermögens. Bei der Bewertung ist der bis zum Endstichtag eingetretene Geldwertschwund zu berücksichtigen. Eine Umrechnung nach dem Verhältnis der Indexzahlen (vgl § 1373 Rn 15) erübrigt sich jedoch, da sich die dadurch bedingten Änderungen neutralisieren (zutreffend MünchKomm/Koch Rn 22; Bamberger/Roth/Mayer Rn 6; Johannsen/Henrich/Jaeger Rn 12; Büte FuR 2004, 291; **aA** OLG Frankfurt NJW 2006, 521; Palandt/Brudermüller Rn 19; Haussleiter/Schulz 1 Rn 389 ff; Kogel FamRB 2005, 370).

5. Rechenbeispiel

28 Zunächst ist ohne Rücksicht auf die Vorempfänge festzustellen, welcher Ehegatte den Mehrzugewinn erzielt hat. Eine Anrechnung kommt nur in Betracht, wenn der Zuwendende den größeren Zugewinn gemacht hat (s Rn 22). Dann ist zu rechnen:

Anfangsvermögen des Mannes	20 000	
Endvermögen	120 000	
Wirklicher Zugewinn	100 000	
Zuwendung (§ 1380 Abs 2)	20 000	
Zugewinn		120 000
Anfangsvermögen der Frau	0	
Vorempfang (§ 1374 Abs 2)	20 000	
Endvermögen	30 000	
Zugewinn		10 000
Mehrzugewinn des Mannes		110 000
Ausgleichsforderung	55 000	
Anrechnung des Vorempfangs	− 20 000	
Forderung der Frau	35 000	

6. Anrechnung auf den Pflichtteil

29 Wird nach dem Tode eines Ehegatten der Zugewinn gem § 1371 Abs 2 ausgeglichen, so steht dem Überlebenden regelmäßig auch der Pflichtteil zu (s § 1371 Rn 77 ff). Hat der Erblasser eine Zuwendung unter Lebenden gemacht und die Anrechnung auf die Ausgleichsforderung oder auf den Pflichtteil angeordnet, ist entweder nach § 1380 oder nach § 2315 zu verfahren. Hat er die Anrechnung auf den Pflichtteil angeordnet, kommt eine Anrechnung auf die Ausgleichsforderung auch nicht gem § 1380 Abs 1 S 2 in Betracht. Da der Zuwendende nicht sicher sein kann, ob der Empfänger ausgleichs- oder pflichtteilsberechtigt sein wird, wird er die **Anrechnung für beide Fälle** anordnen wollen. Zweckmäßig ist die Angabe einer Rangfolge (zB Anrechnung auf die Ausgleichsforderung, hilfsweise, auch wegen nicht verbrauchter Reste, auf den Pflichtteil oder umgekehrt). Er kann auch die Anrechnung teils auf die Ausgleichsforderung, teils auf den Pflichtteil anordnen. Beim Zusammentreffen von Ausgleichsforderung und Pflichtteilsanspruch steht er sich im Ergebnis günstiger, wenn er in erster Linie ein Anrechnung auf den Pflichtteil anordnet, da sich dieser dann nach dem Nachlasswert unter Abzug der vollen Ausgleichsforderungen bestimmt (vgl § 1371 Rn 67).

Ist die Anrechnung auf beide Rechte ohne nähere Bestimmung angeordnet, ist **30** zunächst der Pflichtteil als das rangschlechtere (§ 1991 Abs 4, § 327 Abs 1 Nr 1 InsO) und damit für den Gläubiger weniger sichere Recht zu kürzen (GERNHUBER/ COESTER-WALTJEN § 37 Rn 33–35; MünchKomm/KOCH § 1371 Rn 48; SOERGEL/LANGE § 1371 Rn 24). Für verhältnismäßige Anrechnung aber JOHANNSEN FamRZ 1961, 17, 20 zu Berechnungsbeispielen und -formeln s BGB-RGRK/JOHANNSEN § 2315 Rn 29 ff und vOLSHAUSEN FamRZ 1978, 758 ff. Reicht der Pflichtteilsanspruch für eine volle Verrechnung nicht aus, ist der Rest auf die Ausgleichsforderung anzurechnen. Das führt allerdings zu schwierigen Rechenoperationen, da die Höhe der Ausgleichsforderung die Höhe des Pflichtteils mitbestimmt.

IV. Abweichende Vereinbarungen

Die Befugnis, die Anrechnung einer Zuwendung auf die Ausgleichsforderung an- **31** zuordnen, kann durch Ehevertrag nicht ausgeschlossen oder beschränkt werden (ebenso MünchKomm/KOCH Rn 23). Die Ehegatten können aber ehevertraglich vereinbaren, dass die Anrechnung stets einer (auch formgebundenen) Anordnung bedarf. Zu sonstigen Einigungen über die Anrechnung s oben Rn 16.

§ 1381
Leistungsverweigerung wegen grober Unbilligkeit

(1) Der Schuldner kann die Erfüllung der Ausgleichsforderung verweigern, soweit der Ausgleich des Zugewinns nach den Umständen des Falles grob unbillig wäre.

(2) Grobe Unbilligkeit kann insbesondere dann vorliegen, wenn der Ehegatte, der den geringeren Zugewinn erzielt hat, längere Zeit hindurch die wirtschaftlichen Verpflichtungen, die sich aus dem ehelichen Verhältnis ergeben, schuldhaft nicht erfüllt hat.

Materialien: E I § 1391; II § 1391.

Vgl STAUDINGER/BGB-Synopse 1896–2005 § 1381.

Burkhard Thiele

Schrifttum

BORTH, Verhindern Billigkeitsregeln im Familienrecht Ungerechtigkeiten, FPR 2005, 313
FRISCHMANN, Die grobe Unbilligkeit beim Zugewinnausgleich (Diss Regensburg 1989)
vGODIN, Grobe Unbilligkeit des Zugewinnausgleichs, MDR 1966, 722
HECKELMANN, Grenzen der Leistungsverweigerung und Stundung des Zugewinnausgleichs nach §§ 1381, 1382, in: FS Mühl (1981) 283
HOFFMANN, Zugewinnausgleich bei langjähriger Trennung der Ehepartner, NJW 1979, 969
JAEGER, Reicht § 1382 BGB aus, um unbillige Ergebnisse im Zugewinnausgleich angemessen zu korrigieren?, FPR 2005, 352
KLEINHEYER, Die Verweigerung des Zugewinnausgleichs wegen grober Unbilligkeit (§ 1381 nF), FamRZ 1957, 283
KOENIGER, Der Schutz des Ausgleichsschuldners innerhalb der Zugewinngemeinschaft, DRiZ 1959, 80
MIKOSCH, Wie steht es mit dem Zugewinnausgleich, wenn ein Partner grundlos aus der Ehe ausgebrochen ist?, MDR 1978, 886
ROMMEL, Billigkeit und Zugewinnausgleich (1991)
ROTH-STIELOW, Der „prämierte Ausbruch" aus der Ehe, NJW 1981, 1594
STROBEL, Die grobe Unbilligkeit des Zugewinnausgleichs (Diss Hamburg 1966)
THIELE, Die grobe Unbilligkeit des Zugewinnausgleichs, JZ 1960, 394.

Systematische Übersicht

Alphabetische Übersicht

I. Zweck der Vorschrift

1. Die Regelung des Zugewinnausgleichs ist in den §§ 1373 ff bewusst schema- **1** tisch getroffen worden. Sie lässt für individualisierende Wertungen keinen Raum. Im Einzelfall können sich daraus Folgen ergeben, die dem Gerechtigkeitsempfinden in unerträglicher Weise widersprechen. Hier eröffnet § 1381 die Möglichkeit einer Korrektur.

2. Es ist aber nicht der Sinn der Vorschrift, die in der positivrechtlichen Aus- **2** gestaltung des Zugewinnausgleichs selbst angelegten Mängel, die sich in einem Fall mehr, im anderen weniger auswirken, nach Billigkeitsmaßstäben zu beheben (ebenso MünchKomm/Koch Rn 3; Bamberger/Roth/Mayer Rn 2; Palandt/Brudermüller Rn 4; Johannssen/Henrich/Jaeger Rn 2; Rauscher Rn 430; auch Soergel/Lange Rn 3; kritisch Schwab VII Rn 254; Jaeger FPR 2005, 356; Borth FPR 2005, 315; Schröder FamRZ 1997, 6). Auch auf die Einrede des Schuldners wird die Subsumtionsaufgabe des Rechtsanwenders nicht in eine individualisierende Entscheidung nach Billigkeit zurückverwandelt. **Entscheidend** ist vielmehr, ob der nach den Vorschriften des Gesetzes ermittelte Zugewinnausgleich im Einzelfall **den Sinn und den Gerechtigkeitsgehalt der Vermögensteilhabe unter Ehegatten grob verfehlt** (so auch BGH FamRZ 1992, 787: wenn der Ausgleichsanspruch in der vom Gesetz grundsätzlich vorgesehenen Weise dem Gerechtigkeitsempfinden in unerträglicher Weise widerspricht). Ähnlich stellt Koch (MünchKomm Rn 3) darauf ab, ob die Grundlagen des Ausgleichs gestört sind, ob also eine Differenz besteht zwischen dem vom Gesetz zugrunde gelegten (abstrakten) Verhaltensmuster und den Umständen des Einzelfalls. Zu den Konsequenzen s im Einzelnen Rn 9 ff.

3 3.　Die korrigierende Funktion der Billigkeit ist nach § 1381 begrenzt. Auf sie kann sich **nur der Schuldner** berufen (aA Kogel MDR 1997, 1000). Dem Gläubiger ist keine Möglichkeit gegeben, mit Billigkeitsargumenten eine Ausgleichsforderung zu begründen oder sie zu erhöhen.

II.　Grobe Unbilligkeit

1.　Begriff

4 Der Begriff der groben Unbilligkeit weist zurück auf den normativen Begriff der Billigkeit. Die Billigkeit ist ein unbestimmter Rechtsbegriff in der Form der Generalklausel (vgl vHoyningen-Huene, Die Billigkeit im Arbeitsrecht [1978] 30), der sich einer subsumtionsfähigen Definition entzieht. Er kennzeichnet die **konkrete Gerechtigkeit im Einzelfall.** Das Urteil über die Billigkeit oder Unbilligkeit setzt daher notwendig die **individuelle Betrachtung** eines **konkreten Lebensverhältnisses** voraus. Dabei sind alle Umstände zu berücksichtigen, die für die Entscheidung relevant sein können, ob die Zubilligung des errechneten Zugewinnausgleichs den Sinn und Gerechtigkeitsgehalt der Vermögensteilhabe unter Ehegatten gröblich verfehlt (s Rn 2).

5 Die **grobe Unbilligkeit** stellt auf Ergebnisse ab, **die mit den Grundlagen des Zugewinnausgleichs in Widerspruch stehen** und deshalb „das Gerechtigkeitsempfinden in unerträglicher Weise verletzen" (vgl BGH FamRZ 1992, 787 = JuS 1993, 253 m Anm Hohloch; NJW 1973, 749; BGHZ 46, 343, 347 und die hL). Darin liegt eine qualitative Verschärfung der Anforderungen einfacher Unbilligkeit (MünchKomm/Koch Rn 12). Nicht darin, sondern in der Evidenz der ebenfalls vorausgesetzten groben Abweichung von den Maßstäben der Einzelfallgerechtigkeit liegt der Unterschied zur „offenbaren Unbilligkeit". Das Leistungsverweigerungsrecht besteht nur in Ausnahmefällen, in denen die Unbilligkeit des Ergebnisses nach Anlass und/oder Auswirkung besonders schwer wiegt.

2.　Konkretisierung

6 Die Grenzen der einfachen zur groben Unbilligkeit lassen sich nur schwer ziehen (vGodin MDR 1966, 722 ff). Die vielfach verwendete Formel, grob unbillig sei ein Ergebnis, **das dem Billigkeits- und Gerechtigkeitsempfinden in unerträglicher Weise widerspreche** (s Rn 5), ist weiter konkretisierungsbedürftig. Das Gesetz gibt in Abs 2 einen Hinweis darauf, wie nicht nur Fallgruppen gebildet, sondern auch einzelne Rechtsgedanken im Hinblick auf die Störung der in Rn 2 genannten Grundlagen der Zugewinnbeteiligung entwickelt werden können (so auch BGH FamRZ 1992, 787). Eine Typologie der Anwendungsfälle kann dabei freilich keine regelbildende Kraft haben, da das individualisierende Billigkeitsurteil ausschließlich den Einzelfall betrifft (s auch vHoyningen-Huene [Rn 4] 23 ff, 90). Sie kann aber Richtlinien geben und die Auswahl und Wertung der relevanten Umstände erleichtern.

7 Ein Rückgriff auf einzelne der zu § 242 entwickelten Anwendungsmaximen (vgl Soergel/Lange Rn 2; Strobel 38, 48 ff; Thiele JZ 1960, 394, 395 ff; s auch vMaydell FamRZ 1977, 172, 182 – zu § 1587c –) wird durch Unterschiede in Funktion und Anwendungsbereich von Billigkeit und Treu und Glauben (s dazu vHoyningen-Huene [Rn 4] 86 ff) nicht ausgeschlossen (abl MünchKomm/Koch Rn 5; Bamberger/Roth/Mayer Rn 4). Insbesondere lassen sich die zu § 242 entwickelten Rechtsgedanken des *venire contra factum proprium*, des *unredlichen Rechtserwerbs* und des *rücksichtslosen, übermäßigen Eigennutzes* unter besonderer Beachtung des Normzwecks von § 1381 (s Rn 2) nutzbar machen (vgl LANGE, STROBEL, THIELE aaO). Jedenfalls insoweit werden § 242 und § 1381 von übereinstimmenden Gerechtigkeitsvorstellungen beherrscht. Im Rahmen des Versorgungsausgleichs sind in den §§ 1587c und 1587h entsprechende Konsequenzen gezogen worden. Das bedeutet jedoch nicht, dass die Generalklausel des § 242 im Anwendungsbereich von § 1381 anwendbar wäre (BGH FamRZ 1989, 1276; THIELE JZ 1960, 395; missverständlich BGH FamRZ 2004, 1352). Uneingeschränkt und direkt anwendbar ist § 242 dagegen auf die Ausübung des *entstandenen* Ausgleichsanspruchs (THIELE aaO; GERNHUBER/COESTER-WALTJEN § 36 Rn 95; RAUSCHER Rn 430).

Die Grundgedanken der Zugewinnbeteiligung ergeben sich aus dem Wesen der Ehe. **8** Die umfassende Lebensgemeinschaft der Ehegatten erstreckt sich auch auf ihre vermögensrechtlichen Beziehungen. Wenn das geltende Recht auch im ordentlichen gesetzlichen Güterstand eine gemeinschaftliche Berechtigung am beiderseitigen Vermögen nicht vorsieht, beruht doch der Zugewinnausgleich (ebenso wie der Versorgungsausgleich) auf der Vorstellung von einer wirklich gelebten Ehegemeinschaft mit arbeitsteilig-genossenschaftlichem Zusammenwirken, bei dem die Beiträge der Ehegatten grundsätzlich als gleichwertig angesehen werden. Grobe Störungen dieses Ehebildes im Einzelfall sind die Ansatzpunkte für eine Korrektur des schematischen Zugewinnausgleichs.

III.   Einzelfälle grober Unbilligkeit

1.   Nichterfüllung wirtschaftlicher Verpflichtungen (Abs 2)

a)   Das Gesetz führt nur ein **Beispiel** an, in dem eine grobe Unbilligkeit **vorliegen 9 kann** (zu ähnlichen Regelungen beim Versorgungsausgleich s §§ 1587c Nr 3, 1587h Nr 3). Die Wertung aller Umstände des Einzelfalls bleibt daher erforderlich. Die Versagung oder Kürzung der Ausgleichsforderung ist daher nicht ohne weiteres schon beim Vorliegen der in Abs 2 genannten Voraussetzungen berechtigt. Es bleibt nicht etwa nur noch Raum für die Prüfung, inwieweit die Forderung zu versagen ist. Andererseits sind die tatbestandlichen Voraussetzungen in Abs 2 schon soweit spezifiziert (längere Dauer, Verschulden), dass das Leistungsverweigerungsrecht regelmäßig als begründet anzusehen sein wird, wenn nicht besondere Umstände dem entgegenstehen.

b)   Zu den **wirtschaftlichen Verpflichtungen aus dem ehelichen Verhältnis** gehört **10** insbesondere die beiderseitige **Unterhaltspflicht**, §§ 1360, 1361. Auch die Verletzung der Unterhaltspflicht gegenüber gemeinschaftlichen Kindern gehört in diesen Zusammenhang und zwar auch, wenn sie erst nach Trennung einsetzt (OLG Düsseldorf FamRZ 1987, 821); allerdings kommt die Berücksichtigung einer Pflichtverletzung regelmäßig nur bis zur Beendigung des Güterstandes in Betracht s Rn 19 (insoweit zutreffend OLG Bremen FamRZ 1998, 245); im Einzelfall kann eine darüber hinaus andauernde Unterhaltspflichtverletzung die wirtschaftlichen Verhältnisse auch des Anspruchsschuldners maßgeblich beeinflussen; dazu s Rn 28 f. Allein die Entgegennahme **nicht geschuldeten Unterhalts** begründet die Einrede aus § 1381 nicht. Dies kann allenfalls bei Hinzutreten *gewichtiger* weiterer Umstände anzunehmen sein (anders OLG Brandenburg FamRZ 2004, 106; OLG Köln FamRZ 1998, 1370; OLG Celle FamRZ 1981, 1066). Insoweit kann trotz § 1360b allerdings eine anrechenbare Zuwendung gemäß § 1380 vorliegen (s dort Rn 8; BGH NJW 1983, 1113). Wegen der Gleichstellung in § 1356 Abs 1 gehört zu den wirtschaftlichen Verpflichtungen auch die Pflicht zur **Haushaltsführung** nach Maßgabe der Einigung der Ehegatten. Wirtschaftliche Pflichten können sich auch unmittelbar aus § 1353 ergeben. Nach § 1356 Abs 2 ist insbesondere die Frage der **Mitarbeitspflicht** im Beruf oder Geschäft des anderen Ehegatten nach § 1353 zu beurteilen. Ebenso ergeben sich daraus auch gewisse Pflichten in Bezug auf die Verwaltung des eigenen Vermögens (s auch § 1364 Rn 5 ff). Wenn und soweit allerdings die Folgen einer pflichtwidrigen Vermögensverwaltung schon gem § 1375 Abs 2 ausgeglichen werden, bleibt für § 1381 kein Raum. Zu Maßnahmen der Vermögensverwaltung, die nicht gegen § 1353 verstoßen, s Rn 13 ff.

11　**c)**　　Die wirtschaftlichen Pflichten müssen grundsätzlich über eine **längere Dauer** verletzt worden sein. Nur eine **erhebliche** Störung des Gleichgewichts der beiderseitigen Pflichterfüllung rechtfertigt das Leistungsverweigerungsrecht. Erheblich ist die Störung nach dem gesetzlichen Beispiel insbesondere bei längerer Dauer (zutreffendes Beispiel für Fehlverhalten im Zusammenhang mit der Trennung vgl AG Tempelhof-Kreuzberg FamRZ 2005). Für den anderen Ehegatten nachteilige vermögensrechtliche Folgen sind nicht vorausgesetzt. Gleichwohl können auch die Auswirkungen der Pflichtverletzung auf das Ergebnis des Zugewinnausgleichs im Einzelfall Berücksichtigung finden. Die Billigkeitsentscheidung verlangt die Abwägung aller Umstände. Die Auswirkungen werden vornehmlich bei der Bestimmung des Umfangs des Leistungsverweigerungsrechts von Belang sein. Bei schwerwiegenden Folgen kann im Einzelfall auch das Gewicht des Zeitmoments in den Hintergrund treten. Im Übrigen ist die regelmäßig vorauszusetzende längere Dauer der Pflichtverletzung relativ zur Dauer des Güterstandes (bis zu den Berechnungsstichtagen der §§ 1384, 1387) zu beurteilen.

12　**d)**　　Die Pflichtverletzung muss **schuldhaft** begangen worden sein. Anzulegen ist der konkrete Sorgfaltsmaßstab des § 1359. Der Normzweck gebietet es nicht, einen generell strengeren Schuldbegriff (wie etwa zu § 616 und § 1 LohnfortzahlungsG) zugrunde zu legen. Es ist daher nicht erforderlich, dass die Pflichtverletzung unentschuldbar iS von unverzeihlich ist (so aber vGODIN MDR 1966, 722, 724; wie hier Münch-Komm/KOCH Rn 15).

2.　Andere vermögensbezogene Verhaltensweisen

a)　Mangelhafte Vermögensverwaltung

13　Jeder Ehegatte ist berechtigt, sein Vermögen selbständig und nach seinen eigenen Vorstellungen zu verwalten. Nur äußerste Grenzen setzt ihm dabei § 1353. Kein Ehegatte ist verpflichtet, im Interesse der Familie oder im Hinblick auf einen künftigen Zugewinnausgleich Vermögen zu bilden oder zu erhalten. Schon das Gesetz berücksichtigt jedoch in § 1375 Abs 2 die Folgen bestimmter Verwaltungsmaßnahmen im Rahmen der Zugewinnberechnung. Über die generelle Regelung des Gesetzes hinaus kann auch ein sonstiges Fehlverhalten bei der Vermögensverwaltung im Einzelfall gem § 1381 belangvoll sein. Wer Zugewinnausgleich verlangt, obwohl er selbst nur infolge von Misswirtschaft, Spekulation, Abschluss anderer besonders riskanter Geschäfte oder aufgrund sonstigen mutwilligen oder leichtfertigen Verhaltens keinen oder nur einen geringen Zugewinn erzielt hat, handelt widersprüchlich. Der allgemeine Rechtsgedanke des *venire contra factum proprium*, überformt durch § 1381 (Einrede, grobe Unbilligkeit), verlangt insoweit Beachtung (vgl SOERGEL/LANGE Rn 8; THIELE JZ 1960, 394, 397; BAMBERGER/ROTH/MAYER Rn 6; aA PALANDT/ BRUDERMÜLLER Rn 16; JOHANNSEN/HENRICH/JAEGER Rn 9; D SCHWAB VII Rn 256).

Bei der Abwägung im Einzelfall ist Zurückhaltung geboten. Regelmäßig wird auch **14** hier ein **wiederholtes**, sich über **längere Zeit** erstreckendes Fehlverhalten zu fordern sein. Einmaliges leichtfertiges Wirtschaften braucht selbst bei erheblichen Auswirkungen auf das Ergebnis der Zugewinnberechnung nicht notwendig eine Korrektur gem § 1381 zu begründen. So ist selbst bei einer schuldhaft herbeigeführten Insolvenz das Leistungsverweigerungsrecht nicht ohne weiteres begründet. Das wirtschaftliche Fehlverhalten muss ferner grundsätzlich **verschuldet** (vorwerfbar) sein (vgl auch BGH FamRZ 1992, 787). Zwar setzt der Rechtsgedanke des widersprüchlichen Verhaltens kein treuwidriges oder gar schuldhaftes Vorverhalten voraus. Die Berufung auf den eigenen fehlenden oder geringen Zugewinn muss aber dem Gerechtigkeitsempfinden gröblich, unerträglich widersprechen. Das ist regelmäßig erst dann der Fall, wenn die Verhinderung eigenen Vermögenserwerbs oder der Vermögensverlust auch als Verschulden zurechenbar ist. Ausnahmen sind möglich. So kann eine grobe Unbilligkeit auch dann bejaht werden, wenn ein Ehegatte seinen Erwerb während des Güterstandes eigennützig verwendet und deshalb keinen oder nur geringen Zugewinn erzielt hat und am Ende an dem mühsam und sparsam erwirtschafteten Überschuss des anderen teilhaben will (so auch MünchKomm/KOCH Rn 25; SOERGEL/LANGE Rn 10; s auch unten Rn 33).

Eine mangelhafte oder auch übertrieben eigennützige Vermögensverwaltung und **15** Verwendung begründet die Einrede aus § 1381 dann **nicht**, wenn der andere Ehegatte mit ihr **einverstanden** war (arg § 1375 Abs 3). Bloßes Schweigen oder resignierend duldendes Gewährenlassen schadet dagegen nicht (so auch MünchKomm/KOCH Rn 19).

§ 1381 ist nicht anwendbar, wenn eine Vermögensminderung schon gem § 1375 **16** Abs 2 zu berücksichtigen ist. Ist die Hinzurechnung zum Endvermögen wegen Ablaufs der 10-Jahresfrist gem § 1375 Abs 3 ausgeschlossen, ist auch eine Berücksichtigung gem § 1381 nicht möglich (MünchKomm/KOCH Rn 2; SOERGEL/LANGE Rn 18).

b) Schädigung des anderen Ehegatten

Hat ein Ehegatte dem anderen in haftungsbegründender Weise einen Schaden zuge- **17** fügt, wirkt die Ersatzleistung ebenso wie die Ersatzpflicht (§ 1375 Abs 1 S 2) beim Schädiger zugewinnmindernd. Dadurch erst kann uU bewirkt worden sein, dass der Geschädigte den Mehrzugewinn erzielt hat. Zumindest erhöht sich dessen Mehrzugewinn, entsprechend auch die Ausgleichsforderung des Schädigers. Insoweit ist der Zugewinnausgleich regelmäßig jedenfalls dann grob unbillig, wenn die Schädigung grob schuldhaft erfolgt ist oder der Schaden besonders groß ist. Grobe Unbilligkeit ist insbesondere dann anzunehmen, wenn der Schädiger zur Ersatzleistung nicht in der Lage ist (für die Anwendung von § 1381 in solchen Fällen auch BOSCH FamRZ 1958, 295; 1964, 441; KLEINHEYER FamRZ 1957, 283 f; MünchKomm/KOCH Rn 20; BAMBERGER/ROTH/ MAYER Rn 7; SOERGEL/LANGE Rn 11). Bedenklich ist aber, über § 1381 einen Schadensausgleich herbeizuführen, obgleich ein rechtskräftiges Urteil, wenn auch nach Fortfall der materiellen Voraussetzungen, Grundlage für die geltendgemachten Ansprüche war (so aber OLG Celle FamRZ 1981, 1066; ähnlich OLG Köln FamRZ 1998, 1372 zu überzahltem Unterhalt; s bereits Rn 10).

18 Besteht kein Ersatzanspruch, kann auch auf dem Umweg über eine Kürzung der Ausgleichsforderung eine Schadensüberwälzung grundsätzlich nicht erfolgen. In den Fällen jedoch, in denen die Rechtsprechung Schadensersatzansprüche wegen **Ehestörungen** verneint (vgl BGHZ 26, 217, 219; 23, 215 und 279), ist es regelmäßig als grob unbillig anzusehen, wenn der Schädiger nicht nur von der Ersatzpflicht freigestellt wird, sondern auch noch ohne jede Einschränkung an dem verbliebenen Zugewinn des Geschädigten teilhat (ebenso Bosch FamRZ 1958, 295; 1964, 441; 1966, 565; Kleinheyer FamRZ 1957, 283, 284; Soergel/Lange Rn 12; Strobel 133 f; Thiele JZ 1960, 394, 396; aM MünchKomm/Koch Rn 20).

19 **c)** **Vermögensmindernde** Maßnahmen **nach Beendigung des Güterstandes** bleiben grundsätzlich **außer Betracht** (MünchKomm/Koch Rn 21; Rauscher Rn 430; OLG Bremen FamRZ 1998, 245; aM OLG Düsseldorf FamRZ 1987, 810; BGB-RGRK/Finke Rn 17). Zur Berücksichtigung der wirtschaftlichen Verhältnisse der Ehegatten bei Beendigung des Güterstandes s Rn 28 ff; § 1381 ist auch dann nicht anwendbar, wenn dem ausgleichsberechtigten Ehegatten nach dem Berechnungsstichtag noch so erhebliches Vermögen zufällt (aM Soergel/Lange Rn 15). Auch wenn der Vermögenserwerb bereits vor dem Stichtag entscheidend vorbereitet worden ist, aber bei der Feststellung des Endvermögens keine Berücksichtigung finden konnte, handelt es sich um einen nicht ausgleichspflichtigen Neuerwerb. Die Anwendung von § 1381 würde nur dazu dienen, die Härten eines gesetzlich fixierten Stichtags zu mildern. Das liegt außerhalb des Funktionsbereichs des § 1381 (s oben Rn 2). Das gilt auch für **Fehlbewertungen zum Endstichtag.** Erwirbt etwa der ausgleichsberechtigte Ehegatte ein gemeinsames Grundstück in der Teilungsversteigerung zu einem Preis, der unter dem vom Sachverständigen ermittelten Verkehrswert liegt, auf dem die Ermittlung des Zugewinns beruht, ist die Lösung des Bewertungsproblems nicht über § 1381 zu erreichen (Johannsen/Henrich/Jaeger Rn 11 a; aA OLG Düsseldorf NJW 1995, 3193; D Schwab VII Rn 267).

3. **Schuldhafte Verletzung persönlicher Ehepflichten**

20 **a)** Die Verletzung persönlicher Verpflichtungen, die sich aus dem ehelichen Verhältnis ergeben, kann **für sich allein** das Leistungsverweigerungsrecht **nicht begründen.** Das gilt auch dann, wenn sie zum Scheitern der Ehe geführt haben (vgl auch § 1587c Nr 1 HS 2 für den Versorgungsausgleich; s dazu BT-Drucks 7/4694, 17). Kommen aber **weitere Umstände** hinzu, so sind auch Eheverfehlungen im persönlichen Bereich zu berücksichtigen (hM, grunds abl aber Gernhuber/Coester-Waltjen § 36 Rn 101; MünchKomm/Koch Rn 31; Johannsen/Henrich/Jaeger Rn 14; Bamberger/Roth/Mayer Rn 9; Rommel 153).

21 **b)** Der Zugewinn gründet sich auf die gelebte eheliche Lebens- und Schicksalsgemeinschaft. Ist die **Gemeinschaft** durch die Eheverfehlung eines Ehegatten **nachhaltig gestört** worden, ist das ein hinreichender Grund, die Frage nach der Billigkeit der Teilhabe dieses Ehegatten am Zugewinn des anderen zu stellen. Es trifft nicht zu, dass Eheverfehlungen im persönlichen Bereich die Grundlagen der Zugewinnbeteiligung nicht berühren (so aber MünchKomm/Koch Rn 31). Auch hat der Übergang vom Verschuldens- zum Zerrüttungsprinzip im Scheidungsrecht die hM keineswegs diskreditiert, wie Koch (MünchKomm Rn 32) behauptet (insoweit zustimmend Gernhuber/ Coester-Waltjen § 36 Rn 101). Die hM hat im Rahmen des § 1381 nie unmittelbar und allein auf die Scheidungsschuld zurückgegriffen, sondern stets darauf abgestellt, ob durch die Eheverfehlung die wirtschaftliche Entwicklung oder auch die eheliche Lebensgemeinschaft im persönlichen Bereich schwerwiegend, insbesondere **für längere Zeit**, beeinträchtigt worden ist (BGHZ 46, 343 = NJW 1966, 2109; NJW 1970, 1600; NJW 1980, 1462; OLG Bamberg NJW-RR 1997, 1435; OLG Hamm FamRZ 1989, 1188 m abl Anm Wiegmann FamRZ 1990, 627; OLG Köln FamRZ 1991, 1192; OLG Düsseldorf NJW 1981, 829; OLG Hamm FamRZ 1976, 633; OLG Karlsruhe NJW 1964, 2112; OLG Nürnberg FamRZ 1964, 440; Erman/Heckelmann Rn 2; Soergel/Lange Rn 12; Strobel 117 ff, 135 ff; Thiele JZ 1960, 394, 396; s ferner Bosch FamRZ 1958, 289, 295; Dölle I 825 Fn 48; vGodin MDR 1966, 722; Kleinheyer FamRZ 1957, 283; Koeniger DRiZ 1959, 80; BGB-RGRK/Finke Rn 10; Schopp Rpfleger 1964, 69, 73; BVerfG FamRZ 2003, 1173 zur Härtefallklausel des § 1587c misst der Teilhabegerechtigkeit erhebliche Bedeutung zu, aber zu Wertungsunterschieden insoweit s Rn 28). Auch der BGH (NJW 1977, 378 = FamRZ 1977, 38) hat an der hM im Grundsatz festgehalten und die Anwendung von § 1381 lediglich wegen widersprüchlichen Verhaltens deswegen abgelehnt, weil die Ehe (nach altem Recht) ohne Klärung der Schuldfrage geschieden worden ist, die Ehegatten im Scheidungsvergleich die Regelung des Zugewinnausgleichs späteren Verhandlungen vorbehalten haben und der Schuldner eine Abschlagszahlung auf die Ausgleichsforderung geleistet hat.

c)   Eine Eheverfehlung allein kann die grobe Unbilligkeit nicht begründen, mag   **22** sie auch noch so schwer sein (anders AG Schweinfurt NJW 1973, 1506). Die vorauszusetzenden weiteren Umstände brauchen aber nicht gerade in wirtschaftlichen Auswirkungen zu liegen (anders LG Freiburg FamRZ 1963, 647; wie hier OLG Bamberg FamRZ 1990, 408; NJW-RR 1997, 1436; OLG Karlsruhe NJW 1964, 2112; OLG Nürnberg FamRZ 1964, 441; Rauscher Rn 430; Palandt/Brudermüller Rn 17; Soergel/Lange Rn 12; wohl auch Erman/ Heckelmann Rn 2; iE auch der BGH aaO, oben Rn 21 sowie NJW 1980, 1462). Es genügt vielmehr eine über eine im Verhältnis zur Dauer der Ehe und des Güterstandes **längere Zeit** anhaltende Eheverfehlung (zB jahrelanger Ehebruch, BGHZ 46, 343; OLG Hamm FamRZ 1976, 633; OLG Bamberg NJW-RR 1997, 1436: jahrzehntelange Misshandlung). Auch andere nachhaltige, lange Zeit andauernde Störungen der ehelichen Lebensgemeinschaft durch Eheverfehlungen können das Leistungsverweigerungsrecht begründen. In Fällen der Erbunwürdigkeit s Rn 26.

d)   Der **Umfang des Leistungsverweigerungsrechts** wegen Eheverfehlungen und   **23** ihrer Folgen für die eheliche Lebensgemeinschaft ist nach den Umständen des Falles zu bestimmen. So ist insbesondere auch das Versagen des anderen Ehegatten mitzuberücksichtigen (BGHZ 46, 343, 352). Hat sich dieser in besonderer Weise darum bemüht, die Ehe zu erhalten und seinen Partner von seinem Verhalten abzubringen, soll das den Umfang der Kürzung der Ausgleichsforderung beeinflussen (bedenklich, so aber BGH aaO). Zu berücksichtigen ist, ob und in welchem Maße die Ehegemeinschaft aufgrund der Eheverfehlung faktisch aufgelöst oder gestört war, wie lange der Zustand gedauert hat, ob der seine Verpflichtung verletzende Teil gleichwohl zum Vermögenserwerb des anderen beigetragen oder über sein eigenes Vermögen ehefremd oder ehefeindlich verfügt hat und ob dem verletzten Ehegatten während der Störung etwa besonders ins Gewicht fallendes Vermögen zugeflossen ist. Eine völlige **Versagung der Ausgleichsforderung** wird nur in **Ausnahmefällen** in Betracht kommen (BGHZ 46, 343 und hM). Das gilt auch dann, wenn die Eheverfehlung ungewöhnlich schwer war (anders OLG Hamm FamRZ 1976, 633. Die Revision war erfolglos, s Anm d Red, FamRZ 1976, 634).

4. Getrenntleben der Ehegatten

24   Ist die eheliche Lebensgemeinschaft nicht wegen Eheverfehlungen eines Ehegatten, sondern aus anderen Gründen nicht oder längere Zeit nicht verwirklicht worden, kann der Ausgleich des Zugewinns ebenfalls grob unbillig sein. **Entscheidend** ist, ob die Ehe als Lebens- und Schicksalsgemeinschaft von den Ehegatten im Kern aufrechterhalten wurde oder nicht. Haben sich die Ehegatten **getrennt** (§ 1567) oder haben sie **eine Lebensgemeinschaft** von vornherein **nicht begründet** (etwa in den Fällen des § 1314 Abs 2), weil sie sie für undurchführbar, für zerbrochen oder gescheitert ansehen, so fehlt es insoweit an einer wesentlichen Voraussetzung für den Ausgleich des Zugewinns der Trennungszeit (grunds **abl** MünchKomm/Koch Rn 24; Gernhuber/Coester-Waltjen § 36 Rn 99; Soergel/Lange Rn 18; differenzierend nach den Umständen des Einzelfalles: BGH NJW 1980, 1462 = FamRZ 1980, 877. Wie hier BGH FamRZ 2002, 608 – Erwerb des Zugewinns erst in der außergewöhnlich langen Trennungszeit; AG Hersbruch FamRZ 2002, 1476 m Anm Bergschneider; so auch schon Kipp Vhdlg des 33. DJT, 329; ferner Kleinheyer FamRZ 1957, 283; BGB-RGRK/Finke Rn 16; Thiele JZ 1960, 394, 396; Johannsen/ Henrich/Jaeger Rn 14; D Schwab VII Rn 264; Jaeger FPR 2005, 352; einschränkend Strobel 140 f). Mit dem Hinweis auf die Möglichkeit, auf vorzeitigen Zugewinnausgleich zu klagen, ist die Einrede der groben Unbilligkeit nicht auszuschließen, erst recht nicht mit dem Argument, es hätte gem §§ 1565, 1566 die Scheidung beantragt werden können. Die Berufung auf die fehlende Verwirklichung der Lebensgemeinschaft ist nicht schon deshalb als widersprüchliches Verhalten anzusehen, weil die Scheidung nicht betrieben wurde.

5.   Unredliche Einflussnahme auf den Zeitpunkt des Zugewinnausgleichs

25   Hat der Gläubiger durch *pflichtwidriges* Handeln die Beendigung des Güterstandes zu einem ihm besonders *günstigen Zeitpunkt* erstrebt und erreicht, kann der Rechtsgedanke des **unredlichen Rechtserwerbs** im Rahmen des § 1381 Anwendung finden (iE auch BGHZ 46, 343, 352; MünchKomm/Koch Rn 35). Pflichtwidrig ist insbesondere die Vortäuschung einer Versöhnungsbereitschaft, um den anderen Ehegatten von dem beabsichtigten Scheidungsantrag zu einem dem Gläubiger besonders ungünstigen Zeitpunkt abzuhalten. Ebenso kann eine Provokation des Scheidungsantrages durch eigenes ehewidriges Verhalten einen unredlichen Rechtserwerb begründen, wenn sie vorgenommen wird, um eine dem Gläubiger besonders günstige beiderseitige Zugewinnlage auszunutzen. Dagegen ist es nicht schon pflichtwidrig, wenn der Gläubiger den Scheidungsantrag oder die Klage auf vorzeitigen Zugewinnausgleich lediglich verzögert, um eine ihm günstigere Ausgleichssituation abzuwarten (Gernhuber/ Coester-Waltjen § 36 Rn 98 Fn 141).

26   In Anlehnung an den **Erbunwürdigkeitsgrund** gem § 2339 Abs 1 Nr 1 ist auch das Leistungsverweigerungsrecht gem § 1381 regelmäßig begründet, wenn der Gläubiger den anderen Ehegatten **vorsätzlich getötet** oder **zu töten versucht hat** (Kleinheyer FamRZ 1957, 284; Palandt/Brudermüller Rn 17; BGB-RGRK/Finke Rn 18; Soergel/Lange

Rn 13; STROBEL 138; THIELE JZ 1960, 394, 395; vgl auch OLG Karlsruhe FamRZ 1987, 823). Auch vorsätzliche körperliche Misshandlungen des anderen Ehegatten können die Einrede begründen. Anders als im Erbrecht ist im Rahmen des § 1381 der den §§ 2333, 2339 zugrundeliegende **Strafcharakter nicht von Bedeutung.** Unter dem Gesichtspunkt des unredlichen Rechtserwerbs wird aber der Erbe des getöteten Ehegatten die Zahlung der **Ausgleichsforderung** nicht ganz verweigern können. Im Übrigen ist stets nach den Umständen des Falles abzuwägen. Dabei sind länger zurückliegende Sachverhalte bei fortgesetzter Ehegemeinschaft regelmäßig nicht mehr zu beachten.

Die in Rn 25, 26 angeführten Fälle lassen, vom Fall der vorsätzlichen Tötung des **27** anderen Ehegatten abgesehen, grundsätzlich nur eine **Kürzung der Ausgleichsforderung** zu (weitergehend wohl BGHZ 43, 343, 353; BGH NJW 1970, 1600; wie hier auch Münch-Komm/KOCH Rn 35). Bei einem Erwerb der Forderung zur Unzeit (Rn 25) ist insbesondere abzuschätzen, welchen Vorteil der Gläubiger erstrebt und erreicht hat. In den Fällen des Tötungsversuchs, der Misshandlung usw (vgl auch §§ 2333, 2339) ist vornehmlich auf das Maß und die Dauer der Abkehr des Täters vom anderen Ehegatten und der ehelichen Lebensgemeinschaft sowie auf die Folgen der Tat abzustellen.

6. Wirtschaftliche Verhältnisse bei und nach der Beendigung des Güterstandes

Die Vermögensverhältnisse der Ehegatten bei Beendigung des Güterstandes werden **28** schon bei der Berechnung der Ausgleichsforderung berücksichtigt. Trotz der Begrenzung der Forderung gem § 1378 Abs 2 kann jedoch ihre Durchsetzung zu einer **Existenzgefährdung** für den Schuldner führen. Um ihr zu begegnen, sieht schon das Gesetz in § 1382 Abhilfemöglichkeiten vor. Anders als beim Versorgungsausgleich (§ 1587c Nr 1) enthält das Gesetz darüber hinaus keine Härteklausel, die einen Ausschluss oder eine Kürzung der Ausgleichsforderung im Hinblick auf die Vermögenslage, die Einkommens- und Erwerbsverhältnisse und die Versorgungslage besonders zuließe. Da der Zugewinnausgleich vergangenheitsbezogen, der Versorgungsausgleich aber vornehmlich zukunftsbezogen ist, lassen sich die gesetzlichen Wertungen der §§ 1587c und 1587h nicht auf ihn übertragen. Im Ergebnis wird denn auch die Anwendung von § 1381 auf anders (zB gem § 1382) nicht behebbare Schwierigkeiten, in die der Schuldner infolge der Durchsetzung der Ausgleichsforderung geraten würde, generell abgelehnt von ERMAN/HECKELMANN Rn 4; HECKELMANN, Abfindungsklauseln in Gesellschaftsverträgen (1973) 233 ff; ders, in: FS Mühl 283, 287 ff; JOHANNSEN/HENRICH/JAEGER Rn 11; GERNHUBER/COESTER-WALTJEN § 36 Rn 100 Fn 145; MünchKomm/KOCH Rn 27 ff; SOERGEL/LANGE Rn 19 (dieser freilich unter Anerkennung einer Opfergrenze, § 242).

Demgegenüber ist daran festzuhalten, dass die **wirtschaftlichen Verhältnisse bei und 29 nach Beendigung des Güterstandes** auch im Rahmen des § 1381 **Berücksichtigung verdienen,** wenn eine (auch langfristige) Stundung gem § 1382 nicht ausreicht, um einer Existenzgefährdung des Schuldners zu begegnen (BGH NJW 1973, 749 = FamRZ 1973, 254; NJW 1970, 1600; wohl zu weit gehend OLG Stuttgart FamRZ 2002, 99 Abfindung für wirtschaftlich abgesichertes querschnittsgelähmtes Unfallopfer im Hinblick auf künftige Belastungen; DÖLLE I 825; KOENIGER DRiZ 1957, 80, 81; PALANDT/BRUDERMÜLLER Rn 21; D SCHWAB VII Rn 268; BAMBERGER/ROTH/MAYER Rn 12; ROMMEL 149; BGB-RGRK/FINKE Rn 13; SCHOPP Rpfleger 1964, 69, 73; Strobel 143; Thiele JZ 1960, 394, 397 f). Angesichts der weitreichenden Möglichkeiten, besondere Härten bei der Durchsetzung des Ausgleichsanspruchs gem § 1382 zu verhindern, wird freilich eine Kürzung der Forderung **nur in seltenen Ausnahmefällen** in Betracht kommen. Nach der Herausnahme der Versorgungsanwartschaften oder -aussichten aus dem Zugewinnausgleich ist den beiderseitigen Versorgungsinteressen bereits gem §§ 1587c Nr 1 und 1587h Nr 1 Rechnung zu tragen. Bei völlig unzureichender Versorgung iS des § 1587 Abs 1 kann aber die Zuteilung von Vermögen über den Zugewinnausgleich zu einer Situation führen, die mit einer ehegüterrechtlichen Abwicklung unter Berücksichtigung einer noch bestehenden Ehe (bei Beendigung des Güterstandes durch Ehevertrag oder gem § 1388) oder der Tatsache, dass eine Ehe bestanden hat, nicht mehr vereinbar ist. Im Einzelfall kann es unerträglich sein, wenn der Schuldner infolge der vollen Erfüllung der Ausgleichsforderung in eine **unsichere unterhaltsrechtliche Abhängigkeit** geraten oder auf Sozialhilfe angewiesen sein würde (Beispiel bei OLG Schleswig NJW-RR 1998, 1225; OLG Karlsruhe FamRZ 2001, 1301 sah keine grobe Unbilligkeit darin, dass eine Lebensversicherung nach dem Stichtag für das Sozialamt verwertet werden musste, weil die Zahlung der Ausgleichspflichtigen gleichwohl noch zugute kam). Unsicher sind Unterhaltsansprüche gegen den geschiedenen Ehegatten auch unter Berücksichtigung von § 1582 dann, wenn dessen Wiederverheiratung bevorsteht und wenn Kindern vorrangig Unterhalt zu gewähren ist. Bedenklich ist jedoch, die wirtschaftlichen Verhältnisse nach Beendigung des Güterstands über § 1381 zu berücksichtigen, wo bereits eine stichtagsbezogene Berücksichtigung von Abfindungen uä bei Ermittlung der Ausgleichsansprüche angezeigt gewesen wäre (s dazu § 1374 Rn 5; offengelassen BGH FamRZ 2004, 1352; auch insoweit bedenklich OLG Stuttgart FamRZ 2002, 99) oder sich das Problem der Doppelverwertung bei Zugewinn und Unterhalt stellt (s dazu § 1374 Rn 5; vgl BGH aaO; anders OLG Frankfurt FamRZ 2000, 611, 612; zutreffend Gernhuber/Coester-Waltjen § 36 Rn 100 Fn 145).

30 In seltenen Ausnahmefällen, *wenn* eine Lösung weder durch eine Kreditaufnahme noch gem § 1382 möglich ist, kann auch die **Gefährdung der beruflichen oder geschäftlichen Grundlage** des Schuldners eine Kürzung der Ausgleichsforderung rechtfertigen. Gewiss dient § 1381 nicht der Sicherung von Unternehmen und Beteiligungen, wohl aber kann in Grenzfällen die Aufgabe der beruflichen Grundlage des Schuldners mit ihren Folgen außer jedem Verhältnis stehen zu dem Erfolg der Erfüllung des Ausgleichsanspruchs. Auch insoweit sind hier die unterhaltsrechtlichen Konsequenzen (s Rn 29) in Betracht zu ziehen. Angesichts dieser Begrenzungen kommt dem Gesichtspunkt der Gefährdung der beruflichen Existenz kaum praktische Bedeutung zu.

31 **Grundsätzlich unbeachtlich** ist dagegen die **Höhe der** bei Beendigung des Güterstandes vorhandenen **Vermögen** der Ehegatten und deren Verhältnis zueinander. Da das Anfangsvermögen und das diesem hinzuzurechnende Vermögen dem Zugewinnausgleich nicht unterliegt, kann auch der Ehegatte, der ein weitaus höheres Endvermögen hat als der andere, Ausgleichsberechtigter sein. Für die Anwendung von § 1381 ist auch bei größten Vermögensunterschieden kein Raum. Ebenso wenig können selbst erhebliche Vermögenszuwächse und -verluste nach Beendigung des Güterstandes ein nachträgliches Leistungsverweigerungsrecht begründen (s auch Rn 19).

7. Unbeachtlichkeit der Herkunft des Zugewinns

Die Vermögensentwicklung während des Güterstandes ist für sich allein (s aber oben **32**
Rn 9 ff) kein hinreichender Anlass, die grobe Unbilligkeit des Zugewinnausgleichs zu
prüfen. Weder zufällige („unverdiente") noch besonders hohe Zugewinne können
über § 1381 vom Ausgleich ausgeschlossen werden (BGH FamRZ 1992, 787; BGHZ 80,
384 [Schmerzensgeld]; MünchKomm/Koch Rn 23; Thiele JZ 1960, 394, 397; anders bei ungewöhnlich hohen Einkünften gerade während einer kurzen Ehe, BGB-RGRK/Finke Rn 12; anders auch
D Schwab VII Rn 265 f und FamRZ 1984, 530: Zugewinn ohne innere Beziehung zur ehelichen
Lebensgemeinschaft; so auch OLG Celle FamRZ 1992, 1300; OLG Stuttgart FamRZ 2002, 99). Zu
ungewöhnlichen Zugewinnen s auch § 1374 Rn 40 und BGHZ 68, 43 (Lottogewinn).

Unerheblich ist auch, ob der Zugewinn eines Ehegatten auf „**überobligationsmäßige**" **33**
Mehrleistungen zurückzuführen ist. Auch der besonders Fleißige und Sparsame muss
teilen. § 1381 kann jedoch anwendbar sein aus dem Gesichtspunkt des widersprüchlichen Verhaltens, wenn der seinerseits Leichtsinnige (wenn auch nicht Verschwen-
der), der stets „auf großem Fuße lebte", am Ende an dem Erfolg besonders spar-
samen Wirtschaftens des anderen Ehegatten teilhaben will (s schon Rn 14 aE; iE auch
MünchKomm/Koch Rn 25; Gernhuber/Coester-Waltjen § 36 Rn 98 Fn 140; BGB-RGRK/Finke
Rn 10; Soergel/Lange Rn 10).

Der Umstand, dass der während der Ehe erzielte Gewinn eines Ehegatten über- **34**
wiegend zum **Abbau von Verbindlichkeiten** seines Anfangsvermögens oder zur Tilgung späterer Schulden verwendet werden musste und deshalb kein oder nur der
geringere Zugewinn erzielt wurde, ist unbeachtlich. Dass die Tilgung von Verbindlichkeiten zugewinnneutral ist, findet seinen Grund in der schematisierenden Regelung des Gesetzes selbst, insbesondere in § 1374 Abs 1 HS 2, die mit Hilfe von
Billigkeitserwägungen nicht beiseitegeschoben werden kann (ebenso BGHZ 129, 311,
321 = FamRZ 1995, 993; MünchKomm/Koch Rn 26; Bamberger/Roth/Mayer Rn 13; Gernhuber/
Coester-Waltjen § 36 Rn 99; Soergel/Lange Rn 18; Thiele JZ 1960, 394, 397; aM BGB-RGRK/
Finke Rn 13). Ob und unter welchen *weiteren* Voraussetzungen hier § 1381 im *Einzelfall* angewandt werden kann, hat der BGH ausdrücklich offengelassen (aaO).

IV. Geltendmachung der groben Unbilligkeit

1. Die grobe Unbilligkeit ist nur auf **Einrede des Ausgleichsschuldners** zu beach- **35**
ten. Es handelt sich um eine **dauernde (peremptorische)** Einrede. Daher kann das in
Unkenntnis (s § 814) der Einrede Geleistete gem § 813 zurückgefordert werden. Die
Verjährung der Ausgleichsforderung wird durch das Bestehen der Einrede nicht
gehemmt (vgl § 205).

2. Die Einrede kann sowohl im Prozess um die Ausgleichsforderung als auch **36**
außergerichtlich geltend gemacht werden. Im Streitfall entscheidet das Gericht der
Hauptsache (auf Leistungsklage oder negative Feststellungsklage). Zuständig ist das
Familiengericht, § 621 Abs 1 Nr 8 ZPO.

3. Einredeberechtigt ist der **Schuldner** der Ausgleichsforderung. In den Fällen des **37**
§ 1371 Abs 2 und des Todes des ausgleichspflichtigen Ehegatten nach Beendigung
des Güterstandes ist ausgleichsverpflichtet und einredeberechtigt der **Erbe**. Werden

Miterben als Gesamtschuldner in Anspruch genommen, § 2058, kann und muss jeder von ihnen die Einrede für sich erheben, § 425.

38 **4.** Das Einrederecht entsteht zugleich mit der Ausgleichsforderung. Der Schuldner kann darauf nach Entstehung der Forderung formlos einseitig verzichten (MünchKomm/KOCH Rn 8; SOERGEL/LANGE Rn 8). Vor Beendigung des Güterstandes kann der Verzicht nur im Rahmen einer Vereinbarung gem § 1378 Abs 3 erklärt werden. Dem Erben steht das Einrederecht auch dann zu, wenn der Ehegatte noch zu seinen Lebzeiten zu erkennen gegeben hat, dass er den Ausgleich des Zugewinns im Hinblick auf bestimmte Umstände nicht als grob unbillig empfinde (MünchKomm/KOCH Rn 10; SOERGEL/LANGE Rn 5; anders ERMAN/HECKELMANN Rn 5; BGB-RGRK/FINKE Rn 4). Zu erwägen sein kann jedoch, ob der verstorbene Ehegatte zu Lebzeiten einen Verzicht auf die Einrede erklärt hat.

V. Ehevertragliche Abänderung

39 § 1381 ist **zwingendes Recht**. Die Bestimmung dessen, was als grobe Unbilligkeit anzusehen ist, steht nicht zur Disposition der Ehegatten. Sie können daher auch durch Ehevertrag weder bestimmte Umstände von der Berücksichtigung gem § 1381 ausnehmen noch insoweit das Leistungsverweigerungsrecht generell begründen (ebenso MünchKomm/KOCH Rn 38 f; JOHANNSEN/HENRICH/JAEGER § 1372 Rn 4; BAMBERGER/ROTH/MAYER Rn 16; ERMAN/HECKELMANN Rn 6; **aM** LÜDERITZ/DETHLOFF § 5 Rn 152).

§ 1382
Stundung

(1) Das Familiengericht stundet auf Antrag eine Ausgleichsforderung, soweit sie vom Schuldner nicht bestritten wird, wenn die sofortige Zahlung auch unter Berücksichtigung der Interessen des Gläubigers zur Unzeit erfolgen würde. Die sofortige Zahlung würde auch dann zur Unzeit erfolgen, wenn sie die Wohnverhältnisse oder sonstigen Lebensverhältnisse gemeinschaftlicher Kinder nachhaltig verschlechtern würde.

(2) Eine gestundete Forderung hat der Schuldner zu verzinsen.

(3) Das Familiengericht kann auf Antrag anordnen, dass der Schuldner für eine gestundete Forderung Sicherheit zu leisten hat.

(4) Über Höhe und Fälligkeit der Zinsen und über Art und Umfang der Sicherheitsleistung entscheidet das Familiengericht nach billigem Ermessen.

(5) Soweit über die Ausgleichsforderung ein Rechtsstreit anhängig wird, kann der Schuldner einen Antrag auf Stundung nur in diesem Verfahren stellen.

(6) Das Familiengericht kann eine rechtskräftige Entscheidung auf Antrag aufheben oder ändern, wenn sich die Verhältnisse nach der Entscheidung wesentlich geändert haben.

Materialien: E I § 1392; II § 1392.
Vgl STAUDINGER/BGB-Synopse 1896–2005
§ 1382.

Schrifttum

DIEDERICHSEN, Die Änderungen des materiellen Rechts nach dem Unterhaltsrechtsänderungsgesetz, NJW 1986, 1283
GEROLD, Die Stundung des Zugewinnausgleichs, NJW 1960, 1744
JAEGER, Reicht § 1382 BGB aus, um unbillige Ergebnisse im Zugewinnausgleich angemessen zu korrigieren?, FPR 2005, 352
KARASEK, Die Veräußerung von Wohneigentum im Rahmen des Zugewinnausgleichs, FamRZ 2002, 590
KOENIGER, Der Schutz des Ausgleichsschuldners innerhalb der Zugewinngemeinschaft, DRiZ 1959, 80.
SCHRÖDER, Eigentumsübertragung beim Zugewinnausgleich und § 23 EStG, FamRZ 2002, 1010.

Systematische Übersicht

Alphabetische Übersicht

Burkhard Thiele

I. Zweck der Vorschrift

1 1. Während § 1381 dem Schuldner das Recht gewährt, die Erfüllung der Ausgleichsforderung ganz oder teilweise zu verweigern, eröffnet ihm § 1382 die Möglichkeit, die der Höhe nach feststehende Forderung stunden zu lassen. Damit trägt das Gesetz speziell den **Erfüllungsschwierigkeiten** Rechnung, die im Rahmen des § 1381 nur subsidiär, wenn die Stundung der Forderung nicht ausreicht, und in engen Ausnahmefällen berücksichtigt werden können (s § 1381 Rn 28 f).

2 2. Die Ausgleichsforderung **entsteht** mit der Beendigung des Güterstandes, § 1378 Abs 3 S 1. Sie wird grundsätzlich **sofort fällig**, § 271. Die Berechnung der Forderung wird jedoch regelmäßig eine längere Zeit in Anspruch nehmen, da zunächst die Anfangs- und Endvermögen der Ehegatten festzustellen und zu bewerten sind. Bevor die Berechnungsgrundlagen nicht erstellt sind, kann der Gläubiger schon nach § 242 nicht mit verzugsbegründender Wirkung Zahlung verlangen. Insoweit bedarf es einer Stundung (mit obligatorischer Verzinsung, § 1382 Abs 2) durch das Familiengericht nicht. Ist die Höhe der Forderung für den Gläubiger bezifferbar oder ist sie unstreitig, insbesondere in einem Scheidungsvergleich fixiert, kann die alsbaldige Erfüllung auf erhebliche Schwierigkeiten stoßen. Sie ergeben sich daraus, dass der Schuldner die zur Tilgung der Schuld erforderlichen liquiden Mittel häufig nicht zur Verfügung hat, sondern sie erst durch Veräußerung von Vermögenswerten oder Kreditaufnahmen beschaffen muss. Hier greift die Billigkeitskorrektur durch Stundung ein.

II. Stundung durch richterliche Rechtsgestaltung

3 Die Billigkeitskorrektur durch Stundung der Ausgleichsforderung erfolgt durch einen Akt richterlicher Rechtsgestaltung. Die auf Antrag des Schuldners ergehende Entscheidung des Familiengerichts kann in drei Richtungen gestaltende Wirkungen haben. Sie ändert zunächst die **Fälligkeit** der Ausgleichsforderung (Abs 1). Notwendig damit verbunden ist die Festlegung der **Höhe der Verzinsung** (Abs 2 u 4). Auf besonderen Antrag des Gläubigers kann das Gericht ferner anordnen, dass der Schuldner **Sicherheit** zu leisten habe (Abs 3 u 4).

Diese Möglichkeiten richterlicher Rechtsgestaltung lassen das Recht der Beteiligten **4**
unberührt, entsprechende Regelungen durch **Rechtsgeschäft** zu treffen (s dazu Rn 49).
Vor Beendigung des Güterstandes bedürfen Vereinbarungen über die Fälligkeit der
künftigen Ausgleichsforderung, ihre Verzinsung und die Leistung von Sicherheiten
der Form des **Ehevertrages**. Nach Entstehung der Forderung sind solche Vereinbarungen formlos möglich. Für Vereinbarungen während eines auf Auflösung der Ehe
gerichteten Verfahrens gilt § 1378 Abs 3 S 2.

III. Voraussetzungen der Stundung

1. Entstehung der Ausgleichsforderung

Nur eine bereits **entstandene Ausgleichsforderung** unterliegt der Stundung. Der Gü- **5**
terstand muss beendet sein, § 1378 Abs 3 S 1. Das gilt auch für die Fälle, in denen
gem § 1384, 1387 der Berechnungsstichtag vorverlegt ist. Der Streit um die Ausgleichsforderung kann jedoch als **Folgesache** mit der Scheidungssache verbunden
sein (§ 623 Abs 1 ZPO). Dann muss auch der Stundungsantrag gem § 1382 Abs 5 in
diesem verbundenen Verfahren gestellt werden. Wird dem Scheidungsantrag stattgegeben, ist in dem Urteil gleichzeitig und einheitlich auch über die Ausgleichsforderung sowie über deren Stundung, Verzinsung und über eine Sicherheitsleistung
zu entscheiden (§ 629 Abs 1 ZPO). S dazu auch unten Rn 39 ff.

Ist der Güterstand durch den **Tod eines Ehegatten** beendet worden und ist der **6**
Überlebende Erbe geworden oder mit einem Vermächtnis bedacht, so ist § 1382
unanwendbar. Zur Stundung des Pflichtteilsanspruchs s § 2331a.

2. Stundungsantrag

a) Das Familiengericht entscheidet über die Stundung nur auf **Antrag des Schuld-** **7**
ners. Sind **Miterben** Schuldner, kann jeder Einzelne von ihnen gem § 2038 Abs 1 S 2
den Antrag stellen (vgl BGH NJW 1955, 1335; MDR 1962, 390 zur Vertragshilfe), wenn die
Mitwirkung oder Zustimmung der anderen nicht rechtzeitig zu erreichen ist (s dazu
BGHZ 6, 83).

b) Der Antrag ist an **keine Frist** gebunden. Ist aber ein Rechtsstreit über die **8**
Ausgleichsforderung bereits anhängig, muss der Antrag spätestens in der letzten
mündlichen Verhandlung der Tatsacheninstanz gestellt werden.

c) Für den Antrag gilt **Anwaltszwang**, wenn der Streit um die Ausgleichsforde- **9**
rung als Folgesache anhängig ist. Ist er nicht mit der Scheidungssache verbunden,
besteht Anwaltszwang, soweit zugleich über die streitige Ausgleichsforderung zu
entscheiden ist (§ 78 Abs 2 ZPO). Kein Anwaltszwang besteht in isolierten Stun-
dungssachen gem § 1382 Abs 1 (§ 78 Abs 2 ZPO verweist nicht auf § 621 Abs 1 Nr 9
ZPO).

d) Der Antrag wird zweckmäßig auf eine bestimmte Sachentscheidung gerichtet. **10**
Unbestimmte Stundungsanträge sind jedoch zulässig (JANSEN, FGG § 53a Rn 3; KEIDEL/
KUNTZE/WINKLER, FGG § 53a Rn 4; MünchKomm/KOCH Rn 37; PALANDT/BRUDERMÜLLER Rn 6).
Die isolierte Entscheidung über die Stundung einer unbestrittenen Ausgleichsforde-

rung setzt aber voraus, dass die Forderung vom Antragsteller beziffert ist (Münch-Komm/Koch aaO; Soergel/Lange Rn 21).

11 **e)** Der Antrag ist außerhalb eines anhängigen Rechtsstreits (s Abs 5) nur zulässig, wenn die Forderung **unbestritten** ist. Bestreitet der Schuldner das Bestehen oder die Höhe der Ausgleichsforderung, muss er den bereits gestellten Antrag zur Vermeidung der Abweisung zurücknehmen. Eine Entscheidung über die Stundung kann er nur dadurch erreichen, dass er die negative Feststellungsklage gegen den Gläubiger erhebt oder dessen Leistungsklage abwartet und in dem anhängigen Verfahren den Antrag nach Abs 1 stellt.

3. Zahlung zur Unzeit

12 **a)** Einem Stundungsantrag kann nur stattgegeben werden, wenn die Durchsetzung der Ausgleichsforderung den Schuldner *zur Unzeit* treffen würde. Diese Formulierung wurde durch das Unterhaltsrechtsänderungsgesetz anstelle der alten Fassung „besonders hart" in Anlehnung an die Entscheidung des BVerfG zu § 1568 (FamRZ 1981, 15) aufgenommen. Dadurch sollte die Möglichkeit eröffnet werden, **auch andere als wirtschaftliche Belastungen** zu berücksichtigen (BT-Drucks 10/2888, 16 f). Es reicht nicht aus, dass die Ausgleichsforderung für den Schuldner überhaupt eine besondere Belastung darstellt. Eine Billigkeitskorrektur ist in solchen Fällen nur gem § 1381 möglich. Die Härte muss sich gerade daraus ergeben, dass die Ausgleichsforderung nach dem Gesetz in voller Höhe sofort mit ihrem Entstehen fällig wird (s aber auch Rn 2). Daraus folgt, dass Stundungsgründe in der gegenwärtigen Lage des Schuldners liegen müssen; etwa wenn der Schuldner zu Dispositionen gezwungen würde, die ihn wirtschaftlich oder persönlich mehr belasten, als dies mit jeder Auseinandersetzung am Ende des Güterstandes verbunden ist und diese besonderen Folgen durch eine Stundung zumindest gemildert würden (MünchKomm/Koch Rn 7; Johannsen/Henrich/Jaeger Rn 5; Gernhuber/Coester-Waltjen § 36 Rn 104; Bamberger/Roth/Mayer Rn 4). In erster Linie werden nach wie vor wirtschaftliche Gesichtspunkte in Betracht kommen. Das schließt es jedoch nicht aus, andere Gesichtspunkte heranzuziehen. So können insbesondere die Dauer und der Grund des Scheiterns der Ehe oder das Verhalten der Eheleute sowohl im wirtschaftlichen als auch im persönlichen Bereich relevant sein für die Beurteilung, ob eine Leistungspflicht zur Unzeit vorliegt (oder die Stundung dem Gläubiger zuzumuten ist s Rn 19 ff; ebenso Soergel/Lange Rn 12; Johannsen/Henrich/Jaeger Rn 6; Palandt/Brudermüller Rn 2; Bamberger/Roth/Mayer Rn 4; Rauscher Rn 431; grunds abl aber MünchKomm/Koch Rn 5). Beachtlich ist nach der Neufassung, ob die Wohnverhältnisse oder sonstigen Lebensverhältnisse der gemeinschaftlichen Kinder sich nachhaltig verschlechtern würden. Ihnen sollen dadurch in der Scheidungsphase zusätzliche Belastungen möglichst erspart bleiben. Das gilt auch für volljährige Kinder im Haushalt. Gedacht ist an den Fall der Veräußerung des Familienheimes, ohne dass Wohnverhältnisse annähernd vergleichbarer Art bereitstünden. Zu den sonstigen Lebensverhältnissen der Kinder kann bei einem Umzug das Erfordernis eines Schulwechsels oder eine unzureichende Versorgung kranker oder behinderter Kinder mangels erforderlicher Einrichtungen zählen. Die Beeinträchtigung der Kinder muss nachhaltig sein. Damit scheiden kurzzeitige Beeinträchtigungen aus, die regelmäßig mit der Ehescheidung der Eltern einhergehen.

b) Die Stundung ist nur in **Ausnahmefällen** berechtigt. Eine Zahlung zur Unzeit **13** liegt deshalb nicht schon darin, dass der Schuldner die Forderung nicht aus seinem Barvermögen bezahlen kann, sondern andere Vermögenswerte erst veräußern muss. Der Schuldner muss auch grundsätzlich die Vermögenssubstanz angreifen. Es ist nicht der Sinn des § 1382, ihm die sich notfalls über einen längeren Zeitraum erstreckende Tilgung generell aus den laufenden Einkünften zu ermöglichen (hM, vgl ERMAN/HECKELMANN Rn 2; GEROLD NJW 1960, 1744; MünchKomm/KOCH Rn 7; SOERGEL/LANGE Rn 11).

c) Zur Unzeit würde es den Schuldner insbesondere treffen, wenn er gezwungen **14** wäre, **bestimmte Gegenstände** zu veräußern, die für ihn die **Lebens- oder Existenzgrundlage** bilden. Der § 1382 nachgebildete § 2331a deutet auf die Relevanz dieses Gesichtspunkts hin (s auch ERMAN/HECKELMANN Rn 2; HECKELMANN, Abfindungsklauseln in Gesellschaftsverträgen [1973] 231 f; MünchKomm/KOCH Rn 7; weitergehend – „authentische Interpretation" durch § 2331a – ZIMMERMANN BB 1969, 965, 966). So braucht der Schuldner das von ihm und anderen Familienmitgliedern bewohnte Haus oder die Eigentumswohnung jedenfalls dann nicht aufzugeben oder zu veräußern, wenn in angemessener Frist andere Vermögensgegenstände liquidiert werden könnten. Das Regelbeispiel „Familienwohnung" in § 2331a ist jedoch im Güterrecht nur tendenziell relevant. Der Schutz des Wohngrundstücks vor einer Teilungsversteigerung, wie ihn BGH (NJW 1977, 1234 = FamRZ 1977, 458) gem § 242 im Einzelfall gewährt, weist in die gleiche Richtung. In Übereinstimmung mit der Wertung des § 2331a ist jedoch auch nach § 1382 eine besondere Härte dann zu bejahen, wenn der Schuldner zur Ermöglichung sofortiger Zahlung sein Unternehmen veräußern oder eine Gesellschaftsbeteiligung aufgeben müsste, die seine wirtschaftliche Lebensgrundlage bildet (dazu auch BGH FamRZ 1999, 363).

d) Der Schuldner würde im Übermaß belastet, wenn er Vermögenswerte **zur 15 Unzeit** und deshalb **unwirtschaftlich veräußern** oder gar verschleudern müsste (allgM) So kann ihm Zahlungsaufschub zu gewähren sein, um Verluste durch einen „Notverkauf" zu verhindern, um den Verkauf zu einem gegenwärtig ungewöhnlich niedrigen Börsen- oder Marktwert zu umgehen oder um sich bei der Veräußerung von nicht marktgängigen Vermögenswerten ohne Überstürzung nach angemessenen Angeboten umsehen zu können. In diesen Fällen ist stets erforderlich, dass bei einem Zahlungsaufschub ein Erfolg in absehbarer Zeit erwartet werden darf. Bloße Spekulation auf steigende Preise oder Kurse muss außer Betracht bleiben.

Unwirtschaftlich ist die Aufgabe eines Gesellschaftsanteils nicht allein deshalb, weil **16** die Abfindung nach dem Vertrag auf den Buchwert oder auf einen anderen „Klauselwert" beschränkt ist (HECKELMANN, Abfindungsklauseln in Gesellschaftsverträgen [1973] 232; MünchKomm/KOCH Rn 9; ZIMMERMANN BB 1969, 965, 968). Anders, wenn einer der in Rn 14 angeführten Gründe hinzukommt. Die Stundung kann auch gerechtfertigt sein, wenn eine Veräußerung des Anteils zu einem höheren Preis als dem Klauselwert nachweislich in absehbarer Zeit erwartet werden kann. Sie kann auch dann berechtigt sein, wenn die Ausgleichsforderung in wenigen größeren Teilbeträgen aus den Einkünften oder wenn sie aus demnächst mit hinreichender Sicherheit zu erwartenden anderen Einnahmen getilgt werden könnte. Das gilt vor allem dann, wenn der Rückgriff auf den Anteil deshalb erforderlich geworden ist, weil sich der Schuldner infolge unglücklicher Umstände (zB Krankheit) vorübergehend in einer

schwierigen wirtschaftlichen Situation befindet und die Tilgung der Forderung demnächst ohne Aufgabe des Anteils zum Klauselwert möglich sein wird.

17 e)   Die in den Rn 14 ff angeführten Sachverhalte sind auch unter dem Gesichts-
punkt einer drohenden **Zwangsvollstreckung** des Gläubigers zu sehen. Die bei der
Verwertung der Gegenstände, in die vollstreckt werden könnte, drohenden und
erfahrungsgemäß nicht selten erheblichen Einbußen mit ihren weiteren nachteiligen
Folgen für den Schuldner machen es notwendig, auf sie schon im Streitverfahren
(Abs 5) Rücksicht zu nehmen.

18 f)   Ist Schuldner der Ausgleichsforderung der **Erbe des ausgleichspflichtigen Ehegatten**, gelten die in Rn 14 ff erörterten Gesichtspunkte nur mit Einschränkungen.
Die Forderung ist Nachlassverbindlichkeit. Die Befriedigung des Gläubigers kann
durch Erhebung der aufschiebenden Einreden gem §§ 2014, 2015 verzögert, der
Zugriff auf das Eigenvermögen notfalls durch Haftungsbeschränkung verhindert
werden. Im Übrigen gewinnen gerade zugunsten des Erben die in § 2331a angeführten Anwendungsbeispiele auch zu § 1382 besondere Bedeutung. Für die Wertung, ob
eine unzeitige Verpflichtung vorliegt, ist auch der Umfang des Eigenvermögens des
Erben relevant. Insoweit ist auch die meist schwache Vermögensposition minderjähriger Erben zu beachten.

4.   Interessen des Gläubigers

19 Das Erfordernis der Berücksichtigung der Gläubigerinteressen setzt der Berücksichtigung der besonderen Härte für den Schuldner eine **Grenze**. Ist dem Gläubiger
eine Stundung nicht oder nicht über einen gewissen Zeitraum hinaus zuzumuten,
darf sie nicht oder nicht für eine längere Zeit angeordnet werden. Die Zumutbarkeit
ist jedoch nicht isoliert zu beurteilen. Die Interessen der Beteiligten sind gegeneinander **abzuwägen**. Je härter den Schuldner die sofortige Zahlung treffen würde, desto
höhere Anforderungen sind an die Feststellung der Interessenbeeinträchtigung für
den Gläubiger zu stellen.

20 Der unbestimmte Rechtsbegriff der Interessen des Gläubigers ist nach subjektiv-
individualisierenden Elementen zu konkretisieren (vHoyningen-Huene, Die Billigkeit
im Arbeitsrecht [1978] 93 ff, 95 f). Daher sind über die regelmäßig im Vordergrund
stehenden **wirtschaftlichen Umstände** hinaus **auch persönliche Daten**, insbesondere
ein schuldhaftes Verhalten eines Ehegatten während der Ehe zu berücksichtigen
(grunds abl aber MünchKomm/Koch Rn 16; Rauscher Rn 431; iE wie hier Palandt/Bruder-
müller Rn 2; Johannsen/Henrich/Jaeger Rn 6; Bamberger/Roth/Mayer Rn 5; Soergel/Lan-
ge Rn 12 u 14). Die Interessen des Gläubigers sind im Fall des Abs 1 S 2 nicht zu
berücksichtigen. Die Frage nach einer hinreichend nachhaltigen Verschlechterung
der Lebens- oder Wohnverhältnisse der **Kinder** wird sich gleichwohl nicht völlig ohne
Berücksichtigung der Gesamtumstände beantworten lassen (Soergel/Lange Rn 14).
Der Vorrang der gemeinschaftlichen Kinder, der vom Gesetzgeber gewollt ist, bleibt
im Grundsatz jedoch dabei zu wahren. Nachhaltig wirksam sind lediglich Umstände,
die im Einzelfall von Dauer sein werden. Das kommt insbesondere in Betracht,
wenn für die Kinder belastende Schwierigkeiten durch Umzug und Schulwechsel
auftreten (s Rn 12; Diederichsen NJW 1986, 1285; Bamberger/Roth/Mayer Rn 4; Münch-

Komm/Koch Rn 13). Auf die Interessen **sonstiger Dritter** (etwa Gefährdung von Arbeitsplätzen) kommt es nicht an (MünchKomm/Koch Rn 14).

Dem Gläubiger ist eine Stundung regelmäßig **zuzumuten**, wenn er durch sie keine **21** wesentlichen wirtschaftlichen Nachteile erleidet. Einer durch den Zahlungsaufschub begründeten Gefährdung der Durchsetzbarkeit des Anspruchs kann auf Antrag durch Anordnung von Sicherheitsleistung begegnet werden. Anlageinteressen können in weitem Umfang durch eine entsprechende Festsetzung der Verzinsung berücksichtigt werden (so auch Rauscher Rn 431). Unzumutbar ist die Stundung, wenn und soweit der Gläubiger nach seinen gegenwärtigen Vermögens- und Einkommensverhältnissen auf die alsbaldige Zahlung angewiesen ist. Der Gläubiger ist auf die Mittel angewiesen, wenn er sie zur Deckung seines und seiner unterhaltsberechtigten Angehörigen angemessenen Unterhalts benötigt. Ihm ist nicht zuzumuten, eine fühlbare Reduktion seines Lebenszuschnitts hinzunehmen, die nicht schon durch die Beendigung der Ehe begründet ist. Auf die alsbaldige Zahlung angewiesen ist der Gläubiger auch dann, wenn er Mittel dazu benötigt, sich eine eigene wirtschaftliche Existenz aufzubauen (Gernhuber/Coester-Waltjen § 36 Rn 105; Johannsen/Henrich/Jaeger Rn 6; Bamberger/Roth/Mayer Rn 5). Von Bedeutung kann auch sein, ob sich der Gläubiger auf eine alsbaldige Zahlung eingerichtet hat und nun von dem erst spät gestellten Stundungsantrag überrascht wird.

Die **Erben des Gläubigers** können sich nicht darauf berufen, dass eine Stundung **22** dessen Interessen zuwidergelaufen wäre. Es kommt vielmehr auf ihre eigenen Vermögens- und Lebensumstände an. Entsprechendes gilt für Einzelrechtsnachfolger des Gläubigers. Regelmäßig werden jedoch Rechtsnachfolger eine Stundung eher hinzunehmen haben als der Gläubiger selbst.

IV. Entscheidung des Familiengerichts

1. Stundung

a) Liegen die Voraussetzungen für eine Stundung vor, entscheidet das **Familien- 23 gericht** im isolierten Verfahren bei unbestrittener Ausgleichsforderung (Abs 1) **durch Beschluss**. Auf Antrag des Gläubigers kann das Gericht zugleich die **Verpflichtung** des Schuldners zur **Zahlung aussprechen** (§ 53a Abs 2 S 2 FGG). Das gilt auch dann, wenn der Stundungsantrag als unbegründet abgewiesen wird (MünchKomm/Koch Rn 44). Damit erhält der Gläubiger einen vollstreckbaren Titel (§§ 53a Abs 4 FGG, 704 ff ZPO). Ist der Stundungsantrag in dem Rechtsstreit über die Forderung (Abs 5) gestellt worden, ergeht die Entscheidung einheitlich durch Urteil (§ 621a Abs 2 ZPO). Zur Entscheidung über eine Vollstreckungsabwehrklage ist das Familiengericht zuständig, §§ 767, 621 Abs 1 Nr 8 ZPO.

b) Das Familiengericht kann die unbestrittene oder im Urteil zugesprochene **24** Ausgleichsforderung **insgesamt** bis zu einem bestimmten Termin **stunden**. Es kann die **Stundung** auch **auf einen Teil** der Forderung **beschränken**. Es kann auch für Teile der Forderung jeweils andere Fälligkeitstermine festlegen, dem Schuldner also **Ratenzahlungen** bewilligen. Im letzten Fall ist die Anordnung zulässig und üblich, dass die gesamte Restforderung fällig wird, sobald der Schuldner mit einer Rate in Verzug gerät. Der Schuldner kann den Verfall unter den Voraussetzungen des

§ 1382 Abs 6 durch Erwirkung einer abändernden Entscheidung vermeiden (s auch § 53a Abs 3 FGG: einstweilige Anordnung). Auch nach Wirksamwerden einer Verfallklausel, die lediglich die sofortige Fälligkeit wiederherstellt, kann das Änderungsverfahren nach Abs 6 durchgeführt werden.

2. Verzinsung

25 a) Die Ausgleichsforderung ist **kraft Gesetzes zu verzinsen**, soweit sie gestundet ist (Abs 2). Enthält die Entscheidung des Familiengerichts entgegen Abs 4 keine Entscheidung über die Höhe der Verzinsung, so ist mit 4% zu verzinsen (§ 246).

26 b) Über die **Höhe des Zinssatzes** entscheidet das Familiengericht **nach billigem Ermessen** (Abs 4). Der gesetzliche Zinssatz des § 246 ist nicht verbindlich. Er kann sowohl über- als auch unterschritten werden. Ist der Schuldner jedoch bereits im Verzug oder ist die Forderung rechtshängig, sind mindestens 5% über dem Basiszinssatz festzusetzen (§§ 288, 291; im Fall der Rechtshängigkeit im Scheidungsverbund erst ab Rechtskraft der Scheidung, vgl OLG Zweibrücken FamRZ 2004, 1032). Liegt dieser Zinssatz ausnahmsweise höher, wird regelmäßig von den zur Zeit der Entscheidung üblichen Habenzinsen der Kreditinstitute auszugehen sein, wie sie für Guthaben mit einer der Stundungsdauer entsprechenden Laufzeit gewährt werden. Ein höherer Zinssatz kann angemessen sein, wenn der Gläubiger infolge der Stundung gezwungen ist, einen höher verzinslichen Kredit aufzunehmen oder die Mittel mit höherem Nutzen hätte einsetzen können und wollen (s auch GEROLD NJW 1960, 1744, 1745; MünchKomm/KOCH Rn 22; auch BGB-RGRK/FINKE Rn 13). Eine höhere Verzinsung kann auch billig sein, wenn dem Schuldner Stundung gewährt wird, um seine wirtschaftliche Lebensgrundlage nicht zu zerstören (oben Rn 14) oder um eine unwirtschaftliche Liquidierung zu vermeiden (oben Rn 15 f), er aber aus den auf diese Weise geschützten Vermögenswerten deutlich höheren Nutzen zieht (jetzt auch MünchKomm/KOCH Rn 22 geg Voraufl sowie GERNHUBER/COESTER-WALTJEN § 36 Rn 106 Fn 153). Der Schuldner soll aus der Stundung keine zusätzlichen Vorteile haben und behalten.

3. Sicherheitsleistung

27 **Auf Antrag** kann das Familiengericht dem Schuldner die Leistung von Sicherheiten für die gestundete Forderung auferlegen (Abs 3). Die Sicherheitsleistung ist nicht kraft Gesetzes ohne entsprechende Tenorierung Voraussetzung für das Wirksamwerden der Stundung (**aM** MünchKomm/KOCH Rn 23; GERNHUBER/COESTER-WALTJEN § 36 Rn 106). Das Gericht kann jedoch im Rahmen der Abwägung nach Abs 1 die Stundung von der vorherigen Sicherheitsleistung abhängig machen. Ist der Schuldner zur Sicherheitsleistung nicht imstande, wird dem Gläubiger eine Stundung regelmäßig nicht zumutbar sein.

28 **Art und Umfang der Sicherheitsleistung** bestimmt das Familiengericht nach billigem Ermessen (Abs 4). Entscheidend ist das durch die Stundung begründete Risiko für den Gläubiger unter Berücksichtigung der Vermögens- und Einkommenslage und der Vertrauenswürdigkeit des Schuldners. Das Gericht kann auch andere als die in § 232 aufgeführten Sicherheitsleistungen anordnen (hM), etwa Sicherungsübereignungen und Sicherungszessionen. § 232 Abs 2 steht der ausschließlichen oder vorrangigen Anordnung zur Stellung eines tauglichen Bürgen nicht im Wege. Das

Gericht kann dem Schuldner auch verschiedene Arten von gleichwertigen Sicherheitsleistungen zur Wahl stellen (GEROLD NJW 1960, 1745; MünchKomm/KOCH Rn 24; BAMBERGER/ROTH/MAYER Rn 12; SOERGEL/LANGE Rn 24). Es kann dem Schuldner aber nicht schlechthin die Wahl „geeigneter Sicherheiten" überlassen, da andernfalls unüberwindliche zwangsvollstreckungsrechtliche Schwierigkeiten auftreten würden (weitergehend JANSEN, FGG § 53a Rn 18; KEIDEL/KUNTZE/WINKLER, FGG § 53a Rn 13). Die Kosten der Sicherheitsleistung hat der Schuldner zu tragen.

V. Stundungsverfahren

1. Selbständige Familiensache bei nicht bestrittener Forderung

a) Wird die Stundung einer nicht bestrittenen Ausgleichsforderung (§ 1382 **29** Abs 1) ohne **Verbund** mit einer Scheidungssache (§ 623 ZPO) begehrt, entscheidet das **Familiengericht** (§§ 23b Nr 10 GVG, 621 Abs 1 Nr 9 ZPO) durch den **Rechtspfleger** (arg § 14 Abs 1 Nr 2 RPflG). Das Verfahren bestimmt sich nach den Vorschriften des FGG (s § 53a FGG) mit den in § 621a Abs 1 S 2 angeführten Angleichungen an das zivilprozessuale Verfahren. Die örtliche Zuständigkeit ergibt sich aus § 45 FGG (vgl § 621 Abs 2 S 2 ZPO). Zum Antragserfordernis s Rn 7 ff. Anwaltszwang besteht nicht (s Rn 9 aE).

b) Das Familiengericht soll mit den Beteiligten **mündlich verhandeln** und auf eine **30** **gütliche Einigung** hinwirken, § 53a Abs 1 FGG. Kommt es zu einer Einigung, so ist diese zu protokollieren, § 53a Abs 1 S 2 FGG. In den Vergleich kann ein etwa streitiger Teil der Ausgleichsforderung einbezogen werden, auch wenn insoweit ein Rechtsstreit anhängig ist. Der Vergleich kann die Verpflichtung des Schuldners zur Zahlung der Ausgleichsforderung enthalten, § 53a Abs 1 S 3 FGG. Der Vergleich ist ein vollstreckungsfähiger Titel, § 53a Abs 4 FGG.

c) Das Familiengericht kann **einstweilige Anordnungen** treffen, wenn hierfür ein **31** Bedürfnis besteht, § 53a Abs 3 FGG. Ein Antrag ist nicht erforderlich (hM); an gestellte Anträge ist das Gericht nicht gebunden. Es wird jedoch ohne Antrag oder doch Anregung durch eine der Parteien regelmäßig kein Bedürfnis für eine einstweilige Regelung feststellen können.

Eine einstweilige Anordnung darf die Endentscheidung des Gerichts nicht vorweg- **32** nehmen. Dies um so weniger, als die einstweilige Anordnung bereits mit ihrer Bekanntmachung wirksam wird (s Rn 34) und nicht isoliert, sondern nur mit der Endentscheidung angefochten werden kann (§ 53a Abs 3 S 2 FGG). Das Familiengericht wird daher nur die nötigsten Anordnungen treffen. In Betracht kommen insbesondere eine einstweilige Stundung der ganzen oder eines Teiles der Ausgleichsforderung, die Anordnung einer Verzinsung und uU auch die Verpflichtung zur Sicherheitsleistung. Da die Forderung unbestritten ist, kann auch die Verpflichtung zur Zahlung von Teilbeträgen, auch in Raten, ausgesprochen werden (DÖLLE I 829; MünchKomm/KOCH Rn 41; BGB-RGRK/FINKE Rn 17; SOERGEL/LANGE Rn 26). Auch die vorläufige Verpflichtung zur Zahlung setzt jedoch einen Antrag des Gläubigers voraus. Liegt über die Ausgleichsforderung bereits ein vollstreckbarer Titel vor, kann im Verfahren nach § 1382 Abs 6 oder bei erst nachträglichem Eintreten der Stundungsvoraussetzungen (s unten Rn 45) auch die einstweilige Einstellung der

Burkhard Thiele

Zwangsvollstreckung und die Aufhebung von Zwangsvollstreckungsmaßnahmen angeordnet werden.

33 Das Gericht kann seine **einstweiligen Anordnungen** bis zur Beendigung des Stundungsverfahrens (Rechtskraft der Entscheidung oder Rücknahme des Antrages) jederzeit **aufheben oder ändern**, § 18 FGG. Ist zugleich mit der Endentscheidung auch die einstweilige Anordnung (s § 53a Abs 3 S 2 FGG) mit der Beschwerde (§ 621e Abs 1 ZPO) angefochten worden, so ist nur das Beschwerdegericht zur Aufhebung oder Änderung befugt. Ist nur die Endentscheidung angefochten worden, kann gleichwohl das Beschwerdegericht durch einstweilige Anordnung eine neue und abweichende Regelung setzen.

34 Einstweilige Anordnungen werden mit der **Bekanntmachung** (§ 16 Abs 1 FGG) **wirksam** und sind **vollstreckbar** (§ 53a Abs 4 FGG). Die Vollstreckung erfolgt nach den Vorschriften der ZPO (§§ 704 ff). Einstweilige Anordnungen sind nicht selbständig anfechtbar, § 53a Abs 3 S 2 FGG.

35 **d)** Die **Endentscheidung** trifft das Familiengericht (der Rechtspfleger) durch Beschluss. Zum Inhalt der Entscheidung s oben Rn 23 ff. Die Entscheidung wird erst **mit der Rechtskraft wirksam**, § 53a Abs 2 S 1 FGG. Als selbständige Familiensache unterliegt die Entscheidung der befristeten, berufungsförmig ausgestalteten **Beschwerde** (§ 621e Abs 1, 3 ZPO). Über die Beschwerde entscheidet das **OLG** (§§ 119 Abs 1 Nr 1 a GVG). Die weitere Beschwerde findet auch dann nicht statt, wenn das OLG die Beschwerde als unzulässig verworfen hat (BGH NJW 1980, 402 mwNw). Ein Erinnerungsverfahren ist vor der Einlegung der Beschwerde nicht durchzuführen. Nach § 621e Abs 3 S 2 ZPO ist auch § 318 ZPO entsprechend anzuwenden, daher ist eine Abhilfeentscheidung ausgeschlossen. Die Befugnis zur Abänderung rechtskräftiger Entscheidungen gem § 1382 Abs 6 wegen wesentlicher Änderung der Verhältnisse bleibt unberührt (s dazu Rn 42 ff).

2. Einheitliche Entscheidung über bestrittene Forderung und Stundung

36 **a)** Soweit die Ausgleichsforderung **bestritten** ist, kann eine Stundung **nur in dem Rechtsstreit über die Forderung** beantragt werden, § 1382 Abs 5. Solange ein Rechtsstreit noch nicht anhängig ist, ist ein Stundungsantrag unzulässig. Der Schuldner muss entweder die Klage des Gläubigers abwarten oder selbst die negative Feststellungsklage erheben. Bei nur *teilweise bestrittener Forderung* kann jedoch die Stundung des unstreitigen Teils im Verfahren nach Abs 1 (s Rn 29 ff) beantragt werden. Wird anschließend die ganze Forderung eingeklagt, ist auch über die Stundung einheitlich im Urteil zu entscheiden. Der Stundungsantrag kann auch noch in der Berufungsinstanz gestellt werden.

37 **b)** Zuständig ist das **Familiengericht**, §§ 621 Abs 1 Nr 8, 621a Abs 2 ZPO. Über die Klage und den Stundungsantrag **wird einheitlich durch Urteil entschieden**, § 621 Abs 2 ZPO. Es entscheidet stets der **Richter**, § 14 Abs 1 Nr 2 RPflG. Ist der Rechtsstreit über die Ausgleichsforderung als **Folgesache** einer Scheidungssache anhängig (§ 623 ZPO), gelten weitere Besonderheiten (s unten Rn 39). Es besteht Anwaltszwang. Auch in den Fällen des § 1382 Abs 5 wird über die Stundung nach den Verfahrensgrundsätzen des FGG verhandelt, § 621a Abs 1 ZPO (s dazu oben Rn 30 ff).

c) Das einheitliche Urteil (s Rn 37) kann insgesamt mit der **Berufung** angefochten **38** werden. Die **Revision** findet nur statt, wenn das OLG sie im Urteil zugelassen hat (§ 543 ZPO). Die Stundungsentscheidung kann aber auch selbständig mit der **Beschwerde** angefochten werden (§§ 621a Abs 2 S 2, 629a Abs 2, 621e ZPO). Wird nach Einlegung der Beschwerde noch Berufung eingelegt, so ergeht die Entscheidung einheitlich durch Urteil des Berufungsgerichts, § 629a Abs 2 S 2 ZPO.

3. Stundungsverfahren als Folgesache

Ist ein Scheidungsverfahren rechtshängig, so wird bei rechtzeitigem Antrag (§ 623 **39** Abs 1 ZPO) über die Scheidung und die Stundung gemeinsam verhandelt und entschieden (§§ 623 Abs 1, 629 Abs 1 ZPO). Die Entscheidungen in Folgesachen werden erst mit der Rechtskraft des Scheidungsausspruchs wirksam (§ 629d ZPO).

Der Verbund kann sowohl für die Stundung allein als auch für die mit dem Streit **40** über die Ausgleichsforderung gekoppelte Stundung (§ 1382 Abs 5) begründet werden. Wird der Stundungsantrag erst nach dem Schluss der mündlichen Verhandlung erster Instanz in der Scheidungssache anhängig gemacht, bleibt das Verfahren selbständige Familiensache. War jedoch der Rechtsstreit über die Ausgleichsforderung bereits anhängig, erstreckt sich der Verbund auch auf die nachträglich beantragte Stundung. Die Folgesache wird von der Scheidungssache abgetrennt in den Fällen der §§ 623 Abs 1 S 2 und 628 Abs 1 ZPO. Wird der Scheidungsantrag zurückgenommen, gilt gem § 626 Abs 1 S 1 ZPO auch für die Folgesache § 269 Abs 3 ZPO. Wird der Scheidungsantrag abgewiesen, werden die Folgesachen gegenstandslos, § 629 Abs 3 S 1 ZPO. Die Fortführung einer Stundungssache als selbständige Familiensache, die in §§ 626 Abs 2, 629 Abs 3 ZPO auf Antrag ermöglicht wird, kommt praktisch nicht in Betracht. Anders, wenn neben dem Scheidungsantrag (auch hilfsweise) oder neben dem Vorbehaltsantrag ein Antrag auf vorzeitigen Zugewinnausgleich gestellt worden war, verbunden mit Anträgen (des Gläubigers) auf Zahlung der Ausgleichsforderung und (des Schuldners) auf Stundung.

Gegen das **gesamte Urteil** ist die **Berufung** gemäß § 511 Abs 2 zulässig. Gegen das **41** Berufungsurteil ist die **Revision nur bei Zulassung** durch das OLG gegeben. Keinesfalls gelangt jedoch die Stundungssache in die Revisionsinstanz (§ 629a Abs 1 ZPO). Wird nur die Stundungsentscheidung angefochten, ist das gegebene Rechtsmittel die befristete Beschwerde (§§ 629a Abs 2, 621e ZPO).

VI. Aufhebung und Änderung rechtskräftiger Entscheidungen (Abs 6)

1. Das **Familiengericht** kann nach Abs 6 eine **rechtskräftige Stundungsentschei- 42 dung aufheben oder ändern**, wenn sich die Verhältnisse nachträglich wesentlich geändert haben. Gegenstand der neuen Entscheidung ist bei einheitlichen Entscheidungen gem § 621a Abs 2 oder § 629 Abs 1 ZPO **allein die Entscheidung über die Stundung**. Rechtskräftigen Entscheidungen des Familiengerichts sind in analoger Anwendung von § 1382 Abs 6 (s auch §§ 17 Abs 2 HausratsVO, 45 Abs 4 WEG) **gerichtliche Vergleiche** gleichzustellen (hM, vgl MünchKomm/Koch Rn 47; Keidel/Kuntze/ Winkler, FGG § 53a Rn 18; BGB-RGRK/Finke Rn 21; Soergel/Lange Rn 35). Haben die Ehegatten eine außergerichtliche rechtsgeschäftliche Vereinbarung über die Stundung der Ausgleichsforderung getroffen, steht dem Schuldner gleichwohl das Recht zu, weitergehende Stundung zu beantragen, wenn sich die beim Vertragsschluss zugrunde gelegten Verhältnisse wesentlich geändert haben. Die Anpassung bei Wegfall der Geschäftsgrundlage vollzieht sich dann im Rahmen des Abs 6. War die Regelung der Parteien abschließend und endgültig gemeint, kommt eine Abänderung regelmäßig nicht in Betracht. Jedenfalls sind an die Voraussetzungen des Wegfalls der Geschäftsgrundlage besondere Anforderungen zu stellen.

43 **2.** Vorausgesetzt ist eine **nachträgliche wesentliche Änderung der Verhältnisse**, die zur Zeit der vorangegangenen Entscheidung vorlagen. Umstände, die bereits zur Zeit der Entscheidung vorlagen, den Beteiligten oder dem Familiengericht aber nicht bekannt waren, vom Gericht falsch beurteilt worden oder erst nachträglich beweisbar geworden sind, bleiben außer Betracht. Insoweit tragen die Beteiligten im Rahmen der Rechtskraft das Prozessrisiko- wie andere Parteien auch. Das gilt auch für damals voraussehbare Entwicklungen, die nicht erkannt oder fehlerhaft prognostiziert wurden.

44 Im Übrigen ist die **Änderung aller Umstände** zu berücksichtigen, die für die Beurteilung der Zahlung zur Unzeit (s Rn 12 ff) und der Interessenlage (Rn 19 ff) von Belang sind. **Wesentlich** ist die Veränderung, wenn das Festhalten an der Vorentscheidung einschließlich der Regelung der Verzinsung und der Sicherheitsleistung den Schuldner zur Unzeit treffen würde oder dem Gläubiger nicht zumutbar wäre. Sie ist aber auch schon dann wesentlich, wenn die Vorentscheidung, hätten die geänderten Verhältnisse bereits berücksichtigt werden können, deutlich anders ausgefallen wäre. In Betracht kommt eine wesentliche Veränderung sowohl der wirtschaftlichen und persönlichen Verhältnisse des Schuldners (nicht voraussehbare Vermögens- oder Einkommensänderungen, aber auch Nichteinhaltung der Fälligkeiten, Wertverfall geleisteter Sicherheiten) als auch der Verhältnisse des Gläubigers (Änderung der Vermögenslage, Sonderbedarf wegen Krankheit oder Arbeitslosigkeit). Ebenso sind Änderungen der Gesamtwirtschaftslage (zB der Lebenshaltungskosten oder des Zinsniveaus) zu berücksichtigen. Auch Veränderungen im Familienstand des Schuldners oder des Gläubigers können eine erneute Entscheidung rechtfertigen. Das gilt auch für den Fall der Wiederverheiratung des Schuldners; die erweiterte Stundung dient keineswegs nur den Interessen Dritter (des zweiten Ehegatten), sondern unmittelbar auch dem Schuldner (hM; **aM** MünchKomm/Koch Rn 50). Nach dem Tode des Schuldners wird der Grund für die frühere Stundung häufig entfallen.

45 **3.** Ein **erstmaliger Stundungsantrag nach Eintritt der Rechtskraft des Leistungsurteils** ist im Gesetz nicht ausdrücklich vorgesehen, aber zulässig. Auf Gründe, die noch während des Rechtsstreits hätten geltend gemacht werden können, kann der Antrag jedoch nicht gestützt werden. Eine wesentliche Änderung der Verhältnisse gem Abs 6 ist aber nicht zu fordern (**ebenso** Koeniger DRiZ 1959, 80, 82 f; MünchKomm/Koch Rn 53; Gernhuber/Coester-Waltjen § 36 Rn 108; **aM** OLG Naumburg FamRZ 2003, 375; Johannsen/Henrich/Jaeger Rn 13; Erman/Heckelmann Rn 3; Jansen, FGG § 53a Rn 6; Keidel/Kuntze/Winkler, FGG § 53a Rn 5; BGB-RGRK/Finke Rn 22; Palandt/Brudermüller Rn 5; Soergel/Lange Rn 32). Die strengeren Voraussetzungen des Abs 6 gelten nur für die Fälle, in denen die Rechtskraft einer früheren Entscheidung durchbrochen werden soll. Hier aber wird der Stundungsantrag ohne vorgängige Sachentscheidung erhoben unter Berufung auf Tatsachen, die erst nach der letzten mündlichen Verhandlung in der Tatsacheninstanz entstanden sind. In diesen Fällen gilt Abs 1; das rechtskräftige Urteil steht einer unbestrittenen Ausgleichsforderung gleich.

4.   Nach Ablauf einer vom Gericht gewährten Stundungsfrist kann ein **erneuter** **46** **Stundungsantrag** gestellt werden. Voraussetzung für eine wiederholte Stundung ist jedenfalls das nachträgliche Eintreten neuer Umstände, die bei der Vorentscheidung noch nicht berücksichtigt werden konnten (SOERGEL/LANGE Rn 38; wohl auch DÖLLE I 827; ohne Einschränkung ERMAN/HECKELMANN Rn 3; BGB-RGRK/FINKE Rn 23. MünchKomm/KOCH Rn 55 verlangt dagegen eine wesentliche Änderung der Verhältnisse gem Abs 6). § 1382 Abs 6 ist jedoch dann anzuwenden, wenn in der vorangegangenen Entscheidung ein weitergehender Antrag des Schuldners abgewiesen worden war.

5.   Aufgrund der Änderungsentscheidung, eines erstmaligen Stundungsbeschlus- **47** ses nach rechtskräftigem Leistungsurteil (Rn 45) oder einer erneuten Stundungsentscheidung (Rn 46) ist die Zwangsvollstreckung nach § 775 Nr 1, 2 oder analog Nr 4 ZPO **einzustellen oder zu beschränken** (so auch ERMAN/HECKELMANN Rn 4; GERNHUBER/ COESTER-WALTJEN § 36 Rn 107 Fn 158). Das Familiengericht kann während des Abänderungsverfahrens durch einstweilige Anordnung gem § 53a Abs 3 FGG die Zwangsvollstreckung einstweilen einstellen.

6.   Der **allgemeine Vollstreckungsschutz** gegen die Zwangsvollstreckung aus Leis- **48** tungstiteln über die Ausgleichsforderung (§§ 765a, 813a ZPO, 30a ZVG) bleibt grundsätzlich unberührt. Zuständig ist das Vollstreckungsgericht, nicht das Familiengericht (BAMBERGER/ROTH/MAYER Rn 15). Das Vollstreckungsgericht darf aber die im Rahmen einer Entscheidung nach § 1382 „verbrauchten" Umstände nicht berücksichtigen (s auch oben Rn 45, 46). Für die Gewährung eines Zahlungsaufschubes und andere materiellrechtliche Gestaltungen der Ausgleichsforderung ist jedoch das Familiengericht ausschließlich zuständig (BAUR FamRZ 1958, 252, 255; ERMAN/HECKELMANN Rn 4; MünchKomm/KOCH Rn 56; GERNHUBER/COESTER-WALTJEN § 36 Rn 107 Fn 157; **aM** wohl BGB-RGRK/FINKE Rn 20; DÖLLE I 829). Für die Vollstreckungsgegenklage bleibt ebenfalls das Familiengericht zuständig (ERMAN/HECKELMANN Rn 4).

VII. Abweichende Vereinbarungen

Durch **Ehevertrag** können die Ehegatten von vornherein vereinbaren, dass dem **49** Schuldner der Ausgleichsforderung bestimmte Zahlungsfristen (auch Ratenzahlungen) eingeräumt sein sollen, dass die Forderung zu verzinsen ist, und zugleich die Höhe des Zinssatzes bestimmen. Sie können auch Art und Umfang der Sicherheitsleistung festlegen. Gleichwohl kann der Schuldner weitergehende Gestaltungen gem § 1382 verlangen, wenn trotz der im Voraus gewährten Zahlungserleichterungen die der Vereinbarung entsprechende Erfüllung für ihn eine unzeitige Verpflichtung bedeuten würde. Ein **Ausschluss** oder eine **Beschränkung** der Stundungsmöglichkeit ist nach hM regelmäßig sittenwidrig (DÖLLE I 830; ERMAN/HECKELMANN Rn 6; BGB-RGRK/FINKE Rn 24; SOERGEL/LANGE Rn 8; **aM** LÜDERITZ/DETHLOFF § 5 Rn 152). Mit MünchKomm/KOCH Rn 59 ist dagegen 1382 als zwingendes Recht anzusehen.

§ 1383
Übertragung von Vermögensgegenständen

(1) Das Familiengericht kann auf Antrag des Gläubigers anordnen, dass der Schuldner bestimmte Gegenstände seines Vermögens dem Gläubiger unter Anrechnung auf die Ausgleichsforderung zu übertragen hat, wenn dies erforderlich ist, um eine grobe Unbilligkeit für den Gläubiger zu vermeiden, und wenn dies dem Schuldner zugemutet werden kann; in der Entscheidung ist der Betrag festzusetzen, der auf die Ausgleichsforderung angerechnet wird.

(2) Der Gläubiger muss die Gegenstände, deren Übertragung er begehrt, in dem Antrag bezeichnen.

(3) § 1382 Abs. 5 gilt entsprechend.

Materialien: BT-Drucks 2/3409, 13.
Vgl STAUDINGER/BGB-Synopse 1896–2005
§ 1383.

Schrifttum

BÜTE, Spekulationsgeschäfte bei der Vermögensauseinandersetzung unter Eheleuten – steuerliche Aspekte und Auswirkungen auf den Zugewinn, FuR 2003, 390
FEUERSÄNGER, Grundstücksübertragung beim Zugewinnausgleich, FamRZ 2003, 645
GEROLD, Ehevertragliche Beschränkung des Zugewinnausgleichs in Sachwerten (§ 1383 BGB), DNotZ 1964, 533
ders, Die richterliche Anordnung der Übertragung von Vermögenswerten nach Beendigung der Zugewinngemeinschaft (Diss Bonn 1964)
GÖTZ, Die Übertragung des Familienwohnheims, FamRB 2005, 185
ders, Ertragsteuerliche Risiken bei Leistungen an Erfüllungs statt zur Abgeltung eines Zugewinnausgleichsanspruchs, FamRB 2004, 89

KARASEK, Die Veräußerung von Wohneigentum im Rahmen des Zugewinnausgleichs, FamRZ 2002, 590
KOGEL, Wohnungseigentum und Zugewinn – Eine Regressfalle für den Anwalt –, FamRZ 2003, 808
MEYER-STOLTE, Eigentumsübertragung bei Zugewinnausgleich – Wirkungen der Anordnung gemäß § 1383 BGB –, Rpfleger 1976, 6.
MÜNCH, Vermögensübertragung bei Scheidung – Vorsicht vor Veräußerungsgewinnen, FamRB 2006, 92
SCHRÖDER, Eigentumsübertragung beim Zugewinnausgleich nach § 23 EStG, FamRZ 2002, 1010.

Systematische Übersicht

I. Zweck der Vorschrift

Die Ausgleichsforderung ist gem § 1378 Abs 1 eine reine **Geldforderung**. Im Einzel- **1**
fall kann der Gläubiger jedoch ein berechtigtes Interesse daran haben, dass ihm
bestimmte Gegenstände unter Anrechnung auf die Forderung übertragen werden.
Die Regierungsentwürfe zum Gleichberechtigungsgesetz hatten dennoch für eine
entsprechende gesetzliche Regelung kein zwingendes Bedürfnis anerkannt, weil die
Interessen des Gläubigers nach der Hausratsverordnung und den erbrechtlichen
Vorschriften über den Voraus ausreichend geschützt seien. Erst auf Anregung des
Bundestagsausschusses (BT-Drucks 2/3409, 13) ist die rechtliche Möglichkeit, dem
Gläubiger auf seinen Antrag auch Sachwerte zuzuweisen, als § 1383 in das Gesetz
übernommen worden.

Die Vorschrift gehört neben den §§ 1381, 1382 zu denjenigen Bestimmungen, die der **2**
Beseitigung oder Milderung von Härten dienen. Sie lässt eine **Billigkeitskorrektur**
der regelmäßigen Durchführung des Zugewinnausgleichs zu. Die Korrektur erfolgt
allein zugunsten des Gläubigers. Das Gesetz sieht dagegen nicht vor, dass auch dem
Schuldner gestattet werden kann, den Gläubiger durch Leistung von Sachwerten zu
befriedigen. Die Interessen des Schuldners lassen sich aber hinreichend gem § 1382
oder § 1381 wahren.

II. Voraussetzungen der Übertragung

1. Grobe Unbilligkeit für den Gläubiger

a) Die Übertragung bestimmter Gegenstände kann der Gläubiger nur dann ver- **3**
langen, wenn die **Erfüllung** der Ausgleichsforderung **durch Geldleistung eine grobe
Unbilligkeit** für ihn bedeuten würde, die durch die Leistung anderer Gegenstände
vermieden werden kann. Vorausgesetzt ist, dass nach den Umständen des einzelnen
Falles das Gerechtigkeitsempfinden in unerträglicher Weise verletzt wäre, wenn der
Gläubiger durch Geldleistung befriedigt oder wenn ihm die Zuweisung bestimmter
Gegenstände versagt würde. Zu berücksichtigen sind gleichermaßen das besondere
und dringliche Interesse des Gläubigers an der Leistung von Sachwerten überhaupt
(s Rn 4) und an der Leistung bestimmter einzelner Gegenstände (s Rn 7). Das Interesse kann auch ein rein persönliches oder Affektionsinteresse sein.

b) Ein unabweisbar schützenswertes Interesse des Gläubigers an Sachwertleistun- **4**
gen überhaupt kann dann bestehen, wenn nach der **gesamtwirtschaftlichen Lage** eine
„Abfindung" in Geld eine unerträgliche Benachteiligung für ihn bedeuten würde. In
Betracht kommen vornehmlich Zeiten „galoppierender Inflation" mit sehr raschem
Geldwertverfall bei gleichzeitig fehlenden oder stark erschwerten Anlagemöglich-

keiten in (relativ) wertbeständigen Werten. Praktische Bedeutung haben solche Fälle seit dem Inkrafttreten des Gleichberechtigungsgesetzes nicht gehabt.

5 **c)** **Nicht** ausreichend ist ein **allgemeines Interesse** des Gläubigers **an Sachwerten**, das sich allein darauf gründet, dass das Vermögen des Schuldners in besonders sicheren oder ertragreichen Sachwerten angelegt ist.

6 **d)** Das Verlangen nach Übertragung von Sachgütern kann auch dann begründet sein, wenn der Gläubiger andernfalls ungewöhnliche **Schwierigkeiten bei der Durchsetzung der Geldforderung** hinnehmen müsste. Mit der Abweisung eines Stundungsantrags des Schuldners wegen Unzumutbarkeit (vgl § 1382 Rn 19 ff, 21) ist dem Gläubiger nicht immer gedient. Ist er auf die alsbaldige Erfüllung der Ausgleichsforderung dringend angewiesen (s auch § 1382 Rn 21) und kann dem durch Zuweisung von Sachgütern abgeholfen werden, kann der Übertragungsantrag begründet sein. Zu erwartende Schwierigkeiten und Verzögerungen bei der Realisierung der Forderung im Wege der Zwangsvollstreckung allein reichen jedoch nicht aus (ebenso Soergel/ Lange Rn 5; Bamberger/Roth/Mayer Rn 2; weitergehend MünchKomm/Koch Rn 16; Johannsen/Henrich/Jaeger Rn 5; BGB-RGRK/Finke Rn 4; Gernhuber/Coester-Waltjen § 36 Rn 112 Fn 167). Die Zahlungsunfähigkeit oder Zahlungsunwilligkeit des Schuldners insbesondere sind daher nur dann zu berücksichtigen, wenn besondere und schwerwiegende Gründe vorliegen, die eine gegenüber der Zwangsvollstreckung wegen einer Geldforderung beschleunigte Befriedigung des Gläubigers unabweisbar machen.

7 **e)** Ein schutzwürdiges besonderes Interesse an der **Übertragung einzelner bestimmter Gegenstände** kann dann gegeben sein, wenn der Gläubiger gerade zu ihnen in einer besonders engen Beziehung steht. So kann die Verweisung auf die Geldforderung grob unbillig sein, wenn der Erwerb eines Gegenstandes durch den Schuldner ausschließlich oder ganz überwiegend vom Gläubiger finanziert oder durch seine Leistungen ermöglicht worden ist. Sie kann auch dann grob unbillig sein, wenn der Gläubiger bestimmten Gegenständen besonders nahe steht (hM; als Beispiel vgl etwa OLG Hamm FamRZ 1978, 687: den Umständen nach nicht bei einem Ferienhaus).

2. Zumutbarkeit für den Schuldner

8 Selbst wenn die Übertragung von Sachgütern erforderlich wäre, um eine grobe Unbilligkeit für den Gläubiger zu vermeiden, kann sie das Familiengericht nicht anordnen, wenn sie dem Schuldner nicht zumutbar ist. Die *beiderseitigen Interessen* sind gegeneinander abzuwägen. Je dringlicher das Interesse des Gläubigers ist, um so höhere Anforderungen sind an die Feststellung der Unzumutbarkeit für den Schuldner zu stellen. Die unterschiedliche Intensität der Interessen eines Ehegatten und der seiner Erben ist zu berücksichtigen.

9 Bei der Prüfung der Zumutbarkeit sind neben wirtschaftlichen *auch persönliche Umstände* zu berücksichtigen (vgl auch § 1382 Rn 20). Wirtschaftliche Interessen des einen Teils können persönlichen Interessen des anderen Teils entgegenstehen und umgekehrt. Dem Schuldner ist die Hergabe eines Gegenstands insbesondere dann nicht zuzumuten, wenn mit ihr eine fühlbare Beeinträchtigung seiner *wirtschaftlichen Grundlage* oder seines Lebenszuschnitts verbunden wäre. Unzumutbar ist dem Schuldner regelmäßig auch die Einräumung von Mitberechtigungen (Einräumung

von Miteigentum an Grundstücken, Übertragung oder Begründung von Anteilen an Personengesellschaften), wenn dadurch spätere Konflikte programmiert würden (s auch Rn 12 ff).

III. Gegenstände der Übertragung

1. Das Familiengericht kann stets nur **bestimmte einzelne Gegenstände** übertra- **10** gen, die zudem im Antrag des Gläubigers bezeichnet sein müssen (§ 1383 Abs 2).

2. **Zur Übertragung geeignet** sind grundsätzlich alle veräußerlichen geldwerten **11** Sachen und Rechte sowie Inbegriffe von Sachen und Rechten. In Betracht kommt auch die Einräumung von Alleinbesitz, soweit eine Bewertung und damit eine Anrechnung auf die Ausgleichsforderung möglich ist. Rechte, die inhaltlich unmittelbar (zB Geldforderungen) oder mittelbar (Grundschulden, Hypotheken) auf Geldleistungen gerichtet sind, müssen jedoch regelmäßig von einer Übertragung ausgenommen werden, da es nicht Zweck des Gesetzes ist, dem Gläubiger lediglich größere Sicherheit zu verschaffen (s auch MünchKomm/Koch Rn 9; Johannsen/Henrich/ Jaeger Rn 3; Soergel/Lange Rn 7). Ausnahmen sind vor allem in den oben Rn 6 angeführten Fällen denkbar (**aM** MünchKomm/Koch Rn 9).

3. Die **Begründung neuer (auch stiller) Rechte** zugunsten des Gläubigers (zB **12** Aufnahme als Gesellschafter in das vom Schuldner als Einzelkaufmann betriebene Unternehmen) wird von § 1383 nicht gedeckt (MünchKomm/Koch Rn 12; BGB-RGRK/ Finke Rn 4; Soergel/Lange Rn 7; **aM** Erman/Heckelmann Rn 2; Gerold, Die richterliche Anordnung der Übertragung von Vermögenswerten nach Beendigung der Zugewinngemeinschaft [Diss Bonn 1964] 70 ff). Ausgeschlossen ist auch die Begründung beschränkter dinglicher Rechte an Sachen oder Rechten des Schuldners, selbst wenn die Voraussetzungen des § 1383 im Übrigen einmal vorliegen sollten (s Rn 11). Dagegen spricht nicht so sehr der mehr formaljuristische Unterschied von Rechtsübertragung und Rechtsbegründung als vielmehr der Zweck des Gesetzes, in besonderen Fällen die gegebene gegenständliche Zusammensetzung des Schuldnervermögens dem Gläubiger nutzbar zu machen. Im Ergebnis wie hier Gernhuber/Coester-Waltjen § 36 Rn 111 Fn 165; MünchKomm/Koch Rn 11; **aM** Erman/Heckelmann Rn 2; Gerold 53 f.

4. Das Gesetz schließt eine **Teilübertragung** unter Schaffung von Mitberechtigun- **13** gen nicht aus (zB Einräumung von Miteigentum). Doch ist sie dem Schuldner regelmäßig nicht zuzumuten (vgl Rn 9), weil sie ihn mit der Gefahr künftiger Verwaltungs- und Auseinandersetzungsstreitigkeiten belastet (so auch Dölle I 831; Gerold [Rn 12] 85; Gernhuber/Coester-Waltjen § 36 Rn 111 Fn 165; MünchKomm/Koch Rn 10).

IV. Das Verfahren

1. **Zuständig** ist ausschließlich das **Familiengericht** (§ 621 Abs 1 Nr 9 ZPO). Das **14** **Verfahren** richtet sich nach den Vorschriften des FGG mit den in § 621a Abs 1 ZPO geregelten Modifikationen, s insbes § 53a FGG.

Ist das Übertragungsverfahren **isoliert anhängig**, entscheidet der Rechtspfleger, gegen **15** dessen Beschluss die befristete Beschwerde zulässig ist (s dazu § 1382 Rn 29 und 35).

16 Ist zugleich ein **Rechtsstreit über die Ausgleichsforderung anhängig**, kann der Übertragungsantrag nur in diesem Verfahren gestellt werden §§ 1383 Abs 3, 1382 Abs 5). Die Entscheidung ergeht einheitlich durch Urteil (s dazu § 1382 Rn 37 f). Eine erstmalige Antragstellung nach rechtskräftiger Entscheidung über den Ausgleichsanspruch ist zulässig, wenn sich die den Antrag rechtfertigenden Umstände erst nachträglich ergeben haben (Johannsen/Henrich/Jaeger Rn 8; wohl auch Erman/Heckelmann Rn 3 jedenfalls soweit keine Abweisung aus Sachgründen; aA D Schwab VII Rn 238; zur Abänderung s aber Rn 28).

17 Ist der **Übertragungsantrag als Folgesache** einer Scheidungssache rechtshängig, entscheidet das Familiengericht grundsätzlich einheitlich durch Urteil (vgl auch § 1382 Rn 39 ff).

18 2.   Anders als § 1382 Abs 1 schließt § 1383 bei **bestrittener Ausgleichsforderung** das Übertragungsverfahren als selbständige Familiensache (s Rn 15) nicht ausdrücklich aus. Der durch das 1. EheRG eingefügte § 1383 Abs 3 bestimmt lediglich, dass bei Anhängigkeit eines Rechtsstreits über die Ausgleichsforderung der Übertragungsantrag entsprechend § 1382 Abs 5 nur in diesem Verfahren gestellt werden kann. Damit ist der Meinungsstreit zur Anwendung von § 1383 bei bestrittener Forderung seit dem 1. 7. 1977 weithin gegenstandslos geworden. Nicht geregelt ist jedoch die Frage, ob ein Übertragungsantrag auch bei bestrittener Forderung zulässig ist, solange ein Rechtsstreit über diese noch nicht anhängig ist. Der Antrag ist als zulässig anzusehen (ebenso MünchKomm/Koch Rn 21). Er ist jedoch als unbegründet zurückzuweisen, wenn sich die Parteien nicht einigen (§ 53a Abs 1 FGG) oder die Forderung nicht wenigstens soweit unstreitig wird, dass sie dem anzurechnenden Betrag entspricht. Eine Entscheidung unter dem Vorbehalt der rechtskräftigen Zuerkennung der Ausgleichsforderung oder einer anderweitigen Streitbeilegung ist schon im Hinblick auf Abs 3 nicht möglich (iE hM, vgl OLG Köln OLGZ 76, 36 = FamRZ 1976, 28). Eine Aussetzung des Verfahrens kommt nicht in Betracht. Sobald die Ausgleichsforderung eingeklagt wird, gilt Abs 3 iVm § 1382 Abs 5.

19 3.   Die Übertragung von Sachgütern erfolgt nur **auf Antrag des Gläubigers** (s auch oben Rn 2). Im Antrag müssen **die Gegenstände, deren Übertragung der Gläubiger begehrt, bestimmt bezeichnet werden** (Abs 2). Der Antrag unterbricht die Verjährung des Zugewinnausgleichsanspruchs (BGH FamRZ 1994, 751). Die Auswahl der Gegenstände kann das Familiengericht nicht von sich aus vornehmen. Miterben können den Antrag nur gemeinsam stellen (§ 2040 Abs 1). Nach (positiver oder negativer) Entscheidung eines Antrags kann **erneut die Übertragung anderer Gegenstände** beantragt werden, solange die Ausgleichsforderung nicht erfüllt ist. Nach Abschluss eines Verfahrens gem Abs 3 müssen aber neue Umstände vorliegen, die bis zur letzten mündlichen Verhandlung nicht mehr geltend gemacht werden konnten (s Rn 16). Zum Anwaltszwang s § 1382 Rn 9. Der Gläubiger kann den Antrag jederzeit einseitig zurücknehmen.

20 4.   Das Familiengericht soll mit den Parteien **mündlich verhandeln** und auf eine **gütliche Einigung** hinwirken (§ 53a Abs 1 FGG; s dazu auch § 1382 Rn 30).

21 5.   Es kann **einstweilige Anordnungen** treffen (§ 53a Abs 3 FGG; s dazu § 1382 Rn 31 ff). Es kommen insbesondere **Veräußerungsverbote** gem § 136 in Betracht, aber auch die Anordnung der **Hinterlegung** oder der Herausgabe bestimmter Sachen an einen **Sequester** (ERMAN/HECKELMANN Rn 3; MünchKomm/KOCH Rn 24; SOERGEL/LANGE Rn 12). Das Familiengericht kann die Zwangsvollstreckung aus einem Zahlungstitel des Gläubigers einstweilen einstellen oder Vollstreckungsmaßnahmen aufheben. Auch der Entscheidungsverbund gem § 621a Abs 2 oder § 629 Abs 1 ZPO hindert nicht, dass die Übertragungssache noch rechtshängig ist, wenn der Streit über die Ausgleichsforderung bereits entschieden oder sogar rechtskräftig erledigt ist. Nur in Ausnahmefällen kann der Schuldner auch verpflichtet werden, dem Gläubiger einzelne Sachen einstweilen zum Besitz zu überlassen (FURTNER NJW 1965, 373, 377; BGB-RGRK/FINKE Rn 8; SOERGEL/LANGE Rn 12; **aM** MünchKomm/KOCH Rn 24). Die einstweilige Zuweisung zu vollem Recht (Eigentum) würde dagegen die Endentscheidung vorwegnehmen; sie ist daher unzulässig (FURTNER, FINKE, LANGE und KOCH aaO).

Das von der gestaltenden Entscheidung des Familiengerichts oder einer entspre- **22** chenden Vereinbarung der Parteien abhängige Recht des Gläubigers auf Übertragung bestimmter Gegenstände kann als künftiger Anspruch nicht nach den allgemeinen Vorschriften der ZPO durch **Arrest** oder **einstweilige Verfügung** gesichert werden (BARTHOLOMEYCZIK JZ 1965, 501; MünchKomm/KOCH Rn 25; BGB-RGRK/FINKE Rn 8; iE auch FURTNER NJW 1965, 373, 377; SOERGEL/LANGE Rn 15).

V. Die Entscheidung des Familiengerichts

1. Kommt eine gütliche Einigung nicht zustande, entscheidet das Familiengericht **23** durch Beschluss (s oben Rn 15) oder Urteil (Rn 16 f).

2. Die gerichtliche Entscheidung hat einen **doppelten Inhalt**: Zum einen **gestaltet 24** sie den Inhalt der Ausgleichsforderung. Ab Rechtskraft der Entscheidung **entfällt** in Höhe des Anrechnungsbetrages (s Rn 25) **die Geldschuld**. Insoweit tritt an ihre Stelle die nunmehr allein geschuldete Übertragung des in der Entscheidung bezeichneten Gegenstandes. Das Antragsrecht des Gläubigers kann als „Gestaltungsantragsrecht" verstanden werden, dem eine vom Familiengericht zu vollziehende *Ersetzungsbefugnis des Gläubigers* zugrunde liegt (ebenso GERNHUBER/COESTER-WALTJEN § 36 Rn 110; MünchKomm/KOCH Rn 3; SOERGEL/LANGE Rn 6; **aM** GEROLD [Rn 12] 35 ff: Wahlrecht des Gläubigers nach Rechtskraft der Entscheidung). Zum anderen begründet die rechtskräftige (s § 53a Abs 2 S 1 FGG) Entscheidung des Familiengerichts die **Verpflichtung des Schuldners** zur Übertragung der näher bezeichneten Gegenstände. Da nur ein schuldrechtlicher Anspruch begründet wird, der auf Übertragung des Eigentums gerichtet ist, wird ein Grundstück als solches mit der Stellung des Antrages nicht streitbefangen. Die Eintragung eines *Rechtshängigkeitsvermerkes* in das Grundbuch kommt deswegen nicht in Betracht (OLG Schleswig FamRZ 1996, 176). Die Zwangsvollstreckung erfolgt nach den Vorschriften der ZPO (§ 53a Abs 4 FGG). Auf entsprechenden Antrag (**aA** MEYER-STOLTE Rpfleger 1976, 7: entbehrlich) des Gläubigers spricht das Familiengericht die Verpflichtung des Schuldners aus, die zur Übertragung erforderlichen **Willenserklärungen abzugeben**. Mit der Rechtskraft der Entscheidung gelten die Erklärungen als abgegeben (§§ 53a Abs 4 FGG, 894 ZPO; GERNHUBER/COESTER-WALTJEN § 36 Rn 111; BAMBERGER/ROTH/MAYER Rn 5). Die in der Entscheidung auszusprechende Verpflichtung zur Vornahme der zur Übertragung erforderlichen weiteren Handlungen wird nach den allgemeinen Vorschriften vollstreckt, die Übergabe gem § 929 etwa nach § 883 ZPO (s auch MEYER-STOLTE Rpfleger 1976, 6). Auch die gerichtliche Entscheidung bewirkt steuerlich ein privates Veräußerungsgeschäft für das möglicherweise sog **Spekulationssteuern nach § 23 EStG** anfallen können (FEUER-SÄNGER FamRZ 2003, 646; MÜNCH FamRB 2006, 92; **aA** SCHRÖDER FamRZ 2002, 1010; s auch Nachweise bei § 1378 Rn 2).

25 3. In der Entscheidung, die die Übertragung anordnet, **ist der Betrag festzusetzen, der auf die Ausgleichsforderung angerechnet wird** (Abs 1 HS 2). Die Festsetzung erfolgt ohne Antrag der Parteien von Amts wegen. Festzusetzen ist der Betrag, der dem **Wert** der zu übertragenden Gegenstände zum **Zeitpunkt der Entscheidung** entspricht (hM). Auf den Zeitpunkt der Beendigung des Güterstandes kommt es ebenso wenig an wie auf den in den §§ 1384, 1387 bestimmten Berechnungszeitpunkt. Anzusetzen ist der volle wirkliche Wert, der notfalls durch vom Gericht zu bestellende Sachverständige zu schätzen ist.

26 Festgesetzt werden kann nur ein **Anrechnungsbetrag**. Der Betrag kann daher den Betrag **der Ausgleichsforderung nicht übersteigen** (GEROLD [Rn 12] 109 f; MünchKomm/ KOCH Rn 30; BGB-RGRK/FINKE Rn 11; SOERGEL/LANGE Rn 8; einschränkend – in aller Regel für den Schuldner unzumutbar – DÖLLE I 831 Fn 69). Daraus ergibt sich zugleich, dass das Familiengericht dem Gläubiger keine Gegenstände zuweisen kann, deren Wert den Betrag der Ausgleichsforderung übersteigen. Lässt sich anders eine billige Lösung nicht erreichen, hat das Gericht auf eine gütliche Einigung unter Vereinbarung einer Ausgleichszahlung durch den Gläubiger hinzuwirken. Kommt es nicht zu einer Einigung, ist ein Antrag, der Ausgleichszahlungen notwendig macht, abzuweisen.

27 4. Das Gericht entscheidet allein über den Übertragungsantrag. Nur bei Verbindung der Entscheidungen über die Ausgleichsforderung und die Übertragung (§§ 621a Abs 2 ZPO, 1383 Abs 3, 1382 Abs 5) kann es den Schuldner gleichzeitig zur Zahlung der Ausgleichsforderung verurteilen. Ist die Übertragungssache dagegen isoliert anhängig (s Rn 15), kann selbst bei unbestrittener Forderung eine Verpflichtung des Schuldners zur Zahlung nicht ausgesprochen werden. § 53a Abs 2 S 2 FGG gilt nur im Stundungsverfahren nach § 1382, nicht auch im Verfahren über einen Antrag nach § 1383.

28 5. Die rechtskräftige Entscheidung des Familiengerichts hat endgültige Wirkung. Eine § 1382 Abs 6 entsprechende Abänderungsmöglichkeit ist nicht vorgesehen (insoweit wie hier D SCHWAB VII Rn 239; s aber o Rn 16, 19).

VI. Leistungsstörungen

29 1. Nach rechtskräftiger Anordnung der Übertragung bestimmter Gegenstände schuldet der Schuldner nur noch diese. In Höhe des auf die Ausgleichsforderung anzurechnenden Betrages besteht eine Geldforderung nicht mehr (aM DÖLLE I 832: Wertforderung). Wird die Leistung des geschuldeten Gegenstandes unmöglich, wird der Schuldner insoweit frei (§ 275 Abs 1) oder muss Schadensersatz leisten (§§ 280 Abs 3, 283). Einen Ersatz oder **Ersatzanspruch** hat er auf Verlangen herauszugeben (§ 285 Abs 1). Ein Rückgriff des Gläubigers auf die durch die richterliche Rechtsgestaltung untergegangene Geldforderung ist nicht möglich (MünchKomm/KOCH Rn 32; SOERGEL/LANGE Rn 6). Insbesondere ist § 326 Abs 1 S 1 weder direkt noch analog mit der Wirkung anwendbar, dass die Anrechnung in Höhe des Wertes der unmöglich gewordenen Leistung als nicht geschehen angesehen wird (so aber BGB-RGRK/FINKE Rn 15; iE auch DÖLLE I 832). Die gerichtliche Übertragung von Gegenständen unter Anrechnung auf die Ausgleichsforderung beruht weder auf Vertrag noch begründet sie ein synallagmatisches Schuldverhältnis iS der §§ 320 ff.

2. Nach hM wird für **Sach- und Rechtsmängel** der übertragenen Gegenstände **30** entsprechend § 365 nach den Vorschriften des Kaufrechts gehaftet (GEROLD [Rn 12] 77 ff; JOHANNSEN/HENRICH/JAEGER Rn 11; GERNHUBER/COESTER-WALTJEN § 36 Rn 113; BAMBERGER/ROTH/MAYER Rn 5; SOERGEL/LANGE Rn 6). Das lässt sich schwerlich begründen. Die verschuldensunabhängige Einstandspflicht nach Gewährleistungsrecht würde den Schuldner übermäßig belasten. Anders als in den Fällen der §§ 364 Abs 1, 365 beruht die Sachleistungspflicht des ausgleichspflichtigen Ehegatten nicht auf einer rechtsgeschäftlichen Vereinbarung, sondern auf dem Richterspruch, der ohne Rücksicht auf seinen Verpflichtungswillen ergeht. Deshalb wird auch zu §§ 8, 9 HausratsVO die Anwendbarkeit von § 365 mit Recht verneint. Dagegen wird § 292 anzuwenden sein (wie hier MünchKomm/KOCH Rn 33 gegen Voraufl)

VII. Verhältnis zum Stundungs- und Hausratsverfahren

1. Die Verfahren nach § 1382 und § 1383 sind grundsätzlich unabhängig voneinan- **31** der. Sind beide Verfahren anhängig, ist deren Verbindung zweckmäßig, wenn nicht bereits gem §§ 621a Abs 2 ZPO, 1382 Abs 5, 1383 Abs 3 oder gem §§ 623, 629 Abs 1 ZPO ohnehin einheitlich durch Urteil zu entscheiden ist. Die Entscheidungen über die Stundung und die Übertragung können sich jedoch wechselseitig beeinflussen. So kann die Anordnung der Übertragung bestimmter Gegenstände den Stundungsantrag ganz oder teilweise gegenstandslos machen oder doch als unbegründet erscheinen lassen. Werden die Sachen gemeinsam verhandelt, wird das Familiengericht im Einzelnen abzuwägen haben, welche Entscheidung den Interessen der Beteiligten am besten entspricht. **Stundung und Übertragung** können aber auch nebeneinander angeordnet werden. Im Einzelfall kann auch die Übertragung gestundet werden.

2. Anträge auf **Zuteilung von Hausratsgegenständen während bestehender Ehe** **32** (§§ 18a HausratsVO, 1361a BGB) und auf Übertragung gem § 1383 treffen regelmäßig nicht aufeinander. Sie können aber im Rahmen einstweiliger Anordnungen gem § 53a Abs 3 FGG in eine Konkurrenz treten, wenn die Übertragungssache als Folgesache der Scheidungssache anhängig ist (§ 623 ZPO). Das auch für die Hausratsentscheidung zuständige Familiengericht (§ 11 Abs 1 HausratsVO) wird gleichwohl die Hausratsverteilung unter Berücksichtigung des § 1361a Abs 4 vorweg vornehmen, da die (End-)Entscheidung nach § 1383 erst mit der Rechtskraft des Scheidungsurteils wirksam werden kann (§ 629d ZPO). Einstweilige Anordnungen gem §§ 53a Abs 3 FGG, 1383 (s oben Rn 21) bleiben, soweit erforderlich, möglich.

3. Die (endgültige) Hausratsverteilung **nach oder für den Fall der Scheidung der** **33** **Ehe** (§§ 1, 8, 9 HausratsVO) und die Anordnung der Übertragung bestimmter Gegenstände nach § 1383 sind grundsätzlich **nebeneinander** möglich (ERMAN/HECKELMANN Rn 2; GEROLD [Rn 12] 177 ff; MünchKomm/KOCH Rn 36; BGB-RGRK/FINKE Rn 16; SOERGEL/LANGE Rn 19; aA JOHANNSEN/HENRICH/JAEGER Rn 2: §§ 8, 9 HausratsVO speziellere Regelung). Weist das Familiengericht einen Gegenstand gem §§ 8, 9 HausratsVO zu, kann es nur die dort vorgesehene Ausgleichszahlung anordnen, nicht aber die Anrechnung auf die Ausgleichsforderung. S zur Abgrenzung von Hausratsverfahren und Zugewinnausgleich aber auch § 1375 Rn 6. Folgt man der Auffassung des BGH zur Ausschließlichkeit des Verfahrens nach der HausratsVO, bliebe für § 1383 nur Raum für Hausratsgegenstände im Alleineigentum des anderen Ehegatten (SOERGEL/LANGE Rn 19; PALANDT/BRUDERMÜLLER Rn 2).

VIII. Abweichende Vereinbarungen

34 Durch **Ehevertrag** kann vereinbart werden, dass die Ausgleichsforderung in jedem Fall ganz oder teilweise nicht auf Geldleistung, sondern auf die Leistung von Gegenständen gerichtet ist (hM). Die Ehegatten können auch dem Gläubiger eine von den Voraussetzungen und Formalitäten des § 1383 befreite Ersetzungsbefugnis einräumen. Ein **Ausschluss** oder eine **Beschränkung** (etwa die Ausnahme bestimmter einzelner Gegenstände von der Übertragung) des Antragsrechts und der richterlichen Gestaltungsmöglichkeit zur Vermeidung grober Unbilligkeit ist jedoch auch durch Ehevertrag nicht möglich. § 1383 enthält zwingendes Recht (DÖLLE I 833; ERMAN/HECKELMANN Rn 4; MünchKomm/KOCH Rn 38). Solche Vereinbarungen scheitern dagegen nach BGB-RGRK/FINKE Rn 17 und SOERGEL/LANGE Rn 4 lediglich regelmäßig an § 138.

§ 1384
Berechnungszeitpunkt bei Scheidung

Wird die Ehe geschieden, so tritt für die Berechnung des Zugewinns an die Stelle der Beendigung des Güterstandes der Zeitpunkt der Rechtshängigkeit des Scheidungsantrags.

Materialien: E I und II: § 1393 Abs 1.
Vgl STAUDINGER/BGB-Synopse 1896–2005
§ 1384.

Schrifttum

FÜLLBIER/VÖLLINGS, Der Berechnungszeitpunkt im Zugewinnausgleich – Spielball von Vermögensmanipulationen, FuR 2003, 09
GÜNTHER, Nochmals: Rückdatierung des Stichtages für die Berechnung des Zugewinns bei Ehescheidung (§ 1384 BGB), FamRZ 1971, 231
HAGELSTEIN, Vorzeitiger Scheidungsantrag an das Verwaltungsgericht?, FamRZ 2000, 340
HECKELMANN, Der Zeitpunkt für die Vermögensberechnung bei Beendigung von Zugewinn- und Gütergemeinschaft, FamRZ 1968, 59
KOGEL, Vorzeitiger Zugewinnausgleich und Scheidungsantrag durch Klageinreichung beim Verwaltungsgericht, FamRZ 1999, 1252
NEUMANN-DUESBERG, Rückdatierung des Zugewinn-Berechnungszeitpunktes bei der Ehescheidung (§ 1384 BGB), FamRZ 1970, 561
ders, Nochmals: Rückdatierung des Stichtages für die Berechnung des Zugewinns bei Ehescheidung (§ 1384 BGB), FamRZ 1971, 233
REINICKE, Berechnung des Zugewinns bei Scheidung der Ehe auf Widerklage, BB 1967, 521.
SCHRÖDER, Berechnungszeitpunkt für den Zugewinn bei Scheidung, FamRZ 2003, 277.

Systematische Übersicht

I. Zweck der Vorschrift

1. Für die Berechnung des Zugewinns und die Bewertung des Endvermögens **1** wird grundsätzlich der Zeitpunkt der Beendigung des Güterstandes zugrunde gelegt, §§ 1373, 1375, 1376 Abs 2. Wird die Ehe geschieden, endet der Güterstand erst mit der Rechtskraft des Scheidungsurteils. Bereits durch die Rechtshängigkeit des Scheidungsantrags, der den Vollzug des Zugewinnausgleichs nach der Scheidung in greifbare Nähe rückt, wird aber **die Gefahr** begründet, **dass ein Ehegatte sein Endvermögen zum Nachteil des anderen zu verringern sucht** (vgl BT-Drucks 2/3409, 13). Dieser Gefahr will das Gesetz begegnen, indem es in § 1384 den **Berechnungsstichtag** auf den Zeitpunkt der Rechtshängigkeit des Scheidungsantrags **vorverlegt**.

2. Im Interesse der Rechtsklarheit ist der in § 1384 bestimmte Berechnungsstich- **2** tag in jedem Falle der Scheidung zugrunde zu legen. Es kommt nicht darauf an, *ob im Einzelfall die Befürchtung* begründet ist, auch nur einer der Ehegatten werde sein Endvermögen bis zur Beendigung des Güterstandes planmäßig vermindern (hM, vgl MünchKomm/Koch Rn 2; BGB-RGRK/Finke Rn 2; Soergel/Lange Rn 2). Die Frage des richtigen Stichtags berührt nicht das rechtliche Verhältnis der Parteien, sondern ist nur Vorfrage für den Zugewinnausgleich. Der Stichtag kann deswegen **nicht Gegenstand einer Feststellungs- oder Zwischenfeststellungsklage** sein (OLG Köln FamRZ 2003, 539 m Anm Höser; Koch FamRZ 2004, 998).

II. Anwendungsbereich, Berechnungszeitpunkt

1. § 1384 regelt unmittelbar nur den Fall der **Scheidung der Ehe**. Berechnungs- **3** und Bewertungszeitpunkt ist der **Zeitpunkt der Zustellung des Scheidungsantrags** (§§ 622 Abs 2 S 2, 261 Abs 1, 253 Abs 1 ZPO; Kogel FamRZ 1999, 1253 meint, den Stichtag durch Einreichung der Klagschrift beim Verwaltungsgericht vorverlegen zu können wegen §§ 81 Abs 1, 90 Abs 1 VwGO; dagegen Hagelstein FamRZ 2000, 340). Das ist nach der Neufassung der Vorschrift durch Art 1 Nr 12 1. EheRG („Rechtshängigkeit") ganz eindeutig, galt aber auch für die vor dem 1. 7. 1977 geschiedenen Ehen (hM, vgl nur BGHZ 44, 163, 166 = NJW 1965, 2055).

Die **Dauer des Ehescheidungsverfahrens** bleibt ohne Auswirkung auf die Vorverle- **4** gung des Berechnungszeitpunkts. Selbst ein längeres Ruhen des Verfahrens lässt die

Vorverlegung unberührt (BGH FamRZ 1983, 350 [4 Jahre]; OLG Karlsruhe DJ 1976, 33 = FamRZ 1976, 152 [LS]; OLG Hamm NJW 1980, 1637 [5 Jahre]; FamRZ 1992, 1180 [9 Jahre]; KG NJW-RR 1996, 1090; BGH FamRZ 2006, 120 für § 1587 Abs 2; MünchKomm/Koch Rn 5; Palandt/ Brudermüller Rn 5). Das gilt auch für die Aussetzung des Verfahrens nach § 614 Abs 2 ZPO. Unerheblich ist auch, ob die Parteien während des Rechtsstreits oder seines Ruhens getrennt gelebt haben (OLG Karlsruhe aaO). § 204 Abs 2 ist nicht entsprechend anzuwenden. Mag der ausgleichsberechtigte Ehegatte das Verfahren nach § 250 ZPO wieder aufnehmen und auf eine Entscheidung drängen oder, wenn er selbst den Scheidungsantrag gestellt hatte, diesen zurückzunehmen. **Ausnahmen** sind aber in den vom OLG Karlsruhe aaO und FamRZ 1980, 1119 angesprochenen, aber nicht entschiedenen Grenzfällen anzuerkennen (vorbehaltlose Versöhnung und Einigung über Nichtfortsetzung des Verfahrens). Hier greift der Schutzzweck des § 1384 nicht mehr ein. Die spätere Aufnahme des Verfahrens (§ 250 ZPO) ist als neuer Scheidungsantrag zu werten (so iE OLG Bremen FamRZ 1998, 1516). Die abweichende Revisionsentscheidung zu erstgenannter Entscheidung (FamRZ 1983, 350) hebt allerdings nach den besonderen Umständen des Falles zu Recht auf die Möglichkeit zur Klagerücknahme ab. Die teleologische Reduktion erübrigt den sonst in solchen Fällen gegebenen Rückgriff auf den Einwand der unzulässigen Rechtsausübung gegen die Berufung auf § 1384 (auf § 242 hebt ab Johannsen/Henrich/Jaeger Rn 5; Bartsch FamRZ 2001, 292; grundsätzlich aA MünchKomm/Koch Rn 5; Bamberger/Roth/Mayer Rn 2; Schröder FamRZ 2003, 277; Gernhuber/Coester-Waltjen § 36 Rn 33 Fn 37).

5 Maßgebend ist bei beiderseitigem Scheidungsantrag stets der Zeitpunkt der Rechtshängigkeit, ohne dass es darauf ankommt, wer den **Scheidungsantrag** gestellt hat. Unerheblich ist bei einheitlichem Verfahren, ob der zuerst gestellte Antrag die Scheidung herbeigeführt hat oder die Ehe nach dessen Rücknahme oder Abweisung auf den Gegenantrag geschieden wurde (BGHZ 46, 215 = NJW 1967, 439; BGH FamRZ 1996, 1144; BGH FamRZ 2006, 260 zu § 1587 Abs 2; Erman/Heckelmann Rn 1; MünchKomm/Koch Rn 6; BGB-RGRK/Finke Rn 11; Soergel/Lange Rn 7; anders Schröder FamRZ 2003, 277). Eine andere Entscheidung (zugunsten des Zeitpunkts der Erhebung der Widerklage) ist aber dann geboten, wenn der Beklagte, der zunächst Abweisung der Klage beantragt hatte und an der Ehe festhalten wollte, seine Widerklage nach Rücknahme oder Abweisung des zeitlich früheren Antrags auf neue Tatsachen stützt, die erst nach der früheren Klagerhebung entstanden sind. Wenn trotz fortbestehender Rechtshängigkeit eines früher eingeleiteten Scheidungsverfahrens ein weiteres (im Hinblick darauf zunächst unzulässiges) durchgeführt wird, ist **maßgeblich das zur Ehescheidung führende Verfahren** (BGH NJW 1979, 2099: der zuerst gestellte wurde nach Rechtshängigkeit des letztlich zur Scheidung führenden Antrags zurückgenommen; AG Mölln FamRZ 2001, 291 m Anm Bartsch). Weil ein späterer eigenständiger Scheidungsantrag wegen der Rechtshängigkeit des ersten unzulässig wäre, ist der spätere Antrag im Zweifel als ein weiterer Antrag im anhängigen Verfahren aufzufassen. Ein Antrag des Gegners, auch der bei einem anderen Gericht gestellte, ist mit dem rechtshängigen Ehescheidungsverfahren zu verbinden. Entscheidend ist in dieser Konstellation deswegen regelmäßig der älteste noch rechtshängige Antrag, auch wenn es zur Aussetzung oder zum Stillstand dieses Scheidungsverfahrens gekommen war (BGH FamRZ 2006, 260).

6 **2.** Dem Scheidungsantrag **steht gleich die Erhebung der Klage auf Aufhebung der Ehe.** Das Gesetz verweist ausdrücklich auf die vermögensrechtlichen Folgen der Scheidung (§ 1318 Abs 3). Der Ausschluss der nach Scheidungsrecht zu bestimmen-

den vermögensrechtlichen Folgen in § 1318 Abs 3 HS 2 wirkt nur für den Fall, dass dies im Hinblick auf die Umstände grob unbillig wäre.

3. § 1384 ist **entsprechend anzuwenden, wenn der Güterstand nach Rechtshängig-** 7 **keit** des Scheidungsantrags, der Nichtigkeits- oder Aufhebungsklage **durch den Tod eines Ehegatten endet** und gem § 1371 Abs 2 die güterrechtliche Lösung wirksam wird. Die Vorschrift ist keineswegs gegenstandslos, wenn der Güterstand durch den Tod eines Ehegatten endet (so aber BT-Drucks 2/3409, 17; KRÜGER/BREETZKE/NOWACK § 1371 Anm 6). Das Scheidungsverfahren ist zwar in der Hauptsache erledigt, doch der Normzweck des § 1384 entfällt damit nicht. Die durch den Scheidungsantrag begründete Befürchtung planmäßiger Verminderungen der Endvermögen wird durch den Tod eines Ehegatten nicht gegenstandslos. Das Gesetz, das in § 1371 Abs 2 nicht auch auf § 1384 verweist, ist deshalb, an seiner eigenen Teleologie gemessen, lückenhaft und im Wege der analogen Anwendung zu ergänzen. Die analoge Anwendung **setzt** aber **voraus, dass die Ehe**, wäre sie nicht durch den Tod eines Ehegatten aufgelöst worden, auf den Scheidungsantrag (nach früherem Recht: auf die Scheidungsklage oder Widerklage) **geschieden worden wäre** (hM, vgl BGH FamRZ 2004, 528 m zust Anm KOCH; BGHZ 99, 304 = NJW 1987, 1764 m zust Anm GERNHUBER JR 1987, 330; ERMAN/HECKELMANN Rn 2; HECKELMANN FamRZ 1968, 59, 66 ff; MünchKomm/KOCH Rn 8; SOERGEL/LANGE Rn 3; JOHANNSEN/HENRICH/JAEGER Rn 2; D SCHWAB VII Rn 151; **aM** OLG Celle FamRZ 1984, 55; OLG Köln FamRZ 1985, 933; DÖLLE I 834). Im Prozess über die Ausgleichsforderung ist daher als Vorfrage zu klären, ob die Ehe geschieden worden wäre (über „Hypothetische Inzidentprozesse" vgl BAUR, in: FS Larenz [1973] 1063).

4. Ist **neben dem Scheidungsantrag die Klage auf vorzeitigen Ausgleich des Zuge-** 8 **winns** (§§ 1385, 1386) **rechtshängig,** ist für die Berechnung des Zugewinns der Zeitpunkt maßgebend, zu dem die erste Sache rechtshängig geworden ist (vgl KG FamRZ 2005, 806; OLG Karlsruhe FamRZ 2004, 466; OLG Bamberg FamRZ 1997, 92; OLG Hamm FamRZ 1982, 609). Vorauszusetzen ist jedoch, dass über diese Sache positiv entschieden wird oder entschieden worden wäre. So ist § 1387 entsprechend anzuwenden, wenn nach Erhebung der Klage auf vorzeitigen Ausgleich des Zugewinns der Scheidungsantrag rechtshängig geworden und zuerst über diesen entschieden worden ist, wenn die Klage gem §§ 1385, 1386 begründet gewesen wäre. Ist während des Scheidungsstreits die Klage auf vorzeitigen Zugewinn erhoben und über sie zunächst entschieden worden, ist § 1384 entsprechend anzuwenden, wenn die Ehe geschieden wird. **Ebenso** BGB-RGRK/FINKE Rn 9; SOERGEL/LANGE Rn 7, § 1387 Rn 6; wohl auch D SCHWAB VII Rn 150; HAGELSTEIN FamRZ 2000, 340. **Dagegen** halten es DÖLLE I 884; GERNHUBER/COESTER-WALTJEN § 36 Rn 34 Fn 40; KOGEL FamRZ 1999, 1252; BAMBERGER/ROTH/MAYER Rn 4; HECKELMANN FamRZ 1968, 59, 67 f; JOHANNSEN/HENRICH/JAEGER Rn 6 und MünchKomm/KOCH Rn 7 für unerheblich, ob in der zuerst rechtshängig gewordenen Sache positiv entschieden wird oder entschieden worden wäre. Der Zweck der §§ 1384, 1387 zwingt zu dieser Lösung nicht. Es handelt sich um verschiedene materiellrechtliche Gegenstände, über die in zwei selbständigen Verfahren (wenn auch von demselben Gericht, § 621 Abs 2 u 3 ZPO) zu entscheiden ist. Die praktischen Schwierigkeiten, die sich für die Berechnung der Ausgleichsforderung dann ergeben, wenn die Anwendung von § 1384 von dem späteren Scheidungsurteil abhängig ist, sind lösbar.

5. Wird während des Scheidungsverfahrens der Güterstand durch **Ehevertrag** 9 beendet (auch im Rahmen eines **Prozessvergleichs**), ist § 1384 ebenfalls analog anzuwenden, wenn die Ehegatten nichts anderes vereinbart haben (ebenso MünchKomm/ Koch Rn 9). Auch in diesem Fall ist jedoch vorausgesetzt, dass der Scheidungsantrag Erfolg gehabt hätte (anders wohl MünchKomm/Koch Rn 7, 9).

III. Rechtswirkungen

10 1.   Wird die Ehe geschieden (s auch die Sonderfälle in Rn 6 ff), so tritt **für die Berechnung des Zugewinns** und alle damit zusammenhängenden Fragen an die Stelle der Beendigung des Güterstandes der Zeitpunkt der Rechtshängigkeit des Scheidungsantrags. Nach diesem Zeitpunkt eintretende Vermögensänderungen bleiben daher auf die Feststellung des beiderseitigen Zugewinns ohne Einfluss. Insbesondere erfolgt eine Hinzurechnung zum Anfangsvermögen (§ 1374 Abs 2) nur dann, wenn sie noch vor Rechtshängigkeit vollzogen worden ist (vgl § 1374 Rn 24). Auch sind allein die noch vor diesem Zeitpunkt vollzogenen Vermögensminderungen gem § 1375 Abs 2 zu berücksichtigen (vgl § 1375 Rn 36). Ferner können nur solche Vermögenszuwendungen gem § 1380 auf die Ausgleichsforderung angerechnet werden, die noch vor Eintritt der Rechtshängigkeit des Scheidungsantrags gemacht worden sind (MünchKomm/Koch Rn 3). Das ergibt sich daraus, dass die Zuwendung stets auch dem Anfangsvermögen hinzugerechnet werden muss (vgl § 1380 Rn 25).

11 2.   In Ergänzung zu § 1384 besteht kraft ausdrücklicher Regelung in § 1379 Abs 2 auch der **Anspruch auf Auskunftserteilung** über den Bestand des Endvermögens ausnahmsweise bereits mit dem Antrag auf Scheidung und der Erhebung der Aufhebungsklage. Gemäß §§ 1389, 1390 Abs 4 kann ferner bereits nach Antragstellung der Klagerhebung **Sicherheitsleistung** verlangt werden.

12 3.   Unberührt bleiben die Vorschriften, die auf den Zeitpunkt der **Beendigung des Güterstandes** abstellen und nicht die Feststellung und Bewertung der Zugewinne regeln (vgl auch BGH FamRZ 1995, 598). Im Falle der Scheidung endet der Güterstand erst mit der Rechtskraft des Scheidungsurteils (§ 1564 S 2; s auch § 1313). Erst zu diesem Zeitpunkt **entsteht die Ausgleichsforderung**, wird verkehrsfähig (§ 1378 Abs 3) und **beginnt** frühestens **ihre Verjährung** (§ 1378 Abs 4, s auch § 1390 Abs 3). Insbesondere verbleibt es auch für die **Begrenzung der Ausgleichsforderung** gem § 1378 Abs 2 dabei, dass der Zeitpunkt der Beendigung des Güterstandes maßgebend ist (hM, vgl § 1378 Rn 8 mNw).

13 Erleidet der Ausgleichsschuldner daher zwischen dem Berechnungsstichtag (§ 1384) und der Beendigung des Güterstandes Vermögensverluste, die ihm kein den Betrag der rechnerisch ermittelten Ausgleichsforderung deckendes Vermögen belassen, so entsteht die Forderung (§ 1378 Abs 3 S 1) nur in Höhe des bei Rechtskraft des Scheidungsurteils vorhandenen Nettovermögens. Andererseits kann sich die Lage auch zugunsten des Gläubigers ändern. War zur Zeit der Rechtshängigkeit des Scheidungsantrags das Nettovermögen des Schuldners geringer als der Betrag der Ausgleichsforderung, wird diese nicht gem § 1378 Abs 2 begrenzt, soweit bei Beendigung des Güterstandes ausreichendes Vermögen vorhanden ist.

IV.   Abweichende Vereinbarungen

Ehevertragliche Vereinbarungen über den Berechnungsstichtag sind möglich (allgM). **14** Grenzen sind nur durch § 138 gezogen, die insbesondere überschritten sein können, wenn ein Ehegatte einseitig benachteiligt werden soll.

§ 1385
Vorzeitiger Zugewinnausgleich bei Getrenntleben

Leben die Ehegatten seit mindestens drei Jahren getrennt, so kann jeder von ihnen auf vorzeitigen Ausgleich des Zugewinns klagen.

Materialien: E I und II: § 1395.
Vgl STAUDINGER/BGB-Synopse 1896–2005
§ 1385.

Schrifttum

OTTEN, Die Dreijahresfrist bei Klagen auf vorzeitigen Zugewinnausgleich gem § 1385 BGB nF, FamRZ 1958, 447
SCHACHT, Die Sicherung des Zugewinnausgleichsanspruches, AnwBl 1982, 411

SCHUMANN, Streitwert bei Klage auf vorzeitige Aufhebung der Zugewinngemeinschaft und vorzeitigen Zugewinnausgleich, NJW 1960, 567.

Systematische Übersicht

I.   Zweck der Vorschrift

1.   Grundgedanke

1 Grundgedanke der §§ 1385–1388 ist es, den Ausgleich des Zugewinns bereits vor der Beendigung des Güterstandes zu ermöglichen. Da jedoch § 1388 mit dem Urteil auf vorzeitigen Ausgleich die weitere Rechtsfolge verbindet, dass Gütertrennung eintritt, gibt es dem klageberechtigten Ehegatten zugleich die Möglichkeit, den **Güterstand der Zugewinngemeinschaft** einseitig zu beenden, ohne zugleich die Scheidung der Ehe betreiben zu müssen. Das Gesetz gewährt den Ehegatten unter den in §§ 1385, 1386 genannten Voraussetzungen ein **Gestaltungsklagerecht**. Die hier enumerativ aufgeführten Einzeltatbestände erfassen Verhaltensweisen eines oder beider Ehegatten, die im Widerspruch zu den Grundlagen der Zugewinnbeteiligung stehen (§§ 1385, 1386 Abs 1), die künftige Ausgleichsforderung erheblich gefährden (§ 1386 Abs 2) oder die Berechnung des Zugewinns illoyal erschweren (§ 1386 Abs 3).

2.   Klageziel

2 Ziel der Klage ist der vorzeitige Ausgleich des Zugewinns. Die Beendigung des Güterstandes wird durch den gestaltenden Richterspruch ersetzt. Freilich ist nach § 1388 weitere gesetzliche Folge des rechtskräftigen Urteils, dass Gütertrennung eintritt. Die Klage ist weder unmittelbar auf Zahlung der Ausgleichsforderung zu richten noch auf Beendigung des Güterstandes. Klage und Entscheidung gehen vielmehr auf die Anordnung, dass der Zugewinn vorzeitig auszugleichen ist. Auf Klage des ausgleichsberechtigten Ehegatten kann das Urteil auch dahin ergehen, dass der Beklagte zum vorzeitigen Ausgleich des Zugewinns verurteilt wird.

3.   Subjektive Zwecke

3 Der **von dem klagenden Ehegatten im konkreten Fall verfolgte Zweck** kann mit dem Normzweck übereinstimmen. Er kann insbesondere den anderen Ehegatten von der künftigen Teilhabe an seinem Vermögenszuwachs ausschließen wollen. Ihm kann es aber auch vornehmlich darauf ankommen, seinen Ausgleichsanspruch sicherzustellen, ohne dass er darüber hinaus den Ausgleich künftiger Zugewinne ausgeschlossen wissen will. Das Gesetz ermöglicht ihm die Verwirklichung dieser Ziele nicht. Es gewährt weder ein Recht auf vorzeitigen Zugewinnausgleich ohne Beendigung des Güterstandes, noch ermöglicht es die Sicherung der künftigen Ausgleichsforderung, ohne zugleich die Klage auf Beendigung des Güterstandes oder auf Auflösung der Ehe erhoben zu haben (§ 1389). Insoweit ist die gesetzliche Regelung rechtspolitisch wenig glücklich.

4.   Anwendbarkeit von § 1381

4 § 1381 bleibt unberührt. Die gleichen Gründe, die zur Klage auf vorzeitigen Ausgleich des Zugewinns berechtigen, können im Einzelfall auch das Leistungsverweigerungsrecht begründen (s die Erl zu § 1381).

II. Vorzeitiger Ausgleich bei Trennung

1. Allgemeines

Die Klage auf vorzeitigen Ausgleich des Zugewinns ist begründet, wenn die Ehe- **5** gatten **seit mindestens drei Jahren getrennt leben**. Nach dreijähriger Trennung wird das endgültige Scheitern der Ehe unwiderlegbar vermutet (§ 1566 Abs 2). Eine Klage auf vorzeitigen Zugewinnausgleich kann daher die Ehe nicht mehr gefährden. Andererseits besteht nach so langer Heimtrennung ein Bedürfnis, die vermögensrechtliche Auseinandersetzung betreiben zu können, auch wenn die Scheidung der Ehe, aus welchen Gründen auch immer, nicht beantragt wird.

Eine weitere Angleichung von § 1385 an das Scheidungsrecht war entbehrlich. Zwar **6** kann nach §§ 1565 Abs 1, 1366 Abs 1 die Ehe geschieden werden, wenn die Ehegatten seit einem Jahr getrennt leben und beide Ehegatten die Scheidung beantragen oder der andere Ehegatte der Scheidung zustimmt. Die Übernahme dieser Regelung in § 1385 hätte aber bedeutet, dass beide Ehegatten mit dem vorzeitigen Ausgleich einverstanden sind. Dann bedarf es aber der Klage nicht, da eine Regelung iS der §§ 1385, 1388 durch Ehevertrag möglich ist. Deshalb wäre auch eine gerichtliche Entscheidung analog §§ 1385, 1566 Abs 1 unzulässig. Das schließt nicht aus, dass die Ehegatten sich in einem gleichwohl rechtshängig gewordenen Verfahren (ehevertraglich) vergleichen (s aber auch Rn 16).

2. Getrenntleben

Die Ehegatten leben getrennt, wenn zwischen ihnen keine häusliche Gemeinschaft **7** besteht. Die Definition in § 1567 ist auch bei der Anwendung von § 1385 zugrunde zu legen. Näheres dazu in den Erl zu § 1567.

3. Dreijahresfrist

Die dreijährige Frist beginnt mit der tatsächlichen Entfernung eines oder beider **8** Ehegatten aus der ehelichen Wohnung oder aus den bisher gemeinsam benutzten Räumen unter Begründung getrennter örtlicher Lebensmittelpunkte. Erforderlich ist weiter, dass mindestens ein Ehegatte die häusliche Gemeinschaft erkennbar aufheben und nicht wiederherstellen will, weil er die Ehe ablehnt. Bestand von Anfang an keine häusliche Gemeinschaft, kommt es allein auf den erkennbaren Willen an, die häusliche Gemeinschaft wegen Ablehnung der Ehe nicht herzustellen (Näheres in den Erl zu § 1567).

Die Frist muss spätestens im Zeitpunkt der letzten mündlichen Verhandlung abge- **9** laufen sein (vgl OLG Frankfurt FamRZ 1984, 895; OLG Köln FamRZ 2003, 539 jeweils zu § 1386).

Die Trennung muss grundsätzlich drei Jahre lang ununterbrochen angedauert haben. **10** Ist die häusliche Gemeinschaft in der Zwischenzeit wieder begründet worden, beginnt bei erneuter Trennung eine neue Dreijahresfrist. Ein kürzeres Zusammenleben, das erst einer Versöhnung dienen soll, ist jedoch gem § 1567 Abs 2 außer Betracht zu lassen. Es unterbricht oder hemmt die Frist nicht.

4. Kein Verschulden

11 Auf das **Verschulden** eines Ehegatten **kommt es nicht an** (s auch Rn 5). Auch der Ehegatte, der die Trennung durch schuldhafte Eheverfehlungen verursacht hat, kann nach Ablauf der Dreijahresfrist die Klage erheben. Eine Billigkeitskorrektur ist weder im Gesetz vorgesehen noch gem § 242 oder entsprechend § 162 möglich (ebenso MünchKomm/Koch Rn 11).

III. Das Verfahren

12 1. Funktionell **zuständig** ist das Familiengericht (§§ 23b Abs 1 Nr 9 GVG, 621 Abs 1 Nr 8 ZPO). Es liegt **keine Scheidungsfolgesache** gem § 623 Abs 1 ZPO vor (so auch KG FamRZ 2001, 166 m krit Anm Gottwald; OLG Düsseldorf FamRZ 2002, 1572 m Anm Leidinger). Das Verfahren nach § 1385 ist jedoch in der Hauptsache erledigt, wenn inzwischen ein Urteil auf Auflösung der Ehe rechtskräftig geworden ist (OLG Düsseldorf aaO; OLG Karlsruhe FamRZ 2004, 466). Es besteht Anwaltszwang, § 78 Abs 2 ZPO.

13 2. Die Klage ist **Gestaltungsklage**. Erst mit Eintritt der Rechtskraft des Urteils ist der Güterstand beendet (§ 1388) und entsteht die Ausgleichsforderung.

14 3. **Streitgegenstand** ist das Recht auf vorzeitigen Zugewinnausgleich, nur mittelbar auch die Beendigung des Güterstandes, nicht aber die Verpflichtung zur Zahlung der Ausgleichsforderung. Die Fassung des Gesetzes ist insoweit missverständlich.

4. Streitwert

15 Der Streitwert der Klage bestimmt sich demgemäß nicht nach der Höhe der Ausgleichsforderung (dafür aber Schumann NJW 1960, 567; wie hier jedoch MünchKomm/Koch Rn 30; Soergel/Lange Rn 11), sondern gem § 3 ZPO nach dem Interesse des Klägers an der vorzeitigen Beendigung des Güterstandes. Das Interesse wird allerdings maßgeblich davon mitbestimmt, ob der Kläger als künftiger Ausgleichsschuldner den Beklagten von der Teilhabe an seinem weiteren Zugewinn ausschließen oder ob er als künftiger Gläubiger einer Ausgleichsforderung deren Fixierung und Sicherung anstrebt (s auch oben Rn 3). Zu berücksichtigen ist in jedem Falle der Ausschluss beider Ehegatten von der Teilhabe am künftigen (§ 1387) Zugewinn des anderen sowie der Ausschluss der künftigen Beteiligung am Nachlass des anderen (§§ 1388, 1363 Abs 2, 1371 Abs 1 und 3). Das Gericht hat den Wert nach freiem Ermessen festzusetzen. Die generelle Festlegung auf einen bestimmten Bruchteil des Ausgleichsanspruchs (so BGH NJW 1973, 369 = FamRZ 1973, 133 für einen ausgleichsberechtigten Kläger: ein Viertel des Ausgleichsanspruchs) ist nicht annehmbar (so auch MünchKomm/Koch Rn 30; wie der BGH aber Erman/Heckelmann Rn 4; Palandt/Brudermüller Rn 11).

16 5. Das **Rechtsschutzinteresse** für die Klage fehlt, wenn der Beklagte schon vor Klagerhebung bereit war, Gütertrennung zu vereinbaren und für die Zugewinnberechnung einen § 1387 entsprechenden Stichtag festzulegen (MünchKomm/Koch Rn 32; grunds auch Dölle I 842; Erman/Heckelmann Rn 3; BGB-RGRK/Finke Rn 12).

6. Stufenklage

Die Klage auf vorzeitigen Ausgleich des Zugewinns kann verbunden werden mit der **17** **Klage auf Auskunftserteilung** (§ 1379) sowie mit der Klage **auf Zahlung** der Ausgleichsforderung. Die Klage ist als eine Art der Stufenklage zulässig (hM, vgl OLG Celle FamRZ 1983, 171; OLG Schleswig SchlHAnz 1975, 104; DÖLLE I 842; ERMANN/HECKELMANN Rn 3; GERNHUBER/COESTER-WALTJEN § 36 Rn 9; MünchKomm/KOCH Rn 34; JOHANNSEN/HENRICH/ JAEGER Rn 4; BGB-RGRK/FINKE Rn 11; SOERGEL/LANGE Rn 9; aM BAUR FamRZ 1962, 507, 509; SCHUMANN NJW 1960, 568). Auf die Voraussetzungen der §§ 257 ff ZPO, insbesondere des § 259 ZPO, kommt es dabei nicht an (MünchKomm/KOCH Rn 34; wohl zweifelnd GAUL FamRZ 1963, 531, 533; ERMAN/HECKELMANN Rn 3; BGB-RGRK/FINKE Rn 11). Die Entscheidungen über die Auskunftserteilung und die Zahlung der Ausgleichsforderung setzen jedoch die Rechtskraft des (Teil-)Urteils über den vorzeitigen Ausgleich voraus (hM; anders OLG Celle FamRZ 2000, 1369; KG FamRZ 2005, 805, dagegen SCHERER FamRZ 2001, 1169; KOCH FamRZ 2006, 587 mit dem zutreffenden Hinweis, dass zum einen möglicherweise eine Auskunft grundlos erteilt wird, wenn die Klage auf vorzeitigen Zugewinnausgleich im Rechtsmittelverfahren abgewiesen wird und zum anderen die nach Beendigung des Güterstands geschuldete Auskunft über die nach § 1353 deutlich hinausgeht). Wird die Klage aus § 1385, 1386 abgewiesen, werden die übrigen Anträge gegenstandslos. Sie sind ebenfalls abzuweisen.

7. Widerklage

Ist die Klage auf vorzeitigen Zugewinnausgleich erhoben, ist eine **Widerklage** des **18** anderen Ehegatten mit dem gleichen Ziel zulässig. Den Ehegatten stehen jeweils selbständige Gestaltungsklagerechte zu. Die Klage aus § 1385 kann jedenfalls mit einer Widerklage aus § 1386 beantwortet werden. Klage und Widerklage können auch auf denselben Tatbestand des § 1386 gestützt werden, da die Sachverhalte notwendig unterschiedlich sind. Klage und Widerklage können aber auch gleichermaßen auf § 1385 gestützt werden. Das Rechtsschutzinteresse für die Widerklage ist jedoch regelmäßig zu versagen, da vom Beklagten keine Frist zu wahren ist. Das Interesse an einer sachgerechten Kostenentscheidung kann durch analoge Anwendung von § 93a ZPO gewahrt werden (so auch MünchKomm/KOCH Rn 33; SOERGEL/LANGE Rn 7; aA OLG Koblenz FamRZ 1990, 1368; JOHANNSEN/HENRICH/JAEGER Rn 4). Zum Fehlen des Rechtsschutzinteresses für die Klage s oben Rn 16.

8.

Eine **Frist zur Erhebung der Klage** gem § 1385 (und § 1386) ist gesetzlich nicht **19** bestimmt. Im Einzelfall kann aber das Gestaltungsklagerecht unter dem Gesichtspunkt der Verwirkung (§ 242) verlorengehen (s auch MünchKomm/KOCH Rn 31). Ein Verzicht auf das Klagerecht wird in dem abwartenden Verhalten der Ehegatten nur in besonderen Fällen anzunehmen sein (s auch § 1386 Rn 28).

9. Prozessvergleich

Das Verfahren kann durch einen Prozessvergleich beendet werden. Neben § 127a ist **20** jedoch auch § 1410 zu berücksichtigen (gleichzeitige Anwesenheit beider Teile), dem jedoch im Anwaltsprozess durch gleichzeitige Anwesenheit der Anwälte genügt wird. Wird durch den Prozessvergleich der Güterstand beendet, ist § 1387 entsprechend anzuwenden (s § 1387 Rn 7). Möglich sind auch Vergleiche des Inhalts, dass der Zugewinn für die Vergangenheit ausgeglichen, die Zugewinngemeinschaft aber fortgesetzt wird. § 1388 gilt für diesen Fall weder unmittelbar noch entsprechend (s § 1388 Rn 5). Ein **vorzeitiger Ausgleich ohne Beendigung des Güterstandes** steht nicht im Widerspruch zu den Grundelementen der Zugewinngemeinschaft. Er wird von der Ehevertragsfreiheit gedeckt. Das Ergebnis des Zwischenausgleichs ist auf die bei Beendigung des Güterstandes zu errechnende Ausgleichsforderung anzurechnen, § 1380 (so auch BGB-RGRK/FINKE Rn 12; DÖLLE I 842; MünchKomm/KOCH Rn 36), falls nicht vereinbart worden ist, dass nach dem Zwischenausgleich eine neue Zugewinnberechnung nur für die Zukunft erfolgen soll. Darin liegt die Vereinbarung, dass die Zwischenendvermögen unter Berücksichtigung der Ausgleichsforderung für die weitere Zugewinnentwicklung als Anfangsvermögen gelten sollen.

21 **10.** Wird noch **während des Rechtsstreits** um den vorzeitigen Zugewinnausgleich **die Ehe rechtskräftig geschieden** (kein Entscheidungsverbund), so ist das Verfahren in der Hauptsache erledigt (s Rn 12). Zur Anwendbarkeit von § 1384 oder § 1387 s § 1384 Rn 8. Ein zwischenzeitlich ergangenes Scheidungsurteil allein beendet das Verfahren nicht. Es kann auf vorzeitigen Ausgleich erkannt werden, solange das Scheidungsurteil nicht rechtskräftig geworden ist (der Klage auf vorzeitigen Zugewinnausgleich nimmt die Rechtshängigkeit eines Scheidungsantrags dementsprechend auch dann nicht das Rechtsschutzinteresse, wenn derselbe Ehegatte beide Verfahren betreibt, OLG Karlsruhe FamRZ 2004, 466). Für die Berufung gilt die Zulässigkeitsvoraussetzung des § 511 Abs 2 ZPO.

22 **11.** **Stirbt ein Ehegatte** während des Rechtsstreits, ist die Hauptsache erledigt. Zur Anwendung von § 1387, wenn der Zugewinn gem § 1371 Abs 2 auszugleichen ist, vgl § 1387 Rn 6.

IV. Urteilswirkungen

23 **Mit der Rechtskraft** des Urteils, das auf vorzeitigen Ausgleich des Zugewinns erkennt, **tritt Gütertrennung** ein (s § 1388 m Erl dazu).

V. Abweichende Vereinbarungen

24 **1.** Durch **Ehevertrag** können die Ehegatten das Gestaltungsklagerecht aus §§ 1385, 1386 **im Voraus nicht ausschließen oder beschränken** (hM). Die §§ 1385, 1386 setzen zwingendes Recht (anders – regelmäßige Nichtigkeit gem § 138 – SOERGEL/LANGE § 1386 Rn 6).

25 **2.** Ehevertraglicher Regelung zugänglich ist jedoch die Vereinbarung **weiterer Gründe** für die vorzeitige Beendigung des Güterstandes und einer Verkürzung der Trennungsfrist. Auf das Erfordernis der rechtsgestaltenden gerichtlichen Entscheidung kann jedoch nicht verzichtet werden (ebenso MünchKomm/KOCH Rn 41). Das schließt einen ehevertraglichen „Zwischenausgleich" nicht aus (s oben Rn 20).

§ 1386
Vorzeitiger Zugewinnausgleich in sonstigen Fällen

(1) Ein Ehegatte kann auf vorzeitigen Ausgleich des Zugewinns klagen, wenn der andere Ehegatte längere Zeit hindurch die wirtschaftlichen Verpflichtungen, die sich aus dem ehelichen Verhältnis ergeben, schuldhaft nicht erfüllt hat und anzunehmen ist, dass er sie auch in Zukunft nicht erfüllen wird.

(2) Ein Ehegatte kann auf vorzeitigen Ausgleich des Zugewinns klagen, wenn der andere Ehegatte

1. ein Rechtsgeschäft der in § 1365 bezeichneten Art ohne die erforderliche Zustimmung vorgenommen hat oder

2. sein Vermögen durch eine der in § 1375 bezeichneten Handlungen vermindert hat

und eine erhebliche Gefährdung der künftigen Ausgleichsforderung zu besorgen ist.

(3) Ein Ehegatte kann auf vorzeitigen Ausgleich des Zugewinns klagen, wenn der andere Ehegatte sich ohne ausreichenden Grund beharrlich weigert, ihn über den Bestand seines Vermögens zu unterrichten.

Materialien: E I und II: § 1396.
Vgl STAUDINGER/BGB-Synopse 1896–2005
§ 1386.

Systematische Übersicht

Burkhard Thiele

I. Zweck der Vorschrift

1 **1.** Seinem **Grundgedanken** nach soll § 1386 ebenso wie § 1385 unter bestimmten Voraussetzungen die Möglichkeit geben, sich vom Güterstand der Zugewinngemeinschaft zu lösen, ohne dazu die Scheidung der Ehe herbeiführen zu müssen.

2 **2.** Den Einzeltatbeständen liegen unterschiedliche **Normzwecke** zugrunde. Ihnen allen gemeinsam ist die gesetzliche Typisierung der **Unzumutbarkeit, am Güterstand** der Zugewinngemeinschaft **festzuhalten.** Unterschiedlich sind aber die Gründe, aus denen sich die Unzumutbarkeit ergibt. Der Tatbestand des § 1386 Abs 1 (wie auch der des § 1385) gründet sich darauf, dass die *Grundlagen der Zugewinnbeteiligung* erheblich *gestört* sind und die Fortdauer der Störung befürchtet werden muss. § 1386 Abs 2 will dagegen ermöglichen, den Zugewinnausgleich vorzuziehen, weil das Verhalten eines Ehegatten eine erhebliche *Gefährdung der Ausgleichsforderung* besorgen lässt. Im Falle des Abs 3 schließlich liegt der Unzumutbarkeit die (freilich nicht zum Tatbestandsmerkmal erhobene) Befürchtung zugrunde, dass der Ehegatte, der die Unterrichtung verweigert, den anderen *nicht* oder nicht voll *an seinem Zugewinn beteiligen* oder doch dessen Berechnung erschweren will (vgl auch BT-Drucks 2/3409, 13).

3 **3.** Sind durch die in § 1386 bezeichneten Maßnahmen dem anderen Ehegatten **Nachteile entstanden,** hilft die Klage auf vorzeitigen Zugewinnausgleich nicht. Insoweit greifen aber andere Schutzvorschriften ein. In den Fällen des Abs 1 wird regelmäßig das Leistungsverweigerungsrecht begründet sein (s § 1381 Abs 2). Hat ein **Ehegatte** ein Gesamtvermögensgeschäft vorgenommen (§§ 1386 Abs 2 Nr 1, 1365), kann auch der andere Ehegatte die Unwirksamkeit geltend machen (§ 1368). Vor den benachteiligenden Folgen von Vermögensminderungen schützen weithin die Vorschriften der §§ 1375 Abs 2, 1390 iVm § 1378 Abs 2. Folgen von Verletzungen der Unterrichtungspflicht (Abs 3) können in gewissem Umfang über § 1379 verhindert werden.

II. Schuldhafte Nichterfüllung wirtschaftlicher Verpflichtungen (Abs 1)

4 **1.** Wirtschaftliche Verpflichtungen, die sich aus dem ehelichen Verhältnis ergeben, sind in erster Linie die Verpflichtungen zur Unterhaltsleistung (§ 1360) und zur Besorgung des ehelichen Haushalts nach Maßgabe der einvernehmlichen Regelung durch die Ehegatten (§ 1356 Abs 1). Dazu gehören aber auch die aus § 1353 abgeleiteten Pflichten wirtschaftlichen Inhalts (vgl die Erl zu § 1353, § 1364 Rn 5).

5 **2.** Die **Nichterfüllung** der wirtschaftlichen Verpflichtungen umfasst jedes pflichtwidrige Tun oder Unterlassen. Auch die nur unregelmäßige, unvollständige oder grundlos verzögerte Erfüllung der Pflichten gehört dazu (hM). Die Äußerung in der

Zeit der Trennung, man werde sein Vermögen „abräumen" und der Ehegatte „bekomme kein Geld" genügt dazu nicht (OLG Hamm FamRZ 2000, 228).

3. Das pflichtwidrige Verhalten muss **längere Zeit angedauert haben.** Bei der Be- **6** messung des vorausgesetzten Zeitraums ist nicht nur die Dauer der Ehe und des Güterstandes zu berücksichtigen, sondern *auch die Schwere* der Pflichtverletzungen. Bei schweren Pflichtwidrigkeiten werden geringere zeitliche Anforderungen zu stellen sein als bei leichten. Dass nur relativ kurze Zeit nicht gezahlter Kindesunterhalt erst auf Grund eines einstweiligen Verfügungsverfahrens beigetrieben werden musste, ist unerheblich für das Merkmal längere Zeit (OLG Hamm FamRZ 2000, 228). Zeitlich weit auseinanderliegende Pflichtverletzungen können nicht zusammengezogen werden. Wiederholte Verletzungshandlungen verschiedener Art können auch dann zusammengerechnet werden, wenn sie nicht in einem inneren Zusammenhang stehen. Es genügen selbständige Pflichtverstöße, die aber während eines längeren Zeitraums immer wieder auftreten. Die Frage nach einem gewissen inneren Zusammenhang der pflichtwidrigen Handlungen kann aber für die Prognose (s Rn 8) von Bedeutung sein.

4. Dem Ehegatten werden nur **schuldhafte** Pflichtverletzungen zugerechnet. Den **7** Verschuldensmaßstab bestimmt § 1359.

5. Es muss anzunehmen sein, dass der Ehegatte seinen wirtschaftlichen Verpflich- **8** tungen **auch in Zukunft nicht nachkommen wird.** Es ist eine auf Tatsachen gegründete Prognose anzustellen, bei der alle Umstände des Einzelfalles zu berücksichtigen sind. Erforderlich ist die objektiv begründbare ernstliche Besorgnis der Fortsetzung oder Wiederholung des Verhaltens. Für die Frage, ob eine Fortsetzungs- oder Wiederholungsgefahr besteht oder ob eher ein künftig pflichtgemäßes Verhalten wahrscheinlicher ist, spielen insbesondere Art, Umfang, Dauer und Schwere der bisherigen Verletzungen sowie die subjektive Einstellung des schuldigen Ehegatten eine Rolle. Wird Trennungsunterhalt gerichtlich geltend gemacht, begründet das für sich genommen noch kein Fehlverhalten des Unterhaltsschuldners. Insbesondere ergibt sich daraus nicht die Vermutung, dass nach der Entscheidung der Verpflichtung nicht nachgekommen werden wird. Vielmehr dient das Verfahren zunächst der Feststellung einer überhaupt bestehenden Verpflichtung (OLG Hamm FamRZ 2000, 228). Die Versicherung des Ehegatten, sich künftig pflichtgemäß zu verhalten, ist nur ein Umstand unter vielen. Zurückhaltend sind solche Versicherungen zu beurteilen, die nach Bestreiten der Pflichtwidrigkeit früheren Verhaltens erst im Rechtsstreit abgegeben werden. Von Bedeutung ist auch die Reaktion des schuldigen Ehegatten auf frühere Abmahnungen.

6. Die **Verletzung persönlicher Ehepflichten** kann die Klage auf vorzeitigen Zuge- **9** winnausgleich nicht begründen. Unerheblich ist auch, ob die Verletzung der wirtschaftlichen Pflichten einen messbaren **Einfluss auf den Zugewinn** des einen oder des anderen Ehegatten hat.

III. Gefährdung der Ausgleichsforderung (Abs 2)

1. Schutzzweck

Den in Abs 2 Nr 1 und 2 aufgeführten zustimmungslosen Gesamtvermögensgeschäf- **10** ten und den Vermögensminderungen versucht das Gesetz schon in den §§ 1365–1368 und 1375 Abs 2 ihre zugewinnrelevante Wirkung zu nehmen. Weder die Unwirksamkeit des Geschäfts und das Revokationsrecht auch des anderen Ehegatten (§ 1368) noch die Hinzurechnung der Vermögensminderung zum Endvermögen (§ 1375 Abs 2) vermag jedoch eine Gefährdung der künftigen Ausgleichsforderung völlig auszuschließen. Der gefährdete Ehegatte soll deshalb nicht das Risiko tragen, dass sich die Gefahr bis zum Zeitpunkt der regelmäßigen Beendigung des Güterstandes verwirklicht. Er kann deshalb auf vorzeitigen Zugewinnausgleich klagen und zugleich gem § 1389 Sicherheitsleistung verlangen.

2. Gesamtvermögensgeschäfte (Abs 2 Nr 1)

11 Zu den Voraussetzungen eines Rechtsgeschäfts über das Vermögen im Ganzen s § 1365 Rn 4 ff. Die zur Wirksamkeit des Rechtsgeschäfts erforderliche Zustimmung muss zur Zeit der letzten mündlichen Verhandlung über die Klage gem §§ 1385, 1386 fehlen. Sie darf daher auch nicht nach § 1365 Abs 2 durch das Vormundschaftsgericht ersetzt worden sein. Dass die Genehmigung noch ersetzt werden kann, steht der Klage auf vorzeitigen Zugewinnausgleich nicht entgegen (MünchKomm/Koch Rn 18; Soergel/Lange Rn 13). Ist der Ersetzungsantrag vor oder während des Verfahrens nach § 1386 gestellt worden, wird das Familiengericht dieses zweckmäßig gem § 148 ZPO aussetzen (BGB-RGRK/Finke Rn 5; MünchKomm/Koch Rn 18; Soergel/Lange Rn 13). Entgegen dem Wortlaut des Gesetzes, der dem des § 1366 Abs 1 entspricht, ist für die Klage aus § 1386 Abs 2 Nr 1 erst Raum, wenn der Kläger die Genehmigung verweigert hat. In der Klagerhebung liegt freilich uU die Verweigerung der Genehmigung (s aber § 1366 Abs 3).

3. Vermögensminderungen (Abs 2 Nr 2)

12 Zu den Tatbeständen der Vermögensminderungen s die Erl zu § 1375. Die generelle Verweisung auf § 1375 und der Normzweck des § 1386 Abs 2 Nr 2 decken auch den **Ausschluss des Klagerechts**, wenn die Voraussetzungen des § 1375 Abs 3 vorliegen (Ablauf der Zehnjahresfrist, Einverständnis). Im Ergebnis ganz hM (vgl Dölle I 840; Erman/Heckelmann Rn 2; MünchKomm/Koch Rn 20; Bamberger/Roth/Mayer Rn 4; BGB-RGRK/Finke Rn 6; Soergel/Lange Rn 15).

4. Gefährdung sachgerechter Zugewinnberechnung

13 **Weitere Voraussetzungen** des Klagerechts gem Abs 2 ist sowohl für Nr 1 (Rn 11) als auch für Nr 2 (Rn 12) die **Besorgnis einer erheblichen Gefährdung der künftigen Ausgleichsforderung**.

14 **a)** Der Wortlaut des Abs 2 legt eine Auslegung dahin nahe, dass nur der Ehegatte das Klagerecht haben kann, der auch Gläubiger der Ausgleichsforderung sein wird. Wenn Gegenstand der zu besorgenden Gefährdung die Ausgleichsforderung ist, hat in der Tat nur der künftige Gläubiger ein schutzwürdiges Interesse daran, der Verwirklichung der Gefahr vorzubeugen. Die herrschende Meinung im Schrifttum geht denn auch davon aus, dass das Klagerecht aus § 1386 Abs 2 nur dem künftigen Gläubiger zustehe, und erörtert vornehmlich die Frage, welche Beweisanforderungen insoweit gestellt werden müssen (vgl Dölle I 840; BGB-RGRK/Finke Rn 4; Soergel/

LANGE Rn 17; ERMAN/HECKELMANN Rn 2; PALANDT/BRUDERMÜLLER Rn 6). Nach anderer Meinung wird das Gestaltungsklagerecht aus Abs 2 auch dem Ehegatten gewährt, der möglicherweise oder sogar sicher der Schuldner der Ausgleichsforderung sein würde. Dieser bedürfe des Schutzes nicht minder als der voraussichtliche Gläubiger, da sich die Ausgleichsschuld erhöhe, wenn der Gläubiger seinen Zugewinn schmälere (GERNHUBER/COESTER-WALTJEN § 36 Rn 15; MünchKomm/KOCH Rn 21 f; BAMBERGER/ROTH/ MAYER Rn 5; RAUSCHER Rn 435).

b)   Die hM ist abzulehnen. Der (sachwidrig) an den §§ 1418 Nr 1, 1391 aF (s auch **15** § 1468 aF) orientierte Gesetzestext bedarf einer teleologischen Erweiterung. Auch der Ehegatte, der voraussichtlich Schuldner der Ausgleichsforderung sein wird, ist daran interessiert, dass der andere Ehegatte seinen Zugewinn nicht weiterhin schmälert, da sich seine Ausgleichsschuld entsprechend erhöhen würde. Durch die in Abs 2 Nr 1 und 2 genannten Maßnahmen kann nicht nur die künftige Ausgleichsforderung gefährdet werden, sondern es kann auch zu besorgen sein, dass die Forderung sachwidrig höher sein wird. Den voraussichtlichen Ausgleichsschuldner insoweit auf den erst nach Beendigung des Güterstandes wirksam werdenden § 1381 zu verweisen und ihm die Möglichkeit abzuschneiden, den illoyal handelnden Gläubiger seinerseits auf den status quo der Zugewinnentwicklung (§§ 1387, 1388) festzulegen und ihn von der Zugewinnbeteiligung für die Zukunft auszuschließen, würde den Ehegatten mit dem möglicherweise größeren Zugewinn unsachlich benachteiligen. Der Normzweck des § 1386 Abs 2 ist daher darin zu sehen, das **Interesse beider Ehegatten an einem sachgerechten Zugewinnausgleich** zu schützen (ähnlich MünchKomm/KOCH Rn 21: Orientierung an dem Gebot „loyaler Berechnung der Ausgleichsforderung"). Insoweit liegt nicht lediglich ein rechtspolitischer Fehler vor, sondern eine durch extensive Auslegung zu bereinigende Inkongruenz von Normzweck und Normtext.

c)   Eine erhebliche Gefährdung des sachgerechten Zugewinnausgleichs ist zu be- 16 sorgen, wenn Entstehung, Umfang oder Durchsetzung der Ausgleichsforderung zum Nachteil des klageberechtigten Ehegatten beeinflusst werden könnten.

Die Gefährdung braucht noch nicht konkret vorzuliegen. Es genügt die durch Tat- **17** sachen objektiv begründbare **Besorgnis einer künftigen Gefährdung.** Die Vornahme der in § 1386 Abs 2 bezeichneten Handlungen allein begründet die Besorgnis noch nicht (MünchKomm/KOCH Rn 23). Vorausgesetzt ist vielmehr weiter, dass durch sie die Möglichkeit einer Beeinträchtigung der Ausgleichsinteressen nahegelegt wird.

Bei einem **Gesamtvermögensgeschäft** (Abs 2 Nr 1) ist insbesondere danach zu fragen, **18** ob es vollen Umfangs rückgängig gemacht werden kann, ob der andere Ehegatte zur Revokation bereit und ob der klageberechtigte Ehegatte zu ihr (vgl § 1368) in der Lage ist. Eine Gefährdung ist zu besorgen, wenn der Dritte die Gegenstände nicht zurückgewähren kann und auch keinen Ersatz leisten muss oder kann und wenn er seinerseits Ersatzansprüche gegen den anderen Ehegatten hat (s dazu § 1365 Rn 98). Von Bedeutung kann auch sein, ob die Gefahr des erneuten Abschlusses von Gesamtvermögensgeschäften besteht.

Bei **Vermögensminderungen** iS des § 1375 Abs 2 kommt es vornehmlich darauf an, ob **19** Fortsetzungs- oder Wiederholungsgefahr besteht und ob eine Minderung des Zugewinns zu befürchten ist. Dabei ist zu berücksichtigen, dass die Vermögensminderung dem Endvermögen hinzuzurechnen ist. Eine Gefährdung ist daher nur zu besorgen, wenn bei späterer Beendigung des Güterstandes § 1378 Abs 2 eingreifen würde. Auch bei voraussichtlicher Anwendbarkeit von § 1390, der ohnehin nicht alle Fälle des § 1375 Abs 2 umfasst, lässt sich die Besorgnis einer Gefährdung regelmäßig nicht ausschließen, da der Dritte nur nach Bereicherungsgrundsätzen haftet. § 1390 ist überdies von vornherein unanwendbar, wenn der Ehegatte, der voraussichtlich den geringeren Zugewinn erzielt haben würde, ein Rechtsgeschäft der in § 1375 Abs 2 bezeichneten Art vorgenommen hat. Die Voraussetzungen von Abs 2 Nr 2 können vorliegen, wenn ein Ehegatte Vermögen ins Ausland schaffen und damit eine scheinbare Verminderung des Endvermögens erreichen will (insoweit enger OLG Karlsruhe FamRZ 1999, 663; wie hier GERNHUBER/COESTER-WALTJEN § 36 Rn 14)

20 Die drohende Gefährdung muss **erheblich** sein. Das Merkmal der Erheblichkeit bezieht sich sowohl auf das Maß der zu besorgenden Gefährdung als auch auf den Umfang der zu befürchtenden Beeinträchtigung der Interessen des Klägers an einer sachgerechten Zugewinnberechnung (MünchKomm/KOCH Rn 23; SOERGEL/LANGE Rn 17). Unerhebliche Auswirkungen auf die künftige Zugewinnberechnung oder die Durchsetzbarkeit des Ausgleichsanspruchs bleiben außer Betracht, selbst wenn die Gefahr solcher Auswirkungen erheblich ist. Stehen größere Werte auf dem Spiel, kommt es darauf an, ob eine Gefährdung bereits eingetreten oder doch die Möglichkeit der Gefährdung nicht nur nicht auszuschließen, sondern nach den Umständen naheliegend, ernstlich zu besorgen ist (insoweit zutreffend in Würdigung der Umstände OLG Karlsruhe aaO). Eine nicht nur entfernte Möglichkeit der Gefährdung kann sich insbesondere auch daraus ergeben, dass die Vornahme einer der in Abs 2 bezeichneten Handlungen die Gefahr begründet, dass künftig ähnliche Handlungen mit weitreichenden Folgen vorgenommen werden.

21 **Maßgebender Zeitpunkt** für die zu besorgende Gefährdung ist das Ende der letzten mündlichen Verhandlung in der Tatsacheninstanz (wie hier OLG Frankfurt FamRZ 1984, 895; SOERGEL/LANGE Rn 17; MünchKomm/KOCH Rn 21; BAMBERGER/ROTH/MAYER Rn 5).

IV.   Verweigerung der Unterrichtung (Abs 3)

1.   Unterrichtungspflicht

22 Aus § 1353 Abs 1 ergibt sich die Verpflichtung jedes Ehegatten, den anderen **wenigstens in großen Zügen über den Bestand seines Vermögens zu informieren** (vgl BGH FamRZ 1976, 516, 517; 1978, 677; 2001, 25 m Anm KOGEL MDR 2000, 1436; OLG Hamm FamRZ 2000, 228; OLG Nürnberg FuR 2000, 294; OLG Karlsruhe FamRZ 1990, 161; OLG Schleswig SchlHAnz 1974, 112; OLG Hamburg FamRZ 1967, 100). Der Anspruch kann mit der Eheherstellungsklage geltend gemacht werden (OLG Schleswig aaO; OLG Hamburg aaO; unentschieden BGH aaO: „mindestens mit der Eheherstellungsklage"). Die Zwangsvollstreckung ist gem § 888 Abs 3 ZPO ausgeschlossen (hL, vgl ERMAN/HECKELMANN § 1353 Rn 13, 19; D SCHWAB VII Rn 286; **aM** SOERGEL/LANGE Rn 18; MünchKomm/KOCH Rn 24; GERNHUBER/COESTER-WALTJEN § 36 Rn 13; BÜTE FuR 2004, 292). § 1386 Abs 3 setzt diese Unterrichtungspflicht voraus (s auch BT-Drucks 2/3409, 27 [zu § 1435]) und bestimmt als weitere Rechtsfolge ihrer Verletzung, dass auf vorzeitigen Zugewinnausgleich geklagt werden kann.

2. Inhalt und Umfang

Inhalt und Umfang der Unterrichtungspflicht lassen sich im Einzelnen nur nach den **23** Umständen des Falles bestimmen. **Die Unterrichtung** hat jedoch stets nur in **großen Zügen** zu erfolgen, so dass sich der andere Ehegatte ein **ungefähres Bild** von der Vermögenslage machen kann. **Auskunft** gem § 260 **kann nicht verlangt werden.** Insoweit enthält § 1379 eine spezielle Regelung, nach der ein Auskunftsanspruch erst nach Beendigung des Güterstandes entsteht. Es kann auch die **Vorlage von Unterlagen** und die **Einsicht in Geschäftsbücher** nicht verlangt werden (OLG Celle FamRZ 2000, 1369; OLG Hamm FamRZ 2000, 228; OLG Karlsruhe FamRZ 1998, 761 u FuR 2003, 86). Wohl aber sind nicht ganz unwesentliche einzelne Vermögensbewegungen mitzuteilen (s auch BGH FamRZ 1976, 516, 517). Die Unterrichtungspflicht erschöpft sich nicht in der einmaligen Mitteilung des Vermögensstandes. Jeder Ehegatte kann vielmehr verlangen, über die Vermögensverhältnisse des anderen mit einer gewissen Regelmäßigkeit informiert gehalten zu werden. Meist reicht die Mitteilung wesentlicher Änderungen aus.

3. Beharrliche Weigerung

Der andere Ehegatte muss die Unterrichtung über den Bestand seines Vermögens **24** beharrlich verweigern. Mag auch die aus § 1353 abgeleitete Unterrichtungspflicht mindestens bei einschneidenden Änderungen ohne besondere Aufforderung zu erfüllen sein, setzt die Klage aus § 1386 Abs 3 über die bloße Nichterfüllung hinaus eine **Weigerung** voraus. Sie ist nur gegeben bei Unterlassung von ausreichenden Mitteilungen trotz Aufforderung (MünchKomm/Koch Rn 26; BGB-RGRK/Finke Rn 9; Soergel/Lange Rn 20; Bamberger/Roth/Mayer Rn 6). Die Ablehnung ergänzender Informationen bei unzureichenden Angaben genügt zur Annahme einer Verweigerung. **Beharrlich** ist die Weigerung, wenn der andere Ehegatte wiederholt der Aufforderung zur Unterrichtung nicht oder nicht ausreichend nachkommt. Sie ist auch dann beharrlich, wenn die Information grundsätzlich, ernsthaft und endgültig abgelehnt wird. In diesem Falle bedarf es keiner weiteren Aufforderung mehr. Es ist jedoch nicht generell erforderlich, dass eine Aufgabe des Weigerungsverhaltens nicht mehr erwartet werden kann (so aber MünchKomm/Koch Rn 26). Verweigert ein Ehegatte die Auskunft grundlos und beharrlich, wird die auf vorzeitigen Ausgleich gerichtete Klage nicht unbegründet, wenn nach ihrer Erhebung die Auskunft erteilt wird. Die Klage sanktioniert die verweigerte Auskunft. Sie bezweckt nicht die Erteilung derselben (vgl AG Villingen-Schwenningen FamRZ 2004, 1788; Koch FamRZ 2005, 849). Auch der Ehegatte verweigert die Unterrichtung beharrlich, der der entsprechenden Aufforderungen in der Vergangenheit zwar nachgekommen ist, dies aber nur sehr zögernd, auf mehrfaches Drängen, vielleicht erst nach Ankündigung gerichtlicher Schritte, und der wiederum einem berechtigten Verlangen nicht innerhalb einer angemessenen Frist entspricht.

4. Ohne ausreichenden Grund

Die Verweigerung der Information muss ferner ohne ausreichenden Grund erfolgt **25** sein. Ein ausreichender Grund liegt vor, wenn ein Anspruch auf Unterrichtung nicht besteht. Der Anspruch entfällt gem § 1353 Abs 2, wenn die Ehegatten seit drei Jahren getrennt leben, §§ 1565 Abs 1, 1566 Abs 2 (so auch OLG Karlsruhe FuR 2003,

86; PALANDT/BRUDERMÜLLER § 1379 Rn 4; JOHANNSEN/HENRICH/JAEGER § 1379 Rn 4). Das Scheitern der Ehe berührt jedoch ein zuvor entstandenes Recht nicht, auf vorzeitigen Ausgleich des Zugewinns zu klagen. Das Gesetz zwingt nicht dazu, Scheidungsantrag zu stellen, anstatt nach § 1386 vorzugehen. Ein ausreichender Verweigerungsgrund liegt im Übrigen nur dann vor, wenn der Information überwiegende Interessen des anderen Ehegatten entgegenstehen. Das ist insbesondere dann der Fall, wenn er befürchten muss, dass die mitgeteilten Daten nicht vertraulich behandelt werden, soweit sie vertraulicher Natur sind. Dabei sind auch das persönliche Verhältnis der Ehegatten zueinander sowie die Verhaltensweisen und charakterlichen Eigenheiten des Information begehrenden Ehegatten zu berücksichtigen. Auch die Befürchtung anderweitigen Missbrauchs der mitgeteilten Daten kann einen Verweigerungsgrund geben (hM). Regelmäßig nicht ausreichend dürfte aber die Besorgnis sein, dass die Mitteilung über die Vermögensverhältnisse den anderen Ehegatten zu erhöhten oder übermäßigen Ausgaben veranlassen könnte (anders wohl MünchKomm/ KOCH Rn 28).

26 Die Behauptungs- und Beweislast für die beharrliche Verweigerung von Informationen trifft den Kläger, die für ausreichende Weigerungsgründe den Beklagten. An den Nachweis der Gegengründe sind strenge Anforderungen zu stellen.

5. Keine Gefährdung der Ausgleichsforderung

27 **Nicht erforderlich** ist nach Abs 3 eine Gefährdung der Ausgleichsforderung oder der sachgerechten Berechnung des Zugewinns. Die beharrliche Weigerung, den anderen Ehegatten über die Vermögensverhältnisse zu unterrichten, begründet den Verdacht, dass dieser nicht oder nicht voll an dem Vermögenszuwachs beteiligt werden soll. Das Gesetz verlangt nicht, dass dieser Verdacht als konkret begründet nachgewiesen wird. Der Verdacht kann auch nur dadurch widerlegt werden, dass ausreichende Gründe zur Verweigerung der Information dargetan werden.

V. Keine Klagefrist

28 Eine Frist zur Erhebung der Klage auf vorzeitigen Zugewinnausgleich sieht das Gesetz nicht vor. Wird die Klage jedoch nach Eintritt der Voraussetzungen nicht alsbald erhoben, kann das uU als Verzicht auf das Gestaltungsklagerecht zu deuten sein. Das setzt aber voraus, dass der klageberechtigte Ehegatte von der Möglichkeit einer Klage aus § 1386 weiß. Wird die Erhebung der Klage längere Zeit verzögert, kann auch Verwirkung eintreten. In den Fällen der Abs 1 und 3 ist jedoch zu berücksichtigen, dass das tatbestandsmäßige Verhalten des anderen Ehegatten meist fortgesetzt wird. Verzicht oder Verwirkung werden deshalb selten vorliegen, zumindest keine abschließende Wirkung entfalten. Keinesfalls darf das Zögern mit der Klage allzu rasch als Verzicht oder als Einverständnis mit den Maßnahmen des anderen Ehegatten gedeutet werden. Zwar löst das Urteil gem § 1388 die Ehe nicht auf, die Einleitung und Durchführung des Verfahrens ist aber ein Umstand, der die eheliche Lebensgemeinschaft einer harten Belastungsprobe aussetzt. Dem klageberechtigten Ehegatten ist deshalb ein angemessener, auch längerer Zeitraum zur Überlegung zuzubilligen, ob er von seinem Klagerecht Gebrauch machen soll (s auch SOERGEL/LANGE Rn 21).

VI.   Erschöpfende Aufzählung

Die in den §§ 1385, 1386 angeführten Gründe für eine vorzeitige Beendigung des **29** Güterstandes sind abschließend aufgezählt. Andere Gründe, etwa auch die Eröffnung des Insolvenzverfahrens über das Vermögen eines Ehegatten, geben kein entsprechendes Gestaltungsklagerecht.

VII.   Verfahren, Urteilswirkungen

Die Klage ist Gestaltungsklage. Mit der Rechtskraft des Urteils entsteht der Aus- **30** gleichsanspruch und ist der gesetzliche Güterstand beendet, § 1388. Wegen weiterer Einzelheiten s § 1385 Rn 12 ff und die Erl zu § 1387 und § 1388. Wird die Klage auf vorzeitigen Zugewinnausgleich abgewiesen, darf eine Sicherheitsleistung nach § 1389 nicht angeordnet werden (§ 1389 Rn 7; OLG Hamm FamRZ 2000, 228).

VIII. Abweichende Vereinbarungen

Das Gestaltungsklagerecht kann auch durch Ehevertrag weder ausgeschlossen noch **31** beschränkt werden. Die Vereinbarung weiterer Klagegründe ist jedoch möglich (s auch § 1385 Rn 25).

§ 1387
Berechnungszeitpunkt bei vorzeitigem Ausgleich

Wird auf vorzeitigen Ausgleich des Zugewinns erkannt, so tritt für die Berechnung des Zugewinns an die Stelle der Beendigung des Güterstandes der Zeitpunkt, in dem die Klage auf vorzeitigen Ausgleich erhoben ist.

Materialien: E I und II: § 1396 Abs 3.
Vgl Staudinger/BGB-Synopse 1896–2005
§ 1387.

Systematische Übersicht

I. Zweck der Vorschrift

1 1. Wie § 1384 für den Fall des Scheidungsantrags bestimmt § 1387, dass für die Berechnung des Zugewinns nicht der Zeitpunkt der Beendigung des Güterstandes (§§ 1388, 1373, 1375 Abs 1) maßgebend ist, sondern bereits der der Erhebung der Klage auf vorzeitigen Ausgleich des Zugewinns. Die Normzwecke sind identisch. **Es soll verhindert werden, dass die Ehegatten** während des Verfahrens, das zum Ende des Güterstandes führt und den Ausgleich des Zugewinns auslöst, **ihr Endvermögen absichtlich verringern**, um den anderen Ehegatten zu benachteiligen (s auch § 1384 Rn 1). Auch bei Erhebung der Klage auf vorzeitigen Zugewinnausgleich ist die Ehe regelmäßig zumindest gestört (s auch § 1386 Rn 28 aE), so dass die Gefahr planmäßiger Minderungen des eigenen (End-)Vermögens besteht.

2 2. Die gesetzliche Regelung ist im Interesse der Rechtssicherheit und Rechtsklarheit schematisch. Die Gefahr illoyaler Vermögensminderungen wird nicht nur vermutet, so dass der Beweis des Gegenteils zulässig wäre, sondern unterstellt. Das Gesetz gibt dem Kläger auch kein Wahlrecht, wie es etwa § 1479 gewährt. Damit ist die Regel des § 1375 Abs 1 für die praktisch wichtigsten Fälle der Beendigung des Güterstandes auf andere Weise als durch den Tod eines Ehegatten außer Kraft gesetzt.

II. Anwendungsbereich

1. Klage und Urteil auf vorzeitigen Ausgleich

3 § 1387 gilt seinem Wortlaut nach nur in dem Fall, dass auf die Klage gem § 1385 oder § 1386 auf vorzeitigen Zugewinnausgleich erkannt wird.

2. Überholendes Scheidungsurteil

4 Die Vorschrift ist jedoch **entsprechend anzuwenden**, wenn **nach** der Erhebung der **Klage auf vorzeitigen Ausgleich Scheidungsantrag gestellt** und auf diesen **die Ehe geschieden wird**, noch bevor das Urteil gem § 1388 gefällt und rechtskräftig geworden ist (hM, vgl § 1384 Rn 8 mwNw). Vorauszusetzen ist jedoch, dass die Klage auf vorzeitigen Ausgleich begründet war (str, vgl auch dazu § 1384 Rn 8 mwNw). Zum Zeitpunkt der Zugewinnberechnung bei Klage und rechtskräftiger **Entscheidung auf vorzeitigen Ausgleich während des Scheidungsstreits** s § 1384 Rn 8.

3. Widerklage

5 Hat ein Ehegatte auf vorzeitigen Ausgleich geklagt, kann der andere Abweisungsantrag stellen und Widerklage erheben (vgl § 1385 Rn 18). Wird die Klage zurückgenommen oder abgewiesen und aufgrund der Widerklage auf vorzeitigen Ausgleich erkannt, ist für die Zugewinnberechnung der **Zeitpunkt der Klage** zugrunde zu legen (so auch BGHZ 46, 215 zu § 1384; BGB-RGRK/Finke Rn 3, § 1384 Rn 11; Erman/Heckelmann Rn 1; Heckelmann FamRZ 1968, 59, 67; MünchKomm/Koch Rn 4; Soergel/Lange Rn 6; aM Reinicke BB 1967, 521 f). Auf den Zeitpunkt der **Widerklage** wird aber abzustellen sein, wenn der Beklagte zunächst Abweisung beantragt hatte und erst aufgrund während des Rechtsstreits entstandener Tatsachen seinerseits später Widerklage erhoben hat (vgl § 1384 Rn 5).

4. Wird der Güterstand nach Erhebung der Klage aus §§ 1385, 1386 **durch den**   6
Tod eines Ehegatten beendet, bleibt es bei dem durch § 1387 fixierten Berechnungs-zeitpunkt, wenn die Klage begründet war (hM, s auch § 1384 Rn 7).

5. Prozessvergleich

Haben die Ehegatten den Rechtsstreit über den vorzeitigen Ausgleich durch Ver-   7
gleich beendet (s § 1385 Rn 20), ist § 1387 entsprechend anzuwenden, wenn nichts anderes vereinbart wurde (so auch MünchKomm/Koch Rn 6; Palandt/Brudermüller Rn 1). Hat der Kläger nur auf Auskunftserteilung und Zahlung der Ausgleichsforderung geklagt, kann darin der Antrag auf vorzeitigen Zugewinnausgleich (Beendigung des Güterstandes) liegen. Ergibt die Auslegung jedoch, dass der Klagantrag nicht ledig-lich unrichtig formuliert, sondern unter Verkennung seiner Voraussetzungen gem § 1378 Abs 3 S 1 rechtsirrtümlich ein bloßer Zahlungsanspruch geltend gemacht ist, so ist § 1387 nicht entsprechend anwendbar, wenn die Parteien den Güterstand durch Prozessvergleich aufheben (insoweit zutreffend OLG Zweibrücken OLGZ 74, 214; MünchKomm/Koch Rn 6 Fn 8 hält die Entscheidung dagegen für unzutreffend).

III. Rechtsfolgen

1. Vorverlegung des Berechnungszeitpunkts

Wird auf vorzeitigen Ausgleich des Zugewinns erkannt, sind die Zugewinne der   8
Ehegatten auf den Zeitpunkt der Klagerhebung (§ 253 Abs 1 ZPO) zu berechnen. Nach diesem Zeitpunkt erzielte Vermögenszuwächse unterliegen nicht mehr dem Ausgleich. Nachträgliche Vermögensverluste können jedoch den Zugewinnausgleich noch gem § 1378 Abs 2 beeinflussen (vgl § 1378 Rn 8).

2. Bedeutung der Güterstandsbeendigung

Für alle Fragen, die nicht die Berechnung der Zugewinne, insbesondere die Fest-   9
stellung und Bewertung der Endvermögen betreffen, ist dagegen der Eintritt der Rechtskraft des auf vorzeitigen Ausgleich erkennenden Urteils maßgebend. Wegen § 1388 bleibt insoweit praktisch die **Beendigung des Güterstandes der entscheidende Zeitpunkt.** Das gilt vor allem für die Entstehung (§ 1378 Abs 3 S 1) und die Begren-zung (§ 1378 Abs 2) sowie für die Verjährung (§ 1378 Abs 4) der Ausgleichsforde-rung (s dazu § 1378 Rn 8, 11, 21 ff, 26, 34 und § 1384 Rn 12).

3. Erst mit der Rechtskraft des Urteils auf vorzeitigen Ausgleich tritt **Gütertren-** 10
nung ein, § 1388. Gleichwohl werden die bis dahin noch eintretenden Vermögens-änderungen grundsätzlich nicht berücksichtigt (s Rn 8).

IV. Abweichende Vereinbarungen

§ 1387 ist wie § 1384 **durch Ehevertrag abdingbar** (vgl auch § 1384 Rn 14).   11

§ 1388
Eintritt der Gütertrennung

Mit der Rechtskraft des Urteils, durch das auf vorzeitigen Ausgleich des Zugewinns erkannt ist, tritt Gütertrennung ein.

Materialien: E I und II: § 1397.
Vgl STAUDINGER/BGB-Synopse 1896–2005
§ 1388.

Systematische Übersicht

I.   Zweck der Vorschrift

1 Nach § 1388 wird mit dem Urteil auf vorzeitigen Zugewinnausgleich auch der gesetzliche Güterstand beendet. Mit der Rechtskraft des Urteils tritt Gütertrennung ein. Dadurch sollen klare Rechtsverhältnisse geschaffen und Anlässe für weitere Streitigkeiten zwischen den Eheleuten ausgeschlossen werden. Die Klage auf vorzeitigen Zugewinnausgleich setzt ohnehin bereits eine erhebliche Störung der Ehe voraus, die durch Fortsetzung der Zugewinngemeinschaft nicht noch weiter gefährdet werden soll.

II.   Entstehungsgeschichte, Kritik

2 **1.**   Die **Entstehungsgeschichte** der Vorschrift zeigt unterschiedliche Auffassungen über ihre Zweckmäßigkeit auf. Zwar hatten beide Regierungsentwürfe (BT-Drucks 1/3802 und 2/224, jeweils § 1397) bereits den Eintritt der Gütertrennung vorgesehen. Der Unterausschuss „Familienrechtsgesetz" des Bundestagsausschusses für Rechtswesen und Verfassungsrecht hatte die Bestimmung dann aber gestrichen (vgl MASSFELLER/ REINICKE Sonderdruck des BAnz Nr 154 vom 10. 8. 1954). Er befürchtete, dass ein böswilliger Ehegatte sie dadurch missbrauchen könne, dass er eine Klage auf vorzeitigen Ausgleich provoziere, um damit einen Zugewinnausgleich für die Zukunft zu verhindern. Auch könne im dem Ausschluss des klageberechtigten Ehegatten vom späteren Zugewinn eine außerordentliche Härte liegen und der andere Ehegatte ungerechtfertigt besser gestellt werden. Der Bundestagsausschuss hatte sich diesen Einwänden zunächst angeschlossen und ein Wahlrecht des ausgleichsberechtigten Ehegatten, der ein Urteil auf vorzeitigen Ausgleich erstritten hat, zwischen dem gesetzlichen Güterstand und der Gütertrennung vorgesehen. Im Zusammenhang mit der Einführung der erbrechtlichen Lösung haben dann aber für den Ausschuss Gründe der Rechtsklarheit und der Praktikabilität den Ausschlag gegeben. Das führte zur Wiederaufnahme der Vorschrift in der Fassung der Regierungsvorlage (vgl BT-Drucks 2/3409, 14).

2. Die Regelung des Gesetzes ist rechtspolitisch verfehlt (kritisch auch Gernhuber/ **3** Coester-Waltjen § 40 Rn 7). Der endgültige Ausschluss des Zugewinnausgleichs für die Zukunft, der gem § 1387 bereits mit der Rechtshängigkeit beginnt, macht die Klage auf vorzeitigen Ausgleich zu einem nützlichen Instrument praktisch nur in der Hand des Ehegatten, der den größeren Zugewinn erzielt hat oder erzielen wird. Die Vorschrift ist allenfalls erträglich im Falle des § 1385. Verfassungswidrig ist der Ausschluss vom Zugewinn bis zum Ende des Güterstandes nicht (dazu KG FamRZ 1995, 39).

III. Voraussetzung

1. Von den in § 1414 geregelten Fällen abgesehen tritt die Gütertrennung an die **4** Stelle des gesetzlichen Güterstandes **nur aufgrund eines rechtskräftigen Urteils auf vorzeitigen Ausgleich des Zugewinns**.

2. Wird im Rechtsstreit über eine Klage aus § 1385 oder § 1386 ein Prozessver- **5** gleich geschlossen, in dem ein vorzeitiger Zugewinnausgleich vereinbart ist, so gilt § 1388 nicht. Es liegt in der Hand der Ehegatten, den Vergleich (Ehevertrag) auf die Beendigung des gesetzlichen Güterstandes zu erstrecken oder nicht (vgl § 1385 Rn 20, ebenso MünchKomm/Koch Rn 5).

3. Durch **einstweilige Verfügung** kann nicht auf vorzeitigen Ausgleich erkannt **6** werden (hM). Die durch § 1389 eröffneten Möglichkeiten auch einstweiligen Rechts-schutzes reichen zum Schutze des ausgleichsberechtigten Ehegatten regelmäßig aus (s aber auch § 1389 Rn 4). Der künftig ausgleichsberechtigte Ehegatte kann dagegen Vermögensminderungen des anderen Ehegatten nicht durch einstweilige Verfügung verhindern. Es fehlt zwar nicht an einem Verfügungsanspruch (§ 1353), wohl aber an dessen Vollstreckbarkeit (§ 888 Abs 3 ZPO). Eine einstweilige Verfügung auf Be-endigung des Güterstandes würde die Gestaltungswirkung des Urteils auf vorzeiti-gen Ausgleich vorwegnehmen und in ihren Wirkungen nicht mehr rückgängig zu machen sein. Sie ist deshalb unzulässig.

IV. Wirkungen des Urteils

1. Das Urteil auf vorzeitigen Ausgleich des Zugewinns ist **Gestaltungsurteil**. Vom **7** Eintritt der Rechtskraft ab ist der **gesetzliche Güterstand beendet**. Für die Zukunft gilt **Gütertrennung**.

2. Aufgrund des Urteils ist der Zugewinn auszugleichen. Für die Berechnung der **8** Zugewinne gilt § 1387. Im Übrigen bleibt der Zeitpunkt der Beendigung des Güter-standes (s Rn 7) maßgebend.

3. Da die Ehegatten ab Rechtskraft des Urteils im Güterstand der Gütertrennung **9** leben, entfällt von diesem Zeitpunkt ab nicht nur jeglicher weitere Zugewinnaus-gleich, sondern auch die Erbrechtsverstärkung gem § 1371 Abs 1. Auch die Verwal-tungs- und Verfügungsbeschränkungen der §§ 1365, 1369 gelten nicht mehr. Zu dem

Fall, dass bei Eintritt der Gütertrennung Rechtsgeschäfte noch in der Schwebe sind, vgl § 1365 Rn 103 ff, § 1369 Rn 58 ff.

V. Wirkungen gegenüber Dritten

10 1.   Gem § 1388 tritt kraft Gesetzes und mit Wirkung für alle Gütertrennung ein. § 1412 Abs 1 ist daher jedenfalls unmittelbar nicht anwendbar. Aber auch eine entsprechende Anwendung kommt nicht in Betracht. Der Übergang vom gesetzlichen Güterstand zur Gütertrennung führt infolge des Wegfalls der Beschränkungen der §§ 1365, 1369 ausschließlich zu einer Erleichterung des Rechtsverkehrs. Dritte bedürfen daher des Schutzes nicht (gegen eine analoge Anwendung von § 1412 auch DÖLLE I 843, 864; ERMAN/HECKELMANN Rn 1; MünchKomm/KOCH Rn 7; BGB-RGRK/FINKE Rn 6; SOERGEL/LANGE Rn 7; aM MEYER FamRZ 1957, 285). Das Vertrauen eines Dritten auf die Unwirksamkeit eines Rechtsgeschäfts gem §§ 1365, 1369 ist nicht schutzwürdig und würde auch bei Anwendung von § 1412 Abs 1 nicht geschützt werden (MünchKomm/ KOCH Rn 7; BGB-RGRK/FINKE Rn 6; SOERGEL/LANGE Rn 7).

11 2.   Die Änderung der güterrechtlichen Verhältnisse ist jedoch in das Güterrechtsregister eintragbar (s dazu BGHZ 66, 203 = NJW 1976, 1258).

VI. Abweichende Vereinbarungen

12 Die in § 1388 angeordnete Rechtsfolge kann nach hM auch durch Ehevertrag nicht im Voraus ausgeschlossen werden (DÖLLE I 843; MünchKomm/KOCH Rn 8; BAMBERGER/ ROTH/MAYER Rn 4; ERMAN/HECKELMANN Rn 3; BGB-RGRK/FINKE Rn 7; SOERGEL/LANGE Rn 4). Dem ist mit JOHANNSEN/HENRICH/JAEGER Rn 4 zu widersprechen. Das Urteil ordnet den vorzeitigen Ausgleich des Zugewinns an. Der Eintritt der Gütertrennung ist nicht Inhalt des Urteils, sondern dessen (rechtspolitisch bedenkliche, s Rn 3) Rechtsfolge. Wie die Entstehungsgeschichte der Vorschrift zeigt (s Rn 2), ist diese Rechtsfolge weder in der Struktur der Zugewinngemeinschaft angelegt noch sonst aus Gründen der Sachlogik geboten. Die Ehegatten könnten unmittelbar nach Eintritt der Rechtskraft des auf vorzeitigen Ausgleich erkennenden Urteils auch nach der hM die Zugewinngemeinschaft wieder begründen. Es ist kein zwingender Grund erkennbar, ihnen den Abschluss eines entsprechenden Ehevertrages noch vor dem Ende des Rechtsstreits für den Fall eines Urteils auf vorzeitigen Ausgleich zu versagen. Ebenso wenig bestehen Bedenken dagegen, generell für den Fall von Klage und Urteil auf vorzeitigen Ausgleich im Voraus zu vereinbaren, dass in Abweichung von der Regelung des § 1388 die Zugewinngemeinschaft fortbestehen solle. Anders wäre es gewesen, wenn das Gesetz den vorzeitigen Zugewinnausgleich an die Voraussetzung der gerichtlichen Aufhebung des gesetzlichen Güterstandes geknüpft hätte (vergleichbar der Regelung in §§ 1447, 1469).

§ 1389
Sicherheitsleistung

Ist die Klage auf vorzeitigen Ausgleich des Zugewinns erhoben oder der Antrag auf Scheidung oder Aufhebung der Ehe gestellt, so kann ein Ehegatte Sicherheitsleistung verlangen, wenn wegen des Verhaltens des anderen Ehegatten zu besorgen

ist, dass seine Rechte auf den künftigen Ausgleich des Zugewinns erheblich gefährdet werden.

Materialien: E I 1389; II 1389.
Vgl STAUDINGER/BGB-Synopse 1896–2005
§ 1389.

Schrifttum

BÜTE, Zugewinnausgleich bei Ehescheidung: Bewertung – Berechnung – Sicherung – Verjährung (3. Aufl 2006)
DERLEDER, Sicherung des Zugewinnausgleichs, Problem: Grundstücksveräußerung in der Trennungskrise, FuR 1994, 164
DITZEN, Sicherung des Zugewinnausgleichs durch Arrest?, NJW 1987, 1806
FREY, Sicherung des künftigen Zugewinnausgleichs (1990)
FURTNER, Sicherung des Anspruchs auf Ausgleich des Zugewinns, NJW 1965, 373
GIESSLER/SOYK, Vorläufiger Rechtsschutz in Ehe-, Familien- und Kindschaftssachen (4. Aufl 2005)

HARMS, Die Sicherstellung des gefährdeten Zugewinnausgleichs, FamRZ 1966, 585
HENRICH, Zur Zukunft des Güterrechts in Europa, FamRZ 2002, 1521
KOGEL, Der Arrest im Zugewinnausgleichsprozess – Ein Kann oder Muss, FamRB 2004, 131
KOHLER, Die beschleunigte Sicherung des Zugewinnausgleichs, FamRZ 1989, 797
LÖHNIG, Die Sicherung künftiger familienrechtlicher Ansprüche FamRZ 2004, 503
STOCK, Einstweiliger Rechtsschutz bezüglich des Anspruchs auf Zugewinnausgleich (2002)
ULLMANN, Einstweiliges Verfügungsverbot zur Sicherung des Zugewinns vor rechtskräftiger Scheidung der Ehe, NJW 1971, 1294.

Systematische Übersicht

Alphabetische Übersicht

I. Zweck der Vorschrift

1 1. Die Vorschrift ist durch das EheschlRG vom 4. 5. 1998 (BGBl I 833) im Wortlaut an die Neuregelung des Eheschließungsrechts angepasst worden, ohne dass dies den güterrechtlichen Gehalt beeinflusst hätte. Während des Güterstandes sieht das Gesetz nur einen mittelbaren Schutz der Ausgleichsinteressen der Ehegatten vor. Er findet sich in den Verwaltungs- und Verfügungsbeschränkungen der §§ 1365, 1369 sowie in § 1375 Abs 2. Da die **Ausgleichsforderung** gem § 1378 Abs 3 S 1 erst mit der Beendigung des Güterstandes entsteht, ist ein einstweiliger Rechtsschutz durch **Arrest** oder **einstweilige Verfügung** nach den allgemeinen Vorschriften (§§ 916 ff ZPO) erst von diesem Zeitpunkt ab möglich. Bis dahin ist die Forderung lediglich ein künftiges Recht. Ein auch nur bedingter oder betagter Arrest- oder Verfügungsanspruch (§§ 916 Abs 2, 936 ZPO) besteht noch nicht (hM, vgl OLG Stuttgart FamRZ 1995, 1427; OLG Koblenz FamRZ 1999, 97; OLG Hamburg FamRZ 1988, 964; KG FamRZ 1986, 1107; OLG Celle FamRZ 1984, 1231; OLG Köln FamRZ 1983, 709; 1988, 1273; BayObLG NJW 1975, 833, 835 = FamRZ 1966, 585, 586 f; Johannsen/Henrich/Jaeger Rn 1a; BGB-RGRK/Finke Rn 1; Soergel/Lange Rn 14; aM Furtner NJW 1965, 373, 375 [für Arrest]; ebenso Gernhuber/Coester-Waltjen § 36 Rn 3 Fn 1; Stein/Jonas/Grunsky § 916 Rn 1a; MünchKomm/Koch Rn 4; Ditzen NJW 1987, 1807: jeweils mit Rechtshängigkeit des Scheidungsantrages; so auch OLG Düsseldorf FamRZ 1994, 114; OLG Karlsruhe FamRZ 1995, 822 u NJW 1997, 1017; OLG Hamm FamRZ, 1997, 181; OLG Hamburg FamRZ 2003, 238; Stock 70; dagegen mit der hM Kohler FamRZ 1989, 798 Fn 13 zu Recht unter Hinweis darauf, dass auch das 1. EheRG zwar das Verbundverfahren vorsieht, nicht aber eine vorgezogene gerichtliche Entscheidung über den Zugewinnausgleich; Ullmann NJW 1971, 2194 [für Veräußerungsverbot]). Auch eine **einstweilige Anordnung gem § 620 ZPO** ist nicht möglich (OLG Nürnberg FamRZ 1966, 357; Harms FamRZ 1966, 585, 588 f; MünchKomm/Koch Rn 4; Soergel/Lange Rn 15).

2 Ist jedoch ein Prozess auf Auflösung der Ehe oder auf vorzeitigen Zugewinnausgleich **rechtshängig**, besteht ein unabweisbares Bedürfnis nach Sicherung der künftigen Ausgleichsforderung. Schon die §§ 1384, 1387 tragen der durch den Rechtsstreit und die Gründe, die zu ihm geführt haben, nahegelegten Befürchtung Rechnung, dass ein Ehegatte sein Endvermögen absichtlich vermindert. § 1375 Abs 2 schützt insbesondere den künftigen Gläubiger vor den Auswirkungen solcher Vermögensminderungen nicht hinreichend, da § 1378 Abs 2 die Ausgleichsforderung auf das zur Zeit des Eintritts der Rechtskraft des Urteils vorhandene Nettovermögen begrenzt (s dazu § 1378 Rn 8). Das Gesetz gewährt dem voraussichtlich ausgleichsberechtigten Ehegatten daher einen **materiellen Anspruch auf Sicherheitsleistung**. Zur Unsicherheit des Erfolgs der Sicherheitsleistung s aber unten Rn 4.

2. § 1389 gibt allein dem **Gläubiger der künftigen Ausgleichsforderung** einen An- 3
spruch auf Sicherheitsleistung. Die Interessen des voraussichtlich ausgleichspflichtigen Ehegatten an einer sachgerechten Zugewinnberechnung werden durch § 1375
Abs 2 und die §§ 1384, 1387 gewahrt.

3.   **Gegenstand** der Sicherung **ist die künftige Ausgleichsforderung.** Der Anspruch 4
auf Sicherheitsleistung ist akzessorisch. Eine teleologische Extension dahin, dass **die
Ausgleichsforderung ungeachtet des § 1378 Abs 2 als entstanden gilt, wenn und soweit
Sicherheit geleistet worden ist,** fordert dieser Normzweck nicht (**aM** HARMS FamRZ 1966,
585, 591 ff; GERNHUBER/COESTER-WALTJEN § 36 Rn 4; MünchKomm/GERNHUBER [3. Aufl] Rn 2;
JOHANNSEN/HENRICH/JAEGER § 1378 Rn 7; wie hier BGH NJW 1988, 2369; MünchKomm/KOCH
Rn 3; BAMBERGER/ROTH/MAYER Rn 1; BGB-RGRK/FINKE Rn 13; SOERGEL/LANGE § 1378 Rn 8;
ULLMANN NJW 1971, 1294; s auch § 1378 Rn 8). Die „Sicherheitsleistung" gewährt in der
Tat keine Sicherheit vor einer Verminderung des Aktivvermögens und Vermehrung
der Verbindlichkeiten bis zur Beendigung des Güterstandes mit der Rechtsfolge des
§ 1378 Abs 2. Die Festschreibung der Ausgleichsforderung auf den Wert der geleisteten Sicherheiten würde dem Gläubiger zwar eine echte Sicherung verschaffen,
würde aber den Anwendungsbereich des § 1378 Abs 2 einschränken. Der Zweck
dieser Vorschrift, einen Ehegatten nicht mit einer ehegüterrechtlich begründeten
Überschuldung aus dem Güterstand zu entlassen und andere Gläubiger zu schützen
(s § 1378 Rn 7), schließt eine teleologische Reduktion aus. Die Verwirklichung des
Normzwecks von § 1389 muss der in § 1378 Abs 2 getroffenen gesetzlichen Wertung
weichen.

4.   An den Auswirkungen des § 1378 Abs 2 auf § 1389 zeigt sich, dass die Re- 5
gelung des Gesetzes rechtspolitisch verfehlt ist. Die Ersetzung des Zeitpunkts der
Beendigung des Güterstandes durch den der Rechtshängigkeit in den §§ 1384, 1387
hätte sachgerechter auch auf die Begrenzung der Ausgleichsforderung erstreckt
werden sollen.

II.   Voraussetzungen des Anspruchs

1.   Sicherheitsleistung kann nur verlangt werden, wenn eine der in § 1389 bezeich- 6
neten Streitsachen **rechtshängig** geworden ist (**aA** wohl OLG Karlsruhe FamRZ 1999, 663:
Einreichen der Klage ohne Einzahlung des Vorschusses genügt). Die Rechtshängigkeit tritt ein
mit der Zustellung der Klage oder des Scheidungsantrags (§§ 253 Abs 1, 261 ZPO).

2.   Der Anspruch besteht **nur während der Dauer des Prozesses** über die Auflösung 7
der Ehe oder den vorzeitigen Zugewinnausgleich. Er kann geltend gemacht werden,
solange diese Streitsachen rechtshängig sind. Wird die Klage oder der Scheidungsantrag zurückgenommen, entfällt der materielle Anspruch auf Sicherheitsleistung.
Er entfällt auch, wenn die Ehe oder der Güterstand durch rechtskräftiges Urteil (vgl
OLG Celle FamRZ 2004, 625 m Anm JANKE) oder durch den Tod eines Ehegatten beendet
worden ist. Dies gilt ferner, wenn die Klage auf vorzeitigen Zugewinnausgleich
gemäß § 1386 abgewiesen wird (OLG Hamm FamRZ 2000, 230).

3.   Die Klage auf Sicherheitsleistung kann mit der Klage auf vorzeitigen Zuge- 8
winnausgleich **verbunden** werden. Das entspricht entgegen dem Wortlaut des Gesetzes seinem Sinn und Zweck und dem Gebot der Prozessökonomie (hM, vgl ERMAN/

HECKELMANN Rn 3; MünchKomm/KOCH Rn 6; BAMBERGER/ROTH/MAYER Rn 3; JOHANNSEN/HEN-
RICH/JAEGER Rn 2; SOERGEL/LANGE Rn 5; wohl auch OLG Karlsruhe FamRZ 1999, 663). Zur
Verbindung mit einer Ehesache s unten Rn 19.

9 **4.** Die **Erfolgsaussichten** des Verfahrens über die Auflösung der Ehe oder die
Beendigung des Güterstandes sind grundsätzlich nicht zu prüfen (MünchKomm/KOCH
Rn 6; BAMBERGER/ROTH/MAYER Rn 3; JOHANNSEN/HENRICH/JAEGER Rn 2; SOERGEL/LANGE Rn 5).
Ist die Klage oder der Antrag aber offensichtlich unzulässig oder unbegründet, ist
ein Anspruch auf Sicherheitsleistung zu verneinen (vgl aber OLG Karlsruhe FamRZ 1999,
663: verlangt wird darüber hinaus eine erfolgversprechende Klage; wie hier PALANDT/BRUDERMÜL-
LER Rn 5).

10 **5.** Der Kläger muss **Gläubiger der künftigen Ausgleichsforderung** sein (s schon
Rn 3). Er braucht jedoch nicht selbst den Scheidungsantrag gestellt oder eine der
in § 1389 genannten Klagen erhoben zu haben. Das gilt auch für die Klage aus § 1386
Abs 2 (s dazu § 1386 Rn 15).

11 Der Kläger hat zu **behaupten und** notfalls auch zu **beweisen**, dass ihm eine Ausgleichsforderung voraussichtlich zustehen wird. Die Darlegungs- und Beweislast
erstrecken sich auch auf die Höhe der Forderung, da von ihr der Umfang der zu
leistenden Sicherheit abhängt. Die §§ 1384, 1387 erleichtern ihm den Beweis, ermöglichen aber keine hinreichend abgesicherte Zugewinnberechnung, da insbesondere der Anspruch auf Auskunftserteilung gem § 1379 erst bei Beendigung des
Güterstandes entsteht. Daher sind an den Beweis keine strengen Anforderungen
zu stellen (ebenso OLG Düsseldorf FamRZ 1991, 352; OLG Köln FamRZ 1983, 709; JOHANNSEN/
HENRICH/JAEGER Rn 4; MünchKomm/KOCH Rn 7; GERNHUBER/COESTER-WALTJEN § 36 Rn 5–7
Fn 4; SOERGEL/LANGE Rn 10). Es reicht aus, wenn das Entstehen einer Ausgleichsforderung wahrscheinlich ist. Dabei ist vom Vermögensstand der Ehegatten zu dem nach
§ 1384 oder § 1387 maßgebenden Zeitpunkt auszugehen. Dem beklagten Ehegatten
bleibt der Einwand, sein Vermögen werde zur Deckung der Ausgleichsforderung
voraussichtlich nicht ausreichen (s aber auch unten Rn 14). Er kann auch jetzt schon
Gründe vorbringen, die zu einer Minderung der Ausgleichsforderung gem
§ 1381 führen werden (s auch Rn 17).

12 **6.** Es muss **zu besorgen** sein, dass die Rechte des Klägers auf den künftigen
Zugewinnausgleich **erheblich gefährdet** werden.

13 **a)** Die Besorgnis muss durch das **Verhalten des anderen Ehegatten** begründet sein.
Die mögliche Gefährdung des Ausgleichsanspruchs aus anderen Gründen bleibt
unberücksichtigt. In erster Linie ist das Verhalten bei der **Vermögensverwaltung** zu
berücksichtigen. Liegen die Voraussetzungen des **§ 1386 Abs 2** vor, ist stets auch der
Anspruch auf Sicherheitsleistung begründet. Das Verhalten kann in einem Tun oder
Unterlassen bestehen. Zu berücksichtigen sind auch Verhaltensweisen, die die Gefahr der Belastung mit erheblichen Schulden begründen (etwa mit Schadensersatz-
pflichten). Eine Benachteiligungsabsicht des anderen Ehegatten ist nicht vorausgesetzt. Auch ein Verschulden ist nicht erforderlich (RGZ 60, 182 zu § 1391 aF). Es genügt
ein auf Unerfahrenheit oder Unfähigkeit beruhendes Verhalten. Zu berücksichtigen
ist das gesamte Verhalten des anderen Ehegatten, sofern es auf die künftige Vermögensauseinandersetzung Einfluss hat oder haben kann (s auch BGHZ 1, 313, 315).

Bei der Bewertung des Gesamtverhaltens kommt es auch auf Charaktereigenschaften des anderen Ehegatten an (BGHZ 1, 313, 316; RGZ 126, 103, 105 – zu § 1391 aF).

b) Eine erhebliche **Gefährdung der künftigen Ausgleichsforderung** muss zu besorgen sein. Eine akute Gefährdung braucht noch nicht eingetreten zu sein. Es müssen aber Tatsachen vorliegen, die den Schluss objektiv rechtfertigen, dass eine Gefährdung nicht nur möglich, sondern der Sache nach naheliegend ist. Die schon vom Normzweck der §§ 1384, 1387, 1386 Abs 1 und 3 erfasste abstrakte Gefährdung der Ausgleichsforderung reicht für § 1389 nicht aus. Erforderlich ist in jedem Einzelfall der Nachweis einer **naheliegenden konkreten Gefahr**, die die Entstehung, die Höhe und die Durchsetzbarkeit der künftigen Ausgleichsforderung betrifft. Dazu zählt auch der konkrete Verdacht, der andere Ehegatte werde seine Vermögenslage, insbesondere Vermögenswerte verschleiern (s auch § 1386 Abs 3, wo aber ein solcher Verdacht nur abstrakt unterstellt wird, unzutreffend daher insoweit PALANDT/BRUDERMÜLLER Rn 4; JOHANNSEN/HENRICH/JAEGER Rn 6; BAMBERGER/ROTH/MAYER Rn 4; wie hier MünchKomm/KOCH Rn 12). Vor allem muss der Gläubiger, der vermögensmindernde Maßnahmen des Schuldners besorgt, eine Begrenzung der Ausgleichsforderung durch § 1378 Abs 2 befürchten. Ob und in welchem Umfang in diesem Fall ein Dritter gem § 1390 in Anspruch genommen werden kann, muss für das Recht auf Sicherheitsleistung außer Betracht bleiben (hM). **14**

c) Die zu besorgende Gefährdung muss **erheblich** sein. Das Merkmal der Erheblichkeit ist sowohl auf den Grad der Gefährdung selbst zu beziehen als auch auf das bei Verwirklichung der Gefahr zu besorgende Ausmaß der Benachteiligung des Klägers (so auch MünchKomm/KOCH Rn 11; SOERGEL/LANGE Rn 6; wohl auch BGB-RGRK/FINKE Rn 5). **15**

III. Inhalt des Anspruchs

1. Der Anspruch des Gläubigers ist auf **Leistung von Sicherheit** gerichtet. Es gelten die §§ 232 ff. Der Gläubiger braucht nur die in § 232 aufgeführten Arten von Sicherheiten anzunehmen. Er kann auch (gem § 887 ZPO) nur sie verlangen. Die Klage ist generell auf die Leistung von Sicherheit in bestimmter Höhe zu richten, nicht auf eine bestimmte Art von Sicherheiten. Anders als nach § 1382 Abs 4 entscheidet auch das Gericht nicht nach billigem Ermessen. Das Gericht kann kein Veräußerungsverbot erlassen (OLG Hamburg NJW 1964, 1076). Das Wahlrecht unter den in § 232 Abs 1 angeführten Sicherheiten steht dem Schuldner zu. Erst in der Zwangsvollstreckung kann der Gläubiger entsprechend § 264 die Gewährung einer bestimmten Art von Sicherheit verlangen (s dazu §§ 887, 891 ZPO; OLG Düsseldorf FamRZ 1984, 704 mwNw). Ist die Wahl getroffen kann sich der Schuldner durch eine andere Sicherheitsleistung befreien, solange der Gläubiger die gewählte Sicherheitsleistung noch nicht empfangen hat (MünchKomm/KOCH Rn 13; BAMBERGER/ROTH/MAYER Rn 5). **16**

2. Klage und Urteil sind auf die Leistung von Sicherheit in **bestimmter Höhe** zu richten. Der Umfang der Sicherheitsleistung richtet sich nach dem Ausmaß der zu besorgenden Gefährdung der Ausgleichsforderung. Die voraussichtliche Höhe der künftigen Ausgleichsforderung gibt nur die Obergrenze der zu leistenden Sicherheit an (OLG Celle FamRZ 1984, 1232; JOHANNSEN/HENRICH/JAEGER Rn 8; MünchKomm/KOCH Rn 14; **17**

BAMBERGER/ROTH/MAYER Rn 6; SOERGEL/LANGE Rn 7; ERMAN/HECKELMANN Rn 4; D SCHWAB VII Rn 224; anders OLG Köln FamRZ 1983, 711; PALANDT/BRUDERMÜLLER Rn 6). Die Höhe der künftigen Ausgleichsforderung ist ebenso wenig eindeutig feststellbar wie der Umfang der zu besorgenden Gefährdung. Hier hat das Gericht aber die Möglichkeit der freien Schätzung gem § 287 Abs 2 ZPO. Dabei sind auf Einrede des Beklagten auch die Umstände zu berücksichtigen, die gem § 1381 zu einer Leistungsverweigerung berechtigen werden (hM; MünchKomm/KOCH Rn 8; JOHANNSEN/HENRICH/JAEGER Rn 4; D SCHWAB VII Rn 223). Es ist nicht erforderlich, dass die Ausgleichsforderung gem § 1381 vollständig entfallen wird und dies eindeutig feststeht (so aber OLG Hamburg NJW 1964, 1076; BGB-RGRK/FINKE Rn 9). Über die Voraussetzungen des § 1381 kann im Prozess über die Sicherheitsleistung inzident entschieden werden. Sie sind vom Beklagten voll zu beweisen. Ist nur eine Kürzung der Ausgleichsforderung berechtigt, wirkt sich das auf die Höhe der zu leistenden Sicherheit aus.

18 Hat der Gläubiger bereits Vermögensstücke des Schuldners in Händen, entfällt das Sicherungsbedürfnis insoweit nicht (so aber OLG Hamburg NJW 1964, 1076; ERMAN/HECKELMANN Rn 2; SOERGEL/LANGE Rn 6; iE wie hier MünchKomm/KOCH Rn 14). Bloßer Besitz, aber auch Besitzrechte stehen einer Sicherheit iS des § 232 nicht gleich. Sie gewähren insbesondere kein Verwertungsrecht. Bis zur Beendigung des Güterstandes kann der Gläubiger weder ein Zurückbehaltungsrecht ausüben noch gegen den Rückgewähranspruch mit der Ausgleichsforderung aufrechnen, da diese bis dahin noch nicht existiert. Gegenüber dem Anspruch aus § 1389 kann wegen eines mit der ehelichen Lebensgemeinschaft in Zusammenhang stehenden Gegenanspruches ein **Zurückbehaltungsrecht** geltend gemacht werden (OLG Frankfurt FamRZ 1983, 1233; PALANDT/BRUDERMÜLLER Rn 2; **aA** MünchKomm/KOCH Rn 2).

IV. Geltendmachung des Anspruchs

19 **1.** Kommt der andere Ehegatte dem Begehren nach Sicherheitsleistung nicht freiwillig nach, kann der Gläubiger **Klage vor dem Familiengericht** erheben (§ 621 Abs 1 Nr 8 ZPO). Es handelt sich jedoch nicht um eine Folgesache (§ 623 Abs 1 ZPO), da die Entscheidung nicht für den Fall der Scheidung begehrt wird. Deshalb ist auch eine **Verbindung** der Klage aus § 1389 **mit einer Ehesache** gem § 610 Abs 2 ZPO **unzulässig**. Verbunden werden kann die Klage aber mit der Klage auf vorzeitigen Zugewinnausgleich (s Rn 8).

20 **2.** Der Gläubiger kann den materiellen **Anspruch auf Sicherheitsleistung** auch durch einen Antrag auf Erlass eines **Arrests** oder einer **einstweiligen Verfügung** geltend machen (OLG Hamburg NJW 1964, 1076 = JZ 1965, 498 m Anm BARTHOLOMEYCZIK; GERNHUBER/COESTER-WALTJEN § 36 Rn 5–7 Fn 3; HARMS FamRZ 1966, 585, 587; ERMAN/HECKELMANN Rn 1; FREY 69; BGB-RGRK/FINKE Rn 7; SOERGEL/LANGE Rn 12; s auch RG Gruchot 46, 655). Gegen die Zulässigkeit eines Arrests aber KG OLGZ 74, 450 = FamRZ 1974, 310; FamRZ 1986, 1106; FamRZ 1994, 1478; OLG Hamburg FamRZ 1982, 284; 1988, 964; wohl auch OLG Düsseldorf FamRZ 1991, 351; OLG Koblenz FamRZ 1999, 97; MünchKomm/KOCH Rn 15; KOCH FamRZ 2005, 851; BAMBERGER/ROTH/MAYER Rn 8; PALANDT/BRUDERMÜLLER Rn 9; JOHANNSEN/HENRICH/JAEGER Rn 12; KOHLER FamRZ 1989, 797, 800. Dagegen halten ULLMANN NJW 1971, 1294, 1295, ZÖLLER/VOLLKOMMER § 916 ZPO Rn 5 sowie OLG Hamm FamRZ 1985, 71; 1997, 181; AG Pankow-Weißensee FamRZ 2004, 1501; OLG Celle FamRZ 1996, 1429 nur den Arrest, nicht die einstweilige Verfügung für zulässig (s auch OLG Köln NJW 1970, 1883; FamRZ 1983, 710; LÖHNING FamRZ 2004, 503: nur Arrest, wenn der Schuldner in Verzug geraten ist). Gegen Arrest und einstweilige Verfügung hatte sich OLG Celle (FamRZ 1984, 1231 m zutr abl Anm SCHRÖDER FamRZ 1985, 392) zuvor ausgesprochen.

Nach ganz überwiegender Ansicht kann im Wege der einstweiligen Verfügung **kein** **21** **Verfügungsverbot** gegen den Schuldner erlassen und **keine Sequestration** angeordnet werden (OLG Hamburg NJW 1964, 1078; ihm folgend BARTHOLOMEYCZIK JZ 1965, 501; ERMAN/ HECKELMANN Rn 4; GERNHUBER/COESTER-WALTJEN § 36 Rn 5–7 Fn 3; JOHANNSEN/HENRICH/JAE-GER Rn 11; MünchKomm/KOCH Rn 15; BGB-RGRK/FINKE Rn 7; SOERGEL/LANGE Rn 12; aA KOH-LER FamRZ 1989, 797, 801; DÖLLE I 846; HARMS FamRZ 1966, 585, 587 ff; ULLMANN NJW 1971, 1294). Die hM stützt sich zutreffend darauf, dass Anordnungen gem § 938 Abs 2 ZPO den Rahmen des von §§ 1389, 232 umrissenen Hauptanspruchs überschreiten. In Ausnahmefällen ist jedoch unter den Voraussetzungen des § 940 ZPO insbesondere ein Verfügungsverbot zulässig, etwa wenn die Veräußerung der einzigen zur Sicherheitsleistung geeigneten Gegenstände (§ 232 Abs 1) droht.

3. **Ergänzung der Sicherheit** oder **anderweitige Sicherheit** kann gem § 240 verlangt **22** werden, wenn die geleistete Sicherheit ohne Verschulden des Gläubigers unzureichend geworden ist. Die geleistete Sicherheit ist unzureichend, wenn die Sicherungsgegenstände an Wert eingebüßt haben (zB Kursverfall von Wertpapieren, Untergang oder Verschlechterung verpfändeter Gegenstände), wenn sich nachträglich herausstellt, dass die künftige Ausgleichsforderung höher sein wird als ursprünglich angenommen, oder wenn sich das Ausmaß der Gefährdung der künftigen Forderung vergrößert. Keine Ergänzung kann verlangt werden, wenn die dem Gläubiger zugesprochene Sicherheit von vornherein unzureichend war, sei es, dass der Gläubiger eine zu geringe Sicherheitsleistung beantragt oder das Gericht aufgrund der vorgetragenen Tatsachen eine zu geringe Schätzung vorgenommen hat. Insoweit steht die Rechtskraft eines früheren Urteils der Nachbewilligung im Wege (MünchKomm/KOCH Rn 20).

V. Rückgewähr von Sicherheiten

1. Der Gläubiger hat die ihm geleisteten Sicherheiten zurückzugewähren, wenn **23** der Scheidungsantrag, die Klage auf Nichtigerklärung oder Aufhebung der Ehe oder die Klage auf vorzeitigen Zugewinnausgleich rechtskräftig abgewiesen worden ist. Entsprechendes gilt, wenn der Antrag oder die Klage zurückgenommen worden ist. War die Zwangsvollstreckung aus dem Urteil auf Sicherheitsleistung noch nicht begonnen worden oder noch nicht beendet, kann der Schuldner die Vollstreckungsabwehrklage nach § 767 ZPO erheben. Gem § 767 ZPO kann der Schuldner auch geltend machen, dass die andere Voraussetzung des § 1389, die Besorgnis einer Gefährdung der Ausgleichsforderung, nachträglich entfallen ist. Hatte der Schuldner in diesem Fall die Sicherheit bereits geleistet, ist sie zurückzugewähren (MünchKomm/ KOCH Rn 18).

2. Wird die Ehe oder der Güterstand während des Verfahrens in der Ehesache **24** oder des Prozesses über den vorzeitigen Zugewinnausgleich beendet (durch den Tod eines Ehegatten oder durch Ehevertrag), so fällt dadurch der Anspruch auf Sicherheitsleistung nicht nachträglich weg, wenn und soweit eine Ausgleichsforderung entstanden ist (§ 1378 Abs 3; vgl OLG Köln FamRZ 1988, 1274: bei fortdauerndem Streit um die Ausgleichsforderung). Gilt die erbrechtliche Lösung (§ 1371 Abs 1), ist die Sicherheit freizugeben. Ebenso, wenn und soweit eine Ausgleichsforderung gem § 1378 Abs 2 nicht entstanden ist oder mit Entstehen deren Gefährdung entfallen ist.

VI. Verwertung der Sicherheiten

25 Sobald der Güterstand beendet und die Ausgleichsforderung entstanden und fällig ist, kann der Gläubiger die geleisteten Sicherheiten verwerten, wenn der Schuldner die Forderung nicht erfüllt.

VII. Abweichende Vereinbarungen

26 Der Anspruch auf Sicherheitsleistung kann durch Ehevertrag nicht abbedungen oder eingeschränkt werden (hM). Eine Erweiterung des Anspruchs, insbesondere eine Erleichterung der Voraussetzungen, ist dagegen zulässig. Ist der Anspruch auf Sicherheitsleistung bereits entstanden, können die Ehegatten frei über ihn disponieren, auch wenn der Güterstand noch nicht beendet ist. Die Form des Ehevertrages ist nicht einzuhalten.

§ 1390
Anspruch eines Ausgleichsberechtigten gegen Dritte

(1) Soweit einem Ehegatten gemäß § 1378 Abs. 2 eine Ausgleichsforderung nicht zusteht, weil der andere Ehegatte in der Absicht, ihn zu benachteiligen, unentgeltliche Zuwendungen an einen Dritten gemacht hat, ist der Dritte verpflichtet, das Erlangte nach den Vorschriften über die Herausgabe einer ungerechtfertigten Bereicherung an den Ehegatten zum Zwecke der Befriedigung wegen der ausgefallenen Ausgleichsforderung herauszugeben. Der Dritte kann die Herausgabe durch Zahlung des fehlenden Betrages abwenden.

(2) Das Gleiche gilt für andere Rechtshandlungen, wenn die Absicht, den Ehegatten zu benachteiligen, dem Dritten bekannt war.

(3) Der Anspruch verjährt in drei Jahren nach der Beendigung des Güterstandes. Endet der Güterstand durch den Tod eines Ehegatten, so wird die Verjährung nicht dadurch gehemmt, dass der Anspruch erst geltend gemacht werden kann, wenn der Ehegatte die Erbschaft oder ein Vermächtnis ausgeschlagen hat.

(4) Ist die Klage auf vorzeitigen Ausgleich des Zugewinns erhoben oder der Antrag auf Scheidung oder Aufhebung der Ehe gestellt, so kann ein Ehegatte von dem Dritten Sicherheitsleistung wegen der ihm nach den Absätzen 1 und 2 zustehenden Ansprüche verlangen.

Materialien: E I und II: § 1399.
Vgl STAUDINGER/BGB-Synopse 1896–2005
§ 1390.

Systematische Übersicht

I. Zweck der Vorschrift

1. Nach § 1378 Abs 2 wird die Ausgleichsforderung auf den Betrag begrenzt, der **1** dem Wert des Nettovermögens des Schuldners bei Beendigung des Güterstandes entspricht. Im Verhältnis des Ausgleichsschuldners und seiner Gläubiger zum Gläubiger der Ausgleichsforderung wertet das Gesetz die Interessen zu Lasten des Ausgleichsgläubigers. Diese Belastung wird durch § 1390 gemildert. Soweit der Gläubiger mit seiner Ausgleichsforderung ausfällt, kann er von dem Dritten herausverlangen, was dieser vom Ausgleichsschuldner unentgeltlich oder in Kollusion mit dem Schuldner erlangt hat. Die Vorschrift wurde durch das EheschlRG vom 4. 5. 1998 (BGBl I 833) im Wortlaut an die Neuregelung des Eheschließungsrechts angepasst. Der güterrechtliche Gehalt ist dadurch unbeeinflusst geblieben.

2. Die Reichweite des § 1390 ist begrenzt. Der Dritte haftet nicht in allen Fällen, **2** in denen die Ausgleichsforderung gem § 1378 Abs 2 gekürzt wird. Eine die Kürzung auslösende Zuwendung an den Dritten wird nur dann berücksichtigt, wenn der Schuldner mit Benachteiligungsabsicht gehandelt hat und entweder die Zuwendung unentgeltlich war oder dem Dritten die Benachteiligungsabsicht bekannt war. § 1378 Abs 2 erfasst aber über die in § 1375 Abs 2 angeführten Fälle hinaus auch jegliche Vermögensminderung, die der Schuldner nach dem in den §§ 1384, 1387 bestimmten Zeitpunkt bis zur Beendigung des Güterstandes vorgenommen hat (s auch Rn 4).

3. § 1390 setzt eine die Ausgleichsforderung gem § 1378 Abs 2 schmälernde Ver- **3** mögensminderung voraus. Daher können Vermögensverschiebungen, die der Schuldner nach der Beendigung des Güterstandes vorgenommen hat, den Zugriff auf das von einem Dritten Erlangte nicht eröffnen. Der Gläubiger ist insoweit auf die Anfechtung nach den Vorschriften des AnfG verwiesen.

II. Voraussetzungen des Anspruchs

1. Begrenzung der Ausgleichsforderung

4 Der Gläubiger muss mit seiner Ausgleichsforderung gem § 1378 Abs 2 ganz oder teilweise ausgefallen sein. Eine Begrenzung der Forderung kann nur eintreten, wenn dem Endvermögen des Schuldners gem § 1375 Abs 2 Vermögensminderungen hinzugerechnet werden oder wenn der Schuldner sein Vermögen nach den gem §§ 1384, 1387 maßgebenden Zeitpunkten, aber vor der Beendigung des Güterstandes, auf irgendeine Weise vermindert hat. § 1378 Abs 2 stellt stets auf den Zeitpunkt der rechtlichen Beendigung des Güterstandes ab (s § 1378 Rn 8).

2. Unentgeltliche Zuwendung (Abs 1)

a) Unentgeltlichkeit

5 Der spätere Ausgleichsschuldner muss dem Dritten während des Güterstandes auf seine Kosten einen Gegenstand unentgeltlich zugewendet haben. Zum Begriff der unentgeltlichen Zuwendung s § 1375 Rn 21 ff.

6 Unentgeltliche Zuwendungen, die einer **sittlichen Pflicht** oder einer **auf den Anstand zu nehmenden Rücksicht** entsprachen, begründen keinen Anspruch gegen den Empfänger. Für die Fälle des § 1375 Abs 2 brauchte das in § 1390 nicht noch einmal ausdrücklich hervorgehoben zu werden, da für sie gem § 1375 Abs 2 Nr 1 bereits eine Hinzurechnung zum Endvermögen nicht in Betracht kommt. Die an das Auseinanderfallen von Berechnungszeitpunkt (§ 1384, 1387) und Beendigung des Güterstandes anknüpfenden Fälle von Vermögensminderungen sind im Gesetzgebungsgang nicht berücksichtigt worden. Für sie muss aber die in § 1375 Abs 1 Nr 1 getroffene Wertung entsprechend gelten (ebenso MünchKomm/Koch Rn 9). Die gleiche Wertung liegt auch einer Reihe ähnlicher Regelungen zugrunde (vgl §§ 534, 814 und 2330).

7 Auch § 1375 Abs 3 ist sinngemäß anzuwenden. Daher ist eine vor dem Berechnungszeitpunkt (§§ 1384, 1387) vorgenommene unentgeltliche Zuwendung an den Dritten dann nicht zu berücksichtigen, wenn sie bei Beendigung des Güterstandes **mehr als zehn Jahre zurückliegt** oder wenn der **andere Ehegatte mit ihr einverstanden war**.

8 b) Der Dritte hat das unentgeltlich Erlangte nur dann herauszugeben, wenn der Ausgleichsschuldner die Zuwendung in der Absicht vorgenommen hat, den anderen Ehegatten **zu benachteiligen**. Zur Benachteiligungsabsicht s § 1375 Rn 30 ff.

9 c) **Nicht erforderlich** ist nach Abs 1, **dass der Dritte die Benachteiligungsabsicht** beim Erwerb **kannte**. Kannte er sie, kommt über den Herausgabeanspruch gem § 1390 hinaus ein Schadensersatzanspruch aus § 826 in Betracht.

3. Andere Rechtshandlungen (Abs 2)

10 Andere Rechtshandlungen, die der Ausgleichsschuldner vor Beendigung des Güterstandes in der **dem Dritten bekannten Absicht** vornahm, den anderen Ehegatten **zu benachteiligen** (Abs 2).

a) Vermögensmindernde Handlungen

Die Rechtshandlungen müssen das Vermögen des Schuldners jedenfalls bis zur **11** Beendigung des Güterstandes vermindert haben, da sonst für eine Kürzung der Ausgleichsforderung kein Raum ist. In Betracht kommen vor allem entgeltliche Rechtsgeschäfte mit leistungsunfähigen Dritten, Kreditgewährungen an Dritte, deren Zahlungsunfähigkeit zum Nachteil des anderen Ehegatten bewusst in Kauf genommen wurde, ebenso die Leistung von Sicherheiten zugunsten von Gläubigern eines schwachen Schuldners. Eine Vermögensminderung kann auch dadurch herbeigeführt werden, dass der Schuldner der Ausgleichsforderung Vermögensgegenstände veräußert, um den Gegenwert in Geld um so leichter verschleudern oder verschwenden zu können. Bringt der Schuldner das Geld durch, kann der Dritte, der es in Kenntnis der Absichten des Schuldners etwa als Kaufpreis gezahlt hat, gem § 1390 in Anspruch genommen werden (vgl Rn 23; s auch Soergel/Lange Rn 11; Johannsen/Henrich/Jaeger Rn 3, 6; wohl auch BGB-RGRK/Finke Rn 8; aM MünchKomm/Koch Rn 11; Erman/Heckelmann Rn 5). Die Einbeziehung solcher Fälle deckt sich mit der auch § 3 Abs 1 AnfG zugrundeliegenden Wertung. Als vermögensmindernde Rechtshandlungen kommen auch Unterlassungen in Betracht, insbesondere die bewusste Nichtunterbrechung einer Verjährungs- oder Ersitzungsfrist oder das Unterlassen der Protesterhebung bei Nichteinlösung eines Wechsels. Eine benachteiligende Rechtshandlung kann ferner darin liegen, dass sich der Ausgleichsschuldner im Prozess über eine unbegründete oder zweifelhafte Forderung nicht oder verspätet einlässt, wenn er ein Versäumnisurteil ergehen lässt oder keine Rechtsmittel einlegt oder wenn er anerkennt oder auch nur zugesteht.

b) Kenntnis von der Benachteiligungsabsicht

Die **Benachteiligungsabsicht muss** dem Dritten **bekannt** sein. Erforderlich ist positive **12** Kenntnis; auch schuldhafte Unkenntnis genügt nicht. Die Kenntnis muss bei der Vornahme der Rechtshandlung vorhanden sein. Maßgebend ist der Zeitpunkt der Vollendung der Rechtshandlung. Der vermögensmindernde Erfolg braucht noch nicht eingetreten sein; er muss aber noch vor der Beendigung des Güterstandes eintreten. Bei rechtsgeschäftlichen Verfügungen kommt es auf den Zeitpunkt der Vollendung an, bei nachfolgender Übergabe also auf diese, bei nachfolgender Eintragung in das Grundbuch entsprechend § 892 Abs 2 auf die Zeit der Stellung des Eintragungsantrages. Auch in diesen Fällen muss der vollendete Rechtsakt noch vor Beendigung des Güterstandes vorliegen.

4. Erschöpfende Aufzählung

Die in § 1390 aufgeführten Haftungstatbestände sind erschöpfend aufgeführt. So **13** begründen insbesondere Verschwendungen, die erst nach dem Berechnungszeitpunkt der §§ 1384, 1387 vorgenommen wurden, keinen Anspruch gegen den Dritten, wenn nicht die besonderen Voraussetzungen des Abs 2 vorliegen. Dritte haften auch dann nicht, wenn und soweit die Ausgleichsforderung entstanden ist, vom Schuldner aber nicht beigetrieben werden kann.

III. Rechtsnatur und Inhalt des Anspruchs

1. Güterrechtlicher Rechtsgrund

14 Der Anspruch gegen den Dritten hat seinen Rechtsgrund im Güterrecht. Nur sein Umfang bestimmt sich nach Bereicherungsrecht (Rechtsfolgenverweisung). Soweit in § 1390 nichts anderes bestimmt ist, sind auf den „güterstandsspezifischen Ausgleichsanspruch" (MünchKomm/Koch Rn 5) die für den Ausgleichsanspruch geltenden Vorschriften entsprechend anzuwenden, soweit sie nicht speziell auf das eheliche Verhältnis zugeschnitten sind. Anzuwenden sind insbesondere die Vorschriften des § 1378 Abs 3 über die Vererblichkeit und Übertragbarkeit des Anspruchs sowie über die Verpflichtung zur Verfügung über diesen (ebenso Gernhuber/Coester-Waltjen § 36 Rn 86; MünchKomm/Koch Rn 5; BGB-RGRK/Finke Rn 15; Soergel/Lange Rn 13).

15 **Nicht anwendbar** sind dagegen auf den Anspruch gegen den Dritten die §§ **1379–1383** (ebenso MünchKomm/Koch Rn 5; BGB-RGRK/Finke Rn 18 ff). Der Anspruch aus § 1379 dient der Feststellung der Endvermögen und der Berechnung der Zugewinne. Er richtet sich nur gegen den Ehegatten oder dessen Gesamtrechtsnachfolger (hM; s aber auch BGHZ 55, 378 zu § 2329). Hat der Dritte einen Inbegriff von Gegenständen herauszugeben, findet § 260 unmittelbar Anwendung. Zur Auskunftspflicht aus § 242 vgl BGHZ 61, 180, 184 f. Für § 1380 ist im Verhältnis zum Dritten schon sachlich kein Raum. Die §§ 1381–1383 sind speziell auf die Beziehungen zwischen Ehegatten zugeschnitten (s auch MünchKomm/Koch Rn 5; BGB-RGRK/Finke Rn 20, 21). Das Leistungsverweigerungsrecht gem § 1381 kann daher nur der Schuldner der Ausgleichsforderung geltend machen. Das Ergebnis wirkt sich jedoch auf die Höhe der Ausgleichsforderung, damit auf den Umfang der Kürzung gem § 1378 Abs 2 und mittelbar auf die Verpflichtung des Dritten aus. Der Dritte kann auch nicht die Stundung seiner Herausgabeschuld gem § 1382 beantragen. Ihm stehen nur die allgemeinen Rechte auf Vollstreckungsschutz zu Gebote. Die Anwendung von § 1383 scheidet aus, weil der Dritte von vornherein die Herausgabe bestimmter Gegenstände zum Zwecke der Befriedigung schuldet.

2. Herausgabe zur Befriedigung

16 Der Anspruch gegen den Dritten ist auf Herausgabe des Erlangten zum Zwecke der Befriedigung gerichtet. Es handelt sich nicht um einen Zahlungsanspruch, aber auch nicht um einen echten Herausgabeanspruch. Herausgabe zum Zwecke der Befriedigung heißt vielmehr trotz des insoweit etwa von §§ 1973 Abs 2, 1990 Abs 1 S 2 abweichenden Wortlauts auch hier: **Duldung der Zwangsvollstreckung** in die erlangten Gegenstände (hM in Anknüpfung an RG Recht 1911 Nr 2180; BGH FamRZ 1961, 272, 273, beide zu § 2329). Zur Ersetzungsbefugnis des Schuldners s Rn 24. Ergibt sich bei der Verwertung ein den Ausfallbetrag übersteigender Erlös, so ist der Mehrerlös an den Dritten auszuzahlen.

17 Hat der Dritte Geld erlangt oder schuldet er nach § 818 Abs 2 Wertersatz in Geld oder Schadensersatz gem §§ 819, 818 Abs 4, 292, 989, so sind Klage und Urteil auf Duldung der Zwangsvollstreckung nicht erforderlich. Der **Anspruch** ist sogleich **auf Zahlung** des Betrages gerichtet, um den der Dritte bereichert ist, begrenzt durch die Höhe des Ausfalls der Ausgleichsforderung (allgM).

Der Gläubiger kann nicht die Herausgabe des Erlangten verlangen, um sich dann im **18** Wege des Pfandverkaufs (§§ 1233 ff) zu befriedigen. Er braucht auch ein entsprechendes Angebot des Dritten nicht anzunehmen. Vereinbarungen der Parteien über die Art der Erfüllung des Anspruchs bleiben unberührt. Sie sind, um Prozesskosten oder auch die Kosten der Herstellung einer vollstreckbaren Urkunde gem § 794 Nr 5 ZPO zu sparen, empfehlenswert, wenn der Schuldner es nicht vorzieht, von seiner Ersetzungsbefugnis Gebrauch zu machen.

3. Der **Umfang der Leistungspflicht** des Dritten wird durch den Betrag der gem **19** § 1378 Abs 2 ausgefallenen Ausgleichsforderung begrenzt. Beruht die Kürzung der Ausgleichsforderung auf Vermögensminderungen nach § 1375 Abs 2, ist § 1375 Abs 1 S 2 zu beachten. Danach werden zur Berechnung des Endvermögens die Verbindlichkeiten auch insoweit abgezogen, als sie die Höhe des Aktivvermögens übersteigen. Erst dem so errechneten Endvermögen wird der Betrag der Vermögensminderung hinzugerechnet (s dazu § 1375 Rn 7 ff).

4. Der Dritte **haftet nur nach Bereicherungsrecht** (§§ 812 ff). **20**

a) § 1390 Abs 1 S 1 enthält eine **Rechtsfolgenverweisung**. Ist der Dritte im Ein- **21** zelfall auf Kosten des Schuldners ungerechtfertigt bereichert, greift § 1390 nicht ein. Der Bereicherungsanspruch ist bereits bei der Feststellung des Vermögens bei Beendigung des Güterstandes als Aktivum zu berücksichtigen, so dass eine Minderung der Ausgleichsforderung gem § 1378 Abs 2 nicht vorliegt. Ist die Begrenzung der Forderung zwischen Gläubiger und Schuldner rechtskräftig festgestellt, berührt das die Rechtsstellung des Dritten nicht. Die Rechtskraft wirkt nicht gegen ihn, es sei denn, der Dritte war als Nebenintervenient beteiligt oder ihm war vom Gläubiger der Streit verkündet worden.

b) Die Verweisung auf die Bereicherungsgrundsätze bezieht sich **nur auf den** **22** **Umfang des Anspruchs** gegen den Dritten. Dieser hat gem § 818 Abs 1 auch die gezogenen Nutzungen und Surrogate herauszugeben. Ist das ursprünglich Erlangte nicht mehr vorhanden, hat der Dritte gem § 818 Abs 2 Wertersatz zu leisten, soweit er noch bereichert ist. Die Haftung entfällt, wenn und soweit der Dritte nicht mehr bereichert ist, § 818 Abs 3. Die dem Schuldner erbrachte Gegenleistung ist nicht als Entreicherung abzusetzen (aM Erman/Heckelmann Rn 5; BGB-RGRK/Finke Rn 12). Die Gegenleistung oder der Anspruch auf sie ist jedoch als Aktivvermögen beim Schuldner zur Zeit der Beendigung des Güterstandes einzusetzen. Insoweit fehlt es schon an einer Minderung der Ausgleichsforderung gem § 1378 Abs 2, so dass ein Anspruch gegen den Dritten entfällt. Hat der Dritte das Erlangte unentgeltlich weitergegeben und haftet er gem § 818 Abs 3 nicht, so ist der Leistungsempfänger gem § 822 zur Herausgabe verpflichtet. Das gilt auch dann, wenn die Weitergabe noch vor der Beendigung des Güterstandes erfolgte.

c) Die verschärfte Haftung ab **Rechtshängigkeit** gem § 818 Abs 4 kann erst nach **23** der Beendigung des Güterstandes eintreten. Dagegen haftet der Dritte nach § 819 Abs 1 verschärft, sobald er **Kenntnis** davon erlangt, dass der Schuldner mit der Ausgleichsforderung gem § 1378 Abs 2 ausgefallen ist oder ausfallen wird (ebenso MünchKomm/Koch Rn 14; Gernhuber/Coester-Waltjen § 36 Rn 83). Auf den Zeitpunkt der Beendigung des Güterstandes kommt es dann nicht mehr an. Die Kenntnis ist im

Falle des **§ 1390 Abs 2** stets anzunehmen, ebenso dann, wenn der Dritte bei einer unentgeltlichen Zuwendung die Benachteiligungsabsicht des Schuldners kannte. In diesen Fällen liegen meist auch die Voraussetzungen des § 819 Abs 2 vor. Hat der Dritte die Benachteiligungsabsicht nicht gekannt, kommt eine Haftungsverschärfung grundsätzlich erst ab Beendigung des Güterstandes in Betracht, weil erst von diesem Zeitpunkt ab die für die Zugewinnberechnung und die Feststellung einer Begrenzung der Ausgleichsforderung erforderlichen Umstände bekannt werden können.

5. Abwendung der Herausgabe

24 Der Dritte kann die Herausgabe durch Zahlung des fehlenden Betrages abwenden. Das Gesetz gewährt ihm eine **Ersetzungsbefugnis** (MünchKomm/Koch Rn 6; Gernhuber/ Coester-Waltjen § 36 Rn 85; Soergel/Lange Rn 15). **Fehlender Betrag** ist der Betrag, um den die Ausgleichsforderung infolge des Erwerbs durch den Dritten gemindert ist. Auf den Wert des Erlangten kommt es nicht an (MünchKomm/Koch Rn 18; BGB-RGRK/ Finke Rn 13; Soergel/Lange Rn 15). Da sich die Ausgleichsforderung nach § 1378 Abs 2 höchstens um die Hälfte des Wertes der Zuwendung an den Dritten mindert, kommt der Abwendung der „Herausgabe" durch Zahlung des fehlenden Betrages einige praktische Bedeutung zu. Das gilt vor allem in den Fällen, in denen § 1375 Abs 1 S 2 wirksam wird (s § 1375 Rn 11 f).

25 Wird der Dritte auf Duldung der Zwangsvollstreckung oder auf Zahlung verklagt (s oben Rn 16 f), muss er sich die Ersetzungsbefugnis im Urteil vorbehalten lassen, wenn er sich die Ersetzungsbefugnis bewahren und sie in der Vollstreckung gemäß §§ 767, 769, 770 ZPO geltend machen will.

IV. Anspruch auf Auskunft

26 Einen eigenständigen Anspruch auf Auskunftserteilung über die erlangten Gegenstände und die Modalitäten des Erwerbs analog § 1379 hat der Gläubiger gegen den Dritten nicht (s schon Rn 15). Unberührt bleibt jedoch der aus § 242 abgeleitete Anspruch auf Auskunft, wenn der Gläubiger sich die erforderlichen Kenntnisse nicht auf andere, ihm zumutbare Weise verschaffen kann und der Dritte die Auskunft unschwer zu geben vermag (BGHZ 61, 180, 185; 58, 237). Soweit der Gläubiger gem § 1379 Auskunft auch über die Vermögensminderungen vom Schuldner der Ausgleichsforderung verlangen kann (§ 1379 Rn 12 ff), bleibt für den Auskunftsanspruch gegen den Dritten kein Raum. Anders, wenn die Erben des anderen Ehegatten den Zugewinnausgleich schulden. Unberührt bleibt auch der Anspruch aus § 260.

V. Mehrheit von Herausgabepflichtigen

27 Hat der Ehegatte, der den größeren Zugewinn erzielt hat, vor Beendigung des Güterstandes mehrere von § 1390 erfasste Zuwendungen an verschiedene Empfänger gemacht, so haftet jeder von ihnen unabhängig von dem anderen. Der Umfang der Ansprüche richtet sich nach dem jeweils Erlangten. Das Recht zur Abwendung der Herausgabe (s Rn 24) kann jeder einzelne Empfänger durch Zahlung des Betrages abwenden, um den die Ausgleichsforderung gerade durch die Zuwendung an ihn vermindert wurde. Ist der Ausfall gem § 1378 Abs 2 geringer als die Summe der nach § 1390 berücksichtigungsfähigen Zuwendungen, kann der Gläubiger wählen, an welchen der Empfänger er sich halten will (MünchKomm/Koch Rn 17; BGB-RGRK/Finke Rn 14; Soergel/Lange Rn 16). Insgesamt brauchen die Empfänger jedoch nicht mehr herauszugeben, als zur Befriedigung der ausgefallenen Forderung erforderlich ist. Eine § 2329 Abs 3 entsprechende Rangfolge ist in § 1390 nicht vorgeschrieben. Sie lässt sich auch mit Kausalitätserwägungen nicht begründen. Die mehreren Herausgabepflichtigen sind, soweit sich ihre Verpflichtungen decken, als Gesamtschuldner anzusehen, da sie das gleiche Gläubigerinteresse zu befriedigen verpflichtet sind. Im Innenverhältnis haften sie einander nach dem Verhältnis der Werte der Zuwendungen (aM MünchKomm/Gernhuber [3. Aufl] Rn 17; Soergel/Lange Rn 16: keine Ausgleichsordnung; wie hier jetzt MünchKomm/Koch Rn 17).

VI. Sicherheitsleistung (Abs 4)

Sobald die Klage auf vorzeitigen Ausgleich des Zugewinns oder auf Aufhebung der **28** Ehe erhoben oder der Scheidungsantrag gestellt ist, kann der voraussichtliche Gläubiger der Ausgleichsforderung von dem Dritten Sicherheitsleistung verlangen. Zu den Voraussetzungen s auch § 1389 Rn 6 ff.

Gegenstand der Sicherung ist der künftige Anspruch des Gläubigers gegen den **29** Dritten aus § 1390. Zur Behauptungs- und Beweislast vgl § 1389 Rn 11.

Anders als § 1389 setzt § 1390 nicht voraus, dass eine erhebliche Gefährdung des zu **30** sichernden Anspruchs zu besorgen ist.

Sicherheit ist nach Maßgabe der §§ 232 ff zu leisten. S dazu § 1389 Rn 16 ff. Zur **31** Sicherung des Anspruchs auf Sicherheitsleistung s § 1389 Rn 20 f.

Die Leistung von Sicherheiten schließt weder die Nichtentstehung noch eine Be- **32** grenzung des Anspruchs gegen den Dritten wegen Wegfalls der Bereicherung aus. Spätestens das Verlangen nach Sicherheitsleistung begründet jedoch die Kenntnis gem § 819 Abs 1 und damit die verschärfte Bereicherungshaftung.

VII. Verjährung (Abs 3)

Der Ergänzungsanspruch verjährt in **drei Jahren**. Die Verjährung **beginnt** mit der **33** **Beendigung des Güterstandes**. Abweichend von § 1378 Abs 4 S 1 kommt es auf die Kenntnis des Gläubigers von der Beendigung des Güterstandes nicht an, ebenso wenig auf die Kenntnis von den sonstigen Voraussetzungen des Anspruchs. Die im Interesse der Schaffung klarer Rechtsverhältnisse nach verhältnismäßig kurzer Zeit getroffene Regelung entspricht der des § 2332 Abs 2.

Endet der Güterstand **durch den Tod** eines Ehegatten, so beginnt die Verjährung **34** auch dann mit diesem Zeitpunkt, wenn die Geltung der güterrechtlichen Lösung (§ 1371 Abs 2) und damit die Entstehung von Ausgleichsforderung und Ergänzungsanspruch von der Ausschlagung der Erbschaft oder eines Vermächtnisses abhängig ist (Abs 3 S 2).

VIII. Konkurrenzen

35 Der **Pflichtteilsergänzungsanspruch** gegen den Beschenkten gem § 2329 kann mit dem Anspruch aus 1390 zusammentreffen. Die Ansprüche stehen unabhängig und kumulativ nebeneinander (hM).

36 Vor allem in den Fällen des § 1390 Abs 2 kann mit dem Anspruch auf Herausgabe zum Zwecke der Befriedigung (§ 1390) ein **Schadensersatzanspruch gem § 826** konkurrieren. Da beide Ansprüche jedenfalls teilweise auf die Deckung desselben Ausfallbedarfs gerichtet sind, besteht trotz des unterschiedlichen Leistungsinhalts Anspruchsnormenkonkurrenz (s auch MünchKomm/KOCH Rn 21). Ebenso konkurriert der Anspruch aus § 1390 mit Ansprüchen aus § 419 aF oder § 25 HGB.

IX. Abweichende Vereinbarungen

37 Der Anspruch gegen den Dritten kann auch hM nicht im Voraus ausgeschlossen werden. Der Erlass einer künftigen Forderung gegen einen Dritten könnte jedoch prinzipiell auch durch Vertrag der Ehegatten zugunsten Dritter vereinbart werden. Der Form des Ehevertrages bedürfte der Vertrag nicht. Der im Voraus erklärte „Verzicht" auf künftige Ansprüche, die sich auf sittenwidrige oder auch nur vorsätzliche Handlungen gründen, ist jedoch nach dem auch § 276 Abs 3 zugrundeliegenden Rechtsgedanken ausgeschlossen. Deshalb kann jedenfalls die Inanspruchnahme eines Dritten nicht auch für den Fall ausgeschlossen werden, dass diesem die Benachteiligungsabsicht des zuwendenden Ehegatten bekannt war. Der Ausschluss der Haftung des Dritten enthält jedoch stets mittelbar auch den Ausschluss von möglichen künftigen Regressansprüchen des Zuwendungsempfängers gegen den Zuwendenden. Da § 1390 die Benachteiligungsabsicht des künftigen Ausgleichsschuldners voraussetzt, ist deshalb der Ausschluss der Ansprüche gem § 1390 generell unzulässig (iE hM; in der Begr ähnlich MünchKomm/KOCH Rn 29).

§§ 1391–1407

1 Die Vorschriften sind durch Art 1 Nr 9 GleichberG vom 18. 6. 1957 aufgehoben worden (vgl STAUDINGER/BGB-Synopse 1896–2005 §§ 1391–1407).

Untertitel 2
Vertragliches Güterrecht

Vorbemerkungen zu §§ 1408 ff

Schrifttum

Zum älteren Schrifttum s auch STAUDINGER/THIELE (2000).

APP, Die fortgesetzte Gütergemeinschaft im Einkommenssteuerrecht und Erbschaftssteuerrecht, BWNotZ 1993, 11

BERGSCHNEIDER, Zur Unwirksamkeit eines Ehevertrags mit Unterhalts- und Versorgungsausgleichsverzicht sowie Gütertrennung, FamRZ 2003, 377

BORTH, Inhaltskontrolle von Eheverträgen – Neuere Rechtsprechung und offene Fragen, FamRB 2005, 177

BOSCH, Der Verzicht auf Unterhalt und Zugewinnausgleich, FamRZ 1965, 237

BRAMBRING, Ehevertrag und Vermögensordnung unter Ehegatten (5. Aufl 2003)

ders, Führt die Teilnichtigkeit zur Gesamtnichtigkeit von Eheverträgen?, FPR 2005, 130

BRIX, Eheverträge und Scheidungsfolgenvereinbarungen, FamRZ 1993, 12

BUSCHENDORF, Die Grenzen der Ehevertragsfreiheit im Ehevermögensrecht (1987)

BÜTTNER, Grenzen ehevertraglicher Gestaltungsmöglichkeiten, FamRZ 1998, 1

CLAMER, Die Zulässigkeit der alten BGB-Güterstände, NJW 1960, 563

COESTER-WALTJEN, Liebe – Freiheit – gute Sitten Grenzen autonomer Gestaltung der Ehe und deren Folgen in der Rechtsprechung des Bundesgerichtshofs, in: 50 Jahre Bundesgerichtshof, Festgabe der Wissenschaft (2000) 985

CYPIONKA, Vereinbarungen über den Zugewinnausgleich in Eheverträgen und Scheidungsfolgenverträgen, MittRhNotK 1986, 157

DAUNER-LIEB, Reichweite und Grenzen der Privatautonomie im Ehevertragsrecht, AcP 201 (2001) 295

DIEDERICHSEN, Die allgemeinen Ehewirkungen nach dem 1. EheRG und Ehevereinbarungen, NJW 1977, 217

FINGER, Gerichtliche Kontrolle insbesondere güterrechtlicher Vereinbarungen bei Auslandsbezug, FF 2004, 245

GAGEIK, Wirksamkeits- und Ausübungskontrolle von Eheverträgen unter Berücksichtigung der aktuellen Rechtsprechung seit der Entscheidung des BGH vom 11. 2. 2004, FPR 2005, 122

GAUL, Zur Abgrenzung des Ehevertrags von der Scheidungsvereinbarung nach § 1378 Abs 3 S 2 BGB und dem Auseinandersetzungsvertrag, in: FS Lange (1992) 829

GOEBEL, In guten, nicht in schlechten Tagen?, FamRZ 2003, 1513

GÖHRE, Die Abänderung des gesetzlichen Güterstands durch Ehevertrag und Verfügung von Todes wegen (Diss Frankfurt 1964)

GÖPPINGER/BÖRGER, Vereinbarungen anlässlich der Ehescheidung (8. Aufl 2005)

GRZIWOTZ, Das Ende der Vertragsfreiheit im Ehevermögens- und Scheidungsfolgenrecht?, FamRZ 1997, 585

ders, Möglichkeiten und Grenzen von Vereinbarungen unter Ehegatten, MDR 1998, 1075

ders, Ehe mit beschränkter Haftung? – Gesamtverzichtsverträge im Ehevermögensrecht, MDR 1998, 1327

ders, Was geht noch? – Ehevertragsgestaltung nach Karlsruhe III, FamRB 2004, 199 u 239

ders/HAGENHUBER, Das innere Maß des Scheidungsfolgenrechts – Teilhabegerechtigkeit in der Ehe, DNotZ 2006, 32

HAHNE, Grenzen ehevertraglicher Gestaltungsfreiheit, DNotZ 2004, 84

dies, Vertragsfreiheit im Familienrecht, in:

SCHWAB/HAHNE (Hrsg), Familienrecht im Brennpunkt (2004) 181

HERB, Vereinbarung des Schuldprinzips in Ehe- und Scheidungsverträgen?, FamRZ 1988, 123

KANZLEITER, Gütertrennung als gesetzliche Regelfolge beim ehevertraglichen Ausschluss des Versorgungsausgleichs?, in: FS Rebmann (1989)

ders/WEGMANN, Vereinbarungen unter Ehegatten (6. Aufl 2001)

KEILBACH, Sinn und Zweck von salvatorischen Klauseln in Eheverträgen und Scheidungsvereinbarungen, FamRZ 1992, 1118

KELLER, Vertragsfreiheit im Güterrecht, BWNotZ 1973, 163

KOCH, Richterliche Kontrolle von Eheverträgen, NotBZ 2004, 147

KRAFKA, Der Umgang des Notars mit aktuellen Rechtsentwicklungen, DNotZ 2002, 677

KRÜGER, Steuerfolgen ehelicher Güterrechtsgestaltungen (1978)

KÜHNE, Wechselbeziehungen zwischen ehelichem Güterrecht und Zuwendungsgeschäften unter Ehegatten, in: FS Beitzke (1979) 249

H LANGE, Ehevertrag und Güterrechtsregister, FamRZ 1964, 546

LANGENFELD, Der Ehevertrag (11. Aufl 2005)

ders, Handbuch der Eheverträge und Scheidungsvereinbarungen (5. Aufl 2005)

ders, Zur Praxis des Ehevertrages, FamRZ 1994, 201

ders, Vorsorgende Gestaltung der Rechtsverhältnisse der Ehegatten durch Ehevertrag, BWNotZ 1979, 21

ders, Möglichkeiten und Grenzen notarieller Vertragsgestaltung bei Eheverträgen und Scheidungsvereinbarungen, DNotZ 1985, Sonderheft Dt Notartag, 167

ders, Ehevertragsgestaltung nach Ehetypen, FamRZ 1987, 9

ders, Eheverträge in der Landwirtschaft, AgrarR 1999, 107

LIFTIN, Zugewinnausgleich und Ehevertrag, gütervertragliche Lösung mit steuerlicher Bindungswirkung, BB 1975, 1213

MAYER, Inhaltskontrolle von Eheverträgen, FPR 2004, 363

MICHAELIS, Die Güterstände in der Praxis (Diss Hamburg 1968)

MIKAT, Schranken der Vertragsfreiheit im Ehegüterrecht, in: FS Felgentraeger (1969) 323

MÜNCH, Die Ehegatteninnengesellschaft – Ein Vorschlag zu ihrer vertraglichen Ausgestaltung –, FamRZ 2004, 233

ders, Inhaltskontrolle von Eheverträgen, – Zurück auf festeren Boden – Zur neuesten Rechtsprechung des BGH, DNotZ 2005, 819

ders, Inhaltskontrolle von Eheverträgen, ZNotP 2004, 122

ders, Notar und Parität – Die Bedeutung notarieller Beurkundung im Rahmen der Inhaltskontrolle von Eheverträgen –, DNotZ 2004, 901

PLATE, Die modifizierte Zugewinngemeinschaft im Ehevertrag von Unternehmern, MittRhNotK 1999, 257

RAKETE-DOMBEK, Das Ehevertragsurteil des BGH – Oder: Nach dem Urteil ist vor dem Urteil, NJW 2004, 1273

RAMM, Gleichberechtigung und Hausfrauenehe, JZ 1968, 41, 90

RAUSCHER, Ehevereinbarungen: Rückkehr zur Rechtssicherheit, DNotZ 2004, 524

ders, Ein Bärendienst für die Freiheit der Eheschließung, FuR 2001, 155

REINICKE, Güterrechtlicher Ausgleich bei Zuwendungen eines Ehegatten an den anderen und Wegfall der Geschäftsgrundlage, WM 1982, 946

REITHMANN, Eigentumszuordnung unter Ehegatten, in: FS Knur (1972) 183

SANDERS, Schwangere Braut und Karrierefrau FF 2006, 242

SCHRÖDER, Die autonome Gestaltung eines Güterstandes durch die Ehegatten (1996)

SCHWAB, Gestaltungsfreiheit und Formbindung im Ehevermögensrecht und die Eherechtsreform, DNotZ – Sonderheft – 1977, 51*

ders, Zur neuen gerichtlichen Kontrolle von Eheverträgen und Scheidungsvereinbarungen, in: FS Holzhauer (2005) 410

SCHWAB-LANGENFELD, Gesetzliche Regelung der Scheidungsfolgen und vertragliche Gestaltungsmöglichkeit für den landwirtschaftlichen Betrieb (1989)

SCHWENZER, Vertragsfreiheit im Ehevermögen- und Scheidungsfolgenrecht, AcP 196 (1996) 88

SKULUDIS, Die Vertragsfreiheit im Ehegüterrecht nach dem deutschen und griechischen Recht (Diss Freiburg 1976)

SLAPNICAR, Vertragliche Vereinbarungen im Ehegüterrecht zum Erhalt unternehmerischer Entscheidungskompetenzen, WiB 1994, 590

STACH, Eheverträge – Gesetz und Rechtstatsachen (Diss 1998)

TIEDTKE, Güterrechtlicher und schuldrechtlicher Ausgleich bei Scheidung der Ehe, DNotZ 1983, 161

TRAULSEN, Inhalt und Grenzen familienrechtlicher Verträge (Diss 2006)

WACHTER, Neue Grenzen der Ehevertragsfreiheit, ZFE 2004, 132

WÄCHTER, Inhaltskontrolle von Scheidungsvereinbarungen?, ZNotP 2004, 264

H P WESTERMANN, Unternehmerisch genutztes Familienvermögen oder „Erbhof"?, in: FS Bosch (1976) 1029

WINKLER, Eheverträge von Unternehmern – Gestaltungsmöglichkeiten zum Schutz des Unternehmens, FPR 2006, 217

ZÖLLNER, Vertragsfreiheit und Bindung an den Typus im ehelichen Güterrecht, FamRZ 1965, 113

ders, Vermögensrechtliche Folgenvereinbarungen für den Scheidungsfall, in: FS Lange (1992) 973.

Systematische Übersicht

Alphabetische Übersicht

Burkhard Thiele

I.   Grundlinien des Vertragsgüterrechts

1.   Aufgaben des ehelichen Güterrechts

1 **Aufgabe des ehelichen Güterrechts** ist die rechtliche Ordnung der eine Ehe voraussetzenden vermögensrechtlichen Beziehungen der Ehegatten zueinander und zu Dritten. Dabei bestimmt das Gesetz selbst, welche vermögensrechtlichen Beziehungen zu den „güterrechtlichen Verhältnissen" (§ 1408 Abs 1) gehören. Eine Reihe vermögensrechtlicher Fragen wird güterstandsunabhängig in den §§ 1353 ff geregelt. Andere Rechtsbeziehungen vermögensrechtlichen Inhalts unter Ehegatten sind nicht Gegenstand güterrechtlicher Regelungen, weil ihre Begründung das Bestehen einer Ehe nicht voraussetzt, weil sie keine gesetzlich geregelten Rechtspositionen des Güterrechts betreffen, insbesondere nicht von den besonderen und singulären Rechtsformen des gesetzlichen Güterrechts Gebrauch gemacht wird (s dazu näher § 1408 Rn 6 ff).

2.   Güterstandstypen

2 Das geltende Recht geht von drei **Güterstandstypen** aus, unter denen die Ehegatten frei wählen können. Die Typen der **Gütergemeinschaft**, der **Gütertrennung** und der **Gütertrennung mit Verfügungsbeschränkungen und Zugewinnausgleich** sind nur Grundmuster, die vielfältige Abwandlungen im Einzelnen zulassen. Zu den Grenzen der Vertragsfreiheit im Güterrecht s Rn 14 ff.

3 **a)** Der Typus der **Gütergemeinschaft** wird gekennzeichnet durch die Bildung eines gemeinschaftlichen Vermögens der Ehegatten (Gesamtgut). Innerhalb des Grundmusters sind vielfältige Abstufungen möglich. Sie reichen von der grundsätzlich umfassenden (s aber § 1417) Zuweisung allen Vermögens zum Gesamtgut bis zur Bildung eines nur unbedeutenden gemeinschaftlichen Vermögens. Die früheren Wahlgüterstände der Errungenschafts- und Fahrnisgemeinschaft sind nur Beispiele der möglichen Variationen (s dazu auch § 1408 Rn 17).

4 Jede Erscheinungsform des Güterstandes der Gütergemeinschaft enthält **Elemente**

der Gütertrennung, ist insoweit also ein Mischgüterstand. Das Element der Gütertrennung zeigt sich in einer spezifischen Verknüpfung mit dem der Gütergemeinschaft beim Sondergut (§ 1417). Jeder Ehegatte verwaltet sein Sondergut selbst, freilich für Rechnung des Gesamtguts (§ 1417 Abs 3 S 2). Es wird aber vor allem beim Vorbehaltsgut (§ 1418) deutlich, das jeder Ehegatte selbständig und für eigene Rechnung verwaltet.

b) Der Typus der **Gütertrennung** beruht auf der Negation spezifisch güterrecht- **5** licher Beziehungen unter den Ehegatten. Er lässt inhaltliche Variationen zu (aM MünchKomm/Kanzleiter § 1408 Rn 15; Bamberger/Roth/Mayer § 1408 Rn 12; der Entscheidung des OLG Schleswig [NJW-RR 1996, 134] lässt sich anderes nicht entnehmen. Der Sache nach ging es dort um die zu Recht versagte Eintragung einer modifizierten Zugewinngemeinschaft als Gütertrennung). Unproblematisch kann der Ehevertrag etwa mit einer auflösenden Bedingung versehen werden, bei deren Eintritt wieder der Güterstand der Zugewinngemeinschaft gilt (vgl etwa OLG Braunschweig FamRZ 2005, 903 m Anm Bergschnei-der). Es kann jedoch auf der Grundlage der Gütertrennung kraft ehelichen Güterrechts kein Gesamtgut gebildet werden. Auch Verfügungsbeschränkungen sind nicht mit dinglicher Wirkung möglich (§ 137 S 1). Unberührt bleibt jedoch die Schaffung von Miteigentum nach Bruchteilen durch Einzelverfügungen nicht eheverträglicher Art, ebenso die einzelvertragliche Schaffung von Gesamthandseigentum durch Gründung einer Gesellschaft unter den Ehegatten.

c) Für das dritte Grundmuster, die **Gütertrennung mit Verfügungsbeschränkungen 6** und **Zugewinnausgleich**, ist der gesetzliche Güterstand der Zugewinngemeinschaft ein Beispiel. Vielfache Abwandlungen sind auch hier möglich (vgl § 1363 Rn 37 ff und die Erl zu den §§ 1365 ff).

3. Gesetzliche und Wahlgüterstände

Die drei Typen von Güterständen (s Rn 2 ff) werden vom Gesetz als vorformulierte **7** **Musterordnungen** zur Wahl gestellt. Der in § 1408 Abs 1 niedergelegte **Grundsatz der Vertragsfreiheit** zwingt die Ehegatten jedoch nicht zum Abschluss eines Ehevertrages. Nach § 1363 Abs 1 tritt vielmehr der Güterstand der Zugewinngemeinschaft von Rechts wegen in Geltung, wenn nicht durch Ehevertrag etwas anderes vereinbart ist. Die Zugewinngemeinschaft ist der **ordentliche gesetzliche Güterstand.** Das geltende Ehegüterrecht geht damit aus von einem System des dispositiven Güterrechts mit gesetzlichem Güterstand.

Auch bei der Aufhebung oder sonstigen Beendigung des zunächst geltenden (ge- **8** setzlichen oder Wahl-)Güterstandes werden die Ehegatten nicht gezwungen, sich für einen anderen Güterstand zu entscheiden. Sie können zwar einen anderen Güterstand ehevertraglich wählen. Treffen sie aber keine Bestimmung, so tritt kraft Gesetzes (§§ 1388, 1414, 1449, 1470) Gütertrennung ein. Die Gütertrennung ist **außerordentlicher, subsidiärer gesetzlicher Güterstand.**

Der Eintritt des (primären oder subsidiären) gesetzlichen Güterstandes kann durch **9** Ehevertrag ausgeschlossen werden. An Stelle des gesetzlichen Güterstandes der Zugewinngemeinschaft stehen als **Wahl-Güterstände** die Gütertrennung und die Gütergemeinschaft zur Verfügung. Sie können als vorformulierte Musterordnungen unverändert in Geltung gesetzt werden. Sie können aber auch in einer ehevertraglich abgewandelten Form als Güterstand vereinbart werden. An Stelle des subsidiären gesetzlichen Güterstandes der Gütertrennung können die Ehegatten außer der Gütergemeinschaft auch die Zugewinngemeinschaft zum neuen Güterstand bestimmen. Die Zugewinngemeinschaft steht daher grundsätzlich auch als Wahlgüterstand zur Verfügung.

II. Vertragsfreiheit im ehelichen Güterrecht

1. Entwicklung des Vertragsgüterrechts

10 Der weitgehenden Rechtszersplitterung auf dem Gebiet des ehelichen Güterrechts (s dazu Einl 6 zu §§ 1363 ff) hat bereits das BGB jedenfalls für die nach dem 1. 1. 1900 geschlossenen Ehen ein Ende bereitet (Art 200 EGBGB). An die Stelle des Regionalsystems, das eine Vielzahl räumlich begrenzt geltender Güterstände kannte, trat eine reichseinheitliche Regelung. Sie sah neben dem ordentlichen gesetzlichen Güterstand der Verwaltung und Nutznießung des Mannes am eingebrachten Gut der Frau noch vier Wahlgüterstände vor: die Gütertrennung, die Allgemeine Gütergemeinschaft, die Errungenschaftsgemeinschaft und die Fahrnisgemeinschaft. Die Ehegatten konnten unter diesen gesetzlich geregelten Güterstandsmustern frei wählen und sie auch durch spezielle Eheverträge inhaltlich abwandeln (§ 1432 aF). Das Gleichberechtigungsgesetz hat die Zahl der gesetzlichen Musterordnungen auf die Gütertrennung und die unter Berücksichtigung des Grundsatzes der Gleichberechtigung von Mann und Frau neu geordnete Gütergemeinschaft reduziert. Die Errungenschafts- und die Fahrnisgemeinschaft sind entfallen (s auch Einl 17 zu §§ 1363 ff). Der Grundsatz der Ehevertragsfreiheit blieb unverändert (§ 1408). Zur Überleitung der bei Inkrafttreten des GleichberG bestehenden Wahlgüterstände vgl Einl 26 zu §§ 1363 ff.

2. Funktion der Vertragsfreiheit

11 Die Ehevertragsfreiheit umfasst die **Abschlussfreiheit** und die **Freiheit zur inhaltlichen Ausgestaltung** des Güterstandes. Den Ehegatten soll die Möglichkeit eröffnet sein, in Abweichung von dem nur „prinzipiell richtigen" (Mot IV 139) gesetzlichen Güterstand ihre güterrechtlichen Verhältnisse nach den Bedürfnissen, insbesondere nach den ökonomischen Daten der konkreten Ehe privatautonom zu bestimmen.

3. Funktionsschwächen des Vertragsgüterrechts

12 Das Gesetz verzichtet bewusst darauf, bestimmten Ehetypen (s dazu MünchKomm/ Koch Einl 13 zu §§ 1363 ff) jeweils ein bestimmtes Güterrechtssystem zuzuordnen. Es trägt aber nicht in hinreichendem Maße dafür Sorge, dass die Ehegatten einen Güterstand wählen, der ihrem gelebten Ehetyp (Hausfrauenehe, Ehen mit erheblicher Mitarbeit eines Ehegatten im Beruf oder Geschäft des anderen, Doppelverdienerehe usw) adäquat wäre. Das vertragliche Güterrecht des BGB wird seiner Aufgabe vor allem deshalb nicht gerecht, weil es den Ehegatten nur einen durchnormierten Vertragsgüterstand (die Gütergemeinschaft) und daneben die schlichte Gütertrennung zur Verfügung stellt. Die Tendenz zur Vereinbarung spezieller Eheverträge, die über die bloß punktuelle Abwandlung eines der gesetzlichen Güterstandsmuster hinausgeht, war nie stark ausgeprägt. Wo nicht überkommene Eheleitbilder und Güterrechtsstrukturen die Wahl der Gütergemeinschaft begünstigt (eine sich deutlich abschwächende Tendenz), provoziert das geltende Recht das Ausweichen auf die Gütertrennung (s auch unten Rn 33 ff), selbst wenn ehevertragliche Modifikationen des gesetzlichen Güterstandes ausreichend wären.

4. Grenzen der Ehevertragsfreiheit

Die **Ehevertragsfreiheit** kann sich **nur in den Schranken des geltenden Rechts** entfalten.   **13**

a) Zwingende Gesetzliche Vorschriften
Schranken finden sich zunächst in den **zwingenden Vorschriften der Gesetze.** Neben   **14**
den §§ 1409 und 1518 und den zwingenden Vorschriften im Rahmen der einzelnen Güterstände sind vor allem die §§ 134, 137 S 1, 138 von Bedeutung. Dabei bleibt zu berücksichtigen, dass grundsätzlich volle Vertragsfreiheit der Ehegatten besteht. Ein Ehevertrag ist vom Grundsatz her nicht auf eine Äquivalenz von Leistung und Gegenleistung angelegt. Eine besondere **Inhaltskontrolle**, ob die gefundene Regelung angemessen ist, hatte deswegen nach früherer Rechtsprechung nicht stattzufinden (BGH NJW 1997, 192 = FamRZ 1997, 157; NJW 1997, 127). Für einen Verstoß gegen die guten Sitten genügte es folglich nicht, dass sich die Regelung eines Ehevertrages für den Fall der Scheidung ausschließlich oder überwiegend zu Lasten eines der Ehegatten auswirkte, es mussten vielmehr weitere Umstände hinzutreten (BGH FamRZ 1990, 373; 1996, 1536; 1997, 157). Danach kam jedenfalls Sittenwidrigkeit in Betracht, wenn die Ehegatten in Kenntnis der Auswirkung einen Unterhaltsverzicht zu Lasten Dritter vereinbarten (BGH FamRZ 1985, 788 ff; zur Frage, unter welchen Voraussetzungen ein ehevertraglicher Verzicht auf nachehelichen Unterhalt den Träger der Sozialhilfe belastet und deswegen nach § 138 Abs 1 sittenwidrig ist auch BGH FamRZ 2007, 197 m Anm BERGSCHNEIDER; aA ZÖLLNER, in: FS Lange 988). Neue Vorgaben folgten aus zwei Entscheidungen des Bundesverfassungsgerichts (FamRZ 2001, 343 m Anm SCHWAB u FamRZ 2001, 985; die Darstellung zur Inhaltskontrolle beschränkt sich im Folgenden auf **Grundzüge**, zu Einzelheiten s STAUDINGER/REHME § 1408 Rn 65 ff). Anknüpfend an frühere Entscheidungen zu den Schranken grundgesetzlich geschützter Privatautonomie (BVerfG NJW 1990, 1469 – entschädigungsloses Wettbewerbsverbot für Handelsvertreter –; BVerfG NJW 1994, 36 – Bürgschaftsverträge –) zog das Verfassungsgericht die Grenze für die aus Art 2 Abs 1 und Art 6 Abs 1 GG folgende Freiheit zur Gestaltung der ehelichen Gemeinschaft wegen Art 3 Abs 2 GG dort, wo der Vertrag nicht Ausdruck und Ergebnis einer gleichberechtigten Partnerschaft ist, sondern die auf ungleichen Verhandlungspositionen beruhende einseitige Dominanz eines Ehepartners wiederspiegelt. Anhaltspunkte für eine so gelagerte Disparität ergeben sich danach aus einer besonders einseitigen Aufbürdung von vertraglichen Lasten als inhaltlichem Element und einer erheblich ungleichen Verhandlungsposition des benachteiligten Ehegatten als subjektbezogenem Element hinsichtlich der Fähigkeit zur Selbstbestimmung (dazu SCHWAB, in: FS Holzhauer 415; HAHNE, in: SCHWAB/HAHNE [Hrsg], Familienrecht im Brennpunkt [2004] 191 und DNotZ 2004, 89). Die Eheschließungsfreiheit rechtfertigt demgegenüber nicht eine unbegrenzte Vertragsgestaltung mit einseitiger Lastenverteilung (dazu bereits gegen die frühere Rechtsprechung COESTER-WALTJEN, in: 50 Jahre Bundesgerichtshof, Festgabe der Wissenschaft [2000] 1005 ff; BÜTTNER FamRZ 1997, 600; ders FamRZ 1998, 1; für eine weitergehende Inhaltskontrolle SCHWENZER AcP 196 [1996] 88; LÜDERITZ/DETHLOFF § 5 Rn 36 f; DAUNER-LIEB

AcP 201 [2001] 295; GOEBEL FamRZ 2003, 1513). Den Zivilgerichten bleibt danach die Aufgabe, **bei gestörter Vertragsparität** eine Inhaltskontrolle und -korrektur über die Generalklauseln des § 138 oder § 242 vorzunehmen. Der BGH hat die verfassungsgerichtlich vorgegebene Inhaltskontrolle konkretisiert. Er zieht die Grenzen der Ehevertragsfreiheit bei erstens einer evident einseitigen und durch die Lebensverhältnisse nicht mehr gerechtfertigten Lastenverteilung, die zweitens für den benachteiligten Ehegatten bei verständiger Würdigung des Wesens der Ehe unzumutbar ist (grundlegend BGH FamRZ 2004, 601, 604; kritisch zur Akzentverschiebung gegenüber dem Bundesverfassungsgericht im Hinblick auf die damit – allerdings nur scheinbar, s etwa BGH FamRZ 2005, 1450 u 1447; 2006, 1098 wo jeweils Disparität ausdrücklich geprüft wurde – in den Hintergrund gedrängte subjektive Verhandlungssituation SCHWAB aaO 416, 419; MAYER FPR 2004, 368; KOCH NotBZ 2004, 148; MÜNCH DNotZ 2005, 821; HOHMANN-DENNHARDT FF 2004, 235). Unter Umständen kann dazu die erhebliche Störung der Selbstbestimmung erschlossen werden aus der evidenten und unzumutbaren Belastung (so etwa BGH FamRZ 2005, 691 zu Ziff II 2 b u c der Gründe, FamRZ 2005, 1450 Ziff 1 der Gründe angedeutet; GERNHUBER/ COESTER-WALTJEN § 26 Rn 19; SCHWAB aaO 419). Eine rein objektive Inhaltskontrolle, die nicht die Feststellung der Disparität zulässt, verletzt demgegenüber den Grundsatz der Ehevertragsfreiheit (so aber OLG Hamm FamRZ 2006, 337; zu Recht auf die Ungleichheit der Verhandlungspositionen abstellend demgegenüber OLG Frankfurt FamRZ 2006, 339). Die Belastungen wiegen umso schwerer und bedingen eine umso genauere Prüfung der Belange des betroffenen Ehegatten, je unmittelbarer die vertragliche Abbedingung gesetzlicher Regelungen in den **Kernbereich des Scheidungsfolgenrechts** eingreift. Dabei werden Scheidungsfolgen unterschiedlichen Rangstufen zugeordnet. Es rangiert der Unterhalt in der Regel vor Versorgungs- und Zugewinnausgleich (BGH FamRZ 2004, 605; 2005, 1446; 1450; 2006, 1098; 1360). Je höher die Rangstufe desto schwerwiegender wirkt eine belastende Einschränkung. Der auf rangniederster Stufe stehende Zugewinnausgleich ist den Dispositionen am weitesten unterworfen, weil weder das Eheverständnis noch der Gedanke nachehelicher Solidarität eine Vermögensbeteiligung erfordern. Der Güterstand der Zugewinngemeinschaft bleibt bereits von den gesetzlichen Vorgaben (arg § 1414) ein bloßer Regelungsvorschlag. Die Berufung auf eine wirksam vereinbarte Gütertrennung wird sich also nur unter engsten Voraussetzungen als rechtsmissbräuchlich erweisen (BGH FamRZ 2004, 608; 2005, 1448; 1450; HAHNE DNotZ 2004, 85 u 92 f; auch, in: SCHWAB/HAHNE [Hrsg], Familienrecht im Brennpunkt [2004] 194; zweifelnd SCHWAB, in: FS Holzhauer 426 unter Hinweis auf BVerfG FamRZ 2002, 529; ähnlich GERNHUBER/COESTER-WALTJEN § 26 Rn 20; BERGSCHNEIDER FamRZ 2004, 1758, 1763).

15 Der Tatrichter hat im Rahmen der Inhaltskontrolle zunächst eine **Wirksamkeitskontrolle** vorzunehmen, bei der auf den **Zeitpunkt des Vertragsschlusses** abzustellen ist losgelöst von der künftigen Entwicklung der Ehegatten und ihrer Lebensverhältnisse (§ 138 Abs 1). Erforderlich ist dabei eine Gesamtwürdigung, die auf die individuellen Verhältnisse bei Vertragsschluss eingeht, insbesondere die Einkommens- und Vermögensverhältnisse, den geplanten oder verwirklichten Zuschnitt der Ehe sowie die Auswirkungen auf die Ehegatten und die Kinder. Zu prüfen ist weiter, ob Nachteile durch anderweitige Vorteile gemildert oder durch die besonderen Verhältnisse der Ehegatten oder gewichtige Belange des begünstigten Ehegatten gerechtfertigt sind, ebenso sind die subjektiven Zwecke und Beweggründe einzubeziehen (BGH FamRZ 2004, 606; 2005, 1446; 1450; 2006, 1098; 1360). Zu Recht weist MÜNCH (DNotZ 2004, 913 ff) auch darauf hin, dass dabei im Einzelfall auch der Umstand der notariellen Beurkundung zu würdigen ist. Die Wirksamkeitskontrolle erfolgt zunächst im Wege der Prüfung der Einzelklauseln. Führt dies nicht zur Unwirksamkeit kann die anschließende Gesamtschau eine Sittenwidrigkeit durch Zusammenwirken der Einzelregelungen ergeben (BGH FamRZ 2005, 692; 1448; 2006, 1360) Erweist sich eine Einzelregelung als gemäß § 138 nichtig, ist in der Regel der gesamte Ehevertrag gemäß § 139 nichtig, wenn nicht anzunehmen ist, dass er auch ohne die nichtige Klausel geschlossen worden wäre (BGH FamRZ 2005, 1447; BRAMBRING FPR 2005, 132). Eine **salvatorische Klausel** führt dann zu einer von § 139 abweichenden Darlegungs- und Beweislast für denjenigen, der Gesamtnichtigkeit geltend macht (vgl BGH NJW 2003, 347; MÜNCH DNotZ 2005, 823; BRAMBRING aaO, 130 mwNw). Keine Teilnichtigkeit kommt in Betracht, wo die Gesamtwürdigung des Vertrags das Urteil der Nichtigkeit begründet. Die Folgen erfassen vielmehr den ganzen Vertrag (BGH FamRZ 2006, 1098: eine salvatorische Klausel erweist sich als wirkungslos; insbesondere lässt sich die Nichtigkeit des vereinbarten Ausschlusses des Versorgungsausgleichs nicht deswegen verneinen, weil bereits der Ausschluss des nachehelichen Unterhalts seinerseits nichtig sei und der benachteiligte Ehegatte deshalb mit Hilfe des Altersvorsorgeunterhalts eine eigene Altersvorsorge aufbauen könne; BRAMBRING aaO, 131; MÜNCH aaO, 823). Klage auf Feststellung der Nichtigkeit eines Ehevertrags kann erst nach Einleitung des Scheidungsverfahrens erhoben werden (OLG Frankfurt FamRB 2006, 713; FamRZ 2005, 457). Zu den Einzelheiten der Inhaltskontrolle s STAUDINGER/REHME § 1408 Rn 65 ff.

Hat ein Vertrag danach Bestand, erfolgt sodann eine **Ausübungskontrolle** nach § 242. **16** Maßgebend sind nicht nur die Verhältnisse bei Vertragsschluss. Entscheidend ist, ob sich zum Zeitpunkt des Scheiterns der Lebensgemeinschaft aus dem vereinbarten Ausschluss der Scheidungsfolgen eine evident einseitige Lastenverteilung ergibt, die hinzunehmen für den belasteten Ehegatten auch bei angemessener Berücksichtigung der Belange des anderen Ehegatten und seines Vertrauens in die Geltung der getroffenen Abrede sowie bei verständiger Würdigung des Wesens der Ehe unzumutbar ist (BGH FamRZ 2004, 606; 2005, 186 f u 1446; 2006, 1361). Ein **gesetzlicher Mindeststandard** an Scheidungsfolgen lässt sich aus dem gesetzlichen Regelungsmodell nicht herauslesen (BGH FamRZ 2005, 1447). Damit werden weder für die Wirksamkeit noch für die Ausübungskontrolle absolute sondern gleitende Maßstäbe gesetzt. Für die Würdigung kommt es deswegen auf die Umstände jedes Einzelfalls an (SCHWAB aaO, 418). In beiden Fällen geht es um **Missbrauchskontrolle**, nicht um Abweichungen vom gesetzlichen, im Grundsatz disponiblen Leitbild der Scheidungsfolgen (vgl BGH FamRZ 2005, 1450; 186, MÜNCH DNotZ 2005, 821). Führt die Ausübungskontrolle zu Beanstandungen, ist nicht Nichtigkeit des Vertrags die Folge, sondern seine Anpassung, die dem berechtigten Interesse beider Parteien ausgewogen Rechnung trägt (BGH FamRZ 2004, 606). Inwieweit bei der Ausübungskontrolle auf die Grundsätze über den **Wegfall der Geschäftsgrundlage (§ 313)** zurückzugreifen ist, kann nicht als abschließend geklärt betrachtet werden (ausdrücklich herangezogen von BGH FamRZ 2005, 185 u 1448, zust BERGSCHNEIDER FamRZ 2003, 378; zweifelnd KOCH DNotZ 2004, 149). Es bietet sich eine differenzierende Lösung an. Soweit der Vertrag eine Lücke aufweist, weil die Änderung der Lebensumstände nicht erfasst werden, ist zunächst eine **ergänzende Vertragsauslegung** zu erwägen. Dann ist der Wegfall der Geschäftsgrundlage zu prüfen, wenn eine spätere Änderung von Umständen eingetreten ist, die die Eheleute übereinstimmend oder jedenfalls ein Ehegatte erkennbar dem Vertrag zu Grunde gelegt haben (nicht ausreichend ist insoweit ein erheblicher Einkommensunterschied, vgl BGH FamRZ 2005, 1448). Haben die Ehegatten die spätere Entwicklung für möglich gehalten aber auf den Nichteintritt vertraut oder aber eine vertragliche Risikoüber-

nahme gewollt, fehlen die Tatbestandsvoraussetzungen des § 313. Es bleibt der
Rückgriff auf den **Rechtsmissbrauchsgedanken** des § 242 (vgl MÜNCH DNotZ 2004,
824; HAHNE, in: SCHWAB/HAHNE [Hrsg], Familienrecht im Brennpunkt [2004] 201), nach der
Rechtsprechung auch bei eindeutiger vertraglicher Risikozuweisung (BGH FamRZ
2005, 1449). Als **Rechtsfolge** dürfte in beiden Fällen der geringstmögliche Eingriff im
Vordergrund stehen, der eine Vertragsanpassung durch den **Ausgleich ehebedingter
Nachteile** sichert (dazu BGH FamRZ 2005, 1452; 187; HAHNE aaO 201). Ein Gebot der
Halbteilung besteht demgegenüber nicht.

17 § 311b Abs 2 ist weder auf die Vereinbarung der Gütergemeinschaft noch auf die
ehevertragliche Rückkehr zur Zugewinngemeinschaft anwendbar (hM). Die Vorschrift ist auch auf einen speziellen Ehevertrag, durch den die Ausgleichsforderung
über die Hälfte des Mehrzugewinns gemäß § 1378 Abs 1 oder die Teilungsquote
nach § 1476 Abs 1 zugunsten eines Ehegatten über die Hälfte des Überschusses
hinaus festgesetzt wird, nicht anzuwenden (MünchKomm/KANZLEITER § 1408 Rn 10; SOER-
GEL/GAUL § 1408 Rn 13; ZÖLLNER FamRZ 1965, 120; grundsätzlich auch GERNHUBER/COESTER-
WALTJEN § 32 Rn 29; aM vBALIGAND 31; KÖRNER 114; MASSFELLER Betrieb 1957, 778). Auch für
ehevertragliche Beteiligungsabreden in Abweichung von den §§ 1472 ff, zB für die
Begründung der Verpflichtung, bei Beendigung des Güterstandes bestimmte Gegenstände zu übereignen, eine bestimmte Summe zu zahlen oä, greift § 311b Abs 2 nicht
ein. Das gilt auch dann, wenn das zu Leistende das gesamte oder fast das gesamte
Endvermögen oder einen bestimmten Bruchteil ausmacht (aM DÖLLE I 670; GERN-
HUBER/COESTER-WALTJEN § 32 Rn 29). § 1408 lässt ohne Einschränkungen Verträge über
künftiges Vermögen zu. Die angeführten Regelungen können aber im Einzelfall als
sittenwidrig zu beurteilen sein (vgl etwa BayObLGZ 34, 253; SOERGEL/GAUL § 1408 Rn 13).
Das Gleiche gilt für die Verwertung des Gedankens des § 311b Abs 4. Auch hier mag
aber im Einzelfall ein Ehevertrag (zB des Inhalts, dass bei Gütergemeinschaft eine
von einem Ehegatten erwartete Erbschaft entgegen der Anordnung des Erblassers
[§ 1418 Abs 2 Ziff 2] in das Gesamtgut fallen solle) den guten Sitten widersprechen
und daher nichtig sein.

b) Allgemeine Schranken rechtsgeschäftlicher Gestaltung
18 Grenzen sind den güterrechtlichen Vereinbarungen aber auch gesetzt durch die
allgemeinen Schranken rechtsgeschäftlicher Gestaltungen. Dazu gehören die **geschlossene Zahl** möglicher **absoluter Rechte**, der **numerus clausus der Gesamthandsgemeinschaften**, die **begrenzte Anzahl möglicher Verfügungen**, die insbesondere der Ermöglichung von im Gesetz nicht vorgesehenen **Universalsukzessionen** im Wege steht,
ferner der Ausschluss dinglich wirkender **Verfügungsbeschränkungen** durch § 137 S 1
und die Unmöglichkeit der rechtsgeschäftlichen und „dinglich" wirkenden **Beschränkung der Verpflichtungs- und Verfügungsbefugnis**, soweit das Gesetz nicht solche
Regelungen im Rahmen des Ehegüterrechts besonders „freigibt" (GERNHUBER/
COESTER-WALTJEN § 32 Rn 22). Es kommen hinzu neben dem Verweisungsverbot des
§ 1409 die Schranken, die sich aus dem Zusammenhang einzelner zwingender Vorschriften im Rahmen der gesetzlich geordneten Güterstände ergeben. Zur Abdingbarkeit s die Erl zu den einzelnen Vorschriften.

c) Numerus clausus der gesetzlich modellierten Güterstände
19 Im Schrifttum wurde vielfach die Auffassung vertreten, die Vertragsfreiheit im Ehegüterrecht sei beschränkt durch einen **numerus clausus der gesetzlich modellierten**

Güterstände (vgl vBALIGAND 36 ff; ENNECCERUS/KIPP/WOLFF § 41 IV 3; EHRLICH 216 ff; KÖRNER 127 ff, 164 ff; iE ebenso [Eheverträge nur im Rahmen der vom BGB zur Verfügung gestellten Güterrechtstypen] LÜDERITZ [27. Aufl] Rn 309). Den damit behaupteten **Typenzwang** gibt es in dieser Strenge im geltenden Recht nicht (ablehnend auch BÄRMANN AcP 157, 201; KNUR DNotZ 1957 459, 461; MIKAT, in: FS Felgentraeger [1969] 323; MünchKomm/KANZLEITER § 1408 Rn 13; PALANDT/BRUDERMÜLLER § 1408 Rn 15; RAUSCHER Rn 362; REITHMANN DNotZ 1961, 3; SCHWAB DNotZ – Sonderheft – 1977, 53*; SOERGEL/GAUL Vorbem 12 zu § 1408; WESTERMANN, in: FS Bosch [1976] 1042; ZÖLLNER FamRZ 1965, 113). Dagegen ließ sich schon § 1409 Abs 2 aF ins Feld führen, der die Möglichkeit der Vereinbarung (sogar durch bloße Verweisung) auch eines dem deutschen Recht völlig unbekannten ausländischen Güterstandes eröffnete. Hinter der These vom Typenzwang verbirgt sich in Wahrheit die freilich allzu formelhaft gefasste Lösung des Sachproblems, welche allgemeinen Schranken rechtsgeschäftlicher Gestaltung auch im ehelichen Güterrecht zu beachten sind (s dazu schon oben Rn 18). Anders als § 1409 Abs 2 aF, der insoweit eine generelle Öffnungsklausel enthielt, befreit § 1408 Abs 1 weder ausdrücklich noch sinngemäß von der Beachtung der im bürgerlichen Recht allgemein gesetzten Schranken (anders nur BÄRMANN AcP 157, 201 f; wie hier schon Mot IV 141 f, 309 f; LANGE FamRZ 1964, 546; MIKAT, in: FS Felgentraeger [1969] 324 mwNw; SOERGEL/GAUL Vorbem 12 zu § 1408; ZÖLLNER FamRZ 1965, 113, 121; auch SCHWAB DNotZ – Sonderheft – 1977, 54; CYPIONKA MittRhNotK 1986, 159; BUSCHENDORF 113 f). Daraus folgt, dass die in Rn 18 aufgeführten Regelungen nur im Rahmen desjenigen gesetzlich modellierten Güterstandes in Geltung gesetzt werden können, für den sie im Gesetz vorgesehen sind. So kann insbesondere eine Gesamthandsgemeinschaft durch Ehevertrag nur im Rahmen einer im Übrigen noch so sehr modifizierten Gütergemeinschaft geschaffen werden. Verpflichtungs- und Verfügungsbeschränkungen können nur im Zusammenhang mit der Gütergemeinschaft und im Rahmen der Zugewinngemeinschaft mit absoluter Wirkung vereinbart werden. Ferner können den anderen Ehegatten ganz oder teilweise verdrängende Verwaltungsrechte eines Ehegatten nur in bezug auf ein gütergemeinschaftliches Gesamtgut begründet werden. Insoweit ist es richtig, dass die dinglichen und die dinglich (absolut) wirkenden Rechtsfiguren des ehelichen Güterrechts jeweils mit einem der gesetzlich geregelten Güterstände fest gekoppelt sind (so treffend DÖLLE I 673; iE ebenso GERNHUBER/COESTER-WALTJEN § 32 Rn 23 ff; RAUSCHER Rn 362; SOERGEL/GAUL Vorbem 12 zu § 1408). Einen weitergehenden Typenzwang kennt das geltende Recht dagegen nicht. Zu Misch- und Phantasiegüterständen s auch Rn 23.

d) Wesen der Güterstandstypen

Im Zusammenhang mit der notwendigen Verknüpfung bestimmter dinglicher **20** Rechtsfiguren des Güterrechts mit jeweils einem bestimmten Güterstand steht die Lehre, dass dem **Wesen der Güterstandstypen** selbständige Begrenzungen ehevertraglicher Regelungen zu entnehmen seien (vBALIGAND 34 ff, 40; CLAMER NJW 1960, 563; WOLFF § 41 IV 163; BAMBERGER/ROTH/MAYER § 1408 Rn 12; KÖRNER 188 ff; PLANCK/UNZNER § 1432 Anm 9c; RG HRR 1926 Nr 1254; OLG Hamburg DNotZ 1964, 229, 231; OLG Kolmar OLGE 7, 53; KG DR 1941, 2196). Die **Kritiker** dieser Lehre (BGB-RGRK/FINKE § 1408 Rn 14; MIKAT, in: FS Felgentraeger 323, 330 f; SOERGEL/GAUL Vorbem 14 zu § 1408, § 1408 Rn 17; RAUSCHER Rn 362; ZÖLLNER FamRZ 1965, 114, 1201. Kritisch auch ERMAN/HECKELMANN § 1408 Rn 5; MünchKomm/KANZLEITER § 1408 Rn 13; H P WESTERMANN, in: FS Bosch 1029, 1042; BUSCHENDORF 112 ff) bezweifeln vornehmlich die Möglichkeit einer Abgrenzung von „zulässiger Modifikation und unzulässiger Denaturierung" (GERNHUBER/COESTER-

WALTJEN [4. Aufl] § 32 III 4; jetzt aufgegeben § 32 Rn 21) des Güterstandes. Sie führen insbesondere das Gesetz selbst an, das in § 1414 S 2 zulasse, dass die Ehegatten den Zugewinn ausschließen, den gesetzlichen Güterstand jedoch im Übrigen aufrechterhalten. Gerade unter Berufung auf das Wesen des Güterstandes wird indessen die Zulässigkeit einer solchen Regelung vielfach bestritten (vgl § 1363 Rn 38 mwN). Der Wortlaut des Gesetzes steht dieser Auffassung nicht zwingend im Wege, da die anderweitige ehevertragliche Bestimmung im Rahmen des § 1414 S 1 nur die Vereinbarung der Gütergemeinschaft sein kann. Entsprechend könnte § 1414 S 2 zu deuten sein. Ob diese engere Auslegung berechtigt ist, hängt von der Tragfähigkeit des Wesensarguments ab, nicht aber ergibt sich aus der Vorschrift, dass das Gesetz selbst im Wesen des Güterstandes keine Schranke der Ehevertragsfreiheit sieht.

21 Im Bereich des Gesellschaftsrechts sind früher vielfältige Versuche unternommen worden, mit Hilfe von Wesens- und typologischen Argumenten oder einer institutionellen Theorie Grenzen der Gestaltungsfreiheit aufzuzeigen (vgl etwa NITSCHKE, Die körperschaftlich strukturierte Personengesellschaft [1970]; REUTER, Privatrechtliche Schranken der Perpetuierung von Unternehmen [1973]; TEICHMANN, Gestaltungsfreiheit in Gesellschaftsverträgen [1970]; H P WESTERMANN, Vertragsfreiheit und Typengesetzlichkeit im Recht der Personengesellschaften [1970]). Die Ergebnisse dieser Untersuchungen (s dazu FLUME, Die Personengesellschaft [1977] 189 ff; DUDEN ZGR 1973, 360 ff; SCHULTZE-VON LASAULX ZGenW 1971, 325 ff) zeigen, dass die genannten Leitbegriffe als Abgrenzungskriterien überfordert sind. Entsprechendes gilt für das eheliche Güterrecht. Was das **„Wesen"** eines Güterstandes ausmacht, seinen **„Typus"** bestimmt oder seinem **„Funktions"**- oder **„Ordnungssinn"** (GERNHUBER/COESTER-WALTJEN [4. Aufl] § 32 III 5) entspricht, lässt sich vor dem Hintergrund prinzipieller Ehevertragsfreiheit kaum eindeutig bestimmen. Die Anwendung dieser Kriterien hat denn auch die Konsensbildung bei der Lösung von Sachproblemen nicht gefördert. Sie verdeckt zudem regelmäßig die der Wertung und Entscheidung zugrundeliegenden Sachargumente. Der BGH (FamRZ 1997, 802) hat die Frage, inwieweit die den Ehegatten eingeräumte Vertragsfreiheit einen Güterstand zu modifizieren, ihre Grenzen an den immanenten Prinzipien des jeweiligen Güterstandes finde, ausdrücklich offengelassen.

22 So wäre etwa die Vereinbarung der Gütergemeinschaft bei gleichzeitiger Zuweisung allen gegenwärtigen und künftigen Vermögens zum Vorbehaltsgut gewiss als Verfehlung des Wesens oder des Typus anzusehen und deshalb unwirksam (KG HRR 1942 Nr 53; BAMBERGER/ROTH/MAYER § 1408 Rn 15). In der Sache ist der Ehevertrag insoweit aber einfach in sich widersprüchlich (GERNHUBER/COESTER-WALTJEN § 32 Rn 27) oder perplex (KÖRNER 253; SOERGEL/GAUL § 1408 Rn 17; ZÖLLNER FamRZ 1956, 116 Fn 33), weil es für die Anwendung der §§ 1419 ff an jeglichem Substrat fehlt (MünchKomm/KANZLEITER § 1408 Rn 16). Die Unwirksamkeit eines Ehevertrages, nach dem alles gegenwärtige und künftige Vermögen nur eines Ehegatten in dessen Vorbehaltsgut fallen oder nur der Zugewinn eines Ehegatten „ausgeglichen" (geteilt) werden soll, ist nicht schon mit dem Wesens- oder Typusargument begründbar (so aber KG DRW 1941, 2196 = HRR 1942 Nr 53; BÄRMANN AcP 157, 203; BAMBERGER/ROTH/MAYER § 1408 Rn 14; ERMAN/HECKELMANN § 1408 Rn 1; GERNHUBER/COESTER-WALTJEN [4. Aufl] § 32 III 5 u 6; KÖRNER 213 f; 253; SOERGEL/GAUL § 1408 Rn 17). Das hier zugrundeliegende Unbehagen ist nicht güterrechtsspezifisch, sondern hat seine Ursache eher in allgemeinen Äquivalenzvorstellungen und in der Befürchtung einer Ausbeutung oder wirtschaftlichen Knebelung des einen Ehegatten durch den anderen. Solchen Bedenken kann aber nicht generell, sondern nur einzelfallbezogen begegnet werden. Dafür bieten die allgemeinen Grenzen privatautonomer Gestaltung, insbesondere § 138, ausreichende Grundlagen. Deshalb ist der Minderheit zu folgen, die der Ehevertragsfreiheit auch in den Fällen einseitiger Zugewinnteilung und einseitiger Begründung von Gesamtgut grundsätzlich Raum gewährt (MIKAT, in: FS Felgentraeger 327, 332; jetzt auch GERNHUBER/COESTER-WALTJEN § 32 Rn 26; iE RAUSCHER Rn 363; MünchKomm/KANZLEITER § 1408 Rn 16; s auch DÖLLE I 797, anders 674 Fn 134).

e) Phantasie- und Mischgüterstände

Phantasie- und Mischgüterstände sind nicht schon von vornherein und generell un- **23** zulässig (aM DÖLLE I 673 f; KÖRNER 165 ff; BAMBERGER/ROTH/MAYER § 1408 Rn 12). Schranken der güterrechtlichen Gestaltung ergeben sich vielmehr allein aus den oben Vorbem 18 angeführten allgemeinen Grenzen der „institutionellen Möglichkeiten des BGB" (SOERGEL/GAUL Vorbem 12 zu § 1408, § 1408 Rn 14). Diese Auffassung hat sich im neueren Schrifttum durchgesetzt (vgl GERNHUBER/COESTER-WALTJEN § 32 Rn 23 f; MIKAT, in: FS Felgentraeger 326; BGB-RGRK/FINKE § 1408 Rn 14; SOERGEL/GAUL § 1408 Rn 17).

Im Einzelnen gehen die Meinungen jedoch auseinander. Einigkeit herrscht nur **24** insoweit, als reine **Phantasiegüterstände** unzulässig sind, wenn sie Universalsukzessionen, dingliche Surrogationen, absolute Verwaltungs- und Verfügungsbeschränkungen usw (s oben Rn 18) vorsehen, ohne dass zugleich ein Güterstand vereinbart worden wäre, der den Zugang zu diesen sonst gesperrten Regelungen freigibt (s auch oben Rn 19). Damit sind die Möglichkeiten der Konstruktion neuer Güterstandstypen entscheidend eingeengt. Ein praktisches Bedürfnis hat sich allerdings auch nicht gezeigt.

Umstritten ist dagegen die rechtliche Möglichkeit einer **Kombination verschiedener** **25** **Güterstände**. Dass jeder der gesetzlich modellierten Güterstände Elemente der Gütertrennung enthält, kann nicht als Indiz für die Zulässigkeit von Typenmischungen gelten. Die reine Gütertrennung ist ein Güterstand, dessen Eigenart sich in der Negation spezifisch güterrechtlicher Beziehungen unter den Ehegatten erschöpft. Probleme ergeben sich erst dann, wenn mit Hilfe der Typenvermischung die jeweils nur für einen bestimmten Güterstand freigegebenen singulären Gestaltungsformen (s Rn 18 f) nebeneinander in Geltung gesetzt werden sollen. Beispiele sind etwa

– die Einführung des Zugewinnausgleichs nebst den Verwaltungsbeschränkungen gemäß §§ 1365 ff für das Vorbehaltsgut,

– die Abrede, dass nur die Verwaltungsbeschränkungen für das Vorbehaltsgut gelten sollen,

– die Bildung von Gesamtgut in der Zugewinngemeinschaft, sei es aus dem Anfangsvermögen, sei es aus bestimmten Gegenständen oder sei es an Stelle des obligatorischen Ausgleichs nach Beendigung des Güterstandes,

– die Bildung von Gesamtgut ausschließlich aus dem Vermögen des einen Ehegatten, während das des anderen den Regeln der Gütertrennung oder denen über die Zugewinngemeinschaft unterliegen soll.

Burkhard Thiele

26 Derartige **Mischgüterstände** werden überwiegend für unzulässig gehalten (Dölle I
673 f; Körner 166 f; MünchKomm/Kanzleiter § 1408 Rn 13; Soergel/Gaul § 1408 Rn 17; Bam-
berger/Roth/Mayer § 1408 Rn 14). Zur Begründung wird auf das Bedürfnis nach Klarheit und Sicherheit des Ehegüterrechts verwiesen (Dölle aaO), auf das Gebot der
Freiheit des Güterstandes von inneren Widersprüchen (Knur DNotZ 1957, 463; Soergel/
Gaul aaO) und vor allem auf die Bindung an einen Güterstandstypus. Die aufeinander bezogenen Argumente gehen zurück auf ein nicht ausformuliertes Vorver-
ständnis, nach dem jeweils nur ein einziger Güterstandstypus die güterrechtlichen
Verhältnisse beherrschen könne. Das Gesetz bietet dafür keinen Anhalt. Ein „Typenzwang" ist ihm nicht zu entnehmen (s oben Rn 19). Deshalb ist auch eine Typen-
mischung nicht schon in sich widersprüchlich. Zu beachten sind vielmehr nur die
allgemeinen Grenzen vertraglicher Gestaltung (s oben Rn 18) und die Koppelung
bestimmter spezieller Gestaltungsformen mit bestimmten Güterstandstypen (iE
ebenso Bärmann AcP 157, 201; Endemann § 182 3 a; Rauscher Rn 362; Mikat, in: FS Felgentraeger 327; BGB-RGRK/Finke § 1408 Rn 14).

27 Die in Rn 25 angeführten Beispiele sind danach wie folgt zu beurteilen:

– Mit der Gütergemeinschaft könnte der Ausgleich des Zugewinns mit oder ohne
die Geltung der §§ 1365 ff hinsichtlich des Vorbehaltsguts vereinbart werden.

– Eine isolierte Geltung der Verwaltungs- und Verfügungsbeschränkungen der
§§ 1365 ff für das Vorbehaltsgut wird ebenfalls wirksam vereinbart werden können. Der Ehevertrag ist dahin auszulegen, dass neben der Gütergemeinschaft im
Übrigen für das Vorbehaltsgut das Recht der Zugewinngemeinschaft gelten soll
unter Ausschluss des Zugewinnausgleichs.

– Die Vereinbarung der Bildung von Gesamtgut in der Zugewinngemeinschaft ist
auszulegen als Vereinbarung der Gütergemeinschaft unter Zuweisung der im
Einzelnen bezeichneten Gegenstände zum Gesamtgut. Eine solche Regelung ist
rechtlich möglich. Das Vorbehaltsgut (alles gegenwärtige und künftige Vermögen
mit Ausnahme von …) ist hinreichend bestimmt. Nicht möglich ist jedoch die
Umwandlung von Vorbehaltsgut in Gesamtgut auf den Zeitpunkt der Beendigung
des Güterstandes zum Zwecke der Auseinandersetzung. Gesamtgut kann nach
§ 1416 nur während der Gütergemeinschaft entstehen. Eine Gütergemeinschaft
entsteht aber nicht, wenn während des Güterstandes ein Gesamtgut nicht gebildet
werden kann.

– Ein Ehevertrag, nach dem für das Vermögen des einen Ehegatten die Regeln der
Güter- oder Zugewinngemeinschaft gelten, für das des anderen aber Gütertrennung gilt, ist rechtlich möglich. Er ist dahin zu deuten, dass das Vermögen des
anderen Ehegatten ausnahmslos Vorbehaltsgut sein oder nicht dem Zugewinnausgleich unterliegen solle (s dazu schon Rn 22).

f)   Wesen der Ehe
28 Aus dem **Wesen der Ehe** lassen sich keine eigenständigen Schranken der Ehevertragsfreiheit entwickeln (anders noch Mot IV 142, 305; wie hier Dölle I 670; Gern-
huber/Coester-Waltjen § 32 Rn 21 ff; Knur DNotZ 1957, 464; Mikat, in: FS Felgentraeger 328 ff;
Schwab DNotZ – Sonderheft – 1977, 53*; Soergel/Gaul § 1408 Rn 11; Buschendorf 108 ff). Seit

dem 1. EheRG ist deutlich, dass das Recht den Ehegatten weitergehende Autonomie in der Gestaltung ihrer internen, auch vermögensrechtlichen Beziehungen gewährt. Mangels verbindlicher Eheleitbilder kann einem „Wesen der Ehe" keine Gestaltungsschranke entnommen werden. Die Generalklausel des § 1353 hat jedoch Bedeutung auch für die Beurteilung vermögensrechtlicher Vereinbarungen nach den Maßstäben der §§ 134, 138. Daraus kann, muss aber nicht notwendig eine Vorverlegung der Grenze insbesondere des § 138 für die Ehevertragsfreiheit folgen. Neben der Gestaltungsschranke der §§ 138, 242 wird überdies häufig die Beschränkung der Ausübung von Rechten aus dem Ehevertrag (§ 1353 Abs 1 S 2) zu sehen sein.

g)   Verfassungsrechtliche Grenzen
Absolute und verfassungsrechtliche Schranken der individuellen Ehevertragsfreiheit **29** bestehen nicht. Art 3 Abs 1 und Art 3 Abs 2 GG begrenzen insoweit die güterrechtlichen Gestaltungsmöglichkeiten weder unmittelbar noch mittelbar (allgM). Art 3 Abs 2 GG verlangt lediglich, dass die Ehegatten bei Vertragsschluss die gleichen rechtlichen Gestaltungsmöglichkeiten besitzen. Zulässig ist also ein Vertrag, der einen Ehegatten einseitig bevorzugt, solange nicht die Grenze zur Sittenwidrigkeit überschritten wird. Wenngleich die verfassungsrechtlichen Wertentscheidungen der Grundrechte bei der Auslegung der Generalklausel des § 138 heranzuziehen sind (so schon BVerfGE 7, 198), führt das zu keinen besonderen Beschränkungen im Bereich des vertraglichen Güterrechts durch Art 3 Abs 2 GG, solange ein Ehevertrag nicht eine auf ungleichen Vertragspositionen basierende einseitige Dominanz eines Ehepartners wiederspiegelt (dazu s Rn 14 f).

III.   Rechtsentwicklung und zeitlicher Geltungsbereich des vertragsmäßigen Güterrechts

1.   Vor dem **Inkrafttreten des BGB** am 1. 1. 1900 gab es in Deutschland eine **30** Vielzahl von unterschiedlichen Güterständen (vgl auch Einl 6 zu §§ 1363 ff). Das neue Ehegüterrecht des BGB galt nur für die seit dem 1. 1. 1900 geschlossenen Ehen. Die zu dieser Zeit bestehenden Ehen behielten nach Art 200 EGBGB ihren Güterstand. Die Länder haben jedoch vielfach von der Möglichkeit der Überleitung gemäß Art 218 EGBGB Gebrauch gemacht (vgl die Erl STAUDINGER/MAYER [2005] Art 200 EGBGB, STAUDINGER/MERTEN [2005] 218 EGBGB).

2.   Das nach dem **Inkrafttreten des Grundsatzes der Gleichberechtigung von Mann** **31** **und Frau** (Art 3 Abs 2, 117 Abs 1 GG) geltende **Zwischenrecht** hat die Wahlgüterstände unangetastet gelassen (s Einl 20 zu §§ 1363 ff). Das gilt sowohl für die Wahlgüterstände nach dem BGB als auch für die im Jahre 1900 landesrechtlich nicht übergeleiteten Wahlgüterstände.

3.   Die **Übergangsregelungen gemäß Art 8 I Nr 5–7 GleichberG** hat die Wahlgüter- **32** stände des BGB im Kern bestehen lassen, sie jedoch den Vorschriften des GleichberG unterworfen (s dazu Einl 26 zu §§ 1363 ff). Nicht berührt wurden die gemäß Art 200 EGBGB unverändert weitergeltenden Altgüterstände. Das ist auch heute noch von gewisser Bedeutung, weil nicht alle alten Gütergemeinschaften, insbesondere fortgesetzte Gütergemeinschaften, trotz Beendigung ordnungsgemäß auseinandergesetzt worden sind.

Burkhard Thiele

IV.   Die Ehevertragsfreiheit in der Praxis

33 1.   Umfassendes statistisches Material über Eheverträge liegt nicht vor. Die Untersuchung von MICHAELIS, Die Güterstände in der Praxis (Diss Hamburg 1968), in der regional begrenzte Erhebungen sowie das Ergebnis einer Umfrage bei Notaren in der Bundesrepublik ausgewertet worden sind, bestätigt aber ältere Feststellungen (HÖRNER AcP 129, 340; NITSCHKE AcP 133, 201; SIEFERT AcP 132, 339). Danach wurden Eheverträge nur in einem im Verhältnis zur Zahl der Ehen recht geringen Umfange geschlossen (s auch SOERGEL/GAUL Vorbem 22 ff zu § 1408). Es überwog deutlich die Vereinbarung der Gütertrennung gegenüber der Wahl der Gütergemeinschaft. Vor allem in ländlichen Gebieten kam der Gütergemeinschaft noch eine gewisse Bedeutung zu. Spezielle Eheverträge, insbesondere Abwandlungen der Zugewinngemeinschaft, ließen sich dagegen in erstaunlich geringer Anzahl nachweisen (zu allem MICHAELIS 63 ff, 141 ff; vgl auch STACH 13 ff).

34 2.   Für den gegenwärtigen rechtstatsächlichen Zustand lassen sich mangels ausreichenden statistischen Materials nur Vermutungen anstellen. Es scheint, als sei die Gütergemeinschaft weiter auf dem Rückzug. Auch die Neigung zur Abwahl des gesetzlichen Güterstandes zugunsten der Gütertrennung dürfte noch geringer geworden sein. Selbst von der bis zum 30. 6. 1958 möglichen einseitigen Gütertrennungserklärung nach Art 8 I Nr 3 Abs 2 GleichberG war nur von einem sehr kleinen Prozentsatz der betroffenen Ehegatten Gebrauch gemacht worden.

35 3.   Die Gründe für die Zurückhaltung beim Abschluss von Eheverträgen lassen sich nur vermuten. Mehr als die Annahme, die Ehegatten hätten den gesetzlichen Güterstand der Zugewinngemeinschaft akzeptiert, dürfte vor allem die auch heute noch zu verzeichnende Rechtsunkenntnis der Betroffenen ein Grund sein (s auch SOERGEL/GAUL Vorbem 24 zu § 1408).

Kapitel 1
Allgemeine Vorschriften

§ 1408
Ehevertrag, Vertragsfreiheit

(1) Die Ehegatten können ihre güterrechtlichen Verhältnisse durch Vertrag (Ehevertrag) regeln, insbesondere auch nach der Eingehung der Ehe den Güterstand aufheben oder ändern.

(2) In einem Ehevertrag können die Ehegatten durch eine ausdrückliche Vereinbarung auch den Versorgungsausgleich ausschließen. Der Ausschluss ist unwirksam, wenn innerhalb eines Jahres nach Vertragsschluss Antrag auf Scheidung der Ehe gestellt wird.

Materialien: Zu § 1432 aF: E I § 1332; II § 1331 rev § 1417; III § 1415; Mot IV 304 ff; Prot IV 215 f, 221.
Zu § 1408 Abs 1 nF: E I § 1364; II § 1364; III § 1408; BT-Drucks 1/3802, 54; BT-Drucks 2/224, 39; BT-Drucks 2/3409, 24.
Zu § 1408 Abs 2: BR-Drucks 77/72, 15, 86 f = BT-Drucks 6/3453, 15, 86 f; BR-Drucks 260/73, 15 f, 171 = BT-Drucks 7/650, 15 f, 171; BT--Drucks 7/4361, 22, 48 ff, 107 f; BT-Drucks 7/4454, 2; BT-Drucks 7/4694, 12 f; BT-Drucks 7/4992, 6. Vgl STAUDINGER/BGB-Synopse 1896–2005 § 1408.

Schrifttum

Zu Abs 1:
Zum älteren Schrifttum s auch STAUDINGER/THIELE (2000).

BERGSCHNEIDER, Eheverträge und Scheidungsvereinbarungen, FamRZ 2004, 1757
ders, Verträge in Familiensachen, 3. Aufl 2006
ders, Verträge zum Zugewinn, FPR 2001, 79
BOSCH, Widerruf von Schenkungen unter (geschiedenen) Ehegatten, in: FS Beitzke (1979) 121
BRAMBRING, Ehevertrag und Vermögenszuordnung unter Ehegatten (5. Aufl 2003)
BUCHHOLZ, Zur Verbindung von Ehevertrag, Erbvertrag und gemeinschaftlichem Testament, in: FS Holzhauer (2005) 430
DIETERLE, Ehevertrag und Güterrechtsregister, BWNotZ 1963, 205
EINSELE, Formbedürftigkeit des Auftrags/der Vollmacht zum Abschluss eines Ehevertrages, NJW 1998, 1206

FINKE, Erläuterungen zum Gleichberechtigungsgesetz, MDR 1957, 579
FISCHER, Über Eheverträge, BayNotZ 1911, 53
GÖPPINGER/BÖRGER, Vereinbarungen anlässlich der Ehescheidung (8. Aufl 2005)
GÖTZ, Schenkungssteuerliche Folgen bei lebzeitigem Zugewinnausgleich, FamRB 2005, 245
GRZIWOTZ, Eheverträge in der Landwirtschaft, FamRB 2006, 316
ders, Formbedürftigkeit ehevertraglicher Vereinbarungen im Rahmen von Gesamtbeurkundungen, FamRB 2006, 23
HAHNE, Vertragsfreiheit im Familienrecht, in: SCHWAB/HAHNE (Hrsg), Familienrecht im Brennpunkt (2004) 181
HAMDAN/QUERNHEIN, Die Erbschaftsteuer und die ehelichen Güterstände, ZFE 2005, 228
HARTMANN-HILTER, Der Ehevertrag auf der Grundlage des neuen Scheidungsrechts (1978)
HENRICH, Vermögensregelung bei Trennung

und Scheidung im europäischen Vergleich,
FamRZ 2000, 1521

HERR, Der Aspekt der Gesamtbeurkundung bei
Trennungs- und Scheidungsfolgenverträgen,
FuR 2005, 542

HERRMANN/GROBSHÄUSER, Steuerliche Aspekte bei Gestaltung von Eheverträgen und Scheidungsfolgenvereinbarungen, FPR 2005, 146

JOCHHEIM, Zu den Belehrungspflichten des
Notars bei der Beurkundung von Eheverträgen,
FPR 1999, 271

JÜLICHER, Die frühzeitige Erbschaft- und
Schenkungssteuergestaltung fängt schon bei
Abschluss von Eheverträgen an, ZEV 2006, 338

KANZLEITER, Vertragsgestaltung im ehelichen
Güterrecht und im Versorgungsausgleich (1978)
ders, Formfreiheit der Vollmacht zum Abschluss
eines Ehevertrages?, NJW 1999, 1612

ders/WEGMANN, Vereinbarungen unter Ehegatten (6. Aufl 2001)

KRENZLER, Vereinbarungen bei Trennung und
Scheidung (4. Aufl 2006)

KÜHNL, Schenkungen unter Ehegatten, insbesondere ihre Rückabwicklung nach Scheidung, FamRZ 1969, 371

ders, Wechselbeziehungen zwischen ehelichem
Güterrecht und Zuwendungsgeschäften unter
Eheleuten – Eine rechtsvergleichende Skizze –,
in: FS Beitzke (1979) 249

LANGENFELD, Der Ehevertrag (11. Aufl 2005)
ders, Eheverträge in der Landwirtschaft,
AgrarR 1999, 107

ders, Handbuch der Eheverträge und Scheidungsvereinbarungen (5. Aufl 2005)

ders, Vorsorgende Gestaltung der Rechtsverhältnisse durch Ehevertrag, BWNotZ 1979, 21

LEHMANN, Die erb- und schenkungssteuerliche
Bedeutung einer Rückwirkungsvereinbarung
bei der Zugewinngemeinschaft nach Änderung
von § 5 Abs 1 ErbStG, MittRhNotK 1994, 167

MAI, Die Gütergemeinschaft als vertraglicher
Wahlgüterstand und ihre Handhabung in der
notariellen Praxis, BWNotZ 2003, 55

MÜLLER-FREIENFELS, Die Gesellschaft zwischen Ehegatten, Eranion für Maridakis II
(1963) 357

MÜNCH, Die Ehegatteninnengesellschaft – Ein
Vorschlag zu ihrer vertraglichen Ausgestaltung,
FamRZ 2004, 233

ders, Trennungsvereinbarung (Teil 1 u Teil 2),
ZFE 2005, 432 u 2006, 15

PLATE, Die modifizierte Zugewinngemeinschaft
im Ehevertrag von Unternehmern, MittRhNotK
1999, 257

PONATH, Vermögensschutz durch Güterstandswechsel, ZEV 2006, 49

REITHMANN, Eigentumsordnung unter Ehegatten, Möglichkeiten und Bedürfnisse einer vertraglichen Regelung, in: FS Knur (1972) 183

SCHLÜNDER/GEISSLER, Ehe und Familie im
Erbschafts- und Schenkungssteuerrecht, FamRZ
2005, 73 u 149

M SCHWAB, Vertragsgestaltung im Eherecht aus
notarieller und richterlicher Sicht, MittBayNot
2005, 212

SONTHEIMER, Güterstand und Steuerrecht, NJW
2001, 1315

STÖCKER, Zur Kritik des Familienrechts, NJW
1972, 553

STUMPP, Ehevertragliche Vereinbarungen für
die Auseinandersetzung des Gesamtguts,
Rpfleger 1979, 441

WEGMANN, Notariell beurkundete Vereinbarungen unter (künftigen) Ehegatten, FPR
1999, 264

WINKLER, Eheverträge von Unternehmern –
Gestaltungsmöglichkeiten zum Schutz des Unternehmens, FPR 2006, 217

ZÖLLNER, Vermögensrechtliche Folgen von
Vereinbarungen für den Scheidungsfall, in:
FS Lange (1992) 973.

S auch das zu den Vorbem zu § 1408 ff angeführte Schrifttum.

Zu Abs 2:

1. Monographien

BECKER, Versorgungsausgleichs-Verträge (1983)

BUSCHENDORF, Die Grenzen der Vertragsfreiheit im Ehevermögensrecht (1987)

GÖPPINGER, Vereinbarungen anlässlich der
Ehescheidung (8. Aufl 2005)

GRAF, Dispositionsbefugnisse über den Versorgungsausgleich im Rahmen einer ehevertraglichen Vereinbarung gemäß 1408 Abs 2 BGB
(1985)

LANGENFELD, Handbuch der Eheverträge und
Scheidungsvereinbarung (5. Aufl 2005)

MIKOSCH, Vereinbarungen über den Versor-

gungsausgleich – insbesondere bei betrieblicher Altersversorgung (Diss Freiburg 1981)
RAUSCHER, Familienrecht (2001)
UDSCHING, Versorgung und Unterhalt nach Scheidung (Diss Göttingen 1979).

2. Aufsätze

BERGERFURTH, Scheidungsantrag nach Ausschluss des Versorgungsausgleichs, FamRZ 1977, 440

BERGSCHNEIDER, Eheverträge und Scheidungsvereinbarungen, FamRZ 2004, 1757

H BOGS, Verfassungs- und Systemaspekte zu Gestalt und Praxis des Versorgungsausgleichs, FamRZ 1978, 81

BREDTHAUER, Der Ehevertrag in der Praxis, NJW 2004, 3072

BÜTTNER, Grenzen ehevertraglicher Gestaltungsmöglichkeiten, FamRZ 1998, 1

DAUNER-LIEB, Richterliche Überpfüung von Eheverträgen nach dem Urteil des BGH v 11. 2. 2004 – XI IZR 265/02, FF 2004, 65

DIEDERICHSEN, Die allgemeinen Ehewirkungen nach dem 1. EheRG und Ehevereinbarungen zum familienrechtlichen Versorgungsausgleich aus anwaltlicher und richterlicher Sicht, AnwBl 1978, 159

ders, Die allgemeinen Ehewirkungen nach dem 1. EheRG und Ehevereinbarungen, NJW 1977, 217

FINGER, Vertraglicher Ausschluß des Versorgungsausgleichs und § 1408 Abs 2 BGB – insbesondere: Rücknahme und Abweisung des Scheidungsantrags, FuR 2002, 149

GAUL, Die Unwirksamkeit des Ehevertrages über denVersorgungsausgleich infolge der „Rückschlagsperre" des 1408 Abs 2 Satz 2 BGB, FamRZ 1981, 1134

GOEBEL, In guten, nicht in schlechten Tagen? – Sechs Thesen zur richterlichen Kontrolle von Unterhaltsverzichten –, FamRZ 2003, 1513

GRZIWOTZ, Das Ende der Vertragsfreiheit in Ehevermögens- und Scheidungsfolgenrecht?, FamRZ 1997, 585

HAHNE, Grenzen ehevertraglicher Gestaltungsfreiheit, DnotZ 2004, 84

HILLERMEIER, Das erste Gesetz zur Reform des Ehe- und Familienrechts aus der Sicht der Bundesratsvorschläge, FamRZ 1976, 577

KAPFER, Scheidungsfolgenvereinbarung junger Ehegatten mit gemeinsamen Kindern, MDR-Arbeitshilfe, Beilage zu MDR Heft 17/2006

KNIEBES/KNIEBES, Der Versorungsausgleich nach dem 1. EheRG in der Praxis des Notars, DNotZ 1977, 269

KORNEXL, Ehevertragsgestaltung als Störfallvorsorge, FamRZ 2004, 1609

LANGENFELD, Vereinbarungen über den Versorgungsausgleich in der Praxis, NJW 1978, 1503

ders, Zur gerichtlichen Kontrolle von Eheverträgen, DNotZ 2001, 272

MACHULLA-NOTTHOFF, Die Wirksamkeit von Eheverträgen unter Berücksichtigung der aktuellen Rechtsprechung, ZFE 2006, 404

MANDERSCHEID, Feststellungsklage im Familienrecht – Hier: Inhalts- und Ausübungskontrolle von Eheverträgen, ZFE 2005, 76

vMAYDELL, Der Versorgungsausgleich, FamRZ 1977, 172

ders, Dispositionsmöglichkeiten der Ehegatten im Rahmen des Versorgungsausgleichs, FamRZ 1978, 479

MÜNCH, Inhaltskontrolle von Eheverträgen, FamRZ 2005, 570

H PLAGEMANN, Versorgungsrechtliche Scheidungsfolgen, BB 1977, 1255

RAKETE-DOMBEK, Das Ehevertragsurteil des BGH – Oder: Nach dem Urteil ist vor dem Urteil, NJW 2004, 1273

RAUSCHER, Ehevereinbarungen: Die Rückkehr der Rechtssicherheit, DnotZ 2004, 524

ders, Ein Bärendienst für die Freiheit der Eheschließung, FuR 2001, 155

REHME, Die Feststellung der groben Unbilligkeit gem §§ 1587c, 1587h BGB, § 10a III VAHRG: eine (teilweise) Delegitimierung der Ehe als Versorgungsgemeinschaft im Wege einer strukturierten Gesamtwürdigung, FPR 2005, 356

REINARTZ, Vertragliche Gestaltung des Versorgungsausgleichs, NJW 1977, 81

ders, Zweifelsfragen bei der Gestaltung von Vereinbarungen über den Versorgungsausgleich, DNotZ 1978, 267

ROHDE, Vertraglicher Ausschluß des Versorgungsausgleichs, NJW 1977, 1763

RULAND, Der Versorgungsausgleich, NJW 1976, 1713

Eckhard Rehme/Burkhard Thiele

ders, Die Dispositionsbefugnisse über den Versorgungsausgleich, DRF 197, 84

RULAND/TIEMANN, Versorgungsausgleich und steuerliche Folgen der Ehescheidung (1977)

SACHS, Der Ausschluß des Versorgungsausgleichs in der Notariatspraxis, BwNotZ 1977, 51

SCHELD, Verfassungsrechtliche und notarische Bestandssicherung von § 1408 Abs 2 BGB, JZ 1980, 643

SCHWENZER, Vertragsfreiheit im Ehevermö-

gens- und Scheidungsfolgenrecht, AcP 196 (1996) 88

UDSCHING, Haftungsrisiken bei der Durchführung des Versorgungsausgleichs, NJW 1978, 289

WACHTER, Neue Grenzen der Ehevertragsfreiheit, ZFE 2004, 132

ZÖLLNER, Regelungsspielräume im Schuldvertragsrecht, AcP 196 (1996) 1

ZIMMERMANN/BECKER, Versorgungsausgleichs-Verträge in der neueren Rechtsprechung – eine Bestandsaufnahme, FamRZ 1983, 1.

Systematische Übersicht

Alphabetische Übersicht

Eckhard Rehme/Burkhard Thiele

I.   Allgemeines

1.   **§ 1408 Abs 1** entspricht wörtlich § 1432 aF. Die RegE zum GleichberG hatten **1**
in § 1364 S 2 noch eine Reihe von Beispielen für den Inhalt von Eheverträgen
aufgeführt. Dort hieß es, die Ehegatten *„können insbesondere*

    1.   die im gesetzlichen Güterstand bestehenden Verfügungsbeschränkungen aus-
        schließen oder einschränken;

    2.   den Ausgleich des Zugewinns ausschließen oder abweichend von den ge-
        setzlichen Bestimmungen regeln;

    3.   während des Bestehens des Güterstandes einen zwischenzeitlichen Ausgleich
        des Zugewinns vereinbaren;

    4.   einen vom gesetzlichen Güterstand abweichenden Güterstand vereinbaren,
        ändern oder aufheben. "

Nach dem Ausschussbericht (BT-Drucks 2/3409, 24) ist auf die Nennung von Beispielen
verzichtet worden. Eine sachliche Abweichung wurde damit nicht bezweckt.

2.   **§ 1408 Abs 2** ist durch das 1. EheRG (Art 1 Nr 15) in das Gesetz eingefügt **2**
worden und seit dem 1. 7. 1977 in Kraft.

II.   Begriff des Ehevertrages

1.   Definition

Der Ehevertrag ist ein Vertrag von Ehegatten oder künftigen Ehegatten zur Re- **3**
gelung ihrer güterrechtlichen Verhältnisse.

2.   Vertragsparteien

Vertragsparteien können nur Personen verschiedenen Geschlechts sein, die entwe- **4**
der bereits miteinander verheiratet sind (so ausdrücklich Abs 1 HS 2) oder den
Vertrag für den Fall der Eingehung der Ehe abschließen. Im zweiten Fall brauchen
die Vertragspartner nicht im Rechtssinne verlobt zu sein (ebenso GERNHUBER/COESTER-
WALTJEN § 32 Rn 1; SOERGEL/LANGE § 1297 Rn 10). Aus den Vorschriften über den Erbvertrag, die nur von Verlobten sprechen (s insbes § 2276 Abs 2), ergibt sich nichts
anderes. Der von Nichtverheirateten geschlossene Ehevertrag wird erst wirksam,
wenn die Ehe geschlossen ist (BayObLGZ 1957, 49, 51).

3.   Gegenstand des Ehevertrages

a)   Gegenstand des Ehevertrages sind allein die **güterrechtlichen Verhältnisse** der **5**
Ehegatten und der **Ausschluss des Versorgungsausgleichs** (zu diesem s unten Rn 40 ff, dort
auch zur inhaltlichen Abänderung des Versorgungsausgleichs und zu deren Verhältnis zu § 1587o).

Eine **Regelung güterrechtlicher Verhältnisse** liegt nur vor, wenn und soweit der **6**

Vertrag *den Güterstand der Ehegatten verändert*, und sei es auch nur in Bezug auf einen einzelnen Gegenstand (BGH NJW 1978, 1923; SOERGEL/GAUL § 1408 Rn 7; SCHWAB DNotZ – Sonderheft – 1977, 56*; s auch bereits RG Gruchot 63, 614). Der Regelung der güterrechtlichen Verhältnisse kann dabei auch Rückwirkung zukommen, etwa bei vertraglicher Aufhebung der vereinbarten Gütertrennung bereits für die Vergangenheit und gleichzeitigem Eintritt der Zugewinngemeinschaft (BGH FamRZ 1998, 903). Darin liegt eine zulässige Bestimmung des Anfangsvermögens (vgl auch BGH FamRZ 1997, 800; § 1374 Rn 49). Diese enge Umschreibung des Regelungsinhalts von Eheverträgen entspricht der gegenständlichen Begrenzung des Güterrechts. Das eheliche Güterrecht regelt nur einen positivrechtlich abgegrenzten Bereich der vermögensrechtlichen Beziehungen zwischen den Ehegatten und zu Dritten (§§ 1363–1518). Deshalb haben schuld- oder sachenrechtliche Verträge der Ehegatten, deren Rechtsfolgen den zwischen ihnen bestehenden gesetzlichen oder Wahlgüterstand unberührt lassen, keine Regelung güterrechtlicher Verhältnisse zum Inhalt (BGH NJW 1978, 1923).

7 b) Die selbstverständliche Voraussetzung eines Ehevertrages, dass er die **Rechtsverhältnisse von Ehegatten** regelt, ist für die Abgrenzung güterrechtlicher von nicht güterrechtlichen Vereinbarungen wenig tauglich. Nicht alle Rechtsgeschäfte, die das Bestehen einer Ehe voraussetzen, sind Eheverträge. So sondert das Gesetz selbst insbesondere die *personenrechtlichen Beziehungen* aus dem Güterrecht aus. Aber auch die in den §§ 1353 ff güterstandsunabhängig geregelten *allgemeinen Ehewirkungen mit vermögensrechtlichem Bezug* (§§ 1356–1362) gehören nicht zu den güterrechtlichen Beziehungen (hM). Endlich ist der Satz, nicht güterrechtlich seien solche vermögensrechtlichen Beziehungen, *die auch zwischen nicht miteinander verheirateten Partnern bestehen könnten*, weder hinreichend aussagekräftig noch sachlich zutreffend. Es gibt vermögensrechtliche Ansprüche und Rechte, deren Entstehung das Bestehen einer Ehe voraussetzen, die aber gleichwohl keine güterrechtlichen Beziehungen sind. Dazu gehören insbesondere die während eines Güterstandes *entstandenen Einzelansprüche* und die mit der Beendigung des Güterstandes *entstandenen Rechte auf und aus Auseinandersetzung.*

8 c) **Vereinbarungen über die Auseinandersetzung** nach dem Ende eines Güterstandes setzen voraus, dass eine Ehe zwischen den Partnern besteht oder bestanden hat. Gleichwohl sind sie nicht schon deshalb notwendig Eheverträge. In der **Zugewinngemeinschaft** lässt **§ 1378 Abs 3 S 2** Vereinbarungen über den Ausgleich des Zugewinns noch vor der Beendigung des Güterstandes zu, ohne sie der Form des § 1410 zu unterstellen (zu den zeitlichen Grenzen solcher Vereinbarungen und den speziellen Formvorschriften s BGHZ 86, 143 = NJW 1983, 755 mwNw; TIEDTKE JZ 1982, 538; 1983, 458 sowie § 1378 Rn 19 ff). Schon deshalb trifft es nicht zu, dass die Auseinandersetzung nur nach dem Ende des Güterstandes ohne Einhaltung der Ehevertragsform geregelt werden könne (so aber DÖLLE I 667 Fn 77; GERNHUBER/COESTER-WALTJEN § 32 Rn 6; KÖRNER 47; LANGE JZ 1970, 653). Es wird vielmehr überwiegend angenommen, dass die Auseinandersetzung, insbesondere die der **Gütergemeinschaft**, bereits vor der Beendigung des Güterstandes formfrei geregelt werden könne (RGZ 89, 292, 294; RG DJZ 1908; 647; JW 1911, 183; HRR 1930 Nr 290; BayObLGZ 5, 661, 665; 11, 261, 265; 1966, 432, 434; OLG Nürnberg FamRZ 1969, 287; DÖLLE I 973; ERMAN/HECKELMANN § 1474 Rn 1; RAUSCHER Rn 358; Münch-Komm/KANZLEITER § 1408 Rn 7, § 1474 Rn 3; BGB-RGRK/FINKE § 1474 Rn 2, anders – Form entspr § 1378 Abs 3 S 2 – § 1410 Rn 6; SOERGEL/GAUL § 1408 Rn 5; § 1474 Rn 2). Der hM ist insoweit zuzustimmen, als die „technische" Durchführung, **die Art und Weise der**

Auseinandersetzung geregelt wird. Soweit jedoch mit der Auseinandersetzung Regelungen verbunden sind, die das **künftige güterrechtliche Verhältnis** bei fortbestehender Ehe etwa mit der Folge des § 1414 S 2 ordnen, bedürfen diese der Form des Ehevertrages (PALANDT/BRUDERMÜLLER Rn 14; BAMBERGER/ROTH/MAYER Rn 7; BGB-RGRK/FINKE § 1474 Rn 2; SOERGEL/GAUL § 1408 Rn 5). Wenig hilfreich ist bei der Abgrenzung das Erfordernis, der Ehevertrag müsse eine *„allgemeine Regelung der güterrechtlichen Verhältnisse"* beinhalten (so der frühere IV. Senat des BGH [Z 54, 42]; BEITZKE NJW 1970, 265). Vielmehr kann durch einen Ehevertrag auch eine Einzelregelung für den Scheidungsfall getroffen werden – gerade deswegen kommt der IX. Senat des BGH (Z 86, 151 f) zu der Ausdehnung der Beschränkung durch § 1378 Abs 3 S 3 auf Eheverträge mit der Feststellung, diese könne „in ihren Auswirkungen für die Eheleute einer Vereinbarung über den Ausgleich des Zugewinns im Hinblick auf eine bevorstehende Ehescheidung so nahe kommen, dass eine unterschiedliche rechtliche Behandlung nicht gerechtfertigt erscheint" (vgl auch GAUL, in: FS Lange 851 f – dort auch krit zum eigenen Unterscheidungsmerkmal einer Regelung des Zugewinnausgleichs „von der Basis her" – u, in: SOERGEL § 1408 Rn 2, 8, 18 mwNw; BRIX FamRZ 1993, 15). Entsprechendes gilt für den Vorschlag von BRAMBRING (DNotZ 1983, 496; wohl auch CYPIONKA MittRhNotK 1986, 157 ff) zu differenzieren, ob die Ehegatten die *Vereinbarung im Hinblick auf ein konkret anstehendes Scheidungsverfahren* treffen oder ob sie generell Geltung beanspruchen soll (so iE auch BRIX FamRZ 1993, 17).

Bedenken bestehen dagegen, auch eine formlose **Änderung der Teilungsquote** 9 (§ 1476 Abs 1) vor der Beendigung des Güterstandes zuzulassen. Die Änderung der Teilungsquote ist in ihrer rechtlichen Qualität etwas anderes als der vollständige oder teilweise „Erlass" des künftigen Anspruchs auf das Auseinandersetzungsguthaben (anders für den Erlass generell als Regelung des güterrechtlichen Verhältnisses GAUL, in: FS Lange 851; BRIX FamRZ 1993, 15). Der Auseinandersetzungsanspruch ist ein Bestandteil der Beteiligung am Gesamtgut. Die Änderung der gesetzlichen Teilungsquote ändert deshalb das Güterrecht und nicht nur die vermögensrechtlichen Beziehungen für die Zeit nach dem Ende des Güterstandes. Eine Änderung der Teilungsquote bedarf daher der Form des Ehevertrages, wenn sie vor der Beendigung des Güterstandes vereinbart wird. Das gilt auch für Regelungen während eines Verfahrens, das auf Auflösung der Ehe gerichtet ist (anders MünchKomm/KANZLEITER Vorbem 7 zu § 1408; tendenziell anders wohl auch die Rspr zu § 1378 Abs 3 aF, s § 1378 Rn 20).

4. Generelle und spezielle Eheverträge

a) Die Unterscheidung von generellen und speziellen Eheverträgen hat nur be- 10 schreibenden Wert. Die Grenzen sind fließend. Unter einem *speziellen Ehevertrag* versteht man die Abänderung des gesetzlichen oder kraft Ehevertrages geltenden Güterstandes in einzelnen Punkten. *Generelle Eheverträge* regeln dagegen die güterrechtlichen Verhältnisse insgesamt, indem sie einen neuen Güterstand an die Stelle des gesetzlichen oder des kraft Ehevertrages geltenden Güterstandes setzen (zur allgemeinen Regelung der güterrechtlichen Verhältnisse s Rn 6).

b) Generelle Eheverträge können folgenden Inhalt haben: 11

Der gesetzliche Güterstand wird ausgeschlossen. Dann tritt gemäß § 1414 S 1 Güter- 12 trennung ein.

13 Der geltende (gesetzliche oder vertragliche) Güterstand wird aufgehoben. Es tritt ebenfalls Gütertrennung ein, § 1414 S 1.

14 Der Ausschluss des gesetzlichen oder die Aufhebung des geltenden Güterstandes wird mit der Vereinbarung eines neuen Güterstandes verbunden. Das ist auch mit Rückwirkung möglich (s Rn 6). Ist der neue Güterstand die Zugewinngemeinschaft oder die Gütergemeinschaft, so genügt die auch schlüssige *Verweisung* auf die Vorschriften der §§ 1363 ff oder §§ 1415 ff. Unter den Voraussetzungen des Art 15 Abs 2 EGBGB kann auch auf einen ausländischen Güterstand verwiesen werden.

15 Da das Gesetz die Ehegatten nicht auf die geregelten Güterstandstypen festlegt, können sie auch singuläre Gestaltungsformen für ihre güterrechtlichen Verhältnisse wählen. In diesem Fall müssen die Regelungen im Einzelnen formgerecht im Ehevertrag aufgeführt werden (*Kodifikationsvertrag*, vgl Körner 62 f). Allgemein gesperrte und nur für bestimmte Güterstände freigegebene Rechtsfiguren (s dazu Vorbem 18 f zu §§ 1408 ff) können jedoch nur in Verbindung mit der Einführung dieses Güterstandes in Geltung gesetzt werden. Zu Mischgüterständen s Vorbem 26 ff zu §§ 1408 ff. In diesen Fällen gehen genereller und spezieller Ehevertrag ineinander über.

16 Die Neubegründung des früheren gesetzlichen Güterstandes der *Verwaltung und Nutznießung des Mannes* durch Ehevertrag ist nicht möglich (s Soergel/Gaul § 1408 Rn 14; Zöllner FamRZ 1965, 115 f). Sie scheitert vor allem daran, dass die ausschließliche Verwaltung des eingebrachten Gutes der Frau mit § 137 in Widerspruch steht. Möglich ist allerdings die Überlassung der Verwaltung an den Mann gemäß § 1413, verbunden mit der Einräumung des Nießbrauchs am „eingebrachten Gut". Die Erstreckung des Nießbrauchsrechts auf das künftige Vermögen der Frau (vgl § 1363 Abs 2 aF) ist jedoch gemäß § 311b Abs 2 ausgeschlossen (Dölle I 677). Weder die Überlassung der Verwaltung (mit Ausnahme des Ausschlusses des Widerrufsrechts, § 1413) noch die Bestellung des Nießbrauchs sind jedoch Regelungen güterrechtlicher Verhältnisse, sondern sonstige vermögensrechtliche Rechtsgeschäfte (Dölle I 677; Gernhuber/Coester-Waltjen § 32 Rn 33; Knur DNotZ 1957, 451, 461, 467; Soergel/Gaul § 1408 Rn 14; Zöllner FamRZ 1965, 116 Fn 37; **aM** Mikat, in: FS Felgentraeger 326).

17 Die Begründung eines der früheren *Errungenschaftsgemeinschaft* oder der *Fahrnisgemeinschaft* entsprechenden Güterstandes ist weder durch Verweisung (s § 1409) noch durch wörtliche Wiedergabe der §§ 1519 ff aF, 1549 ff aF möglich (**aM** Gernhuber/Coester-Waltjen [4. Aufl] § 32 III 2; Erman/Heckelmann § 1409 Rn 1; Mikat, in: FS Felgentraeger 325). Sie findet ihre Grenzen vor allem in der mit § 137 nicht zu vereinbarenden, dinglich wirkenden und verdrängenden Nutzverwaltung des Mannes am eingebrachten Gut der Frau (§§ 1525, 1550 aF) und der mit §§ 1438 ff unverträglichen Regelung der Haftung des Gesamtguts (§§ 1531 ff aF). Durch Vereinbarung der Gütergemeinschaft unter entsprechender Abwandlung der Regelungen über das Vorbehaltsgut in Verbindung mit einer (schuldrechtlichen) Übertragung der Verwaltung sowie der Bestellung eines Nießbrauchs am eingebrachten Vermögen lassen sich jedoch Wirkungen erzielen, die denen der Errungenschafts- oder Fahrnisgemeinschaft weithin entsprechen (so auch die wohl hM, vgl Clamer NJW 1960, 655; Dölle I 677; MünchKomm/Kanzleiter § 1408 Rn 16; Soergel/Gaul § 1408 Rn 14; Bamberger/Roth/Mayer Rn 15; Zöllner FamRZ 1965, 116). Die Bildung des Gesamtguts vollzieht sich auch in diesen Fällen kraft Gesetzes (Clamer 565; aM Finke MDR 1957, 580).

Auch der sog **Bestätigungsvertrag** kann (genereller) Ehevertrag sein. Bestätigen die **18** Ehegatten vertraglich den zwischen ihnen ohnehin bestehenden Güterstand (oder wird er „festgestellt", „anerkannt" oä), dann kommt dem objektiv regelmäßig nur deklaratorische Bedeutung zu. Ein Ehevertrag liegt nicht vor. Konstitutiv wirkt dagegen ein in der Form des § 1410 geschlossener Vertrag, der einen früheren nichtigen Ehevertrag bestätigt, § 141 (KG RJA 1915 Nr 10; aM vBaligand 3; Bauer Recht 1912, 396). Ebenso wirkt konstitutiv die vertragliche „Bestätigung" des gesetzlichen Güterstandes, wenn sie bezweckt, diesen Güterstand gegenüber künftigen gesetzlichen Änderungen bestandsfest zu machen (Soergel/Gaul § 1408 Rn 8). Im Zweifel ist ein solcher Zweck nicht anzunehmen (vgl BGH RdL 1957, 204 = FamRZ 1957, 305 in Bestätigung von OLG Celle DNotZ 1957, 589; OLG Celle NJW 1958, 1974; 1961, 446). RGZ 133, 20, 22 hat weitergehend einen Ehevertrag bejaht, als Verlobte den Eintritt des gesetzlichen Güterstandes bekräftigten und damit ihre gesamten güterrechtlichen Verhältnisse für den Fall der Heirat regeln sowie die Einführung eines anderen Güterstandes ausschließen wollten. Ein Bedürfnis für die Anerkennung eines Bestätigungsvertrages nur im Hinblick auf § 2276 Abs 2 ist nicht anzuerkennen.

c)   **Spezielle Eheverträge** wandeln den gesetzlichen oder gewählten Güterstand **19** nur in einzelnen Punkten ab. Zu den Möglichkeiten und Grenzen der Abwandlung s die Bem zu den einzelnen Vorschriften; vgl ferner Vorbem 13 ff zu § 1408; zur Abgrenzung von einer **Scheidungsvereinbarung nach § 1378 Abs 3 S 2** s oben Rn 8 und § 1378 Rn 19 f.

III.   Sonstige Rechtsgeschäfte unter Ehegatten

1.   Grundsätzliches

Eheverträge regeln nur die güterrechtlichen Verhältnisse (s oben Rn 5 ff). Alle ande- **20** ren Rechtsgeschäfte zwischen Ehegatten unterliegen nur den allgemeinen Vorschriften. § 1410 ist auf sie nicht anwendbar. Es sind allein die speziell für bestimmte Rechtsgeschäfte vorgeschriebenen Formen einzuhalten. Die Ehegatten unterliegen bei der Vornahme solcher Rechtsgeschäfte keinen besonderen Bestimmungen. Eine nach Ehegüterrecht erforderliche Zustimmung des anderen Ehegatten (§§ 1365, 1369, 1423–1425) ist jeweils durch dessen Beteiligung am Geschäft schlüssig erklärt. Die allgemeinen Vorschriften gelten auch dann ausschließlich, wenn das Rechtsgeschäft zwischen den Ehegatten unter der Bedingung des Bestehens und Fortbestehens der Ehe geschlossen oder dies zur Geschäftsgrundlage gemacht worden ist. Eine güterrechtliche Regelung liegt allein deshalb noch nicht vor (vgl BGH NJW 1978, 1923). **Arbeitsverträge** unter Ehegatten sind unbeschränkt möglich (s dazu im Einzelnen die Erl zu § 1356). Unmittelbare güterrechtliche Bedeutung haben die Verträge nicht (BGH FamRZ 1977, 311, 313 mwNw). Der Arbeitsverdienst kann sich aber auf den Zugewinn oder in einer Mehrung des Gesamtguts auswirken. Zu Arbeitsverhältnissen in der Gütergemeinschaft s Buchner, in: FS Beitzke 153, 159 ff.

2. Zuwendungen unter Ehegatten

21 **Zuwendungen unter Ehegatten** beeinflussen den Güterstand nicht und unterliegen deshalb nicht der Form des § 1410. Das soll nur dann anders sein, wenn dadurch eine *grundlegende Veränderung des ganzen Güterstandes* herbeigeführt wird (RG SeuffA 69 Nr 108; WarnR 1915 Nr 142; RGZ 108, 122, 125; RG SeuffA 81 Nr 9; OLG Stuttgart NJW 1958, 1972; SOERGEL/GAUL § 1408 Rn 7; BAMBERGER/ROTH/MAYER Rn 8; offen MünchKomm/KANZLEITER Rn 8). Umfang und Bedeutung eines Geschäfts für das Vermögen der Ehegatten sind jedoch für die Beurteilung, ob es die güterrechtlichen Verhältnisse (s Rn 6) regelt, ohne Belang (so auch GERNHUBER/COESTER-WALTJEN § 32 Rn 12–14 Fn 19; unklar BGH NJW 1978, 1924). Die in den angeführten Urteilen verwendete Floskel war denn auch in keinem Falle entscheidungserheblich. Auch solche Zuwendungen, die einen Gewinnausgleich während des Güterstandes der Zugewinngemeinschaft oder der Gütertrennung bezwecken, sind selbst dann nicht güterrechtlicher Natur, wenn ihnen ein Gesamtvermögensvergleich zugrundeliegt. Der Güterstand wird aber verändert, wenn sich die Ehegatten zu einem solchen einmaligen oder periodischen Zwischenausgleich im Voraus verpflichten (so wohl auch GERNHUBER/COESTER-WALTJEN § 32 Rn 12–14; SOERGEL/GAUL Vorbem 28 zu § 1408). Der Vertrag ist dann Ehevertrag, auch wenn er anders bezeichnet wird. Umgekehrt kann in der Begründung einer Gütergemeinschaft eine Schenkung oder ehebedingte Zuwendung liegen (BGH FamRZ 1992, 304; 1997, 934).

22 Zuwendungen aus dem **Gesamtgut** der Gütergemeinschaft in das **Vorbehaltsgut** und umgekehrt setzen eine ehevertragliche Änderung der gesetzlichen (§§ 1416, 1418) oder nach § 1418 Abs 1 Nr 1 geltenden Zuordnung voraus. Zum dinglichen Vollzug s § 1416 Rn 33 f.

3. Gesellschaftsverträge

23 **Gesellschaftsverträge** unter Ehegatten sind weder mit der ehelichen Gemeinschaft unvereinbar, noch zieht ihnen das eheliche Güterrecht Schranken (BGH FamRZ 2006, 608; 1999, 1580; 1986, 558, 559). Allgemein zum Abschluss von Gesellschaftsverträgen s Erläuterungen zu § 1356 sowie § 1363 Rn 7, 18.

24 Eine Ausnahme soll nach BGHZ 65, 79 = NJW 1975, 1774 nur dann gelten, wenn die Ehegatten in *Gütergemeinschaft* leben. Zur Gründung einer oHG sei die *ehevertragliche Begründung von Vorbehaltsgut* erforderlich, da die Gesellschaftsanteile der Ehegatten weder (unvereinigt) dem Gesamtgut noch den Sondergütern zugeordnet werden könnten (dem BGH stimmen zu: MünchKomm/KANZLEITER § 1416 Rn 10; PALANDT/BRUDERMÜLLER § 1416 Rn 1; BGB-RGRK/FINKE § 1416 Rn 7; SCHÜNEMANN FamRZ 1976, 137. Ablehnend dagegen – mit Zuweisung der Gesellschaftsanteile zum Sondergut: MünchKomm/ULMER § 705 Rn 74, 82; STAUDINGER/HABERMEIER [2003] § 705 Rn 24; RAUSCHER Rn 448; APFELBAUM MittBayNot 2006, 189 mit Ausnahme eines freiübertragbaren Kommanditanteils; BEITZKE FamRZ 1975, 575; FLUME, Die Personengesellschaft [1977] 65, 66; REUTER/KUNATH JuS 1977, 376; – mit Zuweisung zum Gesamtgut: GERNHUBER/COESTER-WALTJEN § 38 Rn 16 Fn 26; SOERGEL/GAUL Vorbem 29 zu 1408; TIEDTKE FamRZ 1975, 675; wohl auch BUCHNER, in: FS Beitzke 153, 155 ff). Entgegen der Auffassung des BGH (s auch BFHE 94, 165, 167; 74, 400, 402 f) ist die Anwendung der §§ 1417 Abs 2, 719 auf die Ehegattengesellschaft unbedenklich. Die Gesellschaftsanteile können, selbst wenn sie im Gesellschaftsvertrag für übertragbar erklärt worden sind, *kraft Gesetzes* nicht in das Gesamtgut fallen (vgl § 1416 Rn 14). Dass die Begründung der Anteile auf einem Rechtsgeschäft beruht, steht dem nicht im Wege. Die Ehegatten erwerben zunächst je einen unveräußerlichen Gesellschaftsanteil. Die Rechtslage ist nicht anders, als wenn die Gesellschafter-Ehegatten erst nachträglich die Gütergemeinschaft vereinbaren. In beiden Fällen können die Anteile nicht Gesamtgut werden. Es entspricht dem Sinn solcher Ehegatten-Gesellschaftsverträge, dass die Anteile nicht in das Gesamtgut fallen sollen (s auch FLUME 66), da die Beteiligungen im Gesamtgut nicht unvereinigt fortbestehen können, sondern miteinander verschmelzen. Selbst wenn die Beteiligungen im Übrigen ausdrücklich für übertragbar erklärt worden sind, ist aus diesem Grunde die Klausel einschränkend dahin zu deuten, dass die „Übertragbarkeit" in das Gesamtgut ausgeschlossen bleibt. Darin liegt keine rechtsgeschäftliche Verkürzung des Gesamtguts, die an §§ 1418 Abs 1, 1410 scheitern müsste, sondern die lediglich begrenzte Aufhebung der grundsätzlichen Unübertragbarkeit der Gesellschaftsanteile.

Ein Gesellschaftsvertrag unter Ehegatten erhält nicht schon dadurch güterrechtlichen Charakter, dass er praktisch ihr gesamtes Vermögen erfasst. In einem solchen Fall besteht jedoch besonderer Anlass zu prüfen, ob die Parteien nicht in Wahrheit einen Ehevertrag schließen wollten (Gütergemeinschaft). Die Fehlbezeichnung als Gesellschaftsvertrag würde dieser Auslegung nicht im Wege stehen. Es geht aber zu weit, wenn OLG Stuttgart NJW 1958, 1972; GERNHUBER/COESTER-WALTJEN § 32 Rn 12–14 Fn 21 und SOERGEL/GAUL Vorbem 28 zu § 1408 im Zweifel eine güterrechtliche Regelung annehmen. Zu güterrechtlichen Inhalten s auch oben Rn 23 aE. Ein auf die Begründung der Gütergemeinschaft gerichteter nichtiger Ehevertrag kann uU in einen Gesellschaftsvertrag umgedeutet werden (OLG Hamburg DJ 1938, 1036; GERNHUBER/COESTER-WALTJEN § 32 Rn 12–14 Fn 20; SOERGEL/GAUL Vorbem 28 zu § 1408). **25**

4. Darlehen ua

Keine güterrechtlichen Regelungen werden auch getroffen, wenn die Ehegatten **Darlehensverträge** miteinander abschließen (Mot IV 312 f; Prot IV 220 f; RGZ 78, 207, 209; RG WarnR 1915 Nr 142; KGJ 40, 143), bei der Begründung von **Bruchteilseigentum** (auch bei Erfassung des gesamten Erwerbs beider Ehegatten: HENNEMANN BWNotZ 1960, 5, 10; HIPP BWNotZ 1959, 197; RIPFEL BWNotZ 1959, 508; VOGT BWNotZ 1959, 195; anders – Ehevertrag – GOLLER BWNotZ 1959, 107), bei der Übertragung der **Vermögensverwaltung** auf den anderen Ehegatten (s dazu § 1413) oder der Begründung einer **Treuhand** (OLG Hamburg FamRZ 2002, 395). Ebenso wenig bei Bestellung eines Nießbrauchs oder von **Hypotheken** BayObLG BayZ 119, 84. **26**

5. Zustimmungen

Die nach den §§ 1365, 1369 und den §§ 1423–1425, 1450 erforderlichen **Zustimmungen**, die **Einwilligung** des das Gesamtgut verwaltenden Ehegatten zum selbständigen Betrieb eines Erwerbsgeschäfts gemäß §§ 1431, 1456 und die eine Gesamtgutshaftung begründenden Zustimmungen (§§ 1438, 1460) bedürfen nicht der Form des § 1410. Sie sind weder Verträge, noch berühren sie nach der Struktur des Gesetzes die güterrechtlichen Verhältnisse. Die Einwilligung kann auch formlos unwiderruflich erteilt werden (**aM** – Ehevertrag – RG JW 1911, 362; 1925, 2111; KÖRNER 44; BOLLENBECK DNotZ 1911, 714; wie hier GERNHUBER/COESTER-WALTJEN § 32 Rn 4; SOERGEL/LANGE § 1365 **27**

Rn 65). Zu den Grenzen des Ausschlusses des Widerrufsrechts vgl STAUDINGER/
GURSKY (2004) § 183 Rn 14. Eine *Generaleinwilligung* für noch nicht individuali-
sierte Geschäfte bestimmter Art ist ebenfalls grundsätzlich formlos möglich. Eine
unwiderrufliche Generaleinwilligung dagegen entspricht in ihren Wirkungen so sehr
der Aufhebung des Zustimmungserfordernisses, dass sie der Form des Ehevertrages
zu unterwerfen ist (GERNHUBER/COESTER-WALTJEN § 32 Rn 4).

IV. Abschluss des Ehevertrages

1. Zeitpunkt

28 Ein Ehevertrag kann **zeitlich** vor oder nach Eingehung der Ehe abgeschlossen
werden (s auch Rn 4). Er kann auch während der Ehe jederzeit aufgehoben (s dazu
§ 1414) oder geändert werden (s auch Mot IV 305). Auch **Vorverträge** sind vor und
nach der Eheschließung möglich. Auch sie bedürfen der Form des § 1410 (BGH
FamRZ 1966, 492, 495; RGZ 48, 183, 186; 68, 322).

2. Vorschriften über Rechtsgeschäfte

29 Zur **Form** des Ehevertrages vgl die Bem zu § 1410. Im Übrigen gelten für den
Abschluss die allgemeinen **Vorschriften über Willenserklärungen, Rechtsgeschäfte
und Verträge** (s aber auch § 1411). Auch **Bedingungen** und **Zeitbestimmungen** sind
möglich (dazu BEITZKE DNotZ 1964, 692; LANGE FamRZ 1964, 547; OLG Celle FamRZ 1961, 446
= DNotZ 1962, 253; OLG Braunschweig FamRZ 2005, 903 m Anm BERGSCHNEIDER; MünchKomm/
KANZLEITER Rn 4). Die bedingungsfeindliche Ablehnung der fortgesetzten Gütergemeinschaft erfolgt nach §§ 1484 Abs 2, 1945 Abs 1 nicht durch Ehevertrag, sondern
durch einseitige Erklärung des Überlebenden gegenüber dem Nachlassgericht. Die
ehevertragliche Aufhebung einer früheren Vereinbarung der Fortsetzung der Gütergemeinschaft ist *nicht* (etwa entsprechend §§ 1484 Abs 2, 1947) bedingungsfeindlich.
Zur **Sittenwidrigkeit** s Vorbem § 1408 Rn 14. Für die **Nichtigkeit** und **Anfechtbarkeit**
eines Ehevertrages sind die 104 ff, 116 ff maßgeblich. Zur Anfechtbarkeit eines
Ehevertrages s BGH FamRZ 1996, 606 sowie BÜTTNER FamRZ 1998, 3 (zu Drohung
und arglistiger Täuschung); SCHREIBER FamRZ 1955, 65. Zum **Wegfall der Geschäftsgrundlage** s BGH FamRZ 1996, 1537; s dazu auch Vorbem 16 zu §§ 1408 ff; auch ein
Rücktritt vom Ehevertrag wegen Verzugs kommt in Betracht, vgl BGH FamRZ
2005, 1449. Zu Sinn und Zweck **salvatorischer Klauseln** in Eheverträgen s MÜNCH
DNotZ 2005, 822 f, 831 f; KEILBACH FamRZ 1992, 1118. Ein **Missbrauch** güterrecht-
licher Geschäftstypen ist nur in Ausnahmefällen anzunehmen. In Betracht kommen
Umgehungszwecke, etwa die Verkürzung von Pflichtteilsergänzungsansprüchen der
Abkömmlinge oder die Umgehung eines Vorkaufsrechts durch Vereinbarung der
Gütergemeinschaft. Nach GERNHUBER/COESTER-WALTJEN § 32 Rn 9 ff liegt bei
einer ausschließlich oder vorrangig nicht güterrechtlichen Geschäftsabsicht in Wahrheit kein Ehevertrag vor, sondern allein das Umsatzgeschäft, dessen Folgen, auch
Nebenfolgen, vermieden werden sollten. So auch der BGH (BGHZ 116, 178 = FamRZ
1992, 304). Es bedarf danach in tatsächlicher Hinsicht der Feststellung, dass die
Geschäftsabsichten der Eheleute, jedenfalls soweit es sich um die Bereicherung des
weniger begüterten Ehegatten handelt, nicht zwecks Verwirklichung der Ehe auf
eine Ordnung der beiderseitigen Vermögen gerichtet waren. Es ist jedoch nicht
erforderlich, in solchen Fällen dem Ehevertrag seine spezifischen Wirkungen zu

versagen. Es reicht aus, den durch die güterrechtliche Einkleidung verschleierten Zweck als begleitende causa anzuerkennen (zB Schenkung) oder (bei Umgehung des Vorkaufsrechts) den Rechtsgedanken des § 162 Abs 1 anzuwenden. Zur Vereinbarung der Gütergemeinschaft, die bereits nach fünf Tagen wieder aufgehoben wurde, als **Schenkung** iS des § 2325 vgl RGZ 87, 301, 303 f; s auch BGH aaO; BGHZ 65, 79 = FamRZ 1975, 572, 574; HAEGELE BWNotZ 1972, 71.

3. Verbindung mit Erbvertrag

Die **Verbindung von Ehevertrag und Erbvertrag** ist möglich. § 2276 Abs 2 sieht sie **30** ausdrücklich vor. Der dort bezweckten Formerleichterung für den Erbvertrag kommt heute jedoch keine praktische Bedeutung mehr zu. Über die marginalen Unterschiede STAUDINGER/KANZLEITER (2006) § 2276 Rn 7; die Verbindung ist jedoch nach § 46 Abs 3 KostO kostenrechtlich begünstigt. Ob die verbundenen Verträge als Teile eines Rechtsgeschäfts gemäß § 139 anzusehen sind, entscheidet der Parteiwille (allgemein dazu BGH NJW 1976, 1931). Im Zweifel sind die Verträge als rechtlich selbständig anzusehen. Die Nichtigkeit des Erbvertrages kann aber auf den in derselben Urkunde geschlossenen Ehevertrag durchschlagen, wenn beide Verträge ein einheitliches Rechtsgeschäft darstellen sollten (OLG Stuttgart FamRZ 1987, 1034). Der *Rücktritt* von erbvertragsmäßigen Verfügungen gemäß §§ 2294, 2295 berührt den Ehevertrag jedenfalls nicht (BGHZ 29, 129 = NJW 1959, 625 = FamRZ 1959, 147; **aA** BUCHHOLZ, in: FS Holzhauer 438: § 139 anwendbar, wenn lediglich Modifikation des Güterstands Gegenstand des Erbvertrags). Allerdings kann eine Verknüpfung dergestalt bestehen, dass der Erbvertrag als Geschäftsgrundlage des Ehevertrags anzusehen ist. Dann wirkt sich der Rücktritt auch auf den Ehevertrag aus (s Rn 34).

V. Dauer des Ehevertrages

Eine **vor der Eheschließung** getroffene güterrechtliche Regelung wird nicht wirksam, **31** wenn die Ehe nicht zustandekommt (s auch oben Rn 4). Bei einer **Nichtehe** (s § 1310) entfaltet der Ehevertrag ebenfalls von vornherein keine Rechtswirkungen.

Wird die Ehe durch Urteil **aufgehoben** (§ 1313), so erfolgt die vermögensrechtliche Auseinandersetzung der Ehegatten gemäß § 1318 wie nach einer Scheidung. Der Ehevertrag entfaltet insoweit volle Wirkungen.

Der Ehevertrag verliert seine Wirkungen für die Zukunft, wenn und soweit er durch **32** einen **neuen** Ehevertrag aufgehoben oder geändert wird, die Ehegatten können dem Vertrag dabei Rückwirkung beilegen (s Rn 6). Bei Aufhebung des früheren Güterstandes erfolgt, wenn nichts anderes vereinbart wird, die güterrechtliche Auseinandersetzung nach Maßgabe des Ehevertrages oder des ehevertraglich vereinbarten Güterstandes (vgl §§ 1372, 1471). **Entsprechendes gilt**, wenn der bisherige vertragliche Güterstand **durch Urteil aufgehoben** wird (vgl §§ 1385, 1386 mit § 1388; §§ 1447, 1448 mit § 1449; §§ 1469, 1470). Wird die **Gütergemeinschaft fortgesetzt** (§§ 1483 ff), so verliert der Ehevertrag nach dem Tode eines Ehegatten insoweit seine Wirkungen, als er Regelungen enthält, die mit den §§ 1483 bis 1517 in Widerspruch stehen, § 1518.

Da der Ehevertrag bedingt oder befristet geschlossen werden kann (s oben Rn 29), **33** endet er mit **Eintritt der Bedingung** und mit dem **Ablauf der Frist**, behält jedoch seine Wirkung insoweit, als er die güterrechtliche Abwicklung regelt. Entsprechendes gilt, wenn im Ehevertrag eine einseitige Aufhebungs-, Rücktritts- oder Beendigungserklärung vorbehalten war, mit dem Wirksamwerden dieser Erklärung.

34 Eine **Kündigung** des Ehevertrages **aus wichtigem Grund** ist dagegen nicht möglich. Die in Rn 32 angeführten Klagemöglichkeiten sind als speziellere gesetzliche Beendigungsgründe zu werten. Insbesondere wird der Ehevertrag nicht dadurch berührt, dass die Ehegatten **getrennt leben.** Bei enger Verknüpfung des Ehevertrages mit anderen Rechtsgeschäften (zB bei aufeinander abgestimmter Regelung von Ehevertrag, Erbvertrag, Gesellschaftsvertrag oder Unternehmertestament) können aber die Grundsätze der **Geschäftsgrundlage** anwendbar sein (s dazu auch Rn 29; Vorbem 16 zu §§ 1408 ff; BGHZ 29, 129, 132 ff; wie hier GERNHUBER/COESTER-WALTJEN § 38 Rn 130 Fn 169; MAI BWNotZ 2003, 62).

VI. Gläubiger- und Insolvenzanfechtung

35 1. Ein Ehevertrag, durch den das Vermögen eines Ehegatten gemindert wird, kann von dessen Gläubigern gemäß § 3 AnfG oder nach §§ 130 ff InsO vom Insolvenzverwalter wie andere Rechtsgeschäfte auch angefochten werden (Mot IV 307 ff; BGHZ 57, 123, 126; OLG München OLGE 30, 41; OLG Zweibrücken OLGZ 1965, 304; BGB-RGRK/FINKE § 1408 Rn 16; SOERGEL/GAUL § 1408 Rn 21). Die Anfechtungsvoraussetzungen können auch vorliegen, wenn auf Grund des Ehevertrages weitere Rechtsgeschäfte oder Rechtshandlungen vorgenommen werden, insbesondere zwecks Auseinandersetzung oder bei Umwandlung von Gesamtgut in Vorbehaltsgut (vgl OLG Nürnberg FamRZ 1960, 150; OLG Zweibrücken OLGZ 1965, 304, 309). Ein güterrechtsändernder Vertrag kann nicht von Gläubigern angefochten werden, die ihre Ansprüche erst nach Abschluss des Ehevertrages erworben haben (BGHZ 57, 123, 126; anders noch RG JW 1904, 152).

36 2. Eheverträge, durch die ein Ehegatte aus dem Vermögen des anderen bereichert wird, sind im Allgemeinen nicht als **Schenkungen** anzusehen. Insbesondere liegt auch bei großer Verschiedenheit der beiderseitigen Vermögensverhältnisse in der Vereinbarung der Gütergemeinschaft grundsätzlich keine Schenkung vor (BGHZ 116, 178, 180 = FamRZ 1992, 304; 65, 79 = FamRZ 1975, 572 – zu III 2 der Gründe –; RG Recht 1908 Nr 2549; BayObLGZ 9, 603, 614; OLG Nürnberg DNotZ 1955, 202 und FamRZ 1960, 150; DÖLLE I 678 f; GERNHUBER/COESTER-WALTJEN § 32 Rn 9; BGB-RGRK/FINKE § 1408 Rn 16; SOERGEL/GAUL § 1408 Rn 21). Der Zweck, die güterrechtlichen Verhältnisse zu gestalten, gibt den ehevertraglich begründeten Vermögensverschiebungen einen eigenständigen Rechtsgrund. Zu ehevertraglich verschleierten Schenkungen s oben Rn 29. Die positivrechtliche Wertung des **Steuerrechts**, nach der die Bereicherung eines Ehegatten bei Vereinbarung der Gütergemeinschaft als Schenkung unter Lebenden gilt, § 7 Abs 1 Nr 4 ErbStG, hat für das bürgerliche Recht keine Bedeutung. Sie ist auch nicht übertragbar auf die Beurteilung der Voraussetzungen einer *Schenkungsanfechtung* gemäß § 134 InsO und § 4 AnfG. Nach dem Zweck dieser Vorschriften ist zwar nach Auffassung des BGH der Begriff der *unentgeltlichen Verfügung* umfassender als der der Schenkung nach § 516 (BGH NJW 1999, 1033; BGHZ 71, 61 = FamRZ 1978, 398, 400). Dabei geht es nicht nur um den Fortfall der nach § 516 erforderlichen Einigung über die Unentgeltlichkeit, sondern um die geminderte

Rechtsbeständigkeit von Zuwendungen, für die der Schuldner keinen Ausgleich erlangt, im Interesse seiner Gläubiger. Die vom BGH vertretene Rechtsauffassung, die sich auf sonstige Vermögenszuwendungen unter Ehegatten bezieht, lässt sich jedoch nicht ohne weiteres auf die güterrechtlich legitimierten Vermögensverschiebungen anwenden. Vereinbart der Schuldner mit seinem Ehegatten die Gütergemeinschaft, so wird den Gläubigern regelmäßig kein Haftungssubstrat entzogen. Den Altgläubigern haftet vielmehr nunmehr das Gesamtgut, §§ 1437 ff. Sie werden nur dann schlechter gestellt, wenn der Ehegatte, der das geringe Vermögen in das Gesamtgut einbringt, stark verschuldet ist. Diese Fälle lassen sich aber systematisch sauber über *die Absichtsanfechtung* gemäß §§ 133 InsO, 3 AnfG auffangen.

3.   Die ehevertragliche Beendigung des Güterstandes ist jedenfalls dann kein **37** anfechtbares Rechtsgeschäft, wenn die Voraussetzungen einer Beendigung durch gerichtliches Urteil (zB gemäß §§ 1447, 1469) vorgelegen haben (RGZ 57, 81, 87).

4.   Unterhaltsberechtigte, denen infolge einer ehevertraglich begründeten Ver- **38** mögensminderung die künftigen Unterhaltsansprüche entzogen oder geschmälert worden sind, können den Ehevertrag nicht anfechten (OLG Hamburg OLGE 6, 157; 30, 49; OLG Köln OLGE 9, 448; OLG München OLGE 30, 41).

VII. Teilunwirksamkeit von Eheverträgen

Teilunwirksamkeit führt bei Eheverträgen regelmäßig zur Gesamtnichtigkeit, weil **39** bei Herauslösung einzelner Bestimmungen aus einem freigewählten System dieses regelmäßig die Fähigkeit verliert, die güterrechtlichen Vermögensbelange umfassend zu regeln (hM). Es gilt allerdings § **139**. Ein Ehevertrag kann deswegen seine Wirksamkeit behalten, wenn er trotz nichtiger Bestimmungen diese Fähigkeit bewahrt (s dazu auch Vorbem zu § 1408 Rn 16 mwNw auch zu salvatorischen Klauseln).

Wenn die Ehegatten im Rahmen einer Gütergemeinschaft zum Zwecke der Gläubigerbenachteiligung allen zukünftigen Erwerb eines Ehegatten nicht Gesamtgut werden lassen, sondern ihn zu Vorbehaltsgut erklären, so ist mit dieser Klausel der gesamte Vertrag nichtig, weil sich keine zulässige Alternative anbietet, die die Vertragspartner mutmaßlich gewollt haben könnten. Wenn aber nach Wegfall des nichtigen Teiles die verbleibenden Bestimmungen widerspruchsfrei die Züge eines bestimmten Güterstandstyps aufweisen, so kann dieser als gewollt angesehen werden (vgl DÖLLE I 675). Die Auslegung kann auch dahin führen, dass zumindest der Ausschluss des gesetzlichen Güterstandes gewollt ist und somit Gütertrennung vorliegt, § 1414.

VIII. Vereinbarungen über den Versorgungsausgleich

1. Grundsätzliches

a) Überblick

Abs 2 regelt die Voraussetzungen und Wirkungen eines vertraglichen Ausschlusses **40** des Versorgungsausgleichs. Der seit dem 1. 7. 1977 geltende Versorgungsausgleich ist in §§ 1587–1587p sowie im Gesetz zur Regelung von Härten im Versorgungsausgleich (VAHRG) vom 21. 2. 1983 (BGBl I 105) und im Gesetz über die Alterssiche-

Burkhard Thiele
Eckhard Rehme

rung der Landwirte (ALG) vom 29. 7. 1994 (BGBl I 1889; vgl STAUDINGER/REHME [2004] § 1587b Rn 3) abschließend geregelt. Während die einer Regelung nach Abs 1 zugänglichen „güterrechtlichen Verhältnisse" die Zuordnung des *aktuellen* Vermögens der Eheleute betreffen (vgl oben Rn 3 ff), bezieht sich die in Abs 2 enthaltene Befugnis auf Anwartschaften oder Aussichten – mithin *künftige Leistungen* – auf eine Versorgung wegen Alters oder Berufs- oder Erwerbsunfähigkeit (§ 1587 Abs 1 S 1). Abs 2 S 1 berechtigt die Eheleute, die ihnen auferlegte Pflicht *vertraglich abzubedingen*, im Scheidungsfall die während der Ehezeit erworbenen Versorgungsanrechte in den Formen des öffentlich-rechtlichen (§ 1587b iVm den Bestimmungen des VAHRG und des ALG) oder des schuldrechtlichen Versorgungsausgleichs (§ 1587g iVm §§ 1587i, 1587l) hälftig aufzuteilen. Die Eheleute können stattdessen unter den in Abs 2 S 1 genannten Voraussetzungen vereinbaren, dass im Falle der Scheidung ein Versorgungsausgleich nicht durchzuführen ist (= Totalausschluss). Darüber hinaus gibt Abs 2 S 1 den Eheleuten auch das Recht, den Versorgungsausgleich abweichend von den gesetzlichen Bestimmungen zu regeln (= Teilausschluss oder Modifikation, vgl unten Rn 52 ff). Eine solche Vereinbarung ist jedoch nur wirksam, wenn sie eine vorsorgerechtlich zulässige Gestaltung enthält (vgl dazu unten Rn 56 ff). Gemäß Abs 2 S 2 steht eine nach Abs 2 S 1 getroffene Vereinbarung unter der Rechtsbedingung (vgl unten Rn 90), dass nicht binnen Jahresfrist nach Vertragsschluss ein Ehegatte die Scheidung beantragt. Beantragt ein Ehegatte die Scheidung innerhalb des genannten Zeitraums, so wird die Vereinbarung – mit Wirkung ex tunc – unwirksam (vgl unten Rn 97). Die Eheleute können in diesem Fall den Versorgungsausgleich einvernehmlich gemäß § 1587o abweichend von den gesetzlichen Vorschriften regeln. Im Gegensatz zu einer Vereinbarung nach Abs 2 S 1 bedarf eine Vereinbarung nach § 1587o jedoch der richterlichen Genehmigung (vgl unten Rn 45).

b)   Rechtliche und rechtspolitische Bewertung des § 1408 Abs 2 (insbes des S 1)

41 Der vertragliche Ausschluss des Versorgungsausgleichs (nebst der zeitlichen Begrenzung durch die Jahresfrist nach Abs 2 S 2) ist **verfassungsrechtlich** nie ernstlich in Zweifel gezogen worden. Das BVerfG hat diese Fragen eher beiläufig geprüft (BVerfGE 53, 257, 299) und in Abs 2 – als Mittel zur Verwirklichung der *Gestaltungsfreiheit* der Ehegatten (BVerfGE aaO) – im Zusammenhang mit § 1587o (und in sachgerechter Differenzierung dazu; BVerfGE 60, 329, 338 ff, 346 f) eine zumindest sinnvolle Ergänzung des starren Systems des Versorgungsausgleichs gesehen (vgl dazu näher SOERGEL/GAUL Rn 23, 44).

42 **Rechtspolitisch** war und ist der gesetzlich zugelassene Ausschluss nicht unbedenklich, zumal im Hinblick darauf, dass in der praktischen Anwendung auch für eine einseitig einen Ehegatten benachteiligende Vertragsgestaltung kaum allgemeine Schranken bestehen (zur Frage der Gegenleistung vgl Rn 64; zu § 138 vgl Rn 66 ff). Abs 2 S 1 birgt die Gefahren, dass

– wegen der Unanschaulichkeit der Versorgungsanrechte und der Zukunftsoffenheit beruflicher und damit vorsorgerechtlicher Entwicklungen Vereinbarungen unbedacht oder leichtfertig eingegangen werden,

– ein Ausschluss des Versorgungsausgleichs stets den Schwächeren benachteiligt (BOGS FamRZ 1978, 81, 87 f), weil der Versorgungsausgleich immer und in jedem

Fall den vorsorgerechtlich Benachteiligten schützt (vgl STAUDINGER/REHME [2004] Vorbem 3, 5 ff zu § 1587–1587p) und

- infolge des Ausschlusses ein Ehegatte im Alter oder bei Berufs- oder Erwerbsunfähigkeit keine hinreichende eigene Versorgung hat und deshalb auf Sozialhilfe angewiesen ist.

Zugunsten der Begründung von Dispositionsbefugnissen über den Versorgungsaus- **43** gleich sprechen jedoch folgende Gesichtspunkte:

- Der Versorgungsausgleich ist rechtspolitisch am überzeugendsten begründet, wenn ein Ehegatte *ehebedingte Versorgungsnachteile* erleidet – namentlich die eigene Berufstätigkeit aufgibt und Familienarbeit übernimmt (STAUDINGER/REHME [2004] Vorbem 3, 5 zu § 1587–1587p). Nicht jede Ehe führt jedoch zu ehebedingten Versorgungsnachteilen – vor allem dann nicht, wenn die Eheleute ihre Erwerbstätigkeit trotz Kindererziehung und Hausarbeit nicht einschränken. Der Versorgungsausgleich egalisiert unter dieser Voraussetzung die auf Unterschieden im Erwerbseinkommen zurückgehenden Versorgungsunterschiede. Dies lässt sich mit der Überlegung rechtfertigen, dass bei der Fortdauer der Ehe der Ehegatte, der während der Ehezeit die geringere Versorgung als der andere erworben hat, am höheren Ertrag der Versorgungsanrechte des anderen Ehegatten teil hätte. Der Versorgungsausgleich gleicht in diesem Falle also *scheidungsbedingte Versorgungsnachteile* aus (vgl STAUDINGER/REHME [2004] Vorbem 7 ff zu § 1587–1587p). Durch den Versorgungsausgleich ehebedingte Nachteile auszugleichen, ist ein in Art 6 Abs 1 GG begründetes Gebot, namentlich dann, wenn ein Ehegatte Versorgungsnachteile wegen der Übernahme von Aufgaben der Kindererziehung auf sich nimmt (vgl zu der Pflicht, die Kindererziehung vorsorgerechtlich der Erwerbstätigkeit gleichzustellen: BVerfG vom 7. 7. 1992 = BVerfGE 87, 1). Hingegen kann – weil allein die Privatsphäre der Ehegatten betreffend – den Ehegatten überlassen bleiben, ob ein Ehegatte im Falle der Scheidung an den Vorsorgungszuwächsen teilhaben soll, die der andere Ehegatte während der Ehezeit infolge eines höheren Erwerbseinkommens erzielt hat.

- Die gesetzlichen Regeln über den Versorgungsausgleich sind auf typische Versorgungslagen zugeschnitten; sie passen für atypische Versorgungslagen nicht. Die Dispositionsbefugnisse des Abs 2 S 1 sollen den Parteien namentlich die Möglichkeit geben, in atypischen Versorgungslagen den Versorgungsausgleich an diese Verhältnisse anzupassen.

- Den Ehegatten soll die gesetzliche Regelung über den Versorgungsausgleich nicht gegen ihren gemeinschaftlichen Willen aufgezwungen werden. Insoweit steigert die Möglichkeit des vertraglichen Ausschlusses des Versorgungsausgleichs die Legitimität der gesetzlichen Regelung (vgl auch BVerfGE 53, 257, 299).

c)   Entstehungsgeschichte
Während in dem Regierungsentwurf vom 20. 9. 1971 (BT-Drucks 6/2577), der erstmals **44** die Einführung des Versorgungsausgleichs vorsah, Vorschriften für Dispositionen über den Versorgungsausgleich fehlten, sah § 1587r des Regierungsentwurfs vom 1. 6. 1973 die grundsätzliche Möglichkeit einer Disposition über den Versorgungs-

ausgleich vor (vgl im Übrigen BT-Drucks 7/650, 15 f, 171; ferner eingehend Becker Rn 237 ff; Graf 9 ff). Der Bundestagsausschuss für Arbeits- und Sozialordnung akzeptierte nur solche Vereinbarungen, die den Ausgleich durch Begründung von Anwartschaften durch Beitragszahlung oder den schuldrechtlichen Versorgungsausgleich betreffen. Ansonsten sei das Ziel gefährdet, durch den Versorgungsausgleich eine eigenständige soziale Sicherung für den sozial schwächeren Partner zu begründen. Diesem Vorschlag ist sowohl die Mehrheit des Rechtsausschusses (BT-Drucks 7/4361, 48 ff) als auch die des Bundestages gefolgt (BT-Prot 7/14403 ff). Die damalige Opposition forderte demgegenüber weitergehende Dispositionsbefugnisse (BT-Drucks 7/4361, 22; 7/4454). Der Bundesrat hat deswegen auch den Vermittlungsausschuss angerufen (BT-Drucks 7/4694, 13 f). Abs 2 ist Ausdruck des dort gefundenen Kompromisses: Der Ausschluss des Versorgungsausgleichs sei notwendig, um den Zusammenhang mit der Vermögensauseinandersetzung zu wahren. Die in Abs 2 S 2 enthaltene Regelung solle sicherstellen, dass das Recht auf vertraglichen Ausschluss des Versorgungsausgleichs nicht mit Rücksicht auf eine bevorstehende Scheidung missbraucht werde (BT-Drucks 7/4694, 13).

d) Verhältnis zu § 1587o

45 Abs 2 wird durch § 1587o ergänzt. § 1587o betrifft die Vereinbarungen über den Versorgungsausgleich, die im Zusammenhang mit der Scheidung geschlossen werden. Sie unterliegen strengeren formellen und materiellen Voraussetzungen als die Vereinbarungen nach § 1408 Abs 2 (vgl § 1587o Abs 1 S 2, Abs 2 S 3, S 4). § 1408 Abs 2 statuiert demgegenüber das Recht der Ehegatten, über den Versorgungsausgleich frei zu disponieren. Abs 2 ist für die Fälle gedacht, in denen die Ehegatten noch nicht zur Scheidung entschlossen sind (OLG Frankfurt NJW 1979, 594, 1368; Friederici FamRZ 1978, 655).

46 Konkrete Scheidungsabsichten schließen jedoch die Anwendung des § 1408 Abs 2 nicht aus (BGH FamRZ 1983, 459; OLG Frankfurt FamRZ 1986, 1005; OLG Düsseldorf FamRZ 1987, 953; OLG Köln FamRZ 1997, 1539, 1540; OLG Brandenburg FamRZ 2003, 1289; näher dazu Finger FuR 2002, 149, 150; Johannsen/Henrich/Hahne § 1587o Rn 6). Sie machen die Vereinbarung auch nicht genehmigungsbedürftig (OLG München FamRZ 1981, 465), weil subjektive Merkmale – abgesehen von § 138 (vgl dazu Rn 66 ff) – unbeachtlich sind (BGH FamRZ 1986, 788, 789). Die **Abgrenzung** zu § 1587o erfolgt ausschließlich gemäß den klar umrissenen Kriterien des Abs 2 S 2 (objektiver Fristablauf; BGH aaO). Danach ist ein Ausschluss des Versorgungsausgleichs unwirksam, wenn innerhalb eines Jahres nach Vertragsschluss Antrag auf Scheidung der Ehe gestellt wird (durch Zustellung der Antragsschrift; BGH FamRZ 1985, 45, 46 f; 1999, 155; vgl dazu näher Rn 94). Wird der **Ehevertrag** über den Ausschluss des Versorgungsausgleichs erst **nach Rechtshängigkeit** des Scheidungsverfahrens geschlossen, gilt **Abs 2 S 2 entsprechend**; der Vertrag ist nur unter den strengeren Voraussetzungen des § 1587o wirksam (BGH FamRZ 1987, 467; Soergel/Gaul Rn 28 mit Nachtrag zu Rn 28). Das folgt einmal aus dem Wortlaut des § 1587o und zum anderen aus einem argumentum a fortiori aus § 1408 Abs 2 S 2. Das Fehlen der Rechtsbedingung für die Wirksamkeit des Vertrages (Rn 90) macht ihn von Anfang an ungültig; eine spätere Rücknahme des Scheidungsantrags ändert dies nicht, weil der Schutzzweck des § 1587o (ausschließliche Geltung für Verträge ab Rechtshängigkeit) nicht unterlaufen werden darf (Finger FuR 2002, 149, 154; aA Palandt/Brudermüller Rn 20 mwN). Das Gleiche muss gelten, wenn der Vertrag **bis zur Rechtshängigkeit** mangels einer erforderlichen Genehmigung noch

schwebend unwirksam ist (vgl OLG Koblenz FamRZ 1989, 407; SOERGEL/GAUL Nachtrag zu Rn 45 sowie unten Rn 90; **aA** PALANDT/BRUDERMÜLLER Rn 29). § 1408 Abs 2 S 1 ist deshalb nur auf im Zeitpunkt der Rechtshängigkeit vollwirksame Verträge anwendbar.

Nach anderer Ansicht soll bereits die *Anhängigkeit des Scheidungsverfahrens* einen **47** Vertrag nach Abs 2 ausschließen (vgl STAUDINGER/EICHENHOFER [1994] Rn 48; OLG Düsseldorf FamRZ 1986, 68, 69; OLG Koblenz aaO); diese Auffassung führt zu einer weiteren Differenzierung und verlässt damit ohne hinreichenden Grund die vom Gesetz vorgegebene und vom BGH zu Recht betonte formale Anknüpfung an die Zustellung des Antrags.

e) § 1408 Abs 2 und die Rechtsnatur des Versorgungsausgleichs

Ob der unstreitige Kerngedanke des Abs 2, die Einräumung einer (weitreichenden; **48** vgl nachstehend Rn 49 ff) **Dispositionsbefugnis** (oben Rn 43, 45) in Bezug auf die Ausgestaltung des Versorgungsausgleichs, als Beleg für die privatrechtliche Natur des Versorgungsausgleichs anzusehen ist (BGHZ 75, 241, 245 f; SOERGEL/GAUL Rn 23), kann mit guten Gründen bezweifelt werden (STAUDINGER/EICHENHOFER [1994] Rn 49; ferner ausf dazu Vorbem 10 ff zu § 1587). Für die praktische Rechtsanwendung lassen sich daraus keine zusätzlichen Erkenntnisse ableiten. So gibt der Gedanke der Privatautonomie keine Handhabe zur Auflockerung der aus dem System des Versorgungsausgleichs folgenden Schranken (Rn 56 ff). Umgekehrt ergeben sich nach richtiger Ansicht aus dem Zweck des Versorgungsausgleichs keine zusätzlichen Grenzen der Vertragsfreiheit (dazu näher STAUDINGER/REHME [2000] Rn 70 f, 79); insbes folgt aus der bloßen Zweckverfehlung nicht bereits (oder auch nur unter geringeren Voraussetzungen) die Sittenwidrigkeit von Eheverträgen nach Abs 2 (zum heutigen spezifischen Prüfungsschema der Wirksamkeits- und Ausübungskontrolle ausf Rn 80 ff; zu vergleichbaren Fragen bei der Ableitung von Schranken für Eheverträge nach Abs 1 aus dem „Wesen der Güterstandstypen" vgl STAUDINGER/THIELE Vorbem 20 ff zu § 1408).

2. Mögliche Inhalte der Verträge

a) Totalausschluss

Im Gegensatz zu § 1587o räumt Abs 2 den Ehegatten das Recht ein, den Versor- **49** gungsausgleich gänzlich auszuschließen. Dies kann im Ehevertrag durch entsprechende eindeutige Formulierungen (zB: „Wir schließen den Versorgungsausgleich aus") zum Ausdruck gebracht werden (LANGENFELD Rn 705; zur möglichen Frage der Sittenwidrigkeit in solchen Fällen s Rn 66 ff). Nach jetzt wohl einhelliger Ansicht (Münch-Komm/KANZLEITER Rn 22; SOERGEL/GAUL Rn 29; DIEDERICHSEN NJW 1977, 217, 223) kann der Ausschluss mit einer *Bedingung* (auch in Form der Koppelung an ein etwaiges Scheidungsverschulden; dazu ausf STAUDINGER/EICHENHOFER [1994] Rn 63), *Befristung* oder einem *Rücktrittsvorbehalt* versehen werden (zu allem LANGENFELD Rn 727 ff).

Nach § 1587 Abs 3 HS 2 ist der *Versorgungsausgleich* vom *Güterstand* unabhängig. **50** Die vertragliche Regelung der güterrechtlichen Verhältnisse ist deshalb für den Versorgungsausgleich ohne Bedeutung (dazu näher § 1414 Rn 10; SOERGEL/GAUL Rn 26). Vereinbaren die Ehegatten als ihren Güterstand namentlich die Gütertrennung, so hat dies nicht den Ausschluss des Versorgungsausgleichs zur Folge (BT-Drucks 7/4694, 13). Hingegen begründet das Gesetz bei Ausschluss des Versorgungsausgleichs die widerlegbare Vermutung, dass Gütertrennung der subsidiäre (STAUDINGER/THIELE Vorbem 8 zu § 1408) gesetzliche Güterstand sei (§ 1414 S 2; vgl dazu § 1414 Rn 10 ff).

51 Der *Vertrag* kann *vor und während der Ehe* geschlossen werden (vgl dazu näher Rn 90, 93). Bei Abschluss während der Ehe können die Ausschlusswirkungen bis auf den Zeitpunkt der Eheschließung zurückbezogen werden (MünchKomm/KANZLEITER Rn 21; aA BECKER Rn 567, 834). Dies folgt aus dem Wortlaut der Bestimmung und ihrem Sinn, den Eheleuten die Freiheit zu geben, ihre vorsorgerechtlichen Verhältnisse für den Scheidungsfall grundsätzlich autonom zu regeln. Eine solche Regelung kann sinnvoll sein, wenn absehbar ist, dass beide Ehegatten durch eigene Versorgungsanrechte hinreichend gesichert und deshalb im Scheidungsfalle nicht auf den Versorgungsausgleich angewiesen sind. Ein Ausschluss kann jedoch problematisch sein, wenn und soweit dadurch einem Ehegatten die Chance genommen wird, einen Ausgleich für unwiederbringlich verlorene Versicherungsjahre zu erlangen. Im letztgenannten Fall hat der Notar die beteiligten Ehegatten über diese Gefahr aufzuklären (§ 17 BeurkG; vgl unten Rn 98). Schließen die Ehegatten gleichwohl den Versorgungsausgleich rückwirkend aus, kann die Vereinbarung in Ausnahmefällen nach § 138 nichtig sein (vgl Rn 66 ff).

b)   Teilausschluss und Modifikationen des Versorgungsausgleichs

52 Die nach Einführung des Abs 2 zunächst (ua im Hinblick auf den ausdrücklich nur den „Ausschluss" anführenden Wortlaut) entstandene Streitfrage, ob neben einem Totalausschluss auch ein **Teilausschluss** oder eine **Modifikation** des Versorgungsausgleichs durch Ehevertrag **zulässig** sind, hat der BGH (FamRZ 1986, 890, 892; 1990, 273) zutreffend bejaht; ihm folgt – ua mit dem hier ohne weiteres angebrachten „Erstrecht-Argument" (Totalausschluss umfasst als Minus den Teilausschluss pp) und im Hinblick auf den offenkundigen Regelungszusammenhang mit der gerade auch Teilausschlüsse und Änderungen betreffenden Bestimmung des § 1587o – die neuere Literatur (MünchKomm/KANZLEITER Rn 20, 26; mit ausf Begr und Angaben zur früher vertretenen Gegenmeinung STAUDINGER/EICHENHOFER [1994] Rn 51 sowie SOERGEL/GAUL Rn 30 ff).

c)   Formen und Grenzen für Teilausschluss und Modifiktion
aa)   Allgemeines (ua Abgrenzung von Teilausschluss und Modifikation)
53 Teilausschluss und Modifikation können in mannigfachen Varianten erfolgen (vgl dazu ausf LANDGENFELD Rn 701 ff, 718 ff; REINARTZ DNotZ 1978, 267, 273 ff), die hier nur in Ausschnitten dargestellt werden können (vgl nachstehend Rn 54 ff; ua Abweichungen von der gesetzlichen Ausgleichsquote, Rn 55, 59 f; Ersetzung des öffentlich-rechtlichen durch den schuldrechtlichen Ausgleich, Rn 55, 59; Ausschlus ohne Gegenleistung pp, Rn 64; zum auch hier möglichen Ausschluss unter Bedingungen, Befristungen und Rücktrittsvorbehalt vgl Rn 49 und ausf STAUDINGER/EICHENHOFER [1994] Rn 63).

54 Unproblematisch gültig ist (soweit nicht systemimmanente Grenzen, insbes das Verbot des Super-Splittings, entgegenstehen; vgl dazu Rn 56 ff; ferner ausf LANGENFELD Rn 670 ff) namentlich ein *Ausschluss* des Versorgungsausgleichs *für bestimmte in die Ehezeit fallende Zeiträume* (**Teilausschluss**; vgl auch STAUDINGER/REHME [2004] § 1587a Rn 132, 221, 297). Diese Zeiträume können unmittelbar durch Zeitangaben (zB „für die ersten 5 Jahre" – LG Kassel RPfleger 1978, 443 –, ab einem bestimmten Zeitpunkt – zB BGH FamRZ 1990, 273, 274; 2001, 1444; 2004, 256; OLG Karlsruhe FamRZ 2005, 1747 – oder für die dem vertraglichen Ausschluss folgende Ehezeit – OLG Hamm FamRZ 1990, 416)

oder durch Angabe von Umständen festgelegt werden, die in der Person eines Ehegatten erfüllt sind (zB Ausschluss des Versorgungsausgleichs für Zeiträume des Getrenntlebens, beiderseitiger Berufstätigkeit oder für Zeiträume, für die ein Ehegatte aus den ihm vom anderen Ehegatten oder Dritten überlassenen Mitteln eine Lebensversicherung oder freiwillige Versicherung in der gesetzlichen Rentenversicherung begründet; vgl auch LANGENFELD Rn 706 ff, 711 ff, 715 ff). Der Teilausschluss kann positiv (so die genannten Beispiele) oder negativ formuliert werden (zB: „Der Versorgungsausgleich wird gegenseitig und vollständig ausgeschlossen. Jedoch soll ein Versorgungsausgleich nach den gesetzlichen Vorschriften für Zeiträume durchgeführt werden, in denen ein Ehegatte keine Versorgungsanwartschaften aufgrund eigener Arbeitsleistung erworben hat").

Der Versorgungsausgleich kann aber auch modifiziert werden. Beim **Teilausschluss** 55 werden die zeitlichen oder sachlichen *Voraussetzungen des Versorgungsausgleichs abweichend vom Gesetz bestimmt* (vorstehend Rn 54), während die gesetzlichen *Teilungsmaßstäbe unberührt* bleiben. Dagegen *verändern* **Modifikationen** *die Teilungsbestimmungen unmittelbar.* Anwendungsfelder für Modifikationen des Versorgungsausgleichs sind namentlich: *Änderung des Teilungsmodus* (schuldrechtlicher statt öffentlich-rechtlicher Versorgungsausgleich), *Ausschluss bestimmter Versorgungsanrechte* aus dem Ausgleich *(Änderung der Versorgungsbilanz* – vgl dazu STAUDINGER/REHME [2004] § 1587a Rn 2, 16; zB Ausschluss der Anrechte aus der betrieblichen Altersversorgung oder einer privaten Lebensversicherung aus dem Versorgungsausgleich; zB BGH FamRZ 1988, 153; AG Lörrach NJW 1980, 58; vgl aber zu den systemimmenten Schranken nachstehend Rn 56 ff), *Änderung des Teilungsmaßstabes* (statt Halbierung der Differenz der Versorgungsanrechte – § 1587a Abs 1 S 1 – Begründung eines anderen Teilungsverhältnisses, BGH NJW 1986, 2316; PALANDT/BRUDERMÜLLER Rn 24) oder Einbeziehung von Zeiten (namentlich voreheliche), die das Gesetz nicht in den Versorgungsausgleich einbezieht (vgl OLG Koblenz FamRZ 1986, 273, 274 f).

bb) Systemimmanente Grenzen (insbes das Verbot des Super-Splittings)
Die Dispositionsbefugnis der Ehegatten bei der Vereinbarung von Teilausschlüssen 56 und Modifikationen wird – abgesehen von den allgemeinen gesetzlichen Schranken, insbes des § 138 (vgl dazu Rn 65 ff) – nur begrenzt durch den in den §§ 1587 ff abgesteckten **Rahmen für Eingriffe in öffentlich-rechtliche Versorgungsverhältnisse** (BGH FamRZ 1990, 273, 274; 2001, 1444, 1445; vgl auch OLG Koblenz FamRZ 1986, 273, 274; SOERGEL/GAUL Rn 31, 34 ff; PALANDT/BRUDERMÜLLER Rn 23). Dieser Rahmen entspricht den in § 1587o Abs 1 S 2 ausdrücklich festgelegten Grenzen (BGH aaO; SOERGEL/GAUL Rn 35). Diese Vorschrift wird als allgemeines Verbot für (die Versorgungsträger zusätzlich – vgl dazu nachstehend – belastende) rechtsgeschäftliche Verfügungen über Versorgungsanrechte begriffen mit der Folge, dass Vereinbarungen, die diesem Verbot zuwiderlaufen, gemäß § 134 nichtig sind (BGH aaO; FamRZ 1988, 153, 154). Materiell lässt sich die Grenze der Verfügungsfreiheit über Versorgungsanrechte aus dem grundsätzlichen Verbot eines Vertrages zu Lasten Dritter ableiten. Hierbei sind die Träger der Versorgung als „Dritte" anzusehen (ebenso GÖPPINGER/HAUPTMANN 3. Teil Rn 5). Generell sind Teilausschlüsse oder Modifikationen des Versorgungsausgleichs also unzulässig, soweit sie sich zu Lasten der beteiligten Versorgungsträger auswirken.

Die praktische Anwendung dieses Gebots bereitet jedoch Schwierigkeiten. Diese 57 erklären sich daraus, dass Versorgungsanrechte Ansprüche auf Leibrenten begründen. Der Umfang der zu erbringenden Leistung hängt deshalb entscheidend von den Lebensumständen des einzelnen Berechtigten ab, namentlich von seiner Lebenserwartung und seinem Invaliditätsrisiko. Wird – wie beim Versorgungsausgleich – eine vom Eintritt des Versicherungsfalls abhängige Anwartschaft von einer Person auf die andere übertragen, so verändert sich damit notwendig der Umfang der Leistungen. Sind Lebenserwartung oder Invaliditätsrisiko bei dem Empfänger der Anwartschaft höher als bei dem bisherigen Inhaber, so wird damit das Risiko für den Versorgungsträger erhöht. Sind Lebenserwartung und Invaliditätsrisiko des Empfängers dagegen geringer als die des bisherigen Inhabers des Versorgungsanrechts, so hat der Versorgungsträger geringere Leistungen zu erbringen. Die gesetzlichen Regeln des Versorgungsausgleichs sehen indessen von diesen Wirkungen ab. Der Versorgungsausgleich beruht auf der Fiktion der *Kostenneutralität* (vgl dazu RULAND [Hrsg], Verantwortung für die Deutsche Rentenversicherung, in: FS Kolb [1987] 109 ff; SOERGEL/ GAUL Rn 34). Dies bedeutet: Es soll den skizzierten Tatsachen zuwider – daher Fiktion! – grundsätzlich davon ausgegangen werden, dass eine Versorgungsanwartschaft bestimmter Höhe unabhängig von der Person des Berechtigten dasselbe wirtschaftliche Risiko für den Versorgungsträger bildet.

58 Unter dieser Prämisse sind der Totalausschluss des Versorgungsausgleichs einerseits sowie die Durchführung des Versorgungsausgleichs nach den gesetzlichen Bestimmungen andererseits kostenneutrale Alternativen. Demgemäß ist der Totalausschluss des Versorgungsausgleichs nach Abs 2 keine unstatthafte Verfügung zu Lasten des Versorgungsträgers, weil nach der Fiktion der Kostenneutralität durch die Übertragung der Anwartschaft die Risikostruktur nicht beeinträchtigt wird. Sind aber Totalausschluss des Versorgungsausgleichs und Durchführung des Versorgungsausgleichs kostenneutrale Alternativen, so ist auch jeder **Teilausschluss** – sei er befristet oder bedingt – kostenneutral, stellt deshalb keine Belastung des Versorgungsträgers dar und ist folglich grundsätzlich wirksam.

59 Problematisch sind danach allenfalls **Modifikationen** des Versorgungsausgleichs. Freilich sind nicht sämtliche Modifikationen unzulässig. So belastet die Änderung des Teilungsmodus (**schuldrechtlicher Versorgungsausgleich** anstelle des öffentlich-rechtlichen Ausgleichs) den Versorgungsträger grundsätzlich nicht, auch nicht bei gleichzeitiger Änderung der Teilungsquote zugunsten des Ausgleichsberechtigten (vgl SOERGEL/GAUL Rn 37; ferner LANGENFELD Rn 739 f; GÖPPINGER/HAUPTMANN 3. Teil Rn 7; beide auch zur Abwägung der Vor- und Nachteile eines solchen Vertrages). Denn der schuldrechtliche Versorgungsausgleich wird zwischen Ausgleichsberechtigtem und Ausgleichspflichtigem abgewickelt, die Anwartschaft bleibt dem Ausgleichspflichtigen somit erhalten. Deshalb tritt keine Veränderung in der Belastung des Versorgungsträgers ein.

60 Beim **öffentlich-rechtlichen Versorgungsausgleich** ist hingegen nur eine Verringerung der Ausgleichsquote möglich; eine Erhöhung der Quote (erst recht eine etwa von den Parteien beabsichtigte „Neubegründung" des öffentlich-rechtlichen Versorgungsausgleichs als Ersatz für den nicht gewünschten schuldrechtlichen Ausgleich) würde auf ein unzulässiges **Super-Splitting** hinauslaufen (oben Rn 56). Das Verbot gilt nach der Rechtsprechung des BGH sowohl bei *unmittelbarem wie mittelbarem Verstoß* (BGH FamRZ 1988, 153, 154; 2001, 1447, 1448). Letzteres ist der Fall, wenn *bestimmte Versorgungsanrechte einvernehmlich unberücksichtigt* bleiben (oben Rn 54) *und* dadurch die *Versorgungsbilanz zugunsten des Ausgleichsberechtigten verändert* wird. Denn auf diese Weise würde der Ausgleichsberechtigte gegenüber der gesetzlichen Regelung ein Mehr an Rentenanrechten erhalten (vgl zu einzelnen Fällen – etwa bei Ausschluss der allein oder in höherem Umfang auf Seiten des Ausgleichsberechtigten vorhandenen betrieblichen Versorgungsanrechte – BGH FamRZ 1988, 153, 154; ferner FamRZ 1990, 273, 274). Deshalb können auch sog *Randversorgungen* allenfalls auf Seiten des ohnehin Ausgleichsverpflichteten, nicht aber des Ausgleichsberechtigten außer Betracht bleiben (zT abw LANGENFELD Rn 724 iVm Rn 671 ff, der einen Ausschluss mit später eintretender, aber unbeabsichtigter Super-Splitting-Wirkung für zulässig hält; weitergehend auch REINARTZ DNotZ 1978, 267, 275 ff, im Interesse der Vereinfachung des Verfahrens; ebenso offenbar MünchKomm/ KANZLEITER Fn 74 zu Rn 27).

Unzulässig ist auch eine (isolierte) *Einbeziehung von außerehelich* (insbes vorehe- **61** lich) *erworbenen Versorgungsanrechten* auf Seiten des Ausgleichsverpflichteten in die Versorgungsbilanz mit der Folge der darauf beruhenden Errechnung eines höheren Ausgleichsanspruchs (SOERGEL/GAUL Rn 35; im Ausgangspunkt zutr auch OLG Koblenz FamRZ 1986, 273, 274). Wenn jedoch gleichzeitig im Ehevertrag eine Reduzierung der Ausgleichsquote vereinbart wird und dadurch im Ergebnis ein Super-Splitting vermieden wird (vom OLG Koblenz aaO nicht berücksichtigt), bestehen keine Bedenken gegen die – an sich systemwidrige – Einbeziehung vorehelicher Anrechte. Von vornherein unbedenklich wäre eine solche Einbeziehung auf Seiten des Ausgleichsberechtigten, weil sich die betreffenden Versorgungsanrechte lediglich anspruchsmindernd (ähnlich einer Herabsetzung der Ausgleichsquote) auswirken.

Unzulässig (gem § 134) sind ferner Vereinbarungen, die einen Ausgleich unter Ab- **62** weichung von zwingenden Vorschriften über die *Ausgleichsrangfolge* vorsehen (ausf dazu STAUDINGER/REHME [2004] § 1587b Rn 26 ff, 35; Beispiel: OLG Schleswig OLGR 2007, 97). Ferner werden Vereinbarungen, die den Versorgungsausgleich zunächst ausschließen, aber – trotz vorher erfolgter Scheidung – nach dem Tode des Verpflichteten wieder aufleben lassen wollen, als gem § 134 nichtiger Vertrag angesehen (vgl näher STAUDINGER/EICHENHOFER [1994] Rn 57 mwNw; ferner LANGENFELD [3. Aufl 1996] Rn 474; zweifelnd SOERGEL/GAUL Rn 41).

Bei den vorstehend erörterten oder anderen denkbaren Fallgestaltungen ist danach **63** **stets maßgeblich, ob im Ergebnis ein unzulässiges Super-Splitting oder eine andere im System des Versorgungsausgleichs nicht vorgesehene Rechtsfolge** (vgl zu weiteren Beispielen GERNHUBER/COESTER-WALTJEN § 28 Rn 13) eintreten würde. Hinsichtlich der einzelnen, der Ermittlung des Ausgleichsbetrages vorausgehenden Rechenschritte sind jedoch auch an sich systemfremde Vereinbarungen (vgl vorstehend zur Einbeziehung außerehelicher Versorgungsanrechte) von der vertraglichen Gestaltungsfreiheit gedeckt. Hiervon auszunehmen ist allerdings die gesetzliche *Festschreibung der Bemessungsgrundlagen auf das Ehezeitende*. Sie ist Grundlage jeder Bewertung und hat insofern konstitutive Bedeutung für das gesamte Versorgungsausgleichsverfahren (vgl für das Erstverfahren STAUDINGER/REHME [2004] § 1587a Rn 213, 225, 266, 283 ff, 356, 439; für das Abänderungsverfahren STAUDINGER/REHME [2004] § 10a VAHRG Rn 9, 37, 41). Eine willkürliche Veränderung würde den der Parteidisposition gesteckten Rahmen (oben Rn 56) verlassen; deshalb wird von der Rechtsprechung zutreffend die Auffassung vertreten, dass der **Bewertungsstichtag Ehezeitende** im Rahmen von Vereinbarungen nach § 1408 Abs 2 (das Gleiche gilt für § 1587o) **nicht disponibel** ist (BGH FamRZ 1990,

273, 274; 2001, 1444, 1446; OLG Celle FamRZ 1994, 1030, 1040; OLG Frankfurt FamRZ 1996, 550; OLG Brandenburg FamRZ 2002, 754).

d) Ausschluss ohne Gegenleistung und einseitiger Ausschluss

64 RULAND (NJW 1976, 1713, 1715) vertrat die (von ihm später allerdings aufgegebene, vgl ders STAUDINGER/RULAND[12] Rn 53) Auffassung, dass ein Ehegatte grundsätzlich nur gegen angemessene Gegenleistung eine Vereinbarung nach Abs 2 ausschließen könne. Diese Ansicht findet im Gesetz keine Grundlage. Sie wird daher als generelle Aussage auch allgemein abgelehnt (BGH FamRZ 1995, 1482, 1484; 1996, 1536; OLG Köln FamRZ 2002, 828, 829; MünchKomm/KANZLEITER Rn 21; SOERGEL/GAUL Rn 38; ferner LANGENFELD Rn 703, 706). Dies erklärt sich daraus, dass der nach Abs 2 S 1 geschlossene Vertrag ein abstraktes Verfügungsgeschäft ist, das in seiner Wirksamkeit grundsätzlich unabhängig vom Bestehen oder vom Inhalt einer causa ist. Ebenso zulässig ist grundsätzlich ein einseitiger Ausschluss (LANGENFELD Rn 725 f). In den genannten Fällen kann jedoch Anlass zur Prüfung der Sittenwidrigkeit bestehen (s Rn 66 ff). Im Übrigen ist hierbei (jedenfalls bei einem Vertragsschluss zu Beginn der Ehe) häufig noch unklar, wer von den Ehegatten durch den Ausschluss benachteiligt wird, weil die Entwicklung der Versorgung jedes einzelnen Ehegatten noch offen ist. Deshalb steht ein einseitiger Ausschluss unter der (zumindest stillschweigenden) Rechtsbedingung, dass der verzichtende Ehegatte nach der gesetzlichen Regelung (§§ 1587 ff) ausgleichsberechtigt wäre.

3. Allgemeine Grenzen der Vertragsfreiheit (insbes die Nichtigkeit wegen Sittenwidrigkeit gem § 138)

a) Allgemeines

65 Unabhängig von der dogmatischen Einordnung des Versorgungsausgleichs und speziell der Vereinbarungen gem Abs 2 (vgl oben Rn 48) besteht Einigkeit darüber, dass die Grenzen des Allgemeinen Teils des BGB zu beachten sind. Danach können derartige Eheverträge nach § 119 Abs 2 oder § 123 wegen Irrtums über eine verkehrswesentliche Eigenschaft oder arglistige Täuschung oder Drohung angefochten werden (SOERGEL/GAUL Rn 42; DIEDERICHSEN NJW 1977, 217, 223; OLG Hamm FamRZ 2000, 830, 831). Unstreitig ist ferner, dass die Vereinbarung nach Abs 2 S 1 durch § 134 und § 138 begrenzt wird (zu den iVm § 134 wirkenden Beschränkungen aus dem Recht des Versorgungsausgleichs selbst vgl oben Rn 56 ff; zu § 138 vgl BT-Drucks 7/4694, 13 und ausf nachstehend). Die **Anwendungsfälle** insbes **der Sittenwidrigkeit** waren **in der Vergangenheit** jedoch **stark eingeschränkt** wegen der angenommenen grundsätzlichen Vertragsfreiheit (Rn 44, 46, 49; BGH NJW 2004, 930, 931 mwNw; ausf STAUDINGER/REHME [2000] Rn 70 ff). Abgesehen von den Fällen der unzulässigen Beeinflussung der Entscheidungsfreiheit (Rn 73) war eine (anfängliche) Sittenwidrigkeit bzw ein (nachträglicher) Rechtsmissbrauch im Wesentlichen nur anerkannt bei bewusster oder als möglich angesehener (und später verwirklichter) Herbeiführung der Unterstützungsbedürftigkeit zum Nachteil der Sozialhilfe und/oder unter Missachtung der schutzwürdigen Interessen der Kinder durch entsprechende vertragliche Regelung der unterhaltsrechtlichen Beziehungen (BGH NJW 2004, 930, 931 mwNw; ausf STAUDINGER/REHME [2000] Rn 72, 84 f mwNw; ferner OLG Hamm aaO); diese Fälle haben im Rahmen der inzwischen völlig neu gestalteten Rechtsprechung (Rn 75 ff) nur noch eingeschränkte eigenständige Bedeutung (ausf zur Abgrenzung bei Verträgen zu Lasten der Sozialhilfe BGH FamRZ 2007, 197 m Anm BERGSCHNEIDER = BGH Report 2007, 209 m Anm GRZIWOTZ).

b) Die Nichtigkeit wegen Sittenwidrigkeit gem § 138

Die Frage der Sittenwidrigkeit formeller Eheverträge iS von § 1408 iVm § 1410 und **66** sonstiger (ggf, zB gem § 1585c, auch formfrei möglicher) vertraglicher Vereinbarungen über die vermögensrechtlichen Folgen der Scheidung bildet ein zentrales Thema der gegenwärtigen familienrechtlichen Rechtsprechung und Literatur. Sie erfordert nach der Rechtsprechung des BGH (ua FamRZ 2005, 1444, 1446; s Rn 74, 77, 79) eine **Gesamtschau** aller vertraglichen Einzelregelungen. Den Schwerpunkt in der rechtlichen und praktischen Bedeutung bilden dabei die unterhaltsrechtlichen Vereinbarungen. Der Komplex der Sittenwidrigkeit von Verträgen über Scheidungsfolgen soll deshalb im Rahmen der Neubearbeitung des § 1585c zusammenhängend dargestellt werden. Die nachstehenden Ausführungen beschränken sich auf eine Darstellung der Grundzüge sowie zusätzlicher Einzelfragen in Bezug auf Verträge, die – entsprechend dem Inhalt der Regelung in § 1408 Abs 2 – (im Wesentlichen) nur den Versorgungsausgleich ausschließen.

aa) Gegenwärtiger Stand der Diskussion: Stabilisierung in Richtung auf eine gewohnheitsrechtliche Verfestigung

Die Frage der Beurteilung der Sittenwidrigkeit von Eheverträgen ist in den letzten **67** ca 10 Jahren Gegenstand intensiver Erörterung in Literatur und Rechtsprechung gewesen. Diese Diskussion ist nach zwischenzeitlicher erheblicher Rechtsunsicherheit (Rn 70) durch die vielfach und (jedenfalls zunächst) unterschiedlich kommentierte **Grundsatzentscheidung des BGH vom 11. 2. 2004** (BGHZ 158, 81 = NJW 2004, 930; ausf Besprechung ua bei WACHTER ZFE 2004, 132; BREDTHAUER NJW 2004, 3072; weitere Nachweise in BGH FamRZ 2005, 1444, 1446), die späteren (mit formelhafter Wiederholung; zutr LANGENFELD Rn 79, 685) bestätigenden Entscheidungen (ua FamRZ 2005, 26, 185 f und 1444, 1447; 2006, 1097; NJW 2006, 3142, 3144) und die dem folgende Rechtsprechung der Oberlandesgerichte (zB OLG Hamm FamRZ 2006, 1034, 1035) zu einem vorläufigen Abschluss gekommen. Es ist davon auszugehen, dass sich diese (schon jetzt in vielen Einzelheiten ausgeformte) Rechtsprechung auf Dauer gewohnheitsrechtlich verfestigen wird (vgl LANGENFELD Rn 79), zumal sie den Anforderungen des BVerfG genügt und in der Praxis in nachvollziehbarer Weise handhabbar ist durch eine betonte Fallgruppenbildung (ebenso bereits RAUSCHER DNotZ 2004, 524, 532 ff, 535 ff).

Mit Rücksicht auf die zu erwartende Stabilisierung der Rechtsprechung (Rn 67) **68** erübrigt sich im Rahmen der vorliegenden begrenzten Ausführungen (s Rn 66) eine ausführliche Wiedergabe ihrer zT sehr streitigen Entwicklungsgeschichte. Sie soll jedoch in knapper Form dargestellt werden, als Grundlage für das heutige (vom BGH maßgeblich und zutreffend mitbestimmte) Verständnis der Vertragsfreiheit im Bereich des Familienrechts und als Beispiel für nicht immer stringent am Gesetz ausgerichtete Argumentationsweisen.

bb) Entwicklung in Literatur und Rechtsprechung bis zur Grundsatzentscheidung des BGH

Die Frage der Inhaltskontrolle von Eheverträgen ist seinerzeit in Bewegung geraten **69** durch Stimmen in der **Literatur**, die die Rechtsprechung des BVerfG zur Frage der Nichtigkeit von Bürgschaftsverträgen für die Beurteilung familienrechtlicher Verträge heranziehen wollten, insbesondere durch Instrumentalisierung von nicht immer ideologiefreien, leerformelhaften und missverständlichen Begriffen wie „Teilhabegerechtigkeit", „einseitige Dominanz" und „strukturelle Unterlegenheit" einer

Partei, hier regelmäßig der Ehefrau (ausf dazu STAUDINGER/REHME [2000] Rn 74 ff mNw; ferner BAMBERGER/ROTH/MAYER Rn 45). Die betreffenden Ansätze waren letztlich Ausdruck des rechtspolitisch motivierten Unbehagens darüber, dass die geltenden Normen kein ausreichendes Instrumentarium dafür bieten, Gesichtspunkte der „Richtigkeitsgewähr" (SCHWENZER AcP 196, 88, 102 ff) und der „Verantwortlichkeit für ehebedingte Bedürfnislagen" (BÜTTNER FamRZ 1, 6) oder (noch weitergehend) einen Anspruch auf „gleiche Teilhabe am gemeinsam Erwirtschafteten" (DAUNER-LIEB FF 2004, 65, 67) zur Geltung zu bringen. Die Form der Argumentation war in diesen Beiträgen (notwendig) unpräzise, entfernte sich vom Gesetz durch das In-Frage-Stellen der Vertragsfreiheit bereits für den Regelfall (so zu Recht MAYER aaO) und geriet in die Gefahr, die Frau in die Nähe der Geschäftsunfähigkeit zu rücken (ausf hierzu RAUSCHER FuR 2001, 155; zu vergleichbaren kritikwürdigen Andeutungen in der Rechtsprechung des BGH BERGSCHNEIDER FamRZ 2005, 1449; MACHULLA-NOTTHOFF ZFE 2006, 404, 409).

70 Das **BVerfG** hat gleichwohl (in stark einseitiger Auswertung der vielfältigen Äußerungen in der Literatur) die genannte Argumentationsmethode teilweise übernommen und in zwei Entscheidungen (FamRZ 2001, 343, 985; im Wesentlichen zust SCHWAB FamRZ 2001, 349; BERGSCHNEIDER FamRZ 2001, 1337; zu Recht sehr krit RAUSCHER Rn 637 ff, 639 sowie FuR 2001, 155; LANGENFELD DNotZ 2001, 272) unnötigerweise auf krasse (schon durch schlichte Anwendung des § 138 lösbare) Fälle der sittenwidrigen Benachteiligung angewandt. Dies hat zu vermeidbarer **Rechtsunsicherheit** geführt und Entscheidungen und Literaturmeinungen begünstigt, die unter Berufung auf das BVerfG letztlich die vom Grundgesetz und vom BGB-Gesetzgeber gewährte Vertragsfreiheit unterlaufen wollen, indem offenbar – unter Vermengung rechtlicher und rechtssoziologischer bzw rechtsethischer Argumente – ein vertragsfester Anspruch auf „gleiche Teilhabe" und die Notwendigkeit eines „sachlichen Grundes" für einen Ausschluss postuliert wird (so insbes das der Grundsatzentscheidung vorausgehende Urteil des OLG München NJW 2003, 592; mit gleicher Tendenz ua DAUNER-LIEB 66 f; GOEBEL FamRZ 2003, 1513, 1515, 1518 und passim).

71 Immerhin hat das BVerfG Spielraum für die Umsetzung der neuen Kategorien gelassen: Es betont ihren bloßen Indizcharakter (FamRZ 2001, 985) und die grundsätzliche Fortgeltung der Vertragsfreiheit (FamRZ 2001, 343, 345, 347), verbunden allerdings mit der Aufforderung, krasse Fälle unter voller Ausschöpfung des zivilrechtlichen Instrumentariums (insbes der Generalklauseln) einer intensiveren Kontrolle zu unterziehen. Der **BGH** hat diesen Spielraum extensiv (und möglicherweise mit unausgesprochener, aber deutlich spürbarer kühler Distanz auch zu den Kernaussagen des BVerfG; vgl DAUNER-LIEB 65 f; ferner RAKETE-DOMBEK NJW 2004, 1273, 1275), aber in verfassungskonformer Weise im Sinne der Vertragsfreiheit genutzt (s Rn 72); dies stellt in der Tat eine „Rückkehr der Rechtssicherheit" und zur „individuellen Subsumtion unter Generalklauseln" dar (zutr und ausf RAUSCHER DNotZ 2004, 524; näher zur verfassungsrechtlichen Bewertung 532 ff). Soweit nach der Entscheidung des BGH (verhaltene) Kritik unter Berufung auf das BVerfG geäußert wurde (vgl insbes DAUNER-LIEB 66 f; dazu RAUSCHER 532), hat sich dies inzwischen erledigt.

72 Die Entscheidungen des BVerfG (Rn 70) waren ein notwendiger Anstoß zur Korrektur vereinzelter extrem formaler Ausprägungen der Rechtsprechung des BGH (insbes als Folge der Zusammenschau von Eheschließungsfreiheit und Freiheit zu

prinzipiell unbegrenzter Ehevertragsgestaltung; dazu BVerfG FamRZ 2001, 343, 346); sie zwangen aber nicht zu einer grundsätzlichen Revision der Kriterien zur Beurteilung von Eheverträgen und sonstigen Vereinbarungen über vermögensrechtliche Scheidungsfolgen. Der BGH ist den Ansätzen zu einer weitergehenden Kontrolle von Eheverträgen (Rn 69) zu Recht nicht gefolgt. Dies ist dem Gesetzgeber vorbehalten. Er könnte eine Angemessenheitskontrolle – ähnlich der Vorschrift des § 1587o – einführen. Damit würden jedoch Verträge über Scheidungsfolgen (über die Einschränkungen durch § 1408 Abs 2 S 2 und § 1587o hinaus) eine generelle Sonderbehandlung erfahren mit einer weitgehenden, dem Privatrecht (noch) fremden und allein durch den Bezug zum Familien- und (insbes beim Versorgungsausgleich) zum Sozialrecht nicht gebotenen Einschränkung der Vertragsfreiheit. Bevor dies nicht erfolgt, sind Begriffe wie „Privatautonomie nur als verantwortete Befugnis" und „gebundene Freiheit" (GOEBEL FamRZ 2003, 1513, 1516) und der angebliche „Anspruch auf gleiche Teilhabe" (DAUNER-LIEB FF 2004, 65, 67) untaugliche, weil unpräzise und gesetzesfremde Topoi.

Notwendig ist danach eine „**Legitimation**" *nicht der Vertragsfreiheit* (so aber DAUNER- **73** LIEB 66), sondern ihrer **Begrenzung**. Die Vertragsfreiheit als solche ist im Gesetz vorgegeben und dadurch „legitimiert", insbes in §§ 1585c, 1408 Abs 2 (BGH NJW 2004, 930, 933; HAHNE DNotZ 2004, 84, 87), zunächst in sehr idealistisch „naiver" Form, scheinbar ohne jede Einschränkung. Dass sie gleichwohl nicht unbegrenzt ist (BVerfG 346), ist schon nach den allgemeinen Bestimmungen des BGB (§§ 138, 226) eine Selbstverständlichkeit. Unproblematisch sind deshalb die (gelegentlich auch heute noch vorkommenden) Fälle eines unmittelbar unter die allgemeinen Tatbestandsmerkmale des § 138 Abs 2 subsumierbaren Verhaltens des begünstigten Ehegatten (unzulässige Einflussnahme auf die Entscheidungsfreiheit, insbes bei Ausbeutung einer Zwangslage; Beispiele: OLG Karlsruhe NJW-RR 1991, 452; AG Rheine und OLG Nürnberg FamRZ 2005, 451 und 454; OLG Koblenz FamRZ 2006, 428 mit Anm BERGSCHNEIDER). Hier ist der Wegfall der gesetzlichen Legitimation der Ehevertragsfreiheit evident.

Die Zielrichtung des BVerfG geht darüber hinaus und will Fälle unterhalb dieser **74** groben Schwelle einer Inhaltskontrolle unterwerfen. Der Anwendungsbereich wird nur allgemein umschrieben (gestörte Vertragsparität, einseitige ehevertragliche Lastenverteilung; BVerfG aaO). Durch die ausdrückliche Bezugnahme auf die Generalklauseln des BGB (BVerfG aaO) gibt es aber zu erkennen (lässt jedenfalls eine solche Auslegung zu), dass Anlass für eine Inhaltskontrolle (nur) dann besteht, wenn die Ausübung der Vertragsfreiheit im konkreten Fall in vergleichbarer gewichtiger Weise wie in den in § 138 Abs 2 genannten Formen ihre gesetzliche Legitimation verfehlt. Es ist deshalb im jeweiligen Einzelfall zu klären, ob gewichtige Gründe zur Annahme einer **Delegitimierung der Vertragsfreiheit** führen. Diese Gründe sind, weil es um die Ausübung der Vertragsfreiheit im Rahmen der (zu begründenden oder bereits bestehenden, wenn auch ggf zu scheitern drohenden) Ehe in ihrer jeweiligen Form geht, vorrangig aus deren **konkreter Ausgestaltung gelebter ehelicher Solidarität** abzuleiten. Da wo ein Ehevertrag in der Gesamtschau (s unten) sich in „beliebiger" Weise (s dazu nachstehend Rn 76) von seinem Substrat löst, dh nicht nur keine Rechtfertigung darin sucht, sondern sich bewusst davon distanziert, die eheliche Solidarität konterkariert und die Ehe in ihrer (Teil-)Funktion als Grundlage für gesetzliche Regelungen mit einem spezifischen ehefundierten vermögensrechtlichen Schutzzweck negiert, mithin auf eine (grundsätzliche) Leugnung der Ehe als Unterhalts-

und Erwerbsgemeinschaft hinausläuft, besteht Anlass zu einer Prüfung der Sittenwidrigkeit (zu einem ähnlichen methodischen Ansatz bei Anwendung des § 1587c – Prüfung der Delegitimierung einer ebenfalls formal uneingeschränkt gewährten Rechtsposition, nämlich des familienrechtlichen Anspruchs auf Durchführung des Versorgungsausgleichs – vgl REHME FPR 2005, 356). Dies kann nur im Rahmen einer **Gesamtschau** des Vertrages erfolgen (Rn 66, 77, 79). In diesem negativen Begründungszusammenhang (Feststellung der Delegitimierung der Vertragsfreiheit) können uU die oben genannten Begriffe der Unterlegenheit, Teilhabegerechtigkeit pp eine gewisse Bedeutung erlangen, wenn und soweit sie die einseitige, missbräuchliche Ausnutzung der Vertragsfreiheit verdeutlichen helfen; das führt aber zu keiner Wiederkehr als eigenständige festzustellende positive Erfordernisse für die Aufrechterhaltung eines Vertrages.

cc) Grundzüge der Rechtsprechung des BGH zur Inhaltskontrolle von Vereinbarungen über vermögensrechtliche Scheidungsfolgen

75 Die Rechtsprechung des BGH (Rn 67) kann in einem ersten groben (der vorliegenden begrenzten Behandlung entsprechenden; s Rn 66) Zugriff als (gelungener) Versuch bewertet werden, die **Fälle der – gänzlichen oder teilweisen, anfänglichen oder nachträglichen – Delegitimierung der Vertragsfreiheit** (Rn 74) durch objektivierbare Kriterien und entsprechende Fallgruppenbildung **einzugrenzen**, insbes durch Unterscheidung (Rn 80 ff) einer Wirksamkeitskontrolle (für die Fälle der anfänglichen Delegitimierung) und einer Ausübungskontrolle (bei nachträglicher Delegitimierung), verbunden mit einer Gewichtung der jeweiligen Eingriffe in die Scheidungsfolgenregelungen (Kernbereichslehre; Rn 78). Die nachfolgenden Ausführungen lehnen sich eng an die vielfach wiederholten (Rn 67) und bereits zum gängigen Sprachgebrauch der familienrechtlichen Rechtsprechung und Literatur gehörenden Formulierungen in der Rechtsprechung des BGH an:

76 Ausgangspunkt ist die **grundsätzliche Disponibilität der Scheidungsfolgen** (BGH NJW 2004, 930, 933 f). Einen unverzichtbaren Mindeststandard (Mindestgehalt) oder ein schlechthin verbindliches Leitbild der Ehe kennt das geltende Recht nicht (BGH 933; FamRZ 2005, 1444, 1447; dementsprechend findet keine allgemeine Leitbildabweichungskontrolle statt; MÜNCH FamRZ 2005, 570, 574). Der **Schutzzweck** der betreffenden gesetzlichen Regelungen (insbes des den sozial schwächeren Ehegatten schützenden, nahezu lückenlosen Systems von Unterhaltsansprüchen, aber auch der weiteren Regelungssysteme; BGH NJW 2004, 930, 933) darf jedoch **nicht beliebig unterlaufen** werden (BGH 934). Diese Aussage umschreibt abstrakt, aber gleichwohl einleuchtend den Gesichtspunkt der Delegitimierung der Vertragsfreiheit (Rn 74): Das völlig „grundlose“ und damit beliebige, willkürliche Abweichen von den gesetzlichen Regelungen kann dem Vertrag seine Legitimation nehmen.

77 Diese noch unbestimmte Kernaussage wird im Folgenden vom BGH konkretisiert. Eine (teilweise) Unwirksamkeit des Vertrages erfordert die Feststellung einer **evident einseitigen** und durch die individuelle Gestaltung der ehelichen Lebensverhältnisse nicht gerechtfertigten **Lastenverteilung**, die hinzunehmen für den belasteten Ehegatten – bei angemessener Berücksichtigung der Belange des anderen Ehegatten und seines Vertrauens in die Geltung der getroffenen Abrede – bei verständiger Würdigung des Wesens der Ehe unzumutbar ist (BGH stRspr, zB NJW 2004, 930, 934; FamRZ 2005, 1444, 1447). Die Feststellung setzt eine **Gesamtschau** der getroffenen Vereinbarungen, der Gründe und Umstände ihres Zustandekommens (einschließlich der Einkommens- und Vermögensverhältnisse) sowie der beabsichtigten und verwirklichten Gestaltung des ehelichen Lebens (und ihrer Auswirkungen auf die Ehegatten und Kinder) voraus (BGH NJW 2004, 930, 935; FamRZ 2005, 26, 27; 1444, 1446; 2006, 1359, 1361).

Die Prüfung einer etwaigen Sittenwidrigkeit wird dabei sinnvollerweise ansetzen bei **78** der Frage einer **objektiven Benachteiligung** in Form einer einseitigen Lastenverteilung (RAUSCHER DNotZ 2004, 524, 534). Dies wird strukturiert durch das vom BGH entwickelte abgestufte Prüfungsschema entsprechend der Nähe der jeweiligen vertraglichen Regelung zum **Kernbereich der Scheidungsfolgen** (BGH NJW 2004, 930, 934). Die Belastung des einen Ehegatten wird umso schwerer wiegen und die Belange des anderen Ehegatten umso genauerer Prüfung bedürfen, je unmittelbarer die vertragliche Abbedingung in diesen Kernbereich eingreift (BGH aaO; FamRZ 1444, 1446; 2006, 1359, 1360). Zu diesem Kernbereich gehört in erster Linie der Betreuungsunterhalt (§ 1570). Im Übrigen kann eine **Rangabstufung** vorgenommen werden entsprechend der Bedeutung der einzelnen Scheidungsfolgenregelungen für den Berechtigten in seiner jeweiligen Lage (BGH aaO). Wegen der Einzelheiten der Kernbereichslehre und der Rangabstufung wird vorläufig (vorbehaltlich einer ausführlichen Erörterung bei der Kommentierung zu § 1585c; Rn 66) auf die genannten Entscheidungen des BGH (grundlegend NJW 2004, 930, 934) und die zahlreichen Darstellungen in der Literatur verwiesen (ua PALANDT/BRUDERMÜLLER Rn 9 mwNw; LANGENFELD Rn 46 f, 54 ff, 82 ff; GÖPPINGER/KILGER/PFEIL 5. Teil Rn 104 f; RAKETE-DOMBEK NJW 2004, 1273, 1275).

Die objektive Benachteiligung als solche (auch in Bezug auf den Kernbereich der **79** Scheidungsfolgen), als Ergebnis einer reinen Inhaltskontrolle, führt noch nicht zur Annahme der Sittenwidrigkeit, weil sie nicht losgelöst von der konkreten Verhandlungssituation, den „situativen Faktoren des Vertragsschlusses" einschließlich achtenswerter „guter Gründe" hierfür (RAUSCHER DNotZ 2004, 524, 539; ferner 534: „Relation der Verhandlungssituation zum erzielten Ergebnis") beurteilt werden kann (ebenso PALANDT/ BRUDERMÜLLER Rn 10 mwN). Hinzukommen muss regelmäßig, jedenfalls im Rahmen der Wirksamkeitskontrolle (s nachstehend), ein **subjektives Element** (subjektive Unterlegenheit; ungleiche Verhandlungsposition; Disparität bei Vertragsabschluss; BGH FamRZ 2005, 1444, 1447; vgl ferner Münch FamRZ 2005, 570, 571 unter Hinweis auf die Rechtsprechung des BVerfG); dessen Feststellung kann ggf durch auf Typisierungen gestützte Auswertung von Indizien erleichtert werden (RAUSCHER 539: typische Situationen der Unterlegenheit; so für Verträge mit einer *Schwangeren* BGH FamRZ 2005, 1444, 1447; 2006, 1359, 1361; jeweils mit Anm BERGSCHNEIDER FamRZ 2005, 1449; 2006, 1437; zT krit wegen der „Nähe" zur Geschäftsunfähigkeit, s auch Rn 69 aE; ferner OLG Düsseldorf FamRZ 2006, 793; ähnlich bei stark ausgeprägter sozialer oder wirtschaftlicher Abhängigkeit; dazu BGH FamRZ 2005, 691, 692; 2006, 1097; OLG Hamm FamRZ 2005, 1181 und 1567, 1568). Auch hierbei sind im Rahmen einer **Gesamtwürdigung** die von den Ehegatten mit der Abrede verfolgten Zwecke sowie die sonstigen Beweggründe zu ermitteln, welche den begünstigten Ehegatten zu seinem Verlangen nach der ehevertraglichen Gestaltung veranlasst und den benachteiligten Ehegatten bewogen haben, diesem Verlangen zu entsprechen (BGH NJW 2004, 930, 935; FamRZ 2005, 1444, 1446; 2006, 1359, 1361).

Ergibt die **Gesamtschau** aller Umstände (vgl hierzu ferner OLG Hamm FamRZ 2005, 1567; **80** 2006, 1034, 1037; OLG Frankfurt FamRZ 2006, 339) Anhaltspunkte für eine unzumutbare evident **einseitige Lastenverteilung**, erfolgt, soweit erforderlich, eine **Prüfung des**

Vertrages in zwei Schritten (Wirksamkeits- und Ausübungskontrolle); maßgebendes Kriterium für beide Kontrollschritte ist, ob und inwieweit der Ausschluss der gesetzlichen Scheidungsfolgenregelung mit dem Gebot ehelicher Solidarität vereinbar ist (BGH FamRZ 2005, 26, 27 l Sp) bzw – negativ formuliert als Voraussetzung für die (teilweise) Nichtanwendung der betreffenden Vereinbarung – schlechthin unvereinbar ist (BGH aaO r Sp; vgl auch oben Rn 74). Zunächst ist im Rahmen einer **Wirksamkeitskontrolle** zu prüfen, ob der Vereinbarung schon im Zeitpunkt ihres Zustandekommens – lösgelöst von der künftigen Entwicklung der Ehegatten und ihrer Lebensverhältnisse – wegen Verstoßes gegen die guten Sitten (**§ 138 Abs 1**) ganz oder teilweise die Anerkennung der Rechtsordnung zu versagen ist; es treten dann an ihre Stelle die gesetzlichen Regelungen (BGH aaO). Dies wird jedoch regelmäßig nur in Betracht kommen, wenn Regelungen aus dem Kernbereich des gesetzlichen Scheidungsfolgenrechts ganz oder zu erheblichen Teilen abbedungen werden, ohne dass dieser Nachteil für den anderen Ehegatten durch anderweitige Vorteile gemildert oder durch die besonderen Verhältnisse der Ehegatten, den von ihnen angestrebten oder gelebten **Ehetyp** oder durch sonstige gewichtige Belange des begünstigten Ehegatten gerechtfertigt wird (BGH aaO; insbes zur Bedeutung des Ehetyps und seinen vielfältigen Erscheinungsformen RAUSCHER DNotZ 2004, 524, 535 ff, 544; GÖPPINGER/KILGER/PFEIL 5. Teil Rn 112; LANGENFELD Rn 70 f; 702 f). Maßgeblich sind im Rahmen der Wirksamkeitsprüfung die Verhältnisse im Zeitpunkt des Vertragsschlusses (BGH NJW 2004, 930, 935; stRspr); spätere Veränderungen können nur im Rahmen der Ausübungskontrolle gem § 242 relevant werden (Rn 84 f).

81 Die engen Anforderungen der Rechtsprechung des BGH können dahin zusammengefasst werden, dass eine Vereinbarung nur dann unwirksam ist, wenn eine einer **Zwangslage** im klassischen Sinne des § 138 (zum Gebrauch dieses Begriffes ua BGH FamRZ 2005, 691, 692 und 1449, 1450; 2007, 450, 451; OLG Braunschweig FamRZ 2005, 2071, 2072; OLG Hamm FamRZ 2005, 1181; 2006, 268, 269; OLG Koblenz FamRZ 2006, 428, 429; OLG Zweibrücken FamRZ 2006, 1683, 1684; zum Erfordernis einer Zwangslage ferner Münch FamRZ 2005, 570, 571) nahe kommende Ungleichgewichtslage vorliegt auf Grund der Koppelung außergewöhnlich benachteiligender Umstände, und zwar in objektiver Hinsicht (einseitige Lastenverteilung; Rn 78) und in subjektiver Hinsicht (gestörte Vertragsparität; Rn 79). Erst eine solche vor dem Hintergrund der ehelichen Solidarität beliebig und willkürlich erscheinende Ausübung der Vertragsfreiheit nimmt der Vereinbarung von Anfang an ihre Wirksamkeit (anfängliche Delegitimierung der Vertragsfreiheit; Rn 74, 75). Diese stark einschränkende Anwendung des § 138 ist mit den Vorgaben des BVerfG vereinbar (Rn 74 aA).

82 Bei einer **Teilunwirksamkeit** ist § 139 anzuwenden (OLG Frankfurt FamRZ 2006, 339; BGH FamRZ 2005, 1444, 1447 und 2006, 1097, 1098; jeweils auch zur ggf zu einer Umkehr der Beweislast führenden Bedeutung **salvatorischer Klauseln**; dazu ferner OLG Hamm FamRZ 2006, 1034, 1037; OLG Bremen OLGR 2007, 52, 54 und ausf KAPFER MDR Beilage zu Heft 17/2006, Arbeitshilfe Familienrecht 6, 13; GÖPPINGER/KILGER/PFEIL 5. Teil Rn 117 ff; LANGENFELD Rn 62 f).

83 Entsprechend den genannten strengen Anforderungen (Rn 78 f, 80 f) ist die neueste Rechtsprechung auch bei gänzlichem Ausschluss von einzelnen oder mehreren Teilen der Scheidungsfolgenregelung (auch in Bezug auf den Kernbereich) zurückhaltend bei der Annahme der Sittenwidrigkeit; die Vereinbarung ist wirksam, wenn die Abweichung von der gesetzlichen Regelung maßvoll und unter (annäherndem)

Ausgleich der ehebedingten Nachteile erfolgt oder wenn (bei Beschränkung des Unterhalts) der künftige Eintritt der Bedürftigkeit nicht ohne weiteres vorhersehbar war (BGH FamRZ 2005, 691, 692; 1444, 1447 f; 1449, 1450; OLG Hamm FamRZ 2005, 1567, 1568; 2006, 1034; OLG Zweibrücken FamRZ 2006, 1683; vgl ferner OLG Celle FamRZ 2004, 1202; OLG Koblenz FamRZ 2005, 40; AG Hamburg-Altona NJW-RR 2005, 1380), uU auch bei Vorliegen anerkennenswerter Gründe für einen an sich gravierenden Ausschluss (vgl dazu Rn 79; Beispiele: OLG Hamm FamRZ 2006, 1034, 1036; OLG Schleswig OLGR 2005, 426, 427, sehr weitgehend). Nur in Einzelfällen ist eine Unwirksamkeit angenommen worden, insbes bei ausnahmsloser Benachteiligung oder bei nicht einmal annäherndem Ausgleich der ehebedingten Nachteile (BGH FamRZ 2006, 1097, 1098; 1359, 1361; 2007, 450; OLG Koblenz NJW-RR 2004, 1445 und FamRZ 2006, 428; OLG Düsseldorf FamRZ 2006, 793; OLG Bremen OLGR 2007, 52).

Das Schwergewicht der Vertragsprüfung (Rn 80) liegt in der Praxis deshalb beim **84** zweiten Schritt, der **Ausübungskontrolle**. Die vorab erfolgte Bejahung der Wirksamkeit beinhaltet die grundsätzliche Respektierung des im Vertrag ausgedrückten Willens zur eigenen Gestaltung der vermögensrechtlichen Beziehungen; zu prüfen ist deshalb nur, ob diese eigenständige Regelung auch unter Berücksichtigung der weiteren Entwicklung noch dem (Mindest-)Gebot ehelicher Solidarität standhält (Rn 74, 80 aA) oder ob die Berufung des begünstigten Ehegatten auf die (uneingeschränkte) Fortgeltung der Vereinbarung einen **Rechtsmissbrauch** darstellt (§ 242; nachträgliche Delegitimierung der Vertragsfreiheit; Rn 75). Eine Anpassung des Vertragsinhalts kommt in Betracht, wenn sich nunmehr – im Zeitpunkt des Scheiterns der Ehe – die oben (Rn 77) beschriebene einseitige, unzumutbare Lastenverteilung ergibt; das kann insbes der Fall sein, wenn die tatsächliche *einvernehmliche* Gestaltung der ehelichen Lebensverhältnisse von der ursprünglichen, dem Vertrag zugrunde liegenden Lebensplanung grundlegend abweicht (BGH NJW 2004, 930, 935; FamRZ 2005, 691, 693; 1444, 1446; 1449, 1451; OLG Hamm FamRZ 2006, 337, 338 f; OLG Frankfurt FamRZ 2006, 339, 340; OLG Zweibrücken NJW-RR 2007, 73; zur Behandlung *einseitiger Änderungen der Lebensplanung* Rauscher DNotZ 2004, 524, 545 f; Langenfeld Rn 89 f).

Ob und in welchem Umfang die Ausübungskontrolle tatsächlich zu einer – häufig, **85** aber wohl nicht nur (BGH FamRZ 2005, 1449, 1451 f) nach den Grundsätzen des Wegfalls der Geschäftsgrundlage erfolgenden (BGH FamRZ 2005, 185, 187; 1444, 1448; Palandt/ Brudermüller Rn 11 mwNw; zum methodischen Klärungsbedarf Münch FamRZ 2005, 570, 572; vgl ferner Rauscher DNotZ 2004, 524, 530 f) – **Vertragsanpassung** führt, richtet sich wiederum nach dem nach der Rangordnung der Scheidungsfolgen (s Rn 78) bemessenen Gewicht des vertraglichen (Teil-)Ausschlusses (ausf BGH FamRZ 2005, 1449, 1451). Dabei kann es, entsprechend dem eingeschränkten Prüfungsrahmen (Rn 84), von vornherein nicht darum gehen, den spezifischen vertraglichen durch den gesetzlichen, idR durch den Teilhabegedanken (Halbteilungsgrundsatz) geprägten Ausgleichsmechanismus zu ersetzen (dieser bildet lediglich die Obergrenze für die Anpassung; BGH FamRZ 2005, 185, 188; dort, 187, auch zum dem mutmaßlichen Parteiwillen entsprechenden Ausschluss der Teilhabe; dazu ferner Münch 573 sowie 574 zur zutr abgelehnten allgemeinen Leitbildabweichungskontrolle; s auch Rn 76). Ziel ist nur die Beseitigung der Folgen einer rechtsmissbräuchlichen Durchsetzung der eigenen Rechtsposition durch den begünstigten Ehegatten (Rn 84). Der Richter hat deshalb diejenige Rechtsfolge anzuordnen, die den berechtigten Belangen beider Parteien in der nunmehr eingetretenen Situation in ausgewogener Weise Rechnung trägt (BGH NJW 2004, 930, 935; FamRZ 2005,

1444, 1446). Hierzu genügt regelmäßig ein **Ausgleich der konkreten ehebedingten Nachteile** unter weitgehender Aufrechterhaltung der ehevertraglichen Absichten (BGH FamRZ 2005, 185, 187; 1449, 1451 f; OLG Zweibrücken FamRZ 2006, 1683, 1685; ebenso Münch 572 f; Rauscher 524, 544 f; zur Berechnung dieser Nachteile beim Altersvorsorgeunterhalt BGH FamRZ 2005, 1449, 1451 f, beim Versorgungsausgleich BGH FamRZ 2005, 185, 187).

dd) Inhaltskontrolle bei Vereinbarungen zum Versorgungsausgleich

86　Der Versorgungsausgleich ist einerseits wegen seiner Nähe zum Zugewinnausgleich ehevertraglicher Disposition grundsätzlich zugänglich; andererseits gehört er als vorweggenommener Altersunterhalt wie dieser zum Kernbereich der Scheidungsfolgeregelungen (Rn 78); ein Ausschluss ist deshalb nach den gleichen Kriterien, dh im Rahmen einer Wirksamkeits- und ggf Ausübungskontrolle (Rn 80), zu prüfen (BGH NJW 2004, 930, 934; FamRZ 2005, 26, 27; 185, 187; OLG Dresden FamRZ 2006, 1546). In dieser Formulierung kann ein gewisser innerer Gegensatz gesehen werden (zutr Bergschneider FamRZ 2005, 28); in der **praktischen Anwendung** wirkt sich dies jedoch kaum aus, weil die **Ausübungskontrolle im Vordergrund** steht:

87　Dies beruht zunächst darauf, dass für bestimmte Fallgruppen eine **Wirksamkeitskontrolle** fernliegend ist, so bei bereits beiderseits gesicherter Altersversorgung (vgl BGH NJW 2004, 930, 934), bei im Alter geschlossenen Ehen (mit fehlender Möglichkeit des Hinzuerwerbs von Versorgungsanrechten; vgl BGH FamRZ 2005, 26, 27) oder bei Ehen mit beiderseitiger wirtschaftlicher Unabhängigkeit (insbes bei vorgerücktem Alter ohne Planung einer Familie mit gemeinsamen Kindern; AG Hamburg-Altona NJW-RR 2005, 1380). Auch in anderen Fällen wird der Ausschluss des Versorgungsausgleichs als solcher, sofern er nicht im Rahmen der Gesamtschau (Rn 74, 77, 79) von der Sittenwidrigkeit anderer, dem Kernbereich näher stehender Ausschlussvereinbarungen oder von der Unwirksamkeit bei einer ausnahmslosen Benachteiligung erfasst wird (zu einem solchen Fall BGH FamRZ 2006, 1097; vgl ferner OLG Koblenz NJW-RR 2004, 1445), im Allgemeinen nicht von vornherein und auf Dauer (unabhängig von der späteren Entwicklung; Rn 80) sittenwidrig sein; denn er wirkt sich regelmäßig erst in der Zukunft aus, so dass eine Änderung der künftigen Versorgungslage (durch Erwerb eigener Versorgungsanrechte oder Zufluss sonstigen Vermögens) möglich, folglich eine evident einseitige und unzumutbare Lastenverteilung (Rn 77) nicht sicher vorhersehbar (zu dem Kriterium der Vorhersehbarkeit Rn 83) und deshalb auch nicht Teil der gemeinsamen Lebensplanung sein wird. Im Einzelfall kann dies anders liegen (vgl OLG Düsseldorf FamRZ 2006, 793: Heirat einer schwangeren Prostituierten ohne eigene Altersversorgung in der gemeinsamen Absicht der Kindererziehung und Haushaltsführung durch die Ehefrau). Dies muss jedoch auf übereinstimmendem Parteivortrag oder entsprechenden gerichtlichen Feststellungen beruhen; die bloße Möglichkeit einer unzureichenden Versorgung im Alter auf Grund späterer Entwicklung genügt nicht (zu weitgehend deshalb OLG Dresden FamRZ 2006, 1546).

88　Für die Voraussetzungen und den Prüfungsrahmen einer **Ausübungskontrolle** in Bezug auf den (isoliert betrachteten) Ausschluss des Versorgungsausgleichs (zur Beurteilung weitergehender Ausschlüsse, insbes in Verbindung mit einer Unterhaltsbeschränkung, vgl Rn 87 und die Kommentierung zu § 1585c; s Rn 66) sowie für das Maß der etwaigen Vertragsanpassung gelten die allgemeinen Grundsätze (Rn 84 f). Eine grundlegende, einvernehmlich vorgenommene Änderung der ursprünglichen gemeinsamen Planung des ehelichen Lebens liegt zB vor, wenn die Ehefrau ihre Berufstätigkeit wegen der Geburt von Kindern aufgibt und deshalb keine ausreichende eigene Altersversorgung aufbauen kann; es sind dann, ohne Nivellierung eines von den Parteien für möglich gehaltenen und grundsätzlich akzeptierten Versorgungsgefälles, (nur) die konkreten ehebedingten Nachteile auszugleichen (BGH FamRZ 2005, 185, 187; ferner FamRZ 2005, 26, 27; OLG Düsseldorf FamRZ 2006, 347). Das Gleiche gilt, wenn eine spezifische Abrede, durch die etwaigen ehebedingten Nachteilen in geeigneter Weise vorgebeugt werden sollte (zB durch Verschaffung einer versicherungspflichtigen Anstellung), später tatsächlich (teilweise) nicht eingehalten wurde (OLG Zweibrücken FamRZ 2006, 1683; hingegen zu einem Fall mit ausreichender und umgesetzter Vorsorge BGH FamRZ 2005, 691). Die Vertragsanpassung (durch begrenzte Durchführung des Versorgungsausgleichs) erfolgt in der Höhe, in der der benachteiligte Ehegatte bei Durchführung der ursprünglichen gemeinsamen Planung zusätzliche Versorgungsanrechte bis zum Ende der Ehezeit erworben hätte (zur Berechnung im Einzelnen BGH FamRZ 2005, 185, 187; OLG Zweibrücken 1685).

ee) (Verfahrensrechtliche) Durchsetzung des Einwandes der Sittenwidrigkeit
Im Rahmen der vorliegenden begrenzten Darstellung (Rn 66) soll nur auf einige **89** wesentliche Punkte hingewiesen werden:

– Der (durch die damalige Rechtsprechung zur weitgehenden Ehevertragsfreiheit veranlasste; vgl Rn 65) Verzicht auf die Geltendmachung des Einwandes der Sittenwidrigkeit lange zurückliegender Eheverträge in der Zeit bis zur Umstellung der Rechtsprechung infolge der Grundsatzentscheidung des BGH (Rn 67) rechtfertigt bisher wohl nicht die Annahme der **Verwirkung** (OLG Düsseldorf FamRZ 2006, 793, 794; **aA** wohl WACHTER ZFE 2004, 132, 142). Ein künftiger längerer Verzicht dürfte jedoch mit Rücksicht auf die inzwischen erfolgte weitgehende Stabilisierung der Rechtsprechung (Rn 67), anders zu beurteilen sein.

– Die Feststellung der Nichtdurchführung des Versorgungsausgleichs in einem früheren Verfahren gem § 53d FGG hat nur deklaratorische Bedeutung (BGH FamRZ 1991, 679, 680 und 681; OLG Düsseldorf NJW 2006, 234, 235) und steht deshalb der späteren Durchführung des Versorgungsausgleichs nicht entgegen.

– Die **Darlegungs- und Beweislast** für die tatsächlichen Umstände, die den Einwand der Sittenwidrigkeit (§ 138) oder des Rechtsmissbrauchs (§ 242) begründen, trägt der benachteiligte Ehegatte (BGH FamRZ 2005, 1444, 1448 und 1449, 1450; OLG Braunschweig FamRZ 2005, 2071; OLG Frankfurt NJW-RR 2005, 1597; ausf OLG Hamm FamRZ 2006, 268, 269 und 1034, 1035). Bei Vereinbarungen mit *Schwangeren* (die nicht von vornherein sittenwidrig sind; BGH FamRZ 2005, 1444, 1447; 2006, 1359, 1361; OLGE Hamm und Braunschweig aaO) besteht nach der Rechtsprechung des BGH (aaO) ein Indiz für eine schwächere Verhandlungsposition (vgl, auch zur Kritik dieser Auffassung, Rn 79).

– In der Rechtsprechung wird unter bestimmten Voraussetzungen die Zulässigkeit von **Feststellungsanträgen** (ggf Zwischenfeststellungsklagen; ausf dazu MANDERSCHEID ZFE 2005, 76) bejaht im Rahmen oder bei Anhängigkeit des Verbundverfahrens (BGH FamRZ 2005, 691; OLG Düsseldorf NJW-RR 2005, 1), hingegen verneint vor dessen Anhängigkeit (OLG Frankfurt ZFE 2006, 153 mit krit Anm).

4. Die zeitlichen Voraussetzungen der Verträge

a) Jahresfrist

90 Von der in Abs 2 S 1 eingeräumten Gestaltungsmöglichkeit können die Ehegatten –
wie im Falle des Abs 1 (vgl STAUDINGER/THIELE § 1408 Rn 4, 28, 31) – sowohl *vor der Ehe*
(mit Rechtswirkung ab Eheschließung) als auch *während der Ehe* Gebrauch machen
(keine Aufhebung nach Rechtskraft der Scheidung möglich; OLG Köln NJW-RR 1999,
1161; zu vergleichbaren Fragen bei Anwendung des § 1587o vgl STAUDINGER/REHME [2004] § 1587o
Rn 12). Die Dispositionsbefugnis endet jedoch ein Jahr vor Stellung des Antrags auf
Scheidung (Abs 2 S 2). Die Einhaltung dieser Jahresfrist (zu ihrer Verfassungsmäßigkeit:
BECKER Rn 696; GAUL FamRZ 1981, 1134, 1135) stellt eine **Rechtsbedingung** für die Wirksamkeit des Ehevertrages dar (vgl ausf SOERGEL/GAUL Rn 54 ff; zu den Rechtsfolgen bei
Nichteinhaltung der Frist vgl Rn 97). Ist ein Ehegatte noch beschränkt geschäftsfähig und
bedarf der Ehevertrag daher der Zustimmung des gesetzlichen Vertreters (§ 1411),
ist der Vertragschluss das entscheidende Datum (BERGERFURTH FamRZ 1977, 440, 441;
SOERGEL/GAUL Rn 45). Die nachträgliche Zustimmung wirkt auf den Zeitpunkt des
Vertragschlusses zurück (§ 184 Abs 1); wird sie jedoch erst nach Rechtshängigkeit
des Scheidungsantrages abgegeben, dann gilt Abs 2 S 2 entsprechend (Rn 46 mwNw).

91 Die Jahresfrist kann nicht abbedungen werden (SOERGEL/GAUL Rn 45). Sie gilt nicht,
wenn auf Aufhebung der Ehe geklagt wird (SOERGEL/GAUL Rn 50; BERGERFURTH aaO
Anm 12). Wegen der für diese Klagen kurzen Fristen besteht für die Jahresfrist des
§ 1408 Abs 2 S 2 kein Bedürfnis (BECKER Rn 698). Sie gilt jedoch auch, wenn es zum
Teilausschluss oder zu Modifikationen des Versorgungsausgleichs gekommen ist
(SOERGEL/GAUL Rn 46; KNIEBES/KNIEBES DNotZ 1977, 269, 289; REINARTZ DNotZ 1978, 269,
281; ZIMMERMANN/BECKER FamRZ 1983, 1, 8; **aA** KISSEL, Ehe und Ehescheidung Band 1 [1977]
198).

92 Die Jahresfrist dient dem Schutz beider Ehegatten. Sie soll verhindern, dass ein
Ehegatte, der schon zur Scheidung entschlossen ist, das Vertrauen des anderen auf
den Fortbestand seiner Ehe zu einer für diesen nachteiligen Vereinbarung ausnützt
(BT-Drucks 7/4694, 13). Die Jahresfrist ist allerdings rechtspolitisch fragwürdig. Denn
wenn sich die Ehegatten bereits mit Scheidungsabsichten tragen, brauchen beide nur
12 Monate bis zur Scheidung abzuwarten. Dann entgehen sie den strengen Voraussetzungen des § 1587o. Die Regelung des § 1408 Abs 2 S 2 gibt andererseits dem
Ehegatten, der sich durch eine Vereinbarung benachteiligt fühlt und aus diesem und/
oder anderen Gründen zur Scheidung entschlossen ist, eine einfache und sichere
Möglichkeit, die Unwirksamkeit (näher dazu Rn 97) herbeizuführen; er braucht dann
nicht auf andere Rechtsbehelfe (Anfechtung, Nichtigkeit wegen Sittenwidrigkeit;
dazu Rn 65 ff) zurückzugreifen, deren Voraussetzungen häufig schwer zu beweisen
sind. Darauf muss der den Ehegatten beratende Rechtsanwalt ggf hinweisen (vgl zur
möglichen *Anwaltshaftung* OLG Karlsruhe NJW-RR 1995, 374).

b) Fristbeginn und Fristende

93 Die Frist *beginnt* mit dem Tag, der auf den Tag der notariellen Beurkundung des
Vertrages folgt (§ 187 Abs 1), frühestens mit der Eheschließung (SOERGEL/GAUL
Rn 45). Die *Wirkungen* des Vertrages können jedoch auf Zeiten vor Abschluss des
Vertrages zurückbezogen werden, wiederum bis zum Tage der Eheschließung.

In welchem Zeitpunkt der Lauf der Jahresfrist (§ 188 Abs 2) *endet*, war nach Ein- **94** führung der Vorschrift zunächst umstritten (vgl dazu ausf STAUDINGER/EICHENHOFER [1994] Rn 66; SOERGEL/GAUL Rn 47; jeweils mwN). Inzwischen hat sich die Auffassung des BGH (FamRZ 1985, 45; stRspr, zuletzt FamRZ 1999, 155) durchgesetzt, dass Antragstellung im Sinne von Abs 2 S 2 Erhebung des Scheidungsantrags durch **Zustellung der Antragsschrift** bedeutet (zust SOERGEL/GAUL aaO; MünchKomm/KANZLEITER Rn 30; jeweils mwNw). Dabei ist allerdings nach der auch auf die Frist des Abs 2 S 2 anwendbaren Bestimmung des **§ 167** (früher § 270 Abs 3) **ZPO** (BGH NJW-RR 1992, 1346; FamRZ 1999, 155, 156) ausreichend, wenn die Zustellung „demnächst" erfolgt. Der antragstellende Ehegatte muss deshalb alles Zumutbare tun, um die alsbaldige Zustellung zu ermöglichen (BGH NJW-RR 1992, 1346); das kann ggf auch bei einer erst zwei Monate später erfolgenden Zustellung angenommen werden, wenn die Verzögerung allein im Verantwortungsbereich des Gerichts liegt (OLG Hamm FamRZ 2004, 1973; BGH FamRZ 2005, 598; jeweils auch zur Frage einer Erkundigungspflicht des Antragstellers; zur Frage einer etwaigen **treuwidrigen Hinderung** an der Fristwahrung durch den begünstigten Ehegatten BGH FamRZ 1993, 672). Das Einreichen einer Antragsschrift, deren Zustellung sich verzögert, weil zB der erforderliche Gerichtskostenvorschuss nicht gezahlt worden ist, genügt nicht (BGH NJW-RR 1992, 1346). Erforderlich ist, dass der Antrag durch einen bei dem Familiengericht postulationsfähigen Anwalt (§ 78 ZPO) gestellt wird (BGH FamRZ 1987, 365, 366 f; 1999, 155, 156) und dass es sich um einen unbedingt gestellten Scheidungsantrag handelt; ein *Prozesskostenhilfeantrag* ist dem – auch unter verfassungsrechtlichen Gesichtspunkten (Angleichung der prozessualen Stellung von Bemitteltem und Unbemitteltem) – nicht gleichgesetzt, weil die arme Partei ggf von der Möglichkeit der sofortigen Zustellung gem § 14 Nr 3 GKG (früher § 65 Abs 7 Nr 3, 4 GKG) Gebrauch machen muss (BGH FamRZ 1999, 155, 156; 2005, 598; SOERGEL/GAUL Rn 48; zu den Voraussetzungen für eine Anwendung dieser Bestimmung ggf auch von Amts wegen vgl OLG Köln FamRZ 1995, 1588, 1589). Bei solchen oder ähnlichen Verstößen gegen zwingende Formvorschriften wirkt die Nachholung eines (unbedingten) prozessual wirksamen Antrags (auch in der Form der Genehmigung des bisher unwirksamen Handelns) nicht zurück (BGH FamRZ 1987, 365, 367). Hingegen ist bei heilbaren Mängeln (zB Fehlen einer Vollmacht) die Fristwahrung rückwirkend möglich (vgl im Einzelnen SOERGEL/GAUL Rn 49).

Um die Unwirksamkeit des Vertrages herbeizuführen, genügt nach dem *Wortlaut* **95** der Vorschrift die *Stellung des Scheidungsantrages*. Nach überwiegender Ansicht (BGH FamRZ 1986, 788; 1993, 672; SOERGEL/GAUL Rn 51 f mwNw; GERNHUBER/COESTER-WALTJEN § 28 Rn 14; FINGER FuR 2002, 149, 155 f; ausf STAUDINGER/EICHENHOFER [1994] Rn 67, auch zu dem Fall des beiderseitigen Scheidungsantrages; **aA** OLG Köln FamRZ 1986, 68; OLG Zweibrücken FamRZ 1985, 72; MünchKomm/KANZLEITER Rn 30 mwNw zur Gegenmeinung), die sich vor allem auf die prozessuale Vorschrift des § 269 Abs 3 ZPO stützt, führt die **Rücknahme des Scheidungsantrags** allerdings dazu, dass die zunächst eingetretene Unwirksamkeit des Vertrages rückwirkend entfällt (allerdings nicht bei einem von vornherein unwirksamen, nämlich nach Rechtshängigkeit geschlossenen Vertrag; FINGER FuR 2002, 149, 154; s ferner Rn 46 mwNw). Das erscheint folgerichtig: Wenn die Unwirksamkeit an die Rechtshängigkeit (Zustellung des Scheidungsantrags) geknüpft wird (Rn 94), dann muss der rückwirkende Wegfall der Rechtshängigkeit auch zum Wegfall der darauf beruhenden, in Abs 2 S 2 normierten Rechtsfolge führen. Hinzu kommt (ohne dass dies der entscheidende Gesichtspunkt sein dürfte; vgl SOERGEL/GAUL Rn 51), dass dadurch eine einseitige Lösung vom Vertrag durch missbräuchliche (nicht „ernstlich" gemeinte) Stellung von Scheidungsanträgen verhindert wird.

96 Auch für die weitere Streitfrage, ob die **Abweisung des Scheidungsantrags** wie die Rücknahme zu behandeln ist (so GERNHUBER/COESTER-WALTJEN aaO; OLG Frankfurt NJW-RR 1990, 582 mwNw) oder ob auch der erfolglose Antrag die Unwirksamkeit herbeiführt (SOERGEL/GAUL Rn 52 f mit Nachtrag; MünchKomm/KANZLEITER Rn 31; 154 f; FINGER FuR 2002, 149, 154 f m zahlreichen Nachw; OLG Stuttgart NJW 1983, 458; OLG Hamm FamRZ 2006, 1682), sollte vom Wortlaut ausgegangen werden. Das Gesetz stellt lediglich auf den (wirksam gestellten und nicht zurückgenommenen; vgl Rn 95) Scheidungsantrag als solchen ab, nicht darauf, ob er auch zur Auflösung der Ehe führt (so allerdings – in einer Hilfsbegründung zum Fall der Rücknahme – BGH FamRZ 1986, 788). Dieses zusätzliche Erfordernis erscheint auch nicht zwingend (dazu ausf SOERGEL/GAUL aaO, insbes zum Schutzzweck der Vorschrift), zumal hier die „Ernstlichkeit" des Scheidungswillens kaum je in Frage stehen wird (in der Praxis wird vielmehr ein erfolgloser Scheidungsantrag häufig wiederholt; vgl OLG Stuttgart aaO). Für eine einschränkende Auslegung (ua mit der – bei einer Rücknahme nur begrenzt eintretenden – unerwünschten Folge eines rechtlichen Schwebezustandes bis zum Abschluss des Scheidungsverfahrens; vgl SOERGEL/GAUL Rn 53) bestehen deshalb keine hinreichenden Gründe; dem etwaigen Missbrauch von Scheidungsanträgen durch vertragsreue Ehegatten (JOHANNSEN/ HENRICH/HAHNE Eherecht [4. Aufl] § 1587o Rn 9) kann in offenkundigen Fällen gem § 242 iVm § 162 Abs 2 (treuwidrige Herbeiführung der Unwirksamkeit des Vertrages) begegnet werden.

c)   Folgen unwirksamer Vereinbarungen
97 Eine innerhalb der Jahresfrist geschlossene Vereinbarung „ist unwirksam". Aus dieser strikten Formulierung wird zu Recht von der hM gefolgert, dass der Vertrag **rückwirkend** (SOERGEL/GAUL Rn 55 ff mwNw, auch zur Gegenmeinung) seine Wirksamkeit verliert mit der weiteren Folge, dass auch die Gütertrennung nach der Auslegungsregel des § 1414 S 2 entfällt (vgl dazu näher § 1414 Rn 13). Die Parteien können jedoch von vornherein (was durch Auslegung zu ermitteln ist) den Vertrag nach Abs 2 **hilfsweise** mit einer **Vereinbarung nach § 1587o** verbinden für den Fall des Eintritts der Unwirksamkeit nach Abs 2 S 2 (MünchKomm/KANZLEITER Rn 32; SOERGEL/GAUL Rn 28; LANGENFELD Rn 921 f); es bedarf dann keiner erneuten notariellen Beurkundung (bzw einer Vereinbarung nach § 127a), sondern nur noch der familiengerichtlichen Genehmigung gem § 1587o Abs 2 S 3. Fehlt allerdings ein entsprechender Parteiwille, dann scheidet eine **Umdeutung** in eine Vereinbarung nach § 1587o aus (jetzt hM; vgl MünchKomm/KANZLEITER aaO mNw zur Gegenmeinung; SOERGEL/GAUL aaO; LANGENFELD Rn 920; OLG Koblenz FamRZ 1981, 901; 2004, 1970; OLG Hamburg FamRZ 1991, 1067); die wesentlich veränderte Situation (§ 1408 Abs 2: Vertragsschluss unter der Rechtsbedingung der weiteren Ehedauer von mindestens einem Jahr *vor Rechtshängigkeit* eines Scheidungsantrags, Rn 86; § 1587o: Vertragsschluss „*im Zusammenhang mit der Scheidung*") erfordert in jedem Fall eine erneute Willensbildung der Parteien.

5.   Die formellen Voraussetzungen des Vertrages

98 Eine Vereinbarung, die den Versorgungsausgleich ausschließt oder modifiziert, muss durch **Ehevertrag** getroffen werden. Dieser ist grundsätzlich bei gleichzeitiger Anwesenheit beider Ehegatten zur Niederschrift des Notars (§§ 8 ff BeurkG) zu schließen (§ 1410; vgl im Einzelnen STAUDINGER/THIELE § 1410 Rn 7; die **Aufhebung** einer mit rechtsgestaltender Wirkung verbundenen Vereinbarung gem § 1408 Abs 2 ist ebenfalls formbedürftig; AG Seligenstadt FamRZ 2002, 829). Der **Notar** hat die Ehegatten dabei über die rechtliche Tragweite ihrer Vereinbarung zu belehren und insbesondere darauf zu achten, dass ein unerfahrener oder ungewandter Ehegatte nicht benachteiligt wird (§ **17 BeurkG**; vgl dazu OLG Köln FamRZ 2002, 828, 829). Er sollte, wenn die Ehegatten den Versorgungsausgleich im Wesentlichen ausschließen wollen, seine Hinweise auf die unter Umständen weitreichenden Folgen für die Invaliditäts- und Altersversorgung der Eheleute und auf den regelmäßigen Eintritt der Gütertrennung (§ 1414 S 2) in die Vereinbarung aufnehmen. Dies schuldet der Notar den vertragschließenden Parteien kraft seines Amtes (§ 17 BeurkG). Er ist hierzu aber auch aus eigenem Interesse angehalten. Denn bei schuldhafter Verletzung der Aufklärungspflicht hat der Notar für die darüber hinaus entstehenden Vermögensschäden dem durch die Vereinbarung benachteiligten Ehegatten gemäß § 19 BNotO einzustehen (UDSCHING NJW 1978, 289, 294 f). Eine unterlassene Aufklärung wird allerdings in der Regel nicht zur Anfechtung (Rn 65) berechtigen (OLG Hamm NJW-RR 1999, 1306).

Eine persönliche Anwesenheit beider Ehegatten ist nicht vorgeschrieben. Die Ehe- **99** leute können sich daher auch durch Bevollmächtigte vertreten lassen (STAUDINGER/THIELE § 1410 Rn 7). Selbst der andere Ehegatte kommt als Bevollmächtigter in Betracht (REINARTZ NJW 1977, 81, 83). Die hierzu erforderliche **Vollmacht** bedarf keiner Form (näher dazu STAUDINGER/THIELE § 1410 Rn 5). Allerdings sollte der Notar als Folge seiner Belehrungspflicht auf der persönlichen Anwesenheit beider Ehegatten bestehen (LANGENFELD NJW 1978, 1503, 1504; REINARTZ aaO; SOERGEL/GAUL Rn 42; ZIMMERMANN/BECKER FamRZ 1983, 1, 11; BECKER Rn 221). Im Unterschied zu § 1587o ist bei Abschluss einer Vereinbarung nach Abs 2 eine gerichtliche Genehmigung nicht erforderlich. Es ist nicht einmal in den Fällen, in denen ein noch beschränkt geschäftsfähiger Ehegatte eine Vereinbarung abschließt, und sein gesetzlicher Vertreter Vormund ist, eine Genehmigung des Vormundschaftsgerichts vorgeschrieben. Die Anpassung des § 1411 Abs 1 S 3 (früher S 2) an § 1414 S 2 ist im Gesetzgebungsverfahren unterblieben (kritisch BERGERFURTH FamRZ 1977, 440, 441 Anm 11; für eine analoge Anwendung des § 1411 Abs 1 S 3 STAUDINGER/THIELE § 1411 Rn 14).

6. Wegfall der Geschäftsgrundlage und Abänderung von Ausgleichsvereinbarungen (§ 10a Abs 9 VAHRG)

Nach Einführung des Versorgungsausgleichs wurde die Auffassung vertreten, dass **100** ein nach § 1408 Abs 2 wirksamer Ausschluss des Versorgungsausgleichs nach den Grundsätzen über den *Wegfall* der *Geschäftsgrundlage* gegenstandslos würde oder an veränderte Umstände anzupassen wäre, wenn und soweit die von den Eheleuten bei Vereinbarung des Ausschlusses gehegten Erwartungen über ihre künftige vorsorgerechtliche Entwicklung durch die spätere Entwicklung grundlegend verändert worden sind (OLG Frankfurt FamRZ 1983, 176; vgl auch MünchKomm/KANZLEITER Rn 29; STAUDINGER/RULAND[12] Rn 66 f). Seit dem 1. 1. 1987 besteht in § 10a Abs 9 VAHRG die rechtliche Möglichkeit, eine Vereinbarung über den Ausschluss des Versorgungsausgleichs nachträglich gerichtlich abzuändern, wenn und soweit die Eheleute diese Möglichkeit nicht ausdrücklich vertraglich ausgeschlossen haben. Es ist nicht unzweifelhaft, ob § 10a VAHRG auch auf Eheverträge nach Abs 2 Anwendung findet

Eckhard Rehme

(vgl MünchKomm/Kanzleiter Rn 33). Der Wortlaut lässt jedoch eine solche weite Aus-legung zu (vgl näher Soergel/Gaul Rn 43a mit Nachtrag zu Rn 43a; ferner Johannsen/Hen-rich/Hahne § 10a VAHRG Rn 9). Als speziellere Regelung verdrängt § 10a Abs 9 VAHRG dann die Grundsätze über den Wegfall der Geschäftsgrundlage (vgl Soer-gel/Gaul aaO), hingegen nicht die weitergehenden Einwendungen gem §§ 138, 242 (vgl dazu ausf Rn 66 ff, 80 ff; insbes Rn 85 zur Anwendung der Grundsätze des Wegfalls der Ge-schäftsgrundlage im Rahmen der Ausübungskontrolle bei späterer rechtsmissbräuchlicher Berufung auf den Vertrag).

7. Übergangsrecht

101 Die Ehegatten konnten schon vor dem Inkrafttreten der Reform (1. 7. 1977) den Versorgungsausgleich ausschließen oder modifizieren. Solche Vereinbarungen wa-ren zulässig (Art 12 Nr 3 Abs 3 1. EheRG) und konnten formlos getroffen werden (OLG Celle FamRZ 1979, 45; KG FamRZ 1982, 305; MünchKomm/Kanzleiter Rn 36). Art 12 Nr 3 Abs 3 1. EheRG erfasste allerdings nicht Verträge, die den Versorgungsaus-gleich ohne Abfindung ausschließen (BGH FamRZ 1981, 533; MünchKomm/Kanzleiter aaO; BT-Drucks 7/4361, 70). Derartige Vereinbarungen waren zwar nicht unzulässig, bedurften jedoch der Form des § 1410 (vMaydell FamRZ 1977, 172, 182; MünchKomm/Kanzleiter Rn 35; aA Zimmermann/Becker FamRZ 1983, 1, 12).

§ 1409
Beschränkung der Vertragsfreiheit

Der Güterstand kann nicht durch Verweisung auf nicht mehr geltendes oder aus-ländisches Recht bestimmt werden.

Materialien: Zu § 1433 aF: E I § 1334; II § 1332 rev § 1414; III § 1416; Mot IV 309 ff; Prot IV 217.
Zu § 1409: E I § 1365; II § 1365; III § 1409;

BT-Drucks 1/3802, 54; BT-Drucks 2/224, 39; BT-Drucks 2/3409, 24; BT-Drucks 10/504, 86.
Vgl Staudinger/BGB-Synopse 1896–2005 § 1409.

Systematische Übersicht

I.   Allgemeines

1 **1.** § 1409 entspricht § 1433 Abs 1 aF. Zweck dieser Vorschrift war es, die bis 1900 herrschende Rechtszersplitterung auf dem Gebiet des ehelichen Güterrechts auch für die Zukunft möglichst zu verhindern oder doch zu erschweren. Die (formale) *Verweisungstechnik* enthebt die Vertragschließenden der Notwendigkeit, ihren Vertragsgüterstand durch Wiedergabe der einzelnen Klauseln umfassend festzulegen. Bereits die Beschränkung der Verweisungsmöglichkeiten auf die im geltenden Gesetz durchnormierten Wahlgüterstände und, unter besonderen Voraussetzungen, auf ausländische Güterstände, § 1433 Abs 2 aF, war geeignet, der Neigung zu begegnen, altes und ausländisches Güterrecht zu vereinbaren. § 1409 hat das Verweisungsverbot beibehalten.

2. Das **Verweisungsverbot des § 1409** hat nur formale Bedeutung. Es schließt die **2** Vereinbarung alten und ausländischen Rechts durch ausführliche Wiedergabe seines Inhalts im Ehevertrag nicht aus (hM, zuletzt HERB FamRZ 1988, 123, 126). Es beschränkt also die inhaltliche Gestaltungsfreiheit nicht (**aA** wohl LUDWIG DNotZ 1982, 651 ff). Sie wird nur begrenzt durch die allgemeinen Schranken rechtsgeschäftlicher Gestaltungsfreiheit (s dazu Vorbem 13 ff zu §§ 1408 ff; § 1408 Rn 16 f), insbesondere die Bindung bestimmter Regelungsformen an bestimmte Güterstandstypen. Es trifft nicht zu, dass aus § 1409 im Umkehrschluss abgeleitet werden könne, dass durch die Aufnahme aller Einzelbestimmungen alten oder fremden Rechts in den Ehevertrag diese Schranken überwunden werden könnten (so aber MIKAT, in: FS Felgentraeger [1969] 323, 324 f gegen die hM).

3. Anderes galt für **§ 1409 Abs 2 aF** bis zum Inkrafttreten des IPRG am 1. 9. 1986. **3** Soweit danach auf ausländisches Güterrecht verwiesen werden konnte, galt es auch insoweit, als es Gestaltungsformen vorsah, die dem geltenden deutschen Recht fremd sind.

II. Verweisung auf nicht mehr geltendes Recht

1. Die Bestimmung des Güterstandes durch *Verweisung auf ein nicht mehr gel-* **4** *tendes Gesetz* ist ausgeschlossen. Das gilt generell auch für nicht mehr geltendes ausländisches Recht sowie auf das Güterrecht der DDR. Für entsprechende Anwendung von § 1409 auf vertragliche Unterhaltsvereinbarungen unter Einführung *des Verschuldensprinzips* WALTER NJW 1981, 1409 ff; ders FamRZ 82, 7; HERB FamRZ 1988, 126; **aA** LUDWIG DNotZ 1982, 651, 656. Eine solche Vereinbarung widerspricht jedoch der mit der Reform des Scheidungsrechts zum Ausdruck gebrachten Grundentscheidung des Gesetzgebers und findet im Übrigen eine Grenze in § 1579.

2. Als „nicht mehr geltendes Gesetz" kommen nur gesetzliche Vorschriften ehe- **5** güterrechtlichen Inhalts in Betracht. Zu prüfen ist stets die Geltung zum **Zeitpunkt des Abschlusses des Ehevertrages.** Das vor dem 1. 1. 1900 geltende Landesrecht ist an diesem Tage außer Kraft getreten, soweit das BGB oder das EGBGB nichts anderes bestimmte, Art 55 EGBGB. In einem nach dem 1. 1. 1900 geschlossenen Ehevertrag konnte auf landesrechtliche Güterstandsregelungen nicht mehr verwiesen werden (früher abgeschlossene Eheverträge blieben wirksam, Art 200 EGBGB). Seit dem 1. 4. 1953, dem Tag des Inkrafttretens des Gleichberechtigungsgrundsatzes, Art 3 Abs 2, 117 Abs 1 GG, konnte sowohl auf die von Art 3 Abs 2 GG modifizierten als auch auf die ursprünglichen Güterstände des BGB verwiesen werden. Zu den Einzelheiten s STAUDINGER/FELGENTRAEGER[10/11] Einl 57 ff zu §§ 1363 ff; § 1409 Rn 5 ff mwNw. Seit dem Inkrafttreten des GleichberG am 1. 7. 1958 sind die Vorschriften des BGB über den früheren gesetzlichen Güterstand der Verwaltung und Nutznießung des Mannes, über die Gütertrennung und die Güterstände der Errungenschafts- und Fahrnisgemeinschaft nicht mehr geltendes Recht, Art 1 Nr 9, 15 GleichberG. Ersetzt oder neu gefasst wurden auch die Vorschriften über die Gütergemeinschaft, Art 1 Nr 9–14 GleichberG. Art 8 I Nr 7 GleichberG hat die Fortgeltung der Vorschriften über die Errungenschafts- und Fahrnisgemeinschaft nur für die Fälle angeordnet, in denen diese Güterstände bereits vor dem 1. 7. 1958 vereinbart worden waren. Nach diesem Stichtag konnten und können die Güterstände nicht mehr durch Verweisung begründet werden, da die gesetzlichen Regelungen nicht mehr gelten (hM, anders nur KRÜGER/BREETZKE/NOWACK Rn 4 vor § 1408). Zur Begründung von Errungenschafts- oder Fahrnisgemeinschaft durch wörtliche Übernahme der Vorschriften des alten Rechts s § 1408 Rn 17.

6 3.   Das Verweisungsverbot greift auch dann ein, wenn die Ehegatten einen Güterstand, den sie aufgehoben haben, nach Wegfall der gesetzlichen Regelung wiederbegründen wollen (BayObLGZ 13, 613). Dagegen ist die ehevertragliche Verweisung auf ein bereits verkündetes, aber noch nicht in Kraft getretenes Gesetz zulässig (ERMAN/HECKELMANN § 1409 Rn 1; MEYER-WEIRICH FamRZ 1957, 399; BGB-RGRK/FINKE § 1409 Rn 5; SOERGEL/GAUL § 1409 Rn 3; LG Dortmund NJW 1957, 1481; aM HAEGELE FamRZ 1957, 286). Zwischen dem 21. 6. 1957 und dem 1. 7. 1958 konnte daher die Zugewinngemeinschaft durch Verweisung auf das bereits verkündete GleichberG vereinbart werden. Andererseits steht die Verkündung eines Gesetzes, durch das ein Güterstand aufgehoben wird, der Verweisung auf diesen nicht entgegen, solange das Gesetz nicht in Kraft getreten ist.

7 4.   Ist ein Güterstand einmal durch Verweisung auf geltendes Recht begründet worden, bleibt er mit dem bisherigen Inhalt auch dann wirksam, wenn das Gesetz später aufgehoben wird, soweit in dem aufhebenden Gesetz nichts anderes bestimmt ist (s dazu etwa Art 8 I Nr 5 und 6 GleichberG).

III.   Verweisung auf geltendes ausländisches Recht

1.   Grundsatz

8 Der Güterstand kann nicht durch eine Verweisung auf ausländisches Recht bestimmt werden. § 1409 gilt für die Parteien des Ehevertrages jedoch nur dann, wenn deutsches Recht der Bundesrepublik anwendbar ist.

2.   Ausnahme

9 Abweichungen ergeben sich bei Sachverhalten mit Auslandsberührung aus dem Kollisionsrecht gem Art 15 EGBGB. Hat auch nur einer der Ehegatten seinen **gewöhnlichen Aufenthalt im Ausland**, so kann auf ein an diesem geltendes Güterrecht verwiesen werden, Art 15 Abs 2 Nr 2 EGBGB. So wird den Ehegatten ermöglicht, einen Güterstand zu wählen, der an dem Ort zulässig ist, wo auch nur einer von ihnen den Mittelpunkt seiner Lebenstätigkeit hat. Dadurch wurde § 1409 Abs 2 aF entbehrlich (BT-Drucks 10/504, 86). Die Rechtswahl bedarf nicht der Form des Ehevertrags, sondern es genügt die notarielle Beurkundung, Art 15 Abs 3, 14 Abs 4 S 1

EGBGB. Wird sie nicht im Inland vorgenommen, so genügt es, wenn sie den Formerfordernissen für einen Ehevertrag nach dem gewählten Recht oder am Ort der Rechtswahl entspricht, Art 15 Abs 3, 14 Abs 4 S 2 EGBGB. Aufgrund § 1409 aF abgeschlossene Eheverträge gelten im Umfang der darin enthaltenen Verweisung fort. Zu den weiteren Abweichungen und den Einzelheiten s Bem zu Art 15 EGBGB.

IV. Rechtsfolgen unzulässiger Verweisung

Ein Ehevertrag, in dem auf nicht mehr geltendes oder auf ausländisches Güterrecht **10** verwiesen wird, ist nichtig. Ist der Ehevertrag vor der Eheschließung vereinbart worden, gilt § 1363 Abs 1. Bei Abschluss des Ehevertrages während der Ehe bleibt es bei dem bis dahin geltenden Güterstand.

§ 1410
Form

Der Ehevertrag muss bei gleichzeitiger Anwesenheit beider Teile zur Niederschrift eines Notars geschlossen werden.

Materialien: Zu § 1434: E I § 1335; II § 1333 rev § 1414; III § 1417; Mot IV 309 ff; Prot IV 217. Zu § 1410: E I § 1366; III § 1366; III § 1410; BT-Drucks 1/3802, 54; BT-Drucks 2/224, 39; BT-Drucks zu 2/3409, 24; BT-Drucks 7/63. Vgl STAUDINGER/BGB-Synopse 1896–2005 § 1410.

Schrifttum

S Hinweise zu § 1408.

Systematische Übersicht

Alphabetische Übersicht

Burkhard Thiele

I. Allgemeines

1. Rechtsentwicklung

1 Das GleichberG hatte § 1434 aE wörtlich übernommen. Er lautete:

> *Der Ehevertrag muss bei gleichzeitiger Anwesenheit beider Teile vor Gericht oder vor einem Notar geschlossen werden.*

In dieser Fassung galt die Vorschrift bis zum 31. 12. 1969. Die jetzige Fassung gilt seit dem 1. 7. 1970 gemäß §§ 56 Abs 3, 71 des Beurkundungsgesetzes vom 28. 8. 1969 (BGBl I 1513). Seitdem sind für die Beurkundung nur noch die Notare zuständig. Zur Ersetzung der notariellen Beurkundung durch einen gerichtlichen Vergleich (§ 127a) s unten Rn 12 f. Zu Vereinbarungen über den Versorgungsausgleich im Zusammenhang mit der Scheidung vgl § 1587o.

2. Zweck und Form

2 **Zweck der Form** ist wegen der regelmäßig gewichtigen Folgen von Eheverträgen vor allem der *Übereilungsschutz (Warnfunktion).* Daneben sichert der Formzwang die sachkundige Beratung und Belehrung durch den Notar *(Beratungsfunktion),* § 17 BeurkG. Sie soll die inhaltliche Richtigkeit und rechtliche Gültigkeit sowie die Klarheit der Vereinbarung gewährleisten. Die Form hat endlich auch *Beweisfunktion* (GERNHUBER/COESTER-WALTJEN § 32 Rn 15; EINSELE NJW 1998, 1207).

II. Gegenstand des Formgebots

1. Eheverträge

3 Die Formvorschrift gilt für **Eheverträge** iS des § 1408. Sie erfasst gleichermaßen Eheverträge zur Regelung der güterrechtlichen Verhältnisse (s § 1408 Rn 3 ff) und den Ausschluss des Versorgungsausgleichs (s § 1408 Rn 40 ff). Zur Form der Rechtswahl für die güterrechtlichen Wirkungen der Ehe bei Sachverhalten mit Auslandsberührung s 1409 Rn 9. Formbedürftig ist auch die Aufhebung eines Ehevertrags, denn jede Änderung der güterrechtlichen Verhältnisse unterfällt erneut dem Schutzzweck der

Norm (vgl BGH FamRZ 1998, 902; OLG Frankfurt FamRZ 2001, 1523; PALANDT/BRUDERMÜLLER Rn 1; MünchKomm/KANZLEITER Rn 3). Das gilt auch, wenn dadurch wieder die gesetzliche Rechtslage hergestellt wird (MünchKomm/KANZLEITER aaO; aA OLG Karlsruhe FamRZ 1995, 361 für die Aufhebung einer Vereinbarung über den Versorgungsausgleich).

2. Vorverträge

Vorverträge verpflichten die Parteien zum Abschluss eines Hauptvertrages. Der **4** weitreichende Zweck des Formzwangs (s oben Rn 2), insbesondere der Warnzweck, gebietet die Erstreckung der Formbedürftigkeit auf den Vorvertrag zum Abschluss eines Ehevertrages (RGZ 48, 183, 186; 68, 322; BGH FamRZ 1966, 492 und allgM). Der formgültig abgeschlossene Vorvertrag entbindet nicht von der Einhaltung der Form beim Abschluss des Ehevertrages.

3. Vollmacht, Genehmigung

§ 1410 lässt die **Stellvertretung** beim Abschluss von Eheverträgen zu (s unten Rn 7). **5** Nach § 167 Abs 2 bedarf die **Vollmacht** nicht der für das Vertretergeschäft bestimmten Form. Auch die **Genehmigung** eines ohne Vertretungsmacht abgeschlossenen Vertrages ist nach §§ 177 Abs 1, 182 Abs 2 formlos möglich. Der Schutzzweck des § 1410, insbesondere seine Warnfunktion, muss aber zu einer teleologischen Reduktion der §§ 167 Abs 2. 182 Abs 2 führen. Das Ausmaß der Reduktion ist bei den Formvorschriften mit Warnfunktion noch immer ungeklärt (vgl nur STAUDINGER/SCHILKEN [2004] § 167 Rn 20 ff). Einigkeit besteht im Wesentlichen dahin, dass die **Vollmacht** dann **der Form** des Vertretergeschäfts **bedarf**, wenn diese **Warnfunktion** hat und die Vollmacht bereits eine rechtliche oder tatsächliche **Gebundenheit** des Vollmachtgebers bewirkt. Beispiele solcher Gebundenheit sind: (1.) der Ausschluss des Widerrufs der Vollmacht, (2.) die Belastung des Vollmachtgebers mit Nachteilen für den Fall des Vollmachtswiderrufs, (3.) die Bindung des Bevollmächtigten an Weisungen des anderen Vertragsteils, (4.) eine inhaltliche Beschränkung der Vollmacht, die dem Vertreter keinen eigenen Entscheidungsspielraum belässt und (5.) die Befreiung des Vertreters vom Verbot des Selbstkontrahierens, wenn dadurch eine rechtliche oder faktische Gebundenheit erzeugt wird (s MünchKomm/ SCHRAMM § 167 Rn 18 ff mwNw).

Diese überwiegend zu § 313 aF, jetzt § 311b, entwickelten Grundsätze sind auch auf **6** § 1410 anzuwenden. Auch der BGH (FamRZ 1998, 904 f m kritischer Anm VOLLKOMMER JZ 1999, 522; anders auch EINSELE NJW 1998, 1206 u DNotZ 1999, 43) unterwirft die Vollmacht zum Abschluss eines Ehevertrages nicht generell der Form des § 1410, aber lehnt die Formbedürftigkeit für den Fall des Vertreters ohne eigenen Entscheidungspielraum ab. Im Übrigen hat er die Frage einer Heranziehung der zu § 311b entwickelten Grundsätze offengelassen, weil sie nach den Umständen des entschiedenen Falles nicht in Betracht kamen. Für eine generelle Formbedürftigkeit de lege ferenda: MünchKomm/KANZLEITER Rn 4; KANZLEITER NJW 1999, 1612. Zur Formfreiheit der Bevollmächtigung des anderen Ehegatten unter Befreiung von den Schranken des § 181 s zunächst Rn 5 aE; RGZ 79, 282; BayObLG JW 1925, 2139; OLG Karlsruhe ZBlFG 12, 755 = BadRspr 78 Nr 6, 61; (grundsätzlich für Formgebundenheit in den Fällen des § 181 FLUME § 52, 2 b). Hat ein Vertreter ohne Vertretungsmacht den Ehevertrag abgeschlossen, bedarf die **Genehmigung** des Vertretenen stets der Form des

Burkhard Thiele

§ 1410 (s dazu THIELE, Die Zustimmung in der Lehre vom Rechtsgeschäft [1966] 136 f; anders die hM, BGH FamRZ 1989, 476 f; STAUDINGER/SCHILKEN [2004] § 167 Rn 23 mwNw).

III. Form des Ehevertrages

1. Gleichzeitige Anwesenheit beider Teile

7 Das Gesetz verlangt die **gleichzeitige Anwesenheit** der Vertragsparteien vor dem Notar. Die Vorschriften der §§ 128, 152 sind nicht anwendbar. Gleichzeitige Anwesenheit beider Teile heißt **nicht persönliche Anwesenheit**. Stellvertretung ist zulässig. Zur gesetzlichen Vertretung s § 1411. Die Vollmacht soll der Niederschrift in Urschrift oder in beglaubigter Abschrift beigefügt werden, § 12 S 1 BeurkG. Fehlt der Nachweis der Vertretungsmacht oder hat der Notar Zweifel an der Wirksamkeit der Vollmacht, so hat er die Parteien darauf hinzuweisen. Bestehen sie auf der Beurkundung, soll er gemäß § 17 Abs 2 S 2 BeurkG die Belehrung und die dazu abgegebenen Erklärungen in der Niederschrift vermerken. Zur Form der Vollmacht s oben Rn 5, 6; dort auch zur Bevollmächtigung eines Ehegatten durch den anderen und zu § 181.

8 Ist ein Ehegatte auf Grund eines Vorvertrages **rechtskräftig zum Abschluss des Ehevertrages verurteilt** worden, so wird der Form des § 1410 genügt, wenn der andere Teil das mit dem Rechtskraftzeugnis versehene Urteil dem Notar vorlegt und seine Erklärung zur Niederschrift abgibt (vgl RGZ 76, 411).

2. Zuständigkeit der Notare

9 Zuständig ist jeder Notar. Die Parteien sind in der Wahl des Ortes der Beurkundung und in der Wahl des Notars frei. Bei Beurkundung im Ausland gilt Art 11 Abs 1 EGBGB. Die Einhaltung der am Orte der Beurkundung im Ausland geltenden Formvorschriften genügt. Wird durch den Ehevertrag die sachenrechtliche Zuständigkeit geändert, wie das insbesondere bei der Vereinbarung der Gütergemeinschaft der Fall ist, gilt gleichwohl nicht Art 11 Abs 5 EGBGB. Auch die Rechtswahl für die güterrechtlichen Wirkungen der Ehe bedarf nach Art 14 Abs 4 S 1, 15 Abs 3 notarieller Beurkundung, sofern nicht die Voraussetzungen des Art 14 Abs 4 S 2 vorliegen.

3. Niederschrift

10 Der Ehevertrag muss **zur Niederschrift eines Notars** geschlossen werden. Die Beurkundung erfolgt nach den Vorschriften der §§ 8 ff BeurkG. Die anwesenden (künftigen) Ehegatten oder deren Stellvertreter können ihre Erklärungen in der Verhandlung mündlich abgeben oder einen vorbereiteten Vertragstext offen vorlegen, auf den sie in der Niederschrift verweisen und der dieser als Anlage beigefügt werden muss, § 9 Abs 2 BeurkG. Auch wenn die schriftliche *Vorlage* von den Parteien unterschrieben ist, bedarf es noch der Unterzeichnung des vorgelesenen und genehmigten Protokolls, § 13 Abs 1 S 1 BeurkG. Weder der in Bezug genommene Vertragstext noch die Niederschrift braucht als Ehevertrag gekennzeichnet zu sein (BayObLGZ 1962, 205, 208). Behauptet ein Ehegatte Sprachunkunde, berührt dies die

Wirksamkeit des Vertrags nur dann, wenn die Niederschrift diese Feststellung enthält (§ 16 Abs 1 BeurkG; OLG Hamm FamRZ 1998, 372).

4. Form nach altem Recht

Zur Form der vor dem 1. 7. 1970 abgeschlossenen Eheverträge vgl § 1410 aF (s oben **11** Rn 1); s dazu Staudinger/Felgentraeger[10/11] § 1410 Rn 2 ff. Ob die Beurkundung gemäß §§ 167 ff FGG aF Wirksamkeitsvoraussetzung war („vor Gericht oder vor einem Notar"), war streitig. Die hM verneinte dies (vgl BGHZ 22, 312, 315 zum insoweit gleichlautenden § 925). Zur Verbindung von Ehe- und Erbvertrag s § 1408 Rn 30.

5. Gerichtlicher Vergleich

Nach § 127a wird ausdrücklich die notarielle Beurkundung bei einem **gerichtlichen** **12** **Vergleich** durch die Aufnahme der Erklärungen in ein **nach den Vorschriften der ZPO errichtetes Protokoll** ersetzt. Ebenso für die Zeit vor Inkrafttreten des § 127a (gemäß § 57 Abs 3 BeurkG) die hM (vgl RGZ 48, 183; RG LZ 1919, 641 = Recht 1919 Nr 1486). Anders als nach dem früheren Recht kann ein solcher Vergleich **auch in Ehesachen** geschlossen werden. Ein Vergleich im Verbund von Scheidungs- und Folgesachen, der nur die güterrechtliche Auseinandersetzung betrifft, ist jedoch inhaltlich regelmäßig kein Ehevertrag (s § 1408 Rn 8 f). In Betracht kommt jedoch bei rechtshängiger güterrechtlicher Folgesache (§ 621 Abs 1 Nr 8 ZPO) eine güterrechtliche Regelung (Ehevertrag) für die Zeit bis zur Rechtskraft des Scheidungsurteils. Ersetzt wird nur die notarielle Form, nicht die gleichzeitige Anwesenheit der Parteien (BGHZ 84, 335).

§ 127a setzt voraus, dass ein Rechtsstreit vor einem deutschen Gericht anhängig ist **13** (vgl dazu Breetzke NJW 1971, 178 ff). Zu den weiteren Einzelheiten s die Erl zu § 127a.

6. Umfang der Form

Das Formerfordernis erstreckt sich auf den **gesamten Inhalt** des Ehevertrages ein- **14** schließlich für sich betrachtet nicht formbedürftiger Nebenabreden, wenn diese Teil des Vertrages sein sollen (BGH FamRZ 2002, 1179; Kiethe MDR 1994, 639; Bamberger/ Roth/Mayer Rn 5; Palandt/Brudermüller Rn 3; Staudinger/Hertel [2004] Vorbem 176 zu §§ 127a, 128 [BeurkG]; Grziwotz FamRB 2006, 23; **aA** Kanzleiter NJW 1997, 217 u DNotZ 1994, 279). Eine Gesamtnichtigkeit gemäß § 139 wird wegen des Gewichtes des güterrechtlichen Teils regelmäßig eher nicht anzunehmen sein (s § 1408 Rn 39; Staudinger/ Hertel aaO). „*Stichwortverträge*" sind jedoch möglich, soweit nicht § 1409 etwas anderes bestimmt. Ist eine Verweisung auf geltendes deutsches oder ausländisches Güterrecht zulässig, genügt die hinreichend bestimmte Bezeichnung des in Bezug genommenen Güterstandes oder der gesetzlichen Vorschriften, auf die verwiesen wird.

IV. Die Nichtbeachtung der Form

Die Beachtung der gesetzlich vorgeschriebenen Form des § 1410 ist Wirksamkeits- **15** voraussetzung des Ehevertrages. Bei Verletzung der Formvorschrift ist der Vertrag nichtig, § 125 S 1. Eine Heilung durch Erfüllung ist im Gesetz nicht vorgesehen.

§ 1411
Eheverträge beschränkt Geschäftsfähiger und Geschäftsunfähiger

(1) Wer in der Geschäftsfähigkeit beschränkt ist, kann einen Ehevertrag nur mit Zustimmung seines gesetzlichen Vertreters schließen. Dies gilt auch für einen Betreuten, soweit für diese Angelegenheit ein Einwilligungsvorbehalt angeordnet ist. Ist der gesetzliche Vertreter ein Vormund oder Betreuer, so ist außer der Zustimmung des gesetzlichen Vertreters die Genehmigung des Vormundschaftsgerichts erforderlich, wenn der Ausgleich des Zugewinns ausgeschlossen oder eingeschränkt oder wenn Gütergemeinschaft vereinbart oder aufgehoben wird. Der gesetzliche Vertreter kann für einen in der Geschäftsfähigkeit beschränkten Ehegatten oder einen geschäftsfähigen Betreuten keinen Ehevertrag schließen.

(2) Für einen geschäftsunfähigen Ehegatten schließt der gesetzliche Vertreter den Vertrag; Gütergemeinschaft kann er nicht vereinbaren oder aufheben. Ist der gesetzliche Vertreter ein Vormund oder Betreuer, so kann er den Vertrag nur mit Genehmigung des Vormundschaftsgerichts schließen.

Materialien: Zu § 1437 aF: E I § 1341 Abs 2 S 1; II § 1336 rev § 1422; III § 1420; Mot IV 313, 333; Prot IV 230 ff, 238; KB 2067.
Zu § 1411: E I § 1367; II § 1367; III § 1411; BT-Drucks 1/3802. 54; BT-Drucks 2/224, 40;

BT-Drucks zu 2/3409, 24; BT-Drucks 11/4528, 105.
Vgl STAUDINGER/BGB-Synopse 1896–2005 § 1411.

Systematische Übersicht

I.   Allgemeines

1.   Rechtsentwicklung

1 Bis zum Inkrafttreten des GleichberG waren auf Eheverträge grundsätzlich die allgemeinen Vorschriften über die gesetzliche Vertretung beschränkt Geschäftsfähiger und Geschäftsunfähiger anwendbar. Eine Spezialregelung enthielt § 1437 aF nur für die Vereinbarung oder Aufhebung der Gütergemeinschaft und der Fahrnisgemeinschaft (§ 1549 aF) sowie für den Ausschluss der Fortsetzung der Gütergemeinschaft und die Aufhebung dieser Vereinbarung (§ 1508 Abs 2 aF). § 1411 trifft demgegenüber eine einheitliche Regelung für alle Güterstände und alle ehevertraglichen Vereinbarungen bei Beteiligung beschränkt Geschäftsfähiger, Geschäftsunfähiger sowie Betreuter. Zusätzliche Besonderheiten gelten für den Ausschluss oder die Einschränkung des Zugewinnausgleichs und die Vereinbarung oder Aufhebung der Gütergemeinschaft durch einen Vormund oder Betreuer (Abs 1 S 2, Abs 2 S 1 HS 2).

2. Zweck der Vorschrift

§ 1411 trägt den typischerweise weitreichenden und auf Dauer angelegten vermö- **2** gensrechtlichen Wirkungen von Eheverträgen Rechnung. Die Vorschrift beschränkt die Vertretungsmacht gesetzlicher Vertreter. Der beschränkt Geschäftsfähige, der nach § 1303 Abs 2 ohnehin mindestens 16 Jahre alt sein muss, um die Ehe eingehen zu können, oder der Betreute soll selbst darüber mitentscheiden, ob und mit welchem Inhalt ein Ehevertrag abgeschlossen werden soll. Der (nach der Eheschließung, § 1304) geschäftsunfähig gewordene Ehegatte soll zumindest vor den besonders einschneidenden Wirkungen der Gütergemeinschaft und ihrer Aufhebung bewahrt bleiben.

Die gewillkürte Stellvertretung voll geschäftsfähiger Ehevertragsparteien bleibt un- **3** berührt.

II. Eheverträge beschränkt Geschäftsfähiger (Abs 1)

1. Zustimmung des gesetzlichen Vertreters

Beschränkt Geschäftsfähige und geschäftsfähige Betreute können einen Ehevertrag **4** *nur selbst schließen*, S 4 (s auch unten Rn 17 ff). Sie bedürfen dazu der **Zustimmung ihres gesetzlichen Vertreters.** Für den Betreuten gilt dies allerdings nur, soweit ein Einwilligungsvorbehalt besteht, § 1903 Abs 1. Sie brauchen den Ehevertrag nicht persönlich abzuschließen, sondern können sich durch einen gewillkürten Stellvertreter vertreten lassen (BayObLG JW 1925, 2139 = JFG 3, 185, 188). Die Vollmacht bedarf nicht der Zustimmung des gesetzlichen Vertreters (anders SOERGEL/GAUL § 1411 Rn 2;). Dieser soll nach dem Sinn und Zweck des Abs 1 S 1 den Ehevertrag kraft seines Aufsichtsrechts vollinhaltlich werten. Dem würde die Zustimmung zu einer Vollmacht, die dem gewillkürten Vertreter einen relevanten Spielraum lässt, nicht genügen, so dass der gesetzliche Vertreter dem Vertretergeschäft (dem Ehevertrag) ebenfalls zustimmen müsste. Dann ist aber die Zustimmung zur Vollmacht als entbehrlich anzusehen. Die Zustimmung zu einer Vollmacht an einen Vertreter mit eng „gebundener Marschroute" ist aber als Einwilligung in den Ehevertrag anzusehen.

a) Die Bedeutung von **S 1** und **S 2** liegt in der über § 107 hinausgehenden An- **5** ordnung der Zustimmungsbedürftigkeit. Die Zustimmung ist auch dann erforderlich, wenn der Ehevertrag dem beschränkt Geschäftsfähigen lediglich einen rechtlichen Vorteil bringt.

b) Das Zustimmungserfordernis gilt **für alle Eheverträge**, generell wie speziell **6** (anders noch § 1437 aF).

7 c) Wer **gesetzlicher Vertreter** ist, bestimmt sich nach den Vorschriften über die elterliche Gewalt, die Vormundschaft, die Betreuung und die Pflegschaft. Maßgebend ist stets die Vertretungsmacht in Vermögensangelegenheiten.

8 d) Für die **Zustimmung** gelten die Vorschriften der §§ 108, 109, 182–184. Sie bedarf insbesondere nicht der Form des § 1410. Für die Verweigerung der Genehmigung durch den gesetzlichen Vertreter vor Eintritt der Volljährigkeit trägt der bei Vertragsschluss minderjährige Ehegatte die **Beweislast**, der selbst nach Eintritt der Volljährigkeit genehmigt hat (BGH FamRZ 1989, 476).

2. Genehmigung des Vormundschaftsgerichts

9 Ist der gesetzliche Vertreter ein **Vormund** oder ein **Betreuer** bei Anordnung eines Einwilligungsvorbehaltes, so ist für Eheverträge mit **bestimmten**, besonders einschneidenden Wirkungen (s Rn 11) auch die **Genehmigung des Vormundschaftsgerichts** erforderlich **(Abs 1 S 3)**.

10 a) Einem **Vormund** steht der **Pfleger** (§ 1915) gleich. Steht ein Kind unter *elterlicher Sorge*, ist Abs 1 S 3 *nicht* anwendbar. Die Zustimmung der Eltern zum Ehevertrag genügt in jedem Falle. Ist aber ein Elternteil gemäß §§ 1897 Abs 4, 1779 Abs 2 zum Vormund oder Betreuer bestellt, ist unter den weiteren Voraussetzungen des Abs 1 S 3 die vormundschaftsgerichtliche Genehmigung erforderlich (ERMAN/ HECKELMANN § 1411 Rn 1; BGB-RGRK/FINKE § 1411 Rn 3).

11 b) Die Genehmigung des Vormundschaftsgerichts ist nur dann erforderlich, wenn der **Ausgleich des Zugewinns ausgeschlossen oder eingeschränkt** oder wenn **Gütergemeinschaft vereinbart oder aufgehoben** wird.

12 Der *Ausgleich des Zugewinns* wird ausgeschlossen, wenn der Güterstand der Zugewinngemeinschaft durch den Ehevertrag insgesamt ausgeschlossen (§ 1363 Abs 1 HS 2) oder aufgehoben wird (hM). Abs 1 S 2 gilt aber auch dann, wenn der Ausgleich des Zugewinns unter Beibehaltung des gesetzlichen Güterstandes im Übrigen ausgeschlossen (vgl § 1363 Rn 38) oder auch nur eingeschränkt wird. Eine Einschränkung liegt vor, wenn nur die Erbrechtsverstärkung gemäß § 1371 oder nur der Zugewinnausgleich nach den §§ 1372 ff ausgeschlossen wird. Der Zugewinnausgleich wird auch dann eingeschränkt, wenn die Erbquote des § 1371 Abs 1 verringert wird (zum Streit um die Zulässigkeit der Quotenänderung vgl oben § 1371 Rn 133), wenn die Beteiligungsquote nach § 1378 Abs 1 vermindert wird oder wenn die Modalitäten der Zugewinnberechnung in der Weise geändert werden, dass sich der künftige Ausgleichsanspruch verringert. Wird der Ausgleich des Zugewinns nur zu Lasten eines Ehegatten ausgeschlossen oder eingeschränkt, ist die vormundschaftsgerichtliche Genehmigung nach dem Gesetzeszweck nur dann erforderlich, wenn dies zum Nachteil des beschränkt geschäftsfähigen Vertragsteils geschieht. Bei der Beurteilung der Frage, ob der Ausgleich des Zugewinns eingeschränkt wird, ist im Übrigen nicht entscheidend, ob voraussichtlich ein Zugewinn erzielt werden wird und welcher Ehegatte ihn erzielen wird.

13 Die *Vereinbarung der Gütergemeinschaft* bedarf unabhängig davon der Genehmigung des Vormundschaftsgerichts, ob der Güterstand zugleich inhaltlich verändert wird. Die nachträgliche *Änderung des Güterstandes* ist keine Aufhebung, bedarf daher nicht der Genehmigung. Eine Änderung, die durch entsprechende Bestimmung des Vorbehaltsguts das Gesamtgut praktisch aushöhlt und sein Anwachsen praktisch ausschließt, ist jedoch wie die Aufhebung des Güterstandes zu behandeln (MünchKomm/KANZLEITER § 1411 Rn 3; BAMBERGER/ROTH/MAYER Rn 4).

Der *Ausschluss des Versorgungsausgleichs* ist in Abs 1 S 3 nicht aufgeführt. Teleo- **14** logisch ist das schwer begreiflich (s auch BERGERFURTH FamRZ 1977, 440, 441 Fn 11; Münch-Komm/KANZLEITER § 1411 Rn 3 Fn 4). Angesichts der Hast, mit der der § 1408 Abs 2 und die Ergänzung von § 1414 S 2 erst durch den Vermittlungsausschuss in das 1. EheRG aufgenommen wurden, spricht viel für die Annahme einer teleologischen Lücke, die analog § 1411 Abs 1 S 2 auszufüllen ist (iE auch SOERGEL/GAUL Rn 3; PALANDT/BRUDER-MÜLLER Rn 4; RAUSCHER Rn 360; **aA** BAMBERGER/ROTH/MAYER Rn 4; MünchKomm/KANZLEITER Rn 3).

c)   Die **Zuständigkeit des Vormundschaftsgerichts** richtet sich nach §§ 35, 36, 43 **15** Abs 2, nicht nach § 45 FGG. Es entscheidet der Rechtspfleger.

d)   Für die vormundschaftsgerichtliche **Erklärung** der **Genehmigung** gelten die **16** §§ 1828–1830, 1908i.

3.   Kein Abschluss durch den gesetzlichen Vertreter

Ein **gesetzlicher Vertreter kann** einen Ehevertrag **nicht** im Namen des beschränkt **17** geschäftsfähigen oder geschäftsfähigen betreuten Vertragsteils **abschließen (Abs 1 S 4)**.

a)   Der Abschluss ist *diesem selbst* (oder einem von ihm bevollmächtigten Ver- **18** treter) vorbehalten. Wegen der regelmäßig einschneidenden Bedeutung von Ehe-verträgen soll der Abschluss nicht ohne Beteiligung des unmittelbar Betroffenen erfolgen können, wie das sonst im Rahmen der gesetzlichen Stellvertretung möglich ist. Auch soll die Gefahr einer Kollusion zwischen dem gesetzlichen Vertreter und dem anderen Ehegatten von vornherein ausgeschlossen werden (BT-Drucks 1/3802, 54; 2/224, 40; Prot IV 231 f). Der gesetzliche Vertreter ist darauf beschränkt, nach pflicht-gemäßem Ermessen seine *Zustimmung* zu dem abzuschließenden oder abgeschlos-senen Ehevertrag zu erteilen. Das gilt für alle gesetzlichen Vertreter (Eltern, Vor-mund, Pfleger, Betreuer).

b)   Abs 1 S 3 *beschränkt die Vertretungsmacht* des gesetzlichen Vertreters. Er ent- **19** hält kein gesetzliches Verbot. Schließt der gesetzliche Vertreter den Ehevertrag selbst ab, überschreitet er seine Vertretungsmacht. Der Vertrag ist schwebend un-wirksam und kann vom beschränkt geschäftsfähigen Ehegatten genehmigt werden, § 177. Einer Zustimmung des gesetzlichen Vertreters bedarf es nicht mehr. Mit dem Abschluss des Ehevertrages hat der Vertreter vielmehr seine Mitzuständigkeit be-reits positiv ausgeübt.

III.   Geschäftsunfähigkeit eines Ehegatten (Abs 2)

1.   Für einen geschäftsunfähigen Ehegatten oder Verlobten **kann nur** der **gesetz- 20**

liche Vertreter den Ehevertrag **abschließen** (S 1). Dessen Vertretungsmacht ist jedoch begrenzt: er kann **Gütergemeinschaft** weder vereinbaren noch aufheben. Inhaltliche Änderungen der bestehenden Gütergemeinschaft bleiben jedoch möglich (s dazu auch oben Rn 13). Möglich bleibt auch der Ausschluss des Zugewinnausgleichs.

21   2.   Ist der gesetzliche Vertreter ein **Vormund oder Betreuer**, bedarf er zum Abschluss des Ehevertrages der **Genehmigung des Vormundschaftsgerichts**. Auf den Inhalt des Ehevertrages kommt es nicht an, sofern dieser überhaupt zulässig ist (s Rn 20). Zur vormundschaftsgerichtlichen Genehmigung s oben Rn 15, 16. Die *Eltern* bedürfen der Genehmigung nicht.

§ 1412
Wirkung gegenüber Dritten

(1) Haben die Ehegatten den gesetzlichen Güterstand ausgeschlossen oder geändert, so können sie hieraus einem Dritten gegenüber Einwendungen gegen ein Rechtsgeschäft, das zwischen einem von ihnen und dem Dritten vorgenommen worden ist, nur herleiten, wenn der Ehevertrag im Güterrechtsregister des zuständigen Amtsgerichts eingetragen oder dem Dritten bekannt war, als das Rechtsgeschäft vorgenommen wurde; Einwendungen gegen ein rechtskräftiges Urteil, das zwischen einem der Ehegatten und dem Dritten ergangen ist, sind nur zulässig, wenn der Ehevertrag eingetragen oder dem Dritten bekannt war, als der Rechtsstreit anhängig wurde.

(2) Das Gleiche gilt, wenn die Ehegatten eine im Güterrechtsregister eingetragene Regelung der güterrechtlichen Verhältnisse durch Ehevertrag aufheben oder ändern.

Materialien: Zu § 1435 aF: E I §§ 1336, 1337, 1435 Abs 1; II §§ 1334, 1435 Abs 1 rev § 1420; III § 1418; Mot IV 314 ff; Prot IV 222 ff; KB 2067.
Zu § 1412: E I § 1368; II § 1368; III § 1412;

BT-Drucks 1/3802, 541; BT-Drucks 2/224, 40; BT-Drucks 2/3409, 24.
Vgl STAUDINGER/BGB-Synopse 1896–2005 § 1412.

Schrifttum

Zum älteren Schrifttum s auch STAUDINGER/ THIELE (2000).
DIETERLE, Ehevertrag und Güterrechtsregister, BWNotZ 1963, 205
GOTTSCHALG, Aufgabe und Inhalt des Güterrechtsregisters heute (Diss Bonn 1966)
ders, Zur Eintragungsfähigkeit der Gütertrennung im Güterrechtsregister, DNotZ 1969, 339
ders, Zur Bedeutung des § 1412 Abs 2 BGB im Hinblick auf das Güterrechtsregister, DNotZ 1970, 274

KANZLEITER, Zur Eintragungsfähigkeit in das Güterrechtsregister, DNotZ 1971, 453
KEILBACH, Zu den in einem Güterrechtsregister eintragungsfähigen Tatsachen, FamRZ 2000, 870
H LANGE, Ehevertrag und Güterrechtsregister, FamRZ 1964, 546
S SCHMIDT, Die Bedeutung des Güterrechtsregistereintrags im Güterrecht; § 1412 BGB und die Schuldenhaftung, BWNotZ 1964, 184.
Weitere Angaben s Vorbem zu §§ 1558–1563.

Systematische Übersicht

Alphabetische Übersicht

Burkhard Thiele

I. Allgemeines

1 § 1412 entspricht § 1435 aF unter Berücksichtigung der Neugestaltung des gesetzlichen Güterstandes. Seit dem 1. 4. 1953 galt bis zum Inkrafttreten des GleichberG
§ 1435 Abs 1 aF mit der Maßgabe, dass als gesetzlicher Güterstand die Gütertrennung anzusehen war.

II. Zweck der Vorschrift

1. Funktion des Güterrechtsregisters

2 a)   Zweck des Güterrechtsregisters war zunächst nur der **Verkehrsschutz**. Die
Rechtswirkungen von Eheverträgen erschöpfen sich nicht im Innenverhältnis der
Ehegatten. Sie können vielfältige *Außenwirkungen* haben, insbesondere im Hinblick
auf die dingliche Zuordnung von Vermögensgegenständen, die Verpflichtungs- und
Verfügungsbefugnisse, die Schuldenhaftung und die Voraussetzungen der Zwangsvollstreckung. Entsprechendes gilt, mit jeweils beschränkter Wirkung, in den Fällen
der §§ 1357 Abs 2, 1418, 1431, 1449, 1456 und 1470. Der Rechtsverkehr bedarf des
Schutzes vor diesen Drittwirkungen. Er bedarf ihrer um so mehr, als keine der
angeführten Änderungen güterrechtlicher oder allgemein vermögensrechtlicher
(§ 1357 Abs 2) Verhältnisse zu ihrer Wirksamkeit der Eintragung in das Güterrechtsregister bedarf. § 1412 dient ausschließlich diesem (begrenzten) Verkehrsschutz.

3 b)   Die §§ 1558 ff betreffen nur die Zuständigkeit und das Eintragungsverfahren.
Die Rechtswirkungen der Eintragung und Nichteintragung in das Güterrechtsregister
regelt allein § 1412. Daraus ist vielfach geschlossen worden, dass sich Zweck und
Funktion des Registers in dem durch § 1412 gewährten Verkehrsschutz erschöpften.
Daraus wurde weiter gefolgert, dass nur solche ehevertraglichen Vereinbarungen
eintragungsfähig seien, die rechtlich erhebliche Wirkungen gegen Dritte äußern
(BGHZ 41, 370, 376 = NJW 1964, 1795). Danach könnte weder der Ausschluss der
Zugewinngemeinschaft noch der Ausschluss des Zugewinnausgleichs (mit der Folge
des § 1414 S 2) noch die Aufhebung der Verwaltungs- und Verfügungsbeschränkun-
gen in das Güterrechtsregister eingetragen werden (BGH aaO mwNw; GOTTSCHALG
DNotZ 1969, 339; 1970, 276; 1971, 487; **aM** BEITZKE DNotZ 1964, 692, 694; KANZLEITER DNotZ
1971, 453; LANGE FamRZ 1964, 546; SOERGEL/GAUL Vorbem 4 zu § 1558).

4 c)   Auf Vorlagebeschluss des OLG Celle (NdsRpfl 1975, 236 = FamRZ 1975, 152 LS) hat
der BGH die noch in BGHZ 41, 370 vertretene Rechtsauffassung aufgegeben und
dem Güterrechtsregister über den Verkehrsschutz hinaus eine **umfassende Publikationsfunktion** zugewiesen (BGHZ 66, 203 = NJW 1976, 1258 = FamRZ 1976, 443). **Das
Register dient** danach **der Offenlegung der güterrechtlichen Verhältnisse** zwecks Er-
leichterung des Rechts- und Geschäftsverkehrs. Diese rechtsfortbildende (JOHANNSEN
Anm zu LM Nr 2 zu § 1412 BGB) Erweiterung der Aufgaben des Güterrechtsregisters hat
ganz überwiegend Beifall gefunden (OLG Braunschweig FamRZ 2005, 904 m Anm BERG-
SCHNEIDER; LÜDERITZ/DETHLOFF § 5 Rn 51 f; GERNHUBER/COESTER-WALTJEN § 33 Rn 3–5;
MünchKomm/KANZLEITER Vorbem 6 zu § 1558; PALANDT/BRUDERMÜLLER Rn 3; ERMAN/HECKEL-
MANN Rn 1; Vor § 1558 Rn 2; BAMBERGER/ROTH/MAYER Rn 2; KEILBACH FamRZ 2000, 870; BGB-
RGRK/FINKE § 1412 Rn 5; BAMBERGER/ROTH/MAYER Vor §§ 1558 ff Rn 2; **aM** GOTTSCHALG NJW
1976, 1741). Auf ein berechtigtes Interesse der Ehegatten an der Klarstellung und

Offenlegung des Güterstandes (bei ehevertraglicher Vereinbarung der Zugewinngemeinschaft durch Ehegatten mit verschiedener Staatsangehörigkeit) stellt auch das BayObLG FamRZ 1979, 583, ab.

d) Die Funktionserweiterung des Güterrechtsregisters betrifft in erster Linie die **5** *Eintragungsfähigkeit* (s dazu die Vorbem zu § 1558). Der **registerrechtliche Verkehrsschutz gemäß § 1412 bleibt davon unberührt.** Die richtige Eintragung oder die Nichteintragung der Gütertrennung oder des Ausschlusses der Beschränkungen der §§ 1365, 1369 etwa ändert an den Rechtspositionen der Ehegatten und des Dritten nichts. Der Wegfall der Verwaltungs- und Verfügungsbeschränkungen des gesetzlichen Güterstandes bewirkt eine Erleichterung des rechtsgeschäftlichen Verkehrs. Das von einem Ehegatten allein abgeschlossene Geschäft über sein Vermögen im Ganzen oder über Hausratsgegenstände ist wirksam. Einwendungen der Ehegatten gegen die Wirksamkeit kommen daher weder bei Eintragung noch bei Nichteintragung in Betracht. Ebenso wenig kann sich der Dritte bei Nichteintragung darauf berufen, dass er auf das Bestehen des gesetzlichen Güterstandes vertraut habe. Bei von Anfang an unrichtiger Eintragung wird dagegen das tatsächliche Vertrauen des Dritten unter bestimmten Umständen geschützt, s unten Rn 51. Sind die eingetragenen güterrechtlichen Verhältnisse nachträglich wirksam geändert worden, gilt zugunsten Dritter § 1412 Abs 2.

2. Praktische Bedeutung des Güterrechtsregisters

Echte **Verkehrsschutzwirkung entfaltet** nach der Konzeption des Gesetzes nur **die 6 Nichteintragung** güterrechtlicher Veränderungen. Die Eintragung dagegen sichert den Ehegatten die volle Drittwirkung ihres Güterstandes. In der Praxis hat sich jedoch das Güterrechtsregister nicht durchgesetzt. Die Ehegatten machen regelmäßig von den Eintragungsmöglichkeiten keinen Gebrauch (Statistisches dazu etwa bei MICHAELIS, Die Güterstände in der Praxis [Diss Hamburg 1968] 125 ff). Aber auch von den Geschäftspartnern der Ehegatten wird das Güterrechtsregister nur selten eingesehen. Das Güterrechtsregister ist deshalb weitgehend ein totes Register geblieben (GERNHUBER/COESTER-WALTJEN § 33 Rn 2; s auch BRAGA FamRZ 1967, 652, 659; MIKAT, in: FS Felgentraeger [1969] 350; REITHMANN DNotZ 1961, 3, 14).

III. Inhalt des Registerschutzes – Grundzüge

1. Wirkung der Eintragung

a) Weder der Eintritt des ordentlichen gesetzlichen Güterstandes der Zugewinn- **7** gemeinschaft (§ 1363) noch der des außerordentlichen gesetzlichen Güterstandes der Gütertrennung (§§ 1388, 1414, 1449, 1470) bedarf zu seiner Wirksamkeit der Eintragung in das Güterrechtsregister und der Bekanntmachung. Die dennoch erfolgte **Eintragung hat keine konstitutive Bedeutung.** Auch für Eheverträge ist die Eintragung nicht konstitutiv. Nichtige Eheverträge werden durch eine Eintragung nicht geheilt. Zur Bedeutung von unrichtigen Eintragungen unter dem Gesichtspunkt des Vertrauensschutzes s aber unten Rn 51.

Für das **Innenverhältnis** der Ehegatten ist stets und ausschließlich die **wirkliche 8 güterrechtliche Lage** maßgebend.

9 b) Auch im **Außenverhältnis** der Ehegatten zu Dritten sind grundsätzlich der gesetzliche Güterstand und der Ehevertrag voll wirksam. Ist eine *Abweichung vom gesetzlichen Güterstand* (Aufhebung oder Änderung) in das Güterrechtsregister *eingetragen*, gilt dieser Grundsatz ohne Einschränkung; ebenso, wenn eine *ehevertragliche Abweichung von einer* eingetragenen *güterrechtlichen Regelung* ebenfalls *eingetragen worden ist*. Die materiell richtige Eintragung schließt jeglichen Verkehrsschutz aus. Es kommt nicht darauf an, ob der beteiligte Dritte das Güterrechtsregister eingesehen hat oder ob er die Eintragung kennt.

2. Wirkung der Nichteintragung eintragungsfähiger Tatsachen

10 a) Die **Geltung des ordentlichen gesetzlichen Güterstandes ist** nach § 1363 Abs 1 HS 1 **die Regel**. Jede Abweichung auf Grund eines vor oder nach der Eheschließung vereinbarten **Ehevertrages** ist grundsätzlich im Innen- wie im Außenverhältnis auch ohne Eintragung wirksam (vgl Rn 7). Das gilt für generelle (Ausschluss oder Aufhebung der Zugewinngemeinschaft mit der Regelfolge gemäß § 1414 S 1) wie für spezielle Eheverträge (zB Ausschluss des Zugewinnausgleichs und/oder der Verwaltungs- und Verfügungsbeschränkungen). Im rechtsgeschäftlichen und Prozessverkehr sollen sich Dritte auf die Geltung des gesetzlichen Güterstandes verlassen können. Sie brauchen sich daher **Einwendungen der Ehegatten** aus dem wirklich bestehenden Güterstand **nur entgegenhalten zu lassen, wenn** die **Abweichung** vom gesetzlichen Güterstand in das Güterrechtsregister **eingetragen oder** ihnen bei der Vornahme des Rechtsgeschäfts (s unten Rn 41) oder bei Anhängigwerden des Rechtsstreits (s unten Rn 42) **bekannt war (Abs 1)**. Es kommt nicht darauf an, ob der Dritte auf die Geltung des gesetzlichen Güterstandes tatsächlich vertraut hat.

11 b) Haben die Ehegatten eine wirksame **güterrechtliche Regelung** in das Güterrechtsregister **eintragen lassen** und diese nachträglich **aufgehoben** oder **geändert**, können sie Dritten ebenfalls keine Einwendungen entgegensetzen, die sich auf die neue güterrechtliche Regelung gründen (Abs 2). Dritte müssen solche Einwendungen entsprechend Abs 1 (s Rn 10) nur dann gegen sich gelten lassen, wenn die *ehevertragliche* Aufhebung oder Änderung der eingetragenen güterrechtlichen Verhältnisse in das Güterrechtsregister eingetragen oder ihnen bekannt war. Auch hier ist nicht vorausgesetzt, dass sich der Dritte von der noch eingetragenen güterrechtlichen Lage tatsächlich hat beeinflussen lassen. Zur Anwendung von Absatz 2 auf *gesetzliche* Änderungen des Güterstandes s unten Rn 29 ff.

12 c) **Dritte können sich jederzeit**, auch zu ihren Ungunsten, **auf die wirklich bestehende güterrechtliche Lage berufen**. Das Gesetz zwingt sie nicht, einen ihnen nach § 1412 Abs 1 gewährten Verkehrsschutz in Anspruch zu nehmen (MünchKomm/Kanzleiter § 1412 Rn 9; BGB-RGRK/Finke § 1412 Rn 13; Soergel/Gaul § 1412 Rn 7; aM Dölle I 730 zu Fn 26; Gernhuber/Coester-Waltjen § 33 Rn 22; Bamberger/Roth/Mayer Rn 14). Dass sich Dritte zu *ihren Gunsten* auf die wahre Rechtslage berufen können, ist wohl unstreitig. Sie können jedoch auch die *Unwirksamkeit* eines Rechtsgeschäfts, auf dessen Wirksamkeit sie sich gemäß § 1412 berufen könnten, geltend machen. Dazu besteht insbesondere Anlass, wenn der Dritte nachträglich von dem wirklichen Güterstand Kenntnis erlangt und sich dementsprechend, in Unkenntnis des § 1412, auf die Unwirksamkeit eingestellt hat, während er anderenfalls Ansprüchen des oder der Ehegatten, etwa wegen Verzuges, ausgesetzt wäre. Ein solches besonderes Interesse braucht jedoch im Einzelfall nicht nachgewiesen zu werden. § 1412 beschränkt nur die Einwendungen der Ehegatten, bindet aber den beteiligten Dritten nicht. Zu dem anders gelagerten Fall, dass sich der Dritte auf § 1412 beruft, um daraus die *Unwirksamkeit* eines Rechtsgeschäfts abzuleiten, s unten Rn 14.

d) Sind die vom gesetzlichen oder vom eingetragenen Güterstand abweichenden **13** güterrechtlichen Verhältnisse **nicht eingetragen** und dem Dritten auch **nicht bekannt**, können die **Ehegatten keine Einwendungen** aus ihrem wirklich bestehenden Güterstand ableiten. Sie müssen das Rechtsgeschäft oder Urteil so gegen sich gelten lassen, als sei es auf der Grundlage des gesetzlichen oder eingetragenen Güterstandes vorgenommen worden oder ergangen. Nach ganz hM muss **auch der Dritte**, der die wirkliche Rechtslage nicht gelten lassen will, **den gesetzlichen oder eingetragenen Güterstand insgesamt zugrundelegen** (ERMAN/HECKELMANN § 1412 Rn 3 aE; MünchKomm/ KANZLEITER § 1412 Rn 9; BAMBERGER/ROTH/MAYER § 1412 Rn 14; PALANDT/BRUDERMÜLLER § 1412 Rn 10; SOERGEL/GAUL § 1412 Rn 7 aE; s auch RGZ 142, 59, 61).

Beispiel 1: Es ist Gütergemeinschaft vereinbart, aber nicht eingetragen. Der Ehemann verfügt über einen früher ihm gehörenden Hausratsgegenstand. Der Erwerber braucht sich die fehlende Verwaltungsbefugnis (§§ 1421 S 2, 1450) nicht entgegenhalten zu lassen, § 1412 Abs 1. Wohl aber muss er § 1369 gelten lassen.

Beispiel 2: Im Güterrechtsregister ist noch Gütergemeinschaft mit Gesamtgutsverwaltung durch den Mann eingetragen, obwohl die Ehegatten inzwischen Gütertrennung vereinbart haben. Der Mann hat einen früher zum Gesamtgut gehörenden Gegenstand verschenkt, der der Frau gehört. Die Frau kann ihren Rückgewähranspruch nicht auf die §§ 816 Abs 1 S 2, 932 stützen, weil dem die §§ 1412 Abs 2, 1422 entgegenstehen. Wohl aber muss der Erwerber § 1425 Abs 1 gegen sich gelten lassen, so dass der Anspruch der Frau aus § 985 begründet ist.

e) Ist ein Rechtsgeschäft **nach der wirklichen Rechtslage wirksam**, bedarf es eines **14** Verkehrsschutzes zugunsten des Dritten nicht. Der Dritte kann sich **nicht auf § 1412**, also nicht auf das gesetzliche oder das noch eingetragene vertragliche Güterrecht **berufen, um daraus die Unwirksamkeit des Geschäfts herzuleiten** (MünchKomm/KANZLEITER § 1412 Rn 9; BGB-RGRK/FINKE § 1412 Rn 13; SOERGEL/GAUL § 1412 Rn 7). Anders würde der Verkehrsschutzzweck in sein Gegenteil verkehrt. Zu dem Fall, dass das Rechtsgeschäft sowohl nach der wirklichen als auch nach der gemäß § 1412 anzunehmenden Rechtslage unwirksam ist, s oben Rn 13.

IV. Umfang des Schutzes

1. Rechtsgeschäfte und Urteile

Der Verkehrsschutz bezieht sich nur auf Rechtsgeschäfte und Urteile. **15**

a) Einem Dritten gegenüber, dem die nicht eingetragene güterrechtliche Lage **16** nicht bekannt war, kann kein Ehegatte Einwendungen **gegen ein Rechtsgeschäft** herleiten. Der gute Glaube schützt allerdings nicht vor dem Anspruch auf Herausgabe des Erlangten gem **§ 816 Abs 1 S 2** (BGHZ 91, 288, 292 = NJW 1984, 2156).

17 aa) Das gilt für alle Rechtsgeschäfte, an denen der Dritte und einer der Ehegatten beteiligt waren. Das gilt ferner für *alle Arten* von Rechtsgeschäften, für Verträge wie einseitige Rechtsgeschäfte, für Verpflichtungs- und Verfügungsgeschäfte wie für Gestaltungsakte.

18 bb) Ausgeschlossen sind die Ehegatten nur mit **Einwendungen gegen den am Rechtsgeschäft beteiligten Dritten.** Ein Dritter, zu dessen Gunsten ein Ehegatte im nichteingetragenen Güterstand als Nichtberechtigter verfügt, wird durch § 1412 auch geschützt, wenn dieses eine Verfügung bei einem Vertrag zugunsten Dritter (etwa Lebensversicherung) im Valutaverhältnis ist (BGHZ 91, 288, 291 = NJW 1984, 2156). § 1412 wirkt **nicht zugunsten weiterer Personen** (RG Recht 1918 Nr 377). Das zwischen den Ehegatten und dem Dritten wirksame Rechtsgeschäft kann jedoch **Tatbestandswirkung** für und gegen andere Personen entfalten. § 1412 begründet keine relative Wirksamkeit nur zwischen den Ehegatten und dem Dritten. Die Vorschrift setzt auch nicht voraus, dass sich der Dritte auf den Verkehrsschutz beruft. Der Schutz tritt ex lege ein und entfällt nur dann, wenn der Dritte auf ihn verzichtet (vgl Rn 12). Hat der Dritte einen Anspruch oder Gegenstand, den er auf Grund eines gemäß § 1412 wirksamen Rechtsgeschäfts erworben hat, auf einen anderen übertragen, so erwirbt dieser das Recht. Die durch § 1412 dem Dritten gegenüber ausgeschlossenen Einwendungen leben nicht wieder auf. Der Dritte kann auch nicht nachträglich zu Lasten des Erwerbers auf den Verkehrsschutz verzichten.

19 cc) **Keine Anwendung** findet § 1412 **im Verhältnis der Ehegatten** zueinander und auf **Rechtsgeschäfte zwischen mehreren Dritten.** Ist etwa die Verfügung eines Ehegatten unwirksam, weil der Erwerber die wirkliche güterrechtliche Lage kannte, und verfügt dieser weiter, so verfügt er als Nichtberechtigter. Der Zweiterwerber kann sich nicht auf § 1412 berufen. Er kann aber gemäß §§ 932 ff oder 892 gutgläubig erwerben.

20 dd) § 1412 ist **nicht anwendbar** auf den Erwerb eines Dritten durch **Verwaltungsakt** und **kraft Gesetzes.** Voraussetzungen und Wirkungen eines Verwaltungsakts bestimmen sich stets nach der wirklichen güterrechtlichen Lage. Ebenso ist die wirkliche Rechtslage maßgebend für die Folgen einer *unerlaubten Handlung* eines Ehegatten, für dessen *Unterhaltsverpflichtungen* und andere gesetzlich begründete Schuldverhältnisse.

Beispiel: Es ist Gütergemeinschaft eingetragen, später aber ohne Eintragung wieder aufgehoben worden (§ 1414). Der Ehemann verletzt den Dritten D bei einem Verkehrsunfall schuldhaft. Dem D haftet nur der Ehemann persönlich, nicht aber gemäß §§ 1412 Abs 2, 1421 S 2, 1459 Abs 2 auch die Ehefrau oder ein fiktives Gesamtgut.

Auch aus *ungerechtfertigter Bereicherung* kann nur derjenige Ehegatte in Anspruch genommen werden, der nach der wirklichen güterrechtlichen Lage bereichert ist.

21 ee) Abgesehen von den Wirkungen eines rechtskräftigen Urteils (vgl dazu Rn 25 ff) ist § 1412 für den **Prozessverkehr** nur insoweit von Bedeutung, als danach eine rechtsgeschäftlich begründete Verbindlichkeit eines oder beider Ehegatten besteht. Die Geltendmachung, insbesondere die Aktiv- und Passivlegitimation der Ehegatten, richtet sich nach der wirklichen Rechtslage, wenn diese bei Rechtshängigkeit in das Güterrechtsregister eingetragen oder dem Dritten bekannt war.

ff) Für die **Zwangsvollstreckung** aus einem gegen einen oder beide Ehegatten **22** bestehenden vollstreckungsfähigen Titel ergibt sich aus § 1412 nichts. Die Vorschrift schließt nur Einwendungen der Ehegatten gegen die Wirkungen eines Rechtsgeschäfts oder rechtskräftigen Urteils aus. Sie ordnet dagegen nicht generell an, dass sich die Ehegatten von „gutgläubigen" Dritten so behandeln lassen müssen, als wäre die nicht eingetragene Änderung der güterrechtlichen Verhältnisse nicht erfolgt. Ist etwa Gütergemeinschaft eingetragen, aber inzwischen ohne Eintragung wieder aufgehoben worden, so lässt sich aus § 1412 Abs 2 nicht die Fiktion eines tatsächlich nicht mehr bestehenden Gesamtguts ableiten (anders KIPP-WOLFF § 42 V 1 b; DIETERLE BWNotZ 1963, 205, 211; dagegen SCHMIDT BWNotZ 1964, 184, 190; SOERGEL/GAUL § 1412 Rn 8). Die **Zwangsvollstreckung** richtet sich vielmehr allein **nach der wirklichen güterrechtlichen Lage** (vgl Mot IV 317 f und **hM**: OLG Colmar OLGE 11, 382; OLG Hamburg OLGE 30, 42; OLG Saarbrücken JBlSaar 1965, 8 = FamRZ 1965, 274; DÖLLE I 730 Fn 32; ERMAN/HECKEL-MANN § 1412 Rn 3; BAMBERGER/ROTH/MAYER Rn 7; GERNHUBER/COESTER-WALTJEN § 33 Rn 20; MünchKomm/KANZLEITER § 1412 Rn 4; BGB-RGRK/FINKE § 1412 Rn 11; SOERGEL/GAUL § 1412 Rn 8).

Einzelfälle

(1) Es gilt Gütertrennung (oder der gesetzliche Güterstand). Eingetragen ist aber **23** noch Gütergemeinschaft mit Gesamtgutsverwaltung durch den Mann. Dieser nimmt bei D ein Darlehen auf. D erwirkt einen Vollstreckungstitel gegen den Mann. Für die Zwangsvollstreckung in dessen Vermögen gilt § 739 ZPO. Wird Eigentum der Frau gepfändet, kann diese gemäß § 771 ZPO dagegen vorgehen. Die Drittwiderspruchsklage ist begründet, soweit die Frau ihr Eigentum an solchen Gegenständen geltend macht, die früher zu ihrem Vorbehalts- und Sondergut gehörten. Sie ist auch begründet hinsichtlich der von ihr erst nach Beendigung des Güterstandes erworbenen Gegenstände (OLG Saarbrücken JBlSaar 1965, 8). Im Übrigen liegen die Voraussetzungen des § 771 ZPO zwar ebenfalls vor, dem steht aber der Einwand des D entgegen, dass die Frau mit diesen Gegenständen nach materiellem Recht ihrerseits hafte (allgemein zu diesem Einwand BGH LM Nr 2 zu § 771 ZPO; BETTERMANN, in: FS Weber [1975] 96; STEIN/JONAS/MÜNZBERG § 771 Rn 59, 61). Die Mithaftung der Frau ergibt sich aus § 1412 Abs 2 iVm § 1437 Abs 1 oder, wenn das Gesamtgut geteilt ist, analog § 1480. Der entsprechend § 743 ZPO oder entsprechend § 1480 erforderliche Titel wird durch die Entscheidung gemäß § 771 ZPO ersetzt.

(2) Vereinbart ist **Gütergemeinschaft**, aber nicht eingetragen. Eine *Verfügung* der **24** Frau über ein früher ihr gehörendes Grundstück ist trotz § 1450 gemäß §§ 1412 Abs 1, 1364 wirksam. Hat die Frau oder der Mann mit einem gutgläubigen Dritten ein *Verpflichtungsgeschäft* abgeschlossen, so ist dieses in Ansehung des Gesamtguts auch gegenüber dem anderen Ehegatten wirksam. Ein Urteil gegen die Frau ermöglicht die Zwangsvollstreckung gemäß § 739 ZPO in ihr Sonder- und Vorbehaltsgut. ERMAN/HECKELMANN § 1412 Rn 2 und differenzierend SOERGEL/GAUL § 1412 Rn 8 halten trotz § 740 Abs 2 ZPO auch die Zwangsvollstreckung in das Gesamtgut nach § 739 ZPO für zulässig. Dem ist mit MünchKomm/KANZLEITER § 1412 Rn 4; GERNHUBER/COESTER-WALTJEN § 33 Rn 20 Fn 16 zu widersprechen. Aus § 1412 ergibt sich nur, dass das Gesamtgut haftet, das entbindet aber nicht von den voll-

streckungsrechtlichen Voraussetzungen des § 740 Abs 2 ZPO. Insoweit gilt dasselbe, was auch in den Fällen der §§ 1452, 1454, 1455 Nr 7 und 8 von der hM angenommen wird: es bedarf auch noch eines Titels gegen den anderen Ehegatten.

25 b) Ausgeschlossen sind auch **Einwendungen gegen ein rechtskräftiges Urteil**, das zwischen einem der Ehegatten und einem Dritten ergangen ist, wenn nicht der wirkliche Güterstand bei Eintritt der Rechtshängigkeit in das Güterrechtsregister eingetragen oder dem Dritten zu diesem Zeitpunkt bekannt war.

26 aa) Der Dritte wird in seinem (typisierten) Vertrauen darauf geschützt, dass der Ehegatte, mit dem er den Prozess führt, nach dem von ihm angenommenen Güterstand **zur Prozessführung** auch mit Wirkung für und gegen den anderen Ehegatten **befugt** ist. Maßgebend ist der Zeitpunkt der Rechtshängigkeit, vgl dazu §§ 261, 253, 693 Abs 1, 696 Abs 3, 700 Abs 2 ZPO. Die Prozessführungsbefugnis bleibt bestehen, wenn der wirkliche Güterstand nach Eintritt der Rechtshängigkeit eingetragen oder dem Dritten bekannt wird. Dazu sagt zwar § 1412 nichts, die Rechtsfolge lässt sich jedoch auf §§ 1433, 1455 Abs 1 Nr 7 analog ableiten, wenn wirklicher Güterstand die Gütergemeinschaft ist.

27 bb) Die **Rechtskraft des Urteils**, das in dem Prozess zwischen einem Ehegatten und dem Dritten ergangen ist, wirkt für und gegen den anderen Ehegatten, wenn und soweit das nach dem bei Rechtshängigkeit von dem Dritten angenommenen Güterstand der Fall gewesen wäre. Es kommt nicht darauf an, ob das Urteil auf Grund des § 1412 ergangen und ob es materiellrechtlich richtig ist. Ist etwa noch Gütergemeinschaft mit Alleinverwaltung durch den Ehemann eingetragen und wird dieser aus einer Forderung gegen die Frau aus unerlaubter Handlung verklagt und verurteilt, so wirkt die Rechtskraft des Urteils ohne Rücksicht auf § 1412 gegen den Mann. Sie wirkt aber nach §§ 1412 Abs 2, 1422 in Ansehung des noch nicht geteilten Gesamtguts gegen die Frau. Verklagt der Gläubiger die Frau, um auch einen Titel gegen sie zu erhalten (entsprechend § 743 ZPO), kann sie wegen der Rechtskrafterstreckung keine Einwendungen gegen ihre deliktische Haftung mehr erheben, soweit die Gesamtgutshaftung in Frage steht. Wegen ihrer persönlichen Haftung bleiben ihr dagegen alle Einwendungen erhalten.

28 c) **Nur ein rechtskräftiges Urteil** schneidet dem anderen Ehegatten die Einwendungen ab, nicht ein nur vorläufig vollstreckbares Urteil. Wie das Urteil zustande gekommen ist, ist unerheblich. Daher hat auch ein Versäumnis- oder Anerkenntnisurteil die in § 1412 angeordnete Wirkung. Andere Vollstreckungstitel, insbesondere gerichtliche Vergleiche und vollstreckbare Urkunden, denen die Rechtskraftwirkung fehlt, stehen Urteilen nicht gleich. Sie können aber als *Rechtsgeschäfte* gemäß § 1412 wirksam sein.

2. Entsprechende Anwendung

29 a) § 1412 regelt **nur** den Registerschutz bei **ehevertraglicher Abweichung vom** gesetzlichen oder von dem eingetragenen **Güterstand.** Die auf Grund einseitiger Erklärung gemäß Art 8 I Nr 3 GleichberG eingetretene Gütertrennung erleichtert den Rechtsverkehr zugunsten Dritter. Aus der Annahme, es gelte der gesetzliche Güterstand der Zugewinngemeinschaft, können die Ehegatten daher ohnehin keine

Einwendungen gegen die Wirksamkeit eines Rechtsgeschäfts herleiten. Dazu, dass der Dritte aus § 1412 keine Einwendungen herleiten kann, die zur Unwirksamkeit eines Rechtsgeschäfts führen, s oben Rn 14.

Von einigen im Gesetz ausdrücklich aufgeführten Ausnahmefällen abgesehen (s unten Rn 32 ff) gilt § 1412 **nicht** bei Änderungen der güterrechtlichen Lage, die **kraft Gesetzes** eingetreten sind. Insbesondere ist § 1412 nicht anwendbar im Falle der Beendigung der Zugewinngemeinschaft und des Eintritts der Gütertrennung mit der Rechtskraft eines auf vorzeitigen Ausgleich des Zugewinns erkennenden Urteils gemäß § 1388 (s dazu auch § 1388 Rn 10). Zur *Eintragungsfähigkeit* s oben Rn 4 f. **30**

b) Wegen des auch praktisch bedeutsamen Verkehrsschutzinteresses ist dagegen § 1412 anzuwenden, **31**

aa) wenn die **Gütergemeinschaft durch Urteil aufgehoben** worden ist, §§ 1449 Abs 2, 1470 Abs 2; **32**

bb) wenn **Vermögensgegenstände** nicht durch Ehevertrag (§ 1418 Abs 2 Nr 1 – dann gilt § 1412 unmittelbar), sondern kraft Bestimmung eines Dritten (§ 1418 Abs 2 Nr 2) oder kraft Gesetzes (§ 1418 Abs 2 Nr 3) **Vorbehaltsgut** werden, § 1418 Abs 4; **33**

cc) wenn ein **Einspruch gegen das selbständige Betreiben eines Erwerbsgeschäfts** eingelegt oder die **Einwilligung** dazu **widerrufen** worden ist, §§ 1431 Abs 3, 1456 Abs 3; **34**

dd) wenn die **Schlüsselgewalt** eines Ehegatten **beschränkt** oder **aufgehoben** worden ist, § 1357 Abs 2 S 2. **35**

V. Ausschluss des Schutzes

1. Eintragung oder Kenntnis

Dritte, die mit einem der Ehegatten ein Rechtsgeschäft abschließen oder einen Prozess führen, werden nur in ihrem generalisierten **Vertrauen auf das Schweigen des Güterrechtsregisters** geschützt. **Der Verkehrsschutz entfällt**, wenn der **Ehevertrag** oder der ihm gleichstehende Umstand, s oben Rn 34 f **eingetragen oder dem Dritten bekannt ist**. **36**

a) Die **Eintragung** muss im Güterrechtsregister des zuständigen Amtsgerichts erfolgt sein. Auf die Bekanntmachung der Eintragung, § 1562, kommt es nicht an. Unerheblich ist auch, ob der Dritte von der Eintragung wusste oder wissen konnte. Zur Zuständigkeit des Registergerichts s §§ 1558, 1559. Ist ein Ehegatte Kaufmann und liegt seine Handelsniederlassung außerhalb des Bezirks des für seinen Wohnsitz zuständigen Registergerichts, so ist in Ansehung der Handelsgeschäfte auch die Eintragung in das Güterrechtsregister am Ort der Handelsniederlassung erforderlich, Art 4 EGHGB. Wegen der zum Vorbehaltsgut gehörenden Gegenstände (§ 1418 Abs 4) kann auf ein bei den Registerakten befindliches Verzeichnis Bezug genommen werden (vgl § 13 der Bestimmungen des Bundesrats über die Einrichtung und die **37**

Führung des Vereinsregisters und des Güterrechtsregisters vom 3. 11. 1898 [ZBlDR 438; s PILLER/HERRMANN, Justizverwaltungsvorschriften, 4 e, mit länderbezogenen Fundstellen]).

38 Die **Eintragung** in das Güterrechtsregister **muss** diejenige Regelung oder Tatsache **hinreichend bestimmt** erkennen lassen, auf die sich die Einwendung des oder der Ehegatten gegen die Wirksamkeit des konkreten Rechtsgeschäfts oder Urteils gründet (vgl auch Mot IV 317; GERNHUBER/COESTER-WALTJEN § 38 Rn 38 Fn 64; ERMAN/HECKELMANN § 1418 Rn 6). Es reicht aus, wenn sich die näheren Rechtswirkungen des eingetragenen Ehevertrages, Urteils usw aus dem Gesetz ergeben. Beim Vorbehaltsgut der Gütergemeinschaft muss sich aus der Eintragung die Eigenschaft des einzelnen betroffenen Gegenstandes als Vorbehaltsgut bei Anwendung der im Verkehr erforderlichen Sorgfalt erkennen lassen. Es genügt daher zu § 1418 Abs 1 Nr 1 auch eine Gattungs- oder Sammelbezeichnung, zB „das vom Ehemann betriebene Handelsgeschäft", „das Arbeitseinkommen der Ehegatten" (KG OLGE 12, 305). Zu § 1418 Abs 1 Nr 2 und 3 ist auf die Erkennbarkeit im Einzelfall abzustellen. Lassen die Umstände des Einzelfalls keine eindeutigen Schlüsse zu, darf der Dritte von der Regel des § 1416 Abs 1 ausgehen. Eine Erkundigungspflicht hat er nicht.

39 b) Die **Kenntnis** des Dritten setzt voraus, dass er die die Einwendung der Ehegatten begründenden **Tatsachen** positiv kennt. Er muss wissen, dass ein Ehevertrag abgeschlossen worden ist und er muss dessen Inhalt kennen, soweit er für den konkreten Fall von Bedeutung ist und in Verbindung mit den gesetzlichen Bestimmungen eine eindeutige rechtliche Beurteilung ermöglicht. Die rechtlichen Schlussfolgerungen braucht er nicht gezogen zu haben (MünchKomm/KANZLEITER § 1412 Rn 8; PALANDT/BRUDERMÜLLER § 1412 Rn 9; APFELBAUM MittBayNot 2006, 192; **aM** BAMBERGER/ROTH/MAYER § 1412 Rn 11).

Die selbst grobfahrlässige Unkenntnis der tatsächlichen Umstände ist der Kenntnis nicht gleichzusetzen. Worauf die Kenntnis des Dritten beruht, ist unerheblich. Vgl dazu RGZ 133, 351: aus einem anderen, von dem Dritten mit abgeschlossenen oder ihm inhaltlich sonst bekannten Vertrag.

40 c) Für die Zulässigkeit von Einwendungen der **Ehegatten** kommt es auf den **Zeitpunkt der Vornahme des Rechtsgeschäfts** oder **der Rechtshängigkeit** des Rechtsstreits an, in dem das Urteil ergangen ist.

41 aa) Dem Dritten schadet seine Kenntnis zur Zeit der Vornahme des Rechtsgeschäfts. Bei einseitigen Rechtsgeschäften ist der Zeitpunkt des Zugangs entscheidend, bei Verträgen der Zugang der Annahmeerklärung. Bei *Verfügungsgeschäften* kommt es auf die Kenntnis oder Unkenntnis des Dritten von der Verfügungsbefugnis des Ehegatten zur Zeit der Vollendung des Rechtserwerbs an, wenn die Übergabe oder die Grundbucheintragung der Einigung nachfolgt. Die §§ 873 Abs 2, 878, 892 Abs 2 sind entsprechend anzuwenden. Die Vorschriften gelten auch sinngemäß für die Empfangszuständigkeit eines Ehegatten bei Verfügungen des Dritten. Ist das Rechtsgeschäft aufschiebend *bedingt*, schadet die Erlangung der Kenntnis vor dem Eintritt der Bedingung nicht. Ist das Geschäft von einer *Zustimmung* abhängig, ist zu unterscheiden: Ist die Zustimmung des Ehegatten oder des Dritten gemäß § 177 oder § 185 Abs 2 erforderlich, so muss der Dritte noch zur Zeit der Erteilung der Genehmigung gutgläubig sein. Ist dagegen die Genehmigung eines anderen, auch eine behördliche oder vormundschaftsgerichtliche Genehmigung erforderlich, genügt die Gutgläubigkeit des Dritten zur Zeit der Vornahme des Rechtsgeschäfts. Seine nachträglich, wenn auch vor Erteilung der Genehmigung erlangte Kenntnis schadet nicht (zur vormundschaftsgerichtlichen Genehmigung vgl RGZ 142, 59, 63).

bb) Der Dritte muss Einwendungen gegen ein rechtskräftiges Urteil hinnehmen, **42** wenn er bei **Eintritt der Rechtshängigkeit** Kenntnis hatte. Die Fassung des Gesetzes in § 1412 Abs 1 („der Rechtsstreit anhängig wurde") hat keine vom Begriff der Rechtshängigkeit (§§ 261 Abs 1, 253 Abs 1 ZPO) sachlich abweichende Bedeutung.

2.   Beweislast

Die Beweislast für die Eintragung sowie für die Kenntnis des Dritten zu den maß- **43** gebenden Zeitpunkten trägt derjenige, der sich auf die Zulässigkeit von Einwendungen beruft. Da diese Berufung den Dritten nicht gestattet ist (s oben Rn 14), hat derjenige Ehegatte die Behauptungs- und Beweislast, der Einwendungen erhebt.

3.   Unrichtige Eintragung

Im Falle des § 1412 Abs 2 wird nur das (generalisierte) Vertrauen des Dritten auf **44** eine **richtige Eintragung** geschützt. Das Güterrechtsregister genießt keinen öffentlichen Glauben. § 1412 Abs 2 schützt deshalb auch nur das Vertrauen auf den *Fortbestand* einer richtig eingetragenen Tatsache, begründet aber keinen Vertrauensschutz im Hinblick auf die Richtigkeit der Eintragung selbst. Das Register hat nur *„negative Publizität"*, aber keine *„positive Publizität"*. Zur Bedeutung unrichtiger Eintragungen nach allgemeinen *Rechtsscheingrundsätzen* s unten Rn 51.

4.   Ende des Schutzes

a) Die Rechtswirkungen des § 1412 **enden mit der Auflösung der Ehe.** Der Be- **45** stand der Ehe ist wesentliche Voraussetzung für die Schutzwirkungen des Registers. Über Eheschließung und den Fortbestand der Ehe enthält es keine Angaben. Dritte werden durch eine Eintragung in das Güterrechtsregister daher nicht in ihrer irrigen Annahme gestützt, dass die Ehe noch bestehe.

b) Nach **§ 1559** verliert die Eintragung ihre Wirkung, wenn ein Ehegatte seinen **46** gewöhnlichen Aufenthalt in einen anderen Registerbezirk verlegt. Eine Löschung erfolgt nicht. Wird die Eintragung in dem Register des neu zuständigen Registergerichts wiederholt, entfällt die zwischenzeitlich eingetretene Wirksamkeitshemmung von Einwendungen ohne Rückwirkung erst mit der Neueintragung. Wird der Aufenthalt wieder in den Registerbezirk der ersten Eintragung zurückverlegt, gilt die alte Eintragung, ebenfalls ex nunc, als von neuem erfolgt.

VI.   Sonstiger Vertrauensschutz

1.   Gutgläubiger Erwerb von Nichtberechtigten

a) Die Vorschriften über den gutgläubigen Erwerb vom Nichtberechtigten, ins- **47** besondere die §§ 892 f, 932 ff, bleiben nach überkommener und bis heute hM unberührt und gehen § 1412 vor (vgl schon Mot IV 318 f; ERMAN/HECKELMANN § 1412 Rn 4; GERNHUBER/COESTER-WALTJEN § 33 Rn 23–25; MünchKomm/KANZLEITER § 1412 Rn 10; PALANDT/ BRUDERMÜLLER § 1412 Rn 2; RAEBEL, in: Handbuch der Grundstückspraxis [2005] Teil 5 Rn 139; SOERGEL/GAUL § 1412 Rn 16). Nach dieser Auffassung ist die Flanke des Gesamtguts der Gütergemeinschaft gegenüber dem gutgläubigen Erwerb vom Nichtberechtigten offen, selbst wenn die Gütergemeinschaft in das Güterrechtsregister eingetragen ist. Der Registereintrag soll nur im Rahmen und unter den Voraussetzungen der Bösgläubigkeit (§ 932 Abs 2) und der Kenntnis (§ 892) von Bedeutung sein. Die fehlende Kenntnis von der Eintragung soll allerdings regelmäßig den Vorwurf grober Fahrlässigkeit begründen (DÖLLE I 918; ERMAN/HECKELMANN § 1422 Rn 5; GERN-HUBER/COESTER-WALTJEN § 33 Rn 23–25; PALANDT/BRUDERMÜLLER § 1422 Rn 5; SOERGEL/GAUL § 1422 Rn 14; einschränkend BGB-RGRK/FINKE § 1422 Rn 26; aM mit Recht MünchKomm/KANZ-LEITER § 1412 Rn 10; § 1422 Rn 22; BAMBERGER/ROTH/MAYER § 1412 Rn 16; RAUSCHER Rn 371). Der gutgläubige Erwerb von dem noch als Alleineigentümer eines Grundstücks eingetragenen Ehegatten gemäß §§ 892 f wird dagegen nur bei positiver Kenntnis von der Eintragung oder sonstiger Kenntnis vom Bestehen der Gütergemeinschaft ausgeschlossen.

48 **b)** Die gegen diese hL von GERNHUBER/COESTER-WALTJEN § 38 Rn 83; HENN-ECKE, Das Sondervermögen der Gesamthand (1976) 106 und MIKAT, in: FS Felgen-traeger 248, im Grundsatz auch LÜDERITZ (27. Aufl) § 16 III 4, vorgetragenen Ein-wände sind begründet. Die Überwindung der als absolute Verfügungsbeschränkun-gen konzipierten §§ 1423–1425 durch den öffentlichen Glauben des Grundbuchs und den guten Glauben widerspricht dem eheschützenden Zweck dieser Vorschrif-ten. Das Ergebnis der hM ist zudem paradox, weil zwar die Verfügungsbeschrän-kungen des Alleineigentümers gemäß §§ 1365, 1369 jeden gutgläubigen Erwerb ausschließen, nicht aber die Verfügungsbeschränkungen des nur verwaltungsbe-rechtigten Gesamthänders (GERNHUBER/COESTER-WALTJEN § 38 Rn 83; s auch BAUR/STÜR-NER, Sachenrecht § 22 III 3: „prinzipwidrig"; dagegen aber RAEBEL aaO [Rn 47]). Die Vorstel-lung, dass sich der durch Grundbucheintragung oder Alleinbesitz gestützte Rechts-schein des Alleineigentums nicht mit der Verfügungsbeschränkung eines Gesamt-händers vereinbaren lasse, ist mit Rücksicht auf den Sinn des Gesetzes überwind-bar. Nach § 1412 muss der Dritte die ins Güterrechtsregister eingetragene Güter-gemeinschaft ohne Rücksicht auf sein Wissen oder Wissenmüssen gelten lassen. Der Hinweis darauf, dass die §§ 892f, 932 ff die Registereintragung nicht als er-werbshindernd nennen, bleibt allzu vordergründig-formal.

49 **c)** Es ist nur konsequent, die §§ 892f, 932 ff ebenfalls nicht anzuwenden auf Verfügungen des alleinbesitzenden oder noch als Eigentümer eingetragenen nicht verwaltenden Ehegatten und auf beide Ehegatten bei gemeinschaftlicher Gesamt-gutsverwaltung (so auch GERNHUBER/COESTER-WALTJEN § 38 Rn 110 – zu § 1450 –; s ferner HENNECKE aaO – s Rn 48 – S 110 f: beschränkt auf die Gegenstände der §§ 1423–1425). Im Unterschied zu den anderen Gesamthandsgemeinschaften kennt nur die Güterge-meinschaft ein besonderes Register. Nur bei ihr gehört auch grundsätzlich alles Vermögen der Beteiligten zum Gesamthandsvermögen (§§ 1416 Abs 1, 1418 Abs 4).

50 **d)** Wird den §§ 892f, 932 ff der Vorrang vor § 1412 versagt, so werden zugleich die sachenrechtliche und die schuldrechtliche Lage wieder harmonisiert. Selbst nach der bislang hM ist der gutgläubige Erwerb in den Fällen der §§ 1423 ff, 1450 nicht kondiktionsfest. Dass aber schuld- und sachenrechtliche Wirkungen nach dem Gesetz gleichlaufen sollen, ergibt sich aus den §§ 1428, 1455 Nr 8.

2. Rechtsscheinschutz bei unrichtiger Eintragung

Das Güterrechtsregister hat keinen öffentlichen Glauben wie das Grundbuch und **51** entfaltet keine positive Publizität wie das Handelsregister. Auf eine von vornherein unrichtige Eintragung kann sich der Rechtsverkehr nicht gemäß § 1412 verlassen. Hier greifen aber allgemeine **Rechtsscheingrundsätze** ein, wie sie zu § 15 HGB in der bis 1969 geltenden Fassung entwickelt wurden (vgl BGHZ 22, 234, 238): Wer eine unrichtige Eintragung in das Güterrechtsregister veranlasst oder schuldhaft nicht beseitigt hat, muss sich von einem gutgläubigen Dritten, der auf die Eintragung vertraut hat, im Rechtsgeschäfts- und Prozessverkehr so behandeln lassen, als sei die Eintragung richtig (hM, vgl LÜDERITZ/DETHLOFF § 5 Rn 55; DÖLLE I 732; GERNHUBER/ COESTER-WALTJEN § 33 Rn 27–29; LANGE FamRZ 1964, 549; MünchKomm/KANZLEITER § 1412 Rn 10; BAMBERGER/ROTH/MAYER § 1412 Rn 17; SOERGEL/GAUL § 1412 Rn 16). Der (auch sachlich zweifelhaften, weil allein auf die Vertretungsmacht abstellenden) Heranziehung der §§ 171, 173 bedarf es daneben nicht (so auch MünchKomm/KANZLEITER § 1412 Rn 10 Fn 20; SOERGEL/GAUL § 1412 Rn 16 gegen KIPP/WOLFF § 42 VI 2; DÖLLE I 732; offen ERMAN/ HECKELMANN § 1412 Rn 4).

VII. Internationales Privatrecht

Die Geltung deutschen ehelichen Güterrechts richtet sich nach Art 15 EGBGB idF **52** des IPRG v 25.7.1986. Nach **Art 16 EGBGB** findet § 1412 entsprechend Anwendung, wenn die güterrechtlichen Wirkungen einer Ehe dem Recht eines anderen Staates unterliegen, sofern einer der Ehegatten seinen gewöhnlichen Aufenthalt im Inland hat oder hier ein Gewerbe betreibt. Der fremde gesetzliche Güterstand steht einem vertragsmäßigen gleich. Die Ehegatten können ihren fremden Güterstand Dritten danach nur entgegenhalten, wenn er eingetragen ist. Zum Schutz des Rechtsverkehrs bei der **Überleitung des gesetzlichen Güterstandes der DDR** sieht Art 234 § 4 Abs 2 S 4 EGBGB für den Fall der Option für den früheren Güterstand den Ausschluss des Überganges in die Zugewinngemeinschaft ex tunc vor (dazu RAUSCHER DNotZ 1991, 232). Die Regelung ist § 1412 nachgebildet. Zu den Einzelh s STAUDINGER/RAUSCHER (2003) Erl zu Art 234 § 4 EGBGB.

§ 1413
Widerruf der Überlassung der Vermögensverwaltung

Überlässt ein Ehegatte sein Vermögen der Verwaltung des anderen Ehegatten, so kann das Recht, die Überlassung jederzeit zu widerrufen, nur durch Ehevertrag ausgeschlossen oder eingeschränkt werden; ein Widerruf aus wichtigem Grunde bleibt gleichwohl zulässig.

Materialien: Zu § 1430 aF: E I § 1340 Abs 1; II § 1329 rev § 1415; III § 1413; Mot IV 324; Prot IV 228 f; D 693.

Zu § 1413: E I § 1370; II § 1370; III § 1413;
BT-Drucks 1/3802, 55; BT-Drucks 2/22, 40;
BT-Drucks 2/3409, 25.
Vgl STAUDINGER/BGB-Synopse 1896–2005
§ 1413.

Systematische Übersicht

I.   Allgemeines

1 **1.**   Die Vorschrift ist ein Fremdkörper im ehelichen Güterrecht. Jeder Ehegatte
kann sein Vermögen der Verwaltung eines anderen überlassen, also auch seinem
Ehegatten. Der **Verwaltungsvertrag** enthält **keine güterrechtliche Regelung** iS des
§ 1408 und bedarf deshalb nicht der Form des Ehevertrages. Dass § 1413 den Ausschluss und die Einschränkung des Widerrufs eines Verwaltungsvertrages der Form
des § 1410 unterstellt, macht auch diese Detailregelung nicht zu einer güterrechtlichen (GERNHUBER/COESTER-WALTJEN § 32 Rn 40; MünchKomm/KANZLEITER § 1413 Rn 14 gegen
RG Recht 1911 Nr 1149). Die Stellung der Vorschrift im ehelichen Güterrecht beruht
allein auf der Anknüpfung an § 1430 aF, der insoweit güterrechtlichen Gehalt hatte,
als der mit der Verwaltung des Frauenvermögens betraute Mann die Einkünfte nach
Abzug der Verwaltungskosten uam kraft Gesetzes nach freiem Ermessen verwenden
konnte.

2 **2.**   **Verwaltungsverträge** eines Ehegatten **mit einem Dritten** bleiben von § 1413
unberührt. Hier bleibt auch der Ausschluss des Widerrufs- oder Kündigungsrechts
des Ehegatten formfrei möglich, soweit er nach allgemeinen Rechtsgrundsätzen
überhaupt zulässig ist.

II.   Der Verwaltungsvertrag

1.   Voraussetzungen

3 **a)**   § 1413 ist nur anwendbar, wenn ein Ehegatte sein Vermögen dem anderen
rechtsgeschäftlich zur Verwaltung überlassen hat. Nur dann wird ein (obligatori-
sches) Recht zur Verwaltung begründet, das durch Widerruf zurückgenommen werden könnte. Die Vorschrift gilt nicht, wenn ein Ehegatte nur *von Fall zu Fall* Vermögensangelegenheiten des anderen besorgt oder wenn er dessen Vermögen *im
Rahmen des § 1353* oder *aus Gefälligkeit*, dh ohne Pflicht und Recht, faktisch (mit-)
verwaltet. Regeln Ehegatten während des Zusammenlebens die Aufgabenbereiche
in der Weise, dass einer von ihnen die Wirtschaftsführung im Wesentlichen allein

übernimmt, entsteht daraus selbst dann auch kein Auftragsverhältnis, wenn die verfügbaren Mittel im Wesentlichen aus den Einkünften oder dem Vermögen des anderen Ehegatten zufließen. Der andere Ehegatte kann von dem die Wirtschaftsführung wahrnehmenden Ehegatten weder nach Auftragsrecht noch aufgrund eines eigenständigen familienrechtlichen Anspruchs die Rückzahlung von Geldern verlangen, deren familienbezogene Verwendung dieser Ehegatte nicht belegen kann. Dem steht das besondere Vertrauensverhältnis zwischen den Ehegatten entgegen (so BGH FamRZ 1986, 559; FamRZ 1988, 42; FamRZ 2001, 23 = MDR 2000, 1435 m Anm KOGEL; FamRZ 2002, 1696). In diesen Fällen bedarf es keines Widerrufs, um den anderen Ehegatten künftig von der Verwaltung auszuschließen. An die tatrichterliche Feststellung einer Überlassung der Vermögensverwaltung gemäß § 1413 mit Rechtsbindungswillen sind wegen der damit verbundenen Pflichten (s Rn 9 ff) keine geringen Anforderungen zu stellen (vgl BGH aaO; im Einzelfall kommt die stillschweigende Begründung einer Bruchteilsgemeinschaft in Betracht, so BGH FamRZ 2002, 1696 für ein Girokonto). Umfangreiche Vollmachten allein lassen den Schluss auf einen Verwaltungsvertrag nicht zu. Der Ausschluss oder die Beschränkung des Widerrufs, die § 1413 allein behandelt, lässt aber den Schluss auf den beiderseitigen **Rechtsbindungswillen** zu. In Betracht kommen bei fehlendem Vertragsverhältnis Ansprüche aus unerlaubter Handlung (BGH FamRZ 1986, 559; 2001, 25; zur Beweislast s Rn 6).

b)   Ein Verwaltungsvertrag kann **in jedem Güterstand** geschlossen werden. Von **4** praktischer Bedeutung ist er vor allem im gesetzlichen Güterstand und bei der Gütertrennung, kommt aber auch in der Gütergemeinschaft für das Vorbehalts- und Sondergut in Betracht. Die „Überlassung der Verwaltung" des Gesamtguts an den nicht oder einen der gemeinschaftlich verwaltenden Ehegatten ist in der Form einer Generaleinwilligung – jedenfalls bei zeitlich engerer Begrenzung oder für einen bestimmten größeren Kreis von noch nicht individualisierten Geschäften – möglich (vgl auch RGZ 60, 146; RG JW 1938, 3112), ohne dass es dazu der Form des Ehevertrages (§§ 1421, 1410) bedürfte. Auch in diesem Falle gilt § 1413.

c)   Die Überlassung der Verwaltung setzt einen **Vertrag** voraus. Der Vertrag **5** **bedarf keiner Form**. Er kann vor oder nach der Eheschließung abgeschlossen werden. Ist einer der Ehegatten beim Abschluss nicht voll geschäftsfähig, gelten die §§ 107 ff. Die Vorschriften des § 1411 sind nicht anzuwenden. Der Vertrag kann auch durch **schlüssiges Handeln** zustande kommen. Erforderlich ist aber stets der Rechtsbindungswille beider Ehegatten. Bloßes Dulden von Verwaltungshandlungen eines Ehegatten, der dem anderen dessen Vermögen vorenthält, genügt nicht (RG JW 1938, 3112 = Recht 1939 Nr 111). Auch dass ein Ehegatte mit Billigung und Vollmacht des anderen alle finanziellen Angelegenheiten der Eheleute erledigt, begründet keine Vermögensverwaltung iS des § 1413 (s Rn 3). Im Einzelfall können gegenüber Dritten Rechtsscheingrundsätze entsprechend der Duldungs- oder Anscheinsvollmacht bzw -ermächtigung anzuwenden sein.

d)   Die **Beweislast** für eine rechtswirksame Überlassung der Verwaltung trägt **6** derjenige, der sich auf sie beruft. Eine Vermutung stellt das Gesetz nicht auf. Der Umstand allein, dass die Ehegatten in gutem Einvernehmen leben, beweist nichts. Dies auch dann nicht, wenn ein Ehegatte bereits mehrfach Rechtsgeschäfte mit Wirkung für oder gegen den anderen Ehegatten abgeschlossen hat. Zum Vertrauensschutz im Einzelfall s schon Rn 5 aE. Soweit eine Haftung des tatsächlich wirtschaftenden Ehegatten gegenüber dem anderen aus **unerlaubter Handlung** in Betracht kommt, führt der Verstoß des handelnden Ehegatten gegen die Obliegenheiten aus der ehelichen Lebensgemeinschaft zur Unterrichtung über wesentliche Ausgaben nicht zu einer Umkehr der Darlegungs- und Beweislast für die Voraussetzungen eines deliktischen Ersatzanspruches (BGH FamRZ 2001, 25; 1988, 42; 1986, 559).

7 e) § 1413 ist nur anwendbar, wenn ein Ehegatte dem anderen die **Verwaltung** seines Vermögens überlässt. Die – auch wiederholte – Erteilung von Vollmacht oder Verfügungsermächtigungen genügt dem nicht (so auch BGH FamRZ 2001, 23; 1986, 559). Die Möglichkeit der Erteilung unwiderruflicher Vollmacht oder Ermächtigung richtet sich nach den allgemeinen Grundsätzen, nicht nach § 1413. Vorausgesetzt ist vielmehr, dass dem anderen Ehegatten die Verwaltung des ganzen oder von Teilen des Vermögens übertragen ist (vgl auch Art 8 I Nr 2 GleichberG). Daraus folgt **nicht**, dass es sich um **wesentliche Teile** des Vermögens handeln muss (so aber MünchKomm/ KANZLEITER § 1413 Rn 4; BAMBERGER/ROTH/MAYER Rn 3; PALANDT/BRUDERMÜLLER Rn 4). Gemeint ist vielmehr die Überlassung aller oder einzelner Vermögensgegenstände zur **Verwaltung auf Dauer**. Die Trennung ist zu vollziehen zwischen Einzelaufträgen und -vollmachten bzw -ermächtigungen und den allein unter § 1413 fallenden Daueraufträgen und, wenn auch gegenständlich beschränkten, Generalvollmachten und -ermächtigungen. Deshalb kann die Übertragung der Verwaltung eines im Verhältnis zum Gesamtvermögen unerheblichen Vermögensgegenstandes (ein kleines Grundstück, Wertpapierdepot uam) unter § 1413 fallen.

8 f) § 1413 erfasst nur Verträge, die ein Recht und eine Pflicht zur **Vermögensverwaltung** begründen. Andere Verträge (bloße Gebrauchsüberlassung, auch Miete oder Pacht, Darlehen, aber auch Gesellschaftsverträge) fallen nicht unter die Vorschrift. Auch der Abschluss eines Gesellschaftsvertrages zwischen den Ehegatten, nach dem ein Ehegatte sein Vermögen ganz oder teilweise in die Gesellschaft einzubringen hat, aber von der Geschäftsführung (etwa als Kommanditist oder stiller Gesellschafter) ganz ausgeschlossen und seine Kündigung zumindest beschränkt ist, unterliegt nicht dem Formgebot des § 1413 (**aM** GERNHUBER/COESTER-WALTJEN § 32 Rn 41; MünchKomm/KANZLEITER § 1413 Rn 6; wie hier BAMBERGER/ROTH/MAYER Rn 3; DÖLLE I 681; SOERGEL/GAUL § 1413 Rn 2). Richtig ist es jedoch, § 1413 anzuwenden auf Stimmbindungsverträge unter den Ehegatten und auf eine atypische stille Gesellschaft, die den Inhaber-Ehegatten intern unwiderruflich den Weisungen des anderen Ehegatten unterwirft (GERNHUBER/COESTER-WALTJEN § 32 Rn 42–44).

2. Das Rechtsverhältnis zwischen den Ehegatten

9 a) Die Rechte und Pflichten der Ehegatten richten sich in erster Linie nach den zwischen ihnen getroffenen Vereinbarungen. Ist eine Vergütungsabrede nicht getroffen, ist ergänzend **Auftragsrecht** anzuwenden (BGHZ 31, 197, 204 f u hL). Haben die Ehegatten eine Vergütung vereinbart, ist **Dienstvertragsrecht** und gemäß § 675 in weitem Umfange Auftragsrecht anzuwenden.

10 b) Der Verwalter ist zur **ordnungsgemäßen Verwaltung verpflichtet**. Er hat sich um die Erhaltung der Vermögensgegenstände zu sorgen und sich um die Mehrung des Bestandes zu bemühen. Soweit dazu der Abschluss von Rechtsgeschäften mit Dritten erforderlich ist, Willenserklärungen abzugeben oder in Empfang zu nehmen sind, bedarf es dazu keiner besonderen Vollmacht. Die Bevollmächtigung ist mit der Übertragung der Verwaltung als schlüssig erteilt anzusehen. Ob und wieweit der Verwalter zu Verfügungen über die verwalteten Vermögensgegenstände berechtigt ist, richtet sich nach den Vereinbarungen und nach den Umständen des Einzelfalles. So kann zur Verwaltung von Geld- und Wertpapiervermögen auch die Befugnis gehören, zwecks Anlage oder Umschichtung des Depots zu verfügen. Auch zur Verfügung über verbrauchbare Sachen ist der Verwalter im Zweifel berechtigt. Im Übrigen bedürfen Verfügungen über den Stamm des Vermögens grundsätzlich einer besonderen Vollmacht oder Ermächtigung.

c) Anders als nach § 1430 aF ist der verwaltende Ehegatte ohne besondere **11** Vereinbarung nicht berechtigt, die **Einkünfte** für sich zu verwenden. Er ist aber regelmäßig als befugt anzusehen, die Einkünfte selbständig zur Bestreitung der Kosten der Verwaltung und zur Erfüllung von Verbindlichkeiten des anderen Ehegatten zu verwenden, die das verwaltete Vermögen belasten. Dagegen ist er nicht berechtigt, die überschießenden Einkünfte ohne Zustimmung des anderen Ehegatten für den Familienunterhalt zu verwenden (wie hier Gernhuber/Coester-Waltjen § 32 Rn 36; Bamberger/Roth/Mayer Rn 5; anders MünchKomm/Kanzleiter § 1413 Rn 8). Sie sind vielmehr dem Vermögensinhaber herauszugeben (§ 667), sofern sie nicht nach Maßgabe des Verwaltungsvertrages generell oder kraft spezieller Bestimmung dem verwalteten Vermögen zuzuschlagen sind (vgl BGHZ 31, 197, 204 f).

d) Der Verwalter ist verpflichtet, den **Weisungen** des überlassenden Ehegatten zu **12** folgen (§ 665) und ihm **Nachrichten, Auskunft** und **Rechenschaft zu erteilen** (§ 666; vgl RGZ 87, 100, 108; OLG Köln FamRZ 1999, 298; zum Inhalt dieser Pflichten s §§ 259, 260). Auf die Ablegung von Rechenschaft kann der überlassende Ehegatte verzichten (vgl RG WarnR 1915 Nr 277). Ein auf vergangene Vorgänge bezogener Verzicht auf Auskunft und Rechenschaft, der aus widerspruchsloser Duldung des Verwaltungsgebarens im Allgemeinen entnommen werden kann, wird wirkungslos, wenn sich später Zweifel an der Zuverlässigkeit des Verwalters ergeben (vgl RG JW 1938, 1892). Weiter hat der Verwalter alles, was er zur Ausführung der Vermögensverwaltung erhält oder was er durch sie erlangt, an den überlassenden Ehegatten herauszugeben (§ 667; vgl RG Recht 1914 Nr 637 zur Herausgabe des zu eigenem Nutzen in einer OHG angelegten Kapitals). Abweichend von § 1430 aF treffen den Verwalter die Verpflichtungen aus §§ 665, 666 und 667 für die Einkünfte ebenso wie für den Stamm des Vermögens, da er die Einkünfte nicht mehr nach freiem Ermessen verwenden darf. Verwendet der Verwalter die fremden Einkünfte für sich, so hat er sie außerdem zu verzinsen (§ 668).

e) Für die **Haftung** des verwaltenden Ehegatten ist nicht § 276, sondern sind die **13** §§ 1359, 277 maßgebend. Er hat also dem überlassenden Ehegatten für diejenige Sorgfalt einzustehen, die er in eigenen Angelegenheiten anzuwenden pflegt (RGZ 87, 100, 107; Erman/Heckelmann § 1413 Rn 3; Bamberger/Roth/Mayer § 1413 Rn 5; Palandt/ Brudermüller § 1413 Rn 5; BGB-RGRK/Finke § 1413 Rn 10; aM Dölle I 680 Fn 181; Gernhuber/Coester-Waltjen § 32 Rn 37; differenzierend MünchKomm/Kanzleiter § 1413 Rn 9). Zur Haftung aus unerlaubter Handlung s BGH FamRZ 1988, 42; NJW 1986, 1871.

f) Der überlassende Ehegatte ist verpflichtet, dem Verwalter **Vorschuss** zu leisten **14** (§ 669) und ihm die für erforderlich gehaltenen **Aufwendungen** zu ersetzen (§ 670).

15 g) Die **Besitzverhältnisse** an den zur Verwaltung überlassenen Sachen sind nach den allgemeinen Grundsätzen zu beurteilen. Soweit nicht Mitbesitz an den gemeinschaftlich benutzten Sachen anzunehmen ist, richtet sich die Besitzlage nach den konkreten Umständen des Einzelfalles. Es ist nicht zulässig, aus der Überlassung zur Verwaltung generell auf unmittelbaren Alleinbesitz des verwaltenden und mittelbaren Besitz des überlassenden Ehegatten zu schließen (so aber im Anschluss an OLG Dresden JW 1921, 686; OLG Celle FamRZ 1971, 28 f; s auch SOERGEL/GAUL § 1413 Rn 3; wie hier GERNHUBER/COESTER-WALTJEN § 32 Rn 38; MünchKomm/KANZLEITER § 1413 Rn 10; BAMBERGER/ ROTH/MAYER § 1413 Rn 6).

16 h) Der sein Vermögen überlassende Ehegatte bleibt Rechtsinhaber, wenn nicht der andere Ehegatte die Verwaltung als *Treuhänder* übernimmt. Für **Erzeugnisse** und getrennte Bestandteile bleibt es daher bei der Regel des § 953; sie erwirbt der Vermögensinhaber. In der Übertragung der Verwaltung liegt keine Gestaltung der Aneignung gemäß § 956. Sie müsste besonders erklärt sein. Der **Erwerb von Dritten vollzieht** sich nach den Regeln der Stellvertretung. Ungeachtet des § 667 ist der Verwalter grundsätzlich nicht befugt, Erwerbsgeschäfte mit Mitteln des verwalteten Gutes im eigenen Namen abzuschließen. Eine **Surrogation** findet nur nach Maßgabe des Güterrechts statt, vgl §§ 1370, 1418 Abs 2 Nr 3.

3. Beendigung des Vertrages

17 Der Verwaltungsvertrag endet durch jederzeit möglichen **Widerruf** des überlassenden Ehegatten, § 671, und durch jederzeitige **Kündigung** des Verwalters, § 671. Das gilt, wie § 1413 voraussetzt, auch für den überlassenden Ehegatten beim (entgeltlichen) Verwaltungsdienstvertrag (dazu auch RGZ 91, 363, 365; OLG Marienwerder OLGE 12, 307; OLG Hamburg OLGE 30, 51). Zur Kündigung des Verwalters s § 621 und § 671 Abs 2. Der Vertrag endet ferner mit der **Insolvenz** des Überlassenden, § 115 InsO; weiter bei der **Auflösung der Ehe**, wenn nicht anderes vereinbart ist (vgl § 673; zu § 672 S 1 s BT-Drucks 1/3802, 55; bei Scheidung und Aufhebung der Ehe ist Wegfall der Geschäftsgrundlage anzunehmen). Die §§ 672 S 2, 673 S 2 sind im Falle der Auflösung der Ehe (sinngemäß) anzuwenden.

III. Rechtsbeziehungen zu Dritten

18 1. Der Verwaltungsvertrag berechtigt den Verwalter noch nicht zum Abschluss von Rechtsgeschäften mit Wirkung für und gegen den anderen Ehegatten. Auch ohne ausdrückliche Erklärung enthält er jedoch eine schlüssige **Bevollmächtigung** zumindest für solche Rechtsgeschäfte, die erkennbar zur ordnungsgemäßen Verwaltung erforderlich sind (s auch oben Rn 10 f). Im Übrigen bedarf es besonderer Vollmacht oder, soweit es um Verfügungen geht, der Einwilligung gemäß § 185 Abs 1. Die Grundsätze über die Duldungs- und Anscheinsvollmacht sind anwendbar. Eine den Vermögensinhaber ausschließende (verdrängende) Bevollmächtigung ist rechtlich nicht möglich.

19 2. Für schuldhaftes Verhalten des Verwalters gegenüber Dritten haftet der Vermögensinhaber bei der Anbahnung und Abwicklung von Schuldverhältnissen gemäß **§ 278**. Da der Verwalter grundsätzlich weisungsgebunden ist (vgl § 665), ist er Verrichtungsgehilfe nach **§ 831** (RGZ 91, 363 u hM).

IV. Ausschluss oder Beschränkung des Widerrufsrechts

1. Das Recht des überlassenden Ehegatten, den Verwaltungsvertrag jederzeit zu **20** widerrufen, wird in § 1413 vorausgesetzt (BT-Drucks 2/3409, 25). Auf den Verwaltungsdienstvertrag trifft das an sich nicht zu (§ 621 Nr 1–4 mit Ausnahme der Nr 5). § 1413 will aber die Möglichkeit des unbefristeten Widerrufs durch den Überlassenden sichern. Er enthält insoweit eine *verdeckte Geltungsanordnung*.

2. Der Ausschluss oder die Beschränkung des Widerrufsrechts bei Überlassung **21** der Vermögensverwaltung im Interesse des Überlassenden ist nach allgemeinen Rechtsgrundsätzen regelmäßig nicht möglich (vgl etwa BGH WM 1971, 956). Schon zu § 1430 aF war aber die Zulässigkeit eines „Verzichts" auf das Widerrufsrecht bejaht worden (RG Recht 1911 Nr 1149). Mittelbar erklärt nunmehr § 1413 den Ausschluss und die Beschränkung für möglich, **bindet sie aber an die Form des Ehevertrages**. Es gelten insoweit die Vorschriften der §§ 1410, 1411.

Die Formbedürftigkeit gilt nur für den Ausschluss und die Einschränkung des Wi- **22** derrufs, nicht für den Verwaltungsvertrag selbst. Ist die Ausschluss- oder Einschränkungsklausel Teil des Verwaltungsvertrages und ist dieser nicht gemäß § 1411 beurkundet, so ist § 139 anzuwenden. Regelmäßig ist dann der formlose Verwaltungsvertrag im Übrigen wirksam (wie hier BAMBERGER/ROTH/MAYER § 1413 Rn 4; MünchKomm/ KANZLEITER Rn 14).

3. Auch wenn das Widerrufsrecht des überlassenden Ehegatten formgerecht aus- **23** geschlossen oder beschränkt ist, bleibt ein **Widerruf aus wichtigem Grund** stets zulässig. Er ist auch durch Ehevertrag nicht einschränkbar.

Ein **wichtiger Grund** liegt vor, wenn dem überlassenden Ehegatten die Fortsetzung **24** des Verwaltungsvertrages unter Berücksichtigung aller Umstände des Einzelfalles unzumutbar ist. Der Grund wird häufig in der Person des Verwalters liegen, muss es aber nicht. Auch ein Verschulden ist nicht vorausgesetzt. Die Gründe, die etwa gemäß § 1447 die Klage auf Aufhebung der Gütergemeinschaft rechtfertigen, kön- nen – mit Ausnahme der Nr 2 – als Anhalt dienen, schließen aber andere Gründe nicht aus. In Betracht kommt, dass das Vertrauen des Überlassenden in die Person des Verwaltenden oder in seine Verwaltungsführung in sachlich begründbarer Weise zerstört ist. Dazu genügt das Scheitern der Ehe (§§ 1565 ff) ebenso wie ein Verstoß des Verwalters gegen die Grundsätze ordnungsgemäßer Verwaltung. Unzumutbar- keit kann auch vorliegen bei unberechtigten Abweichungen des Verwalters von Weisungen, aber auch bei wesentlicher Veränderung der beim Ausschluss des Wider- rufsrechts bestehenden Verhältnisse. Dazu können auch Umstände in der Person des Überlassenden gehören, zB unerwartete Genesung von einer Krankheit, die Anlass für den Abschluss des Verwaltungsvertrages war.

V. Übergangsrecht

Hatte die Frau ihr Vermögen vor Inkrafttreten des GleichberG ganz oder teilweise **25** der Verwaltung des Mannes überlassen, so bestimmen sich die Rechtsbeziehungen der Ehegatten seit dem 1. 7. 1958 nach § 1413 (Art 8 I Nr 2 GleichberG).

Kapitel 2
Gütertrennung

Vorbemerkungen zu § 1414

Schrifttum

Zum älteren Schrifttum s auch STAUDINGER/ THIELE (2000).

BEITZKE, Zur Zwangsvollstreckung gegen Ehegatten bei Gütertrennung, ZZP 68 (1955) 241
BLUMENRÖHR, Zum Vermögensausgleich nach gescheiterter Ehe, in: FS Odersky (1996) 517
HAEGELE, Die Gütertrennung im ehelichen Güterrecht, Rechts- und Wirtschafts-Praxis 1971, 828
HOPPENZ, Ausgewählte Fragen des Familienrechts, MittBayNot 1998, 217
JOHANNSEN, Vermögensrechtliche Auseinandersetzung unter Ehegatten nach Auflösung der Ehe bei Gütertrennung, WM 1978, 502

MÜNCH, Gütertrennung für einen Abend? StB 2003, 130
OSENSTÄTTER, Die Gütertrennung nach dem BGB, BayNotZ 1900, 17
RAMM, Gleichberechtigung und Hausfrauenehe, JZ 1968, 41, 90
STENGER, Güterstand bei Unternehmerehen – Gütertrennung und Gütergemeinschaft, ZEV 2000, 141
WINKLMAIR, Rückgewähr einer ehebedingten Zuwendung im Güterstand der Gütertrennung, FamRZ 2006, 1650.
S auch das zu den Vorbem zu §§ 1408 ff angeführte Schrifttum.

Systematische Übersicht

I. Wesen und Bedeutung der Gütertrennung

1. Gütertrennung als Güterstand

1 Die Gütertrennung ist auch nach geltendem Recht ein Güterstand. Ein Güterstand freilich, der sich inhaltlich in der Aussage erschöpft, dass zwischen den Ehegatten *keine spezifisch ehegüterrechtlichen Beziehungen bestehen*. Das Gesetz verzichtet ganz auf eine nähere Inhaltsbestimmung. Anders als in der Fassung des BGB vor Inkrafttreten des Gleichberechtigungsgesetzes (§§ 1426–1431 aF) enthält es auch keine Regelungen mehr, die den ehelichen Aufwand betreffen. Sie sind durch die Neugestaltung des ehelichen Unterhaltsrechts in den §§ 1360–1361 entbehrlich geworden. Das „Wesen" des Güterstandes der Gütertrennung lässt sich daher nur aus dem Vergleich mit dem gesetzlichen Güterstand der Zugewinngemeinschaft und mit der Gütergemeinschaft erschließen. Der Gütertrennung *fehlen* alle Elemente, die diese Güterstände kennzeichnen. Sie kennt kein Gesamtgut. Sie kennt deshalb auch keine Verwaltung „für Rechnung" des Gesamtguts (vgl § 1417 Abs 3 S 2 im Gegensatz zu § 1418 Abs 3). Es bleibt vielmehr bei der auch für die Zugewinngemeinschaft geltenden Grundregel, dass jeder Ehegatte sein (bei Eheschließung vorhandenes und während der Ehe erworbenes) Vermögen selbständig verwaltet (§ 1363 HS 1). Es erfolgt weder ein Ausgleich des Zugewinns noch bestehen während der Ehe irgendwelche Verwaltungs- und Verfügungsbeschränkungen.

2. Allgemeine Wirkungen der Ehe

Aus dem Fehlen spezifisch güterrechtlicher Beziehungen unter den Ehegatten folgt **2** **nicht**, dass sie sich vermögensrechtlich **ganz wie Unverheiratete gegenüberstehen** (so aber BayObLGZ 1960, 370 = FamRZ 1960, 220 f). Die Negation *güterrechtlicher* Verhältnisse (s auch Prot IV 215) lässt den Umstand unberührt, dass die Vermögensinhaber miteinander verheiratet sind. Auch für die in Gütergemeinschaft lebenden Ehegatten gelten die güterstandsunabhängigen Regeln über die eheliche Lebensgemeinschaft, die vielfältige vermögensrechtliche Wirkungen entfalten. Es gelten insbesondere die Vorschriften über den *Familienunterhalt* (§§ 1360–1361), über die *Schlüsselgewalt* (§ 1357), über die *Haushaltsführung* sowie das Recht und die Pflicht zur *Mitarbeit* (§ 1356, auch § 1360), über die *Prozesskostenvorschusspflicht* (§ 1360a Abs 4) und die Regelungen der §§ 1359, 1361, 1361a, b und 1362. Hinzu kommt die auch im Bereich des Vermögensrechts wirksame wechselseitige Verpflichtung der Ehegatten zur ehelichen Lebensgemeinschaft (§ 1353 Abs 1 S 2). Zum Recht auf Mitbenutzung der ehelichen Wohnung und des Hausrats s § 1363 Rn 8. Zu weiteren Einzelheiten vgl die Erl zu § 1353.

3. Eintritt der Gütertrennung

Die Gütertrennung ist sowohl möglicher **vertraglicher Güterstand** als auch **subsidiärer 3 gesetzlicher Güterstand**.

a) Eintritt auf Grund eines Ehevertrages
aa) Die Ehegatten können die Gütertrennung durch *Ehevertrag* ausdrücklich ver- **4** einbaren, § 1408 Abs 1. Vor dem Inkrafttreten des Gleichberechtigungsgrundsatzes am 1. 4. 1953 und vor dem Inkrafttreten des Gleichberechtigungsgesetzes vereinbarte Gütertrennungen sind nach Art 8 I Nr 5 Abs 1 GleichberG in die (inhaltlich nicht geregelte) Gütertrennung des BGB nF übergeleitet worden.

bb) Nach Art 8 I Nr 3 Abs 2 GleichberG *konnte jeder Ehegatte einseitig* erklären, **5** dass für die Ehe Gütertrennung gelten solle. Zu den Einzelheiten s STAUDINGER/ THIELE (2000) Einl 26 zu §§ 1363 ff.

6 cc) Auf Grund eines *Ehevertrages* (so die hM, vgl § 1414 Rn 1) tritt die Gütertrennung ein, wenn die Ehegatten in ihm den gesetzlichen Güterstand der *Zugewinngemeinschaft ausschließen* oder nachträglich *aufheben*, ohne einen neuen Güterstand zu bestimmen, § 1414 S 1. Sie tritt auch dann ein, wenn sie vertraglich den *Zugewinnausgleich* oder den *Versorgungsausgleich ausschließen* oder die *Gütergemeinschaft aufheben*, ohne etwas anderes zu bestimmen, § 1414 S 2.

b) Eintritt kraft Gesetzes

7 Gütertrennung tritt **kraft Gesetzes** als subsidiärer gesetzlicher Güterstand ein

8 aa) mit der *Rechtskraft eines Urteils auf vorzeitigen Zugewinnausgleich*, § 1388,

9 bb) mit der Rechtskraft eines Urteils *auf Aufhebung der Gütergemeinschaft*, §§ 1449 Abs 1, 1470 Abs 1. Das Gleiche galt nach Art 8 I Nr 6 u 7 GleichberG im Falle der *Aufhebung* der *allgemeinen Gütergemeinschaft* (§ 1470 Abs 1 aF), der *Errungenschaftsgemeinschaft* und der *Fahrnisgemeinschaft* (§§ 1542, 1545, 1549 aF),

10 cc) mit der Rechtskraft des Beschlusses, durch den bei vor Inkrafttreten des GleichberG begründeter *Errungenschaftsgemeinschaft* das *Konkursverfahren* über das Vermögen des Mannes eröffnet wurde (§§ 1543, 1545 aF),

11 dd) mit der *Beendigung* der *Errungenschaftsgemeinschaft* früheren Rechts durch *Todeserklärung* eines Ehegatten (§§ 1544, 1545 aF).

12 ee) War die bei Inkrafttreten des GleichberG geltende Gütertrennung kraft Gesetzes eingetreten und ist sie nicht gemäß Art 8 I Nr 5 Abs 2 in die Zugewinngemeinschaft übergeleitet worden (s §§ 1418, 1426 Abs 1 aF), blieb es bei der Gütertrennung.

II. Wirkungen der Gütertrennung

1. Gütermassen

13 a) Die Gütertrennung kennt **nur zwei Vermögensmassen**: das Vermögen des Mannes und das Vermögen der Frau. Sie kennt keine Vergemeinschaftung des Vermögens während der Ehe. Unbekannt ist ihr auch eine obligatorische Vermögensteilhabe nach Beendigung des Güterstandes.

14 b) Die Gütertrennung schließt die Bildung von Gemeinschaftsvermögen nicht aus. Die **Regeln des allgemeinen Vermögensrechts bleiben unberührt**. Danach können den Ehegatten auch Rechte in **Bruchteilsgemeinschaft** zustehen. Sie können auch durch den Abschluss von Gesellschaftsverträgen **Gesamthandsvermögen** bilden und als Miterben gesamthänderisch gebundenes Vermögen erwerben.

15 Zur **Ehegatten-Innengesellschaft** s § 1363 Rn 7, 14, 18; § 1408 Rn 23 f; § 1416 Rn 14 f sowie die Erl zu § 1356. Zur Mitberechtigung der Ehegatten aus Geschäften im Rahmen der „**Schlüsselgewalt**" s die Erl zu § 1357. Über eine Beteiligung eines Ehegatten am Erwerb des anderen, insbesondere bei Mitarbeit in dessen Beruf oder Erwerbsgeschäft, vgl die Erl zu § 1356.

2. Vermögensverwaltung

Jeder Ehegatte verwaltet sein Vermögen selbständig und für eigene Rechnung. Zu **16** Verträgen zwischen den Ehegatten über die Vermögensverwaltung vgl die Erl zu § 1413. Drittwirkende Verwaltungs- und Verfügungsbeschränkungen können auch durch Ehevertrag nicht begründet werden. Dem stehen die Unbeschränkbarkeit der Verpflichtungsfähigkeit durch Rechtsgeschäft und § 137 entgegen. Etwas anderes gilt nur dann, wenn der den Ausgleich des Zugewinns ausschließende Ehevertrag die Verwaltungsbeschränkungen der §§ 1365, 1369 ganz oder teilweise bestehen lässt, § 1414 S 1 HS 2 (s auch § 1363 Rn 38). Die Gütertrennung kennt keine Surrogation. § 1370 gilt nur in der Zugewinngemeinschaft und ist auf die Gütertrennung auch nicht entsprechend anwendbar.

3. Besitzverhältnisse

Die Besitzverhältnisse richten sich nach den allgemeinen Bestimmungen der **17** §§ 854 ff. An den gemeinsam benutzten Gegenständen, insbesondere am Hausrat, und der ehelichen Wohnung haben die Ehegatten regelmäßig Mitbesitz (vgl § 1363 Rn 8 ff).

4. Ehelicher Aufwand

Das geltende Recht enthält keine Regelung mehr darüber, von welchem Ehegatten **18** der eheliche Aufwand zu tragen ist, anders noch die §§ 1427–1429 aF. Maßgebend sind ausschließlich die Vorschriften über die Verpflichtung beider Ehegatten, zum Familienunterhalt beizutragen, §§ 1360 ff.

5. Ehebedingte Zuwendungen

Durch die Ehe bedingte Zuwendungen eines Ehegatten an den anderen haben nicht **19** selten eine „benannte causa": Auftrag, Schenkung, Darlehen, Gesellschafterbeitrag, bei Dienstleistungen auch Arbeitsverträge. Die Abwicklung richtet sich dann nach den getroffenen Vereinbarungen, subsidiär nach dem dispositiven Gesetzesrecht des zugrundeliegenden Vertragstyps. Häufiger wird die causa der Zuwendung nicht näher bezeichnet. Meist treffen die Ehegatten in subjektiver Gewissheit des ungestörten Fortbestandes der Ehe keine näheren Vereinbarungen. Die Praxis verweist die Abwicklungsprobleme, die sich beim Scheitern der Ehe ergeben, grundsätzlich in das **Güterrecht**. Wo das Güterrecht keine Regelungen vorhält, insbesondere also bei Gütertrennung, oder in besonderen Fällen, in denen die güterrechtliche Lösung die Zuwendung nicht oder nicht voll berücksichtigen kann, werden die Grundsätze über den **Wegfall der Geschäftsgrundlage** angewendet (§ 313; zum Streitstand und weiteren Einzelh s § 1363 Rn 17 ff).

Die Einzelheiten der **Rückabwicklung** sind noch nicht befriedigend geklärt. Der **20** **BGH** gibt nur grobe Leitlinien. Die bewirkte Vermögensverschiebung muss nach Treu und Glauben *unzumutbar* sein (BGH NJW 1989, 1986 = FamRZ 1989, 599; FamRZ 1992, 293; 1997, 933). **Art und Umfang der Rückabwicklung** bestimmt der BGH (NJW 1972, 580) nach den konkreten Umständen, die für die Zuwendung bestimmend waren, und nach deren Verwendung während der Ehe sowie den Vermögensverhältnissen der Ehegatten. Demzufolge wären zu berücksichtigen die Höhe der Zuwendung, die wirtschaftliche Lage der Ehegatten, wie lange und mit welchem *Erfolg* die Zuwendung ihrem Zweck gedient hat (BGH NJW 1974, 2046), das Maß der Beiträge zum Familienunterhalt, das Alter der Parteien und die Dauer der Ehe (BGH FamRZ 1992, 293; s auch JOHANNSEN WM 1978, 509; krit zu diesen Kriterien KÜHNE, in: FS Beitzke 249, 251, 265; JOHANNSEN/HENRICH/JAEGER § 1414 Rn 24 f; JAEGER DNotZ 1991, 431, 460 ff zugleich mit einer Auflistung der nach der Rspr relevanten Gesichtspunkte; GÖPPINGER Rn 522; TIEDTKE DNotZ 1983, 161).

21 Die durch den Rückgriff auf § 313 freilich nahegelegte undifferenzierte Heranziehung all dieser angeführten Umstände ist abzulehnen. Mit ihr würde eine quasi-güterrechtliche Lösung entwickelt (ähnlich KÜHNE aaO; ablehnend auch GERNHUBER/COESTER-WALTJEN § 19 Rn 94–96; desgl kritisch BLUMENRÖHR, in: FS Odersky 525 f; WINKLMAIR FamRZ 2006, 1652; vgl auch BGH NJW 1999, 2965 ff), die die Grenzen selbst einer Anpassung nach den Grundsätzen über den Wegfall der Geschäftsgrundlage überschreitet. Im Mittelpunkt muss die Rückgewähr des Zugewendeten oder dessen Vermögenswertes (BGHZ 115, 132, 135 f) stehen (so im Ergebnis auch BGHZ 84, 361 = NJW 1982, 2237: Ausgleich für geleistete Arbeit nur dann, wenn die Früchte als Vermögensmehrung noch vorhanden). Inwieweit das gegenständlich noch vorhandene Zugewendete zurückzugewähren ist, hängt nicht entscheidend von der Dauer der Ehe, dem Alter der Parteien und deren gegenwärtigen Vermögensverhältnissen ab. Dagegen ist zu berücksichtigen, ob und inwieweit das Zugewendete im Laufe der Zeit, auch unterhaltsrechtlich, „verbraucht" worden ist oder ob es vornehmlich als genutztes „Kapital" gedient hat. Im zweiten Fall kommt es nicht wesentlich darauf an, wie lange die Zuwendung den Zwecken der ehelichen Gemeinschaft gedient hat (zur Berücksichtigung des Zwecks der Leistung als Orientierung für die Rechtsfolgenbestimmung bereits § 1363 Rn 23). **Mehrere unbenannte Zuwendungen** werden nur wegen ihrer gleichen Zweckrichtung nicht zu einer Gesamtleistung, die nur einheitlich ausgeglichen werden könnte. Bei der Frage nach einem Ausgleich ist jedoch eine Gesamtbetrachtung anzustellen, bei der es darauf ankommt, ob und inwieweit fragliche Vermögensteile dem in Anspruch genommenen Ehegatten zustehen oder mit Ausgleichsansprüchen belastet sind (BGH FamRZ 1989, 599 = NJW 1989, 1986; OLG Düsseldorf FamRZ 95, 1148; dazu WEVER Rn 506 f). Soweit nach diesen Grundsätzen eine Rückabwicklung der ehebezogenen Zuwendung erfolgen kann, kommt nicht nur – gegen Zahlung eines angemessenen Ausgleichs – die Rückübertragung des Eigentums an einem Vermögensgegenstand in Betracht (für diesen Fall vgl BGH FamRZ 2002, 949; 1998, 669; BGHZ 68, 299, 304 ff; 82, 227, 236 f), sondern auch die Zahlung eines am Wert der Zuwendung ausgerichteten Betrages. Ein Anspruch auf **dingliche Rückgewähr** kann insbesondere in Betracht kommen, wenn die Zuwendung den Vermögensgegenstand dem Zugriff der Gläubiger entziehen sollte oder der Zuwendende das übertragene Vermögensgut für seine gewerbliche Tätigkeit benötigt (s auch § 1363 Rn 24). Ob im Rahmen der an den Grundsätzen über den Wegfall der Geschäftsgrundlage ausgerichteten Ansprüche im Einzelfall ein Affektionsinteresse eine Rolle spielen kann, erscheint demgegenüber zweifelhaft (dazu OLG Celle FamRZ 1997, 381). Soweit keine dingliche Rückgewähr, sondern ein **finanzieller Ausgleich** erfolgt, richtet sich dessen Höhe nach den bereits genannten Gesichtspunkten. Zutreffend wird man davon ausgehen können, dass der Anspruch der Höhe nach durch den Wert der erbrachten Zuwendung sowie durch den Wert, mit dem sie beim Empfänger zum Zeitpunkt des Scheiterns der Ehe noch vorhanden ist, **nach oben begrenzt** ist (BGH FamRZ 1989, 599 = NJW 1989, 1987; OLG

Düsseldorf FamRZ 1995, 1148). Soweit der Zuwendungsempfänger die dingliche Rückgewähr des Erlangten Zug um Zug **gegen Zahlung eines Ausgleichs** schuldet (BGH FamRZ 2002, 949; 1998, 670 mwNw), bemisst die Rechtsprechung diesen nach § 287 ZPO zu ermittelnden Anspruch nach Art und Umfang der erbrachten Leistungen und den finanziellen Beiträgen, ferner werden wertsteigernde Maßnahmen des Empfängers in Anrechnung gebracht (BGH FamRZ 2002, 949; 1999, 366 f = NJW 1999, 354 f; FamRZ 1998, 670). Die **Darlegungs-** und **Beweislast** für Art und Umfang des Rückgewähranspruchs trifft den Anspruchsteller (BGH FamRZ 2002, 949; 1999, 366).

6. Auskunft und Unterrichtung

Eine spezielle Verpflichtung der Ehegatten, einander **Auskunft** über ihre Vermö- **22** gensverhältnisse zu geben, besteht nicht. Die allgemeine, aus § 1353 Abs 1 folgende Unterrichtungspflicht (vgl BGH FamRZ 1976, 516, 517; OLG Hamburg FamRZ 1967, 100; OLG Schleswig SchlHAnz 1974, 112; OLG Karlsruhe FamRZ 1990, 161) besteht jedoch auch in der Gütertrennung (s auch § 1386 Rn 22, 23).

7. Eintragung im Register

a) Eine Eintragung in das **Grundbuch** ist nicht möglich (KG RJA 3, 162). Zum **23** Nachweis der Gütertrennung s §§ 33, 34 GBO.

b) Die Gütertrennung kann in das **Güterrechtsregister** eingetragen werden. Nach **24** der Funktionserweiterung des Registers durch die Rspr (vgl BGHZ 66, 203, 207 gegen BGHZ 41, 370) ist davon auszugehen, dass nicht nur die auf ehevertraglichem Ausschluss der Zugewinngemeinschaft (BGHZ 66, 203) und einseitiger Gütertrennungserklärung (Art 8 I Nr 3 Abs 2 S 6 GleichberG) beruhende Gütertrennung eintragungsfähig ist, sondern jeder Fall der Gütertrennung.

III. Ende der Gütertrennung

1. Die Gütertrennung endet, wenn die Ehegatten durch **Ehevertrag** einen ande- **25** ren Güterstand vereinbaren. Die Beendigung tritt ein mit dem wirksamen Abschluss des Ehevertrages oder mit dem in diesem bestimmten Zeitpunkt des Inkrafttretens des neuen Güterstandes. Eine Vereinbarung der Parteien, die Gütertrennung rückwirkend aufzuheben und vom Beginn der Ehe an die Zugewinngemeinschaft gelten zu lassen, begegnet keinen Bedenken (BGH FamRZ 1998, 903). Wird lediglich die Gütertrennung aufgehoben, gilt der gesetzliche Güterstand der Zugewinngemeinschaft.

2. Die Gütertrennung endet ferner mit der **Auflösung der Ehe** durch Tod oder **26** Todeserklärung eines Ehegatten sowie bei Eintritt der Rechtskraft eines Urteils auf Aufhebung oder Scheidung der Ehe.

Burkhard Thiele

§ 1414
Eintritt der Gütertrennung

Schließen die Ehegatten den gesetzlichen Güterstand aus oder heben sie ihn auf, so tritt Gütertrennung ein, falls sich nicht aus dem Ehevertrag etwas anderes ergibt. Das Gleiche gilt, wenn der Ausgleich des Zugewinns oder der Versorgungsausgleich ausgeschlossen oder die Gütergemeinschaft aufgehoben wird.

Materialien: Zu § 1436 aF: E I §§ 1338, 1381 Abs 1, 1429 Abs 1, 1431 Abs 1; II § 1335, rev § 1421; III § 1419; Mot IV 321, 418, 534; Prot IV 225, 293, 369, 373. Zu § 1414: E I § 1369; II § 1369; III § 1414; BT-Drucks 1/3802, 55; BT-Drucks 2/224, 40; BT-Drucks zu 2/3409, 25; Art 1 Nr 16 1. EheRG; BT-Drucks 7/4694, 12 ff. Vgl Staudinger/BGB-Synopse 1896–2005 § 1414.

Schrifttum

Zu S 1 s Vorbem zu § 1414.
Zu S 2 s die Angaben zu § 1408 Abs 2.

Systematische Übersicht

Alphabetische Übersicht

I. Grundgedanke

§ 1414 bezweckt eine Klärung der Rechtslage für die Fälle, in denen der *gesetzliche* **1**
Güterstand ausgeschlossen oder der *geltende Güterstand aufgehoben* wird, falls nicht
in dem Ehevertrag zugleich eine Bestimmung darüber getroffen worden ist, welcher
Güterstand künftig gelten soll. Mit Rücksicht auf die Verkehrssicherheit soll die
Frage, welcher Güterstand gilt, nicht von der oft zweifelhaften Auslegung des Ehe-
vertrages im Einzelfall abhängen (Mot IV 418). Die hM sieht deshalb in § 1414 eine
(widerlegbare) **Auslegungsregel** (vgl Begr zu RegE II § 1369), während DÖLLE I 858 von
einem (dispositiven) ergänzenden Rechtssatz ausgeht, wenn er meint, die Güter-
trennung trete kraft Gesetzes ein. Der Wortlaut des Gesetzes spricht eher für einen
ergänzenden Rechtssatz (so auch JOHANNSEN/HENRICH/JAEGER § 1414 Rn 1). Dafür spricht
auch die Erstreckung der Vorschrift auf den *Ausschluss des Zugewinnausgleichs* und,
vor allem, den Ausschluss des *Versorgungsausgleichs*. Der Unterschied zwischen der
Auslegungsregel und dem ergänzenden Rechtssatz ist freilich praktisch gering (es
entfällt nach der hier vertretenen Auffassung lediglich die Möglichkeit der Irrtumsanfechtung; s zur
Irrtumsanfechtung LARENZ/WOLF AT § 28 Rn 106).

II. Aufhebung von Güterständen und Ausschluss des Zugewinnausgleichs

1. Eheverträge

§ 1414 behandelt nur die Rechtsfolge von **Eheverträgen** bestimmten Inhalts **2**
(s Rn 3 ff). Zum Eintritt der Gütertrennung bei Aufhebung des geltenden Güterstan-
des **kraft Gesetzes** s Vorbem 7 ff zu § 1414. Zur Gütertrennungserklärung s Einl 26
zu §§ 1363 ff.

2. Ausschluss und Aufhebung der Zugewinngemeinschaft

Der **gesetzliche Güterstand** der Zugewinngemeinschaft wird durch einen vor der **3**
Heirat vereinbarten Ehevertrag **ausgeschlossen**. Die ehevertragliche Lösung von der
bestehenden Zugewinngemeinschaft erfolgt durch **Aufhebung**. Isolierte Ausschlie-
ßungen und Aufhebungen kommen praktisch nicht vor. Im Ehevertrag wird viel-
mehr regelmäßig der gewählte andere Güterstand vereinbart, womit die Zugewinn-
gemeinschaft abbedungen ist.

3. Ausschluss des Zugewinnausgleichs

Praktische Bedeutung kommt § 1414 dagegen zu beim **Ausschluss des Zugewinnaus- 4
gleichs**.

a) Die Vorschrift ist nur anwendbar, wenn der Zugewinnausgleich **für beide Ehe- 5
gatten** und **vollständig** ausgeschlossen wird. Sie gilt nicht, wenn nur der obligatorische
Zugewinnausgleich nach den §§ 1372–1390 oder allein die Erbrechtsverstärkung
gemäß § 1371 ausgeschlossen wird (BayObLG NJW 1971, 991). Wird der „Ausgleich

Burkhard Thiele

des Zugewinns" ohne nähere Angaben abbedungen, ist der Ehevertrag regelmäßig dahin auszulegen, dass auch die Erbrechtsverstärkung ausgeschlossen sein soll. Werden durch den Ehevertrag nur die Verwaltungsbeschränkungen der §§ 1365, 1369 beseitigt, bleibt es ebenfalls im Übrigen bei der Zugewinngemeinschaft. § 1414 gilt nicht bei inhaltlichen Änderungen der Vorschriften über den Zugewinnausgleich, mögen sie auch noch so einschneidend sein.

6 b) Ist der Zugewinnausgleich beiderseits und vollständig ausgeschlossen, tritt **Gütertrennung** ein, **wenn die Ehegatten nichts anderes vereinbart haben.** Sie können nicht nur einen anderen Güterstand wählen, sondern sich auch für die Fortgeltung des gesetzlichen Güterstandes mit Ausnahme der §§ 1371–1390 entscheiden. Es gilt dann ein Rumpfgüterstand der „Zugewinngemeinschaft", der sich in den Wirkungen der Gütertrennung (§§ 1363 Abs 2 S 1, 1364) und den Verwaltungsbeschränkungen (§§ 1365–1370) erschöpft. Zur umstrittenen Zulässigkeit der Aufrechterhaltung des gesetzlichen Güterstandes ohne Zugewinnausgleich vgl § 1363 Rn 38 mwNw.

4. Aufhebung der Gütergemeinschaft

7 Wird die **Gütergemeinschaft aufgehoben**, tritt, wenn nichts anderes vereinbart ist, ebenfalls Gütertrennung ein. Die Gütergemeinschaft muss beiderseits und vollständig aufgehoben werden. Ein spezieller Ehevertrag, der die Gütergemeinschaft nur modelliert, genügt nicht. Das gilt auch dann, wenn nach dem Inhalt des Ehevertrages das Gesamtgut nur aus dem Vermögen eines Ehegatten gespeist wird (zur Zulässigkeit s Vorbem 22 zu § 1408 ff).

5. Aufhebung der Errungenschafts- und Fahrnisgemeinschaft

8 Auf eine gemäß Art 8 I Nr 7 fortgeltende **Errungenschafts-** oder **Fahrnisgemeinschaft** sind die für diese vor dem 1. 4. 1958 geltenden Vorschriften weiterhin anwendbar. Dazu zählt auch § 1436 aF, der für den Fall der Aufhebung dieser Güterstände den Eintritt der Gütertrennung anordnet.

6. Aufhebung sonstiger Güterstände

9 **Nicht geregelt** ist die Rechtsfolge, die bei der ehevertraglichen **Aufhebung eines sonstigen Güterstandes** (Phantasiegüterstand, ausländischer Güterstand) eintritt. Auf Phantasiegüterstände ist § 1414 entsprechend anzuwenden. Gilt ausländisches Güterrecht gemäß Art 15 EGBGB, so ist auch nach diesem die Rechtsfolge der Aufhebung zu bestimmen. Möglich ist die **Aufhebung der Gütertrennung** mit rückwirkender Vereinbarung der Zugewinngemeinschaft (BGH FamRZ 1998, 902).

III. Ausschluss des Versorgungsausgleichs

10 1. Der Ausschluss des Versorgungsausgleichs hat regelmäßig den *Eintritt der Gütertrennung* zur Folge (S 2), es sei denn, dass sich aus dem Ehevertrag etwas anderes ergibt (S 1). Die Regelung steht in Kontrast zu § 1587 Abs 3, wonach die Bestimmungen über den Versorgungsausgleich unabhängig vom Güterstand der Ehegatten sind. Hatten sie Gütertrennung vereinbart, findet der Versorgungsausgleich statt (vorbehaltlich eines *gesonderten Ehevertrages* nach § 1408 Abs 2, der in solchen Fällen – wie auch sonst – zum Ausschluss des Versorgungsausgleichs erforderlich ist; vgl SOERGEL/GAUL Rn 8). Versorgungsausgleich und Zugewinnausgleich müssen somit nicht miteinander verbunden sein. Es ist deshalb nicht einzusehen, dass der Ausschluss des Versorgungsausgleichs auch den Ausschluss des Zugewinns nach sich zieht. Der Gesetzgeber ist insoweit nach dem verfehlten Prinzip der Maximierung der Verschlechterung verfahren, das er – zu Recht – im umgekehrten Fall (bei Vereinbarung der Gütertrennung; vgl vorstehend) nicht befolgte (zur Kritik auch MünchKomm/KANZLEITER Rn 6; SOERGEL/GAUL Rn 8; GERNHUBER/COESTER-WALTJEN § 28 Rn 10; § 40 Rn 5; eingehend: KANZLEITER, in: FS Rebmann [1989] 561 ff; abw RAUSCHER Familienrecht Rn 443).

2.   Da S 2 als **Auslegungsregel** (STAUDINGER/THIELE vorstehend Rn 1, 5) *nicht zwingend* **11** ist (DIEDERICHSEN NJW 1977, 217, 223), können die Ehegatten den Versorgungsausgleich ausschließen und sich dennoch – zB wegen der Verwaltungsbeschränkungen der §§ 1365–1369 – für den Güterstand der Zugewinngemeinschaft entscheiden (str, vgl STAUDINGER/THIELE § 1363 Rn 38, Vorbem 20 zu §§ 1408 ff). Das kann auch in einem späteren Ehevertrag geschehen, hingegen nicht durch bloße formlose Aufhebung des ursprünglichen Vertrages (AG Seligenstadt FamRZ 2002, 829 unter Hinweis auf OLG Frankfurt FamRZ 2001, 1523). Um Unklarheiten zu vermeiden, empfiehlt es sich, in einer den Versorgungsausgleich ausschließenden Vereinbarung eine Regelung darüber aufzunehmen, ob auch Gütertrennung eintreten soll (vgl dazu näher MünchKomm/KANZLEITER Rn 7).

3.   Soweit sich aus dem Ehevertrag nicht etwas anderes ergibt, gilt die (ohnehin **12** verfehlte – vorstehend Rn 10 – und schon deshalb restriktiv auszulegende) Regel des S 2 – ebenso wie der in Bezug genommene S 1 (vorstehend STAUDINGER/THIELE Rn 5) nur bei **vollständigem und für beide Ehegatten vereinbartem Ausschluss** (SOERGEL/GAUL Rn 9; MünchKomm/KANZLEITER Rn 6). Wird der Versorgungsausgleich nur einseitig oder zum Teil ausgeschlossen oder modifiziert, so tritt die Gütertrennung nicht ein, sofern nicht Teilausschluss oder Modifikation auf einen Totalausschluss hinauslaufen (vgl BECKER Rn 598; BGB-RGRK/FINKE Rn 14; KNIEBES/KNIEBES DNotZ 1977, 269, 285; ROLLAND § 1414 Rn 4; SOERGEL/GAUL aaO; differenzierend REINARTZ NJW 1977, 81, 83). Ein Rücktrittsvorbehalt in einem Totalausschluss reicht indessen nicht aus, um eine Ausnahme von dem in S 2 formulierten Grundsatz zu begründen (aA KANZLEITER, in: FS Rebmann [1989] 561, 565; REINARTZ DNotZ 1978, 267, 280). Auch ein Totalausschluss, bei welchem ein Ehegatte dem anderen Vermögenswerte überträgt, bleibt Totalausschluss und hat daher die Folge des S 1. In jedem Falle sollten die Eheleute im Ehevertrag bei (Total- oder Teil-)Ausschluss des Versorgungsausgleichs oder dessen vertraglicher Modifikation die ehegüterrechtlichen Folgen ausdrücklich regeln.

4.   Wenn der *Ausschluss* des Versorgungsausgleichs *unwirksam* wird, weil inner- **13** halb der Jahresfrist **Antrag auf Scheidung der Ehe** gestellt wurde (§ 1408 Abs 2 S 2), entfällt rückwirkend auch die Folge der Gütertrennung (GAUL FamRZ 1981, 1134, 1140; KANZLEITER, in: FS Rebmann [1989] 561, 563 f; SOERGEL/GAUL Rn 10 und ausf ders § 1408 Rn 55 f). Die Ehegatten lebten, sofern vorher nicht anderes vereinbart war, im gesetzlichen Güterstand. Auch die Verfügungsbeschränkungen (§§ 1365, 1369) kommen rückwirkend wieder zur Geltung (so vor allem auch GAUL FamRZ 1981, 1134, 1140 f; ders, in: SOERGEL/GAUL § 1408 Rn 55 f); das gilt auch bei zwischenzeitlicher Eintragung der Gütertrennung im Güterrechtsregister, weil dieses mangels positiver Publizität das Vertrauen in eine von Verfügungsbeschränkungen freie, aber unrichtige Rechtslage nicht schützt (MünchKomm/KANZLEITER Rn 7; RAUSCHER Familienrecht Rn 443 aE; aA offenbar ERMAN/HECKELMANN § 1408 Rn 14). Die Gegenauffassung (§§ 161, 158) überzeugt nicht, da die in § 1408 Abs 2 S 2 enthaltene Jahresfrist nicht eine rechtsgeschäftliche, sondern eine Rechtsbedingung ist (§ 1408 Rn 90; ebenso RAUSCHER aaO; für eine entsprechende Anwendung des § 161: ERMAN/HECKELMANN § 1408 Rn 14; KNIEBES/KNIEBES DNotZ 1977, 269, 288; STAUDINGER/RULAND[12] Rn 13). Die genannte Rechtsfolge (Wegfall der zunächst nach S 2 kraft Gesetzes eingetretenen Gütertrennung) entfällt wieder, wenn der Scheidungsantrag zurückgenommen wird (REINARTZ DNotZ 1978, 267, 283; vgl auch BERGERFURTH FamRZ 1977, 440, 442; aA KNIEBES/KNIEBES aaO), hingegen nicht bei Erfolglosigkeit des Scheidungsantrags (zur erforderlichen Differenzierung vgl § 1408 Rn 95, 96; aA STAUDINGER/EICHENHOFER [1994] Rn 13). Wenn die Ehegatten den Ausschluss des Versorgungsausgleichs rückgängig machen (**Aufhebungsvertrag**), führt dies, wenn sie nichts anderes vereinbart haben, auch zur Aufhebung der Gütertrennung, sofern diese nur eine Folge davon war, dass die Ehegatten den Versorgungsausgleich ausgeschlossen haben (ausf BECKER Rn 603 f; ausf zu möglichen Vertragsgestaltungen LANGENFELD Rn 654 ff); bei (früherer) bewusster Vereinbarung der Gütertrennung bleibt diese hingegen unberührt von der (späteren ausschließlichen) Änderung bezüglich des Versorgungsausgleichs. Entsprechendes gilt im Falle der nachträglichen Feststellung der **Unwirksamkeit** des Ausschlusses des Versorgungsausgleichs (wegen Nichtigkeit, insbes Sittenwidrigkeit; ausf dazu § 1408 Rn 65 ff); auch hier ist maßgeblich, ob der Eintritt der Gütertrennung auf einem eigenständigen Entschluss der Ehegatten beruhte oder (im Falle der Wirksamkeit) bloße Gesetzesfolge gem § 1414 S 2 gewesen wäre (zutr RAUSCHER DNotZ 2004, 524, 543 mwN).

14 Die Regel, dass der Ausschluss des Versorgungsausgleichs den Eintritt der Gütertrennung zur Folge hat, lässt sich nicht umkehren. Die Bestimmungen über den Versorgungsausgleich gelten unabhängig davon, in welchem Güterstand die Ehegatten leben (§ 1587 Abs 3).

15 5. Haben die Ehegatten den Versorgungsausgleich ausgeschlossen, können sie unter Vorlage dieser Vereinbarung in öffentlich beglaubigter Form beantragen, dass ihre Gütertrennung in das Güterrechtsregister eingetragen wird (§ 1560; vgl näher STAUDINGER/THIELE Vorbem 6 f zu §§ 1558–1563; SOERGEL/GAUL Rn 15).

16 6. S 2 gilt nur für solche Vereinbarungen nach § 1408 Abs 2, die nach dem 1. 7. 1977 geschlossen worden sind. Ein zuvor vereinbarter Ausschluss des Versorgungsausgleichs (vgl Art 12 Nr 3 Abs 3 1. EheRG) berührt den Güterstand der Ehegatten nicht.

Kapitel 3
Gütergemeinschaft

Vorbemerkungen zu §§ 1415 ff

Schrifttum

APFELBAUM, Gütergemeinschaft und Gesellschaftsrecht, MittBayNot 2006, 185

APP, Zwangsvollstreckung bei in ehelicher Gütergemeinschaft lebendem Schuldner – Kurzüberblick, JurBüro 2000, 570

BECK, Der Betrieb eines Handelsgewerbes in der Gütergemeinschaft, DNotZ 1962, 348

BEHMER, Ist die Gütergemeinschaft als Wahlgüterstand „obsolet"?, FamRZ 1988, 339

BÖHRINGER, Fortbestehen der Auflassung bei Vereinbarung der Gütergemeinschaft, BWNotZ 1983, 133

BUCHNER, Gütergemeinschaft und erwerbswirtschaftliche Betätigung der Ehegatten, in: FS Beitzke (1979) 153

ENSSLEN, Das Zusammentreffen von Gütergemeinschaft und Scheidungsverfahren, FamRZ 1998, 1077

FABRICIUS, Relativität der Rechtsfähigkeit (1963) 152

GRASMANN, Klage auf Aufhebung der Gütergemeinschaft nach dreijähriger Trennung der Ehegatten entsprechend der für die Zugewinngemeinschaft geltenden Vorschrift des § 1385 BGB, FamRZ 1984, 957

GRZIWOTZ, Die zweite Spur – ein (neuer) Weg zur Gerechtigkeit zwischen Ehegatten, DNotZ 2000, 486

HENNECKE, Das Sondervermögen der Gesamthand (1976) 98

HOFMANN, Zum Erwerb einzelner Gegenstände durch einen Ehegatten für das Gesamtgut der Gütergemeinschaft, FamRZ 1972, 117

KANZLEITER, Der Kommanditanteil, ein möglicher Bestandteil des Gesamtguts der Gütergemeinschaft, DNotZ 2003, 422

KLEINLE, Trennungsunterhalt und Gütergemeinschaft mit gemeinschaftlicher Gesamtgutverwaltung, FamRZ 1997, 1194

KLÜBER, Die scheidungsbedingte Auseinandersetzung der Gütergemeinschaft, FPR 2001, 84

KNUR, Die Gütergemeinschaft im Blickfeld des Erbschaftsteuergesetzes, in: FS Barz (1974) 475

KRÜGER, Einfluss der Rechtswirkungen des Gesamtguts der Gütergemeinschaft auf eine steuerliche Anerkennung von Ehegattenmitarbeitsverhältnissen, Betrieb 1975, 2196

LUTTER, Zum Umfang des Sonderguts, AcP 161, 163

MAI, Die Gütergemeinschaft als vertraglicher Wahlgüterstand und ihre Handhabung in der notariellen Praxis, BWNotZ 2003, 55

MÜNCH, Die Ehegatteninnengesellschaft – Ein Vorschlag zu ihrer vertraglichen Ausgestaltung –, FamRZ 2004, 233

PINTENS, Grundgedanken und Perspektiven einer Europäisierung des Familien und Erbrechts, FamRZ 2003, 329

REHLE, Grundstückserwerb durch Ehegatten, DNotZ 1979, 196

REUTER-KUNATH, Gütergemeinschaft und Ehegatten-OHG, JuS 1977, 376

RIPFEL, Die Verwaltung des Gesamtguts der allgemeinen Gütergemeinschaft, BWNotZ 1957, 1

ders, Die Bedeutung der Güterstände im Beurkundungs- und Grundbuchwesen, Justiz 1966, 49

SCHÜNEMANN, Ehegattengesellschaft in Gütergemeinschaft?, FamRZ 1976, 137

STENGER, Güterstand bei Unternehmereren – Gütertrennung und Gütergemeinschaft, ZEV 2000, 141

TIEDTKE, Gesamthand- und Gesamtschuldklage im Güterstand der Gütergemeinschaft, FamRZ 1975, 538

Burkhard Thiele

ders, Offene Handelsgesellschaft und Gütergemeinschaft, FamRZ 1975, 675
ders, Universalsukzession und Gütergemeinschaft, FamRZ 1976, 510

ders, Grundstückserwerb von Ehegatten in
Gütergemeinschaft, FamRZ 1979, 370
WITTICH, Die Gütergemeinschaft und ihre
Auseinandersetzung (Diss 2000).

Systematische Übersicht

I.   Begriff und Struktur

1 1.   Die Gütergemeinschaft ist das Güterrechtssystem, in dem grundsätzlich das gesamte Vermögen beider Ehegatten im **Gesamtgut** zu einem **gemeinschaftlichen Vermögen** zusammengefasst wird. Ausgenommen vom Gesamtgut sind nur die rechtsgeschäftlich nicht übertragbaren Gegenstände (Sondergut, § 1417) und das Vorbehaltsgut (§ 1418). § 1587 Abs 3 ändert daran nichts, wirkt sich aber bei der Auseinandersetzung aus.

2 2.   Die Gütergemeinschaft kennt danach **fünf Gütermassen**: das Gesamtgut und das Sonder- und Vorbehaltsgut jedes Ehegatten. Das Gesamtgut wird von den Ehegatten gemeinschaftlich verwaltet, wenn nicht im Ehevertrag vereinbart ist, dass einer von ihnen allein verwaltungsberechtigt sein soll (§ 1421). Bei gemeinschaftlicher Verwaltung haftet das Gesamtgut grundsätzlich für die Schulden jedes Ehegatten. Daneben besteht deren persönliche Haftung als Gesamtschuldner (§ 1459). Bei Verwaltung des Gesamtguts durch einen Ehegatten haftet dieses für alle Schulden des Verwalters und, mit bestimmten Ausnahmen, auch für die Schulden des anderen Ehegatten. Daneben haftet der verwaltende Ehegatte für die Verbindlichkeiten des anderen Ehegatten, die Gesamtgutsverbindlichkeiten sind, auch persönlich als Gesamtschuldner (§ 1437).

II.   Rechtsentwicklung

1.   Früheres Recht

3 Den Ausgangspunkt für die Entwicklung der allgemeinen Gütergemeinschaft bildet der Anspruch der Ehefrau auf einen Anteil an der Errungenschaft in Verbindung mit gewissen Beschränkungen des Ehemannes in Bezug auf einseitige Verfügungen, namentlich über Grundstücke. So findet sich die *Errungenschaftsgemeinschaft* in fränkischer Zeit im ripuarischen und westfälischen Recht. Die Grundlage der weiteren Entwicklung war der Rechtsbegriff der gesamten Hand nach drei Richtungen: Gemeinschaftlichkeit des Erwerbs, Gemeinschaftlichkeit des Gewinns und Verlustes, Erfordernis der Gemeinschaftlichkeit bei Verfügungen namentlich über unbewegliches Vermögen. Insbesondere in Westfalen wurde die Errungenschaftsgemeinschaft später zu einer allgemeinen Gütergemeinschaft erweitert. Bis 1900 lebten unter diesem Güterrecht etwa 14 Millionen Menschen in Ost- und Westpreußen, Posen, Westfalen, den landrechtlichen Teilen der preußischen Provinzen Pommern, Schleswig-Holstein, Hannover und Hessen-Nassau, in Teilen von Mecklenburg, in Bremen und Hamburg, in Lippe und in Teilen von Sachsen-Meiningen und Sachsen-Coburg, in weiten Teilen Bayerns und in Teilen des Großherzogtums Hessen (vgl ENNECCERUS/KIPP/WOLFF § 40 II, III mNw). Die vor dem 1. 1. 1900 in diesen Gebieten begründeten Ehen lebten somit auch weiterhin in allgemeiner Gütergemeinschaft.

2. Regelung des BGB

Die **Stellung des BGB** gegenüber dem System der Gütergemeinschaft geht dahin, **4** dass eine so weitgehende Vereinigung der beiderseitigen Vermögen der Ehegatten auf gemeinsamen Gedeih und Verderb nicht als eine aus dem Wesen der Ehe notwendig folgende Konsequenz zu betrachten sei. Gegen das System der Gütergemeinschaft spreche vor allem die mit ihm untrennbar verbundene schwere Gefährdung der berechtigten Interessen der Ehefrau (Mot IV 147 f). Dieser Nachteil war es in erster Linie, der den Gesetzgeber bestimmt hat, die allgemeine Gütergemeinschaft nicht als *gesetzlichen* Güterstand anzuerkennen. Immerhin ergibt sich aus der eingehenden Durchbildung, die dieser Vertragstypus im BGB fand, dass der Gesetzgeber der Meinung war, die allgemeine Gütergemeinschaft werde auch fernerhin den hergebrachten Verhältnissen vieler Rechtsgebiete entsprechend, als vertragsmäßig vereinbarter Güterstand noch eine wichtige Rolle spielen.

3. Das Zwischenrecht

Der Güterstand der allgemeinen Gütergemeinschaft konnte auch zwischen dem **5** 1. 4. 1953 und dem 1. 7. 1958 vereinbart werden. Selbst wenn eine in diesem Zeitraum von den Ehegatten vereinbarte allgemeine Gütergemeinschaft den Regelungen des Gleichberechtigungsgesetzes nicht entsprach, so blieb sie nach dem 1. 7. 1958 nach Maßgabe des Art 8 I Nr 6 Abs 1 GleichberG in Geltung, weil der Grundsatz der Gleichberechtigung von Mann und Frau in die Vertragsfreiheit nicht eingriff (vgl BayObLG FamRZ 1958, 219). Es konnte also in dieser Übergangszeit sowohl Einzelverwaltung durch einen Ehegatten als auch gemeinschaftliche Verwaltung vereinbart werden (LG Dortmund NJW 1957, 1481). Wurde in dieser Zeit auf die allgemeine Gütergemeinschaft in der bis 30. 6. 1958 geltenden Form verwiesen (vgl OLG Hamm NJW 1954, 1163; DNotZ 1956, 200; AG Minden FamRZ 1955, 385), so musste darin der Wille der Ehegatten erblickt werden, die Verwaltung durch den Mann festzulegen. Die Auslegung konnte aber auch ergeben, dass gemeinschaftliche Verwaltung gewollt war. Auf solchen Willen hat man zu Recht geschlossen, wenn nach der Verkündung des Gleichberechtigungsgesetzes (21. 6. 1957) auf die „Gütergemeinschaft des Gleichberechtigungsgesetzes" generell verwiesen worden ist. Auch von der tatsächlichen Übung der Ehegatten, das Gesamtgut gemeinsam zu verwalten, konnte auf einen dahingehenden Willen geschlossen werden (vgl BayObLG FamRZ 1990, 411). Dass die Wirkung des später in Geltung getretenen § 1421 S 2 hier ohne gesetzliche Normierung eintreten konnte, ist überwiegend bejaht worden (vgl LG Dortmund aaO; MEYER-WEIRICH FamRZ 1957, 399 ff; **aM** HAEGELE FamRZ 1957, 286).

4. Überleitung

6 Zur Überleitung einer vor dem 1. 4. 1953 vereinbarten Gütergemeinschaft s Art 8 I Nr 6 Abs 2 GleichberG und Einl 26 zu §§ 1363 ff.

5. Regelung durch das GleichberG

7 a) Als einzigen vom Gesetz inhaltlich geregelten Wahlgüterstand kennt das GleichberG nur noch die (allgemeine) Gütergemeinschaft. Für eine Regelung der bisherigen partiellen Gütergemeinschaften – Errungenschaftsgemeinschaft und Fahrnisgemeinschaft – bestand nach Ansicht des Gesetzgebers kein Bedürfnis: Den Gedanken der Errungenschaftsgemeinschaft verwirkliche bereits der gesetzliche Güterstand der Zugewinngemeinschaft, indem er jeden Ehegatten durch den Ausgleich des Zugewinns am Erwerb des anderen teilnehmen lasse. Die Fahrnisgemeinschaft sei kaum noch vereinbart worden. Sie sei auch bei den heutigen wirtschaftlichen Verhältnissen nicht mehr empfehlenswert. Brauchbar sei die Fahrnisgemeinschaft nur so lange gewesen, wie das wesentliche Vermögen der Ehegatten aus Grundstücken bestanden habe. Heute hänge es vom Zufall ab, ob das Vermögen in Grundstücken oder in Hypotheken oder in Wertpapieren angelegt sei. Dieser Zufall dürfe nicht darüber entscheiden, ob das Vermögen des Ehegatten sein Sondervermögen bleibe oder gemeinschaftliches Vermögen werde (s dazu BT-Drucks 1/3802, 51 u 54; BT-Drucks 2/224, 33 u 39; BT-Drucks 2/3409, 25). Da das GleichberG nur noch eine einzige Art von Gütergemeinschaft regelt, bedarf sie des unterscheidenden Zusatzes „allgemeine" nicht mehr.

8 b) Das GleichberG hat die allgemeine Gütergemeinschaft des BGB nicht grundsätzlich umgestaltet, sondern sie lediglich an den Grundsatz der Gleichberechtigung angepasst, im Übrigen in einigen Punkten geändert und zur besseren Übersicht eine neue Gesetzessystematik eingeführt. Über die wichtigsten Änderungen gegenüber dem früheren Rechtszustand s BÄRMANN AcP 157, 204–206; DÖLLE I 869 ff.

III. Einschätzung der Gütergemeinschaft

9 1. Die Formen der Gütergemeinschaft werden teilweise noch heute als an sich auf vermögensrechtlichem Gebiet vollkommenster Ausdruck einer idealen Ehe angesehen. Dahinter steht eine institutionelle Ehelehre, die das *sittliche Wesen der Ehe* erst dann voll verwirklicht sieht, wenn sich die eheliche Lebensgemeinschaft auch im Vermögensrecht voll widerspiegelt (vgl etwa BOSCH FamRZ 1954, 154). Nach zunächst durchaus ökonomischer Motivation (Kapitalvereinigung im Bereich der Landwirtschaft, des Handwerks und kleinen Gewerbes) hatte sich wohl vor allem deshalb die Gütergemeinschaft in weitem Umfange als gesetzlicher Güterstand durchgesetzt (vgl Einl 6 zu §§ 1363 ff). Schon der BGB-Gesetzgeber hat jedoch den Schluss vom sittlichen Wesen der Ehe auf die „intensive Vereinigung des beiderseitigen Vermögens der Ehegatten auf gemeinsamen Gedeih und Verderb" als nicht notwendig geboten angesehen (Mot IV 147). Er hat vielmehr die ideellen und wirtschaftlichen Vorteile und die praktischen Nachteile abgewogen (Mot IV 147 ff) und sich gegen eine Form der Gütergemeinschaft als gesetzlichen Güterstand entschieden. Gleichwohl sind in der Diskussion um die Reform des Güterrechts nach 1945 erneut die Gütergemeinschaft und die Errungenschaftsgemeinschaft als gesetzliches Güterrechtssystem vor-

geschlagen worden (vgl die Nachw bei STAUDINGER/FELGENTRAEGER[10/11] Einl 17 zu §§ 1363 ff).
Der RegE II zum GleichberG, BT-Drucks 2/224, 33, hat dagegen die Würdigung der
Motive zum BGB übernommen und fortgeführt.

2.   Eine pragmatische Abwägung der Vor- und Nachteile der Gütergemeinschaft **10**
muss diese als gesetzlichen Regelgüterstand in der Tat ausschließen. Die notwendige
rechtliche Regelung ist kompliziert und für den Verkehr schwer durchschaubar. Die
grundsätzliche Haftung des Gesamtguts für die Verbindlichkeiten beider Ehegatten,
die zudem noch mit einer weitreichenden persönlichen Haftung des anderen Ehegatten verknüpft ist (§§ 1437 Abs 2, 1459 Abs 2) birgt erhebliche Gefahren. Der
Zwang zur Einigung bei der gemeinschaftlichen Verwaltung und die Abhängigkeit
bei der Verwaltung durch einen Ehegatten bergen Risiken für den Ehefrieden. Zu
den Nachteilen und Gefahren s auch BEITZKE FamRZ 1954, 156; DÖLLE I 868;
GERNHUBER/COESTER-WALTJEN § 31 Rn 19; MÜLLER-FREIENFELS, in: Gedschr Ascarelli (1968) 1396; RAUSCHER Rn 444; LANGENFELDT BWNotZ 1979, 21; ders
FamRZ 1987, 13: unzeitgemäß; MAI BWNotZ 2003, 56: Fossil). Die im gesetzlichen
Güterstand der Zugewinngemeinschaft gewährleistete Vermögensteilhabe lässt bei
dessen Beendigung nicht mehr viel Raum für das Bedürfnis nach einer weitergehenden Vergemeinschaftung der Vermögen der Ehegatten. Die Gütergemeinschaft
ist ein wenn nicht sterbender, so doch alternder Güterstand (GERNHUBER/COESTER-
WALTJEN [4. Aufl] § 38 I; differenzierend BEHMER FamRZ 1988, 339).

Unterkapitel 1
Allgemeine Vorschriften

§ 1415
Vereinbarungen durch Ehevertrag

Vereinbaren die Ehegatten durch Ehevertrag Gütergemeinschaft, so gelten die nachstehenden Vorschriften.

Materialien: E II § 1415.
Vgl STAUDINGER/BGB-Synopse 1896–2005
§ 1415.

1 1. Die dem früheren Recht unbekannte Vorschrift ist ohne eigenen rechtlichen Gehalt. Sie macht nur noch einmal deutlich, dass die Gütergemeinschaft nur durch Ehevertrag begründet werden kann. Sie ergänzt somit § 1363 Abs 1. Sie weist zugleich darauf hin, dass die Vereinbarung der Gütergemeinschaft durch einen „Stichwortvertrag" möglich ist, ohne dass also die Vorschriften der §§ 1416 ff inhaltlich im Ehevertrag niedergelegt sein müssten.

2 2. Zum Abschluss des Ehevertrages s §§ 1410, 1411, zur Wirkung gegen Dritte s § 1412. Zur Folge des **Missbrauchs güterrechtlicher Vertragstypen** s 1408 Rn 29; dort u Rn 36 auch zur **Schenkung** durch Begründung einer Gütergemeinschaft.

3 3. Die Vorschriften der §§ 1416 ff sind überwiegend nicht zwingend. Zu den Möglichkeiten und Grenzen abweichender Regelungen s die Erl zu den einzelnen Vorschriften und § 1408 Rn 19.

4 4. Die Regelung der Gütergemeinschaft ist im Gesetz wie folgt gegliedert:

Unterkapitel 1
Allgemeine Vorschriften (§§ 1415–1421)

Unterkapitel 2
Verwaltung des Gesamtgutes durch den Mann oder die Frau (§§ 1422–1449)

Unterkapitel 3
Gemeinschaftliche Verwaltung des Gesamtgutes (§§ 1450–1470)

Unterkapitel 4
Auseinandersetzung des Gesamtgutes (§§ 1471–1482)

Unterkapitel 5
Fortgesetzte Gütergemeinschaft (§§ 1483–1518)

§ 1416
Gesamtgut

(1) Das Vermögen des Mannes und das Vermögen der Frau werden durch die Gütergemeinschaft gemeinschaftliches Vermögen beider Ehegatten (Gesamtgut). Zu dem Gesamtgut gehört auch das Vermögen, das der Mann oder die Frau während der Gütergemeinschaft erwirbt.

(2) Die einzelnen Gegenstände werden gemeinschaftlich; sie brauchen nicht durch Rechtsgeschäft übertragen zu werden.

(3) Wird ein Recht gemeinschaftlich, das im Grundbuch eingetragen ist oder in das Grundbuch eingetragen werden kann, so kann jeder Ehegatte von dem anderen verlangen, dass er zur Berichtigung des Grundbuchs mitwirke. Entsprechendes gilt, wenn ein Recht gemeinschaftlich wird, das im Schiffsregister oder im Schiffsbauregister eingetragen ist.

Materialien: Zu § 1438 aF: E I §§ 1342, 1343; II § 1337 rev § 1423; III § 1421; Mot IV 335 ff; Prot IV 232; VI 393.
Zu § 1416 nF: E I § 1438; II § 1438; III § 1416;

BT-Drucks zu 1/3802, 64; BT-Drucks 2/224, 51; BT-Drucks zu 2/3409, 26.
Vgl STAUDINGER/BGB-Synopse 1896–2005 § 1416.

Schrifttum

Vgl die Angaben zu den Vorbem zu §§ 1415 ff.

Systematische Übersicht

Burkhard Thiele

Alphabetische Übersicht

I. Allgemeines

1 § 1416 entspricht § 1438 aF. Der Güterstand heißt nur noch Gütergemeinschaft, nicht mehr allgemeine Gütergemeinschaft. Außerdem sind die Abs 2 und 3 sprachlich geändert.

II. Das Gesamtgut

1. Grundgedanke

2 Das Vermögen beider Ehegatten wird, sofern es nicht Sonder- oder Vorbehaltsgut ist, deren **gemeinschaftliches Vermögen**, § 1416 Abs 1. Mit dem Wirksamwerden des Ehevertrages, durch den die Gütergemeinschaft vereinbart ist, tritt der Güterstand in Kraft. Es ist nicht erforderlich, dass zugleich ein Gesamtgut entstanden ist. Auch wenn (noch) kein Gesamtgut vorhanden ist, weil etwa alles vorhandene Vermögen gemäß § 1418 Abs 2 Nr 1 zu Vorbehaltsgut erklärt worden ist, gelten die Vorschriften der §§ 1415 ff, insbesondere auch die §§ 1422, 1437 Abs 2 bzw die §§ 1450, 1451, 1459 S 2. Solange kein Gesamtgut besteht, sind die dieses betreffenden Vorschriften gegenstandslos. Die Gütergemeinschaft erschöpft sich jedoch nicht in der **gesamt-**

händerischen Zuordnung des Gesamtguts (zum Verhältnis von Gesamthand und Gesamtgut s unten Rn 3). Die Gütergemeinschaft ist aber eine Zweckorganisation, die auf das Vermögensrecht (Güterrecht) bezogen und deshalb auf die Gesamtgutsbildung angelegt ist. Daher kann keine Gütergemeinschaft entstehen, wenn nach dem Inhalt des Ehevertrages das Entstehen eines Gesamtgutes völlig ausgeschlossen ist.

2. Gesamthandsgemeinschaft

a) Das Gesamtgut steht den Ehegatten **zur gesamten Hand** zu (vgl RGZ 129, 119 f; **3** BayObLG DNotZ 1968, 493, 495 und hM). Es ist ein spezifisch organisiertes **Sondervermögen** ohne eigene Rechtssubjektivität. Anders als bei den anderen Gesamthandsgemeinschaften (Erbengemeinschaft, vor allem aber nichtrechtsfähiger Verein und Personengesellschaft) kommt den **Theorien um die Gesamthand** für die Gütergemeinschaft keine wesentliche Bedeutung zu. Zum Vorrang des personenrechtlichen Prinzips – Gesamthand als teilrechtsfähige „Gruppe" oder „kollektive Einheit" – vgl etwa BGHZ 146, 341, 343 ff = NJW 2001, 1056 ff mwNw.

b) Die **Gesamthand** der in Gütergemeinschaft lebenden Ehegatten **beschränkt 4 sich auf das Vermögen.** Alle nichtvermögensrechtlichen Positionen bleiben getrennt bei dem einzelnen Ehegatten.

c) Die Gesamthand der Ehegatten hat **keine eigene**, von derjenigen der Ehe- **5** gatten abgehobene **Identität** (hM vgl BayObLG DNotZ 2003, 455 m Anm Grziwotz, in: ZIP 2003, 848 u Kanzleiter, in: DNotZ 2003, 422; Apfelbaum MittBayNot 2006, 186; Rauscher Rn 445; Soergel/Gaul Rn 3; MünchKomm/Kanzleiter Rn 3; Gernhuber/Coester-Waltjen 38 Rn 10; aA Fabricius, Relativität der Rechtsfähigkeit 152 ff; Schünemann FamRZ 1976, 138; Hennecke 98 ff). Träger des Gesamtguts sind die beiden Ehegatten in ihrer gesamthänderischen Bindung. Die Gütergemeinschaft oder das Gesamtgut ist weder aktiv noch passiv *parteifähig*: Sie kann nicht als solche, dh ohne Nennung der Ehegatten, in das Grundbuch eingetragen werden. Sie ist nicht *wechselfähig*. Das Gesamtgut ist jedoch bei gemeinschaftlicher Verwaltung gesondert *insolvenzfähig*, § 37 Abs 2 HS 2 InsO.

d) Die Gesamthand der Ehegatten ist **keine Handlungseinheit**. Sie tritt im Rechts- **6** verkehr nicht unter einem Gesamtnamen auf. Zum gemeinschaftlichen Rechtserwerb für das Gesamtgut s Rn 23. Rechtsgeschäftliches Verwaltungshandeln ist kein Handeln im Namen der Gütergemeinschaft oder des Gesamtguts (RGZ 89, 360, 365). Der allein verwaltungsberechtigte Ehegatte handelt auch nicht im eigenen und zugleich im Namen des anderen Ehegatten. Dazu bedürfte es dessen besonderer Vollmacht, kraft derer dieser dann aber auch persönlich, mit seinem Sonder- und Vorbehaltsgut, gebunden und verpflichtet wird. Auch bei gemeinschaftlicher Verwaltung genügt ein Handeln beider Ehegatten in eigenem Namen oder eines Ehegatten in eigenem Namen mit Zustimmung des anderen, um die Wirkungen des § 1459 Abs 1 und 2 auszulösen. Die **Verwaltung des Gesamtguts** ist auch **nicht** ausschließlich **auf einen gemeinschaftlichen Zweck ausgerichtet.** Aufgabe und Ziel ist die ordnungsgemäße Verwaltung des Gesamtguts (§§ 1426, 1430, 1451) bei grundsätzlicher Freiheit in der Bestimmung der weiteren, auch individuellen Ziele (vgl § 1430).

7 e)   Auch die **Haftungsregelung** knüpft nicht an eine (personenrechtliche) Einheit der Gesamthand an. Die Haftung des Gesamtgutes wird grundsätzlich erst durch die persönliche Haftung eines (§ 1437 Abs 1) oder beider Ehegatten (§ 1459 Abs 1) vermittelt. Das Gesetz kennt eine „reine" Gesamtgutsverbindlichkeit nur ausnahmsweise im Falle der ungerechtfertigten Bereicherung des Gesamtguts gemäß §§ 1434, 1457. Auch sie beruht aber auf einer dem Durchgangserwerb (s Rn 24) entsprechenden Durchgangsbereicherung eines Ehegatten und ist nur im Einzelfall verselbständigt (zB wenn der erwerbende Ehegatte gemäß § 818 Abs 3 frei geworden ist). Selbst wenn die „persönliche Haftung" der Ehegatten durch Vereinbarung mit dem Dritten ausgeschlossen ist, haften immer noch die Ehegatten, wenn auch beschränkt, mit dem Gesamtgut. Dementsprechend (s auch oben Rn 5) gibt es auch keine Prozesse der oder mit der Gesamthand der Ehegatten.

3.   Die Bindung des Gesamtguts

8 a)   Über ihre Anteile am Gesamthandsvermögen können die Ehegatten unter Lebenden **nicht verfügen**, § 1419 Abs 1. Sie sind folgerichtig auch der *Pfändung* nicht unterworfen, § 860 Abs 1 ZPO. Über die Anteile kann auch nach Beendigung der Gütergemeinschaft nicht verfügt werden, § 1471 Abs 2. Zur Pfändbarkeit in diesem Falle s § 860 Abs 2 ZPO. Wenn keine Fortsetzung der Gütergemeinschaft vereinbart ist, kann jeder Ehegatte von Todes wegen über seinen Anteil am Gesamtgut verfügen. Der Erbe tritt an seiner Stelle in die Auseinandersetzungsgemeinschaft (§ 1471 Abs 1) ein.

9 b)   Die Ehegatten können über **Anteile an den** einzelnen **zum Gesamtgut gehörenden Gegenständen nicht verfügen**, § 1419 Abs 1.

10 c)   **Kein Ehegatte kann** während des Bestehens der Gütergemeinschaft die **Teilung** des Gesamtguts **verlangen**, § 1419 Abs 1 HS 2.

III.   Der Umfang des Gesamtguts

11 1.   Gesamtgut sind oder werden **alle Vermögensgegenstände** des Mannes und der Frau, die bei Eintritt der Gütergemeinschaft vorhanden sind oder später von ihnen erworben werden. Ausgenommen sind nur die Gegenstände, die in das Sondergut (§ 1417) oder Vorbehaltsgut (§ 1418) fallen („Einhandsgüter"). Zur *Entstehung* des Gesamtguts s unten Rn 17 ff.

12 2.   § 1416 Abs 1 begründet eine **Vermutung zugunsten des Gesamtguts**. Wer behauptet, dass ein Gegenstand nicht Gesamtgut, sondern Sonder- oder Vorbehaltsgut sei, hat das im Streit zu *beweisen* (so schon Mot IV 335; RGZ 90, 288; KG OLGE 38, 250; 42, 88 und die hM). Die Vermutung gilt auch im Verhältnis zu den Gläubigern des Mannes oder der Frau. § 1416 Abs 1 geht § 1362 vor. § 1362 greift erst ein, wenn der Gläubiger nachweist, dass der zu pfändende Gegenstand nicht zum Gesamtgut gehört, sondern zum Vorbehalts- oder Sondergut eines Ehegatten. Damit ist aber in der Regel – nicht notwendig – für die Vermutung nach § 1362 kein Raum mehr. Die Gesamtgutsvermutung gilt auch dann, wenn einer der Ehegatten als Berechtigter in das **Grundbuch** eingetragen ist (vgl KG OLGE 38, 250). Für die **Zwangsvollstreckung** ist jedoch von §§ 739 ZPO, 1362 auszugehen; die Gütergemeinschaft ist dem Gerichtsvollzieher nachzuweisen (STEIN/JONAS/MÜNZBERG ZPO § 739 Rn 12), vgl §§ 740 ff, 860 ZPO. Die Zwangsvollstreckung aus einem Titel gegen einen der Ehegatten (§§ 740 Abs 1, 741 ZPO) in das Gesamtgut ist ohne Rücksicht auf den Gewahrsam oder Mitgewahrsam des anderen Ehegatten möglich. Insoweit gilt nach hM § 739 ZPO, nach **aM** (MünchKomm/KANZLEITER § 1437 Rn 14) folgt das unmittelbar aus § 740 Abs 1 ZPO.

3. In das Gesamtgut fallen **alle** nicht zum Sonder- oder Vorbehaltsgut gehörenden **13** **Vermögensgegenstände**, aber auch nur diese.

a) **Vermögensgegenstand** ist auch der **Anteil** eines Ehegatten **an einer Personen- 14 gesellschaft** mit Beteiligung Dritter (zur Kapitalgesellschaft s Rn 16). Gleichwohl wird überwiegend die Möglichkeit verneint, dass der Gesellschaftsanteil in das Gesamtgut fällt. Er wird vielmehr dem *Sondergut* zugeordnet, teils, weil der Anteil gemäß § 719 unübertragbar sei, teils, weil die Gütergemeinschaft (wie auch die Erbengemeinschaft) eine schlichte Gesamthandsgemeinschaft sei und als solche nicht als geschlossene Einheit selbständig am Rechtsverkehr teilnehmen könne (vgl BGHZ 65, 79, 83 mit ausf weit Nachw, auch zur Gegenmeinung; ferner BEITZKE FamRZ 1975, 574, 575; FLUME, Die Personengesellschaft [1977] 64 f [mit Ausnahme der BGB-Gesellschaft]; LUTTER AcP 161, 166, 170 ff, 175; REUTER/KUNATH JuS 1977, 376, 379 ff; **aM** für den Fall, dass der Gesellschaftsanteil im Gesellschaftsvertrag für übertragbar erklärt worden ist, BayObLG Betrieb 1980, 519; GERNHUBER/ COESTER-WALTJEN § 38 Rn 15; MünchKomm/KANZLEITER § 1416 Rn 9; ders DNotZ 2003, 425 zum Kommanditanteil; BGB-RGRK/FINKE § 1417 Rn 6; TIEDTKE FamRZ 1975, 675, 677). Es ist der Auffassung zu folgen, nach der die Anteile eines oder beider Ehegatten an einer Personengesellschaft *stets* in das *Sondergut* fallen (s auch § 1408 Rn 24). Maßgebend ist nicht deren Unübertragbarkeit (s dazu aber BGH LN Nr 1 zu § 260 BGB), die seit BGHZ 13, 179, 182 ff (s auch BGHZ 44, 229, 231; BGH WM 1974, 1244) ernsthaft nicht mehr behauptet werden kann, sondern die Unfähigkeit der Gütergemeinschaft, das personenrechtliche Element der Mitgliedschaft zu integrieren (wie hier BayObLG ZIP 2003, 480 f m abl Anm GRZIWOTZ ZIP 2003, 848; APFELBAUM MittBayNot 2006, 188 anders für einen übertragbaren Kommanditanteil; REUTER/KUNATH JuS 1977, 379; BUCHNER, in: FS Beitzke 157; kritisch dazu KANZLEITER DNotZ 2003, 426; GERNHUBER/COESTER-WALTJEN § 38 Rn 15 Fn 24). Auch aus der Sicht des Gesellschaftsrechts kann die Gütergemeinschaft nicht Gesellschafterin sein.

b) Nach **BGHZ 65, 79** = NJW 1975, 1774 können in Gütergemeinschaft lebende **15** Ehegatten unter sich und ohne Beteiligung Dritter eine oHG nur gründen, wenn sie die Gesellschaftsanteile dem *Vorbehaltsgut* zuweisen. Der Zwang zur ehevertraglichen Begründung von Vorbehaltsgut **ist abzulehnen**. Die Gesellschaftsanteile fallen vielmehr entgegen der Auffassung des BGH automatisch in das Sondergut der Ehegatten (s oben Rn 14 und § 1408 Rn 24). Nach dem BGH soll jedenfalls die Annahme einer nur stillschweigend abgeschlossenen **Innengesellschaft** nicht in Betracht kommen, wenn ein Erwerbsgeschäft in das Gesamtgut fällt. Für die Annahme einer zusätzlichen gesellschaftsrechtlichen Verbindung bestehe angesichts des vom Güterrecht bereitgehaltenen sachgerechten Ausgleichs kein Raum, wenn sie nicht ausdrücklich vereinbart sei (NJW 1994, 654 = FamRZ 1994, 295; zustimmend WEVER FamRZ 1996, 911; GERNHUBER/COESTER-WALTJEN § 38 Rn 18–20; Münch FamRZ 2004, 234). Wegen dieses im Tatsächlichen liegenden Ansatzes hat die Entscheidung im Übrigen aber die Frage nach dem rechtlich Möglichen ausdrücklich offengelassen.

c) Weitere Einzelfälle

16 In das **Gesamtgut** fallen das **Anwartschaftsrecht** aus bedingter Übereignung (RG DRiZ 1924, 319 = JW 1925, 353); nach umstrittener Auffassung (s § 1417 Rn 6) wohl nicht der **Anteil** eines Abkömmlings aus einer noch nicht auseinandergesetzten beendeten fortgesetzten **Gütergemeinschaft** (anders zB RGZ 125, 354; Bötticher ZHR 114, 92; Bamberger/Roth/Mayer Rn 3; wie hier MünchKomm/Kanzleiter Rn 11); die **Ausgleichsforderung** aus einer früheren **Zugewinngemeinschaft** (BGH NJW 1990; 445 f = FamRZ 1990, 256 f); eine beschränkt persönliche **Dienstbarkeit**, wenn sie für beide Eheleute bestellt ist (BayObLGZ 32, 282); zur Gesamtgutseigenschaft früherer **Erbhöfe** vgl BayObLG DNotZ 1953, 102; zu Höfen nach HöfeO von 1947 s BGHZ 22, 19, 21; OLG Schleswig DNotZ 1962, 425; die einem Ehegatten angefallene **Erbschaft** oder ein **Vermächtnis**, wenn nicht der Erblasser die Zugehörigkeit zum Vorbehaltsgut bestimmt hat (§ 1418 Abs 2 Nr 2; s aber auch § 1432); der andere Ehegatte wird aber nicht Miterbe (BayObLGZ 2, 223; OLG Posen OLGE 21, 360); das von einem Ehegatten mit Zustimmung des Gesamtgutsverwalters (§ 1431) oder des anderen Ehegatten (§ 1456) selbständig betriebene **Erwerbsgeschäft** (vgl BayObLGZ 1978, 5); auch das von beiden Ehegatten gemeinsam betriebene Erwerbsgeschäft, auch Handelsgeschäft, ohne Begründung einer Gesellschaft (s dazu BGH FamRZ 1994, 295 = NJW 1994, 652; BGH BB 1977, 160; BayObLG FamRZ 1992, 61 – für die Firma ist ein Zusatz „in Gütergemeinschaft" zulässig aber nicht notwendig; Beck DNotZ 1962, 348; Buchwald BB 1962, 1405, 1407; Gernhuber/Coester-Waltjen § 38 Rn 18–20; MünchKomm/Kanzleiter § 1416 Rn 8; Bamberger/Roth/Mayer § 1416 Rn 4; Soergel/Gaul § 1416 Rn 6). Der Anspruch auf **Hauptentschädigung** gemäß §§ 232 Abs 2, 244 LAG (BVerwG NJW 1966, 1332); die Gründung einer **GmbH** und der Erwerb von Anteilen für das Gesamtgut begegnet keinen Bedenken, der Geschäftsanteil wird Gesamthandsvermögen (vgl Roth FamRZ 1984, 328 f; Apfelbaum MittBayNot 2006, 190 ff), der nach § 15 Abs 5 GmbHG nicht übertragbare GmBH-Anteil und die entsprechend vinkulierte Namensaktie gemäß § 67 Abs 2 AktG fallen jedoch in das Sondergut (s § 1417 Rn 9); das für beide Eheleute bestellte **Leibgedinge** (OLG Frankfurt Rpfleger 1973, 394); die **Nutzungen** des Gesamtguts (OLG Bamberg FamRZ 1987, 703), des Sonderguts (§ 1417 Abs 2), nicht die des Vorbehaltsguts; sämtliche Einnahmen, auch Rentenzahlungen (BGH NJW 1990, 2253), selbst wenn zwischen den Ehegatten Einvernehmen besteht, dass sie von einem Ehegatten nach Gutdünken verwendet werden dürfen (BayObLG FamRZ 2001, 1214). **Schadensersatzansprüche** eines Ehegatten wegen Körperverletzung: während bei einer gesellschaftsrechtlichen Verbindung der einzelne Gesellschafter als Erwerbsschaden nur die durch den unfallbedingten Ausfall seiner Tätigkeit verursachte Minderung seines Gewinnanteils geltend machen kann, erstreckt sich der in das Gesamtgut fallende Schadensersatzanspruch des verletzten Ehegatten auf Ersatz des Verdienstausfalls auf die gesamten unfallbedingten Gewinneinbußen im Erwerbsgeschäft (BGH NJW 1994, 652); auch der Anspruch auf das **Schmerzensgeld** (BGH aaO); auch Ersatzansprüche eines Ehegatten aus § 842 oder § 843 (RGZ 73, 309, 311; RG SeuffA 71 Nr 31; OLG Hamburg OLGE 30, 32).

IV. Die Entstehung von Gesamtgut

1. Universalsukzession

17 a) Gesamtgut entsteht unmittelbar kraft Gesetzes an allen Gegenständen (beweglichen und unbeweglichen Sachen, dinglichen und obligatorischen Rechten usw), die den Ehegatten **bei Entstehung der Gütergemeinschaft** zustehen, sofern sie nicht vom Gesamtgut ausgeschlossen sind. Einzelrechte jedes Ehegatten wie Rechte beider Ehegatten in Bruchteilsgemeinschaft werden Gesamthandsberechtigungen. Die Gesamthand der Ehegatten ist Gesamtrechtsnachfolgerin. Sie erwirbt die Rechte der Ehegatten so, wie sie diesen zustanden. Die Rechtsnachfolge verschafft der Gesamthand nur wirklich bestehende Rechte. Der unwirksame Rechtserwerb eines zB bösgläubigen Ehegatten wird durch § 1416 nicht geheilt (vgl auch RG Gruchot 47, 667).

b)   Die einzelnen Gegenstände werden kraft Gesetzes gemeinschaftlich. Es bedarf **18** **keiner rechtsgeschäftlichen Übertragung** mehr (§ 1416 Abs 2 HS 2). Ist ein Recht für einen oder für beide Ehegatten in Bruchteilsgemeinschaft im Grundbuch eingetragen, wird die Eintragung **unrichtig** (s dazu auch unten Rn 36).

c)   Gehen Ansprüche auf die Gesamthand über, **wechselt** auch die **Empfangszu-** **19** **ständigkeit**. Die Zuständigkeit richtet sich künftig nach den Regeln über die Verwaltung des Gesamtguts (§§ 1422, 1450, aber auch §§ 1429, 1431–1433, 1454–1456). Leistet der Schuldner **an den** nach diesen Vorschriften **nicht** (allein) **verwaltungsberechtigten** und damit nicht empfangszuständigen Ehegatten, der früher sein Gläubiger war, so wird er gemäß §§ 362 Abs 1, 412, 407, 1412 frei, wenn die Gütergemeinschaft nicht in das Güterrechtsregister eingetragen ist und ihm die Gütergemeinschaft auch nicht bekannt war. Aber auch dann, wenn der Schuldner die Gütergemeinschaft gemäß § 1412 gelten lassen muss, wird er durch Erfüllungsleistung an den nicht (allein) verwaltungsberechtigten früheren Gläubiger regelmäßig frei. Wird doch der geschuldete **Leistungserfolg im Verhältnis zur Gesamthand** über § 1416 Abs 1 S 2 herbeigeführt, **soweit** es um die Rechtsverschaffung geht. Nicht durch § 1416 Abs 1 S 2 gedeckt ist jedoch eine geschuldete **Besitzverschaffung**. Insoweit ist erst dann erfüllt, wenn dem verwaltenden Ehegatten tatsächlich der Besitz verschafft worden ist, bei der gemeinschaftlichen Verwaltung der Mitbesitz.

Dem nicht oder nicht allein verwaltenden Ehegatten steht danach keine umfassende **20** eigene **Empfangszuständigkeit** zu (anders GERNHUBER/COESTER-WALTJEN § 38 Rn 28; wie hier BAMBERGER/ROTH/MAYER Rn 7). S hierzu auch § 1422 Rn 41.

2.   **Erwerb während der Gütergemeinschaft**

Gesamtgut wird alles Vermögen, das der Mann oder die Frau während der Güter- **21** gemeinschaft erwirbt, § 1416 Abs 1 S 2. Es kommt nicht darauf an, ob es sich um originären oder derivativen Erwerb handelt. Die Gesamthand kann Vermögen unmittelbar oder vermittelt durch den Erwerb eines Ehegatten erwerben.

a)   **Unmittelbarer Erwerb**

aa)   Ohne Vermittlung durch den vorherigen Rechtserwerb eines Ehegatten fällt in **22** das Gesamtgut jeder *originäre Erwerb*, der sich auf bereits bestehendes Gesamtgut gründet. Das gilt für Nutzungen (OLG Bamberg FamRZ 1987, 703) ebenso wie für die Ersitzung gemäß § 900, wenn die Gütergemeinschaft in das Grundbuch eingetragen war. Auch die Ersitzung gemäß § 937 wirkt unmittelbar zugunsten des Gesamtguts, wenn die Ehegatten die Sache in gesamthänderischem Eigenbesitz hatten. Hierher gehören zB auch die Fälle der §§ 947 ff, wenn die Verbindung oder Vermischung mit einer bereits zum Gesamtgut gehörenden Sache erfolgt.

23 bb) Ein unmittelbarer *derivativer Erwerb* findet statt, wenn das Erwerbsgeschäft im Namen beider Ehegatten in ihrer gesamthänderischen Verbundenheit abgeschlossen wird. Dem steht weder der Gesetzeswortlaut (Abs 1 S 2: „der Mann oder die Frau", Abs 2 HS 2: „brauchen nicht durch Rechtsgeschäft übertragen zu werden") noch ein dogmatisch-konstruktives Bedenken entgegen. Das Gesetz regelt nur den Fall, dass einer der Ehegatten einen Vermögensgegenstand in eigenem Namen erwirbt. Es schließt damit aber nicht zugleich den gemeinschaftlichen Erwerb durch beide Ehegatten für das Gesamtgut aus. Dieser ist auch nach allgemeinen rechtsgeschäftlichen Grundsätzen möglich. Vorausgesetzt ist nur, dass die Ehegatten das Erwerbsgeschäft gemeinsam abschließen und dabei deutlich machen, dass sie als Gesamthänder („in Gütergemeinschaft", „für das Gesamtgut" oä) auftreten. Dem steht gleich, wenn der verwaltende Ehegatte unter entsprechender Offenlegung handelt (anders PLANCK/UNZNER § 1443 Anm 2: Vollmacht des anderen Ehegatten erforderlich). Auch der nicht verwaltende Ehegatte oder einer der gemeinsam verwaltenden Ehegatten, der das Geschäft „für die Gesamthand" (oder „das Gesamtgut", „die Gütergemeinschaft" als zureichende Offenlegung der Fremdwirkung, § 164 Abs 1) abschließt, erwirbt unmittelbar zum Gesamtgut, wenn er vom anderen Ehegatten dazu autorisiert ist (im Ergebnis ebenso GERNHUBER/COESTER-WALTJEN § 38 Rn 26, 50; MünchKomm/KANZLEITER § 1416 Rn 22; RAUSCHER Rn 447; TIEDTKE FamRZ 1979, 370, 371; unentschlossen die Rspr, vgl KG JFG 1, 338, 342, aber auch KG JFG 2, 283, 284; wie hier jedoch OLG München OLGE 14, 228). Auf diese Weise kann auch ein durch Rechtsgeschäft nicht übertragbarer Gegenstand (zB ein Nießbrauchsrecht) zum Gesamtgut erworben werden (ENNECCERUS/KIPP/WOLFF § 62 III; GERNHUBER/COESTER-WALTJEN § 38 Rn 50; BayObLG JW 1932, 3005).

b)   Durchgangserwerb

24 Rechtsgeschäftliches Verwaltungshandeln für das Gesamtgut erfordert nach dem Gesetz kein Handeln im Namen beider Ehegatten unter Offenlegung ihrer gesamthänderischen Innenbeziehung (vgl RGZ 84, 71, 73; 90, 288). Das ist eine Besonderheit der Gütergemeinschaft gegenüber der Gesellschaft und der Erbengemeinschaft. Das Gesetz lässt die Vertretung „der Gesamthand" jedoch zu (vgl Rn 23). **Handelt** aber **ein Ehegatte** beim Vermögenserwerb **in eigenem Namen**, nicht für das Gesamtgut (s Rn 23), so ist nach allgemeinen Rechtsgeschäftsgrundsätzen (§ 164 Abs 2) er und nur er Partei des Erwerbsgeschäfts. § 1416 ordnet keinen unmittelbaren Rechtsübergang vom Dritten auf die Gesamthand an, sondern leitet lediglich das von einem Ehegatten für eine „logische Sekunde" Erworbene kraft Gesetzes auf das Gesamtgut über. Der andere Ehegatte braucht von dem Erwerb nichts zu wissen (RGZ 90, 288; BayObLG RJA 4, 109). Das ist die Grundlage der sog **Durchgangstheorie** (vgl RGZ 84, 71, 74; 84, 326, 327; 90, 288, 289; 155, 344, 346; BFHE 75, 351; BayObLGZ 1954, 12, 14; 1957, 184, 186; 1978, 355 = FamRZ 1979, 436; LG Augsburg Rpfleger 1965, 369, 370; LG Köln DNotZ 1977, 233; GERNHUBER/COESTER-WALTJEN § 38 Rn 27; MünchKomm/KANZLEITER § 1416 Rn 22; RAUSCHER Rn 447; BAMBERGER/ROTH/MAYER Rn 8; TIEDTKE FamRZ 1979, 370, 371; offengelassen von BGHZ 82, 346, 348 = NJW 1982, 1097).

25 Nach anderer Auffassung fällt das Vermögen, das einem in eigenem Namen handelnden Ehegatten übertragen wird, unmittelbar in das Gesamtgut. Ein Zwischen- oder Durchgangserwerb findet nicht statt (sog **Unmittelbarkeitstheorie**, vgl LÜDERITZ/DETHLOFF § 5 Rn 167; ERMAN/HECKELMANN § 1416 Rn 4; HAEGELE Rpfleger 1965, 371; HOFMANN, Der Erwerb einzelner Gegenstände durch einen Ehegatten in der Gütergemeinschaft [Diss Mainz

1970] 44 ff; ders FamRZ 1972, 117, 120; Jauernig/Chr Berger §§ 1416–1419 Rn 6; Soergel/Gaul § 1416 Rn 4; offengelassen BFH BB 1993, 1648; beim Erwerb durch den allein verwaltenden Ehegatten auch Dölle I 877 und 905). Die von Dölle, Heckelmann und Hofmann aaO zur Begründung angeführte gesetzliche *Erwerbsermächtigung* trägt das Ergebnis nicht, weil sie allein die Partei des Verfügungsgeschäfts nicht bestimmt. Auch das Gesetz selbst „richtet" das Verfügungsgeschäft nicht auf die Gesamthand als Erwerber, sondern leitet nur den Rechtserfolg (Erwerb des Mannes oder der Frau) auf das Gesamtgut über.

3.   Rechtserwerb in Übergangslagen

a)   Das Gesetz behandelt in § 1416 nur den Übergang von Vermögensrechten, die **26** in der Person eines Ehegatten wirksam entstanden sind. Erfasst werden davon dingliche und obligatorische Rechte. Nicht geregelt ist die Auswirkung der Gütergemeinschaft auf die Fälle, in denen ein **dinglicher Rechtserwerb eingeleitet, aber noch nicht vollendet** ist.

b)   Hat sich ein Ehegatte mit einem Dritten über den Eigentumsübergang geeinigt **27** und tritt die Gütergemeinschaft ein, bevor dem Dritten die Sache übergeben oder dessen Eintragung in das Grundbuch erfolgt ist, soll nach BayObLG Rpfleger 1976, 348 = MittBayNot 1975, 228 die Einigung (Auflassung) wirkungslos werden und der auf ihr beruhende Eintragungsantrag zurückzuweisen sein. Es sei eine neue Einigung (Auflassung) durch den oder die das Gesamtgut verwaltenden Ehegatten erforderlich, zumindest die Zustimmung des Verwalters oder die des anderen Ehegatten (§§ 1424 bzw 1450). Dem hat Tiedtke FamRZ 1976, 510 (ihm zustimmend Gernhuber/Coester-Waltjen § 38 Rn 24 Fn 33; MünchKomm/Kanzleiter § 1416 Rn 7) mit Recht widersprochen. Zwar ist § 878 nicht anwendbar (BayObLG; Tiedtke aaO), wohl aber muss die Gesamthand der Ehegatten als Gesamtrechtsnachfolgerin die Auflassung gelten lassen (s auch Baur/Stürner, Sachenrecht § 19 Rn 33 f). Zu Unrecht verneint das BayObLG aaO die Universalsukzession.

c)   Hat ein Dritter einem Ehegatten während der Gütergemeinschaft ein Grund- **28** stück verkauft und aufgelassen und ist dessen Eintragung in das Grundbuch antragsgemäß erfolgt, so wird er für eine „logische Sekunde" Alleineigentümer, das Eigentum geht aber gemäß § 1416 Abs 1 S 2 sofort auf die Gesamthand über. Das Grundbuch wird unrichtig. Nach der Durchgangstheorie (s Rn 24) sollte das der dogmatisch einzig mögliche Weg des Gesamthandserwerbs sein, sofern nicht für die Gesamthand gehandelt worden ist (s Rn 23). Gleichwohl wird allgemein angenommen, dass ohne Voreintragung des Ehegatten, dem aufgelassen worden ist, also vor Vollendung seines Rechtserwerbs, auf dessen Antrag die Eintragung beider Ehegatten in **Gütergemeinschaft** erfolgen könne (RGZ 155, 344, 347 gegen RGZ 84, 71; BayObLGZ 1975, 209; 1957, 184, 186; 1954, 184, 186; Lüderitz/Dethloff § 5 Rn 166; Dölle I 880; Gernhuber/Coester-Waltjen § 38 Rn 28; MünchKomm/Kanzleiter § 1416 Rn 26; Palandt/Bassenge § 925 Rn 17; Palandt/Brudermüller § 1416 Rn 3; Bamberger/Roth/Mayer § 1416 Rn 11; Tiedtke FamRZ 1979, 370, 371 sowie die Vertreter der Unmittelbarkeitstheorie). Die Rechtslage gleicht derjenigen, die nach Abtretung der gesicherten Auflassungsanwartschaft besteht: der Erwerber der Anwartschaft kann sich sogleich als Eigentümer eintragen lassen (vgl BGHZ 49, 197, 202 ff, 205). Der Abtretung der Auflassungsanwartschaft entspricht hier deren gesetzlicher Übergang in das Gesamtgut, § 1416 Abs 1 S 2.

29 Auch dann, wenn ein Grundstück an die Ehegatten in Bruchteilsgemeinschaft aufgelassen worden ist, sind sie auf ihren Antrag sogleich als Miteigentümer in Gütergemeinschaft einzutragen; einer erneuten Auflassung bedarf es nicht (anders BayObLGZ 1978, 335 = FamRZ 1979, 436; OLG Düsseldorf DNotZ 1979, 219; wie hier BGHZ 82, 346 = NJW 1982, 1097 = FamRZ 1982, 357; LG Düsseldorf Rpfleger 1977, 24; LG Köln DNotZ 1977, 244; GERNHUBER/COESTER-WALTJEN § 38 Rn 28; HIEBER DNotZ 1965, 615; MünchKomm/KANZLEITER Rn 26; REHLE DNotZ 1979, 196; BAMBERGER/ROTH/MAYER § 1416 Rn 11; TIEDTKE FamRZ 1979, 370). Der endgültige Erwerb zu Bruchteilseigentum ist möglich, wenn die Bruchteile Vorbehaltsgut werden (s auch BayObLG FamRZ 1982, 286). Ist bei *gesetzlichem Güterstand* Erwerb in Gütergemeinschaft im Grundbuch eingetragen, wurde Bruchteilseigentum erworben (BayObLG FamRZ 1983, 1033).

30 **d)** Eine **Auflassungsvormerkung** kann zugunsten des erwerbenden Ehegatten auch dann eingetragen werden, wenn dem Grundbuchamt die Gütergemeinschaft bekannt ist (BayObLGZ 1957, 184 = NJW 1957, 1521). Auf entsprechenden Antrag kann sie aber auch zugunsten der Gesamthand der Eheleute eingetragen werden.

4. Gutgläubiger Erwerb vom Dritten

31 **a)** **Erwirbt einer der Ehegatten** in eigenem Namen eine Sache oder ein Recht von einem Nichtberechtigten und vollendet sich der Erwerb in seiner Person (Übergabe, Eintragung), so kommt es allein auf seinen guten Glauben an (hM, vgl RG Gruchot 47, 667). Das von ihm wirksam Erworbene wird sofort anschließend Gesamtgut. Das Gleiche gilt, wenn ein verwaltungsberechtigter Ehegatte (§§ 1422, 1429) das Erwerbsgeschäft nicht für sich, sondern „für das Gesamtgut" abschließt. Hier ist § 166 Abs 1 entsprechend anzuwenden. Ebenso, wenn ein mitverwaltungsberechtigter Ehegatte mit Zustimmung des anderen handelt.

32 **b)** **Treten die Ehegatten** beim Erwerb **gemeinsam nach außen auf**, schadet die Bösgläubigkeit auch nur eines von ihnen.

5. Umwandlung von Vorbehaltsgut in Gesamtgut

33 Vorbehaltsgut entsteht nur nach Maßgabe des § 1418. Jeder Ehegatte verwaltet sein Vorbehaltsgut selbständig. Er kann daher auch selbständig über die einzelnen Gegenstände verfügen. Eine Übertragung in das Gesamtgut der Gütergemeinschaft ist aber nur möglich, wenn der Ausschluss des Vorbehaltsguts vom Gesamtgut (§ 1418 Abs 1) **durch Ehevertrag** aufgehoben worden ist. Die hM verlangt darüber hinaus auch noch die anschließende **rechtsgeschäftliche Übertragung** des **Gegenstandes** auf die Gesamthand der Ehegatten (OLG Colmar OLGE 7, 54; KG KGJ 52, 140; DÖLLE I 890; ERMAN/HECKELMANN § 1416 Rn 4; PALANDT/BRUDERMÜLLER § 1416 Rn 3; BAMBERGER/ROTH/MAYER § 1416 Rn 9; SOERGEL/GAUL § 1416 Rn 7). Eine überzeugende Begründung dafür fehlt. Insbesondere ist § 1416 Abs 2 nicht deshalb unanwendbar, weil der Inhaber des Vorbehaltsguts den Vermögensgegenstand nicht erst von einem Dritten erwirbt (Abs 1 S 2) und weil auch keine Universalsukzession vorliegt. Abs 1 S 2 ist nur auf solche Gegenstände zugeschnitten, die in das Gesamtgut fallen können. Dem muss es gleichstehen, wenn die Zugehörigkeit zum Sondervermögen endet und erst dadurch das Hindernis des § 1418 Abs 1 wegfällt. Mit dem Wirksamwerden des Ehevertrages fällt deshalb der Gegenstand automatisch in das Gesamtgut. Einer rechtsgeschäftlichen Übertragung bedarf es nicht (ebenso GERNHUBER/COESTER-WALTJEN § 38 Rn 39; MünchKomm/KANZLEITER § 1416 Rn 17, 18).

6. Übertragung von Gesamtgut in das Vorbehaltsgut

Zur Begründung der Eigenschaft als Vorbehaltsgut eines Ehegatten ist ein **Ehever-** 34 **trag** erforderlich, § 1418 Abs 2 Nr 1 (die Nr 2 und 3 kommen hier nicht in Betracht). Das Gesetz kennt nur die automatische Entstehung von Gesamtgut, § 1416 Abs 1 und 2. Deshalb muss der bisher zum Sondervermögen „Gesamtgut" gehörende Gegenstand durch **besonderes Verfügungsgeschäft** auf den **Ehegatten** übertragen werden (allgM, RG ZAkDR 1944, 87; KG DNotZ 1937, 639; BayObLGZ 1993, 1, 5 und hL; **aM** nur MünchKomm/KANZLEITER § 1418 Rn 3).

V. Beziehungen zwischen den Gütermassen

Das Gesamtgut ist ein den Ehegatten zur gesamten Hand zustehendes Sonderver- 35 mögen. Trotz teilweiser Personenidentität sind daher Rechtsbeziehungen zwischen den Ehegatten als Trägern insbesondere ihrer Vorbehaltsgüter und der Gesamthand möglich. Die Sonderung der Gütermassen lässt sowohl Verpflichtungsgeschäfte und sonstige obligatorische Beziehungen zwischen einem Ehegatten und der Gesamthand zu (zur Haftung s §§ 1437 Abs 1, 1440 und 1459 f, 1462; zum Innenausgleich s §§ 1445, 1467) als auch Verfügungen (s zu diesen auch oben Rn 32 f). Unter der Voraussetzung, dass das Recht nach den §§ 1417, 1418 zum Sonder- oder Vorbehaltsgut gehört, kann einem Ehegatten eine Hypothek an einem zum Gesamtgut gehörenden Grundstück bestellt werden (KG OLGE 8, 119; KGJ 26 A 130; OLG Stuttgart OLGE 15, 410); auch eine Grundschuld (KG RJA 14, 81), ein Nießbrauch (OLG Colmar OLGE 15, 410).

VI. Gesamtgut in Grundbuch und Schiffsregister

Fällt ein Grundstück oder Grundstücksrecht, das für einen der Ehegatten in das 36 **Grundbuch** eingetragen ist, in das Gesamtgut, so wird das Grundbuch unrichtig. Die gemeinschaftliche Berechtigung der Ehegatten ist unter Angabe des für sie maßgebenden Rechtsverhältnisses einzutragen, § 47 GBO. Entsprechendes gilt von der Eintragung in das **See- und Binnenschiffsregister** und das **Schiffsbauregister** (§§ 51, 74 SchiffsRegO) sowie auch in das Register für Pfandrechte an Luftfahrzeugen (LuftFzgG vom 26. 2. 1959, BGBl I 57).

Die **berichtigende Registereintragung** erfolgt **auf Antrag.** Zur Berichtigung der Ein- 37 tragung des Eigentümers s aber auch § 82a GBO. Den Antrag können die Ehegatten gemeinsam stellen, aber auch jeder Ehegatte allein, auch wenn er nicht verwaltungsberechtigt ist (KG JW 1934, 1580). Keine Berichtigung liegt vor, wenn einem der Ehegatten das Grundstück aufgelassen, seine Eintragung aber noch nicht erfolgt ist. Der Antrag auf sofortige Eintragung der Gesamthand steht nur dem Ehegatten zu, dem aufgelassen worden ist (s auch oben Rn 28; BayObLGZ 1954, 141, 144).

Die Berichtigung erfolgt entweder auf **Bewilligung** des als Alleinberechtigter einge- 38 tragenen Ehegatten, § 19 GBO, oder auf Grund des **Nachweises** der **Gütergemeinschaft**; §§ 22 Abs 1, 29 GBO. Die **Bewilligung** des Eingetragenen ist gemäß §§ 1416 Abs 3, 894 und § 894 ZPO erzwingbar. Es kann auch ein Widerspruch gegen die

Richtigkeit des Grundbuchs eingetragen werden, §§ 894, 899 (RGZ 108, 281). Bei Bewilligung durch den Eingetragenen bedarf es des Nachweises der Unrichtigkeit nicht. In diesem Falle ist auch die Zustimmung des anderen Ehegatten gemäß § 22 Abs 2 GBO nicht erforderlich (KG JW 1934, 1580 = HRR 1934 Nr 900; KG JW 1935, 2515 = HRR 1935 Nr 1520 u hM). Der **Nachweis** der Unrichtigkeit des Grundbuchs kann gemäß §§ 33, 34 GBO erfolgen, wenn die Gütergemeinschaft in das Güterrechtsregister eingetragen ist. Es genügt aber auch die Vorlage des notwendig der Form des § 29 GBO entsprechenden Ehevertrages (vgl KG OLGE 12, 158 = KGJ 30 A 169; KG OLGE 18, 219 = KGJ 39 A 180; OLG Colmar OLGE 4, 188).

§ 1417
Sondergut

(1) Vom Gesamtgut ist das Sondergut ausgeschlossen.

(2) Sondergut sind die Gegenstände, die nicht durch Rechtsgeschäft übertragen werden können.

(3) Jeder Ehegatte verwaltet sein Sondergut selbständig. Er verwaltet es für Rechnung des Gesamtgutes.

Materialien: Zu § 1439 aF: E I § 1351; II § 1339 rev § 1424; III § 1422; Mot IV 344 ff; Prot IV 235 ff; D 693.
Zu § 1417 nF: E I § 1439; II § 1439; III § 1417;

BT-Drucks 1/3802, 64; BT-Drucks 2/224, 51; BT-Drucks 2/3409, 26.
Vgl STAUDINGER/BGB-Synopse 1896–2005 § 1417.

Schrifttum

BÖTTICHER, Die durch Reederei-Statut vinkulierte Schiffspart in der Allgemeinen Gütergemeinschaft, in: FS Wüstendörfer (1949) 45 = ZHR 114, 91

LUTTER, Zum Umfang des Sonderguts, AcP 161, 163.
S auch die Angaben zu den Vorbem zu §§ 1415 ff.

Systematische Übersicht

I. Allgemeines

An die Stelle des § 1439 aF ist mit dem *GleichberG* der § 1417 getreten. Sein Abs 1 **1** übernimmt den in der Rechtslehre gebildeten Begriff des „Sonderguts" in das Gesetz (gegen diese Bezeichnung ohne überzeugende Begründung SIBER JherJb 67, 93 Fn 1). Abs 2 umschreibt – übereinstimmend mit der früheren Regelung – den Umfang des Sonderguts. Entscheidend geändert hat sich die rechtliche Behandlung des Sonderguts: Eine technische Änderung besteht darin, dass § 1417 nF nicht mehr auf die bei der Errungenschaftsgemeinschaft für das eingebrachte Gut geltenden Vorschriften verweist, da dieser Güterstand weggefallen ist. Stattdessen regelt das GleichberG das Sondergut nunmehr in dem Abschnitt über die Gütergemeinschaft selbständig in besonderen Bestimmungen. Auch in sachlicher Hinsicht unterscheidet sich die Neuregelung von dem früheren Recht. Die bedeutsamste Änderung enthält § 1417 Abs 3 S 1. Da die Verwaltung des Sonderguts der Frau durch den Mann (s § 1439 aF iVm § 1525 Abs 2 aF) dem Grundsatz der Gleichberechtigung von Mann und Frau widersprach, verwaltet nunmehr jeder Ehegatte sein Sondergut selbständig. Die Vorschrift des § 1417 Abs 3 S 2, wonach die Verwaltung für Rechnung des Gesamtguts erfolgt, entspricht § 1439 aF iVm § 1525 aF.

II. Grundgedanke

§ 1417 knüpft an § 1416 an. Das Vermögen des Mannes und das der Frau werden **2** Gesamtgut. Der auf dem Ehevertrag beruhende Übergang in das Gesamtgut vollzieht sich kraft Gesetzes, ist aber Rechtsnachfolge. Wenn ein dem Mann oder der Frau gehörender Gegenstand nicht durch Rechtsgeschäft übertragbar ist, wäre es ein Wertungswiderspruch, wenn er infolge der rechtsgeschäftlichen (ehevertraglichen) Begründung der Gütergemeinschaft in das Gesamtgut und damit in die Rechtszuständigkeit beider Ehegatten als Gesamthänder fallen würde. § 1416 Abs 2 stellt mit der Anordnung des gesetzlichen Übergangs in das Gesamtgut nur eine vereinfachende „Durchführungsbestimmung" dar. Der Rechtsgrund des Anfalls an die Gesamthand bleibt stets die vereinbarte Gütergemeinschaft. Zutreffend bezeichnet LUTTER AcP 161, 163, 167 das Sondergut als eine „Notgütermasse zur Beseitigung von Widersprüchen" (vgl auch schon Mot IV 344).

Wegen seiner Anlehnung an § 1416 Abs 1 **greift § 1417 nicht ein, wenn ein** seiner Art **3** und seinem Inhalt nach **nicht durch Rechtsgeschäft übertragbarer Gegenstand unmittelbar in das Gesamtgut** fällt, insbesondere ein unübertragbares Recht durch Rechtsgeschäft mit einem Dritten von vornherein für die Gesamthand der Ehegatten begründet wird (s dazu § 1416 Rn 23). Deshalb fällt ein **für beide Ehegatten als Gesamthänder** bestellter *Nießbrauch* trotz § 1059 in das Gesamtgut, ebenso eine entsprechend begründete *beschränkt persönliche Dienstbarkeit* – Wohnrecht – (Bay-ObLGZ 32, 282 = NJW 1932, 3005; DNotZ 1968, 493), ein *Leibgedinge,* selbst wenn es unübertragbar

Burkhard Thiele

ausgestaltet ist (vgl BayObLGZ 19 A 388; OLG Frankfurt Rpfleger 1973, 394), eine *subjektiv-dingliche Reallast* trotz § 1111 Abs 2 (BayObLGZ 67, 480).

III. Umfang des Sonderguts

1. Unübertragbarkeit kraft Gesetzes

4 Kraft Gesetzes unübertragbar und deshalb zum Sondergut gehörend sind, wenn sie einem der Ehegatten zustehen (s oben Rn 3): der Nießbrauch (§ 1059 S 1), das Vorkaufsrecht (§§ 514, 1098 Abs 1), die subjektiv-persönliche Reallast (§ 1111), die beschränkte persönliche Dienstbarkeit (§ 1092, 1093; vgl BGHZ 46, 253)

2. Mitgliedschaft in einer Personengesellschaft

5 Die **Mitgliedschaft** (der „Anteil") eines Ehegatten **an einer Personengesellschaft** fällt auch dann in das Sondergut, wenn sie im **Gesellschaftsvertrag** für übertragbar erklärt worden ist (s dazu schon oben § 1408 Rn 24; § 1416 Rn 14, 15 mwNw). Dagegen sind die in § 717 S 2 aufgeführten einzelnen Ansprüche wie auch das Auseinandersetzungsguthaben und die Abfindung beim Ausscheiden oder bei Auflösung der Gesellschaft übertragbar und fallen daher in das Gesamtgut (vgl RGZ 146, 282 f; KG HRR 1935 Nr 1055; OLG Stuttgart Recht 1936 Nr 1705). Ins Sondergut fällt auch ein Genossenschaftsanteil (LUTTER AcP 161, 163 Fn 1).

3. Anteil an fortgesetzter Gütergemeinschaft

6 Der **Anteil** eines Ehegatten **an einer** mit ihm **fortgesetzten Gütergemeinschaft** gehört bis zu deren Beendigung und Auseinandersetzung zum Sondergut (§§ 1497 Abs 2, 1419, 1471 Abs 2). Dass der als Abkömmling beteiligte Ehegatte auf seinen Anteil am Gesamtgut verzichten kann (§§ 1491, 1501) und dass die Bindung nach Beendigung gelockert ist (§ 1497 Abs 2, § 860 Abs 2 ZPO), ändert daran nichts (so auch GERNHUBER/COESTER-WALTJEN § 38 Rn 32; RAUSCHER Rn 448; MünchKomm/KANZLEITER § 1417 Rn 4; BGB-RGRK/FINKE § 1417 Rn 7). Nach anderer Auffassung wird nur der Anteil an der noch nicht beendeten fortgesetzten Gütergemeinschaft zum Sondergut gezählt, nach Beendigung aber zum Gesamtgut (RGZ 125, 347, 354; BayObLG JFG 2, 289; BÖTTICHER ZHR 114, 92; BAMBERGER/ROTH/MAYER § 1417 Rn 3; SOERGEL/GAUL § 1417 Rn 5).

4. Miterbenanteil

7 Der **Anteil** eines Ehegatten **am** ungeteilten **Nachlass** gehört wegen der freien Verfügbarkeit (§ 2033 Abs 1 S 1) zum Gesamtgut (hM). Dagegen soll der Anteil an den einzelnen Nachlassgegenständen im Hinblick auf die Regelung in § 2033 Abs 2 in das Sondergut des Erben fallen (ENNECCERUS/KIPP/WOLFF § 60 IV Fn 11; DÖLLE I 883). Dem kann nicht zugestimmt werden. § 2033 Abs 2 soll eine Zersplitterung des Nachlasses und eine Erschwerung der Auseinandersetzung verhindern (BGH NJW 1969, 92). Wenn aber der Anteil am Nachlass in das Gesamtgut fällt, richtet sich dessen Verwaltung nach den Regeln der Verwaltung des Gesamtguts iVm den Vorschriften der §§ 2038 ff. Die Gesamthand der Ehegatten ist zwar nicht Erbin, gleichwohl ist sie für alle Maßnahmen zuständig, die den Nachlass und den Nachlassanteil betreffen. Die Abspaltung eines (Mit-)Verfügungsrechts über Nachlassgegenstände (§ 2040 Abs 1) zugunsten des Sonderguts des Erben-Ehegatten widerspräche dem Sinn und Zweck des § 2033 Abs 2. Daher fallen auch die Anteile an den einzelnen Nachlassgegenständen in das Gesamtgut (so auch BayObLG OLGE 41, 55; PALANDT/BRUDERMÜLLER § 1417 Rn 3; BAMBERGER/ROTH/MAYER § 1417 Rn 3 Fn 16; Münch-Komm/KANZLEITER § 1417 Rn 2).

5. Unabtretbare Forderungen

Forderungen, die gemäß § 399 1. Altern unabtretbar sind, fallen in das Sondergut **8** (hM). Sondergut sind auch Forderungen eines Ehegatten, die der Pfändung nicht unterworfen sind, § 400. Dazu gehören vornehmlich die unpfändbaren Teile des Arbeitseinkommens und diesem gleichstehenden Bezüge und Renten, Renten wegen Körperverletzung und Unterhaltsansprüchen, §§ 850 ff ZPO – nicht aber *geleistete* Rentenzahlungen, bei Überweisungen auf ein Konto steht dem §§ 55 SGB I, 850 R ZPO nicht entgegen (BGH NJW 1990, 2252 = FamRZ 1990, 851) –, ferner Ansprüche gegen Sozialversicherungsträger und auf Versorgung aus öffentlich-rechtlichen Dienstverhältnissen (vgl auch BGH FamRZ 1985, 263). Die Unpfändbarkeit gemäß § 852 ZPO führt dagegen nicht zur Unübertragbarkeit, die Ansprüche fallen in das Gesamtgut. In das Gesamtgut fallen auch die auf Grund der Forderung *eingezogenen* Gegenstände. Ansprüche aus einer **Lebensversicherung** einschließlich des Rechts auf Bestimmung des Bezugsberechtigten zählen nicht zum Sondergut (BGHZ 91, 288, 289). Der **Zugewinnausgleichsanspruch** ist übertragbar und fällt deswegen nicht in das Sondergut (BGH NJW 1990, 445 = FamRZ 1990, 256).

6. Vereinbarte Unabtretbarkeit

Streitig ist, ob die **durch Rechtsgeschäft ausgeschlossene Abtretbarkeit** gemäß § 399 **9** 2. Alt die betroffenen Forderungen dem Sondergut zuweist (bejahend BÖTTICHER ZHR 114, 91, 93 f und, in: FS Wüstendörfer 45, 47 ff, 55; DÖLLE I 882; BAMBERGER/ROTH/MAYER § 1417 Rn 2; GERNHUBER/COESTER-WALTJEN § 38 Rn 32; MünchKomm/KANZLEITER § 1417 Rn 3; BGB-RGRK/FINKE § 1417 Rn 5; *verneinend* LUTTER AcP 161, 163, 165; PALANDT/BRUDERMÜLLER § 1417 Rn 3; SOERGEL/GAUL § 1417 Rn 3). Die Beschränkung des § 1417 auf solche Gegenstände, die ihrer **höchstpersönlichen** Natur nach oder wegen ihrer besonderen rechtlichen Ausgestaltung **unübertragbar** sind (LUTTER aaO; s auch SOERGEL/GAUL aaO), findet im Gesetz keine Stütze. Der Streit darüber, ob gemäß § 399 2. Altern eine Inhaltsbestimmung des Rechts erfolge (vgl nur BGHZ 40, 156, 160; RGZ 136, 395, 399) oder ob das an sich übertragbare Recht durch eine ausnahmsweise (§ 137 S 1) dinglich wirkende Verfügungsbeschränkung gebunden sei, ist noch unausgefochten. Er ist auch belanglos. Entscheidend ist, dass die Nichtabtretbarkeit absolut wirkt (hM), und das lässt die Forderung unter § 1417 fallen.

7. Vorerbschaft

Ist ein Ehegatte als alleiniger **Vorerbe** eingesetzt, so fällt der Nachlass in das **Sonder- 10 gut**. Das ergibt sich nicht nur aus den (absoluten, vgl BGHZ 52, 269, 270) Verfügungsbeschränkungen der §§ 2113–2115, sondern auch und vor allem aus der Unvereinbarkeit der Vorerbenstellung unter Berücksichtigung ihrer Verantwortlichkeiten und Pflichten mit deren Wahrnehmung durch die Gesamthand der Gütergemeinschaft (Sondergut als Auffangmasse). Auch die Regelungen über die Zwangsvollstreckung in § 2115 würden, bezogen auf das Gesamtgut, zu unübersehbaren Schwierigkeiten führen (wie hier Rauscher Rn 448; im Ergebnis **aM** Gernhuber/Coester-Waltjen § 38 Rn 32 Fn 43; MünchKomm/Kanzleiter § 1417 Rn 2; Palandt/Brudermüller § 1417 Rn 3.

IV. Umwandlung von Sondergut in Gesamt- oder Vorbehaltsgut

11 1. § 1417 lässt es nicht zu, **Gegenstände rechtsgeschäftlich zu Sondergut zu erklären**. Die Ehegatten können daher weder durch einfaches Rechtsgeschäft noch durch Ehevertrag Gegenstände aus dem Gesamtgut in das Sondergut des Mannes oder der Frau überleiten (vgl BGH LM Nr 1 zu § 260 BGB; anders Bärmann AcP 157, 203, 205). Auch kann **Sondergut nicht zu Gesamtgut erklärt werden**. Das schließt nicht aus, dass mit Mitteln des Gesamtguts Gegenstände erworben werden, die nur Sondergut sein können. Ist nicht einer der Ehegatten zum Berechtigten erklärt, werden beide Ehegatten Mitberechtigte nach Bruchteilen, die zu ihrem Sondergut gehören.

12 2. Dagegen kann **Sondergut** in das Vorbehaltsgut desselben Ehegatten **überführt werden** (BayObLG DNotZ 1953, 102, 103; MünchKomm/Kanzleiter § 1417 Rn 5; Soergel/ Gaul § 1417 Rn 4; Bamberger/Roth/Mayer § 1417 Rn 6). Dazu bedarf es eines Ehevertrages, § 1418 Abs 2 Nr 1.

13 3. Möglich ist eine **mittelbare Änderung der Zuordnung zu** den Gütermassen. Fällt die Unübertragbarkeit des Gegenstandes weg (die Bindung gemäß § 399 2. Alt wird etwa aufgehoben), fällt dieser in das Gesamtgut, sofern nicht die Voraussetzungen des § 1418 Abs 2 vorliegen.

V. Die rechtliche Behandlung des Sonderguts

14 1. Jeder Ehegatte bleibt **Inhaber** der zu seinem Sondergut gehörenden Gegenstände. Eine gesamthänderische Bindung tritt nicht ein.

15 2. Für die **Verwaltung** des Sondergutes gilt Folgendes:

a) Jeder Ehegatte verwaltet sein Sondergut selbständig (Abs 3 S 1). Das Sondergut der Frau unterliegt nicht mehr der Verwaltung des Mannes (vgl §§ 1439 S 2, 1525 Abs 2, 1373 ff aF). Diese Regelung entspricht nicht nur der Gleichberechtigung, sondern auch dem persönlichen Charakter der zum Sondergut gehörenden Gegenstände. Jeder Ehegatte verwaltet sein Sondergut nach freiem Belieben und ohne Zustimmung oder Mitwirkung des anderen und ohne Rechenschaftspflicht. Eine entsprechende Regelung trifft § 1418 Abs 3 S 1 für das Vorbehaltsgut. Die Ehegatten können aber auch hinsichtlich des Sonderguts jedes Partners einen Verwaltungsvertrag gemäß § 1413 schließen.

16 b) Im Rahmen der selbständigen Verwaltung führt jeder **Ehegatte** für sein Sondergut **Rechtsstreitigkeiten** selbst (anders früher: §§ 1439 S 2, 1520 ff, 1525 Abs 2, 1380 aF: Prozessstandschaft des Mannes hinsichtlich des Sonderguts der Frau).

17 c) Die Verwaltung des Sonderguts **erfolgt für Rechnung des Gesamtgutes** (Abs 3 S 2). Hierin liegt der wesentliche Unterschied zur rechtlichen Behandlung des Vorbehaltsgutes, das der Ehegatte für eigene Rechnung verwaltet (§ 1418 Abs 3 S 2).

Dem Gesamtgut kommen alle Vorteile der Verwaltung des Sondergutes zugute (zB einzelne Rentenzahlungen, BGH NJW 1990, 2252). Insbesondere gehören die Nutzungen des Sondergutes (vgl §§ 100, 99), soweit sie übertragbar sind, zum Gesamtgut. Auf der anderen Seite trägt das Gesamtgut aber auch sowohl im Verhältnis zu den Gläubigern (§§ 1440 S 2, 1462 S 2) als auch im Verhältnis der Ehegatten zueinander (§§ 1442 S 1, 1464 S 2) die Lasten des Sondergutes.

d) Der Stamm des Sondergutes ist für den Familienunterhalt (§§ 1360, 1360a) zu **18** verwenden, und zwar nach Wahl der Ehegatten neben dem Stamm seines Vorbehaltsguts, aber *nach* den in das Gesamtgut und in das Vorbehaltsgut fallenden Einkünften und *nach* dem Stamm des Gesamtgutes (§ 1420).

3. Zur **Haftung** des Gesamtgutes für Verbindlichkeiten, die sich auf das Sonder- **19** gut beziehen s §§ 1437 ff, 1459 ff; zum Innenverhältnis der Ehegatten s § 1441 ff, 1463 ff.

4. Die **Ausgleichung** zwischen Gesamtgut und Sondergut vollzieht sich bei der **20** Gesamtgutsverwaltung durch einen Ehegatten nach den §§ 1445, 1446, bei gemeinschaftlicher Gesamtgutsverwaltung nach den §§ 1467, 1468.

5. Eine **Surrogation** (dingliche Ersetzung) von Gegenständen des Sonderguts **21** findet nicht statt (auch § 1439 S 2 aF schloss die Anwendbarkeit des § 1524 aF ausdrücklich aus). Tritt daher an die Stelle eines bisher zum Sondergut gehörenden Gegenstandes ein anderer, so wird dieser nur dann wieder Sondergut, wenn auch er die Voraussetzung des § 1417 erfüllt. Besteht dagegen das Surrogat in einem übertragbaren Gegenstand (zB dem Entgelt für den Verzicht auf einen Nießbrauch, der Valuta einer eingezogenen Lohn- oder Unterhaltsforderung oder dem Auseinandersetzungsguthaben des Gesellschafters), so wird es Gesamtgut (Prot IV 237).

VI. Grundbuch

Die Sondergutseigenschaft eines Grundstücks oder Rechts an einem Grundstück **22** wird nicht in das Grundbuch eingetragen (DEMHARTER, GBO § 33 Rn 23).

VII. Zwangsvollstreckung

Die Zwangsvollstreckung in das Sondergut wird wegen seiner Unpfändbarkeit re- **23** gelmäßig ausgeschlossen sein (vgl §§ 851 Abs 1 ZPO). Sofern der Gegenstand ausnahmsweise der Pfändung unterworfen ist (vgl §§ 851 Abs 2, 857 Abs 3 ZPO), ist zur Zwangsvollstreckung in das Sondergut ein Vollstreckungstitel gegen den Ehegatten, dem das Sondergut gehört, erforderlich und genügend.

Burkhard Thiele

§ 1418
Vorbehaltsgut

(1) Vom Gesamtgut ist das Vorbehaltsgut ausgeschlossen.

(2) Vorbehaltsgut sind die Gegenstände,

1. **die durch Ehevertrag zum Vorbehaltsgut eines Ehegatten erklärt sind;**

2. **die ein Ehegatte von Todes wegen erwirbt oder die ihm von einem Dritten unentgeltlich zugewendet werden, wenn der Erblasser durch letztwillige Verfügung, der Dritte bei der Zuwendung bestimmt hat, dass der Erwerb Vorbehaltsgut sein soll;**

3. **die ein Ehegatte auf Grund eines zu seinem Vorbehaltsgut gehörenden Rechtes oder als Ersatz für die Zerstörung, Beschädigung oder Entziehung eines zum Vorbehaltsgut gehörenden Gegenstandes oder durch ein Rechtsgeschäft erwirbt, das sich auf das Vorbehaltsgut bezieht.**

(3) Jeder Ehegatte verwaltet das Vorbehaltsgut selbständig. Er verwaltet es für eigene Rechnung.

(4) Gehören Vermögensgegenstände zum Vorbehaltsgut, so ist dies Dritten gegenüber nur nach Maßgabe des § 1412 wirksam.

Materialien: Zu § 1440 aF: E I §§ 1346, 1347, 1349; II § 1340 rev § 1425; III § 1423; Mot IV 340 ff; Prot IV 234; D 693.
Zu § 1369 aF: E I § 1287; II § 1268 rev § 1353; III § 1351; Mot IV 168 f; Prot IV 124, 129, 141, 156, 163; D 688; KB 2063 f.
Zu § 1370 aF: E I § 1290; II § 1269 rev § 1354; III § 1352; Mot IV 177 f; Prot IV 125, 130, 141, 156, 163; D 688.

Zu § 1441 aF: E I § 1350; II § 1341 rev § 1426; III § 1424; Mot IV 343; Prot IV 234; D 693.
Zu § 1418 nF: E I § 1440; II § 1440; III § 1418; BT-Drucks 1/3802, 64; BT-Drucks 2/224, 51; BT-Drucks 2/3409, 26.
Vgl STAUDINGER/BGB-Synopse 1896–2005 § 1418.

Systematische Übersicht

Alphabetische Übersicht

I. Allgemeines

§ 1418 fasst die wesentlichen Bestimmungen über das Vorbehaltsgut zusammen. **1 Abs 1** gibt die Rechtsgrundlage für dieses Sondervermögen. **Abs 2** umreißt den Umfang des Vorbehaltsgutes: Es entsteht kraft Ehevertrages (Nr 1), kraft Bestimmung eines Dritten (Nr 2) und kraft Surrogation (Nr 3). Das Gesetz bestimmt damit die Entstehungsgründe erschöpfend (vgl RGZ 87, 100, 103; s aber auch unten Rn 19). Ein *gesetzliches* Vorbehaltsgut gibt es nicht (anders wohl GERNHUBER/COESTER-WALTJEN § 38 Rn 5, 37; MAI BWNotZ 2003, 59 für die gemäß § 1587 Abs 3 vom Güterrecht freigestellten Anwartschaften und Aussichten, die dem Versorgungsausgleich unterliegen). **Abs 3** ordnet die Verwaltung des Vorbehaltsguts. Schließlich bestimmt **Abs 4**, inwieweit die Zugehörigkeit eines Gegenstandes zum Vorbehaltsgut gegenüber Dritten wirkt.

II. Rechtsentwicklung

2 § 1418 vereinigt die früher in dem § 1440 aF iVm §§ 1369, 1370 aF und § 1441 aF enthaltenen Bestimmungen zu einer Vorschrift.

3 Abs 1 entspricht dem § 1440 Abs 1 aF. Abs 2 ist aus § 1440 aF hervorgegangen. Die Redaktoren des BGB erwogen, auch ein gesetzliches Vorbehaltsgut anzuerkennen, und zwar für den Erwerb durch Arbeit oder durch den selbständigen Betrieb eines Erwerbsgeschäfts (vgl § 1367 aF). Die I. Kommission lehnte jedoch die Zugehörigkeit dieser Vermögensteile zum Vorbehaltsgut ab, weil sie dem Zweck der Gütergemeinschaft widerspreche (Mot IV 342). Auch den Ausschluss der zum persönlichen Gebrauch der Frau bestimmten Gegenstände vom **Gesamtgut** (vgl § 1366 aF) hielt man für unvereinbar mit dem Wesen der **Gütergemeinschaft** (Mot IV 347, s E I zum GleichberG § 1440 Abs 2 Nr 1). Dagegen enthielt der E I zum BGB § 1348 die Bestimmung, dass auch die Gegenstände in das Vorbehaltsgut der Frau fallen, die sie ohne Einwilligung des Mannes durch ein Rechtsgeschäft unter Lebenden erwirbt, sofern der Mann seine Genehmigung versagt (Mot IV 341 f). Die Vorschrift wurde von der II. Kommission gestrichen (Prot IV 234).

4 Die Bestimmung des § 1418 Abs 3, der die Verwaltung des Vorbehaltsguts behandelt, entspricht dem § 1441 HS 1 aF.

III. Grundgedanken

5 Der Grundsatz des § 1416, dass die Gütergemeinschaft das gesamte Vermögen beider Ehegatten zu Gesamtgut macht, ist uneingeschränkt nicht durchführbar. Ein Teil des beiderseitigen Vermögens – nämlich die unübertragbaren Gegenstände (Sondergut) – ist schon kraft seiner Rechtsnatur vom Gesamtgut ausgeschlossen (Mot IV 344 f). Für einen weiteren Vermögenskomplex ist der Ausschluss vom Gesamtgut ein **Gebot der Zweckmäßigkeit**:

6 Den Ehegatten die Möglichkeit zu geben, bestimmte Gegenstände durch Ehevertrag vom Gesamtgut auszunehmen, entspricht einem **praktischen Bedürfnis**: Dem nichtverwaltenden Ehegatten kann daran gelegen sein, gewisse Vermögensstücke der umfassenden Verfügungsbefugnis des Gesamtgutsverwalters oder der Schuldenhaltung des Gesamtguts zu entziehen. Beide Eheleute können ferner daran interessiert sein, einige Gegenstände von den erbrechtlichen Wirkungen der fortgesetzten Gütergemeinschaft freizustellen (Mot IV 338 f, 340 f). Weiter können Eltern, Verwandte oder andere Dritte, die dem Ehegatten etwas hinterlassen oder unter Lebenden zuwenden wollen, Anstoß daran nehmen, dass die Zuwendung in das Gesamtgut fällt, an dem auch der andere Ehegatte beteiligt ist und das der vielleicht sogar allein verwaltet. Das Gesetz bietet dem Dritten daher die Möglichkeit, die Gesamtguts-

bildung durch einseitige Anordnung, also ohne oder gegen den Willen des anderen Ehepartners, zu verhindern (Mot IV 341, 168 f).

Der Zweck des Vorbehaltsguts rechtfertigt es, seinen Bestand auch dann aufrecht- **7** zuerhalten, wenn es im Laufe der Zeit seine rechtliche oder wirtschaftliche Erscheinungsform wechselt (Mot IV 324 f, 177 f). Aus diesem Grunde wird auch der Erwerb auf Grund eines vorbehaltenen Rechts, der Erwerb als Ersatz für den Untergang eines Vorbehaltsgutsstücks und der Erwerb auf Grund eines mit dem Vorbehaltsgut zusammenhängenden Rechtsgeschäfts wiederum Vorbehaltsgut. Die dritte Gruppe des **Surrogationserwerbs** gründet sich noch auf einen weiteren Gedanken: Jeder Ehegatte verwaltet sein Vorbehaltsgut selbständig und für eigene Rechnung. Eine ordnungsgemäße Verwaltung und Erhaltung des Vorbehaltsguts ist aber nur möglich, wenn das Gesetz dem Ehegatten die dazu unentbehrlichen Mittel gewährt (Mot IV 343, 178).

IV. Umfang des Vorbehaltsguts

1. Vorbehaltsgut kraft Ehevertrages (Nr 1)

Vorbehaltsgut sind die Gegenstände, die durch Ehevertrag zum Vorbehaltsgut eines **8** Ehegatten erklärt sind, **Abs 2 Nr 1**.

a) Die Ehegatten erklären die fraglichen Gegenstände dadurch zum Vorbehalts- **9** gut, dass sie diese im Ehevertrag entweder ausdrücklich als „Vorbehaltsgut" bezeichnen oder aber schlüssig „vom Gesamtgut ausschließen", „von der Gesamtgutsverwaltung freistellen" oder „der freien Verfügung und Nutzung eines Ehegatten überlassen" (vgl KG JJG 15, 192).

b) Vorbehaltsfähige Vermögensgegenstände
Nur **bestimmte Vermögensgegenstände** können die Ehegatten sich vorbehalten, **nicht** **10** **einen Bruchteil** am Vermögen. Die Erklärung zum Vorbehaltsgut muss deshalb die betreffenden Vermögensbestandteile deutlich bezeichnen, so dass ihre Zugehörigkeit zum Vorbehaltsgut auch für Dritte, die den Ehevertrag kennen, feststellbar ist.

Der Ehevertrag kann auch einen **Sachinbegriff** zum Vorbehaltsgut erklären; eine **11** Aufzählung der einzelnen Gegenstände ist nicht erforderlich (RG JW 1916, 834 Nr 6 m Anm von Plum). Die vorbehaltenen Gegenstände können nach bestimmten Gesichtspunkten, insbesondere nach dem Erwerbsgrunde zusammengefasst und bezeichnet werden (zB KG OLGE 12, 310: „was ein Ehegatte dem anderen schenkt"). Auch **zukünftige Vermögensbestandteile** können gemäß § 1418 zum Vorbehaltsgut erklärt werden (zB KG OLGE 12, 310: „was ein Ehegatte dem anderen schenken wird").

Vom Gesamtgut ausgenommen werden kann auch das **gesamte gegenwärtige**, bei **12** Wirksamwerden des Ehevertrages vorhandene **Vermögen** eines oder beider Ehegatten. Dadurch sind die Ehegatten in der Lage, einen der früheren Errungenschaftsgemeinschaft vergleichbaren Güterstand zu schaffen. Sie können auch generell die beweglichen oder die unbeweglichen Sachen, gegenwärtig vorhandene und/ oder auch künftige, zu Vorbehaltsgut erklären. Zur Zulässigkeit der Vereinbarung, dass alles Vermögen eines Ehegatten dessen Vorbehaltsgut sein soll, s Vorbem 19 zu

§ 1408. Es muss nur gewährleistet sein, dass überhaupt ein Gesamtgut entsteht oder entstehen kann. Anderenfalls ist der auf die Begründung der Gütergemeinschaft gerichtete Ehevertrag in sich widersprüchlich und nichtig. Regelmäßig wird der Vertrag dann dahin auszulegen sein, dass Gütertrennung vereinbart ist.

13 c) **Zur Umwandlung** von Gesamtgut in Vorbehaltsgut und umgekehrt s § 1416 Rn 33 f. Zur Umwandlung von Sondergut in Vorbehaltsgut s § 1417 Rn 12. Die notarielle Beurkundung der **Auflassung** eines zum Gesamtgut gehörenden Grundstücks an einen der Ehegatten kann nach den Umständen des Falles zugleich **als Ehevertrag auszulegen** sein, der das Grundstück zu Vorbehaltsgut des Erwerbers erklärt (vgl KG DNotZ 1937, 639 = HRR 1937 Nr 1009; LG Köln MittRhNotK 1986, 103).

14 d) Wendet ein Ehegatte aus seinem Vorbehaltsgut dem anderen etwas in dessen Vorbehaltsgut zu, so ist nach verbreiteter Ansicht kein Ehevertrag erforderlich (vgl OLG Hamburg OLGE 12, 312; DÖLLE I 886; GERNHUBER/COESTER-WALTJEN § 38 Rn 39; **aA** SOERGEL/GAUL § 1418 Rn 6). Das trifft jedoch in dieser Allgemeinheit nicht zu. Vorbehaltsgut des einen Ehegatten wird nicht notwendig auch Vorbehaltsgut des den Gegenstand erwerbenden anderen Ehegatten. Das ist **nur dann** der Fall, wenn sich aus dem Ehevertrag ergibt, dass der Gegenstand (mag er speziell bezeichnet sein oder Teil einer vom Gesamtgut ausgenommenen Sachgesamtheit oder durch seine Erwerbsart als Vorbehaltsgut gekennzeichnet sein) nicht in das Gesamtgut fällt. Bei einer **Schenkung** ins Vorbehaltsgut des anderen Ehegatten gilt aber Abs 2 Nr 2; der aus seinem Vorbehaltsgut zuwendende Ehegatte muss nach der ratio der Vorschrift als „Dritter" angesehen werden (s dazu unten Rn 27).

2. **Vorbehaltsgut kraft Bestimmung eines Dritten (Nr 2)**

15 Vorbehaltsgut ist ferner, was ein Ehegatte **von Todes wegen erwirbt** oder was ihm **von einem Dritten unentgeltlich zugewendet** wird, **wenn** der Erblasser durch letztwillige Verfügung, der Dritte bei der Zuwendung **bestimmt** hat, **dass der Erwerb Vorbehaltsgut sein soll, Abs 2 Nr 2.**

a) **Erwerb von Todes wegen**

16 aa) Erwerb von Todes wegen ist, was ein Ehegatte durch Erbfolge, durch Vermächtnis, als Pflichtteil (so ausdr § 1369 aF; vgl KLEIN BayNotZ 1912, 240) oder als Erbersatzanspruch erwirbt. Der Begriff der Erbfolge umfasst sowohl die gesetzliche Erbfolge (§§ 1922 ff) als auch diejenige auf Grund Testaments (§§ 1937 ff, 2229 ff) oder Erbvertrages (§§ 1941, 2274 ff). Die Bestimmung des Pflichtteils zum Vorbehaltsgut enthält keine Beschränkung oder Beschwerung des Pflichtteilsberechtigten iS des § 2306.

17 bb) Die Ehegatten sind und bleiben Herren ihres Vermögens. Sie können daher im Voraus die Entstehung von Vorbehaltsgut nach Maßgabe des Abs 2 Nr 2 im Ehevertrag ausschließen (vgl auch OLG Stuttgart JW 1932, 1402) und auch nachträglich das Vorbehaltsgut ehevertraglich in das Gesamtgut einbringen (hM). Das Schicksal der Zuwendung hängt, wenn sie in das Gesamtgut fällt, vom Inhalt der (auszulegenden) letztwilligen Verfügung ab. Ist der Anfall an das Vorbehaltsgut zur Bedingung oder Auflage erhoben oder Geschäftsgrundlage geworden, ist das Zugewendete zurückzugewähren. In diesem Falle kann der bedachte Ehegatte von dem anderen Ehegatten regelmäßig den Abschluss eines Ehevertrages verlangen, der das Zugewendete zu Vorbehaltsgut erklärt und damit die Zuwendung rettet. Fällt das Zugewendete endgültig in das Gesamtgut, kann im Einzelfall ebenfalls ein Anspruch auf eine ehevertragliche Zuweisung in das Vorbehaltsgut des Bedachten gegeben sein (anders GERNHUBER/COESTER-WALTJEN § 38 Rn 40 Fn 58: Erwerb findet überhaupt nicht statt).

cc) Der Erwerb des **Anteils am Gesamtgut der fortgesetzten Gütergemeinschaft** **18** erfolgt nicht von Todes wegen (§ 1483 Abs 1 S 3; so KG DRiZ 1931 Nr 398). Auch der Erwerb **unter Lebenden auf den Todesfall** gehört nicht hierher. Bei vollzogener **Schenkung von Todes wegen** (§ 2301 Abs 2) ist jedoch der 2. Fall der Nr 2 (unentgeltliche Zuwendung) gegeben. Dagegen ist der Erwerb gemäß § 2301 Abs 1 ein Erwerb von Todes wegen (Prot IV 124; BGB-RGRK/FINKE § 1418 Rn 9).

dd) Kein Erwerb von Todes wegen liegt vor, wenn einem Ehegatten etwas **mit** **19** **Rücksicht auf ein künftiges Erbrecht** zugewendet wird. Anders als § 1374 Abs 2 nennt § 1418 Abs 2 Nr 2 diesen Fall nicht. Auch der Fall des § 1934d aF (**vorzeitiger Erbausgleich** des nichtehelichen Kindes) war nicht erfasst. In keinem dieser Fälle ist eine letztwillige Verfügung denkbar, durch die die „Abfindung" zu Vorbehaltsgut erklärt werden könnte. Andererseits ist das Zugewendete auch nicht unentgeltlich erlangt, da der Ehegatte sein (künftiges) Erbrecht verliert. Da es sich aber um eine vorweggenommene Erbfolge, inhaltlich also um einen Erwerb quasi von Todes wegen handelt, spricht viel dafür, § 1418 Abs 2 entsprechend der **Wertung** des § 1374 Abs 2 teleologisch zu erweitern und die Zuweisung der „Abfindung" in das Vorbehaltsgut im oder im Zusammenhang mit dem Abfindungsvertrag zuzulassen (wie hier RAUSCHER Rn 449; anders BAMBERGER/ROTH/MAYER § 1418 Rn 5 Fn 20: Fall des Abs 2 Nr 2; s auch die in Rn 20 angeführten Fälle).

ee) Zwischen letztwilliger Verfügung und Erwerb ist ein **Zusammenhang** erforder- **20** lich. Das Vorbehaltsgut umfasst zunächst den Anteil an einer Erbengemeinschaft, die Anwartschaft auf die Nacherbschaft und den Vermächtnisanspruch (§ 2174), später dessen Surrogate (§ 1418 Abs 2 Nr 3). Wenn ein Ehegatte Miterbe ist, gehört zum Erwerb von Todes wegen alles, was ihm bei der Erbauseinandersetzung aus dem Nachlass zugeteilt wird, also auch solche Nachlassgegenstände, die er gegen die Verpflichtung zur Geldabfindung der beteiligten Miterben übernimmt (RG JW 1937, 2451 Nr 10). Zum Vorbehaltsgut gehört auch der Betrag, der nach Ausschlagung eines Vermächtnisses im Rechtsstreit über das Pflichtteilsrecht durch Vergleich erlangt ist (BayObLGZ 4, 604).

ff) Der **Erblasser** muss **durch letztwillige Verfügung bestimmen**, dass der Erwerb **21** Vorbehaltsgut sein soll. Die Bestimmung kann als einseitige Verfügung auch in einem Erbvertrag getroffen werden (vgl § 2299).

Nach Mot IV 170 hat die im Wege letztwilliger Verfügung erfolgende Bestimmung **22** einen selbstständigen Charakter. Sie setzt nicht letztwillige Zuwendung im eigentlichen Sinne voraus, ist vielmehr auch dann wirksam, wenn der Dritte es bei den Grundsätzen der gesetzlichen Erbfolge belässt oder den Ehegatten auf den Pflichtteil beschränkt. Die Bestimmung kann daher auch in einer anderen Verfügung enthalten sein als die Zuwendung. **Für die Errichtung, Anfechtung und Aufhebung** einer durch letztwillige Verfügung erfolgten Bestimmung von Vorbehaltsgut, insbesondere für die Anfechtung seitens des anderen Ehegatten, der durch die Bestimmung beschwert ist (vgl namentlich § 2080), kommen die allgemeinen **Vorschriften des Erbrechts** zur Anwendung (Mot IV 170).

23 Die **Bestimmung**, dass der Erwerb Vorbehaltsgut sein soll, braucht nicht gerade die Worte des Gesetzes zu enthalten; sie ist **auch stillschweigend möglich** (unentschieden RGZ 69, 59, 63). Die testamentarische Zuwendung eines Nießbrauchs am Nachlass mit völlig freiem und uneingeschränktem Besitz bis an das Lebensende enthält keinen stillschweigenden Vorbehalt (OLG Kiel OLGE 40, 68).

24 gg) Zur **Annahme oder Ausschlagung** einer Erbschaft oder eines Vermächtnisses sowie zum Verzicht auf den Pflichtteil s §§ 1432 Abs 1, 1455 Nr 1 und 2. Diese Vorschriften gelten für letztwillige Verfügungen mit und ohne Bestimmung gemäß § 1418 Abs 2 Nr 2. Zur Errichtung eines Inventars über eine Erbschaft s §§ 1432 Abs 2, 1455 Nr 3. Zur Haftung des Gesamtguts für Verbindlichkeiten, die durch den Erwerb einer Erbschaft oder eines Vermächtnisses entstehen, s §§ 1439, 1461.

b)   Unentgeltlicher Erwerb unter Lebenden

25 aa) Nur eine **unentgeltliche Zuwendung** gewährt die Befugnis, Vorbehaltsgut zu begründen. Der Begriff der unentgeltlichen Zuwendung umfasst nicht nur **Schenkungen** (s § 516), sondern jede **Zuwendung, für die der Zuwendende keine oder keine gleichwertige Gegenleistung erhält**. Maßgebend ist aber in erster Linie, ob die Parteien von der Gleichwertigkeit von Leistung und Gegenleistung ausgehen. Bei einem groben Missverhältnis beider spricht jedoch eine Vermutung für die (teilweise) Unentgeltlichkeit (BGH NJW 1987, 890 mwNw). Dafür spricht häufig auch die Erklärung zum Vorbehaltsgut. Hierher gehören auch **Ausstattungen**, selbst wenn sie die Vermögensverhältnisse des Vaters oder der Mutter nicht übersteigen und daher nicht als Schenkungen gelten (§ 1624; vgl auch RG JW 1908, 71). Der Umstand, dass eine sittliche Pflicht der Eltern zur Gewährung einer angemessenen *Aussteuer* besteht, ist ohne Belang (RGZ 80, 217). Dagegen sind Leistungen, die in Erfüllung einer Rechtspflicht erfolgen (zB Unterhalt, früher auch Aussteuer, § 1620 aF), nicht als unentgeltlich zu betrachten.

26 Für die Unentgeltlichkeit ist entscheidend, dass der bedachte Ehegatte kein Entgelt zu leisten hat; ob der Zuwendende von anderer Seite, zB von dem anderen Ehegatten, eine Gegenleistung erhält, ist ohne Bedeutung (RGZ 171, 83, 87; unentschieden noch RGZ 69, 59, 63; wie hier MünchKomm/KANZLEITER § 1418 Rn 7; GERNHUBER/COESTER-WALTJEN § 38 Rn 40 Fn 55; SOERGEL/GAUL § 1418 Rn 9).

27 bb) Unter § 1418 Abs 2 Nr 2 fällt nur die unentgeltliche **Zuwendung eines Dritten**. Die Schenkung eines **Ehegatten an den anderen von Vorbehaltsgut zu Vorbehaltsgut** erfordert keinen Ehevertrag (s auch oben Rn 14). Der schenkende Ehegatte ist als Dritter iS der Nr 2 anzusehen. Er steht mit seinem Vorbehaltsgut wegen der funktionalen Sonderung der Vermögensmassen dem Gesamtgut (der Gesamthand) und dem anderen Ehegatten mit seinem Vorbehaltsgut rechtlich wie ein Dritter gegenüber. Der Gleichstellung steht nur der Wortlaut, nicht aber der Sinn und Zweck des Gesetzes entgegen. Wendet ein Ehegatte dem anderen einen Vermögensgegenstand aus seinem in das Vorbehaltsgut des anderen zu, spricht viel dafür, dass es sich im Zweifel nicht um eine Zuwendung handelt, die vom Bestand der Ehe abhängig sein soll (HOLZHAUER FuR 1995, 271; WEVER Rn 534). Ist demgegenüber von einer Geschäftsgrundlage der Zuwendung in der Ehe der Parteien auszugehen, kann die Zuwendung entsprechend den Grundsätzen **der ehebezogenen Zuwendung** bei der Gütertrennung wegen Wegfalls der Geschäftsgrundlage zurückverlangt werden (KLEINLE FamRZ 1997, 1390; WEVER 534).

cc) Der Dritte muss **vor oder bei der Zuwendung** bestimmt haben, dass der Erwerb **28** Vorbehaltsgut sein soll.

Die Bestimmung **bedarf keiner Form.** Sie erfolgt durch **einseitige empfangsbedürftige 29 Erklärung** des Zuwendenden an den Ehegatten. Sie gehört nicht zum Inhalt des Zuwendungsgeschäfts und ist deshalb nicht annahmebedürftig. Die Erklärung muss spätestens mit der Vollendung der Zuwendung wirksam werden. Eine nachträgliche Bestimmung ist wirkungslos. Sie kann die inzwischen eingetretene Zugehörigkeit zum Gesamtgut nicht wieder beseitigen. Mit der Vollendung des Rechtserwerbs wird auch ein Widerruf der Bestimmung ausgeschlossen. Zur konkludenten Bestimmung zu Vorbehaltsgut s OLG Hamburg Recht 1908 Nr 1007 = OLGE 37, 241; s auch RG WarnJb 1911 Nr 333.

Die Bestimmung kann **vor dem Vollzug der Zuwendung** getroffen werden. Die Par- **30** teien brauchen an eine früher getroffene Bestimmung bei der Vornahme des Zuwendungsgeschäfts nicht zu denken oder sogar auf sie Bezug zu nehmen (so aber BGB-RGRK/FINKE § 1418 Rn 13). Die frühere Bestimmung gilt, wenn nicht die Auslegung der bei der Verfügung vom Zuwendenden abgegebenen Erklärung ergibt, dass der Gegenstand doch nicht in das Vorbehaltsgut fallen soll.

c) **Erwerb vor Eintritt der Gütergemeinschaft**
Eine Zuwendung mit der Bestimmung, dass sie in das Vorbehaltsgut fallen soll, kann **31** auch **vor dem Eintritt der Gütergemeinschaft erfolgen** (RGZ 106, 381 gegen RGZ 65, 367; ebenso die allgM). Das gilt für die Zuwendungen von Todes wegen wie für unentgeltliche Zuwendungen. Abs 2 Nr 2 ist auch anzuwenden, wenn die Zuwendung vor der Eheschließung erfolgte.

Die Bestimmung der Vorbehaltsgutseigenschaft kann, da künftiges Vorbehaltsgut **32** zulässig ist, auch für eine weitere Ehe Gültigkeit haben. Ob die Bestimmung auch auf eine neue Ehe wirkt, ist durch Auslegung der Bestimmung zu ermitteln. Dabei sind die Umstände, insbesondere die Absicht der Beteiligten, zu berücksichtigen. Im Zweifel wird die Frage zu bejahen sein.

d) **Wirkung der Bestimmung zu Vorbehaltsgut**
Die Bestimmung des Erblassers oder des unentgeltlich Zuwendenden bewirkt, dass **33** der Erwerb ohne oder auch gegen den Willen der Ehegatten in das **Vorbehaltsgut** des Bedachten fällt. Die Vorbehaltsgutseigenschaft tritt unmittelbar ein. Anders ist es, wenn die Bestimmung die zugewendete Sache nur der Gattung nach bezeichnet. Lautet sie etwa „von dem der Ehefrau zugewendeten Vermögen sollen 10 000 € ihr Vorbehaltsgut sein", so hat diese lediglich einen schuldrechtlichen Anspruch gegen die Gesamthand auf Übertragung dieser Summe aus dem ins Gesamtgut gefallenen Vermögen in ihr Vorbehaltsgut. Dieser Anspruch gehört zu ihrem Vorbehaltsgut (DÖLLE I 887). Haben die Ehegatten durch Ehevertrag zuvor schon den **Ausschluss**

Burkhard Thiele

jeglichen Sondervermögens vereinbart, so ist sowohl die Bestimmung bei unentgelt-lichem Erwerb als auch die testamentarische Bestimmung eines Erblassers, Zuwen-dung oder Erbschaft solle Vorbehaltsgut der Frau sein, ohne Wirkung (OLG Stuttgart JW 1932, 1402 Nr 13; s auch oben Rn 17).

34 § 1418 Abs 2 gilt auch für das **Vorbehaltsgut** des überlebenden Ehegatten **in der fortgesetzten Gütergemeinschaft** (§ 1486 Abs 1). Eine verwandte Regelung treffen § 1638 Abs 1 für das Vermögen des unter elterlicher Aufsicht stehenden Kindes und § 1803 Abs 1 für das Vermögen des unter Vormundschaft stehenden Mündels.

3. Vorbehaltsgut kraft Surrogation (Nr 3)

35 Zum Vorbehaltsgut zählen die Gegenstände, die ein Ehegatte auf Grund eines zu seinem Vorbehaltsgut gehörenden Rechtes oder als Ersatz für die Zerstörung, Be-schädigung oder Entziehung eines zum Vorbehaltsgut gehörenden Gegenstandes oder durch ein Rechtsgeschäft erwirbt, das sich auf das Vorbehaltsgut bezieht. Die Vorschrift regelt also die Entstehung von Vorbehaltsgut durch dingliche und rechts-geschäftliche Surrogation, wobei einmal (hinsichtlich der auf das Vorbehaltsgut bezogenen Geschäfte) auf den wirtschaftlichen Zusammenhang zwischen Erwerb und Vorbehaltsgut, im Übrigen auf rechtliche Zusammenhänge abgestellt ist.

a) Erwerb auf Grund eines zum Vorbehaltsgut gehörenden Rechtes
36 **aa)** Der Begriff „Recht" umfasst alle körperlichen wie unkörperlichen Bestand-teile des Vorbehaltsguts. Ob ein Erwerb kraft Gesetzes oder auf Grund eines Rechts-geschäftes erfolgt, macht keinen Unterschied (Mot IV 177). Dagegen gehört ein ursprünglicher Erwerb nicht hierher (RGZ 76, 357, 360). Daher fällt weder der Erwerb eines Grundstücks durch Ausschlussurteil nach § 927 (RG aaO) noch der Erwerb durch Zuschlag in der Zwangsversteigerung (RG JR 1928 Nr 1592 = Recht 1928 Nr 1856) in das Vorbehaltsgut.

37 **bb)** Gesetzlicher Erwerb sind zB Erträgnisse eines Grundstücks (s § 953), Erwerb aus Verbindung und Vermischung (s §§ 946 ff). Der Erwerb durch Ersitzung (s § 937 ff) wird Vorbehaltsgut, wenn vorher bereits der Besitz der Sache zum Vor-behaltsgut gehörte (ENNECCERUS/KIPP/WOLFF § 46 I 3 a; vgl Mot IV 500). Entdeckt der Ehegatte in einer Vorbehaltsgutssache einen Schatz (§ 984), so fällt die ihm als Eigentümer gebührende Hälfte in das Vorbehaltsgut, dagegen die ihm als Finder zukommende Hälfte in das Gesamtgut.

38 **cc)** Rechtsgeschäftlicher Erwerb ist derjenige, der dem Ehegatten durch Vermitt-lung eines den Inhalt des Rechtes verwirklichenden Rechtsgeschäfts zufällt (Mot IV 177). Hierher gehören namentlich die Leistungen, die durch Erfüllung einer zum Vorbehaltsgut gehörenden Forderung erworben werden, also Mieten aus Wohnge-bäuden, Pachtzinsen, Kapitalzinsen, Lotteriegewinne usw. Ob der Anspruch, auf Grund dessen die Leistung erbracht wird, bereits vor Eintritt der Gütergemeinschaft oder vor Begründung der Vorbehaltsguteigenschaft bestanden hatte, ist ohne Be-lang. Der als Erfüllung geleistete Gegenstand wird gleichwohl Vorbehaltsgut (Mot IV 500 f). Bei einem Erwerb durch Glücksfall kommt es darauf an, ob sich der Erwerb auf die Person des Ehegatten oder auf ein vorbehaltenes Recht gründet. Nur im zweiten Falle wird der Erwerb Vorbehaltsgut (Mot IV 500). Somit fällt die

gewonnene Wette (s § 762) nicht in das Vorbehaltsgut, wohl aber der Lotteriegewinn (s §§ 762 ff), sofern das Los zum Vorbehaltsgut gehörte, und die Hälfte eines Schatzes (Mot aaO; vgl Rn 37). Ein bestrittener Anspruch, der durch Vergleich oder Urteil festgestellt wird, besteht fort. Der Erwerb ist daher nicht ursprünglicher Rechtserwerb (vgl Mot IV 501).

b)   Erwerb als Ersatz für die Zerstörung, Beschädigung oder Entziehung   **39**
eines zum Vorbehaltsgut gehörenden Gegenstandes

„Gegenstand" sind Sachen und Rechte (vgl § 90). Die **Zugehörigkeit zum Vorbehalts-** **40**
gut richtet sich in erster Linie nach § 1418 Abs 2 Nr 1 und 2. Aber auch Gegenstände, die an die Stelle vorbehaltener Vermögensteile treten (Nr 3), werden ihrerseits wieder Vorbehaltsgut.

Zerstörung, Beschädigung und Entziehung setzen Verlust oder Verschlechterung des   **41**
Vorbehaltsguts voraus. Unter Zerstörung und Beschädigung sind vor allem Eingriffe von Menschenhand zu rechnen (zB unerlaubte Handlungen). Aber auch Einwirkungen durch Zufall, insbesondere Elementarereignisse, gehören hierher. Also fallen auch Ansprüche auf die Sachversicherungssumme für Schäden am Vorbehaltsgut in dieses Sondervermögen (s auch unten Rn 42; die Versicherungssummen passen außerdem auch in die dritte Gruppe, s unten Rn 42). Als Beispiele für die Entziehung nennen die Mot IV 501 den Anspruch wegen Enteignung und den Anspruch auf den Überschuss aus dem Erlös der Zwangsversteigerung. Weiter sind hierher zu rechnen der Anspruch aus § 812 wegen ungerechtfertigter Bereicherung eines Dritten aus dem Vorbehaltsgut und die Ersatzforderung aus §§ 1434, 1457.

„Als Ersatz" erwirbt der Ehegatte, was er in einem ursächlichen Zusammenhang mit   **42**
dem Schadensereignis erlangt. Der Ersatz bildet wirtschaftlich eine Vergütung für den Verlust oder die Verminderung des Vorbehaltsguts. Daher ist auch die Versicherungssumme als Ersatz für die Zerstörung, Beschädigung oder Entziehung des versicherten Gegenstandes anzusehen, mag sie auch rechtlich auf dem Versicherungsvertrag beruhen (Mot IV 501).

c)   Der Erwerb durch ein Rechtsgeschäft, das sich auf das Vorbehaltsgut bezieht
aa)   Voraussetzung ist ein bestimmter Zusammenhang des Rechtsgeschäfts mit   **43**
dem Vorbehaltsgut. Es genügt ein **wirtschaftlicher Zusammenhang**; ein rechtlicher ist – anders als bei den vorher behandelten Surrogationsarten – nicht erforderlich (Mot IV 177 f; BGH NJW 1968, 1824; RGZ 87, 100, 104). Dieser Zusammenhang muss in **subjektiver und objektiver** Richtung vorliegen (Mot IV 178; RGZ 72, 165, 167; RGZ 92, 139, 141; RG LZ 1922, 649 = WarnR 1923/24 Nr 15 = Recht 1924 Nr 178). Der Ehegatte muss also den Willen haben, für das Vorbehaltsgut abzuschließen, und außerdem muss das Rechtsgeschäft sich auch sachlich mit dem Vorbehaltsgut in Zusammenhang bringen lassen. Das Erfordernis einer subjektiven Beziehung folgt aus dem Wesen des Rechtsgeschäfts als einer Willenserklärung und aus dem Gegensatz zum Surrogationserwerb mit Mitteln der betreffenden Vermögensmasse in § 2111. Die weitere Voraussetzung eines objektiven Zusammenhanges ergibt sich aus dem Grundsatz, dass ein Ehegatte für sich selbst nicht willkürlich einseitig Vorbehaltsgut schaffen kann (so RGZ 92, 139, 141).

bb)   Die **subjektive Beziehung** kann sich sowohl aus einer ausdrücklichen Erklärung   **44**

des Ehegatten als auch aus den Umständen ergeben. Der Ehegatte braucht seine Absicht, für das Vorbehaltsgut zu handeln, bei Vertragsschluss nicht dem Geschäftspartner oder dem anderen Ehegatten gegenüber zu erklären (RG aaO; Bamberger/Roth/Mayer § 1418 Rn 8). Hat der Ehegatte sein Vorbehaltsgut der Verwaltung des anderen überlassen, so entscheidet dessen Absicht darüber, ob der Erwerb wieder Vorbehaltsgut wird (Soergel/Gaul § 1418 Rn 13; s auch RGSt 40, 176).

45 cc) Der **objektive Zusammenhang** verlangt nicht, dass der Erwerb sich wirtschaftlich als durch das Vorbehaltsgut gemacht darstellt, also ein einfacher Umsatz von Werten in anderer Form erfolgt; die Absicht, Gewinn zu erzielen, schadet nicht (Mot IV 177, 502). Die Verwendung von Mitteln des Vorbehaltsguts begründet den Zusammenhang nicht ohne weiteres (s unten Rn 48). An der sachlichen Beziehung fehlt es, wenn der Ehegatte bisher noch gar kein Vorbehaltsgut besitzt (Mot IV 178). Ein Zusammenhang mit dem Vorbehaltsgut besteht bei folgenden Rechtsgeschäften: Verkauf von Vorbehaltsgutsachen, entgeltliche Abtretung zum Vorbehaltsgut gehörender Forderungen, Erwerb eines Grundstücks (RGZ 92, 139) oder von Einrichtungsgegenständen mit Mitteln des Vorbehaltsgutes (OLG Hamburg OLGE 30, 42) oder für ein zum Vorbehaltsgut gehörendes Anwesen, Wiederanschaffungen an Stelle verlorenen oder untergegangenen Grundstücksinventars (Mot IV 178), Tauschverträge, Dienstverträge über Arbeiten, die sich auf Gegenstände des Vorbehaltsguts beziehen (Mot IV 178), Verträge, durch die ein gewerbetreibender Ehegatte sich gegen eine unfallbedingte Minderung seiner Erwerbsfähigkeit versichert (RGZ 72, 165), Erwerb von Sparkassenforderungen aus Mitteln des Vorbehaltsgutes (RG LZ 1922, 649 = WarnR 1923/24 Nr 15 = Recht 1924 Nr 178 [gekürzt]).

46 *Verneint* wurde ein objektiver Zusammenhang bei der Schadensversicherung für einen zum Gesamtgut gehörigen, aber für das Vorbehaltsgut (Erwerbsgeschäft) benutzten Kraftwagen (OLG Breslau JW 1935, 2907); beim Grundstückserwerb innerhalb eines vorbehaltenen Landwirtschaftsbetriebes (OLG Kiel SchlHAnz 1919, 34); bei Erzielung von Kaufpreiszinsen nach Verkauf eines Erwerbsgeschäftes, das Vorbehaltsgut war (RGZ 87, 100, 104).

47 Ist bei einem Erwerb die Beziehung zum Vorbehaltsgut nur *teilweise* vorhanden (so zB wenn der Ehegatte ein Haus eintauscht gegen zwei Grundstücke, von denen eines zum Vorbehaltsgut, das andere zum Gesamtgut gehört), so wird der Erwerb nur zu dem entsprechenden Bruchteil Vorbehaltsgut (Planck/Unzner § 1370 aF Anm 4).

48 dd) § 1418 Abs 2 Nr 3 knüpft die Surrogation **nicht an einen Erwerb „mit Mitteln"** **des Vorbehaltsguts** (ebenso §§ 1473 Abs 1, 2041 S 1, 2374; anders §§ 1646, 2019 Abs 1, 2111 Abs 1 S 1 für die jeweiligen Sondervermögen). Es ist daher nicht erforderlich, dass die Gegenleistung aus dem Vorbehaltsgut stammt: Inhaberpapiere, die der Ehegatte auf Kredit für sein Vorbehaltsgut kauft, gehören dorthin, mögen sie auch später aus dem Gesamtgut zu bezahlen sein (Bamberger/Roth/Mayer § 1418 Rn 8; Dölle I 887 Fn 108). Auf der anderen Seite begründet allein die Tatsache, dass zum Erwerb Mittel des Vorbehaltsguts verwendet werden, noch nicht den notwendigen objektiven Zusammenhang zwischen Kauf und Vorbehaltsgut, zB wenn der Ehegatte mit Mitteln seines Vorbehaltsguts Inventar für ein Gesamtgutsgrundstück *anschafft* (BGB-RGRK/Finke § 1418 Rn 17).

4. Gegenstände, die nicht zum Vorbehaltsgut gehören

Nicht zum Vorbehaltsgut gehören (vorbehaltlich anderweitiger Vereinbarung durch **49** Ehevertrag oder Bestimmung des zuwendenden Erblassers oder Dritten):

a) die ausschließlich **zum persönlichen Gebrauch** eines Ehegatten bestimmten Gegenstände. Hierfür ist die Erwägung maßgebend, dass dem Gläubiger Schutz vor Schmälerung des Gesamtgutes zu gewähren sei (DÖLLE I 889);

b) der **Erwerb durch Arbeit** oder durch den selbständigen **Betrieb eines Erwerbsge-** **50** **schäftes** (Mot IV 342; anders früher § 1367 aF), sofern nicht der Surrogationsgrundsatz eingreift; gehört allerdings das Erwerbsgeschäft, das einer der Ehegatten selbständig betreibt (vgl die Erl zu § 1431), zu dessen Vorbehaltsgut, so gehört der Gewinn, den er dort auf Grund seiner Tätigkeit erzielt, gemäß Abs 3 zum Vorbehaltsgut.

V. Rechtliche Behandlung des Vorbehaltsguts

1. Allgemeines

Das Vorbehaltsgut hat bei der Gütergemeinschaft *im Allgemeinen* die gleiche recht- **51** liche Stellung wie bei der Gütertrennung das Vermögen eines **Ehegatten**. Das Eigentum und das Recht auf Verfügung, Verwaltung und Nutzung sind *keinerlei güterrechtlichen Beschränkungen* unterworfen. Jeder Ehegatte steht seinem Vorbehaltsgut so gegenüber, als wenn er unverheiratet wäre (vgl Mot IV 343). Die allgemeinen rechtlichen Wirkungen der Ehe greifen aber auch hier Platz.

2. Besitz

Der **Besitz** richtet sich nach den tatsächlichen Verhältnissen (vgl RG JW 1914, 146 Nr 9; **52** RG WarnJb 1922 Nr 16 = JW 1922, 93). So ist auch Mitbesitz beider Ehegatten an Sachen möglich, die zum Vorbehaltsgut eines Ehegatten gehören. Das gilt insbesondere bei gemeinschaftlicher Benutzung (jetzt auch PALANDT/BRUDERMÜLLER § 1418 Rn 1; ebenso die hM, vgl GERNHUBER/COESTER-WALTJEN § 38 Rn 42 mwNw).

3. Verwaltung

a) Nach § 1418 Abs 3 S 1 **verwaltet jeder Ehegatte sein Vorbehaltsgut selbständig**. **53** Dazu gehört auch die selbständige Prozessführung hinsichtlich des Vorbehaltsgutes. Eine *Ausnahme* macht § 1425 Abs 1 S 2: Für Schenkungsversprechen, die sich auf sein Vorbehaltsgut beziehen, bedarf der Ehegatte, der das Gesamtgut verwaltet, der Zustimmung des anderen Ehegatten. Realschenkungen aus dem Vorbehaltsgut sind dagegen auch ohne Zustimmung wirksam. Der Ehegatte kann sein Vorbehaltsgut ganz oder teilweise der Verwaltung des anderen Ehegatten überlassen.

b) Nach § 1418 Abs 3 S 2 erfolgt die **Verwaltung für eigene Rechnung**, dh die **54** Nutzungen fallen dem Ehegatten zu (so schon Abs 2 Nr 3) und er trägt auch die Lasten des Vorbehaltsguts. Im Verhältnis zu einem Dritten kann ein Ehegatte sein Vorbehaltsgut als alleinigen Haltungsgegenstand festlegen. Das Vorbehaltsgut ist andererseits gesetzliches Haftungsobjekt gemäß §§ 1441–1443; 1463–1465.

Burkhard Thiele

55 c)   Zur Heranziehung des Vorbehaltsguts zum **Familienunterhalt** s § 1420. Danach brauchen die Einkünfte des Vorbehaltsguts erst nach den **Einkünften** herangezogen werden, die in das **Gesamtgut** fallen. Bis der Stamm des Vorbehaltsguts angegriffen werden kann, müssen der Stamm des Gesamtguts und des Sonderguts aufgezehrt sein.

4.   Wirkung gegen Dritte

56 Dritten gegenüber ist die Vorbehaltsguteigenschaft eines Gegenstandes nur nach Maßgabe des § 1412 wirksam (Abs 4), also nur, wenn sie zur Zeit der Vornahme des Rechtsgeschäfts oder der Rechtshängigkeit des Rechtsstreits im Güterregister eingetragen (vgl § 1412 Rn 37 f zum Umfang der Eintragung) oder dem Dritten bekannt war. Soweit das Vorbehaltsgut auf Ehevertrag beruht, ergibt sich das bereits unmittelbar aus § 1412; für den Erwerb auf Grund der Bestimmung eines Dritten und für den Surrogationserwerb war eine besondere Verweisung notwendig.

5.   Eintragung in das Grundbuch

57 Zum Vorbehaltsgut eines Ehegatten gehörende Grundstücke und Grundstücksrechte werden auf dessen Namen eingetragen. Die Eigenschaft als Vorbehaltsgut ist dagegen nicht eintragungsfähig (hM, vgl OLG Hamburg RJA 4, 261; KG KGJ 38, 211).

6.   Zwangsvollstreckung

58 Zur Zwangsvollstreckung ist ein Titel gegen den Inhaber des Vorbehaltsgutes erforderlich und genügend. Der § 1362 ist ebenso anwendbar wie § 739 ZPO (s aber auch § 1416 Rn 12).

59 Zur *Anfechtbarkeit* der ehevertraglichen Begründung von Vorbehaltsgut gemäß AnfG s RGZ 57, 86.

§ 1419
Gesamthandsgemeinschaft

(1) Ein Ehegatte kann nicht über seinen Anteil am Gesamtgut und an den einzelnen Gegenständen verfügen, die zum Gesamtgut gehören; er ist nicht berechtigt, Teilung zu verlangen.

(2) Gegen eine Forderung, die zum Gesamtgut gehört, kann der Schuldner nur mit einer Forderung aufrechnen, deren Berichtigung er aus dem Gesamtgut verlangen kann.

Materialien: Zu § 1442 aF: E I §§ 1344 S 2, 1345   BT-Drucks 1/3802, 64; BT-Drucks 2/3409, 26.
Abs 1 HS 1 Abs 2; II § 1338 rev § 1427; III   Vgl STAUDINGER/BGB-Synopse 1896–2005
§ 1425; Mot IV 337; Prot IV 233; D 693.   § 1419.
Zu § 1419 nF: E I § 1442; II § 1442; III § 1419;

Systematische Übersicht

I. Allgemeines

Die Vorschrift entspricht inhaltlich § 1442 aF. Wortlaut und Sinngehalt decken sich **1** (bewusst) mit § 719 (Prot IV 233). Eine Parallele zu § 717 fehlt dagegen.

II. Gesamthandsgemeinschaft

1. Gesamtgut und Gesamthand

§ 1419 regelt die wichtigsten Rechtswirkungen der Vergemeinschaftung (§ 1416 **2** Abs 1) des Vermögens der Ehegatten im Gesamtgut. Diese Wirkungen kennzeichnen die Gemeinschaft als Gesamthand, nicht als Bruchteilsgemeinschaft nach §§ 741 ff. Zur gesamthänderischen Zuordnung des Vermögens s § 1416 Rn 2, 3 ff.

2. Bindung des Gesamtguts (Überblick)

Die Gütergemeinschaft ist, anders als die Erbengemeinschaft (§§ 2032 ff), auf Dauer **3** angelegt. Sie ist auch ausschließlich auf die Ehegatten als Beteiligte zugeschnitten. Dem entspricht ihre rechtliche Organisation:

(1)   kein Ehegatte kann über seinen Anteil am Gesamtgutverfügen (s unten Rn 9 ff). **4** Anders entscheidet § 2033 Abs 1 für die Miterbengemeinschaft. In der Gesellschaft wird in Auflockerung des § 719 Abs 1 eine Verfügung über den Gesellschaftsanteil dann zugelassen, wenn das im Gesellschaftsvertrag vereinbart ist oder alle übrigen Gesellschafter zustimmen (BGHZ 13, 179, 182 uö);

(2)   kein Ehegatte kann über den Anteil an den einzelnen zum Gesamtgut gehö- **5** renden Gegenständen verfügen (s unten Rn 14). Das entspricht der Regelung bei der Gesellschaft (§ 719 Abs 1) und der Miterbengemeinschaft (§ 2033 Abs 2);

Burkhard Thiele

6 (3) der Anspruch auf Teilung ist ausgeschlossen (s unten Rn 17). Ebenso § 719 Abs 1 HS 2, anders § 2042 Abs 1;

7 (4) gegen Gesamtgutsforderung kann der Schuldner nur mit einer Forderung aufrechnen, für die das Gesamtgut haftet (s unten Rn 19 ff). Sinngemäß ebenso § 719 Abs 2 und § 2040 Abs 2.

8 (5) die Pfändung des Anteils eines Ehegatten am Gesamtgut und an den dazu gehörenden Gegenständen ist ausgeschlossen, § 860 Abs 1 ZPO. Zur Zwangsvollstreckung s auch unten Rn 11, 26.

III. Ausschluss der Verfügung über den Gesamtgutsanteil

1. Nichtigkeit der Verfügung

9 Die **Verfügung** eines Ehegatten über seinen Anteil am Gesamtgut **ist nichtig**. § 1419 Abs 1 ist kein gesetzliches Verbot gemäß § 134 (anders BGB-RGRK/FINKE § 1419 Rn 6) und auch kein relatives Veräußerungsverbot gemäß § 135, sondern gesetzliche Anordnung der Unübertragbarkeit des Anteils (vgl BGHZ 19, 355, 359; s auch RAEBEL aaO [§ 1412 Rn 47] Rn 44). Die Beteiligung eines Dritten am Gesamtgut würde der Funktion der Gütergemeinschaft als ehelicher Güterstand widersprechen. Das unterscheidet diese von der Gesellschaft. Deshalb ist eine Verfügung über den Anteil **auch bei Zustimmung des anderen Ehegatten nichtig**.

2. Verfügung von Todes wegen

10 § 1419 Abs 1 *betrifft* **nicht** die **Verfügung von Todes wegen**. Sie ist, sofern nicht die Fortsetzung der Gütergemeinschaft vereinbart ist (§§ 1483 ff) möglich, § 1482 (vgl BGH NJW 1964, 2298; BayObLGZ 1960, 254, 257).

3. Rechtslage nach Beendigung der Gütergemeinschaft

11 Die Verfügung über den Anteil am Gesamtgut ist auch dann ausgeschlossen, wenn die **Gütergemeinschaft** beendet ist. Das gilt auch bei Beendigung durch den Tod eines Ehegatten (OLG Saarbrücken FamRZ 1955, 138). Der Ausschluss gilt fort bis zur Auseinandersetzung über das Gesamtgut (§ 1471 Abs 2, vgl auch RGZ 125, 354). § 860 Abs 2 ZPO ermöglicht jedoch nach Beendigung der Gütergemeinschaft die Pfändung des Anteils. Der überlebende Ehegatte kann als befreiter Vorerbe trotz § 2113 Abs 2 über ein Gesamtgutsgrundstück verfügen, weil andernfalls auch der eigene Gesamtgutsanteil gebunden wäre (vgl BGH FamRZ 1976, 338, 339).

4. Verpflichtungsgeschäfte

12 Ein zur Verfügung über den Anteil am Gesamtgut **verpflichtendes Rechtsgeschäft** wird von § 1419 nicht unmittelbar berührt. Es gilt aber § 275 Abs 1 (nach § 306 aF: Nichtigkeit; iE auch BGH FamRZ 1966, 443 f; RG JW 1903 BeilNr 26; OLG Saarlouis JW 1925, 374 und hL). Die Umdeutung eines solchen Verpflichtungsgeschäfts in die Verpflichtung zur Abtretung der künftigen Auseinandersetzungsansprüche ist jedoch möglich (BGH FamRZ 1966, 443, 444; vgl auch OLG Hamburg JW 1934, 2572).

5. Verfügungen über den Anspruch auf Auseinandersetzung

Ausgeschlossen ist auch die Verfügung über den **Anspruch auf Auseinandersetzung** **13** nach Beendigung der Gütergemeinschaft (vgl KG JW 1931, 1371; auch OLG München BayZ 1926, 146 – zur Pfändung –). Möglich sind dagegen Verfügungen über den **Anspruch auf das Auseinandersetzungsguthaben** oder auch über **bestimmte** Gegenstände, die dem Ehegatten bei der Auseinandersetzung zugeteilt werden (s dazu auch § 1477 Abs 2).

IV. Ausschluss der Verfügung über den Anteil an einzelnen Gesamtgutsgegenständen

1. § 1419 Abs 1 besagt nichts darüber, ob Anteile der Ehegatten an den zum **14** Gesamtgut gehörenden Gegenständen bestehen. Die Annahme solcher Anteile widerspräche aber dem Gesamthandsprinzip; sie ist nicht nur „unpraktisch", wie es in RGZ 9, 144; 68, 413 heißt. An den Gegenständen des Gesamtguts sind die Ehegatten in ungeteilter Gesamthandsberechtigung mitzuständig. Daraus folgt die gemeinschaftliche Verfügungszuständigkeit über die einzelnen Gegenstände im Ganzen, modifiziert nur durch die vereinbarte (§ 1421) Verwaltungszuständigkeit. Das Gesetz schließt konsequent das selbständige **Verfügungsrecht** jedes Ehegatten über „seinen" Anteil an den Gesamtgutsgegenständen aus. **Verfügungen über einen solchen Anteil sind absolut nichtig.** Die Regelung ist zwingend. Auch mit Zustimmung des anderen Ehegatten ist die Verfügung nicht wirksam. Die **Verpflichtung** zur Verfügung über den Anteil an einem Gesamtgutsgegenstand ist nichtig gemäß § 306.

2. Der Anteil an den einzelnen Gesamtgutsgegenständen ist auch **nicht pfändbar,** **15** § 860 Abs 1 ZPO. Das gilt, anders als für den Anteil am Gesamtgut (s Rn 11), auch für die Zeit nach der Beendigung der Gütergemeinschaft (vgl auch Rn 26).

3. Über die zum Gesamtgut gehörenden Gegenstände können die Ehegatten **16** gemeinschaftlich verfügen, § 1450. Ein Ehegatte allein kann verfügen, wenn er das Gesamtgut verwaltet (§ 1422) oder wenn die Voraussetzungen der §§ 1429, 1431, 1454, 1456 vorliegen.

V. Ausschluss des Teilungsanspruchs

1. Solange die Gütergemeinschaft besteht, bestimmen sich die güterrechtlichen **17** Verhältnisse der Ehegatten nach den gesetzlichen Bestimmungen der §§ 1415 ff und den sie speziell abändernden eheverträglichen Regelungen. Eine Teilung des Gesamtguts ist im Gesetz nur nach Beendigung der Gütergemeinschaft vorgesehen (§§ 1471 ff, 1476). Das Gesetz verbietet die Teilung ohne vorherige Beendigung des Güterstandes jedoch nicht. Es lässt insbesondere die Überführung von Gesamtgut in die Vorbehaltsgüter zu, die allerdings nur einverständlich durch einen Ehevertrag erfolgen kann. Durch § 1419 Abs 1 HS 2 wird allein der Anspruch eines Ehegatten gegen den anderen auf Durchführung der Teilung während des Bestehens der Gütergemeinschaft ausgeschlossen.

2. Der **Ausschluss des** einseitigen **Anspruchs auf Teilung ist zwingend.** Auch in **18** einem Ehevertrag kann nicht wirksam vereinbart werden, dass vor der Beendigung des Güterstandes jederzeit, zu bestimmten Terminen oder unter bestimmten Bedingungen Teilung verlangt werden könne. Eine Verpflichtung der Ehegatten, einer vorgezogenen Teilung des Gesamtguts zuzustimmen oder bei ihr mitzuwirken, ist ebenfalls rechtsunwirksam.

VI. Aufrechnung

19 **1.** Gegen eine Forderung, die zum Gesamtgut gehört, kann **der Schuldner** nur mit einer Gegenforderung **aufrechnen**, deren Berichtigung er aus dem Gesamtgut verlangen kann (Abs 2). Entsprechendes gilt für die Geltendmachung eines **Zurückbehaltungsrechts**.

20 **a)** **Gesamtgutsforderungen** sind gemäß § 1416 Abs 1 S 2 alle während der Gütergemeinschaft für einen der Ehegatten entstehenden Forderungen, wenn sie nicht gemäß § 1417 oder § 1418 einem Ehegatten allein als Sonder- oder Vorbehaltsgut zustehen.

21 **b)** Welche Verbindlichkeiten **aus dem Gesamtgut zu berichtigen** sind (Gesamtgutsverbindlichkeiten), bestimmt sich nach den §§ 1437–1440 und den §§ 1459–1462. Bei der Gesamtgutsverwaltung durch einen Ehegatten sind dies alle Forderungen gegen den Verwalter, sowie die Forderungen gegen den nicht verwaltenden Ehegatten, soweit sich nach den §§ 1438 ff nicht Ausnahmen ergeben; bei Gesamtgutsverwaltung durch beide Ehegatten alle Forderungen gegen beide Ehegatten, soweit sich aus den §§ 1460 ff nicht Ausnahmen ergeben.

22 **c)** Der Schuldner kann die Aufrechnung bei Verwaltung des Gesamtguts durch einen Ehegatten nur dem Verwalter gegenüber erklären. Er muss sie an diesen richten. Der Zugang richtet sich nach den allgemeinen Bestimmungen. Der andere Ehegatte ist regelmäßig als Empfangsbote anzusehen, wenn die Ehegatten in häuslicher Gemeinschaft leben.

23 **d)** **Abs 2** steht einem **Aufrechnungsvertrag** des Schuldners einer Gesamtgutsforderung mit einer Gegenforderung gegen einen der Ehegatten, die nicht zugleich Gesamtgutsverbindlichkeit ist, nicht im Wege (wie hier BAMBERGER/ROTH/MAYER Rn 6; PALANDT/BRUDERMÜLLER Rn 3).

24 **2.** Die Aufrechnung **der Ehegatten** mit einer Gesamtgutsforderung behandelt Abs 2 nicht. Das Erfordernis der Gegenseitigkeit ist aber auch insoweit nur erfüllt, wenn der Gesamtgutsforderung eine Gesamtgutsverbindlichkeit gegenübersteht. Deshalb kann kein Ehegatte, auch nicht der Gesamtgutsverwalter, gegen eine Verbindlichkeit, für die nur sein Vorbehaltsgut haftet, mit einer Gesamtgutsforderung aufrechnen. Das gilt auch dann, wenn beide Ehegatten mit ihren Vorbehaltsgütern Gesamtschuldner sind.

25 **3.** Ist eine Gesamtgutsverbindlichkeit zugleich persönliche Schuld eines Ehegatten, so können dieser und der Gläubiger mit einer oder gegen eine zum Vorbehaltsgut des Ehegatten gehörenden Forderung aufrechnen.

VII. Zwangsvollstreckung

1. Der Anteil eines Ehegatten am Gesamtgut ist nicht pfändbar, § 860 Abs 1 **26** ZPO; das gilt auch für den Anspruch auf Auseinandersetzung (LG Frankenthal RPfleger 1981, 241). Er ist jedoch pfändbar, sobald die Gütergemeinschaft beendet ist, § 860 Abs 2 ZPO. § 860 Abs 2 ZPO gilt nicht für die Anteile an den einzelnen zum Gesamtgut gehörenden Gegenständen (RG BayZ 1919, 80; OLG Posen Recht 1905, 856). Die Eintragung einer Zwangshypothek am Anteil des Schuldners an einem zum Gesamtgut gehörenden Grundstück ist daher in jedem Falle unzulässig (BayObLGZ 15, 371, 374 f).

2. In der Insolvenz eines Ehegatten gehört dessen Anteil am **Gesamtgut** nicht zur **27** Insolvenzmasse. §§ 36 InsO, 860 Abs 1 ZPO; anders nach Beendigung der Gütergemeinschaft.

3. Die Anteile am Gesamtgut und an den einzelnen dazu gehörenden Gegen- **28** ständen unterliegen nicht der **Einziehung** gemäß § 74 StGB. Dagegen ist die Beschlagnahme dieser Anteile gemäß § 290 StPO nach hM möglich (BayObLG BayZ 1921, 846).

§ 1420
Verwendung zum Unterhalt

Die Einkünfte, die in das Gesamtgut fallen, sind vor den Einkünften, die in das Vorbehaltsgut fallen, der Stamm des Gesamtgutes ist vor dem Stamm des Vorbehaltsgutes oder des Sondergutes für den Unterhalt der Familie zu verwenden.

Materialien: E I § 1458; II § 1458; III § 1420;
BT-Drucks 1/3802, 65; BT-Drucks 2/224, 52;
BT-Drucks 2/3409, 26.
Vgl Staudinger/BGB-Synopse 1896–2005
§ 1420.

Systematische Übersicht

I. Rechtsentwicklung

Das BGB unterschied ursprünglich zwischen Unterhalt und Aufwand. Die gegen- **1** seitige Unterhaltspflicht der Ehegatten regelte es in den Vorschriften über die Wirkungen der Ehe im Allgemeinen (§§ 1360, 1361 aF). Die weitere Verpflichtung, den ehelichen Aufwand zu tragen, normierte das BGB jeweils bei den einzelnen Güterständen (§§ 1389, 1427, 1458, 1529, 1549 aF). Diese Unterscheidung hat das GleichberG aufgegeben, weil sie einen soziologischen Einheitsbegriff aufspaltete und auch dem ausländischen Recht fremd war (BT-Drucks 1/3802, 47; BT-Drucks 2/224, 30; BT-Drucks 2/3409, 37). Das GleichberG fasste beide Verpflichtungen in § 1360 S 1 zusammen: Die Ehegatten sind einander verpflichtet, durch ihre Arbeit und mit ihrem Vermögen die Familie angemessen zu unterhalten. Der frühere § 1458, der den ehelichen Aufwand in der Gütergemeinschaft dem Gesamtgut zur Last legte, ist damit gegenstandslos geworden. § 1360 S 2 bestimmt, dass zum Familienunterhalt die Einkünfte vor dem Stamm des Vermögens heranzuziehen sind. Er regelt aber nicht die Reihenfolge, in der bei der Gütergemeinschaft die einzelnen Vermögensmassen zum Familienunterhalt beitragen müssen. Diese Frage entscheidet § 1420. Der E III hat die Bestimmung in die allgemeinen Vorschriften über die Gütergemeinschaft übernommen, weil sie ohne Rücksicht darauf gilt, wer das Gesamtgut verwaltet (BT-Drucks 2/3409, 26). § 1420 gilt in gleicher Weise für den Trennungsunterhalt (s Rn 3).

II. Grundgedanke

2 Den wesentlichen Teil des beiderseitigen Vermögens bildet das Gesamtgut. Daher soll auch der Familienunterhalt in erster Linie aus dem Gesamtgut bestritten werden (BT-Drucks 1/3802, 65; BT-Drucks 2/224, 52).

III. Reihenfolge der Verwendung

3 **1.**   Nach § 1420 iVm § 1360 sind die einzelnen Gütermassen und deren Teile zum **Familienunterhalt** in dieser Reihenfolge **zu verwenden**:

(1)   die Einkünfte, die in das Gesamtgut fallen,

(2)   die Einkünfte, die in das Vorbehaltsgut fallen,

(3)   der Stamm des Gesamtgutes,

(4)   der Stamm des Vorbehaltsgutes und des Sondergutes.

§ 1420 regelt nur den Rang von (1) zu (2) und von (3) zu (4). Dagegen richtet sich die Reihenfolge von (1) oder (2) zu (3) oder (4) nach § 1360.

§ 1420 gilt auch für den **Trennungsunterhalt** gemäß § 1361 (BGHZ 111, 248, 253 = NJW 1990, 2252 = FamRZ 1990, 851; OLG München FamRZ 1996, 557) und zwar bei Scheidung bis zur Erledigung der Auseinandersetzung des Gesamtgutes (OLG Zweibrücken FamRZ 1998, 239; § 1472 Rn 9). Verlangt werden kann die *Mitwirkung bei der Verwendung* (§ 1451), nicht die Zahlung einer Geldrente. Das gilt auch für Notunterhalt im Wege einer einstweiligen Verfügung (OLG München NJW-RR 1996, 903). Insoweit genießt die güterrechtliche Regelung Vorrang vor dem Zahlungsanspruch aus § 1361 Abs 4 S 1 (BGH aaO). Die Mitwirkung kann durchgesetzt werden entweder im Prozessweg vor dem Familiengericht mit anschließender Vollstreckung (ohne dass dieser § 888 Abs 3 ZPO entgegenstünde), wenn es sich um eine tatsächliche Verwaltungshandlung handelt, oder durch vormundschaftsgerichtliche Ersetzung der Zustimmung zu einem für die Auszahlung notwendigen Rechtsgeschäft gemäß § 1452 (zu Letzterem BayObLG FamRZ 1997, 422; zu Einzelheiten § 1451 Rn 13; ENSSLEN FamRZ 1998, 1079; **aA**

KLEINLE FamRZ 1997, 1194 ff). Der aus der Ehewohnung ausgezogene Ehegatte kann deswegen nicht generell eine unmittelbare Zahlung eines anteiligen Nutzungsentgelts aus dieser als Ertrag des Gesamtgutes an sich verlangen (aA OLG Bamberg FamRZ 1987, 703; differenzierend ENSSLEN FamRZ 1998, 1082; zweifelnd und zur Zuständigkeit OLG Köln NJW-RR 1993, 904).

2.   In erster Linie sind die **Einkünfte, die in das Gesamtgut fallen**, zum Familien- 4
unterhalt heranzuziehen.

Der **Begriff der Einkünfte** ist im BGB nirgends bestimmt (vgl §§ 1427, 1430, 1441, 5
1521 aF, 1649 nF, 2050). Ob ein Erwerb zu den Einkünften zählt, ist nicht allgemein, sondern nur nach den Umständen des einzelnen Falles zu beurteilen. Maßgebend sind nicht rechtliche, sondern wirtschaftliche Gesichtspunkte; daher ist nicht nur auf die Absicht des Zuwendenden, sondern auch auf die persönlichen Verhältnisse des Empfängers, seine Erwerbstätigkeit und den Anlass der Zuwendung Rücksicht zu nehmen (vgl Mot IV 367). Einkünfte sind der Ertrag aus Vermögen, Renten, Arbeit, Erwerbsgeschäft und Zuwendungen, wenn sie nach wirtschaftlicher Betrachtung nicht zur Kapitalbildung, sondern zum laufenden Verbrauch bestimmt sind, zB Arbeitsverdienst, Trinkgelder, einzelne Rentenzahlungen (BGHZ 111, 248 = BGH NJW 1990, 2252), Weihnachtsgratifikationen, Nadelgeld, Zuwendungen für eine Urlaubsreise, Miet- und Pachtzinsen; dagegen nicht der Schatz oder der Lotteriegewinn.

In das Gesamtgut fallen neben seinen eigenen Einkünften (§ 1416 Abs 1) auch die 6
Einkünfte des Sondergutes (§ 1417 Abs 3 S 2). Sie sind daher in § 1420 nicht besonders genannt.

3.   In zweiter Linie sind für den Familienunterhalt die **Einkünfte, die in das Vor-** 7
behaltsgut fallen, zu verwenden. Zum Begriff der Einkünfte s oben Rn 5. In das Vorbehaltsgut fallen die in § 1418 Abs 2 genannten Gegenstände. Die Einkünfte aus dem Vorbehaltsgut sind stets nach den Gesamtgutseinkünften (§ 1420 HS 1), aber regelmäßig vor den einzelnen Vermögensstämmen (§ 1360) heranzuziehen. Die letzte Rangordnung gilt aber nur vorbehaltlich ihrer Zumutbarkeit (vgl die Erl zu § 1360; DÖLLE I § 67 V 892). Jeder Ehegatte hat einen gleichen Anteil zu leisten (§ 1360). Leistet er aus seinem Vorbehaltsgut einen höheren Beitrag, so ist im Zweifel anzunehmen, dass er nicht beabsichtigt, von dem anderen Ehegatten Ersatz zu verlangen (§ 1360b).

4.   **Der Stamm des Gesamtgutes** (s § 1416 Abs 1) ist vor den Stämmen der Vorbe- 8
haltsgüter und der Sondergüter beitragspflichtig. Vermögensstamm ist alles, was nicht unter den Begriff der Einkünfte fällt.

5.   Zwischen den Stämmen des Vorbehaltsgutes und des Sondergutes (s §§ 1418 9
Abs 2 und 1417 Abs 2) stellt das Gesetz keine Reihenfolge auf. Der Ehegatte hat die Wahl, mit welchem Vermögen er zum Familienunterhalt beiträgt.

IV.   Anderweitige Vereinbarung

§ 1420 gibt den Ehegatten lediglich eine Richtlinie. Sie können sich im Einzelfall 10
oder auch für künftige Fälle auf eine anderweitige Regelung (formlos) einigen.

§ 1421
Verwaltung des Gesamtguts

Die Ehegatten sollen in dem Ehevertrag, durch den sie die Gütergemeinschaft vereinbaren, bestimmen, ob das Gesamtgut von dem Mann oder der Frau oder von ihnen gemeinschaftlich verwaltet wird. Enthält der Ehevertrag keine Bestimmung hierüber, so verwalten die Ehegatten das Gesamtgut gemeinschaftlich.

Materialien: E I § 1442a; II § 1442a; III § 1421;
BT-Drucks 1/3802, 64; BT-Drucks 2/224, 52;
BT-Drucks 2/3409, 25 f.
Vgl Staudinger/BGB-Synopse 1896–2005
§ 1421.

Systematische Übersicht

I. Allgemeines

1 Die Vorschrift bestimmt, wer das Gesamtgut verwaltet. Dem Gesetzgeber standen vier Lösungen zur Wahl: Verwaltung durch den Mann allein, durch die Frau allein, durch beide Ehegatten gemeinschaftlich oder durch jeden Ehegatten selbständig. Die Verwaltung des Gesamtgutes durch den Mann oder die Frau regeln die §§ 1422–1449, die Verwaltung durch beide Ehegatten die §§ 1450–1470. Eine selbständige konkurrierende Verwaltung durch jeden Ehegatten hat das Gesetz nicht vorgesehen (s dazu auch Rn 10).

Über die Verwaltung der Sondergüter s § 1417 Rn 15 ff; über die Verwaltung der Vorbehaltsgüter s § 1418 Rn 53 ff.

II. Rechtsentwicklung, Übergangsrecht

2 Nach dem Recht des BGB unterlag das Gesamtgut der Verwaltung des Mannes, § 1443 Abs 1 S 1 aF. Abweichende ehevertragliche Regelungen waren möglich. Die **vor dem 1. 4. 1953 vereinbarten** allgemeinen Gütergemeinschaften blieben sowohl von Art 3 Abs 2 GG als auch von § 1421 nF unberührt. Für sie gilt heute noch die

Verwaltung durch den Mann, wenn nichts anderes vereinbart worden war, § 8 I Nr 6 Abs 2 HS 1 GleichberG.

Ist die Gütergemeinschaft in der Zeit **zwischen dem 1. 4. 1953 und dem 1. 7. 1958** **3** **vereinbart** worden, mussten die Ehegatten eine Regelung über die Gesamtgutsverwaltung treffen. § 1443 Abs 1 aF galt nicht mehr. Die Vereinbarung ist über den 30. 6. 1958 hinaus maßgebend geblieben, Art 8 I Nr 6 Abs 2 HS 2 GleichberG. Nachträgliche ehevertragliche Änderungen waren und sind möglich.

Für alle **seit dem 1. 7. 1958 vereinbarten** Gütergemeinschaften gilt § 1421. **4**

III. Die Regelung der Gesamtgutsverwaltung

1. Drei Wahlmöglichkeiten

Das Gesetz stellt den Ehegatten drei Möglichkeiten zur Wahl: die Alleinverwaltung **5** durch den Mann oder die Frau und die gemeinschaftliche Verwaltung durch beide Ehegatten. Das Gesetz begnügt sich mit einer Sollvorschrift, die die Ehegatten zur Regelung des Verwaltungsrechts anhält. Der Notar hat beim Abschluss des Ehevertrages auf die verschiedenen Gestaltungsmöglichkeiten und auch auf die Rechtsfolgen einer unterbleibenden Bestimmung über die Verwaltung hinzuweisen.

2. Alleinverwaltung durch den Mann oder die Frau

Die **Alleinverwaltung** des Gesamtguts durch den Mann oder die Frau ist in den **6** §§ 1422–1449 näher geregelt. Der nicht zum Verwalter bestimmte Ehegatte hat grundsätzlich keine selbständigen Verwaltungsbefugnisse. Seine Befugnisse gemäß § 1357 bleiben jedoch unberührt. Ausnahmen sind in § 1428 und insbesondere §§ 1429–1433 geregelt. Dem Schutz des nichtverwaltenden Ehegatten dienen die §§ 1423–1425 und 1447.

Der verwaltende Ehegatte kann **den anderen Ehegatten zu** Verwaltungshandlungen **7** im Einzelfall oder für bestimmte Arten von Maßnahmen **autorisieren**, ihm insbesondere **Vollmacht** erteilen oder ihn zu Verfügungen **ermächtigen**. Einen Sonderfall regelt § 1431. Nach § 1430 kann der nichtverwaltende Ehegatte die Zustimmung des Verwalters in bestimmten Fällen verlangen, notfalls ersetzen lassen.

3. Gemeinschaftliche Verwaltung

Die Ehegatten **verwalten** das Gesamtgut **gemeinschaftlich**, wenn das im Ehevertrag **8** vereinbart ist und auch dann, wenn der Ehevertrag keine Bestimmung über die Verwaltung enthält, § 1421 S 2. Ob eine Bestimmung getroffen worden ist, muss anhand der Auslegung möglicherweise unter Berücksichtigung der tatsächlichen Übung der Ehegatten ermittelt werden (dazu BayObLG FamRZ 1990, 411). Die Einzelheiten der gemeinschaftlichen Verwaltung sind in den §§ 1450–1470 geregelt.

Die gemeinschaftliche Verwaltung ist schwerfällig und auch sonst praktisch nicht **9** ganz unbedenklich. Der Gesetzgeber hat die Probleme gesehen (vgl BT-Drucks 1/3802, 50; 2/224, 35 I, 52), ihnen aber keine entscheidende Bedeutung beigemessen. Erleichterungen für den Geschäftsverkehr bringt § 1456. Eine gewisse Flexibilität lässt sich durch die Erteilung von Vollmachten erreichen (vgl dazu BEHMER FamRZ 1988, 339, 340 f). Auch sonst kann ein Ehegatte dem anderen die Verwaltung in bestimmten Arten von Angelegenheiten überlassen. Handelt es sich um die Vornahme von Rechtsgeschäften, enthält die Überlassung die gemäß § 1450 Abs 1 erforderliche Mitwirkung des anderen Ehegatten in der Form der Einwilligung (vgl auch §§ 1452, 1453, 1460). Näheres zur Durchführung der gemeinschaftlichen Verwaltung in den Erl zu § 1450.

4. Keine selbständige Verwaltung jedes Ehegatten

10 Eine originär **selbständige Verwaltung jedes Ehegatten sieht** das Gesetz nicht vor. Der Wortlaut sowie Entstehungsgeschichte des § 1421 (zu dieser BT-Drucks 1/3802, 64; 2/224, 52; 2/3409, 25) sprechen dafür, dass die drei Möglichkeiten der Gesamtgutsverwaltung abschließend aufgeführt sind, die Ehevertragsfreiheit insoweit also beschränkt ist (im Ergebnis ebenso die hM, vgl BayObLGZ 1968, 15 = NJW 1968, 896; DÖLLE I § 68 II; BAMBERGER/ROTH/MAYER § 1421 Rn 2; GERNHUBER/COESTER-WALTJEN § 38 Rn 46; MünchKomm/KANZLEITER § 1421 Rn 2; BGB-RGRK/FINKE § 1421 Rn 5; SOERGEL/GAUL § 1421 Rn 3; **aM** KÖRNER, Die Grenzen der Vertragsfreiheit im neuen Ehegüterrecht [Diss Tübingen 1961] 281; MIKAT, in: FS Felgentraeger [1969] 323, 327).

5. Abwechselnde (periodische) Alleinverwaltung

11 Die Vereinbarung einer **abwechselnden** Alleinverwaltung wird ebenfalls als unzulässig angesehen (PALANDT/BRUDERMÜLLER § 1421 Rn 1; BAMBERGER/ROTH/MAYER § 1421 Rn 2; SOERGEL/GAUL § 1421 Rn 4). Das Problem hat wohl nur theoretische Bedeutung, wird aber mit MünchKomm/KANZLEITER Rn 2 positiv zu lösen sein. Bei hinreichender Bestimmtheit, insbesondere bei kalendermäßig eindeutig fixierten Verwaltungsperioden, ist eine wechselnde Alleinverwaltung im Ehevertrag wirksam regelbar. Sind die Perioden alternierender Alleinzuständigkeit sehr kurz bemessen (monatlich, halbjährlich, wohl auch jährlich), wird jedoch der Ehevertrag insoweit zwar nicht schon wegen Missbrauchs ehevertraglicher Gestaltungsbefugnisse oder gemäß § 138 nichtig sein, wohl aber wird den Ehegatten ohne Rücksicht auf die Eintragung in das Güterrechtsregister die Berufung auf die ständig wechselnde Zuständigkeit wegen der damit verbundenen Unsicherheiten im Geschäftsverkehr gemäß § 242 zu versagen sein.

6. Partielle Alleinverwaltung

12 Durch *Ehevertrag* kann einem Ehegatten die **Alleinverwaltung für einen bestimmten** Rechts- **oder Sachbereich zugewiesen** werden (RGZ 60, 146), während im Übrigen dem anderen die Verwaltung obliegt (**aM** BAMBERGER/ROTH/MAYER § 1421 Rn 2).

IV. Güterrechtsregister

13 Die Bestimmung der Alleinverwaltung eines Ehegatten bedarf, um *gegen* Dritte, die sie nicht kennen, wirksam zu sein, der Eintragung in das Güterrechtsregister. Die vereinbarte oder gemäß § 1421 S 2 normativ geltende gemeinschaftliche Verwaltung bedarf dagegen, obwohl eintragungsfähig, nicht der Eintragung, es sei denn, es war zuvor die Alleinverwaltung des Mannes oder der Frau eingetragen. Die Unklarheiten, die sich aus den Verwaltungsregelungen kraft Übergangsrechts (s oben Rn 2) ergeben könnten, lassen sich aus der Eintragung der Gütergemeinschaft klären. Ist eine vor dem 1. 4. 1953 vereinbarte Gütergemeinschaft nicht eingetragen, darf der Dritte vom Güterstand der Zugewinngemeinschaft ausgehen. Weiß er, dass Gütergemeinschaft besteht, darf er von § 1421 S 2 ausgehen, wenn Näheres nicht bekannt ist.

V.   Ehevertragliche Abänderung

Die Regelung der Verwaltung des Gesamtguts kann jederzeit durch Ehevertrag **14** abgeändert werden. Dritte werden durch § 1412 geschützt. Kein Ehegatte kann jedoch eine Abänderung der Verwaltungsregelung erzwingen. Unter den Voraussetzungen der §§ 1447, 1448 und des § 1470 kann einseitig nur eine Beendigung des Güterstandes selbst erreicht werden.

Unterkapitel 2
Verwaltung des Gesamtgutes durch den Mann oder die Frau

§ 1422
Inhalt des Verwaltungsrechts

Der Ehegatte, der das Gesamtgut verwaltet, ist insbesondere berechtigt, die zum Gesamtgut gehörenden Sachen in Besitz zu nehmen und über das Gesamtgut zu verfügen; er führt Rechtsstreitigkeiten, die sich auf das Gesamtgut beziehen, im eigenen Namen. Der andere Ehegatte wird durch die Verwaltungshandlungen nicht persönlich verpflichtet.

Materialien: Zu § 1443 aF: E I § 1352; II § 1342 rev § 1428; III § 1426; Mot IV 348 ff; Prot IV 238, VI 279; D 694; KB 2067. Zu § 1422 nF: E I § 1442b; II § 1442b; III § 1422; BT-Drucks 1/3802, 64; BT-Drucks 2/224, 52; BT-Drucks 2/3409, 27. Vgl STAUDINGER/BGB-Synopse 1896–2005 § 1422.

I. Rechtsentwicklung

Die Vorschrift nennt Beispiele für den Inhalt des Rechts zur Verwaltung des Ge- **1** samtgutes. § 1422 entspricht dem § 1443 Abs 1 S 2, Abs 2 aF. An die Stelle des Mannes ist der Ehegatte getreten, der das Gesamtgut verwaltet, an die Stelle der Frau der andere Ehegatte. Die neue Fassung enthält ferner sprachliche Verbesserungen. Weggefallen ist der Hinweis, der andere Ehegatte werde durch die Verwaltungshandlung „weder Dritten noch dem Verwalter gegenüber" persönlich verpflichtet. Eine sachliche Änderung liegt darin nicht.

Die Bestimmungen für den Übergang und den Umfang der Weitergeltung der all- **2** gemeinen Gütergemeinschaft enthält Art 8 I Nr 6 GleichberG. Die Führung der Verwaltung unterliegt seit dem 1. 7. 1958 den Vorschriften des GleichberG. Wurde die allgemeine Gütergemeinschaft vor dem 1. 4. 1953 vereinbart, so verblieb aber die Verwaltung des Gesamtgutes beim Manne. Wenn allgemeine Gütergemeinschaft nach dem 1. 4. 1953 bis zum 30. 6. 1958 vereinbart wurde, blieb die ehevertragliche Verwaltungsregelung maßgebend.

II. Rechtsstellung des Gesamtgutsverwalters

1. Begriff der Verwaltung

Der Begriff der Verwaltung ist im Gesetz nicht festgelegt. Es nennt lediglich exem- **3** plarisch das Recht auf den Besitz, das Verfügungs- und das Prozessführungsrecht. Die Verwaltung ist jedoch umfassend gedacht und umfasst deshalb alle tatsächlichen rechtsgeschäftlichen und prozessrechtlichen Maßnahmen, die auch sonst ein Vermögensträger treffen kann. Die Verwaltung hat treuhänderischen Charakter. Deshalb ist sie rechtlich gebunden an die Grundsätze ordnungsmäßiger Verwaltung (§ 1435).

2. Recht zur Verwaltung

a) Der zur Verwaltung des Gesamtgutes bestimmte Ehegatte hat ein **eigenes** **4** **Recht zur Verwaltung**. Ob dieses Recht als *absolutes Recht* zu qualifizieren ist (so GERNHUBER/COESTER-WALTJEN § 38 Rn 47 unter Hinweis auf OLG Hamburg OLGE 7, 404; 21, 232), bleibt zweifelhaft. Zur Abwehr von Eingriffen Dritter ist es nicht erforderlich, weil der Verwalter außer seinem eigenen Persönlichkeitsrecht vor allem seine spezifische Zuständigkeit für die zum Gesamtgut gehörenden absoluten Rechte geltend machen kann. Zur Abwehr von Eingriffen des anderen Ehegatten in die Gesamtgutsverwaltung durch Unterlassungs- und Beseitigungsansprüche genügt die vereinbarte und gesetzlich (§ 1421) sanktionierte Ausschließlichkeit der Verwaltungsrechte, mit der ein Verbot der Einmischung des anderen Ehegatten korrespondiert.

5 b) Der Verwalter führt die Verwaltung **kraft eigenen Rechts** und **im eigenen Namen**. Der Rechtserwerb der Gesamthand ist ebenso wie ihre Verpflichtung akzessorisch konstruiert (§§ 1416 Abs 1 S 2, 1437 Abs 1). Zu abweichenden rechtsgeschäftlichen Regelungen mit Dritten vgl § 1416 Rn 22 und § 1437 Rn 18. Der Verwalter handelt nicht als „Organ der Gesamthand" oder zugleich im eigenen Namen und als Vertreter des anderen Ehegatten (RG SeuffA 71 Nr 31; BayObLGZ 5, 522, 524; KG JW 1935, 2515). Der Verwalter ist ohne besondere Vollmacht nicht befugt, im Namen des anderen Ehegatten zu handeln; dieser wird, auch wenn er äußerlich als „Vertreter des Gesamtgutes" auftritt, durch Verwaltungshandlungen nicht persönlich verpflichtet (§ 1422 S 2; RG Recht 1916 Nr 1725). Allerdings muss der andere Ehegatte sich die Wirkungen, welche sich für das Gesamtgut aus den befugterweise vorgenommenen Verwaltungshandlungen ergeben, gefallen lassen; andererseits erwirbt er auch eine persönliche Mitberechtigung als Gesamthänder (OLG München OLGE 14, 228). Die *Zahlungseinstellung* des Verwalters wirkt hinsichtlich des Gesamtgutes auch als die des nicht verwaltenden Ehegatten (§ 37 Abs 1 InsO).

6 c) Die Verwaltungsbefugnisse sind **gesetzlich begrenzt** durch die §§ 1423–1425. Sie sind ferner **im Innenverhältnis beschränkt** durch das Gebot ordnungsmäßiger Verwaltung (§ 1435, s auch § 1447 Nr 1 Fall 2, Nr 3). Abgesehen davon ist der Verwalter berechtigt, **nach eigenen Zweckmäßigkeitsvorstellungen** zu handeln (vgl auch RGZ 54, 284).

3. Pflicht zur Verwaltung

7 a) Die ehevertragliche Bestimmung des Ehegatten zur Verwaltung des Gesamtgutes begründet nicht nur ein Recht, sondern auch eine **Verpflichtung zur Verwaltung**. Die sich aus ihr ergebenden Pflichten werden in § 1435 näher beschrieben: Danach hat der verwaltende Ehegatte das Gesamtgut **ordnungsmäßig zu verwalten** und den anderen Ehegatten über seine Verwaltung zu **unterrichten**. Bei Minderung des Gesamtgutes durch sein Verschulden (vgl § 1359) oder durch unerlaubte einseitige Maßnahmen (vgl §§ 1423–1425) macht er sich dem anderen Ehegatten gegenüber **schadensersatzpflichtig**. Unfähigkeit zur Verwaltung oder Missbrauch des Verwaltungsrechts geben dem gefährdeten anderen Ehegatten das Recht, auf Aufhebung der Gütergemeinschaft zu klagen (§ 1447). Der andere Ehegatte braucht einen Missbrauch der Verwaltungsbefugnisse nicht stets hinzunehmen. Er hat zwar kein Widerspruchsrecht, wohl aber kann er konkret drohenden Missbräuchen und nicht ordnungsgemäßen Verwaltungsmaßnahmen, zumindest dann, wenn sie seine absoluten Rechtsstellungen beeinträchtigen würden, mit Unterlassungsansprüchen begegnen (ebenso GERNHUBER/COESTER-WALTJEN § 38 Rn 49). Ob das auch bei sonstigen ordnungswidrigen und schadensträchtigen Maßnahmen gilt, bei deren Durchführung der Verwalter gemäß § 1435 S 3 halten würde, ist zweifelhaft. Es werden aber wechselseitige Schutzpflichten im Hinblick auf das Gesamtgut anzuerkennen sein, die der nicht verwaltende Ehegatte analog § 1429 (s auch § 1455 Nr 6) gegen den Verwalter geltend machen kann.

b) Der Alleinverwalter kann den anderen Ehegatten im Einzelfall und zu be- **8** stimmten Arten von Verwaltungsmaßnahmen „ermächtigen". Dabei ist zu unterscheiden, ob die „Ermächtigung" zur Vornahme von Rechtsgeschäften nur deren Wirkung für und gegen das Gesamtgut ermöglichen soll oder ob eine Vollmacht gemeint ist, deren Ausnutzung allein den Verwalter zur Partei macht und daneben das Gesamtgut verpflichtet (§ 1437 Abs 1). Handelt der andere Ehegatte ohne Vollmacht oder im eigenen Namen, wird primär er selbst berechtigt und verpflichtet, daneben das Gesamtgut (§§ 1416, 1438); der Verwalter haftet dann gemäß § 1437 Abs 2.

4. Das Recht auf den Besitz

Der Ehegatte, der das Gesamtgut verwaltet, ist berechtigt, die zum Gesamtgut **9** gehörenden Sachen in Besitz zu nehmen.

a) Die Verwaltung des Gesamtgutes ist auch ohne den Besitz der dazu gehören- **10** den Sachen denkbar. Immerhin ist die Einräumung des Besitzrechts an den Gesamtgutsverwalter wünschenswert, weil dieser zumeist erst hierdurch die Möglichkeit erhält, sein Verwaltungsrecht voll wahrzunehmen (vgl RGZ 85, 416, 420). Das Recht auf den Besitz ist eine Funktion des Verwaltungsrechts und schon deshalb nicht absolut. Es ist vielfachen **Beschränkungen** unterworfen (s Rn 13 ff).

b) Durch § 1422 wird dem Gesamtgutsverwalter nicht der Besitz an den zum **11** Gesamtgut gehörenden Sachen kraft Gesetzes zugesprochen. Vielmehr wird ihm nur **das Recht** eingeräumt, die Sachen **in Besitz zu nehmen**. Solange das nicht geschehen ist, dauern die vorherigen Besitzverhältnisse fort. Der Verwalter hat daher auf Grund des § 1422 lediglich das Recht, sowohl von dem anderen Ehegatten als auch von jedem Dritten die Einräumung des Besitzes zu verlangen. Über die Geltendmachung des Besitzrechtes s unten Rn 17.

An Sachen jedoch, die sich zwar im Besitz, aber nicht in der tatsächlichen Gewalt des nicht verwaltenden Ehegatten befinden, erlangt der Gesamtgutsverwalter ohne weiteres den Besitz: so wenn dem anderen Ehegatten ein Nachlass (§ 857) oder ein mittelbarer Besitz anfällt. In diesen Besitz tritt der Gesamtgutsverwalter kraft Gesetzes ein (BAMBERGER/ROTH/MAYER Rn 7; DÖLLE I § 70 I; SOERGEL/GAUL § 1422 Rn 6).

Die Besitzberechtigung des Gesamtgutsverwalters wird nicht dadurch beseitigt, dass die Ehegatten getrennt leben (OLG Braunschweig OLGE 26, 176).

c) **Gegenstände des Besitzrechtes** sind alle Sachen, die zum Gesamtgut gehören. **12** Es erstreckt sich auch auf Inhaber- und Orderpapiere, auf Obligationen (OLG Braunschweig OLGE 26, 218) und auf Sparkassenbücher (RGZ 85, 416, 420; RG JW 1907, 202 Nr 7; vgl OLG Breslau OLGE 21, 218). Wenn der nicht verwaltende Ehegatte sein Sparguthaben abhebt, kann der Gesamtgutsverwalter verlangen, dass ihm das Geld zur Verwaltung übergeben werde. § 1422 gibt das Recht zur Inbesitznahme nur im Allgemeinen, schließt aber nicht aus, dass zwischen Eheleuten, die in Gütergemeinschaft mit Einzelverwaltung leben, hinsichtlich einzelner Gesamtgutsgegenstände Besitzverhältnisse bestehen, die Ausnahmen vom unmittelbaren Alleinbesitz (vgl dazu unten Rn 13 f) des verwaltenden Ehegatten bedeuten.

13 d)   Das Recht auf den Besitz ist nicht davon abhängig, ob der Gesamtgutsverwalter den Besitz zur Erfüllung seiner Verwaltungsaufgaben benötigt. Es ist aber weder völlig funktionsunabhängig noch schrankenlos. Es steht insbesondere unter dem Vorbehalt der Anforderungen des § 1353, die es gebieten, der gelebten ehelichen Lebensgemeinschaft ebenso wie der Privatheit der Ehegatten Rechnung zu tragen. Die vereinbarte wie auch die tatsächliche Gestaltung des ehelichen Zusammenlebens bedingt weithin Besitzzuweisungen und deren Erhaltung, an denen das Recht des Gesamtgutsverwalters auf den unmittelbaren Alleinbesitz seine Grenzen findet. Diese Grenzen werden durch § 1422 nur dann überwunden, wenn im Zuge ordnungsgemäßer Verwaltung des Gesamtguts der Zugriff auf einzelne Gegenstände erforderlich ist.

14 Dem Recht des Verwalters auf den Alleinbesitz sind die Sachen entzogen, die dem **gemeinsamen Gebrauch gewidmet** sind (Ehewohnung, Hausrat, auch das Inventar eines gemeinschaftlich betriebenen Erwerbsgeschäfts oder landwirtschaftlichen Betriebes). Hier besteht grundsätzlich **Mitbesitz** und ein **Recht** darauf (hM).

15 Dem Besitzrecht des Verwalters geht auch das Recht des anderen Ehegatten auf den **Alleinbesitz** der Sachen vor, die zu einem gemäß § 1431 **selbständig betriebenen Erwerbsgeschäft** gehören (RGZ 84, 47 u hL).

16 Vorrangig ist auch das Recht des anderen Ehegatten auf den **Alleinbesitz** an den **ausschließlich** seinem **persönlichen Gebrauch** dienenden Sachen. Das gilt auch für den bei Getrenntleben gemäß § 1361a dem anderen Ehegatten zugewiesenen Hausrat; im Übrigen bleibt das Besitzrecht des Verwalters erhalten (vgl RG Recht 1921 Nr 1912).

17 e)   Soweit der Gesamtgutsverwalter zum Besitz berechtigt ist und kein gleichrangiges Besitzrecht des anderen Ehegatten anzuerkennen hat, kann er den **Alleinbesitz** beanspruchen. Wird er ihm nicht freiwillig eingeräumt, darf er ihn sich nicht eigenmächtig verschaffen (§ 858), sondern muss notfalls Klage erheben. Das zum Gesamtgut gehörende Recht iVm § 1422 gibt ihm den Herausgabeanspruch gegen den anderen Ehegatten wie auch gegen Dritte (vgl RGZ 85, 416, 420). Ist der andere Ehegatte zum Mitbesitz berechtigt (s oben Rn 14), geht der Anspruch auf Einräumung des Mitbesitzes.

18 f)   Der **andere Ehegatte** ist bei unmittelbarem Alleinbesitz des Verwalters mit diesem zusammen (als Gesamthand) **mittelbarer Besitzer** (RGZ 105, 19, 20 f; Dölle I § 70 I; Gernhuber/Coester-Waltjen § 38 Rn 48; Erman/Heckelmann § 1422 Rn 3; Münch-Komm/Kanzleiter § 1422 Rn 14).

19 g)   Der unmittelbare Alleinbesitz des Verwalters ist nach den allgemeinen Vorschriften geschützt. Zu § 823 Abs 1 s RGZ 102, 346, 347; RG WarnR 1922 Nr 41. Zu § 861 vgl RG BayZ 1910, 382; OLG Dresden LZ 1922, 418. Der Gesamtgutsverwalter hat auch gegen den anderen Ehegatten, der Gesamtgutssachen heimlich fortschafft, den Anspruch aus § 861 (vgl OLG Dresden OLGE 24, 224; vgl auch LIPP, Die eherechtlichen Pflichten und ihre Verletzung [1988] 198 f). Dass der andere Ehegatte mittelbarer Mitbesitzer ist, steht dem nicht entgegen (RGZ BayZ 1910, 382; vgl OLG Dresden LZ 1922, 418, 419). Wegen Nichtleistung des Unterhalts hat der andere Ehegatte ein Zurückbehaltungsrecht (OLG Augsburg BayZ 1926, 338). Er kann aber nicht einwenden, er habe die Sachen an sich genommen, weil er zum Getrenntleben berechtigt sei und die Sachen nach § 1361a zur Führung eines abgesonderten Haushalts benötige (RG BayZ 1910, 382 = SeuffA 66 Nr 54; s aber auch Rn 16). Genügend Schutz bieten dem nicht verwaltenden Ehegatten einstweilige Anordnungen (§ 627 ZPO). Das Recht des anderen Ehegatten, auf Aufhebung der Gütergemeinschaft zu klagen (§ 1447), begründet kein Zurückbehaltungsrecht (vgl aber [zu § 1391 aF] RG SeuffA 72 Nr 57). Der andere Ehegatte kann ferner geltend machen, die Herausgabe der Gesamtgutssache verstoße gegen das Gebot zur Herstellung der ehelichen Lebensgemeinschaft (§ 1353), zB bei zu seinem ausschließlich persönlichen Gebrauch bestimmten Sachen.

Die Klage aus § 861 richtet sich ferner gegen jeden Dritten, der auf Geheiß des **20** anderen Ehegatten Gesamtgutssachen aus der Ehewohnung fortschafft (so zB RG WarnR 1922 Nr 41 – Schwiegervater des Mannes; OLG Dresden LZ 1922, 418 Nr 2 – Tochter des Ehegatten) oder der die Sachen für den anderen Ehegatten aufbewahrt (so zB RGZ 85, 416, 420 – Vormund des Ehegatten; OLG Dresden aaO – Ehegatte der Tochter). Auf ein Recht zum Besitz kann sich ein Dritter nur berufen, wenn es dem Gesamtgutsverwalter gegenüber wirksam ist. Gegenstände, die der andere Ehepartner gegen den Willen des Gesamtgutsverwalters weggeschafft hat, sind ihm abhanden gekommen (vgl OLG Braunschweig OLGE 26, 175).

5. Das Recht zur Verfügung

Der Ehegatte, der das Gesamtgut verwaltet, ist berechtigt, allein über das Gesamt- **21** gut zu verfügen. Ausnahmsweise ist die Zustimmung des anderen Ehegatten erforderlich (§§ 1423 ff). Der Gesamtgutsverwalter ist insbesondere befugt, das *Wahlrecht* bei einer Wahlforderung auszuüben (§§ 262 ff), eine *Gesamtgutsforderung* zu kündigen (§ 609), ein *Pfandrecht* aufzugeben (§ 1255) oder auf ein gemeinschaftliches *Wohnrecht* zu verzichten (RG JW 1932, 3005). Kraft seines Verfügungsrechts kann der verwaltende Ehegatte ferner zur *Löschung* einer auf dem Gesamtgutsgrundstück ruhenden *Hypothek* die Zustimmung des Eigentümers (§ 1183, § 27 Abs 1 GBO) erklären und die *Löschung beantragen* (KG OLGE 3, 226 und RJA 4, 168), den *Ablösungsbetrag*, der auf eine zum Gesamtgut gehörende Hypothek entfällt, einziehen (vHOEWEL DJ 1939, 131, 132).

§ 1422 bezieht sich nur auf Verfügungen unter Lebenden. Der E I zum BGB (§ 1352 **22** Abs 1) hatte das angesichts abweichender Bestimmungen in anderen Rechten ausdrücklich hervorgehoben (Mot IV 351). Inwieweit jeder Ehegatte über das Gesamtgut letztwillig verfügen kann, bestimmen die §§ 1482 ff, 1505, 1509 ff, 1515, 1516, 1518 iVm den erbrechtlichen Vorschriften (BayObLG BayZ 1923, 179).

6. Verpflichtungsgeschäfte

Beide Ehegatten können sich während der Gütergemeinschaft unbeschränkt rechts- **23** geschäftlich verpflichten. Den Gläubigern haftet der Schuldner jedenfalls mit seinem Vorbehaltsgut. **Das Gesamtgut haftet** jedoch (daneben) nur dann, wenn entweder der Verwalter das Verpflichtungsgeschäft selbst vorgenommen oder er einem Rechtsgeschäft des nicht verwaltenden Ehegatten zugestimmt hat (§ 1438 Abs 1) oder dieser ausnahmsweise zum Abschluss mit Wirkung für und gegen das Gesamtgut berechtigt ist (§§ 1438 Abs 1, 1428, 1429, 1431). Wegen der Einzelheiten s unten Rn 40 und die Erl zu §§ 1437 ff.

24 Der **Gesamtgutsverwalter verpflichtet** sich persönlich und das Gesamtgut, wenn er **im eigenen Namen** abschließt. Der andere Ehegatte wird nicht persönlich verpflichtet, § 1422 S 2. Eine Ausnahme gilt nur gemäß § 1357. Tritt der Verwalter nach außen als solcher auf oder schließt er „für das Gesamtgut" oder „die Gesamthand" ab, ändert sich an den Rechtsfolgen nichts. Insbesondere lässt sich daraus allein noch nicht auf den Ausschluss der persönlichen Haftung schließen. Handelt der Verwalter in eigenem und ohne Vollmacht zugleich im Namen des anderen Ehegatten, so wird dieser nicht verpflichtet, § 177 Abs 1. Ob das Geschäft gegenüber dem Verwalter und dem Gesamtgut wirksam ist, bestimmt sich nach § 139. Die Zustimmung des anderen Ehegatten gemäß §§ 1423–1425 enthält keine Vollmacht oder Genehmigung nach § 177.

7. Empfangszuständigkeit des Verwalters

25 Willenserklärungen Dritter sind für das Gesamtgut nur wirksam, wenn sie an den verwaltenden Ehegatten gerichtet sind und diesem zugehen. Der andere Ehegatte kann aber nach den Umständen *Empfangsbote* sein. Zur Erfüllung von Gesamtgutsansprüchen durch Leistung an den nicht verwaltenden Ehegatten vgl § 1416 Rn 19.

8. Das Recht zur Prozessführung

26 a) Zur Führung von Rechtsstreitigkeiten, die sich auf das Gesamtgut beziehen, ist in der Regel ausschließlich der Gesamtgutsverwalter aktiv und passiv legitimiert. Ausnahmen ergeben sich aus den §§ 1428, 1429, 1431, 1433. Die *Art der Rechtsstreitigkeit* ist unerheblich. Es kann sich um Aktiv- oder Passivprozesse und um Leistungs-, Gestaltungs- oder Feststellungsklagen handeln. Auch Widerklage, Mahnverfahren, Arrestverfahren, einstweilige Verfügung und Zwangsvollstreckung gehören hierher. Der Rechtsstreit muss sich aber auf das Gesamtgut beziehen (vgl OLG München HRR 1939 Nr 616).

27 b) Gegenstände des Rechtsstreits können auch das Gesamtgut im Ganzen, Grundstücke und Schenkungen sein. Zur Prozessführung über diese Gegenstände bedarf der Verwalter – im Gegensatz zu Verfügungen (§§ 1423–1425) – nicht der Einwilligung des anderen Ehegatten (Mot IV 360; Dölle I § 70 V 2; Erman/Heckelmann § 1422 Rn 4; MünchKomm/Kanzleiter § 1422 Rn 26; BGB-RGRK/Finke § 1422 Rn 19; Soergel/ Gaul § 1422 Rn 10). Soweit eine Prozesshandlung zugleich ein Rechtsgeschäft enthält, das unter die §§ 1423–1425 fällt, ist jedoch dazu die *Zustimmung* des anderen Ehegatten erforderlich (zB bei Vergleich, Verzicht, Anerkenntnis). Die materielle Verfügung ist also nur wirksam, wenn der andere Ehegatte einwilligt (Mot IV 360; KG RJA 11, 75, 78 f; BayObLGZ 2, 40, 46 f und die hL).

c) Der zur Verwaltung bestimmte Ehegatte führt die Rechtsstreitigkeiten **im** 28 **eigenen Namen**. Er hat gesetzliche **Prozessstandschaft**. Er allein ist Partei. Der andere Ehegatte kann (selbst bei eigenem Geschäftsabschluss) Zeuge sein (RGZ 67, 262, 266 = JW 1908, 70 Nr 3) und dem Rechtsstreit des Verwalters als Nebenintervenient beitreten. Ohne besondere Vollmacht ist der verwaltende Ehegatte nicht berechtigt, den anderen Ehegatten im Prozess zu vertreten. Handelt der verwaltende Mann „für die Ehefrau", so ist anzunehmen, dass er eigene Rechte geltend machen will (BayObLGZ 27, 89 und 183). Der Gesamtgutsverwalter kann den anderen Ehegatten zur Prozessführung ermächtigen. Dieser kann den Prozess als (gewillkürter) Prozessstandschafter im eigenen Namen führen (GERNHUBER/COESTER-WALTJEN § 38 Rn 88; MünchKomm/KANZLEITER § 1422 Rn 28 m Fn 39). Der nicht verwaltende Ehegatte kann auf Grund der Übertragung Leistung an sich oder an den Gesamtgutsverwalter verlangen (vgl RGZ 60, 146). Der Erwerb fällt in das Gesamtgut, § 1416 Abs 1 S 2.

d) Der **Klagantrag** muss nach hM erkennen lassen, dass der Verwalter ein zum 29 Gesamtgut gehörendes Recht geltend macht (ERMAN/HECKELMANN § 1422 Rn 4; MünchKomm/KANZLEITER § 1422 Rn 27; BAMBERGER/ROTH/MAYER § 1422 Rn 6; SOERGEL/GAUL § 1422 Rn 10). Dem ist für die *Feststellungsklage* zuzustimmen. Bei der *Leistungsklage* ist dagegen eine Fassung des Antrags, die die Zugehörigkeit des Anspruchs zum Gesamtgut erkennbar macht, nicht erforderlich. Der Verwalter kann in eigenem Namen auf Leistung an sich klagen (RGZ 67, 262, 265; GERNHUBER/COESTER-WALTJEN § 38 Rn 84 Fn 122). Das Urteil wirkt dann kraft Gesetzes auch für und gegen das Gesamtgut (die Ehegatten als Gesamthänder), wenn der Anspruch zum Gesamtgut gehört. Die Zugehörigkeit des Anspruchs zum Gesamtgut ist nur für die Prozessführungsbefugnis des Verwalters von Bedeutung, die sich weder aus der Parteibezeichnung noch aus dem Antrag ergeben muss.

e) In **Passivprozessen**, die sich auf das Gesamtgut beziehen, ist ebenfalls der 30 Verwalter persönlich zu verklagen. Das gegen ihn ergangene Urteil ermöglicht kraft Gesetzes (§ 740 Abs 1 ZPO) die Zwangsvollstreckung auch in das Gesamtgut. Ist die Haftung auf das Gesamtgut beschränkt, muss der Gläubiger das allerdings zur Vermeidung einer *Teilabweisung* im Antrag zum Ausdruck bringen.

f) Das **Urteil wirkt** hinsichtlich des Gesamtgutes auch **für und gegen den anderen** 31 **Ehegatten** (Mot IV 360). § 1422 bewirkt insoweit eine **Rechtskrafterstreckung**. Das Urteil wirkt auch dann für und gegen den anderen Ehegatten, wenn es ein zum Gesamtgut gehörendes Grundstück oder das Recht eines Dritten daran zum Gegenstand hat (KGJ 26 A 260, 262; OLG Kiel SchlHAnz 1924, 219). Die Rechtskraft erstreckt sich auf den anderen Ehegatten aber nur insoweit, als sein Anteil am Gesamtgut in Frage steht. Wird der nicht verwaltende Ehegatte persönlich in Anspruch genommen wegen einer Verbindlichkeit, für die das Gesamtgut haftet und derentwegen der Verwalter verurteilt ist, so kann der andere Ehegatte nicht nur die in seiner Person begründeten Einwendungen erheben, sondern auch das Bestehen der Schuld selbst bestreiten. Eine Rechtskrafterstreckung erfolgt nicht (ERMAN/HECKELMANN Rn 4; BAMBERGER/ROTH/MAYER § 1422 Rn 6). Führt der andere Ehegatte einen Rechtsstreit mit Einwilligung des Verwalters oder liegt einer der Ausnahmefälle der §§ 1428, 1429, 1431, 1433 vor, so wirkt das Urteil auch für und gegen den verwaltenden Ehegatten (RGZ 56, 76).

32 g)   Zur **Zwangsvollstreckung** ist ein Urteil gegen den Ehegatten, der das Gesamtgut allein verwaltet, erforderlich und genügend (§ 740 Abs 1 ZPO). Der Besitz oder
Gewahrsam des anderen Ehegatten hindert die Zwangsvollstreckung in das Gesamtgut nicht (§ 739 ZPO). Daher ist ein Duldungstitel gegen den anderen Ehegatten
regelmäßig überflüssig. Nur dann ist ein Rechtsschutzbedürfnis für eine Duldungs-
klage gegeben, wenn Anhaltspunkte dafür vorliegen, dass die Gütergemeinschaft
demnächst beendet wird (zB Schweben einer Scheidungs- oder Aufhebungsklage),
da dann zur Zwangsvollstreckung ein Duldungstitel erforderlich wäre (§ 743 ZPO).

III. Rechtsstellung des Ehegatten, der das Gesamtgut nicht verwaltet

1. Allgemeines

33 Der andere Ehegatte ist von der Verwaltung des Gesamtgutes **grundsätzlich ausgeschlossen**; er kann daher ohne Zustimmung des verwaltungsberechtigten Ehegatten
weder über das Gesamtgut verfügen noch einen Rechtsstreit über das Gesamtgut
führen. Dieser (in E I zu § 1352 Abs 2 aF ausdrücklich ausgesprochene) Grundsatz
erleidet jedoch eine mehrfache Einschränkung:

34 a)   Zu einzelnen Rechtsgeschäften bedarf der Ehegatte, der das Gesamtgut verwaltet, der **Einwilligung des anderen Ehegatten** (§§ 1423–1425).

35 b)   In gewissem Umfang ist das **Verwaltungsrecht** dem **anderen Ehegatten** selbst
eingeräumt:

– Der andere Ehegatte kann, wenn der verwaltungsberechtigte Ehegatte ohne seine
  erforderliche Zustimmung über ein zum Gesamtgut gehörendes Recht verfügt,
  dieses Recht selbständig gegen Dritte gerichtlich geltend machen (*Revokationsrecht*, § 1428);

– der andere Ehegatte kann für das Gesamtgut ein Rechtsgeschäft vornehmen oder
  einen Rechtsstreit führen, wenn der verwaltungsberechtigte Ehegatte durch
  Krankheit oder durch Abwesenheit verhindert und mit dem Aufschub Gefahr
  verbunden ist (*Notverwaltungsrecht*, § 1429);

– der andere Ehegatte kann für das Gesamtgut ein Rechtsgeschäft zur ordnungsmäßigen Besorgung seiner *persönlichen Angelegenheiten* vornehmen, wenn das
  Vormundschaftsgericht die erforderliche Zustimmung des verwaltungsberechtigten Ehegatten auf Antrag *ersetzt* (§ 1430);

– der andere Ehegatte kann, wenn er mit Einwilligung des verwaltenden Ehegatten
  selbständig ein *Erwerbsgeschäft* betreibt, Rechtsgeschäfte vornehmen und Rechtsstreitigkeiten führen, die der Geschäftsbetrieb mit sich bringt (§ 1431);

– der andere Ehegatte kann ohne Zustimmung des verwaltungsberechtigten Ehegatten eine ihm angefallene *Erbschaft* oder ein Vermächtnis *annehmen oder ausschlagen,* auf den Pflichtteil oder den Ausgleich eines Zugewinns verzichten, einen
  Vertragsantrag oder eine Schenkung ablehnen und ein Inventar über eine ihm
  angefallene Erbschaft errichten (§ 1432);

– der andere Ehegatte kann ohne Zustimmung des verwaltungsberechtigten Ehegatten einen *Rechtsstreit fortsetzen*, der bei Eintritt der Gütergemeinschaft anhängig war (§ 1433).

c)   § 1357 gilt auch in der Gütergemeinschaft. Daher kann auch der nicht verwal- **36** tende Ehegatte die dort genannten Geschäfte mit Wirkung für und gegen den Verwalter und damit für und gegen das Gesamtgut vornehmen.

d)   Abweichend von der gesetzlichen Regelung erlangt der andere Ehegatte für **37** einzelne Fälle das Recht zur Verwaltung des Gesamtguts durch ehevertragliche Vereinbarung (vgl § 1421 Rn 12), durch Bevollmächtigung oder durch Ermächtigung (vgl oben Rn 8, § 1421 Rn 7). Ein Ehevertrag bindet die Parteien; dagegen sind Vollmacht und Einwilligung im Zweifel widerruflich (§§ 168, 183).

2. Besitzrecht

Der andere Ehegatte hat grundsätzlich kein Recht zum Besitz der Gesamtgutssa- **38** chen; er ist lediglich mittelbarer Mitbesitzer. Kraft § 1353 ist er aber regelmäßig berechtigt, die eheliche Wohnung und den Hausrat als unmittelbarer Mitbesitzer mitzubenutzen und seine persönlichen Sachen sowie sein selbständig betriebenes Erwerbsgeschäft in Alleinbesitz zu nehmen und zu behalten (s auch oben Rn 14 ff).

3. Verfügungen

Dem anderen Ehegatten fehlt die Befugnis, über Gesamtgut zu verfügen. Dazu **39** bedarf er der Zustimmung des Verwalters. Verfügt er ohne Zustimmung des Verwalters über Gesamtgut, so finden mangels besonderer Bestimmungen die allgemeinen Vorschriften der §§ 182–185 Anwendung. Die Verfügung ist unwirksam. Über den Erwerb und die gleichzeitige Belastung eines Grundstückes durch den nicht verwaltenden Ehegatten s unten Rn 40.

4. Verpflichtungsgeschäfte

Der andere Ehegatte kann obligatorische Rechtsgeschäfte jeder Art schließen. Der **40** Zustimmung des verwaltungsberechtigten Ehegatten bedarf es selbst dann nicht, wenn der andere Ehegatte sich zur Verfügung über das Gesamtgut verpflichtet. Mit einem solchen Rechtsgeschäft verpflichtet er sich aber nur persönlich, keinesfalls auch den verwaltenden Ehegatten. Auch gegenüber dem Gesamtgut wirkt das Rechtsgeschäft nur, wenn der Verwalter ihm zustimmt (§ 1438 Abs 1). Für die Zustimmung gelten die §§ 182–184. Der Erwerb aus diesen Rechtsgeschäften fließt dem Gesamtgut zu (§ 1416). Zeitlich und sachlich mit dem Erwerb zusammenhängende Belastungen des erworbenen Rechts sind als Minderungen des Erwerbs, aber nicht als Verfügungen über das Gesamtgut anzusehen. Der andere Ehegatte kann also insbesondere ein Grundstück erwerben und zugleich die darauf lastenden Hypotheken übernehmen (KG KGJ 30, 207). Das Grundbuchamt muss den Erwerb eintragen, auch wenn an den anderen Ehegatten in Erfüllung eines ohne Zustimmung des Verwalters geschlossenen *Kaufvertrages* aufgelassen ist (KG KGJ 31 A 297 = RJA 7, 55; BayObLG MDR 1954, 306 Nr 293). Der andere Ehegatte kann beim Grundstückserwerb auch eine Kaufpreishypothek bestellen (Jung BayNotZ 1913, 14 u hM). Ist bei einem Grundstückserwerb die Eigentumsübertragung mit der Bestellung eines Nieß-brauchs in der Weise verbunden, dass die eine Eintragung nicht ohne die andere erfolgen soll, so sind beide Rechtsakte im wirtschaftlichen Ergebnis als eine Einheit zu betrachten mit der Folge, dass der nicht verwaltende Ehegatte ohne Mitwirkung des anderen zur Belastung des Grundstücks mit dem Nießbrauch berechtigt ist (OLG Saarbrücken FamRZ 1955, 138; hM).

5. Empfangszuständigkeit

41 Die Einziehung und der Empfang einer der Gesamthand geschuldeten Leistung (Gesamtgutsforderung) steht dem Gesamtgutsverwalter zu. Das Gesetz gibt auch dem nicht verwaltenden Ehegatten, in dessen Person die Forderung entstanden war, keine eigene Empfangszuständigkeit (anders GERNHUBER/COESTER-WALTJEN § 38 Rn 28 Fn 38). Treten jedoch gemäß § 1416 Abs 1 S 2 die geschuldeten Erfolge im Gesamtgut vollständig ein, darf nach der herrschenden Theorie der realen Leistungsbewirkung Erfüllung angenommen werden (strenger BGH LM Nr 1 zu § 1437 aF = NJW 1957, 1635: keine Erfüllung, ungerechtfertigte Bereicherung des Gesamtguts). § 1416 vermittelt jedoch „dem Gesamtgut" nicht den Besitz, so dass etwa die Verkäuferpflicht erst dann vollständig erfüllt ist, wenn der Gesamtgutsverwalter den Besitz erlangt (oder der andere Ehegatte auf dessen Geheiß).

6. Prozessführung

42 a) Zur Führung von Prozessen, die sich auf das Gesamtgut beziehen, ist **der nicht verwaltungsberechtigte Ehegatte nicht befugt**. Ihm spricht § 1422 die sonst jedem Gesamthänder zustehende Prozessführungsbefugnis ab. Der Mangel führt zur Ab-weisung der Klage als unzulässig.

43 b) Ausnahmsweise hat der andere Ehegatte das **Prozessführungsrecht** bei unbe-fugten Verfügungen des Verwalters (§ 1428), in Notfällen (§ 1429), bei selbständi-gem Betrieb eines Erwerbsgeschäftes (§ 1430) und zur Fortsetzung eines bei Eintritt der Gütergemeinschaft anhängigen Rechtsstreites (§ 1433). In diesen Fällen führt der nicht verwaltende Ehegatte den Prozess im eigenen Namen. Im Falle des § 1429 kann er den Prozess auch im Namen des verhinderten Ehegatten führen.

44 Der nicht verwaltungsberechtigte Ehegatte erlangt die Befugnis, einen Rechtsstreit über das Gesamtgut im eigenen Namen zu führen, auch durch die **Zustimmung** des Gesamtgutsverwalters. Das lässt auch die Fassung von § 1433 erkennen (vgl RG JW 1905, 176; RGZ 60, 146; RG JW 1910, 818; RG SeuffBl 76, 699; OLG Hamburg Recht 1911 Nr 1572; vgl für Passivprozesse RGZ 56, 76 f und RGZ 148, 243, 247).

45 Die **Zustimmungserklärung** kann sich aus schlüssigem Handeln ergeben. Sie ist re-gelmäßig darin zu finden, dass sich der zur Verwaltung berechtigte Ehegatte selbst an dem Rechtsstreit beteiligt und dem klagenden Ehegatten beisteht, ohne der Prozessführung zu widersprechen. Eine Zustimmung ist zB anzunehmen, wenn der Verwalter die von seinem Ehegatten einem Dritten ausgestellte Prozessvollmacht mitunterzeichnet (vgl OLG Breslau OLGE 1, 56), wenn er als Prozessbevollmächtigter des anderen Ehegatten auftritt (vgl RG Recht 1906 Nr 1652), wenn er ihm als Nebenintervenient beitritt (vgl RGZ 60, 85), oder wenn der Verwalter sich als Zeuge vernehmen lässt (RG WarnR 1914 Nr 258).

Die Zustimmung zur Prozessführung ist eine einseitige empfangsbedürftige Willens- **46** erklärung. Sie kann sowohl dem klagenden Ehegatten als auch dem Prozessgegner gegenüber erklärt werden. Sie wird vor, während oder nach der Führung des Rechtsstreits erteilt. Die Zustimmung ist nur bis zur Klageerhebung widerruflich (vgl RGZ 164, 240).

c) Die Zustimmung des Verwalters ermächtigt den anderen Ehegatten im Zwei- **47** fel nur dazu, den Prozess im eigenen Namen zu führen (zutr GERNHUBER/COESTER-WALTJEN § 38 Rn 88; s aber auch RGZ 148, 243, 247 u hL). Zur Prozessführung im Namen des Verwalters bedarf es dessen Vollmacht. Die Prozessführung im Namen des Verwalters belastet nur diesen und das Gesamtgut mit den Prozesskosten, nicht den vertretenden Ehegatten. Handelt dieser im eigenen Namen, haftet er für die Kosten, daneben auch das Gesamtgut, § 1438 Abs 2, und der Verwalter, § 1437 Abs 2.

d) Ist der andere Ehegatte zur Prozessführung ermächtigt, kann er in Aktivpro- **48** zessen nur **Leistung an den Verwalter** verlangen. Leistung an sich kann er nur verlangen, wenn er vom Verwalter zur Annahme der Leistung ermächtigt ist. Die Zustimmung zur Prozessführung enthält diese Ermächtigung regelmäßig nicht. Auch die Klage auf Leistung an sich selbst oder den Verwalter nach Wahl des Schuldners ist nicht begründet, wenn die entsprechende Ermächtigung des Verwalters fehlt (anders RGZ 60, 146 u hL). Anderes gilt im Fall des § 1433 (s dort Rn 5).

e) Das **Urteil**, das in den Fällen der §§ 1428, 1429, 1431, 1433 oder in einem mit **49** Zustimmung des Verwalters geführten Rechtsstreit ergeht, wirkt auch **Rechtskraft** für und gegen den verwaltenden Ehegatten.

f) Handelt es sich um einen das Gesamtgut betreffenden **Passivprozess**, so ist die **50** Klage gegen den Ehegatten zu richten, der das Gesamtgut verwaltet. Ein Urteil gegen den anderen Ehegatten ist zur Zwangsvollstreckung in das Gesamtgut weder erforderlich noch genügend (§ 740 ZPO). Die Rechtskraft des Urteils beschränkt sich auf den anderen Ehegatten, sofern nicht der Verwalter der Prozessführung zugestimmt hat (RGZ 56, 73, 76 f; RGZ 148, 243, 247). Für die Kosten des Rechtsstreits haftet das Gesamtgut aber auch dann, wenn das Urteil dem Gesamtgut gegenüber nicht wirksam ist (§ 1438 Abs 2).

Ist aber der andere Ehegatte persönlicher Schuldner, so ist die Klage auch gegen ihn **51** zulässig (RG Gruchot 48, 1017; RG Recht 1924 Nr 647 a; RGZ 105, 19; OLG Stettin OLGE 3, 52 und 242; s OLG München OLGE 14, 228). Ein Leistungsurteil gegen den anderen Ehegatten ist insofern von Wert, als dieser Titel die Vollstreckung in sein Vorbehaltsgut ermöglicht und § 743 ZPO nach Beendigung der Gütergemeinschaft ohnehin zur Vollstreckung in das Gesamtgut auch einen Titel gegen den nicht verwalteten Ehegatten fordert.

Auch wenn der nicht verwaltungsberechtigte Ehegatte nicht persönlicher Schuldner **52** ist, kann gegen ihn unter Umständen Klage auf Duldung der Zwangsvollstreckung in das Gesamtgut erhoben werden (RGZ 89, 360; OLG Posen OLGE 7, 304; OLG Hamburg

OLGE 16, 289; OLG Königsberg OLGE 21, 228; **aM** OLG Hamburg OLGE 5, 131). Das Rechtsschutzinteresse für dieses Klagebegehren muss sich, wie bei der Leistungsklage, aus § 743 ZPO ergeben.

IV. Schutz gegenüber unberechtigten Verwaltungsmaßnahmen

1. Schutz der Ehegatten untereinander

53 a)   Der **Gesamtgutsverwalter** kann von dem anderen Ehegatten Unterlassung unberechtigter Verwaltungshandlungen verlangen (s oben Rn 4). Verpflichtungsgeschäfte sind ihm (dem Gesamtgut) gegenüber nicht wirksam (§ 1438 Abs 1), Verfügungen sind (schwebend) unwirksam (§§ 1422, 185).

54 b)   Zum Schutze des *nicht verwaltenden Ehegatten* dagegen, dass der Gesamtgutsverwalter seine Verwaltungsbefugnisse überschreitet, dienen zunächst die §§ 1427, 1428. Weiter muss der Verwalter, wenn sich das Gesamtgut durch ein unbefugtes Rechtsgeschäft mindert, zum Gesamtgut Ersatz leisten (§ 1435 S 3). Dieser Ersatzanspruch kann zwar erst nach Beendigung der Gütergemeinschaft geltend gemacht werden (§ 1446 Abs 1); immerhin kann er schon während ihres Bestehens einem Antrag auf Arrest oder einstweilige Verfügung zur Grundlage dienen. Schließlich ist der nicht verwaltende Ehegatte befugt, auf Aufhebung der Gütergemeinschaft zu klagen (§ 1447).

2. Schutz Dritter

55   Die Vorschriften zugunsten desjenigen, der Rechte von einem Nichtberechtigten herleitet, finden auch gegenüber Verwaltungshandlungen der Ehegatten bei der Gütergemeinschaft Anwendung, solange diese nicht in das Güterrechtsregister eingetragen oder dem Dritten nicht bekannt ist (§ 1412). Ist die Eintragung jedoch erfolgt, muss sich jeder Dritte die Regelung der Verwaltungs- und Verfügungsmacht entgegenhalten lassen. Das Gleiche gilt für die Verfügungsbeschränkungen der §§ 1423–1425. Der hiervon abweichenden herrschenden Auffassung kann nicht gefolgt werden (vgl § 1412 Rn 48 ff).

§ 1423
Verfügung über das Gesamtgut im Ganzen

Der Ehegatte, der das Gesamtgut verwaltet, kann sich nur mit Einwilligung des anderen Ehegatten verpflichten, über das Gesamtgut im Ganzen zu verfügen. Hat er sich ohne Zustimmung des anderen Ehegatten verpflichtet, so kann er die Verpflichtung nur erfüllen, wenn der andere Ehegatte einwilligt.

Materialien: Zu § 1444 aF: E I § 1353 Abs 1; II
§ 1343 rev § 1429; III § 1427; Mot IV 351; Prot
IV 251, 254 f; Prot VI 279; D 694.

Zu § 1423: E I § 1444; II § 1444; III § 1423;
BT-Drucks 2/2309, 27.
Vgl STAUDINGER/BGB-Synopse 1896–2005
§ 1423.

Systematische Übersicht

1. Rechtsentwicklung

Ohne besonderen gesetzlichen Anhalt entschied die partikularrechtliche Praxis viel- **1** fach, dass der Ehemann das Gesamtgut im Ganzen oder einen Bruchteil davon nicht einseitig veräußern oder belasten könne, selbst wenn das betreffende Landesrecht ihm für entgeltliche Rechtsgeschäfte ein unbeschränktes Verwaltungsrecht einräumte (Mot IV 351 f). Das BGB bestimmte in § 1444 aF: „Der Mann bedarf der Einwilligung der Frau zu einem Rechtsgeschäfte, durch das er sich zu einer Verfügung über das Gesamtgut im Ganzen verpflichtet, sowie zu einer Verfügung über Gesamtgut, durch die eine ohne Zustimmung der Frau eingegangene Verpflichtung dieser Art erfüllt werden soll." Das GleichberG hat den § 1444 aF ohne sachliche Änderung übernommen. An die Stelle des Mannes setzt § 1423 den Ehegatten, der das Gesamtgut verwaltet, an die Stelle der Frau den anderen Ehegatten. Im Übrigen ist die Neufassung sprachlich verbessert.

2. Grundgedanke

§ 1423 enthält – ebenso wie die §§ 1424 und 1425 – eine Ausnahme von dem Grund- **2** satz des § 1422 Abs 1 S 1. Danach unterliegt das Gesamtgut ausschließlich der Verwaltung des Mannes oder der Frau. Die Beschränkung der Verwaltungsbefugnis des Ehegatten, der zur Verwaltung des Gesamtgutes bestimmt ist, beruht auf der Erwägung, dass Rechtsgeschäfte über das Gesamtgut im Ganzen, die ein Ehegatte ohne Zustimmung des anderen vornimmt, der Gütergemeinschaft die Grundlage entziehen und die Rechte des anderen Ehegatten beeinträchtigen können (Mot IV 351 f). Ein wirtschaftlich so einschneidendes Geschäft bedarf der gemeinsamen Entschließung beider Ehegatten. Deshalb bindet § 1423 den verwaltenden Ehegatten für Verpflichtungsgeschäfte über das Gesamtgut im Ganzen an die Einwilligung des anderen Ehegatten. Ebenso werden Erfüllungsgeschäfte, die das Gesamtgut im Ganzen betreffen, von der vorherigen Zustimmung des anderen Ehegatten abhängig gemacht.

3. Rechtsgeschäfte über das Gesamtgut im Ganzen

a) Das Gesamtgut im Ganzen
Gegenstand des § 1423 sind nur **Rechtsgeschäfte über das Gesamtgut im Ganzen**. **3** Über sein Vorbehaltsgut und sein Sondergut kann jeder Ehegatte auch als Ganzes frei bestimmen (§§ 1417 Abs 3, 1418 Abs 3).

Für die Frage, wann ein Rechtsgeschäft das Gesamtgut im Ganzen ergreift, kann auf **4** die Ausführungen zu § 1365 verwiesen werden. Beide Vorschriften beruhen auf dem gleichen Grundgedanken. Daher gilt hier wie dort die „Einzeltheorie" (vgl § 1365 Rn 17) und die sog subjektive Theorie (vgl § 1365 Rn 20 ff). Gegen die Anwendung der subjektiven Theorie zu § 1423 MünchKomm/KANZLEITER Rn 2 und § 1422 Rn 24; wie hier die hM.

b) Verpflichtungsgeschäfte

5 Der Gesamtgutsverwalter bedarf der Einwilligung des anderen Ehegatten zu einem **Rechtsgeschäft**, durch das er sich **verpflichtet**, über das Gesamtgut im Ganzen zu verfügen. Als Verpflichtung über das Gesamtgut im Ganzen gilt nicht die Verpflichtung zur Verfügung über einen ideellen Bruchteil des Gesamtguts (**aM**: DÖLLE I § 70 VI), es sei denn, dass dieser das Gesamtgut nahezu erschöpft (vgl § 1365 Rn 32). Zur Begründung reiner Zahlungsverpflichtungen s § 1365 Rn 6 mN; RGZ 54, 283.

c) Verfügungsgeschäfte

6 § 1423 bindet nur **erfüllende Verfügungsgeschäfte** an die Zustimmung. Über den Wortlaut hinaus sind aber auch **isolierte Verfügungen** zustimmungsbedürftig. In Betracht kommen insoweit Verfügungen über einzelne Gegenstände, die wirtschaftlich das ganze oder nahezu das ganze Gesamtgut darstellen. Ist das einer Verfügung zugrundeliegende Rechtsgeschäft wirksam, bedarf dieses keiner Zustimmung. Das gilt auch dann, wenn das Verpflichtungsgeschäft einer Zustimmung nicht bedurfte. Im Gegensatz zum Wortlaut ist aber eine einzige Verfügung über ein aus mehreren Gegenständen bestehendes Gesamtgut rechtlich nicht zulässig. Der Grundsatz der *Spezialität* bleibt gewahrt (BayOLGZ 34, 291).

d) Prozessführung

7 Die **Prozessführung** ist nicht gemäß § 1423 zustimmungsbedürftig. Wohl aber ist es ein gerichtlicher Vergleich, wenn er das Gesamtgut im Ganzen erfasst.

4. Die Einwilligung

8 Einwilligung ist die vorherige Zustimmung, § 183. Sie bedarf keiner Form und kann daher auch durch schlüssiges Handeln erklärt werden. Näheres zur Einwilligung zu § 1365 Rn 69 ff.

5. Rechtliche Bedeutung

9 **a)** Nimmt der **Verwalter** ein Rechtsgeschäft der in § 1423 bezeichneten Art **mit Einwilligung** des anderen Ehegatten vor, so ist es dem Gesamtgut gegenüber wirksam; eine hierdurch begründete Verbindlichkeit des Verwalters ist Gesamtgutsverbindlichkeit (§ 1437 Abs 1). Der andere Ehegatte wird durch Erteilung der Einwilligung nicht persönlich verpflichtet.

10 **b)** Nimmt der **Verwalter** ein solches Rechtsgeschäft **ohne Einwilligung** des anderen Ehegatten vor, so ist es dem Gesamtgut gegenüber gemäß § 1427 **schwebend unwirksam**. Auch eine persönliche Verpflichtung des Verwalters wird hierdurch, abgesehen von etwaiger Ersatzpflicht des Verwalters aus § 823 oder § 826, nicht begründet (Mot IV 352; Prot IV 254; s auch BayObLGZ 2, 827, 829 f). Weitere Rechtsfolgen enthalten die §§ 1428, 1434, 1435 S 3, 1447 Nr 1.

c) Nimmt der *Ehegatte,* der das Gesamtgut *nicht verwaltet,* ein solches Rechts- **11** geschäft **mit Einwilligung des Verwalters** vor, so ist es dem Gesamtgut gegenüber wirksam. Eine hierdurch begründete Verbindlichkeit des anderen Ehegatten ist Gesamtgutsverbindlichkeit und bewirkt auch die persönliche Haftung des Verwalters als Gesamtschuldner (§§ 1437 Abs 2, 1438 Abs 1; s auch OLG Colmar OLGE 7, 404).

d) Nimmt der *nicht verwaltende Ehegatte* ein in § 1423 bezeichnetes Rechtsge- **12** schäft **ohne die erforderliche Einwilligung** des Gesamtgutsverwalters vor, so ist es dem Gesamtgut gegenüber unwirksam, begründet aber eine persönliche Verpflichtung des anderen Ehegatten. Der in der II. Kommission gestellte Antrag, die persönliche Haftung der nicht verwaltungsberechtigten Frau aus Rechtsgeschäften dieser Art auszuschließen, wurde abgelehnt (Prot IV 255 ff).

6. Abweichende Vereinbarungen

Eine ehevertragliche Vereinbarung, nach der der verwaltende Ehegatte von der **13** Beschränkung durch § 1423 frei sein solle, ist zulässig und wirksam (hM; aM SoerGEL/GAUL § 1423 Rn 2; ZÖLLNER FamRZ 1965, 113, 118; einschränkend – zulässig nur für entgeltliche Geschäfte – PLANCK/UNZNER § 1444 aF Anm 7). Die Befreiung vom Zustimmungserfordernis kann in das Güterrechtsregister eingetragen werden (vgl BGHZ 66, 203 = NJW 1976, 1258). Die vereinbarte Befreiung kann weder allgemein noch regelmäßig als sittenwidrig angesehen werden (anders ERMAN/HECKELMANN § 1423 Rn 5; s auch DÖLLE I § 70 VI 1 Fn 27; BGB-RGRK/FINKE § 1423 Rn 15; wie hier BAMBERGER/ROTH/MAYER § 1423 Rn 1; MünchKomm/KANZLEITER § 1423 Rn 6; MIKAT, in: FS Felgentraeger [1969] 323, 333). § 138 greift nur dann ein, wenn im Einzelfall besondere Umstände vorliegen.

§ 1424
Verfügungen über Grundstücke, Schiffe oder Schiffsbauwerke

Der Ehegatte, der das Gesamtgut verwaltet, kann nur mit Einwilligung des anderen Ehegatten über ein zum Gesamtgut gehörendes Grundstück verfügen; er kann sich zu einer solchen Verfügung auch nur mit Einwilligung seines Ehegatten verpflichten. Dasselbe gilt, wenn ein eingetragenes Schiff oder Schiffsbauwerk zum Gesamtgut gehört.

Materialien: Zu § 1445 aF: E I § 1353 Abs 1; II § 1344 rev § 1430; III § 1428; Mot IV 352 ff; Prot IV 251 ff; D 694.

Zu § 1424 nF: E I § 1445; II § 1445; III § 1424; BT-Drucks 2/3409, 27.

Vgl STAUDINGER/BGB-Synopse 1896–2005 § 1424.

Systematische Übersicht

I.   Rechtsentwicklung

1 Die Vorschrift des § 1424 geht zurück auf § 1445 aF und zahlreiche frühere auf dem
Boden der allgemeinen Gütergemeinschaft stehende Rechte, insbesondere auf das
PrALR Teil II Titel 1 § 378 und das sächs GB § 1698.

II.   Grundgedanke

2 § 1424 enthält (wie die §§ 1423 und 1425) eine weitere Ausnahme von dem Grundsatz, dass das Gesamtgut der ausschließlichen Verwaltung des Mannes oder der Frau
unterliegt (§ 1422 S 1). Das unbewegliche Vermögen nimmt nicht nur wertmäßig,

sondern auch hinsichtlich seiner wirtschaftlichen und sozialen Bedeutung gegenüber dem beweglichen Vermögen auch heute eine hervorragende Stellung ein. Deshalb ist jede Grundstücksverfügung vinkuliert. Seinen Zweck, die Familie gegen den Verlust ihres Grundbesitzes zu sichern, kann das Gesetz ferner nur erreichen, wenn es auch das obligatorische Rechtsgeschäft für unwirksam erklärt, da nach § 1437 Abs 1 die Verbindlichkeiten des verwaltenden Ehegatten stets Gesamtgutsverbindlichkeiten sind (Mot IV 354 f, 352).

Die Annäherung der Rechte an eingetragenen **Schiffen** und **Schiffsbauwerken** an die 3 Gestaltung des Liegenschaftsrechts rechtfertigt die Gleichstellung der Schiffe und Schiffsbauwerke mit den Grundstücken.

III. Anwendungsgebiet

1. Die Gegenstände der Verwaltungsbeschränkung

a) Schutzobjekte sind Grundstücke. Ihnen stehen das **Wohnungs-** und **Teileigen-** 4 **tum** sowie gemäß § 11 Abs 1 ErbbauVO **Erbbaurechte** gleich. Die Gleichstellung erstreckt sich auch auf die Zustimmungsbedürftigkeit des Verpflichtungsgeschäfts. Verpflichtung zur Verfügung und Verfügung über einen **Miteigentumsanteil** (s § 747 S 1) an einem **Grundstück** haben ebenfalls das Grundstück zum Gegenstand. Schutzgegenstand sind ferner in das See- oder Binnenschiffahrtsregister **eingetragene Schiffe** und **Schiffsbauwerke.** Erfasst werden auch in ausländischen Registern eingetragene Schiffe und Schiffsbauwerke.

b) Das Grundstück, Schiff oder Schiffsbauwerk muss **zum Gesamtgut gehören.** 5 Zur Gesamtgutseigenschaft s die Erl zu § 1416.

c) § 1424 ist **nicht anwendbar,** wenn Gegenstand des Rechtsgeschäfts sind: Grund- 6 stück- oder Schiffszubehör, Rechte an Grundstücken, Schiffen und Schiffsbaurechten wie subjektiv dingliche Rechte oder Ansprüche auf den Eigentumserwerb (BGH LM Nr 1 zu § 1424 BGB = FamRZ 1971, 520; RGZ 111, 185; BayObLGZ 1954, 141, 148), auch wenn der Anspruch durch eine Vormerkung gesichert ist (BGH aaO).

2. Einwilligungsbedürftige Rechtsgeschäfte

a) Der Zustimmung bedürfen Verfügungen des Gesamtgutsverwalters über die 7 Schutzobjekte (s oben Rn 4 f) und die Eingehung der **Verpflichtung zu** einer solchen Verfügung. Vorausgesetzt sind verpflichtende und verfügende **Rechtsgeschäfte unter Lebenden.** Hierher gehören vor allem die Verpflichtung zur **Veräußerung** und **Belastung** sowie deren Erfüllung.

b) Eine Veräußerung liegt auch vor, wenn **Miteigentümer** oder **Gesamthänder** 8 über das gemeinschaftliche Grundstück verfügen. Die Mitwirkung des Verwalters gemäß § 747 S 2 oder § 2040 Abs 1 bedarf daher der Zustimmung nach § 1424. Das gilt auch dann, wenn die Übertragung zum Zwecke der **Auseinandersetzung** erfolgt (zur Auseinandersetzung von Miterben BayObLGZ 20, 319; KG JW 1938, 3115 = DNotZ 1939, 508 und ganz hM gegen frühere abw Auffassungen). Auch der **Antrag auf Teilungsversteigerung** ist **zustimmungsbedürftig** (OLG Koblenz NJW 1967, 1139 f). Über den zum Gesamtgut gehörenden **Anteil** an einer **Erbengemeinschaft**, zu deren Vermögen ein Grundstück gehört, kann der Gesamtgutsverwalter nur mit Zustimmung des anderen Ehegatten verfügen (str, wie hier MünchKomm/KANZLEITER § 1424 Rn 4; PALANDT/BRUDERMÜLLER § 1424 Rn 2; BGB-RGRK/FINKE § 1424 Rn 4; **aM** BayObLGZ 4, 22; GERNHUBER/COESTER-WALTJEN § 38 Rn 80 Fn 109; BAMBERGER/ROTH/MAYER § 1424 Rn 5; SOERGEL/GAUL § 1424 Rn 6).

9 c)   Zustimmungsbedürftig ist jede **Belastung** des Grundstücks, Schiffs oder Schiffs-bauwerks. Das gilt auch für die Bestellung einer **Eigentümergrundschuld** (KGJ 43, 257; MünchKomm/KANZLEITER § 1424 Rn 5; **aA** BAMBERGER/ROTH/MAYER § 1424 Rn 4: zustimmungs-bedürftig erst die Abtretung; dazu Rn 10). Belastung ist auch jede Inhaltsänderung des belastenden Rechts zum Nachteil des Eigentümers (des Gesamtguts), so die Erhö-hung des Zinssatzes (BayObLGZ 14, 501; **aM** OLG Hamburg OLGE 18, 264; Recht 1912 Nr 1487), die Vorverlegung der Fälligkeit. Der Zustimmung bedarf auch die Bewilli-gung einer **Vormerkung** (KG RJA 5, 194; KGJ 29, 150 ff hM, **aM** BayObLG NJW 1957, 1521). Die **Zuschreibung** eines vom Verwalter erworbenen Grundstücks zu einem Gesamt-gutsgrundstück ist nur dann zustimmungsfrei, wenn die Zuschreibung zugleich die den Gesamtguterwerb begründende Eintragung ist (LG Augsburg Rpfleger 1965, 369 m Zust HAEGELE).

10 d)   **Keine Verfügung** über das Grundstück enthält die **Übernahme bereits bestehen-der Grundpfandrechte** durch den Erwerber des Grundstücks (§ 416; vgl KG RJA 2, 91; OLGE 6, 284), die **Abtretung einer Eigentümerhypothek** oder Eigentümergrundschuld (§§ 1163, 1196). Weiter die Mitwirkung des Eigentümers **zur Umwandlung von Grundpfandrechten**, etwa einer Hypothek in eine Grundschuld und umgekehrt (§ 1198, hM; **aM** BayObLGZ 2, 123, 799), einer Sicherungshypothek in eine gewöhnliche Hypothek und umgekehrt (§ 1203); ebenso wenig die Zustimmung des Eigentümers zur **Rangänderung** (Rücktritt) einer Hypothek, Grundschuld oder Rentenschuld (§ 880 Abs 2 S 2; vgl KG RJA 2, 99 = KGJ 22 A 134) und zur **Löschung einer Hypothek** oder Grund- bzw Rentenschuld (§ 1183; § 27 Abs 1 GBO; KG OLGE 3, 226 = KGJ 22 A 140 und RJ 4, 168; OLG Hamburg Recht 1908 Nr 2189).

11   Nicht unter § 1424 fällt ferner die **Vermietung oder Verpachtung** eines zum Gesamt-gut gehörenden Grundstücks (RGSt 35, 204, 402), die **Kündigung der** auf einem Ge-samtgutsgrundstück ruhenden **Hypothek**, der Ausschluss des Kündigungsrechts bei einer solchen Hypothek (KG OLGE 14, 264).

12   § 1424 ist weiter nicht anwendbar bei einer Belastung des Grundstücks in unmittel-barem **Zusammenhang mit dessen Erwerb**. Die Belastung erscheint als Erwerbsmo-dalität, wirtschaftlich handelt es sich um den Erwerb eines bereits belasteten Grund-stücks, auch wenn die Belastung erst nach der Eintragung des Grundstücks bewilligt und/oder eingetragen wird (hM, vgl RGZ 69, 177; KG JW 1934, 1367 – Restkaufgeldhypothek –; BGH NJW 1957, 1187 = FamRZ 1957, 303; OLG Saarbrücken FamRZ 1955, 138 – vorbehaltener Nießbrauch –; LG Colmar Recht 1900, 306; **aM** OLG Karlsruhe OLGE 38, 247 – vorbehaltenes Wohnungs- oder Benutzungsrecht).

13 e)   **Prozessführung** ist keine Verfügung. Der verwaltungsberechtigte Ehegatte ist daher zur Prozessführung ohne Einwilligung des anderen Ehegatten auch insoweit berechtigt, als die Verfügung über ein Grundstück den Gegenstand des Rechtsstreits bildet. Zu prozessualen Verfügungen dieser Art (Vergleich, Verzicht, Anerkenntnis) dagegen ist die Einwilligung des anderen Ehegatten erforderlich (s § 1422 Rn 27).

Der **Zwangsvollstreckung** in ein zum Gesamtgut gehörendes Grundstück auf Grund **14** eines gegen den verwaltungsberechtigten Ehegatten allein gerichteten Vollstreckungstitels (§ 740 Abs 1 ZPO) steht § 1424 nicht entgegen. Daher kann auf Grund eines nur gegen den Verwalter vollstreckbaren Titels auf einem Gesamtgutsgrundstück eine Zwangs- oder Arresthypothek, ein Widerspruch oder eine Vormerkung eingetragen werden. Insbesondere kann die Eintragung einer Vormerkung auf Grund einer einstweiligen Verfügung (§§ 883, 885) ohne Einwilligung des anderen Ehegatten erfolgen, auch wenn die einstweilige Verfügung nur gegen den Verwalter ergangen ist; allerdings muss gemäß § 40 Abs 1 GBO der andere Ehegatte als Miteigentümer im Grundbuch eingetragen sein, bevor die Eintragung der Vormerkung möglich ist (KG KGJ 29 A 150; RJA 5, 194). In dem Verzicht des Schuldners auf die Einlegung der Beschwerde gegen den Zuschlag liegt keine Verfügung über das Grundstück (OLG Königsberg JW 1930, 1079 = HRR 1930 Nr 1052).

Die **Unterwerfung unter die sofortige Zwangsvollstreckung** durch den Gesamtguts- **15** verwalter, die dieser wegen einer auf dem Grundstück lastenden Hypothek, Grundschuld oder Rentenschuld gemäß § 800 ZPO erklärt, stellt keine Verfügung über das Grundstück dar. Eine Verfügung wurde früher mit der Begründung angenommen, dass die Unterwerfung das Grundpfandrecht mit einem die Befriedigung aus dem Grundstück erleichternden Nebenrecht ausstatte (vgl BayObLGZ 3, 444). Es handelt sich jedoch nur um die Erleichterung der Durchsetzung des Rechts, die das Grundstück nicht belastet (vgl BayObLGZ 14, 499, 502 = SeuffA 69 Nr 201; KG RJA 7, 215).

3.   Umfang der Zustimmungsbedürftigkeit

Der Zustimmung bedarf das Rechtsgeschäft in seinem den Inhalt der Verpflichtung **16** oder Verfügung bestimmenden Umfang. Deshalb bedarf der Zustimmung des anderen Ehegatten auch die **Zusicherung** des Verwalters, dass das zu verkaufende Grundstück gewisse Eigenschaften (insbesondere eine bestimmte Größe) besitze, sofern diese Nebenabrede als Bestandteil des Veräußerungsvertrages erscheint (iE ebenso RG JW 1903 Beil 125 Nr 277 und RGZ 103, 297 f). Dagegen ist § 1424 nicht anwendbar, wenn die in Gütergemeinschaft lebenden Eheleute das zu der gütergemeinschaftlichen Masse gehörende Grundstück zusammen an einen Dritten verkauft haben, der verwaltende Ehegatte aber die Vorverhandlungen allein geführt und hierbei fälschlich und arglistig Grundstückseigenschaften vorgespielt hat; in diesem Fall haftet allein der Verwalter gemäß § 463 S 2 auf Schadensersatz (RGZ 99, 121).

4.   Haftungsübernahme, Vertragsstrafe

Die **Übernahme der Haftung** für die Erteilung der Genehmigung durch den anderen **17** Ehegatten ist regelmäßig nichtig (ERMAN/HECKELMANN § 1424 Rn 3; MünchKomm/KANZLEITER § 1424 Rn 8; SOERGEL/GAUL § 1424 Rn 8; s auch oben § 1365 Rn 101). Die Haftungsübernahme würde, da aus ihr eine Gesamtgutsverbindlichkeit erwüchse, die Entscheidungsfreiheit des anderen Ehegatten bei Erteilung der Genehmigung beeinträchtigen. Damit bliebe der Zweck des § 1424 unerfüllt und würde das Gesetz umgangen. Der verwaltende Ehegatte kann daher auch nicht für den Fall, dass der andere Ehegatte die Genehmigung eines Grundstücksverkaufs verweigert, eine **Vertragsstrafe** versprechen (OLG Posen OLGE 15, 407 = SeuffA 62 Nr 233). Gegen die Haftungsübernahme ist nichts einzuwenden, wenn die Haftung des Gesamtgutes ausgeschlossen wird.

IV. Die Einwilligung

18 1.   Zur Einwilligung s § 1423 Rn 8, § 1365 Rn 69 ff. Zur rechtlichen Bedeutung der Einwilligung und ihres Fehlens s § 1423 Rn 9 ff. Die Einwilligung in das Kausalgeschäft erstreckt sich in der Regel auch auf das Verfügungsgeschäft.

19 2.   Für die **Eintragung im Grundbuch** ergibt sich aus § 19 GBO, dass der Grundbuchrichter die Vorlage der nach § 1424 erforderlichen **Einwilligung** des anderen Ehegatten in der durch § 29 GBO vorgeschriebenen Form verlangen darf und muss. Der verwaltende Ehegatte kann die erforderliche Einwilligung des anderen Ehegatten nicht kraft seines Verwaltungsrechts erklären (KG OLGE 24, 10). Handelt es sich um ein zum Gesamtgut gehörendes Grundstück, als dessen Eigentümer nur einer der Ehegatten eingetragen ist, so muss zur Eintragung einer zustimmungsbedürftigen Verfügung des Verwalters nach § 39 GBO zunächst die Umschreibung auf die beiden Ehegatten als gütergemeinschaftliche Miteigentümer (§ 48 GBO) erfolgen (BayObLG SeuffBl 72, 255; vgl KG RJA 2, 92 und 100; KG SeuffA 55 Nr 197; aM LG Tilsit ZBlFG 1, 128). Das Grundbuchamt ist dagegen nicht gehindert, eine Auflassungsvormerkung auch bei Kenntnis der bestehenden Gütergemeinschaft allein zugunsten des das Grundstück erwerbenden Eheteils einzutragen (BayObLG NJW 1957, 1521).

V. Abweichende Vereinbarungen

20 Die Verwaltungsbeschränkungen des § 1424 sind wie die des § 1423 ehevertraglich **abdingbar** (vgl RG JW 1927, 1192; RGZ 159, 363; KG HRR 1934 Nr 1122 und hL; aM SOERGEL/ GAUL § 1424 Rn 2; ZÖLLNER FamRZ 1965, 113, 118). Das gilt auch für unentgeltliche Grundstücksgeschäfte (LG Göttingen FamRZ 1956, 228; LG Siegen NJW 1956, 671 u hL). Zu § 138 gilt, was zu § 1423 Rn 12 ausgeführt wurde.

§ 1425
Schenkungen

(1) Der Ehegatte, der das Gesamtgut verwaltet, kann nur mit Einwilligung des anderen Ehegatten Gegenstände aus dem Gesamtgut verschenken; hat er ohne Zustimmung des anderen Ehegatten versprochen, Gegenstände aus dem Gesamtgut zu verschenken, so kann er dieses Versprechen nur erfüllen, wenn der andere Ehegatte einwilligt. Das Gleiche gilt von einem Schenkungsversprechen, das sich nicht auf das Gesamtgut bezieht.

(2) Ausgenommen sind Schenkungen, durch die einer sittlichen Pflicht oder einer auf den Anstand zu nehmenden Rücksicht entsprochen wird.

Materialien: Zu § 1446 aF: E I § 1335 Abs 2, 3;   Zu § 1425 nF: E I § 1446; II § 1446; III § 1425;
II § 1345 rev § 1431; III § 1429; Mot IV 356 ff;   BT-Drucks 2/3409, 27.
Prot IV 251, 257; VI 280; D 694; KB 2067.   Vgl STAUDINGER/BGB-Synopse 1896–2005
§ 1425.

Schrifttum

Zum ausschließlich älteren Schrifttum s auch
STAUDINGER/THIELE (2000).

Systematische Übersicht

1. Grundgedanke

§ 1425 enthält neben den §§ 1423 und 1424 eine dritte Ausnahme von dem Grund- **1**
satz des § 1422 S 1. Sie beruht auf der Erwägung, dass Schenkungen regelmäßig
außerhalb einer ordnungsmäßigen Vermögensverwaltung liegen. Mit dem Hinweis
auf die Verkehrssicherheit lässt sich die freie Befugnis zu Schenkungen nicht begründen. Andererseits spricht das berechtigte Interesse des anderen Ehegatten
entschieden gegen eine solche uneingeschränkte Befugnis des verwaltenden Ehegatten (Mot IV 356 f).

Hatten die Ehegatten in der Übergangszeit (1. 4. 1953 bis 30. 6. 1958) gemeinschaftliche Verwaltung vereinbart, so entfiel damit die Anwendung des § 1446 aF.

2. Anwendungsgebiet

Nach § 1425 bedarf der Ehegatte, der das Gesamtgut verwaltet, der Einwilligung des **2**
anderen Ehegatten zu einer **Schenkung aus dem Gesamtgut** (Abs 1 S 1 Fall 1). Über
den Begriff der Schenkung s die Erl zu § 516. Unerheblich ist, ob der Gegenstand der
Schenkung eine bewegliche oder eine unbewegliche Sache bildet (vgl dagegen code
civil art 1422).

Erforderlich ist die Einwilligung auch zu einer **Verfügung über Gesamtgut,** durch die **3**
das ohne Zustimmung des anderen Ehegatten erteilte Versprechen einer Schenkung
aus dem Gesamtgut **erfüllt** werden soll (Abs 1 S 1 Fall 2).

Einwilligungsbedürftig ist ferner ein **Schenkungsversprechen,** das sich nicht auf das **4**
Gesamtgut, sondern auf einen zum **Vorbehaltsgut** (§ 1418) **oder Sondergut** (§ 1417)
des Verwalters gehörenden Gegenstand bezieht (Abs 1 S 2). Der Grund dieser Ausdehnung liegt darin, dass auch ein solches Versprechen des verwaltenden Ehegatten
eine Gesamtgutsverbindlichkeit begründet (§ 1437 Abs 1) und daher das Vermögen
des anderen Ehegatten berührt (Mot IV 357).

5 Die Einwilligung ist dagegen **nicht erforderlich** für eine **Handschenkung** aus dem Vorbehaltsgut, da hierdurch eine Verbindlichkeit des Verwalters und damit eine Gesamtgutsverbindlichkeit nicht begründet wird (Schenkungen aus dem Sondergut kommen wegen dessen Unübertragbarkeit nicht in Frage). Ein ohne Einwilligung gegebenes **Schenkungsversprechen wird wirksam**, wenn es der Verwalter aus eigenem Vermögen **erfüllt** (Bamberger/Roth/Mayer § 1425 Rn 2; MünchKomm/Kanzleiter § 1425 Rn 2; Palandt/Brudermüller § 1425 Rn 3; Soergel/Gaul § 1425 Rn 3). Das Versprechen ist von Anfang an wirksam, wenn die Haftung des Gesamtguts durch Vereinbarung mit dem Beschenkten ausgeschlossen wird (hM).

6 **Schenkungen unter Ehegatten fallen** nicht unter § 1425, wenn sie aus dem Vorbehaltsgut des anderen gemacht werden. Schenkungen aus dem Gesamtgut in das Vorbehaltsgut erfordern einen Ehevertrag und den dinglichen Vollzug (vgl § 1416 Rn 34). Die auch hier erforderliche Einwilligung des anderen Ehegatten liegt in seiner Mitwirkung beim Schenkungsvertrag.

7 Auf die Prozessführung findet § 1425 keine Anwendung, soweit es sich nicht um prozessrechtliche Verfügungen der in § 1425 bezeichneten Art handelt (vgl § 1422 Rn 27).

3. Zustimmungsbedürftige Rechtsgeschäfte

a) Allgemeine Merkmale
8 In allen drei Fällen knüpft § 1425 an den Begriff der Schenkung an. Schenkung kann nach den Umständen des Einzelfalles vorliegen: bei Verpfändung einer Gesamtgutshypothek zur Sicherung einer fremden Schuld (Bamberger/Roth/Mayer § 1425 Rn 3; MünchKomm/Kanzleiter § 1425 Rn 2; anders: BayObLGZ 8, 474; vgl dazu die Kritik von Enneccerus/Kipp/Wolff § 62 Anm 16); bei Sicherungsabtretung einer zum Gesamtgut gehörenden Hypothek und Übernahme einer Bürgschaft (BayObLG HRR 1935 Nr 1314 unter Aufgabe des in der vorigen Entscheidung vertretenen Schenkungsbegriffs); bei Löschung einer aus dem Gesamtgut bezahlten Hypothek (KG OLGE 33, 341; OLG Colmar ZBlFG 14, 320 Nr 452).

9 Unter den Begriff der unentgeltlichen Zuwendung fällt nicht die Erfüllung einer *unvollkommenen Verbindlichkeit* (zB Spielschuld – § 762). Auch *Schenkungen von Todes wegen* (§ 2301) fallen nicht unter § 1425.

10 **b)** Da der Begriff der Aussteuer in dem der Ausstattung enthalten ist, gilt heute auch für die Aussteuer § 1624. Die Gewährung einer **Ausstattung** (§ 1624) beruht auf einer sittlichen Verpflichtung. Die Ausstattung gilt, auch wenn eine rechtliche Verpflichtung nicht besteht, nur insoweit als Schenkung, als die Ausstattung das den Umständen, insbesondere den Vermögensverhältnissen des Vaters oder der Mutter, entsprechende Maß übersteigt. Hält sich die Ausstattung innerhalb dieser Grenzen, so fällt sie demgemäß nicht unter § 1425. Eine dieses Maß übersteigende oder anderen Personen als einem Kinde gewährte Ausstattung dagegen ist, wenn die Voraussetzungen des § 516 vorliegen, als Schenkung zu erachten; auf die Gewährung einer solchen Ausstattung findet daher § 1425 Abs 1 (aber auch Abs 2; s BayObLGZ 1, 709) Anwendung (BayObLGZ 26, 23). Das Gleiche gilt, wenn der Verwalter die Ausstattung seinen einseitigen Abkömmlingen gewährt; die Vorschriften der §§ 1624

und 1425 finden auch auf eine solche Ausstattung Anwendung. Zur Gewährung einer Ausstattung an einseitige Kinder des anderen Ehegatten ist dessen Einwilligung stets erforderlich, außer wenn die Voraussetzungen des § 1425 Abs 2 gegeben sind (Mot IV 358).

c)   Ein in der II. Kommission gestellte Antrag wollte auch die Wirksamkeit von **11** **Stiftungen** (§§ 80 ff) des Mannes von der Zustimmung der Frau abhängig machen. Seine Ablehnung gründete sich darauf, es müsse der Auslegung des einzelnen Falles überlassen bleiben, ob eine Stiftung als Schenkung anzusehen sei (Prot IV 257, 258). In der Regel wird diese Frage zu bejahen sein (PLANCK/UNZNER § 1446 aF Anm 8; BGB-RGRK/FINKE § 1425 Rn 8).

4.   Pflicht- und Anstandsschenkungen

Eine **Ausnahme** von dem Grundsatz des § 1425 Abs 1 besteht nach Abs 2 **für Schen- 12 kungen** (nicht für Schenkungsversprechen), **durch die einer sittlichen Pflicht oder einer auf den Anstand zu nehmenden Rücksicht entsprochen wird**, weil solche Schenkungen innerhalb des Kreises einer regelmäßigen und ordnungsmäßigen Vermögensverwaltung liegen (Mot IV 357; vgl §§ 534, 814, 1641 S 2, 1804 S 2, 2113 Abs 2 S 2, 2205 S 3, 2207 S 2, 2330). Über den Begriff derartiger Schenkungen vgl § 1375 Rn 27 f.

Beispiele für Schenkungen, durch die einer sittlichen Pflicht entsprochen wird, sind **13** Zuwendungen an schuldlos verarmte, nicht unterhaltsberechtigte Verwandte (insbes Geschwister), Spenden bei öffentlichen Unglücksfällen und regelmäßig übermäßige Ausstattungen (dazu oben Rn 10). Zu Spenden an karitative Organisationen § 1375 Rn 22. Als Schenkung, durch die einer auf den Anstand zu nehmenden Rücksicht entsprochen wird, erscheinen angemessene Geburtstags-, Weihnachts- und Hochzeitsgeschenke und Trinkgelder. Ob die sittliche Pflicht oder die auf den Anstand zu nehmende Rücksicht für den verwaltenden Ehegatten, für den anderen Ehegatten oder für beide besteht, ist für die Anwendbarkeit des § 1425 Abs 2 ohne Belang.

5.   Einwilligung

Zur Einwilligung des anderen Ehegatten s § 1365 Rn 69 ff. Über die rechtliche Be- **14** deutung der fehlenden oder der erteilten Einwilligung s § 1423 Rn 9. Zum Ausschluss der Zustimmung durch die Eltern oder den Vormund des anderen Ehegatten s §§ 1641, 1804 (vgl RGZ 91, 41). Die Ersetzung der Zustimmung des anderen Ehegatten durch das Vormundschaftsgericht ist in den Fällen des § 1425 ausgeschlossen (§ 1426). Über den Schutz des gutgläubigen Dritten s § 1422 Rn 55.

6.   Grundbuchverkehr

Zur Aufklärungspflicht des Notars gelten die Ausführungen zu § 1365 Rn 109 sinn- **15** gemäß. Bei Verfügungen über **Grundstücke** ist dem Grundbuchamt die Zustimmung des anderen Ehegatten schon nach § 1424 stets nachzuweisen. Eine Nachforschungspflicht dahin, ob Gütergemeinschaft besteht, ist nur bei konkreten Anhaltspunkten anzuerkennen. Bei Verfügungen über **Grundstücksrechte** muss das zugrundeliegende obligatorische Rechtsgeschäft nach hM (ebenso zu §§ 2113 Abs 2, 2205 S 2, s die Erl dort) vom Grundbuchamt auf seinen Schenkungscharakter überprüft werden (KG OLGE 33, 341; RJA 2, 248; BayObLGZ 34, 409; ERMAN/HECKELMANN § 1425 Rn 3; BAMBERGER/ROTH/ MAYER § 1425 Rn 3; PALANDT/BRUDERMÜLLER § 1425 Rn 1). Bestehen nach dem Inhalt des Rechtsgeschäfts Zweifel, ob eine Schenkung vorliegt, hat das Grundbuchamt dem Antragsteller Gelegenheit zu geben, die erforderlichen Nachweise beizubringen, nicht aber den Antrag sofort zurückzuweisen (BayObLGZ 25, 522). Bei der Prüfung der Entgeltlichkeit kann der Grundbuchbeamte nicht ausschließlich urkundliche Beweise fordern; er hat auch allgemeine Erfahrungstatsachen zu verwerten (KG SeuffBl 73, 550; OLGE 21, 9; KGJ 35 A 209; BayObLGZ 34, 409).

7.   Abweichende Vereinbarungen

16 Nach **hM ist § 1425 zwingend** (RG JW 1927, 1193; KGJ 52, 105, 109; KG HRR 1934 Nr 1122; OLG Saarbrücken HEZ 1, 105; LG Göttingen und LG Siegen FamRZ 1956, 228; KNUR DNotZ 1917, 468 Fn 40; BAMBERGER/ROTH/MAYER § 1425 Rn 6; SOERGEL/GAUL § 1425 Rn 2; ZÖLLNER FamRZ 1965, 113, 118). Andere nehmen an, dass eine § 1425 abbedingende ehevertragliche Regelung zwar möglich, aber besonders sorgfältig an § 138 gemessen werden müsse (ERMAN/HECKELMANN § 1425 Rn 4; DÖLLE I § 70 VI 3 d). Für eine grundsätzliche **Abdingbarkeit** ohne regelhafte Anwendung von § 138 mit Recht GERNHUBER/COESTER-WALTJEN § 32 Rn 27; ausdrücklich 4. Aufl § 32 III 6; BGB-RGRK/FINKE § 1425 Rn 13; PALANDT/BRUDERMÜLLER § 1425 Rn 1; MünchKomm/KANZLEITER § 1425 Rn 7. Der Zweck der Vorschrift gebietet eine Einschränkung der Ehevertragsfreiheit nicht. Der Schutz des anderen Ehegatten durch die notarielle Belehrung und Beurkundung schließt es aus, generell oder auch nur regelmäßig Sittenwidrigkeit anzunehmen.

17 Zur Erteilung einer widerruflichen **Generalvollmacht** an den Verwalter, von ihm vorgenommenen Schenkungen im Namen des anderen Ehegatten unter Befreiung von § 181 zuzustimmen, s RGZ 159, 363.

§ 1426
Ersetzung der Zustimmung des anderen Ehegatten

Ist ein Rechtsgeschäft, das nach den §§ 1423, 1424 nur mit Einwilligung des anderen Ehegatten vorgenommen werden kann, zur ordnungsmäßigen Verwaltung des Gesamtgutes erforderlich, so kann das Vormundschaftsgericht auf Antrag die Zustimmung des anderen Ehegatten ersetzen, wenn dieser sie ohne ausreichenden Grund verweigert oder durch Krankheit oder Abwesenheit an der Abgabe einer Erklärung verhindert und mit dem Aufschub Gefahr verbunden ist.

Materialien: Zu § 1447 aF: E I § 1353 Abs 4; II § 1346 rev § 1432; III § 1430; Mot IV 359; Prot IV 251, 258; Prot VI 280.

Zu § 1426: E I § 1447; II § 1447; III § 1426; BT-Drucks 2/3409, 27.

Vgl STAUDINGER/BGB-Synopse 1896–2005 § 1426.

Systematische Übersicht

1. Allgemeines

§ 1426 entspricht sachlich § 1447 aF (s dazu Prot IV 239, 251, 258). Eine Parallele **1** dazu findet sich in § 1365 Abs 2 (mit erleichterten Voraussetzungen für die Ersetzung); s auch § 1369 Abs 2.

In der Übergangszeit nach dem 1. 4. 1953 galt § 1447 aF für die vor dem Inkraft- **2** treten des Gleichberechtigungsgrundsatzes vereinbarten allgemeinen Gütergemeinschaften unverändert fort (BayObLGZ 1955, 163 = NJW 1955, 1719).

Die Vorschrift soll die ordnungsgemäße Verwaltung des Gesamtguts erleichtern. Sie **3** hat vor allem praktische Bedeutung für Grundstücksgeschäfte, in diesem Zusammenhang (Hofübergabe) auch für Rechtsgeschäfte über das Gesamtgut im Ganzen. Der andere Ehegatte soll für eine ordnungsgemäße Verwaltung erforderliche Geschäfte nicht grundlos verhindern können. Auch soll im Falle einer Verhinderung das gesetzliche Zustimmungserfordernis nicht entfallen noch soll das erforderliche Geschäft nicht unterbleiben oder, wenn Gefahr im Verzug ist, aufgeschoben werden müssen.

2. Voraussetzungen der Ersetzung

a) Ersetzt werden kann nur die **Einwilligung** oder **Genehmigung** (§§ 1427 Abs 1, **4** 1366 Abs 1) zu einem **Rechtsgeschäft über das Gesamtgut im Ganzen** (§ 1423) und **über** zum Gesamtgut gehörende **Grundstücke, Schiffe und Schiffsbauwerke** (§ 1424). Dagegen kann die Zustimmung zu einem *Schenkungsversprechen* oder einer *Schenkung* aus dem Gesamtgut (§ 1425) nicht ersetzt werden. Solche Geschäfte werden nicht als zur ordnungsgemäßen Verwaltung des Gesamtguts erforderlich erachtet.

b) Das Rechtsgeschäft muss **zur ordnungsgemäßen Verwaltung des Gesamtgutes 5 erforderlich** sein. § 1426 ist nur anwendbar, wenn das Rechtsgeschäft nach den Grundsätzen ordnungsmäßiger Wirtschaftsführung **notwendig** ist, nicht dagegen, wenn es sich lediglich als zweckmäßig oder vorteilhaft darstellt (BayObLGZ 20, 256; 26, 23; 30, 309; 2003, 195 = FamRZ 2003, 881; anders § 1365 Abs 2). Anderseits braucht das Rechtsgeschäft nicht den einzig gangbaren Weg darzustellen, um das Gesamtgut vor Schaden zu bewahren (anders BayObLGZ 22, 5; dagegen GUTMANN BayNotZ 1924, 360). Neben der wirtschaftlichen Zweckmäßigkeit ist zu berücksichtigen, ob das beabsichtigte Geschäft noch als Ausdruck rechter ehelicher Gesinnung angesehen werden kann (vgl KG OLGE 34, 250). Hierbei sind das wirtschaftliche Interesse, die

Lebensumstände und die Bedürfnisse der Familie aus objektiver Sicht zu beachten (vgl BayObLG FamRZ 1983, 1127, 1128; ENSSLEN FamRZ 1998, 1081). **In der Liquidationsphase** treten die wirtschaftlichen Gesichtspunkte in den Vordergrund (BayObLG FamRZ 2004, 881; 2005, 109).

6 Ob ein Rechtsgeschäft zur ordnungsgemäßen Verwaltung des Gesamtgutes erforderlich ist, ist **Tatfrage**, die das Gericht unter Würdigung aller Umstände entscheidet. So kann etwa die Höhe des Erlöses (bei Veräußerung von Grundstücken) die Beurteilung beeinflussen (vgl BayObLGZ 20, 256; 26, 23). Die Entscheidung über die Ordnungsmäßigkeit ist der Nachprüfung des Gerichts der weiteren Beschwerde grundsätzlich entzogen (BayObLGZ 2, 563; 5, 414; 30, 309; KEIDEL/KUNTZE/WINKLER FGG § 27 Rn 27 ff).

7 aa) Ein **Übergabevertrag** über ein zum Gesamtgut gehörendes landwirtschaftliches Anwesen **kann** als ein Rechtsgeschäft betrachtet werden, das zur ordnungsmäßigen Verwaltung des Gesamtgutes **erforderlich** ist. Namentlich wenn die Ehegatten wegen ihres hohen Alters oder ihres gesundheitlichen Zustandes das Anwesen nicht weiter bewirtschaften können, entspricht es einer ordnungsmäßigen Verwaltung, dass sie den Hof einem ihrer Kinder übergeben. Die Kinder stattdessen ohne Verschaffung von Eigentum den Hof bewirtschaften zu lassen oder Hilfskräfte einzustellen oder das Anwesen zu verpachten oder an Fremde zu verkaufen, widerspricht regelmäßig dem bäuerlichen Herkommen (BayObLGZ 14, 624; 20, 256 = Recht 1920 Nr 3392; 22, 5; 26, 23 = JW 1927, 1433; 32, 13; HRR 1935 Nr 1315; BayObLGZ 1955, 163, 167). Die Hofübergabe kann auch die Gewährung einer Ausstattung nach § 1624 Abs 1 bezwecken (BayObLGZ 1, 707; 26, 23). Zur Hofübergabe s ferner BayObLGZ 1963, 183; BayObLG FamRZ 1968, 315.

8 Der **Übergabevertrag** muss, um **ordnungsgemäß** zu sein, auch die Interessen des anderen Ehegatten und die der übrigen Abkömmlinge angemessen berücksichtigen. Die Gegenleistung ist zumindest so zu bemessen, dass sie eine angemessene Lebenshaltung und Versorgung des zustimmungsberechtigten Ehegatten sicherstellt. Etwaige Rechte auf Lebensunterhalt (Leibzucht, Leibgedinge, Altenteil, Auszug, Ausgedinge) sind auch ihm als Gesamtgläubiger einzuräumen. Eine Abfindung der übrigen Abkömmlinge ist zwar in Übergabeverträgen üblich, aber zur ordnungsmäßigen Verwaltung nicht erforderlich. Das Verfahren über die Ersetzung der Zustimmung ist nicht dazu bestimmt, eine Auseinandersetzung des Gesamtgutes anzubahnen (BayObLGZ 14, 624, 627; 26, 23, 28; 32, 13, 15). Allerdings muss die Höhe der Gegenleistung den künftigen Erbansprüchen der übrigen Abkömmlinge entsprechen (BayObLGZ 34, 221). Zum Umfang des Erlöses auch OLG Hamm FamRZ 1967, 572.

Ein Übergabevertrag ist nicht lediglich deshalb zur ordnungsmäßigen Verwaltung des Gesamtgutes erforderlich, weil er die Möglichkeit beseitigen soll, dass auf Grund eines Ehe- und Erbvertrages die gesetzlichen Anerben des Ehemannes von der Erbfolge in den Ehegatten-Erbhof ausgeschlossen werden (OLG München JFG 14, 228 = HRR 1937 Nr 114 = DJ 1937 Nr 2917). Die Ersetzung der Zustimmung des Vormundschaftsgerichts zu der Verpflichtung, das ganze Gesamtgut (darunter einen Bauernhof) zu übertragen, ist unstatthaft, wenn das ganze Gesamtgut ohne jeden Ersatz aufgegeben werden soll, da durch eine derartige Verfügung das Gegenteil von der Erhaltung des Gesamtgutes bezweckt wird (BayObLGZ 34, 291 = HRR 1935 Nr 255).

bb) Weitere Beispiele: Bestellung einer Grunddienstbarkeit (BayObLGZ 30, 309); 9 Hypothekenaufnahme zwecks Umschuldung (OLG München DNotZ 1937, 575 = DJ 1937 Nr 6128); Grundstücksübertragung als Ausstattung (BayObLGZ 30, 160) oder zur Befriedigung eines Pflichtteilsanspruches und zur Gewinnung einer Hilfskraft für die Landwirtschaft (BayObLG FamRZ 1983, 1127); Einziehung eines Kapitals (KG OLGE 4, 346); Ankauf einer Leibrente mit dem gesamten Vermögen (KGJW 1937, 2974 – zu § 1379 aF).

c) Der andere Ehegatte muss seine Zustimmung **ohne ausreichenden Grund ver-** 10 **weigern**. Meistens wird der Mangel der Erforderlichkeit zugleich den ausreichenden Grund zur Verweigerung bieten. Aber auch wenn das Rechtsgeschäft den Grundsätzen einer ordnungsmäßigen Verwaltung entspricht, sind Weigerungsgründe denkbar (vgl KG OLGE 4, 346).

aa) Da der andere Ehegatte keinen Anspruch darauf hat, an der Verwaltung des 11 Gesamtgutes teilzunehmen, ist es auch als **Verweigerung** seiner Zustimmung anzusehen, wenn er der Vornahme des Rechtsgeschäfts durch den verwaltenden Ehegatten widerspricht, sich jedoch bereit erklärt, es selbst vorzunehmen. Als Verweigerung der Zustimmung ist ferner der **Widerruf der Zustimmung** (sofern er gemäß § 183 überhaupt in Betracht kommt) und regelmäßig auch die Erteilung der **Zustimmung unter einer Bedingung** anzusehen (KG OLGE 4, 346); s dazu auch § 1365 Rn 79.

§ 1426 ist dagegen nicht anwendbar, wenn der andere Ehegatte zwar nicht die 12 Zustimmung, wohl aber deren Erteilung in der für den Nachweis **nötigen Form** (zB GBO § 29) **verweigert**. Dafür spricht, dass die formlos erteilte Zustimmung für sich materiell wirksam ist (vgl § 1365 Rn 79, 108 mwNw). Der erforderliche Nachweis kann durch ein Urteil erbracht werden, das die Erteilung der Zustimmung feststellt oder das den anderen Ehegatten zur Abgabe der formgemäßen Erklärung verurteilt (aM – § 1426 anwendbar – BGB-RGRK/Finke § 1426 Rn 10).

bb) Die Frage, ob der andere Ehegatte seine Zustimmung **ohne ausreichenden** 13 **Grund** verweigert, hat der Vormundschaftsrichter unter Würdigung aller Umstände des Einzelfalles zu beantworten. Einen genügenden Weigerungsgrund bildet die nicht von der Hand zu weisende Besorgnis des anderen Ehegatten, dass er durch eine Zustimmung bei einer künftigen Vermögensauseinandersetzung benachteiligt werden kann (vgl BayObLG FamRZ 2001, 1214 zu § 1452).

Auch **ideelle Gründe** berechtigen den anderen Ehegatten unter Umständen, seine 14 Zustimmung zu versagen (vgl OLG Celle FamRZ 1975, 621; BayOblG FamRZ 1990, 411), etwa weil er aus der besonderen Unverträglichkeit des Hofübernehmers Schwierigkeiten erwarten muss oder weil eine Zwangsvollstreckung des Mannes den wirtschaftlichen Ruin seines Schwiegervaters zur Folge haben würde (vgl KG OLGE 7, 47, 48 zu § 1379 aF). Ferner können Pietätsrücksichten den anderen Ehegatten berechtigen, an einem unrentablen Besitz festzuhalten (vgl § 1365 Rn 80 ff; BayObLG FamRZ 1963, 521 zu § 1365 Abs 2).

Der andere Ehegatte kann nur **Gründe** vorbringen, **die gegen die Vornahme des** 15 **Rechtsgeschäftes selbst sprechen**. Das voraussichtliche Schicksal der Gegenleistung (der verwaltende Ehegatte vertrinkt, verspielt und verschleudert den Kaufpreis) ist in diesem Verfahren nicht generell zu berücksichtigen (so KG OLGE 4, 346; BayObLGZ 9, 466, 468 f; BAMBERGER/ROTH/MAYER Rn 4; **aM** BGB-RGRK/FINKE § 1426 Rn 7). Steht eine solche nicht ordnungsgemäße (§ 1435 S 1) Verwendung des Erlöses fest oder ist sie auf Grund konkreter Anhaltspunkte ernstlich zu befürchten, wird es häufig bereits an der Erforderlichkeit des Rechtsgeschäfts fehlen. Die zu § 1365 (s dort Rn 81) angestellten Erwägungen treffen hier im Übrigen ebenfalls zu. Ist das Geschäft aber unerlässlich, um schwere Nachteile vom Gesamtgut abzuwenden, wird die Ersetzung nicht abgelehnt werden können. Das *Vormundschaftsgericht* kann die ordnungsgemäße Verwendung des Erlöses nicht durch Bedingungen und Auflagen sichern (vgl § 1365 Rn 89; MünchKomm/KOCH § 1365 Rn 97 aE). Hier bleibt dem anderen Ehegatten nur eine Klage auf Unterlassung der ordnungswidrigen Verwaltung (s auch § 1422 Rn 7) oder/und der Antrag auf eine einstweilige Verfügung.

16 d) Dem Fall, dass der andere Ehegatte seine Zustimmung nicht erteilen will (s oben, Rn 10 ff), steht der Fall gleich, dass der andere Ehegatte die **Zustimmung nicht erteilen kann:** Er muss **durch Krankheit oder Abwesenheit** an der Abgabe einer Erklärung **verhindert und** es **muss mit dem Aufschub Gefahr verbunden sein.**

17 aa) Eine Verhinderung setzt voraus, dass der andere **Ehegatte außerstande** ist, überhaupt eine Erklärung abzugeben. Die **Krankheit** kann sowohl physischer als auch psychischer Art sein, muss aber in einem Grad **bestehen**, der eine rechtserhebliche Erklärung ausschließt. Die **Abwesenheit** muss derart sein, dass der andere Ehegatte überhaupt oder doch innerhalb eines Gefahr begründenden Zeitraumes nicht erreichbar ist oder dass seine Erklärung nicht oder nicht rechtzeitig eintreffen kann. Abwesenheit liegt auch vor, wenn die Eheleute getrennt voneinander, in Feindschaft oder Scheidung leben oder die Wohnung des anderen Ehegatten nicht auffindbar ist (vgl RGZ 103, 126 zu § 1401 aF).

18 bb) Weiter muss **mit dem Aufschub Gefahr verbunden** sein. Die **Gefahr** ist nach objektiven Gesichtspunkten zu beurteilen; wie der Gesamtgutsverwalter die Sachlage beurteilt und beurteilen darf, ist nicht allein entscheidend (s § 1365 Rn 85). Gefahr im Verzuge ist gegeben, wenn der Ehegatte seine Habe veräußern will, um sich dadurch die erforderlichen Mittel für sein Fortkommen zu verschaffen (vgl RGZ 103, 126 zu § 1401 aF), wenn die Verjährung eines Anspruchs zu besorgen ist (vgl OLG Marienwerder LZ 1920, 398 zu § 1401 aF), wenn die Konjunktur gerade besonders günstig erscheint (vgl OLG Hamburg OLGE 44, 68), wenn das Unterbleiben des Geschäftes einen Anspruch auf Schadensersatz wegen Nichterfüllung auslösen würde (vgl DEUMER DJZ 1925, 304 zu § 1401 aF). Auch ein Nachteil, der nicht auf vermögensrechtlichem Gebiet liegt, kommt in Betracht. Würde die Heirat eines Kindes ohne die Gewährung einer Ausstattung verzögert oder ausgeschlossen oder die Möglichkeit einer Existenzgründung für ein Kind unausgenutzt gelassen, ist die Ersetzung zu erwägen.

19 e) Ersetzt werden kann sowohl die **Einwilligung** zu einem **erst** geplanten Geschäft als auch die **Genehmigung** eines bereits abgeschlossenen Geschäfts. In beiden Fällen muss aber der **Inhalt** des Rechtsgeschäfts **in seinen** wesentlichen **Einzelheiten bestimmt sein,** weil sonst dem Vormundschaftsgericht zur Prüfung die erforderlichen Unterlagen fehlen würden (s 1365 Rn 87; BayObLGZ 3, 880 = RJA 3, 170; 9, 466 = Recht 1908 Nr 3036; HRR 1935 Nr 1315 = Recht 1935 Nr 419; KG OLGE 4, 406; 37, 240; OLG Colmar OLGE

21, 229). Das Fehlen der für das Rechtsgeschäft erforderlichen Form oder weiterer erforderlicher Zustimmungen steht der Ersetzung der Zustimmung nach §§ 1423 ff nicht im Wege (BayObLGZ 55, 163 = NJW 1955, 1719; MünchKomm/KANZLEITER § 1426 Rn 10).

3. Ersetzung der Zustimmung, Verfahren

a)   Stellt das Vormundschaftsgericht das Vorliegen der in § 1426 genannten Vor- **20** aussetzungen fest, so bleibt ihm entgegen dem Wortlaut „kann ... ersetzen" keine Wahl: Der Richter kann nicht nach freiem Ermessen ersetzen oder die Ersetzung verweigern (wie hier BAMBERGER/ROTH/MAYER § 1426 Rn 2; anders OLG Kassel OLGE 15, 403, 405).

Bei der fortgesetzten Gütergemeinschaft ist entsprechend die Zustimmung der an- **21** teilsberechtigten Abkömmlinge zu ersetzen. Die Ersetzung ist unzulässig, wenn es sich um Vertragsabreden handelt, durch die in einem Überlassungsvertrag über einen Erbhof die Versorgung weichender Kinder und Altenteilleistungen geregelt werden (RGZ 149, 271). Wollte das Vormundschaftsgericht früher die Zustimmung eines an der fortgesetzten Gütergemeinschaft beteiligten verheirateten weiblichen Abkömmlings zu einer Verfügung über das Gesamtgut ersetzen, so musste es nicht nur die Zustimmung der Frau, sondern auch die des Ehemannes ersetzen (BayObLGZ 22, 5; KG JFG 8, 275 = DNotZ 1931, 649; AG Hof DNotZ 1937, 40). Entsprechendes gilt heute, wenn ein Abkömmling gemäß §§ 1365, 1423, 1424 nur mit Einwilligung seines Ehegatten die Zustimmung erteilen kann.

In ihrer rechtlichen Wirkung steht die Ersetzung der Zustimmung ihrer Erteilung **22** durch den anderen Ehegatten gleich. Daher wird auch durch sie eine persönliche Haftung des nicht verwaltenden Ehegatten nicht begründet.

b)   Das **Verfahren** richtet sich nach den Vorschriften der FGG (s § 1365 Rn 88 ff). **23** Die **Zuständigkeit** des Vormundschaftsgerichts ergibt sich aus §§ 35, 45 FGG. Zu landesrechtlichen Regelungen s Art 147 EGBGB. Es entscheidet der Richter, § 14 Nr 6 RPflG.

Antragsberechtigt ist lediglich der verwaltende Ehegatte; der am Rechtsgeschäft **24** beteiligte Dritte hat kein Antragsrecht (KG FJG 9, 40).

Das Gericht hat von Amts wegen die zur Feststellung der Tatsachen erforderlichen **25** **Ermittlungen** zu veranstalten (§ 12 FGG; vgl BayObLGZ 5, 414; 6, 403 zu § 1377 aF; KG OLGE 7, 47 zu § 1379 aF). Die Anhörung der Beteiligten ist nicht vorgeschrieben (BayObLGZ 5, 417), jedoch selbstverständlich zulässig und regelmäßig angebracht. Dem Ehegatten, der die Zustimmung verweigert hat, ist jedoch rechtliches Gehör zu gewähren. Eine formelle Beweislast gibt es nicht; wohl aber trägt der Antragsteller die Feststellungslast für die Voraussetzungen seines Antrages.

Inhalt der gerichtlichen **Entscheidung** ist entweder die Ersetzung der Zustimmung **26** oder die Abweisung des Antrages. Das Gericht kann nicht an Stelle des im Antrag genannten Geschäfts ein anderes setzen (BayObLG Recht 1914 Nr 780). Insbesondere ist das Gericht nicht befugt, die Zustimmung teilweise zu ersetzen (KG JW 1934, 908) oder die Ersetzung von einer Bedingung abhängig zu machen (vgl dazu § 1365 Rn 89 mwNw). Der stattgebende Beschluss hat das Rechtsgeschäft genau zu bestimmen (BayObLG OLGE 43, 356).

27 Die Verfügung, die die **Zustimmung** des anderen Ehegatten ersetzt, wird erst **mit der Rechtskraft wirksam**. Bei Gefahr im Verzuge kann das Gericht die sofortige Wirksamkeit der Verfügung anordnen; dann wird die Verfügung mit der Bekanntmachung an den Antragsteller wirksam (§ 53 Abs 2 FGG). § 55 FGG, der dem Vormundschaftsgericht die Abänderung von Verfügungen verbietet, die einem Dritten gegenüber wirksam geworden sind, ist auf Fälle dieser Art nicht anwendbar (KG RJA 17, 20 = OLGE 41, 14 zu § 1402 aF). Stattgebende Verfügungen sind aber nach § 18 Abs 2 FGG mit ihrem Erlass unabänderlich. Die Entscheidung des Vormundschaftsgerichts ist für das Prozessgericht bindend (OLG Kassel OLGE 15, 404 = SeuffA 62 Nr 163).

4.　Verpflichtung, die Ersetzung der Zustimmung zu beantragen

28 a) Dem **anderen Ehegatten** haftet der Verwalter, der den Antrag auf Ersetzung der Zustimmung zu stellen schuldhaft (vgl § 1359) unterlässt, nach § 1435 auf Schadensersatz, wenn der andere Ehegatte durch Krankheit oder Abwesenheit an der Abgabe einer Erklärung verhindert und mit dem Aufschub Gefahr verbunden war. Hat hingegen der andere Ehegatte seine Zustimmung verweigert, so würde er sich wider Treu und Glauben zu seinem Vorverhalten in Widerspruch setzen, wollte er daraus Ersatzansprüche ableiten, dass der Verwalter nicht die Ersetzung der Zustimmung durch das Gericht herbeigeführt hat. Nur wenn der Verwalter es pflichtwidrig unterlässt, dem anderen Ehegatten alle Umstände darzulegen, die für die Notwendigkeit des Rechtsgeschäfts sprechen, kann auch im Falle der Zustimmungsverweigerung eine Schadensersatzpflicht des Verwalters begründet sein.

29 b) Ob der verwaltende Ehegatte gegenüber dem **Dritten**, mit dem er das Rechtsgeschäft geschlossen hat oder schließen will, **zum Antrag auf Ersetzung** der Zustimmung **verpflichtet ist**, bemisst sich nach dem Inhalt ihrer Vereinbarungen (OLG Posen Recht 1902, 20 Nr 40). Zur Ausübung kann der Verwalter im Wege der Zwangsvollstreckung gemäß § 888 ZPO angehalten werden (OLG Posen OLGE 4, 367; KG DJZ 1932, 1001; s auch § 1365 Rn 92; **aM** MünchKomm/KANZLEITER § 1426 Rn 8: § 894 ZPO).

5.　Abweichende Vereinbarungen

30 Die **Ausschließung oder Einschränkung des Antragsrechts** aus § 1426 ist in einem Ehevertrag möglich (MünchKomm/KANZLEITER § 1426 Rn 13). Dass dadurch die ordnungsgemäße Verwaltung des Gesamtguts gefährdet ist, begründet wegen des notwendigen Einverständnisses beider Ehegatten (§§ 1408, 1410) keine Bedenken. Deshalb ist die Abbedingung von § 1426 auch weder „regelmäßig unzulässig" (so ERMAN/HECKELMANN § 1426 Rn 1; BAMBERGER/ROTH/MAYER § 1426 Rn 1; SOERGEL/GAUL § 1426 Rn 2) noch „regelmäßig sittenwidrig" (so BGB-RGRK/FINKE § 1426 Rn 13).

§ 1427
Rechtsfolgen fehlender Einwilligung

(1) Nimmt der Ehegatte, der das Gesamtgut verwaltet, ein Rechtsgeschäft ohne die erforderliche Einwilligung des anderen Ehegatten vor, so gelten die Vorschriften des § 1366 Abs. 1, 3, 4 und des § 1367 entsprechend.

(2) Einen Vertrag kann der Dritte bis zur Genehmigung widerrufen. Hat er gewusst, dass der Ehegatte in Gütergemeinschaft lebt, so kann er nur widerrufen, wenn dieser wahrheitswidrig behauptet hat, der andere Ehegatte habe eingewilligt; er kann auch in diesem Falle nicht widerrufen, wenn ihm bei Abschluss des Vertrages bekannt war, dass der andere Ehegatte nicht eingewilligt hatte.

Materialien: Zu § 1448 aF: E I § 1553 Abs 1; II § 1347 rev § 1433; III § 1431; Mot IV 358; Prot IV 254 ff; VI 280. Zu § 1427: E I § 1448; II § 1448; III § 1427; BT-Drucks 1/3802, 64 f; BT-Drucks 2/224, 52; BT-Drucks 2/3409, 27. Vgl STAUDINGER/BGB-Synopse 1896–2005 § 1427.

Systematische Übersicht

1. Rechtsentwicklung

§ 1427 entspricht dem § 1448 aF. An die Stelle des Mannes ist der Ehegatte getreten, **1** der das Gesamtgut verwaltet, an die Stelle der Frau der andere Ehegatte. Die frühere Verweisung auf die §§ 1396–1398 aF, welche Verfügungen der im gesetzlichen Güterstand der Nutzverwaltung lebenden Frau über eingebrachtes Gut ohne Einwilligung des Mannes zum Gegenstand hatten, ersetzt das GleichberG durch die Verweisung auf §§ 1366, 1367.

In einem Punkte weicht die Neufassung auch sachlich von der früheren Regelung ab. **2** Nach § 1448 aF iVm § 1397 Abs 1 S 2 aF konnte der andere Vertragsteil den Widerruf eines Vertrages, den der Mann ohne die erforderliche Einwilligung der Frau geschlossen hatte, auch der Frau gegenüber erklären. Diese Regelung erschien unzweckmäßig.

Eine den §§ 1448 Abs 1, 1396 Abs 3 aF entsprechende Bestimmung, wonach der **3** Vertrag, dessen Genehmigung die Frau verweigert hat, nicht dadurch wirksam wird, dass die Gütergemeinschaft aufhört, sieht das Gesetz nicht mehr vor. Dafür bestimmen jetzt §§ 1427 Abs 1, 1366 Abs 4, dass der Vertrag unwirksam ist, wenn die Genehmigung verweigert wird.

2. Grundgedanke

4 Wenn die nach den §§ 1423–1425 erforderliche Einwilligung fehlt, ist ein Vertrag **schwebend unwirksam**. Der **Schwebezustand** wird **beendet** durch die Genehmigung oder durch deren Verweigerung (Abs 1 mit § 1366 Abs 1 und 4). Die Regelungen des § 1427 Abs 2 und der §§ 1427 Abs 1, 1366 Abs 3 sollen es dem Dritten ermöglichen, den Schwebezustand seinerseits zu beenden (Widerruf) oder die Beendigung zu beschleunigen (Aufforderung zur Beschaffung der Genehmigung).

3. Die Genehmigung

5 **a)** Wird die Genehmigung erteilt (oder vom Vormundschaftsgericht ersetzt, § 1426), wird der genehmigungsbedürftige Vertrag **rückwirkend** wirksam, § 184 Abs 1. Zur Genehmigung s im Einzelnen § 1366 Rn 7 ff.

6 **b)** Grundsätzlich **nicht genehmigungsfähig** sind ohne die erforderliche Einwilligung vorgenommene **einseitige Rechtsgeschäfte**, Abs 1 mit § 1367. Entsprechend der gesetzlichen Wertung in § 180 S 2 ist jedoch eine Genehmigung zuzulassen, wenn der Dritte, dem gegenüber das einseitige Rechtsgeschäft vorgenommen wurde, mit der Vornahme ohne die erforderliche Einwilligung einverstanden ist (vgl § 1367 Rn 5 mwNw). Zur Zurückweisung des Rechtsgeschäfts s § 1367 Rn 9 ff.

4. Die Verweigerung der Genehmigung

7 **a)** Wird die Genehmigung verweigert, ist das Rechtsgeschäft **unwirksam** (Abs 1 mit § 1366 Abs 4). Die Verweigerung kann nicht zurückgenommen werden. Auch die nachträgliche Beendigung der Gütergemeinschaft ändert an der Unwirksamkeit nichts. Die Möglichkeit der vormundschaftsgerichtlichen **Ersetzung der** verweigerten **Genehmigung** gemäß § 1426 bleibt jedoch unberührt. § 1366 Abs 4 ist insoweit zu weit gefasst. Unberührt bleibt auch die rückwirkende Unwirksamkeit der dem Ehegatten erklärten Verweigerung, wenn der Dritte den Ehegatten auffordert, die Genehmigung zu beschaffen, § 1366 Abs 3 (vgl dazu § 1366 Rn 26 ff).

8 **b)** Die Unwirksamkeit des zustimmungsbedürftigen Verpflichtungsgeschäfts wird auch **nicht durch** dessen **Erfüllung** mit Zustimmung des anderen Ehegatten **geheilt**. Das wirksame Erfüllungsgeschäft ist nach bereicherungsrechtlichen Grundsätzen rückabzuwickeln. § 1428 ist in diesem Fall nicht anwendbar. Zur Bereicherung des Gesamtguts s § 1434.

9 **c)** Schadensersatzansprüche des **Dritten** können auch bei unwirksamem Rechtsgeschäft sowohl aus Delikt als auch aus *Verschulden bei Vertragsschluss* begründet sein (s auch § 1365 Rn 98 mwNw).

10 **d)** Dem Dritten steht wegen seiner Gegenansprüche gegen den Gesamtgutsverwalter und das Gesamtgut nach hL kein **Zurückbehaltungsrecht** an den Gegenständen zu, die er auf Grund des unwirksamen Rechtsgeschäfts aus dem Gesamtgut erlangt hat (vgl Erman/Heckelmann § 1428 Rn 1; Palandt/Brudermüller § 1427 Rn 1; BGB-RGRK/Finke § 1428 Rn 8; Bamberger/Roth/Mayer § 1427 Rn 2; Soergel/Gaul § 1428 Rn 4; **aM** Dölle I 960; MünchKomm/Kanzleiter § 1427 Rn 5; OLG Stettin JW 1930, 1013). Der zur

Begründung herangezogene vorrangige Schutz der Ehegemeinschaft mag das Ergebnis im Falle des § 1423 rechtfertigen, aber wohl nicht in den Fällen der §§ 1424, 1425. **Hier** ist das **Leistungsverweigerungsrecht** zuzulassen.

e) Die **Aufrechnung** gleichartiger beiderseitiger Rückabwicklungsansprüche ist **11** zulässig.

5. Die Beendigung des Schwebezustandes

a) Zur Einflussnahme des anderen Ehegatten auf das schwebend unwirksame **12** Geschäft durch Erteilung oder Verweigerung der Genehmigung s oben Rn 5 ff.

b) Der **Dritte** kann den Schwebezustand beenden, indem er den Vertrag **wider-** **13** **ruft**, Abs 2. Die Regelung entspricht der des § 1366 Abs 2. Wegen der Einzelheiten vgl § 1366 Rn 15 ff. Anders als nach § 1366 Abs 2 schließt aber nicht schon die Kenntnis von der bestehenden Ehe, sondern nur das Wissen vom Bestehen der Gütergemeinschaft den Widerruf aus.

c) Der **Dritte**, der seinerseits am Vertrag festhalten will, kann den Schwebezu- **14** stand dadurch abkürzen, dass er den Gesamtgutsverwalter **auffordert**, die Genehmigung des anderen Ehegatten zu beschaffen, Abs 1 mit § 1366 Abs 3. Zur Aufforderung und ihren Rechtswirkungen im Einzelnen s § 1366 Rn 28 ff.

d) **Konvaleszenz:** Solange die Genehmigung nicht verweigert ist oder als verwei- **15** gert gilt, werden Verfügungen des Gesamtgutsverwalters nach § 185 Abs 2 dadurch wirksam, dass der Verwalter den Gegenstand während des Schwebezustandes als Vorbehaltsgut auf Grund der Zuteilung bei der Auseinandersetzung (nach Beendigung der Gütergemeinschaft) erwirbt oder den anderen Ehegatten beerbt (vgl auch 1365 Rn 107). Das gilt auch für das Verpflichtungsgeschäft, das in diesen Fällen wirksam wird (Bamberger/Roth/Mayer § 1427 Rn 2; MünchKomm/Kanzleiter § 1427 Rn 3; Soergel/Gaul § 1427 Rn 7). Stirbt der Verwalter und wird vom anderen Ehegatten beerbt, bleibt die Verfügung schwebend unwirksam (vgl 1365 Rn 106).

e) Findet die Gütergemeinschaft ihr Ende, bevor die zur Wirksamkeit des vom **16** verwaltenden Ehegatten vorgenommenen Geschäftes erforderliche Genehmigung erteilt oder verweigert ist, so ändert das an dem bestehenden Schwebezustand nichts, da die Gesamthandsbindung bis zum Abschluss der Auseinandersetzung erhalten bleibt (§§ 1471 Abs 2, 1419). In dieser Zeit fällt die Verwaltung des Gesamtgutes (und damit die Erteilung oder Verweigerung der Genehmigung) beiden Ehegatten zu mit der Maßgabe, dass jeder Ehegatte gegen den anderen einen klagbaren Anspruch auf Mitwirkung zu ordnungsmäßiger Verwaltung hat (§ 1472 Abs 1, Abs 3). Verweigert der andere Ehegatte in dieser Zeit seine Genehmigung zu einem vom Gesamtgutsverwalter getätigten Rechtsgeschäft, zu dessen Vornahme dieser der Einwilligung des anderen Ehegatten bedurfte, so kann der frühere Gesamtgutsverwalter die Genehmigung im Wege der Klage erzwingen, wenn das Rechtsgeschäft ordnungsmäßiger Verwaltung entspricht. Ist die Gütergemeinschaft durch den Tod eines Ehegatten beendet, so tritt an die Stelle des verstorbenen Ehegatten sein Erbe oder, wenn die Gütergemeinschaft fortgesetzt wird, der überlebende Ehegatte allein (§ 1487 Abs 1). Insofern schafft in dieser Zeit die Verweigerung der erforderlichen

Genehmigung noch keinen endgültigen Zustand. Eine Ersetzung der fehlenden Genehmigung durch das Vormundschaftsgericht (§ 1426) kommt in dieser Zeit nicht mehr in Betracht.

§ 1428
Verfügungen ohne Zustimmung

Verfügt der Ehegatte, der das Gesamtgut verwaltet, ohne die erforderliche Zustimmung des anderen Ehegatten über ein zum Gesamtgut gehörendes Recht, so kann dieser das Recht gegen Dritte gerichtlich geltend machen; der Ehegatte, der das Gesamtgut verwaltet, braucht hierzu nicht mitzuwirken.

Materialien: Zu § 1449 aF: E I § 1354; II § 1349 rev § 1334; III § 1432; Mot IV 360; Prot IV 259; D 694.

Zu § 1428: E I § 1449; II § 1449; III § 1428; BT-Drucks 2/3409, 27.
Vgl STAUDINGER/BGB-Synopse 1896–2005 § 1428.

Systematische Übersicht

1. Rechtsentwicklung

1 Die Vorschrift ist aus § 1449 aF hervorgegangen. Nach E I zum BGB sollte die Frau lediglich zur selbständigen Geltendmachung des Anspruchs auf Berichtigung des Grundbuchs (§ 894) befugt sein, weil nur hier die Abwendung einer der Frau drohenden Gefahr, bei Veräußerung von beweglichen Sachen dagegen lediglich die Ausgleichung eines bereits eingetretenen Verlustes in Frage stehe (Mot IV 361). Die II. Kommission dehnte die Vorschrift dahin aus, dass die Frau zur selbständigen gerichtlichen Geltendmachung aller zum Gesamtgut gehörenden Rechte befugt sei, über die der Mann ohne die nach §§ 1444–1446 aF erforderliche Zustimmung der Frau verfügt habe (Prot IV 295; „revokatorische Klage"). Diese Regelung war dem früheren gesetzlichen Güterstand der Nutzverwaltung (§ 1407 Nr 3 aF) nachgebildet. Das GleichberG hat an die Stelle des Mannes den Ehegatten gesetzt, der das Gesamtgut verwaltet, an die Stelle der Frau den anderen Ehegatten. Im Übrigen hat es die Bestimmung sprachlich verbessert. Entsprechende Vorschriften treffen für den Güterstand der Zugewinngemeinschaft die §§ 1368, 1369 Abs 3. Auf die Erl zu § 1368 wird verwiesen. Zu den sachlichen Unterschieden zwischen § 1428 und § 1368 s BOEHMER FamRZ 1959, 82.

2. Grundgedanke

§ 1428 enthält (wie die §§ 1429, 1431, 1433) eine Ausnahme von dem Grundsatz, dass **2** der andere Ehegatte in der Gütergemeinschaft zur Führung von Aktivprozessen, die sich auf das Gesamtgut beziehen, ohne Einwilligung des verwaltungsberechtigten Ehegatten nicht befugt ist. Die Unwirksamkeit der nach §§ 1423–1425 unbefugt vorgenommenen Rechtsgeschäfte muss jedoch der andere Ehegatte selbständig geltend machen können, da der verwaltende Ehegatte schwerlich geneigt sein wird, ein von ihm selbst getätigtes Geschäft wieder rückgängig zu machen. Der verwaltende Ehegatte hat gemäß § 1422 daneben ein eigenes Recht zur Prozessführung, das sich aus der Zugehörigkeit des Rückforderungsanspruchs zum Gesamtgut ergibt. Klagen beide Ehegatten gemeinschaftlich, so führen sie den Rechtsstreit als einfache Streitgenossen, §§ 59, 61 ZPO (s auch § 1368 Rn 42).

3. Voraussetzung der Prozessstandschaft

Die **Prozessführungsbefugnis** des anderen Ehegatten **setzt voraus**, dass der Ehegatte, **3** der das Gesamtgut verwaltet, ohne die erforderliche Zustimmung des anderen Ehegatten über ein zum Gesamtgut gehörendes Recht **verfügt hat**. Ein bloßes Verpflichtungsgeschäft genügt nicht; dessen Unwirksamkeit lässt sich, falls ausnahmsweise ein Rechtsschutzinteresse besteht, mit der Feststellungsklage (§ 256 ZPO) geltend machen. Unter § 1428 fallen Rechte aller Art, also dingliche und Forderungsrechte, Anfechtungs- und Widerspruchsrechte, die sich aus der Unwirksamkeit der unbefugten Verfügung des verwaltenden Ehegatten ergeben (vgl dazu § 1368 Rn 21 f). Ist eine Verfügung kraft guten Glaubens des Dritten wirksam (zum gutgläubigen Erwerb s § 1412 Rn 47 ff), entfällt eine Revokation. Die aus der Unwirksamkeit des zugrundeliegenden Verpflichtungsgeschäfts sich ergebenden **Bereicherungsansprüche aus § 812** werden von § 1428 nicht erfasst (aM MünchKomm/Kanzleiter § 1428 Rn 2; Soergel/Gaul § 1428 Rn 7; Bamberger/Roth/Mayer § 1428 Rn 2). Dagegen kann der andere Ehegatte den **Anspruch aus § 816 Abs 1 S 1 gegen den Dritten** geltend machen, der wirksam weiterverfügt hat; unter den Voraussetzungen des § 816 Abs 1 S 2 auch gegen den Empfänger.

4. Gerichtliche Geltendmachung

Der andere Ehegatte kann die zum Gesamtgut gehörenden Rechte in jeder Weise **4** aktiv gerichtlich geltend machen. In Betracht kommen Klage, Widerklage, Antrag im Mahnverfahren, Einrede, Anmeldung in der Insolvenz und Erwirkung eines Arrestes, einer einstweiligen Verfügung oder einer Vormerkung im Grundbuch. Auch eine Klage auf Feststellung des Bestehens des eigenen Rechts oder des Nichtbestehens eines Rechts des Dritten ist zulässig; ebenso die Erwirkung der Eintragung eines Widerspruchs gegen die Richtigkeit des Grundbuchs. Die Zuständigkeit des Familiengerichts folgt aus § 23b Abs 1 S 2 Nr 9 GVG (s BGH FamRZ 1980, 551).

Der Zweck der Vorschrift gebietet ihre Anwendung auch auf die eine gerichtliche **5** Geltendmachung vorbereitenden **außergerichtlichen Maßnahmen**. Der andere Ehegatte kann daher die Rückgewähr verlangen und auch mit verzugsbegründender Wirkung mahnen (vgl auch § 1368 Rn 24 mwNw).

5. Klagantrag

6 Auf Grund des § 1428 ist der andere Ehegatte (anders als in den Fällen des § 1429) nur zur **Klage im eigenen Namen** berechtigt. Handelt es sich um die Rückgabe einer beweglichen Sache, so kann er **nicht** ohne weiteres auf **Herausgabe an sich selbst** klagen. War der Verwalter im Alleinbesitz, so ist auf Herausgabe an ihn zu klagen. Zulässig und zweckmäßig ist es, subsidiär für den Fall, dass der Verwalter die Sache nicht wieder übernehmen kann oder will, zugleich auf Herausgabe an sich selbst zu klagen (s hierzu auch § 1368 Rn 29 ff, 33 mwNw; str). Bei einer Grundbuchberichtigungsklage muss der Antrag auf Eintragung des Rechtes für „beide Ehegatten in Gütergemeinschaft" gerichtet werden.

6. Die Grenze der Prozessführungsbefugnis

7 Die dem anderen Ehegatten verliehene Prozessführungsbefugnis umfasst nicht das Recht, über den Klagegegenstand (etwa durch Vergleich, Verzicht oder Anerkenntnis) zu verfügen.

7. Einwendungen des Dritten

8 Der Dritte kann nach hL keine Einwendungen gegen den Revokationsanspruch herleiten aus etwa gegebenen Ansprüchen gegen den verwaltenden Ehegatten aus Delikt oder cic. Insbesondere soll ihm kein **Zurückbehaltungsrecht** zustehen. Dem ist für die Fälle des § 1423 zuzustimmen (s auch § 1368 Rn 51), nicht aber für die Fälle der §§ 1424, 1425 (s auch § 1427 Rn 10). Zur **Aufrechnung** vgl § 1427 Rn 11; § 1368 Rn 52.

8. Wirkung des Urteils

9 Das von dem anderen Ehegatten erstrittene Urteil wirkt **nicht Rechtskraft** für und gegen den Gesamtgutsverwalter (hM, vgl § 1368 Rn 36 ff mwNw; aM MünchKomm/KANZLEITER § 1428 Rn 6). Dieser kann die Unwirksamkeit der Verfügung jederzeit selbst geltend machen. Erstreitet er ein Urteil gegen den Dritten, so wirkt es nicht Rechtskraft gegenüber dem anderen Ehegatten. Diesem fehlt es auch für eine eigene Klage nicht am **Rechtsschutzbedürfnis**, wenn der Gesamtgutsverwalter bereits ein obsiegendes Urteil erstritten hat (anders MünchKomm/KANZLEITER § 1428 Rn 6).

9. Kosten

10 Für die Kosten eines von dem anderen Ehegatten gemäß § 1428 geführten Rechtsstreits haftet das Gesamtgut gemäß § 1438 Abs 2. Will der Gläubiger diese Haftung geltend machen, so muss er, um einen Vollstreckungstitel gegen das Gesamtgut zu erhalten (§ 740 Abs 1 ZPO), den verwaltungsberechtigten Ehegatten verklagen. Über die Frage, wem im Verhältnis der Ehegatten zueinander die Kosten eines solchen Rechtsstreits zu Lasten fallen, s § 1443 Abs 2 S 2. Im Sinne dieser Vorschrift jedenfalls ist das Urteil dem Gesamtgut gegenüber wirksam.

10. Die Wirkung der Beendigung der Gütergemeinschaft

11 Bei Beendigung der Gütergemeinschaft erlischt das Prozessführungsrecht des an-

deren Ehegatten. S aber auch § 1472 Abs 2. Bis zur Auseinandersetzung klagen beide Ehegatten gemeinschaftlich, § 1472 Abs 1. Jeder Ehegatte ist dem anderen verpflichtet, bei Maßnahmen mitzuwirken, die zur ordnungsmäßigen Verwaltung des Gesamtguts erforderlich sind, § 1472 Abs 3.

11. Abweichende Vereinbarung

Eine Vereinbarung der Ehegatten, durch welche das dem anderen Ehegatten durch **12** § 1428 eingeräumte Recht ausgeschlossen oder beschränkt wird, ist grundsätzlich zulässig (vgl auch § 1368 Rn 54 mwNw; MünchKomm/KANZLEITER § 1428 Rn 7; **aM** – zwingendes Recht – PALANDT/BRUDERMÜLLER § 1428 Rn 1; BAMBERGER/ROTH/MAYER § 1428 Rn 1; SOERGEL/ GAUL § 1428 Rn 2; – regelmäßig sittenwidrig, § 138 – BGB-RGRK/FINKE § 1428 Rn 9).

§ 1429
Notverwaltungsrecht

Ist der Ehegatte, der das Gesamtgut verwaltet, durch Krankheit oder durch Abwesenheit verhindert, ein Rechtsgeschäft vorzunehmen, das sich auf das Gesamtgut bezieht, so kann der andere Ehegatte das Rechtsgeschäft vornehmen, wenn mit dem Aufschub Gefahr verbunden ist; er kann hierbei im eigenen Namen oder im Namen des verwaltenden Ehegatten handeln. Das Gleiche gilt für die Führung eines Rechtsstreits, der sich auf das Gesamtgut bezieht.

Materialien: Zu § 1450 aF: E I § 1358; II § 1353 rev § 1435; III § 1433; Mot IV 363; Prot IV 259 ff; VI 280; D 694. Zu § 1429: E I § 1450; II § 1450; III § 1429; BT-Drucks 1/3802, 65; BT-Drucks 2/3409, 27. S ST/BGB § 1429. Vgl STAUDINGER/BGB-Synopse 1896–2005 § 1429.

Systematische Übersicht

1. Zweck der Vorschrift

Der andere Ehegatte ist grundsätzlich von der Verwaltung des Gesamtguts ausge- **1** schlossen. Das gilt regelmäßig auch dann, wenn der verwaltende Ehegatte verhindert ist, die sich aus der Gesamtgutsverwaltung ergebenden Rechte und Pflichten wahrzunehmen. An dessen Stelle tritt vielmehr sein Vormund oder Betreuer, § 1436. Ist ein Vormund (oder Betreuer) nicht bestellt oder seinerseits verhindert, sorgt § 1429 für Abhilfe: der andere Ehegatte ist, jedenfalls bei Gefahr im Verzug, zur Verwaltung berechtigt **(Notverwaltungsrecht)**, § 1429 entspricht sachlich § 1450 aF.

2. Voraussetzungen des Notverwaltungsrechts

2 a) Der verwaltungsberechtigte Ehegatte muss **durch Krankheit oder Abwesenheit verhindert** sein, ein sich auf das Gesamtgut beziehendes Rechtsgeschäft vorzunehmen oder einen sich auf das Gesamtgut beziehenden Rechtsstreit zu führen. Zur Verhinderung durch Krankheit oder Abwesenheit s § 1365 Rn 84 f; § 1426 Rn 17. Eine vorübergehende Verhinderung genügt (RGZ 103, 126, 127 zu § 1401 aF). Eine bloße Erschwerung der Tätigkeit des Verwalters ist keine Verhinderung (Bay-ObLGZ 3, 819, 821 f). Steht der Verwalter unter Vormundschaft oder Betreuung, so findet nicht § 1429, sondern § 1436 Anwendung. Dagegen ist § 1429 *entsprechend* anwendbar, wenn der Betreuer oder Vormund des Gesamtgutsverwalters verhindert ist (so auch MünchKomm/Kanzleiter § 1429 Rn 2; BGB-RGRK/Finke § 1429 Rn 6; Bamberger/Roth/ Mayer § 1429 Rn 1; Soergel/Gaul § 1429 Rn 4). Kein Notverwaltungsrecht besteht, wenn der Gesamtgutsverwalter nicht verhindert ist, sondern eine Verwaltungsmaßnahme nicht vornehmen will (RGZ 103, 126).

3 b) **Mit dem Aufschub muss Gefahr verbunden sein.** S dazu § 1365 Rn 85; § 1426 Rn 18.

4 c) **Maßgebender Zeitpunkt für** das Vorliegen der Voraussetzungen des § 1429 ist der Zeitpunkt der Vornahme des Rechtsgeschäfts oder der Rechtshängigkeit des Rechtsstreits. Nachträglicher Wegfall der Voraussetzungen des § 1429 ist auf die Wirksamkeit der in Frage stehenden Rechtsakte ohne Einfluss (RGZ 103, 126, 127; RG Recht 1925 Nr 941). Der **Nachweis** des Notverwaltungsrechts ist im Grundbuchverkehr gemäß § 29 GBO zu führen.

5 d) **Beweispflichtig** für das Vorliegen der Voraussetzungen des § 1429 ist, wer die Wirksamkeit des Rechtsgeschäfts oder Urteils gegenüber dem Gesamtgut behauptet.

3. Gegenstände und Inhalt der Notverwaltung

6 a) Als Gegenstände der Notverwaltung nennt das Gesetz nur **Rechtsgeschäfte** und **Rechtsstreitigkeiten.** Der andere Ehegatte ist jedoch auch zu **tatsächlichen Verwaltungshandlungen** berechtigt, wenn und solange die Voraussetzungen des § 1429 vorliegen. **Auf das Gesamtgut beziehen** sich solche Rechtsgeschäfte und Prozesse, die objektiv und subjektiv der Verwaltung des Gesamtguts dienlich sind und die auch Wirkungen für oder gegen das Gesamtgut entfalten.

7 b) Das Notverwaltungsrecht des anderen Ehegatten bezieht sich stets nur auf einzelne Rechtsgeschäfte und Rechtsstreitigkeiten. Das ergibt sich schon aus der Voraussetzung, dass Gefahr im Verzuge sein muss. Der andere Ehegatte ist daher bei Verhinderung des Verwalters **nicht generell zur Verwaltung befugt.** Deshalb ist er auch **nicht** ohne weiteres **empfangszuständig für** Willenserklärungen Dritter. Dritte müssen, wenn dem Verwalter eine Willenserklärung nicht zugehen kann, nach § 132 verfahren. Soweit der andere Ehegatte sich aber einer Angelegenheit angenommen hat mit dem Ziel, möglicherweise ein Rechtsgeschäft abzuschließen oder einen Prozess zu führen, ist er für damit zusammenhängende Willenserklärungen und Zustellungen auch empfangsberechtigt.

c)   Ein **Rechtsgeschäft** kann der notverwaltungsberechtigte Ehegatte nach seiner **8** Wahl **im eigenen Namen oder im Namen des Verwalters vornehmen.** Das gilt auch für Rechtsgeschäfte, die der Gesamtgutsverwalter gemäß §§ 1423–1425 nicht allein vornehmen könnte (hM). Bei *Verfügungen* über Gesamtgut ergeben sich daraus keine Unterschiede; sie sind wirksam kraft der gesetzlichen Vertretungsmacht oder Ermächtigung. Das im Namen des Gesamtgutsverwalters vorgenommene *Verpflichtungsgeschäft* begründet dessen persönliche Verbindlichkeit (§ 164 Abs 1), daneben gemäß § 1437 Abs 1 eine Gesamtgutsverbindlichkeit. Der andere Ehegatte wird nicht persönlich verpflichtet. Handelt der Notverwalter im eigenen Namen, verpflichtet er sich zunächst selbst, begründet aber zugleich eine Gesamtgutsverbindlichkeit (§§ 1438 Abs 1, 1437 Abs 1) sowie die persönliche Haftung des Gesamtgutsverwalters (§ 1437 Abs 2 S 1).

d)   Der andere Ehegatte kann unter den Voraussetzungen des § 1429 **Rechtsstrei-** **9** **tigkeiten,** die sich auf das Gesamtgut beziehen, selbständig **beginnen** oder **fortsetzen.** Die Fortsetzung erfolgt im Namen des Gesamtgutsverwalters. Die Fortsetzung im eigenen Namen wäre ein Parteiwechsel, der regelmäßig nicht sachdienlich ist. Die Möglichkeit, den Rechtsstreit im Namen des Gesamtgutsverwalters zu führen, ist wegen § 740 Abs 1 ZPO von besonderer Bedeutung. Der andere Ehegatte braucht sich weder auf eine gegen den verhinderten Verwalter noch auf eine gegen sich selbst erhobene Klage einzulassen. In beiden Fällen liegt die Entscheidung bei ihm. Hat er sich jedoch auf die Führung oder Fortführung eines Passivprozesses eingelassen, kann er, auch wenn er nur im Namen des Verwalters auftritt, davon nicht wieder abstehen (OLG Stettin OLGE 4, 404).

Die in dem vom anderen Ehegatten geführten oder fortgeführten Rechtsstreit er- **10** gehende **Entscheidung wirkt für und gegen das Gesamtgut.** Anders als in den Fällen des § 1428 findet in Ansehung des Gesamtguts auch eine **Rechtskrafterstreckung** statt (aM Soergel/Gaul § 1429 Rn 8; wie hier MünchKomm/Kanzleiter § 1429 Rn 7; BGB-RGRK/Finke § 1429 Rn 10; Bamberger/Roth/Mayer § 1429 Rn 3). Das gilt auch bei Prozessführung im eigenen Namen (anders Jauernig/Chr Berger § 1429 Rn 3). Die Zwangsvollstreckung aus einem gegen den im eigenen Namen prozessierenden Ehegatten ergangenen Titel ist jedoch wegen § 740 Abs 1 ZPO nicht in das Gesamtgut möglich.

Endet die Verhinderung des Gesamtgutsverwalters während des von dem anderen **11** Ehegatten geführten Rechtsstreits, kann der Verwalter das Verfahren jederzeit selbst weiterführen, wenn es in seinem Namen geführt wurde. Der andere Ehegatte scheidet dann aus dem Verfahren aus. Einen im Namen des anderen Ehegatten geführten Rechtsstreit kann dieser entsprechend § 1433 fortführen (Erman/Heckelmann § 1429 Rn 1; MünchKomm/Kanzleiter § 1429 Rn 7); der Gesamtgutsverwalter kann ihm als Nebenintervenient beitreten. Der Verwalter kann den Prozess aber auch an Stelle des anderen Ehegatten fortführen, wenn dieser damit einverstanden ist. Die darin liegende Klagänderung ist regelmäßig als sachdienlich zuzulassen.

Für die **Kosten eines Rechtsstreits,** den der andere Ehegatte auf Grund des § 1429 **12** geführt hat, haftet das Gesamtgut, § 1438 Abs 2. Um in das Gesamtgut vollstrecken zu können, muss der Gläubiger, wenn der andere Ehegatte den Prozess im eigenen

Namen geführt hat, ein Urteil gegen den verwaltenden Ehegatten erwirken (§ 740 Abs 1 ZPO; MEIKEL SeuffBl 67, 232).

4. Verpflichtung zur Notverwaltung

13 § 1429 begründet nur ein **Recht, nicht** aber **eine Verpflichtung** des anderen Ehegatten. Hat er aber einen Passivprozess unter Berufung auf § 1429 einmal aufgenommen, so kann er nicht nachträglich vom Rechtsstreit zurücktreten (OLG Stettin OLGE 4, 404). Über die Verantwortlichkeit des anderen Ehegatten s § 1435.

5. Abweichende Vereinbarungen

14 Das Notverwaltungsrecht des anderen Ehegatten ist durch Ehevertrag **abdingbar** (anders die hM, die zumindest Nichtigkeit gemäß § 138 im Regelfall annimmt; iE wie hier Münch-Komm/KANZLEITER § 1429 Rn 8). Für den Ausschluss können gute Gründe sprechen. Den Ehegatten steht es frei, einen zeitweiligen Ausfall der Verwaltung des Gesamt-guts in Kauf zu nehmen, gegen den überdies weithin Vorsorge getroffen werden kann. Ist der erkrankte oder abwesende Gesamtgutsverwalter nicht oder nicht rechtzeitig erreichbar, kann der andere Ehegatte in den von § 1429 vorausgesetzten dringenden Fällen in Geschäftsführung ohne Auftrag Abhilfe schaffen. Im Übrigen kann § 1436 eingreifen. Ferner ist § 1447 Nr 1 u 4 im Hintergrund zu sehen. Die Ehegatten können aber auch anderweitig Vorsorge treffen.

§ 1430
Ersetzung der Zustimmung des Verwalters

Verweigert der Ehegatte, der das Gesamtgut verwaltet, ohne ausreichenden Grund die Zustimmung zu einem Rechtsgeschäft, das der andere Ehegatte zur ordnungs-mäßigen Besorgung seiner persönlichen Angelegenheiten vornehmen muss, aber ohne diese Zustimmung nicht mit Wirkung für das Gesamtgut vornehmen kann, so kann das Vormundschaftsgericht die Zustimmung auf Antrag ersetzen.

Materialien: Zu § 1451 aF: E I § 1366; II § 1354 rev § 1436; III § 1434; Mot IV 384; Prot IV 269, 326 ff.
Zu § 1430: E I § 1451; II § 1451; III § 1430;

BT-Drucks 1/3802, 65; BT-Drucks 2/3409, 27. Vgl STAUDINGER/BGB-Synopse 1896–2005 § 1430.

Systematische Übersicht

1. Zweck der Vorschrift, Rechtsentwicklung

Der nichtverwaltende Ehegatte hat, von den Ausnahmetatbeständen der §§ 1429, **1**
1431 und 1432 abgesehen, keine Möglichkeiten, Rechtsgeschäfte über oder mit
Wirkung für und gegen das Gesamtgut vorzunehmen. Hat er kein ausreichendes
selbstverwaltetes Vermögen (Vorbehalts- und Sondergut), ist er zur Wahrung seiner
eigenen Interessen auf die Inanspruchnahme des Gesamtguts angewiesen. Ein mittelbarer Zugriff auf das Gesamtgut ist möglich auf Grund von Unterhaltsansprüchen, §§ 1360, 1420. Wenig bedeuten dagegen Rechte aus § 1353 wegen § 888 Abs 3
ZPO. Das Gesetz will dem nicht verwaltenden Ehegatten die Wahrung seiner Interessen in persönlichen Angelegenheiten erleichtern und ihm zugleich deren eigenständige Besorgung ermöglichen.

Nach E I zum BGB § 1366 sollte der Frau ein klagbarer Anspruch auf Gewährung **2**
der zur ordnungsmäßigen Besorgung ihrer persönlichen Angelegenheiten erforderlichen Mittel zustehen (Mot IV 384). Durch die II. Kommission wurde die Entscheidung dem Vormundschaftsgericht übertragen (Prot IV 270). Der § 1451 aF entsprach
genau der für den früheren gesetzlichen Güterstand geltenden Vorschrift des § 1402
aF. Das GleichberG hat die alte Regelung sachlich unverändert übernommen, sie
aber sprachlich verbessert und auf die neue Verwaltungsregelung (§ 1421) abge-
stimmt.

2. Voraussetzungen der Ersetzung

a) Gegenstand der zu ersetzenden Zustimmung kann **nur** ein **Rechtsgeschäft** sein. **3**
Zur **Prozessführung** über persönliche Angelegenheiten ist jeder Ehegatte ohnehin
selbständig berechtigt (BayObLGZ 1964, 362, 368 = FamRZ 1964, 49, 51; MünchKomm/Kanz-
leiter § 1430 Rn 7; Soergel/Gaul § 1430 Rn 5; aM LG Augsburg NJW 1951, 197). Für die
Kosten eines Rechtsstreits haftet stets das Gesamtgut, §§ 1437 Abs 1, 1438 Abs 2.
Zum Anspruch auf einen Kostenvorschuss s § 1360 Abs 4. Der Abschluss des An-
waltsvertrages bedarf aber, um gegenüber dem Gesamtgut wirksam zu sein, der
Zustimmung des Gesamtgutsverwalters; § 1430 ist anwendbar.

b) Das Rechtsgeschäft muss zur Besorgung einer **persönlichen Angelegenheit** des **4**
anderen Ehegatten erforderlich sein. Zum Begriff der persönlichen Angelegenheit
s auch § 1360a Abs 4. Hier wie dort ist die **Abgrenzung** der persönlichen von den
nichtpersönlichen Angelegenheiten schwierig und nicht formelhaft fassbar. Die Bedeutung des Begriffs ist auch nicht für beide Vorschriften völlig gleich, so dass **die zu
§ 1360a Abs 4 entwickelten Lösungen nicht unbesehen bei der Anwendung von § 1430
übernommen** werden können.

Insbesondere kommen für § 1430 **nicht** in Betracht diejenigen (vermögensrecht- **5**
lichen) **Angelegenheiten, die** gemäß § 1422 **vom Gesamtgutsverwalter wahrzunehmen**
sind, selbst wenn sie ihre Wurzel in der Person des anderen Ehegatten oder in der
ehelichen Lebensgemeinschaft haben. Deshalb fallen die der Durchsetzung von
Ansprüchen auf Schadensersatz dienenden Maßnahmen auch dann nicht unter
§ 1430, wenn sie auf einer Verletzung von Körper, Gesundheit oder Persönlichkeitsrecht des anderen Ehegatten beruhen (wie hier Bamberger/Roth/Mayer § 1430 Rn 2;
MünchKomm/Kanzleiter § 1430 Rn 2; **aM** BGB-RGRK/Finke § 1430 Rn 4; Soergel/Gaul

§ 1430 Rn 3). Die Geltendmachung selbst steht allein dem Gesamtgutsverwalter zu (s auch unten Rn 6). § 1430 soll dem anderen Ehegatten keinen unmittelbaren Eingriff in das Verwaltungsrecht ermöglichen, auch wenn die Ansprüche ihre Wurzel in dessen Person und ihrer Verletzung haben. Deshalb ist in diesen wie in anderen **Mischfällen** unerheblich, ob das persönliche oder personenbezogene Element im Einzelfall das Übergewicht hat (anders BGB-RGRK/Finke § 1430 Rn 4; Soergel/Gaul § 1430 Rn 3; OLG Braunschweig FamRZ 1958, 418; LG Darmstadt FamRZ 1958, 331; BayObLGZ 22, 61; KG Recht 1923 Nr 1016; **wie hier** MünchKomm/Kanzleiter § 1430 Rn 2; Bamberger/Roth/Mayer § 1430 Rn 2; s auch Gernhuber/Coester-Waltjen § 21 Rn 77). Zum Abschluss von Arzt-, Krankenhaus- und anderen der Ausheilung von Gesundheitsschäden dienenden Verträgen s unten Rn 8.

6 § 1430 gilt regelmäßig auch **nicht** für Angelegenheiten, die zur **Verwaltung des Sonderguts** und **des Vorbehaltsguts** des „anderen Ehegatten" gehören. Zur Wirkung von Verwaltungsmaßnahmen bzgl des Sonderguts für und gegen das Gesamtgut s §§ 1417 Abs 3 S 2, 1440 S 2. **Ansprüche auf Schadens- oder Unterhaltsrenten**, die zum Sondergut gehören (§§ 1417 Abs 2, 400 mit § 850b Nr 1 und 2 ZPO), sind jedoch funktionell so stark personenbezogen, dass ihre Wahrnehmung zu Lasten des Gesamtguts nach dem Sinn des § 1430 möglich sein muss.

7 Das Gesetz verlangt **nicht**, dass **das Rechtsgeschäft**, zu dem die Zustimmung des Verwalters verlangt wird, **selbst eine persönliche Angelegenheit zum Gegenstand** hat. Es genügt, wenn dieses Rechtsgeschäft erforderlich ist, um eine solche Angelegenheit besorgen zu können. Die Ersetzung der Zustimmung kann daher gerade auch für **vorbereitende Geschäfte** beantragt werden (Arzt- und Krankenhausverträge, Verträge zur Beschaffung der Mittel, die zur Besorgung persönlicher Angelegenheiten erforderlich sind: Kreditverträge, Verfügungen über Gesamtgutsgegenstände ua).

8 **Beispiele** persönlicher Angelegenheiten sind vornehmlich die Vorbereitung und Erledigung von **Ehesachen** (zur Honorarvereinbarung in einer Scheidungssache vgl KG JW 1934, 908), von **Abstammungssachen**, von **Betreuungsangelegenheiten** (vgl KG RJA 12, 11), von **Unterhaltsansprüchen** gegen den Verwalter und gegen Dritte (s dazu oben Rn 6 und BayObLGZ 22, 61; KG Recht 1917 Nr 832, Recht 1923 Nr 1016) und der **Verteidigung** in Ermittlungs- und Strafsachen. Zutreffend auch BayObLG NJW 1965, 348 zur Kündigung eines Mietvertrages zwecks **Beseitigung einer Ehestörung**. Entsprechend gehören hierher alle rechtsgeschäftlichen Maßnahmen zur Verhinderung und Abwehr drohender **Verletzungen von Körper, Gesundheit** und **Persönlichkeitsrecht**, ebenso die konkreten Maßnahmen zur **Wiederherstellung der Gesundheit** (zB Arzt- und Krankenhausverträge, Kauf von Medikamenten, Gastaufnahmeverträge zur Durchführung von Kuren; s dazu etwa OLG Oldenburg Recht 1908 Nr 3035; LG II Berlin ZBlFG 1, 979).

9 **Nicht** als **persönliche Angelegenheiten** iS des § 1430 anzusehen sind etwa **Güterstandssachen** (Aufhebung des Güterstandes, BayObLGZ 22, 61; Bamberger/Roth/Mayer § 1430 Rn 2; Erman/Heckelmann § 1430 Rn 1) die **Auseinandersetzung** einer **Gesellschaft** mit Dritten (BGHZ 41, 104), **erbrechtliche Fragen** (sehr str zu § 1360a, s dort), die Aufhebung von **Zwangsvollstreckungsmaßnahmen** (BayObLGZ 22, 61).

10 **c)** Das **Rechtsgeschäft**, zu dem die **Zustimmung** ersetzt werden soll, muss zur

ordnungsgemäßen Besorgung der persönlichen Angelegenheit **erforderlich sein** („vornehmen *muss*"). Vorausgesetzt ist damit, dass das Ziel nicht ohne die Wirksamkeit des Rechtsgeschäfts gegenüber dem Gesamtgut ebensogut erreicht werden kann. Es genügt nicht, dass sich das Rechtsgeschäft als **zweckmäßig** und vorteilhaft darstellt (hM, vgl BayObLG FamRZ 2001, 1214 zu § 1452; KG Recht 1923 Nr 1016). Andere gleichwertige oder jedenfalls nicht deutlich weniger wirksame und erfolgversprechende Maßnahmen, die keine Wirkung gegenüber dem Gesamtgut verlangen, sind vorrangig anzuwenden. Das gilt vor allem für die Inanspruchnahme des Sonder- oder Vorbehaltsguts. Der Umstand, dass letzten Endes doch das Gesamtgut belastet ist (zB gemäß §§ 1360, 1420; s auch §§ 1360a Abs 3, 1613 Abs 2) steht dem nicht entgegen (vgl BayObLGZ 22, 61). § 1430 dient nicht dazu, Fragen des Unterhalts und des Innenausgleichs unter den Ehegatten mitzuerledigen. Deshalb wird die Erforderlichkeit iS des § 1430 auch nicht dadurch ausgeschlossen, dass ein Anspruch auf einen *Kostenvorschuss* gemäß § 1360a Abs 4 besteht, ebenso wenig durch die Möglichkeit, einen Unterhalts-, insbesondere einen Kostenvorschussanspruch durch einstweilige *Verfügung* zu realisieren (BayObLGZ 22, 61; zweifelnd BayObLG NJW 1965, 348). Ist der Gesamtgutsverwalter jedoch imstande und bereit, die zur Besorgung der persönlichen Angelegenheit erforderlichen Kosten vorzuschießen, ist die Vornahme von Gesamtgutsgeschäften zur Beschaffung der Mittel nicht notwendig. Zur Erforderlichkeit der *Kündigung* des Mietverhältnisses mit dem Ehestörer trotz möglicher Ehestörungsklage s BayObLG NJW 1965, 348.

d) Die **ordnungsgemäße Besorgung** der persönlichen Angelegenheit **meint** nur das **11** **Wie** ihrer Erledigung. Die Vornahme des fraglichen Rechtsgeschäfts muss eine objektiv geeignete und angemessene Maßnahme sein. Anders als für die ordnungsgemäße Verwaltung (§§ 1365 Abs 2, 1426, 1435) sind hier nicht in erster Linie Erwägungen vernünftiger und sachgerechter Wirtschaftsführung maßgebend. Sie sind aber zu beachten, soweit es um die Auswahl unter mehreren in Frage kommenden Maßnahmen geht. Die Entscheidung darüber, **ob** und mit welchem Ziel eine persönliche Angelegenheit besorgt werden soll, trifft der andere Ehegatte grundsätzlich frei. Das wird besonders deutlich bei den Entschlüssen zur Durchführung einer Ehesache iS des § 606 Abs 1 ZPO oder einer Kindschaftssache iS des § 640 Abs 2 ZPO. Wie jedoch das Erfordernis der grundlosen Verweigerung der Zustimmung (s Rn 12) zeigt, muss auch diese Entscheidung ein Mindestmaß sachlicher Rechtfertigung aufweisen. Offenbar aussichtslose oder mutwillige Vorhaben verdienen nicht den Schutz des Gesetzes.

e) **Die Zustimmung** des **Gesamtgutsverwalters** muss **ohne ausreichenden Grund 12 verweigert** worden sein. Zur *Verweigerung* der Zustimmung vgl § 1365 Rn 79 ff. Ob ein *ausreichender Grund* für die Verweigerung vorliegt, ist nach den Umständen des Falles objektiv zu entscheiden. In Betracht kommen sowohl ideelle und persönliche als auch wirtschaftliche Gründe (aM MünchKomm/Kanzleiter § 1430 Rn 5 – nur persönliche Nachteile –; wie hier Bamberger/Roth/Mayer § 1430 Rn 4; BGB-RGRK/Finke § 1430 Rn 7). So kann eine unangemessene Relation zwischen der geringen Bedeutung der Angelegenheit und der Höhe der dafür einzusetzenden Mittel unter Berücksichtigung der Leistungsfähigkeit des Gesamtguts einen zureichenden **Verweigerungsgrund** abgeben. Als persönliche Gegengründe können gegen die Veräußerung von Gesamtgutsgegenständen besondere Affektionsinteressen des Verwalters vorgebracht werden, wenn andere Gegenstände zur Verfügung stehen. Wirtschaftliche Verweigerungsgründe können insbesondere Einwendungen gegen die Art des Rechtsgeschäfts oder gegen dessen Bedingungen sein.

3. Der Ersetzungsantrag

13 Der Antrag auf Ersetzung der Zustimmung kann vor oder nach der Vornahme des Rechtsgeschäfts gestellt werden. Zu den Einzelheiten vgl § 1365 Rn 86 ff.

4. Das Ersetzungsverfahren

14 Zuständig ist auch nach der Neuregelung des Verfahrens in Familiensachen das **Vormundschaftsgericht** (BGH FamRZ 1982, 785). Das Gericht kann nur die Zustimmung zu einem bestimmten, im Antrag hinreichend genau spezifizierten Rechtsgeschäft ersetzen. Wegen weiterer Einzelheiten des Verfahrens vgl § 1365 Rn 88 ff.

5. Die Wirkung der Ersetzung

15 Der rechtskräftig gewordene Ersetzungsbeschluss (§ 53 FGG) wirkt wie die Zustimmung des Gesamtgutsverwalters. Der andere Ehegatte kann jetzt das Rechtsgeschäft **im eigenen Namen** mit Wirkung für das Gesamtgut vornehmen. Verfügungen sind wirksam gemäß §§ 185 Abs 1 (vgl § 1422 Rn 8, 37), Verpflichtungsgeschäfte gemäß § 1438 Abs 1. War das Rechtsgeschäft bereits abgeschlossen, so endet mit der Ersetzung die schwebende Unwirksamkeit einer Verfügung gemäß §§ 185 Abs 2, 184 Abs 1. Das zunächst nur für und gegen den anderen Ehegatten wirkende Verpflichtungsgeschäft wird rückwirkend auch gegen das Gesamtgut wirksam, §§ 1438 Abs 1, 184 Abs 1; der Gesamtgutsverwalter haftet gemäß § 1437 Abs 2 S 1 auch persönlich.

6. Abweichende Vereinbarungen

16 Die Befugnis, die Ersetzung der Zustimmung durch das Vormundschaftsgericht gemäß § 1430 zu beantragen, ist im Voraus auch durch Ehevertrag **nicht abdingbar** (iE hM).

§ 1431
Selbständiges Erwerbsgeschäft

(1) Hat der Ehegatte, der das Gesamtgut verwaltet, darin eingewilligt, dass der andere Ehegatte selbständig ein Erwerbsgeschäft betreibt, so ist seine Zustimmung zu solchen Rechtsgeschäften und Rechtsstreitigkeiten nicht erforderlich, die der Geschäftsbetrieb mit sich bringt. Einseitige Rechtsgeschäfte, die sich auf das Erwerbsgeschäft beziehen, sind dem Ehegatten gegenüber vorzunehmen, der das Erwerbsgeschäft betreibt.

(2) Weiß der Ehegatte, der das Gesamtgut verwaltet, dass der andere Ehegatte ein Erwerbsgeschäft betreibt, und hat er hiergegen keinen Einspruch eingelegt, so steht dies einer Einwilligung gleich.

(3) Dritten gegenüber ist ein Einspruch und der Widerruf der Einwilligung nur nach Maßgabe des § 1412 wirksam.

Materialien: Zu § 1452 aF: E I § 1356; II § 1351 rev § 1437; III § 1435; Mot IV 362; Prot IV 259; D 694.
Zu § 1405 aF: E I § 1307; II § 1304 rev § 1390; III § 1388; Mot IV 240 ff; Prot IV 134, 146, 160, 181, 204; D 691.

Zu § 1431: E I § 1452; II § 1452; III § 1431; BT-Drucks 1/3802, 65; BT-Drucks 2/224, 52; BT-Drucks 2/3409, 27.
Vgl STAUDINGER/BGB-Synopse 1896–2005 § 1431.

Schrifttum

Zum ausschließlich älteren Schrifttum s auch STAUDINGER/THIELE (2000).

Systematische Übersicht

1. Rechtsentwicklung

Dass gewerbetreibenden Ehefrauen, insbesondere Handelsfrauen, im Interesse ihres **1** Kredits und der Verkehrssicherheit ein größeres Maß rechtlicher Bewegungsfreiheit als anderen Ehefrauen zukommen müsse, war schon in einzelnen früheren Rechten anerkannt (vgl zB PrALR Teil II Titel 1 §§ 335 ff). Das ADHGB von 1861 (Art 6 ff) und die GewO (§ 11 Abs 2) beschränkten sich in dieser Hinsicht selbstverständlich auf die durch sie geordneten Materien, also Handel und Gewerbe. Das BGB sah dagegen keinen Anlass zu einer Beschränkung auf bestimmte Erwerbszweige und verallgemeinerte diesen Grundsatz für alle Arten selbständiger Erwerbsgeschäfte der Frau (§§ 1405 aF, 1452 aF; Mot IV 240 f; 362; D 194 ff). § 1431 formuliert den Inhalt der §§ 1405, 1452 aF neu und passt ihn den geänderten Grundlagen der Gesamtgutsverwaltung (§ 1421) an.

2. Grundgedanke

§ 1431 enthält nach § 1429, 1430 eine weitere Ausnahme von dem Grundsatz, dass **2** der nicht verwaltende Ehegatte von der selbständigen Verwaltung des Gesamtguts ausgeschlossen ist. Unter der Formulierung des Gesetzes: „… ist seine Zustimmung … nicht erforderlich" verbirgt sich die Anordnung, dass die Rechtsgeschäfte und Rechtsstreitigkeiten, die der Geschäftsbetrieb mit sich bringt, mit Wirkung

gegenüber dem Gesamtgut vorgenommen und geführt werden (näher dazu unten
Rn 22 ff). Damit erhält der nicht verwaltende Ehegatte auch praktisch die Möglichkeit (s auch unten Rn 32), selbständig ein Erwerbsgeschäft zu betreiben, sei es mit
seinem Vorbehalts- oder Sondergut oder auch mit Teilen des Gesamtguts.

3. Selbständiger Betrieb eines Erwerbsgeschäfts

3 a) **Erwerbsgeschäft** ist jede planmäßige und fortgesetzte, auf Dauer angelegte, auf
Gewinn gerichtete selbständige Tätigkeit. Sie braucht *kein Gewerbe* und nicht wirtschaftlicher Art zu sein, kann vielmehr auch auf künstlerischem oder wissenschaft-
lichem Gebiet liegen. Deswegen können Tätigkeiten, die *freiberuflich* ausgeübt
werden (Ärzte, Rechtsanwälte, Steuerberater, Wirtschaftsprüfer, Architekten usw)
unter § 1431 fallen (hM, RGZ 144, 2; BGHZ 83, 78 f = NJW 1982, 1810; OLG Karlsruhe OLGZ
1976, 333; GERNHUBER/COESTER-WALTJEN § 38 Rn 67; MünchKomm/KANZLEITER § 1431 Rn 3;
BGB-RGRK/FINKE § 1431 Rn 2; PALANDT/BRUDERMÜLLER § 1431 Rn 2; SOERGEL/GAUL § 1431
Rn 3) auch Landwirtschaft (BayObLG FamRZ 1983, 1130). Nicht erforderlich ist, dass
die Betätigung dem Geschäftszweck dienende sachliche Mittel voraussetzt (so aber
MünchKomm/KANZLEITER § 1431 Rn 3; wie hier BAMBERGER/ROTH/MAYER § 1431 Rn 2). Das
Geschäft kann insbesondere auch in der ehelichen Wohnung betrieben werden.

4 Das Erwerbsgeschäft **braucht nicht erlaubt zu sein**. Fehlt eine öffentlich-rechtliche
Erlaubnis oder Genehmigung für den **Geschäftsbetrieb**, ist die Einwilligung des
Gesamtgutsverwalters gleichwohl rechtswirksam und sind grundsätzlich auch die
einzelnen Rechtsgeschäfte wirksam. Ist der Geschäftsbetrieb auf verbotene, insbesondere strafbare Handlungen gerichtet, ist auch die Einwilligung des Verwalters
nach § 134 oder § 138 nichtig. Das Problem der Anwendbarkeit des § 1431 stellt sich
nicht. Ist die Einwilligung wirksam erteilt, kann ein rechts- oder sittenwidriges einzelnes Rechtsgeschäft auch nicht für und gegen das Gesamtgut wirken.

5 b) Das Erwerbsgeschäft wird **selbständig betrieben**, wenn der nicht verwaltende
Ehegatte als **Unternehmer** in Erscheinung tritt. Die Stellung als Arbeitnehmer
schließt die Selbständigkeit auch dann aus, wenn sie die eines leitenden Angestellten
mit weitgehenden Entscheidungsbefugnissen ist. Auch eine gewisse selbständige
Stellung bei der Mitarbeit im Beruf oder Geschäft des verwaltenden Ehegatten
reicht regelmäßig nicht aus. Überlässt dieser dem anderen Ehegatten aber die
Führung einer organisatorisch abgegrenzten Abteilung oder Filiale, kann die geforderte Selbständigkeit vorliegen (RG WarnR 1923/24 Nr 15). Selbständig ist auch die
Tätigkeit in Heimarbeit. Wer nur nominell ein Unternehmen betreibt, es aber nicht
führt, ist kein selbständiger Unternehmer (vgl RG JW 1912, 32; RG WarnR 1935 Nr 148).

6 Die Selbständigkeit beurteilt sich nicht entscheidend danach, ob der das Geschäft
betreibende Ehegatte das Geschäftsrisiko trägt oder den Nutzen zieht (so aber BGB-
RGRK/FINKE § 1431 Rn 3; SOERGEL/GAUL § 1431 Rn 3). Jedenfalls im *Verhältnis der Ehegatten zueinander* kann darauf nicht abgestellt werden, weil das Geschäftsrisiko in
den Fällen des § 1431 stets vom Gesamtgut mitgetragen wird (s unten Rn 26 f). Wenn
das Erwerbsgeschäft zum Gesamtgut gehört, wird das Risiko von diesem und vom
verwaltenden Ehegatten persönlich getragen; der Nutzen fällt ebenfalls in das Gesamtgut. Im Verhältnis der Ehegatten zueinander kommt es nur darauf an, dass der
das Erwerbsgeschäft führende Ehegatte nicht den Weisungen des Gesamtgutsver-

walters unterworfen ist. Das ist der Fall, wenn es zum Vorbehalts- oder Sondergut des anderen Ehegatten gehört. Gehört es zum Gesamtgut, setzt die Selbständigkeit der Geschäftsführung voraus, dass der Gesamtgutsverwalter insoweit auf sein Verwaltungsrecht und damit auf Weisungsbefugnisse „verzichtet". Er darf auch im Falle des § 1431 Abs 2 nicht in die Geschäftsführung eingreifen.

Gesellschafter einer Personengesellschaft sind selbst Unternehmer. Sie sind als *per-* **7** *sönlich haftende* Gesellschafter auch selbständig iS des § 1431 (vgl RGZ 87, 100, 102; 127, 110, 114; OLG Dresden OLGE 4, 342). Das gilt auch dann, wenn der Gesellschafter von der Vertretung ausgeschlossen ist (RGZ 127, 110, 114). Ist der andere Ehegatte nur *stiller Gesellschafter* oder *Kommanditist* oder ist er an einer *Kapitalgesellschaft* beteiligt, fehlt ihm die Stellung eines selbständigen Unternehmers; § 1431 ist nicht anwendbar (MünchKomm/KANZLEITER § 1431 Rn 4; PALANDT/BRUDERMÜLLER § 1431 Rn 2; BGB-RGRK/FINKE § 1431 Rn 3; SOERGEL/GAUL § 1431 Rn 3; zur KG s OLG Dresden OLGE 4, 342; anders ENNECCERUS/KIPP/WOLFF § 46; THIELE AcP 101, 322 f; zur GmbH s KG JW 1934, 907).

4. Einwilligung des Gesamtgutsverwalters

a) Die Einwilligung des Verwalters muss sich auf den selbständigen Betrieb eines **8** Erwerbsgeschäfts beziehen. Sie braucht aber weder subjektiv noch objektiv auf den Eintritt der in § 1431 bestimmten Rechtsfolgen gerichtet zu sein (vgl Mot IV 241). Diese Rechtswirkungen sind nicht rechtsgeschäftlich begründet, sondern treten kraft Gesetzes ein. Gleichwohl ist die Einwilligung rechtsgeschäftliche Willenserklärung, wenn sie zum Betrieb eines Erwerbsgeschäfts gegeben wird, das zum Gesamtgut gehört. In diesem Falle umfasst sie wegen des Erfordernisses der Selbständigkeit notwendig den „Verzicht" des Verwalters auf eigene Entscheidungsbefugnisse. Im Übrigen ist die Einwilligung jedenfalls eine geschäftsähnliche Handlung. Die §§ 104 ff gelten entsprechend. Dagegen sind die **§§ 182 ff nicht entsprechend** anwendbar.

b) Die **Einwilligung ist formlos dem anderen Ehegatten gegenüber zu erklären**. Die **9** Erklärung gegenüber einem Dritten kann die in § 1431 bestimmte Gesamtwirkung nicht entfalten. Sie kann aber im Einzelfall als Zustimmung des Gesamtgutsverwalters zu einem konkreten Rechtsgeschäft zu deuten sein. Ist sie als Kundgabe der dem anderen Ehegatten gegenüber erteilten Einwilligung zu verstehen, sind zugunsten des gutgläubigen Dritten Rechtsscheingrundsätze entsprechend § 171 anwendbar.

Die Einwilligung kann dem anderen Ehegatten **ausdrücklich oder konkludent** erklärt **10** werden. Eine schlüssige Einwilligung ist insbesondere anzunehmen, wenn die Ehegatten das Erwerbsgeschäft gemeinsam (als BGB-Gesellschaft oder oHG) betreiben (vgl RG Recht 1918 Nr 530) oder wenn der Gesamtgutsverwalter beim Erwerb oder bei der Gründung des Erwerbsgeschäfts durch den anderen Ehegatten mitwirkt.

c) **Weiß der Gesamtgutsverwalter**, dass der andere Ehegatte ein Erwerbsgeschäft **11** betreibt, **und erhebt er dagegen keinen Einspruch**, so **steht das** nach **Abs 2 einer Einwilligung gleich**. Zum Einspruch s unten Rn 18. Vorausgesetzt ist positives Wissen des Verwalters; sein Wissenmüssen genügt nicht. Es besteht auch keine Erkundigungspflicht des Verwalters. Die Rechtswirkungen des § 1431 Abs 1 treten ein, sobald der Gesamtgutsverwalter Kenntnis von dem Betrieb eines Erwerbsgeschäfts erlangt hat und daraufhin schweigt. Maßgebend ist der Zeitpunkt, zu dem ein Einspruch dem anderen Ehegatten nach der Erlangung sicherer Kenntnis hätte zugehen können.

12 d) Die **Einwilligung** des Gesamtgutsverwalters **und** dessen **Schweigen** trotz Kenntnis (s Rn 11) **haben keine Rückwirkung** auf den Zeitpunkt des Beginns des Geschäftsbetriebes, frühestens auf den Beginn der Gütergemeinschaft (**aM** MünchKomm/KANZLEITER § 1431 Rn 6; BGB-RGRK/FINKE § 1431 Rn 6). Dem Verwalter bleibt es unbenommen, einzelne oder alle früheren Rechtsgeschäfte und Rechtsstreitigkeiten zu genehmigen und ihnen dadurch Wirkung gegenüber dem Gesamtgut zu verleihen (s dazu § 1422 Rn 39 ff).

13 e) Der Gesamtgutsverwalter kann seine **Einwilligung nicht inhaltlich** einschränken (hM, vgl Mot IV 242), insbesondere nicht bestimmte Arten von Geschäften oder Geschäfte über Gegenstände mit einem bestimmte Beträge übersteigenden Wert von ihr ausnehmen. Solche Einschränkungen sind nicht im Güterrechtsregister eintragbar. Eine gleichwohl erfolgte Eintragung ist unwirksam. Auch die Kenntnis Dritter von den Beschränkungen ist unerheblich. Der Verwalter kann jedoch näher bestimmen, für welche Art von Erwerbsgeschäft seine Einwilligung gelten soll.

14 f) Die Einwilligung berührt die Rechtsbeziehungen zu einer Vielzahl von Personen. Sie ist deshalb **bedingungsfeindlich.** Die mit einer Bedingung verbundene Unsicherheit würde auch durch eine Eintragung in das Güterrechtsregister oder die Kenntnis des Dritten nicht beseitigt, da die Ungewissheit über den Eintritt der Bedingung bliebe. Deshalb ist eine bedingte Einwilligung auch dann nicht wirksam, wenn sie in das Güterrechtsregister eingetragen ist (wie hier ERMAN/HECKELMANN § 1431 Rn 2; BAMBERGER/ROTH/MAYER § 1431 Rn 3; **aM** MünchKomm/KANZLEITER § 1431 Rn 6). Sie ist nicht lediglich im Verhältnis zu Dritten unwirksam, sondern auch im Innenverhältnis (anders BGB-RGRK/FINKE § 1431 Rn 5 u 15; SOERGEL/GAUL § 1431 Rn 4).

15 g) Eine **Befristung** der Einwilligung ist dagegen auch mit Drittwirkung als wirksam anzuerkennen. Entsprechend Absatz 3 kann das Erlöschen der Einwilligung mit dem Ablauf der Frist Dritten nur entgegengesetzt werden, wenn die Befristung im Güterrechtsregister eingetragen oder dem Dritten bekannt war (iE ebenso BAMBERGER/ROTH/MAYER § 1431 Rn 3; BGB-RGRK/FINKE § 1431 Rn 15; insoweit auch MünchKomm/KANZLEITER § 1431 Rn 6; **aA** SOERGEL/GAUL Rn 4; ERMAN/HECKELMANN § 1431 Rn 2).

16 h) Die **Ersetzung der Einwilligung** durch das **Vormundschaftsgericht** ist im Gesetz nicht vorgesehen. § 1430 ist nach seinen Voraussetzungen (erforderlich zur Besorgung seiner persönlichen Angelegenheiten) und nach seinem Ziel (Ersetzung der Zustimmung nur für ein einzelnes Rechtsgeschäft, vgl dazu BayObLG OLGE 43, 356) nicht anwendbar. Aus diesem Grunde ist auch § 1429 nicht anzuwenden. Der nicht verwaltungsberechtigte Ehegatte hat keinen speziell güterrechtlichen **Rechtsanspruch** auf Erteilung der Einwilligung. Im Einzelfall kann ein Anspruch aus § 1353 begründet sein (s auch MünchKomm/KANZLEITER § 1431 Rn 7), der, jedoch, da rein vermögensrechtlicher Natur, nicht im *Eheverfahren* geltend gemacht werden muss und für den auch § 888 Abs 3 ZPO nicht gilt (str; zum Verfahren und zur Vollstreckbarkeit von vermögensrechtlichen Ansprüchen aus § 1353 vgl BGH NJW 1977, 378 = FamRZ 1977, 38;

GERNHUBER/COESTER-WALTJEN § 23 Rn 2; GERNHUBER FamRZ 1959, 473; TIEDTKE FamRZ 1977, 686, 689 f; 1978, 385 f).

i) Steht der Gesamtgutsverwalter unter **Vormundschaft oder fällt die Verwaltung** **17** **in den Aufgabenkreis eines Betreuers** bei bestehendem Einwilligungsvorbehalt (§ 1903 Abs 1), so ist die Einwilligung von seinem gesetzlichen Vertreter zu erteilen. Ist der **andere Ehegatte** zum Vormund oder Betreuer bestellt, kann er sich selbst die Einwilligung erteilen, § 181 gilt nicht (vgl auch § 1436 S 2).

5. Einspruch und Widerruf der Einwilligung

a) Durch den **Einspruch** gegen den tatsächlichen Betrieb eines Erwerbsgeschäfts **18** durch den anderen Ehegatten kann der Gesamtgutsverwalter **den Eintritt** der in § 1431 Abs 1 beschriebenen **Rechtswirkungen verhindern**. Sind die Wirkungen gemäß Absatz 2 einmal eingetreten, kann sie der Verwalter durch den Einspruch **für die Zukunft beenden**. Ebenfalls nur für die Zukunft wirkt der **Widerruf** einer früher erteilten Einwilligung.

b) Einspruch und Widerruf sind **dem nicht verwaltenden Ehegatten gegenüber zu** **19** **erklären**. Sie bedürfen keiner Form. Wie die Einwilligung (s oben Rn 13) können auch sie nicht inhaltlich beschränkt werden.

c) Ausdrücklich verlangt das Gesetz für den Einspruch und den Widerruf keinen **20** **Grund**. Es gelten aber jedenfalls die allgemeinen Grenzen zulässiger Rechtsausübung, so dass sie bei Fehlen jeglichen sachlichen Grundes und bei Willkür unwirksam sind. Ist der Einspruch oder Widerruf der Einwilligung ehewidrig (§ 1353), wird der andere Ehegatte teils nur auf die Herstellungsklage, die Aufhebungsklage nach § 1447 Nr 1 und die Scheidung verwiesen (RGZ 84, 45, 47; ERMAN/HECKELMANN § 1431 Rn 3; PALANDT/BRUDERMÜLLER § 1431 Rn 4). Da der andere Ehegatte in diesem Falle einen klagbaren und vollstreckungsfähigen Anspruch auf die Einwilligung hat, ist auch hier Unwirksamkeit anzunehmen (iE ebenso MünchKomm/KANZLEITER § 1431 Rn 8; BGB-RGRK/FINKE § 1431 Rn 14; JAUERNIG/CHR BERGER § 1431 Rn 7; BAMBERGER/ROTH/MAYER § 1431 Rn 6).

d) Der Einspruch oder der Widerruf ist gemäß §§ 1431 Abs 3, 1412 **Dritten ge-** **21** **genüber** nur **wirksam**, wenn er in das **Güterrechtsregister eingetragen** oder dem Dritten **bekannt** war. Maßgebend ist der Zeitpunkt der Vornahme des Rechtsgeschäfts oder des Eintritts der Rechtshängigkeit. Zum Eintragungsantrag s § 1561 Abs 2 Nr 3. Nach der Erklärung des Widerrufs ist der andere Ehegatte entsprechend § 1433 für befugt zu halten, einen **Rechtsstreit fortzusetzen**, der bei Wirksamwerden des Widerrufs anhängig war.

6. Rechtliche Bedeutung der Einwilligung

a) Die Einwilligung des Gesamtgutsverwalters nach § 1431 Abs 1 und die ihr nach **22** Absatz 2 gleichstehende Unterlassung des Einspruchs bei Kenntnis von der Führung des Erwerbsgeschäfts sind **keine** Erscheinungsformen der **Zustimmung** zu einem (einzelnen) Rechtsgeschäft oder einer (einzelnen) Prozessführung. Es handelt sich auch **nicht** um eine „**Generalermächtigung**" für alle das Erwerbsgeschäft betreffenden Geschäfte und Prozesse. Deshalb ist insbesondere § 183 nicht anwendbar. Vielmehr wird der andere Ehegatte für den Bereich seines Erwerbsgeschäfts insoweit „**emanzipiert**", als auch er mit Wirkung gegenüber dem Gesamtgut handeln kann (wie hier GERNHUBER/COESTER-WALTJEN § 38 Rn 67 Fn 89).

23 b) Die Emanzipation reicht so weit, wie es **der Geschäftsbetrieb mit sich bringt** (s auch § 112 Abs 1 S 1). Zum Geschäftsbetrieb gehören alle Maßnahmen, die der Einrichtung, Führung, Erweiterung und Abwicklung des Erwerbsgeschäfts dienen. Es ist nicht vorausgesetzt, dass die Maßnahme, insbesondere das Rechtsgeschäft oder der Prozess zur ordnungsmäßigen Geschäftsführung *erforderlich* ist. Unerheblich ist auch, ob es sich um *gewöhnliche* oder *außergewöhnliche* Maßnahmen handelt. Entscheidend ist nur der nach der *Verkehrsauffassung* zu beurteilende innere sachliche Zusammenhang mit dem Betrieb des Erwerbsgeschäfts (vgl OLG Dresden OLGE 4, 341, 343). Beurteilungsgegenstand ist das einzelne Rechtsgeschäft in seiner konkreten Gestalt (BGHZ 83, 76, 80 = NJW 1982, 1810, 1811). Im Zweifel sind alle Umstände zu ermitteln, die dem Geschäft sein Gepräge geben (BGH aaO). Danach kann auch der Erwerb eines anderen Erwerbsgeschäfts unter § 1431 fallen, ebenso die Übernahme und Fortführung eines bisher in Gesellschaft betriebenen Geschäfts (BayObLG OLGE 43, 356). Nicht erfasst werden nach hM dagegen die Aufgabe oder Veräußerung des ganzen Geschäfts (KGJ 32 A 194, 197) und die Übertragung eines Gesellschaftsanteils auf einen Mitgesellschafter (RGZ 127, 115) oder einen Dritten. Diese an § 1405 aF orientierte Auffassung trifft indes nur zu, wenn das Erwerbsgeschäft zum Gesamtgut gehört.

24 c) Der das Erwerbsgeschäft betreibende andere Ehegatte **bedarf nicht der Zustimmung** des **Gesamtgutsverwalters**. Die Fassung des Gesetzes ist wenig glücklich. Gemeint ist: die Rechtsgeschäfte und Rechtsstreitigkeiten, die der Geschäftsbetrieb mit sich bringt, sind gegenüber dem Gesamtgut wirksam, wie wenn ihnen der Verwalter zugestimmt hätte. Das heißt im Einzelnen:

25 aa) Der andere Ehegatte kann im Rahmen des Geschäftsbetriebes **über Gesamtgut** wirksam allein **verfügen**. Das gilt nicht nur für die dem Erwerbsgeschäft gewidmeten Gegenstände, sondern für alles Gesamtgut. Auch in den Fällen der §§ 1423–1425 ist die Zustimmung des Gesamtgutsverwalters nicht erforderlich. Der andere Ehegatte kann daher zur Sicherung eines Geschäftskredits ein Gesamtgutsgrundstück mit einer Hypothek oder Grundschuld belasten. Das gilt auch dann, wenn das Erwerbsgeschäft zum Sonder- oder Vorbehaltsgut des anderen Ehegatten gehört.

26 bb) **Verpflichtungsgeschäfte** des anderen Ehegatten sind auch **dem Gesamtgut gegenüber wirksam**. Das Gesamtgut haftet gemäß §§ 1437 Abs 1, 1438 Abs 1. Daneben **haftet** der **Gesamtgutsverwalter** auch **persönlich**, § 1437 Abs 2. Dass der das Erwerbsgeschäft **betreibende Ehegatte** seinerseits **persönlich** haftet, folgt daraus, dass er auf Grund der Einwilligung nach § 1431 Abs 1 allein noch nicht legitimiert ist, im Namen des Gesamtgutsverwalters zu handeln. Er verpflichtet sich daher primär selbst. Ist der andere Ehegatte an einer Personengesellschaft beteiligt, erstreckt sich die Haftung des Gesamtguts auch auf die (Mit-)Haftung als Gesellschafter. Kraft ausdrücklicher gesetzlicher Regelung **haftet das Gesamtgut** auch **für Verbindlichkeiten**, die **infolge eines zum Vorbehalts- oder Sondergut** des anderen Ehegatten **gehörenden Rechts** oder einer dazugehörenden Sache entstehen, § 1440 S 2.

Gehört das Erwerbsgeschäft zum Gesamtgut, so bleibt es auch im **Innenverhältnis** 27
bei der **Gesamtgutshaftung**, vgl § 1442 S 2. Die persönliche Haftung des Gesamtgutsverwalters bleibt über die Beendigung des Güterstandes hinaus bestehen, arg
§ 1437 Abs 2 S 2. Das Gleiche gilt, wenn das Erwerbsgeschäft zum Sondervermögen
des anderen Ehegatten gehört, §§ 1442 S 2, 1417 Abs 3 S 2. Gehört das Geschäft zum
Vorbehaltsgut des nicht verwaltenden Ehegatten, gilt § 1441 Nr 2 und deshalb § 1437
Abs 2 S 2.

cc) **Einseitige Rechtsgeschäfte**, die sich auf das Erwerbsgeschäft beziehen, sind 28
dem Ehegatten gegenüber vorzunehmen, der das Geschäft betreibt, Abs 1 S 2. Der
Gesamtgutsverwalter ist kein tauglicher Adressat. Ob er Empfangsbote ist, der dem
Empfänger den Zugang vermittelt, richtet sich nach den Umständen des Einzelfalls.

dd) Der andere Ehegatte ist im Rahmen des Geschäftsbetriebes zur **Prozessfüh-** 29
rung im eigenen Namen auch insoweit legitimiert, als der Streitgegenstand das
Gesamtgut berührt. Das **Urteil** ist dem Gesamtgut gegenüber wirksam. Aus einem
Leistungsurteil kann deshalb auch in das Gesamtgut vollstreckt werden. Das Prozessrecht erleichtert die **Zwangsvollstreckung**, indem es zur Vollstreckung in das
Gesamtgut ein Urteil gegen den Ehegatten ausreichen lässt, der das Erwerbsgeschäft
selbständig betreibt, § 741 ZPO. Die Einwilligung des Gesamtgutsverwalters mit
dem Geschäftsbetrieb braucht nicht nachgewiesen zu werden (RG JW 1931, 1345),
ebenso wenig die Voraussetzungen des § 1431 Abs 2. Ist allerdings der Einspruch des
Gesamtgutsverwalters oder der Widerruf der Einwilligung zur Zeit des Eintritts der
Rechtshängigkeit im Güterrechtsregister eingetragen, gilt nach § 741 ZPO für die
Zwangsvollstreckung § 740. Hat der Gesamtgutsverwalter zwar Einspruch eingelegt
oder die Einwilligung widerrufen, ist aber die Eintragung in das Güterrechtsregister
nicht oder nicht rechtzeitig erfolgt, so kann der Verwalter der Vollstreckung in das
Gesamtgut aus einem Titel gegen den anderen Ehegatten gemäß §§ 774, 771 ZPO
durch die Widerspruchsklage begegnen, wenn der Prozessgegner den Einspruch
oder den Widerruf gemäß §§ 1431 Abs 3, 1412 Abs 1 bei Rechtshängigkeit gekannt
hat.

d) Das **Recht des verwaltenden Ehegatten zur Verwaltung des Gesamtguts bleibt** 30
neben den Einwirkungsmöglichkeiten des anderen Ehegatten **bestehen**. Über Gegenstände, die zum Betriebsvermögen gehören, **darf** der Gesamtgutsverwalter jedoch im Innenverhältnis **nicht** verfügen oder insoweit Verpflichtungen eingehen (vgl
auch oben Rn 6 aE).

e) **Gegenstände**, die der andere Ehegatte im Rahmen des Geschäftsbetriebes 31
erwirbt, **werden** kraft Gesetzes **Gesamtgut**, wenn das Erwerbsgeschäft selbst zum
Gesamtgut oder zum Sondergut gehört. Der Vermögenserwerb fällt in das **Vorbehaltsgut** des Ehegatten, der das Geschäft betreibt, wenn dieses selbst (das Betriebsvermögen) zum Vorbehaltsgut gehört. In diesem Falle gilt nicht § 1416 Abs 1 S 2,
sondern § 1418 Abs 2 Nr 3 (anders nur DÖLLE I 922: stets Gesamtgut).

7. Selbständige Geschäftsführung ohne Einwilligung

a) Der Gesamtgutsverwalter kann dem anderen Ehegatten die selbständige Füh- 32
rung eines Erwerbsgeschäfts nicht verbieten. Das eheliche Güterrecht gibt ihm diese

Befugnis nicht. Es steht jedoch der Geschäftsführung insoweit praktisch im Wege, als ein Betriebsvermögen erforderlich und insbesondere Vorbehaltsgut nicht oder nicht ausreichend vorhanden ist. Der Gesamtgutsverwalter kann seinem Ehegatten jedoch die erforderlichen Einzelgegenstände überlassen und auch zur Verfügung freigeben (§§ 1422, 185). Darin liegt noch nicht die in § 1431 vorausgesetzte Einwilligung.

33 **b)**   **Rechtsgeschäfte**, die der andere Ehegatte in dem von ihm **betriebenen** Erwerbsgeschäft vornimmt, wirken nur für und gegen ihn persönlich, nicht gegenüber dem Gesamtgut. Entsprechendes gilt für die Urteile in Rechtsstreitigkeiten, die sich auf den Geschäftsbetrieb beziehen.

8.   Abweichende Vereinbarungen

34 Die Rechtsfolgen einer Einwilligung (Abs 1) und der Nichteinlegung eines Einspruchs stehen nicht zur Disposition der Ehegatten. Sie können durch Ehevertrag die Wirkungen von Rechtsgeschäften, Rechtsstreitigkeiten und Urteilen für und gegen das Gesamtgut weder ganz oder teilweise ausschließen noch beschränken. Dagegen kann das Einspruchs- und Widerrufsrecht des Gesamtgutsverwalters ehevertraglich ausgeschlossen oder zeitlich eingeschränkt werden. Verkehrsinteressen stehen dem nicht entgegen (iE auch MünchKomm/KANZLEITER § 1431 Rn 13; BGB-RGRK/FINKE § 1431 Rn 18; SOERGEL/GAUL § 1431 Rn 2).

9.   Internationales Privatrecht

35 § 1431 findet Anwendung, wenn und soweit die Vorschrift für den gutgläubigen Dritten günstiger ist als das ausländische Recht, Art 16 Abs 2 EGBGB.

§ 1432
Annahme einer Erbschaft; Ablehnung von Vertragsantrag oder Schenkung

(1) Ist dem Ehegatten, der das Gesamtgut nicht verwaltet, eine Erbschaft oder ein Vermächtnis angefallen, so ist nur er berechtigt, die Erbschaft oder das Vermächtnis anzunehmen oder auszuschlagen; die Zustimmung des anderen Ehegatten ist nicht erforderlich. Das Gleiche gilt von dem Verzicht auf den Pflichtteil oder auf den Ausgleich eines Zugewinns sowie von der Ablehnung eines Vertragsantrages oder einer Schenkung.

(2) Der Ehegatte, der das Gesamtgut nicht verwaltet, kann ein Inventar über eine ihm angefallene Erbschaft ohne Zustimmung des anderen Ehegatten errichten.

Materialien: Zu § 1453 aF: E I §§ 1355, 2148 Nr 4; II § 1350 rev § 1438; III § 1436; Mot IV 361 f; Prot IV 259; V 807. Zu § 1432: E I § 1453; II § 1453; III § 1432; BT-Drucks 1/3802, 65; BT-Drucks 2/3409, 27. Vgl STAUDINGER/BGB-Synopse 1896–2005 § 1432.

Systematische Übersicht

1. Grundgedanke

Abweichend von dem Grundsatz des § 1422 S 1 behält § 1432 dem nicht verwalten- **1** den Ehegatten bestimmte vermögensrechtlich relevante Entscheidungen vor. Es handelt sich um Rechtsgeschäfte und Maßnahmen, die teils eine starke persönliche Komponente haben, vor allem aber das Gesamtgut nicht schmälern, weil sie erst künftig (endgültig) anfallenden Vermögenserwerb ausschließen (vgl Mot IV 362, 243; RGZ 54, 289, 293). Die Vorschrift entspricht insoweit § 517. Die aufgeführten Rechtsgeschäfte kann nur der nicht verwaltende Ehegatte wirksam vornehmen. Der Gesamtgutsverwalter kann lediglich als Stellvertreter eingeschaltet werden. Es ist auch die Zustimmung des Verwalters nicht erforderlich.

2. Annahme oder Ausschlagung von Erbschaft oder Vermächtnis

a) Die Entscheidung über Annahme oder Ausschlagung einer Erbschaft oder **2** eines Vermächtnisses steht ausschließlich dem Ehegatten zu, der *Erbe* geworden oder mit dem Vermächtnis bedacht ist. Entsprechendes gilt für den Erbersatzanspruch des nichtehelichen Kindes vor dem 1. 4. 1998, vgl § 1934b Abs 2 aF, EGBGB 227 Abs 1.

Die **Annahmeerklärung** bewirkt unmittelbar nur den Verlust des Ausschlagungs- **3** rechts, § 1943 und § 2180 Abs 1. Damit ist jedoch der endgültige Anfall der Erbschaft oder des Vermächtnisses verbunden. Für den Erben heißt es, dass er nunmehr unausweichlich (zur Anfechtbarkeit der Annahme s aber §§ 1954 ff) für die Nachlassverbindlichkeiten haftet. Die Möglichkeiten des Erben, seine Haftung auf den Nachlass zu beschränken, können auch vom Gesamtgutsverwalter wahrgenommen werden (s unten Rn 5 ff). Deshalb konnte dem anderen Ehegatten das Alleinentscheidungsrecht über Annahme oder Ausschlagung belassen werden.

b) Die **Anfechtung** der Annahme der Erbschaft gilt als Ausschlagung, die der **4** Ausschlagung als Annahme, § 1957 Abs 1. Auch sie steht daher allein dem anderen Ehegatten zu.

c) Der nicht verwaltende Ehegatte, der die ihm angefallene Erbschaft nicht aus- **5** geschlagen hat, haftet für die **Nachlassverbindlichkeiten**. Fällt die Erbschaft nicht in das Vorbehalts- oder Sondergut (s dazu § 1439), sind die Nachlassverbindlichkeiten zugleich **Gesamtgutsverbindlichkeiten**, § 1437 Abs 1, für die der **Gesamtgutsverwalter** auch persönlich haftet, § 1437 Abs 2. Wegen dieser Rechtsfolgen gewährt das Gesetz **auch dem Gesamtgutsverwalter die Befugnis, die zur Beschränkung der Haftung auf**

den Nachlass erforderlichen Maßnahmen zu treffen. Die entsprechenden Befugnisse des Erben bleiben unberührt. Jeder Ehegatte **kann** die haftungsbeschränkenden Maßnahmen selbständig ergreifen. Die Zustimmung des anderen Ehegatten ist nicht erforderlich. Die von einem Ehegatten herbeigeführten haftungsbeschränkenden **Wirkungen** kommen auch dem anderen zugute.

6 Nach § 318 InsO kann auch der Gesamtgutsverwalter die **Eröffnung des Nachlass-insolvenzverfahrens** beantragen. Gemäß § 999 ZPO kann er das **Aufgebot** der Nach-lassgläubiger (§§ 1970 ff) beantragen. Jeder Ehegatte kann selbständig ein **Inventar**, § 1993, errichten (§§ 1432 Abs 2, 2008 Abs 1). Eine **Inventarfrist** gemäß § 1994 kann wirksam nur gesetzt werden, wenn sie sowohl dem Erben als auch dem das Gesamt-gut verwaltenden Ehegatten gegenüber bestimmt wird, § 2008 Abs 1.

7 Dem Gesamtgutsverwalter stehen, obwohl das Gesetz dies nicht ausdrücklich be-stimmt, auch die übrigen haftungsbeschränkenden und – erleichternden Befugnisse zu: das Recht, die Anordnung der **Nachlassverwaltung** zu beantragen, §§ 1975 ff (hM, **aM** BGB-RGRK/Johannsen § 1981 Rn 4), die **Einreden** der §§ 1990 ff und die der §§ 2014, 2015 sowie die Rechte des **Vermächtnisnehmers** gemäß §§ 2186 ff.

3. Verzicht auf das Erbrecht oder den Pflichtteil

8 Wenn schon die Ausschlagung einer bereits angefallenen Erbschaft dem nicht ver-waltenden Ehegatten selbst vorbehalten ist, muss ihm erst recht der **Erbverzichts-vertrag** (§§ 2346 ff) zustimmungsfrei möglich sein (s auch Mot IV 243). Der andere Ehegatte kann auch den **Erbschaftserwerb** eines anderen wegen Erbunwürdigkeit gemäß §§ 2339 ff **anfechten.** Kraft ausdrücklicher Regelung in § 1432 Abs 1 S 2 kann auch nur der andere Ehegatte auf einen **entstandenen Pflichtteilsanspruch** (§ 2317) verzichten. Der „Verzicht" erfolgt durch Erlassvertrag, § 397.

4. Verzicht auf den Ausgleich des Zugewinns

9 Ohne Zustimmung des verwaltenden Ehegatten kann der andere Ehegatte auf den Ausgleich des Zugewinns verzichten, § 1432 Abs 1 S 2. Gegenstand des „Verzichts" ist der Ausgleichsanspruch aus einer früheren Ehe des anderen Ehegatten mit einem Dritten. Der Ausgleichsanspruch nach Beendigung des gesetzlichen Güterstandes zwischen den jetzigen Ehegatten oder nach Auflösung einer früheren Ehe zwischen ihnen ist dagegen nur unter Mitwirkung des Ehegatten, der das Gesamtgut verwal-tet, möglich, da der „Verzicht" einen Erlassvertrag gemäß § 397 voraussetzt.

5. Ablehnung eines Vertragsantrages

10 Das dem nicht verwaltenden Ehegatten gemachte **Angebot** zum Abschluss eines vermögensrechtlichen Vertrages kann nur von diesem selbst und zustimmungsfrei **abgelehnt** werden, Abs 1 S 2. Über die **Annahme** sagt das Gesetz dagegen nichts. Die durch das Angebot begründete *Gebundenheit* des Antragenden legt es nahe, dem Angebotsempfänger bereits eine vermögenswerte Rechtsposition zuzuerkennen, die in das Gesamtgut fiele, wenn sie übertragbar wäre. Die Annahme könnte dann nur der Gesamtgutsverwalter erklären. Ausgehend von der sog *Durchgangstheorie* (vgl § 1416 Rn 24) ist jedoch der Ehegatte, der das Angebot empfangen hat, allein und

zustimmungsfrei dazu berufen, die Annahme zu erklären (**aM** wohl MünchKomm/KANZ-LEITER § 1432 Rn 4). Das allein entspricht auch dem Sinn und Zweck des § 1432, der nur die Ablehnung des Angebots behandelt, weil durch sie endgültig eine Erwerbsaussicht zugunsten des Gesamtguts zerstört wird; insoweit war eine gesetzliche Klärung angebracht. Bei der Annahme des Vertragsangebots sind dagegen Interessen des Gesamtguts nicht in Gefahr. Ohne Zustimmung des Verwalters können keine Pflichten und Lasten des Gesamtguts begründet werden, andererseits fallen aber alle Rechte und Ansprüche aus dem Vertrag in das Gesamtgut.

6. Ablehnung einer Schenkung

Die Schenkung ist eine *vertragliche* Zuwendung. Für die Ablehnung des Schen- **11** kungsangebots gilt daher dasselbe, was für die Ablehnung jedes anderen Angebots auch gilt. Ist die Zuwendung bereits erfolgt und gemäß § 1416 Abs 1 in das Gesamtgut gefallen, wenn auch vorerst als ungerechtfertigte Bereicherung (§ 1434), kann grundsätzlich nichts anderes gelten. Das Gesetz beseitigt insoweit alle Zweifel: nur der nichtverwaltende Ehegatte kann die **Ablehnung** der Schenkung erklären. Er allein bleibt auch zuständig für die **Annahme** des Schenkungsangebots (s dazu Rn 10 aE).

Ist der geschenkte Gegenstand in das Gesamtgut gefallen, richten sich die **Rückge-** **12** **währansprüche** wegen Nichtvollziehung einer Auflage (§ 527), wegen Verarmung (§ 528) und nach einem Widerruf der Schenkung (§ 531 Abs 2) gegen den Gesamtgutsverwalter (§ 1434). Die Widerrufserklärung nach § 531 ist jedoch dem beschenkten Ehegatten gegenüber abzugeben (**aM** BGB-RGRK/FINKE § 1432 Rn 5).

7. Inventarerrichtung

Der nichtverwaltende Ehegatte, der Erbe geworden ist, kann auch dann selbständig **13** ein Inventar (§ 1993) errichten, wenn die Erbschaft in das Gesamtgut gefallen ist. Das Inventar wirkt auch zugunsten des Gesamtguts, § 2008 Abs 1 S 3. Zur Setzung der Inventarfrist und zur Inventarerrichtung durch den Gesamtgutsverwalter s schon oben Rn 6.

8. Abweichende Vereinbarungen

§ 1432 Abs 1 ist auch durch Ehevertrag nicht abdingbar (ebenso MünchKomm/KANZ- **14** LEITER § 1432 Rn 6; BAMBERGER/ROTH/MAYER § 1432 Rn 1; **aM** BGB-RGRK/FINKE § 1432 Rn 6). Die vom Gesetz dem nicht verwaltenden Ehegatten vorbehaltenen Sachentscheidungen und Erklärungen sind noch dem Erwerbstatbestand zuzurechnen, durch den erst das Gesamtgut (endgültig) begünstigt wird. Die Übertragung der (ausschließlichen) Entscheidungsbefugnisse auf den Gesamtgutsverwalter würde den anderen Ehegatten in seiner rechtsgeschäftlichen Handlungsfähigkeit einschränken. Das Gesetz gibt den Ehegatten diese Beschränkungen nicht frei (s dazu auch Vorbem 18 zu §§ 1408 ff).

§ 1433
Fortsetzung eines Rechtsstreits

Der Ehegatte, der das Gesamtgut nicht verwaltet, kann ohne Zustimmung des anderen Ehegatten einen Rechtsstreit fortsetzen, der beim Eintritt der Gütergemeinschaft anhängig war.

Materialien: Zu § 1454 aF: E I § 1357; II § 1352 rev § 1439; III § 1437; Mot IV 362; Prot IV 259. Zu § 1433 nF: E I § 1454; II § 1454; III § 1433; BT-Drucks 1/3802, 65; BT-Drucks 2/3409, 27. Vgl Staudinger/BGB-Synopse 1896–2005 § 1433.

Systematische Übersicht

1. Allgemeines

1 Wie der Verwalter die Rechtswirkungen eines vor Eintritt der Gütergemeinschaft vorgenommenen Rechtsgeschäfts des anderen Ehegatten hinnehmen muss, so auch die rechtlichen Folgen eines bereits vor jenem Zeitpunkt anhängig gewordenen Prozesses (vgl Mot IV 362, 246). § 1433 entspricht dem § 1454 aF, der dem für die Nutzverwaltung geltenden § 1407 Nr 1 aF nachgebildet war. In § 1433 ist an die Stelle der Frau der andere Ehegatte getreten, der das Gesamtgut nicht verwaltet. Außerdem ist die Bestimmung sprachlich neu gefasst. Für die gemeinschaftliche Verwaltung des Gesamtgutes gilt § 1455 Nr 7.

2. Die Voraussetzungen der Fortführung des Rechtsstreites

2 § 1433 setzt voraus, dass **bei Eintritt der Gütergemeinschaft** ein **Rechtsstreit anhängig** war. Die Vorschrift bezieht sich sowohl auf Aktiv- wie auf Passivprozesse des nicht verwaltenden Ehegatten. Sie ist auf alle Arten gerichtlicher Verfahren anzuwenden, aber auch auf Schiedsgerichtsverfahren. Unerheblich ist für die Anwendbarkeit des § 1433, welcher Güterstand vor dem Eintritt der Gütergemeinschaft gegolten hat. Der Zeitpunkt des Eintritts der Gütergemeinschaft ist der des Wirksamwerdens des Ehevertrages oder der in diesem anderweitig vereinbarte Beginn des Güterstandes.

3 In **entsprechender Anwendung** des § 1433 ist ferner die Zustimmung des verwaltungsberechtigten Ehegatten nicht erforderlich zur Fortsetzung des Rechtsstreits, wenn der andere Ehegatte bei Krankheit oder Abwesenheit des Verwalters den Rechtsstreit begonnen hat (§ 1429) und später die Voraussetzungen des § 1429 weggefallen sind (vgl dazu § 1429 Rn 11), oder wenn im Falle des § 1431 der Verwalter die erteilte Einwilligung zum Betrieb eines selbständigen Erwerbsgeschäfts widerruft und in diesem Zeitpunkt ein durch den Geschäftsbetrieb veranlasster Rechtsstreit des anderen Ehegatten anhängig ist (vgl § 1431 Rn 21).

3. Der Umfang der Befugnis zur Fortsetzung des Rechtsstreits

a) Der Ehegatte, der das Gesamtgut nicht verwaltet, kann den anhängigen **4** Rechtsstreit **ohne Zustimmung** des Gesamtgutsverwalters fortsetzen. Der Ehegatte führt den Rechtsstreit **im eigenen Namen** weiter. Zu **materiellrechtlichen Verfügungen** (Vergleich, Verzicht, Anerkenntnis) ist er jedoch nicht befugt (§§ 1416, 1422; wie hier MünchKomm/KANZLEITER Rn 4; BAMBERGER/ROTH/MAYER Rn 1; **aM** bzgl der Wirksamkeit eines Anerkenntnisses: PLANCK/UNZNER § 1454 Anm 3).

b) Geht der **Antrag** der anhängigen Klage auf Leistung an den nicht verwaltenden **5** Ehegatten, so **kann** dieser ihn nach Eintritt der Gütergemeinschaft auf Leistung an den Gesamtgutsverwalter **umstellen**. Dies als notwendig zu fordern (so PALANDT/BRU-DERMÜLLER Rn 1; ERMAN/HECKELMANN Rn 1; DÖLLE I 925) geht zu weit, weil ein Erfolg der Klage ohnehin dem Gesamtgut zugute kommt (§ 1416 Abs 1 S 2), andererseits für und gegen den Gesamtgutsverwalter nach § 742 ZPO eine vollstreckbare Ausfertigung des Urteils erteilt werden kann (wie hier MünchKomm/KANZLEITER Rn 2; BGB-RGRK/FINKE Rn 4; BAMBERGER/ROTH/MAYER Rn 1; GERNHUBER/COESTER-WALTJEN § 38 Rn 87 Fn 123; SOERGEL/GAUL Rn 2).

c) Gegen nachlässige oder ungeeignete Prozessführung durch den anderen Ehe- **6** gatten kann der Gesamtgutsverwalter sich durch **Nebenintervention** schützen (Mot IV 362, 246; § 66 ZPO). Er gilt dann, weil das Urteil für und gegen ihn und das Gesamtgut Rechtskraftwirkungen äußert, gemäß § 69 ZPO als Streitgenosse (**aM** nur PALANDT/BRUDERMÜLLER Rn 1: § 66 ZPO).

d) Das in dem Rechtsstreit des nicht verwaltenden Ehegatten ergehende **Urteil 7 ist**, auch wenn der Gesamtgutsverwalter der Fortsetzung des Rechtsstreits nicht zugestimmt hat, dem **Gesamtgute gegenüber wirksam**. Die **Verbindlichkeiten** des anderen Ehegatten aus dem Rechtsstreit sind **Gesamtgutsverbindlichkeiten** (§ 1437 Abs 1). Gemäß § 742 ZPO nF sind auf die Erteilung einer in Ansehung des Ge-samtgutes vollstreckbaren Ausfertigung des Urteils für und gegen den verwaltenden Ehegatten die Vorschriften der §§ 727, 730–732 ZPO entsprechend anzuwenden.

4. Rechtsstreitigkeiten über Vorbehalts- oder Sondergut

§ 1433 findet nur Anwendung, wenn es sich um einen Rechtsstreit über **Gesamtgut 8** handelt. Dass der andere Ehegatte zur Fortsetzung eines bei dem Eintritt der Güter-gemeinschaft anhängigen Rechtsstreits über sein Vorbehalts- oder Sondergut nicht der Zustimmung des Gesamtgutsverwalters bedarf, folgt aus §§ 1417 Abs 3 S 1, 1418 Abs 3 S 1.

5. Abweichende Vereinbarungen

§ 1433 ist unabdingbar (**aM** BGB-RGRK/FINKE § 1433 Rn 6). Das schließt Vereinbarun- **9** gen im Ehevertrag nicht aus, nach denen der Gesamtgutsverwalter den Prozess, sofern das nach Prozessrecht möglich ist, allein übernehmen und fortsetzen soll (s auch MünchKomm/KANZLEITER Rn 7 mit allerdings abweichender Begr).

§ 1434
Ungerechtfertigte Bereicherung des Gesamtguts

Wird durch ein Rechtsgeschäft, das ein Ehegatte ohne die erforderliche Zustimmung des anderen Ehegatten vornimmt, das Gesamtgut bereichert, so ist die Bereicherung nach den Vorschriften über die ungerechtfertigte Bereicherung aus dem Gesamtgut herauszugeben.

Materialien: Zu § 1455 aF: E I § 1362 Nr 1; II § 1357 Abs 1 rev § 1440; III § 1438; Mot IV 373; Prot IV 264. Zu § 1434: E I § 1455; II § 1455; III § 1434; BT-Drucks I/3802, 65; BT-Drucks 2/3409, 27. Vgl STAUDINGER/BGB-Synopse 1896–2005 § 1434.

Systematische Übersicht

1. Rechtsentwicklung

1 E I § 1362 Nr 1 und E II § 1357 Abs 1 nannten neben der Bereicherung durch Rechtsgeschäfte auch eine solche durch Führung eines Rechtsstreits. Seit der Bundesratsvorlage zu § 1440 fehlt der letzterwähnte Hinweis. Den § 1455 aF hat das GleichberG sprachlich verbessert übernommen. Eine entsprechende Vorschrift enthielt § 1399 Abs 2 S 2 aF für den früheren gesetzlichen Güterstand.

2. Grundgedanke

2 a) Hat ein Ehegatte ein Rechtsgeschäft vorgenommen, ohne dass die erforderliche Einwilligung des anderen Ehegatten erteilt oder durch Vormundschaftsgericht (gemäß §§ 1426, 1430) ersetzt worden ist, so **ist das Rechtsgeschäft dem Gesamtgut gegenüber unwirksam.** Der Erwerb des Ehegatten aus dem Rechtsgeschäft fällt zwar nach § 1416 in das Gesamtgut (RGZ 90, 289); eine aus dem Rechtsgeschäft entstehende Verbindlichkeit des nicht verwaltenden Ehegatten ist aber keine Gesamtgutsverbindlichkeit (vgl § 1423 Rn 10), während für den verwaltenden Ehegatten nicht einmal eine persönliche Verbindlichkeit begründet wird (s § 1423 Rn 12). Dem Ausgleich des hierdurch möglicherweise eintretenden unbilligen Ergebnisses dient § 1434.

3 b) Die Vorschrift behandelt nur die **Bereicherung** des Gesamtgutes **durch die Leistung eines Dritten**; die internen Ausgleichsansprüche nach der **Leistung** aus dem Vorbehaltsgut eines Ehegatten in das Gesamtgut regelt § 1445. Eine Bereicherung des Gesamtguts auf andere Weise (zB durch Verbindung, Vermischung, Verarbeitung) fällt nicht unter § 1434, es gelten vielmehr die allgemeinen Vorschriften (zB der §§ 951, 812).

3. Voraussetzungen der Gesamtgutshaftung

a) Das **Gesamtgut** muss **bereichert** sein. Zu den möglichen Gegenständen einer **4** Bereicherung s § 812. Die Bereicherung muss auf einem **Rechtsgeschäft** beruhen, das der erforderlichen Zustimmung entbehrt. Das bedeutet nicht, dass die Bereicherung durch eine rechtsgeschäftliche Zuwendung herbeigeführt sein müsste, sondern nur, dass ihr eine rechtsgeschäftlich begründete Kausalbeziehung zugrundeliegt.

b) Es muss die **erforderliche Zustimmung** des anderen Ehegatten **fehlen**. In den **5** Fällen, in denen der **Gesamtgutsverwalter** eines der unter die §§ 1423–1425 fallenden Geschäfte abgeschlossen hat, ergibt sich aus dem Fehlen der Zustimmung zugleich die Unwirksamkeit des Verpflichtungsgeschäfts und damit die Rechtsgrundlosigkeit der Leistung des Schuldners. § 1434 gewährt ihm den bereicherungsrechtlichen *Durchgriff* auf das Gesamtgut, obwohl er nicht an oder in dieses geleistet hat, dessen Erwerb vielmehr auf dem Gesetz (§ 1416) beruht.

Eine völlig andere Bedeutung hat § 1434 bei **Rechtsgeschäften des nicht verwaltenden** **6** **Ehegatten**. Hier geht es nicht um den Ausgleich einer nach den allgemeinen Vorschriften ungerechtfertigten Bereicherung. Verpflichtungsgeschäfte des anderen Ehegatten sind auch ohne die Zustimmung des Gesamtgutsverwalters wirksam. Sie wirken lediglich nicht gegen das Gesamtgut, wenn der Verwalter nicht zugestimmt hat. Der Rechtsgrund für den Erwerb des Gesamtguts findet sich in der Erfüllung der Verbindlichkeit des Dritten gegenüber dem nicht verwaltenden Ehegatten in Verbindung mit § 1416. Gleichwohl gewährt das Gesetz dem Dritten einen Anspruch auf Herausgabe der Bereicherung, die das Gesamtgut erfahren hat. Die Verweisung auf das Bereicherungsrecht ist insoweit nur eine **Rechtsfolgenverweisung**. Manche sehen deshalb als Grund der Haftung des Gesamtguts nicht die Bereicherung an, sondern den Anspruch des Dritten gegen den nicht verwaltenden Ehegatten, für den das Gesamtgut bis zur Höhe seiner Bereicherung hafte (vgl Dölle I 920; Planck/Unzner § 1455 aF Anm 4). Dem ist jedoch nicht zu folgen. Der Dritte erlangt gemäß § 1434 keinen lediglich in der Höhe begrenzten Erfüllungsanspruch gegen das Gesamtgut. Richtig an jener Auffassung ist jedoch im Ergebnis, dass der Anspruch des **Dritten** nach dem Sinn und Zweck des Gesetzes nicht besteht, wenn und soweit der Dritte wegen seiner zugrundeliegenden Forderung von dem nicht verwaltenden Ehegatten befriedigt worden ist.

4. Die Haftung des Gesamtguts und der Ehegatten

a) Die Verpflichtung aus § 1434 ist eine (primäre) **Gesamtgutsverbindlichkeit**. Der **7** Anspruch ist allein gegen den Gesamtgutsverwalter geltend zu machen (BGH NJW 1957, 1635 = FamRZ 1957, 247; RGZ 90, 288). Für die Zwangsvollstreckung in das Gesamtgut gilt § 740 ZPO.

Inhalt und Umfang der Herausgabepflicht bestimmen sich nach den §§ 818, 819. **8** Herauszugeben sind also auch alle in das Gesamtgut gefallenen Nutzungen und

Surrogate, § 818 Abs 1. Ist das ursprünglich Erlangte nicht mehr vorhanden, ist Wertersatz zu leisten, § 818 Abs 2, wenn nicht die Bereicherung fortgefallen ist, § 818 Abs 3. Für die Anwendbarkeit von § 818 Abs 4 und § 819 kommt es allein auf die Person des Gesamtgutsverwalters an.

9 b)   Für die Gesamtgutsverbindlichkeit aus § 1434, die auf einem **Rechtsgeschäft des Gesamtgutsverwalters** beruht, haftet dieser nicht persönlich auf Erfüllung. Die Bereicherungshaftung ist hier auch nicht an eine persönliche Haftung des Verwalters aus ungerechtfertigter Bereicherung angelehnt. Es liegt vielmehr eine selbständige (primäre) Gesamtgutsverbindlichkeit vor. Eine persönliche Haftung des Verwalters, die gemäß § 1437 Abs 1 auch Gesamtgutsverbindlichkeit wäre, auf Schadensersatz aus culpa in contrahendo oder Delikt (s dazu auch § 1427 Rn 9) bleibt daneben unberührt. Eine persönliche Haftung des anderen Ehegatten wird nicht begründet.

10 c)   Aus einem Verpflichtungsgeschäft, das **der nicht verwaltende Ehegatte** ohne Zustimmung des Gesamtgutsverwalters im eigenen Namen abgeschlossen hat, haftet der am Rechtsgeschäft beteiligte Ehegatte persönlich (mit seinem etwa vorhandenen Vorbehalts- und Sondergut). Die Haftung des Gesamtguts aus § 1434 ist auch hier nicht an die persönliche Haftung angelehnt (s Rn 6 aE), sondern eine primäre Gesamtgutsverbindlichkeit. Eine persönliche Haftung des Gesamtgutsverwalters lässt sich deshalb aus § 1437 Abs 2 S 1 nicht ableiten. Die Vorschrift ist jedoch entsprechend anwendbar.

11 d)   Macht einer der Ehegatten die Unwirksamkeit eines Rechtsgeschäfts gemäß §§ 1423 ff geltend und verlangt er Rückgewähr zum Gesamtgut, so kann der Dritte diesem Anspruch nach hM wegen seines Gegenanspruchs aus § 1434 kein Zurückbehaltungsrecht entgegensetzen (s dazu aber § 1427 Rn 10; § 1428 Rn 8).

5.   Abweichende Vereinbarungen

12 § 1434 ist durch Ehevertrag nicht abdingbar (ebenso MünchKomm/Kanzleiter Rn 6; BGB-RGRK/Finke Rn 9; Bamberger/Roth/Mayer Rn 1).

§ 1435
Pflichten des Verwalters

Der Ehegatte hat das Gesamtgut ordnungsmäßig zu verwalten. Er hat den anderen Ehegatten über die Verwaltung zu unterrichten und ihm auf Verlangen über den Stand der Verwaltung Auskunft zu erteilen. Mindert sich das Gesamtgut, so muss er zu dem Gesamtgut Ersatz leisten, wenn er den Verlust verschuldet oder durch ein Rechtsgeschäft herbeigeführt hat, das er ohne die erforderliche Zustimmung des anderen Ehegatten vorgenommen hat.

Materialien: Zu § 1456 aF: E I § 1364; II § 1348   BT-Drucks 1/3802, 65; BT-Drucks 2/224, 52;
rev § 1441; III § 1439; Mot IV 379; Prot IV 267 ff.   BT-Drucks 2/3409, 27.
Zu § 1435: E I § 1456; II § 1456; III § 1435;   Vgl Staudinger/BGB-Synopse 1896–2005
                                                         § 1435.

Systematische Übersicht

I. Rechtsentwicklung

Nach § 1456 aF war der Mann der Frau für die Verwaltung des Gesamtgutes nicht **1** verantwortlich; er hatte jedoch für eine Verminderung des Gesamtgutes zu diesem Ersatz zu leisten, wenn er die Verminderung in der Absicht, die Frau zu benachteiligen, oder durch ein Rechtsgeschäft herbeiführte, das er ohne die erforderliche Zustimmung der Frau vornahm. Den weitreichenden Ausschluss einer Verantwortlichkeit des Mannes rechtfertigen die Motive (IV 379) damit, nach dem Wesen der Gütergemeinschaft sei das beiderseitige Vermögen auf gemeinsamen Gedeih und Verderb vereinigt.

Nach dem GleichberG verwaltet der Ehegatte das Gesamtgut als **Treuhänder der 2 Gesamthand** und muss dementsprechend wie ein Treuhänder haften. Daher hat der verwaltende Ehegatte für jede Verminderung des Gesamtgutes Ersatz zu leisten, die er durch schuldhaftes Verhalten oder durch ein Rechtsgeschäft herbeiführt, das er ohne die erforderliche Zustimmung des anderen Ehegatten vornimmt. Die engen Beziehungen zwischen Mann und Frau werden insoweit berücksichtigt, als der Verwalter nicht für jede Fahrlässigkeit haftet, sondern nur für die Sorgfalt einzustehen habe, die er in eigenen Angelegenheiten anzuwenden pflegt (§ 1359).

II. Pflicht zur ordnungsmäßigen Verwaltung

Die Pflicht zur ordnungsmäßigen Verwaltung entspricht der **treuhänderischen Stel- 3 lung** des Verwalters. Die dadurch begründete objektive Bindung lässt diesem einen weiten **Entscheidungsspielraum**. Er muss in jedem Fall die gesetzlichen Grenzen seiner Befugnisse und die Mitwirkungsrechte des anderen Ehegatten achten (BGHZ 48, 369 = NJW 1968, 496). Ordnungsmäßig sind nicht nur Maßnahmen, die zur Verwaltung erforderlich sind. Der Verwalter schuldet auch nicht die jeweils optimale Entscheidung, sondern nur diejenige, die er nach den Umständen unter Anwendung der gebotenen Sorgfalt für geeignet und richtig halten durfte. Die Verwaltung hat sich unter Berücksichtigung vor allem der gesetzlichen Unterhaltspflichten (§§ 1360, 1360a, 1420, s auch § 1447 Nr 2) um die Werterhaltung und Mehrung des Gesamtguts zu bemühen (vgl RGZ 124, 325; BayObLG OLGE 34, 291). Die Pflicht betrifft nicht nur rechtsgeschäftliches, sondern auch rein **tatsächliches Handeln** wie Arbeitsleistungen

Burkhard Thiele

(vgl BGH FamRZ 1986, 42). **Einzelfälle**: nicht ordnungsmäßig ist die Unterwerfung unter die sofortige Zwangsvollstreckung zur Umgehung der Zustimmungserfordernisse gemäß §§ 1423 ff (BGHZ 48, 369 = NJW 1968, 496). Der Verwalter hat regelmäßig die zum Gesamtgut gehörenden Gegenstände gegen Brand, Hagel, Diebstahl usw zu versichern (so RGZ 76, 136 zu § 1374 aF) und eine bereits bestehende Versicherung fortzuführen (vgl Josef SeuffBl 73, 746 und Recht 1914, 65 ff). Über Einnahmen und Ausgaben des Gesamtgutes hat er Aufzeichnungen zu machen (so RG Recht 1917 Nr 414 zu § 1374 aF; für die gemeinschaftliche Verwaltung: BGHZ 111, 248 = NJW 1990, 2252 = FamRZ 1990, 851). Zur ordnungsmäßigen Verwaltung gehört ferner: die Erfüllung der dem anderen Ehegatten obliegenden Unterhaltspflicht, §§ 1604, 1437 (vgl RG WarnR 1916 Nr 21 zu § 1374 aF); gegebenenfalls der Abbruch oder Umbau eines Hauses (vgl BayObLGZ 11, 101 zu § 1374 aF) und seine Erhaltung in einem polizeimäßigen Zustand. Schließlich ist der Verwalter verpflichtet, die erforderliche Zustimmung des anderen Ehegatten zu einem Rechtsgeschäft einzuholen oder bei dessen Verhinderung durch das Vormundschaftsgericht ersetzen zu lassen. Ordnungsgemäß sind, je nach den Vermögensverhältnissen, insbesondere nach der Leistungskraft des Gesamtgutes, auch angemessene Ausstattungen (vgl auch BayObLGZ 23, 160; s ferner § 1444 Rn 3).

III. Pflicht zur Unterrichtung über die Verwaltung

4 Sie ergibt sich zwar schon aus § 1353 Abs 1 (vgl BGH FamRZ 1976, 16), wird aber der Klarstellung halber im Gesetz noch ausdrücklich hervorgehoben (BT-Drucks 2/3409, 27). Zusammen mit der Auskunftspflicht ermöglicht sie dem anderen Ehegatten, die Verwaltung des Gesamtguts zu überwachen und gegebenenfalls nach §§ 1428, 1435 S 3 oder 1447 Nr 1 einzugreifen. Der verwaltungsberechtigte Ehegatte hat dem anderen Ehegatten in angemessenen Zeitabständen unaufgefordert einen allgemein gehaltenen Bericht über die Verwaltung des Gesamtguts zu erstatten. Zur **Rechenschaftslegung** (§ 259), **Vorlage** von Unterlagen und Verzeichnissen oder der Abgabe einer **eidesstattlichen Versicherung** ist er regelmäßig **nicht verpflichtet** (vgl OLG Stuttgart FamRZ 1979, 810). Die Erfüllung der Unterrichtungspflicht kann nach hM nur mit der *Klage* auf *Herstellung* des ehelichen Lebens (§ 1353 Abs 1) vor dem Familiengericht verfolgt werden. Das erstrittene Urteil ist nicht vollstreckbar (§ 888 Abs 3 ZPO; OLG Stuttgart FamRZ 1979, 809; Dölle I 899 Fn 12; Erman/Heckelmann Rn 1; Palandt/Brudermüller Rn 3; BGB-RGRK/Finke Rn 4; Soergel/Gaul Rn 5; aM Gernhuber/Coester-Waltjen § 38 Rn 58–60 Fn 81, wo *Leistungsklage* angenommen wird; ebenso Bamberger/Roth/Mayer Rn 3; MünchKomm/Kanzleiter Rn 6; Müller FamRZ 1971, 551).

IV. Pflicht zur Auskunftserteilung

5 1. Die Auskunftspflicht besteht bei der Gütergemeinschaft bereits während des Güterstandes, nicht erst, wie bei der Zugewinngemeinschaft (§ 1379), nach seiner Beendigung. Die Geltendmachung des Auskunftsanspruchs setzt auch nicht voraus, dass das Verhalten des Verwalters die Besorgnis einer erheblichen Gefährdung der Rechte des anderen Ehegatten begründet. Der nichtverwaltende Ehegatte kann nach dem Gesetzeswortlaut zwar jederzeit und ohne besondere Voraussetzungen **Auskunft verlangen**; jedoch darf er die Berechtigung dazu nicht für eine treuwidrige Belastung des Verwalters ausnutzen. Zur Begrenzung der Pflicht zur Rechenschaftslegung und Auskunft durch § 242 vgl Staudinger/Bittner (2004) Erl zu §§ 259, 260. Über diese allgemeine Schranke der Rechtsausübung hinaus ist das Auskunfts-

recht weder davon abhängig, dass dafür ein *begründeter Anlass* besteht (so aber BGB-RGRK/FINKE Rn 5; PALANDT/BRUDERMÜLLER Rn 3; SOERGEL/GAUL Rn 7), noch ist das *Rechtsschutzbedürfnis* besonders sorgfältig zu prüfen (so aber ERMAN/HECKELMANN Rn 2; SOERGEL/GAUL aaO). Die Gesetzesmaterialien, auf die man sich bezieht (vgl den Ausschussbericht BT-Drucks 2/3409, 27: „so muss dem nicht verwaltenden Ehegatten für den Notfall doch ein erzwingbarer Anspruch auf Auskunftserteilung gegeben werden."), werden wohl missverstanden. Aus dem Zusammenhang ergibt sich, dass der Fall gemeint war, dass der Gesamtgutsverwalter seine Pflicht zur regelmäßigen Unterrichtung nicht erfüllt (wie hier BAMBERGER/ROTH/MAYER Rn 4; MünchKomm/KANZLEITER Rn 9).

2.   Die auf Verlangen zu erteilende Auskunft betrifft den **Stand der Verwaltung** 6 des Gesamtguts. Inhalt und Umfang der Auskunft hängen von den Umständen des Einzelfalles ab, insbesondere von dem erkennbaren Ziel des vom anderen Ehegatten gestellten Verlangens (s iE auch MünchKomm/KANZLEITER Rn 7). Es kann sich auf bestimmte einzelne Vorgänge beziehen, aber auch auf eine Gesamtauskunft, auf die dann § 260 anwendbar ist. Der Anspruch richtet sich auch auf Auskunft über Konten, die die Eheleute nach der Trennung allein eröffnet haben, da nicht verbrauchtes Einkommen vor Beendigung der Gütergemeinschaft in das Gesamtgut fließt (ENSSLEN FamRZ 1998, 1080; BERGERFURTH Rn 400).

3.   Das Verlangen nach Auskunftserteilung ist mit der Leistungsklage **einklagbar** 7 und das Urteil auch **vollstreckbar**; § 888 Abs 3 ist insoweit nicht anwendbar (hM; vgl OLG Stuttgart FamRZ 1979, 809). Zuständig ist das *Familiengericht*, §§ 23b Abs 1 GVG, 606 Abs 1 ZPO.

V.   Pflicht zur Ersatzleistung

1.   Nach § 1435 S 3 schuldet der verwaltende Ehegatte zum **Gesamtgut** Ersatz, 8 wenn dieses **gemindert** ist entweder durch ein **ohne die erforderliche Zustimmung** des anderen Ehegatten vorgenommenes **Rechtsgeschäft** oder infolge **schuldhaften Verhaltens** des Verwalters.

a)   Die **Minderung** des Gesamtguts ist nach den Grundsätzen des Schadensrechts 9 zu beurteilen. Sie liegt daher nicht nur bei einer Minderung der Aktiven oder der Mehrung der Passiven des Gesamtguts vor, sondern auch in den Fällen entgangener Gewinne. Es ist nicht auf das insgesamt positive oder negative Ergebnis der Gesamtgutsverwaltung abzustellen, sondern auf die einzelne schadensverursachende Maßnahme. Ein Verlust des Gesamtguts kann daher nicht mit der Folge des Ausschlusses der Ersatzpflicht „ausgeglichen" werden, wenn der Verwalter zu anderer Zeit und durch andere Maßnahmen besondere Gewinne erzielt hat (hM; jetzt auch PALANDT/BRUDERMÜLLER Rn 4).

b)   Hat der Verwalter ein **Rechtsgeschäft ohne die erforderliche Zustimmung** des 10 anderen Ehegatten vorgenommen (s §§ 1423 ff), liegt ein **Verlust** des Gesamtguts schon dann vor, wenn auf Grund dieses gemäß §§ 1423 ff unwirksamen Rechtsgeschäft etwas aus dem Gesamtgut geleistet worden ist. Ist beiderseits geleistet worden, ist zur Bestimmung des Verlustes die Saldotheorie maßgebend. Ist nur aus dem Gesamtgut geleistet worden, ist dieses in vollem Umfang der Leistung gemindert. **Bereicherungs- oder** auch **Ersatzansprüche gegen Dritte vermindern den Anspruch**

gegen den Gesamtgutsverwalter nicht; es kommt nicht darauf an, ob der Anspruch gegen den Dritten einbringlich ist (anders MünchKomm/KANZLEITER Rn 11; BGB-RGRK/ FINKE Rn 7). Der Rückgewähranspruch kann jederzeit geltend gemacht werden, und zwar (vgl § 1428) von jedem der Ehegatten. Der Ersatzanspruch nach § 1435 ist dagegen erst nach Beendigung der Gütergemeinschaft zu erfüllen (s Rn 15). Bis dahin gehört es zur ordnungsmäßigen Verwaltung des Gesamtguts, den Anspruch gegen den Dritten geltend zu machen. Erfüllt dieser, entfällt insoweit die Minderung des Gesamtguts; der Verwalter wird frei.

11 Der Anspruch auf Ersatz von Verlusten aus Rechtsgeschäften, die der Verwalter ohne die erforderliche Zustimmung vorgenommen hat, setzt **kein Verschulden** voraus (hM, offengelassen von BGHZ 48, 369, 372).

12 c) Andere Verluste als solche auf Grund zustimmungsloser Rechtsgeschäfte (Rn 10) sind vom Verwalter dann zu ersetzen, wenn er sie **verschuldet** hat. Es gilt der Verschuldensmaßstab des § 1359; s auch § 277. Für das **Verschulden** ist die einzelne verlustbringende Handlung maßgebend, nicht die unsorgfältige Verwaltung insgesamt. Auch die Frage der **Minderung** des Gesamtguts ist nicht nach dem Ergebnis der gesamten Verwaltung zu beantworten, sondern nach dem Erfolg der einzelnen Maßnahme (s oben Rn 9). Zu den Sorgfaltsanforderungen im Allgemeinen s schon oben Rn 3. Eine Ersatzpflicht *entsprechend* § 1435 S 3 kommt in Betracht bei schuldhafter Minderung des Gesamtguts durch Verletzung der Mitwirkungspflicht aus § 1451, etwa durch Nichterfüllung der Mitarbeitspflicht (BGH FamRZ 1986, 42: Mitarbeit kann aber in Folge der Trennung unzumutbar sein; BGHZ 111, 248 = NJW 1990, 2252 = FamRZ 1990, 851; s auch § 1451 Rn 14).

13 Auch hier (s oben Rn 10) mindern im Zusammenhang mit dem Verhalten des Gesamtgutsverwalters entstandene **Ersatzansprüche gegen Dritte** die Ersatzpflicht des Verwalters nicht. Gesamtgutsverwalter und Dritter sind, wenn nicht die besonderen Voraussetzungen vornehmlich des § 255 vorliegen, regelmäßig Gesamtschuldner. Deshalb kommt es nicht darauf an, ob der Anspruch gegen den Dritten realisierbar ist oder nicht; der Verwalter haftet nicht nur subsidiär (aM GERNHUBER/COESTER-WALTJEN § 38 Rn 58–60; BAMBERGER/ROTH/MAYER Rn 5; BGB-RGRK/FINKE § 1435 Rn 7; SOERGEL/ GAUL § 1435 Rn 11; wie hier ERMAN/HECKELMANN Rn 3; PALANDT/BRUDERMÜLLER Rn 4; Münch-Komm/KANZLEITER Rn 12). Ob der Gesamtgutsverwalter von der Ersatzpflicht frei wird, wenn der Dritte den Ersatz *leistet*, wie HECKELMANN und KANZLEITER aaO annehmen, hängt davon ab, ob und inwieweit dieser im Innenverhältnis nach § 426 Abs 1 und 2 Regress nehmen kann. Nur im Falle des § 255 wird der Verwalter stets frei, wenn der Dritte leistet und den Verlust dadurch ausgleicht.

14 2. Der **Inhalt des Ersatzanspruchs** richtet sich nach der Art des Verlustes, den das Gesamtgut erlitten hat. Art und Weise sowie Umfang der Ersatzleistung bestimmen sich nach den §§ 249 ff.

15 3. Die **Geltendmachung** des Ersatzanspruchs ist in § 1435 nicht geregelt. Aus § 1446 Abs 1 ergibt sich aber, dass der Gesamtgutsverwalter den **Ersatz erst nach Beendigung des Güterstandes** zu leisten hat. Der Ersatzanspruch wird dem Gesamtgut hinzugerechnet und dann auf den Anteil des Verwalters am Überschuss angerechnet, § 1476 Abs 2 S 1. Soweit die Ersatzleistung nicht auf diese Weise erfolgt, bleibt der Verwalter dem anderen Ehegatten verpflichtet, § 1476 Abs 2 S 2. Das zeigt, dass der Pflicht zur Leistung von Ersatz zum Gesamtgut ein Anspruch des nicht verwaltenden Ehegatten gegen den Gesamtgutsverwalter zugrunde liegt (s auch Mot IV 380). Dieser Anspruch kann schon vor der Beendigung des Güterstandes durch Arrest oder einstweilige Verfügung gesichert werden (OLG Königsberg OLGE 2, 70; OLG Posen Recht 1903, 1842).

VI. Andere Folgen der Verletzung einer Verwaltungspflicht

Der nicht verwaltende Ehegatte kann, wenn seine Rechte für die Zukunft dadurch **16** erheblich gefährdet werden können, dass der andere Ehegatte sein Recht zur Verwaltung des Gesamtguts missbraucht, auf **Aufhebung der Gütergemeinschaft** klagen (§ 1447 Nr 1). Ein Recht auf Sicherheitsleistung steht dem nicht verwaltenden Ehegatten dagegen nicht zu.

VII. Entsprechende Anwendung

§ 1435 ist ganz auf den Gesamtgutsverwalter ausgerichtet. Die Vorschrift ist aber **17** insoweit auf die **Verwaltung** des Gesamtguts **durch den anderen Ehegatten** entsprechend anwendbar, als dieser ausnahmsweise **zur Verwaltung berechtigt** ist und **von seinem Recht auch Gebrauch macht.** Zur Anwendung auf den **Vormund oder Betreuer** s § 1436 Rn 4. § 1435 S 1 regelt das Wie der Verwaltung, nicht aber begründet er das Recht und die Pflicht zur Verwaltung. Daher kann S 1 (analog) auch nicht die Rechtspflicht des anderen Ehegatten entnommen werden, in die Gesamtgutsverwaltung jedenfalls dann einzugreifen, wenn er dazu nach Maßgabe der §§ 1428 ff berechtigt ist. *Wenn* er jedoch von seinem Verwaltungsrecht Gebrauch macht, muss er nach dem Sinn und Zweck des § 1435 S 2 den Gesamtgutsverwalter unterrichten und ihm auf Verlangen Auskunft erteilen. Der andere Ehegatte muss auch entsprechend S 3 für die schuldhafte Herbeiführung von Verlusten des Gesamtguts in Ausführung einer ihm an sich gestatteten Gesamtgutsverwaltung haften (SOERGEL/GAUL Rn 14; HOPPENZ FamRZ 2005, 277; für direkte Anwendung: MünchKomm/KANZLEITER Rn 4). Zur Haftung bei schuldhafter **Verweigerung der Mitwirkung** bei der Verwaltung des Gesamtguts s Rn 12; § 1451 Rn 14.

Für sonstige Minderungen des Gesamtguts durch den nicht verwaltenden Ehegatten **18** gilt § 1435 S 3 dagegen nicht. Seine Haftung setzt daher insbesondere den vollen Tatbestand einer unerlaubten Handlung voraus.

VIII. Abweichende Vereinbarungen

Durch Ehevertrag können die **Pflichten** zur ordnungsgemäßen Verwaltung, zur **19** Unterrichtung und Auskunftserteilung sowie zum Ersatz von Verlusten **verschärft werden.** So kann sich der Verwalter etwa zur regelmäßigen Auskunftserteilung verpflichten oder die Haftung für leichte Fahrlässigkeit übernehmen.

In den Grenzen des § 138 können die in § 1435 genannten Pflichten grundsätzlich **20** auch **vermindert** oder völlig **abbedungen** werden. Die Haftung für Vorsatz kann gemäß § 276 Abs 2 nicht ausgeschlossen werden. Entsprechend ist eine Vereinbarung, nach der die Verwaltung „nach freiem Belieben" geführt werden darf, jeden-

Burkhard Thiele

falls dahin einzugrenzen, dass sie nicht zu vorsätzlichen rechtswidrigen Schädigungen ermächtigt. Sie berechtigt nach der unabdingbaren Wertung des § 1447 Nr 1 auch nicht zu einem Missbrauch des Verwaltungsrechts. Dagegen ist die Haltung für grobe Fahrlässigkeit des Verwalters ausschließbar. Auch die Auskunftpflicht kann dem Verwalter erlassen werden (anders ERMAN/HECKELMANN Rn 5; SOERGEL/GAUL Rn 2; BUSCHENDORF, Die Grenzen der Vertragsfreiheit im Ehevermögensrecht [1987] 219 f). Darin liegt kein Wertungswiderspruch zu der bei § 1379 (s dort Rn 28) vertretenen abweichenden Auffassung, weil die Auskunft im gesetzlichen Güterstand unerlässlich für die Berechnung des Zugewinnausgleichs ist (für die Ausschließbarkeit der Auskunftspflicht auch MünchKomm/KANZLEITER Rn 14; PALANDT/BRUDERMÜLLER Rn 1; BAMBERGER/ROTH/MAYER Rn 6; wohl auch BGB-RGRK/FINKE Rn 14).

§ 1436
Verwalter unter Vormundschaft oder Betreuung

Steht der Ehegatte, der das Gesamtgut verwaltet, unter Vormundschaft oder fällt die Verwaltung des Gesamtguts in den Aufgabenkreis seines Betreuers, so hat ihn der Vormund oder Betreuer in den Rechten und Pflichten zu vertreten, die sich aus der Verwaltung des Gesamtgutes ergeben. Dies gilt auch dann, wenn der andere Ehegatte zum Vormund oder Betreuer bestellt ist.

Materialien: Zu § 1457 aF: E I § 1370; II § 1335 rev § 1442; III § 1440; Mot IV 393; Prot IV 259 f, 272.
Zu § 1436: E I § 1457; II § 1457; III § 1436;

BT-Drucks 1/3802, 65; BT-Drucks 2/3409, 27; BT-Drucks 11/4528, 106.
Vgl STAUDINGER/BGB-Synopse 1896–2005 § 1436.

Systematische Übersicht

1. Allgemeines

1 Wird für den **verwaltungsberechtigten Ehegatten ein Betreuer bestellt mit entsprechendem Aufgabenkreis**, so erlischt sein Recht zur Verwaltung des Gesamtguts (§ 1422) nicht. Auf den anderen Ehegatten geht das Verwaltungsrecht nur unter den besonderen Voraussetzungen des § 1429 über. Im Übrigen werden die aus der Verwaltung des Gesamtguts sich ergebenden Rechte und Pflichten gemäß § 1436 S 1 vom **Betreuer** des Verwalters wahrgenommen (vgl Mot IV 393, 363 f). Der betreute Ehegatte kann daneben handlungsfähig bleiben. Der andere Ehegatte kann auf Aufhebung der Gütergemeinschaft klagen (§ 1447 Nr 4). Zulässig ist die ehevertragliche Vereinbarung, für die Dauer der Minderjährigkeit oder mit der Anordnung der Betreuung solle der andere Ehegatte das Gesamtgut verwalten.

2. Vormundschaft

Entsprechendes gilt für die **Vormundschaft** über Minderjährige (§§ 1773 ff), falls **2** gemäß § 1303 ein Minderjähriger die Ehe geschlossen hat und zum Gesamtgutsverwalter bestellt worden ist. Der Vormundschaft gleichgestellt ist die **Pflegschaft** (§§ 1909, 1911, 1915 Abs 1; vgl Mot IV 228).

3. Vertretung durch den Vormund oder Betreuer

Der Vormund oder Betreuer hat den unter Vormundschaft stehenden oder betreu- **3** ten Ehegatten **in den Rechten und Pflichten zu vertreten**, die sich aus der Verwaltung des Gesamtguts ergeben. Er ist zum Besitz, zur Verfügung und zur Führung von Rechtsstreitigkeiten befugt (§ 1422). Er führt die Verwaltung im Namen des Gesamtgutsverwalters. In den Fällen der §§ 1423, 1424 ist er an die Zustimmung des anderen Ehegatten gebunden. In den Fällen der §§ 1821, 1822 benötigt er außerdem die Genehmigung des Vormundschaftsgerichts. Zu Schenkungen aus dem Gesamtgut ist der Vormund auch mit Zustimmung des anderen Ehegatten nicht berechtigt, sofern es sich nicht um Pflicht- oder Anstandsschenkungen handelt (§ 1804; § 1425 ist hier also gegenstandslos; vgl RGZ 91, 40). Unter den Voraussetzungen des § 1426 kann der Vormund oder Betreuer die Ersetzung der Zustimmung beantragen. § 1429 ist auf die Verwaltung beider nicht anwendbar (§ 1429 Rn 2). Vormund und Betreuer entscheiden, ob sie dem anderen Ehegatten die erforderliche Einwilligung zur Vornahme von Rechtsgeschäften oder Führung von Rechtsstreitigkeiten sowie zum selbständigen Betrieb eines Erwerbsgeschäfts erteilen wollen. Da durch Rechtsgeschäfte des nicht verwaltenden Ehegatten, die durch Einwilligung des Vormunds oder Betreuers des Verwalters gedeckt sind, das Vermögen des Verwaltenden verhaftet wird (§§ 1437 Abs 2 S 1, 1438 Abs 1), ist – von den in § 1432 bestimmten Ausnahmen abgesehen – deren Einwilligung genehmigungsbedürftig, soweit sie (entsprechend §§ 1821, 1822, 1902, 1908i) für das Vermögen des Betroffenen mittelbar Folgen haben kann (zB die Einwilligung zur Aufnahme von Geld auf den Kredit des nicht verwaltenden Ehegatten). Verweigern sie ohne ausreichenden Grund die erforderliche Zustimmung zu einem Rechtsgeschäft, das zur ordnungsmäßigen Besorgung der persönlichen Angelegenheiten des anderen Ehegatten erforderlich ist, so kann die Zustimmung auf Antrag durch das Vormundschaftsgericht ersetzt werden (§ 1430).

Für die Führung der Verwaltung gelten die §§ 1793 ff (vgl KG HRR 1933 Nr 203). Der **4** **Vormund ist ebenso wie der Betreuer** dem Mündel oder Betreuten nach §§ 1833, 1908i dem anderen Ehegatten nach § 1435 **verantwortlich** (wie hier Bamberger/Roth/ Mayer Rn 1; BGB- RGRK/Finke Rn 5; anders Soergel/Gaul Rn 4; MünchKomm/Kanzleiter Rn 3: nach § 1435 hafte der vom Vormund vertretene Gesamtgutsverwalter). Der Ersatzanspruch nach § 1833 kann schon während der Vormundschaft (§ 1843 Abs 2) und während der Gütergemeinschaft gerichtlich geltend gemacht werden.

4. Der nicht verwaltende Ehegatte als Vormund oder Betreuer (S 2)

5 Zum Vormund oder Betreuer des Gesamtgutsverwalters **kann auch der andere Ehegatte bestellt werden**. Gemäß § 1436 S 2 gilt dann ebenfalls § 1436 S 1: Der andere Ehegatte hat im Namen des Gesamtgutsverwalters dessen Verwaltungsrecht für ihn auszuüben. Im Übrigen behält er die Rolle des nicht verwaltenden Ehegatten. In den Fällen der §§ 1423, 1424 ist daher seine Zustimmung ebenfalls erforderlich. Der zum Vormund oder Betreuer bestellte andere Ehegatte ist berechtigt, die erforderliche Zustimmung sich selbst zu erteilen, so etwa die Zustimmung des Gesamtgutsverwalters zur Vornahme von Rechtsgeschäften oder zur Führung von Rechtsstreitigkeiten sowie zum selbständigen Betrieb eines Erwerbsgeschäfts (hM, so schon zu §§ 1395, 1409 aF: Mot IV 287 f; KG KGJ 22 A 142; RJA 4, 76 und KGJ 27 A 166) und die Zustimmung des nicht verwaltenden Ehegatten in den Fällen der §§ 1423–1425 (so FUCHS SeuffBl 75, 417). § 1436 **durchbricht** also trotz des Interessenwiderstreits das in § **181** niedergelegte Verbot des Selbstkontrahierens. Das findet seine Rechtfertigung darin, dass die §§ 1423–1425 gerade den Schutz des jetzt verwaltenden Ehegatten bezwecken. In der Vornahme des Rechtsgeschäfts ist regelmäßig die Erteilung der Zustimmung enthalten (**aM** ERMAN/HECKELMANN Rn 1; KGJ 22 A 142: erforderlich ist eine besondere ausdrücklich oder in konkludenter Weise abgegebene Erklärung über seine Einwilligung). Der Vormund oder Betreuer ist verpflichtet, ein Verzeichnis des Gesamtguts dem Vormundschaftsgericht einzureichen (§ 1802) und ihm über die Verwaltung des Gesamtguts Auskunft zu erteilen (§ 1839) sowie periodisch Rechnung zu legen (§ 1840; so mit Recht FUCHS SeuffBl 75, 416).

6 Die Haftung des zum Vormund oder Betreuer bestellten Ehegatten bemisst sich nach §§ 1833, 1908 i nicht nach § 1435. Die Haftungsmilderung nach § 1359 kommt ihm insoweit nicht zugute.

5. Geschäftsunfähigkeit und beschränkte Geschäftsfähigkeit oder Betreuung des nicht verwaltenden Ehegatten

7 Durch die Geschäftsunfähigkeit, beschränkte Geschäftsfähigkeit oder Betreuung des Ehegatten, der das Gesamtgut nicht verwaltet, wird das Recht des anderen Ehegatten auf Verwaltung des Gesamtguts nicht berührt. Die gemäß §§ 1423–1426 erforderliche Einwilligung des nicht verwaltenden Ehegatten ist in diesem Falle von seinem gesetzlichen Vertreter zu erteilen. Ist der Verwalter zum Vormund oder Betreuer des anderen Ehegatten bestellt worden (vgl §§ 1778 Abs 3, § 1897), so kann er die erforderliche Zustimmung sich selbst gegenüber allerdings nicht erteilen; hierzu wäre gemäß §§ 1795 Abs 2, 1908i; 181, 1909 die Bestellung des Pflegers erforderlich. Dagegen steht kein Hindernis entgegen, dass der Verwalter die erforderliche Zustimmung gemäß § 182 Abs 1 dem anderen Teile gegenüber erklärt (so mit überzeugender Begründung FUCHS SeuffBl 75, 340 ff; ebenso BGB-RGRK/FINKE Rn 6; aM ROHDE ZBlFG 11, 155 ff). Einer Schenkung aus dem Gesamtgut kann der Vormund nach § 1804 nicht zustimmen; der § 1425 ist hier also gegenstandslos (RGZ 91, 40). Auf die vom Vormund oder Betreuer erteilte Genehmigung einer Auflassung findet § 1829, nicht § 1831 Anwendung (KG HRR 1933 Nr 203 zu § 1487).

6. Abweichende Vereinbarungen

Die betreuungs- und vormundschaftsrechtlichen Gehalte des § 1436 sind auch ehe- **8** vertraglichen Abänderungen nicht zugänglich. Im Ehevertrag kann jedoch vorgesehen werden, dass die **Verwaltung des Gesamtguts dem anderen Ehegatten zustehen solle**, wenn und solange der Ehegatte, der das Gesamtgut verwaltet (oder es verwalten soll) unter Betreuung, Vormundschaft oder Pflegschaft steht (hM, vgl auch § 1458).

Vorbemerkungen zu §§ 1437–1440

Systematische Übersicht

I. Übersicht

Die §§ 1437–1444 behandeln die **Schuldenhaftung** in der Gütergemeinschaft bei **1** Verwaltung des Gesamtgutes durch den Mann oder die Frau. Die §§ 1437–1440 ordnen das Verhältnis der Ehegatten zu den Gläubigern, und zwar enthält § 1437 den Grundsatz, die §§ 1438 bis 1440 die Ausnahmefälle. Die §§ 1441–1444 behandeln das Verhältnis der Ehegatten zueinander.

II. Die Rechtsentwicklung

Die **früheren Rechte**, die auf dem Boden der allgemeinen Gütergemeinschaft stan- **2** den, unterschieden bei der Schuldenhaftung zwischen den vorehelichen und den eigentlichen Eheschulden (vgl Mot IV 346 ff). Für die vorehelichen Schulden der beiden Ehegatten ließen die meisten Rechte das Gesamtgut haften („die dem Manne trauet, die trauet der Schuld"), so etwa das PrALR Teil II Titel 1 § 391. Auch Schulden, die während der Ehe oder während der Gütergemeinschaft entstanden, fielen nach den meisten Rechten dem Gesamtgut zur Last, so auch nach PrALR Teil II Titel 1 §§ 380, 384, 389, 390.

Das BGB regelte die Schuldenhaftung der Ehegatten gegenüber den Gläubigern **3** früher in den §§ 1459–1462 aF. In der Übergangszeit vom 1. 4. 1953–30. 6. 1958 haftete Art 3 Abs 2 GG zufolge das Gesamtgut für alle Schulden beider Ehegatten. Die sich aus §§ 1460–1462 aF ergebenden Einschränkungen entfielen. Außerdem hafteten beide Ehegatten persönlich als Gesamtschuldner (Arnold Komm § 1459 aF Anm 1 u 2; Palandt/Lauterbach [16. Aufl] und Soergel/Vogel Vorbem zu § 1459 aF).

4 Das **GleichberG** hat die frühere Regelung ohne sachliche Änderungen in die §§ 1437 bis 1440 übernommen. Abweichend von den §§ 1461, 1462 aF erwähnen die entsprechenden §§ 1439, 1440 nF auch das Sondergut. Dieser Unterschied beruht auf einem gesetzestechnischen Grund: Früher verwies § 1439 S 2 aF hinsichtlich des Sonderguts auf die bei der Errungenschaftsgemeinschaft für das eingebrachte Gut geltenden Vorschriften, also insbesondere auf den § 1530 Abs 1 aF; diese Verweisung musste das GleichberG ersetzen, weil es die Errungenschaftsgemeinschaft nicht mehr regelt.

III. Das System der Gesamtgutshaftung

5 Das Gesamtgut ist nicht als Rechtssubjekt konzipiert. Es kann deshalb auch nicht Haftungssubjekt sein. Die Gütergemeinschaft tritt auch nicht im Rechtsverkehr als Einheit auf. Das Gesetz entwickelt deshalb ein eigenartiges Haftungssystem, das an die Verbindlichkeiten der isoliert betrachteten Ehegatten anknüpft, die allein Haftungssubjekte sein können. Danach setzt jede Gesamtgutshaftung voraus, dass mindestens ein Ehegatte Schuldner ist. Ob dem Gläubiger dieses Ehegatten nur dessen Vorbehalts- und Sondergut oder auch das Gesamtgut haftet, bestimmt das Gesetz. Dass die gesetzliche Regelung der §§ 1437 ff durch Vertrag mit dem Gläubiger im Einzelfall dahin modifiziert werden kann, dass diesem nur das Gesamtgut oder nur das Vorbehalts- und Sondergut haften solle, steht nicht im Widerspruch dazu. Auch die sog *„reinen Gesamtgutsverbindlichkeiten"* gehen auf die Schuld eines oder beider Ehegatten zurück. So ist der Gesamtgutsverwalter, der ein Verpflichtungsgeschäft mit der Maßgabe abgeschlossen hat, dass er „nicht persönlich" oder dass „nur das Gesamtgut" hafte, dennoch selbst („persönlich") Schuldner. Nur der Zugriff des Gläubigers ist auf das Gesamtgut beschränkt.

6 Das gesetzliche Haftungskonzept ist jedoch nicht rein darstellbar und auch im Gesetz selbst nicht konsequent durchgeführt. So sind die Gesamtgutsverbindlichkeiten aus § 1434 und aus § 1445 Abs 2 nicht oder nicht notwendig an die Verbindlichkeit eines Ehegatten angelehnt. Hier ordnet *das Gesetz* eine primäre reine Gesamtgutshaftung an, die als Gesamthandsverbindlichkeit der Ehegatten zu begreifen ist.

IV. Grundzüge des Haftungsschemas

7 **1.** Das Gesetz unterscheidet die **Haftung des Gesamtgutes** (§§ 1437 Abs 1, 1438–1440) und die **persönliche Haftung** jedes Ehegatten mit seinem Sonder- und Vorbehaltsgut für eigene Schulden. Eine besondere Regelung, für die es zu Lasten des nicht verwaltenden Ehegatten keine Entsprechung gibt, trifft § 1437 Abs 2 (**akzessorische persönliche Haftung** des Verwalters für Verbindlichkeiten des nicht verwaltenden Ehegatten). Die Haftung der einzelnen Gütermassen hängt davon ab, ob die Verbindlichkeit in der Person des verwaltenden Ehegatten oder in der Person des anderen Ehegatten entsteht; ferner ist entscheidend, ob die Verbindlichkeit vor oder nach Eintritt der Gütergemeinschaft entsteht. Danach ergibt sich folgendes **Haftungsschema**:

2. Das Gesamtgut haftet 8

a) für alle Verbindlichkeiten des verwaltenden Ehegatten;

b) für die Verbindlichkeiten des nicht verwaltenden Ehegatten

(1) aus der Zeit vor Eintritt der Gütergemeinschaft unbeschränkt,

(2) aus der Zeit nach Eintritt der Gütergemeinschaft mit Ausnahme der in §§ 1438–1440 genannten Verbindlichkeiten;

c) für alle Verbindlichkeiten aus gemeinschaftlichen Rechtsgeschäften der Ehegatten (s § 1437 Rn 7–9).

3. Das Sonder- und Vorbehaltsgut des verwaltenden Ehegatten haftet

a) für dessen eigene Verbindlichkeiten;

b) für die Verbindlichkeiten des nicht verwaltenden Ehegatten, sofern für sie das Gesamtgut haftet (2 b) mit der Einschränkung des § 1437 Abs 2 S 2.

4. Das **Sonder- und Vorbehaltsgut des nicht verwaltenden Ehegatten** haftet nur für dessen eigene Verbindlichkeiten.

5. Die Haftung des Gesamtgutes ist danach durchweg von zusätzlicher persönlicher Haftung begleitet (Ausnahmen oben zu Rn 5 f). Der Gläubiger des nicht verwaltenden Ehegatten ist am stärksten gesichert: Er hat die Möglichkeit des Zugriffs auf fünf Vermögensmassen (Gesamtgut und Sondergüter beider Ehegatten).

V. Zwecke der Haftungsverteilung

Dass neben dem Gesamtgut grundsätzlich auch das Vermögen des Verwalters den 9 Gläubigern beider Ehegatten zur Befriedigung zugänglich gemacht ist, hat seinen Grund in der Machtvollkommenheit des Einzelverwalters. Würde das Vorbehaltsgut (und Sondergut, soweit pfändbar) des Verwalters zur Erfüllung seiner Verbindlichkeiten nicht bereitgestellt, wäre für ihn der Anreiz gegeben, Gesamtgut in sein Vorbehaltsgut zu überführen und dadurch sowohl seine Gläubiger als auch den anderen Ehegatten zu schädigen (Mot IV 367 f; Prot V 282). Die gesamtschuldnerische Mithaftung des Verwalters gemäß § 1437 Abs 2 soll ihn warnen, dass die Ausschöpfung des Gesamtgutes für eigene Belange des Verwalters den Zugriff wegen unberücksichtigt gelassener Verbindlichkeiten des anderen Ehegatten auf sein eigenes Sondervermögen lenkt. Neben den Möglichkeiten, die dem anderen Ehegatten bei eigennützigem Wirtschaften des Verwalters gemäß §§ 1435 S 3, 1447 gegeben sind, ist diese Haftungsregelung rechtspolitisch bedenklich (s auch DÖLLE I 932 Fn 28).

VI. Besonderheiten der Zwangsvollstreckung auf Grund von Gesamtgutsverbindlichkeiten

10 Die im E I zum BGB enthaltenen Vorschriften über die Zwangsvollstreckung in das Gesamtgut wurden von der II. Komm in die ZPO verwiesen (vgl E I § 1360; Mot IV 368 ff; Prot IV 135 Anm 1, 263; VI 706 ff; DzZPO 109 ff). Die einschlägigen §§ 740–745 haben durch das GleichberG Art 2 Nr 4 Änderungen erfahren, um sie an das eheliche Güterrecht anzupassen. Für die Zwangsvollstreckung in das Sondergut und das Vorbehaltsgut gelten keine Besonderheiten. Die Zwangsvollstreckung für oder gegen das Gesamtgut hingegen erfordert besondere Vorschriften.

11 Nach § 740 Abs 1 ZPO ist, wenn die Ehegatten in Gütergemeinschaft leben und einer von ihnen das Gesamtgut allein verwaltet, **zur Zwangsvollstreckung in das Gesamtgut ein Urteil gegen den Verwalter erforderlich und genügend.** Diese Bestimmung ergibt sich daraus, dass das Gesamtgut sich gemäß § 1422 ausschließlich in der Hand und unter der Verfügungsgewalt des Gesamtgutsverwalters befindet (Mot IV 368). Das Anteilsrecht des anderen Ehegatten, das an sich gemäß § 771 ZPO zur Widerspruchsklage berechtigen würde, wird also durch § 740 ZPO beiseite geschoben.

12 In dem Urteil braucht der Verwalter nur mit seinem Namen als Partei bezeichnet zu sein. Es ist nicht erforderlich, dass sich aus ihm das Bestehen der Gütergemeinschaft ergibt. Der verwaltende Ehegatte braucht auch nicht als Verwalter oder Vertreter des Gesamtguts gekennzeichnet zu sein (KG HRR 1932 Nr 1984 unter Aufgabe seiner früheren Rspr; s OLGE 9, 113 = KGJ 26 A 260; OLGE 11, 112 = KGJ 29 A 150). Dem Vollstreckungsorgan sind jedoch die **Voraussetzungen des § 740 ZPO nachzuweisen** (LG Frankenthal Rpfleger 1975, 371).

13 Zur Vollstreckung in das Gesamtgut ist die **Verurteilung** des verwaltenden Ehegatten **zur Leistung** erforderlich. Dementsprechend muss auch der **Klagantrag** lauten. Wegen der einzigen Ausnahme Erwerbsgeschäft des nicht verwaltenden Ehegatten, § 741 ZPO s unten Vorbem 16. Den Leistungstiteln stehen die in § 794 ZPO genannten Schuldtitel gleich (§ 795 ZPO), insbesondere gerichtliche Vergleiche (aM KG OLGE 24, 10), vom Verwalter ausgestellte vollstreckbare Urkunden (KG KGJ 32 A 273 = RJA 7, 215) und Kostenfestsetzungsbeschlüsse (OLG Posen SeuffA 62 Nr 196). Dagegen **reicht ein Urteil** gegen den Verwalter auf **Duldung der Zwangsvollstreckung nicht** aus (anders RG JW 1909, 321; RG SeuffA 65 A Nr 16; MünchKomm/Kanzleiter § 1437 Rn 13; Palandt/Brudermüller § 1437 Rn 8; **wie hier** Bamberger/Roth/Mayer § 1437 Rn 7; Rauscher Rn 463; Soergel/Gaul § 1437 Rn 7).

14 Auch zum Gesamtgut gehörende **Grundstücke** unterliegen, obwohl das Verfügungsrecht des Gesamtgutsverwalters insoweit beschränkt ist (§ 1424) der Zwangsvollstreckung auf Grund eines gegen ihn gerichteten vollstreckbaren Titels (KG RJA 5, 194, 196; KG OLGE 9, 113; 11, 283; OLG München OLGE 25, 18; Mot IV 368; vgl hierzu auch RGZ 69, 181; BGHZ 48, 369, 372). § 740 Abs 1 ZPO ist insbesondere anwendbar, wenn der Gesamtgutsverwalter allein zur Auflassung verurteilt ist, da die Fiktion des § 894 ZPO nicht Urteilswirkung, sondern Zwangsvollstreckung darstellt (KG OLGE 9, 113).

15 Ein gegen den verwaltenden Ehegatten ergangenes Urteil ist zur Zwangsvollstreckung in das Gesamtgut **auch dann** erforderlich, **wenn der andere Ehegatte** gemäß §§ 1428, 1429 **zur Führung des Rechtsstreits** mit Wirkung gegen das Gesamtgut **befugt war** und im eigenen Namen prozessiert hat (hM). Die Vorschrift gilt ferner, wenn der andere Ehegatte einen Prozess **mit Zustimmung** des Gesamtgutsverwalters geführt (und verloren) hat (RGZ 56, 75; s auch RGZ 148, 247). Sie gilt weiter in den Fällen des § 1433; hier erleichtert jedoch § 742 ZPO die Erlangung einer vollstreckbaren Ausfertigung gegen den Gesamtgutsverwalter (s dazu Vorbem 6 zu §§ 1459 ff).

Eine **Ausnahme** von dem Grundsatz des § 740 gilt nach § **741 ZPO**: Wenn der nicht **16** verwaltende Ehegatte selbständig ein **Erwerbsgeschäft** betreibt, so ist zur Zwangsvollstreckung in das Gesamtgut ein gegen ihn ergangenes Urteil genügend, es sei denn, dass zur Zeit des Eintritts der Rechtshängigkeit der Einspruch des verwaltenden Ehegatten gegen den Betrieb des Erwerbsgeschäfts oder der Widerruf seiner Einwilligung zu dem Betrieb im Güterrechtsregister eingetragen war. Findet hiernach die Zwangsvollstreckung in das Gesamtgut statt, so kann der verwaltende Ehegatte gemäß § 774 ZPO nach Maßgabe des § 771 ZPO Widerspruch erheben, wenn das gegen den anderen Ehegatten ergangene Urteil in Ansehung des Gesamtgutes ihm gegenüber unwirksam ist (s auch § 1431 Rn 29). Die Vorschrift des § 741 ZPO gilt formell für alle Verbindlichkeiten des nicht verwaltenden Ehegatten ohne Rücksicht darauf, ob sie mit dem Betrieb des Erwerbsgeschäfts zusammenhängen oder nicht (BayObLG FamRZ 1983, 1129; Meikel SeuffBl 67, 232); der nicht verwaltende Ehegatte kann aber die Einwendung, materiellrechtlich liege keine Gesamtgutsverbindlichkeit vor, im Wege der Widerspruchsklage (§ 774 ZPO) geltend machen (Baur FamRZ 1958, 258). Der Besitz des Gesamtgutsverwalters an Gesamtgutssachen hindert angesichts des § 739 ZPO die Vollstreckung nicht. Zur Vollstreckung in Rechte, die im Grundbuch nur auf den Namen des verwaltungsberechtigten Ehegatten eingetragen sind, ist die vorherige Berichtigung des Grundbuchs notwendig.

Wird aus einem lediglich **gegen den nicht verwaltenden Ehegatten ergangenen Urteil 17** die Zwangsvollstreckung in das Gesamtgut betrieben, so kann der Gesamtgutsverwalter sein Recht am Gesamtgut gemäß § 771 ZPO geltend machen. Dagegen kann der Gläubiger seinerseits einwenden, dass die zu vollstreckende Schuld eine Gesamtgutsverbindlichkeit sei. Zum Einwand der materiellen Haftung des Widerspruchsklägers s Bettermann, in: FS F Weber (1975) 96 ff; Stein/Jonas/Münzberg § 771 Rn 48; BGH LM Nr 2 zu § 771 ZPO. Einwendungen nach § 766 ZPO können beide Ehegatten wegen § 739 ZPO nicht mehr auf ihren Besitz oder Gewahrsam gründen.

Über die **Zwangsvollstreckung** in das Gesamtgut und über die Erteilung einer in **18** Ansehung des Gesamtguts vollstreckbaren Urteilsausfertigung **nach der Beendigung der Gütergemeinschaft** s §§ 743, 744, 794 Abs 2 ZPO. Über die Zwangsvollstreckung in das Gesamtgut der fortgesetzten Gütergemeinschaft s § 745 ZPO. Der **Anteil** eines Ehegatten **am Gesamtgut** und an den einzelnen dazu gehörenden Gegenständen ist während der bestehenden Gütergemeinschaft der Pfändung nicht unterworfen (§ 860 ZPO, s § 1419 Rn 26). Über die Zwangsvollstreckung in das *Sondergut* eines Ehegatten s § 1417 Rn 23; über die Zwangsvollstreckung in das *Vorbehaltsgut* eines Ehegatten § 1418 Rn 58.

VII. Insolvenzverfahren

19 Die Eröffnung des Insolvenzverfahrens über das Vermögen des verwaltenden oder des nicht verwaltenden Ehegatten **beendigt die Gütergemeinschaft nicht** und berechtigt den anderen Ehegatten grundsätzlich auch nicht zur Klage auf Aufhebung der Gütergemeinschaft (Mot IV 398; Prot IV 227 ff).

20 Gemäß § 37 Abs 1 S 1 InsO gehört, wenn **über das Vermögen** des **Gesamtgutsverwalters das Insolvenzverfahren eröffnet** wird, das Gesamtgut zur Insolvenzmasse; eine Auseinandersetzung wegen des Gesamtguts zwischen den Ehegatten findet nicht statt. Für die Anwendung des § 84 InsO ist daher kein Raum. Diese Regelung beruht (ähnlich wie § 740 ZPO) auf der beherrschenden Stellung des Gesamtgutsverwalters nach außen und auf der gleichstufigen Haftung seines Eigenvermögens und des Gesamtguts.

21 Durch das **Insolvenzverfahren über das Vermögen des nicht verwaltenden Ehegatten** wird das Gesamtgut nicht berührt (§ 37 Abs 1 S 3 InsO; vgl Mot IV 373). Der Gesamtgutsverwalter kann demnach das ganze Gesamtgut aussondern (§ 47f InsO, § 1422). Das gilt auch für den Fall, dass der nicht verwaltende Ehegatte ein Erwerbsgeschäft betreibt (BGH FamRZ 2006, 1030 mwNw). Der Anteil des nicht verwaltenden Ehegatten am Gesamtgut und an den einzelnen dazu gehörenden Gegenständen ist der Pfändung nicht unterworfen (§ 860 Abs 1 ZPO) und kann daher nach § 36 InsO auch nicht zur Insolvenzmasse gezogen werden. Ebensowenig kann das ganze Gesamtgut in die Insolvenzmasse fallen, weil es nicht allen Gläubigern des nicht verwaltenden Ehegatten haftet, die Insolvenzmasse nach § 38 InsO aber zur gemeinschaftlichen Befriedigung aller persönlichen Verbindlichkeiten dient. Die Gläubiger des nicht verwaltungsberechtigten Ehegatten können aber die Einzelzwangsvollstreckung in das Gesamtgut betreiben, denn der verwaltende Ehegatte als Gesamtschuldner (§ 1437 Abs 2 S 1) haftet ihnen mit dem Gesamtgut. Insoweit sind die Gläubiger des anderen Ehegatten nicht Insolvenzgläubiger, so dass § 89 InsO sie nicht hindert.

22 Dass **in der Insolvenz** über das Vermögen des verwaltungsberechtigten Ehegatten der Insolvenzverwalter den **Verwaltungsbeschränkungen** der §§ 1423–1425 nicht unterliegt, ist selbstverständlich, da jene Beschränkung auch der Pfändung von Seiten der Gläubiger des verwaltenden Ehegatten nicht entgegenstehen (Mot IV 372).

§ 1437
Gesamtgutsverbindlichkeiten; persönliche Haftung

(1) Aus dem Gesamtgut können die Gläubiger des Ehegatten, der das Gesamtgut verwaltet, und, soweit sich aus den §§ 1438 bis 1440 nichts anderes ergibt, auch die Gläubiger des anderen Ehegatten Befriedigung verlangen (Gesamtgutsverbindlichkeiten).

(2) Der Ehegatte, der das Gesamtgut verwaltet, haftet für die Verbindlichkeiten des anderen Ehegatten, die Gesamtgutsverbindlichkeiten sind, auch persönlich als Gesamtschuldner. Die Haftung erlischt mit der Beendigung der Gütergemeinschaft,

wenn die Verbindlichkeiten im Verhältnis der Ehegatten zueinander dem anderen Ehegatten zur Last fallen.

Materialien: Zu § 1459 aF: E I § 1358; II § 1356 rev § 1444; III § 1442; Mot IV 364 ff; Prot IV 261 f, 281; D 694.
Zu § 1437: E I § 1459; II § 1456; III § 1437; BT-Drucks 1/3802, 65; BT-Drucks 2/3409, 27. Vgl STAUDINGER/BGB-Synopse 1896–2005 § 1437.

Systematische Übersicht

I. Grundsätze der Haftung

§ 1437 enthält für die Gütergemeinschaft mit Einzelverwaltung **zwei zentrale Grund-** **1** **sätze** der Schuldenhaftung gegenüber den Gläubigern.

1. Gesamtgutshaftung

Für sämtliche Verbindlichkeiten des verwaltenden Ehegatten und – von den Aus- **2** nahmen der §§ 1438–1440 abgesehen – auch **für sämtliche Verbindlichkeiten des nicht verwaltenden Ehegatten haftet das Gesamtgut.** Dieser Grundsatz beruht auf zwei Erwägungen: Zunächst gehört das Gesamtgut beiden Ehegatten in der Art gemeinschaftlich, dass ihre Anteile während der Dauer der Gemeinschaft nicht hervortreten und als selbständige Vermögensrechte nicht geltend gemacht werden können; zum anderen darf die Gütergemeinschaft nicht dahin führen, das gemeinschaftliche Vermögen dem Zugriff der Gläubiger des einen oder anderen Ehegatten zu entziehen. Dies entspricht dem Grundgedanken der Gütergemeinschaft, dass das gemeinschaftliche Vermögen die Funktion des Vermögens sowohl für den einen als auch für den anderen Ehegatten hat und die eheliche Wirtschaft auf gemeinsamen Gedeih und Verderb geführt wird (Mot IV 364).

2. Persönliche Haftung des Gesamtgutsverwalters

Der verwaltende Ehegatte haftet persönlich für die Gesamtgutsverbindlichkeiten **3** des nicht verwaltenden Ehegatten (Abs 2). Nicht aber trifft umgekehrt den nicht verwaltenden Ehegatten eine Haftung für die Gesamtgutsverbindlichkeiten des Verwalters. Aus der ehelichen Gemeinschaft kann eine über das Gesamtgut hinausgehende Haftung des einen Ehegatten für die Schulden des anderen nicht abgeleitet werden. Eine persönliche Haftung des nicht verwaltenden Ehegatten für die Schulden des Gesamtgutsverwalters findet auch sonst keine Gründe. Die innere Rechtfertigung dafür, die Haftung des nicht verwaltenden Ehegatten für die Schulden des anderen Ehegatten auf das Gesamtgut zu beschränken, liegt in dem weitgreifenden Verfügungsrecht des Gesamtgutsverwalters und in der passiven Stellung des nicht verwaltenden Ehegatten; seine beschränkte Haftung für die Verbindlichkeiten des Verwalters bindet den durch die Billigkeit geforderten Ausgleich für die ungleiche Berechtigung der Ehegatten.

4 Anders wird die Interessenlage des verwaltungsberechtigten Ehegatten beurteilt. Die persönliche Haftung des Verwalters für die Gesamtgutsverbindlichkeiten des nicht verwaltenden Ehegatten kann für jenen zwar unter Umständen zu Härten führen. Entscheidend fällt jedoch ins Gewicht, dass dem Gesamtgutsverwalter das fast unbeschränkte Verfügungsrecht über das Gesamtgut zusteht; kraft dessen könnte er Gesamtgut in sein Sonder- oder Vorbehaltsgut verwenden und es damit dem Vollstreckungszugriff der Gläubiger entziehen oder auch zum Nachteil des anderen Ehegatten seine eigenen Schulden aus dem Gesamtgut bezahlen und die Schulden des anderen Ehegatten unbezahlt lassen (Mot IV 367 f). Im Hinblick darauf, dass die persönliche Haftung des verwaltenden Ehegatten für die Gesamtgutsverbindlichkeiten lediglich in der Gütergemeinschaft ihren Grund hat, beschloss die II. Komm die aus § 1437 Abs 2 S 2 ersichtliche zeitliche Begrenzung (Prot IV 281 f; vgl Mot IV 417 f).

II.   Gesamtgutsverbindlichkeiten

1.   Begriff

5 Den Begriff der Gesamtgutsverbindlichkeit prägt § 1437 Abs 1. Der Ausdruck „Gesamtgutsverbindlichkeiten" leistet der unrichtigen Auffassung Vorschub, als gebe es Verbindlichkeiten, deren Schuldner das (personifizierte) Gesamtgut selbst sei. In Wahrheit **sind** auch bei der Gütergemeinschaft **nur der Mann oder die Frau oder beide Ehegatten Schuldner**. Gesamtgutsverbindlichkeiten nennt das Gesetz diejenigen Verbindlichkeiten, für welche der Gläubiger Befriedigung aus dem Gesamtvermögen verlangen kann. Das Gesamtgut haftet dann ohne Rücksicht darauf, ob sich der Gläubiger ebenso gut aus dem Sonder- oder Vorbehaltsgut des Ehegatten befriedigen könnte. Soweit eine Verbindlichkeit des verwaltenden oder des nicht verwaltenden oder beider Ehegatten nicht Gesamtgutsverbindlichkeit ist, kann der Gläubiger während des Bestehens der Gütergemeinschaft lediglich aus etwaigen Sondergütern oder Vorbehaltsgütern der Ehegatten (§§ 1417, 1418) Befriedigung verlangen.

2.   Verbindlichkeiten des Gesamtgutsverwalters

6 Gesamtgutsverbindlichkeiten sind **alle Verbindlichkeiten** des Ehegatten, der das Gesamtgut verwaltet, gleichviel ob sie vor oder nach dem Eintritt der Gütergemein-

schaft – nicht allerdings nach deren Beendigung (§ 1475 Rn 3; BGH FamRZ 1986, 41; BayObLG FamRZ 1989, 1119) – entstanden sind, ob sie sich auf das Gesamtgut oder auf sein Sondergut oder Vorbehaltsgut beziehen und ob sie auf Rechtsgeschäft oder auf Gesetz (zB auf einer unerlaubten Handlung) beruhen.

3. Verbindlichkeiten des anderen Ehegatten

Gesamtgutsverbindlichkeiten sind ferner diejenigen **Verbindlichkeiten** des nicht ver- **7** waltenden Ehegatten, die **vor dem Eintritt der Gütergemeinschaft entstanden** sind. Dagegen gelten für Verbindlichkeiten, die **nach diesem Zeitpunkt** entstanden sind, gewisse **Ausnahmen.** Für sie war der Gedanke maßgebend, für solche Verbindlichkeiten der Frau, für die beim früheren gesetzlichen Güterstand ihr eingebrachtes Gut nicht haftete, dürfe bei der Gütergemeinschaft auch das Gesamtgut nicht haften (Mot IV 373). Zunächst enthält § 1438 Abs 1 die wichtige Einschränkung, dass die aus einem während der Gütergemeinschaft vorgenommenen **Rechtsgeschäft** entstandenen Verbindlichkeiten des nicht verwaltenden Ehegatten lediglich dann Gesamtgutsverbindlichkeiten sind, wenn der Gesamtgutsverwalter dem Rechtsgeschäft **zustimmt** oder wenn das Rechtsgeschäft **ohne seine Zustimmung** für das Gesamtgut **wirksam** ist. Sodann bestimmen die §§ 1439 und 1440 weitere Ausnahmen für gewisse Verbindlichkeiten, die mit dem Sonder- oder Vorbehaltsgut des nicht verwaltenden Ehegatten zusammenhängen.

Von diesen Ausnahmen abgesehen, sind alle Verbindlichkeiten des nicht verwalten- **8** den Ehegatten Gesamtgutsverbindlichkeiten. Dies gilt insbesondere auch für Verbindlichkeiten ex lege, also aus **unerlaubter Handlung** (ein in der II. Komm gefasster gegenteiliger Beschluss wurde später wieder aufgehoben, s Mot IV 263, 282), ferner für auf Gesetz beruhende **Unterhaltsverbindlichkeiten** (Mot IV 375 f; OLG Darmstadt OLGE 1, 164; OLG Hamburg OLGE 6, 421), für Schulden aus einer **Vermögensübernahme** gemäß § 419 aF (OLG Augsburg BayZ 1931, 144), für die Verpflichtung zur **Rückgewähr** auf Grund des Anfechtungsgesetzes (RG Gruchot 48, 1017).

4. Verbindlichkeiten beider Ehegatten

Die Ehegatten können auch **gemeinschaftliche Verbindlichkeiten** begründen. Ob sie **9** für eine solche Verbindlichkeit als **Teil- oder Gesamtschuldner** haften, bestimmt sich nach den allgemeinen Grundsätzen der §§ 420 ff (s insbes § 427). Ob die Verbindlichkeit des einzelnen Ehegatten eine *Gesamtgutsverbindlichkeit* bildet, ist dann nach den oben (Rn 5 ff) aufgeführten Gesichtspunkten zu entscheiden.

5. Beweislast

Da auch die Verbindlichkeiten des Ehegatten, der das Gesamtgut nicht verwaltet, in **10** der Regel Gesamtgutsverbindlichkeiten sind (s § 1437 Abs 1), obliegt der Beweis, dass eine Verbindlichkeit nicht Gesamtgutsverbindlichkeit ist, demjenigen, der dies behauptet. Eine Ausnahme gilt nur für § 1438 Abs 1: Dass der Verwalter zu dem Rechtsgeschäft seine Zustimmung erteilt hat oder dass das Rechtsgeschäft ohne seine Zustimmung für das Gesamtgut wirksam ist, hat derjenige zu beweisen, der das Vorliegen einer Gesamtgutsverbindlichkeit behauptet.

III. Persönliche Haftung der Ehegatten

1. Begriff

11 Der Begriff der „persönlichen Haftung", den § 1437 Abs 2 S 1 einführt, bedeutet Haftung mit dem Sonder- und Vorbehaltsgut des Ehegatten. Die Vollstreckung in das Sondergut wird jedoch zumeist an § 851 Abs 1 ZPO scheitern.

2. Haftung des Gesamtgutsverwalters

12 a) Der Ehegatte, der das Gesamtgut verwaltet, haftet persönlich selbstverständlich für die **in seiner Person entstandenen Verbindlichkeiten**. Außerdem haftet er gemäß § 1437 Abs 2 S 1 aber auch für die **Verbindlichkeiten des anderen Ehegatten, die Gesamtgutsverbindlichkeiten sind** (vgl §§ 1437 Abs 1, 1438–1440), persönlich als Gesamtschuldner. Der Gläubiger des nicht verwaltenden Ehegatten kann also nicht nur aus dem Gesamtgut oder aus dem etwaigen Sonder- und Vorbehaltsgut des nicht verwaltenden Ehegatten Befriedigung verlangen, sondern auch aus dem etwa vorhandenen Sonder- oder Vorbehaltsgut des Gesamtgutsverwalters. Dies gilt nicht nur für Geldansprüche, sondern auch für Ansprüche auf Herausgabe individuell bestimmter Sachen (RG JW 1904, 176 Nr 20). Mit dem Klageantrag auf „Zahlung aus dem Gesamtgut" wird nur die Haftung des Gesamtgutsverwalters mit dem Gesamtgut geltend gemacht, nicht aber seine persönliche Haftung (RG SeuffA 65 Nr 16 S 35 f).

13 b) Der verwaltungsberechtigte Ehegatte ist im Falle des § 1437 Abs 1 neben dem anderen Ehegatten **Gesamtschuldner**. Solange dem nicht verwaltenden Ehegatten das Recht zusteht, das seiner Verbindlichkeit zugrunde liegende Rechtsgeschäft **anzufechten**, oder solange sich der Gläubiger durch **Aufrechnung** gegen eine fällige, zum Sondergut oder Vorbehaltsgut des nicht verwaltenden Ehegatten gehörende Forderung befriedigen kann, steht dem Gesamtgutsverwalter analog § 770 eine dilatorische Einrede zu (ENNECCERUS/KIPP/WOLFF § 64 III 2; GERNHUBER/COESTER-WALTJEN § 38 Rn 93 Fn 129; BAMBERGER/ROTH/MAYER Rn 5; DÖLLE I 927). Hinsichtlich der Wirkung eines gegen den nicht verwaltenden Ehegatten ergangenen rechtskräftigen Urteils (§ 425 Abs 2) für und gegen den Verwalter s § 1422 Rn 49 ff. Die **Ausgleichung** unter den Ehegatten richtet sich nach §§ 1441–1444.

14 c) Die **persönliche Haftung** des verwaltungsberechtigten Ehegatten ist **zeitlich unbegrenzt, wenn** die Verbindlichkeit des anderen Ehegatten auch im Verhältnis der Ehegatten zueinander **dem Gesamtgut zur Last fällt**. Fällt die Verbindlichkeit hingegen im Verhältnis der Ehegatten zueinander **dem anderen Ehegatten zur Last** (s §§ 1441–1444), so **erlischt die Haftung** gemäß § 1437 Abs 2 S 2 **mit der Beendigung der Gütergemeinschaft** (nicht erst mit der Auseinandersetzung). Es kommt nicht darauf an, ob die Gütergemeinschaft auf Grund eines Aufhebungsurteils (§§ 1447–1449) oder aus einem anderen Grunde endigt. Die Beendigung kann auch auf einem Ehevertrag beruhen, den der Gesamtgutsverwalter in der Absicht geschlossen hat, sich von der Haftung für eine Verbindlichkeit des anderen Ehegatten zu befreien (OLG Hamburg OLGE 30, 49). Der Ehevertrag unterliegt nicht der Anfechtung innerhalb oder außerhalb des Insolvenzverfahrens (s auch PLANCK/UNZNER § 1459 III Anm 7). Ferner kommt die Beendigung durch Tod des nicht verwaltenden Ehegatten in Betracht, wenn die Gütergemeinschaft gemäß § 1483 fortgesetzt wird.

Die persönliche Haftung des Gesamtgutsverwalters erlischt selbst dann, wenn gegen ihn bereits ein vollstreckbarer Titel vorliegt; das Erlöschen seiner Haftung hat der verwaltende Ehegatte dann nach § 767 ZPO geltend zu machen. Auf die Befreiung des Verwalters von der persönlichen Haftung findet § 1412 keine Anwendung. § 1449 Abs 2 ist insoweit einschränkend auszulegen (vgl § 1449 Rn 7).

3. Haftung des anderen Ehegatten

Eine persönliche Haftung des Ehegatten, der das Gesamtgut nicht verwaltet, für die **15** Verbindlichkeiten des verwaltenden Ehegatten ist im Gesetz nicht vorgesehen (arg §§ 1437 Abs 2 S 1, 1480; so BayObLGZ 27, 316 und 335; 28, 291, 305 und 738), und zwar auch nicht für den Fall, dass die Verbindlichkeit des Verwalters im Verhältnis der Ehegatten zueinander dem Gesamtgut zur Last fällt. Für die in seiner Person entstehenden Verbindlichkeiten haftet der nicht verwaltende Ehegatte nach allgemeinen Grundsätzen mit seinem etwaigen Sonder- oder Vorbehaltsgut.

4. Beweislast

Die Beweislast dafür, dass eine Verbindlichkeit des anderen Ehegatten Gesamtguts- **16** verbindlichkeit ist, folgt den oben Rn 10 angeführten Regeln. Behauptet der Gesamtgutsverwalter, dass seine Haftung gemäß § 1437 Abs 2 S 2 erloschen sei, so hat er zu beweisen, dass die Gütergemeinschaft beendet ist und dass die Verbindlichkeit im Verhältnis der Ehegatten zueinander nicht dem Gesamtgut zur Last fällt.

IV. Abweichende Vereinbarungen

Vereinbarungen der Ehegatten, die deren Haftung **gegenüber den Gläubigern** gegen- **17** über den Vorschriften der §§ 1437–1440 einschränken, sind nichtig. Zum Schutze der Gläubiger haben diese Bestimmungen **zwingenden Charakter.** Über die Zulässigkeit vertragsmäßiger Abweichungen von den das **Verhältnis unter den Ehegatten** regelnden Vorschriften der §§ 1441–1444 s § 1441 Rn 17.

V. Abweichende Vereinbarungen mit dem Gläubiger

Nicht ausgeschlossen ist, durch Vereinbarung mit den Gläubigern die gesetzliche **18** Regelung über die Schuldenhaftung abzuändern. So kann abweichend von dem Grundsatz, dass alle persönlichen Schulden des Gesamtgutsverwalters und alle nicht unter §§ 1438–1440 fallenden persönlichen Schulden des nicht verwaltenden Ehegatten Gesamtgutsverbindlichkeiten sind, die Haftung des Gesamtguts ausgeschlossen werden. Ebenso kann umgekehrt durch Vereinbarung mit den Gläubigern die Haftung auf das Gesamtgut beschränkt, dh die persönliche Haftung der Ehegatten mit ihrem Sonder- und Vorbehaltsgut ausgeschlossen werden. Über den Ausschluss der Haftung des Gesamtgutsverwalters bei Erteilung der Zustimmung zu einem einzelnen Rechtsgeschäft des nicht verwaltenden Ehegatten oder zum selbständigen Betrieb eines Erwerbsgeschäfts s § 1438 Rn 9.

§ 1438
Haftung des Gesamtguts

(1) Das Gesamtgut haftet für eine Verbindlichkeit aus einem Rechtsgeschäft, das während der Gütergemeinschaft vorgenommen wird, nur dann, wenn der Ehegatte, der das Gesamtgut verwaltet, das Rechtsgeschäft vornimmt oder wenn er ihm zustimmt oder wenn das Rechtsgeschäft ohne seine Zustimmung für das Gesamtgut wirksam ist.

(2) Für die Kosten eines Rechtsstreits haftet das Gesamtgut auch dann, wenn das Urteil dem Gesamtgut gegenüber nicht wirksam ist.

Materialien: Zu § 1460 aF: E I § 1362 Nr 1; II § 1357 rev § 1445; III § 1443; Mot IV 373 ff; Prot IV 264; VI 277, 393.
Zu § 1438: E I § 1460; II § 1460; III § 1438;

BT-Drucks 1/3802, 65; BT-Drucks 2/3409, 27. Vgl STAUDINGER/BGB-Synopse 1896–2005 § 1438.

Systematische Übersicht

1. Rechtsentwicklung

1 § 1438 entspricht sachlich § 1460 aF. Die Vorschrift ist der neuen Ausgangslage lediglich angepasst worden; es geht nicht mehr um Mann und Frau, sondern um den verwaltenden und den nicht verwaltenden Ehegatten.

2. Zweck der Vorschrift

2 § 1438 Abs 1 enthält die erste **Ausnahme** von dem Grundsatz, dass die *während* der Gütergemeinschaft entstandenen Verbindlichkeiten Gesamtgutsverbindlichkeiten sind (über weitere Ausnahmen s §§ 1439, 1440). Die Vorschrift bezweckt, die Rechte des verwaltenden Ehegatten in Ansehung des Gesamtguts gegen die ihm aus der Geschäfts- und Prozessfähigkeit des anderen Ehegatten drohenden Gefahren zu schützen (Mot IV 373). Das Gesamtgut soll ohne den Willen des Gesamtgutsverwalters nicht mit rechtsgeschäftlichen Schulden des von der Verwaltung ausgeschlossenen Ehegatten belastet werden.

3 Für die Kosten eines Rechtsstreits hält § 1438 Abs 2 den Grundsatz aufrecht, weil die Haftung des Gesamtguts für sie durch die Analogie mit den aus unerlaubter Handlung entstandenen Verbindlichkeiten und durch die billige Rücksicht auf den Prozessgegner geboten sei (Prot IV 264, 205 f; anders noch E I § 1362, dazu Mot IV 373 f).

3. Rechtsgeschäftliche Verbindlichkeiten

§ 1438 Abs 1 betrifft die **Verbindlichkeit aus einem Rechtsgeschäft, das während der** **4** **Gütergemeinschaft vorgenommen** worden ist. Ob sich das Rechtsgeschäft *auf das Gesamtgut bezieht* oder nicht, ist für die Anwendbarkeit des § 1438 Abs 1 ohne Belang (RG Recht 1925, 103). Auch die Haftung des *Vertreters ohne Vertretungsmacht* aus § 179 gründet sich auf das betreffende Rechtsgeschäft (wie hier BAMBERGER/ROTH/ MAYER Rn 3; GERNHUBER/COESTER-WALTJEN § 38 Rn 97 Fn 133; aM LESSER Recht 1918, 920 ff; GREISER JW 1933, 1818). Ähnlich wie nach § 179 Abs 3 S 2 haftet das Gesamtgut nur dann, wenn der Verwalter dem Vertreterhandeln des anderen Ehegatten zugestimmt hat. Die persönliche Haftung dieses anderen Ehegatten bleibt hiervon unberührt. Ebenso gehören hierher Ansprüche gegen einen Ehegatten aus *positiver Forderungs-verletzung* (§§ 241 Abs 2, 280), auch soweit sie auf Schutzpflichtverletzungen beruhen. Maßgebend ist hier nicht der Zeitpunkt der Verletzungshandlung, sondern der des Abschlusses des Rechtsgeschäfts. Die Haftung aus *culpa in contrahendo* (§§ 311 Abs 2 u 3, 280) beruht auf einem „gesetzlichen" Schuldverhältnis. Gleichwohl wird § 1438 Abs 1 auch hier (entsprechend) anzuwenden sein, das Gesamtgut also für ein Verhalten des nicht verwaltenden Ehegatten nur dann haften, wenn der Verwalter der Aufnahme des geschäftlichen Kontakts zugestimmt hat (wie hier BAMBERGER/ROTH/ MAYER Rn 3; aM MünchKomm/KANZLEITER Rn 2). Ist ein Ehegatte wegen einer rechtsge-schäftlichen Verbindlichkeit *verurteilt* worden und wirkt das Urteil nicht ohnehin gegen das Gesamtgut (zB gemäß § 1433), so richtet sich die Gesamtgutshaftung ausschließlich nach der Haftung für die dem Urteil zugrundeliegende Verbindlich-keit. Das Urteil begründet keine selbständige Gesamtgutshaftung (s auch Prot VI 277 f). Die Verbindlichkeit aus einem Gebot und *Zuschlag* bei der Zwangsverstei-gerung (§ 817 ZPO, §§ 79 ff ZVG) ist wie eine entsprechende Kaufpreisschuld zu beurteilen (Prot VI 278). § 1438 Abs 1 gilt auch für eine Vereinbarung, durch die eine vor Eintritt der Gütergemeinschaft begründete Verbindlichkeit erweitert wird, etwa für eine Zinsfußerhöhung, ein Vertragsstrafenversprechen oder eine Stundung (PLANCK/UNZNER § 1460 Anm 5).

Das Gesamtgut haftet für die Verbindlichkeit aus einem **Rechtsgeschäft, das der** **5** **Gesamtgutsverwalter während der Gütergemeinschaft vorgenommen hat.** Das folgt schon aus § 1437 Abs 1 und ist in § 1438 Abs 1 nur aus redaktionellen Rücksichten noch einmal betont worden. Auch sonst ergibt sich die Haftung des Gesamtguts für Verbindlichkeiten des Verwalters allein aus § 1437 Abs 1.

Das Gesamtgut **haftet** ferner, wenn der **nicht verwaltungsberechtigte Ehegatte** wäh- **6** rend der Gütergemeinschaft **ein Rechtsgeschäft vornimmt und der verwaltungsberech-tigte Ehegatte** dem Rechtsgeschäft **zustimmt.** Über den Begriff der Zustimmung s §§ 183, 184, zur Einwilligung s § 1423 Rn 8; § 1365 Rn 69 ff. Zur Genehmigung s § 1427 Rn 5 ff; § 1366 Rn 7 ff. Der Erteilung der Zustimmung durch den Gesamt-gutsverwalter steht ihre Ersetzung durch das Vormundschaftsgericht gleich, § 1430. Über die Zustimmung unter gleichzeitiger Haftungsbeschränkung su Rn 9. Für Verbindlichkeiten aus Rechtsgeschäften, die vor Eintritt der Gütergemeinschaft abgeschlossen wurden, haftet das Gesamtgut dagegen stets (§ 1437 Abs 1).

Das Gesamtgut haftet ferner, wenn der **nicht verwaltungsberechtigte Ehegatte das** **7** **Rechtsgeschäft** ohne Zustimmung des verwaltungsberechtigten Ehegatten **vornimmt,** das Rechtsgeschäft aber **für das Gesamtgut wirksam** ist. Die Wirksamkeit gegenüber dem Gesamtgut ergibt sich aus den §§ 1429, 1431, 1432, 1434, 1357. Der Fall des § 1432 zählt nur insoweit hierher, als das Geschäft sich auf das Gesamtgut bezieht; im Übrigen gilt § 1439.

8 4. **Der Beweis,** dass die Voraussetzungen des § 1438 Abs 1 vorliegen, obliegt dem Gläubiger, der das Gesamtgut als Haftungsgegenstand in Anspruch nimmt (s § 1437 Rn 10, 16).

5. Ausschluss und Beschränkung der Gesamtgutshaftung

9 Der Ehegatte, der das Rechtsgeschäft abschließt, kann mit dem Geschäftspartner vereinbaren, dass diesem das Gesamtgut, abweichend von den §§ 1937, 1938, nicht oder nicht im vollen Umfange haften solle oder dass die Haftung auf das Gesamtgut beschränkt sein solle (s dazu § 1437 Rn 18). Dagegen kann der Verwalter seine Zustimmung nicht mit der Maßgabe erteilen, dass das Gesamtgut nicht haften solle (für die Möglichkeit einer solchen bedingten Zustimmung aber MünchKomm/KANZLEITER Rn 4; PALANDT/BRUDERMÜLLER Rn 1; SOERGEL/GAUL Rn 4). Eine Zustimmung unter Ausschluss der Gesamtgutshaftung ist keine Zustimmung iS des § 1438 Abs 1. Sie könnte auch die angelehnte persönliche Haftung des Verwalters gemäß § 1437 Abs 2 nicht isoliert begründen. Eine Zustimmung unter Beschränkung des Umfangs der Gesamtgutshaftung hat keine Drittwirkung, es sei denn, sie bezöge sich auf einen Teil des Rechtsgeschäfts und dieses wäre teilbar. Der Verwalter kann die Gesamtgutshaftung aber dadurch beschränken, dass er eine entsprechende Vereinbarung mit dem Dritten trifft (so wohl auch ERMAN/HECKELMANN Rn 1).

6. Haftung für die Kosten eines Rechtsstreits

10 Die **Kosten eines Rechtsstreits sind** nach § 1438 Abs 2 **stets Gesamtgutsverbindlichkeit** ohne Rücksicht darauf, ob der verwaltungsberechtigte oder der andere Ehegatte den Rechtsstreit führt, ob der Ehegatte Kläger oder Beklagter war, ob der Rechtsstreit sich gegen den anderen Ehegatten oder gegen einen Dritten richtet (vgl OLG München OLGE 21, 231) und ob das Urteil dem Gesamtgut gegenüber wirksam ist (vgl §§ 1428, 1429, 1431).

11 **Als Kosten eines Rechtsstreits** kommen nur die **Gerichtskosten** und die **dem Gegner zu erstattenden Kosten** in Betracht; für die Kosten, die der Ehegatte seinem Anwalt oder Gerichtsvollzieher auf Grund von Rechtsgeschäften schuldet, ist dagegen § 1438 Abs 1 maßgebend (so OLG Hamburg OLGE 24, 36; Prot IV 264, 205 iVm Mot IV 252; ebenso zu § 1412 Abs 2 aF OLG Kiel OLGE 43, 355, 356 und hM; aM KG OLGE 21, 223). Die in § 1438 Abs 2 vorgesehene Erweiterung der Haftung des Gesamtgutes ist nur für die unmittelbaren Prozesskosten gerechtfertigt.

12 Als **Rechtsstreit** sind Verfahren vor Gerichten aller Art, auch dem Verwaltungsgericht und der Verwaltungsbehörde anzusehen, wobei jede Art von Rechtsverfolgung die Voraussetzung erfüllt (zB Klage, Widerklage, Mahnverfahren, Arrest, einstweilige Verfügung, Widerspruch gegen einen Verwaltungsakt). Auch auf die Kosten eines Privatklageverfahrens ist § 1438 Abs 2 anwendbar. Die Kosten, die dem Ehegatten als Privatkläger erwachsen, gehören ebenso hierher wie die Kosten, die den

Ehegatten als Privatbeklagten treffen. Sie sind dabei Verbindlichkeiten aus einem gegen ihn gerichteten Strafverfahren iS des § 1441 Nr 1.

Die **Prozesskostenvorschusspflicht** eines Ehegatten gegenüber dem anderen regelt **13** nunmehr für alle Güterstände einheitlich § 1360a Abs 4. Für die Vorschussverbindlichkeit haftet das Gesamtgut. Die Vorschusspflicht erlischt mit Auflösung der Ehe, selbst wenn das Gesamtgut noch nicht auseinandergesetzt ist.

7. Abweichende Vereinbarungen

Auch durch **Ehevertrag** können die Regelungen des § 1438 **nicht zu Lasten Dritter 14 aufgehoben oder eingeschränkt werden**. Eine **Erweiterung** der Gesamtgutshaftung ist dagegen grundsätzlich möglich.

§ 1439
Keine Haftung bei Erwerb einer Erbschaft

Das Gesamtgut haftet nicht für Verbindlichkeiten, die durch den Erwerb einer Erbschaft entstehen, wenn der Ehegatte, der Erbe ist, das Gesamtgut nicht verwaltet und die Erbschaft während der Gütergemeinschaft als Vorbehaltsgut oder als Sondergut erwirbt; das Gleiche gilt beim Erwerb eines Vermächtnisses.

Materialien: Zu § 1461 aF: E I § 1362 Nr 2; II § 1358 rev § 1446; III § 1444; Mot IV 373; Prot IV 264.
Zu § 1439: E I § 1461; II § 1431; III § 1439;

BT-Drucks 1/3802, 65; BT-Drucks 2/224, 52 f; Drucks BT 2/3409, 27 f.
Vgl STAUDINGER/BGB-Synopse 1896–2005 § 1439.

Systematische Übersicht

1. Rechtsentwicklung und Zweck der Vorschrift

§ 1439 entspricht § 1461 aF. Die Neufassung hat die bisherige Regelung in der Sache **1** nicht verändert.

§ 1439 enthält die **zweite Ausnahme** von dem Grundsatz, dass auch die während der **2** Gütergemeinschaft entstandenen Verbindlichkeiten regelmäßig Gesamtgutsverbindlichkeiten sind. Im Anschluss an § 1418 Abs 2 Nr 2 und § 1417 Abs 2 bestimmt § 1439, dass für Verbindlichkeiten des nicht verwaltenden Ehegatten aus dem Erwerb einer Erbschaft oder eines Vermächtnisses, der ihm während der Gütergemeinschaft als Vorbehaltsgut oder als Sondergut anfällt, das Gesamtgut nicht haftet. Die

Vorschrift beruht auf der Erwägung, dass ein solcher Erwerb von Todes wegen nicht in das Gesamtgut fällt und dass es daher nur billig ist, das Gesamtgut auch von der Haftung für die damit verbundenen Passiven zu entlasten (Mot IV 373, 253).

2. Erbschaft oder Vermächtnis in das Vorbehaltsgut

3 Erwirbt der **nicht verwaltende Ehegatte** eine **Erbschaft** oder ein **Vermächtnis zu seinem Vorbehaltsgut**, haftet das Gesamtgut nicht für die dadurch entstandenen Verbindlichkeiten. Der Erbe oder Vermächtnisnehmer erwirbt als **Vorbehaltsgut**, wenn der Erblasser dies durch letztwillige Verfügung bestimmt hat, § 1418 Abs 2 Nr 2, oder wenn die Ehegatten dies zuvor ehevertraglich vereinbart halten, § 1418 Abs 2 Nr 1. Ist der Erwerb zunächst in das Gesamtgut gefallen und erst dann in das Vorbehaltsgut übertragen worden, gilt § 1439 nicht (s schon Mot IV 373, 253).

4 Ein Erwerb als **Pflichtteil** wird nicht erfasst, weil er nicht mit einer Schuldenhaftung verknüpft ist. Für einen Erwerb **unter Lebenden** gilt § 1439 nicht. Hier sind die §§ 1437 Abs 1, 1438 Abs 1 anzuwenden.

5 Der Erwerb der Erbschaft oder des Vermächtnisses muss **während der Gütergemeinschaft** erfolgen. Für Verbindlichkeiten des nicht verwaltungsberechtigten Ehegatten aus einem derartigen, *vor* Eintritt des Güterstandes gemachten Erwerb haftet das Gesamtgut gemäß § 1437 Abs 1.

3. Erwerb in das Sondergut

6 Als **Sondergut erwirbt** der Ehegatte nur solche Gegenstände, die durch Rechtsgeschäft **nicht übertragen werden** können, § 1417 Abs 2. Hierher gehört etwa der Fall, dass der nicht verwaltende Ehegatte nur **Vorerbe** ist (s dazu § 1417 Rn 10; str); dass wesentlicher Nachlassgegenstand oder Objekt des Vermächtnisses der **Anteil an einer Personengesellschaft** ist (vgl § 1417 Rn 5). Befinden sich im Nachlass nur einzelne unübertragbare Gegenstände, ist § 1439 nicht anwendbar (so auch BAMBERGER/ROTH/ MAYER Rn 2; aA MünchKomm/KANZLEITER Rn 4). Eine wertanteilige Kürzung der Gesamtgutshaftung lässt sich jedenfalls im Hinblick auf die Nachlassverbindlichkeiten nicht begründen, wohl aber für die Erbschaftssteuern. Auch der Erwerb in das Sondergut muss **während der Gütergemeinschaft** gemacht worden sein, um die Gesamtgutshaftung auszuschließen.

4. Rechtsfolge: keine Gesamtgutshaftung

7 § 1439 schließt die Haftung des Gesamtguts für solche **Verbindlichkeiten** des nicht verwaltenden Ehegatten aus, die **durch den Erwerb einer Erbschaft oder eines Vermächtnisses entstehen.** Hierzu gehören bei Erwerb einer Erbschaft in erster Linie die eigentlichen Nachlassverbindlichkeiten (§§ 1967 ff), die Herausgabepflicht des Vorerben (§ 2130), ferner Erbschaftssteuern, Vermächtnisse (§ 2147), Auflagen (§ 2192) und die den Erben als solchen treffenden Unterhaltspflichten (§§ 1586b, 1615 l Abs 3 S 5, 1615n), bei Erwerb eines Vermächtnisses die Verbindlichkeit zur Leistung eines Untervermächtnisses. Verbindlichkeiten, die sich nicht als Folge des Erwerbs darstellen, sondern mit Rücksicht auf ihn erst begründet worden sind, fallen nicht unter § 1439.

5. Erwerb als Gesamtgut

Erwirbt der nicht verwaltende Ehegatte eine Erbschaft oder ein Vermächtnis wäh- 8
rend der Gütergemeinschaft mangels einer entgegenstehenden Bestimmung des
Erblassers (vgl § 1418 Abs 2 Nr 2) als Gesamtgut, so sind die infolge des Erwerbs
entstehenden Verbindlichkeiten eines Ehegatten auch dann Gesamtgutsverbindlichkeiten, wenn der Erwerb ohne Zustimmung des Gesamtgutsverwalters erfolgte
(§ 1432 Abs 1 S 1; OLG Celle Recht 1900, 462 Nr 507). Werden die im Erbwege oder
durch Vermächtnis als Vorbehaltsgut erworbenen Gegenstände später durch Ehevertrag in Gesamtgut umgewandelt, so wird hierdurch die Haftung des Gesamtguts
für die in § 1439 erwähnten Verbindlichkeiten nicht begründet.

6. Erwerb des Gesamtgutsverwalters

Ist der Gesamtgutsverwalter Erbe oder Vermächtnisnehmer, so **haftet das Gesamtgut** 9
auch dann für die durch den Erwerb entstehenden Verbindlichkeiten, wenn der
Erwerb in sein Vorbehalts- oder Sondergut fällt. Es gilt § 1437 Abs 1, nicht § 1439.

7. Abweichende Vereinbarungen

Die Ehegatten können ehevertraglich vereinbaren, dass das Gesamtgut auch für die 10
in § 1439 bezeichneten Verbindlichkeiten haftet. Dagegen kann der Haftungsausschluss tatbestandlich nicht erweitert werden.

§ 1440
Haftung für Vorbehalts- und Sondergut

**Das Gesamtgut haftet nicht für eine Verbindlichkeit, die während der Gütergemein-
schaft infolge eines zum Vorbehaltsgut oder Sondergut gehörenden Rechts oder des
Besitzes einer dazu gehörenden Sache in der Person des Ehegatten entsteht, der das
Gesamtgut nicht verwaltet. Das Gesamtgut haftet jedoch, wenn das Recht oder die
Sache zu einem Erwerbsgeschäft gehört, das der Ehegatte mit Einwilligung des
anderen Ehegatten selbständig betreibt, oder wenn die Verbindlichkeit zu den Lasten des Sonderguts gehört, die aus den Einkünften beglichen zu werden pflegen.**

Materialien: Zu § 1462 aF: E I § 1362 Nr 3; II § 1359 rev § 1447; III § 1445; Mot IV 373; Prot IV 264.
Zu § 1440: E I § 1462; II § 1462; III § 1440;
BT-Drucks I/3802, 65; BT-Drucks 2/224, 51; BT-Drucks 2/3409, 27 f.
Vgl STAUDINGER/BGB-Synopse 1896–2005 § 1440.

Systematische Übersicht

1. Rechtsentwicklung und Grundgedanke

1 Die Vorschrift des § 1440 stimmt sachlich mit § 1462 aF überein, der seinerseits dem für den Güterstand der Nutzverwaltung geltenden § 1414 aF nachgebildet war. In der Neufassung ist lediglich an die Stelle der Frau der Ehegatte getreten, der das Gesamtgut nicht verwaltet, an die Stelle des Mannes der andere Ehegatte. Außerdem hat das GleichberG den Gesetzestext sprachlich verändert. Neu ist, dass § 1440 neben dem Vorbehaltsgut auch das Sondergut erwähnt. Das BGB regelte die Haftung für Verbindlichkeiten zufolge des Sonderguts früher, indem es auf die bei der Errungenschaftsgemeinschaft für das eingebrachte Gut geltenden Vorschriften verwies. Da das GleichberG die Errungenschaftsgemeinschaft nicht mehr regelt, musste es diese Regelung in § 1440 einfügen.

2 § 1440 enthält die **dritte Ausnahme** von dem Grundsatz, dass auch die während der Gütergemeinschaft entstandenen Verbindlichkeiten des nicht verwaltenden Ehegatten regelmäßig Gesamtgutsverbindlichkeiten sind. Die Vorschrift behandelt die Verbindlichkeiten des nicht verwaltenden Ehegatten, die während der Gütergemeinschaft **infolge eines zum Vorbehaltsgut oder Sondergut gehörenden Rechtes oder des Besitzes einer dazugehörenden Sache** entstehen. Das Gesetz beschränkt für diese Verbindlichkeiten die Haftung des Gesamtguts, weil sie mit dem Vorbehalts- oder Sondergut untrennbar zusammenhängen (Mot IV 373, 253).

3 Von dieser Ausnahme macht Satz 2 **zwei Unterausnahmen**: Die Haftung des Gesamtguts für Verbindlichkeiten, die mit einem **Erwerbsgeschäft** zusammenhängen, entspricht der auch sonst üblichen Sonderbehandlung dieser Verbindlichkeiten (vgl § 1431; Mot IV 373, 253, 241 f). Für die **gewöhnlichen Lasten** des Sonderguts gründet sich die ausnahmsweise Haftung des Gesamtguts darauf, dass das Sondergut für Rechnung des Gesamtguts verwaltet wird (§ 1417 Abs 3 S 2) und daher die Lasten des Sonderguts auch im Verhältnis der Ehegatten zueinander das Gesamtgut treffen (§§ 1441 Nr 2, 3, 1442 S 1). Die beiden Ausnahmen des Satzes 2 entsprechen der für die interne Schuldenhaftung der Ehegatten getroffenen Regelung (vgl §§ 1441 Nr 2, 3, 1442).

2. Ausschluss der Gesamtgutshaftung

4 Die Voraussetzungen der Nichthaftung des Gesamtguts sind weit gefasst. **„Infolge"** eines zum Sonder- oder Vorbehaltsgut gehörenden Rechts oder des Besitzes einer dazu gehörenden Sache ist die Verbindlichkeit dann entstanden, wenn ein enger Zusammenhang mit dem Recht, dem Gegenstand, der Sache besteht. In Betracht kommen sowohl rechtsgeschäftliche als auch gesetzliche Verbindlichkeiten. Zu den Ersteren gehören insbesondere, wie auch die Unterausnahme der Lasten des Sondergutes zeigt, Verbindlichkeiten aus Rechtsgeschäften, die zwecks Erhaltung, Verwaltung oder Sicherung des Vorbehaltsguts sowie zur Gewinnung der Nutzungen abgeschlossen werden.

5 Als **weitere Beispiele** von Verbindlichkeiten iS des § 1440 sind zu nennen: Die Pflicht zur Bezahlung der auf dem Vorbehaltsgut ruhenden Reallasten (§ 1105) und der nach §§ 912, 916, 917 zu leistenden Geldrenten sowie zur Erfüllung der Unterhaltungspflichten nach §§ 1021, 1022, die Verbindlichkeiten wegen Bereicherung des

Vorbehaltsguts (§§ 812 ff, 951) sowie zur Erfüllung der auf Gegenstände des Vorbehaltsguts gerichteten dinglichen Ansprüche aller Art, ferner die für das Vorbehaltsgut zu entrichtenden Steuern und Abgaben. Auch die Verpflichtung des nicht verwaltenden Ehegatten zum Ersatze des durch ein Tier angerichteten Schadens (§§ 833, 834), des Wildschadens (§§ 29 ff BJagdG) und des durch den Einsturz eines Gebäudes oder Werkes verursachten Schadens (§§ 836–838) fällt unter § 1440, wenn das Tier, das Jagdrecht, das Gebäude oder Werk zum Vorbehaltsgut gehörte (ganz hM). Dagegen haftet für die aus der gesetzlichen Unterhaltspflicht entstehenden Verbindlichkeiten des nicht verwaltenden Ehegatten das Gesamtgut auch insoweit, als die Verpflichtung durch den Besitz von Vorbehaltsgut oder Sondergut begründet oder erweitert wird (vgl § 1604 S 2; hinsichtlich des Verhältnisses der Ehegatten zueinander s § 1441 Rn 12).

§ 1440 spricht nur von solchen Verbindlichkeiten, die **während der Gütergemeinschaft** 6 entstanden sind. Für Verbindlichkeiten der in § 1440 erwähnten Art, die *vor* dem Eintritt der Gütergemeinschaft entstanden sind, haftet daher gemäß § 1437 Abs 1 das Gesamtgut. **Maßgebend ist die Entstehung** der einzelnen Verbindlichkeiten. Wo neben ein Stammrecht **Einzelleistungen** treten, kommt es für diese auf ihre **Fälligkeit** an. Daher haftet das Gesamtgut für die vor der Gütergemeinschaft fällig gewordenen einzelnen Leistungen, zB der Überbaurente oder der Reallast.

3.   Unterausnahme: Haftung des Gesamtguts

Zum Schutze der Gläubiger, die auf die Haftung des Gesamtguts für die Verbind- 7 lichkeiten vertrauen dürfen, die der Geschäftsbetrieb eines Erwerbsgeschäfts gemäß § 1431 mit sich bringt (s dazu Rn 8) und als Konsequenz der Verwaltung des Sonderguts für Rechnung des Gesamtguts (s Rn 10) haftet das Gesamtgut trotz Vorliegens der Voraussetzungen des § 1440 S 1 in zwei Fällen.

Das Gesamtgut haftet, wenn das Recht oder die Sache zu einem **Erwerbsgeschäft** 8 gehört, das der nicht verwaltende Ehegatte **mit Einwilligung** des anderen Ehegatten selbständig betreibt, auch wenn das Erwerbsgeschäft zu seinem Vorbehaltsgut gehört. Der Einwilligung des verwaltungsberechtigten Ehegatten steht es gleich, dass er von dem Betrieb des Erwerbsgeschäftes weiß, aber hiergegen keinen Einspruch einlegt (§ 1431 Abs 2). Dagegen haftet das Gesamtgut nicht, wenn der Gesamtgutsverwalter die Einwilligung widerrufen oder wenn er gegen den selbständigen Betrieb des Erwerbsgeschäfts Einspruch erhoben hat. Dabei kommt es nicht darauf an, ob die Einwilligung, der Widerruf oder der Einspruch im Güterrechtsregister eingetragen ist oder ob der Gläubiger von ihnen Kenntnis hat. Da es sich hier nicht um rechtsgeschäftliche Verbindlichkeiten handelt, entscheidet allein die Tatsache der vorhandenen oder fehlenden Einwilligung des verwaltenden Ehegatten.

Über die gemäß § 1431 begründete Haftung für Rechtsgeschäfte und Rechtsstrei- 9 tigkeiten hinaus haftet das Gesamtgut etwa auch für Schäden, die ein für den Geschäftsbetrieb verwendetes Tier, Gebäude oder Werk angerichtet hat.

Ferner **haftet das Gesamtgut, wenn die Verbindlichkeit zu Lasten des Sonderguts** ge- 10 **hört, die aus den Einkünften beglichen zu werden pflegen.** Dagegen haftet das Gesamtgut nicht für die außergewöhnlichen Lasten des Sonderguts, die als auf dessen Stammwert gelegt anzusehen sind. Unter den Begriff der Lasten, die aus den Einkünften beglichen zu werden pflegen, fasst das GleichberG die früher in den §§ 1384–1387 aF aufgeführten Verbindlichkeiten zusammen. Ob diese Lasten des Sonderguts aus dessen Einkünften beglichen zu werden pflegen, ist unter Würdigung der Vermögens- und Einkommensverhältnisse der Ehegatten nach der Verkehrsauffassung zu entscheiden. In Betracht kommen die Kosten der Gewinnung der Nutzungen, die Kosten der Erhaltung, die öffentlichen und privatrechtlichen Lasten, Zahlungen für Versicherungen, Zinsen und wiederkehrende Leistungen anderer Art.

4. Abweichende Vereinbarungen

11 Ehevertragliche Vereinbarungen, durch die die Haftung des Gesamtguts ausgeschlossen oder eingeschränkt wird, sind unwirksam.

§ 1441
Haftung im Innenverhältnis

Im Verhältnis der Ehegatten zueinander fallen folgende Gesamtgutsverbindlichkeiten dem Ehegatten zur Last, in dessen Person sie entstehen:

1. **die Verbindlichkeiten aus einer unerlaubten Handlung, die er nach Eintritt der Gütergemeinschaft begeht, oder aus einem Strafverfahren, das wegen einer solchen Handlung gegen ihn gerichtet wird;**

2. **die Verbindlichkeiten aus einem sich auf sein Vorbehaltsgut oder sein Sondergut beziehenden Rechtsverhältnis, auch wenn sie vor Eintritt der Gütergemeinschaft oder vor der Zeit entstanden sind, zu der das Gut Vorbehaltsgut oder Sondergut geworden ist;**

3. **die Kosten eines Rechtsstreits über eine der in den Nummern 1 und 2 bezeichneten Verbindlichkeiten.**

Materialien: Zu § 1463 aF: E I § 1367 Abs 2; II § 1361 rev § 1448; III § 1446; Mot IV 384 ff; Prot IV 271; D 695.
Zu § 1441: E I § 1463; II § 1463; III § 1441;
BT-Drucks 1/3802, 65; BT-Drucks 2/224, 52; BT-Drucks 2/3409, 28.
Vgl STAUDINGER/BGB-Synopse 1896–2005 § 1441.

Systematische Übersicht

I. Rechtsentwicklung und Grundgedanke

§ 1441 entspricht dem § 1463 aF, der dem für die Nutzverwaltung geltenden § 1415 **1**
aF nachgebildet war. Die Neuregelung erwähnt in Nr 2 abweichend von § 1463 aF
auch die Verbindlichkeiten aus einem Rechtsverhältnis, das sich auf das Sondergut
eines Ehegatten bezieht. Die gleiche Regelung traf früher § 1439 S 2 aF, indem er auf
den bei der Errungenschaftsgemeinschaft für das eingebrachte Gut geltenden § 1535
aF verwies. Da das GleichberG die Errungenschaftsgemeinschaft nicht mehr regelt,
musste es das Sondergut in den § 1441 einbeziehen. Folglich war auch die das
Sondergut betreffende Ausnahmeregelung des § 1439 S 2 aF iVm § 1537 aF als
§ 1442 hierher zu übernehmen.

Diejenigen Verbindlichkeiten eines Ehegatten, die **Gesamtgutsverbindlichkeiten 2**
sind, fallen **grundsätzlich auch im Verhältnis der Ehegatten zueinander dem Gesamtgut
zur Last** (Mot IV 384). Von diesem Grundsatz macht § 1441 (ebenso wie §§ 1443 und
1444) mehrere **Ausnahmen**. Die in § 1441 Nr 2 und 3 getroffene Ausnahmeregelung
wird ihrerseits wieder von § 1442 durchbrochen.

II. Ausgleichspflichten

Sind Gesamtgutsverbindlichkeiten gemäß der Regel auch **Gesamtgutslasten**, so be- **3**
deutet dies,

– dass dem Ehegatten, der die Verbindlichkeit aus seinem Vorbehaltsgut getilgt hat,
  aus dem Gesamtgut Ersatz zu leisten ist. Das folgt zugunsten des Gesamtgutsverwalters direkt aus § 1445 Abs 2. Für den anderen Ehegatten, der insoweit nur
  „in Vorlage" getreten ist (vgl § 1475 Abs 1) ergibt sich der Regressanspruch nach
  hM aus Geschäftsführung ohne Auftrag oder aus ungerechtfertigter Bereicherung;

– dass jeder Ehegatte bei der Auseinandersetzung die Berichtigung der noch offenen Schuld aus dem Gesamtgut verlangen kann, § 1475 Abs 1 und 3, und dass
  notfalls der Gesamtgutsverwalter dafür einzustehen hat, dass der andere Ehegatte
  nicht im Übermaß in Anspruch genommen wird, § 1481 Abs 1.

Gesamtgutsverbindlichkeiten, die im Innenverhältnis **einem der Ehegatten zur Last 4
fallen**,

– begründen, wenn sie aus dem Gesamtgut getilgt worden sind, Ersatzpflichten in
  dieses. Die §§ 1445 Abs 1, 1446 Abs 1 regeln das für den Gesamtgutsverwalter.
  Für den anderen Ehegatten gelten diese Vorschriften entsprechend, wenn er die
  Schuld in Ausübung der Befugnisse aus § 1429 aus dem Gesamtgut beglichen hat,
  sonst wiederum nach Maßgabe insbes der Vorschriften der §§ 677 ff, 812 ff. Die
  §§ 1446 Abs 2, 1476 Abs 2 setzen die Erstattungspflicht voraus;

– sind *nicht* auf Verlangen vorweg aus dem Gesamtgut zu erfüllen, § 1475 Abs 2,
  mindern aber den Anteil oder begründen eine persönliche Schuld gegenüber dem
  anderen Ehegatten, § 1476 Abs 2;

– begründen eine persönliche Haftung des Gesamtgutsverwalters nur bis zur Beendigung der Gütergemeinschaft, wenn sie dem anderen Ehegatten zur Last fallen, § 1437 Abs 2 S 2.

III. Die einzelnen Fälle des § 1441

5 Verbindlichkeiten eines Ehegatten aus einer von ihm vor oder nach Eintritt der Gütergemeinschaft begangenen *unerlaubten Handlung* sind Gesamtgutsverbindlichkeiten (§ 1437 Abs 1). Im Verhältnis der Ehegatten zueinander dagegen fallen gemäß § 1441 Nr 1 **die Verbindlichkeiten eines Ehegatten aus einer unerlaubten Handlung**, die er während des Bestehens der Gütergemeinschaft begeht, ihm selbst, nicht dem Gesamtgut zur Last. Dagegen treffen die Verbindlichkeiten eines Ehegatten aus einer vor dem Eintritt der Gütergemeinschaft begangenen unerlaubten Handlung auch im Verhältnis der Ehegatten zueinander das Gesamtgut (s auch Mot IV 385 f).

6 Der Begriff der unerlaubten Handlung ergibt sich aus den §§ 823 ff (verschuldeter widerrechtlicher Eingriff in ein fremdes Recht oder Rechtsgut) und entsprechenden sondergesetzlichen Vorschriften. Er umfasst aber auch solche Tatbestände, bei welchen ein Verschulden des Täters vermutet wird (§§ 831, 833 S 2, 834, 836–838). Die Billigkeitshaftung aus § 829 wird ebenfalls noch hierher zu zählen sein. Grundsätzlich *nicht* zu den unerlaubten Handlungen zählen die Tatbestände der *Gefährdungshaftung* (§§ 1 ff HPflG; § 7 StVG; § 33 LuftVG; §§ 25 ff AtomG; § 84 AMG; § 22 WHG). Obwohl der Gefährdungshaftung zuzurechnen (BGH NJW 1977, 2158), ist nach der von § 1441 Nr 1 offenbar zugrunde gelegten Systematik auch § 833 S 1 den unerlaubten Handlungen zuzurechnen. Die Gleichstellung von Unterhaltsansprüchen aus außerehelicher Elternschaft mit Ansprüchen aus unerlaubter Handlung (so PLANCK/UNZNER § 1463 Anm 2) lässt sich dagegen nicht begründen (ebenso GERNHUBER/COESTER-WALTJEN § 38 Rn 100 Fn 135).

7 Verbindlichkeiten eines Ehegatten aus einem **Strafverfahren**, das **wegen einer** von ihm während des Bestehens der Gütergemeinschaft begangenen **unerlaubten Handlung** gegen ihn gerichtet wird, fallen diesem Ehegatten selbst, nicht dem Gesamtgut zur Last.

8 Der Begriff Strafverfahren umfasst das öffentliche Strafverfahren und das Privatklageverfahren, die in den §§ 407–443 StPO erwähnten besonderen Arten des Verfahrens, ferner die Verfahren zB nach JGG, AO sowie die Verfahren wegen Ordnungswidrigkeiten.

9 **Verbindlichkeiten aus einem Strafverfahren** sind die Verpflichtung zur Zahlung der ausgesprochenen Geldstrafe oder Buße sowie die Verpflichtung zur Tragung der Kosten des Strafverfahrens und der Strafvollstreckung. Dazu gehören auch die Mehrkosten, die durch Unterkunft und Verpflegung in der Haftanstalt anfallen (wie hier iE MünchKomm/KANZLEITER Rn 3; BAMBERGER/ROTH/MAYER Rn 3; aA PALANDT/BRUDERMÜLLER Rn 2). Die Kosten für den eigenen Verteidiger treffen das Gesamtgut nur dann, wenn der Gesamtgutsverwalter dem Vertrag mit dem Verteidiger zugestimmt hat (§ 1438 Abs 1, nicht Abs 2; s dazu dort Rn 11) oder dessen Zustimmung gemäß § 1430 vom Vormundschaftsgericht ersetzt worden ist. In diesen Fällen sind sie im

Innenverhältnis dem Ehegatten anzulasten, der die zugrundeliegende unerlaubte Handlung begangen hat. Darauf, ob die Bestellung des Verteidigers notwendig war oder nicht, kommt es nicht an (hM).

Das Strafverfahren muss ergeben, dass der Ehegatte die ihm zur Last gelegte un- **10** erlaubte Handlung begangen hat. Wird das gegen ihn eröffnete Verfahren eingestellt, der Ehegatte außer Verfolgung gesetzt oder freigesprochen, so fallen die Verbindlichkeiten des Ehegatten aus dem Strafverfahren im Verhältnis der Ehegatten zueinander dem Gesamtgut zur Last (MünchKomm/KANZLEITER Rn 4; BGB-RGRK/FINKE § 1441 Rn 7). Anders bei Einstellung nach §§ 153, 153 a StPO.

Entscheidend ist auch hier, ob die unerlaubte Handlung **nach Eintritt der Güter- 11 gemeinschaft begangen** worden ist. Ist die unerlaubte Handlung vor dem Eintritt der Gütergemeinschaft begangen worden, so fallen die Verbindlichkeiten des Ehegatten aus einem hieraus gegen ihn gerichteten *Strafverfahren* im Verhältnis der Ehegatten zueinander dem Gesamtgut auch dann zur Last, wenn das Strafurteil erst nach diesem Zeitpunkt erlassen oder rechtskräftig wird. Dagegen trifft die volle Ausgleichspflicht den Ehegatten, der Teilakte einer sog natürlichen oder rechtlichen Handlungseinheit sowohl vor als auch nach dem Eintritt der Gütergemeinschaft verwirklichte, dafür aber erst nach diesem Zeitpunkt abgeurteilt wurde. Bei selbständigen Straftaten (Tatmehrheit, § 53 StGB) kommen nur die nach dem Eintritt der Gütergemeinschaft begangenen Taten und deren verpflichtende Folgen in Betracht. Der Anteil an der Gesamtstrafe, der auf die Zeit der Gütergemeinschaft entfällt, muss unter Berücksichtigung des § 54 Abs 1 StGB geschätzt werden.

Die Verbindlichkeiten eines Ehegatten aus einem sich auf sein Vorbehaltsgut oder sein 12 Sondergut beziehenden Rechtsverhältnis fallen diesem Ehegatten selbst, nicht dem Gesamtgut zur Last. Diese Ausnahme ergibt sich aus der Natur und dem Zweck des Sondergutes oder Vorbehaltsgutes (Mot IV 386). Da § 1441 nur von Gesamtgutsverbindlichkeiten handelt, kommen diejenigen Verbindlichkeiten des nicht verwaltenden Ehegatten, die gemäß §§ 1439, 1440 nicht Gesamtgutsverbindlichkeiten sind, für den Geltungsbereich des § 1441 Nr 2 nicht in Betracht. Dagegen gehören hierher insbesondere:

(a)   Verbindlichkeiten aus einem **Rechtsgeschäft**, das während der Gütergemeinschaft vorgenommen wird, wenn der verwaltende Ehegatte das Rechtsgeschäft vornimmt oder wenn er ihm zustimmt oder wenn das Rechtsgeschäft ohne seine Zustimmung für das Gesamtgut wirksam ist (§ 1438 Abs 1) und sich das Rechtsgeschäft auf Vorbehaltsgut oder Sondergut eines Ehegatten bezieht. Von besonderer Bedeutung ist dies für die Verbindlichkeiten des nicht verwaltenden Ehegatten aus einem von ihm mit Einwilligung des Gesamtgutsverwalters selbständig betriebenen *Erwerbsgeschäft* (vgl § 1431), sofern es zum Vorbehaltsgut dieses Ehegatten gehört (vgl § 1442 S 2);

(b)   Verbindlichkeiten eines Ehegatten aus einer **dinglichen Belastung** seines Sondergutes oder seines Vorbehaltsgutes, soweit die Verbindlichkeit gemäß §§ 1437 ff Gesamtgutsverbindlichkeit ist, zB die Verpflichtung zur Zahlung von Zinsen einer Hypothek, die auf einem zum Sondergut gehörenden Grundstück oder auf einem zum Vorbehaltsgut des Verwalters (für das des anderen Ehegatten gilt § 1440 S 1) gehörenden Grundstück steht;

(c) die einem Ehegatten auf Grund seiner **gesetzlichen Unterhaltspflicht** obliegenden Verbindlichkeiten, soweit die Unterhaltspflicht durch den Besitz von Sonder- oder Vorbehaltsgut begründet oder erweitert wird. Soweit dagegen die Unterhaltspflicht eines Ehegatten durch den Besitz von Gesamtgut bedingt ist (vgl § 1604), fällt die Verbindlichkeit im Verhältnis der Ehegatten zueinander dem Gesamtgut zur Last.

13 Die Vorschrift des § 1441 Nr 2 findet auch Anwendung, wenn die Verbindlichkeiten **vor Eintritt der Gütergemeinschaft** oder vor der Zeit entstanden sind, zu der das Gut, auf das sich das die Verbindlichkeit begründende Rechtsverhältnis bezieht, Vorbehalts- oder Sondergut geworden ist. Diese Regelung entspricht der materiellen Zugehörigkeit dieser Verbindlichkeiten zum Vorbehalts- oder Sondergut und der vermutlichen Absicht der Beteiligten (Mot IV 386, 264). In Betracht kommen zB die vor jenen Zeitpunkten fällig gewordenen Leistungen auf Grund einer Reallast oder Hypothek, die auf einem zum Sonder- oder Vorbehaltsgut gehörenden Grundstück ruht und die Verbindlichkeiten aus der Ausbesserung eines zum Sonder- oder Vorbehaltsgut gehörenden Hauses.

14 **Die Kosten eines Rechtsstreits, den ein Ehegatte über eine der in den Nummern 1 und 2 bezeichneten Verbindlichkeiten führt (Nr 3)**, fallen diesem Ehegatten, nicht dem Gesamtgut zur Last. Die Bestimmung rechtfertigt sich durch die materielle Zugehörigkeit dieser Verbindlichkeit zu jenen in Nr 1 und 2 genannten Verbindlichkeiten (Mot IV 388, 264). Ob der Ehegatte Kläger oder Beklagter war, ist hier ohne Belang. Zu den „Kosten eines Rechtsstreits" gehören hier neben den Gerichtskosten und den Auslagen des Prozessgegners auch die eigenen Anwaltskosten des streitenden Ehegatten, weil der Zusammenhang mit der unerlaubten Handlung und dem Sondervermögen über die Lastenverteilung im Innenverhältnis entscheidet. Inwieweit die Kosten anderer Rechtsstreitigkeiten im Verhältnis der Ehegatten zueinander nicht dem Gesamtgut zur Last fallen, bemisst sich nach § 1443. § 1441 Nr 3 ist gegenüber § 1443 Abs 2 eine Sonderregelung („§ 1441 Nr 3 und § 1442 bleiben unberührt"). Über die Haftung des Gesamtguts für Kosten eines Rechtsstreits gegenüber den Gläubigern s § 1438 Abs 2.

IV. Verbindlichkeiten des Verwalters

15 Nicht besonders erwähnt sind in § 1441 die **Verbindlichkeiten des verwaltenden Ehegatten** aus einer schuldhaften Verletzung seiner Verwaltungspflicht oder aus einer Überschreitung seines Verwaltungsrechts (vgl Mot IV 388 f). Insoweit handelt es sich um Verbindlichkeiten des Gesamtgutsverwalters, die nicht Gesamtgutsverbindlichkeiten sind (s § 1435 S 3). Sie fallen ihrer Natur nach allein dem Verwalter und dem als Notverwalter tätigen anderen Ehegatten zur Last. Im Übrigen findet jedoch § 1441 auch auf Verbindlichkeiten eines Ehegatten gegenüber dem anderen Anwendung (s schon Mot IV 390).

V. Beweislast

Dass die Voraussetzungen des § 1441 gegeben sind, hat derjenige Ehegatte zu be- **16** weisen, der behauptet, dass eine Verbindlichkeit des anderen Ehegatten nicht dem Gesamtgut zur Last falle.

VI. Abweichende Vereinbarungen

Die Lastenverteilung im Innenverhältnis der Ehegatten ist durch Ehevertrag ab- **17** dingbar (s schon Mot IV 389). Unberührt bleibt die Zulässigkeit abweichender Regelungen bei der Auseinandersetzung (vgl § 1474). Eine besondere Affinität solcher Vereinbarungen zum Verstoß gegen die guten Sitten besteht nicht, auch nicht dann, wenn im Voraus (auch) die Verbindlichkeiten aus unerlaubten Handlungen dem Gesamtgut auferlegt werden.

§ 1442
Verbindlichkeiten des Sonderguts und eines Erwerbsgeschäfts

Die Vorschrift des § 1441 Nr. 2, 3 gilt nicht, wenn die Verbindlichkeiten zu den Lasten des Sondergutes gehören, die aus den Einkünften beglichen zu werden pflegen. Die Vorschrift gilt auch dann nicht, wenn die Verbindlichkeiten durch den Betrieb eines für Rechnung des Gesamtgutes geführten Erwerbsgeschäfts oder infolge eines zu einem solchen Erwerbsgeschäft gehörenden Rechts oder des Besitzes einer dazu gehörenden Sache entstehen.

Materialien: E I § 1463a; II § 1463a; III § 1442;
BT-Drucks 1/3802, 65; BT-Drucks 2/224, 53;
BT-Drucks 2/3409, 28.
Vgl STAUDINGER/BGB-Synopse 1896–2005
§ 1442.

I. Rechtsentwicklung und Grundgedanke

Die Regelung fand sich früher in § 1439 S 2 durch Verweisung auf die Vorschriften **1** über das eingebrachte Gut bei der Errungenschaftsgemeinschaft (vgl §§ 1535, 1537, 1529 Abs 2 aF). Das GleichberG hat diese Regelung, da es die Errungenschaftsgemeinschaft nicht mehr normiert, nunmehr in den Abschnitt über die Gütergemeinschaft einbezogen: Der Grundsatz ergibt sich jetzt aus § 1441 Nr 2 und 3; die Ausnahmen regelt heute die neu eingefügte Vorschrift des § 1442.

Die **Gesamtgutsverbindlichkeiten fallen** grundsätzlich auch im Verhältnis der Ehe- **2** gatten zueinander **dem Gesamtgut zur Last. Ausnahmen** von diesem Grundsatz enthalten die §§ 1441, 1444, wonach gewisse Verbindlichkeiten dem Ehegatten zur Last fallen, in dessen Person sie entstehen. Für die in § 1441 Nr 2 und 3 genannten Verbindlichkeiten macht § 1442 wiederum einzelne **Unterausnahmen**, indem er bestimmte Verbindlichkeiten dem Gesamtgut zuweist. Die Lasten des Sondergutes, die aus den Einkünften beglichen zu werden pflegen, trägt das Gesamtgut, weil das Sondergut gemäß § 1417 Abs 3 S 2 für Rechnung des Gesamtguts verwaltet wird (vgl Mot IV 512). Auch die Verbindlichkeiten, die durch den Betrieb eines für Rechnung des Gesamtguts geführten Erwerbsgeschäfts oder infolge eines zu einem solchen Erwerbsgeschäft gehörenden Rechtes oder des Besitzes einer dazu gehörenden Sache entstehen, sind dem Gesamtgut aufzuerlegen, weil andererseits auch der Gewinn aus dem Erwerbsgeschäft dem Gesamtgut zugute kommt.

II.   Die einzelnen Fälle des § 1442

3 Dem Gesamtgut und nicht dem Ehegatten, in dessen Person sie entstehen, fallen im Innenverhältnis zur Last **Verbindlichkeiten, die zu den Lasten des Sonderguts gehören, welche aus den Einkünften beglichen zu werden pflegen** (S 1; vgl § 1440 S 2 Fall 2). Dagegen haftet das Gesamtgut nicht für die außerordentlichen Lasten des Sonderguts, die als auf dessen Stammwert gelegt anzusehen sind (vgl §§ 995 S 2, 1047, 2126 S 1). Welche Verbindlichkeiten sich als gewöhnliche Lasten des Sonderguts darstellen, war früher im Gesetz im Einzelnen festgelegt. Die Neuregelung ersetzt diese Aufzählung durch den Begriff der Lasten, die aus den Einkünften beglichen zu werden pflegen (dazu s § 1440 Rn 10).

4 Das Gesamtgut haftet ferner auch im Innenverhältnis, wenn die **Verbindlichkeiten durch Betrieb eines für Rechnung des Gesamtguts geführten Erwerbsgeschäfts oder infolge eines zu einem solchen Erwerbsgeschäft gehörenden Rechtes oder des Besitzes einer dazu gehörenden Sache** entstehen (S 2; vgl § 1440 S 2 Fall 1). Zum „Betrieb eines Erwerbsgeschäftes" s § 1431 Rn 3 ff. Für Rechnung des Gesamtgutes wird das Erwerbsgeschäft – vorbehaltlich abweichender Vereinbarungen der Ehegatten – nur dann geführt, wenn es zum Gesamtgut oder zum Sondergut (§ 1417 Abs 3 S 2) gehört. Dagegen wird ein Erwerbsgeschäft, das zum Vorbehaltsgut gehört, für eigene Rechnung des Ehegatten betrieben (§ 1418 Abs 3 S 2), mag auch der Geschäftsertrag gemäß §§ 1360, 1420 zum Unterhalt der Familie beitragen. Haftet hierbei ausnahmsweise auch das Gesamtgut, so muss der Ehegatte, der das Erwerbsgeschäft betreibt, diese Beträge im Innenverhältnis tragen.

III.   Beweislast und abweichende Vereinbarungen

5 Dass eine der Voraussetzungen des § 1442 gegeben sei, hat derjenige Ehegatte zu beweisen, der unter Bezugnahme auf diese Bestimmung behauptet, dass eine Gesamtgutsverbindlichkeit nicht ihm, sondern dem Gesamtgut zur Last falle.

6 Zur Abdingbarkeit durch Ehevertrag und zu anderweitigen Regelungen im Einzelfall bei der Auseinandersetzung gilt das bei § 1441 Rn 17 Ausgeführte.

§ 1443
Prozesskosten

(1) Im Verhältnis der Ehegatten zueinander fallen die Kosten eines Rechtsstreits, den die Ehegatten miteinander führen, dem Ehegatten zur Last, der sie nach allgemeinen Vorschriften zu tragen hat.

(2) Führt der Ehegatte, der das Gesamtgut nicht verwaltet, einen Rechtsstreit mit einem Dritten, so fallen die Kosten des Rechtsstreits im Verhältnis der Ehegatten zueinander diesem Ehegatten zur Last. Die Kosten fallen jedoch dem Gesamtgut zur Last, wenn das Urteil dem Gesamtgut gegenüber wirksam ist oder wenn der Rechtsstreit eine persönliche Angelegenheit oder eine Gesamtgutsverbindlichkeit des Ehegatten betrifft und die Aufwendung der Kosten den Umständen nach geboten ist; § 1441 Nr. 3 und § 1442 bleiben unberührt.

Materialien: Zu § 1464 aF: E I § 1367 Abs 2; II § 1362 rev § 1449; III § 1447; Mot IV 384; Prot IV 271; VI 227; D 695. Zu § 1443: E I § 1464; II § 1464; III § 1443; BT-Drucks 1/3802, 65; BT-Drucks 2/3409, 28. Vgl Staudinger/BGB-Synopse 1896–2005 § 1443.

Systematische Übersicht

1. Rechtsentwicklung und Grundgedanke

§ 1443 entspricht dem § 1464 aF, der dem für den Güterstand der Nutzverwaltung **1** geltenden § 1416 aF nachgebildet war.

Die Gesamtgutsverbindlichkeiten fallen **grundsätzlich** auch im Verhältnis der Ehe- **2** gatten zueinander dem Gesamtgut zur Last. **Ausnahmen** von diesem Grundsatz betreffen die **Kosten eines Rechtsstreits**, den die **Ehegatten gegeneinander führen** (Abs 1) oder den der **nicht verwaltende Ehegatte mit einem Dritten führt** (Abs 2). **Ausnahmen von der Ausnahme** gemäß Abs 2 S 1 sieht das Gesetz jedoch vor, wenn das Urteil dem Gesamtgut gegenüber wirksam ist oder wenn der Rechtsstreit eine persönliche Angelegenheit oder eine Gesamtgutsverbindlichkeit betrifft und die Aufwendung der Kosten den Umständen nach geboten ist (s dazu auch unten Rn 10).

2. Begriff und Kosten des Rechtsstreits

Über den weit auszulegenden Begriff des *Rechtsstreits* s § 1438 Rn 12. **3**

Die Kosten des Rechtsstreits umfassen hier neben den Gerichtskosten und den **4** gegnerischen Auslagen – ebenso wie in § 1441 (s dort Rn 14) – auch die *eigenen Kosten* der Ehegatten, die diese auf Grund eines Rechtsgeschäfts machen müssen. Die interne Lastenverteilung erstreckt sich also auch auf die eigenen Anwaltskosten und die Gebühren eines Gerichtsvollziehers.

3. Rechtsstreit der Ehegatten untereinander

5 Die Kosten eines Rechtsstreits, den die Ehegatten miteinander führen, **fallen dem Ehegatten zur Last, der sie nach allgemeinen Vorschriften zu tragen hat** (Abs 1). Die Kostenlast ergibt sich aus der in dem Rechtsstreit ergangenen Entscheidung, aus der zwischen den Ehegatten getroffenen Vereinbarung, insbesondere beim Vergleich, sonst aus dem Gesetz. Der Prozesskostenvorschuss nach § 1360a Abs 4 ist dem Gesamtgut nach Beendigung der Gütergemeinschaft zu erstatten (BGHZ 56, 92, 95; anders BGH FamRZ 1986, 42 wegen des Vorranges der unterhaltsrechtlichen Natur des Anspruchs).

4. Rechtsstreit des Verwalters mit Dritten

6 § 1443 Abs 2 behandelt nicht die Kosten eines Rechtsstreits, den der Verwalter mit einem Dritten führt. Für sie gilt als Ausnahme von § 1437 Abs 1 nur § 1441 Nr 3 mit § 1442.

5. Rechtsstreit des anderen Ehegatten mit Dritten

7 Die Kosten eines solchen Rechtsstreits **fallen** im Innenverhältnis **grundsätzlich dem nicht verwaltenden Ehegatten zur Last (Abs 2 S 1)**. Es ist unerheblich, in welcher Rolle der Ehegatte am Verfahren beteiligt war.

8 Die Kosten **belasten jedoch das Gesamtgut**, wenn eine der **Ausnahmen** des § 1443 Abs 2 S 2 vorliegt (s Rn 9 f). Diese Ausnahmen gelten wiederum nicht, wenn die Voraussetzungen des § 1441 Nr 3 vorliegen und § 1442 nicht eingreift.

9 **a)**   Die Kosten fallen dem Gesamtgut zur Last, **wenn das Urteil dem Gesamtgut gegenüber wirksam** ist. Es ist wirksam in den Fällen der §§ 1428, 1429, 1431, 1433 oder wenn der Gesamtgutsverwalter der Prozessführung zugestimmt hatte. Ist der Rechtsstreit ohne Urteil beendigt, so ist entscheidend, ob das hypothetische Urteil dem Gesamtgut gegenüber wirksam gewesen wäre (PLANCK/UNZNER § 1464 Anm 3a; BGB-RGRK/FINKE § 1443 Rn 8).

10 **b)**   Die Kosten fallen dem Gesamtgut ferner zur Last, wenn der Rechtsstreit eine **persönliche Angelegenheit** (s dazu § 1430 Rn 4 ff) oder eine **Gesamtgutsverbindlichkeit** (§§ 1437–1440) des nicht verwaltenden Ehegatten betrifft **und die Aufwendung der Kosten den Umständen nach geboten ist**. Der Sinn der Regelung ist der, dass der nicht verwaltungsberechtigte Ehegatte Prozesse in persönlichen Angelegenheiten, die für ihn nicht aussichtslos oder mutwillig sind, in der Gewissheit führen können soll, dass für die Kosten am Ende das Gesamtgut aufzukommen hat. Ferner soll der Ehegatte, der wegen einer eigenen Verbindlichkeit einen Rechtsstreit führt, die zugleich Gesamtgutsverbindlichkeit ist, das Kostenrisiko nicht endgültig tragen, weil er zumindest tatsächlich auch Interessen des Gesamtguts wahrnimmt, mag das Urteil auch diesem gegenüber nicht wirksam sein. Auch in diesem Falle gehen die Kosten nur dann zu Lasten des Gesamtguts, wenn ihre Aufwendung den Umständen nach geboten ist. Entscheidend ist insoweit, ob die Aufwendung nach verständigem Ermessen für erforderlich gehalten werden durfte. Die Lastenverteilung nach § 1443 Abs 2 S 2 gilt daher auch dann, wenn der Ehegatte den Prozess verliert.

6.   Beweislast, abweichende Vereinbarungen

Der Ehegatte, der unter Bezugnahme auf § 1443 Abs 1 behauptet, dass die Kosten **11** des Rechtsstreits im Verhältnis der Ehegatten zueinander dem anderen Ehegatten zur Last fallen, hat die Voraussetzungen des § 1443 nachzuweisen, also dass es sich um einen Rechtsstreit zwischen ihm und dem anderen Ehegatten gehandelt hat und dass nach allgemeinen Vorschriften der andere Ehegatte die Kosten zu tragen hat.

Behauptet der Gesamtgutsverwalter unter Berufung auf § 1443 Abs 2, dass die **12** Kosten eines Rechtsstreits im Verhältnis der Ehegatten zueinander dem nicht verwaltenden Ehegatten zur Last fallen, so hat er lediglich darzutun, dass es sich um einen Rechtsstreit zwischen diesem und einem Dritten gehandelt hat. Dem anderen Ehegatten obliegt sodann der Nachweis, dass der Rechtsstreit eine persönliche Angelegenheit oder eine nicht unter §§ 1443 Nr 3, 1442 fallende Gesamtgutsverbindlichkeit des nicht verwaltenden Ehegatten betroffen hat und dass die Aufwendung der Kosten den Umständen nach geboten war.

Zu § 1443 gelten für abweichende Vereinbarungen die Ausführungen zu 1441 **13** Rn 17.

§ 1444
Kosten der Ausstattung eines Kindes

(1) Verspricht oder gewährt der Ehegatte, der das Gesamtgut verwaltet, einem gemeinschaftlichen Kind aus dem Gesamtgut eine Ausstattung, so fällt ihm im Verhältnis der Ehegatten zueinander die Ausstattung zur Last, soweit sie das Maß übersteigt, das dem Gesamtgut entspricht.

(2) Verspricht oder gewährt der Ehegatte, der das Gesamtgut verwaltet, einem nicht gemeinschaftlichen Kind eine Ausstattung aus dem Gesamtgut, so fällt sie im Verhältnis der Ehegatten zueinander dem Vater oder der Mutter zur Last; für den Ehegatten, der das Gesamtgut nicht verwaltet, gilt dies jedoch nur insoweit, als er zustimmt oder die Ausstattung nicht das Maß übersteigt, das dem Gesamtgut entspricht.

Materialien: Zu § 1465 aF: E I § 1368; II § 1363 rev § 1450; III § 1448; Mot IV 358, 383, 390; Prot IV 271. Zu § 1444: E I § 1465; II § 1465; III § 1444; BT-Drucks 1/3802, 65; BT-Drucks 2/3409, 28. Vgl Staudinger/BGB-Synopse 1896–2005 § 1444.

Schrifttum

Zum älteren Schrifttum s auch Staudinger/ Thiele (2000).

Systematische Übersicht

I. Grundgedanken

1 § 1444 enthält neben den §§ 1441 und 1442 eine weitere Ausnahme von dem Grundsatz, dass Gesamtgutsverbindlichkeiten auch Gesamtgutslasten sind. Die Vorschrift behandelt die **interne Zuordnung** von **Ausstattungen aus dem Gesamtgut**. Sie weist Ausstattungen an ein gemeinschaftliches Kind dem Gesamtgut zu, soweit sie das diesem entsprechende Maß nicht überschreitet, weil sie materiell beide Ehegatten gleichermaßen angehen. Ausstattungen an ein nicht gemeinschaftliches Kind fallen im Innenverhältnis dagegen dem Vater oder der Mutter zur Last, weil sie Sonderinteressen entsprechen (Prot IV 271 f). Der Gesamtgutsverwalter kann jedoch diese interne Belastung des anderen Ehegatten nicht ohne dessen Zustimmung herbeiführen, soweit das dem Gesamtgut entsprechende Maß überschritten wird.

2 Das Gesetz behandelt lediglich das **Versprechen** und die **Gewährung** einer Ausstattung **durch den Ehegatten, der das Gesamtgut verwaltet**. Das beruht darauf, dass grundsätzlich nur der Verwalter „aus dem Gesamtgut" versprechen oder gewähren kann. Ist ausnahmsweise der das Gesamtgut nicht verwaltende Ehegatte allein in der Lage (s die §§ 1429, 1430), mit Wirkung gegen das Gesamtgut zu versprechen oder zu gewähren, ist **§ 1444 entsprechend** anzuwenden (s dazu auch Rn 16). Hat der Gesamtgutsverwalter einem Ausstattungsversprechen des anderen Ehegatten oder der Verfügung über Gesamtgut, durch die eine Ausstattung gewährt wird, zugestimmt, so muss die Vorschrift ebenfalls entsprechend gelten. Im Falle des Abs 2 bedeutet dies, dass die Ausstattung eines nicht gemeinschaftlichen Kindes, dessen Elternteil er ist, entsprechend Abs 2 HS 2 im Innenverhältnis dem Verwalter zur Last fällt.

II. Ausstattung eines gemeinschaftlichen Kindes

1. Ausstattung

3 Ausstattung ist nach § 1624 Abs 1, was einem Kinde mit Rücksicht auf seine Verheiratung oder auf die Erlangung einer selbständigen Lebensstellung zur Begründung oder Erhaltung der Wirtschaft oder der Lebensstellung von dem Vater oder der Mutter zugewendet wird. Eine gesetzliche Verpflichtung zur Ausstattung besteht nicht. Gleichwohl ist weder das Versprechen noch die Gewährung Schenkung, sofern nicht das den Umständen entsprechende Maß überschritten wird. Der sittliche Gehalt der Ausstattung (s dazu auch § 1425 Rn 10) lässt sie im Einzelfall als ordnungsgemäße Verwaltung des Gesamtguts erscheinen (vgl BayObLGZ 23, 160; BGB-RGRK/Finke Rn 2).

2. Gemeinschaftliche Kinder

Gemeinschaftlichen Kindern stehen einseitige Kinder gleich, die von dem anderen **4** Teil als Kind angenommen worden sind, ebenso ein gemeinschaftlich angenommenes Kind.

3. Ausstattung im Übermaß

Übersteigt die Zuwendung das in § 1624 Abs 1 bezeichnete, den Umständen ent- **5** sprechende Maß, so liegt hinsichtlich des Mehrwertes keine Ausstattung, sondern Schenkung vor. § 1444 ist insoweit unanwendbar. Es gilt vielmehr § 1425; ohne die Zustimmung des anderen Ehegatten ist das Rechtsgeschäft insoweit unwirksam; der Verwalter haftet dem Gesamtgut gemäß §§ 1435 S 3, 1425. Ob das nach § 1624 Abs 1 **den Umständen entsprechende Maß** eingehalten worden ist, bestimmt sich nach dem gesamten Vermögen des Verwalters, nämlich dem Gesamtgut (dieses nicht nur anteilig) und dessen Sonder- und Vorbehaltsgut. Soweit die Zuwendung danach Ausstattung ist und das Versprechen oder die Gewährung rechtsgeschäftlich wirksam (s dazu auch § 139), ist nach § 1444 Abs 1 zu unterscheiden. Stimmt der andere Ehegatte der Zuwendung mit dem Übermaß zu, dann wird aus der nunmehr gegenüber dem Gesamtgut wirksamen Schenkung (§§ 1624 Abs 1, 1425, 1427) zwar keine Ausstattung, aber die Zustimmung wird häufig dahin zu deuten sein, dass im Ergebnis beide Ehegatten belastet sein sollen, also auch der Schenkungsteil dem Gesamtgut zur Last fällt.

Nur insoweit, als nach § 1624 Abs 1 eine Ausstattung vorliegt, kommt es darauf an, **6** ob sie das den Verhältnissen des Gesamtguts entsprechende Maß überschreitet oder nicht.

Soweit sie das allein am Gesamtgut orientierte **Maß übersteigt, fällt sie** im Innen- **7** verhältnis **dem Gesamtgutsverwalter zur Last** (Abs 1). Zur entsprechenden Belastung des anderen Ehegatten s oben Rn 2. Die **Zustimmung** des Verwalters zu einer das Maß des Gesamtgutes übersteigenden Ausstattung lässt sich jedoch regelmäßig dahin deuten, dass auch die Mehrausstattung auf das Gesamtgut übernommen werden soll. Ebenso ist die (nicht erforderliche) Zustimmung des anderen Ehegatten zu einer Übermaßausstattung durch den Gesamtgutsverwalter auszulegen (ebenso Gernhuber/Coester-Waltjen § 38 Rn 102 Fn 137; MünchKomm/Kanzleiter Rn 5; BGB-RGRK/Finke Rn 4; Soergel/Gaul Rn 3; aM Erman/Heckelmann Rn 1). Maßgebend ist insofern die Auslegung der Zustimmung nach allgemeinen Grundsätzen (so Gernhuber/Coester-Waltjen aaO; Bamberger/Roth/Mayer Rn 2; aM MünchKomm/Kanzleiter aaO: der Zustimmende müsse sich den Ausgleich nach Abs 1 ausdrücklich vorbehalten).

4. Angemessene Ausstattung

Wenn und soweit die Ausstattung (s Rn 5) das dem Gesamtgut entsprechende **Maß 8**

nicht übersteigt, gilt die Regel: die Zuwendung fällt auch im Verhältnis der Ehegatten zueinander dem Gesamtgut zur Last (vgl BayObLGZ 1, 709).

III. Ausstattung eines nicht gemeinschaftlichen Kindes

1. Kind des Gesamtgutsverwalters

9 Stattet der Gesamtgutsverwalter ein einseitiges eigenes Kind aus (zum Übermaß gemäß § 1624 Abs 1 s oben Rn 5), so fallen die Verbindlichkeiten und Aufwendungen im Verhältnis der Ehegatten **stets dem Verwalter** selbst **zur Last** (Abs 2 HS 2). Das gilt unabhängig davon, ob die Zuwendung dem Gesamtgut angemessen ist oder nicht und ob sie den gesamten Vermögensverhältnissen des Verwalters entspricht (§ 1624 Abs 1). Im zweiten Fall ergibt sich die Belastung des Verwalters aus § 1435 S 3 iVm § 1446 Abs 1.

10 Zuwendungen des nicht verwaltenden Ehegatten aus dem Gesamtgut an ein Kind des Ehegatten, der das Gesamtgut verwaltet, sind gegen das Gesamtgut nur wirksam mit der Zustimmung des Verwalters, allenfalls gemäß § 1429, der aber Gefahr im Verzug voraussetzt, die regelmäßig nicht vorliegen wird. Stimmt der Gesamtgutsverwalter aber zu, gilt § 1444 Abs 2 S 2 entsprechend mit der Wirkung, dass dieser im Innenverhältnis die Last trägt.

2. Kind des anderen Ehegatten

11 Für den Fall, dass der Gesamtgutsverwalter ein (einseitiges) **Kind des anderen Ehegatten** ausstattet, **belastet** die Verbindlichkeit oder Aufwendung aus dem Gesamtgut im Innenverhältnis grundsätzlich **das Gesamtgut**.

12 Dagegen wird **der andere Ehegatte** (der Elternteil des ausgestatteten Kindes) im Verhältnis der Ehegatten zueinander **belastet, wenn dieser** der Zuwendung **zustimmt**. Eine solche Zuwendung ist zwar nicht Ausstattung iSd § 1624 Abs 1, da sie vom Stiefelternteil gewährt oder versprochen wird. Sie stammt aber aus einem Vermögen, an dem der Elternteil hälftig beteiligt ist. Deshalb darf sie, was § 1444 Abs 2 voraussetzt, wie eine Ausstattung des Elternteils behandelt werden, wenn dieser zustimmt.

13 Der **andere Ehegatte**, der Vater oder Mutter des Kindes ist, **wird** nach § 1444 Abs 2 aE im Innenverhältnis **auch dann belastet**, wenn die vom **Gesamtgutsverwalter** (und Stiefelternteil) versprochene oder gewährte Ausstattung **das Maß nicht übersteigt, das dem Gesamtgut entspricht**. GERNHUBER/COESTER-WALTJEN § 38 Rn 102 aE halten diese Regelung für gegenstandslos, weil Zuwendungen an ein Stiefkind ohne Zustimmung des Vaters oder der Mutter keine Ausstattungen iSd § 1624 seien. Das Gesetz ist hier in der Tat in sich fehlerhaft. Es fehlt ein Zwischenglied, wie es § 2054 Abs 1 S 2 enthält, nämlich die Bestimmung, dass die Zuwendung aus dem Gesamtgut als eine solche des anderen Ehegatten gilt. Diese Normlücke in § 1444 Abs 2 ist entsprechend der in § 2054 Abs 1 S 2 getroffenen Regelung auszufüllen. Wenn danach die Zuwendung als von dem nicht verwaltenden Ehegatten gemacht gilt, dann ist sie auch als Ausstattung dieses Ehegatten an sein Kind anzusehen.

Ob das **dem Gesamtgut entsprechende Maß eingehalten** ist, bestimmt sich nicht nach **14** den Vermögensverhältnissen des Gesamtguts insgesamt, sondern unter Berücksichtigung des Umstandes, dass der Ehegatte, dem die Zuwendung als Ausstattung zugerechnet wird, nur zur Hälfte am Gesamtgut beteiligt ist.

Fehlt die Zustimmung des nicht verwaltenden Ehegatten (s Rn 12), so ist der das **15** angemessene Maß übersteigende Wert der Ausstattung dem Gesamtgut endgültig zuzurechnen (s oben Rn 11). **Der Gesamtgutsverwalter** hat jedoch in der Regel gemäß § 1435 S 3 **zum Gesamtgut Ersatz zu leisten.** Das Übermaß ist Schenkung, wenn und soweit es zugleich Übermaß iSd § 1624 Abs 1 ist. Dafür sind neben dem Wert des Anteils des nichtverwaltenden Ehegatten am Gesamtgut auch dessen Sonder- und Vorbehaltsgut zu berücksichtigen (aM MünchKomm/KANZLEITER Rn 7). Liegt danach nicht Schenkung vor, trifft den Verwalter doch regelmäßig ein Verschulden. Die Ersatzpflicht des Verwalters entspricht seiner persönlichen Belastung im Innenverhältnis.

IV.   Ausstattung aus dem Gesamtgut durch den nicht verwaltenden Ehegatten

Die den Gesamtgutsverwalter betreffenden Vorschriften des § 1444 sind auf den **16** anderen Ehegatten entsprechend anzuwenden, wenn dieser wirksam für das Gesamtgut handeln kann. § 1429 kommt wohl nur theoretisch in Betracht. Dagegen ist vor allem an die Fälle zu denken, in denen der Gesamtgutsverwalter zustimmt oder dessen Zustimmung nach § 1430 ersetzt worden ist. Die Ausstattung ist den persönlichen Angelegenheiten zuzurechnen (hM; zurückhaltend ERMAN/HECKELMANN Rn 1).

V.   Ausstattung aus dem Vorbehalts- oder Sondergut

Stattet ein Ehegatte ein Kind aus seinem Vorbehaltsgut aus, ist für die Anwendung **17** von § 1444 zunächst kein Raum. Das Gesamtgut wird unmittelbar nicht berührt. Da aber die angenommene Ausstattung eines **gemeinschaftlichen Kindes** aus dem Gesamtgut auch Gesamtgutslast ist, kommt ein Anspruch auf Ersatz aus dem Gesamtgut in Betracht. Für den Gesamtgutsverwalter ergibt sich ein Ersatzanspruch aus § 1445 Abs 2, wenn er die Absicht hatte, aus dem Gesamtgut Ersatz zu verlangen. Dieser „Geschäftsführungswille" ist nicht zu vermuten. Für den nicht verwaltenden Ehegatten, der ein gemeinschaftliches Kind ausstattet, gelten die Vorschriften der §§ 677 ff unmittelbar.

Wird ein **nicht gemeinschaftliches Kind** aus dem Vorbehaltsgut ausgestattet, so **18** kommt ein Anspruch auf Ersatz aus dem Gesamtgut für den Gesamtgutsverwalter nicht in Betracht. Die Wertung des § 1444 Abs 2 schließt einen Ausgleich gemäß § 1445 Abs 2 aus. Ein Anspruch für den ausstattenden anderen Ehegatten aus Geschäftsführung ohne Auftrag wird regelmäßig an den Voraussetzungen des § 683 scheitern, der Bereicherungsanspruch gemäß § 684 an der fehlenden Gesamtgutsbereicherung.

VI.   Abweichende Vereinbarungen

Für abweichende ehevertragliche Regelungen und Einzelvereinbarungen gilt das zu **19** § 1441 Rn 17 Ausgeführte.

§ 1445
Ausgleichung zwischen Vorbehalts-, Sonder- und Gesamtgut

(1) Verwendet der Ehegatte, der das Gesamtgut verwaltet, Gesamtgut in sein Vorbehaltsgut oder in sein Sondergut, so hat er den Wert des Verwendeten zum Gesamtgut zu ersetzen.

(2) Verwendet er Vorbehaltsgut oder Sondergut in das Gesamtgut, so kann er Ersatz aus dem Gesamtgut verlangen.

Materialien: Zu § 1466 aF: E I § 1365; II § 1364 rev § 1451; III § 1449; Mot IV 384; Prot IV 269; VI 281; D 695.
Zu § 1445: E I § 1466; II § 1466; III § 1445; BT-Drucks 1/3802, 65; BT-Drucks 2/224, 53; BT-Drucks 2/3409, 28.
Vgl STAUDINGER/BGB-Synopse 1896–2005 § 1445.

Systematische Übersicht

I. Rechtsentwicklung

1 Die Vorschrift des § 1445, der die Ausgleichung zwischen Gesamtgut auf der einen und Vorbehaltsgut oder Sondergut auf der anderen Seite behandelt, entspricht insoweit dem § 1446 aF, als er die Verwendung von Gesamtgut in das Vorbehaltsgut oder von Vorbehaltsgut in das Gesamtgut zum Gegenstand hat. Das GleichberG geht über die alte Fassung hinaus, indem es die Verwendung von Gesamtgut in das Sondergut oder von Sondergut in das Gesamtgut, die das BGB früher durch Verweisung auf die bei der Errungenschaftsgemeinschaft für das eingebrachte Gut geltenden Vorschriften regelte, in den Anwendungsbereich des § 1445 einbezieht. Die Einbeziehung des Sonderguts in den § 1445 wird von *zwei sachlichen Änderungen* begleitet: Zunächst stellten die §§ 1439 S 2, 1539 aF beim Sondergut – anders als § 1466 aF beim Vorbehaltsgut – auf den Umstand ab, ob das Sondergut auf Kosten des Gesamtguts oder das Gesamtgut auf Kosten des Sonderguts zur Zeit der Beendigung der Gütergemeinschaft bereichert ist. Die Neuregelung trifft für die Ausgleichung zwischen Gesamtgut und Sondergut die gleiche Bestimmung wie zwischen Gesamtgut und Vorbehaltsgut. Für eine unterschiedliche Regelung besteht kein innerer Grund; die Verwaltung des Vorbehaltsguts unterscheidet sich lediglich dadurch von der Verwaltung des Sonderguts, dass diese für Rechnung des Gesamtguts, jene für eigene Rechnung des Ehegatten erfolgt. Ferner regelten die §§ 1439 S 2, 1539 aF die Ausgleichung zwischen dem Gesamtgut und dem Sondergut der beiden Ehegatten, während § 1445 nur noch das Sondergut des verwaltenden Ehegatten behandelt und das Sondergut des nicht verwaltenden Ehegatten den allgemeinen Vorschriften unterstellt.

II. Grundgedanken

§ 1445 bestimmt eine Ausgleichung zwischen Gesamtgut einerseits und Vorbehalts- **2** gut oder Sondergut des verwaltenden Ehegatten andererseits, falls er Gesamtgut in sein Vorbehaltsgut oder in sein Sondergut oder umgekehrt Vorbehaltsgut oder Sondergut in das Gesamtgut verwendet. Hiermit ist die Sicherung in doppelter Hinsicht bezweckt. Der wichtigere Abs 1 schützt den nicht verwaltenden Ehegatten vor Schmälerungen des Gesamtguts zugunsten der Sondergüter des Verwalters (s auch unten Rn 3). Abs 2 bestätigt allgemeine Grundsätze für den Fall von Verwendungen aus dem Sondervermögen in das Gesamtgut (s unten Rn 8). Die nicht geregelte Ausgleichung zwischen dem Gesamtgut und dem Vorbehaltsgut oder Sondergut des Ehegatten, der das Gesamtgut nicht verwaltet, richtet sich nach allgemeinen Grundsätzen.

III. Ersatz des Verwalters zum Gesamtgut

Nach § 1445 Abs 1 hat der **verwaltende Ehegatte**, wenn er **Gesamtgut in** sein **Vorbe- 3 haltsgut oder** sein **Sondergut verwendet, den Wert** des Verwendeten zum Gesamtgut **zu ersetzen.** Ohne eine besondere Bestimmung wäre der Gesamtgutsverwalter, wenn er aus dem Gesamtgut Verwendungen in sein Vorbehaltsgut machte, mangels der Voraussetzungen des § 1435 S 3 jedenfalls nur verpflichtet, die zur Zeit der Rechtshängigkeit des Anspruchs noch vorhandene Bereicherung nach Maßgabe der §§ 812 ff herauszugeben. Da aber der Gesamtgutsverwalter in dessen Hand das Gesamtgut und sein Vorbehaltsgut vereinigt sind, jederzeit in der Lage ist, Verwendungen aus dem Gesamtgut in sein Vorbehaltsgut zu machen, hat das Gesetz zum Schutz des nicht verwaltenden Ehegatten dem freien Verfügungsrecht des Gesamtgutsverwalters durch die Anordnung seiner Ersatzpflicht nach Maßgabe des § 1445 Abs 1 eine Schranke gesetzt (Mot IV 380 f). Die gleiche Erwägung trifft auch auf die Verwendung von Gesamtgut in das Sondergut zu.

Verwendungen aus dem Gesamtgut in das Vorbehalts- oder Sondergut sind nicht nur **4** Verwendungen im engeren Sinne der §§ 994 ff, sondern **alle Aufwendungen, die dem Vorbehalts- oder Sondergut zugute kommen sollen.** Dazu gehören alle Vermögensopfer aus dem Gesamtgut, die nach dem Innenverhältnis der Ehegatten nicht diesem zur Last fallen. Die Tilgung einer den Verwalter persönlich treffenden Schuld, mag sie auch Gesamtgutsverbindlichkeit sein, aus dem Gesamtgut ist auch dann „Verwendung", wenn sie auf Druck des Gläubigers oder sogar im Wege der Zwangsvollstreckung erfolgt. Hierher gehören etwa auch die Verwendung von Material des Gesamtguts oder die Übernahme von Kosten zu dessen Lasten, um einen zum Sondervermögen gehörenden Gegenstand zu reparieren oder zu verbessern.

Der Ersatzanspruch **setzt nicht voraus,** dass den Gesamtgutsverwalter an der Ver- **5** wendung ein **Verschulden** trifft (s Mot IV 381) und dass das Vorbehalts- oder Sondergut **bereichert** ist.

6 **Zu ersetzen ist der Wert des Verwendeten**, und zwar derjenige Wert, den das Verwendete **zur Zeit der Verwendung** gehabt hat (E I z BGB § 1365 Abs 1 hatte dies ausdrücklich ausgesprochen, von der II. Komm wurden die Worte „zur Zeit der Verwendung" lediglich aus redaktionellen Gründen beseitigt; Prot IV 269). Ob und in welchem Umfang das Vorbehaltsgut oder das Sondergut zur Zeit der Verwendung oder der Ersatzleistung bereichert ist, ist unerheblich. Unter den Voraussetzungen des § 1435 S 3 hat der Gesamtgutsverwalter nicht nur den Wert des Verwendeten, sondern vollen **Schadensersatz** zum Gesamtgut zu leisten.

7 Gemäß § 1446 Abs 1 HS 1 hat der Ehegatte, der das Gesamtgut verwaltet, die ihm nach § 1445 Abs 1 obliegende Ersatzpflicht **erst** nach **Beendigung der Gütergemeinschaft zu erfüllen.** Es handelt sich jedoch um eine gewöhnliche Ersatzverbindlichkeit, nicht nur um eine Anrechnungs- oder Ausgleichungspflicht. Sie wird freilich meist durch Anrechnung gemäß § 1476 Abs 2 S 1 berichtigt, bleibt aber als Anspruch unter den Ehegatten bestehen und normal durchsetzbar, wenn keine Anrechnung erfolgt, § 1476 Abs 2 S 2.

IV. Ersatz aus dem Gesamtgut

8 Nach § 1445 Abs 2 kann **der verwaltende Ehegatte** umgekehrt **Ersatz aus dem Gesamtgut** verlangen, wenn er **Vorbehaltsgut oder Sondergut in das Gesamtgut verwendet.** Die Rechtsfolge des § 1445 Abs 2 würde mit Rücksicht darauf, dass das Gesamtgut und das Vorbehaltsgut des verwaltenden Ehegatten sich als rechtlich getrennte Vermögensmassen gegenüberstehen, schon aus den Bestimmungen über die Geschäftsführung ohne Auftrag (§§ 677 ff) abzuleiten sein. Um Zweifel auszuschließen, hielt es jedoch der Gesetzgeber für ratsam, eine ausdrückliche Bestimmung dieses Inhalts aufzunehmen (Mot IV 381 f). Die gleiche Erwägung trifft auch auf die Verwendung von Sondergut in Gesamtgut zu.

9 **Voraussetzung** des Ersatzanspruchs des verwaltenden Ehegatten ist auch hier lediglich, dass er Vorbehaltsgut oder Sondergut in das Gesamtgut **verwendet** hat. Zum Begriff der Verwendung s oben Rn 4. Im Zweifel gehört ein Gegenstand zum Gesamtgut (§ 1416 Abs 1). Daraus ergibt sich die **Beweislast** des Verwalters hinsichtlich der Herkunft der Verwendung. Ein Fall von Verwendung in das Gesamtgut ist zB gegeben, wenn der Gesamtgutsverwalter etwas aus seinem Vorbehaltsgut oder Sondergut für den Unterhalt der Familie verwendet, obwohl nach § 1420 zunächst die Einkünfte oder der Stamm des Gesamtguts beitragspflichtig sind; hier greift allerdings die Vermutung des § 1360b ein (vgl BGHZ 50, 266, 269). Auch die Tilgung einer Gesamtgutsverbindlichkeit, die im Verhältnis der Ehegatten zueinander dem Gesamtgut zur Last fällt, aus dem Vorbehaltsgut des Verwalters löst den Ersatzanspruch aus.

10 Eine besondere Vorschrift darüber, ob der **Ersatzanspruch ausgeschlossen** ist, wenn der Gesamtgutsverwalter bei der Verwendung nicht die Absicht hatte, Ersatz zu verlangen, hat das Gesetz nicht für erforderlich erachtet (Mot IV 382). Dem Grundsatz des § 685 Abs 1 entsprechend wird dem verwaltenden Ehegatten in einem

solchen Fall ein Ersatzanspruch nicht zuzuerkennen sein (GERNHUBER/COESTER-WALT-
JEN § 38 Rn 104 mwNw, hM). Handelt es sich um eine Verwendung für den Unterhalt
der Familie, so ist im Zweifel anzunehmen, dass der Gesamtgutsverwalter nicht
beabsichtigt, von dem anderen Ehegatten Ersatz zu verlangen (§ 1360b, BGHZ 50,
266, 269).

Der **Anspruch** des verwaltenden Ehegatten geht **auf Ersatz** des **Wertes des** von ihm in **11**
das Gesamtgut **Verwendeten**; maßgebend ist auch hier der Wert, den das Verwendete
zur Zeit der Verwendung gehabt hat. Unberücksichtigt bleibt, ob und in welchem
Umfang das Gesamtgut zur Zeit der Verwendung oder zur Zeit der Geltendmachung des Ersatzanspruchs bereichert ist (Mot IV 382).

Gemäß § 1446 Abs 1 HS 2 kann der Ehegatte, der das Gesamtgut verwaltet, den ihm **12**
nach § 1445 Abs 2 zustehenden Ersatzanspruch erst **nach der Beendigung der Gütergemeinschaft geltend** machen.

V. Verwendungen des nicht verwaltenden Ehegatten

Wird der nicht verwaltende Ehegatte in der Funktion des Verwalters tätig, insbe- **13**
sondere gemäß § 1429, aber auch gemäß § 1357, ist § 1445 gegen und für ihn entsprechend anwendbar (**aM** zu § 1357 MünchKomm/KANZLEITER Rn 4; wie hier BAMBERGER/
ROTH/MAYER Rn 4; BGB-RGRK/FINKE Rn 5). Das Gleiche gilt im Falle des § 1431, wenn
das vom Verwalter genehmigte Erwerbsgeschäft zum Vorbehaltsgut gehört. Hier
liegen nicht selten Verwendungen aus dem Gesamtgut in das Vorbehaltsgut vor.

Für Verwendungen des nicht verwaltenden Ehegatten aus dem Gesamtgut in sein **14**
Vorbehalts- oder Sondergut und umgekehrt sieht das Gesetz keine Regelung vor.
§ 1445 gilt nicht. Der nicht verwaltende Ehegatte steht mit seinem Sondervermögen
im Verhältnis zum Gesamtgut und seiner Verwaltung einem unzuständigen Dritten
gleich. Daher finden auf seine Verwendungen von einer in die andere Gütermasse
die **allgemeinen Vorschriften Anwendung**, insbesondere die über die Geschäftsführung ohne Auftrag und die ungerechtfertigte Bereicherung (s auch Mot IV 382; Prot
IV 269). § 1360b ist auch hier zu beachten. Zur Einziehung einer Gesamtgutsforderung durch den anderen Ehegatten und Verwendung der Leistung in sein Vorbehaltsgut s BGH NJW 1957, 1635.

VI. Verwendungen des Verwalters in Sondervermögen des anderen Ehegatten

Auch für diese Fälle sieht das Gesetz keine besondere Regelung vor. Die ratio des **15**
§ 1445 trifft hier nicht zu; die Vorschrift ist nicht anwendbar. Es gelten vielmehr die
allgemeinen Vorschriften (§§ 677 ff, 812 ff), aber auch § 1360b.

VII. Verwendungen aus Sondervermögen in Sondervermögen

Verwendet ein Ehegatte sein Sondervermögen (Vorbehalts- oder Sondergut) in das **16**
Sondervermögen des anderen Ehegatten, gelten ebenfalls die allgemeinen Vorschriften.

VIII. Abweichende Vereinbarungen

17 Vereinbarungen der Ehegatten, die die Ausgleichung zwischen dem Gesamtgut einerseits und dem Vorbehalts- oder Sondergut des verwaltenden Ehegatten andererseits abweichend von § 1445 ausgestalten, sind zulässig (vgl vBALIGAND 88). Sie setzen zu ihrer Wirksamkeit, soweit sie nicht nur für einzelne bestimmte Verwendungen eine Regelung treffen, den Abschluss eines Ehevertrages voraus. S auch § 1441 Rn 17.

§ 1446
Fälligkeit des Ausgleichsanspruchs

(1) Was der Ehegatte, der das Gesamtgut verwaltet, zum Gesamtgut schuldet, braucht er erst nach der Beendigung der Gütergemeinschaft zu leisten; was er aus dem Gesamtgut zu fordern hat, kann er erst nach der Beendigung der Gütergemeinschaft fordern.

(2) Was der Ehegatte, der das Gesamtgut nicht verwaltet, zum Gesamtgut oder was er zum Vorbehaltsgut oder Sondergut des anderen Ehegatten schuldet, braucht er erst nach der Beendigung der Gütergemeinschaft zu leisten; er hat die Schuld jedoch schon vorher zu berichtigen, soweit sein Vorbehaltsgut und sein Sondergut hierzu ausreichen.

Materialien: Zu § 1467 aF: E I § 1369; II § 1365 rev § 1452; III § 1450; Mot IV 390 ff; Prot IV 272.
Zu § 1446: E I § 1467; II § 1467; III § 1446; BT-Drucks 1/3802, 65; BT-Drucks 2/224, 53; BT-Drucks 2/3409, 28.
Vgl STAUDINGER/BGB-Synopse 1896–2005 § 1446.

Schrifttum

Zum älteren Schrifttum s auch STAUDINGER/ THIELE (2000).

Systematische Übersicht

I. Rechtsentwicklung und Grundgedanke

§ 1446 entspricht sachlich dem § 1467 aF. Wie zu § 1445 ist auch hier das Sondergut **1** mit berücksichtigt worden; zugleich ist die dieses Sondergut betreffende Regelung vereinfacht und der Behandlung des Vorbehaltsguts angepasst worden.

§ 1446 regelt die **Fälligkeit** der gegenseitigen Ansprüche und Verbindlichkeiten der **2** Ehegatten. **Grundsätzlich ruhen** diese Ansprüche und Verbindlichkeiten **bis zur Beendigung der Gütergemeinschaft.** Damit berücksichtigt das Gesetz, dass nach dem Grundsatz des § 1416 alles Vermögen der Ehegatten Gesamtgut ist, so dass Ausgleichungen häufig nicht stattfinden können. Selbst wenn sie möglich sind, erweisen sie sich regelmäßig als nicht zweckmäßig und nicht notwendig (Mot IV 391).

Nicht ausgeschlossen wird durch § 1446, dass schon während des Bestehens der **3** Gütergemeinschaft **Feststellungsklage** (§ 256 ZPO) oder **Klage auf künftige Leistung** (§ 259 ZPO) erhoben wird, falls die besonderen Voraussetzungen dieser Klagen vorliegen (so mit überzeugender Begründung schon BECHER Recht 1914, 123 ff; hM). Auch die Zulässigkeit eines Antrags auf **Arrest** oder **einstweilige Verfügung** wird durch § 1446 nicht berührt. Das Arrestgericht kann gemäß § 926 ZPO zwar die Erhebung der Klage anordnen; dieser Forderung genügt aber bereits die Erhebung der Feststellungsklage oder der Klage auf künftige **Leistung** (so BECHER 129; ferner iE OLG Königsberg OLGE 2, 70).

II. Schulden und Ansprüche des verwaltenden Ehegatten

Was der Gesamtgutsverwalter **zum Gesamtgut schuldet,** braucht er erst **nach Beendi- 4 gung der Gütergemeinschaft zu leisten** (Abs 1 HS 1). Die Verbindlichkeiten des Gesamtgutsverwalters ruhen auch dann, wenn er ein ausreichendes Vorbehaltsgut oder Sondergut besitzt. Der Gesamtgutsverwalter kann jedoch gemäß § 271 die Schuld vorzeitig tilgen. Die Tilgung aus Sondergut kommt nicht in Betracht. Zur Übertragung von Vorbehaltsgut in das Gesamtgut ist ein Ehevertrag erforderlich (s § 1416 Rn 33). Die nach Ansicht vieler erforderliche anschließende rechtsgeschäftliche Übertragung könnte der Verwalter entsprechend § 181 aE vollziehen.

Was der Gesamtgutsverwalter **zum Vorbehaltsgut des nicht verwaltenden Ehegatten 5 schuldet,** kann von diesem schon während der Dauer der Gütergemeinschaft beansprucht werden. § 1446 trifft insoweit keine Bestimmung (OLG München SeufflBl 75, 785). Die Übertragung von Vorbehaltsgut zu Vorbehaltsgut erfolgt nach den allgemeinen Vorschriften, wenn für den Gläubiger die Voraussetzungen des § 1418 Abs 1 Nr 3 vorliegen.

Was der Gesamtgutsverwalter **aus dem Gesamtgut zu fordern** hat, kann er erst nach **6** Beendigung der Gütergemeinschaft fordern (Abs 1 HS 2), gleichviel, ob der Ersatzanspruch zu seinem Vorbehaltsgut oder zu seinem Sondergut gehört. Diese Bestimmung beruht gleichfalls auf der Erwägung, dass das Gesamtgut während der Dauer der Gütergemeinschaft als eine der ehelichen Gemeinschaft dienende Vermögensmasse Ansprüchen der einzelnen Ehegatten nicht ausgesetzt sein soll (vgl Mot IV 392).

III. Schulden und Ansprüche des nicht verwaltenden Ehegatten

7 Was der nicht verwaltende Ehegatte **zum Gesamtgut schuldet**, braucht er grundsätzlich erst **nach Beendigung der Gütergemeinschaft zu leisten** (Abs 2 HS 1). Eine **Ausnahme** besteht jedoch nach Abs 2 HS 2: **Soweit das Vorbehaltsgut und das Sondergut** des nicht verwaltenden Ehegatten **dazu ausreicht, hat er seine Schuld schon vorher zu berichtigen**, also im Zeitpunkt der nach allgemeinen Grundsätzen (s § 271) eintretenden Fälligkeit (vgl BGH NJW 1990, 2252 = FamRZ 1990, 851 zu 1468). Insoweit besteht auch die Verpflichtung zu Teilleistungen (BGB-RGRK/Finke § 1468 Rn 2). Dies rechtfertigt sich im Hinblick darauf, dass das Vorbehalts- und das Sondergut des nicht verwaltenden Ehegatten dem Gesamtgut als getrennte selbständige Vermögensmasse gegenüberstehen und dass der Gesamtgutsverwalter leicht in die Lage kommen kann, den sofortigen Ersatz der für den anderen Ehegatten gemachten Aufwendungen zum Zwecke der Verwaltung des Gesamtguts dringend zu benötigen (Mot IV 391). Das Sondergut hat für die Berichtigung einer Schuld wegen seiner Unübertragbarkeit keine wesentliche praktische Bedeutung. Zur Übertragung aus dem Vorbehaltsgut in das Gesamtgut s oben Rn 4 und § 1416 Rn 33.

8 Dass Vorbehaltsgut oder Sondergut des nicht verwaltenden Ehegatten vorhanden ist und dass es zur Berichtigung seiner Schuld ausreicht, hat der Gesamtgutsverwalter als klagebegründende Tatsache bereits im Prozess **zu beweisen** (so zu § 1467 aF: OLG Hamburg OLGE 7, 404 und 14, 228; hM). Die Frage der Zulänglichkeit des Sondervermögens darf im Urteil nicht offenbleiben; sie darf nicht dem Vollstreckungsverfahren vorbehalten werden.

9 Nicht ausgeschlossen ist, dass der nicht verwaltende Ehegatte sich auf eine auf anderen Gründen beruhende Hinausschiebung seiner Erfüllungspflicht beruft (Mot IV 391; zB § 273).

10 Was der nicht verwaltende Ehegatte zum **Vorbehalts- oder Sondergut des Gesamtgutsverwalters schuldet**, braucht er grundsätzlich erst **nach Beendigung der Gütergemeinschaft** zu leisten (Abs 2 HS 1). Eine **Ausnahme** gilt auch hier insoweit, als zur Berichtigung der Schuld das **Vorbehalts- und Sondergut** des nicht verwaltenden Ehegatten ausreicht (Abs 2 HS 2; oben Rn 7 f).

11 Was der nicht verwaltende Ehegatte **aus dem Gesamtgut zu fordern hat**, kann er auch **während des Bestehens der Gütergemeinschaft** verlangen. § 1446 trifft insoweit keine Bestimmung (OLG München SeuffBl 75, 785). Ohne Belang ist dabei, ob der Anspruch zum Vorbehaltsgut oder Sondergut des nicht verwaltenden Ehegatten gehört; früher war dagegen für zum Sondergut der Frau gehörende Ansprüche gegen das Gesamtgut gemäß §§ 1439 S 2, 1505 Abs 2 aF die zeitliche Schranke des § 1394 aF maßgebend.

12 Zur Fälligkeit dessen, was der nicht verwaltende Ehegatte **aus dem Vorbehalts- oder Sondergut des Gesamtgutsverwalters zu fordern hat**, s oben Rn 5.

IV. Das Anwendungsgebiet des § 1446

13 Die Vorschriften des § 1446 gelten nicht nur für die **güterrechtlichen Ersatzverbind-**

lichkeiten der Ehegatten (vgl §§ 1435 S 3, 1441–1444, 1446). Sie finden vielmehr auf **alle obligatorischen Ansprüche Anwendung**, also zB auch dann, wenn ein Ehegatte aus dem Gesamtgut zu seinem Vorbehaltsgut ein Darlehen erhalten hat oder wenn einer der Ehegatten aus einem sein Vorbehalts- oder Sondergut betreffenden Rechtsverhältnis einem Dritten etwas schuldet und demnächst der Nachlass dieses Dritten in das Gesamtgut fällt (Mot IV 392; Prot IV 272). Auch Ansprüche aus Delikt werden erfasst.

Auf **dingliche** und **possessorische Ansprüche** ist § 1446 **nicht anwendbar**. Hat etwa der **14** nicht verwaltende Ehegatte dem Gesamtgutsverwalter ein zum Gesamtgut gehöriges Sparkassenbuch weggenommen, so steht § 1446 dem Anspruch des verwaltungsberechtigten Ehegatten auf Herausgabe des Sparkassenbuches nicht entgegen, wohl aber dem Anspruch auf Ersatz wegen Abhebung der Spareinlage (vgl OLG Hamburg OLGE 7, 404 und 21, 232).

V. Verzinsung, Verjährung

Vertragliche oder fälligkeitsunabhängige gesetzliche **Zinsen** sind auch vor dem in **15** § 1446 bestimmten Zeitpunkt zu entrichten. Die **Verjährung** der Ansprüche unter den Ehegatten ist gemäß § 207 Abs 1 während der Dauer der Ehe gehemmt.

VI. Abweichende Vereinbarungen

Die Ehegatten können allgemein und im Voraus abweichende Vereinbarungen über **16** die Fälligkeit ihrer Ansprüche gegeneinander durch Ehevertrag treffen. Sie können solche Vereinbarungen aber auch formlos für den Einzelfall treffen (wie hier Münch-Komm/Kanzleiter Rn 7; BGB-RGRK/Finke Rn 7). Eine Vereinbarung, durch die die Fälligkeit auf einen Zeitpunkt nach der Beendigung der Gütergemeinschaft gelegt wird, ist möglich. Sie kann aber im Einzelfall gegen § 138 verstoßen oder der Gläubigeranfechtung unterliegen (so auch BGB-RGRK/Finke Rn 7; weitergehend wohl Soergel/Gaul Rn 7; anders – keine Einschränkung – MünchKomm/Kanzleiter Rn 7).

§ 1447
Aufhebungsklage des nicht verwaltenden Ehegatten

Der Ehegatte, der das Gesamtgut nicht verwaltet, kann auf Aufhebung der Gütergemeinschaft klagen,

1. **wenn seine Rechte für die Zukunft dadurch erheblich gefährdet werden können, dass der andere Ehegatte zur Verwaltung des Gesamtgutes unfähig ist oder sein Recht, das Gesamtgut zu verwalten, missbraucht,**

2. **wenn der andere Ehegatte seine Verpflichtung, zum Familienunterhalt beizutragen, verletzt hat und für die Zukunft eine erhebliche Gefährdung des Unterhalts zu besorgen ist,**

Burkhard Thiele

3. **wenn das Gesamtgut durch Verbindlichkeiten, die in der Person des anderen Ehegatten entstanden sind, in solchem Maße überschuldet ist, dass ein späterer Erwerb des Ehegatten, der das Gesamtgut nicht verwaltet, erheblich gefährdet wird,**

4. **wenn die Verwaltung des Gesamtguts in den Aufgabenkreis des Betreuers des anderen Ehegatten fällt.**

Materialien: Zu § 1468 aF: E I § 1372; II § 1366 rev § 1453; III § 1451; Mot IV 393 ff; Prot IV 273 ff; D 695.
Zu § 1447: E I § 1468; II § 1468; III § 1447; BT-Drucks 1/3802, 65 f; BT-Drucks 2/224, 53; BT-Drucks 2/3409, 28; BT-Drucks 11/4528, 106; BT-Drucks 11/4528, Anl II 204.
Vgl STAUDINGER/BGB-Synopse 1896–2005 § 1447.

Systematische Übersicht

I. Rechtsentwicklung

1 § 1447 hat gegenüber dem § 1468 aF die Gründe, die den nicht verwaltenden Ehegatten zur Klage auf Aufhebung der Gütergemeinschaft berechtigen, zum Schutze dieses Ehegatten erheblich erweitert. Insbesondere ist die Nr 1 generell auf den Tatbestand der Unfähigkeit zur Verwaltung ausgedehnt worden, während früher nur die Verschwendung berücksichtigt wurde. Nr 4 ist durch das Betreuungsgesetz neu gefasst worden.

II. Grundgedanken

2 Die Fortführung der Gütergemeinschaft setzt ein ungestörtes Vertrauensverhältnis voraus. Der zur Alleinverwaltung berechtigte Ehegatte hat so umfassende Verwaltungsbefugnisse, dass deren Anerkennung dem anderen Ehegatten nicht grenzenlos zugemutet werden kann. Für ihn tritt die Aufhebungsklage an die Stelle einer sonst bei Dauerrechtsverhältnissen gegebenen Kündigung aus wichtigem Grund. Die Aufhebung der Gütergemeinschaft lässt die Ehe unberührt. Das Gesetz sieht aber auf der anderen Seite auch keine Vorstufe zur Aufhebung vor, etwa den

Wechsel der Gesamtgutsverwaltung oder den Übergang zur gemeinschaftlichen Verwaltung.

III. Aufhebungsverfahren

Zuständig ist das Familiengericht, §§ 23b Abs 1 Nr 9 GVG, 621 Abs 1 Nr 8 ZPO. Die **3** Aufhebungsklage ist weder Ehesache iS des § 606 ZPO noch Scheidungsfolgesache gemäß § 623 Abs 1 ZPO. Die **Verbindung** mit anderen Familiensachen ist zulässig (BGH NJW 1979, 427). In Betracht kommt vor allem eine Klage auf *Auskunft* nach § 1435 (vgl OLG Hamburg OLGE 30, 133; unentschieden noch RGZ 72, 12, 14). Auch die *Widerklage* des Gesamtgutsverwalters ist zulässig (s BGHZ 29, 129, 136). Obwohl die *Auseinandersetzung* gemäß § 1471 erst *nach* Beendigung der Gütergemeinschaft erfolgt, die erst mit Rechtskraft des Aufhebungsurteils eintritt, kann die Klage darauf mit der auf Aufhebung oder im Verbundverfahren nach § 623 ZPO erhoben werden (so zu § 1478 BGHZ 84, 336 f; OLG Karlsruhe FamRZ 1982, 288; BÖLLING FamRZ 1982, 290; SOERGEL/GAUL Rn 16).

Eine **Klagefrist** sieht das Gesetz nicht vor. Im Einzelfall kann das Klagerecht jedoch **4** durch längeres Abwarten gemäß § 242 verwirkt sein.

Die Klage ist **gegen den Ehegatten zu richten,** der das Gesamtgut verwaltet. Das gilt **5** auch dann, wenn über dessen Vermögen das Insolvenzverfahren eröffnet ist (vgl RGZ 15, 321). Im Falle der Nr 4 gilt anderes nur bei Bestehen eines Einwilligungsvorbehaltes oder im Anwendungsbereich des § 53 ZPO.

Der Streitwert wird vom Familiengericht gemäß § 3 ZPO festgesetzt. Maßgebend ist **6** das konkrete Interesse des Klägers (s auch OLG Karlsruhe OLGE 15, 51). Ein am Wert des Anteils des Klägers orientierter Regelstreitwert (zB BGH NJW 1973, 369 zu § 1385: ¹/₄; ERMAN/HECKELMANN Rn 6) ist abzulehnen.

Das Rechtsschutzinteresse für die Klage fehlt regelmäßig, wenn der Beklagte bereits **7** vor Klagerhebung bereit war, die Gütergemeinschaft durch Ehevertrag aufzuheben (vgl RG Gruchot 53, 697; ERMAN/HECKELMANN Rn 6; BAMBERGER/ROTH/MAYER Rn 3; **aA** Münch-Komm/KANZLEITER Rn 17: ggf Erledigungserklärung mit der Kostenfolge des § 93 ZPO). Der nicht verwaltende Ehegatte ist jedoch nicht verpflichtet, vor der Klagerhebung zunächst eine vertragsmäßige Aufhebung des Güterstandes zu versuchen (OLG Posen SeuffA 58 Nr 190).

Das **Aufhebungsverfahren** kann **durch Urteil,** auch Versäumnis- und Anerkenntnis- **8** urteil **beendet** werden. Auch ein **Prozessvergleich** ist möglich (allgM, s RG Recht 1919 Nr 1486). Die Gütergemeinschaft wird dann durch **Ehevertrag** aufgehoben. Im Vergleichstermin müssen beide Seiten anwesend sein, § 1410. Die Form wird gemäß § 127a gewahrt.

Durch einstweilige Verfügung kann die Gütergemeinschaft **nicht aufgehoben** werden **9** (allgM, s nur OLG Kassel JW 1930, 1012). Möglich sind aber **sichernde Verfügungen,** durch die dem Gesamtgutsverwalter bestimmte Maßnahmen aufgegeben oder verboten werden (OLG Kassel aaO; s auch RG Gruchot 46, 951; GERNHUBER/COESTER-WALTJEN § 38 Rn 131 Fn 170 u hM). Dagegen kann dem Verwalter durch einstweilige Verfügung nicht die Verwaltung insgesamt untersagt werden (so aber BGB-RGRK/Finke Rn 19; ähnlich MünchKomm/Kanzleiter Rn 19; krit Gernhuber/Coester-Waltjen aaO). Eine solche Regelung wäre selbst durch Urteil nicht möglich (s auch oben Rn 2). Andererseits kann der Gesamtgutsverwalter die Aufhebung der Gütergemeinschaft nicht durch Anbieten von **Sicherheitsleistung** abwenden (vgl OLG Hamm JZ 1952, 421; BGB-RGRK/Finke Rn 19).

10 Der **Rechtsstreit erledigt** sich in der Hauptsache, wenn die Gütergemeinschaft inzwischen durch den Tod, rechtskräftige Scheidung oder Aufhebung der Ehe beendet ist und wenn die Gütergemeinschaft nach dem Tode eines der Ehegatten **fortgesetzt** wird.

IV. Allgemeine Voraussetzungen der Aufhebung

11 Das gerichtliche Aufhebungsurteil nach §§ 1447 und 1448 ist die einzige Möglichkeit, die Gütergemeinschaft gegen den Willen des anderen Ehegatten zu beenden. Daneben finden andere Beendigungstatbestände keine Anwendung. **Verdrängt** sind insbesondere die **Kündigung** und der **Rücktritt**. Eine positive Forderungsverletzung oder der Wegfall der Geschäftsgrundlage ermöglichen weder den Rücktritt vom Ehevertrag noch reichen sie als Aufhebungsgrund aus, wenn nicht einer der im Gesetz vorgesehenen Klaggründe vorliegt (vgl BGHZ 29, 129, 135). Zum Rücktritt von einem Erbvertrag, der mit einem Ehevertrag verbunden ist (§ 2276 Abs 2) s BGH aaO und hM: er ist nicht zugleich wirksamer Rücktritt vom Ehevertrag (§ 1408 Rn 30). Für die grundsätzliche Anwendbarkeit der Lehre von der Geschäftsgrundlage in einem solchen Fall aber Gernhuber/Coester-Waltjen § 38 Rn 130 Fn 169; s dazu auch oben § 1408 Rn 34. Die allgemeinen Grundsätze der **Anfechtung** sind jedoch auch auf den Ehevertrag anwendbar (s auch § 1408 Rn 29).

12 Die **Voraussetzungen** des § 1447 müssen **noch zur Zeit** der **letzten mündlichen Verhandlung,** auf die das Urteil ergeht, vorhanden sein (s RG WarnR 1908 Nr 162; 1911 Nr 246).

V. Unfähigkeit des Gesamtgutsverwalters und Missbrauch des Verwaltungsrechts (Nr 1)

13 Der Gesamtgutsverwalter ist **unfähig zur Verwaltung,** wenn er wegen körperlicher oder geistiger Gebrechen oder wegen längerer Abwesenheit nicht in der Lage ist, seine Aufgaben ordnungsgemäß wahrzunehmen. Steht der Verwalter unter Betreuung, kann der Antrag auch auf Nr 4 gestützt werden. Ein **Verschulden** des Verwalters ist nicht vorausgesetzt. Voraussehbar kurzfristige Verhinderungen reichen nicht aus, einen Aufhebungsantrag zu begründen; regelmäßig wird es an einer erheblichen Gefährdung (s dazu unten Rn 15) der Rechte des anderen Ehegatten fehlen. Dieser ist jedoch bei Gefahr im Verzug nicht verpflichtet, von seinem Notverwaltungsrecht gemäß § 1429 Gebrauch zu machen.

14 Ein **Missbrauch des Verwaltungsrechts** ist gegeben, wenn der Gesamtgutsverwalter ein Rechtsgeschäft der in den §§ 1423–1425 bezeichneten Art ohne Zustimmung des anderen Ehegatten vornimmt (vgl BGHZ 48, 369 = NJW 1968, 496; RG Recht 1906 Nr 1658), wenn der verwaltende Ehegatte das Gesamtgut in der Absicht, den anderen Ehegatten zu benachteiligen, vermindert (vgl OLG Hamburg OLGE 30, 133; KG OLGE 32, 9), oder wenn der Gesamtgutsverwalter das Gesamtgut verschwendet. Neben diesen Fällen, die früher selbständige Tatbestände bildeten, sind alle sonstigen willkürlichen oder schädlichen Maßnahmen als Missbrauch des Verwaltungsrechts anzusehen, wie zB ehevertragswidrige Hypothekenbestellung (vgl RG Recht 1924 Nr 352), die Veräußerung von Vieh und Geräten eines landwirtschaftlichen Betriebes über das vernünftige Maß hinaus, die Verwendung des Gesamtguts durch den Verwalter, um in einem ehebrecherischen Verhältnis mit einer dritten Person zusammenzuleben (vgl BGHZ 1, 313 = NJW 1951, 478). Auch eine Verletzung der Auskunftspflicht (§ 1435 S 2) kann die Klage begründen.

Neben den in Rn 13 f genannten Voraussetzungen ist **weiter erforderlich, dass die** **15** **Rechte des nicht verwaltenden Ehegatten für die Zukunft erheblich gefährdet werden** **können.** Unter den **Rechten** des anderen Ehegatten sind dessen Anteil am Gesamtgut und damit alle Vermögensinteressen zu verstehen, die mit der Entwicklung des Gesamtguts zusammenhängen. Die abstrakte **Möglichkeit einer Gefährdung** reicht aus, ihr Eintritt ist nicht erforderlich. Möglich ist die Gefährdung, wenn die durch Tatsachen belegte Besorgnis besteht, dass die Unfähigkeit des Gesamtgutsverwalters in absehbarer Zeit fortbesteht oder dass er seine missbräuchlichen Verwaltungshandlungen in Zukunft wiederholt. Die Besorgnis einer erheblichen Gefährdung der Rechte des nicht verwaltenden Ehegatten für die Zukunft liegt nicht nur dann vor, wenn zu befürchten ist, der Gesamtgutsverwalter werde neuerdings ein Rechtsgeschäft der in §§ 1423–1425 bezeichneten Art ohne die erforderliche Zustimmung vornehmen; die Besorgnis kann vielmehr schon dadurch begründet sein, dass anzunehmen ist, der Gesamtgutsverwalter werde die hieraus erwachsenden Ansprüche gegen Dritte nicht geltend machen und bei der künftigen Auseinandersetzung nicht in der Lage sein, dem anderen Ehegatten Ersatz zu leisten (Mot IV 395; vgl OLG Hamburg OLGE 30, 133, 134). Die mögliche **Gefährdung muss erheblich sein.** Diese Voraussetzung bezieht sich sowohl auf das Maß der Gefahr als auch auf den Umfang der zu besorgenden Beeinträchtigung. Sie ist nicht erfüllt, wenn nur eine entfernte Gefahr einer noch so erheblichen Beeinträchtigung vorliegt. Eine erhebliche Gefährdung des nicht verwaltenden Ehegatten ist auch nicht anzunehmen, wenn nur ein geringfügiger Wert in Frage steht, selbst wenn dieser erheblich gefährdet ist.

Für die Entscheidung darüber, ob die Rechte des nicht verwaltenden Ehegatten für **16** die Zukunft erheblich gefährdet werden können, kommt es wesentlich auf das gesamte Verhalten des verwaltenden Ehegatten an, seine Persönlichkeit und seine Einstellung zur Ehe und zu seinem Ehegatten. Dasselbe äußere Verhalten ist, wenn der Handelnde eine charakterfeste Persönlichkeit ist, anders zu bewerten, als wenn bei ihm Leichtsinn und Charakterschwäche zu erkennen sind (vgl RG WarnR 1916 Nr 228; BGHZ 1, 313 = NJW 1951, 478). So kann die Besorgnis einer Gefährdung der Rechte des nicht verwaltenden Ehegatten durch die ehrenhafte und redliche Gesinnung sowie durch die Ersatzbereitschaft und Ersatzfähigkeit des Gesamtgutsverwalters entkräftet werden (vgl RGZ 126, 103, 105). Auch beeinflusst insbesondere das Gewicht des Rechtsmissbrauchs das Ausmaß der Rechtsgefährdung (BGHZ 48, 369, 372).

VI. Gefährdung durch Verletzung der Unterhaltspflicht (Nr 2)

Den Unterhalt für die Familie zu gewährleisten, ist ein Hauptzweck des Gesamtguts. **17**

Wenn der Gesamtgutsverwalter die ihm in dieser Beziehung obliegende Verpflichtung verletzt, so zerstört er selbst die Voraussetzung, unter der ihm die Verwaltung übertragen wurde. Der andere Ehegatte kann in einem solchen Falle nicht darauf beschränkt werden, gegen den verwaltenden Ehegatten auf Erfüllung seiner Verpflichtung zu klagen. Wenn auch für die Zukunft eine erhebliche Gefährdung des Familienunterhalts zu besorgen ist, muss ihm das Recht eingeräumt werden, die Auflösung der Gütergemeinschaft und Trennung der Güter zu verlangen, um dadurch in den Stand gesetzt zu werden, selbst für den eigenen und der Familienangehörigen Unterhalt zu sorgen (Mot IV 395 I). Das Gesetz knüpft die Klage an eine doppelte Voraussetzung (vgl auch BGHZ 29, 129, 136 I):

18 (1) Der Ehegatte, der das Gesamtgut verwaltet, muss seine **Verpflichtung, zum Familienunterhalt beizutragen, verletzt** haben. Diese Verpflichtung, die neben dem Unterhalt der Ehegatten auch den der gemeinschaftlichen Abkömmlinge umfasst, richtet sich nach §§ 1360–1361. Eine Verletzung der Unterhaltspflicht liegt vor, wenn der Unterhaltspflichtige objektiv nicht dasjenige gewährt, was er nach dem Gesetz zu gewähren hat; dass ihm die Unterlassung als **Verschulden** anzurechnen sei, **setzt** § 1447 Nr 2 **nicht voraus** (allgM, vgl RG LZ 1923, 450 Nr 4 = JW 1924, 678 Nr 12 m Anm von Wieruszowski; ferner RG JW 1911, 405 Nr 19; KG Recht 1908 Nr 1392 = KGBl 1908, 31; RG WarnR 1911 Nr 254; RG WarnR 1914 Nr 255; RG Recht 1919 Nr 1485). Der Gesamtgutsverwalter braucht auch zur Leistung des Unterhalts weder aufgefordert noch verklagt zu sein (vgl RG JW 1911, 405).

19 (2) Außer der Verletzung der Unterhaltspflicht setzt das Gesetz voraus, dass **für die Zukunft eine erhebliche Gefährdung des Unterhalts zu besorgen ist.** Dazu sind insbesondere Art und Ursache der bereits erfolgten Verletzung der Unterhaltspflicht in Betracht zu ziehen, zB ob der Gesamtgutsverwalter die Unterhaltsgewährung schuldhaft unterlassen hat (RG LZ 1923, 450 Nr 4 = JW 1924, 678 m Anm von Wieruszowski; ferner RG WarnR 1911 Nr 245 und RG Recht 1919 Nr 1485). Erheblich ist die Gefährdung, wenn die Besorgnis weiterer Verletzungen der Unterhaltspflicht nahe liegt (vgl RG WarnR 1908 Nr 162), wenn das Gewicht der begangenen Unterhaltsverletzung groß ist oder schwerwiegende Beeinträchtigungen des Unterhalts für die Zukunft zu besorgen sind.

20 Der nicht verwaltende Ehegatte kann aus der objektiven Verletzung der Unterhaltspflicht aber dann **keine Rechte** herleiten, **wenn er selbst** durch sein Verhalten oder wenn ein unterhaltsberechtigter Abkömmling die **Unterhaltsgewährung verhindert hat.** In diesem Falle würde die Geltendmachung des Aufhebungsanspruchs dem eigenen Vorverhalten (§ 242) widersprechen (RG JW 1924, 678 mit krit Anm von Wieruszowski).

VII. Überschuldung des Gesamtguts (Nr 3)

21 Das Gesamtgut muss durch **Verbindlichkeiten,** die **in der Person des Gesamtgutsverwalters** entstanden sind, **überschuldet** sein. Die Eröffnung des Insolvenzverfahrens über das Vermögen des Gesamtgutsverwalters ist weder ausreichend noch erforderlich. Die Aufhebungsklage kann also auch dann erfolgreich sein, wenn das Verfahren nicht eröffnet oder eingestellt wird. Andererseits bildet die Zahlungsunfähigkeit noch keinen Aufhebungsgrund. Das Gesamtgut ist **überschuldet,** wenn die in der

Person des Gesamtgutsverwalters entstandenen Verbindlichkeiten den Wert des Gesamtguts übersteigen. Die Überschuldung muss bereits eingetreten sein (OLG Hamburg OLGE 12, 313). Bei der Feststellung der Überschuldung sind lediglich die in der Person des verwaltenden Ehegatten entstandenen Gesamtgutsverbindlichkeiten zu berücksichtigen. In der Person des Gesamtgutsverwalters sind auch die gemeinschaftlichen Schulden beider Ehegatten entstanden, dagegen nicht die Verbindlichkeiten des Gesamtgutsverwalters, die sich nur aus seiner persönlichen Haftung für die Gesamtgutsverbindlichkeiten des anderen Ehegatten (§ 1437 Abs 2) ergeben. Verbindlichkeiten aus Bürgschaften sind voll in Ansatz zu bringen (s BGHZ 6, 385). Alle in der Person des Gesamtgutsverwalters entstandenen Verbindlichkeiten, mögen sie vor oder nach dem Eintritt der Gütergemeinschaft entstanden sein, sind gemäß § 1437 Abs 1 Gesamtgutsverbindlichkeiten. Ob sie im Verhältnis der Ehegatten zueinander dem verwaltenden Ehegatten zur Last fallen (§§ 1441–1444), ist unerheblich (ebenso PALANDT/BRUDERMÜLLER Rn 5; BAMBERGER/ROTH/MAYER Rn 6; RAUSCHER Rn 466; BGB-RGRK/FINKE Rn 14; SOERGEL/GAUL Rn 10; aM MünchKomm/KANZLEITER Rn 14 für den Fall, dass keine Zweifel bestehen, dass die Schulden aus dem Sondervermögen zu begleichen sind, das auch im Umfang ausreicht. Doch ist das weder praktisch sicher festzustellen noch ist gewährleistet, dass die Gläubiger deshalb das Gesamtgut nicht in Anspruch nehmen. Der Ersatzanspruch aus § 1445 Abs 1 kann wegen § 1446 nicht als gegenwärtiges Aktivvermögen berücksichtigt werden).

Außer Betracht bleiben bei der Feststellung der Überschuldung des Gesamtguts **die 22 in der Person des nicht verwaltenden Ehegatten entstandenen Verbindlichkeiten** (zT anders MünchKomm/KANZLEITER Rn 14) sowie der Wert der beiderseitigen **Vorbehalts- und Sondergüter**. Das Vorbehaltsgut des Gesamtgutsverwalters spielt jedoch für die Frage eine Rolle, ob der Erwerb des nicht verwaltenden Ehegatten durch die Überschuldung des Gesamtguts erheblich gefährdet wird (s unten Rn 24).

Ein Verschulden des verwaltenden Ehegatten ist nicht erforderlich (vgl OLG Hamburg **23** OLGE 8, 337).

Die Überschuldung muss ein solches Maß erreicht haben, dass ein **späterer Erwerb 24** des Ehegatten, der das Gesamtgut nicht verwaltet, **erheblich gefährdet** wird. Nur der spätere Erwerb des nicht verwaltenden Ehegatten, nicht der tatsächliche Umfang seines Anteils an dem gegenwärtigen, überschuldeten Gesamtgut kommt in Betracht. Den Nachweis, dass ein späterer Erwerb in Aussicht stehe, erfordert § 1447 Nr 3 nicht (OLG Hamburg OLGE 8, 337; hM). Nur insoweit genügt eine abstrakte Gefahr. Die erhebliche Gefährdung eines späteren Erwerbs muss dagegen konkret festgestellt werden. Die Überschuldung allein begründet die Gefährdung noch nicht (aM MünchKomm/KANZLEITER Rn 15). Insbesondere muss die **Erheblichkeit** der Gefährdung des späteren Erwerbs hinreichend tatsächlich belegt sein. Für sie ist außer dem Umfang der Überschuldung auch der Wert des dem Gesamtgutsverwalter gehörenden Vorbehaltsguts in Betracht zu ziehen. Eine Gefährdung des späteren Erwerbs kann trotz Überschuldung des Gesamtguts ausgeschlossen sein, zB auf Grund eines geeigneten Insolvenzplans im Insolvenzverfahren.

Die Voraussetzungen der Nr 3 müssen noch zum Zeitpunkt der letzten mündlichen **25** Verhandlung in der Tatsacheninstanz vorliegen.

Burkhard Thiele

VIII. Gesamtgutsverwaltung im Aufgabenkreis eines Betreuers (Nr 4)

26 Ein weiterer Grund zur Aufhebung der Gütergemeinschaft ist die Bestellung eines Betreuers für den Gesamtgutsverwalter, in dessen Aufgabenkreis die Gesamtgutsverwaltung fällt (§ 1896). Die geänderte Fassung des § 1447 Nr 4 ist mit Wirkung vom 1. 1. 1992 durch das Betreuungsgesetz in Kraft getreten. Welcher Aufgabenkreis dem Betreuer zugewiesen wird, entscheidet das Vormundschaftsgericht mit der Bestellung des Betreuers (§ 69 Abs 1 Z 2 FGG). Dass die Voraussetzungen für eine Betreuung vorliegen, berechtigt allein noch nicht zur Aufhebungsklage (anders E I z BGB § 1372 Nr 4; s Mot IV 397). Der Grund für die Bestellung des Betreuers ist unerheblich (nach der vorletzten Fassung des Gesetzes kam nur die Entmündigung wegen Verschwendung in Betracht). Eine Gefährdung des Gesamtgutes ist nicht erforderlich. Die Vorschrift des § 1447 Nr 4 aF beruhte auf der Erwägung, dem nicht verwaltenden Ehegatten sei es nicht zuzumuten, das Gesamtgut für die Dauer der Entmündigung des Gesamtgutsverwalters durch dessen Vormund verwalten zu lassen (vgl § 1436; Mot IV 396; Prot IV 273 ff; BT-Drucks 1/3802, 66; BT-Drucks 2/224, 53). Das gilt für die Neuregelung fort. Die Anordnung der **vorläufigen Betreuung** gem § 69f FGG erfüllt deshalb die Voraussetzungen **nicht**. In diesen Fällen werden aber meist die Voraussetzungen der Nr 1 vorliegen.

27 Die Aufhebung der Gütergemeinschaft setzte nach altem Recht voraus, dass der die Entmündigung aussprechende **Beschluss unanfechtbar** geworden war. Die Wirksamkeit des Entmündigungsbeschlusses reichte zur Anwendung des § 1447 Nr 4 nicht aus. Voraussetzung für die Aufhebungsklage ist nunmehr lediglich die Wirksamkeit der die Betreuung anordnenden Entscheidung. Sie tritt ein mit ihrer Bekanntmachung an den Betreuer (§ 69a Abs 3 S 1 FGG).

28 Ist vor Erledigung der Aufhebungsklage die Betreuungsentscheidung mit der einfachen Beschwerde (§§ 20, 69g FGG) mit Erfolg angefochten worden, so ist die Klage auf Aufhebung der Gütergemeinschaft abzuweisen, da der Gesamtgutsverwalter in diesem Zeitpunkt nicht mehr betreut wird. Das Gleiche gilt, wenn vor der Entscheidung über die Aufhebungsklage die Betreuung wieder aufgehoben worden ist.

Ist die Gütergemeinschaft rechtskräftig aufgehoben, so bleibt die **spätere Aufhebung der Betreuung** darauf ohne Einfluss.

IX. Abweichende Vereinbarungen

29 Durch **Ehevertrag** kann das Gestaltungsklagerecht aus § 1447 **weder ausgeschlossen noch eingeschränkt** werden. Die dem Schutze des nicht verwaltenden Ehegatten dienende Regelung ist als zwingend anzusehen. Die Ehegatten können aber die Gründe, aus denen eine Aufhebungsklage zulässig sein soll, erweitern. Die hM hält die Aufhebungsgründe dagegen für erschöpfend geregelt (BGHZ 29, 129, 133 f und hL). Der Zweck des Gesetzes verlangt das nicht (iE auch MünchKomm/KANZLEITER § 1447 Rn 21; BAMBERGER/ROTH/MAYER Rn 1).

30 Der klageberechtigte Ehegatte kann auf ein bereits entstandenes Aufhebungsrecht verzichten. Ein Verzicht für künftige Fälle ist dagegen wirkungslos. Das gilt auch dann, wenn der Verzicht einen Klagegrund betrifft, der bereits entstanden ist und fortwirkend weiterbesteht.

§ 1448
Aufhebungsklage des Verwalters

Der Ehegatte, der das Gesamtgut verwaltet, kann auf Aufhebung der Gütergemeinschaft klagen, wenn das Gesamtgut infolge von Verbindlichkeiten des anderen Ehegatten, die diesem im Verhältnis der Ehegatten zueinander zur Last fallen, in solchem Maße überschuldet ist, dass ein späterer Erwerb erheblich gefährdet wird.

Materialien: Zu § 1469 aF: E II § 1357 rev § 1454; III § 1452; Mot IV 279. Zu § 1448: E I § 1469; II § 1469; III § 1448; BT-Drucks 1/3802, 66; BT-Drucks 2/3409, 28.

Vgl STAUDINGER/BGB-Synopse 1896–2005 § 1448.

I. Grundgedanke

§ 1448 entspricht sachlich dem § 1469 aF. Die Vorschrift gewährt dem Gesamtguts- **1** verwalter den gleichen Schutz wie § 1447 Nr 3 dem anderen Ehegatten. Eine weitere Gleichstellung der Ehegatten war nicht erforderlich, weil die mit der Verwaltung des Gesamtguts im Zusammenhang stehenden Aufhebungsgründe in § 1447 Nr 1, 2 und 4 auf den nicht verwaltenden Ehegatten nicht zutreffen (s auch unten Rn 5). Der Gesamtgutsverwalter kann mit Hilfe der Aufhebungsklage nicht nur seinen späteren Erwerb, der in das Gesamtgut fallen würde, vor dem Zugriff von Gläubigern des anderen Ehegatten bewahren, sondern auch den künftigen Erwerb, der in sein Vorbehalts- oder Sondergut fallen würde. Außerdem erlischt mit der Beendigung des Güterstandes (§ 1449 Abs 1) auch seine persönliche Haftung für alte Gesamtgutsverbindlichkeiten, die im Innenverhältnis dem anderen Ehegatten zur Last fallen, § 1437 Abs 2 S 2.

II. Voraussetzungen der Aufhebungsklage

Das Gesamtgut muss durch **Verbindlichkeiten des nicht verwaltenden Ehegatten** **2** überschuldet sein. Zur Haftung des Gesamtguts für solche Verbindlichkeiten s §§ 1437–1440. Die Überschuldung des Gesamtguts muss auf **Verbindlichkeiten** des anderen Ehegatten beruhen, **die diesem im Verhältnis der Ehegatten zueinander zur Last fallen.** Die **Überschuldung** muss ausschließlich auf solchen Verbindlichkeiten beruhen. Es müssen also allein die im Innenverhältnis den nicht verwaltenden Ehegatten treffenden Verbindlichkeiten den Wert des Gesamtguts übersteigen.

Welche Gesamtgutsverbindlichkeiten dem nicht verwaltenden Ehegatten zur Last **3** fallen, bestimmen die §§ 1441–1444. Von Bedeutung sind insbesondere Verbindlichkeiten aus unerlaubter Handlung, die nach Eintritt der Gütergemeinschaft begangen wurde. Dagegen sind nicht zu berücksichtigen vornehmlich die vor dem Eintritt der Gütergemeinschaft begründeten Verbindlichkeiten aus Rechtsgeschäften und unerlaubten Handlungen, die Unterhaltsschulden und die Verbindlichkeiten aus einem für Rechnung des Gesamtguts geführten selbständigen Erwerbsgeschäft.

4 Die Überschuldung des Gesamtguts durch die genannten Verbindlichkeiten muss ein Ausmaß erreicht haben, dass ein **späterer Erwerb des Gesamtgutsverwalters erheblich gefährdet** wird. Die Gefährdung ist nach den gleichen Grundsätzen festzustellen, die zu § 1447 Nr 3 gelten (vgl § 1447 Rn 24 f). Obwohl das im Gesetz nicht ausdrücklich bestimmt ist, kommt es allein auf die Gefährdung des Gesamtgutsverwalters an (s auch § 1469 aF).

5 Weitere Klaggründe stehen dem Gesamtgutsverwalter nicht zu Gebote. Er kann insbesondere nicht entsprechend § 1447 Nr 1 oder 2 die Aufhebung begehren. Das gilt auch dann, wenn der andere Ehegatte seine Befugnisse aus § 1357 oder § 1429 nicht ordnungsgemäß gebraucht oder missbraucht. Die „Schlüsselgewalt" kann gemäß § 1357 Abs 2 ausgeschlossen oder eingeschränkt werden; einer Beendigung des Güterstandes bedarf es daneben nicht. § 1429 gewährt dem anderen Ehegatten kein dauerndes Ersatzverwaltungsrecht. Auch sind die Voraussetzungen so eng gefasst, dass ein Bedürfnis, Missbräuchen durch Beendigung des Güterstandes zu begegnen, nicht besteht.

6 Für das **Aufhebungsverfahren** auf Antrag des Gesamtgutsverwalters gilt das zu § 1447 Rn 3 ff Ausgeführte sinngemäß.

III. Abweichende Vereinbarungen

7 § 1448 ist wie § 1447 (s dort Rn 29 f) zwingend, sofern es um die Ausschließung oder Beschränkung des Klagerechts geht. Die Klagegründe sind jedoch erweiterungsfähig (anders die hM, vgl § 1447 Rn 29).

§ 1449
Wirkung des Aufhebungsurteils

(1) Mit der Rechtskraft des Urteils ist die Gütergemeinschaft aufgehoben; für die Zukunft gilt Gütertrennung.

(2) Dritten gegenüber ist die Aufhebung der Gütergemeinschaft nur nach Maßgabe des § 1412 wirksam.

Materialien: Zu § 1410 aF: E I §§ 1371 Nr 2, 1381 Abs 2; II § 1368 rev § 1455; III § 1453; Mot IV 394, 418; Prot IV 272, 293; VI 281. Zu § 1440: E I § 1470; II § 1470; III § 1449; BT-Drucks 1/3802, 66; BT-Drucks 2/224, 53; BT-Drucks 2/3409, 28 f. Vgl Staudinger/BGB-Synopse 1896–2005 § 1449.

I. Rechtsentwicklung

Die Wirkung des auf Klage der Frau (§ 1468 aF) oder des Mannes (§ 1469 aF) **1** ergehenden Urteils auf Aufhebung der Gütergemeinschaft regelte früher § 1470 aF im Anschluss an die §§ 1418 Abs 2, 1426 Abs 1 und 2, 1431 Abs 1 aF. Nach E I z BGB (§ 1381 Abs 2) sollte die Frau nach ihrer Wahl den Eintritt der Gütertrennung oder des gesetzlichen Güterstandes verlangen können (Mot IV 399, 418). Von der II. Komm wurde dieses Wahlrecht beseitigt, weil die Frau beim Vorhandensein der Voraussetzungen der Aufhebungsklage kaum je die ehemännliche Verwaltung und Nutznießung wünschen werde und andererseits dem Mann nicht zugemutet werden könne, nach Aufhebung der Gütergemeinschaft auf Klage der Frau nunmehr die Verwaltung ihres Vermögens nach den Regeln des gesetzlichen Güterrechts zu übernehmen (Prot IV 293). So bestimmte § 1470 aF als Folge des die Gütergemeinschaft aufhebenden Urteils die Gütertrennung.

Das GleichberG hat den § 1470 aF mit einigen sprachlichen Änderungen als § 1449 **2** übernommen. Den Vorschlag, nach der Aufhebung der Gütergemeinschaft den gesetzlichen Güterstand der Zugewinngemeinschaft eintreten zu lassen, hat auch der Gesetzgeber des Gleichberechtigungsgesetzes abgelehnt (BT-Drucks 2/3409, 28 f).

II. Wirkung des Aufhebungsurteils

Das die Aufhebung der Gütergemeinschaft aussprechende Urteil hat **konstitutiven 3 Charakter**. Die Aufhebung der Gütergemeinschaft wirkt nicht auf den Zeitpunkt der Rechtshängigkeit zurück, sondern erst von der Rechtskraft des Urteils (§ 705 ZPO) an. Daraus folgt, dass das Urteil nicht für vorläufig vollstreckbar erklärt werden kann und dass die Aufhebung der Gütergemeinschaft durch einstweilige Verfügung unzulässig ist (s § 1447 Rn 9; zur Verbindung der Aufhebungsklage mit der Klage auf Auseinandersetzung des Gesamtgutes s dort Rn 3).

Gemäß § 1479 kann aber der Ehegatte, der das Aufhebungsurteil erwirkt hat, ver- **4** langen, dass die **Auseinandersetzung** so erfolgt, wie wenn der Anspruch auf Auseinandersetzung in dem Zeitpunkt rechtshängig geworden wäre, in dem die Klage auf Aufhebung der Gütergemeinschaft erhoben ist. Die Auseinandersetzung der Gütergemeinschaft erfolgt nach den Vorschriften der §§ 1471 ff. Sie lässt jedoch die Bindung des Vermögens im Gesamtgut zunächst unberührt; diese bleibt vielmehr bis zur Beendigung der Auseinandersetzung bestehen (§§ 1471 Abs 2, 1419). Die Verwaltung des Gesamtgutes regelt bis dahin § 1472 Abs 1–3.

III. Eintritt der Gütertrennung

Ist durch rechtskräftiges Urteil die Gütergemeinschaft aufgehoben, so **gilt für die 5 Zukunft Gütertrennung**. Bei der Gütertrennung bleibt es auch dann, wenn das Urteil im Wege der Wiederaufnahme aufgehoben wird, nachdem die Auseinandersetzung voll erfolgt, die Gütergemeinschaft also voll beendet ist (OLG Stuttgart SJZ 1949, 115).

IV. Wirkung gegenüber Dritten

Dritten gegenüber ist die Aufhebung der Gütergemeinschaft nur nach Maßgabe des **6**

§ 1412 wirksam, dh einem Dritten gegenüber können aus dem Nichtmehrbestehen der im Güterrechtsregister eingetragenen Gütergemeinschaft Einwendungen gegen ein zwischen ihm und einem der Ehegatten vorgenommenen Rechtsgeschäft oder gegen ein zwischen ihnen ergangenes rechtskräftiges Urteil nur hergeleitet werden, wenn zZ der Vornahme des Rechtsgeschäfts oder zZ des Eintritts der Rechtshängigkeit die Aufhebung der Gütergemeinschaft in dem Güterrechtsregister des zuständigen Amtsgerichts eingetragen oder dem Dritten bekannt war (vgl Prot VI 281 ff). Die Eintragung in das Güterrechtsregister erfolgt auf Antrag eines Ehegatten, wenn mit dem Antrage das mit dem Zeugnis der Rechtskraft versehene Aufhebungsurteil vorgelegt wird (§ 1561 Abs 2 Nr 1).

7 Die **Befreiung** des Gesamtgutsverwalters **von der persönlichen Haftung** gemäß § 1437 Abs 2 S 2 tritt jedoch ohne Rücksicht auf die Eintragung oder Kenntnis ein (MünchKomm/Kanzleiter Rn 4; BGB-RGRK/Finke Rn 4; Soergel/Gaul Rn 2).

V. Abweichende Vereinbarungen

8 Die güterstandsbeendende Wirkung des Aufhebungsurteils ist unabdingbar. Die Ehegatten können jedoch durch Ehevertrag im Voraus bestimmen, dass statt Gütertrennung die Zugewinngemeinschaft eintreten solle.

Unterkapitel 3
Gemeinschaftliche Verwaltung des Gesamtgutes durch die Ehegatten

§ 1450
Gemeinschaftliche Verwaltung durch die Ehegatten

(1) Wird das Gesamtgut von den Ehegatten gemeinschaftlich verwaltet, so sind die Ehegatten insbesondere nur gemeinschaftlich berechtigt, über das Gesamtgut zu verfügen und Rechtsstreitigkeiten zu führen, die sich auf das Gesamtgut beziehen. Der Besitz an den zum Gesamtgut gehörenden Sachen gebührt den Ehegatten gemeinschaftlich.

(2) Ist eine Willenserklärung den Ehegatten gegenüber abzugeben, so genügt die Abgabe gegenüber einem Ehegatten.

Materialien: E III § 1450; BT-Drucks 1/3802, 64; BT-Drucks 2/224, 52; BT-Drucks 2/3409, 29. Vgl STAUDINGER/BGB-Synopse 1896–2005 § 1450.

Systematische Übersicht

I. Rechtsentwicklung

1 Eine gemeinschaftliche Verwaltung des Gesamtgutes war dem BGB ursprünglich fremd (zum Partikularrecht: Mot IV 349 I). Lediglich für die Zeit nach Beendigung der Gütergemeinschaft bis zur Auseinandersetzung war wegen des dann regelmäßig anzunehmenden Fortfalls der Vertrauensgrundlage für die Einzelverwaltung des Mannes die gemeinschaftliche Verwaltung vorgesehen (§ 1472 aF).

2 Die gemeinschaftliche Verwaltung empfiehlt sich für die Praxis wenig, weil sie schwerfällig ist. Gleichwohl haben sich seit dem Inkrafttreten des Gleichberechtigungsgesetzes Ehegatten, die die Gütergemeinschaft gewählt haben, vielfach für die gemeinschaftliche Verwaltung entschieden (vgl MICHAELIS, Die Güterstände in der Praxis [Diss Hamburg 1968] 123; s auch MünchKomm/KANZLEITER Rn 3). Die stets erforderliche Mitwirkung beider Ehegatten bei allen Verwaltungsmaßnahmen kann arbeitsteilig dadurch erfolgen, dass ein Ehegatte die Verwaltungsmaßnahmen durchführt und der andere ihr vorher oder nachträglich zustimmt (s unten Rn 11 ff). Dadurch wird eine größere Beweglichkeit und Praktikabilität erreicht, die den Anforderungen vieler Gütergemeinschaften genügt (vgl auch BEHMER FamRZ 1988, 339, 341).

II. Recht und Pflicht zur Verwaltung

3 Jeder Ehegatte ist neben dem anderen zur Verwaltung des Gesamtguts **berechtigt**. Er hat ein Recht auf **Mitverwaltung**. Er ist dem anderen Ehegatten gegenüber auch **zur Mitwirkung verpflichtet**, § 1451. Das Verwaltungsrecht ist unverzichtbar. Es kann nur dadurch ausgeschlossen werden, dass durch Ehevertrag die Verwaltung des Gesamtguts durch einen Ehegatten vereinbart wird.

4 **Ausnahmen** vom Grundsatz der Mitverwaltung sieht das Gesetz für die Fälle der tatsächlichen oder rechtlichen Verhinderung eines Ehegatten, in Not- und Einzelfällen sowie zur Sicherung des Gesamtguts vor (§§ 1454, 1455, 1458), ferner beim selbständigen **Betrieb eines Erwerbsgeschäfts** mit Einwilligung des anderen Ehegatten (§ 1456). Wirkungen für das Gesamtgut hat ferner der Erwerb von Rechten durch einen Ehegatten, § 1416 Abs 1 S 2. Endlich haben Rechtsgeschäfte eines Ehegatten zur Deckung des Lebensbedarfs der Familie gemäß § **1357** Wirkungen auch gegenüber dem Gesamtgut.

Der **Sicherung** einer funktionsfähigen Gesamtgutsverwaltung dient neben der Gewährung von Einzelverwaltungsbefugnissen (s Rn 4) insbesondere die Mitwirkungspflicht (§ 1451) und die Möglichkeit, die erforderliche Zustimmung des anderen Ehegatten durch das Vormundschaftsgericht ersetzen zu lassen (§ 1452). **5**

III. Formen der Mitwirkung

1. Allgemeines

Als Gegenstände der Verwaltung nennt § 1450 ausdrücklich nur die Verfügung über Gesamtgutsgegenstände und Rechtsstreitigkeiten, die sich auf das Gesamtgut beziehen, ferner den Besitz und die Zuständigkeit zum Empfang von Willenserklärungen. Verpflichtungs- und Erwerbsgeschäfte werden nicht genannt, ebenso wenig tatsächliche Verwaltungshandlungen. Die Vorschrift bestimmt jedoch, wie auch der Wortlaut erkennen lässt („insbesondere"), **allgemein, dass jegliches Verwaltungshandeln der Mitwirkung beider Ehegatten bedarf**. Das gilt für **tatsächliche Handlungen** (s Rn 22) ebenso wie für **Rechtsgeschäfte** und für die **Prozessführung** (s Rn 28 ff). **6**

Die **Art und Weise**, in der gemeinschaftliches Verwaltungshandeln geschehen kann, ist im Gesetz nicht unmittelbar bestimmt. Aus §§ 1452 ff, 1460 ergibt sich jedoch, dass „gemeinschaftliche Verwaltung" nicht nur bei **gleichartigem Handeln** der Ehegatten nebeneinander, sondern auch dann vorliegt, wenn ein Ehegatte die Verwaltungsmaßnahmen vornimmt und der andere Ehegatte dem **zustimmt**. **7**

2. Vornahme von Rechtsgeschäften

a) Gemeinschaftliche Vornahme

Die Ehegatten können jedes Rechtsgeschäft, das sich auf das Gesamtgut bezieht, mit Wirkung für und gegen dieses gemeinschaftlich vornehmen, indem jeder von ihnen die erforderliche Willenserklärung gegenüber dem dritten Erklärungsgegner abgibt. Daneben erforderliche tatsächliche Handlungen (zB die Übergabe gemäß § 929) können ebenfalls gemeinsam vollzogen werden. **8**

Bei ihrem gemeinsamen Handeln brauchen die Ehegatten dem Erklärungsgegner **nicht offenzulegen**, dass sie für die Gütergemeinschaft, das Gesamtgut oder die Gesamthand handeln. Die Rechtsfolgen sind grundsätzlich die gleichen: Verfügungen sind so oder so dem Gesamtgut gegenüber wirksam. Verpflichtungsgeschäfte verpflichten Frau und Mann und deshalb das Gesamtgut (§ 1460 Abs 1) oder sie begründen primäre Gesamtgutsverbindlichkeiten und die Ehegatten haften gemäß § 1460 Abs 2 S 1 persönlich. Auch ein Erwerbsgeschäft führt stets zum Gesamtgutserwerb, sei es unmittelbar (vgl § 1416 Rn 23) oder auf dem Umweg über das Vermögen des Ehegatten (vgl § 1416 Rn 24). **Notwendig** ist die **Offenlegung** jedoch dann, wenn die **9**

Haftung auf das Gesamtgut **beschränkt** werden soll oder wenn ein **nicht übertragbares Recht in das Gesamtgut** fallen soll (vgl § 1416 Rn 23 aE).

10 Die Ehegatten können sich jeweils durch einen Bevollmächtigten vertreten lassen. Sie können auch demselben Vertreter Vollmacht erteilen.

b)   Zustimmung eines Ehegatten

11 Den Anforderungen gemeinschaftlicher Verwaltung genügt es, wenn ein Ehegatte das Rechtsgeschäft vornimmt und der andere ihm zustimmt. Das Gesetz geht auch hier (s oben Rn 9) **nicht** von einer **Vertretungskonstruktion** aus: weder muss der das Rechtsgeschäft vornehmende Ehegatte im eigenen und im Namen des anderen Ehegatten oder im Namen „der Gesamthand" handeln, noch ist die Zustimmung eine Vollmacht (oder Genehmigung nach § 177). Die vorherige Zustimmung lässt die grundsätzlich an die Mitwirkung des anderen Ehegatten gebundene Verwaltungsbefugnis zur punktuellen Einzelbefugnis erstarken (so zur Ermächtigung gemäß § 125 Abs 2 S 2 HGB: BGHZ 64, 72, 75). Im Übrigen sind die Vorschriften der §§ 182 ff anwendbar.

12 Die **Zustimmung** bedarf keiner **Form.** Sie kann auch als *unwiderrufliche* formfrei erteilt werden. Ein **Ehevertrag** ist nicht schon dann erforderlich, wenn die Zustimmung unwiderruflich erteilt wird (str, vgl § 1408 Rn 30 mwNw; BayObLG FamRZ 1990, 412). Eine Änderung der güterrechtlichen Verhältnisse ist nur anzunehmen bei Erteilung einer unwiderruflichen Generaleinwilligung, wenn diese nicht auf kurze Zeit befristet ist. Zur Übertragung der Verwaltung auf einen Ehegatten allein s § 1413 Rn 4 u 7.

13 Die Zustimmung kann **im Voraus** (Einwilligung), aber auch **nachträglich** (Genehmigung) erteilt werden. Die Genehmigung wirkt auch hier auf den Zeitpunkt der Vornahme des Rechtsgeschäfts durch den allein handelnden Ehegatten zurück, § 184 Abs 1. Die Zustimmung kann ausdrücklich oder schlüssig sowohl dem anderen Ehegatten als auch dem Dritten gegenüber erteilt werden. Auch testamentarisch ist die Genehmigung möglich (BGH NJW-RR 1989, 1225). Im **Verkehrsschutzinteresse** sind auch die Vorschriften der §§ 170–173 entsprechend anzuwenden, ebenso die Grundsätze über die Duldungs- und Anscheinsvollmacht (hM).

14 Der Ehegatte, der das Rechtsgeschäft vornimmt, handelt nach der gesetzlichen Konzeption **im eigenen Namen.** Er kann jedoch auch **im Namen „der Gütergemeinschaft",** „der Gesamthand" oder „der in Gütergemeinschaft verbundenen Ehegatten" oä nach außen auftreten. Dadurch allein wird noch keine Beschränkung der Haftung auf das Gesamtgut herbeigeführt. Das Handeln „für die Gesamthand" begründet eine primäre Doppelverpflichtung der Ehegatten persönlich und der Gesamthand. Die persönliche Haftung kann zwar ausgeschlossen werden, doch bedarf dies einer Vereinbarung mit dem dritten Gläubiger, die im Handeln für die Gesamthand allein noch nicht liegt. Tritt der handelnde Ehegatte im eigenen und **zugleich im Namen des anderen** auf, ohne auf die Gütergemeinschaft hinzuweisen, so ist das Rechtsgeschäft dem Gesamtgut gegenüber wirksam, wenn der andere Ehegatte nur zugestimmt hat. Eine Differenzierung danach, ob das Einverständnis auch ein Handeln im fremden Namen deckt, ist regelmäßig nicht von Bedeutung, weil die Rechtsfolgen übereinstimmen. Das gilt nicht nur für Erwerbsgeschäfte und Verfü-

gungen über Gesamtgutsgegenstände, sondern wegen § 1460 Abs 1 auch für Verpflichtungsgeschäfte. Die nach § 1459 Abs 2 S 2 zu treffende Unterscheidung hat in diesem Zusammenhang keine praktische Bedeutung.

c) Willensmängel, Kennen oder Kennenmüssen

Willensmängel auch nur eines Ehegatten berechtigen zur Anfechtung der *gemein-* **15** *schaftlich* abgegebenen (s oben Rn 8) Willenserklärung. Das Anfechtungsrecht steht dem Ehegatten zu, in dessen Person der Anfechtungsgrund besteht. Sind beide Ehegatten anfechtungsberechtigt, kann jeder von ihnen selbständig anfechten (s auch RGZ 65, 398, 405). Das Anfechtungsrecht fällt nicht in das Gesamtgut, da es personengebunden ist. Wird angefochten, ist das Rechtsgeschäft insgesamt nichtig, da es bei gemeinschaftlicher Vornahme personell nicht teilbar ist.

Hat ein Ehegatte das Rechtsgeschäft *allein* vorgenommen und der andere lediglich **16** zugestimmt, kommt es auf einen Willensmangel des Zustimmenden nur an, wenn er sich auf die eigene Zustimmungserklärung bezieht; allein diese ist dann anfechtbar. Die zur Gesamtvertretung entwickelten Grundsätze sind nicht anwendbar; sie gehen zurück auf spezifische Zurechnungsgründe, die hier fehlen. Willensmängel des nur zustimmenden Ehegatten können aber im Einzelfall analog § 166 Abs 2 beachtlich sein (s dazu BGHZ 51, 141, 146).

Ist der **Dritte anfechtungsberechtigt**, so bestimmt § 143 den Anfechtungsgegner. Hat **17** bei gemeinschaftlicher Vornahme auch nur einer der Ehegatten arglistig getäuscht, so kann der Dritte anfechten (RGZ 62, 184). Der andere Ehegatte ist nicht Dritter iS des § 123 Abs 2. Anfechtungsgegner ist gemäß §§ 123 Abs 2 S 2, 143 Abs 2, 1450 Abs 2 jeder Ehegatte. Bei anderen Anfechtungsgründen ist gegenüber jedem von mehreren Geschäftspartnern anzufechten (FLUME, Das Rechtsgeschäft § 31, 5 d), so dass auch hier § 1450 Abs 2 gilt, wenn die Ehegatten gemeinschaftlich gehandelt haben. Hat nur ein Ehegatte das Rechtsgeschäft mit dem Dritten vorgenommen, ist jedenfalls er Anfechtungsgegner. Der Ehegatte, der nur zugestimmt hat, wird nicht Geschäftspartei, obwohl die Rechte aus dem Geschäft in das Gesamtgut fallen und dieses für die Verbindlichkeiten haftet. Deshalb ist er auch nicht Anfechtungsgegner, § 1450 Abs 2 gilt nicht.

Kommt es auf das **Kennen** oder **Kennenmüssen** bestimmter Umstände an, so schadet **18** der Gesamthand entsprechend § 166 Abs 1 jedenfalls das Wissen oder Wissenmüssen des Ehegatten, der das Geschäft allein vornimmt. Die Kenntnis usw des anderen Ehegatten, der dem Rechtsgeschäft zugestimmt hat, ist nur unter den besonderen Voraussetzungen des § 166 Abs 2 (analog) beachtlich.

d) Rechtswirkungen der Zustimmung

Nehmen die Ehegatten **gemeinsam** ein Rechtsgeschäft vor, ist dieses in jeder Hin- **19** sicht für die Ehegatten persönlich sowie für und gegen das Gesamtgut wirksam. **Verfügungen** der Ehegatten über Gegenstände des Gesamtguts wirken naturgemäß nur zu Lasten des Gesamtguts. **Verpflichtungsgeschäfte** begründen, wenn die persönliche Haftung nicht besonders ausgeschlossen worden ist, sowohl (primäre) persönliche Schulden (mit den Vorbehalts- und Sondergütern) als auch Gesamtgutsverbindlichkeiten. Dabei kommt es nicht darauf an, ob die Ehegatten zu erkennen gegeben haben, dass sie in Gütergemeinschaft leben oder dass sie gesamthänderisch verbunden sind. Der rechtsgeschäftliche **Erwerb** für das Gesamtgut vollzieht sich dagegen bei einem Handeln für die Gesamthand rechtsgeschäftlich direkt (vgl § 1416 Rn 23), sonst kraft Gesetzes mittelbar über die Ehegatten persönlich (s § 1416 Rn 24).

20 Die von einem Ehegatten **mit Zustimmung** des anderen **vorgenommene Verfügung** über einen Gegenstand, der zum Gesamtgut gehört, ist gemäß § 1450 Abs 1 rechtswirksam; § 185 braucht daneben nicht bemüht zu werden. Ohne Einfluss auf den Rechtserwerb des Dritten ist es, wenn die Verfügung im Namen „der Gesamthand" oder im Namen beider Ehegatten vorgenommen wurde. Konstruktiv folgt das Ergebnis in diesen Fällen jedoch aus § 164. Hat ein Ehegatte ein **Verpflichtungsgeschäft in eigenem Namen** abgeschlossen, so wird er in jedem Falle selbst (primär) daraus verpflichtet. Die Zustimmung des anderen Ehegatten begründet lediglich **daneben** auch die **Haftung des Gesamtguts**, §§ 1459 Abs 1, 1460 Abs 1, und die (sekundäre) persönliche Haftung des Zustimmenden, § 1459 Abs 2 S 1. Handelt der Ehegatte **im Namen „der Gesamthand"**, „der Gütergemeinschaft" oder auch nur im Namen beider Ehegatten, so wird eine primäre **„Doppelverpflichtung"** der Ehegatten persönlich und des Gesamtguts begründet, wenn der andere Ehegatte zugestimmt hat. **Ohne Zustimmung** entsteht in diesen Fällen keine Gesamtgutsverbindlichkeit. Auch eine persönliche Verbindlichkeit des anderen Ehegatten kann nicht entstehen. Streitig ist, ob der Ehegatte, der das Rechtsgeschäft abgeschlossen hat, persönlich haftet. Teils wird angenommen, das Geschäft sei stets für und gegen den Handelnden wirksam (MünchKomm/Kanzleiter Rn 12; BGB-RGRK/Finke Rn 6; Soergel/Gaul Rn 6; Erman/Heckelmann Rn 1; Bamberger/Roth/Mayer Rn 7). Andere (so Hennecke, Das Sondervermögen der Gesamthand [1976] 109; Palandt/Brudermüller Rn 2) wenden stets und nur § 179 an. Da der handelnde Ehegatte in den hier behandelten Fällen erkennbar nicht allein für sich persönlich abschließen will, also ein Vertretergeschäft vorliegt, ist dieses wegen des regelmäßig anzunehmenden Handelns mit dem Ziel einer Doppelverpflichtung jedenfalls teilunwirksam. Wird die Genehmigung gemäß § 177 von dem anderen Ehegatten verweigert, ist das Rechtsgeschäft **teilnichtig**. Soweit die eigene persönliche Verpflichtung in Frage steht, ist nach § 139 zu entscheiden (so auch Gernhuber/Coester-Waltjen § 38 Rn 122 Fn 161; Ensslen FamRZ 1998, 1078 f). Ergibt sich daraus Totalnichtigkeit, haftet der Handelnde gemäß § 179 für das ganze Geschäft.

21 Hat ein Ehegatte ein Rechtsgeschäft *im eigenen Namen* abgeschlossen, wird der andere Ehegatte durch seine Zustimmung **nicht** selbst **Partei des Rechtsgeschäfts**, insbesondere nicht Vertragspartner (so auch Gernhuber/Coester-Waltjen § 38 Rn 122 Fn 162; BGB-RGRK/Finke Rn 3). Dem kommt allerdings nur geringe praktische Bedeutung zu. Für die Verbindlichkeiten haftet kraft der Zustimmung das Gesamtgut, § 1460 Abs 1. Die durch das Rechtsgeschäft begründeten Rechte fallen nicht kraft der Zustimmung, sondern allein gemäß § 1416 Abs 1 S 2 in das Gesamtgut. Liegen die gesetzlichen Voraussetzungen nicht vor, bleibt allein der handelnde Ehegatte Herr des Geschäfts, kann also die Erfüllungs- und die sekundären Ansprüche geltend machen, Gestaltungsrechte ausüben usw. Fallen die Rechte dagegen in das Gesamtgut, gehen nach dem Sinn des § 1416 auch die das Schuldverhältnis im Ganzen betreffenden Nebenrechte in das Gesamtgut über. Deshalb können solche Rechte, insbesondere Gestaltungsrechte wie Kündigung, Rücktritt oder Wandlung, von dem an dem Schuldverhältnis beteiligten Ehegatten nicht mehr allein ausgeübt werden. Es bedarf vielmehr der Mitwirkung des anderen Ehegatten. Für die Kündigungs- oder Rücktrittserklärung des *anderen Teils* ist demgemäß „die Gesamthand" der Erklärungsgegner. Die Erklärung kann daher gemäß § 1450 Abs 2 jedem der beiden Ehegatten gegenüber wirksam abgegeben werden (s hierzu auch unten Rn 38).

3. Verwaltung durch tatsächliches Handeln

Die Verwaltung umfasst neben der Vornahme von Rechtsgeschäften auch die **22** Durchführung von Maßnahmen tatsächlicher Art, die der Erhaltung, Verbesserung und der Verwertung des Gesamtgutes für den Bedarf der Ehegatten und gegebenenfalls der Kinder dienen (BGH FamRZ 1986, 42: Mitarbeit im landwirtschaftlichen Betrieb; BGH NJW 1990, 2252 = FamRZ 1990, 851: Leistung von Unterhalt; ENSSLEN FamRZ 1998, 1079). Zur gemeinschaftlichen Vornahme dieser Handlungen sind die Ehegatten berechtigt und (§ 1451) verpflichtet. Vielfach wird aber gerade in dieser Hinsicht die Verwaltung im ausdrücklichen oder stillschweigenden Einverständnis der Ehegatten durch einen Ehegatten durchgeführt. Für die im Rahmen der Haushaltsführung notwendigen Handlungen gilt die einvernehmliche Funktionsteilung gemäß § 1356 Abs 1. Überschreitet ein Ehegatte seine durch Gesetz oder Übereinkommen der Ehegatten begründeten Befugnisse, indem er etwa zum Gesamtgut gehörige Gegenstände eigenmächtig zerstört, beschädigt oder in unangemessener Weise verbraucht, so ist er dem Gesamtgut gegenüber entsprechend § 1435 S 3 verantwortlich.

IV. Recht auf Besitz

Nach § 1450 Abs 1 S 2 gebührt der Besitz an den zum Gesamtgut gehörenden **23** Sachen **den Ehegatten gemeinschaftlich**. Zu den Gegenständen des Besitzrechts s auch § 1422 Rn 12.

Das Recht auf Mitbesitz bedarf der Reduktion. Das Verlangen eines Ehegatten nach **24** Einräumung des Mitbesitzes an **Sachen**, die **ausschließlich dem persönlichen Gebrauch** des anderen Ehegatten dienen (zB Kleidung, Schmuck, Arbeitsgeräte), wäre rechtsmissbräuchlich und ehewidrig. Ein Recht auf den Alleinbesitz ist auch anzuerkennen für die zu einem **Erwerbsgeschäft** gehörenden Sachen, das ein Ehegatte mit Zustimmung des anderen selbständig betreibt (s dazu RGZ 84, 47; DAIMER BayNotZ 1924, 85). Die Einräumung des Mitbesitzes bedarf in diesen Fällen besonderer Begründung mit überwiegenden Gesamtgutsinteressen.

Der gemeinschaftliche Besitz muss tatsächlich hergestellt werden; er entsteht nicht **25** kraft Gesetzes. Erforderlich ist daher die **Inbesitznahme durch beide Ehegatten**. Kein Ehegatte hat jedoch das Recht zu eigenmächtiger Begründung des Mitbesitzes; notfalls ist Klage zu erheben. Eine *Zurechnung* der Sachherrschaft eines Ehegatten auch zum anderen (oder der Gesamthand) kommt nicht in Betracht. Das Gesetz weist den Besitz den Ehegatten nach Maßgabe des § 854 zu. Es ist auch grundsätzlich kein Ehegatte Besitzdiener des anderen. Ausnahmen sind möglich, etwa bei Mitarbeit im selbständig betriebenen Erwerbsgeschäft des anderen Ehegatten.

Für den gemeinschaftlichen Besitz der Ehegatten gilt § 866. Sie sind in der Regel **26** **schlichte** (unmittelbare) **Mitbesitzer**. Nach den Umständen des Einzelfalles kann auch „gesamthänderischer" Mitbesitz vorliegen. Ein Recht auf die eine oder die

andere Art des Mitbesitzes kann sich aus den Erfordernissen einer ordnungsgemäßen Gesamtgutsverwaltung (vgl § 1451) ergeben.

27 **Besitzschutz** genießen die **Ehegatten untereinander** nach den allgemeinen Vorschriften der §§ 859 ff in den durch § 866 umschriebenen Grenzen. Daneben kann jeder
Ehegatte von dem anderen die Wiedereinräumung des Besitzes gemäß § 1450 ver-
langen. **Dritten gegenüber** hat jeder mitbesitzende Ehegatte die **Selbsthilferechte** des
§ 859. Die **Klagerechte aus §§ 861, 862** stehen jedem Ehegatten selbständig zu. Der
Besitz fällt nicht in das Gesamtgut; einen unmittelbaren „Gesamthandsbesitz" gibt
es nicht (s oben Rn 25). Entsprechend sind die Ansprüche wegen Entziehung oder
Störung des Mitbesitzes Ansprüche der Ehegatten, nicht der Gesamthand (ebenso
Erman/Heckelmann Rn 2; MünchKomm/Kanzleiter Rn 20; Soergel/Gaul Rn 11; aM BGB-
RGRK/Finke Rn 13). Dass petitorische Ansprüche wegen Besitzentziehung oder -stö-
rung zB aus §§ 985, 823 Abs 1 oder auch § 1004 in das Gesamtgut fallen und nur von
beiden Ehegatten gemeinschaftlich geltend gemacht werden können, falls nicht die
Voraussetzungen des § 1454 oder des § 1455 Nr 10 vorliegen, zwingt nicht zu einer
anderen Lösung.

V.   Rechtsstreitigkeiten

1.   Aktivprozesse

28 Ansprüche, die zum Gesamtgut gehören, können grundsätzlich nur **von beiden Ehegatten gemeinschaftlich** gerichtlich geltend gemacht werden, § 1450 Abs 1 S 1. Klagen die Ehegatten gemeinsam, so sind sie *notwendige Streitgenossen*, § 62 ZPO (hM).
Der **Klagantrag** ist bei der Leistungsklage auf Leistung an beide Ehegatten zu
stellen. Dem entspricht sachlich ein Antrag auf Leistung in das Gesamtgut (s aber
auch unten Rn 33).

29 **Ein Ehegatte allein** ist zur Geltendmachung von Gesamtgutsansprüchen ohne Zustimmung des anderen **nicht aktivlegitimiert**. Die Klage ist als unbegründet abzuweisen, wenn nicht einer der in Rn 31, 32 angeführten Ausnahmefälle vorliegt. Die
Aktivlegitimation fehlt auch dann, wenn ein Ehegatte auf Leistung an beide (oder
„in das Gesamtgut" der Gütergemeinschaft) klagt. § 2039 S 1 ist während des Bestehens der Gütergemeinschaft nicht entsprechend anwendbar (hM, vgl Dölle I § 75 I 3
943; Erman/Heckelmann Rn 3; Gernhuber/Coester-Waltjen § 38 Rn 116; MünchKomm/
Kanzleiter Rn 22; BGB-RGRK/Finke Rn 14; Soergel/Gaul Rn 15; aA BGH NJW 1994, 653:
fehlende Prozessführungsbefugnis mit der Folge einer Unzulässigkeit der Klage). Für die entsprechende Anwendung besteht angesichts der Regelungen in §§ 1452, 1454 und
§ 1455 Nr 8 u 10 kein Bedürfnis.

30 Auch für eine Anwendung von § 432 ist kein Raum. Das RG (RGZ 70, 32, 34; auch 86,
66, 69, 71) sah die Vorschrift noch als verallgemeinerungsfähig auf alle Gesamthandsverhältnisse an. Der BGH hat diese Auffassung grundsätzlich verworfen (BGHZ 12,
308, 312; 17, 340). Die in besonderen Fällen für die BGB-Gesellschaft zugelassenen
Ausnahmen (BGH aaO; BGHZ 39, 14; offengelassen von BGH WM 1980, 366) sind auf die
Gütergemeinschaft nicht übertragbar, da hier ausreichende Konfliktlösungen durch
die §§ 1452 ff ermöglicht werden (Diederichsen MDR 1963, 632, 634; iE ebenso Münch-
Komm/Kanzleiter Rn 22; BGB-RGRK/Finke Rn 14; Soergel/Gaul Rn 15).

Mit Zustimmung des anderen kann **jeder Ehegatte allein** auf Leistung an beide oder　**31**
„in das Gesamtgut" klagen (OLG Saarbrücken FamRZ 2002, 1034; GERNHUBER/COESTER-
WALTJEN § 38 Rn 116; MünchKomm/KANZLEITER Rn 21; BGB-RGRK/FINKE Rn 14; SOERGEL/
GAUL Rn 15). Der andere Ehegatte kann im **eigenen Namen** klagen. Er muss aber
spätestens in der letzten mündlichen Verhandlung vor dem Tatrichter zum Ausdruck
bringen, nicht sein eigenes, sondern ein den Eheleuten in Gütergemeinschaft zustehendes Recht geltend machen zu wollen (BGH NJW 1994, 653). Diese Art der gewillkürten Prozessstandschaft ist in § 1452 Abs 1 offenbar vorausgesetzt (vgl auch § 1422
Rn 44). Die Klage kann aber auch sowohl im eigenen als auch im Namen des anderen
Ehegatten erhoben werden. Die „Zustimmung" braucht das Handeln als Stellvertreter nicht besonders zu gestatten; der zustimmende Ehegatte ist in jedem Falle an
das Urteil gebunden und haftet auch persönlich für die Prozesskosten (vgl §§ 1460
Abs 2, 1459 Abs 2 S 1). Das Urteil wird in Ansehung des Gesamtguts sowie für und
gegen den zustimmenden Ehegatten rechtskräftig.

Zur Prozessführung durch einen Ehegatten allein kraft **gesetzlicher Ermächtigung**　**32**
s §§ 1454 S 2, 1455 Nr 6–10, 1456.

Der allein klagende Ehegatte kann grundsätzlich nur **Leistung an beide Ehegatten**　**33**
gemeinsam verlangen. Ein auf Leistung an sich allein gerichteter Antrag ist jedenfalls dann begründet, wenn auch insoweit die Zustimmung des anderen Ehegatten
vorliegt. Er wird aber subsidiär (vgl dazu auch § 1368 Rn 33) dann Leistung an sich
verlangen können, wenn der andere Ehegatte zur Annahme nicht willens oder
imstande ist.

2. Passivprozesse

Für **Gesamtgutsverbindlichkeiten** haften das Gesamtgut und gemäß § 1459 Abs 2 S 1　**34**
beide Ehegatten gesamtschuldnerisch auch persönlich mit ihrem Sondervermögen,
wenn ihre Haftung nicht schon als primäre die Gesamtgutshaftung erst ausgelöst hat
(§ 1459 Abs 1). Zur Zwangsvollstreckung in das Gesamtgut bedarf es ferner nach
§ 740 Abs 2 ZPO grundsätzlich (zu den Ausnahmen s §§ 741, 742 ZPO) eines Titels
gegen beide Ehegatten. Die Ehegatten werden deshalb regelmäßig **gemeinsam ver-**
klagt. Sind im Antrag nur die beiden Ehegatten genannt, liegt eine **Gesamtschuld-**
klage vor. Die Ehegatten sind *nicht notwendige Streitgenossen* (BGH FamRZ 1975, 405,
406; ERMAN/HECKELMANN Rn 3; GERNHUBER/COESTER-WALTJEN § 38 Rn 117; MünchKomm/
KANZLEITER Rn 25; SOERGEL/GAUL Rn 16; TIEDTKE FamRZ 1975, 538, 540). Die Auffassung,
dass die Ehegatten insoweit notwendige Streitgenossen seien, als es sich um die
Haftung des Gesamtguts handelt (so BGB-RGRK/FINKE § 1450 Rn 16), ist abzulehnen.
Dass aus einem Urteil gegen beide Ehegatten persönlich in das Gesamtgut vollstreckt werden kann (hM), macht die Gesamtschuldklage nicht (auch) zur Gesamthandsklage. Das gilt auch dann, wenn die Klage auf Leistung eines zum Gesamtgut
gehörenden Gegenstandes gerichtet ist (aM TIEDTKE FamRZ 1975, 538, 541 Fn 22, der aber
die persönliche Haftung auf die Schadensersatzleistung beschränkt). Die Auslegung des Antrags kann aber ergeben, dass in Wahrheit eine Gesamthandsklage erhoben ist. Ein
persönlicher Titel gegen einen Ehegatten bewirkt im Folgeprozess über die Gesamtschuldklage gemäß § 1459 Abs 2 S 1 keine Rechtskrafterstreckung (OLG Frankfurt
FamRZ 1983, 173).

35 Der Gläubiger kann sich darauf beschränken, die Ehegatten zur **Leistung aus dem Gesamtgut** zu verklagen. Diese **Gesamthandsklage** ist angebracht, wenn die Haftung der Ehegatten mit ihrem Sondervermögen rechtsgeschäftlich ausgeschlossen ist. Sie ist auch sinnvoll, wenn die Vorbehalts- und Sondergüter ohnehin keine Befriedigungsmöglichkeiten bieten. Die mit der Gesamthandsklage in Anspruch genommenen Ehegatten sind *notwendige Streitgenossen* (BGH FamRZ 1975, 405, 406; MünchKomm/ Kanzleiter Rn 25; Soergel/Gaul Rn 16; Tiedtke FamRZ 1975, 538, 540). Die Klage kann auch gegen einen Ehegatten allein erhoben werden, wenn der andere bereit ist, an der Leistung mitzuwirken, zu der verurteilt werden soll (Gernhuber/Coester-Waltjen § 38 Rn 117 Fn 156; Tiedtke FamRZ 1975, 538, 539; weitergehend BGH FamRZ 1975, 405, 406; die dort angeführten Belege decken die Aussage jedoch zT nicht; andererseits hält MünchKomm/Kanzleiter Rn 25 die Gesamthandsklage gegen nur einen Ehegatten ausnahmslos für nicht zulässig).

36 Das gegen einen Ehegatten, der den Prozess mit Zustimmung des anderen geführt hat, ergangene **Urteil ist für und gegen das Gesamtgut wirksam**, wie wenn beide Ehegatten gemeinsam den Prozess geführt hätten (vgl RGZ 148, 243, 247; s auch § 1422 Rn 50). Für die *Kosten des Rechtsstreits* haftet das Gesamtgut nach § 1460 Abs 2 in jedem Falle.

37 Die **Zwangsvollstreckung** in das Gesamtgut setzt nach § 740 Abs 2 ZPO voraus, dass *beide Ehegatten* zur Leistung verurteilt sind (s aber auch §§ 741, 742 ZPO). Das gilt nach hM auch dann, wenn ein Ehegatte den (Passiv-)Rechtsstreit mit Zustimmung des anderen geführt hat oder er dieser Zustimmung gemäß §§ 1454–1455 nicht bedurfte. Das Urteil muss nach dem Gesetzeswortlaut gegen beide Ehegatten auf *Leistung* lauten (hL; anders Stein/Jonas/Münzberg § 740 Rn 6; Tiedtke FamRZ 1975, 538, 539 Fn 8 mwNw: Kombination von Leistungs- und Duldungstitel). S auch Vorbem 4 ff zu §§ 1459–1462. Ausnahmsweise genügt ein Titel nur gegen einen Ehegatten unter der Voraussetzung des § 741 ZPO. Demgegenüber sieht das Gesetz die Vollstreckung eines der Ehegatten in das Gesamtgut mit einem Titel nur gegen den anderen nicht vor (BGHZ 111, 248, 257 = FamRZ 1990, 853), gleichwohl erachtet die ganz überwiegende Auffassung in der Literatur eine solche Vollstreckung für zulässig (Kleinle FamRZ 1997, 1195; Zöller/Stöber § 740 ZPO Rn 9; Baumbach/Hartmann § 740 ZPO Rn 5).

VI. Entgegennahme von Willenserklärungen

38 § 1450 Abs 2 gewährt jedem Ehegatten die Empfangszuständigkeit für Willenserklärungen, die beiden Ehegatten gegenüber abzugeben sind. *Den Ehegatten gegenüber* abzugeben sind solche empfangsbedürftigen Willenserklärungen, die Rechte oder Rechtsverhältnisse betreffen, die zum Gesamtgut gehören. In Betracht kommen vor allem *einseitige Gestaltungserklärungen* wie Anfechtung, Aufrechnung, Kündigung, Rücktritt oder Fristsetzung, ferner willenserklärungsähnliche Handlungen wie die Mahnung. Hierher gehören aber auch *Vertragserklärungen* (hM, anders Erman/Heckelmann Rn 4). Vorausgesetzt ist jedoch, dass als Vertragspartner beide Ehegatten gemeinsam in Erscheinung treten. Deshalb kann nur ein an *beide* Ehegatten gerichtetes Vertragsangebot einem von ihnen gegenüber abgegeben werden. Ebenso kann die Annahme jedem der Ehegatten allein erklärt werden, wenn das Vertragsangebot von ihnen beiden ausging. Dagegen kann die Annahme des von einem Ehegatten allein gemachten Angebots wirksam nur diesem gegenüber erfolgen.

Der Ehegatte, der die Willenserklärung empfangen hat, ist verpflichtet, den anderen **39** Ehegatten unverzüglich zu benachrichtigen.

In der Zeit *nach Beendigung der Gütergemeinschaft* ist § 1450 Abs 2 nicht anzu- **40** wenden. § 1472 regelt die Gesamtgutsverwaltung selbständig und kennt keine entsprechende Regelung. Eine analoge Anwendung ist nicht berechtigt. Regelmäßig bestehen nach Beendigung des Güterstandes Spannungen zwischen den Ehegatten, die die Information des anderen Ehegatten über den Zugang einer Willenserklärung nicht als gesichert erscheinen lassen.

Die Vorschrift des Abs 2 ist **nicht** anwendbar auf **Zustellungen** in gerichtlichen **41** Verfahren (hM). Das Prozessrecht regelt die Zustellungen selbständig. § 171 Abs 3 ZPO ist auf die Ehegatten in Gütergemeinschaft nicht anzuwenden. Sie sind nicht Vertreter einer Partei, sondern jeder für sich selbst Partei, auch bei der Gesamthandsklage.

VII. Unberechtigte Verwaltungsmaßnahmen eines Ehegatten

Eigenmächtige Maßnahmen eines Ehegatten sind, soweit es sich um Rechtsgeschäfte **42** oder Rechtsstreitigkeiten handelt, dem Gesamtgut und auch dem anderen Ehegatten persönlich gegenüber **nicht wirksam**. Eigenmächtige tatsächliche Verwaltungshandlungen sind **rechtswidrig**. Wird das Gesamtgut durch solche Maßnahmen gemindert, haftet der dafür verantwortliche Ehegatte entsprechend § 1435 S 3 auf Ersatzleistung zum Gesamtgut (Gernhuber/Coester-Waltjen § 38 Rn 110; Ensslen FamRZ 1998, 1081; s auch Rn 22). Daneben kommen Herausgabe- oder Ersatzansprüche gegen Dritte in Betracht. Unter den weiteren Voraussetzungen des § 1469 Nr 1 kann der andere Ehegatte auf Aufhebung der Gütergemeinschaft klagen.

VIII. Gutgläubiger Erwerb aus dem Gesamtgut

Verfügt ein Ehegatte über einen Gesamtgutsgegenstand ohne Zustimmung des an- **43** deren, so ist die Verfügung gemäß § 1450 Abs 1 unwirksam. Die hM hält jedoch zu Unrecht den gutgläubigen Erwerb Dritter von dem allein verfügenden Ehegatten für möglich, wenn dieser Alleinbesitzer (andernfalls gilt § 935) einer beweglichen Sache ist oder noch als Alleineigentümer im Grundbuch eingetragen ist, selbst wenn die Gütergemeinschaft in das Güterrechtsregister eingetragen ist (vgl § 1412 Rn 47 ff). Auf die fehlende Kenntnis von der Gütergemeinschaft kann sich der Erwerber aber nicht berufen, wenn der Güterstand in das Güterrechtsregister eingetragen ist. Darauf, dass der veräußerte Gegenstand dem in Gütergemeinschaft lebenden Ehegatten persönlich (als Vorbehaltsgut) gehört, kann der Verkehr nicht vertrauen, auch dann nicht, wenn der Ehegatte im Grundbuch als Alleineigentümer eingetragen ist.

IX. Abweichende Vereinbarungen

Die gemeinschaftliche Verwaltung kann nicht nur im Einzelfall durch entsprechende **44** Zustimmungen in Richtung auf eine praktisch partielle Alleinverwaltung aufgelockert werden, sondern im Wege des *Ehevertrages* auch generell und unwiderruflich dahin abgeändert werden, dass ein Ehegatte für bestimmte Sachbereiche allein zuständig sein soll. Zur unwiderruflichen Generaleinwilligung s bereits oben Rn 12.

§ 1451
Mitwirkungspflicht beider Ehegatten

Jeder Ehegatte ist dem anderen gegenüber verpflichtet, zu Maßregeln mitzuwirken, die zur ordnungsmäßigen Verwaltung des Gesamtgutes erforderlich sind.

Materialien: E III § 1451; Drucks 2/3409, 29.
Vgl STAUDINGER/BGB-Synopse 1896–2005
§ 1451.

Systematische Übersicht

I. Rechtsentwicklung

1 Bei Einführung der gemeinschaftlichen Verwaltung des Gesamtgutes durch beide Ehegatten musste der Gesetzgeber eine dem für die Einzelverwaltung geltenden § 1435 entsprechende Regelung der Verwaltungspflicht treffen. Hierbei konnte er sich an den § 1472 Abs 2 HS 1 aF – jetzt fast unverändert als § 1472 Abs 3 HS 1 fortgeltend – anlehnen, der bereits früher für die Zeit nach Beendigung der Gütergemeinschaft beiden Ehegatten die Verpflichtung auferlegt hatte, an der dann eintretenden gemeinschaftlichen Verwaltung des Gesamtgutes mitzuwirken. Diese Verpflichtung ist naturgemäß für die auf die Dauer berechnete Verwaltung des Gesamtgutes durch beide Ehegatten nach den §§ 1450 ff von erheblich größerer Bedeutung als für die Verwaltung nach Beendigung der Gütergemeinschaft, deren Ziel die Auseinandersetzung ist. Eine ordnungsmäßige Verwaltung des Gesamtgutes wäre, da alle Verwaltungshandlungen grundsätzlich der Mitwirkung beider Ehegatten bedürfen, nicht gewährleistet, wenn dem Mitverwaltungsrecht der Ehegatten nicht auch eine entsprechende Pflicht gegenüberstände. Im Gegensatz zu § 1435 trifft § 1451 keine Regelung der sich aus der Verletzung der Verwaltungspflicht ergebenden Schadensersatzpflicht. Hieraus kann aber nicht geschlossen werden, dass der zur Mitverwaltung verpflichtete Ehegatte sich keinesfalls schadensersatzpflichtig machen kann (vgl hierzu § 1450 Rn 22, 42).

II. Pflicht zur Mitverwaltung

2 **Die Mitwirkungspflicht erstreckt sich auf die gesamte Verwaltung** des Gesamtgutes, mag es sich dabei um den Abschluss von Rechtsgeschäften, die Führung von Rechtsstreitigkeiten oder Verwaltungshandlungen tatsächlicher Natur handeln. Ein Verzicht auf das Verwaltungsrecht mit der Folge, dass die Verwaltungspflicht entfällt, ist nicht möglich. Ein Ehegatte kann seiner Mitwirkungspflicht auch dadurch nachkommen, dass er dem anderen Ehegatten weitgehende Vollmachten oder Einwilligungen erteilt. Eine derartige Regelung kann aber von beiden Ehegatten grundsätzlich jederzeit widerrufen werden. Unwiderrufliche Zustimmungen sind aber – auch ohne Einhaltung der Form des Ehevertrages – möglich, s dazu § 1450 Rn 12; § 1408 Rn 30.

Die Mitwirkungspflicht muss nicht notwendig persönlich erfüllt werden. Es darf sich 3 aber auch kein Ehegatte der Sorge um das Gesamtgut durch Betrauung eines Dritten gänzlich entledigen. Die Bevollmächtigung Dritter im Einzelfall ist zulässig. Durch sie wird die Mitwirkungspflicht erfüllt, wenn der Bevollmächtigte geeignet ist. Der andere Ehegatte kann die persönliche Mitwirkung verlangen, wenn dies gemäß § 1353 erforderlich ist, etwa dann, wenn eine Verwaltungsmaßnahme die wirtschaftliche Grundlage der Ehe grundlegend verändern soll oder kann.

Die Verpflichtung der Ehegatten richtet sich auf die Mitwirkung an den zur ordnungs- 4 **mäßigen Verwaltung** des Gesamtgutes erforderlichen Maßregeln. Ordnungsgemäß ist eine Verwaltung, die unter Beachtung der Grundsätze vernünftiger Wirtschaftsführung auf Erhaltung, Sicherung und Vermehrung des Gesamtgutes im Interesse der Ehegatten und etwaiger Kinder abzielt (allgM; BayObLG FamRZ 2004, 881; 2005, 109). Dazu gehört nicht nur **rechtsgeschäftliches Handeln**, sondern auch die Leistung von Unterhalt und Trennungsunterhalt (BGH NJW 1990, 2252 = FamRZ 1990, 851) oder **tatsächliches Handeln** wie die Mitarbeit im landwirtschaftlichen Betrieb (BGH FamRZ 1986, 42; s auch § 1450 Rn 6 f; 22). Wegen der einzelnen diesem Zwecke dienenden Verwaltungshandlungen vgl § 1435 Rn 3. Der Umfang der Mitwirkungspflichten richtet sich auch nach den Lebensumständen der Ehegatten. Die Erfüllung tatsächlicher Verrichtungen kann dabei durch Trennung in gleicher Weise **unzumutbar** werden wie die zur Haushaltsführung. Allerdings ist im Einzelfall zu prüfen, ob übergangsweise noch Mitwirkung verlangt werden kann (BGH FamRZ 1986, 42).

Die **Mitwirkungspflicht bezieht sich auf erforderliche Verwaltungshandlungen.** Es kann 5 also grundsätzlich nicht die Teilnahme an Maßnahmen verlangt werden, die vielleicht zweckmäßig, aber nicht notwendig sind. Dabei ist jedoch zu beachten, dass es vielfach mehrere Möglichkeiten einer ordnungsmäßigen Wirtschaftsführung geben wird und dass sich ein zur Mitverwaltung verpflichteter Ehegatte nicht deshalb untätig verhalten darf, weil keine der von dem anderen Ehegatten vorgeschlagenen Maßnahmen in dem Sinne erforderlich ist, dass nur durch ihre Vornahme ein Nachteil von dem Gesamtgut abgewendet werden könnte. Die Mitwirkungspflicht ist schon dann gegeben, wenn es erforderlich erscheint, überhaupt angemessene Verwaltungsmaßnahmen zu treffen. Zur Erforderlichkeit s auch § 1426 Rn 5 f und § 1452 Rn 6.

Die **Mitwirkungspflicht besteht nur unter den Ehegatten,** nicht gegenüber Dritten, 6 auch nicht, wenn diese ein Interesse an der Mitwirkung haben. Hat einer der Ehegatten einen Vertrag mit einem Dritten ohne Zustimmung des anderen Ehegatten und auch ohne Ersetzung der Zustimmung durch das Vormundschaftsgericht geschlossen, so kann der Dritte sich nicht darauf berufen, der Vertragsabschluß sei eine zur ordnungsmäßigen Verwaltung des Gesamtgutes erforderliche Maßnahme gewesen, zu der der andere Ehegatte nach § 1451 hätte mitwirken müssen (BGH NJW 1958, 2061 = FamRZ 1958, 459).

III. Pflicht zur Alleinverwaltung

7 In den **Notfällen**, in denen das Gesetz das Alleinhandeln eines Ehegatten zulässt, insbesondere bei Krankheit oder Abwesenheit des anderen Ehegatten (§ 1454), oder wenn Maßnahmen zur Erhaltung des Gesamtgutes getroffen werden müssen, mit deren Aufschub Gefahr verbunden ist (§ 1455 Nr 10), ist jeder Ehegatte zum Tätigwerden nicht nur berechtigt, sondern, wenn die ordnungsmäßige Verwaltung des Gesamtgutes Maßnahmen erforderlich macht, auch verpflichtet. Die Mitwirkungspflicht des § 1451 verwandelt sich in diesen Fällen in eine *Pflicht zum Alleinhandeln* (ebenso ERMAN/HECKELMANN § 1455 Rn 7; GERNHUBER/COESTER-WALTJEN § 38 Rn 111; MünchKomm/KANZLEITER § 1451 Rn 4; § 1454 Rn 4; BAMBERGER/ROTH/MAYER Rn 3; BGB-RGRK/FINKE § 1454 Rn 3; SOERGEL/GAUL § 1454 Rn 3).

IV. Pflicht zur Unterrichtung und Auskunftserteilung

8 Anders als § 1435 für die Alleinverwaltung bestimmt § 1451 nichts über eine **Verpflichtung der Ehegatten zur gegenseitigen Unterrichtung** und zur Auskunftserteilung über den Stand der Verwaltung. Eine *Unterrichtung* über die Verwaltung des Gesamtgutes ist in der Regel auch nicht erforderlich, da die Ehegatten in der Regel gemeinsam oder doch der eine im Einzelfall mit der Zustimmung des anderen die Verwaltung führen. Die Unterrichtungspflicht beruht jedoch im Kern auf § 1353 Abs 1 (vgl BGH FamRZ 1976, 16; s auch § 1435 Rn 4). Deshalb ist davon auszugehen, dass eine Pflicht zur Unterrichtung auch bei gemeinschaftlicher Verwaltung dann besteht, wenn der eine Ehegatte den anderen zur selbständigen Erledigung bestimmter Arten von Angelegenheiten oder für einige Zeit umfassend *ermächtigt* hat (s auch § 1456) und deshalb über den Stand der Verwaltung nicht orientiert ist. Die Unterrichtung ist aber auch von § 1451 gefordert; sie ist in den genannten Fällen Element der Mitwirkungspflicht des ermächtigten Ehegatten. Deshalb ist eine Klage auf Unterrichtung möglich und das Urteil auch vollstreckbar.

9 Entsprechend § 1435 S 2 ist ein Ehegatte dem anderen jedenfalls dann **zur Erteilung von Auskunft verpflichtet**, wenn er in ähnlicher Lage wie der Gesamtgutsverwalter ausnahmsweise *allein verwaltungsbefugt* ist, also in den Fällen der §§ 1454, 1455 Nr 7, 8 u 10 (s auch § 1435 Rn 17; BAMBERGER/ROTH/MAYER Rn 3; SOERGEL/GAUL Rn 4; MünchKomm/ KANZLEITER Rn 8; ENSSLEN FamRZ 1998, 1080). Der Auskunftsanspruch beinhaltet auch die Pflicht zur Auskunftserteilung über Konten, die nach Trennung der Eheleute allein eröffnet worden sind.

10 Im Übrigen kommt ein Auskunftsanspruch in Betracht, sei es gemäß § 242, sei es entsprechend § 666, wenn ein Ehegatte den anderen zur Verwaltung *ermächtigt* hat. Bei einer Ermächtigung im Einzelfall kommt es nach § 242 außer auf Art und Umfang der Verwaltungsmaßnahme insbesondere darauf an, ob der Ermächtigende sich selbst ausreichend und zumutbar informieren konnte. Hat ein Ehegatte dem anderen dagegen für längere Zeit die Erledigung bestimmter Arten von Gesamtgutsangelegenheiten überlassen oder ihn generell zur Verwaltung ermächtigt, liegt eine Analogie zum Auftragsrecht näher.

Hat ein Ehegatte darin eingewilligt, dass der andere *selbständig ein Erwerbsgeschäft* **11**
betreibt (§ 1456), ist dem an der Führung des Erwerbsgeschäfts nicht unmittelbar
beteiligten Ehegatten ein durchsetzbares Informationsrecht zuzusprechen. Für die
im Betriebe des Erwerbsgeschäftes begründeten Verbindlichkeiten haften das Gesamtgut (§§ 1460 Abs 1, 1456) und der nicht beteiligte Ehegatte persönlich (§ 1459
Abs 2 S 1). Nicht nur in seinem eigenen Interesse, sondern vor allem in dem der
Familie, deren Existenzgrundlage das Gesamtgut meist darstellen wird, muss der
andere Ehegatte in der Lage sein, zu überprüfen, ob er der wegen einer ungünstigen
Entwicklung des Erwerbsgeschäftes drohenden Gefahr durch den Widerruf seiner
Einwilligung oder sonstige geeignete Maßnahmen entgegentreten muss. Ein Informationsrecht analog § 716 Abs 1 und § 118 Abs 1 HGB wird dem anderen Ehegatten
allenfalls insoweit zuerkannt werden können, als das Erwerbsgeschäft zum Gesamtgut gehört oder das Gesamtgut unmittelbar und konkret berührt ist. Im Übrigen
muss der das Erwerbsgeschäft betreibende Ehegatte aber seinerseits auf Verlangen
Auskunft über den Stand des Geschäfts geben, soweit das Gesamtgut berührt ist.
Auch hier lässt sich auf eine Analogie zum Gesellschaftsrecht verweisen (§§ 713,
666); auch § 1435 S 2 lässt sich entsprechend heranziehen.

V. Durchsetzung des Anspruchs auf Mitwirkung

Verletzt ein Ehegatte seine Mitverwaltungspflicht dadurch, dass er ohne ausreichen- **12**
den Grund seine Mitwirkung beim Abschluss eines Rechtsgeschäfts oder bei der
Führung eines Rechtsstreits verweigert, obwohl die ordnungsmäßige Verwaltung des
Gesamtgutes den Abschluss des Rechtsgeschäftes oder die Prozessführung erfordert,
so kann auf Antrag des anderen Ehegatten das *Vormundschaftsgericht die Zustim-*
mung ersetzen (s § 1452). Dies gilt nicht für tatsächliche Verwaltungshandlungen.
Weigert sich ein Ehegatte, an derartigen Maßnahmen mitzuwirken, so hat der andere Ehegatte die Möglichkeit, zur Erhaltung des Gesamtgutes dienende Maßnahmen allein zu treffen, wenn mit einem Aufschub Gefahr verbunden ist (§ 1455 Nr 10;
s auch Rn 13).

Darüber hinaus sind die Möglichkeiten beschränkt, die Erfüllung der Mitwirkungs- **13**
pflicht hinsichtlich einzelner Verwaltungsmaßnahmen zu erzwingen. Insbesondere
ist eine auf § 1451 gestützte **Klage auf Mitwirkung** idR bei bestimmten Verwaltungsmaßnahmen nicht begründet. Soweit eine derartige Klage auf Zustimmung zu einem
Rechtsgeschäft oder zur Führung eines Rechtsstreits gerichtet wäre, würde sie das
gleiche Ziel verfolgen wie das in § 1452 geregelte vormundschaftsgerichtliche Verfahren. Ein derartiges Nebeneinander ist aber nicht der Sinn der §§ 1451, 1452; es ist
vielmehr davon auszugehen, dass der Gesetzgeber die Entscheidung von Streitigkeiten zwischen den Ehegatten hinsichtlich der Verwaltung des Gesamtgutes allein
dem Vormundschaftsgericht zuweisen und die Voraussetzungen in § 1452 abschließend regeln wollte (iE ebenso MünchKomm/Kanzleiter Rn 9; Soergel/Gaul Rn 5; Bamber-
ger/Roth/Mayer Rn 4). Anders, wenn § 1452 nicht einschlägig ist, also insbesondere
bei **tatsächlichen Verwaltungsmaßnahmen**. Hier kann die erforderliche Mitwirkung
eingeklagt werden. Die Klage ist jedenfalls dann keine Herstellungsklage gemäß
§ 1353 mit der Folge des § 888 Abs 3 ZPO, wenn sachliche Notwendigkeiten im
Vordergrund stehen. Insbesondere, wenn vermögensrechtliche Elemente im Vordergrund stehen, ist der Anspruch im Prozesswege durchsetzbar und vollstreckbar (BGH
NJW 1990, 2252 = FamRZ 1990, 851; MünchKomm/Kanzleiter Rn 9; Ensslen FamRZ 1998,

1079). Der Mitwirkungsanspruch ist eine Familiensache nach § 23b Abs 1 S 2 Nr 9 GVG, für die nach § 621 Abs 1 Nr 8 ZPO das Familiengericht zuständig ist. Soweit es um die gerichtliche Geltendmachung des Anspruches auf **Unterhalt** und Trennungsunterhalt aus dem Gesamtgut (s § 1420 Rn 3) geht, richtet sich das Vorgehen des Unterhaltsberechtigten also danach, was zur Gewährung des Unterhalts erforderlich ist. Soll der Unterhaltspflichtige den Unterhaltsbetrag an den anderen Ehegatten von seinem Konto auszahlen, ist für die Überweisung vom Konto zwar ein Auftrag gegenüber der Bank erforderlich. Hierbei handelt es sich jedoch nicht um ein zustimmungsbedürftiges Rechtsgeschäft, weil der Unterhaltsverpflichtete allein verfügungsberechtigt ist. Da in der Bewirkung der Leistung bereits eine Zustimmung steckt, bedarf es keiner Ersetzung nach § 1452 (BGH aaO; ENSSLEN FamRZ 1998, 1078). Erstrebt der Unterhaltsberechtigte dagegen die Zustimmung zur Überweisung von Unterhaltsbeträgen durch den Arbeitgeber, weil der bereits verurteilte Unterhaltsschuldner seiner Mitwirkungspflicht nicht nachkommt, ist ein Antrag auf Ersetzung der Zustimmung beim Vormundschaftsgericht nach § 1452 zulässig (BayObLG FamRZ 1997, 422; anders KLEINLE FamRZ 1997, 1195: Ausreichend, den Trennungsunterhalt als zu zahlende Geldrente zu titulieren mit dem Zusatz, dass die Zahlung aus den Einkünften des Schuldners zu leisten ist). Zu beachten ist, dass dies nicht für den Geschiedenenunterhalt gilt. Nach Beendigung der Gütergemeinschaft ist der Unterhalt nicht mehr dem Gesamtgut zu entnehmen, da dieses für die nach Beendigung der Gütergemeinschaft entstandenen Verbindlichkeiten nicht mehr haftet. Hier geht es nur noch um eine Zahlungsverpflichtung des Unterhaltsschuldners. Verlässt ein Ehegatte die zum Gesamtgut gehörende Wohnung, so ist grundsätzlich ein Nutzungsentgelt des anderen Ehegatten gemäß § 1468 erst nach Beendigung der Gütergemeinschaft zum Gesamtgut zu leisten. Soweit der andere Ehegatte allerdings darauf angewiesen ist, seinen Unterhalt aus dem Gesamtgut zu bestreiten, soll er die Zahlung eines anteiligen Nutzungsentgeltes direkt an sich verlangen können, weil ein Umweg über das Gesamtgut in einem solchen Fall „unsinnig" sei (OLG Bamberg FamRZ 1987, 703 f; ENSSLEN FamRZ 1998, 1082). Ein solcher Direktzugriff wird demgegenüber allenfalls zu erwägen sein, wenn anderweitige Einkünfte des Gesamtgutes nicht bestehen.

VI. Rechtsfolgen der Verletzung der Mitwirkungspflicht

14 Die **Haftung** der mitverwaltenden Ehegatten für einen dem Gesamtgut durch die Verletzung seiner Mitwirkungspflicht entstandenen Schaden ist in § 1451 *nicht* ausdrücklich *geregelt*. Die Vorschriften der §§ 1452f reichen zur Wahrung der Gesamtgutsinteressen nicht aus. Die hL hält daher zutreffend die **entsprechende Anwendung** von **§ 1435 S 3** für geboten (BGH FamRZ 1986, 42: Verletzung der Pflicht zur Mitarbeit; BGH NJW 1990, 2252 = FamRZ 1990, 851; MünchKomm/KANZLEITER Rn 10; BGB-RGRK/FINKE Rn 6; SOERGEL/GAUL Rn 5; iE auch ERMAN/HECKELMANN Rn 1). Der Verschuldensmaßstab bestimmt sich nach § 1359; für die Fälligkeit gilt § 1468. S im Übrigen § 1435 Rn 12 ff.

15 Die Verwaltung des Gesamtgutes nach den Vorschriften der §§ 1450 ff ist auf die Dauer nur durchführbar, wenn beide Ehegatten ihrer Mitverwaltungspflicht nachkommen. Die Ersetzung der Zustimmung durch das Vormundschaftsgericht (§ 1452) kommt nur für eine begrenzte Anzahl von Fällen in Betracht. Wiederholte Auseinandersetzungen vor dem Vormundschaftsgericht wegen der Verwaltung des Gesamtgutes werden dem ehelichen Frieden auch abträglich sein. Die Schadensersatzpflicht des seine Verwaltungspflichten verletzenden Ehegatten ist schließlich von fraglichem Wert, weil ihre sofortige Durchsetzung meist nicht möglich ist (§ 1468). Jeder Ehegatte ist daher, wenn sich der andere Ehegatte nicht nur im Einzelfall, sondern beharrlich und ohne ausreichenden Grund weigert, zur ordnungsmäßigen Verwaltung des Gesamtgutes mitzuwirken, berechtigt, die **Klage auf Aufhebung der Gütergemeinschaft** zu erheben (§ 1469 Nr 2).

VII. Abweichende Vereinbarungen

Die Pflicht zur Mitwirkung ist nicht allgemein abdingbar. Sie kann aber für bestimmte einzelne oder Arten von Maßnahmen im Voraus ehevertraglich ausgeschlossen oder beschränkt werden. Die Haftung sowie die Unterrichtungs- und Auskunftspflicht können ausgeschlossen oder beschränkt werden (s auch § 1435 Rn 20). **16**

§ 1452
Ersetzung der Zustimmung

(1) Ist zur ordnungsgemäßen Verwaltung des Gesamtguts die Vornahme eines Rechtsgeschäfts oder die Führung eines Rechtsstreits erforderlich, so kann das Vormundschaftsgericht auf Antrag eines Ehegatten die Zustimmung des anderen Ehegatten ersetzen, wenn dieser sie ohne ausreichenden Grund verweigert.

(2) Die Vorschrift des Absatzes 1 gilt auch, wenn zur ordnungsmäßigen Besorgung der persönlichen Angelegenheiten eines Ehegatten ein Rechtsgeschäft erforderlich ist, das der Ehegatte mit Wirkung für das Gesamtgut nicht ohne Zustimmung des anderen Ehegatten vornehmen kann.

Materialien: E III § 1452; BT-Drucks 2/3409, 29.
Vgl STAUDINGER/BGB-Synopse 1896–2005 § 1452.

Systematische Übersicht

Burkhard Thiele

I. Rechtsentwicklung

1 § 1452 hat keinen unmittelbaren Vorgänger im früheren Recht. Bei Meinungsverschiedenheiten der nach § 1472 aF zur gemeinsamen Verwaltung des Gesamtgutes berechtigten Ehegatten war eine Anrufung des Vormundschaftsgerichts nicht vorgesehen. Die Vorschrift bildet jedoch eine Parallele zu den für die Einzelverwaltung geltenden §§ 1426, 1430 (§§ 1447, 1451 aF).

II. Ersetzung der Zustimmung bei Verweigerung

1. Anwendungsbereich

2 Die Zustimmung des anderen Ehegatten kann nach § 1452 Abs 1 durch das Vormundschaftsgericht ersetzt werden, wenn zur ordnungsmäßigen Verwaltung des Gesamtgutes die **Vornahme eines Rechtsgeschäfts** oder die **Führung eines Rechtsstreits erforderlich** ist und die Zustimmung ohne ausreichenden Grund verweigert wird. Im Gegensatz zu § 1426 und § 1365 Abs 2, die sich auf die Ersetzung der Zustimmung zu Rechtsgeschäften beschränken, kann nach § 1452 Abs 1 also auch die Zustimmung zu Rechtsstreitigkeiten ersetzt werden. Dies ist deswegen erforderlich, weil der alleinverwaltende Ehegatte berechtigt ist, Rechtsstreitigkeiten mit Wirkung für das Gesamtgut im eigenen Namen zu führen (§ 1422), und weil der im gesetzlichen Güterstand lebende Ehegatte in der Prozessführung mit Wirkung für sein eigenes Vermögen nicht beschränkt ist, die mitverwaltenden Ehegatten Rechtsstreitigkeiten mit Wirkung für das Gesamtgut jedoch grundsätzlich nur gemeinschaftlich führen können (§ 1450 Abs 1 S 1).

3 Eine Ausdehnung des § 1452 über den Bereich der Rechtsgeschäfte und Rechtsstreitigkeiten hinaus ist nicht zulässig. Beim Vormundschaftsgericht kann **nicht** die Ersetzung der Zustimmung **zur Vornahme tatsächlicher Verwaltungshandlungen** beantragt werden (MünchKomm/Kanzleiter Rn 8; BGB-RGRK/Finke Rn 4). Weigert sich ein Ehegatte, an Maßnahmen tatsächlicher Art mitzuwirken, so kann der andere Ehegatte diese Maßnahmen allein treffen, wenn sie zur Erhaltung des Gesamtgutes notwendig ist und mit dem Aufschub Gefahr verbunden ist (§ 1455 Nr 10; im Übrigen s § 1451 Rn 13). Unter den vorgenannten Bedingungen ist der einzelne Ehegatte allerdings auch zur alleinigen Vornahme von Rechtsgeschäften und der Führung von Rechtsstreitigkeiten befugt.

4 Im Gegensatz zu dem beschränkten Kreis der Rechtsgeschäfte, bei denen die Zustimmung des anderen Ehegatten nach den §§ 1365 Abs 2, 1369 Abs 2, 1426 ersetzt werden kann (Rechtsgeschäfte über das gesamte Vermögen eines Ehegatten, § 1365; über Hausrat, § 1369; über das Gesamtgut im Ganzen, § 1423; über Grundstücke und eingetragene Schiffe, § 1424), kann Gegenstand einer Ersetzung der Zustimmung nach § 1452 **jedes das Gesamtgut berührende Rechtsgeschäft** sein, weil alle diese Rechtsgeschäfte grundsätzlich nur von beiden Ehegatten gemeinsam abgeschlossen werden können (zur Verfügung über eine zum Gesamtgut gehörende Forderung s BayObLG FamRZ 1997, 422).

5 Ausgenommen sind aber auch hier Schenkungen, soweit nicht durch sie einer sittlichen Pflicht oder einer auf den Anstand zu nehmenden Rücksicht entsprochen wird (ebenso SOERGEL/GAUL Rn 3; MünchKomm/KANZLEITER Rn 4; BAMBERGER/ROTH/MAYER Rn 4 mit teilweise abw Begründung). Über den vorgenannten Rahmen herausgehende Schenkungen kann der alleinverwaltende Ehegatte nicht allein vornehmen (§ 1425); er kann die fehlende Zustimmung seines Ehegatten auch nicht durch das Vormundschaftsgericht ersetzen lassen, wie sich aus der Nichterwähnung des § 1425 in § 1426 ergibt. Es ist kein Grund ersichtlich, weshalb der nur mitverwaltende Ehegatte, dessen Rechtsposition sonst in jeder Hinsicht schwächer als die des alleinverwaltenden Ehegatten ist, die Möglichkeit haben sollte, eine Schenkung mit Hilfe des Vormundschaftsgerichts gegen den Willen des anderen Ehegatten durchzusetzen. Abgesehen davon ist es ohnehin kaum vorstellbar, dass eine nicht einer sittlichen Pflicht oder einer auf den Anstand zu nehmenden Rücksicht entsprechende Schenkung zur ordnungsmäßigen Verwaltung des Gesamtgutes erforderlich sein soll. Bei *Pflicht- und Anstandsschenkungen*, die auch der alleinverwaltende Ehegatte ohne Zustimmung vornehmen darf (§ 1425 Abs 2), bestehen jedoch grundsätzlich keine Bedenken gegen die Ersetzung der Zustimmung durch das Vormundschaftsgericht.

2. Erforderlichkeit

Das Rechtsgeschäft oder der Rechtsstreit muss **zur ordnungsmäßigen Verwaltung des** 6 **Gesamtgutes erforderlich** sein. Über den Begriff der ordnungsmäßigen Verwaltung s § 1365 Rn 76 ff; § 1435 Rn 3. Die Ersetzung der Zustimmung kommt nur in Betracht, wenn das Rechtsgeschäft oder der Rechtsstreit nach den Grundsätzen ordnungsmäßiger Wirtschaftsführung **notwendig**, nicht aber – anders als im Falle des § 1365 Abs 2 –, wenn sie lediglich zweckmäßig oder vorteilhaft sind (BayObLGZ 20, 256; 26, 23; 30, 309 und FamRZ 2001, 1214; KG OLGE 24, 250 und hL). Das bedeutet jedoch nicht, dass es sich um die *einzige* Möglichkeit handeln muss, um einen Schaden von dem Gesamtgut abzuwenden (aM BayObLGZ 22, 5; dagegen GUTMANN BayNotZ 1924, 360; s auch § 1426 Rn 5). Die Zustimmung kann auch dann ersetzt werden, wenn feststeht, dass dem Gesamtgut bei Untätigkeit der Ehegatten ein Nachteil droht, und wenn ein Ehegatte eine zur Abwendung dieses Nachteils geeignete Maßnahme vorschlägt, der andere sich hieran aber nicht beteiligen will (vgl aber auch Rn 14). Nicht erforderlich ist eine Zustimmung des auf Unterhalt aus dem Gesamtgut in Anspruch genommenen Ehegatten, wenn es nur darum geht, den Unterhaltsbetrag an den anderen Gatten in Form einer Überweisung vom eigenen Konto zu leisten (BGHZ 111, 248, 259 = FamRZ 1990, 851), weil die Auszahlung oder Überweisung nicht zustimmungsbedürftig ist. Anders liegt der Fall, wenn der Unterhaltsverpflichtete auf Zustimmung zu der direkten Überweisung des Unterhalts vom Arbeitgeber an den Berechtigten in Anspruch genommen wird (BayObLG FamRZ 1997, 423; ENSSLEN FamRZ 1998, 1079).

Soweit es sich bei dem **Rechtsgeschäft**, welches vom Vormundschaftsgericht gutge- 7 heißen werden soll, um eine Verfügung über das **Gesamtgut als Ganzes** oder über ein **Grundstück** handelt, kann wegen der Einzelheiten auf § 1426 Rn 4 ff verwiesen werden. Im Übrigen gehören zur ordnungsmäßigen Verwaltung des Gesamtgutes insbesondere die Anschaffung des erforderlichen Hausrates und der für die Familie benötigten Lebensmittel und Kleidungsstücke. Die hierauf gerichteten Rechtsgeschäfte werden allerdings vielfach in Ausübung der Schlüsselgewalt vorgenommen werden können. Ferner gehören hierher die Anmietung einer Wohnung, der Abschluss einer Lebens-, Kranken- und Haftpflichtversicherung, die Sachversicherung des Hausrats und der etwa zum Gesamtgut gehörigen Grundstücke (RGZ 76, 136), die sichere (nicht unbedingt mündelsichere – anders früher § 1377 Abs 2 aF) Anlage von Ersparnissen und die Tilgung der dem Gesamtgut zur Last fallenden Schulden.

8 Ob ein Rechtsgeschäft zur ordnungsmäßigen Verwaltung des Gesamtgutes erforderlich ist, ist **Tatfrage**, die das Gericht unter Würdigung aller Umstände entscheidet; die Entscheidung ist insoweit der Nachprüfung durch das Gericht der weiteren Beschwerde (§ 27 FGG) entzogen (BayObLG FamRZ 1997, 423).

9 Die **Führung eines Rechtsstreits** gehört zur ordnungsmäßigen Verwaltung, wenn es sich um Ansprüche des Gesamtgutes handelt, die anderweitig nicht durchzusetzen sind. Das Vormundschaftsgericht wird in diesen Fällen zu prüfen haben, ob die von einem Ehegatten beabsichtigte Rechtsverfolgung hinreichende Aussicht auf Erfolg bietet, da die Führung eines aussichtslosen Rechtsstreites nicht im Rahmen einer ordnungsmäßigen Verwaltung liegt (OLG Celle FamRZ 1975, 621; BayObLG FamRZ 1990, 411). Der Ersetzungsbeschluss deckt alle Prozesshandlungen, sofern sie nicht zugleich materiellrechtliche Rechtsgeschäfte zum Inhalt haben.

3. Grundlose Verweigerung

10 **Verweigert** ist die Zustimmung nicht nur dann, wenn der andere Ehegatte ausdrücklich erklärt, nicht zustimmen zu wollen, sondern auch dann, wenn sich dies **aus den Umständen** ergibt, insbesondere wenn der Ehegatte auf eine Aufforderung, der Vornahme eines Rechtsgeschäfts oder der Führung eines Rechtsstreits zuzustimmen, beharrlich schweigt. Einer Verweigerung kommt es gleich, wenn die bereits erteilte Zustimmung, soweit dies nach § 183 möglich ist, widerrufen wird oder wenn der Ehegatte nur unter einer Bedingung zustimmt (KG OLGE 4, 346). Ist die Bedingung sachlich gerechtfertigt, kann dies jedoch dafür sprechen, dass die Verweigerung nicht grundlos erfolgt ist. Der Verweigerung ist es jedoch nicht gleichzusetzen, wenn der Ehegatte einem Rechtsgeschäft zustimmt, die Zustimmung jedoch nicht in der nötigen Form (vgl zB § 29 GBO) erteilt. Da die Zustimmung materiell auch ohne Beobachtung von Formvorschriften wirksam ist (§ 182 Abs 2), ist für ein Verfahren nach § 1452 kein Raum mehr. Weigert sich der Ehegatte, seine Zustimmungserklärung in der Form des § 29 GBO zu wiederholen, so ist eine hierauf gerichtete Klage erforderlich (vgl hierzu § 1365 Rn 79 u 108; § 1426 Rn 12).

11 Ob die *Verweigerung* **ohne ausreichenden Grund** erfolgte, ist vom Vormundschaftsrichter unter Würdigung aller Umstände zu entscheiden. Das Rechtsgeschäft oder die Führung des Rechtsstreits zur ordnungsmäßigen Verwaltung des Gesamtgutes erforderlich ist, schließt nicht aus, einen ausreichenden Grund des anderen Ehegatten zur Verweigerung seiner Zustimmung anzuerkennen (KG OLGE 4, 346; BayObLG FamRZ 2001, 1214; vgl auch § 1365 Rn 80 ff). Auch ideelle Gründe wie die Gefährdung des Familienfriedens oder des Verhältnisses zu Kindern können geltend gemacht werden (BayObLG FamRZ 1990, 411). In der Regel wird allerdings die Weigerung, an einer erforderlichen Verwaltungsmaßnahme teilzunehmen, nicht ausreichend begründet sein.

12 Ein **ausreichender Grund** zur Verweigerung der Zustimmung kann dann gegeben sein, wenn bei Vornahme des Rechtsgeschäfts oder Führung des Rechtsstreits eine Beeinträchtigung wirtschaftlicher Interessen des anderen Ehegatten und der Familie zu besorgen ist. Als Verweigerungsgrund kommt insbesondere die mangelnde Sicherstellung der Versorgung des anderen Ehegatten in Betracht oder die Befürchtung, dass dieser durch seine Zustimmung bei einer künftigen Auseinandersetzung des Gesamtgutes beeinträchtigt werden kann (vgl BayObLG FamRZ 2001, 1214; 1997, 423). S im Übrigen § 1365 Rn 80 ff; § 1426 Rn 13 ff.

Sind zur ordnungsmäßigen Verwaltung des Gesamtgutes grundsätzlich Maßnahmen **13** erforderlich, aber *verschiedene Maßnahmen gleichermaßen geeignet* – handelt es sich etwa um die Frage, ob in einem zum Gesamtgut gehörenden Mietshaus eine Wohnung an A oder B, die beide ordentlich und zahlungsfähig sind, vermietet werden soll –, so ist für ein Eingreifen des Vormundschaftsgerichts nach § 1452 kein Raum. In diesem Fall kann keinem der Ehegatten der Vorwurf gemacht werden, dass er die Zustimmung zu der von dem anderen Ehegatten beabsichtigten Maßnahme ohne ausreichenden Grund verweigere. Seinem Wortlaut und seinem Sinn nach ist § 1452 auf eine Durchsetzung der Mitwirkungspflicht des § 1451 angelegt; es soll verhindert werden, dass die Verwaltung des Gesamtgutes durch die mangelnde Mitwirkung eines Ehegatten lahmgelegt wird. Mit der Aufgabe, über die Verwaltung des Gesamtgutes in allen Fällen zu befinden, in denen beide Ehegatten zur Mitwirkung bereit sind und geeignete Vorschläge machen, sich jedoch nicht einigen können, wäre das Vormundschaftsgericht überfordert. Differenzen über die Zweckmäßigkeit unterschiedlicher Maßnahmen unterliegen nicht gerichtlicher Entscheidung. In diesem Punkt zeigt sich im Übrigen, dass die Bedenken gegen die Einführung der gemeinschaftlichen Verwaltung des Gesamtgutes (vgl BT-Drucks 2/3409) nicht unbegründet waren.

4. Keine Ersetzung bei Verhinderung

Nach § 1426 kann die erforderliche Zustimmung des nichtverwaltenden Ehegatten **14** auch dann durch das Vormundschaftsgericht ersetzt werden, wenn dieser **durch Krankheit oder Abwesenheit verhindert** ist, bei einem Rechtsgeschäft mitzuwirken, und wenn mit einem Aufschub Gefahr verbunden wäre. Eine entsprechende Regelung **fehlt** in § 1452, weil § 1454 für den Fall der Krankheit oder Abwesenheit eines Ehegatten ein **Notverwaltungsrecht** des anderen Ehegatten vorsieht, der im Rahmen dieses Notverwaltungsrechts ohne Zustimmung mit Wirkung für das Gesamtgut handeln kann. Bei unklarer Sach- und Rechtslage (zB über Verweigerung oder Verhinderung, Gefahr im Verzug) kann ein Ehegatte ein berechtigtes Interesse daran haben, dass eine gerichtliche Klärung herbeigeführt wird. Das Ersetzungsverfahren nach § 1452 ist jedoch für eine abschließende Entscheidung wenig geeignet. Liegen die Ersetzungsvoraussetzungen nicht vor, wird der Antrag zurückgewiesen. Eine verbindliche Entscheidung über die Voraussetzungen des § 1452 enthält dieser Beschluss nicht. Das Gleiche gilt für § **1455 Ziff 10**. Eine vorbeugende Klärung kann nur durch ein Feststellungsverfahren herbeigeführt werden, für das eine Zuständigkeit des Vormundschaftsgerichts nicht gegeben ist.

5. Ersetzungsantrag

Der Ersetzungsantrag kann von jedem Ehegatten gestellt werden, zu dessen geplan- **15** ter Maßnahme der andere die Zustimmung verweigert. Der Dritte hat kein Antragsrecht. Das Vormundschaftsgericht kann die Zustimmung **vor** dem Abschluss des

Rechtsgeschäfts oder dem Beginn des Rechtsstreits (Einwilligung) oder auch **nachher** (Genehmigung) ersetzen. Wird die Ersetzung der Einwilligung beantragt, so müssen dem Vormundschaftsgericht die nach der Verkehrsanschauung **wesentlichen Einzelheiten des beabsichtigten Rechtsgeschäfts** vorgetragen werden, damit es diese prüfen und gegebenenfalls weitere Ermittlungen anstellen kann (BayObLG FamRZ 1997, 423; s auch § 1365 Rn 88 f). Soll ein Rechtsstreit geführt werden, so muss der Antragssteller solche Angaben über den Streitgegenstand und die zur Verfügung stehenden Beweismittel machen, die das Vormundschaftsgericht in die Lage versetzen, die Erforderlichkeiten und die Aussichten des beabsichtigten Rechtsstreits zu beurteilen.

III. Ersetzung der Zustimmung zur Besorgung persönlicher Angelegenheiten

16 Eine Ersetzung der Zustimmung durch das Vormundschaftsgericht kommt nach § 1452 Abs 2 – entsprechend dem § 1430 für die Alleinverwaltung – auch dann in Betracht, wenn ein Ehegatte zur ordnungsmäßigen Besorgung einer persönlichen Angelegenheit ein **Rechtsgeschäft** abschließen muss, das er mit Wirkung für das Gesamtgut nicht ohne die Zustimmung des anderen Ehegatten vornehmen kann. Auf die Führung von **Rechtsstreitigkeiten** erstreckt sich § 1452 Abs 2 **nicht**, weil jeder Ehegatte Rechtsstreitigkeiten in persönlichen Angelegenheiten ohne Mitwirkung des anderen Ehegatten führen kann (vgl BayObLGZ 64, 362, 364 = FamRZ 1964, 49, 51). In Betracht kommen jedoch die mit der Führung eines Rechtsstreits verbundenen Rechtsgeschäfte, etwa die Bestellung eines Prozessbevollmächtigten (s auch ENSSLEN FamRZ 1998, 1078). Es muss sich um ein Rechtsgeschäft handeln, zu dem der antragstellende Ehegatte der Zustimmung des anderen Ehegatten bedarf. Ist der Antragsteller im Einzelfall wegen Vorliegens der Voraussetzungen der §§ 1454 oder 1455 berechtigt, ohne Zustimmung des anderen Ehegatten zu handeln, so kommt eine Ersetzung der Zustimmung nach § 1452 Abs 2 nach dem eindeutigen Wortlaut der Vorschrift nicht in Betracht.

17 Wegen des Begriffs der **persönlichen Angelegenheit** vgl § 1430 Rn 4 ff.

18 Zum Begriff der **Ordnungsmäßigkeit** vgl § 1430 Rn 1.

19 Das Rechtsgeschäft muss zur ordnungsmäßigen Besorgung persönlicher Angelegenheiten **erforderlich** sein. Dies schreibt § 1452 Abs 2 im Gegensatz zu § 1430 ausdrücklich vor. Ein sachlicher Unterschied ist damit aber nicht verbunden; es kann daher auch insoweit auf § 1430 Rn 10 verwiesen werden.

20 Auch in Fällen des § 1452 Abs 2 ist die Ersetzung der Zustimmung nur zulässig, wenn der widersprechende Ehegatte seine Zustimmung **ohne ausreichenden Grund** verweigert hat, auf § 1430 Rn 12 wird verwiesen.

21 Stellt das Vormundschaftsgericht das Vorliegen der in § 1452 genannten Voraussetzungen fest, so hat es die Zustimmung des seine Mitwirkung verweigernden Ehegatten zu ersetzen. Wegen des Verfahrens des Vormundschaftsgerichts, insbesondere zur Zuständigkeit der Antragsberechtigung, des Inhalts und der Wirksamkeit s § 1426 Rn 23 ff; § 1430 Rn 14; § 1365 Rn 88 ff.

IV. Verpflichtung zur Antragstellung

Ist eine Maßnahme zur ordnungsmäßigen Verwaltung des Gesamtgutes erforderlich, **22** so ergibt sich aus der jeden der Ehegatten treffenden Verwaltungspflicht grundsätzlich auch die Verpflichtung, notfalls diese Maßnahme mit Hilfe des Vormundschaftsgerichts durchzuführen. Stellt ein Ehegatte jedoch keinen Antrag, so kann der Ehegatte, der seine Zustimmung verweigert hat, hieraus keine Ersatzansprüche des Gesamtgutes herleiten, weil er sich dadurch mit seinem eigenen Verhalten in Widerspruch setzen würde. Nur wenn ein Ehegatte es pflichtwidrig unterlässt, dem anderen Ehegatten alle Umstände darzulegen, die für die Notwendigkeit des Rechtsgeschäfts sprechen, und der andere Ehegatte bei ordnungsmäßiger Unterrichtung seine Zustimmung erteilt hätte, kann bei Unterlassung der Antragstellung eine Schadensersatzpflicht in entsprechender Anwendung des § 1435 in Betracht kommen.

Ob der Ehegatte, der mit einem Dritten ein Rechtsgeschäft abgeschlossen hat, das **23** dem Gesamtgut gegenüber wirksam werden soll, **diesem Dritten gegenüber** zum Antrag auf Ersetzung der Zustimmung **verpflichtet** ist, bemisst sich nach dem Inhalt ihrer Vereinbarungen (OLG Posen Recht 1902, 20 Nr 40). Zur Ausübung des Antragsrechts kann der Ehegatte im Wege der Zwangsvollstreckung gemäß § 888 ZPO angehalten werden (so schon PLANCK/UNZNER § 1379 aF Anm 10; OLG Posen OLGE 4, 367; KG DJZ 1932, 1001; SOERGEL/GAUL § 1452 Rn 5; **aA** MünchKomm/KANZLEITER § 1452 Rn 13 mit § 1426 Rn 8: § 894 ZPO).

V. Abweichende Vereinbarungen

Die generelle Abbedingung würde die Verwaltung des Gesamtgutes gegen den **24** Willen eines böswilligen oder auch nur uninteressierten Ehegatten völlig lahmlegen. Die Möglichkeit der Ersetzung ist deshalb im Kern als zwingendes Recht anzusehen. Die Ersetzung der Zustimmung zu einzelnen bestimmten Rechtsgeschäften oder Prozessen kann jedoch im Voraus ausgeschlossen werden. Nicht abdingbar ist dagegen die Regelung des Abs 2.

§ 1453
Verfügung ohne Einwilligung

(1) Verfügt ein Ehegatte ohne die erforderliche Einwilligung des anderen Ehegatten über das Gesamtgut, so gelten die Vorschriften des § 1366 Abs. 1, 3, 4 und des § 1367 entsprechend.

(2) Einen Vertrag kann der Dritte bis zur Genehmigung widerrufen. Hat er gewusst, dass der Ehegatte in Gütergemeinschaft lebt, so kann er nur widerrufen, wenn dieser wahrheitswidrig behauptet hat, der andere Ehegatte habe eingewilligt; er kann auch in diesem Falle nicht widerrufen, wenn ihm bei Abschluss des Vertrages bekannt war, dass der andere Ehegatte nicht eingewilligt hatte.

Burkhard Thiele

Materialien: E III § 1453; BT-Drucks 2/3409,
29, 30.
Vgl STAUDINGER/BGB-Synopse 1896–2005
§ 1453.

Systematische Übersicht

I. Rechtsentwicklung

1 § 1453 ersetzt für den Bereich der Mitverwaltung des Gesamtgutes den 1448 aF. Er
entspricht dem für die Alleinverwaltung geltenden § 1427. Zu dessen Entstehungsgeschichte s dort Rn 1 f. Es besteht jedoch ein wesentlicher Unterschied zwischen den
beiden Vorschriften. Während sich § 1427 schlechthin auf Rechtsgeschäfte bezieht,
die ein Ehegatte ohne die erforderliche Einwilligung des anderen Ehegatten vornimmt, spricht § 1453 Abs 1 lediglich von **Verfügungen** ohne die erforderliche Einwilligung. Die Vorschrift gilt also nur für dingliche Rechtsgeschäfte, nicht aber für
Verpflichtungsgeschäfte. Die unterschiedliche Regelung ist darauf zurückzuführen,
dass bei der Mitverwaltung des Gesamtgutes kein Bedürfnis besteht, den anderen
Ehegatten vor Verpflichtungsgeschäften zu schützen, die sein Ehegatte ohne seine
Zustimmung abgeschlossen hat. Bei der Einzelverwaltung sind dagegen die vom
verwaltenden Ehegatten allein abgeschlossenen Verpflichtungsgeschäfte dem Gesamtgut gegenüber grundsätzlich wirksam (§ 1438). Demgegenüber haftet das Gesamtgut bei der Mitverwaltung für die von einem Ehegatten ohne die Zustimmung
des anderen Ehegatten abgeschlossenen Verpflichtungsgeschäfte – abgesehen von
den Sonderfällen der §§ 1454–1456 – überhaupt nicht. Das ergibt sich aus § 1460. Der
andere Ehegatte ist also bereits durch diese Vorschrift vor den Auswirkungen eigenmächtiger Verpflichtungsgeschäfte geschützt (s auch BT-Drucks 2/3409, 29, 30).

II. Grundsätzliche Regelung

2 Nach § 1450 Abs 1 S 1 sind die mitverwaltenden Ehegatten nur gemeinschaftlich
berechtigt, über das Gesamtgut zu verfügen. Dies gilt sowohl für Verfügungen über
das Gesamtgut im Ganzen als auch für Verfügungen über einzelne zum Gesamtgut
gehörende Gegenstände. Die Wirksamkeit einer Verfügung über das Gesamtgut, die
ein Ehegatte ohne die (lediglich in den Ausnahmefällen der §§ 1454–1456 nicht
erforderliche) Einwilligung des anderen Ehegatten vornimmt, bemisst sich nach
§ 1453. Gesetzestechnisch verweist diese Vorschrift im Wesentlichen auf die für den
gesetzlichen Güterstand der Zugewinngemeinschaft geltenden §§ 1366, 1367. Nur
anstelle des § 1366 Abs 2 trifft § 1453 in seinem Abs 2, der dem § 1427 Abs 2 wörtlich
entspricht, eine eigene Regelung, indem er nicht auf die Kenntnis vom Verheiratet-
sein, sondern auf die Kenntnis vom Bestehen der Gütergemeinschaft abstellt. Im
Übrigen wird aber die Formulierung des § 1366 Abs 2 fast wörtlich übernommen.

Einseitige Verfügungen eines Ehegatten über Gesamtgut sind gemäß §§ 1453 Abs 1, **3**
1367 nichtig, wenn die Zustimmung (Einwilligung) des anderen Ehegatten fehlt. Vgl
aber auch § 1427 Rn 6.

Liegt die Einwilligung vor, kann bei einem empfangsbedürftigen einseitigen Verfü- **4**
gungsgeschäft der Dritte das Rechtsgeschäft gleichwohl zurückweisen, wenn ihm die
Einwilligung nicht in schriftlicher Form vorgelegt wird, §§ 182 Abs 3, 111 S 2 und 3
(vgl auch § 1367 Rn 9).

Ein **Verfügungsvertrag**, den ein Ehegatte ohne die erforderliche Zustimmung des **5**
anderen vorgenommen hat, ist **schwebend unwirksam**. Der Schwebezustand dauert
an, bis der Vertrag durch die Genehmigung wirksam wird (§§ 1453 Abs 1, 1366
Abs 1) oder der Dritte den Vertrag widerruft (§§ 1453 Abs 1, 1366 Abs 2). Zur
Bedeutung von § 1366 Abs 3 s unter Rn 11.

III. Beendigung des Schwebezustandes

Wird die Genehmigung erteilt, so wird das Verfügungsgeschäft **rückwirkend** (§ 184 **6**
Abs 1) **wirksam**. Die Genehmigung ist ein einseitiges empfangsbedürftiges Rechtsgeschäft. Sie ist an keine Form gebunden (§ 182 Abs 2). Sie kann sowohl dem
anderen Ehegatten als auch dem an dem Verfügungsgeschäft beteiligten Dritten
gegenüber erklärt werden (§ 182 Abs 1). Vgl ferner §§ 1427 Rn 5 ff, 1366 Rn 7 ff.

Die Erteilung der Genehmigung steht im Wesentlichen der Eintritt der Rechtskraft **7**
eines sie **ersetzenden Beschlusses des Vormundschaftsgerichts** gleich. Der Beschluss
entfaltet jedoch keine Rückwirkung.

Wird die Erteilung der Genehmigung verweigert, ist das Verfügungsgeschäft **endgültig 8
unwirksam**, §§ 1453 Abs 1, 1366 Abs 4. Unberührt bleiben jedoch die Möglichkeit
eines Ersetzungsbeschlusses sowie die Rechtswirkungen gemäß § 1366 Abs 3 (s unter
Rn 11). Unberührt bleiben auch die Wirkungen des Verpflichtungsgeschäfts, die aber,
wenn sie nicht das Gesamtgut betreffen, Ansprüchen auf § 1455 Nr 8 nicht entgegengesetzt werden können.

Der **Schwebezustand endet, wenn der Dritte** den Verfügungsvertrag **widerruft**, bevor **9**
die Genehmigung (oder deren Ersetzung) wirksam geworden ist. Zu den Einzelheiten s § 1427 Rn 12. Die Widerrufserklärung kann nach §§ 1366 Abs 2 nur demjenigen Ehegatten gegenüber abgegeben werden, der den Vertrag geschlossen hat (vgl
§ 1366 Rn 17). Ob das angesichts des § 1450 Abs 2 auch für § 1453 Abs 2 gilt, ist
zweifelhaft, aber wohl zu verneinen (MünchKomm/Kanzleiter Rn 3; Soergel/Gaul
Rn 3).

Ein **Widerruf** des Dritten **betrifft** allein **das** schwebend unwirksame **Verfügungsge- 10
schäft**. War das Verpflichtungsgeschäft wirksam abgeschlossen, bleibt es wirksam. Ist
es nicht für und gegen das Gesamtgut wirksam, haftet der Ehegatte, der das Geschäft
abgeschlossen hat, nach schuldrechtlichen Grundsätzen, jedoch nur mit seinem
Vorbehalts- und Sondergut. War das Verpflichtungsgeschäft dem Gesamtgut gegenüber wirksam, präjudiziert weder die Verweigerung der Zustimmung noch die Ab-

lehnung des Ersetzungsantrages noch auch der Widerruf durch den Dritten die Entscheidung über die Erfüllungspflicht.

11 Der Dritte, der selbst am Vertrage festhalten will, **kann den Ehegatten**, mit dem er kontrahiert hat, **auffordern**, die Genehmigung des anderen Ehegatten zu beschaffen (§§ 1453 Abs 1, 1366 Abs 3). Wegen der Einzelheiten § 1366 Rn 26 ff.

IV. Konvaleszenzfragen

12 Die noch schwebend unwirksame Verfügung über Gesamtgut wird wirksam, wenn der verfügende Ehegatte **den Gegenstand** als Vorbehaltsgut **erwirbt** (§ 185 Abs 2 analog).

13 Stirbt der andere genehmigungsberechtigte **Ehegatte** und tritt **fortgesetzte** Gütergemeinschaft ein, so wird das Verfügungsgeschäft wirksam; der überlebende Ehegatte erlangt gemäß § 1487 Abs 1 die Stellung eines Alleinverwalters. Etwas anderes gilt nur für Verfügungen nach §§ 1423–1425. Wird die Gütergemeinschaft nicht fortgesetzt, so wird die Verfügung wirksam, wenn der Verfügende den anderen Ehegatten allein beerbt (§ 1482; die Gütergemeinschaft erlischt). Sind weitere Personen als Erben beteiligt, entsteht über § 1482 die Auseinandersetzungsgemeinschaft nach den §§ 1471 ff. Das Zustimmungsrecht geht auf die Erbengemeinschaft über (**aA** DÖLLE 948 Fn 34; SOERGEL/GAUL Rn 2 weil die Erben nicht geschützt würden).

14 Stirbt der **verfügende Ehegatte**, so bleibt die Genehmigung des anderen Ehegatten erforderlich, wenn nicht der Fall des § 185 Abs 2 S 1 Fall 3 vorliegt, der Überlebende also Alleinerbe ist und unbeschränkt für die Nachlassverbindlichkeiten haftet und das Verpflichtungsgeschäft wirksam war.

V. Abweichende Vereinbarungen

15 § 1453 ist eine die Rechtsstellung Dritter einbeziehende und deshalb zwingende Vorschrift.

§ 1454
Notverwaltungsrecht

Ist ein Ehegatte durch Krankheit oder Abwesenheit verhindert, bei einem Rechtsgeschäft mitzuwirken, das sich auf das Gesamtgut bezieht, so kann der andere Ehegatte das Rechtsgeschäft vornehmen, wenn mit dem Aufschub Gefahr verbunden ist; er kann hierbei im eigenen Namen oder im Namen beider Ehegatten handeln. Das Gleiche gilt für die Führung eines Rechtsstreits, der sich auf das Gesamtgut bezieht.

Materialien: E III § 1454; BT-Drucks 2/3409, 30.
Vgl STAUDINGER/BGB-Synopse 1896–2005 § 1454.

Systematische Übersicht

I.   Allgemeines

Bei Mitverwaltung ist ein Ehegatte grundsätzlich zur Vornahme von Rechtsgeschäf- **1** ten und zur Führung von Rechtsstreitigkeiten, die sich auf das Gesamtgut beziehen, ohne Mitwirkung des anderen Ehegatten nicht berechtigt. Die Erwägung, dass bei Verhinderung eines Ehegatten durch Krankheit oder Abwesenheit jedoch eine gemeinschaftliche Verwaltung des Gesamtgutes nicht möglich ist, führte dazu, dem nicht verhinderten Ehegatten in diesen Fällen ein **Notverwaltungsrecht** einzuräumen, wie es auch bei Einzelverwaltungen dem nicht verwaltenden Ehegatten gem § 1429 bei Verhinderung des Gesamtgutsverwalters zusteht.

Trotz der fast wörtlichen Übereinstimmung zwischen § 1454 und § 1429 bestehen **2** jedoch gewisse **Unterschiede:** Während der nicht verwaltende Ehegatte zwar berechtigt, nicht aber verpflichtet ist, von der ihm durch § 1429 eingeräumten Befugnis Gebrauch zu machen (§ 1429 Rn 13), ist der mitverwaltende Ehegatte zur Notverwaltung nicht nur berechtigt, sondern **auch verpflichtet** (s Rn 19). Weiter muss sich der nicht verwaltende Ehegatte mit der Führung der Verwaltung durch einen gesetzlichen oder bevollmächtigten Vertreter des verwaltenden Ehegatten abfinden, während sich der mitverwaltende Ehegatte die Mitwirkung eines Vertreters des anderen Ehegatten nicht gefallen zu lassen braucht; vgl die von § 1436 abweichende Regelung des § 1458 im Falle der mangelnden Geschäftsfähigkeit eines Ehegatten. Insbesondere kann auch ein Notverwaltungsrecht gemäß § 1454 nicht gegen seinen Willen durch Bestellung eines Vertreters des verhinderten Ehegatten beeinträchtigt werden. Schließlich sind auch die Rechtsfolgen nicht in jedem Fall die gleichen: der mitverwaltende Ehegatte haftet für Verbindlichkeiten, die er in Ausübung des Notverwaltungsrechts eingeht, stets persönlich, während der nicht verwaltende Ehegatte eine persönliche Haftung nur dann eingeht, wenn er im eigenen Namen handelt, nicht aber, wenn er, was ihm § 1429 freistellt, im Namen des Gesamtgutsverwalters handelt.

II.   Voraussetzungen des Notverwaltungsrechts

Einer der Ehegatten muss **durch Krankheit oder Abwesenheit verhindert** sein, ein **3** sich auf das Gesamtgut beziehendes Rechtsgeschäft vorzunehmen oder einen sich auf das Gesamtgut beziehenden Rechtsstreit zu führen. Zum Begriff der Verhinderung durch Krankheit oder Abwesenheit s § 1426 Rn 17. Eine vorübergehende Verhinderung genügt (RGZ 103, 126, 127 für § 1401 aF), sofern nach Sachlage nicht damit gerechnet werden kann, dass der verhinderte Ehegatte noch rechtzeitig eine Erklärung abzugeben in der Lage sein wird. Die Verhinderung muss gerade auch hinsichtlich des erforderlichen, auf das Gesamtgut sich beziehenden Rechtsgeschäfts oder Rechtsstreits vorliegen. Eine bloße Erschwerung der Tätigkeit eines Ehegatten ist keine Verhinderung (BayObLGZ 3, 819, 821 f). Steht ein Ehegatte unter Vormundschaft, so findet nicht § 1454, sondern § 1458 Anwendung; der andere Ehegatte nimmt dann die Stellung des alleinverwaltenden Ehegatten ein.

4   Mit dem Aufschub muss Gefahr verbunden sein. Die Frage ist unter Würdigung der besonderen Umstände des Falles nach objektiven Gesichtspunkten zu beantworten; wie der handelnde Ehegatte die Sachlage subjektiv bewertet, ist nicht entscheidend (vgl § 1426 Rn 18). Immerhin steht der Mitverwalter dem Gesamtgut näher als der Alleinverwalter, so dass seine Annahme der Gefahr eher für deren objektives Vorliegen sprechen dürfte. Wegen einzelner Fälle s § 1426 Rn 18.

5   Wenngleich § 1454 nicht, wie etwa § 1452, ausdrücklich bestimmt, dass das vorzunehmende Rechtsgeschäft oder der zu führende Rechtsstreit zur ordnungsmäßigen Verwaltung des Gesamtgutes *erforderlich* sein müssen, so ist doch eine Gefahr regelmäßig nur dann anzunehmen, wenn es sich um ein erforderliches Rechtsgeschäft oder einen erforderlichen Rechtsstreit handelt. Die Möglichkeit des Unterbleibens eines lediglich zweckmäßigen oder vorteilhaften Rechtsgeschäftes wegen Verhinderung eines Ehegatten kann noch nicht als Gefahr für das Gesamtgut angesehen werden.

6   **Maßgebender Zeitpunkt** für das Vorliegen der Voraussetzungen des § 1454 ist der Zeitpunkt der Vornahme des Rechtsgeschäfts oder des Eintritts der Rechtshängigkeit des Rechtsstreits. Nachträglicher Wegfall der Voraussetzungen des § 1454 ist auf die Wirksamkeit der in Frage stehenden Rechtshandlungen ohne Einfluss (RGZ 103, 126, 127 zu § 1401 aF). Wegen der Fortführung der durch einen Ehegatten eingeleiteten Rechtsstreitigkeiten bei Fortfall der Verhinderung nach Eintritt der Rechtshängigkeit s unter Rn 13.

7   **Beweispflichtig** für das Vorliegen der Wirkungen des § 1454 ist, wer die Wirksamkeit des Rechtsgeschäfts oder Urteils gegenüber dem Gesamtgut behauptet.

III.   Gegenstände und Inhalt der Notverwaltung

8   Das Anwendungsgebiet des § 1454 umfasst alle auf das Gesamtgut sich beziehenden **Rechtsgeschäfte** und **Rechtsstreitigkeiten**, also Verfügungen und obligatorische Rechtsgeschäfte, einseitige wie vertragsmäßige Rechtsgeschäfte. Bei Vorliegen der Voraussetzungen des § 1454 kann der nicht verhinderte Ehegatte, da entsprechende Einschränkungen nicht vorgesehen sind, auch solche Rechtsgeschäfte vornehmen, die der alleinverwaltende Ehegatte gemäß §§ 1423, 1424 nur mit Zustimmung des anderen Ehegatten abschließen kann. Dies führt allerdings zu dem Ergebnis, dass der mitverwaltende Ehegatte bei Verhinderung seines Ehegatten größere Befugnisse

hat als ein alleinverwaltender Ehegatte, der im gleichen Fall darauf angewiesen ist, die zu einem Rechtsgeschäft der in den §§ 1423, 1424 genannten Art erforderliche Zustimmung des anderen Ehegatten durch das Vormundschaftsgericht ersetzen zu lassen (§ 1426, 2. Alt). Abgesehen davon, dass sogar der nicht verwaltende Ehegatte nach überwiegender Meinung bei Verhinderung des Verwalters eine stärkere Rechtsposition hat als dieser im umgekehrten Falle (§ 1429 Rn 8), kann dieses auf den ersten Blick merkwürdig anmutende Ergebnis aus folgendem Grunde nicht dazu führen, die Anwendung des § 1454 auf Rechtsgeschäfte der in §§ 1423, 1424 genannten Art auszuschließen: Hätte der Gesetzgeber dem mitverwaltenden Ehegatten die Vornahme bestimmter Rechtsgeschäfte auch bei Verhinderung des anderen Ehegatten nicht ohne weiteres ermöglichen, sondern etwa von der Ersetzung der Zustimmung durch das Vormundschaftsgericht abhängig machen wollen, so hätte dies in § 1452, der bei der Mitverwaltung das Eingreifen des Vormundschaftsgerichts regelt, seinen Ausdruck finden müssen. § 1452 weicht aber gerade darin von der Parallelvorschrift des § 1426 in auffälliger Weise ab, dass er eine Ersetzung der Zustimmung im Falle der Abwesenheit nicht, auch nicht für bestimmte Rechtsgeschäfte, vorsieht. Eine Rechtfertigung dieses Ergebnisses dürfte darin zu sehen sein, dass der mitverwaltende Ehegatte zB über den Erlös aus einem Grundstücksverkauf nicht frei, sondern nur im Rahmen des § 1454 und nach Beendigung der Verhinderung nur unter Mitwirkung des anderen Ehegatten verfügen kann, während der alleinverwaltende Ehegatte in einem entsprechenden Falle in der Verfügung über den Erlös nicht beschränkt wäre. Das in § 1426 aufgestellte Erfordernis einer Ersetzung der Zustimmung durch das Vormundschaftsgericht stellt also bei der Alleinverwaltung praktisch den einzigen Schutz des durch Krankheit oder Abwesenheit verhinderten nicht verwaltenden Ehegatten dar.

9 Schenkungen, die nicht einer sittlichen Pflicht oder einer auf den Anstand zu nehmenden Rücksicht entsprechen (§ 1425), kann ein Ehegatte auch bei Verhinderung des anderen Ehegatten regelmäßig **nicht vornehmen**, weil solche Rechtsgeschäfte zur ordnungsmäßigen Verwaltung des Gesamtgutes grundsätzlich nicht erforderlich sind und infolgedessen mit einem Aufschub auch keine Gefahr verbunden ist. Dass für Schenkungen der bezeichneten Art aus dem Gesamtgut ohne das Einverständnis beider Ehegatten in der Regel kein Bedürfnis besteht, ergibt sich auch daraus, dass § 1426 die Ersetzung der mangelnden Zustimmung des nicht verwaltenden Ehegatten durch das Vormundschaftsgericht nur für die Fälle der §§ 1423, 1424, nicht aber für den des § 1425 vorsieht.

10 Auf **Maßnahmen tatsächlicher Art** findet § 1454 weder seinem Wortlaut nach Anwendung, noch dürfte eine erweiterte Auslegung angesichts der jedem Ehegatten durch § 1455 Ziff 10 eingeräumten Möglichkeit erforderlich sein, bei Gefahr im Verzug die zur Erhaltung des Gesamtgutes nötigen Maßnahmen zu treffen (ebenso BAMBERGER/ROTH/MAYER Rn 2; SOERGEL/GAUL Rn 3; anders MünchKomm/KANZLEITER Rn 3).

IV. Recht auf Besitz

11 Der mitverwaltende Ehegatte ist in den Fällen des § 1454 auch berechtigt, die zum Gesamtgut gehörenden Sachen *in Alleinbesitz* zu nehmen, soweit dies zur Durchführung des Rechtsgeschäfts erforderlich ist. Oft wird allerdings wegen der Verhinderung des anderen Ehegatten ohnehin Alleinbesitz des handelnden Ehegatten vorliegen. Soweit eine Besitzübertragung auf beide Ehegatten wegen der Verhinderung eines der Ehegatten nicht möglich ist, kann der gemäß § 1454 klagende Ehegatte auch Leistung an sich allein verlangen (OLG München OLGE 26, 226).

V. Fortführung schwebender Rechtsstreitigkeiten

12 Ergibt sich während der Anhängigkeit eines **von beiden Ehegatten begonnenen Rechtsstreits** eine Verhinderung eines Ehegatten iS des § 1454, so ist der andere Ehegatte **zur Fortführung** des Rechtsstreits **berechtigt**. Er kann dies allerdings, entgegen der allgemeinen Regel des § 1454, nicht im eigenen Namen, sondern **nur im Namen beider Ehegatten** (ebenso BGB-RGRK/FINKE Rn 6). Für die von den Ehegatten geführten *Passivprozesse* ergibt sich dies schon aus der Erwägung, dass dem klagenden Dritten nicht die Möglichkeit genommen werden kann, einen gemäß § 740 Abs 2 ZPO für die Zwangsvollstreckung in das Gesamtgut erforderlichen Titel gegen beide Ehegatten zu erwirken. Aber auch für *Aktivprozesse* ist davon auszugehen, dass sich grundsätzlich niemand ohne Zustimmung des Gegners dem einmal bestehenden Prozessrechtsverhältnis entziehen kann (vgl § 269 ZPO).

13 Fällt während der Anhängigkeit eines **von einem der Ehegatten** gemäß § 1454 **begonnenen Rechtsstreits** die Verhinderung des anderen Ehegatten weg, so kann der Ehegatte, der den Rechtsstreit *im eigenen* Namen begonnen hat, ihn in entsprechender Anwendung des § 1455 Ziff 7 fortsetzen. Der andere Ehegatte kann dem Rechtsstreit jedoch als Nebenintervenient beitreten. Hat der nicht verhinderte Ehegatte den Rechtsstreit bisher *im Namen beider Ehegatten* geführt, so tritt der andere Ehegatte nach Fortfall seiner Verhinderung in die Prozessführung ein. Der Rechtsstreit ist dann von beiden Ehegatten gemeinsam weiterzuführen, wobei selbstverständlich die gemäß § 1454 nur von einem Ehegatten vorgenommenen Prozesshandlungen wirksam bleiben.

VI. Grundbuchverkehr

14 § 1454 gilt an sich auch für den *Grundbuchverkehr*, ist aber insoweit ohne erhebliche praktische Bedeutung, als der in § 29 GBO geforderte Nachweis für das Vorhandensein seiner Voraussetzungen kaum je geführt werden kann (vgl zu § 1401 aF Mot IV 240 und KG RJA 16, 307).

VII. Wirkung gegenüber dem Gesamtgut

15 Gegenüber dem Gesamtgut wirkt das von dem nicht verhinderten Ehegatten gemäß § 1454 vorgenommene **Rechtsgeschäft** so, **wie wenn beide Ehegatten gehandelt hätten**. Hat der nicht verhinderte Ehegatte **ein Rechtsgeschäft im Namen beider Ehegatten** abgeschlossen, hat er also hinsichtlich seinen Ehegatten in Ausübung der ihm durch § 1454 Abs 1 eingeräumten gesetzlichen Vertretungsmacht in Ansehung des Gesamtguts gehandelt, trifft die Haftung für die hierdurch begründete Verbindlichkeit außer ihn selbst den durch ihn vertretenen Ehegatten (§ 164) mit seinem Sondervermögen und das Gesamtgut. Dieses haftet grundsätzlich für die von beiden Ehegatten gemeinsam – also auch von einem Ehegatten im eigenen Namen und gleichzeitig in Vollmacht des anderen – eingegangenen Verpflichtungen. Hat der Ehegatte **im eigenen Namen** gehandelt, so wird durch das von ihm abgeschlossene Rechtsgeschäft ebenfalls nicht nur er selbst, sondern auch das Gesamtgut und damit gleichzeitig mittelbar der andere Ehegatte persönlich verpflichtet (§§ 1460 Abs 1, 1459 Abs 2 S 1). Das führt allerdings zu dem Ergebnis, dass es praktisch kaum von Bedeutung ist, ob der nicht verhinderte Ehegatte Rechtsgeschäfte im eigenen Namen oder im Namen beider Ehegatten abschließt.

Verfügungen des nicht verhinderten Ehegatten über zum Gesamtgut gehörige Ge- **16** genstände, die in Ausübung des Notverwaltungsrechts vorgenommen werden, sind trotz § 1453 wirksam, weil bei Vorliegen der Voraussetzungen des § 1454 die Einwilligung des anderen Ehegatten iS des § 1453 Abs 1 nicht erforderlich ist.

Die Entscheidung, die in einem von dem nicht verhinderten Ehegatten unter den **17** Voraussetzungen des § 1454 geführten **Rechtsstreits** ergeht, **wirkt** ebenfalls **für und gegen das Gesamtgut**, und zwar gleichgültig, ob der Ehegatte im eigenen Namen oder im Namen beider Ehegatten gehandelt hat. Für die **Zwangsvollstreckung** aus einem von dem Prozessgegner erstrittenen Leistungsurteil ist es jedoch von Bedeutung, ob der zur Prozessführung ermächtigte Ehegatte den Rechtsstreit im eigenen Namen oder im Namen beider Ehegatten geführt hat. Nur im zweiten Fall kann aus dem Urteil ohne weiteres in das Gesamtgut vollstreckt werden (§ 740 Abs 2 ZPO; vgl § 1450 Rn 37). Im ersten Fall ist nach hM die Erwirkung eines zusätzlichen Leistungsurteils gegen den anderen Ehegatten erforderlich. Doch muss ein ergänzendes Duldungsurteil genügen (s auch § 1450 Rn 37). In einem hierauf gerichteten Rechtsstreit kann der andere Ehegatte zwar bestreiten, dass die Voraussetzungen des § 1454 im Vorprozess gegeben waren, ist aber bei deren Vorliegen mit anderen Einwendungen gegen den geltend gemachten Anspruch wegen der auf ihn erstreckten Rechtskraftwirkung des gegen seinen Ehegatten ergangenen Urteils ausgeschlossen. Zur Vermeidung eines zweiten Verfahrens wird der Dritte zweckmäßigerweise auch bei Verhinderung eines der in Gütergemeinschaft lebenden Ehegatten durch Krankheit oder Abwesenheit beide Ehegatten verklagen; er ist hieran durch § 1454 nicht gehindert.

Für die Kosten eines Rechtsstreits, den ein Ehegatte gemäß § 1454 geführt hat, **18** haftet das Gesamtgut (§ 1460 Abs 2). Wegen der Zwangsvollstreckung in das Gesamtgut aus Kostenfestsetzungsbeschlüssen, wenn ein Ehegatte den Rechtsstreit im eigenen Namen geführt hat, vgl Vorbem 6 zu §§ 1459–1462.

VIII. Pflicht zur Notverwaltung

Im Gegensatz zu § 1429, der den nicht verwaltenden Ehegatten zur Notverwaltung **19** nur berechtigt, nicht aber verpflichtet, begründet § 1454 für den mitverwaltenden Ehegatten bei Verhinderung des anderen Ehegatten außer dem Recht zur Notverwaltung auch eine **Verpflichtung zum Tätigwerden**. Seine sich schon aus § 1451 ergebende Mitverwaltungspflicht wird im Falle des § 1454 dahingehend modifiziert, dass er nunmehr zum alleinigen Handeln verpflichtet ist (s Rn 2).

IX. Auskunfts- und Schadensersatzpflicht

Ist ein Ehegatte für eine nicht unbeträchtliche Zeit daran gehindert, an der Verwal- **20** tung des Gesamtguts mitzuwirken, und wird deshalb die Verwaltung im Rahmen des

§ 1454 durch den nicht verhinderten Ehegatten geführt, so ist dieser nach Beendigung der Verhinderung verpflichtet, dem anderen Ehegatten **Auskunft** zu erteilen. Diese Auskunftspflicht ergibt sich aus der entsprechenden Anwendung des für die Alleinverwaltung geltenden § 1453 S 2. Die genannte Vorschrift gilt zwar nicht schlechthin für die Mitverwaltung, weil in der Regel jeder Ehegatte durch seine eigene mitverwaltende Tätigkeit hinreichend über den Stand der Verwaltung im Bilde ist; ihre Heranziehung erscheint jedoch erforderlich, wenn wegen Verhinderung durch Abwesenheit oder Krankheit der mitverwaltende genauso wie der nicht verwaltende Ehegatte auf eine Auskunftserteilung angewiesen ist.

21 Ein Ehegatte ist dem Gesamtgut gegenüber in entsprechender Anwendung des § 1435 S 3 zum **Schadensersatz** verpflichtet, wenn er bei der Durchführung der Notverwaltung eine Verminderung des Gesamtgutes schuldhaft verursacht. Das Gleiche gilt für den Fall, dass der nicht verhinderte Ehegatte seiner Verpflichtung zur Notverwaltung (s oben Rn 19) schuldhaft nicht nachkommt.

X.   Abweichende Vereinbarungen

22 Eine Vereinbarung der Ehegatten, durch welche das Notverwaltungsrecht gemäß § 1454 ausgeschlossen oder beschränkt wird, braucht nicht gegen die guten Sitten zu verstoßen (vgl auch § 1429 Rn 14). Die Ehegatten können für den Fall der Verhinderung anderweitig Vorsorge treffen, etwa durch Bestellung bzw Ermöglichung der Bestellung eines Bevollmächtigten, der mit dem anderen Ehegatten zusammen handelt.

§ 1455
Verwaltungshandlungen ohne Mitwirkung eines anderen Ehegatten

Jeder Ehegatte kann ohne Mitwirkung des anderen Ehegatten

1. **eine ihm angefallene Erbschaft oder ein ihm angefallenes Vermächtnis annehmen oder ausschlagen,**

2. **auf seinen Pflichtteil oder auf den Ausgleich eines Zugewinns verzichten,**

3. **ein Inventar über eine ihm oder dem anderen Ehegatten angefallene Erbschaft errichten, es sei denn, dass die dem anderen Ehegatten angefallene Erbschaft zu dessen Vorbehaltsgut oder Sondergut gehört,**

4. **einen ihm gemachten Vertragsantrag oder eine ihm gemachte Schenkung ablehnen,**

5. **ein sich auf das Gesamtgut beziehendes Rechtsgeschäft gegenüber dem anderen Ehegatten vornehmen,**

6. **ein zum Gesamtgut gehörendes Recht gegen den anderen Ehegatten gerichtlich geltend machen,**

7. **einen Rechtsstreit fortsetzen, der beim Eintritt der Gütergemeinschaft anhängig war,**

8. **ein zum Gesamtgut gehörendes Recht gegen einen Dritten gerichtlich geltend machen, wenn der andere Ehegatte ohne die erforderliche Zustimmung über das Recht verfügt hat,**

9. **ein Widerspruchsrecht gegenüber einer Zwangsvollstreckung in das Gesamtgut gerichtlich geltend machen,**

10. **die zur Erhaltung des Gesamtgutes notwendigen Maßnahmen treffen, wenn mit dem Aufschub Gefahr verbunden ist.**

Materialien: E III § 1455; BT-Drucks 2/3409, 30.
Vgl STAUDINGER/BGB-Synopse 1896–2005 § 1455.

Systematische Übersicht

I. Allgemeines und Regelungszwecke

1. Rechtsentwicklung

§ 1455 zählt eine Reihe von Fällen auf, in denen jeder der mitverwaltenden Ehe- **1** gatten befugt ist, ohne Mitwirkung des anderen Ehegatten für das Gesamtgut zu handeln. Im Gegensatz zu den §§ 1454, 1456, die dem mitverwaltenden Ehegatten das Recht zum Alleinhandeln nur in bestimmten Ausnahmesituationen (Verhinderung des Ehegatten, § 1454) oder bei Vorliegen einer allgemeinen Einwilligung des anderen Ehegatten (Betrieb eines Erwerbsgeschäfts, § 1456) einräumen, gelten die Vorschriften des § 1455 schlechthin und ohne Rücksicht darauf, ob der andere Ehegatte an der Mitwirkung verhindert ist oder ob er der in Frage kommenden Verwaltungshandlung widerspricht.

2 **Die Nummern 1–4** entsprechen mit einer Abweichung dem für die Alleinverwaltung geltenden § 1432 und seinem Vorgänger § 1453 aF. Dieser war dem § 1406 Nr 1 und 2 aF nachgebildet. Bei den Nr 1–4 handelt es sich durchweg um Rechtsgeschäfte, deren **höchstpersönlicher Charakter** eine Bindung an die Zustimmung des anderen Ehegatten unangebracht erscheinen lässt. Soweit ein höchstpersönlicher Charakter nicht vorliegt, nämlich in der Inventarerrichtung, ergibt sich die Zustimmungsfreiheit aus dem Bedürfnis, jedem Ehegatten die Möglichkeit zu geben, die bei Nichterrichtung des Inventars drohende unbeschränkte **Haftung des Gesamtgutes abzuwenden.** Hierauf beruht auch die Abweichung von § 1432, die darin besteht, dass § 1455 Nr 3 dem mitverwaltenden Ehegatten das Recht einräumt, ein Inventar nicht nur über eine ihm selbst, sondern auch über eine dem anderen Ehegatten angefallene und in das Gesamtgut gefallene Erbschaft zu errichten. Er kann dadurch verhindern, dass die bei Nichterrichtung des Inventars eintretende unbeschränkte Erbenhaftung (§ 1994 Abs 1) das Gesamtgut, und damit auch ihn persönlich (§ 1459 Abs 2 S 1) trifft (s auch BT-Drucks 2/3409, 30).

3 **Die Nr 5 und 6,** nach denen jeder Ehegatte das Gesamtgut betreffende **Rechtsgeschäfte gegenüber dem anderen Ehegatten** allein vornehmen und entsprechende **Rechtsstreitigkeiten** allein führen kann, haben im Recht der Einzelverwaltung wegen des grundsätzlichen Ausschlusses des anderen Ehegatten von der Verwaltung kein Gegenstück. Sie entsprechen aber den §§ 1406 Nr 3 aF und 1407 aF.

4 **Die Nr 7** entspricht § 1433. Beide Vorschriften gehen auf § 1454 aF (für die allgemeine Gütergemeinschaft) und § 1407 Nr 1 aF (für den Güterstand der Verwaltung und Nutznießung) zurück (vgl auch § 1433 Rn 1). Die Bestimmung beruht auf dem Gedanken, dass die zur Zeit des Eintritts der Gütergemeinschaft bestehende Rechtsposition Dritter nicht beeinträchtigt werden, dass der Dritte insbesondere auch nicht gezwungen sein soll, einen bereits anhängigen Rechtsstreit noch einmal gegen beide Ehegatten von Anfang an durchzuführen (Mot IV 362, 246).

5 **Nr 8** tritt für die Mitverwaltung an die Stelle des für die Einzelverwaltung geltenden § 1428; für die mangels Zustimmung des anderen Ehegatten unwirksamen Verfügungen eines im gesetzlichen Güterstand lebenden Ehegatten trifft § 1368 eine entsprechende Regelung. Vorgänger dieser Vorschriften sind die §§ 1407 Nr 3 aF und 1449 aF.

6 Die in **Nr 9** dem notverwaltenden Ehegatten eingeräumte Befugnis, Widerspruchsrechte gegenüber einer Zwangsvollstreckung in das Gesamtgut geltendzumachen, fehlt dem nichtverwaltenden Ehegatten; sie stand jedoch nach § 1407 Nr 4 aF der Frau im früheren gesetzlichen Güterstand zu. Bestimmend für diese Regelung ist die Erwägung gewesen, dass bei der Geltendmachung von Widerspruchsrechten in aller Regel Gefahr im Verzuge sei, und dass der andere Ehegatte (im Falle des § 1407 Nr 4 aF der Mann) kein rechtliches Interesse habe, entsprechende Maßnahmen verhindern zu können (vgl Mot IV 247).

7 Die unter den einzelnen Vorschriften des § 1455 wichtigste Bestimmung der **Nr 10,**

nach der jeder Ehegatte bei Gefahr im Verzuge die zur Erhaltung des Gesamtgutes notwendigen Maßnahmen treffen kann, hat im ehelichen Güterrecht einen Vorgänger lediglich in § 1472 Abs 2 HS 2 aF (jetzt § 1472 Abs 3 HS 2). Dem § 1455 Nr 10 entsprechende Regelungen finden sich außerhalb des ehelichen Güterrechts in § 744 Abs 2 für die Gemeinschaft und in § 2038 Abs 1 S 2 HS 2 für die Verwaltung des Nachlasses durch mehrere Miterben.

2. Grundsätze des selbständigen Handelns

Das durch § 1455 begründete Alleinverwaltungsrecht jedes Ehegatten ist nicht da- **8** von abhängig, dass der andere Ehegatte verhindert ist. Der Widerspruch des anderen Ehegatten ist bei Vorliegen der Voraussetzungen des § 1455 unbeachtlich. Aus diesem Grunde ist auch für eine Ersetzung seiner Zustimmung durch das Vormundschaftsgericht kein Raum (vgl zur Abgrenzung § 1452 Rn 14).

Eine Kollision von Maßnahmen, die beide Ehegatten im Rahmen des § 1455 vornehmen, ist denkbar. Sie kann insbesondere vorliegen, wenn zur Erhaltung des Gesamtgutes (Nr 10) mehrere Maßnahmen gleich gut geeignet sind und die Ehegatten sich über die zu ergreifenden Maßnahmen nicht einigen können (vgl hierzu unten Rn 41 ff).

Soweit ein Ehegatte durch § 1455 ermächtigt ist, Rechtsgeschäfte vorzunehmen oder **9** Rechtsstreitigkeiten zu führen, kann er dies nur **im eigenen Namen** tun. Dies ergibt sich für den Fall der Nr 6 aus der Natur der Sache. Auch im Übrigen muss aber mangels einer der Ausnahmevorschrift des § 1454 S 1 HS 2 entsprechenden Bestimmung davon ausgegangen werden, dass der Ehegatte bei Ausübung der sich aus § 1455 ergebenden Alleinverwaltungsrechte im eigenen Namen handeln muss. Da die bei Vorliegen der Voraussetzungen des § 1455 durch einen Ehegatten vorgenommenen Rechtsgeschäfte zu denjenigen zählen, die auch ohne Zustimmung des anderen Ehegatten dem Gesamtgut gegenüber wirksam sind, § 1460 Abs 1, ist es allerdings ohne Bedeutung, dass der handelnde Ehegatte im eigenen Namen auftritt. Die von ihm eingegangenen Verbindlichkeiten fallen dem Gesamtgut zur Last, für dessen Verbindlichkeiten beide Ehegatten persönlich haften (§ 1459 Abs 2 S 1). Auch die Rechtskraftwirkung einer Entscheidung, die in einem von einem Ehegatten im Rahmen des § 1455 allein geführten Rechtsstreit ergeht, erstreckt sich auf den anderen Ehegatten (vgl unten Rn 24 ff).

3. Beweislast

Da es sich bei den Fällen des § 1455 um Abweichungen von dem Grundsatz der **10** gemeinschaftlichen Verwaltung (§ 1450 Abs 1) handelt, trifft denjenigen die Beweislast, der die Wirksamkeit eines von einem Ehegatten allein vorgenommenen Rechtsgeschäfts gegenüber dem Gesamtgut unter Berufung auf § 1455 geltend macht. Dies wird in den Fällen der Nr 10 von Bedeutung sein.

II. Die einzelnen Fälle

1. Annahme und Ausschlagung einer Erbschaft (Nr 1)

11 Jeder Ehegatte ist ohne Mitwirkung des anderen Ehegatten **zur Annahme einer ihm angefallenen Erbschaft oder eines Vermächtnisses** befugt. Der Erbschaftsannahme gleichzustellen ist die **Anfechtung des Erbschaftserwerbes** wegen Erbunwürdigkeit (§§ 2240 ff; so PLANCK/UNZNER § 1453 aF Anm 6). Die **Anfechtung der Ausschlagung** gilt gemäß § 1957 Abs 1 als Annahme. Wegen der regelmäßig vorliegenden engen persönlichen Beziehung zum Erblasser ist der zum Erben berufene Ehegatte bei der Vornahme dieser Rechtshandlungen von dem Erfordernis der Mitwirkung des anderen Ehegatten freigestellt.

12 Erbschaften und Vermächtnisse fallen, soweit sie nicht gemäß § 1418 Abs 2 Nr 2 Vorbehaltsgut werden, in das Gesamtgut (§ 1416). Für die Nachlassverbindlichkeiten haftet das Gesamtgut (§ 1460 Abs 1) und damit auch der Ehegatte, der nicht Erbe ist, persönlich (§ 1459 Abs 2 S 1). Gegen die Gefährdung des Gesamtgutes und seines Vorbehaltsgutes durch Inanspruchnahme seitens der Nachlassgläubiger ist der **andere Ehegatte** dadurch geschützt, dass er unabhängig von dem erbenden Ehegatten zur Vornahme derjenigen Maßnahmen befugt ist, welche die Haftung des Erben auf den Nachlass beschränken: Gemäß § 318 InsO kann er die **Eröffnung des Nachlassinsolvenzverfahrens** beantragen, ohne dass die Zustimmung des erbenden Ehegatten erforderlich wäre. Nach § 999 ZPO kann er das **Aufgebot** zum Zwecke der Ausschließung von Nachlassgläubigern (§§ 1970 ff) beantragen; der von ihm gestellte Antrag und das von ihm erwirkte Ausschlussurteil kommen beiden Ehegatten zustatten. Nach § 2008 Abs 1 ist ferner die Bestimmung einer **Inventarfrist** nur wirksam, wenn sie auch demjenigen der mitverwaltenden Ehegatten gegenüber erfolgt, der nicht Erbe ist; solange die Frist diesem gegenüber nicht verstrichen ist, endet sie auch nicht dem Erben gegenüber. Der nicht erbende Ehegatte ist gemäß § 1455 Nr 3 zur Errichtung eines Inventars über die Erbschaft befugt; dieses kommt auch dem erbenden Ehegatten zustatten. Selbstverständlich kann auch der erbende Ehegatte diese Maßnahmen allein treffen. Zur entsprechenden Anwendung des § 318 InsO auf die Beantragung der **Nachlassverwaltung** und die **Einreden** gemäß §§ 1990 ff sowie §§ 2014, 2015 vgl § 1432 Rn 6 f.

13 Ein einseitiger Verzicht eines Ehegatten auf das Recht, die Beschränkung der Erbenhaftung geltend zu machen, ist dem Gesamtgut gegenüber nicht wirksam. Ist einer der Ehegatten wegen einer Nachlassverbindlichkeit ohne Vorbehalt seiner Haftungsbeschränkungen verurteilt worden (§§ 780, 781 ZPO), so findet die Zwangsvollstreckung in das Gesamtgut schon deshalb nicht statt, weil hierzu ein Urteil gegen beide Ehegatten erforderlich wäre (§ 740 Abs 2 ZPO). Der andere Ehegatte ist aber auch nicht gehindert, die Haftungsbeschränkungen in einem zweiten, gegen ihn gerichteten Verfahren noch geltend zu machen. Die Zwangsvollstreckung in das nicht zum Nachlass gehörende Gesamtgut kann dann gemäß §§ 785, 771 ZPO von jedem Ehegatten (Nr 9) abgewehrt werden.

14 Wie die Annahme kann nach § 1455 Nr 1 auch die **Ausschlagung einer Erbschaft oder eines Vermächtnisses** von dem zum Erben berufenen oder als Vermächtnisnehmer eingesetzten Ehegatten allein vorgenommen werden. Die **Anfechtung der Annahme**

der Erbschaft gilt als Ausschlagung (§ 1957 Abs 1). Ebenso wenig wie für die Ausschlagung einer Erbschaft bedarf ein mitverwaltender Ehegatte zu einem **Erbverzicht** (§§ 2346 ff) der Einwilligung des anderen Ehegatten, zumal da die noch nicht angefallene Erbschaft noch nicht zum Gesamtgut gehört (Mot IV 243).

2. Verzicht auf den Pflichtteil oder den Ausgleich des Zugewinns (Nr 2)

Jeder Ehegatte kann ohne Mitwirkung des anderen Ehegatten auf seinen Pflichtteil **15** verzichten. Gemeint ist der bereits angefallene Pflichtteil; der Verzicht auf das Pflichtteilsrecht gemäß § 2346 Abs 2 gilt als Erbverzicht, siehe hierzu oben Rn 14. Entscheidend für die Gleichstellung des Pflichtteilsverzichts mit der Ausschlagung einer Erbschaft oder eines Vermächtnisses ist die erbrechtsersetzende Funktion und die persönliche Natur des Pflichtteilsanspruchs (vgl Mot IV 361, 244).

Nicht zustimmungsbedürftig ist weiterhin der **Verzicht auf den Ausgleich eines Zuge- 16 winns**, der einem Ehegatten aus einem früheren gesetzlichen Güterstand mit einem Dritten zusteht. Diese Regelung entspricht dem persönlichen Charakter des Ausgleichsanspruchs. Da der Ehegatte auf den gesamten Ausgleichsanspruch verzichten kann, ist ihm auch der Abschluss eines Vergleichs über die Höhe des Anspruchs ohne Mitwirkung des anderen Ehegatten gestattet.

3. Inventarerrichtung (Nr 3)

Jeder Ehegatte kann unabhängig von dem anderen Ehegatten ein **Inventar über eine 17** ihm oder dem anderen Ehegatten angefallene und in das Gesamtgut gefallene **Erbschaft errichten** (s §§ 1993 ff, insbes § 2008). Diese Befugnis folgt für den erbenden Ehegatten aus seinem Recht zur Annahme oder Ausschlagung der Erbschaft. Aber auch der andere Ehegatte muss zur Inventarerrichtung über die ihm nicht selbst angefallene Erbschaft in der Lage sein, um die Haftung des Gesamtgutes und damit seine eigene Haftung für die Nachlassverbindlichkeiten beschränken zu können. Die Bestimmung einer Inventarfrist ist nur wirksam, wenn sie gegenüber beiden Ehegatten erfolgt (§ 2008 Abs 1 S 1). Errichtet einer der Ehegatten, gleichgültig, ob er der Erbe ist oder nicht, das Inventar fristgemäß, so kommt dies beiden Ehegatten zustatten (§ 2008 Abs 1 S 3). Ein Unterschied besteht lediglich insofern, als der Erbe – und damit das Gesamtgut – für die Nachlassverbindlichkeiten unbeschränkt haftet, wenn er absichtlich eine erhebliche Unvollständigkeit der im Inventar enthaltenen Angabe der Nachlassgegenstände herbeiführt oder wenn er in der Absicht, die Nachlassgläubiger zu benachteiligen, die Aufnahme einer nicht bestehenden Verbindlichkeit herbeiführt (§ 2005 S 1). Diese Sanktion tritt auch ein, wenn ein von dem anderen Ehegatten errichtetes Inventar, das dem Erben zugute kommen soll, die vorgenannten Mängel aufweist.

§ 1455 Nr 3 kommt nicht zur Anwendung, wenn die **Erbschaft in das Vorbehaltsgut 18** eines Ehegatten fällt. Hierzu kann es kommen, wenn der Erblasser durch letztwillige Verfügung angeordnet hat, dass der Erwerb Vorbehaltsgut werden soll (§ 1418 Abs 1 Nr 2), oder wenn die Ehegatten dies durch Ehevertrag vereinbart haben. In diesem Falle ist allein der Erbe zur Inventarerrichtung und zu allen sonstigen den Nachlass betreffenden Maßnahmen befugt; die §§ 2008 BGB, 999 ZPO und 318 InsO finden ebenfalls keine Anwendung.

4. Ablehnung eines Vertragsantrages oder einer Schenkung (Nr 4)

19 Jeder Ehegatte ist allein zur **Ablehnung eines ihm gemachten Vertragsantrages** befugt. Das Gesetz erwähnt lediglich die Ablehnung, nicht auch die Annahme eines Vertragsangebots, da bereits aus den allgemeinen Grundsätzen folgt, dass ein mitverwaltender Ehegatte rechtlich nicht gehindert ist, einen ihm gemachten Vertragsantrag anzunehmen (s auch § 1432 Rn 10). Die Zustimmung des anderen Ehegatten zur Annahme eines Vertragsangebotes ist nur insoweit von Bedeutung, als lediglich bei ihrem Vorliegen der Vertrag dem Gesamtgut gegenüber wirksam ist.

20 **Ein beiden Ehegatten** mit Bezug auf das Gesamtgut **gemachtes Vertragsangebot** kann kein Ehegatte allein ablehnen. § 1455 Nr 4 findet auf diesen Fall keine Anwendung.

21 In Nr 4 ist die **Ablehnung einer Schenkung** besonders aufgeführt. Die Ausführungen zu § 1432 Rn 11 f gelten hier sinngemäß.

22 § 1455 Nr 4 ist **entsprechend** anwendbar auf die **Zurückweisung einer Zuwendung**, die einem Ehegatten durch einen zu seinen Gunsten zwischen Dritten geschlossenen Vertrag gemacht wird (§ 333; so zu § 1406 aF Sieber JherJb 67, 111).

5. Gesamtgutsgeschäfte gegenüber dem anderen Ehegatten (Nr 5)

23 Jeder Ehegatte ist ermächtigt, ein sich **auf das Gesamtgut beziehendes Rechtsgeschäft gegenüber dem anderen Ehegatten vorzunehmen**. In Betracht kommen Rechtsgeschäfte, die einerseits das Gesamtgut und andererseits das Vorbehalts- oder Sondergut eines Ehegatten betreffen. Die Bestimmung hat vor allem auch Bedeutung für einseitige Rechtsgeschäfte, die ein Ehegatte mit Wirkung für das Gesamtgut gegenüber dem anderen Ehegatten mit Bezug auf dessen Vorbehalts- oder Sondergut vornehmen kann, zB Kündigung eines aus dem Gesamtgut in das Vorbehaltsgut des anderen Ehegatten gegebenen Darlehns; Mahnung wegen einer Forderung des Gesamtgutes gegen einen Ehegatten, die bereits bei Bestehen der Gütergemeinschaft geltend gemacht werden kann, weil zur Berichtigung das Vorbehaltsgut und das Sondergut des Schuldners ausreichen (§ 1468 HS 2); Aufrechnung mit Forderungen des Gesamtgutes gegen das Vorbehaltsgut eines Ehegatten (zB gemäß § 1467 Abs 1) gegen solche Forderungen, die sich gegen das Gesamtgut richten (zB gemäß § 1467 Abs 2).

6. Gesamtgutsprozesse gegen den anderen Ehegatten (Nr 6)

24 Jeder Ehegatte ist ermächtigt, zum Gesamtgut gehörende **Rechte gegen den anderen Ehegatten** ohne dessen Zustimmung **gerichtlich geltend zu machen**. Unter gerichtlicher Geltendmachung sind **nur Aktivprozesse**, nicht auch Passivprozesse zu verstehen. In Betracht kommt hierbei aber jede Art der Rechtsverfolgung. Geltend gemacht werden kann ein zum Gesamtgut gehöriges Recht nicht nur im Wege der Leistungsklage, sondern gegebenenfalls auch durch eine Feststellungsklage (vgl BGB-RGRK/Finke Rn 5).

25 In Betracht kommen insbesondere Klagen gegen den anderen Ehegatten, der etwas aus seinem Vorbehalts- oder Sondergut zum Gesamtgut schuldet. Braucht der

Schuldner erst nach Beendigung der Gütergemeinschaft zu leisten (§ 1468), kann nach Lage des Einzelfalles bereits vorher auf Feststellung oder auf künftige Leistung geklagt werden. Ziel der Klage kann auch die Feststellung sein, dass bestimmte Gegenstände zum Gesamtgut gehören. Für die Zugehörigkeit zum Gesamtgut besteht eine Vermutung (vgl § 1416 Rn 12). Die Prozessführungsbefugnis ist nach dem Gesetzeszweck zu erweitern auf den Abschluss von Rechtsgeschäften, die zur Durchführung des Rechtsstreits erforderlich sind, zB auf den Abschluss eines Anwaltsvertrages.

Der klagebefugte Ehegatte führt den Rechtsstreit **im eigenen Namen**. Feststellungs- **26** klagen sind auf „das Gesamtgut" zu beziehen. Leistungsklagen auf Erfüllung von Ansprüchen aus dem Sondervermögen in das Gesamtgut können nicht einfach auf Zahlung oder Übereignung „in das Gesamtgut" gerichtet werden. Erforderlich ist vielmehr die ehevertragliche Aufhebung der Zugehörigkeit zum Vorbehaltsgut (s dazu § 1416 Rn 33; abw hält MünchKomm/KANZLEITER Rn 5 Leistungsklage ins Gesamtgut für nicht erforderlich). Daher ist auf Abgabe entsprechender Willenserklärungen zu klagen, ggf verbunden mit dem Antrag auf Einräumung oder Verschaffung des Mitbesitzes.

Die **Kosten** eines Rechtsstreits zwischen den Ehegatten treffen im Außenverhältnis **27** das Gesamtgut, § 1460 Abs 2. Im Innenverhältnis gilt § 1465 Abs 1.

7. Fortsetzung anhängiger Rechtsstreitigkeiten (Nr 7)

Der Rechtsstreit muss bei Eintritt der Gütergemeinschaft bereits anhängig gewesen **28** sein. Die Parteirolle des Ehegatten als Kläger oder Beklagter ist unerheblich. Die Vorschrift ist entsprechend anzuwenden, wenn in den Fällen der §§ 1454, 1456 die Voraussetzungen der selbständigen Prozessführung entfallen, nachdem der Rechtsstreit anhängig geworden ist.

Der Ehegatte führt den Rechtsstreit **im eigenen Namen** weiter. Weitere Einzelheiten **29** s zu § 1433 Rn 4 ff.

8. Revokationsrecht gegen Dritte (Nr 8)

Die Befugnis, ein zum Gesamtgut gehörendes Recht gegen Dritte gerichtlich geltend **30** zu machen, wenn der andere Ehegatte ohne die erforderliche Zustimmung verfügt hat, ist für vergleichbare Tatbestände bereits in § 1428 geregelt. Im gesetzlichen Güterstand gilt der inhaltlich weitgehend entsprechende § 1368.

Wegen der Einzelheiten der Anwendung s die Erl zu § 1428. Unterschiede zeigen **31** sich im folgenden: anders als im Falle des § 1428 (s dort Rn 2) kann *der Ehegatte, der ohne Zustimmung verfügt hat*, den Revokationsanspruch *nicht allein geltend* machen. Für ihn gilt vielmehr die Grundregel des § 1450, dh er kann nur gemeinsam mit dem anderen Ehegatten gerichtlich gegen den Dritten vorgehen. Der selbständig klagebefugte andere Ehegatte *klagt im eigenen Namen* auf Rückgewähr *in das Gesamtgut*. Herausgabeansprüche sind auf Rückgewähr an beide Ehegatten zu richten. Es empfiehlt sich für den Kläger, subsidiär für den Fall, dass der andere den Besitz nicht wieder (mit-)übernehmen will oder kann, die Herausgabe an sich allein zu beantragen.

32 Der auf Rückgewähr in Anspruch genommene Dritte kann *Einwendungen*, insbesondere Zurückbehaltungsrechte geltend machen, sofern sie das Gesamtgut betreffen (jede Einwendung verneinend jedoch Dölle I 952 mit Fn 46; zum Streit s auch noch oben § 1427 Rn 10; § 1428 Rn 8). Die besonderen Schutzzwecke der §§ 1365 und 1369 sowie des § 1423 greifen bei der gemeinsamen Verwaltung des Gesamtgutes nicht ein. Deshalb besteht keine Veranlassung, begründeten Einwendungen den Erfolg zum Schutze des Gesamtguts zu versagen. Keine Gegenrechte kann der Dritte aus dem regelmäßig wirksamen (vgl § 1450 Rn 20 u 42) Verpflichtungsgeschäft mit dem verfügenden Ehegatten herleiten. Anders ist es mit Ansprüchen aus § 1457 (Bereicherung des Gesamtgutes) und aus unerlaubter Handlung (vgl § 1459 Abs 1)

33 Das von dem übergangenen Ehegatten gemäß § 1455 Nr 8 erstrittene **Urteil wirkt für und gegen beide Ehegatten** und das Gesamtgut (s auch Bamberger/Roth/Mayer Rn 4; Soergel/Gaul Rn 8; Gernhuber/Coester-Waltjen § 38 Rn 114 Fn 150). Wenn § 1455 dem einzelnen Ehegatten gewisse Befugnisse einräumt, die er ohne Mitwirkung des anderen Ehegatten ausüben kann, so ist (wie in den Fällen der §§ 1454 und 1456) davon auszugehen, dass das zulässige Alleinhandeln eines Ehegatten für das Gesamtgut die gleichen Wirkungen wie das in § 1450 für den Regelfall vorgesehene gemeinschaftliche Handeln beider Ehegatten hat. Das Bedenken gegen die Erstreckung der Rechtskraft, welche in den Fällen des § 1428 (s § 1428 Rn 9) und des § 1368 (s § 1368 Rn 36 ff) geltend gemacht werden, greifen hier nicht durch. Der mitverwaltende Ehegatte, der ohne die erforderliche Zustimmung des anderen Ehegatten verfügt hat, ist nicht wie der alleinverwaltende oder der im gesetzlichen Güterstand lebende Ehegatte in der Lage, die Rückforderung einer zum Gesamtgut gehörigen Sache ein für allemal durch eine absichtlich mangelhafte oder nachlässige Prozessführung zu vereiteln; das würde allerdings der Zielsetzung der §§ 1368, 1428, 1455 Nr 8 zuwiderlaufen.

34 Für die **Kosten** eines von einem Ehegatten gemäß Nr 8 geführten Rechtsstreits haftet das Gesamtgut nach § 1460 Abs 2. Wegen der Zwangsvollstreckung aus einem gegen den klagenden Ehegatten erwirkten Kostentitel vgl Vorbem 6 zu §§ 1459–1462. Auch im Innenverhältnis fallen die Kosten dem Gesamtgut zur Last, weil das Urteil dem Gesamtgut gegenüber wirksam ist (§ 1465 Abs 2 S 2 HS 1).

35 § 1455 Nr 8 findet an sich nur während des Bestehens der Gütergemeinschaft Anwendung. Gleichwohl muss der Ehegatte, der bei **Beendigung der Gütergemeinschaft** einen Rechtsstreit gemäß § 1455 Nr 8 führt, berechtigt sein, den Prozess ohne Mitwirkung des anderen Ehegatten zu Ende zu führen. Dies ergibt sich einmal aus der Erwägung, dass dem Prozessgegner wegen einer Änderung der güterrechtlichen Verhältnisse ein Parteiwechsel während des Rechtsstreits nicht zugemutet werden soll (vgl §§ 1433, 1455 Nr 7), außerdem aber auch aus dem Schutzzweck des § 1455 Nr 8. Gerade wenn die Differenzen zwischen den Ehegatten so erheblich sind, dass sie zu einer Aufhebung des Güterstandes geführt haben, ist die Gefahr besonders groß, dass der Ehegatte, der eine eigenmächtige Verfügung getroffen hat, die bereits eingeleitete Geltendmachung des zum Gesamtgut gehörigen Rechts hintertreibt. S hierzu auch RGZ 48, 269.

9. Widerspruch gegen Zwangsvollstreckung in das Gesamtgut (Nr 9)

Aus Nr 9 ergibt sich für jeden Ehegatten die Befugnis, Widerspruchsrechte gegen- **36** über einer Zwangsvollstreckung in das Gesamtgut selbständig gerichtlich geltend zu machen. Auf die Zwangsvollstreckung in das Vorbehaltsgut findet die Vorschrift keine Anwendung. Für die Anwendbarkeit des § 1455 Nr 9 ist es unerheblich, ob es sich um eine Zwangsvollstreckung wegen einer Geldforderung oder um die Vollstreckung eines auf die Veräußerung einer zum Gesamtgut gehörenden Sache gerichteten Urteils handelt (Mot IV 247 zu § 1407 Nr 4 aF).

Aus einem **gegen beide Ehegatten ergangenen** oder umgeschriebenen **Leistungsurteil 37** kann grundsätzlich in das Gesamtgut vollstreckt werden (§ 740 Abs 2 ZPO). Widerspruchsrechte, die in diesem Fall geltend gemacht werden können, sind Einwendungen gegen die Vollstreckungsklausel (§ 732 ZPO), die Erinnerung gegen die Art und Weise der Zwangsvollstreckung oder das Verfahren des Gerichtsvollziehers (§ 766 ZPO), mit der insbesondere die Unpfändbarkeit von zum Gesamtgut gehörigen Gegenständen gemäß § 811 ZPO geltend gemacht werden kann, sowie die Vollstreckungsgegenklage (§ 767 ZPO). Allerdings ist kein Ehegatte ohne die Mitwirkung des anderen Ehegatten berechtigt, die Voraussetzungen der Vollstreckungsgegenklage durch eine Verfügung über Gesamtgut, etwa die Aufrechnung mit einer zum Gesamtgut gehörigen Forderung, erst zu schaffen (s PLANCK/UNZNER § 1407 aF Anm 12). Weiterhin gehören hierher die Einwendungen aus den §§ 781–786 ZPO.

Aus einem **gegen nur einen Ehegatten gerichteten Urteil** kann grundsätzlich nicht in **38** das Gesamtgut vollstreckt werden (§ 740 Abs 2 ZPO); das gilt auch für einen Unterhaltsanspruch, den ein Ehegatte gegen den anderen als Zahlungsklage durchzusetzen versucht (BGH 111, 248, 258 = FamRZ 1990, 853; ENSSLEN FamRZ 1998, 1079; **aA** KLEINLE FamRZ 1997, 1195 ff, der in diesem Fall für eine einschränkende Auslegung des § 740 ZPO eintritt); zum Unterhaltsanspruch s auch § 1451 Rn 13 u § 1452 Rn 6. Wegen der Möglichkeit der Umschreibung eines gegen einen Ehegatten ergangenen Urteils auf beide Ehegatten s § 742 ZPO. Ausnahmsweise zulässig ist gemäß § 741 ZPO die Zwangsvollstreckung in das Gesamtgut aus einem Urteil gegen einen mitverwaltenden Ehegatten, der, ohne dass ein Einspruch oder Widerruf des anderen Ehegatten im Güterregister eingetragen ist, selbstständig ein Erwerbsgeschäft betreibt. Wird, ohne dass dieser Ausnahmefall vorliegt, auf Grund eines Titels gegen einen Ehegatten ein zum Gesamtgut gehöriger Gegenstand gepfändet, so ist jeder Ehegatte gemäß § 1455 Nr 9 berechtigt, die Drittwiderspruchsklage des § 771 ZPO zu erheben. Dies gilt auch für den Ehegatten, gegen den das Urteil ergangen ist, obwohl er selbst Vollstreckungsschuldner ist. Dritter iS des § 771 ZPO kann der Vollstreckungsschuldner dann sein, wenn er mit dem Vermögen, in das vollstreckt worden ist, der Zwangsvollstreckung nicht unterliegt.

Ist in einen **zum Gesamtgut gehörigen Gegenstand**, der **im Besitz eines Dritten** ist, **39** **vollstreckt** worden, so kann jeder Ehegatte die Drittwiderspruchsklage des § 771 ZPO erheben. Besteht an einem Gegenstand ein Pfandrecht zugunsten der Gesamthand, so kann jeder Ehegatte den Anspruch auf vorzugsweise Befriedigung (§ 805 ZPO) geltend machen. Im Insolvenzverfahren eines Dritten kann jeder Ehegatte Aussonderung (§§ 47 ff InsO) oder abgesonderte Befriedigung (§§ 49 ff InsO) verlangen.

40 Die von einem Ehegatten erreichte Entscheidung über einen Widerspruch wirkt **Rechtskraft** auch gegen den anderen Ehegatten. Ist für die Widerspruchsklage kein Raum mehr, weil die **Zwangsvollstreckung beendet** ist, ist das sachliche Recht nach Maßgabe der §§ 812 ff durchzusetzen – wobei auch insoweit § 1455 Nr 9 gilt (BGHZ 83, 76 = NJW 1982, 1810, 1811; BGHZ 66, 150; 32, 240, 244).

10. Notwendige Erhaltungsmaßnahmen (Nr 10)

41 Jeder Ehegatte ist berechtigt, **die zur Erhaltung des Gesamtgutes notwendigen Maßnahmen** zu treffen, wenn mit **dem Aufschub Gefahr verbunden** ist. Anders als nach § 744 Abs 2 HS 2 ist hier nicht vorgesehen, dass vom jeweils anderen Ehegatten verlangt werden könne, der Maßnahme im Voraus zuzustimmen. Diese der Vorabklärung der Voraussetzungen für einseitige Maßnahmen dienende Vorschrift wird durch § 1452 nur teilweise verdrängt. Bei Gefahr im Verzuge wird aber eine gerichtliche Vorwegerklärung regelmäßig weder sinnvoll noch praktisch durchführbar sein. Deshalb ist auch für eine entsprechende Anwendung von § 744 Abs 2 S 2 insbes bei den von § 1452 nicht erfassten tatsächlichen Maßnahmen kein Bedürfnis anzuerkennen.

42 Erhaltungsmaßnahme ist eine Maßnahme, die der Erhaltung des Gesamtgutes sowie einzelner zu ihm gehörender Gegenstände in der Substanz oder in den Nutzungsmöglichkeiten und, bei Rechten, der Erhaltung der Durchsetzbarkeit dient (s dazu auch STAUDINGER/LANGHEIN [2002] zu § 744 Abs 2 u STAUDINGER/WERNER [2002] zu § 2038 Abs 2 S 2). In Betracht kommen *tatsächliche Handlungen*, ebenso wie *Rechtsgeschäfte*. *Verfügungsgeschäfte* werden ausnahmsweise ebenfalls ermöglicht; es gelten insoweit die gleichen Grundsätze wie zu § 744 Abs 2 S 2 HS 2 und § 2038 Abs 2 HS 2 (vgl OLG Schleswig SchlHAnz 1965, 276, 278); zu denken ist etwa an die Veräußerung verderbgefährdeter Güter oder die Leistung von Zahlungen, um eine Zwangsvollstreckung abzuwenden oder sonstige erhebliche Nachteile für das Gesamtgut zu vermeiden. Auch die *Führung von Prozessen* wird von § 1455 Nr 10 erfasst. **Nicht** zur Erhaltung **notwendig** sind Maßnahmen, die nicht zugleich einer ordnungsmäßigen Verwaltung entsprechen, insbesondere zu wirtschaftlich nicht zu verantwortenden Belastungen des Gesamtgutes führen (vgl BGHZ 6, 76, 81). Bloße Nützlichkeit der Maßnahme reicht ebenfalls nicht aus. *Nicht der Erhaltung* dienen Maßnahmen, die lediglich auf *Veränderung* abzielen (s etwa BGH JZ 1954, 708 = LM Nr 14 zu § 1004; WM 1974, 201, 202 zum Wiederaufbau eines Hauses).

43 Erforderlich ist **Gefahr im Verzug**. Zu den Voraussetzungen s oben § 1426 Rn 18 und § 1454 Rn 4.

44 Nr 10 begründet nicht nur ein Recht, sondern eine **Pflicht** jedes Ehegatten, bei Gefahr im Verzug die zur Erhaltung des Gesamtgutes erforderlichen Maßnahmen zu ergreifen. Die Verletzung dieser Verpflichtung macht den Ehegatten schadensersatzpflichtig; der andere Ehegatte kann sich hierauf aber nicht berufen, wenn das Unterbleiben der erforderlichen Maßnahme auch von ihm verschuldet ist.

III. Abweichende Vereinbarungen

45 Die **Nr 1–4** sind als zwingende Regelungen anzusehen (s dazu auch § 1432 Rn 14). Die

Nr 5 und 6 sind dagegen für ehevertraglich abdingbar zu halten. Eine Abbedingung der **Nr 5** würde zwar den Abschluss von *Verträgen* nicht berühren, da der Vertragsschluss notwendig die Zustimmung des für sich selbst handelnden Ehegatten im Hinblick auf das Gesamtgut mitenthält. Einseitige Rechtsgeschäfte für das Gesamtgut gegenüber einem Ehegatten mit seinem Gesamtgut wären aber ohne die Nr 5 nur über § 1452 möglich. Entsprechendes gälte für die **Nr 6**. Wenn auch § 1452 abbedungen ist (s dort Rn 24), wäre die Durchsetzung von Rechten des Gesamtgutes gegen einen Ehegatten jedenfalls während des Bestehens der Gütergemeinschaft unmöglich. Da aber im Ehevertrag frei über die Frage entschieden werden kann, welche Gegenstände zum Vorbehaltsgut gehören sollen, muss es auch als zulässig angesehen werden, ein der Zuweisung zum Vorbehaltsgut praktisch entsprechendes Ergebnis zu erreichen durch „Verzicht" auf die einseitigen Handlungsbefugnisse der Nrn 5 und 6. Die **Nr 7** wird wegen der Beteiligung Dritter dagegen nicht abbedungen werden können. Die **Nr 8** abzubedingen wäre ein Widerspruch zur Entscheidung der Ehegatten für die gemeinsame Verwaltung des Gesamtgutes. Das Revokationsrecht ist deshalb als zwingendes Recht zu betrachten. Für die **Nr 9** gilt das zu Nr 8 Ausgeführte sinngemäß. Die **Nr 10** wird im Kern als unabdingbar anzusehen sein. Die Vorschrift regelt Grenzsituationen, Notfälle, für die regelmäßig keine anderweitige Vorsorge getroffen ist. Ein Verzicht auf das Notverwaltungsrecht wäre wegen der Unvorhersehbarkeit der Ereignisse ein Verstoß gegen das unabdingbare Gebot ordnungsgemäßer Verwaltung (§§ 1451, 1435).

Die Zulässigkeit ehevertraglicher Änderungen im Rahmen des § 1455 ist in der Lit **46** umstritten (grds verneinend BGB-RGRK/Finke Rn 12; Soergel/Gaul Rn 2; differenzierend MünchKomm/Kanzleiter Rn 13). Praktische Bedeutung wird dem Streit nicht zukommen.

§ 1456
Selbständiges Erwerbsgeschäft

(1) Hat ein Ehegatte darin eingewilligt, dass der andere Ehegatte selbständig ein Erwerbsgeschäft betreibt, so ist seine Zustimmung zu solchen Rechtsgeschäften und Rechtsstreitigkeiten nicht erforderlich, die der Geschäftsbetrieb mit sich bringt. Einseitige Rechtsgeschäfte, die sich auf das Erwerbsgeschäft beziehen, sind dem Ehegatten gegenüber vorzunehmen, der das Erwerbsgeschäft betreibt.

(2) Weiß ein Ehegatte, dass der andere Ehegatte ein Erwerbsgeschäft betreibt, und hat er hiergegen keinen Einspruch eingelegt, so steht dies einer Einwilligung gleich.

(3) Dritten gegenüber ist ein Einspruch und der Widerruf der Einwilligung nur nach Maßgabe des § 1412 wirksam.

Materialien: E III § 1456; BT-Drucks 2/3409, 30.
Vgl Staudinger/BGB-Synopse 1896–2005 § 1456.

I. Allgemeines

1 Die Vorschrift entspricht sinngemäß der in § 1431 für die Alleinverwaltung getroffene Regelung. Bei der gemeinschaftlichen Verwaltung wird folgerichtig das Recht eines *jeden* Ehegatten, selbständig ein Erwerbsgeschäft mit Wirkung gegenüber dem Gesamtgut zu betreiben, begründet. Zum Sinn und Zweck der Regelung s § 1431 Rn 1 u 2.

II. Einwilligung in den selbständigen Betrieb eines Erwerbsgeschäfts

2 Zum Begriff des Erwerbsgeschäfts s § 1431 Rn 3, zur Selbständigkeit des Betriebes s dort Rn 5 ff. Für die Einwilligung des anderen Ehegatten gilt entsprechend das in § 1431 Rn 8 ff zur Einwilligung des Gesamtgutsverwalters Ausgeführte. Über den Einspruch und über den Widerruf der Einwilligung s § 1431 Rn 18 ff.

3 Steht einer der Ehegatten unter elterlicher Sorge oder Vormundschaft, so verwaltet der andere Ehegatte das Gesamtgut allein, § 1458. Dieser kann daher mit den sich aus §§ 1423–1425 ergebenden Einschränkungen ein Erwerbsgeschäft selbständig mit Wirkung gegenüber dem Gesamtgut führen, ohne dass eine Einwilligung erforderlich wäre. Für den selbständigen Betrieb eines Erwerbsgeschäfts durch den gesetzlich vertretenen Ehegatten gilt gemäß § 1458 HS 2 die Regelung des § 1431.

III. Rechtliche Bedeutung der Einwilligung

4 Die Rechtsgeschäfte und Rechtsstreitigkeiten, die der Geschäftsbetrieb mit sich bringt (s dazu § 1431 Rn 23) sind ohne Rücksicht auf spezielle Zustimmungen dem Gesamtgut gegenüber wirksam (zu den Einzelheiten s § 1431 Rn 24 ff). Die Haftung des Gesamtgutes ergibt sich aus § 1460 Abs 1, die persönliche Haftung beider Ehegatten folgt, soweit sie nicht bereits unmittelbar durch das Rechtsgeschäft begründet wurde, aus § 1459 Abs 2 S 1. In Abweichung von § 1450 Abs 2 können einseitige Rechtsgeschäfte, die sich auf das Erwerbsgeschäft beziehen, nur dem Ehegatten gegenüber wirksam vorgenommen werden, der das Geschäft betreibt.

IV. Abweichende Vereinbarungen

5 Die Rechtsfolgen der Einwilligung und der Nichteinlegung des Einspruchs können auch durch Ehevertrag nicht abweichend vom Gesetz bestimmt werden. Dagegen kann das Einspruchs- und Widerrufsrecht des anderen Ehegatten ausgeschlossen oder eingeschränkt werden (s auch § 1431 Rn 34).

V. Internationales Privatrecht

6 Gemäß EGBGB Art 16 Abs 2 findet auf ein im Inland betriebenes Erwerbsgeschäft § 1456 entsprechende Anwendung, auch soweit grundsätzlich fremdes Recht gilt, wenn dies für gutgläubige Dritte günstiger ist.

§ 1457
Ungerechtfertigte Bereicherung des Gesamtguts

Wird durch ein Rechtsgeschäft, das ein Ehegatte ohne die erforderliche Zustimmung des anderen Ehegatten vornimmt, das Gesamtgut bereichert, so ist die Bereicherung nach den Vorschriften über die ungerechtfertigte Bereicherung aus dem Gesamtgut herauszugeben.

Materialien: E III § 1457; BT-Drucks 2/3409, 30.
Vgl STAUDINGER/BGB-Synopse 1896–2005 § 1457.

I.   Rechtsentwicklung

§ 1457, der den Ausgleich einer dem Gesamtgut zugeflossenen Bereicherung regelt, **1** entspricht wörtlich der für die Alleinverwaltung geltenden Parallelvorschrift des § 1434 und sinngemäß dem § 1455 aF. Wegen der Rechtsentwicklung wird auf § 1434 Rn 1 verwiesen.

II.   Voraussetzungen des Bereicherungsanspruchs

Rechtsgeschäfte, die ein Ehegatte mit einem Dritten abschließt, sind ohne die **2** Zustimmung des anderen Ehegatten dem Gesamtgut gegenüber grundsätzlich unwirksam. Ausnahmen gelten nur nach Maßgabe der §§ 1452, 1454–1456. Was auf Grund des Rechtsgeschäfts erworben wird, fällt jedoch prinzipiell in das Gesamtgut, § 1416 mit den Ausnahmen der §§ 1417, 1418. Da das Gesamtgut nicht haftet (vgl § 1460 Abs 1), soll der Dritte den Vermögenszuwachs abschöpfen können. Dabei kommt es nicht darauf an, ob das der Vermögensmehrung zugrundeliegende Verpflichtungsgeschäft dem handelnden Ehegatten (mit seinem Sondervermögen) gegenüber wirksam ist oder nicht. Ist es wirksam, so stehen der Bereicherungsanspruch und der Erfüllungsanspruch nebeneinander. Für den Bereicherungsanspruch haften beide Ehegatten auch persönlich mit ihren Sondervermögen, § 1459 Abs 2 S 1. Die Verpflichtung zur Herausgabe der Bereicherung aus dem Gesamtgut entfällt aber, wenn und soweit der Schuldner-Ehegatte seine Verpflichtung erfüllt (s auch Münch-Komm/KANZLEITER § 1457 Rn 2; ferner OLG Colmar OLGE 8, 338). Weitere Einzelheiten zu § 1434 Rn 4 ff.

III.   Der Bereicherungsanspruch

Der **Umfang** des Anspruches richtet sich nach den Vorschriften der §§ 819, 819. Die **3** Haftungsverschärfungen der §§ 818 Abs 4, 819 müssen in der Person beider Ehegatten begründet sein. Die Rechtshängigkeit gegenüber nur einem Ehegatten reicht so wenig aus wie die Kenntnis nur eines von ihnen. Insbesondere reicht die Kenntnis des Ehegatten, der das Rechtsgeschäft vorgenommen und auch allein am Erwerbsgeschäft beteiligt war, nicht aus (ebenso BGB-RGRK/FINKE Rn 3). Die Zurechnung der Kenntnis nur eines Ehegatten zum „Gesamtgut" ist nicht generell vorgesehen. Sie ist nur begründet, wenn ein Ehegatte mit Zustimmung des anderen gehandelt hat; dann ist § 166 Abs 1 entsprechend anwendbar (s auch § 1450 Rn 18).

4 Hat der Dritte seinerseits einen Gegenstand zum Gesamtgut zurückzugewähren (s insbes § 1455 Nr 8), können die Ehegatten dies gemäß § 273 dem Bereicherungsanspruch aus § 1457 entgegensetzen (str, s dazu § 1434 Rn 11; § 1455 Rn 32). Auch die (beiderseitige) Aufrechnung gleichartiger Ansprüche ist möglich.

5 Die Verurteilung des Schuldner-Ehegatten zur Erfüllung schließt dessen Inanspruchnahme neben dem anderen Ehegatten aus § 1457 nicht aus (OLG Colmar OLGE 8, 338).

IV. Abweichende Vereinbarungen

6 § 1457 ist auch durch Ehevertrag nicht abdingbar (vgl auch § 1434 Rn 12).

§ 1458
Vormundschaft über einen Ehegatten

Solange ein Ehegatte unter elterlicher Sorge oder unter Vormundschaft steht, verwaltet der andere Ehegatte das Gesamtgut allein; die Vorschriften der §§ 1422 bis 1449 sind anzuwenden.

Materialien: E III § 1458; BT-Drucks 2/3409, 30.
Vgl STAUDINGER/BGB-Synopse 1896–2005 § 1458.

Systematische Übersicht

I. Grundgedanke und Voraussetzungen

1 Die Bestimmung weicht von der für die Alleinverwaltung geltenden Parallelvorschrift des § 1436 insbesondere dadurch ab, dass sie nicht den gesetzlichen Vertreter des unter Vormundschaft stehenden oder betreuten Ehegatten in die Verwaltung eintreten lässt, sondern dem vollgeschäftsfähigen, bisher mitverwaltenden Ehegatten die Alleinverwaltung überträgt. Dieser Unterschied rechtfertigt sich dadurch, dass dem mitverwaltenden Ehegatten einerseits nicht ohne weiteres zuzumuten ist, die Verwaltung des Gesamtgutes, die er mit seinem Ehegatten zu teilen bereit war, nunmehr gemeinsam mit einem Dritten auszuüben, und dass andererseits **vermutet werden kann, er werde auch der Aufgabe, das Gesamtgut allein zu verwalten, gewachsen** sein. Haben die Ehegatten jedoch die Alleinverwaltung vereinbart, so kann dies seinen Grund in der wirtschaftlichen Unerfahrenheit und mangelnden Geschäftsgewandtheit des nicht verwaltenden Ehegatten haben; von diesem kann also nicht ohne weiteres angenommen werden, dass er den Anforderungen gerecht werden wird, die an den Verwalter des Gesamtguts gestellt werden müssen. Deshalb überträgt § 1436 die Verwaltung des Gesamtguts dem gesetzlichen Vertreter des bisher alleinverwaltenden Ehegatten. Der Fall der Betreuung wird anders als in § 1436 in § 1458 nicht erfasst. Das Betreuungsgesetz vom 12. 9. 1990 (BGBl I 2002) hat insoweit nicht zu einer Änderung geführt. Das führt bei einer Betreuung mit Einwilligungsvorbehalt (§ 1903) dazu, dass dem anderen Ehegatten hier zugemutet wird, faktisch die Verwaltung mit dem Betreuer abzustimmen. Weil dieser Fall der elterlichen Sorge und Vormundschaft nahe steht, erscheint das problematisch (ERMAN/HECKELMANN Rn 1). Es bleibt nur die Möglichkeit, gemäß § 1469 Nr 5 auf die Aufhebung der Gütergemeinschaft zu klagen.

Des Weiteren regelt § 1458 abweichend von § 1436 auch den Fall, dass der mitver- **2** waltende Ehegatte unter elterlicher Sorge steht.

Voraussetzung der Alleinverwaltung durch einen Ehegatten gem § 1458 ist es, dass **3** einer der mitverwaltenden Ehegatten unter **elterlicher Sorge** oder **Vormundschaft** steht. Dagegen kann die in § 1458 nicht erwähnte **Betreuung** und **Pflegschaft** der Vormundschaft – anders als im Falle des § 1436 (s dort Rn 1 f) – **nicht gleichgestellt** werden. Soweit der Ehegatte, dem ein Betreuer oder Pfleger bestellt worden ist, nicht ohnehin bereits in seiner Geschäftsfähigkeit beschränkt oder geschäftsunfähig ist (s § 1909), wird seine Geschäftsfähigkeit durch die Anordnung der Betreuung oder Pflegschaft nicht beeinträchtigt. Ein Eingriff in diese Rechtsposition ist nicht gerechtfertigt, schon weil ein Zusammenwirken der Ehegatten bei der Verwaltung des Gesamtguts noch möglich ist. Ist ein Ehegatte infolge des Umstandes, der zur Bestellung eines Betreuers oder Pflegers geführt hat, gehindert, sich in der erforderlichen Art und Weise um die Verwaltung des Gesamtguts zu kümmern, so kann dem durch eine anderweitige Arbeitsteilung unter den Ehegatten und durch weitgehende Bevollmächtigung begegnet werden (wie hier die **hM** vgl BayObLG Rpfleger 2005, 140; GERNHUBER/COESTER-WALTJEN § 38 Rn 53 Fn 75: abw allerdings für entsprechende Anwendung bei einem Einwilligungsvorbehalt gemäß § 1903). Dass die Betreuung der Vormundschaft wohl im Falle des § 1436, nicht aber in dem des § 1458 gleichgestellt wird, rechtfertigt sich aus den in Rn 1 f dargelegten Unterschieden zwischen den beiden Vorschriften.

II. Beginn und Ende der Alleinverwaltung

Die alleinige Verwaltung geht kraft Gesetzes auf den in der Geschäftsfähigkeit nicht **4** beschränkten Ehegatten über. Dies ist bereits **beim Eintritt** der Gütergemeinschaft

der Fall, wenn nämlich beim Abschluss des Ehevertrages oder – falls dieser vor der
Eheschließung erfolgte – bei der Eingehung der Ehe einer der Ehegatten unter
elterlicher Sorge oder unter Vormundschaft steht.

5 **Die Alleinverwaltung gem § 1458 endet automatisch,** wenn der bisher in seiner Geschäftsfähigkeit beschränkte Ehegatte nicht mehr unter elterlicher Sorge oder Vormundschaft steht, weil er **volljährig** geworden ist.

Die Alleinverwaltung endet auch **mit der Beendigung der Gütergemeinschaft.** Wäh-
rend der Auseinandersetzung über das Gesamtgut gilt § 1458 nicht; für den in seiner
Geschäftsfähigkeit beschränkten oder geschäftsunfähigen Ehegatten handelt bei der
Verwaltung des Gesamtguts gem § 1472 sein gesetzlicher Vertreter. Die §§ 1472
Abs 2, 1893, 1698a, 1698b finden entsprechende Anwendung.

III. Rechte und Pflichten des alleinverwaltenden Ehegatten

6 Sind die Voraussetzungen des § 1458 gegeben, so hat der voll geschäftsfähige Ehegatte sämtliche Rechte und Pflichten des alleinverwaltenden Ehegatten gem
§§ 1422–1449, auf die Anm dazu kann verwiesen werden. Sein Recht, nach § **1469
Nr 5** Aufhebungsklage zu erheben, bleibt unbeschnitten; § 1448 steht dem nicht
entgegen, andernfalls wäre § 1469 Nr 5 überflüssig.

7 **Verweigert der gesetzliche Vertreter** des anderen Ehegatten seine **Zustimmung** zu
einem Rechtsgeschäft der in den §§ 1423, 1424 genannten Art, so kann der alleinverwaltende Ehegatte die **Ersetzung** der Zustimmung durch das Vormundschaftsgericht gem § 1426 beantragen. Ersetzt das Vormundschaftsgericht die erforderliche
Zustimmung, so ist daneben eine Genehmigung nach den §§ 1821, 1822 überflüssig.

IV. Rechtsstellung des gesetzlichen Vertreters des anderen Ehegatten

8 Die in den §§ 1422–1449 **dem nicht verwaltenden Ehegatten zugebilligten Rechte**
werden **von dem gesetzlichen Vertreter** des nicht voll geschäftsfähigen Ehegatten
wahrgenommen. Will dieser gem §§ 1423, 1424 einer Verfügung über das Gesamtgut
als Ganzes, über ein eingetragenes Schiff oder Schiffsbauwerk oder auch einem
hierauf abzielenden Verpflichtungsgeschäft zustimmen, so bedarf er nach §§ 1643
Abs 1, 1821 Abs 1 Nr 1 und Nr 3, 1822 Nr 1 seinerseits der Zustimmung des Vormundschaftsgerichts (BayObLG OLGE 4, 414; BGB-RGRK/Finke Rn 6). Die Zustimmung
des gesetzlichen Vertreters zu einem Rechtsgeschäft der in den §§ 1821, 1822 genannten Art, durch die das Rechtsgeschäft erst wirksam wird, steht schon mit Rücksicht auf den Schutzzweck der genannten Vorschriften der Vornahme des Rechtsgeschäfts gleich (BayObLG aaO).

9 Der **gesetzliche Vertreter** des anderen Ehegatten hat auch dessen **Notverwaltungsrecht** gem § 1429 auszuüben. Er handelt primär für seinen an sich zur Notverwaltung
berufenen Mündel, erst mittelbar für den Gesamtgutsverwalter. Er ist daher auch
beim Abschluss von Rechtsgeschäften, die der Verwalter ohne Zustimmung vornehmen könnte, die jedoch unter den Katalog der §§ 1821, 1822 fallen, etwa bei der
Eingehung einer Verbindlichkeit aus einem Wechsel (§ 1822 Nr 9), an die Zustimmung des Vormundschaftsgerichts gebunden.

Führt der unter Vormundschaft oder elterlicher Sorge stehende Ehegatte ein selb- **10** ständiges Erwerbsgeschäft, bedarf er der Einwilligung des anderen Ehegatten gemäß § 1431. Die anfallenden Rechtsgeschäfte hat sein gesetzlicher Vertreter vorzunehmen oder ihnen zuzustimmen.

Ist der **alleinverwaltende Ehegatte gleichzeitig Vormund oder Betreuer** des anderen **11** Ehegatten, so kann er die etwa nach den §§ 1423, 1424 erforderliche Zustimmung mit Rücksicht auf das Verbot des § **181** weder sich selbst noch gegenüber dem Geschäftspartner (§ 182) erklären (str zur Begründung s § 1487 Rn 14; wie hier GERN-HUBER/COESTER-WALTJEN § 38 Rn 54 Fn 75; **aA** MünchKomm/KANZLEITER Rn 3; BAMBERGER/ ROTH/MAYER Rn 3; SOERGEL/GAUL Rn 4). Die Besonderheit des § 1436 (s dort Rn 5) liegt hier nicht vor.

V. Rechtslage bei Betreuung, Vormundschaft oder elterlicher Sorge für beide Ehegatten

Verliert auch der gem § 1458 alleinverwaltende Ehegatte seine volle Geschäftsfä- **12** higkeit, so ist § 1436 nicht in der Weise anzuwenden, dass der gesetzliche Vertreter dieses Ehegatten die Rechte und Pflichten des Verwalters wahrzunehmen hat. In diesem Falle tritt wieder die **gemeinsame Verwaltung** gem § 1450 ff ein, auszuüben **durch die gesetzlichen Vertreter beider Ehegatten.**

VI. Haftungsverhältnisse

Die **Haftung des Gesamtguts** regelt sich wie die Verwaltungsbefugnis nach den für die **13** Alleinverwaltung geltenden Vorschriften, also nach §§ 1437–1440. Das Gesamtgut haftet demnach gem § 1438 Abs 1.

Der gem § 1458 das Gesamtgut **allein verwaltende Ehegatte** haftet nach § 1437 Abs 2 **14** S 1 auch persönlich für die dem Gesamtgut zur Last fallenden Verbindlichkeiten (s hierzu § 1437 Rn 11 ff). Insoweit tritt eine Änderung der Haftungsverhältnisse nicht ein, da auch der mitverwaltende Ehegatte für die Gesamtgutsverbindlichkeiten persönlich haftet (§ 1459 Abs 2 S 1). Der in der Geschäftsfähigkeit beschränkte oder geschäftsunfähige und daher von der Mitverwaltung ausgeschlossene Ehegatte haftet, wie auch sonst der nichtverwaltende Ehegatte (s § 1437 Rn 15), für die Gesamtgutsverbindlichkeiten nicht persönlich, soweit sie nicht ohnehin seine eigenen Verbindlichkeiten sind. Fällt die Voraussetzung des § 1458 dadurch weg, dass der Ehegatte volljährig wird, so kommt seine persönliche Haftung gem § 1459 Abs 2 S 1 nur für *danach* entstehende Verbindlichkeiten des Gesamtgutes in Betracht; für die Verbindlichkeiten aus Rechtsgeschäften des gem § 1458 allein verwaltenden Ehegatten haftet der andere Ehegatte auch dann nicht, wenn er erstmalig in die Stellung eines mitverwaltenden Ehegatten einrückt. Anderenfalls wäre der in der Haftungsfreiheit liegende Schutz des minderjährigen Ehegatten weitgehend unwirksam.

VII. Güterrechtsregister

Auch bei Eintritt der in § 1458 genannten Voraussetzungen bleibt der Güterstand **15** der Mitverwaltung des Gesamtguts grundsätzlich bestehen. Eine **Eintragung** der sich aus § 1458 ergebenden alleinigen Verwaltungsbefugnis eines Ehegatten während der

Burkhard Thiele

Dauer der rechtlichen Verhinderung des anderen Ehegatten in das Güterrechtsregister **erfolgt nicht**. Der verwaltende Ehegatte ist gegebenenfalls gehalten, beim Abschluss von Rechtsgeschäften mit Dritten das Vorliegen der Voraussetzungen des § 1458 zu *beweisen*.

16 Die Vorschrift des § 1450 Abs 2 ist während der Dauer der Alleinverwaltung gem § 1458 nicht anzuwenden. **Auf die Eintragung der Mitverwaltung** im Güterrechtsregister **kann sich ein Dritter**, der eine Erklärung dem unter elterlicher Sorge oder Vormundschaft stehenden Ehegatten gegenüber abgegeben hat, **nicht berufen**; insoweit genießt, wie in allen gleichgelagerten Fällen, der Schutz des Minderjährigen den Vorzug.

VIII. Zwangsvollstreckung

17 Zur **Zwangsvollstreckung in das Gesamtgut** genügt während der Dauer der Alleinverwaltung gem § 1458 ein Titel gegen den verwaltenden Ehegatten, vorausgesetzt, dass der Titel zu einem Zeitpunkt erwirkt wurde, zu dem die Voraussetzungen des § 1458 bereits vorlagen. Ein gem § 740 Abs 2 ZPO zur Zwangsvollstreckung in das Gesamtgut nicht ausreichender Titel, der gegen nur einen mitverwaltenden Ehegatten ergangen ist, wird dagegen nicht ohne weiteres zur Zwangsvollstreckung in das Gesamtgut geeignet, wenn der in ihm als Schuldner benannte Ehegatte später gem § 1458 die Alleinverwaltung übernimmt. Führt der nach § 1458 nicht verwaltende Ehegatte ein selbständiges Erwerbsgeschäft unter Mitwirkung seines gesetzlichen Vertreters fort (s oben Rn 10), so genügt für die Zwangsvollstreckung in das Gesamtgut gem § 741 ZPO ein gegen diesen Ehegatten – vertreten durch seinen Vormund – gerichtetes Leistungsurteil.

IX. Abweichende Vereinbarungen

18 Die Regelung des § 1458 ist in erster Linie im Interesse des mitverwaltenden Ehegatten getroffen worden, der nicht gezwungen werden soll, die Verwaltung gemeinsam mit einem Dritten zu führen, wenn der andere Ehegatte mangels voller Geschäftsfähigkeit an der Verwaltung des Gesamtguts nicht mitwirken kann (s oben Rn 1). Eine **anderweitige ehevertragliche Regelung erscheint** deshalb **zulässig**, insbesondere angesichts des Umstandes, dass der Ehegatte, der dem anderen Ehegatten ehevertraglich die Alleinverwaltung des Gesamtguts überlässt, sogar in Kauf nimmt, dass bei fehlender oder beschränkter Geschäftsfähigkeit des Verwalters ein Dritter allein die Verwaltung führt. Denkbar wäre insbesondere eine Vereinbarung dahingehend, dass die Eltern des minderjährigen Ehegatten diesen bis zur Erreichung seiner Volljährigkeit bei der Verwaltung des Gesamtguts vertreten sollen. Dann würde § 1458 keine Anwendung finden; insbesondere würde auch der unter elterlicher Gewalt oder Vormundschaft stehende, aber durch seinen gesetzlichen Vertreter an der Verwaltung des Gesamtguts beteiligte Ehegatte nicht nur im beschränkten Umfang haften (s oben Rn 14), sondern für sämtliche Gesamtgutsverbindlichkeiten auch persönlich als Gesamtschuldner. Auch das Ende der Gütergemeinschaft für den Fall der Betreuung kann vereinbart werden.

Vorbemerkungen zu §§ 1459–1462

Systematische Übersicht

I. Übersicht

Die §§ 1459–1466 regeln die **Schuldenhaftung** in der Gütergemeinschaft bei gemein- **1** schaftlicher Verwaltung des Gesamtguts durch beide Ehegatten. Die §§ 1459–1462 ordnen das **Verhältnis der Ehegatten zu den Gläubigern**, und zwar enthält § 1459 den Grundsatz, die §§ 1460–1462 die Ausnahmefälle. Die §§ 1463–1466 behandeln das **Verhältnis der Ehegatten untereinander**.

II. Rechtsentwicklung

Wegen der Rechtsentwicklung kann weitgehend auf die Vorbem 2 ff zu den **2** §§ 1437–1440 verwiesen werden. Die bei der gemeinschaftlichen Verwaltung des Gesamtguts kaum vermeidbare Regelung der Haftung, wie sie nunmehr in den §§ 1459–1462 erfolgt ist, hat bei den Beratungen des GleichberG zu erheblichen Bedenken Anlass gegeben. Erst der Rechtsausschuss des BT kam zu der Auffassung, dass die sich aus der Haftung ergebenden Bedenken jedenfalls nicht so schwerwiegend seien, dass sie auch der Einführung der Gütergemeinschaft mit gemeinschaftlicher Verwaltung als Vertragsgüterstand, dessen Vereinbarung im Belieben der Ehegatten liege, entgegenstehen müssten (BT-Drucks 2/3409, 31).

III. Grundsätzliche Regelung

Das Gesetz unterscheidet die Haftung des Gesamtguts (§§ 1459 Abs 1, 1460–1462) **3** und die **persönliche Haftung** jedes Ehegatten mit seinem Sonder- und Vorbehaltsgut, sowie mit seinem etwa nach Beendigung der Gütergemeinschaft erworbenen Vermögen (§ 1459 Abs 2). Die Haftung der einzelnen Gütermassen hängt davon ab, ob die Verbindlichkeit in der Person beider Ehegatten oder in der Person nur eines Ehegatten entsteht; ferner ist von Bedeutung, ob die Verbindlichkeit vor oder nach Eintritt der Gütergemeinschaft entsteht.

IV. Zwangsvollstreckung

Die Besonderheiten der Zwangsvollstreckung in das Gesamtgut sind in den **4** §§ 740–745 ZPO geregelt (vgl für Einzelverwaltung Vorbem 10 ff zu §§ 1437–1440). Die Vorschriften, welche die Zwangsvollstreckung betreffen, mussten durch das GleichberG (Art 2 Nr 4) ua auch wegen der Neueinführung der gemeinschaftlichen Verwaltung des Gesamtguts abgeändert und ergänzt werden. Speziell für die Zwangsvollstreckung in das von beiden Ehegatten verwaltete Gesamtgut gilt § 740 Abs 2 ZPO, während die übrigen Vorschriften so gefasst sind, dass sie auch auf die Mitverwaltung des Gesamtguts Anwendung finden können. Die hier in erster Linie interessierenden §§ 740–742 ZPO betreffen das Gesamtgut der Gütergemeinschaft, §§ 743, 744 ZPO das Gesamtgut der Auseinandersetzungsgemeinschaft und § 745 ZPO das Gesamtgut der fortgesetzten Gütergemeinschaft.

5 Nach § 740 Abs 2 ZPO ist, wenn die Ehegatten in Gütergemeinschaft leben und das Gesamtgut gemeinschaftlich verwalten, **zur Zwangsvollstreckung in das Gesamtgut erforderlich, dass beide Ehegatten zur Leistung verurteilt** worden sind, was *auch in zwei verschiedenen Prozessen* geschehen kann (BGH FamRZ 1975, 405; eingehend dazu TIEDTKE FamRZ 1975, 538). Ein Leistungstitel gegen den einen Ehegatten und ein Duldungstitel gegen den anderen genügt nicht (**aA** STEIN/JONAS/MÜNZBERG § 740 Rn 6; TIEDTKE aaO; MünchKomm/KANZLEITER § 1459 Rn 10). Für eine dahingehende erweiternde Auslegung des Gesetzes fehlt das Bedürfnis (wie hier: LG Frankenthal RPfleger 1975, 371; LG München DGVZ 1982, 88: auch für den Fall fehlender Eintragung im Güterrechtsregister; BAUMBACH/HARTMANN § 740 Rn 6; SOERGEL/GAUL § 1459 Rn 4; ZÖLLER/STÖBER § 740 Rn 9; WASSERMANN FamRZ 1991, 507, 509 jeweils mwNw). Auch die Vollstreckung eines Ehegatten in das Gesamtgut mit einem Titel nur gegen den anderen ist nicht zulässig (s § 1455 Rn 38). Den Leistungsurteilen stehen die in **§ 794 ZPO** genannten Schuldtitel gleich (§ 795 ZPO), insbesondere gerichtliche Vergleiche (**aM** KG OLGE 24, 10), von beiden Ehegatten ausgestellte vollstreckbare Urkunden und Kostenfestsetzungsbeschlüsse (OLG Posen SeuffA 62 Nr 196).

6 Die **Zwangsvollstreckung in das Gesamtgut aus einem nur gegen einen Ehegatten gerichteten Titel** ist ohne weiteres nur im Falle des § 741 ZPO möglich, dh wenn der Titel sich gegen einen Ehegatten richtet, der selbständig ein Erwerbsgeschäft betreibt, und zur Zeit des Eintritts der Rechtshängigkeit ein Einspruch des anderen Ehegatten gegen den Betrieb des Erwerbsgeschäfts oder ein Widerruf seiner Einwilligung im Güterrechtsregister nicht eingetragen ist (s § 1456 Abs 3). Das Vorliegen dieser Voraussetzungen ist vom Gläubiger zu *beweisen*, LG Frankenthal FamRZ 1975, 371. Auch eine **Rechtskrafterstreckung** kommt nicht in Betracht (OLG Frankfurt FamRZ 1983, 173). In den Fällen, in denen ein Ehegatte allein einen Rechtsstreit geführt hat, ist die Zwangsvollstreckung in das Gesamtgut aus dem erwirkten Titel auch dann nicht möglich, wenn der Prozess mit Wirkung für und gegen das Gesamtgut geführt worden ist (vgl die Fälle der §§ 1452, 1454, 1455 Ziff 7 und 8). In der Regel wird es sich hierbei um *Kostenfestsetzungsbeschlüsse aus verlorenen Aktivprozessen* handeln. Das Gleiche gilt für Kostenfestsetzungsbeschlüsse, die der Prozessgegner in einem Rechtsstreit erwirkt hat, den ein Ehegatte allein geführt hat, obwohl das Gesamtgut in jedem Fall für die Prozesskosten haftet (§ 1460 Abs 2). Für einen der vorgenannten Fälle, nämlich den § 1455 Ziff 7 (Fortsetzung eines bei Eintritt der Gütergemeinschaft bereits anhängigen Rechtsstreits durch einen Ehegatten), sieht **§ 742 ZPO** ausdrücklich die Erteilung einer in Ansehung des Gesamtgutes vollstreckbaren Ausfertigung des Urteils für und gegen den Ehegatten in entsprechender Anwendung der §§ 727, 730–732 ZPO vor. Es wäre nämlich unökonomisch, von dem Gläubiger die Führung eines weiteren Rechtsstreites zwecks Erlangung eines Titels gegen den anderen Ehegatten zu verlangen, wenn dieser keine Einwendungen gegen die Gesamtgutshaftung geltend machen kann. Dies gilt ebenso mindestens für alle **Kostenfestsetzungsbeschlüsse**, weil durch § 1460 Abs 2 alle

Einwände des anderen Ehegatten gegen die Gesamtguthaftung für Prozesskosten abgeschnitten werden. **§ 742 ZPO muss daher in diesen Fällen entsprechende Anwendung** finden (OLG Nürnberg JurBüro 1978, 762; SOERGEL/GAUL § 1460 Rn 4; PALANDT/ BRUDERMÜLLER § 1460 Rn 2; STEIN/JONAS/BORK Rn 27 vor § 91 ZPO; STEIN/JONAS/MÜNZBERG § 740 ZPO Rn 7; **aM** OLG Stuttgart FamRZ 1987, 304; ZÖLLER/STÖBER § 740 ZPO Rn 9; Münch-Komm/KANZLEITER § 1459 Rn 11; BGB-RGRK/FINKE § 1460 Rn 6). Erforderlich zur Umschreibung gem § 727 ZPO wäre hier lediglich der Nachweis des Bestehens der Gütergemeinschaft durch Vorlage eines Zeugnisses des Güterrechtsregisters; die Haftung des Gesamtgutes und damit auch des anderen Ehegatten persönlich für Prozesskosten ergibt sich aus dem Gesetz. Im eigentlichen Anwendungsfall des § 742 ZPO bedarf es ferner des Nachweises der Rechtshängigkeit vor Beginn der Gütergemeinschaft, etwa durch die Zustellungsurkunde. Eine **weitere Ausdehnung des § 742 ZPO auf die übrigen Fälle** der Prozessführung durch einen Ehegatten ist **bedenklich**, da in diesen Fällen die Umstände, die die Wirksamkeit der Prozessführung auch gegenüber dem anderen Ehegatten begründen (zB Zustimmung, Abwesenheit oder Krankheit), meist nicht durch öffentliche oder öffentlich beglaubigte Urkunden nachzuweisen sind (s auch § 1412 Rn 24). Wäre § 742 ZPO entsprechend anzuwenden, so käme die Klage auf Erteilung der Vollstreckungsklausel in Betracht. Dieser Weg stellt jedoch gegenüber der an sich gem § 740 ZPO erforderlichen Leistungsklage gegen den noch nicht verurteilten Ehegatten, der ja gegen die Richtigkeit des bereits vorliegenden Urteils nichts einwenden kann und daher alsbald verurteilt wird, keine so wesentliche Vereinfachung dar, dass die Durchbrechung des Grundsatzes des § 740 ZPO gerechtfertigt wäre.

Widerspruchsrechte gegenüber einer Zwangsvollstreckung in das Gesamtgut kann **7** jeder Ehegatte allein geltend machen (§ 1455 Ziff 9; hierzu dort Rn 36 ff).

Zur **Zwangsvollstreckung in das Vorbehaltsgut** oder, soweit zulässig, in das **Sondergut 8** eines der Ehegatten ist lediglich ein Titel gegen diesen Ehegatten erforderlich; insoweit gelten keine Besonderheiten. Aus seinem etwaigen Mitbesitz kann der andere Ehegatte in der Zwangsvollstreckung keine Rechte herleiten (§ 739 ZPO).

V. Insolvenzverfahren

Während bei der Verwaltung des Gesamtgutes durch einen Ehegatten allein das **9** Gesamtgut in die Insolvenzmasse des verwaltenden Ehegatten fällt und eine Sonderinsolvenz nicht vorgesehen ist (§ 37 Abs 1 InsO), bestimmt § 37 Abs 2 InsO, dass bei der Verwaltung des Gesamtgutes durch beide Ehegatten das Gesamtgut durch die Eröffnung des Insolvenzverfahrens über das Vermögen eines der Ehegatten nicht berührt wird. Diese Regelung war erforderlich, um das Gesamtgut vor dem Zugriff persönlicher Gläubiger eines der Ehegatten, die wegen fehlender Mitwirkung des anderen Ehegatten bei dem Verpflichtungsgeschäft keine Rechte gegenüber dem Gesamtgut erworben haben, auch dann zu schützen, wenn der schuldende Ehegatte mangels ausreichenden Vorbehalts- oder Sondergutes seinen Verpflichtungen nicht nachkommen kann. Das **Sonderinsolvenzverfahren nach §§ 11 Abs 2 Nr 2, 333 f InsO** über das Gesamtgut schließt ein gleichzeitiges Insolvenzverfahren über das Vorbehaltsgut oder Sondergut eines der beiden Ehegatten nicht aus, ist aber andererseits auch von der Eröffnung eines solchen Insolvenzverfahrens nicht abhängig. Die Eröffnung des Sonderinsolvenzverfahrens über das Gesamtgut setzt, da beide Ehe-

Burkhard Thiele

gatten für die Schulden des Gesamtgutes persönlich haften (§ 1459 Abs 2 S 1), voraus, dass beide Ehegatten zahlungsunfähig sind, dh auch aus ihrem Vorbehalts- oder Sondergut nicht mehr leisten können (Baur FamRZ 1958, 259). **Antragsberechtigt** ist **jeder Gläubiger**, der die Berichtigung einer Forderung aus dem Gesamtgut ver- langen kann, sowie **jeder Ehegatte**. Ein Ehegatte, der den Antrag auf Eröffnung des Insolvenzverfahrens allein stellt, muss jedoch die Zahlungsunfähigkeit glaubhaft machen (§ 333 Abs 2 InsO)

10 **Die Eröffnung des Insolvenzverfahrens über das Gesamtgut beendigt** die **Gütergemein- schaft nicht.** Ist es jedoch dazu wegen Verbindlichkeiten gekommen, die in der Person eines Ehegatten entstanden sind und diesem im Innenverhältnis zur Last fallen, so kann der andere Ehegatte in der Regel auf Aufhebung der Gütergemein- schaft klagen, da eine den späteren Erwerb gefährdende Überschuldung vorliegen wird (vgl § 1469 Ziff 4 und § 1469 Rn 22).

§ 1459
Gesamtgutsverbindlichkeiten; persönliche Haftung

(1) Die Gläubiger des Mannes und die Gläubiger der Frau können, soweit sich aus den §§ 1460 bis 1462 nichts anderes ergibt, aus dem Gesamtgut Befriedigung ver- langen (Gesamtgutsverbindlichkeiten).

(2) Für die Gesamtgutsverbindlichkeiten haften die Ehegatten auch persönlich als Gesamtschuldner. Fallen die Verbindlichkeiten im Verhältnis der Ehegatten zuein- ander einem der Ehegatten zur Last, so erlischt die Verbindlichkeit des anderen Ehegatten mit der Beendigung der Gütergemeinschaft.

Materialien: Zu § 1459 nF: E I, –; II, – III
§ 1459; BT-Drucks 2/3409, 30, 31.
Vgl Staudinger/BGB-Synopse 1896–2005
§ 1459.

Systematische Übersicht

I.   Rechtsentwicklung

1 An die Stelle des § 1459 aF, der früher die Gesamtgutshaftung und die Haftung des Mannes für die dem Gesamtgut zur Last fallenden Verbindlichkeiten regelte, sind bei Anpassung des Familienrechts an den Gleichberechtigungsgrundsatz zwei neue Vorschriften getreten, nämlich § 1437 nF für die Alleinverwaltung und § 1459 nF für die gemeinschaftliche Verwaltung des Gesamtguts. Einzelheiten s in den Vorbem zu § 1437 und zu §§ 1459–1462.

II. Grundsätze

§ 1459 enthält für die Gütergemeinschaft mit gemeinschaftlicher Verwaltung die **2** beiden wesentlichen Grundsätze der Schuldenhaftung gegenüber den Gläubigern:

1. Für sämtliche Verbindlichkeiten beider Ehegatten haftet das Gesamtgut, soweit sich nicht aus den §§ 1460–1462 etwas anderes ergibt. Dieser Grundsatz beruht auf zwei Erwägungen: Zunächst gehört das Gesamtgut beiden Ehegatten in der Art gemeinschaftlich, dass ihre Anteile während der Dauer der Gemeinschaft nicht hervortreten und als selbständige Vermögenswerte nicht geltendgemacht, insbesondere aber auch nicht gepfändet werden können. Zum anderen darf die Gütergemeinschaft nicht dazu führen, das gemeinschaftliche Vermögen dem Zugriff der Gläubiger des einen oder anderen Ehegatten zu entziehen. Dies entspricht dem Grundgedanken der Gütergemeinschaft, weil das gemeinschaftliche Vermögen die Funktion des Vermögens sowohl für den einen als auch für den anderen Ehegatten hat und die eheliche Wirtschaft auf *gemeinsamen Gedeih und Verderb* geführt wird (Mot IV 364).

2. Ferner trifft beide Ehegatten eine persönliche Haftung für sämtliche Gesamt- **3** gutsverbindlichkeiten, mögen sie in der Person des einen oder des anderen Ehegatten oder auch beider Ehegatten entstanden sein. Insoweit weicht § 1459 Abs 2 entscheidend von § 1437 Abs 2 ab, der die persönliche Haftung für die Gesamtgutsverbindlichkeiten lediglich dem Gesamtgutsverwalter auferlegt, den nicht verwaltenden Ehegatten aber davon freistellt. Aus diesem Grunde ist die Vereinbarung der gemeinschaftlichen Verwaltung besonders für den Ehegatten, der von seinem Recht der Mitverwaltung keinen Gebrauch macht, sondern praktisch dem anderen Ehegatten die Alleinverwaltung überlässt, *außerordentlich gefährlich*; er geht dadurch der Haftungsbeschränkung verlustig, die der nichtverwaltende Ehegatte in Anspruch nehmen kann. Aus dem *Wesen der Gütergemeinschaft* kann an sich eine über das Gesamtgut hinausgehende Haftung des einen Ehegatten für die Schulden des anderen nicht hergeleitet werden. Durch diese Haftungsregelung soll aber eine Schmälerung des Gesamtgutes zugunsten des Sonder- oder Vorbehaltsgutes eines Ehegatten zum Nachteil der Gläubiger verhindert werden (krit GERNHUBER/COESTER-WALTJEN § 38 Rn 122 Fn 163; SOERGEL/GAUL Rn 1 jeweils mwNw).

III. Gesamtgutsverbindlichkeiten

Wegen des Begriffs der Gesamtgutsverbindlichkeiten kann auf § 1437 Rn 5 verwiesen **4** werden.

Die **vor dem Eintritt der Gütergemeinschaft entstandenen Verbindlichkeiten** beider **5** Ehegatten sind Gesamtgutsverbindlichkeiten, gleichgültig, ob sie rechtsgeschäftlichen Ursprungs sind oder auf dem Gesetz beruhen, wie etwa Schulden aus unerlaubten Handlungen oder Unterhaltsverpflichtungen. Insoweit besteht kein Unterschied gegenüber der Alleinverwaltung.

6 Die nach Eintritt der Gütergemeinschaft entstandenen Verbindlichkeiten der Ehegatten sind ebenfalls grundsätzlich Gesamtgutsverbindlichkeiten. Aus dem Wesen der gemeinschaftlichen Verwaltung ergeben sich hier jedoch **Einschränkungen**. Rechtsgeschäftliche Verbindlichkeiten, die von den Ehegatten *gemeinschaftlich* eingegangen worden sind, fallen auf jeden Fall dem Gesamtgut zur Last. Rührt eine Verbindlichkeit aus einem Rechtsgeschäft her, das ein Ehegatte vorgenommen hat, so ist sie nur dann eine Gesamtgutsverbindlichkeit, wenn der andere Ehegatte dem Rechtsgeschäft *zugestimmt* hat oder wenn es auch *ohne Zustimmung* des anderen Ehegatten dem Gesamtgut gegenüber *wirksam* ist, dh wenn einer der Ausnahmefälle der §§ 1454–1456 vorliegt. Ohne diese bei weitem bedeutsamste, in § 1460 Abs 1 genannte Ausnahme würde tatsächlich keine gemeinschaftliche Verwaltung vorliegen, sondern eine selbständige Verwaltung des Gesamtguts durch beide Ehegatten. Diese Form der Verwaltung hätte häufig zu einander widersprechenden Verwaltungshandlungen führen können und ist wegen der damit verbundenen wirtschaftlichen Gefahr vom Gesetzgeber ausdrücklich abgelehnt worden (BT-Drucks 1/3802, 51; BT-Drucks 2/224, 52; BT-Drucks 2/3409, 25; MASSFELLER/REINICKE BAnz, Sonderdruck vom 10. 8. 1956).

7 Weitere Ausnahmen vom Grundsatz der Haftung des Gesamtguts sind in den §§ 1461, 1462 geregelt; es handelt sich dabei um gewisse Verbindlichkeiten, die mit dem Sonder- oder Vorbehaltsgut eines Ehegatten zusammenhängen.

8 Im Übrigen sind alle Verbindlichkeiten eines der Ehegatten gleichzeitig Gesamtgutsverbindlichkeiten. Dies gilt insbesondere für gesetzliche Unterhaltsverpflichtungen und Verbindlichkeiten aus unerlaubter Handlung; weitere Fälle s § 1437 Rn 8. Ausgenommen ist insoweit allerdings im Hinblick auf § 1462 die Haftung aus § 833 oder § 836, wenn es sich um ein zum Vorbehaltsgut eines Ehegatten gehörendes Tier oder Grundstück handelt (dazu § 1440 Rn 5). Hat ein Ehegatte gleichzeitig im Namen des anderen Ehegatten gehandelt, ohne jedoch von diesem bevollmächtigt gewesen zu sein, und trifft ihn deswegen eine Haftung aus § 179, so wird hierdurch noch keine Gesamtgutsverbindlichkeit begründet, da diese dem Schutzzweck des § 1460 Abs 1 zuwiderlaufen würde (s § 1450 Rn 20). Stellt das Verhalten des Ehegatten bei Vornahme des Rechtsgeschäfts allerdings eine sittenwidrige Schädigung des Gegners dar, so haftet das Gesamtgut für die aus § 826 begründete Schadensersatzverpflichtung. Die **Haftung** eines Ehegatten auf Grund dessen Stellung **als Pfleger, Betreuer** oder **Vormund** ist eine Gesamtgutsverbindlichkeit. § 1460 greift nicht ein, weil die Verbindlichkeit nicht auf einem Rechtsgeschäft sondern auf hoheitlicher Bestellung zum Amt beruht (OLG Frankfurt FamRZ 1983, 173; s auch SCHREIBER, Die Haftung des Vormundes, AcP 178, 540 mwNw).

9 Da die Verbindlichkeiten jedes Ehegatten nach der Grundregel des § 1459 Abs 1 Gesamtgutsverbindlichkeiten sind, **obliegt der Beweis**, dass eine Verbindlichkeit nicht Gesamtgutsverbindlichkeit ist, demjenigen, der dies behauptet. Dieser Grundsatz wird jedoch durch eine wesentliche Ausnahme so weitgehend durchbrochen, dass tatsächlich die Regel zur Ausnahme wird: Aus der Fassung des § 1460 Abs 1 ergibt sich, dass bei Rechtsgeschäften eines Ehegatten derjenige, der die Begründung einer Gesamtgutsverbindlichkeit durch das Rechtsgeschäft behauptet, die Zustimmung des anderen Ehegatten beweisen muss (BAMBERGER/ROTH/MAYER Rn 8; MünchKomm/KANZLEITER § 1460 Rn 5). Wird geltend gemacht, dass das Rechtsgeschäft dem Gesamtgut gegenüber auch ohne die Zustimmung des anderen Ehegatten wirksam sei, so ist das Vorliegen der tatsächlichen Voraussetzungen der §§ 1454, 1455 oder 1456 zu beweisen.

IV. Persönliche Haftung der Ehegatten

Der **Begriff der persönlichen Haftung**, den § 1459 Abs 2 einführt, bedeutet Haftung **10** mit dem Sonder- und Vorbehaltsgut des Ehegatten, wobei die Vollstreckung in das *Sondergut* allerdings regelmäßig an seiner *Unpfändbarkeit* scheitern wird (dazu § 1417 Rn 23). Darüber hinaus bedeutet die persönliche Haftung aber auch, dass der Ehegatte *nach Beendigung* der Gütergemeinschaft (vorbehaltlich der in § 1459 Abs 2 S 2 ausgesprochenen Ausnahme) *mit seinem gesamten Vermögen* für die Erfüllung der Verbindlichkeit einzustehen hat.

Jeder Ehegatte haftet selbstverständlich persönlich **für die in seiner Person entstan- 11 denen Verbindlichkeiten**. Außerdem haftet er gem § 1459 Abs 2 S 1 aber **auch** für die **Verbindlichkeiten des anderen Ehegatten**, die Gesamtgutsverbindlichkeiten sind (§§ 1459 Abs 1, 1460–1462), persönlich als Gesamtschuldner. Der Gläubiger eines Ehegatten kann also nicht nur aus dem Gesamtgut oder dem etwaigen Sonder- und Vorbehaltsgut seines unmittelbaren Schuldners Befriedigung verlangen, sondern auch aus dem etwa vorhandenen Sonder- oder Vorbehaltsgut des anderen Ehegatten. *Hinsichtlich der persönlichen Haftung* für Gesamtgutsverbindlichkeiten ist der mitverwaltende Ehegatte also dem alleinverwaltenden Ehegatten (s § 1437 Abs 2 S 1) vollkommen *gleichgestellt*. Dies gilt nicht nur für **Geldansprüche**, sondern auch für **Ansprüche auf Herausgabe** individuell bestimmter Sachen (RG JW 1904, 176). Mit dem Klageantrag auf „Zahlung aus dem Gesamtgut" wird *nur* die Haftung der Ehegatten mit dem Gesamtgut geltend gemacht, nicht aber ihre persönliche Haftung (so für die Alleinverwaltung RG SeuffA 65 Nr 16 S 35 ff). Die Ehegatten haften nebeneinander als **Gesamtschuldner** (§§ 421–425). Solange dem unmittelbar beteiligten Ehegatten das Recht zusteht, das seiner Verbindlichkeit zugrundeliegende Rechtsgeschäft anzufechten (wegen der Anfechtung s § 1450 Rn 15), oder solange sich der Gläubiger durch Aufrechnung gegen eine fällige zum Sonder- oder Vorbehaltsgut des beteiligten Ehegatten gehörende Forderung befriedigen kann, steht dem anderen Ehegatten in entsprechender Anwendung des § 770 eine **dilatorische Einrede** zu (vgl § 1437 Rn 13). Selbstverständlich ist es dem anderen Ehegatten gegebenenfalls auch unbenommen, die Wirkung des Rechtsgeschäfts gegenüber dem Gesamtgut und damit seine persönliche Haftung gem § 1459 Abs 2 S 1 durch *Anfechtung seiner Zustimmung* zu beseitigen. Hinsichtlich der Wirkung eines gegen einen Ehegatten ergangenen rechtskräftigen Urteils gegenüber dem Gesamtgut und damit gem § 1459 Abs 2 S 1 auch gegen den anderen Ehegatten s § 1450 Rn 36; wegen der Zwangsvollstreckung s Vorbem 6 zu § 1459. Die Ausgleichung unter den Ehegatten richtet sich nach den §§ 1463–1466. Wird ein Ehegatte gemäß § 1459 Abs 2 S 1 von einem Gläubiger in Anspruch genommen, ist der Rechtsstreit eine **Familiensache** iS von § 23b Abs 1 S 2 Nr 9 GVG (BGH NJW 1980, 1626; OLG Frankfurt FamRZ 1983, 173).

Die persönliche Haftung des mitverwaltenden Ehegatten ist **zeitlich unbegrenzt**, **12** wenn die in der Person des anderen Ehegatten entstandene Gesamtgutsverbindlichkeit der Regel entsprechend auch im Verhältnis der Ehegatten zueinander dem Gesamtgut zur Last fällt. Fällt die Verbindlichkeit dagegen im Verhältnis der Ehegatten zueinander dem anderen Ehegatten zur Last (s § 1463–1466), so **erlischt** die persönliche Haftung gem § 1459 Abs 2 S 2 **mit der Beendigung** der Gütergemeinschaft (nicht erst mit der Auseinandersetzung; so auch Erman/Heckelmann Rn 3; Münch-Komm/Kanzleiter Rn 9), gleichviel ob die Gütergemeinschaft auf Grund eines Aufhebungsurteils (§§ 1469, 1470) oder aus einem anderen Grunde endet. Die Beendigung kann auch auf einem Ehevertrag beruhen, den der Ehegatte in der Absicht geschlossen hat, sich von der Haftung für eine Verbindlichkeit des anderen Ehegatten freizumachen (OLG Hamburg OLGE 30, 49). Der **Tod der mitverwaltenden Ehegatten**, dem die Verbindlichkeit im Innenverhältnis zur Last fällt, löst die haftungsbeschränkende Wirkung des § 1459 Abs 2 S 2 zugunsten des anderen Ehegatten grundsätzlich auch dann aus, wenn die Gütergemeinschaft von dem überlebenden Ehegatten mit den Abkömmlingen gem § 1483 fortgesetzt wird. Die Verbindlichkeit bleibt aber Gesamtgutsverbindlichkeit und der überlebende Ehegatte haftet nunmehr gem § 1485 Abs 1 persönlich für diese Verbindlichkeit.

13 Die persönliche Haftung des mitverwaltenden Ehegatten erlischt selbst dann, wenn gegen ihn bereits ein **vollstreckbarer Titel** vorliegt; das Erlöschen seiner Haftung kann er dann nach § 767 ZPO geltendmachen. Hat er jedoch bei Beendigung der Gütergemeinschaft bereits geleistet, so kann das Geleistete **nicht** als **ungerechtfertigte Bereicherung** herausverlangt werden. Über das Verhältnis der Vorschrift des § 1459 Abs 2 S 2 zu § 1470 Abs 2 s § 1470 Rn 2.

14 **Hinsichtlich des Beweises** dafür, dass die Verbindlichkeit eines Ehegatten Gesamtgutsverbindlichkeit ist, für die der andere Ehegatte gem § 1459 Abs 2 S 1 haftet, s oben Rn 9. Behauptet ein Ehegatte, dass seine Haftung gem § 1459 Abs 2 S 2 erloschen sei, so hat er zu beweisen, dass die Gütergemeinschaft beendet ist und dass die Verbindlichkeit im Verhältnis der Ehegatten zueinander nicht dem Gesamtgut zur Last fällt (MünchKomm/Kanzleiter Rn 8).

V. Abweichende Vereinbarungen

15 **Vereinbarungen der Ehegatten miteinander**, die ihre Haftung gegenüber den Gläubigern abweichend von den Vorschriften der §§ 1459–1462 ausgestalten, sind **nichtig**. Zum Schutz der Gläubiger besitzen diese Bestimmungen **zwingenden Charakter**. Über die Zulässigkeit vertragsmäßiger Abweichungen von den Vorschriften der §§ 1463–1466, die die Schuldenhaftung im Innenverhältnis der Ehegatten zueinander regeln, s die Erl dort.

16 **Nicht ausgeschlossen** ist es dagegen, durch **Vereinbarungen der Ehegatten mit den Gläubigern** die gesetzliche Regelung über die **Schuldenhaftung zu modifizieren**. So kann abweichend von dem Grundsatz, dass (mit dem sich aus den §§ 1460–1462 ergebenden Ausnahmen) alle persönlichen Schulden eines Ehegatten Gesamtgutsverbindlichkeiten sind (s oben Rn 2), die Haftung des Gesamtgutes ausgeschlossen werden. Ebenso kann umgekehrt durch Vereinbarung mit den Gläubigern die Haftung auf das Gesamtgut beschränkt, dh die persönliche Haftung der Ehegatten mit ihrem Sonder- und Vorbehaltsgut ausgeschlossen werden. Auch in diesem Fall aber ist Schuldner nicht das Gesamtgut, sondern beide Ehegatten (§ 1437 Rn 5). **Entlässt der Gläubiger einen Ehegatten aus der persönlichen Haftung** für eine Gesamtgutsverbindlichkeit, so bedeutet dies nicht ohne weiteres, dass der in § 740 Abs 2 ZPO geforderte Leistungstitel gegen beide Ehegatten nicht erwirkt werden kann und daher auch eine Vollstreckung in das Gesamtgut nicht erfolgen kann. Ergibt die Auslegung einer derartigen Vereinbarung, dass lediglich die Haftung des betreffenden Ehegatten mit seinem Sonder- und Vorbehaltsgut ausgeschlossen werden sollte, so verbleibt eine gegenständlich begrenzte Schuld des Ehegatten, und es muss möglich sein, auch diesen Ehegatten auf „Leistung aus dem Gesamtgut" zu verklagen.

VI. Sicherungsmittel

Das Sicherungsmittel jedes Ehegatten gegen die aus der Überschuldung des anderen **17** Ehegatten sich ergebenden Gefahren besteht in der **Klage auf Aufhebung** der Gütergemeinschaft, § 1469 Ziff 4. In Betracht kommt diese aber nur hinsichtlich solcher Verbindlichkeiten, die während des Bestehens der Gütergemeinschaft in der Person des anderen Ehegatten entstanden sind und diesem im Innenverhältnis zur Last fallen. Insoweit wird der andere Ehegatte durch die Beendigung der Gütergemeinschaft von der persönlichen Haftung befreit (s oben Rn 12 f). Eine Absicherung gegen die Haftung für Verbindlichkeiten des anderen Ehegatten, die vor dem Beginn der Gütergemeinschaft entstanden sind, ist dagegen nicht möglich.

§ 1460
Haftung des Gesamtguts

(1) Das Gesamtgut haftet für eine Verbindlichkeit aus einem Rechtsgeschäft, das ein Ehegatte während der Gütergemeinschaft vornimmt, nur dann, wenn der andere Ehegatte dem Rechtsgeschäft zustimmt oder wenn das Rechtsgeschäft ohne seine Zustimmung für das Gesamtgut wirksam ist.

(2) Für die Kosten eines Rechtsstreits haftet das Gesamtgut auch dann, wenn das Urteil dem Gesamtgut gegenüber nicht wirksam ist.

Materialien: Zu § 1460 nF: E I –; E II; E III
§ 1460; BT-Drucks 2/3409, 31.
Vgl STAUDINGER/BGB-Synopse 1896–2005
§ 1460.

I. Grundgedanke

§ 1460 Abs 1 enthält die erste Ausnahme von dem Grundsatz, dass auch die während **1** der Gütergemeinschaft entstandenen Verbindlichkeiten regelmäßig Gesamtgutsverbindlichkeiten sind (s Erl zu § 1459). Die Vorschrift bezweckt, den mitverwaltenden Ehegatten *gegen eigenmächtige Verwaltungshandlungen* des anderen Ehegatten zu schützen. Das Gesamtgut soll ohne den Willen beider Ehegatten nicht mit rechtsgeschäftlichen Schulden belastet werden. Eine andere Regelung als die in § 1460 Abs 1 vorgesehene würde weitgehend auf eine selbständige Verwaltung des Gesamtguts durch jeden der Ehegatten hinauslaufen. Dieses Ergebnis wollte der Gesetz-

geber bewusst vermeiden (s hierzu § 1459 Rn 6). Für die Kosten eines Rechtsstreits hält
§ 1460 Abs 2 jedoch (wie § 1438 Abs 2 für die Alleinverwaltung) den erwähnten
Grundsatz aufrecht, weil die Haftung des Gesamtguts für sie durch die Analogie mit
den aus unerlaubter Handlung entstehenden Verbindlichkeiten und durch die billige
Rücksichtnahme auf den Prozessgegner geboten sei (Prot IV 264, 205 f; anders noch
E I § 1362, dazu Mot IV 373 f).

II. Anspruchsvoraussetzungen

2 **§ 1460 Abs 1 betrifft die Verbindlichkeit aus einem Rechtsgeschäft**, das **während der
Gütergemeinschaft vorgenommen** wird. Ob sich das Rechtsgeschäft auf das Gesamtgut bezieht oder nicht, ist für die Anwendbarkeit des § 1460 Abs 1 ohne Belang.
Verbindlichkeiten aus einem **vor** Eintritt der Gütergemeinschaft vorgenommenen
Rechtsgeschäft sind, der Regel des § 1459 Abs 1 entsprechend, Gesamtgutsverbindlichkeiten. Das Gleiche gilt für die unmittelbar auf Gesetz, insbes auf einer unerlaubten Handlung, beruhenden Verbindlichkeiten ohne Rücksicht auf den Zeitpunkt
der Entstehung. Die Verbindlichkeit aus einem Zuschlag bei der Zwangsversteigerung ist analog zur Kaufpreisschuld zu behandeln; wegen der Haftung aus § 179,
positiver Forderungsverletzung und culpa in contrahendo s § 1438 Rn 4. Keine Verbindlichkeit aus einem Rechtsgeschäft ist die Haftung eines Ehegatten aus seiner
Stellung als Pfleger (OLG Frankfurt FamRZ 1983, 173; s § 1459 Rn 8).

3 Für eine **Verbindlichkeit aus einem Rechtsgeschäft**, das **während der Gütergemeinschaft** vorgenommen wird, haftet das Gesamtgut **nur dann**,

– wenn das Rechtsgeschäft *von beiden Ehegatten gemeinsam* vorgenommen wird;

– wenn *ein Ehegatte* das Rechtsgeschäft *im eigenen Namen* vornimmt und *der andere
Ehegatte zustimmt*;

– wenn ein *von einem Ehegatten* abgeschlossenes Rechtsgeschäft *ohne Zustimmung
des anderen Ehegatten* für das Gesamtgut *wirksam* ist, dh in den Fällen der
§§ 1454, 1455 Ziff 10, 1456. In Betracht kommt auch die Annahme einer Erbschaft
oder eines Vermächtnisses (s § 1455 Ziff 1), wenn die Erbschaft oder das Vermächtnis in das Gesamtgut fällt (andernfalls gilt § 1461). Der Fall des § **1357** zählt
nur bedingt hierher, da die Frau kraft gesetzlicher Vertretungsmacht für den Mann
handelt und durch ihr Handeln gleichzeitig ihre Zustimmung zur Übernahme
einer Verbindlichkeit durch den Mann ausdrückt.

4 Ist das von einem Ehegatten ohne Mitwirkung des anderen abgeschlossene Rechtsgeschäft nicht wirksam, so kann gleichwohl eine bei Ausführung des Geschäfts
entstehende **Bereicherung** des Gesamtguts zu einer **Verbindlichkeit des Gesamtguts**
führen (s § 1457 mit Erl). Unrichtig dürfte es sein, den Fall des § 1457 zu denjenigen
Fällen zu zählen, in denen ein Rechtsgeschäft ohne Zustimmung des anderen Ehegatten dem Gesamtgut gegenüber wirksam ist (so anscheinend PLANCK/UNZNER § 1460 aF
Anm 2), und zwar deswegen, weil es sich bei der Haftung gem § 1457 überhaupt nicht
um eine Haftung aus einem Rechtsgeschäft, sondern aus Gesetz handelt.

III. Beweislast

Der Beweis, dass die Voraussetzungen des § 1460 Abs 1 erfüllt sind, obliegt, wie die **5**
Fassung des Gesetzes erkennen lässt, dem die Haftung des Gesamtguts in Anspruch
nehmenden Gläubiger (s § 1459 Rn 9).

IV. Haftungsausschluss

Das Gesetz trifft keine Bestimmung darüber, ob ein Ehegatte bei der Erteilung **6**
seiner Zustimmung zu einem einzelnen Rechtsgeschäft des anderen Ehegatten entweder die Haftung des Gesamtguts und damit seine persönliche Haftung oder auch
lediglich seine persönliche Haftung gegenüber Dritten ausschließen kann (vgl § 1459
Rn 15 f). Eine Zustimmung unter gleichzeitigem Ausschluss der Gesamtgutshaftung
wäre sinnlos, da jeder der mitverwaltenden Ehegatten ohnehin nicht daran gehindert
ist, rechtsgeschäftliche Verpflichtungen einzugehen, für die sein Vorbehalts- und
Sondergut haftet. In Betracht kommt also praktisch nur noch der einer Zustimmung
beigefügte **Ausschluss der persönlichen Haftung** des zustimmenden Ehegatten. Dass
dieser durch Vertrag mit dem Gläubiger seine persönliche Haftung ausschließen
kann, ist selbstverständlich (Mot IV 374; s auch § 1459 Rn 16). Seine persönliche Haftung tritt ferner dann nicht ein, wenn er seine Zustimmung nur unter der Bedingung
erteilt hat, dass seine Haftung ausgeschlossen werde. Die Zustimmung muss dann als
nicht erteilt angesehen werden, wenn der das Rechtsgeschäft mit dem Dritten vornehmende Ehegatte den Haftungsausschluss nicht vereinbart. Erteilt der Ehegatte
seine **Zustimmung unbedingt**, schließt er dabei jedoch seine persönliche Haftung
einseitig oder auch im Einverständnis mit seinem Ehegatten aus, so ist eine derartige
Haftungsbeschränkung gegenüber Dritten unwirksam. Willigt ein Ehegatte darin
ein, dass der andere Ehegatte **selbständig ein Erwerbsgeschäft** betreibt, so kann er
dabei die Haftung des Gesamtguts oder seine persönliche Haftung gegenüber
Dritten ebenfalls nicht ausschließen (s auch § 1456 Rn 4).

V. Kosten eines Rechtsstreits

Zur Haftung des Gesamtguts für die Kosten eines Rechtsstreits gelten die Erläute- **7**
rungen zu § 1438 Abs 2 entsprechend (s dort Rn 10 ff).

Soweit die Kosten im **Innenverhältnis** einem der Ehegatten zur Last fallen (s §§ 1463 **8**
Ziff 3, 1465), endet die aus der Gesamtgutshaftung (§ 1460 Abs 2) hergeleitete
persönliche Haftung des anderen Ehegatten (§ 1459 Abs 2 S 1) gem § 1459 Abs 2
S 2 bei Beendigung der Gütergemeinschaft.

Wegen der **Zwangsvollstreckung** in das Gesamtgut aus **Kostentiteln** vgl Vorbem 6 zu **9**
§§ 1459–1462.

Die **Prozesskostenvorschusspflicht** eines Ehegatten gegenüber dem anderen regelt **10**
für alle Güterstände einheitlich § 1360a Abs 4. Die Vorschusspflicht erlischt mit
Auflösung der Ehe, selbst wenn das Gesamtgut noch nicht auseinandergesetzt ist
(Erman/Heckelmann § 1438 Rn 3).

§ 1461
Keine Haftung bei Erwerb einer Erbschaft

Das Gesamtgut haftet nicht für Verbindlichkeiten eines Ehegatten, die durch den Erwerb einer Erbschaft oder eines Vermächtnisses entstehen, wenn der Ehegatte die Erbschaft oder das Vermächtnis während der Gütergemeinschaft als Vorbehaltsgut oder als Sondergut erwirbt.

Materialien: Zu § 1461 nF: E I –; II –; III 1461;
BT-Drucks 2/3405 S 31.
Vgl STAUDINGER/BGB-Synopse 1896–2005
§ 1461.

I. Grundgedanke

1 Die Vorschrift beruht auf der Erwägung, dass es, wenn der Aktiverwerb von Todes wegen nicht in das Gesamtgut falle, nur billig sei, das Gesamtgut auch von der Haftung für die damit verbundenen Passiven zu entlasten. Ohne § 1461 würde das Gesamtgut auch für die durch die Annahme einer Erbschaft oder eines Vermächtnisses als Vorbehalts- oder Sondergut begründeten Verbindlichkeiten eines Ehegatten gem § 1460 Abs 1 haften, da der Ehegatte zur Annahme einer Erbschaft oder eines Vermächtnisses der Mitwirkung des anderen Ehegatten nicht bedarf (§ 1455 Ziff 1).

2 § 1461 **entspricht** dem für die Alleinverwaltung geltenden **§ 1439**. Beide Vorschriften gehen auf die §§ 1413, 1461 aF zurück. Von § 1439 *unterscheidet* sich der § 1461 der Sache nach nur dadurch, dass die Haftung des Gesamtgutes bei der Alleinverwaltung nur dann ausgeschlossen sein kann, wenn der nicht verwaltende Ehegatte einen Erwerb von Todes wegen macht, während bei der Mitverwaltung das Gesamtgut in keinem Falle haftet, wenn einem der Ehegatten eine Erbschaft oder ein Vermächtnis als Vorbehalts- oder Sondergut anfällt.

II. Anwendungsgebiet

3 Wegen der Übereinstimmung mit § 1439 kann auf die Erläuterungen dort verwiesen werden, wobei lediglich die oben unter Rn 2 dargelegte Abweichung zu berücksichtigen ist.

III. Beweislast

4 Da grundsätzlich die Verbindlichkeiten jedes Ehegatten Gesamtgutsverbindlichkeiten sind, hat derjenige, der den Anfall einer Erbschaft oder eines Vermächtnisses als Vorbehalts- oder Sondergut und damit die Haftungsfreiheit des Gesamtguts behauptet, die Tatsachen zu beweisen, aus denen sich die Eigenschaft als Vorbehalts- oder Sondergut ergibt (s auch § 1459 Rn 9). Ferner besteht eine Vermutung, dass alles Vermögen, das sich im Besitz eines oder beider Ehegatten befindet, Gesamtgut ist (vgl § 1416 Rn 12).

IV. Inventarerrichtung

Die Errichtung eines Inventars kann, wenn die einem Ehegatten zugefallene Erb- **5** schaft in das Gesamtgut gefallen ist, auch der andere Ehegatte vornehmen (s § 1455 Ziff 3 und Rn 17 hierzu). Hat ein Ehegatte die Erbschaft jedoch als Vorbehaltsgut erworben, so ist der andere Ehegatte, wie § 1455 Ziff 3 ausdrücklich hervorhebt, zur Errichtung eines Inventars nicht berechtigt. Diese Regelung rechtfertigt sich durch den in § 1461 ausgesprochenen Ausschluss der Haftung des Gesamtguts und damit auch des anderen Ehegatten für die Nachlassverbindlichkeiten.

§ 1462
Haftung für Vorbehalts- oder Sondergut

Das Gesamtgut haftet nicht für eine Verbindlichkeit eines Ehegatten, die während der Gütergemeinschaft infolge eines zum Vorbehaltsgut oder zum Sondergut gehörenden Rechts oder des Besitzes einer dazu gehörenden Sache entsteht. Das Gesamtgut haftet jedoch, wenn das Recht oder die Sache zu einem Erwerbsgeschäft gehört, das ein Ehegatte mit Einwilligung des anderen Ehegatten selbständig betreibt, oder wenn die Verbindlichkeit zu den Lasten des Sondergutes gehört, die aus den Einkünften beglichen zu werden pflegen.

Materialien: Zu § 1462 nF: E I –; II –; III 1462;
BT-Drucks 2/3409, 31.
Vgl STAUDINGER/BGB-Synopse 1896–2005
§ 1462.

I. Grundgedanke

Der § 1462 weicht von der für die Alleinverwaltung geltenden Parallelvorschrift des **1** § 1440 insoweit ab, als er die Haftung des Gesamtgutes für gewisse mit dem Vorbehalts- oder Sondergut in Zusammenhang stehende Verbindlichkeiten beider Ehegatten ausschließt, während sich § 1440 auf derartige Verbindlichkeiten des nicht verwaltenden Ehegatten beschränkt. Das Gesetz schließt für diese Verbindlichkeiten die Haftung des Gesamtgutes aus, weil sie mit dem Vorbehalts- oder Sondergut untrennbar zusammenhängen (Mot IV 373, 253). Von dieser Ausnahme macht S 2 *zwei Unterausnahmen*:

1. Die Haftung des Gesamtgutes für Verbindlichkeiten, die mit einem Erwerbsgeschäft zusammenhängen, entspricht der auch sonst üblichen Sonderbehandlung dieser Verbindlichkeiten (vgl §§ 1431, 1456; Mot IV 373, 253, 241 f).

2. Für die gewöhnlichen Lasten des Sonderguts gründet sich die ausnahmsweise vorgesehene Haftung des Gesamtgutes darauf, dass das Sondergut für Rechnung des Gesamtgutes verwaltet wird (§ 1417 Abs 3 S 2) und daher die Lasten des Sondergutes auch im Verhältnis der Ehegatten zueinander das Gesamtgut treffen (§§ 1463 Nr 2, 3, 1462 S 1). Diese beiden Ausnahmen des Satzes 2 entsprechen der für die interne Schuldenhaftung der Ehegatten getroffenen Regelung (vgl §§ 1463 Nr 2, 3, 1464).

II. Anwendungsgebiet

2 § 1462 stimmt inhaltlich im Wesentlichen mit § 1440 überein, lediglich insoweit als § 1462 für *beide* Ehegatten gilt, liegt eine Abweichung vor. Die Erläuterungen zu § 1440 gelten unter Berücksichtigung dieser Abweichung auch hier.

§ 1463
Haftung im Innenverhältnis

Im Verhältnis der Ehegatten zueinander fallen folgende Gesamtgutsverbindlichkeiten dem Ehegatten zur Last, in dessen Person sie entstehen:

1. **die Verbindlichkeiten aus einer unerlaubten Handlung, die er nach Eintritt der Gütergemeinschaft begeht, oder aus einem Strafverfahren, das wegen einer solchen Handlung gegen ihn gerichtet wird,**

2. **die Verbindlichkeiten aus einem sich auf sein Vorbehaltsgut oder sein Sondergut beziehenden Rechtsverhältnis, auch wenn sie vor Eintritt der Gütergemeinschaft oder vor der Zeit entstanden sind, zu der das Gut Vorbehaltsgut oder Sondergut geworden ist,**

3. **die Kosten eines Rechtsstreits über eine der in den Nummern 1 und 2 bezeichneten Verbindlichkeiten.**

Materialien: Zu § 1463 nF: E I –; E II –; E III 1463; BT-Drucks 2/3409 S 31.
Vgl STAUDINGER/BGB-Synopse 1896–2005 § 1463.

I. Grundgedanke

1 § 1463 *entspricht wörtlich* dem für die Alleinverwaltung des Gesamtgutes geltenden § 1441. In seiner Bedeutung dürfte § 1463 dem § 1441 nachstehen, weil der Bereich der Gesamtgutsverbindlichkeiten, um deren internen Ausgleich es bei beiden Vorschriften geht, bei der Mitverwaltung ein engerer ist als bei der Alleinverwaltung. Rechtsgeschäfte des alleinverwaltenden Ehegatten begründen, auch wenn sie sich auf dessen Vorbehaltsgut beziehen, grundsätzlich immer Gesamtgutsverbindlichkeiten (§ 1438 Abs 1), während dies bei Rechtsgeschäften, die ein mitverwaltender Ehegatte allein abgeschlossen hat, nicht der Fall ist (§ 1460 Abs 1). Im ersten Fall ergibt sich aus § 1441 Ziff 2, dass der alleinverwaltende Ehegatte die mit seinem Vorbehaltsgut zusammenhängende Gesamtgutsverbindlichkeit im Innenverhältnis zu tragen hat. Der gleichlautende § 1463 Ziff 2 kommt im zweiten Falle mangels Vorliegens einer Gesamtgutsverbindlichkeit überhaupt nicht zur Anwendung; er ist

nur dann von Bedeutung, wenn etwa der andere Ehegatte dem auf das Vorbehaltsgut bezüglichen Rechtsgeschäft zugestimmt hat und dadurch eine Gesamtgutsverbindlichkeit entstanden ist (§ 1459 Rn 6). In anderer Beziehung decken sich allerdings
die Anwendungsgebiete der §§ 1441 und 1463, so etwa hinsichtlich der Haftung für
vor dem Eintritt der Gütergemeinschaft begründete oder aus dem Gesetz – insbesondere den Vorschriften über die unerlaubten Handlungen – sich ergebende Verbindlichkeiten.

Diejenigen Verbindlichkeiten eines Ehegatten, die Gesamtgutsverbindlichkeiten **2**
sind, fallen grundsätzlich auch im Verhältnis der Ehegatten zueinander dem Gesamtgut zur Last. Von diesem Grundsatz macht § 1463 (ebenso wie §§ 1465, 1466)
mehrere Ausnahmen. Die in § 1463 Nr 2 u 3 getroffene Ausnahmeregelung wird
ihrerseits wieder von § 1464 durchbrochen.

II. Anwendungsgebiet

Wegen der **wörtlichen und inhaltlichen Übereinstimmung mit** § 1441 kann auf die **3**
Erläuterungen dort verwiesen werden.

§ 1464
Verbindlichkeiten des Sonderguts und eines Erwerbsgeschäfts

**Die Vorschriften des § 1463 Nr. 2, 3 gelten nicht, wenn die Verbindlichkeiten zu den
Lasten des Sonderguts gehören, die aus den Einkünften beglichen zu werden pflegen. Die Vorschrift gilt auch dann nicht, wenn die Verbindlichkeiten durch den
Betrieb eines für Rechnung des Gesamtgutes geführten Erwerbsgeschäfts oder infolge eines zu einem solchen Erwerbsgeschäft gehörenden Rechts oder des Besitzes
einer dazu gehörenden Sache entstehen.**

Materialien: Zu § 1464 nF: E I –; II –; III 1464;
BT-Drucks 2/3409 S 31.
Vgl STAUDINGER/BGB-Synopse 1896–2005
§ 1464.

I. Grundgedanke

Abgesehen von dem Hinweis auf § 1463 Nr 2 und 3 **entspricht § 1464 wörtlich** dem für **1**
die Alleinverwaltung geltenden § 1442. Wegen der Rechtsentwicklung kann auf Rn 1
zu § 1442 verwiesen werden. § 1464 stellt eine Unterausnahme dar. Grundsätzlich
fallen die Gesamtgutsverbindlichkeiten im Verhältnis der Ehegatten untereinander
dem Gesamtgut zur Last. Die Ausnahmen von diesem Grundsatz sind in den
§§ 1463, 1465 und 1466 geregelt. Die Ausnahmevorschrift des § 1463 wird, soweit
sie sich auf gewisse mit dem Vorbehalts- und Sondergut zusammenhängende Verbindlichkeiten bezieht (Nr 2 und 3), wiederum durch § 1464 durchbrochen. Verbindlichkeiten, die sich an das Sondergut knüpfen, fallen entgegen § 1463 Nr 2 und 3
dann dem Gesamtgut zur Last, wenn sie zu den Lasten des Sondergutes gehören, die

aus den Einkünften beglichen zu werden pflegen. Diese Regelung ist deswegen sinnvoll und erforderlich, weil andererseits die Einkünfte des Sonderguts in das Gesamtgut fallen (§ 1417 Abs 3 S 2).

Ebenso entspricht es der Billigkeit, dass Verbindlichkeiten, die ihren Grund im Betrieb eines selbständigen Erwerbsgeschäfts haben, dem Gesamtgut zur Last fallen, wenn der Betrieb für Rechnung des Gesamtgutes geführt wird. Von großer praktischer Bedeutung ist die Bestimmung insoweit nicht, als sie sich nur auf ein zum Sondergut gehörendes Erwerbsgeschäft beziehen könnte. Auf Erwerbsgeschäfte, die zum Gesamtgut gehören, findet § 1463 Nr 2 und 3 und danach auch die Unterausnahme des § 1464 keine Anwendung; gehört ein Erwerbsgeschäft zum Vorbehaltsgut eines Ehegatten, so wird es nicht für Rechnung des Gesamtguts, sondern gem § 1418 Abs 2 S 2 für eigene Rechnung des betreffenden Ehegatten verwaltet.

II.   Anwendungsgebiet

2 Wegen der vollständigen Übereinstimmung des § 1464 mit § 1442 kann auf die dortigen Erläuterungen verwiesen werden.

§ 1465
Prozesskosten

(1) Im Verhältnis der Ehegatten zueinander fallen die Kosten eines Rechtsstreits, den die Ehegatten miteinander führen, dem Ehegatten zur Last, der sie nach allgemeinen Vorschriften zu tragen hat.

(2) Führt ein Ehegatte einen Rechtsstreit mit einem Dritten, so fallen die Kosten des Rechtsstreits im Verhältnis der Ehegatten zueinander dem Ehegatten zur Last, der den Rechtsstreit führt. Die Kosten fallen jedoch dem Gesamtgut zur Last, wenn das Urteil dem Gesamtgut gegenüber wirksam ist oder wenn der Rechtsstreit eine persönliche Angelegenheit oder eine Gesamtgutsverbindlichkeit des Ehegatten betrifft und die Aufwendung der Kosten den Umständen nach geboten ist; § 1463 Nr. 3 und § 1464 bleiben unberührt.

Materialien: Zu § 1465 nF: E I –; II –; III 1465;
BT-Drucks 2/3409 S 31.
Vgl STAUDINGER/BGB-Synopse 1896–2005
§ 1465.

I.   Grundgedanke

1 § 1465 entspricht dem für die Alleinverwaltung geltenden § **1443**, jedoch **mit der Maßgabe**, dass sich die in Abs 2 enthaltene Vorschrift **auf beide Ehegatten** bezieht, während die Abs 2 des § 1443 lediglich für den nicht verwaltenden Ehegatten gilt. Wegen der Rechtsentwicklung kann auf § 1443 Rn 1 verwiesen werden.

Die Gesamtgutsverbindlichkeiten fallen grundsätzlich auch im Verhältnis der Ehe- **2**
gatten untereinander dem Gesamtgut zur Last. Wie die §§ 1463 und 1466 enthält auch
§ 1465 Ausnahmen von diesem Grundsatz, und zwar hinsichtlich der Kosten von den
Ehegatten geführter Rechtsstreitigkeiten, die im Außenverhältnis in jedem Falle das
Gesamtgut treffen (§ 1460 Abs 2). Abs 1 regelt die Aufteilung der Kosten eines zwischen den Ehegatten geführten Rechtsstreits dahingehend, dass der Ehegatte, der sie
nach den allgemeinen Bestimmungen der Prozessgesetze zu tragen hat, auch im Innenverhältnis der Gütergemeinschaft mit ihnen belastet bleibt. Abs 2 bestimmt für die
zwischen einem der Ehegatten und einem Dritten geführten Prozesse, dass der beteiligte Ehegatte die hieraus erwachsenden Kosten im Innenverhältnis zu tragen hat.
Nach der Parallelvorschrift des § 1443 gilt dies nur für den nicht verwaltenden
Ehegatten; die Kosten der vom Gesamtgutsverwalter geführten Rechtsstreitigkeiten
fallen auch im Innenverhältnis immer dem Gesamtgut zur Last. In zwei Fällen kehrt
§ 1465 Abs 2 S 2 jedoch zu dem Grundsatz der Haftung des Gesamtgutes zurück.

Wegen des Begriffs der Kosten des Rechtsstreits s § 1438 Rn 11. Als Kosten des **3**
Rechtsstreits im Sinne des § 1465 sind jedoch (anders als im Falle des § 1460 Abs 2;
dazu § 1443 Rn 4) auch die dem eigenen Anwalt oder Gerichtsvollzieher auf Grund
Rechtsgeschäfts geschuldeten Kosten anzusehen. Ein **Prozesskostenvorschuss** gemäß
§ 1360a Abs 4, der aus dem Gesamtgut gewährt wurde, ist dem Gesamtgut nach
Beendigung der Gütergemeinschaft nach den §§ 1465, 1468 zu erstatten (BGHZ 56, 92,
95; anders BGH FamRZ 1986, 42 mit Hinweis auf die unterhaltsrechtliche Natur des Anspruchs).

II. Anwendungsgebiet

Wegen der inhaltlichen Übereinstimmung mit § 1443 kann wegen der weiteren Ein- **4**
zelheiten auf die Erläuterungen dort mit der Maßgabe verwiesen werden, dass sich
§ 1465 Abs 2 auf beide Ehegatten bezieht (s oben Rn 1).

§ 1466
Kosten der Ausstattung eines nicht gemeinschaftlichen Kindes

**Im Verhältnis der Ehegatten zueinander fallen die Kosten der Ausstattung eines
nicht gemeinschaftlichen Kindes dem Vater oder der Mutter des Kindes zur Last.**

Materialien: Zu § 1466 nF: E I –; E II –; E III
1466; BT-Drucks 2/3409.
Vgl STAUDINGER/BGB-Synopse 1896–2005
§ 1466.

Systematische Übersicht

I. Allgemeines

1 § 1466 enthält (wie die §§ 1463 und 1465) eine **Ausnahme** von dem Grundsatz, dass die Gesamtgutsverbindlichkeiten auch im Verhältnis der Ehegatten zueinander dem Gesamtgut zur Last fallen. Die Vorschrift betrifft die **Ausstattung eines nicht gemeinschaftlichen Kindes** aus dem Gesamtgut. Sie entspricht dem für die Alleinverwaltung geltenden § 1444; jedoch ist die in § 1466 getroffene Regelung wesentlich einfacher. Vor allem wird die Ausstattung eines gemeinschaftlichen Kindes nicht erwähnt; es wird als selbstverständlich vorausgesetzt, dass deren Kosten – der Regel entsprechend – im Verhältnis der Ehegatten zueinander dem Gesamtgut zur Last fallen. Dies gilt auch für Ausstattungen, die das dem Gesamtgut entsprechende Maß übersteigen. Eine besondere Regelung, wie sie § 1444 trifft, erscheint bei der Mitverwaltung nicht erforderlich, weil die Ausstattung von beiden Ehegatten gemeinsam gewährt wird und es daher jedem Ehegatten freisteht, eine übermäßige Belastung des Gesamtgutes zu verhindern (wegen der Ausnahmefälle s unten Rn 9 ff). Ausdrücklich erwähnt wird nur der Fall, dass ein nicht gemeinschaftliches Kind ausgestattet worden ist. In diesem Fall sind die Kosten der Ausstattung im Innenverhältnis vom Vater oder der Mutter des Kindes zu tragen, und zwar ebenfalls ohne Rücksicht darauf, ob sie den Verhältnissen der Ehegatten entsprechen oder nicht. Derjenige Ehegatte, um dessen Kind es sich handelt und zu dessen Lasten daher die Ausstattung erfolgt, hat als Mitverwalter die Möglichkeit, seine Belastung in angemessenen Grenzen zu halten.

2 Im **Gegensatz zu § 1444**, der zwischen dem Versprechen und dem Gewähren einer Ausstattung unterscheidet, spricht § 1466 nur von den Kosten einer Ausstattung. Einen sachlichen Unterschied begründet dies nicht.

3 Wegen des **Begriffs** der gemeinschaftlichen und nicht gemeinschaftlichen Kinder s § 1444 Rn 4.

II. Ausstattung eines gemeinschaftlichen Kindes

4 Sie ist, wie § 1466 voraussetzt (s Rn 1), **Sache beider Ehegatten. Ihre Kosten gehen** daher grundsätzlich auch im Innenverhältnis **zu Lasten des Gesamtguts**. Entspricht eine Ausstattung nur deswegen den Verhältnissen der Ehegatten, weil außer dem Gesamtgut noch Vorbehaltsgut vorhanden ist, so kann jeder Ehegatte verlangen, dass die Ausstattung nur zu dem Teile aus dem Gesamtgut erfolgt, der dem Verhältnis des Wertes des Gesamtgutes zum Werte der übrigen Vermögensmassen entspricht (s hierzu auch § 1444 Rn 5 ff). Wegen der grundsätzlichen Verschiedenheit des Unterhalts und der Ausstattung kommt § 1420 auch nicht entsprechend zur Anwendung. Erbringen die Ehegatten die Ausstattung aber nur aus dem Gesamtgut, so wird dies in aller Regel als Einigung darüber aufzufassen sein, dass das Gesamtgut auch mit sämtlichen Kosten der Ausstattung belastet bleiben soll.

Gewährt ein Ehegatte, was ihm selbstverständlich freisteht, einem gemeinschaft- 5 lichen Kind eine **Ausstattung aus seinem Vorbehaltsgut**, so kann er die **Erstattung seiner Aufwendungen** aus dem Gesamtgut nur insoweit verlangen, als die Ausstattung dem Gesamtgut entspricht (vgl Mot IV 390). Rechtsgrundlage für diesen Anspruch ist § 1467 Abs 2; der Ehegatte, der eine sittliche Verpflichtung, die an sich aus dem Gesamtgut erfüllt werden müsste, aus Mitteln seines Vorbehaltsgutes erfüllt, macht dadurch eine Verwendung in das Gesamtgut. Eines Zurückgreifens auf die Vorschriften über die ungerechtfertigte Bereicherung oder die Geschäftsführung ohne Auftrag bedarf es daneben nicht (vgl auch § 1445 Rn 9). Der **Anspruch kann ausgeschlossen sein**, wenn sich aus den Umständen ergibt, dass der betreffende Ehegatte eine Erstattung seiner zu Lasten des Vorbehaltsgutes gemachten Aufwendungen aus dem Gesamtgut nicht verlangen wollte. Hiervon wird in aller Regel auszugehen sein, wenn der Ehegatte die Ausstattung aus seinem Vorbehaltsgut gewährt, nachdem der andere Ehegatte seine Zustimmung zur Ausstattung eines Kindes aus dem Gesamtgut verweigert und der ausstattende Ehegatte den Versuch, die Zustimmung gem § 1452 ersetzen zu lassen (vgl unten Rn 8), nicht gemacht hat. Hat das Vormundschaftsgericht dagegen die Ersetzung der Zustimmung abgelehnt und gewährt der Ehegatte gleichwohl eine Ausstattung aus seinem Vorbehaltsgut, so fehlt es bereits an einer Verwendung in das Gesamtgut iS des § 1467 Abs 2.

III. Ausstattung eines nicht gemeinschaftlichen Kindes

Die Ausstattung eines nicht gemeinschaftlichen Kindes ist **grundsätzlich Sache des-** 6 **jenigen Ehegatten, von dem das Kind abstammt.** Die Kosten einer aus dem Gesamtgut bestrittenen Ausstattung fallen daher im Innenverhältnis dem Vater oder der Mutter des Kindes zur Last. Es steht dem anderen Ehegatten jedoch frei, sich im Einzelfall damit einverstanden zu erklären (vgl auch unten Rn 13), dass das Gesamtgut die Kosten der Ausstattung auch im Innenverhältnis trägt. Dies kann sich auch ohne ausdrückliche Vereinbarung aus den Umständen ergeben. Jedoch ist es nicht angängig, aus der bloßen Zustimmung des Ehegatten, der nicht Elternteil des Kindes ist, zur Ausstattung mit Mitteln des Gesamtgutes bereits auf einen Verzicht auf die Ausgleichung zu schließen. Diese Zustimmung ist Voraussetzung dafür, dass die Ausstattung überhaupt mit Wirkung gegenüber dem Gesamtgut versprochen oder gewährt werden kann; wenn § 1466 den Ausgleich im Innenverhältnis regelt, so wird dabei unterstellt, dass beide mitverwaltenden Ehegatten bei der Ausstattung mitgewirkt haben.

Stattet ein Ehegatte sein Kind, das nicht zugleich Kind des anderen Ehegatten ist, **aus** 7 **seinem Vorbehaltsgut** aus, so ergibt sich aus § 1466, dass er – mangels einer entsprechenden Vereinbarung der Ehegatten – **keine Erstattung seiner Aufwendungen** aus dem Gesamtgut verlangen kann. Wird das Kind eines Ehegatten von dem anderen Ehegatten aus dessen Vorbehaltsgut ausgestattet – ein seltener Fall –, so kommt zwar ein Anspruch des Ausstattenden aus Geschäftsführung ohne Auftrag gegen den Elternteil des Kindes, der aus dessen Vorbehaltsgut zu befriedigen wäre, in Betracht. Aus dem Umstand, dass der ausstattende Ehegatte freiwillig sein eigenes Vorbehaltsgut angegriffen hat, anstatt den naheliegenden Weg einer Ausstattung aus dem

Gesamtgut zu wählen, dürfte sich jedoch ergeben, dass ihm die Absicht fehlte, Ersatz für seine Aufwendungen zu verlangen (§ 685 Abs 1).

IV. Ersetzung der Zustimmung durch das Vormundschaftsgericht

8 Weigert sich ein Ehegatte, der Ausstattung eines gemeinschaftlichen oder nicht gemeinschaftlichen Kindes aus dem Gesamtgut zuzustimmen, so kann der andere Ehegatte die Ersetzung der Zustimmung durch das Vormundschaftsgericht gem § 1452 beantragen. Wenngleich ein Rechtsanspruch auf eine Ausstattung nicht besteht, kann doch die **einer sittlichen Verpflichtung der Ehegatten entsprechende Gewährung einer Ausstattung** uU als Rechtsgeschäft angesehen werden, das zur ordnungsgemäßen Verwaltung des Gesamtguts erforderlich ist (ERMAN/HECKELMANN Rn 1; BGB-RGRK/FINKE Rn 3; BayObLGZ 23, 160; **aM** BAMBERGER/ROTH/MAYER Rn 1 Fn 1). Es kommt hierbei jedoch auf die **Umstände des Einzelfalls** an; zu berücksichtigen ist, dass das Gesamtgut in erster Linie den Ehegatten und den noch nicht selbständigen Kindern als wirtschaftliche Lebensgrundlage zu dienen hat. Eine die Verhältnisse des Gesamtguts übersteigende Ausstattung, die gem § 1624 als Schenkung gilt, kann das Vormundschaftsgericht nicht sanktionieren (vgl § 1452 Rn 5). Handelt es sich um das Kind nur eines Ehegatten und verfügt dieser über ein zur Ausstattung ausreichendes Vorbehaltsgut, so besteht für die Gewährung einer Ausstattung aus dem Gesamtgut, deren Kosten ja doch alsbald gem §§ 1466, 1468 aus dem Vorbehaltsgut des betreffenden Ehegatten zu erstatten wären, keine Veranlassung. Der die Ersetzung der Zustimmung beantragende Ehegatte muss den Umfang der vorgesehenen Ausstattung genau angeben; das Vormundschaftsgericht kann nicht eine Ausstattung schlechthin, sondern nur bestimmte Rechtsgeschäfte gutheißen, welche die Ausstattung bewirken sollen.

V. Ausstattung eines Kindes durch einen Ehegatten

9 Der in § 1450 ausgesprochene Grundsatz der gemeinschaftlichen Verwaltung hindert den einzelnen Ehegatten, soweit er nicht über Vorbehaltsgut verfügt (s hierzu Rn 5), in der Regel daran, ein Kind ohne Mitwirkung des anderen Ehegatten auszustatten. **Ausnahmsweise wird ein Ehegatte die Ausstattung dann alleine vornehmen können, wenn die Voraussetzungen des § 1454** vorliegen, dh wenn der andere Ehegatte wegen Krankheit oder Abwesenheit an der Mitwirkung gehindert ist und mit einem Aufschub Gefahr verbunden wäre (aA MünchKomm/KANZLEITER Rn 2: praktisch niemals Gefahr; BAMBERGER/ROTH/MAYER Rn 1 Fn 2). Dem Gesamtgut selbst wird zwar durch das Unterbleiben der Ausstattung eines Kindes kaum ein Nachteil entstehen; erkennt man jedoch die Ausstattung der Kinder als eine aus den Mitteln des Gesamtgutes zu erfüllende sittliche Verpflichtung der Ehegatten an, so wird man als „Gefahr" im Sinne des § 1454 auch ansehen müssen, dass die Hergabe einer Ausstattung deswegen ihren Zweck verfehlt, weil die für das auszustattende Kind günstige Gelegenheit einer Existenzgründung nicht genutzt werden kann.

10 Hat ein Ehegatte den anderen Ehegatten zur Gewährung einer Ausstattung an ein Kind **bevollmächtigt**, so gilt das in Rn 9 Gesagte entsprechend; an der Stelle der angemessenen Ausstattung steht gegebenenfalls die den bei der Bevollmächtigung erteilten Richtlinien entsprechende Ausstattung.

Stattet ein Ehegatte ein Kind aus, **ohne** dass die Voraussetzungen des § 1454 oder **11** **eine Bevollmächtigung** vorliegen, so ist die Ausstattung dem Gesamtgut gegenüber **nicht wirksam.** Das Geleistete kann zurückverlangt werden, und zwar auch durch den übergangenen Ehegatten allein (§ 1455 Ziff 8). Ist es nicht möglich, von dem ausgestatteten Kind die aus dem Gesamtgut erbrachten Leistungen zurückzuverlangen, so kommt – in entsprechender Anwendung des § 1435 S 3 – ein Schadensersatzanspruch gegen den ausstattenden Ehegatten wegen der Verletzung dieser Verpflichtungen als Mitverwalter in Betracht (s hierzu § 1451 Rn 14).

VI. Zeitpunkt des Ausgleichs

Der Zeitpunkt, zu dem der mit den Kosten der Ausstattung belastete Ehegatte **12** ausgleichen muss, ergibt sich aus § 1468: Danach hat er, soweit sein Vorbehaltsgut ausreicht, alsbald zum Gesamtgut Ersatz zu leisten; anderenfalls findet die Ausgleichung erst bei Beendigung des Güterstandes statt. Vgl im Übrigen die Erl zu § 1468.

VII. Abweichende Vereinbarungen

Abweichende Vereinbarungen beliebigen Inhalts sind im Voraus im Rahmen eines **13** Ehevertrages **zulässig.** Für einen konkreten Einzelfall kann eine abweichende Regelung auch ohne Einhaltung der Form des Ehevertrages getroffen werden.

§ 1467
Ausgleichung zwischen Vorbehalts-, Sonder- und Gesamtgut

(1) Verwendet ein Ehegatte Gesamtgut in sein Vorbehaltsgut oder in sein Sondergut, so hat er den Wert des Verwendeten zum Gesamtgut zu ersetzen.

(2) Verwendet ein Ehegatte Vorbehaltsgut oder Sondergut in das Gesamtgut, so kann er Ersatz aus dem Gesamtgut verlangen.

Materialien: Zu § 1467 nF: E I; E II; E III 1466;
BT-Drucks 2/3409, 31.
Vgl STAUDINGER/BGB-Synopse 1896–2005
§ 1467.

I. Grundgedanke

§ 1467 regelt für die gemeinschaftliche Verwaltung die Ausgleichung zwischen dem **1** Gesamtgut einerseits und dem Vorbehaltsgut oder Sondergut desjenigen Ehegatten andererseits, der Gesamtgut in sein Vorbehalts- oder Sondergut oder umgekehrt sein Vorbehaltsgut oder Sondergut in das Gesamtgut verwendet. Die Vorschrift *entspricht* damit dem für die Alleinverwaltung geltenden § 1455, welcher wiederum auf § 1466 aF zurückgeht. Zwar kommt als Anspruchsgrundlage für die Ersatzverpflichtung auch die entsprechende Anwendung von § 1435 S 3 in Betracht (s § 1450

Rn 42), doch hat § 1467 dann insbesondere für die Fälle Bedeutung, bei denen die Voraussetzungen von § 1435 S 3 nicht bewiesen werden können und ein Herausgabeanspruch nach §§ 812 ff scheitert, weil dieser Anspruch auf die zur Zeit der Rechtshängigkeit des Anspruchs noch vorhandene Bereicherung beschränkt ist (s § 1445 Rn 3).

2 § 1467 sieht (ebenso wie § 1445 für die Alleinverwaltung) eine **Sicherung in doppelter Hinsicht vor**: Der wichtigere Abs 1 schützt den nicht verwendenden Ehegatten; Abs 2 bestätigt allgemeine Grundsätze für den Fall von Verwendungen in ein Sondervermögen. Die Ausgleichung zwischen dem Gesamtgut und dem Vorbehalts- oder Sondergut des nicht verwendeten Ehegatten richtet sich nach allgemeinen Grundsätzen.

II. Anwendungsbereich

3 Unter Berücksichtigung Abweichung zu § 1445 (s oben Rn 1), dass § 1467 für und gegen beide Ehegatten Anwendung findet, gelten die **Erläuterungen zu § 1445 entsprechend**. Auf diese wird verwiesen.

III. Verwendungen von Gesamtgut durch einen Ehegatten in Vorbehalts- oder Sondergut des anderen Ehegatten und umgekehrt

4 Für die Fälle, in denen durch den einen Ehegatten Verwendungen aus dem Gesamtgut in das Vorbehalts- oder Sondergut des *anderen*, des nichtverwendenden Ehegatten, oder umgekehrt aus dessen Sondervermögen in das Gesamtgut gemacht worden sind, hat das Gesetz mit Rücksicht darauf, dass das Sondervermögen des nicht verwendenden Ehegatten und das Gesamtgut regelmäßig nicht in einer Hand vereinigt sind, besondere Bestimmungen nicht getroffen. Es finden daher in dieser Beziehung die **allgemeinen Vorschriften** über Geschäftsführung ohne Auftrag (§§ 677 ff) und Herausgabe einer ungerechtfertigten Bereicherung (§§ 812 ff) Anwendung (Mot IV 382 zu § 1466 aF).

5 Die allgemeinen Vorschriften der §§ 677 ff, 812 ff werden auch hier ergänzt durch **§ 1360b**. Handelt es sich also um eine Verwendung für den Unterhalt der Familie, so ist im Zweifel anzunehmen, dass dem nicht verwendenden Ehegatten keine Ersatzverbindlichkeit obliegen oder ihm kein Ersatzanspruch zustehen soll. Über die **Fälligkeit** einer dem nicht verwendenden Ehegatten etwa obliegenden Ersatzverbindlichkeit s § 1468. Hinsichtlich der Fälligkeit eines ihm etwa zustehenden Ersatzanspruchs bleibt es beim Grundsatz des § 271; dh, wenn nichts anderes vereinbart worden ist, kann die Leistung sofort verlangt werden.

IV. Verwendungen von Vorbehalts- oder Sondergut des einen Ehegatten in das Sondervermögen des anderen Ehegatten und umgekehrt

6 Ob ein Ersatzanspruch besteht, wenn Vorbehaltsgut oder Sondergut des einen Ehegatten in das Vorbehaltsgut oder Sondergut des anderen Ehegatten oder umgekehrt verwendet worden ist, bemisst sich nach den Grundsätzen über die Geschäftsführung ohne Auftrag (§§ 677 ff) und Herausgabe einer ungerechtfertigten Bereicherung (§§ 812 ff). Für die Fälligkeit solcher Ersatzansprüche gilt § 1468.

§ 1468
Fälligkeit des Ausgleichsanspruchs

Was ein Ehegatte zum Gesamtgut oder was er zum Vorbehaltsgut oder Sondergut des anderen Ehegatten schuldet, braucht er erst nach Beendigung der Gütergemeinschaft zu leisten; soweit jedoch das Vorbehaltsgut und das Sondergut des Schuldners ausreichen, hat er die Schuld schon vorher zu berichtigen.

Materialien: Zu § 1468 nF: E I –; E II –; E III
1468; BT-Drucks 2/3409, 31.
Vgl STAUDINGER/BGB-Synopse 1896–2005
§ 1468.

I. Grundgedanke

§ 1468 bestimmt für die gemeinschaftliche Verwaltung die Fälligkeit der den Ehe- **1** gatten obliegenden Verbindlichkeiten gegenüber dem Gesamtgut sowie gegenüber dem Vorbehaltsgut oder dem Sondergut des jeweils anderen Ehegatten. Die Vorschrift entspricht damit dem für die Alleinverwaltung geltenden § 1446 Abs 2, welcher seinerseits wiederum auf § 1467 aF zurückgeht. Wegen der Rechtsentwicklung kann auf § 1446 Rn 1 verwiesen werden.

Nicht ausgeschlossen wird durch § 1468, dass schon während des Bestehens der **2** Gütergemeinschaft **Feststellungsklage** (§ 256 ZPO) oder **Klage auf künftige Leistung** (§ 259 ZPO) erhoben wird. Auch die Zulässigkeit eines Antrages auf **Arrest oder einstweilige Verfügung** wird durch § 1468 nicht berührt, zu den Einzelheiten s § 1446 Rn 3 mwNw.

II. Schulden und Ansprüche der Ehegatten

Was die Ehegatten zum Gesamtgut schulden, brauchen sie grundsätzlich erst nach **3** **Beendigung der Gütergemeinschaft** zu leisten (HS 1; dazu s § 1446 Rn 6 u 7). Dieser Rechtssatz folgt aus dem Wesen der Gütergemeinschaft: Danach hat das Gesamtgut die Funktion des Vermögens des einen wie des anderen Ehegatten; während des Bestehens der Gemeinschaft soll der Gegensatz in den vermögensrechtlichen Interessen der Ehegatten tunlichst zurücktreten. Ferner ist Vorbehalts- und Sondergut eines Ehegatten bei der Gütergemeinschaft verhältnismäßig selten vorhanden. Eine **Ausnahme** besteht jedoch nach HS 2 Der Gläubiger kann den Anspruch trotz bestehender gemeinschaftlicher Verwaltung des Gesamtguts gegen den Schuldner ohne dessen Mitwirkung erheben und gegebenenfalls gerichtlich geltend machen (§ 1455 Nr 6).

Dass Vorbehalts- oder Sondergut des Schuldners vorhanden ist und zur Berichtigung **4** seiner Schuld ausreicht, hat der **Kläger** als klagebegründende Tatsache zu **beweisen,** und zwar bereits im Prozess, nicht erst im Zwangsvollstreckungsverfahren (s § 1446 Rn 8).

5 Nicht ausgeschlossen ist, dass der Schuldner sich auf eine auf anderen Gründen beruhende **Hinausschiebung seiner Erfüllungspflicht** beruft (Mot IV 391 zu § 1467; vgl zB § 273).

6 Für das, **was der eine Ehegatte zum Vorbehalts- oder Sondergut des anderen Ehegatten schuldet**, gilt die gleiche Regelung wie bei Schulden zum Gesamtgut. Der Schuldner braucht daher auch hier **erst nach Beendigung der Gütergemeinschaft zu leisten** (HS 1). Eine *Ausnahme* gilt auch hier insoweit, als zur Berichtigung der Schuld das Vorbehalts- und Sondergut des Schuldners ausreicht (HS 2; s oben Rn 3).

7 **Was ein Ehegatte aus dem Gesamtgut zu fordern** hat, kann er auch **während des Bestehens der Gütergemeinschaft** verlangen. § 1468 trifft insoweit keine Bestimmung (OLG München SeuffBl 75, 785 zu § 1467 aF), so dass es hier bei der allgemeinen Regel des § 271 sein Bewenden hat. Ohne Belang ist dabei, ob der Anspruch zum Vorbehalts- oder Sondergut des Gläubigers gehört. Früher war dagegen für zum Sondergut der Frau gehörende Ansprüche gegen das Gesamtgut gemäß §§ 1439 S 2, 1505 Abs 2 aF die rechtliche Schranke des § 1394 aF maßgebend.

8 Anders verhält es sich mit der Fälligkeit dessen, **was der eine Ehegatte aus dem Vorbehalts- oder Sondergut des anderen Ehegatten** zu fordern hat. Die Forderung des einen Ehegatten stellt sich stets als Verbindlichkeit des anderen Ehegatten zum Vorbehalts- oder Sondergut des Gläubigers dar und unterliegt damit § 1468. Die Fälligkeit einer solchen Forderung ist also bis nach Beendigung der Gütergemeinschaft hinausgeschoben.

III. Abweichende Vereinbarungen

9 Abweichende Vereinbarungen der Ehegatten über die Fälligkeit ihrer gegenseitigen Ansprüche sind zulässig, soweit dadurch nicht Rechte Dritter verletzt werden. Sofern die Abreden jedoch von § 1469 abweichen, bedürfen sie grundsätzlich der Form des Ehevertrages, es sei denn, dass sie sich nur auf einen Einzelfall beziehen (hM, vgl § 1446 Rn 16).

§ 1469
Aufhebungsklage

Jeder Ehegatte kann auf Aufhebung der Gütergemeinschaft klagen,

1. **wenn seine Rechte für die Zukunft dadurch erheblich gefährdet werden können, dass der andere Ehegatte ohne seine Mitwirkung Verwaltungshandlungen vornimmt, die nur gemeinschaftlich vorgenommen werden dürfen,**

2. **wenn der andere Ehegatte sich ohne ausreichenden Grund beharrlich weigert, zur ordnungsmäßigen Verwaltung des Gesamtgutes mitzuwirken,**

3. **wenn der andere Ehegatte seine Verpflichtung, zum Familienunterhalt beizutragen, verletzt hat und für die Zukunft eine erhebliche Gefährdung des Unterhalts zu besorgen ist,**

4. **wenn das Gesamtgut durch Verbindlichkeiten, die in der Person des anderen Ehegatten entstanden sind und diesem im Verhältnis der Ehegatten zueinander zur Last fallen, in solchem Maße überschuldet ist, dass sein späterer Erwerb erheblich gefährdet wird,**

5. **wenn die Wahrnehmung eines Rechtes des anderen Ehegatten, das sich aus der Gütergemeinschaft ergibt, vom Aufgabenkreis eines Betreuers erfasst wird.**

Materialien: Zu § 1469 nF: E I –; E II –; E III § 1469; BT-Drucks 2/2309, 31; BT-Drucks 11/4528, 106, Anl II S 204. Vgl STAUDINGER/BGB-Synopse 1896–2005 § 1469.

Systematische Übersicht

I.   Grundgedanken

§ 1469 regelt für die gemeinschaftliche Verwaltung die Klage auf Aufhebung der **1** Gütergemeinschaft. Die Bestimmung entspricht damit den für die Alleinverwaltung geltenden §§ 1447, 1448, die wiederum auf §§ 1468, 1469 aF zurückgehen. Wegen der **Rechtsentwicklung** kann auf § 1447 Rn 1 verwiesen werden. Im **Unterschied zur Alleinverwaltung**, bei der der nicht verwaltende Ehegatte (§ 1447) und der Gesamtgutsverwalter (§ 1448) hinsichtlich des Klagerechts verschieden gestellt sind, behandelt § 1469 beide Ehegatten infolge ihrer Gleichstellung als gemeinschaftliche Verwalter auch hinsichtlich des Klagerechts gleich. Hierbei ist jedoch die Stellung des mitverwaltenden Ehegatten in § 1469 weniger der des Gesamtgutsverwalters (§ 1448), welcher auf einen Aufhebungsgrund beschränkt ist, sondern mehr der des nicht verwaltenden Ehegatten (§ 1447) angenähert.

Bei den einzelnen Tatbeständen, die jeden mitverwaltenden Ehegatten zur Klage auf **2** Aufhebung der Gütergemeinschaft berechtigen sollen, geht das Gesetz davon aus, dass einerseits eine *erhebliche Gefährdung* der Rechte dieses Ehegatten vorliegt und dass andererseits diese Gefährdung *durch den beklagten Ehegatten herbeigeführt* sein muss (Mot IV zu E I § 1372), sei es durch seine persönlichen Eigenschaften oder durch schädigende oder pflichtwidrige Verwaltungshandlungen.

II. Die Voraussetzungen der Klage

3 Die Voraussetzungen der Klage auf Aufhebung der Gütergemeinschaft sind in den Nr 1–5 des § 1469 aufgestellt. Jeder der Tatbestände begründet für sich allein die Klage. Wie in § 1447 für die Einzelverwaltung ist auch in § 1469 für die gemeinschaftliche Verwaltung dem Gericht **eine Würdigung der Angemessenheit der Maßregel nicht eingeräumt.** Ändert zB der beklagte Ehegatte während des Prozesses sein Verhalten, so dass die Rechte des Klägers nicht mehr gefährdet werden können (Nr 1 und 3), erfährt das Gesamtgut etwa durch eine Erbschaft einen Zuwachs, so dass die Überschuldung entfällt (Nr 4), oder endet die Betreuung (Nr 5), so ist die Aufhebungsklage abzuweisen. Die **Aufzählung der Aufhebungsgründe** im Gesetz ist **erschöpfend** (ebenso BGB-RGRK/Finke Rn 1; MünchKomm/Kanzleiter Rn 4; Bamberger/Roth/Mayer Rn 1; s auch Rn 29). Eine **positive Vertragsverletzung** oder ein **Fortfall der Geschäftsgrundlage** im Allgemeinen **reichen als Aufhebungsgrund nicht aus** (BGHZ 29, 129, 135 zu § 1469 aF).

III. Die einzelnen Fälle des § 1469

4 Nach **§ 1469 Nr 1** kann jeder Ehegatte auf Aufhebung der Gütergemeinschaft klagen, wenn seine **Rechte für die Zukunft dadurch erheblich gefährdet** werden können, dass der andere Ehegatte **ohne seine Mitwirkung Verwaltungshandlungen vornimmt**, die nur gemeinschaftlich vorgenommen werden dürfen. Die Verwaltungshandlungen, die nur gemeinschaftlich vorgenommen werden dürfen, umfassen den gesamten Begriff der gemeinschaftlichen Verwaltung, wie er im § 1450 vorgegeben ist; das sind aber insbesondere alle Verfügungen und Rechtsstreitigkeiten, die sich auf das Gesamtgut beziehen. Im Einzelnen s die Erl zu § 1450.

5 Dadurch dass der beklagte Ehegatte Verwaltungshandlungen ohne die erforderliche Mitwirkung des anderen Ehegatten vornimmt, müssen dessen **Rechte für die Zukunft erheblich gefährdet** werden können. Die *Möglichkeit* einer Gefährdung reicht aus, ihr Eintritt ist nicht erforderlich; zu den Einzelheiten s § 1447 Rn 15 f.

6 Eine erhebliche Gefährdung des klagenden Ehegatten ist **nicht anzunehmen**, wenn nur ein **geringfügiger Wert** in Frage steht. Für die Entscheidung darüber, ob die Rechte des klagenden Ehegatten für die Zukunft erheblich gefährdet werden können, kommt es wesentlich auf das **gesamte Verhalten des anderen Ehegatten** an, uU auch auf seine Persönlichkeit und die bisher gezeigte Einstellung zur Ehe (s § 1447 Rn 16).

7 Dass den die Verwaltungshandlungen vornehmenden Ehegatten ein **Verschulden** trifft, ist zur Anwendung des § 1469 Nr 1 **nicht erforderlich** (hM).

8 Nach **§ 1469 Nr 2** kann jeder Ehegatte auf Aufhebung der Gütergemeinschaft klagen, wenn der andere Ehegatte sich ohne ausreichenden Grund beharrlich weigert, zur ordnungsmäßigen Verwaltung des Gesamtguts mitzuwirken. **Zur Mitwirkung bei der ordnungsmäßigen Verwaltung des Gesamtguts** ist bei der Verwaltungsform der gemeinschaftlichen Verwaltung jeder Ehegatte **verpflichtet**, § 1451. Über den Begriff der ordnungsmäßigen Verwaltung im Einzelnen s § 1451 Rn 4. Danach ist eine Verwaltung ordnungsmäßig, wenn sie unter Beachtung der Grundsätze vernünftiger

Wirtschaftsführung auf Erhaltung, Sicherung und Vermehrung des Gesamtguts im Interesse der Ehegatten und etwaiger Kinder abzielt. Im Unterschied zu § 1451 spricht § 1469 nicht von Maßregeln, die zur ordnungsmäßigen Verwaltung des Gesamtguts erforderlich sind. Die im Sinne von § 1469 verweigerten Verwaltungsmaßnahmen brauchen daher lediglich einer ordnungsmäßigen Verwaltung des Gesamtguts zu entsprechen, so dass bereits ihre **Zweckmäßigkeit genügt** (ebenso BGB-RGRK/ FINKE Rn 6). Allerdings kann dann, wenn der die Mitwirkung zu einer lediglich zweckmäßigen Maßnahme verweigernde Ehegatte stattdessen zur Mitwirkung an einer anderen, den Regeln einer ordnungsmäßigen Verwaltung gleichfalls entsprechenden Maßregel bereit ist, ein ausreichender Grund für die Verweigerung der Mitwirkung gegeben sein (s BGB-RGRK/FINKE Rn 8; vgl unten Rn 12).

Der beklagte Ehegatte muss die der ordnungsmäßigen Verwaltung des Gesamtguts **9** entsprechende **Mitwirkung beharrlich verweigert** haben. Die Verweigerung der Mitwirkung deckt sich mit dem Begriff der Weigerung in § 1452 (vgl dort Rn 10). Sie kann *ausdrücklich* oder *stillschweigend* erfolgen. Letzteres ist der Fall, wenn der Ehegatte auf eine Aufforderung, zur Vornahme einer bestimmten Verwaltungsmaßnahme mitzuwirken, beharrlich schweigt. Einer Verweigerung kommt es gleich, wenn zB die zu einem Rechtsgeschäft bereits erteilte Zustimmung, soweit dies nach § 183 möglich ist, widerrufen wird oder wenn der Ehegatte **nur unter einer Bedingung** zustimmt (KG OLGE 4, 346 zu § 1447 aF). Ist die Bedingung jedoch sachlich gerechtfertigt, kann dies zu der Annahme führen, dass die Verweigerung nicht ohne ausreichenden Grund erfolgt ist. Der Verweigerung ist es jedoch nicht gleichzusetzen, wenn der Ehegatte einem Rechtsgeschäft zustimmt, die Zustimmung jedoch nicht in der nötigen Form (vgl zB § 29 GBO) erteilt. Da die Zustimmung materiell auch ohne Beobachtung von Formvorschriften wirksam ist (§ 182 Abs 2), ist dann für eine Aufhebungsklage nach § 1469 kein Raum mehr. Weigert sich der Ehegatte, seine Zustimmungserklärung in der nötigen Form zu wiederholen, so ist eine hierauf gerichtete Klage erforderlich (vgl § 1365 Rn 79; § 1426 Rn 12).

Allerdings genügt die Verweigerung für sich allein genommen nicht. Vorausgegan- **10** gen sein muss eine **ernstliche Aufforderung** zur Mitwirkung bei der ordnungsmäßigen Verwaltung (ebenso BGB-RGRK/FINKE Rn 7). Ein solches Erfordernis ergibt sich zwar nicht aus dem Wortlaut der Bestimmung, muss jedoch zusätzlich erfüllt sein, um eine so einschneidende Maßnahme wie die Aufhebung der Gütergemeinschaft zu rechtfertigen.

Die Verweigerung der Mitwirkung muss **beharrlich** sein. Dies setzt eine gewisse **11** Hartnäckigkeit in der Ablehnung voraus. Eine einmalige oder selbst mehrmalige Verweigerung der Mitwirkung innerhalb kurzer Zeit genügt nicht. Es muss sich vielmehr um eine innerhalb eines angemessenen Zeitraumes sich häufiger wiederholende Ablehnung der Aufforderung zur Mitwirkung handeln, die dazu noch einen nicht ganz unwichtigen Gegenstand betreffen muss. Bei einzelnen Verstößen ist der ordnungsmäßig verwaltende Ehegatte zunächst auf die Anrufung des Vormundschaftsgerichts zwecks Ersetzung der Zustimmung nach § 1452 Abs 1 beschränkt. Zusammengefasst ergibt sich daraus, dass die Verweigerung der Mitwirkung beharrlich erfolgen muss, folgendes: Die Weigerung zur Mitwirkung muss ein *solches Ausmaß* erlangen, dass für den anderen Ehegatten die *Fortsetzung der Gütergemeinschaft* als *nicht mehr zumutbar* anzusehen ist.

Burkhard Thiele

12 Die Verweigerung der der ordnungsmäßigen Verwaltung des Gesamtguts entsprechenden Mitwirkung muss **ohne ausreichenden Grund** erfolgt sein. Dieses Erfordernis deckt sich mit dem des § 1452 Abs 1; es kann daher auf die dortigen Ausführungen in Rn 10 ff verwiesen werden. Entscheidend sind auch hier alle **Umstände des Einzelfalls. Sind zur ordnungsmäßigen Verwaltung zwei verschiedene Maßnahmen** gleichermaßen **geeignet**, verweigert der Ehegatte seine Mitwirkung aber nur zu einer und ist hingegen zur Mitwirkung bei der anderen bereit, so kann ihm nicht der Vorwurf gemacht werden, dass er seine Mitwirkung zu der von dem anderen Ehegatten beabsichtigten Maßnahme ohne ausreichenden Grund verweigere (vgl oben Rn 8). Wenn in diesem Fall schon kein Raum für das Verfahren nach § 1452 ist (vgl dort Rn 13), so kann erst recht nicht die weit einschneidendere Aufhebungsklage nach § 1469 zulässig sein.

13 Aus dem Erfordernis einer beharrlichen Weigerung folgt weiter, dass die **Ablehnung der Mitwirkung bewusst** erfolgen muss. Das bedeutet, dass der nicht zur Mitwirkung bereite Ehegatte von der Notwendigkeit der Mitwirkung Kenntnis erlangt haben muss (ebenso BGB-RGRK/Finke Rn 7).

14 Nach **§ 1469 Nr 3** kann jeder Ehegatte auf Aufhebung der Gütergemeinschaft klagen, wenn der andere Ehegatte seine **Verpflichtung, zum Familienunterhalt beizutragen, verletzt** hat und für die Zukunft eine **erhebliche Gefährdung des Unterhalts zu besorgen** ist. Dieser Aufhebungsgrund deckt sich mit dem für die Einzelverwaltung geltenden § 1447 Nr 2, allerdings mit dem Unterschied, dass dort nur der nicht verwaltende Ehegatte aus diesem Grund klagen kann, während bei der gemeinschaftlichen Verwaltung jeder Ehegatte dazu berechtigt ist. Wie in § 1447 Abs 2 bei der Einzelverwaltung ist die Klage auch hier an eine doppelte Voraussetzung geknüpft (vgl BGHZ 29, 129, 136 f, zu § 1469 aF):

15 Der beklagte Ehegatte muss seine Verpflichtung, zum Familienunterhalt beizutragen, verletzt haben. Zur ordnungsgemäßen Verwaltung gehört auch die Mitwirkung an der Leistung des aus dem Gesamtgut zu erbringenden Trennungsunterhalts (BGH NJW 1990, 2252 = FamRZ 1990, 851). Zu den Einzelheiten kann auf § 1447 Rn 18 verwiesen werden.

16 Außer der Verletzung der Unterhaltspflicht setzt das Gesetz voraus, dass für die **Zukunft eine erhebliche Gefährdung** des Unterhalts zu besorgen ist (vgl hierzu § 1447 Rn 19).

17 Wie § 1447 Nr 2 für den Einzelverwalter **setzt** auch § 1469 Nr 3 für den beklagten Ehegatten **nicht voraus**, dass die Nichtgewährung des Unterhalts ihm als **Verschulden** zuzurechnen ist, dass er **zur Erfüllung** seiner Unterhaltspflicht bereits **aufgefordert** worden ist oder dass der Unterhaltsanspruch schon **vergeblich gerichtlich geltend gemacht** worden ist (vgl § 1447 Rn 18).

18 Der Kläger kann freilich auch hier aus der objektiven Verletzung der Unterhaltspflicht dann **keine Rechte** herleiten, **wenn** er **selbst** durch sein Verhalten **widerrechtlich die Unterhaltsgewährung verhindert** hat. In diesem Falle würde die Geltendmachung des Aufhebungsanspruchs dem eigenen Vorverhalten (§ 242) sowie auch dem sittlichen Wesen der Ehe widersprechen (RG JW 1924, 678 Nr 12 m krit Anm von WIE-RUSZOWSKI).

Nach **§ 1469 Nr 4** kann jeder Ehegatte ferner auf Aufhebung der Gütergemeinschaft **19** klagen, wenn das **Gesamtgut durch Verbindlichkeiten**, die in der Person des anderen Ehegatten entstanden sind und diesem im Verhältnis der Ehegatten zueinander zur Last fallen, in solchem Maße **überschuldet** ist, dass sein späterer Erwerb erheblich gefährdet wird. Dieser Aufhebungsgrund entspricht damit den für die Einzelverwaltung geltenden §§ 1447 Nr 3, 1448, welche wiederum den §§ 1468, 1469 aF nachgebildet sind. Der beklagte mitverwaltende Ehegatte ist daher hinsichtlich der Klagevoraussetzung dem nicht verwaltenden Ehegatten des § 1448 gleichgestellt.

Das **Gesamtgut muss durch Verbindlichkeiten, die in der Person des beklagten Ehe- 20 gatten entstanden sind, überschuldet** sein. Erforderlich ist also zunächst einmal, dass es sich um Verbindlichkeiten handelt, für die das Gesamtgut nach §§ 1459, 1460 haftet. Im Übrigen kann auf § 1447 Rn 21 verwiesen werden.

Diese Gesamtgutsverbindlichkeiten müssen im Verhältnis der Ehegatten zueinander 21 dem beklagten Ehegatten zur Last fallen. Diese Voraussetzung bestimmt sich nach §§ 1463–1466. Wegen der vor dem Eintritt der Gütergemeinschaft entstandenen Verbindlichkeiten beider Ehegatten kann daher die Aufhebung nicht verlangt werden; denn dies sind Gesamtgutsverbindlichkeiten, die endgültig dem Gesamtgut zur Last fallen (s § 1459 Rn 5). Es fallen dagegen hierunter vor allem die Verbindlichkeiten des beklagten Ehegatten aus einer von ihm nach Eintritt der Gütergemeinschaft begangenen unerlaubten Handlung (§ 1463 Nr 1) sowie die in § 1463 Nr 2 genannten Verpflichtungen. In Frage kommen auch die im Rahmen von § 1456 begründeten Verbindlichkeiten. Gemäß § 1459 Abs 2 haftet bis zur Beendigung der Gütergemeinschaft für derartige Verbindlichkeiten des beklagten Ehegatten auch der andere Ehegatte persönlich als Gesamtschuldner.

Die Überschuldung des Gesamtguts muss ein solches Maß erreicht haben, dass sein **22 späterer Erwerb** durch den nicht schuldenden Ehegatten **erheblich gefährdet** wird. Nur der spätere Erwerb des nicht schuldenden Ehegatten, nicht der tatsächliche Umfang seines Anteils an dem gegenwärtigen, überschuldeten Gesamtgut kommt in Betracht. Der spätere Erwerb muss nur möglich sein; den Nachweis dass ein solcher bereits in Aussicht steht, erfordert § 1469 Nr 4 nicht (vgl OLG Hamburg OLGE 8, 337 zu § 1468 Nr 4 aF). Andererseits muss die Überschuldung des Gesamtguts bereits eingetreten sein (OLG Hamburg OLGE 12, 313 zu § 1468 Nr 5 aF). Für die Gefährdung ist *auch der Wert* des dem schuldenden Ehegatten gehörenden *Vorbehalts- und Sonderguts* in Betracht zu ziehen. Eine Gefährdung des späteren Erwerbs kann trotz Überschuldung des Gesamtguts ausgeschlossen sein, zB auf Grund eines geeigneten Insolvenzplans im Insolvenzverfahren.

Wie bei der Einzelverwaltung für den beklagten nichtverwaltenden Ehegatten nach **23** § 1448 sowie für den verwaltenden Ehegatten nach § 1447 Nr 3 (vgl § 1447 Rn 23) ist auch zur Anwendung des § 1469 Nr 4 ein **Verschulden** des beklagten mitverwaltenden Ehegatten **nicht erforderlich**.

Nach **§ 1469 Nr 5** kann schließlich jeder Ehegatte auf Aufhebung der Gütergemein- **24** schaft klagen, **wenn die Wahrnehmung eines Rechtes des anderen Ehegatten, das sich aus der Gütergemeinschaft ergibt, vom Aufgabenkreis eines Betreuers erfasst** wird. Dieser Aufhebungsgrund entspricht inhaltlich dem für die Einzelverwaltung geltenden § 1447 Nr 4. Auch diese Vorschrift wurde durch das Betreuungsgesetz vom 12. 9. 1990 geändert, weil sie zuvor auf die Entmündigung abstellte. Ebenso wie § 1447 Nr 4 beruht auch § 1469 Nr 5 auf der Erwägung, dass es keinem der beiden Ehegatten zuzumuten ist, sich für die Dauer der Betreuung des anderen Ehegatten bei der Verwaltung des Gesamtguts mit dem Betreuer auseinanderzusetzen (vgl § 1458). Im Falle der Betreuung hat der andere Ehegatte nicht mehr wie vor der Gesetzesänderung im Fall der Entmündigung das Recht, das Gesamtgut allein zu verwalten (§ 1458). Von einer Auseinandersetzung mit dem Betreuer soll sich der andere Ehegatte durch Aufhebungsklage befreien können. Zu den Voraussetzungen s § 1447 Rn 25 f.

IV. Kein Klagerecht

25 Die Aufzählung der Aufhebungsgründe ist abschließend. Kein Klagerecht für die mitverwaltenden Ehegatten begründen daher:

Das bloße **Insolvenzverfahren eines Ehegatten**. Häufig werden freilich in diesem Fall die Voraussetzungen von § 1469 Nr 3 oder 4 gegeben sein.

26 Die **Bestellung einer Pflegschaft** für einen Ehegatten gem §§ 1911 (Mot IV 398 f zu E I § 1372; anders dagegen § 1418 Abs 1 Nr 4 u 5 aF für den Güterstand der Verwaltung und Nutznießung des Ehemannes).

V. Wirkungen des Urteils

27 Über die Wirkungen des auf Grund der Aufhebungsklage des § 1469 ergehenden Urteils s § 1470. Eine Besonderheit des Auseinandersetzungsverfahrens für den Fall der Aufhebung der Gütergemeinschaft auf Grund des § 1469 enthält § 1479.

VI. Prozessuales

28 In prozessualer Hinsicht kann auf § 1447 Rn 3–10 verwiesen werden.

VII. Keine abweichenden Vereinbarungen

29 Eine Vereinbarung der Ehegatten, die das Recht der Aufhebung der Gütergemeinschaft nach § 1469 **einschränkt** oder **ausschließt**, ist **nichtig**; denn es handelt sich um Bestimmungen zwingenden Rechts. Aus dem gleichen Grund ist der **Verzicht** auf einen bereits begründeten Aufhebungsausspruch **nichtig**, sofern der Klagegrund – wie in den Fällen der Überschuldung und Betreuung – weiter fortbesteht (s § 1447 Rn 30). Die Gründe, aus denen ein Ehevertrag aufgehoben werden kann, durch den die Ehegatten den Güterstand der Gütergemeinschaft vereinbart haben, sind erweiterungsfähig (s auch § 1447 Rn 29 mwNw).

§ 1470
Wirkung des Aufhebungsurteils

(1) Mit der Rechtskraft des Urteils ist die Gütergemeinschaft aufgehoben; für die Zukunft gilt Gütertrennung.

(2) Dritten gegenüber ist die Aufhebung der Gütergemeinschaft nur nach Maßgabe des § 1412 wirksam.

Materialien: Zu § 1470 nF: E I –; E II –; E III § 1470; BT-Drucks 2/3409, 31. Vgl STAUDINGER/BGB-Synopse 1896–2005 § 1470.

I. Allgemeines

§ 1470 regelt für die gemeinschaftliche Verwaltung die Wirkung des Aufhebungsur- **1** teils. Die Bestimmung **entspricht wörtlich** dem für die Alleinverwaltung geltenden § **1449**, welcher seinerseits den § 1470 aF mit einigen sprachlichen Änderungen übernommen hat.

II. Anwendungsbereich

Weil § 1470 gegenüber § 1449 eine gleichlautende Regelung trifft, kann auf die **2** Erläuterungen dort verwiesen werden, die hier entsprechend gelten. Abweichend zur dortigen Rn 7 richtet sich die Beendigung der **persönlichen Haftung** nach § **1459 Abs 2 S 2**, allerdings auch ohne dass insoweit § 1470 Abs 2 Anwendung findet.

Burkhard Thiele

Unterkapitel 4
Auseinandersetzung des Gesamtgutes

Vorbemerkungen zu §§ 1471–1482

1 Die §§ 1471–1482 behandeln die Auseinandersetzung des Gesamtguts und zwar ohne Rücksicht darauf, ob dieses von einem Ehegatten allein oder von beiden Ehegatten gemeinschaftlich verwaltet worden ist.

Gegenstand der Regelung ist das **Rechtsverhältnis**, das **nach Beendigung der Gütergemeinschaft** hinsichtlich des Gesamtguts im Verhältnis zu Dritten, insbesondere zu den Gesamtgläubigern, und im Verhältnis der Ehegatten zueinander eintritt (Mot IV 400). Die §§ 1471–1473 betreffen die Zeit von der Beendigung der Gütergemeinschaft bis zur Auseinandersetzung, die §§ 1474–1481 die Auseinandersetzung selbst.

2 Die Beendigung der Gütergemeinschaft tritt bei Auflösung der Ehe ein. Trotz Fortbestehens der Ehe haben der auf Aufhebung der Gütergemeinschaft gerichtete Ehevertrag sowie das auf die Klagen gemäß §§ 1447, 1448, 1469 ergehende rechtskräftige Urteil beendigende Wirkung.

3 **Hilfsweise** Anwendung auf die beendete Gütergemeinschaft finden die **Vorschriften über die Gemeinschaft** (§§ 741 ff).

§ 1471
Beginn der Auseinandersetzung

(1) Nach der Beendigung der Gütergemeinschaft setzen sich die Ehegatten über das Gesamtgut auseinander.

(2) Bis zur Auseinandersetzung gelten für das Gesamtgut die Vorschriften des § 1419.

Materialien: Zu § 1471 aF: E I §§ 1373 Abs 1 S 1 HS 1, 1376; II §§ 1369, 1370; III § 1454; Mot IV 400 ff, 410; Prot IV 279, 289. Zu § 1471 nF: GleichberG E I § 1471; II § 1471; III § 1471. BT-Drucks 1/3802, S 66; BT-Drucks 2/3409, 31. Vgl STAUDINGER/BGB-Synopse 1896–2005 § 1471.

Systematische Übersicht

I. Rechtsentwicklung

§ 1471 entspricht sachlich dem § 1471 aF und unterscheidet sich von diesem lediglich **1** durch eine redaktionelle Änderung. Der in Abs 2 in Bezug genommene § 1419 entspricht dem früheren § 1442.

II. Anspruch auf Auseinandersetzung des Gesamtguts

§ 1471 Abs 1 gibt jedem Ehegatten (oder Rechtsnachfolger eines Ehegatten) gegen- **2** über dem anderen Ehegatten (oder dessen Rechtsnachfolger) einen klagbaren Anspruch darauf, dass nach Beendigung der Gütergemeinschaft hinsichtlich des Gesamtguts die Auseinandersetzung stattfindet (Mot IV 410; Prot IV 244, 282; vgl § 730 Abs 1). Die Auseinandersetzung erfolgt mangels einer abweichenden Vereinbarung nach den §§ 1475–1481 (§ 1474 u Erl hierzu).

Das gem § 1471 Abs 1 jedem Ehegatten zustehende Recht auf Auseinandersetzung **3** kann *weder vor noch nach Beendigung* der Gütergemeinschaft durch Vertrag *ausgeschlossen oder beschränkt* werden (Bamberger/Roth/Mayer Rn 3; Gernhuber/Coester-Waltjen § 38 Rn 141; **aM**, dh für Beschränkbarkeit bis hin zum Ausschluss unter Vorbehalt des Aufhebungsverlangens aus wichtigem Grund entspr § 749: RGZ 89, 292; BGB-RGRK/Finke Rn 9; MünchKomm/Kanzleiter Rn 13; Palandt/Brudermüller Rn 1; Soergel/Gaul Rn 5; Erman/Heckelmann Rn 2). Der numerus clausus der Gesamthandsgemeinschaften steht dem entgegen. Die nach Beendigung der Gütergemeinschaft fortbestehende Gemeinschaft ist auf Abwicklung gerichtet. Die Vereinbarung andauernden oder auch nur vorübergehenden Fortbestandes ändert diesen Gemeinschaftszweck und schafft eine dem Wesen nach neue, vom Gesetz nicht vorgesehene Gesamthandsgemeinschaft. Möglich ist jedoch uU die Auslegung einer auf Ausschluss des Rechtes auf Auseinandersetzung gerichteten Vereinbarung als **Umwandlung** der Auseinandersetzungsgemeinschaft **in eine Personengesellschaft**, die auf gemeinsame Nutzung des Gemeinschaftsvermögens gerichtet ist (so für die Miterbengemeinschaft auch Staudinger/Werner [2002] § 2042 Rn 29 mwN).

Das Verlangen nach Auseinandersetzung ist **nicht** deswegen **sittenwidrig**, weil der **4** Erwerb des Gesamtguts ausschließlich oder überwiegend auf die Tätigkeit des anderen Ehegatten zurückzuführen ist (RG WarnR 1925 Nr 58; BayObLG NJW 1971, 2315).

Nur ausnahmsweise kann das Betreiben der Auseinandersetzungsversteigerung eine **unzulässige Rechtsausübung** beinhalten (BGH FamRZ 1988, 813, 816). Es besteht jedoch die Möglichkeit einer Vermögensanpassung durch die Korrektur des Auseinandersetzungsergebnisses gemäß § 242 bei Scheitern der Ehe. Die Beibehaltung der im Vertrauen auf den Fortbestand der Ehe geschaffenen Vermögenszuordnung müsste dafür zu einer dem benachteiligten Ehegatten nach Treu und Glauben nicht zumutbaren Verteilung der während der Ehe gemeinsam geschaffenen Vermögenswerte führen (vgl BGH FamRZ 1987, 43 = MDR 1987, 215 mwN).

III. Fortbestand der Gesamthandsgemeinschaft

5   Durch § 1471 Abs 2 ist zum Ausdruck gebracht, dass das **Gesamthandsverhältnis** für das Gesamtgut auch von der Beendigung der Gütergemeinschaft an **bis zur Erledigung der Auseinandersetzung** fortdauert (sog Liquidationsgemeinschaft; vgl BGH FamRZ 1985, 903; OLG Koblenz FamRZ 2006, 41 m Anm BERGSCHNEIDER; zu den Folgen für den Unterhaltsanspruch eines Ehegatten s OLG Karlsruhe FamRZ 1996, 1415). Die Auseinandersetzung ist erledigt, wenn der Überschuss verteilt (§§ 1476, 1477) und die Zurückerstattung nach § 1478 erfolgt ist (BayObLGZ 1, 736).

6   **§ 1419 gilt weiterhin.** Kein Ehegatte kann also vor der Auseinandersetzung über seinen Anteil am Gesamtgut verfügen (§ 1419 Abs 1; vgl § 1419 Rn 4). Hingegen kann über das Gesamtgut *im Ganzen* nach Maßgabe des § 1423 verfügt werden. Der obligatorische Vertrag, durch den sich ein Ehegatte zur Verfügung über seinen Anteil am Gesamtgut verpflichtet fällt nicht unter § 1419. Die Verpflichtung bereitet zwar die Verfügung vor, kann aber infolge der Unpfändbarkeit des Anteils (§ 860 Abs 1 ZPO) nicht zu dem missbilligten Personenwechsel führen. Es gilt jedoch § 275 Abs 1, da die Leistung objektiv rechtlich unmöglich ist (s die Nachweise zu § 1419 Rn 12, auch zur Frage der Umdeutung solcher Verpflichtungen). Zu den weiteren sich aus § 1419 ergebenden Beschränkungen kann auf die Erläuterungen dort verwiesen werden.

7   Die Beendigung der Gütergemeinschaft und ihre Fortsetzung als Auseinandersetzungsgemeinschaft kann im **Grundbuch** eingetragen werden (KGJ 50, 150; BayObLGZ 21, 10 [17]; 1, 734; BAMBERGER/ROTH/MAYER Rn 4; SOERGEL/GAUL Rn 7; ERMANN/HECKELMANN Rn 1; **aA** MünchKomm/KANZLEITER Rn 10).

IV. Die Auseinandersetzungsgemeinschaft

8   Bei der Auseinandersetzungsgemeinschaft handelt es sich um einen **Übergangszustand**, der von dem Rechtsverhältnis der fortgesetzten Gütergemeinschaft (§§ 1483 ff) wesentlich verschieden ist (BayObLGZ 2, 360, s auch Rn 3). Was ein Ehegatte nach Beendigung der Gütergemeinschaft erwirbt, fällt – von der Sondervorschrift des § 1473 abgesehen – nicht in das Gesamtgut, während andererseits die in der Person eines Ehegatten entstehenden Verbindlichkeiten nicht mehr Gesamtgutsverbindlichkeiten werden (s § 1475 Rn 3). Das **Gesamtgut bleibt** bis zur Auseinandersetzung im Verhältnis der Ehegatten zueinander eine **geschlossene Vermögensmasse** („Auseinandersetzungsgesamtgut", s oben Rn 5), dessen Verwaltung *beiden Ehegatten gemeinschaftlich* zusteht (§ 1472). Nach außen aber wirkt sich die Beendigung der Gütergemeinschaft bei der Zwangsvollstreckung (s unten Rn 13) und im Insolvenzverfahren (s unten Rn 14) aus.

Ist die Gütergemeinschaft durch **Tod eines Ehegatten beendigt** und fortgesetzte Gü- 9
tergemeinschaft nicht eingetreten (§ 1483), so ergibt sich bei Vorhandensein mehrerer Erben ein **doppeltes Gesamthandsverhältnis**: einerseits die *Erbengemeinschaft* hinsichtlich des Nachlasses des verstorbenen Ehegatten, in den sein Anteil am Gesamtgut, nicht aber die einzelnen Gesamtgutsgegenstände gefallen sind (§§ 2032 ff), andererseits die zwischen dem überlebenden Ehegatten und den Erben des verstorbenen eintretende *Gemeinschaft hinsichtlich des Gesamtguts* (§ 1471 Abs 2). Für jede dieser Gemeinschaften gelten ihre besonderen Vorschriften.

§ 2033 Abs 1 gestattet daher, abweichend von § 1419 Abs 1, jedem Miterben die 10
Verfügung über seinen Erbteil im Ganzen und damit mittelbar auch über den seinem Erbteil entsprechenden Anteil am Gesamtgut (hM; BayObLG MDR 1960, 1014). Dies gilt auch dann, wenn der Nachlass lediglich aus dem Anteil des Erblassers am Gesamtgut besteht (vgl OLG Hamburg OLGE 9, 152 f; OLG Colmar RJA 13, 267 und OLGE 32, 408 f). Überträgt ein Miterbe seinen Nachlassanteil auf einen Dritten, so kann diese Übertragung nur gleichzeitig mit der Eintragung der übrigen Erben in das Grundbuch eingetragen werden (OLG Hamm DNotZ 1966, 744).

Bei der **Auseinandersetzung** ist **mit der Gütergemeinschaft zu beginnen**, da erst da- 11
nach die Auseinandersetzung der Erben über den vorher unteilbaren Gesamtgutsanteil möglich ist (hM). Ist gemäß §§ 2043, 2045 die Auseinandersetzung des Nachlasses nicht möglich, schließt dies die Auseinandersetzung des Gesamtgutes nicht aus. Lediglich die Verteilung des Guthabens des verstorbenen Ehegatten auf die Erben ist nicht möglich.

Jeder Erbe kann zugunsten der Erbengemeinschaft **gemäß § 2039** Auseinanderset- 12
zung des Gesamtgutes verlangen (OLG Stuttgart FamRZ 1996, 1475; OLG Hamm Rpfleger 1959, 269; OLG Schleswig MDR 1959, 46; GERNHUBER/COESTER-WALTJEN Rn 128; BAMBERGER/ROTH/MAYER Rn 5; MünchKomm/KANZLEITER Rn 12).

V. Zwangsvollstreckung und Insolvenzverfahren

Während des Bestehens der Gütergemeinschaft ist der Anteil eines Ehegatten an 13
dem Gesamtgut und an den einzelnen dazu gehörenden Gegenständen der Pfändung nicht unterworfen (§ 860 Abs 1 S 1 ZPO; vgl § 1419 Rn 26). Dagegen ist **nach Beendigung der Gütergemeinschaft** der **Anteil jedes Ehegatten** am **Gesamtgut** zugunsten der Gläubiger des Anteilsberechtigten **der Pfändung unterworfen** (§ 860 Abs 2 ZPO). Dies beruht darauf, dass mit Beendigung der Gütergemeinschaft eine Lockerung der Gesamthandsbindung eintritt, sowie auf der Erwägung, dass von diesem Zeitpunkt ab jedem Ehegatten der Anteil am Gesamtgut als Ganzem als ein selbständiges Sonderrecht zusteht (vgl E I § 1373 Abs 1 S 1 HS 2; Mot IV 405; Prot IV 279). Die Zwangsvollstreckung auf Grund des § 860 Abs 2 ZPO bemisst sich nach § 857 ZPO. Gestattet ist nur die Pfändung des Anteils am Gesamtgut im Ganzen, nicht des Anteils an den einzelnen Gegenständen (RG BayZ 1919, 80 f). Der Pfändungsgläubiger hat das Recht, ohne Rücksicht auf eine etwa entgegenstehende Vereinbarung, die Aufhebung der Gütergemeinschaft zu verlangen. Zur Zwangsvollstreckung nach Beendigung der Gütergemeinschaft vgl § 1472 Rn 23.

Aus § 860 Abs 2 ZPO iVm § 36 Abs 1 InsO ergibt sich, dass der Gesamtgutsanteil 14

eines Ehegatten, wenn nach Beendigung der Gütergemeinschaft, aber vor der Auseinandersetzung das **Insolvenzverfahren** über das Vermögen eines Ehegatten eröffnet wird, zur Masse gehört. Die Auseinandersetzung zwischen den Anteilsberechtigten findet nach § 84 Abs 1 InsO *außerhalb* des Insolvenzverfahrens statt.

VI. Auseinandersetzungsverfahren

15 Die Auseinandersetzung erfolgt grundsätzlich auf Grund gütlicher Vereinbarung
(§ 1474). Ein solcher **Auseinandersetzungsvertrag** hat jedoch nur **schuldrechtliche,
nicht dingliche Wirkung** (KGJ 50, 152). Die dingliche Wirkung tritt erst mit der Erfüllung der im Auseinandersetzungsvertrage begründeten Verpflichtungen ein. Auf
Antrag eines Beteiligten vermittelt das **Amtsgericht** oder ein **Notar** die Auseinandersetzung (§§ 99, 86 ff, 193 FGG).

16 Erst wenn ein solcher gütlicher Auseinandersetzungsvertrag zwischen den Beteiligten nicht zustandekommt, muss auf die Klage eines Berechtigten, der die Auseinandersetzung betreibt, das Prozessgericht entscheiden. Dabei sind die §§ 1475–1481
maßgebend (§ 1474). Zum Verfahren s § 1474 Rn 9.

VII. Sonderregelung der Hausratsverordnung

17 Soweit im Rahmen einer Ehescheidung gemäß den Vorschriften der HausratsV
gerichtliche Regelungen hinsichtlich der Ehewohnung, der Wohnungseinrichtung
oder des sonstigen Hausrats getroffen worden sind, hat es dabei auch für die nachfolgende Auseinandersetzung des Gesamtgutes der Gütergemeinschaft sein Bewenden (ebenso BGB-RGRK/FINKE Rn 8; BAMBERGER/ROTH/MAYER Rn 2), wobei die auf solche
Weise den einzelnen Ehegatten zugewiesenen Gegenstände natürlich wertmäßig
berücksichtigt werden müssen. Abweichende Regelungen sind, soweit die früheren
Ehegatten nun im Gegensatz zum Scheidungsverfahren (vgl § 1 HausratsVO) Einvernehmen erzielen können, zulässig.

§ 1472
Gemeinschaftliche Verwaltung des Gesamtguts

**(1) Bis zur Auseinandersetzung verwalten die Ehegatten das Gesamtgut gemein-
schaftlich.**

**(2) Jeder Ehegatte darf das Gesamtgut in derselben Weise wie vor der Beendigung
der Gütergemeinschaft verwalten, bis er von der Beendigung Kenntnis erlangt oder
sie kennen muss. Ein Dritter kann sich hierauf nicht berufen, wenn er bei der
Vornahme eines Rechtsgeschäfts weiß oder wissen muss, dass die Gütergemeinschaft
beendet ist.**

**(3) Jeder Ehegatte ist dem anderen gegenüber verpflichtet, zu Maßregeln mitzu-
wirken, die zur ordnungsmäßigen Verwaltung des Gesamtgutes erforderlich sind; die
zur Erhaltung notwendigen Maßregeln kann jeder Ehegatte allein treffen.**

**(4) Endet die Gütergemeinschaft durch den Tod eines Ehegatten, so hat der über-
lebende Ehegatte die Geschäfte, die zur ordnungsmäßigen Verwaltung erforderlich
sind und nicht ohne Gefahr aufgeschoben werden können, so lange zu führen, bis der
Erbe anderweit Fürsorge treffen kann. Diese Verpflichtung besteht nicht, wenn der
verstorbene Ehegatte das Gesamtgut allein verwaltet hat.**

Materialien: Zu § 1472 aF: E I § 1373 Abs 1 S 2,
3; II § 1371; III § 1455; Mot IV 400 ff; Prot IV
279; V 135; VI 393.
Zu § 1472 nF: GleichberG E I 1472; II 1472; III

1472; BT-Drucks 1/3802, 66; BT-Drucks 2/3409,
31.
Vgl STAUDINGER/BGB-Synopse 1896–2005
§ 1472.

Systematische Übersicht

I. Rechtsentwicklung

§ 1472 nF passt die früher durch § 1472 aF in Verbindung mit § 1424 aF gegebene **1**
Rechtslage dem Gleichberechtigungsgesetz an. Die frühere Regelung galt nur für
den Mann, dessen alleiniger Verwaltung das Gesamtgut unterlag; sie wird nunmehr
auf den jeweils verwaltenden oder an der Verwaltung beteiligten Ehegatten erstreckt. Das gilt sowohl für das Recht zur Fortführung der Verwaltung nach Abs 2
wie für die Notverwaltungspflicht nach Abs 4 der Vorschrift.

II. Auseinandersetzungsverwaltung

2 Die **Verwaltung des Gesamtguts** steht gemäß § 1472 Abs 1 nach Beendigung der Gütergemeinschaft bis zur Erledigung der Auseinandersetzung **beiden Ehegatten**, bei Beendigung der Gütergemeinschaft durch den Tod eines Ehegatten **dessen Erben**, ggf für diese dem Testamentsvollstrecker, **und dem überlebenden Ehegatten gemeinschaftlich** zu (OLG Hamburg OLGE 34, 253; OLG Stuttgart NJW 1967, 1809; vgl § 744 Abs 1). Dabei ist gleichgültig, welche Verwaltungsform vor Beendigung der Gütergemeinschaft bestand, ob Alleinverwaltung (§§ 1422 ff) oder gemeinschaftliche Verwaltung (§§ 1450 ff). An der Auseinandersetzungsverwaltung ist insbesondere auch derjenige Ehegatte beteiligt, der bei vor Beendigung der Gütergemeinschaft bestehender Alleinverwaltung von der Verwaltung des Gesamtguts ausgeschlossen war (Dölle I § 79 II 3 S 969). Steht ein Ehegatte unter **Vormundschaft** oder ist für ihn ein **Betreuer** mit diesem Wirkungskreis bestellt, so verwaltet sein Vormund oder Betreuer gemeinsam mit dem anderen Ehegatten das Gesamtgut; § 1458 gilt insoweit nicht (vgl § 1458 Rn 5). Aus dem Grundsatz der gemeinschaftlichen Auseinandersetzungsverwaltung ergeben sich als weitere Folgerungen:

1. Recht auf Besitz

3 Das Recht auf Verwaltung des Gesamtguts gewährt auch das Recht auf Inbesitznahme der zum Gesamtgut gehörenden Sachen (§ 1450 Abs 1 S 2). Bestand vor Beendigung der Gütergemeinschaft Alleinverwaltung eines Ehegatten, so kann nunmehr der mitverwaltende Ehegatte hinsichtlich dieser Sachen vom anderen Ehegatten die Einräumung des Mitbesitzes, dh die Herstellung eines Verhältnisses verlangen, das auch ihm die Ausübung der tatsächlichen Gewalt über die Sache (s § 854) ermöglicht (vgl Mot IV 406; OLG Hamburg Recht 1915 Nr 1563; OLG Hamm SeuffA 72 Nr 13 zu § 1472 aF). Ist dem Verlangen des nichtverwaltenden Ehegatten entsprochen, so sind **beide Ehegatten Mitbesitzer** (§ 866). Zu den Einzelheiten s § 1450 Rn 23 ff. Eine *Beschränkung* oder ein *Ausschluss* des Rechtes auf Mitbesitz und Mitverwaltung kann erforderlich sein, um eine *ordnungsgemäße Verwaltung* zu gewährleisten (vgl hierzu OLG Hamm FamRZ 1979, 811; OLG Stuttgart NJW 1950, 70 m Anm Boehmer).

2. Auskunftspflicht

4 Der nichtverwaltende Ehegatte hat zur Durchsetzung seines Verwaltungsrechts und des Rechts auf Mitbesitz einen Anspruch auf Vorlage eines **Bestandsverzeichnisses** und gegebenenfalls auf Abgabe einer eidesstattlichen Versicherung durch den bis zur Beendigung der Gütergemeinschaft allein verwaltenden Ehegatten (ebenso BGB-RGRK/Finke Rn 10; MünchKomm/Kanzleiter Rn 17; Soergel/Gaul Rn 3 mwNw; Bamberger/Roth/Mayer Rn 3; RG WarnR 1919 Nr 117; OLG Hamburg OLGE 6, 162 [164] und 9, 152 f zu § 1472 aF). Aus dem Recht auf Mitbesitz und Mitverwaltung folgt ferner das Recht, in die zum Gesamtgut gehörenden oder sich hierauf beziehenden Urkunden **Einsicht** zu nehmen (OLG Hamburg OLGE 2, 484 zu § 1472 aF; MünchKomm/Kanzleiter Rn 17), sowie das Recht **Auskunft** über den Stand des Gesamtguts zu verlangen (zu § 1472 aF: OLG Nürnberg OLGE 24, 13; BayZ 1913, 75; OLG Hamburg Recht 1915 Nr 1563; OLG Hamburg OLGE 34, 254; OLG Hamm FamRZ 1979, 811; insoweit zutreffend auch LG Kleve FamRZ 2005, 276 m Anm Hoppenz). Über die Geltendmachung dieser Rechte gegenüber dem Testamentsvollstrecker s OLG Hamburg OLGE 6, 164 f.

3. Verfügungen und sonstige Rechtsgeschäfte

Beide Ehegatten können **über das Gesamtgut**, und zwar sowohl über das Gesamtgut 5
im Ganzen wie über die einzelnen hierzu gehörenden Gegenstände, **nur gemeinschaftlich verfügen**. Es müssen also entweder die beiden Ehegatten oder ein Ehegatte
mit Zustimmung des anderen verfügen (§ 1450 Rn 20). Bei fehlender Zustimmung
gelten die §§ 182f (RGZ 139, 122 zu § 1472 aF). *Ausnahmen* von diesem Grundsatz sind
in Abs 3 HS 2 und Abs 4 enthalten. Über ihren Anteil am Gesamtgut und den
einzelnen zum Gesamtgut gehörenden Gegenständen können die Ehegatten auch
gemeinschaftlich nicht verfügen (s § 1471 Rn 6 f).

Einseitige Rechtsgeschäfte, die sich auf das Gesamtgut beziehen, sind im Unterschied 6
zu der bereits vor Beendigung der Gütergemeinschaft bestehenden gemeinschaftlichen Verwaltung (§ 1450 Abs 2) beiden Ehegatten gemeinsam gegenüber vorzunehmen. Es ist davon auszugehen, dass der Gesetzgeber in § 1472 eine dem § 1450
Abs 2 entsprechende Regelung bewusst nicht aufgenommen hat (s § 1450 Rn 40).

Ansprüche, die zum Gesamtgut gehören, werden nur durch Leistung **an beide Ehe-** 7
gatten erfüllt. Jeder Ehegatte kann nur Leistung an beide Ehegatten fordern, doch
kann unter **entsprechender Anwendung des § 2039** jeder Ehegatte verlangen, dass der
Schuldner die geschuldete Sache für beide Ehegatten hinterlegt oder, wenn sie sich
nicht zur Hinterlegung eignet, an einen gerichtlich zu bestellenden Verwahrer abliefert (vgl § 1450 Rn 29; Erman/Heckelmann Rn 1; Soergel/Gaul Rn 7; MünchKomm/Kanzleiter Rn 9; Bamberger/Roth/Mayer Rn 4). Diese Befugnis jedes Ehegatten wird bei der
Auseinandersetzungsgemeinschaft im Gegensatz zur Stellung der Ehegatten bei der
vor Beendigung der Gütergemeinschaft bestehenden Verwaltungsgemeinschaft mit
Rücksicht darauf gewährt, dass nach der Beendigung der Gütergemeinschaft meist
eine Entfremdung zwischen den Eheleuten anzunehmen ist, sowie darauf, dass nach
diesem Zeitpunkt im Unterschied zu § 1452 Abs 1 die Zustimmung des mit der
Forderungserhebung nicht einverstandenen Ehegatten nicht mehr durch das Vormundschaftsgericht ersetzt werden kann.

4. Rechtsstreitigkeiten

Aus dem Grundsatz der gemeinschaftlichen Verwaltung folgt schließlich, dass auch 8
Rechtsstreitigkeiten, die sich auf das Gesamtgut beziehen, **von beiden Ehegatten**
gemeinschaftlich, dh im Namen beider Ehegatten zu führen sind (zu § 1472 aF: RGZ
108, 281; OLG Posen OLGE 7, 55 f; vgl § 1450 Rn 28 ff). Dies gilt sowohl für Aktiv wie
Passivprozesse (s zu Einzelheiten auch Rn 23 ff). Die Prozessführung durch einen Ehegatten allein ist nur zulässig, wo alleinige Verwaltungsbefugnis besteht (s unten
Rn 10 ff).

5. Mitwirkungspflicht

Auch bei der Auseinandersetzung stehen den sich aus dem Grundsatz der gemein- 9
schaftlichen Verwaltung ergebenden Verwaltungsrechten entsprechende **Verwal-**

tungspflichten gegenüber, da sonst die Durchführung dieses Grundsatzes nicht gewährleistet wäre (vgl § 1450 Rn 3, § 1451 Rn 1). Ausdrücklich ist die Mitwirkungspflicht angeordnet für Maßregeln, die zur ordnungsmäßigen Verwaltung des Gesamtguts erforderlich sind (§ 1472 Abs 3 HS 1). In der Liquidationsphase treten allerdings die wirtschaftlichen Interessen in den Vordergrund, insbesondere die Erhaltung und Sicherung des Gesamtguts (BayObLG FamRZ 2005, 109; 2004, 881). Zur Verwaltung gehört auch, dass Unterhalt zur Verfügung gestellt wird (vgl OLG Zweibrücken FamRZ 1998, 239; OLG Karlsruhe FamRZ 1996, 1414 f). Diese Gestaltung entspricht der bei der gemeinschaftlichen Verwaltung während des Bestehens der Gütergemeinschaft geltenden Regelung (vgl auch BayObLG FamRZ 2004, 880), so dass auf die Erläuterungen zu § 1451 Rn 2 ff verwiesen werden kann. Die Pflicht zur Mitwirkung kann soweit reichen, dass die *Verpflichtung zur Überlassung der Verwaltung* durch weitgehende Bevollmächtigung eines Mitgliedes der Gemeinschaft besteht (vgl OLG Hamm FamRZ 1979, 811; OLG Stuttgart NJW 1950, 70). Eine Ersetzung der Zustimmung durch das Vormundschaftsgericht ist im Unterschied zur Regelung des § 1452 Abs 1 für die Auseinandersetzungsgemeinschaft nicht vorgesehen und daher nicht zulässig (hM). Es muss Klage auf Mitwirkung bzw Zustimmung erhoben werden (BayObLG FamRZ 2004, 881)

III. Ausnahmen von dem Grundsatz der gemeinschaftlichen Verwaltung

1. Erhaltungsmaßnahmen

10 Die **zur Erhaltung des Gesamtguts erforderlichen Maßregeln** kann nach § 1472 Abs 3 HS 2 **jeder Ehegatte ohne Mitwirkung** des anderen vornehmen (vgl Prot V 135; § 744 Abs 2; § 2038 Abs 1). Diese Regelung geht insofern weiter als die sonst für die gemeinschaftliche Verwaltung geltende Vorschrift des § 1455 Ziff 10, als es auf eine Gefahr bei Aufschub nicht ankommt. Im Übrigen gelten hierfür die in § 1455 Rn 41 ff entwickelten Grundsätze. Hieraus kann sich insbesondere die Befugnis eines Ehegatten ergeben, ohne Mitwirkung des anderen auf Herausgabe von Gesamtgut zu klagen, das sich infolge Zusammenwirkens des anderen Ehegatten mit einem Dritten in dessen Besitz befindet, oder die Befugnis, Widerspruch gegen die Zwangsvollstreckung in das Gesamtgut zu erheben (RGZ 48, 269 f). Ob die Einziehung von Erträgen des Gesamtguts, zB von Früchten, Miet- und Pachtzinsen, insbesondere die klageweise Geltendmachung solcher Ansprüche eine zur Erhaltung des Gesamtguts notwendige Maßregel bildet, ist nach den Umständen des einzelnen Falles zu beurteilen. **Beweispflichtig** für das Vorliegen dieser Voraussetzung ist der Kläger (OLG München OLGE 30, 49).

2. Fortführung der früheren Verwaltung

11 Gemäß § 1472 Abs 2 S 1 darf jeder Ehegatte das Gesamtgut in derselben Weise wie vor der Beendigung der Gütergemeinschaft verwalten, bis er **von der Beendigung Kenntnis** erlangt oder sie **kennen muss**. Ein Dritter kann sich darauf nicht berufen, wenn er bei der Vornahme eines Rechtsgeschäfts die Beendigung der Gütergemeinschaft kennt oder kennen muss (§ 1472 Abs 2 S 2). Es müssen also Verwalter und Dritter gutgläubig sein. Das Recht zur Fortführung der Verwaltung besteht in demselben Umfang, wie es vor Beendigung der Gütergemeinschaft bestand.

Rechtsfolge des § 1472 Abs 2 S 1 ist, dass die in jenem Zwischenzeitraum vorgenom- **12** menen Verwaltungshandlungen des Ehegatten als rechtswirksam gelten, und zwar sowohl unter den Ehegatten selbst als auch gegenüber Dritten. Handelt der die Verwaltungsmaßregeln vornehmende Ehegatte in Kenntnis oder auf Fahrlässigkeit beruhender Unkenntnis von der Beendigung der Gütergemeinschaft, so finden auf die hieraus sich ergebenden Rechtsverhältnisse die allgemeinen Grundsätze, insbesondere §§ 177 ff, 677 ff, Anwendung.

Beweislast: Dass der die Verwaltungsmaßregeln vornehmende Ehegatte von der **13** Beendigung der Gütergemeinschaft Kenntnis gehabt oder infolge von Fahrlässigkeit nicht gehabt hat, hat zu beweisen, wer sich ihm gegenüber auf die Beendigung seines Verwaltungsrechts beruft. Dass der Dritte bei der Vornahme des Rechtsgeschäfts von der Beendigung der Gütergemeinschaft Kenntnis oder infolge von Fahrlässigkeit keine Kenntnis hatte, hat zu beweisen, wer dem Dritten das Recht bestreitet, sich auf die dem Ehegatten nach § 1472 Abs 2 zustehende Befugnis zu berufen.

3. Verwaltungspflicht bei Tod eines Ehegatten

Gemäß § 1472 Abs 4 hat der überlebende Ehegatte, wenn die Gütergemeinschaft **14** durch den Tod eines Ehegatten endet, die Geschäfte, die zur ordnungsmäßigen Verwaltung erforderlich sind und nicht ohne Gefahr aufgeschoben werden können, so lange zu führen, **bis der Erbe des verstorbenen Ehegatten anderweit Fürsorge treffen** kann. Diese Verpflichtung besteht *nicht*, wenn der verstorbene Ehegatte das Gesamtgut *allein* verwaltet hatte. Im Umfang der somit bestehenden Verpflichtung besteht zugleich ein Verwaltungsrecht. Recht und Pflicht bestehen hiernach nur für den Ehegatten, der während des Bestehens der Gütergemeinschaft Alleinverwalter oder wenigstens Mitverwalter des Gesamtguts war. Aus S 2 folgt, dass der nichtverwaltende Ehegatte in jedem Fall von der Verpflichtung freigestellt sein sollte. Dies erstreckt sich auch auf den Fall, dass er zur Zeit des Todes des Verwalters das Notverwaltungsrecht nach § 1429 ausübte (ebenso BGB-RGRK/Finke Rn 19).

Voraussetzung der Anwendbarkeit des § 1472 Abs 4 ist, dass die Gütergemeinschaft **15** durch den **Tod eines Ehegatten** ihr Ende gefunden hat. Dem steht gleich die **Todeserklärung** eines Ehegatten (§ 9 Abs 1 VerschG). Tritt der Tod eines Ehegatten jedoch erst *nach* Beendigung der Gütergemeinschaft, also erst während bereits bestehender Auseinandersetzung ein, so trifft den überlebenden Ehegatten *keine* Pflicht zur Verwaltung nach § 1472 Abs 4. Wohl aber ist er in diesem Fall nach § 1472 Abs 3 HS 2 berechtigt, die zur Erhaltung des Gesamtguts notwendigen Maßregeln allein zu treffen (ebenso BGB-RGRK/Finke Rn 13).

Die **Verpflichtung** des überlebenden Ehegatten **umfasst** im Hinblick auf das Gesamt- **16** gut **die Geschäfte**, die **zur ordnungsmäßigen Verwaltung erforderlich sind**. Insoweit kann auf § 1451 Rn 4 f verwiesen werden. Die Verpflichtung ist jedoch beschränkt auf die Geschäfte, die nicht ohne Gefahr aufgeschoben werden können. Das bedeutet, dass mit erheblicher Wahrscheinlichkeit eine Schädigung des Gesamtguts bevorstehen muss, wenn nicht unverzüglich geeignete Maßnahmen ergriffen werden. Im Übrigen vgl hierzu § 1426 Rn 18; § 1454 Rn 4 ff.

Beweislast: Dass mit dem Aufschub Gefahr verbunden ist, hat zu beweisen, wer die **17**

Tätigkeit des Ehegatten auf Grund des § 1472 Abs 4 in Anspruch nimmt. Dass der Erbe anderweit Fürsorge treffen kann, hat der seine Verpflichtung aus § 1472 Abs 4 bestreitende Ehegatte zu beweisen.

4. Alleinverwaltungsrecht durch Ehevertrag

18 Die **Verwaltung des Gesamtguts kann** einem der Ehegatten – ausschließlich oder unter gewissen Einschränkungen – durch Vereinbarung der Ehegatten in Form eines Ehevertrages (§ 1410) **übertragen werden.** Eine solche Klausel kann zB in einem der Gütergemeinschaft aufhebenden Ehevertrag (§ 1408) enthalten sein. Eine die **Form des Ehevertrages** (§ 1410) nicht beachtende Vereinbarung genügt nicht (**aA** Soergel/ Gaul Rn 2; BGB-RGRK/Finke Rn 26; wie hier MünchKomm/Kanzleiter Rn 21). Auch nach Beendigung der Gütergemeinschaft wirkt der eheliche Güterstand bis zur Auseinandersetzung nach (vgl §§ 1470 Abs 2, 1419 BGB, 860 Abs 1 S 1 ZPO). Es besteht noch ein güterrechtliches Verhältnis am Gesamtgut. Die Regelung des Verwaltungsrechts ändert dieses Verhältnis und ist nicht bloße Auseinandersetzungsvereinbarung. Durch sie wird nicht auseinandergesetzt, sondern die Lenkung der Liquidationsgemeinschaft abgeändert, ohne dass dies auf die reine Auseinandersetzung beschränkt bliebe. Wenn während der Gütergemeinschaft die Änderung der Verwaltungsregelung gemäß § 1421 des Ehevertrages bedürfte, muss dies wegen der Bedeutung für das Gesamtgut auch nach deren Beendigung gelten. Wird die Gütergemeinschaft durch den Tod eines Ehegatten beendet, gilt für die nachträgliche Verwaltungsregelung mit den Erben § 1410 entsprechend.

19 Zu diesem Ergebnis steht nicht in Widerspruch, dass die gemeinschaftliche Verwaltung des Gesamtguts in der Weise durchgeführt werden kann, dass ein Ehegatte allein mit formfreier Zustimmung oder Vollmacht des anderen handelt (RGZ 81, 32; § 1450 Rn 11 ff). Diese Möglichkeit ist dadurch gerechtfertigt, dass die Zustimmung idR nur *einzelne* Rechtsgeschäfte betrifft (vgl §§ 182 ff) und für die Generaleinwilligung die *freie Widerruflichkeit* (§ 168 S 2) nicht ohne Ehevertragsform eingeschränkt werden darf (vgl § 1450 Rn 12; RG JW 1938, 3112 Nr 16; auch RGZ 133, 351).

IV. Lasten und Nutzungen des Gesamtguts

20 Hinsichtlich der Lasten enthalten die §§ 1471 ff keine ausdrückliche Regelung. Aus § 748, dessen entsprechende Anwendbarkeit keinem Bedenken unterliegt (vgl § 2038 Abs 2), ergibt sich, dass nach Beendigung der Gütergemeinschaft bis zur Erledigung der Auseinandersetzung die **Lasten** des Gesamtguts sowie die **Kosten** der Erhaltung, Verwaltung und gemeinschaftlichen Benutzung des Gesamtguts von jedem Ehegatten oder dem überlebenden Ehegatten und den Erben des verstorbenen Ehegatten **zur Hälfte** zu tragen sind (OLG München FamRZ 1996, 170; BGB-RGRK/Finke Rn 12). Dies gilt jedoch nur im Verhältnis der Ehegatten zueinander. Den Gläubigern gegenüber haftet für eine Verbindlichkeit dieser Art jeder Ehegatte nach Maßgabe der allgemeinen Grundsätze. Die nach Beendigung der Gütergemeinschaft **in der Person eines Ehegatten entstehenden Verbindlichkeiten** werden **nicht mehr Gesamtgutsverbindlichkeiten** (BGH FamRZ 1986, 40, 41; s dazu § 1475 Rn 3). Die **Nutzungen** des Gesamtguts fallen nach § 1473 in das Gesamtgut. Wie diese von der Beendigung der Gütergemeinschaft bis zur Erledigung der Auseinandersetzung zu verteilen sind, bleibt der Vereinbarung der Ehegatten oder des überlebenden Ehegatten und des

Erben des verstorbenen Ehegatten überlassen (OLG Karlsruhe FamRZ 1996, 1415; vgl §§ 743 Abs 1, 2032 Abs 2). Zur Behandlung der Nutzung einer zum Gesamtgut gehörenden **Ehewohnung** durch einen Ehegatten s OLG Düsseldorf FamRZ 1984, 1098 f; OLG Koblenz FamRZ 2006, 43; ENSSLEN FamRZ 1998, 1082 mwNw.

V. Haftung

Die Haftung der Ehegatten (entspr § 1435 S 3) hinsichtlich der aus § 1472 sich **21** ergebenden Verpflichtungen bemisst sich nach § 1359, soweit sich nicht aus besonderen Vereinbarungen eine Abweichung ergibt. Dies gilt sowohl für die grundsätzlich gebotene gemeinschaftliche Verwaltungstätigkeit wie auch für die ausnahmsweise zulässige Alleinverwaltung. Der **abgeschwächte Haftungsmaßstab** des § 1359 gilt jedoch nicht für den Erben des verstorbenen Ehegatten; denn für ihn handelt es sich bei den aus dem Auseinandersetzungsverhältnis folgenden Verpflichtungen nicht um solche aus einem ehelichen Verhältnis. Für ihn hat es bei dem allgemeinen Haftungsmaßstab des § 276 sein Bewenden (ebenso BGB-RGRK/FINKE Rn 20).

VI. Schutz gutgläubiger Dritter

Die Bestimmungen zum Schutz gutgläubiger Dritter, insbesondere §§ 892 ff, 932 ff, **22** werden durch § 1472 *nicht* berührt (BGB-RGRK/FINKE Rn 25). Es besteht daher die gleiche Regelung wie bei der bereits vor Beendigung der Gütergemeinschaft bestehenden gemeinschaftlichen Verwaltung des Gesamtguts, so dass in vollem Umfang auf § 1450 Rn 43 verwiesen werden kann. Folgendes sei jedoch der Bedeutung halber hervorgehoben: Die Beendigung der Gütergemeinschaft berechtigt zu – allerdings nur bei voraufgegangener Alleinverwaltung denkbaren – **Einwendungen** gegenüber Dritten nur dann, wenn sie zur Zeit der Vornahme des Rechtsgeschäfts oder zur Zeit des Eintritts der Rechtshängigkeit im **Güterrechtsregister** des zuständigen Amtsgerichts eingetragen oder dem Dritten bekannt war. Einzelheiten s bei den Erl zu § 1412.

VII. Zwangsvollstreckung und Insolvenzverfahren

1. Das Erfordernis eines Vollstreckungstitels gegen beide Ehegatten (§ 743 ZPO)

Gemäß § 743 ZPO ist im Hinblick auf die gemäß § 1472 grundsätzlich bestehende **23** Gemeinschaftlichkeit der Verwaltung nach der Beendigung der Gütergemeinschaft und vor der Auseinandersetzung die Zwangsvollstreckung in das Gesamtgut nur zulässig, wenn **beide Ehegatten** zu der Leistung oder der eine Ehegatte zu der Leistung und der andere zur Duldung der Zwangsvollstreckung **verurteilt** sind. Gegen denjenigen Ehegatten, der für die Gesamtgutsverbindlichkeit persönlich haftet, ist auf *Leistung*, gegen den anderen auf *Duldung der Zwangsvollstreckung* zu klagen (RGZ 108, 281, 286; OLG Hamburg OLGE 40, 76; vgl auch BGB E I § 1374 Abs 1 S 1; Mot IV 406; Prot IV 241 Anm 1, 280; VI 707). Soweit eine persönliche Haftung nicht begründet ist, folgt die Duldungspflicht aus der gemeinschaftlichen Verwaltung (RGZ 118, 131). Die Verurteilung zur Duldung der Zwangsvollstreckung wird nach § 794 Abs 2 ZPO dadurch ersetzt, dass der Ehegatte in einer nach Abs 1 Nr 5 aufgenommenen Urkunde die sofortige Zwangsvollstreckung in das Gesamtgut bewilligt. § 743 ZPO gilt auch dann, wenn die Beendigung der Gütergemeinschaft während eines anhängigen Rechtsstreits des vorher verwaltenden Ehegatten oder nach Beendigung eines solchen Rechtsstreits eintritt. Im ersten Fall muss sich der Gläubiger den zur Vollstreckung in das Gesamtgut erforderlichen Titel gegen den vorher nichtverwaltenden Ehegatten – auf Leistung oder Duldung – durch neue Klage uU im Wege der Klageerweiterung verschaffen. Der gegen den früheren Alleinverwalter anhängige Rechtsstreit nimmt seinen Fortgang, jedoch muss der Antrag auf Leistung in den Antrag auf Duldung geändert werden, wenn der frühere Alleinverwalter nicht mehr persönlich haftet (§§ 264 Nr 2 ZPO, 1459 Abs 2 S 2 BGB). Im zweiten Fall, wenn also die Beendigung der Gütergemeinschaft nach Beendigung eines vom früheren Alleinverwalter geführten Rechtsstreits eintritt, muss sich der Gläubiger eine vollstreckbare Ausfertigung des gegen den früheren Gesamtgutsverwalter ergangenen rechtskräftigen Urteils erteilen lassen (§ 744, s unten Rn 24). Tritt die Beendigung der Gütergemeinschaft während eines Rechtsstreits des vorher nicht verwaltenden Ehegatten ein, so ist zur Vollstreckung in das Gesamtgut, was bei Vorliegen einer Gesamtgutsverbindlichkeit nach § 1437 Abs 1 HS 2 in Betracht kommt, eine neue Klage gegen den früheren Alleinverwalter auf Leistung oder Duldung erforderlich. Nach Erledigung der Auseinandersetzung ist § 743 ZPO unanwendbar (OLG Marienwerder SeuffA 57 Nr 117). Ebenso ist § 743 ZPO auf eine im Verwaltungszwangsverfahren beitreibbare Kostenschuld nicht anzuwenden (OLG Posen OLGE 7, 55).

2. Erteilung einer vollstreckbaren Ausfertigung gegen den früheren Nichtverwalter (§ 744 ZPO)

24 Ist die *Beendigung* der Gütergemeinschaft *nach der Beendigung* eines Rechtsstreits des früheren Alleinverwalters eingetreten, so finden nach § 744 ZPO auf die Erteilung einer in Ansehung des Gesamtguts vollstreckbaren Ausfertigung des Urteils gegen den früheren Nichtverwalter die Vorschriften der §§ 727, 730–732 ZPO entsprechende Anwendung (vgl BGB E I § 1374 Abs 2; Mot IV 407 ff; Prot IV 241 Anm 1, 280; VI 707 ff). Ist dagegen die *Beendigung* der Gütergemeinschaft *während des Rechtsstreits* eingetreten, so findet § 744 ZPO keine Anwendung; vielmehr muss der frühere Nichtverwalter, je nachdem ob er persönlich haftet oder nicht, auf Leistung oder Duldung verklagt werden (s oben Rn 23; vgl Mot IV 407; ein in der II. Komm gestellter Antrag, nach welchem auch in diesem Fall § 744 ZPO aF anwendbar sein sollte, wurde abgelehnt, Prot IV 280). Handelt es sich aber um eine dingliche Klage, so ergibt sich aus §§ 265, 727 ZPO, dass das im Rechtsstreit des früheren Alleinverwalters nach der Beendigung der Gütergemeinschaft erlassene Urteil in Ansehung des Gesamtguts auch gegen den früheren Nichtverwalter wirksam und vollstreckbar ist (Mot IV 407; Prot IV 280; PLANCK/UNZNER § 1472 aF Anm 11). § 744 ZPO ist auch anwendbar, wenn die Gütergemeinschaft durch Tod des früheren Nichtverwalters eintritt (OLG Posen OLGE 10, 375).

3. Nach Beendigung der Gütergemeinschaft entstehende Verbindlichkeiten der Ehegatten

25 Für Verbindlichkeiten eines Ehegatten, die nach Beendigung der Gütergemeinschaft entstehen, **haftet das Gesamtgut nicht**. Die Zwangsvollstreckung wegen solcher Verbindlichkeiten ist daher nur in den Anteil des Ehegatten am Gesamtgut zulässig

(§ 860 Abs 2 ZPO; § 1471 Rn 13). Eine **Ausnahme** hiervon besteht nur insofern, als auch wegen solcher Verbindlichkeiten, wenn beide Ehegatten auf Grund ihrer persönlichen Haftung zur Leistung verurteilt sind, die Zwangsvollstreckung in das Gesamtgut möglich ist.

4. Zwangsvollstreckung in den Anteil eines Ehegatten

Über die Zulässigkeit der Zwangsvollstreckung in den Anteil eines Ehegatten **26** s § 1471 Rn 13.

5. Insolvenzverfahren

Besondere Vorschriften über die Behandlung des Gesamtguts im Insolvenzverfahren **27** für die Zeit nach der Beendigung der Gütergemeinschaft aber vor Erledigung der Auseinandersetzung bestehen nicht. Auch das vor Einführung des GleichberG geltende BGB sah solche nicht vor (Mot IV 408 ff; Prot IV 281, 285). Insbesondere kommt auch nicht § 37 Abs 2 InsO – auch nicht entsprechend – zur Anwendung (MünchKomm/KANZLEITER Rn 20; BAMBERGER/ROTH/MAYER § 1471 Rn 4; s auch § 1471 Rn 14).

VIII. Fortgesetzte Gütergemeinschaft

Über die Anwendbarkeit des § 1472 auf die fortgesetzte Gütergemeinschaft s § 1497 **28** Abs 2.

§ 1473
Unmittelbare Ersetzung

(1) Was auf Grund eines zum Gesamtgut gehörenden Rechtes oder als Ersatz für die Zerstörung, Beschädigung oder Entziehung eines zum Gesamtgut gehörenden Gegenstandes oder durch ein Rechtsgeschäft erworben wird, das sich auf das Gesamtgut bezieht, wird Gesamtgut.

(2) Gehört eine Forderung, die durch Rechtsgeschäft erworben ist, zum Gesamtgut, so braucht der Schuldner dies erst dann gegen sich gelten zu lassen, wenn er erfährt, dass die Forderung zum Gesamtgut gehört; die Vorschriften der §§ 406 bis 408 sind entsprechend anzuwenden.

Materialien: Zu § 1473 aF: E I § 1373 Abs 2; II § 1372; III § 1456; Mot IV 405; Prot IV 279; VI 282, 326.
Zu § 1473 nF: GleichberG E I § 1473; II § 1473; III § 1473; BT-Drucks 1/3802 S 66; BT-Drucks 2/3409, 31.
Vgl STAUDINGER/BGB-Synopse 1896–2005 § 1473.

I.   Allgemeines, Rechtsentwicklung

1 § 1473 nF entspricht sachlich völlig dem § 1473 aF und unterscheidet sich von diesem nur durch geringfügige sprachliche Änderungen. Die Vorschrift des § 1473 betrifft wiederum das **„Liquidationsstadium"**, dh die Zeit nach Beendigung, aber vor Auseinandersetzung der Gütergemeinschaft. In **Abs 1** regelt sie den Ausnahmefall, dass das (noch nicht auseinandergesetzte) Gesamtgut noch hinzuerwirbt, und zwar infolge von Surrogation (dazu unten Rn 2 ff). In **Abs 2** wird zugunsten des gutgläubigen Schuldners einer Gesamtgutsforderung eine Schutzbestimmung getroffen (dazu unten Rn 6 ff).

II.   Surrogationserwerb (Abs 1)

2 Während der Gütergemeinschaft fällt aller **Erwerb der Ehegatten**, soweit er nicht in das Sondergut (§ 1417) oder Vorbehaltsgut (§ 1418) fällt, ins Gesamtgut. Das ändert sich mit der Beendigung der Gütergemeinschaft: von nun an erwirbt jeder Ehegatte für sich selbst; eine Vermehrung des Gesamtguts tritt nicht mehr ein. **Arbeitseinkommen**, Arbeitslosengeld, Rente uä fallen deswegen nicht mehr in das Gesamtgut (OLG Karlsruhe FamRZ 1996, 1415). Das gilt auch für die Nutzungen des Sondergutes eines Ehegatten, die – soweit sie übertragbar sind – bis zur Beendigung der Gütergemeinschaft ins Gesamtgut fielen (§ 1417 Abs 3 S 2; dazu § 1417 Rn 17), von nun an jedoch dem Eigentümer des Sondergutes allein verbleiben. Dieser Grundsatz erfährt jedoch eine **Einschränkung** durch § 1473 Abs 1, wonach auf derartigen Erwerb der während des Bestehens der Gütergemeinschaft für das Vorbehaltsgut geltende **Surrogationsgrundsatz** des § 1418 Abs 2 Nr 3 Anwendung findet (vgl Mot IV 405; §§ 718 Abs 2, 2041 S 1, 2111 Abs 1 S 1). Was ein Ehegatte in dieser Weise erwirbt, wird ohne besondere Übertragung **kraft Gesetzes Gesamtgut** und unterliegt als solches den Bestimmungen der §§ 1471 Abs 2, 1472.

Folgende **Fälle** kommen in Betracht (vgl dazu § 1418 Rn 35 ff):

3 **1.   Erwerb auf Grund eines zum Gesamtgut gehörenden Rechts** erfasst den Erwerb kraft Gesetzes aber auch auf Grund eines Rechtsgeschäfts (Einzelheiten s § 1418 Rn 36 ff). Wegen des Bestehens der Gesamthandsgemeinschaft kann § 743 Abs 1 – Bruchteile an den Früchten – nicht zur Anwendung kommen (RG Gruchot 49, 958). Die Gesamtgutseigenschaft erhält auch ein während der Ehe von einem Ehegatten **unter Eigentumsvorbehalt gekaufter** und erst nach Beendigung, aber vor Auseinandersetzung der Gütergemeinschaft vollständig bezahlter **Gegenstand** (RGZ JW 1925, 353). Denn der Eigentumsübergang beruht auf dem Übereignungsanspruch sowie auf der Eigentumsanwartschaft, welche beide zum Gesamtgut gehören. Über die einer Briefmarkensammlung des Liquidationsguts eingefügten Briefmarken s RGZ SeuffA 90 Nr 144.

2. **Zum Erwerb als Ersatz für die Zerstörung, Beschädigung oder Entziehung eines** 4 **zum Gesamtgut gehörenden Gegenstandes** gehören zB Ansprüche auf Sachversicherungssummen, Enteignungsentschädigungen und Ansprüche wegen ungerechtfertigter Bereicherung (§§ 812 ff) oder **unerlaubter Handlung** (§§ 823 ff); vgl § 1418 Rn 39 ff. Dagegen ist der Lastenausgleichsanspruch für ganz oder teilweise zerstörte Wirtschaftsgüter, die zum Gesamtgut einer fortgesetzten Gütergemeinschaft gehören, kein „Ersatz" iS dieser Vorschrift (BVerwG MDR 1967, 862).

3. **Erwerb durch Rechtsgeschäft, das sich auf das Gesamtgut bezieht,** setzt einen 5 bestimmten Zusammenhang des Rechtsgeschäfts mit dem Gesamtgut voraus. Es genügt ein wirtschaftlicher Zusammenhang. Ein rechtlicher Zusammenhang ist jedoch nicht erforderlich (Mot IV 177 f; RGZ 87, 100, 104; dazu im Einzelnen § 1418 Rn 43 ff). Dieser Zusammenhang muss in subjektiver und objektiver Richtung vorliegen, dh außer der subjektiven Willensrichtung auf Erwerb für das Gesamtgut ist auch eine objektive Beziehung zum Gesamtgut erforderlich (Prot VI 282; Mot IV 178; s auch HOFMANN FamRZ 1972, 117).

III. **Schutz gutgläubiger Schuldner (Abs 2)**

Die von der II. Komm bei der Revision beschlossene Vorschrift des § 1473 Abs 2 6 bezweckt den schuldrechtlichen Schutz gutgläubiger Dritter (Prot VI 326 f; vgl §§ 720, 2019 Abs 2, 2041 S 2, 2111 Abs 1 S 2), und zwar während des nach Beendigung der Gütergemeinschaft, aber vor Erledigung der Auseinandersetzung bestehenden Liquidationsstadiums. Während des Bestehens der Gütergemeinschaft ist der Dritte ja nach Maßgabe des § 1412 geschützt. Hat ein Ehegatte durch Rechtsgeschäft eine Forderung erworben, die nach § 1473 Abs 1 Bestandteil des Gesamtguts geworden ist, so soll dem Schuldner, dem die (subjektive und objektive) Beziehung des Rechtsgeschäfts zu dem Gesamtgut unbekannt ist, welche die Voraussetzung für die Zugehörigkeit der Forderung zum Gesamtgut bildet (s oben Rn 5), aus dieser Unkenntnis kein Nachteil erwachsen. Da die Verwaltung des Gesamtguts gemäß § 1472 Abs 1 S 1 beiden Ehegatten gemeinschaftlich zusteht, handelt es sich hierbei um Rechtsgeschäfte, die mit beiden Ehegatten gemeinschaftlich oder mit einem zugleich als Vertreter des anderen handelnden Ehegatten vorgenommen worden sind. Der gutgläubige Schuldner darf in diesem Fall annehmen, dass die Forderung den beiden Ehegatten nach Maßgabe der allgemeinen Grundsätze, also jedem zur Hälfte oder als Gesamtgläubigern, zusteht (vgl §§ 420, 428, 431). In Betracht kommt hierbei nur die – gleichviel auf welchem Wege erworbene – (positive) **Kenntnis der** die Zugehörigkeit der Forderung zum Gesamtgut begründenden **tatsächlichen Umstände**; unerheblich ist, ob der Schuldner von der Bestimmung des § 1473 Abs 1 Kenntnis hatte oder nicht (RGZ 102, 387; 88, 4). Eine auf (leichter oder grober) Fahrlässigkeit beruhende Unkenntnis der Zugehörigkeit der Forderung zum Gesamtgut steht der Kenntnis nicht gleich (vgl RGZ 135, 251; § 122 Abs 2). Selbst die Eintragung der Beendigung der Gütergemeinschaft im Güterrechtsregister schließt den guten Glauben wegen der in § 1473 Abs 2 geforderten positiven Kenntnis nicht aus; § **1412 Abs 1**, wonach die Eintragung gegen den

Schuldner wirken würde, **wird insoweit verdrängt** (ebenso BAMBERGER/ROTH/MAYER Rn 3; MünchKomm/KANZLEITER Rn 3, 4).

Der Schutz des gutgläubigen Schuldners wird **auf doppeltem Wege** erreicht:

7 1. Der *gutgläubige* Schuldner braucht die Zugehörigkeit der Forderung zum Gesamtgut nicht gegen sich gelten zu lassen. Er darf also annehmen, dass die Verfügungsbeschränkungen, denen jeder Ehegatte in Ansehung des Gesamtguts gemäß §§ 1471 Abs 2, 1419 Abs 1, 1472 Abs 1 unterliegt, hinsichtlich der fraglichen Forderung nicht Platz greifen.

8 2. Die Vorschriften der §§ 406–408 finden entsprechende Anwendung. Hieraus ergibt sich:

9 a) Der Schuldner kann eine ihm gegen den erwerbenden Ehegatten zustehende Forderung, für die das Gesamtgut nicht haftet, auch gegenüber der vom Ehegatten erworbenen und zum Gesamtgut gehörenden Forderung **aufrechnen**, es sei denn, dass er bei dem Erwerb seiner Forderung von der Zugehörigkeit der von dem Ehegatten erworbenen Forderung zum Gesamtgut Kenntnis hatte oder dass seine Forderung erst nach Erlangung der Kenntnis und später als die von dem Ehegatten erworbene Gesamtgutsforderung fällig geworden ist (§ 406; vgl BGHZ 19, 153).

10 b) Eine nach dem Erwerb der Forderung seitens des Ehegatten an diesen erfolgende **Leistung** des Schuldners, sowie jedes nach diesem Zeitpunkt zwischen dem Schuldner und dem Ehegatten in Ansehung der Forderung vorgenommene Rechtsgeschäft **ist dem Gesamtgut gegenüber wirksam**, es sei denn, dass der Schuldner die Zugehörigkeit der Forderung zum Gesamtgut bei der Leistung oder der Vornahme des Rechtsgeschäfts kennt (§ 407 Abs 1).

11 c) Ist in einem nach dem Erwerb der Forderung zwischen dem Schuldner und dem Ehegatten anhängig gewordenen **Rechtsstreit** ein rechtskräftiges Urteil über die Forderung ergangen, so ist das **Urteil dem Gesamtgut gegenüber wirksam**, es sei denn, dass der Schuldner die Zugehörigkeit der Forderung zu dem Gesamtgut bei Eintritt der Rechtshängigkeit gekannt hat (§ 407 Abs 2).

12 d) Wird die von dem Ehegatten erworbene **Forderung** an einen Dritten **abgetreten**, so finden, wenn der Schuldner an den Dritten leistet oder wenn zwischen dem Schuldner und dem Dritten ein Rechtsgeschäft vorgenommen oder ein Rechtsstreit anhängig wird, zugunsten des Schuldners die oben unter Rn 10 f erwähnten Grundsätze dem Gesamtgut gegenüber entsprechende Anwendung (§ 408 Abs 1).

13 e) Das Gleiche gilt, wenn die **Forderung durch gerichtlichen Beschluss** einem Dritten **überwiesen** wird oder wenn der Ehegatte dem Dritten gegenüber **anerkennt**, dass die Forderung kraft Gesetzes auf den Dritten übergegangen sei (§ 408 Abs 2).

IV. Fortgesetzte Gütergemeinschaft

14 Für die Auseinandersetzung einer fortgesetzten Gütergemeinschaft gilt die Regelung des § 1473 entsprechend (§ 1497 Abs 2).

§ 1474
Durchführung der Auseinandersetzung

Die Ehegatten setzen sich, soweit sie nichts anderes vereinbaren, nach den §§ 1475 bis 1481 auseinander.

Materialien: Zu § 1474 aF: E I § 1376; II § 1369; III § 1474; BT-Drucks 1/3802 S 66; BT-Drucks III § 1467; Mot IV 410; Prot IV 244, 282. 2/3409, 31.
Zu § 1474 nF: GleichberG E I § 1474; II § 1474; S STAUDINGER/BGB-Synopse 1896–2005 § 1474.

Schrifttum

BEHMER, Der Wertverlust eingebrachter Güter in der Gesamtgutsauseinandersetzung, BayNotZ 1989, 7
KLEIN, Wegweiser zur Auseinandersetzung einer Gütergemeinschaft, FuR 1995, 165
ders, Fälle und Lösungen zur Auseinandersetzung einer Gütergemeinschaft, FuR 1995, 249.
KLÜBER, Die scheidungsbedingte Auseinandersetzung der Gütergemeinschaft, FPR 2001, 84
KOTZUR, Gesamtgutsauseinandersetzung und

Übernahme von Grundstücken, BWNotZ 1987, 134
MAI, Die Gütergemeinschaft als vertraglicher Wahlgüterstand und ihre Handhabung in der notariellen Praxis, BWNotZ 2003, 55
STUMP, Ehevertragliche Vereinbarungen für die Auseinandersetzung des Gesamtgutes, Rpfleger 1979, 441
WITTICH, Die Gütergemeinschaft und ihre Auseinandersetzung (Diss 2000).

I. Allgemeines, Rechtsentwicklung

§ 1474 nF ist gegenüber § 1474 aF nur sprachlich verändert, entspricht ihm dagegen **1** sachlich völlig. Für die Auseinandersetzung ist in erster Linie eine etwa getroffene Auseinandersetzungsvereinbarung maßgebend (unten Rn 2 ff). Zur Herbeiführung einer solchen Vereinbarung kann die Vermittlung des Amtsgerichts oder eines Notars in Anspruch genommen werden (unten Rn 6 ff). Kommt eine Vereinbarung nicht zustande, bleibt nur die Auseinandersetzungsklage vor dem Prozessgericht (unten Rn 9).

II. Auseinandersetzungsvertrag

Für die Auseinandersetzung ist in erster Linie eine etwa von den Ehegatten getrof- **2** fene Vereinbarung entscheidend (RG SeuffA 62 Nr 234; WarnR 1922 Nr 55).

1. Form des Auseinandersetzungsvertrages

Eine solche Vereinbarung erscheint, sofern sie nach Beendigung der Gütergemeinschaft getroffen wird und sich auf die dann vorzunehmende Auseinandersetzung beschränkt, *nicht* als Ehevertrag (Einzelheiten vgl § 1408 Rn 8) und unterliegt daher *nicht* der Formvorschrift des § 1410 (RGZ 89, 292; BayObLGZ 5, 665). Nicht ausgeschlossen ist aber, dass in den die Gütergemeinschaft einführenden oder aufhebenden Ehevertrag auch Bestimmungen über die Auseinandersetzung aufgenommen werden (ebenso MünchKomm/Kanzleiter Rn 3, 4).

2. Inhalt des Auseinandersetzungsvertrages

3 Entscheidend für den Inhalt der Vereinbarung ist der Wille der Parteien (RG SeuffA 62 Nr 234). Rechte dritter Personen (vgl §§ 1475, 1480) können allerdings durch die Vereinbarung der Ehegatten nicht geschmälert werden (BayObLG BayZ 1912, 24). Der Auseinandersetzungsvertrag soll in der Regel *die Vermutung der vollzogenen Auseinandersetzung* für sich haben (so BGHZ 2, 86; dagegen Gernhuber/Coester-Waltjen § 38 Rn 151 Fn 199; MünchKomm/Kanzleiter Rn 5 Fn 5). Er hat keine dingliche, sondern **nur schuldrechtliche Wirkung** (KGJ 50, 152). Die dingliche Wirkung der Auseinandersetzung tritt erst mit Erfüllung der vertraglichen Verpflichtungen ein; hierfür gelten die allgemeinen Vorschriften. Erst danach ist die Auseinandersetzung vollzogen (OLG Hamm FamRZ 1979, 811; Ensslen FamRZ 1998, 1083; Klein FuR 1995, 168). Dabei muss die Form des jeweils vorgeschriebenen Übertragungsakts eingehalten werden (RG WarnR 1922 Nr 55). Die Abtretung einer gewöhnlichen Forderung kann zB formlos erfolgen; die Abtretung einer hypothekarisch gesicherten Forderung muss den Formvorschriften der §§ 1153, 1154 genügen. Zur Übertragung des Eigentums an Grundstücken ist Auflassung und Eintragung im Grundbuch erforderlich (§ 925), und zwar sowohl bei der Umwandlung des gesamthänderischen Grundstückseigentums in Bruchteilseigentum beider Ehegatten (RGZ 57, 432) als auch bei der Übertragung des Eigentums an einem Gesamtgutsgrundstück auf einen Ehegatten allein, wobei sich die Auflassung auf das ganze Grundstück beziehen muss (KGJ 33 B 37; s auch RGZ 67, 62).

4 Dagegen ist eine besondere Übertragung der einzelnen Gegenstände, also bei Grundstücken die Auflassung, **nicht erforderlich, wenn** im Falle der Beendigung der Gütergemeinschaft durch Tod eines Ehegatten ohne Eintritt der fortgesetzten Gütergemeinschaft der **überlebende Ehegatte** gegen eine an die Kinder zu zahlende Abfindungssumme das **ganze Gesamtgut übernimmt**. Hierin wird regelmäßig eine nach § 2033 Abs 1 der notariellen Beurkundung bedürftige Verfügung der Kinder als Erben über ihren Anteil am Nachlass einschließlich des dazu gehörenden Anteils am Gesamtgut (vgl § 1471 Rn 10) zu erblicken sein. In diesem Fall wird der überlebende Ehegatte ohne weitere Übertragungshandlung Alleineigentümer des Gesamtguts. Für Grundstücke kann dann die Umschreibung auf den überlebenden Ehegatten auf dem Wege der Grundbuchberichtigung erfolgen (§ 894; KG RJA 3, 262). Eine besondere Übertragung der einzelnen Gegenstände ist jedoch nur dann entbehrlich, wenn die Kinder ihren ganzen Erbteil auf den überlebenden Ehegatten übertragen; denn die Übertragung ihres Anteils am Gesamtgut allein ist nach §§ 1471 Abs 2, 1419 Abs 1 ausgeschlossen (s § 1471 Rn 6).

5 Ansprüche *aus* dem Auseinandersetzungsvertrag sind vor dem **Familiengericht** geltend zu machen (§ 23 Abs 1 Nr 9 GVG; BGH FamRZ 1980, 989). Das gilt auch für Ansprüche wegen Wegfalls der Geschäftsgrundlage und Nichtigkeit des Auseinandersetzungsvertrages (BGH aaO und NJW 1980, 193).

III. Vermittlung des Amtsgerichts oder Notars

Zur Herbeiführung der Auseinandersetzung kann auf Antrag jedes Beteiligten die **6**
Vermittlung des Amtsgerichts eingeschaltet werden. Gemäß § 99 Abs 1 FGG finden
nach der Beendigung einer ehelichen oder einer fortgesetzten Gütergemeinschaft
auf die Auseinandersetzung des Gesamtguts die die Auseinandersetzung eines Nachlasses regelnden Vorschriften der §§ 86–98 FGG entsprechende Anwendung. Nach
§ 86 Abs 1 FGG hat das Nachlassgericht auf Antrag die Auseinandersetzung zwischen den Beteiligten zu vermitteln (vgl OLG Hamburg OLGE 14, 230; 17, 367; zum Verfahren auch BRACKER MittBayNot 1984, 114). § 86 Abs 2 FGG regelt das Antragsrecht, § 87
FGG den notwendigen Inhalt des Antrages. § 88 FGG erklärt die Bestellung eines
Pflegers für einen *abwesenden* Beteiligten unter gewissen Voraussetzungen für zulässig.

Zunächst findet ein *Verhandlungstermin* statt, zu dem der Antragsteller und die **7**
Beteiligten unter Einhaltung der in § 90 FGG bestimmten Frist zu laden sind (§ 89
FGG). Sobald die Auseinandersetzung stattfinden kann, hat das Gericht einen
Auseinandersetzungsplan anzufertigen, der vom Gericht zu beurkunden und bei
Einverständnis sämtlicher Beteiligten zu bestätigen ist (§ 93 FGG). § 94 FGG ordnet
die *Losziehung* für nicht erschienene Beteiligte, § 95 FGG das Verfahren für den
Fall, dass sich Streitpunkte ergeben. Die Rechtswirkung des rechtskräftigen Bestä-
tigungsbeschlusses und die Zwangsvollstreckung bemisst sich nach §§ 97, 98 FGG.

Zuständig für die Auseinandersetzung ist, wenn ein Anteil zum Gesamtgut zu einem **8**
Nachlass gehört, nach § 99 Abs 2 FGG das für die Auseinandersetzung des Nachlasses zuständige Amtsgericht; im Übrigen gilt die Regelung des § 45 FGG. Gemäß
dem Vorbehalt des § 193 FGG bleiben jedoch die *landesgesetzlichen Vorschriften*
unberührt, wonach an Stelle der Gerichte oder neben diesen die Notare die Auseinandersetzung zu vermitteln haben.

IV. Auseinandersetzungsklage

Kommt eine Auseinandersetzungsvereinbarung – auch durch Vermittlung des Amts- **9**
gerichts (s oben Rn 6 ff) – nicht zustande, bleibt nur die Auseinandersetzungsklage vor
dem Prozessgericht. Nach Beendigung der Gütergemeinschaft hat jeder Ehegatte
gegen den anderen einen klagbaren Anspruch auf Auseinandersetzung in Ansehung
des Gesamtguts (s § 1471 Rn 2). Zuständig ist das Familiengericht, § 23b Abs 1 S 2
Nr 9 GVG. Der Klageantrag ist auf Zustimmung zu dem vom Kläger vorgelegten
Auseinandersetzungsplan zu richten. Richterliche Gestaltungsfreiheit nach Zweck-
mäßigkeitsgesichtspunkten besteht nicht (BGH FamRZ 1988, 813, 814). Es muss deswegen ein konkreter Teilungsplan vorliegen (instruktiv zur Auseinandersetzung OLG Koblenz
FamRZ 2006, 40 ff; KLEIN FuR 1995, 166; ausführlich mit Muster WITTICH 89 ff, 95f). Unter
Umständen ist in erster Stufe zunächst Klage auf Auskunft zu erheben (BGH aaO, vgl
auch § 1435 Rn 5, 7). Die Zustimmungserklärung wird dann durch die Rechtskraft des
dem Klageantrag entsprechenden Urteils ersetzt (§ 894 ZPO; vgl BGH FamRZ 1986,
776, 777; 1988, 813, 814). Über die Auseinandersetzung kann bereits im **Verbundverfahren** entschieden werden (s § 1447 Rn 3).

§ 1475
Berichtigung der Gesamtgutsverbindlichkeiten

(1) Die Ehegatten haben zunächst die Gesamtgutsverbindlichkeiten zu berichtigen. Ist eine Verbindlichkeit noch nicht fällig oder ist sie streitig, so müssen die Ehegatten zurückbehalten, was zur Berichtigung dieser Verbindlichkeit erforderlich ist.

(2) Fällt eine Gesamtgutsverbindlichkeit im Verhältnis der Ehegatten zueinander einem der Ehegatten allein zur Last, so kann dieser nicht verlangen, dass die Verbindlichkeit aus dem Gesamtgut berichtigt wird.

(3) Das Gesamtgut ist in Geld umzusetzen, soweit dies erforderlich ist, um die Gesamtgutsverbindlichkeiten zu berichtigen.

Materialien: Zu § 1475 aF: E I §§ 1377 Abs 1, 1378 Abs 1; II § 1373; III § 1458; Mot IV 410 ff; Prot IV 283 ff; VI 282.
Zu § 1475 nF: GleichberG E I § 1475; II § 1475; III § 1475; BT-Drucks 1/3802 S 66; BT-Drucks 2/3409, 31.
Vgl STAUDINGER/BGB-Synopse 1896–2005 § 1475.

Systematische Übersicht

I.   Allgemeines, Rechtsentwicklung

1 § 1475 nF ist gegenüber § 1475 aF nur sprachlich geändert. In **Abs 1** ist die Pflicht begründet, vor Durchführung der Teilung des Gesamtguts die Gesamtgutsverbindlichkeiten zu berichtigen (unten Rn 2 ff). **Abs 2** schafft von diesem Grundsatz eine allerdings nur im Innenverhältnis der Ehegatten wirkende Ausnahme für solche Gesamtgutsverbindlichkeiten, welche im Verhältnis der Ehegatten zueinander einem Ehegatten allein zur Last fallen (unten Rn 8). **Abs 3** ordnet die Umsetzung von Gesamtgut in Geld an, soweit dies zur Berichtigung von Gesamtgutsverbindlichkeiten erforderlich ist (unten Rn 10).

II.   Berichtigung der Gesamtgutsverbindlichkeiten (Abs 1)

2 Die Vorschrift des § 1475 Abs 1 S 1 gewährt jedem Ehegatten einen Anspruch darauf, dass vor der Teilung des Gesamtguts aus diesem zunächst die Gesamtgutsverbindlichkeiten berichtigt werden. Dies rechtfertigt sich sowohl durch das Interesse der Gesamtgutsgläubiger als auch das der Ehegatten wegen deren persönlicher Haftung für die Gesamtgutsverbindlichkeiten (BGH NJW 1985, 3066, 3068 = FamRZ 1985, 903).

1. Gesamtgutsverbindlichkeiten

Der Begriff der Gesamtgutsverbindlichkeiten ergibt sich aus den §§ 1437, 1459 (vgl **3** § 1437 Rn 5 ff, § 1459 Rn 4 ff). Zu den Gesamtgutsverbindlichkeiten gehören auch die Ersatzansprüche eines Ehegatten gegen das Gesamtgut (§§ 1445 Abs 2, 1467 Abs 2; vgl RGZ Recht 1909 Nr 1889; BayObLG NJW 1971, 2315; Mot IV 412; vgl cod civ art 1470). Ist der ersatzberechtigte Ehegatte zugleich Schuldner des Gesamtguts, so kann bei Vorhandensein der Voraussetzungen der §§ 387 ff Aufrechnung stattfinden (Mot IV 412). **Keine Gesamtgutsverbindlichkeiten** sind die nach Beendigung der Gütergemeinschaft in der Person eines Ehegatten entstehenden Verbindlichkeiten (hM, vgl auch BGH FamRZ 1986, 40, 41; BayObLG FamRZ 2004, 879; OLG München FamRZ 1996, 170). Die Eheleute können im *Innenverhältnis* aber auch im Liquidationsstadium sowohl die Haftung des Gesamtguts als auch die Vorwegerfüllung von Verbindlichkeiten aus dem Gesamtgut vor Auseinandersetzung der Gütergemeinschaft vereinbaren (s auch OLG München FamRZ 1996, 291). Verpflichten sich die Ehegatten während des Liquidationsstadiums gemeinschaftlich zu einer Leistung und haften sie deshalb gemäß §§ 427 oder 431 als Gesamtschuldner, so können die Gläubiger aus dem Gesamtgut nicht unmittelbar Befriedigung verlangen. Die Haftung der Ehegatten ist dann vielmehr auf ihre nach Beendigung der Gütergemeinschaft pfändbaren Anteile am Gesamtgut (§ 860 Abs 2 ZPO) sowie auf ihr Vorbehalts- und Sondergut beschränkt.

2. Berichtigung

Das Gesetz verlangt „Berichtigung" der Gesamtgutsverbindlichkeiten, also wirk- **4** liche **Tilgung durch Erfüllung** oder deren Surrogate (§§ 362 ff, 372 ff, 387 ff, 397). Kein Ehegatte kann daher verlangen, dass der zur Berichtigung der Gesamtgutsverbindlichkeiten erforderliche Betrag dem Gesamtgut entnommen und ihm zu diesem Zweck ausgehändigt werde. Über die gegen eine derartige Regelung sprechenden Erwägungen s Mot IV 410 ff. Eine Gesamtgutsverbindlichkeit kann auch in der Weise berichtigt werden, dass ein Ehegatte sie bei der Auseinandersetzung als alleiniger Schuldner übernimmt und der Gläubiger den anderen Ehegatten aus der Haftung entlässt (BGH NJW 1985, 3066, 3068; FamRZ 1986, 40, 41; 1988, 813, 815; OLG Frankfurt FamRZ 1984, 170; OLG Karlsruhe FamRZ 1982, 286 m Anm BÖLLING). Erforderlich ist die unbedingte, vorbehaltslose und uneingeschränkte Übernahme als Alleinschuldner und eine ebensolche Haftungsfreistellung, also auch ohne Vorbehalt einer Zug-um-Zug-Leistung des Gläubigers. Spätestens mit der letzten Tatsachenverhandlung müssen beide Voraussetzungen vorliegen (BGH FamRZ 1988, 813, 815).

3. Nicht fällige oder streitige Gesamtgutsverbindlichkeiten (Abs 1 S 2)

Über den Begriff der **Fälligkeit** s § 271. **Streitig** ist eine Gesamtgutsverbindlichkeit **5** nicht nur dann, wenn zur Zeit der Auseinandersetzung bereits ein Rechtsstreit über sie anhängig ist, sondern schon dann, wenn sie außergerichtlich nach Bestand, Höhe oder Fälligkeit zwischen dem Ehegatten und dem Gläubiger bestritten ist oder wenn zwischen den Ehegatten selbst Streit darüber besteht, ob die Verbindlichkeit der Ehegatten zueinander dem Gesamtgut oder einem der Ehegatten zur Last fällt (vgl § 1475 Abs 2; BGB-RGRK/FINKE Rn 5).

6 Das zur Berichtigung solcher Gesamtgutsverbindlichkeiten (zuzüglich eines Zuschlags für Zinsen und Kosten) **Erforderliche ist zurückzubehalten**, dh es verbleibt bis zur Fälligkeit oder Erledigung des Streits in der gemeinschaftlichen Verwaltung der beiden Ehegatten (§ 1472 Abs 1). Solange zurückbehalten wird, bleibt auch die Haftung für die Schuld bestehen (vgl OLG Stuttgart SeuffBl 71, 267). Sicherheitsleistung (§§ 232 ff) oder Hinterlegung (§§ 372 ff) kann nicht verlangt werden. Nicht ausgeschlossen ist aber bei Vorhandensein der prozessualen Voraussetzungen der Erlass einer einstweiligen Verfügung, durch welche die Hinterlegung angeordnet wird. Die Verpflichtung, nach § 1475 Abs 1 S 2 zu verfahren, besteht nur für die Mitglieder der Liquidationsgemeinschaft, **nicht** aber **gegenüber Dritten**. Diese schützt § 1480.

4. Verstoß gegen die Berichtigungspflicht

7 Wird entgegen der Vorschrift des § 1475 Abs 1 S 1 eine Gesamtgutsverbindlichkeit nicht vor der Teilung des Gesamtguts berichtigt, **so haften** dem Gläubiger **beide Ehegatten persönlich als Gesamtschuldner**, jedoch derjenige, für den zur Zeit der Teilung eine solche Haftung nicht bestand, nur in beschränktem Umfang (s § 1480 mit Erl). Für die Haftung der Ehegatten untereinander gilt § 1481.

III. Die einem Ehegatten im Innenverhältnis allein zur Last fallenden Gesamtgutsverbindlichkeiten (Abs 2)

8 Die in § 1475 Abs 1 niedergelegten Grundsätze der Pflicht zur Berichtigung der Gesamtgutsverbindlichkeiten (S 1) sowie der Zurückbehaltungspflicht (S 2) erfahren eine **Ausnahme** durch die Vorschrift des Abs 2, deren **Wirkung** allerdings **ausschließlich auf das Innenverhältnis der Ehegatten** beschränkt ist. Kann der Ehegatte, dem im Innenverhältnis eine Gesamtgutsverbindlichkeit allein zur Last fällt, Berichtigung aus dem Gesamtgut nicht verlangen, so kann jedoch umgekehrt der andere Ehegatte, dem die Verbindlichkeit nicht zur Last fällt, dies mit Rücksicht auf die ihm drohende persönliche Haftung verlangen (vgl § 1480). Ist die Berichtigung aus dem Gesamtgut erfolgt, so muss sich der Ehegatte, dem die Verbindlichkeit zur Last fällt, den Betrag auf seinen Teil anrechnen lassen (§ 1476 Abs 2 S 1). Vor der Auseinandersetzung findet ein Gesamtschuldnerausgleich zwischen den Eheleuten nicht statt (OLG Zweibrücken FamRZ 1992, 821 mit Hinw d Red auf die Entscheidung des BGH über die Versagung von PKH für die Revision; s auch § 1481 Rn 1).

9 Besteht zwischen den Ehegatten Streit darüber, ob eine Gesamtgutsverbindlichkeit im Innenverhältnis von einem Ehegatten allein oder von beiden gemeinsam zu tragen ist, so ist zur Klärung dieses Rechtsverhältnisses *Feststellungsklage* zulässig (§ 256 ZPO; vgl RG JW 1909, 223 zur entsprechenden Frage bei Nachlassschulden).

IV. Umsetzung von Gesamtgut in Geld (Abs 3)

10 Nach § 1475 Abs 3 ist zur Berichtigung der Gesamtgutsverbindlichkeiten das Ge-

samtgut, soweit es zu diesem Zweck erforderlich ist, in Geld umzusetzen (vgl die entsprechenden Vorschriften §§ 733 Abs 3, 2046 Abs 3, 149 HGB). Die Umsetzung der zum Gesamtgut gehörenden Gegenstände in Geld hat selbstverständlich auch insoweit zu erfolgen, als dies zum Ausgleich wegen des von einem Ehegatten zum Gesamtgut zu ersetzenden Betrages (§ 1476 Abs 2) erforderlich ist. Der nicht ersatzpflichtige Ehegatte kann den von dem anderen Ehegatten zum Gesamtgut zu ersetzenden Betrag in Geld beanspruchen und daher verlangen, dass auch die sonst in Natur zu teilenden Gegenstände (s § 1477 Rn 3) zu Geld gemacht werden, falls nicht der ersatzpflichtige Ehegatte den von ihm zu ersetzenden Betrag bar einzahlt (Mot IV 414).

Die Pflicht zur Umsetzung des Gesamtguts in Geld nach **§ 1475 Abs 3** hat **Vorrang** **11** **gegenüber** der jedem Ehegatten nach **§ 1477 Abs 2** zustehenden Befugnis zur Übernahme gewisser Gegenstände (s § 1477 Rn 19 f). Die Gegenstände, die übernommen werden sollen, sind aber zuletzt zu verwerten (GERNHUBER/COESTER-WALTJEN § 38 Rn 154; KOTZUR BWNotZ 1987, 136; MünchKomm/KANZLEITER Rn 8; SOERGEL/GAUL Rn 6). Das Recht zur Übernahme kann jedoch dem Versteigerungsbegehren entgegengesetzt werden, wenn das Risiko einer fortdauernden persönlichen Haftung nicht besteht, weil Verbindlichkeiten als Alleinschuldner übernommen worden sind (s Rn 4) oder das verbleibende Gesamtgut zur Tilgung ausreicht. Es ist der Versteigerung im Wege der Drittwiderspruchsklage gem § 771 ZPO entgegenzusetzen (BGH FamRZ 1987, 43, 44; NJW 1985, 3066, 3068).

Die Umsetzung des Gesamtguts in Geld erfolgt mangels anderweitiger Vereinba- **12** rung durch Verkauf der Sachen und Einziehung oder Verkauf der Forderungen (§§ 1477, 753, 754). Welche Sachen zunächst zu verkaufen sind, insbesondere, ob Grundstücke oder bewegliche Sachen, bleibt dem Ermessen der Ehegatten überlassen (s aber auch Rn 11). Die Ehegatten sind gehalten, bei der Auseinandersetzung des Gesamtgutes den Weg zu wählen, der das Gesamtgut am wenigsten belastet (vgl OLG Düsseldorf FamRZ 1993, 196).

V. Unzulänglichkeit des Gesamtguts

Reicht das Gesamtgut zur Berichtigung aller Gesamtgutsverbindlichkeiten **nicht aus**, **13** so können die Ehegatten, ohne sich der Haftung aus § 1480 auszusetzen, die Gläubiger nach der Reihenfolge der Anmeldung befriedigen (BGB-RGRK/FINKE Rn 9; MünchKomm/KANZLEITER Rn 4; BAMBERGER/ROTH/MAYER Rn 4). Gemäß § 1472 Abs 3 HS 1 wird aber jeder Ehegatte von dem anderen verlangen können, dass zunächst diejenigen Gesamtgutsverbindlichkeiten berichtigt werden, an deren Berichtigung das Gesamtgut besonders interessiert ist – also solche, für die ein Vollstreckungstitel besteht –, und dass im Übrigen alle Gläubiger verhältnismäßige Befriedigung erhalten (BGB-RGRK/FINKE; MünchKomm/KANZLEITER; beide aaO).

VI. Zwangsvollstreckung

Über die Zwangsvollstreckung s § 1471 Rn 13, § 1472 Rn 23.   **14**

§ 1476
Teilung des Überschusses

(1) Der Überschuss, der nach der Berichtigung der Gesamtgutsverbindlichkeiten verbleibt, gebührt den Ehegatten zu gleichen Teilen.

(2) Was einer der Ehegatten zum Gesamtgut zu ersetzen hat, muss er sich auf seinen Teil anrechnen lassen. Soweit er den Ersatz nicht auf diese Weise leistet, bleibt er dem anderen Ehegatten verpflichtet.

Materialien: Zu § 1476 aF: E I 1377 Abs 2–4; II 1374; III 1459; Mot 4, 413; Prot 4, 282. Zu § 1476 nF: GleichberG E I 1476; II 1476; III 1476; BT-Drucks 1/3802, 66; BT-Drucks 2/3409, 31. Vgl Staudinger/BGB-Synopse 1896–2005 § 1476.

Systematische Übersicht

I.   Allgemeines, Rechtsentwicklung

1 § 1476 nF ist nur sprachlich geändert und stimmt sachlich mit § 1476 aF völlig überein. In Abs 1 ist der Grundsatz aufgestellt, dass der nach Berichtigung der Gesamtgutsverbindlichkeiten verbleibende Überschuss den Ehegatten zu gleichen Teilen gebührt (unten Rn 2 f). Darin findet der Leitgedanke der ehelichen Gütergemeinschaft Ausdruck, dass die in ihr lebenden Ehegatten am Gewinn und Verlust des Gesamtgutes je zur Hälfte beteiligt sind. Abs 2 regelt die Anrechnung der Ersatzverpflichtung (unten Rn 4 ff).

II.   Teilungsgrundsätze (Abs 1)

2 **Teilungsmaßstab:** Nach § 1475 Abs 1 sind aus dem Gesamtgut zunächst die Gesamtgutsverbindlichkeiten zu berichtigen und die zur Berichtigung noch nicht fälliger oder streitiger Gesamtgutsverbindlichkeiten erforderlichen Beträge zurückzubehalten. Verbleibt hiernach noch ein **Überschuss**, so gebührt er, dem Grundsatz des § 742 entsprechend, jedem **Ehegatten zur Hälfte**, ohne Rücksicht darauf, was jeder Ehegatte in die Ehe eingebracht oder während der Ehe erworben hat (BayObLG Recht 1906 Nr 1655; vgl cod civ art 1474). Eine **Ausnahme** von diesem Grundsatz gilt gemäß § 1478 bei Beendigung der Gütergemeinschaft durch Scheidung.

Das Verlangen nach Teilung kann nur in extremen Ausnahmefällen als treu- oder sittenwidrig angesehen werden (ebenso MünchKomm/Kanzleiter Rn 3; vgl auch RG WarnR

1925 Nr 58). Über den Anspruch auf den anteiligen Überschuss hinaus kommt ein Vermögensausgleich bis hin zur Übertragung von Eigentumsrechten gemäß § 242 in Betracht, wenn die Beibehaltung der im Vertrauen auf den Forbestand der Ehe geschaffenen Vermögenszuordnung zu einer dem benachteiligten Ehegatten nach Treu und Glauben nicht zumutbaren Verteilung der während der Ehe gemeinsam geschaffenen Vermögenswerte führen würde (vgl BGH FamRZ 1987, 43, 45 mwNw).

Teilungsmasse: Teilungsmasse ist der nach Berichtigung der Gesamtgutsverbindlich- **3** keiten und Zurückbehaltung der zur Berichtigung noch nicht fälliger oder streitiger Gesamtgutsverbindlichkeiten erforderlichen Beträge (§ 1475 Abs 1 S 2) **verbleibende Überschuss.** Hinzuzurechnen ist dasjenige, was ein Ehegatte zum Gesamtgut schuldet (§§ 1435 S 3, 1441–1444, 1445 Abs 1, 1446, 1463–1466, 1467 Abs 1, 1468; vgl Mot IV 413; cod civ art 1474), sowie was ein Ehegatte als Wertersatz gem § 1477 Abs 2 zu leisten hat (BGH FamRZ 1988, 927).

III. Die Anrechnung der Ersatzverpflichtung (Abs 2)

Die Anrechnung von Ersatzverpflichtungen eines Ehegatten zum Gesamtgut kommt **4** insbesondere für die Fälle in Betracht, in denen die Fälligkeit solcher Verbindlichkeiten bis nach Beendigung der Gütergemeinschaft aufgeschoben ist (§§ 1446 Abs 1, Abs 2, 1468); denn in diesen Fällen erfolgt eine anderweitige Tilgung zumeist nicht mehr.

Anrechnungspflicht: Nach § 1476 Abs 2 S 1 muss sich – entsprechend der für die **5** Gemeinschaft geltenden Regelung des § 756 S 1 – jeder Ehegatte auf den ihm nach Abs 1 zukommenden Teil des Überschusses anrechnen lassen, was er zum Gesamtgut zu ersetzen hat (zB nach §§ 1445 Abs 1, 1467 Abs 1 oder 1477 Abs 2; vgl RG Recht 1909 Nr 1889). Ist also ein Überschuss von 5 000 € vorhanden, während ein Ehegatte 3 000 € zum Gesamtgut zu ersetzen verpflichtet ist, so beträgt die Teilungssumme 8 000 € (s oben Rn 3); der Ehegatte muss sich auf die ihm zustehenden 4 000 € die von ihm geschuldeten 3 000 € anrechnen lassen, so dass er nur noch 1 000 €, der andere Ehegatte dagegen 4 000 € erhält (vgl auch § 1477 Abs 1 [mit Erl] sowie §§ 755, 756).

Recht auf Anrechnung: Aus § 1476 Abs 2 S 1 folgt umgekehrt auch, dass jeder Ehe- **6** gatte sich die Anrechnung dessen, was er zum Gesamtgut zu ersetzen verpflichtet ist, auf den ihm zukommenden Teil des Überschusses nicht nur gefallen lassen muss, sondern auch berechtigt ist, Deckung seiner Schuld durch Anrechnung zu verlangen (vgl BGH FamRZ 1988, 927; OLG Nürnberg FamRZ 1999, 855). Das gilt auch, wenn das Übernahmerecht vor der Teilung des Gesamtgutes ausgeübt wird. Zur Deckung vor der Teilung ist er daher nur verpflichtet, wenn und soweit dies zur Berichtigung von Gesamtgutsverbindlichkeiten erforderlich ist (BGB-RGRK/FINKE Rn 4; vgl auch §§ 2039, 2046 mit Erl).

Ersatzverpflichtung bei Unterlassung der Anrechnung: Soweit die einem Ehegatten **7** obliegende Ersatzleistung zum Gesamtgut nicht durch Anrechnung (s oben Rn 4 ff) erfolgt, weil der zu ersetzende Betrag den dem ersatzpflichtigen Ehegatten zukommenden Betrag übersteigt, bleibt gemäß § 1476 Abs 2 S 2 der ersatzpflichtige Ehegatte dem anderen Ehegatten verpflichtet. Hiermit ist zum Ausdruck gebracht, dass die dem Ehegatten obliegende Ersatzverbindlichkeit keine bloße, auf die erhaltenen

Gegenstände beschränkte Ausgleichungspflicht (vgl §§ 2050, 2055), sondern eine gewöhnliche Ersatzpflicht ist (BGB-RGRK/FINKE Rn 6; MünchKomm/KANZLEITER Rn 5; Mot IV 413 f). Beträgt also der Überschuss nur 1 000 €, während ein Ehegatte 5 000 € zum Gesamtgut schuldet, so ist die Teilungssumme 6 000 €. Für 3 000 € erfolgt die Ersatzleistung des schuldnerischen Ehegatten durch Anrechnung auf die ihm zukommende Hälfte der Teilungssumme. Für 2 000 € bleibt er dem anderen Ehegatten, welcher die vorhandenen 1 000 € erhält, persönlich, insbesondere mit seinem früheren Vorbehalts- und Sondergut ersatzpflichtig. Ein Anspruch auf **Verzinsung** besteht erst mit Rechtskraft des die Teilung vollziehenden Urteils (BGHZ 109, 89, 96 = NJW 1990, 445).

8 Bei der **fortgesetzten Gütergemeinschaft** besteht die im § 1476 Abs 2 S 2 bezeichnete Verpflichtung nur für den überlebenden Ehegatten (§ 1498 S 2).

IV. Unzulänglichkeit des Gesamtguts

9 Über das Verfahren, wenn das Gesamtgut zur Berichtigung der Gesamtgutsverbindlichkeiten nicht ausreicht, s § 1475 Rn 13.

V. Abweichende Vereinbarungen

10 Die Vorschriften des § 1476 finden nur Anwendung, sofern die Ehegatten keine andere Vereinbarung treffen (§ 1474).

§ 1477
Durchführung der Teilung

(1) Der Überschuss wird nach den Vorschriften über die Gemeinschaft geteilt.

(2) Jeder Ehegatte kann gegen Ersatz des Wertes die Sachen übernehmen, die ausschließlich zu seinem persönlichen Gebrauch bestimmt sind, insbesondere Kleider, Schmucksachen und Arbeitsgeräte. Das Gleiche gilt für die Gegenstände, die ein Ehegatte in die Gütergemeinschaft eingebracht oder während der Gütergemeinschaft durch Erbfolge, durch Vermächtnis oder mit Rücksicht auf ein künftiges Erbrecht, durch Schenkung oder als Ausstattung erworben hat.

Materialien: Zu § 1477 aF: E I § 1378 Abs 2; II § 1375; III § 1460; Mot IV 414; Prot IV 285; V 135.
Zu § 1477 nF: GleichberG E I 1477; II 1477; III

1477; BT-Drucks 1/3802, 66; BT-Drucks 2/3409, 31.
Vgl STAUDINGER/BGB-Synopse 1896–2005 § 1477.

Schrifttum

BÖLLING, Zur Bewertung eines landwirtschaftlichen Betriebes …, FamRZ 1980, 754 ders, Auswirkungen des Geldwertverfalles auf

die Auseinandersetzung des Gesamtguts, FamRZ 1982, 234
GRZIWOTZ, Sicherung von Rückübertragungs-

ansprüchen für Ehegatten in Gütergemeinschaft, MittBayNot 1993, 74

KOTZUR, Gesamtgutsauseinandersetzung und Übernahme von Grundstücken, BWNotZ 1987, 134

ders, Übernahme von Grundstücken und Illatenersatz bei der Auseinandersetzung des Gesamtguts ehelicher Gütergemeinschaften, BWNotZ 1987, 134.

Systematische Übersicht

I. Rechtsentwicklung

§ 1477 nF ist gegenüber § 1477 aF lediglich sprachlich neu gefasst, sachlich dagegen **1** unverändert geblieben.

II. Die entsprechende Geltung der Vorschriften über die Gemeinschaft (Abs 1)

Die Anwendung der aus dem Recht der Gemeinschaft in Betracht kommenden **2** Bestimmungen §§ 752–757 mit Ausnahme des § 755 Abs 1, der durch § 1475 ersetzt ist, führt zu folgenden Ergebnissen:

1. Teilung in Natur oder Teilung des Veräußerungserlöses

Die Verteilung des Überschusses unter die Ehegatten erfolgt durch **Teilung in Natur**, **3** wenn der zu teilende Gegenstand oder, falls mehrere Gegenstände zu teilen sind, diese sich ohne Verminderung des Wertes in gleichartige – nicht notwendig gleichwertige – Teile zerlegen lassen, § 752. Zur Gewährleistung s § 757.

Ist die Teilung in Natur ausgeschlossen, so erfolgt die **Verteilung durch Verkauf** des zu **4** teilenden Gegenstandes nach den Vorschriften über den Pfandverkauf (§§ 1233 ff), bei Grundstücken durch Zwangsversteigerung (§§ 180 ff ZVG) und durch Teilung des Erlöses, § 753. Die Auseinandersetzung im Wege der Zwangsvollstreckung kann sich im Einzelfall als grober Verstoß gegen **Treu und Glauben** darstellen und damit dem Einwand der unzulässigen Rechtsausübung ausgesetzt sein (offengelassen vom BGH FamRZ 1988, 813, 816). Vor Durchführung der Zwangsversteigerung nach den §§ 1477 Abs 1, 753 sowie 180 ZVG ist eine Auseinandersetzungsklage regelmäßig

Burkhard Thiele

verfrüht (BGH aaO). Einen unteilbaren Gegenstand stellt in der Regel ein bebautes Hausgrundstück dar. Wird dieses von einem Ehegatten übernommen, so muss wegen der gesamthänderischen Bindung des auseinanderzusetzenden Gesamtguts Gegenstand der Auflassung das ganze Grundstück sein (KG KGJ B 37).

5 Auch für die **Verwertung von Forderungen** gilt zunächst der Grundsatz der Teilung in Natur (RGZ 65, 7). Der Verkauf einer zum Gesamtgut gehörenden Forderung ist nur bei Unteilbarkeit und nur dann zulässig, wenn die Forderung noch nicht eingezogen werden kann (s § 754 S 1 sowie STAUDINGER/LANGHEIN [2002] § 754 Rn 5 ff). Ein solcher Fall ist beispielsweise gegeben bei mangelnder Fälligkeit. Aus diesem Grund ist der künftig fällig werdende Anspruch eines Ehegatten aus seiner *Beteiligung an einer offenen Handelsgesellschaft* zum Zwecke der Teilung zu verkaufen (RGZ 146, 284). Ist die Einziehung möglich, so kann jeder Ehegatte gemeinschaftliche Einziehung verlangen (s § 754 S 2 sowie STAUDINGER/LANGHEIN [2002] § 754).

2. Berichtigung von Schulden

6 Die diesbezüglich für die Gemeinschaft geltende Vorschrift des § 755 wird nach dem Grundsatz, dass die lex specialis der lex generalis vorgeht, durch § 1475 ersetzt (ebenso BAMBERGER/ROTH/MAYER Rn 2; BGB-RGRK/FINKE Rn 2; MünchKomm/KANZLEITER Rn 2). Allerdings können § 755 Abs 2, 3 durch die in § 756 S 2 enthaltene Verweisung zur Anwendung kommen (vgl unten Rn 7).

7 Hat ein **Ehegatte gegen den anderen** eine auf die Gütergemeinschaft sich gründende **Forderung**, so **kann** er bei der Auseinandersetzung die **Berichtigung seiner Forderung aus dem auf den anderen Ehegatten entfallenden Teil** des Gesamtguts verlangen. Dies gilt nicht nur hinsichtlich dessen, was ein Ehegatte aus der Zeit des Bestehens der Gütergemeinschaft dem anderen zu ersetzen verpflichtet ist (vgl § 1476 Abs 2 mit Rn 4 ff), sondern auch für die Forderungen, welche sich auf die nach Beendigung der Gütergemeinschaft bis zur Auseinandersetzung zwischen den Ehegatten bestehende Auseinandersetzungsgemeinschaft gründen (s § 1472 mit Rn 20), sowie für die Kosten der Auseinandersetzung. Soweit zur Berichtigung der Schuld der Verkauf von Gesamtgut erforderlich ist, hat der Verkauf nach § 753 (s oben Rn 4) zu erfolgen (s §§ 756, 755 Abs 2, 3 mit Erl). **Der forderungsberechtigte Ehegatte** ist nicht auf einen persönlichen Anspruch gegen den anderen Ehegatten beschränkt; er **kann** vielmehr **verlangen, aus den zum Gesamtgut gehörenden Gegenständen**, die dem anderen Ehegatten zugeteilt worden sind, **befriedigt zu werden**. Soweit der zu ersetzende Betrag von dem ersatzpflichtigen Ehegatten nicht bar einbezahlt wird, sind die ihm zugeteilten Gegenstände in Geld umzusetzen (§ 1475 Abs 3 Rn 10). Gemäß § 84 InsO kann ein Ehegatte wegen derartiger Forderungen im Insolvenzverfahren des anderen Ehegatten abgesonderte Befriedigung aus dessen bei der Auseinandersetzung ermitteltem Anteil verlangen. Der Anspruch des forderungsberechtigten Ehegatten kann nicht nur gegen den Gesamtnachfolger, sondern auch gegen die Sondernachfolger (§§ 756 S 2, 755 Abs 2), insbesondere gegen die Pfändungspfandgläubiger (s § 1471 Rn 13) des anderen Ehegatten geltend gemacht werden.

III. Die Übernahme bestimmter Gegenstände (Abs 2)

8 Von den allgemeinen Vorschriften über die Teilung einer Gemeinschaft macht

§ 1477 Abs 2 insofern eine Ausnahme, als er jedem Ehegatten die Übernahme bestimmter Gegenstände gegen Wertersatz erlaubt. Eine Verpflichtung zur Übernahme besteht dagegen nicht. Wird das Übernahmerecht nicht ausgeübt, so bleibt es bei der Verteilung des Gesamtgutes gemäß § 1471 Abs 1.

1.   Gegenstand des Übernahmerechts

Gegenstand des Übernahmerechts sind für jeden Ehegatten (für weitere Übernahme- **9** rechte gemäß § 242 Wittich, 99 ff):

Die **ausschließlich zu seinem persönlichen Gebrauch bestimmten Sachen**, insbesondere Kleider, Schmucksachen und Arbeitsgeräte (vgl § 1362 Abs 2 mit Erl). Besteht zwischen den Ehegatten Streit darüber, ob eine Sache zum ausschließlich persönlichen Gebrauch eines Ehegatten bestimmt ist, so trifft die **Beweislast** denjenigen Ehegatten, der dies behauptet (RG LZ 1922, 291 Nr 2).

Die von ihm in die Gütergemeinschaft eingebrachten Gegenstände, also diejenigen **10** Gegenstände, die bei Eintritt der Gütergemeinschaft sein Eigentum gewesen sind, nicht aber diejenigen, die er später aus seinem Sonder- oder Vorbehaltsgut eingebracht hat (so aber MünchKomm/Kanzleiter Rn 4; Klein FuR 1995, 168; wie hier Soergel/Gaul Rn 4; BGB-RGRK/Finke Rn 10; Bamberger/Roth/Mayer Rn 4). Gegenstand bedeutet hier jedes Vermögensrecht, also bewegliche Sachen wie auch Grundstücke (RG JR 1925 Nr 780). Bei Letzteren steht dem Übernahmerecht eine zwischenzeitlich erfolgte Flurbereinigung (OLG Bamberg FamRZ 1983, 72) ebenso wenig entgegen wie Umbauten, Neubauten oder Anbauten während der Ehe (OLG Nürnberg OLGZ 82, 375; OLG Zweibrücken MittBayNot 2005, 48). Ein Grundstück ist auch dann eingebracht, wenn bei Begründung der Gütergemeinschaft ein schuldrechtlicher Anspruch auf Übereignung des Grundstücks bestand und dieser später erfüllt worden ist (OLG Stuttgart FamRZ 1996, 1475; OLG Düsseldorf FamRZ 1993, 194; Klein FuR 1995, 168; s auch Rn 12 aE).

Die von ihm **während des Bestehens der Gütergemeinschaft erworbenen Gegenstände**, **11** wenn er sie **durch Erbfolge** (§§ 1922 ff), **Vermächtnis** (§§ 2147 ff), mit Rücksicht auf ein **künftiges Erbrecht**, durch **Schenkung** (§§ 516 ff) oder als **Ausstattung** (§ 1624) **erworben** hat. Auch hier kommt jedes Vermögensrecht, sowohl an beweglichen Sachen als auch an Grundstücken und an Forderungen, in Betracht. Der Erwerb mit Rücksicht auf ein künftiges Erbrecht spielt insbesondere im Zusammenhang mit der Übergabe bäuerlicher Anwesen eine Rolle (vgl etwa BGHZ 84, 333 f; FamRZ 1986, 776 ff).

Nicht Gegenstand des Übernahmerechts sind **Teilrechte** (allg M, vgl etwa BGH FamRZ **12** 1988, 813, 816). War zB ein Ehegatte bei Begründung der Gütergemeinschaft an einem Grundstück nur als Miterbe beteiligt und hat er das Grundstück erst während bestehender Gütergemeinschaft vollständig erworben, so hat er das Grundstück weder durch Erbfolge erworben, noch in die Gütergemeinschaft eingebracht (RG JR 1925 Nr 780; bestätigt durch BGH FamRZ 1986, 884 = NJW 1986, 1132). Anderes gilt jedoch für den Fall, dass ein Miterbe den Gegenstand im Wege der Teilungsanordnung oder des Auseinandersetzungsvertrags voll erwirbt (Soergel/Gaul Rn 9; so auch BGH FamRZ 1998, 818 gegen OLG Hamm FamRZ 1997, 120). Wird im Hinblick auf ein künftiges Erbrecht im Ganzen erworben, stehen *Ausgleichszahlungen* an die Miterben dem

Übernahmerecht nicht entgegen, weil das Übernahmerecht nicht von unentgeltlichem Erwerb abhängig ist (BGH FamRZ 1986, 884; OLG Köln FamRZ 1991, 572). Die Ausdehnung des Übernahmerechts auf **Surrogate** der in § 1477 Abs 2 genannten Gegenstände ist unzulässig; denn das Übernahmerecht wird ausnahmsweise im Hinblick auf das persönliche Interesse an bestimmten Sachen gewährt und kann daher nicht beliebig erweitert werden (OLG Hamburg OLGE 7, 405 I). Kein Surrogat in diesem Sinne sind durch Ein-, Um- oder Neubauten während der Ehezeit umgestaltete von einem Ehegatten eingebrachte Grundstücke (OLG Nürnberg OLGZ 82, 375), ebenso wenig Grundstücke, die dem Flurbereinigungsverfahren unterlegen haben (BGH FamRZ 1998, 818; OLG Bamberg FamRZ 1983, 72 f); nach OLG Düsseldorf (FamRZ 1993, 194) auch nicht ein Grundstück, wenn bei Vereinbarung der Gütergemeinschaft ein Anspruch auf Übereignung bereits bestand und dieser erfüllt worden ist (vgl Rn 10).

2.   Übernahme nur gegen Wertersatz

13 Die Übernahme erfolgt gegen Ersatz des Wertes. Zu vergüten ist von dem übernehmenden Ehegatten **der Wert**, den der Gegenstand **zur Zeit der Übernahme** – nicht zur Zeit der Einbringung oder des Erwerbes – hat (BGH FamRZ 1986, 42; 1986, 777; 1987, 45; OLG Stuttgart NJW 1950, 70 m Anm von Boehmer; vgl E I § 1378 Abs 2 S 2; Mot IV 415; Prot IV 285; anders dagegen die Regelung in § 1478 Abs 3). Andere Vereinbarungen bleiben jedoch – formlos – möglich (vgl BGHZ 84, 333). Es muss der objektive Wert (Verkehrswert), nicht der Ertragswert oder der Affektionswert ersetzt werden (Prot IV 286). Das gilt auch für einen landwirtschaftlichen Betrieb (vgl BGH aaO = FamRZ 1982, 992 mit Anm Bölling; BGH FamRZ 1986, 777; Bamberger/Roth/Mayer Rn 8). Entscheidend ist der Zeitpunkt des dinglichen Vollzuges, bei Grundstücken kommt es daher auf die Eintragung (BGH FamRZ 1986, 41; 777; aA MünchKomm/Kanzleiter Rn 11: Zeitpunkt der Übernahmeerklärung), bei einem Handelsunternehmen auf den Vollzug sämtlicher dinglicher Übertragungsakte an (BGH FamRZ 1984, 256). Erfolgt die Übernahme erst nach der Entscheidung über den Wertausgleich, kann der Tatrichter für die Bewertung auf den Zeitpunkt der letzten mündlichen Verhandlungen abstellen, sofern er sich davon die Überzeugung verschafft hat, dass sich bis zur tatsächlichen Übernahme der Wert nicht mehr ändert (BGH FamRZ 1986, 40, 42; 1986, 883, 884). Die **Ermittlung des Wertes** erfolgt mangels Einigung der Ehegatten durch Schätzung eines Sachverständigen (vgl E I § 1378 Abs 2 S 2; Prot IV 285). Für die Benennung, Beeidigung und Vernehmung des Sachverständigen ist jedoch das Verfahren nach § 164 FGG nicht anwendbar (BayObLG JW 1923, 759 f). Die Höhe des Wertersatzes muss notfalls in einem Rechtsstreit zwischen den Beteiligten geklärt werden. Die Wahl der Bewertungsmethode ist Sache des Tatrichters (BGH FamRZ 1986, 37; 776, 779; 1991, 43 = NJW 1991, 1547). Zu den Bewertungsgrundsätzen s § 1376 Rn 10 ff (ausführlich auch BGH FamRZ 1986, 776, 779 mwN).

3.   Rechtsnachfolger

14 Das **Recht auf Übernahme** steht (im Unterschied zu dem Übernahmerecht des Ehegatten bei der fortgesetzten Gütergemeinschaft, § 1502 Abs 1) nicht nur den Ehegatten selbst, sondern auch ihren **Rechtsnachfolgern**, insbesondere dem Erben (§ 1482) wie auch dem Erbschaftskäufer (§§ 2371 ff) zu (RG DJZ 1924, 141; RGZ 85, 4 f; OLG Hamburg OLGE 24, 79). Von mehreren Erben kann das Übernahmerecht nur gemeinschaftlich ausgeübt werden, doch kann jeder Erbe von dem anderen die Mitwirkung zur Ausübung des Übernahmerechts verlangen, wenn die Voraussetzungen des § 2038 Abs 1 S 2 gegeben sind. Da das Recht auf Übernahme *kein höchstpersönliches Recht* ist, kann es mangels gegenteiliger Anordnung des Erblassers auch vom Testamentsvollstrecker – auch gegen den Willen der Erben – ausgeübt werden (RGZ 85, 4 f). Das Gleiche gilt für den Gläubiger, der den Anteil am Gesamtgut nach Beendigung der Gütergemeinschaft gepfändet hat (§ 860 Abs 2 ZPO).

4. Geltendmachung des Übernahmerechts

Das **Übernahmerecht ist ein Gestaltungsrecht** (ebenso BGH FamRZ 1987, 44). Seine **15** Geltendmachung erfolgt durch einseitige, formlose, zugangsbedürftige und unwiderrufliche Erklärung gegenüber dem anderen Ehegatten oder dessen Erben. Da die Ausübung von Gestaltungsrechten grundsätzlich bedingungsfeindlich ist, kommt eine bedingte Übernahmeerklärung nur ausnahmsweise in Betracht, wenn sie keine ungewisse Lage für den anderen Ehegatten schafft, etwa wenn die Erklärung nur für den Fall gelten soll, dass ein bestimmter Betrag als Wertersatz gebilligt wird (KLEIN FuR 1995, 167; weitergehend ohne Einschränkung: BAMBERGER/ROTH/MAYER Rn 5; MünchKomm/ KANZLEITER Rn 8). Auch die Erklärung gegenüber der die Auseinandersetzung vermittelnden Behörde (§ 1471 Rn 15, § 1474 Rn 6 ff) genügt (ebenso BGB-RGRK/FINKE Rn 13). Die Übernahmeerklärung ist auch dann **nicht formbedürftig gem § 313**, wenn sie ein Grundstück betrifft (OLG München FamRZ 1988, 1275). Das Übernahmerecht ist an die Einhaltung einer Frist nicht gebunden und kann daher bis zur Erledigung der Auseinandersetzung ausgeübt werden (RG DJZ 1924, 141). Im Falle drohender Teilungsversteigerung muss **Widerspruchsklage gem § 711 ZPO** erhoben werden (BGH FamRZ 1987, 44; NJW 1985, 3068; BayObLG OLGZ 71, 293 = NJW 1971, 2315; OLG Bamberg FamRZ 1983, 73; s auch § 1475 Rn 11). Bedarf es des Gegenstandes der Übernahme in der Liquidation nicht mehr, kommt eine Übernahme auch vor der Auseinandersetzung in Betracht (Rn 17, 19 u § 1475 Rn 11). Zur Geltendmachung vor Beendigung der Gütergemeinschaft AG Aachen FamRZ 1990, 57 f u ENSSLEN FamRZ 1998, 1080; zu derjenigen im Scheidungsverbundverfahren vgl § 1478 Rn 22.

Mit der Übernahmeerklärung wird **der andere Ehegatte** (oder dessen Erbe) **ver-** **16** **pflichtet,** die **zur Übertragung** des bisherigen gemeinsamen Eigentums in das Alleineigentum des übernehmenden Ehegatten **erforderlichen Handlungen vorzunehmen,** also bewegliche Sachen an ihn zu übereignen (§§ 929 ff), Grundstücke an ihn aufzulassen und die für die Umschreibung des Grundbuchs nötigen Erklärungen abzugeben (§§ 925, 873). Sollte ausnahmsweise der übernehmende Ehegatte noch allein im Grundbuch eingetragen sein, so soll ein Verzicht des anderen Ehegatten auf die Grundbuchberichtigung genügen (BOEHMER NJW 1950, 72). Das Recht auf Mitbesitz und -verwaltung besteht jedoch nicht nur bis zur Abgabe der Übernahmeerklärung, sondern bis zum Abschluss der Auseinandersetzung, also etwa bis zur vollzogenen Übernahme (OLG Stuttgart NJW 1950, 70; OLG Hamm FamRZ 1979, 811).

Der übernehmende Ehegatte wird durch seine Übernahmeerklärung verpflichtet, den **17** Gegenwert an **die Teilungsmasse zu entrichten.** Es gilt jedoch unverändert § 1476 Abs 2 S 1. Die Leistung erfolgt durch Anrechnung auf den Anteil an dem Überschuss, der sich nach Hinzurechnung des Wertersatzes ergibt und zwar auch dann, wenn das Übernahmerecht ausnahmsweise schon vor Teilung des Gesamtguts im

Übrigen ausgeübt wird (BGH FamRZ 2007, 626; 1988, 927; OLG Nürnberg FamRZ 1999, 855). Für die Berechnung des Überschusses tritt also an die Stelle des Gegenstandes sein Wert, kein Zahlungsanspruch (BGH aaO). Nur wenn der Überschussanteil nicht ausreicht, bleibt der übernehmende dem anderen Ehegatten bei der endgültigen Auseinandersetzung unmittelbar zum Wertersatz verpflichtet (§ 1477 Abs 2 S 2). Sollte die Berichtigung der Gesamtgutsverbindlichkeiten bereits abgeschlossen sein, so dass nur noch die Teilung des Überschusses unter die beiden Ehegatten (oder deren Erben) in Betracht kommt, so wird man es als ausreichend ansehen müssen, wenn der übernehmende Ehegatte die Hälfte des Gegenwertes an den anderen Ehegatten zahlt (abweichend: OLG Stuttgart NJW 1950, 72; BOEHMER ebendort; DÖLLE I § 80 I 2 b S 976).

18 Die Pflicht zur Übertragung und die Pflicht zur Leistung des Wertersatzes führen bei Erhebung der entsprechenden Einrede im Prozess zu einer Verurteilung zur Leistung **Zug-um-Zug** gem § 274 (so die hM, – vgl BGH FamRZ 2007, 627 mwNw; OLG Zweibrücken MittBayNot 2005, 48 auch zur Abwendung durch Sicherheitsleistung; OLG München FamRZ 1996, 170). Solange nicht feststeht, ob und in welchem Umfang eine Anrechnung auf den Anteil am Überschuss in Betracht kommt oder eine Aufrechnung mit einem Anspruch aus § 1478 Abs 1 möglich ist, kann Übertragung nur Zug um Zug gegen Leistung einer Sicherheit erfolgen, deren Wert nach dem hälftigen Wert der übernommenen Sache zu bemessen ist (BGH aaO).

5. Grenzen des Übernahmerechts

19 a) **Das Recht auf Übernahme** gewisser Gegenstände steht den Ehegatten erst bei der Teilung des Überschusses zu, **setzt** also, falls nicht eine gegenteilige Vereinbarung der Ehegatten vorliegt (RG WarnR 1922 Nr 55), **vorherige Berichtigung der Gesamtgutsverbindlichkeiten voraus** (BGH FamRZ 2007, 626; 1987, 44; 1985, 904 f = NJW 1985, 3068; OLG Köln FamRZ 1991, 571 u 572; OLG Frankfurt FamRZ 1984, 171; s § 1475 Rn 11). Grundsätzlich steht also bis zum Abschluss der Auseinandersetzung, nicht nur bis zur Abgabe der Übernahmeerklärung, beiden Ehegatten das Recht auf Mitbesitz und Mitverwaltung zu (OLG Hamm FamRZ 1979, 810). Steht fest, dass es für die Schuldentilgung auf den zu übernehmenden Gegenstand nicht ankommt, weil dafür ohnehin genügend Mittel verfügbar sind oder weil die Verbindlichkeiten als Alleinschuldner vom Ehegatten übernommen worden sind (§ 1475 Rn 4), so steht der **Übernahme vor der Schuldentilgung** nichts im Wege (BGH aaO; OLG Düsseldorf FamRZ 1993, 195; RG DJZ 1924, 141). Im Übrigen verstärkt der Gegenwert des übernommenen Gegenstandes die Mittel für die Schuldentilgung (RGZ 85, 1, 10; DÖLLE I § 80 I 2 b S 976).

20 Ist der in Frage stehende *Gegenstand selbst* einem Gesamtgutsgläubiger zu *leisten*, so ist § 1477 Abs 2 selbstverständlich unanwendbar. Ebenso scheidet das Übernahmerecht aber auch dann aus, wenn gemäß § 1475 Abs 3 eine Versilberung der zum Gesamtgut gehörenden Gegenstände in Frage kommt, da Versteigerungen, namentlich bei gewissen Sachen, wie zB bei Kunstgegenständen, oft einen höheren Erlös als den mehr oder weniger relativen Schätzwert ergeben, die Schuldentilgung der Teilung aber immer vorgehen muss (Mot IV 415). Sind allerdings andere als die in § 1477 Abs 2 erwähnten Gegenstände vorhanden, aus deren Versilberung der zur Berichtigung der Gesamtgutsverbindlichkeiten erforderliche Betrag erzielt werden kann, so kann der übernahmeberechtigte Ehegatte verlangen, dass die Berichtigung der Gesamtgutsverbindlichkeiten auf diesem das Übernahmerecht nicht beeinträchtigenden Wege erfolgt (s § 1475 Rn 11).

b) **Liegen die Voraussetzungen des § 1477 Abs 2 bei beiden Ehegatten vor** – so zB, **21** wenn der Mann einen von ihm geerbten Schmuck der Frau ausschließlich zu ihrem persönlichen Gebrauch überlassen hat –, so greift das Übernahmerecht nicht Platz, da sich die Befugnisse der beiden Ehegatten aufheben. Dies gilt auch für solche in § 1477 Abs 2 genannten Sachen, die die Ehegatten gemeinschaftlich erworben haben, zB Hochzeitsgeschenke (ebenso ERMAN/HECKELMANN Rn 3).

c) Über den Ausschluss des Übernahmerechts durch letztwillige Verfügung des **22** erstverstorbenen Ehegatten s WALTHER BayNotZ 1904, 172 f.

d) Durch das Vorliegen des Erstattungsanspruchs aus § 1478 Abs 1 wird das **23** Übernahmerecht aus § 1477 Abs 2 nicht ausgeschlossen; vielmehr können beide Rechte nebeneinander ausgeübt werden (BGH NJW 1952, 1300 f; BGHZ 84, 338; BGH FamRZ 1984, 256; 1986, 41; 884; 1987, 43; 1990, 256; OLG Bamberg FamRZ 2001, 1216; OLG Nürnberg FamRZ 1999, 854; OLG Karlsruhe FamRZ 1982, 288 m Anm BÖLLING; BÖLLING FamRZ 1980, 755).

e) Das Übernahmerecht aus § 1477 Abs 2 steht neben dem mit Teilungsklage **24** geltend zu machenden Auseinandersetzungsanspruch (vgl § 1474 Rn 9) wahlweise zur Verfügung. Für die Ausübung dieses Rechts ist im Gesetz ein Zeitpunkt nicht bestimmt, so dass anzunehmen ist, dass dieses Wahlrecht bis zur Beendigung der Auseinandersetzung ausgeübt werden kann. Deshalb geht das Übernahmerecht aus § 1477 Abs 2 auch nicht durch bloße Erhebung der Teilungsklage verloren (OLG Augsburg SeuffA 77 Nr 3; OLG Hamburg SeuffA 59 Nr 131).

IV. Verteilung der von mehreren Erben eines Ehegatten übernommenen Gegenstände

Die Verteilung der auf Grund des § 1477 mehreren Erben eines Ehegatten **zuge- 25 wiesenen Gegenstände** unter die Erben selbst bemisst sich nach den erbrechtlichen Normen (vgl §§ 2032 ff).

V. Abweichende Vereinbarungen

Die Bestimmungen des § 1477 Abs 1 und 2 finden nur Anwendung, soweit die Ehe- **26** gatten keine andere Vereinbarung treffen (§ 1474 mit Rn 2, 3). Insbesondere können einem Ehegatten gegen Abfindung des anderen oder seiner Erben das ganze Gesamtgut oder einzelne Bestandteile hiervon überlassen werden.

VI. Grundbuch

Über die dem **Grundbuchamt** zu erbringenden Nachweise für den Fall, dass bei einer **27** zum Gesamtgut gehörenden Hypothek, Grundschuld oder Rentenschuld ein Beteiligter, auf den das Recht bei der Auseinandersetzung übertragen ist, als neuer Gläubiger eingetragen werden soll, s GBO §§ 36, 37.

§ 1478
Auseinandersetzung nach Scheidung

(1) Ist die Ehe geschieden, bevor die Auseinandersetzung beendet ist, so ist auf Verlangen eines Ehegatten jedem von ihnen der Wert dessen zurückzuerstatten, was er in die Gütergemeinschaft eingebracht hat; reicht hierzu der Wert des Gesamtguts nicht aus, so ist der Fehlbetrag von den Ehegatten nach dem Verhältnis des Wertes des von ihnen Eingebrachten zu tragen.

(2) Als eingebracht sind anzusehen

1. die Gegenstände, die einem Ehegatten beim Eintritt der Gütergemeinschaft gehört haben,

2. die Gegenstände, die ein Ehegatte von Todes wegen oder mit Rücksicht auf ein künftiges Erbrecht, durch Schenkung oder als Ausstattung erworben hat, es sei denn, dass der Erwerb den Umständen nach zu den Einkünften zu rechnen war,

3. die Rechte, die mit dem Tod eines Ehegatten erlöschen oder deren Erwerb durch den Tod eines Ehegatten bedingt ist.

(3) Der Wert des Eingebrachten bestimmt sich nach der Zeit der Einbringung.

Materialien: Zu § 1478 aF: E II § 1476; III § 461; Mot IV 610 ff; Prot IV 438 ff. Zu § 1478 nF: GleichberG E I § 1478; II § 1478; III § 1478. BT-Drucks 1/3802, 66; BT-Drucks 2/3809, 31; Art 1 Nr 11 EheRG BT-Drucks 7/650, 102 f. Vgl STAUDINGER/BGB-Synopse 1896–2005 § 1478.

Systematische Übersicht

I. Grundzüge

1 § 1478 war durch das GleichberG vom 18. 6. 1957 nur der äußeren Form, nicht aber der Sache nach geändert worden. Die Vorschrift ist jedoch durch das 1. EheRG vom 14. 6. 1976 in Abs 1 *völlig neu* gefasst worden.

2 1478 bildet eine auf *Billigkeitserwägungen* beruhende Ausnahme von dem in § 1476 Abs 1 festgelegten, an sich für die Gütergemeinschaft kennzeichnenden Grundsatz

der hälftigen Teilung des nach Abzug der Gesamtgutsverbindlichkeiten verbleibenden Überschusses. Der Zweck dieser Ausnahme ist es, zu verhindern, dass sich ein
Ehegatte am eingebrachten Gut des anderen aus Anlass der Scheidung bereichert
und vielleicht gar mit diesem Ziel die Scheidung betreibt (vgl BT-Drucks 7/650 S 103;
teilweise krit STUMPP Rpfleger 1979, 442).

II.   Voraussetzungen des Rechts auf Wertersatz

Die **Ehe muss vor Beendigung der Auseinandersetzung rechtskräftig geschieden** sein.   **3**
Nicht erforderlich ist, dass die Gütergemeinschaft durch die Ehescheidung beendet
worden ist. **Jeder Beendigungsgrund genügt**, sofern nur die Auseinandersetzung die
Scheidung überdauert. Zur Geltendmachung des Anspruchs vor Scheidung im Rahmen des *Verbundverfahrens* s Rn 22.

Wird die **Ehe aufgehoben**, greift § 1478 aufgrund der in § 1318 enthaltenen Verwei-   **4**
sung wie nach einer Scheidung ein.

§ 1478 ist entsprechend anzuwenden, wenn sich das **Scheidungsverfahren durch den**   **5**
Tod eines Ehegatten erledigt. Eine Halbteilung trotz bereits schwebenden Scheidungsverfahrens würde hier zu unbilligen Härten führen. Die nach dem Normzweck
im Falle der Scheidung zu vermeidenden Vermögensvorteile oder -nachteile träfen
ohne inneren Grund nur wegen des einer Scheidung zuvorkommenden Todes ein.
Um zu verhindern, dass der Normzweck durch den Tod vereitelt wird, ist die entsprechende Anwendung des § 1478 hier geboten. Sie setzt jedoch voraus, dass die
Ehe, wäre sie nicht durch den Tod aufgelöst worden, geschieden worden wäre (wie
hier BAMBERGER/ROTH/MAYER Rn 2; MünchKomm/KANZLEITER Rn 4; SOERGEL/GAUL Rn 6; aA
GERNHUBER/COESTER-WALTJEN § 38 Rn 156 Fn 213; BGB-RGRK/FINKE Rn 5; ERMAN/HECKEL-
MANN Rn 2). Im Prozess über die Erstattung ist daher als Vorfrage zu klären, ob die
Ehe geschieden worden wäre (über „Hypothetische Inzidentprozesse" vgl BAUR, in: FS Larenz
[1973] 1063). Das Wahlrecht steht sowohl dem überlebenden Gatten als auch den
Erben zu.

§ 1478 ist keine von der sonstigen Regelung der Auseinandersetzung unabhängige   **6**
Sonderbestimmung, sondern fügt sich, ebenso wie das Übernahmerecht aus § 1477
Abs 2, in den Rahmen der Auseinandersetzungsvorschriften der §§ 1477 ff ein. Daher müssen auch die allgemeinen Voraussetzungen für die Durchführung der Auseinandersetzung gewahrt sein, also vorher die Gesamtgutsgläubiger befriedigt oder
durch Zurückbehaltung von Vermögenswerten sichergestellt werden (§ 1475 Abs 1;
§ 1477 Rn 19).

III.   Der Inhalt des Rechts

1.   Wahlrecht

§ 1478 gewährt dem berechtigten Ehegatten ein Wahlrecht hinsichtlich der Art der   **7**
Auseinandersetzung in Ansehung des Gesamtguts. Der wahlberechtigte Ehegatte
kann es entweder bei dem Grundsatz des § 1476 Abs 1 belassen oder aber verlangen,
dass jedem Ehegatten der Wert des von ihm in die Gütergemeinschaft Eingebrachten zurückerstattet wird (OLG Augsburg SeuffA 77 Nr 3; OLG Hamburg OLGE 6, 280).

Diese Wahl steht ihm frei; er wird von diesem Recht wohl nur dann Gebrauch machen, wenn er mehr als sein Ehegatte eingebracht hat. Hat er sein Wahlrecht ausgeübt (dazu unten Rn 21), so ist er (wie bei jeder Ausübung eines Gestaltungsrechts) daran **gebunden**. Das schließt nicht aus, dass er sich später mit seinem Partner (formfrei) auf eine andere Art der Auseinandersetzung einigt. Das Wahlrecht ist vererblich und kann daher auch von den Erben des wahlberechtigten Ehegatten ausgeübt werden (s auch Rn 5).

2. Wertersatz

8 Zurückzuerstatten ist jedem Ehegatten **der Wert des von ihm Eingebrachten**. Es findet also – vorbehaltlich gegenteiliger Vereinbarungen der Ehegatten – keine Naturalauseinandersetzung, kein Auseinanderfallen der Bestandteile nach ihrer Herkunft, sondern ein Wertersatz statt (OLG Augsburg SeuffA 77 Nr 3 = BayZ 1921, 77 ff; Prot IV 439).

9 Der Wert des Eingebrachten bestimmt sich im Unterschied zu § 1477, wonach der Zeitpunkt der Übernahme maßgebend ist, nach der **Zeit der Einbringung** (§ 1478 Abs 3; vgl Prot IV 443). Das weitere Schicksal des Eingebrachten wie Wertsteigerung, -minderung oder Untergang ist ohne Belang. Die später begründete Verjährungseinrede gegen einen eingebrachten Zugewinnausgleichsanspruch geht deswegen ins Leere (BGH NJW 1990, 445 = FamRZ 1990, 256). Nachträgliche Wertminderungen oder Werterhöhungen werden aber berücksichtigt, wenn sie lediglich auf der allgemeinen Kaufkraftentwicklung der Währung beruhen. Der **Kaufkraftschwund** ist dadurch zu berücksichtigen, dass der inflationsbereinigte Wert des Eingebrachten zurückzuerstatten ist (so bereits für die Berechnung des Zugewinnausgleichs grundlegend BGHZ 61, 385; dazu s § 1373 Rn 12 ff mwNw; für § 1478s BGHZ 83, 333, 338 = NJW 1982, 2373 = FamRZ 1982, 991 mit krit Anm von BÖLLING; BGH FamRZ 1986, 777; OLG Karlsruhe FamRZ 1982, 286, ebenfalls mit krit Anm von BÖLLING; MünchKomm/KANZLEITER Rn 8; SOERGEL/GAUL Rn 7; PALANDT/BRUDERMÜLLER Rn 3; GERNHUBER/COESTER-WALTJEN § 38 Rn 156 Fn 215; **aA**: BÖLLING aaO sowie FamRZ 1982, 234; BGB-RGRK/FINKE Rn 10, der nur ausnahmsweise § 242 heranziehen will); Bewertungsstichtag insoweit ist der Tag der Rückerstattung (WITTICH, 52). Zur **Berechnung** im Einzelnen s § 1373 Rn 15. Auszugehen ist – auch für landwirtschaftliche Betriebe – vom **Verkehrswert** nicht vom Ertragswert. § 1376 Abs 4 gilt nicht entsprechend (BGH FamRZ 1986, 776, 777 f). Zur Ermittlung des Wertes s § 1477 Rn 13 unter Berücksichtigung des unterschiedlichen Bemessungszeitpunktes; s auch § 1376 Rn 10 ff.

3. Der Begriff des eingebrachten Guts

10 **Gegenstände gem Abs 2 Nr 1** sind Sachen und jegliche Vermögensrechte (BGHZ 1, 294, 305). Maßgebend ist der **Zeitpunkt**, in dem der Ehevertrag wirksam wird, mangels abweichender Vereinbarung also der Zeitpunkt des Vertragsschlusses (§ 1415). Neben diesem Zeitpunkt knüpft das Gesetz das Übernahmerecht an keine weiteren Voraussetzungen. Wie etwa die Anschaffung finanziert worden ist, insbesondere ob die Mittel von einem Ehegatten stammen und aus welchem Grund sie zur Verfügung gestellt worden sind, ist unerheblich (BGH FamRZ 1987, 43, 44). Im Einzelfall kann allerdings ein Anpassungsverlangen eines Ehegatten gem § 242 in Betracht kommen (BGH FamRZ 1987, 43, 45; § 1476 Rn 2). Ist der Erwerb von einer Bedingung abhängig

und tritt diese erst nach Eintritt der Gütergemeinschaft ein, so ist gemäß § 158 Abs 1, wonach grundsätzlich der Zeitpunkt des Bedingungseintritts maßgebend ist, im Zweifel der Erwerb als erst nach dem Eintritt der Gütergemeinschaft erfolgt anzusehen. Etwas anderes muss jedoch gelten, wenn die Bedingung so gestaltet ist, dass zugunsten des erwerbenden Ehegatten im Zeitpunkt des Eintritts der Gütergemeinschaft eine **Anwartschaft** besteht. Mit Rücksicht darauf, dass das Anwartschaftsrecht als eine Vorstufe zum Eigentum und damit als diesem wesensgleich anzusehen ist mit der Folge, dass es hinsichtlich der Übertragung sowie der Wirkung gegenüber Dritten dem Eigentum gleichgestellt ist (BGHZ 35, 85, 89), ist das Anwartschaftsrecht auch in diesem Zusammenhang wie das Eigentum zu behandeln und wie dieses zum eingebrachten Gut zu zählen. Ebenso fällt in das eingebrachte Gut, was auf Grund eines anfechtbaren, aber nach Eintritt der Gütergemeinschaft unanfechtbar gewordenen Rechtsgeschäfts erworben wird. Zu dem in die Gütergemeinschaft Eingebrachten gehört auch der **Zugewinnausgleichsanspruch** eines Ehegatten gegen den anderen bei Wechsel vom gesetzlichen Güterstand in denjenigen der Gütergemeinschaft (BGH NJW 1990, 445 = FamRZ 1990, 256).

Erwerb von Todes wegen ist, was ein Ehegatte durch *Erbfolge auf Grund Gesetzes* **11** (§§ 1922 ff), *Testaments* (§§ 2064 ff) oder *Erbvertrags* (§§ 2274 ff), durch *Vermächtnis* (§§ 2147 ff) oder als *Pflichtteil* (§§ 2303 ff) erwirbt. Der Erblasser darf allerdings nicht bestimmt haben, dass der Erwerb Vorbehaltsgut sein soll (§ 1418 Abs 2 Nr 2). Was beiden Ehegatten gemeinschaftlich zugewendet ist, gilt als gemeinschaftlich eingebrachtes Gut und ist bei der Bewertung des Erstattungsanspruchs anteilmäßig zu berücksichtigen (Mot IV 496). Der **Erwerb mit Rücksicht auf ein künftiges Erbrecht** zählt hierher, weil es sich hierbei um eine vorzeitige Erbfolge handelt. Unerheblich ist dabei, ob von dem erwerbenden Ehegatten gewisse Verpflichtungen – etwa die Gewährung einer Leibrente oder die Abfindung von Geschwistern – übernommen werden (BGH FamRZ 1986, 884). Besondere Bedeutung haben in dieser Richtung die **Hofübergabeverträge.** Außerdem gehören regelmäßig hierher der mit Rücksicht auf ein künftiges Erbrecht an einen gesetzlichen Erben vorgenommene Verkauf (§ 470) sowie die einem anteilsberechtigten Abkömmling für den Verzicht auf seinen Anteil am Gesamtgut der fortgesetzten Gütergemeinschaft (§§ 1491, 1517) oder für seinen Ausschluss von der fortgesetzten Gütergemeinschaft (§ 1511) gewährte Abfindung (vgl § 1491 Rn 7 ff, § 1511 Rn 17, § 1517 Rn 3).

Über den Begriff der **Schenkung** s § 516 sowie STAUDINGER/WIMMER-LEONHARDT **12** (2005) § 516 Rn 6 ff. Der Schenker darf bei der Zuwendung nicht bestimmt haben, dass der Erwerb Vorbehaltsgut sein soll (§ 1418 Abs 2 Nr 2). Eine beiden Ehegatten gemeinschaftlich gemachte Schenkung gilt als von beiden gemeinschaftlich eingebrachtes Gut und ist bei der Bewertung des Erstattungsanspruchs anteilmäßig zu berücksichtigen. Dies trifft vor allem zu für Hochzeitsgeschenke, welche in der Regel als beiden Ehegatten gemeinschaftlich zugewendet gelten (Mot IV 497; KG SeuffA 66 Nr 317). Unter diese Vorschrift fallen auch Schenkungen der Ehegatten untereinander.

Eingebrachtes Gut ist schließlich auch, was jeder Ehegatte als **Ausstattung** erworben **13** hat. Zu dem Begriff der Ausstattung s § 1624 sowie STAUDINGER/COESTER (2007) zu § 1624.

14 Gegenstände, die ein Ehegatte dagegen durch ein **entgeltliches Rechtsgeschäft** von einem Dritten erwirbt, können auch durch entsprechende Bestimmung des Dritten **nicht** zum eingebrachten Gut erklärt werden. Ein solcher Erwerb fällt in das Gesamtgut (§ 1416 Abs 1 S 2). Will jedoch der erwerbende Ehegatte für den Fall der Auseinandersetzung die für ihn unvorteilhafte Lösung vermeiden, dass dieser Erwerb nur hälftig für ihn Berücksichtigung findet (§ 1476 Abs 1), so ist er auf einen Ehevertrag angewiesen, der einen solchen Erwerb zu seinem Vorbehaltsgut erklärt (§ 1418 Abs 2 S 1).

15 Als eingebracht kann nach § 1478 Abs 2 Ziff 2 nur solcher **Erwerb** gelten, der **während des Bestehens der Gütergemeinschaft** stattgefunden hat. Diese Einschränkung fehlt zwar in der Bestimmung, folgt jedoch praktisch daraus, dass der vor der Eingehung der Gütergemeinschaft anfallende Erwerb unter § 1478 Abs 2 Ziff 1 fällt (s Rn 10).

16 Der Erwerb der in § 1478 Abs 2 Nr 2 bezeichneten Art zählt jedoch dann **nicht** zum eingebrachten Gut, wenn er **den Umständen nach zu den Einkünften** zu rechnen ist. Man dachte hierbei insbesondere an Zuwendungen, die nach der Natur der Sache und den Umständen des Falles dazu bestimmt sind, die zum alsbaldigen Verbrauch bestimmten gemeinsamen Mittel zu vergrößern (Prot IV 365 ff; Mot IV 497). Grundsätzlich kann aber die Frage, ob ein Erwerb zu den Einkünften zu rechnen ist, nicht allgemein, sondern nur nach den **Umständen des einzelnen Falles entschieden** werden. Maßgebend sind hier nicht rechtliche, sondern wirtschaftliche Gesichtspunkte. Daher ist nicht nur auf die Absicht des Zuwendenden, sondern auch auf die persönlichen Verhältnisse des Empfängers, seine Erwerbstätigkeit und den Anlass der Zuwendung Rücksicht zu nehmen. Vor allem gehören hierher Schenkungen, die ein Ehegatte in Beziehung auf seine Erwerbstätigkeit und aus deren Anlass erhält (zB Trinkgelder eines Kellners, Weihnachtsgratifikationen eines Angestellten). Ebenso zählen, weil zum alsbaldigen Verbrauch bestimmt, hierher: Schenkungen zur Ermöglichung einer Studienreise oder eines Erholungsaufenthalts; für laufende Haushaltsbedürfnisse bestimmte Zuwendungen (weitere Einzelheiten s § 1374 Rn 47 f).

17 **Für Rechte gem Abs 2 Nr 3** erhält der berechtigte Ehegatte auf Grund seiner engen persönlichen Beziehung zu diesen Rechten die Möglichkeit, sich deren Wert bei der Auseinandersetzung der Gütergemeinschaft zu erhalten; er soll nicht gezwungen sein, eine Aufteilung des Wertes (§ 1476 Abs 1) hinzunehmen (vgl Mot IV 504). Zu den Rechten, die mit dem Tod eines Ehegatten erlöschen, gehört insbesondere die **Leibrente** (§ 759 Abs 1). Der von den Motiven (IV 504) als weiteres Beispiel erwähnte *Nießbrauch* fällt dagegen *nicht* hierunter. Wohl erlischt er zwar ebenfalls mit dem Tod des Berechtigten (§ 1061 S 1), doch wegen seiner Nichtübertragbarkeit (§ 1059 S 1) gehört er nicht zum Gesamtgut, sondern zum Sondergut (§ 1417 Abs 2). Von den Rechten, deren Erwerb durch den Tod eines Ehegatten bedingt ist, ist das wichtigste der Anspruch aus einer **Lebensversicherung** (aA MünchKomm/Kanzleiter Rn 7; Bamberger/Roth/Mayer Rn 4 wie hier Soergel/Gaul Rn 11; BGB-RGRK/Finke Rn 9; Ensslen FamRZ 1998, 1084; zum Wert vgl § 1376 Rn 45).

4. Berechnung

18 Wählt der berechtigte Ehegatte die Auseinandersetzung gemäß § 1478, dann dürfen beide Ehegatten den Wert, den ihr Eingebrachtes zur Zeit der Einbringung hatte, vorab **von dem Reinwert des Gesamtgutes abziehen**, der nach Berichtigung der Gesamtgutsverbindlichkeiten verbleibt. Ein dann noch verbleibender Überschuss wird unter die beiden Ehegatten hälftig verteilt.

Reicht der Reinwert jedoch zur Rückerstattung des von beiden Ehegatten Einge- **19** brachten **nicht** aus, dann wird der Fehlbetrag gemäß der Neufassung der Vorschrift nach dem Verhältnis des Wertes der beiderseitigen Erstattungsansprüche getragen und nicht, wie vor Inkrafttreten des 1. EheRG, hälftig geteilt.

Beispiel: Die Ehefrau hat 20 000 € in die Ehe eingebracht, der Ehemann 10 000 €. Der Wert des Gesamtgutes beträgt nach der Scheidung 40 000 €. Der Überschuss von 10 000 € wird hälftig geteilt, so dass die Frau 25 000 € erhält, der Mann 15 000 €. Müssen aber zuvor noch Verbindlichkeiten in Höhe von 19 000 € erfüllt werden, wird der Fehlbetrag von 9 000 € im Verhältnis 20 000 : 10 000 oder 2 : 1 geteilt, so dass die Frau 14 000 € (20 000 € – 6 000 €) und der Mann 7 000 € erhält.

5.   Wahlrecht und Übernahmerecht nach § 1477 Abs 2

Das jedem Ehegatten nach § 1477 Abs 2 zustehende Recht der Übernahme gewisser **20** Sachen wird durch § 1478 nicht ausgeschlossen (vgl § 1477 Rn 23 mwNw). Bei Ausübung des Übernahmerechts muss aber der Wert der Gegenstände zur Zeit der Übernahme ersetzt werden (§ 1477 Rn 13), während gemäß § 1478 der Wert zur Zeit der Einbringung in Ansatz zu bringen ist (§ 1478 Abs 3; s auch oben Rn 9).

IV.   Geltendmachung des Wahlrechts

Die Geltendmachung des Wahlrechts erfolgt durch formlose Erklärung gegenüber **21** dem anderen Ehegatten oder der die Auseinandersetzung vermittelnden Behörde (vgl § 1471 Rn 15, § 1474 Rn 6 ff). Die Erklärung ist unwiderruflich (OLG Posen Recht 1906 Nr 3306). Die Geltendmachung ist an die Einhaltung einer Frist nicht gebunden und kann also bis zur Erledigung der Auseinandersetzung ausgeübt werden (RG DJZ 1924, 141). Es geht daher auch durch Erhebung der Auseinandersetzungsklage nicht verloren (OLG Hamburg OLGE 6, 280 f).

Die gerichtliche Geltendmachung ist im **Verbund mit dem Scheidungsantrag** selbst **22** zulässig, da durch die Regelungen der §§ 623 Abs 1, 629, 629 d ZPO eine einheitliche und gleichzeitige Entscheidung über Scheidungsantrag und Wertersatzanspruch gewährleistet ist (BGHZ 84, 333, 336 = NJW 1982, 2373 = FamRZ 1982, 992; OLG Karlsruhe FamRZ 1982, 286; beide Entscheidungen mit insoweit zustimmender Anm von Bölling). Ausnahmsweise kann also in diesem Fall das Recht aus § 1478 nicht erst nach der Ehescheidung, sondern schon gleichzeitig mit dieser geltend gemacht werden (vgl auch § 1447 Rn 3).

V.   Abweichende Vereinbarungen

Nur ausnahmsweise wird eine von § 1478 abweichende Vereinbarung noch als sitten- **23** widrig zu bewerten sein (so auch MünchKomm/Kanzleiter Rn 14; Soergel/Gaul Rn 12; Zöllner, in: FS H Lange [1992] 977; zurückhaltender BGB-RGRK/Finke Rn 16). Ein Verzicht auf das bereits begründete Wahlrecht war schon nach altem Recht möglich. Dies gilt weiterhin.

§ 1479
Auseinandersetzung nach Aufhebungsurteil

Wird die Gütergemeinschaft auf Grund der §§ 1447, 1448 oder des § 1469 durch Urteil aufgehoben, so kann der Ehegatte, der das Urteil erwirkt hat, verlangen, dass die Auseinandersetzung so erfolgt, wie wenn der Anspruch auf Auseinandersetzung in dem Zeitpunkt rechtshängig geworden wäre, in dem die Klage auf Aufhebung der Gütergemeinschaft erhoben ist.

Materialien: Zu § 1479 aF: E I § 1379; II § 1377; III § 1462; Mot IV 415; Prot IV 286, 437.
Zu § 1479 nF: GleichberG E I § 1479; II § 1479.
Vgl STAUDINGER/BGB-Synopse 1896–2005 § 1479.

I. Grundzüge

1 § 1479 nF übernimmt ohne sachliche Änderung den § 1479 aF, ändert ihn sprachlich unwesentlich und fügt die jetzt für die Aufhebungsklage geltenden Bestimmungen ein.

2 Entscheidet sich der wahlberechtigte Ehegatte für die ihm in § 1479 eröffnete Möglichkeit, so richtet sich der Umfang des Gesamtguts nach dem Zeitpunkt der Erhebung der Aufhebungsklage. Nachfolgende Vermehrungen oder Verminderungen des Gesamtguts bleiben – mit Ausnahme des Erwerbs der Surrogate gemäß § 1473 – außer Betracht (OLG Königsberg HRR 1938 Nr 1113). Damit will die Vorschrift verhindern, dass sich die Dauer des Rechtsstreits über die Aufhebung der Gütergemeinschaft für den klagenden Ehegatten nachteilig auswirkt. Sie berücksichtigt, dass mit der Erhebung der Aufhebungsklage in der Regel das Einvernehmen zwischen den Ehegatten nicht mehr besteht und egoistische Eingriffe des anderen Ehegatten in das Gesamtgut zu besorgen sind.

II. Voraussetzungen des Wahlrechts

3 Diese Vergünstigung besteht nur nach einem rechtskräftigen Urteil auf Aufhebung der Gütergemeinschaft, wie es bei Alleinverwaltung nach § 1447 auf die Klage des nicht verwaltenden Ehegatten, nach § 1448 auf die Klage des verwaltenden Ehegatten und bei gemeinschaftlicher Verwaltung nach § 1469 ergehen kann. Erledigt sich ein solches Verfahren in der Hauptsache vor Erlass eines Urteils, etwa durch Scheidung oder Tod eines Ehegatten, so ist § **1479 analog** anwendbar, wenn das Verfahren zur Aufhebung der Gütergemeinschaft geführt haben würde (BGB-RGRK/ FINKE Rn 3; MünchKomm/KANZLEITER Rn 3; HECKELMANN FamRZ 1968, 67). In einem Prozess

über die Auseinandersetzung ist daher zu klären, ob die Aufhebung erfolgt wäre
(über „Hypothetische Inzidentprozesse" vgl BAUR, in: FS Larenz [1973] 1063).

Dagegen kommt § 1479 nicht in Betracht, wenn die Gütergemeinschaft ohne Er- **4**
hebung einer Aufhebungsklage aus einem anderen Grunde, zB Scheidung oder Tod
eines Ehegatten, beendigt wird.

III. Ausübung des Wahlrechts

Der Ehegatte, der ein rechtskräftiges Urteil auf Aufhebung der Gütergemeinschaft **5**
erwirkt hat, kann sein Wahlrecht durch unbefristete, formlose Erklärung gegenüber
dem anderen Ehegatten dessen Erben oder der vermittelnden Behörde ausüben (vgl
§ 1477 Rn 15), und zwar bis zur Beendigung der Auseinandersetzung. Diese Erklärung
ist – wie jede Gestaltungserklärung – unwiderruflich. Das schließt jedoch eine
nachträgliche (formlose) Vereinbarung zwischen den Ehegatten nicht aus, es für die
Auseinandersetzung über das Gesamtgut bei dem Zeitpunkt der Rechtskraft des
Aufhebungsurteils zu belassen.

IV. Beschränkung der Wirkungen auf die Ehegatten

Die Vorverlegung des Abrechnungszeitpunktes **wirkt nur im Verhältnis der Ehegatten** **6**
zueinander, nicht dagegen im Verhältnis zu Dritten, insbesondere den Gesamtgutsgläubigern, deren Rechte auf Befriedigung aus dem Gesamtgut unberührt bleiben.
Dementsprechend gilt bei der *Auseinandersetzung* ein Erwerb eines Ehegatten nach
Erhebung der Klage auf Aufhebung der Gütergemeinschaft – mit Ausnahme der in
§ 1473 aufgeführten Surrogate – im Verhältnis der Ehegatten zueinander nicht mehr
als zum Gesamtgut gehörig, während er dem Gläubiger gegenüber dem Gesamtgut
zugerechnet wird, wenn er vor der Rechtskraft des Aufhebungsurteils (§ 1470 Abs 1)
erworben ist. Spätere Schulden eines Ehegatten sind entsprechend zu behandeln.
Dingliche Wirkung ist der Regelung jedoch **auch im Innenverhältnis nicht** beizulegen.
Schon dem Wortlaut nach geht § 1479 nicht über eine bloße Zuordnung im Rahmen
der Auseinandersetzung hinaus. Auch der Normzweck wird ohne Abweichung der
relativen von der absoluten dinglichen Wirkung erreicht, so dass diese nicht erforderlich ist. Gesamtgut, das seit Klageerhebung erworben wurde, muss demnach
bei der Auseinandersetzung auf den berechtigten Ehegatten übertragen werden
(GERNHUBER/COESTER-WALTJEN § 38 Rn 146; MünchKomm/KANZLEITER Rn 4; BAMBERGER/
ROTH/MAYER Rn 2; **aA** BGB-RGRK/FINKE Rn 4; ERMAN/HECKELMANN Rn 1; SOERGEL/GAUL
Rn 3).

V. Abweichende Vereinbarungen

Eine schon während des Bestehens der Gütergemeinschaft getroffene Vereinbarung **7**
der Ehegatten, durch die das Recht aus § 1479 beschränkt oder ausgeschlossen
werden soll, kann uU gegen die guten Sitten verstoßen und daher nichtig sein
(§ 138 Abs 1; so auch BGB-RGRK/FINKE Rn 5). Ein genereller Sittenverstoß ist bei
einer abweichenden Vereinbarung nicht anzunehmen (HECKELMANN FamRZ 1968, 69;
anders SOERGEL/GAUL Rn 6; MünchKomm/KANZLEITER Rn 6; PALANDT/BRUDERMÜLLER Rn 1).

§ 1480
Haftung nach der Teilung gegenüber Dritten

Wird das Gesamtgut geteilt, bevor eine Gesamtgutsverbindlichkeit berichtigt ist, so haftet dem Gläubiger auch der Ehegatte persönlich als Gesamtschuldner, für den zur Zeit der Teilung eine solche Haftung nicht besteht. Seine Haftung beschränkt sich auf die ihm zugeteilten Gegenstände; die für die Haftung des Erben geltenden Vorschriften der §§ 1990, 1991 sind entsprechend anzuwenden.

Materialien: Zu § 1480 aF: E II § 1378 rev 1465; III § 1463; Mot IV 417; Prot IV 286 ff; V 136 ff, 823.

Zu § 1478 nF: GleichberG E I § 1480; II § 1480. Vgl STAUDINGER/BGB-Synopse 1896–2005 § 1480.

Systematische Übersicht

I. Grundzüge

1 Die Vorschrift übernimmt mit geringfügigen sprachlichen Veränderungen den § 1480 aF.

2 Sie regelt zusammen mit § 1481 die **Haftung der Ehegatten** (oder ihrer Erben) für die Gesamtgutsverbindlichkeiten, die vor der Teilung des Gesamtguts unter die Ehegatten nicht berichtigt worden sind. Dabei behandelt § 1480 die Haltung gegenüber den Gesamtgutsgläubigern, § 1481 den Ausgleich der Ehegatten untereinander.

3 Ist das Gesamtgut geteilt worden, die Berichtigung einer Gesamtgutsverbindlichkeit jedoch unterblieben, so würde – abgesehen von der gemeinschaftlichen Haftung der Ehegatten bei gemeinsamer Verwaltung gemäß § 1459 – dem Gläubiger nur der Ehegatte persönlich haften, in dessen Person die Verbindlichkeit begründet war. Gegenüber dem anderen Ehegatten könnte der Gläubiger nur in der Weise vorgehen, dass er sich, wenn dieser bei der Teilung zuviel erhalten hat, den Anspruch auf Herausgabe der ungerechtfertigten Bereicherung im Wege der Zwangsvollstreckung überweisen ließe. Eine solche **Gefährdung der Gesamtgutsgläubiger** will § 1480 **vermeiden** (ebenso § 1480 aF, der von der II. Komm eingeführt wurde; Prot IV 245, 286 ff; VI 136 ff, 828). Danach haftet in diesen Fällen dem Gläubiger außer dem Ehegatten, in dessen Person die Verbindlichkeit entstanden war, auch der andere Ehegatte, für den eine solche Haftung zur Zeit der Teilung nicht besteht, freilich mit Einschränkungen (§ 1480 S 2). Darin liegt eine **Erweiterung der Haftung** auf den anderen Ehegatten zugunsten der Gesamtgutsgläubiger (vgl dazu auch § 1475 Rn 6 f).

II. Voraussetzungen der erweiterten Haftung

Die Ausdehnung der **Haftung gemäß § 1480 setzt voraus, dass das Gesamtgut geteilt** 4
worden ist. Darunter ist die Auseinandersetzung zu verstehen, durch die das Gesamtgut seiner Eigenschaft als Gesamthandsvermögen entkleidet und in das Sondereigentum des einen oder anderen Ehegatten überführt worden ist (RGZ 75, 295). Sie ist erst dann erfolgt, wenn das **ganze** Gesamtgut unter die Ehegatten **verteilt** ist, nicht etwa schon dann, wenn einzelne zum Gesamtgut gehörende Gegenstände den Ehegatten zwecks Teilung übertragen worden sind. Eine Verteilung des Gesamtguts liegt jedoch dann vor, wenn der übertragene Gegenstand im Wesentlichen das Gesamtgut darstellt (vgl BGH FamRZ 1986, 41). Auch wenn das Gesamtgut im Ganzen einem Ehegatten zugewiesen worden ist, ist diese Voraussetzung erfüllt; andernfalls könnten die Gesamtgutsgläubiger durch die Übertragung des Gesamtgutes im Ganzen an einen Ehegatten leer ausgehen (ebenso RGZ 75, 295; 89, 367).

Haben die Ehegatten vereinbart (vgl § 1474), dass **einzelne Gegenstände** des Ge- 5
samtguts **unverteilt** bleiben sollen, so schließt das die Anwendung des § 1480 nicht aus, da diese Gegenstände nunmehr nicht mehr Gesamtgut, sondern Miteigentum der Ehegatten sind (RG JW 1917, 102; RGZ 89, 366). Das gilt besonders dann, wenn nur unbedeutende Werte unverteilt bleiben.

Solange jedoch **Gesamtgut noch vorhanden** ist, das zur Befriedigung der bisher nicht 6
berücksichtigten Gesamtgutsgläubiger ausreichen würde, ist die Teilung noch nicht erfolgt. Ebenso liegt in der Zuweisung einzelner Gegenstände des Gesamtguts, selbst solcher von bedeutendem Wert, noch keine Teilung (RGZ 89, 407; s aber auch Rn 4).

Die **Übernahme einzelner Sachen** durch einen Ehegatten gemäß § 1477 Abs 2 ist 7
schon deshalb keine Teilung des Gesamtguts, weil der Wert der Sachen ersetzt werden muss und dadurch der Bestand der den Gläubigern zur Befriedigung zur Verfügung stehenden Werte nicht verringert wird (ebenso KOTZUR BWNotZ 1987, 136 mwNw).

Eine **nachträgliche Aufgabe des Eigentums** oder der Rechte, die einem Ehegatten bei 8
der Teilung zugewiesen worden sind, ändert an der Haftung des Ehegatten nach § 1480 nichts (RG Recht 1917 Nr 640).

Den **Beweis**, dass das Gesamtgut verteilt worden ist, muss der Gläubiger führen, der 9
sich auf § 1480 beruft.

Um die besondere Haftung des § 1480 auszulösen, muss die Berichtigung einer Ge- 10
samtgutsverbindlichkeit unterblieben sein. Das ist dann der Fall, wenn ein Gesamtgutsgläubiger nicht vollständig durch Erfüllung (oder deren Surrogate, vgl §§ 362 ff, 372 ff, 387 ff, 397; dazu § 1475 Rn 4) befriedigt worden ist oder wenn – bei einer noch nicht fälligen oder streitigen Verbindlichkeit – das zur Befriedigung Erforderliche nicht zurückbehalten worden ist (§ 1475 Abs 1 S 2; dazu § 1475 Rn 6). Weswegen die Berichtigung unterblieben ist, ist gleichgültig (RG Recht 1928 Nr 2108).

Wegen des **Begriffs der Gesamtgutsverbindlichkeit** wird auf §§ 1437 Rn 5 ff, 1459 11
Rn 4 ff verwiesen (vgl dazu auch § 1475 Rn 3). Hierzu gehören auch die Ausgleichsan-

sprüche der einzelnen Ehegatten an das Gesamtgut (§§ 1435 S 3, 1455 Abs 2, 1467 Abs 2; vgl § 1475 Rn 3). Ob die Gesamtgutsverbindlichkeit im **Innenverhältnis der Ehegatten** zueinander dem Gesamtgut zur Last fällt oder nicht (§§ 1441 ff, 1463 ff), ist für die Anwendbarkeit des § 1480 **unerheblich** (so schon Prot IV 289 ff).

12 Die Ausdehnung der **Haftung trifft nur den Ehegatten, für den zur Zeit der Teilung eine persönliche Haftung für die (unberichtigten) Gesamtgutsverbindlichkeiten nicht bestand.** Diese Tatbestände ergeben sich bei bisheriger Alleinverwaltung des Gesamtguts aus den §§ 1437–1440 und bei gemeinsamer Verwaltung aus den §§ 1459–1462. Hiernach haftet der eine Ehegatte für bestimmte während der Gütergemeinschaft entstandene Verbindlichkeiten persönlich überhaupt nicht. Die Ausdehnung der Haftung gemäß § 1480 auf ihn bedeutet daher eine **Neubegründung einer zusätzlichen Haftung.** Die §§ 1437 Abs 2 S 2 (bei Einzelverwaltung) und 1459 Abs 2 S 2 (bei gemeinschaftlicher Verwaltung) sehen aber auch Fälle vor, in denen zunächst eine persönliche Haftung des Ehegatten entstanden ist, mit der Beendigung der Gütergemeinschaft jedoch erlischt. Hier lässt die Ausdehnung der persönlichen Haftung gemäß § 1480 zugunsten der Gläubiger die **erloschene Haftung wieder aufleben.** Wo jedoch eine Haftung des Ehegatten aus anderen Gründen bereits besteht, ist § 1480 unanwendbar.

III. Wirkungen der Haftungserweiterung

13 Infolge der Ausdehnung der Haftung **haften beide Ehegatten nunmehr persönlich als Gesamtschuldner** für die (noch nicht berichtigten) Gesamtgutsverbindlichkeiten. Für ihre Rechtsstellung gegenüber den Gesamtgutsgläubigern gelten die §§ 421–425 (vgl BGHZ 76, 305 = NJW 1980, 1627). An die Stelle der internen Ausgleichspflicht nach § 426 tritt die Regelung des § 1481.

14 Diese **Haftung wird jedoch durch § 1480 S 2 gegenständlich begrenzt.** Sie beschränkt sich auf die dem nach § 1480 haftenden Ehegatten gehörenden Gegenstände, die ihm bei der Teilung des Gesamtguts aus diesem zugeteilt worden sind. Nur an sie, *nicht* aber an *das sonstige Vermögen* des so haftenden Ehegatten, können sich die Gesamtgutsgläubiger halten. Eine solche Haftungsbeschränkung können auch die Erben eines Ehegatten geltend machen (§§ 786, 780 Abs 1 ZPO). Alsdann haften sie den Gesamtgutsgläubigern nicht mit dem Ganzen Nachlass, sondern nur mit den Gegenständen, die ihnen aus dem Gesamtgut zugeteilt worden sind (RGZ 79, 345, 370).

15 Diese Haftungsbeschränkung hat zur Folge, dass eine *Haftung* nach § 1480 S 1 dann *nicht in Betracht kommt*, wenn der Ehegatte aus dem Gesamtgut nichts erhalten hat (RGZ 75, 295). In diesem Falle ist die Klage des Gläubigers abzuweisen (RGZ 89, 366). Dass der in Anspruch genommene Ehegatte etwas aus dem Gesamtgut erhalten hat, muss der klagende Gläubiger beweisen (RGZ 75, 297).

16 Da der nach § 1480 haftende Ehegatte nur mit den ihm aus dem Gesamtgut zugeteilten Gegenständen haftet, wird ihm in entsprechender Anwendung der §§ 1990, 1991, auf die in § 1480 S 2 ausdrücklich Bezug genommen wird, das Recht zugestanden, die Befriedigung der Gesamtgutsgläubiger insoweit zu **verweigern**, als die ihm zugeteilten Gegenstände nicht ausreichen (**„Erschöpfungseinrede", „Unzuläng-**

lichkeitseinrede"). Insofern haftet der Ehegatte bis zu dieser Grenze. Er muss notfalls alle ihm aus dem Gesamtgut zugeteilten Gegenstände zum Zwecke der Befriedigung im Wege der Zwangsvollstreckung herausgeben und die Zwangsvollstreckung in sie dulden (RGZ 137, 53, 55; STAUDINGER/MAROTZKE [2002] § 1990 Rn 29 ff). Die Herausgabepflicht richtet sich auf die **zugeteilten Gesamtgutsgegenstände** selbst. Daher kann der Ehegatte die Herausgabe der ihm zugeteilten Gegenstände nicht durch Zahlung ihres Wertes abwenden. Er ist für die bisherige Verwaltung der empfangenen Gesamtgutsgegenstände dem Gläubiger **wie ein Beauftragter verantwortlich** (§§ 1991 Abs 1, 1978 Abs 1), muss also auch alles herausgeben, was er aus Anlass der Verwaltung erlangt hat (§§ 1991, Abs 1, 667, 668; dazu STAUDINGER/MAROTZKE [2002] § 1991 Rn 3 ff). Davon darf er jedoch seine Aufwendungen nach Auftragsgrundsätzen abziehen (§§ 1991 Abs 1 S 1, 1978 Abs 1 S 1, Abs 3, 670). Der Ehegatte darf die Gesamtgutsgläubiger in der **Reihenfolge** befriedigen, wie sie ihre Ansprüche gegen ihn geltend machen (§§ 1991 Abs 1, 1979).

Voraussetzung für die Geltendmachung der Haftungsbeschränkung ist, dass der **17** verklagte Ehegatte sich die **Beschränkung der Haftung im Urteil vorbehalten** lässt. Nur dann kann er gegen eine Zwangsvollstreckung gemäß §§ 780 Abs 1, 781, 785, 786 ZPO Einwendungen erheben. Auf diese Weise kann der verklagte Ehegatte im Vollstreckungsverfahren auch geltendmachen, dass er **lediglich unpfändbare Gegenstände** aus dem Gesamtgut erhalten habe (§ 811 ZPO; dazu OLG Hamm OLGE 14, 230).

Zur Geltendmachung der erweiterten Haftung gemäß § 1480 bedarf es eines vollstreck- 18 baren Titels gegen den in Anspruch genommenen Ehegatten (§ 750 Abs 1 ZPO). Ein Titel gegen den anderen ohnehin haftenden Ehegatten genügt nicht; ebenso wenig ein Titel auf Duldung der Zwangsvollstreckung wegen eines gegen den anderen Ehegatten gerichteten Anspruchs (RGZ 68, 426). Bei dem Rechtsstreit handelt es sich um eine **Familiensache** gemäß § 621 Abs 1 Nr 8 ZPO (BGHZ 76, 305 = NJW 1980, 1627).

Das gemäß § 1480 den Gläubigern eingeräumte Recht schließt eine **Gläubigeran- 19 fechtung** nach § 3 AnfG nicht aus (RG Gruchot 48, 958 ff; 50, 382 ff). Soweit also ein Gläubiger auch auf dem Wege des § 1480 keine Befriedigung erlangen konnte, bleibt ihm dieser Weg der Geltendmachung der (relativen) Unwirksamkeit der zwecks Auseinandersetzung vorgenommenen Verfügungen und der sich daraus ergebende Zugriff auf Vollstreckungsobjekte offen. Zur Anfechtbarkeit von Auseinandersetzungsverträgen s auch BGHZ 57, 126.

IV. Abweichende Vereinbarungen

Da § 1480 den Schutz der Gläubiger bezweckt, sind von ihm abweichende Verein- 20 barungen der Ehegatten **nichtig**. Gegen Abmachungen der Ehegatten mit den Gläubigern über die Inanspruchnahme bestehen dagegen keine Bedenken (so auch DÖLLE I § 80 II 1 S 978). Wurde während der Gütergemeinschaft die persönliche Haftung des Ehegatten ausgeschlossen, liegt darin nicht zugleich ein Haftungsausschluss nach § 1480 (MünchKomm/KANZLEITER Rn 12).

§ 1481
Haftung der Ehegatten untereinander

(1) Wird das Gesamtgut geteilt, bevor eine Gesamtgutsverbindlichkeit berichtigt ist, die im Verhältnis der Ehegatten zueinander dem Gesamtgut zur Last fällt, so hat der Ehegatte, der das Gesamtgut während der Gütergemeinschaft allein verwaltet hat, dem anderen Ehegatten dafür einzustehen, dass dieser weder über die Hälfte der Verbindlichkeit noch über das aus dem Gesamtgut Erlangte hinaus in Anspruch genommen wird.

(2) Haben die Ehegatten das Gesamtgut während der Gütergemeinschaft gemeinschaftlich verwaltet, so hat jeder Ehegatte dem anderen dafür einzustehen, dass dieser von dem Gläubiger nicht über die Hälfte der Verbindlichkeit hinaus in Anspruch genommen wird.

(3) Fällt die Verbindlichkeit im Verhältnis der Ehegatten zueinander einem der Ehegatten zur Last, so hat dieser dem anderen dafür einzustehen, dass der andere Ehegatte von dem Gläubiger nicht in Anspruch genommen wird.

Materialien: Zu § 1481 aF: E I § 1380; II § 1379; III § 1464; Mot IV 415; Prot IV 291, 345. Zu § 1481 nF: GleichberG E I § 1481; II § 1481. Vgl STAUDINGER/BGB-Synopse 1896–2005 § 1481.

Systematische Übersicht

I.   Grundzüge

1 Wie § 1480 geht auch § 1481 davon aus, dass die Berichtigung von Gesamtgutsverbindlichkeiten vor der Teilung des Gesamtguts unter die Ehegatten (oder deren Erben) unterblieben ist. Während § 1480 die Haftung der Ehegatten (oder ihrer Erben) gegenüber den Gesamtgutsgläubigern in diesem Falle regelt, behandelt § 1481 den Ausgleich zwischen den Ehegatten (oder deren Erben) bei oder nach der Inanspruchnahme im Innenverhältnis und ersetzt insoweit § 426 (dazu OLG Zweibrücken FamRZ 1992, 821 f).

2 Eine **entsprechende Anwendung** des § 1481 bei noch nicht geteiltem Gesamtgut kommt nur in Betracht, wenn der Ersatzanspruch aus dem Gesamtgut nicht erfüllt werden kann wegen dessen Unzulänglichkeit oder wenn aus diesem Grunde eine Teilung unterbleibt (OLG Zweibrücken aaO und wohl auch der BGH im von der Redaktion dazu mitgeteilten Beschluss über die Gewährung von PKH; MünchKomm/KANZLEITER Rn 3; BAMBERGER/ROTH/MAYER Rn 3).

II. Gesamtgutsverbindlichkeiten, die im Innenverhältnis dem Gesamtgut zur Last fallen

1. Einzelverwaltung (Abs 1, erster Fall)

Wird der Ehegatte, der während der Gütergemeinschaft das Gesamtgut nicht ver- **3** waltet hat, wegen einer rückständigen Gesamtgutsverbindlichkeit in Anspruch genommen, entweder weil es sich um eine Gesamtgutsverbindlichkeit handelt, für die vom Regelfall der gemeinschaftlichen Haftung beider Ehegatten (§§ 1437, 1476 Abs 1) keine Ausnahme gem §§ 1441–1444 gilt, oder weil dieser Ehegatte ausnahmsweise für diese Verbindlichkeit gem § 1480 haftet, so muss er diese Verbindlichkeit dem Gläubiger gegenüber erfüllen. Ihm steht insbesondere *nicht* das Recht zu, den Gläubiger auf die *Vorausklage* gegen den Gesamtgutsverwalter zu verweisen. Er kann jedoch von dem bisherigen Gesamtgutsverwalter verlangen, dass dieser dafür einsteht, dass er im Endergebnis **nicht mehr als die Hälfte der Verbindlichkeit** zu tragen und auch **nicht mehr zu leisten braucht, als er aus dem Gesamtgut erhalten hat.** Hat er nichts erhalten, so kann er verlangen, dass er von jeder Verpflichtung befreit wird.

Die Ehegatten können den Haftungsschlüssel im Verhältnis zueinander vertraglich **4** ändern (vgl unten Rn 14). Soweit sie von der vom Gesetz als Normallösung angesehenen hälftigen Teilung der Haftung abweichen – zB soll der Gesamtgutsverwalter 2/3 der andere 1/3 der Gesamtgutsverbindlichkeiten tragen –, so gilt das auch für den Umfang der Einstandspflicht des Gesamtgutsverwalters (DÖLLE I § 80 II Anm 37 S 978).

Der Gesamtgutsverwalter ist verpflichtet, seinen Ehegatten wegen einer nach Tei- **5** lung gegen ihn geltend gemachten Gesamtgutsverpflichtung dieser Art in doppelter Weise zu schützen:

Er muss ihn davor bewahren, dass dieser über das Maß hinaus, in dem er im Innen- **6** verhältnis der Ehegatten zueinander haftet, von dem Gläubiger in Anspruch genommen wird. Dieser Verpflichtung kann er dadurch nachkommen, dass er selbst den Gläubiger insoweit befriedigt, als sein Ehegatte im Innenverhältnis die Schuld nicht zu tragen braucht. Er hat also seinen Ehegatten insoweit **von der Inanspruchnahme** durch den Gläubiger rechtzeitig **freizustellen.** Verletzt er diese Freistellungspflicht schuldhaft, so hat er seinem Ehegatten den daraus entstandenen Schaden zu ersetzen (vgl auch § 1435).

Dieses Recht des Ehegatten, der das Gesamtgut nicht verwaltet hat, gegenüber dem **7** Gesamtgutsverwalter ist ein *„verhaltener Anspruch"* in dem Sinne, als es erst dann entsteht, wenn dieser Ehegatte vom Gesamtgutsgläubiger in Anspruch genommen wird, sei es dass der Gläubiger die Forderung gegen ihn erhebt, ihn mahnt oder die Klage anstrengt. Vorher kann dieser Ehegatte seinen Anspruch auf Freistellung gegenüber dem Gesamtgutsverwalter nicht geltend machen. Ebenso kann er vorher auch nicht Sicherheitsleistung von ihm verlangen (hM; MünchKomm/KANZLEITER Rn 2 hält aber Sicherung durch Arrest oder einstw Verfügung für möglich).

8 Hat der Ehegatte, der während der Gütertrennung das Gesamtgut nicht verwaltet hat, den Gläubiger befriedigt, so kann er vom Gesamtgutsverwalter insoweit Ersatz dafür verlangen, als er im Innenverhältnis zur Leistung an den Gläubiger nicht verpflichtet war. Damit erhält er ein **Rückgriffsrecht** gegenüber dem Gesamtgutsverwalter. Ein gesetzlicher Forderungsübergang (etwa nach dem Beispiel des § 426 Abs 2) fehlt jedoch.

9 Wird der Ehegatte, der während der Gütergemeinschaft das Gesamtgut verwaltet hat, wegen einer bisher noch nicht berichtigten Gesamtgutsverbindlichkeit in Anspruch genommen, so haftet er dafür unbeschränkt mit seinem ganzen Vermögen. Das entspricht seiner bevorzugten Stellung während der Gütergemeinschaft und seiner Verantwortung für die ordnungsmäßige Auseinandersetzung nach ihrer Beendigung. Der Gesetzgeber hat es nicht für nötig erachtet, das noch besonders auszusprechen. Ist er für die Gesamtgutsverbindlichkeit in Anspruch genommen worden, so kann er sich wegen der auf den anderen Ehegatten entfallenden Hälfte der Verbindlichkeit an ihn halten, soweit dieser ausreichende Werte aus dem Gesamtgut erhalten hat. Andernfalls muss der Gesamtgutsverwalter den Ausfall allein tragen.

2. Gemeinschaftliche Verwaltung (Abs 2, zweiter Fall)

10 Haben die Ehegatten während der Gütergemeinschaft das Gesamtgut gemeinschaftlich verwaltet (vgl §§ 1450 ff), so haften sie für die Gesamtgutsverbindlichkeiten deren Gläubigern gegenüber zwar gesamtschuldnerisch, im Innenverhältnis jedoch je zur Hälfte (vgl § 1476 Abs 1). Wird ein Ehegatte auf mehr als die Hälfte der Verbindlichkeit in Anspruch genommen, so ist es nur gerecht, dass er von dem anderen Ehegatten verlangen darf, dass dieser ihn wegen des Übermaßes freistellt, dass dieser insbesondere die Gläubiger wegen des auf ihn im Endergebnis entfallenden Teils der Verbindlichkeit rechtzeitig aus seinem Vermögen befriedigt. Hat der in Anspruch genommene Ehegatte mehr als die auf ihn im Innenverhältnis entfallende Hälfte der Verbindlichkeit getilgt, so kann er sich deswegen an seinen Ehegatten halten (MünchKomm/KANZLEITER Rn 5; BAMBERGER/ROTH/MAYER Rn 4).

11 Diese allgemeine Regel (vgl § 1476 Abs 1) gilt nach § 1481 Abs 2 **auch für den Fall, dass eine Gesamtgutsverbindlichkeit erst nach der Teilung berichtigt werden muss.** Eine **Beschränkung der Haftung** im Innenverhältnis auf das aus dem Gesamtgut Erlangte, wie sie nach § 1481 Abs 1 für den Fall der Alleinverwaltung zugunsten des nicht verwaltenden Ehegatten vorgesehen ist, kommt bei der gemeinschaftlichen Verwaltung schon deshalb nicht in Betracht, weil beide Ehegatten für die rechtzeitige Berichtigung der Gesamtgutsverbindlichkeiten hätten sorgen können. Dagegen kommt auch hier die Vereinbarung eines anderen Haftungsschlüssels in Betracht (vgl oben Rn 4).

III. Gesamtgutsverbindlichkeiten, die im Innenverhältnis nur einem Ehegatten zur Last fallen (Abs 3, dritter Fall)

Handelt es sich bei der Gesamtgutsverbindlichkeit, die nach der Teilung des Ge- **12** samtguts geltend gemacht wird, um eine Schuld, für die kraft ausdrücklicher Regelung im Innenverhältnis der Ehegatten zueinander nur ein Ehegatte allein haftet, so kann der andere Ehegatte, wenn er ihretwegen in Anspruch genommen wird, sich dem Gläubiger gegenüber nicht darauf berufen, dass er im Innenverhältnis für sie nicht haftet; er muss sie vielmehr erfüllen. Er kann aber von seinem Ehegatten, dem kraft besonderer Vorschrift die Verbindlichkeit im Innenverhältnis allein zur Last fällt, verlangen, dass dieser ihn von der Verbindlichkeit **freistellt**, dass dieser sie also rechtzeitig selbst berichtigt, oder dass dieser ihm **Ersatz leistet**, soweit er sie hat tilgen müssen. In diesen Fällen kommt es nicht darauf an, ob während der Gütergemeinschaft Einzelverwaltung oder gemeinschaftliche Verwaltung des Gesamtguts bestanden hat.

Solche Tatbestände, in denen eine Gesamtgutsverbindlichkeit im Innenverhältnis **13** der Ehegatten zueinander einem Ehegatten allein zur Last gelegt wird, werden in den §§ 1441–1444 (bei Einzelverwaltung des Gesamtguts) und §§ 1463–1466 (bei gemeinschaftlicher Verwaltung des Gesamtguts) erschöpfend aufgeführt; auf sie und die Erl dazu wird verwiesen.

IV. Abweichende Vereinbarungen

Gegen eine vertragliche anderweitige Verteilung der Haftung der Ehegatten im **14** Innenverhältnis bestehen keine Bedenken. **Gegenüber den Gläubigern** hat sie jedoch **keine Wirkung**. Wird sie vor Beendigung der Gütergemeinschaft vereinbart, so bedarf sie der **Form eines Ehevertrages** (§§ 1408, 1410).

§ 1482
Eheauflösung durch Tod

Wird die Ehe durch den Tod eines Ehegatten aufgelöst, so gehört der Anteil des verstorbenen Ehegatten am Gesamtgut zum Nachlass. Der verstorbene Ehegatte wird nach den allgemeinen Vorschriften beerbt.

Materialien: Zu § 1482 aF: E I §§ 1382, 1383 Abs 1; II § 1380 rev 1467; III § 1465; Mot IV, 419; Prot IV, 294 ff.

Zu § 1482 nF: GleichberG E I § 1482; II § 1482. Vgl STAUDINGER/BGB-Synopse 1896–2005 § 1482.

I. Grundzüge

Die Gütergemeinschaft wird **nur dann** mit gemeinschaftlichen Abkömmlingen **fort- 1 gesetzt**, wenn die Ehegatten dies durch Ehevertrag **ausdrücklich vereinbart** haben (§ 1483 Abs 1 S 1). Insofern regelt § 1482 nur den Tatbestand, dass die Ehe durch Tod eines Ehegatten aufgelöst, damit auch die Gütergemeinschaft beendet und nicht

Burkhard Thiele

fortgesetzt wird. Alsdann soll die Folge eintreten, dass der verstorbene Ehegatte nach den allgemeinen Vorschriften des Erbrechts beerbt wird und sein Anteil am Gesamtgut zu seinem Nachlass gehört. Dass Letzteres ausdrücklich gesagt wird, soll den Gegensatz zur fortgesetzten Gütergemeinschaft hervorheben, bei der der Anteil des verstorbenen Ehegatten nicht zu seinem Nachlass gehört (§ 1483 Abs 1 S 3).

2 Die gleichen Folgen treten kraft ausdrücklicher Vorschrift auch ein, wenn der überlebende Ehegatte die **Fortsetzung** der Gütergemeinschaft **ablehnt** (§ 1484 Abs 3) oder der verstorbene Ehegatte von dem ihm in besonderen Fällen gewährten Recht Gebrauch gemacht hat, die Fortsetzung der Gütergemeinschaft durch **letztwillige Verfügung auszuschließen** (§§ 1509, 1510). Das Gleiche gilt ferner, wenn der einzige gemeinschaftliche Abkömmling oder alle gemeinschaftlichen Abkömmlinge für erbunwürdig erklärt sind (§§ 1506, 2339 ff), gemäß § 1517 auf ihr Recht am Gesamtgut verzichtet haben oder von der fortgesetzten Gütergemeinschaft nach § 1511 ausgeschlossen sind.

II. Erbrechtliche Folgen

3 Der verstorbene Ehegatte wird nach den Vorschriften des Erbrechts beerbt. Es tritt also entweder **gesetzliche Erbfolge** (§ 1924, 1931) oder, da jeder Ehegatte durch die Eingehung der Gütergemeinschaft in seinem Recht, letztwillige Anordnungen zu treffen, nicht beschränkt worden ist, **gewillkürte Erbfolge** ein.

4 Der überlebende Ehegatte hat **keine Sonderstellung**. Sein Erb- und Pflichtteil richtet sich nach den allgemeinen erbrechtlichen Grundsätzen (§§ 1931 ff, 2303 Abs 2). Eine Erhöhung seines Erbteils wie bei der Zugewinngemeinschaft (§ 1371 Abs 1) findet nicht statt.

5 Der **Nachlass des verstorbenen Ehegatten** umfasst sein Vorbehaltsgut, sein Sondergut (soweit vererblich) und seinen Anteil am Gesamtgut, nicht aber die einzelnen Gesamtgutsgegenstände (BGHZ 26, 378).

6 Ist der **überlebende Ehegatte Erbe** kraft Gesetzes (§ 1931 Abs 2), Testaments (§ 1937) oder Erbvertrages (§ 1941) Alleinerbe des verstorbenen Ehegatten geworden, so vereinigt sich sein eigener Anteil am Gesamtgut mit dem des verstorbenen Ehegatten in seiner Hand, ohne dass es einer Auseinandersetzung nach den §§ 1471–1481 und einzelner Übertragungsakte hinsichtlich der zum Gesamtgut gehörenden Gesamtgutsgegenstände bedarf.

7 Ist der **überlebende Ehegatte nicht Erbe** seines verstorbenen Ehegatten, zB wegen Ausschließung (§ 1933), Enterbung (§ 1938), Ausschlagung (§ 1953), Erbunwürdigkeit (§ 2330), Erbverzicht (§ 2346), so bleibt es bei der Auseinandersetzung des Gesamtguts zwischen ihm und den Erben des verstorbenen Ehegatten gemäß §§ 1471–1481.

8 Ist der **überlebende Ehegatte**, wie es der Regel entsprechen wird, neben weiteren Erben **Miterbe** des verstorbenen Ehegatten, so finden auf sein Rechtsverhältnis zu den weiteren Miterben die §§ 2032 ff Anwendung. Danach bestehen nebeneinander **zwei Gesamthandsverhältnisse**: die Erbengemeinschaft und die Gesamtgutsgemeinschaft. Für jedes dieser beiden Gesamthandsverhältnisse gelten deren besondere Regeln (§§ 1471 Abs 1, 1419 u 2032 ff). Zu den Einzelheiten vgl § 1471 Rn 9 ff.

Ist der **überlebende Ehegatte (alleiniger) Vorerbe** des verstorbenen Ehegatten, so 9 findet zunächst keine Auseinandersetzung des Gesamtguts statt. Vielmehr ist der überlebende Ehegatte für die Zeit seiner Vorerbschaft Erbe des vom verstorbenen Ehegatten herrührenden Anteils am Gesamtgut geworden, so dass sich sein Anteil und der des verstorbenen Ehegatten in seiner Hand vereinigen. Zweifel bestehen jedoch, ob in einem solchen Falle die dem **Vorerben** zugunsten des Nacherben **auferlegten Beschränkungen** (vgl §§ 2113 ff) auf die Verfügungen des überlebenden Ehegatten und Vorerben über Gegenstände des Gesamtguts Anwendung finden. Das wird befürwortet, im Wesentlichen unter Betonung des Vorranges der Schutzbedürftigkeit des Nacherben, (BGH NJW 1970, 943 – inzwischen durch denselben Senat wieder aufgegeben, s unten –; OLG Breslau OLGE 24, 85; OLG Hamm NJW 1976, 575; BATSCH NJW 1970, 1314; HAEGELE Rpfleger 1971, 125; MünchKomm/KANZLEITER Rn 5; ders ZEV 1996, 66; ERMAN/HECKELMANN Rn 1; K SCHMIDT FamRZ 1976, 683). Diese Auffassung ist mit der herrschenden Meinung **abzulehnen**. Der Anteil am Gesamtgut ist Gegenstand der Erbschaft, nicht dagegen die einzelnen Gesamtgutsbestandteile. Über diese darf der Vorerbe verfügen (BGHZ 26, 378; BGH NJW 1976, 893; 1978, 698; BayObLG ZEV 1996, 64; SOERGEL/GAUL Rn 2; JAKOBS FamRZ 1975, 238; GERNHUBER/COESTER-WALTJEN § 38 Rn 140 Fn 178). Zum Streitstand vgl ausführlich STAUDINGER/AVENARIUS (2003) § 2113 Rn 11 ff.

Burkhard Thiele

Unterkapitel 5
Fortgesetzte Gütergemeinschaft

Vorbemerkungen zu §§ 1483–1518

Schrifttum

Zum älteren Schrifttum s auch STAUDINGER/ THIELE (2000).

APP, Die fortgesetzte Gütergemeinschaft im Einkommenssteuerrecht und Erbschaftssteuerrecht, BWNotZ 1993, 11
MAI, Die Gütergemeinschaft als vertraglicher Wahlgüterstand und ihre Handhabung in der notariellen Praxis, BWNotZ 2003, 55

ROHR, Die fortgesetzte Gütergemeinschaft unter Berücksichtigung ihres Verhältnisses zur Beerbung und anderer rechtlicher Ausgestaltungsmöglichkeiten (Diss Münster 1999)
MICHAELIS, Die Güterstände in der Praxis (Diss Hamburg 1968) 54
VAN VENROOY, Fortgesetzte Gütergemeinschaft: Überlegungen zum Vertrag nach §§ 1491 Abs 2 und 1492 Abs 2 BGB, FamRZ 1988, 561.

Systematische Übersicht

I. Rechtsentwicklung

1 In Unterkapitel 5 stellt das Gesetz die Möglichkeit zur Verfügung, nach dem Tode eines Ehegatten, der bisher mit dem anderen in Gütergemeinschaft gelebt hat, diese **Gütergemeinschaft zwischen dem überlebenden Ehegatten und den gemeinschaftlichen Abkömmlingen fortzusetzen.** In den früheren Rechten waren die Rechtsverhältnisse bei „beerbter" Ehe sehr verschieden geordnet. Das BGB hat sich zunächst im Wesentlichen dem System der fortgesetzten Gütergemeinschaft im engeren Sinne angeschlossen, um damit dem Gedanken der allgemeinen Gütergemeinschaft am besten gerecht zu werden und die Schwächen der anderen Systeme zu vermeiden (vgl Mot IV 424 II). Danach traten beim Tode eines Ehegatten, der mit dem anderen in allgemeiner Gütergemeinschaft gelebt hatte, kraft Gesetzes die gemeinschaftlichen Abkömmlinge hinsichtlich des Gesamtguts an die Stelle des verstorbenen Ehegatten; der überlebende Ehegatte führte jedoch die Verwaltung. Die fortgesetzte

Gütergemeinschaft hat die Aufgabe, das Gesamtgut und damit den Kern des gemeinsamen Vermögens vor einer alsbaldigen Aufteilung zu bewahren, seine Verwaltung durch den überlebenden Ehegatten sicherzustellen und die wirtschaftliche „Abschichtung" der nachfolgenden Generation hinauszuschieben. Sie ist vor allem auf (patriarchalisch geführte) Familienbetriebe zugeschnitten, die durch den Tod eines Ehegatten nicht gesprengt werden sollen (dazu BOEHMER, Die Vermögensverfassung des deutschen „Hauses", MDR 1950, 458; DÖLLE, FamR I § 81 I 1 S 981; SOERGEL/GAUL Vorbem 3 zu § 1483; MICHAELIS 54). Schon bald nach Inkrafttreten des BGB vereinbarten in zunehmendem Maße die in allgemeiner Gütergemeinschaft lebenden Ehegatten in ihren Eheverträgen den Ausschluss der fortgesetzten Gütergemeinschaft (gem § 1508 aF) und kehrten damit die vom Gesetzgeber als Regel gedachte Rechtsfolge um. Was ursprünglich der Gesetzgeber als einen besonderen Vorzug der allgemeinen Gütergemeinschaft angesehen hatte, dass sie kraft Gesetzes fortgesetzt werde, war in der Praxis damit zur Ausnahme geworden. Diese Entwicklung wurde auch durch das Ergebnis einer Umfrage der Rheinischen Notarkammer und des Württembergischen und des Bayerischen Notarvereins von 1951 (vgl RegE II BT-Drucks 224 2. WP, 54) bestätigt. Dabei mögen nicht nur die veränderten sozialen Verhältnisse (Absterben der Familienbetriebe, wachsende Abneigung gegen die Bevorzugung des überlebenden Ehegatten auf Kosten der nachfolgenden Generation), sondern auch die Entwicklung zweckmäßigerer Rechtsformen zur Erhaltung eines Betriebes bzw Gutes (durch handelsrechtliche Gesellschaftsformen und HöfeO) und zur Sicherung des überlebenden Ehegatten (durch Versicherung und Kapitalanlagen) zusammengewirkt haben. Soweit darüberhinaus ein Interesse an einer individuellen Regelung bestand, wurde es zumeist mit Hilfe eines mit dem Ehevertrag verbundenen Erbvertrages befriedigt, in dem das Erbrecht des überlebenden Ehegatten und der gemeinschaftlichen Abkömmlinge geregelt wurde (so das Ergebnis der Umfrage bei Notaren im Jahre 1951; vgl RegE II BT-Drucks Nr 224 2. WP, 54).

Das GleichberG hat aus dieser Entwicklung die Folgerung gezogen und den Eintritt **2** der fortgesetzten Gütergemeinschaft nicht kraft Gesetzes an die Gütergemeinschaft angeknüpft, sondern von einer ausdrücklichen ehevertraglichen Vereinbarung der Ehegatten abhängig gemacht. Dass es damit die praktischen Bedürfnisse zutreffend beurteilt hat, zeigt das Ergebnis einer Umfrage bei norddeutschen Notaren (MICHAELIS 63, 124): von 2313 Eheverträgen (aus der Zeit vom 1. 7. 1958 bis 31. 12. 1965) vereinbarten 252 (= 10,9%) Gütergemeinschaft und von diesen nur von 4 (= 1,6% der Gütergemeinschaftsverträge) fortgesetzte Gütergemeinschaft. Eine Änderung dieser Tendenz ist nicht zu erwarten, schon weil offenbar Notare von der Vereinbarung abraten (vgl BEHMER FamRZ 1988, 342 mwNw; BAMBERGER/ROTH/MAYER Rn 6 mwNw). Zumal kann ein vergleichbarer Erfolg zur fortgesetzten Gütergemeinschaft erzielt werden durch die Einsetzung des überlebenden Ehegatten als Vorerben.

Gesetzestechnisch konnte das GleichberG die meisten bisherigen Vorschriften die- **3** ses Abschnittes unverändert übernehmen. Bis auf § 1483, in dem der Eintritt der fortgesetzten Gütergemeinschaft neu geregelt wird, und die sich dadurch ergebende Streichung des § 1508 aF handelt es sich bei den neuen Vorschriften fast ausschließlich um Anpassungen ohne wesentliche sachliche Abänderungen.

II. Eintritt der fortgesetzten Gütergemeinschaft

4 Wie sich aus § 1483 Abs 1 S 1 und 2 ergibt, tritt die fortgesetzte Gütergemeinschaft ein, wenn die Ehegatten, die im Güterstand der Gütergemeinschaft leben, dies ehevertraglich vereinbart haben, ein Ehegatte stirbt und zu gesetzlichen Erben berufene gemeinschaftliche Abkömmlinge vorhanden sind. Sterben also beide Ehegatten gleichzeitig (vgl dazu auch § 11 VerschG) oder leben im Zeitpunkt des Todes eines Ehegatten keine gemeinschaftlichen Abkömmlinge (oder ein nasciturus – dazu § 1483 Rn 8), so ist für eine fortgesetzte Gütergemeinschaft *kein Raum*; es bleibt die gesetzliche oder gewillkürte Erbfolge (§ 1482).

5 Die fortgesetzte Gütergemeinschaft tritt ferner nicht ein, wenn der überlebende Ehegatte die Fortsetzung ablehnt (§ 1484); der verstorbene Ehegatte die Fortsetzung der Gütergemeinschaft durch letztwillige Verfügung ausgeschlossen hat (§ 1509); der überlebende Ehegatte in Ansehung des Nachlasses des verstorbenen Ehegatten für erbunwürdig erklärt ist (§§ 2339 ff; obwohl das Gesetz diesen Fall nicht erwähnt, wird man eine Fortsetzung der Gütergemeinschaft entsprechend den erbrechtlichen Vorschriften für ausgeschlossen ansehen müssen; vgl hierzu § 1483 Rn 6, § 1506 Rn 11); alle gemeinschaftlichen Abkömmlinge für erbunwürdig in Ansehung des Nachlasses des verstorbenen Ehegatten erklärt worden sind (§§ 1506, 2340, 2342); alle gemeinschaftlichen Abkömmlinge durch letztwillige Verfügung des verstorbenen Ehegatten mit Zustimmung des anderen Ehegatten von der Fortsetzung der Gütergemeinschaft ausgeschlossen sind (§§ 1511, 1516); alle gemeinschaftlichen Abkömmlinge durch Vertrag auf ihren Anteil an der fortgesetzten Gütergemeinschaft verzichtet haben (§ 1517). In allen diesen Fällen bleibt es bei der Regelung des § 1482: der verstorbene Ehegatte wird gemäß der gesetzlichen Erbfolge oder letztwilligen Verfügung beerbt. Dabei gehört sein Anteil am Gesamtgut der Gütergemeinschaft zu seinem Nachlass.

III. Wirkungen der fortgesetzten Gütergemeinschaft

6 Der **Eintritt der fortgesetzten Gütergemeinschaft wirkt sich allein auf das bisherige Gesamtgut** aus: an die Stelle des verstorbenen Ehegatten treten die (anteilsberechtigten) gemeinschaftlichen Abkömmlinge in dessen Anteilsrechte am Gesamtgut ein. Dieser Gesamtgutsanteil ist der regelmäßigen Vererbung entzogen (§ 1483 Abs 1 S 3). Dagegen unterliegen das Vorbehaltsgut und das Sondergut des verstorbenen Ehegatten der Erbfolge.

7 Neben dem Gesamtgut, das nunmehr dem überlebenden Ehegatten und den (anteilsberechtigten) gemeinschaftlichen Abkömmlingen zur gesamten Hand gehört, bleiben das **Vorbehaltsgut** und das **Sondergut** des überlebenden Ehegatten ebenso wie die einzelnen Vermögen der Abkömmlinge von der fortgesetzten Gütergemeinschaft **unberührt**.

8 Zur Verwaltung des Gesamtgutes ist allein der überlebende Ehegatte befugt, während die Abkömmlinge die Rechtsstellung des (zur Verwaltung des Gesamtgutes einer Gütergemeinschaft nicht berechtigten) anderen Ehegatten erhalten (§ 1487 Abs 1; vgl §§ 1422–1449).

Die Vorschriften der §§ 1483–1517 enthalten **zwingendes Recht** (s § 1518 mit Erl). **9**
Der Gesetzgeber wollte damit die Rechtsstellung der an der fortgesetzten Gütergemeinschaft Beteiligten verbindlich festlegen und insbesondere die **anteilsberechtigten Abkömmlinge**, die durch die Entziehung des Erb- und Pflichtteilsrechtes hinsichtlich des dem erstversterbenden Ehegatten gehörenden Gesamtgutsanteils beeinträchtigt werden, vor weiteren Einschränkungen **schützen** (Mot IV 424).

IV. Beendigung der fortgesetzten Gütergemeinschaft

Die fortgesetzte Gütergemeinschaft endet durch Aufhebung (§ 1492),   **10**

Wiederverheiratung des überlebenden Ehegatten (§ 1493), Tod und Todeserklärung
des überlebenden Ehegatten (§ 1494), Urteil auf Klage eines anteilsberechtigten
Abkömmlings (§§ 1495, 1496) und Tod oder Verzicht aller anteilsberechtigten Abkömmlinge (§§ 1490, 1491).

Eine **Wiederherstellung** der einmal beendeten fortgesetzten Gütergemeinschaft ist **11**
ausgeschlossen, da ein Gesamthandsverhältnis über den Rahmen der gesetzlichen
Vorschriften hinaus durch Vertrag nicht begründet werden kann. Inwieweit ein der
fortgesetzten Gütergemeinschaft tatsächlich entsprechendes Verhältnis durch Vertrag begründet werden kann, bemisst sich nach den allgemeinen Vorschriften, insbes
nach § 138 Abs 1 (s dazu auch § 1492 Rn 8; § 1493 Rn 6).

V. Auseinandersetzung der fortgesetzten Gütergemeinschaft

Ist die fortgesetzte Gütergemeinschaft beendet, so findet zwischen dem überleben- **12**
den Ehegatten und den anteilsberechtigten Abkömmlingen eine Auseinandersetzung über das Gesamtgut der fortgesetzten Gütergemeinschaft statt (§ 1497). Eine
solche Auseinandersetzung entfällt, wenn die fortgesetzte Gütergemeinschaft dadurch beendet wird, dass kein anteilsberechtigter Abkömmling (infolge Todes,
§ 1490, oder Verzichtes, § 1491 Abs 4) mehr vorhanden ist und daher deren Anteile
dem überlebenden Ehegatten anwachsen. Wird die fortgesetzte Gütergemeinschaft
durch den Tod oder die Todeserklärung des überlebenden Ehegatten beendet
(§ 1494), so findet die Auseinandersetzung zwischen der ihn kraft Gesetzes oder
letztwilliger Verfügung beerbenden Erbengemeinschaft und den anteilsberechtigten
Abkömmlingen statt. Bis zur Durchführung der Auseinandersetzung bilden sie eine
Auseinandersetzungsgesamthand (§§ 1497, 1419).

Auf das Auseinandersetzungsverfahren finden im Wesentlichen die Regeln Anwen- **13**
dung, die für die Auseinandersetzung zwischen den Ehegatten einer Gütergemeinschaft gelten (§§ 1498, 1471 ff). Dabei tritt der überlebende Ehegatte an die Stelle
des Ehegatten, der das Gesamtgut allein verwaltet; an die Stelle des anderen Ehegatten treten die anteilsberechtigten Abkömmlinge (§ 1498 Abs 1 S 1).

VI. Eintragung der fortgesetzten Gütergemeinschaft

1. Grundbuch

Eintritt und Ende der fortgesetzten Gütergemeinschaft werden (ebenso wie Eintritt **14** und Ende der Gütergemeinschaft – vgl § 1416 Rn 28 ff) in das Grundbuch eingetragen, wenn ein Grundstück oder ein eingetragenes Recht zum Gesamtgut einer fortgesetzten Gütergemeinschaft gehört (§§ 1485 Abs 3, 1416 Abs 3). Das Bestehen einer fortgesetzten Gütergemeinschaft ist durch ein dem überlebenden Ehegatten vom Nachlassgericht erstelltes Zeugnis gem § 1507 nachzuweisen (§ 35 Abs 2 GBO; dazu § 1507 mit Erl). Einzutragen sind der überlebende Ehegatte und die (an der fortgesetzten Gütergemeinschaft beteiligten) gemeinschaftlichen Abkömmlinge „in fortgesetzter Gütergemeinschaft" (§ 47 GBO).

15 Sind bei einem zum Gesamtgut der Gütergemeinschaft gehörenden Grundstück nur der frühere Eigentümer-Ehegatte oder beide Ehegatten eingetragen, so bedarf es zur Eintragung einer Rechtsveränderung, die erst nach Eintritt der fortgesetzten Gütergemeinschaft vorgenommen wird, nicht erst der (in § 39 GBO grundsätzlich geforderten) Voreintragung des überlebenden Ehegatten und der anteilsberechtigten Abkömmlinge. Obwohl die Fortsetzung der Gütergemeinschaft kein erbrechtlicher Vorgang ist, muss der Gedanke des § 40 GBO auch auf diesen Fall angewendet werden (so schon KG UFG 1, 1924, 289). Ebenso ist für die Zwangsversteigerung in ein zum Gesamtgut der fortgesetzten Gütergemeinschaft gehörendes Grundstück die in § 17 Abs 1 ZVG erforderliche Voreintragung der fortgesetzten Gütergemeinschaft im Grundbuch entbehrlich, wenn nur ein oder beide Ehegatten der vorangehenden Gütergemeinschaft eingetragen sind.

2. Güterrechtsregister

16 Eine Eintragung der fortgesetzten Gütergemeinschaft in das Güterrechtsregister kommt nicht in Betracht, weil dieses Register nur über die güterrechtlichen Verhältnisse während des Bestehens der Ehe Auskunft zu geben bestimmt ist (allgM; BayObLG FamRZ 2003, 1778). Das Gleiche gilt hinsichtlich der Beendigung der fortgesetzten Gütergemeinschaft.

3. Handelsregister

17 Da die fortgesetzte Gütergemeinschaft als solche nicht Inhaberin eines Handelsgeschäfts sein kann, kommt ihre Eintragung ins Handelsregister nicht in Betracht. Gehörte ein vom verstorbenen Ehegatten geführtes Handelsgeschäft zum Gesamtgut der Gütergemeinschaft, so kann der überlebende Ehegatte es kraft seines Verwaltungsrechts (§§ 1487 Abs 1, 1422 ff) im eigenen Namen oder unter der alten Firma weiterführen (RG LZ 1931, 914). Der Gewinn fällt ins Gesamtgut der fortgesetzten Gütergemeinschaft. Nur der überlebende Ehegatte, nicht die fortgesetzte Gütergemeinschaft, wird ins Handelsregister eingetragen (vgl auch § 1487 Rn 9).

VII. Steuerrechtliche Wirkungen

18 Einkünfte, die in das Gesamtgut fallen, gelten als Einkünfte des überlebenden Ehegatten, wenn dieser unbeschränkt steuerpflichtig ist, § 28 EStG. Entsprechend wurde auch bei der früher erhobenen Vermögensteuer das Gesamtgut gemäß § 120 BewG dem Überlebenden zugerechnet, ohne dass dem verfassungsrechtliche Bedenken entgegenstanden (BVerfG BB 1971, 298; BFH Betrieb 1973, 1730).

Die erbschaftssteuerrechtliche Regelung durch § 4 ErbStG geht dagegen davon aus, dass der Anteil des verstorbenen Gatten lediglich den Abkömmlingen zufällt.

§ 1483
Eintritt der fortgesetzten Gütergemeinschaft

(1) Die Ehegatten können durch Ehevertrag vereinbaren, dass die Gütergemeinschaft nach dem Tod eines Ehegatten zwischen dem überlebenden Ehegatten und den gemeinschaftlichen Abkömmlingen fortgesetzt wird. Treffen die Ehegatten eine solche Vereinbarung, so wird die Gütergemeinschaft mit den gemeinschaftlichen Abkömmlingen fortgesetzt, die bei gesetzlicher Erbfolge als Erben berufen sind. Der Anteil des verstorbenen Ehegatten am Gesamtgut gehört nicht zum Nachlass; im Übrigen wird der Ehegatte nach den allgemeinen Vorschriften beerbt.

(2) Sind neben den gemeinschaftlichen Abkömmlingen andere Abkömmlinge vorhanden, so bestimmen sich ihr Erbrecht und ihre Erbteile so, wie wenn fortgesetzte Gütergemeinschaft nicht eingetreten wäre.

Materialien: Zu § 1483 aF: E I §§ 1383 Abs 2 S 1, 1384; II § 1381 rev 1468; III § 1466; Mot V 1423 ff; Prot IV 299; VI 283. Zu § 1483 nF: GleichberG E I § 1483; II § 1483. Vgl STAUDINGER/BGB-Synopse 1896–2005 § 1483.

Systematische Übersicht

I.   Allgemeines

§ 1483 bezeichnet in Abs 1 S 1 und 2 die Voraussetzungen des Eintritts der fortgesetzten Gütergemeinschaft und in Satz 3 die erbrechtlichen Folgen. Im Abs 2 wird der Fall behandelt, dass neben gemeinschaftlichen Abkömmlingen auch noch andere, einseitige Abkömmlinge vorhanden sind. **1**

II.   Voraussetzungen des Eintritts der fortgesetzten Gütergemeinschaft

1.   Vereinbarung der Ehegatten

Die Fortsetzung der Gütergemeinschaft muss in einem Ehevertrag vereinbart sein. **2** Wegen der Form und der etwa erforderlichen Mitwirkung eines gesetzlichen Vertreters s §§ 1410, 1411 mit Anm Dass die Ehegatten einen solchen Ehevertrag, durch den sie die Fortsetzung der Gütergemeinschaft vereinbart haben, durch Ehevertrag aufheben und damit die vereinbarte Fortsetzung der Gütergemeinschaft ausschließen können, hebt § 1518 S 2 ausdrücklich hervor, der vom GleichberG Art 1 Nr 14 zur Klarstellung eingefügt worden ist. Wegen der weiteren Hinderungsgründe, die den Eintritt der fortgesetzten Gütergemeinschaft ausschließen, s die Zusammenstellung in den Vorbem 5 ff zu §§ 1483–1518.

2. Tod eines Ehegatten

3 Nach dem Tode eines Ehegatten wird die Gütergemeinschaft mit den anteilsberechtigten Abkömmlingen fortgesetzt. Ist der Zeitpunkt des Todes gem §§ 1 Abs 2, 9 Abs 2, 39 VerschG festgestellt, so tritt die Fortsetzung der Gütergemeinschaft zu dem im Beschluss festgestellten Zeitpunkt ein (§ 44 Abs 2 VerschG).

4 Ist ein Ehegatte für tot erklärt, fehlt eine gesetzliche Bestimmung (anders für die bestehende fortgesetzte Gütergemeinschaft, s § 1494 Abs 2). Da jedoch § 9 Abs 1 VerschG die Vermutung aufstellt, dass der Verschollene zu dem im Beschluss festgestellten Zeitpunkt verstorben ist, so wird man an die Todeserklärung die gleichen Wirkungen anknüpfen müssen wie an den Tod, so dass von dem bezeichneten Zeitpunkt an die Gütergemeinschaft fortgesetzt wird. Kehrt der für tot Erklärte zurück und hat sich sein Ehegatte inzwischen nicht wieder verheiratet (s § 1319), wird die Gütergemeinschaft zwischen den beiden Ehegatten weitergeführt. In Anlehnung an den Rechtsgedanken des § 2370 behalten Rechtsgeschäfte, die der überlebende Ehegatte inzwischen als Verwalter mit redlichen Dritten vorgenommen hat, ihre Gültigkeit.

5 **Sterben beide Ehegatten** gleichzeitig, so ist für eine Fortsetzung der Gütergemeinschaft kein Raum. Kann nicht bewiesen werden, dass einer der beiden verstorbenen oder für tot erklärten Ehegatten den anderen überlebt hat, so wird vermutet, dass beide Ehegatten gleichzeitig gestorben sind (§ 11 VerschG).

6 Hat sich der überlebende Ehegatte einer schwerwiegenden Verfehlung gegen den verstorbenen Ehegatten schuldig gemacht, die zur rechtskräftigen Feststellung seiner **Erbunwürdigkeit** geführt hat (§§ 2339 ff), so ist damit auch die innere Berechtigung entfallen, dass ein solcher Ehegatte die Gütergemeinschaft mit den Abkömmlingen fortsetzt (s auch § 1506 Rn 11). Das Gesetz regelt zwar nur den Fall der Erbunwürdigkeit eines gemeinschaftlichen Abkömmlings, nicht des Ehegatten. Aber weder aus der fehlenden Regelung ist auf die Unanwendbarkeit der Vorschriften über die Erbunwürdigkeit zu schließen (so BGB-RGRK/FINKE § 1506 Rn 2) noch aus dem Gedanken, dass die Fortsetzung der Gütergemeinschaft einen Ersatz für die Beerbung des verstorbenen Ehegatten darstelle (GERNHUBER/COESTER-WALTJEN § 39 Rn 11; ERMAN/ HECKELMANN § 1506 Rn 1; SOERGEL/GAUL § 1506 Rn 4; PALANDT/BRUDERMÜLLER § 1506 Rn 1; BAMBERGER/ROTH/MAYER § 1506 Rn 2; MünchKomm/KANZLEITER § 1483 Rn 4; ROHR 39 ff), die entsprechende Anwendung der Erbunwürdigkeitsregeln zu folgern. Vielmehr ist *der Sinn* und die *Grundlage der eheverträglichen Vereinbarung* entfallen, im Familieninteresse das im Gesamtgut zusammengefasste Vermögen bis zum Tode des letztversterbenden Ehegatten als Einheit zu erhalten (wie hier RAUSCHER Rn 471; s § 1506 Rn 11).

Die Fortsetzung der Gütergemeinschaft kann einseitig durch letztwillige Verfügung **7** ausgeschlossen werden, wenn eine der Voraussetzungen des § 1509 vorliegt, zu denen seit dem 1. EheRG mit Einfügung des § 1509 S 2 ausdrücklich auch die Erhebung der **berechtigten Klage auf Aufhebung** der Ehe gehört. Nach dem Sinn und Zweck des Gesetzes ist dem die **Einreichung eines begründeten Scheidungsantrages** gleichzustellen (s dazu im Einzelnen § 1509 Rn 6). Auch in diesem Falle ist aber eine entsprechende letztwillige Verfügung erforderlich (ebenso die hM: MünchKomm/KANZLEITER § 1483 Rn 5; SOERGEL/GAUL § 1509 Rn 2; GERNHUBER/COESTER-WALTJEN § 39 Rn 10).

3. Gemeinschaftliche Abkömmlinge

Nur mit gemeinschaftlichen Abkömmlingen kann die Gütergemeinschaft fortgesetzt **8** werden. Daher muss zur Zeit des Todes des Ehegatten mindestens ein gemeinschaftlicher Abkömmling leben oder erzeugt sein *(nasciturus,* vgl § 1923 Abs 2).

Gemeinschaftliche Abkömmlinge sind alle Abkömmlinge, die von dem Elternpaar **9** abstammen, also Kinder, auch wenn sie bereits vor Eheschließung geboren waren, Enkel, auch nichteheliche Kinder gemeinschaftlicher Abkömmlinge (siehe dazu aber unter Rn 13). Die Stellung gemeinschaftlicher Abkömmlinge erlangen auch von beiden Ehegatten gemeinsam angenommene Kinder und Kinder eines Ehegatten, die vom anderen Ehegatten angenommen sind (§ 1754), auch wenn sie bei Annahme schon volljährig waren (§ 1767 Abs 2), sowie deren Abkömmlinge (§ 1754), nicht jedoch von eigenen Abkömmlingen angenommene Volljährige (§ 1770 Abs 1 S 1, Ausnahme: § 1772).

Alter, Geschäftsfähigkeit, Familienstand, Zugehörigkeit des Abkömmlings zum el- **10** terlichen Hausstand sind dabei unerheblich. Die verwandtschaftliche Beziehungen gemeinschaftlicher Abkömmlinge zu den leiblichen Eltern und damit auch die Rechte als deren leibliche Abkömmlinge auf Fortsetzung der Gütergemeinschaft *erlöschen* allerdings mit der Adoption (§ 1755).

Dagegen gehören nicht zu den gemeinschaftlichen Abkömmlingen Kinder aus einer **11** früheren Ehe mit einem anderen Partner oder einseitig nichteheliche Kinder (BGHZ 63, 35, 39 = NJW 1974, 1764, 1765) sowie nur von einem Ehegatten angenommene Kinder oder Volljährige (§§ 1754, 1770).

Von den gemeinschaftlichen Abkömmlingen nehmen an der fortgesetzten Güter- **12** gemeinschaft nur diejenigen teil, die im Zeitpunkt des Eintritts der fortgesetzten Gütergemeinschaft **kraft Gesetzes erbberechtigt** sind (§§ 1483 Abs 1 S 2, 1923 Abs 1). Dabei schließt ein in diesem Zeitpunkt lebender Abkömmling die durch ihn mit dem verstorbenen Ehegatten verwandten Abkömmlinge von der Teilnahme an der fortgesetzten Gütergemeinschaft aus (§ 1924 Abs 2). Enkel sind daher nur dann an der fortgesetzten Gütergemeinschaft beteiligt, wenn ihr Elternteil, durch den sie mit den verstorbenen Ehegatten der Gütergemeinschaft verwandt sind, nicht mehr lebt. Ist dieser Elternteil vor dem Eintritt der fortgesetzten Gütergemeinschaft verstorben, so nehmen an seiner Stelle die durch ihn mit dem verstorbenen Ehegatten verwandten Abkömmlinge an der Gütergemeinschaft teil (§ 1924 Abs 3). Ist zB die (gemeinschaftliche) Tochter der in der Gütergemeinschaft (mit Fortsetzungsvereinbarung) lebenden Ehegatten unter Zurücklassung eines nichtehelichen und eines ehelichen

Kindes vor dem Ableben des erstversterbenden Elternteils verstorben, dann sind diese beiden Kinder beim Tode ihres Großelternteiles an der fortgesetzten Gütergemeinschaft beteiligt.

13 **Gemeinschaftliche Abkömmlinge, die** im Zeitpunkt des Eintritts der fortgesetzten Gütergemeinschaft **von der gesetzlichen Erbfolge ausgeschlossen** sind, nehmen an der fortgesetzten Gütergemeinschaft nicht teil (§ 1483 Abs 1 S 2). Das gilt für die gemeinschaftlichen Abkömmlinge, die hinsichtlich des verstorbenen Ehegatten rechtskräftig für erbunwürdig erklärt worden sind (§§ 1506, 2339 ff) oder die durch letztwillige Verfügung des verstorbenen Ehegatten (mit Zustimmung des anderen Ehegatten, § 1516) von der fortgesetzten Gütergemeinschaft ausgeschlossen worden sind (§ 1511) oder die durch Erbverzicht (§§ 2346 ff) auf ihr gesetzliches Erbrecht oder durch Vertrag mit einem der beiden Ehegatten (und der Zustimmung des anderen Ehegatten) auf ihren Anteil am Gesamtgut der fortgesetzten Gütergemeinschaft verzichtet haben (§§ 1517, 2346 ff).

III. Wirkungen der fortgesetzten Gütergemeinschaft

1. Nur gemeinschaftliche Abkömmlinge sind vorhanden

14 Sind die Voraussetzungen für den Eintritt der fortgesetzten Gütergemeinschaft gegeben, so *setzen der überlebende Ehegatte und die anteilsberechtigten gemeinschaftlichen Abkömmlinge die Gütergemeinschaft hinsichtlich des Gesamtgutes fort*, indem die Abkömmlinge an die Stelle des verstorbenen Ehegatten treten (§§ 1483 Abs 1 S 1 u 2, 1487 Abs 1). Eine Auseinandersetzung des bisherigen Gesamtgutes findet nicht statt. Das Gesamtgut wird – ohne weitere Übertragungsakte – gesamthänderisches Eigentum der an der fortgesetzten Gütergemeinschaft beteiligten Personen. Es bildet den Kern des neuen Gesamtgutes (§ 1485 Abs 1). Als weitere Vermögensmassen bestehen daneben das Vorbehaltsgut und das Sondergut des überlebenden Ehegatten (§ 1486) und die einzelnen Vermögen der Abkömmlinge (§ 1485 Abs 2).

15 Der Anteil des verstorbenen Ehegatten am ehelichen Gesamtgut gehört nicht zu seinem Nachlass (§ 1483 Abs 1 S 3), ist also der Vererbung entzogen. Über ihn konnte daher auch der verstorbene Ehegatte nicht letztwillig verfügen.

16 Sein **Nachlass** besteht also **nur aus** seinem **Vorbehaltsgut** und seinem **Sondergut** (soweit vererblich). Über ihn konnte der verstorbene Ehegatte letztwillige Anordnungen treffen. Etwaige Pflichtteilsansprüche (§§ 2303 ff) und Pflichtteilsergänzungsansprüche (§§ 2325–2332) richten sich nach dem Wert dieser Sondervermögen. Auch die Erbenhaftung des überlebenden Ehegatten und der Abkömmlinge kann allein auf diese Vermögensmassen beschränkt werden (§§ 1967, 1975 ff, 1990).

17 Zwecks Feststellung des Vorbehaltsgutes und des Sondergutes des verstorbenen Ehegatten findet eine etwa erforderliche Ausgleichung der einzelnen Vermögensmassen statt. Sind also aus dem Gesamtgut Ausgaben bestritten worden, die entweder keine Gesamtgutsverbindlichkeiten waren (§§ 1437–1440 bei Alleinverwaltung; §§ 1459–1462 bei gemeinschaftlicher Verwaltung) oder zwar Gesamtgutsverbindlichkeiten waren, im Innenverhältnis der Ehegatten zueinander jedoch dem Vorbehaltsgut oder dem Sondergut des einzelnen Ehegatten zur Last fallen

(§§ 1441–1444 bei Alleinverwaltung, §§ 1463–1466 bei gemeinschaftlicher Verwaltung), so müssen diese Werte dem Gesamtgut zurückerstattet werden (§§ 1445, 1446 bei Alleinverwaltung, §§ 1467, 1468 bei gemeinschaftlicher Verwaltung). Umgekehrt müssen Werte, die aus dem Vorbehaltsgut oder dem Sondergut eines Ehegatten in das Gesamtgut geflossen sind, aus dem Gesamtgut zurückerstattet werden (§§ 1445, 1446, 1467, 1468).

Vorempfänge der gemeinschaftlichen Abkömmlinge sind auszugleichen, soweit **18** nicht der verstorbene Ehegatte bei der Zuwendung etwas anderes angeordnet hatte (§§ 2050 ff). Das bezieht sich jedoch nur auf die Vorempfänge, die aus dem Vorbehaltsgut oder Sondergut des verstorbenen Ehegatten stammen, während Vorempfänge aus dem ehelichen Gesamtgut erst bei der Auseinandersetzung des Gesamtgutes der fortgesetzten Gütergemeinschaft nach deren Beendigung auszugleichen sind (§ 1503 Abs 2).

Was der überlebende Ehegatte aus diesem Nachlass des verstorbenen Ehegatten **19** erbt, fällt in das Gesamtgut der fortgesetzten Gütergemeinschaft, es sei denn, dass der verstorbene Ehegatte durch letztwillige Verfügung bestimmt hat, dass der Erwerb Vorbehaltsgut des überlebenden Ehegatten werden soll (§§ 1486 Abs 1, 1418 Abs 2 Nr 2). Was die gemeinschaftlichen Abkömmlinge aus diesem Nachlass erben, wird ihr eigenes Vermögen (§ 1485 Abs 2); sie nehmen also an der fortgesetzten Gütergemeinschaft nur mit ihrem Anteil am Gesamtgut teil.

2.   Neben gemeinschaftlichen Abkömmlingen sind noch einseitige Abkömmlinge des verstorbenen Ehegatten vorhanden

Für diesen Fall ordnet das Gesetz in § 1483 Abs 2 an, dass das Erbrecht und die **20** Erbteile und Pflichtteilsansprüche der einseitigen Abkömmlinge so zu bestimmen sind, wie wenn eine fortgesetzte Gütergemeinschaft nicht eingetreten wäre.

An der Fortsetzung der Gütergemeinschaft zwischen dem überlebenden Ehegatten **21** und den anteilsberechtigten gemeinschaftlichen Abkömmlingen ändert sich nichts. Es kommt vielmehr zu einer *gesonderten Auseinandersetzung* mit den einseitigen Abkömmlingen (s oben Rn 11). Dabei rechnet zu deren Gunsten auch der Anteil des verstorbenen Ehegatten am ehelichen Gesamtgut zu seinem Nachlass. An diesem Nachlass, der also aus der Hälfte des ehelichen Gesamtgutes und dem Vorbehaltsgut (und dem Sondergut) des verstorbenen Ehegatten besteht, sind der überlebende Ehegatte und die gemeinschaftlichen Abkömmlinge einerseits und die einseitigen Abkömmlinge andererseits beteiligt, und zwar entsprechend der gesetzlichen oder gewillkürten Erbfolge.

Beispiel: Mann M und die verstorbene Frau F lebten in Gütergemeinschaft mit Fortsetzungsvereinbarung. Frau F hinterlässt außer dem Sohn S aus dieser Ehe eine Tochter T aus einer früheren Ehe. Das eheliche Gesamtgut hat einen Wert von 60 000 €; das Vorbehaltsgut der F beträgt 10 000 €.

Der Nachlass der F setzt sich demnach aus 10 000 € (Vorbehaltsgut) und 30 000 € (halbes Gesamtgut) zusammen. Ihr Mann M ist daran zu $1/4$ (§ 1931), S und T zu je $3/8$ (§ 1924) als Miterben beteiligt. Bei der Auseinandersetzung entfallen auf

M: 2 500 € (aus dem Vorbehaltsgut der F) und 7 500 € (aus dem Gesamtanteil der F)

S: 3 750 € und 11 250 €

T: 3 750 € und 11 250 € = 15 000 €.

Nach der Befriedigung des einseitigen Abkömmlings T (15 000 €) und der Auszahlung von 3 750 € an S zu freier Verfügung (§ 1485 Abs 2) setzt sich das Gesamtgut der fortgesetzten Gütergemeinschaft aus dem Gesamtgutsanteil des M (30 000 €), seinem Erbteil (10 000 €) (§ 1485 Abs 1) und dem Betrage von 11 250 € zusammen, der dem S aus dem Gesamtgutsanteil seiner Mutter zugefallen wäre, wenn die Gütergemeinschaft nicht fortgesetzt worden wäre.

22 Während sich die Auseinandersetzung mit den gemeinschaftlichen Abkömmlingen auf das Vorbehaltsgut und das Sondergut des verstorbenen Ehegatten beschränkt, bedarf es bei der Auseinandersetzung mit den einseitigen Abkömmlingen in der Regel auch der Auseinandersetzung des ehelichen Gesamtgutes (§§ 1471–1481), allerdings nur insoweit, als dies zur Befriedigung der Ansprüche der einseitigen Abkömmlinge erforderlich ist. Soweit eine Realteilung bezüglich des Gesamtgutes gemäß §§ 2042, 752 nicht möglich ist, gebietet der Zweck der Fortsetzung der Gütergemeinschaft **zunächst eine Befriedigung** des einseitigen Abkömmlings **aus dem Vorbehalts- und Sondergut**, um so das Gesamtgut als ungeteilte Vermögenseinheit zu wahren (so auch SOERGEL/GAUL § 1483 Rn 6; ERMAN/HECKELMANN § 1483 Rn 4). Sind die Ansprüche dadurch nicht zu befriedigen, kann die Gütergemeinschaft die **Teilung durch Verkauf abwenden**, indem sie dem Berechtigten den zu schätzenden Wertanteil auszahlt. Eine weitergehende Beschränkung der Ansprüche des Abkömmlings (so aber MünchKomm/KANZLEITER § 1483 Rn 14; GERNHUBER/COESTER-WALTJEN § 39 Rn 5; ROHR 76; BAMBERGER/ROTH/MAYER Rn 7) ist wegen des eindeutigen Gesetzeswortlautes nicht zulässig. Sie bedürfte der Regelung im Wege der letztwilligen Verfügung durch den verstorbenen Ehegatten. Ist einem einseitigen Abkömmling nur ein **Vermächtnis** zugewendet oder steht ihm nur ein **Pflichtteilsanspruch** zu, so ist eine Auseinandersetzung des Gesamtgutes nicht nötig; die Ermittlung des Wertes des Anteils des verstorbenen Ehegatten am Gesamtgut erfolgt auch in diesem Falle durch Schätzung.

23 Die Auseinandersetzung des ehelichen Gesamtgutes gehört als **Verwaltungsaufgabe** zu den Pflichten **des überlebenden Ehegatten** (§§ 1487 Abs 1, 1422 ff). Inwieweit er dabei an die Zustimmung der gemeinschaftlichen Abkömmlinge gebunden ist, ergibt sich aus den §§ 1423–1425.

24 **Über den Anteil eines einseitigen Abkömmlings** am Nachlass **kann der verstorbene Ehegatte letztwillig verfügen.** Er kann ihn dem einseitigen Abkömmling entziehen und dem überlebenden Ehegatten, einem gemeinschaftlichen Abkömmling oder einem Dritten zuwenden (hM; BGB-RGRK/FINKE § 1483 Rn 12; SOERGEL/GAUL § 1483 Rn 7; ERMAN/HECKELMANN § 1483 Rn 4; BayObLGZ 1950/51, 383; **aA** MünchKomm/KANZLEITER § 1483 Rn 15; GERNHUBER/COESTER-WALTJEN § 39 Rn 7; BAMBERGER/ROTH/MAYER Rn 8).

25 Sind neben gemeinschaftlichen Abkömmlingen, mit denen die Gütergemeinschaft fortgesetzt wird, auch einseitige Abkömmlinge vorhanden, so müssen auch **Voremp-**

fänge, die aus dem ehelichen Gesamtgut stammten, ausgeglichen werden, soweit nicht der verstorbene Ehegatte bei der Zuwendung etwas anderes angeordnet hatte (§§ 2050 ff, anders als bei gemeinschaftlichen Abkömmlingen, vgl oben Rn 18).

Die **einseitigen Abkömmlinge haften** den Nachlassgläubigern für die Nachlassver- **26** bindlichkeiten mit allem, was sie aus dem Nachlass des verstorbenen Ehegatten erhalten haben, können diese Haftung jedoch auf das Erlangte beschränken (§§ 1975, 1990 ff, 2014 ff).

§ 1484
Ablehnung der fortgesetzten Gütergemeinschaft

(1) Der überlebende Ehegatte kann die Fortsetzung der Gütergemeinschaft ablehnen.

(2) Auf die Ablehnung finden die für die Ausschlagung einer Erbschaft geltenden Vorschriften der §§ 1943 bis 1947, 1950, 1952, 1954 bis 1957, 1959 entsprechende Anwendung. Steht der überlebende Ehegatte unter elterlicher Sorge oder unter Vormundschaft, so ist zur Ablehnung die Genehmigung des Vormundschaftsgerichts erforderlich. Dies gilt auch für die Ablehnung durch den Betreuer des überlebenden Ehegatten.

(3) Lehnt der Ehegatte die Fortsetzung der Gütergemeinschaft ab, so gilt das Gleiche wie im Falle des § 1482.

Materialien: Zu § 1484 aF: E I § 1386; II § 1382 rev 1469; III § 1467; Mot IV 439; Prot IV 308; IV 285.

Zu § 1484 nF: GleichberG E I § 1484; II § 1484; BT-Drucks 11/4528, 106.

Vgl Staudinger/BGB-Synopse 1896–2005 § 1484.

Systematische Übersicht

I. Allgemeines

1 Die vom Gleichberechtigungsgesetz unverändert übernommene und zuletzt durch das Betreuungsgesetz geänderte Vorschrift bestimmt, dass die Gütergemeinschaft nicht fortgesetzt wird, wenn der überlebende Ehegatte sie ablehnt. Dass nur ihm und nicht den anteilsberechtigten gemeinschaftlichen Abkömmlingen dieses Wahlrecht zugestanden wird, erklärt sich daraus, dass die Fortsetzung der Gütergemeinschaft in erster Linie ihm und nicht so sehr den Interessen der Abkömmlinge dient (Mot IV 439 ff).

2 Das Gesetz unterscheidet die (hier zu behandelnde) Ablehnung der fortgesetzten Gütergemeinschaft gem § 1484, bei der es überhaupt nicht zur Fortsetzung der Gütergemeinschaft kommt, von der Aufhebung der fortgesetzten Gütergemeinschaft, mit der die bereits eingetretene Fortsetzung der Gütergemeinschaft beendet wird (vgl § 1492 m Erl).

II. Annahme und Ablehnung der fortgesetzten Gütergemeinschaft

1. Anwendung erbrechtlicher Vorschriften

3 Obwohl es sich bei der Fortsetzung der Gütergemeinschaft nicht um einen Erbfolgevorgang handelt, ist die Annahme und die Ablehnung der fortgesetzten Gütergemeinschaft im Gesetz weitgehend der Annahme und Ausschlagung einer Erbschaft nachgebildet. Eine Reihe erbrechtlicher Vorschriften finden daher auf sie entsprechende Anwendung (§ 1484 Abs 2).

2. Annahme der fortgesetzten Gütergemeinschaft

4 Zum Eintritt der fortgesetzten Gütergemeinschaft bedarf es einer Annahme nicht. Liegen die Voraussetzungen für die fortgesetzte Gütergemeinschaft vor und fehlen die Hinderungsgründe, so tritt sie ohne weiteres Zutun der Beteiligten ein. Hat der überlebende Ehegatte die fortgesetzte Gütergemeinschaft jedoch (stillschweigend oder ausdrücklich) angenommen, so kann er sie nicht mehr ablehnen (§ 1943). Sein Recht, sie durch einseitige Erklärung oder durch Vertrag mit den anteilsberechtigten Abkömmlingen aufzuheben, bleibt unberührt (§ 1492). Die Annahme der fortgesetzten Gütergemeinschaft ist eine formlose, einseitige, nicht empfangsbedürftige **Willenserklärung**; zu Einzelheiten s STAUDINGER/OTTE (2000) § 1943 Rn 2 ff. Der überlebende Ehegatte kann die Annahme der fortgesetzten Gütergemeinschaft erst *nach dem Tode* des anderen Ehegatten erklären (§ 1946). Die Beifügung einer *Bedingung* oder *Zeitbestimmung* ist unzulässig (§ 1947), ebenso die *Beschränkung* auf einen Teil des Gesamtgutes; die *Annahme eines Teiles* ist unwirksam (§ 1950). Wegen der *Anfechtung* der Annahme s unter Rn 9 ff.

3. Ablehnung der fortgesetzten Gütergemeinschaft

5 Die Ablehnung der fortgesetzten Gütergemeinschaft erfolgt durch Erklärung **gegenüber dem Nachlassgericht**; zur Form s § 1945 Abs 1. Sie kann nicht unter einer Bedingung oder Zeitbestimmung erklärt (§ 1947) oder auf einen Teil des Gesamtgutes beschränkt werden (§ 1950). Ist über das Vermögen des überlebenden Ehegatten das

Insolvenzverfahren eröffnet, so bleibt er allein (und nicht der Insolvenzverwalter) zur Ablehnung der fortgesetzten Gütergemeinschaft befugt (§ 83 Abs 1 InsO). Die Ablehnungserklärung kann auch durch einen *Vertreter* abgegeben werden. Der bevollmächtigte Vertreter bedarf einer öffentlich beglaubigten Vollmacht, die der Erklärung beigefügt oder innerhalb der Ablehnungsfrist (dazu unten Rn 7) nachgebracht werden muss (§ 1945 Abs 3).

Steht der überlebende Ehegatte unter *elterlicher Sorge* (§§ 1626 ff) oder unter *Vor-* **6** *mundschaft* (§§ 1773 ff, 1896 ff), so bedarf der gesetzliche Vertreter zur Ablehnung (nicht auch zur Annahme) der fortgesetzten Gütergemeinschaft der Genehmigung des Vormundschaftsgerichts (§ 1484 Abs 2 S 2; zu den Einzelheiten s STAUDINGER/OTTE [2000] § 1945 Rn 5 f). Dem steht der Fall gleich, dass die Ablehnung durch einen Betreuer erfolgt. Erfasst wird der Fall, dass der Betreuer selbst die Ablehnung erklärt, ebenso wie derjenige, dass der geschäftsfähige aber unter Einwilligungsvorbehalt stehende überlebende Ehegatte die Ablehnung erklärt und der Betreuer dem zustimmt (vgl BT-Drucks 11/4528, 106; BAMBERGER/ROTH/MAYER Rn 4; **aA** Münch Komm/KANZLEITER Rn 3). Nicht genehmigungsbedürftig ist die Ablehnung durch den nicht unter Einwilligungsvorbehalt stehenden Ehegatten.

Die Ablehnung der fortgesetzten Gütergemeinschaft kann erst nach dem Tode des **7** anderen Ehegatten erklärt werden (§ 1946). Die **Ablehnungsfrist** gemäß § 1944 beginnt mit dem Zeitpunkt, in welchem der überlebende Ehegatte von dem Tode des anderen Ehegatten und dem darauf beruhenden Eintritt der fortgesetzten Gütergemeinschaft Kenntnis erhält, § 1944 Abs 2 S 1 (heute hM, siehe BGHZ 31, 209). Das gilt auch beim Vorhandensein eines nasciturus (vgl § 1483 Rn 8). Dagegen ist die Verweisung des § 1484 Abs 2 auf § 1944 Abs 2 S 2 gegenstandslos, weil der Eintritt der fortgesetzten Gütergemeinschaft nicht auf letztwilliger Verfügung beruht (hM, vgl KGJ 51, 172 ff). Die §§ 206 und 210 finden entsprechende Anwendung. Eine verspätete Ablehnung kann wegen der unterschiedlichen Rechtsfolgen nicht in eine Aufhebungserklärung nach § 1492 umgedeutet werden (**aA** MünchKomm/KANZLEITER Rn 2; SOERGEL/GAUL Rn 5; BAMBERGER/ROTH/MAYER Rn 3).

Das Recht des überlebenden Ehegatten, die fortgesetzte Gütergemeinschaft abzu- **8** lehnen, ist *vererblich* (s § 1952 sowie STAUDINGER/OTTE [2007]). Nimmt der Erbe des überlebenden Ehegatten die fortgesetzte Gütergemeinschaft an oder gibt er innerhalb der Ablehnungsfrist keine Erklärung ab, so gilt die fortgesetzte Gütergemeinschaft als mit dem Tode des verstorbenen Ehegatten eingetreten und mit dem Tode des überlebenden Ehegatten beendigt (§ 1494 Abs 1). Für die Zwischenzeit sind die §§ 1483, 1485 ff maßgebend. Danach fällt insbesondere ein Erwerb, den der überlebende Ehegatte in der Zwischenzeit gemacht hat, in das Gesamtgut der fortgesetzten Gütergemeinschaft. Die Erben treten in die fortgesetzte Gütergemeinschaft nicht mehr ein. Lehnt dagegen der Erbe des überlebenden Ehegatten die fortgesetzte Gütergemeinschaft ab, so treten die gleichen Wirkungen ein, wie wenn der überlebende Ehegatte selbst sie abgelehnt hätte (dazu unten Rn 10).

4. Anfechtung der Annahme und der Ablehnung der fortgesetzten Gütergemeinschaft

Für die Anfechtung der Annahme und der Ablehnung der fortgesetzten Güterge- **9** meinschaft greifen die für die Anfechtung der Annahme und der Ausschlagung einer Erbschaft geltenden Vorschriften der §§ 1954–1957 ein. Diese setzen die Anwendung der allgemeinen Vorschriften über die Anfechtung von Willenserklärungen (§§ 119 ff) voraus. Zur *Form* der Anfechtung s § 1955; zur *Frist* s § 1954. Die *Versäumung der Ablehnungsfrist* kann in der gleichen Weise wie die Annahme der fortgesetzten Gütergemeinschaft angefochten werden (§ 1956). Die (erfolgreiche) Anfechtung der Annahme der fortgesetzten Gütergemeinschaft gilt als Ablehnung, die Anfechtung der Ablehnung als Annahme (§ 1957 Abs 1).

5. Wirkungen der Ablehnung der fortgesetzten Gütergemeinschaft

10 Hat der überlebende Ehegatte die Fortsetzung der Gütergemeinschaft abgelehnt, so wird der verstorbene Ehegatte nach den allgemeinen Vorschriften (§§ 1922 ff, 2064 ff, 2274 ff) beerbt. Sein Anteil am ehelichen Gesamtgut gehört zu seinem Nachlass (§§ 1484 Abs 3, 1482). Eine letztwillige Verfügung, die der verstorbene Ehegatte für den Fall getroffen hat, dass der überlebende Ehegatte die fortgesetzte Gütergemeinschaft ablehnt, ist wirksam (Mot IV 440; Bamberger/Roth/Mayer Rn 5; MünchKomm/Kanzleiter § 1484 Rn 7).

6. Verwaltungshandlungen vor der Ablehnung

11 Der überlebende Ehegatte ist, abgesehen von unaufschiebbaren Maßnahmen zur ordnungsgemäßen Verwaltung des Nachlasses (§ 1472 Abs 4), zur Verwaltung des Gesamtgutes nicht verpflichtet. Wird er dennoch dafür tätig, so wird darin in der Regel eine Annahme der fortgesetzten Gütergemeinschaft zu sehen sein, wenn deren Voraussetzungen gegeben sind. Nur wenn der überlebende Ehegatte sich die Ablehnung der fortgesetzten Gütergemeinschaft vorbehält und sie dann innerhalb der Ablehnungsfrist auch erklärt, sollen für die zwischenzeitliche Besorgung erbschaftlicher Geschäfte die Regeln des § 1959 gelten (§ 1484 Abs 2). Das Gleiche gilt für den Fall, dass der überlebende Ehegatte seine Annahme der fortgesetzten Gütergemeinschaft später erfolgreich anficht. Wegen der Einzelheiten siehe § 1959 sowie Staudinger/Marotzke (2007).

7. Haftung des überlebenden Ehegatten vor der Ablehnung

12 Dem überlebenden Ehegatten wird die Frist, innerhalb der er sich wegen der Fortsetzung der Gütergemeinschaft oder deren Ablehnung entscheiden muss, deswegen zugebilligt, damit er diesen wichtigen Entschluss nach Prüfung aller dafür maßgebenden Gesichtspunkte treffen kann. Der Erbe ist in dieser Überlegungszeit sogar vor der gerichtlichen Geltendmachung von Ansprüchen gegen den Nachlass geschützt (§ 1958, vgl auch §§ 239 Abs 5, 778, 779, 991 ZPO, 175 ZVG, 316 InsO). Eine solche Vergünstigung wird dem überlebenden Ehegatten während der Ablehnungsfrist nicht gewährt (§ 1484 Abs 2 verweist auf § 1958 nicht). Die Gesamtgutsgläubiger sind demnach nicht gehindert, ihre Ansprüche gegen das Gesamtgut gegenüber dem überlebenden Ehegatten bereits in der Ablehnungsfrist gerichtlich geltend zu machen und aus einem gegen ihn gerichteten Titel auch in sein Vorbehaltsgut oder Sondergut zu vollstrecken (vgl auch § 1489 Rn 3).

III. Unabdingbarkeit des Ablehnungsrechts

Das Recht des überlebenden Ehegatten, die Fortsetzung der Gütergemeinschaft **13**
abzulehnen, kann durch Vertrag nicht beseitigt oder eingeschränkt werden
(§ 1518 S 1).

§ 1485
Gesamtgut

(1) Das Gesamtgut der fortgesetzten Gütergemeinschaft besteht aus dem ehelichen Gesamtgut, soweit es nicht nach § 1483 Abs. 2 einem nicht anteilsberechtigten Abkömmling zufällt, und aus dem Vermögen, das der überlebende Ehegatte aus dem Nachlass des verstorbenen Ehegatten oder nach dem Eintritt der fortgesetzten Gütergemeinschaft erwirbt.

(2) Das Vermögen, das ein gemeinschaftlicher Abkömmling zur Zeit des Eintritts der fortgesetzten Gütergemeinschaft hat oder später erwirbt, gehört nicht zu dem Gesamtgut.

(3) Auf das Gesamtgut finden die für die eheliche Gütergemeinschaft geltenden Vorschriften des § 1416 Abs. 2, 3 entsprechende Anwendung.

Materialien: Zu § 1485 aF: E I §§ 1396 Abs 1, 5, 1397 Abs 1; II § 1393 rev 1470; III § 1468; Mot IV 455 ff; Prot IV 316; VI 287. Zu § 1485 nF: GleichberG E I § 1485; II § 1485. Vgl STAUDINGER/BGB-Synopse 1896–2005 § 1485.

Systematische Übersicht

I. Allgemeines

Die Vorschrift ist unverändert aus der alten Fassung des BGB übernommen worden. **1**
Dabei ist versehentlich zunächst die Verweisung auf § 1438 Abs 2, 3 stehengeblieben; stattdessen musste es seit dem Gleichberechtigungsgesetz vom 18. 6. 1957 **richtig** heißen: „§ 1416 Abs 2, 3". Das ist mit Wirkung vom 1. 8. 2002 bereinigt worden (OLG-VertrÄnderungsG BGBl I 2850).

Burkhard Thiele

2 Die Vorschrift umgrenzt den Begriff des Gesamtgutes der fortgesetzten Gütergemeinschaft. Der Umfang des Vorbehaltsgutes und des Sondergutes des überlebenden Ehegatten wird in § 1486 bestimmt. Neben diesen Gütermassen bestehen noch die einzelnen eigenen Vermögen der an der fortgesetzten Gütergemeinschaft beteiligten gemeinschaftlichen Abkömmlinge (vgl § 1485 Abs 2).

II. Gesamtgut der fortgesetzten Gütergemeinschaft

1. Zusammensetzung des Gesamtgutes

3 Das Gesamtgut der fortgesetzten Gütergemeinschaft setzt sich zusammen:

a) Aus dem **bisherigen Gesamtgut** der ehelichen Gütergemeinschaft, und zwar in dem Bestande, in dem es sich zur Zeit des Eintritts der fortgesetzten Gütergemeinschaft befindet. Dazu gehören außer etwaigen Surrogaten des Gesamtgutes gem § 1473 Abs 1 auch etwaige Ersatzansprüche an das Vorbehaltsgut oder Sondergut eines Ehegatten der bisherigen Gütergemeinschaft (§§ 1435 S 3, 1445, 1446, 1467, 1468). Wegen eines zum Gesamtgut gehörenden Handelsgeschäftes s Vorbem 36 zu § 1483. Das Gesamtgut vermindert sich gegebenenfalls um das, was einem einseitigen Abkömmling gem § 1483 Abs 2 zufällt (dazu § 1483 Rn 21), und um das, was ein gemeinschaftlicher Abkömmling, der durch letztwillige Verfügung des verstorbenen Ehegatten von der fortgesetzten Gütergemeinschaft ausgeschlossen ist, gem § 1511 Abs 2 verlangen kann (dazu § 1511 Rn 17).

4 b) Aus dem, was der **überlebende Ehegatte aus dem Nachlass des verstorbenen Ehegatten** erhält. Hierzu gehört nicht nur das, was er als Erbe, Vermächtnisnehmer oder Pflichtteilsberechtigter aus dem Vorbehaltsgut oder dem Sondergut des verstorbenen Ehegatten erhält, sondern auch das, was er etwa auf Grund eines Vermächtnisses erhält, mit dem der verstorbene Ehegatte den Erbteil eines einseitigen Abkömmlings am Gesamtgut belastet hat.

5 c) Aus dem, was der **überlebende Ehegatte** während des Bestehens der fortgesetzten Gütergemeinschaft **erwirbt**, soweit ein solcher Erwerb nicht gemäß § 1486 Vorbehaltsgut oder Sondergut des überlebenden Ehegatten wird. Auf welchem Rechtsgrund der Erwerb beruht, ist belanglos.

6 d) Aus den **Surrogaten**, insbesondere den **Nutzungen des Gesamtgutes** der fortgesetzten Gütergemeinschaft; ferner den **Nutzungen des Sondergutes** des überlebenden Ehegatten (§§ 1486 Abs 2, 1417 Abs 3 S 2). Dagegen fallen die Nutzungen des Vorbehaltsgutes des überlebenden Ehegatten wieder in sein Vorbehaltsgut (§§ 1486 Abs 1, 1418 Abs 2 Nr 3, Abs 3 S 2; dazu § 1486 Rn 10).

2. Vermutung der Zugehörigkeit zum Gesamtgut

7 Für die Gesamtgutseigenschaft der im Besitz des überlebenden Ehegatten befindlichen Sachen spricht eine Vermutung (s § 1416 Rn 12); dass ein Gegenstand zum Vorbehaltsgut oder Sondergut des überlebenden Ehegatten gehört, muss derjenige **beweisen**, der das behauptet. Dies gilt jedoch nicht, wenn streitig ist, ob ein Gegenstand zum Gesamtgut der fortgesetzten Gütergemeinschaft oder zum eigenen Vermögen eines Abkömmlings gehört.

3. Inventarisierung des Gesamtgutes

Eine Verpflichtung des überlebenden Ehegatten ein Verzeichnis des von ihm zu **8** verwaltenden Gesamtgutes aufzustellen, ist vom Gesetz nicht vorgesehen. Zur Auskunftspflicht s § 1487 Rn 19.

Steht ein gemeinschaftlicher **Abkömmling**, der an der fortgesetzten Gütergemein- **9** schaft teilnimmt, **unter der elterlichen Sorge** des überlebenden Ehegatten (§§ 1626, 1681), so hat dieser über das seiner Verwaltung unterliegende Kindesvermögen ein Vermögensverzeichnis nach dem Stande zur Zeit des Todes des anderen Ehegatten aufzustellen (§ 1640). In dieses Vermögensverzeichnis ist lediglich aufzunehmen, was das Kind außer seinem Anteil am Gesamtgut der fortgesetzten Gütergemeinschaft besitzt, also insbesondere, was es aus dem Nachlass des verstorbenen Elternteils (aus dessen Vorbehaltsgut und Sondergut) erhält. Hinsichtlich des Gesamtgutes genügt die einfache Feststellung, dass fortgesetzte Gütergemeinschaft eingetreten ist (hM: siehe BayObLG JFG 1, 55; Soergel/Lange § 1640 Rn 7; Palandt/Diederichsen § 1640 Rn 6).

4. Entstehung des Gesamtgutes

Ebenso wie bei der Gütergemeinschaft vollzieht sich auch bei der fortgesetzten **10** Gütergemeinschaft die Verwandelung des Einzeleigentums in Gesamtgut kraft Gesetzes, ohne dass es einer Übertragung durch Rechtsgeschäft (Abtretung, Einigung und Übergabe, Einigung und Eintragung im Grundbuch) bedarf (§§ 1485 Abs 3, 1416 Abs 2).

Das bisherige eheliche Gesamtgut geht im *Zeitpunkt* des *Eintritts* der fortgesetzten **11** Gütergemeinschaft auf die neuen Rechtsträger (den überlebenden Ehegatten und die anteilsberechtigten gemeinschaftlichen Abkömmlinge) über. Das Gleiche gilt für die Vermögenswerte, die der überlebende Ehegatte *aus dem Nachlass* des verstorbenen Ehegatten (seinem Vorbehaltsgut und Sondergut) erhält (s oben Rn 4). Was der überlebende Ehegatte während des Bestehens der fortgesetzten Gütergemeinschaft erwirbt (s oben Rn 5) und was an Nutzungen des Gesamtgutes der fortgesetzten Gütergemeinschaft und des Sondergutes des überlebenden Ehegatten anfällt (s oben Rn 6), wird im *Zeitpunkt des Erwerbes* Gesamtgut der fortgesetzten Gütergemeinschaft, soweit es nicht ausnahmsweise sein Vorbehaltsgut wird (§§ 1486 Abs 1, 1418 Abs 2 Nr 2, 3).

Hinsichtlich des Gesamtgutes der fortgesetzten Gütergemeinschaft bilden der über- **12** lebende Ehegatte und die anteilsberechtigten Abkömmlinge eine Gesamthandsgemeinschaft (§§ 1487 Abs 1, 1419 Abs 1).

5. Erwerb von Grundstücksrechten zum Gesamtgut

Wie für den Erwerb von Grundstücksrechten zum Gesamtgut der Gütergemein- **13** schaft (§ 1416 Abs 3) gilt auch in der fortgesetzten Gütergemeinschaft der Grundsatz, dass Grundstücksrechte, die ins Gesamtgut fallen, kraft Gesetzes Gesamthandseigentum der an der fortgesetzten Gütergemeinschaft Beteiligten werden (§ 1485 Abs 3).

14 Wird das **Grundbuch** durch den (automatischen) Rechtsübergang auf das Gesamtgut der fortgesetzten Gütergemeinschaft unrichtig, so können der überlebende Ehegatte und jeder an der fortgesetzten Gütergemeinschaft beteiligte Abkömmling von dem anderen Teile die Mitwirkung zur Berichtigung des Grundbuches verlangen (§§ 1485 Abs 3, 1416 Abs 3) und notfalls ein entsprechendes Urteil (§ 894 ZPO) dem Grundbuchamt als Unterlage des Berichtigungsantrages vorlegen (§ 19 GBO).

15 Statt dieses umständlichen Verfahrens kann aber auch jeder an der fortgesetzten Gütergemeinschaft Beteiligte allein die Grundbuchberichtigung betreiben. Der überlebende Ehegatte kann die Unrichtigkeit des Grundbuches durch Vorlage des Zeugnisses über die Fortsetzung der Gütergemeinschaft gem § 1507 nachweisen und darauf seinen Antrag auf Berichtigung des Grundbuches stützen (§ 22 GBO). Die an der fortgesetzten Gütergemeinschaft beteiligten Abkömmlinge, denen ein solches Zeugnis nicht ausgestellt wird, weil sie nicht verwaltungsberechtigt sind (dazu § 1507 Rn 5), können eine Berichtigung des Grundbuches von Amts wegen anregen (§§ 82, 82a GBO).

16 Wegen der Entbehrlichkeit der Voreintragung des letzten Rechtsinhabers (§§ 39, 40 GBO) s Vorbem 15 zu §§ 1483–1518.

III. Weiteres Vermögen des überlebenden Ehegatten und der Abkömmlinge

1. Weiteres Vermögen des überlebenden Ehegatten

17 Neben seinem Anteil am Gesamtgut der fortgesetzten Gütergemeinschaft hat der überlebende Ehegatte noch sein Vorbehaltsgut und sein Sondergut, deren Zusammensetzung in § 1486 abschließend geregelt ist. Beide Vermögensmassen sind vom Gesamtgut getrennt und unterliegen der uneingeschränkten alleinigen Verwaltung des überlebenden Ehegatten (§§ 1417, 1418). Nur die Nutzungen des Sondergutes fallen (wie schon in der ehelichen Gütergemeinschaft) in das Gesamtgut (§ 1417 Abs 3 S 2), während die Nutzungen des Vorbehaltsgutes dem überlebenden Ehegatten zu freier Verfügung verbleiben (§ 1418 Abs 3 S 2; vgl oben Rn 6).

2. Weiteres Vermögen der Abkömmlinge

18 Neben seinem Anteil an dem Gesamtgut der fortgesetzten Gütergemeinschaft kann der anteilsberechtigte Abkömmling eigenes Vermögen haben, das sich aus dem Vermögen, das er bei Eintritt der fortgesetzten Gütergemeinschaft bereits hatte, und dem, das er danach erwirbt, zusammensetzt (§ 1485 Abs 2). Dazu gehört auch sein Erwerb aus dem Nachlass des verstorbenen Ehegatten oder anderer Personen, sein Arbeitsverdienst und sonstiger Erwerb (ohne Rücksicht auf den Erwerbsgrund).

§ 1486
Vorbehaltsgut; Sondergut

(1) Vorbehaltsgut des überlebenden Ehegatten ist, was er bisher als Vorbehaltsgut gehabt hat oder was er nach § 1418 Abs. 2 Nr. 2, 3 als Vorbehaltsgut erwirbt.

(2) Sondergut des überlebenden Ehegatten ist, was er bisher als Sondergut gehabt hat oder was er als Sondergut erwirbt.

Materialien: Zu § 1486 aF: E I § 1396 Abs 2–4; II § 1394 rev 1471; III § 1469; Mot IV 455; Prot IV 316.

Zu § 1486 nF: GleichberG E I § 1486; II § 1486. Vgl STAUDINGER/BGB-Synopse 1896–2005 § 1486.

Systematische Übersicht

I. Allgemeines

Das Gleichberechtigungsgesetz hat den § 1486 neu gefasst. Für den ersten Absatz, in dem das Vorbehaltsgut behandelt wird, ergibt sich daraus keine sachliche Änderung. Die Verweisung auf § 1418 Abs 2 Nr 2, 3 trifft sachlich die gleiche Regelung wie die des §§ 1486, 1440, 1369, 1370 aF. **1**

Die Neufassung des Abs 2, die schon wegen des Fortfalls der Errungenschaftsgemeinschaft erforderlich wurde, auf die verwiesen wurde, bringt nicht nur eine sprachliche Vereinfachung, sondern auch sachlich für das Sondergut des überlebenden Ehegatten die gleiche Änderung wie § 1417 für das Sondergut der Ehegatten. **2**

Das Vorbehaltsgut und das Sondergut des verstorbenen Ehegatten bilden dessen Nachlass und gehen nach den allgemeinen Vorschriften auf seine Erben über (§ 1922). Was der überlebende Ehegatte daraus erwirbt, fällt in das Gesamtgut der fortgesetzten Gütergemeinschaft (§ 1485 Abs 1). **3**

Vorbehaltsgut oder Sondergut der an der fortgesetzten Gütergemeinschaft beteiligten Abkömmlinge ist begrifflich ausgeschlossen (vgl § 1485 Abs 2). **4**

Burkhard Thiele

II. Vorbehaltsgut des überlebenden Ehegatten

1. Zusammensetzung

5 Das Vorbehaltsgut des überlebenden Ehegatten besteht aus dem bisherigen Bestand und dem, was der überlebende Ehegatte während der fortgesetzten Gütergemeinschaft als Vorbehaltsgut erwirbt.

6 Der bisherige Bestand des Vorbehaltsgutes richtet sich nach § 1418 (zu den Einzelheiten s § 1418 Rn 8 ff).

7 Nach Eintritt der fortgesetzten Gütergemeinschaft kann der überlebende Ehegatte weiteres Vorbehaltsgut nur dadurch erwerben, dass ihm etwas von Todes wegen oder unentgeltlich zugewendet wird und der Zuwendende dabei die Bestimmung getroffen hat, dass dieser Erwerb in das Vorbehaltsgut des überlebenden Ehegatten fallen solle (§ 1418 Abs 2 Nr 2). Ferner gehört zum Vorbehaltsgut des überlebenden Ehegatten, was dieser auf Grund eines zum Vorbehaltsgut gehörenden Rechtes oder als Ersatz für die Zerstörung, Beschädigung oder Entziehung eines zum Vorbehaltsgut gehörenden Gegenstandes oder durch ein Rechtsgeschäft erwirbt, das sich auf das Vorbehaltsgut bezieht (§ 1418 Abs 2 Nr 3), also insbesondere die Nutzungen des Vorbehaltsgutes.

8 **Andere als die in § 1486 Abs 1 bezeichneten Vermögensbestandteile** können weder durch Ehevertrag noch (wie bei den Ausschussberatungen angeregt, dann aber verworfen wurde) durch Vertrag des überlebenden Ehegatten mit den an der fortgesetzten Gütergemeinschaft beteiligten Abkömmlingen zu Vorbehaltsgut des überlebenden Ehegatten erklärt werden (§ 1518 S 1). Die Regelung des § 1486 Abs 1 ist erschöpfend.

9 Ist daher durch Ehevertrag vereinbart worden, dass ein bestimmter künftiger Erwerb des überlebenden Ehegatten dessen Vorbehaltsgut werden soll, und erfolgt dieser Erwerb erst nach dem Eintritt der fortgesetzten Gütergemeinschaft, so kann dadurch kein Vorbehaltsgut entstehen (ebenso SOERGEL/GAUL § 1486 Rn 4; MünchKomm/ KANZLEITER § 1486 Rn 4; BAMBERGER/ROTH/MAYER Rn 3; BGB-RGRK/FINKE § 1486 Rn 2; PALANDT/BRUDERMÜLLER § 1486 Rn 1; aM GERNHUBER/COESTER-WALTJEN § 39 Rn 31–33; ERMAN/ HECKELMANN § 1486 Rn 1). Der Erwerb fällt vielmehr ins Gesamtgut der fortgesetzten Gütergemeinschaft.

2. Rechtliche Behandlung des Vorbehaltsgutes

10 Die rechtliche Behandlung des Vorbehaltsgutes des überlebenden Ehegatten ergibt sich aus § 1418 Abs 3: Danach verwaltet der überlebende Ehegatte dieses Vorbehaltsgut selbständig und für eigene Rechnung. Die Nutzungen des Vorbehaltsgutes fallen wieder in das Vorbehaltsgut. Die fortgesetzte Gütergemeinschaft hat auf die Beziehungen des überlebenden Ehegatten zu seinem Vorbehaltsgut keinen Einfluss.

III. Sondergut des überlebenden Ehegatten

11 Der bisherige **Bestand des Sondergutes** richtete sich nach § 1417. Danach umfasste das Sondergut des überlebenden Ehegatten die ihm gehörenden Gegenstände, die nicht durch Rechtsgeschäft übertragen werden können (dazu im Einzelnen § 1417 Rn 4 ff).

Nach Eintritt der fortgesetzten Gütergemeinschaft kann der überlebende Ehegatte **12** **weiteres Sondergut** erwerben. Auch dabei kann es sich nur um Gegenstände handeln, die ihrer Rechtsnatur nach durch Rechtsgeschäft nicht übertragen werden können. Weder durch einen (früheren) Ehevertrag noch durch einen Vertrag des überlebenden Ehegatten mit den an der fortgesetzten Gütergemeinschaft beteiligten Abkömmlingen kann Sondergut entstehen (§ 1518 S 1).

Die **rechtliche Behandlung des Sondergutes** des überlebenden Ehegatten ergibt sich **13** aus § 1417 Abs 3: Danach verwaltet der überlebende Ehegatte sein Sondergut selbständig. Anders jedoch als beim Vorbehaltsgut des überlebenden Ehegatten (vgl oben Rn 10) fallen alle Vorteile, insbesondere alle Nutzungen des Sondergutes, in das Gesamtgut der fortgesetzten Gütergemeinschaft. Wegen der Einzelheiten wird auf § 1417 Rn 14 ff Bezug genommen.

IV. Keine Eintragung des Vorbehaltsgutes oder Sondergutes

Die Eigenschaft eines Vermögensbestandteiles als Vorbehaltsgut oder Sondergut **14** kann weder im Grundbuch noch im Güterrechtsregister eingetragen werden (s § 1418 Rn 57; § 1417 Rn 22).

§ 1487
Rechtsstellung des Ehegatten und der Abkömmlinge

(1) Die Rechte und Verbindlichkeiten des überlebenden Ehegatten sowie der anteilsberechtigten Abkömmlinge in Ansehung des Gesamtgutes der fortgesetzten Gütergemeinschaft bestimmen sich nach den für die eheliche Gütergemeinschaft geltenden Vorschriften der §§ 1419, 1422 bis 1428, 1434, des § 1435 Satz 1, 3 und der §§ 1436, 1445; der überlebende Ehegatte hat die rechtliche Stellung des Ehegatten, der das Gesamtgut allein verwaltet, die anteilsberechtigten Abkömmlinge haben die rechtliche Stellung des anderen Ehegatten.

(2) Was der überlebende Ehegatte zu dem Gesamtgut schuldet oder aus dem Gesamtgut zu fordern hat, ist erst nach der Beendigung der fortgesetzten Gütergemeinschaft zu leisten.

Materialien: Zu § 1487 aF: E I § 1399 Abs 1; II § 1398 rev 1472; III § 1470; Mot IV 461 ff; Prot IV 334; V 140.

Zu § 1487 nF: GleichberG E I § 1487; II § 1487. Vgl Staudinger/BGB-Synopse 1896–2005 § 1487.

Systematische Übersicht

I. Allgemeines

1 § 1487 behandelt wie früher die Rechtsstellung des überlebenden Ehegatten und der an der fortgesetzten Gütergemeinschaft beteiligten Abkömmlinge in Bezug auf das Gesamtgut. Dabei wird im Wesentlichen auf die für die Gütergemeinschaft mit Verwaltung eines einzelnen Ehegatten verwiesen (§§ 1419, 1422 ff). Einige dieser Regelungen (§§ 1430–1433, 1438–1444) sind als für die fortgesetzte Gütergemeinschaft ungeeignet fortgelassen, ebenso wie § 1429 (Notverwaltungsrecht des anderen Ehegatten). § 1437 wird durch §§ 1488, 1489 und § 1446 durch § 1487 Abs 2 ersetzt. Daraus ergeben sich jedoch keine wesentlichen sachlichen Änderungen gegenüber dem bisherigen Rechtszustand. Die in § 1487 getroffenen Regelungen sind **unabdingbar** (§ 1518 S 1).

II. Gesamtgut

1. Gesamthandsgemeinschaft

2 Mit der Verweisung auf § 1419 stellt das Gesetz klar, dass auch die fortgesetzte Gütergemeinschaft eine Gesamthandsgemeinschaft der an ihr beteiligten Personen (des überlebenden Ehegatten und der anteilsberechtigten Abkömmlinge) ist (RGZ 129, 120). Die fortgesetzte Gütergemeinschaft ist also keine Gemeinschaft nach Bruchteilen. Die Aufgabe des Gesamtgutes, während des Bestehens der fortgesetzten Gütergemeinschaft nicht den Sonderinteressen einzelner Beteiligter, sondern dem zur Fortführung dieses Vermögens zusammengefassten Familienverband zu dienen, erfordert nach Auffassung des Gesetzes eine solche feste Bindung. Die Möglichkeiten ihrer Beendigung sind gesetzlich festgelegt (s Vorbem 10 f zu §§ 1483–1518).

2. Keine Verfügungen über den Anteil am Gesamtgut

Diese Bindung der Beteiligten während des Bestehens der fortgesetzten Güterge- **3** meinschaft kommt darin zum Ausdruck, dass **kein Beteiligter** (überlebender Ehegatte, anteilsberechtigte Abkömmlinge) **über seinen Anteil** am Gesamtgut der fortgesetzten Gütergemeinschaft **rechtsgeschäftlich verfügen kann** (§ 1419 Abs 1). Von diesem Grundsatz bildet der Verzicht eines Abkömmlings auf seinen Gesamtgutsanteil gem § 1491 die einzige Ausnahme (dazu unten Rn 24; § 1491 Rn 1).

Ebenso kann kein Beteiligter über seinen Anteil **an den einzelnen zum Gesamtgut** **4** **gehörenden Gegenständen verfügen** oder eine Teilung des Gesamtgutes verlangen, solange die fortgesetzte Gütergemeinschaft **besteht**. Solche Verfügungen sind auch mit Zustimmung der übrigen Beteiligten nicht zulässig (vgl § 1419 Rn 9). Verpflichtungsgeschäfte, durch die sich ein Beteiligter zur Verfügung über seinen Anteil am Gesamtgut oder an einzelnen zum Gesamtgut gehörenden Gegenständen verpflichtet, sind regelmäßig unwirksam (vgl § 1419 Rn 12 mw Belegen). Der Anteil eines an der fortgesetzten Gütergemeinschaft Beteiligten am Gesamtgut ist unpfändbar (§ 860 Abs 1 ZPO).

Abtretbar ist demgegenüber der **Anspruch auf das künftige Auseinandersetzungsgut-** **5** **haben.**

3. Letztwillige Verfügung

Da § 1419 sich nur auf Verfügungen unter Lebenden bezieht (s § 1419 Rn 10), kann der **6** überlebende Ehegatte über seinen Anteil am Gesamtgut der fortgesetzten Gütergemeinschaft letztwillig verfügen (hM: BGH FamRZ 1964, 423; zuletzt OLG Saarbrücken 2006, 108). Dieser Anteil fällt in seinen Nachlass. Über den Anteil eines an der Gütergemeinschaft beteiligten Abkömmlings kann er dagegen keine letztwillige Verfügung treffen.

Dem an der fortgesetzten Gütergemeinschaft **beteiligten Abkömmling** ist eine letzt- **7** willige Verfügung über seinen Anteil am Gesamtgut versagt (§ 1490 S 1), weil es mit dem Charakter dieses Familienvermögens für unvereinbar angesehen wurde, dass fremde Personen durch eine Verfügung eines Abkömmlings unter Lebenden oder von Todes wegen über seinen Gesamtgutsanteil in die fortgesetzte Gütergemeinschaft eintreten könnten (Mot IV 458). Das schließt eine letztwillige Verfügung eines Abkömmlings über seinen Gesamtgutsanteil nicht aus, setzt jedoch voraus, dass der Abkömmling **die Beendigung** der fortgesetzten Gütergemeinschaft als an ihr Beteiligter **erlebt** (zu den Einzelheiten s § 1490 Rn 4).

4. Aufrechnung

Die Gesamtzuständigkeit der an der fortgesetzten Gütergemeinschaft Beteiligten **8** erstreckt sich auch auf die Gesamtgutsforderungen. Dem trägt die Verweisung des § 1487 Abs 1 auf § 1419 Abs 2 dadurch Rechnung, dass ein Schuldner einer solchen zum Gesamtgut gehörenden Forderung nur mit einer Forderung aufrechnen kann, deren Berichtigung aus dem Gesamtgut der fortgesetzten Gütergemeinschaft er verlangen kann (Gesamtgutsverbindlichkeit, § 1488). Wegen einer Forderung, die sich allein gegen das Vorbehaltsgut oder das Sondergut des überlebenden Ehegatten oder gegen einen an der fortgesetzten Gütergemeinschaft beteiligten Abkömmling richtet, kann er sich durch die Aufrechnung gegen eine Gesamtgutsforderung nicht befriedigen.

III. Verwaltung des Gesamtgutes

1. Rechtsstellung des überlebenden Ehegatten

9 Der überlebende Ehegatte hat hinsichtlich der Verwaltung des Gesamtgutes der fortgesetzten Gütergemeinschaft die rechtliche Stellung des Ehegatten, der innerhalb der ehelichen Gütergemeinschaft das Gesamtgut allein verwaltet (§ 1487 Abs 1 HS 2). Ob ihm schon während der ehelichen Gütergemeinschaft diese Aufgabe oblag oder nicht, ist belanglos. Gehörte ein vom verstorbenen Ehegatten geführtes Handelsgeschäft zum Gesamtgut der ehelichen Gütergemeinschaft, so kann der überlebende Ehegatte es kraft seines alleinigen Verwaltungsrechts im eigenen Namen und unter der alten Firma weiterführen (s Vorbem 17 zu § 1483 ff).

10 Die Rechte und Pflichten des überlebenden Ehegatten bei der Verwaltung des Gesamtgutes werden durch die in § 1487 Abs 1 in Bezug genommenen Vorschriften der §§ 1422–1428, 1434, 1435 S 1, 3 und 1436, 1445 näher umrissen. Zur Verwaltung des Gesamtgutes kann im Übrigen auf die Darlegungen zu § 1422 Rn 3 ff verwiesen werden. Die an der fortgesetzten Gütergemeinschaft beteiligten Abkömmlinge haben die Rechtsstellung des anderen Ehegatten, der grundsätzlich von der Verwaltung des Gesamtgutes ausgeschlossen ist (im Einzelnen s unten Rn 24 ff).

2. Beschränkungen der Verwaltungsbefugnis

11 Wie bei der ehelichen Gütergemeinschaft ist auch hier die Wirksamkeit einiger Rechtsgeschäfte, die der überlebende Ehegatte vornimmt, von der Einwilligung des anderen Beteiligten abhängig. Das gilt für Rechtsgeschäfte über das Gesamtgut im Ganzen (vgl § 1423), über Gesamtgutsgrundstücke (vgl § 1424) und für Schenkungen (vgl § 1425), und zwar für die sich darauf beziehenden Verfügungen ebenso wie für die zugrundeliegenden obligatorischen Geschäfte (dazu im Einzelnen §§ 1423–1425 m Erl).

12 Die hiernach für die Wirksamkeit dieser Verfügungs- und Verpflichtungsgeschäfte erforderliche Zustimmung (Einwilligung oder Genehmigung, § 1427) muss von allen Abkömmlingen erteilt werden, die an der fortgesetzten Gütergemeinschaft teilnehmen. Eine ehevertragliche Befreiung des überlebenden Ehegatten von dem Zustimmungserfordernis, hat für die fortgesetzte Gütergemeinschaft wegen § 1518 keine Bedeutung. Zur Übernahme der Haftung für die Erteilung der Zustimmung der Abkömmlinge s § 1424 Rn 17 mw Belegen (regelmäßig nichtig).

13 Ist ein Abkömmling minderjährig, so bedarf er zur Abgabe seiner Zustimmungserklärung der Zustimmung seines gesetzlichen Vertreters (§ 107). Entsprechendes gilt für den Fall der Betreuung mit Einwilligungsvorbehalt (§ 1903).

14 Ist der überlebende Ehegatte gesetzlicher Vertreter seines Abkömmlings, so kann er

nicht im Namen seines Abkömmlings dem Vertrage mit dem Dritten zustimmen; hier findet § **181 entsprechende Anwendung** (so auch KG JFG 2, 283; GERNHUBER/COESTER-WALTJEN § 39 Rn 36; MünchKomm/KANZLEITER Rn 7). Die noch in der 10./11. Aufl vertretene Gegenauffassung (STAUDINGER/FELGENTRAEGER10/11 § 1487 Rn 17; BayObLG DNotZ 1952, 163; BAMBERGER/ROTH/MAYER Rn 4; ERMAN/HECKELMANN Rn 3; SOERGEL/GAUL Rn 9; BGB-RGRK/FINKE Rn 19; PALANDT/BRUDERMÜLLER Rn 4) wird aufgegeben. Trotz fehlender Personenidentität ist der Vertreter gemäß § 181 auch von der Vertretung ausgeschlossen, wenn er das einseitige Rechtsgeschäft nicht sich selbst, sondern einem Dritten gegenüber vornimmt. Sind bei einseitigen Rechtsgeschäften Vertreter und Vertretener die sachlich Betroffenen und geht es um die Wahrung gegenläufiger Interessen, so darf der Vertreter nach dem Zweck des § 181 nicht zugleich eigenes und das Interesse des Vertretenen wahrnehmen. Die Gegenläufigkeit der Interessen folgt bereits aus dem Sinn und Zweck der Zustimmung, deren *Kontrollfunktion* sich in der Person des Ehegatten als *Verwaltungsbeschränkung*, in der des Abkömmlings als *Mitverwaltungsinstrument* zeigt. Das Erfordernis der Bestellung eines Pflegers darf nicht formal von der Wahl des Erklärungsempfängers durch den Ehegatten abhängen, sondern hat der sachlichen Beurteilung zu folgen. Für den Abkömmling ist ein Pfleger zu bestellen.

Der Pfleger bedarf zur Erteilung seiner Zustimmung der *Genehmigung des Vor-* **15** *mundschaftsgerichtes*, wenn es sich um ein Rechtsgeschäft über ein Grundstück oder Grundstücksrecht handelt, das zum Gesamtgut gehört. Das gilt für die Verfügung ebenso wie für das Verpflichtungsgeschäft (§§ 1487 Abs 1, 1424, 1915, 1821 Nr 1–4). Ob das auch für die Zustimmung des Pflegers zu einem Rechtsgeschäft gilt, das eine Verfügung über das Gesamtgut im Ganzen betrifft, hängt davon ab, ob der Anteil des Abkömmlings am Gesamtgut sein ganzes Vermögen darstellt (§§ 1487 Abs 1, 1423, 1915, 1822 Nr 1).

Ist ein **Abkömmling**, von dessen Zustimmung die Wirksamkeit eines vom überle- **16** benden Ehegatten vorgenommenen Geschäftes abhängt, **verheiratet**, so entscheidet der Güterstand, in dem der Abkömmling mit seinem Ehegatten lebt, darüber, ob auch dieser seine Zustimmung zur Zustimmung seines Ehegatten geben muss, damit diese wirksam werden kann. Bei *Gütertrennung* scheidet das aus. Bei einer *Zugewinngemeinschaft* kommt die Mitwirkung des Ehegatten des Abkömmlings nur in Betracht, wenn es sich um ein Geschäft handelt, das das Vermögen des Abkömmlings im Ganzen betrifft (§ 1365 Abs 1). Bei einer *Gütergemeinschaft* gehört der Anteil des Abkömmlings am Gesamtgut einer fortgesetzten Gütergemeinschaft zu seinem Sondergut (s § 1417 Rn 6 – bestr), das vom Abkömmling allein verwaltet wird; einer Zustimmung seines Ehegatten bedarf es also nicht.

Ist zur ordnungsmäßigen Verwaltung des Gesamtgutes der fortgesetzten Güterge- **17** meinschaft ein zustimmungsbedürftiges Rechtsgeschäft (§§ 1423, 1424) erforderlich, so **kann das Vormundschaftsgericht** auf Antrag des überlebenden Ehegatten die fehlende **Zustimmung der Abkömmlinge ersetzen**, wenn ein Abkömmling sie ohne ausreichenden Grund verweigert oder durch Krankheit oder Abwesenheit an der Abgabe der Zustimmungserklärung verhindert ist und mit dem Aufschub Gefahr verbunden ist (§§ 1487 Abs 1, 1426). Die Übertragung des Gesamtgutes der fortgesetzten Gütergemeinschaft im Ganzen auf einen Abkömmling, um mit dem Erlös die anderen Abkömmlinge auszuzahlen, wird in der Regel nicht zur ordnungsmäßigen

Verwaltung gehören (KG OLGE 42, 88), es sei denn, dass der überlebende Ehegatte das Gesamtgut nicht halten kann (BayObLG OLGE 14, 624); eine Erschwerung allein reicht freilich nicht aus (BayObLGZ 22, 5). Die Zustimmung eines Abkömmlings zu einer Schenkung des überlebenden Ehegatten (§ 1425) kann nicht ersetzt werden (vgl § 1426 Rn 4). Bedarf es außerdem der Zustimmung des Ehegatten des Abkömmlings (vgl Rn 16), so kann auch deren Ersetzung beantragt werden (BayObLG OLGE 42, 88). Wird die Zustimmungserklärung des Abkömmlings ersetzt, so liegt darin auch die Ersetzung der Zustimmung seines Ehegatten (KG JFG 8, 275).

IV. Verantwortung des überlebenden Ehegatten

1. Ordnungsmäßige Verwaltung

18 Der überlebende Ehegatte ist zur Verwaltung des Gesamtgutes der fortgesetzten Gütergemeinschaft nicht nur berechtigt, sondern auch *verpflichtet*. Er kann seine Befugnisse *nicht im Ganzen* auf Dritte oder einen Abkömmling *übertragen* (RG JW 1925, 2111). Er hat das Gesamtgut ordnungsmäßig zu verwalten (§ 1435 Abs 1), insbesondere alle der Erhaltung, Verbesserung und sachgemäßen Nutzung und Verwertung des Gesamtgutes dienenden tatsächlichen und rechtlichen Maßnahmen zu treffen (vgl RGZ 124, 325) und alles zu unterlassen, was diese Zwecke beeinträchtigen kann. So ist es zB mit einer ordnungsmäßigen Verwaltung unvereinbar, wenn der überlebende Ehegatte sich der sofortigen Zwangsvollstreckung unterwirft, um dadurch die nach §§ 1487, 1424 erforderliche Einwilligung der Abkömmlinge zu einer Verfügung über ein Gesamtgutsgrundstück zu umgehen (BGHZ 48, 369). Inwieweit der überlebende Ehegatte zur Verwaltung des Gesamtguts der fortgesetzten Gütergemeinschaft Hilfspersonen oder auch die Abkömmlinge hinzuzieht, ist in sein pflichtmäßiges Ermessen gestellt (RGZ 60, 146).

2. Keine Verpflichtung zur Unterrichtung der Abkömmlinge

19 Im Gegensatz zu der für die eheliche Gütergemeinschaft vorgesehenen Verpflichtung des verwaltenden Ehegatten, den anderen Ehegatten über die Verwaltung zu unterrichten und ihm auf Verlangen über den Stand der Verwaltung Auskunft zu erteilen (§ 1435 S 2), ist dem überlebenden Ehegatten innerhalb der fortgesetzten Gütergemeinschaft eine **gleiche Pflicht nicht auferlegt** (§ 1487 Abs 1 verweist nicht auf § 1435 S 2; BGHZ 48, 373). Bei Maßnahmen, die sich entscheidend auf das Gesamtgut auswirken und damit das Vermögen der Abkömmlinge wesentlich berühren, wird man eine Verpflichtung des überlebenden Ehegatten, seinen Abkömmlingen auf deren Verlangen **aus konkretem Anlass** darüber **Auskunft** zu geben, aus seiner Pflicht zu ordnungsmäßiger Verwaltung ableiten dürfen. Andernfalls fehlt den Abkömmlingen ja auch die für die Beurteilung der Verwaltungsmaßnahmen des überlebenden Ehegatten (Zustimmungsbedürftigkeit, Verschulden, Missbrauch usw) notwendige Kenntnis der Tatsachen. **Nach Beendigung** der Gütergemeinschaft bis zur endgültigen Auseinandersetzung folgt dies aus dem Mitverwaltungsrecht (§§ 1497 Abs 2, 1472). Zur Inventarisierung s § 1485 Rn 8 f.

3. Schadensersatzpflicht des überlebenden Ehegatten

20 Mindert sich das Gesamtgut, so muss der überlebende Ehegatte zu dem Gesamtgut

Ersatz leisten, wenn er den Verlust verschuldet oder durch ein Rechtsgeschäft herbeigeführt hat, das er ohne die nach §§ 1423–1425 erforderliche Zustimmung des anderen vorgenommen hat (§§ 1487 Abs 1, 1435 S 3, dort s Rn 8 ff).

Soweit es für diese Haftung auf Verschulden des überlebenden Ehegatten ankommt, muss dieser Vorsatz und jede Fahrlässigkeit vertreten, da weder § 1359 noch § 1664 zu seiner Entlastung in Betracht kommt. Beruht die Schadensersatzpflicht des überlebenden Ehegatten auf einer Vermögensminderung durch Vornahme eines zustimmungsbedürftigen Rechtsgeschäftes ohne die Zustimmung aller Abkömmlinge, so ist zur Erhebung der Klage nur ein Abkömmling befugt, der seine Zustimmung nicht gegeben hat. Nur ihm gegenüber ist das Rechtsgeschäft ohne die erforderliche Zustimmung vorgenommen worden (vgl § 1435 S 3). Der überlebende Ehegatte braucht diese Schadensersatzverpflichtungen, die er zu dem Gesamtgut schuldet, erst nach Beendigung der fortgesetzten Gütergemeinschaft zu erfüllen (§ 1487 Abs 2).

4. Ausgleichung zwischen Gesamtgut und Sondervermögen

21 Hat der überlebende Ehegatte Gesamtgut in sein Vorbehaltsgut oder in sein Sondergut verwendet, so muss er den Wert des Verwendeten zum Gesamtgut ersetzen (§§ 1487 Abs 1, 1445 Abs 1). Umgekehrt kann er Ersatz aus dem Gesamtgut verlangen, wenn er etwas aus seinem Vorbehaltsgut oder Sondergut zum Gesamtgut verwendet hat (§ 1445 Abs 2). Diese Ausgleichung der Vermögensmassen braucht jedoch erst nach Beendigung der fortgesetzten Gütergemeinschaft zu erfolgen (§ 1487 Abs 2).

5. Herausgabe einer Bereicherung des Gesamtgutes

22 Hat der überlebende Ehegatte ein zustimmungsbedürftiges **Rechtsgeschäft ohne die erforderliche Zustimmung** der Abkömmlinge vorgenommen, so ist dieses Rechtsgeschäft unwirksam (§§ 1487 Abs 1, 1427 Abs 1, 1366 Abs 4). Hat er dabei etwas erlangt, so ist das Gesamtgut ungerechtfertigt bereichert. Der überlebende Ehegatte muss diese Bereicherung nach den Vorschriften der §§ 812 ff an den, der die Leistung erbracht hat, herausgeben (§§ 1487 Abs 1, 1434). Diese Verpflichtung stellt eine Gesamtgutsverbindlichkeit dar, für die der überlebende Ehegatte nicht nur mit dem Gesamtgut, sondern auch mit seinem Sondervermögen haftet (§§ 1488, 1489 Abs 1).

6. Haftung für Gesamtgutsverbindlichkeiten

23 **Wegen der Haftung des überlebenden Ehegatten** für Gesamtgutsverbindlichkeiten s §§ 1488, 1489.

V. Rechtsstellung der anteilsberechtigten Abkömmlinge

1. Beteiligung am Gesamtgut der fortgesetzten Gütergemeinschaft

24 Die gemeinschaftlichen Abkömmlinge, die an der fortgesetzten Gütergemeinschaft teilnehmen, sind allein am Gesamtgut der fortgesetzten Gütergemeinschaft zusammen mit dem überlebenden Ehegatten als Gesamthänder beteiligt. Über ihren Anteil am Gesamtgut können sie weder unter Lebenden noch von Todes wegen verfügen (hierzu oben Rn 3 ff, 7). Hiervon bildet die Möglichkeit, auf ihren Anteil am Gesamtgut verzichten zu können (§ 1491), die einzige Ausnahme.

25 Andererseits bleibt ihre **Beteiligung am Gesamtgut ohne Einfluss auf ihr eigenes Vermögen**: was ihnen zum Zeitpunkt des Eintrittes der fortgesetzten Gütergemeinschaft gehört und was sie später erwerben, bleibt ihr eigenes Vermögen (§ 1485 Abs 2). Es haftet für die Gesamtgutsverbindlichkeiten nicht (§ 1489 Abs 3). Das Insolvenzverfahren über das Vermögen des überlebenden Ehegatten erfasst ihr eigenes Vermögen nicht; andererseits ist das Insolvenzverfahren über das Vermögen eines Abkömmlings für das Gesamtgut der fortgesetzten Gütergemeinschaft ohne Bedeutung. Rechtswirkungen von Rechtsgeschäften, die der überlebende Ehegatte im Namen eines Abkömmlings vornimmt, treffen den Abkömmling nur dann, wenn der überlebende Ehegatte dazu rechtsgeschäftlich erteilte oder gesetzliche Vertretungsmacht hatte (§ 164).

2. Beteiligung an der Verwaltung des Gesamtgutes

26 Das Gesetz umschreibt die Beteiligung der Abkömmlinge an der Verwaltung des Gesamtgutes der fortgesetzten Gütergemeinschaft mit der Verweisung auf die Rolle des nicht zur Verwaltung des ehelichen Gesamtgutes berufenen anderen Ehegatten (§§ 1487 Abs 1, 1422 ff). Ebenso wie dieser andere Ehegatte ist auch der Abkömmling grundsätzlich von der Verwaltung des Gesamtgutes ausgeschlossen. Seine Rechtsstellung ist gegenüber der des anderen Ehegatten weiter abgeschwächt, insofern als ihm ein Notverwaltungsrecht, wie es dem anderen Ehegatten in § 1429 zugestanden wird, und ein Anspruch gegen den anderen Ehegatten auf Auskunft über den Stand der Verwaltung grundsätzlich versagt werden (§ 1487 Abs 1 verweist nicht auf § 1435 S 2; dazu oben Rn 19).

27 Nur gegen einige wenige, für sie wirtschaftlich besonders gefährliche Rechtsgeschäfte werden die Abkömmlinge dadurch geschützt, dass deren Wirksamkeit von ihrer Zustimmung abhängt (§§ 1423–1425). Ohne diese Zustimmung aller an der fortgesetzten Gütergemeinschaft beteiligten Abkömmlinge, die freilich unter bestimmten Voraussetzungen durch das Vormundschaftsgericht ersetzt werden kann (§§ 1487 Abs 1, 1426; s oben Rn 17), bleiben diese Rechtsgeschäfte unwirksam (§§ 1487 Abs 1, 1427 Abs 1, 1366 Abs 4). Jeder Abkömmling, der seine Zustimmung zu einem solchen Geschäft versagt hat, kann das Recht auf Rückgabe gerichtlich geltend machen (§§ 1487 Abs 1, 1428). Tritt infolge eines vorgenommenen Geschäfts eine Minderung des Gesamtgutes ein, so muss der überlebende Ehegatte zum Gesamtgut Ersatz dafür leisten (§§ 1487 Abs 1, 1435 S 3), freilich erst nach Beendigung der fortgesetzten Gütergemeinschaft (§ 1487 Abs 2).

§ 1488
Gesamtgutsverbindlichkeiten

Gesamtgutsverbindlichkeiten der fortgesetzten Gütergemeinschaft sind die Verbindlichkeiten des überlebenden Ehegatten sowie solche Verbindlichkeiten des verstorbenen Ehegatten, die Gesamtgutsverbindlichkeiten der ehelichen Gütergemeinschaft waren.

Materialien: Zu § 1488 aF: E I §§ 1384 Abs 1 S 2, 1399 Abs 2; II § 1399 rev 1473; III § 1471: Mot IV 433, 463; Prot IV 336.

Zu § 1488 nF: GleichberG E I § 1488; II § 1488. Vgl STAUDINGER/BGB-Synopse 1896–2005 § 1488

Systematische Übersicht

I. Allgemeines, Inhalt der Vorschrift

§ 1488 und § 1489, die unverändert weitergelten, regeln die Schuldenhaftung der **1** fortgesetzten Gütergemeinschaft. Dabei beschreibt § 1488 Inhalt und Umfang der Gesamtgutsverbindlichkeiten, während § 1489 die persönliche Haftung des überlebenden Ehegatten regelt.

II. Verbindlichkeiten des überlebenden Ehegatten

Gesamtgutsverbindlichkeiten sind danach – ohne jede Ausnahme – **alle Verbindlich-** **2** **keiten des überlebenden Ehegatten.** Dabei kommt es weder auf den Zeitpunkt ihrer Entstehung (vor oder nach Eintritt der fortgesetzten Gütergemeinschaft) noch auf die Frage an, ob das eheliche Gesamtgut für sie haftete. Für die vor Eintritt der fortgesetzten Gütergemeinschaft entstandenen Verbindlichkeiten ist es ferner gleichgültig, ob sie zwar Gesamtgutsverbindlichkeiten der ehelichen Gütergemeinschaft waren, im Innenverhältnis der Ehegatten jedoch dem anderen Ehegatten zur Last fielen (vgl §§ 1441–1444 bei Alleinverwaltung; §§ 1463–1466 bei gemeinschaftlicher Verwaltung).

War der überlebende Ehegatte in der bisherigen Gütergemeinschaft zur Verwaltung **3** des ehelichen Gesamtgutes nicht berechtigt, so haftete das eheliche Gesamtgut für gewisse Verbindlichkeiten dieses Ehegatten nicht (§§ 1438–1440). Das Gleiche gilt für gewisse Verbindlichkeiten, die bei gemeinschaftlicher Verwaltung des ehelichen

Gesamtgutes in der Person des überlebenden Ehegatten entstanden waren (§§ 1460–1462). Es handelt sich dabei vor allem um ohne Zustimmung des verwaltenden oder mitverwaltenden Ehegatten vorgenommene Rechtsgeschäfte oder um Rechtsgeschäfte mit Bezug auf das Vorbehaltsgut oder Sondergut des überlebenden Ehegatten. Während der ehelichen Gütergemeinschaft konnten sich Gläubiger solcher Forderungen lediglich an das Vorbehaltsgut oder Sondergut dieses Ehegatten halten. Nach Eintritt der fortgesetzten Gütergemeinschaft sind jedoch auch diese Verbindlichkeiten Gesamtgutsverbindlichkeiten geworden; ihre Gläubiger haben nunmehr den Zugriff auch auf das Gesamtgut der fortgesetzten Gütergemeinschaft und sind dadurch besser gestellt.

III. Verbindlichkeiten des verstorbenen Ehegatten

1. Frühere Gesamtgutsverpflichtungen des verstorbenen Ehegatten

4 Außer den Verbindlichkeiten des überlebenden Ehegatten werden auch die Verbindlichkeiten des verstorbenen Ehegatten Gesamtgutsverbindlichkeiten, die diese Eigenschaft bereits während der ehelichen Gütergemeinschaft hatten. Dafür ist entscheidend, ob für die eheliche Gütergemeinschaft Alleinverwaltung eines Ehegatten oder gemeinschaftliche Verwaltung beider Ehegatten galt und ob im ersten Falle die fortgesetzte Gütergemeinschaft nach dem Tode des verwaltenden oder nicht verwaltungsberechtigten Ehegatten eingetreten ist. Daraus ergibt sich Folgendes:

2. Alleinverwaltung eines Ehegatten

5 Gem § 1437 sind alle seine Verbindlichkeiten Gesamtgutsverbindlichkeiten. Daran ändert sich auch durch den Eintritt der fortgesetzten Gütergemeinschaft nichts: für sie haftet der überlebende Ehegatte mit dem Gesamtgut auch weiterhin.

6 War der verstorbene Ehegatte von der Verwaltung des Gesamtgutes ausgeschlossen, so haftete das eheliche Gesamtgut für gewisse Verbindlichkeiten, die in seiner Person begründet waren, nicht (§§ 1438–1440 m Erl; vgl auch oben Rn 3). Diese Verbindlichkeiten des verstorbenen Ehegatten werden auch nach Eintritt der fortgesetzten Gütergemeinschaft keine Gesamtgutsverbindlichkeiten, da sie es vorher auch nicht waren.

7 Da für diese Verbindlichkeiten des verstorbenen Ehegatten das Gesamtgut der fortgesetzten Gütergemeinschaft nicht haftet, kann der überlebende Ehegatte ihretwegen den Zugriff der Nachlassgläubiger auf das Gesamtgut der fortgesetzten Gütergemeinschaft abwehren, wenn er die **Erbschaft** gem §§ 1942 ff **ausschlägt** und die Gläubiger solcher Forderungen auf das Vorbehaltsgut und Sondergut des verstorbenen Ehegatten verweist.

8 **Alle übrigen Verbindlichkeiten des verstorbenen Ehegatten** sind dagegen schon während der ehelichen Gütergemeinschaft Gesamtgutsverbindlichkeiten und bleiben es auch nach Eintritt der fortgesetzten Gütergemeinschaft. Dazu gehören insbesondere alle Verbindlichkeiten des verstorbenen Ehegatten aus der Zeit vor der Gütergemeinschaft, aus Rechtsgeschäften des verstorbenen Ehegatten, die er während der

Gütergemeinschaft mit Zustimmung des verwaltenden Ehegatten vorgenommen hat
(§ 1438 Abs 1) oder die auch ohne dessen Zustimmung für das Gesamtgut wirksam
waren (§§ 1429, 1431, 1432, 1434, 1457; dazu § 1438 Rn 7), und die auf Gesetz beruhenden Verbindlichkeiten (zB aus unerlaubter Handlung, ungerechtfertigter Bereicherung, aus gesetzlichen Unterhaltspflichten, aus Vermögensübernahme usw; dazu
§ 1437 Rn 8).

3. Gemeinschaftliche Verwaltung

Auch bei gemeinschaftlicher Verwaltung des Gesamtgutes durch beide Ehegatten **9**
werden nicht alle Verbindlichkeiten eines Ehegatten Gesamtgutsverbindlichkeiten.
Die einzelnen Tatbestände sind in §§ 1460–1462 zusammengestellt und entsprechen
im Wesentlichen den Fällen der §§ 1438–1440 (vgl oben Rn 3; § 1459 Rn 6 f, §§ 1460,
1461, 1462 m Erl). Alle übrigen Verbindlichkeiten, die in der Person des verstorbenen
Ehegatten entstanden sind, bilden bereits in der Gütergemeinschaft Gesamtgutsverbindlichkeiten und bleiben es auch in der fortgesetzten Gütergemeinschaft.

IV. Verbindlichkeiten der Abkömmlinge

Für Verbindlichkeiten eines anteilsberechtigten Abkömmlings haftet das Gesamtgut **10**
der fortgesetzten Gütergemeinschaft in keinem Falle (OLG Stettin OLGE 14, 232).

V. Zwangsvollstreckung in das Gesamtgut

Zur Zwangsvollstreckung in das Gesamtgut der fortgesetzten Gütergemeinschaft ist **11**
ein gegen den überlebenden Ehegatten ergangenes Urteil erforderlich und genügend
(§ 745 Abs 1 ZPO); für alle seine Verbindlichkeiten haftet das Gesamtgut der fortgesetzten Gütergemeinschaft uneingeschränkt. Das gilt auch für einen vor Eintritt
der fortgesetzten Gütergemeinschaft gegen ihn als alleinigen Gesamtgutsverwalter
erwirkten Titel (§ 740 Abs 1 ZPO).

Ebenso kann aus einem Leistungsurteil, das bei gemeinschaftlicher Verwaltung des **12**
ehelichen Gesamtgutes gegen beide Ehegatten gem § 740 Abs 2 ZPO erwirkt worden war, in das Gesamtgut der fortgesetzten Gütergemeinschaft vollstreckt werden,
da es sich ja auch gegen den überlebenden Ehegatten richtet (§ 745 Abs 1 ZPO).

War der überlebende Ehegatte jedoch bei Einzelverwaltung von der Verwaltung des **13**
ehelichen Gesamtgutes ausgeschlossen, so kann der Gläubiger gegen ihn die Umschreibung des Vollstreckungstitels, den er während der Gütergemeinschaft gegen
den (alleinverwaltenden) verstorbenen Ehegatten erwirkt hatte, gem §§ 744, 727,
730–732 ZPO betreiben.

VI. Insolvenzverfahren

Im Insolvenzverfahren des überlebenden Ehegatten gehört das ganze Gesamtgut der **14**
fortgesetzten Gütergemeinschaft zur Insolvenzmasse (§ 37 Abs 1 S 1, Abs 3 InsO).
Eine Auseinandersetzung zwischen dem überlebenden Ehegatten und den anteilsberechtigten Abkömmlingen findet nicht statt. Darin liegt eine erhebliche Gefährdung der beteiligten Abkömmlinge. Andererseits hat ein solches Insolvenzverfahren

auf das eigene Vermögen der Abkömmlinge keine Auswirkungen. Ein Insolvenzverfahren über das eigene Vermögen eines beteiligten Abkömmlings berührt das Gesamtgut der fortgesetzten Gütergemeinschaft nicht (§ 37 Abs 1 S 2, Abs 3 InsO). Wegen des Sonderinsolvenzverfahrens s § 1489 Abs 2. Ist der überlebende Ehegatte gestorben und die fortgesetzte Gütergemeinschaft dadurch beendigt (§ 1494), so gehört sein Anteil am Gesamtgut der fortgesetzten Gütergemeinschaft zur Insolvenzmasse eines über seinen Nachlass eröffneten Insolvenzverfahrens (s dazu § 1494 Rn 6).

§ 1489
Persönliche Haftung für die Gesamtgutsverbindlichkeiten

(1) Für die Gesamtgutsverbindlichkeiten der fortgesetzten Gütergemeinschaft haftet der überlebende Ehegatte persönlich.

(2) Soweit die persönliche Haftung den überlebenden Ehegatten nur infolge des Eintritts der fortgesetzten Gütergemeinschaft trifft, finden die für die Haftung des Erben für die Nachlassverbindlichkeiten geltenden Vorschriften entsprechende Anwendung; an die Stelle des Nachlasses tritt das Gesamtgut in dem Bestand, den es zur Zeit des Eintritts der fortgesetzten Gütergemeinschaft hat.

(3) Eine persönliche Haftung der anteilsberechtigten Abkömmlinge für die Verbindlichkeiten des verstorbenen oder des überlebenden Ehegatten wird durch die fortgesetzte Gütergemeinschaft nicht begründet.

Materialien: Zu § 1489 aF: E I §§ 1384 Abs 1 S 2 2. HS, 1399 Abs 2; II § 1400 rev 1474; III § 1472; Mot IV 433, 463; Prot IV 336; VI 295. Zu § 1489 nF: GleichberG E I § 1489; II § 1489. Vgl STAUDINGER/BGB-Synopse 1896–2005 § 1489.

Systematische Übersicht

I.   Persönliche Haftung des überlebenden Ehegatten

1 Der überlebende Ehegatte haftet für alle Gesamtgutsverbindlichkeiten (dazu § 1488 m Erl) auch persönlich, also mit seinem Vorbehaltsgut und seinem Sondergut (§ 1489 Abs 1).

2 Soweit eine solche persönliche Haftung des überlebenden Ehegatten bisher nicht bestand, weil sie ohne die Fortsetzung der Gütergemeinschaft erloschen wäre (vgl §§ 1437 Abs 2 S 2, 1459 Abs 2 S 2 m Erl) oder weil sie innerhalb der ehelichen Gütergemeinschaft dem jetzt überlebenden Ehegatten nicht auferlegt war (vgl § 1437 Abs 1 m Erl), beruht sie auf dem Gesetz, das insofern einen selbständigen Haftungsgrund aufstellt.

Die persönliche Haftung des überlebenden Ehegatten beginnt mit dem Eintritt der **3** fortgesetzten Gütergemeinschaft ohne Rücksicht auf die Ablehnungsfrist (dazu § 1484 Rn 12). Sie bleibt auch nach der Beendigung der fortgesetzten Gütergemeinschaft bestehen, da ein Erlöschen der Haftung des überlebenden Ehegatten (anders als in den §§ 1437 Abs 2 S 2, 1459 Abs 2 S 2 für die eheliche Gütergemeinschaft) nicht vorgesehen ist.

II. Beschränkung der persönlichen Haftung

1. Grundsätze

Soweit nach § 1489 Abs 1 den überlebenden Ehegatten die persönliche Haftung nur **4** infolge des Eintritts der fortgesetzten Gütergemeinschaft trifft (s oben Rn 2), gewährt § 1489 Abs 1 ihm Schutz gegen die bei Unzulänglichkeit des Gesamtgutes drohende Inanspruchnahme seines nicht zum Gesamtgut gehörenden Vermögens und zugleich den Gesamtgutsgläubigern, denen er vor dem Eintritt der fortgesetzten Gütergemeinschaft nicht persönlich haftete, Schutz gegen die Konkurrenz seiner übrigen Gläubiger, denen das Gesamtgut nach § 1488 1. Alt haftet (vgl § 332 Abs 2 InsO). Zu diesem doppelten Zweck erklärt das Gesetz die für die Haftung des Erben für die Nachlassverbindlichkeiten geltenden Vorschriften (§§ 1967 ff) für entsprechend anwendbar; an die Stelle des Nachlasses tritt hier das Gesamtgut in dem Bestande, den es zur Zeit des Eintritts der fortgesetzten Gütergemeinschaft hat (dazu § 1485 Rn 3 ff).

2. Der maßgebende Bestand des Gesamtgutes

Dazu gehören außer etwaigen Surrogaten des Gesamtgutes (§ 1473 Abs 1) etwaige **5** Ersatzansprüche an das Vorbehaltsgut oder Sondergut eines Ehegatten der bisherigen Gütergemeinschaft (§§ 1435 S 3, 1445, 1446, 1467, 1468) und das, was der überlebende Ehegatte aus dem Nachlass des verstorbenen Ehegatten als Erbe, Vermächtnisnehmer oder Pflichtteilsberechtigter erhält (§ 1485 Abs 1), und die Ansprüche des Gesamtgutsgläubiger gegen den überlebenden Ehegatten aus dessen Verantwortlichkeit bei Gesamtgutsverwaltung oder Gesamtgutsinsolvenzverfahren (§ 1978 Abs 1, 2).

Dieser Bestand des Gesamtgutes **vermindert** sich gegebenenfalls um das, was einem **6** einseitigen Abkömmling gem § 1483 Abs 2 zufällt (dazu § 1483 Rn 21 ff), und um das, was ein gemeinschaftlicher Abkömmling, der durch letztwillige Verfügung des verstorbenen Ehegatten von der fortgesetzten Gütergemeinschaft ausgeschlossen ist, gem § 1511 Abs 2 verlangen kann (dazu § 1511 Rn 17).

Nicht zu diesem Bestande des Gesamtgutes gehört, was der überlebende Ehegatte **7** nach Eintritt der fortgesetzten Gütergemeinschaft erwirbt (vgl § 1485 Rn 5, 6). Es ist gerade das Anliegen dieser Haftungsbeschränkung, dass sich der Zugriff dieser

Gesamtgutsgläubiger nicht auf den späteren Erwerb des überlebenden Ehegatten erstrecken soll.

3. Die betroffenen Gesamtgutsgläubiger

8 Den Nachlassgläubigern in den erbrechtlichen Vorschriften, auf die § 1489 Abs 2 verweist, entsprechen hier die **Gesamtgutsgläubiger, denen der überlebende Ehegatte zur Zeit des Eintritts** der **fortgesetzten** Gütergemeinschaft **nicht persönlich haftet** (vgl oben Rn 2).

9 Ihnen gegenüber haftet der überlebende Ehegatte grundsätzlich unbeschränkt, aber – ebenso wie der Erbe den Nachlassgläubigern gegenüber – beschränkbar (§§ 1967 ff; dazu Staudinger/Marotzke [2002] Vorbem 12 ff zu §§ 1967–2017).

10 **Anderen Gesamtgutsgläubigern** gegenüber hat der überlebende Ehegatte keine Möglichkeit, seine Haftung gegenständlich zu begrenzen. Haftet der überlebende Ehegatte bereits aus anderen Rechtsgründen persönlich, so entfällt die ihm in § 1489 Abs 2 eingeräumte Vergünstigung. Nur wenn er gemäß § 1967 Abs 1 als Erbe persönlich haftet, ist dies nicht der Fall. Sonst würde wegen der Haftungserweiterung des § 1489 Abs 1 die Möglichkeit zur Beschränkung der Erbenhaftung iE umgangen (Gernhuber/Coester-Waltjen § 39 Rn 39 Fn 47; Soergel/Gaul Rn 2; MünchKomm/Kanzleiter Rn 4; aA Dölle I § 82 II 4 c; BGB-RGRK/Finke Rn 4).

4. Einzelheiten der Haftungsbeschränkung

11 Die Einzelheiten der Haftungsbeschränkung ergeben sich aus §§ 1967 ff; §§ 305 Abs 2, 786, 780 ZPO.

III. Persönliche Haftung der Abkömmlinge

12 Die an der fortgesetzten Gütergemeinschaft beteiligten Abkömmlinge sind zwar verpflichtet, die Tilgung der Gesamtgutsverbindlichkeiten der fortgesetzten Gütergemeinschaft (§ 1488) aus deren Gesamtgut zu dulden, haften jedoch weder für die Verbindlichkeiten des verstorbenen noch für die des überlebenden Ehegatten persönlich, dh mit ihrem eigenen Vermögen (§ 1489 Abs 3; Mot IV 433, 463 ff). Dass sie durch die Verwaltungshandlungen des überlebenden Ehegatten nicht persönlich verpflichtet werden, ergibt sich schon aus §§ 1487 Abs 1, 1443 Abs 2; dazu § 1487 Rn 25.

13 Durch § 1489 Abs 3 wird jedoch nur zum Ausdruck gebracht, dass durch die fortgesetzte Gütergemeinschaft als solche eine persönliche Haftung der Abkömmlinge nicht begründet wird. Das schließt nicht aus, dass ein anteilsberechtigter Abkömmling deswegen für eine Verbindlichkeit des überlebenden Ehegatten persönlich haftet, weil er sich gemeinschaftlich mit ihm zu einer teilbaren Leistung verpflichtet hat (§ 427). Soweit ein anteilsberechtigter Abkömmling Erbe des verstorbenen Ehegatten geworden ist, bemisst sich seine persönliche Haftung für dessen Verbindlichkeiten nach den allgemeinen erbrechtlichen Vorschriften (§§ 1967 ff, 2058 ff). Wegen der Haftung des anteilsberechtigten Abkömmlings für die bei der Auseinandersetzung des Gesamtgutes der fortgesetzten Gütergemeinschaft unberichtigt gebliebe-

nen Gesamtgutsverbindlichkeiten s §§ 1498 S 1, 1480, 1504. Wegen der Verpflichtung der anteilsberechtigten Abkömmlinge, sich gewisse Verbindlichkeiten bei der Auseinandersetzung der fortgesetzten Gütergemeinschaft anrechnen zu lassen, s § 1500 m Erl.

Während der fortgesetzten Gütergemeinschaft ist zur Zwangsvollstreckung in deren **14** Gesamtgut ein gegen den überlebenden Ehegatten gerichteter Titel ausreichend (§ 745 Abs 1 ZPO). *Nach ihrer Beendigung* kann jedoch ein Gesamtgutsgläubiger nur dann in das Gesamtgut vollstrecken, wenn der überlebende Ehegatte zur Leistung und die anteilsberechtigten Abkömmlinge zur Duldung der Zwangsvollstreckung in das Gesamtgut verurteilt sind (§§ 745 Abs 2, 743 ZPO). Als dann kann sich ein Rechtschutzbedürfnis des Gläubigers daran ergeben, die Abkömmlinge auf Duldung der Zwangsvollstreckung in das Gesamtgut, zu der sie verpflichtet sind (RGZ 148, 250), zu verklagen (vgl § 1422 Rn 32, 52).

§ 1490
Tod eines Abkömmlings

Stirbt ein anteilsberechtigter Abkömmling, so gehört sein Anteil an dem Gesamtgute nicht zu seinem Nachlasse. Hinterlässt er Abkömmlinge, die anteilsberechtigt sein würden, wenn er den verstorbenen Ehegatten nicht überlebt hätte, so treten die Abkömmlinge an seine Stelle. Hinterlässt er solche Abkömmlinge nicht, so wächst sein Anteil den übrigen anteilsberechtigten Abkömmlingen und, wenn solche nicht vorhanden sind, dem überlebenden Ehegatten an.

Materialien: Zu § 1490 aF: E I § 1397 Abs 2; II § 1395 rev 1475; III § 1473; Mot IV 456 ff; Prot IV 316.

Zu § 1490 nF: GleichberG E I; 1490; II § 1490. Vgl STAUDINGER/BGB-Synopse 1896–2005 § 1490.

Systematische Übersicht

I.   Allgemeines

Die §§ 1490 und 1491, deren Fassung durch das GleichberG nicht geändert ist, regeln **1** die rechtlichen Folgen des Wegfalls eines Abkömmlings während des Bestehens der fortgesetzten Gütergemeinschaft. § 1490 behandelt den Wegfall infolge des Todes, § 1491 den Wegfall infolge des Verzichts eines Abkömmlings. Stirbt der überlebende

Ehegatte, so wird dadurch die fortgesetzte Gütergemeinschaft beendet (§ 1494 Abs 1).

II. Unvererblichkeit des Gesamtgutsanteils des Abkömmlings

2 **Der Anteil eines Abkömmlings am Gesamtgut** der fortgesetzten Gütergemeinschaft gehört im Falle seines Todes **nicht zu seinem Nachlass.** Dieser Nachlass besteht vielmehr allein aus seinem eigenem Vermögen ohne den Anteil am Gesamtgut der fortgesetzten Gütergemeinschaft. Dieser Nachlass unterliegt der gesetzlichen oder gewillkürten Erbfolge. Er fällt den Erben des Abkömmlings an. Diese haften für die Nachlassverbindlichkeiten ihres Erblassers nach den allgemeinen erbrechtlichen Grundsätzen (§§ 1967 ff, 2058 ff). Für die Gesamtgutsverbindlichkeiten der fortgesetzten Gütergemeinschaft haften die Erben des Abkömmlings nicht. Andererseits berühren die Verbindlichkeiten des verstorbenen Abkömmlings das Gesamtgut der fortgesetzten Gütergemeinschaft nicht.

3 Aus der Unvererblichkeit des Anteils eines Abkömmlings am Gesamtgut der fortgesetzten Gütergemeinschaft folgt, dass der Abkömmling über diesen seinen Anteil auch **letztwillig nicht verfügen** und ihn auch nicht letztwillig belasten kann (KG OLGE 26, 315). Für Verfügungen unter Lebenden haben das bereits §§ 1487 Abs 2, 1419 Abs 1 (dazu § 1487 Rn 3) ausgesprochen. Außenstehende Personen sollen nach dem Willen des Gesetzgebers an dem Gesamtgut der fortgesetzten Gütergemeinschaft als einem Familienvermögen nicht beteiligt werden können (Mot IV 458). Dieser Grundsatz gilt sogar gegenüber dem Ehegatten des verstorbenen Abkömmlings (KG KGJ 44, 108).

4 Diese Regelung gilt jedoch nur für die Zeit des Bestehens der fortgesetzten Gütergemeinschaft. **Stirbt der Abkömmling** erst **nach deren Beendigung**, so **gehört sein Anteil** an der Auseinandersetzungsgemeinschaft, in die sich die fortgesetzte Gütergemeinschaft verwandelt (s § 1497), **zu seinem Nachlass.** Dieser Nachlass wird nach den allgemeinen erbrechtlichen Vorschriften vererbt (BayObLG MDR 1967, 673). Über ihn kann der Abkömmling auch letztwillig verfügen. Trifft der Abkömmling eine solche letztwillige Verfügung vor der Beendigung der fortgesetzten Gütergemeinschaft, so ist diese Verfügung nur wirksam, wenn der Abkömmling zZ der Beendigung als anteilsberechtigter Abkömmling noch lebt (vgl § 1487 Rn 7).

5 Durch **Rechtsgeschäft unter Lebenden** kann der Abkömmling aber auch nach der Beendigung der fortgesetzten Gütergemeinschaft über seinen Anteil an der Auseinandersetzungsgemeinschaft nicht verfügen (§§ 1497 Abs 2, 1419 Abs 1; BayObLG MDR 1952, 41).

III. Eintritt der Abkömmlinge des verstorbenen Abkömmlings

6 Hinterlässt der verstorbene Abkömmling seinerseits Abkömmlinge, die anteilsberechtigt wären, wenn der verstorbene Ehegatte nach dem verstorbenen Abkömmling verstorben wäre, so **treten** diese **Abkömmlinge an seiner Stelle in die fortgesetzte Gütergemeinschaft** kraft eigenen Rechts ein. Das gilt auch – trotz des insoweit zu engen Wortlautes des § 1490 S 2 – für solche Abkömmlinge des Abkömmlings, die erst nach dem Tode des verstorbenen Ehegatten erzeugt (§ 1923 Abs 2), geboren oder angenommen worden sind (hM, unter Hinweis auf § 1503). Ebenso ist es gleichgültig, ob sie aus der zZ des Todes des verstorbenen Ehegatten bestehenden oder aus einer späteren Ehe des Abkömmlings stammen.

Ansonsten müssen die Abkömmlinge des Abkömmlings hinsichtlich der Anteils- **7** berechtigung alle Voraussetzungen des § 1483 erfüllen wie ein anfänglicher Teilhaber der fortgesetzten Gütergemeinschaft (s dazu § 1483 Rn 12, 13). Daher kann auch ein **nichteheliches Kind** eines männlichen Abkömmlings des verstorbenen Ehegatten beim Tode seines Vaters an dessen Stelle treten (anders vor Inkrafttreten des Erbrechtsgleichstellungsgesetzes die hM im Anschluss an LG Heilbronn Justiz 1975, 231; OLG Stuttgart Justiz 1975, 476; JR 1976, 196 mit Anm Bökelmann).

Nicht in Betracht kommt ein Abkömmling des verstorbenen Abkömmlings für den Eintritt in die fortgesetzte Gütergemeinschaft, der wegen Verzichts (§§ 1491, 1517), Erbunwürdigkeit (§ 1506) oder aufgrund letztwilliger Verfügung (§ 1511) von der Erbfolge ausgeschlossen ist.

IV. Anwachsung der Gesamtgutsanteile des verstorbenen Abkömmlings

Das Gesetz spricht in § 1490 S 3 von einer „**Anwachsung**", verwendet jedoch sonst **8** diesen Ausdruck nur für die gewillkürte Änderung der Anteile (s zB § 2094). Bei der auf Gesetz beruhenden Veränderung der Quoten benutzt das Gesetz sonst den Ausdruck „Erhöhung" (zB § 1935). Ein *sachlicher Unterschied* wird jedoch dadurch *nicht begründet* (vgl Staudinger/Werner [2007] § 1935 Rn 8, 9).

Hinterlässt der verstorbene Abkömmling zwar **eigene Abkömmlinge nicht**, die an **9** seiner Stelle in die fortgesetzte Gütergemeinschaft eintreten, sind jedoch weitere **anteilsberechtigte Abkömmlinge der beiden Ehegatten** der ehelichen Gütergemeinschaft vorhanden, so wächst der Anteil des verstorbenen Abkömmlings am Gesamtgut der fortgesetzten Gütergemeinschaft diesen Abkömmlingen an. Das gilt auch zugunsten eines zZ des Todes des Abkömmlings noch nicht geborenen, aber bereits erzeugten gemeinschaftlichen Abkömmlings der beiden Ehegatten der ehelichen Gütergemeinschaft; wird er dann lebend geboren, so wächst ihm der Anteil des verstorbenen Abkömmlings an (§ 1923 Abs 2), da er die Gütergemeinschaft zusammen mit seinem überlebenden Elternteil fortsetzt (s § 1483 Rn 8).

Weder der überlebende Ehegatte der ehelichen Gütergemeinschaft noch der Ehe- **10** gatte des verstorbenen Abkömmlings (so nach § 16 Westfälisches GüterrechtsG vom 16. 4. 1860) noch seine Erben werden an diesem Gesamtgutsanteil des verstorbenen Abkömmlings beteiligt.

Die anteilsberechtigten Abkömmlinge können die durch die Anwachsung entste- **11** hende *Erhöhung ihrer Quoten* nicht ablehnen. Die Größe ihres Anteils an der den beteiligten Abkömmlingen insgesamt zustehenden Hälfte des Gesamtgutes der fortgesetzten Gütergemeinschaft ist während deren Bestehens ohne Bedeutung. Erst bei der Auseinandersetzung, die sich nach der Beendigung der fortgesetzten Gütergemeinschaft anschließt (§§ 1497 ff, 1503), äußert sie ihre Wirkung. Danach teilen mehrere Abkömmlinge die ihnen gemeinsam zufallende Hälfte des Gesamtgutes nicht nach Kopfteilen, sondern nach dem Verhältnis ihrer gesetzlichen Erbteile am Nachlass des verstorbenen Ehegatten (§§ 1503 Abs 1, 1924 Abs 3; dazu § 1503 Rn 2).

12 In der Anwachsung liegt **keine erbrechtliche Gesamtnachfolge** (KG KGJ 44, 108), sondern ein besonders gearteter familienrechtlicher Erwerb.

13 Sind **weitere anteilsberechtigte Abkömmlinge** als der verstorbene Abkömmling **nicht vorhanden** oder sind alle anteilsberechtigten Abkömmlinge verstorben, so tritt **Konsolidation in der Person des überlebenden Ehegatten** ein (iE auch BAMBERGER/ROTH/ MAYER Rn 4 Fn 6). Die fortgesetzte Gütergemeinschaft endet und der überlebende Ehegatte wird Alleineigentümer des Gesamtgutes der fortgesetzten Gütergemeinschaft (s Vorbem 12 zu §§ 1483–1518). Einer Auseinandersetzung bedarf es dafür natürlich nicht (vgl § 1497 Rn 2).

14 Über die Zulässigkeit eines **Zeugnisses** gem § 1507 mit dem Inhalt, dass alle anteilsberechtigten Abkömmlinge fortgefallen sind und sich alle Anteile in der Hand des überlebenden Ehegatten vereinigt haben, s § 1507 Rn 12.

V. Todeserklärung eines Abkömmlings

15 § 1490 findet auch Anwendung, wenn ein anteilsberechtigter *Abkömmling* für tot erklärt wird (§ 9 VerschG). Stellt sich heraus, dass er für tot Erklärte noch lebt oder wird der Todeszeitpunkt nachträglich geändert (§§ 40, 33a VerschG), so treten die der wahren Sachlage entsprechenden Rechtsfolgen ein. Bei Todeserklärung des *überlebenden Ehegatten* endigt dagegen die fortgesetzte Gütergemeinschaft (§ 1494 Abs 2).

VI. Höferecht

16 Im Geltungsbereich der Höfeordnung (für die Länder der ehemals britisch besetzten Zone) erhält beim Ehegattenhof der überlebende Ehegatte die Rechtsstellung als endgültiger Hoferbe, wenn gem § 5 HöfeO berufene Verwandte des Ehegatten, von dem der Hof stammt, nicht vorhanden sind.

VII. Unabdingbarkeit

17 Die Regelung des § 1490 kann durch Rechtsgeschäft nicht abgeändert werden (§ 1518 S 1).

§ 1491
Verzicht eines Abkömmlings

(1) Ein anteilsberechtigter Abkömmling kann auf seinen Anteil an dem Gesamtgut verzichten. Der Verzicht erfolgt durch Erklärung gegenüber dem für den Nachlass des verstorbenen Ehegatten zuständigen Gericht; die Erklärung ist in öffentlich beglaubigter Form abzugeben. Das Nachlassgericht soll die Erklärung dem überlebenden Ehegatten und den übrigen anteilsberechtigten Abkömmlingen mitteilen.

(2) Der Verzicht kann auch durch Vertrag mit dem überlebenden Ehegatten und den übrigen anteilsberechtigten Abkömmlingen erfolgen. Der Vertrag bedarf der notariellen Beurkundung.

(3) Steht der Abkömmling unter elterlicher Sorge oder unter Vormundschaft, so ist zu dem Verzicht die Genehmigung des Vormundschaftsgerichts erforderlich. Dies gilt auch für den Verzicht durch den Betreuer des Abkömmlings.

(4) Der Verzicht hat die gleichen Wirkungen, wie wenn der Verzichtende zur Zeit des Verzichts ohne Hinterlassung von Abkömmlingen gestorben wäre.

Materialien: Zu § 1491 aF: E I § 1398 Abs 1–3; II § 1396 rev 1476; III § 1474; Mot IV 460; Prot IV 316; V 443; VI 393. Zu § 1491 nF: GleichberG E I § 1491; II § 1491; BT-Drucks 11/4528 S 106. Vgl Staudinger/BGB-Synopse 1896–2005 § 1491.

Systematische Übersicht

I. Allgemeines

§ 1491 regelt den Fall, dass ein anteilsberechtigter Abkömmling während des Be- **1** stehens der fortgesetzten Gütergemeinschaft aus ihr durch Verzicht ausscheidet. Über das Ausscheiden eines Abkömmlings *durch Tod* s § 1490. Über den Verzicht eines Abkömmlings auf seinen künftigen Anteil am Gesamtgut der fortgesetzten Gütergemeinschaft *vor deren Eintritt* s § 1517 (Vorausverzicht). Über die Aufhebung einer fortgesetzten Gütergemeinschaft durch den überlebenden Ehegatten s § 1492. Das Gesetz macht in § 1491 die einzige Ausnahme von dem Grundsatz, dass ein anteilsberechtigter Abkömmling über seinen Gesamtgutsanteil nicht verfügen kann (§§ 1487 Abs 1, 1419 Abs 1). Es erlaubt ihm damit, aus der Gesamthandsgemeinschaft auszuscheiden und seinen Anteil (in gewissen Grenzen) gegen eine Abfindung zu verwerten (Mot IV 460). Eine solche „Abschichtung" dient in der Regel der wirtschaftlichen Verselbständigung des Abkömmlings. Einen Anspruch auf eine solche Abschichtung hat der Abkömmling jedoch im Gegensatz zu früheren Regelungen nicht. § 1491 ist durch das Gleichberechtigungsgesetz nicht geändert worden. Abs 3 wurde dem geltenden Betreuungsrecht angepasst durch das Betreuungsgesetz vom 12. 9. 1990.

II. Inhalt und Zulässigkeit des Verzichts

Der Verzicht enthält die Aufgabe eines Rechts und ist somit eine gestaltende Ver- **2** fügung. Ihren Kern bildet die **Willenserklärung** des verzichtenden Abkömmlings, auf seinen Anteil am Gesamtgut der fortgesetzten Gütergemeinschaft zu verzichten. Auf diese Willenserklärung finden die allgemeinen Vorschriften der §§ 104 ff, 116 ff Anwendung. Ist sie wirksam abgegeben, so können ihre Wirkungen nicht mehr rückgängig gemacht werden (s unten Rn 19). Die Verzichtserklärung kann wegen Irrtums, Zwanges oder Täuschung angefochten werden (§§ 119, 123; BayObLG RJW 1954, 928). Mangels einer gegenteiligen Regelung kann der Verzicht auch unter einer aufschiebenden Bedingung oder Befristung erklärt werden. Eine auflösende Bedingung oder Befristung muss jedoch als ausgeschlossen angesehen werden, weil die einmal eingetretenen Wirkungen des Verzichts nicht rückgängig gemacht werden können (hM, vgl MünchKomm/Kanzleiter Rn 5 mwNw; BGB-RGRK/Finke Rn 1). § 1491 lässt nur den Verzicht auf den ganzen Gesamtgutsanteil zu; ein *Teilverzicht* ist *unzulässig*. Das ergibt sich aus der in § 1491 Abs 4 festgelegten Wirkung des Verzichts (vgl auch § 1950 für die Erbschaft).

3 § 1491 setzt voraus, dass der **Verzicht erst nach Eintritt** der fortgesetzten Gütergemeinschaft ausgeübt wird. Für den Verzicht vor Eintritt der fortgesetzten Gütergemeinschaft s § 1517 (Vorausverzicht). Der an der fortgesetzten Gütergemeinschaft beteiligte Abkömmling kann auf seinen Gesamtgutsanteil aber auch noch **nach der Beendigung** der fortgesetzten Gütergemeinschaft verzichten (BayObLGZ 17, 172; MDR 1952, 41). So hindert auch der Tod des überlebenden Ehegatten, mit dem die fortgesetzte Gütergemeinschaft endet (§ 1494), den Verzicht des beteiligten Abkömmlings nicht. Gerade dann kann ein praktisches Bedürfnis für eine solche Maßnahme bestehen. Wegen der Beteiligung der Erben des zweitverstorbenen Ehegatten an dem vertragsmäßigen Verzicht s unten Rn 23. Erst nach Beendigung des Auseinandersetzungsverfahrens (§§ 1497 ff) ist ein Verzicht eines Abkömmlings nicht mehr möglich.

4 Ob ein **Abkömmling, der noch nicht anteilsberechtigt** ist, weil der vor ihm berufene Abkömmling an der fortgesetzten Gütergemeinschaft noch teilnimmt, bei dessen Ausscheiden (durch Tod) er in die fortgesetzte Gütergemeinschaft eintreten würde (zB ein Enkel bei Lebzeiten seines anteilsberechtigten Vaters) auf seinen künftigen Gesamtgutsanteil verzichten kann, ist in § 1491 nicht geregelt, sollte jedoch bejaht werden (so auch schon Planck/Unzner § 1491 Anm 2; **aM** MünchKomm/Kanzleiter Rn 2).

5 Da der Anteil des Abkömmlings am Gesamtgut der fortgesetzten Gütergemeinschaft während deren Bestehens dem Zugriff seiner Gläubiger nicht unterliegt (**§ 860 Abs 1 ZPO)**, kann der Abkömmling auf ihn auch dann verzichten, wenn in sein Vermögen vollstreckt wird oder über sein Vermögen das **Insolvenzverfahren** eröffnet worden ist. Verzichtet der Abkömmling erst nach der Beendigung der fortgesetzten Gütergemeinschaft (aber vor Beendigung des Auseinandersetzungsverfahrens), so ist der Verzicht gleichfalls wirksam, unterliegt jedoch möglicherweise der *Gläubigeranfechtung* (dazu s unten Rn 11).

6 Die **Wirkungen des Verzichts** sind in § 1491 festgelegt und können durch **Parteiabrede nicht abgeändert werden** (§ 1518 S 1). Daher ist es nicht möglich, die durch den Verzicht eines Abkömmlings entstehenden Wirkungen anderer Personen oder den durch das Gesetz bestimmten Personen in anderem Umfang zukommen zu lassen (s auch unten Rn 17; anders beim Vorausverzicht des § 1517; s dort).

Der Verzicht als Verfügungsgeschäft beruht in der Regel auf einem **Verpflichtungs-** 7
geschäft, durch das der Abkömmling entweder unentgeltlich oder – wie zumeist –
gegen ein Entgelt (Abfindung) den einseitigen oder vertragsmäßigen Verzicht auf
seinen Gesamtgutsanteil zu erklären verspricht. Während es sich bei dem unentgeltlichen Verpflichtungsvertrag um einen einseitig verpflichtenden Vertrag handelt, der allein auf die Leistung (den Verzicht) des Abkömmlings abzielt, handelt
es sich bei dem Abfindungsvertrag um einen entgeltlichen gegenseitigen Vertrag,
auf dessen Abwicklung die allgemeinen schuldrechtlichen Vorschriften anzuwenden sind (RGZ 75, 263; BayObLG MDR 1952, 41). Der Abkömmling schuldet die Verzichtserklärung, der Partner die Gegenleistung. Vertragspartner können der überlebende Ehegatte, die anderen anteilsberechtigte Abkömmlinge oder ein Dritter
sein. Die **Gegenleistung** kann in allen denkbaren Vermögenswerten und auch in
einer begünstigenden letztwilligen Verfügung bestehen. Wird etwa ein zum Gesamtgut der fortgesetzten Gütergemeinschaft gehörendes Grundstück als Abfindung übereignet, so gelten hinsichtlich bestehender Rechtsmängel die §§ 435, 442
(RG SeuffA 86 Nr 167).

Eine **Form** ist **für den obligatorischen Abfindungsvertrag** (im Ggs zum Verzicht selbst, 8
s unten Rn 12 ff) nicht ausdrücklich vorgesehen, obwohl sie zu Zwecken der Warnung
und Klarstellung dringend geboten ist. Analog § 1491 Abs 2 ist ein Zwang zur
notariellen Beurkundung auch des kausalen Abfindungsvertrages aber anzunehmen
(wie hier iE: MAI BWNotZ 2003, 65; BAMBERGER/ROTH/MAYER Rn 2; GERNHUBER/COESTER-WALT-
JEN § 39 Rn 24; hM beim Erbverzicht s STAUDINGER/SCHOTTEN [2004] § 2348 Rn 10 mwNw). Der
formnichtige Abfindungsvertrag wird durch den förmlichen Verzicht geheilt. Der
unentgeltliche Verzicht ist **keine Schenkung** (vgl § 517); das unentgeltliche Versprechen eines Verzichts ist dementsprechend nicht an die Form des § 518 Abs 1 gebunden.

Der **Verzicht ist** – wie jede Verfügung – **abstrakt**, dh von dem zugrundeliegenden 9
Rechtsgeschäft (zB einem Abfindungsvertrag), zu dessen Erfüllung der Verzicht
dient, in seinem rechtlichen Schicksal unabhängig. Ist der Verzicht also wirksam
erklärt, kann er wegen des Ausbleibens der Gegenleistung nicht rückgängig gemacht
werden (s unten Rn 19). Die Gegenleistung kann jedoch von vornherein zur (aufschiebenden) Bedingung (s oben Rn 2) erhoben werden, von deren Eintreten die Wirksamkeit des Verzichts abhängt.

Das Gesetz regelt in §§ 1501, 1503 Abs 3 den praktisch wichtigsten Fall, dass der 10
Abkömmling gegen eine **Abfindung aus dem Gesamtgut** der fortgesetzten Gütergemeinschaft verzichtet hat (dazu § 1501 Rn 1). Eine solche Abfindung, die der über-
bende Ehegatte auf Grund seines Verwaltungsrechts (§§ 1487 Abs 1, 1422) aus
dem Gesamtgut der fortgesetzten Gütergemeinschaft leisten kann, ist eine Ausstattung, soweit sie das dem Anteil des verzichtenden Abkömmlings am Gesamtgut
der fortgesetzten Gütergemeinschaft nach dessen Stande zur Zeit der Gewährung
der Abfindung entsprechende Maß nicht übersteigt (§ 1624 Abs 1). Eine höhere
Gegenleistung stellt jedoch eine *Schenkung* dar, die der überlebende Ehegatte nur
mit Einwilligung der übrigen anteilsberechtigte Abkömmlinge dem Gesamtgut
entnehmen könnte (§§ 1487 Abs 1, 1425).

Vor Beendigung der fortgesetzten Gütergemeinschaft unterliegt der **unentgeltliche** 11

Verzicht des anteilsberechtigten Abkömmlings nicht der **Gläubigeranfechtung** (§§ 129 ff InsO, 1 ff AnfG; BGB-RGRK/Finke Rn 3; aA Bamberger/Roth/Mayer Rn 3; MünchKomm/Kanzleiter Rn 2 Fn 2; Soergel/Gaul Rn 8). Anfechtbar sind nur Rechtshandlungen, die das Vermögen des Gemeinschuldners betreffen, das Bestandteil der Insolvenzmasse geworden wäre. Verfügungen über unpfändbare Werte bewirken wegen § 36 Abs 1 InsO keine Benachteiligung. Der Anteil an der Gütergemeinschaft ist vor Beendigung nicht pfändbar (§ 860 Abs 1 S 2 ZPO). Verzichtet der Abkömmling dagegen erst **nach der Beendigung**, aber vor dem Abschluss der Auseinandersetzung der fortgesetzten Gütergemeinschaft (s dazu oben Rn 5 f), so verfügt er über ein dem Zugriff seiner Gläubiger unterliegendes Vermögensrecht (vgl § 860 Abs 2 ZPO). Der Gläubiger kann sich deswegen an die Personen, denen der Verzicht zustatten gekommen ist (s unten Rn 16), wegen des Wertersatzes des erlangten Vorteils halten (so OLG Stettin JW 1934, 921; Gernhuber/Coester-Waltjen § 39 Rn 23 Fn 30; BGB-RGRK/Finke Rn 3; Bamberger/Roth/Mayer Rn 3; anderer Meinung offenbar MünchKomm/Kanzleiter Rn 2 Fn 2).

III. Form des Verzichts

12 Das Gesetz unterscheidet den einseitigen Verzicht (§ 1491 Abs 1 S 2) und den vertragsmäßigen Verzicht (§ 1491 Abs 2). Für beide sieht er bestimmte Formen vor, deren Nichtbeachtung den Verzicht nichtig macht (§ 125 S 1). **Der einseitige Verzicht** erfolgt durch die Erklärung des Abkömmlings gegenüber dem für den Nachlass des verstorbenen Ehegatten zuständigen Gericht, also dem Amtsgericht, in dessen Bezirk der verstorbene Ehegatte zur Zeit seines Todes seinen Wohnsitz oder (bei dessen Fehlen) seinen Aufenthalt hatte (§§ 72, 73 FGG). Die Erklärung ist in öffentlich beglaubigter Form abzugeben (§§ 1491 Abs 1 S 2, 129; §§ 39, 40 BeurkG; krit zum Formerfordernis v Venrooy FamRZ 1988, 561). Das Gericht soll die Erklärung dem überlebenden Ehegatten und den übrigen anteilsberechtigten Abkömmlingen mitteilen (§ 1491 Abs 1 S 3). Geschieht das nicht, so ist das ohne Einfluss auf die Wirksamkeit der Verzichtserklärung. Zur **Anfechtung** eines einseitigen Verzichts vgl § 143 Abs 4 S 2.

13 Der Abkömmling kann auch durch einen **Vertrag** mit dem überlebenden Ehegatten und den übrigen anteilsberechtigten Abkömmlingen auf seinen Gesamtgutsanteil verzichten und damit aus der fortgesetzten Gütergemeinschaft ausscheiden. Den **Verzichtsvertrag müssen also alle an der fortgesetzten Gütergemeinschaft beteiligten Personen** abschließen (RG LZ 1918, 613). Nach dem Tode des überlebenden Ehegatten wird der vertragsmäßige Verzicht durch einen Vertrag des verzichtenden Abkömmlings mit den Erben des zuletzt verstorbenen Ehegatten und den übrigen anteilsberechtigten Abkömmlingen abgeschlossen. Der Verzichtsvertrag bedarf der **notariellen Beurkundung** (§§ 1491 Abs 2 S 2, 128, s auch § 127a). Gegen den Wortlaut und die allgM will v Venrooy (FamRZ 1988, 561) im Wege teleologischer Korrektur des Gesetzeswortlautes auf die Beurkundungspflicht verzichten (ausführlich dagegen Rohr 50 ff).

14 Ist der verzichtende Abkömmling unbeschränkt geschäftsfähig, so kann er seine (einseitige oder vertragliche) **Verzichtserklärung auch durch einen Bevollmächtigten** abgeben lassen (§ 164). Ist der überlebende **Ehegatte der gesetzliche Vertreter** des verzichtenden Abkömmlings, so ist er durch § 181 an einer einseitigen Verzichtserklärung, die er im Namen seines Abkömmlings abgibt, nicht gehindert, weil er kein

Rechtsgeschäft mit sich selbst vornimmt. Der überlebende Ehegatte kann ihn jedoch bei einem Verzichtsvertrag wegen der Gefahr einer Interessenkollision nicht vertreten (§ 181). In diesem Falle bedarf es der Bestellung eines Pflegers oder Ergänzungsbetreuers für den verzichtenden Abkömmling (§§ 1909, 1899 Abs 4). In den vorstehenden Fällen bedarf der (einseitige oder vertragsmäßige) Verzicht der **Genehmigung des Vormundschaftsgerichts** (§ 1491 Abs 3). Dies gilt auch für den Fall der Betreuung (Einzelh s § 1484 Rn 6). Ist hiernach die Genehmigung des Vormundschaftsgerichtes erforderlich, so muss sie *zusammen mit der einseitigen Verzichtserklärung* dem Nachlassgericht eingereicht werden. Andernfalls ist die Verzichtserklärung unwirksam (§§ 1643 Abs 3, 1831). Bei einem vertraglichen Verzicht kann die Genehmigung des Vormundschaftsgerichts nachgebracht werden (§§ 1643 Abs 3, 1829).

Ob der verzichtende Abkömmling, der verheiratet ist, zu der in seinem Verzicht auf **15** seinen Gesamtgutsanteil liegenden Verfügung die Zustimmung seines Ehegatten benötigt, hängt von dem Güterstand ab, in dem er lebt. Eine solche Zustimmung des Ehegatten ist jedoch nur in der Zugewinngemeinschaft erforderlich, wenn der Gesamtgutsanteil das ganze oder fast das ganze Vermögen des verzichtenden Abkömmlings darstellt (§ 1365). Lebt der Abkömmling in Gütergemeinschaft, so gehört sein Gesamtgutsanteil zu seinem Sondergut (hM; dazu § 1417 Rn 6 mwNw), über das er allein verfügen kann (§ 1417 Abs 3).

IV. Wirkungen des Verzichts

Ebenso wie die Voraussetzungen und die Form des Verzichts sind auch seine Wir- **16** kungen festgelegt (§ 1491 Abs 4). Das Gesetz umschreibt sie dahin, dass die gleichen Wirkungen von dem Verzicht ausgehen, **wie wenn** der verzichtende Abkömmling zur Zeit des Verzichts ohne Hinterlassung von Abkömmlingen **gestorben** wäre. Damit nimmt es auf § 1490 S 3 Bezug, der für diesen Fall anordnet, dass der Anteil des ausscheidenden Abkömmlings am Gesamtgut der fortgesetzten Gütergemeinschaft den übrigen anteilsberechtigten Abkömmlingen und, wenn solche nicht vorhanden sind, dem überlebenden Ehegatten anwächst (s dazu § 1490 Rn 8 ff). Durch das Ausscheiden eines Abkömmlings durch seinen Verzicht erhöhen sich somit die Anteile der in der fortgesetzten Gütergemeinschaft verbleibenden Abkömmlinge an der ihnen bei der Auseinandersetzung gebührenden Hälfte des Gesamtgutes. Ist mit dem Verzicht der letzte Abkömmling ausgeschieden, so fällt das ganze Gesamtgut dem überlebenden Ehegatten als freies Vermögen zu; einer Auseinandersetzung des Gesamtgutes bedarf es nicht; die fortgesetzte Gütergemeinschaft ist damit beendet.

Die **Anwachsung** vollzieht sich **kraft Gesetzes**, so dass Folgen wie nach § 729 Abs 1 ZPO **17** nicht in Betracht kommen (LG München I MDR 1952, 44). Sie kann weder durch Vertrag der Ehegatten der ehelichen Gütergemeinschaft noch durch letztwillige Verfügung geändert werden (§ 1518 S 1; hM gegen PLANCK/UNZNER § 1491 Anm 11). Sie kann **weder ausgeschlossen noch** zugunsten des überlebenden Ehegatten oder eines in der fortgesetzten Gütergemeinschaft verbleibenden Abkömmlings oder eines Dritten **abgeändert werden** (s auch oben Rn 6; anders beim Vorausverzicht des § 1517; dazu dort Rn 4 ff).

Durch den Verzicht des anteilsberechtigten Abkömmlings **scheiden auch seine eige- 18 nen Abkömmlinge aus**, da auf Grund seines Verzichts die Rechtslage so angesehen wird, als sei er zur Zeit des Verzichts ohne Hinterlassung von Abkömmlingen gestorben. Damit bindet sein Verzicht auch seine Abkömmlinge, ohne dass diese Folge durch Vertrag abgewendet werden könnte (§ 1518 S 1; Bamberger/Roth/Mayer Rn 4; Palandt/Brudermüller Rn 3; anders Planck/Unzner § 1491 Anm 11, unter Hinweis auf § 2349).

V. Keine Wiederaufhebung des Verzichts

19 Ist der Verzicht (einseitig oder vertragsmäßig) wirksam erfolgt, kann er auch durch einen Vertrag zwischen dem verzichtenden Abkömmling und dem überlebenden Ehegatten und den anderen anteilsberechtigten Abkömmlingen nicht wieder rückgängig gemacht werden (s oben Rn 16). Eine solche Möglichkeit ist im Gesetz nicht vorgesehen (MünchKomm/Kanzleiter Rn 6; BGB-RGRK/Finke Rn 11).

§ 1492
Aufhebung durch den überlebenden Ehegatten

(1) Der überlebende Ehegatte kann die fortgesetzte Gütergemeinschaft jederzeit aufheben. Die Aufhebung erfolgt durch Erklärung gegenüber dem für den Nachlass des verstorbenen Ehegatten zuständigen Gericht; die Erklärung ist in öffentlich beglaubigter Form abzugeben. Das Nachlassgericht soll die Erklärung den anteilsberechtigten Abkömmlingen und, wenn der überlebende Ehegatte gesetzlicher Vertreter eines der Abkömmlinge ist, dem Vormundschaftsgericht mitteilen.

(2) Die Aufhebung kann auch durch Vertrag zwischen dem überlebenden Ehegatten und den anteilsberechtigten Abkömmlingen erfolgen. Der Vertrag bedarf der notariellen Beurkundung.

(3) Steht der überlebende Ehegatte unter elterlicher Sorge oder unter Vormundschaft, so ist zu der Aufhebung die Genehmigung des Vormundschaftsgerichts erforderlich. Dies gilt auch für die Aufhebung durch den Betreuer des überlebenden Ehegatten.

Materialien: Zu § 1492 aF: E I § 1403 Nr 4, 5; II § 1403 rev 1477; III § 1475; Mot IV 468; Prot IV 342; VI 288.

Zu § 1492 nF: GleichberG E I 1492; II 1492; BT-Drucks 11/4528, 106.
Vgl Staudinger/BGB-Synopse 1896–2005 § 1492.

Systematische Übersicht

I. Allgemeines

In § 1484 räumt das Gesetz dem überlebenden Ehegatten das Recht ein, den Eintritt **1** der fortgesetzten Gütergemeinschaft durch seine Ablehnung zu verhindern. Aber auch nach ihrem Eintritt kann der überlebende Ehegatte sie jederzeit durch seine Aufhebung beenden. Damit trägt der Gesetzgeber dem Umstand Rechnung, dass die fortgesetzte Gütergemeinschaft **in erster Linie im Interesse des überlebenden Ehegatten** eingeführt ist und dass es daher nicht gerechtfertigt ist, sie gegen seinen Willen eintreten zu lassen oder aufrechtzuerhalten.

II. Aufhebungserklärung und ihre Voraussetzungen

Die Aufhebungserklärung des überlebenden Ehegatten ist eine **gestaltende Verfü-** **2** **gung.** Ihren Kern bildet die Willenserklärung des überlebenden Ehegatten, die fortgesetzte Gütergemeinschaft zu beenden. Auf diese Willenserklärung finden die allgemeinen Vorschriften der §§ 104 ff, 116 ff Anwendung. Ist sie wirksam abgegeben, so können ihre Wirkungen nicht mehr rückgängig gemacht werden (s unten Rn 7). Die Ausführungen zur Verzichtserklärung gelten entsprechend. Zur **Anfechtung** kann daher auf § 1491 Rn 12, zur **Bedingung** und **Befristung** auf § 1491 Rn 2 verwiesen werden. Die Aufhebung der fortgesetzten Gütergemeinschaft kann **nur mit Wirkung allen**, nicht aber einzelnen anteilsberechtigten **Abkömmlingen gegenüber** erfolgen, da die mit der Aufhebung verbundene Beendigung der fortgesetzten Gütergemeinschaft alle an ihr Beteiligten betrifft. **Das Recht** des überlebenden Ehegatten, die fortgesetzte Gütergemeinschaft **durch Aufhebung zu beenden, setzt voraus**, dass die **Fortsetzung der Gütergemeinschaft eingetreten** ist. Von dann an kann der überlebende Ehegatte sie jedoch jederzeit erklären, solange die fortgesetzte Gütergemeinschaft besteht, also auch nach ihrer Beendigung **bis zur Erledigung des Auseinandersetzungsverfahrens.**

Weder **Zwangsvollstreckung** in das Gesamtgut noch **Insolvenzverfahren** über das **3** Vermögen des überlebenden Ehegatten hindern die Aufhebung der fortgesetzten Gütergemeinschaft (ebenso Planck/Unzner § 1492 Anm 2; BGB-RGRK/Finke Rn 2). Zwar gehört nach der Insolvenzeröffnung das Gesamtgut zur Insolvenzmasse (§ 37 Abs 1, 3 InsO), das der alleinigen Verwaltung und Verfügung des Insolvenzverwalters unterliegt (§ 80 Abs 1 InsO). Das darf jedoch nicht dazu führen, den überlebenden Ehegatten gegen seinen Willen an der fortgesetzten Gütergemeinschaft festzuhalten. Zudem liegt in der Aufhebung der fortgesetzten Gütergemeinschaft weder eine Verfügung über das Gesamtgut noch ein Eingriff in die Verwaltungs- und Verfügungsbefugnis des Insolvenzverwalters.

III. Form der Aufhebung

Das Gesetz stellt – ebenso wie beim Verzicht eines Abkömmlings (§ 1491 Abs 1 S 2, **4** Abs 2) – die einseitige und die vertragsmäßige Aufhebung zur Wahl, die auch in ihrer technischen Ausgestaltung weitgehend der des Verzichts entsprechen (vgl § 1491 Rn 19 ff). **Die einseitige Aufhebung** erfolgt durch die **Erklärung** des überlebenden Ehegatten **gegenüber** dem für den Nachlass des verstorbenen Ehegatten **zuständigen Gericht** (dazu § 1491 Rn 12). Soweit die anteilsberechtigten Abkömmlinge unter elterlicher Sorge stehen oder bevormundet sind, muss das Vormundschaftsgericht ihnen für das **Auseinandersetzungsverfahren** Pfleger bestellen, da der überlebende Ehegatte sie hierbei nicht vertreten kann (§§ 181, 1629 Abs 2, 1795 Nr 1, 1909). Ist das bei mehreren Abkömmlingen der Fall, so ist für jeden einzelnen ein Pfleger zu bestellen (BGHZ 21, 232). Für den Fall der Betreuung ist dementsprechend ein Ergänzungsbetreuer zu bestellen (§§ 1908i; 1795; 1899 Abs 4).

5 Die **Aufhebung** der fortgesetzten Gütergemeinschaft kann **auch durch einen Vertrag** zwischen dem überlebenden Ehegatten und allen anteilsberechtigten Abkömmlingen erfolgen. Der Vertrag bedarf der notariellen Beurkundung (§ 1492 Abs 2, 128; hM; aA vVENROOY FamRZ 1988, 561). Bei einem solchen Aufhebungsvertrag kann der überlebende Ehegatte seine Abkömmlinge, soweit er ihr gesetzlicher Vertreter ist, nicht vertreten (§§ 181, 1629 Abs 2, 1795; 1909). Für jeden dieser Abkömmlinge muss daher ein Pfleger oder ein Ergänzungsbetreuer bestellt werden (vgl oben Rn 4). Damit sind nach Auffassung des Gesetzes die Interessen der minderjährigen oder betreuten Abkömmlinge hinreichend gewahrt. Eine **vormundschaftsgerichtliche Genehmigung** der im Aufhebungsvertrag abgegebenen Willenserklärungen der Abkömmlinge (und der für sie bestellten Pfleger oder Betreuer) ist daher (im Gegensatz zu § 1491 Abs 3) **nicht vorgesehen.** Sie kann jedoch erforderlich sein, wenn im Aufhebungsvertrag gleichzeitig eine Auseinandersetzung vorgenommen wird und zum Gesamtgut der fortgesetzten Gütergemeinschaft ein Grundstück gehört (§§ 1915 Abs 1, 1821 Ziff 1) oder der Anteil des Abkömmlings sein ganzes Vermögen darstellt (§ 1822 Ziff 1). Wegen des Erfordernisses der **Zustimmung des Ehegatten** des an dem Aufhebungsvertrag beteiligten Abkömmlings s § 1491 Rn 15.

6 Der überlebende Ehegatte kann seine **einseitige oder vertragsmäßige** Aufhebungserklärung auch **durch einen Bevollmächtigten** abgeben lassen. Steht er unter elterlicher Sorge (§§ 1626 ff), unter Vormundschaft (§§ 1773 ff) oder Betreuung (§§ 1896 ff), so bedarf es zur (einseitigen oder vertragsmäßigen) Aufhebungserklärung der **Genehmigung des Vormundschaftsgerichts** (§ 1492 Abs 3; s auch § 1484 Abs 2 S 2). Die Genehmigung des Vormundschaftsgerichts muss gleichzeitig mit der einseitigen Aufhebungserklärung des gesetzlichen Vertreters des überlebenden Ehegatten dem Nachlassgericht vorgelegt werden, beim Aufhebungsvertrag kann sie auch nachgereicht werden (s § 1491 Rn 14).

IV. Wirkungen der Aufhebung

7 Durch die Aufhebung wird die **fortgesetzte Gütergemeinschaft beendet.** An ihre Stelle tritt die Auseinandersetzungsgemeinschaft, in der der überlebende Ehegatte und die anteilsberechtigten Abkömmlinge das bisherige Gesamtgut gemeinschaftlich verwalten und auseinandersetzen (§§ 1497, 1498). Ist die fortgesetzte Gütergemeinschaft durch die Aufhebungserklärung des überlebenden Ehegatten beendet, so **kann** sie auch durch einen Vertrag der an ihr Beteiligten **nicht wiederhergestellt werden.**

V. Abweichende Vereinbarungen

8 Die im Gesetz festgelegten Wirkungen der Aufhebung können nicht vertraglich abgeändert werden (§ 1518 S 1). Unzulässig ist zB die Vereinbarung der Abkömmlinge, die Gütergemeinschaft trotz der Aufhebung durch den überlebenden Ehegatten fortzusetzen; ob eine solche Vereinbarung als Gesellschaftsvertrag angesehen werden kann, bemisst sich nach den allgemeinen Vorschriften.

VI. Güterrechtsregister

Die Beendigung der fortgesetzten Gütergemeinschaft wird – ebenso wie ihre Ent- 9 stehung – nicht in das Güterrechtsregister eingetragen (s Vorbem 16 zu §§ 1483–1518).

§ 1493
Wiederverheiratung oder Begründung einer Lebenspartnerschaft des überlebenden Ehegatten

(1) Die fortgesetzte Gütergemeinschaft endet, wenn der überlebende Ehegatte wieder heiratet oder eine Lebenspartnerschaft gründet.

(2) Der überlebende Ehegatte hat, wenn ein anteilsberechtigter Abkömmling minderjährig ist, die Absicht der Wiederverheiratung dem Vormundschaftsgericht anzuzeigen, ein Verzeichnis des Gesamtguts einzureichen, die Gütergemeinschaft aufzuheben und die Auseinandersetzung herbeizuführen. Dies gilt auch, wenn die Sorge für das Vermögen eines anteilsberechtigten Abkömmlings zum Aufgabenkreis eines Betreuers gehört. Das Vormundschaftsgericht kann gestatten, dass die Aufhebung der Gütergemeinschaft bis zur Eheschließung unterbleibt und dass die Auseinandersetzung erst später erfolgt.

Materialien: Zu § 1493 aF: E I §§ 1403 Nr 2, 1404; II § 1404 rev 1478; III § 1476; Mot IV 466, 470; Prot II 342.

Zu § 1493 nF: GleichberG E I § 1493; II § 1493; BT-Drucks 11/4528, 106.

Vgl STAUDINGER/BGB-Synopse 1896–2005 § 1493.

Systematische Übersicht

I.   Allgemeines

Das Gesetz geht davon aus, dass die bisherige fortgesetzte Gütergemeinschaft allein 1 zwischen dem überlebenden Ehegatten und den gemeinschaftlichen Abkömmlingen seiner vorherigen Ehe bestehen kann und durch eine neue Ehe oder eine Lebenspartnerschaft nach dem Partnerschaftsgesetz (§ 1493 Abs 1 insoweit neugefasst durch Art 2 d Ges vom 16. 2. 2001, BGBl I 266) des überlebenden Ehegatten ihren Sinn verloren hat. In Abs 2 werden dem überlebenden Ehegatten, der mit minderjährigen oder betreuten Abkömmlingen in fortgesetzter Gütergemeinschaft lebt, bestimmte Pflichten zum Schutz der Abkömmlinge auferlegt, wenn er eine neue Verbindung eingehen will.

II. Wiederverheiratung oder Lebenspartnerschaft des überlebenden Ehegatten (Abs 1)

2 Die Vorschrift setzt voraus, dass der überlebende Ehegatte eine neue Ehe schließt oder eine Lebenspartnerschaft begründet. Ob die neue Ehe Bestand hat oder ob sie aufgehoben wird, ist gleichgültig (hM; MünchKomm/Kanzleiter Rn 2; Soergel/Gaul Rn 1). Beides beendet die fortgesetzte Gütergemeinschaft (§ 1493 Abs 1). Diese Folge tritt kraft Gesetzes ein und ist unabdingbar (§ 1518 S 1); sie kann weder durch Vertrag noch durch letztwillige Anordnung ausgeschlossen werden. Ein Antrag der Abkömmlinge ist nicht erforderlich. Ist die fortgesetzte Gütergemeinschaft auf diese Weise beendet, so kann sie auch vertraglich oder durch letztwillige Verfügung **nicht wiederhergestellt** werden. An die Beendigung der fortgesetzten Gütergemeinschaft schließt sich in der Regel die Auseinandersetzung über deren Gesamtgut an (§§ 1497 ff; wegen der Ausnahmen s unten Rn 7).

III. Besondere Pflichten vor Wiederverheiratung (Abs 2)

3 Zum Schutze minderjähriger oder betreuter Abkömmlinge, die mit dem überlebenden Ehegatten in fortgesetzter Gütergemeinschaft leben, werden dem überlebenden Ehegatten einige besondere Pflichten auferlegt, die er schon vor der Wiederverheiratung erfüllen soll. Voraussetzung ist dafür, dass an der fortgesetzten Gütergemeinschaft mindestens ein Abkömmling beteiligt ist, der minderjährig ist oder unter Betreuung mit dem Wirkungskreis Vermögenssorge (§§ 1896 ff) steht. Dass der überlebende Ehegatte selbst gesetzlicher Vertreter (Inhaber der elterlichen Sorge, Vormund, Betreuer) ist, wird nicht gefordert.

4 Der überlebende Ehegatte hat die **Absicht seiner Wiederverheiratung** dem Vormundschaftsgericht **anzuzeigen**. Die Zuständigkeit des Vormundschaftsgerichts ergibt sich aus §§ 35, 43 FGG. Eine Form ist für die Anzeige nicht vorgeschrieben.

Er hat ein **Verzeichnis des Gesamtguts** dem Vormundschaftsgericht einzureichen. Das gilt auch dann, wenn die fortgesetzte Gütergemeinschaft bereits vorher (durch Aufhebung des überlebenden Ehegatten) beendet worden ist, der überlebende Ehegatte jedoch vor der Beendigung der Auseinandersetzung eine neue Ehe eingehen will (BayObLGZ 22, 29). Die gleiche Verpflichtung trifft einen Elternteil, der Kindesvermögen verwaltet, vor seiner Wiederverheiratung (§ 1683; s Erl dort). Im Einzelnen ist Folgendes zu beachten: Die Vermögensstücke müssen vollständig aufgeführt sein. Einer **Beschreibung** der einzelnen Vermögensstücke und der Angabe ihres Wertes bedarf es in der Regel nicht (so auch Staudinger/Coester [2004] § 1683 Rn 15; aA Staudinger/Engler [2004] § 1640 Rn 17 mwNw). Auch die **Aufnahme der Schulden** des Gesamtguts ist nicht vorgeschrieben (Staudinger/Engler [2004] § 1640 Rn 19; MünchKomm/ Huber § 1640 Rn 15 Soergel/Strätz § 1640 Rn 6; vgl auch RGZ 149, 175; **aM** BGB-RGRK/Finke Rn 3; Soergel/Gaul Rn 3; MünchKomm/Kanzleiter Rn 3; Erman/Heckelmann Rn 3; Palandt/Brudermüller Rn 2). Sie ist zwar in der Regel zweckmäßig, der Zweck der Norm, den Bestand des Gesamtgutes zu sichern, wird jedoch auch ohne Verzeichnis der Passiva erreicht. Bei **Haushaltsgegenständen** genügt die **Angabe des Gesamtwer-**

tes. Die Vorschrift des § 1640 Abs 1 S 3 kann sinngemäß herangezogen werden. **Belege** brauchen nicht beigefügt zu werden (Bamberger/Roth/Mayer Rn 2; Soergel/ Gaul Rn 3; BGB-RGRK/Finke Rn 3).

Die Aufstellung des Verzeichnisses ist allein Sache des überlebenden Ehegatten. Ihm **5** muss dazu eine angemessene **Frist** gesetzt werden. Der **Zuziehung** der Abkömmlinge bedarf es nicht (BGB-RGRK/Finke Rn 3). Dass der überlebende Ehegatte das Verzeichnis mit der Versicherung der Richtigkeit und Vollständigkeit zu versehen habe, ist hier nicht vorgesehen (anders dagegen §§ 1640 Abs 1 S 1, 1802 Abs 1). Zur **eidesstattlichen Versicherung** (§ 260 Abs 2) kann der überlebende Ehegatte nicht angehalten werden, da es sich hier um eine ihm kraft Gesetzes obliegende Pflicht, nicht jedoch um eine privatrechtliche Verbindlichkeit gegenüber den Abkömmlingen handelt (Mot IV 1099; Soergel/Gaul Rn 3; Bamberger/Roth/Mayer Rn 3). Das Vormundschaftsgericht hat die **Richtigkeit und Vollständigkeit** des eingereichten Verzeichnisses zu *prüfen*. Es kann den überlebenden Ehegatten von der Vorlage des Verzeichnisses *nicht befreien* (Mot IV 813) oder die Vorlage bis nach der Eingehung der neuen Ehe verschieben. Die **Kosten** der Aufstellung des Verzeichnisses fallen dem Gesamtgut der fortgesetzten Gütergemeinschaft zur Last.

Der **überlebende Ehegatte hat die fortgesetzte Gütergemeinschaft aufzuheben**. Dazu **6** gelten die Vorschriften des § 1492. Das Vormundschaftsgericht kann gestatten, dass die Aufhebung der fortgesetzten Gütergemeinschaft bis zur Schließung der neuen Ehe unterbleibt (§ 1493 Abs 2 S 3). In diesem Falle endet die fortgesetzte Gütergemeinschaft mit der neuen Eheschließung kraft Gesetzes (§ 1493 Abs 1). Der Aufhebung kommt es gleich, wenn alle anteilsberechtigten Abkömmlinge auf ihre Anteile am Gesamtgut der fortgesetzten Gütergemeinschaft gem § 1491 verzichten (BayObLGZ 23, 74); praktisch wird dieser Verzicht nur gegen Abfindung der Abkömmlinge erfolgen. Einer Auseinandersetzung über das Gesamtgut bedarf es in diesem Falle nicht, da die Gesamtgutsanteile der Abkömmlinge dem Vermögen des überlebenden Ehegatten anwachsen (§§ 1491 Abs 4, 1490 S 3). Ist die Aufhebung *erfolgt*, kann die fortgesetzte Gütergemeinschaft **nicht wiederhergestellt** werden, auch wenn die vom überlebenden Ehegatten beabsichtigte neue Eheschließung unterbleibt (Mot IV 471).

Der überlebende Ehegatte hat endlich die **Auseinandersetzung** mit den anteilsbe- **7** rechtigten Abkömmlingen über das Gesamtgut der fortgesetzten Gütergemeinschaft herbeizuführen. Eine Auseinandersetzung kommt nicht in Betracht, wenn die anteilsberechtigten Abkömmlinge auf ihren Gesamtgutsanteil verzichten (s oben Rn 6) oder wenn der verstorbene Ehegatte den überlebenden Ehegatten zum Vorerben und seine Abkömmlinge zu seinen Nacherben mit der Bestimmung letztwillig eingesetzt hat, dass der Nacherbfall mit der Wiederverheiratung des überlebenden Ehegatten eintreten solle (KG KGJ 43, 38). Auf die Auseinandersetzung finden die Vorschriften der §§ 1497–1506 Anwendung. „Herbeigeführt" ist die Auseinandersetzung erst mit deren völliger Erledigung (§ 1497 Rn 3). Ist der überlebende Ehegatte gesetzlicher Vertreter eines anteilsberechtigten Abkömmlings, so ist die *Bestellung eines Pflegers* oder Betreuers für den Abkömmling erforderlich (s § 1492 Rn 4). Das Vormundschaftsgericht kann gestatten, dass **die Auseinandersetzung** (überhaupt oder hinsichtlich einzelner Bestandteile des Gesamtguts) **erst nach Eingehung der neuen Ehe erfolgt**; eine zeitliche Schranke besteht in dieser Richtung nicht.

Burkhard Thiele

§ 1494
Tod des überlebenden Ehegatten

(1) Die fortgesetzte Gütergemeinschaft endet mit dem Tode des überlebenden Ehegatten.

(2) Wird der überlebende Ehegatte für tot erklärt oder wird seine Todeszeit nach den Vorschriften des Verschollenheitsgesetzes festgestellt, so endet die fortgesetzte Gütergemeinschaft mit dem Zeitpunkt, der als Zeitpunkt des Todes gilt.

Materialien: Zu § 1494 aF: E I § 1403 Nr 1; II § 1405 rev 1479; III § 1477; Mot IV 466; Prot IV 342.

Zu § 1494 nF: GleichberG E I § 1494; II § 1494. Vgl STAUDINGER/BGB-Synopse 1896–2005 § 1494.

Systematische Übersicht

I. Allgemeines

1 Während der erste Absatz der Vorschrift seit Inkrafttreten des BGB unverändert ist, hat das Gleichberechtigungsgesetz den zweiten Absatz auf Grund des Verschollenheitsgesetzes vom 4. 7. 1939 (idF des Verschollenheitsänderungsgesetzes vom 15. 1. 1951) dahingehend ergänzt, dass neben der Todeserklärung auch die Feststellung der Todeszeit aufgenommen worden ist.

II. Tod des überlebenden Ehegatten (Abs 1)

2 Mit dem Tode des überlebenden Ehegatten ist der Zweck der fortgesetzten Gütergemeinschaft entfallen, das gemeinsame Familienvermögen unter seiner Verwaltung zusammenzuhalten (Vorbem 1 ff zu §§ 1483–1518). Die deswegen in § 1494 festgelegte Rechtsfolge, wonach der Tod des überlebenden Ehegatten die Beendigung der fortgesetzten Gütergemeinschaft nach sich zieht, kann weder durch die Ehegatten noch durch die Abkömmlinge abgeändert werden (§ 1518 S 1).

3 Die fortgesetzte Gütergemeinschaft wird nicht beendet, wenn der überlebende Ehegatte nur auf Grund einer unrichtigen Sterbeurkunde für tot gehalten worden ist, tatsächlich jedoch lebt. Anders die Wirkung einer Todeserklärung des überlebenden Ehegatten, dazu unten Rn 5. Ist der Tod des überlebenden Ehegatten nicht zweifelhaft, sondern ist nur der **Zeitpunkt des Todes** ungewiss, so kann der überlebende Ehegatte nicht für tot erklärt werden (§ 1 Abs 2 VerschG). In einem solchen Falle kann jedoch beantragt werden, den Tod und den Zeitpunkt des Todes durch gerichtliche Entscheidung festzustellen (§ 39 VerschG). Ist das geschehen, so ist der festgestellte Zeitpunkt gleichzeitig der Zeitpunkt, in dem die fortgesetzte Gütergemeinschaft ihr Ende gefunden hat. Wird der Zeitpunkt später in einem Verfahren nach §§ 40, 33a VerschG abgeändert, so gilt der berichtigte Zeitpunkt auch für die Beendigung der fortgesetzten Gütergemeinschaft.

Der **Tod eines anteilsberechtigten Abkömmlings** beendet dagegen die fortgesetzte **4** Gütergemeinschaft nur dann, wenn er der einzige oder letzte an ihr beteiligte Abkömmling ist (§ 1490). Andernfalls bleibt die fortgesetzte Gütergemeinschaft zwischen dem überlebenden Ehegatten und den verbleibenden anteilsberechtigten Abkömmlingen bestehen.

III. Todeserklärung des überlebenden Ehegatten (Abs 2)

Ist der **überlebende Ehegatte verschollen** (§ 1 Abs 1 VerschG) und wird er in einem **5** Aufgebotsverfahren unter den Voraussetzungen der §§ 3–7 VerschG rechtskräftig für tot erklärt, so wird vermutet, dass er zu dem im Beschluss gem §§ 9, 23 VerschG angegebenen Zeitpunkt gestorben ist (§ 9 Abs 1 VerschG). Daran knüpft § 1494 Abs 2 die Folge, dass zu diesem Zeitpunkt auch die fortgesetzte Gütergemeinschaft beendet worden ist. **Bei der Beendigung** der fortgesetzten Gütergemeinschaft **bleibt es auch, wenn der für tot erklärte** überlebende Ehegatte **noch lebt.** Die Gemeinschaft gilt nicht nur als beendigt, sie ist beendet. Insofern geht die Regelung des § 1494 Abs 2 über die Folgen der Vermutung des Todes hinaus und lässt ihre Wirkung (Beendigung) auch dann eintreten, wenn die Vermutung sich als unrichtig erweist. Die auf diese Weise beendete fortgesetzte Gütergemeinschaft kann weder von dem überlebenden Ehegatten noch von den Abkömmlingen wiederhergestellt werden. Auch die Aufhebung des die Todeserklärung enthaltenden Beschlusses (§ 30 VerschG) kann nicht zur Wiederherstellung einer bereits auseinandergesetzten Gütergemeinschaft führen. Sofern eine Herstellung des Gesamtgutes nach Auseinandersetzung überhaupt möglich wäre, sollten die dabei zu erwartenden Verwicklungen gerade ausgeschlossen werden (iE wie hier: Gernhuber/Coester-Waltjen § 39 Rn 47; Bamberger/Roth/Mayer Rn 3; MünchKomm/Kanzleiter Rn 3; aA BGB-RGRK/Finke Rn 2; Soergel/Gaul Rn 7; Erman/Heckelmann Rn 1; Palandt/Brudermüller Rn 1). Wegen der vermögensrechtlichen Ansprüche des zu Unrecht für tot Erklärten gegen seine Scheinerben und gegen Dritte, die bei oder nach der Auseinandersetzung Gegenstände erworben haben, die zu seinem Vermögen gehört haben, s §§ 2031, 2370, 816.

IV. Auseinandersetzung

Ist die fortgesetzte Gütergemeinschaft durch den Tod oder die Todeserklärung des **6** überlebenden Ehegatten beendet, schließt sich daran die Auseinandersetzung an, die in den §§ 1497–1506 geregelt ist. Haben Ehegatten die Fortsetzung der Gütergemeinschaft vereinbart und angeordnet, dass eine Teilung nach Ableben des letztlebenden Teils unter den Abkömmlingen erfolgen soll, kann darin zugleich die Einsetzung als Schlusserben liegen (BayObLG FamRZ 1986, 1151). Einer Auseinandersetzung bedarf es dann nicht, wenn der einzige an der fortgesetzten Gütergemeinschaft beteiligte Abkömmling Alleinerbe des überlebenden Ehegatten ist (KG JFG 1, 360). Bei der Auseinandersetzung treten an die Stelle des überlebenden Ehegatten seine Erben (Scheinerben), die sich nunmehr mit den anteilsberechtigten Abkömmlingen über das Gesamtgut der fortgesetzten Gütergemeinschaft auseinandersetzen (Näheres s §§ 1497 ff). Der Anteil des überlebenden Ehegatten am Gesamtgut der fortgesetzten Gütergemeinschaft gehört zu seinem Nachlass (ebenso wie sein Vorbehaltsgut und sein Sondergut, soweit es vererblich ist) und wird nach den allgemeinen erbrechtlichen Vorschriften vererbt (§§ 1922 ff, 2064 ff, 2274 ff).

§ 1495
Aufhebungsklage eines Abkömmlings

Ein anteilsberechtigter Abkömmling kann gegen den überlebenden Ehegatten auf Aufhebung der fortgesetzten Gütergemeinschaft klagen,

1. **wenn seine Rechte für die Zukunft dadurch erheblich gefährdet werden können, dass der überlebende Ehegatte zur Verwaltung des Gesamtgutes unfähig ist oder sein Recht, das Gesamtgut zu verwalten, missbraucht,**

2. **wenn der überlebende Ehegatte seine Verpflichtung, dem Abkömmling Unterhalt zu gewähren, verletzt hat und für die Zukunft eine erhebliche Gefährdung des Unterhalts zu besorgen ist,**

3. **wenn die Verwaltung des Gesamtguts in den Aufgabenkreis des Betreuers des überlebenden Ehegatten fällt,**

4. **wenn der überlebende Ehegatte die elterliche Sorge über den Abkömmling verwirkt hat oder, falls sie ihm zugestanden hätte, verwirkt haben würde.**

Materialien: Zu § 1495 aF: E I § 1405 Abs 1; II § 1406 rev 1480; III § 1478; Mot IV 472; Prot IV 328, 342.

Zu § 1495 nF: GleichberG E I § 1495; II § 1495; BT-Drucks 11/4528, 106.
Vgl STAUDINGER/BGB-Synopse 1896–2005 § 1495.

Systematische Übersicht

I. Allgemeines

1 Frühere Rechte zeigten in der Frage, wann ein Abkömmling (außer im Falle der Wiederverheiratung des überlebenden Ehegatten) eine Abschichtung verlangen kann, eine große Vielfalt (Mot IV 472 ff). Hier hatte bereits der Gesetzgeber des BGB in § 1495 aF eine Beschränkung auf wenige Gründe vorgesehen. Das Gleichberechtigungsgesetz hat den § 1495 neugefasst. Die Gründe, die den Abkömmling zu einer Klage gegen den überlebenden Ehegatten auf Aufhebung der fortgesetzten Gütergemeinschaft berechtigen, entsprechen nun weitgehend denen, die in der ehelichen Gütergemeinschaft dem Schutze des Ehegatten dienen sollen, der von der

Verwaltung des Gesamtgutes ausgeschlossen ist (§ 1447). Das gilt für die Nr 1, 2 und 3 des § 1495, die (mit geringfügigen Abweichungen) den Nr 1, 2 und 4 des § 1447 folgen. § 1495 Nr 4 (Verwirkung der elterlichen Gewalt) passt nur für die fortgesetzte Gütergemeinschaft, während § 1447 Nr 3 deswegen nicht hierher gehört, weil die Überschuldung des Gesamtguts nicht das Vermögen der Abkömmlinge berührt (§§ 1485 Abs 2, 1489 Abs 3). Andere Tatbestände, die in der Person des überlebenden Ehegatten (zB Insolvenzverfahren über sein Vermögen) oder des Abkömmlings (zB Volljährigkeit, Verheiratung, Gründung eines selbständigen Haushalts usw) liegen und im Einzelfall eine Abschichtung des Abkömmlings wünschenswert erscheinen lassen können, sind als Klagegründe nicht zugelassen.

Gemeinsam ist allen Aufhebungsgründen des § 1495, dass dem anteilsberechtigten Abkömmling unter den genannten Umständen die **Fortsetzung der Gütergemeinschaft** mit dem überlebenden Ehegatten nicht **mehr zugemutet werden kann.**

II. Klage des Abkömmlings auf Aufhebung

Klagebefugt ist nur der **anteilsberechtigte Abkömmling.** Im Falle der Betreuung des 2 überlebenden Ehegatten (§ 1495 Nr 3) kann jeder anteilsberechtigte Abkömmling gegen den überlebenden Ehegatten auf Aufhebung der fortgesetzten Gütergemeinschaft klagen, in den anderen Fällen nur der anteilsberechtigte Abkömmling, in dessen Person die Voraussetzungen des Anspruchs auf Aufhebung begründet sind. Steht der klageberechtigte Abkömmling unter der elterlichen Sorge, Betreuung oder Vormundschaft (etwa der Enkel) des überlebenden Ehegatten, so ist ihm zur Wahrnehmung seiner Rechte ein *Pfleger oder Ergänzungsbetreuer* zu bestellen (§§ 1629 Abs 2, 1795, 1909, 1899 Abs 4). Die Erhebung der Klage bedarf der *Zustimmung seines Ehegatten* nicht. Da es sich bei dieser Klage um einen vermögensrechtlichen Anspruch handelt, bestehen insoweit in der Zugewinngemeinschaft (dazu § 1364 Rn 12) und Gütertrennung (Vorbem 16 zu § 1414) für ihn keine Beschränkungen. Aber auch dann, wenn der Abkömmling in Gütergemeinschaft lebt, ist er uneingeschränkt zur Erhebung der Aufhebungsklage befugt, da sein Gesamtgutsanteil zu seinem Sondergut gehört (s § 1417 Rn 6, bestr; vgl auch § 1487 Rn 16; § 1491 Rn 15). **Der überlebende Ehegatte** benötigt keine Klage auf Aufhebung (etwa entsprechend § 1448), da er die fortgesetzte Gütergemeinschaft (ohne jede Begründung) jederzeit aufzuheben berechtigt ist (§ 1492 Abs 1 S 1).

Wegen der prozessualen Einzelfragen kann auf § 1447 verwiesen werden. Dabei tritt 3 an die Stelle des Gesamtgutsverwalters der überlebende Ehegatte und an die Stelle des anderen Ehegatten der klageberechtigte Abkömmling. Zuständig ist das Familiengericht. *Zum Streitwert* vgl BGH NJW 1973, 50 (halber Wert des klägerischen Anteils am Gesamtgut). Die nicht klagenden Abkömmlinge können dem klagenden Abkömmling als Nebenintervenienten betreten; sie sind alsdann „streitgenössische Nebenintervenienten" (§§ 66, 69, 61, 62 ZPO). Wegen der Wirkungen des rechtskräftigen Aufhebungsurteils s § 1496 m Erl.

III. Die einzelnen Aufhebungsgründe

Wie oben dargelegt, decken sich die einzelnen Tatbestände des § 1495 weitgehend 4 mit den entsprechenden des § 1447, so dass insoweit auf die dortigen Erl verwiesen werden kann. Dabei tritt hier an die Stelle des dortigen Gesamtgutsverwalters der überlebende Ehegatte und an die Stelle des anderen (nicht verwaltenden) Ehegatten der anteilsberechtigte Abkömmling.

5 **§ 1495 Nr 1** deckt sich mit dem des § 1447 Nr 1, so dass auf § 1447 Rn 13 ff verwiesen werden kann. Von den Unterschieden verdienen folgende vermerkt zu werden: Ein **Notverwaltungsrecht** (§ 1429) ist den Abkömmlingen in der fortgesetzten Gütergemeinschaft nicht gewährt (§ 1487 Rn 26). Insofern ist bei einem Versagen des überlebenden Ehegatten die erhebliche Gefährdung der Rechte des Abkömmlings eher gegeben (dazu BGHZ 48, 373). Eine **Verletzung der Auskunftspflicht** durch den überlebenden Ehegatten kommt als Missbrauch seiner Gesamtgutsverwaltung deswegen nicht in Betracht, weil dem Abkömmling ein Recht auf Auskunft gegenüber dem überlebenden Ehegatten nicht zugestanden ist (§ 1487 Abs 1 verweist nicht auf § 1435 S 2; dazu § 1487 Rn 19). Soweit es auf ein **Verschulden** des überlebenden Ehegatten ankommt, ist er für jede Fahrlässigkeit verantwortlich; weder § 1359 noch § 1664 kommen zu seiner Entlastung in Betracht (dazu § 1487 Rn 20).

Bei der Prüfung der künftigen erheblichen Gefährdung des Abkömmlings sind nicht nur die einzelnen missbräuchlichen Verwaltungshandlungen, sondern das gesamte Verhalten des überlebenden Ehegatten maßgebend (BGHZ 1, 313; 48, 373).

6 **§ 1495 Nr 2** stimmt mit dem des § 1447 Nr 2 überein, nur beruht die Unterhaltspflicht gegenüber dem Abkömmling auf den §§ 1601 ff. Mit dieser Maßgabe kann auf die Rn 17 ff zu § 1447 verwiesen werden. **§ 1495 Nr 3** deckt sich mit dem des § 1447 Nr 4, so dass auf die Rn 26 ff zu § 1447 verwiesen werden kann.

7 Bei **§ 1495 Nr 4** handelt es sich um einen Tatbestand, der sich im § 1447 nicht findet. Gemäß § 1676 aF verwirkte ein Elternteil die elterliche Gewalt, wenn er wegen eines an dem Kinde verübten Verbrechens oder vorsätzlichen Vergehens zu Freiheitsstrafe von mindestens sechs Monaten verurteilt wurde. Nach der Aufhebung dieser Vorschrift durch das Gesetz zur Neuregelung des Rechts der elterlichen Sorge vom 18. 7. 1979 (BGBl I 1061) ist eine regelrechte Verwirkung der elterlichen Sorge nicht mehr vorgesehen. Ein entsprechendes Verhalten des Elternteils kann nur noch Maßnahmen im Rahmen des §§ 1666 ff auslösen, wobei dem Vormundschaftsgericht ein weitgefasstes Ermessen zusteht. Der Aufhebungsgrund des **§ 1495 Nr 4** ist damit jedoch **nicht gegenstandslos** geworden (so auch SOERGEL/GAUL Rn 7). Die nach altem Recht die Verwirkung begründenden Umstände berechtigen nach Rechtskraft des Strafurteils (§ 1676 Abs 2 aF) nicht nur einen minderjährigen anteilsberechtigten Abkömmling, der unter elterlicher Sorge des überlebenden Gatten steht, sondern auch **volljährige Abkömmlinge** oder etwa an der Gütergemeinschaft beteiligte **Enkel** zur Klagerhebung, wenn sich das Verhalten gegen diese gerichtet hat. Es genügt, wenn der Ehegatte die elterliche Sorge nach altem Recht verwirkt hätte, wenn er sie gehabt hätte. Auch dann gilt, dass wer das Familienband auf diese Weise zerrissen hat, die vermögensrechtlichen Vorteile nicht mehr in Anspruch nehmen kann, welche die auf jenem Familienband beruhende fortgesetzte Gütergemeinschaft bietet (vgl Mot IV 474; aA BAMBERGER/ROTH/MAYER Rn 4; MünchKomm/KANZLEITER Rn 2; PALANDT/BRUDERMÜLLER Rn 4). Der Verwirkung im Rahmen des § 1495 Nr 4 sind **andere Fälle** von Gefährdungen des Kindeswohls gemäß § 1666 **nicht gleichzustellen**. In Betracht kommt jedoch – ebenso wie bei Vorliegen der Gründe die zum Entzug

des Elternpflichtteils führen können (§§ 2333, 2334) – die Anwendung der Tatbestände nach Ziff 1 und 2 (zB langjährige Freiheitsstrafe führt zur Unfähigkeit ordnungsgemäßer Gesamtgutsverwaltung).

IV.   Abweichende Vereinbarungen

Die in § 1495 aufgeführten Tatbestände sind abschließende Regelungen, die durch **8** Vereinbarungen der Ehegatten nicht abgeändert werden können (§ 1518 S 1). Ebensowenig kann der überlebende Ehegatte durch Vertrag mit einem Abkömmling oder allen Abkömmlingen deren Recht, aus den in § 1495 genannten Gründen auf Aufhebung der fortgesetzten Gütergemeinschaft zu klagen, beschränken oder ausschließen, da das gegen die guten Sitten verstoßen würde (§ 138 Abs 1). Das gilt auch für den Verzicht auf einen bereits begründeten Aufhebungsanspruch, sofern der Klagegrund weiter fortbesteht (dazu auch § 1447 Rn 30).

§ 1496
Wirkung des Aufhebungsurteils

Die Aufhebung der fortgesetzten Gütergemeinschaft tritt in den Fällen des § 1495 mit der Rechtskraft des Urteils ein. Sie tritt für alle Abkömmlinge ein, auch wenn das Urteil auf die Klage eines der Abkömmlinge ergangen ist.

Materialien: Zu § 1496 aF: E I § 1403 Nr 3, Abs 2; II § 1407 rev 1481; III § 1479; Mot IV 474; Prot IV 342.

Zu § 1496 nF: GleichberG E I § 1496; II § 1496. Vgl STAUDINGER/BGB-Synopse 1896–2005 § 1496.

1.   Eintritt der Urteilswirkung (Satz 1)

Die Vorschrift, die durch das Gleichberechtigungsgesetz nicht geändert worden ist, **1** bringt (entsprechend § 1449) den rechtsgestaltenden (konstitutiven) Charakter des Aufhebungsurteils zum Ausdruck. Die Rechtswirkung der Aufhebung und Beendigung der fortgesetzten Gütergemeinschaft tritt erst mit der Rechtskraft des Urteils ein (§ 705 ZPO).

Daraus folgt, dass das Urteil nicht für vorläufig vollstreckbar erklärt werden kann **2** (s § 1449 Rn 3) und dass die Aufhebung der fortgesetzten Gütergemeinschaft durch einstweilige Verfügung unzulässig ist (s §§ 1447 Rn 9, 1449 Rn 3; hM).

2.   Wirkung gegenüber allen Abkömmlingen (Satz 2)

In Abweichung von dem Grundsatz, dass Urteile nur unter den Parteien des Rechts- **3** streits wirken, bestimmt § 1496 S 2 zur Vermeidung der sonst entstehenden praktischen Schwierigkeiten und auch im Interesse der anteilberechtigten Abkömmlinge selbst, dass das auf die Klage eines Abkömmlings erwirkte Urteil die Aufhebung der fortgesetzten Gütergemeinschaft für alle beteiligten Abkömmlinge herbeiführt (Mot IV 474 ff). Ob ein weiterer Abkömmling oder alle anderen Abkömmlinge der

Klage des einen Abkömmlings beigetreten sind (dazu § 1495 Rn 3), ist hierfür bedeutungslos.

§ 1497
Rechtsverhältnis bis zur Auseinandersetzung

(1) Nach der Beendigung der fortgesetzten Gütergemeinschaft setzen sich der überlebende Ehegatte und die Abkömmlinge über das Gesamtgut auseinander.

(2) Bis zur Auseinandersetzung bestimmt sich ihr Rechtsverhältnis am Gesamtgut nach den §§ 1419, 1472, 1473.

Materialien: Zu § 1497 aF: E I § 1406 Abs 1; II § 1408 rev § 1482; III § 1480; Mot IV 475; Prot IV 344.

Zu § 1497 nF: GleichberG E I § 1497; II § 1497. Vgl STAUDINGER/BGB-Synopse 1896–2005 § 1497.

Systematische Übersicht

I.   Allgemeines

1 Mit § 1497 beginnt die Reihe der Vorschriften (§§ 1497–1506), in denen die Auseinandersetzung der an der fortgesetzten Gütergemeinschaft Beteiligten über deren Gesamtgut geregelt wird, die sich an die Beendigung der fortgesetzten Gütergemeinschaft anschließt. Diese Vorschriften lehnen sich eng an die an, nach denen sich die Auseinandersetzung der ehelichen Gütergemeinschaft vollzieht (§§ 1471–1481). In Abs 1 wird die allgemeine Folgerung aus der Beendigung der fortgesetzten Gütergemeinschaft gezogen. Danach kommt es zu einer Auseinandersetzung der Beteiligten über das Gesamtgut. Wegen der Ausnahmen von diesem Grundsatz s unten Rn 2. Ebenso wie bei der Auseinandersetzung der ehelichen Gütergemeinschaft bleibt gem Abs 2 für die Zeit der Auseinandersetzung, also von der Beendigung der fortgesetzten Gütergemeinschaft an bis zum Abschluss der Auseinandersetzung, das Gesamtgut – einschließlich seiner Surrogate – gesamthänderisches Vermögen der am Auseinandersetzungsverfahren Beteiligten (§§ 1497 Abs 2, 1419, 1473). Diese verwalten nunmehr das Gesamtgut gemeinschaftlich (§§ 1497 Abs 2, 1472). Die Vorschrift ist durch das Gleichberechtigungsgesetz sprachlich besser gefasst, entspricht jedoch in der Sache völlig dem § 1497 aF. In Abs 2 ist die bisherige Verweisung auf § 1442 aF in die auf § 1419 geändert, der an seine Stelle getreten ist.

II. Auseinandersetzung

An die Beendigung der fortgesetzten Gütergemeinschaft schließt sich in der Regel 2
deren Auseinandersetzung an. Bei Tod oder Verzicht des letzten beteiligten Abkömmlings (§§ 1490, 1491) findet jedoch **ausnahmsweise keine Auseinandersetzung**
statt, weil der Gesamtgutsanteil dieses letzten Abkömmlings dem des überlebenden
Ehegatten anwächst (§§ 1490 S 3, 1491 Abs 4), so dass das ganze Gesamtgut freies
Vermögen des überlebenden Ehegatten wird. Zu einer Auseinandersetzung kommt
es auch in dem Falle nicht, in dem die fortgesetzte Gütergemeinschaft durch den Tod
des überlebenden Ehegatten beendigt wird und der einzige an ihr beteiligte Abkömmling den überlebenden Ehegatten allein beerbt (s § 1494 Rn 6; ein weiterer Fall
s § 1493 Rn 7).

Wie jede solche Auseinandersetzung hat auch die der fortgesetzten Gütergemein- 3
schaft die Aufgabe, das gemeinschaftliche Vermögen unter die Beteiligten zu verteilen. Dazu sind zunächst alle Forderungen einzuziehen, die Schulden zu begleichen
und der verbleibende Rest ist entweder durch Übernahme einzelner Gegenstände
gegen Wertersatz oder Anrechnung zuzuweisen oder durch Auszahlung des Erlöses
für die verwerteten Gegenstände an die Beteiligten zu verteilen. Die Auseinandersetzung der fortgesetzten Gütergemeinschaft ist erst beendet, wenn deren Gesamtgut bis zum letzten Stück auf die Teilhaber der fortgesetzten Gütergemeinschaft
verteilt ist. Wegen der Auseinandersetzung im Einzelnen s §§ 1498 ff.

Nach § 1497 Abs 1 hat sowohl der überlebende Ehegatte (oder seine Erben) als auch 4
jeder anteilsberechtigte Abkömmling einen **klagbaren Anspruch** darauf, dass das
Gesamtgut der fortgesetzten Gütergemeinschaft nach deren Beendigung auseinandergesetzt wird. Dieser Auseinandersetzungsanspruch kann *nicht übertragen* werden,
weil das einer unzulässigen Verfügung über den Gesamtgutsanteil gleichkäme (KG
JW 1931, 1371). Das Recht auf Auseinandersetzung kann weder vor noch nach Beendigung der fortgesetzten Gütergemeinschaft *ausgeschlossen* oder beschränkt werden, da dies eine unzulässige Erweiterung des Gesamthandsverhältnisses bedeuten
würde (vgl § 1471 Rn 3).

III. Auseinandersetzungsgemeinschaft

Ebenso wie bei der Beendigung der ehelichen Gütergemeinschaft (s dazu § 1471 Rn 5) 5
bleibt auch nach der Beendigung der fortgesetzten Gütergemeinschaft bis zur Erledigung der Auseinandersetzung („Liquidationsstadium") die **gesamthänderische
Bindung** der Partner der fortgesetzten Gütergemeinschaft (oder ihrer Erben) hinsichtlich des Gesamtgutes bestehen (§§ 1497 Abs 2, 1419). Die fortgesetzte Gütergemeinschaft verwandelt sich also nach ihrer Beendigung in eine **Auseinandersetzungsgemeinschaft**, der die Aufgabe zufällt, die Auseinandersetzung des Gesamtgutes vorzubereiten und durchzuführen.

An dieser Auseinandersetzungsgemeinschaft sind der **überlebende Ehegatte** (oder 6
seine Erben) einerseits **und die Abkömmlinge**, die zZ der Beendigung der fortgesetzten Gütergemeinschaft an ihr teilgenommen haben oder, wenn einer von ihnen
danach gestorben ist, seine **Erben** (BayObLG MDR 1967, 673), andererseits **beteiligt**. Ist
ein Abkömmling *vor* der Beendigung der fortgesetzten Gütergemeinschaft gestor-

ben, so treten seine Abkömmlinge (nicht seine Erben!) an seine Stelle; stirbt er, ohne Abkömmlinge zu hinterlassen, so wächst sein Anteil am Gesamtgut den anderen in der fortgesetzten Gütergemeinschaft verbliebenen Abkömmlingen an (§ 1490). Auch nach der Beendigung, jedoch vor dem Abschluss der Auseinandersetzung der fortgesetzten Gütergemeinschaft kann zudem ein Abkömmling durch *Verzicht* (§ 1491) ausscheiden; sein Anteil wächst den verbleibenden Abkömmlingen der fortgesetzten Gütergemeinschaft an; seine eigenen Abkömmlinge werden durch seinen Verzicht ausgeschlossen. Treten nach dem Tode eines Beteiligten (zB des überlebenden Ehegatten) dessen Erben (als Erbengemeinschaft) an seiner Stelle in die Auseinandersetzungsgemeinschaft ein, so gelten für jedes Gesamthandsverhältnis dessen besondere Vorschriften (OLG Hamm DNotZ 66, 744, vgl auch § 1471 Rn 9).

7 Wegen der Verweisung des § 1497 Abs 2 auf § 1419 kann im Wesentlichen auf die Anmerkungen zu § 1419 Rn 9 ff, sowie § 1471 Rn 5 ff Bezug genommen werden. Die **letztwillige Verfügung** eines beteiligten Abkömmlings über seinen Anteil an der Auseinandersetzungsgemeinschaft ist möglich, sofern der Abkömmling die Beendigung der Gemeinschaft erlebt hat (s §§ 1487 Rn 7, 1490 Rn 4). Während der Anspruch auf Auseinandersetzung (s oben Rn 4) sowie der Anteil an der Auseinandersetzungsgemeinschaft **nicht abgetreten** werden kann, ist eine Abtretung des Anspruches auf das, was dem Beteiligten bei der Auseinandersetzung zusteht, möglich (s dazu und zur Umdeutung § 1419 Rn 12). Nach der Beendigung der fortgesetzten Gütergemeinschaft ist der Anteil des überlebenden Ehegatten und der anteilsberechtigten Abkömmlinge am Gesamtgut der fortgesetzten Gütergemeinschaft (nicht auch der Anteil an den einzelnen zum Gesamtgut der fortgesetzten Gütergemeinschaft gehörenden Gegenständen) zugunsten der Gläubiger des Anteilsberechtigten der **Pfändung** unterworfen (§ 860 Abs 2 ZPO; vgl § 1471 Rn 13). Aus § 860 Abs 2 ZPO in Verbindung mit § 36 Abs 1 InsO ergibt sich, dass der Anteil des überlebenden Ehegatten und der anteilsberechtigten Abkömmlinge am Gesamtgut der fortgesetzten Gütergemeinschaft im **Insolvenzverfahren** über das Vermögen einer dieser Personen, wenn dieser nach Beendigung, aber vor dem Abschluss der Auseinandersetzung der fortgesetzten Gütergemeinschaft eröffnet worden ist, zur Insolvenzmasse gehört. Die Auseinandersetzung zwischen den Beteiligten findet nach § 83 InsO außerhalb des Insolvenzverfahrens statt (Prot IV 344, 242 Abs 2; 6, 753; vgl § 1471 Rn 14; BayObLGZ 17, 98 ff).

IV. Gesamtgut der Auseinandersetzungsgemeinschaft

8 Indem § 1497 Abs 2 auf § 1473 verweist, übernimmt das Gesetz für das Liquidationsstadium der fortgesetzten Gütergemeinschaft die Regelung, die auch für die Auseinandersetzung der ehelichen Gütergemeinschaft hinsichtlich des Umfangs des Gesamtgutes gilt. Auf die Erläuterungen zu § 1473 kann daher weitgehend Bezug genommen werden. Von der Beendigung der fortgesetzten Gütergemeinschaft an fällt also aller **Erwerb des überlebenden** Ehegatten in sein freies Vermögen. Das Gleiche gilt für die **Nutzungen** seines Sonderguts, die bisher in das Gesamtgut fielen. Durch den Erwerb des Ehegatten wird also das Gesamtgut von diesem Zeitpunkt an grundsätzlich nicht mehr vermehrt. Wieder Gesamtgut werden aber die **Surrogate** des Gesamtguts. An dem Grundsatz, dass das, was ein anteilsberechtigter **Abkömmling** zur Zeit des Eintritts der fortgesetzten Gütergemeinschaft hat oder später erwirbt, nicht zum Gesamtgut, sondern zu seinem freien Vermögen gehört (§ 1485 Abs 2), ändert sich auch durch die Beendigung der fortgesetzten Gütergemeinschaft nichts.

Gesamtgutsverbindlichkeiten sind nur die Schulden, die bis zur Beendigung der fort- **9** gesetzten Gütergemeinschaft entstanden sind. Das sind gem § 1488 neben den Verbindlichkeiten des verstorbenen Ehegatten, die Gesamtgutsverbindlichkeiten der ehelichen Gütergemeinschaft waren, alle Verbindlichkeiten des überlebenden Ehegatten. Neue Gesamtgutsverbindlichkeiten können jedoch nach der Beendigung der fortgesetzten Gütergemeinschaft nicht mehr entstehen. Vielmehr treffen von diesem Zeitpunkt an alle neuen Verbindlichkeiten nur den, in dessen Person sie entstehen, also den überlebenden Ehegatten oder die Abkömmlinge, bei denen dieser Grundsatz ja schon bisher galt. Auch wenn sie sich gemeinschaftlich rechtsgeschäftlich verpflichten, sind sie zwar Gesamtschuldner (§ 427); aber es entstehen daraus keine Gesamtgutsverbindlichkeiten. **Für die Gesamtgutsverbindlichkeiten haftet der überlebende Ehegatte allein** (§ 1489 Abs 1). Wegen der Möglichkeit, seine persönliche Haftung für gewisse Verbindlichkeiten zu beschränken, s § 1489 Rn 4 ff. Eine Haftung der anteilsberechtigten Abkömmlinge für die Gesamtgutsverbindlichkeiten hat weder vor der Beendigung der fortgesetzten Gütergemeinschaft bestanden (§ 1489 Abs 3 und die Rn 12 dazu), noch tritt sie danach ein, es sei denn als Folge nicht rechtzeitiger Berichtigung der Gesamtgutsverbindlichkeiten (§§ 1498, 1480; dazu § 1498 Rn 11).

V.   Gemeinschaftliche Verwaltung des Gesamtgutes

Gem §§ 1497 Abs 2, 1472 Abs 1 steht die **Verwaltung des Gesamtgutes der fortge-** **10** **setzten Gütergemeinschaft** von deren Beendigung an bis zum Abschluss der Auseinandersetzung dem überlebenden Ehegatten (oder seinen Erben) und den anteilsberechtigten Abkömmlingen **gemeinschaftlich** zu. Dabei kann der überlebende Ehegatte auch für seinen Abkömmling handeln, der unter seiner elterlichen Sorge oder unter seiner Vormundschaft steht, soweit nicht § 181 entgegensteht; andernfalls muss für den Abkömmling ein Pfleger bestellt werden (§§ 1629 Abs 2, 1795 Abs 2, 181). Das gilt entsprechend für den Fall der Betreuung. Wegen der Zustimmung des Ehegatten eines verheirateten Abkömmlings s § 1487 Rn 16.

Die Vorschrift, wonach die an der Auseinandersetzungsgemeinschaft Beteiligten das **11** Gesamtgut nunmehr gemeinschaftlich verwalten, **bezieht sich auf alle Rechtsgeschäfte und Rechtsstreitigkeiten** (dazu § 1472 Rn 5 ff). So sind auch Leistungen, die dem Gesamtgut zugutekommen sollen, allen Beteiligten (oder einem von ihnen Bevollmächtigten) zu erbringen. Dritte werden bei entschuldbarer Unkenntnis der durch die Beendigung der fortgesetzten Gütergemeinschaft veränderten Rechtslage geschützt, wenn sie an den überlebenden Ehegatten leisten (§§ 1497 Abs 2, 1472 Abs 2 S 2). Während die anteilsberechtigten Abkömmlinge vor der Beendigung der fortgesetzten Gütergemeinschaft ohne Mitwirkung des überlebenden Ehegatten gegen eine unbefugte Verfügung über Gesamtgut selbständig gerichtlich vorgehen konnten (§§ 1487 Abs 1, 1428; dazu § 1487 Rn 26), bedarf es dazu nach der Beendigung der fortgesetzten Gütergemeinschaft eines gemeinsamen Vorgehens aller Beteiligten (OLG München SeuffA 63 Nr 252).

Während der fortgesetzten Gütergemeinschaft war allein der überlebende Ehegatte **12** berechtigt, die zum Gesamtgut gehörenden Sachen in **Besitz** zu nehmen (§§ 1487 Abs 1, 1422). In der Auseinandersetzungsgemeinschaft haben die volljährigen Abkömmlinge auf Grund ihres Mitverwaltungsrechts einen Anspruch gegen den überlebenden Ehegatten auf Einräumung des Mitbesitzes (§ 1472 Rn 3). Minderjährige Abkömmlinge im Hausstand des überlebenden Ehegatten behalten dagegen ihre Stellung als Besitzdiener (BGHZ 12, 400).

13 **Die an der Auseinandersetzungsgemeinschaft Beteiligten sind** nicht nur zur gemein- schaftlichen Verwaltung berechtigt, sondern auch im Interesse einer ordnungsmä- ßigen Verwaltung einander **verpflichtet**, zu den dazu erforderlichen tatsächlichen und rechtlichen Maßnahmen **mitzuwirken** (§§ 1497 Abs 2, 1472 Abs 3; dazu eingehend § 1472 Rn 9). Diese Verpflichtung ist notwendig, da alle Maßnahmen einstimmig beschlossen werden müssen. Jeder Beteiligte hat gegen die anderen einen klagbaren Anspruch darauf, dass diese zu bestimmten zur ordnungsmäßigen Verwaltung er- forderlichen Handlungen mitwirken (RG Gruchot 49, 839). Auf der Mitwirkungspflicht beruht auch die Verpflichtung der anteilsberechtigten Abkömmlinge, die Zwangs- vollstreckung in das Gesamtgut wegen eines gegen den überlebenden Ehegatten ergangenen Urteils zu dulden (RGZ 148, 250).

14 Mit dem Recht auf Mitbesitz an den Gesamtgutssachen (oben Rn 12) und der Mit- wirkungspflicht zu gemeinschaftlicher ordnungsmäßiger Verwaltung (oben Rn 13) die den anteilsberechtigten Abkömmlingen nach der Beendigung der fortgesetzten Gü- tergemeinschaft zufallen, muss ihnen ein **Anspruch auf Auskunft** über den Bestand und die Verwaltung des Gesamtgutes gegen den überlebenden Ehegatten einge- räumt werden (ebenso BAMBERGER/ROTH/MAYER Rn 6; MünchKomm/KANZLEITER Rn 4; SOER- GEL/GAUL Rn 10, s dazu § 1472 Rn 4). Auf diese Auskunftspflicht ist § 260 anzuwenden.

15 Verletzt ein an der Auseinandersetzungsgemeinschaft Beteiligter die Verpflichtun- gen zur Mitwirkung bei der ordnungsmäßigen Verwaltung des Gesamtgutes schuld- haft (§ 276), ist er den anderen Beteiligten zum **Schadensersatz** verpflichtet.

16 **Der überlebende Ehegatte darf** das Gesamtgut auch nach der Beendigung der fort- gesetzten Gütergemeinschaft solange wie bisher **allein verwalten**, bis er von ihrer Beendigung Kenntnis erlangt oder sie kennen muss (§§ 1497 Abs 2, 1472 Abs 2; dazu § 1472 Rn 11 ff). Rechtsgeschäfte, die er in dieser Zeit tätigt, sind den Abkömmlingen gegenüber wirksam, ebenso auch Dritten, die bei der Vornahme des Rechtsgeschäfts nicht wussten oder zu wissen brauchten, dass die fortgesetzte Gütergemeinschaft beendet ist (s § 1472 Rn 12). Eine Verpflichtung des überlebenden Ehegatten zur alleinigen Fortführung der Verwaltung des Gesamtgutes besteht nicht. Auch § 1472 Abs 4 kommt nicht in Betracht (die Verweisung des § 1497 Abs 2 auf § 1472 ist insofern ungenau). In der Auseinandersetzungsgemeinschaft ist ein jeder Beteiligte berechtigt, die zur Erhaltung des Gesamtgutes notwendigen Maßregeln allein zu treffen (§§ 1497 Abs 2, 1472 Abs 3 HS 2; dazu § 1472 Rn 10).

VI. Zwangsvollstreckung

17 In das Gesamtgut der Auseinandersetzungsgemeinschaft kann nur vollstreckt wer- den, wenn ein Urteil gegen den überlebenden Ehegatten und die an ihr beteiligten Abkömmlinge vorliegt oder wenn der überlebende Ehegatte zur Leistung und die Abkömmlinge zur Duldung der Zwangsvollstreckung in das Gesamtgut verurteilt sind (§§ 745 Abs 2, 743 ZPO). Ist gegen den überlebenden Ehegatten vor der Be- endigung der fortgesetzten Gütergemeinschaft ein Urteil ergangen und rechtskräftig geworden, so kann nach der Beendigung der fortgesetzten Gütergemeinschaft gegen die Abkömmlinge hinsichtlich des Gesamtgutes eine vollstreckbare Ausfertigung erteilt werden (§§ 745 Abs 2, 744, 727, 730–732 ZPO). Nach der Beendigung der fortgesetzten Gütergemeinschaft können die Anteile der Beteiligten am Gesamtgut der Auseinandersetzungsgemeinschaft, nicht jedoch auch die Anteile an den einzelnen Gesamtgutsgegenständen von den Gläubigern der Beteiligten gepfändet werden (§ 860 Abs 2 ZPO; s oben Rn 7; § 1471 Rn 13). Das Gleiche gilt für den Anspruch des einzelnen Beteiligten auf sein künftiges Auseinandersetzungsguthaben. Zum Insolvenzverfahren s oben Rn 7.

VII. Grundbuch

Der Eintritt der Auseinandersetzungsgemeinschaft wird auf Antrag des überleben- **18** den Ehegatten oder eines anteilsberechtigten Abkömmlings bei den zum Gesamtgut gehörenden Grundstücken und Grundstücksrechten eingetragen (vgl § 1471; Vorbem 14 zu §§ 1483–1516). Damit wird klargestellt, dass zu Verfügungen über das Grundstück oder das Grundstücksrecht nicht – wie bisher in der fortgesetzten Gütergemeinschaft – der überlebende Ehegatte allein, sondern nach deren Beendigung nur noch alle an ihr Beteiligten gemeinsam berechtigt sind (s oben Rn 11).

§ 1498
Durchführung der Auseinandersetzung

Auf die Auseinandersetzung sind die Vorschriften der §§ 1475, 1476, des § 1477 Abs. 1, der §§ 1479, 1480 und des § 1481 Abs. 1, 3 anzuwenden; an die Stelle des Ehegatten, der das Gesamtgut allein verwaltet hat, tritt der überlebende Ehegatte, an die Stelle des anderen Ehegatten treten die anteilsberechtigten Abkömmlinge. Die in § 1476 Abs. 2 Satz 3 bezeichnete Verpflichtung besteht nur für den überlebenden Ehegatten.

Materialien: Zu § 1498 aF: E I §§ 1406 Abs 1, 2, 4, 6, 1407 Abs I; II § 1409 rev 1483; III § 1481; Mot IV 475 ff; Prot IV 344; 6, 289.

Zu § 1498 nF: GleichberG E I § 1498; II § 1498. Vgl STAUDINGER/BGB-Synopse 1896–2005 § 1498.

Systematische Übersicht

Burkhard Thiele

I. Grundzüge

1 § 1498 übernimmt für die Regelung der Auseinandersetzung der fortgesetzten Gütergemeinschaft im Wesentlichen die Vorschriften, die für die Auseinandersetzung der ehelichen Gütergemeinschaft gelten (§§ 1475–1481). Dabei tritt an die Stelle des Ehegatten, der das Gesamtgut allein verwaltet hat, der überlebende Ehegatte; an die Stelle des anderen, nicht verwaltungsberechtigten Ehegatten treten die anteilsberechtigten Abkömmlinge.

2 Nicht übernommen werden dagegen die §§ 1474 (ersetzt durch § 1497 Abs 1), 1477 Abs 2 (ersetzt durch § 1502) und die für die fortgesetzte Gütergemeinschaft nicht passenden §§ 1478 (Scheidung vor Beendigung der Auseinandersetzung) und 1481 Abs 2 (gemeinschaftliche Gesamtgutsverwaltung).

II. Auseinandersetzungsvertrag

3 § 1498, der § 1474 für die Auseinandersetzung der fortgesetzten Gütergemeinschaft ersetzt, enthält zwar nicht dessen Zusatz „soweit sie (die Ehegatten) nichts anderes vereinbaren", mit dem der Gesetzgeber den Weg gütlicher Vereinbarung der Auseinandersetzung empfiehlt. Auch für die Auseinandersetzung der fortgesetzten Gütergemeinschaft soll die vertragliche Regelung der Beteiligten jedoch nicht ausgeschlossen werden. Insbesondere steht § 1518 S 1 ihr nicht im Wege, der nur den Ehegatten der ehelichen Gütergemeinschaft von den §§ 1483–1517 abweichende letztwillige oder vertragliche Regelungen verbietet, Vereinbarungen des überlebenden Ehegatten mit den anteilsberechtigten Abkömmlingen jedoch nicht berührt. Solche Vereinbarungen dürfen freilich die **Rechte Dritter**, insbesondere der Gläubiger, nicht beeinträchtigen; darin liegt ihre Grenze. Zum **Inhalt** des von allen an der Auseinandersetzungsgemeinschaft Beteiligten zu schließenden grundsätzlich formfreien Vertrages s § 1474 Rn 3; zur **Vermittlung** des Amtsgerichts oder eines Notars s dort Rn 6 ff.

4 Steht ein Abkömmling unter der elterlichen Sorge oder unter Vormundschaft des überlebenden Ehegatten, so muss ihm ein **Pfleger** bestellt werden (§§ 181, 1629 Abs 2, 1795, 1909, 1915 Abs 1). Entsprechendes gilt für den Fall der Betreuung (§§ 1896, 1899 Abs 4, 1908 i; 1795) für einen Ergänzungsbetreuer. Enthält die Auseinandersetzungsvereinbarung die Verpflichtung zur Verfügung über ein zum Gesamtgut gehörendes Grundstück, so bedarf der gesetzliche Vertreter dazu der **Genehmigung des Vormundschaftsgerichts** (§ 1821 Nr 1; KG KGJ 38, 219). Dies ist auch erforderlich, wenn zugleich eine Vereinbarung gemäß § 1503 Abs 3 getroffen wird (hM, s § 1501 Rn 8; **aA** MünchKomm/Kanzleiter Rn 3). Ist der Abkömmling verheiratet und lebt er in Zugewinngemeinschaft, so bedarf er der Zustimmung seines Ehegatten, wenn der Anteil des Abkömmlings am Gesamtgut der fortgesetzten Gütergemeinschaft sein ganzes Vermögen ausmacht (§ 1365; vgl dazu auch § 1491 Rn 15).

III. Gesetzliche Vorschriften über die Auseinandersetzung

1. Voraussetzungen für ihre Anwendung

5 Einigen sich die Beteiligten nicht auf eine Auseinandersetzung, so kann jeder an der fortgesetzten Gütergemeinschaft Beteiligte (also auch jeder einzelne Abkömmling) gegen die anderen Partner, die ihre Zustimmung zu dem vorgeschlagenen Plan verweigern oder zu einer gütlichen Einigung über die Auseinandersetzung nicht bereit sind, mit dem Antrag Klage erheben, diese Partner zur Zustimmung zu einem bestimmten Auseinandersetzungsplan hinsichtlich des Gesamtgutes zu verurteilen (vgl § 1474). Dazu hat das Gesetz für die Auseinandersetzung der ehelichen Gütergemeinschaft in den §§ 1475–1481 Regeln aufgestellt, auf die § 1498 auch für die Auseinandersetzung der fortgesetzten Gütergemeinschaft Bezug nimmt. Dabei tritt an die Stelle des allein verwaltenden Ehegatten der überlebende Ehegatte und an die Stelle des anderen Ehegatten treten die anteilsberechtigten Abkömmlinge. Auf diese Vorschriften und die Erläuterungen dazu darf verwiesen werden. Unter Berücksichtigung der Abweichungen von diesen Regeln ergibt sich Folgendes:

2.   Halbteilung des Überschusses

Der nach der Berichtigung der Gesamtgutsverbindlichkeiten (s dazu § 1475 mit Erl)   **6** der fortgesetzten Gütergemeinschaft verbleibende Überschuss gebührt zur einen Hälfte dem überlebenden Ehegatten (oder seinen Erben), zur anderen Hälfte den anteilsberechtigten Abkömmlingen (§§ 1498, 1476 Abs 1). Die Verteilung der den Abkömmlingen zufallenden Hälfte unter die einzelnen Abkömmlinge bemisst sich nach § 1503.

Die Bestimmungen früherer Rechte über das Teilungsverhältnis zwischen dem über   **7** lebenden Ehegatten und den anteilsberechtigten Abkömmlingen waren sehr verschieden (dazu Mot IV 477 ff). Die hier festgesetzte Halbteilung entspricht dem Gedanken, dass der Anteil der Abkömmlinge am Gesamtgut der fortgesetzten Gütergemeinschaft materiell der *Ersatz für ihr gesetzliches Erbrecht* an dem zum Nachlass des verstorbenen Ehegatten gehörenden Gesamtgutsanteil sein soll. Dieser Gedanke erleidet jedoch insofern eine Einschränkung, als das dem überlebenden Ehegatten sonst zustehende Erbrecht (§§ 1931 ff) hinsichtlich des zum Nachlass des erstverstorbenen Ehegatten gehörigen Gesamtgutsanteils gegenüber den gemeinschaftlichen Abkömmlingen bei der Teilung des Gesamtguts der fortgesetzten Gütergemeinschaft unberücksichtigt bleibt (BayObLGZ 13, 619). Hierin liegt ein Ausgleich dafür, dass die gemeinschaftlichen Abkömmlinge ihren Erbteil nicht sofort nach dem Tode des verstorbenen Ehegatten, sondern erst nach der Beendigung der fortgesetzten Gütergemeinschaft erhalten. Da der überlebende Ehegatte die fortgesetzte Gütergemeinschaft ablehnen kann (§ 1484 Abs 1), wird er durch diese Regelung nicht unbillig beschwert (Mot IV 478).

Von diesem Grundsatz der Halbteilung gibt es auch dann **keine Ausnahme, wenn**   **8** **neben dem überlebenden Ehegatten einseitige Abkömmlinge des erstverstorbenen** **Ehegatten diesen mitbeerbt haben** (§ 1483 Abs 2). Auch dann wird bei der Teilung des Gesamtgutes der fortgesetzten Gütergemeinschaft die Größe des den gemeinschaftlichen Abkömmlingen zufallenden Anteils nicht nach dem Verhältnis bestimmt, in dem der nach Abzug des den einseitigen Abkömmlingen zugefallenen Teiles des Gesamtgutes verbleibende Teil der Hälfte zu der anderen Hälfte stand. Das Gesamtgut wird vielmehr auch in diesem Falle in zwei gleiche Hälften geteilt. Auch hierdurch soll ein Ausgleich dafür erzielt werden, dass den gemeinschaftlichen Abkömmlingen durch die fortgesetzte Gütergemeinschaft das Erb- und Pflichtteilsrecht gegenüber dem erstverstorbenen Ehegatten entzogen ist und sie materiell ihren Erbteil an dem zu dessen Nachlass gehörenden Gesamtgutsanteil erst nach der Beendigung der fortgesetzten Gütergemeinschaft erhalten. Bei einer späteren Verminderung des Gesamtgutes sind sie außerdem der Gefahr ausgesetzt, weniger als die einseitigen Abkömmlinge zu erhalten (Mot IV 478 ff).

3. Anrechnungspflicht

9 Was der überlebende Ehegatte oder ein anteilsberechtigter Abkömmling zum Gesamtgut der fortgesetzten Gütergemeinschaft zu ersetzen verpflichtet ist (zB gem §§ 1487 Abs 2, 1500, 1502 Abs 2, 1515), muss er sich auf seinen Anteil anrechnen lassen (§§ 1498, 1476 Abs 2 S 1; dazu § 1476 Rn 5 f). Soweit die Ersatzleistung nicht durch Anrechnung erfolgt, bleibt der überlebende Ehegatte den anteilsberechtigten Abkömmlingen gegenüber verpflichtet (§ 1498, 1476 Abs 2 S 2; dazu § 1476 Rn 7). Den Abkömmlingen ist eine solche Verpflichtung nicht auferlegt (§ 1498 S 2), weil sie durch die fortgesetzte Gütergemeinschaft persönlich überhaupt nicht verpflichtet werden sollen (§ 1489 Abs 3). Das bedeutet jedoch nicht, dass etwa auch die persönliche Haftung der Abkömmlinge für die in ihrer Person entstandenen Verbindlichkeiten (zB die Ersatzpflicht für die Beschädigung einer Gesamtgutssache) ausgeschlossen wird (Mot IV 476).

4. Vorverlegung des Abrechnungszeitpunktes

10 Wird die fortgesetzte Gütergemeinschaft auf die Klage eines anteilsberechtigten Abkömmlings durch Urteil aufgehoben (§§ 1495, 1496), so kann der Abkömmling verlangen, dass die Auseinandersetzung so erfolgt, wie wenn der Anspruch auf Auseinandersetzung mit der Erhebung der Klage auf Aufhebung der fortgesetzten Gütergemeinschaft rechtshängig geworden wäre (§§ 1498, 1479). Durch dieses dem Abkömmling eingeräumte Wahlrecht soll er gegen beeinträchtigende Eingriffe des überlebenden Ehegatten in das Gesamtgut in der Zeit zwischen Klageerhebung und Rechtskraft des Aufhebungsurteils geschützt werden (vgl § 1479 Rn 2). Sind mehrere Abkömmlinge anteilsberechtigt, so können sie dieses Wahlrecht nur gemeinsam ausüben (Mot IV 483 ff; BAMBERGER/ROTH/MAYER Rn 5; SOERGEL/GAUL Rn 7; aA Münch-Komm/KANZLEITER Rn 7). Können die Abkömmlinge sich darüber nicht einigen, so bleibt der Zeitpunkt der Rechtskraft des Aufhebungsurteils maßgebend (§ 1496 S 1).

5. Haftungserweiterung bei verspäteter Schuldentilgung

11 Wird eine Gesamtgutsverbindlichkeit der fortgesetzten Gütergemeinschaft nicht vor der Teilung des Gesamtgutes berichtigt, so haften dem Gläubiger einer solchen Forderung neben dem überlebenden Ehegatten auch die anteilsberechtigten Abkömmlinge als Gesamtschuldner persönlich (§§ 1498, 1480 S 1); die für die Haftung der Erben geltenden Vorschriften der §§ 1990, 1991 finden entsprechende Anwendung (§§ 1498, 1480 S 2; dazu § 1480 Rn 14 f). Über die Haftung der anteilsberechtigten Abkömmlinge im Verhältnis zueinander s § 1504 mit Erl.

12 Im Innenverhältnis zwischen Ehegatten und Abkömmlingen gilt § 1481 Abs 1 und Abs 3. Die Abkömmlinge haften jedoch auch hier nur bis zur Erschöpfung ihres

Gesamtgutsanteils (s oben Rn 9). Für die Auseinandersetzung der Abkömmlinge untereinander gilt ebenfalls § 1504 entsprechend, falls einer der Abkömmlinge dem überlebenden Ehegatten Ersatz geleistet hat (dazu § 1504 Rn 4).

IV. Auseinandersetzung des Gesamtguts und Erbrecht

Die Erb- und Pflichtteilsrechte der Abkömmlinge im Verhältnis zu dem überleben- **13** den Ehegatten oder untereinander werden durch die Auseinandersetzung des Gesamtgutes der fortgesetzten Gütergemeinschaft nicht berührt. Ist die fortgesetzte Gütergemeinschaft durch den Tod oder die Todeserklärung des überlebenden Ehegatten beendet worden (§ 1494), so treten dessen Erben als Erbengemeinschaft bei der Auseinandersetzung an seine Stelle. Leben die Abkömmlinge – wie es der Regel entspricht – in einer Auseinandersetzungsgemeinschaft und einer Erbengemeinschaft, so finden für jedes Gesamthandsverhältnis dessen besondere Vorschriften Anwendung (OLG Hamm DNotZ 1966, 744; vgl §§ 1471 Rn 9 ff). Zum Nachlass des überlebenden Ehegatten, über den dieser auch frei letztwillig verfügen kann (s § 1487 Rn 6), gehört außer seinem Vorbehaltsgut und seinem Sondergut auch sein Anteil am Gesamtgut der fortgesetzten Gütergemeinschaft.

§ 1499
Verbindlichkeiten zu Lasten des überlebenden Ehegatten

Bei der Auseinandersetzung fallen dem überlebenden Ehegatten zur Last:

1. **die ihm bei dem Eintritt der fortgesetzten Gütergemeinschaft obliegenden Gesamtgutsverbindlichkeiten, für die das eheliche Gesamtgut nicht haftete oder die im Verhältnis der Ehegatten zueinander ihm zur Last fielen;**

2. **die nach dem Eintritt der fortgesetzten Gütergemeinschaft entstandenen Gesamtgutsverbindlichkeiten, die, wenn sie während der ehelichen Gütergemeinschaft in seiner Person entstanden wären, im Verhältnis der Ehegatten zueinander ihm zur Last gefallen sein würden;**

3. **eine Ausstattung, die er einem anteilsberechtigten Abkömmling über das dem Gesamtgut entsprechende Maß hinaus oder die er einem nicht anteilsberechtigten Abkömmling versprochen oder gewährt hat.**

Materialien: Zu § 1499 aF: E I §§ 1400 Abs 2 Nr 1, 2; Abs 3, 1401; II § 1401 rev § 1484; III § 1482; Mot IV 464; Prot IV 339 ff.

Zu § 1499 nF: GleichberG E I § 1499; II § 1499. Vgl Staudinger/BGB-Synopse 1896–2005 § 1499.

Systematische Übersicht

I. Allgemeines

1 In § 1488 wird die Frage behandelt, welche Verbindlichkeiten Gesamtgutsverbindlichkeiten der fortgesetzten Gütergemeinschaft sind, dh für welche Verbindlichkeiten die Gläubiger Befriedigung aus dem Gesamtgut der fortgesetzten Gütergemeinschaft verlangen können. In den §§ 1499, 1500, die durch das Gleichberechtigungsgesetz nicht geändert sind, wird dagegen das Verhältnis des überlebenden Ehegatten und der anteilsberechtigten Abkömmlinge zueinander hinsichtlich dieser Verbindlichkeiten geregelt. Diese Frage ist bei der fortgesetzten Gütergemeinschaft nur für die Auseinandersetzung des Gesamtgutes bedeutsam.

2 Aus dem Wesen der fortgesetzten Gütergemeinschaft ergibt sich der Grundsatz, dass alle Gesamtgutsverbindlichkeiten der fortgesetzten Gütergemeinschaft auch im Verhältnis des überlebenden Ehegatten zu den anteilsberechtigten Abkömmlingen dem Gesamtgut der fortgesetzten Gütergemeinschaft zur Last fallen.

Das bedeutet:

3 a) dass, wenn die Verbindlichkeit aus dem Vorbehaltsgut oder Sondergut des überlebenden Ehegatten (§ 1486) getilgt worden ist, dem überlebenden Ehegatten nach Beendigung der fortgesetzten Gütergemeinschaft Ersatz zu leisten ist (§§ 1487 Abs 1, 1445 Abs 2, 1487 Abs 2). Hat dagegen ein anteilsberechtigter Abkömmling die Verbindlichkeit getilgt, so kann er sofort aus dem Gesamtgut der fortgesetzten Gütergemeinschaft Ersatz verlangen;

b) dass bei der Auseinandersetzung der überlebende Ehegatte die Berichtigung der Verbindlichkeit aus dem Gesamtgut der fortgesetzten Gütergemeinschaft verlangen kann (§§ 1498, 1475);

c) dass, wenn bei der Auseinandersetzung die Berichtigung der Verbindlichkeit unterblieben ist, der überlebende Ehegatte dafür einzustehen hat, dass die anteilsberechtigten Abkömmlinge von dem Gläubiger nicht über die Hälfte der Verbindlichkeit oder über das aus dem Gesamtgut Erlangte hinaus in Anspruch genommen werden (§§ 1498, 1481 Abs 1, 3).

4 Von diesem Grundsatz, dass für Gesamtgutsverbindlichkeiten der fortgesetzten Gütergemeinschaft endgültig deren Gesamtgut haftet, machen die §§ 1499, 1500 insofern **Ausnahmen**, als sie die Verbindlichkeiten bezeichnen, die im Verhältnis des überlebenden Ehegatten zu den anteilsberechtigten Abkömmlingen bei der Auseinandersetzung des Gesamtgutes dem überlebenden Ehegatten (§ 1499) oder den Abkömmlingen (§ 1500) zu Last fallen.

5 Für den ersteren, hier zu behandelnden Bereich (§ 1499) bedeutet das,

a)   dass bei der Auseinandersetzung der überlebende Ehegatte die Berichtigung der Verbindlichkeit aus dem Gesamtgut der fortgesetzten Gütergemeinschaft nicht verlangen kann (§§ 1498, 1475 Abs 2);

b)   dass wenn eine solche Verbindlichkeit aus dem Gesamtgut der fortgesetzten Gütergemeinschaft getilgt worden ist, der überlebende Ehegatte nach deren Beendigung zum Gesamtgut Ersatz zu leisten hat (§§ 1487 Abs 1, 1445 Abs 1, 1487 Abs 2).

II.   Die einzelnen Fälle des § 1499

1.   Nach **§ 1499 Nr 1 (erster Fall)** fallen dem überlebenden Ehegatten die ihm bei   **6** Eintritt der fortgesetzten Gütergemeinschaft obliegenden Gesamtgutsverbindlichkeiten zur Last, die nicht auch Gesamtgutsverbindlichkeiten der ehelichen Gütergemeinschaft waren. Das sind diejenigen persönlichen Schulden des überlebenden Ehegatten, der in der ehelichen Gütergemeinschaft von der Verwaltung des Gesamtgutes ausgeschlossen war oder es nur mitverwaltete, für die das eheliche Gesamtgut nicht haftete (§§ 1438–1440; 1460–1462).

Hierher gehören zB Verbindlichkeiten aus Rechtsgeschäften, die der überlebende   **7** Ehegatte als nicht verwaltungsberechtigter oder als nur mitverwaltender Ehegatte während der ehelichen Gütergemeinschaft ohne Zustimmung des anderen Ehegatten vorgenommen hatte (§§ 1438, 1460) oder die durch den Erwerb einer Erbschaft (oder eines Vermächtnisses) entstanden sind, die der überlebende Ehegatte während der elterlichen Gütergemeinschaft als Vorbehaltsgut oder Sondergut erworben hat (§§ 1439, 1461), oder die im Zusammenhang mit einem Gegenstand des Vorbehaltsgutes oder des Sondergutes während der ehelichen Gütergemeinschaft entstanden sind (§§ 1440, 1462). Während der ehelichen Gütergemeinschaft konnten sich die Gläubiger dieser Verbindlichkeiten lediglich an das Vorbehaltsgut oder Sondergut dieses Ehegatten halten. Nach Eintritt der fortgesetzten Gütergemeinschaft sind diese Verbindlichkeiten jedoch Gesamtgutsverbindlichkeiten der fortgesetzten Gütergemeinschaft geworden, wenn ihr Schuldner der überlebende Ehegatte ist (dazu § 1488 Rn 3).

2.   Nach **§ 1499 Nr 1 (zweiter Fall)** fallen dem überlebenden Ehegatten ferner auch   **8** diejenigen ihm bei Eintritt der fortgesetzten Gütergemeinschaft obliegenden Gesamtgutsverbindlichkeiten zur Last, die zwar auch schon Gesamtgutsverbindlichkeiten der ehelichen Gütergemeinschaft waren, im Innenverhältnis der Ehegatten zueinander jedoch nicht – wie es der Regel entspricht – dem ehelichen Gesamtgut, sondern dem überlebenden Ehegatten zur Last fielen.

Diese Gesamtgutsverbindlichkeiten sind in den §§ 1441–1444 (für frühere Einzel-   **9** verwaltung des Gesamtgutes) und §§ 1463–1465 (für frühere gemeinschaftliche Gesamtgutsverwaltung) aufgeführt, auf die verwiesen wird. Es handelt sich hierbei um Verbindlichkeiten, die zum Schutze der Gläubiger Gesamtgutsverbindlichkeiten sind, wegen ihrer engen Beziehung zu diesem Ehegatten jedoch im Endergebnis von ihm allein getragen werden sollen.

3.   Nach **§ 1499 Nr 2** fallen dem überlebenden Ehegatten weiterhin die nach dem   **10**

Eintritt der fortgesetzten Gütergemeinschaft entstandenen Gesamtgutsverbindlichkeiten zur Last, die, wenn sie während der ehelichen Gütergemeinschaft in seiner Person entstanden wären, im Verhältnis der Ehegatten zueinander ihm zur Last gefallen sein würden. Hierher gehören die Fälle der §§ 1441 Nr 1–3; 1443 Abs 3, nicht aber §§ 1463–1465 (ebenso SOERGEL/GAUL Rn 4; MünchKomm/KANZLEITER Rn 3; BAMBERGER/ROTH/MAYER Rn 3).

11 **4.** Endlich fällt nach **§ 1499 Nr 3** dem überlebenden Ehegatten auch eine Ausstattung (§ 1624) zur Last, die er einem anteilsberechtigten Abkömmling über das dem Gesamtgut der fortgesetzten Gütergemeinschaft entsprechende Maß hinaus oder die er einem (zZ der Gewährung oder des Versprechens der Ausstattung) nicht anteilsberechtigten Abkömmling versprochen oder gewährt hat (Mot IV 465; § 1499 Nr 3 ersetzt die §§ 1444, 1466 für die fortgesetzte Gütergemeinschaft). Übersteigt dagegen die einem anteilsberechtigten Abkömmling versprochene oder gewährte Ausstattung das Maß des Gesamtgutes nicht, so fällt sie dem Gesamtgut zur Last. Ihr Empfänger muss sie bei der Teilung der den Abkömmlingen zufallenden Gesamtgutshälfte als Vorempfang zur Ausgleichung bringen (§ 1503 Abs 2). Das Gleiche gilt für die einer Tochter gewährte Aussteuer (§ 1620 aF); diese ist nur noch eine Unterform der Ausstattung (vgl Art I Nr 21 GleichberG).

III. Beweislast

12 Dass die Voraussetzungen des § 1499 gegeben sind, hat zu beweisen, wer unter Bezugnahme auf diese Ausnahmebestimmung behauptet, dass eine Gesamtgutsverbindlichkeit der fortgesetzten Gütergemeinschaft dem überlebenden Ehegatten zur Last falle.

IV. Abweichende Vereinbarungen

13 Vereinbarungen zwischen dem überlebenden Ehegatten und den anteilsberechtigten Abkömmlingen sind zulässig, in denen in Abweichung von den Vorschriften der §§ 1499, 1500 bestimmt wird, welche Gesamtgutsverbindlichkeiten dem Gesamtgut, dem überlebenden Ehegatten oder den anteilsberechtigten Abkömmlingen zur Last fallen sollen. § 1518 S 1 findet auf solche Vereinbarungen keine Anwendung (s § 1518 Rn 11). Im Einzelfall kann eine solche Vereinbarung jedoch gegen die guten Sitten verstoßen und daher nichtig sein (§ 138). Eine besondere Form ist für eine solche Vereinbarung nicht vorgeschrieben.

§ 1500
Verbindlichkeiten zu Lasten der Abkömmlinge

(1) Die anteilsberechtigten Abkömmlinge müssen sich Verbindlichkeiten des verstorbenen Ehegatten, die diesem im Verhältnis der Ehegatten zueinander zur Last fielen, bei der Auseinandersetzung auf ihren Anteil insoweit anrechnen lassen, als der überlebende Ehegatte nicht von den Erben des verstorbenen Ehegatten Deckung hat erlangen können.

(2) In gleicher Weise haben sich die anteilsberechtigten Abkömmlinge anrechnen zu lassen, was der verstorbene Ehegatte zu dem Gesamtgut zu ersetzen hatte.

Materialien: Zu § 1500 aF: E I §§ 1400 Abs 2 Nr 3, Abs 3, 4; 1402 Abs 2; II § 1402 rev § 1485; II § 1483; Mot IV 464, 466; Prot IV 340; VI 287. Zu § 1500 nF: GleichberG E I § 1500; II § 1500. Vgl STAUDINGER/BGB-Synopse 1896–2005 § 1500.

Systematische Übersicht

I. Allgemeines

Die vom Gleichberechtigungsgesetz nicht geänderte Vorschrift enthält ebenso wie **1** § 1499 (s dazu § 1499 Rn 4) eine Ausnahme von dem Grundsatz, dass die Gesamtgutsverbindlichkeiten der fortgesetzten Gütergemeinschaft auch im Verhältnis des überlebenden Ehegatten zu den anteilsberechtigten Abkömmlingen dem Gesamtgut der fortgesetzten Gütergemeinschaft zu Last fallen. Während § 1499 gewisse Verbindlichkeiten dem überlebenden Ehegatten zuweist, bestimmt § 1500, welche Gesamtgutsverbindlichkeiten den anteilsberechtigten Abkömmlingen zur Last fallen. Die innere Berechtigung dafür, sie in begrenztem Umfang zu diesen Verbindlichkeiten heranzuziehen, liegt darin, dass sie am Gesamtgut der fortgesetzten Gütergemeinschaft beteiligt sind, in dem der Anteil des verstorbenen Ehegatten enthalten ist, und dass sie daher auch mit Verbindlichkeiten belastet werden dürfen, die der verstorbene Ehegatte hätte ausgleichen müssen. Dafür ist jedoch kein Raum, soweit der überlebende Ehegatte von den Erben des verstorbenen Ehegatten Deckung hat verlangen können.

Dass eine Verbindlichkeit den anteilsberechtigten Abkömmlingen zur Last fällt, **2** bedeutet,

(a) dass bei der Auseinandersetzung die anteilsberechtigten Abkömmlinge die Berichtigung der Verbindlichkeit aus dem Gesamtgut der fortgesetzten Gütergemeinschaft nicht verlangen können (§§ 1498, 1475 Abs 2);

(b) dass, wenn eine solche Verbindlichkeit aus dem Gesamtgut der fortgesetzten **3** Gütergemeinschaft getilgt worden ist, die anteilsberechtigten Abkömmlinge zum Gesamtgut der fortgesetzten Gütergemeinschaft Ersatz zu leisten haben (§§ 1487 Abs 1, 1445 Abs 1).

Diese Ersatzpflicht begründet jedoch keine persönliche Verpflichtung der anteils- **4** berechtigten Abkömmlinge (§ 1489 Abs 3). Diese sind vielmehr lediglich verpflichtet, sich die Verbindlichkeit bei der Auseinandersetzung **auf ihren Anteil anrechnen**

Burkhard Thiele

zu lassen (Mot IV 464; dazu § 1498 Rn 9). Darüber hinaus haften sie dem überlebenden Ehegatten gegenüber nicht.

II. Die einzelnen Fälle des § 1500

5 Gemäß § 1500 Abs 1 fallen den anteilsberechtigten Abkömmlingen diejenigen Verbindlichkeiten des verstorbenen Ehegatten zur Last, die zwar Gesamtgutsverbindlichkeiten der ehelichen Gütergemeinschaft (§§ 1437–1440, 1459–1462) und daher auch Gesamtgutsverbindlichkeiten der fortgesetzten Gütergemeinschaft (§ 1488) waren, im Verhältnis der Ehegatten zueinander jedoch dem verstorbenen Ehegatten zur Last fielen (§§ 1441–1444, 1463–1466).

6 Gemäß § 1500 Abs 2 besteht die gleiche Anrechnungspflicht der anteilsberechtigten Abkömmlinge hinsichtlich der Ersatzpflicht, die den verstorbenen Ehegatten wegen der Verwendung von Gesamtgut in sein Vorbehaltsgut oder in sein Sondergut getroffen hätte (§§ 1445 Abs 1, 1446, 1467 Abs 1, 1468).

III. Wegfall der Anrechnungspflicht

7 Die Anrechnungspflicht entfällt, insoweit der überlebende Ehegatte **von den Erben** des verstorbenen Ehegatten (§ 1483 Abs 1 S 3, Abs 2) **Deckung** erlangt hat oder hätte erlangen können. Auf den Grund, weswegen der überlebende Ehegatte von der Möglichkeit, Deckung zu erlangen, keinen Gebrauch gemacht hat, kommt es nicht an (SOERGEL/GAUL Rn 3; BAMBERGER/ROTH/MAYER Rn 2).

8 Der **Erlangung der Deckung steht es gleich**, wenn der überlebende Ehegatte den verstorbenen Ehegatten beerbt hat und sich daher Recht und Verbindlichkeit in der Person des überlebenden Ehegatten vereinigt haben. Allerdings gilt dies nur, soweit der Nachlass Deckung zulässt. Sonst würden die Abkömmlinge besser gestellt als bei anderer Erbfolge, die die Möglichkeit einer Haftungsbeschränkung auf den Nachlass gegenüber dem überlebenden Ehegatten bieten würde. § 1500 verteilt jedoch das Insolvenzrisiko gegen die Abkömmlinge zugunsten des Ehegatten (wie hier Münch-Komm/KANZLEITER Rn 2; aA BGB-RGRK/FINKE Rn 5; SOERGEL/GAUL Rn 3; PALANDT/BRUDER-MÜLLER Rn 2; ERMAN/HECKELMANN Rn 1; BAMBERGER/ROTH/MAYER Rn 2).

IV. Beweislast

9 Der überlebende Ehegatte trägt die Beweislast dafür, dass die Voraussetzungen des § 1500 vorliegen, insbesondere dass und inwieweit der überlebende Ehegatte von den Erben des verstorbenen Ehegatten Deckung nicht erlangen konnte.

V. Erbrechtliche Vorschriften

10 Unberührt von § 1500 bleiben die allgemeinen erbrechtlichen Grundsätze nach denen die anteilsberechtigten Abkömmlinge als Erben des verstorbenen Ehegatten (§ 1483 Abs 1 S 3) für dessen Verbindlichkeiten persönlich haften (§§ 1967 ff; vgl § 1489 Rn 13).

VI. Abweichende Vereinbarungen

Vereinbarungen zwischen dem überlebenden Ehegatten und den anteilsberechtigten **11** Abkömmlingen sind zulässig, in denen in Abweichung von § 1500 bestimmt wird, welche Gesamtgutsverbindlichkeiten dem Gesamtgut, dem überlebenden Ehegatten oder den anteilsberechtigten Abkömmlingen zur Last fallen sollen (s dazu § 1499 Rn 13). Solche Vereinbarungen bedürfen keiner besonderen Form.

§ 1501
Anrechnung von Abfindungen

(1) Ist einem anteilsberechtigten Abkömmling für den Verzicht auf seinen Anteil eine Abfindung aus dem Gesamtgut gewährt worden, so wird sie bei der Auseinandersetzung in das Gesamtgut eingerechnet und auf die den Abkömmlingen gebührende Hälfte angerechnet.

(2) Der überlebende Ehegatte kann mit den übrigen anteilsberechtigten Abkömmlingen schon vor der Aufhebung der fortgesetzten Gütergemeinschaft eine abweichende Vereinbarung treffen. Die Vereinbarung bedarf der notariellen Beurkundung; sie ist auch denjenigen Abkömmlingen gegenüber wirksam, welche erst später in die fortgesetzte Gütergemeinschaft eintreten.

Materialien: Zu § 1501 aF: E I § 1398 Abs 4; II § 1397 rev 1486; Mot IV 460; Prot IV 316. Zu § 1501 nF: GleichberG E I § 1501; II § 1501. Vgl STAUDINGER/BGB-Synopse 1896–2005 § 1501.

Systematische Übersicht

I. Grundgedanke der Vorschrift

Die Vorschrift, die durch das Gleichberechtigungsgesetz nicht geändert worden ist, **1** steht mit § 1491, in dem der Verzicht eines anteilsberechtigten Abkömmlings auf seinen Anteil am Gesamtgut behandelt wird, in engem Zusammenhang. Sie regelt die Anrechnung einer einem durch Verzicht ausscheidendem Abkömmling aus dem Gesamtgut der fortgesetzten Gütergemeinschaft geleisteten Abfindung auf die den übrigen Abkömmlingen bei der Auseinandersetzung gebührende Hälfte des Gesamtgutes. Ohne eine solche Vorschrift würde das (um die Abfindung verkürzte)

Gesamtgut der fortgesetzten Gütergemeinschaft zwischen dem überlebenden Ehegatten und den übrigen anteilsberechtigten Abkömmlingen je zur Hälfte geteilt (§§ 1498, 1476 Abs 1), so dass der überlebende Ehegatte die aus dem Gesamtgut geleistete Abfindung zur Hälfte mitzutragen hätte. Das wäre jedoch unangemessen, weil der Anteil des durch den Verzicht ausscheidenden Abkömmlings nicht dem überlebenden Ehegatten, sondern den übrigen Abkömmlingen anwächst (§§ 1491 Abs 4, 1490 S 3). Bei der Auseinandersetzung des Gesamtgutes der fortgesetzten Gütergemeinschaft wird daher das Gesamtgut zugunsten des überlebenden Ehegatten rechnerisch um den Betrag der Abfindung erhöht und die allein den anteilsberechtigten Abkömmlingen gebührende Hälfte mit der Abfindung belastet. Auf diese Weise tragen die übrigen anteilsberechtigten Abkömmlinge die dem ausscheidenden Abkömmling aus dem Gesamtgut geleistete Abfindung zum Ausgleich dafür, dass ihnen auch dessen Anteil zuwächst. Untereinander gleichen sie diese Belastung gemäß § 1503 Abs 3 aus.

II. Voraussetzungen für die Anwendbarkeit der Vorschrift

1. Verzicht des anteilsberechtigten Abkömmlings

2 Die Vorschrift findet nur auf den Fall Anwendung, dass ein anteilsberechtigter Abkömmling während des Bestehens der fortgesetzten Gütergemeinschaft auf seinen Anteil an deren Gesamtgut verzichtet hat (§ 1491). Ein Verzichtsvertrag, durch den ein Abkömmling vor Eintritt der fortgesetzten Gütergemeinschaft auf seinen künftigen Gesamtgutsanteil verzichtet hat (Vorausverzicht, § 1517), gehört nicht hierher (heute hM; BAMBERGER/ROTH/MAYER Rn 1; MünchKomm/KANZLEITER Rn 2; SOERGEL/GAUL Rn 2; PALANDT/BRUDERMÜLLER Rn 1).

2. Abfindung für den Verzicht

3 Die Gewährung der Abfindung beruht auf dem (obligatorischen) Abfindungsvertrag (dazu § 1491 Rn 13). Dieser wird zwischen dem durch Verzicht ausscheidenden Abkömmling und dem überlebenden Ehegatten und – in der Regel – auch mit den in der fortgesetzten Gütergemeinschaft verbleibenden Abkömmlingen geschlossen. Ob der ausscheidende Abkömmling den von ihm auf Grund dieses Vertrages geschuldeten **Verzicht durch** einseitige **Erklärung oder durch Verzichtsvertrag** (zu beiden § 1491 Rn 12 ff) erklärt, ist gleichgültig (hM, anders nur PLANCK/UNZNER Anm 2 c).

4 Da die Abfindung eines verzichtenden Abkömmlings eine **Ausstattung** ist (§ 1624; dazu § 1491 Rn 10), sind die in der fortgesetzten Gütergemeinschaft verbleibenden Abkömmlinge gegen eine den Verhältnissen des Gesamtguts nicht entsprechende übermäßige Abfindung des verzichtenden Abkömmlings aus dem Gesamtgut der fortgesetzten Gütergemeinschaft dadurch gesichert, dass der überlebende Ehegatte sie ohne ihre Einwilligung nur insoweit dem Gesamtgut entnehmen darf, als die Abfindung keine Schenkung ist (§§ 1487 Abs 1, 1425); bei der Auseinandersetzung mit den verbleibenden Abkömmlingen fällt das Übermaß ihm zur Last (§ 1499 Nr 3). Ferner stellt eine übermäßige Ausstattung eines Abkömmlings aus dem Gesamtgut in der Regel eine nicht ordnungsmäßige Verwaltung des Gesamtguts dar, für die der überlebende Ehegatte den in der fortgesetzten Gütergemeinschaft verbleibenden Abkömmlingen haftet (§§ 1487 Abs 1, 1435 S 3).

3.   Abfindung aus dem Gesamtgut

Die Abfindung des ausscheidenden Abkömmlings muss aus dem Gesamtgut der 5
fortgesetzten Gütergemeinschaft gewährt worden sein (s dazu § 1491 Rn 10). Ist sie von
den überlebenden Ehegatten aus seinem Vorbehaltsgut (oder seinem Sondergut)
oder von einem anteilsberechtigten Abkömmling aus seinem eigenen Vermögen
gewährt worden, so ist § 1501 unanwendbar.

III.   Art der Anrechnung der Abfindung

Die Art der Anrechnung der Abfindung, die für den Verzicht des ausscheidenden 6
anteilsberechtigten Abkömmlings gewährt worden ist, richtet sich in erster Linie
nach einer etwaigen Vereinbarung der Beteiligten (§ 1501 Abs 2), mangels einer
solchen nach § 1501 Abs 1.

1.   Vereinbarung der Beteiligten

Eine Vereinbarung darüber, wie die einem verzichtenden Abkömmling gewährte 7
Abfindung bei der Auseinandersetzung berücksichtigt werden soll, setzt einen Vertrag zwischen dem überlebenden Ehegatten und allen übrigen anteilsberechtigten
Abkömmlingen voraus. Wird dieser bei der Auseinandersetzung geschlossen, so
bedarf er keiner besonderen Form. Wird er jedoch vor der Beendigung der fortgesetzten Gütergemeinschaft geschlossen, so bedarf er der notariellen Beurkundung
(§§ 1501 Abs 2 S 2, 128; weitergehend MünchKomm/KANZLEITER Rn 3 gegen die hM u den
Wortlaut für Formfreiheit). Regelmäßig wird eine solche Vereinbarung im Zusammenhang mit dem Abfindungsvertrag (s oben Rn 3) und dem Verzichtsvertrag (s § 1491
Rn 7, 13 ff) getroffen.

Ist der überlebende Ehegatte gesetzlicher Vertreter eines an der Vereinbarung 8
beteiligten Abkömmlings, so muss für den Abkömmling ein Pfleger oder Ergänzungsbetreuer bestellt werden (§§ 1629 Abs 2, 1795 Abs 2, 181, 1909; 1896; 1899
Abs 4). Es bedarf der **Genehmigung des Vormundschaftsgerichts**, wenn die Vereinbarung auch die Verteilung der Abfindung auf die einzelnen in der fortgesetzten
Gütergemeinschaft verbleibenden Abkömmlinge betrifft (§ 1503 Abs 3); darin liegt
ein Erbteilungsvertrag iS des § 1822 Nr 2 (s § 1498 Rn 4; SOERGEL/GAUL Rn 4; PALANDT/
BRUDERMÜLLER Rn 2; ERMAN/HECKELMANN Rn 2; BAMBERGER/ROTH/MAYER Rn 3; wohl auch
BGB-RGRK/FINKE Rn 4, *anders* MünchKomm/KANZLEITER § 1498 Rn 3).

Eine solche Vereinbarung wirkt auch gegenüber denjenigen Abkömmlingen, die erst 9
später in die fortgesetzte Gütergemeinschaft eintreten (§ 1501 Abs 2 S 2 HS 2), also
zB gegenüber den Abkömmlingen eines an der Vereinbarung beteiligten Sohnes, die
nach dessen Tode an seiner Stelle an der fortgesetzten Gütergemeinschaft teilnehmen (§ 1490 S 2). Mangels einer solchen ausdrücklichen Vorschrift wären solche
Abkömmlinge, die ja kraft einen Rechts in die fortgesetzte Gütergemeinschaft eintreten, an eine solche Vereinbarung nicht gebunden (Mot IV 460 ff).

2.   Gesetzliche Regelung

Ist eine Vereinbarung nach § 1501 Abs 2 nicht getroffen, so greift die Dispositivbe- 10 stimmung des § 1501 Abs 1 ein: die Abfindung wird zu dem Gesamtgut hinzuge-rechnet und auf die den Abkömmlingen gebührende Hälfte angerechnet.

11 **Beispiel**: Die fortgesetzte Gütergemeinschaft bestand aus dem überlebenden Ehe-gatten, seinen Söhnen A und B und den beiden Kindern D und E seiner ver-storbenen Tochter C. A hat gegen eine (aus dem Gesamtgut gezahlte) Abfindung von 4 000 € auf seinen Gesamtgutsanteil verzichtet. Bei der Auseinandersetzung beträgt der Wert des Gesamtguts 12 000 €. Davon erhält der überlebende Ehegatte ½ (12 000 + 4 000) = 8 000 €. Die restlichen 4 000 € werden auf B mit 2 000 € und D und E mit je 1 000 € verteilt (vgl § 1503 Abs 3).

12 Eine persönliche Haftung der Abkömmlinge gegenüber dem überlebenden Ehe-gatten kommt nicht in Betracht, auch wenn die ihnen gebührende Hälfte des Ge-samtguts den Betrag der Abfindung nicht erreicht (vgl § 1489 Abs 3).

13 **Beispiel**: Hätte im obigen Beispiel A eine Abfindung von 20 000 € aus dem Gesamt-gut erhalten, wie es dessen Stande zZ der Abfindung angemessen war, so würden dem überlebenden Ehegatten bei der Auseinandersetzung zwar rechnerisch ½ (12 000 + 20 000) = 16 000 € zustehen. Er muss sich jedoch mit den restlichen 12 000 € begnügen und hat keinen Anspruch gegen die Abkömmlinge; diese gehen leer aus.

§ 1502
Übernahmerecht des überlebenden Ehegatten

(1) Der überlebende Ehegatte ist berechtigt, das Gesamtgut oder einzelne dazu gehörende Gegenstände gegen Ersatz des Wertes zu übernehmen. Das Recht geht nicht auf den Erben über.

(2) Wird die fortgesetzte Gütergemeinschaft auf Grund des § 1495 durch Urteil aufgehoben, so steht dem überlebenden Ehegatten das im Absatz 1 bestimmte Recht nicht zu. Die anteilsberechtigten Abkömmlinge können in diesem Falle diejenigen Gegenstände gegen Ersatz des Wertes übernehmen, welche der verstorbene Ehe-gatte nach § 1477 Abs 2 zu übernehmen berechtigt sein würde. Das Recht kann von ihnen nur gemeinschaftlich ausgeübt werden.

Materialien: Zu § 1502 aF: E I §§ 1406 Abs 5, 1407 Abs 2, 3; II § 1410 rev § 1487; III § 1485; Mot IV 480; Prot IV 344, 347.

Zu § 1502 nF: GleichberG E I § 1502; II § 1502. Vgl STAUDINGER/BGB-Synopse 1896–2005 § 1502.

Systematische Übersicht

I. Grundzüge

Wie § 1477 Abs 2 für die eheliche Gütergemeinschaft, so regelt § 1502, den das **1** Gleichberechtigungsgesetz unverändert übernommen hat, für die fortgesetzte Gütergemeinschaft das Recht der an ihr Beteiligten, bei der Auseinandersetzung des Gesamtgutes gewisse Gegenstände zu übernehmen. Diese Vorschrift enthält damit (ebenso wie § 1477 Abs 2) eine Ausnahme von dem Grundsatz, dass die Teilung des Gesamtguts nach den Vorschriften über die Teilung der Gemeinschaft (§§ 1498, 1477 Abs 1, 752 ff) erfolgt.

Das **Übernahmerecht des überlebenden Ehegatten** (§ 1502 Abs 1) **ist die Regel**, wäh- **2** rend das Übernahmerecht der anteilsberechtigten Abkömmlinge nur ausnahmsweise zum Zuge kommt, wenn nämlich der überlebende Ehegatte nach einer Aufhebungsklage eines Abkömmlings (oder aller Abkömmlinge) gem § 1495 sein Übernahmerecht verloren hat (§ 1502 Abs 2 S 1). Auch im Umfang unterscheidet sich das Übernahmerecht des überlebenden Ehegatten insofern von dem der Abkömmlinge, als es ihm wesentlich weitergehende Befugnisse einräumt (vgl § 1502 Abs 2 S 2), im Gegensatz zu § 1477 Abs 2, der beiden Ehegatten ein gleiches Übernahmerecht zugesteht.

Gem § 1515 Abs 1 kann jeder Ehegatte mit Zustimmung des anderen Ehegatten **3** (§ 1516) für den Fall, dass mit seinem Tode die fortgesetzte Gütergemeinschaft eintritt, durch letztwillige Verfügung anordnen, dass ein anteilsberechtigter Abkömmling bei der Teilung das Gesamtgut im Ganzen oder einzelne Gegenstände des Gesamtguts gegen Wertersatz übernehmen darf. Diese Vorschrift geht der Regelung des § 1502 vor.

II. Übernahmerecht des überlebenden Ehegatten (Abs 1)

1. Rechtsstellung des überlebenden Ehegatten

Gem § 1502 Abs 1 S 1 hat der überlebende Ehegatte das Recht, sowohl das Gesamt- **4** gut der fortgesetzten Gütergemeinschaft im Ganzen wie auch einzelne dazu gehörige Gegenstände ohne Rücksicht auf deren Herkunft gegen Wertersatz zu übernehmen. So kann er sich auch nach Beendigung der fortgesetzten Gütergemeinschaft, insbesondere bei Wiederverheiratung, den Besitz des Gesamtvermögens und damit die wirtschaftliche Grundlage seiner Existenz in der bisherigen Weise erhalten, wie es dem Gedanken der vorausgegangenen ehelichen Gütergemeinschaft entspricht. Damit kann zugleich die Gefahr einer unwirtschaftlichen Veräußerung des Gesamtgutes zwecks Auszahlung der Abkömmlinge vermieden werden. Schließlich kann der überlebende Ehegatte auf diese Weise bestimmen, welcher Abkömmling einzelne zum Gesamtgut gehörende Gegenstände (Grundbesitz, Unternehmen usw) demnächst bekommen soll (Mot IV 480 ff). Ähnliche Vorschriften enthielten schon einzelne frühere Rechte (vgl PrALR II 1 §§ 648 ff; Mot IV 480, 481).

5 Das Übernahmerecht des überlebenden Ehegatten besteht **nur gegenüber den anteilsberechtigten Abkömmlingen**, nicht jedoch gegenüber den einseitigen Abkömmlingen des verstorbenen Ehegatten (RGZ 118, 388).

6 Das Recht der Übernahme ist unvererblich (§ 1502 Abs 1 S 2). Auch durch letztwillige Verfügung kann der überlebende Ehegatte dieses Recht einem anteilsberechtigten Abkömmling nicht einräumen. Er kann jedoch dieses Ergebnis dadurch herbeiführen, dass er die übrigen Abkömmlinge unter der Bedingung zu Erben einsetzt, dass sie ihren Anteil dem anderen Abkömmling übertragen (BayObLG JFG 1, 150 = OLGE 43, 360; KG JW 1931, 1369), oder dass er sie mit einem Verschaffungsvermächtnis zugunsten des anderen Abkömmlings belastet (BGH FamRZ 1964, 423). Hat der überlebende Ehegatte das Übernahmerecht durch seine Erklärung ausgeübt, so ist die dadurch entstandene Rechtsstellung vererblich und übertragbar. Aus der Unvererblichkeit des Übernahmerechts des überlebenden Ehegatten ergibt sich, dass dieses **Recht höchstpersönlicher Natur** ist. Es kann daher auch nicht von einem Testamentsvollstrecker oder von einem Gläubiger ausgeübt werden, der den Anteil des überlebenden Ehegatten am Gesamtgut gepfändet hat (§ 860 Abs 2 ZPO).

2. Geltendmachung des Übernahmerechts

7 Die Übernahme ist ein Gestaltungsrecht. Seine Geltendmachung erfolgt durch einseitige, formlose, zugangsbedürftige und unwiderrufliche Erklärung des überlebenden Ehegatten gegenüber den anteilsberechtigten Abkömmlingen. Auch die Erklärung gegenüber der die Auseinandersetzung ermittelnden Behörde genügt (s § 1477 Rn 15). Die Ausübung des Übernahmerechts ist an keine Frist gebunden und kann bis zur Erledigung der Auseinandersetzung erfolgen.

3. Wirkungen der Übernahmeerklärung

8 Mit der Übernahmeerklärung werden die anteilsberechtigten Abkömmlinge zur Übertragung des bisherigen gemeinschaftlichen Eigentums in das Alleineigentum des überlebenden Ehegatten, dieser zur Leistung des Wertersatzes verpflichtet (s § 1477 Rn 16 ff). Entscheidend ist hierbei der (gegebenenfalls durch Schätzung zu ermittelnde) **Wert zur Zeit der Übernahme** (§ 1477 Rn 13), und zwar der objektive Wert (Verkehrswert), nicht der Ertragswert oder Affektionswert. Können die Beteiligten sich über den Übernahmepreis nicht einigen, so muss ein Rechtsstreit darüber entscheiden; die Feststellung durch Sachverständige gem § 164 FGG kommt nicht in Betracht.

9 Über die Befugnis jedes Ehegatten, im Einverständnis mit dem anderen Ehegatten (vgl § 1516) durch letztwillige Verfügung für ein zum Gesamtgut gehörendes **Landgut** den Übernahmepreis nach dem Ertragswert zu bestimmen, s § 1515 Abs 2 u 3.

4. Grenzen des Übernahmerechts

10 Das Übernahmerecht des überlebenden Ehegatten kann ganz oder teilweise da-

durch begrenzt sein, dass die vorrangige Schuldentilgung (§§ 1498, 1475 Abs 1) eine andere Verwertung des Gegenstandes erfordert, den der überlebende Ehegatte übernehmen möchte (dazu § 1477 Rn 19).

Das Übernahmerecht des überlebenden Ehegatten tritt ferner gegenüber dem An- **11** spruch eines Gesamtgutsgläubigers auf Übertragung des Gegenstandes zurück, den der überlebende Ehegatte übernehmen möchte (s § 1477 Rn 20).

Das Übernahmerecht des überlebenden Ehegatten entfällt, wenn die fortgesetzte **12** Gütergemeinschaft auf die Klage eines Abkömmlings gem § 1495 durch Urteil aufgehoben ist (§ 1502 Abs 2 S 1). Entgegen dem Wortlaut dieser Bestimmung muss das aber auch für den Fall gelten, dass die Aufhebungsklage gem § 1495 erhoben worden ist, die fortgesetzte Gütergemeinschaft jedoch vor Erlass des Urteils aus einem anderen Grunde (zB durch Aufhebung durch den überlebenden Ehegatten, § 1492) beendet worden ist und die Klage des Abkömmlings begründet gewesen wäre (hM; GERNHUBER/COESTER-WALTJEN § 39 Rn 57 Fn 60; BAMBERGER/ROTH/MAYER Rn 3; MünchKomm/KANZLEITER Rn 3; SOERGEL/GAUL Rn 5; ERMAN/HECKELMANN Rn 4), was ggf von den Abkömmlingen im Rahmen der Auseinandersetzung geltend gemacht und erforderlichenfalls *bewiesen* werden muss (ebenso BGB-RGRK/FINKE Rn 3).

III. Übernahmerecht der anteilsberechtigten Abkömmlinge (Abs 2)

1. Voraussetzungen

Ist das Übernahmerecht des überlebenden Ehegatten gem § 1502 Abs 2 S 1 ausge- **13** schlossen (s oben Rn 12), so steht den anteilsberechtigten Abkömmlingen ein beschränktes Übernahmerecht zu (§ 1502 Abs 2 S 2). Voraussetzung eines solchen Rechts ist also eine vorhergehende Klage eines anteilsberechtigten Abkömmlings gegen den überlebenden Ehegatten auf Aufhebung der fortgesetzten Gütergemeinschaft gem § 1495, die zu einem entsprechenden Urteil geführt hat oder geführt hätte, wenn sich nicht die Hauptsache durch eine Beendigung der fortgesetzten Gütergemeinschaft aus einem anderen Grunde erledigt hätte. Liegt diese Voraussetzung nicht vor, so ist den anteilsberechtigten Abkömmlingen ein Übernahmerecht grundsätzlich versagt.

Wegen der Möglichkeit, ein Übernahmerecht einem anteilsberechtigten Abkömm- **14** ling durch letztwillige Verfügung einzuräumen, s § 1515 Abs 1.

2. Inhalt des Übernahmerechts der Abkömmlinge

Im Gegensatz zum Übernahmerecht des überlebenden Ehegatten ist das der anteils- **15** berechtigten Abkömmlinge **inhaltlich beschränkt**. Gem § 1502 Abs 2 S 2 können sie nur diejenigen Gegenstände gegen Wertersatz übernehmen, die der verstorbene Ehegatte nach § 1477 Abs 2 hätte übernehmen dürfen (wegen der Einzelheiten s § 1477 Rn 9 ff; wegen der Höhe und Entrichtung des Wertersatzes s oben Rn 8).

Das Übernahmerecht der Abkömmlinge ist (im Gegensatz zu dem des überlebenden **16** Ehegatten – vgl oben Rn 6) mangels einer dem § 1502 Abs 1 S 2 entsprechenden Bestimmung **vererblich und übertragbar**. Es kann auch vom Testamentsvollstrecker

Burkhard Thiele

(RGZ 85, 1), Erbschaftskäufer oder einem Gläubiger ausgeübt werden, der den Gesamtgutsanteil des Abkömmlings gem § 860 Abs 2 ZPO gepfändet hat.

3. Ausübung des Übernahmerechts der Abkömmlinge

17 Das Übernahmerecht der anteilsberechtigten Abkömmlinge kann von ihnen nur gemeinschaftlich ausgeübt werden (§ 1502 Abs 2 S 3); ein Mehrheitsbeschluss genügt nicht. Können sich die anteilsberechtigten Abkömmlinge über die Ausübung des Übernahmerechts nicht einigen, so entfällt die Übernahme. Es bleibt dann bei der Teilung des Gesamtguts nach den Vorschriften über die Gemeinschaft (§§ 1498, 1475 Abs 1, 752 ff). Die Einmütigkeit der Ausübung kann auch dann nicht erzwungen werden, wenn die Ausübung im offenbaren Interesse der Abkömmlinge liegt; § 2038 gilt nicht entsprechend (ebenso Erman/Heckelmann Rn 3; MünchKomm/Kanzleiter Rn 3 BGB-RGRK/Finke Rn 7; **aM** Bamberger/Roth/Mayer Rn 3; Soergel/Gaul Rn 6).

18 Ist der überlebende Ehegatte gesetzlicher Vertreter eines anteilsberechtigten Abkömmlings, so ist für Letzteren ein Pfleger oder Betreuer zu bestellen (§§ 1629 Abs 2, 1795 Abs 2, 181, 1909, 1896, 1899 Abs 4), der über die Ausübung des Übernahmerechts entscheidet.

19 Ist ein Abkömmling verheiratet, so bedarf er zu seiner Übernahmeerklärung nicht der Zustimmung seines Ehegatten. Lebt er in Gütergemeinschaft, so gehört sein Anteil am Gesamtgut der fortgesetzten Gütergemeinschaft auch in der Auseinandersetzung zu seinem Sondergut (§ 1417 Rn 6; bestr), das er selbständig verwaltet. Übt er sein Übernahmerecht zusammen mit den übrigen anteilsberechtigten Abkömmlingen aus, so haftet sein eheliches Gesamtgut für den auf ihn entfallenden Wertersatz (§§ 1440 S 2, 1462 S 2); sein Anteil an dem übernommenen Gegenstand fällt in sein eheliches Gesamtgut (s § 1417 Rn 13).

20 Wegen der *Form*, des *Zeitpunktes* und der *Unwiderruflichkeit* der gemeinschaftlichen Übernahmeerklärung der anteilsberechtigten Abkömmlinge gegenüber dem überlebenden Ehegatten gelten die Ausführungen zu Rn 7. Zur Wirkung der Übernahmeerklärung gelten die Ausführungen zu Rn 8 entsprechend.

4. Verteilung der übernommenen Gegenstände unter den Abkömmlingen

21 Mehrere anteilsberechtigte Abkömmlinge, die gemeinschaftlich Gegenstände des Gesamtguts übernommen haben, teilen sie unter sich nach Maßgabe des § 1503.

§ 1503
Teilung unter den Abkömmlingen

(1) Mehrere anteilsberechtigte Abkömmlinge teilen die ihnen zufallende Hälfte des Gesamtguts nach dem Verhältnis der Anteile, zu denen sie im Falle der gesetzlichen Erbfolge als Erben des verstorbenen Ehegatten berufen sein würden, wenn dieser erst zur Zeit der Beendigung der fortgesetzten Gütergemeinschaft gestorben wäre.

(2) Das Vorempfangene kommt nach den für die Ausgleichung unter Abkömmlingen geltenden Vorschriften zur Ausgleichung, soweit nicht eine solche bereits bei der Teilung des Nachlasses des verstorbenen Ehegatten erfolgt ist.

(3) Ist einem Abkömmling, der auf seinen Anteil verzichtet hat, eine Abfindung aus dem Gesamtgut gewährt worden, so fällt sie den Abkömmlingen zur Last, denen der Verzicht zustatten kommt.

Materialien: Zu § 1503 aF: E I § 1408; II § 1411 rev § 1488; III § 1486; Mot IV 282; Prot IV 347; VI 289.

Zu § 1503 nF: GleichberG E I § 1503; II § 1503. Vgl STAUDINGER/BGB-Synopse 1896–2005 § 1503.

Systematische Übersicht

I. Grundzüge

In den §§ 1498–1502 wird die Teilung des Gesamtguts der fortgesetzten Gütergemeinschaft zwischen dem überlebenden Ehegatten einerseits und der Gesamtheit der anteilsberechtigten Abkömmlinge andererseits geregelt. § 1503, der vom Gleichberechtigungsgesetz unverändert übernommen worden ist, bestimmt dagegen, wie die gem §§ 1498, 1476 Abs 1 den Abkömmlingen zufallende Gesamtgutshälfte unter die einzelnen anteilsberechtigten Abkömmlinge verteilt werden soll. Dafür wird der allgemeine Teilungsmaßstab in Abs 1 festgelegt. In Abs 2 wird der Ausgleich von Vorempfängen geregelt. In Abs 3, der an die Vorschriften über den Verzicht eines Abkömmlings gegen Abfindung (§§ 1491, 1501) anknüpft, behandelt schließlich die Frage, wer von den Abkömmlingen die aus dem Gesamtgut geleistete Abfindung tragen soll. **1**

II. Teilungsmaßstab (Abs 1)

1. Beteiligung der gemeinschaftlichen Abkömmlinge nach Stämmen

Gemäß § 1503 Abs 1 soll die Teilung der auf die anteilsberechtigten Abkömmlinge bei der Auseinandersetzung des Gesamtguts entfallenden Gegenstände nach dem Verhältnis der Anteile erfolgen, zu denen die Abkömmlinge im Falle der gesetzlichen Erbfolge als Erben des erstverstorbenen Ehegatten berufen wären, wenn **2**

dieser erst zur Zeit der Beendigung der fortgesetzten Gütergemeinschaft gestorben
wäre (Mot IV 484 ff). An die Stelle eines zur Zeit der Beendigung der fortgesetzten
Gütergemeinschaft nicht mehr lebenden anteilsberechtigten Abkömmlings treten
also die durch ihn mit dem verstorbenen Ehegatten verwandten Abkömmlinge
(Erbfolge nach Stämmen). Kinder erben zu gleichen Teilen. Wer verschiedenen
Stämmen angehört, erhält den in jedem dieser Stämme ihm zufallenden Anteil
(§§ 1924, 1927, 1930).

2. Nichtbeteiligte gemeinschaftliche Abkömmlinge

3 Gemeinschaftliche Abkömmlinge, die vor Eintritt der fortgesetzten Gütergemeinschaft (§ 1517) oder während ihres Bestehens (§ 1491) auf ihren Anteil am Gesamtgut verzichtet haben oder die von der fortgesetzten Gütergemeinschaft durch letztwillige Verfügung ausgeschlossen worden sind (§ 1511) oder denen ihr Anteil entzogen worden ist (§ 1513), werden bei der Berechnung der Anteile der übrigen
anteilsberechtigten Abkömmlinge nicht berücksichtigt (vgl § 1483 Rn 13). Dagegen
nehmen an der Teilung die Abkömmlinge teil, deren Anteil durch letztwillige Verfügung herabgesetzt worden ist (§ 1512).

3. Unabänderlichkeit des Teilungsmaßstabes

4 Der überlebende Ehegatte kann das Teilungsverhältnis nicht abändern (§ 1518 S 1).
Ebenso wenig können beide Ehegatten das durch Ehevertrag erreichen. Nur der
erstverstorbene Ehegatte kann mit Zustimmung des anderen Ehegatten (§ 1516)
durch letztwillige Verfügung gem §§ 1511–1513 das Teilungsverhältnis ändern.

III. Ausgleichung von Vorempfängen (Abs 2)

1. Grundsatz

5 Ebenso wie bei dem Verteilungsmaßstab, nach dem die Anteile der Abkömmlinge
bei der Auseinandersetzung der fortgesetzten Gütergemeinschaft bemessen werden
sollen, erbrechtliche Regeln angewendet werden, sollen auch Vorempfänge, die die
anteilsberechtigten Abkömmlinge von dem erstverstorbenen Ehegatten oder an
dessen Stelle aus dem Gesamtgut der fortgesetzten Gütergemeinschaft erhalten
haben, nach dem für die Ausgleichung unter Abkömmlingen geltenden erbrechtlichen Bestimmungen bei der nunmehr stattfindenden Auseinandersetzung der fortgesetzten Gütergemeinschaft ausgeglichen werden, soweit das nicht schon bei der
Teilung des Nachlasses des erstverstorbenen Ehegatten erfolgt ist (Mot IV 485).
Damit verweist § 1503 Abs 2 auf die §§ 2050 ff.

2. Frühere Ausgleichung

6 Waren beim Ableben des erstverstorbenen Ehegatten nur gemeinschaftliche Abkömmlinge vorhanden, so erfolgte in jenem Zeitpunkt unter diesen eine Ausgleichung ihrer Vorempfänge nur hinsichtlich dessen, was sie aus dem Vorbehaltsgut
und Sondergut des verstorbenen Ehegatten erhalten haben, während hinsichtlich
ihrer Vorempfänge aus dem Gesamtgut der ehelichen Gütergemeinschaft die Ausgleichung erst jetzt bei der Auseinandersetzung der fortgesetzten Gütergemeinschaft

vorzunehmen ist (vgl § 1483 Rn 18). Waren beim Ableben des erstverstorbenen Ehegatten neben gemeinschaftlichen auch einseitige Abkömmlinge von ihm vorhanden, so erfolgte den einseitigen Abkömmlingen gegenüber die Ausgleichung aller Vorempfänge sofort, während die unter den gemeinschaftlichen Abkömmlingen auch in diesem Falle erst jetzt stattfindet (vgl § 1483 Rn 25).

Ist eine Ausgleichung, die schon bei der Teilung des Nachlasses des erstverstorbenen **7** Ehegatten hätte stattfinden sollen, damals (zB mangels eines Nachlasses) unterblieben, so ist sie nunmehr bei der Teilung des Gesamtguts der fortgesetzten Gütergemeinschaft vorzunehmen.

Der Beweis, dass die Ausgleichung schon bei der Teilung des Nachlasses des erst- **8** verstorbenen Ehegatten erfolgt ist, obliegt dem ausgleichspflichtigen Abkömmling.

Eine Ausgleichspflicht gegenüber dem überlebenden Ehegatten kommt auch für die **9** gemeinschaftlichen Abkömmlinge nicht in Betracht (Mot IV 485).

3. Ausgleichsregeln

Für die Ausgleichung selbst sind die Vorschriften der §§ 2050 ff maßgebend. Die **10** Anteilsberechtigten Abkömmlinge sind verpflichtet, dasjenige, was sie als Ausstattung (§ 1624) erhalten haben, bei der Teilung der ihnen zufallenden Gesamtgutshälfte untereinander zur Ausgleichung zu bringen, soweit nicht der Ehegatte bei der Zuwendung ein anderes bestimmt hat (§ 2050 Abs 1). Zuschüsse, die zum Zweck gegeben worden sind, als Einkünfte verwendet zu werden, sowie Aufwendungen für die Vorbildung zu einem Beruf sind insoweit auszugleichen, als sie das den Vermögensverhältnissen der Ehegatten entsprechende Maß überstiegen haben (§ 2050 Abs 2). Andere Zuwendungen unter Lebenden sind zur Ausgleichung zu bringen, wenn der Ehegatte bei der Zuwendung die Ausgleichung angeordnet hat (§ 2050 Abs 3). Jeder Abkömmling ist verpflichtet, den übrigen Abkömmlingen auf Verlangen *Auskunft* über die Zuwendung zu erteilen, die er nach §§ 1503 Abs 2, 2050–2053 auszugleichen hat. Die Vorschriften der §§ 260, 261 über die Verpflichtung zur Abgabe der eidesstattlichen Versicherung finden entsprechende Anwendung (§ 2057). Zu den weiteren Einzelheiten s die Erl zu §§ 2050 ff.

Ist die fortgesetzte Gütergemeinschaft durch den **Tod oder die Todeserklärung** des **11** überlebenden Ehegatten beendigt worden, so finden die §§ 2050–2057a unmittelbar Anwendung, wenn dessen Abkömmlinge als gesetzliche Erben zur Erbfolge kommen.

Die Ehegatten können Anordnungen, die mit den Vorschriften der §§ 1503 Abs 2, **12** 2050–2057 a im Widerspruch stehen, weder durch letztwillige Verfügung noch durch Vertrag treffen (**§ 1518 S 1**; Mot IV 485). So ist zB eine Anordnung des zuwendenden Ehegatten unzulässig, dass die Zuwendung bei der Ausgleichung nur mit einem bestimmten Betrage angerechnet werden solle, da diese Anordnung mit § 2055 Abs 2 im Widerspruch steht; das gilt jedoch nicht für eine Zuwendung, die nur deshalb ausgleichspflichtig ist, weil der Ehegatte dies bei der Zuwendung angeordnet hat (§ 2050 Abs 3). Andererseits können die an der Auseinandersetzung beteiligten Abkömmlinge dabei von den Regeln der §§ 2050 ff im allseitigen Einverständ-

nis abweichen, also zB (formlos) vereinbaren, dass die Ausgleichung in Natur erfolgen oder einzelnen Beteiligten erlassen werden soll (vgl auch § 1498 Rn 3 f).

IV. Anrechnung einer Abfindung (Abs 3)

13 Die Vorschrift des § 1503 Abs 3 knüpft an die §§ 1491, 1501 an (Prot VI 289), nicht
dagegen an § 1517. Sie setzt also voraus, dass ein anteilsberechtigter Abkömmling
während des Bestehens der fortgesetzten Gütergemeinschaft gegen eine aus deren
Gesamtgut geleistete Abfindung auf seinen Anteil am Gesamtgut verzichtet hat. Sie
regelt die Frage, welchem Abkömmling diese Abfindung bei der Auseinandersetzung des Gesamtguts der fortgesetzten Gütergemeinschaft zu Last fallen soll. Insofern ergänzt sie die Regelung des § 1501 Abs 1, in der die Anrechnung dieser
Abfindung im Verhältnis zu dem überlebenden Ehegatten auf die den Abkömmlingen zufallende Gesamtgutshälfte festgelegt wird, es sei denn, dass der überlebende Ehegatte mit den übrigen Abkömmlingen eine andere Verteilung vereinbart hat
(§ 1501 Abs 2). Nach § 1503 Abs 3 soll die aus dem Gesamtgut der fortgesetzten
Gütergemeinschaft an einen Abkömmling für seinen Verzicht geleistete Abfindung
lediglich den Abkömmlingen zur Last fallen, denen der Verzicht des abgefundenen
Abkömmlings zustatten kommt (§§ 1491 Abs 4, 1490 S 3, 1503 Abs 1).

14 Beispiel: Das Gesamtgut der fortgesetzten Gütergemeinschaft, die aus dem überlebenden Ehegatten, seinem Sohne A und den beiden Söhnen seiner vorverstorbenen
Tochter B, C und D, besteht, beträgt bei deren Beendigung 10 000 €. D hat vorher
gegen eine Abfindung (aus dem Gesamtgut) von 2 000 € auf seinen Anteil verzichtet. Bei der Auseinandersetzung der fortgesetzten Gütergemeinschaft erhält der
überlebende Ehegatte 1/2 (10 000 + 2 000) = 6 000 €, seine anteilsberechtigten Abkömmlinge A und C den Rest von 4 000 € (§ 1501 Abs 1). Da D infolge seines
Verzichts als vorverstorben gilt (§ 1491 Abs 4), kommt sein Verzicht allein dem C
zustatten, da er bei gesetzlicher Erbfolge neben A zur Hälfte des Restes berufen ist
(§ 1924 Abs 3). A und C gleichen daher dem § 1503 Abs 1 so untereinander aus, dass
A 1/2 (4 000 + 2 000) = 3 000 € und C 1/2 (4 000–2 000) = 1 000 € erhalten.

V. Abweichende Vereinbarungen

15 Hat der überlebende Ehegatte mit den übrigen anteilsberechtigten Abkömmlingen
hinsichtlich der Anrechnung der Abfindung gem § 1501 Abs 2 eine andere Vereinbarung getroffen, so geht diese der gesetzlichen Regelung des § 1501 Abs 1 vor. Dagegen
können die Ehegatten der ehelichen Gütergemeinschaft weder durch letztwillige
Verfügung noch durch Vertrag die Regelung des § 1503 Abs 2 ändern (§ 1518 S 1).

§ 1504
Haftungsausgleich unter Abkömmlingen

**Soweit die anteilsberechtigten Abkömmlinge nach § 1480 den Gesamtgutsgläu-
bigern haften, sind sie im Verhältnis zueinander nach der Größe ihres Anteils an
dem Gesamtgut verpflichtet. Die Verpflichtung beschränkt sich auf die ihnen zugeteilten Gegenstände; die für die Haftung des Erben geltenden Vorschriften der
§§ 1990, 1991 finden entsprechende Anwendung.**

Materialien: Zu § 1504 aF: E II § 1412 rev   Zu § 1504 nF: GleichberG E I § 1504; II 1504.
§ 1489; III § 1487; Mot IV 475; Prot IV 346; V   Vgl STAUDINGER/BGB-Synopse 1896–2005
828.   § 1504.

I. Allgemeines

Von dem Grundsatz, dass die anteilsberechtigten Abkömmlinge für die Gesamt- **1**
gutsverbindlichkeiten nicht haften (§ 1489 Abs 3), kennt das Gesetz nur eine Ausnahme: Wird eine Gesamtgutsverbindlichkeit der fortgesetzten Gütergemeinschaft
nicht vor der Teilung des Gesamtguts berichtigt, so haften dem Gläubiger einer
solchen Verbindlichkeit neben dem überlebenden Ehegatten auch die anteilsberechtigten Abkömmlinge als Gesamtschuldner (§§ 1498, 1480 S 1; dazu § 1498 Rn 11). Der
Gläubiger kann sich also an jeden anteilsberechtigten Abkömmling wegen der
ganzen Forderung halten, ohne Rücksicht darauf, wie hoch der Anteil des Abkömmlings am Gesamtgut ist. Der in Anspruch genommene Abkömmling kann sich jedoch
auf die Beschränkung seiner Haftung auf die ihm aus dem Gesamtgut zugeteilten
Gegenstände berufen (§§ 1990, 1991). An diese Regelung knüpft § 1504 an, indem er
die Haftung des einzelnen Abkömmlings im Innenverhältnis der Abkömmlinge
untereinander auf die Größe ihres Gesamtgutanteils begrenzt. § 1504 ist vom
Gleichberechtigungsgesetz nicht geändert worden.

II. Ausgleichung unter den Abkömmlingen

1. Voraussetzungen des Rückgriffsrechts

Hat ein anteilsberechtigter Abkömmling den Gläubiger einer nicht rechtzeitig be- **2**
richtigten Forderung befriedigt, so hat er gegen die übrigen Abkömmlinge einen
Ausgleichsanspruch, soweit seine Leistung über das ihn treffende Maß hinausreicht.
Das Maß wird im § 1504 Satz 1 dahin bestimmt, dass es sich nach der Größe seines
Gesamtgutanteils richtet, nicht also nach Kopfteilen. Hat also ein Abkömmling dem
Gläubiger mehr geleistet, als dem Verhältnis seines Anteils zur Gesamtgutshälfte
der Abkömmlinge entspricht, so kann er sich wegen dieses Mehrbetrages an die
übrigen Abkömmlinge halten und von ihnen Ersatz verlangen.

2. Beschränkung des Rückgriffsrechts

Das Rückgriffsrecht des vom Gläubiger in Anspruch genommenen Abkömmlings ist **3**
freilich in doppelter Weise beschränkt: Zunächst kann er von jedem der übrigen
Abkömmlinge nicht mehr ersetzt verlangen, **als auf dessen Anteil am Gesamtgut
entfällt** (§ 1504 S 1). Sodann kann sich aber auch jeder von ihm zum Ausgleich
herangezogene Abkömmling darauf berufen, dass er nur mit den ihm aus dem
Gesamtgut **zugeteilten Gegenständen haftet** (§ 1504 S 2). Im Übrigen kann der ersatzpflichtige Abkömmling seine Leistung verweigern, muss jedoch die ihm zugeteilten Gegenstände zum Zwecke der Befriedigung des ersatzberechtigten Abkömmlings diesem herausgeben, nötigenfalls auch ein Verzeichnis der ihm zugeteilten Gegenstände vorlegen und durch eidesstattliche Versicherung bekräftigen
(§ 260). Der ausgleichspflichtige Abkömmling kann diese gegenständliche Beschrän-

kung seiner Haftung in der Zwangsvollstreckung nur geltend machen, wenn er sie sich im Urteil vorbehalten hat (§§ 786, 780 Abs 1 ZPO).

3. Entsprechende Anwendung

4 § 1504 behandelt nur den Rückgriff eines wegen einer verzögerten Schuldentilgung von deren Gläubiger in Anspruch genommenen Abkömmlings (§§ 1498, 1480). Die gleichen Grundsätze (Haftung nach Größe des Gesamtgutsanteils, gegenständliche Beschränkung) müssen aber auch für den Fall gelten, in dem der **überlebende Ehegatte** wegen einer vor der Gesamtgutsteilung nicht berichtigten Gesamtgutsverbindlichkeit, die im Innenverhältnis dem verstorbenen Ehegatten zur Last gefallen wäre, in Anspruch genommen worden ist (§§ 1498, 1481 Abs 3) und nun seinerseits bei einem Abkömmling Rückgriff genommen hat (dazu § 1498 Rn 12). Der Abkömmling, der dabei mehr hat ausgleichen müssen, als seinem Gesamtgutsanteil entspricht, kann sich seinerseits an die übrigen anteilsberechtigten Abkömmlinge halten. Auch für diesen Rückgriff des ausgleichsberechtigten Abkömmlings gilt also, dass jeder ausgleichspflichtige Abkömmling ihm nur soweit haftet, wie seinem Gesamtgutsanteil entspricht, und dass er sich auf die Beschränkung seiner Haftung auf die ihm aus dem Gesamtgut zugeteilten Gegenstände nach §§ 1990, 1991 berufen kann (s dazu § 1498 Rn 11).

4. Abweichende Vereinbarungen

5 Gegen (formlose) Vereinbarungen der anteilsberechtigten Abkömmlinge, den internen Ausgleich anders als nach den Grundsätzen des § 1504 zu regeln, bestehen keine Bedenken.

§ 1505
Ergänzung des Anteils des Abkömmlings

Die Vorschriften über das Recht auf Ergänzung des Pflichtteils finden zugunsten eines anteilsberechtigten Abkömmlings entsprechende Anwendung; an die Stelle des Erbfalls tritt die Beendigung der fortgesetzten Gütergemeinschaft, als gesetzlicher Erbteil gilt der dem Abkömmling zur Zeit der Beendigung gebührende Anteil an dem Gesamtgut, als Pflichtteil gilt die Hälfte des Wertes dieses Anteils.

Materialien: Zu § 1505 aF: E I § 1391, § 1389
rev § 1490; III § 1488; Mot IV 446; Prot IV 314.
Zu § 1505 nF: GleichberG E I § 1505; II § 1505.
Vgl STAUDINGER/BGB-Synopse 1896–2005
§ 1505.

Systematische Übersicht

I. Grundzüge

Gemäß § 1518 S 1 können die Ehegatten das den anteilsberechtigten Abkömmlingen **1** bei der Beendigung der fortgesetzten Gütergemeinschaft zustehende Recht auf die Hälfte des Gesamtguts nur insoweit beschränken, als ihnen das durch die §§ 1512, 1513 (letztwillige Verfügung eines Ehegatten mit Zustimmung des anderen Ehegatten, § 1516) ausdrücklich erlaubt ist. Um zu verhüten, dass das Recht der Abkömmlinge unter Umgehung dieser unteren Grenze durch Schenkungen beeinträchtigt wird, erklärt § 1505, der vom Gleichberechtigungsgesetz unberührt geblieben ist, die Vorschriften über das Recht auf Ergänzung des Pflichtteils (§§ 2325–2332) für entsprechend anwendbar. Wie im Erbrecht den Pflichtteilsberechtigten wird den anteilsberechtigten Abkömmlingen ein zusätzlicher güterrechtlicher Ergänzungsanspruch gewährt, der Verminderungen des Gesamtguts durch Schenkungen ausgleichen soll.

§ 1505 selbst sieht einige terminologische Anpassungen vor: So wird die Beendigung **2** der fortgesetzten Gütergemeinschaft dem Erbfall, der dem einzelnen Abkömmling in diesem Zeitpunkt gebührende Gesamtgutsanteil seinem gesetzlichen Erbteil und die Hälfte seines Wertes seinem Pflichtteil gleichgestellt. Dementsprechend sind die allen anteilsberechtigten Abkömmlingen zustehende Gesamtgutshälfte als der Nachlass (OLG Hamburg HansRGZ 1933 B 590) und die anteilsberechtigten **Abkömmlinge selbst als die Erben** anzusehen (vgl auch § 2329).

II. Schenkung

1. Schenkung des verstorbenen Ehegatten

Obwohl das Gesetz es nicht ausdrücklich sagt, setzt der güterrechtliche Ergänzungs- **3** anspruch eine – wirksame – Schenkung des *verstorbenen* Ehegatten aus dem ehelichen Gesamtgut voraus. Nur dieser entspricht dem Erblasser, dessen Schenkung den Pflichtteilsergänzungsanspruch auslöst (§§ 1505, 2325 Abs 1).

Auf Schenkungen, die der *überlebende* Ehegatte aus dem Gesamtgut der fortgesetz- **4** ten Gütergemeinschaft gemacht hat, findet § 1505 dagegen keine Anwendung. Sie

Burkhard Thiele

sind ohne Zustimmung der Abkömmlinge unwirksam (§§ 1487 Abs 1, 1425); ihre Unwirksamkeit kann von den Abkömmlingen während der fortgesetzten Gütergemeinschaft nach den §§ 1487 Abs 1, 1428 und nach deren Beendigung gemäß §§ 1497 Abs 2, 1472 geltend gemacht werden. Haben die Abkömmlinge einer solchen Schenkung zugestimmt, so kommt deren Berücksichtigung für einen Pflichtteilsergänzungsanspruch erst bei der Erbauseinandersetzung nach dem Tode des überlebenden Ehegatten in Betracht (§ 2331 Abs 2). Das Gleiche gilt für Schenkungen, die der überlebende Ehegatte aus dem ehelichen Gesamtgut (mit Zustimmung des anderen Ehegatten) oder aus seinem Vorbehaltsgut oder Sondergut gemacht hat. Hier finden die §§ 2325–2332 unmittelbar Anwendung.

5 **Ist die Schenkung** des Verstorbenen mangels Zustimmung des anderen Ehegatten **unwirksam**, so kann auch der andere Ehegatte das Geschenk von dem Beschenkten selbständig zurückfordern (§§ 1428, 1455 Ziff 8). Während der fortgesetzten Gütergemeinschaft kann der überlebende Ehegatte dieses Rückforderungsrecht gegenüber dem Beschenkten ausüben (§§ 1487 Abs 1, 1428). Nach der Beendigung der fortgesetzten Gütergemeinschaft können auch die Abkömmlinge auf Grund ihres Mitverwaltungsrechts (§§ 1497 Abs 2, 1472) die Rückgabe des Geschenkes erzwingen. Daher ist hier ein güterrechtlicher Ergänzungsanspruch zu ihren Gunsten nicht erforderlich.

6 Für die Anwendung des § 1505 ist es gleichgültig, an wen die Schenkung gemacht worden ist. **„Dritter" iS des § 2325** kann jede Person sein, also auch der überlebende Ehegatte, ein anteilsberechtigter Abkömmling oder ein Außenstehender. Hat der Abkömmling, der Ergänzung beansprucht, auch selbst ein Geschenk erhalten, so findet § 2327 entsprechende Anwendung.

2. Nicht zu berücksichtigende Schenkungen

7 Schenkungen, durch die einer sittlichen Pflicht oder einer auf den Anstand zu nehmenden Rücksicht entsprochen wird (dazu § 534m Erl), bleiben für den Ergänzungsanspruch unberücksichtigt (§ 2330). Gleiches gilt für Schenkungen, die bei der Beendigung der fortgesetzten Gütergemeinschaft länger als 10 Jahre zurückliegen. Ist die Schenkung an den überlebenden Ehegatten erfolgt, so beginnt die Frist nicht vor der Auflösung der Ehe, also mit dem Tode des verstorbenen Ehegatten (§ 2325 Abs 3).

III. Güterrechtlicher Ergänzungsanspruch

1. Ergänzungsberechtigter

8 Das Recht, gemäß § 1505 Ergänzung des Anteils zu verlangen, *steht jedem einzelnen* anteilsberechtigten Abkömmling unabhängig von den übrigen zu; eine dem § 1502 Abs 2 S 3 entsprechende Bestimmung (nur gemeinschaftliche Geltendmachung) ist hier nicht getroffen.

9 Auch dass der anteilsberechtigte Abkömmling selbst ein Geschenk des verstorbenen Ehegatten erhalten hat, schließt seinen Ergänzungsanspruch nicht aus, § 2327. Ist ein Abkömmling, der eine Schenkung erhalten hat, vor oder nach der Beendigung der fortgesetzten Gütergemeinschaft weggefallen, so gilt das Gleiche gegenüber dem

Abkömmling, der gemäß §§ 1490 S 2, § 1491 Abs 4 an seine Stelle getreten ist
(§§ 2327 Abs 2, 2051 Abs 1).

2. Ergänzungsverpflichteter

Der Ergänzungsanspruch richtet sich gegen die übrigen anteilsberechtigten Ab- **10**
kömmlinge. Jeder anteilsberechtigte Abkömmling kann jedoch gegenüber dem er-
gänzungsberechtigten Abkömmling die von diesem verlangte Anteilsergänzung soweit *verweigern*, dass ihm selbst die Hälfte des Wertes seines Gesamtgutsanteils mit
Einschluss dessen verbleibt, was ihm zur Ergänzung seines Anteils gebühren würde
(§ 2328).

Soweit die übrigen anteilsberechtigten Abkömmlinge zur Ergänzung nicht verpflich- **11**
tet sind, kann jeder anteilsberechtigte Abkömmling von dem Beschenkten die **Herausgabe des Geschenks** zum Zwecke der Befriedigung des fehlenden Betrages nach
den Vorschriften über die Herausgabe einer ungerechtfertigten Bereicherung
(§§ 812 ff) fordern. Das gilt auch für den Fall, dass nur ein einziger anteilsberechtigter Abkömmling vorhanden ist. Der Beschenkte kann die Herausgabe der Schenkung durch Zahlung des fehlenden Betrages abwenden. Unter mehreren Beschenkten haftet der frühere Beschenkte nur insoweit, als der später Beschenkte nicht
verpflichtet ist (§ 2329).

3. Inhalt des Ergänzungsanspruchs

Der Ergänzungsanspruch ist ein **zusätzlicher, selbständiger Anspruch**, der dem an- **12**
teilsberechtigten Abkömmling die auf Schenkungen des verstorbenen Ehegatten aus
dem ehelichen Gesamtgut beruhende Vermögensverminderung ausgleichen soll. Er
geht grundsätzlich **auf Geldzahlung**. Zum für die *Wertbestimmung* des Geschenkes
ausschlaggebenden Zeitpunkt s § 2325 Abs 2. Die Schenkung gilt als von jedem der
Ehegatten zur Hälfte gemacht (§ 2331 Abs 1). Dementsprechend ist in der Regel die
Hälfte des Wertes der Schenkung bei der Berechnung des Ergänzungsanspruchs zu
berücksichtigen. Davon sind die Fälle ausgenommen, in denen der verstorbene
Ehegatte die Schenkung an seinen einseitigen Abkömmling oder eine Person gemacht hat, von der nur er abstammt. In diesen Fällen gilt die Schenkung als allein
von ihm gemacht und muss daher bei der Berechnung des Ergänzungsanspruchs in
vollem Umfang berücksichtigt werden (§ 2331 Abs 1 S 2).

Richtet sich der Ergänzungsanspruch gegen den Beschenkten, der eine Sachzuwen- **13**
dung erhalten hat (s Rn 11), so muss die Klage unter Bezifferung des geforderten
Betrages auf **Duldung der Zwangsvollstreckung** in die Gegenstände der Schenkung
gerichtet werden, da der Beschenkte nur dazu verpflichtet und die Zwangsvollstreckung durch Zahlung abzuwenden berechtigt ist (§ 2329 Abs 1, 2).

Der **Ergänzungsanspruch besteht auch dann, wenn ein Gesamtgut nicht vorhanden ist.** **14**
In diesem Falle errechnet er sich lediglich nach der Schenkung. Nur wenn sich auch
bei Hinzurechnung der Schenkung kein aktives Gesamtgut ergibt, ist für einen
Ergänzungsanspruch gegen den Beschenkten kein Raum (vgl RG LZ 1928, 53).

Auf den güterrechtlichen Ergänzungsanspruch finden im Übrigen die allgemeinen **15**

Burkhard Thiele

Regeln über den Pflichtteilsanspruch (§§ 2303 ff) entsprechende Anwendung. So entsteht der Ergänzungsanspruch mit der Beendigung der fortgesetzten Gütergemeinschaft (vgl § 2317 Abs 1). Er ist alsdann vererblich, übertragbar (§ 2317 Abs 2) und der Pfändung unterworfen (§ 852 Abs 1 ZPO). Er verjährt in drei Jahren von dem Zeitpunkt an, in dem der anteilsberechtigte Abkömmling von der Beendigung der fortgesetzten Gütergemeinschaft und der ihn beeinträchtigenden Schenkung Kenntnis erlangt, ohne Rücksicht auf diese Kenntnis in dreißig Jahren von der Beendigung der fortgesetzten Gütergemeinschaft an. Soweit sich der Anspruch gegen den Beschenkten richtet, verjährt er in drei Jahren von der Beendigung der fortgesetzten Gütergemeinschaft an (§ 2332 Abs 1 und 2).

IV. Entziehung des Ergänzungsanspruchs

16 Hat der verstorbene Ehegatte durch letztwillige Verfügung mit Zustimmung des anderen Ehegatten dem Abkömmling den Gesamtgutsanteil entzogen (§§ 1513, 2333, 1516), so kommt auch ein Ergänzungsanspruch des Abkömmlings nicht in Betracht (ebenso MünchKomm/KANZLEITER Rn 5).

V. Verzicht auf den Ergänzungsanspruch

17 Der Abkömmling kann auf seinen Ergänzungsanspruch vertraglich (§ 397) formlos verzichten, sobald der Ergänzungsanspruch entstanden ist. Vorher bedarf es eines notariell beurkundeten Pflichtteilsverzichts (§§ 2346 Abs 2, 2348; § 56 Abs 1 BeurkG).

§ 1506
Anteilsunwürdigkeit

Ist ein gemeinschaftlicher Abkömmling erbunwürdig, so ist er auch des Anteils an dem Gesamtgut unwürdig. Die Vorschriften über die Erbunwürdigkeit finden entsprechende Anwendung.

Materialien: Zu § 1506 aF: E I § 1392; II § 1390, § 1392 rev § 1491; III § 1489; Mot IV 446; Prot IV 314.

Zu 1506 nF: GleichberG E I § 1506; II § 1506. Vgl STAUDINGER/BGB-Synopse 1896–2005 § 1506.

Systematische Übersicht

I.   Allgemeines

Der erstversterbende Ehegatte wird beim Vorhandensein gemeinschaftlicher Ab- **1**
kömmlinge, mit denen der überlebende Ehegatte die Gütergemeinschaft fortsetzt,
hinsichtlich seines Vermögens mit Ausnahme seines Anteils am Gesamtgut nach den
allgemeinen Regeln beerbt (§ 1483 Abs 1 S 3). Ist ein gemeinschaftlicher Abkömmling für erbunwürdig erklärt (§§ 2339 ff), so verliert er nicht nur sein Erbrecht
gegenüber dem Nachlass des verstorbenen Ehegatten (seinem Vorbehaltsgut und
seinem Sondergut, soweit dieses vererblich ist) – (§ 2344), sondern auch seinen
Anteil am Gesamtgut der fortgesetzten Gütergemeinschaft (§ 1506 S 1). Ist eine
Erbunwürdigkeitserklärung (durch Urteil, § 2342) nicht erfolgt, so kann der gemeinschaftliche Abkömmling seines Anteils am Gesamtgut der fortgesetzten Gütergemeinschaft für unwürdig erklärt werden (§ 1506 S 2). Auf diese „Anteilsunwürdigkeit" finden die Vorschriften über die Erbunwürdigkeit (§§ 2339 ff) entsprechende
Anwendung (Mot IV 416 ff).

II.   Anteilsunwürdigkeit

Die entsprechende Anwendung der Vorschriften über die Erbunwürdigkeit **2**
(§§ 2339–2345) führt zu folgenden Ergebnissen:

1.   Unwürdigkeitsgründe

Anteilsunwürdig ist ein anteilsberechtigter Abkömmling in den Fällen des § 2339 **3**
Nr 1–4. Als Verfügungen von Todes wegen im Sinne dieser Bestimmungen kommen
insbesondere auch die in den §§ 1511–1515 bezeichneten Verfügungen von Todes
wegen des verstorbenen Ehegatten in Betracht.

Dass § 2339 auch auf die Zustimmung des überlebenden Ehegatten, die zur Wirk- **4**
samkeit dieser letztwilligen Verfügungen des verstorbenen Ehegatten gemäß § 1516
erforderlich ist, entsprechend angewendet werden kann, war früher umstritten, wird
heute aber allgemein anerkannt. Da die Verhinderung der Zustimmung des überlebenden Ehegatten eine mittelbare Verhinderung des verstorbenen Ehegatten darstellen kann, eine wirksame letztwillige Verfügung gemäß §§ 1511–1515 zu treffen,
wird man den Abkömmling auch dann als erbunwürdig oder anteilsunwürdig behandeln müssen, wenn dieser die Wirksamkeit einer letztwilligen Verfügung des
verstorbenen Ehegatten dadurch verhindern wollte, dass er die Zustimmung des
überlebenden Ehegatten vorsätzlich und widerrechtlich verhinderte. Eine etwaige
Verzeihung des *überlebenden* Ehegatten (§ 2343) kann daran nichts ändern (so auch
SOERGEL/GAUL Rn 3; MünchKomm/KANZLEITER Rn 2; BAMBERGER/ROTH/MAYER Rn 3; GERN-
HUBER/COESTER-WALTJEN § 39 Rn 16 Fn 23).

2.   Geltendmachung der Anteilsunwürdigkeit

Die Anteilsunwürdigkeit wird durch **Anfechtung** des Erwerbes des Anteils am Ge- **5**
samtgut der fortgesetzten Gütergemeinschaft geltend gemacht. Das Gleiche gilt
hinsichtlich des dem ausgeschlossenen Abkömmling zugebilligten Anspruchs aus
§ 1511 Abs 2 (dazu § 1511). Die Anfechtung ist erst *nach dem Eintritt der fortgesetzten Gütergemeinschaft* zulässig. Sie kann nur binnen *Jahresfrist* erfolgen; die Frist

beginnt mit dem Zeitpunkt, in dem der Anfechtungsberechtigte von dem Anfechtungsgrunde Kenntnis erlangt; auf den Lauf der Frist finden die für die Verjährung geltenden Vorschriften der §§ 203, 206, 207 entsprechende Anwendung; die Anfechtung ist ausgeschlossen, wenn seit dem Eintritt der fortgesetzten Gütergemeinschaft dreißig Jahre verstrichen sind (§§ 2340, 2082; § 2340 Abs 2 S 2 ist unanwendbar).

6 **Anfechtungsberechtigt** ist jeder, dem der Wegfall des anteilsunwürdigen Abkömmlings, sei es auch nur bei dem Wegfall eines anderen, zustatten kommt (vgl § 2341; s auch unten Rn 9):

– jeder andere Abkömmling;

– die an seine Stelle tretenden Abkömmlinge des anteilsunwürdigen Abkömmlings;

– bei Nichteintritt der fortgesetzten Gütergemeinschaft jeder Erbe des verstorbenen Ehegatten.

7 Die Anfechtung erfolgt durch Erhebung der Anfechtungsklage gegen den anteilsunwürdigen Abkömmling. Die Klage ist darauf zu richten, dass der Abkömmling für anteilsunwürdig erklärt wird. Die Wirkung der Anfechtung tritt erst mit der Rechtskraft des Urteils ein (vgl § 2342 Abs 2).

8 Die Anfechtung ist ausgeschlossen, wenn der verstorbene Ehegatte dem Abkömmling verziehen hat (§ 2343). Die **Verzeihung** des überlebenden Ehegatten ist ohne Bedeutung (vgl auch Rn 4)

3. Wirkung der Anteilsunwürdigkeit

9 Ist ein anteilsberechtigter Abkömmling für anteilsunwürdig erklärt, so gilt sein Anteil am Gesamtgut der fortgesetzten Gütergemeinschaft als von ihm nicht erworben. Der Anteil fällt demjenigen zu, der ihn gemäß § 1483 erworben haben würde, wenn der anteilsberechtigte Abkömmling zur Zeit des Eintritts der fortgesetzten Gütergemeinschaft nicht gelebt hätte; der Erwerb gilt als in diesem Zeitpunkt erfolgt (§ 2344). Die Anteilsunwürdigkeit eines gemeinschaftlichen Abkömmlings kommt also auch den einseitigen Abkömmlingen des verstorbenen Ehegatten zustatten. Ist der anteilsunwürdige Abkömmling der einzige gemeinschaftliche Abkömmling oder sind alle anteilsberechtigten Abkömmlinge anteilsunwürdig, so tritt die fortgesetzte Gütergemeinschaft überhaupt nicht ein (§ 1482).

III. Keine Anteilsunwürdigkeit des Abkömmlings gegenüber dem überlebenden Ehegatten

10 Ist die fortgesetzte Gütergemeinschaft durch den Tod oder die Todeserklärung des überlebenden Ehegatten beendet (§ 1494), so finden die §§ 2339–2345 hinsichtlich der Beerbung des überlebenden Ehegatten unmittelbar Anwendung. Ist ein Abkömmling gegenüber dem Nachlass des verstorbenen Ehegatten erbunwürdig, so ist er deswegen nicht auch seines Anteils am Gesamtgut der fortgesetzten Gütergemeinschaft unwürdig; seine Anteilsunwürdigkeit kommt also insoweit nicht in Betracht. Bei der Auseinandersetzung der fortgesetzten Gütergemeinschaft (§§ 1497 ff)

erhalten die Erbengemeinschaft, an der der Abkömmling wegen seiner Erbunwürdigkeit nicht beteiligt ist, und die Gesamtheit der anteilsberechtigten Abkömmlinge
nach Berichtigung der Gesamtgutsverbindlichkeiten je eine Gesamtgutshälfte
(§§ 1498 Abs 1, 1476 Abs 1).

IV. Entsprechende Anwendung des § 1506 auf den überlebenden Ehegatten

Das Gesetz behandelt den Fall nicht, dass der überlebende Ehegatte Verfehlungen **11**
der in § 2339 Abs 1 genannten Art gegenüber dem verstorbenen Ehegatten begangen hat. Ob auch auf diesen Tatbestand § 1506 angewendet werden kann und damit
seine Erbunwürdigkeit hinsichtlich des Nachlasses (Vorbehaltsguts und Sonderguts)
des verstorbenen Ehegatten auch seine Anteilsunwürdigkeit hinsichtlich des Gesamtgutsanteils des verstorbenen Ehegatten nach sich zieht, ist umstritten (s oben
§ 1483 Rn 6; dafür BAMBERGER/ROTH/MAYER Rn 2; RAUSCHER Rn 471; SOERGEL/GAUL Rn 4;
MünchKomm/KANZLEITER Rn 3; ERMAN/HECKELMANN Rn 1; PALANDT/BRUDERMÜLLER Rn 2; dagegen BGB-RGRK/FINKE Rn 2). Man wird die **entsprechende Anwendbarkeit** bejahen
müssen, da nur sie zu annehmbaren Ergebnissen führt. Ist der überlebende Ehegatte
gegenüber dem Nachlass des verstorbenen Ehegatten erbunwürdig, so ist er auch
hinsichtlich des Gesamtgutsanteils des verstorbenen Ehegatten unwürdig (§ 1506).
Eine Fortsetzung der Gütergemeinschaft tritt nicht ein (s § 1483 Rn 6). Bei der Auseinandersetzung der ehelichen Gütergemeinschaft erhält der überlebende Ehegatte
seine Gesamtgutshälfte (§§ 1498 Abs 1, 1476), während er an dem Nachlass (Vorbehaltsgut, Sondergut und Gesamtgutsanteil) des verstorbenen Ehegatten infolge
seiner Erbunwürdigkeit nicht beteiligt ist.

§ 1507
Zeugnis über Fortsetzung der Gütergemeinschaft

**Das Nachlassgericht hat dem überlebenden Ehegatten auf Antrag ein Zeugnis über
die Fortsetzung der Gütergemeinschaft zu erteilen. Die Vorschriften über den Erbschein finden entsprechende Anwendung.**

Materialien: Zu § 1507 aF: E II § 1392a rev
§ 1492; Prot V 729.
Zu § 1507 nF: GleichberG E I § 1507; II § 1507.
Vgl STAUDINGER/BGB-Synopse 1896–2005
§ 1507.

Systematische Übersicht

I. Grundzüge

1 Das Zeugnis über die Fortsetzung der Gütergemeinschaft bescheinigt im Interesse des Verkehrs unter namentlicher Bezeichnung der beteiligten Personen, dass die Gütergemeinschaft, die in der Ehe geherrscht hat, nach dem Tode des einen Ehegatten zwischen dem überlebenden Ehegatten und den gemeinschaftlichen Abkömmlingen fortgesetzt wird. Es bezieht sich auf das Gesamtgut, während der Erbschein nur den Nachlass (Vorbehaltsgut und Sondergut) des verstorbenen Ehegatten betrifft. Praktisch spielt es vor allem im Verkehr mit dem Grundbuchamt (und anderen Registerbehörden) eine Rolle (s § 35 Abs 2 GBO; § 41 Abs 2 Schiffs-RegO).

2 Auf das Zeugnis über die Fortsetzung der Gütergemeinschaft finden die Vorschriften über den Erbschein entsprechende Anwendung (§ 1507 S 2). Daher kann wegen der Einzelfragen auf die Darstellung bei STAUDINGER/SCHILKEN (2003) zu §§ 2353–2370 verwiesen werden.

II. Zeugnis über die Fortsetzung der Gütergemeinschaft

3 Nach § 1507 S 1 hat das Nachlassgericht dem überlebenden Ehegatten auf Antrag ein Zeugnis über die Fortsetzung der Gütergemeinschaft zu erteilen.

1. Antrag

4 Der Antrag auf Erteilung des Zeugnisses bedarf keiner besonderen Form. Er kann nach § 11 FGG zum Protokoll der Geschäftsstelle des zuständigen Gerichts oder eines Amtsgerichts erfolgen. Das zuständige Nachlassgericht ergibt sich nach §§ 72, 73 FGG (vgl auch Art 147 EGBGB sowie STAUDINGER/OTTE [2007] § 1945 Rn 14 ff). Der Antrag kann auch von einem (gesetzlichen oder bevollmächtigten) Vertreter gestellt werden. Die Erteilung des Zeugnisses kann auch nach Beendigung der fortgesetzten Gütergemeinschaft verlangt werden.

5 **Antragsberechtigt** ist der überlebende Ehegatte; nach seinem Tode sein Rechtsnachfolger, dh seine Erben, und zwar jeder Erbe einzeln (KG OLGE 40, 155); jeder Gläubiger, der einen vollstreckbaren Titel gegen den überlebenden Ehegatten erwirkt hat (§§ 792, 896 ZPO; §§ 14, 40 Abs 2 GBO), um in ein zum Gesamtgut der fortgesetzten Gütergemeinschaft gehörendes Grundstück vollstrecken zu können (vgl § 35 Abs 1 u 2 GBO); nach Beendigung der fortgesetzten Gütergemeinschaft auch jeder anteilsberechtigte Abkömmling mit Rücksicht auf sein Mitverwaltungsrecht (§§ 1497 Abs 2, 1472 Abs 3 HS 2; KG JW 1935, 1437). Während des Bestehens der fortgesetzten Gütergemeinschaft haben die anteilsberechtigten Abkömmlinge jedoch kein Antragsrecht (OLG Hamburg OLGE 14, 234), da sie von der Verwaltung des Gesamtguts der fortgesetzten Gütergemeinschaft ausgeschlossen sind (dazu § 1487 Rn 26).

Bei der Antragstellung sind der **Ehevertrag** (mit der Vereinbarung, dass nach dem **6** Tode des erstverstorbenen Ehegatten die Gütergemeinschaft zwischen dem überlebenden Ehegatten und den gemeinschaftlichen Abkömmlingen fortgesetzt werden soll; vgl § 1483 Abs 1 S 1, 2) und die **standesamtlichen Nachweise** über den Tod des einen Ehegatten sowie über das Vorhandensein gemeinschaftlicher Abkömmlinge vorzulegen, die bei gesetzlicher Erbfolge als Erben berufen wären. Ferner ist eine **eidesstattliche Erklärung** darüber abzugeben, dass eine Aufhebung der Vereinbarung über die Fortsetzung der Gütergemeinschaft oder dahingehende Verfügungen (§§ 1509, 1511), nicht vorliegen (KG OLGE 18, 271) und ein Rechtsstreit über die Fortsetzung der Gütergemeinschaft nicht anhängig ist (weitere Einzelheiten s STAUDINGER/SCHILKEN [2004] § 2353 Rn 17 ff). Wegen der Anforderungen an den Antrag eines Gläubigers des überlebenden Ehegatten (s oben Rn 5) STAUDINGER/SCHILKEN (2004) § 2353 Rn 46.

2. Inhalt des Zeugnisses

Aus dem Zweck des § 1507 ergibt sich als wesentlicher Inhalt des Zeugnisses die **7** Bestätigung, dass der überlebende Ehegatte nach dem Tode des anderen Ehegatten zusammen mit den gemeinschaftlichen Abkömmlingen die Gütergemeinschaft *fortsetzt*. Bei Erteilung nach Beendigung der Gütergemeinschaft, ist die *Beendigung* aufzunehmen (hM; anders MünchKomm/KANZLEITER Rn 4: Eintragung möglich, aber unnötig). Es sind die *persönlichen Verhältnisse* der beiden Ehegatten, die zur genauen Bezeichnung der Personen erforderlich sind (Name, Stand, Wohnort) und der Todestag des verstorbenen Ehegatten anzugeben. Es empfiehlt sich, auch die anteilsberechtigten Abkömmlinge mit Namen, Wohnort und Geburtsdatum aufzuführen. Ein *vermisster Abkömmling* und dessen Abkömmlinge können im Zeugnis alternativ nebeneinander aufgeführt werden (LG Heidelberg NJW 1959, 295; MÜLLER FamRZ 1956, 339). Die *Größe der Anteile* der anteilsberechtigten Abkömmlinge wird im Zeugnis jedoch nicht vermerkt (KG OLGE 43, 361), ebenso wenig das *Verwandtschaftsverhältnis* (OLG München DNotZ 1935, BayBeil 190).

Sind **erbberechtigte einseitige Abkömmlinge** des verstorbenen Ehegatten vorhanden, **8** so sind sie im Zeugnis aufzuführen, um wegen ihrer Beteiligung am Gesamtgut Klarheit zu schaffen (BGHZ 63, 35, 40; **aA** MünchKomm/KANZLEITER Rn 4; BAMBERGER/ROTH/MAYER Rn 5 Fn 17). Auch müssen die Bruchteile angegeben werden, mit denen sie am Gesamtgut beteiligt sind (vgl § 1483 Abs 2). Nicht aufzunehmen waren bis 1. 4. 1998 nichteheliche Abkömmlinge eines vorverstorbenen Sohnes, weil diesen nur ein Erbersatzanspruch gemäß § 1934a aF zustand. Dieser Anspruch war ohne dinglichen Einfluss auf das Gesamtgut. Sind im Zeugnis keine einseitigen Abkömmlinge genannt, so wird dadurch bewiesen, dass solche neben den anteilsberechtigten Abkömmlingen nicht vorhanden sind (KG KGJ 34 A 229; BGH aaO zugleich zu den *Amtspflichten* des Nachlassgerichts gegenüber einseitigen Abkömmlingen).

Wegen der **Unzulässigkeit der Erteilung eines Zeugnisses unter Beschränkung auf** **9** **bestimmte Gegenstände** (gegenständlich beschränktes Zeugnis) gilt das Gleiche wie beim Erbschein (dazu STAUDINGER/SCHILKEN [2004] § 2353 Rn 78); § 2369 ist unanwendbar (**aM** PLANCK/UNZNER Anm 22; DÖRNER DNotZ 80, 667). Das schließt jedoch (ebenso wie beim Erbschein) die (kostengünstige) Erteilung des Zeugnisses für *beschränkte*

Verwendungen (Rückerstattung, Entschuldung, Kriegsgefangenenentschädigung, Lastenausgleich) nicht aus (dazu STAUDINGER/SCHILKEN [2004] § 2353 Rn 80).

3. Zeugnis nach § 1507 und Erbschein

10 In Anbetracht der verschiedenen Aufgaben sind das Zeugnis nach § 1507 und der Erbschein voneinander unabhängig (KG OLGE 6, 319). Insbesondere ist ein Erbschein auch beim Eintritt der fortgesetzten Gütergemeinschaft ohne Rücksicht darauf zu erteilen, ob ein Vorbehaltsgut oder Sondergut des verstorbenen Ehegatten vorhanden ist (KG OLGE 7, 365). Beide Urkunden können auch miteinander verbunden werden (KG OLGE 14, 237).

4. Einsichtnahme und Ausfertigungen

11 Wer ein berechtigtes Interesse glaubhaft macht, kann beim Nachlassgericht die Einsicht in das Zeugnis (§ 78 Abs 1 FGG), Abschriften (§ 78 Abs 2 FGG) und eine Ausfertigung des Zeugnisses verlangen (§ 85 FGG).

III. Negativzeugnis

12 Aus dem Grundgedanken des § 1507 hat das Kammergericht (KG RJA 16, 154 ff) mit Recht die Folgerung abgeleitet, dass auf Antrag des überlebenden Ehegatten das Nachlassgericht auch verpflichtet ist, ein Zeugnis des Inhalts auszustellen, dass die Fortsetzung der Gütergemeinschaft nicht eingetreten ist. Es hat das Bestehen einer Gütergemeinschaft vor dem Tod eines Ehegatten zur Voraussetzung (BayObLG FamRZ 2003, 1778). Auch dieses „Negativzeugnis" ist nicht nur ein Tatsachenzeugnis, sondern ein Urteilszeugnis mit dem Charakter eines Erbscheins. Ebenso wie das „Positivzeugnis" steht es unter dem öffentlichen Glauben (dazu unten Rn 20 ff) und beweist im Verkehr mit dem Grundbuchamt (und anderen Registerbehörden), dass eine fortgesetzte Gütergemeinschaft nicht eingetreten ist (unten Rn 19). Im Grundbuchverkehr ist der Nachweis allerdings auch auf andere Weise möglich, sofern die Form des § 29 Abs 1 GBO gewahrt ist (OLG Frankfurt Rpfleger 1978, 412; BayObLG aaO: eidesstattliche Versicherung).

IV. Erteilungsverfahren

13 Zum Erteilungsverfahren s die Erläuterungen zu §§ 2358–2360. Gegen die Erteilung des Zeugnisses oder seinen Inhalt ist eine Erinnerung (Beschwerde) nicht zulässig (STAUDINGER/SCHILKEN § 2353 Rn 91 ff).

V. Unrichtiges Zeugnis

14 Für die Einziehung und die Kraftloserklärung des unrichtigen Zeugnisses gelten ebenfalls die Regeln über den Erbschein entsprechend (s Erl zu § 2361). Ein unrichtiges Zeugnis kann vom Nachlassgericht nicht nur eingezogen oder für kraftlos erklärt und gegebenenfalls durch ein neues richtiges ersetzt, sondern auch stattdessen *ergänzt oder berichtigt* werden (BAMBERGER/ROTH/MAYER Rn 5; SOERGEL/GAUL Rn 4; BGB-RGRK/FINKE Rn 20; ERMAN/HECKELMANN Rn 4; PALANDT/BRUDERMÜLLER Rn 4; KG

OLGE 7, 58; 26, 318; BayObLG NJW 1954, 928; DNotZ 1968, 35; **aA** BERGERFURTH NJW 1956, 1506; DÖLLE I § 81 V 1; ganz anders MünchKomm/KANZLEITER Rn 5).

Die Praxis hat bis jetzt – im Einklang mit landesrechtlichen Regelungen – eine **15** Berichtigung des Zeugnisses dann zugelassen, wenn ein im Zeugnis aufgeführter anteilsberechtigter Abkömmling durch Tod oder Verzicht (§§ 1490, 1491) weggefallen ist (KG OLGE 7, 58) oder wenn nach dem Tode des einzigen und letzten anteilsberechtigten Abkömmlings sich das gesamte gütergemeinschaftliche Vermögen in der Hand des überlebenden Ehegatten vereinigt hat (KG OLGE 26, 318). Nach der Beendigung der fortgesetzten Gütergemeinschaft soll jedoch eine Berichtigung des Zeugnisses nur hinsichtlich solcher Umstände zulässig sein, die schon vor der Beendigung der fortgesetzten Gütergemeinschaft eingetreten sind oder doch auf die Zeit vor der Beendigung zurückwirken (BayObLG DNotZ 1968, 35). Dementsprechend ist ein auf dem Zeugnis vermerkter Verzicht eines anteilsberechtigten Abkömmlings auf seinen Gesamtgutsanteil auch noch nach der Beendigung der fortgesetzten Gütergemeinschaft auf dessen Antrag hin berichtigt worden, weil der Verzicht unwirksam war (BayObLGZ 1954, 79).

Ein **Anspruch auf Herausgabe** des unrichtigen Zeugnisses besteht entsprechend **16** § 2362 Abs 1; ein **Anspruch auf Auskunft** entsprechend § 2362 Abs 2.

VI. Wirkungen des Zeugnisses

Das Zeugnis über die Fortsetzung der Gütergemeinschaft hat – ebenso wie der **17** Erbschein (vgl §§ 2365–2367) – für den Rechtsverkehr in zwei Richtungen Bedeutung: es erleichtert die Beweisführung und dient als Anknüpfung des Gutglaubensschutzes.

1. Vermutung der Richtigkeit und Vollständigkeit des Zeugnisses

Es wird vermutet, dass zwischen den im Zeugnis genannten Personen die Güter- **18** gemeinschaft fortgesetzt wird, dass also das Gesamtgut der ehelichen Gütergemeinschaft auf die fortgesetzte Gütergemeinschaft übergegangen ist. Diese Vermutung erstreckt sich freilich nur auf die Tatsache, dass die **fortgesetzte Gütergemeinschaft zwischen den im Zeugnis bezeichneten Personen eingetreten ist**. Wie beim Erbschein umfasst die Vermutung nicht das Vorliegen von Tatsachen, auf Grund derer die Fortsetzung der Gütergemeinschaft als festgestellt angenommen worden ist (etwa rechtliche Stellung eines Beteiligten als gemeinschaftlicher Abkömmling; BGHZ 63, 39). Ob die fortgesetzte Gütergemeinschaft noch besteht, wird von der Vermutung nicht umfasst und muss daher von demjenigen, der sich auf den Fortbestand berufen will, auf eigene Gefahr geprüft werden. Wer sich dagegen darauf beruft, dass die Gütergemeinschaft nicht fortgesetzt worden sei, muss die Vermutung, dass der Inhalt des Zeugnisses wahr und vollständig ist, durch Gegenbeweis widerlegen. Umgekehrt muss jeder, der entgegen dem Inhalt eines „Negativzeugnisses" (s oben Rn 12) behauptet, die Gütergemeinschaft sei fortgesetzt worden, dafür den Beweis führen.

Dem **Grundbuchamt** gegenüber kann der Beweis, dass die Gütergemeinschaft fort- **19** gesetzt oder nicht fortgesetzt worden ist, allein durch das Zeugnis nach § 1507 erbracht werden (§ 35 Abs 2 GBO). Das Gleiche gilt für den Nachweis vor dem Schiffsregister.

2. Öffentlicher Glaube

20 Erwirbt jemand von demjenigen, der im Zeugnis als der überlebende Ehegatte bezeichnet wird, durch Rechtsgeschäft einen zum Gesamtgut der fortgesetzten Gütergemeinschaft gehörenden Gegenstand oder die Befreiung von einem zum Gesamtgut der fortgesetzten Gütergemeinschaft gehörenden Recht, so gilt zu seinen Gunsten der Inhalt des Zeugnisses, soweit die darin beschriebene Vermutung reicht, als richtig. Das gilt nicht, wenn er die Unrichtigkeit des Zeugnisses kennt oder weiß, dass das Nachlassgericht die Rückgabe des Zeugnisses wegen Unrichtigkeit verlangt hat (vgl § 2366).

21 Dieser Grundsatz findet entsprechende Anwendung auf den Fall, dass an denjenigen, der im Zeugnis als der überlebende Ehegatte bezeichnet ist, auf Grund eines zum Gesamtgut der fortgesetzten Gütergemeinschaft gehörenden Rechts eine Leistung bewirkt oder wenn zwischen ihm und einem anderen in Ansehung eines solchen Rechts ein nicht unter § 2366 fallendes Rechtsgeschäft vorgenommen wird, das eine Verfügung über das Recht enthält (vgl § 2367).

22 Insofern werden Redliche, die auf die Richtigkeit des Zeugnisses vertrauen, bei Rechtsgeschäften mit der durch das Zeugnis ausgewiesenen Person geschützt.

§ 1508

Die Vorschrift ist durch Art 1 Nr 13 GleichberG gestrichen, vgl Staudinger/BGB-Synopse 1896–2005 § 1508.

§ 1509
Ausschließung der fortgesetzten Gütergemeinschaft durch letztwillige Verfügung

Jeder Ehegatte kann für den Fall, dass die Ehe durch seinen Tod aufgelöst wird, die Fortsetzung der Gütergemeinschaft durch letztwillige Verfügung ausschließen, wenn er berechtigt ist, dem anderen Ehegatten den Pflichtteil zu entziehen oder auf Aufhebung der Gütergemeinschaft zu klagen. Das Gleiche gilt, wenn der Ehegatte berechtigt ist, die Aufhebung der Ehe zu beantragen, und den Antrag gestellt hat. Auf die Ausschließung finden die Vorschriften über die Entziehung des Pflichtteils entsprechende Anwendung.

Materialien: Zu § 1509 aF: E I § 1387 Abs 1–3; II § 1383 Abs 1 rev § 1494; III § 1492; Mot IV 440; Prot IV 309; VI 289.

Zu § 1509 nF: GleichberG E I § 1509; II § 1509. Vgl Staudinger/BGB-Synopse 1896–2005 § 1509.

Systematische Übersicht

I. Grundgedanke

Haben die in Gütergemeinschaft lebenden Ehegatten in einem Ehevertrag mitein- **1** ander vereinbart, dass nach dem Tode des einen Ehegatten der andere mit den gemeinschaftlichen Abkömmlingen die Gütergemeinschaft fortsetzen soll (§ 1483 Abs 1), so sind sie daran gebunden. Zwar können sie diese Vereinbarung durch einen Ehevertrag aufheben (§ 1518 S 2); einseitig kann sich aber ein Ehegatte von ihr nur dadurch lossagen, dass er durch letztwillige Verfügung unter einer der Voraussetzungen des § 1509 S 1, 2 die Fortsetzung der Gütergemeinschaft nach seinem Tode ausschließt. § 1509 bildet somit den einzigen Tatbestand, in dem das Gesetz dem erstversterbenden Ehegatten das Recht einräumt, einseitig den Eintritt der fortgesetzten Gütergemeinschaft zu verhindern.

Auf die Ausschließung finden die Vorschriften über die Entziehung des Pflichtteils **2** entsprechende Anwendung (§§ 1509 S 3, 2335–2337). Die Wirkung einer solchen letztwilligen Verfügung besteht darin, dass die bisherige Gütergemeinschaft nach dem Tode des Testators nicht fortgesetzt wird, sondern dass dieser vielmehr nach den allgemeinen Vorschriften beerbt wird. Dabei wird sein Anteil am Gesamtgut der ehelichen Gütergemeinschaft zu seinem Nachlass gerechnet (§§ 1510, 1482).

§ 1509 ist vom Gleichberechtigungsgesetz nicht geändert worden. Durch das **3** 1. EheRG vom 14. 6. 1976 (BGBl I 1421) wurde mit Rücksicht auf die Neufassung des § 2335 der S 2 eingefügt und durch das EheschlRG vom 4. 5. 1998 (BGBl I 833) geändert.

II. Voraussetzungen des Ausschließungsrechts

1. Pflichtteilsentziehungsgründe

Als eine Gruppe von Gründen, die die Ausschließung der Fortsetzung der Güter- **4** gemeinschaft rechtfertigen, nennt § 1509 S 1 die Pflichtteilsentziehungsgründe (§ 2335). Danach kann ein Ehegatte dem anderen den Pflichtteil entziehen, wenn dieser dem anderen oder dessen Abkömmling nach dem Leben trachtet, ihn körperlich misshandelt oder zum Opfer eines Verbrechens oder schweren vorsätzlichen Vergehens macht oder die ihm dem Ehegatten gegenüber gesetzlich obliegende Unterhaltpflicht böswillig verletzt (zu Einzelheiten siehe STAUDINGER/OLSHAUSEN [2006]

Burkhard Thiele

§§ 2335–2337). Dagegen rechtfertigen schuldhafte Eheverfehlungen im Gegensatz zum früheren Recht (s Rn 3) die Entziehung des Ehegattenpflichtteils nicht mehr (stattdessen nunmehr S 2, dazu s unten Rn 6).

2. Gründe für die Aufhebung der Gütergemeinschaft

5 Als zweite Gruppe von Tatbeständen, die die einseitige Ausschließung der Fortsetzung der Gütergemeinschaft rechtfertigen, nennt § 1509 S 1 die Gründe, die den Ehegatten zur Klage auf Aufhebung der ehelichen Gütergemeinschaft berechtigen. Eine solche Klage steht bei Alleinverwaltung eines Ehegatten dem Gesamtgutsverwalter nach § 1448, dem nichtverwaltenden Ehegatten nach § 1447 und bei gemeinsamer Verwaltung jedem Ehegatten nach § 1469 zu. Hat einer der Ehegatten hiernach einen Klagegrund, der ihm die Aufhebung der ehelichen Gütergemeinschaft zu erzwingen erlauben würde, so kann er die Fortsetzung der Gütergemeinschaft nach seinem Tode durch Ausschließung verhindern.

3. Aufhebung und Scheidung der Ehe

6 Der neu eingefügte Satz 2 der Vorschrift nennt als weiteren Grund für die einseitige Ausschließung der Fortsetzung der Gütergemeinschaft die **berechtigte Erhebung der Eheaufhebungsklage,** *nicht* aber den Fall des berechtigten **Antrags auf Ehescheidung.** In diesem Punkt liegt eine echte Regelungslücke vor, zu deren Ausfüllung § 1509 S 2 in entsprechender Anwendung heranzuziehen ist. Aus der Nichtregelung im Rahmen der Neufassung kann in diesem Punkte nicht auf ein beredtes Schweigen des Gesetzgebers geschlossen werden. Die Lücke beruht auf einem Redaktionsversehen (MünchKomm/Kanzleiter Rn 2; Soergel/Gaul Rn 8 jeweils mwNw). In beiden Fällen ist die Grundlage der ehevertraglichen Regelung entfallen. Bei bevorstehendem Ende der Gütergemeinschaft muss dem Ehegatten die Möglichkeit eingeräumt werden, die Fortsetzung allein auf Grund seines Todes zu verhindern (vgl BT-Drucks 7/650 [2. RegE] S 103). Auch ein begründet eingereichter Scheidungsantrag berechtigt daher zur einseitigen Ausschließung gem § 1509 (s auch § 1483 Rn 7; Soergel/Gaul Rn 8; Münch-Komm/Kanzleiter Rn 2; Lüderitz/Dethloff § 5 Rn 203; Bamberger/Roth/Mayer Rn 4; Gernhuber/Coester-Waltjen § 39 Rn 10; **aM** Erman/Heckelmann Rn 2; BGB-RGRK/Finke Rn 9; Palandt/Brudermüller Rn 1).

4. Letztwillige Verfügung

7 Die Ausschließung erfolgt durch eine letztwillige Verfügung. Ihre Erfordernisse und Form sind in §§ 2229 ff geregelt. Aus §§ 2278, 2299 folgt, dass eine solche Bestimmung auch in einem Erbvertrag getroffen werden kann, und zwar als einseitige und nicht als vertragliche (KG KGJ 51, 170).

8 Dass zur Zeit der Errichtung der letztwilligen Verfügung bereits gemeinschaftliche Abkömmlinge vorhanden sind, ist nicht erforderlich.

9 Die letztwillige Verfügung kann nur darauf gerichtet sein, die Fortsetzung der Gütergemeinschaft *im Ganzen* auszuschließen (§ 1518). Eine Änderung der in § 1510 vorgesehenen Wirkung der letztwilligen Verfügung ist nicht möglich (s dazu § 1510 Rn 3).

Entzieht der Ehegatte durch letztwillige Verfügung seinem Ehegatten **den Pflichtteil,** 10
so schließt er damit auch die Fortsetzung der Gütergemeinschaft aus, selbst wenn er
das nicht ausdrücklich anordnet (Mot IV 441; wie hier BAMBERGER/ROTH/MAYER Rn 4;
SOERGEL/GAUL Rn 5; **aA** GERNHUBER/COESTER-WALTJEN § 39 Rn 10). Setzt zB ein Ehegatte,
der kein Sondervermögen hat, wegen einer körperlichen Misshandlung durch seinen
Ehegatten seine Kinder zu Alleinerben ein, so entzieht er damit nicht nur seinem
Ehegatten dessen Pflichtteil, sondern schließt er auch die vereinbarte Fortsetzung
der Gütergemeinschaft aus.

Ob andererseits in der letztwilligen Ausschließung der fortgesetzten Gütergemein- 11
schaft zugleich auch eine Entziehung des Pflichtteils liegt, ist Auslegungsfrage
(Mot IV 441). Auch wenn der Ehegatte sich dafür auf einen Pflichtteilsentziehungs-
grund beruft, kann er dennoch Anlass haben, seine Anordnung auf die Ausschließung der fortgesetzten Gütergemeinschaft zu beschränken (BAMBERGER/ROTH/MAYER
Rn 4; BGB-RGRK/FINKE Rn 4; SOERGEL/GAUL Rn 5). Schließt er dagegen die Fortsetzung
der Gütergemeinschaft aus einem Grunde aus, der ihn auf Aufhebung der Gütergemeinschaft zu klagen berechtigt (s oben Rn 5), so berührt das das Pflichtteilsrecht
des anderen Ehegatten nicht.

5. Entsprechende Anwendung der §§ 2335–2337

Auf die Ausschließung der fortgesetzten Gütergemeinschaft durch letztwillige Ver- 12
fügung eines Ehegatten finden die Vorschriften über die Entziehung des Pflichtteils
entsprechende Anwendung (§§ 1509 S 3, 2335–2337). Hieraus ergibt sich im Einzelnen:

a) Der **Grund der Ausschließung** (vgl oben Rn 4 ff) muss *zur Zeit der Errichtung* der 13
letztwilligen Verfügung bestehen (Mot IV 441) und in der Verfügung *angegeben*
werden (§ 2336 Abs 2). Dabei muss er deutlich bezeichnet werden, da sonst noch
andere Gründe nachgeschoben werden könnten (OLG Saarbrücken JZ 1952, 47; OLG
Karlsruhe FamRZ 1967, 691).

b) Der **Beweis** des Grundes obliegt demjenigen, der die Entziehung geltend 14
macht (§ 2336 Abs 3).

c) Das Recht zur Ausschließung der fortgesetzten Gütergemeinschaft erlischt 15
durch **Verzeihung** der das Ausschließungsrecht begründenden Tatsachen. Eine letztwillige Verfügung, durch die die Fortsetzung der Gütergemeinschaft ausgeschlossen
wird, wird durch die Verzeihung unwirksam (§ 2337).

6. Tod des Ehegatten

Die letztwillige Verfügung, durch die der Ehegatte einseitig die vereinbarte Fort- 16
setzung der Gütergemeinschaft ausschließt, erlangt mit seinem Tode Wirksamkeit.
Stirbt der andere Ehegatte, so bleibt die letztwillige Verfügung ohne Folgen.

Wird die Ehe aus anderen Gründen (Scheidung oder Aufhebung der Ehe) gelöst, so 17
kommt eine Fortsetzung der Gütergemeinschaft ohnehin nicht in Betracht.

III. Wirkung der Ausschließung

18 Die Wirkung der Ausschließung ist in § 1510 geregelt (s Anm dort).

IV. Keine Eintragung ins Güterrechtsregister

19 Die Ausschließung der fortgesetzten Gütergemeinschaft durch letztwillige Verfügung wird nicht in das Güterrechtsregister eingetragen.

§ 1510
Wirkung der Ausschließung

Wird die Fortsetzung der Gütergemeinschaft ausgeschlossen, so gilt das Gleiche wie im Falle des § 1482.

Materialien: Zu § 1510 aF: E I § 1387 Abs 4; II § 1383 Abs 2 rev § 1495; III § 1493; Mot IV 441; Prot IV 309.

Zu § 1510 nF: GleichberG E I § 1510; II § 1510. Vgl STAUDINGER/BGB-Synopse 1896–2005 § 1510.

I. Allgemeines

1 Die Vorschrift ist durch das Gleichberechtigungsgesetz nicht geändert worden. Ihre selbständige Stellung erklärt sich daraus, dass sie ursprünglich für die §§ 1508 (fortgefallen) und 1509 gemeinsam galt.

II. Wirkung der Ausschließung der fortgesetzten Gütergemeinschaft

2 Die Vorschrift beschreibt die Wirkung der in § 1509 geregelten einseitigen Ausschließung der vereinbarten Fortsetzung der Gütergemeinschaft durch letztwillige Verfügung eines Ehegatten durch Verweisung auf § 1482. Danach finden nach dem Tode des ausschließenden Ehegatten die allgemeinen erbrechtlichen Vorschriften Anwendung: der verstorbene Ehegatte wird in gesetzlicher oder gewillkürter Erbfolge beerbt, wobei sein Anteil am Gesamtgut der ehelichen Gütergemeinschaft zu seinem Nachlass gehört. Die Regeln der §§ 1483 ff kommen nicht in Betracht. Letztwillige Verfügungen des verstorbenen Ehegatten über seinen Nachlass (einschließlich des Gesamtgutsanteils) sind unbegrenzt wirksam. Zu den gesetzlichen Erben gehört auch der überlebende Ehegatte, sofern der verstorbene Ehegatte ihm sein Erbrecht nicht durch letztwillige Verfügung entzogen hat. Zur Frage, ob mit der Ausschließung der fortgesetzten Gütergemeinschaft zwangsläufig auch die Entziehung des Pflichtteils verbunden ist, s § 1509 Rn 11.

III. Unabdingbarkeit

3 Diese Wirkung der Ausschließung der fortgesetzten Gütergemeinschaft kann weder vom Testator noch durch Vereinbarung des überlebenden Ehegatten mit den gemeinschaftlichen Abkömmlingen abgeändert werden (§ 1518 S 1).

§ 1511
Ausschließung eines Abkömmlings

(1) Jeder Ehegatte kann für den Fall, dass die Ehe durch seinen Tod aufgelöst wird, einen gemeinschaftlichen Abkömmling von der fortgesetzten Gütergemeinschaft durch letztwillige Verfügung ausschließen.

(2) Der ausgeschlossene Abkömmling kann, unbeschadet seines Erbrechts, aus dem Gesamtgut der fortgesetzten Gütergemeinschaft die Zahlung des Betrags verlangen, der ihm von dem Gesamtgut der ehelichen Gütergemeinschaft als Pflichtteil gebühren würde, wenn die fortgesetzte Gütergemeinschaft nicht eingetreten wäre. Die für den Pflichtteilsanspruch geltenden Vorschriften finden entsprechende Anwendung.

(3) Der dem ausgeschlossenen Abkömmlinge gezahlte Betrag wird bei der Auseinandersetzung den anteilsberechtigten Abkömmlingen nach Maßgabe des § 1501 angerechnet. Im Verhältnis der Abkömmlinge zueinander fällt er den Abkömmlingen zur Last, denen die Ausschließung zustatten kommt.

Materialien: Zu § 1511 aF: E I § 1388; II § 1384 rev § 1496; III § 1494; Mot IV 442; Prot IV 309; VI 287.

Zu § 1511 nF: GleichberG E I § 1511; II § 1511. Vgl STAUDINGER/BGB-Synopse 1896–2005 § 1511.

Systematische Übersicht

I.   Grundgedanke

Während § 1509 die Ausschließung der fortgesetzten Gütergemeinschaft im Ganzen **1** durch letztwillige Verfügung des erstverstorbenen Ehegatten behandelt, gewährt § 1511 Abs 1 jedem Ehegatten das Recht, für den Fall seines Vorablebens einen gemeinschaftlichen Abkömmling durch letztwillige Verfügung von der vereinbarten fortgesetzten Gütergemeinschaft mit den übrigen gemeinschaftlichen Abkömmlingen auszuschließen. Da aber die Teilnahme eines gemeinschaftlichen Abkömmlings an der fortgesetzten Gütergemeinschaft das Surrogat seines gesetzlichen Erbrechts bildet, kann der aus ihr ausgeschlossene Abkömmling, ebenso wie der von der Erbfolge ausgeschlossene Abkömmling von den Erben den Pflichtteil verlangen kann, einen entsprechenden Ausgleichsanspruch gegen den überlebenden Ehegatten als den Verwalter des Gesamtgutes der fortgesetzten Gütergemeinschaft geltend machen (§ 1511 Abs 2; Mot IV 442). In § 1511 Abs 3 wird dann die Anrechnung dieses Ausgleichsanspruchs bei der Auseinandersetzung des Gesamtguts geregelt.

2 Diese Ausschließung eines gemeinschaftlichen Abkömmlings unterscheidet sich von der Entziehung des Anteils gemäß § 1513 dadurch, dass bei der Ausschließung der Abkömmling von Anfang an an der fortgesetzten Gütergemeinschaft nicht teilnimmt, während er bei der Entziehung des Anteils zwar Teilhaber der fortgesetzten Gütergemeinschaft wird, ihm aber nach deren Beendigung sein Anteil am Gesamtgut der fortgesetzten Gütergemeinschaft entzogen wird.

3 Das Redaktionsversehen in Abs 3 S 1, wo statt auf § 1501 auf § 1500 verwiesen worden war, ist erst mit Wirkung vom 1. 8. 2002 durch Art 25 Abs 1 OLG-VertrÄnderungsG vom 23. 7. 2002 (BGBl I 2850) bereinigt worden.

II.   Voraussetzungen der Ausschließung des Abkömmlings (Abs 1)

1.   Letztwillige Verfügung des erstversterbenden Ehegatten

4 Die Ausschließung des gemeinschaftlichen Abkömmlings von der fortgesetzten Gütergemeinschaft erfolgt durch eine **letztwillige Verfügung** des erstversterbenden Ehegatten (s auch § 1509 Rn 7). Auf den Grund, aus dem der Ehegatte diese Anordnung trifft, kommt es nicht an (vgl demgegenüber §§ 1509, 1513).

5 Zur Wirksamkeit der Ausschließung durch letztwillige Verfügung des Ehegatten bedarf es der **Zustimmung** des anderen Ehegatten (§ 1516).

6 Die **Ausschließung** eines gemeinschaftlichen Abkömmlings von der fortgesetzten Gütergemeinschaft muss **nicht ausdrücklich**, sie kann auch durch anderweitige letztwillige Verfügungen erfolgen, die mit dem Eintritt der fortgesetzten Gütergemeinschaft unvereinbar sind (KG OLGE 7, 62 ff; 40, 78). Wird zB in einem späteren gemeinschaftlichen Testament der überlebende Ehegatte als Alleinerbe oder als Vorerbe und der einzige gemeinschaftliche Abkömmling als Nacherbe eingesetzt, so wird damit die Fortsetzung der Gütergemeinschaft ausgeschlossen (RGZ 94, 314, 317; vgl auch BGH FamRZ 1998, 229; BayObLG FamRZ 1986, 1151; LG Marburg RPfleger 2000, 70). Allerdings ist in einem solchen Fall sorgfältig zu prüfen, ob sich eine Verfügung von Todes wegen nur auf das Vorbehalts- und Sondergut bezieht (vgl RG aaO; weiter aber MünchKomm/Kanzleiter Rn 2; Bamberger/Roth/Mayer Rn 2: die dahingehende *Vermutung* sei zu widerlegen). Entzieht der erstversterbende Ehegatte in einem gemeinschaftlichen Testament dem anteilsberechtigten Abkömmling wirksam den Pflichtteil (§§ 2333, 2336), so wird das auch als Ausschließung des Abkömmlings von der fortgesetzten Gütergemeinschaft zu werten sein. Wegen der Ausschließung aller anteilsberechtigten Abkömmlinge s unten Rn 16.

Die Ausschließung erstreckt sich nur auf den ausgeschlossenen **Abkömmling**, nicht **7** auch auf *dessen* Abkömmlinge (s unten Rn 14 f). Der Ehegatte kann jedoch auch entferntere Abkömmlinge von der fortgesetzten Gütergemeinschaft ausschließen. Zulässig ist ferner nicht nur die Ausschließung eines nasciturus (s dazu § 1483 Rn 8), sondern auch die Ausschließung eines beim Tode des Testators noch nicht erzeugten Abkömmlings. Ohne eine solche letztwillige Anordnung gilt die Ausschließung für diese Nachkommen der Abkömmlinge nicht.

Die Ausschließung kann auch unter einer **Bedingung** erfolgen. So kann der Ehegatte **8** die Ausschließung des Abkömmlings davon abhängig machen, dass dieser bestimmte Anordnungen des Erblassers (Belastung mit einem Nießbrauch, Teilungsanordnungen, Verwaltungsauflagen) befolgt (OLG Hamburg LZ 1915, 92; RG LZ 1915, 1657; Bamberger/Roth/Mayer Rn 2).

Der Ehegatte kann jedoch den Anteil des ausgeschlossenen Abkömmlings nicht (wie **9** in den Fällen der §§ 1512, 1513) einem anderen Abkömmling oder einem Dritten zuwenden (§§ 1514, 1518 S 1).

Hinsichtlich der **Eröffnung** einer gemäß § 1511 errichteten letztwilligen Verfügung **10** gelten die allgemeinen Vorschriften (§§ 2260 ff, 2273, 2300). Demgemäß erfolgt die Eröffnung nach dem Tode des ausschließenden Ehegatten. Hat der überlebende Ehegatte in der gleichen Urkunde Verfügungen gemäß § 1511 getroffen, so sind diese, weil durch sein Überleben gegenstandslos geworden, nicht zu verkünden noch in amtlichen Gewahrsam zu bringen, auch wenn sie sich sondern lassen (§ 2273 Abs 1; BayObLGZ 1, 470).

2. Tod des ausschließenden Ehegatten

Die letztwillige Verfügung erlangt erst mit dem Tode des ausschließenden Ehegatten **11** ihre Wirksamkeit. Stirbt der andere Ehegatte zuerst, so bleibt die letztwillige Verfügung ohne Folgen. Wird die Ehe aus einem anderen Grunde aufgelöst (Scheidung oder Aufhebung), so kommt eine Ausschließung eines Abkömmlings ohnehin nicht in Betracht.

Wollen die Ehegatten also einen gemeinschaftlichen Abkömmling aus der fortge- **12** setzten Gütergemeinschaft ohne Rücksicht darauf ausschließen, wer von ihnen beiden zuerst **stirbt**, so muss ihn jeder Ehegatte ausschließen. Nach dem Tode des erstverstorbenen Ehegatten ist eine Ausschließung nicht mehr möglich; es bleibt nur die Möglichkeit, den Abkömmling (etwa durch eine Abfindung) zum Verzicht zu bewegen (dazu § 1491 mit Erl).

Tritt die fortgesetzte Gütergemeinschaft nicht ein (zB weil der überlebende Ehe- **13** gatte sie ablehnt, § 1484), so wird die Ausschließung des Abkömmlings gegenstandslos.

III. Wirkung der Ausschließung des Abkömmlings

Die Wirkung der Ausschließung besteht darin, dass der ausgeschlossene Abkömm- **14** ling an der fortgesetzten Gütergemeinschaft (von Anfang an) nicht teilnimmt, indem er als vor dem Eintritt der fortgesetzten Gütergemeinschaft verstorben anzusehen ist.

15 Die Ausschließung des einen Abkömmlings kommt den übrigen anteilsberechtigten Abkömmlingen nach Maßgabe des § 1490 S 2 und 3 zustatten (Mot IV 442). Es sei denn, dass auch sie selbst durch letztwillige Verfügung des Ehegatten von der fortgesetzten Gütergemeinschaft ausgeschlossen sind (s oben Rn 7). Demgemäß treten die Abkömmlinge des ausgeschlossenen Abkömmlings an dessen Stelle (s aber Rn 7 und 16). Dies gilt auch für die erst nach dem Eintritt der fortgesetzten Gütergemeinschaft erzeugten und geborenen Abkömmlinge des ausgeschlossenen Abkömmlings (s § 1503 Abs 1; ebenso MünchKomm/KANZLEITER Rn 3; BAMBERGER/ROTH/MAYER Rn 3).

16 Sind dagegen bei dem Tode des erstverstorbenen Ehegatten außer dem ausgeschlossenen Abkömmling weitere anteilsberechtigte Abkömmlinge nicht vorhanden oder sind alle anteilsberechtigten Abkömmlinge ausgeschlossen, so tritt die fortgesetzte Gütergemeinschaft nicht ein (hM). Es bleibt vielmehr bei den Rechtsfolgen des § 1482 (Beerbung des verstorbenen Ehegatten nach allgemeinen Grundsätzen, §§ 1922 ff). Insbesondere kommt eine Anwendung des § 1511 Abs 2 (Ausgleichsanspruch des ausgeschlossenen Abkömmlings) nicht in Betracht. Das Gleiche gilt, wenn ein *Abkömmling* des ausgeschlossenen Abkömmlings erst *nach* dem Tode des erstverstorbenen Ehegatten geboren wird (s Rn 15).

IV. Ausgleichsanspruch des ausgeschlossenen Abkömmlings (Abs 2)

1. Ausgleichsanspruch

17 § 1511 Abs 2 S 1 gewährt dem von der fortgesetzten Gütergemeinschaft ausgeschlossenen gemeinschaftlichen Abkömmling einen dem Pflichtteilsanspruch des von der Erbschaft ausgeschlossenen gesetzlichen Erben entsprechenden Ausgleichsanspruch. Der ausgeschlossene Abkömmling kann hiernach von dem überlebenden Ehegatten verlangen, dass ihm aus dem Gesamtgut der fortgesetzten Gütergemeinschaft (§ 1485) **derjenige Geldbetrag** gezahlt wird, **der ihm** bei Nichteintritt der fortgesetzten Gütergemeinschaft vom Gesamtgut der ehelichen Gütergemeinschaft **als Pflichtteil gebühren** würde, und zwar *sofort* und nicht erst bei der Beendigung der fortgesetzten Gütergemeinschaft. Dieser Anspruch ist übertragbar, vererblich und nach Maßgabe des § 852 Abs 1 ZPO pfändbar. Er geht auf die Hälfte des Wertes des Gesamtgutanteils zum Zeitpunkt des Eintritts der fortgesetzten Gütergemeinschaft (wie hier SOERGEL/GAUL Rn 5; BAMBERGER/ROTH/MAYER Rn 4; anders MünchKomm/KANZLEITER Rn 4: Gesamtgutshälfte des Verstorbenen unter Berücksichtigung des überlebenden Ehegatten; im Einzelnen s §§ 2311, 2313 und Rn 18; § 2312 dagegen findet keine Anwendung, s Rn 22). Daneben steht dem ausgeschlossenen Abkömmling gegebenenfalls zusätzlich sein gesetzliches Erbrecht an dem Vorbehaltsgut und an dem Sondergut (§§ 1418, 1417) des verstorbenen Ehegatten in vollem Umfange zu. Eine Anordnung des Inhalts, dass auf den dem ausgeschlossenen Abkömmling gemäß § 1511 Abs 2 S 1 zukommenden Betrag dasjenige anzurechnen sei, was er als Erbe aus dem Vorbehaltsgut oder dem Sondergut des verstorbenen Ehegatten erhält, ist gemäß **§ 1518 S 1** unwirksam. Die Geltendmachung des Ausgleichsanspruches ist an **keine Frist** gebunden. Für die Verjährung gilt § 2332.

2. Anwendung der für den Pflichtteilsanspruch geltenden Vorschriften

Auf den dem ausgeschlossenen Abkömmling zustehenden Ausgleichsanspruch fin- **18** den die für den Pflichtteilsanspruch geltenden Vorschriften, soweit sie passen, entsprechende Anwendung (§§ 1511 Abs 2 S 2, 2303 ff). Daraus ergeben sich im Einzelnen folgende Besonderheiten: Ist ein ausgeschlossener Abkömmling mit einer **Zuwendung** nach § 1514 bedacht, so kann er den Ausgleichsanspruch nur geltend machen, wenn er auf die Zuwendung verzichtet. Verzichtet er nicht auf die Zuwendung, so steht ihm der Ausgleichsanspruch nicht zu, soweit der Wert der Zuwendung reicht. § 2307 findet entsprechende Anwendung. Für entferntere Abkömmlinge gilt § 2309. Die §§ **2304–2306** sind **unanwendbar**. Aus der Unanwendbarkeit des § 2306 ergibt sich, dass auch § **2308** nicht angewendet werden kann (wie hier BAMBERGER/ROTH/ MAYER Rn 4). Unanwendbar sind auch § **2312** sowie die §§ **2318–2324**. Bei der Feststellung des für die **Berechnung des Ausgleichsanspruches** maßgebenden Erbteils werden diejenigen Abkömmlinge mitgezählt, die durch letztwillige Verfügung von der fortgesetzten Gütergemeinschaft ausgeschlossen (§ 1511 Abs 1) oder für anteilsunwürdig erklärt sind (§ 1506), nicht aber diejenigen, die gemäß § 1517 auf ihren *künftigen* Anteil am Gesamtgut der fortgesetzten Gütergemeinschaft verzichtet haben (§ 2310 S 2; hM). Ebenso werden anteilsberechtigte Abkömmlinge, die erst nach Eintritt der fortgesetzten Gütergemeinschaft auf ihren Anteil am Gesamtgut verzichtet haben (§ 1491), nicht mitgezählt (so PLANCK/UNZNER Anm 12d; **aM** ERMAN/ HECKELMANN Rn 3; BAMBERGER/ROTH/MAYER Rn 4; MünchKomm/KANZLEITER Rn 4). Über die entsprechende Anwendung des § **2338** (Pflichtteilsbeschränkung in guter Absicht) s § 1513 Rn 18 ff. Hat sich der ausgeschlossene Abkömmling einer **Verfehlung** schuldig gemacht, die seine Erbunwürdigkeit begründet (§§ 2339 Abs 1), so ist sein Ausgleichsanspruch anfechtbar (vgl § 2345 und Anm dazu).

V. Anrechnung des Ausgleichsanspruchs bei der Auseinandersetzung des Gesamtgutes (Abs 3)

1. Anrechnung im Verhältnis zu dem überlebenden Ehegatten

Für die Frage, wie der einem ausgeschlossenen Abkömmling gewährte Ausgleichs- **19** anspruch bei der Auseinandersetzung des Gesamtguts der fortgesetzten Gütergemeinschaft anzurechnen ist, verweist § 1511 Abs 3 S 1 auf § 1501. Danach wird der dem Abkömmling gezahlte Ausgleichsbetrag bei der Auseinandersetzung des Gesamtguts diesem hinzugerechnet und auf die den Abkömmlingen gebührende Hälfte angerechnet. Damit tragen wirtschaftlich die in der fortgesetzten Gütergemeinschaft verbliebenen Abkömmlinge – ebenso wie die für einen nachträglichen Verzicht eines Abkömmlings gezahlte Abfindung – den Ausgleichsbetrag allein (dazu § 1501 Rn 1); der überlebende Ehegatte wird damit also nicht belastet.

2. Anrechnung im Verhältnis der anteilsberechtigten Abkömmlinge zueinander

Mit der Regelung des § 1511 Abs 3 S 2, nach der im Verhältnis der Abkömmlinge **20** zueinander diejenigen den Ausgleichsbetrag tragen sollen, denen die Ausschließung eines Abkömmlings zustatten kommt, wird auf § 1503 Abs 3 verwiesen. Danach wird der einem ausgeschlossenen Abkömmling gezahlte Ausgleichsbetrag ebenso behandelt wie eine für den Verzicht eines Abkömmlings gemäß § 1491 gezahlte Abfindung. Nur diejenigen Abkömmlinge sollen bei der Auseinandersetzung der fortgesetzten Gütergemeinschaft mit diesem Betrage belastet werden, die durch die Ausschließung eines Abkömmlings einen Vorteil haben (vgl § 1503 Rn 13 f).

§ 1512
Herabsetzung des Anteils

Jeder Ehegatte kann für den Fall, dass mit seinem Tode die fortgesetzte Gütergemeinschaft eintritt, den einem anteilsberechtigten Abkömmling nach der Beendigung der fortgesetzten Gütergemeinschaft gebührenden Anteil an dem Gesamtgut durch letztwillige Verfügung bis auf die Hälfte herabsetzen.

Materialien: Zu § 1512 aF: E I § 1389 Abs 1; II § 1385 S 1 rev § 1497; III § 1495; Mot IV 443; Prot IV 310.

Zu § 1512 nF: GleichberG E I § 1512; II § 1511. Vgl STAUDINGER/BGB-Synopse 1896–2005 § 1512.

I.   Grundgedanke

1 Während § 1511 gestattet, einen anteilsberechtigten Abkömmling von der fortgesetzten Gütergemeinschaft überhaupt auszuschließen, regeln die §§ 1512–1514 die Frage, inwieweit ein Ehegatte für den Fall, dass mit seinem Tode die fortgesetzte Gütergemeinschaft eintritt, durch letztwillige Verfügung in die Rechte eines an der fortgesetzten Gütergemeinschaft teilnehmenden Abkömmlings einzugreifen berechtigt ist (Mot IV 443). Nach § 1512 kann jeder Ehegatte den Anteil eines Abkömmlings am Gesamtgut der fortgesetzten Gütergemeinschaft bis auf die Hälfte herabsetzen. Diese untere Grenze entspricht dem Pflichtteilsrecht des Abkömmlings (§ 2303 Abs 1). Die Vorschrift ist durch das Gleichberechtigungsgesetz nicht geändert worden.

II.   Voraussetzungen der Herabsetzung des Anteils

1.   Berechtigung zur Herabsetzung des Anteils

2 Der Ehegatte, der die Herabsetzung des Anteils des Abkömmlings am Gesamtgut der fortgesetzten Gütergemeinschaft letztwillig anordnet, ist darin an keine Gründe gebunden (anders §§ 1509, 1513). Die Herabsetzung kann unter einer Bedingung erfolgen (s § 1511 Rn 8). Eine **Herabsetzung, die das in § 1512 genannte Maß überschreitet**, gilt hinsichtlich der Überschreitung als nicht angeordnet (vgl § 2306), es sei denn, dass die Voraussetzungen des § 1513 vorliegen. Nur die Quote, die dem Abkömmling bei der Auseinandersetzung des Gesamtguts der fortgesetzten Gütergemeinschaft zusteht, kann herabgesetzt werden (RG 105, 242 ff). Seine Rechte, die ihm bis zur Auseinandersetzung der fortgesetzten Gütergemeinschaft an ihr zustehen, bleiben unberührt. Ebenso kann er nicht auf ein Forderungsrecht gegenüber den übrigen Beteiligten beschränkt werden. Die Herabsetzung des Anteils des Abkömmlings kann mit der **Zuweisung des entzogenen Betrages** an einen Dritten verbunden werden (§ 1514; anders als bei der Ausschließung eines Abkömmlings nach § 1511; dazu § 1511 Rn 9).

2. Letztwillige Verfügung des erstversterbenden Ehegatten

Die Herabsetzung des Anteils des Abkömmlings erfolgt durch letztwillige Verfü- **3** gung des erstversterbenden Ehegatten (hierzu § 1511 Rn 4 ff). Wegen des Erfordernisses der Zustimmung des anderen Ehegatten (§ 1516) s § 1511 Rn 5. Wegen der Eröffnung einer solchen letztwilligen Verfügung s § 1511 Rn 10. Ob in der letztwilligen **Beschränkung** eines anteilsberechtigten Abkömmlings **auf sein Pflichtteil** auch die Herabsetzung seines Anteils am Gesamtgut auf die Hälfte zu sehen ist (und umgekehrt), ist Auslegungsfrage. Stirbt der andere Ehegatte zuerst oder wird die Gütergemeinschaft (etwa wegen der Ablehnung des überlebenden Ehegatten, § 1484) nicht fortgesetzt, so ist die letztwillige Verfügung gegenstandslos (s § 1511 Rn 11, 13).

III. Wirkung der Herabsetzung des Anteils

1. Wirkung während des Bestehens der fortgesetzten Gütergemeinschaft

Während des Bestehens der fortgesetzten Gütergemeinschaft übt die Herabsetzung **4** des Anteils eines Abkömmlings **keinerlei Rechtswirkungen** aus. Der Abkömmling ist und bleibt Teilhaber der fortgesetzten Gütergemeinschaft bis zu deren Beendigung und hat alle den anteilsberechtigten Abkömmlingen zustehenden Rechte (§§ 1419, 1472, 1473, 1497; hierzu s auch Rn 2).

Stirbt der Abkömmling, dessen Anteil durch letztwillige Verfügung herabgesetzt **5** worden ist, während des Bestehens der fortgesetzten Gütergemeinschaft unter Hinterlassung von Abkömmlingen, die anteilsberechtigt wären, wenn er den verstorbenen Ehegatten nicht überlebt hätte, so gilt die Herabsetzung auch ihnen gegenüber, da sie gemäß § 1490 S 2 an seine Stelle treten (ebenso BGB-RGRK/Finke Rn 7; Soergel/ Gaul Rn 2; Erman/Heckelmann Rn 2; aM MünchKomm/Kanzleiter Rn 2, der darin eine Auslegungsfrage sieht). Das Gleiche gilt bei Verzicht des Abkömmlings gemäß § 1491: die übrigen anteilsberechtigten Abkömmlinge oder der überlebende Ehegatte, denen der Anteil gemäß §§ 1491 Abs 4, 1490 S 3 anwächst, müssen sich dessen Herabsetzung gefallen lassen (ebenso BGB-RGRK/Finke aaO).

2. Wirkung bei der Auseinandersetzung der fortgesetzten Gütergemeinschaft

Fällt während des Bestehens der fortgesetzten Gütergemeinschaft ein anderer Ab- **6** kömmling durch Tod (ohne Hinterlassung von Abkömmlingen, die an seine Stelle treten) oder durch Verzicht weg, so bestimmt sich bei der Auseinandersetzung der Anteil des Abkömmlings, dessen Anteil herabgesetzt ist, so, als ob der erstverstorbene Ehegatte erst jetzt verstorben wäre (§§ 1490 S 3, 1491 Abs 4).

Beispiel: Sind bei Eintritt der fortgesetzten Gütergemeinschaft drei Abkömmlinge A, B und C vorhanden und ist der Anteil des A auf ³/₄ herabgesetzt, so erhält, wenn während der fortgesetzten Gütergemeinschaft B kinderlos verstirbt, A bei der Auseinandersetzung $^3/_4$ von $^1/_4$ = $^1/_{16}$ des Gesamtguts und C den Rest der Gesamtgutshälfte also $^5/_{16}$ des Gesamtguts.

7 Die Wirkung einer letztwilligen Herabsetzung des Anteils des Abkömmlings besteht darin, dass nach der Beendigung der fortgesetzten Gütergemeinschaft bei der Auseinandersetzung in Ansehung des Gesamtguts der Abkömmling statt des ihm nach § 1503 Abs 1 zustehenden Anteils am Gesamtgut der fortgesetzten Gütergemeinschaft nur den ihm vom erstverstorbenen Ehegatten belassenen Anteil erhält. Das ihm Entzogene fällt mangels einer anderweitigen Verfügung des erstverstorbenen Ehegatten (s § 1514) an die übrigen anteilsberechtigten Abkömmlinge und an den anderen Ehegatten, wenn anteilsberechtigte Abkömmlinge nicht vorhanden sind.

Beispiele: Sind bei Beendigung der fortgesetzten Gütergemeinschaft drei anteilsberechtigte Abkömmlinge A, B und C vorhanden und ist der Anteil des A auf $^3/_4$ herabgesetzt, so erhalten bei der Auseinandersetzung der überlebende Ehegatte die Hälfte des Gesamtguts, A $^3/_4$ von $^1/_6$ = $^1/_8$, B und C je $^3/_{16}$ des Gesamtguts. Ist A der einzige anteilsberechtigte Abkömmling und sein Anteil auf $^3/_4$ herabgesetzt, so erhält er bei der Auseinandersetzung $^3/_8$, der überlebende Ehegatte jedoch $^5/_8$ des Gesamtguts.

8 Andererseits fällt die Abfindung, die einem verzichtenden Abkömmling gewährt worden ist (§ 1503 Abs 3), und der einem ausgeschlossenen Abkömmling gezahlte Ausgleichsbetrag (§ 1511 Abs 3 S 2) dem Abkömmling, dessen Anteil am Gesamtgut durch letztwillige Verfügung herabgesetzt worden ist, nur **nach dem Verhältnis des ihm belassenen Anteils** zur Last. Das Gleiche gilt hinsichtlich der Haftung des Abkömmlings für Gesamtgutsverbindlichkeiten (§§ 1504, 1480) und der Anrechnung nach den §§ 1499, 1500. Hierbei entstehen für den Abkömmling unterschiedliche Belastungen je nachdem, ob die Herabsetzung des Anteils dadurch erfolgt, dass die Quote selbst herabgesetzt wird oder ob ihm der Anteil belassen, aber zugunsten eines Dritten mit der Verpflichtung zur Leistung einer Geldsumme (bis zur Hälfte des Wertes seines Anteils) beschwert worden ist.

§ 1513
Entziehung des Anteils

(1) Jeder Ehegatte kann für den Fall, dass mit seinem Tode die fortgesetzte Gütergemeinschaft eintritt, einem anteilsberechtigten Abkömmling den diesem nach der Beendigung der fortgesetzten Gütergemeinschaft gebührenden Anteil an dem Gesamtgut durch letztwillige Verfügung entziehen, wenn er berechtigt ist, dem Abkömmling den Pflichtteil zu entziehen. Die Vorschriften des § 2336 Abs. 2 bis 4 finden entsprechende Anwendung.

(2) Der Ehegatte kann, wenn er nach § 2338 berechtigt ist, das Pflichtteilsrecht des Abkömmlings zu beschränken, den Anteil des Abkömmlinges am Gesamtgut einer entsprechenden Beschränkung unterwerfen.

Materialien: Zu § 1513 aF: E I § 1389 Abs 2; II § 1386 rev § 1498; III § 1496; Mot IV 444; Prot IV 310.

Zu § 1513 nF: GleichberG E I § 1513; II § 1513. Vgl STAUDINGER/BGB-Synopse 1896–2005 § 1513.

Systematische Übersicht

I. Allgemeines

Während § 1512 das Recht der Ehegatten zur Herabsetzung des Anteils regelt, der **1** einem anteilsberechtigten Abkömmling bei der Auseinandersetzung der fortgesetzten Gütergemeinschaft gebührt, räumt § 1513 Abs 1 S 1 jedem Ehegatten das weitergehende Recht ein, einem Abkömmling den ihm gebührenden Anteil noch weiter als bis zur Hälfte zu kürzen oder sogar ganz zu entziehen. Dies kann entweder dadurch geschehen, dass der Anteil des Abkömmlings zugunsten eines Dritten (§ 1514) mit der Verpflichtung zur Leistung einer Geldsumme belastet wird, die bis zu dessen Geldwert reicht, oder durch eine entsprechende Kürzung oder Entziehung des Anteils selbst (vgl § 1512 Rn 1). Voraussetzung hierfür ist, dass der Ehegatte dem Abkömmling den Pflichtteil zu entziehen berechtigt ist (§ 2333). In der Wirkung unterscheidet sich diese Entziehung des Anteils von der Herabsetzung des Anteils gemäß § 1512 durch den Umfang der Kürzung, von der Ausschließung des Abkömmlings gemäß § 1511 dadurch, dass der Abkömmling an der fortgesetzten Gütergemeinschaft teilnimmt (und nicht von Anfang an ausgeschlossen ist, § 1511 Rn 1) und einen Ausgleichsbetrag nicht erhält (§ 1511 Abs 2). § 1513 Abs 2 behandelt die Beschränkung des Anteils aus wohlmeinender Absicht (§ 2338 Abs 1). Die Vorschrift ist durch das Gleichberechtigungsgesetz nicht geändert worden.

II. Voraussetzungen der Entziehung des Anteils

1. Berechtigung zur Entziehung des Anteils

Voraussetzung für das Entziehungsrecht des § 1513 Abs 1 ist, dass der verfügende **2** Ehegatte berechtigt ist, dem anteilsberechtigten Abkömmling den Pflichtteil zu entziehen; ob dies der Fall ist, bestimmt sich nach § 2333. Wie das Recht zur Entziehung des Pflichtteils, so erlischt auch das Recht zur Entziehung des Anteils am Gesamtgut durch **Verzeihung** (§ 2337); eine letztwillige Verfügung, durch die der Ehegatte die Entziehung des Anteils angeordnet hat, wird durch die Verzeihung unwirksam.

3 Nach § 1513 Abs 1 S 2 finden auch die Vorschriften des § 2336 Abs 2–4 entsprechende Anwendung. Demgemäß muss der **Grund der Entziehung des Anteils zur Zeit der Errichtung der letztwilligen Verfügung** bestehen und in der Verfügung **angegeben** werden. Der **Beweis** des Grundes obliegt demjenigen, der die Entziehung geltend macht. Ist die Entziehung erfolgt, weil der Abkömmling einen ehrlosen oder unsittlichen Lebenswandel wider den Willen des Ehegatten führt, so ist die Entziehung unwirksam, wenn sich der Abkömmling zur Zeit der Beendigung der fortgesetzten Gütergemeinschaft von dem ehrlosen oder unsittlichen Lebenswandel dauernd abgewendet hat (§ 2336 Abs 2–4). Wegen der **Zuweisung** des entzogenen Anteils **an einen Dritten** s § 1514 mit Anm. Diese Vorschriften finden auch Anwendung, wenn der Anteil des anteilsberechtigten Abkömmlings auf weniger als die Hälfte seines ihm sonst gebührenden Anteils herabgesetzt worden ist (s oben Rn 1 und § 1512 Rn 2).

2. Letztwillige Verfügung des erstversterbenden Ehegatten

4 Die Entziehung des Anteils des Abkömmlings erfolgt durch letztwillige Verfügung des erstversterbenden Ehegatten (hierzu § 1511 Rn 4 ff). Wegen des Erfordernisses der Zustimmung des anderen Ehegatten § 1516. Wegen der Eröffnung einer solchen letztwilligen Verfügung s § 1511 Rn 10. Zusätzlich ist § 2336 Abs 2 (Angabe des Grundes in der letztwilligen Verfügung) zu beachten. Ob in der Entziehung des *Pflichtteils* auch die Entziehung des *Anteils am Gesamtgut* zu sehen ist (und umgekehrt), ist Auslegungsfrage. Stirbt der andere Ehegatte zuerst oder wird die Gütergemeinschaft (etwa wegen der Ablehnung des überlebenden Ehegatten, § 1484) nicht fortgesetzt, so ist die letztwillige Verfügung gegenstandslos (s § 1511 Rn 11, 13).

III. Wirkung der Entziehung des Anteils

1. Wirkung während des Bestehens der fortgesetzten Gütergemeinschaft

5 Während des Bestehens der fortgesetzten Gütergemeinschaft übt die Entziehung des Anteils eines Abkömmlings keinerlei Rechtswirkung aus. Der Abkömmling ist und bleibt Teilhaber der fortgesetzten Gütergemeinschaft bis zu deren Beendigung (anders als bei der Ausschließung nach § 1511) und hat alle den Abkömmlingen zustehenden Rechts (vgl auch § 1512 Rn 4).

6 **Stirbt der Abkömmling**, dem sein Anteil entzogen worden ist, während des Bestehens der fortgesetzten Gütergemeinschaft unter Hinterlassung von Abkömmlingen, die anteilsberechtigt wären, wenn er den verstorbenen Ehegatten nicht überlebt hätte, so gilt die Entziehung des Anteils auch ihnen gegenüber, da sie gemäß § 1490 S 2 an seine Stelle treten. Das Gleiche gilt bei Verzicht des Abkömmlings gemäß § 1491 (vgl § 1512 Rn 5). Fällt während des Bestehens der fortgesetzten Gütergemeinschaft **ein anderer Abkömmling** durch Tod (ohne Hinterlassung von Abkömmlingen, die an seine Stelle treten) oder durch Verzicht weg, so wächst dessen Anteil zwar auch dem

Abkömmling an, dem gemäß § 1513 sein Anteil entzogen ist (§§ 1490 S 3, 1491 Abs 4); das ist jedoch für ihn ohne praktische Bedeutung.

2. Wirkung bei der Auseinandersetzung der fortgesetzten Gütergemeinschaft

Die Wirkung der letztwilligen Entziehung des Anteils besteht darin, dass nach der **7** Beendigung der fortgesetzten Gütergemeinschaft bei der Auseinandersetzung der Abkömmling aus dem Gesamtgut der fortgesetzten Gütergemeinschaft nichts erhält. Das ihm Entzogene fällt mangels einer Zuweisung an einen Dritten durch letztwillige Verfügung des erstverstorbenen Ehegatten (§ 1514) an die übrigen anteilsberechtigten Abkömmlinge oder, wenn anteilsberechtigte Abkömmlinge nicht vorhanden sind, an den überlebenden Ehegatten (vgl § 1512 Rn 7). Entsprechendes gilt, wenn der Abkömmling auf weniger als die Hälfte seines ihm sonst gebührenden Gesamtgutsanteils herabgesetzt worden ist.

Andererseits fällt dem Abkömmling, dem sein Anteil nach § 1513 entzogen ist, bei **8** der Auseinandersetzung weder die einem verzichtenden Abkömmling gewährte Abfindung (§ 1503 Abs 3) noch der einem ausgeschlossenen Abkömmling gezahlte Ausgleichsbetrag (§ 1511 Abs 3) zur Last. Ebensowenig trifft ihn eine Haftung für Gesamtgutsverbindlichkeiten (§§ 1504, 1480) oder kommt für ihn eine Anrechnung nach den §§ 1499, 1500 in Betracht (vgl dazu § 1512 Rn 8). Ist der Anteil des Abkömmlings auf weniger als die Hälfte des ihm sonst gebührenden Anteils herabgesetzt, so treffen ihn diese Belastungen nur nach dem Verhältnis des ihm belassenen Anteils.

IV. Beschränkung des Anteils am Gesamtgut in guter Absicht

1. Voraussetzungen der Beschränkung in guter Absicht

Voraussetzung der Beschränkung ist, dass der Abkömmling sich in solchem Maße **9** der **Verschwendung** ergeben hat oder in solchem Maß verschuldet ist, dass sein **späterer Erwerb** erheblich **gefährdet** ist. Infolge seiner Verschwendung oder seiner Überschuldung muss die Gefahr bestehen, dass das Vermögen, das der Abkömmling aus dem Gesamtgut der fortgesetzten Gütergemeinschaft oder sonst erhält, von ihm verschwendet oder von seinen Gläubigern gepfändet wird. Dass der Abkömmling wegen Verschwendung betreut wird, schließt diese Besorgnis nicht aus.

2. Letztwillige Verfügung des erstversterbenden Ehegatten

Auch die Beschränkung in guter Absicht erfolgt durch letztwillige Verfügung des **10** erstversterbenden Ehegatten. Wegen der Erfordernisse der Zustimmung des anderen Ehegatten s § 1516; wegen weiterer Einzelheiten s oben Rn 4 ff. Auf diese letztwillige Verfügung finden die Vorschriften des § 2336 Abs 1–3 entsprechende Anwendung (§ 2338 Abs 2 S 1). Danach muss der Grund der Beschränkung zur Zeit der Errichtung der letztwilligen Verfügung bestehen und in ihr angegeben werden (§ 2336 Abs 2). Der Beweis des Beschränkungsgrundes obliegt dem, der die Beschränkung geltend macht (§ 2336 Abs 3). Die Anordnungen sind unwirksam, wenn der Abkömmling zur Zeit der Beendigung der fortgesetzten Gütergemeinschaft sich dauernd von dem verschwenderischen Leben abgewendet hat oder die den Grund der Anordnung bildende Überschuldung nicht mehr besteht (§ 2338 Abs 2 S 2). Die andernfalls von selbst eintretende Unwirksamkeit der Beschränkung aus guter Absicht kann von jedermann, insbesondere von den Gläubigern des Abkömmlings geltend gemacht werden.

3. Inhalt der Beschränkung in guter Absicht

11 § 2338 Abs 1 gibt dem Ehegatten die Möglichkeit, dem verschwenderischen oder überschuldeten Abkömmlinge hinsichtlich dessen, was er bei der Auseinandersetzung des Gesamtguts der fortgesetzten Gütergemeinschaft erhält, die dort genannten Beschränkungen aufzuerlegen. Er kann diese Möglichkeiten miteinander *verbinden*. Andere Beschränkungen als diese kann der Ehegatte jedoch nicht anordnen.

In allen diesen Fällen wird das **Anteilsrecht des Abkömmlings** während des Bestehens der fortgesetzten Gütergemeinschaft **nicht berührt**. So verbleibt dem Abkömmling die Rechtsstellung gemäß § 1487: Soweit ein Rechtsgeschäft des überlebenden Ehegatten der Zustimmung der Abkömmlinge bedarf (zB §§ 1423–1425), ist seine Zustimmung und nicht die des Nacherben oder Testamentsvollstreckers erforderlich. Auch die Klage aus § 1495 steht ihm persönlich zu. Ferner kann er nach wie vor durch Verzicht (§ 1491) ausscheiden. Erhält er dafür eine Abfindung, so unterliegt diese nicht der Beschränkung (PLANCK/UNZNER § 1513 Anm 6). Die **Beschränkungen** werden erst **mit der Beendigung** der fortgesetzten Gütergemeinschaft **wirksam**.

12 Hat der Ehegatte den verschwenderischen oder überschuldeten Abkömmling dadurch beschränkt, dass er dessen gesetzliche Erben für den Fall des Todes des Abkömmlings zu Nacherben eingesetzt hat, so finden auf die Rechtsstellung des Abkömmlings als „Vorerben" die Vorschriften der §§ 2113 ff entsprechende Anwendung. Der Ehegatte kann seine Beschränkung auch dadurch mildern, dass er ihm die Stellung eines „befreiten Vorerben" (§ 2136) einräumt. Aber auch ohne dies erhält der Abkömmling weitgehende Verwaltungs- und Verfügungsbefugnisse (s §§ 2112 ff). Daraus entstehenden Gefahren kann der Ehegatte dadurch begegnen, dass er außerdem die Verwaltung des dem Abkömmling zufallenden Vermögens einem Testamentsvollstrecker überträgt (dazu unten Rn 14). Die dem Abkömmling als Vorerben zufallenden **Nutzungen** sind nur beschränkt pfändbar (§ 863 ZPO). Ist ein Testamentsvollstrecker ernannt, so gilt das für den Anspruch auf den jährlichen Reinertrag (§ 2338 Abs 1 S 2).

13 Der nach § 2338 Abs 1 zulässigen Anordnung, dass die gesetzlichen Erben des Abkömmlings das diesem Hinterlassene oder den dem Abkömmling gebührende Pflichtteil als Nachvermächtnisnehmer erhalten sollen, entspricht bei der fortgesetzten Gütergemeinschaft die Anordnung des Ehegatten, dass die gesetzlichen Erben des Abkömmlings nach dessen Tode den Ausgleichsbetrag erhalten sollen, der dem von der fortgesetzten Gütergemeinschaft ausgeschlossenen Abkömmling auf Grund des § 1511 Abs 2 zukommt. Die Zulässigkeit einer solchen Anordnung folgt nicht aus § 1513 Abs 2 (wo nur von der Beschränkung des Anteils am Gesamtgut die Rede ist), sondern aus § 1511 Abs 2 S 2. Das Gleiche gilt hinsichtlich der Anordnung der Verwaltung jenes Betrages durch einen Testamentsvollstrecker. Ein Pfändungsschutz (vgl § 863 ZPO, dazu oben Rn 12) ist hier nicht vorgesehen (STAUDINGER/OLSHAUSEN [2006] § 2338 Rn 27). Da der Vorvermächtnisnehmer keinen Verfügungsbeschränkungen unterliegt, weil die Bestimmungen der §§ 2113–2115 nicht gelten (s § 2191 Abs 2), ist ein Nachvermächtnis zur Beschränkung des Abkömmlings nur zweckmäßig, wenn sein Gegenstand der Verwaltung eines Testamentsvollstreckers unterstellt wird (STAUDINGER/OLSHAUSEN [2006] § 2338 Rn 27).

Hat der Ehegatte seinen verschwenderischen oder überschuldeten Abkömmling **14** dadurch beschränkt, dass er die Verwaltung dessen, was dem Abkömmling bei der Auseinandersetzung der fortgesetzten Gütergemeinschaft zufällt, einem Testamentsvollstrecker zuweist, so ist der Abkömmling von allen Verfügungen über diese Vermögensteile ausgeschlossen (§ 2211). Ihm gebührt jedoch der jährliche Reinertrag dieses vom Testamentsvollstrecker verwalteten Vermögens (§ 2338 Abs 1 S 2). Bei dieser Testamentsvollstreckertätigkeit handelt es sich um einen Sonderfall der Verwaltungstestamentsvollstreckung (§ 2209); ist sie auf die Lebenszeit des Abkömmlings angeordnet, so ist sie zeitlich nicht auf die sonst geltende Frist von 30 Jahren begrenzt (§ 2210 S 2). Die Stellung des Testamentsvollstreckers ergibt sich in einzelnen aus den §§ 2197 ff. Das der Verwaltung des Testamentsvollstreckers unterliegende Vermögen des Abkömmlings haftet dessen Privatgläubigern nicht (§ 2214). Der jährliche Reinertrag ist der Pfändung nicht unterworfen, soweit er den in § 863 Abs 1 ZPO genannten Unterhaltsverpflichtungen zu genügen bestimmt ist (§ 863 Abs 1 S 2 ZPO; s oben Rn 12).

4. Kürzung des Anteils des Abkömmlings und Beschränkungen in guter Absicht

Liegen sowohl die Voraussetzungen des § 1513 Abs 1 (Entziehung des Anteils) als **15** auch die des § 1513 Abs 2 (Beschränkungen in guter Absicht) vor und wird dem Abkömmling nicht sein ganzer Anteil am Gesamtgut entzogen, so kann der Ehegatte (mit Zustimmung des anderen Ehegatten, § 1516) die Beschränkungen der §§ 1513 Abs 2, 2338 für den Betrag letztwillig anordnen, der dem Abkömmling bei der Auseinandersetzung verbleibt.

V. Beerbung des erstverstorbenen Ehegatten

Soweit es sich um die Beerbung des erstverstorbenen Ehegatten handelt (§ 1483 **16** Abs 1 S 3), finden die Vorschriften über die Entziehung des Pflichtteils und die Beschränkungen in guter Absicht (§§ 2333–2338) unmittelbar Anwendung. Der Ehegatte kann dabei die Rechtsstellung seines Abkömmlings für seinen Nachlass (Vorbehaltsgut und Sondergut) letztwillig anders regeln als die hinsichtlich des Anteils am Gesamtgut. Ob die Entziehung des Anteils gemäß § 1513 Abs 1 auch die Entziehung des Pflichtteils nach dem Übrigen Vermögen einschließen soll, ist Auslegungsfrage (s dazu auch Rn 4 und § 1511 Rn 6).

§ 1514
Zuwendung des entzogenen Betrags

Jeder Ehegatte kann den Betrag, den er nach § 1512 oder nach § 1513 Abs. 1 einem Abkömmling entzieht, auch einem Dritten durch letztwillige Verfügung zuwenden.

Burkhard Thiele

Materialien: Zu § 1514 aF: E II § 1387 rev § 1499; III § 1497; Mot IV 444; Prot IV 312, 323 ff.

Zu § 1514 nF: GleichberG E I § 1514; II § 1514. Vgl STAUDINGER/BGB-Synopse 1896–2005 § 1514.

Systematische Übersicht

I.   Zuwendung an einen Dritten

1.   Inhalt der Zuwendung

1 Die Zuwendung kann in zweierlei Weise erfolgen:

a)   entweder dadurch, dass dem Abkömmling, dem der ihm sonst bei der Auseinandersetzung der fortgesetzten Gütergemeinschaft zufallende Anteil am Gesamtgut gemäß §§ 1512, 1513 Abs 1 ganz oder teilweise gekürzt werden soll, die Verpflichtung auferlegt wird, einen der Kürzung entsprechenden Betrag an den Dritten zu zahlen; in diesem Falle haftet lediglich dieser betroffene Abkömmling dem Dritten;

b)   oder dadurch, dass der dem Abkömmling entzogene Betrag den anderen Abkömmlingen zugewendet wird und diese mit der Verpflichtung belastet werden, diesen Betrag an den Dritten zu zahlen; beschwert sind alsdann die übrigen anteilsberechtigten Abkömmlinge oder der überlebende Ehegatte, wenn nur ein Abkömmling vorhanden ist und dessen Anteil entzogen oder herabgesetzt worden ist oder wenn sämtlichen Abkömmlingen der Anteil entzogen ist, so dass der entzogene Anteil dem überlebenden Ehegatten anwächst (ebenso SOERGEL/GAUL Rn 3; BGB-RGRK/FINKE Rn 3; BAMBERGER/ROTH/MAYER Rn 1; MünchKomm/KANZLEITER Rn 2, der im Zweifel die Gütergemeinschaft belastet sieht).

2.   Gegenstand der Zuwendung

2 Auf Grund des § 1514 kann einem Dritten **nur ein Geldbetrag** zugewendet werden. Dabei braucht nicht eine bestimmte Geldsumme genannt zu werden; es genügt vielmehr, wenn er sich aus der Angabe errechnen lässt, dass dem Dritten der Betrag zugewendet wird, der dem Wert des dem Abkömmling entzogenen Anteils oder einer Quote hiervon entspricht. Eine Quote des Gesamtguts kann jedoch dem Dritten nicht zugewendet werden. Auch ein **bestimmter Gegenstand**, der zum Gesamtgut der fortgesetzten Gütergemeinschaft gehört, kann einem Dritten auf Grund des § 1514 **nicht** zugewendet werden. Um das zu erreichen, muss entweder ein Vertrag zugunsten des Dritten geschlossen oder der Gegenstand durch Ehevertrag zum Vorbehaltsgut eines Ehegatten erklärt (§§ 1418 Abs 1 Nr 1, 1408) und von diesem sodann letztwillig dem Dritten zugewendet werden (§§ 1483 Abs 1 S 3, 1939, 2147 ff).

3. Dritter

Als Dritter iSd § 1514 kommt nicht nur jeder Außenstehende, sondern auch jeder **3** andere (gemeinschaftliche oder einseitige) Abkömmling und der überlebende Ehegatte in Betracht. Die Zuwendung kann auch mehreren Personen zugedacht werden.

4. Letztwillige Verfügung des erstversterbenden Ehegatten

Die Zuwendung nach § 1514 erfolgt durch letztwillige Verfügung des Ehegatten, der **4** die Entziehung oder Herabsetzung des Anteils des Abkömmlings letztwillig angeordnet hat. Ob er die Zuwendung gleichzeitig mit der Verfügung anordnet, in der er die Entziehung oder Herabsetzung vornimmt, oder erst später, ist belanglos. Er bedarf der Zustimmung des anderen Ehegatten zu dieser Zuwendung (§ 1516). Stirbt der *andere* Ehegatte zuerst oder wird die Gütergemeinschaft (etwa wegen der Ablehnung des überlebenden Ehegatten, § 1484) nicht fortgesetzt, so wird die Zuwendung gegenstandslos, es sei denn, dass die Auslegung ergibt, dass die Verfügung als ein dem Erben des verstorbenen Ehegatten auferlegtes Vermächtnis zugunsten des Dritten aufrechterhalten werden kann (vgl § 2084).

II. Wirkung der Zuwendung

Die Wirkung einer Verfügung gemäß § 1514 besteht nicht darin, dass der Dritte **5** hierdurch Teilhaber der fortgesetzten Gütergemeinschaft wird. Gegenstand der Zuwendung ist nicht der dem Abkömmling entzogene Anteil am Gesamtgut der fortgesetzten Gütergemeinschaft oder eine Quote dieses Anteils, sondern lediglich der dem Abkömmling entzogene Betrag. Der Anspruch des Dritten geht also nur auf Geldzahlung (s oben Rn 2). Er wird **erst nach** der **Beendigung der fortgesetzten Gütergemeinschaft wirksam** (s dazu auch unten Rn 6). Bis dahin hat der Dritte keine Rechte aus der Zuwendung. Ist der dem Abkömmling entzogene Betrag dem überlebenden Ehegatten zugewendet (s oben Rn 3) und endigt die fortgesetzte Gütergemeinschaft durch dessen Tod, so gehört der zugewendete Betrag zu seinem Nachlass.

III. Anwendung der Vorschriften über das Vermächtnis

Die Zuwendung an den Dritten ist zwar kein Vermächtnis, da ein Vermächtnis nur **6** Erben oder Vermächtnisnehmern auferlegt werden kann (§ 2147 S 1). Wirtschaftlich steht jedoch die Zuwendung dem Vermächtnis so nahe, dass auf sie die **Vorschriften über das Vermächtnis** (§§ 2147 ff) **entsprechend** angewendet werden können (hM). Ist die Zuwendung zugunsten mehrerer erfolgt, so gelten die §§ 2151–2153 entsprechend. Die Zuwendung ist unwirksam, wenn der Dritte zur Zeit der Beendigung der fortgesetzten Gütergemeinschaft nicht mehr lebt (vgl § 2160). Durch die Zuwendung wird für den Dritten das Recht begründet, von dem Beschwerten die Zahlung des zugewendeten Betrages zu verlangen (vgl § 2174). Über die Frage, wer beschwert ist, s oben Rn 1. Ist einer der hiernach als beschwert anzusehenden Abkömmlinge durch Tod oder Verzicht (§§ 1490, 1491) weggefallen, so tritt derjenige an seine Stelle, dem sein Wegfall gemäß §§ 1490, 1491 zustatten kommt (vgl § 2161), also unter Umständen der überlebende Ehegatte. Die Forderung des Dritten entsteht mit dem Zeitpunkt der Beendigung der fortgesetzten Gütergemeinschaft (vgl § 2176, ferner auch §§ 2177–2179, 2181). Wegen der Zulässigkeit der Ernennung eines Testamentsvollstreckers s STAUDINGER/REIMANN (2003) § 2197 Rn 13 ff. Wegen des Verhältnisses der Zuwendung des entzogenen Betrages zu dem Ausgleichsanspruch des ausgeschlossenen Abkömmlings (§ 1511 Abs 2) s § 1511 Rn 18.

§ 1515
Übernahmerecht eines Abkömmlings und des Ehegatten

(1) Jeder Ehegatte kann für den Fall, dass mit seinem Tode die fortgesetzte Gütergemeinschaft eintritt, durch letztwillige Verfügung anordnen, dass ein anteilsberechtigter Abkömmling das Recht haben soll, bei der Teilung das Gesamtgut oder einzelne dazu gehörende Gegenstände gegen Ersatz des Wertes zu übernehmen.

(2) Gehört zu dem Gesamtgut ein Landgut, so kann angeordnet werden, dass das Landgut mit dem Ertragswert oder mit einem Preis, der den Ertragswert mindestens erreicht, angesetzt werden soll. Die für die Erbfolge geltende Vorschrift des § 2049 findet Anwendung.

(3) Das Recht, das Landgut zu dem im Absatz 2 bezeichneten Wert oder Preis zu übernehmen, kann auch dem überlebenden Ehegatten eingeräumt werden.

Materialien: Zu § 1515 aF: E I § 1389 Abs 1; II § 1385 S 2 rev § 1500; III § 1498; Mot IV 443; Prot IV 310; VI 393.
Zu § 1515 nF: GleichberG E I § 1515; II § 1515. Vgl STAUDINGER/BGB-Synopse 1896–2005 § 1515.

I.   Grundgedanke

1 Die Teilung des nach Berichtigung der Gesamtgutsverbindlichkeiten der fortgesetzten Gütergemeinschaft verbleibenden Überschusses zwischen dem überlebenden Ehegatten und den anteilsberechtigten Abkömmlingen erfolgt grundsätzlich nach den Vorschriften über die Gemeinschaft (§§ 1489, 1477 Abs 1, 752 ff). Ebenso wie jedoch nach den §§ 2048, 2049 der Erblasser Anordnungen über die Auseinandersetzung des Nachlasses treffen darf, räumt § 1515 Abs 1 jedem Ehegatten das Recht ein, in gewissem Umfange Bestimmungen über die Art der Teilung des Gesamtguts der fortgesetzten Gütergemeinschaft zu treffen. Zu diesem Zwecke kann jeder Ehegatte einen anteilsberechtigten Abkömmling durch letztwillige Verfügung (mit Zustimmung des anderen Ehegatten) berechtigen, bei der Teilung das Gesamtgut im Ganzen oder einzelne dazu gehörende Gegenstände gegen Ersatz des Wertes zu übernehmen. Damit sollen vor allem Vermögenswerte, deren Erhaltung für die Familie oder einzelne Familienmitglieder bedeutsam ist, vor der Verwertung zum Zwecke der Teilung bewahrt bleiben. Das gilt insbesondere auch für einen landwirtschaftlichen Betrieb, dessen Verschleuderung und Zersplitterung verhindert werden soll. § 1515 Abs 2 fördert daher seine Übernahme durch einen Abkömmling

oder den überlebenden Ehegatten (§ 1515 Abs 3) dadurch, dass in diesem Falle ein günstigerer Wert (Ertragswert) angesetzt werden darf. Insofern wird durch § 1515 auch der Anschluss an die landesgesetzlichen Vorschriften über die Erbfolge in einen landwirtschaftlichen Betrieb gewonnen (Mot IV 445). Die Vorschrift ist durch das Gleichberechtigungsgesetz nicht geändert worden.

II.   Übernahme des ganzen Gesamtguts oder einzelner Gesamtgutsgegenstände (Abs 1)

Gegenstand des Übernahmerechts kann sowohl das Gesamtgut der fortgesetzten **2** Gütergemeinschaft im Ganzen als auch jeder einzelne dazu gehörende Gegenstand ohne Rücksicht auf seine Art oder Herkunft sein (anders die Beschränkungen in den §§ 1477 Abs 2, 1502 Abs 2 S 2). Das Übernahmerecht kann **nur gegen die Verpflichtung zum Ersatz des Wertes** eingeräumt werden. Zu ersetzen ist der **objektive Wert**, den das Gesamtgut oder der übernommene Gegenstand zur Zeit der Übernahme hat. Die Ermittlung des Wertes erfolgt, wenn sich die Beteiligten darüber nicht einigen können, in einem Rechtsstreit zwischen den Beteiligten (§ 164 FGG ist nicht anwendbar; vgl § 1477 Rn 13). Über den Wert, der für ein übernommenes Landgut zu ersetzen ist (§ 1515 Abs 2, 3, s unten Rn 6). Das Übernahmerecht kann jedem anteilsberechtigten Abkömmling, also auch einem solchen Abkömmling eingeräumt werden, dessen Anteil auf die Hälfte oder auch weniger als die Hälfte herabgesetzt worden ist (§§ 1512, 1513), nicht aber einem Abkömmling, der von der fortgesetzten Gütergemeinschaft ausgeschlossen (§ 1511) oder dem sein Anteil am Gesamtgut vollständig entzogen ist (§ 1513). Das Übernahmerecht kann auch mehreren oder allen Abkömmlingen eingeräumt werden.

Dem überlebenden Ehegatten und den anteilsberechtigten Abkömmlingen steht **3** nach § 1502 kraft Gesetzes ein Übernahmerecht zu. Dieses Recht kann jedoch nur ausgeübt werden, soweit dies nicht mit einer von dem erstverstorbenen Ehegatten gemäß § 1515 getroffenen rechtswirksamen letztwilligen Anordnung im Widerspruch steht. Die Regelung gemäß **§ 1515 geht vor** (s § 1502 Rn 3; aber unten Rn 7). Das Übernahmerecht auf Grund des § 1515 Abs 1 steht auch den **Rechtsnachfolgern** des Übernahmeberechtigten und auch dem Gläubiger zu, der den Anteil des Übernahmeberechtigten gepfändet hat, § 860 Abs 2 ZPO (vgl § 1477 Rn 14; § 1502 Rn 16).

Die in § 1515 genannten Anordnungen erfolgen durch letztwillige Verfügung des **4** erstversterbenden Ehegatten. Diese bedarf der Zustimmung des anderen Ehegatten (§ 1516; s auch unten Rn 9). Stirbt der andere Ehegatte zuerst oder tritt die fortgesetzte Gütergemeinschaft (etwa wegen der Ablehnung des überlebenden Ehegatten, § 1484) nicht ein, so ist die letztwillige Verfügung gegenstandslos.

Das Übernahmerecht ist ein Gestaltungsrecht. Seine Geltendmachung erfolgt durch **5** einseitige, formlose, zugangsbedürftige und unwiderrufliche Erklärung gegenüber allen an der fortgesetzten Gütergemeinschaft Beteiligten (oder der die Auseinandersetzung vermittelnden Behörde, § 1477 Rn 15). Es ist an keine Frist gebunden, kann also bis zur Erledigung der Auseinandersetzung ausgeübt werden (vgl § 1477 Rn 15). *Mehrere* berechtigte Abkömmlinge können das Recht nur *gemeinschaftlich* ausüben (entsprechend § 1502 Abs 2 S 3). Mit der Übernahmeerklärung werden die an der fortgesetzten Gütergemeinschaft Beteiligten verpflichtet, die zur Übertragung des bisherigen gemeinschaftlichen Eigentums in das Alleineigentum des übernehmenden Abkömmlings erforderlichen Handlungen vorzunehmen, also bewegliche Sachen an ihn zu übereignen (§ 929 Abs 2), Grundstücke an ihn aufzulassen und die für die Umschreibung im Grundbuch nötigen Erklärungen abzugeben (§§ 925, 873). Der übernehmende Abkömmling ist zur Zahlung des Gegenwertes an die an der fortgesetzten Gütergemeinschaft Beteiligten verpflichtet. Übt der Abkömmling das ihm eingeräumte Übernahmerecht nicht aus, so wird es gegenstandslos; die Verteilung richtet sich dann nach §§ 1477 Abs 1, 752 ff.

III. Besonderheiten bei der Übernahme eines Landguts (Abs 2 und 3)

6 Gehört zum **Gesamtgut** ein Landgut, so kann der Ehegatte, der einem Abkömmling die Übernahme dieses Landguts eingeräumt hat, anordnen, dass nicht der Verkaufswert oder Verkehrswert (s oben Rn 2), sondern entweder der **Ertragswert** oder ein den Ertragswert übersteigender oder doch mindestens erreichender Preis angesetzt werden soll (dazu Bölling FamRZ 1980, 754 ff). Ein „**Landgut**" ist nicht jedes landwirtschaftlichen Zwecken dienende Grundstück, sondern nur die zum selbständigen landwirtschaftlichen Betrieb eingerichtete Grundstückseinheit oder Grundstücksmehrheit (s dazu Staudinger/Haas [2006] § 2312 Rn 10 ff; Staudinger/Jickeli/Stieper [2004] § 98 Rn 9 mwNw). Der „**Ertragswert**" bestimmt sich nach dem Reinertrag, den das Landgut nach seiner bisherigen wirtschaftlichen Bestimmung bei ordnungsmäßiger Bewirtschaftung nachhaltig gewähren kann (§§ 1515 Abs 2 S 2, 2049 Abs 2; s näher Bölling aaO; Steffen RdL 1980, 143). Im Übrigen bleiben gemäß Art 137 EGBGB die landesrechtlichen Vorschriften über die Grundsätze unberührt, nach denen in den Fällen des § 1515 Abs 2 und 3 der Ertragswert eines Landguts festzustellen ist. Zu einem niedrigeren Gegenwert als dem Ertragswert oder einem diesen mindestens erreichenden Preise darf der Ehegatte die Übernahme eines Landguts nicht anordnen (§ 1518 S 1), weil er damit die Rechte der übrigen Abkömmlinge schmälern würde. Andererseits wird man den objektiven Wert (Verkaufswert) als obere Grenze ansehen müssen (so auch BGB-RGRK/Finke Rn 6). Aus dem Zweck des Rechts, ein Landgut zum Ertragswert zu übernehmen, ergibt sich, dass diese Vergünstigung einem **Gläubiger des Abkömmlings**, der dessen Anteil pfänden ließ (s dazu oben Rn 3), nicht zugutekommen soll. Der Gläubiger muss vielmehr den Verkehrswert entrichten (zu weitgehend Planck/Unzner § 1515 Anm 13, der das Recht des pfändenden Gläubigers auf Übernahme des Landgutes überhaupt nicht zulassen will; s auch unten Rn 8). Hat der Ehegatte eine Bestimmung über den Wert der Gegenleistung nicht getroffen, so ist **im Zweifel** anzunehmen, dass das Landgut zu seinem **Ertragswert** übernommen werden soll (§§ 1515 Abs 2 S 2, 2049 Abs 2).

7 Das Recht, ein zum Gesamtgut der fortgesetzten Gütergemeinschaft gehörendes Landgut zum Ertragswert oder einem den Ertragswert mindestens erreichenden Preis zu übernehmen, kann auch dem überlebenden Ehegatten eingeräumt werden (§ 1515 Abs 3). Voraussetzung für die Wirksamkeit dieser Anordnung ist jedoch, dass dem überlebenden Ehegatten überhaupt das Recht zur Übernahme des Landguts zusteht (s § 1502 Abs 1). § 1515 Abs 3 trifft eine **selbständige Regelung nur bezüglich des Preises**. Daher ist die letztwillige Anordnung, dass der überlebende Ehegatte das zum Gesamtgut gehörende Landgut zum Ertragswert übernehmen darf, gegenstandslos, wenn das Übernahmerecht des überlebenden Ehegatten deswegen ausgeschlossen ist (§ 1503 Abs 2), weil die fortgesetzte Gütergemeinschaft auf

Grund des § 1495 durch Urteil aufgehoben worden ist (hM; Bamberger/Roth/Mayer Rn 2; BGB-RGRK/Finke Rn 7; MünchKomm/Kanzleiter Rn 3; Soergel/Gaul Rn 2).

Das Recht, das Landgut zum Ertragswert oder einem ihn mindestens erreichenden **8** Preise zu übernehmen, steht auch dem Rechtsnachfolger des überlebenden Ehegatten zu (s oben Rn 3), wird jedoch aus dem in Rn 6 genannten Grunde einem Gläubiger des überlebenden Ehegatten, der dessen Anteil gepfändet hat, nicht zugestanden werden können. Die Anordnung des günstigeren Preises (Ertragswertes) wirkt nur zugunsten des überlebenden Ehegatten (und seiner Rechtsnachfolger), nicht aber zugunsten seines Gläubigers. Dieser muss vielmehr, wenn er den Anteil des überlebenden Ehegatten gepfändet hat (§ 860 Abs 2 ZPO), den Verkaufswert zahlen, wenn er von seinem Übernahmerecht Gebrauch macht.

Auch die letztwillige Anordnung des erstversterbenden Ehegatten, dass der über- **9** lebende Ehegatte das Landgut zum Ertragswert übernehmen soll, bedarf der **Zustimmung** des überlebenden Ehegatten in der in § 1516 vorgeschriebenen Form (anders MünchKomm/Kanzleiter § 1516 Rn 2; Planck/Unzner Anm 17). Diese Zustimmung hindert den überlebenden Ehegatten nicht daran, die fortgesetzte Gütergemeinschaft abzulehnen (§ 1484; s auch § 1516 Rn 7).

Unberührt bleiben die landesrechtlichen Vorschriften über das **Anerbenrecht** in **10** Ansehung landwirtschaftlicher oder forstwirtschaftlicher Betriebe nebst deren Zubehör (Art 64 EGBGB). Die Landesgesetze dürfen jedoch das Recht des Erblassers, über das dem Anerbenrecht unterliegende Grundstück von Todes wegen zu verfügen, nicht beschränken. Wegen der Einzelheiten vgl die Zusammenstellung der derzeit geltenden Anerbengesetze und des Schrifttums bei Staudinger/Mayer (2005) Art 64 EGBGB.

§ 1516
Zustimmung des anderen Ehegatten

(1) Zur Wirksamkeit der in den §§ 1511 bis 1515 bezeichneten Verfügungen eines Ehegatten ist die Zustimmung des anderen Ehegatten erforderlich.

(2) Die Zustimmung kann nicht durch einen Vertreter erteilt werden. Ist der Ehegatte in der Geschäftsfähigkeit beschränkt, so ist die Zustimmung seines gesetzlichen Vertreters nicht erforderlich. Die Zustimmungserklärung bedarf der notariellen Beurkundung. Die Zustimmung ist unwiderruflich.

(3) Die Ehegatten können die in den §§ 1511 bis 1515 bezeichneten Verfügungen auch in einem gemeinschaftlichen Testament treffen.

Materialien: Zu § 1516 aF: E I § 1390; II § 1388 rev § 1501; III § 1499; Mot IV 445; Prot IV 313; V 442; VI 287, 394.

Zu § 1516 nF: GleichberG E I § 1516; II § 1516. Vgl Staudinger/BGB-Synopse 1896–2005 § 1516.

Burkhard Thiele

I. Grundgedanke

1 Soweit ein Ehegatte nach den §§ 1511–1515 durch letztwillige Verfügung in das den gemeinschaftlichen Abkömmlingen zustehende Anteilsrecht am Gesamtgut der fortgesetzten Gütergemeinschaft eingreifen kann, ist nach § 1516 Abs 1 zur Wirksamkeit der *Verfügung* die Zustimmung des anderen Ehegatten erforderlich. Diese Regelung steht im Einklang mit zahlreichen früheren Gütergemeinschaftsrechten, die bei beerbter Ehe nur gemeinschaftliche letztwillige Verfügungen beider Ehegatten für zulässig erklärten, und bezweckt insbesondere, ungerechtfertigte Begünstigungen oder Benachteiligungen einzelner anteilsberechtigter Abkömmlinge gegenüber den anderen zu verhindern. Der überlebende Ehegatte hat ein erhebliches Interesse daran, dass ohne seine Zustimmung das Verhältnis der einzelnen Abkömmlinge zu der fortgesetzten Gütergemeinschaft nicht geändert wird. Die Beschränkung des letztwillig verfügenden Ehegatten durch das Erfordernis der Zustimmung des anderen Ehegatten entspricht dem Grundgedanken der Gütergemeinschaft (Mot IV 445 ff). Die Vorschrift ist durch das Gleichberechtigungsgesetz nicht geändert worden.

II. Zustimmung des anderen Ehegatten (Abs 1 und 2)

2 Da die in den §§ 1511–1515 genannten letztwilligen Verfügungen des einen Ehegatten weder Verträge noch empfangsbedürftige einseitige Rechtsgeschäfte sind, finden auf die nach § 1516 geforderte Zustimmung des anderen Ehegatten die Vorschriften der §§ 182–184 nicht unmittelbare, aber doch entsprechende Anwendung, soweit nicht in § 1516 Abs 2 Abweichungen vorgesehen sind. Die Zustimmung des anderen Ehegatten ist ein **einseitiges, empfangsbedürftiges Rechtsgeschäft** im Sinne des § 130. Sie muss dem verfügenden Ehegatten gegenüber erklärt werden (das war in E I § 1390 S 1 ausdrücklich ausgesprochen, wurde dann jedoch von der II. Kommission als selbstverständlich gestrichen; Mot IV 446; Prot IV 313; BayObLGZ 28, 318).

3 Während nach § 182 Abs 2 die Zustimmung nicht der für das Rechtsgeschäft selbst bestimmten **Form** bedarf, schreibt § 1516 Abs 2 S 3 zur Vermeidung jeder Unsicherheit (Mot IV 446) vor, dass die Zustimmungserklärung des anderen Ehegatten der **notariellen Beurkundung** bedarf. Wegen der Einzelheiten dieser Form s Bem zu § 128. Wird diese Form nicht beachtet, so ist die Zustimmungserklärung nichtig (§ 125). In welcher Form die letztwillige Verfügung selbst errichtet worden ist, bleibt für die Anwendbarkeit des § 1516 Abs 2 S 3 außer Betracht. Die Zustimmungserklärung des anderen Ehegatten bedarf also auch dann der notariellen Beurkundung, wenn die letztwillige Verfügung nicht in der ordentlichen Form des § 2231 Nr 1, sondern in den erleichterten Formen der §§ 2249–2251 (Nottestamente) oder als eigenhändiges Testament (§ 2247) errichtet worden ist. Auch die Zustimmungserklärung des § 1516 Abs 1 kann Einwilligung (vorherige Zustimmung, § 183) oder Genehmigung (nachträgliche Zustimmung, § 184) sein. Sie muss jedoch **vor dem Tode des verfügenden Ehegatten** erklärt sein (so auch BayObLGZ 28, 318). Aus den allgemeinen Grundsätzen über letztwillige Verfügungen ergibt sich, dass die gesetzlichen Voraussetzungen für deren Wirksamkeit zur Zeit des Todes des letztwillig Verfügenden erfüllt sein müssen und später nicht mehr nachgeholt werden können (so auch Prot IV 313). Auch als vorherige Zustimmung (Einwilligung) ist die Zustimmungserklärung des anderen Ehegatten nach § 1516 Abs 2 S 4 **unwiderruflich** (anders als in § 183; Begründung dafür in Mot IV 446).

Die Zustimmung des anderen Ehegatten kann ihrer **höchstpersönlichen Natur** wegen **4** nach § 1516 Abs 2 S 1 nicht durch einen Vertreter, also weder durch einen Bevollmächtigten, noch durch den gesetzlichen Vertreter erteilt werden. Ist der Ehegatte in der **Geschäftsfähigkeit beschränkt**, so bedarf er (abweichend vom Grundsatz des § 111) zur Erteilung der Zustimmung nicht der Zustimmung seines gesetzlichen Vertreters (§ 1516 Abs 2 S 2; dazu Prot VI 394). Ist der Ehegatte **geschäftsunfähig** (§ 104), so kann eine rechtswirksame Zustimmungserklärung weder durch ihn selbst (§ 105), noch durch seinen gesetzlichen Vertreter (§ 1516 Abs 2 S 1), also überhaupt nicht abgegeben werden. Eine letztwillige Verfügung nach §§ 1511–1515 kann daher während der Geschäftsunfähigkeit des anderen Ehegatten nicht wirksam errichtet werden.

Zustimmungsbedürftig sind alle in den §§ 1511–1515 genannten letztwilligen Verfü- **5** gungen, auch wenn sie in die Rechte des überlebenden Ehegatten eingreifen oder ihm lediglich Vorteile bringen (anders für die letztwillige Anordnung gemäß § 1515 Abs 3, dass der überlebende Ehegatte das zum Gesamtgut gehörende Landgut zum Ertragswert übernehmen soll, Planck/Unzner § 1515 Anm 17; MünchKomm/Kanzleiter Rn 2; dazu § 1515 Rn 9; wie hier Bamberger/Roth/Mayer Rn 2; BGB-RGRK/Finke Rn 1; Soergel/Gaul Rn 1; Palandt/Brudermüller Rn 1).

Die Zustimmung kann **nur zu einer bestimmten letztwilligen Verfügung** der in den **6** §§ 1511–1515 bezeichneten Art, nicht allgemein zu allen von dem anderen Ehegatten möglicherweise zu treffenden derartigen Verfügungen erteilt werden.

Dadurch dass ein Ehegatte seine Zustimmung gemäß § 1516 erteilt hat, geht er **7** seines Rechts nicht verlustig, die **Fortsetzung der Gütergemeinschaft abzulehnen** und damit die Wirksamkeit der letztwilligen Verfügung des anderen Ehegatten zu beseitigen (§ 1484). Der verfügende Ehegatte kann seine letztwillige Verfügung jederzeit widerrufen (§§ 2253 ff), auch wenn der andere Ehegatte ihr zugestimmt hat. Zu diesem Widerruf ist die Zustimmung des anderen Ehegatten nicht erforderlich.

III. Gemeinschaftliches Testament (Abs 3)

Nach dem von der II. Kommission eingefügten Abs 3 können die Verfügungen der in **8** den §§ 1511–1515 genannten Art auch in einem gemeinschaftlichen Testament getroffen werden. Über das gemeinschaftliche Testament s §§ 2265 ff. Ein ausdrücklicher Ausschluss ist im Fall des § 1511 nicht erforderlich. Es genügt jede Regelung, die mit der Fortsetzung der Gütergemeinschaft unvereinbar ist, etwa die gegenseitige Einsetzung der Ehegatten als Erben oder Vorerben des Gesamtguts (hM; s § 1511 Rn 6). Durch § 1516 Abs 3 werden Verfügungen nach §§ 1511–1515 auch für solche Fälle ermöglicht, in denen eine notarielle Beurkundung der Zustimmungserklärung nicht mehr rechtzeitig beschafft werden kann (Prot VI 287).

Die Zustimmung des anderen Ehegatten wird durch ein gemeinschaftliches Testament auch dann ersetzt, wenn dieses in der Form der §§ 2266, 2249, 2250 (gemeinschaftliches Nottestament) oder der §§ 2267, 2247 (gemeinschaftliches handschriftliches Testament) errichtet wird. Dass die in §§ 1511–1515 bezeichneten Verfügungen auch durch **Erbvertrag** (§§ 2274 ff) getroffen werden können (hM), ergibt sich daraus, dass in diesem Falle gemäß § 2276 den Erfordernissen des § 1516 Abs 2 S 3 genügt werden muss. Auch wenn die letztwilligen Verfügungen in der Form des gemeinschaftlichen Testaments oder des Erbvertrags getroffen sind, können sie jederzeit widerrufen werden (§§ 2271, 2299; s auch oben Rn 7).

§ 1517
Verzicht eines Abkömmlings auf seinen Anteil

(1) Zur Wirksamkeit eines Vertrags, durch den ein gemeinschaftlicher Abkömmling einem der Ehegatten gegenüber für den Fall, dass die Ehe durch dessen Tod aufgelöst wird, auf seinen Anteil am Gesamtgut der fortgesetzten Gütergemeinschaft verzichtet oder durch den ein solcher Verzicht aufgehoben wird, ist die Zustimmung des anderen Ehegatten erforderlich. Für die Zustimmung gelten die Vorschriften des § 1516 Abs. 2 Satz 3, 4.

(2) Die für den Erbverzicht geltenden Vorschriften finden entsprechende Anwendung.

Materialien: Zu § 1517 aF: E I § 1393; II § 1391 rev § 1502; III § 1500; Mot IV 448; Prot IV 314; V 443; VI 394. Zu § 1517 nF: GleichberG E I § 1517; II § 1517. Vgl STAUDINGER/BGB-Synopse 1896–2005 § 1517.

Systematische Übersicht

I.   Grundgedanke

1 Während § 1491 den Verzicht eines anteilsberechtigten Abkömmlings auf seinen Anteil am Gesamtgut der fortgesetzten Gütergemeinschaft behandelt, den bereits erfolgten Eintritt der fortgesetzten Gütergemeinschaft also voraussetzt, regelt § 1517 den vor Eintritt der fortgesetzten Gütergemeinschaft erklärten Verzicht eines gemeinschaftlichen Abkömmlings auf seinen zukünftigen Anteil am Gesamtgut der fortgesetzten Gütergemeinschaft (Mot IV 448 ff; PrALR TI II Tit 2 §§ 368 ff). Ein solcher „Vorausverzicht" ist zulässig, jedoch nur in der Form eines Vertrages zwischen dem verzichtenden Abkömmling und demjenigen Ehegatten, dessen Tod als Grund für den Eintritt der fortgesetzten Gütergemeinschaft vorausgesetzt wird, unter Zustimmung des anderen Ehegatten. Endet die Ehe durch den Tod des anderen Ehegatten, so ist der Verzichtsvertrag gegenstandslos. Der Abkömmling kann aber auch beiden Ehegatten gegenüber auf seinen künftigen Anteil am Gesamtgute der fortgesetzten Gütergemeinschaft verzichten. Auf den Verzichtsvertrag und auf den den Verzicht aufhebenden Vertrag finden die Vorschriften über den Erbverzicht entsprechende Anwendung (§ 1517 Abs 2). Die Vorschrift ist durch das Gleichberechtigungsgesetz nicht geändert worden.

II. Verzichtsvertrag

Der Verzichtsvertrag wird zwischen dem gemeinschaftlichen Abkömmling und dem **2** Ehegatten abgeschlossen, dessen Tod als Grund für den Eintritt der fortgesetzten Gütergemeinschaft vorausgesetzt wird. Er kann auch mit beiden Ehegatten abgeschlossen werden. Steht der verzichtende Abkömmling unter elterlicher Sorge, Vormundschaft oder unterliegt er einer Betreuung so bedarf er zum Abschluss des Verzichtsvertrages der **Genehmigung des Vormundschaftsgerichts** (vgl § 2347 Abs 1). Der Ehegatte, dem gegenüber der Verzicht erklärt wird, kann den Vertrag **nur persönlich** schließen. Ist er in der Geschäftsfähigkeit beschränkt, so bedarf er nicht der Zustimmung seines gesetzlichen Vertreters. Ist er geschäftsunfähig, so kann der Vertrag durch seinen gesetzlichen Vertreter geschlossen werden; die Genehmigung des Vormundschaftsgerichts ist in gleichem Umfange wie für den Abkömmling erforderlich (vgl § 2347 Abs 2; hinsichtlich des anderen Ehegatten s unten Rn 9). Der Verzichtsvertrag bedarf der **notariellen Beurkundung** (vgl § 2348; § 128).

III. Wirkung des Verzichtsvertrages

Der verzichtende Abkömmling ist von der fortgesetzten Gütergemeinschaft ausge- **3** schlossen, wie wenn er zur Zeit des Eintritts der fortgesetzten Gütergemeinschaft nicht mehr lebte (s § 1483 Rn 12 f). Sein gesetzliches Erbrecht an dem Nachlass (Vorbehaltsgut und Sondergut) des erstversterbenden Ehegatten, dem gegenüber er verzichtet hat, bleibt jedoch unberührt, wenn er nicht auch einen Erbverzicht (§ 2346) erklärt hat. Ein **Erbverzicht** des Abkömmlings **schließt den Vorausverzicht gem § 1517 ein.** Der im § 1511 Abs 2 genannte Ausgleichsanspruch steht ihm nicht zu (vgl § 2346 Abs 1 S 2; eine entsprechende Anwendung des § 2346 Abs 1 S 1 und des Abs 2 ist ausgeschlossen; **aM** hins § 2346 Abs 2: BGB-RGRK/Finke Rn 8); es bestehen jedoch keine Bedenken gegen die Vereinbarung einer Abfindung (dazu unten Rn 7) oder eines Ausgleichsbetrages entsprechend § 1511 Abs 2 (ebenso Bamberger/Roth/ Mayer Rn 1; MünchKomm/Kanzleiter Rn 5; Erman/Heckelmann Rn 1). Die Wirkung des Vorausverzichts erstreckt sich auf die Abkömmlinge des verzichtenden Abkömmlings, sofern nicht ein anderes vereinbart ist (vgl § 2349; s dagegen §§ 1491 Abs 4, 1490 S 2). **Im Zweifel** ist also **der ganze Stamm** des verzichtenden Abkömmlings ausgeschlossen.

Der Abkömmling kann auch **zugunsten eines Dritten** auf seinen künftigen Anteil am **4** Gesamtgut der fortgesetzten Gütergemeinschaft verzichten (hM; dagegen Bamberger/ Roth/Mayer Rn 2; Rohr 44 ff; MünchKomm/Kanzleiter Rn 4). Da jedoch der fortgesetzten Gütergemeinschaft nur der überlebende Ehegatte und gemeinschaftliche Abkömmlinge angehören können, kommen nur sie als Begünstigte in Betracht. Die früher teilweise befürwortete Ausschließung des überlebenden Ehegatten aus dem Kreis der möglichen Begünstigten (Planck/Unzner Anm 13; Ott ZBlFG 1915, 596 ff) ist mit der hM abzulehnen, zumal die regelmäßig für den Verzicht gezahlte Abfindung (dazu unten Rn 7) meistens von beiden Ehegatten der Gütergemeinschaft zulasten des Gesamtgutes getragen wird (so auch BGB-RGRK/FINKE Rn 7; SOERGEL/GAUL Rn 2; PALANDT/BRUDERMÜLLER Rn 1; GERNHUBER/COESTER-WALTJEN § 39 Rn 17).

5 Verzichtet der Abkömmling zugunsten eines anderen anteilsberechtigten Abkömmlings, so ist im Zweifel anzunehmen, dass der Verzicht nur gelten soll, wenn der andere Abkömmling an der fortgesetzten Gütergemeinschaft teilnimmt (vgl § 2350 Abs 1; § 2350 Abs 2 ist unanwendbar). Verzichtet der Abkömmling zugunsten des überlebenden Ehegatten oder eines gemeinschaftlichen Abkömmlings, so wächst dem Begünstigten der Anteil des verzichtenden Abkömmlings bei Eintritt der fortgesetzten Gütergemeinschaft oder in dem Zeitpunkt an, in dem der Begünstigte an ihr teilnimmt. Eine **Anrechnung einer** dem verzichtenden Abkömmling gezahlten Abfindung nach den Vorschriften der §§ 1501, 1503 Abs 3 kommt nicht in Betracht; diese Vorschriften gelten nur bei einem nach Eintritt der fortgesetzten Gütergemeinschaft erklärten Verzicht (§ 1491; s dazu § 1501 Rn 2; § 1503 Rn 13).

6 Ist der Abkömmling, der gemäß § 1517 verzichtet hat, beim Tode des erstversterbenden Ehegatten (mit dem er den Verzicht vereinbart hat) der einzige gemeinschaftliche Abkömmling oder haben alle gemeinschaftlichen Abkömmlinge verzichtet, so tritt die fortgesetzte Gütergemeinschaft nicht ein; die Beerbung des verstorbenen Ehegatten erfolgt nach den allgemeinen erbrechtlichen Grundsätzen (§ 1482).

IV. Verzicht und Abfindungsvertrag

7 Der Verzicht gem § 1517 ist eine (gestaltende) **Verfügung** und beruht auf einem unentgeltlichen oder entgeltlichen Verpflichtungsvertrag, in dem der Abkömmling seinen Verzicht auf seinen ihm später möglicherweise zufallenden Anteil am Gesamtgut der fortgesetzten Gütergemeinschaft zu erklären verspricht. Ist dafür – wie zumeist – ein Entgelt zugesagt, so liegt ein Abfindungsvertrag vor (siehe dazu, insbes zur – bestrittenen – Formfreiheit und Anfechtbarkeit § 1491 Rn 7 ff; s auch SPECKMANN NJW 1970, 117 ff).

V. Aufhebung des Verzichts

8 Der vereinbarte Verzicht kann durch einen Vertrag der Personen, die den Verzichtsvertrag abgeschlossen haben, wieder aufgehoben werden. Auch dieser Aufhebungsvertrag bedarf der Zustimmung des anderen Ehegatten (§ 1517 Abs 1; s unten Rn 9). Nach dem Tode des Ehegatten, mit dem der Verzicht vereinbart war, ist die Aufhebung des Verzichts nicht mehr möglich. Hat der Abkömmling den Verzichtsvertrag mit beiden Ehegatten abgeschlossen, so müssen auch er und beide Ehegatten den Aufhebungsvertrag schließen. In diesem Falle erübrigt sich eine besondere Zustimmung des anderen Ehegatten (s unten Rn 10). Nach dem Tode eines Ehegatten kann der Verzicht nicht mehr aufgehoben werden. Zu den persönlichen Voraussetzungen des Ehegatten s oben Rn 2; §§ 1517 Abs 2, 2351, 2347 Abs 2. Da für den Abkömmling, der den Verzichtsvertrag wieder aufhebt, nichts Besonderes vorgeschrieben ist, gelten die allgemeinen Vorschriften (§§ 104 ff, 145 ff). Der Aufhebungsvertrag bedarf – ebenso wie der Verzicht – der **notariellen Beurkundung** (§§ 1517 Abs 2, 2348).

VI. Zustimmung des anderen Ehegatten

Die in § 1517 Abs 1 S 1 für den Verzichtsvertrag und den Aufhebungsvertrag ge- **9** forderte Zustimmung des anderen Ehegatten ist Zustimmung eines Dritten, von der die Wirksamkeit eines Vertrages abhängt. Auf sie finden daher, soweit nicht § 1517 Abweichungen enthält, die Vorschriften der §§ 182–184 unmittelbar Anwendung (anders in § 1516, dazu dort Rn 2). Im Einzelnen ergibt sich daraus Folgendes: In Abweichung von dem Grundsatz des § 182 Abs 2 bedarf die Zustimmungserklärung nach §§ 1517 Abs 1 S 2, 1516 Abs 2 S 3; § 56 Abs 1 BeurkG der notariellen Beurkundung. Wird diese Form nicht gewahrt, so ist die Zustimmung nichtig (§ 125).

Die Zustimmung kann Einwilligung (vorherige Zustimmung, § 183) oder Genehmigung (nachträgliche Zustimmung, § 184) sein. Sie muss auch hier vor dem Tode des vertragschließenden Ehegatten erklärt sein (dazu § 1516 Rn 3). In Abweichung von dem Grundsatz des § 183 ist die Zustimmungserklärung auch als Einwilligung (vorherige Zustimmung) unwiderruflich (§§ 1517 Abs 1 S 2, 1516 Abs 2 S 4).

Die Vorschriften des § 1516 Abs 2 S 1 und 2 sind auf die nach § 1517 erforderliche Zustimmungserklärung nicht anwendbar (Prot VI 398). Die Zustimmung kann daher auch **durch einen Vertreter**, also sowohl durch einen Bevollmächtigten wie durch den gesetzlichen Vertreter erteilt werden. Ist der Ehegatte in der Geschäftsfähigkeit beschränkt, so ist die Zustimmung seines gesetzlichen Vertreters erforderlich (§ 111). Ist er geschäftsunfähig, wird die Zustimmung durch seinen gesetzlichen Vertreter erteilt. Die Genehmigung des Vormundschaftsgerichts ist nicht erforderlich (anders hinsichtlich der Vertragschließenden; dazu oben Rn 2, 8).

Wird der Verzichtvertrag oder der Aufhebungsvertrag mit beiden Ehegatten ge- **10** schlossen (s dazu Rn 1 f, 8), so ist eine besondere Zustimmungserklärung nicht erforderlich, wenn sich aus dem Mitabschluss die Zustimmung des anderen Ehegatten ergibt. Die für die Zustimmungserklärung vorgeschriebene Form (§ 1517 Abs 1 S 1; dazu oben Rn 9) ist in diesem Fall ohnehin gewahrt.

VII. Erbverzicht gegenüber dem Nachlass des erstversterbenden Ehegatten

Auf den Erbverzicht gegenüber dem Nachlass (Vorbehaltsgut, Sondergut) des erst- **11** versterbenden Ehegatten finden die Vorschriften der §§ 2346–2352 unmittelbar Anwendung.

§ 1518
Zwingendes Recht

Anordnungen, die mit den Vorschriften der §§ 1483 bis 1517 in Widerspruch stehen, können von den Ehegatten weder durch letztwillige Verfügung noch durch Vertrag getroffen werden. Das Recht der Ehegatten, den Vertrag, durch den sie die Fortsetzung der Gütergemeinschaft vereinbart haben, durch Ehevertrag aufzuheben, bleibt unberührt.

Materialien: Zu § 1518 aF: E I § 1383 Abs 2 S 2; II § 1413 rev § 1503; III § 1501; Mot IV 424; Prot IV 303. Zu § 1518 nF: GleichberG E I § 1518; II § 1518. Vgl STAUDINGER/BGB-Synopse 1896–2005 § 1518.

Systematische Übersicht

I. Allgemeines

1 Die Vorschrift ist aus dem § 1518 aF (= § 1518 S 1 nF) und einem dem Gedanken des § 1508 entsprechenden Satz 2 neu gebildet worden, nach dem die Ehegatten die ehevertraglich vereinbarte Fortsetzung der Gütergemeinschaft durch Ehevertrag wieder aufheben können. Während der durch das Gleichberechtigungsgesetz eingefügte Satz 2 nur der Klarstellung dient und insbesondere verhüten will, dass aus der im Gleichberechtigungsgesetz angeordneten Streichung des § 1508 der unrichtige Schluss gezogen werden könnte, eine einmal vertraglich vereinbarte Fortsetzung der Gütergemeinschaft könne (außer im Falle des § 1509) überhaupt nicht – auch nicht durch Ehevertrag – wieder ausgeschlossen werden, ist die sachliche Tragweite des Satz 1, durch den die Unabdingbarkeit der gesetzlichen Regelung der fortgesetzten Gütergemeinschaft ausgesprochen wird, von ungleich größerer Bedeutung. Beide Sätze enthalten keine Änderung der früheren Rechtslage.

2 Die durch § 1518 S 1 angeordnete Unabdingbarkeit der Vorschriften über die fortgesetzte Gütergemeinschaft (§§ 1483–1517) geht davon aus, dass durch die fortgesetzte Gütergemeinschaft die Rechtsstellung der gemeinschaftlichen Abkömmlinge erheblich eingeschränkt wird. Nach dem Tode des erstversterbenden Ehegatten sind sie bei Eintritt der fortgesetzten Gütergemeinschaft in ihrem Erbrecht (und Pflichtteilsrecht) auf ihren Anteil am Vorbehaltsgut und Sondergut (soweit vererblich) des verstorbenen Ehegatten beschränkt, während dessen Gesamtgutsanteil, der regelmäßig den Hauptbestandteil seines Vermögens enthält, vor allem im Interesse des überlebenden Ehegatten in das Gesamtgut der fortgesetzten Gütergemeinschaft fällt, das für die Lebensdauer des überlebenden Ehegatten der Verwaltung und Verfügung der gemeinschaftlichen Abkömmlinge entzogen ist (§§ 1483 Abs 1, 1485 Abs 1, 1487 Abs 1). Der Gesetzgeber hielt eine solche Beschränkung der gemeinschaftlichen Abkömmlinge entsprechend historischen Vorbildern für annehmbar, legte jedoch die Grenzen ehevertraglicher Gestaltung der fortgesetzten Gütergemeinschaft im **Interesse der Abkömmlinge** fest. Über die im Gesetz (§§ 1483–1517) vorgezeichneten Möglichkeiten hinaus können die Ehegatten weitere Änderungen der fortgesetzten Gütergemeinschaft weder durch letztwillige Verfügung noch durch Vertrag vornehmen (§ 1518 S 1). Damit sind die Voraussetzungen, die innere Ausgestaltung und die Wirkungen der von den Ehegatten vereinbarten fortgesetzten Gütergemeinschaft auf das gesetzliche Modell festgelegt.

II. Unzulässige Anordnungen (§ 1518 S 1)

Obwohl die Grenzen der Anwendung der einzelnen Vorschriften der §§ 1493–1517 **3** in deren Kommentierung beschrieben werden, soll die Tragweite des § 1518 S 1 im Folgenden an einigen Beispielen erläutert werden.

1. Die Ehegatten können den vereinbarten Eintritt der fortgesetzten Güterge- **4** meinschaft einseitig nur durch letztwillige Anordnung nach § 1509 verhindern. Insbesondere kann ein Ehegatte durch die letztwillige Einsetzung des anderen Ehegatten zum Alleinerben den Eintritt der fortgesetzten Gütergemeinschaft nicht ausschließen (RG WarnR 1908 Nr 163; KG OLGE 31, 399); eine solche letztwillige Verfügung ist nichtig.

Die Ehegatten können den Kreis der an der fortgesetzten Gütergemeinschaft be- **5** teiligten Abkömmlinge nicht beliebig erweitern und etwa auf einseitige Abkömmlinge oder nichteheliche Abkömmlinge erstrecken (§ 1483 Rn 8 ff).

2. Die Ehegatten können nicht anordnen, dass die fortgesetzte Gütergemein- **6** schaft auch bei Wiederverheiratung des überlebenden Ehegatten fortdauern soll (§ 1493 Rn 2).

3. Die Ehegatten können den überlebenden Ehegatten nicht allgemein von den **7** Beschränkungen seiner *Verfügungsmacht* (§§ 1423–1425, 1487 Abs 1) befreien. Selbst wenn der überlebende Ehegatte in der ehelichen Gütergemeinschaft kraft des Ehevertrages von der Beschränkung des § 1424 befreit ist (dazu § 1424 Rn 20), so wirkt diese Befreiung nicht auch für die fortgesetzte Gütergemeinschaft (dazu § 1487 Rn 12; hM).

Die Ehegatten können weder vertraglich noch durch letztwillige Verfügung die **8** Verwaltungsbefugnis des überlebenden Ehegatten (§§ 1487 Abs 1, 1422 ff) dadurch beschränken, dass sie die Verwaltung einem Dritten, zB einem Testamentsvollstrecker, zuweisen (RG JW 1916, 43; Bamberger/Roth/Mayer Rn 3 mwNw).

4. Die Ehegatten können nicht anordnen, dass dem überlebenden Ehegatten bei **9** Beendigung der fortgesetzten Gütergemeinschaft der Nießbrauch an der den anteilsberechtigten Abkömmlinge zustehenden Gesamtgutshälfte zustehen soll (str, wie hier Soergel/Gaul Rn 3 mwNw; s aber unten Rn 12) oder dass die Abkömmlinge nach dem Tode des letztversterbenden Ehegatten auf eine Geldforderung entsprechend ihrem Pflichtteilsrecht verwiesen werden (RGZ 105, 242). Ebenso ist die Anordnung unzu-

Burkhard Thiele

lässig, nach der die Auseinandersetzung des Gesamtguts einem Testamentsvollstrecker übertragen wird.

10 5.   Anordnungen, die im Widerspruch zu den §§ 1483–1517 stehen und daher nicht getroffen werden können, sind **gemäß § 134 nichtig**. Das gilt **auch für solche** Anordnungen, **die die Abkömmlinge oder einzelne von ihnen begünstigen** sollen (RG JW 1916, 43; GERNHUBER/COESTER-WALTJEN § 39 Rn 5 Fn 5; BAMBERGER/ROTH/MAYER Rn 2). Ihre Nichtigkeit kann von jedem davon Betroffenen geltend gemacht werden (KG OLGE 6, 164).

III.   Zulässige Anordnungen

1.   Vereinbarungen des überlebenden Ehegatten mit Dritten und den Abkömmlingen

11 § 1518 S 1 betrifft lediglich das Verhältnis der Ehegatten den anteilsberechtigten Abkömmlingen gegenüber. Rechtsgeschäfte, die der überlebende Ehegatte nach Eintritt der fortgesetzten Gütergemeinschaft mit Dritten trifft, bleiben unberührt. Das gilt auch für Verträge, die zwischen dem überlebenden Ehegatten und den anteilsberechtigten Abkömmlingen geschlossen werden; sie sind in dieser Beziehung „Dritte". So können der überlebende Ehegatte mit den Abkömmlingen zB eine andere Art der Auseinandersetzung des Gesamtguts vereinbaren. Ebenso kann der überlebende Ehegatte mit den anteilsberechtigten Abkömmlingen in Abweichung von den Vorschriften der §§ 1499, 1500 vereinbaren, welche Gesamtgutsverbindlichkeiten dem Gesamtgut, dem überlebenden Ehegatten oder den Abkömmlingen zur Last fallen sollen (dazu § 1499 Rn 13; § 1500 Rn 11).

2.   Letztwillige Verfügungen des überlebenden Ehegatten

12 Der überlebende Ehegatte ist durch die fortgesetzte Gütergemeinschaft an letztwilligen Verfügungen über seinen Nachlass, zu dem außer seinem Vorbehaltsgut und seinem Sondergut (soweit vererblich) auch sein Anteil am Gesamtgut der fortgesetzten Gütergemeinschaft gehört, nicht gehindert (BGH NJW 1964, 2298, FamRZ 1985, 278; dazu § 1494 Rn 6; anders die Abkömmlinge, dazu § 1490 Rn 3). Dadurch, dass er seine Abkömmlinge auf ihr Pflichtteil zu setzen androht, falls sie den von ihm gewünschten Anordnungen (zB eines Nießbrauchs an dem ihnen bei der Auseinandersetzung zustehenden Gesamtgutsanteil zugunsten des überlebenden Ehegatten) nicht nachkommen, kann er ihnen jedoch sogar im Gesetz nicht vorgesehene Beschränkungen auferlegen.

IV.   Aufhebungsvertrag (§ 1518 S 2)

13 Haben die Ehegatten, die in Gütergemeinschaft leben, durch Ehevertrag vereinbart, dass nach dem Tode des erstversterbenden Ehegatten der überlebende Ehegatte mit den gemeinschaftlichen Abkömmlingen die Gütergemeinschaft fortsetzen soll, so tritt diese Wirkung mit dem Tode des erstversterbenden Ehegatten ein (§ 1483 Abs 1 S 1 und 2). Die Ehegatten können jedoch diese Vereinbarung vertraglich wieder aufheben. Das ergibt sich schon aus dem Gedanken der Vertragsfreiheit im Ehegüterrecht (dazu Vorbem 10 ff zu § 1408; § 1483 Rn 2). § 1518 S 2 spricht es jedoch um der Klarheit willen noch einmal aus.

Eine solche Vereinbarung bedarf der für den Ehevertrag vorgeschriebenen Form **14** (§ 1410; § 56 Abs 3 BeurkG). Die persönlichen Voraussetzungen für den Abschluss dieses Aufhebungsvertrages sind in § 1411 geregelt.

§§ 1519–1557

Die §§ 1519–1557 sind gemäß Art 1 Nr 15 des Gleichberechtigungsgesetzes fortge- **1** fallen (Text siehe STAUDINGER/BGB-Synopse 1896–2005 §§ 1519–1557). In ihnen waren die Errungenschaftsgemeinschaft und die Fahrnisgemeinschaft geregelt, die als gesetzlich festgelegte Güterstände nicht mehr neu begründet werden können (hierzu § 1408 Rn 17). Die bisherigen Vorschriften blieben jedoch für die Ehegatten, die diese Güterstände vor Inkrafttreten des Gleichberechtigungsgesetzes vereinbart hatten, in Geltung (Art 8 Nr 7 GleichberG).

Burkhard Thiele

Untertitel 3
Güterrechtsregister

Vorbemerkungen zu §§ 1558–1563

Schrifttum

DIETERLE, Ehevertrag und Güterrechtsregister, BWNotZ 1963, 205

GOTTSCHALG, Aufgabe und Inhalt des Güterrechtsregisters heute (Diss Bonn 1966)

ders, Zur Eintragungsfähigkeit der Gütertrennung im Güterrechtsregister, DNotZ 1969, 339

ders, Zur Bedeutung des § 1412 Abs 2 BGB im Hinblick auf das Güterrechtsregister, DNotZ 1970, 274

KANZLEITER, Zur Eintragungsfähigkeit in das Güterrechtsregister, DNotZ 1971, 453

KEILBACH, Zu den im Güterrechtsregister eintragungsfähigen Tatsachen, FamRZ 2000, 870

LANGE, Ehevertrag und Güterrechtsregister, FamRZ 1964, 547

MEYER, Güterstandsaufhebungsurteil und Güterrechtsregister, FamRZ 1957, 285

MICHAELIS, Die Güterstände in der Praxis (Diss Hamburg 1968)

MOHRBUTTER, Folgen der Gleichberechtigung von Mann und Frau für das Güterrechtsregister, Rpfleger 1953, 321

REITHMANN, Schutz des Rechtsverkehrs bei Geschäften mit verheirateten Personen, DNotZ 1961, 3

ders, Die Aufgabe öffentlicher Register, DNotZ 1979, 67

SCHMIDT, Die Bedeutung des Güterrechtsregistereintrags im Güterrecht, § 1412 BGB und die Schuldenhaftung, BWNotZ 1964, 184.

Weitere Literaturhinweise finden sich vor den Vorbem zu § 1408; zum älteren Schrifttum s auch STAUDINGER/THIELE (2000).

I.   Grundzüge

1 Die §§ 1558–1563 betreffen die Zuständigkeit sowie das Eintragungsverfahren für das Güterrechtsregister. Die Rechtswirkungen der Eintragungen oder Nichteintragungen regelt allein § 1412.

Zur *Funktion* des Güterrechtsregisters s § 1412 Rn 2 ff; zur praktischen *Bedeutung* **2** s dort Rn 6; zur *Wirkung* der Eintragung s dort Rn 7 ff.

Die §§ 1558–1563 werden ergänzt durch die Verfahrensvorschriften des FGG, **3** §§ 161, 162 iVm 127–130, 142, 143 (dazu s KEIDEL/KUNTZE/WINKLER, FGG § 161 Rn 12).

II. Eintragungsfähige Tatsachen

Das Güterrechtsregister hat eine umfassende Publikationsfunktion. Neben dem **4** Schutz Dritter dient es der Offenlegung der güterrechtlichen Verhältnisse zwecks Erleichterung des Rechtsverkehrs. Die Eintragungsfähigkeit güterrechtlicher Regelungen kann immer angenommen werden, wenn diese eine *Außenwirkung* entfalten, weil sie geeignet sind, die Rechtsstellung der Ehegatten zu Dritten zu beeinflussen. Das ist insbesondere der Fall, wenn die Offenlegung des Güterstandes aus wirtschaftlichen Gründen, etwa Gründen der Kreditgewährung, im Interesse der Ehegatten oder Dritter liegt (BGHZ 66, 203, 207 ff; OLG Köln FamRZ 1994, 1257; nunmehr hM s auch § 1412 Rn 4 f). Im Einzelnen sind eintragungsfähig:

1. Eheverträge

Eheverträge, die den gesetzlichen Güterstand vor oder nach seinem Eintritt abbe- **5** dingen, sind eintragungsfähig, ohne dass es darauf ankommt, ob stattdessen Gütergemeinschaft oder Gütertrennung vereinbart wird (jetzt hM im Anschluss an BGHZ 66, 203, 207 ff gegen BGHZ 41, 370; auch OLG Braunschweig FamRZ 2005, 904 m Anm BERGSCHNEIDER zugleich zur Eintragungsfähigkeit der Vereinbarung einer auflösend bedingten Gütertrennung). Auch der mit dem Eintritt der Gütertrennung verbundene Wegfall der Verfügungsbeschränkungen der §§ 1365 und 1369 enthält eine Außenwirkung, die im Verhältnis der Ehegatten zu Dritten von Bedeutung sein kann, so dass die Eintragung zuzulassen ist.

Eintragungsfähig ist der **Eintritt der Gütertrennung** auch dann, wenn er sich infolge **6** der vertraglichen Ausschließung oder Aufhebung des gesetzlichen Güterstandes **aus dem Gesetz** (§ 1414 S 1) ergibt, so insbesondere beim Ausschluss des Zugewinnausgleichs oder des Versorgungsausgleichs (§ 1414 S 2).

Eheverträge, die den gesetzlichen Güterstand modifizieren, sind immer dann eintra- **7** gungsfähig, wenn sie im Verhältnis zu Dritten Bedeutung haben und damit ihre Eintragung der Erleichterung des Rechtsverkehrs dienen kann. In Betracht kommen insbesondere Eheverträge, die im Rahmen der Zugewinngemeinschaft die *Beschränkung der Verfügungsmacht* des einzelnen Ehegatten über sein Vermögen im Ganzen (s § 1365) oder ihm gehörende Haushaltsgegenstände (s § 1369) oder beide Beschränkungen *ausschließen* (so auch BGB-RGRK/FINKE § 1412 Rn 5; MünchKomm/KANZLEITER Vorbem 7 zu § 1558; PALANDT/BRUDERMÜLLER Vorbem 3 zu § 1558; SOERGEL/GAUL Vorbem 5 zu § 1558; KEILBACH FamRZ 2000, 871; **aM** BGHZ 41, 370 aufgegeben durch BGHZ 66, 203, 207). Wird der *Zugewinnausgleich* ausgeschlossen oder modifiziert liegt darin eine rein *interne* Regelung zwischen den Ehegatten, die nicht in das Güterrechtsregister einzutragen ist – es sei denn § 1414 S 2 greift ein, dazu s oben Rn 6 – (wie hier MünchKomm/KANZLEITER aaO; SOERGEL/GAUL aaO; BAMBERGER/ROTH/MAYER Vorbem 7 zu § 1558; GERNHUBER/COESTER-WALTJEN § 33 Rn 6; **aA** OLG Köln FamRZ 1994, 1257; LG Bonn RNotZ

Burkhard Thiele

2001, 588; KEILBACH FamRZ 2000, 871; BGB-RGRK/FINKE § 1412 Rn 6; LANGE FamRZ 1964, 546 im Hinblick auf § 1390). Auch eine abweichende Regelung des *Versorgungsausgleichs* berührt nur das Innenverhältnis der Ehegatten und kann daher, bei Aufrechterhaltung der Zugewinngemeinschaft, nicht eingetragen werden. Eheverträge, durch die bei Gütergemeinschaft das *Vorbehaltsgut* neu bestimmt wird, sind ebenfalls eintragungsfähig (s § 1418).

2. Rechtskräftige Urteile

8 Rechtskräftige Urteile, durch die eine Gütergemeinschaft aufgehoben und damit durch Gütertrennung ersetzt wird, sind eintragungsfähig. Das ergibt sich bereits aus der Verweisung auf § 1412, die in § 1449 Abs 2 bzw § 1470 Abs 2 enthalten ist. Das Gleiche galt für die Beendigung einer (für die Ehegatten maßgebenden, eingetragenen) *Errungenschafts-* oder *Fahrnisgemeinschaft* durch Urteil oder Beschluss (§§ 1542–1544, 1545 Abs 2, 1549, 1468, 1469, 1470 Abs 2 aF). Auch in diesen Fällen trat Gütertrennung ein, die Dritten gegenüber jedoch nur bei Eintragung in das Güterrechtsregister (oder Kenntnis) wirksam ist (s § 1435 aF = § 1412 nF).

9 Für die Aufhebung der *Zugewinngemeinschaft* gemäß § 1388 fehlt zwar eine Verweisung auf § 1412 im Gesetz, gleichwohl ist ein entsprechendes Urteil eintragungsfähig, weil die Verlautbarung der mit der Rechtskraft des Urteils eingetretenen Gütertrennung, etwa wegen des Wegfalls der Verfügungsbeschränkungen (§§ 1365–1369), für Dritte von Interesse sein kann und der Erleichterung des Rechtsverkehrs dient (s auch oben Rn 5 und 7).

3. Änderung des Güterstandes durch einseitige Gestaltungserklärungen

10 Die **Entziehung** oder Beschränkung der Berechtigung gemäß **§ 1357 Abs 2**, mit Wirkung für den anderen Ehegatten bestimmte Geschäfte zu besorgen, kann ebenso wie die Aufhebung der eingetragenen Entziehung oder Beschränkung, sei sie durch den Ehegatten oder das Vormundschaftsgericht bewirkt, eingetragen werden (KG OLGE 30, 39 zu § 1357 aF).

11 Dagegen kann das **Getrenntleben** mit der Folge des Ruhens der Berechtigung gemäß **§ 1357 Abs 3** nicht eingetragen werden. Die Verweisung des § 1357 Abs 2 auf § 1412 fehlt in Abs 3. Eine entsprechende Anwendung von § 1357 Abs 2 ist nicht möglich. Es fehlt einerseits eine Vergleichbarkeit der Tatbestände, weil das Getrenntleben ein rein tatsächlicher Umstand ist, bei dem die Handlungsmacht latent vorhanden bleibt und bei Ende des Getrenntlebens sofort wieder wirksam wird. Andererseits ist angesichts der Neuregelung durch das 1. EheRG nicht von einer Regelungslücke auszugehen (iE hM OLG Hamm MDR 1951, 140; LÜDERITZ/DETHLOFF § 5 Rn 52; BGB-RGRK/FINKE § 1412 Rn 21; GERNHUBER/COESTER-WALTJEN § 33 Rn 7–9; BAMBERGER/ROTH/MAYER Vorbem 12 zu § 1558; aM SOERGEL/GAUL Vorbem 5 zu § 1558; MünchKomm/KANZLEITER Vorbem 10 zu § 1558; LÜKE, Die persönlichen Ehewirkungen und die Scheidungsgründe nach dem neuen Ehe- und Familienrecht, in: FS Bosch [1976] 637; ders AcP 178, Grundsätzliche Veränderungen im Familienrecht durch das 1. EheRG, 1, 21; MünchKomm/WACKE § 1357 Rn 47). Der Ausschluss der Berechtigung ist aber auch während des Getrenntlebens möglich und eintragungsfähig (BayObLG FamRZ 1959, 504; hM).

Eintragungsfähig ist der **Einspruch gegen den selbständigen Betrieb** eines Erwerbs- **12**
geschäfts durch den anderen Ehegatten und der Widerruf der erteilten Einwilligung
hierzu (§§ 1431 Abs 3, 1456 Abs 3). Bei ausländischen Ehegatten s Art 16 Abs 2
EGBGB.

Die Bestimmung von **Zuwendungen Dritter zum Vorbehaltsgut** des Ehegatten (§ 1418 **13**
Abs 2 Nr 2) ist eintragungsfähig, vgl § 1418 Abs 4.

4. Ausländischer Güterstand

Leben Ehegatten mit Inlandswohnsitz in einem ausländischen Güterstand, können **14**
sie dessen Regelungen Dritten nur entgegenhalten, wenn er in das Güterrechtsregister eingetragen ist (Art 16 Abs 1 EGBGB mit Verweisung auf § 1412).

5. Güterstand nach dem Beitritt der DDR

Vertriebene sowie Flüchtlinge und Übersiedler aus der DDR konnten nach dem **15**
Gesetz vom 4. 8. 1969 (BGBl I 1067) bis zum 31. 12. 1970 in notariell beurkundeter
Form die Fortgeltung des bis dahin für sie geltenden gesetzlichen Güterstandes
erklären. Diese Erklärung, die später übergesiedelte Ehegatten binnen einer Frist
von 15 Monaten (§ 3 des oa Gesetzes) abgeben konnten – und zwar ohne Zustimmung des anderen Ehegatten – konnte auf Antrag in das Güterrechtsregister eingetragen werden (dazu im Einzelnen BUERGEL NJW 1969, 1838; HAEGELE Rpfleger 1969, 325;
HERZ DNotZ 1970, 127). Mit dem **Einigungsvertrag** wurde eine entsprechende Regelung
für die Überleitung des Güterstandes der Eigentums- und Vermögensgemeinschaft
nach dem Familiengesetzbuch der DDR durch Art 234 § 4 Abs 3 EGBGB getroffen.
Bis zum Ablauf von zwei Jahren nach dem Beitritt, also bis zum 2. 10. 1992, konnte
eine Fortgeltungserklärung abgegeben werden. Die Ehegatten gemeinsam, der die
Fortgeltungserklärung allein abgebende oder der andere Ehegatte kann die Eintragung der Fortgeltung des bisherigen Güterstandes beantragen. Zu den Einzelheiten s STAUDINGER/RAUSCHER (2003) Art 234 § 4 EGBGB Rn 110 ff.

III. Nichteintragungsfähige Tatsachen

Tatsachen, die im vorstehenden Abschnitt nicht als eintragungsfähig bezeichnet sind, **16**
dürfen nicht in das Güterrechtsregister eingetragen werden. Insbesondere gilt dies
für folgende Fallgruppen:

1. Ehevertragliche Regelung im Innenverhältnis

Ehevertragliche Regelungen, die sich nur auf das Innenverhältnis der Ehegatten **17**
zueinander beziehen und für den Rechtsverkehr mit Außenstehenden keine Bedeutung haben, wie Vereinbarungen über den Zugewinnausgleich oder Versorgungsausgleich (s dazu Vorbem 7), Eheverträge über die Ausschließung oder Beschränkung
des Widerrufs der Vermögensüberlassung (§ 1413 S 1, s dort Rn 21), sowie alle Vereinbarungen der Ehegatten über die interne Verteilung von Einkünften und Ausgaben, etwa über das „Haushaltsgeld" oder den Schuldenausgleich bei Gütergemeinschaft.

2. Vereinbarung der fortgesetzten Gütergemeinschaft

18 Die Vereinbarung der fortgesetzten Gütergemeinschaft ist, ebenso wie deren **Beendigung**, nicht eintragungsfähig, weil sie die Rechtsverhältnisse nach Beendigung der Ehe betrifft, während das Güterrechtsregister nur über die güterrechtlichen Verhältnisse in einer tatsächlich bestehenden Ehe Auskunft gibt.

3. Aufhebung oder Änderung einer nicht eingetragenen Regelung

19 Die Aufhebung oder Änderung einer güterrechtlichen Regelung, die selbst nicht eingetragen ist, kann nicht eingetragen werden. Hatten die Ehegatten zB Gütergemeinschaft vereinbart, ohne sie in das Güterrechtsregister eintragen zu lassen, so können sie eine Vereinbarung über das Vorbehaltsgut (s § 1418 Abs 2 Nr 1) nicht eintragen lassen.

4. Ruhen der Berechtigung nach § 1357

20 Das Ruhen der Berechtigung nach § 1357 Abs 1 im Falle des Getrenntlebens der Ehegatten (§ 1357 Abs 3) ist ebenfalls nicht eintragungsfähig, anders aber die Beschränkung oder der Entzug, s dazu oben Vorbem 11.

§ 1558
Zuständiges Registergericht

(1) Die Eintragungen in das Güterrechtsregister sind bei jedem Amtsgericht zu bewirken, in dessen Bezirk auch nur einer der Ehegatten seinen gewöhnlichen Aufenthalt hat.

(2) Durch Anordnung der Landesjustizverwaltung kann die Führung des Registers für mehrere Amtsgerichtsbezirke einem Amtsgericht übertragen werden.

Materialien: Zu § 1558 aF: E I § 1436 S 1; II § 1453 Abs 1; § 1454 rev § 1543; III § 1541; Mot IV 555; Prot IV 381 ff.

Zu § 1558 nF: GleichberG E I § 1558; II § 1558; BT-Drucks 10/5632, 46.

Vgl STAUDINGER/BGB-Synopse 1896–2005 § 1558.

I. Grundzüge

1 Durch das am 1. 9. 1986 in Kraft getretene IPRG (BGBl I 1142) wurde die Anknüpfung der Zuständigkeit an den Wohnsitz des Mannes aufgehoben. Angeknüpft wird nunmehr an den gewöhnlichen Aufenthalt auch nur eines von beiden Ehegatten. Die Gesetzesänderung geht auf die Entscheidung BVerfGE 63, 181 ff zurück (BT-Drucks 10/5632, 46), wonach von einem Verstoß der aF gegen Art 3 GG auszugehen war.

II.   Zuständigkeit des Amtsgerichts

1.   Sachliche Zuständigkeit

Das Güterrechtsregister wird beim Amtsgericht geführt und fällt gemäß § 3 Nr 1 e **2**
RPflG in die Zuständigkeit des Rechtspflegers.

2.   Örtliche Zuständigkeit

Zuständig ist das **Amtsgericht, in dessen Bezirk auch nur einer der Ehegatten seinen** **3**
gewöhnlichen Aufenthalt hat.

Maßgeblich ist der *gewöhnliche Aufenthalt* eines von beiden Ehegatten. Das ist der
Ort, in dem der Schwerpunkt der Bindungen der Person, ihr Daseinsmittelpunkt
liegt (BGH FamRZ 1981, 135; NJW 1975, 1068). Der Begriff ist tatsächlich geprägt, nicht
rechtlich (BGH aaO; Henrich FamRZ 1986, 841, 846). Er setzt einen längeren Aufenthalt
an einem Ort – regelmäßig 6 Monate – voraus (BGH FamRZ 1981, 137). Ein gewöhn-
licher Aufenthalt ist auch an *mehreren Orten* möglich (KG FamRZ 1987, 603, 605; Bay-
ObLG FamRZ 1980, 883). In diesem Fall ist bei *jedem* zuständigen Registergericht die
Eintragung erforderlich. Andernfalls ist die erfolgte Eintragung unwirksam (Münch-
Komm/Kanzleiter Rn 3), so dass im Streitfall hier nur die Kenntnis eines Dritten hilft,
vgl § 1412 Abs 1. Bei einander *widersprechenden Eintragungen* in verschiedenen
Güterrechtsregistern sind die Eintragungen unwirksam. Es kommt auch hier nur
auf die Kenntnis des betroffenen Dritten von der güterrechtlichen Lage an, die
allerdings durch Einsicht gerade in das richtige Register begründet wird.

Ist **ein Ehegatte Kaufmann**, so ist für seine güterrechtlichen Verhältnisse allein das **4**
Güterrechtsregister und nicht das Handelsregister maßgebend (RGZ 63, 248). Befindet sich seine Handelsniederlassung nicht im Bezirk des für seinen Wohnsitz zuständigen Amtsgerichts, treten die an die Eintragung in das Güterrechtsregister
geknüpften Wirkungen in bezug auf sein Handelsgewerbe nur ein, wenn die Eintragung auch in das *Güterrechtsregister* erfolgt ist, das für den *Ort der Handelsniederlassung* zuständig ist (Art 4 EGHGB). Bei mehreren Niederlassungen genügt
die Eintragung in das Güterrechtsregister des Ortes der *Hauptniederlassung*. Wird
die Niederlassung verlegt, gilt § 1559 entsprechend.

Hat keiner der Ehegatten einen gewöhnlichen Aufenthalt im Inland, so ist ein für **5**
Eintragungen in das Güterrechtsregister *zuständiges Gericht nicht vorhanden* (eine
dem früheren § 15 Abs 3 EheG entsprechende Regelung mit einer Zuständigkeits-
zuweisung für derartige Fälle fehlt). Die Ehegatten können sich daher in diesem
Falle die mit der Eintragung in das Güterrechtsregister verbundenen Vorteile nicht
sichern und demgemäß einem Dritten gegenüber aus der eintragungsfähigen Tatsache Einwendungen nur herleiten, wenn die *Tatsache dem Dritten bekannt* war
(s § 1412).

Die **Zuständigkeit bei ausländischen Ehegatten** (und bei sonstigen Fällen mit Aus- **6**
landsberührung), die ihren gewöhnlichen Aufenthalt im Inland haben, weicht nicht
ab, s Art 16 EGBGB (§ 1412 gilt auch für solche Ehegatten).

7 *Abs 2* ermöglicht den Justizverwaltungen, *abweichend von Abs 1*, im Interesse der Verwaltungsvereinfachung für mehrere Amtsgerichtsbezirke ein gemeinsames Güterrechtsregister einzurichten.

3. Eintragungen bei einem unzuständigen Güterrechtsregister

8 Eintragungen bei einem Güterrechtsregister, das nach den vorstehenden Grundsätzen sachlich oder örtlich unzuständig ist, sind **unwirksam** und damit ungeeignet, Einwendungen gegenüber Dritten gemäß § 1412 zu stützen. Allerdings beseitigen solche Eintragungen die Unkenntnis des Einblick nehmenden Dritten, was nach § 1412 ebenso wie die Eintragung beim zuständigen Register Einwendungen der Ehegatten ermöglicht.

§ 1559
Verlegung des gewöhnlichen Aufenthalts

Verlegt ein Ehegatte nach der Eintragung seinen gewöhnlichen Aufenthalt in einen anderen Bezirk, so muss die Eintragung im Register dieses Bezirks wiederholt werden. Die frühere Eintragung gilt als von neuem erfolgt, wenn ein Ehegatte den gewöhnlichen Aufenthalt in den früheren Bezirk zurück verlegt.

Materialien: Zu § 1559 aF: E I § 1436 S 2;   Zu § 1559 nF: GleichberG E I § 1559; II § 1559;
II § 1453 Abs 2 S 1, 3 rev § 1544; III § 1542;   BT-Drucks 10/5632, 46.
Mot IV 556; Prot IV 386; V 141.   Vgl Staudinger/BGB-Synopse 1896–2005
    § 1559.

I. Verlegung des Aufenthalts (Satz 1)

1. Aufenthaltsverlegung in einen anderen Bezirk

1 Im Falle der Neubegründung unter Beibehaltung des bisherigen Aufenthalts gelten die für mehrere Aufenthalte aufgestellten Regeln (s § 1558 Rn 3). Die Verlegung *innerhalb des Bezirks desselben Registergerichts* ist ohne Bedeutung für das Güterrechtsregister. Bei *mehreren Aufenthalten* gilt § 1559 bereits, wenn nur *einer* verlegt wird. Auch § 1559 ist durch das IPRG geändert worden (s § 1558 Rn 1).

2. Wiederholung der Eintragung

2 Die Eintragung in das Güterrechtsregister muss nach der Aufenthaltsverlegung bei dem nunmehr zuständigen Register wiederholt werden. Das Gesetz begründet zwar keine Rechtspflicht, die frühere Eintragung verliert aber sofort mit der Aufgabe des früheren Aufenthalts ihre Wirksamkeit. Das gilt auch dann, wenn ein neuer Aufenthalt im Inland überhaupt nicht begründet wird (s auch § 1558 Rn 5).

3 Die „Wiederholung" der Eintragung schließt Abänderungen bei der neuen Eintragung nicht aus, wie auch selbstverständlich die Eintragung beim Register am neuen

Aufenthalt nicht eine frühere Eintragung voraussetzt. Andererseits ist auch der Rechtspfleger des neuen Güterrechtsregisters an die frühere Eintragung nicht gebunden; er entscheidet über die Zulässigkeit des ihm vorliegenden Antrages selbständig.

3. Keine Löschung der bisherigen Eintragung

Obwohl die frühere Eintragung mit der Aufgabe des gewöhnlichen Aufenthalts ihre **4** Wirksamkeit verliert (s oben Rn 2), bleibt sie bestehen, wie sich aus § 1559 S 2 ergibt. Eine Löschung von Amts wegen findet aus Anlass der Verlegung nicht statt. Die frühere Eintragung kann jedoch beim ursprünglich zuständigen Registergericht **auf Antrag** der Ehegatten geändert oder gelöscht werden, weil dadurch vermieden wird, dass die Folge des § 1559 S 2 im Falle der Zurückverlegung des gewöhnlichen Aufenthalts unbeabsichtigt eintritt (OLG Hamburg MDR 1975, 492).

4. Antrag auf Wiederholung der Eintragung

Zur Eintragung im Güterrechtsregister des Bezirks, in den der Ehegatte seinen **5** Wohnsitz verlegt hat, genügt der Antrag eines der beiden Ehegatten, wenn mit dem Antrag eine nach der Aufhebung des bisherigen Wohnsitzes erteilte, öffentlich beglaubigte Abschrift der früheren Eintragung vorgelegt wird (§ 1561 Abs 2 Nr 2).

II. Rückverlegung des gewöhnlichen Aufenthalts (Satz 2)

Nach § 1559 S 2 gilt die frühere Eintragung als von neuem erfolgt, wenn der ge- **6** wöhnliche Aufenthalt in den früheren Bezirk zurückverlegt wird. Eine Neueintragung ist also nicht erforderlich. Das setzt allerdings voraus, dass die frühere Eintragung nicht inzwischen gelöscht worden ist (vgl oben Rn 4); andernfalls muss eine neue Eintragung erfolgen.

Eintragungen, die in der Zwischenzeit im Register des Zwischenaufenthalts erfolgt **7** sind, verlieren mit der Aufgabe des Zwischenaufenthalts sofort ihre Wirksamkeit (s dazu oben Rn 2), und zwar auch dann, wenn das Register des ursprünglichen (und nunmehr wiedergewählten) Aufenthalts keine Eintragung enthält (Prot V 142; VI 290); statt der Regelung des § 1559 S 2 greift dann S 1 ein. Andererseits erhält die Eintragung im Register des ursprünglichen Aufenthalts ihre Wirksamkeit auch dann wieder, wenn sie mit der Eintragung im Register des Zwischenaufenthalts nicht übereinstimmt (OLG Hamburg MDR 1975, 492).

§ 1559 S 2 ist entsprechend anzuwenden, wenn der Aufenthalt ohne Begründung eines **8** neuen inländischen Aufenthalts aufgegeben und später wieder begründet wird.

III. Entsprechende Anwendung auf Kaufleute

Auf die Verlegung der Niederlassung eines Kaufmanns finden nach Art 4 Abs 2 **9** EGHGB die Vorschriften des § 1559 entsprechende Anwendung (s dazu auch § 1558 Rn 4).

§ 1560
Antrag auf Eintragung

Eine Eintragung in das Register soll nur auf Antrag und nur insoweit erfolgen, als sie beantragt ist. Der Antrag ist in öffentlich beglaubigter Form zu stellen.

Materialien: Zu § 1560 aF: E I § 1437 Abs 1 S 2,
Abs 2 S 1, 3; II § 1455 rev § 1545; III § 1543;
Mot IV 557; Prot IV 389; V 164.
Zu § 1560 nF: GleichberG E I § 1560; II § 1560.

I.   Antragsgrundsatz

1.   Inhalt des Antrags (Satz 1)

1 Die Vorschrift, die durch das GleichberG nicht geändert worden ist, bestimmt in Satz 1, dass **Eintragungen** in das Güterrechtsregister nicht von Amts wegen, sondern **nur auf Antrag** erfolgen. Dies beruht auf der Erwägung, dass die Ehegatten die Möglichkeit haben sollen, sich durch die Eintragung gegen die an den guten Glauben Dritter geknüpften Nachteile zu sichern. Daher soll es ihnen auch überlassen bleiben, ob sie von dem ihnen im Güterrechtsregister gebotenen Sicherungsmittel Gebrauch machen oder nicht (Mot IV 557). Der Antrag ist eine materiell-rechtliche, keine verfahrensrechtliche Erklärung (OLG Köln OLGZ 1983, 268 = Rpfleger 1983, 159; OLG Celle NJW-FER 2000, 109). Demgemäß ist auch die Eintragung auf Ersuchen eines anderen Gerichts ausgeschlossen (OLG Colmar ZBlFG 4, 637).

2 Gemäß § 1560 S 1 soll die Eintragung auch nur insoweit erfolgen, als sie beantragt ist. Den Ehegatten steht demnach auch frei, in welchem **Umfang** sie ihre güterrechtlichen Verhältnisse eintragen lassen wollen. Daraus folgt, dass ein Antrag nicht alle eintragungsfähigen Tatsachen umfassen muss, sondern auf einzelne Punkte beschränkt werden kann. Beispielsweise können die Ehegatten die Eintragung der Gütergemeinschaft beantragen und von der Eintragung der Zugehörigkeit einzelner Gegenstände zum Vorbehaltsgut eines Ehegatten absehen, auch wenn entsprechende Regelungen in demselben Ehevertrag enthalten sind. Ein Ehevertrag braucht daher dem Registerrichter nicht in vollem Wortlaut vorgelegt zu werden (Mot IV 558); allerdings muss ein Auszug des Vertrages dessen Gültigkeit erkennen lassen. Zur Frage, welche Tatsachen zulässigerweise Gegenstand des Eintragungsantrages sein können, s oben Vorbem 4 ff zu §§ 1558–1563.

2.   Änderung und Löschung der Eintragung

3 Die Änderung oder Löschung einer schon vorhandenen Eintragung richtet sich nach denselben Grundsätzen. Zur ausnahmsweise möglichen Löschung von Amts wegen s unten Rn 5.

3.   Zeitpunkt des Antrags

Ein bestimmter Zeitpunkt oder eine Frist ist für die Antragstellung vom Gesetz nicht **4**
vorgesehen. Der *Antrag* auf Eintragung kann mit dem *Ehevertrag verbunden* und
sogleich beim Amtsgericht eingereicht, also auch schon vor der Eingehung der Ehe
gestellt werden (Prot IV 388; hM). Die Eintragung in das Güterrechtsregister kann
jedoch erst nach der Eheschließung erfolgen (hM im Anschluss an KG OLGE 1, 320).

4.   Eintragung ohne Antrag

Einer Eintragung, die *ohne Antrag* erfolgt oder *über den gestellten Antrag hinausgeht* **5**
(vgl oben Rn 2), mangelt es an einer wesentlichen Zulässigkeitsvoraussetzung, so dass
sie vom Registergericht gemäß §§ 161, 142, 143 FGG *von Amts wegen gelöscht*
werden kann.

5.   Form des Antrags (Satz 2)

Der Antrag auf Eintragung in das Güterrechtsregister ist in **öffentlich beglaubigter** **6**
Form (§§ 129 BGB, 39, 40 BeurkG) zu stellen, gleichgültig, ob eine erstmalige Eintragung, eine Änderung oder Löschung (vgl oben Rn 3) angestrebt wird. Das Formerfordernis gilt auch in Fällen der Aufhebung des Güterstandes durch rechtskräftiges
Urteil (§§ 1388, 1449, 1470). Der Antrag kann in den Ehevertrag aufgenommen
werden.

Zuständig für die öffentliche Beglaubigung ist ausschließlich der Notar (s § 129). **7**
Dieser gilt, wenn er die zu einer Eintragung erforderliche Erklärung, also den
Eintragungsantrag (bzw die Anträge) beurkundet oder beglaubigt hat, als ermächtigt, im Namen der Antragsberechtigten die Eintragung zu beantragen (§§ 161, 129
FGG). Er hat auch die Ermächtigung, namens des Ehegatten Beschwerde gegen
eine ablehnende Entscheidung einzulegen, aber kein selbständiges *Beschwerderecht*
bei Abweisung des von ihm gestellten Antrages (KG Rpfleger 1977, 309). Fehlt jedoch
in der Urkunde ein Eintragungsantrag, so bedarf er einer Vollmacht (hM im Anschluss
an KG OLGE 6, 286 ff; OLG Colmar OLGE 17, 368 ff; OLG Köln Rpfleger 1983, 159; OLG Celle
NJW-FER 2000, 109; **aA** MünchKomm/Kanzleiter § 1561 Rn 7). Stellt der Notar den Antrag,
so bedarf seine Unterschrift nicht der öffentlichen Beglaubigung, diese wird durch
die Form des § 24 Abs 3 S 2 BNotO ersetzt (MünchKomm/Kanzleiter Rn 3). Andere
Personen können ebenfalls zur Antragstellung bevollmächtigt werden, wobei die
Vollmacht der gleichen Form wie der Antrag bedarf (hL; s auch § 12 Abs 2 S 1
HGB).

Entbehrt der Antrag der in § 1560 S 2 vorgeschriebenen Form, so ist er nichtig **8**
(§ 125). Eine auf Grund eines solchen Antrags erfolgte Eintragung gilt als ohne
Antrag vorgenommen und ist als solche zu behandeln (s oben Rn 5).

Der regelmäßig erforderliche Nachweis der Eheschließung (vgl oben Rn 4) kann durch **9**
die dem Antrag beigefügte Heiratsurkunde (§ 63 PStG), aber auch durch die Beurkundung des Notars erbracht werden, dass ihm die Antragsteller als Eheleute
bekannt sind (KG OLGE 30, 134).

II. Eintragungsverfahren

10 Das Registergericht (s dazu § 1558 Rn 2) hat die Zuständigkeit (§ 1558), die formellen Voraussetzungen (§ 1560) und die inhaltliche Zulässigkeit des Antrags zu prüfen. Dagegen ist es *nicht seine Aufgabe, die Richtigkeit* der abgegebenen Erklärungen *nachzuprüfen* (KG KGJ 45, 190). Soll die Entziehung der Schlüsselgewalt eingetragen werden, wird die Begründetheit dieser Maßnahme nicht geprüft (OLG Schleswig NJW 1954, 155). Auch nach gerichtlicher Aufhebung der Entziehung gilt nichts anderes; eine Prüfungspflicht dahingehend, ob die erneute Entziehung auf neue Tatsachen gestützt wird, besteht nicht (aA Wacke, Änderungen der allgemeinen Ehewirkungen durch das 1. EheRG, FamRZ 1977, 525; Soergel/Gaul Rn 4; kritisch Gernhuber, Die geordnete Ehe, FamRZ 1979, 198 unter Hinweis auf die geringe Bedeutung der Frage). Allerdings darf das Registergericht im Interesse des Rechtsverkehrs keine Eintragung vornehmen, die nach den vorgelegten Eintragungsunterlagen nicht der wahren Rechtslage entspricht (KG RPfleger 2001, 589 für Zweifel an der Vollmacht zum Abschluss des Ehevertrags; OLG Düsseldorf FamRZ 1959, 250; Bamberger/Roth/Mayer Rn 4; MünchKomm/Kanzleiter Rn 6; s auch § 1560 Rn 2). Anträge mit unzulässigem Inhalt hat es zurückzuweisen. Es kann, wenn eine zu erlassende Verfügung von der Beurteilung eines streitigen Rechtsverhältnisses (zB von der Gültigkeit eines vorgelegten Ehevertrages) abhängig ist, die Verfügung aussetzen, bis über das Rechtsverhältnis im Wege des Rechtsstreits entschieden ist; ist ein Rechtsstreit nicht anhängig, so kann einem Beteiligten eine Frist zur Erhebung der Klage bestimmt werden (§§ 161, 127 FGG). Der Antrag kann nicht wegen Nichtzahlung des nach § 8 Abs 2 KostO angeforderten Kostenvorschusses zurückgewiesen werden (OLG Frankfurt FamRZ 1994, 254).

11 Bei der **Fassung der Eintragung** verfährt der Rechtspfleger nach seinem pflichtgemäßen Ermessen (BayObLGZ 3, 562; MünchKomm/Kanzleiter Rn 5); er ist an den Wortlaut des Antrags nicht gebunden. Er hat der Eintragung die sachgerechte Form zu geben und dabei die im Gesetz gebräuchlichen Ausdrücke zu verwenden.

12 Gibt er dem Antrag auf Eintragung statt, so verfügt er die von ihm formulierte Eintragung. Jede Eintragung in das Güterrechtsregister soll den Tag, an dem sie erfolgt ist, angeben und mit der Unterschrift des zuständigen Beamten versehen werden (§§ 161 Abs 1, 130 Abs 1 FGG). Von jeder Eintragung sollen in allen Fällen beide Ehegatten benachrichtigt werden (§ 161 Abs 2 FGG).

13 Wegen der **öffentlichen Bekanntmachung** der Eintragung s § 1562, wegen der Einsicht in das Register und der Abschriften der Eintragungen s § 1563.

14 Wird der Antrag auf Eintragung zurückgewiesen, so hat der Antragsteller ein **Beschwerderecht** (§ 20 Abs 1 FGG). Wegen des selbständigen Beschwerderechts des Notars s oben Rn 7.

15 Die **Kosten der Eintragung** und der öffentlichen Bekanntmachung trägt der Antragsteller (also in der Regel beide Ehegatten), § 2 Nr 1 KostO. Sie bemessen sich nach den §§ 29, 30 Abs 2, 39 Abs 3, 81 KostO.

§ 1561
Antragserfordernisse

(1) Zur Eintragung ist der Antrag beider Ehegatten erforderlich; jeder Ehegatte ist dem anderen gegenüber zur Mitwirkung verpflichtet.

(2) Der Antrag eines Ehegatten genügt

1. **zur Eintragung eines Ehevertrags oder einer auf gerichtlicher Entscheidung beruhenden Änderung der güterrechtlichen Verhältnisse der Ehegatten, wenn mit dem Antrag der Ehevertrag oder die mit dem Zeugnis der Rechtskraft versehene Entscheidung vorgelegt wird;**

2. **zur Wiederholung einer Eintragung in das Register eines anderen Bezirks, wenn mit dem Antrag eine nach der Aufhebung des bisherigen Wohnsitzes erteilte, öffentlich beglaubigte Abschrift der früheren Eintragung vorgelegt wird;**

3. **zur Eintragung des Einspruchs gegen den selbständigen Betrieb eines Erwerbs- geschäfts durch den anderen Ehegatten und zur Eintragung des Widerrufs der Einwilligung, wenn die Ehegatten in Gütergemeinschaft leben und der Ehegatte, der den Antrag stellt, das Gesamtgut allein oder mit dem anderen Ehegatten gemeinschaftlich verwaltet;**

4. **zur Eintragung der Beschränkung oder Ausschließung der Berechtigung des anderen Ehegatten, Geschäfte mit Wirkung für den Antragsteller zu besorgen (§ 1357 Abs. 2).**

Materialien: Zu § 1561 aF: E I §§ 1437 Abs 1 S 1, 3, Abs 2, 1438; II § 1456 rev § 1546; III § 1544; Mot IV 557; Prot IV 387; V 140; VI 290.

Zu § 1561 nF: GleichberG E I § 1561; II § 1561. Vgl STAUDINGER/BGB-Synopse 1896–2005 § 1561.

I.   Allgemeines

§ 1561 ist gemäß Art 1 Nr 16 GleichberG den Änderungen des Güterrechts ange- **1** passt und im Aufbau neu gefasst worden. Abs 2 Nr 4 wurde zur Anpassung an § 1357 nF durch das 1. EheRG unter Aufhebung des bis dahin geltenden Abs 3 neu ange- fügt.

Die Vorschrift regelt die Antragsberechtigung, wobei Abs 1 als Grundsatz die An- **2** tragstellung durch beide Ehegatten anführt, während Abs 2 die Einzelfälle be- schreibt, in denen der Antrag eines Ehegatten ausreicht.

II.   Gemeinsamer Antrag beider Ehegatten (Abs 1)

1.   Form des Antrages

Im Regelfall des Abs 1 müssen beide Ehegatten den Antrag in öffentlich beglau- **3**

Burkhard Thiele

bigter **Form** (s § 1560 S 2) stellen. Es reicht nicht aus, wenn ein Ehegatte den Antrag mit der formlosen Zustimmung des anderen Ehegatten stellt. Eine Vollmacht des bei Vertragsschluss vollmachtlos vertretenen Ehegatten ist in öffentlich beglaubigter Form nachzuweisen (KG Rpfleger 2001, 589).

2. Mitwirkungspflicht

4 § 1561 Abs 1 gibt dem antragswilligen Ehegatten einen (einklagbaren) **Anspruch gegen den anderen Ehegatten auf Mitwirkung** an der gemeinsamen Antragstellung. Für die Klage ist gemäß § 621 Abs 1 Nr 8 ZPO das Familiengericht ausschließlich zuständig, da der Mitwirkungsanspruch unmittelbar auf einer güterrechtlichen Vorschrift beruht (ebenso BAMBERGER/ROTH/MAYER Rn 1; BGB-RGRK/FINKE § 1561 Rn 2). Mit der Rechtskraft eines den anderen Ehegatten zur Mitwirkung bei der gemeinsamen Antragstellung verpflichtenden Urteils gilt auch dessen Antrag als abgegeben (§ 894 ZPO).

5 Eine Mitwirkungspflicht des anderen Ehegatten kommt dann nicht in Betracht, wenn beide Ehegatten, sei es auch formlos, vereinbart haben, dass eine Eintragung nicht erfolgen soll, es sei denn, dass eine solche Abrede unter den besonderen Umständen des Einzelfalls wegen Verstoßes gegen die guten Sitten unbeachtlich ist (§ 138 Abs 1).

3. Anwendungsbereich

6 Gemeinsame Antragstellung ist insbesondere in den Fällen des § 1418 Nr 2 und 3 (*Vorbehaltsgut* durch Bestimmung Dritter oder durch Surrogation, dazu § 1418 Rn 15 ff, 35 ff) erforderlich. Da ihrer Entstehung weder ein Ehevertrag noch eine gerichtliche Entscheidung zugrundeliegt, reicht der Antrag eines Ehegatten nicht aus. Das Gleiche gilt in den Fällen, in denen die in Abs 2 Nr 1 und 2 zur Antragstellung eines Ehegatten erforderlichen Urkunden nicht beigebracht werden können.

III. Antragsrecht eines Ehegatten (Abs 2)

1. Eintragung eines Ehevertrages

7 Nach Abs 2 Nr 1 reicht der Antrag eines Ehegatten aus, wenn ein Ehevertrag eingetragen werden soll. Dieser muss eintragsfähige Regelungen enthalten (vgl dazu Vorbem 5 ff zu §§ 1558–1563) und bei der **Antragstellung** in *Urschrift* oder *öffentlich beglaubigter Abschrift* vorgelegt werden. Es genügt auch die Vorlage eines beglaubigten Auszuges aus dem Ehevertrag (s dazu § 1560 Rn 2), wenn sich aus dem Auszug die Eintragungsfähigkeit des Vertrages, seine Formgültigkeit sowie die sonstigen gesetzlichen Erfordernisse der Eintragung ergeben.

2. Auf gerichtlicher Entscheidung beruhende Änderung der güterrechtlichen Verhältnisse

8 Auch in diesen Fällen genügt die Antragstellung eines Ehegatten, der jedoch die mit dem Rechtskraftzeugnis versehene gerichtliche Entscheidung beim Registergericht vorlegen muss. Fälle sind hier insbesondere die Urteile auf Aufhebung der Gütergemeinschaft (§§ 1449, 1470) oder auf vorzeitigen Ausgleich des Zugewinns (§ 1388; s dazu Vorbem 9 zu §§ 1558–1563).

Wegen weiterer Fälle im Zusammenhang mit *altrechtlichen Güterständen* s STAU- **9**
DINGER/FELGENTRAEGER[10/11] § 1561 Rn 12 f.

3. Wiederholung der Eintragung

Gemäß Abs 2 Nr 2 ist auch für die Wiederholung der Eintragung bei Verlegung des **10**
Wohnsitzes (dazu im Einzelnen § 1559) der Antrag eines Ehegatten ausreichend.
Die Anpassung an den neuen Wortlaut des § 1559 ist wohl aufgrund eines Redak-
tionsversehens unterblieben, so dass noch vom *Wohnsitz*wechsel ausgegangen wird,
obgleich dort auf den Wechsel des gewöhnlichen Aufenthalts abgestellt wird. Dazu
muss eine nach der Aufhebung des bisherigen Aufenthalts erteilte *öffentlich beglaubigte Abschrift* der früheren Eintragung und eine *Bescheinigung* der Meldebehörde
vorgelegt werden, aus der sich der Wechsel des bisherigen Aufenthalts und dessen
Zeitpunkt ergibt (so auch BGB-RGRK/FINKE § 1561 Rn 4; BAMBERGER/ROTH/MAYER Rn 2;
SOERGEL/GAUL § 1561 Rn 3; aM MünchKomm/KANZLEITER § 1561 Rn 4). Wird ein neuer ge-
wöhnlicher Aufenthalt unter Beibehaltung des früheren begründet, findet die Vorschrift entsprechende Anwendung (s dazu § 1559 Rn 1, § 1558 Rn 3).

4. Einspruch gegen Erwerbsbetrieb

Gemäß Abs 2 Nr 3 reicht zur Eintragung des Einspruchs gegen den selbständigen **11**
Betrieb eines Erwerbsgeschäfts des anderen Ehegatten und des Widerrufs der Einwilligung zu einem derartigen Geschäftsbetrieb (§§ 1431, 1456) in einer Gütergemeinschaft ebenfalls der Antrag eines Ehegatten aus. Das kann der Alleinverwalter
des Gesamtgutes oder bei gemeinschaftlicher Verwaltung der jeweils andere, ein-
sprucherhebende oder widerrufende Ehegatte sein. Die Eintragung der Zurücknah-
me des Einspruchs oder Widerrufs ist in entsprechender Anwendung der Vorschrift
ebenfalls auf Antrag eines Ehegatten zuzulassen.

5. Beschränkung oder Ausschließung der Berechtigung nach § 1357

Gemäß Abs 2 Nr 4 kann nunmehr jeder Ehegatte (früher nur der Ehemann) den **12**
Antrag stellen, die Beschränkung oder Ausschließung der Berechtigung des anderen
Ehegatten, Geschäfte mit Wirkung für den Antragsteller zu besorgen (§ 1357 Abs 2),
einzutragen. Der gleiche Ehegatte kann auch die Löschung einer auf seinen Antrag
erfolgten Eintragung beantragen. Wird die zugrundeliegende Beschränkung oder
Ausschließung durch das Vormundschaftsgericht *aufgehoben* (vgl § 1357 Abs 2), so
kann der Ehegatte, der die Entscheidung beantragt hatte, die Löschung der gegenstandslos gewordenen Eintragung gemäß § 1561 Abs 2 Nr 1 ebenfalls einseitig beantragen (MünchKomm/KANZLEITER Rn 6; SOERGEL/GAUL Rn 4; BAMBERGER/ROTH/MAYER
Rn 2; aA ERMAN/HECKELMANN Rn 3).

6. Sonstige Fälle

Weitere, in § 1561 nicht aufgeführte Fälle, in denen ein Ehegatte einseitig Eintra- **13**
gungen beantragen kann, bilden die durch Art 8 I Nr 3 GleichberG für einen be-

stimmten Zeitraum ermöglichten Gütertrennungserklärungen (s dazu STAUDINGER/ FELGENTRAEGER[10/11] Vorbem 18 zu §§ 1558–1563) und die Spezialregelungen für vertriebene Ehegatten (s dazu Vorbem 15 zu § 1558–1563). Wegen der Fortgeltung altrechtlicher Güterstände s STAUDINGER/FELGENTRAEGER[10/11] § 1561 Rn 20.

IV. Antragsrecht des Notars

14 Zum Antragsrecht des Notars s § 1560 Rn 7.

§ 1562
Öffentliche Bekanntmachung

(1) Das Amtsgericht hat die Eintragung durch das für seine Bekanntmachungen bestimmte Blatt zu veröffentlichen.

(2) Wird eine Änderung des Güterstands eingetragen, so hat sich die Bekanntmachung auf die Bezeichnung des Güterstands und, wenn dieser abweichend von dem Gesetz geregelt ist, auf eine allgemeine Bezeichnung der Abweichung zu beschränken.

Materialien: Zu § 1562 aF: E I § 1439; II § 1457 rev 1547; III § 1545; Mot IV 558; Prot IV 390. Zu § 1562 nF: GleichberG E I § 1562; II § 1562. Vgl STAUDINGER/BGB-Synopse 1896–2005 § 1562.

1. Bekanntmachungspflicht

1 § 1562, der vom GleichberG nicht geändert worden ist, verpflichtet in Abs 1 das mit der Führung des Güterrechtsregisters betraute Amtsgericht, die erfolgten Eintragungen **von Amts wegen zu veröffentlichen**, und zwar *einmal* in dem Blatt, das zur Veröffentlichung amtlicher Bekanntmachungen dieses Gerichts bestimmt ist. Dass die Bekanntmachung alsbald nach der Eintragung zu erfolgen hat, ist im Gesetz als selbstverständlich nicht besonders hervorgehoben (vgl E I § 1439: „unverzüglich").

2. Inhaltliche Beschränkung der Bekanntmachung

2 Zwecks Kostenersparnis (Mot IV 559) bestimmt Abs 2, dass sich die Bekanntmachung zu **beschränken** hat:

3 a)   auf die **Bezeichnung des Güterstands** (zB „Zugewinngemeinschaft", vgl § 1363, „Gütertrennung", vgl § 1414, „Gütergemeinschaft", vgl § 1415), wenn eine Änderung des Güterstandes eingetragen wird, gleichgültig, ob die Änderung auf Ehevertrag, auf einer gerichtlichen Entscheidung oder auf Gesetz beruht.

4 b)   auf eine **allgemeine Bezeichnung der Abweichung**, wenn der Güterstand ab-

weichend vom Gesetz geregelt wird. So genügt zB bei der Erklärung einzelner
Gegenstände zum Vorbehaltsgut (vgl § 1418 Abs 2 Nr 1) die Bekanntmachung, dass
„Vorbehaltsgut besteht"; die Aufführung der einzelnen hierzu erklärten Gegenstän-
de ist nicht erforderlich.

c) In allen übrigen Fällen ist der Inhalt der Eintragung vollständig zu veröffent- **5**
lichen.

3. Wiederholte Bekanntmachung

Verlegt ein Ehegatte seinen gewöhnlichen Aufenthalt in den Bezirk des Amtsge- **6**
richts zurück, in dessen Güterrechtsregister eine Eintragung bezüglich seiner güterrechtlichen Verhältnisse vorgenommen und nicht gelöscht worden war (§ 1559 S 2;
dazu dort Rn 6 f), so gilt die Eintragung als von neuem erfolgt. Obwohl tatsächlich
keine Neueintragung anfällt, ist eine **erneute Bekanntmachung der früheren Eintragung** erforderlich (hM vgl MünchKomm/KANZLEITER § 1562 Rn 1; SOERGEL/GAUL § 1562 Rn 1;
aM ERMAN/HECKELMANN § 1562 Rn 1). Der Ehegatte muss daher dem Registergericht die
Rückkehr an seinen früheren Aufenthalt anzeigen. Zur Wirkung der Bekanntmachung auch in diesem Fall s Rn 7.

4. Rechtliche Wirkung der Bekanntmachung

Die Bekanntmachung der Eintragung ist für deren Wirksamkeit nicht erforderlich. **7**
Daher entscheidet auch für den *Beginn* der Rechtswirkung einer Eintragung der
Zeitpunkt der Eintragung, nicht der der Veröffentlichung. Der Registerbeamte, der
schuldhaft eine Bekanntmachung unterlässt, kann sich jedoch uU schadensersatzpflichtig gemäß § 839 machen.

5.   Die Kosten der Bekanntmachung trägt der Antragsteller (s § 1560 Rn 15).   **8**

§ 1563
Registereinsicht

**Die Einsicht des Registers ist jedem gestattet. Von den Eintragungen kann eine
Abschrift gefordert werden; die Abschrift ist auf Verlangen zu beglaubigen.**

Materialien: Zu § 1563 aF: E I § 1435 Abs 2; II   Zu § 1563 nF: GleichberG E I § 1563; II § 1563.
§ 1458 rev § 1548; III § 1546; Mot IV 555; Prot   Vgl STAUDINGER/BGB-Synopse 1896–2005
IV 384.   § 1563.

1. Einsicht in das Register

Die durch das GleichberG nicht geänderte Vorschrift gewährt jedermann Einsicht in **1**
das Güterrechtsregister, ohne dass ein berechtigtes Interesse erforderlich wäre.
Diese uneingeschränkte Einsichtsmöglichkeit erstreckt sich auf die Eintragungen
im Register selbst, daneben auf die *Registerakten* aber nur, soweit auf diese in der

Eintragung Bezug genommen ist. Einsicht in die Registerakten steht im Übrigen nur den Interessenten zu, die ein berechtigtes Interesse glaubhaft machen (§ 34 FGG). Das *Datenschutzrecht* beschränkt das Einsichtsrecht nicht (vgl LÜKE, Registereinsicht und Datenschutz, NJW 1983, 1407).

2. Abschriften

2 Ebenso wie die Einsichtnahme (Satz 1) steht jedem das Recht frei, von den Eintragungen des Güterrechtsregisters eine Abschrift zu fordern, die auf Verlangen zu beglaubigen ist. Es gelten die gleichen Grundsätze wie bei der Einsichtnahme (s Rn 1). Es kann auch eine Bescheinigung des Inhalts verlangt werden, dass bezüglich des Gegenstandes einer Eintragung weitere Eintragungen in das Güterrechtsregister nicht vorhanden sind oder dass eine bestimmte Eintragung in das Register nicht erfolgt ist (*„Negativzeugnis"*, § 162 FGG). Ein positives Zeugnis wird nur bei ausdrücklicher gesetzlicher Regelung erteilt (vgl § 33 GBO).

3. Kosten

3 Für die Einsicht in das Güterrechtsregister werden Gebühren nicht erhoben (§ 90 KostO). Die Kosten für Abschriften, Zeugnisse und Beglaubigungen bestimmen sich nach den §§ 2 Nr 1, 89 KostO.

Sachregister

Die fetten Zahlen beziehen sich auf die
Paragraphen, die mageren auf die Rand-
nummern.

Abfindungsklausel
Nachlassbewertung **1376** 32 f
Zugewinnausgleich **1376** 32 f
Abfindungsvertrag
Verzicht auf Gesamtgutsanteil **1491** 7;
1501 3
Form **1491** 8
Abkömmling
Ausbildungsanspruch **1371** 91 ff
Einseitiger **1371** 96 ff
Abzahlungsgeschäft
Haushaltsgegenstände **1369** 5
Aktien
Bewertung **1376** 36
Aktienpaket
Bewertung **1376** 36
Alleinbesitz
s. Besitz
Allgemeine Gütergemeinschaft
Güterstand **Einl 1363** ff 6, 9, 20
Altenteileinräumung
Erwerb, nicht ausgleichspflichtiger **1374** 33
Anerbenrecht
Landesgesetze **1515** 10
Anerkenntnis, prozessuales
Gesamtvermögensgeschäft **1365** 10
Anfangsvermögen
Abfindungen **1374** 3, 5 f; **1376** 42
Arbeitsrechtliche **1374** 6
– Nachteilsausgleich **1374** 6
– Sozialplanabfindung,
  freiwillige **1374** 6
– Sozialplanabfindung, Spruch
  der Einigungsstelle **1374** 6
Formbedürftigkeit **1374** 5
Gemischte **1374** 5
Anfangsstichtag **1374** 14; **1376** 3 f
Ansprüche **1376** 4
Verhaltene **1374** 4
Anwartschaftsrechte **1374** 3
Auskunftserteilung
s. dort
Barguthaben **1374** 5
Begriff **1374** 1
Beitragserstattungen des Sozialrechts
1374 6
Berechnung **1374** 1; **1376** 4
Zeitpunkt **1374** 19 f; **1376** 3 f
Bereicherungsanspruch **1374** 20
Betriebliche Altersversorgung **1374** 9
Direktversicherung **1374** 10
Beweislast **1374** 51

Anfangsvermögen (Forts.)
Bewertung **1374** 21; **1376** 10 ff
Altersversorgung, betriebliche **1376** 47
Anwartschaften **1376** 43
Beteiligung **1376** 28, 30 ff
Bibliotheken **1376** 40
Dauerrechtsverhältnisse **1376** 44
Direktversicherung,
  betriebliche **1376** 46
Einigung der Ehegatten **1376** 49
Ertragswertberechnung **1376** 14 ff
Forderungen **1376** 41
Forstwirtschaftlicher Betrieb **1376** 14 ff
Grundstücke **1376** 38
Gut, persönliches **1376** 40
Hausrat **1376** 40
Kapitallebensversicherung **1376** 45 f
Kunstgegenstände **1376** 40
Landwirtschaftlicher Betrieb **1376** 14 ff
Nießbrauch **1376** 44
Nutzungsrechte **1376** 38
Praxis, freiberufliche **1376** 28
Rechte, auflösend bedingte **1376** 43
Rechte, aufschiebend bedingte **1376** 43
Rechte, befristete **1376** 43
Rechte, ungewisse **1376** 42
Rechte, unsichere **1376** 42
Sammlungen **1376** 40
Schmuck **1376** 40
Unternehmen **1376** 11, 28
Verbindlichkeiten **1376** 41
– Auflösend bedingte **1376** 43
– Aufschiebend bedingte **1376** 43
– Befristete **1376** 43
– Zweifelhafte **1376** 42
Vereinbarungen, abweichende **1376** 49
Verkehrswert **1376** 11 f, 20, 28
Waren **1376** 37
Wertpapiere **1376** 37
Wohnrechte **1376** 44
Dauerrechtsverhältnisse **1374** 5, 15
Dienstbarkeit, beschränkte persönliche
1374 4
Einkommen **1374** 5, 15
Einkünfte **1374** 5, 48
Enteignung
s. Restitutionsanspruch
Erwerbsaussichten **1374** 3
Erbvertrag **1374** 3
Handelsvertreter, Ausgleichs-
  anspruch **1374** 3
Forderungen **1374** 8; **1376** 41

J. von Staudingers
Kommentar zum Bürgerlichen Gesetzbuch
mit Einführungsgesetz und Nebengesetzen

Übersicht vom 20. Juli 2007

Die Übersicht informiert über die Erscheinungsjahre der Kommentierungen in der 13. Bearbeitung und deren Neubearbeitungen (= Gesamtwerk STAUDINGER). *Kursiv* geschrieben sind die geplanten Erscheinungsjahre.

Die Übersicht ist für die 13. Bearbeitung und für deren Neubearbeitungen zugleich ein Vorschlag für das Aufstellen des „Gesamtwerk STAUDINGER" (insbesondere für solche Bände, die nur eine Sachbezeichnung haben). Es wird empfohlen, die Austauschbände chronologisch neben den überholten Bänden einzusortieren, um bei Querverweisungen auf diese schnell Zugriff zu haben. Bei Platzmangel sollten die ausgetauschten Bände an anderem Ort in gleicher Reihenfolge verwahrt werden.

	13. Bearb.	Neubearbeitungen	
Buch 1. Allgemeiner Teil			
Einl BGB; §§ 1–12; VerschG	1995		
Einl BGB; §§ 1–14; VerschG		2004	
§§ 21–79		2005	
§§ 21–89; 90–103 (1995)	1995		
§§ 90–103 (2004); 104–133; BeurkG	2004	2004	
§§ 134–163	1996	2003	
§§ 164–240	1995	2001	2004
Buch 2. Recht der Schuldverhältnisse			
§§ 241–243	1995	2005	
§§ 244–248	1997		
§§ 249–254	1998	2005	
§§ 255–292	1995		
§§ 293–327	1995		
§§ 255–314		2001	
§§ 255–304			2004
AGBG	1998		
§§ 305–310; UKlaG		2006	
§§ 311, 311a, 312, 312a–f			2005
§§ 311b, 311c			2006
§§ 315–327		2001	
§§ 315–326			2004
§§ 328–361	1995		
§§ 328–361b		2001	
§§ 328–359			2004
§§ 362–396	1995	2000	2006
§§ 397–432	1999	2005	
§§ 433–534	1995		
§§ 433–487; Leasing		2004	
Wiener UN-Kaufrecht (CISG)	1994	1999	2005
§§ 488–490; 607–609		*2008*	
VerbrKrG; HWiG; § 13a UWG	1998		
VerbrKrG; HWiG; § 13a UWG; TzWrG		2001	
§§ 491–507			2004
§§ 516–534		2005	
§§ 535–563 (Mietrecht 1)	1995		
§§ 564–580a (Mietrecht 2)	1997		
2. WKSchG; MÜG (Mietrecht 3)	1997		
§§ 535–562d (Mietrecht 1)		2003	2006
§§ 563–580a (Mietrecht 2)		2003	2006
§§ 581–606	1996	2005	
§§ 607–610	./.		
§§ 611–615	1999	2005	
§§ 616–619	1997		
§§ 620–630	1995		
§§ 616–630		2002	
§§ 631–651	1994	2000	2003
§§ 651a–651l	2001		
§§ 651a–651m		2003	
§§ 652–704	1995		
§§ 652–656		2003	
§§ 657–704		2006	
§§ 705–740	2003		
§§ 741–764	1996	2002	
§§ 765–778	1997		
§§ 779–811	1997	2002	
§§ 812–822	1994	1999	
§§ 823–825	1999		
§§ 826–829; ProdHaftG	1998	2003	
§§ 830–838	1997	2002	
§§ 839, 839a	2002		
§§ 840–853	2002		
Buch 3. Sachenrecht			
§§ 854–882	1995	2000	
§§ 883–902	1996	2002	

	13. Bearb.	Neubearbeitungen	
§§ 903–924; UmweltHaftR	1996		
§§ 903–924		2002	
UmweltHaftR		2002	
§§ 925–984; Anh §§ 929 ff	1995	2004	
§§ 985–1011	1993	1999	2006
ErbbVO; §§ 1018–1112	1994	2002	
§§ 1113–1203	1996	2002	
§§ 1204–1296; §§ 1–84 SchiffsRG	1997	2002	
§§ 1–64 WEG	2005		

Buch 4. Familienrecht

	13. Bearb.	Neubearbeitungen	
§§ 1297–1320; Anh §§ 1297 ff; §§ 1353–1362	2000		
§§ 1363–1563	1994	2000	2007
§§ 1564–1568; §§ 1–27 HausratsVO	1999	2004	
§§ 1569–1586b	*2007*		
§§ 1587–1588; VAHRG	1998	2004	
§§ 1589–1600o	1997		
§§ 1589–1600e		2000	2004
§§ 1601–1615o	1997	2000	
§§ 1616–1625	2000		
§§ 1626–1633; §§ 1–11 RKEG	2002		
§§ 1638–1683	2000	2004	
§§ 1684–1717	2000	2006	
§§ 1741–1772	2001	2007	
§§ 1773–1895; Anh §§ 1773–1895 (KJHG)	1999	2004	
§§ 1896–1921	1999	2006	

Buch 5. Erbrecht

	13. Bearb.	Neubearbeitungen	
§§ 1922–1966	1994	2000	
§§ 1967–2086	1996		
§§ 1967–2063		2002	
§§ 2064–2196		2003	
§§ 2087–2196	1996		
§§ 2197–2264	1996	2003	
§§ 2265–2338a	1998		
§§ 2265–2338		2006	
§§ 2339–2385	1997	2004	

EGBGB

	13. Bearb.	Neubearbeitungen	
Einl EGBGB; Art 1, 2, 50–218	1998	2005	
Art 219–222, 230–236	1996		
Art 219–245		2003	

EGBGB/Internationales Privatrecht

	13. Bearb.	Neubearbeitungen	
Einl IPR; Art 3–6	1996	2003	
Art 7, 9–12	2000		
IntGesR	1993	1998	
Art 13–18	1996		
Art 13–17b		2003	
Art 18; Vorbem A + B zu Art 19		2003	
IntVerfREhe	1997	2005	
Kindschaftsrechtl Ü; Art 19	1994		
Art 19–24		2002	
Art 20–24	1996		
Art 25, 26	1995	2000	
Art 27–37	2002		
Art 38	1998		
Art 38–42		2001	
IntWirtschR	2000	2006	
IntSachenR	1996		

	13. Bearb.	Neubearbeitungen	
Vorläufiges Abkürzungsverzeichnis	1993		
Das Schuldrechtsmodernisierungsgesetz	2002	2002	
Eckpfeiler des Zivilrechts		2005	
BGB-Synopse 1896–1998	1998		
BGB-Synopse 1896–2000		2000	
BGB-Synopse 1896–2005			2006
100 Jahre BGB – 100 Jahre Staudinger (Tagungsband 1998)	1999		

Demnächst erscheinen

	13. Bearb.	Neubearbeitungen	
§§ 839, 839a		2007	
§§ 1297–1320; Anh §§ 1297 ff; §§ 1353–1362		2007	
§§ 1616–1625		2007	
§§ 1626–1633; §§ 1–11 RKEG		2007	
Art 7, 9–12, 47 EGBGB		2007	
Art 25, 26 EGBGB			2007

Dr. Arthur L. Sellier & Co. KG – Walter de Gruyter GmbH & Co. KG oHG, Berlin
Postfach 30 34 21, D-10728 Berlin, Telefon (030) 2 60 05-0, Fax (030) 2 60 05-222